PROTECTION
DE LA PERSONNE VULNÉRABLE
PROTECTION JUDICIAIRE ET JURIDIQUE
DES MINEURS ET DES MAJEURS

ISBN 978-2-247-13237-9

31-35, rue Froidevaux
75685 PARIS CEDEX 14
SERVICE CLIENTÈLE
+33 (0) 820 800 017
serviceclient@dalloz.fr

www.editions-DALLOZ.fr

DALLOZ ACTION

PROTECTION DE LA PERSONNE VULNÉRABLE

PROTECTION JUDICIAIRE ET JURIDIQUE DES MINEURS ET DES MAJEURS

QUATRIÈME ÉDITION
À JOUR AU 1er MARS 2017

NATHALIE PETERKA
Professeur
à l'Université Paris-Est Créteil (UPEC – Paris 12)

ANNE CARON-DÉGLISE
Présidente de chambre
à la Cour d'appel de Versailles

FRÉDÉRIC ARBELLOT
Conseiller à la Cour d'appel de Paris,
auteur des 1re et 2e éditions

DALLOZ

Sommaire

Table des matières

TITRE INTRODUCTIF

0. Cadre fonctionnel et textuel de la protection des majeurs et des mineurs

SECTION 0 ORIENTEUR

0.00 **Plan du titre.**

CHAPITRE

01. Dimension comparatiste du droit de la protection juridique des majeurs

SECTION 0
ORIENTEUR

01.00 **Plan du chapitre.**

01.03 **Bibliographie indicative.**

Ouvrages. Curateur public du Québec, *Mon mandat en cas d'inaptitude*, 9e éd., Publications du Québec, 2010 – L. Laflamme, R. P. Kouri et S. Philips-Nootens, *Le mandat donné en prévision de l'inaptitude*, Éd. Yvon Blaic Inc., 2008, Québec – Service des études juridiques du Sénat, *La protection juridique des majeurs, Étude de législation comparée*, n° 148, juin 2005.

Articles. F. Granet-Lambrechts, « Les incapacités des majeurs en Europe », *AJ fam.* 2005. 269 (1re partie); *AJ fam.* 2005. 315 (2e partie) – T. Verheyde, « La loi nouvelle allemande en matière de tutelle des majeurs : un modèle pour une éventuelle réforme du droit français ? », *JCP N* 1993. I. 396.

SECTION 1
ÉLÉMENTS GÉNÉRAUX SUR LA PROTECTION JURIDIQUE DES MAJEURS EN EUROPE

01.11 **Problématique de la protection juridique des majeurs en Europe.** À des degrés divers, les différents États européens sont tous confrontés aujourd'hui à un phénomène de vieillissement de leurs populations respectives. Dans ce contexte, le dispositif de protection des majeurs, loin d'être une législation résiduelle, devient un véritable système d'intérêt général qui relève des politiques publiques. Aussi, convient-il d'examiner les principaux systèmes européens de protection juridique des majeurs, afin d'en dégager les grandes lignes, et de les mettre en perspective avec le droit français de la protection juridique des majeurs. Les législations européennes en la matière visent, d'une part, à favoriser une meilleure protection du majeur et, d'autre part, à respecter, dans la mesure du possible, sa liberté individuelle et son adhésion à la mesure.

À ce titre, l'analyse des législations étrangères fait apparaître un mouvement général de réformes des régimes de protection, entamé en Allemagne dès 1990. Ces législations reposent sur des mesures personnalisées prononcées pour une durée limitée, et ouvrent, le cas échéant, la possibilité au majeur protégé d'anticiper l'organisation de sa propre protection.

SECTION 2
ÉLÉMENTS PARTICULIERS SUR LA PROTECTION JURIDIQUE DES MAJEURS DANS CERTAINS ÉTATS D'EUROPE

01.20 **Présentation d'un panorama de droit comparé européen.** Il est apparu intéressant de procéder à une analyse des mesures de protection juridique instituées dans plusieurs pays européens : l'Allemagne, l'Angleterre et le Pays de Galles, le Danemark, l'Espagne, l'Italie et la Suisse[1].

1. Ce panorama reprend certains éléments contenus dans une étude de législation comparée publiée par le Service des études juridiques du Sénat : *La protection juridique des majeurs, Étude de législation comparée*, n° 148, juin 2005 – Sur quel- ▶

À ce titre, il convient de présenter, dans chacun de ces États, les grandes lignes des diverses mesures de protection, lesquelles concernent notamment :

- le rôle des personnes protégées dans le choix des personnes chargées de leur protection juridique et dans l'exercice de leurs propres droits;

- la durée des mesures et leur éventuelle révision dans le temps;

- l'existence de professionnels chargés de la protection juridique des majeurs;

- la possibilité offerte à la personne à protéger d'anticiper l'organisation de sa propre protection juridique.

§ 1
Dispositifs applicables en Allemagne et en Autriche

01.21 **Présentation du dispositif.** Entrée en vigueur le 1er janvier 1992, la loi du 12 septembre 1990 sur la réforme de la tutelle et de la curatelle des majeurs a remplacé les diverses mesures de protection des majeurs qui existaient jusqu'alors par un dispositif unique d'assistance. Cette assistance n'ayant pas d'effet automatique sur la capacité de la personne assistée, celle-ci peut être, en fonction de son état de santé et de l'importance de l'opération à effectuer, simplement assistée pour conclure certains actes et entièrement représentée pour en accomplir d'autres. L'assistance allemande peut ainsi être qualifiée de « *curatelle à la carte* »[1]. Les dispositions de la loi ayant institué ce régime d'assistance, lequel a été légèrement modifié par une loi du 21 avril 2005, ont été intégrées dans le BGB.

01.22 **Éléments essentiels du dispositif.** La loi du 12 septembre 1990, sur la réforme de la tutelle et de la curatelle des majeurs, a désormais institué une seule mesure de protection, l'assistance. Le degré de protection du majeur dépend de son état de santé et de la nature des actes pour lesquels il sollicite l'assistance d'une tierce personne. La mesure est prononcée d'office par le tribunal des tutelles ou à la demande de la personne à protéger. Ainsi, « *tout majeur, incapable ou non, qu'une maladie mentale, un handicap physique ou mental, ou une altération des facultés intellectuelles empêche de gérer ses affaires peut être assisté par un tiers, quelles que soient l'ampleur, la nature et la durée de son empêchement* »[2].

Une personne physiquement handicapée ne peut se voir adjoindre un assistant que sur sa propre demande. Comme en France, la capacité de jouissance s'acquiert à la naissance, alors que la capacité d'exercice s'acquiert à l'âge de dix-huit ans. Selon le Code civil doivent être considérées comme « *incapables les personnes dont l'état de trouble mental pathologique exclut tout libre exercice de la volonté, à moins que cet état ne soit passager* »[3].

En outre, les actes juridiques conclus par les majeurs protégés seuls sont nuls de droit, et l'exercice de leurs droits incombe à leurs représentants légaux. La maladie mentale, le handicap physique ou mental, ou l'altération des facultés intellectuelles sont les seules raisons pouvant justifier le prononcé d'une décision d'assistance. Contrairement à la France sous l'empire de loi n° 68-5 du 3 janvier 1968, ni l'alcoolisme, ni la toxicomanie, ni la prodigalité ne sont de nature à justifier l'ouverture d'une telle mesure.

De même, le principe de nécessité de la mesure conduit le tribunal à refuser l'ouverture d'une mesure d'assistance dès lors que l'intéressé est seulement hors d'état de « *s'occuper de ses affaires* ».

Le régime d'assistance n'a pas d'effet automatique sur la capacité de la personne assistée qui conserve par ailleurs son droit de vote. Malgré son appellation, l'assistant est le représentant légal de l'assisté dans les cas où l'assisté n'est pas apte à gérer lui-même ses affaires et dans ceux définis par le tribunal des tutelles. L'assistant n'intervient que lorsque l'assisté ne peut agir lui-même et si la protection de ses intérêts ne peut pas être assurée par d'autres voies juridiques, telle la désignation d'un mandataire. Elle n'est donc qu'une mesure subsidiaire.

Cependant, le tribunal peut décider de subordonner au consentement de l'assistant la validité de certains actes conclus par l'assisté. De plus, lorsqu'il risque de mettre en danger sa propre personne ou son patrimoine, le tribunal peut prendre une décision de « *réserve de consentement* ». Dans ce cas, la validité des déclarations de volonté de l'assisté est subordonnée au consentement de l'assistant, sauf toutefois en matière de mariage ou de testament. On retrouve ici l'idée que certains actes sont d'une nature incompatible avec l'assistance ou la représentation d'autrui. Il convient enfin de noter qu'en dépit de la réserve de consentement, l'assisté conserve la faculté d'exercer tous les actes de la vie courante.

La durée de la mesure d'assistance est juridiquement encadrée. Elle doit cesser dès qu'elle n'est plus nécessaire. Ainsi, lorsqu'elle a été demandée par la

▶ ques éléments concernant les majeurs protégés en Autriche, Belgique, Finlande, Norvège, Roumanie, Suède, au Luxembourg et aux Pays-Bas, v. F. Granet-Lambrechts, « Les incapacités des majeurs en Europe », (1re partie), *AJ fam.* 2005. 269; (2e partie), *AJ fam.* 2005. 315.

1. T. Verheyde, « La loi nouvelle allemande en matière de tutelle des majeurs : un modèle pour une éventuelle réforme du droit français », *JCP N* 1993. I. 396.

2. Service des études juridiques du Sénat, *La protection juridique des majeurs, Étude de législation comparée*, n° 148, juin 2005.

3. Service des études juridiques du Sénat, étude préc. ss prést n°.

personne protégée, le tribunal doit ordonner sa mainlevée sur simple requête de l'intéressé. La mesure d'assistance doit être réexaminée dans un délai maximal de cinq ans, sauf décision de prolongation du tribunal prise dans les mêmes conditions que la décision initiale de mise sous assistance.

Le tribunal désigne l'assistant en tenant compte du choix exprimé à ce sujet par la personne à protéger. En principe, ce choix s'impose au tribunal, qui ne peut s'y opposer que si la personne choisie n'est pas apte à garantir les intérêts de l'assisté. Quand la personne à protéger n'a pas choisi d'assistant, le tribunal est tenu de désigner un membre de son entourage familial ou personnel, en veillant à éviter tout conflit d'intérêts. Il est à noter que le conjoint du majeur ne bénéficie d'aucune priorité pour devenir son assistant. L'assistant doit en principe agir en respectant la volonté de l'assisté. Sa mission est strictement limitée par le tribunal aux « *seuls actes pour lesquels la personne à protéger a besoin d'une assistance* ».

Il est à noter que la loi allemande, privilégiant la relation de confiance entre l'assisté et l'assistant, n'exige aucune qualification professionnelle particulière lorsque l'assistant n'appartient pas au cercle familial de l'assisté. En principe, l'assistant est une personne physique choisie par la personne assistée. Il peut s'agir d'un bénévole ou d'un professionnel (par ex., un salarié d'une association tutélaire). À défaut de personne physique susceptible d'être désignée en qualité d'assistant, le tribunal peut décider de confier l'exercice de la mesure à une personne morale de type association tutélaire. Enfin, la personne peut anticiper, tant qu'elle est valide, l'organisation de son assistance et choisir son assistant pour le jour où elle en aura besoin.

Le droit allemand connaît le mandat d'inaptitude, anticipation de la protection par la personne elle-même. Une loi du 1er septembre 1999 tend à privilégier le recours au mandat par rapport à l'assistance, faisant de la protection légale un subsidiaire à la protection conventionnelle. Elle permet, en particulier, de faire mentionner dans le mandat le consentement à des traitements médicaux. Elle oblige par ailleurs les tribunaux, saisis d'une demande d'assistance, à informer la personne concernée qu'elle a la possibilité de recourir à un tel mandat.

01.23 Comparaison avec l'Autriche. La législation autrichienne prévoit que la personne majeure, atteinte de troubles mentaux, peut être représentée par **un administrateur.** Ce dernier est désigné par le tribunal dès lors que la personne atteinte de troubles mentaux est inapte à gérer ses propres affaires. L'administrateur est choisi en fonction de la nature des biens à gérer. Il s'agit en principe d'un proche ou d'une association tutélaire mais il peut également s'agir d'un avocat ou d'un notaire en fonction de la nature du patrimoine de la personne. L'administrateur est tenu de promouvoir la marge d'autonomie et le bien-être de la personne protégée (ABGB, art. 275, al. 1er), ce qui se traduit notamment par une obligation d'information du majeur sur les actes relatifs à sa personne ou ses biens et la nécessité de recueillir son avis à propos de l'acte envisagé. L'administrateur est tenu, par ailleurs, de se munir de l'autorisation du tribunal pour tout acte de représentation sauf en cas de danger imminent. Le majeur décide seul des traitements médicaux qui lui sont proposés. Toutefois, s'il ne bénéficie pas d'un discernement suffisant, son consentement est substitué par celui de l'administrateur ou du tribunal (ABGB, art. 283). La personne protégée conserve sa capacité juridique sauf pour les actes relevant de la mission de l'administrateur (ABGB, art. 280, al. 1er). Pour les autres actes, à l'exception de ceux de la vie courante, le consentement de l'administrateur s'impose. Ce système est subsidiaire. Il ne s'applique pas toutes les fois que les intérêts de la personne peuvent être assurés au moyen de sa représentation par un proche parent (parents, enfants majeurs, époux ou partenaire enregistré, concubin à la condition que ce dernier ait une communauté de vie avec le majeur depuis au moins trois ans). La représentation par les proches est déjudiciarisée. Elle résulte d'un enregistrement auprès du registre central autrichien de représentation de nature à protéger les tiers. Cette représentation prend fin si la personne représentée s'y oppose (ABGB, art. 284d). Le droit autrichien reconnaît à la personne la faculté d'anticiper sa protection au moyen d'un **mandat de prévoyance,** lequel est révocable par le mandant même après sa mise en œuvre. Le mandat est enregistré au registre central autrichien de représentation afin de protéger les tiers. Le mandat de prévoyance prime sur la désignation d'un administrateur, sauf s'il est contraire à l'intérêt du mandant ou si ce dernier entend y mettre un terme[1].

§ 2
Dispositif applicable en Angleterre et au Pays de Galles

01.31 Présentation du dispositif. Traditionnellement, en Angleterre et au Pays de Galles, la notion de capacité n'était pas définie par la loi. Aussi, le système englobait des situations très différentes et il existait une très grande dispersion des règles applicables à la protection des majeurs. L'essentiel du dispositif de protection juridique des majeurs provenant de la loi de 1985 sur les mandats permanents et de celle de 1983 sur la santé mentale, le régime de protection différait selon que le majeur avait ou non « *organisé par avance* [sa] *protection en prévision de la dégradation*

1. Sur tout ceci, v. *J.-Cl. Droit comparé*, fasc. 20, Autriche, nos 40 s.

de [son] *état* »[1]. Une loi adoptée en avril 2005 définit la capacité d'exercice et réforme les dispositifs de protection des personnes reconnues protégées.

01.32 Éléments essentiels du dispositif. La loi d'avril 2005 maintient la distinction entre organisation anticipée et organisation non anticipée de la protection juridique du majeur.

1) Organisation anticipée. Le dispositif des mandats permanents créé par la loi de 1985 est maintenu, mais les pouvoirs dévolus aux mandataires sont étendus à la défense des intérêts extrapatrimoniaux de la personne protégée, notamment en matière médicale. À défaut de signature à l'avance d'un mandat permanent par la personne, la *Protection Court* (c'est-à-dire le tribunal spécialisé dans les affaires de protection de la personne) doit soit arrêter des mesures particulières pour aider la personne à prendre les décisions nécessaires à la poursuite de la vie courante (gestion des revenus ou des pensions, paiement des factures), soit désigner un représentant (deputy) qui devra la représenter dans les actes juridiques.

Selon la loi de 2005, tout majeur est présumé de façon réfragable être capable d'accomplir les actes de la vie civile. Aussi, son incapacité doit être démontrée.

2) Organisation non anticipée. Lorsque la personne protégée n'a pas organisé à l'avance sa protection en prévision d'une éventuelle incapacité, son choix est en principe respecté par le tribunal, lequel doit en tout état de cause tenir compte de ses intérêts. La loi de 2005 insiste sur le caractère subsidiaire de la désignation d'un représentant dans la mesure où elle vise en priorité à maintenir au maximum l'autonomie de la personne à protéger. Le représentant doit toujours exercer ses attributions dans le souci constant de respecter la volonté de la personne protégée, laquelle doit être associée, autant que son état de santé le lui permet, aux décisions (patrimoniales ou extrapatrimoniales) la concernant.

Lorsque la personne protégée ne dispose plus d'un discernement suffisant pour exprimer sa volonté quant à l'acte envisagé, le représentant doit tenir compte de tout élément oral ou écrit, actuel ou passé, qui pourrait constituer un indice révélateur de sa volonté.

La loi de 2005 indique que la durée des fonctions du représentant doit être « *aussi courte que possible* ». Aussi, c'est au tribunal de déterminer la durée des mesures de protection selon les circonstances et le degré effectif d'incapacité du majeur.

La loi de 2005 ne pose aucune exigence quant aux compétences des administrateurs. Il peut ainsi s'agir d'un membre de la famille ou d'un ami, voire d'un *lawyer* (de type *solicitor*). La personne peut organiser à l'avance sa protection en prévision d'une éventuelle incapacité, en ayant recours au **dispositif particulier du mandat permanent.** Contrairement aux mandats ordinaires, le mandat permanent conserve sa validité lorsque le mandant devient incapable. Le majeur protégé a la faculté de prévoir que le mandat permanent commencera à produire ses effets à partir du moment où l'incapacité sera effectivement établie. Il est libre de décider des questions qu'il entend confier au mandataire. À ce titre, il fixe lui-même l'étendue de la délégation consentie au représentant.

Enfin, les mandataires sont légalement tenus d'accomplir leur mission « *au mieux des intérêts* » de la personne qu'ils représentent.

§ 3
Dispositif applicable au Danemark

01.41 Présentation du dispositif. Le régime de protection des majeurs est issu de la loi du 14 juin 1995 sur la tutelle, qui est entrée en vigueur le 1er janvier 1997. Il existe désormais une seule mesure judiciaire de protection, la tutelle, dont l'importance et l'étendue dépendent de l'état de santé de la personne à protéger. Ainsi, la désignation d'un tuteur ne prive pas nécessairement le tutélaire de sa capacité d'exercice.

01.42 Éléments essentiels du dispositif. La tutelle est désormais l'unique mesure de protection des majeurs. Elle va s'appliquer, à la demande du majeur, de ses proches, de l'administration municipale ou départementale, ou de la police, à « *toute personne qui, en raison d'une maladie psychique, d'un retard mental ou de tout autre motif lié à son état de santé, n'est pas en mesure de s'occuper de ses affaires* »[2].

En application du principe de nécessité, la tutelle doit être adaptée à chaque situation et ne concerne que les domaines dans lesquels la personne à protéger n'est pas en mesure d'exercer sa capacité. Les droits subjectifs de la personne protégée sont effectivement exercés par son tuteur, mais la privation de sa capacité d'exercice ne doit intervenir que si cela est strictement indispensable à la défense de ses intérêts.

En outre, la tutelle peut toujours faire l'objet d'un allègement, lequel consiste à assister le majeur et à répartir la capacité d'exercice de ses droits entre lui et son tuteur, à l'instar de ce que la France connaît en matière de curatelle (sous l'empire des lois du 3 janvier 1968 et 5 mars 2007).

En principe, la personne protégée n'a pas le droit de choisir son tuteur. Cependant, l'administration départementale ou le tribunal doivent tenir compte des souhaits exprimés par le majeur à ce sujet.

1. Service des études juridiques du Sénat, étude préc. ss nº 01.22.

2. Service des études juridiques du Sénat, étude préc. ss nos 01.22 et 01.31.

En règle générale, la tutelle est limitée à certaines questions (c'est-à-dire qu'elle n'entraîne pas de privation de capacité d'exercice chez le majeur). Ainsi, elle peut s'appliquer soit à la gestion du patrimoine immobilier du majeur, soit exclusivement à la gestion de ses affaires patrimoniales, soit à la gestion de ses affaires extrapatrimoniales. Pour toutes les affaires entrant dans le champ d'application de la tutelle, la personne protégée est représentée par le tuteur. Pour les autres, elle exerce seule sa capacité d'exercice, et, ainsi, les actes juridiques qu'elle passe vont normalement l'engager à titre personnel et direct, sauf s'il apparaît que son état ne lui a pas permis d'accomplir valablement de tels actes. La tutelle ne prive le tutélaire de sa capacité d'exercice que si la décision juridictionnelle de placement sous tutelle le prévoit explicitement.

Dans le domaine patrimonial, voire strictement immobilier, un régime de codécision peut être mis en place dès lors que la personne à protéger a seulement besoin d'une assistance et non d'un régime de représentation. Dans ce cas, le tuteur et le tutélaire partagent ainsi la capacité d'exercice.

En principe, la décision de placement sous tutelle est prise pour une durée illimitée, mais, à titre exceptionnel, une durée limitée peut être fixée dans la décision d'ouverture.

Aucune qualification professionnelle n'est exigée du tuteur pour être désigné par l'administration départementale ou le tribunal. Cependant, le tuteur doit, dans la mesure du possible, être choisi au sein de la famille ou parmi les proches du majeur à protéger. À défaut, l'administration départementale ou le tribunal devra désigner un tuteur agréé, lequel sera le plus souvent un avocat ou un travailleur social.

Enfin, il faut souligner que l'organisation anticipée de la protection juridique des majeurs n'est pas prévue dans la législation actuelle.

§ 4
Dispositif applicable en Espagne

01.51 **Présentation du dispositif.** L'Espagne dispose d'un dispositif légal de protection des majeurs proches de celui de la France. Ainsi, le Code civil espagnol (issu de la loi n° 13/1983 du 24 octobre 1983) prévoit, à côté de la tutelle, l'existence d'une mesure de curatelle, les deux mesures correspondant plus ou moins à celles applicables en droit français.

En outre, comme en droit français, il existe une mesure de sauvegarde de justice qui correspond à un régime de protection de type provisoire (liée par ex. à une opposition d'intérêts entre le majeur protégé et son tuteur ou curateur). Également, la loi n° 41/2003 du 18 novembre 2003 portant protection du patrimoine des personnes incapables, qui a modifié le Code civil, permet désormais au majeur d'anticiper l'organisation de sa propre protection. Enfin, comme en France, la procédure de mise sous tutelle ou curatelle est régie par le Code de procédure civile.

01.52 **Éléments essentiels du dispositif.** Il existe deux mesures de protection continue : la tutelle et la curatelle. La tutelle concerne les personnes qu'une décision judiciaire a déclarées incapables d'exercer leurs droits : les « *personnes qu'une maladie ou un handicap persistant, à caractère physique ou mental, empêche de se gouverner elles-mêmes* » [1]. L'ouverture de la mesure peut être sollicitée par la personne à protéger, par son conjoint, ses descendants, ses ascendants, ses frères et sœurs, ainsi que par le ministère public.

En cas d'ouverture d'une mesure de tutelle, le tutélaire est en règle générale privé au profit de son tuteur de la quasi-totalité de sa capacité d'exercer ses droits. Pour les actes les plus graves, de type acte de disposition (accepter une succession, contracter un emprunt, aliéner un immeuble...), le tuteur doit se pourvoir d'une autorisation judiciaire.

En droit espagnol, la curatelle concerne principalement les personnes judiciairement déclarées « *prodigues* ». Cette notion aux contours imprécis n'est pas définie par le Code civil, elle correspond aux « *personnes qui mettent en danger leur patrimoine et portent ainsi préjudice aux membres de leur famille, en particulier à ceux envers qui elles ont des obligations alimentaires* ». Le curatélaire dispose d'une « *capacité d'exercice limitée aux seuls actes que le juge leur permet de passer sans l'assistance d'un curateur* » (c'est-à-dire essentiellement les actes conservatoires et d'administration) [2].

À la suite de la loi n° 41-2003 du 18 novembre 2003, la personne à protéger peut choisir librement son tuteur ou son curateur. Ainsi, le Code civil établit un ordre légal que le tribunal doit respecter lors de la désignation du tuteur ou du curateur : il s'agit de la personne choisie par l'intéressé, puis de son conjoint, de l'un de ses deux parents, ensuite de la personne mentionnée par ces derniers dans leurs dernières volontés. Les mesures ont une durée illimitée, mais elles sont révisables par décision judiciaire à la demande du majeur protégé, de son conjoint, de ses descendants, de ses ascendants, de ses frères et sœurs, de son tuteur ou de son curateur, voire du ministère public. Le Code civil espagnol privilégie le choix d'un tuteur ou d'un curateur à l'intérieur du cercle familial, mais il n'exige aucune qualification professionnelle lorsque le choix est effectué en dehors de la famille.

Depuis la loi n° 41/2003 du 18 novembre 2003, le Code civil autorise, par acte notarié, la personne majeure jouissant de sa pleine capacité d'exercice à désigner par anticipation un tuteur afin de gérer sa

1. Service des études juridiques du Sénat, étude préc. s^s n°s 01.22, 01.31 et 01.42.
2. Service des études juridiques du Sénat, étude préc. s^s n°s 01.22, 01.31, 01.42 et s^s prés^t n^o.

personne ou/et son patrimoine en prévision d'une reconnaissance judiciaire ultérieure de son incapacité. Cette mesure s'apparente au mandat notarié de protection future introduit en droit français aux articles 489 à 491 du Code civil par la loi n° 2007-308 du 5 mars 2007, applicable depuis le 1er janvier 2009.

§ 5
Dispositif applicable en Italie

01.61 **Présentation du dispositif.** Depuis la loi n° 6 du 9 janvier 2004, entrée en vigueur le 19 mars 2004, le Code civil italien comprend désormais trois types de mesures judiciaires de protection des majeurs :

- la tutelle, qui entraîne une perte complète de la capacité d'exercice du majeur;

- la curatelle, qui entraîne une limitation de sa capacité d'exercice;

- l'administration de soutien (nouvelle mesure, proche de notre sauvegarde de justice, n'ayant pas d'effet automatique sur la capacité de la personne protégée, qui conserve la pleine capacité d'exercice pour tous les actes pour lesquels elle n'a pas besoin d'être représentée ou assistée).

01.62 **Éléments essentiels du dispositif.** Lorsque le majeur est atteint d'une maladie mentale durable qui le rend incapable de pourvoir à ses propres intérêts, il doit être « déclaré incapable », à condition qu'une mesure de tutelle soit nécessaire pour assurer sa protection. Dans ce cas, le juge doit lui désigner un tuteur qui va exercer à sa place tous ses droits.

La curatelle est applicable aux sourds-muets et aux aveugles, de naissance ou de longue date, s'ils n'ont pas reçu l'éducation spécialisée leur assurant une autonomie suffisante, aux personnes prodigues, alcooliques ou toxicomanes, qui « *par leurs excès s'exposent ou exposent leur famille à de graves préjudices d'ordre économique* » [1]; et plus généralement à toutes les personnes majeures qui « *souffrent d'une maladie mentale dont la gravité ne justifie pas le placement sous tutelle* ».

Lors de la désignation du tuteur ou du curateur, le juge des tutelles doit tenir compte des intérêts et des vœux de la personne à protéger. À défaut, il doit choisir la personne qui lui semble la plus apte à exercer ces fonctions dans la liste suivante : conjoint ou compagnon, père, mère, enfant, frère ou sœur, parent au 3e ou au 4e degré, personne désignée par le parent survivant.

L'administration de soutien est une nouvelle mesure créée par l'article 1er de la loi du 9 janvier 2004 : elle vise à protéger les majeurs souffrant d'une perte d'autonomie totale ou partielle liée à un handicap ou un affaiblissement, qu'il soit d'ordre physique ou mental, qui les met dans l'impossibilité, définitive ou temporaire, de pourvoir à leurs propres intérêts. À la demande de la personne à protéger, d'un membre de sa famille ou du ministère public, le juge des tutelles doit alors désigner un administrateur qui va, à titre exceptionnel, représenter ou assister la personne protégée dans l'exercice de certains droits. En principe, la personne « soutenue » conserve sa pleine capacité d'exercice pour tous les actes juridiques. L'administrateur est choisi par la personne à protéger. À défaut, le juge, devant privilégier la relation affective entre l'administrateur et la personne protégée, est tenu de désigner une personne susceptible d'être choisie comme tuteur ou curateur.

Le Code civil n'exige aucune qualification professionnelle pour exercer les fonctions de tuteur, de curateur ou d'administrateur de soutien, préférant privilégier la confiance entre la personne protégée et son protecteur légal.

Enfin, l'organisation anticipée de la protection n'est pas prévue par le Code civil pour les mesures de tutelle ou de curatelle. En revanche, dans l'administration de soutien, la personne à soutenir peut, en prévision de son incapacité future, désigner à l'avance son administrateur par acte notarié.

§ 6
Dispositif applicable en Suisse

01.71 **Présentation du dispositif.** La mise en œuvre de la protection juridique des majeurs relève de la compétence de chaque canton, tandis que le Code civil suisse détermine les principes des différents régimes de protection. Traditionnellement, il existait trois régimes de protection, qui avaient peu évolué depuis 1912 : la tutelle, la curatelle et le conseil légal. Le 25 juin 2003, le Conseil fédéral a autorisé la mise en consultation d'un projet d'experts relatif à la révision du Code civil qui a abouti, le 28 juin 2006, à un message du Conseil fédéral, puis à une révision du droit de la protection des adultes, des personnes et de la filiation, le 19 décembre 2008 [2]. L'objectif poursuivi est de garantir et de promouvoir le droit des personnes considérées comme faibles et nécessitant une aide à s'autodéterminer, tout en leur assurant le soutien nécessaire en évitant la stigmatisation sociale de leur situation. Désormais, le Code civil suisse ne prévoit plus qu'une seule mesure de protection sous la dénomination de curatelle, qui remplace les anciennes mesures (tutelle, conseil légal et curatelle [C. civ., art. 390 à 425]).

01.72 **Éléments essentiels du dispositif.** Le Code civil suisse prévoit que l'autorité de protection de

1. Service des études juridiques du Sénat, étude préc. ss nos 01.22, 01.31, 01.42 et 01.52.

2. Date de publication : 6 janv. 2009, délai référendaire : 6 avr. 2009.

l'adulte, qui est une autorité interdisciplinaire désignée par les cantons (C. civ., art. 440 s.[1]) ne peut instituer qu'une seule mesure de protection, la curatelle, dans les conditions fixées par les articles 390 et suivants. Cette mesure est applicable à toute personne majeure lorsque :

- elle est partiellement ou totalement empêchée d'assurer elle-même la sauvegarde de ses intérêts en raison d'une déficience mentale, de troubles psychiques ou d'un autre état de faiblesse qui affecte sa condition personnelle;

- elle est, en raison d'une incapacité passagère de discernement ou pour cause d'absence, empêchée d'agir elle-même et qu'elle n'a pas désigné de représentant pour des affaires qui doivent être réglées.

L'autorité de protection de l'adulte prend en compte la charge que la personne concernée représente pour ses proches et pour les tiers, ainsi que leur besoin de protection. Elle peut instituer la curatelle d'office ou à la requête de la personne concernée ou encore à la requête d'un proche. Son intervention est toutefois subsidiaire et une mesure n'est ordonnée que lorsque l'appui fourni par la famille, par d'autres proches ou par des services privés ou publics ne suffit pas ou semble insuffisant, ou lorsque le besoin d'assistance et de protection n'est pas, ou pas suffisamment, garanti par une mesure personnelle anticipée (le mandat d'inaptitude notamment).

Le Code civil suisse dispose par ailleurs expressément que si la mise en place d'une curatelle paraît manifestement disproportionnée, l'autorité de protection de l'adulte peut assumer elle-même les tâches à accomplir, notamment en consentant à un acte juridique, peut donner mandat à un tiers d'accomplir des tâches particulières ou désigner une personne ou un office qualifiés qui auront droit de regard et d'information sur les domaines que l'autorité détermine (C. civ., art. 392).

Quatre catégories de curatelle sont prévues par les articles 393 à 398 du Code civil :

- la curatelle d'accompagnement, destinée aux personnes ayant seulement besoin d'être assistées pour accomplir certains actes. Elle est instituée avec le consentement de la personne protégée et ne limite pas l'exercice de ses droits civils;

- la curatelle de représentation, est instituée lorsque la personne qui a besoin d'aide ne peut accomplir certains actes et doit, de ce fait, être représentée. L'autorité de protection de l'adulte peut limiter en conséquence l'exercice de ses droits civils. La personne protégée est liée par les actes du curateur.

La curatelle de représentation peut avoir pour seul objet la gestion du patrimoine, l'autorité de protection déterminant sur quels biens portent les pouvoirs du curateur. Elle peut soumettre à la gestion tout ou partie des revenus ou du patrimoine et elle peut priver la personne protégée de la faculté d'accéder à certains éléments de son patrimoine;

- la curatelle de coopération, comparable à l'ancien conseil légal coopérant, est instituée lorsque certains actes de la personne à protéger doivent être soumis au consentement de son curateur. L'exercice des droits civils de la personne protégée est limité de plein droit par rapport à ces actes;

- enfin, la curatelle de portée générale, qui prive le curatélaire de plein droit de l'exercice de ses droits civils et se rapproche de nos régimes de tutelle, peut être mise en œuvre lorsque la personne a particulièrement besoin d'aide, en raison notamment d'une incapacité durable de discernement.

Il est à noter que les trois premières formes de curatelle peuvent être combinées entre elles pour mieux répondre aux besoins particuliers de la personne à protéger.

L'autorité compétente (tribunaux civils dans les cantons francophones et conseils municipaux dans les cantons alémaniques) a le pouvoir de nommer, en qualité de curateur, la personne de confiance qui a été choisie par le majeur. L'autorité compétente doit en principe respecter le choix de l'intéressé. À défaut de volonté du majeur, l'autorité compétente doit tenir compte des vœux de sa famille ou de ses proches.

L'assistance doit être limitée au strict minimum, car la personne protégée doit, dans toute la mesure du possible, conserver l'exercice de ses droits et être autonome. C'est l'autorité de protection qui détermine, en fonction des besoins de la personne protégée, les tâches à accomplir dans le cadre de la curatelle. Ces tâches peuvent concerner l'assistance personnelle, la gestion du patrimoine et les rapports juridiques avec les tiers, étant précisé que, sans le consentement de la personne protégée, le curateur ne peut prendre connaissance de sa correspondance ni pénétrer dans son logement sans l'autorisation expresse de l'autorité de protection (C. civ., art. 391). La mesure de curatelle a une durée limitée adaptée aux besoins particuliers de la personne à protéger, mais elle peut être prononcée pour une durée illimitée, l'article 399 du Code civil prévoyant que « *l'autorité de protection de l'adulte lève la curatelle si elle n'est plus justifiée, d'office ou à la requête de la personne concernée ou de l'un de ses proches* ».

Les décisions de l'autorité de protection de l'adulte sont susceptibles de recours devant le juge judiciaire dans les conditions fixées par les articles 450 et suivants du Code civil. Un régime de responsabilité est par ailleurs organisé (C. civ., art. 454 s.).

Le Code civil crée, dans ses articles 360 et suivants, un « mandat pour cause d'inaptitude », qui

1. L'autorité de protection de l'adulte prend des décisions en siégeant à trois membres au moins, les cantons pouvant prévoir des exceptions pour des affaires déterminées. Elle fait également office d'autorité de protection de l'enfant.

doit permettre à toute personne de bénéficier d'une assistance personnelle, de gérer son patrimoine ou de la représenter dans ses rapports avec les tiers pour le cas où elle deviendrait incapable de discernement. Ce mandat, formulé par un écrit olographe ou authentique, peut être enregistré par un service administratif. Il détermine les tâches que le mandant entend confier au mandataire et peut prévoir des instructions sur la façon de les exécuter. Il peut aussi prévoir des solutions de remplacement du mandataire. Il peut être limité à la gestion du patrimoine du mandant, voire être étendu à une assistance du mandant par le mandataire dans l'accomplissement des actes extra-patrimoniaux. Les conditions de mise en œuvre du mandat, sous le contrôle de l'autorité de protection de l'adulte, sont déterminées par le Code civil (C. civ., art. 363 et 364).

D'autres dispositions prévoient expressément la possibilité pour toute personne capable de discernement de faire des directives anticipées en matière de soins médicaux. Un mécanisme de représentation est par ailleurs organisé lorsque la personne devenue incapable de discernement doit recevoir des soins sur lesquels elle ne s'est pas déterminée dans des directives anticipées[1]. Il est également disposé que l'assistance apportée à une personne incapable de discernement résidant pendant une période prolongée dans un établissement médico-social ou dans un home (institutions) doit faire l'objet d'un contrat écrit qui établit les prestations à fournir par l'institution et leur coût. Les souhaits de la personne concernée doivent, dans la mesure du possible, être pris en considération dans les prestations fournies, une information doit lui être donnée et l'institution ne peut restreindre la liberté de mouvement que si des mesures moins rigoureuses ont échoué ou apparaissent insuffisantes et lorsque cette restriction vise soit à prévenir un grave danger menaçant la vie ou l'intégrité corporelle de la personne elle-même ou d'un tiers, soit à faire cesser une grave perturbation de la vie communautaire. Toute mesure limitant la liberté de mouvement doit, en tout état de cause, faire l'objet d'un protocole et recours peut être fait devant l'autorité de protection de l'adulte (C. civ., art. 382 à 387). Les cantons exercent eux-mêmes une surveillance sur les établissements, certains faisant l'objet d'une réglementation fédérale.

Enfin, le Code civil suisse contient des dispositions spécifiques relatives au placement en institution appropriée des personnes atteintes de troubles psychiques, d'une déficience mentale ou d'un grave état d'abandon, lorsque l'assistance ou le traitement nécessaires ne peuvent pas être fournis sous un autre mode (C. civ., art. 426 à 439). L'autorité de protection de l'adulte est compétente pour ordonner le placement ou pour le lever.

Lorsque la personne à protéger n'a pas signé un mandat pour inaptitude et qu'elle n'est pas placée en curatelle, elle peut être représentée pour la gestion de ses biens par son conjoint ou son partenaire enregistré. Celui-ci bénéficie d'un pouvoir légal de représentation de son époux ou de son compagnon en cas de communauté de vie ou s'il lui fournit une assistance personnelle régulière. Ce pouvoir de représentation au sein du couple peut être retiré au conjoint au partenaire valide par l'autorité de protection de l'adulte en cas d'atteinte aux intérêts du majeur[2].

SECTION 3
PROTECTION JURIDIQUE DES MAJEURS AU QUÉBEC

01.81 **Inaptitude et besoin de protection.** Au Québec en 2010, près de 30 000 personnes majeures étaient protégées par un tiers dans le cadre d'une mesure publique ou privée, sur une population totale de plus de 7 millions d'habitants. Le Curateur public assure directement la protection et la représentation de près de 12 500 d'entre elles, principalement en vertu d'un régime de curatelle ou de tutelle. Les 18 500 autres sont représentées par un parent ou un proche, étant cependant précisé que le Curateur public surveille l'administration de certaines de ces mesures de protection privées.

Une personne majeure est considérée comme inapte lorsqu'elle est incapable de prendre soin d'elle-même ou d'administrer ses biens. Cette inaptitude peut être constatée notamment en raison d'une maladie mentale ou dégénérative, d'un accident vasculaire cérébral, d'un handicap intellectuel, d'un traumatisme crânien ou d'un affaiblissement dû à l'âge, qui altère les facultés mentales ou l'aptitude physique à exprimer sa volonté.

Lorsqu'une personne majeure se trouve en situation d'inaptitude ou en perte d'autonomie, et qu'elle bénéficie du soutien de sa famille ou de proche, la loi prévoit plusieurs moyens pour la protéger sans avoir recours à un régime de protection juridique ou à un mandat judiciaire, outre les règles de la gestion d'affaires en cas d'urgence et dans des situations exceptionnelles. Le mandat domestique existant entre les époux permet à l'un des conjoints d'assumer les charges de la vie quotidienne pour la famille lorsque l'autre ne peut pas manifester sa volonté. De plus, chacun des époux peut donner à l'autre le mandat de le représenter dans l'exercice des droits et pouvoirs que le régime matrimonial lui attribue[3] et, à titre exceptionnel, il

1. C. civ., art. 370 à 373, pour les directives anticipées – C. civ., art. 377 à 381, pour le mécanisme de représentation.

2. *J.-Cl. Droit comparé*, fasc. 16, Suisse, n°s 63 s.
3. C. civ., art. 398 et 444, sur le mandat domestique – C. civ., art. 1131 s., sur le régime matrimonial.

peut être autorisé par le tribunal à passer seul un acte pour lequel le consentement de son conjoint inapte serait normalement requis (par ex., une vente)[1]. Par ailleurs, des procurations peuvent être consenties. Il est également possible qu'un proche ou un tiers gère les biens de la personne inapte dans plusieurs cas organisés par la loi.

Par exemple certains assureurs ou organismes gouvernementaux[2] peuvent désigner un proche ou un établissement de santé pour administrer un capital, des indemnités ou des prestations qu'ils versent au bénéfice d'une personne inapte. Le liquidateur (C. civ., art. 802) d'une succession peut aussi être appelé à administrer, une fois le partage fait, les avoirs légués à une personne inapte selon les volontés exprimées par le défunt dans son testament. Un fiduciaire (C. civ., art. 1278) peut également le faire dans le cadre d'une fiducie testamentaire. L'administrateur autre que le fiduciaire ou le liquidateur a les droits d'un tuteur aux biens et les mêmes obligations, dont celle de rendre des comptes au Curateur public.

01.82 Mesures de protection juridique. L'ouverture d'un régime de protection est, depuis 1990, un processus judiciaire encadré par le Code civil. Les évaluations médicales et psychosociales constituent l'élément déclencheur de toute demande. Quatre mesures de protection peuvent pallier l'inaptitude de la personne majeure. Elles diffèrent suivant la gravité de l'inaptitude et selon leur durée (permanente ou provisoire) et peuvent porter sur la personne ou sur les biens, ou sur la personne et les biens, le mandat en prévision de l'inaptitude étant un régime à part.

– **Le régime de protection avec conseiller.** Il s'agit de la version allégée des régimes de protection. Il est adapté aux besoins des personnes atteintes d'une légère déficience intellectuelle ou d'une incapacité temporaire causée par une maladie ou un accident. Ce régime, qui est essentiellement privé et qui ne peut pas être confié au Curateur public sauf circonstances exceptionnelles, concerne les hypothèses dans lesquelles la personne est apte à s'occuper d'elle-même mais est parfois démunie devant certaines décisions à prendre. Il porte uniquement sur l'assistance en matière d'administration des biens. La personne conserve son autonomie et peut, entre autres gérer son salaire. Elle continue à exercer ses droits civils. Le rôle du conseiller est de l'assister pour certains actes concernant l'administration de ses affaires. Il ne peut donc pas faire d'acte juridique en son nom, ne peut signer aucun contrat ou bail.

– **La tutelle.** Ce régime s'applique aux personnes dont l'inaptitude est partielle ou temporaire et est voisin de la curatelle française. L'étendue des pouvoirs donnés au tuteur[3] est déterminée par le tribunal qui le nomme sur recommandation d'une assemblée de parents ou d'amis[4], ou par le Code civil suivant les cas. La personne sous tutelle peut faire seule certains actes (par ex., décider de l'utilisation de son salaire) et être assistée, ou même représentée, pour d'autres. Elle peut être confiée au Curateur public s'il n'y a personne dans l'entourage du majeur inapte pour assumer le rôle de tuteur.

– **La curatelle.** Ce régime s'applique aux personnes dont l'inaptitude est partielle à prendre soin d'elles-mêmes et à administrer leurs biens est totale et permanente. Elle s'apparente à certains cas de tutelles françaises. Le curateur est nommé par le tribunal sur recommandation d'une assemblée de parents ou d'amis et représente la personne dans tous les actes civils la concernant. La curatelle peut aussi être confiée au Curateur public s'il n'y a personne dans l'entourage du majeur inapte.

– **Le mandat en prévision de l'inaptitude.** Le mandat est un document écrit par lequel le mandant donne pouvoir à une ou plusieurs personnes[5] de son choix de veiller à sa protection et/ou d'administrer ses biens dans l'éventualité où une maladie ou un accident le priverait de ses facultés de façon temporaire ou permanente. Le contenu du mandat est laissé à l'appréciation du mandant qui peut, en particulier pour la protection et le bien-être de sa personne, y faire figurer ses volontés de fin de vie. Le mandant peut également désigner un remplaçant au cas où le mandataire principal refuserait de faire homologuer le mandat, se trouverait pour quelque motif que ce soit dans l'impossibilité de continuer à exercer le mandat ou décéderait pendant l'exercice de ses fonctions. Il peut aussi établir la base de rémunération du mandataire.

Le mandat peut être établi sous une forme notariée, et est alors enregistré à la Chambre des notaires, ou être fait devant témoins (avec ou sans l'assistance d'un avocat). Quelle que soit sa forme, le mandat en cas d'inaptitude n'est exécutoire qu'après avoir été homologué ou approuvé par un tribunal, c'est-à-dire une fois qu'il a été examiné par un greffier ou par un juge de la cour supérieure du district judiciaire dans le ressort duquel le mandant a son domicile ou sa résidence. L'initiative de saisir la cour revient uniquement au mandataire qui doit accompagner sa demande

1. Mandat judiciaire donné au conjoint : C. civ., art. 399.
2. Exemples d'organismes : Régie des rentes du Québec (RRQ), Commission de la santé et de la sécurité au travail (CSST), ministère de l'Emploi et de la Solidarité sociale (aide ou solidarité sociale).
3. Le tuteur aux biens peut être une société de fiducie ou une institution financière habilitée à agir à ce titre.
4. Le conseil de tutelle : le tuteur ou le curateur sont assistés dans leurs tâches par un conseil de tutelle qui a aussi un rôle de surveillance à leur égard. Le conseil doit également donner certaines autorisations et est appelé à donner un avis au tribunal dans certaines situations.
5. Les mandataires peuvent être des personnes physiques ou morales, étant précisé que les personnes morales ne peuvent être désignées que pour administrer les biens.

d'une copie du mandat ainsi que d'évaluations médicale et psychosociale constatant l'inaptitude du mandant. Ces évaluations sont faites par des professionnels de la santé et des services sociaux rattachés à un des établissements du réseau (CLSC, centre hospitalier, centre d'hébergement et de soins de longue durée, centre de réadaptation) ou travaillant dans le privé. La requête en homologation est signifiée au mandant qui devra être entendu avant présentation de la requête à la cour, qui rendra ensuite un jugement d'homologation si les conditions sont remplies. Ce jugement sera signifié au mandant. S'agissant du mandat notarié, il existe une procédure particulière qui permet au notaire de prendre en charge la conduite de la procédure, étant précisé qu'il devra faire approuver les conclusions de son procès-verbal par le greffier ou par le tribunal. Seuls certains notaires agréés par la Chambre des notaires du Québec peuvent utiliser cette procédure.

Le **Curateur public** tient un registre des mandats homologués, qui contient différentes informations dont les noms et prénoms du mandant et du mandataire, la date et le numéro du jugement d'homologation. Il a également un pouvoir d'intervention dans toute procédure judiciaire relative à l'homologation ou à la révocation d'un mandat. Ainsi, dans une procédure d'homologation, il pourrait contester les preuves de l'inaptitude du mandant. Dans le cas d'une demande de révocation, il pourrait faire valoir des motifs qui, à son avis, justifient la nécessité de mettre fin au mandat et d'ouvrir plutôt un régime de protection légal. Par ailleurs, le Curateur public détient un pouvoir d'enquête sur les mandataires. S'il relève des irrégularités, il peut rencontrer le mandataire pour l'inviter à régulariser la situation. Si celui-ci le refuse ou persiste dans une attitude fautive, le Curateur public peut le relever de ses fonctions en déposant une requête à cet effet devant la Cour supérieure. Toute autre personne intéressée pourrait entreprendre cette procédure. Il convient de relever qu'en l'absence d'autorisation prévue dans la loi, le Curateur public ne peut pas être désigné comme mandataire, ni comme celui à qui un mandataire devrait rendre périodiquement des comptes.

Au cas où le mandant redevient apte, une procédure peut être engagée par lui, par son mandataire ou par toute personne intéressée, devant le tribunal pour faire cesser les effets du mandat. Le directeur général d'un établissement de santé et de services sociaux peut aussi signaler au greffe du tribunal que le mandant est redevenu apte et n'a plus besoin d'être représenté par un mandataire. Il doit alors adresser un rapport comprenant des évaluations médicale et psychosociale. Si les personnes avisées par le greffier ne contestent pas le rapport dans les trente jours suivant son dépôt, les effets du mandat cessent automatiquement. Le greffier constate cette cessation dans un écrit dont il remet copie au mandant, ainsi qu'au mandataire et au Curateur public. Le mandataire devra alors rendre compte de l'ensemble de sa gestion à son mandant.

01.83 **Droits de la personne inapte.** Une personne inapte à prendre soin d'elle-même ou de ses affaires demeure un citoyen à part entière et qui a droit à son intégrité. Elle conserve ses droits civils mais l'exercice en revient à son représentant, tuteur, curateur ou mandataire lorsqu'elle est sous protection juridique. Quand la personne inapte est sous mandat d'inaptitude, elle conserve également l'exercice de ses droits civils mais dans les limites imposées par le mandat. En revanche, la personne qui a un conseiller légal conserve son autonomie juridique et donc l'exercice de tous ses droits civils.

De façon générale, la personne bénéficiant d'une protection juridique (tutelle, curatelle ou mandat d'inaptitude) dispose de droits tant dans la procédure judiciaire elle-même que lors de l'exercice de la protection. Lors de la procédure, elle peut se faire représenter par un avocat et, si elle est incapable de s'exprimer pendant l'interrogatoire par le tribunal, un conseiller juridique peut défendre ses intérêts. Une fois le jugement prononcé, la personne inapte doit être consultée avant qu'une décision ne soit prise à son sujet et en être informée une fois que cette décision est prise. Le tuteur, le curateur ou le mandataire doit veiller à son bien-être et protéger ses biens. Cela signifie qu'il doit aussi défendre ses droits.

Par ailleurs, toute personne sous protection a le droit à la réévaluation de la mesure qui la concerne, si elle le demande, étant précisé qu'en tout état de cause, à l'exception du mandat d'inaptitude, les mesures de protection doivent être révisées, tous les trois ans dans le cas d'une tutelle ou d'un régime avec conseiller au majeur et tous les cinq ans dans le cas d'une curatelle. Tout comme l'évaluation initiale, la réévaluation comprend deux volets, l'un médical et l'autre psychosocial. Il convient de noter que si les rapports de réévaluation recommandent de supprimer ou de modifier la mesure, la personne protégée ainsi que son mandataire recevront une copie des rapports, un troisième étant déposé au tribunal du district judiciaire du lieu de résidence de la personne protégée. Si, trente jours après le dépôt, aucune contestation n'a eu lieu, la mesure prendra fin ou sera modifiée dans le sens de la recommandation, sans qu'il y ait eu de jugement. Le tribunal avisera la personne et le Curateur public. En cas de contestation, le juge devra statuer sur la mesure recommandée par les rapports.

Si les rapports de réévaluation recommandent le maintien de la mesure, celle-ci continuera à s'exercer jusqu'à la prochaine réévaluation.

Malgré l'incapacité juridique qui les frappe à des degrés divers, la personne placée sous mesure de protection peut accomplir certains actes, quelquefois seule, quelquefois après autorisation :

– dans le cas de la **tutelle** : elle peut se marier avec l'autorisation de son tuteur et après avis du conseil de tutelle; accepter d'être adoptée par les personnes qui ont rempli le rôle de parents pendant sa minorité; rédiger un testament mais en le faisant valider par le tribunal; gérer le produit de son travail, accepter une donation de peu de valeur; exercer son droit de vote lors d'élections fédérales, provinciales, municipales ou scolaires.

En général, la personne sous tutelle n'a pas le droit de signer un contrat et ne peut pas faire de donations;

– dans le cas de la **curatelle** : les actes qu'elle peut faire se limitent à l'exercice de son droit de vote lors d'élections fédérales uniquement et à l'acceptation d'être adoptée par les personnes qui ont rempli le rôle de parents pendant sa minorité.

La personne sous curatelle ne peut pas signer de contrat, rédiger de testament, accepter ou faire de donation.

01.84 **Rôle du Curateur public.** En plus de représenter les personnes mises sous tutelle ou sous curatelle publique, le Curateur public peut jouer plusieurs rôles dans les mesures privées de protection :

– il intervient lors de la procédure d'ouverture d'un régime de protection quand la situation le justifie;

– il informe les tuteurs et les curateurs qui le demandent de la façon de remplir leurs obligations et les assiste au besoin, tout en exerçant une surveillance sur leur administration;

– il peut donner des avis ou des autorisations au mandataire chargé d'exécuter un mandat dont les termes sont ambigus lorsque celui-ci doit administrer les biens selon les règles relatives à la tutelle;

– il a un pouvoir d'enquête qu'il peut exercer de sa propre initiative ou sur demande;

– il tient les registres des régimes de protection privés et publics et des mandats homologués actuellement en cours.

Le règlement d'application de la loi sur le Curateur public prévoit la facturation d'honoraires pour les services reliés à la protection des personnes inaptes que le Curateur public représente ainsi qu'à la gestion de leurs biens. Ces honoraires sont calculés en fonction du coût de revient des services rendus et des prix du marché. Ils sont indexés sur le coût de la vie et sont soumis aux taxes fédérales et provinciales. La loi donne au Curateur public un pouvoir discrétionnaire d'exiger ou non des honoraires. Il a défini une directive dans laquelle il fixe trois conditions de dispense d'honoraires : des revenus mensuels n'excédant pas le montant maximum de la prestation de sécurité vieillesse, des liquidités n'excédant pas 2 500 dollars et une valeur des actifs nets n'excédant pas 130 000 dollars. Le Curateur public se réserve toutefois de récupérer sur la succession de la personne protégée, si son patrimoine le permet, les honoraires qu'il n'a pas exigés au cours des trois années précédant son décès.

SECTION 4
PROTECTION JURIDIQUE DES MAJEURS AU JAPON

01.91 **Présentation du dispositif**[1]. Le droit japonais de la protection des majeurs a été réformé en 1999[2]. Le Minpo n'énonce pas expressément les principes de nécessité, de subsidiarité et de proportionnalité des mesures de protection des majeurs. Néanmoins, la doctrine estime, de façon unanime, que ces principes s'imposent.

Le Minpo prévoit trois variétés de mesures de protection judiciaire : la tutelle, la curatelle et l'assistance. Il n'existe pas, en revanche, de système comparable à la sauvegarde de la justice.

– La **tutelle** est prononcée dans l'hypothèse où la personne est privée de discernement (Minpo, art. 7). Elle frappe le tutélaire d'une incapacité d'exercice, sauf pour la conclusion des actes de la vie courante (Minpo, art. 9). La personne protégée est représentée par son tuteur pour l'accomplissement de tous les actes de gestion de son patrimoine. La tutelle représente, en pratique, plus de 80 % de l'ensemble des mesures de protection judiciaire prononcées. La doctrine japonaise dénonce cette situation, laquelle porte une atteinte excessive à l'autonomie de la personne protégée et se trouve, de ce fait, peu compatible avec la Convention de l'ONU relative aux droits des personnes handicapées.

– La **curatelle** est prononcée dans le cas où les facultés de la personne sont altérées de façon importante (Minpo, art. 11). La personne en curatelle est assistée pour accomplir certains actes juridiques importants prévus par la loi (Minpo, art. 13). La représentation est facultative.

– L'**assistance** est prononcée dans le cas où la personne fait habituellement preuve d'un discernement insuffisant (Minpo, art. 15). La personne sous assistance est assistée pour une partie des actes énumérés par l'article 13 (Minpo, art. 17). La représentation est, ici également, facultative.

01.92 **Éléments essentiels du dispositif. Ouverture et dévolution de la mesure de protection.** L'article 7 du Minpo affirme que « *le tribunal peut prononcer la mesure de tutelle de toute personne qui se trouve dans un état habituel de manque de discernement, sur la demande de cette personne elle-même, de son con-*

1. Nous exprimons nos plus vifs remerciements à Monsieur Kazuma Yamashiro, professeur adjoint à l'université Waseda, Japon, pour ses très précieux éclairages.

2. J. Sunaga, « Réflexions sur le projet de réforme du droit des majeurs protégés au Japon », *in Mélanges J. Ghestin*, LGDJ, 2001, p. 839.

joint, de ses Shinzokou[1] *jusqu'au 4e degré, de son chef de famille, de son tuteur*[2], *de son conseil ou du procureur impérial* ». Le Minpo fixe pareillement les personnes qui peuvent demander l'ouverture d'une mesure de curatelle (Minpo, art. 11) ou d'assistance (Minpo, art. 15). La liste est limitative sous la réserve des dispositions spéciales prévues par certains textes en matière sociale. Le maire peut ainsi demander l'ouverture d'une mesure de protection lorsqu'aucun membre de la famille ne peut ou ne veut demander la mise sous protection. La saisine d'office du juge n'est pas autorisée.

Le droit japonais encadre la dévolution de la mesure. Le tuteur est librement choisi par le juge, lequel doit tenir compte de toutes les circonstances et, notamment, des sentiments exprimés par la personne à protéger (Minpo, art. 843). Le juge n'est lié par aucune hiérarchie dans le choix des protecteurs familiaux. La désignation d'un mandataire professionnel n'est pas subordonnée à l'impossibilité de confier l'exercice de la mesure à un membre de la famille. La mesure peut être dévolue à d'autres professionnels. Ainsi, n'est-il pas rare, au Japon, que le juge désigne un avocat en qualité de protecteur.

Le droit japonais de la protection des majeurs ne connaît pas la désignation anticipée du tuteur ou du curateur. Pour autant, le juge est tenu de respecter les sentiments exprimés par la personne à protéger dès lors qu'ils sont conformes à son intérêt (Minpo, art. 843, al. 4).

01.93 **Mandat de protection future.** L'une des principales finalités de la réforme de 1999 était d'introduire en droit japonais une mesure de protection conventionnelle. Celle-ci revêt la nature juridique du contrat de mandat mais son régime juridique obéit à des dispositions particulières sur le terrain de sa formation et de sa prise d'effet. Le **mandat de protection future** est nécessairement notarié et sa mise en œuvre est subordonnée à la constatation par le juge de l'altération des facultés mentales du mandant (loi n° 150, 8 déc. 1999, sur le mandat de protection future, art. 3 et 4).

1. C'est-à-dire ses parents et alliés.
2. Ce qui vise le mineur.

CHAPITRE

02. Sources internationales du droit de la protection juridique des majeurs et des mineurs

SECTION 0
ORIENTEUR

02.00 **Plan du chapitre.**

02.01 **Textes applicables.**

TEXTES SOURCES

> Textes de droit interne

C. civ., art. 3, 14 et 15 et C. pr. civ., art. 1233

> Textes de droit international et textes d'intégration ou d'application en droit interne

• Conv. EDH, 4 nov. 1950, et protocoles additionnels

• Conv. La Haye, 5 oct. 1961, concernant la compétence des autorités et la loi applicable en matière de protection des mineurs

• CIDE, 20 nov. 1989, convention internationale sur les droits des enfants, et protocoles additionnels

• Conv. New York, 8 oct. 1990, relative aux droits de l'enfant

• Conv. La Haye, 19 oct. 1996, renforçant le principe de la compétence des juridictions de l'État contractant de la résidence habituelle du mineur

* Décr. n° 2011-1572, 18 nov. 2011

• Conv. La Haye, 13 janv. 2000, sur la protection internationale des adultes

* L. n° 2008-737, 28 juill. 2008

* Décr. n° 2008-1547, 30 déc. 2008

* Circ. DACS, Bureau de l'entraide civile et commerciale internationale, 6 janv. 2009

• CIDPH, 13 déc. 2006, convention internationale relative aux droits des personnes handicapées

> Textes de droit communautaire et de l'Union européenne

• Régl. (CE) n° 2201/2003, du Conseil, dit « Bruxelles II *bis* », 27 nov. 2003, relatif à la compétence, la reconnaissance et l'exécution des décisions en matière matrimoniale et en matière de responsabilité parentale, abrogeant le règlement (CE) n° 1347/2000, *JOCE* L 338, 23 déc. 2003, p. 1.

et Régl. (CE) n° 4/2009, du Conseil, 18 déc. 2008, relatif à la compétence, la loi applicable, la reconnaissance et l'exécution des décisions et la coopération en matière d'obligations alimentaires, *JOCE* L 7, 10 janv. 2009, p. 1. (*entré en vigueur le 18 juin 2011*).

• Règl. (UE) n° 1259/2010, dit « Rome III », du Conseil, 20 déc. 2010, mettant en œuvre une coopération renforcée dans le domaine de la loi applicable au divorce et à la séparation de corps, *JOUE* L 343, 29 déc. 2010, p. 10 *(applicable depuis le 21 juin 2012)*.

• Règl. (UE) n° 606/2013, du Parlement européen et du Conseil, 12 juin 2013, relatif à la reconnaissance mutuelle des mesures de protection en matière civile, *JOUE* L 181/4, 29 juin 2013, p. 4-12 (*entré en vigueur le 11 janv. 2015*).

• Recommandation. CM/Rec. (2015) 4 du Conseil de l'Europe, 11 févr. 2015, relative à la prévention et à la résolution des conflits sur le déménagement de l'enfant.

http://www.coe.int/t/dghl/standardsetting/cdcj/CDCJ%20Recommendations/CMRec(2015)4F%20et%20expose%20des%20Motifs_d%C3%A9m%C3%A9nagement%20de%20l'enfant.pdf

> Sites internet utiles pour rechercher et consulter ces textes

http://www.justice.gouv.fr/europe-et-international-10045/entraide-civile-internationale-11847/recherche-par-territoire-19584.html

http://www.doc.diplomatie.fr/pacte/ [pour vérifier l'existence ou non d'une convention bilatérale]

http://basedoc.diplomatie.gouv.fr/Traites/Accords Traites.php [base des traites et accords de la France]

http://www.hcch.net/index_fr.php?act=conventions.text&cid=71 [site de la conférence de La Haye du 17 septembre 2008]

www.hcch.net [guide pratique pour l'application de la Conv. de La Haye 80] http://www.jafbase.fr (base de données du DIP applicable devant le JAF français)

http://www.defenseurdesdroits.fr

TEXTES *IN EXTENSO*

> Textes de droit interne

[C. civ., art. 3, 14 et 15 et C. pr. civ., art. 1233]

C. civ., art. 3

Les lois de police obligent tous ceux qui habitent le territoire.

Les immeubles, même ceux possédés par des étrangers, sont régis par la loi française.

Les lois concernant l'état et la capacité des personnes régissent les Français, même résidant en pays étranger.

C. civ., art. 14

L'étranger, même non résidant en France, pourra être cité devant les tribunaux français, pour l'exécution des obligations par lui contractées en France avec un Français; il pourra être traduit devant les tribunaux de France, pour les obligations par lui contractées en pays étranger envers des Français.

C. civ., art. 15

Un Français pourra être traduit devant un tribunal de France, pour des obligations par lui contractées en pays étranger, même avec un étranger.

C. pr. civ., art. 1233

Un extrait de toute décision portant ouverture, modification de régime ou de durée ou mainlevée d'une mesure de curatelle ou de tutelle concernant un majeur est transmis par tout moyen au greffe du tribunal de grande instance dans le ressort duquel est née la personne protégée, à fin de conservation au répertoire civil et de publicité par mention en marge de l'acte de naissance selon les modalités prévues au chapitre III du présent titre.

Lorsque la décision est rendue par le juge des tutelles, la transmission est faite par le greffe du tribunal d'instance dans les quinze jours qui suivent l'expiration des délais de recours.

Lorsque la décision est rendue par la cour d'appel, la transmission est faite par le greffe de cette cour dans les quinze jours de l'arrêt.

Lorsqu'une mesure de protection a pris fin par l'expiration du délai fixé, avis en est donné par tout moyen et aux mêmes fins par le greffe du tribunal d'instance, saisi par tout intéressé, au greffe du tribunal de grande instance dans le ressort duquel est née la personne protégée.

> Textes de droit international et textes d'intégration ou d'application en droit interne

• **Conv. EDH, 4 nov. 1950, et protocoles additionnels** [L'état des signatures et des ratifications de la Convention et de ses protocoles ainsi que la liste complète des déclarations et réserves peuvent être consultés sur le site : http://conventions.coe.int].

• **Conv. La Haye, 5 oct. 1961,** concernant la compétence des autorités et la loi applicable en matière de protection des mineurs *(entrée en vigueur le 4 février 1969).*

• **Conv. des Nations Unies, 20 nov. 1989,** relative aux droits de l'enfant (CIDE) *(ratifiée par la France le 7 août 1990, entrée en vigueur le 22 septembre 1990)*

• **Conv. New York, 8 oct. 1990,** relative aux droits de l'enfant.

• **Conv. La Haye, 19 oct. 1996,** renforce le principe de la compétence des juridictions de l'État contractant de la résidence habituelle du mineur *(adhésion le 2 août 2007).*

* **Décr. n° 2011-1572, 18 nov. 2011,** portant publication de la Convention concernant la compétence, la loi applicable, la reconnaissance, l'exécution et la coopération en matière de responsabilité parentale de mesures de protection des enfants *(signée à La Haye le 19 oct. 1996).*

• **Conv. La Haye, 13 janv. 2000,** sur la protection internationale des adultes.

* **L. n° 2008-737, 28 juill. 2008,** ratifiant la Convention sur la protection internationale des adultes, faite à La Haye le 13 janvier 2000, signée par la France le 13 juillet 2001, *JO* 30 juill., p. 12202.

* **Décr. n° 2008-1547, 30 déc. 2008,** portant publication de la Convention sur la protection internationale des adultes, faite à La Haye le 13 janvier 2000, signée par la France le 13 juillet 2001, *JO* 1er janv. 2009, p. 43.

* **Circ. DACS, Bureau de l'entraide civile et commerciale internationale, 6 janv. 2009,** relative à l'entrée en application de la convention de La Haye du 13 janv. 2000 sur la protection internationale des adultes (Circ. civ./14/08; NOR JUS C 0830965R).

• **Conv. internationale relative aux droits des personnes handicapées (CIDPH),** 13 déc. 2006 *(entrée en vigueur* [entre États membres des Nations Unies] *le 3 mai 2008 – ratifiée par la France le 18 février 2010, entrée en vigueur le 20 mars 2010)*

* **L. n° 2009-1791, 31 déc. 2009,** autorisant la ratification de la Convention internationale relative aux droits des personnes handicapées, *JO* 3 janv. 2010, p. 121.

* **Décr. n° 2010-356, 1er avr. 2010,** portant publication de la Convention relative aux droits des personnes handicapées (ensemble un protocole facultatif), signée à New York le 30 mars 2007, *JO* 3 avr., p. 6501.

CIDPH, art. 12 – Reconnaissance de la personnalité juridique dans des conditions d'égalité

1. Les États parties réaffirment que les personnes handicapées ont droit à la reconnaissance en tous lieux de leur personnalité juridique.

2. Les États parties reconnaissent que les personnes handicapées jouissent de la capacité juridique dans tous les domaines, sur la base de l'égalité avec les autres.

3. Les États parties prennent des mesures appropriées pour donner aux personnes handicapées accès à l'accompagnement dont elles peuvent avoir besoin pour exercer leur capacité juridique.

4. Les États parties font en sorte que les mesures relatives à l'exercice de la capacité juridique soient assorties de garanties appropriées et effectives pour prévenir les abus, conformément au droit international des droits de l'homme. Ces garanties doivent garantir que les mesures relatives à l'exercice de la capacité juridique respectent les droits, la volonté et les préférences de la personne concernée, soient exemptes de tout conflit d'intérêt et ne donnent lieu à aucun abus d'influence, soient proportionnées et adaptées à la situation de la personne concernée, s'appliquent pendant la période la plus brève possible et soient soumises à un contrôle périodique effectué par un organe compétent, indépendant et impartial ou une instance judiciaire. Ces garanties doivent également être proportionnées au degré auquel les mesures devant faciliter l'exercice de la capacité juridique affectent les droits et intérêts de la personne concernée.

5. Sous réserve des dispositions du présent article, les États parties prennent toutes mesures appropriées et effectives pour

garantir le droit qu'ont les personnes handicapées, sur la base de l'égalité avec les autres, de posséder des biens ou d'en hériter, de contrôler leurs finances et d'avoir accès aux mêmes conditions que les autres personnes aux prêts bancaires, hypothèques et autres formes de crédit financier; ils veillent à ce que les personnes handicapées ne soient pas arbitrairement privées de leurs biens.

CIDPH, art. 13 – Accès à la justice

1. Les États parties assurent l'accès effectif des personnes handicapées à la justice, sur la base de l'égalité avec les autres, y compris par le biais d'aménagements procéduraux et d'aménagements en fonction de l'âge, afin de faciliter leur participation effective, directe ou indirecte, notamment en tant que témoins, à toutes les procédures judiciaires, y compris au stade de l'enquête et aux autres stades préliminaires.

2. Afin d'aider à assurer l'accès effectif des personnes handicapées à la justice, les États Parties favorisent une formation appropriée des personnels concourant à l'administration de la justice, y compris les personnels de police et les personnels pénitentiaires.

> Textes de droit communautaire et de droit de l'Union européenne

V. *supra*, dans TEXTES SOURCES.

02.02 Jurisprudence de référence.

> Convention franco-marocaine du 10 août 1981

– Application des articles 14 et 15 du Code civil au ressortissant français.

• **Civ. 1re, 20 mai 2003, n° 01-02.959,** *Bull. civ.* I, n° 121

* V. s^s n° 02.45

L'article 24 de la convention franco-marocaine du 10 août 1981 n'édicte des règles indirectes de compétence, exclusives de l'application des articles 14 et 15 du Code civil, qu'au stade de la reconnaissance d'une décision marocaine. Tel n'est pas le cas de la demande d'une mère de nationalité marocaine de fixer à son domicile en France la résidence de l'enfant né de son union dissoute par un divorce prononcé par une décision marocaine qui relève de la compétence directe du juge français et alors que le père, défendeur, est français.

> Convention de sauvegarde des droits de l'homme et des libertés fondamentales du 4 novembre 1950

– La protection dont bénéficie un majeur protégé dans tous les actes de la vie civile est applicable à la procédure pénale conduite contre lui.

• **CEDH, 3e sect., 30 janv. 2001, Vaudelle c/France, req. n° 35683/97**

* V. s^s n° 02.12

La Cour estime, comme le requérant, que, puisqu'il était considéré comme incapable d'agir seul pour son propre compte dans les actes la vie civile, il devait l'être également dans le cadre d'une procédure pénale conduite contre lui. En cette matière, était en jeu le droit à la liberté dont la Cour a toujours affirmé l'importance dans une société démocratique. Ainsi, une procédure pénale aura des conséquences bien plus graves qu'une procédure civile. La Cour ne voit donc pas en quoi et pourquoi un individu reconnu inapte à défendre ses intérêts civils et bénéficiant d'une assistance à cet effet ne disposerait pas également d'une assistance pour se défendre contre une accusation pénale dirigée contre lui.

– La Convention européenne des droits de l'homme est directement applicable à la durée de la procédure tutélaire devant les juges internes.

• **CEDH 17 juin 2003, Lutz c/France, req. n° 49531/99** (n° 2)

* V. s^s n° 02.13

Le délai raisonnable prévu à l'article 6 § 1 de la Convention européenne des droits de l'homme s'applique aux procédures tutélaires, et notamment à celle relative à la mainlevée d'une mesure de tutelle à l'égard d'une personne majeure. En outre, la Cour apprécie le caractère raisonnable de la durée de la procédure tutélaire, suivant les circonstances de la cause, en prenant en considération les critères de la complexité de l'affaire, du comportement du requérant, de celui des autorités compétentes, ainsi que de l'enjeu du litige pour les intéressés.

– Les exigences du « procès équitable » issues de la Convention européenne des droits de l'homme sont directement applicables aux procédures tutélaires.

• **Civ. 1re, 13 juill. 2004, n° 01-14.506,** *Bull. civ.* I, n° 205

* V. s^s n° 02.14

Le fait d'aviser tardivement l'auteur d'un recours contre une décision du juge des tutelles de la date d'audience devant le tribunal de grande instance, privant ainsi ce dernier de la possibilité d'assister aux débats et de se défendre personnellement, contrevient aux dispositions de l'article 6 § 1 de la Convention européenne de sauvegarde des droits de l'homme et des libertés fondamentales et de l'article 1259 du Nouveau Code de procédure civile.

> Convention de La Haye du 5 octobre 1961 concernant la compétence des autorités et la loi applicable en matière de protection des mineurs

– Application de la Convention internationale.

• **Civ. 1re, 6 févr. 2001, n° 98-21.598,** *Bull. civ.* I, n° 23

* V. s^s n° 02.53

Le juge des tutelles tient de la convention de La Haye du 5 octobre 1961 concernant la compétence des autorités et la loi applicable en matière de protection des mineurs le pouvoir de prendre des mesures de protection prévues par la loi française de la résidence habituelle du mineur pouvant conduire à l'organisation de la tutelle.

02.03 Bibliographie.

Actualisable. *J.-Cl. Droit international*, fasc. 545, « Capacité : règles générales et protection des incapables majeurs ».

Ouvrage. N. Baillon-Wirtz *et alii*, *L'enfant, sujet de droits (filiation, patrimoine, protection)*, « Axe Droit », Lamy, 2010, p. 143 – D. Vitkauskas et G. Dikov, *La protection du droit à un procès équitable par la Convention européenne des droits de l'homme*, « Précis sur les droits de l'homme », Conseil de l'Europe, 2012 [www.coe.int/justice].

Articles. B. Ancel et H. Muir Watt, « L'intérêt supérieur de l'enfant dans le concert des juridictions : le règlement Bruxelles II *bis* », *Rev. crit. DIP* 2005. 569 – I. Barrière-Brousse, « Le nouveau droit international privé des incapacités et la loi du 5 mars 2007 », *Dr. fam.* 2009. Étude 14 – P. Courbe, « L'application directe de la Convention des Nations Unies sur les droits de l'enfant », *D.* 2006. 1487 – A. Gouttenoire, « Cohérence des contrôles de conventionnalité et de constitutionnalité en matière de droit des personnes et de la famille », *Nouv. cah. Cons. const.* 2013, n° 39, p. 63 s.; « La famille dans la jurisprudence de la Cour européenne des droits de l'homme », *Dr. fam.* 2011. Étude 10, n° 4 – P. Lagarde, « La convention de La Haye du 13 janvier 2000 sur la protection internationale des adultes », *Rev. crit. DIP* 2000. 159 – J.-P. Marguénaud, « Les aspects procéduraux de la protection des majeurs au regard de la CEDH », *LPA* 2010, n° 220, p. 10 – P. Murat, « Convention internationale des droits de l'enfant : on aime ou on n'aime pas, mais on ne peut ignorer », *Dr. fam.* 2009. Repère 10 – E. Pecqueur, A. Caron-Déglise et T. Verheyde, « Capacité juridique et protection juridique à la lumière de la Convention des Nations Unies relative aux droits des personnes handicapées », *D.* 2016. 958 – M. Revillard, « Administration des biens des mineurs, entrée en vigueur de la convention de La Haye du 19 octobre 1996 », *Defrénois* 2011, n° 1, art. 39185, p. 29 – M. Roccati, « La protection des majeurs incapables sous l'influence du droit européen », *Gaz. Pal.* 2009, n° 64, p. 4 – D. Roman, « Vieillesse et droits fondamentaux : l'apport de la construction européenne », *RDSS* 2008. 267 – C. Ruet, « Protection de la personne en curatelle, liberté matrimoniale ou droit au mariage : l'approche interne confrontée à l'approche européenne », *Rev. dr. homme* 2014/5 [https://revdh.revues.org/677] – F. Vasseur-Lambry, « Le statut civil du majeur protégé et le droit supranational des droits de l'homme », *Dr. fam.* 2011. Étude 3.

Rapports. M. Blatman, *L'effet direct des stipulations de la Convention internationale relative aux droits des personnes handicapées*, Rapport au Défenseur des droits, déc. 2016 – Défenseur des droits, *La protection juridique des majeurs vulnérables*, rapport, sept. 2016 – F. Jegu et J. Estrade, *La Convention relative aux droits des personnes handicapées. Comprendre et mobiliser la Convention pour défendre les droits des personnes handicapées*, guide remis au Défenseur des droits, déc. 2016 – J. Remiller, *Rapport au nom de la commission des Affaires étrangères sur le projet de loi, adopté par le Sénat, autorisant la ratification de la convention de La Haye du 13 janvier 2000 sur la protection internationale des adultes*, doc. AN n° 1053, 15 juill. 2008.

SECTION 1
DIMENSION EUROPÉENNE DU DROIT DES TUTELLES

02.11 Recommandation du 23 février 1999 du Conseil de l'Europe[1]. Jusqu'à ces dernières années, le droit des personnes mineures ou majeures protégées était un droit national relevant de chaque État. Dans le cadre du Conseil de l'Europe, les États membres ont commencé à élaborer quelques textes proposant l'adoption de « *règles communes* », notamment en matière de tutelle des majeurs.

Ainsi, le Comité des ministres du Conseil de l'Europe a édicté une recommandation (n° R 99-4), en date du 23 février 1999, relative à la protection juridique des majeurs incapables. Ce texte énumère une série de « principes directeurs » qui devraient régir les différents droits nationaux en matière de protection juridique des personnes majeures. Il prévoit notamment le droit pour la personne protégée d'« *être entendue personnellement dans le cadre de toute procédure pouvant avoir une incidence sur sa capacité juridique* » (principe 13). Il prévoit également que les mesures de protection devraient être limitées dans le temps (c'est-à-dire faire l'objet de « *révisions périodiques* » et de « *voies de recours appropriées* ») (principe 14).

1. Rec. Comité min. Conseil de l'Europe n° 99-4, 23 févr. 1999, relative à la protection juridique des majeurs incapables.

02.12 Influence directe de la jurisprudence de la Cour européenne des droits de l'homme sur le droit interne des tutelles.

1°) Situation antérieure à la loi n° 2007-308 du 5 mars 2007. En droit positif, la Cour européenne des droits de l'homme, dans un arrêt en date du 30 janvier 2001, *Vaudelle c/France*, a estimé que la protection dont bénéficie un majeur protégé dans tous les actes de la vie civile est applicable à la procédure pénale conduite contre lui.

L'arrêt énonce notamment : « *La Cour estime, comme le requérant, que puisqu'il était considéré comme incapable d'agir seul pour son propre compte dans les actes la vie civile, il devait l'être également dans le cadre d'une procédure pénale conduite contre lui. En cette matière, était en jeu le droit à la liberté dont la Cour a toujours affirmé l'importance dans une société démocratique. Ainsi, une procédure pénale aura des conséquences bien plus graves qu'une procédure civile. La Cour ne voit donc pas en quoi et pourquoi un individu reconnu inapte à défendre ses intérêts civils et bénéficiant d'une assistance à cet effet ne disposerait pas également d'une assistance pour se défendre contre une accusation pénale dirigée contre lui* »[2].

Cette jurisprudence a été interprétée comme signifiant que, dans l'avenir, une personne protégée ne pourrait être valablement citée devant une juridiction répressive que si son représentant (ou assistant) légal avait lui-même fait l'objet d'une citation à cet effet. En raison de sa portée générale, cette jurisprudence a eu vocation à s'appliquer non seulement aux régimes d'assistance, mais aussi de représentation du majeur protégé. Selon M. le professeur Jean-Pierre Marguénaud, il ne fait guère de doute que l'affaire Vaudelle a permis à la Cour européenne des droits de l'homme de « *débusquer dans notre droit des incapacités une malfaçon qui, semble-t-il, affecte autant la tutelle que la curatelle* »[3].

Elle se référait explicitement à sa jurisprudence habituelle, selon laquelle « *des garanties spéciales de procédure peuvent s'imposer pour protéger ceux qui, en raison de leurs troubles mentaux, ne sont pas entièrement capables d'agir pour leur propre compte* »[4].

2. CEDH, 3e sect., 30 janv. 2001, Vaudelle c/France, req. n° 35683/97 ; *D.* 2002. 354, note Gouttenoire-Cornut et Rubi-Cavagna; 2164, obs. Lemouland; *JCP* 2001. II. 10526, note Di Raimondo; *RTD civ.* 2001. 330, obs. Hauser; 439, obs. Marguénaud – L. Boré, « Capacité pour agir et se défendre devant le juge pénal », *JCP* 2002. I. 179, spéc. nos 4-14.
3. J.-P. Marguénaud, *RTD civ.* 2001. 439.
4. CEDH 24 oct. 1979, Winterwerp c/Pays-Bas, req. n° 6301/73, série A, n° 33, p. 24, § 60 – CEDH 12 mai 1992, Megyeri c/Allemagne, req. n° 13770/88, série A, n° 237-A, p. 11, § 22 – CEDH 8 févr. 2000, Prinz c/Autriche, req. n° 23867/94, § 44, inédit.

Il était paradoxal de constater que le droit français des tutelles protégeait le majeur qui en bénéficiait dans les actes de la vie civile (dont les effets étaient jusqu'à présent essentiellement patrimoniaux), alors qu'il omettait de lui assurer une quelconque protection lorsqu'il faisait l'objet de poursuites pénales dont les conséquences sont pourtant bien plus graves pour sa personne puisqu'elles peuvent conduire à le priver sa liberté individuelle dans un système institutionnel où le juge judiciaire en est le gardien[1]. À ce sujet, M. le professeur Jean-Pierre Marguénaud soulignait d'ailleurs la contradiction qui « *consiste à accorder à un individu inapte une assistance pour défendre ses intérêts civils et à la lui refuser pour se défendre contre une accusation pénale, dont les conséquences sont pourtant bien plus graves* »[2].

Il semblait également difficilement concevable d'omettre de protéger le majeur « incapable », au sens du droit, au cours d'une procédure pénale alors que celle-ci pouvait, à l'instar d'une procédure civile, avoir des conséquences sur ses droits patrimoniaux lorsque la juridiction statuait sur les intérêts civils des victimes de l'infraction qui s'étaient constituées en qualité de parties civiles.

Par son arrêt du 30 janvier 2001, la Cour de Strasbourg a mis en évidence les carences de notre dispositif de protection légale des majeurs face au droit pénal et a invité le législateur français à le réformer sur ce point. Dans les conclusions de son opinion concordante, M. Jean-Paul Costa, juge français à la Cour européenne des droits de l'homme, précisait : « *J'ai donc finalement voté la violation de l'article 6; et je souhaite que le problème des effets, en matière pénale, des régimes juridiques de protection soit reconsidéré. La Cour de Strasbourg est parfois un accoucheur des réformes dans les États parties à la Convention; le présent arrêt me paraît, à tout le moins, le révélateur d'un problème* »[3].

2°) La loi n° 2007-308 du 5 mars 2007 et les articles 706-112 à 706-118 du Code de procédure pénale. Depuis, le 7 mars 2007, date de publication de la loi, le législateur français tirant les conséquences de l'arrêt *Vaudelle* du 30 janvier 2001, a créé un statut pénal applicable aux majeurs protégés faisant l'objet de poursuites devant une juridiction répressive (C. pr. pén., art. 706-112 à 706-118, issus de la loi n° 2007-308 du 5 mars 2007).

02.13 Application directe de la Convention européenne des droits de l'homme à la durée de la procédure tutélaire devant les juges internes.

Selon l'article 6 § 1 de la Convention européenne des droits de l'homme[4], la juridiction nationale saisie de contestations relatives aux droits et obligations de caractère civil des parties est tenue d'entendre leur cause dans un « *délai raisonnable* ». Par un arrêt du 17 juin 2003, la Cour européenne décide que le délai raisonnable prévu à l'article 6 § 1 susmentionné s'applique aux procédures tutélaires, et notamment à celle relative à la mainlevée d'une mesure de tutelle à l'égard d'une personne majeure.

Conformément à sa jurisprudence antérieure, et notamment l'arrêt *Frydlender*, dans lequel la Cour rappelle que la durée raisonnable d'une procédure doit s'apprécier suivant les circonstances de la cause et à l'aide des critères suivants : complexité de l'affaire, comportement du requérant et celui des autorités compétentes, enjeu du litige pour l'intéressé (v. not. l'arrêt *Comingersoll SA c/Portugal* [GC][5]) :

« 21. *La Cour rappelle que le caractère raisonnable de la durée d'une procédure (de tutelle en l'espèce) s'apprécie suivant les circonstances de la cause et eu égard aux critères consacrés par sa jurisprudence, en particulier la complexité de l'affaire, le comportement du requérant et celui des autorités compétentes ainsi que l'enjeu du litige pour les intéressés (v., parmi beaucoup d'autres, l'arrêt* Frydlender c/France *[GC]*[6]).

22. *La Cour considère que l'affaire ne présentait pas de difficulté particulière. Dès lors, elle estime qu'une durée de trois ans, neuf mois et dix-huit jours devant la Cour de cassation ne saurait, en soi, être considérée comme répondant aux exigences du "délai raisonnable" garanti par l'article 6 § 1 de la Convention, d'autant plus que la procédure avait déjà duré plus d'un an et quatre mois auparavant (cf.,* mutatis mutandis, *les arrêts* Sagema SNC et Rotondi c/Italie, *n*os *40184/98 et 38113/97, 27 avril 2000). La Cour relève de surcroît*

1. Const. 4 oct. 1958, art. 66, al. 2 : « *L'autorité judiciaire, gardienne de la liberté individuelle, assure le respect de ce principe dans les conditions prévues par la loi* ».
2. J.-P. Marguénaud, *RTD civ.* 2001. 439.
3. CEDH, 3e sect., 30 janv. 2001, Vaudelle c/France, req. n° 35683/97 (préc. ss prést n°) – Statut pénal du majeur protégé à la suite de la loi n° 2007-308 du 5 mars 2007 (C. pr. pén., art. 706-112 à 706-118) (v. ss nos 216.20 s.).
4. Conv. EDH, art. 6 § 1 : « *Toute personne a droit à ce que sa cause soit entendue équitablement, publiquement et dans un délai raisonnable, par un tribunal indépendant et impartial, établi par la loi, qui décidera, soit des contestations sur ses droits et obligations de caractère civil, soit du bien-fondé de toute accusation en matière pénale dirigée contre elle. Le jugement doit être rendu publiquement, mais l'accès de la salle d'audience peut être interdit à la presse et au public pendant la totalité ou une partie du procès dans l'intérêt de la moralité, de l'ordre public ou de la sécurité nationale dans une société démocratique, lorsque les intérêts des mineurs ou la protection de la vie privée des parties au procès l'exigent, ou dans la mesure jugée strictement nécessaire par le tribunal, lorsque dans des circonstances spéciales la publicité serait de nature à porter atteinte aux intérêts de la justice* ».
5. CEDH 6 avr. 2000, gr. ch., Comingersoll SA c/Portugal, req. n° 35382/97, § 19, *Rec. CEDH* 2000-IV; *AJDA* 2000. 526, chron. Flauss.
6. CEDH 27 juin 2000, Frydlender c/France, req. n° 30979/96, § 43, *Rec. CEDH* 2000-VII; *AJDA* 2000. 1006, chron. Flauss; *RFDA* 2001. 1250, chron. Labayle et Sudre.

que le Gouvernement déclare s'en remettre à la sagesse de la Cour pour l'appréciation de la durée de la procédure.

23. *Ces éléments suffisent à la Cour pour conclure que la cause du requérant n'a pas été entendue dans un délai raisonnable. Partant, il y a eu violation de l'article 6 § 1 de la Convention* »[1].

02.14 Application directe de la Convention européenne des droits de l'homme à l'instance se déroulant devant le juge des tutelles. La Cour de cassation a en outre, jugé, dans un arrêt du 13 juillet 2004, que le fait d'aviser tardivement l'auteur d'un recours contre une décision du juge des tutelles, de la date d'audience devant le tribunal de grande instance, le privant ainsi de la possibilité d'assister aux débats et de se défendre personnellement, contrevient aux dispositions de l'article 6 § 1 de la Convention européenne des droits de l'homme et de l'article 1249 du Code de procédure civile[2]. Cet arrêt confirme la volonté déjà exprimée par la Cour de cassation de soumettre désormais les procédures tutélaires aux exigences du procès équitable.

SECTION 2
DIMENSION INTERNATIONALE DU DROIT DES TUTELLES

§ 1
Convention internationale des droits de l'enfant

02.21 Objet de la Convention internationale des droits de l'enfant. Cette convention (CIDE) a été adoptée par la résolution 44/25 de l'assemblée générale des Nations unies du 20 novembre 1989. Ratifiée par la France le 7 août 1990, elle est entrée en vigueur le 22 septembre 1990. Comme d'autres conventions, et notamment la Convention internationale relative aux droits des personnes handicapées (CIDPH), elle est dotée d'un organe de contrôle chargé de veiller à l'exécution par les États de leurs obligations conventionnelles et d'examiner les progrès accomplis : le Comité des droits de l'enfant.

La Convention des droits de l'enfant se réfère expressément à la Déclaration universelle des droits de l'homme (DUDH) et aux pactes internationaux relatifs aux droits de l'homme en soulignant que « *l'enfance a droit à une aide et à une assistance spéciales* », que la famille « *unité fondamentale de la société et milieu naturel pour la croissance et le bien-être de tous ses membres et en particulier des enfants, doit recevoir la protection et l'assistance dont elle a besoin pour pouvoir jouer pleinement son rôle dans la communauté* ». Les États signataires s'engagent à respecter les droits de la Convention et à les garantir à tout enfant, sans discrimination aucune, indépendamment de toute considération tenant notamment à l'incapacité (CIDE, art. 2 § 1).

Dans toutes les décisions concernant les enfants, « *l'intérêt supérieur de l'enfant doit être une considération primordiale* », en anglais le « *best interest* » (CIDE, art. 3 § 1). Des dispositions spécifiques aux enfants handicapés y figurent également à l'article 23 et, pour l'ensemble des enfants, des droits, des libertés et des protections sont affirmés :

- **droits** : droit à la vie (CIDE, art. 6), à la connaissance de ses parents (CIDE, art. 7), au maintien des liens avec ses deux parents sauf à en décider autrement en raison de son intérêt supérieur (CIDE, art. 9.1, 9.3), droit à la sécurité sociale (CIDE, art. 26), droit à un niveau de vie suffisant pour permettre son développement physique mental, spirituel, moral et social (CIDE, art. 27.1), droit à l'éducation (CIDE, art. 28), au repos, au jeu et aux loisirs (CIDE, art. 31) ;
- **libertés** : liberté d'exprimer librement son opinion sur toute question l'intéressant (CIDE, art. 12.1), possibilité d'être entendu dans toute procédure judiciaire ou administrative l'intéressant (CIDE, art. 12.2), liberté d'expression (CIDE, art. 13), de pensée, de conscience et de religion (CIDE, art. 14), liberté d'association et de réunion pacifique (CIDE, art. 15) ;
- **protections** : encouragement des médias à élaborer une information visant à promouvoir son bien-être social, spirituel et moral ainsi que sa santé physique et mentale (CIDE, art. 17), aide appropriée des États à l'égard des parents afin qu'ils puissent exercer leur responsabilité commune à l'égard des enfants (CIDE, art. 18), protéger l'enfant contre toute forme de violence par des mesures législatives, administratives, sociales et éducatives (CIDE, art. 19), protection contre la drogue (CIDE, art. 33), contre toutes les formes d'exploitation sexuelle et de violence sexuelle (CIDE, art. 34).

Trois protocoles additionnels facultatifs se sont ajoutés à la Convention :

- les deux premiers l'ont été le 25 mai 2000 et sont entrés en vigueur respectivement le 18 janvier 2002 (**protocole sur la vente, la prostitution et la pornographie des enfants**) et le 12 février 2002 (**protocole relatif à l'implication des enfants dans les conflits armés**). La France les a ratifiés le 5 février 2003.
- Le troisième protocole facultatif, adopté par l'assemblée générale des Nations unies en séance plénière le 19 décembre 2011, est entré en vigueur le 14 avril 2014 après sa ratification par un dixième État. La France l'a signé le 20 novembre 2014, ratifié

1. CEDH 17 juin 2003, Lutz c/France (n° 2), req. n° 49531/99, *Dr. fam.* 2003, n° 154, note de Lamy.
2. Civ. 1re, 13 juill. 2004, n° 01-14.506, *Bull. civ.* I, n° 205 ; *D.* 2006. Pan. 1571, obs. Lemouland et Plazy ; *AJ fam.* 2004. 367, obs. Attuel-Mendès ; *RTD civ.* 2004. 716, obs. Hauser ; *Dr. fam.* mai 2005, n° 123, note Fossier ; *Procédures* 2005, n° 284, note Arbellot.

le 7 avril 2016 et il est devenu applicable à compter du 7 avril 2016[1]. Ce protocole permet au Comité des droits de l'enfant de recevoir les « *communications individuelles* » présentées par des particuliers ou des groupes de particuliers relevant d'un État partie qui affirment être victimes d'une violation par cet État de l'un des droits de la Convention. Dans le cadre de ces communications, le Comité peut demander à l'État de prendre les mesures provisoires nécessaires pour éviter un préjudice irréparable pour la victime, avant de prendre une décision sur le fond (Prot., art. 8.1). Il peut aussi tenter de parvenir à un règlement amiable (Prot., art. 9.2). Une procédure d'enquête est par ailleurs prévue pour les « violations graves ou systématiques » des droits de la Convention et des protocoles (Prot., art. 13.1 et 13.2).

02.22 Application de la Convention internationale des droits de l'enfant : applicabilité directe limitée mais évolution en cours hors applicabilité directe. En droit français, seules les dispositions qui d'une part visent directement l'enfant et ne s'adressent qu'indirectement aux États et d'autre part sont suffisamment précises peuvent être directement invoquées devant les juridictions.

Après avoir été jugée dépourvue d'effet direct en droit interne au motif qu'elle ne créait des obligations qu'à l'égard des États parties[2], la première chambre civile de la Cour de cassation a en effet opéré un revirement en cassant un arrêt de cour d'appel au visa des articles 3.1 et 12.2 de la CIDE au motif « *que dans toutes les décisions qui concernent les enfants, l'intérêt supérieur de l'enfant doit être une considération primordiale; que lorsque le mineur capable de discernement demande à être entendu, il peut présenter sa demande au juge en tout état de la procédure et même, pour la première fois, en cause d'appel; que son audition ne peut être écartée que par une décision spécialement motivée* »[3].

Le même jour, une décision a rejeté le pourvoi formé contre un arrêt de cour d'appel qui avait « *tenu compte de l'intérêt supérieur de l'enfant au sens de l'article 3.1 de la Convention du 26 janvier 1990 relative aux droits de l'enfant, en organisant un droit de visite* »[4].

Un troisième arrêt est encore plus clair sur **l'effet direct de la CIDE** tout en spécifiant que cet effet direct s'attache à une disposition de celle-ci en particulier, l'article 3.1 : « *Mais attendu qu'il résulte de l'article 13, b, de la convention de La Haye du 25 octobre 1980, qu'il ne peut être fait exception au retour immédiat de l'enfant que s'il existe un risque de danger grave ou de création d'une situation intolérable; qu'en vertu de l'article 3.1 de la convention de New York relative aux droits de l'enfant, disposition qui est d'application directe devant la juridiction française, ces circonstances doivent être appréciées en considération primordiale de l'intérêt supérieur de l'enfant* »[5].

Le rapport annuel de la Cour de cassation sur ce dernier arrêt explique que si la première chambre a reconnu l'application directe de certaines dispositions de la CIDE, « *cela ne signifie nullement que l'ensemble des dispositions [...] sera considéré comme d'application directe; la plupart d'entre elles, en effet, ne font que proclamer des engagements des États parties, mais certaines reconnaissent à l'enfant des droits qu'il sera en mesure d'invoquer devant nos tribunaux (ainsi le droit d'être entendu dans toute procédure le concernant – droit consacré par l'arrêt du 18 mai 2005)* ».

Ainsi que le relève A. Gouttenoire[6], la portée de la CIDE ne se limite pas à son applicabilité directe et « *certaines de ses dispositions pourraient être utilisées par le juge interne pour interpréter une norme de droit interne ou une décision individuelle. Il pourrait par exemple en être ainsi de l'article 10-1 qui commande aux États d'examiner les demandes de réunification familiale* "dans un esprit positif, avec humanité et diligence". *On peut d'ailleurs se demander si, dans certaines décisions, la Cour de cassation ne vise pas les dispositions de la CIDE davantage comme une norme interprétative que comme une véritable règle applicable à l'espèce. [...] La Cour européenne des droits de l'homme s'inscrit parfaitement dans cette utilisation de la CIDE comme norme interprétative. L'absence de dispositions relatives aux enfants dans la Convention européenne, seul texte sur lequel la Cour européenne peut fonder ses décisions, a en effet contraint la cour à trouver à l'extérieur de la Convention l'inspiration nécessaire à l'interprétation du traité en faveur des enfants, la CIDE constituant sans nul doute la norme internationale la plus adaptée pour maintenir cet objectif* ».

La CIDE pourrait donc être invoquée dans les **procédures relatives à la tutelle des mineurs.**

§ 2
Convention internationale relative aux droits des personnes handicapées

02.31 Objet de la Convention des Nations unies relatives aux droits des personnes handicapées

1. L. nº 2015-1463, 12 nov. 2015, autorisant la ratification du protocole facultatif à la Convention relative aux droits de l'enfant établissant une procédure de présentation de communications, *JO* 24 avr., p. 21100 – Décr. nº 2016-500, 22 avr. 2016, portant publication du protocole facultatif à la Convention relative aux droits de l'enfant établissant une procédure de présentation de communications, adopté à New York le 19 décembre 2011, signé par la France le 20 novembre 2014, *JO* 24 avr., texte nº 2.
2. Civ. 1re, 10 mars 1993, nº 91-11.310, *Bull. civ.* I, nº 103.
3. Civ. 1re, 18 mai 2005, nº 02-20.613, *Bull. civ.* I, nº 212.
4. Civ. 1re, 18 mai 2005, nº 02-16.336, *Bull. civ.* I, nº 211.
5. Civ. 1re, 14 juin 2005, nº 04-16.942, *Bull. civ.* I, nº 245.
6. A. Gouttenoire, « La Convention internationale dans la jurisprudence de la Cour européenne des droits de l'homme », *Le monde du droit, Écrits rédigés en l'honneur de Jacques Foyer*, Economica, 2008, p. 495.

(CIDPH). Cette convention adoptée par l'assemblée générale des Nations unies le 13 décembre 2006, est entrée en vigueur le 3 mai 2008, trente jours après que le vingtième État membre des Nations unies l'a ratifiée. La France l'a elle-même ratifiée, ainsi que son protocole facultatif, le 18 février 2010 après autorisation de la loi n° 2009-1791 du 31 décembre 2009 pour une entrée en vigueur le 20 mars 2010[1]. La CIDPH reprend nombre de dispositions essentielles édictées antérieurement par les conventions et traités internationaux antérieurs en les adaptant spécifiquement à l'intention des personnes handicapées. Son objet, tel que défini dans son article 1er, est de « *promouvoir, protéger et assurer la pleine et égale jouissance de tous les droits de l'homme et de toutes les libertés fondamentales pour les personnes handicapées et de promouvoir le respect de leur dignité intrinsèque* ». Tous les droits et libertés qui y sont proclamés sont placés sous le signe de **l'égalité de traitement et de la non-discrimination avec les personnes considérées comme non handicapées.**

La CIDPH reconnaît ainsi un égal accès des personnes handicapées à tous les droits civils, politiques, économiques, sociaux et culturels notamment, les États étant tenus de prendre toutes mesures nécessaires pour garantir le plein exercice de ces droits. Les articles 9 à 30 déclinent ces droits dont :

- **l'accessibilité** (art. 9) ;
- **le droit à la vie** (art. 10) ;
- **la reconnaissance de la personnalité juridique** (art. 12) ;
- **l'accès à la justice** (art. 13) ;
- **la protection de l'intégrité de la personne** (art. 17) ;
- **le respect de la vie privée** (art. 22) ;
- **le respect du domicile et de la famille** (art. 23).

02.32 Notion de handicap. Au sens de la CIDPH, la personne handicapée est la personne qui, quelle qu'en soit l'origine, présente des incapacités physiques, mentales, intellectuelles ou sensorielles durables, dont l'interaction avec diverses barrières peut faire obstacle à leur pleine et effective participation à la société sur la base de l'égalité avec les autres.

02.33 Applicabilité en droit interne. En application de l'article 55 de la Constitution, les normes internationales acquièrent dès leur publication une autorité supérieure à celle des lois, sous réserve d'avoir été ratifiées ou approuvées. Dans le cadre du contrôle de conventionnalité, les juridictions nationales doivent quant à elles vérifier la conformité du droit français aux conventions et, si un justiciable s'estime privé de la jouissance des droits garantis par une convention internationale, il peut s'en prévaloir sous certaines conditions. À ce jour, l'effet direct de la Convention internationale des personnes handicapées n'a pas encore été précisé par les juges nationaux. Certains auteurs, tel Michel Blatman[2], considèrent que certains articles ont un **effet direct reconnu ou potentiel**, par exemple l'article 12[3] en son 1 car il contient l'affirmation de droits de manière absolue et indérogeable et car la reconnaissance de ces droits est indispensable à l'exercice des autres droits consacrés par la CIDPH. Il estime en revanche que les autres dispositions de ce même article supposent que la France adopte des mesures complémentaires pour pouvoir produire des effets.

Par ailleurs, l'Union européenne ayant également adhéré à la Convention, « *elle* [la CIDPH] *fait partie intégrante de l'ordre juridique de l'Union* »[4]. Le droit de l'Union européenne primant le droit national, elle pourra être invoquée devant la Cour de Justice le cas échéant et l'interprétation que celle-ci en donnera aura vocation à s'imposer au juge national.

Enfin, tout justiciable peut se prévaloir devant le juge national de la Convention européenne des droits de l'homme et de l'interprétation qui en est faite par la Cour européenne des droits de l'homme, laquelle tient compte des conventions internationales dont la CIDPH[5].

Le Comité des droits des personnes handicapées[6] a présenté en avril 2014 une observation générale sur l'article 12 de la CIDPH consacré à la reconnaissance de la personnalité juridique dans des conditions d'égalité[7]. Cette observation générale indique notamment qu'« *au vu des rapports initiaux de divers États parties qu'il a examiné à ce jour, le comité constate l'existence d'un malentendu général en ce qui concerne la portée exacte des obligations des États parties au titre de*

1. L. n° 2009-1791, 31 déc. 2009, autorisant la ratification de la Convention internationale relative aux droits des personnes handicapées, *JO* 3 janv. 2010, p. 121 – Décr. n° 2010-356, 1er avr. 2010, portant publication de la Convention relative aux droits des personnes handicapées (ensemble un protocole facultatif), signée à New York le 30 mars 2007, *JO* 3 avr., p. 6501.

2. M. Blatman, « L'effet direct des stipulations de la Convention internationale relative aux droits des personnes handicapées », rapport remis au Défenseur des droits, déc. 2016, p. 262 – F. Jegu et J. Estrade, *La Convention relative aux droits des personnes handicapées. Comprendre et mobiliser la Convention pour défendre les droits des personnes handicapées*, guide remis au Défenseur des droits, déc. 2016, p. 31.
3. CIDPH, art. 12, « Reconnaissance de la personnalité juridique dans des conditions d'égalité ».
4. CJUE 11 avr. 2013, HK c/Danemark, aff. C-335/11.
5. CEDH 23 févr. 2016, CAM c/Turquie, req. n° 51500/08 – CIDPH, art. 2.
6. Comité des droits des personnes handicapées, institué par l'article 34 de la CIDPH, composé d'experts élus pour quatre ans par les États parties. Il reçoit de chaque État un rapport détaillé sur les mesures qu'il a prises pour s'acquitter de ses obligations conventionnelles et sur les progrès accomplis. Il rend compte de ses activités à l'assemblée générale tous les deux ans et peut formuler des recommandations.
7. CRPD/C/11/4, Observation générale n° 1 (2014).

l'article 12 de la Convention. En effet, il n'a généralement pas été compris que la conception du handicap axée sur les droits de l'homme suppose le passage d'un système de prise de décision substitutive à un système de prise de décision assistée » (point n° 1). Il ajoute que, « *dans la plupart des rapports d'États parties que le comité a examinés à ce jour, on constate un amalgame entre les notions de capacité mentale et de capacité juridique, de sorte que, lorsque la capacité de décider d'une personne est jugée déficiente, souvent en raison d'un handicap cognitif ou psychosocial, sa capacité juridique de prendre une décision particulière lui est refusée* » (point n° 15).

Le Comité considère en effet qu'« *au regard du droit international des droits de l'homme, nul ne peut être privé du droit à la reconnaissance de sa personnalité juridique, ni voir ce droit limité en aucune circonstance* » (point n° 5). Selon lui, « *le droit à la reconnaissance de la personnalité juridique dans des conditions d'égalité implique que la capacité juridique est un attribut universel inhérent à la personne humaine qui doit être respecté dans le cas des personnes handicapées, sur la base de l'égalité avec les autres* » (point n° 8). Le Comité ajoute que « *la capacité juridique est indispensable à l'exercice des droits civils, politiques, économiques, sociaux et culturels. Elle revêt une importance toute particulière pour les personnes handicapées quand celles-ci doivent prendre des décisions fondamentales les concernant en matière de santé, d'éducation et d'emploi. Dans de nombreux cas, le déni de la capacité juridique aux personnes handicapées a eu pour conséquence de les priver de nombreux droits fondamentaux, notamment le droit de vote, le droit de se marier et de fonder une famille, les droits en matière de procréation, les droits parentaux, le droit de consentir aux relations intimes et aux traitements médicaux et le droit à la liberté* » (point n° 8).

Ces critiques du Comité ont créé la controverse sur la **compatibilité du dispositif français de protection juridique des majeurs avec la CIDPH** en particulier autour des notions de « *personnalité juridique* » et de « *capacité juridique* ». Il a ainsi clairement estimé que, pour reconnaître pleinement la « *capacité juridique universelle* », notion selon laquelle la capacité juridique est inhérente à toute personne, quel que soit son handicap ou sa capacité de décision, les États parties doivent mettre fin aux dénis de la capacité juridique fondés sur le handicap qui sont discriminatoires par leur but ou par leur effet (point n° 24). Ils doivent, selon lui, réviser les lois prévoyant les régimes de tutelle et de curatelle et prendre des dispositions pour élaborer des lois et des politiques visant à **remplacer les régimes de prise de décisions substitutive par la prise de décision assistée,** qui respecte l'autonomie, la volonté et les préférences de la personne (points n°s 26, 27 et 29).

Le Comité estime également que, lorsqu'en dépit d'efforts significatifs, il n'est pas possible de déterminer la volonté et les préférences de la personne, l'« *interprétation optimale de la volonté et des préférences* » doit remplacer la notion d'« *intérêt supérieur* ».

La France a apporté une réponse à ces critiques du Comité[1] en concluant son rapport ainsi : « *S'il apparaît nécessaire de favoriser, dans la mesure du possible, la volonté et l'autonomie des personnes souffrant d'une altération de leurs facultés personnelles, il est nécessaire d'aménager des mesures graduées permettant une adaptation à chaque cas individuel afin d'apporter à l'intéressé l'aide nécessaire et proportionnée dont il a besoin ainsi que le prévoient les stipulations du paragraphe 4 de l'article 12 de la Convention. Un tel système n'exclut pas de recourir aux mesures de prise de décision substitutive, telles que la tutelle ou la curatelle* ». Des auteurs ont également commenté le point de vue du Comité au regard des difficultés pratiques et d'ordre éthique rencontrées, s'interrogeant sur la réelle possibilité de supprimer toute possibilité de décision substitutive dans les cas les plus complexes[2].

Le Défenseur des droits, autorité constitutionnelle indépendante à laquelle le gouvernement français a décidé en juillet 2011 de confier les fonctions de « mécanisme indépendant » en application de l'article 33 de la CIDPH, a lui-même consacré une partie de son *Rapport sur la protection juridique des majeurs vulnérables* aux engagements internationaux de la France en la matière et aux évolutions nécessaires[3].

SECTION 3

DROIT INTERNATIONAL PRIVÉ DES TUTELLES : PRINCIPES DIRECTEURS

02.41 Règles de fond : application de la loi personnelle de la personne protégée. En principe, le statut personnel des personnes physiques est soumis à la loi personnelle, donc au système juridique dont il dépend. Dans les pays anglo-saxons et d'Amérique du Sud, il est fait application de la loi du domicile, alors que dans les pays d'Europe continentale, c'est la loi nationale qui est retenue. En France, en application de l'article 3 alinéa 3 du Code civil, « *les lois concernant l'état et la capacité des personnes régissent les Français, même résidant en pays étranger* ». Ce principe signifie que, dans le domaine spécifique des incapacités, c'est la loi personnelle de la personne mineure ou majeure protégée (c'est-à-dire sa loi nationale) qui doit régir les questions d'état et de capacité le concernant.

1. Commentaire de la France sur le projet d'observations générales du Comité des droits des personnes handicapées, relatif à l'article 12 de la CIDPH, www.ohchr.org/Documents/HRBodies/CRPD/GC/France-DGC-Art12.doc
2. E. Pecqueur, A. Caron-Déglise et T. Verheyde, « Capacité juridique et protection juridique à la lumière de la Convention des Nations Unies relative aux droits des personnes handicapées », *D.* 2016. 958.
3. Défenseur des droits, *Rapport sur la protection juridique des majeurs vulnérables*, sept. 2016, p. 11 à 21 et 40 s.

La Cour de cassation a ainsi rappelé ce principe : selon l'article 3 du Code civil, la loi applicable à l'état et à la capacité des personnes est la loi nationale. Dès lors viole ce texte le tribunal ayant mis en place un régime de tutelle du droit français pour une personne de nationalité étrangère alors que, s'agissant de droits indisponibles, le juge devait mettre en œuvre d'office la règle de conflit de lois et faire application de la loi nationale de l'incapable, dont il lui appartenait de rechercher, avec l'assistance des parties, la teneur[1].

La loi nationale détermine les causes d'incapacité et, en particulier, l'âge de la majorité et les cas dans lesquels il apparaît nécessaire de prévoir l'intervention d'une autorité administrative ou judiciaire pour limiter la capacité d'une personne majeure. Elle prévoit ensuite les régimes de protection qui doivent être mis en œuvre pour assurer la protection de la personne reconnue incapable ou interdite de faire certains actes. Elle détermine également qui sont les représentants ou assistants de la personne, quel est le cadre de leur intervention, quelles sont les conditions posées pour passer tel ou tel acte et la sanction des incapacités (régime des nullités, notamment).

La différence éventuelle de nationalité entre la personne protégée et son tuteur au sens large ne modifie pas la règle d'application de la loi nationale. Ainsi, la loi personnelle de la personne mineure ou majeure protégée va s'appliquer aux règles relatives aux charges tutélaires (causes d'exclusion, rémunération du tuteur, vacance de la tutelle, durée de la tutelle...). La loi personnelle de la personne protégée est applicable aux opérations amiables (vente, bail) réalisées sur des immeubles lui appartenant, situés sur le territoire d'un pays autre que celui dont la personne protégée est ressortissante.

À ce titre, la Cour de cassation a estimé que justifie légalement sa décision le tribunal qui, faisant application de la loi française désignée par la règle de conflit, prononce l'ouverture d'une tutelle en faisant application de la loi française après avoir relevé que la capacité des personnes était soumise à la loi personnelle, que la majeure protégée, de nationalité canadienne, résidait en France depuis des décennies et que le droit canadien de *common law* était assujetti au concept de domicile ou de résidence avec une évolution vers celui de « *liens les plus étroits* », sans qu'aucune disposition ne limite ce concept au droit interne, cette notion devant donc être considérée comme un renvoi au sens du droit international privé[2].

Enfin, les conditions de fond et les effets de l'émancipation sont rattachés par le droit international privé à la loi nationale du mineur, alors que les conditions de forme de l'émancipation sont soumises à la règle *locus regit actum*.

02.42 Règles de procédure : application de la loi du for. Pour la procédure de protection à suivre, il convient d'appliquer la « *loi du for* » (c'est-à-dire la loi du juge qui a été saisi). Aussi, le juge des tutelles français peut en théorie désigner un tuteur à un étranger selon les règles des régimes de protection qui lui sont applicables. Cependant, le juge français doit s'abstenir de toute intervention si la loi étrangère de fond lui fait jouer un rôle qui est incompatible avec les attributions qui lui sont dévolues par la loi française.

Une jurisprudence traditionnelle de la Cour de cassation autorise les tribunaux français (juge des tutelles, tribunaux de grande instance et donc désormais les cours d'appel) à pourvoir, à titre provisoire, à la protection d'une personne étrangère en cas d'urgence constatée ou d'impossibilité d'appliquer la loi étrangère[3].

02.43 Exceptions à l'application de la loi nationale. L'application de la loi nationale peut être écartée dans deux cas, soit par suite de l'ignorance excusable de la loi étrangère, soit en raison de l'intervention des lois françaises de police.

La solution de l'ignorance excusable de la loi étrangère a été dégagée à propos de l'application de la loi personnelle de la personne incapable par l'arrêt *Lizardi*, dans lequel la Cour de cassation a jugé que : « *Le Français ne peut être tenu de connaître les lois des diverses nations et les dispositions concernant la minorité* [...]. *Il suffit alors pour la validité du contrat que le Français ait traité sans légèreté, sans imprudence et avec bonne foi* »[4].

L'intervention des lois françaises de police peut primer sur l'application de la loi désignée par la règle de conflit. Ainsi en est-il dans les hypothèses de danger que courent ou peuvent faire courir certaines personnes incapables, quelle que soit leur nationalité. C'est en particulier le cas à l'égard des personnes souffrant de troubles mentaux rendant nécessaires des soins contraints. C'est également le cas pour certains mineurs en danger sur le territoire national et qui peuvent se voir appliquer la loi française sur l'assistance éducative ou sur l'aide sociale à l'enfance. Cette solution est constante en jurisprudence[5].

En dehors de ces deux cas d'exceptions à l'application de la loi nationale, la Cour de cassation admet

1. Civ. 1re, 18 janv. 2007, n° 05-20.529, *Bull. civ.* I, n° 26; *AJ fam.* 2007. 145, obs. Pécaut Rivolier; *Dr. fam.* 2007, n° 70, note Fossier.
2. Civ. 1re, 21 sept. 2005, n° 04-10.217, *Bull. civ.* I, n° 336; *D.* 2006. 1726, note Morisset; *AJ fam.* 2005. 450, obs. C. Grimaldi; *Rev. crit. DIP* 2006. 100, note Muir-Watt; *Dr. fam.* 2005, n° 282, note Farge; *RJPF* 2006-2, note Boiché.
3. H. Batiffol et P. Lagarde, *Droit international privé*, 6e éd., LGDJ, n° 500.
4. Req. 16 janv. 1861, *GAJC*, n° 5.
5. C. intern. Just., 28 nov. 1958, Boll, *Rev. crit. DIP* 1958. 713 – Crim. 4 nov. 1992, *D.* 1994. 11, note Boulanger.

que le juge des tutelles français puisse appliquer à un ressortissant étranger vivant en France la loi française, et non la loi étrangère désignée par la règle de conflit, en cas d'équivalence des effets juridiques découlant de ces deux lois [1].

Par ailleurs, il convient de rappeler que, pour les actes de vente de biens immobiliers situés à l'étranger, la « *loi réelle* » (c'est-à-dire la loi du lieu de situation de l'immeuble) est elle-même applicable pour déterminer le « *statut* » du bien (c'est-à-dire le régime du bien vendu).

02.44 Application de la loi de la résidence habituelle de la personne à protéger ou protégée. Si la loi du pays dont l'étranger a la nationalité gouverne sa capacité, conformément aux dispositions de l'article 3 alinéa 3 du Code civil, il peut y être fait exception au profit d'un rattachement à la compétence de la loi de la résidence.

La diversité des régimes de protection des personnes et la facilité des déplacements à travers les frontières ont conduit de nombreux États, dont la France, à conclure des conventions internationales, dont certaines sont bilatérales [2]. Plusieurs États, dont la France ont par ailleurs ratifié les Conventions de La Haye des 5 octobre 1961 (concernant les mineurs) et 13 janvier 2000 (concernant les majeurs). Ces conventions sont entrées en vigueur en France et s'appliquent à toutes les questions relatives à la protection de la personne ou des biens (v. s[s] n°s 02.53 à 02.57 et 02.63 à 02.66).

02.45 Situation des ressortissants français. Les articles 14 et 15 du Code civil offrent la faculté à tout ressortissant français de saisir une juridiction française. Il a ainsi été jugé que l'article 24 de la Convention franco-marocaine du 10 août 1981 n'édicte des règles indirectes de compétence, exclusives de l'application des articles 14 et 15 du Code civil, qu'au stade de la reconnaissance d'une décision marocaine; tel n'est pas le cas de la demande d'une mère de nationalité marocaine de fixer à son domicile en France la résidence de l'enfant né de son union dissoute par un divorce prononcé par une décision marocaine qui relève de la compétence directe du juge français et alors que le père, défendeur, est français [3].

En outre, la compétence territoriale du juge des tutelles français en matière d'ouverture d'un régime de protection d'un majeur de nationalité française résidant à l'étranger est exclusive de toute autre compétence concurrente d'une juridiction étrangère, en application du privilège de juridiction prévu par l'article 15 du Code civil. Cela signifie que la compétence territoriale doit être déterminée en prenant en considération la nationalité du majeur plutôt que sa résidence (les articles 14 et 15 du Code civil édictent en toute matière, y compris l'ouverture de la curatelle d'une personne de nationalité française domiciliée à l'étranger, une règle de compétence [privilège de juridiction] qui, dans la mesure où son bénéficiaire n'y a pas renoncé et où elle n'est pas écartée par un traité international, est exclusive de toute compétence concurrente de la juridiction étrangère [4]).

02.46 Règles de publicité des régimes de protection : application de la loi territoriale de la personne protégée. Les règles relatives à la publicité des différents régimes de protection des majeurs sont assimilées à des « *lois de police et de sûreté* », en application de l'article 3 alinéa 1er du Code civil. Aussi, c'est la loi du territoire où habite la personne protégée qui doit s'appliquer en la matière. Le juge des tutelles et le procureur de la République français doivent, selon les cas, faire procéder en France à la publicité des mesures de protection ordonnées selon la loi française (C. pr. civ., art. 1233).

Si la personne protégée est française mais née à l'étranger, il convient de faire transcrire son acte de naissance modifié par la mesure de protection sur les registres consulaires français. À défaut, le jugement de tutelle ou de curatelle sera seulement publié au répertoire civil tenu par le service central de l'état civil de Nantes.

À l'inverse et par réciprocité, la personne française faisant l'objet d'une mesure de protection à l'étranger devra se voir appliquer les règles de publicité prévues par la loi étrangère.

02.47 Applicabilité en France des décisions étrangères relatives aux mesures de protection des personnes. La décision rendue par une juridiction étrangère au sujet d'une personne protégée (par ex., prononçant l'ouverture ou la mainlevée d'une mesure de protection à l'égard d'un ressortissant français ou d'un étranger), étant relative à la capacité des personnes, elle produit de plein droit ses effets en France sans qu'aucune déclaration d'*exequatur* ne soit nécessaire [5].

En outre, l'*exequatur* n'est plus aujourd'hui exigé pour faire procéder, sur les registres français de l'état civil, à la mention d'un jugement étranger rendu en matière d'état ou de capacité des personnes, cette mesure constituant une formalité de publicité du

1. Civ. 1re, 11 janv. 2005, n° 01-02.473, *Bull. civ.* I, n° 21; *D.* 2005. 2924, note Mahinga; *Rev. crit. DIP* 2006. 85, note Scherer; Rép. Resp. puiss. publ., v° *Service public de la justice*, par Reverdy, n° 35; *Defrénois* 2005. 1064, obs. Massip.
2. Conv. bilatérale franco-algérienne, 21 juin 1988, et Décr. n° 88-879, 17 août 1988, *JO* 19 août, p. 10505 – Conv. bilatérale franco-marocaine, 10 août 1981 et Décr. n° 83-435, 27 mai 1983, *JO* 1er juin, p. 1643.
3. Civ. 1re, 20 mai 2003, n° 01-02.959, *Bull. civ.* I, n° 121; *AJ fam.* 2004. 24, obs. S. D.; *Defrénois* 2003. Jur. 1498, note Massip; *Dr. et patr.* nov. 2003. 98, obs. Monéger.
4. Civ. 1re, 9 déc. 2003, n° 01-14.569, *Bull. civ.* I, n° 247; *AJ fam.* 2004. 188, obs. Bicheron; *RTD civ.* 2004. 65, obs. Hauser.
5. J. Massip, « Les incapacités (Études théorique et pratique) », *Defrénois* 2002. 726.

régime de protection et non une mesure d'exécution matérielle sur les biens de la personne protégée ou de coercition sur sa personne.

EN PRATIQUE. Il est recommandé que le ministère public opère une vérification sommaire de la régularité du contenu de la décision étrangère avant d'ordonner sa mention en marge de l'acte d'état civil de l'intéressé.

SECTION 4
DROIT INTERNATIONAL PRIVÉ APPLICABLE À LA TUTELLE DES MINEURS : CONVENTIONS DE LA HAYE ET DÉCRET DU 18 NOVEMBRE 2011

02.51 États signataires de la convention de La Haye de 1961. La convention de La Haye du 5 octobre 1961 est entrée en vigueur en France le 10 novembre 1972. Elle concerne la « *compétence des autorités et la loi applicable en matière de protection des mineurs* » [1]. Cette convention est applicable à tous les mineurs ayant leur résidence habituelle dans l'un des États contractants suivants, quelle que soit la nationalité du mineur : Allemagne, Autriche, Espagne, France, Italie, Luxembourg, Pays-Bas, Pologne, Portugal, Suisse et Turquie...

02.52 Domaine d'application de la Convention limité aux mineurs. L'article 13 alinéa 1er de la convention de La Haye énonce : « *La présente convention s'applique à tous les mineurs qui ont leur résidence habituelle dans un des États contractants* ». L'alinéa 3 de cet article permet à chaque État contractant de limiter l'application de cette convention aux mineurs qui sont ressortissants de l'un des autres États contractants.

Cette convention prive d'effet, en pratique, les règles de droit commun de droit international privé relatives aux mineurs, sauf pour les mineurs français ou étrangers résidant dans un État non contractant et pour les mineurs ressortissants d'un État non contractant qui résident dans un État contractant ayant fait la réserve de l'alinéa 3 (Espagne et Portugal) (v. ss nos 02.41 à 02.47).

En outre, la Convention s'applique aux dispositifs relatifs à la protection de la personne du mineur (de type « *autorité parentale* ») ou de ses biens (de type « *administrations légales et tutelle* ») (Conv. La Haye, 5 oct. 1961, art. 1er). En revanche, elle ne régit pas l'émancipation et la détermination de l'âge de la majorité.

1. M. Revillard, *Droit international privé et pratique notariale*, 5e éd., Defrénois, 1998, spéc. nos 420 s.

02.53 Principe. Le principe est la compétence des autorités de l'État de la résidence habituelle du mineur. Ce principe est posé par l'article 1er de la convention de La Haye : « *Les autorités, tant judiciaires qu'administratives, de l'État de la résidence habituelle d'un mineur, sont* [...] *compétentes pour prendre des mesures tendant à la protection de sa personne ou de ses biens* » [2].

Ce texte concerne notamment les autorisations délivrées par le juge des tutelles à l'administrateur légal pour accomplir certains actes dans les administrations légales et les interventions du conseil de famille ou du juge des tutelles relatives à l'organisation ou au fonctionnement de la tutelle.

02.54 Exceptions. Par exception, est compétent l'État contractant dont est ressortissant le mineur, selon l'article 4 alinéa 1er de la Convention : « *Si les autorités de l'État dont le mineur est ressortissant considèrent que l'intérêt du mineur l'exige, elles peuvent, après avoir avisé les autorités de l'État de sa résidence habituelle, prendre selon leur loi interne des mesures tendant à la protection de sa personne ou de ses biens* ».

Dans ce cas, les mesures prises par les autorités de l'État dont le mineur est ressortissant remplacent les mesures éventuellement prises par les autorités de l'État où le mineur a sa résidence habituelle (Conv. La Haye, 5 oct. 1961, art. 4).

En outre, l'article 3 de la Convention prévoit : « *Un rapport d'autorité résultant de plein droit de la loi interne de l'État dont le mineur est ressortissant est reconnu dans tous les États contractants* ».

Ce texte signifie que la loi interne de l'État dont le mineur est ressortissant s'applique de plein droit au mineur lorsqu'il existe un « rapport d'autorité » (c'est-à-dire un régime de protection qui s'applique directement par le seul effet de la loi, sans intervention d'une autorité judiciaire ou administrative). Il s'agit principalement des régimes d'administrations légales (pure et simple, sous contrôle judiciaire) et de la tutelle légale. À compter du 1er janvier 2009, la tutelle légale du mineur doit disparaître (C. civ., art. 403 et 404, issus de L. no 2007-308 du 5 mars 2007).

À l'inverse, les tutelles datives seront régies par la loi de la résidence habituelle du mineur, conformément à l'article 1er précité.

02.55 Révision de la Convention de 1961 : convention de La Haye du 19 octobre 1996. Comme cela a été déjà exposé, la Convention du 5 octobre 1961 posait des difficultés pratiques d'application

2. Sur la compétence de la loi française pour organiser la tutelle d'un enfant algérien vivant en France : Civ. 1re, 6 févr. 2001, no 98-21.598, *Bull. civ.* I, no 23; *D.* 2001. 2440, note Boulanger; *RTD civ.* 2001. 853, obs. Hauser; *RDSS* 2001. 360, obs. Monéger; *Rev. crit. DIP* 2002. 114, note François; *JCP* 2002. II. 10115, note Farge.

non négligeables, liées à la combinaison de la loi de la résidence habituelle du mineur avec la loi nationale de l'État dont il est ressortissant. Aussi, les États contractants ont procédé à la révision de cette convention en concluant, le 19 octobre 1996, une nouvelle convention qui renforce le principe de la compétence des juridictions de l'État contractant de la résidence habituelle du mineur (art. 5-1), au détriment de celles de l'État contractant, dont est ressortissant le mineur (art. 8 et 9).

Par la loi du 1er août 2007[1], applicable au 2 août 2007, le législateur français a autorisé l'adhésion à cette convention[2]. Elle devait remplacer la convention de La Haye du 5 octobre 1961 sur la protection des mineurs. Cependant, l'entrée en vigueur de ce texte a en réalité été retardée au sein des États membres de l'Union européenne afin de ne pas perturber le processus de négociation qui a conduit à l'adoption des règlements Bruxelles II et, surtout, Bruxelles II *bis*. Elle est aujourd'hui effective depuis le 1er février 2011 et a vocation à s'appliquer pour les pays signataires non-membres de l'Union européenne. Pour ces derniers, ce sont les règles de Bruxelles II *bis*, très proches, qui ont vocation à s'appliquer (v. ss no 02.57).

02.56 Décret no 2001-1572 du 18 novembre 2011 portant publication de la convention de La Haye du 19 octobre 1996. Affirmant vouloir renforcer la protection des enfants dans les situations à caractère international, la Convention est destinée à éviter les conflits entre les différents systèmes juridiques en matière de compétence, de loi applicable, de reconnaissance et d'exécution des mesures de protection des enfants. Elle rappelle l'importance de la coopération internationale et la considération primordiale pour l'intérêt de l'enfant. Elle fait expressément référence à la Convention des Nations Unies relative aux droits de l'enfant du 20 novembre 1989.

Elle s'applique aux enfants à partir de leur naissance et jusqu'à ce qu'ils aient atteint l'âge de 18 ans et concerne :

– l'attribution, l'exercice et le retrait total ou partiel de la responsabilité parentale, ainsi que la délégation de celle-ci;

– le droit de garde, comprenant le droit portant sur les soins de la personne de l'enfant, et en particulier celui de décider de son lieu de résidence, ainsi que le droit de visite, comprenant le droit d'emmener l'enfant pour une période limitée dans un lieu autre que celui de sa résidence habituelle;

– la tutelle, la curatelle et les institutions analogues;

– la désignation et les fonctions de toute personne ou organisme chargé de s'occuper de la personne ou des biens de l'enfant, de le représenter ou de l'assister;

– le placement de l'enfant dans une famille d'accueil ou dans un établissement, ou son recueil légal par kafala ou par une institution analogue;

– la supervision par les autorités publiques des soins dispensés à l'enfant par toute personne ayant la charge de cet enfant;

– l'administration, la conservation ou la disposition des biens de l'enfant.

Certains domaines sont expressément exclus de son champ d'application, telles les décisions en matière de filiation, d'adoption, d'émancipation, de nom et prénoms, de sécurité sociale ou de droit d'asile en matière d'immigration.

Compétence est attribuée par la Convention aux autorités judiciaires et administratives de l'État contractant de la résidence habituelle de l'enfant, y compris en cas de changement de la résidence habituelle dans un autre État contractant sous la réserve expresse des cas de déplacements illicites. Les autorités compétentes font application de leur loi nationale sauf à titre exceptionnel lorsque, dans la mesure où la protection de la personne ou des biens de l'enfant le requiert, à appliquer ou prendre en considération la loi d'un autre État avec lequel la situation présente un lien étroit. La Convention précise en son article 20 que les dispositions relatives à la loi applicable sont applicables même si la loi qu'elles désignent est celle d'un État non contractant.

Des dispositions spécifiques sont prévues pour la reconnaissance et l'exécution des mesures prises par les autorités d'un État contractant (Conv. La Haye, 19 oct. 1996, art. 23 à 28), ainsi que la désignation d'une Autorité centrale dans chaque État contractant chargée d'assurer la coopération (Conv. La Haye, 19 oct. 1996, art. 29 à 39).

02.57 Droit communautaire pour les États membres de l'Union européenne : règlement dit « Bruxelles II *bis* » du 27 novembre 2003. Ce règlement communautaire est entré en vigueur le 1er mars 2005. Il porte sur la compétence, la reconnaissance et l'exécution des décisions en matière matrimoniale et de responsabilité parentale, ainsi que sur la protection de la personne et des biens de l'enfant, mais il ne détermine pas la loi applicable. Il est donc nécessaire de se reporter aux dispositions des conventions de La Haye précitées.

En application de l'article 21 de ce règlement, les décisions rendues dans un État membre sont reconnues dans les autres États membres, les articles 28 et suivants prévoyant une procédure d'exécution sur requête en première instance. Les motifs de rejet sont exceptionnels (Règl. 27 nov. 2003, art. 23). Les décisions relatives au droit de visite et au retour de l'enfant doivent, quant à elles, être certifiées par le juge d'origine qui

1. L. no 2007-1161, 1er août 2007, autorisant l'adhésion à la convention de La Haye du 19 octobre 1996 concernant la compétence, la loi applicable, la reconnaissance, l'exécution et la coopération en matière de responsabilité parentale et de mesures de protection des enfants, *JO* 2 août, p. 12988.
2. L. no 2007-1161, 1er août 2007, *JO* 2 août 2007, p. 12988.

mentionne que la décision a été rendue selon une procédure régulière, respectueuse des droits de la défense. Elles sont exécutoires dans un autre État membre sans qu'il soit nécessaire d'engager une procédure d'*exequatur* (Règl. 27 nov. 2003, art. 41 s.).

02.58 Règlement nº 606/2013 du 12 juin 2013, du Parlement européen et du Conseil, relatif à la reconnaissance mutuelle des mesures de protection en matière civile. Ce règlement établit des règles régissant un mécanisme de reconnaissance des mesures de protection ordonnées par un État membre. Il est entré en vigueur le 11 janvier 2015 et s'applique à toutes les mesures de protection civiles ordonnées à compter de cette date. Il s'ajoute au règlement dit « Bruxelles II *bis* » et ses rédacteurs mentionnent que les décisions prises dans le cadre de ce dernier règlement « *devraient continuer d'être reconnues et exécutées au titre dudit règlement.* »

SECTION 5

DROIT INTERNATIONAL PRIVÉ DE LA PROTECTION DES MAJEURS : CONVENTION DE LA HAYE DU 13 JANVIER 2000

02.61 États signataires de la Convention de La Haye du 13 janvier 2000. La France a ratifié cette convention le 18 septembre 2008, sur le fondement de la loi nº 2008-737 du 28 juillet 2008. Par le décret du 30 décembre 2008, elle a été publiée au *Journal Officiel* du 1er janvier 2009. Cette ratification, après celles de l'Allemagne et du Royaume Uni de Grande-Bretagne, d'Irlande, pour le seul territoire de l'Écosse, a permis son entrée en vigueur en France[1].

Cette convention vise à répondre au double défi auquel sont confrontés les pays développés : l'augmentation importante et régulière des personnes majeures en état d'altération de leurs facultés mentales ou cognitives et la mobilité croissante des personnes, ce qui les conduit à relever parfois de plusieurs régimes juridiques nationaux pour leur personne comme pour leurs biens. Désormais, la **loi de la résidence habituelle** prime sur la loi de la nationalité qui, jusque-là, constituait la loi de rattachement. L'article 5 de la Convention prévoit en effet le principe de la compétence des autorités de l'État de la résidence habituelle de la personne majeure et attribue une compétence concurrente aux autorités de l'État dont celle-ci a la nationalité. Comme l'indique J. Remiller dans son rapport[2] « *ce principe résulte de l'idée, unanimement retenue lors des travaux sur la Convention, que l'autorité la mieux à même d'assurer une protection adaptée et efficace à une personne vulnérable est celle du pays dans lequel se trouve cette personne* ».

Cette convention est applicable à tous les majeurs résidant habituellement en France (en l'absence de convention bilatérale spécifique).

02.62 Application aux territoires des États contractants. La Convention s'applique aux territoires des États contractants, sous les réserves posées à l'article 55, la circulaire du 6 janvier 2009 rappelant que les stipulations relatives à la compétence et à la loi applicable revêtent un **caractère universel** de sorte qu'elles conduiront le juge français à appliquer la loi française dans la très grande majorité des cas où il reconnaît sa compétence, y compris pour prendre des mesures à l'égard de majeurs ressortissants d'États qui ne sont pas liés par la Convention.

Aux termes de l'article 1er, la Convention s'applique « *dans les situations à caractère international, à la protection des adultes qui, en raison d'une altération ou d'une insuffisance de leurs facultés personnelles, ne sont pas en état de pourvoir à leurs intérêts* ». Les adultes concernés sont définis comme étant « *toute personne de plus de 18 ans* »[3], des protections mises en place avant cet âge pouvant être maintenues pour éviter une rupture dans la protection accordée.

Selon le rapport explicatif de M. le professeur Paul Lagarde, « *les adultes que la Convention entend protéger sont les handicapés, moteurs ou mentaux, qui souffrent d'une "insuffisance" de leurs facultés personnelles, ainsi que les personnes, le plus souvent âgées, souffrant d'une altération de ces mêmes facultés, notamment les personnes atteintes de la maladie d'Alzheimer* ». Dès lors qu'elle rend nécessaire une mesure de protection, cette altération ou cette insuffisance peut être permanente ou temporaire, l'hypothèse de la prodigalité n'étant pas retenue.

L'article 3 de la Convention énumère les différentes mesures pouvant ainsi être prises au titre de la protection des personnes majeures. Cette liste n'est pas limitative.

02.63 Compétence de principe des autorités judiciaires et administratives de la résidence habituelle du majeur concerné. L'article 5 de la Convention dispose que ces autorités ont compétence pour prendre les mesures de protection nécessaires en appliquant le droit interne en vigueur dans leur État, sauf si elles estiment préférable pour les besoins de la protection du majeur ou de ses biens d'appliquer la loi d'un autre État, avec lequel la situation qu'elles examinent présente un lien étroit[4].

Lorsque la résidence habituelle ne peut pas être établie, et pour les majeurs réfugiés ou internationalement déplacés à la suite de troubles survenant dans l'État de leur nationalité, les autorités de l'État sur

1. Décr. nº 2008-1547, 30 déc. 2008 et Circ. DACS, 6 janv. 2009 (v. réf. complètes ss nº 02.01).
2. J. Remiller, Rapp. AN, doc. nº 1053, 15 juill. 2008.
3. Conv. La Haye, 13 janv. 2000, art. 2.
4. Conv. La Haye, 13 janv. 2000, art. 13.

lequel le majeur est présent (dites **autorités de l'État de présence**) sont compétentes pour prendre les mesures de protection nécessaires[1].

En application de l'article 14 de la Convention, dans les cas où une mesure prise dans un État contractant doit être mise en œuvre dans un autre État, c'est la loi de ce dernier qui régit les conditions d'application de la mesure. Par exemple, quand une mesure de protection a été décidée dans un pays contractant mais doit s'appliquer en France, les conditions d'application de cette mesure sont celles de la loi française.

Par exception, les autorités de l'État contractant dont le majeur a la nationalité sont fondées à retenir leur compétence lorsqu'elles se considèrent mieux placées pour prendre une mesure de protection envers lui ou envers ses biens. Elles doivent alors aviser les autorités de l'État de résidence ou de présence. Elles ne peuvent pas exercer cette compétence si ces dernières les ont informées qu'elles avaient déjà pris les mesures nécessaires, ou déjà décidé n'y avoir lieu à prendre de mesure, ou encore si une procédure est en cours devant elles.

Les autorités de l'État de résidence ou de présence peuvent elles-mêmes requérir celles d'un autre État contractant afin qu'elles prennent tout ou partie des mesures de protection appropriées, si elles considèrent qu'elles sont de l'intérêt du majeur. En France, lorsque les autorités d'un État contractant le demandent, c'est au **procureur de la République** dans le ressort duquel la mesure devrait être prise qu'elles doivent s'adresser pour solliciter l'organisation d'une mesure de protection par le juge des tutelles compétent.

Les autorités d'un État contractant dans le territoire duquel se trouvent les biens d'un majeur protégé peuvent être reconnues compétentes pour prendre toutes mesures relatives à ces biens compatibles avec celles prises par les autorités principalement compétentes. Dans les cas d'urgence, elles ont compétence jusqu'à ce que les autorités principalement compétentes aient pris les dispositions nécessaires[2].

02.64 Mandats d'inaptitude et mandats de protection future. Les articles 15 et 16 de la Convention prennent en compte ces types de mandats organisant la protection par anticipation. Ils sont régis pas la loi de la résidence habituelle du majeur au moment où il a donné le mandat, à moins qu'il ait lui-même désigné une autre loi, qui peut être par exemple la loi de sa nationalité ou encore celle du pays où sont situés ses biens. Dans tous les cas, les modalités d'exercice des pouvoirs de représentation conférés par le mandat sont soumises à la loi de l'État où ils sont exercés.

Si les pouvoirs exercés selon le mandat sont insuffisants pour assurer la protection du majeur, l'autorité compétente selon la Convention peut les adapter et les modifier en prenant toutefois en considération « *dans la mesure du possible* » la loi que le majeur avait désignée dans l'acte initial.

Les articles 18, 20 et 21 de la Convention précisent quant à eux que les dispositions relatives à la loi applicable doivent être retenues même si elles désignent la loi d'un État non contractant, les lois de police étant expressément réservées et la loi désignée par le mandant ne pouvant être écartée que si cette application est manifestement contraire à l'ordre public.

02.65 Reconnaissance de plein droit des mesures prises par les autorités d'un État contractant. Les mesures prises par les autorités d'un État contractant sont reconnues de plein droit par les autres États contractants, à l'exception de cinq cas et, en particulier lorsque :

– la mesure a été prise par une autorité non compétente selon la Convention;

– le majeur n'a pas eu la possibilité d'être entendu dans la procédure à l'issue de laquelle la mesure a été prise, de sorte que les principes fondamentaux de procédure de l'État requis ont été violés;

– la reconnaissance de la mesure prise est manifestement contraire à l'ordre public ou à une loi de police de l'État requis.

02.66 Exécution des mesures prises et exécutoires dans un État contractant. Les mesures de protection prises à l'égard d'un majeur doivent avoir été déclarées exécutoires dans l'État dans lequel l'exécution est demandée. Elles peuvent l'être à la demande de toute partie intéressée. La déclaration d'*exequatur* ou l'enregistrement est soumis à la procédure prévue par la loi de l'État d'exécution, sous la seule exigence que cette procédure soit simple et rapide. En France, ces procédures relèvent de la compétence du tribunal de grande instance (COJ, art. R. 212-8).

02.67 Coopération entre les autorités centrales désignées par les États membres. La Convention institue une coopération fondée sur l'existence d'autorités centrales désignées par chaque État. En principe, il n'y a qu'une autorité centrale par État mais les États fédéraux ou à système unifié ont la possibilité d'en désigner plusieurs. Divers mécanismes de communication entre autorités compétentes sont prévus pour l'organisation de la protection. En France, la communication ne peut être réalisée directement entre les autorités compétentes[3]. Elle doit s'effectuer par l'intermédiaire de son autorité centrale, le Bureau de l'entraide civile et commerciale internationale, sous-direction du droit économique de la Direction des affaires civiles et du Sceau[4].

1. Conv. La Haye, 13 janv. 2000, art. 6.
2. Conv. La Haye, 13 janv. 2000, art. 9.
3. Conv. La Haye, 13 janv. 2000, art. 32.
4. Adresse postale : 13, Place Vendôme 75042 Paris Cedex 01.

CHAPITRE

03. Philosophie du droit français de la protection juridique des majeurs

SECTION 0

Orienteur

03.00 **Plan du chapitre.**

03.01 **Textes applicables.**

L. n° 2007-308, 5 mars 2007, portant réforme de la protection juridique des majeurs, *JO* 7 mars, p. 4325.

03.03 **Bibliographie indicative.**

> Sur la genèse de la loi. T. Fossier et J.-M. Plazy, « Incapacité (De la législation à la pratique notariale) », *JCP N* 2005. 1104; « Incapacité (de la législation à la pratique notariale) », *JCP N* 2006. 1148 – T. Fossier, « La réforme des tutelles : vingt ans d'histoire », *in* M. Bauer, T. Fossier et L. Pécaut-Rivolier, *La réforme des tutelles : ombres et lumières*, Dalloz, 2006, annexe, n° 33.16; « Présentation du projet de loi portant réforme de la protection juridique des majeurs », *JCP* 2006. Actu. 2307 – M. Guillaume, « Élaboration de la réforme relative aux majeurs protégés : le point de vue de la chancellerie », *Dr. fam.* 2007. Entretien 2 – Rapp. Sénat n° 212, « Réforme de la protection juridique des majeurs », par H. de Richemont, 2007.

> Sur la critique du projet de loi. Ph. Malaurie, « Examen critique du projet de loi portant réforme de la protection juridique des majeurs », *Defrénois* 2007. 13.

> Sur la loi. A. Cermolacce, « Présentation générale des mesures de protection des majeurs, entre rupture et continuité », *JCP N* 2008, n° 36, 1268 – T. Fossier, « La réforme de la protection des majeurs, Guide de lecture de la loi du 5 mars 2007 », *JCP* 2007. I. 118 – T. Fossier et L. Pécaut-Rivolier, « La protection des intérêts patrimoniaux », *in* La réforme des tutelles, 1re partie, *AJ fam.* 2007. 167 – V. Larribau-Terneyre, « La réforme de la protection des majeurs : protéger mieux, davantage de personnes et à moindre coût ! », *Dr. fam.* 2007. Repère 3 – K. Lefeuvre et S. Moisdon-Chataignier (dir.), *Protéger les majeurs vulnérables. L'intérêt de la personne protégée*, Presses de l'EHESP, 2017 (préf. J. Toubon).

> Sur un tableau de correspondance entre la loi de 1968 et celle du 5 mars 2007. Ph. Malaurie, « La réforme de la protection juridique des majeurs », *Defrénois* 2007. 557 – C. Mazoyer, *Dr. fam.* mai 2007, p. 44 à 52.

SECTION 1

Distinction entre les mesures de protection civile et les mesures de protection sociale

03.11 **Loi du 5 mars 2007 de réforme du dispositif de protection juridique des majeurs.** À la suite des différents rapports de juillet 1998, d'avril 2000 et de juin 2003, le ministère de la Justice a constitué un nouveau groupe de travail auquel il a confié la mission de rédiger un projet de réforme du dispositif de protection juridique des majeurs, contenu dans le Code civil. Ce projet de loi fut le fruit d'une réflexion de plusieurs années menée au sein de la Direction des affaires civiles et du Sceau du ministère de la Justice (DACS), en collaboration avec d'autres partenaires. La loi n° 2007-308 du 5 mars 2007[1], applicable à quelques exceptions près depuis le 1er janvier 2009, consacre pour l'essentiel les solutions préconisées par ces rapports, notamment celles contenues dans le rapport Favard[2].

La réforme, proposée conjointement par le ministère de la Justice et le ministère délégué à la Sécurité sociale, aux Personnes âgées, aux Personnes handicapées et à la Famille[3], a eu pour finalité notamment

1. L. n° 2007-308, 5 mars 2007, portant réforme de la protection juridique des majeurs, *JO* 7 mars, p. 4325.
2. J. Favard, *Rapport définitif sur les dispositifs de protection des majeurs*, avr. 2000.
3. M. Bauer, T. Fossier et L. Pécaut-Rivolier, *La réforme des tutelles : ombres et lumières*, Dalloz, 2006 : conclusion générale « Vers la réforme ? », n° 33.16 : « Les politiques ne croient-ils plus à la protection des personnes vulnérables par le droit civil ? »

d'opérer une distinction entre les mesures de protection civile, d'une part, et les mesures de protection sociale, d'autre part, lesquelles ont été confiées pour l'essentiel aux départements. Toutefois, dans l'esprit des promoteurs de la réforme, « *la protection des majeurs implique une véritable synergie entre le dispositif civil et l'accompagnement social* » [1].

SECTION 2
PRÉSENTATION DES AXES FONDAMENTAUX DU DROIT DE LA PROTECTION DES MAJEURS

03.20 Dispositions essentielles contenues dans la loi n° 2007-308 du 5 mars 2007. La réforme du 5 mars 2007 poursuit trois axes fondamentaux, lesquels sont :

- la délimitation plus stricte du champ des mesures de protection juridique des majeurs;
- le renforcement des droits de la personne majeure protégée;
- la professionnalisation des personnes extérieures à la famille chargées de mesures de protection juridique.

03.21 Délimitation plus stricte du champ des mesures de protection juridique – Renforcement des principes de nécessité et de subsidiarité. La loi du 5 mars 2007 a renforcé les principes de nécessité, de subsidiarité et de proportionnalité de la protection juridique, lesquels, bien qu'ayant été déjà affirmés par la loi n° 68-5 du 3 janvier 1968 [2], avaient perdu leur efficience.

Le législateur a réservé le placement sous un régime de protection juridique des majeurs aux seuls cas où l'altération des facultés personnelles de l'intéressé est médicalement constatée, supprimant l'ancienne curatelle pour oisiveté ou prodigalité laquelle pouvait être ouverte, sous l'empire de la loi du 3 janvier 1968, sans certificat médical. L'article 428 du Code civil rappelle, par ailleurs, au juge des tutelles qu'une mesure de protection judiciaire ne peut être ouverte qu'en cas de nécessité et à la condition qu'aucun dispositif de protection plus souple et non incapacitant n'existe déjà. Les personnes prodigues, les personnes en danger ou en situation de précarité sociale relèvent, si nécessaire, d'un dispositif d'accompagnement social et non d'un régime juridique de protection sauf, bien entendu, lorsqu'il est médicalement établi qu'elles souffrent d'une altération de leurs facultés mentales ou corporelles de nature à empêcher l'expression de leur volonté (C. civ., art. 425).

La tutelle aux prestations sociales adultes est supprimée et est remplacée par un nouveau dispositif, graduel et progressif.

Ce mécanisme comporte, d'abord, un volet administratif, lequel est mis en œuvre par les départements en collaboration avec la personne intéressée sur la base d'un contrat (« mesure d'accompagnement social personnalisé » [MASP]), puis, le cas échéant, un volet judiciaire, plus contraignant, qui ne pourra être actionné qu'en cas d'échec du premier volet (« mesure d'accompagnement judiciaire » [MAJ]). Dans un premier temps, le département est chargé de mener des actions d'accompagnement social personnalisé, qui prennent la forme d'un contrat établi conjointement avec le majeur en fonction de sa situation et du parcours d'insertion envisagé. En cas de refus ou d'échec du contrat d'accompagnement social personnalisé, le président du conseil général peut, soit en cas de priorité donnée à la conservation du logement, demander au juge des tutelles l'autorisation de percevoir certaines prestations sociales de l'intéressé, afin d'assurer le paiement de son loyer, soit, si une prise en charge plus large est nécessaire, adresser un rapport circonstancié au procureur de la République afin de solliciter une MAJ.

Ce dernier devra apprécier en fonction des circonstances s'il convient ou non de saisir le juge des tutelles pour qu'il ordonne une mesure d'accompagnement judiciaire (C. civ., art. 495-2). Cette mesure judiciaire, n'entraînant aucune incapacité juridique, a uniquement pour effet de priver la personne du droit de gérer elle-même certaines de ses prestations sociales. La gestion du mandataire est périodiquement contrôlée, et la mesure ne peut être prononcée pour une durée supérieure à deux ans, renouvelable par décision spécialement motivée, à la demande de la personne protégée, du mandataire ou du procureur de la République, sans que la durée totale puisse excéder quatre ans (C. civ., art. 495-8) [3].

En outre, la saisine d'office du juge des tutelles sur le simple signalement d'un tiers, laquelle avait atteint jusqu'aux deux tiers des ouvertures de dossiers avant de représenter moins de la moitié d'entre elles, est supprimée (C. civ., art. 430) [4].

Désormais, seule la personne qu'il y a lieu de protéger ou, selon le cas, son conjoint, le partenaire avec qui elle a conclu un pacte civil de solidarité (PACS), son concubin, à moins que la vie commune ait cessé entre eux, un parent, un allié, une personne entretenant avec le majeur des liens étroits et stables, la personne qui exerce à son égard une mesure de protection juridique ou le procureur de la République peut

1. P. Clément, Audition devant la commission des affaires culturelles, familiales et sociales de l'Assemblée nationale, séance du 22 mars 2006, compte rendu n° 45, p. 5 – T. Fossier, « L'objectif de la réforme du droit des incapacités : protéger sans jamais diminuer », *Defrénois* 2005. 3 s.
2. L. n° 68-5, 3 janv. 1968, portant réforme du droit des incapables majeurs, *JO* 4 janv., p. 117-118.
3. C. civ., art. 495-8 *(issu de L. n° 2007-308, 5 mars 2007)*.
4. C. civ., art. 430 *(issu de L. n° 2007-308, 5 mars 2007)*.

présenter une demande d'ouverture de mesure au juge des tutelles (C. civ., art. 430) [1].

La réforme implique de procéder à une réorganisation des juridictions d'instance, car le réexamen des mesures de tutelle tous les cinq ans conduit mécaniquement à ce que 120 000 décisions supplémentaires soient prises chaque année pour apprécier la nécessité de maintenir la personne protégée sous ce régime. Il demeure donc indispensable de prévoir les moyens nécessaires en personnel. Le ministre de la Justice avait semblé considérer, à l'époque, que la mise en œuvre du nouveau dispositif de protection n'exigerait que 29 postes équivalents temps plein (ETP) de magistrats et 56 postes ETP de fonctionnaires [2].

Enfin, en vertu du principe de subsidiarité, il convient d'appliquer les **règles du droit commun de la représentation**, ou celles résultant des **régimes matrimoniaux ou du régime primaire,** lorsqu'elles suffisent à préserver les intérêts de la personne vulnérable. Le juge doit donc examiner si des techniques juridiques moins contraignantes, comme la procuration ou la désignation d'un époux pour représenter son conjoint lorsque ce dernier est hors d'état de manifester sa volonté, suffisent à résoudre les difficultés de la personne vulnérable.

L'article 428 du Code civil tient compte, par ailleurs, de la consécration par la loi du 5 mars 2007 du **mandat de protection future**, en posant le principe de subsidiarité des mesures de protection judiciaire par rapport à ce mandat (C. civ., art. 428, al. 1er). On relèvera que ce dernier principe a été étendu par l'ordonnance n° 2015-1288 du 15 octobre 2015, portant simplification et modernisation du droit de la famille, à la **mesure d'habilitation familiale** [3] (C. civ., art. 494-2).

Le droit français de la protection juridique des majeurs fait ainsi pleinement écho aux principes dégagés par les sources internationales de la matière et, notamment, par la recommandation du Conseil de l'Europe n° R (99) 4 sur les principes concernant la protection juridique des majeurs, en date du 23 février 1999, et par la Convention des Nations unies sur les droits des personnes handicapées du 30 mars 2007 [4], laquelle entend « *promouvoir, protéger et assurer la pleine et égale jouissance de tous les droits de l'homme et de toutes les libertés fondamentales par les personnes handicapées et* [...] *promouvoir le respect de leur dignité intrinsèque* » (art. 1er, al. 1er), ainsi que garantir aux personnes handicapées la jouissance « *de la capacité juridique dans tous les domaines, sur la base de l'égalité avec les autres* » (art. 12, al. 2).

03.22 Renforcement des droits de la personne majeure protégée : recherche d'un équilibre entre les impératifs de protection et la promotion de la marge d'autonomie de la personne protégée. Le deuxième volet de la réforme vise à affirmer les droits de la personne majeure à protéger afin d'assurer le respect de ses droits fondamentaux, de ses libertés individuelles et le respect de sa dignité (C. civ., art. 415, al. 2) [5]. L'article 415 alinéa 3 prévoit expressément que la mesure de protection a pour finalité l'intérêt de la personne protégée et favorise, dans la mesure du possible, l'autonomie de celle-ci. L'ensemble de ces directives et, notamment celle tirée de la nécessité de rechercher un constant équilibre entre la protection de l'intérêt de la personne, d'une part, et celle de la promotion de sa marge d'autonomie, d'autre part, irriguent l'ensemble du droit de la protection juridique des majeurs et comportent de nombreuses applications concrètes pour la mise en œuvre du dispositif de protection.

L'affirmation des droits de la personne protégée trouve, d'abord, sa traduction procédurale dans l'obligation faite au juge des tutelles, lorsqu'il prend une décision concernant personnellement le majeur protégé ou à protéger, de procéder à son **audition préalable**, avec l'assistance d'un avocat s'il le souhaite (C. civ., art. 432, al. 1er) [6]. Les cas de dispense d'audition doivent demeurer exceptionnels (C. civ., art. 432, al. 2 : si l'audition est de nature à porter atteinte à la santé du majeur ou si le majeur est hors d'état d'exprimer sa volonté) et être spécialement motivés sur l'avis d'un médecin inscrit sur la liste du procureur de la République.

Le juge doit informer ensuite le majeur, sous une forme appropriée à son état, des décisions envisagées afin qu'il puisse exprimer ses sentiments, notamment sur le choix de la personne chargée de sa protection. Il en est de même de la personne investie de la mesure de protection, laquelle est tenue à l'égard du majeur d'une **obligation d'information** suivant des modalités appropriées à l'état de santé du majeur.

Toute personne peut par ailleurs choisir à l'avance son tuteur ou curateur pour le cas où elle ne pourrait plus pourvoir seule à ses intérêts, au moyen d'une **désignation anticipée** (C. civ., art. 448 et C. pr. civ., art. 1255), ou anticiper sa propre protection ou celle de son enfant vulnérable par la conclusion d'un **mandat de protection future** (C. civ., art. 477 s. [7]). C'est

1. Issu de L. n° 2007-308, 5 mars 2007.
2. P. Clément, Audition devant la commission des affaires culturelles, familiales et sociales de l'Assemblée nationale, séance 22 mars 2006, compte rendu n° 45, p. 9; Audition devant la Commission des lois de l'Assemblée nationale, séance 20 déc. 2006, compte rendu n° 18.
3. Ord. n° 2015-1288, 15 oct. 2015, portant simplification et modernisation du droit de la famille, *JO* 16 oct., p. 19304.
4. Ratifiée par la France en 2010.
5. C. civ., art. 415, al. 2 *(mod. par L. n° 2007-308, 5 mars 2007,* art. 7).
6. C. civ., art. 432, al. 1er *(mod. par L. n° 2007-308, 5 mars 2007,* art. 7).
7. C. civ., art. 477 *(mod. par L. n° 2007-308, 5 mars 2007,* art. 7).

dire que le droit de la protection juridique des majeurs participe, désormais, du phénomène de contractualisation qui atteint plus généralement le droit des personnes et de la famille.

En l'absence d'anticipation de la vulnérabilité par le majeur ou ses père et mère, **sa famille et ses proches sont privilégiés.** Le juge doit désigner en principe en qualité de tuteur ou de curateur son conjoint, son partenaire lié par un PACS ou son compagnon vivant avec lui ou, à défaut, un membre de sa famille ou un proche entretenant des liens étroits et stables avec lui. La désignation d'un tuteur ou d'un curateur extérieur au cercle familial ou amical ne peut intervenir, en conséquence, que de manière subsidiaire (C. civ., art. 447 à 451).

Le renforcement des droits de la personne vulnérable se traduit, surtout, par la création d'un véritable droit commun de la matière, parfois qualifié de **régime primaire de la protection juridique des majeurs.** Ce dernier comporte tout à la fois des effets personnels et des effets patrimoniaux.

Les premiers fixent le régime des actes personnels de la personne protégée, en faisant la distinction entre les **actes strictement personnels**, énumérés de manière non exhaustive à l'article 458 du Code civil, et les **actes simples personnels** lesquels bénéficient d'un **mécanisme d'autonomie graduée** (C. civ., art. 459). Le renforcement des droits de la personne protégée s'illustre pareillement dans le principe du choix de son lieu de vie par le majeur, son droit d'entretenir des relations personnelles avec toute personne de son choix (C. civ., art. 459-2), de se marier (C. civ., art. 460) ou de conclure un PACS (C. civ., art. 461 et 462).

Les seconds accordent une protection spécifique et renforcée au **cadre de vie** (C. civ., art. 426) et aux **comptes bancaires** (C. civ., art. 427) de la personne vulnérable, lesquels bénéficient d'un **principe de conservation.**

03.23 La professionnalisation des personnes extérieures à la famille chargées de mesures de protection juridique. Le troisième volet de la réforme concerne la professionnalisation des intervenants extérieurs à la famille qui exercent des missions de protection juridique. Ces missions ont fusionné en constituant une même profession de « mandataire judiciaire à la protection des majeurs » (MJPM – CASF, art. L. 471-1 s.) [1].

Les intervenants doivent suivre une formation certifiée par l'État, souscrire une assurance de responsabilité professionnelle et accepter de se soumettre à une évaluation de leur activité. En outre, la pratique controversée des comptes pivots est interdite (C. civ., art. 427, al. 6) [2]. Les tuteurs professionnels, comme les tuteurs familiaux, doivent désormais présenter annuellement un compte de gestion au directeur des services de greffe judiciaires, accompagné de toutes les pièces justificatives (C. civ., art. 510 et 511) [3]. Si le patrimoine le justifie, le juge des tutelles peut éventuellement ordonner une expertise comptable aux frais du majeur.

Enfin, dans un souci d'équité à l'égard des majeurs protégés comme des professionnels, le financement des mesures prises en charge par les professionnels est harmonisé. Un financement public est mis en place si les ressources de la personne protégée ne lui permettent pas d'assumer le coût de cette protection.

SECTION 3
DISPOSITIONS DE DROIT TRANSITOIRE

03.31 Date d'entrée en vigueur de la loi n° 2007-308 du 5 mars 2007 au 1er janvier 2009. Comme pour toute réforme législative d'ampleur, il convenait de connaître les dispositions transitoires prévues pour permettre l'application du nouveau dispositif de protection des majeurs [4].

À ce sujet, l'article 45 (I) de la loi n° 2007-308 du 5 mars 2007 énonçait : « *À l'exception des articles 11* [changement ou modification du régime matrimonial, dont l'un des époux fait l'objet d'une mesure de protection juridique], *25 à 28* [contrôle des établissements et des services sociaux et médico-sociaux], *31* [financement de la mesure judiciaire d'aide à la gestion du budget familial], *33* [dispositions déclarées non conformes à la Constitution par la décision du Conseil constitutionnel n° 2007-552 DC du 1er mars 2007] *à 43* [dispositions applicables à la poursuite, à l'instruction et au jugement des infractions commises par des majeurs protégés, et dispositions permettant l'adaptation de la loi nouvelle aux collectivités territoriales de Mayotte, des îles de Wallis-et-Futuna, à la Polynésie française et à la Nouvelle-Calédonie], *et du III de l'article 44* [affiliation transitoire aux régimes de la sécurité sociale au plus tard jusqu'au 1er janvier 2011 des personnes physiques habilitées en qualité de tuteur ou curateur d'État, gérant de tutelle ou tuteur aux prestations sociales] *qui sont d'application immédiate,* [dispositions déclarées non conformes à la Constitution par la décision du Conseil constitutionnel n° 2007-552 DC du 1er mars 2007], *la présente loi entre en vigueur le 1er janvier 2009* ».

1. CASF, art. L. 471-1 s. *(issus de L. n° 2007-308, 5 mars 2007).*
2. C. civ., art. 427, al. 6 *(mod. par L. n° 2007-308, 5 mars 2007, art. 7).*
3. C. civ., art. 510 *(mod. par L. n° 2007-308, 5 mars 2007, art. 8)* et C. civ., art. 511 *(mod par L. n° 2016-1547, 18 nov. 2016, art. 16).*
4. Sur l'entrée en vigueur de la loi n° 2007-308 du 5 mars 2007 et ses dispositions transitoires : T. Fosssier, « La réforme de la protection des majeurs. Guide de lecture de la loi du 5 mars 2007 », *JCP* 2007. I. 118.

Ce délai de deux ans avant l'entrée en vigueur du nouveau dispositif de protection des majeurs avait pour objet de laisser le temps nécessaire au gouvernement pour prendre les différents décrets et circulaires nécessaires à l'application de la loi du 5 mars 2007, ainsi que pour organiser, en concertation avec les collectivités territoriales compétentes, notamment les départements, le financement de ce nouveau dispositif, qui, compte tenu de l'explosion prévisible du nombre des mesures judiciaires de protection dans les années futures, risquait d'être onéreux pour la collectivité nationale.

03.32 Application de la loi aux mesures de protection ouvertes avant le 1er janvier 2009. L'article 45 (II) de la loi du 5 mars 2007 prévoyait même que, à compter du 1er janvier 2009, la nouvelle loi s'appliquerait aux « *mesures de protection ouvertes antérieurement sous les conditions suivantes* » :

« *1°) Les articles 441 et 442 du Code civil sont applicables aux mesures ouvertes avant l'entrée en vigueur de la présente loi à l'expiration d'un délai de cinq ans à compter de la date de publication de celle-ci, sans préjudice des demandes de mainlevée qui pourront être présentées avant ce délai et de la révision des mesures faites à l'occasion d'une saisine du juge dans ces dossiers.*

À défaut de renouvellement dans le délai précité, les mesures prennent fin de plein droit;

2°) Les mesures de tutelle aux prestations sociales ne sont caduques de plein droit qu'au terme de la troisième année qui suit la date d'entrée en vigueur de la présente loi, à moins que le juge en prononce la caducité avant cette date lors d'un réexamen de la mesure, d'office ou sur demande de la personne protégée.

Lors de ce réexamen, le juge peut ordonner une mesure d'accompagnement judiciaire alors même que les conditions du premier alinéa de l'article 495 du Code civil ne seraient pas réunies;

3°) L'appel et le pourvoi en cassation sont jugés selon les règles applicables lors du prononcé de la décision de première instance ».

Concrètement, cette disposition légale signifiait que, dans un délai de cinq ans à compter de la date de publication de la nouvelle loi (c'est-à-dire le 7 mars 2007[1]), les mesures de sauvegarde de justice, de curatelle et de tutelle prises sous l'empire de la loi du 3 janvier 1968 demeureraient valables.

Cependant, à l'expiration de ce délai de cinq ans (c'est-à-dire le 7 mars 2012 à 24 heures), si elles n'avaient pas fait l'objet d'un renouvellement par décision du juge des tutelles, elles prendraient fin de plein droit.

03.33 Droit transitoire applicable aux mesures de tutelles aux prestations sociales. De leur côté, les mesures de tutelle aux prestations sociales prononcées avant l'entrée en vigueur de la nouvelle loi, le 1er janvier 2009, ne sont devenues caduques de plein droit qu'au terme de la troisième année suivant la date d'entrée en vigueur de la présente loi (c'est-à-dire depuis le 1er janvier 2012 à 24 heures), sauf si le juge des tutelles en avait prononcé la caducité avant cette date lors d'un réexamen de la mesure, d'office ou sur demande de la personne protégée. Lors de ce réexamen, le juge pouvait ordonner une mesure d'accompagnement judiciaire alors même que les conditions du premier alinéa de l'article 495 du Code civil n'étaient pas réunies.

1. L. n° 2007-308, 5 mars 2007.

03.34 Date de prise d'effet du mandat de protection future. Enfin, un mandat de protection future pouvait être établi dès la publication de la loi nouvelle (c'est-à-dire le 7 mars 2007). Cependant, ce mandat n'a pu prendre effet qu'à compter de la date d'entrée en vigueur de la nouvelle loi (c'est-à-dire le 1er janvier 2009) (L. n° 2007-308, 5 mars 2007, art. 45, III).

SECTION 4
OBSTACLES À L'APPLICATION DU DROIT DE LA PROTECTION DES MAJEURS

03.41 Première difficulté : financement même du dispositif, dont une part importante repose sur les départements. M. le professeur Philippe Malaurie avait critiqué le transfert par l'État de la charge financière de la dépendance sur les départements en violation de l'article 72-2 de la Constitution[2]. Cependant, le Conseil constitutionnel avait validé le nouveau dispositif de protection juridique des majeurs, à l'exception de quelques articles issus d'amendements présentés par le gouvernement et considérés comme des « *cavaliers législatifs* », « *dépourvus de tout lien avec l'objet du texte déposé sur le bureau de la première assemblée saisie* »[3].

Conscient de cette difficulté majeure, le Parlement a finalement adopté un article 46 de la loi du 5 mars 2007, qui prévoyait que, à compter du 1er janvier 2010 et jusqu'au 1er janvier 2015, le gouvernement lui présenterait annuellement un rapport dressant un bilan statistique de la mise en œuvre de la mesure d'accompagnement social personnalisé (CASF, art. L. 271-1)[4], ainsi que des évolutions du nombre de

2. Ph. Malaurie, « Examen critique du projet de loi portant réforme de la protection juridique des majeurs », *Defrénois* 2007. 15.
3. Cons. const. 1er mars 2007, n° 2007-552 DC, *D.* 2008. 180, obs. Clay : loi portant réforme de la protection juridique des majeurs.
4. CASF, art. L. 271-1 (*issu de L. n° 2007-308, 5 mars 2007; mod. par L. n° 2009-526, 12 mai 2009, art. 116 et par L. n° 2013-403, 17 mai 2013, art. 1er*).

mesures de protection judiciaire des majeurs. Ce rapport indiquerait les coûts respectivement supportés par l'État, les organismes versant les prestations sociales aux majeurs protégés ainsi que les collectivités débitrices, et il exposerait, en cas d'alourdissement constaté des charges supportées par les départements, les compensations financières auxquelles l'État procèderait en lois de finances.

La première enquête a été réalisée par le ministères des Affaires sociales et de la Santé en 2010. La dernière couvre l'année 2014[1] et fait le constat d'un nombre très hétérogène de MASP ouvertes d'un département à l'autre ainsi que de la charge financière supportée par les conseils départementaux[2].

03.42 Seconde difficulté : moyens humains mis à la disposition de l'autorité judiciaire (tribunaux d'instance, parquet et cours d'appel) pour appliquer la réforme du dispositif. À ce sujet, il n'est pas inutile de rappeler que les services de tutelles des tribunaux d'instance reposent sur trois acteurs complémentaires : le juge des tutelles, le greffier et le directeur des services de greffe judiciaires.

Le juge des tutelles est chargé, à titre principal, de rendre les décisions juridictionnelles, d'assurer le suivi et la surveillance des mesures de protection dont il a la charge et, à titre subsidiaire, de vérifier les comptes de tutelles.

Le greffier doit, en principe, l'assister lors de ses auditions, mettre en forme par l'intermédiaire du logiciel TUTI les décisions qu'il a prononcées et les notifier aux personnes intéressées par la mesure.

Le directeur des services de greffe judiciaires a pour mission, à titre principal, de recueillir les comptes de tutelles qui lui sont remis par les différents tuteurs et curateurs aggravés et de procéder à leur vérification. Cette dernière mission est fondamentale, car la crédibilité de l'ensemble du dispositif français de protection des majeurs repose sur l'effectivité des vérifications de comptes opérées par les directeurs des services de greffe judiciaires. Il s'agit là d'un travail particulièrement sensible, qui peut absorber jusqu'au tiers de leur temps de travail. En pratique, il faut notamment éviter, comme cela est parfois le cas, que ces vérifications ne s'opèrent par « *sondage* ».

Or, les effectifs des juges chargés des tutelles, comme des greffiers, n'ont pas augmenté alors que le nombre des juridictions d'instance a lui-même diminué (du fait de la réforme de la carte judiciaire), que leur compétence a augmenté du fait du transfert du contentieux de l'exécution civile mobilière des tribunaux de grande instance vers les tribunaux d'instance et de l'extension de seuil de compétence en matière de crédit à la consommation à 75 000 euros, ce qui provoque une charge de dossiers plus lourde par cabinet de juge des tutelles.

Les effectifs de directeurs des services de greffe judiciaires proposés par le ministère de la Justice pour appliquer la réforme semblent insuffisants pour mener à bien cette mission légale (v. s[s] n° 03.21). Il faudrait, comme la réforme le permet d'ailleurs, leur adjoindre des contrôleurs extérieurs, par exemple des agents du Trésor public. À ce sujet, les expérimentations dans les tribunaux d'instance des ressorts des cours d'appel de Bourges et d'Angers, pourtant très encourageantes même si leur généralisation posait un problème de coût budgétaire, n'ont pas été reprises. En définitive, le risque est bien réel à terme que la pénurie de directeur des services de greffe judiciaires et d'agents disponibles pour effectuer cette mission de vérification des comptes de tutelles n'aboutisse à une multiplication des cas de responsabilité de l'État du fait du service des tutelles, soit pour avoir omis de procéder aux vérifications de comptes, soit, à l'inverse, pour avoir effectué des vérifications incomplètes.

À ce titre, il convient de rappeler que, contrairement au régime habituel de responsabilité de l'État pour dysfonctionnement du service public de la justice, lequel suppose une faute lourde ou un déni de justice (COJ, art. L. 141-1), **la faute de l'État du fait des tutelles repose sur la commission d'une faute quelconque** du directeur des services de greffe judiciaires ou du juge des tutelles.

Pour conclure ce développement sur le manque cruel de moyens en personnels pour appliquer la réforme, il faut rappeler que cet écueil n'est pas nouveau. Déjà, lors de la réforme de la tutelle des mineurs par la loi du 14 décembre 1964, le doyen Carbonnier écrivait : « [...] *Cette loi ne vaudra que par les juges d'instance. C'est avant tout une affaire de moyens en personnel : le point est crucial, la demande est urgente. Mais les moyens obtenus, ce sera encore une affaire de volonté. Et pas seulement pour les juges* »[3].

SECTION 5
BILANS D'APPLICATION DU DROIT DE LA PROTECTION DES MAJEURS

03.51 Rapports du Pôle d'évaluation de la justice civile de la Direction des affaires civiles et du Sceau (août 2011 et 2015). Le ministère de la Justice a

1. http://drees.social-sante.gouv.fr/etudes-et-statistiques
2. Une seule pour l'Ariège; aucune pour le Lot et les Yvelines, 175 pour les Bouches-du-Rhône, 602 pour l'Hérault, 266 pour Paris et 304 pour la Gironde au 31 décembre 2014. Quant à la charge financière supportée par les conseils départementaux, elle oscille entre 0 euro pour le Lot et les Yvelines et 1 673 904 euros pour les Bouches-du-Rhône, 112 065 euros pour l'Hérault, 92 200 euros pour Paris, 125 450 euros pour la Gironde.
3. P. Blondy et G. Morin, L'administration légale et la tutelle des mineurs, préf. J. Carbonnier (cité par J. Massip, Les incapacités, étude théorique et pratique, *Defrénois*, 2002), 1965.

effectué un premier bilan de l'application de la loi du 5 mars 2007 devant les juges des tutelles après deux années d'application, soit sur la **période de référence 2009-2010.** Il ne tient pas compte des éventuelles infirmations ou réformations des cours d'appel, en particulier sur le choix du régime de protection, la durée de la mesure et les modes d'organisation.

Il relève qu'après avoir atteint un maximum en 2004 et s'être stabilisé autour de 100 000, le nombre des demandes d'ouverture de mesures de protection civiles a connu une diminution la première année d'entrée en application de la réforme (97 190), a augmenté en 2008, année qui a précédé l'entrée en vigueur de la réforme (100 700), pour connaître un creux en 2009 (80 600) et une reprise en 2010 (87 800). Cette variation est attribuée à la suppression de la saisine d'office des juges des tutelles et à la probable mise en attente de nombreux signalements adressés aux parquets, dont les pratiques ont été très variables suivant les ressorts. Certains procureurs de la République ont en effet pu avoir une politique très active, désignant quand cela était nécessaire un médecin afin réaliser le certificat médical circonstancié, et d'autres estimant devoir classer tout signalement ne comportant pas en annexe ce document. Par ailleurs, certains signalements ont pu également être incomplets ou mal orientés, notamment par méconnaissance des nouveaux dispositifs. Aucune statistique n'est disponible sur l'activité des parquets en matière civile, le dispositif statistique du ministère de la Justice ne la prenant pas encore en compte[1]. En tout état de cause, la baisse des saisines enregistrée la première année d'application de la réforme ne s'est pas confirmée et le nombre des demandes d'ouverture a augmenté de 8,9 % en 2010.

Un nouveau bilan de l'application de la loi du 5 mars 2007 par les juges des tutelles a été effectué par le Pôle d'évaluation de la justice civile de la DACS en août 2015. Ce nouveau rapport met à jour pour l'année 2014 les tableaux des précédentes études réalisées par le ministère de la Justice[2] et s'étend sur la **période de référence 2009-2014**[3].

En 2014, le nombre de demandes relatives à la protection des majeurs a retrouvé un niveau comparable à celui de l'année 2010. Après une légère diminution en 2009, les demandes d'ouverture de mesures de protection sont reparties à la hausse. La baisse enregistrée en 2009, imputée par le rapport à la suppression de la saisine d'office du juge des tutelles, ne s'est pas poursuivie les années suivantes. Les demandes d'ouverture d'un régime de protection ne cessent d'augmenter d'année en année : 76 000 en 2010, 82 000 en 2011, 85 000 en 2012, 92 000 en 2013 et plus de 96 130 demandes de première ouverture en 2014.

Les demandes de renouvellement, de modification, de conversion ou de mainlevée des mesures ont subi d'importantes fluctuations. Elles ont été multipliées, selon le rapport, par plus de 5 entre 2008 et 2013, passant de 28 810 demandes en 2008 à 149 708 demandes en 2013. En 2014, ces demandes ont baissé de près de 60 % par rapport à 2013 pour atteindre seulement 65 701 demandes. Le rapport précise que ces fluctuations sont dues, pour l'essentiel, aux demandes de renouvellement, lesquelles représentaient, en 2013, 88 % du total des demandes de renouvellement, conversion ou mainlevée. Pareille augmentation des demandes de renouvellement tient à l'obligation imposée aux juges des tutelles par la loi du 5 mars 2007 de réviser, avant le 1er janvier 2014, les mesures de protection ouvertes avant le 1er janvier 2009, date de l'entrée en vigueur de la loi, à peine de caducité de celles-ci. En 2014, les demandes de renouvellement atteignaient le nombre de 51 000. L'année 2014 marquant la fin de la période de révision des mesures ouvertes avant 2009, elle fournit, selon le rapport, un indice du nombre de mesures que les juges des tutelles devront revoir annuellement.

03.52 Degré des mesures de protection ouvertes. En fonction du degré d'altération des facultés personnelles de la personne à protéger, le juge des tutelles a le choix, depuis la réforme de 2007, entre trois régimes de protection : la sauvegarde de justice dite rénovée, la curatelle et la tutelle (sous différents aménagements possibles).

Les premières données statistiques montrent un faible recours à la mesure de **sauvegarde de justice** rénovée, même si l'on constate une très légère augmentation. Moins de 2 % en 2011 des majeurs protégés, soit 1 000 personnes par an avaient bénéficié de cette mesure en 2011 contre 1 420 personnes en 2014, soit moins de 2 % pour la période de référence 2009-2014[4]. Il doit être observé que, parallèlement, le nombre des demandes formées par l'un des époux en application des articles 217 et 219 du Code civil a quant à lui progressé au cours de ces dernières années, passant de 265 en 2005, à 1 380 en 2009 et

1. Une recherche a été réalisée en 2011 à la demande de la DACS, avec le soutien de la Mission de recherche Droit et justice, sous la responsabilité scientifique de Martine Cottin, « Le parquet en matière civile, sociale et commerciale – Recensement des textes et études empirique des activités non pénales du parquet », Université Jean Monnet de Saint-Étienne, CERCRID, juill. 2011.
2. Min. Justice, DACS-Pôle d'évaluation de la justice civile, août 2011 – M. Guillonneau, *Bilan de l'application de la loi du 5 mars 2007 portant réforme de la protection juridique des majeurs protégés devant les juges des tutelles*, juin 2013.
3. Min. Justice, DACS-Pôle d'évaluation de la justice civile, août 2015. Ce chapitre emprunte aux constatations statistiques et analyses de ce pôle.

4. Au total, 7 114 mesures de sauvegarde dite « rénovées » ont été ouvertes entre 2009 et 2014.

2010, 1 587 en 2011, 1 657 en 2012, 1 740 en 2013 et 1 924 en 2014. Restera à mesurer, à l'avenir, l'impact sur le nombre des mesures de sauvegarde conjugale de la nouvelle mesure d'habilitation familiale créée par l'ordonnance n° 2015-1288 du 15 octobre 2015 et de son ouverture par la loi de ratification aux couples mariés.

S'agissant des **curatelles** et des **tutelles**, si jusqu'au milieu des années 2000 autant de tutelles que de curatelles (le plus souvent aggravées) étaient ouvertes, à partir de 2007 et surtout de 2008 une nette tendance à la baisse des curatelles a été enregistrée, les tutelles devenant prépondérantes. Les tutelles représentaient en 2010 57 % des régimes de protection durable (c'est-à-dire des curatelles et des tutelles) et 54,2 % en 2014. Plusieurs hypothèses peuvent être avancées. Avant l'entrée en vigueur de la réforme, la mise sous tutelle entraînait presque automatiquement la suppression du droit de vote (sauf à de très rares exceptions), ce qui conduisait les juges à privilégier souvent un régime de curatelle renforcée pour de nombreuses personnes âgées. Depuis, le maintien du droit de vote est devenu le principe en tutelle et le retrait doit être spécialement motivé, ce qui pourrait favoriser le prononcé de ce type de mesure. Surtout, il n'est pas impossible que l'on assiste à une modification de la population des nouveaux majeurs protégés et l'hypothèse d'un vieillissement de la population pour laquelle la protection est sollicitée, peut être avancée. En effet, les signalements des services sociaux et médico-sociaux, qui concernaient des personnes de tous âges, semblent avoir baissé et le recours à une demande de protection paraît s'effectuer à un degré plus important d'incapacité, ce qui augmente le risque d'un placement direct sous un régime de tutelle. Les données relatives à la répartition des régimes de protection ouverts selon l'âge des personnes, qui montrent une augmentation de la proportion des tutelles au fur et à mesure de l'avancée en âge, paraissent le confirmer.

03.53 Durée des mesures de curatelle et de tutelle. Lorsqu'ils ouvrent une mesure de protection durable, les juges des tutelles fixent dans la quasi-totalité des cas une durée de cinq ans correspondant à la durée maximale prévue par l'article 441 du Code civil dans sa version antérieure à la loi n° 2015-177 du 16 février 2015[1]. Les durées inférieures sont très rares (3,7 % pour les curatelles et 1,6 % pour les tutelles en 2014, contre 0,5 % pour les tutelles ouvertes en 2011). De manière assez étonnante, le rapport évoque 0,2 % de curatelles et 0,6 de mesures de tutelle ouvertes en 2014 pour une durée de six ans et plus, cependant que la possibilité de porter la durée initiale de la seule tutelle à une durée maximale de dix ans n'a été introduite qu'en février 2015.

03.54 Demandes de réexamen des mesures de protection civiles. Au cours des quinze dernières années, le stock des dossiers en cours dans les cabinets des juges des tutelles a notablement augmenté, le nombre des « entrées » (nouvelles mesures) étant sensiblement plus important que celui des « sorties » (par suite de décès ou de mainlevées). Légèrement inférieur à 500 000 en 1997, le stock a atteint 708 784 en 2007, 726 926 en 2008, 731 671 en 2009. Il était, selon le rapport d'août 2015, de 629 524 en 2010, 638 110 en 2011 et 668 306 en 2014[2].

Le nombre de fins de mesure est quant à lui passé de 28 536 en 1997 (dont 93,5 % par suite de décès et 6,5 % par mainlevée) à 48 727 en 2007, 56 164 en 2008, 47 483 en 2009 et 47 146 en 2010 (dont 87,8 % par suite de décès et 12,2 % par mainlevée). Le total des mainlevées s'élevait, toutes mesures confondues, à seulement 3 724 en 2014, soit 6,7 % des décisions statuant sur les demandes de renouvellement, de conversion de tutelle en curatelle, de curatelle en tutelle, de modification de l'étendue et de mainlevée des mesures de tutelle et curatelle, contre 8 674 en 2013, soit 5,1 % du total de ces décisions.

Jusqu'en 2007, le profil d'évolution des demandes de modification ou de mainlevée des mesures de protection suivait sensiblement celui du stock. Si le nombre absolu des demandes a augmenté, passant de 3 000 à la fin des années 1980 à 17 220 en 2007, elles ne concernaient que 2 % des majeurs protégés. Depuis 2008, les demandes de révision comme de mainlevée ont fortement augmenté (+ 67 % soit 28 810 demandes) et le mouvement s'est accéléré en 2009 (88 761 demandes) et en 2010 (88 795 demandes).

Si le nombre de renouvellements de mesures de protection a été un peu plus important en 2010 qu'en 2009 (75 015 contre 70 755, soit + 6 %), les juges des tutelles se sont moins fréquemment saisis d'office en 2010 qu'en 2009 (26 % contre 36 %), année où ils avaient dans l'ensemble anticipé le mouvement de réexamen. Il doit être noté qu'en 2009, ainsi que nous l'avons déjà relevé, le nombre de demandes nouvelles avait baissé alors qu'il a repris en 2010, ce qui laissait moins de marge de gestion du cabinet.

Au total, au cours des deux premières années d'application de la réforme, les juges des tutelles ont réexaminé près de 178 000 mesures de protection (demandes de révision, de renouvellement, de modification de l'étendue de la mesure, de conversion de la tutelle en curatelle ou l'inverse, ou de mainlevée), soit à la fin de l'année 2010 un peu moins du quart des mesures en stock. Malgré les efforts des juges des

1. L. n° 2015-177, 16 févr. 2015, relative à la modernisation et à la simplification du droit et des procédures dans les domaines de la justice et des affaires intérieures, *JO* 17 févr., p. 2961.

2. Min. Justice, DACS-Pôle d'évaluation de la justice civile, août 2015, préc., tableau 15.

tutelles et de leurs greffes, seule une petite partie du stock des affaires en cours au 31 décembre 2008, soit 726 926, a été révisée alors même que le législateur n'a prévu qu'un délai de cinq années pour le réaliser[1], à peine de caducité des mesures de protection. L'arrivée massive des demandes de réexamen s'est soldée, sous l'angle de l'activité des juges, par un allongement de la durée de traitement des procédures, celle-ci étant passée de 3,6 mois en 2008 à 5 mois en 2010.

Le nombre des demandes de renouvellement, de modification de l'étendue des mesures de protection, de conversion ou de mainlevée a connu, par la suite, d'importantes fluctuations. Elles ont été multipliées par plus de 5 entre 2008 et 2013, passant de 28 810 demandes en 2008 à 149 708 demandes en 2013. En 2014, ces demandes ont nettement baissé pour s'établir à 65 701 demandes, soit une baisse de près de 60 % par rapport à 2013.

BILAN DES RÉEXAMENS :

- en 2011, dans plus de 90 % des cas, les mesures avaient été renouvelées (43,4 % de tutelles et 37,8 % de curatelles). En 2014, le total des mesures renouvelées s'élevait à 51 919, soit 93,3 % des mesures en ce compris les conversions;

- en 2011, dans 10 % des cas, le degré du régime de protection avait été modifié, le plus souvent en aggravant la mesure (7,8 % de conversions de curatelle en tutelle et seulement 2,5 % dans le sens inverse). En 2014, dans 10,8 % des cas, la mesure a été aggravée (conversion de la curatelle en tutelle). Dans 1,4 % des cas, elle a été allégée (conversion de la tutelle en curatelle). Dans 81,1 % des cas, la mesure a été renouvelée à l'identique;

- la durée moyenne des renouvellements était, en 2011, 13,8 ans pour les tutelles et 7,5 ans pour les curatelles. Elle était, en 2014, de 12,3 ans pour les tutelles et 8,2 ans pour les curatelles;

- la hausse du nombre de demandes de mainlevées (16 600 en 2008 et 9 500 en 2009 contre seulement 6 700 en 2007) ne s'est pas poursuivie (6 178 en 2013 contre 4 783 en 2014). Ces évolutions se sont légèrement répercutées sur le nombre de mainlevées prononcées qui demeure toutefois globalement faible (5 199 en 2011, 8 674 en 2013, 3 724 en 2014).

03.55 Choix du mandataire. Les études réalisées ne renseignent pas les cas d'exercice pluriel des mesures de protection (tutelle ou curatelle personne/biens, co-tutelle ou co-curatelle...) mais seulement les désignations uniques.

La moitié des mesures de curatelle et de tutelle est confiée à la famille (49 % en 2009, 46 % en 2008 et 2014).

Pour les régimes de tutelle, la gestion familiale représentait près de 6 cas sur 10 en 2011 (58 %) et 57,9 % en 2014 pour les hommes. Alors qu'elle ne représentait qu'1 cas sur 3 pour les femmes en 2011 (32,5 %), elle représentait la grande majorité des cas en 2014 (65 %). Dans la population des majeurs de moins de 25 ans, la famille est très présente et se voit confier l'exercice de la mesure dans 7 cas sur 10. Au fur et à mesure que le majeur vieillit, la participation familiale diminue pour atteindre un minimum dans le groupe des 55-59 ans (39 % en 2011 et 41 % en 2014 pour les hommes; 44 % en 2011 et 44,5 % en 2014 pour les femmes). Aux âges élevés, la tendance s'inverse et on constate qu'à partir de 65 ans, la part des tutelles familiales augmente.

Pour les régimes de curatelle, le plus souvent l'exercice de la mesure est confié à un mandataire judiciaire à la protection associatif, tous âges confondus (62 % en 2011 et 56,6 % en 2014 chez les hommes; 54 % en 2011 et 47,7 % en 2014 chez les femmes). Le profil d'âge est très semblable à celui des tutelles, étant relevé qu'aux âges intermédiaires les gérances associatives représentent environ trois quarts des mesures, alors que la part des mesures exercées par les mandataires individuels progresse quand l'âge augmente. Comme pour les tutelles, la part des mandataires d'établissement est faible.

Dans les cas de **sauvegarde avec désignation d'un mandataire spécial,** il convient de noter que, 8 fois sur 10, l'exercice de la mesure est confié à la famille ou aux proches (86,1 % des cas en 2014).

03.56 Mandat de protection future. En l'absence de répertoire des mandats de protection future, et dans l'attente de la mise en place du registre prévu par l'article 477-1 du Code civil, une évaluation fine des mandats conclus ou mis en œuvre est délicate. À partir d'une enquête faite auprès d'un échantillon d'offices, le Conseil supérieur du notariat estime à 5 500 le nombre de mandats de protection future réalisés dans les offices notariaux pour le premier semestre 2010[2]. Sur la période de référence allant de 2009 à 2014, 2 781 mandats de protection future ont été mis en œuvre dont 2 388 mandats notariés. On constate ainsi une légère augmentation des mandats ayant pris effet (538 en 2009 et 2010, dont 133 la première année et 405 la deuxième), le plus souvent pour des femmes (525 en 2009-2014 contre 222 pour les hommes sur la même période) très âgées. Dans 8 cas sur 10[3], le mandat est notarié et les man-

1. L. n° 2007-308, 5 mars 2007, art. 45 – L. n° 2009-526, 12 mai 2009, art. 116, repoussant le point de départ du délai de révision de cinq ans au jour de l'entrée en vigueur de la réforme, soit au 1er janvier 2009. La caducité est encourue depuis le 1er janvier 2014.

2. Étude citée dans le rapport de la DACS-Pôle évaluation de la justice civile, août 2011.

3. 655 mandats notariés ont été visés en 2014 contre 114 en 2009 (v. étude préc. sous prést n°).

dataires sont, le plus souvent des proches du mandant sans que ce soit toujours les enfants. Les mandants de 2014 sont majoritairement des femmes (70 %) et sont très âgés (83 % des mandants ont plus de 80 ans). Ces chiffres contrastent avec ceux observés dans d'autres pays. Selon le rapport de la Cour des comptes, « *plusieurs exemples étrangers (Royaume-Uni, Allemagne, Québec) montrent que ce type de dispositif conventionnel peut prospérer comme une solution alternative au mandat judiciaire; au Québec, 36 % des adultes auraient préparé leur mandat en cas d'"inaptitude", soit 2,2 millions de personnes. En Allemagne, la chambre fédérale des notaires comptait 3,3 millions de mandats équivalents au 30 juin 2016* ». En France, le Conseil supérieur du notariat estime que 5 000 mandats seulement ont été contractés [1].

Les juges des tutelles ont quant à eux été saisis de 78 contestations, aucun renseignement n'étant fourni sur les cas dans lesquels un mandat de protection future est invoqué au cours d'une procédure classique de mise sous protection.

03.57 Mesures d'accompagnement judiciaire (MAJ). En 2009 et 2010, 4 922 MAJ au total ont été ouvertes, étant observé que dans 81 % des cas (soit pour 3 999 mesures en 2011 et 4 229 en 2014), il s'est agi d'une conversion d'une tutelle aux prestations sociales adultes (TPSA) antérieure. Sur la période 2009-2014, 7 746 mesures d'accompagnement judiciaire ont été ouvertes.

Dans la quasi-totalité des cas, les mesures sont exercées par des associations tutélaires (99,1 % en 2009; 99,4 % en 2010).

03.58 Enquêtes de la Cour des comptes sur l'évaluation de la loi du 5 mars 2007 : *Une réforme ambitieuse, une mise en œuvre défaillante* [2]. La première enquête de la Cour des comptes sur l'évaluation de la loi du 5 mars 2007 a été réalisée par la quatrième chambre de la Cour des comptes à partir d'une analyse de la loi et d'une sollicitation de dix départements représentatifs, par les présidents de tribunaux de grande instance des chefs-lieux, des chambres régionales des comptes et des ministères concernés. Elle était orientée dans deux directions : *les effets de la réforme sur les tribunaux et le coût induit au niveau départemental.*

La Cour des comptes s'était déjà penchée sur la question de la protection des majeurs en 2006, à la demande de l'Assemblée nationale. Elle avait à l'époque relevé, d'une part, que le nombre des personnes majeures protégées s'accroissait de 6 % par an, de sorte que leur nombre aurait pu atteindre un million de personnes en 2012 ou en 2013 et, d'autre part, que les presque 500 millions d'euros dépensés à ce titre en 2006, dont 400 millions à la charge des pouvoirs publics, auraient pu atteindre les 800 millions en 2012.

La Cour des comptes a rappelé que la réforme reposait sur l'idée que la protection était excessivement judiciarisée alors qu'un certain nombre de personnes n'avaient en réalité besoin que d'un accompagnement pour gérer leur budget, sans qu'il soit nécessaire de leur imposer une moindre capacité civile à agir. Sur ce point, elle a affirmé que l'hypothèse d'une judiciarisation excessive n'était pas confirmée puisque les placements judiciaires sous protection n'avaient pas subi de décélération, le délai de traitement des dossiers n'ayant pas été réduit, au contraire, par l'intervention du procureur de la République. Elle a souligné que la révision quinquennale systématique des mesures ne pourrait sans doute pas intervenir à temps, ce qui laissait planer un risque fort de voir toute une population sans protection.

Relevant par ailleurs le manque d'effectif des tribunaux d'instance, en particulier dans les greffes, la Cour des comptes a pointé du doigt les **difficultés relatives au contrôle des comptes de gestion** et à **l'effectivité de la réforme des mandataires,** jugée encore au milieu du gué sur deux points : la formation et la répartition sur le territoire.

La Cour des comptes a en outre rappelé que le second objectif de la réforme était de maîtriser les dépenses, les MASP étant censées être moins coûteuses que les mesures de protection judiciaire. Elle a ainsi indiqué que la charge budgétaire nette supportée en 2012 devrait être ramenée de 800 à 700 millions. Toutefois, elle a confirmé que l'accompagnement social peinait à monter en charge avec seulement environ 4 000 MASP mises en place sur fin 2009, alors que les travaux préparatoires misaient sur 9 000 à 13 000 mesures, et environ un millier de MAJ contre 30 000 escomptées. Il a été relevé que le coût de ces mesures était supérieur aux prévisions puisque la réduction des mesures judiciaires au profit des mesures sociales n'avait pas eu lieu. En outre, si, dès 2009, les départements avaient économisé 6 millions d'euros, les MASP représentaient un coût de 500 euros par personne et par mois, soit plus du triple des 150 euros envisagés, étant observé que la MASP n'est que difficilement facturable car les personnes concernées ont en général des ressources limitées. La Cour des comptes a souligné que si le bilan était provisoire, le coût du dispositif serait vraisemblablement supérieur aux prévisions, la charge pesant sur le département étant

1. Cour des comptes, *La protection juridique des majeurs. Une réforme ambitieuse, une mise en œuvre défaillante*, communication à la commission des Finances, de l'Économie générale et du contrôle budgétaire de l'Assemblée nationale, 4 oct. 2016, disponible sur www.ccomptes.f; *Dr. fam.* 2016. n° 264, note Maria; *RTD civ.* 2016. 822, obs. Hauser.
2. Cour des Comptes, *La réforme de la protection juridique des majeurs,* Communication à la commission des Finances du Sénat, nov. 2011, disponible sur www.ccomptes.fr – Cour des comptes, *La protection juridique des majeurs. Une réforme ambitieuse, une mise en œuvre défaillante,* déc. 2016, préc. s[s] n° 03.56.

évaluée au titre de l'exercice 2011 à 47 millions d'euros au lieu des 21 millions attendus.

Lors de l'audition réalisée par la commission des finances du Sénat, le 31 janvier 2012, sur la suite à donner à cette enquête, transmise en application de l'article 58, 2° de la loi organique pour la loi de finances [1], le rapporteur spécial de la mission « Justice » a relevé que le nouveau dispositif de protection demeurait méconnu des professionnels et du public et que la tutelle familiale régressait au profit des mandataires [2]. Il a par ailleurs manifesté son inquiétude tant sur la sécurité juridique des majeurs, dont seulement la moitié des mesures en cours au 31 décembre 2008 pourront réellement être révisées par les juges, que sur la sincérité budgétaire et les insuffisances de moyens en personnel.

Pareille situation alarmante a été dénoncée, de nouveau, par le **rapport remis par la Cour des comptes** à la commission des Finances, de l'Économie générale et du contrôle budgétaire de l'Assemblée nationale le 4 octobre 2016, à l'issue de sa seconde enquête sur l'évaluation de la loi du 5 mars 2007. Rendu public quelques jours après le **rapport du Défenseur des droits sur la protection juridique des majeurs vulnérables** (v. s^s n°s 03.59 s.), le rapport de la Cour des comptes dénonce la « mise en œuvre défaillante » de la loi du 5 mars 2007, dont il reconnaît qu'elle constitue une réforme ambitieuse. Contrairement au rapport du Défenseur des droits dont la finalité est d'évaluer la conformité du droit français de la protection des majeurs aux dispositions de la Convention internationale relative aux droits des personnes handicapées (CIDPH) [3], celui de la Cour des comptes s'attache exclusivement à dresser le bilan de l'application de la réforme de 2007. Or ce dernier s'avère très largement insuffisant. En effet, si la loi du 5 mars 2007 a indéniablement réalisé un progrès du droit, celui-ci n'a pas trouvé de traduction concrète. D'une part, le nombre de mesures de protection judiciaire ne cesse de croître à un taux de 5 % en moyenne depuis 2009 contre 4,4 % avant cette date. Plus de 700 000 personnes ont été ainsi placées sous tutelle ou curatelle depuis 2013. C'est dire que l'objectif de la réforme de 2007 de limiter le recours aux mesures de protection judiciaire et de réaliser la déjudiciarisation de la matière a échoué, sans qu'il soit possible d'identifier de manière claire les raisons de cet échec. Cette **augmentation du nombre des mesures de protection judiciaire** s'est accompagnée d'une **augmentation du coût global de la protection des majeurs,** laquelle demeure largement confiée à des mandataires professionnels par préférence à la famille et à l'entourage du majeur. Sur ce dernier point, la mise en œuvre de la réforme, et tout spécialement du **principe de priorité familiale** édicté à l'article 449 du Code civil, est donc aussi un **échec**.

Pire, le contrôle de l'exercice des mesures de protection par les mandataires professionnels ou familiaux révèle de larges **insuffisances**. Non seulement, la qualité de l'exercice de la mesure est très disparate d'un mandataire à l'autre et, cela, sans distinction entre les mandataires professionnels et les mandataires familiaux, mais encore **plusieurs éléments fondamentaux de la mesure sont négligés**, tels que notamment **l'établissement de l'inventaire du patrimoine** de la personne et de son **budget** ainsi que l'élaboration de son **projet de vie.**

Le rapport pointe surtout du doigt le décalage préoccupant entre l'office du juge des tutelles, tel qu'il est conçu par le Code civil, et les moyens dont ce magistrat dispose pour exercer cet office en pratique. Sur ce terrain, la Cour des comptes propose de recentrer « *l'office du juge sur le prononcé et la surveillance générale des mesures privatives de libertés* (sic), *et celui des greffes sur un contrôle de second niveau* » [4]. La solution à l'impossibilité du juge des tutelles et des greffes d'assumer correctement leur rôle en pratique est ainsi puisée dans l'éviction des tribunaux et, par suite, dans la déjudiciarisation de la protection des majeurs au profit de l'habilitation familiale, érigée en modèle, et du transfert du contrôle des comptes des mandataires judiciaires à la protection des majeurs à des professionnels du chiffres [5]. La proposition contraste, à vrai dire, curieusement avec la **recommandation du Défenseur des droits de renforcer l'office du juge de tutelles** et d'ériger ce dernier en un juge protecteur des droits et libertés de la personne vulnérable [6].

De manière sans doute plus opportune, l'enquête de la Cour des comptes conclut à la nécessité de mettre en place une véritable politique publique de la protection des majeurs, par la création d'un « *délégué interministériel à la protection juridique des majeurs* » dont la mission serait de structurer les moyens de l'État ainsi que les différents acteurs et de mieux réguler la profession de mandataire judiciaire à la protection des majeurs. S'agissant des mandataires professionnels, le rapport préconise notamment de renforcer leur formation, d'édicter une charte de déontologie qui leur soit

1. L. org. n° 2001-692, 1er août 2001, relative aux lois de finances, *JO* 2 août, p. 12480, art. 58, mod. par L. org. n° 2005-779, 12 juill. 2005, modifiant la loi organique n° 2001-692 du 1er août 2001 relative aux lois de finances, *JO* 13 juill., p. 11443.
2. V. Rapp. d'information Sénat n° 315 (2011-2012), préc. s^s prés^t n°.
3. Rapp. Défenseur des droits, *La protection juridique des majeurs vulnérables,* sept. 2016 (v. s^s n° 03.59).
4. Cour des comptes, *La protection juridique des majeurs. Une réforme ambitieuse, une mise en œuvre défaillante*, p. 11 (préc. s^s n° 03.56).
5. Cour des comptes, *La protection juridique des majeurs. Une réforme ambitieuse, une mise en œuvre défaillante*, p. 11 (préc. s^s n° 03.56).
6. Rapp. Défenseur des droits, *La protection juridique des majeurs vulnérables*, p. 39 (v. s^s n°s 03.59 s.).

commune et de revoir la participation financière des majeurs protégés à leur rémunération.

03.59 Rapport du Défenseur des droits sur la protection juridique des majeurs vulnérables. Abandon du paradigme de la protection de l'intérêt supérieur et objectif de la personne vulnérable au profit de celui du respect de sa volonté et de ses préférences. Le Défenseur des droits a remis, le 29 septembre 2016, au Comité des droits de l'ONU un rapport consacré à la protection juridique des majeurs vulnérables. Ce dernier dénonce l'insuffisance du droit français de la protection des majeurs au regard des dispositions de la Convention internationale relative aux droits des personnes handicapées (CIDPH), en date du 13 décembre 2006, ratifiée par la France le 18 février 2010 et entrée en vigueur le 20 mars 2010. Riche de recommandations, le rapport souligne, dans la lignée de celui de la Cour des comptes remis à la même date, la nécessité de promouvoir davantage en droit français le respect des droits et libertés de la personne vulnérable, afin de garantir le respect de l'article 12 de la convention. Celui-ci impose aux États de prendre les mesures appropriées pour donner aux personnes handicapées accès à l'accompagnement dont elles peuvent avoir besoin pour exercer leur capacité juridique. Ces mesures doivent permettre, selon le rapport, de *respecter les droits, la volonté et les préférences de la personne et ne pas se limiter à la seule protection de son intérêt, objectivement apprécié*. Le rapport invite ainsi, afin de tenir compte des recommandations du Comité des droits des Nations unies et des dispositions de la CIDPH, à faire évoluer le paradigme tiré de l'impératif de protection de l'intérêt supérieur et objectif de la personne vulnérable au profit de celui du respect de sa volonté et de ses préférences. Pareille évolution implique de *délaisser le recours aux mécanismes de prise de décision substitutive, fondés sur la représentation et fortement incapacitants, afin de privilégier les mesures d'accompagnement*. La mise en place d'une mesure de représentation doit être réservée aux seules hypothèses, jugées exceptionnelles par le rapport, dans lesquelles la personne se trouve dans l'impossibilité totale d'exprimer sa volonté et ses préférences. Elle doit alors s'exercer dans le respect de la volonté et des préférences du majeur, interprétées d'une manière optimale[1].

De cette recommandation cardinale du rapport découle une longue série d'importantes suggestions, telles que :

– la nécessité de rendre effectif dans la pratique le principe de subsidiarité des mesures de protection par rapport aux dispositifs alternatifs et non incapacitants de protection, favorisant l'autonomie de la personne vulnérable, tirés du droit commun de la représentation ainsi que du régime primaire et des régimes matrimoniaux;

– **l'élargissement de la MAJ** aux personnes n'étant pas bénéficiaires de prestations sociales dès lors qu'elles rencontrent de grandes difficultés dans la gestion de leurs ressources et la mise en place de passerelles des autres mesures de protection juridique vers la MAJ;

– **la promotion de la sauvegarde de justice autonome,** laquelle n'est que faiblement incapacitante, et **du mandat de protection future** qui ne l'est pas. S'agissant de ce dernier, le rapport recommande de faire évoluer les dispositions du Code civil afin de mieux sécuriser le mandat, en soumettant sa prise d'effet à l'homologation du juge, à l'instar du modèle du mandat pour inaptitude du Québec, et de le soumettre impérativement au formalisme notarié.

De manière plus étonnante et beaucoup moins pertinente, le rapport suggère d'ouvrir la mesure d'habilitation familiale aux personnes ayant besoin d'une assistance temporaire dans la gestion de leurs biens. La solution laisse pour le moins perplexe, tant il est vrai que l'on discerne malaisément les apports d'une telle proposition au regard des ressources de la curatelle dont le fonctionnement peut être assez simple et peu mobilisant pour le juge.

03.60 Renforcement des droits procéduraux. Présence de l'avocat et désignation d'un administrateur *ad hoc*. Le rapport du Défenseur des droits met l'accent sur la nécessité de renforcer les garanties offertes à la personne vulnérable dans le cadre de la procédure relative à l'ouverture, la modification et le renouvellement de la mesure de protection. Parce qu'elle emporte parfois d'importantes répercussions sur l'exercice des libertés individuelles de la personne vulnérable, le rapport invite à mener une réflexion sur l'opportunité de rendre obligatoire la présence de l'avocat afin de la représenter ou de l'assister dans le cadre de cette procédure afin de faire valoir ses droits et, le cas échéant, exercer les voies de recours. Le rapport propose pareillement qu'un administrateur *ad hoc* puisse être désigné au majeur sur le modèle du dispositif existant pour les mineurs, lorsque la personne vulnérable n'est pas apte à exprimer sa volonté et ses préférences et que ses intérêts ne peuvent être correctement défendus par son entourage[2].

03.61 Renforcement des droits procéduraux. Encadrement de l'instruction et du prononcé de la mesure de protection. Le rapport relaie une faiblesse de la procédure, largement dénoncée par les acteurs de la protection des majeurs, résultant de la **disparité de la qualité de rédaction du certificat médical circonstancié.** Étant

1. Rapp. Défenseur des droits, *La protection juridique des majeurs vulnérables*, p. 15 s. – Sur la notion d'intérêt de la personne protégée, v. K. Lefeuvre et S. Moisdon-Chataignier (dir.), *Protéger les majeurs vulnérables. L'intérêt de la personne protégée*, Presses de l'EHESP, 2017 (préf. J. Toubon).

2. Rapp. Défenseur des droits, *La protection juridique des majeurs vulnérables*, p. 27 s. (préc. s^s n° 03.59).

au cœur de la procédure, ce certificat fournit au juge l'outil indispensable pour la mise en œuvre des principes directeurs de la matière et évaluer la nécessité et l'opportunité de la mise sous protection judiciaire de la personne visée par la requête ainsi que pour adapter sa protection au degré et à la nature de l'altération de ses facultés. La disparité de la qualité de ces certificats d'un médecin à l'autre n'est pas acceptable et justifie que ces professionnels de santé soient soumis à l'obligation de suivre une formation en vue de leur rédaction.

Au-delà du constat médical de l'altération des facultés de l'intéressé, le rapport dénonce l'atteinte inacceptable aux droits fondamentaux de la personne vulnérable, tirée des dispenses d'audition trop fréquentes en pratique, et suggère de rendre plus systématique l'audition des proches afin de permettre une meilleure évaluation judiciaire de la situation familiale du majeur. Surtout, il propose de revenir sur la loi du 16 février 2015 et de fixer, dans tous les cas, la durée initiale de la tutelle à un délai maximal de cinq ans afin de favoriser le réexamen judiciaire systématique de la situation de la personne[1].

Le rapport propose, enfin, d'améliorer le contrôle des comptes des mandataires judiciaires à la protection des majeurs, en transférant cette mission des greffes vers l'Administration fiscale ou les directions régionales de la jeunesse, des sports et de la cohésion sociales (DRJSCS)[2].

03.62 Renforcement des droits fondamentaux de la personne protégée. PACS, mariage, divorce et exercice du droit de vote. Le rapport envisage de renforcer les droits fondamentaux de la personne vulnérable[3]. Si pareil souci est bien sûr louable, les suggestions qui en découlent n'emportent pas toujours l'adhésion. La proposition de reconnaître au majeur la capacité de se marier sans autorisation du juge des tutelles ou du curateur est certes concevable, dès lors que son accompagnement est prévu pour le choix de son régime matrimonial. En revanche, la proposition de lui reconnaître la capacité de recourir au divorce par consentement mutuel appelle, elle, quelques réserves depuis que ce divorce a été déjudiciarisé[4]. Elle est conforme, il est vrai, au principe de la capacité naturelle du majeur protégé en matière d'actes éminemment personnels. Pour autant, ce dernier conduit à interdire toute assistance ou représentation de la personne vulnérable pour régler dans la convention de divorce les conséquences du démariage sur l'exercice de l'autorité parentale (C. civ., art. 458). Seuls les époux doués d'un degré suffisant de discernement pourraient bénéficier de ce cas de divorce, sans exposer la convention au risque d'annulation pour défaut de consentement (C. civ., art. 414-1).

La proposition de permettre l'exercice accompagné du droit de vote apparaît encore moins convaincante, tant elle fait redouter le risque d'abus.

1. Rapp. Défenseur des droits, *La protection juridique des majeurs vulnérables*, p. 37 s. (préc. s^s n° 03.59).
2. Rapp. Défenseur des droits, *La protection juridique des majeurs vulnérables*, p. 35 s. (préc. s^s n° 03.59).
3. Rapp. Défenseur des droits, *La protection juridique des majeurs vulnérables*, p. 40 s. (préc. s^s n° 03.59).
4. L. n° 2016-1547, 18 nov. 2016, de modernisation de la Justice du XXIe siècle, *JO* 19 nov., texte n° 1.

CHAPITRE

04. Délimitation de la fonction du juge des tutelles

SECTION 0 ORIENTEUR

04.00 **Plan du chapitre.**

04.01 **Textes applicables.**

TEXTES LÉGISLATIFS ET RÉGLEMENTAIRES NOUVEAUX

• **Décr. n° 2016-514, 26 avr. 2016,** relatif à l'organisation judiciaire, aux modes alternatifs de résolution des litiges et à la déontologie des juges consulaires, *JO* 28 avr., texte n° 17.

• **L. n° 2015-1776, 28 déc. 2015,** relative à l'adaptation de la société au vieillissement, *JO* 29 déc., p. 24268.

• **Ord. n° °2015-1288, 15 oct. 2015,** portant simplification et modernisation du droit de la famille, *JO* 16 oct., p. 19304.

• **L. n° 2015-177, 16 févr. 2015,** relative à la modernisation et à la simplification du droit et des procédures dans les domaines de la justice et des affaires intérieures, *JO* 17 févr., p. 2961.

TEXTES SOURCES

> Juge des tutelles des majeurs
+ Ord. n° °2015-1288, 15 oct. 2015
+ Décr. n° 2008-522, 2 juin 2008
COJ, art. L. 221-9, 3°, 4° et 5°, R. 222-2

> Juge des tutelles des mineurs
+ Décr. n° 2016-514, 26 avr. 2016
+ L. n° 2010-769, 9 juill. 2010
+ L. n° 2009-526, 12 mai 2009
+ Ord. n° 2006-673, 8 juin 2006
COJ, art. L. 121-3, L. 213-3 et L. 213-3-1, R. 121-1, R. 213-8

> Magistrat coordonnateur famille
+ Décr. n° 2010-1395, 12 nov. 2010
COJ, art. R. 213-9-1, R. 312-13-2

> Parquet
+ Décr. n° 2010-1165, 1er oct. 2010
+ Ord. n° 2006-673, 8 juin 2006
C. pr. civ, art. 421, 424, 431, 798 et COJ, art. L. 122-2, L. 122-3

> Majeurs
+ Ord. n° 2015-1288, 15 oct. 2015
+ L. n° 2015-177, 16 févr. 2015
+ L. n° 2007-308, 5 mars 2007
C. civ., art. 117, 416, 430, 431, 494-10, 495-2

+ Décr. n° 2012-634, 3 mai 2012
+ Décr. n° 2012-98, 27 janv, 2012
+ Décr. n° 2009-1628, 23 déc. 2009
C. pr. civ., art. 425, 1°, 1239, 1239-2, 1240

+ L. n° 2015-1776, 28 déc. 2015, art. 34
+ L. n° 2007-308, 5 mars 2007, art. 14
CASF, art. L. 471-2, L. 471-3, L. 472-1

> Mineurs
+ Ord. n° 2015-1288, 15 oct. 2015
C. civ., art. 383, 387-3, 387-6, 391, 411-1

TEXTES *IN EXTENSO*

> Juge des tutelles des majeurs
[COJ, art. L. 221-9, 3°, 4° et 5°, R. 222-2]
+ Ord. n° °2015-1288, 15 oct. 2015, art. 15
+ Décr. n° 2008-522, 2 juin 2008, art. (V)

COJ, art. L. 221-9, 3°, 4° et 5° *(mod. par Ord. n° °2015-1288, 15 oct. 2015, art. 15)*

Le juge des tutelles connaît : [...]

3° Des demandes formées par un époux, lorsque son conjoint est hors d'état de manifester sa volonté, aux fins d'être autorisé à passer seul un acte pour lequel le concours ou le consentement de ce dernier serait nécessaire, ou aux fins d'être habilité à le représenter;

4° De la constatation de la présomption d'absence; [...]

5° De l'habilitation familiale prévue par la section 6 du chapitre II du titre XI du livre Ier du Code civil.

COJ, art. R. 222-2 *(créé par Décr. n° 2008-522, 2 juin 2008, art. (V))*

Dans les tribunaux d'instance dont le service est assuré par plusieurs magistrats, un ou plusieurs juges des tutelles sont désignés, sur avis du magistrat chargé de la direction et de l'administration du tribunal d'instance, par ordonnance du président du tribunal de grande instance dans le ressort duquel le tribunal d'instance a son siège.

Le président désigne également, dans les conditions prévues au premier alinéa, les magistrats en service dans les tribunaux d'instance de son ressort qui, en cas d'absence ou d'empêchement du juge des tutelles, sont appelés à le suppléer.

> Juge des tutelles des mineurs

[COJ, art. L. 121-3, L. 213-3, L. 213-3-1 et R. 121-1, R. 212-3]

+ Décr. n° 2016-514, 26 avr. 2016, art. 2, 4

+ L. n° 2010-769, 9 juill. 2010, art. 17

+ L. n° 2009-526, 12 mai 2009, art. 13

+ Ord. n° 2006-673, 8 juin 2006, art. 1er

COJ, art. L. 121-3 *(créé par Ord. n° 2006-673, 8 juin 2006, art. 1er)*

Chaque année, le premier président de la Cour de cassation, le premier président de la cour d'appel, le président du tribunal de grande instance, et le magistrat chargé de la direction et de l'administration du tribunal d'instance répartissent les juges dans les différents services de la juridiction.

Un décret en Conseil d'État fixe les modalités d'application du présent article. Il précise notamment les conditions dans lesquelles la répartition des juges peut être modifiée en cours d'année.

COJ, art. L. 213-3 *(mod. par L. n° 2010-769, 9 juill. 2010, art. 17)*

Dans chaque tribunal de grande instance, un ou plusieurs magistrats du siège sont délégués dans les fonctions de juge aux affaires familiales.

Le juge aux affaires familiales connaît :

1° De l'homologation judiciaire du changement de régime matrimonial, des demandes relatives au fonctionnement des régimes matrimoniaux et des indivisions entre personnes liées par un pacte civil de solidarité ou entre concubins, de la séparation de biens judiciaire, sous réserve des compétences du président du tribunal de grande instance et du juge des tutelles des majeurs;

2° Du divorce, de la séparation de corps et de leurs conséquences, de la liquidation et du partage des intérêts patrimoniaux des époux, des personnes liées par un pacte civil de solidarité et des concubins, sauf en cas de décès ou de déclaration d'absence;

3° Des actions liées :

a) À la fixation de l'obligation alimentaire, de la contribution aux charges du mariage ou du pacte civil de solidarité et de la contribution à l'entretien et à l'éducation des enfants;

b) À l'exercice de l'autorité parentale;

c) À la révision de la prestation compensatoire ou de ses modalités de paiement;

d) Au changement de prénom;

e) À la protection à l'encontre du conjoint, du partenaire lié par un pacte civil de solidarité ou du concubin violent ou d'un ancien conjoint, partenaire lié par un pacte civil de solidarité ou concubin violent;

f) À la protection de la personne majeure menacée de mariage forcé.

COJ, art. L. 213-3-1 *(créé par L. n° 2009-526, 12 mai 2009, art. 13)*

Le juge aux affaires familiales exerce les fonctions de juge des tutelles des mineurs.

Il connaît :

1° De l'émancipation;

2° De l'administration légale et de la tutelle des mineurs;

3° De la tutelle des pupilles de la nation.

COJ, art. R. 121-1 *(mod. par Décr. n° 2016-514, 26 avr. 2016, art. 4)*

La répartition des juges dans les différents pôles, chambres et services de la juridiction est faite par ordonnance prise, conformément aux dispositions de l'article L. 121-3, avant le début de l'année judiciaire.

Cette ordonnance peut être modifiée en cours d'année, pour prendre en compte un changement dans la composition de la juridiction ou pour prévoir un service allégé pendant la période au cours de laquelle les magistrats, les fonctionnaires et les auxiliaires de justice bénéficient de leurs congés annuels.

Les mesures prises en application des dispositions du présent article sont des mesures d'administration judiciaire.

COJ, art. R. 212-3 *(mod. par Décr. n° 2016-514, 26 avr. 2016, art. 2)*

Le tribunal de grande instance est organisé en une ou plusieurs chambres et en différents services. Certains services peuvent regrouper des chambres.

Chacune des chambres est présidée par le président du tribunal de grande instance, un premier vice-président ou un vice-président, ou à défaut, par le magistrat du siège dont le rang est le plus élevé.

Le service, lorsqu'il est composé de plusieurs magistrats, est coordonné par l'un d'entre eux.

Le nombre et le contenu des services sont fixés par l'ordonnance prévue à l'article R. 121-1.

Le président du tribunal de grande instance procède à la désignation du magistrat coordonnateur d'un service, après concertation avec les magistrats du service, par la même ordonnance que celle, prise après avis de l'assemblée des magistrats du siège, qui est mentionnée à l'alinéa précédent.

Ce magistrat est notamment chargé de l'animation du service. Il est l'interlocuteur des personnes, organismes et autorités avec lesquels ce service est en relation. L'administration du service est exercée par un directeur des services de greffe judiciaires, conformément aux dispositions des articles R. 123-3 et R. 123-4.

> Magistrat coordonnateur famille

[COJ, art. R. 213-9-1 et R. 312-13-2]

+ Décr. n° 2010-1395, 12 nov. 2010, art. 5 et 7

COJ, art. R. 213-9-1 *(créé par Décr. n° 2010-1395, 12 nov. 2010, art. 5)*

Le président du tribunal de grande instance désigne, après avis de l'assemblée générale des magistrats du siège, un magistrat qui assure la coordination de l'activité des magistrats du siège du ressort du tribunal en matière de droit de la famille et des personnes.

Il est mis fin à ses fonctions et pourvu à son remplacement dans les mêmes formes.

Le magistrat désigné établit un rapport annuel sur l'activité des magistrats du siège en matière de droit de la famille et des personnes, qu'il transmet au président. Ce dernier communique ce rapport au premier président de la cour d'appel ainsi qu'au procureur de la République et à toute personne à laquelle il estime cette communication utile.

COJ, art. R. 312-13-2 *(créé par Décr. n° 2010-1395, 12 nov. 2010, art. 7)*

Le premier président désigne, après avis de l'assemblée générale des magistrats du siège, un conseiller qui assure la coordination de l'activité des magistrats du siège du ressort de la cour en matière de droit de la famille et des personnes.

Il est mis fin à ses fonctions et pourvu à son remplacement dans les mêmes formes.

Le conseiller désigné établit un rapport annuel sur l'activité des magistrats du siège en matière de droit de la famille et des personnes, qu'il transmet au premier président. Ce dernier communique ce rapport, avec ses observations, au garde des Sceaux, ministre de la Justice. Il le communique également aux présidents des tribunaux de grande instance du ressort de la cour d'appel ainsi qu'au procureur général et à toute personne à laquelle il estime cette communication utile.

> Parquet

[C. pr. civ, art. 421, 424, 431, 798 et COJ, art. L. 122-2, L. 122-3]

+ Décr. n° 2010-1165, 1er oct. 2010, art. 5

+ Ord. n° 2006-673, 8 juin 2006, art. 1er

C. pr. civ, art. 421

Le ministère public peut agir comme partie principale ou intervenir comme partie jointe. Il représente autrui dans les cas que la loi détermine.

C. pr. civ, art. 424

Le ministère public est partie jointe lorsqu'il intervient pour faire connaître son avis sur l'application de la loi dans une affaire dont il a communication.

C. pr. civ, art. 431 *(mod. par Décr. n° 2010-1165, 1er oct. 2010, art. 5)*

Le ministère public n'est tenu d'assister à l'audience que dans les cas où il est partie principale, dans ceux où il représente autrui ou lorsque sa présence est rendue obligatoire par la loi.

Dans tous les autres cas, il peut faire connaître son avis à la juridiction soit en lui adressant des conclusions écrites qui sont mises à la disposition des parties, soit oralement à l'audience.

C. pr. civ, art. 798

Le ministère public doit avoir communication des affaires gracieuses.

COJ, art. L. 122-2 *(créé par Ord. n° 2006-673, 8 juin 2006, art. 1er)*

Le ministère public est exercé, en toutes matières, devant toutes les juridictions du premier degré du ressort du tribunal de grande instance par le procureur de la République.

COJ, art. L. 122-3 *(créé par Ord. n° 2006-673, 8 juin 2006, art. 1er)*

Le ministère public est exercé, en toutes matières, devant toutes les juridictions du second degré et les cours d'assises instituées dans le ressort de la cour d'appel par le procureur général.

> Majeurs

[C. civ., art. 117, 416, 430, 431, 494-10, 495-2 – C. pr. civ., art. 425, 1°, 1239, 1239-2, 1240 – CASF, art. L. 471-2, L. 471-3, L. 472-1]

[C. civ., art. 117, 416, 430, 431, 495-2]

+ Ord. n° 2015-1288, art. 10

+ L. n° 2015-177, 16 févr. 2015, art. 1er

+ L. n° 2007-308, 5 mars 2007, art. 7

C. civ., art. 117

Le ministère public est spécialement chargé de veiller aux intérêts des présumés absents; il est entendu sur toutes les demandes les concernant; il peut requérir d'office l'application ou la modification des mesures prévues au présent titre.

C. civ., art. 416 *(mod. par L. n° 2007-308, 5 mars 2007, art. 7)*

Le juge des tutelles et le procureur de la République exercent une surveillance générale des mesures de protection dans leur ressort.

Ils peuvent visiter ou faire visiter les personnes protégées et celles qui font l'objet d'une demande de protection, quelle que soit la mesure prononcée ou sollicitée.

Les personnes chargées de la protection sont tenues de déférer à leur convocation et de leur communiquer toute information qu'ils requièrent.

C. civ., art. 430 *(mod. par L. n° 2007-308, 5 mars 2007, art. 7)*

La demande d'ouverture de la mesure peut être présentée au juge par la personne qu'il y a lieu de protéger ou, selon le cas, par son conjoint, le partenaire avec qui elle a conclu un pacte civil de solidarité ou son concubin, à moins que la vie commune ait cessé entre eux, ou par un parent ou un allié, une personne entretenant avec le majeur des liens étroits et stables, ou la personne qui exerce à son égard une mesure de protection juridique.

Elle peut être également présentée par le procureur de la République soit d'office, soit à la demande d'un tiers.

C. civ., art. 431 *(mod. par L. n° 2015-177, 16 févr. 2015, art. 1er)*

La demande est accompagnée, à peine d'irrecevabilité, d'un certificat circonstancié rédigé par un médecin choisi sur une liste établie par le procureur de la République. Ce médecin peut solliciter l'avis du médecin traitant de la personne qu'il y a lieu de protéger.

Le coût de ce certificat est fixé par décret en Conseil d'État.

C. civ., art. 494-10 *(créé par Ord. n° 2015-1288, 15 oct. 2015, art. 10)*

Le juge statue à la demande de l'une des personnes mentionnées à l'article 494-1 ou du procureur de la République sur les difficultés qui pourraient survenir dans la mise en œuvre du dispositif.

Saisi à cette fin dans les conditions prévues au premier alinéa de l'article 494-3, le juge peut, à tout moment, modifier l'étendue de l'habilitation ou y mettre fin, après avoir entendu ou appelé la personne à l'égard de qui l'habilitation a été délivrée, dans les conditions prévues au premier alinéa de l'article 494-4 ainsi que la personne habilitée.

C. civ., art. 495-2 *(mod. par L. n° 2007-308, 5 mars 2007, art. 7)*

La mesure d'accompagnement judiciaire ne peut être prononcée qu'à la demande du procureur de la République qui en apprécie l'opportunité au vu du rapport des services sociaux prévu à l'article L. 271-6 du code de l'action sociale et des familles.

Le juge statue, la personne entendue ou appelée.

[C. pr. civ., art. 425, 1°, 1239, 1239-2, 1240]

+ Décr. n° 2012-634, 3 mai 2012, art. 21

+ Décr. n° 2012-98, 27 janv, 2012, art. 2

+ Décr. n° 2009-1628, 23 déc. 2009, art. 2

C. pr. civ., art. 425, 1° *(mod. par Décr. n° 2012-98, 27 janv. 2012, art. 2)*

Le ministère public doit avoir communication :

1° Des affaires relatives à la filiation, à l'organisation de la tutelle des mineurs, à l'ouverture ou à la modification des mesures judiciaires de protection juridique des majeurs ainsi que des actions engagées sur le fondement des dispositions des instruments internationaux et européens relatives au déplacement illicite international d'enfants; [...]

C. pr. civ., art. 1239 *(mod. par Décr. n° 2012-634, 3 mai 2012, art. 21)*

Sauf disposition contraire, les décisions du juge des tutelles et les délibérations du conseil de famille sont susceptibles d'appel.

Sans préjudice des dispositions prévues par les articles 1239-1 à 1239-3, l'appel est ouvert aux personnes énumérées à l'article 430 du code civil, même si elles ne sont pas intervenues à l'instance.

Le délai d'appel est de quinze jours.

Les parties ne sont pas tenues de constituer avocat.

C. pr. civ., art. 1239-2 *(mod. par Décr. n° 2009-1628, 23 déc. 2009, art. 2)*

L'appel contre le jugement qui refuse d'ouvrir une mesure de protection à l'égard d'un majeur n'est ouvert qu'au requérant.

C. pr. civ., art. 1240 *(mod. par Décr. n° 2009-1628, 23 déc. 2009, art. 2)*

Le ministère public peut former appel jusqu'à l'expiration d'un délai de quinze jours suivant la remise de l'avis qui lui a été donné de la délibération prise ou de la décision rendue.

[CASF, art. L. 471-2, L. 471-3, L. 472-1]

+ L. n° 2015-1776, 28 déc. 2015, art. 34

+ L. n° 2007-308, 5 mars 2007, art. 14

CASF, art. L. 471-2 *(mod. par L. n° 2007-308, 5 mars 2007, art. 14)*

Les mandataires judiciaires à la protection des majeurs sont inscrits sur une liste dressée et tenue à jour par le représentant de l'État dans le département.

Cette liste comprend :

1° Les services mentionnés au 14° du I de l'article L. 312-1;

2° Les personnes agréées au titre de l'article L. 472-1;

3° Les personnes désignées dans la déclaration prévue à l'article L. 472-6.

Les personnes inscrites sur cette liste prêtent serment dans des conditions prévues par décret en Conseil d'État.

CASF, art. L. 471-3 *(mod. par L. n° 2007-308, 5 mars 2007, art. 14)*

Dans le respect des dispositions de la loi n° 78-17 du 6 janvier 1978 relative à l'informatique, aux fichiers et aux libertés, les services mentionnés au 14° du I de l'article L. 312-1, dont l'autorisation fait l'objet d'un retrait en application de l'article L. 313-18, ainsi que les mandataires judiciaires à la protection des majeurs, dont l'agrément prévu à l'article L. 472-1 ou, selon les cas, la déclaration prévue à l'article L. 472-6, fait l'objet d'une suspension, d'un retrait ou d'une annulation sont répertoriés dans une liste nationale, tenue à jour. Outre le représentant de l'État dans le département, le procureur de la République peut consulter cette liste.

CASF, art. L. 472-1 *(mod. par L. n° 2015-1776, 28 déc. 2015, art. 34)*

Les personnes physiques qui exercent à titre individuel et habituel les mesures de protection des majeurs ordonnées par l'autorité judiciaire au titre du mandat spécial auquel il peut être recouru dans le cadre de la sauvegarde de justice ou au titre de la curatelle, de la tutelle ou de la mesure d'accompagnement judiciaire font l'objet, préalablement à leur inscription sur la liste prévue à l'article L. 471-2, d'un agrément en qualité de mandataire judiciaire à la protection des majeurs.

> Mineurs

[C. civ., art. 383, 387-3, 387-6, 391, 411-1]

+ Ord. n° 2015-1288, 15 oct. 2015, art. 3 et 6

C. civ., art. 383 *(mod. par Ord. n° 2015-1288, 15 oct. 2015, art. 3)*

Lorsque les intérêts de l'administrateur légal unique ou, selon le cas, des deux administrateurs légaux sont en opposition avec ceux du mineur, ces derniers demandent la nomination d'un administrateur *ad hoc* par le juge des tutelles. À défaut de diligence des administrateurs légaux, le juge peut procéder à cette nomination à la demande du ministère public, du mineur lui-même ou d'office.

Lorsque les intérêts d'un des deux administrateurs légaux sont en opposition avec ceux du mineur, le juge des tutelles peut autoriser l'autre administrateur légal à représenter l'enfant pour un ou plusieurs actes déterminés.

NOTA : Conformément à l'article 17 de l'ordonnance n° 2015-1288 du 15 octobre 2015, le présent article entre en vigueur le 1er janvier 2016. Il est applicable aux administrations légales en cours au jour de son entrée en vigueur.

C. civ., art. 387-3 *(créé par Ord. n° 2015-1288, 15 oct. 2015, art. 3)*

À l'occasion du contrôle des actes mentionnés à l'article 387-1, le juge peut, s'il l'estime indispensable à la sauvegarde des intérêts du mineur, en considération de la composition ou de la valeur du patrimoine, de l'âge du mineur ou de sa situation familiale, décider qu'un acte ou une série d'actes de disposition seront soumis à son autorisation préalable.

Le juge est saisi aux mêmes fins par les parents ou l'un d'eux, le ministère public ou tout tiers ayant connaissance d'actes ou omissions qui compromettent manifestement et substantiellement les intérêts patrimoniaux du mineur ou d'une situation de nature à porter un préjudice grave à ceux-ci.

Les tiers qui ont informé le juge de la situation ne sont pas garants de la gestion des biens du mineur faite par l'administrateur légal.

NOTA : (reprise).

C. civ., art. 387-6 *(créé par Ord. n° 2015-1288, 15 oct. 2015, art. 3)*

L'administrateur légal est tenu de déférer aux convocations du juge des tutelles et du procureur de la République et de leur communiquer toute information qu'ils requièrent.

Le juge peut prononcer contre lui des injonctions et le condamner à l'amende civile prévue par le code de procédure civile s'il n'a pas déféré.

NOTA : (reprise).

C. civ., art. 391 *(mod. par Ord. n° 2015-1288, 15 oct. 2015, art. 6)*

En cas d'administration légale, le juge des tutelles peut, à tout moment et pour cause grave, soit d'office, soit à la requête de parents ou alliés ou du ministère public, décider d'ouvrir la tutelle après avoir entendu ou appelé, sauf urgence, l'administrateur légal. Celui-ci ne peut faire aucun acte de disposition à partir de la demande et jusqu'au jugement définitif sauf en cas d'urgence.

Si la tutelle est ouverte, le juge des tutelles convoque le conseil de famille, qui peut soit nommer comme tuteur l'administrateur légal, soit désigner un autre tuteur.

NOTA : (reprise).

C. civ., art. 411-1 *(créé par Ord. n° 2015-1288, 15 oct. 2015, art. 6)*

Le juge des tutelles et le procureur de la République exercent une surveillance générale des tutelles de leur ressort.

Les tuteurs et autres organes tutélaires sont tenus de déférer à leur convocation et de leur communiquer toute information qu'ils requièrent.

Le juge peut prononcer contre eux des injonctions et condamner à l'amende civile prévue par le code de procédure civile ceux qui n'y ont pas déféré.

NOTA : (reprise).

04.03 **Bibliographie.**

Articles. L. Gebler, « Le nouveau bloc de compétence du juge aux affaires familiales », *AJ fam.* 2009. 256 – V. Larribau-Terneyre, « Infortunes et regret »,*Dr. fam.* 2009. comm. 29; « Les nouvelles compétences du juge aux affaires familiales : cadrage ou verrouillage ? », *Dr. fam.* 2011. Étude 5 – M.-B. Maisy, « Extension des attributions du juge aux affaires familiales et nécessaire réorganisation des juridictions », *AJ fam.* 2010. 106 – J. Massip, « Les incidences en matière familiale de la loi de "simplification du droit" », *Defrénois* 2009. 1898 – G. Maugain, « Les nouvelles attributions du juge aux affaires familiales et leurs répercussions », *Dr. et proc.* 2011. 8.

Rapport. Commission Guinchard, *L'ambition raisonnée d'une justice apaisée,* Doc.fr., 2008.

04.04 **Exemple d'actes.**

> Régimes de protection des majeurs

* Pour un exemple d'ordonnance de désignation d'un médecin inscrit, v. s[s] n° 5231.13.

SECTION 1
LES JUGES DES TUTELLES : UN JUGE D'INSTANCE CHARGÉ DE LA PROTECTION DES MAJEURS, ET UN JUGE AUX AFFAIRES FAMILIALES CHARGÉ DE LA PROTECTION DES MINEURS

04.11 **Scission entre la fonction de juge des tutelles des mineurs et celle de juge des tutelles des majeurs.** Cette scission, introduite par loi n° 2009-526 du 12 mai 2009[1], était une des préconisations importantes de la commission Guinchard[2]. Optant pour des spécialisations de compétences par blocs, la commission avait proposé le rattachement de tout le contentieux de l'enfant mineur au niveau du tribunal de grande instance dans un souci de cohérence. En effet, aussi bien dans l'administration légale que dans la tutelle des mineurs, le rôle du juge des tutelles est toujours de prendre des décisions intéressant la personne de l'enfant et pas seulement la stricte protection de son patrimoine. De plus, dans les cas d'administration légale, la gestion des biens est rattachée à l'autorité parentale et se trouve insérée dans le chapitre II du titre IX du Code civil intitulé : « De l'autorité parentale relativement aux biens de l'enfant ». Dans les hypothèses de tutelle, le rôle du juge des tutelles des mineurs est d'organiser et de présider le conseil de famille qui se substitue aux parents pour régler les conditions générales de l'entretien et de l'éducation de l'enfant (C. civ., art. 399, 400 et 401). Le regroupement des compétences entre les mains du juge aux affaires familiales, à l'exception de l'assistance éducative demeurant réservée au juge des enfants, devrait permettre d'une part, de disposer d'une vision plus globale de la situation de l'enfant et de la famille et, d'autre part, d'amplifier la communication entre les différents acteurs en charge de l'intérêt de l'enfant, d'ouvrir plus largement encore la porte de la médiation et, sans doute à terme, de réserver l'intervention du juge aux cas les plus lourds.

La tutelle des majeurs est conservée par le juge d'instance, dont la commission Guinchard reconnaît la très forte insertion dans le tissu social, comme son rôle spécifique et essentiel de pacificateur grâce, en particulier, à la polyvalence de ses compétences. Soulignant que le champ d'intervention du juge en la matière s'attachait principalement à la protection de personnes majeures dont la vulnérabilité était attestée par des constatations médicales et/ou sociales, et pas nécessairement à des défaillances de la famille, le maintien de l'intervention du juge d'instance a été considéré comme justifié.

04.12 **Le juge des tutelles des majeurs : « homme-orchestre » des procédures judiciaires de protection des majeurs.** Le juge des tutelles a été longtemps un juge méconnu du grand public. Le vieillissement de la population, l'augmentation des accidents de la vie comme le souci de plus en plus affirmé d'accompagner les plus fragiles de nos concitoyens, ont fait mieux connaître ce magistrat du quotidien.

Il exerce non seulement une fonction de cabinet (c'est-à-dire qu'il est seul à orienter les procédures qui lui sont soumises), mais aussi une mission de terrain, en contact avec les collectivités territoriales (et en particulier avec leurs services sociaux), les établissements (maison de retraite, établissements hospitaliers, maisons d'accueil spécialisés, centres d'aide par le travail, notamment), les médecins, les notaires, etc. Le terme de « tutelle » est d'ailleurs réducteur puisqu'il n'intervient pas exclusivement dans les

1. L. n° 2009-526, 12 mai 2009, de simplification et de clarification du droit et d'allègement des procédures, *JO* 13 mai, p. 7920 – COJ, art. L. 213-3-1 et Circ. DSJ, 4 août 2009.
2. Commission Guinchard, « *L'ambition raisonnée d'une justice apaisée* », Doc.fr., 2008.

mesures de protection appelées « tutelles ». Il lui appartient d'instruire les demandes de protection, de décider ensuite de la mesure la plus adaptée à chaque situation individuelle, puis d'en assurer le suivi et le contrôle avant, le cas échéant, de décider d'y mettre fin. Sa fonction essentielle est de veiller à la protection du patrimoine et de la personne des majeurs protégés par la loi mais d'autres attributions lui sont également dévolues (mesure d'accompagnement judiciaire [dite MAJ], de gestion des prestations sociales des adultes, présomption d'absence). Depuis la loi n° 2007-308 du 5 mars 2007[1], portant réforme de la protection juridique des majeurs et qui a modifié l'ancien dispositif de protection des lois du 18 octobre 1966 et du 3 janvier 1968[2] et l'ordonnance n° 2015-1288 du 15 octobre 2015, la compétence d'attribution du juge des tutelles a été modifiée pour tenir compte des nouvelles mesures relevant de sa compétence. Ainsi, selon de l'article L. 221-9 du Code de l'organisation judiciaire, il est compétent pour connaître « *de la sauvegarde de justice, de la curatelle, de la tutelle des majeurs et de la mesure d'accompagnement judiciaire* », cette dernière mesure venant remplacer l'ancienne tutelle aux prestations sociales, « *des actions relatives à l'exercice du mandat de protection future* »[3], « *des demandes formées par un époux, lorsque son conjoint est hors d'état de manifester sa volonté, aux fins d'être autorisé à passer seul un acte pour lequel le concours ou le consentement de ce dernier serait nécessaire, ou aux fins d'être habilité à le représenter* » et « *de l'habilitation familiale* ». En outre, il peut connaître de l'exécution des mandats de protection future dans les conditions prévues aux articles 483 et suivants du Code civil (v. s^s^ n°s 412.42 et 412.71 s.).

Le juge des tutelles joue un rôle charnière entre plusieurs mondes qui trop souvent s'ignorent : celui des juristes, celui des médecins, notamment les psychiatres, celui des travailleurs sociaux et celui des notaires. Le doyen Jean Carbonnier, rédacteur des lois des 14 décembre 1964 et 3 janvier 1968, évoquait déjà un juge « *installé au cœur du système* »[4], bien souvent témoin privilégié d'événements de la vie souvent douloureusement vécus comme la vieillesse, la maladie mentale d'un parent, d'un enfant ou du conjoint, « *accompagnant* » ainsi certains majeurs jusqu'à leur mort.

L'allongement de la durée de la vie, le développement de l'exclusion de certains individus du corps social et l'apparition de nouvelles pathologies, telle la maladie d'Alzheimer, permettent de prédire que de plus en plus de justiciables auront recours dans l'avenir au service de ce « *technicien du lien social* » qu'est le juge des tutelles[5]. La question des modes de prise en charge des pathologies mentales est elle-même complexe et peut recevoir plusieurs types de réponses qui, à l'heure actuelle, sont encore insuffisamment pensées et coordonnées notamment parce que le statut socio-civil des personnes malades n'est pas véritablement affirmé. À propos de ces maladies évolutives, le professeur Carol Jonas évoque les personnes « *dyscapables* » à côté des personnes « *incapables* » qui souffrent d'un handicap fixé[6].

Pour traiter l'ensemble de ces situations d'altérations des facultés personnelles, le nombre de juges des tutelles n'a augmenté que faiblement depuis la réforme du 5 mars 2007. Le rapport de la Cour des Comptes de septembre 2016[7] relève « *le décalage important entre l'office du juge, tel que l'organise le code civil, et les moyens dont dispose la Justice pour assumer cet office.* » En 2015, les juges des tutelles étaient chargés de 3 500 dossiers en moyenne, ce qui ne permet pas d'assurer un suivi efficace selon la Cour qui mentionne clairement que la mise en œuvre de la loi du 5 mars 2007, dont l'étude d'impact avait pris pour hypothèse la création de 20 ETPT de juges des tutelles, de 51 ETP de greffiers et de 5 ETP de greffiers en chefs (dénomination de l'époque), n'a pas été conforme à ces prévisions. En effet, les créations de postes ont été obtenues pour l'ensemble des réformes judiciaires engagées alors et non pour la seule gestion des mesures de protection des majeurs.

04.13 Le juge aux affaires familiales, juge des tutelles des mineurs. Aux fonctions traditionnelles du juge aux affaires familiales, la loi n° 2009-526 du 12 mai 2009[8], a ajouté la tutelle des mineurs, ainsi

1. L. n° 2007-308, 5 mars 2007, portant réforme de la protection juridique des majeurs, *JO* 7 mars, p. 4325.
2. L. n° 66-774, 18 oct. 1966, tutelle aux prestations sociales, *JO* 19 oct., p. 9219 – L. n° 68-5, 3 janv. 1968, portant réforme du droit des incapables majeurs, *JO* 4 janv., p. 114.
3. COJ, art. L. 221-9 (issu de Ord. n° 2006-673, 8 juin 2006, portant refonte du Code de l'organisation judiciaire et modifiant le Code de commerce, le Code rural et le Code de procédure pénale [partie législative], *JO* 9 juin, p. 870).
4. J. Massip, *Les incapacités (étude théorique et pratique)*, Defrénois, 2002, p. 13 (préf. P. Blondy, G. et M. Morin, 1965).
5. M. Bauer, T. Fossier et L. Pécaut-Rivolier, *La réforme des tutelles : ombres et lumières*, préf. J.-P. Delevoye, Dalloz, 2006, p. 1.
6. C. Jonas, « Les aspects médicaux de la protection des majeurs », *Dr. fam.* 2007. Étude 15, spéc. n° 10.
7. Rapport Cour des comptes, *La réforme de la protection juridique des majeurs : une réforme ambitieuse une mise en œuvre défaillante*, sept. 2016.
8. C. Bléry, « Loi de simplification et de clarification du droit et d'allègement des procédures : aspects d'organisation judiciaire du contentieux familial », *Procédures* 2009. Focus 39 – V. Larribau-Terneyre, « Les apports de la loi du 12 mai 2009 de simplification du droit sur le contentieux familial et le droit des personnes et de la famille », *Dr. fam.* 2009. Étude 29; « Infortune et regrets », *Dr. fam.* 2009. Étude 33 – J. Massip, « Les incidences en matière familiale de la loi de "simplification du droit" », *Defrénois* 2009. 1897 – H. Poivey-Leclercq, « Le droit de la famille après la loi n° 2009-526 du 12 mai 2009 », *RJPF* 2009-7-8/8 – L. Gebler, « Le nouveau bloc de compétence du juge aux affaires familiales », *AJ fam.* 2009. ▶

que, notamment, l'homologation judiciaire du changement de régime matrimonial, les demandes relatives au fonctionnement des régimes matrimoniaux et des indivisions entre personnes liées par un PACS ou entre concubins (COJ, art. L. 213-3 et L. 213-3-1). Désormais, le juge aux affaires familiales connaît donc aussi : « [...] *1° de l'émancipation; 2° de l'administration légale et de la tutelle des mineurs; 3° de la tutelle des pupilles de la Nation* » (COJ, art. L. 213-3-1).

Le transfert des compétences du juge des tutelles du tribunal d'instance au juge aux affaires familiales, prévu pour le 1er janvier 2010, a posé de nombreux problèmes pratiques compte tenu, notamment, du transfert d'un grand nombre de dossiers et de l'absence de moyens supplémentaires dans les tribunaux de grande instance. C'est la raison pour laquelle le ministère de la Justice a préconisé, dans une circulaire du 4 août 2009 [1], d'utiliser les textes qui permettent aux juges d'instance de siéger au tribunal de grande instance dont ils sont membres (COJ, art. R. 212-6, al. 4) et de déléguer les agents des greffes dans les services d'une autre juridiction du ressort de la même cour d'appel (COJ, art. R. 123-17) en attendant le report de l'entrée en vigueur de la nouvelle loi. Ce report n'étant pas intervenu et la durée de la délégation des agents de greffe étant limitée dans le temps, la réforme a été effectivement mise en œuvre le 1er janvier 2011 conformément à une nouvelle circulaire [2].

En sa qualité de juge de la protection des mineurs, le juge des affaires familiales a désormais un rôle de surveillance sur l'ensemble des tutelles de son ressort, partagé avec le procureur de la République (C. civ., art. 411-1), et conserve un rôle de surveillance des administrations légales à l'occasion du contrôle des actes (C. civ., art. 387-3); il peut prononcer des injonctions et condamner à amende civile si nécessaire (C. civ., art. 387-3 à 387-5), en cas de désaccord entre les administrateurs légaux (C. civ., art. 387) et de manière générale à tout moment en cas de cause grave (C. civ., art. 391). Le ou les administrateurs légaux sont tenus de déférer à ses convocations, et à celles du procureur de la République, et de lui remettre toutes informations qu'ils requièrent, le juge pouvant prononcer des injonctions et si nécessaire une amende civile (C. civ., art. 387-6). Il appartient donc au juge d'organiser son service en véritable cabinet, dans une perspective de suivi des dossiers ouverts et de contrôle annuel des comptes de gestion, en concertation avec le directeur des services de greffe judiciaires du tribunal de grande instance. Il doit aussi construire des partenariats plus larges, ou en tout cas des circuits de transmission d'informations, avec les juges des enfants, les magistrats du parquet et les départements, notamment, en plus de l'expérience solide et efficace qu'il a déjà des enquêtes sociales et de la médiation familiale. Cette tâche devrait être facilitée par la création des magistrats coordonnateurs en matière familiale dans les tribunaux de grande instance et dans les cours d'appel par le décret n° 2010-1395 du 12 novembre 2010 [3], relatif à la médiation et à l'activité judiciaire en matière familiale (COJ, art. R. 213-9-1, R. 212-37, R. 312-13-2).

S'agissant des administrations légales plus particulièrement, les travaux de la commission Guinchard ont ouvert la porte à la prise en compte de l'évolution des mœurs et de l'augmentation significative du nombre de parents exerçant seuls l'autorité parentale. En supprimant la distinction entre les types d'administrations légales, l'ordonnance n° 2015-1288 du 15 octobre 2015 a mis fin à une certaine défiance à l'égard du parent administrateur légal et à la contrainte dans laquelle il se trouvait de solliciter des autorisations du juge dans nombre de cas ou de subir des contrôles *a posteriori*.

04.14 Création d'un « réseau judiciaire en matière familiale ». Ce réseau s'est progressivement organisé pour mieux articuler les interventions des juges aux affaires familiales, des juges des enfants et des juges des tutelles. Dans chaque cour d'appel et dans chaque tribunal de grande instance, un **magistrat coordonnateur** de l'ensemble des activités en matière de famille et des personnes est désromais désigné. Celui-ci doit d'une part animer le réseau (en organisant des formations déconcentrées, des réunions, des échanges de jurisprudences...) et, d'autre part, établir un rapport annuel des activités du ressort destiné aux chefs de cour et communiqué aux instances locales (conseils départementaux, préfecture...) [4].

La mise en place d'une coordination des parquets en matière familiale est également hautement souhaitable afin de faciliter les liens entre tous les magistrats appelés à prendre des décisions relatives au sort des enfants (juges des enfants, juges aux affaires familiales, juridictions civiles compétentes en matière d'adoption, de déclarations judiciaires d'abandon d'enfants et de délégation d'autorité parentale). Ce dispositif préfigure la constitution, à terme, d'un **référent familial** au sein des parquets et la désignation d'un magistrat du parquet général dans chaque cour d'appel.

► 256 – M.-B. Maizy, « Loi n° 2009-526 du 12 mai 2009 : extension des attributions du juge aux affaires familiales et nécessaire réorganisation en juridiction », *AJ fam.* 2010. 106.

1. Circ. min. Justice n° SJ-09-276-AB1/040809, 24 août 2009, *RTD civ.* 2009. 700, obs. Hauser.
2. Circ. min. Justice n° SJ-10-216-AB1, 22 juin 2010 – A. Chouck, « Compétence et organisation des juridictions », *AJ fam.* 2010. 420.
3. Décr. n° 2010-1395, 12 nov. 2010, relatif à la médiation et à l'activité judiciaire en matière familiale, *JO* 16 nov., p. 20405.
4. Décr. n° 2010-1395, 12 nov. 2010, relatif à la médiation et à l'activité judiciaire en matière familiale, *JO* 16 nov., p. 20405 – COJ, art. R. 121-37, R. 213-9-1 et R. 312-13-2, sur le magistrat coordonnateur, sur la médiation et sur l'activité judiciaire en matière familiale.

Enfin, le décret n° 2009-398 du 10 avril 2009, relatif à la communication des pièces entre les juges aux affaires familiales, les juges des enfants et les juges des tutelles[1] systématise et organise les échanges entre les magistrats traitant de dossiers intéressant les mêmes enfants mineurs. Ainsi, les **juges aux affaires familiales** doivent-ils, quand ils sont saisis d'une question relative à l'exercice de l'autorité parentale, vérifier si l'enfant est suivi dans le cadre d'une mesure d'assistance éducative. Il leur appartient par ailleurs de communiquer aux juges des enfants les décisions qu'ils prennent dès lors qu'elles concernent un mineur faisant l'objet d'une mesure d'assistance éducative. Les **juges des enfants**, pour leur part, ont l'obligation de faire connaître aux juges aux affaires familiales qu'une procédure d'assistance éducative est ouverte à l'égard d'un mineur relevant d'un régime de tutelle.

04.15 Malgré une tendance nette à la simplification, persistance d'une dispersion des dispositions législatives et réglementaires de protection des mineurs et des majeurs. Demeurant jusqu'au 1er janvier 2009 le texte fondateur du droit des tutelles relatif à la protection légale des majeurs[2], la loi n° 68-5 du 3 janvier 1968, rédigée par le doyen Carbonnier, était insérée aux articles 488 à 514 du Code civil, alors que la procédure tutélaire liée aux majeurs résultait des articles 1232 à 1263 du Code de procédure civile.

De son côté, le droit des tutelles relatif aux mineurs et à leur émancipation était régi par la loi du 14 décembre 1964 (C. civ., art. 388 à 487), œuvre du doyen Carbonnier, alors que la procédure tutélaire les concernant résultait des articles 1211 à 1231-2 du Code de procédure civile. Les règles traitant de la présomption d'absence se trouvaient (et se trouvent toujours) aux articles 112 à 132 du Code civil et 1062 à 1065 du Code de procédure civile.

Les dispositions relatives à la tutelle aux prestations sociales adultes (TPSA) étaient insérées aux articles L. 167-1 à L. 167-5 et R. 167-1 à R. 167-31 du Code de la sécurité sociale. Depuis le 1er janvier 2009, cette mesure a été progressivement remplacée par la mesure d'accompagnement judiciaire (MAJ) pour devenir caduque de plein droit au terme de la troisième année suivant cette date. Pour les nouvelles mesures, un système spécifique d'accompagnement social et budgétaire est mis en place (CASF, art. L. 271-1 à L. 271-8 - C. civ., art. 495 à 495-9).

Ces dernières années, le droit des tutelles (des majeurs comme des mineurs) perdait sa cohérence au profit de textes disparates extérieurs au Code civil[3]. La loi n° 2007 308 du 5 mars 2007, portant réforme de la protection juridique des majeurs, et contenant des dispositions concernant la protection des mineurs applicable pour l'essentiel de ses dispositions au 1er janvier 2009, ne met certes pas fin à la dispersion des textes législatifs en matière de protection judiciaire et juridique des mineurs et des majeurs entre les différents codes. Ainsi, les principales règles relatives au statut légal de protection des majeurs et des mineurs se trouvent toujours disséminées dans le Code civil, le Code de la santé publique, le Code de l'action sociale et des familles, le Code des assurances, le Code de procédure pénale ou le Code électoral. Mais le transfert de la protection des mineurs (hors domaine de l'assistance éducative qui est de la compétence du juge des enfants) au juge aux affaires familiales, instauré par la loi n° 2009-526 du 12 mai 2009, est une avancée certaine dans l'objectif de cohérence et de lisibilité des compétences judiciaires. L'ordonnance n° 2015-1288 du 15 octobre 2015 portant simplification et modernisation du droit de la famille[4] et le décret n° 2016-185 du 23 février 2016[5], en consacrant des dispositions spécifiques à la procédure de la tutelle des mineurs, ont encore amélioré la visibilité du domaine et donc l'accès au juge.

Rappelons toutefois, à titre non exhaustif, que l'ordonnance du 15 juin 2000, les lois des 4 juillet 2001, 4 mars 2002, 6 et 9 août 2004, 11 février 2005, 5 juillet 2011 (qui prévoient de nombreuses dispositions relatives à la bioéthique, notamment à la recherche biomédicale, aux prélèvements, aux dons d'organe, à l'hospitalisation psychiatrique, aux droits des patients et à la stérilisation à des fins thérapeutiques pratiqués sur des personnes mineures ou majeures protégées, voire au droit de vote du majeur sous tutelle), ne sont pas insérées dans le Code civil, mais dans le Code de la santé publique ou le Code électoral[6], sans que leur mise en cohérence entre elles relève de l'évidence.

SECTION 2

DÉSIGNATION DES JUGES DES TUTELLES

04.21 Désignation du juge des tutelles des majeurs au sein du tribunal d'instance. Le juge des tutelles

1. Décr. n° 2009-398, 10 avr. 2009, relatif à la communication des pièces entre les juges aux affaires familiales, les juges des enfants et les juges des tutelles *JO* 12 avr., p. 6418.
2. Sur l'histoire du droit des majeurs protégés, v. A. Bernard, « Le patrimoine de l'incapable majeur : une petite histoire », *JCP N* 1999. 826.
3. T. Fossier, « Démocratie sanitaire et personnes vulnérables », *JCP* 2003. 931, spéc. 933, n° 13.
4. Ord. n° 2015-1288, 15 oct. 2015, portant simplification et modernisation du droit de la famille, *JO* 16 oct., p. 19304.
5. Décr. n° 2016-185, 23 févr. 2016, pris pour l'application de l'ordonnance n° 2015-1288 du 15 octobre 2015 portant simplification et modernisation du droit de la famille, *JO* 25 févr., texte n° 26.
6. J. Hauser, « Des incapables aux personnes vulnérables », *Dr. fam.* 2007. Étude 14, spéc. n° 8.

des majeurs est un juge du tribunal d'instance (COJ, art. L. 221-3[1]). Le juge d'instance exerce les fonctions de juge des tutelles s'il est le seul juge composant sa juridiction. En revanche, dans les tribunaux d'instance comportant plusieurs juges, il est désigné par une ordonnance du président du tribunal de grande instance dans le ressort duquel le tribunal d'instance a son siège, sur avis du magistrat chargé de l'administration du tribunal d'instance (COJ, art. R. 222-2). En outre, le président du tribunal de grande instance désigne dans les mêmes conditions les magistrats en service dans les tribunaux d'instance de son ressort qui, en l'absence de juge des tutelles des majeurs, sont appelés à le remplacer (COJ, art. R. 222-2[2]).

EN PRATIQUE. Cette situation est fréquente dans les tribunaux d'instance ne disposant que d'un seul magistrat. Le juge doit alors penser, notamment en cas de congé ou d'absence ponctuelle, à se faire désigner un remplaçant. Dans les petits tribunaux d'instance, le juge des tutelles des majeurs a une compétence polyvalente, il connaît à la fois des tutelles des majeurs et d'autres contentieux relevant de la compétence d'attribution du tribunal d'instance. Dans les tribunaux d'instance plus importants, il est fréquent qu'un juge d'instance s'occupe quasi exclusivement du service des tutelles, voire même qu'il existe un juge spécialisé dans le traitement des tutelles des majeurs.

La loi organique n° 2016-1090 du 8 août 2016 en son article 39 modifiant l'article 41-10 de l'ordonnance n° 58-1270 du 22 décembre 1958, relative au statut de la magistrature, dispose en outre que des magistrats exerçant à titre temporaire, « *âgés d'au moins trente-cinq ans, que leur compétence et leur expérience qualifient particulièrement pour exercer ces fonctions* », peuvent être nommés pour « *exercer des fonctions de juge d'instance* ».

04.22 Désignation du juge des tutelles des mineurs au sein du tribunal de grande instance. Depuis la loi n° 2009-526 du 12 mai 2009, de simplification et de clarification du droit et allègement des procédures, les fonctions de juge des tutelles sont réparties entre le juge d'instance, exclusivement compétent à l'égard des majeurs protégés, et le juge aux affaires familiales, juge au tribunal de grande instance, qui désormais « *exerce les fonctions de juge des tutelles des mineurs* » (COJ, art. L. 213-3-1 et L. 221-3).

L'article L. 213-3 du Code de l'organisation judiciaire figurant dans la section de ce Code consacrée au juge aux affaires familiales, dispose quant à lui que « *dans chaque tribunal de grande instance, un ou plusieurs magistrats du siège sont délégués dans les fonctions de juge aux affaires familiales* » et énumère ses attributions. L'article L. 213-3-1 y ajoute les attributions du juge des tutelles des mineurs : l'émancipation, l'administration légale et la tutelle des mineurs, ainsi que la tutelle des pupilles de la nation[3].

Le ou les juges aux affaires familiales sont désignés chaque année, au sein des magistrats du siège, par ordonnance du président du tribunal de grande instance (COJ, art. L. 121-3, R. 121-1 et R. 213-8).

SECTION 3
PARTENAIRES EXTRAJUDICIAIRES DES JUGES DES TUTELLES

04.31 Partenariat avec le corps médical. Ce partenariat est essentiel en matière de tutelles des majeurs et le juge des tutelles est amené à travailler en concertation étroite avec le corps médical. Si le rôle du médecin traitant, ou référent, a quasiment disparu de la loi n° 2007-308 du 5 mars 2007[4] à l'exclusion du recueil de son avis consultatif par le médecin agréé prévu par l'article 431-1 du Code civil[5], celui du médecin inscrit sur la liste établie par le procureur de la République est renforcé.

En effet, non seulement la production d'un certificat médical circonstancié établi par un médecin inscrit est une condition de recevabilité de la requête en ouverture de la procédure de protection (C. civ., art. 431), mais encore l'intervention du médecin inscrit peut être requise en cours de mesure (C. civ., art. 426, al. 3) ou lors de sa révision (C. civ., art. 442). Le contenu du certificat médical circonstancié a été renforcé par l'article 1er du décret n° 2008-1276 du 5 décembre 2008[6] (C. pr. civ., art. 1219) et, à la différence de ce qui avait été trop souvent constaté sous l'empire de la loi du 3 janvier 1968, le médecin inscrit doit détailler ses constatations relatives à l'altération des facultés personnelles, à ses conséquences sur la nécessité d'une assistance ou d'une représentation de la personne qui en souffre dans les actes de la vie civile et sur l'exercice du droit de vote. Il doit, en outre donner toutes informations utiles sur l'évolution prévisible de l'altération et indiquer si l'audition

1. COJ, art. L. 221-3 (mod. par L. n° 2009-526, 12 mai 2009, art. 13).
2. COJ, art. R. 222-1 (issu de Décr. n° 2008-522, 2 juin 2008; anc. art. R. 322-1).
3. Rép. min. n° 40963, *JOAN Q*, 23 juin 2009, sur la spécialisation du juge aux affaires familiales – Rép. min. n° 58438, *JOAN Q*, 8 déc. 2009, sur le transfert, reporté au 1er janvier 2011, des fonctions de juge des tutelles des mineurs au juge aux affaires familiales – Circ. 4 août 2009, SJ-09-276-AB1/040809, *RTD civ.* 2009. 700, obs. Hauser.
4. L. n° 2007-308, 5 mars 2007, portant réforme de la protection juridique des majeurs, *JO* 7 mars, p. 4325.
5. C. civ., art. 431-1 (issu de L. n° 2007-308, 5 mars 2007, art. 7) – C. Jonas, « Les aspects médicaux de la protection des majeurs », *Dr. fam.* 2007. Étude 15.
6. Décr. n° 2008-1276, 5 déc. 2008, relatif à la protection juridique des mineurs et des majeurs et modifiant le Code de procédure civile, *JO* 7 déc., p. 18646.

est ou non possible. Il ne peut se limiter à une simple constatation de l'altération des facultés mentales ou corporelles de la personne dont la protection est demandée, ni à remplir un imprimé préétabli et les magistrats doivent y veiller tant pour apprécier de la nécessité de la mesure de protection que pour mieux l'individualiser.

En cours de mesure, les avis sollicités auprès du médecin inscrit doivent également être suffisamment détaillés pour que les droits fondamentaux de la personne protégée puissent effectivement être respectés et que le juge puisse prendre une décision éclairée si nécessaire, et notamment en cas de conflit. Ainsi en est-il, notamment, lorsqu'il devient nécessaire de disposer du logement de la personne protégée et du mobilier qui le garnit dans le but de permettre son accueil en établissement (C. civ, art. 426, al. 3). En tout état de cause, le juge peut utilement se rapprocher du médecin traitant.

S'agissant de la tutelle des mineurs, le partenariat est à construire, en lien sans doute avec le magistrat coordonnateur en matière familiale (Décr. n° 2010-1395, 12 nov. 2010[1] - COJ, art. R. 212-37, R. 213-9, R. 213-9-1, et R. 312-13-2).

04.32 **Partenariat avec l'environnement familial des majeurs protégés et des mineurs.** Le juge chargé de la protection des majeurs comme celui en charge de mineurs est tenu de désigner en priorité des tuteurs familiaux (parents ou alliés du majeur ou du mineur). Ces représentants doivent le saisir, selon les règles propres à chaque régime de protection, afin d'être autorisés à passer au nom et pour le compte de la personne mineure ou majeure protégée tel ou tel acte de la vie civile. Les juges des tutelles doivent donc veiller à ce que ces actes soient toujours conformes à l'« *intérêt de la personne protégée* »[2].

04.33 **Partenariat avec les mandataires judiciaires à la protection des majeurs (MJPM) et avec le conseil départemental.** Quand le majeur ou le mineur n'a plus de famille, de parent ou de proche susceptible de le représenter dans la vie civile, le juge choisit de confier l'exercice de la mesure à des mandataires judiciaires à la protection des majeurs (professionnels exerçant dans des associations, dans des établissements ou à titre individuel pour les majeurs, ou au département [président du conseil départemental] pour les mineurs) qui prennent alors le relais des familles défaillantes.

Ces derniers, par le biais de leurs travailleurs sociaux pour le conseil départemental, envoient périodiquement au juge des rapports écrits l'informant du déroulement de la mesure et de l'évolution du majeur protégé ou du mineur. Comme les tuteurs familiaux, ils le saisissent régulièrement afin d'être autorisés à conclure tel ou tel acte de la vie civile au nom et pour le compte de la personne protégée. Les tuteurs familiaux ou extérieurs à la famille sont tenus de rendre compte périodiquement de leur gestion au directeur des services de greffe judiciaires du tribunal d'instance pour les majeurs et au directeur des services de greffe judiciaires du tribunal de grande instance pour les mineurs (C. civ., art. 511).

En matière de protection des majeurs, la réforme du dispositif introduite par la loi n° 2007-308 du 5 mars 2007 a fusionné les différentes catégories de tuteurs institutionnels (tuteur d'État, gérant de tutelle, tuteur aux prestations sociales adultes, curateur d'État...) au profit d'une nouvelle profession : les « *mandataires judiciaires à la protection des majeurs* » (CASF, art. L. 471-1). Ces mandataires judiciaires à la protection des majeurs peuvent être des associations tutélaires ou des personnes physiques agréées par le représentant de l'État dans le département ou qui lui sont déclarées en qualité de préposé par les établissements hébergeant des majeurs. Ils sont inscrits sur une liste établie par le représentant de l'État dans le département.

Ils exercent, à titre habituel, les mesures de protection des majeurs que le juge des tutelles leur confie au titre du mandat judiciaire auquel il peut être recouru dans le cadre de la sauvegarde de justice, de la curatelle, de la tutelle ou de la mesure d'accompagnement judiciaire. Ils disposent désormais d'une rémunération et d'un statut unique qui les différencient des anciens tuteurs institutionnels relevant des lois des 18 octobre 1966 et 3 janvier 1968.

SECTION 4
PARTENAIRE JUDICIAIRE DES JUGES DES TUTELLES : LE MINISTÈRE PUBLIC

04.41 **Rôle du ministère public en matière de protection des majeurs et des mineurs.** Le ministère public a un rôle particulier en matière de protection des mineurs et des majeurs[3]. Il doit notamment, comme partie jointe, avoir communication avant l'audience de toutes les affaires les concernant afin de donner sur chaque dossier son avis écrit ou oral au juge des tutelles (C. pr. civ., art. 425, 1°). Il en est de même pour les procédures concernant les personnes majeures présumées absentes (C. civ., art. 117).

1. Décr. n° 2010-1395, 12 nov. 2010, relatif à la médiation et à l'activité judiciaire en matière familiale, *JO* 16 nov., p. 20405.
2. Sur l'intérêt de la personne protégée du majeur : C. civ., art. 415, al. 3 *(mod. par L. n° 2007-308, 5 mars 2007, art. 7)* – K. Lefeuvre et S. Moisdon-Chataignier (dir.), *Protéger les majeurs vulnérables : l'intérêt de la personne protégée*, Presses EHESP, 2017.
3. D. Guihal et T. Fossier, « Un exemple de l'activité civile des parquets : la protection des majeurs », *JCP* 1990. I. 3439.

En outre, il établit la liste des médecins agréés pour constater l'altération des facultés du majeur (C. civ., art. 431) et donne son avis sur l'inscription des mandataires judiciaires à la protection sur la liste dressée et tenue à jour par le représentant de l'État dans le département (CASF, art. L. 471-2 et L. 472-1) et peut consulter directement la liste nationale des suspensions, retraits ou annulations d'inscription (CASF, art. L. 471-3).

En matière de majeurs protégés, il peut directement recevoir les déclarations d'ouverture de sauvegarde de justice déposées par les médecins de la personne à protéger (médecins traitants, médecins spécialistes, médecins de l'établissement de soins). Le procureur de la République doit faire tenir un registre spécial de l'ensemble des sauvegardes de justice (directes ou judiciaires) ouvertes dans son ressort. Surtout, conséquence de la suppression de la possibilité pour le juge des tutelles de se saisir d'office (C. civ., art. 430), il est désormais destinataire de tous les signalements, en particulier des services sociaux, médicaux ou médico-sociaux. Il lui appartient donc de construire ce rôle de filtre tout en respectant les droits et l'accès au juge dans le cadre d'une procédure judiciaire contradictoire. Lorsqu'il saisit le juge d'une requête en protection d'un majeur, le procureur de la République doit, comme tout requérant, à peine d'irrecevabilité, joindre à sa demande un certificat circonstancié rédigé par un médecin inscrit sur la liste établie par ses soins (C. civ., art. 431).

Dans les parquets comportant plusieurs membres, il existe un ou plusieurs substituts spécialisés dans le traitement des contentieux civils, notamment dans celui des tutelles. Pour l'instant, il ne semble pas que les domaines de la tutelle des majeurs et des mineurs aient été différenciés.

Enfin, le ministère public dispose, sauf disposition contraire, du droit de former un recours tutélaire devant la cour d'appel (C. pr. civ., art. 1239 à 1240) dans le délai de quinze jours à compter de l'instant où il est avisé de la décision par le greffe du juge des tutelles (C. pr. civ., art. 1240). Le ministère public peut former recours contre les décisions refusant l'ouverture de la mesure de protection s'il est requérant (C. pr. civ., art. 1239-2).

L'article 416 du Code civil[1] vient renforcer le rôle du ministère public en matière de protection des majeurs. Ainsi, à côté du juge des tutelles, le procureur de la République se voit confier par le législateur une mission de surveillance générale des mesures de protection des majeurs de son ressort.

Il peut ainsi visiter ou faire visiter les personnes protégées ou à l'égard desquelles une mesure de protection est demandée. Il peut également les faire examiner par un médecin inscrit et, en application de l'article 430 du Code civil, présenter requête en ouverture de mesure de protection à l'égard des personnes particulièrement vulnérables. Ce rôle d'initiative est essentiel, notamment pour assurer une réelle protection des droits des personnes victimes d'abus financiers ou autres.

À l'égard des mineurs, le rôle du parquet demeure important. En vertu de l'article 411-1 du Code civil, sa surveillance est partagée avec le juge des affaires familiales sur l'ensemble des tutelles de son ressort. Dans les administrations légales, le parquet a la possibilité de saisir le juge s'il a connaissance soit d'actes ou d'omissions qui compromettent manifestement et substantiellement les intérêts patrimoniaux d'un mineur soit d'une situation de nature à porter un prejudice grave à ceux-ci (C. civ., art. 387-3, al. 2). Il peut par ailleurs, en cas de conflit d'intérêt entre les administrateurs légaux, solliciter le juge aux fins de designation d'un administrateur *ad hoc* (C. civ., art. 383). Surtout, le ministère public peut à tout moment saisir le juge en cas de cause grave (C. civ., art. 391). Les ou les administrateurs légaux, les tuteurs et autres organises tutélaires sont tenus de déférer à ses convocations, et de lui remettre toutes informations qu'ils requièrent (C. civ., art. 387-6).

04.42 Renforcement du rôle du parquet dans l'ouverture des procédures de protection des majeurs. L'article 430 du Code civil détermine très précisément les personnes qui ont qualité pour présenter une demande d'ouverture de mesure de protection à l'égard des personnes majeures. La suppression de la possibilité, auparavant ouverte au juge, de se saisir d'office renforce nécessairement le rôle du parquet qui devient le destinataire de tous les signalements. Il lui appartient désormais de jouer le rôle de filtre, au risque, dans certains cas, de fermer l'accès au juge et à une procédure contradictoire.

Surtout, lorsqu'il est saisi d'un signalement qui ne comporte pas de certificat médical circonstancié, lui seul a compétence pour ordonner un examen médical par un médecin inscrit (C. civ., art. 431 – v. s^s^ n° 5221.11 modèle de réquisition). Cela arrive fréquemment, en particulier lorsque la personne dont la protection est sollicitée refuse de rencontrer l'un des médecins figurant sur la liste établie par le procureur de la République, ou lorsque la famille, les proches ou les services sociaux, médicaux, médico-sociaux, ne disposent pas des fonds nécessaires pour régler le montant du certificat médical circonstancié exigé pour que la requête en ouverture de procédure de protection soit recevable. Le procureur de la République peut aussi estimer ne pas devoir faire pratiquer cet examen et sa décision est insusceptible de recours.

Il convient toutefois d'apporter un correctif à ce qui semble être une impasse, souvent grave de conséquences. Lorsque le médecin agréé a été sollicité pour établir le certificat médical circonstancié, il lui est possible, si la personne à protéger refuse son examen,

1. C. civ., art. 416 *(mod. par L. n° 2007-308, 5 mars 2007, art. 4 et 7).*

de dresser un certificat dit de carence. Ce certificat sera alors transmis au juge (si le requérant est l'une des personnes habilitées de l'article 430 du Code civil) ou au procureur de la République, en annexe de la requête en ouverture. Une jurisprudence bien établie, antérieure à la loi du 5 mars 2007, avait admis que le refus de la personne à protéger n'empêchait pas l'ouverture de la procédure[1]. La décision de la Cour de cassation, en date du 29 juin 2011[2], a semblé constituer un revirement qui pourrait mettre à néant la protection recherchée par le législateur pour les personnes les plus fragiles. Les conclusions du premier avocat général laissent cependant penser qu'il ne s'agit que d'une solution d'espèce (v. s^s n° 211.23).

04.43 Le filtre obligatoire du parquet dans les mesures d'accompagnement judiciaire (MAJ). Conformément aux dispositions de l'article 495-2 du Code de l'action sociale et des familles, la mesure d'accompagnement judiciaire ne peut être prononcée par le juge qu'à la demande du procureur de la République qui en apprécie l'opportunité au vu du rapport des services sociaux prévu à l'article L. 271-6 du Code de l'action sociale et des familles. Sa décision n'est pas susceptible de recours.

04.44 Les critiques du rapport de la Cour des comptes de septembre 2016[3]. La Cour des comptes relève que si la loi du 5 mars 2007 a eu pour effet de renforcer les garanties apportées aux personnes placées sous protection, la mise en œuvre de ces garanties souffre de plusieurs failles, dont l'absence de démonstration de l'action régulatrice du parquet. Elle souligne que la Chancellerie n'est pas en mesure de communiquer des statistiques sur le rôle de « filtre » du parquet.

1. Civ. 1re, 18 janv. 1972, n° 70-10.321, *Bull. civ.* I, n° 21; *D.* 1972. 373, note Contamine-Raynaud – Civ. 1re, 10 juill. 1984, n° 83-10.653, *Bull. civ.* I, n° 223; *D.* 1984. 547, note Massip.
2. Civ. 1re, 29 juin 2011, n° 10-21.879, *Bull. civ.* I, n° 133; *D.* 2011. 2501, obs. Lemouland, Noguéro et Plazy; *RTD civ.* 2011. 511, obs. Hauser; *AJ fam.* 2011. 431, obs. Verheyde.
3. Rapport de la Cour des comptes, *La protection juridique des majeurs, Une réforme ambitieuse, une mise en œuvre défaillante*, sept. 2016, p. 37 s.

LIVRE

1. LA PROTECTION FAMILIALE DE LA PERSONNE VULNÉRABLE

SECTION 0 ORIENTEUR

1.00 **Plan du livre.**

TITRE

11. La protection du majeur par le cercle familial proche

SECTION 0
ORIENTEUR

11.00 Plan du titre.

CHAPITRE

111. Protection au sein du couple marié

SECTION 0

ORIENTEUR

111.00 **Plan du chapitre.**

111.01 **Textes applicables.**

TEXTES LÉGISLATIFS ET RÉGLEMENTAIRES NOUVEAUX

• **L. n° 2015-177, 16 févr. 2015**, relative à la modernisation et à la simplification du droit et des procédures dans les domaines de la justice et des affaires intérieures, *JO* 17 févr., p. 2961.

• **Ord. n° 2016-131, 10 févr. 2016**, portant réforme du droit des contrats, du régime général et de la preuve des obligations, *JO* 11 févr., texte n° 26.

TEXTES SOURCES

> Délai du recours en matière gracieuse
C. pr. civ., art. 538

> Mandat de protection future
C. civ., art. 477 à 494

> Procédures d'habilitation et d'autorisation judiciaires liées aux régimes matrimoniaux
C. pr. civ., art. 1286 et 1289 à 1289-2

COJ, art. L. 221-9, 3° et L. 213-3, 1

> Subsidiarité des régimes de protection juridique des majeurs : principe
C. civ., art. 428

> Subsidiarité : textes extérieurs au droit de la protection juridique des majeurs
C. civ., art. 121, 217, 219, 226, 428, 1421, 1426 et 1429

> Subsidiarité : représentation judiciaire et représentation conventionnelle entre époux
C. civ., art. 218, 219, 225, 428, 438, 1159, 1426, 1429, 1431, 1432, 1539, 1540

TEXTES *IN EXTENSO*

> Délai du recours en matière gracieuse

C. pr. civ., art. 538

Le délai de recours par une voie ordinaire est d'un mois en matière contentieuse; il est de quinze jours en matière gracieuse.

> Mandat de protection future

C. civ., art. 477 à 494

* V. texte de ces articles s^s n°s 411.01 s.

> Procédures d'habilitation et d'autorisation judiciaires liées aux régimes matrimoniaux

[C. pr. civ., art. 1286 et 1289 à 1289-2 et COJ, art. L. 221-9, 3° et L. 213-3, 1]

C. pr. civ., art. 1286, al. 2

[...] Les demandes d'autorisation et d'habilitation prévues par les articles 217 et 219 du même code, lorsque le conjoint est hors d'état de manifester sa volonté, sont présentées au juge des tutelles.

C. pr. civ., art. 1289

La demande mentionnée au second alinéa de l'article 1286 ainsi que l'appel relèvent de la matière gracieuse.

C. pr. civ., art. 1289-1

La requête de l'époux est accompagnée de tous éléments de nature à établir l'impossibilité pour son conjoint de manifester sa volonté ou d'un certificat médical, si l'impossibilité est d'ordre médical.

Le juge peut, soit d'office, soit à la demande des parties, ordonner toute mesure d'instruction.

À l'audience, il entend le conjoint. Il peut toutefois, sur avis médical, décider qu'il n'y a pas lieu de procéder à cette audition.

C. pr. civ., art. 1289-2

Il peut être mis fin à l'habilitation générale donnée par le juge des tutelles en application de l'article 219 du Code civil, dans les mêmes formes.

COJ, art. L. 221-9, 3° *(mod par L. n° 2009-526, 12 mai 2009, art. 13)*

Le juge des tutelles connaît :

[...] 3° Des demandes formées par un époux, lorsque son conjoint est hors d'état de manifester sa volonté, aux fins d'être autorisé à passer seul un acte pour lequel le concours ou le consentement de ce dernier serait nécessaire, ou aux fins d'être habilité à le représenter;

COJ, art. L. 213-3, 1 *(mod. par L. n° 2010-769, 9 juill. 2010, art. 17)*

Dans chaque tribunal de grande instance, un ou plusieurs magistrats du siège sont délégués dans les fonctions de juge aux affaires familiales.

Le juge aux affaires familiales connaît :

1° De l'homologation judiciaire du changement de régime matrimonial, des demandes relatives au fonctionnement des régimes matrimoniaux et des indivisions entre personnes liées par un pacte civil de solidarité ou entre concubins, de la séparation de biens judiciaire, sous réserve des compétences du président du tribunal de grande instance et du juge des tutelles des majeurs; [...]

> Subsidiarité des régimes de protection juridique des majeurs : principe

C. civ., art. 428

La mesure de protection ne peut être ordonnée par le juge qu'en cas de nécessité et lorsqu'il ne peut être suffisamment pourvu aux intérêts de la personne par l'application des règles du droit commun de la représentation, de celles relatives aux droits et devoirs respectifs des époux et des règles des régimes matrimoniaux, en particulier celles prévues aux articles 217, 219, 1426 et 1429, par une autre mesure de protection judiciaire moins contraignante ou par le mandat de protection future conclu par l'intéressé.

La mesure est proportionnée et individualisée en fonction du degré d'altération des facultés personnelles de l'intéressé.

> Subsidiarité : textes extérieurs au droit de la protection juridique des majeurs

[C. civ., art. 121, 217, 219, 226, 428, 1421, 1426 et 1429]

C. civ., art. 121 *(L. n° 77-1447, 28 déc. 1977)*

Ces mêmes dispositions ne sont pas applicables aux présumés absents ou aux personnes mentionnées à l'article 120 lorsqu'ils ont laissé une procuration suffisante à l'effet de les représenter et d'administrer leurs biens.

Il en est de même si le conjoint peut pourvoir suffisamment aux intérêts en cause par l'application du régime matrimonial, et notamment par l'effet d'une décision obtenue en vertu des articles 217 et 219, 1426 et 1429.

C. civ., art. 217 *(mod. par L. n° 65-570, 13 juill. 1965)*

Un époux peut être autorisé par justice à passer seul un acte pour lequel le concours ou le consentement de son conjoint serait nécessaire, si celui-ci est hors d'état de manifester sa volonté ou si son refus n'est pas justifié par l'intérêt de la famille.

L'acte passé dans les conditions fixées par l'autorisation de justice est opposable à l'époux dont le concours ou le consentement a fait défaut, sans qu'il en résulte à sa charge aucune obligation personnelle.

C. civ., art. 219 *(mod. par L. n° 65-570, 13 juill. 1965)*

Si l'un des époux se trouve hors d'état de manifester sa volonté, l'autre peut se faire habiliter par justice à le représenter, d'une manière générale, ou pour certains actes particuliers, dans l'exercice des pouvoirs résultant du régime matrimonial, les conditions et l'étendue de cette représentation étant fixées par le juge.

À défaut de pouvoir légal, de mandat ou d'habilitation par justice, les actes faits par un époux en représentation de l'autre ont effet, à l'égard de celui-ci, suivant les règles de la gestion d'affaires.

C. civ., art. 226 *(mod. par L. n° 65-570, 13 juill. 1965)*

Les dispositions du présent chapitre, en tous les points où elles ne réservent pas l'application des conventions matrimoniales, sont applicables, par le seul effet du mariage, quel que soit le régime matrimonial des époux.

C. civ., art. 428

* V. s^s prés^t n°, > *Subsidiarité des régimes de protection juridique des majeurs : principe*

C. civ., art. 1421 *(mod. par L. n° 85-1372, 23 déc. 1985)*

Chacun des époux a le pouvoir d'administrer seul les biens communs et d'en disposer, sauf à répondre des fautes qu'il aurait commises dans sa gestion. Les actes accomplis sans fraude par un conjoint sont opposables à l'autre.

L'époux qui exerce une profession séparée a seul le pouvoir d'accomplir les actes d'administration et de disposition nécessaires à celle-ci.

Le tout sous réserve des articles 1422 à 1425.

C. civ., art. 1426 *(mod. par L. n° 85-1372, 23 déc. 1985)*

Si l'un des époux se trouve, d'une manière durable, hors d'état de manifester sa volonté, ou si sa gestion de la communauté atteste l'inaptitude ou la fraude, l'autre conjoint peut demander en justice à lui être substitué dans l'exercice de ses pouvoirs. Les dispositions des articles 1445 à 1447 sont applicables à cette demande.

Le conjoint, ainsi habilité par justice, a les mêmes pouvoirs qu'aurait eus l'époux qu'il remplace; il passe avec l'autorisation de justice les actes pour lesquels son consentement aurait été requis s'il n'y avait pas eu substitution.

L'époux privé de ses pouvoirs pourra, par la suite, en demander au tribunal la restitution, en établissant que leur transfert à l'autre conjoint n'est plus justifié.

C. civ., art. 1429 *(L. n° 65-570, 13 juill. 1965)*

Si l'un des époux se trouve, d'une manière durable, hors d'état de manifester sa volonté, ou s'il met en péril les intérêts de la famille, soit en laissant dépérir ses propres, soit en dissipant ou détournant les revenus qu'il en retire, il peut, à la demande de son conjoint, être dessaisi des droits d'administration et de jouissance qui lui sont reconnus par l'article précédent. Les dispositions des articles 1445 à 1447 sont applicables à cette demande.

À moins que la nomination d'un administrateur judiciaire n'apparaisse nécessaire, le jugement confère au conjoint demandeur le pouvoir d'administrer les propres de l'époux dessaisi, ainsi que d'en percevoir les fruits, qui devront être appliqués par lui aux charges du mariage et l'excédent employé au profit de la communauté.

À compter de la demande, l'époux dessaisi ne peut disposer seul que de la nue-propriété de ses biens.

Il pourra, par la suite, demander en justice à rentrer dans ses droits, s'il établit que les causes qui avaient justifié le dessaisissement n'existent plus.

> Subsidiarité : représentation judiciaire et représentation conventionnelle entre époux

[C. civ., art. 218, 219, 225, 428, 438, 1159, 1426, 1429, 1431, 1432, 1539, 1540]

C. civ., art. 218 *(mod. par L. n° 85-1372, 23 déc. 1985)*

Un époux peut donner mandat à l'autre de le représenter dans l'exercice des pouvoirs que le régime matrimonial lui attribue.

Il peut, dans tous les cas, révoquer librement ce mandat.

C. civ., art. 219

* V. ss prést n°, > *Subsidiarité : textes extérieurs au droit de la protection juridique des majeurs*

C. civ., art. 225 *(mod. par L. n° 85-1372, 23 déc. 1985)*

Chacun des époux administre, oblige et aliène seul ses biens personnels.

C. civ., art. 428

* V. ss prést n°, > *Subsidiarité des régimes de protection juridique des majeurs : principe*

C. civ., art. 438 *(mod. par L. n° 2007-308, 5 mars 2007)*

Le mandataire spécial peut également se voir confier une mission de protection de la personne dans le respect des articles 457-1 à 463.

C. civ., art. 1159 *(mod. par Ord. n° 2016-131, 10 févr. 2016)*

Le tiers qui doute de l'étendue du pouvoir du représentant conventionnel à l'occasion d'un acte qu'il s'apprête à conclure, peut demander par écrit au représenté de lui confirmer, dans un délai qu'il fixe et qui doit être raisonnable, que le représentant est habilité à conclure cet acte.

L'écrit mentionne qu'à défaut de réponse dans ce délai, le représentant est réputé habilité à conclure cet acte.

C. civ., art. 1429

* V. ss prést n°, > *Subsidiarité : textes extérieurs au droit de la protection juridique des majeurs*

C. civ., art. 1431

Si, pendant le mariage, l'un des époux confie à l'autre l'administration de ses propres, les règles du mandat sont applicables. L'époux mandataire est, toutefois, dispensé de rendre compte des fruits, lorsque la procuration ne l'y oblige pas expressément.

C. civ., art. 1432

Quand l'un des époux prend en mains la gestion des biens propres de l'autre, au su de celui-ci, et néanmoins sans opposition de sa part, il est censé avoir reçu un mandat tacite, couvrant les actes d'administration et de jouissance, mais non les actes de disposition.

Cet époux répond de sa gestion envers l'autre comme un mandataire. Il n'est, cependant, comptable que des fruits existants; pour ceux qu'il aurait négligé de percevoir ou consommés frauduleusement, il ne peut être recherché que dans la limite des cinq dernières années.

Si c'est au mépris d'une opposition constatée que l'un des époux s'est immiscé dans la gestion des propres de l'autre, il est responsable de toutes les suites de son immixtion et comptable sans limitation de tous les fruits qu'il a perçus, négligé de percevoir ou consommés frauduleusement.

C. civ., art. 1539

Si, pendant le mariage, l'un des époux confie à l'autre l'administration de ses biens personnels, les règles du mandat sont applicables.

L'époux mandataire est, toutefois, dispensé de rendre compte des fruits, lorsque la procuration ne l'y oblige pas expressément.

C. civ., art. 1540

Quand l'un des époux prend en main la gestion des biens de l'autre, au su de celui-ci, et néanmoins sans opposition de sa part, il est censé avoir reçu un mandat tacite, couvrant les actes d'administration et de gérance, mais non les actes de disposition.

Cet époux répond de sa gestion envers l'autre comme un mandataire. Il n'est, cependant, comptable que des fruits existants; pour ceux qu'il aurait négligé de percevoir ou consommés frauduleusement, il ne peut être recherché que dans la limite des cinq dernières années.

Si c'est au mépris d'une opposition constatée que l'un des époux s'est immiscé dans la gestion des biens de l'autre, il est responsable de toutes les suites de son immixtion, et comptable sans limitation de tous les fruits qu'il a perçus, négligé de percevoir ou consommés frauduleusement.

111.02 Jurisprudence de référence.

> Habilitation judiciaire : domaine d'application de l'article 219 alinéa 1er du Code civil

• **Civ. 1re, 18 févr. 1981, n° 80-10.403,** *Bull. civ.* I, n° 60

* V. ss n° 111.52

L'article 219 alinéa 1er est applicable, même si le conjoint empêché est déjà placé sous l'un des régimes de protection prévus par la loi du 3 janvier 1968.

• **Civ. 1re, 9 nov. 1981, nos 80-16.011 et 80-16.097,** *Bull. civ.* I, n° 133

* V. ss n° 111.51

L'article 219 alinéa 1er est applicable, même si le conjoint dont la représentation est demandée aurait pu, en raison de son état, être placé sous le régime de la tutelle.

• **Civ. 1re, 1er oct. 1985, n° 84-12.476,** *Bull. civ.* I, n° 237

* V. ss n° 111.71

Quel que soit le régime matrimonial, le mariage crée entre les époux une association d'intérêts à raison de laquelle chacun d'eux a vocation à représenter l'autre sous le contrôle du juge, et l'article 219 du Code civil, en permettant à un époux de représenter son conjoint dans l'exercice des pouvoirs du régime matrimonial, vise donc tous les pouvoirs d'ordre patrimonial, sans exclure ceux de l'époux séparé de biens sur ses biens personnels. La finalité de la disposition de l'article 219 du Code civil conduit à prendre en considération l'intérêt bien compris de l'époux qui doit être représenté et donc personnellement engagé, et, s'agissant d'un acte de disposition portant sur un immeuble, les juges du fond doivent rechercher si des circonstances particulières en justifient la vente dans l'intérêt du conjoint qui en est propriétaire. Est, dès lors, légalement justifiée la décision d'une cour d'appel, qui, pour autoriser un époux à vendre une maison appartenant en propre à son conjoint, relève qu'il s'agissait d'une résidence secondaire inhabitée depuis plusieurs années et dont la remise en état nécessitait des frais auxquels le conjoint propriétaire ne pouvait faire face.

> Priorité des règles liées aux régimes matrimoniaux

• **Civ. 1re, 30 mai 2000, n° 98-13.609,** NP

* V. ss n° 111.11

Dès lors que le tribunal a relevé que l'application du régime matrimonial des époux était insuffisante pour pourvoir aux intérêts de l'épouse, il a ainsi satisfait aux exigences de l'article 498 du Code civil qui subordonne la mise sous tutelle d'un incapable majeur marié à une telle constatation. Le mari ayant manifesté sa farouche opposition à l'ouverture de la tutelle de sa femme, est justifiée la décision interdisant de lui confier la tutelle de son épouse et déclarant la vacance de la tutelle.

• **Civ. 1re, 4 oct. 2005, n° 03-11.545,** NP

* V. ss n° 111.11

Il n'y a pas lieu d'ouvrir une tutelle ou une curatelle qui devrait être dévolue au conjoint si, par l'application du régime matrimonial, il peut être suffisamment pourvu aux intérêts de la personne à protéger et [...] c'est par une appréciation souveraine et une décision motivée que les juges du fond ont décidé qu'il n'y avait pas lieu à application des dispositions de l'article 508 (ancien) du Code civil.

• **Civ. 1re, 1er févr. 2012, n° 11-11.346,** *Bull. civ.* I, n° 19

* V. ss n° 111.11

Après avoir exactement rappelé qu'en vertu de l'article 428 du Code civil, la mesure de protection ne peut être ordonnée que lorsqu'il ne peut être suffisamment pourvu aux intérêts de la personne par application des règles relatives aux droits et devoirs des époux et des règles des régimes matrimoniaux, la cour d'appel, constatant que les époux avaient opté, au moment de leur mariage, pour le régime de la communauté universelle, que Mme X... était depuis 2004 substituée à son époux dans l'exercice des pouvoirs résultant de ce régime et que les actes qui lui étaient reprochés n'établissaient pas un risque de dilapidation des biens communs, a pu en déduire qu'il n'y avait pas lieu de placer M. X... sous un régime de protection.

111.03 Bibliographie indicative.

> Autorisation judiciaire.

Ouvrage. M. Grimaldi (dir.), Dalloz action *Droit patrimonial de la famille,* 2015/2016, nos 116.41 à 116.62, par B. Vareille.

Article. J.-C. Montanier, « L'autorisation de justice en droit matrimonial », *RTD civ.* 1984. 1.

> Habilitation judiciaire.

Ouvrage. M. Grimaldi (dir.), Dalloz action *Droit patrimonial de la famille,* 2015/2016, nos 116.11 à 116.33, par B. Vareille.

> Mandat de protection future. P. Carli, « Exactitude et probité. Le mandat notarié de protection future, instrument de la pérennité de la gestion de patrimoine », *JCP N* 2009. 1233 – J. Casey, « Le mandat de protection future », *Gaz. Pal.* 13 août 2011, p. 7 – J. Combrey et J. Casey, « Le mandat de protection future », *RJPF* 2007-7-8/11 (1re partie); *RJPF* 2007-9/8 (2e partie) – N. Couzigou-Suhas et Y. Le Levier, « Le mandat de protection future », 102e Congrès des notaires de France sur les personnes vulnérables, Strasbourg, 21-24 mai 2006, *Defrénois* 2006. 633 – E. Delouis, « Le mandat de protection future : le point sur un contrat très attendu », *LPA* 4 nov. 2010, p. 25 – D. Fenouillet, « Le mandat de protection future ou la double illusion », *Defrénois* 2009. 142 – M.-C. Forgeard et N. Levillain, « Mandat de protection future et pratique notariale », *Defrénois* 2008. 529 – J. Hauser, « Les mesures judiciaires, solutions subsidiaires au mandat de protection future ? », *in* G. Raoul-Cormeil (dir.), *Nouveau droit des majeurs protégés. Difficultés pratiques*, coll. « Thèmes et commentaires », Dalloz, 2012, p. 13; « L'enfance du mandat de protection future », *Mél. R. Le Guidec*, LexisNexis, 2014, p. 709 – F. Jourdain-Thomas, « Le mandat de protection future, nouvelle donne législative », *JCP N* 2015. 1176 – J. Klein, « Le mandat de protection future ou la protection juridique conventionnelle », *Dr. fam.* 2007. Étude 21 – J. Leprovaux, « Le mandat de protection future, technique de gestion patrimoniale », *in* G. Raoul-Cormeil et J.-M. Plazy (dir.), *Le patrimoine de la personne protégée*, LexisNexis, 2015, p. 135; « Le mandat de protection future », *JCP N* 2008. 1274; « La place de la famille dans la mise en œuvre du mandat de protection future et du mandat à effet posthume », *RJPF* 2006-9-6 s. – L. Leveneur, « Intérêts et limites du mandat de protection future », *in Mél. G. Champenois*, Defrénois-Lextenso, 2012, p. 571 – I. Maria, « Directives du majeur et gestion du patrimoine », *in* G. Raoul-Cormeil et J.-M. Plazy (dir.), *Le patrimoine de la personne protégée*, LexisNexis, 2015, p. 85 – J. Massip, « Le mandat de protection future », *LPA* 27 juin 2008, p. 11 – D. Noguéro, « Interrogations à propos du mandat de protection future », *D.* 2006. Chron. 1133 – J.-D. Pellier, « Le mandat de protection future issu de la loi du 5 mars 2007 portant réforme de la protection juridique des majeurs », *LPA* 2007, n° 83, p. 4 – N. Peterka, note ss note ss Civ. 1re, 12 janv. 2011, n° 09-16.519, *Bull. civ.* I, n° 11; *JCP* 2011. 416; « L'avocat tuteur », *Dr. et patr.* janv. 2009. 28; « Enjeux et principales difficultés de la gestion du patrimoine d'autrui », *JCP N* 2013. 1190; « Le pouvoir, prérogative privilégiée d'administration du bien d'autrui (mandat, représentation, pouvoir) », *Dr. et patr.* 2015. 36 – J.-F. Sagaut, « Et si le mandat de protection future intégrait le régime primaire en devenant un effet du mariage », *Mél. G. Champenois*, Defrénois-Lextenso, 2012, p. 745.

> Subsidiarité des régimes de protection judiciaire des majeurs.

Rapport. *Rapport Favard,* avr. 2000, spéc. p. 26, n° 3.1.1.

Articles. A. Cermolacce, « Présentation générale des mesures de protection des majeurs. Entre rupture et continuité », *JCP N* 2008. 1268 – F. Delbano, « Les difficultés d'application des principes de nécessité et de subsidiarité des régimes de protection », *D.* 1999. Doctr. 408 – T. Fossier, « Le statut civil de la personne vulnérable gouverné par des principes fondamentaux », *JCP N* 2008. 1277 – A. Karm, « Le régime matrimonial de la personne vulnérable », *Actes pratiques et stratégie patrimoniale* 2010, Étude 28 – V. Larribau-Terneyre, « Le régime matrimonial de l'incapable », *JCP N* 1999. 843 – L. Mauger-Vielpeau, « Couple et majeur protégé », *in* G. Raoul-Cormeil (dir.), *Nouveau droit des majeurs protégés. Difficultés* *pratiques*, coll. « Thèmes et commentaires », Dalloz, 2012, p. 243 – N. Peterka, « La famille dans la réforme de la protection juridique des majeurs », *JCP* 2010. Doctr. 33; « Les dispositifs alternatifs de protection de la personne mariée », *AJ fam.* 2012. 253; « Rapport de synthèse », *in* G. Raoul-Cormeil (dir.), *Nouveau droit des majeurs protégés. Difficultés pratiques*, coll. « Thèmes et commentaires », Dalloz, 2012, p. 279 – C. Philippe, « Régimes matrimoniaux et altération des facultés mentales », *Dr. fam.* mai 2006, n° 24, p. 33 – G. Raoul-Cormeil, « Le conjoint de la personne vulnérable (l'articulation du système matrimonial et du système tutélaire) », *Defrénois* 2008. 1303 – M. Rebourg, « Les principes directeurs de la loi du 5 mars 2007 réformant la protection juridique des majeurs », *Dr. fam.* 2007. Étude 16 – J.-F. Sagaut, « Et si le mandat de protection future intégrait le régime primaire en devenant un effet du mariage », *Mél. G. Champenois*, Defrénois-Lextenso, 2012, p. 745; « Empêchement ou impéritie des époux : les solutions du droit des régimes matrimoniaux », *AJ fam.* 2003. 124.

111.04 **Exemples d'actes.**

> Autorisation et habilitation judiciaires

* Pour un exemple de jugement d'autorisation en justice (C. civ., art. 217), v. s[s] n° 5211.11.

* Pour un exemple de jugement de rejet de demande d'autorisation en justice (C. civ., art. 217), v. s[s] n° 5211.12.

* Pour un exemple de jugement d'habilitation générale ou restreinte (C. civ., art. 219), v. s[s] n° 5211.13.

* Pour un exemple de jugement de mainlevée d'habilitation générale (C. civ., art. 219), v. s[s] n° 5211.14.

* Pour un exemple de jugement de rejet d'habilitation (C. civ., art. 219), v. s[s] n° 5211.15.

* Pour un exemple de jugement d'habilitation pour certains actes particuliers (C. civ., art. 219), v. s[s] n° 5211.16.

SECTION 1
DÉFINITION DE LA SUBSIDIARITÉ DES RÉGIMES DE PROTECTION

111.11 **Portée du principe de subsidiarité des régimes de protection judiciaire des majeurs organisés par le Code civil.** Les régimes de protection des majeurs organisés par le Code civil, sont toujours subsidiaires[1].

Cela signifie que, si la loi contient déjà une disposition spéciale dont l'objet est d'assurer une protection particulière des intérêts patrimoniaux du majeur, il convient de la faire prévaloir. L'article 428 alinéa 1er du Code civil, dans sa version issue de la loi n° 2007-308 du 5 mars 2007, est très explicite à ce sujet, lorsqu'il énonce que « *la mesure de protection ne peut être ordonnée par le juge qu'en cas de nécessité et lorsqu'il ne peut être suffisamment pourvu aux intérêts de la personne par l'application des règles du droit commun de la représentation, de celles relatives aux droits et devoirs respectifs des époux et des règles des régimes matrimoniaux, en particulier celles prévues aux articles 217, 219, 1426 et 1429, par une autre mesure de protection judiciaire moins contraignante ou par le mandat de protection future conclu par l'intéressé* »[2]. Le texte reprend pour l'essentiel les dispositions de l'ancien article 498. Pour autant, le principe de subsidiarité en sort renforcé.

En effet, d'une part, l'article 428 prend soin d'affirmer la **subsidiarité** des régimes de protection juridique par rapport non seulement au **droit matrimonial** mais aussi au **droit commun de la représentation** et, pour les mesures judiciaires, du **mandat de protection future**, ce qui incarne autant d'innovations.

D'autre part, il inscrit expressément dans le Code civil les principes de **nécessité** et de **proportionnalité** des mesures de protection, lesquels n'étaient jusqu'alors qu'implicites (C. civ., art. 428, al. 2). Ainsi, il est inutile de prononcer une mesure judiciaire de protection si l'application des règles du droit commun de la représentation, du régime primaire, des régimes matrimoniaux ou de toute autre mesure de protection judiciaire moins contraignante, ou l'exécution d'un mandat de protection future, suffit à pourvoir aux intérêts de la personne à protéger[3]. En tout état de cause, la mesure de protection prononcée doit toujours être proportionnée et individualisée au degré d'altération des facultés personnelles de l'intéressé (C. civ., art. 428, al. 2)[4].

La Cour de cassation a ainsi approuvé avant la réforme, sur le fondement du principe de subsidiarité, le jugement d'un tribunal de grande instance d'avoir décidé qu'il n'y avait pas lieu d'ordonner l'ouverture d'une mesure de protection, dès lors qu'il avait été constaté que le mari pourvoyait aux intérêts de sa femme par une gestion avisée en application des règles du régime matrimonial[5]. La jurisprudence rappelle fréquemment que le juge des tutelles doit constater expressément dans sa décision que l'application

1. F. Delbano, « Les difficultés d'application des principes de nécessité et de subsidiarité des régimes de protection », *D.* 1999. Doctr. 408.

2. V. Larribau-Terneyre, « Le régime matrimonial de l'incapable », *JCP N* 1999. 843 – J.-F. Sagaut, « Empêchement ou impéritie des époux : les solutions du droit des régimes matrimoniaux », *AJ fam.* 2003. 124, spéc. 124-125 pour l'article 219 du Code civil et 125-126 pour l'article 217 du Code civil – C. Philippe, « Régimes matrimoniaux et altération des facultés mentales », *Dr. fam.* 2006. Chron. 24 – G. Raoul-Cormeil, « Le conjoint de la personne vulnérable (l'articulation du système matrimonial et du système tutélaire) », *Defrénois* 2008. 1303.

3. Sur la subsidiarité des régimes judiciaires de protection des majeurs, v. T. Fossier, « La réforme de la protection des majeurs », *JCP* 2007. I. 118, p. 13.

4. M. Rebourg, « Les principes directeurs de la loi du 5 mars 2007 réformant la protection juridique des majeurs », *Dr. fam.* 2007, Étude 16 : selon cet auteur, les principes de nécessité et de subsidiarité figurent déjà « *en suspension* » dans la loi du 3 janvier 1968 pour reprendre l'expression du Doyen Carbonnier.

5. Civ. 1re, 4 juill. 2001, n° 99-20.236, NP.

des règles du régime matrimonial ne protège pas suffisamment les intérêts du majeur marié avant de préférer l'ouverture d'une tutelle ou d'une curatelle[1]. Aussi, est-ce de manière critiquable qu'une cour d'appel a limité l'étendue de la représentation judiciaire découlant de l'article 219 alinéa 1er à la vente de l'exploitation agricole détenue en commun par des époux, au seul motif que les enfants du couple avaient demandé l'ouverture d'une tutelle à l'égard de leur père[2].

Ces principes ont été très fermement rappelés par la Cour de cassation, dans un arrêt du 1er février 2012 rendu, sous l'empire des dispositions nouvelles[3]. Ainsi que cet arrêt le suggère en creux, le principe de subsidiarité des mesures de protection judiciaire par rapport aux dispositifs du régime primaire et du régime matrimonial peut être écarté, par exemple, si l'inaptitude du conjoint valide pour gérer les biens ou un risque de dilapidation par ce dernier du patrimoine commun sont établis.

De la même façon, l'article 121 alinéa 2 du Code civil prévoit le principe de la **subsidiarité du régime de la présomption d'absence** par rapport aux mesures prévues par les articles 217, 219, 1426 et 1429 du Code civil. Les articles 217 et 219 appartiennent au **régime primaire**, lequel est applicable à tous les époux quel que soit leur régime matrimonial (C. civ., art. 226, *in fine*). Les articles 1426 et 1429 incarnent, pour leur part, des textes spécifiques au **régime de communauté** permettant de priver un époux de ses pouvoirs sur les biens communs ou ses biens propres dès lors, notamment, qu'il se trouve, d'une manière durable, hors d'état de manifester sa volonté.

Depuis les décrets des 29 octobre 2004 et 13 mai 2005[4], lorsque l'un des conjoints est hors d'état de manifester sa volonté, le juge des tutelles est désormais seul compétent pour autoriser ou habiliter, en application des articles 217 et 219 du Code civil, l'autre conjoint à conclure, seul ou à sa place, un acte particulier ou plusieurs actes[5]. Le décret n° 2009-1591 du 17 décembre 2009[6], pris en application de la loi n° 2009-526 du 12 mai 2009, de simplification du droit et d'allègement des procédures[7], reconduit ses solutions à l'identique (C. pr. civ., art. 1286, al. 2). Il confie, en revanche, le prononcé des mesures posées par les articles 1426 et 1429, qui relevaient jusqu'à présent de la compétence de la formation de droit commun du tribunal de grande instance, au **juge aux affaires familiales** (C. pr. civ., art. 1286, al. 1er).

SECTION 2
AUTORISATION JUDICIAIRE DÉLIVRÉE À L'UN DES ÉPOUX

§ 1
Conditions de l'autorisation judiciaire

111.21 Nécessité que l'un des époux soit hors d'état de manifester sa volonté. Lorsque l'un des époux est hors d'état de manifester sa volonté, l'autre époux peut être autorisé par la justice à passer seul un acte pour lequel le concours ou le consentement de son conjoint serait nécessaire (C. civ., art. 217, al. 1er).

S'il est applicable quel que soit le régime matrimonial choisi par les époux, l'article 217 ne précise pas les causes empêchant l'un des époux de manifester sa volonté.

Pour les juges du fond, la maladie et les infirmités physiques altérant la volonté du conjoint (par ex., paralysie, hémiplégie, aphasie, coma) et, plus généralement, l'altération des facultés mentales (due à une maladie, une infirmité ou un affaiblissement résultant de l'âge), constituent des causes d'empêchement au sens de l'article 217 du Code civil.

De même, il convient d'ajouter à cette liste non exhaustive, le cas de l'époux qui disparaît sans donner de nouvelles et qui pourrait, à ce titre, faire l'objet d'une procédure d'absence.

111.22 Controverse sur l'étendue du contrôle opéré par le juge des tutelles : intérêt de la famille ou/et intérêt de l'époux empêché. Une controverse existe sur le point de savoir si le juge des tutelles doit se limiter à contrôler la conformité de l'acte projeté à

1. Civ. 1re, 30 mai 2000, n° 98-13.609, NP; *JCP* 2001. II. 10529; *JCP N* 2001, n° 1862, 1re esp., note Fossier; *D.* 2001. Somm. 1512, note Delmas Saint-Hilaire – Civ. 1re, 4 oct. 2005, n° 03-11.545, NP; *RTD civ.* 2006. 88, obs. Hauser.
2. Versailles, 20 sept. 2011, *JCP* 2012. Doctr. 999, n° 4, obs. Wiederkehr.
3. Civ. 1re, 1er févr. 2012, n° 11-11.346, *Bull. civ.* I, n° 19; *AJ fam.* 2012. 229, obs. Verheyde; *D.* 2012. 921, note Raoul-Cormeil; *Dr. fam.* 2012. Comm. 53, note Maria – DANS CE SENS, Douai, 2 févr. 2012, *Gaz. Pal.* 1er-2 août 2012, p. 2, note Raoul-Cormeil, restreignant sur le fondement de la subsidiarité des régimes de protection des majeurs par rapport aux droits des régimes matrimoniaux, l'ouverture d'une tutelle à la seule protection de la personne de l'époux vulnérable.
4. Décr. n° 2004-1158, 29 oct. 2004, portant réforme de la procédure en matière familiale, *JO* 31 oct., p. 18492 – Décr. n° 2005-460, 13 mai 2005, relatif aux compétences des juridictions civiles, à la procédure civile et à l'organisation judiciaire, *JO* 14 mai, p. 8343.
5. M. Bauer, T. Fossier et L. Pécaut-Rivolier, *La réforme des tutelles : ombres et lumières,* Dalloz, 2006, spéc. chap. 16, « Le mineur ou le majeur impliqué dans un groupe », n° 16.22.
6. Décr. n° 2009-1591, 17 déc. 2009, relatif à la procédure devant le juge aux affaires familiales en matière de régimes matrimoniaux et d'indivisions, *JO* 20 déc., p. 22025.
7. L. n° 2009-526, 12 mai 2009, de simplification et de clarification du droit et d'allègement des procédures, *JO* 13 mai, p. 7920.

l'intérêt de la famille ou s'il doit étendre son contrôle à l'intérêt de l'acte pour l'époux empêché.

EN PRATIQUE. Il est préférable que le juge des tutelles opère ce double contrôle, il convient de rappeler que la subsidiarité des régimes civils de protection – et de la présomption d'absence – ne vaut que si, par les règles du droit matrimonial et, notamment du régime primaire, « *il peut être suffisamment pourvu aux intérêts de la personne* » (C. civ., art. 498 et 121, al. 2).

En ce sens, l'article 217 constitue bien un mécanisme alternatif de protection de l'époux empêché, dans la mesure où le juge des tutelles est tenu de s'assurer que l'acte envisagé est conforme à l'intérêt du conjoint vulnérable. Un tel contrôle est, au demeurant, normal car l'acte autorisé lui sera opposable (C. civ., art. 217, al. 2).

111.23 Délimitation des actes objets de l'autorisation judiciaire. Le domaine d'élection de l'article 217 correspond à celui de la **cogestion**. Il s'applique aux actes pour lesquels le demandeur dispose d'un demi-pouvoir ou d'un début de pouvoir. Cela désigne, sous la communauté, les opérations soumises au **double consentement des époux**, telles que la vente d'immeuble, la cession de fonds de commerce ou de parts sociales non négociables, le transfert d'un bien commun dans un patrimoine fiduciaire (C. civ., art. 1422, 1424 et 1425) et, sous tous les régimes, les actes les plus graves relatifs aux biens indivis entre les époux[1] ainsi que les actes de disposition relatifs au **logement de la famille** (C. civ., art. 215, al. 3).

S'agissant de ce dernier, il convient, toutefois, d'opérer une distinction suivant qu'il appartient **en propre à l'époux valide ou à l'époux empêché**. Dans la première hypothèse, le conjoint peut saisir le juge des tutelles, sur le fondement de l'article 217, pour se faire habiliter à passer seul l'acte. En revanche, cette faculté ne lui est pas reconnue dans la seconde hypothèse. Ne détenant sur le logement qu'un droit de veto qui lui permet seulement de s'opposer à l'aliénation de l'immeuble par son conjoint, l'époux valide ne dispose alors sur le bien d'aucun pouvoir. Lorsque le logement de la famille est la propriété personnelle du conjoint empêché, l'époux valide est renvoyé à la mesure de représentation judiciaire prévue par l'article 219 alinéa 1er du Code civil. Il conclut l'acte au nom et pour le compte du conjoint empêché tout en y intervenant en son nom propre afin de satisfaire à la règle de la cogestion[2].

1. S'agissant des biens indivis, l'article 815-5 fait écho à l'autorisation judiciaire du régime primaire. Relevant du droit commun de l'indivision, cette mesure participe, avec le droit commun de la représentation, à l'extension du bénéfice du principe de subsidiarité à l'ensemble des modes de conjugalité, y compris au PACS et au concubinage – N. Peterka, « La famille dans la réforme de la protection juridique des majeurs », *JCP* 2010. Doctr. 33.
2. Paris, 16 déc. 1999, *JCP* 2001. I. 309, n° 1, obs. Wiederkehr.

L'article 217 du Code civil ne se limite pas aux seuls actes de disposition, il peut s'appliquer aussi à **certains actes d'administration**, tels que la mise en location du logement familial par l'un des époux (C. civ., art. 215, al. 3). Dans la plupart des actes d'administration accomplis par les époux dans le cadre de la communauté légale, l'article 217 est inutile. En effet, la loi n° 85-1372 du 23 décembre 1985 soumet les biens communs à la règle de la gestion concurrente, en conférant en principe à « *chacun des époux* [...] *le pouvoir d'administrer seul les biens communs et d'en disposer* » (C. civ., art. 1421, al. 1er).

L'autorisation prévue par l'article 217 du Code civil est une **autorisation spéciale**. Elle ne peut être donnée que pour la conclusion d'un acte déterminé et isolé. Sur ce terrain, l'autorisation judiciaire de l'article 217 est distincte de l'habilitation judiciaire prévue par l'article 219 alinéa 1er du Code civil. Cette dernière repose, à la différence de l'article 217, sur le mécanisme de la représentation judiciaire par son conjoint d'un époux se trouvant dans l'impossibilité de fait ou de droit de manifester sa volonté[3]. Mais, dans l'un et l'autre cas, l'époux demandeur peut invoquer l'état mental ou l'aliénation mentale de son conjoint sans avoir au préalable à obtenir l'autorisation du juge des tutelles ou la mise en œuvre de tel ou tel régime de protection des majeurs destiné à assurer la protection de celui-ci.

§ 2
Procédure d'autorisation judiciaire

111.31 L'instance devant le juge des tutelles. Depuis les décrets des 29 octobre 2004 et 13 mai 2005[4], le juge des tutelles est saisi, lorsque l'un des époux est hors d'état de manifester sa volonté, d'une demande d'autorisation sur le fondement de l'article 217 du Code civil par **requête** présentée par l'époux valide (C. pr. civ., art. 1286, al. 2, 1289 et 1289-1). Le décret n° 2009-1591 du 17 décembre 2009 n'a pas modifié ces solutions.

La demande ainsi que l'appel relèvent de la **matière gracieuse** (C. pr. civ., art. 1289). La requête de l'époux est accompagnée de tous les éléments de nature à établir l'impossibilité pour son conjoint de manifester sa volonté ou d'un certificat médical si l'impossibilité est d'ordre médical (C. pr. civ., art. 1289-1, al. 1er). En pratique, il est préférable d'exiger que l'époux requérant verse aux débats un **certificat d'un médecin spécialiste** ou du **médecin traitant** de son conjoint, attestant que ce dernier est médicalement inapte à donner son consentement à l'acte envisagé.

3. TGI Nevers, 29 nov. 1972, *D.* 1973. 415.
4. Circ. 21 juin 2005, CIV. 2005-13, C1-C3/21-06-2005, NOR [JUSCO 520473 C], *BO Justice*, n° 99.

En outre, le juge des tutelles peut, soit d'office soit à la demande des parties, ordonner toute **mesure d'instruction** (C. pr. civ., art. 1289-1, al. 2). Il peut pareillement ordonner, à la demande de tout intéressé ou d'office que l'examen de la requête donne lieu à un débat contradictoire (C. pr. civ., art. 1213).

Lors de l'audience, le juge est tenu d'entendre le conjoint de l'époux demandeur, mais il peut toutefois décider, sur avis médical, qu'il n'y a pas lieu de procéder à cette audition (C. pr. civ., art. 1289-1, al. 3). Le texte illustre le souci de respecter, au cours de cette procédure particulière d'autorisation judiciaire, le **principe du contradictoire**, lequel irrigue aussi l'ouverture des régimes de protection des majeurs (C. pr. civ., art. 1213).

Enfin, il est utile de préciser que la décision d'autorisation de l'acte ainsi délivrée à l'époux demandeur par le juge des tutelles le dessaisit dès son prononcé. Le juge n'a pas à ouvrir, comme dans le cas de la mise en place d'un régime de protection des majeurs, un dossier et à en assurer le suivi.

111.32 Possibilité d'interjeter appel contre la décision de première instance rendue par le juge des tutelles. Le requérant peut interjeter appel de la décision rendue par le juge des tutelles devant la cour d'appel, statuant en chambre du conseil, dans le **délai de quinze jours** à compter de la notification de la décision (C. pr. civ., art. 538 et 1289[1] - V. s^s n°s 334.41 à 334.44). L'appel est formalisé au greffe du tribunal d'instance. La décision devant intervenir à la suite de la tenue d'une audience particulière par le juge des tutelles, il nous semble préférable de la qualifier de « **jugement** » plutôt que d'« ordonnance ».

Il convient d'ajouter que la demande fondée sur l'article 217 du Code civil ne peut pas être présentée devant le président du tribunal de grande instance statuant en référé. Les mesures d'autorisation se distinguent ainsi des mesures urgentes et restrictives de pouvoirs, susceptibles d'être prononcées, sur le fondement de l'article 220-1 du Code civil, par le juge aux affaires familiales statuant en référé ou, en cas de besoin, par ordonnance sur requête (C. pr. civ., art. 1290).

§ 3
Effets de l'autorisation judiciaire

111.41 Opposabilité de l'acte passé à l'époux empêché. En application de l'article 217 alinéa 2 du Code civil, l'acte passé dans les conditions fixées par l'autorisation du juge des tutelles est opposable à l'époux dont le concours ou le consentement a fait défaut, sans qu'il en résulte une obligation personnelle à sa charge. Ainsi, l'époux commun en biens qui conclurait un contrat en application de ce texte engagerait ses biens propres ainsi que ceux de la communauté, à l'exclusion des biens propres du conjoint empêché. Le **conjoint habilité** est, ici, **seul engagé par l'acte**.

Il convient de souligner que, si le recours à l'article 217 du Code civil permet d'éviter l'ouverture d'un régime de protection juridique des majeurs, cette mesure d'habilitation judiciaire demeure applicable, après le prononcé d'un tel régime, notamment en cas de conflit entre le conjoint valide, exclu de l'exercice de la mesure, et le tuteur ou le curateur de la personne vulnérable. Un tel conflit pourrait surgir si le conjoint valide ou l'administrateur opposait un refus, jugé non justifié par l'intérêt de la famille, à un acte soumis à la cogestion. La demande d'habilitation relève, dans cette hypothèse, de la compétence du juge aux affaires familiales (C. pr. civ., art. 1286, al. 1er, 1287 et 1288).

SECTION 3
Habilitation judiciaire délivrée à l'un des époux

§ 1
Conditions de l'habilitation judiciaire

111.51 Nécessité que l'un des époux soit hors d'état de manifester sa volonté. Si l'un des époux se trouve hors d'état de manifester sa volonté, l'autre peut se faire habiliter par le juge des tutelles à le représenter, d'une manière générale ou pour certains actes particuliers, dans l'exercice des pouvoirs résultant du régime matrimonial, les conditions et l'étendue de cette représentation étant fixées par le juge (C. civ., art. 219, al. 1er - C. pr. civ., art. 1286, al. 2[2]).

L'article 219 du Code civil se distingue nettement de l'article 217 du même code dans la mesure où il permet à l'époux requérant non pas de pallier ponctuellement l'empêchement de son conjoint, mais de le **représenter dans la durée de façon générale ou pour plusieurs actes déterminés**. Le juge des tutelles confie alors un **véritable mandat judiciaire** à l'époux requérant, qui agit au nom et pour le compte de l'époux empêché. La notion d'impossibilité pour l'un des époux de manifester sa volonté est similaire à celle dégagée dans le cadre de l'article 217 du Code civil.

L'altération du discernement liée à une maladie ou une infirmité, voire la disparition de l'un des époux, constitue ainsi un empêchement suffisant au sens de l'article 219 alinéa 1er. Ce dernier est applicable, conformément au principe de subsidiarité, même si le conjoint dont la représentation est demandée

1. C. pr. civ., art. 538 et 1289 *(issu de Décr. n° 2005-460, 13 mai 2005)*.

2. C. pr. civ., art. 1286, al. 2 *(issu de Décr. n° 2004-1158, 29 oct. 2004)*.

aurait pu être placé, en raison de son état de santé, sous un régime de tutelle ou sous un autre régime juridique de protection des majeurs[1].

111.52 Preuve par tout moyen par l'époux requérant de l'absence de discernement de son conjoint. Le conjoint requérant doit rapporter la preuve par tout moyen d'une **absence de discernement** de son conjoint, notamment en produisant un **certificat** en ce sens émanant d'un **médecin spécialiste** ou du **médecin traitant** de l'époux empêché (C. pr. civ., art. 1289-1, al. 1er). La Cour de cassation admet que l'article 219, alinéa 1er du Code civil reste applicable même si le conjoint empêché est déjà placé sous l'un des régimes de protection des majeurs[2].

EN PRATIQUE. Il reste que, sous la tutelle, le recours à la représentation judiciaire ne présente d'intérêt que dans l'hypothèse où l'exercice de la mesure n'a pas été confié au conjoint, ce qui devrait constituer un cas marginal compte tenu du principe de priorité conjugale (C. civ., art. 449).

Le juge des tutelles devra utiliser, dans ce cas de figure, l'article 219 alinéa 1er avec précaution, au risque de vider de tout intérêt la **tutelle** déjà ouverte au profit du majeur. En effet, la tentation peut être grande pour l'époux du majeur protégé, quand bien même il aurait été désigné tuteur de son conjoint, de vouloir s'affranchir des contraintes du droit tutélaire en décidant de saisir le juge des tutelles sur le fondement des articles 219 alinéa 1er du Code civil et 1286 alinéa 2 du Code de procédure civile, lesquels ne permettent, pour leur part, qu'un contrôle ponctuel de l'acte projeté. Ces observations valent, au demeurant, sous le **mandat de protection future**, où la demande d'habilitation judiciaire pourra servir à contourner la limitation des pouvoirs du mandataire. Encore que l'habilitation judiciaire confère aussi, conformément au principe de subsidiarité, le moyen de compléter le mandat, dans l'intérêt de la personne protégée, et d'éviter l'ouverture d'une mesure judiciaire de protection (C. civ., art. 485).

Sous la **curatelle**, le recours à l'article 219 alinéa 1er demeure, en revanche, pleinement justifié. Le curateur n'exerce en effet, sous ce régime, qu'une mission d'assistance ou de contrôle (C. civ., art. 440, al. 1er). Or, il peut s'avérer judicieux, dans certains cas, de confier à l'époux le pouvoir de représenter son conjoint pour l'accomplissement d'un ou de plusieurs actes, alors même que les conditions de l'article 469 alinéa 2 ne sont pas remplies[3]. La mise en place d'une **habilitation judiciaire** permettra notamment à l'époux d'effectuer un **acte d'administration ou de disposition**, au nom et pour le compte du curatélaire, en attendant l'aggravation de la mesure en tutelle. Sous la **sauvegarde de justice**, le recours à l'article 219 alinéa 1er fournira l'économie de la désignation d'un mandataire spécial.

111.53 Fixation de l'étendue de la représentation confiée à l'époux requérant par le juge des tutelles. À la différence de l'article 217 du Code civil, le juge des tutelles peut habiliter l'époux valide à représenter son conjoint d'une manière générale ou pour certains actes particuliers, les conditions et l'étendue de la représentation confiée à l'époux requérant étant, en tout état de cause, fixées par le juge. Ce dernier peut l'autoriser à souscrire des **actes de disposition** ou des **actes d'administration.** Lorsque la décision du juge est muette sur ce point, il est admis, par analogie avec le droit commun du mandat, que l'habilitation vaut seulement pour les actes d'administration[4]. Les actes effectués par le conjoint habilité sont accomplis **au nom et pour le compte de l'époux empêché.** C'est ce dernier, et lui seul, qui est partie à l'acte. Celui-ci engage non seulement les biens communs des époux, mais aussi les biens propres de l'époux représenté[5]. Les biens propres de l'époux valide demeurent, en revanche, à l'abri des poursuites des créanciers.

Aussi, le juge des tutelles doit-il contrôler que l'acte envisagé par l'époux requérant est bien conforme à **l'intérêt de l'époux empêché**, afin de préserver le patrimoine de ce dernier. L'article 219 alinéa 1er du Code civil s'applique quel que soit le régime matrimonial des époux[6].

§ 2
Procédure d'habilitation judiciaire

111.61 Instance devant le juge des tutelles. Depuis les décrets des 29 octobre 2004 et 13 mai 2005[7], le juge des tutelles est saisi d'une demande sur le fondement de l'article 219 alinéa 1er du Code civil par requête présentée par l'époux valide (C. pr. civ., art. 1286 al. 2, et 1289).

1. Civ. 1re, 9 nov. 1981, nos 80-16.011 et 80-16.097, *Bull. civ.* I, no 133; *JCP* 1982. II. 19808, note Prévault; *RTD civ.* 1982. 137, obs. Nerson et Rubellin-Devichi; *Defrénois* 1982. 423, obs. Champenois.
2. Civ. 1re, 18 févr. 1981, no 80-10.403, *Bull. civ.* I, no 60; *JCP N* 1981. II. 155, note Rémy; *RTD civ.* 1982. 140, obs. Nerson et Rubellin-Devichi; *Defrénois* 1981. 964, obs. Champenois.
3. L'article 469 alinéa 2 du Code civil prévoit que le curateur peut, s'il constate que la personne protégée compromet gravement ses intérêts, saisir le juge des tutelles afin, notamment, qu'il l'autorise « à accomplir seul un acte déterminé ».
4. F. Terré et Ph. Simler, *Droit civil. Les régimes matrimoniaux*, 7e éd., « Précis », Dalloz, 2015, no 132.
5. J.-F. Sagaut, « Empêchement ou impéritie des époux : les solutions du droit des régimes matrimoniaux », *AJ fam.* 2003. 125.
6. Civ. 1re, 18 févr. 1981, no 80-10.403, P (préc. ss no 111.52) – Civ. 1re, 1er oct. 1985, no 84-12.476, *Bull. civ.* I, no 237; *JCP N* 1986. 249, note Simler.
7. Décr. no 2004-1158, 29 oct. 2004, *JO* 31 oct., p. 18492 – Décr. no 2005-460, 13 mai 2005, *JO* 14 mai, p. 8343.

La demande relève de la **matière gracieuse** (C. pr. civ., art. 1289). La requête de l'époux est accompagnée de tous les éléments de nature à établir l'impossibilité pour son conjoint de manifester sa volonté, ou d'un certificat médical si l'impossibilité est d'ordre médical (C. pr. civ., art. 1289-1, al. 1er). En pratique, il est préférable d'exiger que l'époux requérant verse aux débats un **certificat d'un médecin spécialiste** ou du **médecin traitant** de son conjoint, attestant que ce dernier est médicalement inapte à donner son consentement aux actes envisagés.

Le juge des tutelles peut, soit d'office soit à la demande des parties, ordonner toute **mesure d'instruction** (C. pr. civ., art. 1289-1, al. 2) et décider que l'examen de la requête donne lieu à un débat contradictoire (C. pr. civ., art. 1213).

Lors de l'audience, le juge est tenu d'entendre le conjoint de l'époux demandeur, mais il peut toutefois décider sur avis médical qu'il n'y a pas lieu de procéder à cette audition (C. pr. civ., art. 1289-1, al. 3). Il s'agit là d'une volonté de respecter le **principe de la contradiction** au cours de cette procédure particulière d'habilitation judiciaire.

La décision d'habilitation générale ou particulière délivrée à l'époux demandeur par le juge des tutelles le dessaisit dès son prononcé. Aussi, le juge n'a pas, comme dans le cas de l'ouverture d'un régime de protection des majeurs, à ouvrir un dossier ni à en assurer le suivi. Il peut seulement être saisi à nouveau par requête pour mettre fin à l'habilitation générale qu'il a ordonnée à l'occasion d'une précédente décision, et il doit alors statuer en respectant les mêmes formes de procédure que celles observées lors du prononcé de cette décision (C. pr. civ., art. 1289-2). Ces solutions ne sont pas modifiées par le décret n° 2009-1591 du 17 décembre 2009.

111.62 Possibilité d'interjeter appel contre la décision de première instance rendue par le juge des tutelles. Le requérant peut interjeter appel de la décision d'habilitation rendue par le juge des tutelles devant la cour d'appel statuant en chambre du conseil, dans le **délai de quinze jours** à compter de la notification de la décision (C. pr. civ., art. 538 et 1289[1] – V. ss nos 334.41 à 334.44).

§ 3
Effets de l'habilitation judiciaire

111.71 Mécanisme de la représentation dans le patrimoine de l'époux empêché représenté. L'article 219 alinéa 1er du Code civil institue une habilitation à des fins de représentation, comme en matière de tutelle ou de mandat conventionnel.

Cela signifie que les effets des actes passés par le représentant se produisent dans le patrimoine du représenté. **Seul le conjoint représenté est partie à l'acte et** engagé sur les biens qu'il aurait pu offrir en gage général à ses créanciers s'il avait été apte à agir lui-même. Sur le terrain de ses effets, la représentation judiciaire diffère radicalement de l'autorisation judiciaire de l'article 217. En ce dernier cas, c'est en effet le conjoint valide, et lui seul, qui est engagé par l'acte. Ce dernier est seulement opposable à l'époux empêché.

Quel que soit le régime matrimonial, le mariage crée entre les époux une association d'intérêts à raison de laquelle chacun d'entre eux a vocation à représenter l'autre sous le contrôle du juge. L'article 219 du Code civil vise tous les « *pouvoirs résultant du régime matrimonial* », sans exclure ceux de l'époux séparé de biens sur ses biens personnels[2]. Ainsi, l'époux séparé de biens et représenté judiciairement par son conjoint n'oblige que ses biens personnels, et non ceux du conjoint habilité. De même, si l'époux empêché est commun en biens, il engage par ses dettes tant ses biens propres que ceux de la communauté, y compris ses gains et salaires. Son conjoint qui a agi par représentation n'est tenu ni sur ses biens propres ni sur ses gains et salaires (C. civ., art. 1414 – Décr. n° 92-755, 31 juill. 1992, art. 48, devenu C. pr. exéc., art. R. 162-9).

Cependant, **le représentant engage sa responsabilité civile à l'égard du représenté** dans les conditions du droit commun. En réalité, la représentation judiciaire constitue une véritable **alternative à l'ouverture d'un régime juridique de protection** ou de présomption d'absence (C. civ., art. 498 et 121, al. 2). Il complète le mécanisme de l'article 217 du Code civil, limité au domaine de la cogestion, dès lors que l'époux habilité peut souscrire des engagements dont l'époux représenté sera tenu sur les biens communs et sur ses biens propres.

SECTION 4
RETRAIT ET TRANSFERT DE POUVOIRS À L'UN DES ÉPOUX

111.80 Articulation du régime primaire (C. civ., art. 217 et 219, al. 1er) et du régime de communauté (C. civ. art. 1426 et 1429). Les mesures du régime primaire (C. civ., art. 217 et 219, al. 1er) se rapprochent, sans pour autant se confondre avec elles, des mesures prévues par les articles 1426 et 1429 du Code civil. Relevant du régime de communauté, ces dispositions permettent de retirer à un époux ses pouvoirs sur les biens communs et ses

1. C. pr. civ., art. 538 et 1289 *(issus de Décr. n° 2005-460, 13 mai 2005).*

2. Civ. 1re, 18 févr. 1981, n° 80-10.403, P (préc. ss n° 111.52) – Civ. 1re, 1er oct. 1985, n° 84-12.476, P (préc. ss n° 111.53).

biens propres, notamment, lorsqu'il « *se trouve, d'une manière durable, hors d'état de manifester sa volonté* ». À la différence de l'autorisation et de l'habilitation judiciaires du régime primaire, qui incarnent des mesures extensives de pouvoirs, les articles 1426 et 1429 organisent des mesures restrictives des pouvoirs de l'époux empêché. Elles viennent ainsi compléter le dispositif du régime primaire en permettant au principe de subsidiarité de déployer pleinement ses effets.

§ 1 Conditions du retrait de pouvoirs

111.81 Nécessité que l'un des époux soit, d'une manière durable, hors d'état de manifester sa volonté. L'article 1426 alinéa 1er dispose que : « *Si l'un des époux se trouve, d'une manière durable, hors d'état de manifester sa volonté* [...], *l'autre conjoint peut demander en justice à lui être substitué dans l'exercice de ses pouvoirs* ». La formule est reprise, pour la gestion des biens propres, par l'article 1429 alinéa 1er, aux termes duquel : « *Si l'un des époux se trouve d'une manière durable hors d'état de manifester sa volonté* [...], *il peut, à la demande de son conjoint, être dessaisi des droits d'administration et de jouissance qui lui sont reconnus* » sur ses biens propres. L'expression employée par ces textes est interprétée de la même manière qu'aux articles 217 et 219 alinéa 1er. Elle vise, par exemple, la maladie, l'éloignement, l'incarcération d'un époux. Les articles 1426 et 1429 paraissent faire, à première vue, double emploi avec les mesures de crise du régime primaire.

111.82 Articulation avec les articles 217 et 219 alinéa 1er. Les textes du régime de communauté n'en comportent pas moins une originalité. Ils exigent qu'un époux soit hors d'état de manifester sa volonté « *d'une manière durable* ». Les mesures de retrait de pouvoirs seront applicables toutes les fois que l'empêchement d'un époux résulte, non pas d'une situation temporaire, mais d'un état ayant vocation à se prolonger (par ex., maladie incurable telle que la maladie d'Alzheimer). Pour autant, les effets de ces mesures pourront inciter le conjoint valide à préférer le recours aux textes du régime primaire (v. s^s^ n°s 111.101 à 111.104).

§ 2 Procédure de retrait de pouvoirs

111.91 Publicité de la demande et rétroactivité du jugement. Les demandes de substitution et de retrait de pouvoirs fondées sur les articles 1426 et 1429 du Code civil sont soumises aux articles 1445 à 1447 du même code relatifs à la séparation de biens judiciaire. Dans le souci de protéger les tiers et le conjoint valide, elles font l'objet de dispositions plus sévères que celles gouvernant les mesures de crise du régime primaire. D'une part, la demande est soumise à **publicité** et, d'autre part, le jugement opérant, selon les cas, le **retrait** ou la **substitution de pouvoirs rétroagit** au jour de la demande, ce qui permet de priver d'effet les actes accomplis par le conjoint empêché pendant l'instance.

111.92 Compétence et saisine du juge aux affaires familiales. Depuis le 1er janvier 2010, les mesures de substitution et de retrait de pouvoirs relèvent de la compétence du juge aux affaires familiales (COJ, art. L. 221-9, 3° et L. 213-3, 1° [issus de L. n° 2009-526, 12 mai 2009]). Le décret n° 2009-1591 du 17 décembre 2009, précise que « *les demandes d'autorisation et d'habilitation prévues par la loi, et notamment à l'article 217, au deuxième alinéa de l'article 1426* [...], *sont formées par requête devant le juge aux affaires familiales* » (v. s^s^ n° 111.101). Seules les « *demandes d'autorisation et d'habilitation prévues par les articles 217 et 219 du même code, lorsque le conjoint est hors d'état de manifester sa volonté, sont présentées au juge des tutelles* » (C. pr. civ., art. 1286).

111.93 L'instance devant le juge aux affaires familiales. La demande est formée par **l'avocat** du conjoint valide. La demande obéit aux règles de la procédure en matière contentieuse applicable devant le tribunal de grande instance (C. pr. civ., art. 1291, et, sur renvoi, C. pr. civ., art. 1292, 1136-1). La décision rendue par le juge aux affaires familiales est susceptible d'**appel** devant la cour d'appel, statuant en chambre du conseil, dans le **délai d'un mois** (C. pr. civ., art. 538 et 1288).

§ 3 Effets du retrait de pouvoirs

111.101 Retrait ou substitution de pouvoirs sur les biens communs (C. civ., art. 1426). L'article 1426 prévoit que le conjoint valide peut demander en justice à être substitué dans l'exercice des pouvoirs de son époux sur les biens communs. Le texte organise un système de retrait et de transfert de pouvoirs. Les pouvoirs de l'époux empêché lui sont retirés pour être transférés au conjoint habilité. Du fait du principe de la **gestion concurrente des biens communs** (C. civ., art. 1421, al. 1er), la **substitution de pouvoirs** se traduit, dans la plupart des cas, par un simple **retrait de pouvoirs.** L'époux empêché est alors privé de ses pouvoirs sur les biens communs mais le transfert de pouvoirs au profit de son conjoint est inutile. En vertu de l'article 1421 alinéa 1er, le conjoint habilité bénéficie déjà sur les biens communs de pouvoirs identiques à ceux dont son époux est privé. Le retrait de pouvoirs a pour effet de transformer la gestion concurrente en une **gestion exclusive au profit du conjoint habilité.**

Il n'y a véritablement **substitution de pouvoirs** que dans le cadre de la **gestion exclusive liée à l'exercice d'une profession séparée** (C. civ., art. 1421, al. 2). En ce cas, les pouvoirs du conjoint empêché, non seulement lui sont retirés, mais sont aussi transférés à son époux. L'article 1426 alinéa 2 précise, à cet égard, que « *le conjoint, habilité par justice, a les mêmes pouvoirs qu'aurait eus l'époux qu'il remplace* ».

L'article 1426 alinéa 2 *in fine* comporte une disposition spéciale pour les actes soumis à la cogestion : le conjoint habilité « *passe avec l'autorisation de justice les actes pour lesquels le consentement* [de l'autre conjoint] *aurait été requis s'il n'y avait pas eu substitution* ». Il s'est agi d'éviter, par cette disposition, que par l'effet du retrait de pouvoir, le conjoint habilité puisse accomplir seul les actes soumis au double consentement des époux. Formée par requête devant le juge aux affaires familiales, la demande d'autorisation est instruite et jugée comme en matière gracieuse et obéit aux règles applicables à cette procédure devant le tribunal de grande instance (C. pr. civ., art. 1286, al. 1er et 1287, al. 1er, réd. Décr. n° 2009-1591, 17 déc. 2009).

Concernant la **durée de la mesure** de retrait de pouvoirs, l'article 1426 n'impose au juge aucun délai maximal mais l'alinéa 3 du texte reconnaît à l'époux dessaisi le droit de demander en justice la restitution de ses pouvoirs, en établissant que leur retrait n'est plus justifié[1].

111.102 Absence de représentation du conjoint empêché. Comparaison avec l'article 219 alinéa 1er. L'article 1426 du Code civil entraîne, selon les cas, un retrait ou une substitution de pouvoirs. À la différence de l'article 219 alinéa 1er, le texte n'organise pas la représentation judiciaire de l'époux empêché par son conjoint. Il en résulte que les actes accomplis par le conjoint habilité n'engagent que ce dernier. Ces actes sont seulement opposables à l'autre conjoint. Le retrait de pouvoirs produit des conséquences importantes sur le terrain du passif. La privation du pouvoir de gérer les biens communs entraîne, de manière corrélative, l'interdiction pour l'époux empêché de les engager sur le plan du passif.

111.103 Retrait de pouvoirs sur les biens propres (C. civ., art. 1429). L'article 1429 du Code civil organise le **retrait des pouvoirs** d'un époux sur ses biens propres. Le texte est le pendant, pour ces biens, des mesures de substitution de pouvoirs sur les biens communs prévues par l'article 1426. L'article 1429 a pour effet d'ôter au conjoint empêché ses pouvoirs d'administration et de jouissance sur ses biens propres. Ces pouvoirs sont confiés à l'autre conjoint, à moins que la nomination d'un administrateur judiciaire n'apparaisse nécessaire. L'article 1429 alinéa 2 précise que le **conjoint habilité** a le **pouvoir d'administrer les propres de son époux** et d'en **percevoir les fruits**. Ces derniers doivent être appliqués en priorité aux **charges du mariage**. L'excédent est employé au profit de la **communauté** (C. civ., art 1429, al. 2).

111.104 Représentation du conjoint empêché. L'article 1429 du Code civil ne précise pas si le conjoint habilité agit en son nom propre ou par représentation du conjoint empêché. La doctrine se prononce majoritairement en faveur de la représentation judiciaire[2]. Il n'est, en effet, pas concevable qu'une personne soit habilitée à agir en son nom propre et en vertu d'un pouvoir propre sur les biens d'autrui. L'article 1429 se distingue ainsi, par ses effets, de l'article 1426. Dans le cadre de ce dernier texte, l'époux habilité agit en son nom propre sur les biens communs et non pas par représentation de son conjoint. L'article 1429 se rapproche, en revanche, de l'article 219 alinéa 1er. Les deux textes autorisent un époux à agir, par représentation du conjoint empêché, sur les biens propres de ce dernier. Pour autant, il est aussi possible de déceler à l'article 1429 l'instrumentalisation de l'usufruit en tant que mode de gestion du patrimoine d'autrui[3].

SECTION 5
INCIDENCE DE LA REPRÉSENTATION JUDICIAIRE ENTRE ÉPOUX SUR LES POUVOIRS DU REPRÉSENTÉ

111.111 Réforme du droit des contrats, du régime général et de la preuve des obligations. La loi n° 2015-177 du 16 février 2015 relative à la modernisation et à la simplification du droit et des procédures dans les domaines de la justice et des affaires intérieures a habilité le gouvernement à modifier par voie d'ordonnance « *la structure et le contenu du livre III du Code civil, afin de moderniser, de simplifier, d'améliorer la lisibilité, de renforcer l'accessibilité du droit commun des contrats, du régime des obligations et du droit de la preuve, de garantir la sécurité juridique et l'efficacité de la norme* ». L'ordonnance n° 2016-131 du 10 février 2016 portant réforme du droit des contrats, du régime général et de la preuve des obligations a créé au sein d'une section consacrée à la validité du contrat un paragraphe relatif à la représentation. Composé des articles 1153 à 1161[4], il introduit dans le Code civil, dans le sillage de l'avant-projet Catala, une **théorie**

1. COMP. : C. civ., art. 220-1, al. 3 (réd. L. n° 2010-769, 9 juill. 2010).

2. F. Terré et Ph. Simler, *Droit civil. Les régimes matrimoniaux*, 7e éd., « Précis », Dalloz, 2015, n° 548 – J. Flour et G. Champenois, *Les régimes matrimoniaux*, 2e éd., « coll. U », A. Colin, 2001, n° 402.
3. B. Kan Balivet, « L'émergence de l'usufruit en tant que mode d'administration autonome du bien d'autrui ? », *Dr. et patr.* nov. 2015, p. 42.
4. Entrés en vigueur au 1er octobre 2016 (Ord. n° 2016-131, 10 févr. 2016, art. 9).

générale de la représentation. L'article 1159 énonce que « *l'établissement d'une représentation légale ou judiciaire dessaisit pendant sa durée le représenté des pouvoirs transférés au représentant* (al. 1er). *La représentation conventionnelle laisse au représenté l'exercice de ses droits* ».

111.112 Dessaisissement des pouvoirs du représenté. La réforme du droit des contrats impacte, de manière considérable, les dispositifs de représentation entre époux organisés par le régime primaire et les régimes matrimoniaux en opérant, toutes les fois qu'elle est de source légale ou judiciaire, le dessaisissement des pouvoirs du représenté. La réforme érige l'habilitation judiciaire d'un conjoint à représenter son époux, prévue à l'article 219 alinéa 1er du Code civil, en une mesure restrictive des pouvoirs. Elle conduit ainsi au rapprochement des dispositifs des articles 219 et 1429 du Code civil.

Pour autant, ces mesures ne se confondent pas totalement. Outre leurs **différences procédurales**, elles demeurent distinctes sur le terrain du **droit substantiel.** Le recours à l'article 219 permet de dessaisir l'époux empêché de son pouvoir de disposer des biens dont la gestion est confiée à son conjoint, cependant que la mise en œuvre de l'article 1429 ne le dessaisit que de ses seuls pouvoirs d'administration et de jouissance. Il n'en demeure pas moins que la réforme du droit des contrats aboutit à renforcer de manière considérable la protection des intérêts de l'époux vulnérable, *via* le recours au régime primaire et, par suite, à vivifier le principe de subsidiarité.

SECTION 6
REPRÉSENTATION CONVENTIONNELLE ENTRE ÉPOUX

111.121 Subsidiarité des mesures de protection juridique des majeurs par rapport au droit commun de la représentation. Si elle consacre le principe de subsidiarité tel qu'il était admis en filigrane dans la loi du 3 janvier 1968, la réforme du 5 mars 2007 en étend les effets au-delà de la seule sphère des mesures de sauvegarde conjugales et des dispositions du régime matrimonial. L'article 428 du Code civil affirme désormais que « *la mesure de protection ne peut être ordonnée par le juge* [...] *que lorsqu'il ne peut être suffisamment pourvu aux intérêts de la personne par l'application des règles du droit commun de la représentation* ». Le principe a vocation à jouer dans les rapports entre époux comme dans les relations de la personne vulnérable avec les autres membres de sa famille ou les tiers. Ainsi, l'existence d'un **mandat général couvrant les actes d'administration** ou d'une **procuration bancaire** conférée par l'intéressé à son conjoint permet-elle d'éviter l'ouverture d'un régime de protection des majeurs, pourvu qu'ils aient été conclus avant la survenance de l'altération de ses facultés mentales et sous réserve qu'ils suffisent à préserver ses intérêts.

111.122 Révocabilité d'ordre public du mandat entre époux. Le régime primaire reconnaît à chaque époux la faculté de « *donner mandat à l'autre de le représenter dans l'exercice des pouvoirs que le régime matrimonial lui attribue* ». Un époux peut ainsi confier à son conjoint l'accomplissement d'un acte soumis à la cogestion, pourvu qu'en pareil cas le mandat soit spécial, la gestion d'un bien commun relevant de ses pouvoirs exclusifs ou celle de ses biens propres ou personnels. Dans tous les cas, le mandant peut librement révoquer le mandat conféré à son conjoint (C. civ., art. 218). La libre révocabilité du mandat entre époux est dotée par le régime primaire d'un caractère d'ordre public. L'article 218 *in fine* interdit de stipuler l'irrévocabilité du mandat entre époux. Pareille prohibition est le corollaire de l'article 225 lequel réserve, de manière impérative, à chaque époux la libre gestion de ses biens propres ou personnels. Elle conduit à interdire la stipulation, dans le contrat de mariage, d'une clause d'unité d'administration.

Le recours au mandat entre époux participe, à l'aune du primat du droit commun de la représentation sur les mesures de protection judiciaire des majeurs, de la mise en œuvre du principe de subsidiarité (C. civ., art. 428, al. 1er). L'ouverture d'un régime de protection des majeurs doit donc être écartée lorsque l'existence d'une procuration entre époux suffit à préserver les intérêts du conjoint vulnérable.

111.123 Mandat exprès. Les articles 1431 et 1539 du Code civil reconnaissent, sous les régimes de communauté et de séparation de biens, la possibilité pour un époux de donner mandat à son conjoint à l'effet de gérer ses biens propres ou personnels. Conformément au droit commun du mandat, l'acte est accompli par le mandataire au nom et pour le compte du mandant. Ce dernier est donc seul engagé par l'acte. Le mandat entre époux fait l'objet de dispositions particulières sur le terrain de la responsabilité du mandataire. Celui-ci est toujours dispensé de rendre compte des fruits, sauf lorsque le mandat l'y oblige expressément.

111.124 Présomption de mandat tacite. Les articles 1432 et 1540 du Code civil créent une présomption de mandat tacite, laquelle joue « *quand l'un des époux prend en mains la gestion des biens de l'autre, au su de celui-ci, et néanmoins sans opposition de sa part* ». La présomption de mandat tacite revêt la force d'une présomption irréfragable. Elle implique la réunion de trois conditions cumulatives : la **prise en mains** de la gestion des biens propres ou personnels de l'autre conjoint, la **connaissance de cette gestion** et **l'absence d'opposition** de la part du conjoint propriétaire et la **nature de l'acte.** La présomption de mandat tacite couvre les seuls actes d'administration et de jouissance, à l'exclusion des actes de disposition. La vente ainsi que la conclusion d'un bail commercial ou rural, quelle qu'en soit la durée, ne bénéficient pas de la présomption (comp. C. civ., art. 504, 595 et 1718) [1].

111.125 Sanctions. Les actes de disposition effectués par un époux sur les biens propres ou personnels de son conjoint, sans mandat exprès, sont entachés de nullité, sauf ratification par l'époux propriétaire ou son représentant. La **ratification** doit intervenir, en principe, de manière expresse [2]. À défaut de ratification, l'acte de disposition peut être validé sur le fondement de la **gestion d'affaires**, à la condition de prouver l'utilité de l'opération pour l'époux propriétaire. Cette dernière peut être par ailleurs sauvée de la nullité grâce aux **présomptions de pouvoirs du régime primaire**, pourvu que l'acte relève de leur champ d'application (C. civ., art. 221 et 222). En cas de mandat tacite, l'époux mandataire répond de sa gestion dans les conditions du droit commun du mandat. Le mandataire n'est toutefois comptable que des fruits existants à l'exclusion des fruits consommés. Pour les fruits qu'il aurait négligé de percevoir ou consommés frauduleusement, la responsabilité du mandataire ne peut être recherchée que dans la limite des cinq années (C. civ., art. 1432, al. 2, et 1540, al. 2).

111.126 Gestion malgré l'opposition du conjoint. Lorsqu'un époux s'immisce dans la gestion des biens propres de son conjoint, malgré l'opposition de ce dernier, l'existence d'un mandat tacite ne saurait être bien sûr présumée. L'acte ne peut être davantage validé sur le fondement de la gestion d'affaires. L'acte est nul, sauf à recourir, le cas échéant, si les conditions en sont réunies, à la théorie du **mandat apparent** ou aux **présomptions de pouvoirs du régime primaire.** L'époux gérant est responsable de toutes les suites de son immixtion et comptable sans limitation de tous les fruits qu'il a perçus, négligé de percevoir ou consommés frauduleusement (C. civ., art. 1432, al. 3, et 1540, al. 3).

111.127 Gestion à l'insu du conjoint. Le Code civil ne prévoit pas l'hypothèse dans laquelle un époux s'immisce dans la gestion des biens propres ou personnels de son conjoint à l'insu de ce dernier. Il semble d'ailleurs possible d'assimiler à cette hypothèse celle dans laquelle le conjoint géré n'a pas conscience, en raison de son état de santé, de la prise en mains de la gestion de ses biens par son époux. L'acte pourra être sauvé de la nullité, en pareil cas, par le jeu des **présomptions de pouvoirs du régime primaire** (C. civ., art. 221 et 222) ou par celui de la **gestion d'affaires.** Il faudra alors prouver que l'opération a été utile à l'époux géré, sauf ratification de l'acte par ce dernier ou son représentant. L'époux gérant doit rendre compte de tous les fruits de sa gestion.

SECTION 7
PRIMAT DU DROIT MATRIMONIAL SUR LE MANDAT DE PROTECTION FUTURE

111.131 Position du débat. La question se pose de savoir si le principe de subsidiarité des mesures de protection juridique des majeurs par rapport aux dispositifs du régime primaire et des régimes matrimoniaux s'applique aussi au mandat de protection future. En d'autres termes, les règles relatives aux droits et devoirs respectifs des époux et aux régimes matrimoniaux doivent-elles écarter ce mandat, dès lors qu'elles suffisent à pourvoir aux intérêts du mandant ? La réponse semble *a priori* négative. L'article 428 s'inscrit, en effet, au sein d'un paragraphe du Code civil consacré aux « Dispositions communes aux mesures judiciaires de protection ».

111.132 Éléments de réponse. Mais à mieux y regarder, les dispositions du mandat de protection future le soumettent, sans conteste, à ce principe. L'article 483 alinéa 1er, 4°, du Code civil confie à tout intéressé la faculté de demander la révocation du mandat « *lorsque les règles du droit commun de la représentation, ou celles relatives aux droits et devoirs respectifs des époux et aux régimes matrimoniaux apparaissent suffisantes pour qu'il soit pourvu aux intérêts de la personne par son conjoint avec qui la communauté de vie n'a pas cessé* ». On relèvera que la loi exige ici expressément une **communauté de vie**, ce qu'elle ne fait pas à l'article 428 du Code civil où cette condition n'est qu'implicite [3].

Le **conjoint du mandant ou du bénéficiaire du mandat**, dans le cas d'un mandat de protection future pour autrui, reçoit ainsi la **faculté de saisir le juge après la mise à exécution du mandat** afin de **contester l'utilité de la mesure** conventionnelle sur le fondement du principe de subsidiarité.

1. Civ. 3e, 16 sept. 2009, n° 08-16.769, *Bull. civ.* III, n° 191 ; *AJ fam.* 2009. 459, obs. Hilt; *JCP* 2010. 487, n° 16, obs. Simler; *JCP N* 2009. 616; *Defrénois* 2010. 39087. 625; *LEFP* nov. 2009. 6, obs. Peterka.
2. V. CEP., Civ. 1re, 17 mai 1993, n° 91-20.112, *Bull. civ.* I, n° 172; *D.* 1994. 25, note Paisant; *RTD civ.* 1994. 926, obs. Vareille, admettant la ratification tacite d'un bail commercial – Civ. 3e, 15 sept. 2009, n° 08-16.769, *Bull. civ.* I, n° 191; *JCP* 2009, n° 44, 391, n° 23, obs. Storck, pour la ratification implicite d'actes d'achat et de vente effectués dans le cadre de la gestion d'un portefeuille d'instruments financiers, encore que la qualification d'actes d'administration ne paraisse pas, pour ces opérations, dénuée de fondement – V. EN CE SENS, Décr. n° 2008-1484, 22 déc. 2008, relatif aux actes de gestion du patrimoine des personnes placées en curatelle ou en tutelle, et pris en application des articles 452, 496 et 502 du Code civil, *JO* 31 déc., p. 20631.
3. Il apparaît, en effet, difficilement concevable, dans le cas d'une séparation de fait ou d'une instance de divorce, d'habiliter ou d'autoriser l'époux du conjoint vulnérable à le représenter ou à accomplir seul un acte soumis, en principe, au double consentement des époux.

Cette faculté est, en revanche, **refusée au concubin et au partenaire**. Ces derniers ne peuvent pas se prévaloir du droit commun de la représentation pour obtenir la révocation du mandat à leur profit.

La supériorité du mariage sur les autres modes de conjugalité rejaillit nettement à l'épreuve du mandat de protection future. La particularité des relations conjugales, fondées sur l'existence tout à la fois de droits et de devoirs d'ordre public et d'un régime matrimonial, n'y est évidemment pas étrangère [1]. Certains auteurs se prévalent, au demeurant, de cette supériorité pour suggérer d'ériger le mandat de protection future en un effet associé au mariage [2].

1. Sur tout ceci, v. N. Peterka, « La famille dans la réforme de la protection juridique des majeurs », *JCP* 2010. Doctr. 33 – *Adde* : G. Kessler et V. Zalewski, « Le principe de primauté de la famille après la réforme des incapacités par la loi du 5 mars 2007 », *RLDC* sept. 2007. 34 s (spéc. p. 38).
2. J.-F. Sagaut, « Et si le mandat de protection future intégrait le régime primaire en devenant un effet du mariage », *Mél. G. Champenois*, Defrénois-Lextenso, 2012, p. 745.

CHAPITRE

112. Protection au sein du couple non marié

SECTION 0 ORIENTEUR

112.00 **Plan du chapitre.**

112.01 **Textes applicables.**

TEXTES LÉGISLATIFS ET RÉGLEMENTAIRES NOUVEAUX

• **L. nº 2016-1547, 18 nov. 2016,** de modernisation de la justice du XXIe siècle, *JO* 19 nov., texte nº 1.

• **Ord. nº 2015-1288, 15 oct. 2015,** portant simplification et modification du droit de la famille, *JO* 16 oct., p.19304.

• **L. nº 2015-177, 16 févr. 2015,** relative à la modernisation et à la simplification du droit et des procédures dans les domaines de la justice et des affaires intérieures, *JO* 17 févr., p. 2961.

TEXTES SOURCES

> Subsidiarité des régimes de protection : extension au partenaire pacsé et au concubin
C. civ., art. 428

> Représentation judiciaire du partenaire pacsé ou du concubin
C. civ., art. 815-4, 815-5 et 815-6

> Habilitation familiale entre partenaires pacsés ou concubins
+ L. nº 2016-1547, 18 nov. 2016
+ Ord. nº 2015-1288, 15 oct. 2015
C. civ., art. 494-1 à 494-12

TEXTES *IN EXTENSO*

> Subsidiarité des régimes de protection : extension aux partenaires pacsés et concubins

C. civ., art. 428

La mesure de protection ne peut être ordonnée par le juge qu'en cas de nécessité et lorsqu'il ne peut être suffisamment pourvu aux intérêts de la personne par l'application des règles du droit commun de la représentation, de celles relatives aux droits et devoirs respectifs des époux et des règles des régimes matrimoniaux, en particulier celles prévues aux articles 217, 219, 1426 et 1429, par une autre mesure de protection judiciaire moins contraignante ou par le mandat de protection future conclu par l'intéressé.

La mesure est proportionnée et individualisée en fonction du degré d'altération des facultés personnelles de l'intéressé.

> Représentation judiciaire du partenaire pacsé ou du concubin
[C. civ., art. 815-4, 815-5 et 815-6]

C. civ., art. 815-4

Si l'un des indivisaires se trouve hors d'état de manifester sa volonté, un autre peut se faire habiliter par justice à le représenter, d'une manière générale ou pour certains actes particuliers, les conditions et l'étendue de cette représentation étant fixées par le juge.

À défaut de pouvoir légal, de mandat ou d'habilitation par justice, les actes faits par un indivisaire en représentation d'un autre ont effet à l'égard de celui-ci, suivant les règles de la gestion d'affaires.

C. civ., art. 815-5

Un indivisaire peut être autorisé par justice à passer seul un acte pour lequel le consentement d'un coïndivisaire serait nécessaire, si le refus de celui-ci met en péril l'intérêt commun.

Le juge ne peut, à la demande d'un nu-propriétaire, ordonner la vente de la pleine propriété d'un bien grevé d'usufruit contre la volonté de l'usufruitier.

L'acte passé dans les conditions fixées par l'autorisation de justice est opposable à l'indivisaire dont le consentement a fait défaut.

C. civ., art. 815-6

Le président du tribunal de grande instance peut prescrire ou autoriser toutes les mesures urgentes que requiert l'intérêt commun.

Il peut, notamment, autoriser un indivisaire à percevoir des débiteurs de l'indivision ou des dépositaires de fonds indivis une provision destinée à faire face aux besoins urgents, en prescrivant, au besoin, les conditions de l'emploi. Cette autorisation n'entraîne pas prise de qualité pour le conjoint survivant ou pour l'héritier.

Il peut également soit désigner un indivisaire comme administrateur en l'obligeant s'il y a lieu à donner caution, soit nommer un séquestre. Les articles 1873-5 à 1873-9 du présent code s'appliquent en tant que de raison aux pouvoirs et aux obligations de l'administrateur, s'ils ne sont autrement définis par le juge.

> Habilitation familiale entre partenaires pacsés ou concubins
[C. civ., art. 494-1 à 494-12]

C. civ., art. 494-1 (mod. par L. n° 2016-1547, 18 nov. 2016, art. 111 (V))
Lorsqu'une personne est hors d'état de manifester sa volonté pour l'une des causes prévues à l'article 425, le juge des tutelles peut habiliter une ou plusieurs personnes choisies parmi ses ascendants ou descendants, frères ET sœurs ou, à moins que la communauté de vie ait cessé entre eux, le conjoint, le partenaire auquel elle est liée par un pacte civil de solidarité ou le concubin à la représenter ou à passer un ou des actes en son nom dans les conditions ET selon les modalités prévues à la présente section ET à celles du titre XIII du livre III qui ne lui sont pas contraires, afin d'assurer la sauvegarde de ses intérêts.

La personne habilitée doit remplir les conditions pour exercer les charges tutélaires. Elle exerce sa mission à titre gratuit.

* V. texte complet des autres articles s[s] n°s 113.01 > *Conditions de l'habilitation familiale*, 114.01 > *Fonctionnement de l'habilitation familiale*, 115.01 > *Cessation de l'habilitation familiale.*

112.03 **Bibliographie indicative.**
Articles.
> Généralités. L. Mauger-Vielpeau, « Couple et majeur protégé », *in* G. Raoul-Cormeil (dir.), *Nouveau droit des majeurs protégés. Difficultés pratiques*, coll. « Thèmes et commentaires », Dalloz, 2012, p. 243.

> Habilitation familiale. A. Batteur, « Habilitation familiale et protection de la personne du majeur protégé », *Dr. fam.* 2016, étude 45 – J. Combret et N. Baillon-Wirtz, « L'habilitation familiale : une innovation à parfaire », *JCP N* 2016. 1248; « Réforme du droit de la famille, nouvelles procédures avec le décret du 23 février 2016 », *JCP N* 2016. 1098 – C. Coutant-Lapalus, « L'habilitation judiciaire familiale », chron. « Droit de la famille », *JCP* 2016. 35, n° 1 – J. Hauser, « L'habilitation familiale : rapport de synthèse », *Dr. fam.* 2016, étude 48 – B. Mallet-Bricout, « La nouvelle habilitation familiale, ou le millefeuille de la représentation des majeurs protégés », *RTD civ.* 2016. 190 – I. Maria, « L'habilitation familiale, une nouvelle mesure de protection qui doit faire ses preuves », *Dr. fam.* 2016. Étude 5; « L'habilitation familiale à l'épreuve des principes directeurs de la protection des majeurs de la protection des majeurs », *Dr. fam.* 2016, étude 40 – L. Mauger-Vielpeau, « L'habilitation familiale : la saisine du juge des tutelles », *Dr. fam.* 2016, étude 41 – V. Mikalef-Toudic, « Le majeur protégé, parent d'un enfant mineur », *Dr. fam.* 2016, étude 46 – S. Moisdon-Chataignier, « L'extinction et le renouvellement de l'habilitation familiale », *Dr. fam.* 2016, étude 47 – V. Montourcy, « Le regard critique de l'avocat », *AJ fam.* 2015. 605; « Habilitation familiale : de l'ordonnance du 15 octobre 2015 au décret du 23 février 2016, ou de Charybde en Scylla », *AJ fam.* 2016. 192 – D. Noguéro, « Les conditions de mise en œuvre de l'habilitation familiale », *D.* 2016. 151; « Le périmètre des pouvoirs de la personne habilitée sur les biens du majeur protégé », *Dr. fam.* 2016, étude 43 – N. Peterka, « Déjudiciarisation de l'administration légale et renforcement du rôle de la famille dans la protection des majeurs. À propos de l'ordonnance du 15 octobre 2015 », *JCP* 2015. 1160; « Procédure devant le juge des tutelles en cas d'administration légale et d'habilitation familiale », *JCP* 2016. 281; « Le statut de la personne habilitée », *Dr. fam.* 2016, étude 44 – G. Raoul-Cormeil, « L'habilitation familiale, une tutelle adoucie en la forme et au fond », *D.* 2015. 2335; « L'habilitation familiale, examen critique d'une nouvelle mesure de protection juridique », *Dr. fam.* 2016, étude 39 – T. Verheyde, « Réforme du droit de la famille : l'habilitation familiale », *AJ fam.* 2015. 603; « Rôle du juge dans la mesure d'habilitation familiale : un juge présent, absent, puis potentiellement présent… », *AJ fam.* 2016. 188; « Procédure d'habilitation familiale », *AJ fam.* 2016. 190; « Le rôle du juge dans la mesure d'habilitation familiale : de la lumière à l'éclipse ! », *Dr. fam.* 2016, étude 42.

112.04 **Exemples d'actes.**
> Autorisation et habilitation judiciaires
* Pour un exemple de jugement d'habilitation familiale générale, v. s[s] n° 5212.11.
* Pour un exemple d'habiliation familiale spéciale, v. s[s] n° 5212.12.

SECTION 1
DROIT COMMUN DE LA REPRÉSENTATION

112.11 **Modernisation du principe de subsidiarité des mesures de protection.** L'article 428 alinéa 1er du Code civil pose le principe de subsidiarité des mesures de protection des majeurs par rapport au droit commun de la représentation, ce qui est une innovation de la loi du 5 mars 2007. Le texte affirme désormais que « *la mesure de protection ne peut être ordonnée par le juge* [...] *que lorsqu'il ne peut être suffisamment pourvu aux intérêts de la personne par l'application des règles du droit commun de la représentation* ». L'existence d'un **mandat général couvrant les actes d'administration** ou d'une **procuration bancaire** conférée par la personne vulnérable permet ainsi d'éviter l'ouverture d'un régime de protection des majeurs, dès lors qu'ils ont été conclus avant la survenance de l'altération des facultés de l'intéressé et suffisent à préserver ses intérêts [1].

112.12 **Extension du principe de subsidiarité aux partenaires liés par un PACS et aux concubins.** Si, sur de nombreux points, la loi du 5 mars 2007 place sur un pied d'égalité le couple marié et le couple non marié, que ce dernier vive en union libre ou qu'il soit uni par un PACS, l'article 428 ne vise, pour l'application du principe de subsidiarité, que les seules règles « *relatives aux droits et devoirs respectifs des époux et aux régimes matrimoniaux* ». On relèvera que, parmi ces règles, plusieurs d'entre elles consacrent le **man-**

1. Ce qui relève de l'appréciation souveraine des juges du fond – Pour l'insuffisance du droit commun de la représentation en raison du conflit opposant les enfants de la majeure, v. : Civ. 1re, 1er avr. 2015, n° 14-11.051, NP; *AJ fam.* 2015. 293, obs. Montourcy; *D.* 2015. 1576, obs. Noguéro.

dat entre époux[1] (v. s[s] n° 111.122). Pour autant, il serait par trop hâtif d'en déduire la supériorité, sur ce terrain, du mariage sur les autres modes de conjugalité. La référence au droit commun de la représentation autorise, dans le cas du PACS et du concubinage, le jeu d'un mandat conclu avant la survenance de l'altération des facultés personnelles[2].

SECTION 2
DROIT DE L'INDIVISION

112.21 Représentation judiciaire du concubin ou du partenaire empêché (C. civ., art. 815-4). Sur les biens faisant l'objet d'une indivision entre les concubins ou les partenaires, le droit commun de l'indivision permet la mise en place d'une représentation judiciaire sur le modèle de l'article 219 alinéa 1er du Code civil. S'agissant du PACS, il en est ainsi que les partenaires soient placés sous le régime légal de la séparation de biens, et aient acquis des biens en indivision, ou qu'ils aient opté pour le régime conventionnel de l'indivision des acquêts. Ces derniers sont soumis, en effet, aux règles de gestion de l'indivision conventionnelle, lesquelles renvoient expressément aux dispositifs du régime légal de l'indivision (C. civ., art. 515-5-3, al. 1er, et 1873-8). Ceux-ci sont pareillement applicables aux concubins ayant conclu une convention d'indivision. L'article 815-4 alinéa 1er prévoit que : « *Si l'un des indivisaires se trouve hors d'état de manifester sa volonté, un autre peut se faire habiliter par justice à le représenter, d'une manière générale ou pour certains actes particuliers, les conditions et l'étendue de cette représentation étant fixées par le juge* ». La formule utilisée par le texte reçoit la même interprétation qu'aux articles 217, 219 alinéa 1er, 1426 et 1429. Elle autorise le recours au **mandat judiciaire** notamment dans le cas où les facultés personnelles d'un concubin ou d'un partenaire sont altérées. L'étendue de la représentation est fixée par le juge. Ce dernier peut l'accorder pour un **acte précis** ou pour une **série d'actes indéterminés**. Les effets de la représentation sont ceux du mandat. L'acte est effectué par l'indivisaire habilité au nom et pour le compte de l'indivisaire empêché. Ce dernier est dessaisi du pouvoir d'accomplir l'acte dont l'accomplissement a été judiciairement confié à l'indivisaire valide. En l'absence de disposition spéciale, l'article 1159, alinéa 1er, issu du régime commun de la représentation, est ici applicable.

112.22 Mesures visant à préserver l'intérêt commun. Les articles 815-5 et 815-6 du Code civil trouveront à s'appliquer – il est vrai de façon, sans doute, plus marginale – sur les **biens indivis des concubins ou des partenaires.**

Le premier, qui se fait l'écho sous l'indivision de l'article 217, permet à un indivisaire d'« *être autorisé par justice à passer seul un acte pour lequel le consentement d'un coïndivisaire serait nécessaire si le refus de celui-ci met en péril l'intérêt commun* ». L'acte passé par l'indivisaire habilité est opposable à celui dont le consentement a fait défaut (C. civ., art. 815-5, al. 3).

L'article 815-6 prévoit, quant à lui, que le président du tribunal de grande instance peut prescrire ou autoriser toutes les mesures urgentes que requiert l'intérêt commun[3].

S'il est vrai que ces deux mesures ne reposent pas sur le mécanisme de la représentation, l'esprit de la réforme de 2007 commande – semble-t-il – de les prendre en compte pour l'application du principe de subsidiarité[4]. Le juge devra alors veiller à contrôler la conformité de l'acte, non seulement à l'**intérêt commun des indivisaires**, mais aussi à l'**intérêt de l'indivisaire vulnérable.**

112.23 Compétence du juge aux affaires familiales. La loi n° 2009-529 du 12 mai 2009, de simplification du droit et d'allègement des procédures confie, depuis le 1er janvier 2010, au juge aux affaires familiales, sauf en cas de décès ou de déclaration d'absence, compétence pour connaître des demandes relatives au fonctionnement des indivisions entre partenaires ou entre concubins ainsi qu'à la liquidation et au partage de leurs intérêts patrimoniaux (COJ, art. L. 213-3, 1° [issu de L. n° 2009-529, 12 mai 2009, art. 14] et C. pr. civ., art. 1136-1 [issu de Décr. n° 2009-1591, 17 déc. 2009])[5]. Les demandes d'habilitation ou d'autorisation, en particulier celles fondées sur l'article 815-4 alinéa 1er du Code civil, échappent au juge des tutelles. Ce hiatus procédural entre les mesures des articles 217 et 219 alinéa 1er, d'une part, et celles du droit commun de l'indivision, d'autre part, est, à vrai dire, regrettable. Il est, en effet, peu propice aux passerelles entre les dispositifs du droit de l'indivision et les régimes de protection des majeurs, qu'entend favoriser le principe de subsidiarité.

1. C. civ., art. 218, 1431 et 1539, pour le mandat exprès – C. civ., art. 1432 et 1540, pour la présomption de mandat tacite dont le jeu implique toutefois que le conjoint soit en mesure de s'opposer à l'acte. Cette présomption est limitée aux actes d'administration, ce qui exclut de son champ d'application le bail rural, fût-il de neuf ans : Civ. 3e, 16 sept. 2009, n° 08-16.769, *Bull. civ.* III, n° 191 ; *AJ fam.* 2009. 459, obs. Hilt ; *JCP* 2010. 487, n° 16, obs. Simler ; *JCP N* 2009. 616 ; *Defrénois* 2010. 625 ; *LEFP* nov. 2009. 6, obs. Peterka.
2. N. Peterka, « La famille dans la réforme de la protection juridique des majeurs », *JCP* 2010. Doctr. 33.
3. COMP. pour le régime primaire, C. civ., art. 220-1.
4. N. Peterka, « La famille dans la réforme de la protection juridique des majeurs », *JCP* 2010. Doctr. 33.
5. V. Larribau-Terneyre, « Les apports de la loi du 12 mai 2009 de simplification du droit sur le contentieux familial et le droit des personnes et de la famille », *Dr. fam.* 2009. Étude 29 – A. Caron-Déglise, « La loi du 12 mai 2009 modifie les règles de procédure applicables au droit des personnes et de la famille », *RJPF* 2009-7-8/12.

SECTION 3
HABILITATION FAMILIALE ENTRE PARTENAIRES DE PACS OU CONCUBINS

112.31 **Création d'une nouvelle mesure de protection judiciaire des majeurs.** L'ordonnance n° 2015-1288 du 15 octobre 2015, portant simplification et modernisation du droit de la famille, a introduit au sein du chapitre du Code civil consacré aux mesures de protection juridique des majeurs une nouvelle section 6 composée des articles 494-1 à 494-12, relative à l'habilitation familiale dont les dispositions sont entrées en vigueur le 1er janvier 2016. Prise en application de la loi n° 2015-177 du 16 février 2015, relative à la modernisation et à la simplification du droit et des procédures dans les domaines de la justice et des affaires intérieures, l'habilitation familiale a vocation à jouer dans les rapports entre partenaires d'un PACS ou entre concubins.

112.32 **Mesure de représentation entre partenaires ou concubins.** L'article 494-1 du Code civil permet au partenaire ou au concubin valide de saisir le juge des tutelles afin qu'il l'habilite à représenter son compagnon vulnérable ou passer certains actes en son nom. Le prononcé de l'habilitation familiale est toutefois soumis au **principe de nécessité et de subsidiarité des mesures de protection judiciaire par rapport au droit commun de la représentation et au mandat de protection future** (C. civ., art. 494-2). L'ouverture d'une telle mesure à l'égard d'un partenaire ou d'un concubin implique donc la constatation préalable par le juge des tutelles que ces deux derniers dispositifs ne permettent pas, lorsqu'ils existent, de garantir une protection suffisante des intérêts personnels et/ou patrimoniaux du majeur vulnérable.

112.33 **Choix d'habiliter le partenaire ou le concubin.** Le choix de la personne habilitée incombe au juge des tutelles (C. civ., art. 494-1 et 494-5). Ce dernier n'est ici tenu par **aucune hiérarchie**. Le partenaire ou le concubin ne bénéficie pas, dans le cadre de l'habilitation familiale, d'un principe de priorité conjugale à l'instar de celui qui leur est reconnu pour l'exercice de la tutelle, de la curatelle ou du mandat spécial dans la sauvegarde de justice (C. civ., art. 449). Les articles 494-4 alinéa 2 et 494-5 rappellent, en revanche, au juge des tutelles la nécessité de prendre en compte, lorsqu'il statue sur la mesure et le choix de la personne habilitée, les **intérêts patrimoniaux et personnels du majeur**, l'adhésion ou l'absence d'opposition légitime des membres de sa proche famille éligibles à l'habilitation dont il a connaissance au moment où il statue, à la condition qu'ils entretiennent des liens étroits et stables avec la personne ou manifestent de l'intérêt à son égard (C. civ., art. 494-1).

112.34 **Exigence d'une communauté de vie.** Contrairement à la tutelle, à la curatelle et au mandat spécial sous la sauvegarde de justice, l'habilitation du partenaire ou du concubin à représenter son compagnon n'était pas subordonnée, dans l'ordonnance du 15 octobre 2015, à l'existence d'une communauté de vie entre eux; cependant les couples unis par un PACS sont soumis à un devoir de cohabitation à l'instar des couples mariés (C. civ., art. 515-1 et 515-4, al. 1er). S'il est vrai que, dans le cas particulier de l'union libre, la condition tirée de l'existence d'une vie commune est superflue puisque cette union prend fin avec la cessation de la communauté de vie (C. civ., art. 515-8 – Sur l'impact de la rupture du PACS ou du concubinage sur l'habilitation familiale, v. ss n° 115.22), il n'en demeurait pas moins que la différence de rédaction de l'article 494-1 et de l'article 449 était peu compréhensible. Cette scorie du texte a été rectifiée par la loi n° 2016-1547 du 18 novembre 2016, laquelle a inscrit à l'article 494-1 la condition tirée de la persistance de la communauté de vie.

CHAPITRE

113. Protection par l'habilitation familiale : conditions

SECTION 0
ORIENTEUR

113.00 **Plan du chapitre.**

113.01 **Textes applicables.**

TEXTES LÉGISLATIFS ET RÉGLEMENTAIRES NOUVEAUX

• **L. n° 2016-1547, 18 nov. 2016,** de modernisation de la justice du XXIe siècle, *JO* 19 nov., texte n° 1.

• **Décr. n° 2016-185, 23 févr. 2016,** pris pour l'application de l'ordonnance n° 2015-1228 du 15 octobre 2015, portant simplification et modernisation du droit de la famille, *JO* 25 févr. 2016, texte n° 26.

• **Ord. n° 2015-1288, 15 oct. 2015,** portant simplification et modernisation du droit de la famille, *JO* 26 oct., p. 19304.

TEXTES SOURCES

> Habilitation familiale : conditions
+ Ord. n° 2015-1228, 15 oct. 2015
+ L. n° 2016-1547, 18 nov. 2016
C. civ., art. 494-1 à 494-4 et 494-12

> Habilitation familiale : juge compétent et procédure
+ Décr. n° 2016-185, 23 févr. 2016
C. pr. civ., art. 1260-1 à 1260-12

TEXTES *IN EXTENSO*

> Habilitation familiale : conditions
[C. civ., art. 494-1 à 494-4 et 494-12]
+ Ord. n° 2015-1228, 15 oct. 2015, art. 10

C. civ., art. 494-1 *(mod. par L. n° 2016-1547, 18 nov. 2016, art. 111)*

Lorsqu'une personne est hors d'état de manifester sa volonté pour l'une des causes prévues à l'article 425, le juge des tutelles peut habiliter une ou plusieurs personnes choisies parmi ses ascendants ou descendants, frères et sœurs ou, à moins que la communauté de vie ait cessé entre eux, le conjoint, le partenaire auquel elle est liée par un pacte civil de solidarité ou le concubin à la représenter ou à passer un ou des actes en son nom dans les conditions et selon les modalités prévues à la présente section et à celles du titre XIII du livre III qui ne lui sont pas contraires, afin d'assurer la sauvegarde de ses intérêts.

La personne habilitée doit remplir les conditions pour exercer les charges tutélaires. Elle exerce sa mission à titre gratuit.

C. civ., art. 494-2 *(mod. par L. n° 2016-1547, 18 nov. 2016, art. 111)*

L'habilitation familiale ne peut être ordonnée par le juge qu'en cas de nécessité et lorsqu'il ne peut être suffisamment pourvu aux intérêts de la personne par l'application des règles du droit commun de la représentation, de celles relatives aux droits et devoirs respectifs des époux et des règles des régimes matrimoniaux, en particulier celles prévues aux articles 217, 219, 1426 et 1429, ou par les stipulations du mandat de protection future conclu par l'intéressé.

C. civ., art. 494-3

La demande aux fins de désignation d'une personne habilitée peut être présentée au juge par l'une des personnes mentionnées à l'article 494-1 ou par le procureur de la République à la demande de l'une d'elles.

La demande est introduite, instruite et jugée conformément aux règles du Code de procédure civile et dans le respect des dispositions des articles 429 et 431.

C. civ., art. 494-4

La personne à l'égard de qui l'habilitation est demandée est entendue ou appelée selon les modalités prévues au premier alinéa de l'article 432. Toutefois, le juge peut, par décision spécialement motivée et sur avis du médecin mentionné à l'article 431, décider qu'il n'y a pas lieu de procéder à son audition si celle-ci est de nature à porter atteinte à sa santé ou si la personne est hors d'état de s'exprimer.

Le juge s'assure de l'adhésion ou, à défaut, de l'absence d'opposition légitime à la mesure d'habilitation et au choix de la personne habilitée des proches mentionnés à l'article 494-1 qui entretiennent des liens étroits et stables avec la personne ou qui manifestent de l'intérêt à son égard et dont il connaît l'existence au moment où il statue.

C. civ., art. 494-12

Les modalités d'application de la présente section sont précisées par décret en Conseil d'État.

> Habilitation familiale : juge compétent et procédure
[C. pr. civ., art. 1260-1 à 1260-12]
+ Décr. n° 2016-185, 23 févr. 2016, art. 16

C. pr. civ., art. 1260-1

Le juge des tutelles territorialement compétent est celui de la résidence habituelle de la personne à l'égard de qui l'habilitation est sollicitée ou faisant l'objet de l'habilitation.

C. pr. civ., art. 1260-2

Le juge est saisi par requête remise ou adressée au greffe du tribunal d'instance.

La requête indique, à peine de nullité, les nom, prénoms et adresse :

– de la personne à l'égard de qui l'habilitation est sollicitée ou de la personne faisant l'objet de l'habilitation familiale;

– de la personne habilitée.

C. pr. civ., art. 1260-3

La requête aux fins de désignation d'une personne habilitée ou aux fins de son renouvellement comporte, à peine d'irrecevabilité, les éléments mentionnés aux deux alinéas qui suivent :

1° Le certificat médical circonstancié prévu à l'article 431 du Code civil;

2° L'énoncé des faits qui appellent cette protection au regard de l'article 494-2 du même code;

Il est également fait mention de tout élément utile concernant la situation familiale de la personne à l'égard de qui l'habilitation est sollicitée et notamment l'identité des proches mentionnés à l'article 494-1 du Code civil, la situation financière et patrimoniale de l'intéressé, le nom du médecin traitant si celui-ci est connu du requérant.

C. pr. civ., art. 1260-4

Lorsque la requête est présentée aux fins de renouvellement, il est joint à celle-ci une copie de la décision ayant délivré l'habilitation familiale.

C. pr. civ., art. 1260-5

Les dispositions des articles 1212 à 1214,1216 et 1256 sont applicables. Pour l'application de l'article 1256, l'avis du médecin mentionné au premier alinéa de l'article 494-4 est assimilé à l'avis médical mentionné à l'article 432 du Code civil.

C. pr. civ., art. 1260-6

Lorsqu'il statue sur une requête aux fins de délivrance d'une habilitation familiale ou de renouvellement de l'habilitation familiale générale, le juge entend la personne faisant l'objet de l'habilitation, dans les conditions prévues au premier alinéa de l'article 494-4 du Code civil. Lorsque la personne à l'égard de qui une habilitation familiale est sollicitée ou qui fait l'objet d'une habilitation familiale est entendue, les dispositions des articles 1220 à 1220-3 sont applicables. Pour l'application des dispositions de l'article 1220-2, la décision du juge est prise en application des dispositions du premier alinéa de l'article 494-4 du Code civil.

Le juge procède à l'audition :

– de la personne demandant à être habilitée;

– de la personne habilitée en cas de renouvellement de l'habilitation et dans les hypothèses visées au deuxième alinéa de l'article 494-10 du Code civil.

Le juge peut, s'il l'estime opportun, procéder à l'audition :

– de la personne habilitée dans les hypothèses non visées par l'alinéa précédent;

– des personnes visées à l'article 494-1 du Code civil.

C. pr. civ., art. 1260-7

En application des dispositions du deuxième alinéa de l'article 494-4 du Code civil, le juge constate l'adhésion ou l'absence d'opposition légitime des personnes visées au deuxième alinéa de l'article 494-1 du Code civil après les avoir entendus ou par écrit.

C. pr. civ., art. 1260-8

Les dispositions de l'article 1221 sont applicables à l'instruction de la requête.

C. pr. civ., art. 1260-9

Le greffe adresse une convocation à l'audience, sauf lorsque le juge a décidé qu'il n'y avait pas lieu de procéder à son audition en application des dispositions du premier alinéa de l'article 494-4 du Code civil, à la personne à l'égard de qui une habilitation familiale est sollicitée ou faisant l'objet d'une habilitation, à la personne habilitée ainsi que, si le juge l'estime utile, à un ou plusieurs des proches visés à l'article 494-1 du même code. La convocation est adressée par lettre recommandée avec demande d'avis de réception, à laquelle est jointe une copie de la requête.

Toutefois lorsqu'il résulte de celle-ci que seule la dernière adresse de la personne faisant l'objet de l'habilitation ou de la personne habilitée est connue, le greffe invite le requérant à procéder par voie de signification.

Le greffe avise par tous moyens le requérant des lieux, jour et heure de l'audience. Lorsqu'il est requérant, le ministère public en est également avisé.

C. pr. civ., art. 1260-10

À l'audience, le juge entend le requérant, la personne à l'égard de qui l'habilitation est sollicitée ou la personne faisant l'objet de l'habilitation, sauf application par le juge des dispositions du premier alinéa de l'article 494-4, et, le cas échéant, le ministère public, qui peut également faire connaître son avis par écrit.

Les deux derniers alinéas de l'article 1226 et l'article 1227 sont applicables.

C. pr. civ., art. 1260-11

La décision statuant sur une demande de délivrance d'une habilitation familiale est notifiée à la personne à l'égard de qui l'habilitation est sollicitée, aux personnes visées au deuxième alinéa de l'article 494-4 du Code civil et à la personne demandant à être habilitée; avis en est donné au procureur de la République.

Les décisions du juge statuant sur d'autres demandes que celles visées à l'alinéa précédent sont notifiées au requérant, à la personne faisant l'objet de l'habilitation, à la personne habilitée. Elles peuvent également être notifiées, si le juge l'estime utile, aux proches qu'il désigne parmi ceux mentionnés à l'article 494-1 du Code civil. Avis en est donné au procureur de la République.

Les dispositions de l'article 1231 sont applicables.

C. pr. civ., art. 1260-12

Un extrait de toute décision accordant, modifiant, renouvelant ou ordonnant la mainlevée d'une habilitation familiale générale est transmis par tout moyen au greffe du tribunal de grande instance dans le ressort duquel est née la personne faisant l'objet de l'habilitation aux mêmes fins et aux mêmes conditions que celles prévues à l'article 1233.

Lorsque l'habilitation a pris fin pour une autre cause que celle visée à l'alinéa précédent avis en est donné par tous moyens et aux mêmes fins par le greffe du tribunal d'instance, saisi par tout intéressé, au greffe du tribunal de grande instance dans le ressort duquel est née la personne faisant l'objet de l'habilitation.

Les décisions du juge des tutelles sont susceptibles d'appel dans un délai de quinze jours à compter de la notification de la décision pour les personnes auxquelles la décision a été notifiée et à compter de la remise de l'avis pour le procureur de la République.

Les parties ne sont pas tenues de constituer avocat.

Les dispositions des articles 1242, 1243 à 1247 sont applicables. Toutefois, pour l'application du quatrième alinéa de l'article 1245, la cour entend la personne à l'égard de qui une habilitation est sollicitée ou faisant l'objet d'une habilitation conformément aux dispositions du premier alinéa de l'article 494-4 du Code civil.

113.03 Bibliographie indicative.

Ouvrage. P. Murat (dir.), Dalloz action *Droit de la famille*, 2016/2017, [habilitation familiale] n°s 335.181 à 335.212, par I. Maria.

Articles. J. Combret et N. Baillon-Wirtz, « L'habilitation familiale : une innovation à parfaire », *JCP N* 2016. 1248; « Réforme du droit de la famille, nouvelles procédures avec le décret du 23 février 2016 », *JCP N* 2016. 1098 – C. Coutant-Lapalus, « L'habilitation judiciaire familiale », chron. « Droit de la famille », *JCP* 2016. 35, n° 1 – J. Hauser, « L'habilitation familiale : rapport de synthèse », *Dr. fam.* 2016. Étude 48 – B. Mallet-Bricout, « La nouvelle habilitation familiale, ou le millefeuille de la représentation des majeurs protégés », *RTD civ.* 2016. 190 – I. Maria, « L'habilitation familiale, une nouvelle mesure de protection qui doit faire ses preuves », *Dr. fam.* 2016. Étude 5; « L'habilitation familiale à l'épreuve des principes directeurs de la protection des majeurs de la protection des majeurs », *Dr. fam.* 2016. Étude 40 – L. Mauger-Vielpeau, « l'habilitation familiale : la saisine du juge des tutelles », *Dr. fam.* 2016. Étude 41 – V. Montourcy, « Le regard critique de l'avocat », *AJ fam.* 2015. 605; « Habilitation familiale : de l'ordonnance du 15 octobre 2015 au décret du 23 février 2016, ou de Charybde en Scylla », *AJ fam.* 2016. 192 – N. Peterka, « Déjudiciarisation de l'administration légale et renforcement du rôle de la famille dans la protection des majeurs. À propos de l'ordonnance du 15 octobre 2015 », *JCP* 2015. 1160 – D. Noguéro, « Les conditions de mise en œuvre de l'habilitation familiale », *D.* 2016. 151; « Le périmètre des pouvoirs de la personne habilitée sur les biens du majeur protégé », *Dr. fam.* 2016. Étude 43 – N. Peterka, « Procédure devant le juge des tutelles en cas d'administration légale et d'habilitation familiale, *JCP* 2016. 281; « Le statut de la personne habilitée », *Dr. fam.* 2016. Étude 44 – G. Raoul-Cormeil, « L'habilitation familiale, une tutelle adoucie en la forme et au fond », *D.* 2015. 2335; « L'habilitation familiale, examen critique d'une nouvelle mesure de protection juridique », *Dr. fam.* 2016. Étude 39 – T. Verheyde, « Réforme du droit de la famille : l'habilitation familiale », *AJ fam.* 2015. 603; « Rôle du juge dans la mesure d'habilitation familiale : un juge présent, absent, puis potentiellement présent... », *AJ fam.* 2016. 188; « Procédure d'habilitation familiale », *AJ fam.* 2016. 1900; « Le rôle du juge dans la mesure d'habilitation familiale : de la lumière à l'éclipse ! », *Dr. fam.* 2016. Étude 42.

113.04 Exemples d'actes.

* Pour un exemple de jugement d'habilitation familiale générale, v. s^{s} n° 5212.11.

* Pour un exemple d'habiliation familiale spéciale, v. s^{s} n° 5212.12.

113.05 Questions essentielles.

L'habilitation familiale est une mesure de protection juridique des majeurs. Les personnes autorisées à saisir le juge des tutelles en vue de l'ouverture d'une habilitation familiale sont les seules personnes susceptibles d'être habilitées, c'est-à-dire les ascendants, descendants, frères et sœurs de la personne vulnérable, son conjoint, son partenaire ou son concubin, pourvu que la communauté de vie avec le majeur n'ait pas cessé. La question de savoir si la personne vulnérable peut saisir le juge des tutelles en vue de sa propre mise sous habilitation familiale est controversée. L'ouverture de cette mesure de protection implique la saisine du juge des tutelles par voie de requête accompagnée, à peine d'irrecevabilité, d'un certificat médical circonstancié. L'audition de la personne à protéger, et sa dispense, sont calquées sur les règles gouvernant les autres mesures de protection. Les articles 1260-1 et suivants du Code de procédure civile ne prévoient pas la consultation du dossier ni la délivrance de copies.

SECTION 1
SUBSIDIARITÉ DE L'HABILITATION FAMILIALE

§ 1
Soumission aux principes directeurs de la protection des majeurs

113.11 Une nouvelle mesure de protection juridique des majeurs. L'ordonnance n° 2015-1288 du 15 octobre 2015 portant simplification et modernisation du droit de la famille a introduit au sein du chapitre du Code civil, consacré aux mesures de protection juridique des majeurs, une nouvelle section 6 composée des articles 494-1 à 494-12, relative à l'habilitation familiale. Ces dispositions sont entrées en vigueur le 1er janvier 2016. Prise dans le sillage de la loi n° 2015-177 du 16 février 2015 relative à la modernisation et à la simplification du droit et des procédures dans les domaines de la justice et des affaires intérieures[1], les nouveaux textes surprennent par leur emplacement. Le législateur avait en effet autorisé le gouvernement à créer, par voie d'ordonnance, un dispositif d'habilitation en justice de la famille « *d'un majeur hors d'état de manifester sa volonté* » à le « *représenter ou* [à] *passer certains actes en son nom sans qu'il soit besoin de prononcer une mesure de protection judiciaire* »[2]. La représentation judiciaire entre époux, tirée du régime primaire, fournissait ainsi le modèle du nouveau dispositif (C. civ., art. 219 – V. s^s^ n°s 111.51 s.). C'est un tout autre parti qu'a adopté l'ordonnance, en créant une **nouvelle mesure de protection juridique des majeurs,** conçue sur le double patron de la **tutelle** et du **mandat de protection future**[3].

113.12 Étendue du principe de subsidiarité. L'insertion des dispositions relatives à l'habilitation familiale au sein du chapitre consacré aux mesures de protection juridique des majeurs a pour conséquence de soumettre ce nouveau dispositif aux principes directeurs de la protection des majeurs, énoncés à l'article 415 du Code civil. Pour autant, les textes issus de l'ordonnance du 15 octobre 2015 ne se contentent pas d'opérer un simple renvoi aux dispositions générales et aux mesures de protection juridique des majeurs. Dans sa version initiale, l'article 494-2 restreignait le déploiement en cascade du principe de subsidiarité, en énonçant que « *l'habilitation familiale ne peut être ordonnée par le juge qu'en cas de nécessité et lorsqu'il ne peut être suffisamment pourvu aux intérêts de la personne par l'application des règles du droit commun de la représentation ou par les stipulations du mandat de protection future conclu par l'intéressé* ». Il résultait du rapprochement des articles 494-1 et 494-2, dans leur rédaction issue de l'ordonnance du 15 octobre 2015, qu'une mesure d'habilitation familiale ne pouvait être ouverte entre époux ou, d'une manière plus générale, à l'égard d'une personne mariée.

113.13 Subsidiarité de l'habilitation familiale par rapport aux mesures de sauvegarde conjugale. Dans sa rédaction initiale, l'article 494-2 du Code civil excluait, pour l'application du principe de subsidiarité, les dispositifs du régime primaire et du droit des régimes matrimoniaux (C. civ., art. 217, 219, 1426 et 1429, notamment), contrairement à ce qui avait été envisagé par l'avant-projet d'ordonnance[4]. Pareille éviction laissait entendre que l'ouverture d'une habilitation familiale à l'égard d'une personne mariée était interdite, alors même que l'intérêt de cette dernière le justifiait. C'est dire que toutes les fois qu'il n'était pas possible de confier la protection du majeur vulnérable à son conjoint par la mise en œuvre des mesures de sauvegarde conjugale du régime primaire ou des régimes matrimoniaux, l'habilitation familiale était écartée de la gamme des mesures de protection offertes au juge des tutelles. Pareille solution ne cessait de surprendre tant il est vrai que l'éviction du conjoint de la protection de son époux n'est pas cantonnée aux seules hypothèses de dissensions familiales. Il est parfaitement concevable que les parents, les enfants ou les frères et sœurs d'une personne mariée soient habilités à la représenter, lorsque sa protection ne peut être confiée à son conjoint et que ce dernier ne s'y oppose pas. La suppression dans la version initiale de l'article 494-2 du Code civil de la référence aux dispositifs du régime primaire et des régimes matrimoniaux y mettait obstacle[5]. Cette scorie du texte a été rectifiée par la loi n° 2016-1547 du 18 novembre 2016 laquelle étend, à l'article 494-1, le bénéfice de l'habilitation familiale aux personnes mariées et fait expressément référence, à l'article 494-2, aux mesures de sauvegarde conjugale du régime primaire et des régimes matrimoniaux[6]. Ces dernières doivent donc être préférées, toutes les fois qu'elles suffisent à pourvoir aux intérêts de l'époux vulnérable, au prononcé d'une habilitation familiale.

113.14 Principes de proportionnalité et d'individualisation des mesures de protection. L'article 494-2 du Code civil ne vise pas expressément les principes de proportionnalité et d'individualisation des mesures de protection juridique des majeurs. Pour autant, les articles 494-5 et 494-6 fournissent au juge le moyen d'adapter le périmètre de l'habilitation, et par suite celui de l'incapacité de la personne à l'égard de qui elle est délivrée, en fonction de ses intérêts patrimoniaux et de ses intérêts personnels. L'avant-projet d'ordonnance suggérait de modifier l'article 428 alinéa 1er du Code civil afin d'étendre à l'habilitation familiale le principe de subsidiarité des mesures de protection judiciaire des majeurs par rapport au mandat de protection future tout en lui attribuant

1. L. n° 2015-177, 16 févr. 2015, relative à la modernisation et à la simplification du droit et des procédures dans les domaines de la justice et des affaires intérieures, *JO* 17 févr., p. 2961.
2. L. n° 2015-177, 16 févr. 2015, art. 1er, I, 2, *JO* 17 févr. 2015.
3. G. Raoul-Cormeil, « L'habilitation familiale, une tutelle adoucie en la forme et au fond », *D.* 2015. 2335.
4. G. Raoul-Cormeil, « L'habilitation familiale ou la tutelle simplifiée (à propos de l'avant-projet d'ordonnance prise en application de la loi n° 2015-177 du 16 février 2015) », *Gaz. Pal.* 4-6 oct. 2015, p. 5.
5. EN CE SENS, N. Peterka, « Déjudiciarisation de l'administration légale et renforcement du rôle de la famille dans la protection des majeurs. À propos de l'ordonnance du 15 octobre 2015 », *JCP* 2015. 1160 – I. Maria, « L'habilitation familiale, une nouvelle mesure de protection qui doit faire ses preuves », *Dr. fam.* 2016. Étude 5 – POUR UNE ANALYSE DIFFÉRENTE, J. Combret et N. Baillon-Wirtz, « L'habilitation familiale : une innovation à parfaire », *JCP N* 2016. 1248.
6. L. n° 2016-1547, 18 nov. 2016, de modernisation de la justice du XXIe siècle, art. 111.

un degré de gravité identique à ce mandat au sein de la hiérarchie des mesures de protection.

L'ordonnance du 15 octobre 2015 ne reprend pas cette disposition. La suppression tient à ce que l'habilitation familiale offre au juge un fort pouvoir d'individualisation. Elle produit ainsi des effets variables, d'une habilitation à l'autre, sur la capacité de la personne à l'égard de qui elle est délivrée. Surtout, elle frappe la personne protégée, lorsque l'habilitation familiale est générale, d'une incapacité d'exercice d'un degré égal à celui résultant de l'ouverture d'une tutelle.

§ 2
Subsidiarité par rapport aux dispositifs alternatifs de protection

113.21 Subsidiarité par rapport au droit commun de la représentation. L'article 494-2 du Code civil pose le principe de la subsidiarité de l'habilitation familiale par rapport au droit commun de la représentation. Le renvoi à ce dernier reçoit ici la même interprétation qu'à l'article 428 alinéa 1er du Code civil (v. ss nos 112.11 s.). Un **mandat général couvrant les actes d'administration** ou une **procuration bancaire** conférée par la personne vulnérable à l'un des membres de sa famille, de son entourage ou à son compagnon, permet d'éviter l'ouverture d'un régime de protection des majeurs, dès lors que ces actes ont été conclus avant la survenance de l'altération des facultés de l'intéressé et suffisent à préserver ses intérêts. Au demeurant, l'habilitation familiale peut n'être délivrée par le juge des tutelles que **pour un ou plusieurs actes déterminés,** lorsque la procuration ne permet pas de protéger suffisamment, à elle seule, les intérêts du majeur et que la conclusion d'un ou d'une série d'actes de disposition s'avère nécessaire (C. civ., art. 494-6). Il est ainsi possible de combiner tout à la fois le droit commun de la représentation et le dispositif de l'habilitation familiale.

113.22 Subsidiarité par rapport aux mesures de l'indivision. Le régime légal de l'indivision a pareillement vocation à primer sur la mise en œuvre d'une mesure d'habilitation familiale. Il en est ainsi au premier chef des mesures prononcées sur le fondement de l'article 815-4 alinéa 1er du Code civil. Ce dernier dispose que : « *Si l'un des indivisaires se trouve hors d'état de manifester sa volonté, un autre peut se faire habiliter par justice à le représenter, d'une manière générale ou pour certains actes particuliers, les conditions et l'étendue de cette représentation étant fixées par le juge* ». Le texte autorise la mise en place d'une représentation judiciaire entre indivisaires, laquelle peut trouver à s'appliquer, notamment, sur les biens indivis entre concubins ou partenaires d'un PACS (v. ss nos 112.21 s.). Le recours à ce mécanisme rend superflu le prononcé d'une habilitation entre les personnes relevant d'une indivision familiale ou entre partenaires ou concubins. Il est vrai que l'article 494-2 ne renvoie pas expressément aux autres mesures du droit de l'indivision, visant à préserver l'intérêt commun des indivisaires, lesquelles ne reposent pas sur la représentation. Pour autant, l'esprit du droit de la protection juridique des majeurs fournit un puissant argument en faveur de la prise en compte des dispositifs des articles 815-5 et 815-6 pour **l'application des principes de nécessité et de subsidiarité de l'habilitation familiale.**

113.23 Subsidiarité par rapport au mandat de protection future. L'article 494-2 du Code civil étend à l'habilitation familiale le principe de subsidiarité des mesures de protection judiciaire des majeurs par rapport au mandat de protection future. Pareille précision apparaît à vrai dire inutile. Dès lors qu'elle participe de la gamme des mesures de protection judiciaire, l'habilitation familiale se trouve assujettie, en l'absence de disposition contraire, aux dispositions générales gouvernant les mesures de protection juridique des majeurs et, notamment, aux principes édictés à l'article 428 alinéa 1er. Il n'en demeure pas moins que le primat du mandat de protection future sur l'habilitation familiale appelle au moins une double remarque.

113.24 Application au mandat de protection future pour autrui. D'abord, l'article 494-2 du Code civil vise, à l'instar de l'article 428, le « *mandat de protection future conclu par l'intéressé* ». Pour autant, l'interprétation littérale du texte, qui conduirait à en écarter le mandat de protection future pour autrui, est balayée par les principes directeurs de la protection des majeurs et la promotion, en ce domaine, de la volonté, pourvu qu'elle soit conforme à l'intérêt de la personne protégée. L'éviction du mandat pour autrui du principe de subsidiarité aboutirait, en effet, à priver d'efficacité la volonté et le souci d'anticipation des parents de la personne vulnérable.

113.25 Interdiction de conclure un mandat de protection future en cas d'habilitation générale. Ensuite, l'on discerne *a priori* malaisément pourquoi le bénéficiaire de l'habilitation familiale est frappé d'une incapacité de jouissance pour la conclusion d'un mandat de protection future (C. civ., art. 477 et 494-8, al. 2). L'on conçoit, bien sûr, que le parent sous mesure de protection soit privé de la capacité d'anticiper la vulnérabilité de son enfant. L'impossibilité de la personne sous habilitation familiale d'anticiper l'aggravation de sa propre vulnérabilité surprend, en revanche, dès lors que pareille faculté demeure ouverte au curatélaire. À vrai dire, l'incapacité dont est ici frappé le bénéficiaire de l'habilitation s'applique au seul « *cas d'habilitation générale* » (C. civ., art. 494-8, al. 2). Or, si la personne à l'égard de qui l'habilitation a été délivrée conserve en principe l'exercice de ses droits, elle est en revanche privée de l'exercice de ceux qui ont été confiés à la personne habilitée (C. civ., art. 494-8, al. 1er). C'est dire que, lorsque l'habilitation familiale s'étend à tout le patrimoine du majeur, ce dernier se trouve – à l'instar du tutélaire – sous le coup d'une incapacité d'exercice quasi générale. L'on comprend, dans ces conditions, que la conclusion d'un mandat de protection future lui soit, en pareil cas, interdite. La comparaison avec la tutelle ne règle toutefois pas toutes les difficultés. Restera, notamment, à régler le sort du mandat conclu par la personne visée par la requête pendant la durée de l'instance devant le juge des tutelles.

SECTION 2
CONDITIONS SUBSTANTIELLES DE L'HABILITATION FAMILIALE

§ 1
Conditions relatives à la personne habilitée

113.31 **Personnes susceptibles d'être habilitées.** L'exercice de cette nouvelle mesure de protection peut être confié par le juge des tutelles aux **ascendants, descendants, frères** et **sœurs** de la personne vulnérable ou, à moins que la communauté de vie ait cessé entre eux, à son **partenaire**, à son **concubin** ou à son conjoint (C. civ., art. 494-1[1]), dès lors qu'ils ne sont pas atteints par une cause d'empêchement à l'exercice des charges tutélaires (C. civ., art. 494-1, 494-9 et 494-10 – V. ss nos 332.101 s.). Le juge des tutelles peut co-habiliter une ou plusieurs personnes choisies parmi les proches du majeur et ainsi attribuer la mesure au conjoint, au partenaire ou au concubin de la personne vulnérable et à l'un de ses parents ou de ses frères et sœurs. Il est aussi possible, depuis la loi du 18 novembre 2016, de co-habiliter les enfants de leur(s) parent(s) marié(s) à le(s) représenter dans le cadre d'une habilitation familiale. L'article 494-1 ne précise pas les modalités d'exercice de leur mission par les co-protecteurs. Ces dernières peuvent être sans doute réglées par analogie avec les dispositions de l'article 447 alinéa 2 relatives à la co-tutelle et à la co-curatelle. Pour autant, le modèle fourni par ce texte ne paraît pas exclusif d'autres modalités de répartition des pouvoirs des personnes co-habilitées. Le silence de l'article 494-1 du Code civil confère ici au juge toute liberté pour organiser la mission de chaque protecteur. Il lui offre, notamment, le moyen d'instaurer un organe régulateur de l'exercice de la mission de la personne habilitée par la mise en place d'une ou plusieurs personnes co-habilitées investies de la mission de vérifier les comptes et les diligences de la personne habilitée. C'est dire que **le recours aux co-habilitations permet de rendre effective l'application du droit commun du mandat,** auquel renvoie l'article 494-1 et, par suite, **l'obligation faite à la personne habilitée de rendre compte,** y compris au cours de sa mission (v. ss no 115.33).

113.32 **Exclusion des neveux, nièces et des collatéraux ordinaires.** Le renvoi de l'article 494-1 à l'article 1er, I, 2° de la loi du 16 février 2015 conduit à exclure du cercle des personnes éligibles à l'habilitation familiale les neveux et nièces de la personne vulnérable ainsi que les collatéraux ordinaires. L'habilitation familiale se démarque, sur ce terrain, des autres mesures de protection judiciaire des majeurs. En effet, ces dernières consacrent un principe de priorité familiale autorisant une dévolution bien plus large de la mesure de protection. Si l'on devine aisément, en l'absence de contrôle judiciaire de la gestion du protecteur, les raisons qui ont présidé à la restriction des personnes susceptibles d'être habilitées à la proche famille de la personne vulnérable, il n'en demeure pas moins qu'une extension aux collatéraux ordinaires, pourvu qu'ils entretiennent des liens suffisamment étroits avec l'intéressé, aurait été souhaitable. Pareille extension serait par ailleurs conforme à l'esprit du droit de la protection juridique des majeurs, lequel fait de la protection des personnes vulnérables **un devoir des familles** (C. civ., art. 415, al. 4).

113.33 **Ouverture de l'habilitation familiale au conjoint.** Si l'on peut concevoir que les collatéraux ordinaires ainsi que les neveux et nièces soient écartés du dispositif, les raisons de l'éviction du conjoint, dans la version initiale du texte, apparaissaient, elles, de manière beaucoup moins évidente. L'exclusion du couple marié instaurait, entre les divers modes de conjugalité, une distorsion contraire à l'évolution du droit des majeurs protégés[2]. Surtout, elle interdisait d'habiliter le conjoint à exercer une mission de protection de la personne de son époux, alors que l'article 494-6 alinéa 5 permet expressément de limiter l'habilitation familiale aux seuls actes personnels[3]. La loi no 2016-1547 du 18 novembre 2016 est venue mettre un terme à ces incohérences[4]. L'habilitation familiale entre époux fait, il est vrai, doublon sur le terrain patrimonial avec les mesures de sauvegarde conjugale (C. civ., art. 217, 219, 1426 et 1429) mais elle présente un intérêt indéniable sur le terrain personnel. L'ouverture de l'habilitation familiale aux couples mariés autorise aujourd'hui la combinaison,

1. Réd. L. no 2016-1547, 18 nov. 2016, de modernisation de la justice du XXIe siècle, art. 111.

2. N. Peterka, « La famille dans la réforme de la protection juridique des majeurs », *JCP* 2010. Doctr. 33.
3. N. Peterka, « Déjudiciarisation de l'administration légale et renforcement du rôle de la famille dans la protection des majeurs », *JCP* 2015. 1160.
4. L. no 2016-1547, 18 nov. 2016, de modernisation de la Justice du XXIe siècle, art. 111.

au service de la protection de l'époux vulnérable, d'une part, des **mesures de crise du régime primaire et des régimes matrimoniaux,** notamment de l'article 219 alinéa 1er du Code civil **pour la protection de ses biens**, et, d'autre part, de **l'habilitation familiale pour la protection de sa personne.** La version initiale du texte imposait au conjoint, exclu du dispositif, de solliciter pour les actes personnels l'ouverture d'une tutelle, d'une curatelle ou d'une sauvegarde de justice avec mandat spécial.

113.34 Choix de la personne habilitée. Absence d'opposition légitime des proches et de prise en compte des sentiments de la personne à protéger. Le choix de la personne habilitée incombe au juge des tutelles (C. civ., art. 494-1 et 494-5). Ce dernier n'est ici tenu par aucune hiérarchie. Le conjoint, partenaire ou concubin ne bénéficie pas, dans le cadre de l'habilitation familiale, d'un principe de priorité conjugale conçu sur le modèle de celui qui leur est reconnu pour l'exercice de la tutelle, de la curatelle ou du mandat spécial dans la sauvegarde de justice (C. civ., art. 449, al. 1er). Les articles 494-4 alinéa 2 et 494-5 rappellent, en revanche, au juge des tutelles la nécessité de prendre en compte, lorsqu'il statue sur la mesure et le choix de la personne habilitée, les intérêts patrimoniaux et personnels du majeur, l'adhésion ou l'absence d'opposition légitime des membres de sa proche famille éligibles à l'habilitation dont il a connaissance au moment où il statue, à la condition qu'ils entretiennent des liens étroits et stables avec la personne ou manifestent de l'intérêt à son égard. Si elles illustrent l'hypothèse de consensus et de bienveillance familiales faite par les rédacteurs de l'ordonnance[1], ses conditions se satisfont d'un contrôle assez sommaire. L'audition des proches visés à l'article 494-1 du Code civil ne s'impose pas ici au juge des tutelles, lequel peut se contenter d'un écrit pour constater leur adhésion ou leur absence d'opposition légitime à la mesure (C. pr. civ., art. 1260-7). Restera d'ailleurs à préciser ce que recouvre cette dernière formule dont on pressent qu'elle recèle un nid fécond de débats.

De manière assez surprenante, aucune référence expresse n'est faite par l'ordonnance, pour le choix de la personne habilitée, aux sentiments exprimés par la personne à protéger. Pareil silence contraste avec les dispositions de l'article 449 *in fine*, lesquelles imposent au juge des tutelles de prendre en considération les sentiments du majeur et de motiver leur éviction. (v. ss nos 332.51 s.). Il est d'autant plus surprenant que la personne à l'égard de qui l'habilitation est demandée doit être en principe entendue ou appelée (v. ss nos 113.61 s.). À supposer que l'audition de l'intéressé ne puisse pas avoir lieu en raison de son état de santé, cela n'empêche pas de prendre en considération les sentiments qu'il a pu exprimer par le passé. À vrai dire, les principes directeurs de la protection des majeurs inscrits à l'article 415 du Code civil imposent au juge de rechercher les sentiments de la personne et de les respecter toutes les fois qu'ils sont conformes à son intérêt.

113.35 Conflit d'intérêts entre la personne habilitée et la personne protégée. L'avant-projet d'ordonnance attribuait au juge des tutelles la faculté de désigner un mandataire *ad hoc* ou un mandataire subrogé, lequel était doté des mêmes pouvoirs de surveillance, de suppléance et de consultation que le subrogé tuteur ou le subrogé curateur[2]. Il étendait à l'habilitation familiale les présomptions de conflit d'intérêts édictées, sous la tutelle et la curatelle, à l'article 508 du Code civil. L'ordonnance du 15 octobre 2015 n'a pas conservé ces dispositions. Seul en subsiste le vestige, à l'article 494-6 alinéa 6, suivant lequel « *la personne habilitée dans le cadre d'une habilitation générale ne peut accomplir un acte pour lequel elle serait en opposition d'intérêts avec la personne protégée. Toutefois, à titre exceptionnel et lorsque l'intérêt de celle-ci l'impose, le juge peut autoriser la personne habilitée à accomplir l'acte* ». La disposition appelle une double remarque.

113.36 Interdiction d'accomplir l'acte. D'abord, elle ne s'applique qu'au cas d'habilitation générale. Pareille restriction ne saurait évidemment avoir pour conséquence d'autoriser la personne spécialement habilitée à accomplir un ou plusieurs actes déterminés à conclure ces derniers toutes les fois qu'elle est en conflit d'intérêts avec la personne protégée. De deux choses l'une, soit le juge des tutelles a estimé qu'il n'y avait pas conflit d'intérêts, soit il a autorisé à titre exceptionnel la personne à accomplir l'acte en vertu de l'article 494-6 alinéa 6 *in fine*. Il incombe, en tout état de cause, à la personne habilitée de saisir le juge des tutelles si ce dernier n'a pas expressément tranché la question du conflit d'intérêts ou si un tel conflit surgit après le jugement d'habilitation. En cas de co-habilitation, la saisine du juge peut émaner aussi de la personne co-habilitée. Au demeurant, rien ne s'oppose dans le silence des textes à ce que cette dernière soit investie par le juge des tutelles du pouvoir de suppléance traditionnellement reconnu au mandataire *ad hoc* ou au subrogé mandataire (v. ss no 113.31).

113.37 Purge des conflits d'intérêts par le juge des tutelles. Ensuite, l'article 494-6 alinéa 6 du Code civil ne fait pas expressément obligation à la personne investie d'une habilitation générale, de saisir le

1. Conseil des ministres, 14 oct. 2015 – Rapport au président de la République relatif à l'ordonnance no 2015-1288 du 15 octobre 2015, *JO* 16 oct. 2015.

2. G. Raoul-Cormeil, « L'habilitation familiale ou la tutelle simplifiée (à propos de l'avant-projet d'ordonnance prise en application de la loi no 2015-177 du 16 février 2015) », *Gaz. Pal.* 4-6 oct. 2015, p. 5.

juge des tutelles d'une requête en vue de la désignation d'un protecteur *ad hoc*. Il ne comporte pas davantage de renvoi exprès aux dispositions de l'article 455 alinéa 1er, lequel impose cette obligation au curateur ou au tuteur conflicté. Or, ce dernier texte figure dans une section consacrée à la curatelle et à la tutelle et non pas dans celle relative aux dispositions générales aux mesures de protection juridique des majeurs, ni dans celle relative aux dispositions communes aux mesures de protection judiciaire. Il en résulte que **la survenance d'un conflit d'intérêts entre la personne protégée et la personne habilitée érige un obstacle péremptoire à l'accomplissement de l'acte**, dès lors que ce conflit n'est pas purgé par le juge des tutelles dans les conditions restrictives de l'article 494-6 alinéa 6 et que les ressources de la cohabilitation ne sont pas exploitées. Si l'article 494-6 alinéa 6 permet au juge des tutelles d'autoriser à titre exceptionnel la personne habilitée à effectuer l'acte, lorsque l'intérêt du majeur l'impose, il n'en aurait pas moins été souhaitable de ménager ici expressément la voie médiane consistant en la désignation d'un tiers protecteur *ad hoc* par le juge, se saisissant au besoin d'office. Il reste qu'en l'absence de contrôle de la gestion de la personne habilitée par le juge ou l'entourage du majeur, la régulation judiciaire des conflits d'intérêts entre la personne protégée et son protecteur risque de demeurer assez largement théorique.

§ 2
Conditions relatives à la personne à protéger

113.41 Empêchement en raison d'une altération des facultés mentales ou corporelles. L'article 494-1 du Code civil autorise l'ouverture de l'habilitation familiale lorsqu'« *une personne est hors d'état de manifester sa volonté* ». Si elle paraît de prime abord faire écho aux sauvegardes conjugales (C. civ, art. 217, 219, 1426 et 1429), la formule se réduit en réalité à l'empêchement de l'intéressé en raison d'une altération de ses facultés mentales ou corporelles de nature à empêcher l'expression de sa volonté (C. civ., art. 425). C'est dire que l'impossibilité de manifester sa volonté visée à l'article 494-1 s'identifie à l'impossibilité de la personne vulnérable de pourvoir seule à ses intérêts en raison d'une altération de ses facultés. Le renvoi aux conditions d'ouverture des mesures de protection des majeurs est certes cohérent, dès lors que l'habilitation familiale en intègre le giron. Pour autant, il conduit à créer une distorsion entre l'habilitation judiciaire du régime primaire (C. civ., art. 219), laquelle recouvre des situations bien plus vastes, et l'habilitation familiale (v. ss nos 111.51 s.) [1]. La référence faite par l'article 494-1 à la « *personne* [...] *hors d'état de manifester sa volonté* » est, par ailleurs, source de confusions. Certains auteurs suggèrent qu'elle impliquerait que la personne à protéger se trouve dans un état de vulnérabilité plus important que celui requis pour l'ouverture d'une tutelle [2]. Une telle interprétation ne convainc pas. Elle heurte, en effet, la *ratio legis* du texte, lequel emprunte à la suite de la loi du 16 février 2015, la formule utilisée par le législateur à propos des sauvegardes conjugales et, notamment, de l'habilitation judiciaire entre époux prévue à l'article 219 alinéa 1er [3].

113.42 Constat de l'empêchement par un certificat médical circonstancié. Le décalage entre le dispositif du régime primaire et l'habilitation familiale se prolonge sur le terrain de la **preuve de l'altération des facultés de la personne.** Alors que l'habilitation entre époux peut être prononcée sur la base d'un certificat émanant d'un médecin spécialiste ou du médecin traitant (C. pr. civ., art. 1289-1), l'habilitation familiale implique, à peine d'irrecevabilité de la requête, la production d'un **certificat circonstancié établi par un médecin inscrit** sur la liste du procureur de la République (C. civ., art. 494-3, al. 2 - C. pr. civ., art. 1260-3). Le renvoi au droit commun des mesures de protection judiciaire conduit ainsi à étendre à l'habilitation familiale les solutions dégagées par la Cour de cassation dans l'hypothèse du refus de la personne visée par la requête de se soumettre à l'examen médical [4].

SECTION 3
CONDITIONS FORMELLES DE L'HABILITATION FAMILIALE

§ 1
Saisine du juge des tutelles

113.51 Personnes autorisées à saisir le juge des tutelles. Si l'ordonnance du 15 octobre 2015 a étendu à l'habilitation familiale, conformément au droit commun de la matière, l'interdiction de la saisine d'office du juge des tutelles (C. civ., art. 494-3 - C. pr. civ., art. 1260-2), elle réduit, en revanche, le cercle des personnes autorisées à solliciter cette mesure. Peuvent seuls saisir le juge des tutelles, les membres de la famille éligibles à l'exercice de l'habilitation ou le procureur de la République (C. civ., art. 494-4, al. 3). Néanmoins, ce dernier n'est pas autorisé ici à agir d'office ou sur signalement d'un tiers. Le parquet ne

1. N. Peterka, « Déjudiciarisation de l'administration légale et renforcement du rôle de la famille dans la protection des majeurs », *JCP* 2015. 1160.
2. EN CE SENS, T. Verheyde, *AJ fam.* 2016. 236.
3. N. Peterka, *AJ fam.* 2016. 237.
4. Civ. 1re, 29 juin 2011, no 10-21.879, *Bull. civ.* I, no 133; *D.* 2011. Pan. 2501, note Plazy; *AJ fam.* 2011. 431, obs. Verheyde; *JCP* 2011. 1643, note Peterka; *Dr. fam.* 2011, no 133, note Maria; *RTD civ.* 2011. 511, note Hauser.

peut saisir le juge des tutelles qu'à la demande de l'une des personnes visées à l'article 494-1, ce qui s'explique sans doute par la nécessité de lever les obstacles rencontrés pour la production d'un certificat médical circonstancié et par le consensus familial qu'implique cette mesure. Il s'ensuit que l'habilitation familiale ne peut pas être prononcée toutes les fois que la requête émane d'autres personnes, notamment de l'entourage non familial du majeur, ou du parquet alerté par ce dernier.

Une partie de la doctrine interprète le renvoi opéré par l'article 494-3 alinéa 1er aux « *personnes mentionnées à l'article 494-1* » comme excluant la personne protégée ou à protéger du cercle des personnes autorisées à saisir le juge des tutelles [1]. Une telle interprétation, qui procède d'une analyse étroite du texte, ne convainc pas. Elle est en effet condamnée par la jurisprudence de la Cour européenne des droits de l'homme, laquelle reconnaît au majeur protégé, sur le fondement de l'article 6 § 1er de la Convention, une sphère de capacité naturelle pour exercer la procédure relative à sa mise sous protection et la contester [2]. Rien ne justifie, au demeurant, que la saisine du juge des tutelles soit interdite à la personne vulnérable en vue de sa propre mise sous protection, dès lors que n'étant pas encore protégée, elle bénéficie par hypothèse de sa pleine capacité juridique.

§ 2 Auditions

113.61 Principe de l'audition de la personne à protéger par le juge des tutelles. L'article 494-4 alinéa 1er du Code civil impose que la personne à l'égard de qui l'habilitation est demandée soit entendue ou appelée selon les modalités de l'article 432. C'est dire, d'une part, que le juge des tutelles ne peut prononcer l'habilitation qu'après que le majeur visé par la requête a été entendu ou appelé et d'autre part, que ce dernier peut être assisté par **un avocat** ou, sous réserve de l'accord du juge, par toute autre personne. Il convient ici de souligner qu'au rebours des autres personnes qui pourraient être sollicitées par le majeur pour l'assister lors de son audition par le juge des tutelles, la présence de l'avocat est de droit dès lors que l'intéressé a fait le choix de ce dernier. Le juge des tutelles ne peut donc pas s'opposer à l'assistance de la personne à protéger par l'avocat de son choix lors de son audition. L'article 432 incarne ici le prolongement, sur le terrain du droit substantiel, de l'article 1214 du Code de procédure civile, lequel reconnaît « *dans toute instance relative à l'ouverture, la modification ou la mainlevée d'une mesure de protection* » la faculté au « *majeur à protéger ou protégé* [de] *faire le choix d'un avocat ou* [de] *demander à la juridiction saisie que le bâtonnier lui en désigne un d'office* » (C. pr. civ., art. 1214, al. 1er). Les dispositions du décret du 23 février 2016, pris pour l'application de l'ordonnance du 15 octobre 2015, renvoient d'ailleurs expressément à ce texte (C. pr. civ., art. 1260-5).

113.62 Possibilité de dispense d'audition. Le principe de l'audition de la personne protégée ou à protéger connaît, dans le cas de l'habilitation familiale, les mêmes tempéraments que dans celui de la tutelle et de la curatelle. L'article 494-4 du Code civil prévoit, à l'instar de l'article 432 alinéa 2, que le juge des tutelles peut, par décision spécialement motivée, et sur avis d'un médecin inscrit sur la liste du procureur de la République, décider qu'il n'y a pas lieu de procéder à l'audition de l'intéressé si celle-ci est de nature à porter atteinte à sa santé ou si la personne est hors d'état de s'exprimer (C. pr. civ., art. 1260-5 et 1260-6). Il est, à vrai dire, à redouter que la dispense d'audition devienne ici la règle. En effet, la personne étant par hypothèse « *hors d'état de manifester sa volonté* », la dispense d'audition paraît acquise dès lors que les autres conditions du texte sont réunies.

L'audition et sa dispense sont soumises aux articles 1220 à 1220-3 du Code de procédure civile gouvernant les autres mesures de protection.

113.63 Audition de la personne demandant à être habilitée et des proches visés à l'article 494-1 du Code civil. L'audition des candidats à l'exercice de la mesure de protection fait l'objet de dispositions originales. Alors qu'elle est en principe facultative sous les autres mesures de protection judiciaire, elle est toujours obligatoire sous l'habilitation familiale (C. pr. civ., art. 1260-6). L'audition des autres proches est laissée, en revanche, à l'appréciation du juge des tutelles. Ce dernier peut ainsi se contenter d'un écrit pour constater leur adhésion ou leur absence d'opposition légitime à la mesure (C. pr. civ., art. 1260-7). Pendant le fonctionnement de celle-ci, le juge des tutelles peut, s'il l'estime opportun, procéder à l'audition de la personne habilitée ou des proches. Il est regrettable que cette faculté n'ait pas été expressément prévue s'agissant de la personne protégée. Il reste que le juge des tutelles peut décider d'organiser un débat contradictoire lorsqu'il est conduit à statuer sur une requête présentée au cours de la mesure (C. pr. civ., art. 1260-5 et, sur renvoi, art. 1213). Il peut par ailleurs ordonner, soit d'office, soit à la requête des parties ou du ministère public, toute mesure d'instruction (C. pr. civ., art. 1260-8).

113.64 Conduite de l'audience. L'article 1226 C. pr. civ. est applicable à l'habilitation familiale, sur

1. J. Combret et N. Baillon-Wirtz, « L'habilitation familiale : une innovation à parfaire », *JCP N* 2016. 1248 – V. Montourcy, « Habilitation familiale : de l'ordonnance du 15 octobre 2015 au décret du 23 février 2016, ou de Charybde en Scylla », *AJ fam.* 2016. 192.
2. CEDH, 2e sect., 13 oct. 2009, Salontaji-Drobnjak c/Serbie, req. no 36500/05, *RTD civ.* 2009. 681, obs. Marguénaud.

renvoi de l'article 1260-10 alinéa 2. Il en résulte qu'« *à l'audience, le juge entend le requérant à l'ouverture de la mesure de protection, le majeur à protéger, sauf application par le juge des dispositions du second alinéa de l'article 432 du Code civil et, le cas échéant, le ministère public* (al. 1er). *Les avocats des parties, lorsqu'elles en ont constitué un, sont entendus en leurs observations* (al. 2). *L'affaire est instruite et jugée en chambre du conseil* (al. 3) ». Le parquet peut faire connaître son avis par écrit (C. pr. civ., art. 1260-10, al. 1er). Il n'est toutefois avisé de l'audience que lorsqu'il est requérant (C. pr. civ., art. 1260-9, al. 3). La requête aux fins d'ouverture de l'habilitation familiale est caduque si le juge des tutelles ne s'est pas prononcé sur celle-ci dans l'année où il en a été saisi (C. pr. civ., art. 1227, sur renvoi de l'art. 1260-10, al. 2).

§ 3
Convocations, notifications et accès au dossier

113.71 Convocations et notifications. Le régime des convocations suit, de manière cohérente, celui des auditions (C. pr. civ., art. 1260-9). Sur le terrain des notifications, le décret s'inspire des dispositions relatives aux autres mesures de protection. La décision statuant sur une demande de délivrance d'une habilitation familiale est notifiée à la personne à l'égard de qui l'habilitation est sollicitée, ses ascendants, descendants, frères et sœurs, son conjoint, son partenaire de PACS ou son concubin ainsi qu'à la personne demandant à être habilitée. Avis en est donné au procureur de la République (C. pr. civ., art. 1260-11, al. 1er). Les décisions du juge statuant sur des demandes autres que celles relatives à l'ouverture de l'habilitation familiale, telles que les demandes de renouvellement, de modification des pouvoirs de la personne habilitée, de mainlevée ou de révocation, sont notifiées au requérant, à la personne faisant l'objet de l'habilitation et à la personne habilitée. Elles peuvent également être notifiées, si le juge l'estime utile, aux proches qu'il désigne parmi ceux visés à l'article 494-1 du Code civil. Avis en est donné au procureur de la République (C. pr. civ., art. 1260-11, al. 2). Les notifications sont réalisées, en principe, par lettre recommandé avec demande d'avis de réception. Le juge peut, toutefois, décider qu'elles seront faites par acte d'huissier de justice. La délivrance d'une copie certifiée conforme d'une décision du juge par le greffe contre récépissé daté et signé, vaut notification dès lors que les voies de recours et les sanctions encourues pour recours abusif sont portées à la connaissance de l'intéressé (C. pr. civ., art. 1231, sur renvoi de l'art. 1260-11, al. 3).

113.72 Absence d'ouverture de dossier. Les dispositions du décret du 23 février 2016 relatives à l'habilitation familiale contrastent, par leur silence, avec les articles 1222 à 1224 du Code de procédure civile relatifs à la consultation du dossier et à la délivrance de copies dans le cadre des autres mesures de protection judiciaire. En effet, dans la procédure relative à l'ouverture ou à la modification d'une tutelle, d'une curatelle ou d'une sauvegarde de justice, le dossier peut être consulté au greffe par le requérant jusqu'au prononcé de la décision d'ouverture ou, lorsqu'une modification de la mesure de protection est sollicitée, jusqu'à ce qu'il soit statué sur celle-ci, ainsi que, dans les mêmes conditions et sur autorisation du juge des tutelles, par la famille ou l'entourage s'il justifie d'un intérêt légitime. Leurs avocats, si elles en ont constitué un, disposent de la même faculté (C. pr. civ., art. 1222). Le majeur protégé ou à protéger, son avocat et son protecteur peuvent consulter, quant à eux, le dossier à tout moment de la procédure, sous la réserve s'agissant de la personne à protéger des restrictions fondées sur son état de santé (C. pr. civ., art. 1222-1). Le majeur protégé et son avocat peuvent demander, par ailleurs, la délivrance de copies (C. pr. civ., art. 1223 et 1223-1).

De manière surprenante, les articles 1260-1 et suivants du Code de procédure civile relatifs à l'habilitation familiale ne comportent aucun renvoi à ces textes ni d'aménagement de leurs dispositions. Il en résulte que **l'habilitation familiale ne donne pas lieu à l'ouverture d'un dossier au greffe.** Si elle apparaît *a priori* cohérente au regard de l'absence de contrôle de la mission de la personne habilitée par le greffe et le juge des tutelles, l'inexistence de tout dossier de l'habilitation familiale peut conduire à une grave entorse au principe du contradictoire, garanti par l'article 6 § 1er de la Convention européenne des droits de l'homme et l'article 16 du Code de procédure civile. Rappelons que, sous les autres mesures de protection judiciaire, ce principe implique que « *chaque partie ait la faculté de prendre connaissance et de discuter de toute pièce présentée au juge* »[1] et impose d'aviser la personne visée par la requête de sa faculté de consulter le dossier au greffe, afin de lui permettre de prendre connaissance, avant l'audience, des pièces présentées au juge et, par suite, de les discuter utilement[2]. Il implique pareillement que les conclusions écrites du Parquet soient mises à la disposition du majeur ou de son avocat, avant l'audience, dès lors que le ministère public n'y est pas représenté, afin de

1. Civ. 1re, 12 févr. 2014, no 13-13.581, *Bull. civ.* I, no 24; *AJ fam.* 2014. 189, obs. Verheyde; *RTD civ.* 2014. 481, obs. Hauser; *D.* 2014. 2265, obs. Noguéro, *Dr. fam.* 2014, no 65, note Maria; *LEFP* mars 2014. 4, obs. Raoul-Cormeil – Civ. 1re, 27 janv. 2016, no 15-14.185, NP; *Dr. fam.* 2016, no 65 (2e esp.), obs. Maria.
2. *Ibid.*

permettre à l'intéressé d'y répondre utilement[1]. Rien ne justifie que ces garanties procédurales, qui participent des droits fondamentaux de la personne protégée ou à protéger, ne soient pas ici aussi respectées. Les principes directeurs de la protection des majeurs (C. civ., art. 415) ainsi que les principes directeurs du procès invitent, au contraire, à les étendre à l'habilitation familiale (C. pr. civ, art. 14 à 17).

1. Civ. 1re, 5 mars 2014, nº 13-16.193, NP, et Civ. 1re, 25 juin 2014, nº 14-13.123, NP; *D.* 2014. 2265, obs. Noguéro – Civ. 1re, 20 nov. 2013, nº 12-27.218, *Bull. civ.* I, nº 225; *AJ fam.* 2014. 56, obs. Verheyde; *RTD civ.* 2014. 83, obs. Hauser; *D.* 2014. 2265, obs. Noguéro – COMP. : Civ. 1re, 20 nov. 2013, nº 12-29.474, *Bull. civ.* I, nº 226; *AJ fam.* 2014. 56; *RTD civ.* 2014. 83, obs. Hauser; *D.* 2014. 2265, obs. Noguéro.

CHAPITRE

114. Protection par l'habilitation familiale : fonctionnement

SECTION 0 ORIENTEUR

114.00 **Plan du chapitre.**

114.01 **Textes applicables.**

TEXTES LÉGISLATIFS ET RÉGLEMENTAIRES NOUVEAUX

• **L. n° 2016-1547, 18 nov. 2016,** de modernisation de la justice du XXIe siècle, *JO* 19 nov., texte n° 1.

• **Décr. n° 2016-185, 23 févr. 2016,** pris pour l'application de l'ordonnance n° 2015-1228 du 15 octobre 2015, portant simplification et modernisation du droit de la famille, *JO* 25 févr. 2016, texte n° 26.

• **Ord. n° 2015-1288, 15 oct. 2015,** portant simplification et modernisation du droit de la famille, *JO* 26 oct., p. 19304.

TEXTES SOURCES

> Habilitation familiale : fonctionnement
+ Ord. n° 2015-1228, 15 oct. 2015
+ L. n° 2016-1547, 18 nov. 2016
C. civ., art. 494-5 à 494-10 et 494-12

> Habilitation familiale : juge compétent et procédure
+ Décr. n° 2016-185, 23 févr. 2016
C. pr. civ., art. 1260-1 à 1260-12

TEXTES *IN EXTENSO*

> Habilitation familiale : fonctionnement
[C. civ., art. 494-5 à 494-10 et 494-12]
+ Ord. n° 2015-1228, 15 oct. 2015, art. 10

C. civ., art. 494-5

Le juge statue sur le choix de la personne habilitée et l'étendue de l'habilitation en s'assurant que le dispositif projeté est conforme aux intérêts patrimoniaux et, le cas échéant, personnels de l'intéressé.

C. civ., art. 494-6 *(mod. par L. n° 2016-1547, 18 nov. 2016, art. 111)*

L'habilitation peut porter sur :

– un ou plusieurs des actes que le tuteur a le pouvoir d'accomplir, seul ou avec une autorisation, sur les biens de l'intéressé ;

– un ou plusieurs actes relatifs à la personne à protéger. Dans ce cas, l'habilitation s'exerce dans le respect des dispositions des articles 457-1 à 459-2 du Code civil.

La personne habilitée ne peut accomplir un acte de disposition à titre gratuit qu'avec l'autorisation du juge des tutelles.

Si l'intérêt de la personne à protéger l'implique, le juge peut délivrer une habilitation générale portant sur l'ensemble des actes ou l'une des deux catégories d'actes mentionnés aux deuxième et troisième alinéas.

La personne habilitée dans le cadre d'une habilitation générale ne peut accomplir un acte pour lequel elle serait en opposition d'intérêts avec la personne protégée. Toutefois, à titre exceptionnel et lorsque l'intérêt de celle-ci l'impose, le juge peut autoriser la personne habilitée à accomplir cet acte.

En cas d'habilitation générale, le juge fixe une durée au dispositif sans que celle-ci puisse excéder dix ans. Statuant sur requête de l'une des personnes mentionnées à l'article 494-1 ou du procureur de la République saisi à la demande de l'une d'elles, il peut renouveler l'habilitation lorsque les conditions prévues aux articles 431 et 494-5 sont remplies. Le renouvellement peut-être prononcé pour la même durée ; toutefois, lorsque l'altération des facultés personnelles de la personne à l'égard de qui l'habilitation a été délivrée n'apparaît manifestement pas susceptible de connaître une amélioration selon les données acquises de la science, le juge peut, par décision spécialement motivée et sur avis conforme du médecin mentionné à l'article 431, renouveler le dispositif pour une durée plus longue qu'il détermine, n'excédant pas vingt ans.

Les jugements accordant, modifiant ou renouvelant une habilitation générale font l'objet d'une mention en marge de l'acte de naissance selon les conditions prévues à l'article 444. Il en est de même lorsqu'il est mis fin à l'habilitation pour l'une des causes prévues à l'article 494-11.

C. civ., art. 494-7

La personne habilitée peut, sauf décision contraire du juge, procéder sans autorisation aux actes mentionnés au premier alinéa de l'article 427.

C. civ., art. 494-8

La personne à l'égard de qui l'habilitation a été délivrée conserve l'exercice de ses droits autres que ceux dont l'exercice a été confié à la personne habilitée en application de la présente section.

Toutefois, elle ne peut, en cas d'habilitation générale, conclure un mandat de protection future pendant la durée de l'habilitation.

C. civ., art. 494-9

Si la personne à l'égard de qui l'habilitation a été délivrée passe seule un acte dont l'accomplissement a été confié à la personne habilitée, celui-ci est nul de plein droit sans qu'il soit nécessaire de justifier d'un préjudice.

Les obligations résultant des actes accomplis par une personne à l'égard de qui une mesure d'habilitation familiale a été prononcée moins de deux ans avant le jugement délivrant l'habilitation peuvent être réduites ou annulées dans les conditions prévues à l'article 464.

La personne habilitée peut, avec l'autorisation du juge des tutelles, engager seule l'action en nullité ou en réduction prévue aux alinéas ci-dessus.

Si la personne habilitée accomplit seule, en cette qualité, un acte n'entrant pas dans le champ de l'habilitation qui lui a été délivrée ou qui ne pouvait être accompli qu'avec l'autorisation du juge, l'acte est nul de plein droit sans qu'il soit nécessaire de justifier d'un préjudice.

Dans tous les cas, l'action en nullité ou en réduction est exercée dans le délai de cinq ans prévu à l'article 2224.

Pendant ce délai et tant que la mesure d'habilitation est en cours, l'acte contesté peut être confirmé avec l'autorisation du juge des tutelles.

C. civ., art. 494-10

Le juge statue à la demande de l'une des personnes mentionnées à l'article 494-1 ou du procureur de la République sur les difficultés qui pourraient survenir dans la mise en œuvre du dispositif.

Saisi à cette fin dans les conditions prévues au premier alinéa de l'article 494-3, le juge peut, à tout moment, modifier l'étendue de l'habilitation ou y mettre fin, après avoir entendu ou appelé la personne à l'égard de qui l'habilitation a été délivrée, dans les conditions prévues au premier alinéa de l'article 494-4 ainsi que la personne habilitée.

C. civ., art. 494-12

Les modalités d'application de la présente section sont précisées par décret en Conseil d'État.

> Habilitation familiale : juge compétent et procédure
[C. pr. civ., art. 1260-1 à 1260-12]

+ Décr. n° 2016-185, 23 févr. 2016, art. 16

* V. s^s n° 113.01, > *Habilitation familiale : juge compétent et procédure*

114.03 Bibliographie indicative.

Ouvrage. P. Murat (dir.), Dalloz action *Droit de la famille*, 2016/2017, [habilitation familiale] n°s 335.181 à 335.212, par I. Maria.

Articles. A. Batteur, « Habilitation familiale et protection de la personne du majeur protégé », *Dr. fam.* 2016. Étude 45 – J. Combret et N. Baillon-Wirtz, « L'habilitation familiale : une innovation à parfaire », *JCP N* 2016. 1248; « Réforme du droit de la famille, nouvelles procédures avec le décret du 23 février 2016 », *JCP N* 2016. 1098 – C. Coutant-Lapalus, « L'habilitation judiciaire familiale », *in* chron. « Droit de la famille », *JCP* 2016. 35, n° 1 – B. Mallet-Bricout, « La nouvelle habilitation familiale, ou le millefeuille de la représentation des majeurs protégés », *RTD civ.* 2016. 190 – I. Maria, « L'habilitation familiale, une nouvelle mesure de protection qui doit faire ses preuves », *Dr. fam.* 2016. Étude 5 – V. Mikalef-Toudic, « Le majeur protégé, parent d'un enfant mineur », *Dr. fam.* 2016. Étude 46 – V. Montourcy, « Le regard critique de l'avocat », *AJ fam.* 2015. 605; « Habilitation familiale : de l'ordonnance du 15 octobre 2015 au décret du 23 février 2016, ou de Charybde en Scylla », *AJ fam.* 2016. 192 – D. Noguéro, « Le périmètre des pouvoirs de la personne habilitée sur les biens du majeur protégé », *Dr. fam.* 2016. Étude 43 – N. Peterka, « Déjudiciarisation de l'administration légale et renforcement du rôle de la famille dans la protection des majeurs. À propos de l'ordonnance du 15 octobre 2015 », *JCP* 2015. 1160; « Procédure devant le juge des tutelles en cas d'administration légale et d'habilitation familiale », *JCP* 2016. 281; « Le statut de la personne habilitée », *Dr. fam.* 2016. Étude 44 – G. Raoul-Cormeil, « L'habilitation familiale, une tutelle adoucie en la forme et au fond », *D.* 2015. 2335 – T. Verheyde, « Réforme du droit de la famille : l'habilitation familiale », *AJ fam.* 2015. 603; « Rôle du juge dans la mesure d'habilitation familiale : un juge présent, absent, puis potentiellement présent... », *AJ fam.* 2016. 188; « Procédure d'habilitation familiale », *AJ fam.* 2016. 1900.

114.05 Questions essentielles.

La durée de l'habilitation familiale ainsi que les modalités de son renouvellement obéissent à des règles dérogatoires à la celles de la curatelle et de la tutelle. Seule l'habilitation générale fait l'objet d'une publicité. Le juge des tutelles statue sur les difficultés nées du fonctionnement de l'habilitation familiale, sur requête émanant des proches de l'article 494-1 du Code civil ou du procureur de la République. Les tiers peuvent néanmoins faire un signalement au juge des tutelles sur le fondement des articles 416 et 417, lesquels sont ici applicables. Sur le terrain de la protection des biens, la question se pose de savoir si les actes interdits au tuteur le sont aussi à la personne habilitée et si cette dernière peut être habilitée à représenter le majeur protégé pour la protection de sa personne. La personne habilitée n'est soumise à aucune obligation d'inventaire ni de reddition annuelle de ses comptes au greffe du tribunal d'instance ou au juge des tutelles.

SECTION 1
DURÉE DE L'HABILITATION FAMILIALE

§ 1
Caractère temporaire de l'habilitation familiale

114.11 Durée initiale de l'habilitation familiale générale. La durée initiale de l'habilitation familiale déroge aux principes édictés, sous la curatelle et la tutelle, par l'article 441 du Code civil. L'article 494-6 alinéa 7 porte l'habilitation, lorsqu'elle est générale, à une **durée maximale de dix ans**, sans exiger la réunion des conditions prévues à l'article 441 alinéa 2 pour la fixation de la curatelle et de la tutelle à une telle durée. Le délai décennal correspond ainsi à la durée de droit commun de l'habilitation familiale, cependant que celle-ci se réduit à **cinq ans en matière de curatelle et de tutelle** (C. civ., art. 441). La durée initiale de l'habilitation obéit ainsi à des dispositions moins strictes, et par suite moins protectrices des droits et libertés individuelles de la personne, que la curatelle et la tutelle.

114.12 Renouvellement de l'habilitation familiale générale. Le dispositif d'habilitation familiale subit, en revanche, un durcissement sur le terrain du renouvellement de la mesure. Non seulement, ce dernier nécessite, en toute hypothèse, à peine d'irrecevabilité de la requête, la production d'un **certificat circonstancié émanant d'un médecin inscrit** sur la liste du procureur de la République. Mais, encore, le juge des tutelles ne peut être saisi que par un cercle restreint de personnes se limitant à la personne protégée (sur la controverse liée à la faculté laissée à la personne sous habilitation familiale de saisir le juge des tutelles, v. s[s] n° 113.51), aux membres de sa proche famille visés à l'article 494-1 ainsi qu'au parquet saisi à la demande de l'un d'eux. Il est particulièrement significatif de l'hypothèse de consensus baignant l'habilitation familiale que ni le juge des tutelles ni le procureur de la République ne puisse ici se saisir d'office, cependant qu'un tel pouvoir leur est reconnu pour la reconduction de la mesure en matière de curatelle et de tutelle (C. civ., art. 442, al. 4). Le juge peut renouveler l'habilitation familiale pour une durée maximale de dix ans. Toutefois, lorsque l'état de santé de la personne protégée n'apparaît manifestement pas susceptible de connaître une amélioration selon les données acquises de la science, le juge peut, par décision spécialement motivée et sur avis conforme d'un médecin inscrit sur la liste du parquet, renouveler l'habilitation pour une durée supérieure à dix ans. Cette durée, qui doit être déterminée par le juge, ne peut excéder vingt ans.

La procédure de renouvellement de l'habilitation familiale est calquée sur celle gouvernant le prononcé de cette mesure de protection (v. s[s] n°s 113.61 s.). Le majeur protégé doit être entendu ou appelé par le juge des tutelles, sauf s'il est hors d'état de s'exprimer. L'audition de la personne habilitée est, quant à elle, obligatoire (C. civ., art. 494-4 – C. pr. civ., art. 1260-6).

114.13 Substitution d'une habilitation spéciale à une habilitation générale. L'article 494-6 alinéa 7 du Code civil n'encadre que la seule durée de l'habilitation générale. L'habilitation spéciale cesse, à l'instar du mandat spécial sous la sauvegarde de justice autonome, après l'accomplissement du ou des actes déterminés pour lesquels elle a été délivrée. Le dispositif encadrant le renouvellement de la mesure ne s'applique pareillement qu'« *en cas d'habilitation générale* ». C'est dire que la substitution d'une habilitation spéciale à une habilitation générale équivaut au prononcé d'une nouvelle habilitation. Ce dernier obéit aux conditions d'ouverture énoncées à l'article 494-1, lesquelles rejoignent au demeurant les conditions du renouvellement de l'habilitation générale. La nouvelle mesure cesse au jour de l'accomplissement des actes pour lesquels elle a été prononcée.

L'habilitation spéciale n'est encadrée par aucune contrainte de temps. La personne habilitée n'est tenue d'aucun délai pour accomplir les actes pour lesquels l'habilitation a été délivrée. L'absence d'encadrement temporel de l'habilitation spéciale propage à celle-ci les interrogations liées à l'absence de durée des autorisations délivrées, sous les autres mesures de protection, par le juge des tutelles. Se pose dès lors la question de savoir s'il convient de saisir le juge lorsque les conditions du marché (marché immobilier, par exemple) auront évolué entre le jugement d'habilitation et l'époque de la passation de l'acte. L'appréciation de la nécessité de saisir le juge des tutelles incombe à la personne habilitée, laquelle engage sa responsabilité civile à l'égard de la personne protégée si celle-ci subit un préjudice du fait de sa négligence.

§ 2
Caractère provisoire de l'habilitation familiale

114.21 Rôle du juge des tutelles en cas de difficultés nées de l'habilitation familiale. L'article 494-10 du Code civil prévoit que le juge des tutelles statue sur les difficultés qui pourraient survenir dans le fonctionnement de l'habilitation familiale. Il est regrettable que l'auto-saisine du juge des tutelles et, plus encore, celle du procureur de la République, ne soient pas ici expressément prévues. L'alinéa 2 du texte soumet, en effet, l'intervention du juge des tutelles à la condition qu'il soit saisi « *à cette fin dans les conditions prévues au premier alinéa de l'article 494-3* ». Il en résulte, que peuvent seuls saisir le juge des tutelles la personne protégée (sur la controverse liée à la faculté laissée à la personne sous habilitation familiale de saisir le juge des tutelles, v. s[s] n° 113.51), les membres de sa proche famille éligibles à l'habilitation familiale ou le procureur de la République, saisi par l'un d'eux. Pareille limitation est d'autant plus déplorable que **l'exercice de la mission de la personne habilitée ne fait l'objet d'aucun contrôle,** tant sur le terrain de la protection des biens que sur celui de la protection de la personne du majeur. Pire, elle peut conduire à entraver les signalements faits au juge des tutelles ou au parquet par les tiers et, notamment, les établissements bancaires, lesquels fournissent pourtant les témoins privilégiés des malversations de la personne habilitée. Les articles 494-1 à 494-12 du Code civil ne comportent aucune disposition équivalente à l'article 499, lequel impose aux tiers le devoir d'alerter le juge des tutelles des actions ou omissions qui compromettent manifestement les intérêts de la personne protégée à l'occasion de l'emploi de ses capitaux.

Pour autant, il serait par trop hâtif de déduire de l'article 494-10 que le juge des tutelles ne peut pas s'autosaisir lorsque les **difficultés nées de la mise en œuvre de l'habilitation familiale** sont portées à sa connaissance par des tiers ou incidemment à l'occasion, notamment, d'une requête ayant un autre objet, lors d'échanges avec la personne habilitée ou de l'audition de cette dernière. Il convient, en effet, de souligner ici que le juge des tutelles dispose, avec le procureur de la République, d'un **pouvoir de surveillance générale des mesures de protection ouvertes dans son ressort** (C. civ., art. 416). Ce dernier lui confère le pouvoir de prononcer des injonctions contre le protecteur, de le condamner à une amende civile de 3 000 euros s'il n'y défère pas et de le dessaisir de sa mission en cas de manquement caractérisé dans celle-ci, après l'avoir entendu ou appelé (C. civ., art. 417). Les tiers ont ainsi la possibilité de faire un signalement au juge des tutelles ou au parquet sur le fondement des articles 416 et/ou 417 du Code civil (C. pr. civ., art. 1260-5 - V. s[s] n° 114.64). Ils engagent, au demeurant, leur responsabilité civile pour abstention fautive, sur le fondement du droit commun, s'ils ne dénoncent pas les actes ou omissions compromettant manifestement les intérêts du majeur.

Les personnes visées à l'article 430 et le procureur de la République conservent, quant à eux, la faculté de saisir le juge de tutelles d'une **requête en vue de l'ouverture d'une tutelle, d'une curatelle ou d'une sauvegarde de justice.** Le placement de la personne protégée sous l'une de ces trois mesures de protection entraîne la cessation de plein droit de l'habilitation familiale (C. civ., art. 494-11 - V. s[s] n° 115.12).

114.22 Pouvoirs du juge des tutelles. En cas de difficultés nées dans l'exécution de la mesure, le juge des tutelles saisi de ces dernières peut modifier, à tout moment, l'étendue de l'habilitation ou y mettre fin. L'énumération du texte semble limitative, si bien que la décision du juge des tutelles ne paraît pas pouvoir porter sur des questions autres que celles liées à l'**étendue de la mesure ou** sa **cessation.** L'article 494-10 du Code civil ne permet pas, semble-t-il, de saisir le juge, d'une requête en vue d'un changement de protecteur ou de la désignation d'un mandataire *ad hoc*, ce qui apparaît de nature à faire obstacle à la pérennité de l'habilitation. Le texte souffre à vrai dire, sur ce point, d'une ambiguïté pour le moins néfaste. L'étendue de l'habilitation peut en effet ne recouvrir que la seule modification des contours de la mission de la personne habilitée ou englober aussi celle de l'étendue *rationae personae* de la mesure. Cette dernière interprétation permet au juge de désigner, pendant son fonctionnement, une personne co-habilitée investie notamment des pouvoirs d'un mandataire *ad hoc*, voire de procéder au remplacement de la personne habilitée, et fournit le moyen de consolider la continuité de la protection. Il est déplorable que des questions d'une pareille importance - qui touchent à l'essence même de la mesure de protection - n'aient pas été expressément tranchées, cependant que l'ordonnance a poursuivi un souci de simplification du droit de la famille.

La décision du juge ne peut être rendue qu'après qu'ont été appelées ou entendues la personne protégée ainsi que la personne habilitée. L'audition de cette dernière est, en ce cas, obligatoire (C. pr. civ., art. 1260-6). Le renvoi à l'article 494-4 alinéa 1er conduit à étendre ici le droit de la personne protégée de se faire assister par un avocat de son choix ou commis d'office par le bâtonnier, saisi à la demande de l'intéressé par le juge des tutelles (C. pr. civ., art. 1214, al. 1er).

SECTION 2
PÉRIMÈTRE DE L'HABILITATION FAMILIALE

§ 1
Protection des biens du majeur

114.31 Habilitation générale ou spéciale. Division de la mesure. L'habilitation peut porter sur **un ou plusieurs actes de gestion.** Le juge des tutelles peut ainsi habiliter le conjoint, le partenaire, le concubin, à la condition que la communauté de vie avec le majeur n'ait pas cessé, les ascendants, descendants ou frères et sœurs de la personne vulnérable à la représenter, d'une manière générale ou pour certains actes seulement, dans la gestion de son patrimoine. Le juge des tutelles peut prononcer, si l'intérêt du majeur le justifie, une habilitation générale incluant l'accomplissement de tous les actes de gestion relatifs au patrimoine de l'intéressé et/ou la protection de sa personne (C. civ., art. 494-6, al. 5). L'habilitation est spéciale lorsqu'elle n'est délivrée que pour certains actes patrimoniaux et/ou certains actes personnels.

Le juge des tutelles peut ainsi procéder à la division de l'habilitation familiale et la limiter aux seuls actes patrimoniaux, ou à certains d'entre eux, ou aux seuls actes personnels, ou à certains d'entre eux. Sur ce terrain, l'habilitation familiale rejoint le droit commun des mesures de protection (C. civ., art. 425, al. 2). Le juge des tutelles est ici tenu néanmoins de se prononcer sur l'étendue de l'habilitation (C. civ., art. 494-5 et 494-6, al. 5), cependant que l'article 425 alinéa 2 prévoit que s'il n'en est disposé autrement, la mesure de protection s'étend à la protection de la personne et à celle de ses biens.

114.32 Disparition de la classification tripartite des actes de gestion. L'ordonnance du 15 octobre 2015 a renoncé à l'option qu'avait envisagée l'avant-projet d'ordonnance, de moduler le périmètre des pouvoirs du protecteur en fonction de la nature de ses liens avec la personne protégée. Le conjoint, le partenaire ou le concubin, ainsi que les frères et sœurs, sont éligibles à des pouvoirs identiques à ceux des ascendants et descendants de l'intéressé. L'article 494-6 du Code civil n'établit, sur ce point, aucune distinction en fonction de la personne habilitée. Le conjoint, le partenaire ou le concubin peut se voir confier, à l'instar des frères et sœurs, des descendants et ascendants de la personne protégée, la mission de la représenter d'une manière générale ou d'accomplir en son nom, et sans se munir de l'autorisation préalable du juge des tutelles, un ou plusieurs actes de gestion déterminés de son patrimoine. Peu importe la nature de l'acte. **L'habilitation familiale gomme la classification tripartite des actes conservatoires, des actes d'administration et des actes de disposition.**

114.33 Distinction des actes à titre onéreux et des actes à titre gratuit. L'article 494-6 du Code civil maintient, en revanche, la distinction des actes à titre onéreux et des actes à titre gratuit en imposant à la personne habilitée, pour l'accomplissement de ces derniers, la nécessité de saisir au préalable le juge des tutelles afin qu'il l'autorise à effectuer l'acte (C. civ., art. 494-6, al. 4). Si elle recouvre bien sûr les **donations entre vifs**, la référence du texte aux actes à titre gratuit laisse dans l'ombre la question de savoir si elle inclut les actes visés à l'article 509, 1, tels qu'une remise de dette consentie au nom du majeur ou la renonciation à un droit de retour conventionnel stipulé à son profit. La question de l'**étendue des actes interdits au protecteur**, déjà incertaine sous le mandat de protection future notarié, contamine ainsi l'habilitation familiale. À vrai dire, la référence faite par l'alinéa 4 de l'article 494-6 aux « *actes que le tuteur a le pouvoir d'accomplir seul ou avec une autorisation sur les biens de l'intéressé* » paraît favorable à l'**extension à l'habilitation familiale des actes interdits sous la tutelle.**

114.34 Effets patrimoniaux du régime primaire de la protection des majeurs. Dérogation à la protection des comptes bancaires. Bien qu'elle s'analyse comme une mesure de protection juridique des majeurs, l'habilitation familiale n'est pas assujettie à tous les effets patrimoniaux du régime primaire du droit des majeurs protégés. L'article 494-7 du Code civil la soustrait à la protection des comptes bancaires de l'intéressé, en autorisant la personne habilitée à procéder, sans autorisation, aux actes mentionnés à l'article 427 alinéa 1er du Code civil. Le juge dispose, néanmoins, de la faculté de réintégrer la protection des comptes bancaires à l'habilitation familiale par une décision contraire. Sous réserve de celle-ci, la personne habilitée peut donc effectuer, sans autorisation judiciaire, la « *modification des comptes ou livrets ouverts au nom de la personne protégée* » ainsi que « *l'ouverture d'un autre compte ou livret auprès d'un établissement habilité à recevoir des fonds du public* ». La formule doit être interprétée, pour l'application de l'article 494-7, de la même manière que pour celle de l'article 427 alinéa 1er. Elle inclut, notamment, non seulement la **modification proprement dite des comptes bancaires de la personne protégée**, telle que le transfert de ses comptes à une autre agence ou à un autre établissement bancaire mais, aussi, la **clôture de ses comptes et l'ouverture d'un compte de gestion de patrimoine**, lesquelles sont expressément visées par la deuxième colonne de l'annexe 1 du décret du 22 décembre 2008 relatif aux actes de gestion du patrimoine des personnes placées en curatelle ou en tutelle[1]. Si elle se conçoit sans doute à la lumière de l'esprit de bienveillance familiale baignant cette mesure de protection, l'exclusion de la protection des comptes bancaires n'en surprend pas moins à l'aune de l'absence d'obligation de reddition de compte au greffe et au juge des tutelles incombant à la personne habilitée. **L'habilitation familiale conduit ainsi à supprimer tout contrôle judiciaire, tant en amont qu'en aval, de l'utilisation faite par le représentant des revenus et des capitaux versés sur les comptes bancaires de la personne protégée.** L'éviction de la protection des repères bancaires est d'autant plus étonnante qu'elle ne se prolonge par sur le terrain du cadre de vie du majeur.

114.35 Maintien de la protection du cadre de vie. L'avant-projet d'ordonnance comportait une disposition suivant laquelle « *les dispositions des articles 426 et 508 sont applicables* ». Le texte dénotait, à vrai dire, une maladresse de rédaction. En effet, dès lors que l'habilitation familiale vient enrichir l'éventail des mesures de protection juridique des majeurs, elle se trouve soumise au droit commun de ces dernières sans qu'une disposition spéciale soit nécessaire. Le texte écartait en revanche, en creux, la protection des

1. Décr. n° 2008-1484, 22 déc. 2008, relatif aux actes de gestion du patrimoine des personnes placées en curatelle ou en tutelle, et pris en application des articles 452, 496 et 502 du Code civil, *JO* 31 déc., p. 20631, ann. 1, col. 2, II, 1°.

comptes bancaires de la personne à l'égard de qui l'habilitation est délivrée. Cette éviction figure, désormais, de manière expresse à l'article 494-7 du Code civil. L'évolution de la rédaction du texte conduit à maintenir au bénéfice de la personne protégée la **protection de sa résidence principale et de sa résidence secondaire et du mobilier qui les garnit.** C'est dire que la personne habilitée à effectuer des actes relatifs au cadre de vie de l'intéressé doit respecter le principe de la conservation de son logement aussi longtemps que possible ainsi que celles de ses meubles. S'applique pareillement la nécessité de conserver les objets et souvenirs personnels du majeur et le matériel nécessaire à ses soins. **L'aliénation du logement,** telle la vente, l'apport à une société civile immobilière, la résiliation du bail, la mise en location, la constitution d'une hypothèque ou d'un usufruit au profit d'un tiers, **nécessite l'autorisation préalable du juge des tutelles.** Cette dernière ne peut être délivrée que si l'acte apparaît nécessaire ou justifié par l'intérêt de la personne protégée. Bien que le texte ne le précise pas, l'autorisation judiciaire doit comporter la fixation du prix de l'opération envisagée ou d'un seuil de prix et être précédée d'avis d'évaluation communiqués au juge. L'article 505 du Code civil, qui conduit à imposer ces formalités à la vente du logement du majeur sous la tutelle, n'est certes pas applicable à l'habilitation familiale. Pour autant, l'on discerne malaisément comment le juge pourrait garantir la protection des intérêts du majeur sans se munir de tels avis et sans fixer un seuil de prix. Lorsque l'aliénation du logement est dictée par l'**accueil de l'intéressé dans un établissement de soins,** la requête formée sur le fondement de l'article 426 du Code civil est accompagnée d'un **certificat de non-retour.** Ce dernier peut être établi désormais par tout médecin, pourvu qu'il ne travaille pas ou n'occupe pas une fonction dans l'établissement d'accueil de la personne protégée.

114.36 Protection passive du cadre de vie. La protection du cadre de vie demeure ici, comme sous les autres mesures de protection juridique des majeurs, une protection passive laquelle s'applique aux seules initiatives du protecteur et non pas à celles de la personne protégée. Il s'ensuit que le dispositif de l'article 426 du Code civil ne joue pas toutes les fois que l'habilitation prononcée par le juge ne couvre pas les actes relatifs au cadre de vie de la personne à l'égard de qui l'habilitation est délivrée. Cette dernière conserve alors l'exercice de ses droits relativement à son logement (C. civ., art. 494-8, al. 1er), si bien que la protection de l'article 426 est en pareille hypothèse dépourvue d'objet.

114.37 Respect de l'autonomie de la personne protégée pour le choix de son cadre de vie. Lorsque l'habilitation familiale inclut les opérations relatives au logement de la personne protégée, la mise en œuvre du dispositif de l'article 426 du Code civil doit être reliée, comme sous les autres mesures de protection, au principe affirmé à l'article 459-2 du libre choix de son cadre de vie par la personne protégée (sur les articles 426 et 459-2 C. civ., v. ss nos 212.11 s. *infra*). L'article 494-6 alinéa 3 opère, en effet, un renvoi exprès à ce dernier texte toutes les fois que l'habilitation porte sur « *un acte ou plusieurs actes relatifs à la personne à protéger* ». Mais, à l'instar des autres régimes de protection, l'habilitation familiale n'investit pas toujours la personne habilitée d'une mission de protection de la personne du majeur. En pareil cas, la mixité de la protection du cadre de vie, touchant au confluent de la protection des biens et de celle de la personne, implique le respect par la personne habilitée des choix du majeur concernant son lieu de vie et la saisine du juge des tutelles, en vue d'une extension de l'habilitation familiale et de la fixation du lieu de vie de la personne protégée, en cas de désaccord entre cette dernière et son protecteur ou les autres membres de son entourage familial. Il serait, en effet, incohérent de priver la personne, non protégée en matière personnelle et donc dotée de sa pleine capacité juridique en ce domaine, de la sphère d'autonomie que la loi réserve au majeur bénéficiant d'une protection de sa personne.

§ 2
Protection de la personne du majeur

114.41 Renvoi aux effets personnels du régime primaire de la protection des majeurs. Le juge des tutelles peut habiliter le protecteur familial à exercer une mission de protection de la personne du majeur. L'article 494-6 du Code civil prévoit que, « *dans ce cas, l'habilitation s'exerce dans le respect des dispositions des articles 457-1 à 459-2 du Code civil* ». Ce renvoi au droit commun de la protection de la personne du majeur vulnérable soulève une difficulté d'interprétation au regard du système d'autonomie graduée posé, pour les actes personnels, par l'article 459 (pour la protection du cadre de vie, v. ss nos 212.11 s.). En effet, à suivre ce dernier texte, le juge des tutelles ne peut autoriser la personne habilitée à représenter la personne protégée pour l'accomplissement d'un acte personnel qu'après avoir ouvert une tutelle à son égard. Se pose, dès lors, la question de savoir si le protecteur ne peut qu'être habilité par le juge à **assister le majeur vulnérable** pour consentir à ces actes ou s'il peut être habilité, lorsque l'assistance s'avère insuffisante, à **le représenter.** Cette dernière interprétation implique d'admettre que l'article 494-6 alinéa 3 déroge aux dispositions de l'article 459 alinéa 1er et n'impose pas l'ouverture d'une tutelle à la personne afin que la personne habilitée soit autorisée à la représenter. À vrai dire, aucun élément du texte ne permet de soutenir une telle analyse. Le renvoi général aux articles 457-1 à 459-2 laisse en effet entendre que la protection de la personne obéit ici, en tous points, aux **effets personnels du régime primaire de la protection des majeurs.**

SECTION 3 CONSÉQUENCES DE L'HABILITATION FAMILIALE

§ 1 Conséquences à l'égard de la personne protégée

114.51 Représentation parfaite de la personne protégée en matière patrimoniale. L'habilitation familiale est une mesure de représentation en matière patrimoniale. Le dispositif permet d'habiliter, afin d'assurer la sauvegarde des intérêts du majeur, un membre de sa proche famille, son conjoint, son partenaire ou son concubin à le représenter d'une manière générale ou pour certains actes particuliers, dans les conditions du droit commun du mandat, dès lors que ces dernières ne sont pas contraires aux dispositions particulières gouvernant l'habilitation familiale (C. civ., art. 494-1, al. 1er). Celle-ci emporte ainsi l'accomplissement par la personne habilitée d'un acte ou d'une série d'actes de gestion du patrimoine du majeur protégé au nom et pour le compte de ce dernier en vertu d'un pouvoir qu'elle tient du juge. La représentation dont il s'agit ici est parfaite. **La personne protégée est seule engagée par l'acte effectué par la personne habilitée.** Cette dernière demeure, à l'instar du mandataire de droit commun, juridiquement transparente. Pour autant, la conception volontariste de la représentation, suivant laquelle le mandataire ne fait qu'exprimer la volonté du mandant, doit être ici tempérée. La personne représentée étant par hypothèse « *hors d'état de manifester sa volonté* », l'habilitation familiale se conçoit davantage comme **une représentation d'intérêts,** ainsi que le suggère la référence faite par l'article 494-1 *in fine* à la sauvegarde des intérêts du majeur. Il n'en reste pas moins que pareille distinction n'est pas exempte de critiques[1]. Sur le terrain de la protection juridique des majeurs, elle évacue la nécessité de préserver et favoriser l'autonomie de la personne protégée, laquelle participe des principes directeurs de la matière (C civ., art. 415, al. 3).

114.52 Incapacité d'exercice de la personne protégée. Si elle maintient, en principe, le majeur vulnérable dans l'exercice de ses droits (C. civ., art. 494-8), **l'habilitation familiale prive la personne protégée de la capacité d'effectuer les actes confiés à son protecteur.** C'est dire que, lorsqu'elle s'étend à la gestion de l'ensemble du patrimoine, cette mesure frappe, à l'instar de la tutelle, l'intéressé d'une incapacité d'exercice quasi-générale.

114.53 Publicité de l'habilitation générale. L'incapacité d'exercice résultant de l'habilitation familiale, lorsqu'elle est générale, justifie que la mention de cette dernière soit portée, dans un souci de protection des tiers, **en marge de l'acte de naissance de la personne protégée** (C. civ., art. 494-6, al. 8 - C. pr. civ., art. 1260-12, al. 1er). Un extrait de la décision est transmis par tout moyen au greffe du tribunal de grande instance dans le ressort duquel est née la personne faisant l'objet de l'habilitation familiale, aux fins de conservation au répertoire civil et de publicité en marge de l'acte de naissance (C. pr. civ., art. 1233). Il en est de même du jugement modifiant ou renouvelant l'habilitation générale ou prononçant sa mainlevée sur le fondement de l'article 494-11[2]. L'opposabilité de la mesure aux tiers obéit au droit commun de la matière (C. civ., art. 444). La publicité est requise, notamment, en cas de substitution de l'habilitation générale à une habilitation spéciale, laquelle s'analyse comme une ouverture de mesure. La transformation d'une habilitation générale en une habilitation spéciale équivaut, quant à elle, à la mainlevée de mesure dont l'opposabilité aux tiers implique, elle aussi, le respect des formalités de publicité. Le jugement portant ouverture, modification, renouvellement ou mainlevée de l'habilitation familiale est **opposable aux tiers** deux mois après que mention en a été portée en marge de l'acte de naissance de la personne protégée. Néanmoins, il est opposable aux tiers, même en l'absence de cette mention, si ces derniers en ont personnellement connaissance (C. civ., art. 494-7, al. 7, et C. civ., art. 444).

Lorsque l'habilitation prend fin par une cause autre que sa mainlevée, ce qui vise les cas de cessation autres que ceux prévus à l'article 494-11, 2°, avis est donné par tous moyens et aux mêmes fins par le greffe du tribunal de grande instance saisi par tout intéressé (C. pr. civ., art. 1260-12, al. 2). C'est dire qu'en pareil cas, la publicité ne sera effectuée que si le tribunal est saisi en ce sens par « *tout intéressé* », ce qui ne coïncide pas avec les dispositions de l'article 494-6 alinéa 8[3].

Lorsqu'elle est spéciale, l'habilitation familiale ne fait l'objet d'aucune publicité, ce qui est source d'insécurité juridique en raison tout à la fois de l'absence de durée de cette habilitation et de la nullité de droit dont sont entachés les actes irréguliers faits par la personne protégée ou par la personne habilitée (C. civ., art. 494-9 - V. ss nos 114.55 et 114.65)[4].

1. M. Mekki, *J.-Cl. Civ.*, fasc. 10, « Mandat : définition et caractères distinctifs », spéc. n° 9.
2. C. civ., art. 494-6 *in fine* (*réd. L. n° 2016-1547, 18 nov. 2016*).
3. Sur tout ceci, v. J. Combret et N. Baillon-Wirtz, « Réforme du droit de la famille, nouvelles procédures avec le décret du 23 février 2016 », *JCP N* 2016. 1098, spéc. nos 22 s.
4. J. Combret et N. Baillon-Wirtz, « L'habilitation familiale : une innovation à parfaire », *JCP N* 2015. 1248, spéc. n° 23.

114.54 Instauration d'une nouvelle période suspecte. De manière cohérente, l'ordonnance transpose, à l'habilitation familiale, la gamme des sanctions prévues sous la tutelle et la curatelle (C. civ., art. 494-9). Elle soumet les actes accomplis par la personne vulnérable moins de deux ans avant le jugement d'habilitation aux sanctions de la période suspecte. L'article 494-9 alinéa 2 opère un renvoi exprès à l'article 464. Les conditions et les effets de ce texte sont donc transposables aux actes effectués par la personne vulnérable avant sa mise sous protection, sous la réserve notable que le point de départ de la période suspecte ne correspond pas ici à la publicité du jugement d'ouverture de l'habilitation familiale mais à la date de celui-ci (v. s^s^ n°s 332.11 s.). L'extension de la période suspecte de l'article 464 aux actes faits par la personne avant l'ouverture de l'habilitation familiale se justifie pleinement au regard de la nature de cette mesure laquelle incarne une « *tutelle adoucie* »[1]. L'article 494-9 alinéa 3 précise le régime de l'**action en réduction ou en nullité** fondée sur la période suspecte précédant l'habilitation familiale, en soumettant son exercice par la personne habilitée à l'autorisation préalable du juge des tutelles. L'exercice de l'action fondée sur l'article 494-9 alinéa 1er fait ainsi l'objet d'un durcissement par rapport à celle tirée de l'article 464. Lorsque la période suspecte précède l'ouverture d'une tutelle, l'action en réduction ou en nullité émanant de ce dernier texte obéit, en effet, aux dispositions de l'article 504 alinéa 2. Or, celui-ci intègre dans la sphère d'autonomie du tuteur les actions en justice de nature patrimoniale exercée au nom du tutélaire. L'action fondée sur la période suspecte est expressément réservée par l'article 494-9 alinéa 3 à la personne habilitée. C'est dire qu'en est exclu le contractant de la personne vulnérable (sur le régime de la nullité, v. s^s^ n°s 332.11 s.).

114.55 Nullité des actes faits par la personne protégée après le jugement d'habilitation. L'article 494-9 du Code civil reproduit l'éventail des sanctions des actes faits par la personne protégée prévu, sous la tutelle et la curatelle, par les dispositions de l'article 465. Ainsi, si la personne à l'égard de qui l'habilitation a été délivrée effectue, seule, un acte dont l'accomplissement a été confié à la personne habilitée, celui-ci est nul « *de plein droit* » (*sic*) sans qu'il soit nécessaire de justifier d'un préjudice (C. civ., art. 494-9, al. 1er). La disposition est la transposition pure et simple à l'habilitation familiale des dispositions de l'article 465 alinéa 1er, 3° relatives à la régularité des actes faits par la personne en tutelle ou curatelle, toutes les fois que cette dernière effectue un acte sans respecter la mission de représentation confiée au protecteur (v. s^s^ n°s 332.11 s.).

114.56 Nullité de droit. Contrairement à ce que pourrait laisser croire, à tort, l'interprétation littérale du texte, la nullité qu'il édicte ne correspond pas, bien sûr, à une nullité « *de plein droit* ». La sanction des actes de la personne protégée, en contravention de l'habilitation dont elle est l'objet, est la **nullité de droit**. Or, cette dernière nécessite l'**intervention du juge de droit commun**, ainsi qu'en attestent les dispositions relatives au régime de l'action en nullité. Celle-ci est enfermée, à l'instar de celle résultant de l'article 465, dans le **délai de prescription de cinq ans** prévu à l'article 2224[2] (sur lequel, v. s^s^ n°s 335.38 s.). L'article 1152 du Code civil, dans sa version découlant de l'ordonnance n° 2016-131 du 10 février 2016, portant réforme du droit des contrats, fixe le point de départ du délai de prescription de l'action en nullité des actes faits par un majeur protégé au jour où il a eu connaissance de l'acte, alors qu'il était en situation de le refaire valablement (C. civ., art. 1152, 2°). La suspension de la prescription est personnelle au majeur et ne bénéficie pas à la personne habilitée (v. s^s^ n° 335.38). À l'égard des héritiers de la personne faisant l'objet d'une habilitation familiale, la prescription de l'action court du jour du décès si elle n'a commencé à courir avant (C. civ., art. 1152, 3°).

Si l'article 494-9 sanctionne les actes irréguliers accomplis par la personne à l'égard de qui l'habilitation est délivrée par une nullité de droit, sans qu'il soit nécessaire de justifier d'un préjudice (C. civ., art. 494-9, al. 1er), l'ordonnance précitée du 10 février 2016 tempère cette solution. En effet, l'article 1150 rappelle, dans sa rédaction issue de cette ordonnance, que « *les actes accomplis par les majeurs protégés sont régis par les articles 435, 465 et 494-9, sans préjudice des articles 1148, 1151 et 1352-4* ». L'article 1148 reprend la règle traditionnelle suivant laquelle « *toute personne incapable de contracter peut néanmoins accomplir seule les actes courants autorisés par la loi ou l'usage, pourvu qu'ils soient conclus à des conditions normales* ». L'article 1151 précise que « *le contractant capable peut faire obstacle à l'action en nullité engagée contre lui en établissant que l'acte était utile à la personne protégée et exempt de lésion ou qu'il a profité à celle-ci* (al. 1er). *Il peut aussi opposer à l'action en nullité la confirmation de l'acte par son cocontractant devenu ou redevenu capable* (al. 2) ». C'est dire que **l'utilité de l'acte pour la personne sous habilitation familiale ou le profit qu'elle en a retiré sont autant d'entraves au prononcé de la nullité**, fût-

1. G. Raoul-Cormeil, « L'habilitation familiale, une tutelle adoucie en la forme et au fond », *D.* 2015. 2335.

2. Il s'agit, pour les actes antérieurs à l'entrée en vigueur de l'ordonnance n° 2016-131 du 10 février 2016 portant réforme du droit des contrats, du régime général et de la preuve des obligations (*JO* 11 févr., texte n° 26), du délai de prescription de cinq ans prévu à l'ancien article 1304. Modifié par l'ordonnance du 15 octobre 2015, ce dernier faisait expressément mention de l'habilitation familiale pour fixer, à l'égard des héritiers, le point de départ du délai de prescription au décès de la personne placée sous cette mesure de protection.

elle de droit aux termes de l'article 494-9 alinéa 1er. La règle de la nullité de droit, indépendante d'un préjudice subi par la personne protégée, s'en trouve donc considérablement émoussée. Enfin, l'article 1354-2 du Code civil énonce, dans sa version issue de la réforme du droit des contrats, que « *les restitutions dues à un mineur non émancipé ou à un majeur protégé sont réduites à proportion du profit qu'il a retiré de l'acte annulé* ». Autrement dit, lorsqu'elle est prononcée, la nullité ne conduit pas nécessairement à une restitution intégrale à la personne sous habilitation familiale des sommes qu'elle a versées à son cocontractant.

114.57 Nullité relative. Titularité de l'action en nullité. La sanction des actes de la personne à l'égard de qui l'habilitation a été délivrée correspond à une **nullité relative**. Cette dernière ne peut être invoquée que par la personne protégée ou son représentant. L'article 494-9 alinéa 3 du Code civil restreint, de manière étrange, la titularité de l'action en nullité à la personne habilitée. Le texte énonce, par une formule assez maladroite, que « *la personne habilitée peut, avec l'autorisation du juge des tutelles, engager seule l'action en nullité ou en réduction prévue* » aux deux premiers alinéas de l'article 494-9. Or, si le protecteur est tenu de se munir de l'autorisation préalable du juge des tutelles pour exercer l'action en justice, c'est à l'évidence parce qu'il ne peut pas agir seul. La formule ne peut vouloir signifier davantage que la personne habilitée peut agir sans la personne protégée. L'autonomie du protecteur procède ici de la nature de l'habilitation familiale, laquelle emporte toujours la représentation de la personne protégée en matière patrimoniale. L'interprétation qui consisterait à refuser l'exercice de l'action à la personne protégée ayant recouvré sa capacité est quant à elle contredite par le renvoi opéré, par l'article 494-9 alinéa 5 à l'article 1304 du Code civil dans leur version antérieure à l'ordonnance du 10 février 2016 portant réforme du droit des contrats[1]. L'article 494-9 alinéa 3 ne peut donc être interprété que comme un rappel du régime de la **nullité relative. Cette dernière fait obstacle à l'exercice de l'action en nullité par le contractant de la personne protégée.**

114.58 Confirmation de l'acte nul. Le régime de l'action en nullité des actes faits par la personne sous habilitation familiale déroge, sur un point, à celui des actes faits par la personne sous tutelle ou curatelle. Sous ces deux mesures, l'article 465 *in fine* et le décret du 22 décembre 2008[2] réservent la confirmation de l'acte nul aux seuls actes dont l'annulation procéderait d'un dépassement des pouvoirs du protecteur. La généralité des termes de l'article 494-9 alinéa 6 paraît ouvrir, quant à elle, la confirmation aux actes entachés de nullité en raison du défaut de capacité de la personne à l'égard de qui l'habilitation a été délivrée. La confirmation de l'acte par la personne habilitée ne peut intervenir que **pendant le délai de prescription de cinq ans prévu à l'article 2224[3] et tant que la mesure d'habilitation est en cours.** Elle est subordonnée à l'autorisation préalable du juge des tutelles.

§ 2
Conséquences à l'égard de la personne habilitée

114.61 Gratuité de la mission de la personne habilitée. Parce qu'elle s'analyse comme une mesure de protection juridique des majeurs, l'habilitation familiale relève des dispositions communes aux majeurs protégés (C. civ., art. 415 à 423). Étant par hypothèse confiée à un membre de la proche famille de la personne protégée, l'habilitation familiale ne donne pas lieu à rémunération. L'article 494-1 alinéa 2 précise, en effet, que la personne habilitée « *exerce sa mission à titre gratuit* ». Le texte fait écho à l'article 419 alinéa 1er du Code civil, lequel décide que les personnes autres que le mandataire judiciaire à la protection des majeurs exercent à titre gratuit les mesures judiciaires de protection. L'article 494-1 alinéa 2 déroge, sur ce terrain, au droit commun du mandat, lequel permet de rémunérer le mandataire. Il contraste pareillement avec les dispositions de l'article 478 qui autorisent la rémunération du mandataire de protection future. La formule employée par l'article 494-1 alinéa 2 interdit de prévoir une telle rémunération.

114.62 Possibilité de consentir une libéralité rémunératoire à la personne habilitée. La gratuité de la mission de la personne habilitée est conforme aux exigences de la piété filiale ainsi qu'au devoir d'assistance entre époux ou entre partenaires. Elle n'est pas exclusive au demeurant de la possibilité, pour la personne protégée, de consentir au protecteur une **donation rémunératoire** toutes les fois que l'exercice de sa mission dépasse la mesure de la piété filiale ou celle du devoir d'assistance. La sphère de capacité, reconnue à l'article 473 alinéa 1er au tutélaire, doit être étendue à la personne sous mesure d'habilitation familiale. S'il est vrai qu'elle n'est pas expressément prévue par les articles 494-1 et suivants, la solution peut néanmoins se prévaloir de

1. Dont les dispositions restent applicables aux instances introduites avant le 1er octobre 2016.
2. Décr. 22 déc. 2008, ann. 1, col. 2, IX.
3. Il s'agissait, jusqu'à l'entrée en vigueur de l'ordonnance no 2016-131 du 10 février 2016 portant réforme du droit des contrats, du régime général et de la preuve des obligations, du délai de prescription de cinq ans prévu à l'ancien article 1304 du Code civil.

l'esprit du droit de la protection juridique des majeurs et du souci d'équilibre entre la protection de la personne vulnérable et la promotion de son autonomie. Surtout, la personne protégée conserve la capacité juridique d'accomplir les actes exclus du périmètre des pouvoirs de la personne habilitée. Mais encore faut-il, pour qu'il puisse consentir une libéralité rémunératoire, que le majeur sous habilitation familiale bénéficie d'un discernement suffisant. À défaut, l'acte pourrait être annulé sur le fondement de l'article 414-1, pour insanité d'esprit. Quant à la capacité testamentaire de la personne sous habilitation familiale, elle demeure intacte en l'absence de disposition contraire, sans préjudice de l'application des dispositions de l'article 901 du Code civil et du risque d'une qualification pénale, notamment sur le fondement de l'abus de faiblesse, mais c'est là une autre affaire.

114.63 Absence d'obligation d'inventaire et de reddition annuelle des comptes. L'habilitation familiale vient élargir l'éventail des mesures de représentation de la personne vulnérable. Bien qu'elle repose sur un tel mécanisme, cette mesure n'impose pas à la personne habilitée l'obligation d'établir l'inventaire des biens de la personne protégée et d'en assurer l'actualisation, ni celle de rendre compte de sa gestion annuellement au directeur des services de greffe judiciaires du tribunal d'instance (v. s[s] n°s 352.51 s.). Lorsqu'elle est investie de la protection de la personne du majeur, la personne habilitée n'est pas tenue davantage de remettre au juge le rapport de diligences prévu, sous la tutelle et la curatelle, par l'article 463 du Code civil. L'habilitation familiale se démarque, sur ce point, profondément de la tutelle et du mandat de protection future, lesquels font au protecteur l'obligation de rendre compte de sa mission et organisent sa sanction. Si l'on comprend aisément le souci de simplification qui a guidé les rédacteurs de l'ordonnance, lesquels ont raisonné sur le modèle d'une famille bienveillante unie par le consensus[1], il n'en demeure pas moins qu'**il aurait été souhaitable de maintenir ici un contrôle minimal.** L'on discerne en effet malaisément comment, en l'absence de contrôle en amont et en aval de la gestion de la personne habilitée, peut se déployer la sanction de ses actes (C. civ., art. 424 et 494-9, al. 4) et, le cas échéant, la mainlevée judiciaire de l'habilitation (C. civ., art. 494-10 et 494-11, 2°). Celle-ci peut être fondée, notamment, sur l'atteinte portée aux intérêts de la personne protégée. Or, il est fort à redouter, en l'absence de contrôle de la personne habilitée, que la mise à jour de telles atteintes intervienne tardivement. Le risque est d'autant plus grand que le cercle des personnes autorisées à saisir le juge des tutelles, en vue de la révocation de l'habilitation familiale, est ici beaucoup plus restreint que celui des personnes habituellement autorisées à saisir le juge des dysfonctionnements qu'elles constatent dans la protection d'un majeur vulnérable (C. civ., art. 430, 483, 4°, et 484).

1. Conseil des ministres, 14 oct. 2015 – Rapport au président de la République relatif à l'ordonnance n° 2015-1288 du 15 octobre 2015, *JO* 16 oct. 2015.

114.64 Soumission de la personne habilitée au pouvoir de surveillance générale du juge des tutelles et du procureur de la République. Les articles 494-1 à 494-12 prenant place dans un chapitre du Code civil consacré aux « mesures de protection juridique des majeurs » relevant du titre XI « De la majorité et des majeurs protégés par la loi », l'habilitation familiale est soumise, en l'absence de texte contraire, aux dispositions communes aux majeurs protégés (C. civ, art. 415 s.). Or, parmi celles-ci, l'article 416 attribue au juge des tutelles et au procureur de la République un pouvoir de surveillance générale sur les mesures de protection ouvertes dans leur ressort. À cette fin, ils peuvent faire visiter les personnes protégées ou celles qui font l'objet d'une demande de protection (C. civ., art. 416, al. 2). Les personnes chargées de la protection sont tenues de déférer à leur convocation et de leur communiquer toute information qu'ils requièrent (C. civ., art. 416, al. 3). L'article 417 alinéa 1er confère, en outre, au juge des tutelles le pouvoir de prononcer des injonctions contre les personnes chargées de la protection et de condamner à une amende civile de 3 000 euros celles qui n'y ont pas déféré (C. pr. civ., art. 1216). Il peut les dessaisir de leur mission en cas de manquement caractérisé dans l'exercice de celle-ci, après les avoir entendues ou appelées (C. civ., art. 417, al. 2) et peut organiser, au préalable, un débat contradictoire (C. pr. civ., art. 1213).

L'ensemble de cet arsenal se trouve expressément étendu à la personne habilitée par renvoi de l'article 1260-5 du Code de procédure civile aux dispositions des articles 1216 et 1213 de ce code. Ces mesures peuvent être mises en œuvre par le juge des tutelles, dès lors qu'il a connaissance des dysfonctionnements de la mesure de protection. C'est dire que le juge des tutelles peut s'auto-saisir pour révoquer la personne habilitée et mettre un terme à l'habilitation familiale sur le fondement de l'article 417 du Code civil, sans qu'une saisine par voie de requête émanant des proches de l'article 494-1 ou du parquet, sur le fondement des articles 494-10 ou 494-11, 2°, soit nécessaire (v. s[s] n° 114.21). Il est regrettable, dans ce contexte, que l'accès au dossier et la délivrance de copies au profit de la personne habilitée et de la personne protégée n'aient pas été réglées par un renvoi exprès des articles 1260-1 à 1260-12 du Code de procédure civile aux articles 1222, 1222-1, 1223 et 1223-1 de ce code.

114.65 Dépassement de pouvoirs. Notion. L'article 494-9 alinéa 4 du Code civil aligne la sanction des dépassements de pouvoirs de la personne habilitée sur celle du tuteur et du curateur. Ainsi, « *si la* *personne habilitée accomplit seule, en cette qualité, un acte n'entrant pas dans le champ de l'habilitation qui lui a été délivrée ou qui ne pouvait être accompli qu'avec l'autorisation du juge, l'acte est nul de plein droit sans qu'il soit nécessaire de justifier d'un préjudice* ». L'excès de pouvoirs désigne tout acte commis par le protecteur en dehors des limites de l'habilitation dont il a été investi. La disposition vise non seulement à garantir le périmètre de la mesure quant aux actes mais, aussi, à sauvegarder la sphère de capacité juridique laissée à la personne protégée. Il convient, en effet, de rappeler que cette dernière « *conserve l'exercice de ses droits autres que ceux dont l'exercice a été confié à la personne habilitée* » (C. civ, art. 494-8).

L'ordonnance ne règle pas expressément la question de la **sanction des conflits d'intérêts** entre le protecteur et la personne protégée, dans l'hypothèse où la personne habilitée n'a pas été autorisée par le juge des tutelles à effectuer l'acte pour lequel elle est conflictée (C. civ., art. 494-6, al. 6). La personne protégée n'étant pas en pareil cas valablement représentée, la sanction des dépassements de pouvoirs peut ici trouver à s'appliquer. Au demeurant, l'article 494-9, alinéa 4, vise, d'une manière générale, « *l'acte qui ne pouvait être accompli qu'avec l'autorisation du juge* », ce qui englobe les oppositions d'intérêts non purgées par une ordonnance du juge des tutelles. À défaut du droit tutélaire, le régime commun de la représentation, conduit, à frapper, lui aussi, les détournements de pouvoir de la personne habilitée de nullité relative, sous réserve de la bonne foi du tiers contractant (C. civ., art. 1157 [1]).

114.66 Dépassement de pouvoirs. Sanction. L'article 494-9 alinéa 6 du Code civil vise la nullité « *de plein droit* ». L'on retrouve ici la maladresse de rédaction désormais récurrente au sein des textes relatifs à la régularité des actes de la personne protégée et de son protecteur (C. civ., art. 494-9, al. 3 et 6 - C. civ., art. 465, al. 1er, 3° et 4°). La nullité dont il s'agit correspond, bien sûr, à la **nullité de droit** dont la nature, la prescription et le régime sont ici calqués sur ceux de la nullité sanctionnant les actes irréguliers de la personne à l'égard de qui l'habilitation a été délivrée (C. civ., art. 494-9, al. 5 et 6 - V. ss nos 114.55 à 114.58). L'article 494-9 alinéa 4 n'attire pas l'action en nullité des dépassements de pouvoirs de la personne habilitée. Pour autant, l'alinéa 6 du texte lui permet de procéder à la confirmation de l'acte nul avec l'autorisation du juge des tutelles, ce qui lui ouvre en creux l'exercice de l'action en nullité. Cette dernière peut être invoquée en tout état de cause par la personne protégée ayant recouvré sa capacité, son tuteur désigné après la révocation de l'habilitation familiale et, après son décès, ses héritiers.

1. Réd. Ord. n° 2016-131, 10 févr. 2016 (applicable aux instances introduites après le 1er octobre 2016).

CHAPITRE

115. Protection par l'habilitation familiale : cessation

SECTION 0 ORIENTEUR

115.00 Plan du chapitre.

115.01 Textes applicables.

TEXTES LÉGISLATIFS ET RÉGLEMENTAIRES NOUVEAUX

• **Décr. n° 2016-185, 23 févr. 2016,** pris pour l'application de l'ordonnance n° 2015-1228 du 15 octobre 2015, portant simplification et modernisation du droit de la famille, *JO* 25 févr. 2016, texte n° 26.

• **Ord. n° 2015-1288, 15 oct. 2015,** portant simplification et modernisation du droit de la famille, *JO* 26 oct., p. 19304.

TEXTES SOURCES

> Habilitation familiale : cessation

+ Ord. n° 2015-1228, 15 oct. 2015

C. civ., art. 494-11 et 494-12

> Habilitation familiale : juge compétent et procédure

+ Décr. n° 2016-185, 23 févr. 2016

C. pr. civ., art. 1260-1 à 1260-12

TEXTES *IN EXTENSO*

> Habilitation familiale : cessation

[C. civ., art. 494-11 et 494-12]

+ Ord. n° 2015-1228, 15 oct. 2015, art. 10

C. civ., art. 494-11

Outre le décès de la personne à l'égard de qui l'habilitation familiale a été délivrée, celle-ci prend fin :

1° Par le placement de l'intéressé sous sauvegarde de justice, sous curatelle ou sous tutelle;

2° En cas de jugement de mainlevée passé en force de chose jugée prononcé par le juge à la demande de l'une des personnes mentionnées à l'article 494-1 ou du procureur de la République, lorsqu'il s'avère que les conditions prévues à cet article ne sont plus réunies ou lorsque l'exécution de l'habilitation familiale est de nature à porter atteinte aux intérêts de la personne protégée;

3° De plein droit en l'absence de renouvellement à l'expiration du délai fixé;

4° Après l'accomplissement des actes pour lesquels l'habilitation avait été délivrée.

C. civ., art. 494-12

Les modalités d'application de la présente section sont précisées par décret en Conseil d'État.

> Habilitation familiale : juge compétent et procédure

[C. pr. civ., art. 1260-1 à 1260-12]

+ Décr. n° 2016-185, 23 févr. 2016, art. 16

* V. s[s] n° 113.01, > *Habilitation familiale : juge compétent et procédure*

115.03 Bibliographie indicative.

Ouvrage. P. Murat (dir.), Dalloz action *Droit de la famille*, 2016/2017, [habilitation familiale] n°s 335.181 à 335.212, par I. Maria.

Articles. J. Combret et N. Baillon-Wirtz, « L'habilitation familiale : une innovation à parfaire », *JCP N* 2016. 1248; « Réforme du droit de la famille, nouvelles procédures avec le décret du 23 février 2016 », *JCP N* 2016. 1098 – C. Coutant-Lapalus, « L'habilitation judiciaire familiale », *in* chron. « Droit de la famille », *JCP* 2016. 35, n° 1 – B. Mallet-Bricout, « La nouvelle habilitation familiale, ou le millefeuille de la représentation des majeurs protégés », *RTD civ.* 2016. 190 – I. Maria, « L'habilitation familiale, une nouvelle mesure de protection qui doit faire ses preuves », *Dr. fam.* 2016. Étude 5 – S. Moisdon-Chataignier, « L'extinction et le renouvellement de l'habilitation familiale », *Dr. fam.* 2016. Étude 47 – V. Montourcy, « Le regard critique de l'avocat », *AJ fam.* 2015. 605; « Habilitation familiale : de l'ordonnance du 15 octobre 2015 au décret du 23 février 2016, ou de Charybde en Scylla », *AJ fam.* 2016. 192 – D. Noguéro, « Les conditions de mise en œuvre de l'habilitation familiale », *D.* 2016. 151 – N. Peterka, « Déjudiciarisation de l'administration légale et renforcement du rôle de la famille dans la protection des majeurs. À propos de l'ordonnance du

15 octobre 2015 », *JCP* 2015. 1160; « Procédure devant le juge des tutelles en cas d'administration légale et d'habilitation familiale, *JCP* 2016. 281; « Le statut de la personne habilitée », *Dr. fam.* 2016. Étude 44 – G. Raoul-Cormeil, « L'habilitation familiale, une tutelle adoucie en la forme et au fond », *D.* 2015. 2335 – T. Verheyde, « Réforme du droit de la famille : l'habilitation familiale », *AJ fam.* 2015. 603; « Rôle du juge dans la mesure d'habilitation familiale : un juge présent, absent, puis potentiellement présent... », *AJ fam.* 2016. 188; « Procédure d'habilitation familiale », *AJ fam.* 2016. 1900.

115.05 Questions essentielles.
L'article 494-11, 2° du Code civil attitre l'action en révocation de l'habilitation familiale. Néanmoins, le texte ne met pas obstacle à la saisine d'office du juge des tutelles sur le fondement de son pouvoir de surveillance générale. Le renvoi de l'article 494-1 au droit commun du mandat conduit à privatiser le contrôle du compte final de gestion de la personne habilitée. Cette dernière peut voir sa responsabilité engagée dans les mêmes conditions que le mandataire de droit commun et le mandataire de protection future. Si la personne sous habilitation générale perd la capacité juridique de conclure un mandat protection future, celle sous habilitation spéciale conserve cette capacité dans la limite des actes exclus du périmètre des pouvoirs confiés à la personne habilitée. La conclusion d'un mandat de protection future par le majeur et sa mise en œuvre n'entraînent ni la cessation ni la neutralisation de l'habilitation familiale.

SECTION 1

CAUSES DE CESSATION DE L'HABILITATION FAMILIALE

§ 1

Causes de cessation de plein droit

115.11 Décès, absence de renouvellement de l'habilitation générale, accomplissement des actes en cas d'habilitation spéciale. L'article 494-11 du Code civil énumère les causes de cessation de l'habilitation familiale. Or, certains événements prévus par ce texte entraînent la cessation de cette mesure de protection, de manière automatique, sans qu'une intervention du juge des tutelles soit nécessaire pour la prononcer. Si « *l'absence de renouvellement à l'expiration du délai fixé* » est seule qualifiée expressément de cause de cessation « *de plein droit* » en cas d'habilitation générale (C. civ., art. 494-11, 3°), il n'en demeure pas moins que le décès de la personne à l'égard de qui l'habilitation est délivrée entraîne bien sûr, lui aussi, l'extinction automatique de cette mesure de protection. Il en est de même de l'accomplissement des actes par la personne investie d'une habilitation spéciale.

115.12 Placement sous sauvegarde de justice, curatelle ou tutelle. L'article 494-11 du Code civil prévoit que l'habilitation familiale « *prend fin* [...] *par le placement de l'intéressé sous sauvegarde de justice, sous curatelle ou sous tutelle* ». L'ordonnance du 15 octobre 2015 puise ici sa source d'inspiration dans les dispositions de l'article 483 alinéa 1er, 2° relatives à la cessation du mandat de protection future. Néanmoins, au rebours de ce dernier texte, l'article 494-11, 1° ne réserve pas la décision contraire du juge des tutelles. Pareille différence se comprend, à vrai dire, aisément. Si, en effet, le mandat de protection future peut coexister avec l'ouverture d'une mesure de protection judiciaire des majeurs, dès lors qu'il ne permet pas, en raison de son champ d'application, de pourvoir suffisamment aux intérêts du mandant ou du bénéficiaire (C. civ., art. 485, al. 2), aucune disposition ne prévoit expressément la coexistence de l'habilitation familiale avec un autre régime de protection. Pour autant, celle-ci ne saurait être exclue. L'article 494-6 alinéa 5 permet au juge de limiter l'habilitation familiale à la protection du patrimoine du majeur et de prononcer une tutelle pour la protection de sa personne dès lors que sa représentation s'avère nécessaire en matière personnelle (v. ss n° 114.41). La combinaison inverse, quoique sans doute plus marginale, est, elle aussi, possible. Or, pareille division de la protection de l'intéressé n'emporte évidemment pas l'extinction de l'habilitation familiale. Sa cessation de plein de droit implique que la protection du majeur soit réorganisée par la mise en place d'une sauvegarde de justice, d'une curatelle ou d'une tutelle au lieu et place de l'habilitation familiale.

À l'inverse des dispositions relatives au mandat de protection future (C. civ., art. 483), l'article 494-11 prévoit que l'habilitation familiale prend fin par le placement de l'intéressé sous sauvegarde de justice. La généralité des termes employés par le texte laisse entendre qu'il s'applique non seulement en cas d'ouverture d'une sauvegarde judiciaire mais, aussi, en cas d'ouverture d'une sauvegarde médicale, ce qui paraît pourtant assez peu cohérent.

115.13 Articulation avec les principes directeurs de la protection des majeurs. L'article 494-11, 1° du Code civil suggère que le placement de la personne sous sauvegarde de justice, curatelle ou tutelle emporte la cessation de l'habilitation familiale, sans que le juge ait à statuer sur son extinction. La jurisprudence relative à l'article 483 alinéa 1er, 1°, en matière de cessation du mandat de protection future, fournit un argument en ce sens (v. ss n° 413.22). Pour autant, si les dispositions de ce texte prêtent le flanc à la critique, en ce qu'elles heurtent le principe de subsidiarité des mesures de protection judiciaire par rapport au mandat de protection future, celles de l'article 494-11, 1° esquivent ce grief. En effet, contrairement à ce que prévoyait l'avant-projet d'ordonnance, l'ordonnance du 15 octobre 2015 ne situe pas l'habilitation familiale au sein de la gradation des mesures de protection judiciaire. Pareil positionnement s'avère, en effet, impossible en raison du caractère protéiforme de l'habilitation familiale et de son impact variable sur la capacité juridique de la personne protégée. L'habilitation familiale se démarque très nettement, sur ce point, des autres mesures de protection judiciaire. Si ces dernières confèrent au juge des tutelles un fort pouvoir d'individualisation de la protection, elles n'en obéissent pas moins toutes à un modèle propre qui les distingue les unes des autres et permet leur gradation.

L'habilitation familiale est assujettie aux principes de nécessité, de subsidiarité, de proportionnalité et d'individualisation des mesures de protection (v. s[s] n° 113.14). C'est dire que la cessation de cette mesure par l'ouverture d'une autre mesure de protection judiciaire ne peut pas s'abstraire de ces principes. La révocation de l'habilitation familiale est indissociable du prononcé de la mesure qui la remplace, si bien que le juge des tutelles ne peut pas faire l'économie de sa motivation (sur la publicité, v° s[s] n° 114.53 – C. pr. civ., art. 1260-12).

§ 2
Causes de cessation de droit

115.21 Disparition des conditions de l'habilitation familiale. Rétablissement des facultés de la personne protégée. L'article 494-11, 2° du Code civil prévoit deux causes de cessation de droit de l'habilitation familiale. Ces événements n'ôtent pas tout pouvoir d'appréciation au juge des tutelles mais ils lui imposent de révoquer la mesure d'habilitation dès lors qu'il en constate l'existence. La cessation de droit intervient, d'abord, « *lorsqu'il s'avère que les conditions prévues à* [l'article 494-1] *ne sont plus réunies* ». Le juge est alors tenu de prononcer la mainlevée du dispositif, lequel prend fin lorsque le jugement est passé en force de chose jugée[1]. Les conditions auxquelles renvoie l'article 494-11, 2° se confondent avec celles requises pour le prononcé de l'habilitation familiale. Il s'agit de la situation dans laquelle l'intéressé est hors d'état de manifester sa volonté par suite d'une altération de ses facultés mentales ou corporelles de nature à empêcher l'expression de sa volonté (C. civ., art. 494-1 et 425). L'habilitation familiale doit être ainsi révoquée par le juge toutes les fois que ce dernier constate le rétablissement des facultés de la personne à l'égard de qui elle a été délivrée. Sur ce terrain, les dispositions de l'article 494-11, 2° contrastent avec celles de l'article 483 alinéa 1er lequel érige, sous le mandat de protection future, le rétablissement des facultés personnelles du majeur en une cause de cessation de plein droit de ce dispositif de protection conventionnelle. L'habilitation familiale participe, elle, des mesures de protection judiciaire. Il est, dès lors, cohérent que le rétablissement de l'état de santé de l'intéressé soit constaté par le juge des tutelles. Bien qu'aucun texte ne l'exige formellement, le rétablissement sera établi le plus souvent au moyen d'un **certificat médical**, lequel peut être un simple certificat dressé par tout médecin.

115.22 Disparition des autres conditions de l'habilitation familiale. L'article 494-11, 2° du Code civil vise, de manière très large, l'hypothèse dans laquelle les conditions de l'article 494-1 « *ne sont plus réunies* ». La formule recouvre, non seulement, les conditions relatives à la personne à l'égard de qui l'habilitation est délivrée mais, aussi, celles relatives à la personne habilitée et, notamment, celles tirées du cercle des personnes susceptibles d'être habilitées. Ainsi, le **divorce**, la **dissolution du PACS** ou la **rupture du concubinage** imposent au juge des tutelles, lorsqu'il en est saisi, de mettre un terme à la mesure d'habilitation. Il en est de même en cas de **décès de la personne habilitée**. En effet, l'article 494-10 limite les pouvoirs du juge, en cas de difficultés nées du fonctionnement de l'habilitation familiale, à la modification de son étendue ou à sa cessation. Le texte ne permet pas de saisir le juge d'une requête en vue d'un changement de protecteur, ce qui est de nature à entraver la pérennité de ce dispositif de protection, sauf à ce que l'exercice en soit confié conjointement à plusieurs personnes.

115.23 Risque d'atteinte aux intérêts de la personne protégée. L'habilitation familiale prend fin « *en cas de jugement de mainlevée passé en force de chose jugée* [...] *lorsque l'exécution de l'habilitation familiale est de nature à porter atteinte aux intérêts de la personne protégée* » (C. civ., art. 494-11, 2°). La disposition fait écho à l'article 483 alinéa 1er, 4° lequel permet à tout intéressé de saisir le juge des tutelles d'une requête en vue de la révocation du mandat de protection future, lorsque son exécution est de nature à porter atteinte aux intérêts du mandant. La formule utilisée ici est suffisamment large pour englober non seulement **l'atteinte déjà portée aux intérêts du majeur** mais, aussi, **le risque d'atteinte** à ces derniers. Il n'est donc pas nécessaire que celle-ci se soit déjà réalisée pour que le juge prononce la mainlevée de l'habilitation familiale. L'article 494-11, 2° lui permet de la révoquer, de manière préventive.

115.24 Titularité de l'action en révocation. L'article 494-11, 2° du Code civil attire l'action en révocation de l'habilitation. La mainlevée de la mesure peut être prononcée par le juge des tutelles « *à la demande de l'une des personnes mentionnées à l'article 494-1 ou du procureur de la République* ». Peuvent ainsi seuls saisir le juge d'une action en révocation de l'habilitation familiale les ascendants, descendants de la personne protégée, ses frères et sœurs, conjoint, partenaire d'un PACS ou concubin, au sens de l'article 515-8 du Code civil (C. civ., art. 494-1 – L. n° 2015-177,

1. Sur la publicité de ce jugement, v. s[s] n° 114.53 – C. pr. civ., art. 1260-12, al. 1er.

16 févr. 2015, art. 1er, I, 2°). S'agissant du couple marié et de celui uni par un PACS, le texte subordonne, depuis la loi du 18 novembre 2016, l'exercice de l'action au maintien de la communauté de vie avec la personne protégée.

La restriction du cercle habituel des requérants laisse, ici, pour le moins perplexe, tant elle paraît peu propice à la préservation des intérêts de la personne vulnérable contre les dysfonctionnements que pourrait constater son entourage ou les tiers. Mais il est vrai que ceux-ci disposent de la faculté d'en signaler l'existence au Parquet et au juge des tutelles. En effet, d'une part, l'article 494-11, 2° permet au procureur de la République de saisir le juge des tutelles d'une demande de mainlevée de l'habilitation familiale. L'action du parquet n'est pas ici subordonnée à sa saisine préalable par l'un des membres de la proche famille du majeur, éligible à l'exercice de l'habilitation familiale. C'est dire que le procureur de la république peut agir, soit d'office, soit sur signalement d'un tiers. D'autre part, le juge des tutelles peut, d'office ou sur signalement, dessaisir la personne habilitée de ses fonctions et, par suite, mettre un terme à l'habilitation familiale en cas de manquement caractérisé dans l'exercice de sa mission (C. civ., art. 417 - V. ss nos 114.13 et 114.64).

115.25 Conclusion et mise en œuvre d'un mandat de protection future. L'article 494-2 du Code civil étend à l'habilitation familiale le principe de subsidiarité des mesures de protection judiciaire des majeurs par rapport au mandat de protection future. Le texte dispose, en effet, que « *l'habilitation familiale ne peut être ordonnée par le juge qu'en cas de nécessité et lorsqu'il ne peut être suffisamment pourvu aux intérêts de la personne par l'application des règles du droit commun de la représentation de celles relatives aux droits et devoirs respectifs des époux et des régimes matrimoniaux, en particulier celles prévues par les articles 217, 219, 1426 et 1429, ou par les stipulations du mandat de protection future conclu par l'intéressé* ». La disposition impose au juge de renoncer à l'ouverture d'une mesure d'habilitation, dès lors qu'il constate que le mandat de protection future ouvert à l'égard de la personne protégée suffit à préserver ses intérêts. Lorsqu'en revanche, la mise en œuvre du mandat ne permet pas, en raison de son champ d'application, de protéger suffisamment les intérêts personnels ou patrimoniaux du mandant ou du bénéficiaire du mandat, l'article 485 alinéa 2 permet au juge de prononcer une **mesure d'habilitation familiale en complément du mandat de protection future.** En effet, à la différence de l'alinéa 1er de ce texte, l'alinéa 2 ne renvoie pas aux seules dispositions des sections 1 à 4 du chapitre consacré aux mesures de protection juridique des majeurs mais, d'une manière plus large, à l'ouverture d'une « *mesure de protection juridique complémentaire* ». Le principe de subsidiarité de l'habilitation familiale par rapport au mandat de protection future conduit, en définitive, à étendre à cette nouvelle mesure de protection judiciaire les interrogations soulevées pour la mise en œuvre de ce principe en présence d'une personne sous mandat, visée par une requête en vue de l'ouverture d'une mesure de protection judiciaire (v. ss nos 411.42).

115.26 Position du débat. Bien plus délicate, et innovante, est la question de savoir si le mandat de protection future conclu pendant la durée de la mesure d'habilitation impose au juge d'y mettre un terme en vertu de l'article 494-2. En effet, si la personne sous habilitation générale perd la capacité de conclure un tel mandat pendant la durée de l'habilitation, celle bénéficiant d'une habilitation spéciale la conserve (C. civ., art. 494-8, al. 2). Surgit, dès lors, la question de savoir si, d'une part, le mandat de protection future peut coexister avec l'habilitation familiale, c'est-à-dire s'il peut porter sur des actes ne relevant pas du périmètre des pouvoirs confiés à la personne habilitée et, d'autre part, s'il peut, le cas échéant, la concurrencer par l'attribution au mandataire de pouvoirs identiques à ceux du protecteur.

115.27 Solution. Lorsque le mandat est signé et mis en œuvre pendant l'habilitation, rien ne s'oppose à la coexistence des deux dispositifs jusqu'à l'accomplissement des actes confiés à la personne habilitée, dès lors que cette dernière et le mandataire détiennent des pouvoirs différents. La personne protégée perd, en revanche, la capacité d'investir le mandataire de protection future du pouvoir d'accomplir les actes relevant du périmètre de la mission de la personne habilitée. L'ouverture de la mesure d'habilitation familiale conduit, en effet, à priver la personne à l'égard de qui l'habilitation est délivrée de sa capacité d'exercer les droits confiés au protecteur. La solution fournit un principe de résolution des actes contradictoires accomplis par le mandataire de protection future et la personne habilitée et fait opportunément obstacle à la neutralisation de l'habilitation familiale par la conclusion et la mise en œuvre d'un mandat de protection future.

SECTION 2
CONSÉQUENCES DE LA CESSATION DE L'HABILITATION FAMILIALE

§ 1
Conséquences à l'égard de la personne habilitée

115.31 Responsabilité civile. Renvoi au droit commun du mandat. L'article 494-1 du Code civil précise que la représentation découlant de l'habilitation familiale s'exerce « *dans les conditions et selon les modalités prévues à la présente section et à celles du* *titre XIII qui ne lui sont pas contraires* ». Le texte opère un renvoi au droit commun du mandat, prévu aux articles 1984 et suivants du Code civil. Ces derniers gouvernent l'habilitation familiale, sous réserve de l'existence de dispositions spéciales. Cette mesure emporte, pour la personne habilitée, le pouvoir de faire un ou plusieurs actes juridiques au nom de la personne protégée, et par suite d'engager cette dernière, dans les limites définies par le jugement d'habilitation. Par dérogation au droit commun du mandat, **la personne habilitée détient le pouvoir d'accomplir des actes de disposition relatifs au patrimoine de la personne protégée,** sans qu'il y ait ici à distinguer suivant que l'habilitation est spéciale ou générale. La responsabilité civile du protecteur ne saurait donc être recherchée, par ce biais, sur le fondement d'un dépassement de pouvoirs. L'article 424 du Code civil aligne, quant à lui, la responsabilité civile de la personne habilitée sur celle du mandataire de droit commun (C. civ., art. 424, al. 2, et 1992). Pareil alignement est étrange. Si, en effet, ce dernier se conçoit sur le terrain de la responsabilité civile du mandataire de protection future, la nature judiciaire de l'habilitation familiale, et par suite de la représentation qu'elle fait naître, dictait au contraire un renvoi aux dispositions de l'article 421. Le renvoi opéré par l'article 424 à l'article 1992 du Code civil conduit à autoriser la mise en œuvre de la responsabilité civile de la personne habilitée à raison de toutes ses fautes, qu'elles soient ou non dolosives (C. civ., art. 1992, al. 1er). Néanmoins, l'habilitation familiale s'exerçant à titre gratuit, la responsabilité de la personne habilitée doit s'apprécier moins rigoureusement que celle du mandataire rémunéré (C. civ., art. 494-1, al. 2, et 1992, al. 2).

115.32 Prescription de l'action. La question du renvoi aux dispositions du titre XIII du livre III du Code civil, relatives au mandat de droit commun, soulève la question du délai de prescription de l'action en responsabilité et de son point de départ. S'il est vrai qu'à l'instar du mandat de protection future, l'habilitation familiale est soumise aux dispositions des articles 1984 à 2010 qui ne sont pas incompatibles avec celles qui lui sont spécifiquement consacrées, l'article 424 relatif à la responsabilité de la personne habilitée et du mandataire de protection future relève des dispositions communes aux majeurs protégés. Le renvoi opéré par ce texte à l'article 1992 porte exclusivement sur la nature de la faute génératrice de responsabilité civile et son appréciation. Il ne concerne pas la prescription de l'action, laquelle relève des mesures communes aux majeurs protégés. Or, ces dernières fixent expressément la prescription à un délai de cinq ans à compter de la fin de la mesure de protection, alors même que la gestion aurait continué au-delà (C. civ., art. 423). L'article 423 apporte un tempérament à cette règle en reportant le point de départ de la prescription, en cas de cessation d'une curatelle par l'ouverture d'une tutelle, à l'expiration de cette dernière. L'ordonnance du 15 octobre 2015 n'a pas retouché le texte. La règle de l'interprétation stricte des exceptions s'oppose à ce que ce report s'étende en cas de cessation de l'habilitation familiale par l'ouverture d'une tutelle. Il reste que la prescription ne court pas contre celui qui est dans l'impossibilité d'agir. Aussi, la personne placée sous habilitation générale puis sous tutelle peut-elle mettre en œuvre la responsabilité civile de la personne habilitée dans un délai de cinq ans à compter du jour où, ayant recouvré sa capacité juridique, elle a eu connaissance de la faute génératrice de responsabilité (C. civ., art. 2235). Celle placée sous habilitation spéciale, puis sous tutelle, conserve pareillement cette faculté dans des conditions identiques. La suspension de la prescription est personnelle au majeur[1] et ne bénéficie pas au tuteur désigné après la cessation de l'habilitation familiale.

115.33 Établissement et vérification du compte final de gestion. Les articles 494-1 et suivants du Code civil n'imposent à la personne habilitée aucune obligation de rendre compte de sa gestion au directeur des services de greffe judiciaires et, le cas échéant, au juge des tutelles. L'habilitation familiale évacue la reddition annuelle des comptes dont sont tenus le tuteur et le curateur, sous la curatelle renforcée, ainsi que le mandataire spécial sous la sauvegarde de justice et le mandataire de protection future. L'habilitation familiale rejoint, sur ce terrain, l'habilitation judiciaire du régime primaire (C. civ., art. 219).

Il n'en demeure pas moins que le renvoi au droit commun du mandat conduit à transposer, sous l'habilitation familiale, l'obligation du mandataire de rendre compte au mandant au cours de sa mission, ce qui devrait inciter le recours aux habilitations conjointes (v. ss no 113.31). La personne habilitée n'échappe pas davantage à l'obligation d'établir un compte final de sa gestion. Le renvoi opéré par l'article 494-1 aux articles 1984 à 2010 du Code civil gouvernant le mandat de droit commun conduit en effet à appliquer, sous l'habilitation familiale, les dispositions de l'article 1993. Ce dernier texte énonce que « *tout mandataire est tenu de rendre compte de sa gestion, et de faire raison au mandant de tout ce qu'il a reçu en vertu de sa procuration, quand même ce qu'il a reçu n'eût point été dû au mandant* ».

115.34 Contenu de l'obligation de rendre compte. Si elle peut être écartée tacitement ou expressément sous le mandat de droit commun, l'obligation de ren-

1. POUR DES MINEURS, v. Civ. 2e, 25 nov. 1992, no 91-13.251, *Bull. civ.* II, no 277; *RTD civ.* 1993. 128, obs. Mestre; *R.*, p. 353 – Civ. 2e, 31 janv. 1996, no 94-13.665, *Bull. civ.* II, no 27 – Civ. 2e, 4 juill. 2007, no 06-15.644, *Bull. civ.* II, no 197; *D.* 2007. AJ 2106 – Com. 29 janv. 1974, *Bull. civ.* IV, no 36.

dre compte ne s'impose pas moins à tout mandataire, sans qu'il y ait ici à distinguer entre le mandat à titre gratuit et le mandat à titre onéreux, et se transmet, au décès du mandataire, à ses héritiers. Elle implique pour ce dernier de présenter son compte de gestion, lequel retrace les sommes dépensées et celles encaissées pour le compte du mandant, afin qu'il soit vérifié. L'obligation de rendre compte du mandataire de droit commun est très large. Elle lui impose non seulement de rendre compte au mandant, ou à ses héritiers, de toutes les sommes qu'il a perçues lors de l'exécution du mandat, y compris de celles qui l'ont été indûment pour le compte du mandant, et de celles qu'il a négligé de percevoir mais, aussi, en amont, d'informer le mandant du déroulement de sa mission au cours de l'exécution du mandat[1]. Or, si ce second versant de l'obligation de rendre compte est malaisément transposable sous l'habilitation familiale, à tout le moins en l'absence d'habilitation conjointe, rien ne s'oppose à ce que le premier versant de **l'obligation de rendre compte s'applique, à l'extinction de la mesure, au profit de la personne protégée ayant recouvré sa capacité, de ses héritiers ou, le cas échéant, de son nouveau protecteur.** C'est dire que si elle échappe à l'obligation de rendre compte annuellement de sa gestion, la personne habilitée est tenue en revanche de celle d'établir et de faire approuver le compte final de sa gestion.

115.35 Privatisation du contrôle du compte final. En l'absence de renvoi aux dispositions de l'article 511 du Code civil, la vérification et l'approbation des comptes finaux échappent au directeur des services de greffe judiciaires et au juge des tutelles. Le renvoi à l'article 1993 aboutit ainsi à la privatisation de la vérification et de l'approbation du compte final de l'habilitation familiale. L'application des dispositions gouvernant le droit commun du mandat abandonne aux mains du mandant, de ses héritiers ou de son représentant le soin d'attester que les sommes dues lui ont été réglées. Si elle se conçoit sous le mandat de protection future, pareille privatisation est pour le moins surprenante dès lors que l'habilitation familiale participe des régimes de protection judiciaire des majeurs.

115.36 Prescription de l'obligation de rendre des comptes. L'article 515 du Code civil limite, sous la tutelle, la curatelle renforcée et la sauvegarde de justice avec mandat spécial, l'action en reddition de compte, en revendication ou en paiement à un **délai de prescription de cinq ans** à compter de la fin de la mesure, alors même que la gestion aurait continué au-delà. Les articles 494-1 et suivants relatifs à l'habilitation familiale ne prévoient aucune disposition équivalente. Il s'ensuit qu'en application du droit commun de la prescription (C. civ., art. 2224), le compte final de gestion peut être réclamé à la personne habilitée dans les cinq ans qui suivent la fin de l'habilitation familiale, sous réserve des causes de suspension de la prescription prévues aux articles 2234 et 2235 et du délai butoir de vingt ans leur étant applicable (C. civ., art. 2232, al. 1er).

§ 2
Conséquences à l'égard de la personne protégée

115.41 Conséquences sur la capacité. La cessation de l'habilitation familiale a pour effet de restituer à la personne protégée l'intégralité de sa capacité juridique, dès lors que la mesure prend fin pour une cause autre que le placement de l'intéressé sous sauvegarde de justice avec mandat spécial, sous curatelle ou sous tutelle. La question se pose de savoir si les actes passés par la personne sous habilitation familiale sont soumis, lorsqu'elle cesse par l'ouverture de l'une de ces deux dernières mesures de protection, aux dispositions de l'article 464 du Code civil. Pareille interprétation conduirait à multiplier les périodes suspectes, en raison de la combinaison des articles 494-9 alinéa 2 et 464. Elle traduirait, si elle était retenue, un travestissement de la *ratio legis* de l'article 464 (v. ss nos 335.21 s.), lequel repose sur le souci de protéger la personne contre les actes qu'elle accomplit en contradiction de ses intérêts alors, qu'étant vulnérable, elle ne bénéficie pas encore d'un régime de protection des majeurs[2].

115.42 Conclusion et mise en œuvre d'un mandat de protection future. L'extinction de l'habilitation familiale peut donner lieu à la mise en œuvre d'un mandat de protection future. Si, en effet, la personne bénéficiant d'une mesure d'habilitation générale perd la capacité juridique de conclure un tel mandat pendant la durée de l'habilitation, celle placée sous une mesure d'habilitation spéciale la conserve (C. civ., art. 494-8, al. 2). La personne protégée dispose en ce cas, pendant le fonctionnement de la mesure, de la faculté de conclure un mandat de protection future pour elle-même, lequel pourra être mis en œuvre après l'accomplissement du ou des actes pour lesquels l'habilitation a été délivrée ou pour l'accomplissement d'autres actes que ceux couverts par l'habilitation spéciale. La personne sous habilitation générale peut conclure, quant à elle, un mandat de protection future après l'extinction de la mesure, pourvu que celle-ci ne résulte pas de son placement sous tutelle et qu'elle dispose de la lucidité suffisante pour passer cet acte.

1. M. Mekki, *J.-Cl. Civ.*, art. 1991 à 2003, fasc. 10, « Obligations du mandataire à l'égard du mandant et des tiers », spéc. nos 19 s.

2. J.-M. Plazy, « Les actes juridiques des majeurs protégés », *Mél. J. Hauser*, LexisNexis-Dalloz, 2012, p. 549 – J. Massip, « L'article 503 du Code civil », *Defrénois* 1985. 737.

TITRE

12. La protection du mineur par les parents

SECTION 0 ORIENTEUR

12.00 Plan du titre.

12.09 Division. Les dispositions communes à tous les régimes de protection du mineur seront étudiées dans les cinq premiers chapitres (chap. 121 à 125); les dispositions propres à l'administration légale du mineur feront l'objet du dernier chapitre (chap. 126).

CHAPITRE

121. Dispositions communes aux régimes de protection du mineur : compétence territoriale du juge aux affaires familiales

SECTION 0

ORIENTEUR

121.00 **Plan du chapitre.**

121.01 **Textes applicables.**

TEXTES LÉGISLATIFS ET RÉGLEMENTAIRES NOUVEAUX

• **Décr. n° 2016-185, 23 févr. 2016,** pris pour l'application de l'ordonnance n° 2015-1288 du 15 octobre 2015 portant simplification et modernisation du droit de la famille, *JO* 25 févr., texte n° 26.

• **Ord. n° 2015-1288, 15 oct. 2015,** portant simplification et modernisation du droit de la famille, *JO* 16 oct., p. 19304.

TEXTES SOURCES

> Compétence territoriale du juge aux affaires familiales

C. pr. civ., art. 1180-6 *et* 1211

> Compétence territoriale du juge français au regard du droit international privé

Conv. La Haye, 5 oct. 1961

Circ. garde des Sceaux, min. Justice, 1er juill. 1966

> Procédure civile tutélaire

+ Décr. n° 2016-185, 23 févr. 2016

C. pr. civ., art. 1180-6 à 1180-19, 1222-2, 1223, 1223-1, 1230, 1239-1

TEXTES *IN EXTENSO*

> Compétence territoriale du juge aux affaires familiales

C. pr. civ., art. 1180-6 (*réd. Décr. n° 2016-185, 23 févr. 2016, art. 4*)

Le juge des tutelles des mineurs territorialement compétent est celui de la résidence habituelle du mineur.

C. pr. civ., art. 1211 (*mod. par Décr. n° 2008-1276, 5 déc. 2008, art. 1er*)

Le juge des tutelles territorialement compétent est celui de la résidence habituelle de la personne à protéger ou protégée ou celui du domicile du tuteur.

> Compétence territoriale du juge français au regard du droit international privé

• **Conv. La Haye, 5 oct. 1961**

Art. 1er

Les autorités, tant judiciaires qu'administratives, de l'État de la résidence habituelle d'un mineur sont, sous réserve des dispositions des articles 3, 4 et 5, alinéa 3, de la présente Convention, compétentes pour prendre des mesures tendant à la protection de sa personne ou de ses biens.

Art. 2

Les autorités compétentes aux termes de l'article premier prennent les mesures prévues par leur loi interne.

Cette loi détermine les conditions d'institution, modification et cessation desdites mesures. Elle régit également leurs effets tant en ce qui concerne les rapports entre le mineur et les personnes ou institutions qui en ont la charge, qu'à l'égard des tiers.

Art. 3

Un rapport d'autorité résultant de plein droit de la loi interne de l'État dont le mineur est ressortissant est reconnu dans tous les États contractants.

Art. 4

Si les autorités de l'État dont le mineur est ressortissant considèrent que l'intérêt du mineur l'exige, elles peuvent, après avoir avisé les autorités de l'État de sa résidence habituelle, prendre selon leur loi interne des mesures tendant à la protection de sa personne ou de ses biens.

Cette loi détermine les conditions d'institution, modification et cessation desdites mesures. Elle régit également leurs effets tant en ce qui concerne les rapports entre le mineur et les personnes ou institutions qui en ont la charge, qu'à l'égard des tiers.

L'application des mesures prises est assurée par les autorités de l'État dont le mineur est ressortissant.

Les mesures prises en vertu des alinéas précédents du présent article remplacent les mesures éventuellement prises par les autorités de l'État où le mineur a sa résidence habituelle.

Art. 5

Au cas de déplacement de la résidence habituelle d'un mineur d'un État contractant dans un autre, les mesures prises par les autorités de l'État de l'ancienne résidence habituelle restent en vigueur tant que les autorités de la nouvelle résidence habituelle ne les ont pas levées ou remplacées.

Les mesures prises par les autorités de l'État de l'ancienne résidence habituelle ne sont levées ou remplacées qu'après avis préalable auxdites autorités.

Au cas de déplacement d'un mineur qui était sous la protection des autorités de l'État dont il est ressortissant, les mesures prises par elles suivant leur loi interne restent en vigueur dans l'État de la nouvelle résidence habituelle.

Art. 6

Les autorités de l'État dont le mineur est ressortissant peuvent, d'accord avec celles de l'État où il a sa résidence habituelle ou possède des biens, confier à celles-ci la mise en œuvre des mesures prises.

La même faculté appartient aux autorités de l'État de la résidence habituelle du mineur à l'égard des autorités de l'État où le mineur possède des biens.

Art. 7

Les mesures prises par les autorités compétentes en vertu des articles précédents de la présente Convention sont reconnues dans tous les États contractants. Si toutefois ces mesures comportent des actes d'exécution dans un État autre que celui où elles ont été prises, leur reconnaissance et exécution sont réglées soit par le droit interne de l'État où l'exécution est demandée, soit par les conventions internationales.

Art. 8

Nonobstant les dispositions des articles 3, 4 et 5, alinéa 3, de la présente Convention, les autorités de l'État de la résidence habituelle d'un mineur peuvent prendre des mesures de protection pour autant que le mineur est menacé d'un danger sérieux dans sa personne ou ses biens.

Les autorités des autres États contractants ne sont pas tenues de reconnaître ces mesures.

Art. 9

Dans tous les cas d'urgence, les autorités de chaque État contractant sur le territoire duquel se trouvent le mineur ou des biens lui appartenant, prennent les mesures de protection nécessaires.

Les mesures prises en application de l'alinéa précédent cessent, sous réserve de leurs effets définitifs, aussitôt que les autorités compétentes selon la présente Convention ont pris les mesures exigées par la situation.

Art. 10

Autant que possible, afin d'assurer la continuité du régime appliqué au mineur, les autorités d'un État contractant ne prennent de mesures à son égard qu'après avoir procédé à un échange de vues avec les autorités des autres États contractants dont les décisions sont encore en vigueur.

Art. 11

Toutes les autorités qui ont pris des mesures en vertu des dispositions de la présente Convention en informent sans délai les autorités de l'État dont le mineur est ressortissant et, le cas échéant, celles de l'État de sa résidence habituelle.

Chaque État contractant désignera les autorités qui peuvent donner et recevoir directement les informations visées à l'alinéa précédent.

Il notifiera cette désignation au ministère des Affaires étrangères des Pays-Bas.

Art. 12

Aux fins de la présente Convention on entend par « mineur » toute personne qui a cette qualité tant selon la loi interne de l'État dont elle est ressortissante que selon la loi interne de sa résidence habituelle.

Art. 13

La présente Convention s'applique à tous les mineurs qui ont leur résidence habituelle dans un des États contractants.

Toutefois les compétences attribuées par la présente Convention aux autorités de l'État dont le mineur est ressortissant sont réservées aux États contractants.

Chaque État contractant peut se réserver de limiter l'application de la présente Convention aux mineurs qui sont ressortissants d'un des États contractants.

Art. 14

Aux fins de la présente Convention, si la loi interne de l'État dont le mineur est ressortissant consiste en un système non unifié, on entend par « loi interne de l'État dont le mineur est ressortissant » et par « autorités de l'État dont le mineur est ressortissant » la loi et les autorités déterminées par les règles en vigueur dans ce système et, à défaut de telles règles, par le lien le plus effectif qu'a le mineur avec l'une des législations composant ce système.

Art. 15

Chaque État contractant peut réserver la compétence de ses autorités appelées à statuer sur une demande en annulation, dissolution ou relâchement du lien conjugal entre les parents d'un mineur, pour prendre des mesures de protection de sa personne ou de ses biens.

Les autorités des autres États contractants ne sont pas tenues de reconnaître ces mesures.

Art. 16

Les dispositions de la présente Convention ne peuvent être écartées dans les États contractants que si leur application est manifestement incompatible avec l'ordre public.

• **Circ. garde des Sceaux, min. Justice, 1er juill. 1966** (*JO* 7 juill. et rect. *JO* 27 juill., spéc. nos 12 à 15)

12 L'application des règles de compétence *ratione loci* pose quelques problèmes lorsque la tutelle ou l'administration légale en cause présente un aspect international.

Il y a lieu tout d'abord de noter que le juge des tutelles français peut, à l'égard du mineur français domicilié en France, prendre des mesures relatives aux biens situés à l'étranger, sauf à respecter les règles de formes de la loi étrangère pour les actes accomplis sur ces biens.

13 En ce qui concerne les mineurs français domiciliés à l'étranger, les principes suivants doivent, semble-t-il, être retenus :

1 – Compétence du juge français en vertu des articles 14 et 15 du Code civil :

Ces articles sont en effet interprétés très largement par la jurisprudence et déclarés notamment applicables en matière gracieuse. Le juge français saisi doit donc se déclarer compétent lorsque le mineur est domicilié à l'étranger dès lors qu'il est français. Le juge du lieu de la situation des biens du mineur, celui de son ancien domicile, celui du domicile de certains membres de la famille du mineur seraient particulièrement qualifiés pour prendre une décision.

2 – Compétence des autorités locales sous réserve qu'elles appliquent les règles de fond de la loi française :

En effet, si les règles relatives à la capacité d'un mineur français et à l'organisation de la tutelle sont nécessairement régies par sa loi personnelle (Civ. 2 juin 1908, *S.* 1911-385 – Civ. 13 juin 1960; *D.* 1960-5-97, note Malaurie, *Rev. crit. DIP* 1969, note Jambu Merlin), il convient d'admettre, quant à la procédure et la compétence, l'application de la loi du for. Ainsi, par exemple; rien ne s'opposerait à ce qu'un juge des tutelles allemand prenne, conformément à la loi française, une décision relative à un mineur français domicilié en Allemagne. Il en sera vraisemblablement ainsi (et il est souhaitable qu'il en soit ainsi) lorsque les biens sur lesquels il s'agit de faire un acte seront situés en Allemagne.

3 – Compétence des consuls dans la mesure où ils étaient autrefois compétents (réunion et présidence des conseils de famille) :

Rien ne s'oppose à ce que les attributions qui étaient autrefois confiées aux consuls leur soient toujours reconnues. Il ne paraît pas, en revanche, possible de leur donner un rôle juridictionnel (reddition d'ordonnance) qui ne serait d'ailleurs pas admis par la loi locale.

Il convient de remarquer que le rôle ainsi reconnu aux consuls leur permettrait de prendre les mesures relatives à l'organisation de la tutelle. En ce qui concerne l'administration légale, aucune mesure particulière n'est nécessaire pour organiser le régime puisque l'administrateur légal est investi de plein droit par la loi. Ainsi, le mineur français domicilié à l'étranger pourrait toujours avoir un représentant légal, celui-ci pouvant demander ensuite les autorisations nécessaires soit à un juge français, soit à un juge étranger.

14 En ce qui concerne les mineurs étrangers domiciliés en France, il y a lieu de maintenir les solutions dégagées par la jurisprudence et la doctrine.

Compétence des autorités françaises saisies appliquant les règles de fond de la loi nationale du mineur.

Application de la règle de fond française en cas d'urgence ou si le rôle attribué par la loi personnelle aux autorités judiciaires ou administratives est incompatible avec les pouvoirs déférés par la loi française au juge des tutelles.

Il convient en outre de rappeler que, conformément à la jurisprudence de la Cour de cassation, le juge français, s'il lui est toujours possible de tenir compte de la loi étrangère, n'est pas obligé d'en faire application d'office (Civ. 2 mars 1960, *Rev. crit. DIP* 1960. 97).

15 Les règles exposées ci-dessus ne sont évidemment valables que sous réserve des conventions internationales qui comporteraient des dispositions contraires.

Ce n'est pas le cas. des conventions consulaires qui se bornent à reconnaître, avec réciprocité, certains pouvoirs aux consuls en matière de tutelle (conv. du 7 janv. 1862, art. 20, avec l'Espagne; les 7 janv. 1876, art. 15, et 2 mars 1878 avec la Grèce; des 27 nov. 1886 et 27 juill. 1887 avec le Mexique; des 11 juill. 1866, art. 27, et 27 juill. 1867 avec le Portugal; du 25 oct. 1882, art. 15, avec la République Dominicaine; et du 5 juill. 1878, art. 15, avec le Salvador).

En revanche, la convention franco-suisse du 15 juin 1869 (art. 10) et la convention franco-belge du 8 juillet 1899 (art. 1er et 6) comportent des règles de conflit de loi. Les solutions adoptées par ces accords internationaux suscitant des difficultés et n'étant plus d'ailleurs adaptées à la législation nouvelle, la Chancellerie a saisi le département des affaires étrangères en vue de leur révision éventuelle.

> Procédure civile tutélaire

+ Décr. nº 2016-185, 23 févr. 2016, art. 4

Nota 1 : Ces dispositions sont applicables aux administrations légales en cours au jour de leur entrée en vigueur.

[C. pr. civ., art. 1180-7 à 1180-19, 1222-2, 1223, 1223-1, 1230, 1239-1]

* V. ss nº 123.01

121.02 Jurisprudence de référence.

> Protection de la vie familiale par la Constitution

• **Cons. const. 17 mai 2013, nº 2013-669 DC** (consid. 16)

* V. ss nº 121.12

Le droit de mener une vie familiale normale résulte du Préambule de la Constitution de 1946 en son dixième alinéa qui dispose que « *la Nation assure à l'individu et à la famille les conditions nécessaires à leur développement* ».

> Protection de la vie familiale par la Convention européenne des droits de l'homme (art. 8)

• **CEDH 13 juill. 2000, *Elshotz c/Allemagne*, req. nº 25735/94** (JURISPRUDENCE CONSTANTE)

* V. ss nº 121.12

Le fait d'être ensemble, pour un parent et son enfant, est un élément fondamental de la vie familiale et les mesures internes qui y mettent obstacle constituent une ingérence dans le droit au respect de la vie familiale protégé par l'article 8 de la Convention.

La notion de famille au sens de l'article 8 ne se borne pas aux relations fondées sur le mariage et peut englober d'autres liens « familiaux » factuels lorsque les parents cohabitent en dehors du mariage. Un enfant issu d'une telle relation s'insère de plein droit dans cette cellule dès sa naissance et par le fait même de celle-ci.

• **CEDH, sect. 3, 21 oct. 2004, *L. et U. c/Norvège*, req. nº 75531/01.**

* V. ss nº 121.12.

Un simple lien biologique, sans autres éléments juridiques ou factuels indiquant l'existence de rapports personnels étroits entre un parent et un enfant, n'est pas suffisant pour qu'entre en jeu la protection de l'article 8 de la convention (1re affaire).

Un doute peut ainsi exister sur l'existence d'une vie familiale entre des enfants de mêmes parents biologiques mais qui ne se connaissent pas (2e affaire).

121.03 Bibliographie indicative.

> Aspects internationaux. D. Boulanger, « Responsabilité parentale et protection des enfants. La convention de La Haye du 19 octobre 1996 entre en vigueur », *JCP N* 2011. Actu. 182 – M.-C. Celeyron-Bouillot, « Litige international d'autorité parentale », *AJ fam.* 2008. 279 – P. Courbe, « L'application directe de la Convention des Nations unies sur les droits de l'enfant », *D.* 2006. Chron. 1487 s. – A. Gouttenoire, « La Convention internationale des droits de l'enfant a, enfin, trouvé grâce aux yeux de la Cour de cassation ! », *Dr. fam.* 2005. Comm. 156 – F. Granet-Lambrechts et Y. Strickler, « Droit pour le mineur capable de discernement à être entendu en justice », *JCP* 2005. II. 10081 – C. Neirinck et P.-M. Martin, « Un traité bien mal traité », *JCP* 1993. I. 3677.

Dossiers spéciaux : dossier sur « les enlèvements internationaux d'enfants », *AJ fam.* 2002. 318 – dossier sur « la convention de La Haye », *AJ fam.* 2006. 178.

> Famille et Convention européenne des droits de l'homme. A. Gouttenoire, « La famille dans la jurisprudence de la Cour européenne des droits de l'homme », *Dr. fam.* 2011. Étude 10.

121.04 **Exemples d'actes.**

> Régimes de protection des majeurs (transposables aux mineurs)

* Pour un exemple d'ordonnance de dessaisissement, v. s^{s} n° 5231.21

SECTION 1
COMPÉTENCE DU JUGE DE LA RÉSIDENCE HABITUELLE

121.11 **Compétence territoriale du juge aux affaires familiales de la résidence habituelle du mineur.** L'article 1211 du Code de procédure civile, applicable avant le décret n° 2016-185 du 23 février 2016, pris à la suite de l'ordonnance n° 2015-1288 du 15 octobre 2015 portant simplification et modernisation du droit de la famille, ne fait aucune distinction entre la protection des mineurs et celle des majeurs : le juge compétent est le juge dans le ressort duquel la personne à protéger, mineure ou majeure, a sa résidence habituelle[1].

L'article 1180-6 issu du décret n° 2016-185 du 23 février 2016 dispose que « *le juge des tutelles des mineurs territorialement compétent est celui de la résidence du mineur* ». Cet article figure au chapitre IX section I consacré à l'exercice de l'autorité parentale; l'article 1211 demeurant applicable en matière de tutelle des mineurs et des majeurs.

La **saisine d'un juge ne répondant pas aux critères** ainsi posés n'est **sanctionnée par aucun texte**. Sous l'empire de la loi du 14 décembre 1964, il avait été jugé que la partie qui avait saisi un juge, afin de demander l'organisation de la tutelle d'un mineur, n'était pas recevable à contester ultérieurement la compétence territoriale de ce magistrat, ce dernier n'étant pas tenu de soulever d'office cette incompétence[2]. Une circulaire ministérielle en date du 1er juillet 1996[3] considérait que la compétence territoriale du juge des tutelles n'avait pas un caractère impératif et la Cour de cassation avait décidé que la délibération d'un conseil de famille présidé par un juge territorialement incompétent n'était pas nulle, dès lors qu'elle n'était pas entachée de fraude à l'égard du mineur[4].

Les textes issus de la loi du 5 mars 2007 et ceux plus récents issus de la loi du 16 février 2015[5], dont le décret précité, n'ont pas remis en cause ces principes qui devraient toujours trouver à s'appliquer, sous réserve de l'interprétation qui en sera faite. Il convient d'ailleurs d'observer que l'article 402 du Code civil, reprenant les dispositions de l'article 416 ancien, stipule que les délibérations du conseil de famille sont nulles, lorsqu'elles ont été surprises par dol ou fraude ou que des formalités substantielles ont été omises. Dans son interprétation, la jurisprudence considérait d'ailleurs que la compétence territoriale du juge des tutelles n'était pas une **formalité substantielle**[6].

121.12 **Critères de détermination de la résidence habituelle du mineur.** Les articles 1180-6 et 1211 du Code de procédure civile, comme l'article 1070 du même code qui évoque la « *résidence de la famille* », se réfèrent à la notion de résidence habituelle et non plus à celle de domicile, ce qui devrait inviter à rechercher la réalité du lieu habituel de vie, le « *milieu actuel* » dans lequel évolue l'enfant (au sens de l'article 375-2 du Code civil). Il doit, à cet égard, être rappelé que le Conseil constitutionnel[7] a rappelé que le Préambule de la Constitution de 1946 dispose que « *la Nation assure à l'individu et à la famille les conditions nécessaires à leur développement* » et que la Cour européenne des droits de l'homme a rappelé dans plusieurs arrêts que la protection de la vie familiale est un droit fondamental au sens de l'article 8 de la Convention[8]. Il est donc particulièrement important que le juge soit attentif à cette dimension lorsqu'il doit apprécier le lieu habituel de vie de l'enfant. Cette détermination est laissée à l'appréciation souveraine du juge du fond qui peut en outre soulever d'office son incompétence territoriale mais n'y est pas tenu[9]. L'incompétence territoriale du juge des tutelles ne peut elle-même être considérée comme une formalité substantielle[10]. Le plus souvent, la résidence coïncidera avec le domicile, mais pas toujours.

1. Concernant les règles de compétence territoriale du juge des tutelles français au regard du droit international privé : Conv. La Haye, 5 oct. 1961, entrée en vigueur pour la France le 4 févr. 1969 – Circ. garde des Sceaux, min. Justice, 1er juill. 1966, *JO* 7 juill. 1966, et rect. *JO* 27 juill. 1966, n°s 12 à 15.
2. Civ. 1re, 28 avr. 1982, n° 81-11.438, *Bull. civ.* I, n° 150; *JCP* 1982. IV. 238 – Civ. 1re, 4 déc. 1990, n° 89-18.257, *Bull. civ.* I, n° 279.
3. Circ. 1er juill. 1996, n° 11, *JO* 7 juill.
4. Civ. 8 juill. 1952, *D.* 1953. 217.
5. L. n° 2015-177, 16 févr. 2015, relative à la modernisation et à la simplification du droit et des procédures dans les domaines de la justice et des affaires intérieures, *JO* 17 févr., p. 2961.
6. Civ. 1re, 6 oct. 1982, *Juris-Data* n° 702098, *JCP* 1982. IV. 370.
7. Cons. const. 17 mai 2013, n° 2013-669 DC (consid. 16).
8. CEDH 13 juill. 2000, *Elshotz c/Allemagne*, req. n° 25735/94, *JCP* 2001. 1. 291, obs. Sudre – CEDH, sect. 3, 21 oct. 2004, *L. et U. c/Norvège*, req. n° 75531/01.
9. Civ. 1re, 4 déc. 1990, n° 89-18.257, *Bull. civ.* I, n° 279; *Defrénois* 1991. 677, note Massip.
10. Civ. 1re, 6 oct. 1982, n° 81-13.774, *Bull. civ.* I, n° 278.

En principe, et sous le régime de **l'administration légale**, le mineur non émancipé est domicilié chez ses père et mère (C. civ., art. 108-2), qui exercent en commun l'autorité parentale. Si les père et mère ont des domiciles distincts, la compétence est celle du juge du lieu où réside effectivement l'enfant (C. civ., art. 108-2 al. 2). En cas de résidence alternée, soit les parents conviennent ensemble de la compétence territoriale du juge qu'ils saisissent, soit on peut considérer que l'option est ouverte entre les deux lieux de résidence.

Dans le régime de **la tutelle**, et par analogie, le mineur sous tutelle est domicilié chez son tuteur[1]. Toutefois, cette règle n'est pas exempte de difficultés en particulier quand il s'agit de saisir le juge aux fins d'ouverture de la tutelle. Le tuteur n'étant désigné qu'après la décision d'ouverture de ce régime de protection, il est le plus souvent pertinent de prendre en considération la **résidence effective du mineur** lors de la saisine du juge, plutôt que le domicile d'un éventuel tuteur.

Comme auparavant, quand le mineur est amené pour des raisons familiales ou autres (par ex. un placement) à changer de résidence, son représentant légal doit en informer le juge aux affaires familiales antérieurement saisi, lequel va transmettre le dossier de la tutelle (ou de l'administration légale) au juge aux affaires familiales du nouveau domicile. Une mention de cette transmission devra être conservée au greffe du tribunal de grande instance initialement saisi. S'il l'estime opportun, le juge peut toujours décider, mais ce n'est pas une obligation, de transmettre le dossier au juge du nouveau domicile du mineur.

SECTION 2
COMPÉTENCE DU JUGE FRANÇAIS

121.21 Compétence du juge français pour des mineurs français vivant à l'étranger ou possédant des biens à l'étranger et à l'égard des mineurs étrangers. La jurisprudence interprétait jusqu'à présent largement les dispositions des articles 14 et 15 du Code civil et le juge français saisi pour un enfant mineur domicilié à l'étranger devait se déclarer compétent dès lors que l'enfant était français. L'appréciation de la compétence territoriale relevait de l'appréciation souveraine du juge qui était le plus souvent soit celui de la situation des biens du mineur, soit celui de l'ancien domicile, soit celui du domicile d'un membre de sa famille. La nouvelle rédaction de l'article 1211 du Code de procédure civile ouvre à notre sens la discussion.

En tout état de cause, **lorsqu'un mineur français réside à l'étranger**, les autorités locales sont compétentes pour intervenir en appliquant les règles de sa loi personnelle, donc de la loi française.

Lorsqu'un **mineur français résidant en France** possède des biens situés à l'étranger, le juge français est compétent pour intervenir à condition de respecter les règles de forme de la loi étrangère notamment en demandant un certificat de coutume à l'ambassade ou au consulat du pays concerné (Circ. 1er juill. 1966).

S'agissant des **enfants mineurs étrangers**, deux situations distinctes sont à envisager suivant qu'ils sont isolés ou non.

– Lorsque **le mineur est domicilié ou a sa résidence habituelle en France**, le juge français a compétence pour intervenir et doit, en principe, appliquer les règles de fond de la loi nationale du mineur sauf en cas d'urgence ou si le rôle attribué aux autorités judiciaires ou administratives par la loi personnelle du mineur est incompatible avec les attributions conférées au juge des tutelles français par la loi française. Il est à noter que les autorités dont le mineur est ressortissant peuvent, après avoir avisé les autorités de la résidence habituelle du mineur, prendre les mesures tendant à la protection du mineur qu'elles estiment nécessaires en application de leur propre loi (Conv. La Haye, art. 4). Si, quand il est saisi, le juge français doit en principe appliquer la loi nationale du mineur, ce qui dans certains cas s'avère particulièrement complexe, il n'a pas l'obligation de le faire d'office[2] (v. s^s^ n°s 02.51 à 02.57).

– Lorsque **le mineur étranger est isolé**, arrivé en France souvent de manière irrégulière, sans famille ni repères ni parfois véritable identité vérifiable, les magistrats du parquet et les juges des enfants sont souvent saisis dans l'urgence d'une demande de protection. Sauf cas particuliers, l'intervention du juge des enfants en assistance éducative rencontre ses limites sur la durée, en l'absence de référent titulaire de l'autorité parentale. La tutelle départementale est alors parfois sollicitée auprès du juge des tutelles pour des mineurs qui peuvent avoir été confiés au service de l'Aide sociale à l'enfance, en particulier par le juge des enfants (v. s^s^ n° 132.12).

1. Civ. 1re, 20 juin 1995, n° 93-17.865, *Bull. civ.* I, n° 272; *D.* 1995. 177; *RTD civ.* 1995. 864, obs. Hauser; *Defrénois* 1996. 340, obs. Massip; Rép. pr. civ., v° *Domicile et demeure*, avr. 2008, par J.-F. Pansier, n° 10 – Rép. civ., v° *Domicile, demeure et logement familial*, juin 2014 [actu. juin 2015], par Y. Buffelan-Lanore, n° 64 – *RDSS* 1996. 391, obs. Monéger.

2. Civ. 1re, 2 mars 1960, *Rev. crit. DIP* 1960. 97.

CHAPITRE

122. Dispositions communes aux régimes de protection du mineur : compétence d'attribution du juge aux affaires familiales

SECTION 0 ORIENTEUR

122.00 **Plan du chapitre.**

122.01 **Textes applicables.**

TEXTES LÉGISLATIFS ET RÉGLEMENTAIRES NOUVEAUX

• **L. n° 2016-1547, 18 nov. 2016,** de modernisation de la justice du XXIe siècle, *JO* 19 nov., texte n° 1.

• **L. n° 2016-297, 14 mars 2016,** relative à la protection de l'enfant, *JO* 15 mars, texte n° 1.

• **Ord. n° 2015-1288, 15 oct. 2015,** portant simplification et modernisation du droit de la famille, *JO* 16 oct., p. 19304.

• **L. n° 2015-177, 16 févr. 2015,** relative à la modernisation et à la simplification du droit et des procédures dans les domaines de la justice et des affaires intérieures, *JO* 17 févr., p. 2961.

• **L. n° 2013-404, 17 mai 2013,** ouvrant le mariage aux couples de personnes de même sexe, *JO* 18 mai, p. 8253.

TEXTES SOURCES

> Compétence de principe du JAF en matière de tutelle des mineurs
COJ, art. L. 213-3-1

> Sauvegarde des intérêts de l'enfant par le JAF
+ L. n° 2013-404, 17 mai 2013

C. civ., art. 371-3 à 371-5, 373-2-6

> Autorité parentale : définition et exercice en commun
+ L. n° 2013-404, 17 mai 2013

C. civ., art. 371-1, 371-2, 372, 373 et 373-2

> Autorité parentale relativement aux biens de l'enfant
+ Ord. n° 2015-1288, 15 oct. 2015

• **administration légale**
C. civ., art. 382 à 386

• **jouissance légale**
C. civ., art. 386-1 à 386-4

• **intervention du juge des tutelles**
C. civ., art. 387 à 387-6, 391, 392, 411-1, 413-5

> Autorité parentale : délégation partielle ou totale
C. civ., art. 376 à 377-3

> Autorité parentale : retrait partiel ou total sans condamnation pénale
C. civ., art. 378-1 à 381

> Autorité parentale : retrait partiel ou total au cas de condamnation pénale
+ L. n° 2016-297, 14 mars 2016

C. civ., art. 378 à 381

C. pén., art. 222-31-2, 227-27-3

> Assistance éducative
C. civ., art. 375 à 375-9

> Déclaration judiciaire de délaissement parental
+ L. n° 2016-297, 14 mars 2016, art. 40

C. civ., art. 381-1 et 381-2

TEXTES *IN EXTENSO*

> Compétence de principe du JAF en matière de tutelle des mineurs

COJ, art. L. 213-3-1

Le juge aux affaires familiales exerce les fonctions de juge des tutelles des mineurs.

Il connaît :

1° De l'émancipation ;

2° De l'administration légale et de la tutelle des mineurs ;

3° De la tutelle des pupilles de la Nation.

> Sauvegarde des intérêts de l'enfant par le JAF
[C. civ., art. 371-3 à 371-5 et 373-2-6]

C. civ., art. 371-3

L'enfant ne peut, sans permission de ses père et mère, quitter la maison familiale et il ne peut en être retiré que dans les cas de nécessité que détermine la loi.

C. civ., art. 371-4 *(mod. par L. n° 2013-404, 17 mai 2013, art. 9)*

L'enfant a le droit d'entretenir des relations personnelles avec ses ascendants. Seul l'intérêt de l'enfant peut faire obstacle à l'exercice de ce droit.

Si tel est l'intérêt de l'enfant, le juge aux affaires familiales fixe les modalités des relations entre l'enfant et un tiers, parent ou non, en particulier lorsque ce tiers a résidé de manière stable avec lui et l'un de ses parents, a pourvu à son éducation, à son entretien ou à son installation, et a noué avec lui des liens affectifs durables.

C. civ., art. 371-5

L'enfant ne doit pas être séparé de ses frères et sœurs, sauf si cela n'est pas possible ou si son intérêt commande une autre solution.

S'il y a lieu, le juge statue sur les relations personnelles entre les frères et sœurs.

C. civ., art. 373-2-6

Le juge du tribunal de grande instance délégué aux affaires familiales règle les questions qui lui sont soumises dans le cadre du présent chapitre en veillant spécialement à la sauvegarde des intérêts des enfants mineurs.

Le juge peut prendre les mesures permettant de garantir la continuité et l'effectivité du maintien des liens de l'enfant avec chacun de ses parents.

Il peut notamment ordonner l'interdiction de sortie de l'enfant du territoire français sans l'autorisation des deux parents. Cette interdiction de sortie du territoire sans l'autorisation des deux parents est inscrite au fichier des personnes recherchées par le procureur de la République.

> Autorité parentale : définition et exercice en commun
[C. civ., art. 371-1 à 373 et 373-2]

C. civ., art. 371-1 *(mod. par L. n° 2013-404, 17 mai 2013, art. 13)*

L'autorité parentale est un ensemble de droits et de devoirs ayant pour finalité l'intérêt de l'enfant.

Elle appartient aux père et mère jusqu'à la majorité ou l'émancipation de l'enfant pour le protéger dans sa sécurité, sa santé et sa moralité, pour assurer son éducation et permettre son développement, dans le respect dû à sa personne.

Les parents associent l'enfant aux décisions qui le concernent, selon son âge et son degré de maturité.

C. civ., art. 371-2

Chacun des parents contribue à l'entretien et à l'éducation des enfants à proportion de ses ressources, de celles de l'autre parent, ainsi que des besoins de l'enfant.

Cette obligation ne cesse pas de plein droit lorsque l'enfant est majeur.

C. civ., art. 372 *(mod. par L. n° 2016-1547, 18 nov. 2016, art. 16)*

Les père et mère exercent en commun l'autorité parentale.

Toutefois, lorsque la filiation est établie à l'égard de l'un d'entre eux plus d'un an après la naissance d'un enfant dont la filiation est déjà établie à l'égard de l'autre, celui-ci reste seul investi de l'exercice de l'autorité parentale. Il en est de même lorsque la filiation est judiciairement déclarée à l'égard du second parent de l'enfant.

L'autorité parentale pourra néanmoins être exercée en commun en cas de déclaration conjointe des père et mère devant le directeur des services de greffe judiciaires du tribunal de grande instance ou sur décision du juge aux affaires familiales.

C. civ., art. 373

Est privé de l'exercice de l'autorité parentale le père ou la mère qui est hors d'état de manifester sa volonté, en raison de son incapacité, de son absence ou de toute autre cause.

C. civ., art. 373-2

La séparation des parents est sans incidence sur les règles de dévolution de l'exercice de l'autorité parentale.

Chacun des père et mère doit maintenir des relations personnelles avec l'enfant et respecter les liens de celui-ci avec l'autre parent.

Tout changement de résidence de l'un des parents, dès lors qu'il modifie les modalités d'exercice de l'autorité parentale, doit faire l'objet d'une information préalable et en temps utile de l'autre parent. En cas de désaccord, le parent le plus diligent saisit le juge aux affaires familiales qui statue selon ce qu'exige l'intérêt de l'enfant. Le juge répartit les frais de déplacement et ajuste en conséquence le montant de la contribution à l'entretien et à l'éducation de l'enfant.

> Autorité parentale relativement aux biens de l'enfant
[C. civ., art. 382 à 387-6, 391, 411, 411-1 et 413-5]

+ Ord. n° 2015-1288, 15 oct. 2015, art. 3

* V. aussi s[s] n° 126.01

• administration légale
[C. civ., art. 382 à 386]

+ Ord. n° 2015-1288, 15 oct. 2015, art. 3

Nota 1 : Conformément à l'article 17 de l'ordonnance n° 2015-1288 du 15 octobre 2015, les présents articles sont entrés en vigueur le 1er janvier 2016. Toutefois, ils sont applicables aux administrations légales en cours au jour de leur entrée en vigueur.

C. civ., art. 382

L'administration légale appartient aux parents. Si l'autorité parentale est exercée en commun par les deux parents, chacun d'entre eux est administrateur légal. Dans les autres cas, l'administration légale appartient à celui des parents qui exerce l'autorité parentale.

C. civ., art. 382-1

Lorsque l'administration légale est exercée en commun par les deux parents, chacun d'eux est réputé, à l'égard des tiers, avoir reçu de l'autre le pouvoir de faire seul les actes d'administration portant sur les biens du mineur.

La liste des actes qui sont regardés comme des actes d'administration est définie dans les conditions de l'article 496.

C. civ., art. 383

Lorsque les intérêts de l'administrateur légal unique ou, selon le cas, des deux administrateurs légaux sont en opposition avec ceux du mineur, ces derniers demandent la nomination d'un administrateur *ad hoc* par le juge des tutelles. À défaut de diligence des administrateurs légaux, le juge peut procéder à cette nomination à la demande du ministère public, du mineur lui-même ou d'office.

Lorsque les intérêts d'un des deux administrateurs légaux sont en opposition avec ceux du mineur, le juge des tutelles peut autoriser l'autre administrateur légal à représenter l'enfant pour un ou plusieurs actes déterminés.

C. civ., art. 384

Ne sont pas soumis à l'administration légale les biens donnés ou légués au mineur sous la condition qu'ils soient administrés par un tiers.

Le tiers administrateur a les pouvoirs qui lui sont conférés par la donation, le testament ou, à défaut, ceux d'un administrateur légal.

Lorsque le tiers administrateur refuse cette fonction ou se trouve dans une des situations prévues aux articles 395 et 396, le juge des tutelles désigne un administrateur *ad hoc* pour le remplacer.

C. civ., art. 385

L'administrateur légal est tenu d'apporter dans la gestion des biens du mineur des soins prudents, diligents et avisés, dans le seul intérêt du mineur.

C. civ., art. 386 *(mod. par L. n° 2016-1547, 18 nov. 2016, art. 16)*

L'administrateur légal est responsable de tout dommage résultant d'une faute quelconque qu'il commet dans la gestion des biens du mineur.

Si l'administration légale est exercée en commun, les deux parents sont responsables solidairement.

L'État est responsable des dommages susceptibles d'être occasionnés par le juge des tutelles et le directeur des services de greffe judiciaires du tribunal de grande instance dans l'exercice de leurs fonctions en matière d'administration légale, dans les conditions prévues à l'article 412.

L'action en responsabilité se prescrit par cinq ans à compter de la majorité de l'intéressé ou de son émancipation.

• **Jouissance légale**

[C. civ., art. 386-1 à 386-4]

+ Ord. n° 2015-1288, 15 oct. 2015, art. 3

Nota 1 : (reprise du même texte).

C. civ., art. 386-1

La jouissance légale est attachée à l'administration légale : elle appartient soit aux parents en commun, soit à celui d'entre eux qui a la charge de l'administration.

C. civ., art. 386-2

Le droit de jouissance cesse :

1° Dès que l'enfant a seize ans accomplis ou même plus tôt quand il contracte mariage;

2° Par les causes qui mettent fin à l'autorité parentale ou par celles qui mettent fin à l'administration légale;

3° Par les causes qui emportent l'extinction de tout usufruit.

C. civ., art. 386-3

Les charges de cette jouissance sont :

1° Celles auxquelles sont tenus les usufruitiers;

2° La nourriture, l'entretien et l'éducation de l'enfant, selon sa fortune;

3° Les dettes grevant la succession recueillie par l'enfant en tant qu'elles auraient dû être acquittées sur les revenus.

C. civ., art. 386-4

La jouissance légale ne s'étend pas aux biens :

1° Que l'enfant peut acquérir par son travail;

2° Qui lui sont donnés ou légués sous la condition expresse que les parents n'en jouiront pas;

3° Qu'il reçoit au titre de l'indemnisation d'un préjudice extrapatrimonial dont il a été victime.

intervention du juge des tutelles

[C. civ., art. 387 à 387-6, 391, 411, 411-1 et 413-5]

+ Ord. n° 2015-1288, 15 oct. 2015, art. 3, 6 et 7

Nota 1 : (reprise du même texte).

C. civ., art. 387 *(Ord. n° 2015-1288, 15 oct. 2015, art. 3)*

En cas de désaccord entre les administrateurs légaux, le juge des tutelles est saisi aux fins d'autorisation de l'acte.

C. civ., art. 387-1 *(Ord. n° 2015-1288, 15 oct. 2015, art. 3)*

L'administrateur légal ne peut, sans l'autorisation préalable du juge des tutelles :

1° Vendre de gré à gré un immeuble ou un fonds de commerce appartenant au mineur;

2° Apporter en société un immeuble ou un fonds de commerce appartenant au mineur;

3° Contracter un emprunt au nom du mineur;

4° Renoncer pour le mineur à un droit, transiger ou compromettre en son nom;

5° Accepter purement et simplement une succession revenant au mineur;

6° Acheter les biens du mineur, les prendre à bail; pour la conclusion de l'acte, l'administrateur légal est réputé être en opposition d'intérêts avec le mineur;

7° Constituer gratuitement une sûreté au nom du mineur pour garantir la dette d'un tiers;

8° Procéder à la réalisation d'un acte portant sur des valeurs mobilières ou instruments financiers au sens de l'article L. 211-1 du code monétaire et financier, si celui-ci engage le patrimoine du mineur pour le présent ou l'avenir par une modification importante de son contenu, une dépréciation significative de sa valeur en capital ou une altération durable des prérogatives du mineur.

L'autorisation détermine les conditions de l'acte et, s'il y a lieu, le prix ou la mise à prix pour lequel l'acte est passé.

C. civ., art. 387-2 *(Ord. n° 2015-1288, 15 oct. 2015, art. 3)*

L'administrateur légal ne peut, même avec une autorisation :

1° Aliéner gratuitement les biens ou les droits du mineur;

2° Acquérir d'un tiers un droit ou une créance contre le mineur;

3° Exercer le commerce ou une profession libérale au nom du mineur;

4° Transférer dans un patrimoine fiduciaire les biens ou les droits du mineur.

C. civ., art. 387-3 *(Ord. n° 2015-1288, 15 oct. 2015, art. 3)*

À l'occasion du contrôle des actes mentionnés à l'article 387-1, le juge peut, s'il l'estime indispensable à la sauvegarde des intérêts du mineur, en considération de la composition ou de la valeur du patrimoine, de l'âge du mineur ou de sa situation familiale, décider qu'un acte ou une série d'actes de disposition seront soumis à son autorisation préalable.

Le juge est saisi aux mêmes fins par les parents ou l'un d'eux, le ministère public ou tout tiers ayant connaissance d'actes ou omissions qui compromettent manifestement et substantiellement les intérêts patrimoniaux du mineur ou d'une situation de nature à porter un préjudice grave à ceux-ci.

Les tiers qui ont informé le juge de la situation ne sont pas garants de la gestion des biens du mineur faite par l'administrateur légal.

C. civ., art. 387-4 *(Ord. n° 2015-1288, 15 oct. 2015, art. 3)*

À l'occasion du contrôle qu'il exerce en application des articles 387-1 et 387-3, le juge peut demander à l'administrateur légal qu'un inventaire du patrimoine du mineur lui soit transmis ainsi que, chaque année, un inventaire actualisé.

Une copie de l'inventaire est remise au mineur âgé de seize ans révolus.

C. civ., art. 387-5 *(mod. par L. n° 2016-1547, 18 nov. 2016, art. 16)*

À l'occasion du contrôle mentionné à l'article précédent, le juge peut demander à l'administrateur légal de soumettre au directeur des services de greffe judiciaires du tribunal de grande instance un compte de gestion annuel, accompagné des pièces justificatives, en vue de sa vérification.

Lorsque des comptes ont été demandés, l'administrateur légal doit remettre au directeur des services de greffe judiciaires, à la fin de sa mission, un compte définitif des opérations intervenues depuis l'établissement du dernier compte annuel.

Le directeur des services de greffe judiciaires peut être assisté dans sa mission de contrôle des comptes dans les conditions fixées par le code de procédure civile. Il peut aussi solliciter des établissements auprès desquels des comptes sont ouverts au nom du mineur un relevé annuel de ceux-ci sans que puisse lui être opposé le secret professionnel ou le secret bancaire.

S'il refuse d'approuver le compte, le directeur des services de greffe judiciaires dresse un rapport des difficultés rencontrées, qu'il transmet au juge. Celui-ci statue sur la conformité du compte.

Si l'importance et la composition du patrimoine du mineur le justifient, le juge peut décider que la mission de vérification et d'approbation sera exercée, aux frais du mineur et selon les modalités qu'il fixe, par un technicien.

Une copie des comptes de gestion est remise au mineur âgé de seize ans révolus.

L'action en reddition de comptes, en revendication ou en paiement se prescrit par cinq ans à compter de la majorité de l'intéressé.

C. civ., art. 387-6 *(Ord. n° 2015-1288, 15 oct. 2015, art. 3)*

L'administrateur légal est tenu de déférer aux convocations du juge des tutelles et du procureur de la République et de leur communiquer toute information qu'ils requièrent.

C. civ., art. 391 *(Ord. n° 2015-1288, 15 oct. 2015, art. 6)*

En cas d'administration légale, le juge des tutelles peut, à tout moment et pour cause grave, soit d'office, soit à la requête de parents ou alliés ou du ministère public, décider d'ouvrir la tutelle après avoir entendu ou appelé, sauf urgence, l'administrateur légal. Celui-ci ne peut faire aucun acte de disposition à partir de la demande et jusqu'au jugement définitif sauf en cas d'urgence.

Si la tutelle est ouverte, le juge des tutelles convoque le conseil de famille, qui peut soit nommer comme tuteur l'administrateur légal, soit désigner un autre tuteur.

C. civ., art. 411 *(Ord. n° 2015-1288, 15 oct. 2015, art. 6)*

Si la tutelle reste vacante, le juge des tutelles la défère à la collectivité publique compétente en matière d'aide sociale à l'enfance.

En ce cas, la tutelle ne comporte ni conseil de famille ni subrogé tuteur.

C. civ., art. 411-1 *(Ord. n° 2015-1288, 15 oct. 2015, art. 6)*

Le juge des tutelles et le procureur de la République exercent une surveillance générale des tutelles de leur ressort.

Les tuteurs et autres organes tutélaires sont tenus de déférer à leur convocation et de leur communiquer toute information qu'ils requièrent.

Le juge peut prononcer contre eux des injonctions et condamner à l'amende civile prévue par le code de procédure civile ceux qui n'y ont pas déféré.

C. civ., art. 413-5 *(Ord. n° 2015-1288, 15 oct. 2015, art. 7)*

Le compte de l'administration, le cas échéant, ou de la tutelle est rendu au mineur émancipé dans les conditions prévues respectivement par les articles 387-5 et 514.

> Autorité parentale : délégation totale ou partielle
[C. civ., art. 376 à 377-3]

C. civ., art. 376

Aucune renonciation, aucune cession portant sur l'autorité parentale, ne peut avoir d'effet, si ce n'est en vertu d'un jugement dans les cas déterminés ci-dessous.

C. civ., art. 376-1

Un juge aux affaires familiales peut, quand il est appelé à statuer sur les modalités de l'exercice de l'autorité parentale ou sur l'éducation d'un enfant mineur ou quand il décide de confier l'enfant à un tiers, avoir égard aux pactes que les père et mère ont pu librement conclure entre eux à ce sujet, à moins que l'un d'eux ne justifie de motifs graves qui l'autoriseraient à révoquer son consentement.

C. civ., art. 377 *(L. n° 2016-297, 14 mars 2016, art. 38)*

Les père et mère, ensemble ou séparément, peuvent, lorsque les circonstances l'exigent, saisir le juge en vue de voir déléguer tout ou partie de l'exercice de leur autorité parentale à un tiers, membre de la famille, proche digne de confiance, établissement agréé pour le recueil des enfants ou service départemental de l'aide sociale à l'enfance.

En cas de désintérêt manifeste ou si les parents sont dans l'impossibilité d'exercer tout ou partie de l'autorité parentale, le particulier, l'établissement ou le service départemental de l'aide sociale à l'enfance qui a recueilli l'enfant ou un membre de la famille peut également saisir le juge aux fins de se faire déléguer totalement ou partiellement l'exercice de l'autorité parentale.

Dans ce dernier cas, le juge peut également être saisi par le ministère public, avec l'accord du tiers candidat à la délégation totale ou partielle de l'exercice de l'autorité parentale, à l'effet de statuer sur ladite délégation. Le cas échéant, le ministère public est informé par transmission de la copie du dossier par le juge des enfants ou par avis de ce dernier.

Dans tous les cas visés au présent article, les deux parents doivent être appelés à l'instance. Lorsque l'enfant concerné fait l'objet d'une mesure d'assistance éducative, la délégation ne peut intervenir qu'après avis du juge des enfants.

C. civ., art. 377-1

La délégation, totale ou partielle, de l'autorité parentale résultera du jugement rendu par le juge aux affaires matrimoniales.

Toutefois, le jugement de délégation peut prévoir, pour les besoins de l'éducation de l'enfant, que les père et mère, ou l'un d'eux, partageront tout ou partie de l'exercice de l'autorité parentale avec le tiers délégataire. Le partage nécessite l'accord du ou des parents en tant qu'ils exercent l'autorité parentale. La présomption de l'article 372-2 est applicable à l'égard des actes accomplis par le ou les délégants et le délégataire.

Le juge peut être saisi des difficultés que l'exercice partagé de l'autorité parentale pourrait générer pour les parents, le délégataire ou le ministère public. Il statue conformément aux dispositions de l'article 372-2-11.

C. civ., art. 377-2

La délégation pourra, dans tous les cas, prendre fin ou être transférée par un nouveau jugement, s'il est justifié de circonstances nouvelles.

Dans le cas où la restitution de l'enfant est accordée aux père et mère, le juge aux affaires familiales met à leur charge, s'ils ne sont indigents, le remboursement de tout ou partie des frais d'entretien.

C. civ., art. 377-3

Le droit de consentir à l'adoption du mineur n'est jamais délégué.

> Autorité parentale : retrait partiel ou total sans condamnation pénale
[C. civ., art. 378-1 à 381]

C. civ., art. 378-1 *(mod. par L. n° 2016-297, 14 mars 2016, art. 25 et 41)*

Peuvent se voir retirer totalement l'autorité parentale, en dehors de toute condamnation pénale, les père et mère qui, soit par de mauvais traitements, soit par une consommation habituelle et excessive de boissons alcooliques ou un usage de stupéfiants, soit par une inconduite notoire ou des comportements délictueux, notamment lorsque l'enfant est témoin de pressions ou de violences, à caractère physique ou psychologique, exercées par l'un des parents sur la personne de l'autre, soit par un défaut de soins ou un manque de direction, mettent manifestement en danger la sécurité, la santé ou la moralité de l'enfant.

Peuvent pareillement se voir retirer totalement l'autorité parentale, quand une mesure d'assistance éducative avait été prise à l'égard de l'enfant, les père et mère qui, pendant plus de deux ans, se sont volontairement abstenus d'exercer les droits et de remplir les devoirs que leur laissait l'article 375-7.

L'action en retrait total de l'autorité parentale est portée devant le tribunal de grande instance, soit par le ministère public, soit par un membre de la famille ou le tuteur de l'enfant, soit par le service départemental de l'aide sociale à l'enfance auquel l'enfant est confié.

C. civ., art. 379

Le retrait total de l'autorité parentale prononcé en vertu de l'un des deux articles précédents porte de plein droit sur tous les attributs, tant patrimoniaux que personnels, se rattachant à l'autorité parentale; à défaut d'autre détermination, il s'étend à tous les enfants mineurs déjà nés au moment du jugement.

Il emporte, pour l'enfant, dispense de l'obligation alimentaire, par dérogation aux articles 205 à 207, sauf disposition contraire dans le jugement de retrait.

C. civ., art. 379-1

Le jugement peut, au lieu du retrait total, se borner à prononcer un retrait partiel de l'autorité parentale, limité aux attributs qu'il spécifie. Il peut aussi décider que le retrait total ou partiel de l'autorité parentale n'aura d'effet qu'à l'égard de certains des enfants déjà nés.

C. civ., art. 380

En prononçant le retrait total ou partiel de l'autorité parentale ou du droit de garde, la juridiction saisie devra, si l'autre parent est décédé ou s'il a perdu l'exercice de l'autorité parentale, soit désigner un tiers auquel l'enfant sera provisoirement confié à charge pour lui de requérir l'organisation de la tutelle, soit confier l'enfant au service de l'aide sociale à l'enfance.

Elle pourra prendre les mêmes mesures lorsque l'autorité parentale est dévolue à l'un des parents par l'effet du retrait total de l'autorité parentale prononcé contre l'autre.

C. civ., art. 381

Les père et mère qui ont fait l'objet d'un retrait total ou partiel de l'autorité parentale ou d'un retrait de droits pour l'une des causes prévues aux articles 378 et 378-1, pourront, par requête, obtenir du tribunal de grande instance, en justifiant de circonstances nouvelles, que leur soient restitués en tout ou partie, les droits dont ils avaient été privés.

La demande en restitution ne pourra être formée qu'un an au plus tôt après que le jugement prononçant le retrait total ou partiel est devenu irrévocable; en cas de rejet, elle ne pourra être renouvelée qu'après une nouvelle période d'un an. Aucune demande ne sera recevable lorsque, avant le dépôt de la requête, l'enfant aura été placé en vue de l'adoption.

Si la restitution est accordée, le ministère public requerra, le cas échéant, des mesures d'assistance éducative.

> Autorité parentale : retrait partiel ou total au cas de condamnation pénale
[C. civ., art. 378 et 379 à 381, et C. pén., art. 222-31-2 et 227-27-3]

C. civ., art. 378

Peuvent se voir retirer totalement l'autorité parentale par une décision expresse du jugement pénal les père et mère qui sont condamnés, comme auteurs, coauteurs ou complices d'un crime ou d'un délit, commis sur la personne de leur enfant, soit comme coauteurs ou complices d'un crime ou délit commis par leur enfant, soit comme auteurs, coauteurs ou complices d'un crime sur la personne de l'autre parent.

Ce retrait est applicable aux ascendants autres que les père et mère pour la part d'autorité parentale qui peut leur revenir sur leurs descendants.

C. civ., art. 379 à 381

* V. *supra* s[s] prés[t] n°, > *Autorité parentale : retrait partiel ou total sans condamnation pénale*

C. pén., art. 222-31-2 *(mod. par L. n° 2016-297, 14 mars 2016, art. 44)*

Lorsque le viol incestueux ou l'agression sexuelle incestueuse est commis contre un mineur par une personne titulaire sur celui-ci de l'autorité parentale, la juridiction de jugement doit se prononcer sur le retrait total ou partiel de cette autorité en application des dispositions des articles 378 et 379-1 du Code civil.

Elle peut alors statuer sur le retrait de cette autorité en ce qu'elle concerne les frères et sœurs mineurs de la victime.

Si les poursuites ont lieu devant la cour d'assises, celle-ci statue sur cette question sans l'assistance des jurés.

C. pén., art. 227-27-3 *(mod. par L. n° 2016-297, 14 mars 2016, art. 44)*

Lorsque l'atteinte sexuelle incestueuse est commise sur la victime par une personne titulaire de l'autorité parentale sur le mineur, la juridiction de jugement doit se prononcer sur le retrait total ou partiel de cette autorité en application des dispositions des articles 378 et 379-1 du Code civil.

Elle peut alors statuer sur le retrait de cette autorité en ce qu'elle concerne les frères et sœurs mineurs de la victime.

Si les poursuites ont lieu devant la cour d'assises, celle-ci statue sur cette question sans l'assistance des jurés.

> Assistance éducative
[C. civ., art. 375, 375-1, 375-3 et 375-6 à 375-9]

C. civ., art. 375 *(mod. par L. n° 2016-297, 14 mars 2016, art. 28 et 30)*

Si la santé, la sécurité ou la moralité d'un mineur non émancipé sont en danger, ou si les conditions de son éducation ou de son développement physique, affectif, intellectuel et social sont gravement compromises, des mesures d'assistance éducative peuvent être ordonnées par justice à la requête des pères et mère conjointement, ou de l'un d'eux, de la personne ou du service à qui l'enfant a été confié ou du tuteur, du mineur lui-même ou du ministère public. Dans les cas où le ministère public a été avisé par le président du conseil départemental, il s'assure que la situation du mineur entre dans le champ d'application de l'article L. 226-4 du Code de l'action sociale et des familles. Le juge peut se saisir d'office à titre exceptionnel.

Elles peuvent être ordonnées en même temps pour plusieurs enfants relevant de la même autorité parentale.

La décision fixe la durée de la mesure sans que celle-ci puisse excéder deux ans. La mesure peut être renouvelée par décision motivée.

Cependant, lorsque les parents présentent des difficultés relationnelles et éducatives graves, sévères et chroniques, évaluées comme telles dans l'état actuel des connaissances, affectant durablement leurs compétences dans l'exercice de leur responsabilité parentale, une mesure d'accueil exercée par un service ou une institution peut être ordonnée pour une durée supérieure, afin de permettre à l'enfant de bénéficier d'une continuité relationnelle, affective et géographique dans son lieu de vie dès lors qu'il est adapté à ses besoins immédiats et à venir.

Un rapport concernant la situation de l'enfant doit être transmis annuellement, ou tous les six mois pour les enfants de moins de deux ans, au juge des enfants.

C. civ., art. 375-1

Le juge des enfants est compétent, à charge d'appel, pour tout ce qui concerne l'assistance éducative.

Il doit toujours s'efforcer de recueillir l'adhésion de la famille à la mesure envisagée et se prononcer en stricte considération de l'intérêt de l'enfant.

C. civ., art. 375-3

Si la protection de l'enfant l'exige, le juge des enfants peut décider de le confier :

1° À l'autre parent;

2° À un autre membre de la famille ou à un tiers digne de confiance;

3° À un service départemental de l'Aide sociale à l'enfance;

4° À un service ou à un établissement habilité pour l'accueil de mineurs à la journée ou suivant toute autre modalité de prise en charge;

5° À un service ou à un établissement sanitaire ou d'éducation, ordinaire ou spécialisé.

Toutefois, lorsqu'une requête en divorce a été présentée ou un jugement de divorce rendu entre les père et mère ou lorsqu'une requête en vue de statuer sur la résidence et les droits de visite afférents à un enfant a été présentée ou une décision rendue entre les père et mère, ces mesures ne peuvent être prises que si un fait nouveau de nature à entraîner un danger pour le mineur s'est révélé postérieurement à la décision statuant sur les modalités de l'exercice de l'autorité parentale ou confiant l'enfant à un tiers. Elles ne peuvent faire obstacle à la faculté qu'aura le juge aux affaires familiales de décider, par application de l'article 373-3, à qui l'enfant devra être confié. Les mêmes règles sont applicables à la séparation de corps.

C. civ., art. 375-6

Les décisions prises en matière d'assistance éducative peuvent être, à tout moment, modifiées ou rapportées par le juge qui les a rendues soit d'office, soit à la requête des père et mère conjointement, ou de l'un d'eux, de la personne ou du service à qui l'enfant a été confié ou du tuteur, du mineur lui-même ou du ministère public.

C. civ., art. 375-7 *(mod. par L. n° 2016-731, 3 juin 2016, art. 50)*

Les père et mère de l'enfant bénéficiant d'une mesure d'assistance éducative continuent à exercer tous les attributs de l'autorité parentale qui ne sont pas inconciliables avec cette mesure. Ils ne peuvent, pendant la durée de cette mesure, émanciper l'enfant sans autorisation du juge des enfants.

Sans préjudice de l'article 373-4 et des dispositions particulières autorisant un tiers à accomplir un acte non usuel sans l'accord des détenteurs de l'autorité parentale, le juge des enfants peut exceptionnellement, dans tous les cas où l'intérêt de l'enfant le justifie, autoriser la personne, le service ou l'établissement à qui est confié l'enfant à exercer un acte relevant de l'autorité parentale en cas de refus abusif ou injustifié ou en cas de négligence des détenteurs de l'autorité parentale, à charge pour le demandeur de rapporter la preuve de la nécessité de cette mesure.

Le lieu d'accueil de l'enfant doit être recherché dans l'intérêt de celui-ci et afin de faciliter l'exercice du droit de visite et d'hébergement par le ou les parents et le maintien de ses liens avec ses frères et sœurs en application de l'article 371-5.

S'il a été nécessaire de confier l'enfant à une personne ou un établissement, ses parents conservent un droit de correspondance ainsi qu'un droit de visite et d'hébergement. Le juge en fixe les modalités et peut, si l'intérêt de l'enfant l'exige, décider que l'exercice de ces droits, ou de l'un d'eux, est provisoirement suspendu. Il peut également, par décision spécialement motivée, imposer que le droit de visite du ou des parents ne peut être exercé qu'en présence d'un tiers qu'il désigne lorsque l'enfant est confié à une personne ou qui est désignée par l'établissement ou le service à qui l'enfant est confié. Les modalités d'organisation de la visite en présence d'un tiers sont précisées par décret en Conseil d'État.

Si la situation de l'enfant le permet, le juge fixe la nature et la fréquence des droits de visite et d'hébergement et peut décider que leurs conditions d'exercice sont déterminées conjointement entre les titulaires de l'autorité parentale et la personne, le service ou l'établissement à qui l'enfant est confié, dans un document qui lui est alors transmis. Il est saisi en cas de désaccord.

Le juge peut décider des modalités de l'accueil de l'enfant en considération de l'intérêt de celui-ci. Si l'intérêt de l'enfant le nécessite ou en cas de danger, le juge décide de l'anonymat du lieu d'accueil.

Lorsqu'il fait application des articles 375-2, 375-3 ou 375-5, le juge peut également ordonner l'interdiction de sortie du territoire de l'enfant. La décision fixe la durée de cette interdiction qui ne saurait excéder deux ans. Cette interdiction de sortie du territoire est inscrite au fichier des personnes recherchées par le procureur de la République.

C. civ., art. 375-8

Les frais d'entretien et d'éducation de l'enfant qui a fait l'objet d'une mesure d'assistance éducative continuent d'incomber à ses père et mère ainsi qu'aux ascendants auxquels des aliments peuvent être réclamés, sauf la faculté pour le juge de les en décharger en tout ou en partie.

C. civ., art. 375-9

La décision confiant le mineur, sur le fondement du 5° de l'article 375-3, à un établissement recevant des personnes hospitalisées en raison de troubles mentaux, est ordonnée après avis médical circonstancié d'un médecin extérieur à l'établissement, pour une durée ne pouvant excéder quinze jours.

La mesure peut être renouvelée, après avis médical conforme d'un psychiatre de l'établissement d'accueil, pour une durée d'un mois renouvelable.

> Déclaration judiciaire de délaissement parental

[C. civ., art. 381-1 et 381-2]

+ L. n° 2016-297, 14 mars 2016, art. 40

C. civ., art. 381-1

Un enfant est considéré comme délaissé lorsque ses parents n'ont pas entretenu avec lui les relations nécessaires à son éducation ou à son développement pendant l'année qui précède l'introduction de la requête, sans que ces derniers en aient été empêchés par quelque cause que ce soit.

C. civ., art. 381-2

Le tribunal de grande instance déclare délaissé l'enfant recueilli par une personne, un établissement ou un service départemental de l'aide sociale à l'enfance qui se trouve dans la situation mentionnée à l'article 381-1 pendant l'année qui précède l'introduction de la demande en déclaration judiciaire de délaissement parental. La demande en déclaration de délaissement parental est obligatoirement transmise, à l'expiration du délai d'un an prévu à l'article 381-1, par la personne, l'établissement ou le service départemental de l'aide sociale à l'enfance qui a recueilli l'enfant, après que des mesures appropriées de soutien aux parents leur ont été proposées. La demande peut également être présentée par le ministère public agissant d'office ou, le cas échéant, sur proposition du juge des enfants.

La simple rétractation du consentement à l'adoption, la demande de nouvelles ou l'intention exprimée mais non suivie d'effet de reprendre l'enfant ne constituent pas un acte suffisant pour rejeter de plein droit une demande en déclaration de délaissement parental et n'interrompent pas le délai mentionné au premier alinéa du présent article.

Le délaissement parental n'est pas déclaré si, au cours du délai mentionné au premier alinéa, un membre de la famille a demandé à assumer la charge de l'enfant et si cette demande est jugée conforme à l'intérêt de ce dernier.

Le délaissement parental peut être déclaré à l'endroit des deux parents ou d'un seul.

Lorsqu'il déclare l'enfant délaissé, le tribunal délègue par la même décision l'autorité parentale sur l'enfant à la personne, à l'établissement ou au service départemental de l'aide sociale à l'enfance qui a recueilli l'enfant ou à qui ce dernier a été confié.

La tierce opposition n'est recevable qu'en cas de dol, de fraude ou d'erreur sur l'identité de l'enfant.

122.02 Jurisprudence de référence.

> Intérêt de l'enfant

– Principe selon lequel les juges du fond doivent prendre en considération l'intérêt de l'enfant

• **Civ. 1re, 16 juill. 1993, n° 92-19.618,** *Bull. civ.* I, n° 265

* V. ss n° 122.12

Prive sa décision de base légale au regard des articles « *3-1 de la convention de New York du 26 janvier 1990 relative aux droits de l'enfant et 371-1 du Code civil, la cour d'appel qui, pour décider que des enfants ayant la double nationalité française et luxembourgeoise et résidant avec leur mère au Luxembourg devront poursuivre leur scolarité dans une école francophone, se détermine en considération de l'intérêt du père de nationalité française, sans rechercher quel est l'intérêt supérieur des enfants* ».

– Pouvoir souverain des juges du fond pour apprécier l'intérêt de l'enfant

• **Civ. 1re, 19 nov. 2009, n° 09-68.179,** NP

* V. ss n° 122.12

Le besoin des deux enfants, à leur stade de développement, de se construire sur des bases stables et sécurisantes constituées par leurs repères familiaux, psychologiques, affectifs, sociaux et culturels actuels justifie que leur résidence habituelle soit fixée chez leur père, même si la perspective de séparer la fratrie est à déplorer.

122.03 Bibliographie indicative.

> Droit de la famille et autorité parentale. F. Berdeaux-Gacogne, « La discrète reconnaissance du parent social par la loi du 17 mai 2013 », *AJ fam.* 2013. 346 – L. Boisseau-Sowinski, « Protection juridique de la parenté sociale », *RLDC* 2010/74, n° 3937 – J. Carbonnier, « Le droit de la famille, état d'urgence », *JCP* 1998. I. 184 – P. Catala, *1804-2004 Le Code civil, métamorphose du droit de la famille*, Dalloz, 2004, p. 341 – M.-T. Cordier, « Autorité parentale, grands-parents, petits-enfants », *Dr. fam.* juin 2007. Pan. jur. 1 – V. David-Balestriero, « L'unité de la fratrie », *Mél. Goubeaux*, Dalloz-LGDJ, 2009, p. 71 – F. Dekeuwer-Défossez, « Du "statut du beau-parent" aux "droits des tiers" : réflexions critiques sur un texte controversé », *RLDC* 2009/60, n° 3439 – V. Depadt-Sebag, « La reconnaissance juridique des tiers beaux-parents : entre adoption simple et délégation-partage », *D.* 2011. 2494 – A. Dionisi-Peyrusse et M. Pichard, « Autorité parentale et stéréotypes de genre : la part du droit », *AJ fam.* 2014. 174 – C. Eoche-Duval, « Le droit d'un enfant à être nourri, entretenu et élevé par sa mère et par son père est-il un principe à valeur constitutionnelle ? », *D.* 2013. 786 – D. Fasquelle et C. Brunetti-Pons, « Pour la protection des personnes dans l'âge fragile et vulnérable de l'enfance et de l'adolescence », *Dr. fam.* 2014. étude 5 – L. Fermaud, « L'intérêt de l'enfant, critère d'intervention des personnes publiques en matière de protection des mineurs », *RDSS* 2011. 1351 – L. Gebler, « L'enfant et ses juges », *AJ fam.* 2007. 390 – A. Gouttenoire, « Décision des parents séparés », *AJ fam.* 2010. 13 – M. Juston, « De la puissance paternelle aux droits de l'enfant : l'évolution, les enjeux et les risques en cas de séparation », *Gaz. Pal.* 2006. Doctr. 2398 – A. Kimmel-Alcover, « Autorité parentale et santé du mineur », *RDSS* 2005. 265 – B. Lapérou-Scheneider et C. Philippe, « Parents, enfants et maltraitance », *AJ fam.* 2013. 571 – V. Larribau-Terneyre, « L'intérêt de l'enfant encore en lumière : la disparition programmée de la tutelle aux ascendants », *Dr. fam.* 2007. repère 6 – G. Marraud des Grottes, « Reconnaissance juridique des beaux-parents : statut ou *statu quo* ? », *RLDC* 2007/43, n° 2743 – C. Mécary, « Le couple homosexuel », *AJ fam.* 2011. 604 – A. Mirkovic, « Statut du beau-parent », *D.* 2008. Chron. 1709; « Statut du "beau-parent" : vivement le retrait d'un texte inutile et nuisible », *Dr. fam.* 2009. Étude 28 – S. Moracchini-Zeidenberg, « La personne vulnérable et son enfant », *Dr. fam.* 2012. Étude 17 – P. Murat, « Participation de l'enfant », *Dr. fam.* 2006. Chron. 31 – N. Rexand-Pourias, « Relations grands-parents et petits-enfants depuis la loi du 4 mars 2002 », *JCP* 2003. I. 100 – L. Talarico, « L'interdiction de sortie du territoire de l'enfant sans l'accord des deux parents : exigence légale ou pouvoir du juge ? », *Dr. fam.* 2011. Étude 11.

Dossier spécial : « La place des grands-parents », *AJ fam.* 2008. 138.

> Loi n° 2002-305 du 4 mars 2002 sur l'autorité parentale. F. Boulanger, « Modernisation ou utopie ? La réforme de l'autorité parentale par la loi du 4 mars 2002 », *D.* 2002. 1571 – C. Brière, « La coparentalité : mythe ou réalité ? », *RDSS* 2002. 567 – T. Fossier, « Quarante mois d'application », *Dr. fam.* 2005. Étude 15 – H. Fulchiron, « L'autorité parentale rénovée », *Defrénois* 2002. 959 – A. Gouttenoire-Cornut, « Commentaire des dispositions relatives à l'autorité parentale », *AJ fam.* 2002. 124; « La consécration de la coparentalité par la loi du 4 mars 2002 », *Dr. fam.* 2002. Chron. 24 – F. Vauvillé, « Du principe de coparentalité », *LPA* 18 oct. 2002, p. 4 s.

Dossiers spéciaux : Dossier « Autorité parentale : la loi du 4 mars 2002 », *AJ fam.* 2002. 124 – Dossier « Autorité parentale : premier bilan de la loi du 4 mars 2002 », *AJ fam.* 2003. 288.

> Réforme opérée par la loi n° 2015-177 du 16 février 2015 et l'ordonnance n° 2015-1288 du 15 octobre 2015. Dossier « Réforme du droit de la famille », *AJ fam.* 2015. 598 s.

> Patrimoine du mineur. I. Tardy-Joubert, « L'administration légale des biens des mineurs : un droit aux oubliettes ? », *Dr. fam.* 2007. Étude 22 – G. Besse, « Patrimoine du mineur, gestion en "bon père de famille" », *Dr. et patr.* 2007. 38 – H. Lécuyer, « Le patrimoine du mineur », *Gaz. Pal.* 21-21 mars 2003, p. 2.

Dossier spécial : Dossier « Le patrimoine du mineur », *AJ fam.* 2002. 360 s.

> Acte éminemment personnel du mineur. J.-P. Gridel, « L'acte éminemment personnel du mineur », *Gaz. Pal.* 21-21 mars 2003, p. 7.

> Administrateur *ad hoc.* M. Bauer, T. Fossier et L. Pécaut-Rivolier, *La réforme des tutelles : ombres et lumières*, Dalloz, 2006, spéc. chap. 12, « Des professionnels au secours du mineur : les administrateurs *ad hoc* », n° 12.11 – F. Ghelfi-Tastevin, « L'administrateur *ad hoc* du mineur, une promotion inachevée », *LPA* 13 mars 1998, p. 4 – C. Neirinck, « La dualité de régime de l'administrateur *ad hoc* des mineurs », *JCP* 2000. I. 228.

> Assistance éducative. S. Bernigaud, *in* P. Murat (dir.) Dalloz action *Droit de la famille,* 2016/2017, n°s 242.00 s.; « Les enjeux de la réforme de la protection de l'enfance », *Dr. fam.* 2007. Étude 23 – F. Eudier et P. Chamboncel-Saligue, « La loi n° 2007-293 du 5 mars 2007 sur la protection de l'enfance », *RJPF* 2007-11/11 – A. Gouttenoire, « La loi n° 2007-293 du 5 mars 2007 réformant la protection de l'enfance : à la recherche de nouveaux équilibres », *D.* 2007. Chron. 1090.

Dossier spécial : Dossier « Le placement de l'enfant », *AJ fam.* 2007. 54.

SECTION 1
LE JUGE AUX AFFAIRES FAMILIALES, UN JUGE DÉLÉGUÉ DU TRIBUNAL DE GRANDE INSTANCE AUX COMPÉTENCES TRÈS LARGES

122.11 Compétence de principe en matière familiale. La compétence d'attribution du juge aux affaires familiales comprend tout le contentieux familial qui a trait au **couple**, marié ou non, et aux **enfants**. Des réformes encore récentes et, surtout, la loi n° 2009-526 du 12 mai 2009[1] et la loi n° 2010-769 du 9 juillet 2010[2], ont mis fin en partie à l'éclatement antérieur des compétences. Dans le cadre de ses compétences relatives aux enfants mineurs, le nouveau juge aux affaires familiales connaît non seulement des **actions relatives à l'autorité parentale** pour les enfants légitimes et pour les enfants naturels (COJ, art. L. 213-3), mais aussi des **actions relatives au choix ou au changement de prénom de l'enfant** (C. civ., art. 57 et 60) et de la **tutelle des mineurs** (COJ, art. L. 213-3-1). Il est également compétent en matière de **délégation totale ou partielle de l'autorité parentale** dans les conditions prévues aux articles 376 à 377-3 du Code civil.

L'article 377 du même code mérite une attention toute particulière. Il permet en effet aux pères et mère, ensemble ou séparément, de saisir le juge aux affaires familiales en vue de voir déléguer tout ou partie de l'exercice de leur autorité parentale à un tiers, membre de la famille, proche digne de confiance, établissement agréé pour le recueil des enfants ou ser-

1. V. Larribau-Terneyre, « Les apports de la loi du 12 mai 2009 de simplification du droit sur le contentieux familial et le droit des personnes et de la famille », *Dr. fam.* 2009. Étude 29; « Infortune et regrets », *Dr. fam.* 2009. Étude 33 – J. Massip, « Les incidences en matière familiale de la loi de "simplification du droit" », *Defrénois* 2009. 1897 – M.-B. Maizy, « La loi n° 2009-526 du 12 mai 2009 : extension des attributions du juge aux affaires familiales et nécessaire réorganisation en juridiction », *AJ fam.* 2010. 106.
2. L. n° 2010-769, 9 juill. 2010, relative aux violences spécifiquement faite aux femmes, aux violences au sein des couples et aux incidences de ces dernières sur les enfants, *JO* 10 juill., p. 12762.

vice départemental de l'Aide sociale à l'enfance. Il ouvre également la possibilité de saisir le juge à cette fin au particulier, à l'établissement ou au service départemental de l'Aide sociale à l'enfance qui a recueilli l'enfant, ou à un membre de la famille, en cas de désintérêt manifeste ou si les parents sont dans l'impossibilité d'exercer tout ou partie de l'autorité parentale. La loi n° 2016-297 du 14 mars 2016, relative à la protection de l'enfant, a complété l'article 377 précité en prévoyant la **saisine possible du juge par requête du ministère public** dans les conditions déterminées par ce texte.

Depuis la réforme introduite par la loi du 5 mars 2007, le décret d'application n° 2008-1276 du 5 décembre 2008 et, surtout, la loi n° 2009-526 du 12 mai 2009, les fonctions de juge des tutelles ont en effet été réparties entre le **juge aux affaires familiales**, juge du tribunal de grande instance, pour ce qui concerne les mineurs, et le **juge d'instance** désormais compétent uniquement pour la protection des majeurs. Les articles L. 213-3 et L. 213-3-1 du Code de l'organisation judiciaire[1] disposent d'une part que « *dans chaque tribunal de grande instance, un ou plusieurs magistrats du siège sont délégués dans les fonctions de juge aux affaires familiales* », suivant une ordonnance prise par le président de cette juridiction dans les conditions des articles L. 121-3 et R. 121-1 du même code et, d'autre part, que : « *Le juge aux affaires familiales exerce la fonction de juge des tutelles des mineurs. Il connaît :*

1° De l'émancipation;

2° De l'administration légale et de la tutelle des mineurs;

3° De la tutelle des pupilles de la Nation ».

Le transfert des compétences vers les juges aux affaires familiales s'est effectivement réalisé à compter du 1er janvier 2011, après que deux circulaires successives ont été prises par le ministère de la Justice[2]. Ils doivent donc faire application des textes réformant la matière de la protection des majeurs et des mineurs, en reliant leurs compétences traditionnelles avec ce champ nouveau dans lequel les parents des enfants, ou l'un d'entre eux, peuvent se trouver eux-mêmes sous un régime de protection juridique. La loi n° 64-1230 du 14 décembre 1964[3], applicable à la tutelle des mineurs, sans être complètement abandonnée dans ses principes de base, avait été sensiblement modifiée par la loi du 5 mars 2007, notamment en matière d'organisation de la tutelle des mineurs.

Les trois régimes de protection alors conservés par les articles 389 à 413 du Code civil ont été bouleversés par l'ordonnance n° 2015-1288 du 15 octobre 2015, prise après l'habilitation donnée au gouvernement dans le cadre de la loi n° 2015-177 du 16 février 2015[4]. Si le régime de la **tutelle des mineurs** est maintenu, en revanche, les règles de l'administration légale sont simplifiées et restructurées au profit d'un **régime unique d'administration légale**. Elles sont insérées dans un nouvel emplacement du Code civil, au chapitre consacré à l'exercice de l'autorité parentale relativement aux biens de l'enfant[5] afin de donner la même place aux parents qu'ils agissent sur la personne de leur enfant ou sur les biens de ce dernier. Le régime spécifique autonome pour l'administration légale, sans distinction des deux formes existant auparavant, apparaît désormais sans lien avec le régime de la tutelle. Le signal se veut fort avec pour **objectif d'aligner la situation des familles monoparentales sur les familles avec deux parents**.

En plus de ces fonctions, le juge aux affaires familiales est également compétent pour statuer sur les **demandes relatives à l'émancipation** contenues dans les articles 413-1 à 413-8 du même code (v. ss nos 125.01 s.).

En outre, il appartient au juge aux affaires familiales d'organiser les **régimes de protection des mineurs** (ouverture des procédures, constitution et présidence des conseils de famille, auditions, etc.) et de les faire fonctionner dans un souci constant de l'intérêt du mineur, ce qui doit conduire à l'entendre à chaque fois que cela apparaît nécessaire, quand il est capable de discernement, et en tout cas lorsqu'il le demande (C. civ., art. 388-1). Ce **fonctionnement en cabinet** est une démarche nouvelle que les juges aux affaires familiales et les fonctionnaires de greffe vont devoir créer, en lien avec le **magistrat coordonnateur** en matière familiale (COJ, art. R. 213-9-1, R. 212-37, R. 312-13-2).

122.12 Compétence étendue à la protection de l'enfant et à la recherche de son meilleur intérêt. La loi n° 2002-305 du 4 mars 2002[6] pose le principe de l'exercice en commun de l'autorité parentale par les deux parents du mineur indépendamment de leur statut (mariés, concubins, divorcés, séparés), insistant sur le principe de la coparentalité, selon lequel il est de l'intérêt de l'enfant mineur d'être élevé par ses deux parents même lorsqu'ils sont séparés.

L'article 371-1 alinéa 1er du Code civil définit l'autorité parentale comme un ensemble de droits et

1. G. Maugain, « Les nouvelles attributions du juge aux affaires familiales et leurs répercussions », *Rev. huiss.* 2011. 8.
2. Circ. min. Just., n° SJ-09-276-AB1/040809, 24 août 2009, *RTD civ.* 2009. 700, obs. Hauser – Circ. min. Just. n° SJ-10-216-AB1, 22 juin 2010 – A. Chouck, « Compétence et organisation des juridictions », *AJ fam.* 2010. 420.
3. L. n° 64-1230, 14 déc. 1964, portant modification des dispositions du Code civil relatives à la tutelle et à l'émancipation, *JO* 15 déc., p. 11140.
4. Notamment en son article 1er.
5. Code civil, Livre 1er, titre IX, Chapitre II.
6. L. n° 2002-305, 4 mars 2002, relative à l'autorité parentale, *JO* 5 mars, p. 4161.

de devoirs ayant pour finalité l'intérêt de l'enfant. En principe, cette autorité parentale appartient conjointement aux père et mère de l'enfant mineur jusqu'à sa majorité ou son émancipation sans intervention du juge sauf dans les situations prévues par les articles 372-6 et suivants du Code civil. Elle a pour finalité de protéger le mineur dans sa sécurité, sa santé et sa moralité afin d'assurer son éducation et de permettre son développement dans le respect dû à sa personne (C. civ., art. 371-1, al. 2, *in fine*). En outre, les parents, dans l'exercice de leur autorité parentale, doivent veiller à associer l'enfant aux décisions qui le concernent, selon son âge et son degré de maturité[1].

Pour le Code civil, **la notion d'intérêt de l'enfant est plus vaste que celle de protection de l'enfant,** même si la seconde est intégrée dans la première. Aussi, toute décision parentale qui touche à l'intérêt de l'enfant ne constitue pas forcément une mesure de protection de l'enfant, alors qu'inversement toute mesure de protection du mineur est une décision prise dans son intérêt.

Lorsqu'il est saisi, le juge aux affaires familiales[2] est tenu de veiller au respect de l'intérêt de l'enfant pendant et après toutes les procédures de divorce et de séparation de corps ou lors de l'exercice de l'autorité parentale par les parents de l'enfant mineur (C. civ., art. 372 s.).

La Cour de cassation veille à la prise en considération de l'intérêt de l'enfant. Elle a ainsi pu considérer que privait de base légale au regard des articles 3-1 de la convention de New York relative aux droits de l'enfant et 371-1 du Code civil, la cour d'appel qui, pour décider que des enfants ayant la double nationalité française et luxembourgeoise et résidant avec leur mère au Luxembourg devaient poursuivre leur scolarité dans une école francophone, s'était déterminée en fonction de l'intérêt du père de nationalité française, sans rechercher quel était l'intérêt supérieur des enfants[3]. Elle a pu aussi retenir, dans un autre arrêt[4], que le besoin des deux enfants, à leur stade de développement, de se construire sur des bases stables et sécurisantes constituées par leurs repères familiaux, psychologiques, affectifs, sociaux et culturels actuels justifiait que leur résidence habituelle soit fixée chez leur père, même si la perspective de séparer la fratrie était à déplorer.

Il appartient aussi au juge aux affaires familiales de statuer en matière de délégation d'autorité parentale soit à la demande des parents, ensemble ou séparément, quand les circonstances l'exigent, soit, en cas de désintérêt manifeste, à la demande du particulier, de l'établissement ou du service de l'Aide sociale à l'enfance qui a recueilli le mineur (C. civ., art. 377).

Comme le rappelle l'article 373-2-6 alinéa 1er du Code civil[5] : « *Le juge du tribunal de grande instance délégué aux affaires familiales règle les questions qui lui sont soumises dans le cadre du présent chapitre en veillant spécialement à la sauvegarde des intérêts des enfants mineurs* ».

Ainsi, à titre d'exemple, en cas d'**opposition d'intérêts entre le mineur et l'un de ses administrateurs légaux,** tout juge civil va désigner un administrateur *ad hoc* pour représenter le mineur dans un acte ou une action particulière (C. civ., art. 389-3, al. 2).

En confiant au **juge aux affaires familiales la protection de l'enfant mineur, à l'exception des hypothèses de danger** au sens de l'article 375 du Code civil, le législateur de 2009 (L. n° 2009-526, 12 mai 2009) a entendu établir de la cohérence dans la recherche de l'intérêt de l'enfant lorsque celui-ci est compromis. Certes il n'est pas allé jusqu'à créer un véritable juge de la famille, comme d'aucuns le préconisaient, mais, reprenant l'une des propositions phares des travaux de la commission présidée par le recteur Guinchard[6], il a entendu réduire l'enchevêtrement des compétences judiciaires et **concentrer sur ce magistrat spécialisé l'essentiel des difficultés liées à l'exercice de l'autorité parentale et à la gestion des biens d'un mineur.**

Désormais donc, et dans le prolongement des nouvelles compétences qu'il se voit confier, le juge aux affaires familiales devrait aller au-delà de son rôle traditionnel. En effet, il est nécessairement conduit à s'interroger, notamment quand il est saisi d'une procédure de séparation, mais aussi quand il est saisi de signalements sur l'opportunité d'ouvrir une tutelle par application des dispositions des articles 373-3[7] à 373-5, 390 et 391 du Code civil[8]. Ce rôle, plus actif, dépendra étroitement de sa conception de l'office du juge et des obligations qu'il en tire au regard de l'intérêt de l'enfant qu'il doit sauvegarder. En outre, dans le cadre de la **tutelle**, il doit également contrôler que les décisions du tuteur et du conseil de famille respectent bien la personne du mineur (C. civ., art. 395, al. 1er, et 450, al. 1er, combinés). Enfin, en sa qualité de président du conseil de famille, il peut participer aux décisions afférentes à l'éducation et à l'entretien du mineur. À ce titre, il

1. J.-P. Gridel, « L'acte éminemment personnel du mineur », *Gaz. Pal.* 21-22 mars 2003, p. 7 – A. Kimmel-Alcover, « L'autorité parentale à l'épreuve de la santé des mineurs : chronique d'un déclin annoncé », *RDSS* 2005. 265.
2. Institué par L. n° 93-22, 8 janv. 1993.
3. Civ. 1re, 16 juill. 1993, n° 92-19.618, *Bull. civ.* I, n° 265.
4. Civ. 1re, 19 nov. 2009, n° 09-68.179, NP; *D.* 2010. Pan. 1904, obs. Gouttenoire; *Dr. fam.* 2010, n° 24, note Murat.
5. C. civ., art. 373-2-6 (*réd. L. n° 2002-305, 4 mars 2002; mod. par L. n° 2010-769, 9 juill. 2010, art. 3*).
6. *L'ambition raisonnée d'une justice apaisée*, rapport remis à Mme la garde des Sceaux le 30 juin 2008, Doc.fr., 2008.
7. C. civ., art. 373-3 et circonstances exceptionnelles : Pau, 12 déc. 1995, *Defrénois* 1997, 996, obs. Massip – Sur le rôle des tiers, v. D. Fenouillet, L. Leveneur, F. Monéger et H. Fulchiron, « Faut-il réformer le rôle des tiers en droit de la famille ? », *LPA* 24 févr. 2010, p. 7.
8. C. civ., art. 390 et 391 (cas d'ouverture de la tutelle).

peut même exercer un recours tutélaire contre les décisions prises sur une question relative aux droits extrapatrimoniaux du mineur, par exemple le consentement à mariage.

L'ordonnance n° 2015-1288 du 15 octobre 2015 a abrogé l'article 388-3 du Code civil et la mission de surveillance générale des administrations légales et des tutelles des mineurs du juge des tutelles pour restreindre son intervention.

122.13 Une compétence exclusive sur la protection des biens de l'enfant en tant que juge des tutelles des mineurs. En principe, et jusqu'à la réforme introduite par l'ordonnance n° 2015-1288 du 15 octobre 2015 sur le fonctionnement de l'administration légale, le juge était exclusivement chargé de veiller à la protection du patrimoine du mineur[1], alors que la protection de sa personne était assurée par ses parents dans le cadre de l'exercice de l'autorité parentale. En matière de tutelle, le juge assure la protection des biens du mineur, avec le tuteur et le conseil de famille tout comme la protection de sa personne (v. s^s n°s 131.41 à 131.76).

La loi du 14 décembre 1964 était venue élargir le domaine de l'administration légale en y soumettant tous les enfants légitimes ou naturels ayant au moins un parent vivant avec eux mais distinguait le régime de l'administration légale pure et simple, applicable aux enfants légitimes ayant leurs deux parents, et le régime de l'administration légale sous contrôle judiciaire applicable aux enfants légitimes ou naturels dont un seul parent exerçait l'autorité parentale. À l'issue de plusieurs réformes, la distinction tenait à l'exercice de l'autorité parentale : **administration légale pure et simple** lorsque les deux parents exerçaient l'autorité parentale, et **administration légale sous contrôle judiciaire** au cas où un seul parent était titulaire de l'autorité parentale.

L'ordonnance du 15 octobre 2015 a remis en cause ce partage au profit d'un **régime unique d'administration légale** qui supprime le contrôle systématique de la gestion de certaines des administrations légales et restreint désormais l'intervention du juge aux cas visés par les articles 387 à 387-3 et 391 du Code civil(v. s^s n° 126.22) en plus des tutelles dont le régime n'est pas modifié. Elle consacre par ailleurs désormais le fait que **l'administration légale est un attribut de l'autorité parentale** (v. s^s n°s 126.11 et 126.12).

Par ailleurs, alors qu'ils exerçaient une surveillance générale sur les administrations légales et les tutelles de leur ressort sous l'ancien article 388-3 du Code civil, l'ordonnance du 15 octobre 2015 supprime cet article au profit d'un nouvel article 411-1 qui limite la **mission de surveillance aux seules tutelles.** L'objectif poursuivi est de recentrer le contrôle du juge sur les situations considérées comme présentant le plus de risques, les articles 387-3 à 387-5 permettant toutefois au juge, s'il l'estime nécessaire à la garantie des intérêts du mineur, de soumettre certaines situations d'administration légale à son contrôle périodique. Les professionnels, les membres de la famille, le ministère public ou « *tout tiers* » peuvent par ailleurs saisir le juge des tutelles, en application du nouvel article 387-3, lorsqu'ils ont connaissance d'actes ou omissions compromettant « *manifestement et substantiellement* » les intérêts patrimoniaux du mineur ou lorsque la situation « *est de nature à porter un préjudice grave* » au mineur.

Les administrateurs légaux, tuteurs et autres organes tutélaires sont tenus de déférer aux convocations et demandes d'information qui leur sont adressées par le juge des tutelles ou par le procureur de la République (C. civ., art. 387-6). Le juge peut lui-même, si nécessaire, prononcer des injonctions, voire les condamner à des amendes civiles. Celles-ci ne peuvent excéder la somme de 3 000 euros, la décision les prononçant n'étant pas susceptible de recours (C. pr. civ., art. 1216).

122.14 Compétence partagée avec le juge des enfants en cas de danger : l'assistance éducative. La procédure d'assistance éducative édictée par le Code civil (C. civ., art. 375 à 375-9[2]) devant le juge des enfants est une **procédure exceptionnelle** dérogeant au droit commun de l'autorité parentale prévu par les articles 371 et suivants (titre IX) du Code civil.

Cette procédure spéciale a pour objet d'assurer la protection de l'enfant qui encourt un **danger**, quelle qu'en soit l'origine, ou dont les conditions d'éducation, de développement physique, affectif, intellectuel et social sont gravement compromises au sein de sa famille (c'est-à-dire dans le cadre de l'autorité parentale exercée par ses parents). Dans cette situation de crise ou de dysfonctionnement de l'autorité parentale, le juge des enfants a la faculté d'intervenir en interférant dans cet espace privé et intime que constitue la relation entre les parents et l'enfant mineur. Le juge des enfants peut aller jusqu'à porter atteinte aux droits des titulaires de l'autorité parentale pour faire cesser le danger encouru par l'enfant. Cependant, il doit toujours s'efforcer de recueillir **l'adhésion de la famille** à la mesure envisagée et se prononcer « *en stricte considération de l'intérêt de l'enfant* » (C. civ., art. 375-1, al. 2[3]).

Dans cette matière humainement très sensible, où le **risque d'arbitraire ou d'abus** du juge est omnipré-

1. H. Lécuyer, « Le patrimoine du mineur », *Gaz. Pal.* 21-22 mars 2003, p. 2 – Dossier « Le patrimoine du mineur », *AJ fam.* 2002. 360.

2. C. civ., art. 375 à 375-9 (*mod. par L. n° 2007-293, 5 mars 2007*).

3. C. civ., art. 375-1, al. 2 (*mod. par L. n° 2004-1, 2 janv. 2004, art. 13*).

sent, la compétence du juge des enfants doit être très strictement circonscrite à la notion de danger encouru par l'enfant mineur[1]. À ce titre, il a été jugé que la désignation par le juge des tutelles du service de l'Aide sociale à l'enfance pour exercer une mesure de tutelle à l'égard du mineur fait cesser l'état de danger de l'enfant lors du renouvellement de la mesure de placement, et que dès lors le juge des enfants n'a plus à maintenir la mesure d'assistance éducative à son égard[2].

En principe, la décision fixe la **durée de la mesure** sans que celle-ci puisse, lorsqu'il s'agit d'une mesure éducative exercée par un service ou une institution, excéder deux ans. La mesure peut être renouvelée par décision motivée. Cependant, lorsque les parents présentent des difficultés relationnelles et éducatives graves, sévères et chroniques, évaluées comme telles dans l'état actuel des connaissances, affectant durablement leurs compétences dans l'exercice de leur responsabilité parentale, une mesure d'accueil exercée par un service ou une institution peut être ordonnée pour une durée supérieure, afin de permettre à l'enfant de bénéficier d'une continuité relationnelle, affective et géographique dans son lieu de vie dès lors qu'elle est adaptée à ses besoins immédiats et à venir (C. civ., art. 375)[3].

La loi n° 2016-297 du 14 mars 2016 relative à la protection de l'enfant a, dans ce domaine très délicat qui exige de la coordination et de la concertation des acteurs pour préserver les droits et intérêts de l'enfant et de ses parents, posé les bases d'une meilleure gouvernance nationale et locale de la protection de l'enfance (CASF, art. L. 112-3, L. 212-5 et L. 221-2). Elle a ainsi tenté d'améliorer concrètement les actions de prévention, l'organisation du repérage et du traitement des situations de danger ou de risque de danger pour l'enfant ainsi que les décisions administratives et judiciaires prises pour sa protection. Elle a institué un **Conseil national de la protection de l'enfance** auprès du Premier ministre, chargé de proposer au gouvernement les orientations nationales de la politique de protection de l'enfance et de faire évoluer sa mise en œuvre, notamment. Elle a prévu que, dans chaque département, un **médecin référent « protection de l'enfance »** devrait être désigné et faire le lien entre les services départementaux et la **cellule de recueil, de traitement et d'évaluation des informations préoccupantes,** d'une part, et les médecins libéraux et hospitaliers ainsi que les médecins de santé scolaire du département, d'autre part.

Ce texte a de surcroît eu pour objectif de sécuriser le parcours de l'enfant en protection de l'enfance, en particulier en prévoyant une évaluation pluridisciplinaire de la situation de l'enfant et des autres mineurs présents au domicile à partir d'une information préoccupante (CASF, art. L. 226-3), en favorisant les échanges d'informations entre départements (CASF, art. L. 221-3), en structurant effectivement le « projet pour l'enfant » (CASF, art. L. 223-1-1) et en améliorant le suivi de l'enfant pour éviter les ruptures et le possible délaissement parental et mieux adapter son statut juridique (CASF, art. L. 223-1)[4]. L'accompagnement du mineur vers l'autonomie, juste avant l'âge de sa majorité et quelque temps après celle-ci, est également inscrit concrètement dans la loi (CASF, art. L. 222-5 et L. 222-5-1 – CSS, art. L. 543-3), tout comme la prise en compte des liens d'attachement noués par l'enfant avec ses frères et sœurs (CASF, art. L. 221-1, 8°).

Le **juge des enfants** est donc un juge civil, travaillant en liens étroits avec les professionnels de la prévention et de la protection des mineurs, et chargé de remédier aux dysfonctionnements de l'exercice de l'autorité parentale dans les situations les plus graves pour l'enfant, qui à titre exceptionnel **peut se saisir d'office parce qu'il est un juge de la protection des personnes tout particulièrement vulnérables que sont les enfants mineurs** (contrairement au juge des tutelles qui a aussi cette mission de protection des personnes les plus vulnérables mais qui ne le peut plus depuis l'entrée en vigueur à la date du 1er janvier 2009 de la loi n° 2007-308 du 5 mars 2007).

1. Civ. 1re, 4 mars 2015, n° 13-24.793, NP; *AJ fam.* 2015. 398, obs. Thouret; *RJPF* 2015-4/36, obs. Cheynet de Beaupré; *D.* 2015. 1919, obs. Bonfils et Gouttenoire. Caractérise l'existence d'un fait nouveau de nature à entraîner un danger pour la mineure, qui s'est révélé postérieurement au jugement du juge aux affaires familiales, la cour d'appel qui constate d'une part qu'un rapport d'investigation et d'orientation éducative fait part « *de l'inquiétude des professionnels quant à la relation mère/enfant* » en raison du comportement de la mère qui a « *instauré chez sa fille une thématique sexuelle inappropriée et détériorait continuellement l'image du père* » et, d'autre part, qu'« *au jour où elle statuait, la mineure se trouvait toujours au centre du conflit parental, situation génératrice d'un danger constaté par les médecins experts qui relevaient son mal-être, même si elle semblait s'être stabilisée chez son père où elle commençait à retrouver une place d'enfant et tirait profit de la mesure d'assistance éducative* ».
2. Civ. 1re, 3 nov. 2004, n° 03-05.056, *Bull. civ.* I, n° 246; *RTD civ.* 2005. 100, obs. Hauser; *AJ fam.* 2005. 20, obs. Chénedé; *RDSS* 2005. 304, note Monéger; Rép. civ., v° *Adoption*, oct. 2008 [actu. oct. 2015], par Eudier, n° 113; Rép. civ., v° *Enfance*, avr. 2008 [actu. avr. 2015], par C. Neirinck, nos 62 et 110; *Dr. fam.* 2005, n° 122, note Salvage-Gerest; *JCP* 2006. II. 10008, note Geffroy et Nissabouri.
3. C. civ., art. 375 *(mod. par L. n° 2007-293, 5 mars 2007, art. 14)*.
4. Le titre III de la loi, intitulé « Adapter le statut de l'enfant placé sur le long terme », a modifié plusieurs articles du Code civil et du Code de l'action sociale et des familles relativement à l'adoption (C. civ., art. 370 et 353), au suivi de l'enfant né sous le secret, ou de l'enfant pupille de l'État, lorsqu'il est restitué à ses parents (CASF, art. L. 223-7 et L. 224-6). Il a abrogé l'article 350 du Code civil relatif à la déclaration judiciaire d'abandon au profit de la notion de « *délaissement parental* » (C. civ., art. 381-1 et 381-2).

Ses **décisions** sont soumises aux dispositions générales du Code de procédure civile relatives aux décisions de justice, et elles doivent, à ce titre, être **motivées** (C. pr. civ., art. 455). Elles sont soumises aussi aux règles spéciales énoncées par les articles 1181 et suivants du même Code[1]. Il peut notamment, à titre d'exemple, comme tout juge civil faire l'objet d'une procédure de **récusation** dans les conditions des articles 341 à 355 du Code de procédure civile.

SECTION 2

LE TRIBUNAL DE GRANDE INSTANCE, COMPÉTENT EN CAS DE RETRAIT PARTIEL OU TOTAL DE L'AUTORITÉ PARENTALE

122.21 Compétence dans le cadre d'une instance civile. Le tribunal de grande instance demeure compétent lorsqu'une protection plus large de l'enfant devient nécessaire et que le retrait de l'autorité parentale est envisagé. Il peut en effet, en dehors de toute condamnation pénale, décider de retirer partiellement ou totalement l'autorité parentale à un parent du mineur, voire aux deux, lorsqu'il(s) met(tent) manifestement en danger la sécurité, la santé ou la moralité du mineur par de mauvais traitements, une consommation habituelle et excessive de boissons alcooliques, un usage de stupéfiants, une inconduite notoire, des comportements délictueux, un défaut de soins ou un manque de direction (C. civ., art. 378-1, al. 1er, et 379-1). La loi n° 2016-297 du 14 mars 2016[2] a ajouté à l'article 378-1 du Code civil, après l'expression « *soit par une inconduite notoire ou des comportements délictueux* », l'expression : « *Notamment lorsque l'enfant est témoin de pressions ou de violences, à caractère physique ou psychologique, exercées par l'un des parents sur la personne de l'autre* ».

Cette mesure ne constitue pas une sanction mais une **mesure de protection**, ainsi que l'a rappelé la Cour de cassation[3]. L'appréciation des faits reprochés à l'un des parents doit se faire au jour où le juge statue et non à la date de la condamnation[4].

Surtout, il appartient au juge de **motiver sa décision** en recherchant si le parent a mis manifestement en danger la sécurité, la santé et la moralité de l'enfant.

La simple fragilité de l'état mental ne saurait à cet égard suffire, ni le seul risque d'une éventuelle mise en danger de l'enfant[5] si, par ailleurs, les conditions d'application de l'article 378-1 du Code civil ne sont pas suffisamment caractérisées. Ainsi, l'arrêt qui retient la réalité de mauvais traitements sur la personne de l'enfant, l'intention du père de tuer son épouse et sa fille, le fait médicalement établi que la commission d'assassinats en présence de l'enfant alors âgée de trois ans et demi a causé à celle-ci un choc psychologique important qui caractérise les conditions requises par l'article 378-1[6] Une maltraitance psychologique de l'enfant peut aussi justifier un retrait de l'autorité parentale[7].

Il en est de même quand, dans le cadre d'une mesure d'assistance éducative, les père et mère, pendant plus de deux ans, se sont volontairement abstenus d'exercer les droits et de remplir les devoirs que laissait subsister la décision du juge des enfants en application de l'article 375-7 du Code civil.

L'action en retrait de l'autorité parentale est exercée devant le tribunal de grande instance, soit par le ministère public, soit par un membre de la famille, soit par le tuteur de l'enfant.

Quand le retrait total ou partiel de l'autorité parentale est prononcé, il porte sur tous les attributs se rattachant à l'autorité parentale, tant patrimoniaux que personnels, sauf si le tribunal en dispose

1. Sur le décret n° 2002-361 du 15 mars 2002, v. M. Huyette, « La nouvelle procédure d'assistance éducative », *D.* 2002. 1433 – Sur les notifications des décisions en matière d'assistance éducative : C. pr. civ., art. 1190 (mod. par Décr. n° 2002-1436, 3 déc. 2002, art. 20) et 1195 (mod. par Décr. n° 2005-1678, 28 déc. 2005, art. 69) – Sur l'appel des décisions du juge des enfants : C. pr. civ., art. 1192 (mod. par Décr. n° 2004-836, 20 août 2004, art. 27 et 59) – Sur le pourvoi en cassation : C. pr. civ., art. 1196 (mod. par Décr. n° 2004-836, 20 août 2004, art. 35 et 59).
2. L. 14 mars 2016, art. 25.
3. Civ. 1re, 14 avr. 1982, nos 80-80.014 et 80-80.015, *Bull. civ.* I, n° 125; *JCP* 1982. IV. 217; *D.* 1983, 294, note J. M. – Crim. 11 déc. 1984, *Gaz. Pal.* 1985. 2. 654, note Doucet : le délit d'abandon de famille ne constitue pas une infraction commise sur la personne de l'enfant. Seul est applicable l'article 373-3 du Code civil, privant provisoirement de l'exercice de l'autorité parentale celui des parents qui a été condamné pour abandon de famille tant qu'il n'a pas recommencé à assumer ses obligations pendant une durée de six mois.
4. Civ. 1re, 20 févr. 2007, n° 05-17.618, *Bull. civ.* I, n° 64; *D.* 2007. IR 732; *JCP* 2007. IV. 1629; *Dr. fam.* 2007. 104, note Murat; *RTD civ.* 2007. 328, obs. Hauser.
5. Civ. 1re, 14 juin 1988, *Gaz. Pal.* 1988. 2. 797, note J. M. – Civ. 1re, 6 juill. 1999, n° 97-16.654, NP; *Dr. fam.* 2000. 4, note Murat.
6. Civ. 1re, 15 mai 1990, nos 87-05.071 et 87-05.072, *Bull. civ.* I, n° 107; *JCP* 1990. IV. 267 – V. AUSSI : Civ. 1re, 22 juin 2004, n° 02-05.079, NP; *Dr. fam.* 2005. 3, note Murat – Aix-en-Provence, 21 oct. 2009, *JCP* 2010. Actu. 240, obs. Gabriel; *Juris-Data* n° 019361 – Nîmes, 12 févr. 2009, RG n° 08/00173, *JCP* 2009. Chron. 115, n° 13, obs. Favier – Lyon, 22 mai 2001, RG n° 2000/03453, *JCP* 2002. II. 10177, note Garé.
7. Civ. 1re, 27 mai 2010, n° 09-65.208, *Bull. civ.* I, n° 120; *JCP* 2010. Actu. 620, obs. Favier – V. AUSSI : Paris, 5 mars 2015, RG n° 14/10247, *JCP* 2015, 454, obs. Kessler. La cour a souligné que la mère « *n'apparaît nullement en capacité d'assurer la protection psychique de ses enfants, n'hésitant pas à remettre en cause les mesures de placement prises en leur faveur, se révélant incapable de laisser aux services éducatifs l'espace nécessaire à l'accomplissement de leur difficile travail de reconstruction au regard des traumatismes majeurs vécus par les enfants au sein de la cellule familiale dus aux violences commises par leur père* ».

autrement. Par ailleurs, à défaut d'autres précisions, le **retrait de l'autorité parentale** s'étend à **tous les enfants mineurs déjà nés au moment du jugement**. Lorsque la juridiction le prononce, il lui appartient, si l'autre parent est décédé ou s'il a lui-même perdu l'exercice de l'autorité parentale, soit de désigner un tiers auquel l'enfant sera provisoirement confié à charge pour lui de requérir l'organisation de la tutelle, soit de confier l'enfant à l'aide sociale à l'enfance.

Les droits dont le ou les parents ont été privés peuvent leur être restitués, totalement ou partiellement, sur leur requête et à la condition qu'ils justifient de circonstances nouvelles, dans les conditions de l'article 381 du Code civil.

La loi n° 2016-297 du 14 mars 2016 a ajouté à la compétence du tribunal de grande instance la **déclaration judiciaire de délaissement parental,** prévue désormais aux articles 381-1 et 381-2 du Code civil, l'article 350 du même code relatif à la déclaration judiciaire d'abandon étant abrogé[1]. Cette procédure, qui faisait partie des nombreuses propositions du rapport du groupe de travail présidé par Adeline Gouttenoire[2], doit obligatoirement être engagée par la personne, l'établissement ou le service départemental de l'Aide sociale à l'enfance qui a recueilli l'enfant lorsque les parents de celui-ci n'ont pas entretenu avec lui les relations nécessaires à son éducation ou à son développement pendant l'année qui précède l'introduction de la requête. Le texte précise d'une part que les parents ne doivent pas avoir été empêchés d'entretenir ces relations par quelque cause que ce soit et, d'autre part, que des mesures appropriées de soutien doivent leur avoir été proposées. La requête en délaissement parental peut également être présentée par le ministère public, agissant d'office ou sur proposition du juge des enfants.

L'article 381-2 du Code civil dispose en outre que « *la simple rétractation du consentement à l'adoption, la demande de nouvelles ou l'intention exprimée mais non suivie d'effet de reprendre l'enfant ne constituent pas un acte suffisant pour rejeter de plein droit une demande en déclaration de délaissement parental* » et n'interrompent pas le délai d'un an mentionné à l'alinéa 1er dudit article. Il précise par ailleurs que le délaissement parental n'est pas déclaré si, au cours du délai d'un an précité, un membre de la famille a demandé à assumer la charge de l'enfant et si cette demande est déclarée conforme à l'intérêt de l'enfant. Compte tenu de cette rédaction précise du texte, il appartiendra aux juges de motiver précisément sur ces différents points.

Lorsqu'il est déclaré, le délaissement parental peut l'être à l'égard des deux parents ou d'un seulement. Le tribunal de grande instance doit alors déléguer l'autorité parentale sur l'enfant, par la même décision, à la personne, l'établissement ou le service départemental de l'aide sociale à l'enfance qui a recueilli l'enfant ou à qui celui-ci a été confié.

La tierce-opposition n'est recevable qu'en cas de dol, de fraude ou d'erreur sur l'identité de l'enfant (C. civ., art. 381-2, dern. al.).

122.22 Compétence dans le cadre d'une instance pénale. Les juridictions répressives, tribunal correctionnel ou cour d'assises peuvent également décider, par une disposition expresse de leur décision, de retirer totalement ou partiellement l'autorité parentale à l'un des parents (père ou mère), voire aux deux, lorsqu'il(s) a(ont) été condamné(s) comme auteur(s), coauteur(s), complice(s) d'un crime ou délit commis sur la personne de leur enfant, ou comme coauteur ou complice d'un crime ou délit commis par leur enfant (C. civ., art. 378 et 379-1).

Le retrait total de l'autorité parentale ne constitue pas une sanction, mais une mesure de protection de l'enfant mineur[3]. Cette mesure de protection, d'ordre purement civil, échappe à la compétence des jurés et ne peut être prononcée que par la cour d'assises, statuant sans l'assistance du jury[4].

Enfin, en matière d'infractions d'atteinte sexuelle incestueuse, de viol incestueux ou d'agression sexuelle incestueuse commis contre un mineur par une personne titulaire de l'autorité parentale, la juridiction de jugement ou la cour d'assises statuant sans l'assistance des jurés a désormais l'obligation légale de se prononcer sur le retrait total ou partiel de cette autorité, en application des articles 378 et 379-1 du Code civil (C. pén., art. 222-31-2 et 227-27-3[5]).

1. L. 14 mars 2016, art. 40, I.
2. *Quarante propositions pour adapter la protection de l'enfance et l'adoption aux réalités d'aujourd'hui*, Doc.fr., 2014.
3. Sous l'ancienne législation parlant de déchéance de l'autorité parentale : Civ. 1re, 14 avr. 1982, nos 80-80.014 et 80-80.015, *Bull. civ.* I, n° 125.
4. Crim. 4 janv. 1985, n° 84-92.942, *Bull. crim.*, n° 10; *Gaz. Pal.* 1986. 1. 19.
5. C. pén., art. 222-31-2 et 227-27-3 (mod. tous deux par L. n° 2016-297, 14 mars 2016, art. 44-V).

CHAPITRE

123. Dispositions communes aux régimes de protection du mineur : procédure devant le juge aux affaires familiales

SECTION 0 ORIENTEUR

123.00 **Plan du chapitre.**

123.01 **Textes applicables.**

TEXTES LÉGISLATIFS ET RÉGLEMENTAIRES NOUVEAUX

• **L. n° 2016-1547, 18 nov. 2016,** de modernisation de la justice du XXIe siècle, *JO* 19 nov., texte n° 1.

• **Décr. n° 2016-185, 23 févr. 2016,** pris pour l'application de l'ordonnance n° 2015-1288 du 15 octobre 2015 portant simplification et modernisation du droit de la famille, *JO* 25 févr., texte n° 26.

• **Ord. n° 2015-1288, 15 oct. 2015,** portant simplification et modernisation du droit de la famille, *JO* 16 oct., p. 19304.

• **Loi n° 2015-177, 16 févr. 2015,** relative à la modernisation et à la simplification du droit et des procédures dans les domaines de la justice et des affaires intérieures, *JO* 17 févr., p. 2961.

TEXTES SOURCES

> Audition du mineur en justice
C. civ., art. 388-1

C. pr. civ., art. 338-1 à 338-12

> Administration légale
+ Ord. n° 2015-1288, 15 oct. 2015

C. civ., art. 382 à 387-6, 388-1-1, 388-1-2, 391

> Tutelle : ouverture et fin
C. civ., art. 390, 391 *(réd. Ord. n° 2015-1288, 15 oct. 2015)*, 392 et 393

> Procédure civile tutélaire
• **compétence territoriale, saisine et pouvoirs du juge (administration légale)**
C. pr. civ., art. 1180-6 à 1180-11 (réd. Décr. n° 2016-185, 23 févr. 2016)

• **compétence territoriale, saisine et pouvoirs du juge (tutelle)**
C. pr. civ., art. 1211, 1217

• **principe de contradiction et mesures d'instruction**
C. pr. civ., art. 16

• **principe de contradiction et mesures d'instruction (administration légale)**
+ Décr. n° 2016-185, 23 févr. 2016

C. pr. civ., art. 1180-8 à 1180-11

• **principe de contradiction et mesures d'instruction (tutelle)**
C. pr. civ., art. 1220 à 1220-3, 1221-1 et 1222-2 *(réd. Décr. n° 2016-185, 23 févr. 2016)*

• **conseil de famille : convocation, délibérations et réunion**
C. pr. civ., art. 1234 à 1236

• **communication au ministère public (tutelle)**
C. pr. civ., art. 425, 1°

• **consultation du dossier et délivrance de copies (administration légale)**
+ Décr. n° 2016-185, 23 févr. 2016

C. pr. civ., art. 1180-12 et 1180-13

• **consultation du dossier et délivrance de copies (tutelle)**
C. pr. civ., art. 1222-2 à 1223-2 *(réd. Décr. n° 2016-185, 23 févr. 2016)* et 1224

• **décisions du juge des tutelles (administration légale)**
C. pr civ., art. 1180-14 et 1180-15 *(réd. Décr. n° 2016-185, 23 févr. 2016, art. 4)*

• **décisions du juge des tutelles (exécution provisoire)**
C. pr. civ., art. 515

• **notification et copies des décisions du juge (administration légale)**
C. pr. civ., art. 1180-16 et 1180-17 *(réd. Décr. n° 2016-185, 23 févr. 2016, art. 4)*

• **notification et copies des décisions du juge (tutelle)**
C. pr. civ., art. 1230 et 1231 *(réd. Décr. n° 2016-185, 23 févr. 2016)*

• **recours tutélaire : appel (administration légale)**
C. pr. civ., art. 1180-18 *(réd. Décr. n° 2016-185, 23 févr. 2016)*

• **recours tutélaire : appel (tutelle)**
C. pr. civ., art. 1239, 1239-1 *(réd. Décr. n° 2016-185, 23 févr. 2016)* à 1239-3, 1240, 1241-1, 1241-2, 1242 à 1247

• **droit du mineur à l'aide juridictionnelle**
L. n° 91-647, 10 juill. 1991, art. 9-1

- **amende civile (administration légale)**

C. pr. civ., art. 1180-19 *(réd. Décr. nº 2016-185, 23 févr. 2016)*

- **amende civile (tutelle)** *(réd. Décr. nº 2016-185, 23 févr. 2016)*

C. pr. civ., art. 1216

- **souplesse des procédures et regroupement des compétences**

Circ. 1er juill. 1966, relative à la tutelle et à l'émancipation, points 24 à 28 (*JO* 7 juill. et rect. *JO* 27 juill.)

Circ. 3 mars 1993, relative à l'état civil, à la famille et aux droits de l'enfant (*JO* 24 mars, p. 4551).

Circ. SJ-10-216-AB1, 22 juin 2010, créant le pôle « famille » au tribunal de grande instance, et transférant la compétence en matière de tutelle des mineurs au juge aux affaires familiales.

> Droit international : primauté de l'intérêt supérieur de l'enfant

Conv. New York, relative aux droits de l'enfant, 26 janv. 1990

TEXTES *IN EXTENSO*

> Audition du mineur en justice

[C. civ., art. 388-1 et C. pr. civ., art. 338-1 à 338-12]

C. civ., art. 388-1

Dans toute procédure le concernant, le mineur capable de discernement peut, sans préjudice des dispositions prévoyant son intervention ou son consentement, être entendu par le juge ou, lorsque son intérêt le commande, par la personne désignée par le juge à cet effet.

Cette audition est de droit lorsque le mineur en fait la demande. Lorsque le mineur refuse d'être entendu, le juge apprécie le bien-fondé de ce refus. Il peut être entendu seul, avec un avocat ou une personne de son choix. Si ce choix n'apparaît pas conforme à l'intérêt du mineur, le juge peut procéder à la désignation d'une autre personne.

L'audition du mineur ne lui confère pas la qualité de partie à la procédure.

Le juge s'assure que le mineur a été informé de son droit à être entendu et à être assisté par un avocat.

C. pr. civ., art. 338-1

Le mineur capable de discernement est informé par le ou les titulaires de l'exercice de l'autorité parentale, le tuteur ou, le cas échéant, par la personne ou le service à qui il a été confié de son droit à être entendu et à être assisté d'un avocat dans toutes les procédures le concernant.

Lorsque la procédure est introduite par requête, la convocation à l'audience est accompagnée d'un avis rappelant les dispositions de l'article 388-1 du Code civil et celles du premier alinéa du présent article.

Lorsque la procédure est introduite par acte d'huissier, l'avis mentionné à l'alinéa précédent est joint à celui-ci.

C. pr. civ., art. 338-2

La demande d'audition est présentée sans forme au juge par le mineur lui-même. Elle peut l'être en tout état de la procédure et même pour la première fois en cause d'appel.

C. pr. civ., art. 338-3

La décision ordonnant l'audition peut revêtir la forme d'une simple mention au dossier ou au registre d'audience.

C. pr. civ., art. 338-4

Lorsque la demande est formée par le mineur, le refus d'audition ne peut être fondé que sur son absence de discernement ou sur le fait que la procédure ne le concerne pas.

Lorsque la demande est formée par les parties, l'audition peut également être refusée si le juge ne l'estime pas nécessaire à la solution du litige ou si elle lui paraît contraire à l'intérêt de l'enfant mineur.

Le mineur et les parties sont avisés du refus par tout moyen. Dans tous les cas, les motifs du refus sont mentionnés dans la décision au fond.

C. pr. civ., art. 338-5

La décision statuant sur la demande d'audition formée par le mineur n'est susceptible d'aucun recours.

La décision statuant sur la demande d'audition formée par les parties est soumise aux dispositions des articles 150 et 152.

C. pr. civ., art. 338-6

Le greffe ou, le cas échéant, la personne désignée par le juge pour entendre le mineur adresse à celui-ci, par lettre simple, une convocation en vue de son audition.

La convocation l'informe de son droit à être entendu seul, avec un avocat ou une personne de son choix.

Le même jour, les défenseurs des parties et, à défaut, les parties elles-mêmes sont avisés des modalités de l'audition.

C. pr. civ., art. 338-7

Si le mineur demande à être entendu avec un avocat et s'il ne choisit pas lui-même celui-ci, le juge requiert, par tout moyen, la désignation d'un avocat par le bâtonnier.

C. pr. civ., art. 338-8

Lorsque l'audition est ordonnée par une formation collégiale, celle-ci peut entendre elle-même le mineur ou désigner l'un de ses membres pour procéder à l'audition et lui en rendre compte.

C. pr. civ., art. 338-9

Lorsque le juge estime que l'intérêt de l'enfant le commande, il désigne pour procéder à son audition une personne qui ne doit entretenir de liens ni avec le mineur ni avec une partie.

Cette personne doit exercer ou avoir exercé une activité dans le domaine social, psychologique ou médico-psychologique.

Elle est avisée de sa mission sans délai et par tout moyen par le greffe.

C. pr. civ., art. 338-10

Si la personne chargée d'entendre le mineur rencontre des difficultés, elle en réfère sans délai au juge.

C. pr. civ., art. 338-11

Les modalités d'audition peuvent être modifiées en cas de motif grave s'opposant à ce que le mineur soit entendu dans les conditions initialement prévues.

C. pr. civ., art. 338-12

Dans le respect de l'intérêt de l'enfant, il est fait un compte rendu de cette audition. Ce compte rendu est soumis au respect du contradictoire.

> Administration légale

+ Ord. nº 2015-1288, 15 oct. 2015, art. 3

Nota 1. Conformément à l'article 17 de l'ordonnance nº 2015-1288 du 15 octobre 2015, les présents articles sont entrés en vigueur le 1er janvier 2016. Il sont applicables aux administrations légales en cours au jour de leur entrée en vigueur.

[C. civ., art. 382 à 387-6]

* V. ss nº 122.01, > *Autorité parentale relativement aux biens de l'enfant*

+ Ord. nº 2015-1288, 15 oct. 2015, art. 5 et 6

Nota 1. (reprise)

[C. civ., art. 388-1-1, 388-1-2, 391]

C. civ., art. 388-1-1 (*Ord. nº 2015-1288, 15 oct. 2015, art. 5)*

L'administrateur légal représente le mineur dans tous les actes de la vie civile, sauf les cas dans lesquels la loi ou l'usage autorise les mineurs à agir eux-mêmes.

C. civ., art. 388-1-2 (*Ord. nº 2015-1288, 15 oct. 2015, art. 5)*

Un mineur âgé de seize ans révolus peut être autorisé, par son ou ses administrateurs légaux, à accomplir seul les actes d'administration nécessaires à la création et à la gestion d'une entreprise individuelle à responsabilité limitée ou d'une société unipersonnelle. Les actes de disposition ne peuvent être effectués que par son ou ses administrateurs légaux.

L'autorisation mentionnée au premier alinéa revêt la forme d'un acte sous seing privé ou d'un acte notarié et comporte la liste des actes d'administration pouvant être accomplis par le mineur.

C. civ., art. 391 (*Ord. nº 2015-1288, 15 oct. 2015, art. 6)*

En cas d'administration légale, le juge des tutelles peut, à tout moment et pour cause grave, soit d'office, soit à la requête de parents ou alliés ou du ministère public, décider d'ouvrir la tutelle après avoir entendu ou appelé, sauf urgence, l'administrateur légal. Celui-ci ne peut faire aucun acte de disposition à partir de la demande et jusqu'au jugement définitif sauf en cas d'urgence.

Si la tutelle est ouverte, le juge des tutelles convoque le conseil de famille, qui peut soit nommer comme tuteur l'administrateur légal, soit désigner un autre tuteur.

> Tutelle : ouverture et fin

[C. civ., art. 390 à 393]

C. civ., art. 390

La tutelle s'ouvre lorsque le père et la mère sont tous deux décédés ou se trouvent privés de l'exercice de l'autorité parentale.

Elle s'ouvre aussi, à l'égard d'un enfant dont la filiation n'est pas légalement établie.

Il n'est pas dérogé aux lois particulières qui régissent le service de l'Aide sociale à l'enfance.

C. civ., art. 391

* V. *supra* s[s] prés[t] nº

C. civ., art. 392 (*Ord. nº 2015-1288, 15 oct. 2015, art. 6)*

Nota 1. (reprise)

Si un enfant vient à être reconnu par l'un de ses deux parents après l'ouverture de la tutelle, le juge des tutelles pourra, à la requête de ce parent, décider de substituer à la tutelle l'administration légale.

C. civ., art. 393

Sans préjudice des dispositions de l'article 392, la tutelle prend fin à l'émancipation du mineur ou à sa majorité. Elle prend également fin en cas de jugement de mainlevée passé en force de chose jugée ou en cas de décès de l'intéressé.

> Procédure civile tutélaire

• compétence territoriale et saisine du juge (administration légale)

[C. pr. civ., art. 1180-6 et 1180-7]

+ Décr. nº 2016-185, 23 févr. 2016, art. 4

Nota 2 : Ces dispositions sont applicables aux administrations légales en cours au jour de leur entrée en vigueur.

C. pr. civ., art. 1180-6

* V. s[s] nº 121.01

C. pr. civ., art. 1180-7

Le juge est saisi par requête remise ou adressée au greffe du tribunal de grande instance. La requête indique, à peine de nullité, les nom, prénoms et adresse du requérant, son lien avec le mineur, l'identité et l'adresse du mineur et de ses parents.

Lorsque la requête est fondée sur les dispositions du deuxième alinéa de l'article 387-3 du Code civil, elle comporte à peine d'irrecevabilité, les mentions prévues à l'alinéa précédent et l'énoncé précis des faits de nature à porter gravement préjudice aux intérêts patrimoniaux du mineur ou qui compromettent manifestement et substantiellement ceux-ci ainsi que, le cas échéant, les pièces propres à justifier ces faits.

• compétence territoriale et saisine du juge (tutelle)

[C. pr. civ., art. 1211 et 1217]

C. pr. civ., art. 1211

* V. s[s] nº 121.01

C. pr. civ., art. 1217

Hors les cas prévus aux articles 390, 391, 442 et 485 du Code civil, le juge des tutelles est saisi par requête remise ou adressée au greffe de la juridiction de première instance.

• principe de contradiction et mesures d'instruction

C. pr. civ., art. 16

Le juge doit, en toutes circonstances, faire observer et observer lui-même le principe de la contradiction.

Il ne peut retenir, dans sa décision, les moyens, les explications et les documents invoqués ou produits par les parties que si celles-ci ont été à même d'en débattre contradictoirement.

Il ne peut fonder sa décision sur les moyens de droit qu'il a relevés d'office sans avoir au préalable invité les parties à présenter leurs observations.

• principe de contradiction et mesures d'instruction (administration légale)

[C. pr. civ., art. 1180-8 à 1180-11]

+ Décr. nº 2016-185, 23 févr. 2016, art. 4

Nota 2 : (reprise)

C. pr. civ., art. 1180-8

Le juge peut, soit d'office, soit à la requête des parties ou du ministère public, ordonner toute mesure d'instruction.

C. pr. civ., art. 1180-9

Le juge entend le mineur dans les conditions de l'article 388-1 du Code civil. Il peut, dans tous les cas où il l'estime opportun, procéder à l'audition des parents et de toute autre personne.

L'audition n'est pas publique. Il est dressé procès-verbal de celle-ci.

C. pr. civ., art. 1180-10

Le juge des tutelles qui connaît de la situation d'un mineur peut vérifier auprès du juge des enfants si une procédure d'assistance éducative est ouverte et demander à ce dernier de lui transmettre copie des pièces du dossier en cours, selon les modalités définies à l'article 1187-1.

C. pr. civ., art. 1180-11

Dès lors qu'il est informé qu'une procédure d'assistance éducative est ouverte à l'égard du mineur, le juge des tutelles transmet, à la demande du juge des enfants, toute pièce que ce dernier estime utile.

• **principe de contradiction et mesures d'instruction (tutelle)**
[C. pr. civ., art. 1220 à 1220-3, 1221-1 et 1221-2]

C. pr. civ., art. 1220

Le juge des tutelles peut, dans tous les cas où il a l'obligation ou il estime utile d'entendre la personne à protéger ou protégée, se déplacer dans toute l'étendue du ressort de la cour d'appel ainsi que dans les départements limitrophes de celui où il exerce ses fonctions. Les mêmes règles sont applicables aux magistrats de la cour d'appel en cas de recours.

C. pr. civ., art. 1220-1

L'audition de la personne peut avoir lieu au siège du tribunal, au lieu où elle réside habituellement, dans l'établissement de traitement ou d'hébergement ou en tout autre lieu approprié.

L'audition n'est pas publique.

Le juge peut, s'il l'estime opportun, procéder à cette audition en présence du médecin traitant ou de toute autre personne.

Le procureur de la République et, le cas échéant, l'avocat de la personne à protéger ou protégée sont informés de la date et du lieu de l'audition.

Il est dressé procès-verbal de celle-ci.

C. pr. civ., art. 1220-2

La décision du juge disant n'y avoir lieu à procéder à l'audition du majeur à protéger ou protégé en application du second alinéa de l'article 432 du code civil est notifiée au requérant et, le cas échéant, à l'avocat du majeur.

Par la même décision, le juge ordonne qu'il soit donné connaissance de la procédure engagée au majeur selon des modalités appropriées à son état.

Il est fait mention au dossier de l'exécution de cette décision.

C. pr. civ., art. 1220-3

Le juge des tutelles ne peut statuer sur une requête concernant un majeur protégé et relative à la protection de sa personne qu'après avoir entendu ou appelé celui-ci sauf si l'audition est de nature à porter atteinte à la santé de l'intéressé ou si celui-ci est hors d'état d'exprimer sa volonté.

C. pr. civ., art. 1221-1

Le juge des tutelles qui connaît de la situation d'un mineur peut vérifier auprès du juge des enfants si une procédure d'assistance éducative est ouverte et demander à ce dernier de lui transmettre copie de pièces du dossier en cours, selon les modalités définies à l'article 1187-1.

C. pr. civ., art. 1221-2

Dès lors qu'il est informé qu'une procédure d'assistance éducative est ouverte à l'égard du mineur, le juge des tutelles transmet, à la demande du juge des enfants, copie de toute pièce que ce dernier estime utile.

• **conseil de famille : convocation, délibérations et réunion**
[C. pr. civ., art. 1234 à 1236]

C. pr. civ., art. 1234

Le conseil de famille est convoqué par le juge des tutelles.

Sa réunion est de droit si elle est requise :

1° Soit par deux de ses membres;

2° Soit par le tuteur ou le subrogé tuteur;

3° Soit par le mineur lui-même âgé de seize ans révolus […].

Le conseil de famille est également convoqué à la demande du mineur âgé de moins de seize ans et capable de discernement, sauf décision contraire spécialement motivée du juge.

C. pr. civ., art. 1234-1

La convocation est adressée huit jours au moins avant la date de la réunion.

C pr. civ., art. 1234-2

Les membres du conseil de famille sont tenus de se rendre en personne à la réunion. Ceux qui, sans motif légitime, ne s'y présenteraient pas peuvent voir leur charge tutélaire retirée par application des dispositions de l'article 396 du Code civil.

C. pr. civ., art. 1234-3

Le conseil de famille ne peut délibérer que si la moitié au moins de ses membres est présente. Si ce nombre n'est pas atteint, le juge peut soit ajourner la réunion, soit prendre lui-même la décision en cas d'urgence.

C. pr. civ., art. 1234-4

Si le juge des tutelles estime que le conseil peut se prononcer sur une délibération sans que la tenue d'une réunion soit nécessaire, il communique à chacun des membres du conseil le texte de la délibération correspondante en y joignant tous éclaircissements utiles.

Chaque membre émet son vote dans le délai et selon les modalités impartis par le juge; à défaut, il peut voir sa charge tutélaire retirée par application des dispositions de l'article 396 du Code civil.

C. pr. civ., art. 1234-5

Toute délibération du conseil de famille est prise à la majorité simple des votes exprimés.

C. pr. civ., art. 1234-6

Les réunions du conseil de famille ne sont pas publiques. Les membres du conseil de famille sont tenus à l'obligation de secret à l'égard des tiers.

C. pr. civ., art. 1234-7

Sauf si le juge l'estime contraire à son intérêt, le mineur ou le majeur protégé peut assister à la réunion du conseil, mais seulement à titre consultatif.

C. pr. civ., art. 1235

La délibération du conseil de famille est motivée. Toutes les fois qu'elle n'est pas prise à l'unanimité, l'avis de chacun de ses membres est mentionné dans le procès-verbal.

C. pr. civ., art. 1236

Préalablement à la réunion du conseil de famille d'un mineur, le juge procède ou fait procéder à l'audition de celui-ci, s'il est capable de discernement, dans les conditions prévues à l'article 388-1 du Code civil.

• **communication au ministère public (tutelle)**

C. pr. civ., art. 425, 1°

Le ministère public doit avoir communication :

1° Des affaires relatives à la filiation, à l'organisation de la tutelle des mineurs, à l'ouverture ou à la modification de la tutelle des majeurs; […]

• **consultation du dossier et délivrance de copies (administration légale)**
[C. pr. civ., art. 1180-12 et 1180-13]
+ Décr. n° 2016-185, 23 févr. 2016, art. 4
Nota 2 : (reprise)

C. pr. civ., art. 1180-12

Le dossier peut être consulté au greffe par le requérant, le mineur capable de discernement, les parents ou leurs avocats, s'ils sont assistés ou représentés, jusqu'à ce qu'il soit statué sur la requête.

Lorsqu'il est fait application des dispositions des articles 387-3, 387-4 ou 387-5 du Code civil, le mineur capable de discernement ou l'un de ses parents ainsi que leurs conseils peuvent demander à consulter le dossier à tout moment de la procédure.

Le mineur capable de discernement ne peut consulter le dossier le concernant qu'en présence de ses parents ou de l'un d'eux ou de son avocat. En cas de refus des parents et si l'intéressé n'a pas d'avocat, le juge saisit le bâtonnier d'une demande de désignation d'un avocat pour assister le mineur.

Par décision motivée, le juge peut, en l'absence d'avocat, exclure tout ou partie des pièces de la consultation par le requérant ou le mineur lorsque cette consultation serait de nature à causer à ce dernier un préjudice grave.

Dans tous les cas, la consultation ne peut se faire qu'aux jours et heures fixés par le juge.

C. pr. civ., art. 1180-13

L'avocat du mineur ou de ses parents peut se faire délivrer copie de tout ou partie des pièces du dossier. Il ne peut communiquer les copies ainsi obtenues ou leur reproduction au mineur ou à un tiers.

Le juge peut autoriser, sur leur demande et sur justification d'un intérêt légitime, la copie d'une ou plusieurs pièces du dossier aux parents ainsi qu'au mineur âgé de seize ans révolus. La décision du juge est une mesure d'administration judiciaire.

• **consultation du dossier et délivrance de copies (tutelle)**
[C. pr. civ., art. 1222-2 à 1224]

+ Décr. n° 2016-185, 23 févr. 2016, art. 7 à 10

Nota 2 : (reprise)

C. pr. civ., art. 1222-2 *(Décr. n° 2016-185, 23 févr. 2016, art. 7)*

Le dossier du mineur sous tutelle peut être consulté au greffe par le requérant, le tuteur, les parents, ou, le cas échéant, leurs avocats, jusqu'à ce qu'il soit statué sur la requête.

À tout moment de la mesure, le mineur capable de discernement, son tuteur ou l'un de ses parents peut demander à consulter son dossier.

Le mineur capable de discernement ne peut consulter le dossier le concernant qu'en présence de son tuteur ou de son avocat. En cas de refus du tuteur et si l'intéressé n'a pas d'avocat, le juge saisit le bâtonnier d'une demande de désignation d'un avocat pour assister le mineur. Par décision motivée, le juge peut, en l'absence d'avocat, exclure tout ou partie des pièces de la consultation par le requérant ou le mineur lorsque cette consultation serait de nature à causer à ce dernier un préjudice grave.

Dans tous les cas, la consultation ne peut se faire qu'aux jours et heures fixés par le juge.

C. pr. civ., art. 1223 *(Décr. n° 2016-185, 23 févr. 2016, art. 8)*

L'avocat du majeur à protéger ou protégé, du mineur ou de ses parents peut se faire délivrer copie de tout ou partie des pièces du dossier. Il ne peut communiquer les copies ainsi obtenues ou leur reproduction au majeur à protéger ou protégé, au mineur ou à un tiers.

C. pr. civ., art. 1223-1 *(Décr. n° 2016-185, 23 févr. 2016, art. 9)*

Sous réserve des dispositions de l'article 510 du code civil relatives à la communication des comptes de gestion, le juge des tutelles peut, après le prononcé du jugement de mise sous protection, autoriser, sur justification d'un intérêt légitime, la délivrance d'une copie d'une ou plusieurs pièces du dossier au majeur protégé, au mineur âgé de seize ans révolus ou à la personne chargée de la mesure de protection.

C. pr. civ., art. 1223-2 *(Décr. n° 2016-185, 23 févr. 2016, art. 10)*

Il ne peut être délivré copie des délibérations du conseil de famille et des décisions de justice afférentes à la mesure de protection qu'aux parties et aux personnes investies des charges tutélaires concernées par ces délibérations et décisions.

Les personnes justifiant d'un intérêt légitime peuvent également en obtenir des extraits sur autorisation du juge des tutelles.

Le mineur devenu majeur peut obtenir copie des délibérations et décisions le concernant.

C. pr. civ., art. 1224

Les décisions du juge prévues aux articles 1222, 1223-1 et 1223-2 sont des mesures d'administration judiciaire.

• **décisions du juge des tutelles (administration légale)**
[C. pr. civ., art. 1180-14 et 1180-15]

+ Décr. n° 2016-185, 23 févr. 2016, art. 4

Nota 2 : (reprise)

C. pr. civ., art. 1180-14

À la demande de tout intéressé ou d'office, le juge peut ordonner que l'examen de la requête donne lieu à un débat, notamment lorsqu'il est fait application des articles 387, 387-3, 387-4 et 387-5 du Code civil.

Dans ce cas, le juge statue après avoir entendu ou appelé l'administrateur légal ou les administrateurs légaux.

Les avocats des parties, lorsqu'elles sont assistées ou représentées, sont entendus en leurs observations.

C. pr. civ., art. 1180-15

L'affaire est instruite et jugée en chambre du conseil.

• **décisions du juge des tutelles (exécution provisoire)**

C. pr. civ., art. 515

Hors les cas où elle est de droit, l'exécution provisoire peut être ordonnée, à la demande des parties ou d'office, chaque fois que le juge l'estime nécessaire et compatible avec la nature de l'affaire, à condition qu'elle ne soit pas interdite par la loi.

Elle peut être ordonnée pour tout ou partie de la condamnation.

• **notification et copies des décisions du juge (administration légale)**
[C. pr. civ., art. 1180-16 et 1180-17]

+ Décr. n° 2016-185, 23 févr. 2016, art. 4

Nota 2 : (reprise)

C. pr. civ., art. 1180-16

Toute décision du juge est notifiée, à la diligence du greffe, au requérant, aux parents et, le cas échéant, à l'administrateur *ad hoc*.

La décision est notifiée au mineur de seize ans révolus à moins que son état ne le permette pas.

Les notifications sont faites par lettre recommandée avec demande d'avis de réception. Le juge peut toutefois décider qu'elles seront faites par acte d'huissier.

La délivrance d'une copie certifiée conforme d'une décision du juge des tutelles par le greffe contre récépissé daté et signé vaut notification dès lors que les voies de recours et les sanctions encourues pour recours abusif sont portées à la connaissance de l'intéressé.

C. pr. civ., art. 1180-17

Il ne peut être délivré copie des décisions du juge qu'au requérant, aux parents et, le cas échéant, à l'administrateur *ad hoc*.

Le mineur intéressé devenu majeur peut obtenir copie des décisions le concernant.

Les personnes justifiant d'un intérêt légitime peuvent également en obtenir des extraits sur autorisation du juge. La décision du juge est une mesure d'administration judiciaire.

• **notification et copies des décisions du juge (tutelle)** [C. pr. civ., art. 1230 et 1231]

C. pr. civ., art. 1230 *(Décr. nº 2016-185, 23 févr. 2016, art. 11 – Nota 2 : (reprise)*

Toute décision du juge est notifiée, à la diligence du greffe, au requérant, à la personne chargée de la protection ou à l'administrateur légal et à tous ceux dont elle modifie les droits ou obligations résultant de la mesure de protection.

Elle est également notifiée au mineur âgé de seize ans révolus à moins que son état ne le permette pas.

En outre, dans le cas de l'article 502 du Code civil, elle est notifiée au subrogé tuteur.

C. pr. civ., art. 1231

Les notifications qui doivent être faites à la diligence du greffe le sont par lettre recommandée avec demande d'avis de réception; le juge peut, toutefois, décider qu'elles seront faites par acte d'huissier de justice.

La délivrance d'une copie certifiée conforme d'une décision du juge ou d'une délibération du conseil de famille, par le greffe contre récépissé daté et signé, vaut notification dès lors que les voies de recours et les sanctions encourues pour recours abusif sont portées à la connaissance de l'intéressé.

• **recours tutélaire : appel (administration légale)**

C. pr. civ., art. 1180-18 *(Décr. nº 2016-185, 23 févr. 2016, art. 4 – Nota 2 : (reprise)*

* V. s^{s} nº 124.01

• **recours tutélaire : appel (tutelle)**

C. pr. civ., art. 1239 à 1239-3, 1240, 1241-1, 1241-2, 1242 à 1247

* V. s^{s} nº 124.01

• **Droit du mineur à l'aide juridictionnelle**

L. nº 91-647, 10 juill. 1991, art. 9-1

Dans toute procédure le concernant, le mineur entendu dans les conditions mentionnées à l'article 388-1 du Code civil, s'il choisit d'être entendu avec un avocat ou si le juge procède à la désignation d'un avocat, bénéficie de droit de l'aide juridictionnelle.

• **Amende civile (administration légale)**

C. pr. civ., art. 1180-19 *(Décr. nº 2016-185, 23 févr. 2016, art. 4 – Nota 2 : (reprise)*

L'amende civile prévue à l'article 387-6 du Code civil ne peut excéder 3 000 euros.

• **Amende civile (tutelle)**

C. pr. civ., art. 1216 *(Décr. nº 2016-185, 23 févr. 2016, art. 6 – Nota 2 : (reprise)*

L'amende civile prévue aux articles 411-1 et 417 du Code civil ne peut excéder 3 000 euros. La décision qui la prononce n'est pas susceptible de recours.

• **Souplesse des procédures et regroupement des compétences**

Circ. 1er juill. 1966, relative à la tutelle et à l'émancipation (*JO* 7 juill. et rect. *JO* 27 juill.)

24 Un des vœux du législateur est que la procédure devant le juge des tutelles soit aussi souple et aussi simple que possible. Ce que ce magistrat doit rechercher avant tout, c'est la confiance des familles pour lesquelles il doit apparaître davantage comme un conseiller que comme un juge qui décide et qui sanctionne.

Il importe dès lors que son ministère soit dépourvu de tout apparat, que l'accès de son cabinet soit facile pour les tuteurs et administrateurs légaux. Le juge doit s'efforcer d'instaurer un dialogue et un dialogue confiant avec le représentant légal, du mineur.

Les « audiences » du juge des tutelles dont parle le Code de procédure civile ne se tiennent évidemment pas dans la salle des audiences publiques mais dans le cabinet du magistrat : l'assistance du greffier n'est obligatoire que lorsque le juge exerce ses pouvoirs juridictionnels. Il convient en cette matière de s'inspirer avec les adaptations, nécessaires, des errements suivis par le président du tribunal de grande instance, statuant sur requête, ou de certaines méthodes du juge des enfants.

25 Les juges des tutelles doivent s'efforcer de collaborer étroitement avec le notariat : les notaires, ont en effet un rôle important à jouer dans la gestion des patrimoines et dans la liquidation des successions (problème essentiel en matière de tutelle puisqu'il est assez rare qu'un mineur ait des biens qui ne lui viennent pas de la succession de l'un de ses père et mère). Les juges ne doivent donc pas hésiter à demander au notaire du mineur tous renseignements qui leur paraîtraient utiles.

26 Il serait d'ailleurs normal que le juge fixe un ou plusieurs jours par semaine, suivant l'importance du service, pendant lesquels il recevrait, à des heures déterminées à l'avance, les personnes venues lui demander des renseignements ou lui présenter des requêtes. Les greffiers ou les secrétaires du juge pourraient, éventuellement, jouer un rôle utile en donnant les premiers conseils aux parties, notamment pour la mise en état de leurs requêtes.

27 Rien ne s'oppose d'ailleurs, et il est même très souhaitable qu'il en soit ainsi, à ce que le juge des tutelles demande par simple lettre missive au tuteur, à l'administrateur légal, au notaire ou, éventuellement, au conseil qui s'occuperait des affaires du mineur, toute justification qui lui paraîtrait opportune. Il ne doit pas hésiter non plus à faire usage du téléphone aux mêmes fins.

En somme, ce qui doit caractériser la manière de procéder devant le juge des tutelles, c'est l'absence de « procédure » au sens que l'on donne habituellement à ce terme.

Il ne faut pas oublier, en effet, que le juge des tutelles est avant tout le chef du « service public des tutelles » (*cf.* exposé des motifs du projet de loi et rapport de M. Colette, député, documents parlementaires n° 1006, p. 11) et que s'il constitue une juridiction, c'est d'une juridiction quasi familiale qu'il s'agit (il convient de se rappeler à cet égard que le juge des tutelles a, en quelque sorte, pris dans de nombreux cas la place de l'ancien conseil de famille).

28 Ce souci de faciliter la procédure devant le juge des tutelles se marque notamment dans la possibilité qui lui est donnée de faire voter par correspondance les membres du conseil de famille (art. 413).

On sait que la composition du conseil de famille est fixée, en principe, pour la durée de la tutelle, et que la possibilité de représentation a été considérablement restreinte pour éviter l'abus des procurations maintes fois dénoncé.

Il était dès lors utile de permettre le vote par correspondance afin d'éviter des déplacements et des frais aux membres du conseil de famille, alors surtout que certains d'entre eux peuvent éprouver des difficultés pour se rendre aux réunions en raison de leur âge, de leur état de santé, de leur éloignement ou de leurs occupations professionnelles.

Il convient de recourir sans hésiter au vote par correspondance. Il a été signalé à la Chancellerie que les juges des tutelles de Lille y avaient fréquemment recours et que, jusqu'à présent, dans tous les cas, les membres du conseil de famille ont voté et adressé leur vote au juge dans le délai imparti qui est généralement de huit jours.

Il est procédé de la façon suivante :

1 – Une ordonnance du juge prescrit l'utilisation de cette procédure en rappelant quelles sont les décisions à prendre et en fixant le délai du vote.

2 – Un avis est adressé à chacun des membres du conseil par lettre recommandée avec accusé de réception. Cette lettre, après avoir mentionné l'objet de la délibération indique le délai prescrit et rappelle les sanctions encourues en cas de non-réponse ou de non-respect du délai.

Une formule à compléter, réservée au vote, est portée sur la lettre.

Il est à noter que le juge pourrait également adresser aux membres du conseil de famille une simple missive. Toutefois, dans ce cas, il ne saurait être question de condamner à l'amende les membres du conseil de famille qui n'auraient pas répondu. Il serait toujours possible, si un ou plusieurs membres du conseil de famille ne répondaient pas de leur adresser, à l'expiration du délai, une lettre recommandée.

3 – Le juge dresse procès-verbal contenant le résultat du vote et valant délibération.

4 – Ce procès-verbal est notifié aux membres du conseil de famille.

On trouvera, ci-après, en annexe, un modèle d'imprimé pour le vote par correspondance aux délibérations des conseils de famille.

Circ. 3 mars 1993, relative à l'état civil, à la famille et aux droits de l'enfant (*JO* 24 mars, p. 4551).

S'agissant des procédures visées, s'il va de soi qu'elles recouvrent pour une large part celles liées à la séparation ou au divorce dans la mesure où les conditions de vie du mineur vont être le plus souvent modifiées, elles n'en dépassent pas moins ce cadre pour englober l'ensemble des instances dans lesquelles les intérêts du mineur sont en jeu. Sans qu'il puisse en être donné de définition ou de contenu, il apparaît néanmoins que ces intérêts doivent être personnels, directs et certains, mais peu importe, en revanche, qu'ils soient immédiats ou futurs, matériels ou moraux. L'objet de la procédure et les circonstances de l'espèce devront être tous deux pris en considération.

Les procédures extrapatrimoniales seront le plus souvent concernées, et particulièrement celles relatives aux modalités d'exercice de l'autorité parentale. Mais le nouveau droit pourra également être exercé dans des procédures aux implications financières, par exemple lorsque les parents du mineur décident de changer de régime matrimonial.

Au demeurant, la nature du nouveau droit conféré au mineur implique qu'il puisse être exercé dans toutes les procédures civiles, quels que soient la nature et le degré de la juridiction et à tout stade de l'instance, mais non dans les procédures pénales dans lesquelles, le mineur, qu'il soit victime, auteur ou simple témoin, a un statut juridique spécifique.

Circ. SJ-10-216-AB1, 22 juin 2010, créant le pôle « famille » au tribunal de grande instance, et transférant la compétence en matière de tutelle des mineurs au juge aux affaires familiales, en application de l'article 13 de la loi du 12 mai 2009.

> Droit international : primauté de l'intérêt supérieur de l'enfant

Conv. New York relative aux droits de l'enfant, 26 janv. 1990 (ratifiée par la France le 7 août 1990)

Art. 3-1

Dans toutes les décisions qui concernent les enfants, qu'elles soient le fait des institutions publiques ou privées de protection sociale, des tribunaux, des autorités administratives ou des organes législatifs, l'intérêt supérieur de l'enfant doit être une considération primordiale.

Art. 12, al. 1er et 2

1. Les États parties garantissent à l'enfant qui est capable de discernement le droit d'exprimer librement son opinion sur toute question l'intéressant, les opinions de l'enfant étant dûment prises en considération eu égard à son âge et à son degré de maturité.

2. À cette fin, on donnera notamment à l'enfant la possibilité d'être entendu dans toute procédure judiciaire ou administrative l'intéressant, soit directement, soit par l'intermédiaire d'un représentant ou d'un organisme approprié, de façon compatible avec les règles de procédure de la législation nationale.

123.02 Jurisprudence de référence.

> Droit international : convention de New York relative aux droits de l'enfant

– Inapplicabilité directe en droit français des dispositions de la Convention relative aux droits de l'enfant, signée à New York le 26 janvier 1990

• **Civ. 1re, 10 mars 1993, n° 91-11.310,** *Bull. civ.* I, n° 103

* V. ss n° 123.24

Les dispositions de la Convention relative aux droits de l'enfant, signée à New York le 26 janvier 1990, ne peuvent être invoquées devant les tribunaux, cette Convention, qui ne crée des obligations qu'à la charge des États parties, n'étant pas directement applicable en droit interne.

– Applicabilité directe en droit français de l'article 3-1 de la Convention relative aux droits de l'enfant, signée à New York le 26 janvier 1990

• **Civ. 1re, 14 juin 2005, no 04-16.942,** *Bull. civ.* I, no 245

* V. ss no 123.24

Il résulte de l'article 13, b, de la convention de La Haye du 25 octobre 1980 qu'il ne peut être fait exception au retour immédiat de l'enfant que s'il existe un risque de danger grave ou de création d'une situation intolérable. En vertu de l'article 3.1 de la convention de New York relative aux droits de l'enfant, disposition qui est d'application directe devant la juridiction française, ces circonstances doivent être appréciées en considération primordiale de l'intérêt supérieur de l'enfant.

– Consécration du droit pour le mineur capable de discernement à être entendu en justice

• **Civ. 1re, 22 nov. 2005, no 03-17.912,** *Bull. civ.* I, no 434

* V. ss no 123.24

C'est à bon droit et en considération de l'intérêt supérieur de l'enfant au sens de l'article 3.1 de la convention de New York du 26 janvier 1990 et de son droit à être entendu dans toute la procédure le concernant consacré par l'article 12.2 du même traité, qu'une cour d'appel, sans accorder à l'enfant la qualité de partie à la procédure et, sans confier ses intérêts à un administrateur *ad hoc*, l'administration des biens du mineur n'étant pas en cause, prend l'initiative de lui faire désigner un avocat afin de recueillir ses sentiments et d'en faire état lors de l'audience, étant relevé que la juridiction saisie a toujours, en tout état de la procédure, la possibilité de procéder à l'audition personnelle de l'enfant soit à sa demande, soit si les circonstances rendent cette mesure utile ou nécessaire.

• **Civ. 1re, 18 mai 2005, no 02-20.613,** *Bull. civ.* I, no 212.

* V. ss no 123.24

Viole les articles 3.1 et 12.2 de la convention de New York du 26 janvier 1990 relative aux droits de l'enfant, ensemble les articles 388-1 du Code civil et 338-1, 338-2 du Nouveau Code de procédure civile, l'arrêt qui ne se prononce pas sur la demande d'audition de l'enfant formée par lettre, en cours de délibéré, dans la procédure engagée par son père pour voir modifier sa résidence, alors que la considération primordiale de l'intérêt supérieur de l'enfant et le droit de celui-ci à être entendu lui imposaient de prendre en compte la demande de l'enfant.

> Modalités de l'audition.

• **TGI Versailles, 7 oct. 1999 et 23 janv. 2001**

* V. ss no 123.22

Sur la recevabilité des notes adressées au juge aux affaires familiales et sur l'extension, s'agissant du principe du contradictoire, des dispositions applicables en matière d'assistance éducative.

> Désignation d'un avocat.

• **Colmar, 28 avr. 2005**

* V. ss no 123.25

L'intérêt de l'enfant au sens de l'article 3-1 de la convention de New York, justifie l'intervention d'un avocat pour transmettre au juge les sentiments de l'intéressé.

123.03 Bibliographie indicative.

> Procédure. J. Combret et N. Baillon-Wirtz, « Réforme du droit de la famille, nouvelles procédures avec le décret du 23 février 2016 », *JCP* N 2016. 1098 – V. Larribau-Terneyre, « Quand le décret du 10 avril 2009 organise la circulation de l'information entre le juge des enfants, le juge aux affaires familiales et le juge des tutelles », *Dr. fam.* 2009. Repère 5 – N. Peterka, « Procédure devant le juge des tutelles en cas d'administration légale et d'habilitation familiale », *JCP* 2016. 281.

> Droit international. P. Courbe, « L'application directe de la Convention des Nations unies sur les droits de l'enfant », *D.* 2006. Chron. 1487 s. – A. Gouttenoire, « La convention internationale des droits de l'enfant a, enfin, trouvé grâce aux yeux de la Cour de cassation ! », *Dr. fam.* 2005. Comm. 156 – C. Neirinck et P.-M. Martin, « Un traité bien mal traité », *JCP* 1993. I. 3677.

> Audition du mineur. F. Alt-Maes, « Le discernement et la parole du mineur en justice », *JCP* 1996. I. 3913 – E. Bazin, « De l'audition du mineur dans les procédures relatives à l'autorité parentale », *Gaz. Pal.* 2014, no 200, p. 9 – M. Bruggeman, « L'audition de l'enfant en justice », *AJ fam.* 2014. 12 – F. Dekeuwer-Défossez, *LPA* 30 juin 2010. Comm. 10 – J.-R. Demarchi, « Une justice familiale en mutation. Bilan de l'évolution législative relative à l'audition de l'enfant », *LPA* 17 mars 2010, p. 3 – T. Fossier, « La loi du 14 mai 1998 permettant à l'enfant orphelin de participer au conseil de famille », *Dr. fam.* 1998, no 109 – L. Francoz-Terminal, « Le nouveau régime de l'audition en justice de l'enfant concerné par une procédure judiciaire », *Dr. fam.* 2009. Étude 30 – L. Gebler, « L'audition de l'enfant par le juge aux affaires familiales », *Enfances et psy*, 2007/3, no 36 – J. Massip, « Les modifications apportées au droit de la famille par la loi du 8 janvier 1993 », *Defrénois* 1993. 673; « La participation de l'enfant au conseil de famille », *Defrénois* 1998. 925; « Quelques remarques à propos de l'audition de l'enfant en justice. Observations sur le décret no 2009-572 du 20 mai 2009 et sa circulaire d'application », *Dr. fam.* 2010. Étude 22 – P. Murat, « La participation de l'enfant aux procédures relatives à l'autorité parentale : bref regard critique sur la diversité des situations », *Dr. fam.* 2006. Étude 31.
Rapport du Défenseur des droits, *L'enfant et sa parole en justice*, 2013.

> Participation de l'enfant au conseil de famille. J. Massip, « La participation de l'enfant au conseil de famille », *Defrénois* 1998. 925 – F.-J. Pansier, « Le conseil de famille », *RJPF* 2000/1-6.

> Représentation du mineur dans une procédure. J. Bigot, « L'accès au droit du mineur », *LPA* 3 mai 1995, p. 73 – J. Massip, « Administration légale et autorité parentale », *Defrénois* 1995. 513 – M.-P. Porchy, « L'administrateur *ad hoc* en matière pénale », *D.* 2004. Chron. 2732 s.

> Notion d'urgence. F. Fresnel, « La notion d'urgence en droit des incapables, des majeurs protégés et des mineurs », *Gaz. Pal.* 29-30 janv. 2010, p. 21.

> Émancipation judiciaire. I. Corpart, « Le déclin de l'émancipation des mineurs », *JCP N* 2003. 1399 – C. Neirinck, « Un nouveau motif d'émancipation du mineur : l'intérêt des tiers », *Dr. fam.* 2011. Comm. 97 – F. Vauvillé, « La pratique de l'émancipation judiciaire ou l'ambivalence d'une institution marginale », *D.* 1990. Chron. 283.

123.04 **Exemples d'actes.**

> Tutelle des majeurs (transposable aux mineurs)

* Pour un exemple de procès-verbal de vérification des votes par correspondance des membres du conseil de famille, v. s[s] n° 5261.15.

SECTION 1

SAISINE DU JUGE AUX AFFAIRES FAMILIALES EN TANT QUE JUGE DES TUTELLES

123.11 **Saisine du juge des tutelles sur requête.** Le décret n° 2016-185 du 23 février 2016 prévoit les dispositions procédurales applicables au régime de l'administration légale telle que réformée par l'ordonnance n° 2015-1288 du 15 octobre 2015, en vigueur depuis le 1er janvier 2016. Il crée une nouvelle section I *bis* dans le chapitre IX du titre I du livre III du Code de procédure civile consacrée à « l'intervention du juge des tutelles en matière d'administration légale » qui regroupe l'ensemble des **règles de procédure applicables aux administrations légales** aux articles 1180-6 à 1180-9. Ces dispositions reprennent, pour l'essentiel, les règles figurant aux articles 1211 et suivants du chapitre suivant consacré à « la protection juridique des mineurs et des majeurs » et qui demeurent applicables aux tutelles des mineurs.

Le juge aux affaires familiales, intervenant en tant que juge des tutelles des mineurs, est saisi par une simple requête adressée ou remise au greffe de la juridiction (C. pr. civ., art. 1180-7, pour l'administration légale, et C. pr. civ., art. 1217, pour la tutelle).

Le décret n° 2016-185 du 23 février 2016 qui créé l'article 1180-7 et est relatif à la saisine du juge en cas d'**administration légale**, précise que la requête doit indiquer, à peine de nullité, les nom, prénoms et adresse du requérant, son lien avec le mineur, l'identité et l'adresse du mineur et de ses parents. S'agissant ici d'une nullité pour vice de forme, le juge ne peut pas la soulever d'office mais il peut demander au requérant de fournir les éléments manquants pour régulariser la requête, en application de l'article 115 du Code de procédure civile. Il lui est également possible de considérer qu'il n'est pas valablement saisi, par exemple lorsque l'absence de certaines pièces empêche de connaître l'identité de l'enfant et/ou de ses parents, et de déclarer la requête irrecevable.

L'article 1180-7 du Code de procédure civile précité ne spécifie pas qui peut présenter la requête, sauf dans le cas particulier de l'article 387-3 alinéa 2 du Code civil, c'est-à-dire en cas d'actes ou d'omissions compromettant manifestement et substantiellement les intérêts patrimoniaux du mineur ou en cas de situation de nature à porter un préjudice grave à ceux-ci. Alors, la requête peut être présentée par les parents ou l'un d'eux, le ministère public ou tout tiers ayant eu connaissance des faits. La requête doit comporter, à peine d'irrecevabilité et en plus des indications précitées de l'article 1180-7, « *l'énoncé précis de nature à porter gravement préjudice aux intérêts patrimoniaux du mineur ou qui compromettent manifestement et substantiellement ceux-ci ainsi que, le cas échéant, les pièces propres à justifier ces faits* ». La requête peut être régularisée, en application de l'article 126 du Code de procédure civile, si le requérant produit les éléments demandés à la demande du juge ou avant que celui-ci statue sur sa requête.

Lorsque l'ouverture d'une **tutelle** est demandée, hors les articles 390, 391 et 485 du Code civil, le juge des tutelles est également saisi par une simple requête adressée ou remise au greffe de la juridiction. L'article 1218 du Code de procédure civile, applicable à la protection juridique des mineurs et des majeurs, dispose que la requête doit être accompagnée, à peine d'irrecevabilité, de l'identité de la personne à protéger et de l'énoncé des faits qui appellent cette protection. L'article 1218-1 ajoute que la requête doit également mentionner les personnes appartenant à l'entourage et fournir les éléments concernant la situation familiale, financière et patrimoniale de la personne à protéger. Il sera nécessaire, en pratique, de disposer des renseignements nécessaires pour apprécier l'environnement du mineur et pour procéder au choix des personnes pouvant constituer le conseil de famille.

Si aucun délai n'est fixé au juge pour prendre sa décision dans le décret n° 2016-185 du 23 février 2016, il doit être relevé qu'en matière de **tutelle**, l'article 1229 du Code de procédure civile dispose que cette décision doit en principe intervenir dans un **délai de trois mois.** Si la requête demande des investigations plus longues, le requérant doit en être avisé et être informé de la date prévisible à laquelle la décision sera rendue. Ce délai n'est assorti d'aucune sanction.

Dans un arrêt du 10 octobre 2007[1], la cour d'appel de Paris a décidé que, lorsqu'il rend une ordonnance sur requête, le juge des tutelles prend une décision de nature gracieuse, qui ne peut être assimilée à l'ordonnance sur requête de l'article 493 du Code civil, de sorte qu'elle ne peut en principe pas faire l'objet d'une rétractation au sens des articles 496 et 497.

EN PRATIQUE. Il arrive souvent que la requête, pourtant signée de la main des parents, ait été rédigée par un tiers, par exemple un notaire ou un service social, pour une demande d'autorisation d'acceptation pure et simple d'une succession. En tout état de cause, la requête devra contenir tous les renseignements nécessaires sur le mineur, ses parents, sa famille et la composition de son patrimoine. Il sera également utile de savoir si d'autres procédures sont en cours le concernant, en particulier chez le juge des enfants, pour éviter ou réduire les difficultés de coordination des interventions. Il peut également être

1. Paris, 14e ch. A, 10 oct. 2007, RG n° 07/07818; *D.* 2008. 1188, note Pierre-Maurice.

nécessaire de vérifier si une protection juridique n'est pas en cours à l'égard de chacun des parents.

123.12 Cas de saisine d'office du juge des tutelles. Le juge des tutelles peut se saisir d'office, soit de façon ponctuelle, à l'occasion de l'exercice de l'administration légale, soit de façon plus durable en ouvrant un régime de tutelle à l'égard de l'enfant mineur.

1) L'ordonnance n° 2015-1288 du 15 octobre 2015, qui a très clairement entendu **restreindre son intervention dans l'administration légale aux situations présentant le plus de risques,** prévoit qu'à l'occasion du contrôle des actes de l'article 387-1 du Code civil que l'administrateur légal ne peut accomplir seul sans l'autorisation préalable du juge des tutelles, ce dernier peut, s'il l'estime indispensable à la sauvegarde des intérêts de l'enfant mineur, en considération de la composition ou de la valeur du patrimoine, de l'âge de l'enfant ou de sa situation familiale, décider qu'un acte ou une série d'actes seront soumis à son **autorisation préalable**[1]. Le juge peut aussi demander à l'administrateur légal de lui transmettre un **inventaire** et, chaque année, les actualisations d'inventaire, voire un compte rendu annuel de sa gestion qu'il devra transmettre au greffier en chef du tribunal de grande instance, dans les conditions des articles 387-4 et 387-5 du Code civil. L'administrateur légal est tenu de déférer aux **convocations** du juge des tutelles, comme d'ailleurs du procureur de la République quand celui-ci estime nécessaire de le convoquer, et de leur communiquer toutes les informations qu'ils requièrent, le juge des tutelles pouvant, comme c'est également le cas en matière de protection des majeurs, prononcer contre lui des injonctions et le condamner à une **amende civile de 3 000 euros** au maximum s'il n'a pas déféré.

2) Le juge des tutelles peut aussi **ouvrir d'office une tutelle à l'égard de l'enfant mineur.** Il en est ainsi lorsque les père et mère de l'enfant sont tous deux décédés ou se trouvent privés de l'exercice de l'autorité parentale ou lorsque l'enfant n'a pas de filiation établie. Dans ces cas, prévus à l'article 390 du Code civil, le juge peut en effet être saisi par requête ou se saisir d'office. Surtout, **en cas d'administration légale**[2], le juge des tutelles peut, à tout moment et pour cause grave, soit **d'office** soit à la **requête** de parents ou alliés ou du ministère public, décider d'ouvrir la tutelle après avoir entendu ou appelé l'administrateur légal, sauf le cas de l'urgence que le juge devra motiver. Il appartiendra ensuite au juge de constituer puis de convoquer le conseil de famille qui pourra, soit nommer comme tuteur l'administrateur légal, soit désigner un autre tuteur.

La décision d'ouvrir la tutelle, prise en application de l'article 391 du Code civil est sans effet sur l'autorité parentale puisque la tutelle a pour seul objet de pallier la carence de l'administrateur légal dans la gestion des biens de l'enfant et ne porte pas atteinte à l'exercice de l'autorité parentale[3].

123.13 Récusation, abstention ou empêchement du juge. Un juge aux affaires familiales normalement compétent pour statuer peut faire l'objet d'une demande de récusation tout comme le ministère public partie jointe (COJ, art. L. 111-6 et C. pr. civ., art. 341 s.). Il peut de lui-même estimer devoir s'abstenir, notamment lorsqu'il connaît l'une des parties (C. pr. civ., art. 339) ou être empêché. Dans tous ces cas, il appartient au président du tribunal de grande instance, juridiction à laquelle il appartient de désigner un autre juge aux affaires familiales (COJ, art. R. 213-8).

SECTION 2
INSTRUCTION DES DEMANDES ET AUDIENCES

123.21 Instruction des demandes. Les articles 1180-8 à 1180-11 (pour l'administration légale) et 1220 à 1221-2 (pour la tutelle) du Code de procédure civile encadrent l'instruction de la demande. Ils prévoient que le juge peut ordonner toute mesure d'instruction et, en particulier, désigner un tiers pour effectuer des constatations, expertiser ou évaluer un bien, ou encore pour diligenter une enquête sociale.

Ces dispositions prévoient également que le juge peut procéder à toutes les auditions qu'il estime nécessaires.

123.22 Non-publicité et absence de formalisme des audiences. Les auditions et les audiences ne sont pas publiques devant le juge des tutelles (C. pr. civ., art. 1180-15, pour l'administration légale, et C. pr. civ., art. 1220-1, pour la tutelle). La non-publicité s'étend à la fois aux **débats** qui peuvent s'instaurer entre le juge et le représentant légal du mineur, et au **prononcé de la décision**, les articles 1180-16 (pour l'administration légale) et 1230 (pour la tutelle) précisant quant à eux les conditions de notification de la décision.

Les audiences ou auditions devant le juge se caractérisent par une grande souplesse et par l'absence de tout formalisme. Elles se tiennent dans le cabinet du

1. A. Batteur et T. Douville, « Présentation critique de la réforme de l'administration légale », *D.* 2015. 2330. Les auteurs évoquent une administration légale « *à la carte* ».
2. C. civ., art. 391 (*réd. Ord. n° 2015-1288, 15 oct. 2015*).
3. Civ. 1re, 13 déc. 1994, n° 92-16.106, NP – Cass., avis, 24 mars 2014, n° 13-70.010, *Bull. avis*, n° 3; *RTD civ.* 2014. 336, obs. Hauser; *D.* 2015. 649, obs. Douchy-Oudot; *AJ fam.* 2014. 372, obs. Mornet (jurisprudence antérieure à Ord. n° 2015-1288, 15 oct. 2015, mais toujours applicable).

juge, non revêtu de sa robe. La présence du **greffier** est nécessaire quand le juge exerce des pouvoirs juridictionnels ou procède à des auditions.

Afin d'obtenir des renseignements sur la situation du mineur, la circulaire du 1er juillet 1966[1], dont on peut considérer qu'elle demeure applicable, invite les juges à multiplier les contacts humains en l'absence de toute procédure, et de communiquer par simple lettre ou par téléphone avec les représentants légaux, les organismes financiers et les notaires, notamment. Peuvent s'y ajouter les communications par courriers électroniques, les notes adressées au juge ayant été considérées comme recevables par deux décisions de juges du fond certes anciennes mais non contredites par la Haute Cour[2]. Cela permet une gestion dynamique, efficace et rapide des procédures.

Le décret n° 2009-398 du 10 avril 2009 organise quant à lui la **circulation de l'information et des pièces** entre le juge des enfants, le juge aux affaires familiales et le juge des tutelles[3], qui peut être le juge des tutelles des majeurs, compétent à l'égard de personnes protégées qui peuvent être des parents d'enfants mineurs. Les chevauchements de compétence entre ces trois magistrats autour du ou des mêmes enfants rendent essentielle cette communication pour éviter les incohérences. Il est ainsi prévu que, dès lors qu'une procédure d'assistance éducative est ouverte, **le juge des enfants** est automatiquement informé des décisions antérieurement prises par le juge aux affaires familiales, une copie devant lui être adressée. Le juge des enfants doit ainsi être destinataire de toute pièce qu'il estimerait utile de la part du juge aux affaires familiales comme du juge des tutelles. À l'inverse, **le juge aux affaires familiales** a l'obligation de vérifier si une procédure d'assistance éducative est en cours, avant de statuer sur l'exercice de l'autorité parentale, sans toutefois pouvoir exiger la communication de tous les éléments détenus par le juge des enfants[4] : la situation de danger qui caractérise l'intervention du juge des enfants justifie, selon le décret, un refus de communiquer certaines pièces du dossier d'assistance éducative. Surtout, les pièces ne sont communiquées par le juge des enfants que lorsque les parties à la procédure devant le juge aux affaires familiales ou le juge des tutelles sont celles qui ont qualité pour consulter le dossier d'assistance éducative en vertu de l'article 1187 du Code de procédure civile.

EN PRATIQUE. Néanmoins, il est parfois opportun que le juge, notamment lorsqu'il sollicite une explication de l'un des administrateurs légaux, de l'administrateur légal unique ou du tuteur sur un point déterminé de gestion, leur adresse un courrier. Une copie en sera utilement versée dans le dossier du mineur, ce qui pourra renseigner ultérieurement les parties ou les autorités de contrôle sur les diligences réellement effectuées par le juge. Il est également tout à fait souhaitable de consigner par écrit, sous forme de notes datées et signées par exemple, les renseignements ainsi obtenus. Cela permet non seulement d'ouvrir un possible débat contradictoire mais encore de conserver la mémoire du dossier.

123.23 Assistance possible mais moins grande souplesse de la représentation devant le juge aux affaires familiales statuant en qualité de juge des tutelles. Les personnes convoquées pour audition ou en audience par le juge doivent se présenter elles-mêmes, seules ou assistées. Elles peuvent aussi être représentées, sauf lorsqu'elles sont membres du conseil de famille (C. pr. civ., art. 1234-2). Dans ce cas, elles sont tenues de se rendre en personne aux réunions. Celles qui ne se présenteraient pas, sans excuse légitime, pourraient se voir retirer leurs charges tutélaires par le juge en application de l'article 396 du Code civil.

Le transfert de la tutelle des mineurs au tribunal de grande instance a supprimé les possibilités de représentation auparavant ouvertes devant le tribunal d'instance par l'article 828 du Code de procédure civile. La question posée est désormais celle de la représentation par avocat, en principe obligatoire devant le tribunal de grande instance (C. pr. civ., art. 751). Compte tenu de la spécificité de la tutelle des mineurs et des dispositions des articles L. 121-3 et R. 121-1 du Code de l'organisation judiciaire, transférant « *la fonction de juge des tutelles du mineur* » au JAF et des dispositions des articles 1226 et 1239 du Code de procédure civile, nous pensons que cette représentation est purement facultative.

Le **mineur capable de discernement**, quant à lui, peut être entendu par le juge des tutelles ou, lorsque son intérêt le commande, par la personne désignée par le juge à cet effet[5]. Cette audition est de droit quand le mineur la demande (C. civ., art. 388-1) et le juge apprécie, au cas par cas, lorsque le mineur refuse d'être entendu. Lorsqu'un conseil de famille a été constitué, cette audition doit être réalisée préalablement à la réunion du conseil de famille (C. pr.

1. Circ. 1er juill. 1966, *JO* 7 juill., rect. *JO* 27 juill.
2. TGI Versailles, 7 oct. 1999 et 23 janv. 2001, *Dr. fam.* 2001. 45, note Lécuyer.
3. Décr. n° 2009-398, 10 avr. 2009, relatif à la communication de pièces entre le juge aux affaires familiales, le juge des enfants et le juge des tutelles, *JO* 12 avr., p. 6418.
4. D. Autem, « La communication entre le juge aux affaires familiales, le juge des enfants et le juge des tutelles », *LPA* 2010, n° 121, p. 4 – F. Eudier, « Un décret organise la communication des pièces entre le juge aux affaires familiales, le juge des enfants et le juge des tutelles », *RJPF* 2009, n° 7, p. 23.
5. E. Bazin, « De l'audition du mineur dans les procédures relatives à l'autorité parentale », *Gaz. Pal.* 2014, n° 200, p. 9 – M. Bruggeman, « L'audition de l'enfant en justice », *AJ fam.* 2014. 12.

civ., art. 1236), le mineur ayant ensuite la possibilité d'assister à la réunion à titre simplement consultatif, sauf si le juge l'estime contraire à son intérêt (C. pr. civ., art. 1234-7). Lors des auditions, le mineur est entendu seul ou avec l'assistance d'un avocat ou d'une personne de son choix (C. civ., art. 388-1, al. 2).

123.24 Audition de l'enfant par le juge : convention de New York relative aux droits des enfants du 26 janvier 1990 et droit interne. Le droit international de la protection de l'enfance exerce une influence plus ou moins directe sur la législation française relative aux mineurs, ainsi de la convention de New York des Nations unies relative aux droits de l'enfant, signée le 26 janvier 1990 et ratifiée par la France le 7 août 1990. L'alinéa 1er de l'article 12 de cette convention précise : « *Les États parties garantissent à l'enfant qui est capable de discernement le droit d'exprimer son opinion sur toute question l'intéressant, les opinions de l'enfant étant dûment prises en considération eu égard à son âge et à son degré de maturité* ».

L'alinéa 2 de cette disposition apporte d'autres précisions : « *À cette fin, on donnera notamment à l'enfant la possibilité d'être entendu dans toute procédure judiciaire ou administrative l'intéressant, soit directement, soit par l'intermédiaire d'un représentant ou d'un organisme approprié, de façon compatible avec les règles de procédure de la législation nationale* ».

La Cour de cassation avait estimé dans un premier temps que les dispositions de cette convention ne pouvaient pas être invoquées devant les tribunaux français (celle-ci ne créant des obligations qu'à la charge des États parties) n'étant pas directement applicable en droit interne avant d'évoluer en 2005 sur cette question[1].

Une première évolution est venue d'un arrêt rendu, le 18 mai 2005 par la première chambre civile[2].

Puis, opérant un revirement plus net, la Cour de cassation énonça que l'article 3.1 de la convention de New York relative aux droits de l'enfant du 26 janvier 1990 était une disposition d'application directe devant la juridiction française[3].

En droit interne, l'article 388-1 du Code civil[4] généralise le recours à l'audition du mineur devant le juge civil, y compris devant le juge des tutelles[5]. Il a pour finalité de permettre au mineur de faire connaître ses sentiments dans les procédures qui le concernent. Le rôle du mineur reste néanmoins purement consultatif puisque son avis ne lie pas le juge.

L'article 388-1 du Code civil précité prévoit deux sortes d'auditions du mineur :

- l'une, **facultative**, est réalisée à la demande du juge et constitue une mesure d'information destinée à l'éclairer sur la décision à prendre;

- l'autre **de droit**, oblige le juge à entendre le mineur qui lui en fait la demande et consacre un véritable droit du mineur capable de discernement à être entendu par le juge.

Lorsque l'enfant demande à être entendu, le juge ne peut en principe pas refuser de procéder ou de faire procéder à son audition[6]. Il a été jugé que le refus d'audition ne peut être fondé que sur l'absence de discernement ou sur le fait que la procédure ne concerne pas l'enfant (C. pr. civ., art. 338-4, al. 1er), la Cour de cassation ayant cassé un arrêt qui n'avait pris en considération que l'âge de l'enfant sans expliquer en quoi celui-ci n'était pas capable de discernement et en rappelant que le défaut d'intérêt était un motif impropre à justifier le refus d'audition[7]. En revanche, si l'audition a été demandée par les parties, le deuxième alinéa de l'article 338-4 permet de l'écarter si elle n'est pas nécessaire à la solution du litige ou encore si celle-ci serait de nature à compro-

1. Civ. 1re, 10 mars 1993, no 91-11.310, *Bull. civ.* I, no 103; *D.* 1993. 361, note Massip; *D.* 1993. 203, obs. Rondeau-Rivier; *RTD civ.* 1993. 341, obs. J. Hauser; Rép. civ., vo *Enfance*, par C. Neirinck, avr. 2008 [actu. avr. 2015], no 4; *RDSS* 1993. 533, obs. Monéger – C. Neirinck et Martin, « Un traité bien mal traité », *JCP* 1993. I. 3677 – CE 29 juill. 1994, Préfet de la Seine-Maritime, req. no 143866, *AJDA* 1994. 841, concl. Denis-Linton – C. Chabert, « Pour un réexamen de la question de l'applicabilité directe de la Convention de New York du 26 janvier 1990 aux droits de l'enfant », *JCP* 2003. I. 129.
2. Civ. 1re, 18 mai 2005, no 02-20.613, *Bull. civ.* I, no 212; *D.* 2005. 1909, obs. Egéa; *JCP* 2005. II. 10081, note Granet-Lambrechts et Strickler; *D.* 2006. 1487, obs. Courbe; *D.* 2007. 2192, obs. Gouttenoire; *AJ fam.* 2005. 274, obs. Fossier; *RJPF* 2005-9/21, note Eudier; Rép. civ., vo *Enfance*, par C. Neirinck, avr. 2008 [actu. avr. 2015], nos 4 et 47; *RTD civ.* 2005. 585, obs. Hauser; *RTD civ.* 2005. 556, obs. Encinas de Munagorri; 627, obs. Théry; 750, note Rémy-Corlay; *RDSS* 2005. 814, obs. Neirinck; *Rev. crit. DIP* 2005. 679, obs. Bureau.
3. Civ. 1re, 14 juin 2005, *n*o 04-16.942, *Bull. civ.* I, no 245; *D.* 2005. 2790, note Boulanger; *D.* 2007. 2152, obs. Gouttenoire; *Defrénois* 2005. 1418, obs. Massip; *RTD civ.* 2005. 556, note Encinas de Munagorri; 750, note Rémy-Corlay; *RDSS* 2005. 814, note Neirinck; *Rev. crit. DIP* 2005. 679, note DBureau – P. Courbe, « L'application directe de la Convention des Nations unies sur les droits de l'enfant », *D.* 2006. 1487 s.
4. Issu de L. no 93-22, 8 janv. 1993 *(mod. par L. no 2007-293, 5 mars 2007, art. 9).*
5. EN CE SENS : J. Massip, « Les modifications apportées au droit de la famille par la loi du 8 janvier 1993 », *Defrénois* 1993. 673, no 39 – Circ. 3 mars 1993, IV, 1.1.2, relative à l'état civil, à la famille et aux droits de l'enfant, *JO* 24 mars, p. 4551, NOR : JUSC9320134C; *JCP* 1993. III. 66093, p. 214.
6. Civ. 1re, 24 oct. 2012, no 11-18.849, *Bull. civ.* I, no 212; *RTD civ.* 2013. 106, obs. Hauser. L'audition est de droit lorsque l'enfant en fait la demande, demande qui peut être présentée « *en tout état de la procédure et même, pour la première fois, en cause d'appel* ».
7. Civ. 1re, 18 mars 2015, no 14-11.392, *Bull. civ.* I, no 58; *AJ fam.* 2015. 282, obs. Thouret; *RTD civ.* 2015. 352, obs. Hauser.

mettre la santé, l'équilibre ou l'état mental de l'enfant[1].

L'audition du mineur réalisée à sa demande ou d'office par le juge ne lui confère pas la qualité de partie à la procédure, notamment tutélaire, au sens de l'article 66 du Code de procédure civile (C. civ., art. 388-1, al. 3). Ainsi c'est à bon droit et en considération de l'intérêt supérieur de l'enfant au sens de l'article 3.1 de la convention de New York du 26 janvier 1990 et de son droit à être entendu dans toute la procédure le concernant, consacré par l'article 12.2 du même traité, qu'une cour d'appel, sans accorder à l'enfant la qualité de partie à la procédure, prend l'initiative de lui faire désigner un avocat afin de recueillir ses sentiments et d'en faire état lors de l'audience[2].

123.25 Modalités de l'audition de l'enfant à sa demande. Dans le cas où le mineur en fait la demande, le juge doit en principe procéder personnellement et directement à son audition, sauf la possibilité, lorsque l'intérêt de l'enfant le commande, de le faire entendre par la personne que le juge désigne (C. civ., art. 388-1, al. 1er). Lorsque l'audition est ordonnée à la demande du mineur, le secrétariat de la juridiction doit lui adresser une convocation préalable par lettre recommandée avec demande d'avis de réception, doublée d'une lettre simple (C. pr. civ., art. 338-5). Cette convocation doit informer l'enfant de son droit d'être entendu seul, ou avec un avocat ou toute autre personne de son choix.

En outre, le greffe doit, le même jour que l'envoi de la convocation au mineur, aviser par simple bulletin les défenseurs des parties (et, à défaut, les parties elles-mêmes) de la décision ordonnant l'audition, sous pli recommandé avec demande d'avis de réception.

Si l'enfant a le droit d'être entendu seul par le juge, il peut néanmoins exiger d'être entendu en présence d'un avocat ou de toute autre personne qu'il a choisie[3]. Lorsqu'il se présente seul en vue de son audition, le juge doit lui rappeler son droit d'être entendu avec un avocat ou une autre personne de son choix (C. pr. civ., art. 338-7, al. 1er) et doit s'assurer que l'enfant a bien été informé de ses droits[4] (C. civ., art. 388-1, al. 4[5]). Si l'enfant choisit d'exercer son droit d'être accompagné d'un avocat ou d'un tiers choisi, le juge doit alors renvoyer l'audition à une date ultérieure par mention au dossier. Il a également été admis en jurisprudence[6] que l'intérêt de l'enfant au sens de l'article 3-1 de la convention de New York justifie l'intervention d'un avocat pour transmettre au juge les sentiments de l'intéressé.

L'avocat choisi par l'enfant doit en informer le juge. Si le mineur demande à être entendu en présence d'un avocat sans avoir effectué au préalable un choix nominatif, le juge doit demander au bâtonnier de procéder à la désignation d'office d'un de ses confrères à cette fin. Dans tous les cas, le mineur accompagné d'un avocat est bénéficiaire de droit de l'aide juridictionnelle, indépendamment du niveau de ressources de ses parents (L. n° 91-647, 10 juill. 1991, art. 9-1). Au sens juridique du terme, il convient de faire observer que l'avocat n'exerce pas une représentation du mineur ni même une véritable assistance, mais plutôt d'une aide morale et psychologique.

Le mineur peut décider d'être entendu par le juge en présence d'une personne choisie par ses soins sous le contrôle du juge.

EN PRATIQUE, Il peut s'agir d'un travailleur social, d'un éducateur en qui il a confiance ou d'un membre de sa famille. Le juge conserve la faculté de procéder d'office à la désignation d'une autre personne (avocat ou non) s'il estime que le choix opéré par le mineur n'est pas conforme à ses intérêts (un parent qui ne présente pas des garanties suffisantes d'objectivité par rapport à la situation du mineur, par exemple, parce qu'il se trouve héritier dans la même succession que celui-ci).

Dans la tutelle des mineurs, l'article 1234 du Code de procédure civile confère le droit au mineur âgé de seize ans révolus, et au mineur âgé de moins de seize ans et capable de discernement, de provoquer la convocation du conseil de famille par le juge[7].

Dans cette seconde hypothèse, le juge, appréciant souverainement la capacité de discernement du mineur, est tenu de rendre une **décision spécialement motivée** s'il estime devoir rejeter la demande présentée par le mineur à cet effet. Cette décision peut sans doute, en application de l'article 1239 du Code de

1. Civ. 1re, 2 avr. 1996, n° 94-14.149, *Bull. civ.* I, n° 163 – Civ. 1re, 20 févr. 1985, n° 83-80.055, *Bull. civ.* I, n° 71, *Gaz. Pal.* 1985. 2. 756 – Civ. 1re, 2 nov. 1994, n° 93-05.078, *Bull. civ.* I, n° 314.
2. Civ. 1re, 22 nov. 2005, n° 03-17.912, *Bull. civ.* I, n° 434; *D.* 2006. 554, note Boulanger; *D.* 2006. Pan. 2436, obs. Douchy-Oudot; *D.* 2005. IR 3036, obs. Gallmeister; *RDSS* 2006. 349, obs. Bruggeman; *RTD civ.* 2006. 101, obs. Hauser.
3. Sur la pratique des juges parisiens de désigner systématiquement un avocat d'enfant : M. Le Guérroué, « L'audition de l'enfant : compte rendu de la réunion de la commission "Famille" du barreau de Paris en date du 14 avril 2015 », *Lexbase Hebdo*, éd. privée, 2015, n° 616.
4. Civ. 1re, 28 sept. 2011, n° 10-23.502, NP; *RTD civ.* 2011. 757, obs. Hauser. Le devoir d'informer l'enfant de son droit à être assisté d'un avocat lors de son audition incombe aux parents.
5. C. civ., art. 388-1, al. 4 *(mod. par L. n° 2007-293, 5 mars 2007, art. 9).*
6. Colmar, 28 avr. 2005, *Dr. fam.* 2006. 28, 2e esp., note Gouttenoire.
7. J. Massip, « La participation de l'enfant au conseil de famille », *Defrénois* 1998, p. 925.

procédure civile, faire l'objet d'un recours dans le délai de quinze jours de la notification (C. pr. civ., art. 1241-1).

En tout état de cause, et sauf si le juge l'estime contraire à son intérêt, le mineur pourra assister à titre consultatif au conseil de famille (C. pr. civ., art. 1234-7). En outre, préalablement à la réunion du conseil de famille, le juge sera tenu de l'entendre, ou de le faire entendre, dans les conditions de l'article 388-1 du Code civil.

123.26 Nécessité de faire acter les déclarations du mineur dans un procès-verbal. Ni les lois du 8 janvier 1993[1] et du 5 mars 2007, ni les décrets d'application, ni le décret n° 2016-185 du 23 février 2016 pris dans le cadre de l'application de l'ordonnance n° 2015-1288 du 15 octobre 2015 n'obligent le juge à faire rédiger par le greffier un procès-verbal à l'issue de l'audition du mineur. Il est cependant nécessaire de faire acter les déclarations de l'enfant dans un procès-verbal car cette audition constitue une pièce du dossier et doit à ce titre pouvoir être consultée au tribunal par les parties à l'instance tutélaire, en application de l'article 173 du Code de procédure civile[2]. La présence du greffier, et sa signature du procès-verbal, authentifient les déclarations du mineur.

123.27 Consultation du dossier et délivrance de copies de pièces du dossier. La consultation de l'audition du mineur et du dossier lui-même ne peut s'effectuer que dans le respect des règles des articles 1180-12 (administration légale) et 1222 et suivants (tutelle) du Code de procédure civile, créés (C. pr. civ., art. 1180-12) ou modifiés (C. pr. civ., art. 1222-2) par le décret n° 2016-185 du 23 février 2016. De manière générale, le dossier est consultable jusqu'à ce qu'il soit statué sur la requête par les personnes énumérées par les articles 1180-12 (administration légale) et 1222 (tutelle). En dehors de ce temps procédural ponctuel, le dossier peut aussi être consulté tant qu'il reste ouvert, c'est-à-dire pendant toute la durée de la mesure de protection dans les conditions prévues aux articles 1180-12 (administration légale) et 1221-1 (tutelle). Si le dossier reste en principe ouvert pour tout le temps de la tutelle, en revanche ce n'est pas le cas de l'administration légale compte tenu des nouvelles dispositions introduites par l'ordonnance n° 2015-1288 du 15 octobre 2015 qui ne font plus intervenir le juge qu'à titre exceptionnel. Précisément, le dossier du mineur pourra être consulté à tout moment par le mineur capable de discernement, les parents et leurs avocats lorsqu'il aura été fait application des dispositions des articles 387-3, 387-4 et 387-5 du Code civil et qu'un contrôle renforcée aura été mis en œuvre.

Dans tous les cas, la consultation du dossier par le mineur capable de discernement ne peut se faire qu'**en présence de ses parents** ou de l'un d'eux (administration légale) ou de son **tuteur** (tutelle), ou de son **avocat**, lequel peut être désigné par le bâtonnier à la demande du juge des tutelles.

En l'absence d'avocat, le juge peut, par décision motivée, exclure tout ou partie des pièces du dossier de la consultation du requérant ou du mineur lorsque cette consultation serait de nature à causer au mineur un préjudice grave.

Toute demande de consultation doit être faite par écrit et soumise au juge des tutelles qui, s'il y fait droit, fixe le jour et l'heure de la consultation (C. pr. civ., art. 1180-5, al. 5, et art. 1222-2, al. 5).

Lorsque le mineur est devenu majeur et souhaite consulter son dossier, les règles relatives aux archives s'appliquent et la demande de consultation doit être adressée au greffier en chef.

Les articles 1180-13 (administration légale) et 1223 à 1224 (tutelle) du Code de procédure civile organisent les conditions de délivrance des copies de pièces du dossier. Dans tous les cas, **l'avocat du mineur ou de ses parents peut se faire délivrer tout ou partie des pièces du dossier** mais ne peut les communiquer au mineur ou à un tiers. Sur autorisation du juge des tutelles, et sous réserve de justifier d'un intérêt légitime, une copie de certaines pièces du dossier peut être communiquée aux parents ou au mineur de seize ans. La décision du juge des tutelles n'est pas susceptible de recours, s'agissant d'une mesure d'administration judiciaire (C. pr. civ., art. 1180-13, *in fine, et* art. 1224) et ne doit pas obligatoirement être motivée.

123.28 La communication des dossiers relatifs à l'organisation de la tutelle des mineurs au procureur de la République est d'ordre public. Si le décret n° 2016-185 du 23 février 2016 est muet sur la communication du dossier au ministère public, en revanche l'article 425 (1°) du Code de procédure civile dispose que le ministère public, agissant en qualité de partie jointe, doit avoir communication des affaires relatives à l'organisation de la tutelle des mineurs. En outre, il convient d'observer que le ministère public, partie jointe, peut être récusé dans les cas prévus par l'article 341 du Code de procédure civile (magistrat du parquet ou son conjoint ayant un intérêt personnel à la contestation, magistrat du parquet ayant une amitié ou inimitié notoire avec l'une des parties...).

L'article 411-1 du Code civil, dans sa rédaction issue de l'ordonnance n° 2015-1288 du 15 octobre 2015, confère en outre au procureur de la République, conjointement avec le juge des tutelles, une mis-

1. L. n° 93-22, 8 janv. 1993, modifiant le Code civil relative à l'état civil, à la famille et aux droits de l'enfant et instituant le juge aux affaires familiales, *JO* 9 janv., p. 495.
2. C. pr. civ., art. 173 : « *Les procès-verbaux, avis ou rapports établis, à l'occasion ou à la suite de l'exécution d'une mesure d'instruction sont adressés ou remis en copie à chacune des parties par le secrétaire de la juridiction qui les a établis* ».

sion de surveillance générale des tutelles de son ressort, les alinéas 2 et 3 de ce texte disposant que les tuteurs et autres organes tutélaires sont tenus de déférer aux convocations de ces magistrats et de leur communiquer toute information qu'ils requièrent. Le juge des tutelles peut en outre prononcer des injonctions et condamner à l'amende civile ceux qui n'y ont pas déféré.

EN PRATIQUE. Le juge des tutelles doit aviser le procureur de la République dès l'ouverture d'une procédure de tutelle des mineurs. Cette communication est d'ordre public[1]. En outre, il est conseillé, mais non obligatoire, de communiquer le dossier au procureur pour obtenir son avis sur un point particulier relatif au fonctionnement de la tutelle ou de l'administration légale.

La décision du juge doit mentionner, en principe, la présence du ministère public à l'audience, quand c'est le cas, ou son avis écrit.

Cet avis écrit est encore trop souvent très succinct, voire même inexistant lorsqu'il se réduit à une mention sur le dossier de type « Vu et s'en rapporte ».

123.29 Réunions du conseil de famille et possibilité de vote par correspondance dans la tutelle des mineurs. En matière de tutelle des mineurs, les articles 1234 et suivants du Code de procédure civile, applicables également à la tutelle des majeurs, organisent le fonctionnement du conseil de famille. L'article 1236 du même code dispose que, préalablement à la réunion du conseil de famille d'un enfant mineur, « *le juge procède ou fait procéder à l'audition de celui-ci, s'il est capable de discernement, dans les conditions de l'article 388-1 du Code civil.* » Cette formulation est impérative et oblige le juge à réaliser ou à déléguer cette audition, conforme aux droits de l'enfant.

L'article 1234-4 du Code de procédure civile permet au juge de ne pas tenir physiquement une séance de réunion du conseil de famille lorsqu'il estime qu'elle n'est pas nécessaire. Il fait alors procéder au vote de la délibération par correspondance. Chacun des membres du conseil de famille reçoit du juge le projet de la délibération soumis au vote, accompagné le cas échéant de tous éléments utiles, et donne son avis par courrier dans le délai et selon les modalités fixées par le juge, sans qu'il soit nécessaire de procéder à la tenue d'une audience formelle.

EN PRATIQUE. Cette procédure dépourvue de tout formalisme est intéressante pour le juge, car il est souvent difficile de réunir physiquement dans un délai raisonnable les membres du conseil de famille, lesquels peuvent demeurer très loin du tribunal. En outre, le juge reste libre d'impartir un délai particulier à chaque membre du conseil pour lui rendre son avis sur le projet de délibération. Les dispositions anciennes du Code de procédure civile permettant au juge de prononcer d'une amende civile d'un montant maximal de 3 000 euros (C. pr. civ., art. 1230[2]) ont été supprimées.

SECTION 3
DÉCISIONS DU JUGE AUX AFFAIRES FAMILIALES EN TANT QUE JUGE DES TUTELLES

123.31 Le juge des tutelles statue par voie d'ordonnances et de jugements motivés. Le juge statue, en pratique, tantôt par des ordonnances, tantôt par des jugements, même si le Code de procédure civile reste muet sur leur nature juridique exacte, parlant seulement de « décisions » sans autre précision. La décision qui ouvre la tutelle peut être qualifiée de jugement, celle-ci devant être précédée d'une communication obligatoire au ministère public (C. pr. civ., art. 425, 1°).

En matière d'administration légale, le délai de trois mois pour statuer prévu à l'article 1229 du Code de procédure civile pour la protection juridique des mineurs (tutelle) et des majeurs, n'est pas applicable. Toutefois, le juge devra veiller à statuer dans un délai raisonnable dans une matière aussi sensible et aux enjeux le plus souvent forts.

Si **le fonctionnement de la tutelle amène en principe à un débat**, tel n'est pas nécessairement le cas pour l'administration légale, le juge pouvant statuer au seul vu de la requête et des pièces jointes. Cependant, dans de nombreuses hypothèses, il est préférable d'organiser un débat et, en particulier, lorsqu'il sera envisagé de faire application des dispositions des articles 387 et 387-3 du Code civil. L'article 1180-14 du Code de procédure civile permet au juge d'organiser ce débat, d'office ou à la demande de tout intéressé, et l'article 1180-15 dispose qu'il se déroule en chambre du conseil. Les convocations sont adressées par le greffe et les débats consignés dans un procès-verbal dressé par le greffier. Le juge prendra ensuite sa décision, qui doit être motivée notamment au regard de l'intérêt que présente l'acte envisagé pour le patrimoine et la personne de l'enfant mineur, en mentionnant la tenue du débat, l'affaire étant jugée en chambre du conseil.

123.32 Faculté pour le juge aux affaires familiales statuant en qualité de juge des tutelles d'assortir ses décisions de l'exécution provisoire. Le juge peut assortir ses décisions de l'exécution provisoire, d'office ou à la demande des parties, dans les conditions du droit commun (C. pr. civ., art. 514, 515 s.).

L'exécution provisoire ne peut être ordonnée que par la décision qu'elle est destinée à rendre exécu-

1. Civ. 1re, 16 mai 1981, n° 80-11.382, *Bull. civ.* I, n° 161.

2. C. pr. civ., art. 1230 *(mod. par Décr. n° 2005-1678, 28 déc. 2005).*

toire, sous réserve des dispositions des articles 525 et 526 du Code de procédure civile[1]. Lorsqu'elle n'a pas été demandée ou si, l'ayant été, le juge a omis de statuer, elle ne peut être demandée, en cas d'appel, qu'au premier président de la cour d'appel, étant observé que dans la procédure sans représentation obligatoire, pour laquelle il n'y a pas de mise en état, le premier président est seul compétent pour statuer[2].

123.33 Notification des décisions du juge des tutelles. En application de l'article 1230 alinéa 1er du Code de procédure civile (tutelle), toutes les décisions du juge doivent être notifiées, à la diligence du greffe, au requérant, à la personne chargée de la protection ou à l'administrateur légal et à tous ceux dont elle modifie les droits ou les obligations résultant de la mesure de protection. L'alinéa 2 de cet article, modifié par le décret n° 2016-185 du 23 février 2016, y ajoute la **notification à l'enfant mineur de seize ans révolus** à moins que son état ne le permette pas, et la notification au subrogé tuteur dans le cas de l'article 502 du Code civil.

Dans l'administration légale, l'article 1180-16 dispose que les décisions sont notifiées au requérant, aux parents, à l'administrateur *ad hoc* le cas échéant et au mineur de seize ans, si son état le permet.

Les décisions doivent être notifiées par lettre recommandée avec demande d'avis de réception. Le juge peut toutefois décider que la notification aura lieu par acte d'huissier de justice (C. pr. civ., art. 1231, al. 1er). Il faut ajouter qu'en cas de notification le greffier, doit accompagner la copie certifiée conforme de la décision, d'un imprimé de notification rappelant à l'intéressé l'existence d'une voie de recours, la forme et le délai pour l'exercer.

Néanmoins, la délivrance d'une copie certifiée conforme de la décision par le greffe contre récépissé daté et signé équivaut à la notification (C. pr. civ., art. 1231, al. 2). Ce mode de notification est à utiliser particulièrement quand les personnes à qui la décision doit être notifiée sont présentes. En remettant la copie, le greffier ne doit pas omettre de signaler la voie de recours, ainsi que la forme et le délai pour l'exercer.

123.34 Principe d'une délivrance des décisions du juge aux seules parties à l'instance tutélaire. En principe, les décisions du juge en matière tutélaire ne peuvent être délivrées qu'aux parties et aux personnes investies d'une charge tutélaire. À titre d'exception, le président du tribunal de grande instance peut autoriser la délivrance d'expéditions de ces décisions, ou de délibérations du conseil de famille, à des tiers à l'instance tutélaire (C. pr. civ., art. 1436).

Dans l'administration légale, l'article 1180-17 du Code de procédure civile dispose qu'une copie des décisions peut être délivrée au requérant, aux parents, à l'administrateur *ad hoc* le cas échéant, et au mineur devenu majeur. En outre, et sous réserve de justifier d'un intérêt légitime, toute personne peut demander au juge l'autorisation d'obtenir un extrait d'une décision. La décision du juge est alors une mesure d'administration judiciaire, qui ne doit pas obligatoirement être motivée et est insusceptible de recours.

1. C. pr. civ., art. 525 : « *Lorsque l'exécution provisoire a été refusée, elle ne peut être demandée, en cas d'appel, qu'au premier président statuant en référé, ou dès lors qu'il est saisi, au magistrat chargé de la mise en état et à condition qu'il y ait urgence* ».
   C. pr. civ., art. 525-1 : « *Lorsque l'exécution provisoire n'a pas été demandée, ou si, l'ayant été, le juge a omis de statuer, elle ne peut être demandée, en cas d'appel, qu'au premier président statuant en référé ou, dès lors qu'il est saisi, au magistrat chargé de la mise en état* ».
2. Lyon, 25 sept. 1979, *Gaz. Pal.* 1979. 635, note Ph. B.; *D.* 1980. IR 49, obs. Julien.

CHAPITRE

124. Dispositions communes aux régimes de protection du mineur : procédure devant la cour d'appel

SECTION 0
ORIENTEUR

124.00 **Plan du chapitre.**

124.01 **Textes applicables.**

TEXTES LÉGISLATIFS ET RÉGLEMENTAIRES NOUVEAUX

• **Décr. n° 2016-185, 23 févr. 2016,** pris pour l'application de l'ordonnance n° 2015-1288 du 15 octobre 2015 portant simplification et modernisation du droit de la famille, *JO* 25 févr., texte n° 26.

• **Ord. n° 2015-1288, 15 oct. 2015,** portant simplification et modernisation du droit de la famille, *JO* 16 oct., p. 19304.

TEXTES SOURCES

> Recours tutélaire : appel (administration légale)

+ Décr. n° 2016-185, 23 févr. 2016, art. 4

C. pr. civ., art. 1180-18

> Recours tutélaire : appel (tutelle)

C. pr. civ., art. 1239, 1239-1 à 1239-3, 1240, 1241-1, 1241-2, 1242 à 1247

TEXTES *IN EXTENSO*

> Recours tutélaire : appel (administration légale)

C. pr. civ., nouv. art. 1180-18 *(réd. Décr. n° 2016-185, 23 févr. 2016, art. 4)*

Nota 1 : Ces dispositions sont applicables aux administrations légales en cours au jour de leur entrée en vigueur.

Sauf disposition contraire, les décisions du juge sont susceptibles d'appel.

L'appel est formé, instruit et jugé selon les règles édictées aux articles 1239 à 1247.

> Recours tutélaire : appel (tutelle)

[C. pr. civ., art. 1239 à 1239-3, 1240, 1241-1, 1241-2, 1242 à 1247]

C. pr. civ., art. 1239

Sauf disposition contraire, les décisions du juge des tutelles et les délibérations du conseil de famille sont susceptibles d'appel.

Sans préjudice des dispositions prévues par les articles 1239-1 à 1239-3, l'appel est ouvert aux personnes énumérées à l'article 430 du Code civil, même si elles ne sont pas intervenues à l'instance.

Le délai d'appel est de quinze jours.

Les parties ne sont pas tenues de constituer avocat.

C. pr. civ., art. 1239-1 *(mod. par Décr. n° 2016-185, 23 févr. 2016, art. 12 – Nota 1 : (reprise)*

Dans le cadre du partage amiable prévu à l'article 507 du Code civil, l'appel contre une délibération du conseil de famille ou une décision du juge des tutelles est ouvert au tuteur, aux membres du conseil de famille et aux autres parties intéressées au partage.

C. pr. civ., art. 1239-2

L'appel contre le jugement qui refuse d'ouvrir une mesure de protection à l'égard d'un majeur n'est ouvert qu'au requérant.

C. pr. civ., art. 1239-3

Sans préjudice des dispositions prévues par l'article 1239-1, l'appel contre une délibération du conseil de famille est ouvert à tous ses membres et au juge des tutelles, quel qu'ait été leur avis lors de la délibération.

C. pr. civ., art. 1240

Le ministère public peut former appel jusqu'à l'expiration d'un délai de quinze jours suivant la remise de l'avis qui lui a été donné de la délibération prise ou de la décision rendue.

C. pr. civ., art. 1241-1

Le délai d'appel contre les ordonnances rendues par le juge des tutelles court :

1° À l'égard des personnes à qui l'ordonnance doit être notifiée, à compter de cette notification ;

2° À l'égard des autres personnes, à compter de l'ordonnance.

C. pr. civ., art. 1241-2

Le délai d'appel contre une délibération du conseil de famille court à compter de cette délibération, hors le cas de l'article 1234-4 où il ne court contre les membres du conseil de famille que du jour où la délibération leur a été notifiée.

C. pr. civ., art. 1242

L'appel est formé par déclaration faite ou adressée par lettre recommandée avec demande d'avis de réception au greffe de la juridiction de première instance.

Le greffier enregistre l'appel à sa date; il délivre ou adresse par lettre simple, récépissé de la déclaration.

Il transmet sans délai une copie du dossier à la cour.

C. pr. civ., art. 1243

Lorsque l'appel est formé par le juge des tutelles, celui-ci joint au dossier une note exposant les motifs de son recours.

C. pr. civ., art. 1244

Le greffier de la cour convoque à l'audience prévue pour les débats :

1° S'il en a constitué un, l'avocat du requérant, par tout moyen;

2° L'appelant et les personnes auxquelles la décision ou la délibération a été notifiée, par lettre recommandée avec demande d'avis de réception, ainsi que, le cas échéant, leurs avocats.

Ces dernières ont le droit d'intervenir devant la cour.

C. pr. civ., art. 1244-1

La convocation est adressée, dès la fixation de l'audience prévue pour les débats et au moins quinze jours à l'avance, par lettre recommandée avec demande d'avis de réception. Une copie de la convocation est adressée aux personnes concernées par lettre simple.

La convocation vaut citation.

C. pr. civ., art. 1245

L'appel est instruit et jugé en chambre du conseil.

La procédure est orale.

Les prétentions des parties ou la référence qu'elles font aux prétentions qu'elles auraient formulées par écrit sont notées au dossier ou consignées dans un procès-verbal.

À l'audience, la cour entend l'appelant, le majeur à protéger ou protégé, sauf application par la cour des dispositions du second alinéa de l'article 432 du Code civil et, le cas échéant, le ministère public.

Les avocats des parties, lorsqu'elles en ont constitué un, sont entendus en leurs observations.

C. pr. civ., art. 1245-1

À moins que l'affaire ne soit jugée dès la première audience, le greffier avise de la date des audiences ultérieures les personnes convoquées qui ne l'auraient pas été verbalement.

C. pr. civ., art. 1246

La cour peut, même d'office, substituer une décision nouvelle à celle du juge des tutelles ou à la délibération du conseil de famille.

Jusqu'à la clôture des débats devant la cour, le juge des tutelles et le conseil de famille demeurent compétents pour prendre toute décision ou délibération nécessaire à la préservation des droits et intérêts de la personne protégée. Le greffe de la juridiction de première instance transmet immédiatement copie de cette décision ou délibération au greffe de la cour.

C. pr. civ., art. 1246-1

La décision de la cour est notifiée à la diligence de son greffe.

Le dossier, auquel est jointe une copie certifiée conforme de l'arrêt, est alors renvoyé sans délai au greffe de la juridiction de première instance.

C. pr. civ., art. 1247

Si l'appel formé contre une décision du juge des tutelles ou une délibération du conseil de famille est rejeté, celui qui l'a introduit, à l'exception du juge, peut être condamné aux dépens et à des dommages-intérêts.

124.02 Jurisprudence de référence.

> Qualité requise pour former appel

• **Civ. 1re, 11 juin 2002, n° 00-14.550,** *Bull. civ.* I, n° 164

* V. ss nos 124.13 et 124.21

Tous ceux à qui l'ordonnance doit être notifiée peuvent former recours. Ainsi, l'administrateur légal dans l'intérêt de l'enfant et le tuteur à l'égard des délibérations du conseil de famille peuvent former recours contre les ordonnances du juge des tutelles, quel qu'ait été son avis lors de la décision.

> Forme du recours

• **Civ. 2e, 11 juill. 2013, n° 12-23.091,** *Bull. civ.* II, n° 160

* V. ss n° 124.21

L'appel d'une décision du juge des tutelles statuant sur une mesure de protection est formé par déclaration faite ou adressée par lettre recommandée avec demande d'avis de réception au greffe de la juridiction de première instance; la lettre recommandée n'est destinée qu'à régler une contestation sur la date du recours. Ainsi, en déclarant l'appel irrecevable au seul motif que celui-ci aurait dû être formalisé par lettre recommandée avec demande d'avis de réception, la cour d'appel a violé l'article 1242 du Code de procédure civile.

> Procédure orale et prétentions des parties

• **Civ. 1re, 18 mars 2015, n° 14-11.330,** *Bull. civ.* I, n° 57

* V. ss n° 124.33

Aux termes de l'article 1245 du Code de procédure civile, la procédure devant la cour d'appel statuant en matière de protection des mineurs et des majeurs est orale. Les prétentions des parties, ou la référence qu'elles font aux prétentions qu'elles auraient formulées par écrit, sont notées au dossier ou cosignées dans un procès-verbal. En l'espèce, l'auteur du pourvoi ne saurait contester la décision des juges du fond au motif que ses prétentions n'ont pas été prises en compte alors qu'il ne résulte ni des énonciations de l'arrêt ni du dossier de la procédure que celui-ci ait déclaré se référer à ses prétentions et moyens écrits antérieurs.

124.03 Bibliographie indicative.

> Procédure. A. Caron-Déglise, « Le décret du 23 décembre 2009 », *RJPF* 2010-3/8 – V. Larribau-Terneyre, « Quand le décret du 10 avril 2009 organise la circulation de l'information entre le juge des enfants, le juge aux affaires familiales et le juge des tutelles », *Dr. fam.* 2009. Repère 5 – L. Pécaut-Rivolier, *AJ fam.* 2010. 73 – T. Verheyde, « Tableau récapitulatif », *AJ fam.* 2010. 75.

> Droit international. P. Courbe, « L'application directe de la Convention des Nations unies sur les droits de l'enfant », *D.* 2006. Chron. 1487 s. – A. Gouttenoire, « La convention internationale des droits de l'enfant a, enfin, trouvé grâce aux yeux de la Cour de cassation ! », *Dr. fam.* 2005. Comm. 156 – C. Neirinck et P.-M. Martin, « Un traité bien mal traité », *JCP* 1993. I. 3677.

> Audition du mineur. F. Alt-Maes, « Le discernement et la parole du mineur en justice », *JCP* 1996. I. 3913 – E. Bazin, « De l'audition du mineur dans les procédures relatives à l'autorité parentale », *Gaz. Pal.* 2014, n° 200, p. 9 – M. Bruggeman, « L'audition de l'enfant en justice », *AJ fam.* 2014. 12 – F. Dekeuwer-Défossez, *LPA* 30 juin 2010. Comm. 10 – J.-R. Demarchi, « Une justice familiale en mutation. Bilan de l'évolution législative relative à l'audition de l'enfant », *LPA* 17 mars 2010, p. 3 – T. Fossier, « La loi du 14 mai 1998 permettant à l'enfant orphelin de participer au conseil de famille », *Dr. fam.* 1998, n° 109 – L. Francoz-Terminal, « Le nouveau régime de l'audition en justice de l'enfant concerné par une procédure judiciaire », *Dr. fam.* 2009. Étude 30 – J. Massip, « Les modifications apportées au droit de la famille par la loi du 8 janvier 1993 », *Defrénois* 1993. 673; « La participation de l'enfant au conseil de famille », *Defrénois* 1998. 925; « Quelques remarques à propos de l'audition de l'enfant en justice. Observations sur le décret n° 2009-572 du 20 mai 2009 et sa circulaire d'application », *Dr. fam.* 2010. Étude 22 – P. Murat, « La participation de l'enfant aux procédures relatives à l'autorité parentale : bref regard critique sur la diversité des situations », *Dr. fam.* 2006. Étude 31.

> **Participation de l'enfant au conseil de famille.** J. Massip, « La participation de l'enfant au conseil de famille », *Defrénois* 1998. 925 – F.-J. Pansier, « Le conseil de famille », *RJPF* 2000/1-6.

> **Représentation du mineur dans une procédure.** J. Bigot, « L'accès au droit du mineur », *LPA* 3 mai 1995, p. 73 – J. Massip, « Administration légale et autorité parentale », *Defrénois* 1995. 513 – M.-P. Porchy, « L'administrateur *ad hoc* en matière pénale », *D.* 2004. Chron. 2732 s.

> **Notion d'urgence.** F. Fresnel, « La notion d'urgence en droit des incapables, des majeurs protégés et des mineurs », *Gaz. Pal.* 29-30 janv. 2010, p. 21.

> **Émancipation judiciaire.** I. Corpart, « Le déclin de l'émancipation des mineurs », *JCP N* 2003. 1399 – C. Neirinck, « Un nouveau motif d'émancipation du mineur : l'intérêt des tiers », *Dr. fam.* 2011. Comm. 97 – F. Vauvillé, « La pratique de l'émancipation judiciaire ou l'ambivalence d'une institution marginale », *D.* 1990. Chron. 283.

124.04 **Exemples d'actes.**

> **Tutelle des majeurs (transposable aux mineurs)**

* Pour un exemple de procès-verbal de vérification des votes par correspondance des membres du conseil de famille, v. s[s] n° 5261.15.

SECTION 1
RÈGLES GÉNÉRALES ET QUALITÉ POUR FORMER APPEL

124.10 **Remplacement du recours tutélaire par un appel devant la cour d'appel**[1]. Suivant les propositions du rapport Favard[2], le recours tutélaire devant le tribunal de grande instance a disparu au profit de l'appel devant la cour d'appel (L. n° 2009-526, 12 mai 2009 et Décr. n° 2009-1628, 23 déc. 2009[3]), comme cela était déjà le cas pour les recours contre les décisions du juge des tutelles en matière de tutelle aux prestations sociales adultes (CSS, art. R. 167-7). toutes les décisions du juge des tutelles, y compris pour le juge aux affaires familiales compétent en matière de tutelle des mineurs, et les délibérations du conseil de famille, sont susceptibles d'appel devant la cour d'appel, sauf dispositions contraires (C. pr. civ., art. 1180-18 et 1239). Ainsi, et en l'absence de disposition contraire, doit-on considérer que la **décision du juge des tutelles choisissant les membres du conseil de famille** est susceptible de **recours**, contrairement à la position de la jurisprudence antérieure à la réforme[4]. En revanche, une lettre simple du juge des tutelles ne constitue pas une décision et ne peut faire l'objet d'un recours[5], étant rappelé qu'il appartient au juge des tutelles de répondre à la présentation d'une requête par une ordonnance prise dans les conditions des articles 1180-14 et 1180-15 (pour l'administration légale) et 1213, 1220-3 et 1229 du Code de procédure civile (pour la tutelle).

124.11 **Instance tutélaire de deuxième degré devant la cour d'appel.** Dès la remise ou la réception de la requête, et en tout cas le plus rapidement possible, le greffe du tribunal d'instance transmet le dossier au greffe de la cour d'appel qui convoque. Dans un souci d'impartialité objective (Conv. EDH, art. 6 § 1), le juge des tutelles ayant statué en première instance ne peut bien évidemment pas faire partie de la formation qui connaîtra du recours exercé contre la décision qu'il a rendue. La cour peut cependant lui demander les renseignements qu'il estime utiles. Elle peut, même d'office, substituer une décision nouvelle à celle du juge des tutelles ou à la délibération du conseil de famille (C. pr. civ., art. 1246).

Le recours tutélaire a d'abord un **effet dévolutif** (c'est-à-dire que la cour d'appel peut rejuger entièrement l'affaire en fait et en droit). Ensuite, ce recours a **effet suspensif** puisque le délai de recours et le recours lui-même suspendent l'exécution de la décision, à moins que l'exécution provisoire n'ait été ordonnée dans cette décision (C. pr. civ., art. 1232).

124.12 **L'appel, voie de recours ordinaire et principe du double degré de juridiction.** L'appel est une voie de recours ordinaire qui tend à remettre la

1. T. Fossier *et* J.-M. Plazy, « Quelques précisions sur les recours en matière tutélaire », *in* « Droit des incapacités. De la jurisprudence à la pratique notariale », *JCP N* 2006, n° 1006.
2. J. Favard, *Rapport définitif sur les dispositifs de protection des majeurs*, avr. 2000, spéc. p. 35.
3. L. n° 2009-526, 12 mai 2009, de simplification et de clarification du droit et d'allègement des procédures, *JO* 13 mai, p. 7920 – Décr. n° 2009-1628, 23 déc. 2009, relatif à l'appel contre les décisions du juge des tutelles et les délibérations du conseil de famille et modifiant diverses dispositions concernant la protection juridique des mineurs et des majeurs, *JO* 26 déc., p. 22311.
4. Civ. 1re, 2 nov. 1994, n° 92-14.642, *Bull. civ.* I, n° 313; *RTD civ.* 1995. 327, obs. J. Hauser.
5. Rép. min. n° 15576, *JO Sénat Q*, 13 janv. 2011, *D.* 2011. 249; *Procédures* 2010. Comm. 101, obs. Douchy-Oudot.

chose jugée en question devant la juridiction de second degré pour qu'il soit de nouveau statué en fait et en droit. Il est destiné à faire réformer ou annuler la décision du premier juge[1], de sorte qu'un recours qui n'aurait pas cet objet, par exemple une demande tendant à contester seulement la motivation du premier juge ou à constater l'inexécution du jugement, devrait être déclaré irrecevable[2] (v. s[s] n° 334.12).

124.13 Qualité pour former appel : dans tous les cas, le tuteur ou l'administrateur légal et ceux à qui l'ordonnance a été notifiée et, si le conseil de famille a été constitué, les membres du conseil de famille. Aux termes des articles 1180-16 (administration légale) et 1230 du Code de procédure civile (tutelle), toute décision est notifiée par le greffe au requérant, à la personne chargée de la protection (administrateur légal, tuteur, administrateur *ad hoc*) et à tous ceux dont elle modifie les droits ou les obligations résultant de la mesure de protection. Ainsi, par exemple, en matière d'administration légale, et en cas de désaccord entre les parents pour l'accomplissement d'un acte qu'un tuteur ne pourrait faire qu'avec l'accord du conseil de famille, la décision du juge des tutelles prise en application de l'article 387-1 du Code civil peut être frappée d'appel par le parent qui n'a pas consenti à l'acte, après qu'elle lui ait été notifiée.

Quel que soit l'objet de la décision prise par le juge, les personnes suivantes ont donc qualité pour exercer un recours :

- l'administrateur légal ou le tuteur d'un enfant mineur[3];
- tous ceux à qui l'ordonnance doit être notifiée sur le fondement de l'article 1230 du Code de procédure civile.

Il a ainsi notamment été jugé que l'administrateur légal dans l'intérêt de l'enfant, et le tuteur à l'égard des délibérations du conseil de famille, peuvent former recours quel qu'ait été son avis lors de la décision[4]. L'article 1239-2 du Code de procédure civile le mentionne expressément s'agissant des délibérations du conseil de famille.

Dans la tutelle avec conseil de famille, les personnes choisies pour en être membres peuvent donc exercer un recours contre les délibérations mais aussi contre les ordonnances du juge des tutelles qui, par exemple :

- statue sur les excuses présentées;
- prononce des exclusions;
- prononce des destitutions ou des récusations;
- se substitue au conseil de famille, en cas d'urgence, lorsque le *quorum* des membres n'est pas atteint.

Appel peut en outre être relevé par le ou les membres qui ont demandé la réunion du conseil de famille et dont la requête a été rejetée par le juge.

En revanche, la décision par laquelle le juge prononce une amende civile en application des articles 387-6 et 417 du Code civil n'est pas susceptible d'appel puisqu'il s'agit d'une mesure d'administration judiciaire (C. pr. civ., art. 1216).

Enfin, la jurisprudence a admis que l'État et son délégataire sont recevables à former un recours tutélaire contre une décision du juge des tutelles déclarant la tutelle vacante[5].

124.14 Droit de recours général du ministère public sur les tutelles. L'article 1240 du Code de procédure civile dispose quant à lui que le ministère public peut former appel jusqu'à l'expiration d'un délai de quinze jours suivant la remise de l'avis qui lui a été donné de la délibération prise ou de la décision rendue. Cette rédaction, comme le **droit de surveillance générale des mesures de tutelle** qui lui est conféré par l'article 411-1 du Code civil, issu de l'ordonnance n° 2015-1288 du 15 octobre 2015, conjointement avec le juge des tutelles, lui ouvre un droit de recours général et impose donc qu'il soit avisé de toutes les décisions ou délibérations prises en matière de tutelle. En matière d'**administration légale**, le ministère public et le juge des tutelles ne disposent plus d'une obligation de surveillance générale. Toutefois, d'une part l'article 387-6 du Code civil prévoit l'obligation pour les administrateurs légaux de déférer aux convocations du juge et du procureur de la République et d'autre part, les articles 387-3 à 387-5 du même code permettent au juge d'imposer des obligations particulières aux administrateurs légaux, ce qui pourra selon les pratiques et les situations rencontrées faire intervenir le ministère public.

124.15 Possibilité de tierce opposition. Les décisions du juge des tutelles et les délibérations du conseil de famille sont susceptibles de faire l'objet d'une tierce opposition, voie de recours extraordinaire, de la part de toute personne non partie à l'instance tutélaire dont l'intérêt est lésé par celles-ci. La Cour de cassation avait, dans le dispositif antérieur à la réforme du 5 mars 2007, fondé sa solution sur la généralité de l'article 585 du Code de procédure civile

1. C. pr. civ., art. 542 et 561.
2. Civ. 1re, 13 mai 1997, n° 95-04.214, *Bull. civ.* I, *n°* 157; *JCP* 1997. IV. 1376 – Civ. 2e, 24 juin 2010, n° 09-16.069, *Bull. civ.* II, n° 121.
3. Civ. 1re, 11 déc. 1985, n° 85-13177, *Bull. civ.* I, n° 346; *JCP* 1986. IV. 71; *Defrénois* 1986, art. 33735-48, p. 732, obs. Massip – Civ. 1re, 17 mai 1988, n° 87-11.118, *Bull. civ.* I, n° 143; *JCP* 1988. IV. 257; *Defrénois* 1988, art. 34309-80, p. 1021, obs. Massip.
4. Civ. 1re, 11 juin 2002, n° 00-14.550, *Bull. civ.* I, n° 164; *Defrénois* 2002. 1474, obs. Massip; *RJPF* 2002-10/13, obs. Pansier; *JCP N* 2003, n° 1, n° 2011.
5. Civ. 1re, 11 déc. 1985, n° 85-13.177, *Bull. civ.* I, n° 346; *D.* 1986. 309, note Massip.

et sur la particularité des articles 1214 et 1215 anciens de ce code[1]. Il avait été jugé que le décès de la personne protégée n'excluait pas que la tierce opposition puisse être exercée contre une ordonnance d'un juge des tutelles[2]. L'article 499 alinéa 3 du Code civil, qui figure dans le titre douzième « De la gestion du patrimoine des mineurs et des majeurs en tutelle », dispose désormais clairement que « *la tierce opposition contre les autorisations du conseil de famille ou du juge des tutelles ne peut être exercée que par les créanciers de la personne protégée et en cas de fraude à leurs droits* ».

124.16 Recours du tuteur, des membres du conseil de famille et de toute personne intéressée au partage, dans le cadre du partage amiable prévu à l'article 507 du Code civil, figurant au titre douzième « De la gestion du patrimoine des mineurs et des majeurs en tutelle ». Dans ces hypothèses particulières, l'appel est ouvert selon les cas contre les décisions du juge des tutelles ou contre les délibérations du conseil de famille (C. pr. civ., art. 1239-1). Les dispositions concernant précédemment le partage prévu à l'ancien article 389-5 dans l'administration légale ont été supprimées par l'ordonnance n° 2015-1288 du 15 octobre 2015 en son article 4.

124.17 Décision par laquelle le juge des tutelles s'est déclaré incompétent. Après avoir estimé que l'ordonnance par laquelle le juge des tutelles s'était déclaré d'office incompétent ne pouvait être attaquée que devant la cour d'appel par la voie du contredit suivant la procédure des articles 80 et suivants du Code de procédure civile, la jurisprudence avait modifié sa position et avait admis la validité d'un recours devant le tribunal de grande instance[3]. Désormais, compte tenu de la rédaction des articles 1239 et suivants du Code de procédure civile qui ouvre très largement l'appel, **il est possible de faire appel de la décision d'incompétence du juge des tutelles devant la cour d'appel.**

124.18 Recours exercé par le juge des tutelles. Quel qu'ait été son avis lors de la délibération du conseil de famille, le juge des tutelles peut, comme le tuteur ou le subrogé tuteur, les autres membres du conseil de famille et le ministère public, faire appel de la délibération dans le délai de quinze jours à compter de celle-ci. Il transmet une note exposant les motifs de son recours (C. pr. civ., art. 1239 et 1242-1). Si la délibération a été écrite, le délai court à compter de la notification de celle-ci.

124.19 Particularité de l'appel en matière de protection puisque le juge des tutelles n'est pas dessaisi. Si l'article 1246 du Code de procédure civile dispose que la cour peut, même d'office, substituer une décision nouvelle à celle du juge des tutelles ou à la délibération du conseil de famille[4], ce texte stipule en outre que, jusqu'à la clôture des débats devant la cour, le juge des tutelles et le conseil de famille demeurent compétents pour prendre toute décision ou délibération nécessaire à la préservation des droits et intérêts de la personne protégée. Il appartiendra au greffe du cabinet du juge des tutelles de transmettre immédiatement copie de la décision ainsi rendue au greffe de la cour.

SECTION 2
PROCÉDURE D'APPEL

124.21 Recours formé au greffe du tribunal de grande instance. Les décrets n° 2008-1276 du 5 décembre 2008[5] et n° 2009-1628 du 23 décembre 2009[6] ont considérablement simplifié les formes de l'appel en matière de protection des personnes. L'article 1180-18 du Code de procédure civile[7] relatif à l'administration légale dispose quant à lui que « *l'appel est formé, instruit et jugé selon les règles édictées par les articles 1239 à 1247 du Code de procédure civile* ». Par conséquence, quelle que soit la décision frappée d'un recours (jugement, ordonnance du juge des tutelles ou délibération du conseil de famille), les règles figurant à l'article 1242 du Code de procédure civile trouvent à s'appliquer et l'appel doit donc être formé soit par déclaration au greffe du tribunal de grande instance du juge aux affaires familiales qui a rendu la décision, soit par lettre recommandée avec demande d'avis de réception adressée à ce même greffe[8].

1. Civ. 1re, 3 déc. 2002, n° 00-21.524, *Bull. civ.* I, n° 293; *R.* 2002. 342; *D.* 2004. 1853, obs. Lemouland; *AJ fam.* 2003. 68, obs. D.-B; *RJPF* 2003-3/13, note Plazy; *RTD civ.* 2003. 267, obs. Hauser; *JCP N* 2003. 1200, obs. Fossier; *Defrénois* 2003. 624, obs. Massip.
2. Civ. 1re, 3 oct. 2006, n° 04-14.591, *Bull. civ.* I, n° 430; *D.* 2007. 1380, note Julien; *D.* 2008. 313, obs. Lemouland et Plazy; *AJ fam.* 2006. 420, obs. Pécaut-Rivolier; *RTD civ.* 2007. 90, note Hauser.
3. TGI Lille 15 mars 1966, *JCP* 1966. II. 14686 – Paris, 6 avr. 1979, *Gaz. Pal.* 1979. 1. 277, note Massip.
4. JURISPRUDENCE ANTÉRIEURE À LA RÉFORME : Civ. 1re, 19 nov. 1991, n° 90-16.415, *Bull. civ.* I, n° 319; *RTD civ.* 1992. 52, obs. Hauser; *JCP* 1992. IV. 292; *Gaz. Pal.* 1992. Somm. 151, obs. Massip – Rennes, 15 oct. 2013, RG n° 13/00216.
5. Décr. n° 2008-1276, 5 déc. 2008, relatif à la protection juridique des mineurs et des majeurs et modifiant le Code de procédure civile, *JO* 7 déc., p. 18646.
6. Décr. n° 2009-1628, 23 déc. 2009, relatif à l'appel contre les décisions du juge des tutelles et les délibérations du conseil de famille et modifiant diverses dispositions concernant la protection juridique des mineurs et des majeurs, *JO* 26 déc., p. 22311.
7. Créé par Décr. n° 2016-185, 23 févr. 2016.
8. Civ. 2e, 11 juill. 2013, n° 12-23.091, *Bull. civ.* II, n° 160; *D.* 2013. Actu. 1840; *Dr. fam.* 2013. 143, note Maria; *RTD civ.* 2013. 820, note Hauser; *AJ fam.* 2013. 511, obs. Verheyde. Le recours peut être fait éventuellement par une lettre simple puisque « *la lettre recommandée n'étant destinée qu'à régler une contestation sur la date du recours* ».

L'appel est enregistré au greffe du tribunal de grande instance à sa date qui délivre ou adresse par lettre simple un récépissé de la déclaration d'appel (C. pr. civ., art. 1242). Il transmet ensuite sans délai une copie à la cour d'appel. Si le délai de transmission de huit jours a été supprimé, il est certain que le dossier doit être transmis, en copie (C. pr. civ., art. 1242, al. 3), dès que possible dans ces procédures particulièrement sensibles.

Si l'auteur du recours est le juge des tutelles, il doit joindre au dossier une note exposant les motifs de son recours (C. pr. civ., art. 1242-1).

Le recours tutélaire est inscrit sur le registre des recours du greffe. En l'absence de recours dans le délai légal, le greffier en chef peut être conduit, à la requête de toute personne intéressée, à délivrer un certificat de non-recours contre la décision du juge des tutelles. Lorsqu'aucun recours n'a été exercé à l'expiration du délai légal, la décision devient définitive et susceptible d'être exécutée.

EN PRATIQUE. C'est à ce stade de la procédure, que le juge, initialement saisi en raison du dernier domicile des parents décédés du mineur, peut prendre une ordonnance de dessaisissement au profit d'un autre juge territorialement compétent eu égard au nouveau domicile du mineur désormais fixé chez son tuteur. Il est admis que le tuteur (ou l'administrateur légal) a qualité pour exercer un recours tutélaire contre la décision du juge l'autorisant à réaliser un acte après avoir lui-même déposé une requête en ce sens et avoir changé d'avis à la suite de l'autorisation donnée par le juge à l'acte projeté[1].

124.22 Délai de principe de quinze jours à compter du prononcé de la décision, de sa notification ou de la remise de l'avis. En principe, toute décision du juge des tutelles peut faire l'objet d'un recours devant la cour d'appel de la part du requérant, du tuteur, de l'administrateur légal et, plus généralement de toute personne dont elle modifie les droits ou les charges, dans le délai de quinze jours à compter de :

- sa notification pour les personnes à qui la décision doit être notifiée,
- de son prononcé pour les autres personnes (C. pr. civ., art. 1239, 1241-1 et 1241-2).

Lorsque le point de départ du délai d'appel est la notification, il convient de vérifier si celle-ci a été accomplie régulièrement. Dans le cas contraire, le point de départ du délai de recours est retardé jusqu'à l'accomplissement de cette formalité.

Les membres du conseil de famille, en ce compris le tuteur et le subrogé tuteur, peuvent faire appel des délibérations prises dans un délai de quinze jours à compter de cette délibération (C. pr. civ., art. 1241-2). En cas d'application des dispositions particulières de l'article 1234-4 relatives à la possibilité d'une délibération sans réunion formelle, le délai de quinze jours commence à courir à compter du jour où la délibération a été notifiée aux membres du conseil de famille.

Le ministère public, quant à lui, peut relever appel dans le délai de quinze jours à compter de la remise de l'avis qui lui a été donné de la délibération du conseil de famille ou de la décision rendue (C. pr. civ., art. 1240). Même s'il doit avoir connaissance des affaires relatives à l'organisation de la tutelle des mineurs, il ne peut, en sa qualité de partie jointe, former un recours contre la décision du juge des tutelles qu'en cas d'**atteinte à l'ordre public**.

Si l'exécution provisoire n'a pas été prononcée par le juge, le délai du recours et le recours lui-même exercé dans ce délai suspendent l'exécution de la décision. Le juge des tutelles constitue une véritable juridiction de première instance : le recours tutélaire est exclusif de toute autre forme de recours et exclut notamment la possibilité pour une partie d'attaquer sa décision par la voie du contredit devant la cour d'appel[2]. La computation s'effectuant selon les dispositions du droit commun (C. pr. civ., art. 640 à 642).

EN PRATIQUE. Les notifications sont faites par lettres recommandées avec demande d'avis de réception à la diligence du greffe. Des difficultés s'élèvent souvent du fait que les destinataires ne vont pas toujours retirer les courriers en provenance du tribunal, ce qui a pour effet de maintenir ouvertes des possibilités de recours. Les nouvelles dispositions du Code de procédure civile sur les points de départ des délais suivant la qualité des parties y répondent en partie. Il est par ailleurs possible au juge de décider que les notifications se feront par **acte d'huissier de justice** (C. pr. civ., art. 1180-16, al. 3, pour les administrations légales, et 1231 pour les tutelles).

SECTION 3
INSTANCE DEVANT LA COUR D'APPEL

124.31 Instruction du dossier d'appel et convocation des parties. Le dossier est transmis en copie par le greffe du cabinet du juge des tutelles (C. pr. civ., art. 1242, al. 3). Le greffier de la cour d'appel constitue le dossier d'appel où, la procédure étant orale, seront notées les prétentions des parties. Il reçoit copie des décisions que le juge des tutelles aurait été amené à prendre depuis la transmission du dossier à la cour, puisque ce dernier n'est pas dessaisi de la situation de la personne protégée dont il continue d'assurer la protection (C. civ., art. 416 et C. pr. civ., art. 1246, al. 2). Il reçoit également toutes infor-

1. Civ. 1re, 11 juin 2002, n° 00-14.550, *Bull. civ.* I, n° 164; *D.* 2002. 3174, note Farge; *RTD civ.* 2002. 487, obs. Hauser; *AJ fam.* 2002. 303.

2. Paris, 1re ch., 6 avr. 1979, *Gaz. Pal.* 1979. 1. 278.

mations utiles sur l'évolution de situation, en particulier du cabinet du juge des tutelles et de la personne chargée de la protection.

La cour peut par ailleurs demander au juge des enfants, si nécessaire, de lui communiquer les pièces nécessaires à l'instruction du dossier, dans les conditions de l'article 1187-1 du Code de procédure civile.

Le greffier convoque l'appelant et les parties à l'audience prévue pour les débats. **L'avocat n'est pas obligatoire.** Si l'appelant en a constitué un, celui-ci est convoqué par tout moyen, et donc pas nécessairement par lettre recommandée avec demande d'avis de réception. Le greffier convoque également toutes les personnes auxquelles la décision ou la délibération a été notifiée, par lettre recommandée avec demande d'avis de réception, ainsi que, le cas échéant, leurs avocats (C. pr. civ., art. 1244). En application des articles 388-1 et 388-2 du Code civil, **le mineur peut demander à être entendu** et, lorsqu'il apparaît que ses intérêts peuvent être en opposition avec ceux de ses représentants légaux, la cour peut lui désigner un administrateur *ad hoc* chargé de le représenter. Elle peut par ailleurs lui faire désigner un avocat.

Les convocations, qui valent citation, doivent être adressées aux parties dès la fixation de l'audience prévue et, au moins quinze jours à l'avance, avec une copie en lettre simple (C. pr. civ., art. 1244-1).

124.32 Règles particulières de consultation et de copie du dossier. Les dispositions des articles 1180-12 (administration légale) et de l'article 1222-2 du Code de procédure civile (tutelle), issues du décret n° 2016-185 du 23 février 2016, sont ici applicables. Jusqu'au prononcé de la décision, le dossier peut être consulté au greffe par le requérant, le tuteur, les parents ou, le cas échéant, leurs avocats, jusqu'à ce qu'il soit statué sur la requête[1].

La consultation de son dossier par le mineur, dans l'administration légale et sous le régime de la tutelle, est possible lorsqu'il est capable de discernement. Il ne peut le consulter qu'en présence de ses parents ou de l'un d'eux ou de son avocat, en cas d'administration légale et, en cas de tutelle, qu'en présence de son tuteur ou de son avocat. En cas de refus des parents ou du tuteur, et si le mineur n'a pas d'avocat, le juge doit saisir le bâtonnier d'une demande de désignation d'un avocat pour assister le mineur.

En l'absence d'avocat, le juge peut, par décision motivée, exclure tout ou partie des pièces de la consultation par le requérant ou le mineur lorsque cette consultation serait de nature à causer à ce dernier un préjudice grave (C. pr. civ., art. 1180-12, al. 4, et 1222-2, al. 4).

À tout moment de la procédure de **tutelle**, le dossier peut être consulté au greffe de la juridiction qui le détient (donc, en particulier au greffe de première instance), par le mineur capable de discernement, son tuteur ou l'un de ses parents (C. pr. civ., art. 1222, al. 2). En matière **d'administration légale**, le mineur capable de discernement ou l'un de ses parents ainsi que leurs conseils, peuvent demander à consulter le dossier à tout moment de la procédure dans les cas prévus aux articles 387-3 à 387-5 du Code civil (C. pr. civ., art. 1180-12, al. 2).

Seul **l'avocat du mineur ou de ses parents** (C. pr. civ., art. 1180-13, pour l'administration légale) peut obtenir **copie de tout ou partie des pièces** du dossier, les règles applicables à la tutelle étant fixées par l'article 1223 du même code. Il ne peut les communiquer à son client ou à des tiers.

124.33 Audience devant la cour : procédure orale sans représentation obligatoire devant une formation collégiale (C. pr. civ., art. 1239 et 1245, al. 2, et COJ, art. L. 312-1). Devant la cour, qui statue en formation collégiale, la procédure est orale et il appartient aux juges de veiller à la loyauté des débats en s'assurant, en particulier, que le **principe du contradictoire** est respecté et que chacun a été à même de faire valoir ses arguments (C. pr. civ., art. 946). Les parties sont tenues de se présenter en personne, sauf application des règles de la représentation devant le juge aux affaires familiales, et doivent soutenir oralement leurs prétentions et arguments[2], le dépôt de conclusions ne pouvant pas suppléer le défaut de comparution personnelle[3]. À l'inverse, les conclusions déposées à l'audience sont valables dès lors que la partie comparante peut les développer à l'audience[4]. Les prétentions des parties, ou la référence qu'elles font aux prétentions qu'elles ont formulées par écrit, sont notées au dossier ou consignées dans un procès-verbal (C. pr. civ., art. 1245, al. 3 - V. s[s] n° 334.58). La Cour de cassation a rappelé qu'une partie ne saurait donc valablement soutenir que ses prétentions n'ont pas été prises en compte alors qu'il ne résulte ni des énonciations de l'arrêt ni du dossier de la procédure que celui-ci ait déclaré se référer à ses prétentions et moyens écrits antérieurs[5].

1. Civ. 1re, 7 nov. 2012, n° 11-18.529, *Bull. civ.* I, n° 232; *D.* 2013. 798, obs. Douchy-Oudot; *ibid.* Pan. 2073, obs. Bonfils et Gouttenoire; *RTD civ.* 2013. 818, obs. Hauser; *Dr. fam.* 2013, n° 13, obs. Bruggeman. Rejet de la demande de consultation des grands-parents.

2. À défaut de comparution, l'appel est considéré comme « non soutenu » : Rennes, 8 déc. 2015, RG n° 14/03321 – Rennes, 7 févr. 2012, RG n° 11/03452.
3. Soc. 19 oct. 1988, n°s 86-13.509 et 86-10.160, 2 esp., *Bull. civ.* V, n° 522; *JCP* 1988. IV. 40 – Paris, 3 avr. 1996, *D.* 1996. 359, obs. Julien – Soc. 6 mars 2003, n° 00-21.788, *Bull. civ.* V, n° 85 – Rennes, 15 avr. 2014, RG n° 13/04855.
4. Civ. 3e, 30 janv. 2002, n°s 00-13.486 et 00-14.725, *Bull. civ.* III, n° 16; *Gaz. Pal.* 26-27 juill. 2002. 18, note Lachaud.
5. Civ. 1re, 18 mars 2015, n° 14-11.330, *Bull. civ.* I, n° 57.

124.34 **Arrêt de la cour d'appel.** La cour dispose d'un très large pouvoir d'appréciation puisque, en vertu de l'article 1246 du Code de procédure civile, elle peut, même d'office, **substituer une décision nouvelle** à celle du juge des tutelles ou à la délibération du conseil de famille. Elle peut en particulier **confirmer** ou **infirmer**, **totalement** ou **partiellement**, la décision du premier juge, **l'annuler** ou encore ordonner, avant dire droit, des investigations complémentaires, expertise ou enquête sociale par exemple. Elle peut également constater la **conciliation des parties** ou le **désistement de l'appelant**. Sa décision est ensuite notifiée par le greffe de la cour d'appel aux parties et le dossier est alors renvoyé, sans délai, au greffe du juge aux affaires familiales avec une copie certifiée conforme de l'arrêt. Un extrait de la décision est transmis par tout moyen au greffe du tribunal de grande instance dans le ressort duquel est née la personne protégée, aux fins de conservation au répertoire civil et de publicité par mention en marge de l'acte d'état civil, dans les quinze jours de l'arrêt si la décision a été rendue par la cour d'appel (C. pr. civ., art. 1233, al. 3).

L'arrêt rendu est susceptible d'un **pourvoi en cassation** dans le délai légal de deux mois à compter de sa signification.

CHAPITRE

125. Dispositions communes aux régimes de protection du mineur : fin du régime de protection et émancipation du mineur

SECTION 0 ORIENTEUR

125.00 **Plan du chapitre.**

125.01 **Textes applicables.**

TEXTES LÉGISLATIFS ET RÉGLEMENTAIRES NOUVEAUX

• **L. n° 2016-297, 14 mars 2016,** relative à la protection de l'enfant, art. 24, *JO* 15 mars, texte n° 1.

• **Ord. n° 2015-1288, 15 oct. 2015,** portant simplification et modernisation du droit de la famille, *JO* 16 oct., p. 19304.

TEXTES SOURCES

> Pas d'émancipation de l'enfant en cas d'assistance éducative au profit des parents sauf autorisation du juge des enfants
+ L. n° 2016-297, 14 mars 2016

C. civ., art. 375-7

> Émancipation judiciaire du mineur : procédure
C. civ., art. 413-1 à 413-4

> Émancipation judiciaire du mineur : conséquences et fin de la protection
C. civ., art. 413-5 à 413-8

> Survenance de la majorité
C. civ., art. 414

> Protection de l'enfant mineur émancipé ou de l'enfant mineur dans l'année précédant sa majorité
C. civ., art. 429

> Protection spéciale de l'enfant mineur même émancipé contre les jeux
+ **Décr. n° 2007-728, 7 mai 2007,** relatif à l'organisation et à l'exploitation des jeux de pronostics sportifs autorisés par l'article 42 de la loi de finances pour 1985 et modifiant le décret n° 85-390 du 1er avril 1985, art. 1er (*JO* 8 mai, p. 8159).

+ **Décr. n° 2007-729, 7 mai 2007,** relatif à l'organisation et à l'exploitation des jeux de loterie autorisés par l'article 136 de la loi du 31 mai 1933 et par l'article 48 de la loi n° 94-1163 du 29 décembre 1994 et modifiant le décret n° 78-1067 du 9 novembre 1978, art. 1er (*JO* 8 mai, p. 8159).

> Protection de l'enfant par le Défenseur des droits
+ **L. org. n° 2011-333, 29 mars 2011,** relative au Défenseur des droits, art. 4, 5 et 8

TEXTES *IN EXTENSO*

> Pas d'émancipation de l'enfant en cas d'assistance éducative au profit des parents

C. civ., art. 375-7 *(réd. L. n° 2016-297, 14 mars 2016, art. 24)*

Les père et mère de l'enfant bénéficiant d'une mesure d'assistance éducative continuent à exercer tous les attributs de l'autorité parentale qui ne sont pas inconciliables avec cette mesure. Ils ne peuvent, pendant la durée de cette mesure, émanciper l'enfant sans autorisation du juge des enfants. [...]

> Émancipation judiciaire du mineur : procédure
[C. civ., art. 413-1 à 413-4]

C. civ., art. 413-1

Le mineur est émancipé de plein droit par le mariage.

C. civ., art. 413-2

Le mineur, même non marié, pourra être émancipé lorsqu'il aura atteint l'âge de seize ans révolus.

Après audition du mineur, cette émancipation sera prononcée, s'il y a de justes motifs, par le juge des tutelles, à la demande des père et mère ou de l'un d'eux.

Lorsque la demande sera présentée par un seul des parents, le juge décidera, après avoir entendu l'autre, à moins que ce dernier soit dans l'impossibilité de manifester sa volonté.

C. civ., art. 413-3

Le mineur resté sans père ni mère pourra de la même manière être émancipé à la demande du conseil de famille.

C. civ., art. 413-4

Lorsque, dans le cas de l'article précédent aucune diligence n'ayant été faite par le tuteur, un membre du conseil de famille estimera que le mineur est capable d'être émancipé, il pourra requérir le juge des tutelles de convoquer le conseil pour délibérer à ce sujet. Le mineur lui-même pourra demander cette convocation.

> Émancipation par survenance de la majorité

C. civ., art. 414

La majorité est fixée à dix-huit ans accomplis; à cet âge, chacun est capable d'exercer les droits dont il a la jouissance.

> Émancipation du mineur : conséquences et fin de la protection

[C. civ., art. 413-5 à 413-8]

C. civ., art. 413-5 *(réd. Ord. nº 2015-1288, 15 oct. 2015, art. 7)*

Nota : le présent article entre en vigueur le 1er janvier 2016. Il est applicable aux administrations légales en cours au jour de son entrée en vigueur.

Le compte de l'administration, le cas échéant, ou de la tutelle est rendu au mineur émancipé dans les conditions prévues respectivement par les articles 387-5 et 514.

C. civ., art. 413-6

Le mineur émancipé est capable, comme un majeur, de tous les actes de la vie civile.

Il doit néanmoins, pour se marier ou se donner en adoption, observer les mêmes règles que s'il n'était point émancipé.

C. civ., art. 413-7

Le mineur émancipé cesse d'être sous l'autorité de ses père et mère.

Ceux-ci ne sont pas responsables de plein droit, en leur seule qualité de père ou de mère, du dommage qu'il pourra causer à autrui postérieurement à son émancipation.

C. civ., art. 413-8

Le mineur émancipé peut être commerçant sur autorisation du juge des tutelles au moment de la décision d'émancipation et du président du tribunal de grande instance s'il formule cette demande après avoir été émancipé.

> Survenance de la majorité

C. civ., art. 414

La majorité est fixée à dix-huit ans accomplis; à cet âge, chacun est capable d'exercer les droits dont il a la jouissance.

> Protection de l'enfant mineur émancipé ou de l'enfant mineur dans l'année précédant sa majorité

C. civ., art. 429

La mesure de protection judiciaire peut être ouverte pour un mineur émancipé comme pour un majeur.

Pour un mineur non émancipé, la demande peut être introduite et jugée dans la dernière année de sa minorité. La mesure de protection judiciaire ne prend toutefois effet que du jour de sa majorité.

> Protection spéciale de l'enfant mineur même émancipé contre les jeux

+ Décr. nº 2007-728, 7 mai 2007, art. 1er

« Les jeux de paris et de pronostics sportifs ne peuvent être vendus aux mineurs, même émancipés.

Nul ne peut être tenu pour responsable du non-respect de la disposition précédente s'il a été induit en erreur sur l'âge du ou des mineurs concernés. »

+ Décr. nº 2007-729, 7 mai 2007, art. 1er

« Les jeux de loterie ne peuvent être vendus aux mineurs, même émancipés.

Nul ne peut être tenu pour responsable du non-respect de la disposition précédente s'il a été induit en erreur sur l'âge du ou des mineurs concernés. »

> Protection de l'enfant par le Défenseur des droits

+ L. org. nº 2011-333, 29 mars 2011, art. 4, 5 et 8

Art. 4

Le Défenseur des droits est chargé : [...]

2° De défendre et de promouvoir l'intérêt supérieur et les droits de l'enfant consacrés par la loi ou par un engagement international régulièrement ratifié ou approuvé par la France; [...]

Art. 5

Le Défenseur des droits peut être saisi : [...]

2° Par un enfant qui invoque la protection de ses droits ou une situation mettant en cause son intérêt, par ses représentants légaux, les membres de sa famille, les services médicaux ou sociaux ou toute association régulièrement déclarée depuis au moins cinq ans à la date des faits et se proposant par ses statuts de défendre les droits de l'enfant;

Art. 8

Lorsqu'il se saisit d'office ou lorsqu'il est saisi autrement qu'à l'initiative de la personne s'estimant lésée ou, s'agissant d'un enfant, de ses représentants légaux, le Défenseur des droits ne peut intervenir qu'à la condition que cette personne ou, le cas échéant, ses ayants droit ait été avertie et ne se soit pas opposée à son intervention. Toutefois, il peut toujours se saisir des cas lui paraissant mettre en cause l'intérêt supérieur d'un enfant et des cas relatifs à des personnes qui ne sont pas identifiées ou dont il ne peut recueillir l'accord.

125.02 Jurisprudence de référence.

> Émancipation

– Juste motif d'émancipation : l'intérêt des tiers

• **Fort-de-France, 26 nov. 2010, RG nº 10/539**

* V. ss nº 125.15

La cour d'appel confirme la décision du juge des tutelles qui avait fait droit à la demande d'émancipation d'une mineure, après audition de celle-ci et de ses parents, après avoir relevé le caractère sérieux de ses études au Québec et le fait que ce projet n'était ouvert qu'aux mineurs ayant un représentant légal sur place ou émancipés.

– Refus d'émancipation d'un mineur

• **Bordeaux, 20 mars 2012, RG nº 11/06774**

* V. ss nº 125.15

La cour d'appel confirme l'ordonnance du juge des tutelles rejetant la demande d'émancipation présentée par la mère pour le mineur âgé de dix-sept ans, héritier d'un important patrimoine mobilier et immobilier, au motif que le mineur n'avait aucune compétence en matière de gestion de patrimoine, qu'il avait arrêté ses études, ne faisait rien et que la démarche de son représentant légal apparaissait comme manquant de prudence et de projection dans l'avenir. Après avoir relevé qu'aucun dossier, ni détail du patrimoine n'est produit en appel, la cour affirme qu'il n'est pas justifié du danger dans lequel se trouveraient les avoirs en raison des lourdeurs de la gestion actuelle et considère que le refus d'émancipation se justifie par les incertitudes concernant les projets de gestion du mineur.

> Capacité civile du mineur émancipé

– Exercice d'une action en recherche de paternité par le mineur émancipé à compter de son émancipation

• **Civ. 1re, 14 mars 1978, nº 76-12.992,** *Bull. civ.* I, nº 104

* V. ss nº 125.21

Il résulte de la combinaison des articles 340-4 alinéa 3 et 481 du Code civil que le mineur émancipé peut exercer, si elle ne l'a pas été antérieurement, une action en recherche de paternité à compter de son émancipation jusqu'à l'expiration des deux années qui suivent sa majorité.

– **Pleine capacité du mineur sous tutelle après son émancipation**

• **Cass., ass. plén., 28 mai 1982, n° 79-13.660,** *Bull. ass. plén.*, n° 3

* V. s[5] n° 125.21

Un mineur émancipé a seul qualité pour vendre sa part indivise dans des immeubles [...], l'émancipation mettant fin à la tutelle.

> **Obligation d'entretien et d'éducation du mineur émancipé par ses parents**

• **Civ. 2e, 9 juill. 1973, n° 72-13.147,** *Bull. civ.* II, n° 222

* V. s[5] n° 125.21

L'obligation des père et mère de contribuer à proportion de leurs facultés à l'entretien et l'éducation de leurs enfants survit à l'émancipation.

125.03 **Bibliographie indicative.**

> **Émancipation judiciaire.** I. Corpart, « Le déclin de l'émancipation des mineurs », *JCP N* 2003. 1399 – C. Neirinck, « Un nouveau motif d'émancipation du mineur : l'intérêt des tiers », *Dr. fam.* 2011. Comm. 97 – F. Vauvillé, « La pratique de l'émancipation judiciaire ou l'ambivalence d'une institution marginale », *D.* 1990. Chron. 283.

125.04 **Exemples d'actes.**

> **Émancipation judiciaire**

* Pour un exemple de décision prononçant une émancipation judiciaire, v. s n° 5131.11.

SECTION 1
PROCÉDURE D'ÉMANCIPATION

125.11 **Deux voies juridiques permettant l'émancipation du mineur.** La loi du 5 mars 2007 ne modifie pas le régime légal de l'émancipation prévu par les anciens articles 476 à 487 du Code civil. En revanche, elle procède à leur renumérotation et déplacement aux articles 413-1 à 413-8 du Code civil modifié. L'enfant mineur peut donc être émancipé, soit de plein droit, par l'effet du mariage, soit par décision du juge aux affaires familiales.

Dans le premier cas, le mineur est émancipé sans l'intervention du juge, par le seul fait d'avoir contracté le **mariage** (C. civ., art. 413-1 [1]). La faculté de contracter mariage concerne essentiellement la femme et l'homme âgés de dix-huit ans révolus (C. civ., art. 144 [2]). Aussi l'émancipation par l'effet du mariage n'a aujourd'hui d'intérêt que dans le cas où l'un (ou les conjoints) a (ont) pu contracter mariage avant l'âge de dix-huit ans révolus en raison d'une dispense d'âge pour motifs graves qui lui (leur) a (ont) été accordée par le procureur de la République du lieu de la célébration du mariage (C. civ., art. 145). La dissolution ultérieure du mariage ne remet pas en cause **l'irrévocabilité de l'émancipation,** alors que l'annulation du mariage anéantit les effets de l'émancipation sous réserve des théories de l'apparence et du mariage putatif (maintien des effets passés du mariage et donc de l'émancipation).

Le Code civil prévoit, dans un second cas, la faculté pour le **juge aux affaires familiales** de prononcer **l'émancipation judiciaire** du mineur [3]. L'article 413-2 alinéa 1er du Code civil dispose que le mineur doit avoir atteint l'âge de seize ans révolus pour être émancipé par le juge [4].

125.12 **Modalités de saisine du juge des tutelles.** La demande est formée sans condition de forme (requête écrite ou déclaration verbale) au greffe du juge aux affaires familiales du lieu de la résidence habituelle du mineur ou de celui du domicile du tuteur (C. pr. civ., art. 1211). La demande doit émaner exclusivement des père et mère du mineur ou de l'un d'entre eux (C. civ., art. 413-2, al. 2 [5]).

Lorsque le mineur est placé sous un régime de **tutelle,** la demande d'émancipation doit émaner du **conseil de famille,** sur l'initiative du tuteur, ou à défaut, sur l'initiative d'un membre du conseil de famille saisissant le juge aux fins de procéder à la convocation dudit conseil pour délibérer à cette fin. Il faut souligner que, dans ce dernier cas, le mineur peut également demander au juge de convoquer le conseil de famille, afin qu'il délibère sur son éventuelle émancipation (C. civ., art. 413-4, *in fine* [6]).

Lorsque le mineur fait l'objet d'une mesure d'**assistance éducative**, la demande d'émancipation de ses parents doit être préalablement autorisée par le **juge des enfants** (C. civ., art. 375-7 [7]).

125.13 **Audition de l'enfant et audiences devant le juge aux affaires familiales.** Depuis la loi du 8 janvier 1993 [8], le juge est tenu de procéder à l'audition du mineur, ce qui se comprend volontiers, la décision d'émancipation pouvant en pratique difficilement être prononcée contre son gré. Lorsque la demande émane d'une **requête conjointe** présentée par les **deux parents du mineur,** le juge ne semble pas tenu de les entendre. Cette audition est pourtant tout à fait souhaitable.

En revanche, si la requête est présentée par l'un des parents, le juge a l'obligation d'entendre l'autre parent, à moins que ce dernier soit dans l'impossibi-

1. C. civ., art. 413-1 *(L. n° 2007-308, 5 mars 2007).*
2. C. civ., art. 144 *(L. n° 2006-399, 4 avr. 2006).*
3. F. Vauvillé, « La pratique de l'émancipation judiciaire ou l'ambivalence d'une institution marginale », *D.* 1990. Chron. 283.
4. C. civ., art. 413-2, al. 1er *(L. n° 2007-308, 5 mars 2007).*
5. C. civ., art. 413-2, al. 2 *(L. n° 2007-308, 5 mars 2007).*
6. C. civ., art. 413-4 *(L. n° 2007-308, 5 mars 2007).*
7. C. civ., art. 375-7 *(mod. par L. n° 2007-293, 5 mars 2007).*
8. L. n° 93-22, 8 janv. 1993, modifiant le Code civil relative à l'état civil, à la famille et aux droits de l'enfant et instituant le juge aux affaires familiales, *JO* 9 janv., p. 495.

lité de manifester sa volonté (incapacité juridique, absence, éloignement, *etc.*). Il appartiendra au juge de caractériser cette impossibilité, étant rappelé qu'en application des dispositions de l'article 458 du Code civil, les actes de l'autorité parentale relatifs à la personne de l'enfant sont des actes strictement personnels pour la personne bénéficiaire d'une curatelle ou d'une tutelle.

Il nous semble qu'il convient d'ajouter aux causes d'impossibilité de manifester sa volonté le cas où ce parent refuse de déférer à la convocation du juge à la condition qu'il ait été régulièrement convoqué par lettre recommandée avec accusé de réception mentionnant le motif de cette convocation. Enfin, les auditions et les audiences devant le juge ne sont pas publiques.

125.14 Nature des décisions du juge aux affaires familiales. La nature juridique de la décision d'émancipation est controversée. Certains auteurs considèrent qu'il s'agit plutôt d'un **jugement**[1], alors que d'autres la qualifient d'ordonnance[2]. S'agissant d'une matière qui est parfois considérée comme alternative (pouvant être tantôt gracieuse, tantôt contentieuse) et qui s'inscrit dans le cadre de la mission générale de protection des mineurs dévolue au juge des tutelles de protection des mineurs, elle pourrait effectivement être qualifiée d'ordonnance. Le débat demeure ouvert. En tout état de cause, cette décision doit être **notifiée aux titulaires de l'autorité parentale** et, dans le cas de l'article 413-3 du Code civil, au moins au tuteur. Elle peut faire l'objet d'un recours devant la cour d'appel dans les conditions prévues par les articles 1239 et suivants du Code de procédure civile.

La décision d'émancipation n'a pas à être mentionnée ou transcrite sur les registres de l'état civil.

125.15 Nécessité de justes motifs à l'émancipation. L'émancipation de l'enfant mineur ayant atteint l'âge de seize ans révolus ne peut être prononcée par le juge que s'il y a de « *justes motifs* » (C. civ., art. 413-2[3])[4].

Le juge apprécie souverainement l'existence de tels motifs, lesquels peuvent notamment consister en la simplification des formalités de règlement d'une succession concernant un mineur dont la décision constate la particulière maturité. Les juges ont également considéré que la possibilité de suivre une formation à l'étranger, dans un pays qui exige que tout mineur ait un représentant légal sur place, constitue un juste motif d'émancipation[5]. En revanche, les juges sont réticents à faire droit à la requête lorsque la décision d'émancipation n'a pour seule finalité que d'éviter une procédure[6].

Ils le sont également lorsque le maintien de la protection du ou des parents leur apparaît nécessaire compte tenu de la situation du mineur.

Ainsi, par exemple, la cour d'appel de Bordeaux[7] a confirmé l'ordonnance du juge des tutelles rejetant la demande d'émancipation présentée par la mère pour le mineur âgé de dix-sept ans, héritier d'un important patrimoine mobilier et immobilier, au motif que le mineur n'avait aucune compétence en matière de gestion de patrimoine, qu'il avait arrêté ses études, ne faisait rien et que la démarche de son représentant légal apparaissait comme manquant de prudence et de projection dans l'avenir. Après avoir relevé qu'aucun dossier ni détail du patrimoine n'était produit en appel, la cour a affirmé qu'il n'était pas justifié du danger dans lequel se trouveraient les avoirs en raison des lourdeurs de la gestion actuelle et a considéré que le refus d'émancipation se justifiait par les incertitudes concernant les projets de gestion du mineur.

125.16 Voies de recours. La décision d'émancipation est notifiée par le greffe au requérant, au tuteur, à l'administrateur légal et à tous ceux dont elle modifie les droits ou les charges s'ils ne sont pas présents lors de l'audience de jugement (C. pr. civ., art. 1230). Cette décision, qu'elle prononce ou non l'émancipation du mineur, peut faire l'objet d'un recours devant la cour d'appel de la part des personnes susmentionnées, dans le délai de quinze jours à compter de la notification (C. pr. civ., art. 1239, 1241-1 et 1242).

Le mineur, n'ayant pas initialement la capacité d'ester en justice, n'a pas le droit de former un recours contre la décision du juge prononçant ou non son émancipation.

De même, le ministère public, même s'il doit avoir connaissance des demandes d'émancipation, ne peut, en sa qualité de partie jointe, former un recours contre la décision du juge des tutelles qu'en cas

1. *J.-Cl. Civ.*, fasc. 910, art. 476 à 487, par P. Salvage-Gerest, spéc. n° 40.
2. A. Raison, *Statut des mineurs et majeurs protégés*, LJNA, 1989, n° 705, p. 325.
3. C. civ., art. 413-2 *(L. n° 2007-308, 5 mars 2007)*.
4. EXEMPLE d'absence de « justes motifs » : Aix-en-Provence, 30 janv. 2014, RG n° 13/13440. Rejet de la demande d'émancipation d'un mineur motivée par le refus d'un restaurateur de lui confier un emploi saisonnier au motif que son établissement sert de l'alcool. Les juges relèvent que le mineur souhaitait poursuivre des études de médecine, que sa réaction suite au refus du juge de premier instance reflète un manque de maturité et que prononcer l'émancipation reviendrait à contourner la loi – Bordeaux, 20 mars 2012, RG n° 11/06774; *Dr. fam.* 2012. Comm. 103, obs. Maria.
5. Fort-de-France, 26 nov. 2010, RG n° 10/539, C. Neirinck, « Un nouveau motif d'émancipation du mineur : l'intérêt des tiers », *Dr. fam.* 2011, n° 97 – V. AUSSI : Pau, 8 mars 2011, RG n° 11/00154 et RG n° 11/00105, émancipation du mineur souhaitant passer le brevet national de sécurité et de sauvetage aquatique.
6. *Le notariat et les personnes protégées*, Actes du 80e Congrès des notaires de France, 1984, Rapport préliminaire par Salomé, Camoz et Bailleul, n° 24, note 1.
7. Bordeaux, 20 mars 2012, RG n° 11/06774.

d'atteinte à l'ordre public. Si l'exécution provisoire n'a pas été prononcée par le juge, le délai du recours et le recours lui-même exercé dans ce délai suspendent l'exécution de la décision.

L'arrêt de la cour d'appel est susceptible d'un **pourvoi en cassation** dans le délai légal de deux mois à compter de sa signification. Exercé en matière civile, il n'est pas dispensé du ministère d'avocat au Conseil d'État et à la Cour de cassation.

125.17 Refus d'émancipation et possibilité reconnue par la loi pour le mineur de faire valablement les actes de la vie civile que l'usage autorise (C. civ., art. 389-3, al. 1er, et 408, al. 1er) [1]. La notion d'usage s'élargit avec l'âge de l'intéressé et lui confère une réelle autonomie juridique à l'approche de la majorité [2]. La loi n° 2010-658 du 15 juin 2010, qui a ouvert aux mineurs non émancipés la possibilité d'être autorisés par leurs deux parents à accomplir seul les actes d'administration nécessaires pour les besoins de la création et de la gestion d'une entreprise individuelle ou à responsabilité limitée ou d'une société unipersonnelle confirme cette évolution. En outre, à partir de seize ans, le mineur se voit reconnaître de nombreux droits : le droit de jouissance légale des parents prend fin (C. civ., art. 386-2 [3], réd. Ord. n° 2015-1288, 15 oct. 2015), il peut bénéficier personnellement du statut d'assuré social (CSS, art. L. 161-14-1), il dispose de sa carte de sécurité sociale et les remboursements sont effectués sur son compte même quand, étudiant, il est l'ayant droit de ses parents (CSS, art. L. 161-14-1 et R. 161-8-13, L. 313-3, 3°); il est souvent titulaire personnellement d'un chéquier et d'une carte bancaire [4].

En outre, l'article 388-1-2 du Code civil, issu de l'ordonnance n° 2015-1288 du 15 octobre 2015 [5], permet désormais à l'administrateur légal ou aux administrateurs légaux d'autoriser l'enfant mineur à accomplir seul les **actes d'administration nécessaires à la création et à la gestion d'une entreprise individuelle à responsabilité limitée ou d'une société unipersonnelle.** Les actes de disposition ne peuvent être effectués que par son ou ses administrateurs légaux. Cette autorisation peut être formalisée soit par un **acte sous seing privé** soit par un **acte notarié.** Elle doit comporter la liste des actes d'administration pouvant être accomplis par le mineur. La distinction des actes d'administration et des actes de disposition s'opère dans les conditions de l'article 496 du Code civil et du décret n° 2008-1484 du 22 décembre 2008 [6].

SECTION 2
EFFETS DE L'ÉMANCIPATION ET ÂGE DE LA MAJORITÉ

125.21 Capacité civile de l'enfant mineur émancipé à exercer ses droits personnels et patrimoniaux. Le mineur émancipé dispose en principe, comme un majeur, de la capacité d'accomplir seul tous les actes de la vie civile (C. civ., art. 413-6 [7]). Il a la faculté d'exercer ses droits personnels et patrimoniaux, et peut notamment ester en justice, tester, être témoin instrumentaire... Il peut fixer librement sa résidence et son domicile. Son émancipation ayant fait disparaître l'autorité parentale, la responsabilité civile de plein droit de ses parents à son égard est supprimée (C. civ., art. 413-7 [8]), ainsi que les droits de garde et de surveillance qu'ils exerçaient du temps de la minorité.

Il résulte en outre de la combinaison des articles 327, 328, 329 et 413-6 du Code civil que le mineur émancipé peut exercer, si elle n'a pas déjà été exercée antérieurement, une **action en recherche de paternité** à compter de son émancipation jusqu'à l'expiration des dix années qui suivent sa majorité pour l'hypothèse visée à l'article 329 [9].

Le mineur émancipé peut être **commerçant** sur autorisation du juge des tutelles au moment de la décision d'émancipation et du président du tribunal de grande instance s'il formule cette demande après avoir été émancipé (C. civ., art. 413-8 - C. com., art. L. 121-2 [10]) [11].

La décision prononçant l'émancipation du mineur met **fin à la tutelle** du mineur lorsque ce dernier était placé sous tutelle [12]. Dans les trois mois de son émancipation, son administrateur légal ou son tuteur

1. A. Gouttenoire, « Réforme du droit des contrats et des obligations : coup de jeune sur la capacité usuelle du mineur et du majeur protégé... », *LexBase hebdo, éd. privée,* 2016, n° 646; « La capacité usuelle du mineur », *Mél. J. Hauser,* LexisNexis, 2012, p. 167.
2. Caen, 15 oct. 2015, RG n° 14/00044; *JCP* 2016, n° 11, n° 306, obs. Raoul-Cormeil. L'achat d'un scooter n'est pas un acte de vie courante. Peu importe que le mineur soit majeur 41 jours après la vente.
3. Créé par Ord. n° 2015-1288, 15 oct. 2015, art. 3.
4. Versailles, 26 oct. 1990, *D.* 1993. 125, obs. Lucet.
5. Créé par Ord. n° 2015-1288, 15 oct. 2015, art. 5.
6. Décr. n° 2008-1484, 22 déc. 2008, relatif aux actes de gestion du patrimoine des personnes placées en curatelle ou en tutelle, et pris en application des articles 452, 496 et 502 du Code civil, *JO* 31 déc., p. 20631.
7. C. civ., art. 413-6 (*L. n° 2007-308, 5 mars 2007*).
8. C. civ., art. 413-7 (*L. n° 2007-308, 5 mars 2007*).
9. Civ. 1re, 14 mars 1978, n° 76-12.992, *Bull. civ.* I, n° 104.
10. C. civ., art. 413-8, et C. com., art. L. 511-2, mod. par L. n° 2010-658, 15 juin 2010, relative à l'entrepreneur individuel à responsabilité limitée, *JO* 16 juin, p. 10984, art. 2.
11. J.-F. Eschylle, « La capacité commerciale du mineur émancipé », *RTD com.* 2013. 203 – B. Saintourens, « Mineur et activité commerciale : la réforme de 2010 », *RTD com.* 2010. 686.
12. Cass., ass. plén., 28 mai 1982, n° 79-13.660, *Bull. ass. plén.,* n° 3; *D.* 1983. 117, note Cabannes; 349, note Gaillard; Rép. civ., v° *Représentation*, avr. 2007, par Mathey, n° 55.

est tenu de lui remettre le compte définitif de sa gestion (C. civ., art. 514 [1]).

Cependant, l'émancipation ne décharge pas les parents de l'obligation de contribuer, à proportion de leurs facultés, à l'entretien et à l'éducation de leur enfant émancipé [2]. L'émancipation exclut le maintien de toute mesure d'assistance éducative, à l'exclusion de la mesure de protection judiciaire à la condition qu'elle soit sollicitée par le mineur émancipé (Décr. n° 75-96, 18 févr. 1975).

125.22 Exceptions à la capacité civile de l'enfant mineur émancipé. L'autorisation des parents ou du conseil de famille du mineur émancipé reste nécessaire s'il souhaite se marier ou « *se donner en adoption* » (C. civ., art. 413-6, al. 2 [3]). Elle s'impose également dans l'hypothèse où le mineur émancipé souhaite souscrire un contrat de mariage (C. civ., art. 1398).

Le mineur ne peut émettre une lettre de change (C. com., art. L. 511-5, al. 1er). Il ne peut effectuer aucun acte relatif à la vie civique (vote, recours électoraux, candidature, *etc.*), ni passer le permis de conduire un véhicule automobile. En outre, il n'a pas la capacité juridique de conclure un pacte civil de solidarité, dont la souscription est réservée aux seules personnes majeures (C. civ., art. 515-1) [4].

125.23 Âge de la majorité et possibilité d'engager une procédure aux fins de protection. L'article 414 du Code civil dispose que la majorité est fixée à l'âge de dix-huit ans accomplis. À compter de cet âge, l'enfant mineur devient majeur et est capable d'exercer les droits dont il a la jouissance. Toutefois, l'article 429 du même code prévoit la possibilité d'une part d'ouvrir une **mesure de protection judiciaire pour un mineur émancipé** et, d'autre part, d'introduire la demande de protection et de la juger dans la dernière année de sa minorité. Les conditions de recevabilité de ces demandes sont celles fixées par les articles 430 et 431. Lorsque la demande de protection a été faite dans l'année précédant la majorité de l'enfant mineur, la mesure ne prendra effet que du jour de sa majorité.

1. C. civ., art. 514 (*L. n° 2007-308, 5 mars 2007*).
2. Civ. 2e, 9 juill. 1973, n° 72-13.147, *Bull. civ.* II, n° 222.
3. C. civ., art. 413-6, al. 2 (*L. n° 2007-308, 5 mars 2007*).
4. Cir. min. Justice n° 99/12, 10 nov. 1999, relative au pacte civil de solidarité – F. Fresnel, « L'intérêt de la qualification de l'acte dans le cadre d'une mesure de protection juridique », *RJPF* 2001-4/6, spéc. p. 8-9.

CHAPITRE

126. Dispositions propres à l'administration légale du mineur

SECTION 0 ORIENTEUR

126.00 **Plan du chapitre.**

Division. En réorganisant le chapitre II du titre IX du livre 1er du Code civil consacré à l'autorité parentale relativement aux biens de l'enfant mineur et en y faisant figurer les dispositions des articles 382 à 387-6 applicables à l'autorité parentale l'ordonnance n° 2015-1288 du 15 octobre 2015 affirme clairement que l'administration légale est un attribut de l'autorité parentale. Elle n'appartient en principe qu'aux parents qui exercent ainsi l'autorité parentale tant sur les biens de leur enfant mineur, dans le cadre d'un régime désormais unique, que sur sa personne (sect. 1). Cette approche globale de l'enfant consacre une conception de la gestion de ses biens fondée à la fois sur la confiance qui leur est faite et sur une intervention du juge limitée (sect. 2). Elle invite à s'intéresser aussi au régime des actes relatifs à la personne de l'enfant (sect. 3).

126.01 **Textes applicables.**

TEXTES LÉGISLATIFS ET RÉGLEMENTAIRES NOUVEAUX

• **L. n° 2016-1547, 18 nov. 2016,** de modernisation de la justice du XXIe siècle, *JO* 19 nov., texte n° 1.

• **Décr. n° 2016-185, 23 févr. 2016,** pris pour l'application de l'ordonnance n° 2015-1288 du 15 octobre 2015 portant simplification et modernisation du droit de la famille, *JO* 25 févr., texte n° 26.

• **Ord. n° 2016-131, 10 févr. 2016,** portant réforme du droit des contrats, du régime général et de la preuve des obligations, *JO* 11 févr., texte n° 26.

• **L. n° 2016-41, 26 janv. 2016,** de modernisation de notre système de santé, *JO* 27 janv., texte n° 1.

• **Ord. n° 2015-1288, 15 oct. 2015,** portant simplification et modernisation du droit de la famille, *JO* 16 oct., p. 19304.

• **L. n° 2015-177, 16 févr. 2015,** relative à la modernisation et à la simplification du droit et des procédures dans les domaines de la justice et des affaires intérieures, *JO* 17 févr., p. 2961.

TEXTES SOURCES

> Autorité parentale

• définition

C. civ., art. 371-1

• exercice

C. civ., art. 372, 373 et 373-2

> Actes relatifs aux biens de l'enfant

• actes de gestion patrimoniale

+ Décr. n° 2008-1484, 22 déc. 2008

• actes d'administration effectués par l'administrateur légal seul

+ Ord. n° 2015-1288, 15 oct. 2015

C. civ., art. 382, 382-1, 388-1-1 et 388-1-2, al. 1er *in fine*

• actes que le mineur de 16 ans révolus peut accomplir seul avec autorisation du ou des administrateurs légaux

+ Ord. n° 2015-1288, 15 oct. 2015

C. civ., art. 388-1-2

• actes interdits à l'administrateur légal

+ Ord. n° 2015-1288, 15 oct. 2015

C. civ., art. 387-2

• autorisation du juge des tutelles pour certains actes

+ Ord. n° 2015-1288, 15 oct. 2015

C. civ., art. 387 et 387-1

• contrôle par le juge des situations à risques

+ Ord. n° 2015-1288, 15 oct. 2015

C. civ., art. 387-3, 387-4 et 387-5

• administration aux biens légués

+ Ord. n° 2015-1288, 15 oct. 2015

C. civ., art. 384

• administrateur *ad hoc*

+ Ord. n° 2015-1288, 15 oct. 2015

C. civ., art. 383 et 388-2

• jouissance légale de l'administrateur : charges attachées et biens exclus

+ Ord. n° 2015-1288, 15 oct. 2015

C. civ., art. 386-1 à 386-4

• **compte rendu de l'administration effectuée au mineur émancipé ou mineur de plus de 16 ans**
+ Ord. nº 2015-1288, 15 oct. 2015

C. civ., art. 413-5

• **responsabilité de l'administrateur légal pour sa gestion et responsabilité de l'État**
+ Ord. nº 2015-1288, 15 oct. 2015

C. civ., art. 385 et 386

> Actes relatifs à la personne de l'enfant

• **en matière de nationalité**
+ Ord. nº 2015-1288, 15 oct. 2015

C. civ., art. 17-3

• **en matière de recherche biomédicale**
CSP, art. L. 1121-7 et L. 1122-2

• **en matière de santé**
+ L. nº 2016-41, 26 janv. 2016

CSP, art. L. 1111-2, L. 1111-4 et L. 1111-7

• **en matière de prélèvements**
CSP, art. L. 1211-2 al. 2, L. 1232-2, L. 1235-2, L. 1241-3, L. 1245-2, L. 2141-11

• **en matière d'admission ou sortie d'un établissement psychiatrique**
CSP, art. L. 3211-10 et L. 3211-12

> Procédure civile tutélaire
+ Décr. nº 2016-185, 23 févr. 2016

+ Ord. nº 2015-1288, 15 oct. 2015

C. pr. civ., art. 1180-6 à 1180-18

• **compétence territoriale, saisine et pouvoirs du juge des tutelles**
C. pr. civ., art. 1180-6 à 1180-11

• **convocation de l'administrateur légal par le juge des tutelles et amende civile**
C. civ., art. 387-6

• **consultation du dossier et délivrance de copies**
C. pr. civ., art. 1180-12 et 1180-13

• **décisions du juge des tutelles**
C. pr. civ., art. 1180-14 et 1180-15

• **notification et copie des décisions du juge des tutelles**
C. pr. civ., art. 1180-16 et 1180-17

• **recours tutélaire : appel**
C. pr. civ., art. 1180-18

TEXTES *IN EXTENSO*

> Autorité parentale

• **définition**

C. civ., art. 371-1

L'autorité parentale est un ensemble de droits et de devoirs ayant pour finalité l'intérêt de l'enfant.

Elle appartient aux parents jusqu'à la majorité ou l'émancipation de l'enfant pour le protéger dans sa sécurité, sa santé et sa moralité, pour assurer son éducation et permettre son développement, dans le respect dû à sa personne.

Les parents associent l'enfant aux décisions qui le concernent, selon son âge et son degré de maturité.

• **exercice**
[C. civ., art. 372, 373 et 373-2]

C. civ., art. 372 *(mod. par L. nº 2016-1547, 18 nov. 2016, art. 16)*

Les père et mère exercent en commun l'autorité parentale.

Toutefois, lorsque la filiation est établie à l'égard de l'un d'entre eux plus d'un an après la naissance d'un enfant dont la filiation est déjà établie à l'égard de l'autre, celui-ci reste seul investi de l'exercice de l'autorité parentale. Il en est de même lorsque la filiation est judiciairement déclarée à l'égard du second parent de l'enfant.

L'autorité parentale pourra néanmoins être exercée en commun en cas de déclaration conjointe des père et mère adressée au directeur des services de greffe judiciaires du tribunal de grande instance ou sur décision du juge aux affaires familiales.

C. civ., art. 373

Est privé de l'exercice de l'autorité parentale le père ou la mère qui est hors d'état de manifester sa volonté, en raison de son incapacité, de son absence ou de toute autre cause.

C. civ., art. 373-2

La séparation des parents est sans incidence sur les règles de dévolution de l'exercice de l'autorité parentale.

Chacun des père et mère doit maintenir des relations personnelles avec l'enfant et respecter les liens de celui-ci avec l'autre parent.

Tout changement de résidence de l'un des parents, dès lors qu'il modifie les modalités d'exercice de l'autorité parentale, doit faire l'objet d'une information préalable et en temps utile de l'autre parent. En cas de désaccord, le parent le plus diligent saisit le juge aux affaires familiales qui statue selon ce qu'exige l'intérêt de l'enfant. Le juge répartit les frais de déplacement et ajuste en conséquence le montant de la contribution à l'entretien et à l'éducation de l'enfant.

> Actes relatifs aux biens de l'enfant

• **actes de gestion patrimoniale**

Décr. nº 2008-1484, 22 déc. 2008, relatif aux actes de gestion du patrimoine, pris en application des articles 452, 496 et 502 du Code civil *(texte applicable aux majeurs et aux mineurs depuis le 1er janv. 2009)*

* V. s^s^ nº 341.01

• **actes d'administration effectués par l'administrateur légal seul**
[C. civ., art. 382, 382-1, 388-1-1 et 388-1-2, al. 1er *in fine*]

+ Ord. nº 2015-1288, 15 oct. 2015, art. 3 et 5
Nota 1 : Ces articles sont entrés en vigueur le 1er janvier 2016. Ils sont applicables aux administrations légales en cours au jour de leur entrée en vigueur.

C. civ., art. 382 *(réd. Ord. nº 2015-1288, 15 oct. 2015, art. 3)*

L'administration légale appartient aux parents. Si l'autorité parentale est exercée en commun par les deux parents, chacun d'entre eux est administrateur légal. Dans les autres cas, l'administration légale appartient à celui des parents qui exerce l'autorité parentale.

C. civ., art. 382-1 *(réd. Ord. nº 2015-1288, 15 oct. 2015, art. 3)*

Lorsque l'administration légale est exercée en commun par les deux parents, chacun d'eux est réputé, à l'égard des tiers, avoir reçu le pouvoir de faire seul les actes d'administration portant sur les biens du mineur.

La liste des actes qui sont regardés comme des actes d'administration est définie dans les conditions de l'article 496.

C. civ., art. 388-1-1 *(réd. Ord. nº 2015-1288, 15 oct. 2015, art. 5)*

L'administrateur légal représente le mineur dans tous les actes de la vie civile, sauf les cas dans lesquels la loi ou l'usage autorisent les mineurs à agir eux-mêmes.

C. civ., art. 388-1-2, al. 1er *in fine* (*réd. Ord. n° 2015-1288, 15 oct. 2015, art. 5*)

* V. *infra*

• **actes que le mineur de 16 ans révolus peut accomplir seul avec autorisation du ou des administrateurs légaux**

C. civ., art. 388-1-2 (*réd. Ord. n° 2015-1288, 15 oct. 2015, art. 5 – Nota 1 (reprise)*)

Un mineur âgé de seize ans révolus peut être autorisé, par son ou ses administrateurs légaux, à accomplir seul les actes d'administration nécessaires à la création et à la gestion d'une entreprise individuelle à responsabilité limitée ou d'une société unipersonnelle. Les actes de disposition ne peuvent être effectués que par son ou ses administrateurs légaux.

L'autorisation mentionnée au premier alinéa revêt la forme d'un acte sous seing privé ou d'un acte notarié et comporte la liste des actes d'administration pouvant être accomplis par le mineur.

• **actes interdits à l'administrateur légal**

C. civ., art. 387-2 (*réd. Ord. n° 2015-1288, 15 oct. 2015, art. 3 – Nota 1 (reprise)*)

L'administrateur légal ne peut, même avec une autorisation :

1° Aliéner gratuitement les biens ou les droits du mineur;

2° Acquérir d'un tiers un droit ou une créance contre le mineur;

3° Exercer le commerce ou une profession libérale au nom du mineur;

4° Transférer dans un patrimoine fiduciaire les biens ou les droits du mineur.

• **autorisation du juge des tutelles pour certains actes**

[C. civ., art. 387 et 387-1]

+ Ord. n° 2015-1288, 15 oct. 2015, art. 3

C. civ., art. 387 (*réd. Ord. n° 2015-1288, 15 oct. 2015,* art. 3 – *Nota 1 (reprise)*)

En cas de désaccord entre les administrateurs légaux, le juge des tutelles est saisi aux fins d'autorisation de l'acte.

C. civ., art. 387-1 (*réd. Ord. n° 2015-1288, 15 oct. 2015,* art. 3 – *Nota 1 (reprise)*)

L'administrateur légal ne peut, sans l'autorisation préalable du juge des tutelles :

1° Vendre de gré à gré un immeuble ou un fonds de commerce appartenant au mineur;

2° Apporter en société un immeuble ou un fonds de commerce appartenant au mineur;

3° Contracter un emprunt au nom du mineur;

4° Renoncer pour le mineur à un droit, transiger ou compromettre en son nom;

5° Accepter purement et simplement une succession revenant au mineur;

6° Acheter les biens du mineur, les prendre à bail; pour la conclusion de l'acte, l'administrateur légal est réputé être en opposition d'intérêts avec le mineur;

7° Constituer gratuitement une sûreté au nom du mineur pour garantir la dette d'un tiers;

8° Procéder à la réalisation d'un acte portant sur des valeurs mobilières ou instruments financiers au sens de l'article L. 211-1 du Code monétaire et financier, si celui-ci engage le patrimoine du mineur pour le présent ou l'avenir par une modification importante de son contenu, une dépréciation significative de sa valeur en capital ou une altération durable des prérogatives du mineur.

L'autorisation détermine les conditions de l'acte et, s'il y a lieu, le prix ou la mise à prix pour lequel l'acte est passé.

• **contrôle par le juge des situations à risque**

[C. civ., art. 387-3 à 387-5]

+ Ord. n° 2015-1288, 15 oct. 2015, art. 3

C. civ., art. 387-3 (*réd. Ord. n° 2015-1288, 15 oct. 2015,* art. 3 *– Nota 1 (reprise)*)

À l'occasion du contrôle des actes mentionnés à l'article 387-1, le juge peut, s'il l'estime indispensable à la sauvegarde des intérêts du mineur, en considération de la composition ou de la valeur du patrimoine, de l'âge du mineur ou de sa situation familiale, décider qu'un acte ou une série d'actes de disposition seront soumis à son autorisation préalable.

Le juge est saisi aux mêmes fins par les parents ou l'un d'eux, le ministère public ou tout tiers ayant connaissance d'actes ou omissions qui compromettent manifestement et substantiellement les intérêts patrimoniaux du mineur ou d'une situation de nature à porter un préjudice grave à ceux-ci.

Les tiers qui ont informés le juge de la situation ne sont pas garants de la gestion des biens du mineur faite par l'administrateur légal.

C. civ., art. 387-4 (*réd. Ord. n° 2015-1288, 15 oct. 2015, art. 3 – Nota 1 (reprise)*)

À l'occasion du contrôle qu'il exerce en application des articles 387-1 et 387-3, le juge peut demander à l'administrateur légal qu'un inventaire de patrimoine du mineur lui soit transmis ainsi que, chaque année, un inventaire actualisé.

Une copie de l'inventaire est remise au mineur âgé de seize ans révolus.

C. civ., art. 387-5 (*réd. Ord. n° 2015-1288, 15 oct. 2015,* art. 3 *– Nota 1 (reprise)* et *mod. par L. n° 2016-1547, 18 nov. 2016, art. 16)*

À l'occasion du contrôle mentionné à l'article précédent, le juge peut demander à l'administrateur légal de soumettre au directeur des services de greffe judiciaires du tribunal de grande instance un compte de gestion annuel, accompagné des pièces justificatives, en vue de sa vérification.

Lorsque les comptes ont été demandés, l'administrateur légal doit remettre au directeur des services de greffe judiciaires, à la fin de sa mission, un compte définitif des opérations intervenues depuis l'établissement du dernier compte annuel.

Le directeur des services de greffe judiciaires peut être assisté dans sa mission de contrôle des comptes dans les conditions fixées par le Code de procédure civile. Il peut aussi solliciter des établissements auprès desquels des comptes sont ouverts au nom du mineur un relevé annuel de ceux-ci sans que puisse lui être opposé le secret professionnel ou le secret bancaire.

S'il refuse d'approuver le compte, le directeur des services de greffe judiciaires dresse un rapport des difficultés rencontrées, qu'il transmet au juge. Celui-ci statue sur la conformité du compte.

Si l'importance et la composition du patrimoine du mineur le justifient, le juge peut décider que la mission de vérification et d'approbation sera exercée, aux frais du mineur et selon les modalités qu'il fixe, par un technicien.

Une copie des comptes de gestion est remise au mineur âgé de seize ans révolus.

L'action en reddition de comptes, en revendication ou en paiement se prescrit par cinq ans à compter de la majorité de l'intéressé.

• **administration aux biens légués**

C. civ., art. 384 (*réd. Ord. nº 2015-1288, 15 oct. 2015,* art. 3 – *Nota 1 (reprise)*

Ne sont pas soumis à l'administration légale les biens donnés ou légués au mineur sous la condition qu'ils soient administrés par un tiers.

Le tiers administrateur a les pouvoirs qui lui sont conférés par la donation, le testament ou, à défaut, ceux d'un administrateur légal.

Lorsque le tiers administrateur refuse cette fonction ou se trouve dans l'une des situations prévues aux articles 395 et 396, le juge des tutelles désigne un administrateur *ad hoc* pour le remplacer.

• **administrateur *ad hoc***

[C. civ., art. 383 et 388-2]

C. civ., art. 383 (*réd. Ord. nº 2015-1288, 15 oct. 2015,* art. 3 – *Nota 1 (reprise)*

Lorsque les intérêts de l'administrateur légal unique ou, selon le cas, des deux administrateurs légaux sont en opposition avec ceux du mineur, ces derniers demandent la nomination d'un administrateur *ad hoc* par le juge des tutelles. À défaut de diligence des administrateurs légaux, le juge peut procéder à cette nomination à la demande du ministère public, du mineur lui-même ou d'office.

Lorsque les intérêts de l'un des administrateurs sont en opposition avec ceux du mineur, le juge des tutelles peut autoriser l'autre administrateur légal à représenter l'enfant pour un ou plusieurs actes déterminés.

C. civ., art. 388-2 (*mod. par L. nº 2016-297, 14 mars 2016, art. 37)*

Lorsque, dans une procédure, les intérêts d'un mineur apparaissent en opposition avec ceux de ses représentants légaux, le juge des tutelles dans les conditions prévues à l'article 383 ou, à défaut, le juge saisi de l'instance lui désigne un administrateur *ad hoc* chargé de le représenter.

Dans le cadre d'une procédure d'assistance éducative, l'administrateur *ad hoc* désigné en application du premier alinéa du présent article doit être indépendant de la personne morale ou physique à laquelle le mineur est confié, le cas échéant.

• **jouissance légale de l'administrateur : charges attachées et biens exclus**

[C. civ., art. 386-1 à 386-4]

+ Ord. nº 2015-1288, 15 oct. 2015, art. 3

C. civ., art. 386-1 (*réd. Ord. nº 2015-1288, 15 oct. 2015,* art. 3 – *Nota 1 (reprise)*

La jouissance légale est attachée à l'administration légale : elle appartient soit aux parents en commun, soit à celui qui a la charge de l'administration.

C. civ., art. 386-2 (*réd. Ord. nº 2015-1288, 15 oct. 2015,* art. 3 – *Nota 1 (reprise)*

Le droit de jouissance cesse :

1º Dès que l'enfant a seize ans accomplis ou même plus tôt quand il contracte mariage ;

2º Par les causes qui mettent fin à l'autorité parentale ou par celles qui mettent fin à l'administration légale ;

3º Par les causes qui emportent l'extinction de tout usufruit.

C. civ., art. 386-3 (*réd. Ord. nº 2015-1288, 15 oct. 2015,* art. 3 – *Nota 1 (reprise)*

Les charges de cette jouissance sont :

1º Celles auxquelles sont tenus les usufruitiers ;

2º La nourriture, l'entretien et l'éducation de l'enfant, selon sa fortune ;

3º Les dettes grevant la succession recueillie par l'enfant en tant qu'elles auraient dû être acquittées sur les revenus.

C. civ., art. 386-4 (*réd. Ord. nº 2015-1288, 15 oct. 2015,* art. 3 – *Nota 1 (reprise)*

La jouissance légale ne s'étend pas aux biens :

1º Que l'enfant peut acquérir par son travail ;

2º Qui lui sont donnés ou légués sous condition expresse que les parents n'en jouiront pas ;

3º Qu'il reçoit au titre de l'indemnisation d'un préjudice extrapatrimonial dont il a été victime.

• **compte rendu de l'administration effectuée au mineur émancipé ou de plus de 16 ans**

C. civ., art. 413-5 (*réd. Ord. nº 2015-1288, 15 oct. 2015, art. 7 – Nota 1 (reprise)*

Le compte de l'administration, le cas échéant, ou de la tutelle est rendu au mineur émancipé dans les conditions prévues respectivement par les articles 387-5 et 514.

• **responsabilité de l'administrateur légal pour sa gestion et responsabilité de l'État**

[C. civ., art. 385 et 386]

+ Ord. nº 2015-1288, 15 oct. 2015, art. 3

C. civ., art. 385 (*réd. Ord. nº 2015-1288, 15 oct. 2015, art. 3 – Nota 1 (reprise)*

L'administrateur légal est tenu d'apporter dans la gestion des biens du mineur des soins prudents, diligents et avisés, dans le seul intérêt du mineur.

C. civ., art. 386 (*réd. Ord. nº 2015-1288, 15 oct. 2015, art. 3 – Nota 1 (reprise)* et *L. nº 2016-1547, 18 nov. 2016, art. 16)*

L'administrateur légal est responsable de tout dommage résultant d'une faute quelconque qu'il commet dans la gestion des biens du mineur.

Si l'administration des biens est exercée en commun, les deux parents sont responsables solidairement.

L'État est responsable des dommages susceptibles d'être occasionnés par le juge des tutelles et le directeur des services de greffe judiciaires du tribunal de grande instance dans l'exercice de leurs fonctions en matière d'administration légale, dans les conditions prévues à l'article 412.

L'action en responsabilité se prescrit par cinq ans à compter de la majorité de l'intéressé ou de son émancipation.

> Actes relatifs à la personne de l'enfant

• **en matière de nationalité**

C. civ., art. 17-3 (*réd. Ord. nº 2015-1288, 15 oct. 2015, art. 8 – Nota 1 (reprise)*

Les demandes en vue d'acquérir, de perdre la nationalité française ou d'être réintégré dans cette nationalité, ainsi que les déclarations de nationalité, peuvent, dans les conditions prévues par la loi, être faites, sans autorisation, dès l'âge de seize ans.

Le mineur âgé de moins de seize ans doit être représenté par celui ou ceux qui exercent à son égard l'autorité parentale.

Doit être pareillement représenté tout mineur dont l'altération des facultés mentales ou corporelles empêche l'expression de la volonté. L'empêchement est constaté par un certificat délivré par un médecin spécialiste choisi sur une liste établie par le procureur de la République. Ce certificat est joint à la demande.

Lorsque le mineur mentionné à l'alinéa précédent est placé sous tutelle, sa représentation est assurée par le tuteur autorisé à cet effet par le conseil de famille.

• **en matière de recherche biomédicale**
[CSP, art. L. 1121-7 et L. 1122-2]

CSP, art. L. 1121-7

Les mineurs ne peuvent être sollicités pour se prêter à des recherches biomédicales que si des recherches d'une efficacité comparable ne peuvent être effectuées sur des personnes majeures et dans les conditions suivantes :

– soit l'importance du bénéfice escompté pour ces personnes est de nature à justifier le risque prévisible encouru;

– soit ces recherches se justifient au regard du bénéfice escompté pour d'autres mineurs. Dans ce cas, les risques prévisibles et les contraintes que comporte la recherche doivent présenter un caractère minimal.

CSP, art. L. 1122-2

I. – Les mineurs non émancipés, les majeurs protégés ou les majeurs hors d'état d'exprimer leur consentement et qui ne font pas l'objet d'une mesure de protection juridique reçoivent, lorsque leur participation à une recherche biomédicale est envisagée, l'information prévue à l'article L. 1122-1 adaptée à leur capacité de compréhension, tant de la part de l'investigateur que des personnes, organes ou autorités chargés de les assister, de les représenter ou d'autoriser la recherche, eux-mêmes informés par l'investigateur.

Ils sont consultés dans la mesure où leur état le permet. Leur adhésion personnelle en vue de leur participation à la recherche biomédicale est recherchée. En toute hypothèse, il ne peut être passé outre à leur refus ou à la révocation de leur acceptation.

II. – Lorsqu'une recherche biomédicale est effectuée sur un mineur non émancipé, l'autorisation est donnée par les titulaires de l'exercice de l'autorité parentale. Toutefois, cette autorisation peut être donnée par le seul titulaire de l'exercice de l'autorité parentale présent, sous réserve du respect des conditions suivantes :

– la recherche ne comporte que des risques et des contraintes négligeables et n'a aucune influence sur la prise en charge médicale du mineur qui s'y prête;

– la recherche est réalisée à l'occasion d'actes de soins;

– l'autre titulaire de l'exercice de l'autorité parentale ne peut donner son autorisation dans des délais compatibles avec les exigences méthodologiques propres à la réalisation de la recherche au regard de ses finalités.

Lorsqu'une recherche biomédicale est effectuée sur une personne mineure ou majeure sous tutelle, l'autorisation est donnée par son représentant légal et, si le comité mentionné à l'article L. 1123-1 considère que la recherche comporte, par l'importance des contraintes ou par la spécificité des interventions auxquelles elle conduit, un risque sérieux d'atteinte à la vie privée ou à l'intégrité du corps humain, par le conseil de famille s'il a été institué, ou par le juge des tutelles.

Une personne faisant l'objet d'une mesure de sauvegarde de justice ne peut être sollicitée aux fins de participer à une recherche biomédicale.

Lorsqu'une recherche biomédicale est effectuée sur une personne majeure sous curatelle, le consentement est donné par l'intéressé assisté par son curateur. Toutefois, si la personne majeure sous curatelle est sollicitée en vue de sa participation à une recherche dont le comité mentionné à l'article L. 1123-1 considère qu'elle comporte, par l'importance des contraintes ou par la spécificité des interventions auxquelles elle conduit, un risque sérieux d'atteinte à la vie privée ou à l'intégrité du corps humain, le juge des tutelles est saisi aux fins de s'assurer de l'aptitude à consentir du majeur. En cas d'inaptitude, le juge prend la décision d'autoriser ou non la recherche biomédicale.

Lorsqu'une recherche biomédicale satisfaisant aux conditions édictées par l'article L. 1121-8 est envisagée sur une personne majeure hors d'état d'exprimer son consentement et ne faisant pas l'objet d'une mesure de protection juridique, l'autorisation est donnée par la personne de confiance prévue à l'article L. 1111-6, à défaut de celle-ci, par la famille, ou, à défaut, par une personne entretenant avec l'intéressé des liens étroits et stables. Toutefois, si le comité mentionné à l'article L. 1123-1 considère que la recherche comporte, par l'importance des contraintes ou par la spécificité des interventions auxquelles elle conduit, un risque sérieux d'atteinte à la vie privée ou à l'intégrité du corps humain, l'autorisation est donnée par le juge des tutelles.

III. – Le consentement prévu au septième alinéa du II est donné dans les formes de l'article L. 1122-1-1. Les autorisations prévues aux premier, cinquième, septième et huitième alinéas dudit II sont données par écrit.

• **en matière de santé**
[CSP, art. L. 1111-2, L. 1111-4, L. 1111-5 et L. 1111-7]
+ L. n° 2016-41, 26 janv. 2016, art. 5, 7, 96, 175, et 189

CSP, art. L. 1111-2 (*mod. par L. n° 2016-41, 26 janv. 2016, art. 175 et 7*)

Toute personne a le droit d'être informée sur son état de santé. Cette information porte sur les différentes investigations, traitements ou actions de prévention qui sont proposés, leur utilité, leur urgence éventuelle, leurs conséquences, les risques fréquents ou graves normalement prévisibles qu'ils comportent ainsi que sur les autres solutions possibles et sur les conséquences prévisibles en cas de refus. Elle est également informée de la possibilité de recevoir, lorsque son état de santé le permet, notamment lorsqu'elle relève de soins palliatifs au sens de l'article L. 1110-10, les soins sous forme ambulatoire ou à domicile. Il est tenu compte de la volonté de la personne de bénéficier de l'une de ces formes de prises en charge. Lorsque, postérieurement à l'exécution des investigations, traitements ou actions de prévention, des risques nouveaux sont identifiés, la personne concernée doit en être informée, sauf en cas d'impossibilité de la retrouver.

Cette information incombe à tout professionnel de santé dans le cadre de ses compétences et dans le respect des règles professionnelles qui lui sont applicables. Seules l'urgence ou l'impossibilité d'informer peuvent l'en dispenser.

Cette information est délivrée au cours d'un entretien individuel.

La volonté d'une personne d'être tenue dans l'ignorance d'un diagnostic ou d'un pronostic doit être respectée, sauf lorsque des tiers sont exposés à un risque de transmission.

Les droits des mineurs ou des majeurs sous tutelle mentionnés au présent article sont exercés, selon les cas, par les titulaires de l'autorité parentale ou par le tuteur. Ceux-ci reçoivent l'information prévue par le présent article, sous réserve des dispositions de l'article L. 1111-5 et L. 1111-5-1. Les intéressés ont le droit de recevoir eux-mêmes une information et de participer à la prise de décision les concernant, d'une manière adaptée soit à leur degré de maturité s'agissant des mineurs, soit à leurs facultés de discernement s'agissant des majeurs sous tutelle.

Des recommandations de bonnes pratiques sur la délivrance de l'information sont établies par la Haute Autorité de santé et homologuées par arrêté du ministre chargé de la santé.

En cas de litige, il appartient au professionnel ou à l'établissement de santé d'apporter la preuve que l'information a été délivrée à l'intéressé dans les conditions prévues au présent article. Cette preuve peut être apportée par tout moyen.

L'établissement de santé recueille auprès du patient hospitalisé les coordonnées des professionnels de santé auprès desquels il souhaite que soient recueillies les informations nécessaires à sa prise en charge durant son séjour et que soient transmises celles utiles à la continuité des soins après sa sortie.

CSP, art. L. 1111-4 (*mod. par L. n° 2016-41, 26 janv. 2016, art. 5*)

Toute personne prend, avec le professionnel de santé et compte tenu des informations et des préconisations qu'il lui fournit, les décisions concernant sa santé.

Toute personne a le droit de refuser ou de ne pas recevoir un traitement. Le suivi du malade reste cependant assuré par le médecin, notamment son accompagnement palliatif.

Le médecin a l'obligation de respecter la volonté de la personne après l'avoir informée des conséquences de ses choix et de leur gravité. Si, par sa volonté de refuser ou d'interrompre tout traitement, la personne met sa vie en danger, elle doit réitérer sa décision dans un délai raisonnable. Elle peut faire appel à un autre membre du corps médical. L'ensemble de la procédure est inscrite dans le dossier médical du patient. Le médecin sauvegarde la dignité du mourant et assure la qualité de sa fin de vie en dispensant les soins palliatifs mentionnés à l'article L. 1110-10.

Aucun acte médical ni aucun traitement ne peut être pratiqué sans le consentement libre et éclairé de la personne et ce consentement peut être retiré à tout moment.

Lorsque la personne est hors d'état d'exprimer sa volonté, aucune intervention ou investigation ne peut être réalisée, sauf urgence ou impossibilité, sans que la personne de confiance prévue à l'article L. 1111-6, ou la famille, ou à défaut, un de ses proches ait été consulté.

Lorsque la personne est hors d'état d'exprimer sa volonté, la limitation ou l'arrêt de traitement susceptible d'entraîner son décès ne peut être réalisé sans avoir respecté la procédure collégiale mentionnée à l'article L. 1110-5-1 et les directives anticipées ou, à défaut, sans que la personne de confiance prévue à l'article L. 1111-6 ou, à défaut, la famille ou les proches, aient été consultés. La décision motivée de limitation ou d'arrêt de traitement est inscrite dans le dossier médical.

Le consentement du mineur ou du majeur sous tutelle doit être systématiquement recherché s'il est apte à exprimer sa volonté et à participer à la décision. Dans le cas où le refus d'un traitement par la personne titulaire de l'autorité parentale ou par le tuteur risque d'entraîner des conséquences graves pour la santé du mineur ou du majeur sous tutelle, le médecin délivre les soins indispensables.

L'examen d'une personne malade dans le cadre d'un enseignement clinique requiert son consentement préalable. Les étudiants qui reçoivent cet enseignement doivent être au préalable informés de la nécessité de respecter les droits des malades énoncés au présent titre.

Les dispositions du présent article s'appliquent sans préjudice des dispositions particulières relatives au consentement de la personne pour certaines catégories de soins ou d'interventions.

CSP, art. L. 1111-5 (*mod. par L. n° 2016-41, 26 janv. 2016, art. 7*)

Par dérogation à l'article 371-1 du Code civil, le médecin ou la sage-femme peut se dispenser d'obtenir le consentement du ou des titulaires de l'autorité parentale sur les décisions médicales à prendre lorsque l'action de prévention, le dépistage, le diagnostic, le traitement ou l'intervention s'impose pour sauvegarder la santé d'une personne mineure, dans le cas où cette dernière s'oppose expressément à la consultation du ou des titulaires de l'autorité parentale afin de garder le secret sur son état de santé. Toutefois, le médecin ou la sage-femme doit dans un premier temps s'efforcer d'obtenir le consentement du mineur à cette consultation. Dans le cas où le mineur maintient son opposition, le médecin ou la sage-femme peut mettre en œuvre l'action de prévention, le dépistage, le diagnostic, le traitement ou l'intervention. Dans ce cas, le mineur se fait accompagner d'une personne majeure de son choix.

Lorsqu'une personne mineure, dont les liens de famille sont rompus, bénéficie à titre personnel du remboursement des prestations en nature de l'assurance-maladie et maternité et de la couverture complémentaire mise en place par la loi n° 99-641 du 27 juillet 1999 portant création d'une couverture maladie universelle, son seul consentement est requis.

CSP, art. L. 1111-7 (*mod. par L. n° 2016-41, 26 janv. 2016, art. 7, 96 et 189*)

Toute personne a accès à l'ensemble des informations concernant sa santé détenues, à quelque titre que ce soit, par des professionnels et établissements de santé, qui sont formalisées ou ont fait l'objet d'échanges écrits entre professionnels de santé, notamment des résultats d'examen, comptes rendus de consultation, d'intervention, d'exploration ou d'hospitalisation, des protocoles et prescriptions thérapeutiques mis en œuvre, feuilles de surveillance, correspondances entre professionnels de santé, à l'exception des informations mentionnant qu'elles ont été recueillies auprès de tiers n'intervenant pas dans la prise en charge thérapeutique ou concernant un tel tiers.

Elle peut accéder à ces informations directement ou par l'intermédiaire d'un médecin qu'elle désigne et en obtenir communication, dans des conditions définies par voie réglementaire au plus tard dans les huit jours suivant sa demande et au plus tôt après qu'un délai de réflexion de quarante-huit heures aura été observé. Ce délai est porté à deux mois lorsque les informations médicales datent de plus de cinq ans ou lorsque la commission départementale des soins psychiatriques est saisie en application du quatrième alinéa. Lorsque la personne majeure fait l'objet d'une mesure de protection juridique, la personne en charge de l'exercice de la mesure, lorsqu'elle est habilitée à représenter ou à assister l'intéressé dans les conditions prévues à l'article 459 du Code civil, a accès à ces informations dans les mêmes conditions.

La présence d'une tierce personne lors de la consultation de certaines informations peut être recommandée par le médecin les ayant établies ou en étant dépositaire, pour des motifs tenant aux risques que leur connaissance sans accompagnement ferait courir à la personne concernée. Le refus de cette dernière ne fait pas obstacle à la communication de ces informations.

À titre exceptionnel, la consultation des informations recueillies, dans le cadre d'une hospitalisation sur demande d'un tiers ou d'une admission en soins psychiatriques décidée en application des chapitres II à IV du titre Ier du livre II de la troisième partie du présent code ou ordonnée en application de l'article 706-135 du Code de procédure pénale, peut être subordonnée à la présence d'un médecin désigné par le demandeur en cas de risques d'une gravité particulière. En cas de refus du demandeur, la commission départementale des soins psychiatriques est saisie. Son avis s'impose au détenteur des informations comme au demandeur.

Sous réserve de l'opposition prévue aux articles L. 1111-5 et L. 1111-5-1, dans le cas d'une personne mineure, le droit d'accès est exercé par le ou les titulaires de l'autorité parentale. À la demande du mineur, cet accès a lieu par l'intermédiaire d'un médecin.

En cas de décès du malade, l'accès des ayants droit à son dossier médical s'effectue dans les conditions prévues par le dernier alinéa de l'article L. 1110-4.

La consultation sur place des informations est gratuite. Lorsque le demandeur souhaite la délivrance de copies, quel qu'en soit le support, les frais laissés à sa charge ne peuvent excéder le coût de la reproduction et, le cas échéant, de l'envoi des documents.

• **en matière de prélèvements**
[CSP, art. L.1211-2 al. 2, L. 1232-2, L. 1135-2, L. 1241-3, L. 1245-2 et L. 2141-11]

CSP, art. L. 1211-2, al. 2

[...] L'utilisation d'éléments et de produits du corps humain à une fin médicale ou scientifique autre que celle pour laquelle ils ont été prélevés ou collectés est possible, sauf opposition exprimée par la personne sur laquelle a été opéré ce prélèvement ou cette collecte, dûment informée au préalable de cette autre fin. Lorsque cette personne est un mineur ou un majeur sous tutelle, l'opposition est exercée par les titulaires de l'autorité parentale ou le tuteur. Il peut être dérogé à l'obligation d'information lorsque celle-ci se heurte à l'impossibilité de retrouver la personne concernée, ou lorsqu'un des comités consultatifs de protection des personnes mentionnés à l'article L. 1123-1, consulté par le responsable de la recherche, n'estime pas cette information nécessaire. Toutefois, ces dérogations ne sont pas admises lorsque les éléments initialement prélevés consistent en des tissus ou cellules germinaux. Dans ce dernier cas, toute utilisation pour une fin autre que celle du prélèvement initial est interdite en cas de décès de l'intéressé.

CSP, art. L. 1232-2

Si la personne décédée était un mineur ou un majeur sous tutelle, le prélèvement à l'une ou plusieurs des fins mentionnées à l'article L. 1232-1 ne peut avoir lieu qu'à la condition que chacun des titulaires de l'autorité parentale ou le tuteur y consente par écrit.

Toutefois, en cas d'impossibilité de consulter l'un des titulaires de l'autorité parentale, le prélèvement peut avoir lieu à condition que l'autre titulaire y consente par écrit.

CSP, art. L. 1235-2

Les organes prélevés à l'occasion d'une intervention chirurgicale, pratiquée dans l'intérêt de la personne opérée, peuvent être utilisés à des fins thérapeutiques ou scientifiques, sauf opposition exprimée par elle après qu'elle a été informée de l'objet de cette utilisation.

Lorsque cette personne est un mineur ou un majeur sous tutelle, l'utilisation ultérieure des organes ainsi prélevés est en outre subordonnée à l'absence d'opposition des titulaires de l'autorité parentale ou du tuteur, dûment informés de l'objet de cette utilisation. Le refus du mineur ou du majeur sous tutelle fait obstacle à cette utilisation.

Les organes ainsi prélevés sont soumis aux dispositions du titre Ier, à l'exception du premier alinéa de l'article L. 1211-2, et à celles des chapitres III et IV du présent titre.

CSP, art. L. 1241-3 (*mod. par L. n° 2011-814, 7 juill. 2011, art. 17*)

Par dérogation aux dispositions de l'article L. 1241-2, en l'absence d'autre solution thérapeutique, un prélèvement de cellules hématopoïétiques recueillies par prélèvement dans la moelle osseuse ou dans le sang périphérique peut être fait sur un mineur au bénéfice de son frère ou de sa sœur.

Lorsqu'un tel prélèvement n'est pas possible et en l'absence d'autre solution thérapeutique appropriée, le prélèvement de cellules hématopoïétiques issues de la moelle osseuse peut, à titre exceptionnel, être fait sur un mineur au bénéfice de son cousin germain ou de sa cousine germaine, de son oncle ou de sa tante, de son neveu ou de sa nièce.

Dans tous les cas, ce prélèvement ne peut être pratiqué que sous réserve du consentement de chacun des titulaires de l'autorité parentale ou du représentant légal du mineur informés des risques encourus par le mineur et des conséquences éventuelles du prélèvement par le praticien qui a posé l'indication de greffe ou par tout autre praticien de leur choix. Le consentement est exprimé devant le président du tribunal de grande instance ou le magistrat désigné par lui, qui s'assure au préalable que le consentement est libre et éclairé. En cas d'urgence vitale, le consentement est recueilli, par tout moyen, par le procureur de la République. Le consentement est révocable sans forme et à tout moment.

L'autorisation d'effectuer le prélèvement est accordée par le comité d'experts mentionné à l'article L. 1231-3 qui s'assure au préalable, notamment au regard des règles de bonnes pratiques mentionnées à l'article L. 1245-6, les conditions de réalisation du prélèvement ne comportent aucun risque pour le mineur compte tenu de son âge ou de son développement, que tous les moyens ont été mis en œuvre pour trouver un donneur majeur suffisamment compatible pour le receveur et que le mineur a été informé du prélèvement envisagé en vue d'exprimer sa volonté, s'il y est apte. En ce cas, le refus du mineur fait obstacle au prélèvement.

CSP, art. L. 1245-2 (*mod. par L. n° 2011-814, 7 juill. 2011, art. 18*)

Les tissus, les cellules et les produits du corps humain, prélevés à l'occasion d'une intervention chirurgicale pratiquée dans l'intérêt de la personne opérée, à l'exception des cellules du sang de cordon et du sang placentaire ainsi que des cellules du cordon et du placenta, peuvent être utilisés à des fins thérapeutiques ou scientifiques, sauf opposition exprimée par elle après qu'elle a été informée des finalités de cette utilisation.

Lorsque cette personne est un mineur ou un majeur sous tutelle, l'utilisation ultérieure des éléments ou des produits ainsi prélevés est subordonnée à l'absence d'opposition qui peut être exprimée par tous moyens par les titulaires de l'autorité parentale ou du tuteur, dûment informés des finalités de cette utilisation. Le refus du mineur ou du majeur sous tutelle fait obstacle à cette utilisation.

Les tissus, les cellules, les produits du corps humain et le placenta ainsi prélevés sont soumis aux dispositions du titre Ier, à l'exception du premier alinéa de l'article L. 1211-2, et à celles du chapitre III du présent titre.

CSP, art. L. 2141-11 (*mod. par L. n° 2011-814, 7 juill. 2011, art. 32*)

Toute personne dont la prise en charge médicale est susceptible d'altérer la fertilité, ou dont la fertilité risque d'être prématurément altérée, peut bénéficier du recueil et de la conservation de ses gamètes ou de ses tissus germinaux, en vue de la réalisation ultérieure, à son bénéfice, d'une assistance médicale à la procréation, ou en vue de la préservation et de la restauration de sa fertilité. Ce recueil et cette conservation sont subordonnés au consentement de l'intéressé et, le cas échéant, de celui de l'un des titulaires de l'autorité parentale, ou du tuteur, lorsque l'intéressé, mineur ou majeur, fait l'objet d'une mesure de tutelle.

Les procédés biologiques utilisés pour la conservation des gamètes et des tissus germinaux sont inclus dans la liste prévue à l'article L. 2141-1, selon les conditions déterminées par cet article.

• **en matière d'admission ou de sortie d'un établissement psychiatrique**

[CSP, art. L. 3211-10 et L. 3211-12]

CSP, art. L. 3211-10 (*mod. par L. n° 2011-803, 5 juill. 2011, art. 1er*)

Hormis les cas prévus au chapitre III du présent titre, la décision d'admission en soins psychiatriques d'un mineur ou la levée de cette mesure, sont demandées, selon les situations, par les personnes titulaires de l'exercice de l'autorité parentale, par le conseil de famille ou, en l'absence du conseil de famille, par le tuteur avec l'autorisation du juge des tutelles qui se prononce sans délai. En cas de désaccord entre les titulaires de l'exercice de l'autorité parentale, le juge aux affaires familiales statue.

CSP, art. L. 3211-12 (*mod. par L. n° 2013-869, 27 sept. 2013, art. 4), extraits*

I. – Le juge des libertés et de la détention dans le ressort duquel se situe l'établissement d'accueil peut être saisi, à tout moment, aux fins d'ordonner, à bref délai, la mainlevée immédiate d'une mesure de soins psychiatriques prononcée en application des chapitres II à IV du présent titre ou de l'article 706-135 du Code de procédure pénale, quelle qu'en soit la forme.

La saisine peut être formée par :

1° La personne faisant l'objet de soins

2° Les titulaires de l'autorité parentale ou le tuteur de la personne si elle est mineure

3° La personne chargée de sa protection si, majeure, elle a été placée en tutelle ou en curatelle

4° Son conjoint, son concubin, la personne avec laquelle elle est liée par un pacte civil de solidarité

5° La personne qui a formulé la demande de soins

6° Un parent ou une personne susceptible d'agir dans l'intérêt de la personne faisant l'objet de soins

7° Le procureur de la République

Le juge des libertés et de la détention peut également se saisir d'office, à tout moment. À cette fin, toute personne intéressée peut porter à sa connaissance les informations qu'elle estime utiles sur la situation d'une personne faisant l'objet d'une telle mesure.

II. – Le juge des libertés et de la détention ne peut statuer qu'après avoir recueilli l'avis du collège mentionné à l'article L. 3211-9 du présent code lorsque la personne fait l'objet d'une mesure de soins ordonnée en application des articles L. 3213-7 du même code ou de l'article 706-135 du Code de procédure pénale à la suite d'un classement sans suite, d'une décision d'irresponsabilité pénale ou d'un jugement ou arrêt de déclaration d'irresponsabilité pénale prononcés sur le fondement du premier alinéa de l'article 122-1 du Code pénal et concernant des faits punis d'au moins cinq ans d'emprisonnement en cas d'atteinte aux personnes et d'au moins dix d'emprisonnement en cas d'atteinte aux biens.

Le juge ne peut, en outre, décider la mainlevée de la mesure qu'après avoir recueilli deux expertises établies par les psychiatres inscrits sur les listes mentionnées à l'article L. 3213-1 du présent code. [...]

III. – Le juge des libertés et de la détention ordonne, s'il y a lieu, la mainlevée de la mesure d'hospitalisation complète.

Lorsqu'il ordonne cette mainlevée, il peut, au vu des éléments du dossier et par décision motivée, décider que la mainlevée prend effet dans un délai maximal de vingt-quatre heures afin qu'un programme de soins puisse, le cas échéant, être établi en application de l'article L. 3211-2-1. Dès l'établissement de ce programme ou à l'issue du délai mentionné à la phrase précédente, la mesure d'hospitalisation complète prend fin.

> Procédure civile tutélaire

[C. pr. civ., art. 1180-6 à 1180-18]

• **compétence territoriale, saisine et pouvoirs du juge des tutelles**

C. pr. civ., art. 1180-6 à 1180-11 (*réd. Décr. n° 2016-185, 23 févr. 2016, art. 4*)

Nota 2 : Ces dispositions sont applicables aux administrations légales en cours au jour de leur entrée en vigueur.

* V. s[s] n°s 121.01, > *Compétence territoriale du juge aux affaires familiales*, et 123.01, > *Procédure civile tutélaire.*

• **convocation de l'administrateur légal par le juge des tutelles et amende civile**

C. civ., art. 387-6 (*réd. Ord. n° 2015-1288, 15 oct. 2015, art. 3 – Nota 1 (reprise)*)

L'administrateur légal est tenu de déférer aux convocations du juge des tutelles et du procureur de la République et de leur communiquer toute information qu'ils requièrent.

Le juge peut prononcer contre lui des injonctions et le condamner à l'amende civile prévue par le Code de procédure civile s'il n'a pas déféré.

• **consultation du dossier et délivrance de copies**

C. pr. civ., art. 1180-12 et 1180-13 (*réd. Décr. n° 2016-185, 23 févr. 2016, art. 4*)

Nota 2 (reprise)

* V. s[s] n° 123.01, > *Procédure civile tutélaire*

• **décisions du juge des tutelles**

C. pr. civ., art. 1180-14 et 1180-15 (*réd. Décr. n° 2016-185, 23 févr. 2016, art. 4*)

Nota 2 (reprise)

* V. s^s n° 123.01, > *Procédure civile tutélaire*

• **notification et copie des décisions du juge des tutelles**

C. pr. civ., art. 1180-16 et 1180-17 (*réd. Décr. n° 2016-185, 23 févr. 2016, art. 4*)

Nota 2 (reprise)

* V. s^s n° 123.01, > *Procédure civile tutélaire*

• **recours tutélaire : appel**

C. pr. civ., art. 1180-18 (*réd. Décr. n° 2016-185, 23 févr. 2016, art. 4*)

Nota 2 (reprise)

* V. s^s n° 123.01, > *Procédure civile tutélaire*

126.02 Jurisprudence de référence.

JURISPRUDENCE ANTÉRIEURE À LA LOI DU 16 FÉVRIER 2015 ET À L'ORDONNANCE DU 15 OCTOBRE 2015

> Pouvoirs de l'administrateur légal

• **Civ. 1re, 6 nov. 1985, n° 84-12.874,** *Bull. civ.* I, n° 291

* V. s^s n° 126.21

L'administrateur légal des biens d'un mineur a qualité pour le représenter même dans les actions relatives à des droits qui ne sont pas patrimoniaux, à moins qu'elles n'aient un caractère strictement personnel, ce qui n'est pas le cas des actions relatives au nom.

> Autorité parentale relativement aux biens de l'enfant

• **Civ. 1re, 19 déc. 1995, n° 93-17.682,** NP

* V. s^s n° 126.26

Viole l'article 384 alinéa 1er, qui fait cesser le droit de jouissance légale dès que l'enfant a seize ans accomplis la cour d'appel qui fixe le point de départ des intérêts des sommes dues par l'administrateur légal au mineur trois mois après la majorité de celui-ci.

• **Paris, 11 mai 1993**

* V. s^s n° 126.26

L'administrateur légal a l'obligation de restituer les sommes perçues dans l'intérêt de l'enfant âgé de plus de seize ans dont il ne justifie pas avoir eu l'emploi prévu par l'article 385-2° (nourriture, entretien, éducation).

• **Civ. 1re, 9 janv. 2008, n° 05-21.000,** *Bull. civ.* I, n° 7

* V. s^s n° 126.26

L'absence de doit de jouissance légale sur les gains et salaires de l'enfant mineur n'interdit pas à l'administrateur légal d'affecter tout ou partie de ses revenus à son entretien et à son éducation, seul l'excédent devant revenir au mineur.

> Actes de disposition spéciaux soumis à l'autorisation du juge des tutelles

– Renonciation à un droit au nom du mineur avec l'autorisation du juge des tutelles

• **Civ. 1re, 6 déc. 1988, n° 87-13.159,** *Bull. civ.* I, n° 342

* V. s^s n° 126.23

Dans l'administration légale, l'article 389-5 alinéa 3 du Code civil interdit à l'administrateur légal de renoncer à un droit pour le compte du mineur sans l'autorisation du juge des tutelles. Par suite, l'administrateur légal ne peut acquiescer à un jugement qui n'a accueilli que partiellement la demande en réparation des conséquences d'un accident formée par lui pour le compte de son enfant, cet acquiescement emportant renonciation au droit de faire appel et au droit de réclamer la réparation de l'entier préjudice subi par le mineur.

• **Civ. 3e, 28 sept. 2005, n° 04-14.756,** NP

* V. s^s n° 126.23

Commet une faute le banquier qui consent un prêt à une SCI comprenant des associés mineurs sans s'être assuré que ceux-ci, qui encouraient un risque élevé de se retrouver personnellement débiteurs, bénéficiaient de la protection qui leur était due.

> Assurance-vie

• **Civ. 1re, 18 mai 2011, n° 10-23.114,** *Bull. civ. I,* n° 94

* V. s^s n°s 126.22 et 126.23

La renonciation à un contrat d'assurance-vie s'analysant en un acte d'administration, un tel acte peut être exercé par un parent, en sa qualité d'administrateur légal de son fils mineur, seul sans autorisation du juge des tutelles.

> Droits extra-patrimoniaux

• **Paris 25 avr. 2000, RG n° 1998/16339**

* V. s^s n° 126.23

L'action en protection de la vie privée des enfants mineurs présente un caractère extrapatrimonial, même si elle tend à l'allocation de dommages et intérêts. Dès lors, par application combinée des articles 389-4 et 464, elle doit être exercée conjointement par les deux parents ou, en l'absence de consentement de l'un d'eux, être autorisée par le juge des tutelles.

> Honoraires de l'avocat du mineur

– Paiement des honoraires de l'avocat du mineur constitutif d'un acte d'administration

• **Civ. 1re, 3 juill. 2001, n° 98-16.854,** *Bull. civ.* I, n° 195

* V. s^s n° 126.21

Le paiement des honoraires d'avocat constitue un acte d'administration qui nécessite au moins l'autorisation de l'un des deux administrateurs légaux du mineur. Caractérise, dès lors, un manquement à la délicatesse et à la probité, l'arrêt qui constate qu'un avocat avait prélevé directement sur le compte client ouvert à la Carpa au nom d'une mineure une somme à titre d'honoraires sans autorisation de la mère, administratrice légale, et qu'une partie de la somme prélevée directement par cet avocat à titre d'honoraires n'était pas justifiée par la « convention d'honoraires et quittance provisionnelle » signée par l'administratrice légale d'une autre mineure, la circonstance que les deux mineures n'aient pas été lésées étant indifférente.

126.03 Bibliographie indicative.

> Sur l'ordonnance n° 2015-1288 du 15 octobre 2015. H. Gratadour, « De la modification de la protection des mineurs et des majeurs vulnérables par l'ordonnance portant simplification et modernisation du droit de la famille », *RLDC* mars 2016, n° 135 – I. Maria, « Loi de modernisation et de simplification du droit : mesures pour les personnes protégées », *Dr. fam.* 2015. Comm. 81 – I. Maria et G. Raoul-Cormeil, « La nouvelle administration légale : 1+1 = 1 ? », *Dr. fam.* 2016. Dossier 4 – S. Mauclair, « De la rénovation des mécanismes de protection des intérêts de l'enfant mineur par l'ordonnance du 15 octobre 2015 », *RJPF* 2015-12/7; « Réforme du droit de la famille : l'ordonnance du 15 octobre 2015 », *AJ fam.* nov. 2015 – N. Peterka, « Clarifications et reculs du droit des personnes et de la famille. À propos de la loi n° 2015-177 du 16 février 2015 », *JCP* 2015, n° 9, n° 243; « Déjudiciarisation de l'administration légale et renforcement du rôle de la famille dans la protection des majeurs. À propos de l'ordonnance n° 2015-1288 du 15 octobre 2015 », *JCP* 2015, n° 44, n° 1160.

> **Sur le décret n° 2016-185 du 23 février 2016.** L. Dargent, « Réforme du droit de la famille : le décret est publié », *Dalloz actualités*, 2 mars 2016 – N. Peterka, « Procédure devant le juge des tutelles en cas d'administration légale et d'habilitation familiale », *JCP* 2016, n° 11, n° 281.

> **Administration légale.** T. Fossier, « L'administration légale à l'épreuve de la pratique », *Actes du colloque Leradp (Lille II), L'enfant, la famille et l'argent*, LGDJ, 1991, p. 87 – M. Grimaldi, « L'administration légale à l'épreuve de l'adolescence », *Defrénois* 1991. 385 – E. Naudin, « La protection de l'associé mineur d'une société civile immobilière face aux emprunts contractés par la société », *Dr. fam.* mai 2006, p. 42, spéc. n°s 4-5 – G. Rebecq, « La gestion ordinaire des biens du mineur en période de conflit parental », *JCP N* 1998. I. 1015; « L'article 389-4 du Code civil et le conflit parental », *Gaz. Pal.* 5 déc. 1999, p. 7 s. – I. Tardy-Joubert, « L'administration légale des biens des mineurs : un droit aux oubliettes ? », *Dr. fam.* 2007. Étude 22.

> **Aspect international.** M. Revillard, « Administration des biens de mineurs, entrée en vigueur de la convention de La Haye du 19 oct. 1996 », *Defrénois* 2011, art. 39185, p. 29.

> **Actions en justice.** M. Bauer, T. Fossier et L. Pécaut-Rivolier, *La réforme des tutelles : ombres et lumières*, Dalloz, 2006, « Agir en justice pour un mineur ou un majeur : le danger suprême », spéc. n° 17.11.

> **Baux commerciaux.** T. Fossier, « Bail commercial et incapacité », *Ann. loyers* 2003, n° 10, p. 2039, n°s 1-44.

> **Cession de droits sociaux.** H. Hovasse, « La cession des droits sociaux appartenant à des mineurs sous administration pure et simple », *JCP N* 2010. 1237.

> **Mineur et vie économique.** F. Julienne, « Le mineur, acteur de la vie économique ? À propos de la loi du 15 juin 2010 », *Dr. fam.* 2010. Étude 31.

> **Mineur entrepreneur.** E. Blary-Clément, « Mineur entrepreneur : où est le problème ? À propos de l'article 2 de la loi du 15 juin 2010 », *LPA* 31 mai 2011, p. 11.

> **Qualification des actes de gestion du patrimoine.** T. Fossier, « Actes de gestion du patrimoine des personnes protégées », *JCP N* 2009, n°s 1-2, Aperçu rapide 101 – M. Leroyer, « Personnes protégées. Qualification des actes de gestion du patrimoine », *RTD civ.* 2009. 180.

> **Honoraires de l'avocat.** T. Fossier et F. Fresnel, « Les honoraires d'avocat pour la défense d'un incapable », *Gaz. Pal.* 14-16 avr. 2002, p. 3

126.04 **Exemples d'actes.**

> **Régime de protection des majeurs applicable à la protection des mineurs (administration légale)**
* Pour un exemple d'ordonnance de dessaisissement, v. s^{s} n° 5231.21.

> **Régime de protection des mineurs (administration légale)**
* Pour des exemples d'actes soumis à autorisation du juge des tutelles :

• Exemple d'ordonnance autorisant la vente de gré à gré d'un immeuble ou d'un fonds de commerce appartenant au mineur, v. s^{s} n° 5112.11

• Exemple d'ordonnance autorisant l'apport en société d'un immeuble ou d'un fonds de commerce appartenant au mineur, v. s^{s} n° 5112.12

• Exemple d'ordonnance autorisant la conclusion d'un emprunt au nom du mineur, v. s^{s} n° 5112.13

• Exemple d'ordonnance de renonciation à une succession, v. s^{s} n° 5112.14

• Exemple d'ordonnance autorisant l'acceptation pure et simple d'une succession au nom du mineur, v. s^{s} n° 5112.15

• Exemple d'ordonnance autorisant une transaction à la suite d'un accident de la circulation, v. s^{s} n° 5112.16

• Exemple d'ordonnance autorisant l'achat des biens du mineur ou la prise à bail, v. s^{s} n° 5112.17

• Exemple d'ordonnance autorisant la constitution à titre gratuit d'une sûreté au nom du mineur pour garantir la dette d'un tiers, v. s^{s} n° 5112.18

• Exemple d'ordonnance autorisant la réalisation d'un acte portant sur des valeurs mobilières ou instruments financiers au nom du mineur, v. s^{s} n° 5112.19

* Pour des exemples d'actes soumis à autorisation du juge des tutelles lorsque la situation présente un risque pour le patrimoine du mineur :

• Exemple d'ordonnance soumettant l'administrateur légal à l'obligation de faire inventaire (C. civ., art. 387-4), v. s^{s} n° 5113.11

• Exemple d'ordonnance soumettant l'administrateur légal à une obligation de remise annuelle du compte de sa gestion (C. civ., art. 387-5), v. s^{s} n° 5113.12

• Exemple d'ordonnance portant refus d'approbation du compte annuel de gestion, v. s^{s} n° 5113.13

• Exemple d'ordonnance soumettant au contrôle du juge un ensemble d'actes de disposition (ou certains actes, par ex. : la vente de parts sociales, de biens meubles de grandes valeurs, le transfert de fonds déposés sur un compte bancaire, l'acceptation d'un legs avec charge, le recours au partage amiable), v. s^{s} n° 5113.14

* Pour un exemple de désaccord parental, v. s^{s} n° 5114.11

SECTION 1
RÉGIME UNIQUE D'ADMINISTRATION LÉGALE ET ATTRIBUT DE L'AUTORITÉ PARENTALE

126.11 **Suppression de la distinction entre administration légale pure et simple et administration légale sous contrôle judiciaire.** La loi n° 64-1230 du 14 décembre 1964 avait refondu le droit des incapacités des mineurs en modifiant le dispositif de l'administration légale. À côté de **l'administration légale pure et simple** applicable aux enfants légitimes ayant leurs deux parents, l'administration légale sous contrôle judiciaire avait vocation à s'appliquer aux enfants naturels ou légitimes dont un seul parent exerçait l'autorité parentale. Cette distinction avait évolué avec le temps et l'article 389-1 du Code civil, issu de la loi n° 85-1372 du 23 décembre 1985, disposait que l'administration légale était pure et simple lorsque les deux parents, mariés ou non, exerçaient en commun l'autorité parentale. **L'administration légale sous contrôle judiciaire,** prévue à l'article 389-2, concernait quant à elle les enfants dont l'un ou l'autre des parents était décédé ou se trouvait privé de l'exercice de l'autorité parentale par une juridiction pénale ou par le tribunal de grande instance en application des articles 378 et 378-1 du Code civil. Elle trouvait aussi à s'appliquer aux enfants nés hors mariage dont la filiation n'était établie qu'à l'égard d'un seul des parents, aux enfants dont la deuxième filiation avait été établie plus d'un an après leur naissance (C. civ., art. 372) ou en justice, et aux enfants adoptés lors de l'adoption simple par le conjoint (C. civ., art. 365).

En cas de séparation des parents, le juge aux affaires familiales pouvait être saisi d'une demande d'exercice exclusif de l'autorité parentale par un seul des deux parents, dans l'intérêt de l'enfant.

De surcroît, par application de l'article 373 du Code civil qui prévoit que le père ou la mère qui est hors d'état d'exprimer sa volonté, en raison de son incapacité, de son absence ou de toute autre cause, est privé de l'exercice de l'autorité, un enfant pouvait n'être soumis qu'à l'autorité parentale d'un seul de ses parents.

Dans toutes ses situations, l'administration des biens de l'enfant était soumise au contrôle du juge des tutelles en vertu des dispositions de l'article 389-2 du Code civil. C'est ce système considéré comme complexe et inégalitaire que le législateur a supprimé dans l'article 1er de la loi du 16 février 2015[1] qui a habilité le gouvernement à légiférer par voie d'ordonnance aux fins de « *1° Simplifier les règles relatives à l'administration légale : a) en réservant l'autorisation systématique du juge des tutelles aux seuls actes qui pourraient affecter de manière grave, substantielle et définitive le patrimoine du mineur; b) en clarifiant les règles applicables au contrôle des comptes de gestion.* »

L'ordonnance n° 2015-1288 du 15 octobre 2015[2], prise dans ce cadre, supprime, en son chapitre II, la distinction entre les deux administrations légales qu'elle fond en un seul régime[3] qui s'applique à tous les biens des enfants mineurs ayant au moins un parent vivant.

1. L. n° 2015-177, 16 févr. 2015, relative à la modernisation et à la simplification du droit et des procédures dans les domaines de la justice et des affaires intérieures, *JO* 17 févr., p. 2961.
2. Ord. n° 2015-1288, 15 oct. 2015, portant simplification et modernisation du droit de la famille, *JO* 16 oct., p. 19304.
3. N. Peterka, « Déjudiciarisation de l'administration légale et renforcement du rôle de la famille dans la protection des majeurs. À propos de l'ordonnance n° 2015-1288 du 15 octobre 2015 », *JCP* 2015, n° 44, n° 1160 – P. Granet, A. Phillipot, N. Baillon-Wirtz, J. Combret, Y. Puyo, I. Maria et G. Raoul-Cormeil, « Simplification et modernisation du droit de la famille », *Dr. fam.* 2016, n° 1, p. 9 – N. Baillon-Wirtz et J. Combret, « Quand modernisation rime avec confusion : l'administration légale selon l'ordonnance du 15 octobre 2015 », *JCP N* 2015, n° 50, p. 41 – S. Mauclair, « De la rénovation des mécanismes de protection des intérêts de l'enfant mineur par l'ordonnance du 15 octobre 2015 », *RJPF* 2015-12/7 – A. Batteur et T. Douville, « Présentation critique de la réforme de l'administration légale », *D.* 2015. 2330.

126.12 Création d'un régime unique dans un souci de simplification et d'égalité. Comme l'explique le rapport au Président de la République relatif à l'ordonnance du 15 octobre 2015[4], « *la réforme répond à la volonté d'assurer une égalité de traitement quel que soit le mode d'organisation de la famille, en mettant l'accent sur une présomption de bonne gestion des biens du mineur par ses représentants légaux.* » L'intervention du juge est désormais limitée aux seuls actes qui pourraient affecter de manière grave le patrimoine du mineur. Son contrôle est recentré sur les situations considérées comme étant les plus risquées. Ce choix traduit en outre la volonté du législateur de donner la même place aux parents quelle que soit leur action, à l'égard de la personne ou des biens de leur enfant, encore qu'un lissage complet des situations soit impossible.

Surtout, en accordant une place nouvelle aux dispositions relatives à l'administration légale dans le Code civil, qui sont restructurées et insérées dans le chapitre II du titre IX du livre 1er consacré à « l'autorité parentale relativement aux biens de l'enfant », l'ordonnance n° 2015-1288 du 15 octobre 2015 affirme désormais sans ambiguïté que l'autorité parentale comporte à la fois des attributs de **protection de la personne de l'enfant** et de **protection des biens de l'enfant.** Le renvoi aux règles de la tutelle, qui figurait à l'article 389-7 du Code civil, est par ailleurs supprimé de sorte que le **régime de l'administration légale devient autonome.** Il comprend désormais trois sections au lieu des six articles précédents : section 1, « De l'administration légale »; section 2, « De la jouissance légale »; section 3, « De l'intervention du juge des tutelles ».

SECTION 2

RECHERCHE D'UN ÉQUILIBRE ENTRE LES PARENTS ET LE JUGE DANS LA GESTION DES BIENS DE L'ENFANT

126.21 Principe de confiance en l'administrateur légal, unique ou conjoint[5]. Désormais, que l'autorité parentale soit exercée en commun par les parents ou qu'elle soit exercée par l'un d'eux seulement, le ou les parents ont en principe le pouvoir d'effectuer seuls et sans autorisation judiciaire les actes relatifs au patrimoine de leur enfant mineur, qu'il s'agisse d'**actes conservatoires ou d'administration**, ou encore des **actes de disposition les moins**

4. Rapport au président de la République relatif à l'ordonnance n° 2015-1288 du 15 octobre 2015 portant simplification et modernisation du droit de la famille, *JO* 16 oct. 2015, p. 19301, texte n° 9.
5. A. Batteur et T. Douville, « Présentation critique de la réforme de l'administration légale », *D.* 2015. 2330. Les auteurs évoquent une confiance « présumée » et « relative ».

graves, dès lors qu'ils ne figurent pas dans les listes des articles 384, 387-1 et 387-2 du Code civil.

Lorsqu'ils exercent en commun l'autorité parentale, l'article 382-1 du Code civil pose une présomption de pouvoirs, en disposant que chacun des deux parents est réputé, à l'égard des tiers, avoir reçu le **pouvoir de faire seul les actes d'administration portant sur les biens de l'enfant mineur.** L'alinéa 2 de ce même texte précise que la liste des actes qui sont regardés comme des actes d'administration est définie à l'article 496 du Code civil qui renvoie lui-même au décret n° 2008-1484 du 22 décembre 2008, applicable aux mineurs et aux majeurs protégés. Il s'agit des **actes qui sont relatifs à la gestion courante du patrimoine.** Ce sont des « *actes d'exploitation ou de mise en valeur du patrimoine dénués de risque anormal* ».

Pour autant, le renvoi en cascade au décret du 22 décembre 2008 trouve ses limites. Ce dernier raisonne, en effet, sur le modèle de la gestion du patrimoine des personnes majeures en curatelle et des personnes - majeures ou mineures - en tutelle, ainsi qu'en témoignent les nombreux renvois faits par l'annexe I du décret, notamment, aux dispositions du titre XII du Code civil ainsi qu'à la sous-section relative aux « actes faits dans la curatelle », à celle relative aux « actes faits dans la tutelle » (C. civ., art. 475, al. 2; 476, al. 1er), aux dispositions consacrées à la régularité des actes faits sous ces deux régimes de protection (C. civ., art. 465) et, surtout, aux articles 426 et 427 organisant les effets patrimoniaux du régime primaire de la protection des majeurs. Or, certaines opérations qualifiées sous ce régime d'actes de disposition, en raison d'impératifs propres à cette protection, ne correspondent pas aux critères de cet acte pour les mineurs. Il en est ainsi, par exemple, de l'ouverture d'un compte bancaire au nom de l'enfant, tel qu'un PEL ou un livret A. Si l'annexe I du décret permet de qualifier d'acte d'administration l'ouverture d'un premier compte bancaire ou livret, l'ouverture d'un second compte ou livret (ouverture d'un PEL après l'ouverture préalable d'un livret A) revêt la qualification d'acte de disposition. Au vrai, la référence faite par le décret à l'article 427 conduit à écarter les mineurs, pour cet acte, de ses annexes. Les définitions posées par l'article 496 du Code civil et les articles 1er et 2 du décret imposent d'ailleurs ici la qualification d'acte d'administration. C'est dire que le renvoi de l'article 382-1 à l'article 496 n'aboutit pas nécessairement à étendre les dispositions du décret à la présomption de pouvoirs des administrateurs conjoints.

Le ou les administrateurs légaux représentent l'enfant mineur dans **tous les actes de la vie civile** sauf dans les cas où la loi ou l'usage autorise ce dernier à agir lui-même (C. civ., art. 388-1-1). Ce pouvoir de représentation est en principe très large et la Cour de cassation avait déjà retenu, dans un arrêt du 6 novembre 1985[1], que l'administrateur légal des biens d'un mineur a qualité pour le représenter même dans les actions relatives à des droits qui ne sont pas patrimoniaux, à moins qu'elles aient un caractère strictement personnel. Elle avait également retenu, par exemple, que le paiement des honoraires de l'avocat du mineur constitue un acte d'administration[2].

Cependant, l'article 388-1-2 du Code civil, issu de l'ordonnance n° 2015-1288 du 15 octobre 2015, reconnaît désormais une **possibilité d'autonomie plus grande à l'enfant mineur de seize ans révolus** puisque, sur autorisation de son ou ses administrateurs légaux, il lui sera possible de faire seul les actes d'administration nécessaires à la création et à la gestion d'une entreprise individuelle à responsabilité limitée ou d'une société personnelle. Cette autorisation prend la forme d'un **acte sous seing privé** ou d'un **acte devant notaire** qui comporte la liste des actes d'administration que le mineur peut accomplir seul.

Les **actes de disposition** quant à eux ne peuvent être effectués que par le ou les administrateurs légaux, sous les réserves prévues par les articles 387-2 (actes interdits), 387 (désaccord entre les administrateurs légaux), 387-1 (actes soumis à autorisation) et 387-3 (actes pour lesquels le juge a décidé qu'ils seraient soumis à son autorisation préalable). En dehors de ces actes, la définition des actes de disposition est à notre avis, celle de l'article 496 et du décret n° 2008-1484 précité du 22 décembre 2008, ici en son article 2, encore que l'ordonnance du 15 octobre 2015 ait abrogé le renvoi général que faisait l'article 389-7 ancien aux règles de la tutelle et, donc, du décret[3]. Il s'agit d'actes qui engagent le patrimoine de manière durable et substantielle, « *pour le présent ou l'avenir, par une modification importante de son contenu, une dépréciation significative de sa valeur en capital ou une altération durable des prérogatives de son titulaire* ».

126.22 Maintien d'une liste d'actes interdits. L'article 387-2 du Code civil maintient l'interdiction d'effectuer certains actes, même avec l'autorisation du juge des tutelles :

1° aliéner gratuitement les biens ou les droits du mineur;

2° acquérir d'un tiers un droit ou une créance contre le mineur;

3° exercer le commerce ou une profession libérale au nom du mineur;

1. Civ. 1re, 6 nov. 1985, n° 84-12.874, *Bull. civ.* I, n° 291.
2. Civ. 1re, 3 juill. 2001, n° 98-16.854, *Bull. civ.* I, n° 195.
3. I. Maria, « De la pertinence de la classification des actes de gestion du patrimoine des personnes protégées. Approche critique du décret n° 2008-1484 du 22 décembre 2008 », *Dr. fam.* 2010. Étude 31.

4° transférer dans un patrimoine fiduciaire les biens ou les droits du mineur.

Cette nouvelle liste contraste avec celle de l'article 509 en matière de tutelle des mineurs et de protection juridique des majeurs. Rappelons qu'avant l'ordonnance du 15 octobre 2015, ce texte était applicable tant sous l'administration légale pure et simple que sous l'administration légale sous contrôle judiciaire, du fait du renvoi de l'ancien article 389-7 aux règles de la tutelle. Les père et mère ne pouvaient ainsi conclure, même avec l'autorisation du juge des tutelles, les actes les plus graves ou ceux vecteurs de conflits d'intérêts, tels que la renonciation gratuite à un droit acquis du mineur ou la constitution gratuite d'une sûreté réelle ou personnelle, au nom du mineur, en garantie de la dette d'autrui.

L'ordonnance du 15 octobre 2015 maintient la catégorie des actes interdits à l'administrateur, tout en l'inscrivant à l'article 387-2 dans un texte autonome, propre à l'administrateur légal. Si on peut sans doute y voir un « *effort salutaire de simplification du droit* »[1], il n'en demeure pas moins que **la liste des actes interdits à l'administrateur souffre de plusieurs scories.** Au moins **trois critiques** peuvent lui être adressées.

1°) L'article 387-2 est d'abord empreint de **redondance**, en ce qu'il vise, en son 1°, les aliénations gratuites. Or, la donation au nom du mineur est déjà interdite par les articles 903 et 904 du Code civil, lesquels le frappent, en la matière, d'une **incapacité de jouissance.** Il est par ailleurs curieux que, quitte à faire preuve de redondance, l'ordonnance n'ait pas pris le soin de rappeler aussi **l'incapacité de jouissance du mineur de conclure une renonciation anticipée à l'action en réduction.** Celle-ci lui est, en effet, interdite, même lorsqu'il est émancipé, par l'article 930-1 alinéa 1er.

2°) L'exclusion de la constitution gratuite d'une sûreté en garantie de la dette d'autrui de la liste des actes interdits à l'administrateur légal introduit, ensuite, entre les différents régimes de protection une distorsion néfaste. La mention de cet acte dans la liste des actes graves permis à l'administrateur unique ou aux administrateurs conjoints, avec l'autorisation du juge des tutelles (C. civ., art. 387-1, 7°), vise certes à consacrer la jurisprudence antérieure à la loi du 5 mars 2007 qui admettait cet acte dès lors qu'il était conforme aux intérêts du mineur[2]. Il n'en reste pas moins que **le basculement de cet acte dans la catégorie des actes permis conduit à autoriser, sous l'administration légale, un acte prohibé sous la tutelle.** Il y a là un déficit manifeste de cohérence qu'il serait souhaitable de supprimer en modifiant, sur ce point, les dispositions de l'article 509, 1°. Les raisons invoquées à l'appui de la permission de la constitution gratuite d'une sûreté en garantie de la dette d'autrui sous l'administration légale revêtent, en effet, la même pertinence sous la tutelle des mineurs et les mesures de protection juridique des majeurs (v. s^s^ n° 131.63).

Si l'on peut peut-être s'étonner, malgré la pertinence de ces raisons, qu'il ne soit plus interdit au père et mère de solliciter l'autorisation du juge des tutelles pour consentir un cautionnement ou un nantissement réel au nom du mineur en garantie de leur propre dette, la portée de la suppression de cette interdiction ne doit pas être surestimée. Le contrôle du juge, mené en application de l'article 387-1, 7°, le conduira à réserver son autorisation aux acquisitions démembrées ou indivises entre l'administrateur et le mineur, conformément à l'intérêt de ce dernier.

3°) Au-delà du cas particulier de la constitution gratuite d'une sûreté en garantie de la dette d'autrui, **la liste des actes interdits à l'administrateur légal est, enfin, plus resserrée que celle des actes interdits au tuteur.** Or, si l'on perçoit mal les fondements d'un tel décalage, c'est surtout le périmètre exact des renonciations permises à l'administrateur (C. civ., art. 387-1, 4°) au regard de la prohibition des aliénations gratuites qui suscite des difficultés d'interprétation (C. civ., art. 387-2 et 509). Celles-ci découlent de la confrontation de l'article 509, 1°, d'une part, et des articles 387-2 et 387-1, 4°, d'autre part.

Le premier interdit en effet au tuteur, même autorisé par le juge des tutelles, d'accomplir, notamment, « *des actes qui emportent une aliénation gratuite des biens ou des droits de la personne protégée, sauf ce qui est dit à propos des donations, tels que la remise de dette, la renonciation gratuite à un droit acquis, la renonciation anticipée à l'action en réduction visée aux articles 929 à 930-5* ».

Le deuxième texte se contente, quant à lui, d'interdire à l'administrateur, fût-il autorisé par le juge, d'« *aliéner gratuitement les biens ou les droits du mineur* », sans reprendre l'énumération non exhaustive de l'article 509, 1°. Or, si l'interdiction de la renonciation anticipée à l'action en réduction et des donations consenties au nom du mineur résultent des articles 903, 904 et 930-1 alinéa 1er, celle de la remise gratuite de dette et de la renonciation gratuite à un droit acquis, qui ne seraient pas consenties *animo donandi*, n'est prévue par aucune disposition légale spécifique. Se pose, dès lors, la question de savoir si les renonciations permises à l'administrateur avec l'autorisation du juge des tutelles, par l'article 387-1, 4°, englobent certaines aliéniations gratuites faites au nom du mineur. L'administrateur peut-il par exemple renoncer sans contrepartie, pour le compte du mineur, à l'exercice d'un droit de préemption dans une indivision ? La Cour de cassation avait admis, sous l'empire de l'application de l'article 509, 1° à l'administration légale, que la renon-

1. I. Maria et G. Raoul-Cormeil, « La nouvelle administration légale : 1+1 = 1 ? », *Dr. fam.* 2016. Dossier 4.
2. Civ. 1re, 2 déc. 1997, n° 95-20.198, *Bull. civ.* I, n° 243.

ciation à un contrat d'assurance-vie s'analyse en un acte d'administration et qu'un tel acte peut être exercé par un parent, en sa qualité d'administrateur légal de son fils mineur, sans l'autorisation du juge des tutelles[1]. C'est dire qu'avant l'ordonnance du 15 octobre 2015, toutes les renonciations ne relevaient pas de l'article 389-5 alinéa 3 ancien. Il pourrait donc en être de même aujourd'hui, certaines renonciations ne nécessitant pas l'autorisation du juge, d'autres étant interdites même avec l'autorisation de ce dernier. Les premières visent les renonciations s'analysant comme des actes d'administration, les secondes les renonciations gratuites, constitutives de donations indirectes.

Il convient encore de mentionner, au titre de la spécificité des interdictions faites à l'administrateur légal celles résultant du **droit de jouissance légale.** Ce dernier se réduit à un quasi-usufruit lorsqu'il porte sur des sommes d'argent. L'article 386-4 du Code civil exclut de ce droit l'indemnisation du préjudice corporel ou moral versée au mineur. Dans un souci de protection de ce dernier, les parents doivent conserver ce capital.

126.23 Suppression de l'obligation systématique de reddition des comptes et restriction de l'intervention du juge à certains actes. L'obligation pour l'administrateur légal de rendre compte annuellement de sa gestion est supprimée et le directeur des services de greffe judiciaires du tribunal de grande instance n'est donc plus tenu d'effectuer des vérifications à compter du 1er janvier 2016[2], sauf si le juge fait application du nouvel article 387-5 du Code civil. Pour les dossiers en cours avant cette date, le directeur des services de greffe judiciaires devra veiller à ce que les comptes qui devaient être clôturés antérieurement aient bien été remis. Si tel n'est pas le cas, il sera utile d'en faire rappel à l'administrateur légal, l'absence desdits comptes ou leur tenue déficiente pouvant révéler une difficulté justifiant de faire application des dispositions des articles 387-3, 387-4 et 387-5 sur un contrôle renforcé pour l'avenir.

Il convient par ailleurs de rappeler qu'en principe, les administrateurs légaux n'ont pas l'obligation de rendre des comptes de gestion avant les seize ans de leur enfant mineur puisque, jusqu'à cet âge, ils bénéficient de la jouissance légale sur ses biens. Cependant, il leur appartient de tenir rigoureusement des comptes puisqu'**ils devront justifier de leur gestion tant au mineur de plus de seize ans qu'au mineur émancipé** (C. civ., art. 413-5) qu'au juge lui-même lorsque celui-ci fera application des dispositions des articles 387-3 et 387-5 du Code civil.

Le contrôle systématique du juge des tutelles n'est quant à lui maintenu que dans deux cas :

- pour certains **actes limitativement énumérés** à l'article 387-1 du Code civil, qui reprend la nomenclature de l'ancien article 389-5 en y ajoutant d'autres actes,

- ou pour **autoriser un acte d'administration ou de disposition en cas de désaccord des parents** exerçant en commun l'administration légale (C. civ., art. 387).

En conséquence, pour effectuer valablement ces actes, le ou les administrateurs légaux devront solliciter au préalable l'autorisation du juge des tutelles. La distinction des actes patrimoniaux et extra-patrimoniaux est parfois délicate à établir. La jurisprudence antérieure aux nouveaux textes avait eu l'occasion de statuer notamment sur les droits extra-patrimoniaux de l'enfant mineur, la cour d'appel de Paris[3] ayant retenu que l'action en protection de la vie privée des enfants mineurs présentait un caractère extra-patrimonial, même si elle tendait à l'allocation de dommages-intérêts, et devait être exercée conjointement par les deux parents ou, en l'absence de consentement de l'un d'eux, être autorisée par le juge des tutelles.

L'article 387-1 du Code civil dresse une liste exhaustive de ces actes, répartis en huit catégories :

1° La vente de gré à gré d'un immeuble ou d'un fonds de commerce appartenant au mineur;

2° l'apport en société d'un immeuble ou d'un fonds de commerce appartenant au mineur;

3° la conclusion d'un emprunt au nom du mineur;

4° la renonciation à un droit, la transaction ou le compromis au nom du mineur;

5° l'acceptation pure et simple d'une succession revenant au mineur;

6° l'achat des biens du mineur, leur prise à bail;

7° la constitution à titre gratuit d'une sûreté au nom du mineur pour garantir la dette d'un tiers;

8° la réalisation d'un acte portant sur des valeurs mobilières ou instruments financiers au sens de l'article L. 211-1 du Code monétaire et financier, si celui-ci engage le patrimoine du mineur pour le présent ou l'avenir par une modification importante de son contenu, une dépréciation significative de sa valeur en capital ou une altération durable des prérogatives du mineur.

Parmi ces actes, certains peuvent être relevés comme marquant une clarification certaine de la part du législateur. Ainsi :

- **toutes les transactions et tous les compromis** sont désormais visés par l'obligation d'obtenir une autorisation préalable du juge, ce qui devrait mettre

1. Civ. 1re, 18 mai 2011, n° 10-23.114, *Bull. civ.* I, n° 94; *D.* 2011. Actu. 1484.
2. Ord. n° 2015-1288, 15 oct. 2015, art. 17.
3. Paris, 25 avr. 2000, RG n° 1998/16339, *D.* 2000. IR 187; *RTD civ.* 2000. 802, obs. Hauser.

fin aux interprétations divergentes sur la nature de ces actes;

– **l'achat des biens du mineur ou leur prise à bail** ne pourront être valables que s'ils ont été autorisés par le juge, ces actes figurant dans les actes en principe interdits sauf autorisation exceptionnelle du juge dans la tutelle (C. civ., art. 508). Pour la conclusion de ces actes, une présomption de conflit d'intérêts est instituée par le texte entre le mineur et le ou les administrateurs légaux de sorte que le juge devra désigner un administrateur *ad hoc* pour représenter le mineur à l'acte;

– la **constitution à titre gratuit d'une sûreté au nom du mineur pour garantir la dette d'un tiers.** Cet acte, jusqu'alors interdit par l'article 509 du Code civil, est désormais **autorisé expressément dans l'administration légale, avec l'autorisation préalable du juge.** Ce revirement est une réponse à un besoin résultant du fait que, dans de nombreux cas, lorsqu'un bien appartient en indivision à un mineur et à ses parents (par exemple le domicile familial), il est difficile de procéder à une nouvelle acquisition sans que la banque demande une garantie sur le bien indivis;

– la **réalisation d'un acte portant sur des valeurs mobilières ou instruments financiers** au sens de l'article L. 211-1 du Code monétaire et financier constituant un acte de disposition au sens du décret n° 2008-1484 du 22 décembre 2008. La formulation retenue par l'ordonnance n° 2015-1288 du 15 octobre 2015 suscitera des interprétations. Si elle peut être lue comme ouvrant la possibilité à l'administrateur légal d'effectuer seul en principe un tel acte dès lors qu'il n'a pas de conséquences graves sur le patrimoine ou sur les droits de l'enfant mineur, la frontière est évidemment difficile à apprécier. D'autant que l'ordonnance reprend la définition des actes de disposition figurant à l'article 2 du décret du 22 décembre 2008 sans renvoyer expressément à ce dernier ni préciser si, pour les mineurs, il conviendra de se reporter à l'annexe 1, II, 2° (conclusion d'un contrat de gestion de valeurs mobilières et d'instruments financiers; vente ou apport en société d'instruments financiers non admis à la négociation sur un marché réglementé, vente d'instruments financiers) correspondant aux actes qui ne peuvent jamais être déclassés, et à l'annexe 2, I, 2° (cession du portefeuille en pleine propriété ou en nue-propriété; acquisition et cession d'instruments financiers non inclus dans un portefeuille; nantissement et mainlevée du nantissement d'instruments financiers) correspondant à une liste d'actes qui peuvent être requalifiés en fonction des circonstances d'espèce.

La difficulté majeure tiendra au fait qu'il reviendra en premier lieu à l'administrateur légal d'apprécier l'importance et les conséquences de l'acte qu'il envisage puisque c'est lui qui sollicitera, le cas échéant, l'autorisation préalable du juge.

Les banques et les notaires, quand ils auront connaissance de tels projets ou de tels actes, devront être vigilants. L'article 387-3 alinéa 2 du Code civil leur impose, en effet, un **devoir d'alerte** en prévoyant, sur le modèle de l'article 499 alinéa 2 en matière de tutelle, que le juge des tutelles « *est saisi par* [...] *tout tiers ayant connaissance d'actes ou omissions qui compromettent manifestement et substantiellement les intérêts patrimoniaux du mineur ou d'une situation de nature à porter un préjudice grave à ceux-ci* ». Il est utile de rappeler ici que la Cour de cassation, dans un arrêt antérieur à la réforme du 15 octobre 2015 en date du 28 septembre 2005 [1], avait retenu la faute d'un banquier qui avait consenti un prêt à une SCI comprenant des associés mineurs sans s'être assuré que ceux-ci, qui encouraient un risque élevé de se retrouver personnellement débiteurs, bénéficiaient de la protection qui leur était due. Il est, à cet égard, pour le moins regrettable, que l'ordonnance du 15 octobre 2015 n'ait pas ajouté à la liste des actes impérativement soumis au contrôle du juge des tutelles les opérations permettant l'entrée d'un mineur dans une société transparente, alors qu'en découle l'obligation indéfinie de ce dernier aux dettes de la société.

– **l'acceptation d'une succession revenant au mineur.** Une autorisation du juge des tutelles est désormais exigée pour cet acte dans tous les cas, alors qu'auparavant cette autorisation n'était demandée que dans les administrations légales sous contrôle judiciaire. À l'occasion de ce contrôle, il appartiendra au juge d'apprécier si la situation patrimoniale de l'enfant mineur justifie un contrôle particulier et renforcé dans le cadre des dispositions des articles 387-3 et 387-5 du Code civil et, le cas échéant, la désignation d'un administrateur *ad hoc.*

La **renonciation à un droit au nom du mineur** figure dans la liste des actes visés à l'article 387-1 du Code civil. Elle est soumise à l'obligation d'obtenir une autorisation préalable du juge. Une jurisprudence ancienne mais constante l'avait rappelé dans de nombreux cas. Ainsi, dans un arrêt du 6 décembre 1988 [2], la Cour de cassation avait décidé que l'administrateur légal ne pouvait acquiescer à un jugement qui n'avait accueilli que partiellement la demande en réparation des conséquences d'un accident formée par lui pour le compte de son enfant mineur, cet acquiescement emportant renonciation au droit de faire appel et au droit de réclamer la réparation de l'entier préjudice subi par le mineur. En revanche, la Haute Cour avait jugé, dans un arrêt du 18 mai 2011 [3], que la renonciation à un contrat d'assurance-vie s'analysant en un acte d'administration, un tel acte pouvait être exercé par un parent, en sa qua-

1. Civ. 1re, 28 sept. 2005, n° 04-14.756, NP.
2. Civ. 1re, 6 déc. 1988, n° 87-13.159, *Bull. civ.* I, n° 342.
3. Civ. 1re, 18 mai 2011, n° 10-23.114, P (préc. ss n° 126.22).

lité d'administrateur légal de son fils mineur, seul sans autorisation du juge des tutelles (Sur les difficultés d'interprétation de l'article 387-1, 4° du Code civil, au regard des articles 387-2 et 509, 1°, du même code, v. s[s] n° 126.22).

126.24 Contrôle renforcé des situations à risques. L'article 387-3 du Code civil envisage deux hypothèses : d'abord celle dans laquelle le juge décide, à l'occasion du contrôle des actes mentionnés à l'article 387-1, s'il l'estime indispensable à la **sauvegarde des intérêts de l'enfant mineur,** qu'un acte ou une série d'actes de disposition seront soumis à son autorisation préalable (al. 1er); ensuite, celle dans laquelle un parent, un tiers ou le ministère public le saisit aux mêmes fins lorsqu'ils ont connaissance d'actes, d'omissions, ou d'une situation de nature à causer un préjudice aux intérêts patrimoniaux de l'enfant mineur (al. 2).

À l'occasion de son intervention pour autoriser un ou plusieurs actes graves de l'article 387-1 du Code civil, le juge peut constater que l'administrateur légal est peu diligent ou adopte un comportement de nature à compromettre les intérêts de l'enfant mineur. Il peut alors, dans un premier temps, prononcer des **injonctions** s'il refuse de lui communiquer les informations nécessaires (C. civ., art. 387-6), voire une **amende civile.** Surtout, il dispose de la palette que lui procurent les articles 387-3, 387-4 et 387-5 du Code civil qui organisent une **gradation des mesures de contrôle** :

- **le contrôle des actes de disposition** : le juge peut ainsi soumettre des actes qu'il détermine à son autorisation, préalable. Il le fera en fonction de la situation de l'enfant mineur et de la composition du patrimoine, par exemple en soumettant à son contrôle les transferts de fonds déposés sur un ou des comptes bancaires, la vente d'œuvres d'art, de parts sociales. Se pose la question de savoir s'il pourra soumettre à son contrôle les actes d'administration bénéficiant d'une qualification modulable, en vertu du décret n° 2008-1484 du 22 décembre 2008, tel que l'octroi d'un délai raisonnable en vue du recouvrement d'une créance et le paiement de dettes, qualifiés d'actes d'administration sous réserve des circonstances d'espèce;
- **la demande d'inventaire des biens de l'enfant mineur** et, le cas échéant, de ses actualisations, ce qui peut permettre, en l'associant à une obligation de compte rendu annuel de gestion, de vérifier les éventuels mouvements du patrimoine;
- **le contrôle des comptes de gestion par le directeur des services de greffe judiciaires du tribunal de grande instance.** Si celui-ci constate une difficulté, ou une anomalie, il en saisira le juge, étant rappelé que le **directeur des services de greffe judiciaires** du TGI dispose de la possibilité de demander aux établissements bancaires des relevés de comptes, sans que puisse lui être opposé le secret professionnel ou bancaire (C. civ., art. 510, al. 2). Le juge peut lui-même saisir le fichier FICOBA ou les caisses d'allocations familiales en cas de défaillance de l'administrateur légal dans la communication des éléments d'information nécessaires au contrôle du respect des intérêts de l'enfant mineur. Il peut, si nécessaire, communiquer le dossier au ministère public.

Le juge dispose aussi, si les circonstances l'exigent et caractérisent une cause grave au sens de l'article 391 du Code civil, du pouvoir de transformer à tout moment et même d'office l'administration légale en tutelle. En principe, la tutelle portera alors sur les biens de l'enfant et non sur sa personne.

En dehors des hypothèses dans lesquelles le juge peut décider d'accroître le périmètre de son contrôle, dans les conditions de l'article 387-3 du Code civil, le juge ne peut pas se saisir d'office. Cependant, l'alinéa 2 de l'article 387-3 du Code civil, qui créé un **dispositif d'alerte,** lui permet d'intervenir aussi dans les situations les plus graves sur la requête des parents, de l'un d'eux, du ministère public ou plus largement de tout tiers « *ayant connaissance d'actes ou omissions qui compromettent manifestement et substantiellement les intérêts patrimoniaux du mineur ou d'une situation de nature à porter un préjudice grave à ceux-ci* ». Cette formulation très ouverte est de nature à réintroduire, si nécessaire, un contrôle étroit du juge dans l'intérêt de l'enfant mineur, à condition qu'il ne soit pas saisi trop tardivement.

Ces dispositions sont destinées à individualiser le fonctionnement de l'administration légale. Elles visent en particulier les situations dans lesquelles le patrimoine de l'enfant mineur est important ou complexe, par exemple parce que constitué de biens immobiliers ou de parts sociales. Elles concernent aussi les cas dans lesquels les parents sont en conflit aigu.

EN PRATIQUE. Depuis le 1er janvier 2016, les anciennes administrations légales pures et simples et sous contrôle judiciaire ont été supprimées au profit du régime unique d'administration légale. Les dossiers en cours au 1er janvier 2016 ont dû être clôturés, sauf dans deux cas :

- si des pièces complémentaires devaient encore être déposées (par exemple des comptes de gestion), auquel cas il serait utile de ne clôturer qu'après réception et contrôle;
- si la situation présentait un risque pour les intérêts patrimoniaux de l'enfant mineur et pouvait relever de l'application de l'article 387-3 du Code civil.

Les dossiers ouverts après le 1er janvier 2016 ne le sont en principe que pour autoriser un acte particulier et doivent donc être clôturés une fois la décision rendue et les délais de recours expirés, sauf application de l'article 387-3.

126.25 Sanction des actes irréguliers. Lorsque des actes ont été passés par le ou les administrateurs légaux sans l'autorisation du juge ou de l'autre parent, leur sanction réside dans l'**inopposabilité de l'acte au mineur** sous réserve de la croyance légitime du tiers contractant dans les pouvoirs du représentant (C. civ., art. 1156, réd. Ord. n° 2016-131, 10 févr. 2016[1], entrée en vigueur le 1er octobre 2016). L'action se prescrit par cinq ans à compter de la majorité de l'enfant ou de l'émancipation de ce dernier. C'est dire que le **droit commun de la représentation**, issu de la réforme du droit des obligations, trouvera à s'appliquer, en l'absence de texte édictant une sanction particulière, aux irrégularités commises par l'administrateur légal à compter du 1er octobre 2016.

S'agissant des dépassements de pouvoirs commis avant cette date, la sanction réside, en l'absence de texte organisant la sanction des excès de pouvoirs de l'administrateur légal, dans la mise en œuvre de sa responsabilité civile dans les conditions de l'article 386 du Code civil. Une faute simple suffit donc à l'engager. Lorsque l'administration légale est exercée en commun par les deux parents, ces derniers sont responsables solidairement. L'action se prescrit par cinq ans à compter de la majorité ou de l'émancipation de l'enfant.

Lorsque des actes ont été passés par le mineur seul, sans l'intervention de l'administrateur légal, les articles 1146 et 1147 du Code civil[2] disposent qu'ils sont entachés d'une nullité relative. Toutefois, l'article 1149 du Code civil[3] prévoit que, lorsque le mineur a pu contracter régulièrement, par exemple pour les actes strictement personnels ou pour les actes de la vie courante, la sanction est la rescision en cas de simple lésion. Celle-ci suit le régime de la nullité relative : elle se prescrit par cinq ans à compter de la majorité ou de l'émancipation du mineur; l'action est ouverte au mineur devenu majeur ou émancipé ou à son représentant légal et le mineur devenu majeur ou émancipé peut toujours ratifier ou confirmer les actes passés irrégulièrement.

126.26 Droit de jouissance légale des parents, attaché à l'administration légale. Les articles 386-1 à 386-4 du Code civil, issus de l'ordonnance n° 2015-1288 du 15 octobre 2015, reprennent les anciens articles 383 à 387 anciens en y apportant deux aménagements :

– la sanction frappant auparavant l'époux survivant qui avait omis de faire inventaire est supprimée puisque, désormais, les administrateurs légaux n'ont plus l'obligation systématique de faire inventaire;

– la liste des biens exclus du champ de la jouissance légale de l'article 386-4 nouveau est complétée par les sommes versées au mineur en réparation d'un préjudice extrapatrimonial. Il s'agit des sommes que le mineur peut recevoir en réparation de préjudices non économiques et personnels tels que le préjudice moral, le déficit fonctionnel, les souffrances endurées, les préjudices esthétique, d'agrément, sexuel. En revanche, les fonds perçus en réparation d'un préjudice patrimonial demeurent dans le champ de la jouissance légale. Ainsi, les revenus procurés par ces sommes peuvent être affectés aux dépenses de santé, aux frais d'adaptation du logement ou du véhicule, jusqu'aux seize ans de l'enfant.

La jouissance légale est attachée à l'administration légale. Elle appartient soit aux parents en commun, soit à celui d'entre eux qui a la charge de l'administration légale. Conformément aux dispositions de l'article 386-3 du Code civil, les **charges de cette jouissance** sont :

– celles auxquelles sont tenus les usufruitiers;

– la nourriture, l'entretien et l'éducation de l'enfant, selon sa fortune;

– les dettes grevant la succession reçue par l'enfant en tant qu'elles auraient dû être acquittées sur les revenus.

La jouissance légale s'étend en principe sur tous les biens de l'enfant mineur à l'exception des biens suivants visés à l'article 386-4 du Code civil :

– les biens que l'enfant peut acquérir par son travail;

– les biens donnés ou légués à l'enfant sous la condition expresse que les parents n'en jouiront pas;

– les biens que l'enfant reçoit au titre de l'indemnisation d'un préjudice extrapatrimonial dont il a été victime.

La jouissance légale cesse dès lors que l'enfant mineur a seize ans accomplis, ou plus tôt lorsqu'il contracte mariage. Les jurisprudences anciennes qui en ont tiré les conséquences demeurent applicables.

Ainsi en est-il de la décision de la Cour de cassation du 19 décembre 1995[4] qui a censuré une cour d'appel pour avoir fixé le point de départ des intérêts des sommes dues par l'administrateur légal au mineur trois mois après la majorité de celui-ci alors que le droit de jouissance légale cesse dès que l'enfant mineur a seize ans accomplis. Ainsi en est-il également de l'arrêt rendu le 11 mai 1993 par la cour d'appel de Paris[5] qui a retenu l'obligation de l'administrateur légal de restituer les sommes perçues dans l'intérêt de l'enfant mineur âgé de plus de seize ans dont il ne justifie pas avoir eu l'emploi prévu par l'article 385-2 ancien du Code civil (devenu l'article 386-3, 2° depuis Ord. n° 2015-1288, 15 oct. 2015),

1. Ord. n° 2016-131, 10 févr. 2016, portant réforme du droit des contrats, du régime général et de la preuve des obligations, *JO* 11 févr., texte n° 26.
2. Réd. Ord. n° 2016-131, 10 févr. 2016, entrée en vigueur le 1er octobre 2016.
3. Réd. Ord. n° 2016-131, 10 févr. 2016, entrée en vigueur le 1er octobre 2016.
4. Civ. 1re, 19 déc. 1995, n° 93-17.682, NP.
5. Paris, 11 mai 1993, *JCP* 1993. IV. 2140; *RTD civ.* 1993. 813, obs. Hauser.

c'est-à-dire les frais liés à la nourriture, l'entretien et l'éducation.

La Cour de cassation a précisé, à propos des gains et salaires de l'enfant mineur, que l'absence de jouissance légale sur ces gains et salaires n'interdit pas à l'administrateur légal d'affecter tout ou partie de ces revenus à son entretien et à son éducation, seul l'excédent devant revenir au mineur[1].

Le droit de jouissance légale cesse aussi par les causes qui mettent fin à l'autorité parentale ou par celles qui mettent fin à l'administration légale et par les causes qui mettent fin à tout usufruit (C. civ., art. 386-2).

126.27 Administration aux biens donnés ou légués. Les fonctions d'administrateur légal ne sont pas exercées par le ou les parents lorsque les biens ont été donnés ou légués à l'enfant mineur sous la condition qu'ils soient administrés par un tiers. L'article 384 du Code civil, issu de l'ordonnance nº 2015-1288 du 15 octobre 2015, reprend pour partie les dispositions de l'article 389-3 ancien. Ce texte nouveau précise que les biens, donnés ou légués sous la condition qu'ils soient **administrés par un tiers,** sont gérés par ce dernier dans le cadre des pouvoirs qui lui ont été conférés par la donation ou le testament. À défaut, ses pouvoirs sont ceux d'un administrateur légal. Si ce tiers administrateur refuse la fonction, le juge des tutelles désigne un **administrateur *ad hoc*** pour le remplacer.

La désignation d'un tiers administrateur est de plus en plus fréquente en pratique. Elle intervient le plus souvent dans un contexte de relations conflictuelles entre les parents et permet au parent qui ne souhaite pas que l'autre parent administre un ou plusieurs biens de l'enfant, si lui-même vient à décéder, de désigner la personne de son choix et d'écarter ainsi l'application du régime de l'administration légale. L'un des parents peut vouloir prendre de telles dispositions par exemple pour désigner un tiers ayant des compétences spécifiques pour gérer un patrimoine complexe ou important. La conséquence de telles clauses est de priver le parent écarté de l'administration légale sur le ou les biens concernés et, par suite, de son droit de jouissance légale (C. civ., art. 386-4).

La Cour de cassation a rappelé à plusieurs reprises que le disposant peut soustraire de l'administration légale des père et mère les biens qu'il donne ou qu'il lègue à un enfant mineur sans exception pour la réserve héréditaire[2]. Par un arrêt du 11 février 2015[3], la Haute Juridiction a précisé que la **clause d'exclusion de l'administration légale** insérée dans un testament peut, dans certaines circonstances, être analysée comme un legs consenti à l'enfant mineur puisque, en excluant la jouissance légale du parent, elle augmente la part successorale de l'enfant mineur.

Le donateur ou le testateur dispose d'une très grande liberté et peut conférer au tiers administrateur des pouvoirs plus larges que ceux d'un administrateur légal. Ainsi, par exemple, il peut lui donner le pouvoir de vendre un immeuble, d'apporter le fonds de commerce donné ou légué en société, alors que ces actes auraient été soumis à autorisation préalable du juge des tutelles dans le régime légal.

La **clause d'administration aux biens donnés ou légués** permet pareillement d'affranchir le tiers administrateur des interdictions de l'article 387-2. L'ordonnance y paraît nettement favorable. L'article 384 alinéa 2 prévoit, en effet, que « *le tiers administrateur a les pouvoirs qui lui sont conférés par la donation ou le testament ou, à défaut, ceux d'un administrateur légal* ». C'est donc seulement à défaut d'une clause de la libéralité définissant les pouvoirs du tiers administrateur que ces derniers sont assujettis aux articles 387 et suivants du Code civil.

Le tiers administrateur peut se voir imposer, à l'inverse, des obligations supplémentaires par le disposant. À défaut de précision de la part de ce dernier, le tiers administrateur aura les mêmes pouvoirs qu'un administrateur légal et exercera les droits du mineur sur les biens désignés pendant toute la minorité de l'enfant.

Cette **priorité donnée à la volonté du parent disposant** se retrouve dans la jurisprudence qui, selon une interprétation constante, affirme que le juge ne peut pas remettre en cause les clauses d'exclusion de biens donnés ou légués de l'administration légale, même au nom de l'intérêt de l'enfant[4].

En principe, et sous réserve de l'appréciation qu'en feront les juridictions, un contrôle nous paraît pouvoir être effectué sur l'administration aux biens légués sur le fondement de l'article 387-3 du Code civil. En effet, en l'absence de dispositions contraires, le juge des tutelles informé d'une situation dans laquelle un administrateur aux biens donnés ou légués a été désigné peut faire application de ce texte qui prévoit un **contrôle renforcé des actes de dispositions envisagés par l'administrateur.**

L'administrateur aux biens donnés ou légués peut refuser sa mission ou ne pas être en mesure de l'exercer. Contrairement à l'article 389-3 ancien qui ne le prévoyait pas, l'article 384 dispose que dans ces cas, un administrateur *ad hoc* sera désigné par le juge. Les

1. Civ. 1re, 9 janv. 2008, nº 05-21.000, *Bull. civ.* I, nº 199.
2. Civ. 1re, 6 mars 2013, nº 11-26.728, *Bull. civ.* I, nº 36; *D.* 2013. Pan. 2073, obs. Bonfils et Gouttenoire; *AJ fam.* 239, obs. Massip; *RTD civ.* 2013. 346, obs. Hauser; *ibid.* 421, obs. Grimaldi; *Defrénois* 2013. 356, obs. Randoux.
3. Civ. 1re, 11 févr. 2015, nº 13-27.586, *Bull. civ.* I, nº 37; *D.* 2015. 488; *AJ fam.* 2015. 237, obs. Vernières; *Dr. fam.* 2015, nº 75, obs. Nicod; *ibid.* nº 80, obs. Maria.
4. Civ. 1re, 26 juin 2013, nº 11-25.946, *Bull. civ.* I, nº 137; *D.* 2013. Pan. 2073, obs. Bonfils et Gouttenoire; *AJ fam.* 2013. 512, obs. Mornet; *Dr. fam.* 2013, nº 124, obs. Maria; *Defrénois* 2013. 972, note Massip.

hypothèses dans lesquelles l'administrateur aux biens légués n'est pas en mesure d'exercer sa mission sont celles des articles 395 et 396 du Code civil : s'il est mineur, majeur protégé ou faisant l'objet d'un retrait de l'autorité parentale, interdit de charges tutélaires suite à une condamnation pénale, fraude, négligence, inaptitude, inconduite, conflits d'intérêts. Dans ces derniers, une marge d'appréciation certaine existe pour le juge qui doit motiver sa décision afin d'expliquer en quoi, par exemple, l'administrateur aux biens donnés ou légués a fait preuve de négligence habituelle ou d'inaptitude ou encore en quoi le conflit ou la contradiction d'intérêts l'empêche d'exercer sa mission dans l'intérêt de l'enfant, intérêt qui doit seul être recherché.

126.28 Désignation d'un administrateur *ad hoc* en cas d'opposition d'intérêts entre l'enfant mineur et l'administrateur légal[1]. Les articles 383 et 388-2 du Code civil, issus de l'ordonnance n° 2015-1288 du 15 octobre 2015, disposent de manière générale que, lorsque les intérêts de l'administrateur légal unique ou, selon le cas, des deux administrateurs légaux sont en opposition avec ceux de l'enfant mineur, ces derniers doivent demander au juge des tutelles la nomination d'un administrateur *ad hoc*.

Normalement, le juge est donc saisi par le ou les administrateurs légaux qui se trouvent en opposition avec les intérêts du mineur. En cas de carence de ceux-ci, le juge peut procéder à la nomination d'un administrateur *ad hoc* d'office, à la demande du ministère public ou encore du mineur lui-même (C. civ., art. 383, al. 1er). Lorsque le juge est saisi, il l'est par simple **requête au greffe du tribunal de grande instance de la résidence habituelle de l'enfant mineur,** conformément aux dispositions des articles 1180-6 et 1180-7 du Code de procédure civile dans leur rédaction issue du décret n° 2016-185 du 23 février 2016.

Le juge doit alors apprécier si les faits justifient ou non la désignation d'un administrateur *ad hoc*. Selon la Cour de cassation, **les juges du fond déduisent souverainement des éléments de fait l'existence d'une opposition d'intérêts**[2]. En tout état de cause, le juge doit constater une opposition d'intérêts entre le mineur et l'administrateur légal **sérieuse et vraisemblable.**

Lorsqu'il décide de désigner un administrateur *ad hoc*, le juge peut le nommer au sein de la famille ou en dehors de la famille, dans l'intérêt de l'enfant. Il procédera de la sorte notamment en présence d'une relation fusionnelle, voire pathologique, entre une mère et ses filles et d'une situation familiale complexe dans le cadre d'un divorce en cours[3].

À titre d'exemple, l'opposition d'intérêts résulte, dans l'administration légale, d'une dévolution successorale dans laquelle l'administrateur légal du mineur a la qualité d'héritier au même titre que le mineur[4].

Lorsque le juge ne peut pas désigner un membre de la famille ou un proche, l'article 1210-1 du Code de procédure civile prévoit la faculté pour le juge de désigner un administrateur *ad hoc* figurant sur la liste prévue à l'article R. 53 du Code de procédure pénale. Dans ce cas, contrairement aux fonctions confiées à un membre de la famille ou un proche qui ont en principe un caractère gratuit, l'article 1210 du Code de procédure civile prévoit qu'en plus du remboursement des frais de déplacement, l'administrateur *ad hoc* bénéficie d'une indemnité fixée par arrêté[5] à 200 euros (C. pr. pén., art. A. 43-10).

EN PRATIQUE. Dans ce cas, le juge va désigner, à la place de l'administrateur légal se trouvant manifestement confronté à un conflit d'intérêts, un tiers (par ex. un clerc de notaire de l'étude chargée de régler la succession du *de cujus* ou un administrateur *ad hoc* inscrit sur la liste de l'article R. 53 du Code de procédure pénale) afin d'accepter purement et simplement la succession ou d'y renoncer.

La jurisprudence a retenu l'existence d'un conflit d'intérêts entre le mineur et son administratrice légale sous contrôle judiciaire dès lors que la mère était inapte à exercer dans le seul intérêt de l'enfant sa fonction d'administratrice, dans la mesure où il existait une disparité significative de fortune entre le mineur, héritier pour le tout de la fortune importante de son père, et celle-ci, à laquelle son époux n'avait rien voulu laisser[6].

Il appartient au juge de fixer les limites de la mission confiée à l'administrateur *ad hoc* qu'il a désigné. Néanmoins, ce mandat judiciaire constitue une habilitation spéciale et limitée à accomplir le ou les actes fixés dans la décision de nomination au regard de l'opposition d'intérêts constatée. Cette procédure ne saurait avoir pour finalité de constituer une tutelle déguisée ni de contourner les pouvoirs attribués aux titulaires légaux de l'autorité parentale, lesquels doivent conserver, pour tous les actes non inclus dans le

1. M. Bauer, T. Fossier et L. Pécaut-Rivolier, *La réforme des tutelles : Ombres et lumières*, Dalloz, 2006, spéc. chap. 12, « Des professionnels au secours du mineur : les administrateurs *ad hoc* », n° 12.11.
2. Civ. 1re, 5 janv. 1999, n° 96-19.759, NP; *RTD civ.* 1999. 814, obs. Hauser; *Dr. fam.* 1999, n° 58, note Fossier – Civ. 1re, 25 mars 2009, n° 08-11.552, NP; *Defrénois* 2009. 1161, obs. Massip.
3. Civ. 1re, 25 oct. 2005, n° 03-14.404, *Bull. civ.* I, n° 390; *D.* 2006. 2430, obs. Douchy-Oudot; *RTD civ.* 2006. 103, obs. Hauser; *Defrénois* 2006. 350, obs. Massip.
4. Civ. 1re, 25 mars 2009, n° 08-11.552, NP (préc. ss prést n°).
5. Arr. 2 sept. 2008, relatif aux frais de justice criminelle en matière de médecine légale, de traduction, d'interprétation et d'administrateur *ad hoc*, *JO* 11 sept., p. 14105.
6. TGI Paris, 31 mai 1996, *Juris-Data* n° 044496; *RTD civ.* 1996. 582, obs. Hauser.

champ du mandat judiciaire, la faculté de représenter le mineur dans les actes de la vie civile.

Cependant, la désignation d'un administrateur *ad hoc* ne saurait remettre en cause un acte civil déjà accompli pour le compte du mineur. Ainsi, la mère, administratrice légale, ayant accepté sous bénéfice d'inventaire (« *à concurrence de l'actif net* » depuis la loi n° 2006-728 du 23 juin 2006) la succession du père de l'enfant, le juge des tutelles ne peut plus valablement désigner un administrateur *ad hoc* afin de renoncer à la succession, sous peine de violer l'ancien article 783 du Code civil (principe de l'irrévocabilité de l'acceptation successorale) [1]. Se pose, en revanche, en pareille hypothèse la question de la sanction de l'acte effectué par l'administrateur en situation de conflit d'intérêts. Sur ce point, les dispositions de l'article 1157 du Code civil, dans leur rédaction issue de l'ordonnance n° 2016-131 du 10 février 2016, portant réforme du droit des obligations, sanctionnant par la nullité de l'acte les détournements de pouvoirs commis au détriment du représenté, doivent pouvoir trouver à s'appliquer.

La décision du juge est susceptible d'un recours non suspensif devant la cour d'appel dans un délai de quinze jours (C. pr. civ., art. 1210-2). Il n'est pas suspensif et est instruit et jugé comme en matière gracieuse.

Dans les procédures en cours pour lesquelles un enfant mineur est concerné, il est également possible de désigner un administrateur *ad hoc* lorsqu'une opposition d'intérêts apparaît entre le mineur et ses représentants légaux. Cette désignation peut être réalisée soit par le juge des tutelles dans les conditions de l'article 383 du Code civil, soit par le juge saisi de l'instance dans les conditions de l'article 388-2 qui mentionne le « juge », terme qui doit être compris au sens large, car il s'agit de toute juridiction civile ou pénale, à juge unique ou collégiale. Toutefois, si le juge des tutelles a été saisi préalablement à l'instance d'une telle demande mais a refusé de procéder à la désignation d'un administrateur *ad hoc*, il ne nous paraît pas possible que le juge saisi de l'instance puisse procéder à cette désignation, sous peine de créer une contradiction de décisions entre les deux juges. Seul l'appel de la décision du juge des tutelles est ouvert, devant la cour d'appel (C. pr. civ., art. 1210-2) pour contester ce refus ou encore un changement de circonstances de l'affaire pourrait justifier que le juge saisi de l'instance désigne un administrateur *ad hoc* alors que le juge des tutelles saisi le premier avait refusé [2].

Enfin, il a été jugé que, si l'article 706-50 du Code de procédure pénale permet au procureur de la République ou au juge d'instruction saisi de faits commis volontairement à l'encontre d'un mineur de désigner un administrateur *ad hoc* lorsque la protection des intérêts du mineur n'est pas complètement assurée par ses représentants légaux [3], ces dispositions ne sont pas exclusives, en l'absence de décision du procureur de la République ou du juge d'instruction, de celles de l'article 388-2 du Code civil, de portée générale, qui autorisent le juge des tutelles à procéder à cette désignation dès lors que l'opposition d'intérêts entre l'enfant et ses représentants légaux a été constatée [4].

Le mandat de l'administrateur *ad hoc* est un mandat spécial lié au besoin d'une procédure judiciaire particulière où il est chargé de représenter le mineur en qualité de défendeur ou d'intervenant, mais aussi de demandeur à la procédure [5]. L'administrateur *ad hoc* étant chargé de représenter le mineur dans une action, il lui appartient de constituer avocat au nom du mineur dans les procédures avec représentation obligatoire se déroulant devant le tribunal de grande instance. Le juge des tutelles, ou le juge saisi de l'instance, peut désigner toute personne physique ou morale de son choix qui lui semble apte à représenter le mineur.

EN PRATIQUE. Le juge peut désigner un membre de la famille même s'il semble souvent préférable de désigner un tiers, comme une personne figurant sur la liste de l'article R. 53 du Code de procédure pénale. Dès que l'administrateur légal a été remplacé par l'administrateur *ad hoc*, il n'est plus habilité à agir dans l'instance au nom du mineur. Cependant, tous les actes qu'il a accomplis antérieurement à cette désignation demeurent valables.

L'administrateur *ad hoc* a le pouvoir, dans la limite du mandat judiciaire qui lui est confié, d'accomplir seul les actions en justice relatives aux droits patrimoniaux du mineur, et peut, par exemple, introduire en action en révocation d'une donation pour cause d'ingratitude [6]. De même, dans la limite de son mandat, il peut se désister d'une instance ou se défendre seul dans une action introduite contre le mineur. En revanche, il ne peut engager seul une action relative aux droits extrapatrimoniaux du mineur ou acquiescer au nom du mineur sans l'autorisation expresse du juge des tutelles ou du juge saisi de l'instance.

1. Civ. 1re, 16 avr. 1991, n° 89-10.248, *Bull. civ.* I, n° 143; *Defrénois* 1991. 952, obs. Massip.
2. EN CE SENS : F. Ghelfi-Tastevin, « L'administrateur *ad hoc* du mineur, une promotion inachevée », *LPA* 13 mars 1998, p. 4.
3. M.-P. Porchy, « L'administrateur *ad hoc* en matière pénale », *D.* 2004. 2732 – H. Gaba, « La défense des intérêts de l'enfant victime de maltraitance commise par ses représentants légaux », *Dr. fam.* 2002, n° 4, p. 9.
4. Civ. 1re, 25 oct. 2005, n° 03-14.404, *Bull. civ.* I, n° 390; *D.* 2006. 2430, obs. Douchy-Oudot; *RTD civ.* 2006. 103, obs. Hauser.
5. CONTRA : J. Bigot « L'accès au droit du mineur », *LPA* 3 mai 1995, p. 73.
6. Civ. 1re, 8 mars 1988, n° 86-16.153, *Bull. civ.* I, n° 63.

126.29 Désignation obligatoire d'un administrateur *ad hoc* pour représenter l'enfant mineur dans le cadre d'une action en contestation de la filiation de l'article 332 du Code civil. La désignation par le juge des tutelles d'un administrateur *ad hoc* aux côtés du mineur s'impose, conformément à la jurisprudence ancienne et traditionnelle de la Cour de cassation[1]. Cette désignation était d'ailleurs expressément prévue par l'ancien article 317 du Code civil, sous l'empire de la loi du 8 janvier 1993.

La désignation peut alors être ordonnée soit par le juge des tutelles soit par le juge saisi de l'instance, à l'initiative de l'administrateur légal, du ministère public, du mineur ou du juge lui-même, par référence à l'article 383 du Code civil.

126.30 Compte rendu de l'administration et responsabilités. En dehors des hypothèses visées aux articles 387-3 à 387-5 du Code civil, aucun compte n'est demandé aux administrateurs légaux, ou à l'administrateur légal, par le juge des tutelles et le directeur des services de greffe judiciaires du tribunal de grande instance chargé de la vérification et de l'approbation des comptes.

L'article 413-5 du Code civil, issu de l'ordonnance n° 2015-1288 du 15 octobre 2015, dispose que le compte de l'administration est rendu à l'enfant mineur émancipé dans les conditions des articles 387-5 et 514. Le premier de ces textes, qui ne trouve à s'appliquer que dans l'hypothèse où le juge a estimé, en application des articles 387-1 et 387-3, devoir demander à l'administrateur légal de soumettre ses comptes au directeur des services de greffe judiciaires du tribunal de grande instance, prévoit en son alinéa 6 qu'une « *copie des comptes de gestion est remise au mineur de seize ans révolus* ». En dehors de ce cadre, la remise de compte de gestion à l'enfant pendant le temps de sa minorité n'est pas prévue et est donc à la discrétion de son ou ses parents administrateurs légaux. En revanche, le compte de la gestion devra être remis lorsqu'il deviendra majeur, ainsi que toutes pièces utiles.

L'article 385 du Code civil nouveau prévoit que le ou les administrateurs légaux sont tenus d'apporter à la gestion des biens de leur enfant mineur des « *soins prudents, diligents et avisés, dans le seul intérêt du mineur* », cette formule étant la reprise de celle utilisée par l'article 496 alinéa 2 applicable aux mineurs et aux majeurs protégés. Leur responsabilité, solidaire si l'administration légale est exercée en commun, peut être engagée pour faute quelconque commise dans la gestion des biens de leur enfant mineur en cas de dommage, ainsi que le prévoit l'article 386 du Code civil. Cette disposition reprend le régime de responsabilité existant même si la faute exigée implique seulement l'existence d'un fait anormal, sans qu'aucun degré de gravité ne soit exigé. La responsabilité du ou des administrateurs légaux pourra engagée par exemple en cas de violation d'une obligation légale ou de faute de gestion.

L'action en responsabilité, qui apparaîtra le plus souvent à la fin de l'administration légale, se prescrit dans le délai de cinq ans à compter de la majorité ou de l'émancipation du mineur, l'article 386 reprenant les dispositions de l'article 413 applicables à la tutelle des mineurs. En cas de dol ou de fraude, le délai n'a vocation à courir, par application du droit commun de la responsabilité, qu'à compter du jour de la découverte du dol ou de la fraude.

La responsabilité de l'État du fait des dommages causés par le juge des tutelles ou le directeur des services judiciaires du greffe du tribunal de grande instance peut elle-même être engagée, l'article 386 alinéa 3 du Code civil le prévoyant expressément en matière d'administration légale. Il renvoie aux dispositions de l'article 412 aux termes duquel la responsabilité de l'État peut être engagée pour une faute quelconque commise par le juge, le directeur des services de greffe judiciaires du tribunal de grande instance ou le greffier dans l'exercice de leurs fonctions. L'alinéa 2 de ce dernier article *in fine* prévoit la possibilité pour l'État d'engager une action récursoire contre le magistrat ou le fonctionnaire mis en cause. Ainsi, par exemple, la responsabilité de l'État pourrait être engagée si le juge a autorisé un acte interdit par la loi ou encore a autorisé l'acceptation pure et simple d'une succession sans s'assurer qu'elle était bénéficiaire.

SECTION 3
RÉGIME DES ACTES RELATIFS À LA PERSONNE DE L'ENFANT

126.41 Régime des actes relatifs à la personne du mineur dans le cadre d'une administration légale. En principe, les actes relatifs à la personne du mineur sont autorisés d'un commun accord par ses deux parents en qualité d'administrateurs légaux ou par son seul parent quand un seul exerce l'autorité parentale. À défaut d'accord entre les parents, l'acte peut être autorisé par le juge après recueil du consentement du mineur apte à exprimer sa volonté, s'il l'estime conforme à son intérêt.

126.42 Demandes relatives à la nationalité de l'enfant mineur. L'article 17-3 du Code civil figurant dans les conditions générales relatives aux demandes portant sur la nationalité française a été modifié dans sa rédaction par l'ordonnance n° 2015-1288 du 15 octobre 2015. Dans sa rédaction initiale, l'enfant

1. Civ. 1re, 18 mars 1981, n° 79-16.284, *Bull. civ.* I, n° 95 – Civ. 1re, 6 nov. 2013, n° 12-19.269, *Bull. civ.* I, n° 215; *RJPF* 2014-1, obs. Mauclair; *RLDC* 2014, n° 111, p. 49, obs. Ducrocq-Pauwels; *D.* 2014. 689, obs. Douchy-Oudot.

mineur de plus de seize ans pouvait présenter seul et sans autorisation une demande en vue d'acquérir, de perdre ou d'être réintégré dans la nationalité française, ou encore en vue de faire une déclaration de nationalité. En revanche, l'enfant **mineur de moins de seize ans** et celui dont les altérations des facultés mentales ou corporelles empêchaient l'expression de la volonté devaient être représentés par son ou ses administrateurs légaux. Le juge des tutelles intervenait pour constater l'empêchement du mineur, sur le vu d'un certificat médical établi par un médecin choisi sur une liste établie par le procureur de la République.

À compter du 1er janvier 2016, par application des nouvelles dispositions figurant à l'article 17-2 du Code civil modifié, ce contrôle du juge est supprimé et le juge des tutelles n'a plus à intervenir pour constater l'empêchement du mineur dans l'expression de sa volonté. L'empêchement doit toujours être constaté par un médecin inscrit sur la liste établie par le procureur de la République mais il revient désormais à l'autorité administrative de le vérifier sans recours au juge.

126.43 Régime des actes relatifs à la personne de l'enfant mineur dans l'administration légale en matière de recherche biomédicale. Les mineurs ne peuvent être sollicités pour se prêter à des recherches biomédicales que si des recherches d'une efficacité comparable ne peuvent pas être effectuées sur des personnes majeures et dans les conditions suivantes :

- soit l'importance du bénéfice escompté pour ces personnes est de nature à justifier le risque prévisible encouru;
- soit ces recherches se justifient au regard du bénéfice escompté pour d'autres mineurs. Dans ce cas, les risques prévisibles et les contraintes que comporte la recherche doivent présenter un caractère minimal (CSP, art. L. 1121-7[1]).

Les mineurs non émancipés reçoivent, lorsque leur participation à une recherche biomédicale est envisagée, une information adaptée à leur capacité de compréhension, tant de la part de l'investigateur que des personnes, organes ou autorités chargés de les représenter ou d'autoriser la recherche, eux-mêmes informés par l'investigateur. Ils sont consultés dans la mesure où leur état le permet. Leur adhésion personnelle en vue de leur participation à la recherche biomédicale est recherchée. En toute hypothèse, il ne peut être passé outre à leur refus ou à la révocation de leur acceptation (CSP, art. L. 1122-2[2]).

Lorsqu'une recherche biomédicale est effectuée sur un mineur non émancipé, l'autorisation est donnée par les titulaires de l'exercice de l'autorité parentale (administrateurs légaux). Toutefois, cette autorisation peut être donnée par le seul titulaire de l'exercice de l'autorité parentale présent, sous réserve du respect des conditions suivantes :

- la recherche ne comporte que des risques et des contraintes négligeables et n'a aucune influence sur la prise en charge médicale du mineur qui s'y prête;
- la recherche est réalisée à l'occasion d'actes de soins;
- l'autre titulaire de l'exercice de l'autorité parentale ne peut donner son autorisation dans des délais compatibles avec les exigences méthodologiques propres à la réalisation de la recherche au regard de ses finalités.

126.44 Information de l'enfant mineur dans l'administration légale en matière de santé. En application des articles L. 1111-2 et L. 1111-7 du Code de la santé publique[3], toute personne, même mineure, a le droit d'être informée sur son état de santé et a un droit d'accès à l'ensemble des informations concernant sa santé détenues par des professionnels et établissements de santé. Cette information doit lui être dispensée au cours d'un entretien individuel, au besoin en présence d'une tierce personne, sauf en cas d'urgence ou d'impossibilité d'y procéder. Comme n'importe quel patient, le mineur sous administration légale pure et simple a le droit d'être informé sur son état de santé.

L'accès à l'information est exercé par le ou les titulaires de l'autorité parentale, le mineur pouvant demander que cet accès ait lieu par l'intermédiaire d'un médecin (CSP, art. L. 1111-7). Le mineur peut toutefois s'opposer à cet accès à l'information dans les conditions des articles L. 1111-5 et L. 1111-5-1. Ainsi, le médecin ou la sage-femme peut-il se dispenser d'obtenir le consentement du ou des titulaires de l'autorité parentale lorsque le traitement ou l'intervention s'impose pour sauvegarder la santé d'un mineur dans le cas où ce dernier s'oppose expressément à la consultation du ou des titulaires de l'autorité parentale afin de garder le secret sur son état de santé. Il en va de même pour l'action de prévention, le dépistage ou le diagnostic à entreprendre qui se heurtent à l'opposition expresse du mineur de voir consulter le ou les titulaires de l'autorité parentale. Cependant, le Code de la santé publique dispose clairement que le médecin ou la sage-femme doit s'efforcer, dans un premier temps, d'obtenir le consentement du mineur à la consultation du ou des titulaires de l'autorité parentale et que, s'il maintient son opposition, il est accompagné de la personne majeure de son choix.

Dans le cas où les liens de famille du mineur sont rompus et bénéficie à titre personnel des prestations

1. CSP, art. L. 1121-7 (*issu de L. n° 2004-806, 9 août 2004*).
2. CSP, art. L. 1122-2 (*issu de L. n° 2004-806, 9 août 2004*).
3. CSP, art. L. 1111-2 et L. 1111-7 (*issus de L. n° 2002-303, 4 mars 2002, L. n° 2004-810, 13 août 2004, L. n° 2005-370, 22 avr. 2005 et L. n° 2016-41 du 26 janvier 2016*).

de l'assurance maladie et maternité et de la couverture maladie universelle, son seul consentement est requis.

L'article L. 1111-5-1 du Code de la santé publique contient quant à lui des dispositions spécifiques mais identiques lorsque les actions de prévention, de dépistage ou de traitement s'imposent pour sauvegarder la santé sexuelle et reproductive d'un mineur, dans le cas où ce dernier s'oppose à la consultation du ou des titulaires de l'autorité parentale pour garder le secret sur son état de santé (v. *supra*).

Sauf opposition expresse du mineur à la consultation du ou des titulaires de l'autorité parentale (CSP, art. L. 1111-5), ses droits sont exercés par ses parents, titulaires de l'autorité parentale, qui vont recevoir les informations le concernant. Cependant, le mineur a le droit de recevoir lui-même une information médicale[1] et de participer à la prise de décision médicale qui le concerne, d'une manière adaptée à son degré de maturité (CSP, art. L. 1111-2, al. 6). L'alinéa 7 de l'article L. 1111-2 prévoit que des recommandations de bonnes pratiques sur la délivrance de l'information sont établies par la Haute Autorité de santé et homologuées par arrêté su ministre chargé de la santé.

En principe, les parents, titulaires de l'autorité parentale, prennent avec le professionnel de santé et après avoir été informés, les décisions relatives à la santé du mineur. Toutefois, le consentement du mineur à l'acte médical doit systématiquement être recherché s'il est apte à exprimer sa volonté et à participer à la décision (CSP, art. L. 1111-4, al. 6)[2]. Dans le cas où le refus des titulaires de l'autorité parentale de faire pratiquer un traitement risquerait d'entraîner des conséquences graves sur la santé du mineur, le médecin délivre les soins indispensables (CSP, art. L. 1111-4, al. 6).

Cependant, l'article L. 1111-5[3] du Code de la santé dispose que, « *par dérogation à l'article 371-1 du Code civil, le médecin ou la sage-femme peut se dispenser d'obtenir le consentement du ou des titulaires de l'autorité parentale sur les décisions médicales à prendre lorsque l'action de prévention, le dépistage, le diagnostic, le traitement ou l'intervention s'impose pour sauvegarder la santé d'une personne mineure, dans le cas où cette dernière s'oppose expressément à la consultation du ou des titulaires de l'autorité parentale afin de garder le secret sur son état de santé. Toutefois, le médecin ou la sage-femme doit dans un premier temps s'efforcer d'obtenir le consentement du mineur à cette consultation. Dans le cas où le mineur maintient son opposition, le médecin ou la sage-femme peut mettre en œuvre l'action de prévention, le dépistage, le diagnostic, le traitement ou l'intervention. Dans ce cas, le mineur se fait accompagner d'une personne majeure de son choix.*

Lorsqu'une personne mineure, dont les liens de famille sont rompus, bénéficie à titre personnel du remboursement des prestations en nature de l'assurance maladie et maternité et de la couverture complémentaire mise en place par la loi n° 99-641 du 24 juillet 1999 portant création d'une couverture maladie universelle, son seul consentement est requis ».

126.45 Prélèvements liés au corps de l'enfant mineur dans l'administration légale. L'utilisation d'éléments et de produits du corps humain à une fin médicale ou scientifique autre que celle pour laquelle ils ont été prélevés ou collectés est possible, sauf opposition exprimée par la personne sur laquelle a été opéré ce prélèvement ou cette collecte, dûment informée au préalable de cette autre fin. Lorsque cette personne est un mineur, l'opposition est exercée par les titulaires de l'autorité parentale (c'est-à-dire ses deux parents en qualité d'administrateurs légaux ou un seul en cette qualité) (CSP, art. L. 1211-2, al. 2[4]).

Si la personne décédée était un mineur, le prélèvement d'organes à des fins thérapeutiques ou scientifiques ne peut avoir lieu qu'à la condition que chacun des titulaires de l'autorité parentale y ait consenti par écrit[5]. Toutefois, en cas d'impossibilité de consulter l'un des titulaires de l'autorité parentale, le prélèvement peut avoir lieu à condition que l'autre titulaire y consente par écrit simple (CSP, art. L. 1232-2[6]).

Les organes prélevés à l'occasion d'une intervention chirurgicale pratiquée dans l'intérêt de la personne opérée peuvent être utilisés à des fins thérapeutiques ou scientifiques sauf opposition exprimée par elle après qu'elle a été informée de l'objet de cette utilisation. Lorsque cette personne est un mineur, l'utilisation ultérieure des organes ainsi prélevés est en outre subordonnée à l'absence d'opposition des titulaires de l'autorité parentale (c'est-à-dire de son ou ses parents en qualité d'administrateurs légaux), dûment informés de l'objet de cette utilisation. Le

1. F. Vialla, M. Faure, E. Martinez, R. Bourret, Rodolphe et J.-Ph. Vauthier, « Le secret sur son état de santé demandé par le mineur à l'égard de ses parents : de la reconnaissance d'un droit à sa mise en œuvre concrète », *Médecine et droit* 2015, n° 133, p. 79.
2. F. Vialla, « Relation de soin et minorité », *LPA* 2015, n° 57, p. 4.
3. Mod. par L. n° 2016-41, 26 janv. 2016.
4. CSP, art. L. 1211-2, al. 2 (*issu de L. n° 2004-800, 6 août 2004*).
5. CAA Lyon, 3 nov. 2009, M. et Mme A. c/Hospices civils de Lyon, req. n° 06LY02462 : « *Si les dispositions précitées subordonnent le prélèvement d'organe sur une personne mineure au consentement exprès des titulaires de l'autorité parentale, elles ne dispensent pas pour autant les praticiens de s'assurer, en outre, que la personne concernée, même mineure, n'a pas fait connaître, de son vivant, son refus d'un tel prélèvement, notamment en vérifiant qu'elle ne s'est pas inscrite sur le registre national automatisé si elle est âgée de treize ans au moins, ou en recueillant le témoignage de sa famille* ».
6. CSP, art. L. 1232-2 (*réd. L. n° 2004-800, 6 août 2004*).

refus du mineur fait obstacle à cette utilisation (CSP, art. L. 1235-2[1]).

À titre dérogatoire, en l'absence d'autre solution thérapeutique, un prélèvement de cellules hématopoïétiques recueillies par prélèvement dans la moelle osseuse ou dans le sang périphérique peut être fait sur un mineur au bénéfice de son frère ou de sa sœur, voire à titre exceptionnel au bénéfice de son cousin germain ou de sa cousine germaine, de son oncle ou de sa tante, de son neveu ou de sa nièce. Dans tous les cas, ce prélèvement ne peut être pratiqué que sous réserve du consentement de chacun des titulaires de l'autorité parentale (c'est-à-dire des deux parents en qualité d'administrateurs légaux), informés des risques encourus par l'enfant mineur. Le consentement est exprimé devant le président du tribunal de grande instance ou le magistrat désigné par lui, qui s'assure au préalable que le consentement est libre et éclairé. L'autorisation d'effectuer le prélèvement est accordée par le comité d'experts mentionné à l'article L. 1231-3 du Code de la santé publique. Cependant, le refus du mineur fait obstacle au prélèvement (CSP, art. L. 1241-3[2]).

Les tissus, les cellules et les produits du corps humain, prélevés à l'occasion d'une intervention chirurgicale pratiquée dans l'intérêt de la personne opérée, à l'exception des cellules du sang de cordon et du sang placentaire ainsi que des cellules du cordon et du placenta, peuvent être utilisés à des fins thérapeutiques ou scientifiques, sauf opposition exprimée par elle après qu'elle a été informée des finalités de cette utilisation. Lorsque cette personne est un mineur, l'utilisation ultérieure des éléments ou des produits ainsi prélevés est subordonnée à l'absence d'opposition, qui peut être exprimée par tout moyen par les titulaires de l'autorité parentale (c'est-à-dire par son ou ses parents en qualité d'administrateurs légaux), dûment informés des finalités de cette utilisation. Le refus du mineur fait obstacle à cette utilisation (CSP, art. L. 1245-2[3]).

Toute personne dont la prise en charge médicale est susceptible d'altérer la fertilité, ou dont la fertilité risque d'être prématurément altérée, peut bénéficier du recueil et de la conservation de ses gamètes ou de ses tissus germinaux, en vue de la réalisation ultérieure, à son bénéfice, d'une assistance médicale à la procréation, ou en vue de la préservation et de la restauration de sa fertilité. Ce recueil et cette conservation sont subordonnés au consentement de l'intéressé et, le cas échéant, de celui de l'un des titulaires de l'autorité parentale, ou du tuteur, lorsque l'intéressé, mineur ou majeur, fait l'objet d'une mesure de tutelle (CSP, art. L. 2141-11[4]).

126.46 **Admission d'un enfant mineur en soins psychiatriques, ou levée de cette mesure.** En principe, les personnes titulaires de l'exercice de l'autorité parentale sur le mineur (c'est-à-dire le ou les parents) sont seuls compétents, hors les cas d'admission en soins psychiatriques sur décision du représentant de l'État (CSP, art. L. 3213-1 s., modifié par loi n° 2013-869 du 27 septembre 2013), selon les troubles psychopathologiques présentés par le mineur, pour solliciter son internement en établissement psychiatrique ou sa sortie. L'article L. 3211-10 du Code de la santé publique prévoit en outre que la décision d'admission en soins psychiatriques d'un enfant mineur ou la levée de cette mesure peuvent être demandées par les personnes titulaires de l'autorité parentale. En cas de désaccord entre ces dernières, le juge aux affaires familiales statue.

Par ailleurs, si les mesures de soins psychiatriques ont été ordonnées en application des chapitres II à IV du titre 1er du Code de la santé publique consacrée aux modalités de soins psychiatriques, l'article L. 3211-12 du même code dispose que le juge des libertés et de la détention dans le ressort duquel se situe l'établissement d'accueil peut être saisi à tout moment par les titulaires de l'autorité parentale si la personne est mineure pour en ordonner à bref délai la mainlevée immédiate. Les conditions de l'hospitalisation complète ont été précisées par l'article L. 3211-12-1 du même code, modifié par la loi n° 2016-41 du 26 janvier 2016.

1. CSP, art. L. 1235-2 *(réd. L. n° 2004-800, 6 août 2004).*
2. CSP, art. L. 1241-3 *(réd. L. n° 2004-800, 6 août 2004).*
3. CSP, art. L. 1245-2 *(réd. L. n° 2004-800, 6 août 2004).*
4. CSP, art. L. 2141-11 *(réd. L. n° 2004-800, 6 août 2004).*

TITRE

13. La protection du mineur par le cercle familial élargi

13.00 **Plan du titre.**

Titre	131	**Dispositions propres à la tutelle de droit commun du mineur**
Sect.	1	Domaine de la tutelle et compétence territoriale du juge des tutelles
Sect.	2	Organisation de la tutelle autour du conseil de famille
Sect.	3	Gestion du patrimoine du mineur en tutelle
Sect.	4	Actes relatifs à la personne de l'enfant mineur dans la tutelle
Chap.	132	**Dispositions propres aux régimes spécifiques de tutelle des mineurs**
Sect.	1	Tutelle départementale du mineur
Sect.	2	Tutelle des pupilles de l'État
Sect.	3	Tutelle des pupilles de la Nation

Division. À côté du régime unique d'administration légale du mineur fondé à la fois sur la confiance faite au parent qui exerce l'administration légale des biens de son enfant et sur une intervention du juge limitée, il existe un régime de tutelle qui constitue le droit commun lorsque l'administration légale n'est plus possible (chap. 131) et des régimes spécifiques de tutelle du mineur (chap. 132).

CHAPITRE

131. Dispositions propres à la tutelle de droit commun du mineur

SECTION 0 ORIENTEUR

131.00 **Plan du chapitre.**

131.01 **Textes applicables.**

TEXTES LÉGISLATIFS ET RÉGLEMENTAIRES NOUVEAUX

• **L. n° 2016-1547, 18 nov. 2016,** de modernisation de la justice du XXIe siècle, *JO* 19 nov., texte n° 1.

• **Décr. n° 2016-185, 23 févr. 2016,** pris pour l'application de l'ordonnance n° 2015-1288 du 15 octobre 2015 portant simplification et modernisation du droit de la famille, *JO* 25 févr., texte n° 26.

• **Ord. n° 2016-131, 10 févr. 2016,** portant réforme du droit des contrats, du régime général et de la preuve des obligations, *JO* 11 févr., texte n° 26.

• **L. n° 2016-41, 26 janv. 2016,** de modernisation de notre système de santé, *JO* 27 janv., texte n° 1.

• **L. n° 2015-177, 16 févr. 2015,** relative à la modernisation et à la simplification du droit et des procédures dans les domaines de la justice et des affaires intérieures, *JO* 17 févr., p. 2961.

• **Ord. n° 2015-1288, 15 oct. 2015,** portant simplification et modernisation du droit de la famille, *JO* 16 oct., p. 19304.

TEXTES SOURCES

> Tutelle du mineur : juge territorialement compétent
C. pr. civ., art. 1211

> Tutelle du mineur : cas d'ouverture
+ Ord. n° 2015-1288, 15 oct. 2015
C. civ., art. 390 et 391

> Tutelle du mineur : organisation et fonctionnement

• **charges tutélaires**
C. civ., art. 394 à 397

• **conseil de famille**
C. civ., art. 398 à 402
C. pr. civ., art. 1234 à 1235

• **tuteur**
C. civ., art. 403 à 408-1

• **subrogé tuteur**
C. civ., art. 409 à 410

• **vacance de la tutelle**
+ Ord. n° 2015-1288, 15 oct. 2015
C. civ., art. 411

• **surveillance générale des tutelles par le juge des tutelles et le procureur de la République**
+ Ord. n° 2015-1288, 15 oct. 2015
C. civ., art. 411-1

> Tutelle du mineur : actes sur les biens du mineur et gestion de son patrimoine

• **actes de gestion patrimoniale**
+ **Décr. n° 2008-1484, 22 déc. 2008,** relatif aux actes de gestion du patrimoine des personnes placées en curatelle ou en tutelle, et pris en application des articles 452, 496 et 502 du Code civil, *JO* 31 déc., p. 20631 *(texte applicable aux majeurs et aux mineurs depuis le 1er janv. 2009)*

• **modalités de gestion tutélaire**
C. civ., art. 496 à 499

• **décisions du conseil de famille ou du juge**
C. civ., art. 500 à 502

• **actes du tuteur sans autorisation : inventaire**
C. civ., art. 503

• **actes du tuteur sans autorisation : actes conservatoires, actes d'administration**
C. civ., art. 504

• **actes du tuteur avec autorisation : actes de disposition ou équivalents**
C. civ., art. 505 à 508

• **actes interdits au tuteur**
C. civ., art. 509

• **établissement et vérification des comptes de tutelle**
C. civ., art. 510 à 513

• **remise du compte de tutelle au mineur devenu majeur**
C. civ., art. 514

> Tutelle du mineur : actes relatifs à la personne du mineur

• **tutelle à la personne**
C. civ., art. 405

• **nationalité du mineur**
+ Ord. n° 2015-1288, 15 oct. 2015

C. civ., art. 17-3

• **changement de prénom**
C. civ., art. 60

• **changement de nom**
C. civ., art. 61

• **en matière de santé**
+ L. n° 2016-41, 26 janv. 2016

CSP, art. L. 1111-2, L. 1111-4 et L. 1111-7

• **en matière de recherche biomédicale**
CSP, art. L. 1121-7 et L. 1122-2

• **en matière de prélèvements**
CSP, art. L. 1211-2 al. 2, L. 1232-2, L. 1235-2, L. 1241-3, L. 1245-2, L. 2141-11

• **en matière de vaccination**
+ L. n° 2016-41, 26 janv. 2016

CSP, art. L. 3111-1 et L. 3112-1

• **en matière d'admission ou de sortie d'un établissement psychiatrique**
CSP, art. L. 3211-10 et L. 3211-12

> Comité de protection des personnes
CSP, art. L. 1123-1

> Procédure civile tutélaire
+ Décr. n° 2016-185, 23 févr. 2016

C. pr. civ., art. 1222-2, 1223-1, 1230, 1239

> Responsabilité de l'État dans le cadre des tutelles
+ L. n° 2016-1547, 18 nov. 2016

C. civ., art. 412 et 413

TEXTES *IN EXTENSO*

> Tutelle du mineur : juge territorialement compétent

C. pr. civ., art. 1211

Le juge des tutelles territorialement compétent est celui de la résidence habituelle de la personne à protéger ou protégée ou celui du domicile du tuteur.

> Tutelle du mineur : cas d'ouverture

[C. civ., art. 390 et 391]

C. civ., art. 390

La tutelle s'ouvre lorsque le père et la mère sont tous deux décédés ou se trouvent privés de l'exercice de l'autorité parentale.

Elle s'ouvre aussi, à l'égard d'un enfant dont la filiation n'est pas légalement établie.

Il n'est pas dérogé aux lois particulières qui régissent le service de l'Aide sociale à l'enfance.

C. civ., art. 391 *(réd. Ord. n° 2015-1288, 15 oct. 2015, art. 6)*

Nota 1 : Conformément à l'article 17 de l'ordonnance n° 2015-1288 du 15 octobre 2015, le présent article est entré en vigueur le 1er janvier 2016. Il est applicable aux administrations légales en cours au jour de son entrée en vigueur.

En cas d'administration légale le juge des tutelles peut, à tout moment et pour cause grave, soit d'office, soit à la requête de parents ou alliés ou du ministère public, décider d'ouvrir la tutelle après avoir entendu ou appelé, sauf urgence, l'administrateur légal. Celui-ci ne peut faire aucun acte de disposition à partir de la demande et jusqu'au jugement définitif sauf en cas d'urgence.

Si la tutelle est ouverte, le juge des tutelles convoque le conseil de famille, qui peut soit nommer comme tuteur l'administrateur légal, soit désigner un autre tuteur.

> Tutelle du mineur : organisation et fonctionnement

• **charges tutélaires**
[C. civ., art. 394 et 397]

C. civ., art. 394

La tutelle, protection due à l'enfant, est une charge publique. Elle est un devoir des familles et de la collectivité publique.

C. civ., art. 395

Ne peuvent exercer les différentes charges de la tutelle :

1° Les mineurs non émancipés, sauf s'ils sont le père ou la mère du mineur en tutelle;

2° Les majeurs qui bénéficient d'une mesure de protection juridique prévue par le présent code;

3° Les personnes à qui l'autorité parentale a été retirée;

4° Les personnes à qui l'exercice des charges tutélaires a été interdit en application de l'article 131-26 du code pénal.

C. civ., art. 396

Toute charge tutélaire peut être retirée en raison de l'inaptitude, de la négligence, de l'inconduite ou de la fraude de celui à qui elle a été confiée. Il en est de même lorsqu'un litige ou une contradiction d'intérêts empêche le titulaire de la charge de l'exercer dans l'intérêt du mineur.

Il peut être procédé au remplacement de toute personne à qui une charge tutélaire a été confiée en cas de changement important dans sa situation.

C. civ., art. 397

Le conseil de famille statue sur les empêchements, les retraits et les remplacements qui intéressent le tuteur et le subrogé tuteur.

Le juge des tutelles statue sur ceux qui intéressent les autres membres du conseil de famille.

Une charge tutélaire ne peut être retirée, par celui qui l'a confiée, qu'après que son titulaire a été entendu ou appelé.

Le juge peut, s'il estime qu'il y a urgence, prescrire des mesures provisoires dans l'intérêt du mineur.

• **conseil de famille**
[C. civ., art. 398 à 402 et C. pr. civ., art. 1234 à 1235]

C. civ., art. 398

Même en présence d'un tuteur testamentaire et sauf vacance, la tutelle est organisée avec un conseil de famille.

C. civ., art. 399

Le juge des tutelles désigne les membres du conseil de famille pour la durée de la tutelle.

Le conseil de famille est composé d'au moins quatre membres, y compris le tuteur et le subrogé tuteur, mais non le juge.

Peuvent être membres du conseil de famille les parents et alliés des père et mère du mineur ainsi que toute personne, résidant en France ou à l'étranger, qui manifeste un intérêt pour lui.

Les membres du conseil de famille sont choisis en considération de l'intérêt du mineur et en fonction de leur aptitude, des relations habituelles qu'ils entretenaient avec le père ou la mère de celui-ci, des liens affectifs qu'ils ont avec lui ainsi que de la disponibilité qu'ils présentent.

Le juge doit éviter, dans la mesure du possible, de laisser l'une des deux branches, paternelle ou maternelle, sans représentation.

C. civ., art. 400

Le conseil de famille est présidé par le juge des tutelles. Ses délibérations sont adoptées par vote de ses membres.

Toutefois, le tuteur ou le subrogé tuteur, dans le cas où il remplace le tuteur, ne vote pas.

En cas de partage des voix, celle du juge est prépondérante.

C. civ., art. 401

Le conseil de famille règle les conditions générales de l'entretien et de l'éducation du mineur en ayant égard à la volonté que les père et mère avaient pu exprimer.

Il apprécie les indemnités qui peuvent être allouées au tuteur.

Il prend les décisions et donne au tuteur les autorisations nécessaires pour la gestion des biens du mineur conformément aux dispositions du titre XII.

Le conseil de famille autorise le mineur âgé de seize ans révolus à accomplir seul les actes d'administration nécessaires pour les besoins de la création et de la gestion d'une entreprise individuelle à responsabilité limitée ou d'une société unipersonnelle.

L'autorisation visée à l'alinéa précédent revêt la forme d'un acte sous seing privé ou d'un acte notarié et comporte la liste des actes d'administration pouvant être accomplis par le mineur.

C. civ., art. 402 *(Ord. n° 2016-131, 10 févr. 2016, art. 5)*

Les délibérations du conseil de famille sont nulles lorsqu'elles ont été surprises par dol ou fraude ou que des formalités substantielles ont été omises.

La nullité est couverte par une nouvelle délibération valant confirmation selon l'article 1338.

L'action en nullité peut être exercée par le tuteur, le subrogé tuteur, les autres membres du conseil de famille et le procureur de la République dans les deux années de la délibération ainsi que par le mineur devenu majeur ou émancipé dans les deux années de sa majorité ou de son émancipation. La prescription ne court pas s'il y a eu dol ou fraude tant que le fait qui en est à l'origine n'est pas découvert.

Les actes accomplis en vertu d'une délibération annulée sont annulables de la même manière. Le délai court toutefois de l'acte et non de la délibération.

C. pr. civ., art. 1234

Le conseil de famille est convoqué par le juge des tutelles.

Sa réunion est de droit si elle est requise :

1° Soit par deux de ses membres;

2° Soit par le tuteur ou le subrogé tuteur;

3° Soit par le mineur lui-même âgé de seize ans révolus;

4° Soit par le majeur protégé.

Le conseil de famille est également convoqué à la demande du mineur âgé de moins de seize ans et capable de discernement, sauf décision contraire spécialement motivée du juge.

C. pr. civ., art. 1234-1

La convocation est adressée huit jours au moins avant la date de la réunion.

C. pr. civ., art. 1234-2

Les membres du conseil de famille sont tenus de se rendre en personne à la réunion. Ceux qui, sans excuse légitime, ne s'y présenteraient pas peuvent voir leur charge tutélaire retirée par application des dispositions de l'article 396 du Code civil.

C. pr. civ., art. 1234-3

Le conseil de famille ne peut délibérer que si la moitié au moins de ses membres est présente. Si ce nombre n'est pas atteint, le juge peut soit ajourner la réunion, soit prendre lui-même la décision en cas d'urgence.

C. pr. civ., art. 1234-4

Si le juge des tutelles estime que le conseil peut se prononcer sur une délibération sans que la tenue d'une réunion soit nécessaire, il communique à chacun des membres du conseil le texte de la délibération correspondante en y joignant tous éclaircissements utiles.

Chaque membre émet son vote dans le délai et selon les modalités impartis par le juge; à défaut, il peut voir sa charge tutélaire retirée par application des dispositions de l'article 396 du code civil.

C. pr. civ., art. 1234-5

Toute délibération du conseil de famille est prise à la majorité simple des votes exprimés.

C. pr. civ., art. 1234-6

Les réunions du conseil de famille ne sont pas publiques. Les membres du conseil de famille sont tenus à l'obligation de secret à l'égard des tiers.

C. pr. civ., art. 1234-7

Sauf si le juge l'estime contraire à son intérêt, le mineur ou le majeur protégé peut assister à la réunion du conseil, mais seulement à titre consultatif.

C. pr. civ., art. 1235

La délibération du conseil de famille est motivée. Toutes les fois qu'elle n'est pas prise à l'unanimité, l'avis de chacun de ses membres est mentionné dans le procès-verbal.

• **tuteur**

[C. civ., art. 403 à 408-1]

C. civ., art. 403

Le droit individuel de choisir un tuteur, qu'il soit ou non parent du mineur, n'appartient qu'au dernier vivant des père et mère s'il a conservé, au jour de son décès, l'exercice de l'autorité parentale.

Cette désignation ne peut être faite que dans la forme d'un testament ou d'une déclaration spéciale devant notaire.

Elle s'impose au conseil de famille à moins que l'intérêt du mineur commande de l'écarter.

Le tuteur désigné par le père ou la mère n'est pas tenu d'accepter la tutelle.

C. civ., art. 404

S'il n'y a pas de tuteur testamentaire ou si celui qui a été désigné en cette qualité vient à cesser ses fonctions, le conseil de famille désigne un tuteur au mineur.

C. civ., art. 405

Le conseil de famille peut, en considération de la situation du mineur, des aptitudes des intéressés et de la consistance du patrimoine à administrer, désigner plusieurs tuteurs pour exercer en commun la mesure de protection. Chaque tuteur est réputé, à l'égard des tiers, avoir reçu des autres le pouvoir de faire seul les actes pour lesquels un tuteur n'aurait besoin d'aucune autorisation.

Le conseil de famille peut décider que l'exercice de la tutelle sera divisé entre un tuteur chargé de la personne du mineur et un tuteur chargé de la gestion de ses biens ou que la gestion de certains biens particuliers sera confiée à un tuteur adjoint.

À moins qu'il en ait été autrement décidé par le conseil de famille, les tuteurs désignés en application du deuxième alinéa sont indépendants et ne sont pas responsables l'un envers l'autre. Ils s'informent toutefois des décisions qu'ils prennent.

C. civ., art. 406

Le tuteur est désigné pour la durée de la tutelle.

C. civ., art. 407

La tutelle est une charge personnelle.

Elle ne se transmet pas aux héritiers du tuteur.

C. civ., art. 408

Le tuteur prend soin de la personne du mineur et le représente dans tous les actes de la vie civile, sauf les cas dans lesquels la loi ou l'usage autorise le mineur à agir lui-même.

Il représente le mineur en justice. Toutefois, il ne peut agir, en demande ou en défense, pour faire valoir les droits extrapatrimoniaux qu'après autorisation ou sur injonction du conseil de famille. Celui-ci peut également enjoindre au tuteur de se désister de l'instance ou de l'action, ou de transiger.

Le tuteur gère les biens du mineur et rend compte de sa gestion conformément aux dispositions du titre XII.

Le tuteur, après autorisation du conseil de famille, effectue les actes de disposition nécessaires pour les besoins de la création et de la gestion d'une entreprise individuelle à responsabilité limitée ou d'une société unipersonnelle.

C. civ., art. 408-1

Les biens ou droits d'un mineur ne peuvent être transférés dans un patrimoine fiduciaire.

• subrogé tuteur

[C. civ., art. 409 à 410]

C. civ., art. 409

La tutelle comporte un subrogé tuteur nommé par le conseil de famille parmi ses membres.

Si le tuteur est parent ou allié du mineur dans une branche, le subrogé tuteur est choisi, dans la mesure du possible, dans l'autre branche.

La charge du subrogé tuteur cesse à la même date que celle du tuteur.

C. civ., art. 410

Le subrogé tuteur surveille l'exercice de la mission tutélaire et représente le mineur lorsque les intérêts de celui-ci sont en opposition avec ceux du tuteur.

Le subrogé tuteur est informé et consulté avant tout acte important accompli par le tuteur.

À peine d'engager sa responsabilité à l'égard du mineur, il surveille les actes passés par le tuteur en cette qualité et informe sans délai le juge des tutelles s'il constate des fautes dans l'exercice de la mission tutélaire.

Il ne remplace pas de plein droit le tuteur en cas de cessation des fonctions de celui-ci; mais il est tenu, sous la même responsabilité, de provoquer la nomination d'un nouveau tuteur.

vacance de la tutelle

C. civ., art. 411 *(mod.par Ord. n° 2015-1288, 15 oct. 2015, art. 6 – Nota 1 : reprise)*

Si la tutelle reste vacante, le juge des tutelles la défère à la collectivité publique compétente en matière d'Aide sociale à l'enfance.

En ce cas, la tutelle ne comporte ni conseil de famille ni subrogé tuteur.

• surveillance générale des tutelles par le juge des tutelles et le procureur de la République

C. civ., art. 411-1 *(créé par Ord. n° 2015-1288, 15 oct. 2015, art. 6 – Nota 1 : reprise)*

Le juge des tutelles et le procureur de la République exercent une surveillance générale des tutelles de leur ressort.

Les tuteurs et autres organes tutélaires sont tenus de déférer à leur convocation et de leur communiquer toute information qu'ils requièrent.

Le juge peut prononcer contre eux des injonctions et condamner à l'amende civile prévue par le code de procédure civile ceux qui n'y ont pas déféré.

> Tutelle du mineur : actes sur les biens du mineur et gestion de son patrimoine

• actes de gestion patrimoniale

+ Décr. n° 2008-1484, 22 déc. 2008, relatif aux actes de gestion du patrimoine des personnes placées en curatelle ou en tutelle, et pris en application des articles 452, 496 et 502 du Code civil, *JO* 31 déc., p. 20631 *(texte applicable aux majeurs et aux mineurs depuis le 1er janv. 2009)* (v. ss n° 341.01)

• modalités de gestion tutélaire

[C. civ., art. 496 à 499]

C. civ., art. 496

Le tuteur représente la personne protégée dans les actes nécessaires à la gestion de son patrimoine.

Il est tenu d'apporter, dans celle-ci, des soins prudents, diligents et avisés, dans le seul intérêt de la personne protégée.

La liste des actes qui sont regardés, pour l'application du présent titre, comme des actes d'administration relatifs à la gestion courante du patrimoine et comme des actes de disposition qui engagent celui-ci de manière durable et substantielle est fixée par décret en Conseil d'État.

C. civ., art. 497

Lorsqu'un subrogé tuteur a été nommé, celui-ci atteste auprès du juge du bon déroulement des opérations que le tuteur a l'obligation d'accomplir.

Il en est notamment ainsi de l'emploi ou du remploi des capitaux opéré conformément aux prescriptions du conseil de famille ou, à défaut, du juge.

C. civ., art. 498

Les capitaux revenant à la personne protégée sont versés directement sur un compte ouvert à son seul nom et mentionnant la mesure de tutelle, auprès d'un établissement habilité à recevoir des fonds du public.

Lorsque la mesure de tutelle est confiée aux personnes ou services préposés des établissements de santé et des établissements sociaux ou médico-sociaux soumis aux règles de la comptabilité publique, cette obligation de versement est réalisée dans des conditions fixées par décret en Conseil d'État.

C. civ., art. 499

Les tiers peuvent informer le juge des actes ou omissions du tuteur qui leur paraissent de nature à porter préjudice aux intérêts de la personne protégée.

Ils ne sont pas garants de l'emploi des capitaux. Toutefois, si à l'occasion de cet emploi ils ont connaissance d'actes ou omissions qui compromettent manifestement l'intérêt de la personne protégée, ils en avisent le juge.

La tierce opposition contre les autorisations du conseil de famille ou du juge ne peut être exercée que par les créanciers de la personne protégée et en cas de fraude à leurs droits.

• décisions du conseil de famille ou du juge

[C. civ., art. 500 à 502]

C. civ., art. 500 (*mod. par L. n° 2015-177, 16 févr. 2015, art. 1er*)

Le tuteur arrête le budget de la tutelle en déterminant, en fonction de l'importance des biens de la personne protégée et des opérations qu'implique leur gestion, les sommes annuellement nécessaires à l'entretien de celle-ci et au remboursement des frais d'administration de ses biens. Le tuteur en informe le conseil de famille ou, à défaut, le juge. En cas de difficultés, le budget est arrêté par le conseil de famille ou, à défaut, par le juge.

Le conseil de famille ou, à défaut, le juge peut autoriser le tuteur à inclure dans les frais de gestion la rémunération des administrateurs particuliers dont il demande le concours sous sa propre responsabilité.

Le conseil de famille ou, à défaut, le juge peut autoriser le tuteur à conclure un contrat pour la gestion des valeurs mobilières et instruments financiers de la personne protégée. Il choisit le tiers contractant en considération de son expérience professionnelle et de sa solvabilité. Le contrat peut, à tout moment et nonobstant toute stipulation contraire, être résilié au nom de la personne protégée.

C. civ., art. 501

Le conseil de famille ou, à défaut, le juge détermine la somme à partir de laquelle commence, pour le tuteur, l'obligation d'employer les capitaux liquides et l'excédent des revenus.

Le conseil de famille ou, à défaut, le juge prescrit toutes les mesures qu'il juge utiles quant à l'emploi ou au remploi des fonds soit par avance, soit à l'occasion de chaque opération. L'emploi ou le remploi est réalisé par le tuteur dans le délai fixé par la décision qui l'ordonne et de la manière qu'elle prescrit. Passé ce délai, le tuteur peut être déclaré débiteur des intérêts.

Le conseil de famille ou, à défaut, le juge peut ordonner que certains fonds soient déposés sur un compte indisponible.

Les comptes de gestion du patrimoine de la personne protégée sont exclusivement ouverts, si le conseil de famille ou, à défaut, le juge l'estime nécessaire compte tenu de la situation de celle-ci, auprès de la Caisse des dépôts et consignations.

C. civ., art. 502

Le conseil de famille ou, à défaut, le juge statue sur les autorisations que le tuteur sollicite pour les actes qu'il ne peut accomplir seul.

Toutefois, les autorisations du conseil de famille peuvent être suppléées par celles du juge si les actes portent sur des biens dont la valeur en capital n'excède pas une somme fixée par décret.

• actes du tuteur sans autorisation : inventaire

C. civ., art. 503

Dans les trois mois de l'ouverture de la tutelle, le tuteur fait procéder, en présence du subrogé tuteur s'il a été désigné, à un inventaire des biens de la personne protégée et le transmet au juge. Il en assure l'actualisation au cours de la mesure.

Il peut obtenir communication de tous renseignements et documents nécessaires à l'établissement de l'inventaire auprès de toute personne publique ou privée, sans que puisse lui être opposé le secret professionnel ou le secret bancaire.

Si l'inventaire n'a pas été établi ou se révèle incomplet ou inexact, la personne protégée et, après son décès, ses héritiers peuvent faire la preuve de la valeur et de la consistance de ses biens par tous moyens.

• actes du tuteur sans autorisation : actes conservatoires, actes d'administration

C. civ., art. 504

Le tuteur accomplit seul les actes conservatoires et, sous réserve des dispositions du second alinéa de l'article 473, les actes d'administration nécessaires à la gestion du patrimoine de la personne protégée.

Il agit seul en justice pour faire valoir les droits patrimoniaux de la personne protégée.

Les baux consentis par le tuteur ne confèrent au preneur, à l'encontre de la personne protégée devenue capable, aucun droit de renouvellement et aucun droit à se maintenir dans les lieux à l'expiration du bail, quand bien même il existerait des dispositions légales contraires. Ces dispositions ne sont toutefois pas applicables aux baux consentis avant l'ouverture de la tutelle et renouvelés par le tuteur.

• actes du tuteur avec autorisation : actes de disposition ou équivalents

[C. civ., art. 505 à 508]

C. civ., art. 505

Le tuteur ne peut, sans y être autorisé par le conseil de famille ou, à défaut, le juge, faire des actes de disposition au nom de la personne protégée.

L'autorisation détermine les stipulations et, le cas échéant, le prix ou la mise à prix pour lequel l'acte est passé. L'autorisation n'est pas exigée en cas de vente forcée sur décision judiciaire ou en cas de vente amiable sur autorisation du juge.

L'autorisation de vendre ou d'apporter en société un immeuble, un fonds de commerce ou des instruments financiers non admis à la négociation sur un marché réglementé ne peut être donnée qu'après la réalisation d'une mesure d'instruction exécutée par un technicien ou le recueil de l'avis d'au moins deux professionnels qualifiés.

En cas d'urgence, le juge peut, par décision spécialement motivée prise à la requête du tuteur, autoriser, en lieu et place du conseil de famille, la vente d'instruments financiers à charge qu'il en soit rendu compte sans délai au conseil qui décide du remploi.

C. civ., art. 506

Le tuteur ne peut transiger ou compromettre au nom de la personne protégée qu'après avoir fait approuver par le conseil de famille ou, à défaut, par le juge les clauses de la transaction ou du compromis et, le cas échéant, la clause compromissoire.

C. civ., art. 507

Le partage à l'égard d'une personne protégée peut être fait à l'amiable sur autorisation du conseil de famille ou, à défaut, du juge, qui désigne, s'il y a lieu, un notaire pour y procéder. Il peut n'être que partiel.

L'état liquidatif est soumis à l'approbation du conseil de famille ou, à défaut, du juge.

Le partage peut également être fait en justice conformément aux articles 840 et 842.

Tout autre partage est considéré comme provisionnel.

C. civ., art. 507-1

Par dérogation à l'article 768, le tuteur ne peut accepter une succession échue à la personne protégée qu'à concurrence de l'actif net. Toutefois, le conseil de famille ou, à défaut, le juge peut, par une délibération ou une décision spéciale, l'autoriser à accepter purement et simplement si l'actif dépasse manifestement le passif.

Le tuteur ne peut renoncer à une succession échue à la personne protégée sans une autorisation du conseil de famille ou, à défaut, du juge.

C. civ., art. 507-2

Dans le cas où la succession à laquelle il a été renoncé au nom de la personne protégée n'a pas été acceptée par un autre héritier et tant que l'État n'a pas été envoyé en possession, la renonciation peut être révoquée soit par le tuteur autorisé à cet effet par une nouvelle délibération du conseil de famille ou, à défaut, une nouvelle décision du juge, soit par la personne protégée devenue capable. Le second alinéa de l'article 807 est applicable.

C. civ., art. 508

À titre exceptionnel et dans l'intérêt de la personne protégée, le tuteur qui n'est pas mandataire judiciaire à la protection des majeurs peut, sur autorisation du conseil de famille ou, à défaut, du juge, acheter les biens de celle-ci ou les prendre à bail ou à ferme.

Pour la conclusion de l'acte, le tuteur est réputé être en opposition d'intérêts avec la personne protégée.

• actes interdits au tuteur

C. civ., art. 509

Le tuteur ne peut, même avec une autorisation :

1° Accomplir des actes qui emportent une aliénation gratuite des biens ou des droits de la personne protégée sauf ce qui est dit à propos des donations, tels que la remise de dette, la renonciation gratuite à un droit acquis, la renonciation anticipée à l'action en réduction visée aux articles 929 à 930-5, la mainlevée d'hypothèque ou de sûreté sans paiement ou la constitution gratuite d'une servitude ou d'une sûreté pour garantir la dette d'un tiers;

2° Acquérir d'un tiers un droit ou une créance que ce dernier détient contre la personne protégée;

3° Exercer le commerce ou une profession libérale au nom de la personne protégée;

4° Acheter les biens de la personne protégée ainsi que les prendre à bail ou à ferme, sous réserve des dispositions de l'article 508;

5° Transférer dans un patrimoine fiduciaire les biens ou droits d'un majeur protégé.

• établissement et vérification des comptes de tutelle
[C. civ., art. 510 à 513]

C. civ., art. 510

Le tuteur établit chaque année un compte de sa gestion auquel sont annexées toutes les pièces justificatives utiles.

À cette fin, il sollicite des établissements auprès desquels un ou plusieurs comptes sont ouverts au nom de la personne protégée un relevé annuel de ceux-ci, sans que puisse lui être opposé le secret professionnel ou le secret bancaire.

Le tuteur est tenu d'assurer la confidentialité du compte de gestion. Toutefois, une copie du compte et des pièces justificatives est remise chaque année par le tuteur à la personne protégée lorsqu'elle est âgée d'au moins seize ans, ainsi qu'au subrogé tuteur s'il a été nommé et, si le tuteur l'estime utile, aux autres personnes chargées de la protection de l'intéressé.

En outre, le juge peut, après avoir entendu la personne protégée et recueilli son accord, si elle a atteint l'âge précité et si son état le permet, autoriser le conjoint, le partenaire du pacte civil de solidarité qu'elle a conclu, un parent, un allié de celle-ci ou un de ses proches, s'ils justifient d'un intérêt légitime, à se faire communiquer à leur charge par le tuteur une copie du compte et des pièces justificatives ou une partie de ces documents.

C. civ., art. 511 *(mod. par L. nº 2016-1547, 18 nov. 2016, art. 16)*

Le tuteur soumet chaque année le compte de gestion, accompagné des pièces justificatives, en vue de sa vérification, au directeur des services de greffe judiciaires :

1° Du tribunal de grande instance, s'agissant des mesures de protection juridique des mineurs;

2° Du tribunal d'instance, s'agissant des mesures de protection juridique des majeurs.

Lorsqu'un subrogé tuteur a été nommé, il vérifie le compte avant de le transmettre avec ses observations au directeur des services de greffe judiciaires.

Pour la vérification du compte, le directeur des services de greffe judiciaires peut faire usage du droit de communication prévu au deuxième alinéa de l'article 510. Il peut être assisté dans sa mission de contrôle des comptes dans les conditions fixées par le code de procédure civile.

S'il refuse d'approuver le compte, le directeur des services de greffe judiciaires dresse un rapport des difficultés rencontrées qu'il transmet au juge. Celui-ci statue sur la conformité du compte.

Le juge peut décider que la mission de vérification et d'approbation des comptes dévolue au directeur des services de greffe judiciaires sera exercée par le subrogé tuteur s'il en a été nommé un.

Lorsqu'il est fait application de l'article 457, le juge peut décider que le conseil de famille vérifiera et approuvera les comptes en lieu et place du directeur des services de greffe judiciaires.

C. civ., art. 512 *(mod. par L. nº 2016-1547, 18 nov. 2016, art. 16)*

Lorsque la tutelle n'a pas été confiée à un mandataire judiciaire à la protection des majeurs, le juge peut, par dérogation aux articles 510 et 511 et en considération de la modicité des revenus et du patrimoine de la personne protégée, dispenser le tuteur d'établir le compte de gestion et de soumettre celui-ci à l'approbation du directeur des services de greffe judiciaires.

C. civ., art. 513

Si les ressources de la personne protégée le permettent et si l'importance et la composition de son patrimoine le justifient, le juge peut décider, en considération de l'intérêt patrimonial en cause, que la mission de vérification et d'approbation du compte de gestion sera exercée, aux frais de l'intéressée et selon les modalités qu'il fixe, par un technicien.

• remise du compte de tutelle au mineur devenu majeur

C. civ., art. 514

Lorsque sa mission prend fin pour quelque cause que ce soit, le tuteur établit un compte de gestion des opérations intervenues depuis l'établissement du dernier compte annuel et le soumet à la vérification et à l'approbation prévues aux articles 511 et 513.

En outre, dans les trois mois qui suivent la fin de sa mission, le tuteur ou ses héritiers s'il est décédé remettent une copie des cinq derniers comptes de gestion et du compte mentionné au premier alinéa du présent article, selon le cas, à la personne devenue capable si elle n'en a pas déjà été destinataire, à la personne nouvellement chargée de la mesure de gestion ou aux héritiers de la personne protégée.

Les alinéas précédents ne sont pas applicables dans le cas prévu à l'article 512.

Dans tous les cas, le tuteur remet aux personnes mentionnées au deuxième alinéa du présent article les pièces nécessaires pour continuer la gestion ou assurer la liquidation de la succession, ainsi que l'inventaire initial et les actualisations auxquelles il a donné lieu.

> Tutelle du mineur : actes relatifs à la personne du mineur

• tutelle à la personne

C. civ., art. 405

* V. *supra*, s[s] *> Tutelle du mineur : organisation et fonctionnement, • tuteur*

• nationalité du mineur

C. civ., art. 17-3 *(réd. Ord. n° 2015-1288, 15 oct. 2015, art. 8)*

* V. s[s] n° 126.01, *> Actes relatifs à la personne de l'enfant, • en matière de nationalité*

• changement de prénom

C. civ., art. 60

Toute personne qui justifie d'un intérêt légitime peut demander à changer de prénom. La demande est portée devant le juge aux affaires familiales à la requête de l'intéressé ou, s'il s'agit d'un mineur ou d'un majeur en tutelle, à la requête de son représentant légal. L'adjonction, la suppression ou la modification de l'ordre des prénoms peut pareillement être décidée.

Si l'enfant est âgé de plus de treize ans, son consentement personnel est requis.

• changement de nom

C. civ., art. 61

Toute personne qui justifie d'un intérêt légitime peut demander à changer de nom.

La demande de changement de nom peut avoir pour objet d'éviter l'extinction du nom porté par un ascendant ou un collatéral du demandeur jusqu'au quatrième degré.

Le changement de nom est autorisé par décret.

> Tutelle du mineur : actes relatifs à la santé du mineur

• en matière de santé (information)

+ L. n° 2016-41, 26 janv. 2016, art. 5, 7, 96, 175, et 189

CSP, art. L. 1111-2, L. 1111-4 et L. 1111-7

* V. s[s] n° 126.01, *> Actes relatifs à la personne de l'enfant, • en matière de santé*

• en matière de recherche biomédicale

CSP, art. L. 1121-7 et L. 1122-2

* V. s[s] n° 126.01, *> Actes relatifs à la personne de l'enfant, • en matière de recherche biomédicale*

• en matière de prélèvements

CSP, art. L. 1211-2, al. 2, L. 1232-2, L. 1235-2, L. 1241-3, L. 1245-2, L. 2141-11

* V. s[s] n° 126.01, *> Actes relatifs à la personne de l'enfant, • en matière de prélèvements*

• en matière de vaccination

[CSP, art. L. 3111-1 et L. 3112-1]

CSP, art. L. 3111-1 *(réd. L. n° 2016-41, 26 janv. 2016, art. 80)*

La politique de vaccination est élaborée par le ministre chargé de la santé qui fixe les conditions d'immunisation, énonce les recommandations nécessaires et rend public le calendrier des vaccinations après avis du Haut Conseil de la santé publique.

Un décret peut, compte tenu de l'évolution de la situation épidémiologique et des connaissances médicales et scientifiques, suspendre, pour tout ou partie de la population, les obligations prévues aux articles L. 3111-2 à L. 3111-4 et L. 3112-1.

Dans le cadre de leurs missions, les médecins du travail, les médecins des infirmeries des établissements publics locaux d'enseignement et des services de médecine préventive et de promotion de la santé dans les établissements d'enseignement supérieur, les médecins des services de protection maternelle et infantile et des autres services de santé dépendant des conseils départementaux ou des communes et les médecins des centres pratiquant les examens de santé gratuits prévus à l'article L. 321-3 du code de la sécurité sociale participent à la mise en œuvre de la politique vaccinale.

CSP, art. L. 3112-1

La vaccination par le vaccin antituberculeux BCG est obligatoire, sauf contre-indications médicales reconnues, à des âges déterminés et en fonction du milieu de vie ou des risques que font encourir certaines activités.

Les personnes titulaires de l'autorité parentale ou qui ont la charge de la tutelle de mineurs sont tenues personnellement à l'exécution de cette obligation.

Les modalités d'application du présent article sont définies par décret en Conseil d'État pris après avis du Haut Conseil de la santé publique.

Nota : L'article 1er du décret n° 2007-1111 du 17 juillet 2007 suspend cette obligation vaccinale pour certains établissements, consulter cet article.

• en matière d'admission ou de sortie d'un établissement psychiatrique

CSP, art. L. 3211-10 et L. 3211-12

* V. s[s] n° 126.01, *> Actes relatifs à la personne de l'enfant, • en matière d'admission ou de sortie d'un établissement psychiatrique*

> Comité de protection des personnes

CSP, art. L. 1123-1

Le ministre chargé de la Santé agrée au niveau régional ou interrégional pour une durée déterminée un ou, selon les besoins, plusieurs comités de protection des personnes et détermine leur compétence territoriale. Leurs membres sont nommés par le directeur général de l'agence régionale de santé de la région dans laquelle le comité a son siège.

Les comités exercent leur mission en toute indépendance. Ils sont dotés de la personnalité juridique. Les ressources des comités sont constituées par une dotation de l'État.

> Procédure civile tutélaire

[C. pr. civ., art. 1222-2, 1223-1, 1230 et 1239]

+ Décr. n° 2016-185, 23 févr. 2016, art. 7, 9, 11

C. pr. civ., art. 1222-2 *(Décr. n° 2016-185, 23 févr. 2016, art. 7)*

(Nota 2 : Ces dispositions sont applicables aux administrations légales en cours au jour de son entrée en vigueur.)

Le dossier du mineur sous tutelle peut être consulté au greffe par le requérant, le tuteur, les parents, ou, le cas échéant, leurs avocats, jusqu'à ce qu'il soit statué sur la requête.

À tout moment de la mesure, le mineur capable de discernement, son tuteur ou l'un de ses parents peut demander à consulter son dossier.

Le mineur capable de discernement ne peut consulter le dossier le concernant qu'en présence de son tuteur ou de son avocat. En cas de refus du tuteur et si l'intéressé n'a pas d'avocat, le juge saisit le bâtonnier d'une demande de désignation d'un avocat pour assister le mineur.

Par décision motivée, le juge peut, en l'absence d'avocat, exclure tout ou partie des pièces de la consultation par le requérant ou le mineur lorsque cette consultation serait de nature à causer à ce dernier un préjudice grave.

Dans tous les cas, la consultation ne peut se faire qu'aux jours et heures fixés par le juge.

C. pr. civ., art. 1223-1 *(réd. Décr. n° 2016-185, 23 févr. 2016, art. 9 – Nota 2 : reprise)*

Sous réserve des dispositions de l'article 510 du Code civil relatives à la communication des comptes de gestion, le juge des tutelles peut, après le prononcé du jugement de mise sous protection, autoriser, sur justification d'un intérêt légitime, la délivrance d'une copie d'une ou plusieurs pièces du dossier au majeur protégé, au mineur âgé de seize ans révolus ou à la personne chargée de la mesure de protection.

C. pr. civ., art. 1230 *(réd. Décr. n° 2016-185, 23 févr. 2016, art. 11 – Nota 2 : reprise)*

Toute décision du juge est notifiée, à la diligence du greffe, au requérant, à la personne chargée de la protection ou à l'administrateur légal et à tous ceux dont elle modifie les droits ou les obligations résultant de la mesure de protection.

Elle est également notifiée au mineur âgé de seize ans révolus à moins que son état ne le permette pas.

En outre, dans le cas de l'article 502 du code civil, elle est notifiée au subrogé tuteur.

C. pr. civ., art. 1239

Sauf disposition contraire, les décisions du juge des tutelles et les délibérations du conseil de famille sont susceptibles d'appel.

Sans préjudice des dispositions prévues par les articles 1239-1 à 1239-3, l'appel est ouvert aux personnes énumérées à l'article 430 du Code civil, même si elles ne sont pas intervenues à l'instance.

Le délai d'appel est de quinze jours.

Les parties ne sont pas tenues de constituer avocat.

> Responsabilité de l'État dans le cadre des tutelles

[C. civ., art. 412 et 413]

C. civ., art. 412 *(mod. par L. n° 2016-1547, 18 nov. 2016, art. 16)*

Tous les organes de la tutelle sont responsables du dommage résultant d'une faute quelconque qu'ils commettent dans l'exercice de leur fonction.

Lorsque la faute à l'origine du dommage a été commise dans l'organisation et le fonctionnement de la tutelle par le juge des tutelles, le directeur des services de greffe judiciaires du tribunal de grande instance ou le greffier, l'action en responsabilité est dirigée contre l'État qui dispose d'une action récursoire.

C. civ., art. 413

L'action en responsabilité se prescrit par cinq ans à compter de la majorité de l'intéressé, alors même que la gestion aurait continué au-delà, ou de la fin de la mesure si elle cesse avant.

131.02 Jurisprudence de référence.

> Ouverture de la tutelle

• **TI Saint-Omer, 3 mai 1989**

* V. s[s] n° 131.11

Il y a lieu d'ouvrir la tutelle de l'enfant lorsqu'une mesure de tutelle a été prononcée à l'égard des parents, mais celle-ci peut être limitée aux biens.

> Absence d'information suffisante sur les parents

• **Civ. 1re, 26 avr. 1988, n° 86-12.130,** *Bull. civ.* I, n° 120

* V. s[s] n° 131.11

Une formalité substantielle a été omise par le juge lorsqu'il n'a ou se livrer à l'appréciation de toutes les circonstances de l'espèce, faute d'information sur l'existence des parents. Dès lors, la délibération ultérieure du conseil de famille est nulle.

> Étendue de la tutelle

• **Civ. 1re, 8 nov. 1982, n° 80-12.309,** *Bull. civ.* I, n° 123

* V. s[s] n° 131.11

La tutelle ouverte à l'égard d'un enfant dont le père a été incarcéré et déchu de l'administration légale n'est limitée à la tutelle aux biens qu'à la condition de préciser si le père, malgré sa détention, est en état d'exercer l'autorité parentale.

> Transformation de la tutelle en administration légale

• **Civ. 1re, 24 oct. 2000, n° 98-20.340,** *Bull. civ.* I, n° 264

* V. s[s] n° 131.13

Le juge peut substituer une administration légale à la tutelle en raison de l'existence de relations conflictuelles entre la mère de l'enfant (tutrice à la personne du mineur) et le tuteur aux biens, gênant le fonctionnement normal de la tutelle.

> Limite de la tutelle aux biens

• **Civ. 1re, 24 oct. 2000, n° 98-20.340,** *Bull. civ.* I, n° 264

* V. s[s] n° 131.71

L'article 449 du Code civil selon lequel le conseil de famille règle les conditions générales de l'entretien et de l'éducation de l'enfant, en tenant compte de la volonté que les père et mère avaient pu exprimer à ce sujet, a pour objet le gouvernement de la personne du mineur et non la gestion de ses biens.

> Compétence du conseil de famille pour déterminer le lieu où l'enfant mineur sera élevé.

• **Civ. 1re, 5 mai 1986, n° 84-80.035,** *Bull. civ.* I, n° 118

* V. s[s] n° 131.72

Le conseil de famille et, en cas de recours, le tribunal de grande instance (cour d'appel) qui statue en ses lieu et place, auxquels l'article 449 ancien (art. 401, al. 1er) donne mission de régler les conditions générales de l'éducation de l'enfant, ont qualité pour déterminer le lieu où il sera élevé.

> Sur les droits de la personnalité

• **Civ. 1re, 27 mars 1990, n° 88-18.396,** *Bull. civ.* I, n° 72

* V. s[s] n° 131.71

Un mineur ne peut, sans l'autorisation de la ou des personnes ayant autorité sur lui, conclure une convention relative à un droit de la personnalité, tel que le droit à l'image.

• **CEDH 15 janv. 2009, *R. et D. c/Grèce*, req. n° 1234/05**
* V. s^{s} n° 131.71

La reproduction d'images représentant des handicapés mentaux dans l'intimité de leur existence quotidienne dans l'établissement où ils vivent et ce, sans l'autorisation de leurs représentants légaux, constitue à elle seule une atteinte illicite à l'intimité de leur vie privée.

131.03 Bibliographie indicative.

> **Sur l'ordonnance n° 2015-1288 du 15 octobre 2015.** H. Gratadour, « De la modification de la protection des mineurs et des majeurs vulnérables par l'ordonnance portant simplification et modernisation du droit de la famille », *RLDC* 2016, n° 135 – I. Maria, « Loi de modernisation et de simplification du droit : mesures pour les personnes protégées », *Dr. fam.* 2015. Comm. 81 – I. Maria et G. Raoul-Cormeil, « La nouvelle administration légale : 1+1 = 1 ? », *Dr. fam.* 2016. Dossier 4 – S. Mauclair, « De la rénovation des mécanismes de protection des intérêts de l'enfant mineur par l'ordonnance du 15 octobre 2015 », *RJPF* 2015-12/ – N. Peterka, « Clarifications et reculs du droit des personnes et de la famille. À propos de la loi n° 2015-177 du 16 février 2015 », *JCP* 2015, n° 9, n° 243.

> **Sur le décret n° 2016-185 du 23 février 2016.** L. Dargent, « Réforme du droit de la famille : le décret est publié », *Dalloz actualités*, 2 mars 2016.

> **Aspect international.** M. Revillard, « Administration des biens de mineurs, entrée en vigueur de la convention de La Haye du 19 oct. 1996 », *Defrénois* 2011, art. 39185, p. 29.

> **Généralités.** C. Geffroy, « Pour une autre conception de la tutelle des mineurs », *JCP N* 1993. I. 9 – J. Massip, *Tutelle des mineurs et protection juridique des majeurs*, Defrénois, 2009.

> **Intérêt de l'enfant et tutelle des ascendants.** V. Larribau-Terneyre, « L'intérêt de l'enfant encore en lumière : la disparition programmée de la tutelle aux ascendants », *Dr. fam.* 2007. Repère 6.

> **Vérification des comptes de la tutelle.** M. Bauer, T. Fossier et L. Pécaut-Rivolier, *La réforme des tutelles : ombres et lumières*, Dalloz, 2006, chap. 18, n°s 18.21 à 18.27.

> **Actions en justice.** M. Bauer, T. Fossier et L. Pécaut-Rivolier, *La réforme des tutelles : ombres et lumières*, Dalloz, 2006, « Agir en justice pour un mineur ou un majeur : le danger suprême », spéc. n° 17.11.

> **Baux commerciaux.** Th. Fossier, « Bail commercial et incapacité », *Ann. loyers* 2003, n° 10, p. 2039, n°s 1-44.

> **Mineur et vie économique.** F. Julienne, « Le mineur, acteur de la vie économique ? À propos de la loi du 15 juin 2010 », *Dr. fam.* 2010, Étude 31.

> **Mineur entrepreneur.** E. Blary-Clément, « Mineur entrepreneur : où est le problème ? À propos de l'article 2 de la loi du 15 juin 2010 », *LPA* 31 mai 2011, p. 11.

> **Qualification des actes de gestion du patrimoine.** Th. Fossier, « Actes de gestion du patrimoine des personnes protégées », *JCP N* 2009, n°s 1-2, Aperçu rapide 101 – M. Leroyer, « Personnes protégées. Qualification des actes de gestion du patrimoine », *RTD civ.* 2009. 180.

> **Honoraires de l'avocat.** T. Fossier et F. Fresnel, « Les honoraires d'avocat pour la défense d'un incapable », *Gaz. Pal.* 14-16 avr. 2002, n° 104, p. 3.

131.04 Exemples d'actes.

> **Tutelle des mineurs**

* Pour un exemple d'ordonnance fixant la composition du conseil de famille et décidant de sa réunion, v. s^{s} n° 5121.11

* Pour un exemple de procès-verbal de délibération d'un conseil de famille organisant la tutelle d'un mineur, v. s^{s} n° 5121.12

* Pour un exemple de jugement ouvrant la tutelle d'un mineur, v. s^{s} n° 5116.11

* Pour un exemple d'inventaire de patrimoine, v. s^{s} n° 5271.11

* Pour un exemple de comptes annuels de gestion, v. s^{s} n° 5271.12

> **Tutelle des majeurs (transposable aux mineurs)**

* Pour un exemple d'ordonnance de dessaisissement, v. s^{s} n° 5261.22

* Pour un exemple de procès-verbal de difficultés, v. s^{s} n° 5271.13

* Pour un exemple d'ordonnance statuant sur la conformité du compte, v. s^{s} n° 5271.14

SECTION 1
DOMAINE DE LA TUTELLE ET COMPÉTENCE TERRITORIALE DU JUGE DES TUTELLES

131.11 Ouverture de la tutelle lors de la disparition de fait ou de droit des titulaires de l'autorité parentale. La tutelle de l'enfant s'ouvre de plein droit lorsque ses deux parents, même adoptifs, sont décédés ou se trouvent privés de l'exercice de l'autorité parentale (C. civ., art. 390, al. 1er).

À l'égard d'un enfant dont la filiation n'est pas légalement établie, la tutelle s'ouvre également de plein droit (C. civ., art. 390, al. 2[1]).

En outre, le juge aux affaires familiales peut décider à tout moment d'ouvrir une tutelle pour **cause grave en cas d'administration légale**[2]. Il peut le faire soit d'office, soit à la requête de parents ou alliés, ou à celle du ministère public. La rédaction de l'article 391 issue de l'ordonnance n° 2015-1288 du 15 octobre 2015[3] a restreint le champ d'intervention du juge puisque

1. C. civ., art. 390, al. 2 (*mod. par Ord. n° 2005-759, 4 juill. 2005*).
2. Absence d'incidence sur l'exercice des droits d'autorité parentale de l'ouverture d'une tutelle : Cass., avis, 24 mars 2014, n° 13-70.010, *Bull. civ. avis*, n° 3; *D.* 2014. 1787, obs. Bonfils et Gouttenoire; *AJ fam.* 2014. 372, obs. Mornet; *RTD civ.* 2014. 336, obs. Hauser.
3. Ord. n° 2015-1288, 15 oct. 2015, portant simplification et modernisation du droit de la famille, *JO* 16 oct., p. 19304.

l'ancien texte ne prévoyait la cause grave que pour l'administration légale pure et simple, les juges pouvant précédemment retenir dans l'administration légale sous contrôle judiciaire des motifs sérieux de prononcer une telle mesure pour pallier la carence du ou des administrateurs légaux dans la gestion des biens du mineur. Transformer une administration légale en une tutelle est en effet une décision importante et le juge doit se montrer prudent. Il doit **caractériser** et **motiver** la **cause grave**, malversation notoire compromettant les intérêts de l'enfant, négligences graves telles le refus persistant de faire inventaire ou l'oubli prolongé de l'obligation d'emploi ou de conversion. De manière générale, pourraient être retenues toutes les causes qui, sous le régime de la tutelle, entraînent la destitution et l'exclusion des fonctions de tuteur, telles que l'inaptitude, la négligence[1], l'inconduite ou la fraude (C. civ., art. 396).

Peut être également retenue l'organisation d'une **mesure de protection judiciaire à l'égard des parents,** titulaires de l'autorité parentale. Cette solution a été retenue en jurisprudence[2], le juge des tutelles ayant alors limité la tutelle aux biens. La rédaction de l'article 458 du Code civil applicable aux majeurs protégés, incluant l'exercice de l'autorité parentale dans la liste des actes strictement personnels, devra amener une grande vigilance des juges et une appréciation au cas par cas, étant rappelé par ailleurs que le dernier alinéa de l'article 391 dispose que « *si la tutelle est ouverte, le juge des tutelles convoque le conseil de famille qui peut soit nommer comme tuteur l'administrateur légal, soit désigner un autre tuteur* ». Dans ce type de situations, le fait d'ouvrir une tutelle va permettre de contrôler effectivement le respect des intérêts de l'enfant mineur sans nécessairement écarter complètement son ou ses parents. Le rôle du juge des tutelles est donc tout particulièrement important dans le choix des membres du conseil de famille.

La Cour de cassation a rappelé, dans un arrêt du 26 avril 1988[3], l'obligation pour le juge de rechercher des informations suffisantes sur les parents de l'enfant. Elle a par ailleurs souligné[4] que la tutelle ouverte à l'égard d'un enfant dont le père avait été incarcéré et déchu de l'administration légale ne pouvait être limitée à la tutelle aux biens qu'à la condition de préciser si le père, malgré sa détention, était en état d'exercer l'autorité parentale, invitant les juges du fond à le contrôler et à la motiver au cas par cas.

Il appartient au juge de suivre l'évolution de la situation et le fonctionnement de la tutelle au mieux des intérêts de l'enfant mineur, la possibilité lui étant ouverte s'il l'estime nécessaire de transformer la tutelle en administration légale (v. s[s] n° 123.12).

Dans la tutelle, le juge a un rôle important dans l'organisation, le déroulement et la cessation de la mesure et l'article 394 du Code civil[5] rappelle que la tutelle est une « *protection due à l'enfant* » et qu'à ce titre elle constitue une charge publique qui est un « *devoir des familles et de la collectivité publique* ».

131.12 Fin de la tutelle et rôle du juge. En principe, le juge n'a aucun pouvoir de mettre fin à la tutelle, laquelle se termine à la **majorité** du mineur, à son **décès** ou par son **émancipation**[6]. La survenance d'un seul de ces événements met fin immédiatement à la mesure de tutelle et le juge se trouve dessaisi du dossier.

L'article 393 du Code civil[7] indique que, sous réserve d'application de l'article 392 du Code civil, la tutelle prend fin à l'émancipation du mineur ou à sa majorité, ainsi qu'en cas de jugement de mainlevée passé en force de chose jugée ou en cas de décès de l'intéressé.

Toutefois, le juge peut substituer une administration légale à la tutelle[8]. À titre dérogatoire en effet, le juge peut, durant l'exécution d'une mesure de tutelle, constater que les conditions de fonctionnement de la tutelle exigent sa transformation dans l'intérêt de l'enfant ou encore, à la requête de l'un des parents venant de reconnaître l'enfant après l'ouverture de la tutelle, transformer cette mesure en administration légale (C. civ., art. 392). De même, si la tutelle avait été ouverte en raison d'une cause grave, qui a disparu, le juge peut décider de **substituer** à la tutelle une administration légale sous contrôle judiciaire, voire même donner **mainlevée** de la tutelle. Sa décision est susceptible d'**appel** dans les conditions des articles 1239, 1241-1, 1241-2 et 1242 du Code de procédure civile.

131.13 Compétence territoriale du juge aux affaires familiales de la résidence habituelle de l'enfant. Dans l'**administration légale,** les fonctions de juge des tutelles sont exercées par un juge aux affaires familiales appartenant au tribunal de grande instance dans le ressort duquel se trouve « *la résidence habituelle* » du mineur (C. pr. civ., art. 1180-6, réd. Décr. n° 2016-185, 23 févr. 2016). Le juge territoria-

1. POUR UN EXEMPLE d'inaptitude et de négligence : Rennes, 18 nov. 2014, RG n° 13/07811.
2. TI Saint-Omer, 3 mai 1989, *JCP* 1990. II. 21514, note Fossier.
3. Civ. 1re, 26 avr. 1988, n° 86-12.130, *Bull. civ.* I, n° 120; *Gaz. Pal.* 1989. 1. 142, note Massip.
4. Civ. 1re, 8 nov. 1982, n° 80-12.309, *Bull. civ.* I, n° 123; *Gaz. Pal.* 1983. 2. 517, note Massip.
5. C. civ., art. 394 (*issu de L. n° 2007-308, 5 mars 2007*).
6. Rouen, 16 déc. 2011, RG n° 11/02568.
7. C. civ., art. 393 (*issu de L. n° 2007-308, 5 mars 2007*).
8. Existence de relations conflictuelles entre la mère de l'enfant (tutrice de la personne du mineur) et le tuteur aux biens gênant le fonctionnement normal de la tutelle : Civ. 1re, 24 oct. 2001, n° 98-20.340, *Bull. civ.* I, n° 264; *Dr. fam.* 2001, n° 9, p. 8, obs. Salvage-Gerest; *LPA* 2001, n° 171, p. 5, obs. Bruggeman.

lement compétent est donc celui du lieu où l'enfant mineur habite effectivement.

Dans la **tutelle**, les dispositions de l'article 1211 du Code de procédure civile figurant au chapitre X du titre 1er du livre III du Code de procédure civile intitulé « Protection juridique des mineurs et des majeurs » n'ont pas été modifiées. En conséquence, **l'option entre la résidence habituelle du mineur et le domicile du tuteur est ouverte**[1]. Le tuteur n'étant désigné par le juge qu'après l'ouverture de la tutelle, il n'est pas possible de tenir compte du domicile d'un éventuel tuteur du mineur pour déterminer la compétence territoriale du juge des tutelles. Selon une ancienne circulaire du garde des Sceaux en date du 1er juillet 1966[2], au décès du survivant des père et mère, le juge des tutelles compétent est celui du domicile du dernier mourant, « *car le mineur conserve son domicile en ce lieu en attendant la désignation du tuteur* ». Néanmoins, selon cette circulaire, le juge reste libre de déterminer sa compétence en tenant compte de la résidence du mineur et non de son domicile légal, « *par exemple lorsque le décès du dernier mourant des père et mère s'est produit en un lieu avec lequel le mineur n'a plus actuellement d'attache* ».

SECTION 2
ORGANISATION DE LA TUTELLE AUTOUR DU CONSEIL DE FAMILLE

131.21 Désignation du tuteur et du subrogé tuteur : des choix imposés au juge (désignations testamentaires, légales, voire datives). Quand une tutelle est ouverte, trois solutions sont possibles :

– soit la tutelle est régie par le droit commun et est alors en principe **familiale**;

– soit la tutelle est déclarée vacante et est déférée à « *la collectivité publique compétente en matière d'aide sociale à l'enfance* », c'est-à-dire au **département** (C. civ., art. 411)[3] (v. ss nos 132.11 s.);

– soit le mineur est admis, s'il est orphelin ou si l'autorité parentale a été retirée aux deux parents, en qualité de **pupille de l'État** (CASF, art. L. 224-4, 4°, et L. 380, al. 1er – V. ss nos 132.41 s.).

Dans le droit commun de la tutelle des mineurs, le juge ne désigne pas le tuteur et le subrogé tuteur du mineur placé sous tutelle. Les articles 403 et 404 du Code civil[4] reconnaissent le droit individuel, au dernier vivant des parents du mineur ayant conservé l'exercice de son autorité parentale au jour de son décès, de désigner le tuteur de son enfant mineur, soit par testament, soit par déclaration spéciale devant notaire[5].

Ainsi la mère d'un enfant naturel qui a conservé au jour de sa mort l'exercice de l'administration légale a pu valablement désigner par testament, avant la naissance de l'enfant, une de ses cousines comme tutrice[6].

EN PRATIQUE. Le tuteur désigné par testament doit signaler sa nomination au juge des tutelles territorialement compétent afin qu'un dossier soit ouvert au greffe au nom du mineur.

À défaut de testament, le conseil de famille choisit la personne de son choix pour exercer la fonction de tuteur du mineur (C. civ., art. 404) et la désignation sera dative. Il peut, en considération de la situation du mineur, des aptitudes des membres du conseil et de la consistance du patrimoine à administrer, désigner **plusieurs tuteurs** pour exercer en commun la tutelle (C. civ., art. 405) ou encore décider de **diviser la tutelle** entre un **tuteur chargé de la personne du mineur** et un **tuteur chargé de la gestion du patrimoine**, un **tuteur adjoint** pouvant en outre être nommé pour gérer certains biens particuliers (C. civ., art. 405, al. 2).

Le conseil de famille nomme par ailleurs parmi ses membres un **subrogé tuteur**, si possible dans l'autre branche familiale que celle dont est issu le tuteur (C. civ., art. 409). Son rôle consiste à surveiller l'exercice de la tutelle et à représenter le mineur lorsque les intérêts de celui-ci sont en opposition avec ceux du tuteur. L'alinéa 2 de l'article 410 du Code civil[7] renforce les droits du subrogé tuteur, lequel doit désormais être informé et consulté avant tout « *acte important* » concernant le mineur, accompli par le tuteur dans le cadre de l'exercice de sa mission tutélaire. Selon l'alinéa 3 de ce texte, à peine d'engager sa responsabilité à l'égard du mineur, le subrogé tuteur est tenu de surveiller les actes passés par le tuteur en cette qualité, et d'en informer sans délai le

1. En faveur du domicile du tuteur alors que le mineur ne résidait pas chez ce-dernier : Civ. 1re, 20 juin 1995, no 93-17.865, *Bull. civ.* I, no 272.
2. Circ. min. Justice, 1er juill. 1966, *JO* 7 juill.; rect. *JO* 27 juill. 1966, spéc. no 11.
3. Pour une vacance en raison de l'impossibilité de constituer un conseil de famille : Civ. 1re, 8 juill. 2010, no 09-70.096, NP.
4. C. civ., art. 403 et 404 (*issus de L. no 2007-308, 5 mars 2007*).
5. Inefficacité de l'écrit ne constituant pas un testament valable : Civ. 1re, 24 oct. 1995, no 93-20.433, *Bull. civ.* I, no 373; *D.* 1996. Somm. 235, obs. Vauvillé; *Dr. et patr.* 1996, p. 73, obs. Bénabent; *Defrénois* 1996. 999, obs. Massip; *RTD civ.* 1996. 131, obs. Hauser.
6. Civ. 1re, 9 févr. 1988, no 86-17.727, *Bull. civ.* I, no 37; *Gaz. Pal.* 1988. 2. 854; *RTD civ.* 1990. 448, note Rubellin-Devichi – Civ. 1re, 24 oct. 1995, no 93-20.433, *Bull. civ.* I, no 373; *D.* 1996. Somm. 235, obs. Vauvillé; *RTD civ.* 1996. 131, obs. Hauser; Rép. civ., vo *Enfance*, par Neirinck, avr. 2008 [actu. avr. 2015], no 78; Rép. pr. civ., vo *Pourvoi en cassation*, par J. et L. Boré, déc. 2015, no 622; *RDSS* 1996. 393, note F. Monéger.
7. C. civ., art. 410, al. 2 (*issu de L. no 2007-308, 5 mars 2007*).

juge des tutelles s'il constate des fautes dans l'exercice de la mission tutélaire.

131.22 Disparition du système des excuses présentées pour être déchargé des fonctions de tuteur ou de subrogé tuteur (C. civ., anc. art. 437). La participation au conseil de famille est une obligation pour celui qui est nommé, mais sans sanction particulière. L'article 397 du Code civil prévoit toutefois que le conseil de famille statue sur les **empêchements, retraits et remplacements** qui intéressent le tuteur ou le subrogé tuteur (à l'égard des membres du conseil de famille, c'est le juge des tutelles qui statue). Il convient de noter qu'une charge tutélaire ne peut être retirée qu'après que son titulaire ait été entendu ou appelé, le juge pouvant toujours prescrire des mesures provisoires dans l'intérêt du mineur, s'il estime qu'il y a urgence.

En cas de contestation, un **recours tutélaire** peut être exercé devant la cour d'appel dans les conditions des articles 1239, 1240, 1241-1, 1241-2, 1242 et 1242-1 du Code de procédure civile (v. s[s] n°s 124.10 s.).

131.23 Causes d'exclusion obligatoire des fonctions de tuteur et de subrogé tuteur. L'article 395 du Code civil[1] simplifie les causes d'exclusion obligatoires en interdisant l'exercice des charges de la tutelle aux :

- mineurs non émancipés, excepté pour les parents d'un mineur en tutelle;
- majeurs qui bénéficient d'une mesure de protection juridique;
- personnes qui ont fait l'objet d'un retrait de l'autorité parentale;
- personnes à qui l'exercice des charges tutélaires a été prohibé en application de l'article 131-26 du Code pénal.

Il convient de noter que le législateur n'a **pas fait de distinction entre les parents majeurs qui bénéficient d'une mesure de protection juridique** (tutelle, curatelle, sauvegarde de justice ou mandat de protection future). Tous sont exclus des fonctions de tuteur ou de subrogé tuteur. Si ces dispositions s'expliquent aisément en matière de gestion patrimoniale, elles apparaissent en revanche difficilement conciliables avec celles de l'article 458 du Code civil qui prévoient expressément que les actes de l'autorité parentale relatifs à la personne d'un enfant sont réputés strictement personnels. Ceux-ci relèvent, par suite, de la capacité naturelle de la personne protégée, sauf à motiver spécialement l'application de l'article 373 du Code civil prévoyant que « *le père ou la mère qui est hors d'état de manifester sa volonté en raison de son incapacité, de son absence ou de toute autre cause* » est privé de l'exercice de l'autorité parentale.

S'agissant des cas de **retrait de l'autorité parentale**, le conseil de famille doit établir la cause d'exclusion dès qu'il la constate. Cela suppose donc une **vigilance** particulière non seulement à ce stade mais aussi, bien en amont, lorsque le juge des tutelles compose le conseil. Il est sans doute opportun qu'il se rapproche, à cette fin, du **parquet** et, le cas échéant du **juge des enfants**, si une procédure est en cours devant ce magistrat. Par ailleurs, en l'absence de précision de l'article 395 du Code civil sur de possibles exceptions à cette exclusion obligatoire, les dispositions de l'article 131-26 (5°) du Code pénal, autorisant le juge de tutelles, à titre exceptionnel, à décider seul, après avoir entendu le conseil de famille, que le condamné frappé d'une interdiction de ses droits de famille pourra être désigné en qualité de tuteur (ou curateur) de ses propres enfants, semblent devoir continuer à s'appliquer.

131.24 Causes d'exclusion facultative des fonctions de tuteur et de subrogé tuteur. L'article 396 alinéa 2 du Code civil ajoute, aux causes habituelles et anciennes d'exclusion facultative de l'exercice des charges de la tutelle (inaptitude, négligence, inconduite ou fraude de la part de son titulaire, contradiction d'intérêts du titulaire avec ceux du mineur), une cause supplémentaire pouvant amener le juge des tutelles à procéder au remplacement du titulaire d'une charge tutélaire : le « *changement important dans sa situation* », en cas par exemple de maladie invalidante, de déménagement à l'étranger[2]...

L'article 397 alinéa 3 du Code civil prévoit qu'une charge tutélaire ne peut être retirée sans que son titulaire ait été entendu ou appelé par l'autorité qui lui a confié cette charge.

Ces causes d'exclusion facultative sont prononcées par une **délibération du conseil de famille**. Le conseil est convoqué à cet effet par le juge, d'office, sur réquisition du ministère public, par deux de ses membres, par le subrogé tuteur, par le mineur âgé de seize ans, par le tuteur lui-même ou enfin par le mineur âgé de moins de seize ans capable de discernement, sauf décision contraire spécialement motivée du juge (C. pr. civ., art. 1234). Avant toute délibération du conseil tendant à l'exclusion d'un tuteur ou d'un subrogé tuteur, celui-ci doit être **entendu ou appelé à comparaître** devant le conseil. Soit l'exclu adhère à la délibération, ce qui est mentionné au procès-verbal de la réunion; soit il n'y adhère pas et peut alors former un **recours tutélaire** contre la délibération devant la cour d'appel dans les délais et formes prévus aux articles 1241-2 et 1242 du Code de procédure civile. Dans ce dernier cas, le juge peut, s'il estime qu'il y a urgence, prendre seul des mesures provisoires dans l'intérêt du mineur (C. civ., art. 397, al. 4).

1. C. civ., art. 395 (*issu de L. n° 2007-308, 5 mars 2007*).

2. C. civ., art. 396, al. 2 (*issu de L. n° 2007-308, 5 mars 2007*).

131.25 Désignation des membres du conseil de famille par le juge. L'article 399 alinéa 2 du Code civil dispose que le conseil de famille est composé d'au moins quatre membres, y compris le **tuteur** et le **subrogé tuteur** mais **non le juge des tutelles.** Cet article ne fixe plus un nombre maximal de membres comme le faisait l'ancien article 407 alinéa 1er du Code civil[1].

Le tuteur est désormais membre du conseil de famille, ce qui n'était pas les cas sous l'empire de loi du 3 janvier 1968.

Les membres du conseil sont choisis par le juge en fonction de l'intérêt que chacun porte au mineur, de leur aptitude, des relations habituelles qu'ils entretenaient avec les parents, des liens affectifs qu'ils ont avec l'enfant et de leur disponibilité (C. civ., art. 399). Non seulement les parents et alliés des père et mère peuvent être membres du conseil de famille, mais aussi « *toute personne, résidant en France ou à l'étranger, qui manifeste un intérêt pour* [le mineur] ». L'éloignement géographique d'un proche de l'enfant ne saurait donc constituer un obstacle à sa désignation[2] et la loi entend promouvoir la **proximité affective avec le mineur.**

EN PRATIQUE. Le juge doit être particulièrement vigilant dans la composition du conseil de famille et rechercher non seulement des désignations dans les **deux lignes parentales du mineur** (C. civ., art. 399, al. 5) mais aussi des personnes qui connaissent bien l'enfant afin que la tutelle fonctionne au mieux de ses intérêts. Si, avant la réforme, il n'était pas absolument nécessaire de rendre une **ordonnance fixant la composition du conseil,** cette désignation étant dans tous les cas insusceptible de recours, celle-ci apparaît aujourd'hui indispensable au respect des droits du mineur comme des familles. Comme toute décision du juge des tutelles, et en l'absence de toute disposition contraire, **cette ordonnance est susceptible d'appel** (C. pr. civ., art. 1239).

L'omission par le juge de désigner des membres dans l'une des deux branches, alors qu'il existe des parents s'intéressant à l'enfant dont il n'a pas connaissance, constitue une violation d'une formalité substantielle d'ordre public susceptible d'entraîner la nullité de la délibération[3]. En droit strict, et comme antérieurement, le juge ne peut pas désigner une personne morale (association, société, *etc.*) en qualité de membre du conseil, malgré l'imprécision de l'alinéa 3 de l'article 399 du Code civil mentionnant les « *parents ou alliés des père et mère* » du mineur mais aussi de « *toute personne, résidant en France ou à l'étranger, qui manifeste un intérêt pour lui* ». L'alinéa 4 du même texte fait quant à lui une référence explicite aux relations habituelles entretenues avec les père et mère et, surtout, aux liens affectifs liant le candidat à des fonctions de membre du conseil de famille au mineur, la désignation d'une personne morale apparaît exclue.

Le juge est seul compétent pour statuer par ordonnance sur les empêchements, retraits et remplacements d'un membre du conseil de famille (C. civ., art. 397).

131.26 Modalités de convocation du conseil de famille. Le juge, par l'intermédiaire du greffe, convoque le conseil de famille huit jours au moins avant la date de la réunion (C. pr. civ., art. 1234-1), soit d'office soit sur réquisition du tuteur, du subrogé tuteur, du mineur âgé de seize ans révolus ou de deux membres au moins du conseil (C. pr. civ., art. 1234). Il doit également le convoquer à la demande du mineur âgé de moins de seize ans capable de discernement, sauf décision contraire spécialement motivée par le juge. En l'absence de disposition spéciale, cette décision est susceptible de recours (C. pr. civ., art. 1239).

Les membres doivent se présenter en personne (C. pr. civ., art. 1234-2), et ne peuvent plus se faire représenter par un mandataire comme cela était autorisé dans l'ancien dispositif (C. civ., anc. art. 412). Le conseil ne peut délibérer que si la moitié au moins de ses membres est présent ou représenté. Si le *quorum* n'est pas atteint et s'il y a urgence, le juge peut prendre la décision seul (C. pr. civ., art. 1234-3), sinon il doit ajourner la séance.

Si le juge estime que le conseil de famille peut se prononcer sur une délibération sans que la tenue d'une réunion soit nécessaire, il peut décider de le consulter par écrit en communiquant à chaque membre le texte de la délibération envisagée et sa motivation. Le vote s'effectue par lettre dans le délai initialement fixé par le juge, la délibération devant être notifiée aux votants ainsi qu'au tuteur et au subrogé tuteur (C. pr. civ., art. 1234-4).

131.27 Déroulement des séances du conseil de famille. Les séances du conseil de famille ne sont pas publiques et les membres du conseil ont l'obligation d'en garder le secret à l'égard des tiers (C. pr. civ., art. 1234-6). Le juge les préside avec voix délibérative, assisté du greffier, alors que le tuteur (ou le subrogé tuteur dans le cas où il remplace le tuteur) y assiste avec voix consultative. La délibération est prise à la majorité absolue des voix, celle du juge étant prépondérante[4] en cas de partage des voix (C. civ., art. 400). Le juge ne peut pas déléguer la fonction de président du conseil de famille (C. civ., art. 400).

1. C. civ., art. 407, al. 1er (*issu de L. n° 2007-308, 5 mars 2007*).
2. C. civ., art. 399, al. 3 (*issu de L. n° 2007-308, 5 mars 2007*).
3. Civ. 1re, 26 avr. 1988, n° 86-12.130, *Bull. civ.* I, n° 130; *Gaz. Pal.* 1989. 1. 142, note J. Massip – V. AUSSI : Civ. 1re, 20 mars 2013, n° 12-14.931, NP.
4. C. civ., art. 400, al. 1er et 3 (*issu de L. n° 2007-308, 5 mars 2007*).

EN PRATIQUE. Le juge a un rôle actif dans les séances du conseil de famille. Il établit l'ordre des questions posées, anime la discussion et rappelle les règles de droit. Ayant une voix délibérative, il exprime son avis et le motive.

Préalablement à la réunion du conseil de famille, le juge procède, ou fait procéder par la personne de son choix, à **l'audition du mineur** dans les conditions de l'article 388-1 du Code civil, s'il est capable de discernement (C. pr. civ., art. 1236). Le mineur peut en outre, si le juge ne l'estime pas contraire à son intérêt, assister à la séance à titre consultatif (C. pr. civ., art. 1234-7). Cette présence est souhaitable lorsque le conseil a été réuni à sa demande.

Le **procès-verbal** de la délibération du conseil est établi immédiatement en présence des intéressés; il est signé par tous les participants. La **délibération** est **motivée** et, s'il n'y a pas unanimité, l'avis de chacun des membres doit être mentionné dans le procès-verbal (C. pr. civ., art. 1235).

131.28 Pouvoirs du juge des tutelles et rapports avec les organes tutélaires. En plus de son pouvoir propre de décider de substituer l'administration légale à la tutelle de l'article 392 du Code civil, le juge des tutelles peut agir au lieu et place du conseil de famille dans les conditions prévues à l'article 505. Il peut ainsi autoriser le tuteur à faire des actes considérés comme modestes, pour lesquels l'autorisation du conseil de famille aurait pourtant été nécessaire, dès lors que l'acte concerné porte sur des biens dont la valeur en capital n'excède pas une somme fixée par décret, actuellement 50 000 euros[1]. Par ailleurs, en cas d'urgence, le juge des tutelles peut, par décision spécialement motivée prise à la requête du tuteur, autoriser au lieu et place du conseil de famille la vente d'instruments financiers, à charge qu'il soit rendu compte sans délai au conseil de famille qui décidera du remploi des fonds (C. civ., art. 505, al. 4).

De même, en cas d'urgence, si le *quorum* de moitié n'est pas atteint lors de la réunion du conseil de famille, le juge des tutelles peut prendre la décision objet de la convocation pour délibération à la place du conseil de famille (C. pr. civ., art. 1234-3). Il peut cependant opter pour l'ajournement de la réunion.

Le juge des tutelles peut enfin pendant la séance, lorsque le conseil de famille est réuni pour se prononcer sur l'exclusion, la destitution ou la récusation du tuteur ou du subrogé tuteur, prendre les mesures provisoires pour écarter le tuteur immédiatement, dans l'intérêt du mineur (C. civ., art. 397 *in fine*).

Pendant le fonctionnement de la tutelle, le juge a d'une façon générale sur le tuteur et le subrogé tuteur des **pouvoirs de surveillance** qui lui permettent de convoquer ces organes tutélaires pour leur demander des éclaircissements, leur adresser des observations, voire des injonctions (C. civ., art 411-1[2]). En plus de ce pouvoir général, le juge des tutelles dispose de prérogatives spécifiques grâce au **contrôle de l'obligation d'inventaire et d'actualisation** de celui-ci (C. civ., art. 503) et par le **devoir d'alerte du subrogé tuteur** (C. civ., art. 410).

132.29 Recours tutélaire contre les délibérations du conseil de famille. Les membres du conseil de famille, le tuteur et le juge peuvent exercer le recours tutélaire prévu par l'article 1239 du Code de procédure civile dans le délai de quinze jours à compter de la délibération ou de sa notification si le conseil a eu lieu par correspondance (C. pr. civ., art. 1241-2). La liste des personnes admises à exercer un recours sur ce fondement est limitative[3].

La délibération du conseil est exécutoire par elle-même. Toutefois, si le juge ne l'a pas assortie de l'exécution provisoire, son exécution est suspendue pendant le délai du recours tutélaire et par l'exercice du recours lui-même (C. pr. civ., art. 1232). Lorsque le recours est exercé par le juge, celui-ci joint au dossier une note exposant les motifs de son recours (C. pr. civ., art. 1242-1).

À titre d'exemple dans la tutelle des majeurs mais transposable à la tutelle des mineurs, est recevable le recours exercé par le juge sur le fondement de l'article 1222 du Code de procédure civile précité contre la décision du conseil de famille autorisant le mariage du majeur protégé, alors qu'aucun élément ne permet de penser que ce majeur avait la volonté de contracter mariage[4].

131.30 Recours spécial en nullité relative contre les délibérations du conseil de famille devant la cour d'appel. Les délibérations du conseil de famille entachées de dol, de fraude ou d'omission d'une formalité substantielle sont en principe nulles. Elles peuvent toutefois être validées par une nouvelle délibération valant confirmation de la délibération entachée de nullité (C. civ., art. 402). À défaut, **l'action en nullité de la délibération** est ouverte devant la cour d'appel (au tuteur, au subrogé tuteur, aux membres du conseil de famille, au ministère public, au mineur devenu majeur ou émancipé), dans les deux années de la délibération ou dans les deux années suivant la majorité ou l'émancipation du mineur. La prescription ne court pas s'il y a eu dol ou fraude tant

1. Décr. n° 2008-1484, 22 déc. 2008, art. 4.

2. Ord. n° 2015-1288, 15 oct. 2015, art. 6.
3. Civ. 1re, 4 nov. 1987, n° 85-18.190, *Bull. civ.* I, n° 284 – Civ. 1re, 13 oct. 1993, n° 92-10.233, *Bull. civ.* I, n° 280; *RTD civ.* 1994. 80, obs. Hauser.
4. Civ. 1re, 24 mars 1998, n° 97-11.252, *Bull. civ.* I, n° 124; *D.* 1999. 19, note Lemouland; *RTD civ.* 1998. 658, note Hauser; Rép. pr. civ., v° *Action d'état*, par Weiller, janv. 2010, n° 97.

que le fait qui en est à l'origine n'a pas été découvert (C. civ., art. 402).

Il est à noter que **le juge ne dispose pas de la faculté d'exercer cette action** sauf à considérer qu'il est inclus dans la formule « *les autres membres du conseil de famille* ». La prescription ne court pas, s'il y a eu dol ou fraude, jusqu'à ce que le fait ait été découvert. En outre, les actes accomplis en vertu d'une délibération annulée sont eux-mêmes annulables de la même manière, le délai courant à compter du jour de l'acte et non de celui de la délibération.

L'action en nullité prévue par l'article 402 du Code civil se transmet aux successeurs universels du mineur dès lors que le droit objet de la délibération présente un caractère patrimonial[1].

SECTION 3
GESTION DU PATRIMOINE DU MINEUR EN TUTELLE

§ 1
Rôle du juge et du directeur des services de greffe judiciaires

131.41 Intervention en principe limitée du juge dans la gestion patrimoniale de la tutelle. Par principe, le législateur a souhaité confier prioritairement la gestion de la tutelle aux organes tutélaires. Dans ce cadre, le juge demeure en retrait, même si, en vertu de la mission de surveillance générale des tutelles de son ressort, dont il dispose concurremment avec le procureur de la République, il doit non seulement être vigilant à l'égard de tous les **actes de disposition accomplis au nom du mineur** mais aussi sur le respect des **obligations incombant aux tuteur et subrogé tuteur**[2]. À titre exceptionnel, il peut donner une autorisation supplétive pour certains actes limitativement énumérés.

131.42 Un rôle de contrôle étendu par la loi du 5 mars 2007[3]**.** De manière générale, le législateur de 2007, a étendu les cas d'intervention du juge à défaut du conseil de famille. De plus, et afin d'assurer un contrôle plus efficace des intérêts du mineur, le juge des tutelles est le destinataire direct d'un certain nombre d'informations sur le fonctionnement de la tutelle. Ainsi, le nouvel article 503 du Code civil prévoit la **transmission au juge de l'inventaire des biens** dressé par le tuteur, en présence du subrogé tuteur, dans les trois mois de l'ouverture de la tutelle. Ce document permet notamment au magistrat d'évaluer la consistance réelle du patrimoine, de faire déterminer ou de déterminer lui-même le budget de la tutelle et les sommes annuellement disponibles pour l'entretien du mineur en fonction de ses avoirs (C. civ., art. 500).

Pour mieux sécuriser la gestion, **le législateur a en outre clarifié le rôle du subrogé tuteur et des tiers à l'égard du juge** en leur permettant de le tenir informé des éventuelles difficultés rencontrées.

Le **subrogé tuteur** doit par exemple saisir le juge lorsque le tuteur ne fait pas l'inventaire, ne rend pas les comptes ou, de manière plus générale, quand il constate une faute dans la gestion à peine, dans ce dernier cas, d'engager sa responsabilité personnelle à l'égard du mineur (C. civ., art. 410). Il atteste enfin auprès du juge du bon déroulement des opérations que le tuteur a l'obligation d'accomplir et, en particulier, de l'emploi ou du remploi des capitaux effectué conformément aux prescriptions du conseil de famille (C. civ., art. 497). S'agissant des **tiers**, l'article 499 du Code civil dispose qu'ils peuvent informer le juge des tutelles des actes ou omissions du tuteur qui lui paraissent de nature à nuire aux intérêts du mineur.

S'agissant des **comptes annuels de gestion**, le juge peut être amené à intervenir directement soit pour autoriser la communication des comptes aux parents ou proches, dans des conditions précises (C. civ., art. 510, al. 4), voire au mineur de seize ans lui-même conformément à ses droits en cas de difficulté avec le tuteur (C. civ., art. 510, al. 3), soit encore pour statuer sur la conformité du compte quand il est saisi d'une difficulté par le directeur des services de greffe judiciaires (C. civ., art. 511). Le juge des tutelles peut aussi décider que la mission de vérification et d'approbation des comptes sera exercée par le subrogé tuteur (C. civ., art. 511, al. 4).

131.43 Vérification des comptes de tutelle du mineur par le directeur des services de greffe judiciaires du tribunal de grande instance. Les articles 510 à 514 du Code civil, applicables à la tutelle des mineurs comme à la tutelle des majeurs, imposent au tuteur de remettre chaque année ses comptes de gestion, accompagnés des pièces justificatives utiles (dont l'inventaire régulièrement actualisé) au directeur des services de greffe judiciaires à une date déterminée par le juge. Cette **obligation de remise annuelle des comptes de gestion** est étendue à l'administrateur légal dans les conditions de l'article 387-5 du Code civil issu de l'ordonnance n° 2015-1288 du 15 octobre 2015.

Pour la vérification du compte, le directeur des services de greffe judiciaires peut faire usage du **droit de communication** prévu au deuxième alinéa de l'article 510, c'est-à-dire obtenir en particulier un relevé annuel du ou des comptes ouverts au nom du mineur. Les organismes bancaires ne peuvent lui

1. Civ. 1re, 6 oct. 1982, n° 81-13.774, *Bull. civ.* I, n° 278; *Defrénois* 1983, note J. Massip.
2. La responsabilité de l'État peut être engagée pour manquement du juge des tutelles à son obligation de surveillance : Paris, 23 nov. 2007, RG n° 2007-347701, *JCP N* 2008, n° 13, p. 28, obs. Arbellot.
3. A. Karm, « La sécurité patrimoniale du mineur et du majeur en tutelle », *Dr. fam.* 2007. Étude 18.

opposer un quelconque secret, étant toutefois observé que l'obligation d'information des banques n'est assortie d'aucune sanction en cas de manquement. Le directeur des services de greffe judiciaires peut, au surplus, être assisté dans sa mission par un technicien, par exemple un expert-comptable. Le coût de cette intervention est à la charge du mineur. Le législateur n'a pas repris l'aide des fonctionnaires du Trésor public, pourtant expérimentée avec succès dans plusieurs cours d'appel.

Le compte annuel de gestion doit être adressé par l'administrateur légal ou le tuteur de sa propre initiative, comme toutes les pièces nécessaires au contrôle. La mission du directeur des services de greffe judiciaires revêt une importance pratique considérable car c'est sur elle que repose la crédibilité des comptes comme la sécurité du système, destiné à protéger les mineurs (comme les majeurs protégés). Pourtant, et ainsi que l'a relevé le rapporteur de la loi du 5 mars 2007 à l'Assemblée nationale, seulement 90 « équivalents temps plein travaillés » (ETPT) de directeur des services de greffe judiciaires sont affectés à cette mission et le contrôle des comptes ne constitue qu'une faible partie de leur activité.

131.44 Incidents constatés dans la gestion tutélaire signalés au juge par le directeur des services de greffe judiciaires. En cas d'incidents ou d'anomalies repérés, le directeur des services de greffe judiciaires refuse d'approuver le compte de gestion et doit en référer au juge en dressant un **rapport d'incident**, le cas échéant après avoir sollicité ou même reçu l'administrateur légal ou le tuteur. Le juge devra alors statuer sur la conformité du compte (C. civ., art. 511, al. 3), le cas échéant après avoir convoqué l'administrateur légal ou le tuteur, ou lui avoir demandé des explications ou des justificatifs complémentaires. Le juge peut prononcer des injonctions et, si nécessaire, des amendes civiles (C. civ., art. 388-3, al. 3). Il peut surtout tirer les conséquences des manquements en ouvrant une tutelle aux biens[1] ou en convoquant le conseil de famille si la tutelle est déjà ouverte. Dans ce dernier cas, il demandera au subrogé tuteur des informations sur les anomalies constatées.

EN PRATIQUE. Lorsque le juge est saisi d'un rapport de difficulté et qu'il estime devoir convoquer l'administrateur ou le tuteur, il est important qu'il réalise l'audition en présence du directeur des services de greffe judiciaires. Les incidents proviennent souvent d'achats inconsidérés pour un montant important, réalisés au profit du mineur ou d'un tiers, voire réalisés sans l'autorisation du juge ou du conseil de famille alors que celle-ci était légalement requise. En cas de carence grave ou de détournement de fonds, le juge transmettra le dossier au ministère public afin de voir engager les poursuites pénales appropriées.

131.45 Possibilité ouverte au juge de faire inscrire une hypothèque légale sur les biens du tuteur. À l'ouverture de la tutelle, ou au cours de la mesure, le conseil de famille ou, à défaut, le juge peut, après avoir entendu le tuteur, décider de prendre une inscription sur les biens du tuteur, en fixant la somme pour laquelle elle est prise, ou faire constituer un gage. Les inscriptions sont prises à la requête du greffier du juge et les frais en sont imputés au compte de tutelle (C. civ., art. 2409).

§ 2
Rôle des organes tutélaires

131.51 Attributions des organes tutélaires dans la gestion des biens du mineur. Le **tuteur** a des obligations immédiates à la suite de sa désignation : **l'inventaire** et **les actes conservatoires**. Il doit, en sa qualité d'organe essentiel de la tutelle, faire dresser un inventaire du patrimoine du mineur, en présence du subrogé tuteur, dans un délai qui est désormais de trois mois et non plus de dix jours à compter de sa désignation (C. civ., art. 503). Il doit en outre l'actualiser en cours de mesure. Pour se faire, il peut obtenir communication de tout élément d'information nécessaire auprès des personnes publiques ou privées, sans que puisse lui être opposé le secret professionnel ou bancaire (C. civ., art. 505, al. 2).

L'**inventaire** et son **actualisation** sont indispensables et doivent être faits, et contrôlés, rigoureusement. À défaut, l'alinéa 3 de l'article 503 dispose que la personne protégée et ses héritiers peuvent faire la preuve de la valeur et de la consistance des biens par tous moyens.

Le tuteur doit réaliser les **actes conservatoires nécessaires à une bonne gestion du patrimoine du mineur**. Il les accomplit seul, sans autorisation préalable du conseil de famille ou du juge (C. civ., art. 504). Il lui appartient d'arrêter le budget de la tutelle (C. civ., art. 500).

Le conseil de famille règle les conditions générales de l'entretien et de l'éducation du mineur, en ayant égard à la volonté que les père et mère avaient pu exprimer (C. civ., art. 401).

L'article 408 alinéa 3 du Code civil, renvoyant à l'article 496 alinéa 2 du Code civil, a abandonné la référence au bon père de famille au profit d'une obligation pour le tuteur, qu'il le soit pour une personne mineure ou majeure, d'apporter « *des soins prudents, diligents et avisés à la gestion des biens de la personne protégée* »[2]. En dépit de ce changement sémantique,

1. T. Fossier, « Minorité – Tutelle : la distinction entre la tutelle aux biens et la tutelle à la personne », *JCP* 2001. 1222.

2. C. civ., art. 408, al. 3 (*issu de L. n° 2007-308, 5 mars 2007*).

l'obligation pesant sur le tuteur ne semble pas avoir changé de nature[1].

131.52 Classification des actes de gestion par le décret n° 2008-1484 du 22 décembre 2008, en application de l'article 496 alinéa 3. L'article 496 du Code civil, figurant dans le titre XII du livre I « De la gestion du patrimoine des mineurs et des majeurs en tutelle », dispose que le tuteur représente la personne protégée dans les actes nécessaires à la gestion de son patrimoine et que la liste des actes qui sont regardés comme des **actes d'administration**, relatifs à la gestion courante du patrimoine, et comme des **actes de disposition**, qui engagent celui-ci de manière durable et substantielle, est fixée par décret en Conseil d'État. Ce décret de classification est le décret n° 2008-1484 du 22 décembre 2008[2]. C'est lui qui déterminera la **marge de manœuvre du tuteur** et les cas dans lesquels il devra être autorisé par le conseil de famille ou, à défaut, par le juge, étant rappelé que certains actes lui sont en tout état de cause interdits, même s'il est muni d'une autorisation (C. civ., art. 509).

Outre ce texte, étudié dans le livre III consacré à la gestion patrimoniale[3], le Code civil établit lui-même une première classification des actes que le tuteur peut faire sans autorisation (C. civ., art. 503 et 504) et des actes que le tuteur ne peut accomplir qu'avec une autorisation (C. civ., art. 505 à 507-2).

En application de l'article 504 du Code civil, comme représentant du mineur, **le tuteur a le pouvoir d'accomplir seul tous les actes conservatoires et d'administration,** notamment les actes suivants :

- perception[4] et utilisation des revenus du mineur;
- actes conservatoires (par exemple, l'inscription d'hypothèque);
- réparation sur les immeubles du mineur;
- souscription de contrats d'assurance[5];
- aliénation des meubles d'usage courant et des biens ayant le caractère de fruits;
- baux consentis sur les biens du mineur n'excédant pas neuf ans;
- exploitation des biens du mineur;
- gestion courante de valeurs mobilières (Décr. n° 65-961, 5 nov. 1965);
- paiement des dettes du mineur;
- acceptation « *à concurrence de l'actif net* » des successions échues au mineur (C. civ., art. 507-1[6]);
- acceptation des legs particuliers non grevés de charge;
- acceptation des donations non grevées de charge au profit du mineur;
- actions en justice relatives aux droits patrimoniaux du mineur[7];
- défense à une action en justice introduite contre le mineur;
- réponse à une demande en partage dirigée contre le mineur ou adjonction à la requête collective à fin de partage présentée par tous les intéressés (C. civ., art. 507[8]).

En matière de **baux** (d'habitation ou commerciaux) consentis par le tuteur sur un immeuble appartenant au mineur, il convient de préciser que ceux-ci ne confèrent au preneur, à l'encontre du mineur devenu majeur ou émancipé, ni droit au renouvellement du bail consenti ni droit de se maintenir dans les lieux à l'expiration du bail, et ce en dépit de toutes dispositions légales contraires (C. civ., art. 504, al. 2)[9]. « *Si le bail est commercial, donc doté d'un droit de renouvellement, l'accession à la majorité ou l'émancipation interdisent au preneur de se prévaloir de telles prérogatives au-delà du moment où le mineur devient majeur ou émancipé ou du moment où le majeur retrouve sa capacité* ». Le tuteur peut donc seul souscrire un bail commercial dépourvu d'un droit au renouvellement du bail au profit du preneur[10]. Il lui incombe en revanche de se munir de l'autorisation du juge des tutelles pour souscrire un bail avec renouvellement (C. Civ., art. 1718 et 595, al. 2 et 3).

1. Sur la gestion du tuteur en bon père de famille : T. Fossier et L. Pécaut-Rivolier, « La protection des intérêts patrimoniaux », *AJ fam.* 2007. 168.
2. Décr. n° 2008-1484, 22 déc. 2008, relatif aux actes de gestion du patrimoine des personnes placées en curatelle ou en tutelle, et pris en application des articles 452, 496 et 502 du Code civil, *JO* 31 déc., p. 20631.
3. I. Maria, « De la pertinence de la classification des actes de gestion du patrimoine des personnes protégées. Approche critique du décret n° 2008-1484 du 22 décembre 2008 », *Dr. fam.* 2010. Étude 31.
4. À cette fin le tuteur peut poursuivre des voies d'exécution : Civ. 1re, 4 mai 1994, n° 92-14.767, *Bull. civ.* I, n° 158; *JCP* 1995. II. 22413, note Fossier; *Defrénois* 1994. 1455, obs. Massip; *RTD civ.* 1994. 568, obs. Hauser.
5. La jurisprudence, dans le silence du décret, a considéré que la renonciation à un contrat d'assurance-vie constituait un acte d'administration : Civ. 1re, 18 mai 2011, n° 10-23.114, *Bull. civ.* I, n° 94; *Gaz. Pal.* 2011, n° 173, p. 8, obs. Leroy; *RJPF* 2011-10/18, obs. Casey; *Dr. fam.* 2011, n° 7, p. 49, obs. Maria; *RTD civ.* 2011. 509, obs. Hauser.
6. C. civ., art. 507-1 (*issu de L. n° 2007-308, 5 mars 2007*).
7. Civ. 1re, 20 sept. 2006, n° 04-18.501, *Bull. civ.* I, n° 412; *RTD civ.* 2007. 92, obs. Hauser; *Defrénois* 2007. 312, obs. Massip – M. Bauer, T. Fossier et L. Pécaut-Rivolier, *La réforme des tutelles : ombres et lumières*, Dalloz, 2006, spéc. chap. 17, « Agir en justice pour un mineur ou un majeur : le danger suprême », n° 17.13.
8. C. civ., art. 507 (*mod. par L. n° 2007-308, 5 mars 2007*).
9. Civ. 3e, 10 nov. 1987, n° 86-11.580, *Bull. civ.* III, n° 181; *JCP* 1989. II. 21165, note Guihal et Fossier – Civ. 1re, 18 oct. 1994, n° 92-21.735, *Bull. civ.* I, n° 294; *D.* 1995. 529, note Massip; *RTD civ.* 1995. 600, obs. Hauser – Civ. 3e, 15 mars 2000, n° 98-14.608, *Bull. civ.* III, n° 60; *D.* 2000. AJ 273, obs. Rouquet; *RJPF* 2000-6/12, note Valory.
10. T. Fossier, « Bail commercial et incapacité », *Ann. loyers* 2003. 2045, n° 25.

L'article 504 alinéa 2 du Code civil (C. civ., anc. art. 456, al. 3) ne s'applique pas aux baux consentis avant l'ouverture de la tutelle et renouvelés par la suite par le tuteur [1].

En outre, un **avocat** ne saurait valablement prélever des **honoraires** liés à une action judiciaire patrimoniale, sur des fonds devant revenir à un mineur sous tutelle sans avoir obtenu au préalable l'accord du tuteur, car le paiement des honoraires d'avocat constitue un acte d'administration au sens de l'article 504 alinéa 1er du Code civil [2].

En application des articles 505 à 508 du Code civil, le tuteur ne peut sans l'autorisation préalable du conseil de famille ou, à défaut, du juge, faire des actes de disposition au nom du mineur.

Avec cette **autorisation préalable**, il peut en principe, notamment accomplir les actes suivants :

- placement des capitaux liquides et de l'excédant des revenus du mineur;
- aliénation des meubles précieux ou constituant une part importante du patrimoine du mineur (immeubles, fonds de commerce);
- baux consentis sur les biens du mineur d'une durée excédant neuf années;
- baux emphytéotiques (C. rur., art. L. 451-2);
- baux souscrits au profit du tuteur;
- gestion et aliénation de valeurs mobilières (actions, obligations ou parts);
- aliénation des droits incorporels (créances, brevets, rentes...);
- acceptation pure et simple d'une succession échue au profit du mineur;
- renonciation à une succession échue au profit du mineur;
- révocation d'une renonciation à une succession échue au profit du mineur à condition que la succession à laquelle il a été renoncé au nom du mineur n'ait pas été acceptée par un autre héritier et que l'État n'ait pas déjà été envoyé en possession;
- acceptation des legs particuliers grevés de charges;
- actions en justice relatives aux droits non patrimoniaux du mineur (état et personne du mineur);
- acquiescement à une action en justice introduite contre le mineur;
- transaction (C. civ., art. 506);
- introduction d'une demande en partage au nom du mineur ou partage amiable (C. civ., art. 507);
- vente de gré à gré des immeubles et des fonds de commerce appartenant au mineur;
- apport en société d'immeubles et de fonds de commerce à l'amiable sur rapport d'un expert désigné par le juge des tutelles (C. civ., art. 505);
- adjudication volontaire d'immeubles ou de fonds de commerce appartenant au mineur;
- constitution de droits réels sur les immeubles et les fonds de commerce du mineur;
- emprunt au nom du mineur;
- acquisition de biens du mineur (C. civ., art. 508);
- prise à bail de biens du mineur (C. civ., art. 508);
- cautionnement hypothécaire souscrit au nom du mineur [3].

Lorsqu'il autorise un acte de disposition, le conseil de famille peut prescrire, dans sa délibération, toutes les mesures qu'il juge utiles, notamment quant au remploi des fonds (C. civ., art. 501).

L'article 504 alinéa 2 du Code civil ne concernant que les baux conclus par le tuteur seul, le conseil de famille, voire le juge des tutelles, peuvent autoriser le tuteur à consentir sur les biens du mineur un bail ouvrant droit à renouvellement envers le mineur devenu majeur [4]. « *Une jurisprudence constante, approuvée par une doctrine unanime, admet que le représentant légal, comme en matière d'acte de disposition, soit autorisé sur le fondement de l'article 457 du Code civil à passer un bail doté d'un droit au renouvellement* » [5].

De même, lorsque la tutrice s'engage à abandonner, dans un contrat de révélation de succession, au généalogiste une quotité de l'actif net de la succession dévolue au mineur en contrepartie de la révélation de celle-ci, elle accomplit un acte de disposition qui doit être autorisé par le conseil de famille [6].

Le mandat du tuteur d'agir en justice n'est pas un mandat *ad litem*, il n'emporte pas le pouvoir d'acquiescer au nom du mineur, un tel acte exigeant une délibération du conseil de famille [7]. De même, la convention d'honoraires liée à une action judiciaire extrapatrimoniale ou à une transaction, conclue avec l'avocat du mineur sous tutelle, devait-elle sous l'empire des anciens textes, à peine de nullité, être autorisée par le conseil de famille (C. civ., anc. art. 457, al. 1er, et 467;

1. EN CE SENS : T. Fossier, *Ann. loyers* 2003. 2041, n° 7.
2. EN CE SENS : T. Fossier et F. Fresnel, « Les honoraires d'avocat pour la défense d'un incapable », *Gaz. Pal.* 14-16 avr. 2002, p. 8.
3. PAR ANALOGIE : Civ. 1re, 2 déc. 1997, n° 95-20.198, *Bull. civ.* I, n° 343; *D.* 1998. Somm. 303, obs. Vauvillé; 378, obs. Piedelièvre; 469, note Hauser et Delmas Saint-Hilaire; *RTD civ.* 1998. 342, obs. Hauser.
4. Civ. 1re, 21 juin 1989, n° 87-19.434, *Bull. civ.* I, n° 244; *Defrénois* 1989. 92, obs. Massip.
5. T. Fossier « Bail commercial et incapacité », *Ann. loyers* 2003, p. 2047, n° 30.
6. Civ. 1re, 10 mars 1998, n° 95-22.111, *Bull. civ.* I, n° 102; *Defrénois* 1998. 1403, note Massip; *RTD civ.* 1998. 656, obs. Hauser.
7. Civ. 1re, 7 mars 2000, n° 97-20.650, *Bull. civ.* I, n° 78; *D.* 2001. 1513, obs. Lemouland; *RTD civ.* 2000. 397, obs. Perrot; *RTD civ.* 2000. 294, obs. Hauser; Rép. pr. civ., v° *Action d'état*, par Weiller, janv. 2010, n° 26.

en ce sens, v. Fossier et Fresnel[1]). L'analyse des tableaux figurant au décret précité du 22 décembre 2008 ouvre le débat.

Selon l'article 408 alinéa 2 nouveau du Code civil, le tuteur représente le mineur sous tutelle en justice dans toutes les procédures (civiles, pénales ou administratives) pour assurer la défense de ses droits patrimoniaux[2]. Cependant, en matière de droits extrapatrimoniaux, le tuteur doit être autorisé, sinon enjoint, à agir en justice, en demande ou en défense, au nom du mineur par le conseil de famille. Le conseil de famille peut en outre enjoindre au tuteur de se désister d'une instance ou d'une action, voire de transiger au nom du mineur.

§ 3 Actes patrimoniaux soumis à des règles particulières

131.61 Formalités particulières liées aux ventes de valeurs mobilières. En matière de vente de valeurs mobilières inscrites à une cote officielle, outre l'autorisation du conseil de famille de consentir à la cession, le tuteur doit faire procéder à leur vente par l'intermédiaire d'une société de bourse (C. civ., art. 505, al. 2). En cas d'urgence, le juge peut, par décision spécialement motivée prise à la requête du tuteur, autoriser en lieu et place du conseil de famille, la vente d'instruments financiers, à charge qu'il en soit rendu compte sans délai au conseil de famille (C. civ., art. 505, al. 4).

Les valeurs mobilières non cotées sont vendues aux enchères par l'intermédiaire d'une société de bourse ou d'un notaire désigné dans la délibération du conseil de famille qui autorise la vente, sauf cas d'urgence précité.

131.62 Autorisation du partage amiable par le conseil de famille ou, à défaut, par le juge. Le partage amiable, même partiel, au nom du mineur est soumis à l'autorisation du conseil de famille, qui désigne s'il y a lieu un notaire pour y procéder. L'état liquidatif est alors soumis à l'approbation du conseil de famille (C. civ., art. 507[3]) ou à défaut du juge.

131.63 Actes civils que le tuteur a l'interdiction de conclure au nom et pour le compte du mineur. Certains actes sont interdits au tuteur par l'article 509 du Code civil, sauf les exceptions de l'article 508 et les dispositions particulières en matière de donations. Le tuteur ne peut donc pas, même avec une autorisation (C. civ., art. 509) :

« 1° *Accomplir des actes qui emportent une aliénation gratuite des biens ou des droits de la personne protégée sauf ce qui est dit à propos des donations, tels que la remise de dette, la renonciation gratuite à un droit acquis, la renonciation anticipée à l'action en réduction visée aux articles 929 à 930-5, la mainlevée d'hypothèque ou de sûreté sans paiement ou la constitution gratuite d'une servitude ou d'une sûreté pour garantir la dette d'un tiers;*

2° Acquérir d'un tiers un droit ou une créance que ce dernier détient contre la personne protégée;

3° Exercer le commerce ou une profession libérale au nom de la personne protégée;

4° Acheter les biens de la personne protégée ainsi que les prendre à bail ou à ferme, sous réserve des dispositions de l'article 508;

5° Transférer dans un patrimoine fiduciaire les biens ou droits d'un majeur protégé. »

Le tuteur ne peut ainsi pas compromettre, c'est-à-dire soumettre à un ou plusieurs arbitres un différend concernant le mineur, renoncer gratuitement à un droit détenu par le mineur, par exemple une prescription acquisitive, retirer des titres au porteur ou convertir des titres nominatifs appartenant au mineur en titres au porteur.

La liste des actes de l'article 509 du Code civil n'a pas été modifiée par l'ordonnance n° 2015-1288 du 15 octobre 2015 pour ce qui concerne la tutelle, contrairement à l'administration légale (v. s^s n° 126.21).

Par exception, sur autorisation du conseil de famille ou à défaut du juge des tutelles, le tuteur peut cependant acheter les biens de la personne protégée ou les prendre à ferme, étant précisé que pour la conclusion de l'acte le tuteur est réputé en opposition d'intérêts avec le mineur de sorte qu'un administrateur *ad hoc* devra être désigné (C. civ., art. 508). La désignation de l'administrateur *ad hoc* devra être réalisée dans les conditions de l'article 388-2 du Code civil.

131.64 Interventions supplétives du juge à la place du conseil de famille. L'article 502 alinéa 2 du Code civil reprend le même système d'autorisations supplétives du juge d'avant la loi du 5 mars 2007, en cas d'actes portant sur des biens dont la valeur est peu importante[4]. Ainsi le juge peut-il autoriser le tuteur à faire des **actes pour lesquels l'autorisation du conseil de famille était requise** si ces actes portent sur des biens dont la valeur en capital n'excède pas une somme fixée par décret. Cette somme est actuellement de 50 000 euros (Décr. n° 2008-1484, 22 déc. 2008, art. 4) L'ordonnance du juge doit être notifiée au tuteur et au subrogé tuteur, qui peuvent en faire

1. T. Fossier et F. Fresnel, « Les honoraires d'avocat pour la défense d'un incapable », *Gaz. Pal.* 14-16 avr. 2002, p. 5.
2. C. civ., art. 408, al. 2 (*issu de L. n° 2007-308, 5 mars 2007*).
3. Le partage peut également être fait en justice conformément aux articles 840 et 842. Tout autre partage est considéré comme provisionnel.
4. C. civ., art. 502, al. 2 (*issu de L. n° 2007-308, 5 mars 2007*).

recours dans les délais et les formes des articles 1239, 1241-1 et 1242 du Code de procédure civile.

Des dispositions particulières permettent au juge d'autoriser un **acte en raison de l'urgence.** Ainsi en est-il, à la requête du tuteur et par une décision spécialement motivée, de la **vente d'instruments financiers** (v. s[s] n° 131.61), à charge qu'il soit rendu compte sans délai au conseil de famille qui décide du remploi (C. civ., art. 505, al. 4). De même, en cas de dysfonctionnement du conseil de famille, par exemple lorsque le *quorum* n'est pas atteint lors d'une réunion, le juge peut soit ajourner la délibération soit prendre lui-même la décision (C. pr. civ., art. 1234-3).

De manière générale, le législateur de 2007 a étendu les possibilités d'autorisation directe par le juge en prévoyant son **intervention « à défaut » du conseil de famille** (C. civ., art. 500, al. 2 et 3, pour l'intégration de la rémunération des administrateurs particuliers dans les frais de gestion et pour l'autorisation donnée au tuteur de conclure un contrat de gestion de valeurs mobilières - art. 501, pour les autorisations d'emploi et de remploi et le dépôt sur un compte indisponible - art. 505, pour les actes de disposition - art. 506, pour les transactions ou compromis - art. 507, pour les actes de partage - art. 507-1, pour les autorisations exceptionnelles d'acceptation pure et simple de succession si l'actif dépasse manifestement le passif et pour la renonciation à une succession échue au mineur - art. 507-2, pour la révocation de la renonciation à succession - art. 508, pour l'autorisation exceptionnelle d'acquisition ou de prise à bail ou à ferme d'un bien du mineur).

La jurisprudence déterminera comment interpréter l'expression « *à défaut* ». Il est probable que le recours au juge supposera, à tout le moins, soit que le critère de l'urgence soit rempli, soit que le conseil de famille ait dans un premier temps été convoqué, ou consulté par un vote par correspondance, et qu'il n'ait pu se prononcer, notamment pour des raisons de *quorum*. En tout état de cause, il appartiendra sans doute au juge de **motiver son intervention supplétive.**

SECTION 4
ACTES RELATIFS À LA PERSONNE DE L'ENFANT MINEUR DANS LA TUTELLE

131.71 Principe : le tuteur prend soin de la personne du mineur (C. civ., art. 408). L'article 408 du Code civil dispose que « *le tuteur prend soin de la personne du mineur et le représente dans tous les actes de la vie civile, sauf dans les cas dans lesquels la loi ou l'usage autorise le mineur à agir lui-même* ». Le tuteur a les pouvoirs et obligations dévolus aux parents du mineur concernant : **l'obligation scolaire, les soins et les vaccinations** (CSP, art. L. 3111-1 et L. 3112-1[1]) ; les **traitements médicaux**, les interventions chirurgicales, l'interruption volontaire de grossesse sur la mineure enceinte (CSP, art. L. 2212-7), et les **prélèvements d'organes** sur le mineur décédé (CSP, art. L. 1232-2 s.).

Également, lorsque le mineur en tutelle justifie d'un intérêt légitime, son représentant légal (c'est-à-dire son tuteur) peut présenter pour son compte une requête en changement de prénom devant le juge aux affaires familiales (C. civ., art. 60[2]), le changement de nom étant quant à lui soumis à d'autres dispositions (C. civ., art. 61). Cependant, le consentement personnel du mineur de plus de treize ans est requis.

D'une manière générale, il appartient au tuteur de protéger les intérêts de l'enfant mineur relativement à sa personne et son autorisation doit être recherchée par exemple pour protéger les droits de la personnalité. Ainsi, la Cour de cassation a-t-elle rappelé dans un arrêt du 27 mars 1990[3] qu'un mineur ne peut, sans l'autorisation de la ou des personnes ayant autorité sur lui, conclure une convention relative à un droit de la personnalité, tel que le droit à l'image. La Cour européenne des droits de l'homme[4] a elle-même jugé que la reproduction d'images représentant des handicapés mentaux dans l'intimité de leur existence quotidienne dans l'établissement où ils vivent, et ce sans l'autorisation de leurs représentants légaux, constitue à elle seule une atteinte illicite à l'intimité de leur vie privée. Le tuteur doit donc être particulièrement vigilant pour assurer effectivement le respect des droits des enfants mineurs, en particulier lorsqu'ils sont hébergés en établissement.

Il convient en outre d'ajouter qu'en cas de tutelle aux biens le tuteur aux biens ne peut se prévaloir de l'article 449 du Code civil pour faire prévaloir ses choix relatifs à la personne du mineur au détriment de l'un des parents du mineur demeuré titulaire de l'autorité parentale[5], celui-ci devant alors assurer la protection des droits extra-patrimoniaux de l'enfant.

En matière de santé, en application des articles L. 1111-2 et L. 1111-7 du Code de la santé publique[6], toute personne, même mineure, a le **droit d'être informée sur son état de santé** et a un droit d'accès à l'ensemble des informations concernant sa santé détenue par des professionnels et établissements de santé. Cette information doit lui être dispensée au

1. CSP, art. L. 3111-1 et L. 3112-1 (*issus de Ord. n° 2000-548, 15 juin 2000*).
2. C. civ., art. 60 (*mod. par L. n° 2007-308, 5 mars 2007, et L. n° 2011-525, 17 mai 2011, art. 51*).
3. Civ. 1re, 27 mars 1990, n° 88-18.396, *Bull. civ.* I, n° 72.
4. CEDH 15 janv. 2009, R. et D. c/Grèce, req. n° 1234/05, *RTD civ.* 2009. 283, obs. Marguénaud.
5. Civ. 1re, 24 oct. 2000, n° 98-20.340, *Bull. civ.* I, n° 264; *JCP* 2001. II. 10548, note Fossier; *RTD civ.* 2001. 109, obs. Hauser; *Defrénois* 2001. 97, obs. Massip.
6. CSP, art. L. 1111-2 et L. 1111-7 (*issus de L. n° 2002-303, 4 mars 2002, L. n° 2004-810, 13 août 2004, et L. n° 2005-370, 22 avr. 2005*).

cours d'un entretien individuel, au besoin en présence d'une tierce personne, sauf en cas d'urgence ou d'impossibilité d'y procéder. Comme n'importe quel patient, le mineur sous tutelle a le droit d'être informé sur son état de santé.

Ses droits sont exercés par son tuteur, qui va recevoir les informations le concernant (CSP, art. L. 1111-2, al. 5). Cependant, le tutélaire a le droit de recevoir lui-même une information médicale et de participer à la prise de décision médicale qui le concerne, d'une manière adaptée à son degré de maturité (CSP, art. L. 1111-2, al. 5) [1].

Le tuteur du mineur prend, avec le professionnel de santé et après avoir été informé, les décisions relatives à sa santé. Toutefois, le **consentement du mineur** à l'acte médical doit systématiquement être recherché s'il est apte à exprimer sa volonté et à participer à la décision (CSP, art. L. 1111-4, al. 6).

Dans le cas où le refus du tuteur de faire pratiquer un traitement risquerait d'entraîner des conséquences graves sur la santé du tutélaire, le médecin délivre les soins indispensables (CSP, art L. 1111-4, al. 6).

131.72 Exceptions : les actes particuliers relevant d'une décision du conseil de famille. Le conseil de famille règle les conditions générales de l'entretien et de l'éducation de l'enfant (C. civ., art. 401). Il doit rechercher quelle était la volonté des père et mère et déterminer le **lieu où l'enfant sera élevé**, en tout cas lorsqu'il n'y a plus ni père ni mère exerçant l'autorité parentale [2]. Le conseil statue également sur le **mariage du mineur**, s'il n'y a ni père ni mère, ni grands-parents, ou s'ils se trouvent tous hors d'état de manifester leur volonté, ce qui supposera au cas par cas de se poser la question et de rechercher la famille (C. civ., art. 159). Le conseil statue par ailleurs sur le **contrat de mariage, l'adoption** (C. civ., art. 348-2 et 361) ou son **émancipation** éventuelle (C. civ., art. 413-3). Selon l'article 405 alinéa 2 du Code civil, le conseil de famille peut décider de diviser l'exercice de la tutelle du mineur entre un tuteur chargé de la gestion de ses biens et un tuteur chargé de sa personne [3]. L'alinéa 3 de l'article 405 prévoit que ces deux tuteurs doivent toutefois s'informer mutuellement des décisions qu'ils prennent.

En outre, l'alinéa 1er de l'article 405 prévoit que le conseil de famille peut, en considération de la situation du mineur, des aptitudes des intéressés et de la consistance du patrimoine à administrer, désigner plusieurs tuteurs pour exercer en commun la mesure de protection, chaque tuteur étant réputé, à l'égard des tiers, avoir reçu des autres le pouvoir de faire seul les actes pour lesquels un tuteur n'aurait besoin d'aucune autorisation.

131.73 Demandes relatives à la nationalité de l'enfant mineur. L'article 17-3 du Code civil, figurant dans les conditions générales relatives aux demandes portant sur la nationalité française, a été modifié dans sa rédaction par l'ordonnance n° 2015-1288 du 15 octobre 2015. Dans sa rédaction initiale, l'enfant mineur de plus de seize ans pouvait présenter seul et sans autorisation une demande en vue d'acquérir, de perdre ou d'être réintégré dans la nationalité française, ou encore en vue de faire une déclaration de nationalité. En revanche, l'enfant mineur de moins de seize ans et celui dont les altérations des facultés mentales ou corporelles empêchaient l'expression de la volonté devaient être représentés par celui ou ceux qui exercent à son égard l'autorité parentale. Le juge des tutelles intervenait pour constater l'empêchement du mineur, sur le vu d'un certificat médical établi par un médecin choisi sur une liste établie par le procureur de la République.

À compter du 1er janvier 2016, par application des nouvelles dispositions figurant à l'article 17-2 du Code civil modifié, ce contrôle du juge est supprimé et **le juge des tutelles n'a plus à intervenir pour constater l'empêchement du mineur dans l'expression de sa volonté.** L'empêchement doit toujours être constaté par un **médecin inscrit** sur la liste établie par le procureur de la République mais il revient désormais à l'autorité administrative de le vérifier sans recours au juge.

131.74 Actes relatifs à la personne du mineur sous tutelle en matière de recherche biomédicale. Les mineurs ne peuvent être sollicités pour se prêter à des recherches biomédicales que si des recherches d'une efficacité comparable ne peuvent être effectuées sur des personnes majeures et dans les conditions suivantes :

– soit l'importance du **bénéfice escompté** pour ces personnes est de nature à justifier le risque prévisible encouru;

– soit ces recherches se justifient au regard du **bénéfice escompté pour d'autres mineurs.** Dans ce cas, les risques prévisibles et les contraintes que comporte la recherche doivent présenter un caractère minimal (CSP, art. L. 1121-7 [4]).

Les mineurs non émancipés reçoivent, lorsque leur participation à une recherche biomédicale est envisagée, une **information adaptée à leur capacité de compréhension**, tant de la part de l'investigateur que des personnes, organes ou autorités chargés de les représenter ou d'autoriser la recherche, eux-mêmes infor-

1. F. Vialla, « Relation de soin et minorité », *LPA* 2015, n° 57, p. 4 – C. Rey-Salmon, « Secret médical et personnes vulnérables : le cas du mineur », *D.* 2009. 2651.
2. Civ. 1re, 5 mai 1986, n° 84-80.035, *Bull. civ.* I, n° 118; *Gaz. Pal.* 1986. 2. 772, note Massip.
3. C. civ., art. 405, al. 2 (*issu de L. n° 2007-308, 5 mars 2007*).
4. CSP, art. L. 1121-7 (*issu de L. n° 2004-806, 9 août 2004*).

més par l'investigateur. Ils sont consultés dans la mesure où leur état le permet. Leur adhésion personnelle en vue de leur participation à la recherche biomédicale est recherchée. En toute hypothèse, il ne peut être passé outre à leur refus ou à la révocation de leur acceptation (CSP, art. L. 1122-2 [1]).

Lorsqu'une recherche biomédicale est effectuée sur une personne mineure sous tutelle, **l'autorisation** est donnée par son **représentant légal** et (si le comité mentionné à l'article L. 1123-1, le comité de protection des personnes, considère que la recherche comporte par l'importance des contraintes ou par la spécificité des interventions auxquelles elle conduit un risque sérieux d'atteinte à la vie privée ou à l'intégrité du corps humain) par le **conseil de famille** s'il a été institué ou par le **juge des tutelles**.

131.75 Prélèvements divers sur le corps de l'enfant mineur en tutelle. L'utilisation d'éléments et de produits du corps humain à une fin médicale ou scientifique autre que celle pour laquelle ils ont été prélevés ou collectés est possible, sauf **opposition** exprimée par la personne sur laquelle a été opéré ce prélèvement ou cette collecte, dûment informée au préalable de cette autre fin. Lorsque cette personne est un mineur placé sous tutelle, l'opposition est exercée par son **tuteur** (CSP, art. L. 1211-2, al. 2 [2]).

Si la personne décédée était un mineur sous tutelle, le prélèvement d'organes à des fins thérapeutiques ou scientifiques ne peut avoir lieu qu'à la condition que son tuteur y ait consenti par écrit (CSP, art. L. 1232-2 [3]).

Les organes prélevés à l'occasion d'une intervention chirurgicale pratiquée dans l'intérêt de la personne opérée peuvent être utilisés à des fins thérapeutiques ou scientifiques, sauf opposition exprimée par elle après qu'elle a été informée de l'objet de cette utilisation. Lorsque cette personne est un mineur placé sous tutelle, l'utilisation ultérieure des organes ainsi prélevés est en outre subordonnée à **l'absence d'opposition du tuteur** dûment informé de l'objet de cette utilisation. Le refus du mineur fait obstacle à cette utilisation (CSP, art. L. 1235-2 [4]) [5].

À titre dérogatoire, en l'absence d'autre solution thérapeutique, un **prélèvement de cellules hématopoïétiques** recueillies par prélèvement dans la moelle osseuse ou dans le sang périphérique peut être fait sur un mineur sous tutelle au bénéfice de son frère ou de sa sœur, voire à titre exceptionnel au bénéfice de son cousin germain ou de sa cousine germaine, de son oncle ou de sa tante, de son neveu ou de sa nièce. Dans tous les cas, ce prélèvement ne peut être pratiqué que sous réserve du **consentement de son représentant légal** (c'est-à-dire son tuteur), informé des risques encourus par le mineur. Le consentement est exprimé devant le président du tribunal de grande instance ou le magistrat désigné par lui, qui s'assure au préalable que le consentement est libre et éclairé.

L'autorisation d'effectuer le prélèvement est accordée par le **comité d'experts** mentionné à l'article L. 1231-3 du Code de la santé publique. Cependant, le **refus du mineur** fait obstacle au prélèvement (CSP, art. L. 1241-3 [6]).

Les tissus, les cellules et les produits du corps humain, prélevés à l'occasion d'une intervention chirurgicale pratiquée dans l'intérêt de la personne opérée, à l'exception des cellules du sang de cordon et du sang placentaire ainsi que des cellules du cordon et du placenta, peuvent être utilisés à des fins thérapeutiques ou scientifiques, sauf opposition exprimée par elle après qu'elle a été informée des finalités de cette utilisation. Lorsque cette personne est un mineur placé sous tutelle, l'utilisation ultérieure des éléments ou des produits ainsi prélevés est subordonnée à **l'absence d'opposition**, qui peut être exprimée par tout moyen, par son tuteur dûment informé des finalités de cette utilisation. Le refus du mineur fait obstacle à cette utilisation (CSP, art. L. 1245-2 [7]).

Toute personne dont la prise en charge médicale est susceptible d'altérer la fertilité, ou dont la fertilité risque d'être prématurément altérée, peut bénéficier du **recueil** et de la **conservation** de ses **gamètes** ou de ses tissus **germinaux**, en vue de la réalisation ultérieure, à son bénéfice, d'une assistance médicale à la procréation, ou en vue de la préservation et de la restauration de sa fertilité. Ce recueil et cette conservation sont subordonnés au **consentement de l'intéressé** et, le cas échéant, de celui de l'un des titulaires de l'autorité parentale, ou du tuteur, lorsque l'intéressé, mineur ou majeur, fait l'objet d'une mesure de tutelle (CSP, art. L. 2141-11 [8]).

131.76 Admission de l'enfant mineur en soins psychiatriques ou levée de cette mesure. En principe, les **personnes titulaires de l'exercice de l'autorité parentale** sur le mineur (c'est-à-dire les parents) sont seules habilitées, hors les cas d'admission en soins psychiatriques sur décision du représentant de l'État (L. n° 2011-803, 5 juill. 2011, art. 3 – CSP, art. L. 3213-1 s.), à solliciter des soins psychiatriques, au besoin sous la forme d'une demande d'hospitalisation, selon les troubles psychopathologiques présentés par leur enfant mineur. Il en est de même pour sa

1. CSP, art. L. 1122-2 (*issu de L. n° 2004-806, 9 août 2004*).
2. CSP, art. L. 1211-2, al. 2 (*issu de L. n° 2004-800, 6 août 2004*).
3. CSP, art. L. 1232-2 (*issu de L. n° 2004-800, 6 août 2004*).
4. CSP, art. L. 1235-2 (*issu de L. n° 2004-800, 6 août 2004*).
5. F. Vialla, « Relation de soin et minorité », *LPA* 2015, n° 57, p. 4.
6. CSP, art. L. 1241-3 (*issu de L. n° 2004-800, 6 août 2004; mod. par L. n° 2011-814, 7 juill. 2011, art. 17*).
7. CSP, art. L. 1245-2 (*issu de L. n° 2004-800, 6 août 2004; mod. par L. n° 2011-814, 7 juill. 2011, art. 18*).
8. CSP, art. L. 2141-11 (*issu de L. n° 2004-800, 6 août 2004; mod. par L. n° 2011-814, 7 juill. 2011, art. 32*).

sortie. La nouvelle rédaction de l'article L. 3211-10 du Code de la santé publique prévoit que le **tuteur** peut également les demander, sans solliciter au préalable l'intervention du conseil de famille ou du juge.

Les **recours** sont confiés au juge judiciaire, le **juge des libertés et de la détention**, dans les conditions des articles L. 3211-12 et suivants du Code de la santé publique.

CHAPITRE

132. Dispositions propres aux régimes spécifiques de tutelle des mineurs

SECTION 0
ORIENTEUR

132.00 **Plan du chapitre.**

132.01 **Textes applicables.**

TEXTES LÉGISLATIFS ET RÉGLEMENTAIRES NOUVEAUX

• **L. n° 2016-1547, 18 nov. 2016,** de modernisation de la justice du XXIe siècle, *JO* 19 nov., texte n° 1.

• **L. n° 2016-297, 14 mars 2016,** relative à la protection de l'enfant, *JO* 15 mars, texte n° 1.

• **Décr. n° 2016-185, 23 févr. 2016,** pris pour l'application de l'ordonnance n° 2015-1288 du 15 octobre 2015 portant simplification et modernisation du droit de la famille, *JO* 25 févr., texte n° 26.

• **Ord. n° 2016-131, 10 févr. 2016,** portant réforme du droit des contrats, du régime général et de la preuve des obligations, *JO* 11 févr., texte n° 26.

• **Ord. n° 2015-1781, 28 déc. 2015,** relative à la partie législative du code des pensions militaires d'invalidité et des victimes de guerre, *JO* 29 déc., p. 24415.

• **Ord. n° 2015-1288, 15 oct. 2015,** portant simplification et modernisation du droit de la famille, *JO* 16 oct., p. 19304.

TEXTES SOURCES

> Tutelle départementale
+ L. n° 2016-297, 14 mars 2016

+ Ord. n° 2015-1288, 15 oct. 2015

CASF, art. L. 222-5, L. 223-5, L. 228-3, L. 228-4

C. civ., art. 411

C. pr. civ., art. 1239

> Responsabilité générale du département
+ Ord. n° 2016-131, 10 févr. 2016

C. civ., art. 1242, al. 1er

> Admission en qualité de pupille de l'État
CASF, art. L. 224-8

> Recours contre l'arrêté d'admission du président du conseil départemental
C. pr. civ., art. 1159 à 1163 et 1261-1

> Tutelle des pupilles de l'État
CASF, art. L. 222-5, L. 224-1, L. 224-4, L. 224-8, L. 224-9

> Recours contre les délibérations du conseil de famille relatives à un pupille de l'État
C. pr. civ., art. 1239 à 1239-3, 1241-2, 1243 à 1245, 1261

> Responsabilité de l'État liée à l'activité des tutelles
+ Ord. n° 2015-1288, 15 oct. 2015

C. civ., art. 411 à 413

> Admission en qualité de pupille de la Nation
+ Ord. n° 2015-1781, 28 déc. 2015

C. pens. mil., art. L. 411-1 à L. 411-11

TEXTES *IN EXTENSO*

> Tutelle départementale
[CASF, art. L. 222-5, L. 223-5, L. 228-3, L. 228-4 – C. civ., art. 411 – C. pr. civ., art. 1239]

CASF, art. L. 222-5 *(mod. par L. n° 2016-297, 14 mars 2016, art. 16)*

Sont pris en charge par le service de l'Aide sociale à l'enfance sur décision du président du conseil départemental :

1° Les mineurs qui ne peuvent demeurer provisoirement dans leur milieu de vie habituel et dont la situation requiert un accueil à temps complet ou partiel, modulable selon leurs besoins, en particulier de stabilité affective, ainsi que les mineurs rencontrant des difficultés particulières nécessitant un accueil spécialisé, familial ou dans un établissement ou dans un service tel que prévu au 12° du I de l'article L. 312-1 ;

2° Les pupilles de l'État remis aux services dans les conditions prévues aux articles L. 224-4, L. 224-5, L. 224-6 et L. 224-8;

3° Les mineurs confiés au service en application du 3° de l'article 375-3 du Code civil, des articles 375-5, 377, 377-1, 380, 411 du même code ou du 4° de l'article 10 et du 4° de l'article 15 de l'ordonnance n° 45-174 du 2 février 1945 relative à l'enfance délinquante;

4° Les femmes enceintes et les mères isolées avec leurs enfants de moins de trois ans qui ont besoin d'un soutien matériel et psychologique, notamment parce qu'elles sont sans domicile. Ces dispositions ne font pas obstacle à ce que les établissements ou services qui accueillent ces femmes organisent des dispositifs visant à préserver ou à restaurer des relations avec le père de l'enfant, lorsque celles-ci sont conformes à l'intérêt de celui-ci.

Peuvent être également pris en charge à titre temporaire par le service chargé de l'aide sociale à l'enfance les mineurs émancipés et les majeurs âgés de moins de vingt et un ans qui éprouvent des difficultés d'insertion sociale faute de ressources ou d'un soutien familial suffisants.

Un accompagnement est proposé aux jeunes mentionnés au 1° du présent article devenus majeurs et aux majeurs mentionnés à l'avant-dernier alinéa, au-delà du terme de la mesure, pour leur permettre de terminer l'année scolaire ou universitaire engagée.

CASF, art. L. 223-5 *(mod. par L. n° 2016-297, 14 mars 2016, art. 28)*

Sauf dans les cas où un enfant est confié au service par décision judiciaire, aucune mesure ne peut être prise pour une durée supérieure à un an. Elle est renouvelable dans les mêmes conditions.

Le service élabore au moins une fois par an, ou tous les six mois pour les enfants âgés de moins de deux ans, un rapport, établi après une évaluation pluridisciplinaire, sur la situation de tout enfant accueilli ou faisant l'objet d'une mesure éducative. Ce rapport porte sur la santé physique et psychique de l'enfant, son développement, sa scolarité, sa vie sociale et ses relations avec sa famille et les tiers intervenant dans sa vie. Il permet de vérifier la bonne mise en œuvre du projet pour l'enfant mentionné à l'article L. 223-1-1 et l'adéquation de ce projet aux besoins de l'enfant ainsi que, le cas échéant, l'accomplissement des objectifs fixés par la décision de justice. Un référentiel approuvé par décret en Conseil d'État fixe le contenu et les modalités d'élaboration du rapport.

Lorsque l'enfant est confié au service de l'Aide sociale à l'enfance en application du 3° de l'article L. 222-5 du présent code et du 3° de l'article 375-3 du Code civil, ce rapport est transmis à l'autorité judiciaire annuellement ou tous les six mois pour les enfants de moins de deux ans.

Sans préjudice des dispositions relatives à la procédure d'assistance éducative, le contenu et les conclusions de ce rapport sont préalablement portés à la connaissance du père, de la mère, de toute autre personne exerçant l'autorité parentale, du tuteur et du mineur, en fonction de son âge et de sa maturité.

CASF, art. L. 228-3

Le département prend en charge financièrement au titre de l'aide sociale à l'enfance, à l'exception des dépenses résultant de placements dans des établissements et services publics de la protection judiciaire de la jeunesse, les dépenses d'entretien, d'éducation et de conduite de chaque mineur :

1° Confié par l'autorité judiciaire en application des articles 375-3, 375-5 et 433 du Code civil à des personnes physiques, établissements ou services publics ou privés;

2° Confié au service de l'Aide sociale à l'enfance dans les cas prévus au 3° de l'article L. 222-5;

3° Ou pour lequel est intervenue une délégation d'autorité parentale, en application des articles 377 et 377-1 du Code civil, à un particulier ou à un établissement habilité dans les conditions fixées par voie réglementaire.

Il prend également en charge les dépenses afférentes aux mesures d'action éducative en milieu ouvert exercées sur le mineur et sa famille en application des articles 375-2, 375-4 et 375-5 du Code civil et confiées soit à des personnes physiques, établissements et services publics ou privés, soit au service de l'Aide sociale à l'enfance.

CASF, art. L. 228-4 *(réd. L. n° 2013-403, 17 mai 2013, art. 1er)*

Sous réserve des dispositions du deuxième alinéa du présent article, les prestations d'aide sociale à l'enfance mentionnées au chapitre II du présent titre sont à la charge du département qui a prononcé l'admission dans le service de l'Aide sociale à l'enfance.

Les dépenses mentionnées à l'article L. 228-3 sont prises en charge par le département du ressort de la juridiction qui a prononcé la mesure en première instance, nonobstant tout recours éventuel contre les décisions correspondantes, dans les conditions suivantes :

1° Les dépenses mentionnées au 2° de l'article L. 228-3 sont prises en charge par le département auquel le mineur est confié par l'autorité judiciaire;

2° Les autres dépenses mentionnées à l'article L. 228-3 résultant de mesures prononcées en première instance par l'autorité judiciaire sont prises en charge par le département sur le territoire duquel le mineur est domicilié ou sur le territoire duquel sa résidence a été fixée.

Lorsque, pendant l'exécution de la mesure, la juridiction décide de se dessaisir du dossier au profit d'une autre juridiction, elle porte cette décision à la connaissance des présidents des conseils départementaux concernés. Le département du ressort de la juridiction désormais saisie prend en charge les frais afférents à l'exécution de la mesure dans les conditions fixées par le deuxième alinéa du présent article.

Le département chargé de la prise en charge financière d'une mesure, en application des deuxième et troisième alinéas ci-dessus, assure celle-ci selon le tarif en vigueur dans le département où se trouve le lieu de placement de l'enfant.

C. civ., art. 411 *(mod. par Ord. n° 2015-1288, 15 oct. 2015, art. 6)*

Si la tutelle reste vacante, le juge des tutelles la défère à la collectivité publique compétente en matière d'aide sociale à l'enfance.

En ce cas, la tutelle ne comporte ni conseil de famille ni subrogé tuteur.

Nota : le présent article est entré en vigueur le 1er janvier 2016.

C. pr. civ., art. 1239

Sauf disposition contraire, les décisions du juge des tutelles et les délibérations du conseil de famille sont susceptibles d'appel.

Sans préjudice des dispositions prévues par les articles 1239-1 à 1239-3, l'appel est ouvert aux personnes énumérées à l'article 430 du Code civil, même si elles ne sont pas intervenues à l'instance.

Le délai d'appel est de quinze jours.

Les parties ne sont pas tenues de constituer avocat.

> Responsabilité générale du département

+ Ord. n° 2016-131, 10 févr. 2016, art. 2

C. civ. art. 1242, al. 1er

On est responsable non seulement du dommage que l'on cause par son propre fait, mais encore de celui qui est causé par le fait des personnes dont on doit répondre, ou des choses que l'on a sous sa garde. [...]

> Admission en qualité de pupille de l'État

CASF, art. L. 224-8 *(mod. par L. n° 2013-403, 17 mai 2013, art. 1er)*

I. – L'enfant est admis en qualité de pupille de l'État par arrêté du président du conseil départemental pris soit après la date d'expiration des délais prévus aux 1° à 4° de l'article L. 224-4 en cas d'admission en application de ces mêmes 1° à 4°, soit une fois le jugement passé en force de chose jugée lorsque l'enfant est admis dans les conditions prévues aux 5° ou 6° du même article.

II. – L'arrêté mentionné au I peut être contesté par :

1° Les parents de l'enfant, en l'absence d'une déclaration judiciaire d'abandon ou d'un retrait total de l'autorité parentale;

2° Les membres de la famille de l'enfant;

3° Le père de naissance ou les membres de la famille de la mère ou du père de naissance, lorsque l'enfant a été admis en application du 1° de l'article L. 224-4;

4° Toute personne ayant assuré la garde de droit ou de fait de l'enfant.

L'action n'est recevable que si le requérant demande à assumer la charge de l'enfant.

III. – L'arrêté mentionné au I est notifié aux personnes mentionnées au 1° du II, ainsi qu'à celles mentionnées aux 2° à 4° du même II qui, avant la date de cet arrêté, ont manifesté un intérêt pour l'enfant auprès du service de l'aide sociale à l'enfance. Cette notification, qui est faite par tout moyen permettant d'établir une date certaine de réception, mentionne les voies et délais de recours ainsi que la juridiction compétente. Elle précise que l'action n'est recevable que si le requérant demande à assumer la charge de l'enfant.

IV. – Le recours contre l'arrêté mentionné au I est formé, à peine de forclusion, devant le tribunal de grande instance dans un délai de trente jours à compter de la date de la réception de sa notification.

V. – S'il juge la demande conforme à l'intérêt de l'enfant, le tribunal prononce l'annulation de l'arrêté mentionné au I et confie l'enfant au demandeur, à charge, le cas échéant, pour ce dernier de requérir l'organisation de la tutelle, ou lui délègue les droits de l'autorité parentale. Dans le cas où il rejette le recours, le tribunal peut autoriser le demandeur, dans l'intérêt de l'enfant, à exercer un droit de visite dans les conditions qu'il détermine.

> Recours contre l'arrêté d'admission du président du conseil départemental

[C. pr. civ., art. 1159 à 1163 et 1261-1]

C. pr. civ., art. 1159

L'instance obéit aux règles de la procédure en matière contentieuse.

C. pr. civ., art. 1160

La demande est formée par requête remise au greffe.

Elle peut aussi être formée par simple requête du demandeur lui-même, remise au procureur de la République qui doit la transmettre au tribunal.

Le greffier convoque les intéressés par lettre recommandée avec demande d'avis de réception.

C. pr. civ., art. 1161, al. 1er

L'affaire est instruite et débattue en chambre du conseil en présence du requérant, après avis du ministère public. Le ministère d'avocat n'est pas obligatoire. [...]

C. pr. civ., art. 1162

S'il y a lieu, le tribunal statue, en la forme et par le même jugement, sur la délégation de l'autorité parentale.

C. pr. civ., art. 1163

L'appel est formé selon les règles de la procédure sans représentation obligatoire. Il est instruit et jugé selon les règles applicables en première instance.

Les voies de recours sont ouvertes aux personnes auxquelles le jugement a été notifié ainsi qu'au ministère public.

C. pr. civ., art. 1261-1

La demande relative au recours contre l'arrêté d'admission en qualité de pupille de l'État prévu aux articles L. 224-4 et L. 224-8 du Code de l'action sociale et des familles est portée devant le tribunal de grande instance dans le ressort duquel l'arrêté est pris.

Les dispositions des articles 1159 et 1160, du premier alinéa de l'article 1161 et de l'article 1162 sont applicables à la demande et à l'instance.

Le jugement est prononcé en audience publique. Il est notifié par le greffier au demandeur, au tuteur et au président du conseil départemental.

Les voies de recours sont régies par les dispositions de l'article 1163.

> Recours contre les délibérations du conseil de famille relatives à un pupille de l'État

[C. pr. civ., art. 1239 à 1239-3, 1241-2, 1243 à 1245, 1261]

C. pr. civ., art. 1239 à 1239-3, 1241-2, 1243 à 1245

* V. ss n° 124.01, > *Recours tutélaire : appel (tutelle)*

C. pr. civ., art. 1261

Par dérogation aux dispositions de l'article 1242, le recours contre les délibérations du conseil de famille des pupilles de l'État est formé par requête signée par un avocat et remise ou adressée par lettre recommandée avec demande d'avis de réception au greffe de la cour d'appel.

La procédure prévue aux articles 1244 à 1245-1 est applicable.

> Tutelle des pupilles de l'État

[CASF, art. L. 222-5, L. 224-1, L. 224-4, L. 224-8 et L. 224-9]

CASF, art. L. 222-5

* V. *supra* ss > *Tutelle départementale*

CASF, art. L. 224-1

Les organes chargés de la tutelle des pupilles de l'État mentionnée au présent chapitre sont le représentant de l'État dans le département, qui exerce la fonction de tuteur et peut se faire représenter, et le conseil de famille des pupilles de l'État; la tutelle des pupilles de l'État ne comporte pas de juge de tutelle ni de subrogé tuteur.

Le tuteur et le conseil de famille des pupilles de l'État exercent les attributions conférées à ces organes selon le régime de droit commun. À cette fin, le conseil de famille doit examiner au moins une fois par an la situation de chaque pupille. Avant toute décision du président du conseil départemental relative au lieu et au mode de placement des pupilles de l'État, l'accord du tuteur et celui du conseil de famille doivent être recueillis, ainsi que l'avis du mineur dans les conditions prévues à l'article L. 223-4. Le mineur capable de discernement est, en outre, entendu par le tuteur, ou son représentant, et par le conseil de famille, ou l'un de ses membres désignés par lui à cet effet.

Lorsque le mineur se trouve dans une situation de danger manifeste, le tuteur, ou son représentant, prend toutes les mesures d'urgence que l'intérêt de celui-ci exige.

CASF, art. L. 224-4 *(mod. par L. n° 2016-297, 14 mars 2016, art. 40)*

Sont admis en qualité de pupille de l'État :

1° Les enfants dont la filiation n'est pas établie ou est inconnue, qui ont été recueillis par le service de l'Aide sociale à l'enfance depuis plus de deux mois;

2° Les enfants dont la filiation est établie et connue, qui ont expressément été remis au service de l'Aide sociale à l'enfance en vue de leur admission comme pupilles de l'État par les personnes qui ont qualité pour consentir à leur adoption, depuis plus de deux mois;

3° Les enfants dont la filiation est établie et connue, qui ont expressément été remis au service de l'Aide sociale à l'enfance depuis plus de six mois par leur père ou leur mère en vue de leur admission comme pupilles de l'État et dont l'autre parent n'a pas fait connaître au service, pendant ce délai, son intention d'en assumer la charge; avant l'expiration de ce délai de six mois, le service s'emploie à connaître les intentions de l'autre parent;

4° Les enfants orphelins de père et de mère pour lesquels la tutelle n'est pas organisée selon le chapitre II du titre X du livre Ier du Code civil et qui ont été recueillis par le service de l'Aide sociale à l'enfance depuis plus de deux mois;

5° Les enfants dont les parents ont fait l'objet d'un retrait total de l'autorité parentale en vertu des articles 378 et 378-1 du Code civil et qui ont été recueillis par le service de l'Aide sociale à l'enfance en application de l'article 380 dudit code;

6° Les enfants recueillis par le service de l'Aide sociale à l'enfance en application de l'article 381-1 et 381-2 du Code civil.

CASF, art. L. 224-8

* V. *supra* ss > *Admission en qualité de pupille de l'État*

CASF, art. L. 224-9

Les deniers des pupilles de l'État sont confiés au directeur départemental des finances publiques.

Le tuteur peut autoriser, au profit du pupille, le retrait de tout ou partie des fonds lui appartenant.

Les revenus des biens et capitaux appartenant aux pupilles sont perçus au profit du département jusqu'à leur majorité, à titre d'indemnité d'entretien et dans la limite des prestations qui leur ont été allouées. Lors de la reddition des comptes, le tuteur, à son initiative ou à la demande du conseil de famille, peut proposer, avec l'accord de ce dernier, au président du conseil départemental toute remise jugée équitable à cet égard.

Les héritiers, autres que les frères et sœurs élevés eux-mêmes par le service, qui se présentent pour recueillir la succession d'un pupille, doivent rembourser au département les frais d'entretien du pupille, déduction faite des revenus que le département avait perçus.

Lorsque aucun héritier ne se présente, les biens des pupilles de l'État décédés sont recueillis par le département et utilisés pour l'attribution de dons ou de prêts aux pupilles et anciens pupilles de l'État.

Les biens du tuteur ne sont pas soumis à l'hypothèque légale instituée à l'article 2400 du Code civil.

> Responsabilité de l'État liée à l'activité des tutelles
[C. civ., art. 411, 411-1, 412 et 413]

C. civ., art. 411

* V. *supra* ss > *Tutelle départementale*

C. civ., art. 411-1 *(créé par Ord. n° 2015-1288, 15 oct. 2015, art. 6 – Nota : le présent article est entré en vigueur le 1er janvier 2016. Il est applicable aux administrations légales en cours au jour de son entrée en vigueur.)*

Le juge des tutelles et le procureur de la République exercent une surveillance générale des tutelles de leur ressort.

Les tuteurs et autres organes tutélaires sont tenus de déférer à leur convocation et de leur communiquer toute information qu'ils requièrent.

Le juge peut prononcer contre eux des injonctions et condamner à l'amende civile prévue par le Code de procédure civile ceux qui n'y ont pas déféré.

C. civ., art. 412 *(mod. par L. n° 2016-1547, 18 nov. 2016, art. 16)*

Tous les organes de la tutelle sont responsables du dommage résultant d'une faute quelconque qu'ils commettent dans l'exercice de leur fonction.

Lorsque la faute à l'origine du dommage a été commise dans l'organisation et le fonctionnement de la tutelle par le juge des tutelles, le directeur des services de greffe judiciaires du tribunal de grande instance ou le greffier, l'action en responsabilité est dirigée contre l'État qui dispose d'une action récursoire.

C. civ., art. 413

L'action en responsabilité se prescrit par cinq ans à compter de la majorité de l'intéressé, alors même que la gestion aurait continué au-delà, ou de la fin de la mesure si elle cesse avant.

> Admission en qualité de pupille de la Nation
[C. pens. mil., art. L. 411-1 à L. 411-11]
+ Ord. n° 2015-1781, 28 déc. 2015, art. 5

Nota : les dispositions de la partie législative du Code des pensions militaires d'invalidité et des victimes de guerre entrent en vigueur le lendemain de la publication au Journal officiel de la République française du décret en Conseil d'État relatif à la partie réglementaire dudit code, et au plus tard le 1er janvier 2017.

C. pens. mil., art. L. 411-1

La France adopte les orphelins dont l'un des parents ou le soutien de famille a été tué ou est mort de blessures ou de maladies contractées ou aggravées par suite d'un événement de guerre ou d'un acte de terrorisme tel que prévu au présent code.

C. pens. mil., art. L. 411-2

Sont assimilés aux orphelins :

1° Les enfants nés avant la fin des hostilités ou dans les trois cents jours qui suivront leur cessation, lorsque l'un des parents ou le soutien de famille se trouvent, à raison de blessures reçues ou de maladies contractées ou aggravées du fait d'un événement de guerre, dans l'incapacité de pourvoir à leurs obligations et à leurs charges de famille;

2° Les enfants nés au plus tard dans les trois cents jours suivant l'acte de terrorisme dont le parent ou le soutien de famille a été victime, si ce dernier se trouve dans l'incapacité de pourvoir à ses obligations et charges de famille en raison des infirmités contractées du fait de l'acte de terrorisme;

3° Les enfants dont l'un des parents ou le soutien de famille a disparu dans les conditions mentionnées à l'article L. 411-1, lorsque les circonstances de cette disparition sont de nature à ouvrir droit à pension d'ayant cause au titre du présent code;

4° Les enfants, victimes civiles de guerre ou d'un acte de terrorisme au sens du livre Ier.

C. pens. mil., art. L. 411-3

Le bénéfice du présent livre s'applique :

1° Aux orphelins dont l'un des parents ou le soutien de famille est mort de blessures reçues ou de maladies contractées ou aggravées au cours d'opérations extérieures, ou a disparu lors d'une opération extérieure lorsque les circonstances de cette disparition permettent de conclure que le militaire est en réalité mort pour la France;

2° Aux enfants nés avant la fin de la participation de leur parent aux opérations mentionnées au 1°, ou dans les trois cents jours qui auront suivi la fin de la participation du parent à ces opérations, lorsque l'un des parents ou le soutien de famille se trouvent, à raison de blessures reçues ou de maladies contractées ou aggravées au cours desdites opérations, dans l'incapacité de pourvoir à leurs obligations et à leurs charges de famille.

C. pens. mil., art. L. 411-4

Le bénéfice de l'adoption par la Nation est applicable, dans les conditions prévues au présent chapitre, aux enfants des personnes qui étaient, lors des faits mentionnés aux articles L. 411-1 à L. 411-2, ressortissants des pays ou territoires ayant appartenu à l'Union française ou à la Communauté ou ayant été placés sous le protectorat ou sous la tutelle de la France, ainsi qu'aux enfants des personnes de nationalité étrangère ayant contracté un engagement en temps de guerre ou ayant servi en opérations extérieures dans les armées françaises ou à qui la mention « Mort pour le service de la Nation » a été attribuée.

C. pens. mil., art. L. 411-5

La qualité de pupille de la Nation est reconnue aux enfants :

1° Des magistrats, des militaires de la gendarmerie, des fonctionnaires des services actifs de la police nationale et des fonctionnaires de l'administration pénitentiaire et des douanes tués ou décédés des suites d'une blessure ou d'une maladie contractée ou aggravée du fait d'un acte d'agression survenu :

a) Soit au cours de l'accomplissement d'une mission de sécurité publique;

b) Soit lors d'une action tendant à constater, poursuivre ou réprimer une infraction;

2° Des personnels civils et militaires de l'État participant aux opérations de recherche, de neutralisation, d'enlèvement et de destruction des munitions de guerre et engins explosifs, tués pendant ces opérations ou décédés des suites d'une blessure reçue ou d'une maladie contractée ou aggravée du fait de ces opérations;

3° Des personnes participant aux missions définies aux 1° et 2°, sous la responsabilité des agents de l'État qui y sont mentionnés, tuées ou décédées des suites d'une blessure reçue ou d'une maladie contractée ou aggravée du fait de l'accomplissement desdites missions;

4° Des personnes titulaires d'un mandat électif au titre du code électoral tuées ou décédées des suites d'une blessure ou d'une maladie contractée ou aggravée du fait d'un acte d'agression survenu lors de l'exercice de leur mandat et en relation directe avec leurs fonctions électives;

5° Des professionnels de santé décédés à la suite d'homicides volontaires commis à leur encontre, par des patients dans l'exercice de leurs fonctions.

Sont assimilés aux enfants mentionnés au présent article ceux pour lesquels les personnes décédées dans les circonstances qu'il prévoit ont la qualité de soutien de famille au sens de l'article L. 411-11 ainsi que ceux dont le parent ou le soutien de famille se trouvent, à raison de blessures reçues ou de maladies contractées ou aggravées par un acte d'agression tel que défini au présent article, dans l'incapacité de pourvoir à leurs obligations et à leurs charges de famille.

C. pens. mil., art. L. 411-6

Les enfants qui remplissent, à la fois, les conditions de l'article L. 4123-13 du code de la défense accordant une protection particulière aux enfants de certains militaires tués ou blessés accidentellement en temps de paix et celles de l'article L. 411-5 du présent code optent en faveur de l'un ou l'autre de ces deux régimes de protection.

C. pens. mil., art. L. 411-7

La qualité de pupille de la Nation est reconnue aux enfants dont le parent ou le soutien de famille, de nationalité française, a été victime d'actes de piraterie maritime au sens de la loi n° 2011-13 du 5 janvier 2011 relative à la lutte contre la piraterie et à l'exercice des pouvoirs de police de l'État en mer.

Les présentes dispositions bénéficient aux victimes d'actes de piraterie maritime commis depuis le 10 novembre 2008.

C. pens. mil., art. L. 411-8

Les dispositions relatives à l'adoption par la Nation sont applicables à titre purement moral et à l'exclusion de toute attribution d'avantages pécuniaires aux personnes âgées de plus de vingt-et-un ans lors de leur demande, pourvu qu'elles aient été mineures lors du décès de leur parent dans les conditions mentionnées aux articles L. 411-1 à L. 411-7.

C. pens. mil., art. L. 411-9

Les enfants des personnes dont l'acte de décès porte la mention « Mort pour le service de la Nation » ont vocation à la qualité de pupille de la Nation.

C. pens. mil., art. L. 411-10

Sont réputés, de plein droit, remplir les conditions prévues par les articles L. 411-1 à L. 411-6, en ce qui concerne la cause du décès ou de la disparition et l'origine des blessures ou infirmités, les enfants dont l'un des parents ou le soutien est décédé ou a disparu dans des circonstances ayant ouvert droit à pension ou dont l'un des parents ou le soutien est bénéficiaire d'une pension d'invalidité au titre du présent code.

C. pens. mil., art. L. 411-11

Toute personne qui avait assuré la charge de l'entretien d'un enfant peut être considérée par le tribunal comme soutien de famille au sens des dispositions du présent titre.

132.02 Jurisprudence de référence.

JURISPRUDENCE ANTÉRIEURE À LA LOI DU 5 MARS 2007

> Notion de vacance de la tutelle du mineur

• **Civ. 1re, 2 mai 1990, n° 88-16.664,** *Bull. civ.* I, n° 94

* V. ss n° 132.11

La tutelle n'est vacante, au sens de l'article 433 du Code civil rendu applicable à la tutelle des majeurs par l'article 495 du même code, que si nul n'est en mesure d'en assurer la charge. Dès lors, viole ces textes, le tribunal qui déclare la tutelle vacante et la défère à l'État, alors qu'il résultait des conclusions que la mère ou l'un des frères de l'incapable se proposaient pour la représenter, et sans constater que la réunion du conseil de famille était impossible.

> Responsabilité du département en qualité de tuteur du mineur sur le fondement de la responsabilité générale du fait d'autrui

• **Civ. 2e, 7 oct. 2004, n° 03-16.078,** *Bull. civ.* II, n° 453

* V. ss n° 132.23

Un département à qui la tutelle d'un mineur demeurée vacante a été déférée par décision d'un juge des tutelles et qui est dès lors investi de la charge d'organiser, de contrôler et de diriger à titre permanent le mode de vie de ce mineur, demeure responsable de plein droit du fait dommageable commis par celui-ci, dès lors qu'aucune décision judiciaire n'a suspendu ou interrompu cette mission éducative.

> Recours contre les décisions et délibérations du conseil de famille des pupilles de l'État

• **Civ. 1re, 8 nov. 2005, n° 03-16.750,** *Bull. civ.* I, n° 408

* V. ss n° 132.71

Les décisions et délibérations de toute nature du conseil de famille des pupilles de l'État peuvent être frappées d'un recours devant le tribunal de grande instance.

JURISPRUDENCE POSTÉRIEURE À LA LOI DU 5 MARS 2007

> Recours contre l'arrêté d'admission en qualité de pupille de l'État

• **Civ. 1re, 23 sept. 2015, nos 14-16.425 et 14-24.267,** *Bull. civ.* I [à paraître]

* V. ss n° 132.52

Le pourvoi formé par la grand-mère d'un enfant reconnu pupille de l'État contre la décision d'une cour d'appel qui a refusé d'annuler l'arrêté d'admission tout en observant qu'il est de l'intérêt de l'enfant de rencontrer son aïeule à laquelle elle a octroyé un droit de visite doit être rejeté, les juges du fond ayant, par une appréciation souveraine, justifié leur décision au regard des exigences de la Convention de sauvegarde des droits de l'homme et libertés fondamentales.

132.03 Bibliographie indicative.

> Généralités. M. C. Le Boursicot, « Beaucoup d'efforts... pour seulement une toute "petite loi" relative à la protection de l'enfant », *RJPF* 2015-3/30 – A. Gouttenoire (ss présidence), *40 propositions pour adapter la protection de l'enfance et l'adoption aux réalités d'aujourd'hui*, Rapport, Doc.fr., 2014 – F. Terré et D. Fenouillet, *Droit civil, les personnes, la famille, les incapacités*, 8e éd., « Précis », Dalloz, 2012 – Oned, *Vulnérabilité, identification des risques et protection de l'enfance. Nouveaux éclairages, regards croisés*, Rapport, Doc.fr., 2014.

> Tutelle départementale. C. Geffroy, « La modification de l'article 433 du Code civil par la loi n° 89-487 du 10 juillet 1989 », *JCP* 1990. I. 3472; *J-Cl. Civ.* 1998, fasc. 25, par Geffroy, spéc. n° 43, p. 8 – P. Salvage-Gerest, « Rapport de l'Oned sur la situation des pupilles de l'État », *Dr. fam.* 2007. Étude 24.

> Adoption. J.-M. Colombani, A. Morel, B. Vassallo et P. Zeller, *Rapport sur l'adoption*, Doc.fr., 2008 – P. Murat (dir.), Dalloz action *Droit de la famille,* 2016/2017, nos 220.00 s. à 224.00 s., par P. Salvage-Gerest.

> Aide sociale à l'enfance. J.-M. Lhuillier, *Aide sociale à l'enfance*, « Guide pratique », Berger-Levrault, 2007 – P. Murat (dir.), Dalloz action *Droit de la famille,* 2016/2017, nos 241.00 s., par S. Bernigaud – P. Verdier, F. Noé, *Guide de l'Aide sociale à l'enfance*, 6e éd., Dunod, 2008.

> Pupilles de l'État. C. Geffroy, « La tutelle des pupilles de l'État. Propos critiques et propositions pour l'avenir », *JCP* 1999. I. 142 – Oned, *La situation des pupilles de l'État. Enquête au 31 décembre 2012*, Rapport, Doc.fr., 2014 – M. C. Le Boursicot, « Qui trop embrasse mal étreint. À propos des approximations de la loi du 26 juillet 2013 relative au recours contre l'arrêté d'admission en qualité de pupille de l'État », *RLDC* 2014/11, n° 5272 – P. Salvage-Gerest, « Rapport de l'Oned sur la situation des pupilles de l'État », *Dr. fam.* 2007. Étude 24.

SECTION 1
TUTELLE DÉPARTEMENTALE DU MINEUR

§ 1
Conditions d'ouverture

132.11 Notion de vacance de la tutelle. La tutelle départementale est, avec la tutelle des pupilles de l'État, l'une des deux tutelles publiques des mineurs (la tutelle des pupilles de la Nation étant un régime très particulier). Elle est incluse dans le droit commun tutélaire conformément au principe d'égalité entre les enfants et l'article 390 du Code civil qui prévoit les cas d'ouverture de la tutelle des enfants mineurs dispose que « *la tutelle s'ouvre lorsque le père et la mère sont tous deux décédés ou se trouvent privés de l'exercice de l'autorité parentale* », mais aussi « *à l'égard d'un enfant dont la filiation n'est pas légalement établie* » sans qu'il soit dérogé aux lois particulières qui régissent le service de l'aide sociale à l'enfance. La protection publique ne devant pas se substituer aux obligations familiales et n'intervenant qu'à titre subsidiaire, en cas de carences ou d'absence, l'article 394 du même code rappelle que la tutelle, protection due à l'enfant, est un « *devoir des familles et de la collectivité publique* », formule issue de la loi n° 2007-308 du 5 mars 2007 et rigoureusement identique à l'alinéa 4 de l'article 415 relatif à la protection des majeurs. Cependant, l'article 411 du Code civil, non modifié sur ce point par l'ordonnance n° 2015-1288 du 15 octobre 2015, envisage l'hypothèse de la vacance de la tutelle et sa conséquence, le juge des tutelles devant alors la déférer à la collectivité publique compétente en matière d'aide sociale à l'enfance.

Dans ce sens, pour que la tutelle d'un mineur soit déférée à la collectivité publique, en l'espèce le département représenté par le président du conseil départemental, elle doit être **déclarée vacante**. Il appartient donc au juge de vérifier que le mineur ne dispose pas dans son environnement familial ou proche d'un parent ou d'un allié apte à en assumer la charge[1]. Il doit rechercher toute solution envisageable avant de constater la vacance et, notamment, réunir le conseil de famille malgré tout[2]. Il ne peut, en toute hypothèse, se limiter à constater les difficultés à faire fonctionner le conseil de famille[3] et doit veiller à motiver précisément sa décision. La décision du juge des tutelles déclarant la tutelle vacante peut être frappée d'un recours[4], tout comme celle qui le refuse (C. pr. civ., art. 1239, al. 1er).

Faisant suite au **rapport de l'Observatoire national de l'enfance en danger** (Oned[5]) présenté en janvier 2007, Mme Salvage-Gerest[6] a alerté sur la situation très préoccupante de ces « *enfants sans famille, en nombre croissant, qui ne sont pas pupilles, et sont donc guettés par la précarité* », rappelant que si ces mineurs ont un tuteur désigné, ils n'ont ni subrogé-tuteur ni conseil de famille et ne sont pas suivis par le juge des tutelles, la loi du 5 mars 2007 portant réforme de la protection des majeurs et des mineurs ne s'étant pas intéressée à eux. Ces enfants, dont le nombre exact n'est pas connu, mais qui était évalué à 4 000 fins 2004 (soit + 92 % depuis 1992), sont abandonnés par la société elle-même. Ils ne sont pas adoptables car ils n'ont pas de conseil de famille constitué susceptible de donner le consentement nécessaire. Ils ne peuvent pas être déclarés abandonnés sur le fondement de l'ancien article 350 du Code civil, supprimé par la loi relative à la protection de l'enfant n° 2016-297 du 14 mars 2016, et ils ne sont pas pupilles de l'État. Un rapport plus récent de l'Oned (mai 2011), intitulé *Vulnérabilités, identification des risques et protection de l'enfance*, a confirmé cette situation.

Plus récemment encore, dans un rapport commandé par la ministre déléguée à la Famille et remis en février 2014, repris par le rapporteur au Sénat de la proposition de loi « protection de l'enfant »[7], Adeline Gouttenoire[8] a formulé des propositions destinées à améliorer les dispositifs relatifs à la protection de l'enfance et à l'adoption, et à remédier aux dysfonctionnements relevés dans de nombreux rapports et études ou observés par les professionnels. Affirmant une volonté d'« *adapter les dispositions existantes aux évolutions de la famille, de la société mais également du contexte international, et de renforcer leur effectivité* », le groupe de travail a fait 40 propositions, en particulier pour que le parcours des enfants pris en charge par l'Aide sociale à l'enfance soit plus propice à leur développement et, « *s'ils en éprouvent le besoin, pour que leur soit offerte une seconde chance de bénéficier d'une véritable vie familiale* ». La loi n° 2016-297 du 14 mars 2016 s'en est inspirée sur de nombreux points, notamment en retenant la **notion de délaissement parental**, susceptible de s'appliquer à de nombreuses situations. Surtout, en renforçant les obligations du département dans le cadre du suivi et du projet pour l'enfant de l'article L. 223-1-1 du Code de l'action sociale et des familles, elle ouvre la porte à une meilleure stabilisation de l'enfant. Elle prévoit en effet que, pour chaque mineur bénéficiant d'une mesure de protection judiciaire, un document intitulé « Projet pour l'enfant » doit être établi. Ce document unique, qui, « *vise à garantir son développement physique, psychique, affectif, intellectuel et social* », accompagne l'enfant tout au long de son parcours au titre de la protection de l'enfance et prend en compte à la fois les objectifs poursuivis dans son intérêt, et les relations personnelles entre les frères et sœurs existant, afin d'éviter les séparations. Le président du conseil départemental est le garant du projet pour l'enfant, qu'il établit en concertation avec les titulaires de l'autorité parentale et, le cas échéant avec la personne désignée en tant que tiers digne de confiance ainsi qu'avec « *toute personne physique qui s'implique auprès du mineur* » (CASF, art. L. 223-1-1, al. 5).

L'une des difficultés sera le plus souvent de déterminer qui sont les titulaires de l'autorité parentale et il sera nécessaire d'articuler les différents textes applica-

1. Civ. 1re, 2 mai 1990, n° 88-16.664, *Bull. civ.* I, n° 94; *D.* 1990. 493, note Massip; *RDSS* 1991. 679, note Monéger.
2. Civ. 1re, 30 mai 2000, n° 98-13.609, NP; *JCP* 2001. II. 10529; *D.* 2001. Somm. 1512.
3. Civ. 1re, 20 nov. 1985, n° 84-13.094, *Bull. civ.* I, n° 316; *JCP N* 1987. II. 137.
4. Civ. 1re, 11 déc. 1985, n° 85-13177, *Bull. civ.* I, n° 346; *D.* 1986. 309, note Massip (décision en matière de tutelle des majeurs mais applicable à la tutelle des mineurs).
5. Oned : organisme créé par la loi du 2 janvier 2004 relative à l'accueil et à la protection de l'enfance. Ses missions sont définies par l'article L. 226-6 du CASF.
6. P. Salvage-Gerest, « Le rapport de l'Oned sur la situation des pupilles de l'État », *Dr. fam.* 2007. Étude 24.
7. Proposition de loi n° 799 (2013-2014) – Rapp. M. Meunier au nom de la Commission des affaires sociales, n° 146 (2014-2015).
8. A. Gouttenoire (prés.), « 40 propositions pour adapter la protection de l'enfance et l'adoption aux réalités d'aujourd'hui », rapport, Doc.fr., 2014.

bles à a protection de l'enfant, notamment l'article 411 du Code civil relatif à la tutelle vacante avec l'article 377 du même code relatif à la délégation de l'autorité parentale.

EN PRATIQUE. Dans l'intérêt de l'enfant, les juges des tutelles apprécient de façon extensive la notion de vacance de la tutelle, élargissant quelque peu le champ d'application de la tutelle publique. Lorsque le mineur est orphelin et lorsque les quelques membres de sa famille ne souhaitent pas s'occuper à plein-temps de lui, il peut en effet parfois s'avérer préférable d'ouvrir une tutelle publique plutôt qu'une tutelle familiale qui ne sera pas effective et qui pourra même être contraire à son intérêt. Les juges apprécient au cas par cas.

Il est en tout cas sans doute nécessaire, avant de prendre une décision, de rechercher et, si possible, d'auditionner les membres de la famille et les proches qui s'intéressent à l'enfant. Il est aussi utile de se rapprocher des services de la collectivité territoriale avec laquelle il est fondamental de tisser des liens étroits. En effet, dans certains départements, il existe des aides spécialisées accordées aux membres de la famille étendue qui acceptent d'être tuteurs et de prendre en charge le ou les mineurs (CASF, art. L. 222-2 et L. 222-3). Des mutuelles peuvent aussi accorder de telles aides. Le juge devra par ailleurs s'informer auprès du cabinet du juge des enfants pour avoir connaissance d'une éventuelle procédure ouverte devant lui en assistance éducative. Il est en effet relativement fréquent que ce magistrat soit saisi dans l'urgence, souvent par le parquet, lorsque des enfants mineurs se trouvent brutalement privés de leurs parents, à la suite d'un accident ou d'une procédure criminelle (notamment quand l'un des parents commet un homicide sur l'autre). Ces renseignements seront précieux, en particulier pour savoir si un membre de la famille s'est vu confier le ou les mineurs à titre de personne digne de confiance, pour connaître l'état des relations familiales et pour éviter les contradictions de décisions qui viendraient encore accroître les risques de déséquilibre de l'enfant. En tout état de cause, les membres de la famille n'exerçant pas la mesure doivent, si cela est de l'intérêt de l'enfant, être régulièrement informés de l'organisation et du déroulement de la mesure.

Le rôle du juge est essentiel. Il lui appartient, à notre sens, d'être créatif et de rechercher la solution la plus conforme à l'intérêt de l'enfant tout en respectant la priorité familiale légitimement voulue par le législateur. Le Code civil lui en fournit les outils nécessaires. Le juge peut notamment, dans le cadre d'une tutelle familiale avec conseil de famille, ouvrir largement le conseil à des amis ou à des personnes qui ont tissé des liens affectifs avec l'enfant (C. civ., art. 399, al. 3 et 4). Il peut aussi diviser la tutelle entre un tuteur à la personne et un tuteur aux biens, voire désigner plusieurs tuteurs, ou un tuteur adjoint (C. civ., art. 405).

132.12 Cas particulier des enfants mineurs étrangers isolés. La tutelle départementale est parfois sollicitée pour des mineurs étrangers isolés, qui peuvent avoir été confiés au service de l'Aide sociale à l'enfance, en particulier par le juge des enfants.[1] En application de l'article 21-12 du Code civil, ils peuvent acquérir la nationalité française à l'issue d'un délai de trois ans. Lorsqu'ils sont réellement orphelins de père et de mère, la tutelle départementale est sans doute une bonne solution mais la preuve de leur situation réelle, comme de leur âge véritable, est souvent difficile à établir. De plus en plus d'enfants mineurs, ou se déclarant tels, se trouvent sur le territoire national sans parent ou référent familial. Les juges des enfants sont saisis dans l'urgence mais il ne nous semble pas qu'ils puissent intervenir sur le long terme alors qu'ils n'ont aucun interlocuteur détenant l'autorité parentale. Les départements sont actuellement très partagés sur l'attitude à adopter en pareil cas, d'autant que le nombre de mineurs isolés, souvent très jeunes, augmente dans des proportions importantes, comme le coût des prises en charge, en particulier dans les zones frontalières ou proches des aéroports internationaux[2]. Si l'article 22 alinéa 2 de la Convention internationale des droits de l'enfant dispose que ces enfants mineurs doivent être pris en charge « *lorsque ni le père, ni la mère, ni aucun membre de la famille ne peut être retrouvé* », seuls quelques services départementaux d'Aide à l'enfance les accueillent et sollicitent, ou acceptent, une tutelle départementale. Lorsqu'ils sont dans cette démarche, ils se fondent sur les dispositions des articles L. 221-1, L. 221-2 et L. 221-7 du Code de l'action sociale et des familles. D'autres départements refusent la prise en charge au motif que le premier établissement qui a accueilli le ou les mineurs n'est pas situé dans le même département que le service d'Aide sociale à l'enfance amené à intervenir[3]. Une circulaire du 31 mai 2013[4] relative aux modalités de prise en charge des mineurs isolés étrangers a été partiellement invalidée par le Conseil d'État le 30 janvier 2015[5].

La collectivité publique, le département, est recevable à former un recours contre la décision déclarant

1. Le rapport de la Direction de la protection judiciaire de la jeunesse (DPJJ) pour l'année 2014 évoque le chiffre de 5 990 jeunes évalués « mineurs isolés ».
2. Le dixième rapport de l'Oned, de mai 2015, évoque cette difficulté.
3. Versailles, 11 sept. 2003, *RTD civ.* 2004. 77, obs. Hauser; *D.* 2004. Point de vue 149, obs. Rosenczveig.
4. Circ. 31 mai 2013, relative aux modalités de prise en charge des jeunes isolés étrangers : dispositif national de mise à l'abri, d'évaluation et d'orientation, NOR : JUSF1314192C.
5. CE 30 janv. 2015, *Hauts-de-Seine (Dpt)*, req. n° 371415, *Lebon*; *AJDA* 2015. 188; *AJDA* 2015. 1320, note Rihal et Cavaniol; *D.* 2016. 336, obs. Boskovic, Corneloup, Jault-Seseke, Joubert et Parrot; *AJCT* 2015. 343, obs. Aubin; *RDSS* 2015. 335, note Lhuillier – V. AUSSI : CE 1er juill. 2015, *Nord (Dpt)*, req. n° 386769, *Lebon*.

la tutelle vacante, comme c'était déjà le cas antérieurement à la réforme de 2007, la jurisprudence antérieure pouvant utilement être consultée [1].

§ 2
Désignation et responsabilité du tuteur

132.21 Suppression de la liste des tuteurs susceptibles d'exercer la tutelle départementale. Le décret n° 2008-1554 du 31 décembre 2008 [2], relatif aux modalités de participation des personnes (majeures) au financement de leur mesure de protection, a abrogé globalement le décret n° 74-930 du 6 novembre 1974 (Décr. n° 2008-1554, art. 3) qui permettait au juge de confier la gestion de la tutelle départementale non seulement au **président du conseil départemental** qui la déléguait au **directeur départemental de l'Action sanitaire et sociale**, mais aussi au **directeur de l'établissement public d'éducation ou de traitement** dans lequel se trouvait le mineur, à un **notaire** établi dans le ressort du tribunal d'instance du domicile du mineur, ou à une personne physique ou morale inscrite sur une liste établie par le procureur de la République.

Si les désignations faites par les juges par décisions définitives au 1er janvier 2009 ne devraient pas être remises en cause, en l'absence de dispositions particulières à ce sujet dans le décret n° 2008-1554, la question se pose de savoir si les juges peuvent désigner d'autres personnes que le président du conseil départemental. La rédaction de l'article 411 du Code civil prévoit qu'en cas de tutelle vacante, le juge la défère « *à la collectivité publique compétente en matière d'aide sociale à l'enfance* », l'ordonnance n° 2015-1288 du 15 octobre 2015 ayant supprimé l'alinéa 3 qui prévoyait que « *la personne désignée pour exercer la tutelle a, sur les biens du mineur, les pouvoirs d'un administrateur légal sous contrôle judiciaire.* » L'échelon départemental, en charge du service de l'Aide sociale à l'enfance, ne semble plus menacé par les projets de réforme de l'État de sorte que le juge doit, lorsqu'il constate la vacance, déférer la tutelle au président du conseil départemental, étant précisé que l'article 407 du Code civil dispose que la tutelle est une charge personnelle.

132.22 La responsabilité du tuteur départemental, comme tous les organes de la tutelle, peut être engagée devant le tribunal de grande instance pour dommage résultant d'une faute quelconque commise dans l'exercice de leur fonction. L'article 412 alinéa 1er du Code civil dispose que tous les organes de la tutelle d'un mineur sont responsables du dommage résultant d'une faute quelconque qu'ils commettent dans l'exercice de leur fonction [3].

Lorsque la faute à l'origine du dommage a été commise dans l'organisation et le fonctionnement de la tutelle par le juge, le directeur des services de greffe judiciaires ou le greffier, l'action en responsabilité est dirigée contre l'État, qui dispose d'une action récursoire (C. civ., art. 412, al. 2) [4].

En matière de tutelle des mineurs, l'action en responsabilité se prescrit par cinq ans à compter de la majorité de l'intéressé alors même que la gestion aurait continué au-delà, ou de la fin de la mesure si elle cesse (C. civ., art. 413 [5]).

132.23 La responsabilité du département à l'égard des tiers en qualité de tuteur du mineur peut être engagée sur le fondement de la responsabilité générale du fait d'autrui. Sur le fondement des articles 433 et 1384 alinéas 1er du Code civil, étant précisé que ce dernier texte est devenu l'article 1242 du Code civil depuis le 1er octobre 2016, la deuxième chambre civile de la Cour de cassation a admis qu'un département à qui la tutelle d'un mineur demeurée vacante avait été déférée par décision d'un juge des tutelles, et qui était dès lors investi de la charge d'organiser, de contrôler et de diriger à titre permanent le mode de vie de ce mineur, demeurait responsable de plein droit du fait dommageable commis par celui-ci dès lors qu'aucune décision judiciaire n'avait suspendu ou interrompu cette mission éducative [6].

§ 3
Fonctionnement de la tutelle départementale

132.31 Un fonctionnement sans conseil de famille ni subrogé tuteur. L'ordonnance n° 2015-1288 du 15 octobre 2015 a supprimé l'alinéa 3 de l'article 411 du Code civil aux termes duquel la personne désignée en qualité de tuteur départemental

1. Civ. 1re, 11 déc. 1985, n° 85-13.177, *Bull. civ.* I, n° 346; *D.* 1986. 309, note Massip.
2. Décr. n° 2008-1554, 31 déc. 2008, relatif aux modalités de participation des personnes protégées au financement de leur mesure de protection, *JO* 1er janv. 2009, p. 90.
3. C. civ., art. 412, al. 1er (*issu de L. n° 2007-308, 5 mars 2007*).
4. POUR UNE ILLUSTRATION en cas d'incendie : Civ. 1re, 27 févr. 2013, n° 11-17.025, *Bull. civ.* I, n° 26; *D.* 2013. 1320, note Raoul-Cormeil; *D.* 2013. 2196, obs. Lemouland, Noguéro et Plazy; *AJ fam.* 2013. 241, obs. Verheyde; *RTD civ.* 2013. 352, obs. Hauser.
5. C. civ., art. 413 (*issu de L. n° 2007-308, 5 mars 2007*).
6. Civ. 2e, 7 oct. 2004, n° 03-16.078, *Bull. civ.* II, n° 453; *D.* 2005. 819, note Huyette; *RJPF* 2005-1/22, note Chabas; *RTD civ.* 2005. 100, obs. Hauser; Rép. civ., v° *Enfance*, par C. Neirinck, avr. 2008 [actu. avr. 2015], n° 241; Rép. civ., v° *Responsabilité du fait d'autrui*, par Julien, mars 2011 [actu. avr. 2015], n° 58; Rép. civ., v° *Responsabilité (en général)*, par Le Tourneau, mai 2009 [actu. janv. 2016], nos 203 et 206; *AJDA* 2005. 280, note Rihal.

disposait des **attributions d'un administrateur légal sous contrôle judiciaire sur le patrimoine du mineur** [1].

Dans l'ancienne rédaction de l'article 411 du Code civil, la tutelle pouvait être divisée, par décision spécialement motivée du juge, entre la **tutelle aux biens** confiée au département et la **tutelle à la personne du mineur**, confiée à un mandataire judiciaire à la protection, sous les réserves de financement exposées ci-dessous. (v. s^s n° 132.32). Désormais, le président du conseil départemental est le tuteur du mineur, à la fois sur les biens et sur la personne. Il est à ce titre soumis au contrôle du juge.

En matière patrimoniale, le président du conseil départemental représente le mineur dans tous les actes de la vie civile, sauf les cas dans lesquels la loi ou l'usage autorise le mineur à agir lui-même (C. civ., art. 408). Si les intérêts du président du conseil départemental sont en contradiction avec ceux du mineur, le juge doit désigner un administrateur *ad hoc*, à la demande du mineur, du ministère public ou d'office (C. civ., art. 388-2, renvoyant à C. civ., art. 383) [2].

Pour tous les actes de gestion de la tutelle départementale, le président du conseil départemental doit comme tout tuteur se pourvoir d'une autorisation du juge pour accomplir les actes qu'un tuteur ne pourrait faire qu'avec une autorisation mais il peut passer seul les autres actes et, en particulier, les actes conservatoires et les actes d'administration.

Les dispositions du décret n° 2008-1484 du 22 décembre 2008 [3], relatif aux actes de gestion du patrimoine des mineurs et des majeurs protégés définissant les actes d'administration et les actes de disposition et en fournissant une liste, accompagnée d'une liste disqualifiant certains de ces actes en fonction des circonstances d'espèce, sont également applicables (v. s^s n° 341.01).

132.32 Modalités de financement de la mesure. Les frais d'entretien et d'éducation du mineur sont pris en charge par le service de l'Aide sociale à l'enfance du département du ressort de la juridiction qui a prononcé la mesure en première instance (CASF, art. L. 222-5, L. 228-3 et L. 228-4).

EN PRATIQUE. Lorsque, durant l'exécution de la mesure, le juge aux affaires familiales initialement compétent est amené à se dessaisir au profit d'un autre juge aux affaires familiales (par ex., en cas de changement de domicile du mineur), il doit porter sa décision à la connaissance des présidents des conseils départementaux concernés afin que le département du siège du juge aux affaires familiales dorénavant compétent puisse prendre en charge le financement de la mesure à la suite du département initialement saisi.

1. Ord. n° 2015-1288, 15 oct. 2015, art. 6.
2. Ord. n° 2015-1288, 15 oct. 2015, art. 5.
3. Décr. n° 2008-1484, 22 déc. 2008, *JO* 31 déc., p. 20631.

132.33 Information annuelle du juge sur le déroulement de la tutelle. Le service de l'Aide sociale à l'enfance est tenu d'adresser chaque année au juge un rapport de synthèse sur la situation de l'enfant qui lui a été confié par décision judiciaire, ou tous les six mois pour les enfants âgés de moins de deux ans (CASF, art. L. 223-5, *réd. L. 14 mars 2016*). Le juge peut ne pas s'en satisfaire et demander des **explications complémentaires** sur le fondement de l'article 388-1 du Code civil lui imposant de suivre régulièrement le mineur, de l'entendre s'il le demande, de s'assurer qu'il a été informé de ses droits, et, plus généralement d'exercer une surveillance générale sur les administrations légales et les tutelles de son ressort (concurremment avec le procureur de la République). Le président du conseil départemental, et par conséquent ses services, sont tenus de communiquer toute information qui leur est demandée. La mise en place de partenariats et d'une bonne **coordination des services judiciaires et départementaux** est indispensable.

132.34 Interventions supplétives du juge. En l'absence de conseil de famille, comme de précision des textes concernant la personne du mineur, c'est normalement le juge qui est **l'autorité de contrôle** et, dans certains cas, **d'autorisation.** Les questions relatives aux conditions générales de son entretien et de son éducation, comme celles relatives aux actes de la vie civile (C. civ., art. 401 et 408) seront réglées au quotidien par le tuteur. Toutefois, et conformément aux prescriptions de l'article 388-1 du Code civil précité, il est nécessaire que le juge soit informé des actes importants intéressant la santé, l'éducation, la scolarité, comme le choix du lieu de vie, afin de pouvoir jouer son rôle de surveillance générale et, le cas échéant, intervenir et prendre une décision en cas de conflit.

Pour les **actes graves touchant à la personne du mineur**, tels le consentement au mariage, les requêtes en adoption ou en émancipation, la loi ne prévoit pas la constitution d'un conseil de famille. Certains auteurs estiment qu'un **conseil spécial** dans la tutelle départementale doit être réuni, sous la présidence du juge, estimant qu'il n'est alors pas tenu d'y convoquer les parents qui n'ont pas voulu accepter les charges tutélaires, leur préférant des personnes qui manifestent de l'intérêt pour le mineur [4].

EN PRATIQUE. À notre sens, et à défaut de possibilité de réunir un conseil de famille spécial, le juge peut statuer seul, après avoir recueilli l'avis du procureur de la République, lui-même tenu d'une obligation de surveillance générale des mesures d'adminis-

4. J. Massip, *Administration légale et tutelle des mineurs*, t. 1, Defrénois, 1995 – J., H. et L. Mazeaud, F. Chabas et F. Laroche-Gisserot, *Leçons de droit civil*, t. 1, 2e vol., 8e éd., « Les personnes », Montchrestien, 1997, n° 687.

tration légale et des tutelles dans son ressort (C. civ., art. 411-1).

SECTION 2
TUTELLE DES PUPILLES DE L'ÉTAT

§ 1
Une tutelle spécifique

132.41 Une tutelle spécifique, échappant pour l'essentiel au droit commun tutélaire. La tutelle des pupilles de l'État, dont l'origine remonte à la loi du 27 juin 1904 sur les enfants assistés, n'entre pas dans le champ d'application du droit commun tutélaire. La loi du 14 décembre 1964 ne l'intégrait pas. La loi n° 2007-308 du 5 mars 2007, portant réforme de la protection juridique des majeurs, mais modifiant également la tutelle des mineurs, n'a pas eu d'effet direct sur elle puisque, précisément, peuvent être admis en qualité de pupilles de l'État, les enfants orphelins de père et de mère pour lesquels la tutelle n'a pas été ouverte par le juge des tutelles. Inversement, en principe, l'admission d'un enfant mineur dans l'une des catégories de pupilles définies par l'article L. 224-4 du Code de l'action sociale et des familles exclut tant la tutelle familiale que la tutelle départementale.

Cependant, l'article R. 224-14 du Code de l'action sociale et des familles dispose que le conseil de famille doit s'assurer de la situation de l'enfant au regard des possibilités d'ouverture de la tutelle régie par les dispositions du Code civil (tutelle familiale et tutelle départementale). Il faut également bien avoir à l'esprit que l'admission en qualité de pupille de l'État est dans la plupart des cas **liée à l'adoption**, le recours à ce statut ou à l'adoption constituant des moyens d'action de la protection de l'enfance comme l'ont rappelé l'Oned dans son rapport consacré à la situation des pupilles au 31 décembre 2012 et les débats sur la loi n° 2016-297 du 14 mars 2016. Les enfants concernés sont des enfants qui n'ont pas de famille en mesure d'en assumer la charge, d'assurer leur éducation et leur bien-être. Ils étaient 2 328 à bénéficier du statut de pupille de l'État au 31 décembre 2012 en France, soit un ratio de 16 pour 1 000 mineurs[1]. L'article L. 225-1 du Code de l'action sociale et des familles, dans sa rédaction de la loi du 14 mars 2016, dispose d'ailleurs que « *les enfants admis en qualité de pupille de l'État en application des articles L. 224-4 et L. 224-8 doivent faire l'objet, dans les meilleurs délais, d'un projet de vie, défini par le tuteur avec l'accord du conseil de famille, qui peut être une adoption, si tel est l'intérêt de l'enfant. Ce projet de vie s'articule avec le projet pour l'enfant mentionné à l'article L. 223-1-1.* »

D'autre part, et en l'absence de dispositions spéciales en la matière, les règles applicables à la gestion patrimoniale de la tutelle, et notamment les dispositions des articles 496, 498, 500 à 515 du Code civil et du décret n° 2008-1484 du 22 décembre 2008[2], relatif aux actes de gestion des personnes placées sous curatelle ou sous tutelle, sont applicables (v. s^s^ n° 341.01). La particularité par rapport au droit commun tutélaire tient à ce que **seul le conseil de famille est habilité à donner des autorisations**, et non le juge.

Dans ce contexte, pour préserver l'égalité des droits des enfants, et l'intérêt des mineurs orphelins en particulier, la question fondamentale est celle de **l'articulation des prises en charge** et des **priorités d'intervention** à la fois entre la tutelle familiale et la tutelle publique, et entre les différentes tutelles publiques, tutelle départementale et tutelle des pupilles de l'État. Cette interrogation est d'autant plus importante que les familles sont aujourd'hui éclatées et que les orientations en urgence au service de l'Aide sociale à l'enfance peuvent être fréquentes. L'admission en qualité de pupille de l'État étant possible pour un orphelin dès lors qu'il a été confié à ce dernier service depuis plus de deux mois, le risque d'écarter hâtivement des familles fragiles est bien présent. D'autant plus que la loi du 5 mars 2007 a supprimé la tutelle légale des ascendants de l'ancien article 402 du Code civil et que le président du conseil départemental, compétent pour prendre l'arrêté d'admission en qualité de pupille de l'État, est aussi le responsable institutionnel du service de l'Aide sociale à l'enfance.

§ 2
Conditions d'ouverture

132.51 Mineurs admis en qualité de pupilles de l'État. Par arrêté du président du conseil départemental, certains mineurs peuvent être admis en qualité de pupilles de l'État. Ils sont alors confiés au service de l'Aide sociale à l'enfance du département, s'ils ne l'étaient pas déjà et vivent souvent dans les mêmes familles que les enfants bénéficiant d'une mesure de placement en protection de l'enfance (CASF, art. L. 224-5 et L. 224-8).

Sont ainsi susceptibles d'être admis en qualité de pupilles de l'État (CASF, art. L. 224-4, mod. par la loi n° 2016-297, 14 mars 2016, art. 40)[3] :

– les enfants dont la filiation n'est pas établie ou est inconnue, qui ont été accueillis par le service de l'Aide sociale à l'enfance depuis plus de deux mois;

1. Rapport Oned, « La situation des pupilles de l'État au 31 décembre 2012 », Doc.fr., 2014.

2. Décr. n° 2008-1484, 22 déc. 2008, *JO* 31 déc., p. 20631.

3. POUR UNE ILLUSTRATION RÉCENTE sur l'intérêt de l'enfant : Civ. 1re, 23 sept. 2015, n° 14-16.425, *Bull. civ.* I [à paraître]; *D.* 2016. 674, obs. Douchy-Oudot; *AJ fam.* 2015. 606, obs. Salvage-Gerest; *RDSS* 2015. 1087, note Lafargue; *RTD civ.* 2015. 862, obs. Hauser.

– les enfants dont la filiation est établie et connue, qui ont expressément été remis au service de l'Aide sociale à l'enfance en vue de leur admission comme pupilles de l'État par les personnes qui ont qualité pour consentir à leur adoption depuis plus de deux mois;

– les enfants dont la filiation est établie et connue, qui ont expressément été remis au service de l'Aide sociale à l'enfance depuis plus de six mois par leur père ou mère en vue de leur admission comme pupilles de l'État et dont l'autre parent n'a pas fait connaître au service, pendant ce délai, son intention d'en assumer la charge avant l'expiration de ce délai, le service s'employant à connaître les intentions de l'autre parent;

– les enfants orphelins de père et de mère pour lesquels la tutelle n'est pas organisée selon le chapitre II du titre X du livre Ier du Code civil et qui ont été confiés au service de l'Aide sociale à l'enfance depuis plus de deux mois;

– les enfants dont les parents ont fait l'objet d'un retrait total de l'autorité parentale en vertu des articles 378 et 378-1 du Code civil, et qui ont été recueillis par le service de l'Aide sociale à l'enfance en application de l'article 380 dudit code;

– les enfants confiés au service de l'Aide sociale à l'enfance en application des articles 381-1 et 381-2, remplaçant l'article 350 du Code civil, supprimé par la loi n° 2016-297 du 14 mars 2016, qui a instauré la déclaration judiciaire de délaissement parental.

Le processus d'admission en qualité de pupille de l'État se déroule en deux temps : d'abord un procès-verbal de recueil de l'enfant à titre provisoire le déclare pupille de l'État (CASF, art. L. 224-5), puis est pris un arrêté d'admission par le président du conseil départemental.

132.52 Notification de l'arrêté et possibilité de recours devant le tribunal de grande instance. En vertu de l'article L. 224-8 du Code de l'action sociale et des familles, l'arrêté d'admission en qualité de pupille de l'État est notifié aux parents de l'enfant, sauf si ceux-ci ont fait l'objet d'une décision judiciaire de retrait total de l'autorité parentale ou de délaissement parental. Elle est en outre notifiée aux personnes suivantes si elles ont manifesté un intérêt pour l'enfant auprès du service de l'Aide sociale à l'enfance avant la date de l'arrêté :

– les membres de la famille de l'enfant;

– le père de naissance ou les membres de la famille de la mère ou du père de naissance de l'enfant quand ce dernier a été admis en qualité de pupille parce qu'il était sans filiation et a été accueilli par le service de l'Aide sociale à l'enfance depuis plus de deux mois (CASF, art. L. 224-4, 1°);

– toute personne qui a assuré la garde de droit ou de fait de l'enfant.

La notification doit être réalisée par tout moyen permettant d'établir une date certaine de réception et doit mentionner que le recours ne sera recevable que si le requérant demande à assumer la charge de l'enfant.

L'admission en qualité de pupille de l'État peut faire l'objet d'un recours, dans le **délai de trente jours** à compter de la date de réception de la notification de l'arrêté du président du conseil départemental. Il doit être porté devant le tribunal de grande instance dans le ressort duquel l'arrêté a été pris. L'article L. 224-8 du Code de l'action sociale et des familles a été modifié par la loi n° 2013-673 du 26 juillet 2013[1] après avoir été déclaré à la fois inconstitutionnel[2] et inconventionnel[3] puisque, dans sa version ancienne, il méconnaissait le droit à un recours juridictionnel effectif, garanti par l'article 16 de la Déclaration des droits de l'homme de 1789 et l'article 6 § 1 de la Convention de sauvegarde des droits de l'homme et des libertés fondamentales, en ne prévoyant pas de mesures de publicité ou de notification à l'égard de potentiels requérants. Désormais, la nouvelle rédaction prévoit une **notification systématique aux parents de l'enfant en l'absence de déclaration judiciaire d'abandon** (C. civ., anc. art. 350[4]) **ou d'un retrait total de l'autorité parentale.** La notification aux autres membres de la famille est quant à elle subordonnée à la condition qu'ils aient manifesté un intérêt pour l'enfant auprès des services de l'Aide sociale à l'enfance avant la date de l'arrêté.

Le tribunal peut, eu égard à l'intérêt de l'enfant, confier celui-ci au demandeur, à charge le cas échéant de faire ouvrir une tutelle, ou de lui déléguer les droits de l'autorité parentale et prononcer l'annulation de l'arrêté d'admission (CASF, art. L. 224-8). Si le tribunal rejette le recours, il peut autoriser le demandeur, dans l'intérêt de l'enfant, à exercer un **droit de visite** dans les conditions qu'il détermine.

Dans un arrêt du 23 septembre 2015[5], la Cour de cassation statuant sur le pourvoi formé par la grand-mère d'un enfant reconnu pupille de l'État a confirmé la décision des premiers juges qui avaient refusé d'annuler l'arrêté d'admission tout en observant qu'il était de l'intérêt de l'enfant de rencontrer son aïeule à laquelle ils avaient octroyé un droit de visite.

Une jurisprudence se développe autour des enfants des enfants nés sous X, sur saisine des grands-parents biologiques, parents de la mère ayant accouché sous

1. L. n° 2013-673, 26 juill. 2013, relative à l'arrêté d'admission en qualité de pupille de l'État, *JO* 27 juill. – *RLDC* 2014/2011, n° 5272, obs. Le Boursicot; *AJ fam.* 2013. 462, obs. Eudier; *RTD civ.* 2013. 898, obs. Leroyer; *Dr. fam.* 2013. Comm. 137, obs. Neitick.
2. Cons. const. 27 juill. 2012, n° 2012-268 QPC, *D.* 2013.1436, obs. Graet-Lambrechts; *AJ fam.* 2012. 454, obs. Eudier; *RTD civ.* 2012. 718, obs. Hauser.
3. Civ. 1re, 9 avr. 2013, n° 11-27.071, *Bull. civ.* I, n° 66; *JCP* 2013. 700, note Favier; *RTD civ.* 2013. 589, obs. Hauser.
4. Supprimé par L. n° 2016-297, 14 mars 2016, art. 40.
5. Civ. 1re, 23 sept. 2015, n°s 14-16.425 et 14-24.267, *Bull. civ.* I [à paraître].

l'anonymat[1] ou du père biologique[2], souhaitant en assumer la charge.

§ 3
Désignation des organes tutélaires

132.61 Composition originale des organes tutélaires. Le représentant de l'État dans le département exerce la fonction de tuteur du pupille, mais peut se faire représenter par le directeur départemental de l'Action sanitaire et sociale, aujourd'hui directeur départemental de la cohésion sociale (CASF, art. L. 224-1).

L'article L. 224-1 du Code de l'action sociale et des familles, modifié par la loi n° 2013-403 du 17 mai 2013[3], dispose que les organes de la tutelle des pupilles de l'État sont le représentant de l'État dans le département et le conseil de famille des pupilles de l'État. Cette tutelle ne comporte **pas de juge des tutelles ni de subrogé tuteur**.

Le conseil de famille présente une structure originale puisque, contrairement au droit commun tutélaire, c'est le tuteur qui nomme ses membres. Le conseil comprend des représentants du conseil départemental désignés par cette assemblée sur proposition de son président, des membres d'associations familiales de type Udaf désignés par le préfet, et des personnalités qualifiées dans la protection de l'enfance désignées par le préfet (CASF, art. L. 224-2 et R. 224-3). La durée du mandat est de six ans, renouvelable une fois. Il est par ailleurs précisé qu'un conseil de famille supplémentaire doit être institué lorsque l'effectif du ou des conseils de famille est supérieur à cinquante pupilles (CASF, art. R. 224-1 et R. 224-2).

La responsabilité de l'État envers le pupille peut être engagée devant le tribunal de grande instance dans les conditions des articles 412 et 413 du Code civil.

§ 4
Fonctionnement de la tutelle

132.71 Rôle marginal du juge. Les attributions dévolues au tuteur et au conseil de famille sont celles conférées à ces organes dans la tutelle des mineurs de droit commun (CASF, art. L. 224-1) mais en principe sans intervention du juge ou d'un subrogé tuteur. À cette fin, le conseil de famille doit examiner au moins une fois par an la situation de chaque pupille. Avant toute décision du président du conseil départemental relative au lieu et au mode de placement des pupilles de l'État, l'accord du tuteur et celui du conseil de famille doivent être recueillis, ainsi que l'avis du mineur dans les conditions prévues à l'article L. 223-4. Le mineur capable de discernement est, en outre, entendu par le tuteur, ou son représentant, et par le conseil de famille, ou l'un de ses membres désignés par lui à cet effet. Lorsque le mineur se trouve dans une situation de danger manifeste, le tuteur, ou son représentant, prend toutes les mesures d'urgence que l'intérêt de celui-ci exige.

À titre d'exception, les opérations nécessitant dans la tutelle de droit commun l'intervention du subrogé tuteur (telle la réception de capitaux au profit du mineur) peuvent être effectuées par le tuteur seul. La gestion des deniers et du patrimoine appartenant aux pupilles de l'État est placée sous le contrôle du conseil de famille dans les conditions de l'article 401 et du Titre XII du Livre I « De la gestion du patrimoine des mineurs et des majeurs en tutelle ». Le directeur départemental des finances publiques n'a quant à lui qu'un rôle de comptable et non de gestionnaire (CASF, art. L. 224-9[4]).

Le **contrôle du juge sur la tutelle des pupilles de l'État** est **marginal**, voire inexistant. S'il peut être appelé à statuer en matière d'émancipation (C. civ., art. 413-2 et 413-3), le juge chargé des tutelles est exclu de la gestion de la tutelle. Seule la **cour d'appel** peut être amenée à intervenir en cas de **recours contre les délibérations du conseil de famille**, soit sur le fondement de l'article 402 du Code civil (irrégularité des délibérations), soit sur celui des articles 1239 et 1239-3 du Code de procédure civile, les délibérations du conseil de famille étant soumises aux voies de recours applicables à la tutelle de droit commun (CASF, art. L. 224-3)[5]. À titre dérogatoire, ces recours sont formés au greffe du tribunal de grande instance par requête signée par un avocat, remise ou adressée par lettre recommandée avec demande d'avis de réception (C. pr. civ., art. 1261).

Il convient toutefois de relever que, « *si la santé, la sécurité ou la moralité* [du pupille] *sont en danger, ou si les conditions de son éducation, ou de son développement physique, affectif, intellectuel et social sont gravement compromises* » (C. civ., art. 375), le **juge des enfants** peut être amené à intervenir.

132.72 Attributions des organes de la tutelle des pupilles de l'État. En raison du renvoi de l'article

1. Angers, 1re ch., sect. B, 26 janv. 2011, RG n° 10/01339, *Dr. fam.* 2011. Comm. 37, obs. Neirinck; *D.* 2011. 161, note Gouttenoire.
2. Rennes, 6e ch., sect. A, 25 nov. 2014, RG n° 14/04384 et 14/04550, *RJPF* 2015-2/22, obs. Le Boursicot.
3. L. n° 2013-403, 17 mai 2013, relative à l'élection des conseillers départementaux, des conseillers municipaux et des conseillers communautaires, et modifiant le calendrier électoral, art. 1er, V, NOR : INTX1238496L.
4. CASF, art. L. 224-9 *(mod. par Ord. n° 2006-346, 23 mars 2006, et Ord. n° 2010-420, 27 avr. 2010, art. 100).*
5. Civ. 1re, 8 nov. 2005, n° 03.16-750, *Bull. civ.* I, n° 408; *D.* 2006. 2438, obs. Douchy-Oudot; *RTD civ.* 2006. 88, obs. Hauser; Rép. pr. civ., v° *Administration légale et tutelle*, par Larribau-Terneyre et Azavant, juin 2012, n° 297; *RDSS* 2006. 171, obs. Neirinck.

L. 224-1 alinéa 2 du Code de l'action sociale et des familles, la **tutelle familiale** reste le **modèle de référence en matière patrimoniale.** Les dispositions des articles 496, 498, 500 à 515 du Code civil et du décret n° 2008-1484 du 22 décembre 2008, relatifs aux actes de gestion du patrimoine, sont donc applicables (v. s[s] n° 341.01) et le conseil de famille doit autoriser les actes de disposition.

S'agissant de la **personne du pupille**, c'est en principe le conseil de famille qui « *est investi du pouvoir sur la personne de l'enfant* »[1]. Certains actes particulièrement importants comme le **mariage** (C. civ., art. 159) et **l'émancipation** (C. civ., art. 413-2 et 413-3) sont du domaine exclusif du Code civil, le Code de l'action sociale et des familles contenant quant à lui des dispositions spécifiques, en particulier sur le **placement** du pupille, sa restitution aux parents, son **adoption**, l'**accès au dossier**, l'**accès aux origines** (CASF, art. L. 147-2, L. 224-1, L. 224-4, L. 224-6, L. 224-8, L. 225-1, R. 224-12, R. 224-13, R. 224-14, R. 224-21, R. 224-23, R. 224-24, R. 224-25).

Pour certaines catégories d'admission, les père et mère doivent consentir à l'**adoption** alors que, pour d'autres, c'est le conseil de famille qui décide. Conformément à l'article L. 225-1 du Code de l'action sociale et des familles, les pupilles « *doivent faire l'objet d'un projet d'adoption dans les meilleurs délais* ». Ils peuvent être adoptés soit par leur famille d'accueil soit par une famille qui a obtenu l'agrément d'adoption délivré par le président du conseil départemental (CASF, art. L. 225-2).

SECTION 3
TUTELLE DES PUPILLES DE LA NATION

§ 1
Conditions d'ouverture

132.81 Mineurs admis en qualité de pupilles de la Nation. Le Code des pensions militaires d'invalidité et des victimes de la guerre, modifié par l'ordonnance n° 2015-1781 du 28 décembre 2015[2], prévoit que certains mineurs ont vocation à obtenir la qualité de pupille de la Nation (C. pens. mil., art. L. 411-1 à L. 411-11). Ce statut offre aux enfants et jeunes gens qui le reçoivent une protection supplémentaire, en complément de celle assurée par leur famille.

Ces mineurs sont principalement les **orphelins de guerre** de père ou de mère, ou ceux dont le soutien de famille a été tué à la guerre (C. pens. mil., art. L. 411-1 [anc. art. L. 461]) ou assimilés (C. pens. mil., art. L. 411-2 [anc. art. L. 462]), que la Nation entend adopter. La nouvelle rédaction du texte retient la notion de mort « *de blessures ou de maladies contractées ou aggravées par suite d'un événement de guerre ou d'un acte de terrorisme tel que prévu au présent code* », c'est-à-dire aux articles L. 411-3 et suivants. Les conditions de reconnaissance de la qualité de pupille de la Nation sont fixées par les articles L. 411-1 à L. 411-10 du Code des pensions militaires et d'invalidité, modifiés par la loi n° 2015-1781 du 28 décembre 2015.

La procédure d'admission est organisée par les articles L. 412-1 et L. 412-2 du code précité sur la demande de l'un des parents, du représentant légal de l'enfant ou de l'enfant lui-même s'il a atteint sa majorité, et à son défaut, à la diligence du procureur de la République.

L'admission en qualité de pupille de la Nation est prononcée par un **jugement du tribunal de grande instance** du domicile du requérant après débats en chambre du conseil et après avoir avisé, par tout moyen permettant d'apporter la preuve de sa réception, le représentant légal de l'enfant, ou l'enfant majeur lui-même. Le représentant légal de l'enfant, autre que l'un des parents ou un ascendant, doit être autorisé par le conseil de famille, ou à défaut, le juge des tutelles, à présenter cette demande. Le représentant légal ou l'enfant majeur ne sont convoqués devant le tribunal que si l'admission de la demande soulève des difficultés et que les magistrats jugent utiles des explications complémentaires (C. pens. mil., art. L. 412-1).

Le représentant légal de l'enfant, le ministère public ou le président de la commission permanente de l'Office départemental des anciens combattants et victimes de guerre (ODACVG) peuvent, par simple lettre recommandée, dans le délai d'un mois suivant la notification de ce jugement, interjeter **appel** devant la cour d'appel.

En outre, un **recours en cassation** est ouvert contre l'arrêt d'admission ou de rejet de l'adoption de l'enfant par la Nation.

§ 2
Régime de la tutelle

132.91 Régime de la tutelle : renvoi aux règles de la tutelle de droit commun. En réalité, il ne s'agit pas véritablement d'une tutelle particulière, c'est une **tutelle de droit commun** dans laquelle le juge des tutelles peut décider de compléter le conseil de famille par des membres de l'Office départemental des anciens combattants et victimes de guerre dans les conditions de l'article L. 422-2 du Code des pensions militaires d'invalidité et des victimes de la guerre (réd. Ord. n° 2015-1781, 28 déc. 2015).

Le juge des tutelles des mineurs du lieu d'ouverture de la tutelle est tenu de convoquer d'office le conseil de famille en faisant application des règles de

1. F. Terré et D. Fenouillet, *Droit civil, les personnes, la famille, les incapacités*, 8e éd., « Précis », Dalloz, 2012.
2. Entrée en vigueur le 1er janvier 2017.

l'article 399 du Code civil pour le composer. À défaut de telles personnes, le juge doit faire appel d'abord aux membres de l'Office national des anciens combattants et victimes de guerre, ensuite à toute autre personne agréée par l'Office. Il peut provoquer l'exclusion ou le changement des personnes composant le conseil de famille pour l'une des causes mentionnées à l'article 396 du Code civil.

Dans le cas où le pupille ne dispose plus d'aucun ascendant ou tuteur testamentaire susceptible d'exercer la tutelle, en raison d'un décès, d'une excuse ou d'une exclusion, le conseil de famille peut décider de confier la tutelle à l'Office départemental, qui la déléguera sous son contrôle à l'un de ses membres ou à toute autre personne agréée par lui. Dans ce cas, il n'y a pas lieu à désignation d'un subrogé tuteur (C. pens. mil., art. L. 422-3 [anc. art. L. 474]).

L'article L. 422-2 du Code des pensions militaires et d'invalidité dispose qu'une expédition des délibérations du conseil de famille doit être envoyée immédiatement par le juge des tutelles au procureur de la République et à l'Office national des anciens combattants et victimes de guerre qui est chargé, dans le département, de la protection des pupilles. Il assure cette protection par l'institution de **conseillers de tutelle** dans les conditions définies aux articles L. 422-5 et L. 422-6. Il veille à l'observation des lois sur l'**enseignement obligatoire**, tout en respectant la liberté des parents ou tuteurs, et, le cas échéant, la volonté testamentaire du parent disparu, quant au choix des moyens d'enseignement. Il requiert la convocation du conseil de famille pour statuer sur toutes les mesures de nature à protéger la personne et les intérêts de l'enfant, s'il estime que les intérêts moraux ou matériels de l'enfant sont compromis par la négligence ou la faute du tuteur (C. pens. mil., art. L. 422-3 s.).

Dans tous les cas où, par application des lois de protection de l'enfance et spécialement du chapitre premier du titre IX du livre Ier du Code civil, il y a lieu de confier l'enfant ou d'en attribuer la tutelle à toute autre personne qu'à l'un de ses parents ou à ses ascendants, le juge peut confier l'enfant ou la tutelle à l'Office (C. pens. mil., art. L. 422-5).

Les dispositions des articles L. 426-6 et suivants du Code des pensions militaires et d'invalidité organisent le fonctionnement de cette tutelle particulière, l'article L. 423-1 traitant du placement des pupilles et l'article L. 431-1 trouvant à s'appliquer aux pupilles résidant à l'étranger.

§ 3
Protection et aide de l'État et placement des pupilles de la Nation

132.101 Protection et aide de l'État à l'égard des pupilles de la Nation. L'article L. 421-1 du Code des pensions militaires d'invalidité dispose que les enfants adoptés par la Nation ont droit, jusqu'à l'âge de vingt-et-un ans, à la protection, au soutien matériel et moral de l'État pour leur éducation. Dans le cas d'insuffisance des ressources de la famille ou des enfants lorsqu'ils ne sont plus rattachés au foyer fiscal du ou des parents, la Nation assure la charge, partielle ou totale, de leur entretien et de leur éducation.

Pour les pupilles de la Nation appelés à accomplir le service national, ce droit est prorogé jusqu'à l'expiration du service militaire actif légal. Un délai de six mois est, en outre, accordé aux pupilles après leur libération pour faire valoir ce droit.

Les articles L. 421-2 à L. 421-4 du même code organisent les conditions de l'aide pouvant être accordée aux pupilles de la nation, notamment avec le soutien de l'Office national des anciens combattants et victimes de guerre (ONACVG). Celui-ci est compétent en particulier pour :

- veiller à l'observation, au profit des pupilles de la Nation, des lois protectrices de l'enfance, des règles du Code civil en matière de tutelle ainsi que des mesures de protection;

- pourvoir au placement, dans les familles ou fondations ou dans les établissements publics ou privés d'éducation, des pupilles dont la tutelle ou la garde provisoire lui est confiée et de ceux dont les parents ou tuteurs sollicitent son intervention à cet effet;

- accorder des subventions, dans la limite de ses disponibilités financières, en vue de faciliter l'entretien, l'éducation et le développement normal des pupilles dont le père, la mère, le tuteur ou le soutien manquerait des ressources nécessaires à cet effet;

- veiller à ce que les associations et établissements, ou les particuliers, ayant obtenu, par son intermédiaire, la garde des pupilles de la Nation ne s'écartent pas des conditions générales fixées par décret en Conseil d'État.

Tous les actes ou pièces ayant exclusivement pour objet la protection des pupilles de la Nation sont dispensés de droits de timbre et d'enregistrement (C. pens. milit., art. L. 412-4).

132.102 Placement des pupilles de la Nation. Les conditions sont prévues par l'article L. 423-1 du Code des pensions militaires d'invalidité et des victimes de la guerre. À la demande des tuteurs ou des tuteurs délégués à l'Office national des anciens combattants et victimes de guerre ou, dans les cas prévus à l'article L. 422-4, par décision du tribunal, les pupilles de la Nation peuvent être confiés, par l'intermédiaire de l'Office, ou bien à des établissements publics, ou bien à des fondations, associations ou groupements, ou bien à des particuliers présentant toutes les garanties nécessaires.

Les conditions auxquelles doivent satisfaire les particuliers, fondations, associations, groupements demandant à recevoir des pupilles sont fixées par décret en Conseil d'État. L'autorisation est accordée aux **particuliers**, aux **fondations, associations, groupements dont l'action est limitée à un seul département par arrêté du préfet**, pris après avis de l'Office. Elle l'est par arrêté du ministre chargé des anciens combattants et victimes de guerre, après avis du conseil d'administration de l'Office, pour les établissements dont l'action s'étend sur plusieurs départements.

Tout refus ou retrait d'agrément doit être motivé. Le retrait d'agrément est prononcé après avis du conseil d'administration de l'Office, par arrêté du ministre chargé des anciens combattants et victimes de guerre.

LIVRE

2. La protection juridique des majeurs : dispositions communes

SECTION 0

ORIENTEUR

2.00 Plan du livre.

TITRE

21. Le régime primaire de la protection juridique des majeurs

SECTION 0

ORIENTEUR

21.00 Plan du titre.

CHAPITRE

211. Exigence du constat médical de l'altération des facultés et avis médicaux

SECTION 0
ORIENTEUR

211.00 **Plan du chapitre.**

211.01 **Textes applicables.**

TEXTES LÉGISLATIFS ET RÉGLEMENTAIRES NOUVEAUX

• **Décr. n° 2016-185, 23 févr. 2016,** pris pour l'application de l'ordonnance n° 2015-1288 du 15 octobre 2015 portant simplification et modernisation du droit de la famille, art. 7, 8 et 9 (*JO* 25 févr.).

• **L. n° 2015-177, 16 févr. 2015,** relative à la modernisation et à la simplification du droit et des procédures dans les domaines de la justice et des affaires intérieures, *JO* 17 févr., p. 2961.

TEXTES SOURCES

> Altération des facultés personnelles et mesure de protection juridique

+ L. n° 2007-308, 5 mars 2007

+ L. n° 2015-177, 16 févr. 2015

C. civ., art. 425, 428, 430, 431, 442, 443 al. 1er, 481 et 483, 1°

> Procédure tutélaire : demande de mesure judiciaire de protection

C. pr. civ., art. 1217 à 1219

> Procédure tutélaire : instruction de la demande de mesure judiciaire de protection

C. pr. civ., art. 1220 à 1221

> Procédure tutélaire : consultation du dossier et délivrance de copies

C. pr. civ., art. 1222 à 1223-2

> Certificats d'un médecin inscrit ou avis médicaux pendant le fonctionnement de la mesure

+ L. n° 2007-308, 5 mars 2007

C. civ., art. 426, 459, 459-2, 471 à 473, 476

TEXTES *IN EXTENSO*

> Altération des facultés personnelles et mesure de protection juridique

[C. civ., art. 425, 428, 430, 431, 442, 443 al. 1er, 481 et 483, 1°]

+ L. n° 2007-308, 5 mars 2007 *(applicable depuis le 1er janv. 2009)*

+ L. n° 2015-177, 16 févr. 2015

C. civ., art. 425 *(mod. par L. n° 2007-308, 5 mars 2007, art. 7)*

Toute personne dans l'impossibilité de pourvoir seule à ses intérêts en raison d'une altération, médicalement constatée, soit de ses facultés mentales, soit de ses facultés corporelles de nature à empêcher l'expression de sa volonté peut bénéficier d'une mesure de protection juridique prévue au présent chapitre.

S'il n'en est disposé autrement, la mesure est destinée à la protection tant de la personne que des intérêts patrimoniaux de celle-ci. Elle peut toutefois être limitée expressément à l'une de ces deux missions.

C. civ., art. 428 *(mod. par L. n° 2007-308, 5 mars 2007, art. 7)*

La mesure de protection ne peut être ordonnée par le juge qu'en cas de nécessité et lorsqu'il ne peut être suffisamment pourvu aux intérêts de la personne par l'application des règles du droit commun de la représentation, de celles relatives aux droits et devoirs respectifs des époux et des règles des régimes matrimoniaux, en particulier celles prévues aux articles 217, 219, 1426, et 1429, par une autre mesure de protection judiciaire moins contraignante ou par le mandat de protection future conclu par l'intéressé.

C. civ., art. 430 *(créé par L. n° 2007-308, 5 mars 2007, art. 7)*

La demande d'ouverture de la mesure peut être présentée au juge par la personne qu'il y a lieu de protéger ou, selon le cas, par son conjoint, le partenaire avec qui elle a conclu un pacte civil de solidarité ou son concubin, à moins que la vie commune ait cessé entre eux, ou par un parent ou un allié, une personne entretenant avec le majeur des liens étroits et stables, ou la personne qui exerce à son égard une mesure de protection juridique.

Elle peut être également présentée par le procureur de la République soit d'office, soit à la demande d'un tiers.

C. civ., art. 431 *[mod. par L. n° 2015-177, 16 févr. 2015, art. 1er (V)]*

La demande est accompagnée, à peine d'irrecevabilité, d'un certificat circonstancié rédigé par un médecin choisi sur une liste établie par le procureur de la République. Ce médecin peut solliciter l'avis du médecin traitant de la personne qu'il y a lieu de protéger.

Le coût de ce certificat est fixé par décret en Conseil d'État.

C. civ., art. 442 *[mod. par L. n° 2015-177, 16 févr. 2015, art. 1er (V)]*

Le juge peut renouveler (la mesure de protection) pour une même durée.

Toutefois, lorsque l'altération des facultés personnelles de l'intéressé décrite à l'article 425 n'apparaît manifestement pas susceptible de connaître une amélioration selon les données acquises de la science, le juge peut, par décision spécialement motivée et sur avis conforme du médecin inscrit sur la liste mentionnée à l'article 431, renouveler la durée de la mesure pour une durée plus longue qu'il détermine, n'excédant pas vingt ans.

Le juge peut, à tout moment, mettre fin à la mesure, la modifier ou lui substituer une autre mesure prévue au présent titre, après avoir recueilli l'avis de la personne chargée de la mesure de protection.

Il statue d'office ou à la requête de l'une des personnes mentionnées à l'article 430, au vu d'un certificat médical et dans les conditions prévues à l'article 432. Il ne peut toutefois renforcer le régime de protection de l'intéressé que s'il est saisi d'une requête en ce sens satisfaisant aux articles 430 et 431.

C. civ., art. 443, al. 1er *(mod. par L. n° 2007-308, 5 mars 2007, art. 7)*

La mesure prend fin, en l'absence de renouvellement, à l'expiration du délai fixé, en cas de jugement de mainlevée passé en force de chose jugée ou en cas de décès de l'intéressé. [...]

C. civ., art. 481 *(mod. par L. n° 2007-308, 5 mars 2007, art. 7)*

Le mandat (de protection future) prend effet lorsqu'il est établi que le mandant ne peut plus pourvoir seul à ses intérêts. Celui-ci en reçoit notification dans les conditions prévues par le Code de procédure civile.

À cette fin, le mandataire produit au greffe du tribunal d'instance le mandat et un certificat médical émanant d'un médecin choisi sur la liste mentionnée à l'article 431 établissant que le mandant se trouve dans l'une des situations prévues à l'article 425. Le greffier vise le mandat et date sa prise d'effet, puis le restitue au mandataire.

C. civ., art. 483, 1° *(mod. par L. n° 2007-308, 5 mars 2007, art. 7)*

Le mandat [de protection future] mis à exécution prend fin par :

1° le rétablissement des facultés personnelles de l'intéressé constaté à la demande du mandant ou du mandataire, dans les formes prévues à l'article 481. [...]

> Procédure tutélaire : demande de mesure judiciaire de protection

[C. pr. civ., art. 1217 à 1219]
+ Décr. n° 2008-1276, 5 déc. 2008
+ Décr. n° 2009-1628, 23 déc. 2009

C. pr. civ., art. 1217 *(mod. par Décr. n° 2009-1628, 23 déc. 2009, art. 4)*

Hors les cas prévus aux articles 390, 391, 442 et 485 du Code civil, le juge est saisi par requête remise ou adressée au greffe de la juridiction de première instance.

C. pr. civ., art. 1218 *(mod. par Décr. n° 2008-1276, 5 déc. 2008, art. 1er)*

La requête aux fins d'ouverture d'une mesure de protection d'un majeur comporte, à peine d'irrecevabilité :

1° Le certificat médical circonstancié prévu à l'article 431 du Code civil.

2° L'identité de la personne à protéger et l'énoncé des faits qui appellent cette protection au regard de l'article 428 du même code.

C. pr. civ., art. 1218-1 *(mod. par Décr. n° 2008-1276, 5 déc. 2008, art. 1er)*

La requête prévue à l'article 1218 mentionne également les personnes appartenant à l'entourage du majeur à protéger énumérées au premier alinéa de l'article 430 du Code civil ainsi que le nom de son médecin traitant, si son existence est connue du requérant. Celui-ci précise, dans la mesure du possible, les éléments concernant la situation familiale, financière et patrimoniale du majeur.

Le greffier avise le procureur de la République de la procédure engagée, sauf lorsque ce dernier est le requérant.

C. pr. civ., art. 1219 *(mod. par Décr. n° 2008-1276, 5 déc. 2008, art. 1er)*

Le certificat médical circonstancié prévu à l'article 431 du Code civil :

1° Décrit avec précision l'altération des facultés du majeur à protéger ou protégé;

2° Donne au juge tout élément d'information sur l'évolution prévisible de cette altération;

3° Précise les conséquences de cette altération sur la nécessité d'une assistance ou d'une représentation du majeur dans les actes de la vie civile, tant patrimoniaux qu'à caractère personnel, ainsi que sur l'exercice du droit de vote.

Le certificat indique si l'audition du majeur est de nature à porter atteinte à sa santé ou si celui-ci est hors d'état d'exprimer sa volonté.

Le certificat est remis par le médecin au requérant sous pli cacheté, à l'attention exclusive du procureur de la République ou du juge des tutelles.

> Procédure tutélaire : instruction de la demande de mesure judiciaire de protection

[C. pr. civ., art. 1220 à 1221]
+ Décr. n° 2008-1276, 5 déc. 2008
+ Décr. n° 2009-1628, 23 déc. 2009

C. pr. civ., art. 1220 *(mod. par Décr. n° 2009-1628, 23 déc. 2009, art. 5)*

Le juge des tutelles peut, dans tous les cas où il a l'obligation ou il estime utile d'entendre la personne à protéger ou protégée, se déplacer dans toute l'étendue du ressort de la cour d'appel ainsi que dans les départements limitrophes de celui où il exerce ses fonctions. Les mêmes règles sont applicables aux magistrats de la cour d'appel en cas de recours.

C. pr. civ., art. 1220-1 *(mod. par Décr. n° 2008-1276, 5 déc. 2008, art. 1er)*

L'audition de la personne peut avoir lieu au siège du tribunal, au lieu où elle réside habituellement, dans l'établissement de traitement ou d'hébergement ou en tout autre lieu approprié.

L'audition n'est pas publique.

Le juge peut, s'il l'estime opportun, procéder à cette audition en présence du médecin traitant ou de toute autre personne.

Le procureur de la République et, le cas échéant, l'avocat de la personne à protéger ou protégée sont informés de la date et du lieu de l'audition.

Il est dressé procès-verbal de celle-ci.

C. pr. civ., art. 1220-2 *(mod. par Décr. n° 2008-1276, 5 déc. 2008, art. 1er)*

La décision du juge disant n'y avoir lieu à procéder à l'audition du majeur à protéger ou protégé en application du second alinéa de l'article 432 du Code civil est notifiée au requérant et, le cas échéant, à l'avocat du majeur.

Par la même décision, le juge ordonne qu'il soit donné connaissance de la procédure engagée au majeur selon des modalités appropriées à son état.

Il est fait mention au dossier de l'exécution de cette décision.

C. pr. civ., art. 1220-3 *(mod. par Décr. n° 2008-1276, 5 déc. 2008, art. 1er)*

Le juge des tutelles ne peut statuer sur une requête concernant un majeur protégé et relativement à la protection de sa personne qu'après avoir entendu ou appelé celui-ci sauf si l'audition est de nature à porter atteinte à la santé de l'intéressé ou si celui-ci est hors d'état d'exprimer sa volonté.

C. pr. civ., art. 1220-4 *(mod. par Décr. n° 2008-1276, 5 déc. 2008, art. 1er)*

Le juge procède à l'audition, s'il l'estime opportun, des personnes mentionnées à l'article 430 du Code civil. Cette audition est de droit lorsqu'elle est sollicitée par une personne demandant à exercer la mesure de protection.

C. pr. civ., art. 1221 *(mod. par Décr. n° 2008-1276, 5 déc. 2008, art. 1er)*

Le juge peut, soit d'office, soit à la requête des parties ou du ministère public, ordonner toute mesure d'instruction. Il peut notamment faire procéder à une enquête sociale ou à des constatations par toute personne de son choix.

> Procédure tutélaire : consultation du dossier et délivrance de copies

[C. pr. civ., art. 1222 à 1223-2]

+ Décr. n° 2008-1276, 5 déc. 2008

+ Décr. n° 2009-1628, 23 déc. 2009

+ Décr. n° 2016-185, 23 févr. 2016

C. pr. civ., art. 1222 *(mod. par Décr. n° 2009-1628, 23 déc. 2009, art. 6)*

Le dossier peut être consulté au greffe par le requérant jusqu'au prononcé de la décision d'ouverture ou, lorsqu'une modification de la mesure de protection est sollicitée, jusqu'à ce qu'il soit statué sur celle-ci. Il peut être également consulté dans les mêmes conditions et sur autorisation de la juridiction saisie, par une des personnes énumérées à l'article 430 du Code civil si elle justifie d'un intérêt légitime.

Leurs avocats, si elles en ont constitué un, disposent de la même faculté.

C. pr. civ., art. 1222-1 *(mod. par Décr. n° 2008-1276, 5 déc. 2008, art. 1er)*

À tout moment de la procédure, le dossier peut être consulté au greffe de la juridiction qui le détient, sur demande écrite et sans autre restriction que les nécessités du service, par le majeur à protéger ou protégé, le cas échéant, par son avocat ainsi que par les personnes chargées de la protection.

Lorsque la demande de consultation du dossier émane du majeur, le juge peut, par ordonnance motivée notifiée à l'intéressé, exclure tout ou partie des pièces de la consultation si celle-ci est susceptible de lui causer un préjudice psychologique grave.

C. pr. civ., art. 1223 *(mod. par Décr. n° 2016-185, 23 févr. 2016, art. 8)*

L'avocat du majeur à protéger ou protégé, du mineur ou de ses parents, peut se faire délivrer copie de tout ou partie des pièces du dossier. Il ne peut communiquer les copies ainsi obtenues ou leur reproduction au majeur à protéger ou protégé, au mineur ou à un tiers.

Nota 1 : Décret n° 2016-185, 23 févr. 2016, art. 18 : Ces dispositions sont applicables aux administrations légales en cours au jour de son entrée en vigueur.

C. pr. civ., art. 1223-1 *(mod. par Décr. n° 2016-185, 23 févr. 2016, art. 9)*

Sous réserve des dispositions de l'article 510 du Code civil relatives à la communication des comptes de gestion, le juge des tutelles peut, après le prononcé du jugement de mise sous protection, autoriser, sur justification d'un intérêt légitime, la délivrance d'une copie d'une ou plusieurs pièces du dossier au majeur protégé, au mineur âgé de seize ans révolus ou à la personne chargée de la mesure de protection.

Nota 1 : reprise.

> Certificats d'un médecin inscrit ou avis médicaux pendant le fonctionnement de la mesure

[C. civ., art. 426, 459, 459-2, 471 à 473, 476]

+ L. n° 2007-308, 5 mars 2007 *(applicable depuis le 1er janv. 2009)*

+ L. n° 2015-177, 16 févr. 2015

C. civ., art. 426 *[mod. par L. n° 2015-177, 16 févr. 2015, art. 1er (V)]*

Le logement de la personne protégée et les meubles dont il est garni, qu'il s'agisse d'une résidence principale ou secondaire, sont conservés à la disposition de celle-ci aussi longtemps qu'il est possible.

Le pouvoir d'administrer les biens mentionnés au premier alinéa ne permet que des conventions de jouissance précaire qui cessent, malgré toutes dispositions ou stipulations contraires, dès le retour de la personne protégée dans son logement.

S'il devient nécessaire ou s'il est de l'intérêt de la personne protégé qu'il soit disposé de ses droits relatifs à son logement ou à son mobilier par l'aliénation, la résiliation ou la conclusion d'un bail, l'acte est autorisé par le juge ou par le conseil de famille s'il a été constitué, sans préjudice des formalités que peut requérir la nature des biens. Si l'acte a pour finalité l'accueil de l'intéressé dans un établissement, l'avis préalable d'un médecin n'exerçant pas une fonction ou n'occupant pas un emploi dans cet établissement, est requis. Dans tous les cas, les souvenirs, les objets à caractère personnel, ceux indispensables aux personnes handicapées ou destinés aux soins des personnes malades sont gardés à la disposition de l'intéressé, le cas échéant par les soins de l'établissement dans lequel celui-ci est hébergé.

C. civ., art. 459 *(mod. par L. n° 2009-526, 12 mai 2009, art. 116)*

Hors les cas prévus à l'article 458, la personne protégée prend seule les décisions relatives à sa personne dans la mesure où son état le permet.

Lorsque l'état de la personne protégée ne lui permet pas de prendre seule une décision personnelle éclairée, le juge ou le conseil de famille s'il a été constitué peut prévoir qu'elle bénéficiera, pour l'ensemble des actes relatifs à sa personne ou ceux d'entre eux qu'il énumère, de l'assistance de la personne chargée de sa protection. Au cas où cette assistance ne suffirait pas, il peut, le cas échéant après l'ouverture d'une mesure de tutelle, autoriser le tuteur à représenter l'intéressé.

Toutefois, sauf urgence, la personne chargée de la protection du majeur ne peut, sans l'autorisation du juge ou du conseil de famille s'il a été constitué, prendre une décision ayant pour effet de porter gravement atteinte à l'intégrité corporelle de la personne protégée ou à l'intimité de sa vie privée.

La personne chargée de la protection du majeur peut prendre à l'égard de celui-ci les mesures de protection strictement nécessaires pour mettre fin au danger que son propre comportement ferait courir à l'intéressé. Elle en informe sans délai le juge ou le conseil de famille s'il a été constitué.

C. civ., art. 459-2 *(créé par L. n° 2007-308, 5 mars 2007, art. 7)*

La personne protégée choisit le lieu de sa résidence.

Elle entretient librement des relations personnelles avec tout tiers, parent ou non. Elle a le droit d'être visitée et, le cas échéant, hébergée par ceux-ci.

En cas de difficulté, le juge ou le conseil de famille s'il a été constitué, statue.

C. civ., art. 471 *(mod. par L. n° 2007-308, 5 mars 2007, art. 7)*

À tout moment, le juge peut, par dérogation à l'article 467, énumérer certains actes que la personne en curatelle a la capacité de faire seule ou, à l'inverse, ajouter d'autres actes à ceux pour lesquels l'assistance du curateur est exigée.

C. civ., art. 472 *(mod. par L. n° 2007-308, 5 mars 2007, art. 7)*

Le juge peut également, à tout moment, ordonner une curatelle renforcée. Dans ce cas, le curateur perçoit seul les revenus de la personne en curatelle sur un compte ouvert au nom de cette dernière. Il assure lui-même le règlement des dépenses auprès des tiers et dépose l'excédent sur un compte laissé à la disposition de l'intéressé ou le verse entre ses mains.

Sans préjudice des dispositions de l'article 459-2, le juge peut autoriser le curateur à conclure seul un bail d'habitation ou une convention d'hébergement assurant le logement de la personne protégée.

La curatelle renforcée est soumise aux dispositions des articles 503 et 510 à 515.

C. civ., art. 473 *(mod. par L. n° 2007-308, 5 mars 2007, art. 7)*

Sous réserve des cas où la loi ou l'usage autorise la personne en tutelle à agir elle-même, le tuteur la représente dans tous les actes de la vie civile.

Toutefois, le juge peut, dans le jugement d'ouverture ou ultérieurement, énumérer certains actes que la personne en tutelle aura la capacité de faire seule ou avec l'assistance du tuteur.

C. civ., art. 476 *(mod. par L. n° 2007-308, 5 mars 2007, art. 7)*

La personne en tutelle peut, avec l'autorisation du juge ou du conseil de famille s'il a été constitué, être assistée ou au besoin représentée par le tuteur pour faire des donations.

Elle ne peut faire seule son testament après l'ouverture de la tutelle qu'avec l'autorisation du juge ou du conseil de famille s'il a été constitué, à peine de nullité de l'acte. Le tuteur ne peut ni l'assister ni la représenter à cette occasion.

Toutefois, elle peut seule révoquer le testament fait avant ou après l'ouverture de la tutelle. Le testament fait antérieurement à l'ouverture de la tutelle reste valable à moins qu'il ne soit établi que, depuis cette ouverture, la cause qui avait déterminé le testateur à disposer a disparu.

211.02 Jurisprudence de référence.

> Constat médical de l'altération des facultés de la personne

• **Civ. 1re, 15 juin 1994, n° 92-19.680,** *Bull. civ.* I, n° 213

* V. ss n° 211.13

Doit être cassée la décision qui ouvre une curatelle alors que le médecin désigné par le juge des tutelles avait estimé que l'intéressée ne présentait aucune altération de ses capacités psychiques et corporelles nécessitant une mesure de protection.

• **Civ. 1re, 13 mars 2007, n° 06-14.489,** NP

* V. ss n° 211.13

Le fait de relever que l'état de santé d'une personne n'est pas suffisamment consolidé ne peut valoir constat de l'existence d'une altération des facultés mentales.

> Altération des facultés corporelles : nécessité de vérifier si l'altération empêche l'expression de la volonté de la personne à protéger

• **Civ. 1re, 3 janv. 2006, n° 02-19.537,** *Bull. civ.* I, n° 4

* V. ss n° 211.34

Les difficultés de déplacement ou une altération de la vue ou de l'ouïe ne peuvent justifier le prononcé d'une mesure de protection que si elles empêchent l'expression de la volonté.

• **Civ. 1re, 17 oct. 2007, n° 06-14.155,** NP

* V. ss n° 211.13

Le fait qu'un majeur souffre depuis plusieurs années d'une maladie invalidante, telle la sclérose en plaques, le privant de toute autonomie physique, n'est pas suffisant s'il n'est pas en outre constaté que cette altération des facultés corporelles empêche l'expression de la volonté.

• **Civ. 1re, 30 sept. 2009, n° 09-10.127,** NP

* V. ss nos 211.11 et 211.13

Les juges qui placent une personne sous curatelle en raison de l'altération des facultés corporelles doivent préciser si l'altération de ces facultés corporelles l'empêche d'exprimer sa volonté.

• **Reims, 26 juin 2015, RG n° 14/03034**

* V. ss n° 211.13

Il n'y a pas lieu à mesure de protection dès lors que le certificat médical circonstancié n'atteste que d'altération des facultés corporelles et non mentales sans mentionner d'impossibilité d'expression de la volonté.

> Vérification du besoin d'être assisté ou représenté dans les actes de la vie civile avant l'ouverture d'une mesure de protection

• **Civ. 1re, 30 mai 2000, no 98-13.609,** NP

• **Civ. 1re, 4 oct. 2005, no 03-11.545,** NP

* V. ss no 211.13

Il n'y a pas lieu d'ordonner l'ouverture d'une mesure de protection dès lors qu'il a été constaté que le mari pourvoyait aux intérêts de sa femme par une gestion avisée en application des règles du régime matrimonial.

• **Civ. 1re, 1er févr. 2012, no 11-11.346,** *Bull. civ.* I, no 19

* V. ss no 211.13

Dans le même sens que les arrêts de la première chambre civile des 30 mai 2000 et 4 octobre 2005, cet arrêt de 2012 suggérant en creux que le principe de subsidiarité des mesures de protection par rapport aux dispositifs du régime primaire et du régime matrimonial peut être écarté, par exemple, si l'inaptitude du conjoint valide pour gérer les biens ou un risque de dilapidation du patrimoine par ce dernier sont établis.

• **Douai, 2 févr. 2012, RG no 11/5594**

* V. ss no 211.13

L'ouverture de la tutelle peut être restreinte à la seule protection de la personne par application du principe de subsidiarité des régimes de protection par rapport aux régimes matrimoniaux.

• **Civ. 1re, 1er avr. 2015, no 14-11.051,** NP

* V. ss no 211.13

Dans un contexte de conflit familial, la cour d'appel avait infirmé la décision du premier juge qui n'avait pas ouvert de mesure de protection au motif que l'un des enfants de la personne à protéger prenait en charge ses affaires. La cour d'appel avait jugé que l'application des règles du droit commun de la représentation était insuffisamment protectrice. La Cour de cassation s'en remet à l'appréciation souveraine des juges du fond sur l'intérêt de la personne à protéger, dès lors que la motivation est suffisante.

• **Civ. 1re, 4 mars 2015, no 14-15.218,** NP

* V. ss no 211.13

Doit être cassée pour manque de base légale au visa de l'article 472 du Code civil, la décision d'organisation d'une mesure de curatelle renforcée prise à l'égard d'une dame veuve et âgée alors que les premiers juges n'ont pas recherché si la majeure « était ou non apte à percevoir ses revenus et à en faire une utilisation normale ». Reprenant la motivation jugée insuffisante, car centrée uniquement sur l'altération des facultés mentales, la Cour de cassation sanctionne l'absence de description précise de la répercussion de cette altération sur l'aptitude à la gestion.

> Vérification de la persistance des altérations et du besoin d'être assisté ou représenté dans les actes de la vie civile pour le maintien, le refus de mainlevée ou le renouvellement de la mesure de protection

• **Civ. 1re, 5 nov. 2008, no 07-17.907,** *Bull. civ.* I, no 249

* V. ss no 211.47

Une demande de mainlevée ne peut être rejetée au motif que le majeur protégé n'est pas en mesure de produire des justifications médicales justifiant l'absence de besoin de protection. Ce motif n'est pas jugé suffisant dès lors que c'est la persistance de l'altération des facultés mentales qui devait être constatée.

• **Civ. 1re, 15 avr. 2015, no 14-16.666,** *Bull. civ.* I, no 91 [à paraître]

* V. ss nos 211.43 et 211.47

En se déterminant sans constater la persistance de l'altération des facultés mentales de l'intéressée et la nécessité pour celle-ci d'être assistée ou contrôlée de manière continue dans les actes importants de la vie civile, la cour d'appel qui a confirmé le jugement de refus de mainlevée de la curatelle renforcée a privé sa décision de base légale.

• **Rennes, 15 août 2016, RG no 15/08820**

L'évolution des altérations constatées lors du premier certificat médical circonstancié doit être prise en compte et la mesure de protection doit être levée si l'évolution des altérations permet à la personne protégée d'accomplir seule les actes de la vie civile.

> Conditions de validité du certificat médical circonstancié

– Inscription du médecin sur la liste établie par le procureur de la République *(jurisprudence antérieure à la loi du 5 mars 2007)*

• **Civ. 1re, 3 janv. 2006, no 02-19.537,** *Bull. civ.* I, no 4

* V. ss no 211.34

Ne donne pas de base légale à sa décision, le tribunal de grande instance qui, pour placer une personne sous le régime de la curatelle, ne précise pas si les altérations de ses facultés corporelles empêchaient l'expression de sa volonté et si l'altération de ses facultés mentales, non invoquée devant le premier juge, avait été constatée par un médecin spécialiste choisi sur une liste établie par le procureur de la République.

– Application de la contradiction aux conclusions de l'examen médical du médecin inscrit réalisé en matière de tutelles *(jurisprudence antérieure à la loi du 5 mars 2007)*

• **Civ. 1re, 13 juill. 2004, no 01-14.506,** *Bull. civ.* I, no 205

* V. ss no 211.22

Viole l'article 16 du (Nouveau) Code de procédure civile, le tribunal de grande instance qui confirme une mesure de curatelle au vu d'une expertise médicale qu'il a ordonnée sans qu'il ressorte du dossier que les parties aient été avisées de la possibilité de consulter le dossier au greffe, les privant de la faculté de connaître et de discuter les conclusions de l'expert.

– Appréciation souveraine par le juge de la qualité de médecin traitant d'un médecin hospitalier *(jurisprudence antérieure à la loi du 5 mars 2007)*

• **Civ. 1re, 22 oct. 2002, no 01-00.383,** *Bull. civ.* I, no 237

* V. ss no 211.47

Le juge des tutelles apprécie souverainement si un médecin hospitalier ayant pris en charge une personne lors de ses hospitalisations de plus en plus fréquentes en rapport avec l'affection ayant justifié l'ouverture de la curatelle, a la qualité de médecin traitant au sens de l'article 490-1 alinéa 3 du Code civil.

– Le médecin traitant est déchargé de son obligation au secret médical à l'égard du descendant de la personne à protéger dès lors qu'il se limite à donner son avis sur l'opportunité d'une mesure de protection *(jurisprudence antérieure à la loi du 5 mars 2007)*

• **Civ. 1re, 13 janv. 2004, no 01-16.823,** *Bull. civ.* I, no 15

* V. ss no 211.22

Aux termes des articles 493 et 509 du Code civil, l'ouverture d'une curatelle peut être prononcée à la requête des descendants de la personne qu'il y a lieu de protéger et par l'effet de l'article 490-1 du Code civil prévoyant l'avis du médecin traitant, le professionnel est déchargé de son obligation au secret relativement aux faits dont il a eu connaissance dans l'exercice de sa profession. Dès lors, un médecin traitant qui remet à un descendant de sa patiente un certificat médical dans lequel il se borne à donner son avis sur l'opportunité d'une mesure de protection, en l'absence de révélation de toute autre information sur son état de santé, ne commet pas de faute.

> Rôle du médecin inscrit et portée du certificat médical circonstancié

• **Civ. 1re, 15 juin 1994, nº 92-19.680,** *Bull. civ.* I, nº 213 *(jurisprudence antérieure à la loi du 5 mars 2007)*

* V. ss nº 211.13

[...] mais ne peut pas prononcer une mesure de protection si le médecin spécialiste ne constate aucune altération des facultés personnelles.

• **Rouen, 26 juin 2015, RG nº 15/01245**

* V. ss nº 211.13

En présence de deux certificats médicaux circonstanciés établis successivement et concluant d'abord à l'organisation d'une mesure d'assistance puis à une mesure de représentation, la cour d'appel infirmant la décision du premier juge constate que ni une sauvegarde de justice ni une curatelle ne peuvent assurer une protection suffisante de la personne dont la protection est demandée. La cour prononce une mesure de tutelle sans maintien du droit de vote.

> Altération des facultés et refus de se soumettre à l'examen médical

• **TGI Mont-de-Marsan, 8 oct. 2009**

* V. ss nº 211.23

• **Civ. 1re, 29 juin 2011, nº 10-21.879,** *Bull. civ.* I, nº 133

* V. ss nº 211.23

Le tribunal de grande instance, alors juridiction d'appel du juge des tutelles, après avoir relevé que la requête du procureur de la République était accompagnée d'une lettre rédigée par un médecin agréé attestant du refus de la personne à protéger de se soumettre à un examen médical, a déclaré la requête recevable, estimant que la personne à protéger n'était pas fondée à se prévaloir de l'absence de certificat médical circonstancié dès lors que, par son propre fait, elle avait rendu impossible ce constat.

La Cour de cassation, statuant sur le pourvoi formé par la majeure à protéger, a cassé ce jugement sans renvoi et a confirmé l'ordonnance initiale du juge des tutelles, motif tiré de la violation, par refus d'application, de l'article 431 du Code civil qui précise que la demande de protection doit « à peine d'irrecevabilité » être accompagnée d'un certificat médical circonstancié rédigé par un médecin inscrit sur la liste établie par le procureur de la République.

COMP. :

• **Paris, 8 janv. 2013, RG nº 11/18841**

• **Douai, 11 janv. 2013, RG nº 12/05941**

• **Dijon, 20 févr. 2013, RG nº 12/00151**

* V. ss nº 211.23

Un certificat suppose nécessairement que le médecin se prononce au besoin uniquement au vu des documents médicaux produits par le requérant et/ou après avoir au moins tenté de recueillir l'avis du médecin traitant, comme le permet l'article 431-1.

> Examen médical et protection de la personne de l'article 459 du Code civil

• **TI Nice, 4 févr. 2009, RG nº 01/00602**

* V. ss nº 211.44

En l'absence de décision spéciale du juge des tutelles aux fins de prévoir l'assistance ou la représentation d'une majeure protégée dans les actes touchant à sa personne, cette dernière peut prendre seule, sans assistance et sans représentation la décision. En l'espèce, une coloscopie ne pouvant être considérée comme un acte portant gravement atteinte à l'intégrité corporelle de la personne protégée, ne nécessitait donc pas une autorisation du juge des tutelles.

• **Dijon, 9 nov. 2011, RG nº 11/00606**

* V. ss nº 211.44

Le curateur ou le tuteur qui n'a pas été chargé d'une mission de protection de la personne par le juge des tutelles ne peut pas mettre en œuvre seul une mesure d'hospitalisation à la demande d'un tiers sur le fondement de l'article 453 alinéas 3 et 4. Il doit demander une autorisation au juge des tutelles.

> Évolution de la mesure de protection

– Transformation de la mesure

(jurisprudence antérieure à la loi du 5 mars 2007).

• **Civ. 1re, 30 juin 1992, nº 89-21.670,** *Bull. civ.* I, nº 210

* V. ss nº 211.46

La juridiction d'appel, en l'espèce le tribunal, ne peut prononcer la mainlevée de la tutelle pour lui substituer la curatelle sans rechercher si l'amélioration constatée de l'état de santé de l'intéressé était telle qu'il n'avait plus besoin d'être représenté de façon continue dans les actes de la vie civile.

– Rejet de la demande de mainlevée

(jurisprudence antérieure à la loi du 5 mars 2007)

• **Civ. 1re, 31 janv. 1995, nº 93-14.238,** *Bull. civ.* I, nº 61

* V. ss nº 211.46

Le juge ne peut rejeter une demande de mainlevée sans constater, au jour où il statue, l'altération des facultés mentales ou corporelles de l'intéressé et la nécessité pour celui-ci d'être représenté d'une manière continue dans les actes de la vie civile.

– Aggravation de la mesure de protection

• **Rennes, 10 févr. 2015, RG nº 13/08800**

* V. ss nº 211.21

S'agissant du renouvellement de la mesure, l'article 442 alinéa 4 du Code civil énonce que le juge ne peut renforcer le régime de protection de la personne concernée que s'il est saisi d'une requête en ce sens satisfaisant aux articles 430 et 431, ce dernier texte exigeant la production d'un certificat médical circonstancié rédigé par un médecin choisi sur une liste établie par le procureur de la République. La mesure peut toutefois être renouvelée à l'identique sur le vu d'un simple certificat.

– Renouvellement de la mesure de protection au regard de l'altération des facultés sans aggravation

• **Civ. 1re, 15 avr. 2015, nº 14-16.666,** *Bull. civ.* I , nº 91

* V. ss nos 211.43 et 211.47

Le renouvellement de la mesure de protection n'empêche pas la modulation du régime en vue de l'autonomie réelle du majeur par un aménagement spécifique. La cour d'appel de Paris avait, en l'espèce, refusé la demande de mainlevée de la personne protégée mais avait décidé de limiter la durée de la mesure à trente-six mois et l'avait « *autorisé à disposer d'un compte ouvert à son nom, alimenté par le curateur selon un budget mensuel établi en accord entre eux, avec remise d'une carte bancaire de retrait et plafonnement du solde, sans remise de moyens de paiement* ».

– Renouvellement de la mesure de protection pour une durée supérieure à cinq ans

• **Civ. 1re, 10 oct. 2012, nº 11-14.441,** *Bull. civ.* I, nº 197

* V. ss nos 211.42 et 211.46

Le certificat du médecin doit préconiser un renouvellement de la mesure pour une durée supérieure à cinq ans, la simple mention selon laquelle l'altération des facultés mentales apparaissait peu susceptible de connaître une amélioration selon les données acquises de la science étant insuffisante.

• **Civ. 1re, 13 mai 2015, nº 14-14.904,** NP

* V. ss nº 211.46

Doit être cassée la décision qui se contenterait de préciser et de décrire l'altération des facultés mentales sans comporter une motivation « *quant à l'impossibilité manifeste, selon les données acquises de la science, pour l'intéressée, de connaître une amélioration de l'altération de ses facultés personnelles et sans constater que le certificat du médecin préconisait le renouvellement de la mesure pour une durée supérieure à cinq ans* ».

211.03 Bibliographie indicative.

> Généralités. M. Bauer, T. Fossier et L. Pécaut-Rivolier, *La réforme des tutelles : ombres et lumières,* Dalloz, 2006, spéc. chap. 22, « La place du médecin : bien plus qu'un expert », nº 22.10 – F. Fresnel, « Le certificat médical dans la protection juridique des majeurs », *RJPF* 2008-06/8; « Rôle des médecins », *D.* 2010. 2656 – C. Jonas, « Les aspects médicaux de la protection des majeurs », *Dr. fam.* mai 2007. 8.

> Constat médical de l'altération des facultés de la personne. F. Arbellot, « Ouverture de la mesure de protection du majeur ou l'appréciation de sa nécessité. Les critères décisionnels du juge des tutelles », *Rev. Juris Handicaps, Les cahiers de l'Unapei* sept. 2004, nº 143, p. 5, spéc. nº 7, p. 6 – M. Bauer, T. Fossier et L. Pécaut-Rivolier, *La réforme des tutelles : ombres et lumières,* Dalloz, 2006, spéc. chap. 22, « La place du médecin : bien plu qu'un expert », nº 22.10 – J. Hauser, « Renouvellement ou mainlevée des mesures : des décisions à motiver », *RTD civ.* 2015. 587 – C. Jonas, « Le certificat médical en psychiatrie », *Rev. Médecine et droit* 2002, nº 52, p. 1-2 – V. Montourcy, « Conditions du rejet d'une demande de mainlevée de la mesure de protection judiciaire », *AJ fam.* 2015. 343; « De la preuve de l'altération des facultés légitimant la mesure de protection », *RLDC* 2015. 39 – D. Noguéro, « Le certificat médical pour l'ouverture des mesures de protection des majeurs », *RRJ* 2011. 1227 – C. Schlemmer-Bégué et C. Robbe, « Exigence d'un réexamen approfondi de la nécessité et de la proportionnalité d'une mesure de protection à l'occasion de la demande de mainlevée », *Gaz. Pal.* 6 oct. 2015, nº 279, p. 46.

> Actes personnels. D. Guével, « La protection des actes personnels et familiaux des majeurs vulnérables », *LPA* 4 nov. 2010. 30 – J. Massip, « Les règles applicables aux actes personnels et médicaux concernant un majeur en tutelle », *Dr. fam.* 2010. Étude 18.

211.04 Exemples d'actes.

> Régimes de protection des majeurs

* Pour un exemple de réquisition parquet aux fins d'établissement du certificat médical circonstancié en vue de l'ouverture d'une mesure de protection, v. ss nº 5221.11

* Pour un exemple de certificat médical circonstancié en vue de l'ouverture d'une mesure de protection, v. ss nº 5221.12

* Pour un exemple d'ordonnance de désignation d'un médecin inscrit, v. ss nº 5231.13

* Pour un exemple de certificat médical circonstancié en vue de l'ouverture d'une mesure de protection, v. ss nº 5231.14

* Pour un exemple d'ordonnance de dispense d'audition de la personne à protéger (C. civ., art. 432), v. ss nº 5231.15

* Pour un exemple de jugement de non-lieu à mesure de protection, v. ss nº 5241.11

* Pour un exemple de jugement de renouvellement de la mesure de protection, v. ss nº 5241.12

* Pour un exemple de jugement mainlevée de la mesure de protection, v. ss nº 5241.13

* Pour un exemple de jugement d'aggravation de la mesure de protection, v. ss nº 5241.14

* Pour un exemple d'ordonnance d'autorisation de résiliation de contrat de bail et de vente des meubles (logement), v. ss nº 5271.37

* Pour un exemple d'autorisation de vente d'un immeuble (logement), v. ss nº 5271.24

* Pour un exemple d'ordonnance fixant la résidence de la personne protégée (C. civ., art. 459-2), v. ss nº 5272.11

* Pour un exemple d'ordonnance fixant les modalités d'exercice des relations personnelles de la personne protégée (C. civ., art. 459-2), v. ss nº 5272.12

* Pour un exemple d'ordonnance autorisant l'assistance ou la représentation de la personne protégée pour les actes personnels (C. civ., art. 459-2), v. ss nº 5272.13

* Pour un exemple d'ordonnance refusant de donner une autorisation de pratiquer un acte médical (C. civ., art. 459 et 459-1), v. ss nº 5272.14

* Pour un exemple d'ordonnance autorisant le tuteur à faire pratiquer un acte grave sur la personne protégée, v. ss nº 5272.15

SECTION 1
DOMAINE DU CONSTAT MÉDICAL

211.11 Nécessité d'un constat médical de l'altération des facultés mentales, ou corporelles, empêchant l'expression de la volonté. En principe, ne peuvent relever d'un régime de protection juridique (protection judiciaire ou mandat de protection future) que les personnes majeures dont les facultés mentales sont altérées au point d'être dans l'impossibilité de pourvoir seules à leurs intérêts, en particulier à la suite d'une **maladie**, d'un **accident**, d'une **infirmité** ou encore d'un **affaiblissement** dû à l'âge. Lorsqu'elles souffrent d'une altération de leurs facultés corporelles, elles ne peuvent relever de l'un de ses régimes de protection que si ces altérations physiques les empêchent d'exprimer leur volonté[1]. Si l'altération des facultés corporelles gêne l'expression de la volonté sans l'empêcher[2], il n'y a pas lieu d'ouvrir un régime de protection. Dans tous ces cas, **l'altération des facultés** mentales ou corporelles doit être **médicalement constatée** (C. civ., art. 425).

Ces principes doivent être clairement rappelés puisque le législateur de 2007 a entendu encadrer l'intervention du juge aux strictes **nécessités de l'état de santé de la personne**, tel qu'évalué par le médecin de l'article 431 du Code civil. Pour qu'une mesure de protection soit prononcée à l'égard d'une personne majeure, il faut que l'altération de ses facultés personnelles rende nécessaire cette protection. Il s'agit là de la condition première à l'organisation d'une assistance ou d'une représentation dans les actes de la vie civile qui découle du **principe de nécessité** affirmé depuis longtemps par la Cour de cassation et par la Recommandation R 99 du Conseil de l'Europe[3]. En effet, comme le soulignait déjà le Doyen Carbonnier : « *Restreindre la capacité, c'est toujours diminuer la personnalité, dont la plénitude est en soi une liberté civile* »[4].

211.12 Disparition de la curatelle fondée sur la prodigalité, l'oisiveté ou l'intempérance, sans aucun certificat médical. *Sous l'empire de la loi du 3 janvier 1968,* le juge des tutelles pouvait décider, à titre d'exception, d'ouvrir une curatelle en raison de la prodigalité, de l'oisiveté ou de l'intempérance du majeur, par application des dispositions de l'article 508-1 du Code civil. La production d'un certificat médical n'était alors pas nécessaire[5]. Il n'était pas exceptionnel que ce fondement soit retenu par les juges pour prononcer une curatelle. C'était alors le risque de « *tomber dans le besoin* » ou de compromettre l'exécution de ses obligations familiales qui justifiait l'intervention du juge des tutelles à l'égard du prodigue.

Dans un arrêt du 24 septembre 2002[6], la Cour de cassation avait ainsi retenu que les engagements disproportionnés pris sur les biens et les dépenses exorbitantes et répétées justifiaient le prononcé d'une curatelle pour prodigalité. Dans un arrêt postérieur du 11 mars 2009[7], la Haute Cour avait confirmé la décision d'un tribunal de grande instance organisant une mesure de curatelle après avoir constaté que la personne, née en 1924, s'apprêtait à consentir un prêt de 680 000 euros représentant la quasi-totalité de ses avoirs.

La circulaire d'application de la réforme[8] précise que « *lors de l'examen par le Parlement du projet de loi de réforme, les rapporteurs de la Commission des lois ont souligné que la curatelle pour prodigalité, intempérance et oisiveté présentait le risque d'entraîner les personnes qui rencontrent des difficultés économiques, sociales ou financières vers un régime de protection juridique emportant une privation de leurs droits disproportionnée et constituant un frein à leur autonomie* ». L'article 425 alinéa 1er du Code civil limite désormais les cas d'ouverture d'une mesure judiciaire de protection à la constatation médicale d'une altération des facultés personnelles, mentales ou corporelles (dans ce dernier cas, de nature à empêcher l'expression de la volonté). La prodigalité, l'oisiveté ou l'intempérance ne peuvent ainsi plus, en tant que telles, justifier l'ouverture d'une procédure de mise sous protection et, moins encore, d'une mesure de protection[9]. Toutefois, si ces états sont liés à des altérations médicalement constatées, la procédure de mise sous protection pourra néanmoins être ouverte et, le cas échéant, une mesure de protection décidée par le juge à la condition que les altérations des facultés soient médicalement constatées.

La Cour de cassation avait déjà retenu dans un arrêt du 27 mars 2007[10] la situation dans laquelle la prodigalité s'accompagne d'une altération des facultés mentales et notamment des troubles du jugement et des fonctions cognitives pour confirmer la décision des premiers juges de prononcer une curatelle.

211.13 Constat médical des conséquences de l'altération des facultés personnelles et obligation pour le juge de motiver le besoin de protection. Sous l'empire de l'ancien dispositif déjà, une jurisprudence constante de la Cour de cassation rappelait que deux conditions cumulatives devaient être réunies pour ouvrir des mesures de protection : une **altération des facultés personnelles** et le **besoin d'être assisté ou représenté** dans les actes de la vie civile.

Les articles 425 et 428 du Code civil reprennent cette double exigence, ce dernier texte affirmant la **subsidiarité des régimes de protection juridique** par rapport au droit matrimonial et au droit commun de la représentation et, pour les mesures judiciaires, par rapport au mandat de protection future. De surcroît,

1. Civ. 1re, 9 mars 1994, n° 92-12.232, *Bull. civ.* I, n° 93; *RTD civ.* 1994. 323, obs. Hauser; *Defrénois* 1994. 1103, obs. Massip – Civ. 1re, 30 sept. 2009, n° 09-10.127, NP; *AJ fam.* 2009. 457, obs. Pécaut-Rivolier.
2. Civ. 1re, 15 juill. 1999, n° 97-17.530, NP; *Dr. fam.* 1999. 130, note Fossier; *Defrénois* 2000. 113, obs. Massip.
3. Conseil de l'Europe, R 99 : « *Aucune mesure de protection ne devrait être instaurée à l'égard d'un majeur incapable à moins que celle-ci ne soit nécessaire, compte tenu des circonstances particulières et des besoins de l'intéressé* ».
4. J. Carbonier, *Essais sur les lois*, Defrénois, 1995, p. 69.
5. Civ. 1re, 4 janv. 1978, n° 76-13.365, *Bull. civ.* I, n° 4 – Civ. 1re, 24 oct. 1995, n° 93-21.590, *Bull. civ.* I, n° 372; *D.* 1997. 22, note Fillion-Dufouleur; *Defrénois* 1996. 733, obs. Massip; *RTD civ* 1996. 132, obs. Hauser; *RDSS* 1996. 156, note Kessler.
6. Civ. 1re, 24 sept. 2002, n° 00-17.425, *Bull. civ.* I, n° 217; *RTD civ.* 2003. 41, obs. Hauser; *LPA* 2003, n° 88, p. 11, obs. Massip.
7. Civ. 1re, 11 mars 2009, n° 07-21.580, NP.
8. Circ. DACS CIV/01/09/C1, 9 févr. 2009, relative à l'application des dispositions législatives et réglementaires issues de la réforme du droit de la protection juridique des mineurs et des majeurs, NOR : JUSL0901677C.
9. Bastia, 9 juill. 2014, RG n° 14/00283.
10. Civ. 1re, 27 mars 2009, n° 05-12.633, NP.

l'article 428 inscrit expressément dans le Code civil les **principes de nécessité et de proportionnalité des mesures de protection,** lesquels n'étaient auparavant qu'implicites. Si l'application des règles du droit commun de la représentation, du régime primaire, des régimes matrimoniaux ou de toute autre mesure judiciaire moins contraignante, ou encore l'exécution d'un mandat de protection future, suffit à pourvoir aux intérêts de la personne à protéger en raison des altérations avérées de ses facultés personnelles, point n'est besoin de mettre en place un régime de judiciaire de protection[1].

Ces principes ont été très fermement rappelés par la Cour de cassation dans un arrêt du 1er février 2012 rendu sous l'empire des dispositions nouvelles[2]. Par un arrêt du 1er avril 2015[3], la Haute cour s'en remet toutefois à l'appréciation souveraine des juges du fond de l'intérêt de la personne à protéger, dès lors que la motivation est précise. Dans cette espèce, la cour d'appel avait, dans un contexte de fort conflit familial, infirmé la décision du premier juge qui n'avait pas ouvert de mesure de protection au motif que l'un des enfants de la personne à protéger prenait en charge ses affaires. La cour d'appel avait jugé que l'application des règles du droit commun de la représentation était insuffisamment protectrice et avait prononcé une mesure de protection confiée à un mandataire judiciaire à la protection des majeurs.

La motivation des décisions des juges du fond est donc essentielle, tant sur la question de l'altération des facultés personnelles[4] que sur ses conséquences[5], en particulier lorsque l'altération porte sur les facultés corporelles. Dans ce dernier cas, une mesure de protection ne peut être prononcée que si l'expression de la volonté est empêchée, ce que les juges doivent mentionner et développer[6].

Le juge des tutelles n'est pas lié par les conclusions du médecin inscrit[7], étant toutefois rappelé qu'il ne peut pas prononcer de mesure de protection si le médecin inscrit ne constate aucune altération[8]. Tout au plus peut-il, dans cette hypothèse, ordonner un nouvel examen médical de la personne dont la protection est demandée. En présence de **certificats médicaux circonstanciés contradictoires,** il apprécie tant le principe d'une protection que son degré, en particulier au regard des dispositions des articles 428 alinéa 2 (degré d'altération) et 440 (gradation des mesures). Les cours d'appel y sont attentives, le cas échéant en ordonnant elles-mêmes un nouvel examen médical par un médecin inscrit[9].

Il n'est par ailleurs pas suffisant de caractériser et de motiver l'existence d'une **altération des facultés personnelles.** Il est indispensable de motiver précisément les **conséquences précises de l'altération et le besoin de protection.**

La Cour de cassation le rappelle dans un arrêt du 4 mars 2015[10], par lequel elle casse une décision de cour d'appel pour manque de base légale au visa de l'article 472 du Code civil au motif que les premiers juges n'avaient pas recherché si la majeure « *était ou non apte à percevoir ses revenus et à en faire une utilisation normale* ». Reprenant la motivation jugée insuffisante, car centrée uniquement sur l'altération des facultés mentales, la Cour de cassation sanctionne l'absence de description précise de la répercussion de cette altération sur l'aptitude à la gestion. Ce contrôle de la Haute Cour est constant et elle précise toujours que le juge doit, par ses constatations souveraines, caractériser à la fois la nécessité d'une protection continue et, lorsqu'il prononce par exemple une curatelle renforcée, l'inaptitude du majeur à percevoir ses revenus et à en faire une utilisation normale. Ce double constat doit être clairement motivé, par exemple pour une personne présentant les séquelles d'un accident vasculaire cérébral, en expliquant concrètement les conséquences sur son comportement la conduisant à commettre « *des actes qui lui sont préjudiciables, ainsi que le révèlent, d'une part, l'acquisition de deux véhicules qu'il n'était pas en mesure d'utiliser, compte tenu de son handicap, dont l'un a été donné à un ferrailleur au lieu d'être revendu et, d'autre part, les négociations en cours pour l'achat d'un tracteur* ».[11] Dans un autre arrêt du même jour[12], la Cour de cassation valide le double constat des juges du fond qui avaient relevé d'une part que le majeur, « *suivi depuis de nombreuses années pour des troubles du comportement,* (qui) *présente des décompensations psychotiques,* (si bien) *que l'altération de ses facultés est de nature à empêcher l'expression de sa volonté* » et, d'autre part, que « *ses explications à l'audience ont permis de vérifier tant la désorganisation de sa pensée que la véhémence du déni de sa pathologie* », « *ses problèmes d'alcool renforçant sa vulnérabilité* », de sorte « *qu'il n'est pas en mesure d'appréhender la réalité et de gérer son quotidien de façon autonome* ».

La jurisprudence vérifie également le **besoin de protection de la personne,** les mesures judiciaires étant toujours subsidiaires.

Ainsi, la Cour de cassation a-t-elle rappelé dans un arrêt du 4 octobre 2005, dont la motivation trouve tou-

1. Civ. 1re, 30 mai 2000, n° 98-13.609, NP; *JCP* 2001. II. 10529; *JCP N* 2001, n° 1862, 1re esp., note Fossier; *D.* 2001. Somm. 1512, note Delmas-Saint-Hilaire – Civ. 1re, 4 oct. 2005, n° 03-11.545, NP; *RTD civ.* 2006. 88, obs. Hauser.
2. Civ. 1re, 1er févr. 2012, n° 11-11.346, *Bull. civ.* I, n° 19; *AJ fam.* 2012. 229, obs. Verheyde; *D.* 2012. 921, note Raoul-Cormeil; *Dr. fam.* 2012. Comm. 53, note Maria – Douai, 2 févr. 2012, RG n° 11/5594, *Gaz. Pal.* 2012, n° 215, p. 7, note Raoul-Cormeil.
3. Civ. 1re, 1er avr. 2015, n° 14-11.051, NP; *AJ fam.* 2015, obs. Montourcy.
4. Civ. 1re, 15 juin 1994, n° 92-19.680, *Bull. civ.* I, n° 213; *D.* 1995, note Massip – Civ. 1re, 13 mars 2007, n° 06-14.489, NP.
5. Civ. 1re, 3 janv. 2006, n° 02-19.537, *Bull. civ.* I, n° 4 – Civ. 1re, 17 oct. 2007, n° 06-14.155, NP – Civ. 1re, 30 sept. 2009, n° 09-10.127, NP.
6. Reims, 26 juin 2015, RG n° 14/03034.
7. Civ. 1re, 6 déc. 2005, n° 03-20.502, NP; *RTD civ.* 2006. 536, note Hauser.
8. Civ. 1re, 15 juin 1994, n° 92-19.680, P (préc. s^s prés^t n°).
9. Rouen, 26 juin 2015, n° 15/01245 – Reims, 26 juin 2015, RG n° 14/02219.
10. Civ. 1re, 4 mars 2015, n° 14-15.218, NP; *Dr. fam.* 2015. Comm. 11, note Maria.
11. Civ. 1re, 16 déc. 2015, n° 15-10.889.
12. Civ. 1re, 16 déc. 2015, n° 15-12.163.

jours à s'appliquer, qu'il n'y a pas lieu d'ordonner l'ouverture d'une mesure de protection dès lors qu'il a été constaté que le mari pourvoyait aux intérêts de sa femme par une gestion avisée en application des règles du régime matrimonial[1]. Plus récemment, la Haute Cour a rappelé que le principe de subsidiarité pouvait être écarté, par exemple par l'inaptitude du conjoint valide à gérer les biens ou en raison du risque de dilapidation du patrimoine par ce dernier[2]. Il est également possible, au cas par cas, de limiter l'ouverture de la tutelle à la seule protection des biens ou de la personne, ainsi que l'a décidé la cour d'appel de Douai dans un arrêt du 2 février 2012[3]. La Cour de cassation s'en remet sur ces questions à **l'appréciation souveraine des juges du fond,** dès lors que la motivation est présente, notamment au regard de l'intérêt de la personne à protéger. Tel a été le cas dans un arrêt du 1er avril 2015, dans un contexte de conflit familial[4]. Dans ce cas, la cour d'appel avait infirmé la décision du juge des tutelles qui n'avait pas ouvert de mesure de protection au motif que l'un des enfants prenait en charge les affaires de la personne dont la protection était demandée. La cour d'appel avait estimé quant à elle que les règles du droit commun de la représentation étaient insuffisamment protectrices.

SECTION 2

CONDITIONS DE VALIDITÉ DU CONSTAT MÉDICAL : UN CERTIFICAT MÉDICAL CIRCONSTANCIÉ ÉTABLI PAR UN MÉDECIN INSCRIT

211.21 Exigence d'un certificat médical circonstancié établi par un médecin inscrit sur la liste arrêtée par le procureur de la République. Le juge des tutelles doit impérativement disposer d'un **certificat médical constatant l'altération des facultés** mentales ou corporelles de la personne, nécessitant l'ouverture d'un régime de protection. Ce certificat circonstancié doit émaner d'un **médecin inscrit sur une liste arrêtée par le procureur de la République**[5] (C. civ., art. 431[6]). Contrairement au dispositif antérieur, la liste ainsi arrêtée n'est plus annuelle. La Cour de cassation a ainsi jugé que ne donne pas de base légale à sa décision, la juridiction d'appel qui, pour placer une personne sous le régime de la curatelle, ne précise pas si les altérations de ses facultés corporelles empêchaient l'expression de sa volonté et si l'altération de ses facultés mentales, non évoquée devant le juge des tutelles, avait été constatée par un médecin inscrit[7].

EN PRATIQUE. Être inscrit sur une liste spécialement établie par le procureur de la République suppose une démarche de la part du médecin et, pour le magistrat, de prendre des garanties sur les compétences du médecin dans l'évaluation des altérations des facultés personnelles des personnes qu'il examinera, comme sans doute dans la connaissance du dispositif juridique de protection. Or, actuellement, aucune règle précise ne fixe les conditions de recrutement, de formation et de déontologie des médecins inscrits, qui peuvent être notamment des psychiatres, des neurologues, des neuropsychiatres, des gériatres ou des médecins généralistes[8]. Par ailleurs, le nombre des candidats est très variable suivant les territoires.

Cet examen médical est essentiel puisqu'il est non seulement une **condition de recevabilité de la requête de mise sous protection** mais il est le document à partir duquel le juge décidera de procéder ou non à l'audition de la personne à protéger, de prendre le cas échéant des mesures provisoires en urgence, de mettre en place ou non une mesure de protection et du choix de son périmètre. Il doit donc être pratiqué par des médecins dont le positionnement est clair : lorsqu'ils sont sollicités en tant que **médecins inscrits**, ils agissent en qualité d'**auxiliaires de justice.** C'est d'ailleurs ce qui fait leur légitimité à ce stade, puisque ce n'est en général pas la personne dont la protection est demandée qui les a choisis mais c'est bien eux qui la convoquent ou se rendent à son domicile. Leur niveau d'exigence doit donc être particulièrement élevé, quelle que soit la personne qui a demandé l'examen (les autorités judiciaires, les services sociaux ou médico-sociaux, l'entourage, la famille ou l'intéressé lui-même).

211.22 Un certificat médical circonstancié qui n'est pas une expertise et qui doit répondre aux exigences de l'article 1219 du Code de procédure civile. Le décret n° 2008-1276 du 5 décembre 2008[9], réglemente de façon plus précise l'établissement du certificat médical afin de pouvoir mieux identifier les altérations des facultés personnelles quand elles existent, les symptômes présentés, leur intensité et leurs conséquences. Ainsi, le contenu du certificat médical circonstancié est guidé par les dispositions du Code de procédure civile. Aux termes de l'article 1219 de ce code, ce document doit :

– décrire avec précision **l'altération des facultés** du majeur à protéger ou protégé;

1. Civ. 1re, 4 oct. 2005, n° 03-11.545, NP.
2. Civ. 1re, 1er févr. 2012, n° 11-11.346, *Bull. civ.* I, n° 19.
3. Douai, 2 févr. 2012, RG n° 11/5594.
4. Civ. 1re, 1er avr. 2015, n° 14-11.051, NP.
5. Pour un rappel de ces principes : Rennes, 10 févr. 2015, RG n° 13/08800, *D.* 2015. 1569, obs. Noguéro; *Dr. et patr.* 2016, n° 257, p. 78, obs. Fulchiron.
6. F. Arbellot, « Ouverture de la mesure de protection du majeur ou l'appréciation de sa nécessité. Les critères décisionnels du juge des tutelles », *Rev. Juris Handicaps, Les cahiers de l'Unapei*, sept. 2004, n° 143, p. 5, spéc. n° 7, p. 6.
7. Civ. 1re, 3 janv. 2006, n° 02-19.537, *Bull. civ.* I, n° 4.
8. Civ. 1re, 24 nov. 1987, n° 85-18.006, *Bull. civ.* I, n° 306; *Defrénois* 1988, art. 34186, n° 10, obs. Massip.
9. Décr. n° 2008-1276, 5 déc. 2008, relatif à la protection juridique des mineurs et des majeurs et modifiant le Code de procédure civile, *JO* 7 déc., p. 18646.

– donner au juge tout élément d'information sur **l'évolution prévisible** de cette altération;

– préciser les conséquences de cette altération sur la **nécessité d'une assistance ou d'une représentation** du majeur dans les actes de la vie civile, tant patrimoniaux qu'à caractère personnel, ainsi que, en cas de tutelle, sur l'exercice du droit de vote;

– dire si **l'audition du majeur** à protéger ou protégé est de nature à porter atteinte à sa santé ou si celui-ci est hors d'état de manifester sa volonté.

Pour établir son certificat, le médecin inscrit peut **solliciter l'avis du médecin traitant de la personne à protéger** (C. civ., art. 431). En pratique, il est souvent difficile de savoir exactement qui est le médecin traitant, ou référent de la personne : est-ce le **médecin généraliste**, ou le **psychiatre**, ou le **neurologue ?** Est-ce le médecin psychiatre qui le suit à titre personnel ou en centre médico-psychologique (CMP) ? Tous n'ont pas la même approche des besoins de leur patient, de son évolution, de son environnement, ni des éventuels rapprochements à réaliser avec les personnes en charge de la protection. Certains se retranchent derrière le secret médical et refusent de fournir des éléments d'information.

Le certificat ainsi rédigé est remis par le médecin inscrit au requérant sous pli cacheté, à l'attention exclusive du **procureur de la République** ou du **juge des tutelles.**

Le médecin inscrit est sans doute dans une position délicate pour établir le certificat médical circonstancié. Il n'est pas ici un soignant et il doit, au terme de son examen clinique, fournir aux autorités judiciaires et en particulier au juge des tutelles, des **éléments d'appréciation sur la réalité des altérations des facultés personnelles**, leurs **conséquences** et leur **évolution** prévisible. Le diagnostic n'est pas en lui-même indispensable, d'autant qu'un même diagnostic peut conduire à des états de santé très différents, mais il est important pour les magistrats de connaître les symptômes significatifs de la pathologie, quand il en existe une, tant pour procéder à l'audition qu'à l'instruction de la procédure et à l'individualisation de la mesure de protection quand elle est indispensable.

L'**examen clinique** peut conduire le médecin à rechercher les antécédents personnels ou familiaux de la personne et à contacter le médecin traitant, voire les médecins qui ont eu à connaître de la personne, notamment à l'occasion d'hospitalisations. Ces renseignements sont importants pour apprécier la possibilité d'un exercice quotidien de la capacité civile d'une personne et se projeter dans le futur pour évaluer ses difficultés. Le rôle du médecin inscrit est souvent difficile à assumer à ce stade, certains d'entre eux se posant la question de savoir comment être un auxiliaire de justice efficace dans la protection des plus vulnérables sans pour autant dévoiler l'intimité de la personne, ni aller trop loin. La jurisprudence et une ancienne circulaire du 8 septembre 1972 admettent que le médecin inscrit, comme le médecin qui répond à ses questions, peut apporter des informations dans le cadre des procédures de protection, par dérogation à la règle du secret médical des articles 9 du Code civil et 226-13 du Code pénal. Dans ce cadre, le professionnel de santé est **déchargé de son obligation au secret relativement aux faits dont il a eu connaissance dans l'exercice de sa profession.** Dès lors, le médecin traitant ne commet aucune violation du secret médical lorsqu'il délivre à la demande de l'un des descendants de la personne à protéger un certificat médical qui se borne à attester que l'état de santé psychique de cette patiente semble nécessiter l'ouverture d'une mesure de protection [1].

L'examen clinique, comme le certificat médical circonstancié, n'est pas une expertise médicale car il n'en remplit pas les conditions. Le médecin inscrit n'est ainsi pas tenu d'admettre les conseillers médicaux de la personne protégée, ou du requérant à la procédure, lors de l'examen clinique de la personne [2], d'autant que des informations relevant de l'intimité peuvent être données. Il s'agit cependant d'une pièce essentielle de la procédure et elle doit pouvoir être consultée au greffe par les parties, dans les conditions fixées par les articles 1222 à 1223 du Code de procédure civile. La jurisprudence antérieure à la réforme doit encore trouver à s'appliquer, sous la réserve prévue à l'alinéa 2 de l'article 1222-1 du Code de procédure civile permettant au juge, par ordonnance motivée notifiée à l'intéressé, d'exclure tout ou partie des pièces de la consultation du majeur à protéger ou protégé quand elles sont de nature à lui causer un préjudice psychique grave.

Il a ainsi été juge que viole l'article 16 du Code de procédure civile, le tribunal de grande instance qui confirme une mesure de curatelle au vu d'un examen médical qu'il a ordonné sans qu'il ressorte du dossier que les parties avaient été avisées de la possibilité de consulter le dossier au greffe, les privant de la faculté de connaître et de discuter les conclusions du médecin inscrit [3].

Même si elle ne vise pas explicitement l'article 6 § 1 de la Convention européenne, cette jurisprudence traduit la volonté actuelle de la Cour de cassation d'**appliquer à l'instance tutélaire les règles du « procès équitable »** telles qu'interprétées par la Cour de Strasbourg, selon laquelle « *le droit à un procès*

1. Civ. 1re, 13 janv. 2004, no 01-16.823, *Bull. civ.* I, no 15; *D.* 2004. 1853, obs. Lemouland; *Defrénois* 2004. 597, note Massip; *AJ fam.* 2004. 187, obs. Bicheron; *RTD civ.* 2004. 264, obs. Hauser.
2. Civ. 1re, 25 avr. 1989, no 87-19.253, *Bull. civ.* I, no 169; *JCP* 1989. IV. 240.
3. Civ. 1re, 13 juill. 2004, no 01-14.506, *Bull. civ.* I, no 205; *D.* 2006. Pan. 1571, obs. Lemouland et Plazy; *AJ fam.* 2004. 367, obs. Attuel-Mendès; *Dr. fam.* 2005, no 123, note Fossier; *RTD civ.* 2004. 716, obs. Hauser; *Procédures* 2005. no 284, note Arbellot.

équitable contradictoire implique par principe pour une partie la faculté de prendre connaissance des observations ou des pièces produites par l'autre, ainsi que de les discuter »[1].

EN PRATIQUE. Les certificats produits sont encore trop souvent beaucoup trop sommaires et certains médecins inscrits rédigent ainsi volontairement des certificats parfaitement formalisés, notamment par réponse à un questionnaire standard, afin d'éviter dans la mesure du possible d'engager, le cas échéant, ultérieurement leur responsabilité civile (en ce sens, Jonas[2]).

211.23 Un certificat qui peut être établi sans examen clinique de l'intéressé à condition d'être circonstancié : le certificat de carence. Il est possible que la personne à protéger ou protégée ne se rende pas, voire refuse de se rendre, au cabinet du médecin inscrit. Elle peut également refuser de lui ouvrir sa porte lorsqu'il se déplace à son domicile, ou refuser de se laisser examiner. La très grande majorité de la doctrine[3], comme la jurisprudence, considérait que le fait pour une personne de se dérober à tout acte de procédure, y compris l'examen médical qui fonde celle-ci, n'empêchait pas le juge d'instruire son dossier, à condition pour lui de disposer d'éléments objectifs de motivation autres, permettant d'établir la réalité des troubles et de justifier l'ouverture d'une procédure. Ainsi, le **certificat médical du médecin traitant**, de l'hôpital, un **rapport d'enquête sociale** concordants pouvaient-ils permettre d'**ouvrir la procédure**[4].

Les travaux parlementaires exprimaient clairement la volonté du législateur de ne pas remettre en cause la jurisprudence antérieure[5].

Un arrêt de la Cour de cassation du 29 juin 2011[6] est venu semer le trouble. Dans sa décision, la Haute cour casse pour violation de l'article 431 du Code civil le jugement du tribunal de grande instance de Mont-de-Marsan[7], statuant sur un appel du juge des tutelles antérieur au transfert des recours aux cours d'appel, qui avait déclaré recevable la **requête du parquet accompagnée d'une simple lettre rédigée par un médecin agréé attestant du refus de la personne à protéger de se soumettre à un examen médical.** Si de nombreux commentateurs ont pu considérer que, par cet arrêt, la Cour de cassation avait ainsi tranché de manière particulièrement nette le débat sur l'interprétation de l'obligation de produire un certificat médical circonstancié constatant l'existence d'une altération des facultés personnelles, une autre lecture est possible. Il peut en effet sans doute être soutenu que la Haute cour a, en réalité, sanctionné **l'absence de motivation du jugement sur d'autres éléments du dossier permettant d'établir la réalité de l'altération des facultés personnelles** de la personne à protéger. En effet, si la production d'un certificat de carence autorise le juge à déclarer la requête recevable, malgré l'absence d'un certificat médical circonstancié[8], c'est seulement à la condition que l'altération des facultés personnelles de l'intéressé soit établie sans ambiguïté par d'autres éléments objectifs du dossier. Cette analyse correspond à l'état du droit antérieur à la loi du 5 mars 2007.

Doit-on aujourd'hui considérer que le nouveau texte marque une rupture avec la jurisprudence ancienne qui laissait place, en l'absence de certificat médical d'un médecin agréé, à la liberté de la preuve de l'altération des facultés personnelles, en exigeant désormais que **la preuve résulte de documents médicaux**[9] ? La lecture des conclusions de l'avocat général semble aller dans ce sens puisqu'il soutient qu'au cas où l'examen clinique de la personne à protéger défaillante est impossible, il pourrait être admis, pour satisfaire aux nouvelles obligations légales quant à la recevabilité de la requête, que le médecin inscrit recueille les éléments exigés par l'article 1219 du Code de procédure civile et les interprète dans le certificat circonstancié qu'il a charge d'établir. Selon l'avocat général près la Cour de cassation, sauf à considérer que les nouvelles normes adoptées en 2007 sont sans aucune incidence par rapport à la situation antérieure quand la personne refuse de se prêter à l'examen, la **recevabilité de la requête en ouverture**

1. CEDH 24 févr. 1995, req. n° 16424/90, *D.* 1995. 449, note Huyette.
2. C. Jonas, « Le certificat médical en psychiatrie », *Médecine et droit* 2002, n° 52, p. 1.
3. T. Verheyde, *D.* 2010. 2052 – F. Fresnel, « Le certificat médical, une pièce maîtresse de la mesure de protection des majeurs », *D.* 2010. 2656 – J. Massip, « L'affaire Bettencourt et la procédure de tutelle », *JCP* 2010. Actu. 119, Aperçu rapide – L. Pécaut-Rivolier, « Affaire Bettencourt : le juge des tutelles est-il dessaisi ? », *D.* 2010. 2960 – P. Murat (dir.), Dalloz action *Droit de la famille,* 2010/2011, n°s 332.116 s., par T. Fossier.
4. Civ. 1re, 18 janv. 1972, n° 70-10.321, *Bull. civ.* I, n° 21; *Defrénois* 1972, art. 30129, note Massip; *D.* 1972. Jur. 373, note Contamine-Raynaud – Civ. 1re, 10 juill. 1984, n° 83-10.653, *Bull. civ.* I, n° 223; *Defrénois* 1984, art. 33429, obs. Massip; *D.* 1984. Jur. 547, note Massip.
5. Rapp. AN n° 3557, 10 janv. 2007, sur le projet de loi (n° 3462) portant réforme de la protection juridique des majeurs, par E. Blessig, p. 138 – Rapp. Sénat n° 212, 7 févr. 2007, sur le projet de loi, adopté par l'Assemblée nationale, après déclaration d'urgence, portant réforme de la protection juridique des majeurs, par H. de Richemont, p. 130.
6. Civ. 1re, 29 juin 2011, n° 10-21.879, *Bull. civ.* I, n° 133; *D.* 2011. Pan. 2501, obs. Plazy; *JCP* 2011. 1643, note Peterka; *AJ fam.* 2011. 339, obs. Avena-Robardet; *AJ fam.* 2011. 431, obs. Verheyde; *Dr. fam.* 2011, n° 133, obs. Maria; *RTD civ.* 2011. 511, obs. Hauser.
7. TGI Mont-de-Marsan, 8 oct. 2009, *D.* 2010. 2052, note Verheyde – J. Massip, « L'affaire Bettencourt et la procédure de tutelle », *JCP* 2010. Actu. 1196.
8. Civ. 1re, 10 juin 2015, n° 13-28.344, NP; *D.* 2015. 1569, obs. Noguéro; *Dr. et patr.* 2016, n° 257, p. 78, obs. Fulchiron.
9. N. Peterka, *JCP* 2011. 1643.

de procédure de protection est conditionnée par la production du certificat prévu à l'article 431 du Code civil, ce qui implique d'une part la **mention de la carence** et, d'autre part, une **analyse par le médecin inscrit de l'état de santé mentale de la personne** à partir des documents, témoignages sous forme d'attestations, avis du médecin traitant, notamment, fournis par le requérant. Ce **certificat sur pièces** risque de rencontrer beaucoup de résistance de la part des médecins eux-mêmes.

La jurisprudence de certaines cours d'appel, et notamment celle de Paris, Douai et Dijon[1], valide la production d'un certificat médical de carence dès lors que le médecin se prononce, au besoin, au vu des documents médicaux produits par le requérant et/ou après avoir au moins tenté de recueillir l'avis du médecin traitant, comme le permet l'article 431 du Code civil.

211.24 Des certificats dont le coût est encadré. Le coût des certificats médicaux établis par les médecins inscrits est encadré par le décret n° 2008-1485 du 22 décembre 2008[2]. Il est de 160 euros pour le **certificat médical circonstancié et** de 30 euros pour le **certificat de carence**, coût majoré le cas échéant des frais de déplacement sur justificatifs.

Le tarif s'impose aux médecins inscrits et la prise en charge du coût des certificats revient en principe à la personne à protéger ou protégée, qui doit assumer l'ensemble des frais afférents à la procédure (C. pr. pén., art. R. 217, al. 1er et circulaire de la Direction des affaires civiles et du Sceau[3]).

SECTION 3
CERTIFICAT MÉDICAL, CONDITION DE RECEVABILITÉ DE LA DEMANDE DE PROTECTION

211.31 Le certificat médical circonstancié, une exigence pour le procureur de la République lorsqu'il saisit le juge sur requête. Compte tenu de la rédaction des articles 430 et 431 du Code civil, **le juge des tutelles ne peut plus se saisir d'office.** Les **signalements** qui lui étaient adressés, notamment par les services sociaux ou médico-sociaux, doivent désormais être adressés au **procureur de la République.** Celui-ci est tenu, à peine d'irrecevabilité de sa requête, de disposer de ce certificat médical circonstancié avant de saisir le juge des tutelles aux fins d'ouverture d'une procédure de mise sous protection. Si les auteurs du signalement n'ont pas transmis cette pièce, il appartient au procureur de la République de désigner un médecin inscrit pour procéder à l'examen de la personne à protéger, s'il l'estime nécessaire.

EN PRATIQUE. Il le fera sous la forme d'une réquisition à frais de justice avancés (C. pr. civ., art. 1256 renvoyant à C. pr. pén., art. R. 93, 3°).

Il est essentiel que les magistrats du parquet puissent prendre toute leur place dans le dispositif de protection des personnes vulnérables et qu'ils soient véritablement réactifs sur les signalements qui leur sont adressés[4]. Cela d'autant que l'article 416 du Code civil leur confère une **mission de surveillance générale des personnes à protéger ou protégées de leur ressort,** aux côtés du juge des tutelles.

211.32 Le certificat médical circonstancié, une exigence pour le requérant de l'article 430 du Code civil. Lorsque le juge est saisi sur requête par l'un des membres de la **famille de la personne à protéger** (C. civ., art. 430), celui-ci doit impérativement joindre à sa requête ce certificat médical, conformément à l'article 431 du Code civil.

La production du certificat médical du médecin inscrit dans les cas où il est exigé constitue une formalité substantielle qui ne peut être suppléée par aucun autre document[5].

211.33 Un certificat médical de moins de deux mois établi par un médecin inscrit choisi sur la liste établie par le procureur de la République pour solliciter auprès du greffe du tribunal d'instance la prise d'effet du mandat de protection future. Le mandat de protection future conclu par une personne majeure pour elle-même ne peut prendre effet que s'il est établi par un **certificat d'un médecin inscrit** que le mandant ne peut plus pourvoir seul à ses intérêts et se trouve dans l'une des situations prévues par l'article 425 du Code civil.

Un certificat médical émanant d'un médecin inscrit sur la liste mentionnée à l'article 431 du Code civil doit également être produit pour faire prendre effet au **mandat de protection future conclu pour autrui**, dans les conditions de l'article 477 alinéa 3 du Code civil. Ce certificat concerne alors l'enfant majeur bénéficiaire du mandat et, le cas échéant, le

1. Paris, 8 janv. 2013, RG n° 11/18841 ; Douai, 11 janv. 2013, RG n° 12/05941 ; Dijon, 20 févr. 2013, RG n° 12/00151 ; *D.* 2013. 2196, obs. Plazy ; *RTD civ.* 2013. 348, obs. Hauser ; *Dr. fam.* 2013. Comm. 45, obs. Maria ; *AJ fam.* 2013, obs. Raoul-Cormeil.
2. Décr. n° 2008-1485, 22 déc. 2008, relatif à la tarification des certificats et avis médicaux établis dans le cadre des mesures judiciaires de protection juridique des majeurs, *JO* 31 déc., p. 20634.
3. Circ. DACS n° Civ/01/09/11, 9 sept. 2009, p. 9 et 10.
4. C. Sévely-Fournier, « Quel rôle pour le parquet dans la protection juridique des majeurs ? », *D.* 2009. 1221 – Circ. DACS n° CIV/01/09/C1, 9 févr. 2009, *BO Justice* 2009/1, p. 3 et 7.
5. Civ. 1re, 18 janv. 1972, n° 70-10.321, *Bull. civ.* I, n° 21 ; *D.* 1972. 373, note Contamine-Raynaud ; *Defrénois* 1972. 30129.

mandant lorsque celui-ci ne peut plus prendre soin de son enfant (C. pr. civ., art. 1258-1).

Il convient de relever que le législateur n'a pas utilisé la même expression de « *certificat médical circonstancié* » pour le mandat de protection future, se limitant à exiger un « *certificat médical émanant d'un médecin choisi sur la liste mentionnée à l'article 431* ».

211.34 Le certificat médical circonstancié établi par le médecin inscrit est un fondement suffisant pour prononcer une mesure de protection mais il peut être l'objet du débat judiciaire. Le certificat médical circonstancié produit en annexe de la requête en ouverture de la procédure est suffisant pour prononcer, à l'issue de l'instruction du dossier, la mesure de protection à condition qu'il établisse l'existence d'une altération des facultés personnelles, mentales ou corporelles (de nature à empêcher l'expression de la volonté de la personne, dans ce dernier cas) et que la mesure soit nécessaire (C. civ., art. 425 et 428). Dans ce cas, le juge évaluera, en fonction du degré d'altération des facultés de la personne à protéger, si elle doit bénéficier d'une sauvegarde de justice, d'une curatelle ou d'une tutelle, en motivant sa décision également au regard des dispositions de l'article 440 du Code civil.

Si la mise sous protection a été sollicitée en raison d'une **altération des facultés corporelles**, le juge devra **préciser les conséquences de celle-ci sur les capacités d'expression de la volonté**. Ainsi, ne donne pas de base légale à sa décision le juge qui, pour placer une personne sous le régime de la curatelle, ne précise pas si les altérations de ses facultés corporelles empêchaient l'expression de sa volonté et si l'altération de ses facultés mentales, non invoquée devant le premier juge, avait été constatée par un médecin choisi sur une liste établie par le procureur de la République[1].

Le juge n'est pas lié par les conclusions du médecin inscrit, sauf lorsque celui-ci ne constate aucune altération des facultés personnelles. Il peut, s'il l'estime nécessaire, d'office, sur demande de la personne à protéger ou de l'une des parties, ordonner un **nouvel examen médical** par un ou plusieurs médecins inscrits.

SECTION 4

CERTIFICATS ET AVIS MÉDICAUX PENDANT LE FONCTIONNEMENT DE LA MESURE DE PROTECTION

211.41 Avis préalable d'un médecin, et parfois d'un médecin inscrit, au cas où il devient nécessaire, ou s'il est de l'intérêt de la personne protégée, de disposer des droits relatifs à son logement ou à son mobilier. L'article 426 du Code civil, figurant dans les dispositions générales des mesures de protection, protège le logement du majeur ainsi que son mobilier. La résidence principale et secondaire de la personne protégée et le mobilier dont ils sont garnis doivent être conservés à la disposition de celle-ci aussi longtemps qu'il est possible. Toutefois, s'il est de l'intérêt de la personne ou s'il devient nécessaire d'en disposer par **l'aliénation**, la **résiliation** ou la **conclusion d'un bail**, l'acte doit être **autorisé par le juge ou par le conseil de famille**, l'avis d'un médecin inscrit étant requis si l'acte a pour finalité l'accueil de la personne dans un établissement (v. s[s] n° 212.16). Contrairement à ce qui était prévu dans la loi n° 68-5 du 3 janvier 1968 portant réforme du droit des incapables majeurs[2], le législateur de 2007 a estimé que l'avis du médecin traitant n'avait pas à être systématiquement recherché. Le rapport du Sénat[3] justifiait le recours à un avis du médecin inscrit, lorsque la personne protégée quittait son logement pour se rendre en établissement, par la nécessité d'obtenir un avis médical totalement indépendant. Ce choix permettait aussi de clore les débats jurisprudentiels autour de la notion de médecin traitant. La pratique a mis en lumière de nombreuses **difficultés pour obtenir un avis pertinent et circonstancié du médecin inscrit**, se limitant trop souvent à un simple **« certificat de non-retour à domicile »** de quelques lignes ne permettant pas au juge de mettre en perspective et l'avis prescrit sur le fondement de l'article 426 et les prescriptions de l'article 459-2 invitant à rechercher l'expression de la volonté de la personne protégée sur le choix de son domicile[4]. D'autant que la rémunération de ce type de certificat médical est plus que modeste et suscite un mouvement de repli de nombreux médecins inscrits.

Cette exigence de recours préalable à un médecin inscrit a été supprimée par la loi n° 2015-177 du 16 février 2015. Désormais l'article 426 en son troisième alinéa a ainsi été modifié : « *Si l'acte a pour finalité l'accueil de l'intéressé dans un établissement, l'avis préalable d'un médecin, n'exerçant pas une fonction ou n'occupant pas un emploi dans cet établissement, est requis* ». Un **simple avis médical, donné par tout médecin même non inscrit, est donc suffisant.** Sauf

1. Civ. 1re, 3 janv. 2006, n° 02-19.537, *Bull. civ.* I, n° 4; *RTD civ.* 2006. 282, obs. Hauser; *RJPF* 2006-4/13, note Pansier.

2. L. n° 68-5, 3 janv. 1968, portant réforme du droit des incapables majeurs, *JO* 4 janv., p. 117-118.
3. H. de Richemont, rapport Sénat n° 212 fait au nom de la commission des lois constitutionnelles, de législation, du suffrage universel, du Règlement et d'administration générale sur le projet de loi, adopté par l'Assemblée nationale, après déclaration d'urgence, portant réforme de la protection juridique des majeurs, p. 122.
4. A. Caron-Déglise, « L'expression de la volonté de la personne protégée dans les actes relatifs à sa personne », *ENM actualités* avr. 2013.

pour le juge des tutelles à s'assurer d'une part de l'expression de la volonté de la personne protégée sur le choix de sa résidence en application de l'article 459-2 du Code civil et, d'autre part, à statuer sur l'intérêt de la personne protégée. Il devra, en conséquence, **motiver spécialement sa décision** pour éviter la censure de la Cour de cassation (v. s^s n°s 212.15 à 212.17).

La situation de la personne protégée déjà prise en charge en établissement et dont la vente du logement est envisagée puis sollicitée auprès du juge n'est pas précisée dans la loi du 16 février 2015 [1]. Il appartiendra à la jurisprudence de faire évoluer la question.

211.42 Avis préalable et conforme d'un médecin inscrit en cas de fixation d'une durée de mesure de protection supérieure à cinq ans et en cas de renouvellement de la mesure de protection pour une durée supérieure à vingt ans. La loi du 5 mars 2007 avait introduit le principe de la limitation de la durée des mesures judiciaires de protection, avec un maximum de cinq ans [2]. En 2015, la loi n° 2015-177 du 16 février 2015 a allongé la durée maximale de la mesure initiale à dix ans lorsque « *l'altération des facultés personnelles de la personne n'apparaît manifestement pas susceptible de connaître une amélioration selon les données acquises de la science* ». Dans ce cas, le juge peut par décision spécialement motivée et sur avis conforme du médecin inscrit, décider que la durée de la mesure de protection qu'il prononce dépassera cinq ans, mais sans excéder dix ans (C. civ., art. 441, al. 2).

Lorsqu'il révise la mesure de protection, l'article 442 du Code civil dispose que le juge peut renouveler la mesure de protection pour une durée qu'il détermine et qui ne peut en principe excéder cinq ans. Toutefois, l'alinéa 2 lui permet de prolonger la mesure en cours pour une durée supérieure, qu'il doit fixer et qui ne doit pas excéder vingt ans, dès lors que l'altération des facultés personnelles de la personne protégée décrite à l'article 425 du même code n'apparaît pas susceptible de connaître une amélioration en fonction des données acquises de la science. Le juge ne peut prendre une telle décision que sur **avis conforme du médecin inscrit**. Il doit la **motiver spécialement** [3]. La cour d'appel de Rennes, dans un arrêt du 10 novembre 2015 [4] l'a rappelé en ramenant d'office à vingt ans la durée du maintien de la mesure de curatelle renforcée que le premier juge avait fixé à trois cent soixante mois.

211.43 Avis préalable d'un médecin inscrit en cas d'aggravation du régime de protection. En principe, le juge peut à tout moment, d'office ou à la requête de l'une des personnes visées à l'article 430 du Code civil, mettre fin à la mesure de protection [5], la modifier ou lui substituer une autre mesure, après avoir recueilli l'avis de la personne chargée de la protection. Toutefois, l'article 442 en son dernier alinéa du Code civil prévoit expressément qu'en cas de renforcement du régime de protection, il ne peut se saisir d'office et doit être saisi d'une requête de l'une des personnes visées à l'article 430, accompagnée à peine d'irrecevabilité d'un certificat circonstancié rédigé par un médecin inscrit.

211.44 Certificats et avis médicaux dans le cadre de la protection de la personne. En matière de protection de la personne, le majeur protégé prend seul les décisions qui le concerne dans la mesure où son état le permet (C. civ., art. 459, al. 1er) [6]. Lorsque son état ne lui permet pas de prendre une décision personnelle éclairée, **le juge ou le conseil de famille** peut prévoir qu'il bénéficiera, pour l'ensemble des actes relatifs à sa personne ou ceux d'entre eux qu'il détermine, d'une **assistance** ou d'une **représentation**, dans ce dernier cas après ouverture d'une tutelle (C. civ., art. 459, al. 2 - V. s^s n° 214.22), les alinéas 3 et 4 de l'article 459 devant alors s'articuler avec les dispositions de l'alinéa 2 du même texte. En l'absence de décision spéciale du juge des tutelles aux fins de prévoir l'assistance ou la représentation d'une personne protégée dans les actes touchant à sa personne, cette dernière peut prendre seule, sans assistance et sans représentation, la décision. Toutefois, même lorsqu'une assistance ou une représentation est décidée par le juge, la personne chargée de la protection ne peut pas prendre, sans l'autorisation du juge des tutelles ou du conseil de famille s'il a été constitué, une décision ayant pour effet de porter gravement **atteinte à l'inté-**

1. J.-M. PLazy, « La disposition du logement du majeur protégé », *in* J.-M. Plazy et G. Raoul-Cormeil (dir.), *Le patrimoine de la personne protégé*, LexisNexis, 2015, p. 301.
2. J.-M. Plazy, *D.* 2015. 1569 et 1572.
3. Civ. 1re, 10 oct. 2012, n° 11-14.441, *Bull. civ.* I, n° 197; *D.* 2012. 2723, note Raoul-Cormeil; *D.* 2013. 3196, obs. Noguéro; *AJ fam.* 2012. 619, obs. Verheyde; *RTD civ.* 2013. 90, obs. Hauser; *Dr. fam.* 2012, n° 184, obs. Maria – Civ. 1re, 13 mai 2015, n° 14-14.904, *Bull. civ.* I [à paraître]; *D.* 2015. 1569, obs. Lemouland, Noguéro et Plazy; *AJ fam.* 2015. 410, obs. Verheyde.
4. Rennes, 10 nov. 2015, RG n° 14/04928.
5. Le juge doit constater la persistance de l'altération des facultés mentales de la personne protégée et la nécessité pour celle-ci d'être assistée ou contrôlée d'une manière continue dans les actes importants de la vie civile afin de rejeter sa demande de mainlevée de la mesure de protection : Civ. 1re, 15 avr. 2015, n° 14-16.666, *Bull. civ.* I, n° 91; *D.* 2015. 1569, obs. Lemouland, Noguéro et Plazy; *AJ fam.* 2015. 343, obs. Montourcy.
6. Seule la personne protégée peut prendre une décision concernant un acte médical : TI Nice, 4 févr. 2009, RG n° 01/00602, *D.* 2009. 1397, obs. Verheyde; *Defrénois* 2010. 870, obs. Massip; *Dr. fam.* 2009. 147, note Talarico; *RTD civ.* 2010. 530, obs. Hauser.
Toutefois cet acte médical peut nécessiter l'autorisation du juge des tutelles au regard d'une disposition légale. Pour une ligature des trompes (CSP, art. L. 2123-2) : Douai, 12 déc. 2013, RG n° 13/213; *D.* 2014. 2259, obs. Plazy; *Dr. fam.* 2014, n° 84, obs. Maria.

grité corporelle de la personne protégée ou à l'intimité de la vie privée, sauf hypothèse d'urgence. La détermination de la **catégorie des « actes graves »** s'effectue au cas par cas et il a ainsi été jugé par les juges du fond qu'une coloscopie ou la mise en œuvre d'une mesure d'hospitalisation sur demande d'un tiers[1] n'entraient pas dans cette catégorie contrairement à une amputation par exemple.

De même, l'article 459-2 du Code civil prévoit que la personne protégée choisit le **lieu de sa résidence**[2] et entretient librement des **relations personnelles avec tout tiers**, parent ou non, a le droit d'être visitée ou hébergée par eux[3].

Dans tous ces cas, comme de manière générale en matière de protection de la personne, la question posée est complexe : comment faire respecter le droit de la personne protégée à décider elle-même alors que, précisément, les altérations dont elle souffre ont conduit à sa mise sous protection ? Comment lui délivrer l'information à laquelle elle a droit en application des dispositions de l'article 457-1 du Code civil, respecter ses libertés individuelles et ses droits fondamentaux tels que visés à l'article 415, tout en assurant sa protection et en évitant, dans certains cas, sa **mise en danger** ?

Le mandataire, familial ou non, doit s'y employer au quotidien. Lorsque les difficultés sont trop importantes, il peut saisir le juge, en particulier sur le fondement des articles 459, 459-2 et 460 du Code civil. Dans ces cas, le juge pourra avoir besoin de l'avis préalable d'un médecin, qui doit sans doute être un médecin inscrit s'il entend disposer d'un avis circonstancié et neutre. La question posée est en effet non seulement de savoir si **l'acte envisagé est de l'intérêt du majeur protégé**, mais d'abord de déterminer si celui-ci est **apte ou non à recevoir l'information préalable** de l'article 457-1, puis s'il est **apte à prendre une décision personnelle éclairée**, en comprenant suffisamment les conséquences d'un éventuel refus. C'est au vu de l'ensemble de ces éléments d'appréciation, et après avoir entendu ou appelé la personne protégée comme l'exige l'article 1220-3 du Code civil (sauf exceptions de l'article 432 du Code civil), que le juge prendra une décision dans l'intérêt de celle-ci (v. s^s^ n° 213.42).

211.45 Déclin du rôle du médecin traitant dans le cours de l'exercice de la mesure[4]. Alors que dans le cadre de la loi du 5 janvier 1968, le médecin traitant était un acteur important dans la mise en place comme dans l'évolution et l'éventuelle fin de la mesure de protection (C. civ., art. 490-1, al. 3 et 507), il a quasiment disparu de la loi nouvelle. Le médecin inscrit peut lui demander son **avis**, ainsi que le dispose l'article 431-1 du Code civil, et il est sans doute souhaitable qu'il s'en rapproche, s'il existe un médecin référent identifié, avant de rédiger son certificat circonstancié.

Dans l'exercice de la mesure elle-même, sa place n'est pas inscrite et un équivalent des anciens articles 501 et 511 du Code civil, prévoyant que le juge pouvait lui demander son avis avant d'autoriser la personne protégée à effectuer seule certains actes de la vie civile, n'existe plus.

Bien évidemment l'avis du médecin traitant ou référent demeure précieux et il est de l'intérêt même de la personne protégée qu'il soit sollicité, tant par elle que par les personnes chargées de la protection, voire par le juge.

211.46 Examen médical nécessaire lors de la révision de la mesure de protection. La limitation de la durée des mesures de protection a sans doute été l'une des innovations majeures de la loi du 5 mars 2007. Jusqu'à son entrée en vigueur au 1er janvier 2009 en effet, les juges prononçaient des mesures à durée indéterminée dont le terme était constitué soit par une **décision judiciaire de mainlevée** pour cause de disparition des causes à l'origine de la mesure, soit par le **décès** de la personne protégée. Cette durée indéterminée se heurtait tant à la jurisprudence de la Cour européenne des droits de l'homme qu'au principe de nécessité. Les articles 441 et 443 du Code civil disposent que le juge doit fixer la durée de la mesure de protection sans que celle-ci puisse excéder cinq ans (sauf en matière de tutelle[5]) et que la mesure prend fin, en l'absence de renouvellement, à l'expiration du délai fixé.

Les conditions du renouvellement de la mesure ont progressivement été précisées par la Cour de cassation.

Dans un arrêt du 28 janvier 2015[6], elle a ainsi confirmé la décision des premiers juges **renouvelant pour une durée de cinq ans la mesure de curatelle renforcée** mise en place en 2006 en relevant « *qu'il ressort du rapport établi*

1. TI Nice, 4 févr. 2009, RG n° 01/00602, préc. s^s^ prés^t^ n° – Dijon, 9 nov. 2011, RG n° 11/00606, *Dr. fam.* 2012. Comm. 12, obs. Maria.
2. Sur l'esprit de l'article 459-2 du Code civil : Douai, 8 févr. 2013, RG n° 12/06650; *AJ fam.* 2013. 245, obs. Raoul-Cormeil.
3. Annulation, sur le fondement du droit au respect de la vie privée et familiale, de la décision d'un directeur d'établissement interdisant à la fille unique d'un patient âgé de lui rendre visite pour une durée importante : TA Versailles, 25 janv. 2012, req. n° 0908664, *AJ fam.* 2012. 283, obs. Verheyde.
4. Sur le déclin du rôle du médecin traitant, v. T. Fossier, « La réforme de la protection des majeurs », *JCP* 2007. I. 118.
5. Possibilité pour le juge, qui prononce une mesure de tutelle, de fixer une durée plus longue n'excédant pas dix ans, par décision spécialement motivée et sur avis conforme d'un médecin inscrit constatant que l'altération des facultés personnelles de l'intéressé décrites à l'article 425 n'apparaît manifestement pas susceptible de connaître une amélioration selon les données acquises de la science (L. n° 2015-177, 16 févr. 2015, art. 1-5).
6. Civ. 1re, 28 janv. 2015, n° 13-26.363, NP; *AJ fam.* 2015. 231, obs. Montourcy; *RTD civ.* 2015. 357, obs. Hauser; *Dr. fam.* 2015. Comm. 58, note Maria.

par le médecin inscrit que Mme X, âgée de 76 ans, présente une pathologie chronique et évolutive caractérisant une altération de ses facultés mentales qui ne lui permet pas de pourvoir seule à ses intérêts, que selon les données acquises de la science, une amélioration de son état ne semble pas envisageable et que, du fait de ses troubles, la poursuite de la mesure de protection actuelle semble nécessaire, d'autre part, que l'intéressée ne produit aucun document qui contredirait cet avis médical, par ailleurs corroboré par le rapport de la curatrice qui redoute une certaine inaptitude à prendre les décisions nécessaires à son maintien à domicile ».

Dans un arrêt du 10 octobre 2012, elle a par ailleurs jugé que le **renouvellement de la mesure de protection pour une durée supérieure à cinq ans** devait s'appuyer sur une préconisation allant dans ce sens dans le **certificat du médecin inscrit** considérant qu'est insuffisante la mention selon laquelle l'altération des facultés personnelles apparaît peu susceptible de connaître une amélioration selon les données acquises de la science [1].

Par un arrêt postérieur du 13 mai 2015 [2], la Haute cour juge que doit être cassée la décision qui se limiterait à préciser et à décrire l'altération des facultés mentales sans comporter une motivation « *quant à l'impossibilité manifeste, selon les données acquises de la science, pour l'intéressée, de connaître une amélioration de l'altération de ses facultés personnelles et* ***sans constater que le certificat du médecin préconisait un renouvellement de la mesure pour une durée supérieure à cinq ans*** ».

Cet arrêt vient confirmer la tendance qui conduisait depuis plusieurs années la Cour de cassation à sanctionner les décisions dans lesquelles les juges ne faisaient que reprendre les conclusions médicales sans vérifier qu'elles étaient conformes aux dispositions légales et s'appliquaient au cas d'espèce [3].

Lors de l'examen des **demandes de mainlevée de la mesure de protection,** le juge doit également apprécier le degré d'altération des facultés personnelles, leurs conséquences et le besoin de protection au moment où il statue. La Cour de cassation a rappelé dans des arrêts du 30 juin 1992 et du 31 janvier 1995, dont les motifs sont toujours d'actualité, que le juge ne peut rejeter une demande de mainlevée de la mesure de protection sans constater, au jour où il statue, l'altération des facultés mentales ou corporelles de l'intéressé et la nécessité pour celui-ci d'être représenté d'une manière continue dans les actes de la vie civile [4]. Le juge ne peut, à l'inverse, prononcer une mainlevée de la mesure de protection sans rechercher si l'amélioration constatée de l'état de santé de l'intéressé est telle qu'il n'a plus besoin d'être représenté d'une manière continue dans les actes de la vie civile [5].

211.47 Office du juge en cas de demande de mainlevée de la mesure de protection. Lorsqu'il renouvelle ou prononce la mainlevée d'une mesure, le juge peut se saisir d'office et en principe statuer au vu d'un simple certificat médical. En pratique, un tel certificat le plus souvent peu ou pas circonstancié est insuffisant et le juge ordonnera utilement un nouvel examen par un médecin inscrit. Lorsqu'il est saisi d'une demande de mainlevée par la personne protégée, appartient-il au juge de rechercher l'état médical de celle-ci au jour où il statue et ordonner d'office un nouvel examen ou doit-il considérer que la demande de mainlevée est irrecevable faute pour le requérant d'avoir fourni un tel document ? Tel était l'enjeu de la décision rendue par la cour d'appel de Douai du 7 avril 2014. Sous l'empire des textes antérieurs à la loi du 5 mars 2007, la Cour de cassation avait jugé qu'une demande de mainlevée ne pouvait pas être rejetée au motif que le majeur protégé n'était pas en mesure de produire des documents médicaux justifiant de l'absence de besoin de protection [6]. Dans un arrêt postérieur du 15 avril 2015 [7], la Haute Cour a jugé que la cour d'appel qui rejetait une demande de mainlevée formée par la personne protégée sans constater la persistance de l'altération était privée de base légale. Cette solution a été saluée par la doctrine et, en particulier par le Professeur Jean Hauser [8], qui rappelle qu'il n'appartient pas à la personne protégée de prouver l'amélioration de son état puisque la protection est une exception au principe de capacité et que, s'il veut la maintenir, le juge doit rapporter la preuve de la nécessité. Dans son arrêt du 19 novembre 2016, cassant la décision de la cour de Douai, la Cour de cassation juge que « *la production d'un certificat médical n'est pas une condition de recevabilité de la demande de mainlevée de la mesure* », ne se prononçant donc que sur la question de procédure et non sur le fond. Compte tenu de sa jurisprudence antérieure, il appartient donc au juge de rechercher si, au moment où il statue, les altérations constatées justifient ou non le maintien d'une protection judiciaire et, dans l'affirmative, à quel degré et sous quelle forme.

211.48 Expertise médicale nécessaire de la personne protégée poursuivie au pénal avant tout jugement au fond. (v. s^s n° 216.22) L'article 706-115 du Code de procédure pénale [9] pose désormais cette exigence dans le cadre des poursuites pénales engagées contre un majeur protégé, dans un objectif d'évaluation de sa responsabilité pénale au moment des faits. Il convient ici de rappeler qu'il n'y a **pas de lien automatique** entre l'existence d'une mesure de protec-

1. Civ. 1re, 10 oct. 2012, n° 11-14.441, P (préc. s^s n° 211.42).
2. Civ. 1re, 13 mai 2015, n° 14-14.904, P (préc. s^s n° 211.42).
3. Orléans, 20 févr. 2012, RG n° 11/02651, et Limoges, 17 avr. 2012, RG n° 11/00087, *AJ fam.* 2012. 346, obs. Verheyde; *RTD civ.* 2012. 508, obs. Hauser.
4. Civ. 1re, 31 janv. 1995, n° 93-14.238, *Bull. civ.* I, n° 61; *D.* 1996. 123, note Verheyde; *RTD civ.* 1995. 329, obs. Hauser; *Defrénois* 1995. 1036, obs. Massip.
5. Civ. 1re, 30 juin 1992, n° 89-21.670, *Bull. civ.* I, n° 210; *Defrénois* 1993. 305, obs. Massip.
6. Civ. 1re, 5 nov. 2008, n° 07-17.907, *Bull. civ.* I, n° 249.
7. Civ. 1re, 15 avr. 2015, n° 14-16.666, *Bull. civ.* I, n° 91.
8. J. Hauser, *RTD civ.* 2015. 587.
9. C. pr. pén., art. 706-115 et D. 47-24.

tion, même sous la forme d'une tutelle, et une éventuelle atténuation ou abolition de la responsabilité pénale de l'auteur de l'infraction. Une altération des facultés personnelles qui ne permet pas, à des degrés divers, de pourvoir à ses intérêts dans le cadre des actes de la vie civile, n'est évidemment pas synonyme de « *troubles psychiques ou neuropsychiques ayant aboli ou altéré le discernement, ou encore entravé le contrôle des actes* » au sens de l'article 122-1 du Code pénal.

La pathologie et les altérations qui justifient une mesure de protection entraînent des symptômes qui vont évoluer au cours du temps, de l'environnement et des circonstances. Certains majeurs protégés pourront être ainsi condamnés pour les actes qu'ils ont posés, ce qui est la contrepartie aussi de l'autonomie qui leur est préservée. À l'inverse, des personnes ne bénéficiant pas de régimes civils de protection pourront être déclarées irresponsables des actes commis, ou voir leur responsabilité atténuée du fait de leurs troubles au moment des faits reprochés[1].

1. Civ. 1re, 22 oct. 2002, nº 01-00.383, *Bull. civ.* I, nº 237; *D.* 2004. 1852, note Lemouland; *Defrénois* 2003. 126, obs. Massip; *RJPF* 2003-1/12, note Fossier; *RTD civ.* 2003. 60, obs. Hauser; *RDSS* 2003. 139, note Monéger.

CHAPITRE

212. Protection des repères fondamentaux de la personne protégée

SECTION 0 ORIENTEUR

212.00 **Plan du chapitre.**

212.01 **Textes applicables.**

TEXTES LÉGISLATIFS ET RÉGLEMENTAIRES NOUVEAUX

• L. n° 2015-177, 16 févr. 2015, relative à la modernisation et à la simplification du droit et des procédures dans les domaines de la justice et des affaires intérieures, *JO* 17 févr., p. 2961

TEXTES SOURCES

> Protection du cadre de vie

+ L. n° 2007-308, 5 mars 2007

+ L. n° 2015-177, 16 févr. 2015

C. civ., art. 426, 432, 459-2, 472 al. 2

> Protection des comptes bancaires

+ L. n° 2007-308, 5 mars 2007

C. civ., art. 427

> Audition de principe de la personne protégée

+ Décr. n° 2008-1276, 5 déc. 2008

C. pr. civ., art. 1220-3

TEXTES *IN EXTENSO*

> Protection du cadre de vie

[C. civ., art. 426, 432, 459-2, 472 al. 2]

+ L. n° 2007-308, 5 mars 2007

+ L. n° 2015-177, 16 févr. 2015

C. civ., art. 426 *[mod. par L. n° 2015-177, 16 févr. 2015, art. 1er (V)]*

Le logement de la personne protégée et les meubles dont il est garni, qu'il s'agisse d'une résidence principale ou secondaire, sont conservés à la disposition de celle-ci aussi longtemps qu'il est possible.

Le pouvoir d'administrer les biens mentionnés au premier alinéa ne permet que des conventions de jouissance précaire qui cessent, malgré toutes dispositions ou stipulations contraires, dès le retour de la personne protégée dans son logement.

S'il devient nécessaire ou s'il est de l'intérêt de la personne protégé qu'il soit disposé de ses droits relatifs à son logement ou à son mobilier par l'aliénation, la résiliation ou la conclusion d'un bail, l'acte est autorisé par le juge ou par le conseil de famille s'il a été constitué, sans préjudice des formalités que peut requérir la nature des biens. Si l'acte a pour finalité l'accueil de l'intéressé dans un établissement, l'avis préalable d'un médecin n'exerçant pas une fonction ou n'occupant pas un emploi dans cet établissement, est requis. Dans tous les cas, les souvenirs, les objets à caractère personnel, ceux indispensables aux personnes handicapées ou destinés aux soins des personnes malades sont gardés à la disposition de l'intéressé, le cas échéant par les soins de l'établissement dans lequel celui-ci est hébergé.

C. civ., art. 432 *[mod. par L. n° 2015-177, 16 févr. 2015, art. 1er (V)]*

Le juge statue, la personne entendue ou appelée. L'intéressé peut être accompagné par un avocat ou, sous réserve de l'accord du juge, par toute autre personne de son choix.

Le juge peut toutefois, par décision spécialement motivée et sur avis du médecin inscrit sur la liste mentionnée à l'article 431, décider qu'il n'y pas lieu de procéder à l'audition de l'intéressé si celle-ci est de nature à porter atteinte à sa santé ou s'il est hors d'état d'exprimer sa volonté.

C. civ., art. 459-2 *(créé par L. n° 2007-308, 5 mars 2007, art. 7)*

La personne protégée choisit le lieu de sa résidence.

Elle entretient librement des relations personnelles avec tout tiers, parent ou non. Elle a le droit d'être visitée et, le cas échéant, hébergée par ceux-ci.

En cas de difficulté, le juge ou le conseil de famille s'il a été constitué, statue.

C. civ., art. 472, al. 2

[...] Sans préjudice des dispositions de l'article 459-2, le juge peut autoriser le curateur à conclure seul un bail d'habitation ou une convention d'hébergement assurant le logement de la personne protégée. [...]

> Protection des comptes bancaires

+ L. n° 2007-308, 5 mars 2007

C. civ., art. 427

La personne chargée de la mesure de protection ne peut procéder ni à la modification des comptes ou livrets ouverts au nom de la personne protégée, ni à l'ouverture d'un autre compte ou livret auprès d'un établissement habilité à recevoir des fonds du public.

Le juge des tutelles ou le conseil de famille s'il a été constitué peut toutefois l'y autoriser si l'intérêt de la personne protégée le commande.

Un compte est ouvert au nom de la personne protégée auprès de la Caisse des dépôts et consignations par la personne chargée de la protection si le juge ou le conseil de famille s'il a été constitué l'estime nécessaire.

Lorsque la personne protégée n'est titulaire d'aucun compte ou livret, la personne chargée de la protection lui en ouvre un.

Les opérations bancaires d'encaissement, de paiement et de gestion patrimoniale effectuées au nom et pour le compte de la personne protégée sont réalisées exclusivement au moyen de comptes ouverts au nom de celle-ci, sous réserve des dispositions applicables aux mesures de protection confiées aux personnes ou services préposés des établissements de santé et des établissements sociaux ou médico-sociaux soumis aux règles de la comptabilité publique.

Les fruits, produits et plus-values générés par les fonds et les valeurs appartenant à la personne protégée lui reviennent exclusivement.

Si la personne protégée a fait l'objet d'une interdiction d'émettre des chèques, la personne chargée de la mesure de protection peut néanmoins, avec l'autorisation du juge ou du conseil de famille s'il a été constitué, faire fonctionner sous sa signature les comptes dont la personne protégée est titulaire et disposer de tous les moyens de paiement habituels.

> Audition de principe de la personne protégée

C. pr. civ., art. 1220-3 (*créé par Décr. n° 2008-1276, 5 déc. 2008, art. 1er*)

Le juge des tutelles ne peut statuer sur une requête concernant un majeur protégé et relativement à la protection de sa personne qu'après avoir entendu ou appelé celui-ci sauf si l'audition est de nature à porter atteinte à la santé de l'intéressé ou si celui-ci est hors d'état d'exprimer sa volonté.

212.02 Jurisprudence de référence.

> Droits de la personne protégée

• **Civ. 1re, 25 mars 1997, n° 96-12.028,** NP

* V. ss n° 212.11

Le choix de la personne protégée sous tutelle « *non dépourvue de volonté propre* » de rester chez son père doit être respecté.

• **Civ. 1re, 7 avr. 1998, n° 96-12.560,** NP

* V. ss n° 212.17

L'article 490-2 (ancien) du Code civil permet de vendre l'appartement et les meubles du majeur protégé non seulement lorsque cette aliénation est nécessaire, mais aussi lorsqu'elle est conforme à l'intérêt du majeur.

• **Civ. 1re, 20 oct. 2010, n° 09-13.635,** *Bull. civ.* I, n° 209

* V. ss n° 212.17

L'autorisation donnée par le juge des tutelles de vendre la résidence d'une personne protégée ne fait pas obstacle à l'action en annulation, pour insanité d'esprit, de l'acte passé par celle-ci.

• **Civ. 1re, 17 mars 2010, n° 08-20.771,** *Bull. civ.* I, n° 67

* V. ss n° 212.14

Un tribunal retient justement que l'enlèvement prématuré des meubles opéré par le gérant de tutelles est régularisé par l'ordonnance autorisant leur vente et énonce exactement que, s'agissant d'une vente partielle de meubles de la personne protégée maintenue à son domicile, l'avis du médecin traitant prévu à l'article 490-2 alinéa 3 (ancien) du Code civil n'est pas requis.

> Appréciation souveraine de l'intérêt de la personne protégée par les juges du fond

• **Civ. 1re, 7 avr. 1998, n° 96-12.560,** NP (*C. civ., anc. art. 490-2)*

* V. ss n° 212.17

C'est souverainement qu'une cour d'appel a décidé qu'il était, non pas nécessaire, mais de l'intérêt de la personne protégée de vendre son appartement.

• **et Civ. 2e, 21 mars 2013, n° 11-25.462,** *Bull. civ.* II, n° 59

* V. ss n° 212.13

La protection accordée au logement par l'article 426 du Code civil cède devant les droits des tiers et la saisie d'un immeuble affecté au logement du majeur protégé surendetté peut être réalisée tout comme son expulsion *(procédure de surendettement)*.

> Droits des tiers sur le logement et les meubles meublants

– Domaine d'application de l'article 490-2 alinéa 3 (ancien) du Code civil relatif à la protection du logement et des meubles meublants de la personne protégée

• **Civ. 1re, 26 janv. 1983, n° 81-16.463,** *Bull. civ.* I, n° 37

* V. ss n° 212.13

L'article 490-2 alinéa 3 qui soumet à une autorisation particulière les actes par lesquels il est disposé, en son nom, des droits relatifs à l'habitation d'un majeur protégé, ne s'applique pas à l'exercice par les tiers des droits qu'ils peuvent avoir sur ces biens (en l'espèce, après divorce, attribution à la femme de la communauté comprenant l'immeuble d'habitation, à titre de dommages-intérêts en application de l'article 266 du Code civil).

• **Paris, 27 mai 1987,** *D.* 1988. 216

* V. ss n° 212.13

Le bailleur peut demander la résiliation du bail pour défaut de paiement des loyers.

• **Paris, 18 sept. 2001, RG n° 2001/03250**

* V. ss n° 212.13

Les dispositions de l'article 490-2 qui imposent la conservation du logement de la personne protégée et des meubles le garnissant ne peuvent créer une insaisissabilité de fait de ce logement et ne peuvent, au surplus, être étendues aux coindivisaires de l'incapable protégé.

Par ailleurs, l'article 490-2 ne fait pas obstacle à la saisie par le créancier hypothécaire.

> Protection spécifique des comptes bancaires

• **Civ. 1re, 28 janv. 2015, n° 13-26.363,** NP

* V. ss n° 212.21

Le changement ou l'ouverture nouvelle de comptes ou livrets au nom de la personne protégée ne peut intervenir que « *si l'intérêt de la personne protégée le commande* ». Doit être cassé pour défaut de base légale au visa de l'article 427 alinéas 1er et 2 du Code civil l'arrêt de la cour d'appel qui se contente d'énoncer que la décision de la curatrice de clôturer les comptes courants ouverts au nom de la personne protégée et d'ouvrir un compte auprès d'une autre banque, avec transfert des fonds du compte initial, n'est que la conséquence logique du renouvellement de la curatelle renforcée et, par adoption de motifs, qu'elle est conforme à l'intérêt de la personne protégée.

212.03 **Bibliographie indicative.**

> **Généralités.** J. Massip, *Tutelle des mineurs et protection juridique des majeurs*, Defrénois, 2009, n° 481 – N. Peterka, « La famille dans la réforme de la protection des majeurs », *JCP* 2010. Doctr. 33.

> **Protection du logement.** M. Bourassin, « Les sûretés sur le logement du majeur protégé », *RTD civ.* 2011. 433 – C. Coutant-Lapalus (dir.), *La protection du logement du majeur vulnérable*, EUD, 2012 – T. Fossier et L. Pécaut-Rivolier, « La protection des intérêts patrimoniaux », spéc. « Le logement du majeur protégé », *AJ fam.* 2007. 169 – J.-M. Plazy et F. Gemignani, « Le logement de la personne vulnérable », *JCP N* 27 avr. 2012, p. 1193 – J.-M. Plazy, « La disposition du logement du majeur protégé », *in* J.-M. Plazy et G. Raoul-Cormeil, *Le patrimoine de la personne protégée*, LexisNexis, 2015; « L'incapable majeur et son logement », *in* M. Barré-Pépin et C. Coutant-Lapalus, *Logement et famille : des droits en question*, « Thèmes et commentaires », Dalloz, 2005.

> **Protection des comptes bancaires.** M. Couturier, « Le compte en banque de la personne vulnérable », *JCP N* 2008. 1270 – M. Lecène-Villemonteix, « Les comptes bancaires du majeur protégé », *in* J.-M. Plazy et G. Raoul-Cormeil (dir.), *Le patrimoine de la personne protégée*, LexisNexis, 2015, p. 219 – G. Raoul-Cormeil et J. Lasserre Capdeville, « Le compte en banque du majeur protégé. Difficultés pratiques soulevées par le droit des incapacités et le droit bancaire », *RD banc. fin.* 2013. Étude 23.

212.04 **Exemples d'actes.**

> **Régimes de protection des majeurs**

* Pour un exemple d'ordonnance de résiliation du contrat de bail et de vente des meubles (logement), v. s[s] n° 5271.37.

* Pour un exemple d'autorisation de vente d'un immeuble (logement), v. s[s] n° 5271.24.

* Pour un exemple d'ordonnance fixant la résidence de la personne protégée (C. civ., art. 459-2), v. s[s] n° 5272.11.

* Pour un exemple d'ordonnance en ouverture/clôture de comptes (C. civ., art. 427), v. s[s] n° 5271.19.

* Pour un exemple de requête et d'ordonnance de placement de fonds, v. s[s] n° 5271.29.

SECTION 1
PROTECTION SPÉCIFIQUE DU CADRE DE VIE DE LA PERSONNE PROTÉGÉE

212.11 **Principe du choix par la personne protégée de son lieu de résidence.** Dans un arrêt du 25 mars 1997[1], la première chambre de la Cour de cassation avait décidé qu'il convenait de respecter le choix d'une majeure protégée de vivre près de son père dès lors que celle-ci n'était pas dépourvue de volonté propre et avait émis à plusieurs reprises ce souhait. Ce principe est consacré par l'article 459-2 du Code civil dont la formulation est impérative[2]. Ce texte dispose que la personne protégée, quelle que soit la nature de sa protection et même lorsqu'elle bénéficie de l'application d'un mandat de protection future (lorsque le mandat s'étend à la protection de la personne, C. civ., art. 479, al. 1er), choisit elle-même le lieu de sa résidence. Le majeur protégé peut donc décider de rester dans son domicile, de vivre chez un parent ou un tiers. En cas de conflit, le **juge** ou le **conseil de famille** s'il a été constitué statue (v. s[s] n°s 213.51 s.), étant rappelé que, sans préjudice des dispositions de l'article 459-2 du Code civil, l'article 472 du même code, permet au **curateur** de solliciter **l'autorisation du juge** pour conclure seul **un bail d'habitation** ou une **convention d'hébergement** assurant le logement de la personne protégée.

Ce principe clairement affirmé par la loi nouvelle devrait conduire à des changements profonds dans les pratiques.

D'abord parce qu'il impose aux acteurs de la protection de rechercher toujours, et avant toute démarche, si la personne protégée est en mesure d'exprimer sa volonté, son choix, ou des souhaits, ce qui conduira dans de nombreux cas à solliciter un **avis médical** (du médecin traitant ou d'un médecin inscrit, suivant les cas).

Ensuite parce que le choix du lieu de résidence ne peut être déconnecté d'une **appréciation objective de l'état de santé général** de la personne et des conditions requises pour assurer sa sécurité qu'il est du devoir, et de la responsabilité, du mandataire de rechercher.

Enfin, parce que la **dimension économique et patrimoniale** de la décision à prendre ne peut être totalement exclue. Le coût du logement est un poste important dans le budget, souvent lourd lorsque le maintien à domicile suppose des aménagements et/ou des accompagnements en personnel. Il peut alors conduire à prélever une partie du patrimoine, voire à faire appel aux obligés alimentaires.

212.12 **Intervention du juge des tutelles, ou du conseil de famille, en cas de difficulté sur le choix du lieu de résidence.** La protection des droits de la personne protégée est garantie par l'intervention du juge des tutelles. Ainsi, en cas de difficultés sur le choix du lieu de résidence, l'article 459-2 du Code civil dispose que le **juge** ou le **conseil de famille** s'il a été constitué statue (v. s[s] n°s 213.51 s.), étant cependant rappelé que l'article 472 du même code permet

1. Civ. 1re, 25 mars 1997, n° 96-12.028, *Bull. civ.* I, n° 107; *D.* 1998. 333, note Massip; *RTD civ.* 1997. 634, obs. Hauser; *JCP* 1998. II. 22882, note Fossier.
2. Sur l'esprit de l'article 459-2 du Code civil : Douai, 8 févr. 2013, RG n° 12/06650, *AJ fam.* 2013. 245, obs. Raoul-Cormeil.

au **curateur** de solliciter l'**autorisation du juge** pour conclure seul **un bail d'habitation** ou une **convention d'hébergement** assurant le logement de la personne protégée. En effet, l'effectivité du droit reconnu au majeur protégé de choisir son lieu de résidence se heurte à la réalité des situations vécues.

D'une part, sa décision ne peut être déconnectée des **actes patrimoniaux** qui seront nécessaires, par exemple pour aménager ou quitter son logement. Or, dans la curatelle, les actes de disposition requièrent l'assistance du curateur et, dans la tutelle, ils relèvent des pouvoirs de représentation du tuteur autorisé par le juge ou le conseil de famille. Ils supposent donc **l'intervention active du mandataire**.

D'autre part, l'autonomie de décision du majeur devra être coordonnée avec les dispositions spécifiques de l'article 426 et l'application de ce texte suppose de s'interroger sur la chronologie du raisonnement à adopter : l'article 426, en particulier dans son alinéa 3, est-il une limite à l'article 459-2 ou, à l'inverse, est-il limité par ce texte ? La rédaction même de l'article 426 posant le principe de la conservation du logement à la disposition de la personne protégée « *aussi longtemps qu'il est possible* », la réserve de l'alinéa 3 étant soumise à **l'intervention du juge**, il est logique de penser que la volonté telle qu'elle doit être recherchée par le mandataire, sous le contrôle du juge, doit l'emporter. Cependant, si elle ne peut s'exprimer ou si sa décision est contraire à son intérêt, qui est alors légitime à décider et selon quels critères ? Le législateur n'a pas rédigé l'article 459-2 dans les mêmes termes que l'article 459 alinéa 2 prévoyant expressément l'inaptitude du majeur à décider seul. La « *difficulté* » qu'il envisage est plus large que la simple inaptitude et laisse une large place à l'office du juge, garant des libertés individuelles. Encore faudra-t-il qu'il soit saisi. Lorsqu'il l'est, ce qui est de plus en plus le cas comme pour les juges aux affaires familiales pour le contentieux relatif à la fixation de la résidence de l'enfant mineur, il statue en fonction des éléments de l'espèce, au cas par cas, retenant à la fois des critères liés à l'état de santé physique et mentale, au bien-être de la personne protégée et à ses possibilités patrimoniales. Les décisions du conseil de famille ne sont quant à elles encore pas ou très peu motivées sur ce terrain.

212.13 Principe de conservation du cadre de vie de la personne protégée « *autant qu'il est possible* », quelle que soit la protection juridique : résidence principale et résidence secondaire, mobilier et objet personnels. L'article 426 du Code civil reprend, dans sa nouvelle rédaction, la protection particulière accordée non seulement au logement mais aussi au mobilier de la personne protégée[1], à ses objets personnels et aux objets indispensables à ses soins, ce qui conduit à employer l'expression « cadre de vie » qui va au-delà du seul logement. Ces dispositions sont applicables non seulement à la **résidence principale** mais aussi à la **résidence secondaire** (alors qu'une partie de la jurisprudence antérieure exigeait une occupation effective et que la Cour de cassation l'avait exclue de la protection légale[2]) et visent non seulement le logement qui appartient à la personne protégée, mais aussi le logement dont elle est locataire. Elles concernent toutes les protections juridiques, y compris le **mandat de protection future**, l'article 426 du Code civil étant situé dans les dispositions générales applicables aux mesures juridiques de protection. Le juge des tutelles est le garant de cette protection du cadre de vie et il devra intervenir chaque fois qu'il devra être disposé des droits de la personne protégée. Il ne pourra donner son autorisation que si l'aliénation est conforme à l'intérêt du majeur protégé ou[3], en toute hypothèse, ne le contredit pas fondamentalement.

La personne chargée de la mesure de protection ne peut donc pas disposer des droits relatifs au logement de la personne protégée ou à son mobilier par l'aliénation, ni effectuer pour ce logement la résiliation ou la conclusion d'un contrat de bail en son nom sans y avoir été **autorisée**, au préalable, par le **juge des tutelles** ou le **conseil de famille**. La **requête** alors adressée à cette fin devra être **motivée** et expliquer non seulement les raisons de la demande de vente ou de résiliation du bail, mais aussi les **conditions du relogement** de la personne protégée, afin que le juge puisse apprécier globalement la situation du majeur, vérifier ses projets et les conséquences du changement de logement. Il doit aussi s'assurer des garanties présentées par le nouveau logement.

– Si la personne protégée est **locataire** et **sous tutelle**, il sera nécessaire, lors du relogement, que le mandataire ait obtenu au préalable **l'autorisation du juge des tutelles** de libérer le précédent logement pour pouvoir signer le nouveau bail.

– Si la personne protégée est sous **curatelle renforcée**, il faudra en outre qu'elle donne son **accord** et **signe** le nouveau bail, sauf application des dispositions de l'article 472 du Code civil dans les cas où le majeur s'oppose à toutes les tentatives de son curateur pour lui trouver un logement adapté.

Lorsque le logement concerné est le **logement de la famille**, parce que la personne protégée le partage avec son conjoint notamment, l'article 215 alinéa 3 du Code civil oblige à rechercher également l'autorisation de celui-ci pour pouvoir disposer des droits sur le logement. Le mandataire pourrait aussi, même s'il

1. C. civ., art. 426 (*issu de L. n° 2007-308, 5 mars 2007, portant réforme de la protection juridique des majeurs, JO 7 mars, p. 4325*).
2. Civ. 1re, 18 févr. 1981, n° 80-10.403, *Bull. civ.* I, n° 60.
3. Intérêt de la personne protégée de vendre son appartement : appréciation souveraine du juge : Civ. 2e, 21 mars 2013, n° 11-25.462, *Bull. civ.* II, n° 59 ; *D.* 2013. 832 ; *AJ fam.* 2013. 246, obs. Avena-Robardet et Verheyde.

n'est pas lui-même le conjoint de la personne protégée, présenter une requête sur le fondement de l'article 217 du même code pour pouvoir passer seul un acte sur le logement si l'autre époux est hors d'état de manifester sa volonté ou si son refus n'est pas justifié par l'intérêt de la famille.

En cas de **divorce**, le sort du logement relèvera des règles relatives au divorce et à la liquidation du régime matrimonial.

La protection légale ne s'applique pas à l'exercice par les tiers des droits qu'ils peuvent détenir sur ces biens[1]. La conservation du logement de la personne protégée, aussi longtemps qu'il est possible, ne crée notamment **pas d'insaisissabilité**[2] **et n'empêche pas le bailleur de poursuivre en justice la résiliation du bail d'habitation** si la personne protégée ne respecte pas ses obligations de locataire[3]. Ainsi, si elle ne paie pas son loyer, dégrade les lieux ou même cause des troubles de voisinage, elle pourra subir une résiliation de son bail[4]. Si elle ne paie pas ses dettes, une saisie pourra intervenir[5].

La **protection** est assurée tant que la personne protégée demeure chez elle, et tant qu'elle peut y rester, mais aussi **pendant les périodes d'hospitalisation** éventuelles, puisque l'alinéa 2 du texte évoque le « *retour du majeur protégé dans son logement* ». Le logement, résidence principale ou secondaire, doit donc être conservé « *aussi longtemps qu'il est possible* », et la maladie ou l'hospitalisation ne sauraient être l'occasion de le vendre, ou de prendre des actes qui risqueraient de priver la personne protégée de son logement (notamment, par la constitution d'hypothèque). La question se pose de savoir si les dispositions de l'article 426 s'appliquent en cas de vente du logement du majeur avec réserve d'usufruit à son profit.

L'interprétation exégétique du texte y semble favorable. Ce dernier vise, en effet, d'une manière très large « *le logement* » et « *les meubles dont il est garni* » ainsi que la disposition « *des droits relatifs à son logement ou à son mobilier* ».

L'interprétation téléologique du texte conduit, en revanche, à en écarter l'application à la vente avec réserve usufruit au profit de la personne protégée au motif qu'une telle opération ne la prive pas de son cadre de vie. Cette dernière analyse, qui peut se prévaloir des solutions retenues pour l'application de l'article 215 alinéa 3 du Code civil relatif à la protection du logement de la famille, nous paraît devoir l'emporter.

212.14 Conservation des souvenirs, objets à caractère personnel et objets indispensables aux personnes handicapées et aux soins. L'article 426 du Code civil dispose que, dans tous les cas, les souvenirs, les objets à caractère personnel, ceux indispensables aux personnes handicapées ou destinées aux soins des personnes malades doivent être gardés à leur disposition, le cas échéant par l'établissement dans lequel les personnes sont hébergées, sous réserve que le coût de leur conservation ne soit pas trop important.

La question de la conservation des objets mobiliers, parmi lesquels les souvenirs et objets personnels est un sujet délicat. L'inventaire de début de mesure, comme ses actualisations, permet en principe de déterminer la valeur patrimoniale des meubles mais sa **mise en perspective avec l'attachement affectif** que peut avoir la personne protégée à l'égard de certains objets est très rarement recherchée. Pourtant, cette démarche est essentielle dans l'intérêt de la personne elle-même et dans l'objectif de pouvoir maintenir, où qu'elle soit hébergée par la suite, un « cadre de vie » qui respecte son histoire. L'article 426 imposant la conservation des objets mobiliers à la disposition du majeur protégé, « *aussi longtemps qu'il est possible* » doit également être lu dans cette dynamique, tout comme l'obligation d'obtenir une autorisation préalable du juge avant d'en disposer.

À cet égard, la décision[6] qui retient que l'enlèvement prématuré des meubles réalisé par le mandataire peut être régularisé par l'ordonnance autorisant leur vente et que, s'agissant d'une vente partielle d'une personne maintenue à domicile, l'avis du médecin traitant de l'ancien article 490-2 n'est pas requis, n'est pas exempte de critiques.

212.15 Des exceptions au principe, soumises à l'autorisation préalable du juge des tutelles, ou du conseil de famille s'il a été constitué. Le principe de conservation du cadre de vie de la personne protégée, peut toutefois recevoir des exceptions lorsqu'il est devenu **nécessaire de disposer du logement** lui-même, des droits sur celui-ci ou sur le mobilier, ou encore lorsqu'il est de l'intérêt de la personne protégée de recourir à ces exceptions.

Trois hypothèses de disposition sont envisagées par l'article 426 du Code civil :

– la **résiliation du bail** conclu par la personne protégée en qualité de locataire,

1. Civ. 1re, 26 janv. 1983, no 81-16.463, *Bull. civ.* I, no 37; *D.* 1984. 17 (1re esp.), note Massip.
2. Bourges, 16 déc. 1986, *JCP N* 1988. 200, note Fossier – Paris, 18 sept. 2001, RG no 2001/03250, *D.* 2002. 2161, obs. Lemouland; *RTD civ.* 2002. 75, obs. Hauser; *AJ fam.* 2001. 60, et obs.; *AJDI* 2002. 60.
3. Paris, 10 mars 2005, RG no 03/15988, *JCP N* 2006. II. 1003, note Plazy – Aix-en-Provence, 14 oct. 2014, RG no 13/13783, *Dr. fam.* 2014. Comm. 195, obs. Maria – Rouen, 19 févr. 2015, RG no 14/01444.
4. Paris, 10 mars 2005, RG no 03/15988, préc. ss prést no.
5. Paris, 27 mai 1987, *D.* 1988. 216, note Breton – Paris, 18 sept. 2001, RG no 2001/03250, *D.* 2002. 2161, obs. Lemouland; *RTD civ.* 2002. 75, obs. Hauser.
6. Civ. 1re, 17 mars 2010, no 08-20.771, *Bull. civ.* I, no 67; *D.* 2011. 50, note Raoul-Cormeil; *RTD civ.* 2011. 103, obs. Hauser; *Defrénois* 2011. 835, obs. Massip; *Dr. fam.* 2010. 191, note Maria; *JCP N* 2011. 1008, note Coutant-Lapalus et 1196, note Massip.

– la **conclusion d'un bail** sur le logement dont celle-ci est propriétaire,

– et la **vente du logement** de la personne protégée.

Ainsi que le souligne avec pertinence Jean-Marie Plazy [1], l'hypothèse de la **constitution d'une hypothèque** par un majeur sous curatelle sur son logement n'a pas été envisagée, alors que cet acte fait courir un risque de saisie difficilement compatible avec la préservation du logement du majeur protégé. Tout comme la jurisprudence [2] a soumis la constitution d'une hypothèque aux prescriptions de l'article 215 alinéa 3 du Code civil pour protéger le logement de la famille, la constitution d'une hypothèque par une personne protégée sur son logement devrait conduire la personne chargée de la protection à demander l'autorisation préalable du juge des tutelles [3].

Dans tous les cas, et comme sous l'empire de la loi ancienne, **l'autorisation** du juge des tutelles ou du conseil de famille s'il a été constitué est un **préalable nécessaire et obligatoire.** Le mandataire doit présenter une requête au juge des tutelles, accompagnée de tous éléments justificatifs utiles, notamment sur l'état de santé de la personne protégée et sur sa situation financière. À cet égard, la loi du 5 mars 2007 a modifié le dispositif antérieur en n'exigeant plus systématiquement l'avis du médecin traitant, ce qui était sans doute regrettable. La loi n° 2015-177 du 16 février 2015, relative à la modernisation et à la simplification du droit et des procédures dans les domaines de la justice et des affaires intérieures, le réintroduit au stade du **certificat médical circonstancié établi avant présentation de la requête aux fins de protection** (C. civ., art. 431). Il pourra donc être utile de vérifier ce que ce praticien a pu dire, le cas échéant, sur les conditions du maintien à domicile. En tout état de cause, rien n'empêche le juge, ou le mandataire lors de la présentation de la requête tendant à obtenir l'autorisation de disposer du logement ou des droits sur celui-ci, de prendre cet avis en particulier pour articuler les préconisations de l'article 459-2 du Code civil et de l'article 426, comme pour évaluer les critères fixés par ce dernier texte : l'intérêt de la personne protégée et l'expression « *s'il devient nécessaire* ». Il est également important de connaître les éventuelles conséquences du changement de lieu de vie sur la santé de la personne protégée.

L'avis du médecin inscrit n'était exigé, avant la loi n° 2015-177 du 16 février 2015, que lorsque le majeur devait quitter son logement pour entrer en établissement, que ce lieu de vie soit loué ou vendu [4]. Le coût de ce certificat était tarifé à 25 euros par le décret n° 2008-1485 du 22 décembre 2008 [5], ce qui se révélait dans la plupart des cas très insuffisant eu égard au temps passé par les médecins.

212.16 Des exceptions particulièrement encadrées lorsque la disposition des droits relatifs au logement a pour finalité d'accueillir la personne protégée dans un établissement. Avant la loi du 16 février 2015, lorsque l'acte envisagé avait pour finalité d'accueillir la personne protégée dans un établissement de retraite, médico-social ou autre, l'article 426 alinéa 3 du Code civil exigeait de rechercher au préalable **l'avis d'un médecin inscrit** choisi sur la **liste** établie par le procureur de la République.

Le **médecin inscrit** devait non seulement se prononcer sur **l'état de santé** de la personne au regard des possibilités de maintien à domicile (ou de retour, selon les cas), mais il devait aussi indiquer les **conséquences** susceptibles d'apparaître sur la santé de celle-ci avec la disparition du logement et des meubles le garnissant. Cet **avis motivé** était une formalité substantielle que les mandataires avaient souvent beaucoup de difficultés à obtenir en pratique, en particulier parce que la rémunération du médecin inscrit, pour ce type d'acte, était limitée à 25 euros [6]. Il était pourtant essentiel dans l'appréciation du juge.

La **loi du 16 février 2015** modifie cette exigence puisqu'elle autorise le gouvernement, dans les conditions de l'article 38 de la Constitution, à prendre par voie d'ordonnance les mesures nécessaires pour modifier l'article 426 du Code civil en rédigeant ainsi qu'il suit la deuxième phrase du dernier alinéa : « *Si l'acte a pour finalité l'accueil de l'intéressé dans un établissement, l'avis préalable d'un médecin, n'exerçant pas une fonction ou n'occupant pas un emploi dans cet établissement, est requis* ». Si le législateur a pris en considération les retards et difficultés engendrés par l'obligation de recourir à un médecin inscrit, cette modification du texte risque de faire renaître les critiques qui avaient conduit à cette exigence [7]. Le rappor-

1. J.-M. Plazy, « La disposition du logement du majeur protégé », *in* J.-M. Plazy et G. Raoul-Cormeil (dir.), *Le patrimoine de la personne protégée*, LexisNexis, 2015, p. 304.
2. Civ. 1re, 17 déc. 1991, n° 90-11.908, *Bull. civ.* I, n° 357; *Defrénois* 1992, art. 35220, n° 38, p. 396 (1er arrêt), obs. Champenois – M. Bourassin, « Les sûretés sur le logement du majeur protégé », *RTD civ.* 2011. 433.
3. EN CE SENS : J. Massip, *Tutelle des mineurs et protection juridique des majeurs,* Defrénois, 2009, n° 256, p. 216.
4. En l'absence de motivation du médecin (case cochée sur un formulaire type), le juge doit rechercher si le retour de la personne protégée est envisageable et doit, au besoin, interroger le médecin : Montpellier, 1er févr. 2011, RG n° 10/01555.
5. Décr. n° 2008-1485, 22 déc. 2008, relatif à la tarification des certificats et avis médicaux établis dans le cadre des mesures judiciaires de protection juridique des majeurs, *JO* 31 déc., p. 20634.
6. Le coût de l'avis médical est de 25 euros selon le décret n° 2008-1485 du 22 déc. 2008 (C. pr. pén., art. R. 217-1). Si un examen médical plus approfondi est demandé, la tarification prévue pour le certificat médical circonstancié par ce même décret pourra être retenue, soit 160 euros, outre les frais de déplacement sur justificatifs (C. pr. pén., art. R. 224-2).
7. J.-J. Lemouland, D. Noguéro et J.-M. Plazy, chron. « Majeurs protégés, juill. 2014 – juin 2015 », *D.* 2015. 1569.

teur devant le Sénat avait en effet rappelé que « *la décision de quitter le domicile personnel pour aller vivre en établissement est une décision très importante. Il est nécessaire que l'avis médical soit donné en toute indépendance* »[1].

La loi du 16 février 2015 n'a pas abordé les autres questions qui se posent en pratique, en particulier lorsque la personne protégée a quitté depuis longtemps son logement pour une institution et qu'il est envisagé de le vendre. L'esprit de la loi ne devrait-il pas commander de solliciter l'avis d'un médecin inscrit[2] ?

212.17 Une décision motivée du juge, préalable à l'acte de disposition. Lorsqu'il devient nécessaire de disposer du logement de la personne protégée, le juge doit être saisi par une requête qui en expose les motifs.

Les causes de disposition du logement peuvent tenir à **l'état de santé de la personne protégée** elle-même, à ses **conditions de vie,** à sa **situation économique.** La Cour de cassation considère que cette analyse relève de l'appréciation souveraine des juges du fond, et que l'aliénation peut être motivée aussi bien parce qu'elle est nécessaire mais aussi parce qu'elle est conforme à l'intérêt de la personne protégée[3].

Dans de nombreux cas, est invoquée **l'impossibilité de maintenir la personne à domicile,** la mise en place de dispositifs d'aide étant insuffisante pour assurer la sécurité de la personne ou devenant trop onéreuse. L'obligation de veiller à ce que la personne vive dans un cadre décent et comportant les normes minimales d'hygiène et de sécurité peut également amener la personne chargée de la protection à s'interroger sur son action concrète dans le cadre du mandat qui lui est confié par le juge. L'article 415 du Code civil lui impose en effet d'assurer la **protection de la personne dans le respect de sa dignité et** l'article 496 du même code impose au tuteur d'apporter à la **gestion du patrimoine des soins prudents, diligents et avisés,** dans l'intérêt de la personne protégée. Si l'insalubrité du logement ne peut à elle seule autoriser à disposer du logement de la personne protégée, le mandataire doit nécessairement s'interroger sur l'équilibre à trouver entre le respect des libertés individuelles de la personne et la protection rendue nécessaire par le danger auquel elle s'expose. L'exercice même de la mesure de protection impose de dialoguer avec la personne protégée, de se rapprocher des dispositifs sociaux existants, et parfois dans le même temps médicaux, pour faire cesser le danger et, en tout état de cause, d'être en contact régulier et d'en rendre compte au juge.

Aucun acte de disposition du logement de la personne protégée ne peut être réalisé sans **l'autorisation préalable du juge des tutelles.** La Cour de cassation interdit les clauses des promesses synallagmatiques stipulant que la vente intervenait sous condition suspensive d'autorisation du juge des tutelles. Cette solution est également valable pour les promesses unilatérales de vente[4].

Lorsqu'il est appelé à se prononcer, le juge des tutelles doit rendre une **ordonnance motivée,** susceptible d'**appel** dans les conditions des articles 1239, 1239-3, 1240, 1241-1, 1241-2, 1242 et 1242-2 du Code de procédure civile.

S'agissant d'une **protection particulière,** dont la dimension n'est à l'évidence pas seulement patrimoniale mais aussi personnelle, les dispositions des articles 1220-3 du Code de procédure civile et 432 du Code civil, prévoyant **l'audition de principe de la personne protégée,** doivent sans doute trouver à s'appliquer, le juge pouvant en outre faire application de l'article 1213 du Code de procédure civile et organiser un **débat contradictoire** sur l'examen de la requête.

Le principe de conservation du logement « *autant qu'il est possible* » exige en tout cas que, par priorité, le mandataire recherche des **solutions temporaires** au cas où il serait devenu nécessaire de prendre des dispositions sur le logement, par exemple pendant le temps des soins. Il devra donc, en premier lieu, tenter de trouver des possibilités de location, qui ne peuvent être envisagées que sous la forme de **conventions précaires** c'est-à-dire en pratique sous la forme de baux dont la durée sera fixée par référence à un événement précis, le retour du majeur protégé à son domicile. La législation spécifique, protectrice du locataire, est alors écartée dans ce cas au profit du bailleur-majeur protégé.

Lorsque le juge des tutelles donne son autorisation à la disposition des droits sur le logement, aucune limite de temps n'est en général fixée. Si, par exemple, la vente immobilière n'intervient pas rapidement, se pose la question de la **validité de l'autorisation.** Faute de texte, l'autorisation judiciaire paraît demeurer valable, une nouvelle requête ne s'imposant qu'en cas de changement de circonstances imposant une nouvelle appréciation du bien (dépréciation du bien, évolution du marché immobilier, destruction partielle)[5].

1. Rapp. Sénat n° 212, 7 févr. 2007, sur le projet de loi, adopté par l'Assemblée nationale, après déclaration d'urgence, portant réforme de la protection juridique des majeurs, par H. de Richemont, p. 122.
2. EN CE SENS : J. Massip, *Tutelle des mineurs et protection juridique des majeurs,* Defrénois, 2009, note 3, n° 255.
3. Civ. 1re, 7 avr. 1998, n° 96-12.560, NP; *Defrénois* 1998. 1394, obs. Massip.
4. Civ. 1re, 21 juill. 1987, n° 86-10.490, NP; *Defrénois* 1988, art. 34255, n° 51, p. 737, obs. Massip – Civ. 1re, 11 juill. 1990, n° 89-11.213, NP; *Defrénois* 1990, art. 34912, n° 118, p. 1304, obs. Massip; J.-M. Plazy, « La disposition du logement du majeur protégé », *in* J.-M. Plazy et G. Raoul-Cormeil (dir.), *Le patrimoine de la personne protégée*, LexisNexis, 2015, p. 309.
5. J.-M. Plazy et F. Gemignani, « Le logement de la personne vulnérable », *JCP N* 27 avr. 2012, p. 1193.

Les autorisations données doivent l'être avec beaucoup d'attention de la part des juges, la Cour de cassation ayant rappelé, dans un arrêt du 20 octobre 2010[1], que l'autorisation donnée par le juge des tutelles de vendre la résidence d'une personne protégée ne fait pas obstacle à l'action en annulation, pour insanité d'esprit, de l'acte passé par celle-ci.

EN PRATIQUE. Les critères dégagés par la jurisprudence sont de plusieurs ordres. Dans leurs décisions, les juges sont amenés à vérifier si l'évolution de l'état de santé de la personne protégée lui permet ou non de demeurer dans son domicile ou, si elle est hospitalisée ou en établissement, d'y retourner.

La motivation fait référence, en particulier sur ce point, aux **constatations médicales** et à **l'impossibilité de maintenir la personne à domicile,** le recours à l'aide ménagère ou à la garde à domicile ne suffisant plus pour continuer de vivre dans le lieu choisi par la personne protégée[2].

Le **critère de l'habitabilité du logement**[3] et de la sécurité de la personne protégée, est également très souvent retenu, notamment parce que, parmi les obligations du mandataire, figure celle de prendre soin du majeur. Cette obligation implique que la décision du juge tienne compte du confort, de l'habitabilité du logement (notamment au regard des critères de décence du logement), et de son adaptabilité éventuelle à un handicap ou à un problème de santé spécifique de la personne protégée.

Le **coût du logement**[4] entre enfin de plus en plus en considération dans les décisions prises, une charge trop lourde au regard des revenus et du patrimoine pouvant conduire à libérer le logement au profit d'un autre plus adapté aux moyens matériels du majeur. L'appréciation se fera au cas par cas, un coût estimé excessif ne pouvant à lui seul constituer une limite à la conservation du logement.

SECTION 2
PROTECTION DES COMPTES BANCAIRES DE LA PERSONNE PROTÉGÉE

212.21 Interdiction des comptes pivots et droit de la personne protégée au maintien des comptes bancaires en cours. La pratique, longtemps décriée, consistant pour le mandataire de plusieurs majeurs protégés à encaisser les revenus de ceux-ci sur un compte qui lui est propre avant de les redistribuer aux intéressés, est prohibée. Le mandataire ne peut donc pas ouvrir un autre compte ou livret auprès d'un établissement habilité à recevoir de fonds du public et il doit, en principe gérer les revenus et les fonds de la personne protégée à partir des comptes existants (C. civ., art. 427). Il ne peut en principe pas davantage clôturer le compte existant[5].

Toutefois, l'article 427 en ses deuxième et troisième alinéas prévoit **deux exceptions** à cette règle.

En premier lieu, si l'intérêt de la personne protégée le commande, ce qu'il faudra justifier, le mandataire peut demander au juge, ou au conseil de famille s'il a été constitué, de l'autoriser à **ouvrir un autre compte ou livret auprès d'un établissement habilité à recevoir des fonds du public** ou encore à **clôturer** un compte ouvert au nom de la personne protégée[6], par exemple en cas de compte joint, en raison des difficultés pratiques à contrôler le fonctionnement d'un tel compte[7].

En second lieu, il est aussi possible, si le juge ou le conseil de famille s'il a été constitué l'estime nécessaire d'ouvrir un **compte au nom de la personne protégée à la Caisse des dépôts et consignations.** Cela pourra s'avérer utile pour éviter les éventuels conflits d'intérêts[8].

212.22 Protection globale des comptes de la personne protégée. La loi du 5 mars 2007 a consacré le droit de la personne protégée de conserver les comptes et livrets dont elle disposait avant l'ouverture de la mesure de protection et d'en percevoir les fruits. Ces comptes et livrets sont ainsi considérés par le législateur, au même titre que le logement, les meubles, les souvenirs et les objets à caractère de personnel, comme des **repères personnels fondamentaux** qu'il convient de **conserver.** Ce principe est essentiel aussi pour favoriser le plus possible l'autonomie de la personne, telle qu'affirmée dans l'alinéa 3 de l'article 415 du Code civil, et pour permettre les évolutions réelles de la mesure, notamment par des aménagements de fonctionnement.

1. Civ. 1re, 20 oct. 2010, n° 09-13.635, *Bull. civ.* I, n° 209; *D.* 2011. 50, note Raoul-Cormeil; *RTD civ.* 2011. 103, obs. Hauser; *Defrénois* 2011. 835, obs. Massip; *Dr. fam.* 2010. 191, note Maria; *JCP N* 2011. 1008, obs. Coutant-Lapalus; et 1196, obs. Massip.
2. M. Borgetto et R. Lafore, *Droit de l'aide et de l'action sociale,* 7e éd., Montchrestien, 2009, nos 357 s.
3. Les normes sont déterminées par le décret n° 2002-120 du 30 janv. 2002.
4. Bourges, 16 déc. 1986, *JCP N* 1988. II. 199, note Fossier.
5. M. Couturier, « Le compte en banque de la personne vulnérable », *JCP N* 2008. 1270, n° 7.
6. Le juge doit motiver sa décision et « *expliquer en quoi l'intérêt de la personne protégée commandait de procéder à la clôture de ses comptes bancaires* » : Civ. 1re, 28 janv. 2015, n° 13-26.363, NP; *RTD civ.* 2015. 357, obs. Hauser; *Dr. et patr.* 2016. 84, n° 254, obs. Fulchiron; *Gaz. Pal.* 2015, n° 212, p. 8, obs. Houin-Bressand; *AJ fam.* 2015. 231, obs. Montourcy; *Dr. fam.* 2015, n° 58, obs. Maria.
7. G. Raoul-Cormeil et J. Lasserre Capdeville, « Le fonctionnement du compte d'un majeur protégé », *RD banc. fin.* 2013. Étude 25, n° 7.
8. M. Couturier, « Le compte en banque de la personne vulnérable », *JCP N* 2008. 1270, n° 5 – J. Massip, *Tutelle des mineurs et protection juridique des majeurs,* Defrénois, 2009, n° 260.

Les **comptes et livrets** de la personne protégée **ne peuvent donc pas être modifiés**, ni aucun autre compte ou livret ouvert sans l'autorisation du juge des tutelles ou du conseil de famille s'il a été constitué et ce, quelle que soit la protection juridique, **mesure judiciaire** ou **mandat de protection future**. Les dispositions de l'article 427 du Code civil figurent en effet dans la section 1 du chapitre II de la loi, consacrée aux « Dispositions générales des mesures de protection juridique des majeurs ».

En outre, le majeur protégé a le **droit de percevoir les fruits, produits et plus-values** générés par ses fonds et valeurs. Ce droit est, en pratique, complexe à mettre en œuvre mais il implique, en tout état de cause, que le mandataire se trouve dans l'obligation d'individualiser les opérations d'encaissement, de paiement et de gestion du patrimoine du majeur protégé (C. civ., art. 427, al. 5).

212.23 **Exception : lorsque la personne protégée n'est titulaire d'aucun compte ou livret.** L'article 427 alinéa 4 du Code civil prévoir expressément cette hypothèse et dispose qu'alors la personne chargée de la protection doit **ouvrir un compte ou un livret au nom du majeur protégé**. Ce compte ou ce livret rendra possible la perception des revenus ou des prestations, ainsi que le paiement des charges. Il est donc **indispensable à la gestion et** doit être ouvert dès que possible. Cet acte d'ouverture d'un premier compte est considéré comme un **acte d'administration** (Décr. n° 2008-1484, 22 déc. 2008, annexe 1[1]).

212.24 **Exception : lorsque les mandataires désignés sont soumis aux règles de la comptabilité publique.** Le principe de séparation entre l'ordonnateur et le comptable a rendu nécessaire cette exception aux règles générales. Elle complique nécessairement l'individualisation des mesures pour les majeurs protégés, même si les garanties de bon emploi des fonds qu'apportent les règles de la comptabilité publique ont semblé suffisantes aux parlementaires pour en contrebalancer les effets[2].

212.25 **Dispositions particulières à la personne protégée en situation d'interdiction bancaire.** Désormais, et contrairement aux prescriptions de l'article L. 131-72 du Code monétaire et financier qui interdit aux établissements bancaires de délivrer des formules de chèques au titulaire du compte et à son mandataire après des incidents qui n'ont pas donné lieu à régularisation, la personne chargée de la protection du majeur pourra faire fonctionner les comptes de celui-ci et disposer de moyens de tous les moyens de paiement habituels, après **autorisation du juge ou du conseil de famille** s'il a été constitué. Ces comptes fonctionneront sous la **signature de la personne chargée de la mesure de protection** (C. civ., art. 427, al. 7), après autorisation du juge des tutelles[3].

212.26 **Aménagement du fonctionnement des comptes.** Les articles 471 et 472 du Code civil (pour la curatelle) et 473 et 474 du même code (pour la tutelle) permettent au juge d'aménager le fonctionnement de la mesure de protection, notamment en énumérant certains actes que la personne protégée aura la capacité de faire seule. Ainsi, est-il possible d'autoriser une personne protégée à faire fonctionner seule un ou plusieurs comptes ou livrets, selon des **modalités fixées par le juge** (par ex., remise de cartes de simple retrait ou de paiement, sans découvert autorisé ou dans la limite du solde, après établissement d'un budget en commun et accord entre la personne protégée et le mandataire[4]). La remise d'une carte de crédit n'est envisagée par la jurisprudence qu'avec l'accord du curateur[5].

Pour procéder à ces aménagements, indispensables souvent pour favoriser une meilleure autonomie de la personne protégée, il convient de prendre en considération le **degré d'altération des facultés** de celle-ci, ses possibilités d'évolution, son environnement, mais aussi de se référer au **classement des actes d'administration et de disposition** tel que déterminé par le décret n° 2008-1484 du 22 décembre 2008.

212.27 **Contrôle du fonctionnement des comptes.** Le contrôle du fonctionnement courant des comptes fait partie du mandat confié à la personne chargée de la protection et, le cas échéant, du subrogé tuteur ou curateur et des co-tuteurs ou co-curateurs[6]. Il est également de la responsabilité des banques de les surveiller et ils peuvent informer le juge des actes ou omissions du tuteur qui leur paraissent de nature à porter préjudice aux intérêts de la personne protégée ou encore qui les compromettent manifestement (C. civ., art. 499).

Au-delà, la **responsabilité du banquier pour non-respect de l'obligation contractuelle de surveillance** qui était la sienne lors de la réception et de l'emploi

1. Décr. n° 2008-1484, 22 déc. 2008, relatif aux actes de gestion du patrimoine des personnes placées en curatelle ou en tutelle, et pris en application des articles 452, 496 et 502 du Code civil, Annexe 1, *JO* 31 déc., p. 20631.
2. Rapp. Sénat n° 212, 7 févr. 2007, sur le projet de loi, adopté par l'Assemblée nationale, après déclaration d'urgence, portant réforme de la protection juridique des majeurs, par H. de Richemont, p. 123.
3. G. Raoul-Cormeil et J. Lasserre Capdeville, « L'ouverture d'un compte bancaire pour un majeur protégé », *RD banc. fin.* 2013. Étude 24, n° 7.
4. Certains établissements bancaires proposent des cartes spécialement dédiées aux personnes protégées, par exemple la Banque postale (Protectys) ou la Caisse d'Épargne (Équilibra).
5. Civ. 1re, 21 nov. 1984, n° 83-13.199, *Bull. civ.* I, n° 317 ; *JCP* 1985. IV. 41 ; *D.* 1985. 297, note de Leyssac – Bordeaux, 26 mars 2007, RG n° 05/03473.
6. G. Raoul-Cormeil et J. Lasserre Capdeville, « Le droit de regard sur les comptes d'un majeur protégé », *RD banc. fin.* 2013. Étude 26, n° 3.

des capitaux sur des comptes ouverts dans son agence au nom d'une personne sous curatelle a pu être retenue parce qu'il avait laissé fonctionner les comptes sous la seule signature du curateur, lequel avait eu un comportement fautif portant préjudice au majeur, bénéficiaire de fonds reçus dans le cadre de l'indemnisation d'un préjudice consécutif à un accident[1].

Le **notaire**, chargé de la **surveillance des comptes de gestion du mandat de protection future** établi sous forme notariée (C. civ., art. 486) doit lui-même saisir le juge des tutelles de tout mouvement de fonds et de tout acte non justifié ou n'apparaissant pas conformes aux stipulations du mandat (C. civ., art. 491, al. 2).

Enfin, le **greffier en chef du tribunal d'instance** et le **juge des tutelles** sont en charge de la **surveillance des comptes de gestion** et donc de la vérification des mouvements des comptes et livrets au vu des pièces transmises en annexes des comptes de gestion (C. civ., art. 510 à 514).

1. Besançon, 8 juin 2001, RG n° 99/01949.

CHAPITRE

213. Protection de la personne et actes personnels soumis à des dispositions spécifiques du Code civil

SECTION 0 ORIENTEUR

213.00 **Plan du chapitre.**

213.01 **Textes applicables.**

TEXTES LÉGISLATIFS ET RÉGLEMENTAIRES NOUVEAUX

• **L. n° 2016-1547, 18 nov. 2016,** de modernisation de la justice du XXIe siècle, art. 48, *JO* 19 nov., texte n° 1 (*applicable à compter du 1er nov. 2017*).

• **Circ. de présentation** de l'article 56, I de la loi n° 2016-1547, 18 nov. 2016.

• **Décr. n° 2016-1460, 28 oct. 2016,** autorisant la création d'un traitement de données à caractère personnel relatif aux passeports et aux cartes nationales d'identité, art. 21, *JO* 30 oct., texte n° 18.

TEXTES SOURCES

> Protection de la personne du majeur protégé : fondements textuels

+ L. n° 2007-308, 5 mars 2007

C. civ., art. 415, 425, 430, 431, 442, 457-1 à 463

> Dispositions spécifiques du Code civil

• **choix du lieu de résidence et des relations personnelles**
C. civ., art. 459-2

• **mariage**
C. civ., art. 460

• **pacte civil de solidarité (PACS)**
C. civ., art. 515-3 et 515-7, al. 5, 10 et 11

+ L. n° 2016-1547, 18 nov. 2016, art. 48 (*applicable à compter du 1er nov. 2017)*

• **pacte civil de solidarité (PACS) par un curatélaire**
C. civ., art. 461

+ L. n° 2016-1547, 18 nov. 2016, art. 48 (*applicable à compter du 1er nov. 2017)*

• **pacte civil de solidarité (PACS) par un tutélaire**
C. civ., art. 462

+ L. n° 2016-1547, 18 nov. 2016, art. 48 (*applicable à compter du 1er nov. 2017)*

• **divorce**
C. civ., art. 249-4

• **autorité parentale**
C. civ., art. 373, 373-1, 373-5

• **incapacité à être juré**
C. pr. pén., art. 256, 8°

• **incapacité à se voir confier une charge tutélaire**
C. civ., art. 395, 2°

• **capacité électorale**
C. élect., art. L. 5

• **délivrance du permis de chasser (tutélaire)**
C. envir., art. L. 423-11, 2°

• **détention de chiens susceptibles d'être dangereux (tutélaire)**
C. rur., art. L. 211-13 (2°)

• **changement de prénom**
C. civ., art. 60

• **changement de sexe**
C. civ., art. 61-5

• **délivrance de passeport**

Décr. n° 2005-1726, 30 déc. 2005, art. 8, mod. par Décr. n° 2016-1460, 30 oct. 2016, art. 21

> Procédure tutélaire

C. pr. civ., art. 1220-3, 1221, 1222-1, 1223, 1223-1, 1224

TEXTES *IN EXTENSO*

> Protection de la personne du majeur protégé : fondements textuels

[C. civ., art. 415, 425, 430, 431, 442, 457-1 à 463]

+ L. n° 2007-308, 5 mars 2007

C. civ., art. 415

Les personnes majeures reçoivent la protection de leur personne et de leurs biens que leur état ou leur situation rend nécessaire selon les modalités prévues au présent titre.

Cette protection est instaurée et assurée dans le respect des libertés individuelles, des droits fondamentaux et de la dignité de la personne.

Elle a pour finalité l'intérêt de la personne protégée. Elle favorise, dans la mesure du possible, l'autonomie de celle-ci.

Elle est un devoir des familles et de la collectivité publique.

C. civ., art. 425, 430, 431, 442

* V. s[s] n° 211.01, > *Altération des facultés personnelles et mesures de protection juridique*

C. civ., art. 457-1

La personne protégée reçoit de la personne chargée de sa protection, selon des modalités adaptées à son état et sans préjudice des informations que les tiers sont tenus de lui dispenser en vertu de la loi, toutes informations sur sa situation personnelle, les actes concernés, leur utilité, leur degré d'urgence, leurs effets et les conséquences d'un refus de sa part.

C. civ., art. 458

Sous réserve des dispositions particulières prévues par la loi, l'accomplissement des actes dont la nature implique un consentement strictement personnel ne peut jamais donner lieu à assistance ou représentation de la personne protégée.

Sont réputés strictement personnels la déclaration de naissance d'un enfant, sa reconnaissance, les actes de l'autorité parentale relatifs à la personne d'un enfant, la déclaration du choix ou du changement du nom d'un enfant et le consentement donné à sa propre adoption ou à celle de son enfant.

C. civ., art. 459

* V. s[s] n° 211.01, > *Certificats d'un médecin inscrit ou avis médicaux pendant le fonctionnement de la mesure*

C. civ., art. 459-1 *(mod. par L. n° 2009-526, 12 mai 2009, art. 116)*

L'application de la présente sous-section ne peut avoir pour effet de déroger aux dispositions particulières prévues par le Code de la santé publique et le Code de l'action sociale et des familles prévoyant l'intervention d'un représentant légal.

Toutefois, lorsque la mesure de protection a été confiée à une personne ou un service préposé d'un établissement de santé ou d'un établissement social ou médico-social dans les conditions prévues à l'article 451, et que cette personne ou ce service doit soit prendre une décision nécessitant l'autorisation du juge ou du conseil de famille en application du troisième alinéa de l'article 459, soit accomplir au bénéfice de la personne protégée une diligence ou un acte pour lequel le Code de la santé publique prévoit l'intervention du juge, ce dernier peut décider, s'il estime qu'il existe un conflit d'intérêts, d'en confier la charge au subrogé curateur ou au subrogé tuteur, s'il a été nommé, et, à défaut, à un curateur ou à un tuteur *ad hoc.*

C. civ., art. 459-2

* V. *infra* s[s] prés[t] n°, > *Choix du lieu de résidence et des relations personnelles*

C. civ., art. 460, al. 1er

* V. *infra* s[s] prés[t] n°, > *Mariage*

C. civ., art. 461

* V. *infra* s[s] prés[t] n°, > *Pacte civil de solidarité (PACS) par un curatélaire*

C. civ., art. 462

* V. *infra* s[s] prés[t] n°, > *Pacte civil de solidarité (PACS) par un tutélaire*

C. civ., art. 463 *(mod. par L. n° 2007-308, 5 mars 2007, art. 7)*

À l'ouverture de la mesure ou, à défaut, ultérieurement, le juge ou le conseil de famille s'il a été constitué décide des conditions dans lesquelles le curateur ou le tuteur chargé d'une mission de protection de la personne rend compte des diligences qu'il accomplit à ce titre.

> Dispositions spécifiques du Code civil

• **choix du lieu de résidence et des relations personnelles**

C. civ., art. 459-2 *(créé par L. n° 2007-308, 5 mars 2007, art. 7)*

La personne protégée choisit le lieu de sa résidence.

Elle entretient librement des relations personnelles avec tout tiers, parent ou non. Elle a le droit d'être visitée et, le cas échéant, hébergée par ceux-ci.

En cas de difficulté, le juge ou le conseil de famille s'il a été constitué statue.

• **mariage**

C. civ., art. 460 *(mod. par L. n° 2007-308, 5 mars 2007, art. 7)*

Le mariage d'une personne en curatelle n'est permis qu'avec l'autorisation du curateur ou, à défaut, celle du juge.

Le mariage d'une personne en tutelle n'est permis qu'avec l'autorisation du juge ou du conseil de famille s'il a été constitué et après audition des futurs conjoints et recueil, le cas échéant, de l'avis des parents et de l'entourage.

• **pacte civil de solidarité (PACS)**

[C. civ. art. 515-3 et 515-7, al. 5, 10 et 11]

C. civ., art. 515-3 *(L. n° 2016-1547, 18 nov. 2016, art. 48, en vigueur le 1er nov. 2017)* « Les personnes qui concluent un pacte civil de solidarité en font la déclaration conjointe devant l'officier de l'état civil de la commune dans laquelle elles fixent leur résidence commune ou, en cas d'empêchement grave à la fixation de celle-ci, devant l'officier de l'état civil de la commune où se trouve la résidence de l'une des parties *[ancienne rédaction : Les personnes qui concluent un pacte civil de solidarité en font la déclaration conjointe au greffe du tribunal d'instance dans le ressort duquel elles fixent leur résidence commune ou, en cas d'empêchement grave à la fixation de celle-ci, dans le ressort duquel se trouve la résidence de l'une des parties].* »

(L. n° 2009-1436, 24 nov. 2009, art. 37) « En cas d'empêchement grave, *(L. n° 2016-1547, 18 nov. 2016, art. 48, en vigueur le 1er nov. 2017)* « l'officier de l'état civil *[ancienne rédaction : le greffier du tribunal d'instance]* » (L. n° 2011-331, 28 mars 2011, art. 12) « se transporte » au domicile ou à

la résidence de l'une des parties pour enregistrer le pacte civil de solidarité. »

(L. n° 2016-1547, 18 nov. 2016, art. 48, en vigueur le 1er nov. 2017) « À peine d'irrecevabilité, les personnes qui concluent un pacte civil de solidarité produisent la convention passée entre elles à l'officier de l'état civil, qui la vise avant de la leur restituer *[ancienne rédaction : À peine d'irrecevabilité, les personnes qui concluent un pacte civil de solidarité produisent au greffier la convention passée entre elles].* »

(L. n° 2016-1547, 18 nov. 2016, art. 48, en vigueur le 1er nov. 2017) « L'officier de l'état civil *[ancienne rédaction : Le greffier]* » enregistre la déclaration et fait procéder aux formalités de publicité.

(L. n° 2011-331, 28 mars 2011, art. 12) « Lorsque la convention de pacte civil de solidarité est passée par acte notarié, le notaire instrumentaire recueille la déclaration conjointe, procède à l'enregistrement du pacte et fait procéder aux formalités de publicité prévues à l'alinéa précédent. »

La convention par laquelle les partenaires modifient le pacte civil de solidarité est remise ou adressée *(L. n° 2016-1547, 18 nov. 2016, art. 48, en vigueur le 1er nov. 2017)* « à l'officier de l'état civil *[ancienne rédaction : au greffe du tribunal]* » *(L. n° 2011-331, 28 mars 2011, art. 12)* « ou au notaire » qui a reçu l'acte initial afin d'y être enregistrée.

À l'étranger, l'enregistrement de la déclaration conjointe d'un pacte liant deux partenaires dont l'un au moins est de nationalité française et les formalités prévues aux *(L. n° 2009-1436, 24 nov. 2009, art. 37)* « troisième et cinquième » alinéas sont assurés par les agents diplomatiques et consulaires français ainsi que celles requises en cas de modification du pacte.

L'art. 48 de la L. n° 2016-1547 du 18 nov. 2016 est applicable aux pactes civils de solidarité conclus à compter du 1er nov. 2017. Il est, en outre, applicable aux déclarations de modification et de dissolution des pactes civils de solidarité enregistrés avant cette même date par les greffes des tribunaux d'instance. Ces déclarations sont remises ou adressées à l'officier de l'état civil de la commune du lieu du greffe du tribunal d'instance qui a procédé à l'enregistrement du pacte civil de solidarité (L. préc., art. 114-IV).

C. civ., art. 515-7 (al. 5, 10 et 11) *(mod. par L. n° 2011-331 du 28 mars 2011, art. 12)*

[...] *(al. 5)* « Le partenaire qui décide de mettre fin au pacte civil de solidarité le fait signifier à l'autre. Une copie de cette signification est remise ou adressée *(L. n° 2016-1547, 18 nov. 2016, art. 48, en vigueur le 1er nov. 2017)* « à l'officier de l'état civil *[ancienne rédaction : au greffe du tribunal d'instance]* » du lieu de son enregistrement ou au notaire instrumentaire qui a procédé à l'enregistrement du pacte.

[...] *(al. 10 et 11)* Les partenaires procèdent eux-mêmes à la liquidation des droits et obligations résultant pour eux du pacte civil de solidarité. À défaut d'accord, le juge statue sur les conséquences patrimoniales de la rupture, sans préjudice de la réparation du dommage éventuellement subi.

Sauf convention contraire, les créances dont les partenaires sont titulaires l'un envers l'autre sont évaluées selon les règles prévues à l'article 1469. Ces créances peuvent être compensées avec les avantages que leur titulaire a pu retirer de la vie commune, notamment en ne contribuant pas à hauteur de ses facultés aux dettes contractées pour les besoins de la vie courante. »

- **pacte civil de solidarité (PACS) par un curatélaire**

C. civ., art. 461 *(L. n° 2007-308, 5 mars 2007, en vigueur le 1er janv. 2009)*

La personne en curatelle ne peut, sans l'assistance du curateur, signer la convention par laquelle elle conclut un pacte civil de solidarité. Aucune assistance n'est requise lors de la déclaration conjointe *(L. n° 2016-1547, 18 nov. 2016, art. 48, en vigueur le 1er nov. 2017)* « devant l'officier de l'état civil *[ancienne rédaction : au greffe du tribunal d'instance]* » *(L. n° 2011-331, 28 mars 2011, art. 12)* « ou devant le notaire instrumentaire » prévue au premier alinéa de l'article 515-3.

Les dispositions de l'alinéa précédent sont applicables en cas de modification de la convention.

La personne en curatelle peut rompre le pacte civil de solidarité par déclaration conjointe ou par décision unilatérale. L'assistance de son curateur n'est requise que pour procéder à la signification prévue au cinquième alinéa de l'article 515-7.

La personne en curatelle est assistée de son curateur dans les opérations prévues aux dixième et onzième alinéas de l'article 515-7.

Pour l'application du présent article, le curateur est réputé en opposition d'intérêts avec la personne protégée lorsque la curatelle est confiée à son partenaire.

L'art. 48 de la L. n° 2016-1547 du 18 nov. 2016 est applicable aux pactes civils de solidarité conclus à compter du 1er nov. 2017. Il est, en outre, applicable aux déclarations de modification et de dissolution des pactes civils de solidarité enregistrés avant cette même date par les greffes des tribunaux d'instance. Ces déclarations sont remises ou adressées à l'officier de l'état civil de la commune du lieu du greffe du tribunal d'instance qui a procédé à l'enregistrement du pacte civil de solidarité (L. préc., art. 114-IV).

- **pacte civil de solidarité (PACS) par un tutélaire**

C. civ., art. 462 *(L. n° 2007-308, 5 mars 2007, en vigueur le 1er janv. 2009)*

La conclusion d'un pacte civil de solidarité par une personne en tutelle est soumise à l'autorisation du juge ou du conseil de famille s'il a été constitué, après audition des futurs partenaires et recueil, le cas échéant, de l'avis des parents et de l'entourage.

L'intéressé est assisté de son tuteur lors de la signature de la convention. Aucune assistance ni représentation ne sont requises lors de la déclaration conjointe *(L. n° 2016-1547, 18 nov. 2016, art. 48, en vigueur le 1er nov. 2017)* « devant l'officier de l'état civil *[ancienne rédaction : au greffe du tribunal d'instance]* » *(L. n° 2011-331, 28 mars 2011, art. 12)* « ou devant le notaire instrumentaire » prévue au premier alinéa de l'article 515-3.

Les dispositions des alinéas précédents sont applicables en cas de modification de la convention.

La personne en tutelle peut rompre le pacte civil de solidarité par déclaration conjointe ou par décision unilatérale. La formalité de signification prévue au cinquième alinéa de l'article 515-7 est opérée à la diligence du tuteur. Lorsque l'initiative de la rupture émane de l'autre partenaire, cette signification est faite à la personne du tuteur.

La rupture unilatérale du pacte civil de solidarité peut également intervenir sur l'initiative du tuteur, autorisé par le juge ou le conseil de famille s'il a été constitué, après audition de l'intéressé et recueil, le cas échéant, de l'avis des parents et de l'entourage.

Aucune assistance ni représentation ne sont requises pour l'accomplissement des formalités relatives à la rupture par déclaration conjointe.

La personne en tutelle est représentée par son tuteur dans les opérations prévues aux dixième et onzième alinéas de l'article 515-7.

Pour l'application du présent article, le tuteur est réputé en opposition d'intérêts avec la personne protégée lorsque la tutelle est confiée à son partenaire.

Sur l'entrée en vigueur de l'art. 48 de la L. n° 2016-1547 du 18 nov. 2016, v. note s^s C. civ., art. 461.

• **divorce**

C. civ., art. 249-4 *(mod. par L. n° 2007-308, 5 mars 2007, art. 10)*

Lorsque l'un des époux se trouve placé sous l'un des régimes de protection prévus au chapitre II du titre XI du présent livre, aucune demande en divorce par consentement mutuel ou pour acceptation du principe de la rupture du mariage ne peut être présentée.

• **autorité parentale**
[C. civ., art. 373, 373-1 et 373-5]

C. civ., art. 373

Est privé de l'exercice de l'autorité parentale le père ou la mère qui est hors d'état de manifester sa volonté, en raison de son incapacité, de son absence ou de toute autre cause.

C. civ., art. 373-1

Si l'un des père et mère décède ou se trouve privé de l'exercice de l'autorité parentale, l'autre exerce seul cette autorité.

C. civ., art. 373-5

S'il ne reste plus ni père ni mère en état d'exercer l'autorité parentale, il y aura lieu à l'ouverture d'une tutelle ainsi qu'il est dit à l'article 390 ci-dessous.

• **incapacité à être juré**

C. pr. pén., art. 256, 8° *(mod. par L. n° 2011-939, 10 août 2011, art. 2)*

Sont incapables d'être jurés :

[...] 8° Les majeurs sous sauvegarde de justice, les majeurs en tutelle, les majeurs en curatelle et ceux qui sont placés dans un établissement d'aliénés en vertu des articles L. 326-1 à L. 355 du code de la santé publique.

Nota : Les articles L. 326-1 à L. 355 du code de la santé publique ont été abrogés et codifiés par l'ordonnance n° 2000-548 du 15 juin 2000 aux articles L. 3211-1 et suivants dudit code.

• **incapacité à se voir confier une charge tutélaire**

C. civ., art. 395

Ne peuvent exercer les différentes charges de la tutelle :

1° Les mineurs non émancipés, sauf s'ils sont le père ou la mère du mineur en tutelle;

2° Les majeurs qui bénéficient d'une mesure de protection juridique prévue par le présent code;

3° Les personnes à qui l'autorité parentale a été retirée;

4° Les personnes à qui l'exercice des charges tutélaires a été interdit en application de l'article 131-26 du code pénal.

• **capacité électorale (tutélaire)**

C. élect., art. L. 5 *(mod. par L. n° 2007-308, 5 mars 2007, art. 12)*

Lorsqu'il ouvre ou renouvelle une mesure de tutelle, le juge statue sur le maintien ou la suppression du droit de vote de la personne protégée.

• **délivrance du permis de chasser (tutélaire)**

C. envir., art. L. 423-11, 2°

Ne peuvent obtenir la délivrance d'un permis de chasser :

[...] 2° Les majeurs en tutelle, à moins qu'ils ne soient autorisés à chasser par le juge des tutelles;

• **détention de chiens susceptibles d'être dangereux (tutélaire)**

C. rur., art. L. 211-13, 2°

Ne peuvent détenir les chiens mentionnés à l'article L. 211-12 :

[...] 2° Les majeurs en tutelle à moins qu'ils n'y aient été autorisés par le juge des tutelles;

• **changement de prénom**

C. civ., art. 60 *(mod. par L. n° 2016-1547, 18 nov. 2016, art. 56-I)*

Toute personne peut demander à l'officier de l'état civil à changer de prénom. La demande est remise à l'officier de l'état civil du lieu de résidence ou du lieu où l'acte de naissance a été dressé. S'il s'agit d'un mineur ou d'un majeur en tutelle, la demande est remise par son représentant légal. L'adjonction, la suppression ou la modification de l'ordre des prénoms peut également être demandée.

Si l'enfant est âgé de plus de treize ans, son consentement personnel est requis.

La décision de changement de prénom est inscrite sur le registre de l'état civil.

S'il estime que la demande ne revêt pas un intérêt légitime, en particulier lorsqu'elle est contraire à l'intérêt de l'enfant ou aux droits des tiers à voir protéger leur nom de famille, l'officier de l'état civil saisit sans délai le procureur de la République. Il en informe le demandeur. Si le procureur de la République s'oppose à ce changement, le demandeur, ou son représentant légal, peut alors saisir le juge aux affaires familiales.

Nota : Conformément à l'article 114 VI de la loi n° 2016-1547 du 18 novembre 2016, les présentes dispositions ne sont pas applicables aux affaires en cours.

• **changement de sexe**

C. civ., art. 61-5 *(créé par L. n° 2016-1547, 18 nov. 2016, art. 56)*

Toute personne majeure ou mineure émancipée qui démontre par une réunion suffisante de faits que la mention relative à son sexe dans les actes de l'état civil ne correspond pas à celui dans lequel elle se présente et dans lequel elle est connue peut en obtenir la modification.

Les principaux de ces faits, dont la preuve peut être rapportée par tous moyens, peuvent être :

1° Qu'elle se présente publiquement comme appartenant au sexe revendiqué;

2° Qu'elle est connue sous le sexe revendiqué de son entourage familial, amical ou professionnel;

3° Qu'elle a obtenu le changement de son prénom afin qu'il corresponde au sexe revendiqué.

• **délivrance de passeport**

Décr. n° 2005-1726, 30 déc. 2005, relatifs aux passeports électroniques, art 8 *(mod. par Décr. n° 2016-1460, 28 oct. 2016, art. 21)*

Art. 8 [...]

La demande de passeport faite au nom d'un majeur placé sous tutelle est présentée par son tuteur.

[...] le représentant légal doit justifier de sa qualité.

La présence [...] du majeur placé sous tutelle est requise lors du dépôt de la demande.

> Procédure tutélaire

[C. pr. civ., art. 1220-3, 1221, 1222-1, 1223, 1223-1, 1224]

C. pr. civ., art. 1220-3 à 1223-2

* V. s[s] n° 211.01, > *Procédure tutélaire*

C. pr. civ., art. 1224 *(mod. par Décr. n° 2008-1276, 5 déc. 2008, art. 1)*

Les décisions du juge prévues aux articles 1222, 1223-1 et 1223-2 sont des mesures d'administration judiciaire.

213.02 Jurisprudence de référence.

> Fondement jurisprudentiel de la protection de la personne *(jurisprudence antérieure à la loi du 5 mars 2007)*

• **Civ. 1re, 18 avr. 1989, n° 87-14.563,** *Bull. civ.* I, n° 156

* V. s[s] n° 213.11

Les régimes civils d'incapacité ont pour objet, d'une façon générale, de pourvoir à la protection de la personne et des biens de l'incapable.

> Actes strictement personnels

– Adoption

• **Civ. 1re, 8 oct. 2008, n° 07-16.094,** *Bull. civ.* I, n° 223

* V. s[s] n° 213.37

Le consentement d'un majeur protégé à sa propre adoption est un acte strictement personnel qui ne peut être donné en ses lieu et place par son tuteur. En l'espèce, la Cour de cassation l'a rappelé à l'occasion d'une demande d'adoption simple concernant un mineur handicapé dans l'incapacité d'exprimer sa volonté.

• **CEDH 17 juill. 2008, *X c/Croatie*, req. n° 12233/04**

* V. s[s] n° 213.35

La violation de l'article 8 de la Convention européenne des droits de l'homme doit être retenue lorsqu'une mère, juridiquement incapable, a été tenue totalement à l'écart de la procédure d'adoption de sa fille, avec laquelle elle avait maintenu des liens.

> Actes personnels : appréciation souveraine de l'intérêt de la personne protégée par les juges du fond

• **Civ. 1re, 28 janv. 2003, n° 00-19.583,** NP *(jurisprudence antérieure à la loi du 5 mars 2007).*

* V. s[s] n° 213.52

Dans l'intérêt de la tutélaire, le tribunal de grande instance a relevé que la violence verbale et l'état d'excitation de l'ancienne tutrice, déchargée de ses fonctions, et les risques de soustraction de la personne protégée à la mesure d'hospitalisation que justifiait son état devaient exclure, dans l'immédiat, toute visite familiale.

• **Civ. 1re, 27 févr. 2013, n° 11-28.307,** NP

* V. s[s] n°s 213.21 et 213.44

La protection des majeurs, que leur état ou leur situation rend nécessaire, a pour finalité l'intérêt de la personne protégée. Cet intérêt relève de l'appréciation souveraine des juges du fond qui ont estimé que, eu égard à l'acuité visuelle du majeur protégé, définitivement incompatible avec les impératifs de la sécurité routière, celui-ci ne pouvait être autorisé à acquérir un véhicule.

> Actes relatifs à la personne : nécessité d'une mission spécifique d'assistance ou de représentation dans la protection de la personne

• **TI Nice, 4 févr. 2009, RG n° 01/00602**

* V. s[s] n° 213.42

Le curateur ou le tuteur qui n'a pas été chargé d'une mission de protection de la personne par le juge des tutelles ne peut mettre en œuvre seul une mesure d'hospitalisation à la demande d'un tiers, urgente sur le fondement de l'article 459 alinéas 3 et 4.

• **Dijon, 9 nov. 2011, RG n° 11/00606**

* V. s[s] n° 213.42

Une autorisation spécifique du juge des tutelles est nécessaire à la personne chargée de la protection.

> Exploitation de l'image de la personne protégée *(jurisprudence antérieure à la loi du 5 mars 2007)*

• **Civ. 1re, 24 févr. 1993, n° 91-13.587,** *Bull. civ.* I, n° 87

* V. s[s] n° 213.11

La reproduction d'images représentant des handicapés mentaux dans l'intimité de leur existence quotidienne à l'intérieur des établissements où ils vivent, et ce sans l'autorisation de leurs représentants légaux, constitue, à elle seule, une atteinte illicite à l'intimité de leur vie privée. Le gérant de tutelle ne peut accomplir, seul, les actes relatifs à la personne du majeur protégé, tel celui de consentir à la reproduction de son image. Il lui appartient, à cet effet, de saisir le juge des tutelles qui pourra soit l'autoriser à faire ces actes, éventuellement sous les conditions qu'il déterminera, soit décider de constituer une tutelle complète.

> Liberté de choix de la résidence

• **Civ. 1re, 25 mars 1997, n° 96-12.028,** *Bull. civ.* I, n° 107 *(jurisprudence antérieure à la loi du 5 mars 2007)*

* V. s[s] n° 213.51

Il convient de respecter le choix de la personne sous tutelle s'il est constaté que celle-ci n'est pas dépourvue de volonté propre et qu'elle émet des souhaits quant à la fixation de sa résidence chez l'un de ses parents.

• **Douai, 8 févr. 2013, RG n° 12/06650**

* V. s[s] n° 213.51

Doit être censurée la décision du juge des tutelles qui avait considéré que la demande d'une personne sous curatelle de quitter la maison de retraite pour résider seule dans une maison dont elle était propriétaire était prématurée, car elle n'avait pas encore démontré son aptitude à l'autonomie dans les actes de la vie quotidienne. Une telle approche ne permet pas, en l'absence de toute difficulté effectivement constatée et avérée, de porter atteinte au droit de la personne protégée de choisir son lieu de résidence, sauf à instaurer un régime d'autorisation préalable du juge dans toute situation de retour à domicile présentant un risque potentiel pour la santé de la personne protégée, ce qui n'est ni l'esprit ni la lettre de la loi.

> Liberté des relations personnelles

• **Civ. 1re, 28 janv. 2003, n° 00-19.583,** NP *(jurisprudence antérieure à la loi du 5 mars 2007)*

* V. s[s] n° 213.52

Appréciation souveraine du juge du fond pour apprécier l'intérêt du majeur protégé et suspendre toute visite familiale sur ce fondement.

• **TA Versailles, 25 janv. 2012, req. n° 0908664**

* V. s[s] n° 213.52

La décision d'un directeur d'établissement d'interdire les visites de la fille unique d'un patient âgé pour une durée considérable doit être annulée sur le fondement du droit au respect de la vie privée et familiale.

> Mariage de la personne protégée

– Consentement de la personne protégée

• **Civ. 1re, 2 déc. 2015, n° 14-25.777,** *Bull. civ.* I [à paraître]

* V. s[s] n°s 213.33 et 213.61

Si le mariage d'un majeur en tutelle doit être autorisé par le juge des tutelles, il constitue un acte dont la nature implique un consentement strictement personnel et qui ne peut donner lieu à représentation. Il s'ensuit qu'est irrecevable, en application de l'article 458 du Code civil, la demande présentée par le tuteur au juge des tutelles en vue d'autoriser le mariage du majeur protégé.

• **Civ. 1re, 24 mars 1998, n° 97-11.252,** *Bull. civ.* I, n° 124 *(jurisprudence antérieure à la loi du 5 mars 2007)*

* V. s[s] n° 213.61

Le mariage d'un majeur en tutelle nécessite, préalablement, son consentement. Si ce consentement n'a pu être recueilli, le majeur étant muet et privé de toute possibilité de manifester sa volonté, la délibération du conseil de famille autorisant le mariage est à bon droit réformée.

• **Civ. 1re, 5 déc. 2012, n° 11-25.158,** *Bull. civ.* I, n° 255

* V. s[s] n° 213.61

L'appréciation de la capacité du majeur sous tutelle à donner son consentement relève de l'appréciation souveraine des juges du fond.

• V. AUSSI : **Cons. const., 29 juin 2012, n° 2012-260 QPC**

* V. s[s] n° 213.61

– Recours contre une décision du conseil de famille

• **Civ. 1re, 19 nov. 1991, n° 90-16.415,** *Bull. civ.* I, n° 319 *(jurisprudence antérieure à la loi du 5 mars 2007)*

* V. s[s] n° 213.61

Le juge, saisi d'un recours contre une délibération du conseil de famille, a le pouvoir d'imposer, même d'office, la décision jugée conforme à l'intérêt de la personne protégée.

> Divorce de la personne protégée : interdiction du divorce par consentement mutuel

• **TGI Caen, 19 juin 2012, RG n° 12/01283**

* V. s[s] n° 213.81

Rétractation du jugement ayant prononcé le divorce par consentement mutuel d'un couple dont l'épouse était sous curatelle.

213.03 Bibliographie indicative.

> Actes relatifs à la personne protégée. T. Fossier, « La protection de la personne, un droit flexible », *Dr. fam.* 2007. Étude 17 – T. Fossier et T. Verheyde, « La stérilisation à des fins contraceptives des incapables majeurs. Loi n° 2001-588 du 4 juillet 2001 », *JCP* 2001. Actu. 1477 – F. Fresnel, « La tutelle à la personne est aussi une mission du protecteur de l'incapable », *Gaz. Pal.* 26 août 1999. 1239 – J.-P. Gridel, « L'acte éminemment personnel et la volonté propre du majeur en tutelle », *R.* 2000. 79 – D. Guévet, « La protection des actes personnels et familiaux des majeurs vulnérables », *LPA* 4 nov. 2010 – M. Lamarche, « Chron. dr. famille », (dir. J. Rubellin-Devichi), *JCP* n°s 1-2, 11 janv. 2016, doctr. 35, spéc. n° 3 – E. Mallet, « Actes à consentement strictement personnel et majeur protégé », *Dr. fam.* 2014. Étude 4 – J. Massip, « Les règles applicables aux actes personnels et médicaux concernant un majeur en tutelle », *Dr. fam.* 2010. Étude 18 – S. Moracchini-Zeidenberg, « L'acte personnel de la personne vulnérable », *RTD civ.* 2012. 21 – M.-E. Oppelt-Reveneau, « La protection de la personne de l'incapable majeur », *LPA* 4 nov. 1999. 4 – J.-M. Plazy, *La personne de l'incapable*, th. Bordeaux, (1998), « Thèses », La Mouette, 2001 – G. Raoul-Cormeil, « De la distinction du consentement au mariage et de la capacité à se marier », *LEDFP* 15 janv. 2016, n° 1, p. 13 – P. Salvage-Gerest « Les actes dont la nature implique le consentement strictement personnel du majeur en tutelle : une catégorie à revoir d'urgence », *Dr. fam.* 2009. Étude 17 – V. Da Silva, « L'impossible représentation du majeur protégé pour le consentement à mariage », *Dalloz actualité*, 16 déc. 2015.

> Résidence de la personne protégée. D. Pollet, *AJ fam.* 2011. 544 – T. Verheyde, *D.* 2010. Chron. 2460.

> Réflexions sur la vulnérabilité et l'autonomie de la personne protégée. B. Eyraud, *Les protections de la personne à demi capable, Suivis ethnographiques d'une autonomie scindée*, th. Paris, 2010 – B. Eyraud et P. Vidal-Naquet « Consentir sous tutelle, la place du consentement chez les majeurs placés sous mesures de protection », *Tracés. Revue de Sciences Humaines*, 14/2008, 103-127 – G. Séraphin, *Agir sous contrainte, être sous tutelle dans la France contemporaine*, L'Harmattan, 2001.

Défenseur des droits, *Rapport* « *Protection juridique des majeurs vulnérables* », sept. 2016.

213.04 Exemples d'actes.

> Mission d'assistance à la personne protégée

* Pour un exemple de dispositif de jugement de mise sous curatelle avec mission d'assistance à la personne, v. s[s] n° 5251.15.

* Pour un exemple d'ordonnance autorisant l'assistance ou la représentation de la personne protégée pour les actes personnels, v. s[s] n° 5272.13.

* Pour un exemple de jugement d'ouverture de tutelle avec mission limitée à la protection des intérêts patrimoniaux de la personne/mission globale/mission spécifique d'assistance ou de représentation, v. s[s] n° 5261.21.

> Actes relatifs à la personne protégée

* Pour un exemple d'ordonnance autorisant le tuteur à faire pratiquer un acte grave sur la personne protégée, v. s[s] n° 5272.15.

* Pour un exemple d'ordonnance refusant de donner une autorisation de pratiquer un acte médical, v. s[s] n° 5272.14.

* Pour un exemple d'ordonnance autorisant une stérilisation à des fins contraceptives, v. s[s] n° 5272.16.

SECTION 1
FONDEMENTS JURISPRUDENTIELS ET TEXTUELS

213.11 Un manque de fondements textuels généraux relatifs à la personne du tutélaire rectifié par la loi du 5 mars 2007. À l'exception des quelques dispositions légales, le législateur de 1968 n'avait pas inclus dans le Code civil de règles générales relatives à la personne du majeur sous tutelle.

Sur ce point, M. le conseiller doyen honoraire Jacques Massip avait indiqué que la loi civile avait manifestement renoncé à réglementer trop précisément le domaine des actes relatifs à la personne du tutélaire. « *Elle s'est contentée de quelques directives générales et a voulu éviter de dresser des barrières qui pourraient s'avérer contraires aux nécessités de la pratique et de la vie* »[1]. Pourtant, dès l'origine du Code civil, ses rédacteurs, et tout particulièrement Portalis, avaient envisagé, en vain, d'étendre la mission légale du tuteur à la défense de la personne du tutélaire, et non à la cantonner à celle de son patrimoine : « *Un tuteur est préposé à la personne et aux biens* »[2].

Certains auteurs et praticiens des tutelles considéraient cependant que l'ancien article 495 du Code civil, relatif à la tutelle des majeurs renvoyant aux règles de la tutelle des mineurs, permettait au juge des tutelles de retenir sa compétence pour autoriser ou non les actes relatifs à la personne du majeur sous tutelle. En effet, en application de l'ancien article 449 du Code civil, le conseil de famille « *règle les conditions générales de l'entretien et de l'éducation de l'enfant* ». Ce texte avait pour objet la personne du mineur et non la gestion de ses biens[3]. En outre, l'ancien article 450 alinéa 1er énonçait que le tuteur doit prendre « *soin de la personne du mineur* ».

Surtout, la jurisprudence avait considéré, notamment dans deux arrêts de la première chambre civile de la Cour de cassation des 18 avril 1989 et 24 février 1993, que les régimes civils d'incapacité « *ont pour objet, d'une façon générale, de pourvoir à la protection de la personne et des biens de l'incapable* »[4] et qu'en matière de tutelle en gérance, pourtant alors considérée comme ne se préoccupant que des aspects patrimoniaux de la protection, « *le gérant de tutelle ne peut accomplir seul les actes relatifs à la personne du majeur protégé, tel celui de consentir à la reproduction de son image. Il lui appartient, à cet effet, de saisir le juge des tutelles, qui pourra soit l'autoriser à faire ces actes, éventuellement sous les conditions qu'il déterminera, soit décider de constituer une tutelle complète* »[5].

Le rapport Favard d'avril 2000 avait quant à lui énoncé clairement que, « *s'il n'y a pas lieu de remettre en cause l'économie générale de la loi du 3 janvier 1968, le temps est venu d'une consécration législative du principe selon lequel la protection des majeurs instaurée par cette loi a pour finalité la protection de leur personne tout autant que la sauvegarde de leurs biens* »[6].

Désormais donc, la loi du 5 mars 2007 donne valeur législative à l'arrêt précité du 18 avril 1989 dans l'article 425 alinéa 2 du Code civil, ainsi que l'ont énoncé les travaux parlementaires[7] : « *S'il n'en est disposé autrement, la mesure est destinée à la protection tant de la personne que de ses intérêts patrimoniaux de celle-ci* ». Elle va plus loin encore en consacrant la **reconnaissance d'actes strictement personnels et** en instaurant un **mécanisme souple d'autonomie graduée.** Le dispositif ainsi organisé s'inscrit dans la droite ligne des préconisations européennes et, notamment, de la Recommandation n° R (99) 4 du 23 février 1999 relative aux principes concernant la protection juridique des majeurs incapables du Conseil des ministres du Conseil de l'Europe. Celle-ci énonce, dans son article 3-2 : « *une mesure de protection ne devrait pas automatiquement priver la personne concernée du droit* [...] *de prendre toute décision de caractère personnel, ce à tout moment, dans sa mesure où sa capacité lui permet* ».

213.12 Évolution du droit nécessaire pour préserver les capacités restantes de la personne protégée, le respect de sa dignité de sujet vulnérable et la réversibilité des mesures, même lorsqu'elle est sous tutelle. L'exposé des motifs de la loi du 5 mars 2007, rappelant qu'il convient de prendre en compte les droits et la volonté de la personne vulnérable et faisant disparaître le terme « incapable », vécu et ressenti comme trop péjoratif, traduit un objectif clair, celui de fixer désormais un **régime primaire de la protection de la personne du majeur, commun à la curatelle et à la tutelle.** Les décisions personnelles doivent en conséquence être laissées à l'initiative de la personne elle-même et, en tout cas, être soumises,

1. J. Massip, *La réforme du droit des incapables majeurs*, t. I, Éd. Defrénois, 1994, nos 202 à 219, p. 196 à 210, spéc. n° 202.
2. Portalis, *Discours préliminaire au premier projet de Code civil*, an IX [1801].
3. Civ. 1re, 24 oct. 2000, n° 98-20.340, *Bull. civ.* I, n° 264; *JCP* 2001. II. 10548, note Fossier; *Defrénois* 2001. 97, obs. Massip; *RTD civ.* 2001. 109, obs. Hauser; *LPA* 2001, n° 171, p. 5, obs. Bruggeman; *RJPF* 2000-12/9, obs. Guilé; *Dr. fam.* 2001. Chron. 8, n° 9, obs. Salvage-Gerest.
4. Civ. 1re, 18 avr. 1989, n° 87-14.563, *Bull. civ.* I, n° 156; *D.* 1989. 493, note Massip; *JCP* 1990. 21417; *RDSS* 1990. 200, obs. Monéger.
5. Civ. 1re, 24 févr. 1993, n° 91-13.587, *Bull. civ.* I, n° 87; *R.*, p. 241; *D.* 1993. 614, note Verheyde; *JCP* 1994. II. 22319, 2e esp., note Fossier; *JCP N* 1995, n° 653, note Fossier; *RTD civ.* 1993. 326, obs. Hauser; *RTD civ.* 1993. 537, obs. Kessler; *RDSS* 1993. 514, obs. Alfandari.
6. J. Favard, *Rapport définitif sur les dispositifs de protection des majeurs*, avr. 2000, p. 62.
7. Rapp. Sénat n° 212, 7 févr. 2007, sur le projet de loi, adopté par l'Assemblée nationale, après déclaration d'urgence, portant réforme de la protection juridique des majeurs, par H. de Richemont.

par principe, au recueil préalable de son **consentement personnel**. Ainsi, les conditions dans lesquelles elle pourra fixer sa résidence, entretenir des relations avec des tiers, parents ou non, se marier, établir une filiation ou exercer son autorité parentale sont revisitées à partir des droits de la personne elle-même.

Cette superposition voulue entre, d'une part, le souci de la dignité, des libertés fondamentales et de la préservation, autant qu'il est possible, de l'autonomie de la personne et, d'autre part, la protection rendue nécessaire par les altérations dont elle souffre est exprimé par **l'article 415 du Code civil**. Ce texte fondamental inscrit dans le droit positif une recherche permanente d'équilibre entre la place donnée à la personne de droit et la place donnée à la personne concrète. Les droits reconnus à la personne protégée ne devant pas demeurer des prérogatives théoriques, mais bien être effectifs, des espaces procéduraux sont consacrés pour permettre de valider son consentement personnel, en allant le rechercher tant qu'il est possible, et jusqu'aux limites du possible. L'objectif est particulièrement délicat à atteindre pour les personnes chargées de la protection, comme pour les juges, d'autant que la protection a été décidée précisément à cause des altérations médicalement constatées et qu'en elle-même elle vient limiter les possibilités laissées à la personne protégée de décider seule.

Reconstruisant la **protection autour des droits de la personne**, le législateur de 2007 a consacré la doctrine des « ***actes éminemment personnels*** » de M. Jean-Pierre Gridel[1]. Celui-ci affirme, en particulier, que « *l'incapacité est assez bienvenue quand il s'agit du patrimoine mais se révèle parfois malheureuse en matière personnelle, car là nul ne peut avoir de meilleurs critères que l'intéressé lui-même, s'il est en état de juger. La personne qui doit parler pour l'incapable, c'est d'abord le protégé lui-même, s'il le peut.* » Les tenants de cette analyse considèrent que chaque individu, même mineur ou majeur souffrant d'altérations mentales, possède en lui une part irréductible d'autonomie, appelée sa **capacité naturelle**. Cette sphère regroupe des actes qui ne sont pas susceptibles d'assistance ou de représentation parce qu'ils relèvent de l'intime, du plus profond de l'être. Il est donc préférable de laisser faire la personne elle-même, ou de renoncer aux actes, plutôt que de l'assister ou de la contraindre. D'autant que la légitimité à intervenir dans cette sphère, même sous mandat judiciaire, les motifs comme les risques et les conséquences d'une telle intervention ne peuvent qu'interroger.

Cette **doctrine** est souvent bien **éloignée de la pratique et de la réalité** des difficultés éprouvées par les personnes protégées, par leurs proches et par les personnes chargées de la mesure de protection. Protéger la personne en la laissant décider ou en recherchant son consentement relève en effet d'une démarche quasi impossible dans certains cas, face à des pathologies qui, le plus souvent, ont pour conséquence majeure de fausser l'appréciation de la réalité comme le jugement et qui rendent l'expression du choix, et du consentement, particulièrement instable et fluctuante. Comment évaluer, jusqu'où aller ? Peut-on véritablement laisser faire la personne que l'on protège sans risquer de l'abandonner ? Peut-on agir pour elle, à sa place, sans provoquer une violence devenue insupportable si elle n'est pas comprise ?

Une personne protégée, surtout si elle est sous tutelle, peut difficilement donner un consentement, en tout cas « éclairé », sauf à distinguer les différentes sphères de ce qu'elle est : elle peut être inapte dans certains domaines et pas dans d'autres. Tâche d'autant plus complexe que ses « choix », ou ses préférences, sont souvent fluctuants dans le temps.

Par la création d'un véritable statut personnel des actes relatifs à la personne, la loi du 5 mars 2007 tente d'opérer cette distinction dans ses **articles 458 (actes strictement personnels)** et **459 (mécanisme d'autonomie graduée)**, tout en cherchant à préserver des **domaines spécifiques** (le choix de la **résidence** et des **relations personnelles**, la **santé**, le **mariage**, le **PACS**). Il est à noter qu'elle a aussi réservé un sort spécial à cet acte très particulier qu'est le **testament**, acte patrimonial et pourtant aussi tellement ancré dans l'affectif **(C. civ., art. 476, al. 2)**.

Au-delà, et de manière générale, le législateur invite surtout les acteurs de la protection, comme les familles et les proches, à entrer dans la réalité de chaque situation singulière, éclairés par les droits fondamentaux reconnus expressément à chaque personne protégée. Malgré la privation de certains de ses droits par la mesure de curatelle ou de tutelle, il est désormais inscrit qu'elle n'est pas dépossédée de son être, ni d'inférieure humanité tant il était devenu urgent de remédier au déficit de reconnaissance dont elle souffrait à l'évidence, et souffre d'ailleurs toujours, dans la décision comme dans l'organisation de sa protection. La loi nouvelle fournit des outils, un cadre, permettant à la personne protégée de revendiquer ses droits dans sa protection. Elle enjoint surtout les professionnels, comme les familles et les proches, à faire le pas de côté indispensable pour que leur regard, et par suite leur action auprès d'elle, ne la présume plus inférieure dans ses possibilités et lui reconnaissent tout simplement son égale humanité.

Aussi le **juge**, en tant que **décideur de la mesure** et de son périmètre mais aussi **garant des libertés individuelles**, et le **mandataire**, qui ne tient sa légitimité à intervenir que du **mandat judiciaire**, doivent-ils constamment rechercher l'expression directe de la personne sur ses choix ou souhaits, quand elle possible. C'est en particulier le sens de l'obligation de délivrer des **informations au majeur** avant toute décision, selon des modalités adaptées à son état, imposée par l'article 457-1 du Code civil. C'est aussi dans cet

1. J.-P. Gridel, « L'acte éminemment personnel et la volonté propre du majeur en tutelle », *R.* 2000. 79.

esprit que les mesures de protection sont toujours par principe **réversibles**, ce qui implique des **réévaluations périodiques** avec des outils pertinents (rapports d'évolution, examens médicaux, auditions et débats contradictoires). Ce sont autant de garanties données.

213.13 Une réflexion qui se poursuit autour des notions de vulnérabilité et d'autonomie de la personne protégée, de bonnes pratiques professionnelles et de questionnement éthique. Si la Cour de cassation n'a pas encore eu à se prononcer sur le contenu et les limites de la protection de la personne, elle a consacré son rapport de l'année 2009 à la question plus large de la **vulnérabilité**[1]. Les professionnels continuent pour leur part leur réflexion, à partir des situations singulières auxquelles ils sont confrontés mais aussi autour de leurs **pratiques professionnelles**, aidés en cela par d'importants travaux de recherche[2].

Au-delà de l'évaluation de l'altération des facultés personnelles, et en particulier mentales, posée par le certificat médical circonstancié établi lors de la procédure d'ouverture de la mesure de protection, comment en effet respecter les principes inscrits par la loi dans ses articles 415 et 457-1 et suivants du Code civil relatifs aux droits de la personne, favoriser sa prise d'initiative et, dans la mesure du possible, son autonomie tout en la protégeant ? D'autant que l'altération des facultés n'est, le plus souvent, pas totale. Elle peut être progressive, intermittente, fluctuante et réserve presque toujours des espaces de compréhension des situations et possibilités de décisions.

À partir des concepts d'autonomie tels qu'issus de la tradition de Kant, qui a en grande partie modelé la pensée européenne, et de tradition anglo-saxonne de plus en plus présente dans la réflexion éthique, les travaux de recherche actuels en sciences sociales tendent à interroger plus profondément encore la **notion de « décision personnelle »**. Pour le juriste, les catégories habituelles du droit civil que sont le consentement de la partie qui s'oblige, sa capacité à contracter (C. civ., art. 1108) ne sont plus suffisantes pour pouvoir apprécier si la personne protégée peut ou non prendre une décision personnelle. Tout au contraire, en posant un principe d'autonomie de la décision de celle-ci pour tout ce qui concerne la personne, la loi nouvelle oblige à réinventer la protection à partir des droits des personnes et donc à chercher les **« capacités restantes » ou « préservées »**. Ce qui a permis à la personne protégée de se construire avant sa protection, ne lui a pas été donné en une seule fois. De la même façon, ses capacités à décider pour elle ne peuvent pas disparaître d'un seul coup. L'homme capable, dit P. Ricœur, est celui qui peut dire « *je peux* », et il peut le dire de différentes façons : en se reconnaissant lui-même (en parlant de lui, de son histoire, de son temps passé et présent, notamment), en agissant et en posant des actes, mais aussi en étant capable d'en mesurer les conséquences jusqu'à pouvoir en être responsable. En d'autres termes, et sans doute, ses capacités doivent être éprouvées, testées avant d'être, le cas échéant, restreintes.

Comment décliner ces principes dans la réalité des situations rencontrées par les juges et par les mandataires désignés par lui, qu'ils soient professionnels ou non ? D'autant que tous les organes de la protection judiciaire sont responsables du dommage résultant d'une faute quelconque qu'ils commettent dans l'exercice de leur fonction, sauf en cas de curatelle renforcée où le curateur et le subrogé curateur n'engagent leur responsabilité, du fait des actes accomplis avec leur assistance, qu'en cas de dol ou de faute lourde (C. civ., art. 421) ?

Sans doute en s'appuyant sur les **données fournies par les médecins**, et en ordonnant des **examens complémentaires** quand cela est nécessaire. Aussi en prenant le temps de l'écoute, en procédant aux **auditions** de la famille et des proches et, bien entendu, à celle de la personne protégée en principe obligatoire pour toutes les requêtes concernant la personne (C. pr. civ., art. 1220-3). Nommer les manques, les reconnaître, pour ne pas réduire la personne seulement à ses failles mais pour favoriser les capacités restantes, la marge d'autonomie. Cela demande du temps et de l'imagination pour créer d'autres modes de fonctionnement, par exemple en favorisant les **échanges pluridisciplinaires et** la création de **réseaux** ou en recourant à des **tiers médiateurs**. Mais la réalité des effectifs des cabinets des juges des tutelles le permet-elle ?[3]

Sans doute aussi, pour les professionnels qui exercent le mandat de service public qu'est la protection des personnes reconnues comme particulièrement vulnérables, en construisant un véritable statut du mandataire, avec des compétences professionnelles reconnues, et en favorisant le questionnement éthique sur les pratiques. En cela, les recommandations de l'Agence nationale de l'évaluation et de la qualité des établissements et services sociaux et médico-sociaux (ANESM) sur « La bientraitance, définition et repères pour la mise en œuvre » (juill. 2008), « Les attentes de la personne et le projet personnalisé » (déc. 2008), « Le questionnement éthique dans les établissements et services sociaux et médico-sociaux » (oct. 2010) et celle publiée en juillet 2012 sur la « Participation des personnes protégées dans la mise en œuvre des mesures de

1. Cour de cassation, *Les personnes vulnérables dans la jurisprudence de la Cour de cassation,* rapport annuel 2009, Doc. fr., 2010.
2. G. Séraphin, *Agir sous contrainte, être sous tutelle dans la France contemporaine*, L'Harmattan, 2001 – B. Eyraud et P. Vidal-Naquet, « Consentir sous tutelle. La place du consentement chez les majeurs placés sous mesures de protection », *Rev. sc. hum.* 14/2008, p. 103-127 – F. Gzil, *La maladie d'Alzheimer : problèmes philosophiques*, « Partage du savoir », PUF, 2009.
3. Cour des comptes, *Rapport 2011*.

protection juridique »[1] seront des outils précieux favorisant une réflexion commune.

SECTION 2
PRINCIPE D'AUTONOMIE PERSONNELLE ET STATUT DES ACTES RELATIFS À LA PERSONNE

§ 1
Principe d'autonomie personnelle

213.21 La personne protégée accomplit seule les actes relatifs à sa personne, quel que soit le régime de protection. Tirant les enseignements des dysfonctionnements de la loi du 3 janvier 1968[2], la loi du 5 mars 2007[3] a entendu reconstruire la protection des personnes reconnues particulièrement vulnérables en raison des altérations de leurs facultés par le médecin inscrit, et par le juge, autour des **droits de la personne**. Créant un véritable **statut personnel des actes relatifs à la personne**, elle affirme dans l'article 415 du Code civil alinéas 2 et 3 que « *la protection est instaurée et assurée dans le respect des libertés individuelles, des droits fondamentaux et de la dignité de la personne. Elle a pour finalité l'intérêt de la personne protégée. Elle favorise, dans la mesure du possible, l'autonomie de celle-ci* »[4].

En principe, la personne protégée **décide seule des actes relatifs à sa personne** et est présumée avoir suffisamment d'autonomie pour le faire. Elle dispose à cette fin de la capacité juridique nécessaire à l'accomplissement de tels actes. Elle est donc libre d'exercer ses **libertés fondamentales** d'aller et venir, de religion, d'opinion, d'association, mais aussi de décider de ses loisirs, de ses déplacements, de suivre ou non des soins médicaux, de ses fréquentations comme de son lieu de vie.

Pour lui permettre d'exercer effectivement ses droits, le mandataire doit lui donner des **informations** sur sa situation personnelle, les actes envisagés avec elle et pour elle, leur utilité, leur degré d'urgence, leurs effets et les conséquences d'un refus de sa part. Il doit le faire selon des **modalités adaptées à son état** et indépendamment des informations qu'elle pourrait être amenée à recevoir de la part d'autres personnes, par exemple des professionnels de santé, du logement (C. civ., art. 457-1).

1. Site : www.anesm.sante.gouv.fr.
2. L. n° 68-5, 3 janv. 1968, portant réforme du droit des incapables majeurs, *JO* 4 janv., p. 114.
3. L. n° 2007-308, 5 mars 2007, portant réforme de la protection juridique des majeurs, *JO* 7 mars, p. 4325.
4. POUR un rappel jurisprudentiel de ce principe : Civ. 1re, 27 févr. 2013, n° 11-28.307, *Bull. civ.* I, n° 25; *D.* 2013. 64; *AJ fam.* 2013. 304, obs. Verheyde; *RTD civ.* 2013. 350, obs. Hauser; *Dr. fam.* 2013, n° 58, obs. Maria.

L'objectif poursuivi par le législateur, suivant en cela les préconisations du rapport Favard d'avril 2000 et du rapport plus récent du Conseil économique et social de 2006[5], est de mettre fin à la trop fréquente infantilisation des personnes protégées, tant par la personne chargée de la mesure de protection que par l'entourage, et de leur permettre de prendre des décisions quand elles le peuvent encore. Il est en tout cas très clairement de rechercher par priorité l'expression de leurs choix, ou de leurs souhaits, afin que les **décisions prises correspondent à leur intérêt** et non au confort des tiers ou des mandataires.

Afin de favoriser cette transmission d'informations par les mandataires professionnels, des **notices** ou **documents** rappelant les droits des personnes protégées ont été élaborés[6]. Des **structures d'information** des tuteurs familiaux se mettent progressivement en place, mais encore insuffisamment par manque de moyens de financement. La difficulté pour tous vient évidemment de l'appréciation du **niveau d'information réellement donné** et de l'état de santé du majeur protégé, de son aptitude à comprendre ce qui lui est dit, à exprimer un réel choix ou des souhaits. Cette complexité se manifeste non seulement lors de l'ouverture de la mesure mais tout au long de celle-ci.

EN PRATIQUE. Des réflexions sont en cours depuis de nombreuses années déjà sur ces questions. Les professionnels ont mis en place des chartes, des référentiels de bonnes pratiques [...] pour, tout à la fois, respecter au mieux les droits des personnes et améliorer leurs pratiques professionnelles. La constitution de groupes de réflexion éthique et déontologique est en cours, sur la base des recommandations et travaux de l'Agence nationale de l'évaluation et de la qualité des établissements et services sociaux et médico-sociaux (ANESM) notamment sur « La bientraitance, définition et repères pour la mise en œuvre » (juill. 2008), « Les attentes de la personne et le projet personnalisé » (déc. 2008), « Le questionnement éthique dans les établissements et services sociaux et médico-sociaux » (oct. 2010) et celle de juillet 2012 sur « La participation des personnes protégées dans la mise en œuvre des mesures de protection juridique »[7].

5. *Rapport Favard* du groupe de travail interministériel sur le dispositif de protection des majeurs, avr. 2000 – CES, avis, 5 oct. 2006, sur le rapport présenté par R. Boutaric au nom de la section des affaires sociales (séance des 26 et 27 sept. 2006) – R. Boutaric, « Réformer les tutelles », notes d'Iéna n° 244 (en préparation de la séance des 26 et 27 sept. 2006).
6. Décr. n° 2008-1556, 31 déc. 2008, relatif aux droits des usagers des mandataires judiciaires à la protection des majeurs et des délégués aux prestations familiales, *JO* 1er janv., p. 92 – Notice d'information, charte des droits et libertés de la personne majeure protégée, document individuel de protection des majeurs (CASF, art. L. 471-6, D. 471-7 à D. 471-10, D. 311-0-1 et D. 311-0-2, D. 474-5 à D. 474-8).
7. Agence nationale de l'évaluation et de la qualité des établissements et services sociaux et médico-sociaux, www.anesm.sante.gouv.fr

§ 2
Actes strictement personnels

213.31 Reconnaissance d'actes strictement personnels à la personne protégée, quel que soit le régime de protection. Parmi les décisions que peut être amenée à prendre une personne protégée, il est des actes qui relèvent d'un domaine tellement **intime** et **personnel** qu'il convient de la laisser toujours faire ou d'y renoncer plutôt que de l'assister ou de la contraindre. Cette analyse repose sur l'idée qu'il existe une **sphère d'autonomie** irréductible, appartenant à chaque personne, qui échappe à toute représentation ou assistance. Seule la personne protégée elle-même peut réaliser ces actes. Si elle ne le peut pas, ne le veut pas ou ne le souhaite pas, elle ne pourra **ni être assistée ni être représentée**. La question philosophique en creux est de savoir quelle légitimité pourrait avoir un tiers, même mandaté par un juge, à intervenir dans cette sphère si particulière, avec quels risques et surtout quelles conséquences pour la personne elle-même ?

C'est sur cette doctrine des « *actes éminemment personnels* »[1] que s'est construit le principe d'autonomie totale de la décision du majeur protégé pour les actes strictement personnels visés désormais dans l'article 458 du Code civil. Ce texte érige en principe absolu que la nature de ces actes particuliers, dont il ne donne pas de définition mais propose une liste non limitative, implique un **consentement personnel de la personne protégée**[2].

L'application de l'article 458 du Code civil pose déjà difficulté dans la pratique. En effet, dès lors que la personne protégée aura décidé d'accomplir un acte entrant dans la sphère de son autonomie totale, sa décision devra être respectée et s'appliquer même si elle est contraire à son intérêt. Seuls les actes susceptibles d'être annulés pour insanité d'esprit pourront donner lieu à une action en annulation engagée devant le tribunal de grande instance sur le fondement de l'article 414-1 du Code civil.

À l'inverse, si le majeur protégé ne veut ou ne peut accomplir un acte entrant dans cette sphère, personne ne pourra le suppléer, quand bien même ce serait de son intérêt.

213.32 Régime des actes strictement personnels. Pour considérer les actes strictement personnels comme valables, il est nécessaire d'admettre que le législateur a reconnu à la personne protégée une capacité pleine et entière d'exercer ses droits relativement à ce type d'actes[3]. Une présomption d'intervalle lucide lui est donc reconnue, avec pour corollaire l'absence de tout contrôle préalable de l'aptitude du majeur à consentir à l'acte concerné.

Cela ne signifie pas pour autant que l'acte est inattaquable, la présomption posée étant une présomption simple qui supporte la preuve contraire. Les actes strictement personnels sont en effet annulables pour trouble mental (C. civ., art. 414-1).

213.33 Liste non limitative des actes strictement personnels figurant à l'article 458 du Code civil. Ces actes ne peuvent être accomplis que par la personne protégée elle-même, qui doit donner son **consentement personnel**. Elle ne peut être assistée ni représentée et est donc seule sur la scène juridique. La difficulté pour le législateur a été d'établir une typologie des actes personnels[4]. Certains auteurs[5] considéraient qu'il était impossible, voire dangereux, de créer un statut de la personne protégée, la matière relevant plutôt « des mœurs que de la loi ». La loi de 2007 comporte pourtant une ébauche de théorie générale dans la sous-section 4 du titre XI du Code civil. Elle a opté pour une classification bipartite entre les **actes strictement personnels** et les **actes personnels**. En excluant toute représentation pour les premiers, le droit français est ainsi mis en conformité avec la recommandation précitée du Conseil de l'Europe du 23 février 1999. En effet, en son article 19 § 1, cette recommandation énonce qu'« *il appartient au droit interne de définir quels actes juridiques sont de nature si personnelle qu'ils ne peuvent être accomplis par un représentant* ». En revanche, l'interdiction de toute assistance pour les actes strictement personnels visés à l'article 458 peut légitimement être débattue, d'autant que certains actes très personnels tel le mariage en sont exclus[6] et que d'autres, telle l'adoption, pourraient être accomplis dans l'intérêt du majeur lui-même.

Ces actes strictement personnels, dont les exemples pris ont été jugés critiquables voire dangereux par une partie de la doctrine[7] sont, notamment :

- la déclaration de naissance d'un enfant ou sa reconnaissance;
- les actes de l'autorité parentale relatifs à la personne de l'enfant de la personne protégée;
- la déclaration de choix ou de changement du nom d'un enfant;

1. J.-P. Gridel, « L'acte éminemment personnel et la volonté propre du majeur et tutelle », *R.* 2000. 79.
2. E. Mallet, « Actes à consentement strictement personnel et majeur protégé », *Dr. fam.* 2014. Étude 4.
3. A.-M. Leroyer, « Majeurs-protection juridique : la loi n° 2007-308 du 5 mars 2007 », *RTD civ.* 2007. 395.
4. J. Hauser, « Des incapables aux personnes vulnérables », *Dr. fam.* 2007, n° 5, p. 5.
5. J. Massip, *Les incapacités, étude théorique et pratique*, Defrénois, 2002.
6. V. CEP. : Civ. 1re, 2 déc. 2015, n° 14-25.777, *Bull. civ.* I [à paraître]; *D.* 2016. 875, note Raoul-Cormeil; *AJ fam.* 2016. 107, obs. Verheyde; *RTD civ.* 2016. 83, obs. Hauser; *Dr. fam.* 2016. Comm. 36, obs. Maria; *Gaz. Pal.* 2016, n° 4, p. 16, obs. Montourcy.
7. T. Fossier, « La réforme de la protection des majeurs, Guide de lecture de la loi du 5 mars 2007 », *JCP* 2007. I. 118.

– le consentement donné à sa propre adoption ou à celle de son enfant.

La liste des actes retenus par l'article 458 du Code civil comme relevant d'une autonomie totale de décision de la personne, sous curatelle ou sous tutelle, n'est pas limitative mais elle pose, pour ces actes précis, la **présomption** que la personne protégée peut exprimer sa volonté. Il s'agit d'actes que celle-ci pourrait être amenée à accomplir dans sa vie familiale, **en tant que parent** (déclaration de naissance et reconnaissance d'un enfant, déclaration du choix ou du changement du nom d'un enfant, actes de l'autorité parentale relatifs à la personne d'un enfant, consentement à l'adoption de son enfant) ou **en tant qu'enfant** (consentement à sa propre adoption). D'autres actes pourraient venir, à l'avenir, compléter cette liste puisqu'aucun critère précis ne permet de qualifier un acte de strictement personnel[1]. En effet, certains actes ne figurent pas dans la liste et sont pourtant particulièrement intimes, par exemple **l'avortement**, les éventuelles dispositions relatives à la **fin de vie, l'utilisation du droit à l'image.** Certes, les dispositions particulières insérées dans le Code de la santé peuvent apporter des éléments de réponse, mais leur articulation avec l'article 458 du Code civil suscite de nombreuses interrogations, en particulier sur le **droit à l'information**, sur **l'accès au dossier médical,** sur le **refus de soins** ou encore sur la **fin de vie de la personne en tutelle** (v. s^s^ n°s 214.21, 214.22, 214.33 et 214.131 s.).

Par ailleurs, s'agissant du droit à l'image, la jurisprudence antérieure à la loi du 5 mars 2007 avait considéré que la reproduction d'images représentant des handicapés mentaux dans l'intimité de leur existence quotidienne à l'intérieur des établissements où ils vivent, sans autorisation de leurs représentants légaux, constituait, à elle seule, une atteinte illicite à l'intimité de leur vie privée. La Cour de cassation avait alors précisé que le gérant de tutelle ne pouvait lui-même consentir à la reproduction de l'image du tutélaire sans autorisation du juge. Cette jurisprudence doit-elle être poursuivie ou doit-on considérer qu'il s'agit d'un acte strictement personnel ? Au-delà même des questions suscitées sur les actes susceptibles d'être des actes de la catégorie des actes strictement personnels, que les juges définiront progressivement, la notion même d'acte interroge.

1. Il appartient à la jurisprudence de compléter la liste de ces actes : Rapp. AN n° 3557, fait au nom de la Commission des lois constitutionnelles, de la législation et de l'administration générale de la République sur le projet de loi (n° 3462), portant réforme de la protection juridique des majeurs, par E. Blessig, p. 171. – Rapp. Sénat n° 2012, fait au nom de la Commission des lois constitutionnelles, de législation, du suffrage universel, du règlement et d'administration générale sur le projet de loi, adopté par l'Assemblée nationale, après déclaration d'urgence, portant réforme de la protection juridique des majeurs, par H. de Richemont, p. 163.

213.34 Actes strictement personnels à la personne protégée parent. Ces actes sont relatifs à la **filiation** (déclaration de naissance, reconnaissance d'un enfant, choix du nom de l'enfant, consentement à l'adoption de l'enfant) ou à **l'autorité parentale**.

213.35 1) Actes strictement personnels à la personne protégée parent et relatifs à la filiation.

a) La qualification d'acte strictement personnel de **la déclaration de naissance de l'enfant** est lourde de sens en particulier pour la mère, il s'agit non seulement de la déclaration du fait objectif de la naissance, mais bien de la reconnaissance de l'autonomie de la mère, même sous un régime de protection, à créer un lien juridique avec son enfant qui est l'enjeu. Mentionner son nom dans l'acte de naissance est fondamental, faute de quoi l'accouchement sera sous X. Il appartiendra donc aux médecins et aux équipes médicales de rechercher si la mère veut réellement ne pas déclarer son enfant et si, en conséquence, elle consent à l'abandon. Il sera fondamental de lui donner une information détaillée et adaptée à son état de santé. Cela implique aussi, bien sûr, que la question du statut juridique de la mère à l'entrée à la maternité soit effectivement posée.

b) La reconnaissance de l'enfant est caractérisée par sa double nature d'aveu et d'engagement, décrite par de nombreux auteurs. Elle est l'acte volontaire par lequel un homme ou une femme se reconnaît spontanément et librement père ou mère d'un enfant[2]. Seuls les père et mère sont qualifiés pour reconnaître leur enfant et ils sont seuls juges de l'opportunité de le faire, la loi de 2007 venant fermement interdire aux protecteurs légaux comme aux juges de présumer la volonté du majeur dans ce domaine[3]. Compte tenu de la classification de cet acte dans les actes strictement personnels, la **reconnaissance demeurera impossible** si son père sous tutelle ne peut pas réaliser personnellement cet acte, et ce même si elle est de l'intérêt de l'enfant. Le père sera alors contraint à engager une action en recherche de paternité. En revanche, s'agissant de la mère sous tutelle, la seule indication de celle-ci sur l'acte de naissance de l'enfant vaut établissement de la filiation maternelle (C. civ., art. 311-25 et *supra*), étant observé que l'article 56 dispose que la déclaration de naissance peut être faite par d'autres personnes que la mère, ce qui ouvre une contradiction avec les prescriptions de l'article 458.

2. G. Cornu, *Droit civil, La famille,* 9e éd., Montchrestien, 2006, p. 393, n° 246 – J. Hauser et D. Huet-Weiller, *Droit civil, La famille, Fondation et vie familiale,* 2e éd., LGDJ, p. 492, n° 731.
3. V. DÉCISION CONTRAIRE sous l'empire de la loi de 1968 : TI Quimperlé, 16 oct. 1999, *JCP* 2000. II. 10252, note Garé ; *RTD civ.* 2000. 85, obs. Hauser.

c) L'attribution du nom de l'enfant est par principe rattachée à l'établissement de la filiation parce que le nom révèle le rattachement à une famille[1]. L'application de l'article 458 aux deux manifestations de volonté prévues par les articles 311-21 et 311-23 du Code civil implique que seul le majeur protégé peut faire le choix de l'application de ces dispositions et nul ne peut se substituer à lui, même en cas d'inaptitude à exprimer sa volonté.

213.36 **2) Actes strictement personnels à la personne protégée parent et relatifs à l'autorité parentale.** Le régime de protection, et en particulier la tutelle, peut avoir été prononcé alors que la personne protégée avait déjà des enfants majeurs ou mineurs. La question est délicate vis-à-vis de ces derniers puisque les parents sont en principe les protecteurs de leurs enfants mineurs, sur lesquels ils exercent **l'autorité parentale.** Ainsi a-t-il pu être décidé, sous l'empire de l'ancienne loi, que n'étant pas privée de l'exercice de l'autorité parentale, une mère (en l'espèce sous curatelle renforcée), était civilement responsable du dommage causé par son enfant mineur[2].

a) L'article 458 en son alinéa 2 dispose clairement que **le parent juridiquement protégé conserve l'exercice de l'autorité parentale sur ses enfants**[3]. Pourtant, l'article 373 du même code, relatif à l'exercice de l'autorité parentale, stipule quant à lui tout au contraire qu'« *est privé de l'autorité parentale le père ou la mère qui est hors d'état de manifester sa volonté, en raison de son incapacité, de son absence ou de toute autre cause* ». Les rares décisions de juges du fond en la matière admettent que, dans ces cas, l'ouverture de la tutelle pour les enfants mineurs peut être **limitée aux biens.**

Cependant, s'il s'avère que le parent protégé est hors d'état d'exercer l'autorité parentale sur la personne de ses enfants, il deviendra nécessaire de hiérarchiser les intérêts en présence et sans doute, dans l'intérêt supérieur des enfants, de saisir le **juge aux affaires familiales.** L'autre parent peut ainsi, lorsque l'intérêt de l'enfant le commande, se voir confier l'exercice de l'autorité parentale (C. civ., art. 373-2-1), étant rappelé que celui des deux parents qui n'en a pas l'exercice conserve le **droit et le devoir de surveiller l'entretien et l'éducation de l'enfant** et doit être **informé des choix importants relatifs à la vie de l'enfant.** L'ouverture d'une tutelle pour l'enfant mineur peut aussi être envisagée, à tout moment pour « cause grave » lorsqu'il s'agit d'une administration légale (C. civ., art. 391[4]). La **contradiction entre les textes** obligera à être inventif, dans l'intérêt des enfants et dans le respect du ou des parents protégé et en particulier lorsqu'il est en tutelle. Ainsi peut-on à notre avis soutenir que, si le parent sous tutelle ne peut être assisté ou représenté dans l'exercice de l'autorité parentale, il peut en revanche en être privé par une décision judiciaire motivée, comme tout autre parent, dès lors que les conditions légales des dispositions relatives à l'exercice de l'autorité parentale sont remplies et qu'il y va de **l'intérêt supérieur de l'enfant.**

En cas de danger, le **juge des enfants** est lui-même toujours susceptible d'intervenir en assistance éducative (C. civ., art. 375 s.), même si cela n'a pas d'incidence en principe sur les attributs de l'autorité parentale (C. civ., art. 375-7).

Des voix se sont élevées pour dénoncer le risque de sacrifier la protection des personnes et de leurs enfants à une autonomie idéalisée des majeurs protégés. S'il est exact que la quasi-totalité des actes cités dans le deuxième alinéa de l'article 458 du Code civil concerne le majeur protégé en tant que parent, les dispositions spécifiques relatives à la tutelle des mineurs comme à la protection de l'enfance en danger prennent en compte **l'intérêt supérieur de l'enfant,** tout comme la possible **saisine du juge aux affaires familiales par l'autre parent.** Toute la question sera **d'articuler les différentes procédures et** de **hiérarchiser les intérêts en présence.** Il s'agissait d'ailleurs de l'un des enjeux de la réflexion de la commission réunie en 2008 autour du Recteur Guinchard sur la chambre de la famille et le magistrat coordonnateur de la famille[5].

b) La personne protégée peut également devenir parent d'un enfant ou souhaiter le devenir. On touche bien évidemment ici au domaine des relations les plus intimes, les relations sexuelles, qui relèvent par définition des actes strictement personnels dès lors qu'elles n'ont pas été contraintes. La réalité du consentement est toujours particulièrement délicate à cerner, spécialement pour les personnes en tutelle.

L'article 459-2 du Code civil qui reconnaît à la personne protégée, quel que soit le régime de protection, le droit d'entretenir librement des relations avec

1. H. de Richemont, rapp. Sénat 2007, n° 2012.
2. Caen, 2 févr. 2006, RG n° 05/00663, *D.* 2006. 2016, note Raoul-Cormeil.
3. POUR l'appel d'une décision du juge des enfants restreignant l'exercice des droits de l'autorité parentale d'un majeur protégé : Civ. 1re, 6 nov. 2013, n° 12-23766, *Bull. civ.* I, n° 217 ; *D.* 2014. 467, note Raoul-Cormeil ; *D.* 2014. 2259, obs. Plazy ; *AJ fam.* 2013. 717, obs. Verheyde ; *RTD civ.* 2014. 84, obs. Hauser ; *Gaz. Pal.* 2013. 3787, obs. Massip ; *JCP* 2014, n° 14, obs. Peterka ; *Dr. fam.* 2014, n° 9, obs. Maria.
4. C. civ., art. 391 (*mod. par Ord. n° 2015-1288, 15 oct. 2015, portant simplification et modernisation du droit de la famille, art. 6, JO 16 oct., p. 19304*).
5. Rapport Guinchard, *L'ambition raisonnée d'une justice apaisée*, Doc. fr., 2008 (v. www.ladocumentationfrancaise.fr) – Décr. n° 2010-1395, 12 nov. 2010, créant le magistrat coordonnateur en matière de droit de la famille, *JO* 16 nov., p. 20405.

des tiers et au juge, ou au conseil de famille s'il a été constitué, de statuer, pourrait semer le trouble. Tout comme l'article 459 alinéas 3 et 4, dans sa rédaction modifiée par la loi nº 2009-526 du 12 mai 2009, autorisant le mandataire à prendre une décision ayant pour effet de porter gravement atteinte à l'intimité de la vie privée en cas d'urgence (C. civ., art. 459, al. 3) et lui permettant de prendre toute mesure de protection strictement nécessaire pour mettre fin au danger que son propre comportement ferait courir à la personne protégée. La plus extrême **prudence** et des **réflexes éthiques** sont ici absolument requis de la part des professionnels, comme des familles. Même si la procréation peut être particulièrement grave dans ses conséquences parfois, notamment du point de vue de l'intérêt de l'enfant, quand le ou les parents sont lourdement atteints dans leurs facultés mentales, nier le caractère strictement personnel des relations sexuelles qui en sont à l'origine n'est pas compatible avec le respect des **libertés individuelles**, des **droits fondamentaux** et de la **dignité de la personne** de l'article 415 du Code civil [1].

c) L'accès à la **contraception**, à la **stérilisation** à visée contraceptive, voire à **l'intervention volontaire de grossesse** peuvent également interroger. Si l'accès à la contraception relève sans doute de l'acte strictement personnel, la stérilisation à visée contraceptive et l'intervention volontaire de grossesse continuent de susciter de vifs débats, y compris devant la Cour européenne des droits de l'homme [2].

– L'article L. 2123-2 du Code de la santé publique réglemente la **stérilisation à visée contraceptive** pour les personnes majeures sous curatelle ou sous tutelle ainsi placées en raison d'une altération de leurs facultés mentales constituant un handicap. Elle n'est possible qu'après une procédure spécifique, prévoyant notamment **l'audition** de la personne protégée, la recherche de son **consentement**, **l'avis d'un comité d'experts**, et **l'autorisation** du juge des tutelles [3], le **refus** devant être respecté.

– S'agissant de **l'interruption volontaire de grossesse**, une très grande vigilance et une réflexion éthique doivent également être convoquées. Le **consentement** strictement personnel à une telle intervention nous apparaît relever de l'évidence. Pourtant, la discussion est loin d'être close tant les situations personnelles sont souvent dramatiques. L'accès à l'interruption volontaire de grossesse thérapeutique, si les conditions en sont remplies, peut certainement être ouvert au **tuteur**, après qu'il ait reçu du juge une mission de représentation au sens de l'article 459 alinéa 2. Peut-on aller plus loin sans risques particulièrement graves ? Peut-on, en particulier, faire application de l'article 459 en ses alinéas 3 et 4 qui prévoit la possibilité pour le mandataire, en cas **d'urgence**, de prendre une décision ayant pour effet de porter gravement **atteinte à l'intégrité corporelle** de la personne protégée (al. 3) et qui lui permet de prendre à l'égard de la personne protégée les mesures strictement nécessaires pour mettre fin au danger que son propre comportement lui ferait courir à elle-même (al. 4) ?

d) L'adoption d'un enfant par la personne protégée requiert son **consentement** strictement personnel. Il est à noter que la Cour de cassation s'était prononcée dans ce sens le 4 juin 2007 [4] pour une personne en tutelle en excluant la représentation mais en indiquant toutefois que l'article 501 du Code civil pouvait permettre une autorisation judiciaire si la personne protégée avait une lucidité suffisante. Compte tenu de la nouvelle rédaction de l'article 458, aucune représentation ou assistance n'apparaît possible, ce que la doctrine critique fortement [5].

La question de **l'adoption de l'enfant de la personne sous tutelle** a été envisagée par la Cour européenne des droits de l'homme, qui a considéré dans un arrêt du 17 juillet 2008 (X... c/Croatie) que l'article 8 de la Convention EDH était violé lorsqu'une mère incapable avait été tenue entièrement à l'écart de l'adoption de sa fille par un tiers, alors qu'elle avait conservé des liens avec elle [6].

213.37 Actes strictement personnels à la personne protégée enfant. L'article 458 alinéa 2 du Code civil vise exclusivement le **consentement donné à sa propre adoption.** La question avait déjà soulevé des discussions après un arrêt de la Cour de cassation du 8 octobre 2008 [7] qui, à propos de l'adoption simple, avait considéré que le consentement d'un majeur protégé à sa propre adoption étant un acte strictement personnel ne pouvait être donné par son tuteur

1. Le respect de la vie sexuelle est une composante de la vie privée et une liberté individuelle, en conséquence toute restriction doit répondre à des finalités légitimes, être adéquate et proportionnée : CAA Bordeaux, 6 nov. 2012, req. nº 11BX01790, *AJDA* 2013. 115, concl. Katz; *D.* 2013. 312, obs. Vialla; *RTD civ.* 2013. 91, obs. Hauser.
2. CEDH 28 avr. 2009, K. H. a. c/Slovaquie, req. nº 32881/04, *ADL* 30 avr. 2009 – CEDH 8 nov. 2011, V. C. c/Slovaquie, req. nº 18968/07, *ADL* 14 nov. 2011; *JCP* 2012. 87, obs. Sudre; *JCP* 2011. 1363, obs. Grabarczyk; *Dr. fam.* 2012. Étude 4, note Garcia.
3. Douai, 12 déc. 2013, RG nº 13/213, *D.* 2014. 2259, obs. Plazy; *Dr. fam.* 2014, nº 84, obs. Maria.
4. Civ. 1re, 4 juin 2007, nº 05-20.243, *Bull. civ.* I, nº 218; *RTD civ.* 2007. 547, obs. Hauser; *Gaz. Pal.* 2007, nº 294, p. 24, obs. Massip; *Dr. fam.* 2007, nº 7, p. 41, obs. Fossier; *JCP N* 2007, nº 48, p. 24, obs. Plazy.
5. P. Salvage-Gerest « Les actes dont la nature implique le consentement strictement personnel du majeur en tutelle : une catégorie à revoir d'urgence », *Dr. fam.* 2009. Étude 17.
6. CEDH 17 juill. 2008, X... c/Croatie, req. nº 12233/04.
7. Civ. 1re, 8 oct. 2008, nº 07-16.094, *Bull. civ.* I, nº 223; *JCP* 2008. Actu. 615, obs. Favier; *JCP* 2009. II. 10012, note Favier; *D.* 2008. 2663, obs. Egéa; et 2832, note Norguin; *D.* 2009. Pan. 2183, obs. Plazy; *Defrénois* 2008. 2431, obs. Massip; *RTD civ.* 2008. 655, obs. Hauser; *RDSS* 2009. 176, obs. Neirinck.

en son lieu et place. La Haute Cour avait alors, et sous l'empire de la loi ancienne, considéré que seul le juge des tutelles, sur avis du médecin traitant, pouvait autoriser le majeur protégé à consentir à sa propre adoption, seul ou assisté de son tuteur.

En l'état du droit positif tel que résultant de la loi du 5 mars 2007, nul ne peut autoriser l'adoption d'une personne protégée, même si l'adoption peut être de son intérêt, par exemple en cas de souhait d'adoption d'une personne sous tutelle par le conjoint de l'un de ses parents, ce qui peut notamment permettre de bénéficier de dispositions successorales plus favorables.

213.38 Exception des actes soumis aux dispositions du Code de la santé publique et du Code de l'action sociale. Le principe d'autonomie de décision joue ici sous réserve expresse des dispositions particulières prévues par la loi. Sont ainsi ménagées, en principe et notamment, les règles relatives au **consentement à l'acte médical ou en matière de bioéthique**, d'autant que l'article 459-1 du Code civil précise que les dispositions du Code de la santé publique demeurent applicables, tout comme d'ailleurs celles du Code de l'action sociale et des familles. (v. ss nos 214.01 s.).

SECTION 3
MÉCANISME D'AUTONOMIE GRADUÉE POUR LES ACTES SIMPLEMENT PERSONNELS

213.41 En principe, la personne protégée prend seule les décisions relatives à sa personne dans la mesure où son état le permet. En dehors des actes strictement personnels, et pour tous les autres actes relatifs à sa personne, le majeur protégé prend seul les décisions, dans la mesure où son état le permet. Il est donc présumé suffisamment autonome pour décider seul, même s'il est sous tutelle.

L'application de ce principe clair peut être rendue délicate en pratique notamment parce que les décisions personnelles de la personne protégée peuvent impliquer la réalisation d'actes patrimoniaux, dont il n'a pas l'exclusivité. Si les décisions personnelles relèvent de la volonté du majeur, leur mise en œuvre peut dépendre de la bonne volonté du mandataire. Ainsi par exemple des vacances. Dans quelles conditions, le mandataire peut-il s'opposer aux décisions ou aux souhaits de la personne protégée, notamment quand elle en a les moyens financiers ? Doit-on considérer que le tuteur est lié par la décision du majeur et doit tout mettre en œuvre pour le satisfaire, sauf impossibilité matérielle ou mise en danger ?

La Cour européenne des droits de l'homme reconnaît, sur le fondement du droit au respect de la vie privée, « *la faculté pour chacun de mener sa vie comme il l'entend* », y compris en se mettant physiquement ou moralement en danger, à condition qu'autrui soit épargné[1]. Ce principe n'est pas applicable aux majeurs protégés et l'article 459 alinéa 4 du Code civil implique qu'il n'est pas libre de se mettre en danger, le mandataire devant alors prendre d'office des mesures de protection strictement nécessaires. Toute la question est celle de **l'appréciation de la situation de danger,** familière au droit de l'enfance mais pas encore au droit de la protection juridique des majeurs. Que faut-il par ailleurs entendre par « *mesures strictement nécessaires* » ? Les juges des tutelles y répondent au cas par cas.

213.42 Exceptions : assistance ou représentation de la personne pour les actes personnels sur décision spécifique du juge. Lorsque l'état de la personne protégée ne lui permet pas de prendre seule une décision personnelle éclairée, le juge des tutelles ou le conseil de famille s'il a été constitué peut prévoir soit l'assistance de la personne, soit, après l'ouverture d'une tutelle, sa représentation. Si aucune décision d'assistance ou de représentation de la personne protégée n'a été prise, le curateur ou le tuteur ne peut intervenir au titre de l'assistance ou de la représentation, et la personne protégée peut continuer à prendre seule les décisions qui concernent sa personne. C'est dans ce sens qu'a statué le juge des tutelles de Nice le 4 février 2009[2], immédiatement après l'entrée en vigueur de la loi du 5 mars 2007, puis, notamment, la cour d'appel de Dijon[3].

– L'assistance ou la représentation de la personne peut être prévue soit dès l'origine de la mesure de protection, soit en cours d'exercice de celle-ci. Elle peut concerner l'**ensemble des actes** relatifs à la personne, ou **certains d'entre eux** seulement, énumérés dans la décision ou dans la délibération du conseil de famille. S'agissant d'une décision relative à la protection de la personne du majeur, celle-ci devra avoir été au préalable **entendue** ou appelée, dans les conditions de l'article 1220-3 du Code de procédure civile.

La rédaction de l'article 459 alinéa 2 du Code civil permet de prévoir une **assistance** tant à l'égard de la personne sous curatelle que de la personne sous tutelle.

– Si cette assistance ne suffit pas, le juge ou le conseil de famille peuvent autoriser le tuteur à **représenter** la personne protégée. La rédaction de l'alinéa 2 laisse entendre que l'assistance doit avoir été expérimentée avant de prononcer une représentation du majeur. La jurisprudence devra se prononcer sur cette

1. CEDH 29 avr. 2002, Pretty c/Royaume-Uni, req. n° 2346/02, § 66 ; *AJDA* 2003. 1383, note Le Baut-Ferrarese ; *RTD civ.* 2002. 482, note Hauser ; *RTD civ.* 2002. 858, obs. Marguénaud ; *RSC* 2002. 645, note Massias.
2. Nice, 4 févr. 2009, RG n° 01/00602, *D.* 2009. 1397, obs. Verheyde ; *Defrénois* 2010. 870, obs. Massip.
3. Dijon, 9 nov. 2011, RG n° 11/00606, *Dr. fam.* 2011, n° 12, obs. Maria.

interprétation. **La décision de représentation d'un majeur pour les actes personnels ne peut être prise qu'après l'ouverture d'une tutelle,** de sorte qu'un majeur sous curatelle ne peut jamais être représenté pour de tels actes. Il est également utile de rappeler ici que, si le juge est saisi d'une requête aux fins de représentation d'un majeur sous curatelle pour des actes relatifs à sa personne, il ne pourra se saisir d'office de l'aggravation de la mesure de protection. Il devra donc être saisi à cet effet d'une requête présentée par l'une des personnes de l'article 403 du Code civil, accompagnée d'un certificat circonstancié d'un médecin inscrit sur la liste établie par le procureur de la République (C. civ., art. 431 et 442, al. 4). Tous éléments médicaux utiles à l'appréciation par le juge de l'étendue de la mission de représentation devront également être joints à la requête.

En tout état de cause, pour apprécier de l'impossibilité pour la personne protégée à prendre seule une décision personnelle éclairée, le juge ou le conseil de famille saisi d'une requête aux fins d'assistance ou de représentation devra disposer **d'éléments médicaux objectifs d'appréciation et** il sera le plus souvent nécessaire de recourir à l'**examen clinique** puis au **certificat circonstancié d'un médecin inscrit.** La question est en effet de savoir ce qu'il faut entendre par impossibilité pour le majeur d'exprimer sa volonté ? Une conception restrictive limiterait l'intervention alors que, par exemple dans les pathologies dégénératives de type maladie d'Alzheimer, les fonctions intellectuelles supérieures et notamment les capacités à comprendre, vouloir et discerner sont atteintes ce qui exige un réexamen périodique pour mesurer les facultés présentes de la personne et son intérêt [1].

Lorsque le juge ou le conseil de famille décident d'une mission d'assistance ou de représentation du majeur dans les actes relatifs à sa personne, soit à l'ouverture de la mesure soit au cours de celle-ci, la question se pose de savoir s'il doit autoriser tel ou tel acte directement et en lui-même ou s'il doit se limiter à donner une mission d'assistance ou de représentation au mandataire pour que celui-ci, dans un second temps, assiste la personne protégée ou la représente dans la ou les décisions à prendre. La majeure partie des praticiens considère actuellement que la décision du juge, ou la délibération du conseil de famille s'il a été constitué, ne porte que sur la **mission donnée au mandataire d'assister ou de représenter** la personne protégée et **non sur l'autorisation directe à l'acte.** Le mandataire doit rendre compte des diligences accomplies au juge ou au conseil de famille selon des modalités que ces derniers déterminent (C. civ., art. 463).

213.43 Limites de l'assistance ou de la représentation décidée par le juge ou le conseil de famille : les actes portant gravement atteinte à l'intégrité corporelle de la personne protégée ou à l'intimité de sa vie privée. L'article 459 en son alinéa 3 fait interdiction à la personne chargée de la protection de la personne du majeur de prendre des décisions qui auraient de telles conséquences. Il convient d'ailleurs de rappeler que, lorsque la protection est une curatelle, le curateur ne pourrait en tout état de cause qu'assister le curatélaire et non pas prendre seul des décisions pour lui.

Toutefois, **l'exception de l'urgence** visée par le texte interroge puisqu'elle autoriserait alors les actes portant gravement atteinte à l'intégrité corporelle du majeur ou à l'intimité de sa vie privée (v. s[s] n° 213.36). Quel type d'actes graves peut-on envisager, d'autant que **l'urgence médicale** est elle-même en principe hors de ce champ dans la mesure où elle est déjà prévue dans le Code de la santé publique, tout comme la stérilisation à visée thérapeutique ? Comment par ailleurs accepter une telle exception au nom de l'urgence alors que l'article 16-3 du Code civil stipule expressément qu'il ne peut être porté atteinte à l'intégrité corporelle qu'en cas de nécessité médicale ou, à titre exceptionnel, dans l'intérêt thérapeutique d'autrui ? Quel type de péril est envisagé ? Comment articuler les dispositions relatives à la protection de la personne et celles du code de la santé publique ?

S'agissant d'un **curatélaire-patient**, le droit commun de la santé doit trouver à s'appliquer. Son **consentement personnel** devra être systématiquement recherché et, si une mission d'assistance lui a été donnée, le curateur devra veiller à ce qu'une **information médicale** ait été donnée à la personne protégée, dans les conditions de l'article 457-1 du Code civil, et à l'assister. Si le curatélaire ne peut donner son consentement, il conviendra de saisir le juge, le cas échéant, d'une requête aux fins de représentation, ce qui n'est possible qu'après ouverture préalable d'un régime de tutelle. En cas d'urgence médicale, le médecin devra pratiquer les soins nécessaires.

En cas de **mise en œuvre de l'exception de l'urgence** par la personne chargée de la protection, **le compte rendu immédiat au juge n'est pas prévu,** contrairement à l'alinéa 4 traitant de la mise en danger du majeur du fait de son comportement. Il nous apparaît donc souhaitable que le mandataire agisse toujours avec la plus grande prudence dans ces hypothèses, en informant le juge sans délai des difficultés rencontrées. Le magistrat peut alors ordonner, d'office ou à la demande de tout intéressé, que la requête donne lieu à un débat contradictoire (C. pr. civ., art. 1213).

213.44 Situation de danger. L'article 459 du Code civil en son alinéa 4 permet au mandataire de prendre, à l'égard de la personne protégée, les **mesures de protection strictement nécessaires pour faire cesser le danger** que, du fait de son comportement, celle-ci

1. C. Jonas, « Les aspects médicaux de la protection des majeurs », *Dr. fam.* 2007, n° 5, p. 8.

ferait courir à elle-même. Le mandataire doit en informer sans délai le juge ou le conseil de famille s'il a été constitué.

La définition du danger est progressivement précisée par la jurisprudence. Elle **ne concerne pas** les hypothèses de **soins contraints**, déjà prévus pas les textes tant lors du vote de la loi du 5 mars 2007 que, plus récemment, avec les dispositions nouvelles de la loi n° 2011-803 du 5 juillet 2011 et de ses décrets d'application relatifs aux droits et à la protection des personnes faisant l'objet de soins psychiatriques et aux modalités de leur prise en charge[1]. Elle trouve à s'appliquer, par exemple, au remplacement du gaz par des plaques électriques, ou à la conduite du véhicule automobile. Ainsi, la Cour de cassation[2] a-t-elle validé la décision des juges du fond de refuser à la personne protégée l'acquisition d'un véhicule au motif que son acuité visuelle était définitivement incompatible avec les impératifs de la sécurité routière. La Haute Cour a considéré que l'appréciation du danger relevait de l'appréciation souveraine des juges du fond.

213.45 Régime procédural : saisine du juge par requête et appel possible des ordonnances. Le juge des tutelles peut être saisi par **requête**. Aucune disposition du Code de procédure civile ne précise qui peut être le requérant. L'article 1229 de ce code ne semble prévoir que la requête présentée par la personne protégée ou la personne chargée de la protection, n'envisageant de possibles conflits qu'entre eux. Cette interprétation est sans doute trop restrictive, d'autant que, le plus souvent, la personne elle-même ignorera qu'elle peut saisir le juge et ne pourra de toute façon pas le faire. Il est souhaitable d'avoir une interprétation plus large et de considérer que « *tout intéressé* » peut saisir le juge, à l'image de ce qui est prévu en cas de contestation de la mise en œuvre du mandat de protection future ou de difficultés sur les conditions de son application et les modalités de son exécution (C. civ., art. 484).

Le juge ne peut statuer sur la requête, en application des dispositions de l'article 1220-3 du Code de procédure civile, qu'après avoir **entendu** ou **appelé** la personne protégée. Il doit donc impérativement convoquer régulièrement celle-ci, sauf si l'audition est de nature à porter atteinte à sa santé ou si elle est hors d'état d'exprimer sa volonté. Si tel peut être le cas, il est nécessaire de le vérifier médicalement et, puisque d'une part la décision prise pourra faire exception au principe de l'alinéa 1er de l'article 459 du Code civil, et que, d'autre part, la **dispense d'audition** doit être spécialement **motivée** sur **avis d'un médecin inscrit** (C. civ., art. 432), le juge doit désigner un médecin inscrit.

Il peut être également pertinent de faire procéder à une **enquête sociale** ou à des **vérifications** (C. pr. civ., art. 1221) puis de provoquer un **débat contradictoire** sur l'examen de la requête, en présence de la personne protégée (C. pr. civ., art. 1213). Cette démarche est nécessaire, s'agissant des droits de la personne, la personne protégée pouvant être assistée d'un conseil et pouvant, le cas échéant, demander au juge de lui en faire désigner un d'office par le bâtonnier (C. pr. civ., art. 1214). Demeure l'hypothèse de l'**urgence**, qui doit être envisagée très restrictivement et, toujours, être **spécialement motivée** pour permettre le contrôle, dans l'intérêt de la personne protégée.

Dans tous les cas il peut être utile de **communiquer la procédure au parquet**, investi comme le juge des tutelles d'une mission de surveillance générale des mesures de protection (C. civ., art. 416, al. 1er). Cette communication peut être faite à l'initiative du juge (C. pr. civ., art. 427) ou à la demande du parquet (C. pr. civ., art. 426), qui a comme le juge des tutelles une mission de surveillance générale des mesures de protection (C. civ., art. 416, al. 1er).

Lorsque l'instruction de la requête est terminée, il appartient au juge de rendre une **décision motivée**, si nécessaire après avoir organisé un débat contradictoire (C. pr. civ., art. 1213).

SECTION 4

ACTES PERSONNELS SOUMIS À DES DISPOSITIONS SPÉCIFIQUES DU CODE CIVIL

213.50 Le Code civil a renoncé à réglementer trop précisément le domaine des actes relatifs à la personne de la personne protégée et réserve les dispositions particulières, notamment celles du Code de la santé publique et du Code de l'action sociale. Au-delà du statut des actes personnels organisé autour des articles 415, 457-1, 458 et 459 du Code civil, le législateur de 2007 a entendu réserver des **domaines spécifiques** : la protection du **cadre de vie** et des **relations personnelles**, le **droit de vote**, le **mariage**, le **PACS**, la **santé**, notamment. La jurisprudence construira progressivement des repères et se positionnera sur la cohérence à établir, dans l'intérêt de la personne protégée, entre le **mécanisme général de protection de la personne** et ces **dispositions spécifiques.** D'ores et déjà, des contradictions importantes ont surgi dans le domaine particulier de la santé, le Code de la santé publique faisant des références désordonnées à la terminologie du droit civil, utilisant par exemple indifféremment les termes de « *protection légale* » ou de « *tutelle* ».

1. L. n° 2011-803, 5 juill. 2011, *JO* 6 juill., p. 11705 – Décr. n° 2011-846, 18 juill. 2011, *JO* 19 juill., p. 12371 – Décr. n° 2011-847, 18 juill. 2011, *JO* 19 juill., p. 12375.
2. Civ. 1re, 27 févr. 2013, n° 11-28.307, NP; *D.* 2013. 640; *AJ fam.* 2013. 304, obs. Verheyde; *Dr. fam.* 2013, n° 58, obs. Maria; *LPA* 2013, n° 119, p. 23, obs. Corpart; *RJPF* 2013-4/25, obs. Cheynet de Beaupré.

§ 1
Liberté de choix de la résidence et des relations personnelles

213.51 Liberté de choix de la résidence par la personne protégée. Même lorsqu'elle est placée sous le régime de la tutelle, la personne protégée choisit le lieu de sa résidence (C. civ., art. 459-2). Ce principe, qui découle du **principe du d'autonomie générale de décision** posé par l'article 459 du Code civil, avait déjà été esquissé par la Cour de cassation par un arrêt du 25 mars 1997[1]. Il est désormais **affirmé dans la loi** qui dispose, en outre, dans l'alinéa 3 de l'article 459-2 du Code civil qu'en cas de difficulté, le juge ou le conseil de famille statue.

Ces dispositions impliquent donc que la **volonté de la personne** doit être recherchée et, à tout le moins, ses **souhaits**, quant au choix de son lieu de vie. Les difficultés sont nombreuses, en pratique, d'autant plus que la capacité du tutélaire à exprimer des choix réels et stables est le plus souvent difficile à déterminer et que, par ailleurs, les mandataires sont confrontés à des questions de **sécurité** et de **coût économique**.

Certains auteurs se sont d'ailleurs interrogés sur le point de savoir si l'article 459-2 du Code civil devait vraiment trouver à s'appliquer lorsque la mesure avait été limitée à la protection du patrimoine. Une première réponse consisterait à répondre par la négative puisque ce texte se trouve situé dans la **partie de la loi consacrée à la personne**. Cependant, il relève de l'évidence que, s'agissant du lieu de vie, la dimension économique et patrimoniale ne peut être totalement exclue. Le coût du logement, en particulier lorsqu'est décidé un maintien à domicile, pèse souvent lourd dans le budget quand il suppose des aménagements ou des accompagnements, en particulier en personnel. Il peut impliquer de ponctionner fortement le patrimoine, voire de faire appel à la contribution des obligés alimentaires. Comme le mariage et le PACS, également placés dans cette partie de la loi relative à la protection de la personne, le choix du lieu de vie est un **acte mixte**, qui doit trouver à s'appliquer quelle que soit la mesure prononcée, et même lorsqu'elle est limitée aux biens.

Les dispositions de l'article 459-2 du Code civil s'appliquent en outre à la **sauvegarde de justice**, puisque l'article 438 du Code civil dispose que le juge des tutelles peut confier au mandataire une mission de protection de la personne dans le respect des articles 457-1 à 463 du même code, et au **mandat de protection future** lorsqu'une mission de protection de la personne a été confiée au mandataire (C. civ., art. 479).

En cas de **difficulté**, le **juge** ou le conseil de famille seront appelés à statuer, donc à **trancher**. En pratique, avant même la réforme, de nombreux magistrats des tutelles avaient déjà accepté d'intervenir en pareil cas, au moins en recevant le majeur protégé, son mandataire et, parfois, sa famille, pour tenter de trouver une solution amiable, voire de décider en cas de persistance du conflit. Faute de textes, dans ces situations de fait souvent douloureuses, ils fondaient leurs décisions sur la jurisprudence issue de l'arrêt de la Cour de cassation du 18 avril 1989[2]. La Haute Cour avait en outre, dans un arrêt du 25 mars 1997[3], considéré qu'il convenait de respecter le choix de la personne sous tutelle s'il était constaté que celle-ci n'était pas dépourvue de volonté propre et qu'elle émettait des souhaits quant à la fixation de sa résidence chez l'un de ses parents. Depuis l'entrée en vigueur de la loi nouvelle, de nombreuses décisions sont intervenues et les juges des tutelles n'hésitent pas à aller relativement loin dans les **modalités de fixation de la résidence**, des **droits de visite**, voire **d'hébergement**, tout à fait de la même manière que les juges aux affaires familiales[4]. Les **motivations** sont quasiment exclusivement **factuelles** et se réfèrent à l'équilibre, au bien-être, aux risques pour la santé qu'engendrerait le changement de résidence de la personne protégée (ou, au contraire, le maintien dans son logement), l'emprise de tel ou tel membre de la famille ou proche, les perturbations liées au conflit familial... La loi ne donne pas d'autres indications que celle de rechercher la volonté du majeur protégé et, surtout, son intérêt propre puisque telle est la finalité de l'article 415 alinéa 3 du Code civil. Dans une décision du 8 février 2013[5], la cour d'appel de Douai rappelle en outre que, « *en l'absence de toute difficulté effectivement constatée et avérée, il ne peut être porté atteinte au droit de la personne protégée de choisir son lieu de résidence, sauf à instaurer un régime d'autorisation préalable du juge dans toute situation de retour à domicile présentant un risque potentiel pour la santé de la personne protégée, ce qui n'est ni l'esprit, ni la lettre de la loi* ».

Le juge ou le conseil de famille doivent être saisis par **requête**, étant précisé que le Code civil comme le Code de procédure civile sont muets sur les personnes qui ont qualité pour agir. En pratique, il s'agit le plus souvent du **mandataire**, familial ou professionnel, mais sans doute peut-on considérer que les **personnes visées à l'article 430** du Code civil le peuvent aussi et, en particulier, la personne protégée. Mais le pourra-t-elle vraiment, et sera-t-elle seulement informée de cette possibilité ? En tout état de cause, les textes ne prévoient pas ici, comme dans d'autres cas,

1. Civ. 1re, 25 mars 1997, no 96-12.028, *Bull. civ.* I, no 107; *JCP* 1997. II. 22882, note Fossier.

2. Civ. 1re, 18 avr. 1989, no 87-14.563, P (préc. ss no 213.11).
3. Civ. 1re, 25 mars 1997, no 96-12.028, P (préc. ss prést no).
4. T. Verheyde, « Le juge des tutelles, nouveau juge aux affaires familiales », *Dr. fam.* 2011. Dossier 4.
5. Douai, 8 févr. 2013, RG no 12/06650, *AJ fam.* 2013. 245, obs. Raoul-Cormeil.

la saisine du juge par tout intéressé et il appartiendra donc au juge, ou au conseil de famille, d'apprécier au cas par cas.

L'audition de la personne protégée est en principe ici obligatoire, comme pour toute requête relative à la protection de la personne (C. pr. civ., art. 1220-3), sauf si elle est de nature à porter atteinte à sa santé ou si la personne est hors d'état de manifester sa volonté. Dans ces cas, qui doivent demeurer exceptionnels, il apparaît nécessaire de prévoir une **ordonnance de non-audition**, ou de **dispense d'audition**. Il faudra en tout état de cause, une **motivation spécifique** dans la décision puisque le juge a été précisément saisi dans un contexte dans lequel la personne protégée ne pouvait manifester son choix sur le lieu de résidence, ou présentait une volonté fluctuante, sous influence ou contrariée. Le plus souvent d'ailleurs, le juge et, avant lui, le mandataire dans le cadre de la requête, recherchera un **avis médical** sur l'aptitude de la personne protégée à exprimer un choix. Cet avis sera utilement demandé à un **médecin inscrit**.

Avant de prendre sa décision, le juge ou le conseil de famille, pourra tenir une véritable **audience contradictoire** (C. pr. civ., art. 1213). La convocation à une telle audience est souvent souhaitable, quand elle est possible, et la personne protégée peut être assistée d'un conseil. La communication de la procédure au parquet est souvent souhaitable, soit à l'initiative du juge (C. civ., art. 426), soit à la demande du parquet (C. civ., art. 427) qui, comme le juge des tutelles, est investi d'une mission de surveillance générale des personnes protégées (C. civ., art. 416, al. 1er).

Le juge des tutelles, ou le conseil de famille s'il a été constitué, doit statuer si le conflit persiste, mais il lui appartient aussi, dans ce domaine spécifique si délicat, de tenter de **concilier** les parties voire de proposer une **médiation**, par exemple familiale. Il peut y avoir **recours** sur le fondement des dispositions générales sur la conciliation (C. pr. civ., art. 21 et 127 s.) et des dispositions sur la médiation civile (C. pr. civ., art. 131-1 s.), étant observé qu'il n'existe pas de texte spécifique sur la médiation familiale en matière de protection des majeurs, contrairement à ce qui existe en matière familiale (C. pr. civ., art. 373-2-10 s.).

Lorsque le juge rend une ordonnance sur le lieu de résidence de la personne protégée (ou le conseil de famille une délibération), il doit le faire en principe dans un **délai de trois mois** (C. pr. civ., art. 1219) et la **motiver**. Cette décision, qui tranche un conflit, est une décision contentieuse qui peut faire l'objet d'un **recours** devant la cour d'appel dans un délai de quinze jours (C. pr. civ., art. 1239 s.).

La délicate question aujourd'hui en débat est celle de l'**exécution des décisions rendues** dans un domaine si sensible. Le plus souvent, les décisions seront assorties de l'**exécution provisoire** mais il convient de rappeler que l'exécution forcée n'est possible que dans les cas des articles 500 et suivants du Code de procédure civile. Or, que peut faire le juge des tutelles ou le mandataire par exemple si une personne protégée est retirée de force de chez elle ou de l'établissement où elle réside, contrairement à la décision prise ? Alors que l'inexécution d'une décision rendue par un juge aux affaires familiales ou un juge des enfants est une infraction pénale, notamment la non-représentation d'enfant, ce n'est nullement le cas pour la **non-représentation** ou le **défaut d'exécution d'une décision relative à une personne protégée**. Or, la protection effective de ces personnes particulièrement vulnérables et sans défense ne pourra sans doute être assurée que par le recours, dans certains cas, au **droit pénal** pour tenter d'éviter des drames. Cela devrait être le cas notamment lorsque le conflit concernant la résidence trouve son origine dans une ou plusieurs infractions dont la personne protégée serait victime, en particulier du fait d'une vulnérabilité due à son âge, à son handicap ou à sa maladie (violences, maltraitance, abus de faiblesse).

213.52 Protection des relations personnelles. Même lorsqu'elle est placée sous le régime de la tutelle, la personne protégée doit pouvoir entretenir librement des relations personnelles avec tout tiers, parent ou non (C. civ., art. 459-2, al. 2). Ce droit est une **liberté fondamentale** qu'il était important de faire figurer clairement dans la loi. La question délicate sera à la fois de déterminer la réelle volonté, et les possibilités de choix de la personne protégée, et de définir les « *relations personnelles* ». Le droit d'être **visité** [1], de recevoir de la **correspondance**, des **appels téléphoniques**, des **messages électroniques**, de visiter soi-même, d'écrire, de téléphoner, sont incontestablement visées dans ce texte. Sont sans doute aussi concernées les relations plus intimes, sauf à considérer qu'elles entrent dans le domaine des actes strictement personnels de l'article 458 du Code civil et qu'elles échappent à la saisine du juge en cas de difficulté.

L'article 459-2 du Code civil en son troisième alinéa dispose qu'en matière de relations personnelles, il appartient au juge ou au conseil de famille s'il a été constitué de statuer en cas de difficulté. La jurisprudence antérieure à la réforme avait donné des exemples d'intervention du juge des tutelles telle la suspension provisoire de toute visite familiale à une personne sous tutelle en raison de la violence verbale du précédent tuteur et des risques de soustraction de celle-ci à l'hospitalisation que justifiait son état [2].

Le juge ou le conseil de famille devront être saisis par **requête**, étant précisé que le Code civil comme le

1. Annulation, sur le fondement du droit au respect de la vie privée et familiale, de la décision d'un directeur d'établissement interdisant à la fille unique d'un patient âgé de lui rendre visite, et ce pour une durée importante : TA Versailles, 25 janv. 2012, req. n° 0908664, *AJ fam.* 2012. 283, obs. Verheyde.
2. Civ. 1re, 28 janv. 2003, n° 00-19.583, NP; *Dr. fam.* 2003. 33, note Fossier; *RTD civ.* 2003. 480, obs. Hauser.

Code de procédure civile sont muets sur les personnes qui ont qualité pour agir. En pratique, il s'agit le plus souvent du **mandataire**, familial ou professionnel, mais sans doute peut-on considérer que les **personnes visées à l'article 430** du Code civil le peuvent aussi et, en particulier, la personne protégée. Mais le pourra-t-elle, et sera-t-elle seulement informée de cette possibilité ? En tout état de cause, les textes ne prévoient pas ici, comme dans d'autres cas, la saisine du juge par tout intéressé et il appartiendra donc au juge, ou au conseil de famille, d'apprécier au cas par cas.

L'audition de la personne protégée est en principe obligatoire, comme pour toute requête relative à la protection de la personne (C. pr. civ., art. 1220-3), sauf si elle est de nature à porter atteinte à sa santé ou si la personne est hors d'état de manifester sa volonté. Dans ce cas, il apparaît nécessaire de prévoir une **ordonnance de non-audition**, ou de **dispense d'audition**. Il faudra en tout état de cause, une **motivation spécifique** dans la décision.

Avant de prendre sa décision, le juge ou le conseil de famille, pourra tenir une véritable **audience contradictoire** (C. pr. civ., art. 1213). La convocation à une telle audience est souvent souhaitable, quand elle est possible, et la personne protégée peut être assistée d'un conseil. La communication de la procédure au parquet est possible, et souvent souhaitable.

Comme pour les conflits relatifs au choix du lieu de la résidence, les **ordonnances**, qui devront être **motivées**, sont susceptibles d'**appel** devant la cour d'appel dans un délai de quinze jours (C. pr. civ., art. 1239 s.). Ici aussi, la délicate question est celle de l'**exécution de la décision**.

§ 2 Mariage

213.61 Autorisation du mariage de la personne protégée par le curateur ou, à défaut, par le juge des tutelles, dans la curatelle (C. civ., art. 460, al. 1er), et, par le juge ou par le conseil de famille s'il a été constitué, après audition des futurs conjoints et, le cas échéant, l'avis des parents et de l'entourage (C. civ., art. 460, al. 2), dans la tutelle. L'avis du médecin traitant a disparu tout comme la possibilité pour le tutélaire candidat au mariage d'obtenir l'autorisation de ses deux parents, conditions également prévues par l'article 506 ancien du Code civil.

Depuis la réforme du 5 mars 2007, les **conditions du mariage** d'une personne en tutelle ou en curatelle ont été **simplifiées** puisqu'il n'est désormais soumis qu'à la seule **autorisation** du juge des tutelles ou du conseil de famille s'il a été constitué (tutelle) ou du curateur et, à défaut, du juge des tutelles (curatelle). Avant de donner cette autorisation, il devra entendre les futurs conjoints pour s'assurer de la volonté de chacun et recueillir le cas échéant l'**avis des parents et de l'entourage** sur le mariage envisagé (C. civ., art. 460, al. 2 [1]). Cet avis ne lie pas le juge ou le conseil de famille.

La Cour de cassation [2] juge que « *si le mariage d'un majeur en tutelle doit être autorisé par le juge des tutelles, il constitue un acte dont la nature implique un consentement strictement personnel et qui ne peut donner lieu à représentation* » de sorte que la requête déposée par le tuteur du majeur doit être déclarée irrecevable. Cette position de la Haute Cour, qui se situe dans le prolongement d'un précédent arrêt du 6 novembre 2013 [3] suscite de nombreux commentaires.

En effet, ainsi que le relève avec pertinence J.-M. Plazy [4], si en vertu de l'article 146 du Code civil le mariage suppose un consentement personnel, en revanche il apparaît plus difficile de le qualifier d'acte strictement personnel et de mettre sous le même régime le droit et la procédure risque de conduire à des impasses lorsque le majeur protégé ne peut lui-même rédiger ou déposer la requête ou faire appel de la décision qu'il conteste. Cette position est aussi susceptible de remettre en cause le droit à se marier lui-même puisque la qualification d'acte strictement personnel, d'ailleurs non retenue dans la liste certes non exhaustive de l'article 458 du Code civil, emporte la conséquence qu'une assistance ou une représentation est impossible. Ainsi que le relève encore J.-M. Plazy, lorsque le majeur protégé ne peut prendre l'initiative de la requête mais souhaite se marier, deux voies pourraient alors être suivies : l'une devrait conduire à utiliser l'article 475 du Code civil [5] et l'autre à engager une réflexion nouvelle sur le rejet de l'assistance au même titre que la représentation.

Sur le fond, après dépôt de la requête aux fins d'autorisation à mariage, l'appréciation de la capacité d'un majeur protégé, et en particulier en tutelle, à donner son consentement relève de l'appréciation souveraine des juges du fond [6] à la condition que la motivation soit suffisante. Ainsi, par un arrêt du 24 mars 1998 [7], la Cour de cassation avait-elle confirmé la décision des juges d'appel qui avaient

1. C. civ., art. 460, al. 2 (*issu de L. n° 2007-308, 5 mars 2007*).
2. Civ. 1re, 2 déc. 2015, n° 14-25.777, P (préc. ss n° 213.33); *D.* 2016. 875, note Raoul-Cormeil; *AJ fam.* 2016. 107, obs. Verheyde; *RTD civ.* 2016. 83, obs. Hauser; *Dr. fam.* 2016. Comm. 36, obs. Maria; *Gaz. Pal.* 2016, n° 4, p. 16, obs. Montourcy.
3. Civ. 1re, 6 nov. 2013, n° 12-23.766, *D.* 2014. 467, note Raoul-Cormeil; *D.* 2014. 2259 obs. Plazy; *AJ fam* 2013. 717, obs. Verheyde; *RTD civ.* 2014. 84, obs. Hauser; *Dr. fam.* 2014, Comm. 9, obs. Maria; *JCP* 2014.14, obs. Peterka.
4. J.-M. Plazy, *D.* 2016. 1523, chron. « Majeurs protégés », juill. 2015-juin 2016.
5. S. Moracchini-Zeidenberg, « L'acte personnel de la personne vulnérable », *RTD civ.* 2012. 21.
6. Civ. 1re, 5 déc. 2012, n° 11-25.158, *Bull. civ.* I, n° 255; *D.* 2012. 2699, obs. Noguero et Plazy; *RTD civ.* 2013. 93, obs. Hauser.
7. Civ. 1re, 24 mars 1998, n° 97-11.252, *Bull. civ.* I, n° 124; *D.* 1999.19, note Lemouland; *Defrénois* 1998. 1398, obs. Massip; *RTD civ.* 1998. 658, obs. Hauser.

réformé la délibération du conseil de famille autorisant le mariage d'un majeur en tutelle dont le consentement n'avait pu être recueilli, ce dernier étant muet et privé de toute possibilité de manifester sa volonté. En revanche, dès lors que le consentement de la personne protégée a pu être vérifié, la Cour de cassation avait admis que le juge saisi d'un recours contre une délibération du conseil de famille a le pouvoir d'imposer, même d'office, la décision conforme à l'intérêt de la personne protégée [1].

Si un **contrat de mariage** doit être passé, la personne en curatelle doit être assistée de son curateur et la personne en tutelle **par son tuteur** (C. civ., art. 1399). À défaut de cette assistance, l'annulation du contrat peut être demandée notamment par la personne elle-même ou par le tuteur.

Cette question du mariage du majeur protégé est particulièrement délicate sur le fond tant au regard des principes de respect des libertés individuelles et des droits fondamentaux de la personne que de la préservation, autant qu'il est possible, de son autonomie et des nécessités de sa protection juridique. À l'occasion d'un pourvoi en cassation interjeté par un majeur protégé contre un arrêt de la cour d'appel de Paris qui avait confirmé la décision du juge des tutelles refusant l'autorisation à mariage qu'il avait sollicitée, la Cour de cassation a été saisie d'une question prioritaire de constitutionnalité (QPC). L'auteur du pourvoi a soutenu que « *l'article 460 du Code civil, qui impose, pour le mariage d'une personne sous curatelle, l'autorisation du curateur ou, à défaut, du juge des tutelles, est contraire au principe constitutionnel de la liberté du mariage, acte strictement personnel et privé dont l'exercice doit être garanti toutes les fois où la réalité du consentement du majeur sous curatelle est vérifiée* ». Considérant que cette QPC présentait un caractère sérieux, la Cour de cassation l'a transmise au Conseil constitutionnel par un arrêt du 12 avril 2012 [2]. Dans sa décision du 29 juin 2012 [3], qui déclare la nécessité d'une autorisation préalable pour le mariage d'un majeur sous curatelle conforme à la Constitution, le Conseil constitutionnel rappelle que « *la liberté du mariage, composante de la liberté personnelle, résulte des articles 2 et 4 de la Déclaration des droits de l'homme et du citoyen de 1789; que cette liberté ne restreint pas la compétence que le législateur tient de l'article 34 de la Constitution pour fixer les conditions du mariage dès lors que, dans l'exercice de cette compétence, il ne prive pas de garanties légales des exigences de caractère constitutionnel; qu'il est en outre loisible au législateur d'apporter à cette liberté des limitations liées à des exigences de caractère constitutionnel ou justifiées par l'intérêt général, à la condition qu'il n'en résulte pas d'atteintes disproportionnées au regard de l'objectif poursuivi,* [...] ».

Le Conseil constitutionnel rappelle en outre les dispositions des articles 415, 425, 428 et 440 du Code civil et décide que le premier alinéa de l'article 460 du Code civil est conforme à la Constitution au terme de deux considérants très importants :

« *7. Considérant que l'article 460 du Code civil n'interdit pas le mariage de la personne en curatelle; qu'il le permet avec l'autorisation du curateur; que le refus du curateur peut être suppléé par l'autorisation du juge des tutelles dont la décision prononcée après un débat contradictoire doit être motivée en fonction de l'aptitude de l'intéressé à consentir au mariage; que cette décision judiciaire est susceptible de recours; que la personne en curatelle jouit de toutes les garanties nécessaires à l'exercice effectif de ces recours;*

8. Considérant qu'eu égard aux obligations personnelles et patrimoniales qui en résultent, le mariage est "un acte important de la vie civile"; qu'en subordonnant le mariage d'une personne sous curatelle à l'autorisation du curateur ou à défaut à celle du juge, le législateur n'a pas privé la liberté du mariage de garanties légales; que les restrictions dont il a accompagné son exercice, afin de protéger les intérêts de la personne, n'ont pas porté à cette liberté une atteinte disproportionnée. »

Cette décision du Conseil constitutionnel est très importante pour la protection juridique des majeurs. Le commentaire qui en est fait sur le site du Conseil constitutionnel [4] rappelle les conséquences juridiques du mariage : subsidiarité des régimes de protection notamment par rapport à l'application des régimes matrimoniaux, priorité légale du conjoint dans l'exercice de la mesure de protection. Il doit être ajouté que le mariage est un acte comportant sans aucun doute des aspects patrimoniaux, parfois non négligeables, de sorte que cet acte n'est pas seulement un acte personnel mais bien un « acte mixte ».

§ 3
Pacte civil de solidarité

213.71 Conclusion d'un pacte civil de solidarité avec l'assistance du curateur en curatelle (C. civ., art. 461) et, après autorisation du juge ou du conseil de famille, audition des futurs partenaires et, le cas échéant, avis des parents et de l'entourage, en tutelle (C. civ., art. 462). Le curatélaire doit être assisté de son curateur lors de la signature de la convention, mais non lors de la déclaration conjointe au greffe du tribunal d'instance (à venir, à compter du

1. Civ. 1re, 19 nov. 1991, n° 90-16.415, *Bull. civ.* I, n° 319.
2. Civ. 1re, 12 avr. 2012, n° 11-25.158, NP; *RTD civ.* 2012. 293, obs. Hauser; *Dr. fam.* 2012, n° 6, p. 26, obs. Maria.
3. Cons. const. 29 juin 2012, n° 2012-260 QPC, *JO* 30 juin, p. 10804; *D.* 2012. 1675; *D.* 2012. 1899, point de vue Raoul-Cormeil; *AJ fam.* 2012. 463, obs. Verheyde; *RTD civ.* 2012. 510, obs. Hauser; *Dr. fam.* 2012, n° 136, obs. Bruggeman; *Dr. fam.* 2012, n° 148, obs. Maria.

4. http://www.conseil-constitutionnel.fr.

1er novembre 2017, devant l'officier de l'état civil[1]). Il peut, sans l'assistance de son curateur, par déclaration conjointe ou par décision unilatérale, rompre le pacte civil de solidarité. En revanche, l'assistance de son curateur est requise pour effectuer la signification prévue à l'article 515-7 alinéa 5 du Code civil[2]. Concernant le règlement des créances entre partenaires, le majeur sous curatelle doit être assisté de son curateur, lequel doit être remplacé par un curateur *ad hoc* lorsque la curatelle a été confiée au partenaire du majeur protégé, réputé en opposition d'intérêts avec lui (C. civ., art. 461, al. 4 et 5).

En **tutelle**, l'ancien article 506-1 du Code civil (issu de L. n° 99-944, 15 nov. 1999) disposait que les majeurs sous ce régime ne pouvaient conclure un pacte civil de solidarité[3]. En outre, si durant ce pacte l'un des partenaires était placé sous tutelle, le tuteur autorisé par le conseil de famille, ou à défaut le juge des tutelles, pouvait y mettre fin selon les modalités prévues par l'article 515-7 du Code civil (déclaration conjointe des partenaires remise ou adressée au greffe du tribunal d'instance du lieu d'enregistrement du pacte civil de solidarité, ou déclaration unilatérale de l'un des partenaires signifiée à l'autre et envoyée au greffe du tribunal d'instance qui a reçu l'acte initial)[4].

Lorsque l'initiative de la rupture provenait du partenaire autre que le tutélaire, la signification de sa déclaration unilatérale de sortie du pacte devait être adressée au tuteur et non au tutélaire.

Sous l'empire des lois des 3 janvier 1968 et 15 novembre 1999, le législateur semblait considérer que le PACS était plus dangereux pour le patrimoine de la personne protégée que le mariage puisqu'il interdisait le premier au tutélaire et non le second.

À l'inverse, la loi n° 2007-308 du 5 mars 2007 permet, sous certaines conditions, la conclusion d'un mariage comme d'un PACS par le tutélaire en procédant à l'alignement de leurs deux régimes juridiques.

L'article 462 alinéa 1er du Code civil permet désormais la **conclusion d'un PACS par un tutélaire**, laquelle est soumise à **l'autorisation** du juge des tutelles ou du conseil de famille après **audition** des futurs partenaires, et recueil le cas échéant de **l'avis des parents ou de l'entourage**[5].

Le tutélaire doit être **assisté de son tuteur** lors de la **signature de la convention**, mais non lors de la déclaration conjointe au greffe du tribunal d'instance ou devant le notaire instrumentaire. Le tutélaire peut, sans l'assistance ou la représentation de son tuteur, **rompre par déclaration conjointe** le PACS. En revanche, la signification prévue à l'article 515-7 alinéa 5 du Code civil est accomplie par le tuteur pour le compte du tutélaire. En outre, la **rupture unilatérale du PACS** peut intervenir à l'initiative de la personne en tutelle, sur autorisation du juge des tutelles ou du conseil de famille après audition du tutélaire et recueil le cas échéant de l'avis des parents et de l'entourage. Concernant le **règlement des créances** entre partenaires, le tutélaire doit être **représenté par son tuteur**, remplacé par un **tuteur *ad hoc*** lorsque la tutelle a été confiée au partenaire du majeur protégé (lequel est réputé en opposition d'intérêts avec lui) (C. civ., art. 462, al. 7 et 8).

§ 4
Divorce – séparation de corps

213.81 Interdiction de principe du divorce par consentement mutuel[6]. L'article 249-4 du Code civil[7] dispose que, si l'un des époux se trouve placé sous l'un des régimes de protection prévus au « Chapitre II du Titre XI du présent livre [livre Ier] », aucune demande en divorce par consentement mutuel ou pour acceptation du principe de la rupture du mariage ne peut être présentée (C. civ., art. 249-4).

Comme sous l'empire de la loi du 3 janvier 1968, la personne en **curatelle** doit être assistée de son curateur pour exercer les actions relatives à ses droits extrapatrimoniaux[8]. Elle doit également bénéficier de l'assistance de son curateur pour agir ou se défendre dans les procédures de divorce (C. civ., art. 249, al. 2 et 249-1).

En **tutelle**, le tuteur n'a pas le pouvoir direct d'engager une action en divorce au nom du majeur en tutelle. Il doit y être autorisé par le juge ou par le conseil de famille, s'agissant d'un acte personnel donc grave. La question est ici de savoir si l'autorisation doit être demandée, et donnée, *in abstracto* le tuteur appréciant d'agir sur tel ou tel fondement, ou si elle doit être spéciale et viser précisément un cas de divorce, le tuteur étant alors lié ? La seconde solution

1. C. civ., art. 515-3 (*mod. par L. n° 2016-1547, 18 nov. 2016, de modernisation de la justice du XXIe siècle, art. 48*).
2. C. civ., art. 461, al. 3 (*mod. par L. n° 2016-1547, 18 nov. 2016, art. 48*).
3. T. Fossier, « PACS et tutelle du majeur », *JCP* 2001. I. 821, § 5 – J. Klein et F. Gemignani, « Du mariage et du divorce de la personne protégée », *Defrénois* 2006. 887, *in fine*.
4. C. civ., art. 515-7 (*mod. par L. n° 2006-728, 23 juin 2006, et par L. n° 2016-1547, 18 nov. 2016, art. 48*).
5. C. civ., art. 462, al. 1er (*issu de L. n° 2007-308, 5 mars 2007*).
6. Rétractation du jugement ayant prononcé le divorce par consentement mutuel d'un couple dont l'épouse était sous curatelle : TGI Caen, 19 juin 2012, RG n° 12/01283, *Gaz. Pal.* 2016, n° 16, p. 12, obs. Mauger-Vielpeau.
7. C. civ., art. 249-4 (*mod. par L. n° 2007-308, 5 mars 2007*).
8. Civ. 1re, 2 nov. 1994, n° 92-14.642, *Bull. civ.* I, n° 313; *JCP* 1995. II. 22555, 2e esp., note Fossier; *Gaz. Pal.* 1996. 1. Somm. 14, obs. Massip; *Defrénois* 1995. 1034, obs. Massip; *RTD civ.* 1995. 327, obs. Hauser; Rép. pén., v° *Partie civile*, avr. 2011, par Ph. Bonfils [actu. janv. 2016], n° 44.

doit sans doute être privilégiée, le juge ou le conseil de famille devant déterminer le contexte, les modalités et les conséquences du divorce comme les formes les plus protectrices des intérêts du majeur protégé.

Lorsqu'un époux entend présenter une **demande en divorce contre un conjoint sous tutelle**, il doit exercer **l'action contre le tuteur** et le majeur est entièrement **représenté** dans la procédure. La loi ne précise pas que le tutélaire doit, en principe et dans la mesure du possible, être entendu personnellement par le juge aux affaires familiales, malgré cette représentation. Pourtant, s'agissant d'un **acte personnel**, cette **audition** est **nécessaire** en particulier lors de l'audience de conciliation, le tuteur ne pouvant pas se substituer au majeur protégé[1]. Les dispositions de l'article 432 du Code civil applicables devant le juge des tutelles pourraient-elles être retenues si l'audition est impossible ? La plupart des juges aux affaires familiales entendent les conjoints sous tutelle lorsqu'ils le peuvent. En l'absence de toute précision de la loi du 5 mars 2007 sur le divorce et la séparation de corps, contrairement au mariage, faut-il aller au-delà et considérer que la contradiction entre les dispositions spécifiques au divorce et les dispositions générales propres à la protection de la personne doivent s'appliquer dans l'intérêt de la personne protégée ? Il appartiendra à la jurisprudence de le déterminer.

Les mêmes questions se posent lorsque la **procédure de divorce** doit être **engagée à l'initiative du tutélaire.** L'initiative d'une telle action nous apparaît relever de **l'action personnelle, voire même strictement personnelle.** Pourtant, la procédure de divorce ou de séparation de corps est **introduite par le tuteur au nom du majeur en tutelle.** Pour ce faire, il doit au préalable présenter sa requête aux fins de recueillir **l'autorisation** soit du conseil de famille s'il a été constitué, soit du juge des tutelles dans les autres cas (C. civ., art. 249, al. 1er[2]). Dans tous les cas, la demande en divorce formée par le tuteur doit être précédée de **l'avis d'un médecin** et, dans la mesure du possible, d'une **audition du tutélaire** par le conseil de famille ou le juge des tutelles (C. civ., art. 249, al. 1er[3]). La loi du 5 mars 2007 a préféré abandonner toute référence expresse à la notion de médecin traitant. Cependant, en pratique, le recours à l'avis du médecin traitant ou référent ou habituel, reste suffisant pour appliquer l'article 249[4] du Code civil dans sa nouvelle rédaction issue de la réforme de la protection des majeurs (les articles 249-2 et 249-4[5] du Code civil ont également été légèrement modifiés).

Par analogie avec les règles prévues pour le mariage du tutélaire, l'article 249 alinéa 1er *in fine*[6] dispose désormais que, dans la mesure du possible (c'est-à-dire si son état de santé le lui permet), le **tutélaire** doit être **auditionné** par le conseil de famille ou le juge des tutelles sur une **demande en divorce présentée en son nom.** La loi relative au divorce et la loi relative à la protection des majeurs consacrent toutes deux le **principe du consentement du majeur sous tutelle aux actes relatifs à sa personne** et il appartiendra aux juges d'y veiller. Pourrait-on en effet admettre d'engager une procédure de divorce sans que le tutélaire n'ait pu se prononcer et ait personnellement consenti à la procédure ? D'autant que, toujours par analogie avec le mariage, le juge des tutelles devrait comme dans l'article 460 du Code civil, procéder à son **audition.** S'agissant d'un acte relatif à la personne, même s'il est incontestable qu'il a également des incidences patrimoniales, cette audition préalable est en tout état de cause nécessaire, sauf **dispense motivée** de l'article 432 du Code civil (C. pr. civ., art. 1220-3).

En outre, un **tuteur *ad hoc*** doit être nommé par le juge des tutelles au profit du tutélaire lorsque la tutelle avait été confiée à son conjoint (C. civ., art. 249-2). De même, si l'époux contre lequel la demande en divorce ou en séparation de corps est formée est placé sous tutelle, **l'action** doit être exercée **contre le tuteur** (C. civ., art. 249-1[7])[8].

À l'inverse, de la précédente rédaction qui ne faisait référence qu'aux régimes de protection judiciaire des majeurs, la nouvelle rédaction s'étend aux régimes de protection juridique des majeurs (c'est-à-dire non seulement à la **sauvegarde de justice**, aux **curatelles** et **tutelles**, mais aussi au **mandat de protection future**).

En revanche, la personne majeure bénéficiant d'une **mesure d'accompagnement judiciaire**, ne subissant aucune incapacité, peut présenter une demande en divorce par consentement mutuel ou pour acceptation du principe de la rupture du mariage (C. civ., art. 495-3, réd. L. n° 2007-308 du 5 mars 2007).

Dans son rapport de septembre 2016[9], le Défenseur des droits recommande la mise en conformité de l'article 249 du Code civil avec la Convention internationale relative aux droits des personnes handicapées (CIDPH), considérant que la personne protégée doit pouvoir demander le divorce par consentement mutuel ou pour acceptation du principe de la rupture du mariage et rappelant que le ministère d'avocat est obligatoire en cette matière.

1. J. Massip, *Le nouveau droit du divorce,* Defrénois, 2005, p. 52, n° 50.
2. C. civ., art. 249, al. 1er (*mod. par L. n° 2004-439, 26 mai 2004*).
3. C. civ., art. 249, al. 1er (*mod. par L. n° 2004-439, 26 mai 2004*).
4. C. civ., art. 249 (*mod. par L. n° 2004-439, 26 mai 2004*).
5. C. civ., art. 249-2 et 249-4 (*mod. par L. n° 2007-308, 5 mars 2007*).
6. C. civ., art. 249, al. 1 (*mod. par L. n° 2004-439, 26 mai 2004*).
7. C. civ., art. 249-1 (*mod. par L. n° 2004-439, 26 mai 2004*).
8. R. Lindon et P. Bertin, « Un conflit fâcheux en matière de tutelle du conjoint assigné en divorce », *JCP* 1980. I. 2995.
9. Défenseur des droits, *Rapport « Protection juridique des majeurs vulnérables »*, sept. 2016, p. 42.

§ 5
Perte de certains droits civils particuliers mais conservation du droit de vote

213.91 Restrictions aux droits civils et civiques de la personne protégée. Les majeurs protégés perdent la capacité d'être jurés (C. pr. pén., art. 256, 8° - majeurs en sauvegarde de justice, curatelle et tutelle), celle de se voir confier une charge de tutelle (C. civ., art. 395, 2° - personnes qui bénéficient d'une protection juridique), celle d'obtenir un permis de chasser, sauf autorisation du juge des tutelles (C. envir., art. L. 423-11, 2° - personnes en tutelle). Les majeurs en tutelle ne peuvent pas détenir de chiens d'attaque, de garde et de défense, sauf autorisation du juge des tutelles (C. rur., art. L. 211-13, 2°).

Enfin, il convient de signaler la réponse formulée par le ministère de la Fonction publique selon laquelle le placement sous tutelle d'un agent de l'État ou d'une collectivité territoriale devrait nécessairement mettre fin à l'emploi public qu'il occupe au motif que les fonctionnaires doivent jouir de leurs droits civiques à peine d'être radiés des cadres de l'État ou des collectivités[1]. Cette réponse ministérielle n'est juridiquement pas satisfaisante dans la mesure où le prononcé de la tutelle ne prive pas le tutélaire de ses droits civiques, l'exercice du droit de vote étant maintenu sauf décision contraire du juge.

213.92 Capacité électorale du tutélaire. Traditionnellement, l'article 501 du Code civil ne permettait pas au juge de déroger à la règle d'ordre public (établie par l'article L. 5 du Code électoral) selon laquelle le majeur sous tutelle était radié des listes électorales et ne pouvait dès lors plus voter aux élections[2]. Cependant, cet article L. 5 a d'abord été sensiblement modifié par la loi n° 2005-102 du 11 février 2005[3] qui a permis aux majeurs placés sous tutelle, qui ne pouvaient pas être inscrits sur les listes électorales, d'être autorisés à voter par le juge des tutelles.

La loi n° 2007-308 du 5 mars 2007 est venue une nouvelle fois modifier la rédaction de l'article L. 5 du Code électoral. La nouvelle rédaction prévoit désormais que : « *Lorsqu'il ouvre ou renouvelle une mesure de tutelle, le juge statue sur le maintien ou la suppression du droit de vote de la personne protégée* ».

Le texte oblige dorénavant les juges des tutelles à se prononcer sur le **maintien** ou la **suppression du droit de vote du tutélaire** dès l'ouverture de la mesure de tutelle ou à l'occasion de son renouvellement[4]. À l'inverse de la précédente rédaction, qui avait omis toute référence à un avis médical préalable du médecin traitant ou du médecin spécialiste agréé, la nouvelle a le mérite de soumettre ainsi la question du droit de vote du tutélaire à **l'avis préalable du médecin inscrit, choisi sur la liste** établie par le procureur de la République (C. civ., art. 431 et 442). Toutefois, le rapport du Défenseur des droits de septembre 2016[5] considère que « *le droit, accordé au juge par la loi, de priver la personne placée sous tutelle de la possibilité de voter, y compris par l'intermédiaire d'un tiers librement choisi, est discriminatoire et contraire à la CIDPH* »[6]. Le Défenseur recommande la mise en conformité de l'article L. 5 du Code électoral avec les stipulations de la Convention et propose qu'une réflexion soit engagée sans délai sur les modalités de l'exercice accompagné du droit de vote.

§ 6
Changement de prénom et changement de nom

213.101 Requête en changement de prénom du majeur en tutelle présentée par son représentant légal. Avant la modification apportée par la loi n° 2016-1547 du 18 novembre 2016[7], lorsque le majeur en tutelle justifiait d'un **intérêt légitime**, son représentant légal (c'est-à-dire son **tuteur**) pouvait présenter pour son compte une requête en ce sens devant le juge aux affaires familiales (C. civ., art. 60[8]). Depuis cette loi qui permet à toute personne de demander un changement de prénom, l'adjonction, la suppression ou la modification de l'ordre des prénoms, **la demande doit être présentée à l'officier de l'état civil** du lieu de résidence ou du lieu où l'acte de naissance a été dressé. S'il s'agit d'un mineur ou d'un majeur en tutelle, la demande est remise par son représentant légal et, très curieusement, le législateur n'a prévu le recueil du consentement que pour le mineur âgé de plus de treize ans et pas pour le majeur.

La décision de changement de prénom est inscrite sur le registre de l'état civil. L'officier de l'état civil doit saisir sans délai le procureur de la République s'il

1. Rép. min. Fonction publique, *JOAN* 21 juin 1999, p. 3840; *JOAN* 17 janv. 2000, p. 40256.
2. Civ. 1re, 9 nov. 1982, n° 81-15.205, *Bull. civ.* I, n° 325; *D.* 1983. 388, note Massip.
3. L. n° 2005-102, 11 févr. 2005, *JO* 12 févr., p. 2353.
4. Pour une application de ce principe : Dijon, 6 juin 2012, RG n° 12/00220, *AJ fam.* 2012. 507, obs. Verheyde; *RTD civ.* 2013. 91, obs. Hauser.
5. Défenseur des droits, *Rapport « Protection juridique des majeurs vulnérables »*, sept. 2016, p. 40.
6. Convention internationale relative aux droits des personnes handicapées (CIDPH), art. 29, selon lequel les États s'engagent à faire en sorte que les personnes handicapées puissent effectivement et pleinement participer à la vie politique et à la vie publique sur la base de l'égalité avec les autres, que ce soit directement ou par l'intermédiaire de représentants librement choisis, notamment qu'elles aient le droit et la possibilité de voter et d'être élues.
7. L. n° 2016-1547, 18 nov. 2016, art. 56.
8. C. civ., art. 60 (*mod. par L. n° 2011-525, 17 mai 2011*).

estime que la demande ne revêt pas un intérêt légitime, en particulier lorsqu'elle est contraire aux droits des tiers à voir protéger leur nom de famille. Il en informe le demandeur, donc le tuteur. Si le procureur de la République s'oppose à ce changement, le représentant légal, peut alors saisir le juge aux affaires familiales.

L'initiative et le suivi de cette requête appartiennent-ils à la personne sous tutelle ? La rédaction de l'article 60 du Code civil ne vise que le tuteur. Pourtant, il nous apparaît à l'évidence, compte tenu des dispositions générales relatives à la protection de la personne, que la procédure en changement de prénom ne saurait être engagée que si la personne concernée en a elle-même manifesté la **volonté** ou le **souhait**. Aucune disposition ne dit si le tuteur doit ou non solliciter l'autorisation du juge ou du conseil de famille s'il a été constitué avant d'engager la procédure. S'agissant d'un acte personnel, le tuteur doit, à notre sens, soit disposer d'une **mission générale de représentation du tutélaire** dans les actes relatifs à sa personne soit être **autorisé spécialement** à engager cette procédure (C. civ., art. 459, al. 2). Il devra rendre compte au juge ou au conseil de famille, s'il a été constitué (C. civ., art. 463).

213.102 Changement de nom du majeur en tutelle. La loi n'évoque nullement l'hypothèse du **changement de nom**. Dans le silence des textes, il peut être considéré que cet acte est un **acte strictement personnel** qui ne peut donc être accompli que par le tutélaire lui-même s'il est en état de le faire lui-même (C. civ., art. 458). La liste non limitative des actes strictement personnels semble pencher vers cette interprétation puisqu'elle vise, en particulier, le choix ou le changement du nom d'un enfant, l'identité étant ainsi considérée comme relevant de l'intimité de la personne. Il peut aussi être fait application des dispositions générales relatives à la protection de la personne. Dans cette dernière hypothèse, le tutélaire pourrait alors déposer seul une requête si son état le lui permet et, dans le cas contraire, être assisté ou représenté par son tuteur sur autorisation générale ou spécifique du juge ou du conseil de famille, s'il a été constitué (C. civ, art. 459, al. 1er et 2).

§ 7 Délivrance de passeport

213.111 Accomplissement de la demande de passeport pour le tutélaire par le tuteur seul. En application de l'article 8 du décret du 30 décembre 2005 modifié par le décret du 28 octobre 2016, la demande de passeport faite au nom d'un majeur en tutelle est présentée par le **tuteur** et accompagnée des **pièces** justifiant sa qualité de tuteur[1]. La présence de la personne en tutelle et du tuteur est requise lors de la demande.

§ 8 Changement de sexe

213.121 Acte strictement personnel. L'article 61-5 du Code civil, issu de la loi du 18 novembre 2016, dispose que « *toute personne majeure ou mineure qui démontre par une réunion suffisante de faits que la mention relative à son sexe dans les actes de l'état civil ne correspond pas à celui dans lequel elle se présente et dans lequel elle est connue peut en obtenir la modification.* »

En l'absence de toute autre précision, et de mentions spécifiques aux régimes de protection juridique des majeurs, l'acte tendant à obtenir la modification relative à son sexe nous apparaît relever de la catégorie des actes strictement personnels de l'article 458 du Code civil.

1. Décr. n° 2005-1726, 30 déc. 2005, relatif aux passeports électroniques, art. 8, mod. par Décr. n° 2016-1460, autorisant la création d'un traitement de données à caractère personnel relatif aux passeports et aux cartes nationales d'identité, art. 21, *JO* 30 oct., texte n° 18.

CHAPITRE

214. Protection de la personne et actes soumis aux dispositions spéciales du Code de la santé publique

SECTION 0 ORIENTEUR

214.00 **Plan du chapitre.**

214.01 **Textes applicables.**

CONVENTION INTERNATIONALE RATIFIÉE

• **Conv. internat. d'Oviedo, 4 avr. 1997,** pour la protection des droits de l'homme et de la dignité de l'être humain à l'égard de la biologie et de la médecine,

ratifiée par :

• **L. n° 2011-814, 7 juill. 2011,** sur la bioéthique, *JO* 8 juill., p. 11826.

• **Décr. n° 2012-855, 5 juill. 2012,** portant publication de la convention pour la protection des droits de l'homme et de la dignité de l'être humain à l'égard des applications de la biologie et de la médecine (convention sur les droits de l'homme et la biomédecine, signée à Oviedo le 4 avr. 1997), *JO* 7 juill., texte n° 5.

TEXTES LÉGISLATIFS ET RÉGLEMENTAIRES NOUVEAUX

• **L. n° 2016-87, 2 févr. 2016,** créant de nouveaux droits en faveur des malades et des personnes en fin de vie, *JO* 3 févr., texte n° 1.

et décrets d'application :

• **Décr. n° 2016-1066, 3 août 2016,** modifiant le code de déontologie médicale et relatif aux procédures collégiales et au recours à la sédation profonde et continue jusqu'au décès prévus par la loi n° 2016-87 du 2 février 2016 créant de nouveaux droits en faveur des malades et des personnes en fin de vie, *JO* 5 août, texte n° 40.

• **Décr. n° 2016-1067, 3 août 2016,** relatif aux directives anticipées prévues par la loi n° 2016-87 du 2 février 2016 créant de nouveaux droits en faveur des malades et des personnes en fin de vie, *JO* 5 août, texte n° 41.

• **L. n° 2016-41, 26 janv. 2016,** de modernisation de notre système de santé, *JO* 27 janv., texte n° 1

et décret d'application :

• **Décr. n° 2016-994, 20 juill. 2016,** relatif aux conditions d'échange et de partage d'informations entre professionnels de santé et autres professionnels des champs social et médico-social et à l'accès aux informations de santé à caractère personnel, *JO* 22 juill., texte n° 21.

• **Ord. n° 2017-31, 12 janv. 2017,** de mise en cohérence des textes au regard des dispositions de la loi n° 2016-41 du 26 janvier 2016 de modernisation de notre système de santé, *JO* 13 janv., texte n° 25.

• **L. n° 2015-1776, 28 déc. 2015,** relative à l'adaptation de la société au vieillissement, *JO* 29 déc., p. 24268.

et principaux décrets d'application : (v. s[s] n° 215.01)

TEXTES SOURCES

> La personne majeure protégée dans le Code civil

+ L. n° 2007-308, 5 mars 2007

C. civ., art. 415, 425, 457-1 à 459-1, 463

> La personne protégée dans le Code de la santé publique

• droit au respect de la dignité et absence de discrimination
CSP, art. L. 1110-2 et L. 1110-3 al. 1er

• droit au respect de la vie privée et partage de l'information
+ L. n° 2016-41, 26 janv. 2016

+ Ord. n° 2017-31, 12 janv. 2017
CSP, art. L. 1110-4, L. 1110-4-1, L. 1111-14 s.

• droit à l'information du patient
+ L. n° 2016-41, 26 janv. 2016

CSP, art. L. 1111-2 à L. 1111-3-2 et L. 1111-3-6

• expression de la volonté de la personne protégée (consentement ou refus)
+ L. n° 2016-41, 26 janv. 2016

+ L. n° 2016-87, 2 févr. 2016

CSP, art. L. 1111-4 à L. 1111-5-1

• personne de confiance et aidant naturel ou choisi
+ L. n° 2016-41, 26 janv. 2016

+ L. n° 2016-87, 2 févr. 2016

CSP, art. L. 1111-6 et L. 1111-6-1

• recherche biomédicale
CSP, art. L. 1121-8, L. 1122-2

• prélèvements effectués sur la personne protégée
CSP, art. L. 1211-2, al. 2, L. 1231-2, L. 1231-3, L. 1232-2, L. 1235-2, L. 1241-2, L. 1241-4, L. 1245-2, L. 2141-11

• prélèvement de sang ou de ses composants
CSP, art. L. 1221-5

• stérilisation à visée contraceptive
CSP, art. L. 2123-2

• fin de vie
+ L. n° 2016-87, 2 févr. 2016

CSP, art. L. 1110-5 à L. 1110-13, L. 1111-6, L. 1111-11 et L. 1111-12

• soins psychiatriques contraints
+ L. n° 2016-41, 26 janv. 2016

CSP, art. L. 3211-2-1, L. 3211-2-2, L. 3211-3, L. 3211-5, L. 3211-8, L. 3211-12, L. 3211-12-1, L. 3212-1, L. 3212-2, L. 3212-3, L. 3213-1, L. 3213-2, L. 3213-9, L. 3216-1, L. 3223-1

TEXTES *IN EXTENSO*

> La personne majeure protégée dans le Code civil
[C. civ., art. 415, 425, 457-1 à 463]

+ L. n° 2007-308, 5 mars 2007, art. 7

C. civ., art. 415

Les personnes majeures reçoivent la protection de leur personne et de leurs biens que leur état ou leur situation rend nécessaire selon les modalités prévues au présent titre.

Cette protection est instaurée et assurée dans le respect des libertés individuelles, des droits fondamentaux et de la dignité de la personne.

Elle a pour finalité l'intérêt de la personne protégée. Elle favorise, dans la mesure du possible, l'autonomie de celle-ci.

Elle est un devoir des familles et de la collectivité publique.

C. civ., art. 425

Toute personne dans l'impossibilité de pourvoir seule à ses intérêts en raison d'une altération, médicalement constatée, soit de ses facultés mentales, soit de ses facultés corporelles de nature à empêcher l'expression de sa volonté peut bénéficier d'une mesure de protection juridique prévue au présent chapitre.

S'il n'en est disposé autrement, la mesure est destinée à la protection tant de la personne que des intérêts patrimoniaux de celle-ci. Elle peut toutefois être limitée expressément à l'une de ces deux missions.

C. civ., art. 457-1

La personne protégée reçoit de la personne chargée de sa protection, selon des modalités adaptées à son état et sans préjudice des informations que les tiers sont tenus de lui dispenser en vertu de la loi, toutes informations sur sa situation personnelle, les actes concernés, leur utilité, leur degré d'urgence, leurs effets et les conséquences d'un refus de sa part.

C. civ., art. 458

Sous réserve des dispositions particulières prévues par la loi, l'accomplissement des actes dont la nature implique un consentement strictement personnel ne peut jamais donner lieu à assistance ou représentation de la personne protégée.

Sont réputés strictement personnels la déclaration de naissance d'un enfant, sa reconnaissance, les actes de l'autorité parentale relatifs à la personne d'un enfant, la déclaration du choix ou du changement du nom d'un enfant et le consentement donné à sa propre adoption ou à celle de son enfant.

C. civ., art. 459 *(mod. par L. n° 2009-526, 12 mai 2009, art. 116)*

Hors les cas prévus à l'article 458, la personne protégée prend seule les décisions relatives à sa personne dans la mesure où son état le permet.

Lorsque l'état de la personne protégée ne lui permet pas de prendre seule une décision personnelle éclairée, le juge ou le conseil de famille s'il a été constitué peut prévoir qu'elle bénéficiera, pour l'ensemble des actes relatifs à sa personne ou ceux d'entre eux qu'il énumère, de l'assistance de la personne chargée de sa protection. Au cas où cette assistance ne suffirait pas, il peut, le cas échéant après l'ouverture d'une mesure de tutelle, autoriser le tuteur à représenter l'intéressé.

Toutefois, sauf urgence, la personne chargée de la protection du majeur ne peut, sans l'autorisation du juge ou du conseil de famille s'il a été constitué, prendre une décision ayant pour effet de porter gravement atteinte à l'intégrité corporelle de la personne protégée ou à l'intimité de sa vie privée.

La personne chargée de la protection du majeur peut prendre à l'égard de celui-ci les mesures de protection strictement nécessaires pour mettre fin au danger que son propre comportement ferait courir à l'intéressé. Elle en informe sans délai le juge ou le conseil de famille s'il a été constitué.

C. civ., art. 459-1 *(mod. par L. n° 2009-526, 12 mai 2009, art. 116)*

L'application de la présente sous-section ne peut avoir pour effet de déroger aux dispositions particulières prévues par le Code de la santé publique et le Code de l'action sociale et des familles prévoyant l'intervention d'un représentant légal.

Toutefois, lorsque la mesure a été confiée à une personne ou un service préposé d'un établissement de santé ou d'un établissement social ou médico-social dans les conditions prévues à l'article 451, et que cette personne ou ce service doit soit prendre une décision nécessitant l'autorisation du juge ou du conseil de famille en application du troisième alinéa de l'article 459, soit accomplir au bénéfice de la personne protégée une diligence ou un acte pour lequel le Code de la santé publique prévoit l'intervention du juge, ce dernier peut décider, s'il estime qu'il existe un conflit d'intérêts, d'en confier la charge au subrogé curateur ou au subrogé tuteur, s'il a été nommé, et à défaut à un curateur ou à un tuteur *ad hoc*.

C. civ., art. 463

À l'ouverture de la mesure ou, à défaut, ultérieurement, le juge ou le conseil de famille s'il a été constitué décide des conditions dans lesquelles le curateur ou le tuteur chargé d'une mission de protection de la personne rend compte des diligences qu'il accomplit à ce titre.

> La personne protégée dans le Code de la santé publique

• droit au respect de la dignité et absence de discrimination [CSP, art. L. 1110-2 et L. 1110-3 al. 1er]

CSP, art. L. 1110-2

• La personne malade a droit au respect de sa dignité.

CSP, art. L. 1110-3, al. 1er

• Aucune personne ne peut faire l'objet de discriminations dans l'accès à la prévention ou aux soins. [...]

• droit au respect de la vie privée et partage de l'information

[CSP, art. L. 1110-4, L. 1110-4-1, L. 1111-14 s.]

+ L. n° 2016-41, 26 janv. 2016, art. 96

CSP, art. L. 1110-4 *(mod. par Ord. n° 2017-31, 12 janv. 2017, art. 5)*

I. - Toute personne prise en charge par un professionnel de santé, un établissement ou service, un professionnel ou organisme concourant à la prévention ou aux soins dont les conditions d'exercice ou les activités sont régies par le présent code, le service de santé des armées, un professionnel du secteur médico-social ou social ou un établissement ou service social et médico-social mentionné au I de l'article L. 312-1 du Code de l'action sociale et des familles, a droit au respect de sa vie privée et du secret des informations le concernant.

Excepté dans les cas de dérogation expressément prévus par la loi, ce secret couvre l'ensemble des informations concernant la personne venues à la connaissance du professionnel, de tout membre du personnel de ces établissements, services ou organismes et de toute autre personne en relation, de par ses activités, avec ces établissements ou organismes. Il s'impose à tous les professionnels intervenant dans le système de santé.

II. - Un professionnel peut échanger avec un ou plusieurs professionnels identifiés des informations relatives à une même personne prise en charge, à condition qu'ils participent tous à sa prise en charge et que ces informations soient strictement nécessaires à la coordination ou à la continuité des soins, à la prévention ou à son suivi médico-social et social.

III. - Lorsque ces professionnels appartiennent à la même équipe de soins, au sens de l'article L. 1110-12, ils peuvent partager les informations concernant une même personne qui sont strictement nécessaires à la coordination ou à la continuité des soins ou à son suivi médico-social et social. Ces informations sont réputées confiées par la personne à l'ensemble de l'équipe.

Le partage, entre des professionnels ne faisant pas partie de la même équipe de soins, d'informations nécessaires à la prise en charge d'une personne requiert son consentement préalable, recueilli par tout moyen, y compris de façon dématérialisée, dans des conditions définies par décret pris après avis de la Commission nationale de l'informatique et des libertés.

IV. - La personne est dûment informée de son droit d'exercer une opposition à l'échange et au partage d'informations la concernant. Elle peut exercer ce droit à tout moment. Le fait d'obtenir ou de tenter d'obtenir la communication de ces informations en violation du présent article est puni d'un an d'emprisonnement et de 15 000 euros d'amende.

V. - Le fait d'obtenir ou de tenter d'obtenir la communication de ces informations en violation du présent article est puni d'un an d'emprisonnement et de 15 000 euros d'amende.

En cas de diagnostic ou de pronostic grave, le secret médical ne s'oppose pas à ce que la famille, les proches de la personne malade ou la personne de confiance définie à l'article L. 1111-6 reçoivent les informations nécessaires destinées à leur permettre d'apporter un soutien direct à celle-ci, sauf opposition de sa part. Seul un médecin est habilité à délivrer, ou à faire délivrer sous sa responsabilité, ces informations.

Le secret médical ne fait pas obstacle à ce que les informations concernant une personne décédée soient délivrées à ses ayants droit, son concubin ou son partenaire lié par un pacte civil de solidarité, dans la mesure où elles leur sont nécessaires pour leur permettre de connaître les causes de la mort, de défendre la mémoire du défunt ou de faire valoir leurs droits, sauf volonté contraire exprimée par la personne avant son décès. Toutefois, en cas de décès d'une personne mineure, les titulaires de l'autorité parentale conservent leur droit d'accès à la totalité des informations médicales la concernant, à l'exception des éléments relatifs aux décisions médicales pour lesquelles la personne mineure, le cas échéant, s'est opposée à l'obtention de leur consentement dans les conditions définies aux articles L. 1111-5 et L. 1111-5-1.

VI. - Les conditions et les modalités de mise en œuvre du présent article pour ce qui concerne l'échange et le partage d'informations entre professionnels de santé et non-professionnels de santé du champ social et médico-social sont définies par décret en Conseil d'État, pris après avis de la Commission nationale de l'informatique et des libertés.

CSP, art. L. 1110-4-1

Afin de garantir la qualité et la confidentialité des données de santé à caractère personnel et leur protection, les professionnels de santé, les établissements et services de santé, les hébergeurs de données de santé à caractère personnel et tout autre organisme participant à la prévention, aux soins ou au suivi médico-social et social utilisent, pour leur traitement, leur conservation sur support informatique et leur transmission par voie électronique, des systèmes d'information conformes aux référentiels d'interopérabilité et de sécurité élaborés par le groupement d'intérêt public mentionné à l'article L. 1111-24. Ces référentiels sont approuvés par arrêté du ministre chargé de la santé, pris après avis de la Commission nationale de l'informatique et des libertés.

CSP, art. L. 1111-14

Afin de favoriser la prévention, la coordination, la qualité et la continuité des soins, les bénéficiaires de l'assurance maladie peuvent disposer, dans les conditions et sous les garanties prévues aux articles L. 1110-4 et L. 1110-4-1 et dans le respect du secret médical, d'un dossier médical partagé.

À cette fin, il est créé un identifiant du dossier médical partagé pour l'ensemble des bénéficiaires de l'assurance maladie.

Le dossier médical partagé est créé sous réserve du consentement exprès de la personne ou de son représentant légal.

La Caisse nationale de l'assurance maladie des travailleurs salariés assure la conception, la mise en œuvre et l'administration du dossier médical partagé, dans des conditions prévues par décret en Conseil d'État pris après avis de la Commission nationale de l'informatique et des libertés. Elle participe également à la conception, à la mise en œuvre et à l'administration d'un système de communication sécurisée permettant l'échange d'informations entre les professionnels de santé.

Ce dossier médical partagé est créé auprès d'un hébergeur de données de santé à caractère personnel agréé dans les conditions prévues à l'article L. 1111-8.

L'adhésion aux conventions nationales régissant les rapports entre les organismes d'assurance maladie et les professionnels de santé, prévues à l'article L. 162-5 du code de la sécurité sociale, et son maintien sont subordonnés à la consultation ou à la mise à jour du dossier médical partagé de la personne prise en charge par le médecin.

Les dispositions de l'alinéa précédent sont applicables dès que l'utilisation du dossier médical partagé est possible sur l'ensemble des territoires auxquels s'applique la présente section.

• **droit à l'information du patient**

[CSP, art. L. 1111-2 à L. 1111-3-2, L. 1111-3-6]

+ L. n° 2016-41, 26 janv. 2016, art. 7, 94, 175, 217

CSP, art. L. 1111-2 (*mod. par L. n° 2016-41, 26 janv. 2016, art. 7, 175*)

Toute personne a le droit d'être informée sur son état de santé. Cette information porte sur les différentes investigations, traitements ou actions de prévention qui sont proposés, leur utilité, leur urgence éventuelle, leurs conséquences, les risques fréquents ou graves normalement prévisibles qu'ils comportent ainsi que sur les autres solutions possibles et sur les conséquences prévisibles en cas de refus. Elle est également informée de la possibilité de recevoir, lorsque son état de santé le permet, notamment lorsqu'elle relève de soins palliatifs au sens de l'article L. 1110-10, les soins sous forme ambulatoire ou à domicile. Il est tenu compte de la volonté de la personne de bénéficier de l'une de ces formes de prise en charge. Lorsque, postérieurement à l'exécution des investigations, traitements ou actions de prévention, des risques nouveaux sont identifiés, la personne concernée doit en être informée, sauf en cas d'impossibilité de la retrouver.

Cette information incombe à tout professionnel de santé dans le cadre de ses compétences et dans le respect des règles professionnelles qui lui sont applicables. Seules l'urgence ou l'impossibilité d'informer peuvent l'en dispenser.

Cette information est délivrée au cours d'un entretien individuel.

La volonté d'une personne d'être tenue dans l'ignorance d'un diagnostic ou d'un pronostic doit être respectée, sauf lorsque des tiers sont exposés à un risque de transmission.

Les droits des mineurs ou des majeurs sous tutelle mentionnés au présent article sont exercés, selon les cas, par les titulaires de l'autorité parentale ou par le tuteur. Ceux-ci reçoivent l'information prévue par le présent article, sous réserve des articles L. 1111-5 et L. 1111-5-1. Les intéressés ont le droit de recevoir eux-mêmes une information et de participer à la prise de décision les concernant, d'une manière adaptée soit à leur degré de maturité s'agissant des mineurs, soit à leurs facultés de discernement s'agissant des majeurs sous tutelle.

Des recommandations de bonnes pratiques sur la délivrance de l'information sont établies par la Haute Autorité de santé et homologuées par arrêté du ministre chargé de la Santé.

En cas de litige, il appartient au professionnel ou à l'établissement de santé d'apporter la preuve que l'information a été délivrée à l'intéressé dans les conditions prévues au présent article. Cette preuve peut être apportée par tout moyen.

L'établissement de santé recueille auprès du patient hospitalisé les coordonnées des professionnels de santé auprès desquels il souhaite que soient recueillies les informations nécessaires à sa prise en charge durant son séjour et que soient transmises celles utiles à la continuité des soins après sa sortie.

CSP, art. L. 1111-3 (*mod. par L. n° 2016-41, 26 janv. 2016, art. 217*)

Toute personne a droit à une information sur les frais auxquels elle pourrait être exposée à l'occasion d'activités de prévention, de diagnostic et de soins et, le cas échéant, sur les conditions de leur prise en charge et de dispense d'avance des frais.

Cette information est gratuite.

CSP, art. L. 1111-3-1 (*créé par L. n° 2016-41, 26 janv. 2016, art. 94*)

Pour toute prise en charge effectuée par un établissement de santé, le patient reçoit, au moment de sa sortie, un document l'informant, dans des conditions définies par décret, du coût de l'ensemble des prestations reçues avec l'indication de la part couverte par son régime d'assurance maladie obligatoire et, le cas échéant, de celle couverte par son organisme d'assurance complémentaire et du solde qu'il doit acquitter.

CSP, art. L. 1111-3-2 (*créé par L. n° 2016-41, 26 janv. 2016, art. 217*)

I. – L'information est délivrée par les professionnels de santé exerçant à titre libéral et par les centres de santé :

1° Par affichage dans les lieux de réception des patients;

2° Par devis préalable au-delà d'un certain montant.

S'agissant des établissements de santé, l'information est délivrée par affichage dans les lieux de réception des patients ainsi que sur les sites internet de communication au public.

II. – Lorsque l'acte inclut la fourniture d'un dispositif médical sur mesure, le devis normalisé comprend de manière dissociée le prix de vente de chaque produit et de chaque prestation proposés, le tarif de responsabilité correspondant et, le cas échéant, le montant du dépassement facturé et le montant pris en charge par les organismes d'assurance maladie.

Le professionnel de santé remet par ailleurs au patient les documents garantissant la traçabilité et la sécurité des matériaux utilisés, en se fondant le cas échéant sur les éléments fournis par un prestataire de services ou un fournisseur.

III. – Les informations mises en ligne par les établissements de santé en application du dernier alinéa du I peuvent être reprises sur le site internet de la Caisse nationale de l'assurance maladie des travailleurs salariés et plus généralement par le service public mentionné à l'article L. 1111-1.

CSP, art. L. 1111-3-6 (*créé par L. n° 2016-41, 26 janv. 2016, art. 217*)

Lors de sa prise en charge, le patient est informé par le professionnel de santé ou par l'établissement de santé, le service de santé, l'un des organismes mentionnés à l'article L. 1142-1 ou toute autre personne morale, autre que l'État, exerçant des activités de prévention, de diagnostic ou de soins l'employant, que ce professionnel ou cette personne remplit les conditions légales d'exercice définies au présent code.

Le patient est également informé par ces mêmes professionnels ou personnes du respect de l'obligation d'assurance destinée à les garantir pour leur responsabilité civile ou administrative susceptible d'être engagée dans le cadre des activités prévues au même article L. 1142-1.

• **accès au dossier médical**
[CSP, art. L. 1111-7 et L. 1111-9]

CSP, art. L. 1111-7 (*mod. par L. n° 2016-41, 26 janv. 2016, art. 7, 96, 189*)

Toute personne a accès à l'ensemble des informations concernant sa santé détenues, à quelque titre que ce soit, par des professionnels et établissements de santé, qui sont formalisées ou ont fait l'objet d'échanges écrits entre professionnels de santé, notamment des résultats d'examen, comptes rendus de consultation, d'intervention, d'exploration ou d'hospitalisation, des protocoles et prescriptions thérapeutiques mis en œuvre, feuilles de surveillance, correspondances entre professionnels de santé, à l'exception des informations mentionnant qu'elles ont été recueillies auprès de tiers n'intervenant pas dans la prise en charge thérapeutique ou concernant un tel tiers.

Elle peut accéder à ces informations directement ou par l'intermédiaire d'un médecin qu'elle désigne et en obtenir communication, dans des conditions définies par voie réglementaire au plus tard dans les huit jours suivant sa demande et au plus tôt après qu'un délai de réflexion de quarante-huit heures aura été observé. Ce délai est porté à deux mois lorsque les informations médicales datent de plus de cinq ans ou lorsque la commission départementale des soins psychiatriques est saisie en application du quatrième alinéa. Lorsque la personne majeure fait l'objet d'une mesure de protection juridique, la personne en charge de l'exercice de la mesure, lorsqu'elle est habilitée à représenter ou à assister l'intéressé dans les conditions prévues à l'article 459 du Code civil, a accès à ces informations dans les mêmes conditions.

La présence d'une tierce personne lors de la consultation de certaines informations peut être recommandée par le médecin les ayant établies ou en étant dépositaire, pour des motifs tenant aux risques que leur connaissance sans accompagnement ferait courir à la personne concernée. Le refus de cette dernière ne fait pas obstacle à la communication de ces informations.

À titre exceptionnel, la consultation des informations recueillies, dans le cadre d'une admission en soins psychiatriques décidée en application des chapitres II à IV du titre Ier du livre II de la troisième partie du présent code ou ordonnée en application de l'article 706-135 du Code de procédure pénale, peut être subordonnée à la présence d'un médecin désigné par le demandeur en cas de risques d'une gravité particulière. En cas de refus du demandeur, la commission départementale des soins psychiatriques est saisie. Son avis s'impose au détenteur des informations comme au demandeur.

Sous réserve de l'opposition prévue aux articles L. 1111-5 et L. 1111-5-1, dans le cas d'une personne mineure, le droit d'accès est exercé par le ou les titulaires de l'autorité parentale. À la demande du mineur, cet accès a lieu par l'intermédiaire d'un médecin.

En cas de décès du malade, l'accès des ayants droit, du concubin ou du partenaire lié par un pacte civil de solidarité à son dossier médical s'effectue dans les conditions prévues au dernier alinéa du V de l'article L. 1110-4.

La consultation sur place des informations est gratuite. Lorsque le demandeur souhaite la délivrance de copies, quel qu'en soit le support, les frais laissés à sa charge ne peuvent excéder le coût de la reproduction et, le cas échéant, de l'envoi des documents.

CSP, art. L. 1111-9

[...] Les modalités d'accès aux informations concernant la santé d'une personne, et notamment l'accompagnement de cet accès, font l'objet de recommandations de bonnes pratiques établies par la Haute Autorité de santé et homologuées par arrêté du ministre chargé de la Santé.

• **expression de la volonté du patient, consentement ou refus**
[CSP, art. L. 1111-4 à L. 1111-5-1]

+ L. n° 2016-41, 26 janv. 2016, art. 7

+ L. n° 2016-87, 2 févr. 2016, art. 5

CSP, art. L. 1111-4 (*mod. par L. n° 2016-87, 2 févr. 2016, art. 5*)

Toute personne prend, avec le professionnel de santé et compte tenu des informations et des préconisations qu'il lui fournit, les décisions concernant sa santé.

Toute personne a le droit de refuser ou de ne pas recevoir un traitement. Le suivi du malade reste cependant assuré par le médecin, notamment son accompagnement palliatif.

Le médecin a l'obligation de respecter la volonté de la personne après l'avoir informée des conséquences de ses choix et de leur gravité. Si, par sa volonté de refuser ou d'interrompre tout traitement, la personne met sa vie en danger, elle doit réitérer sa décision dans un délai raisonnable. Elle peut faire appel à un autre membre du corps médical. L'ensemble de la procédure est inscrite dans le dossier médical du patient. Le médecin sauvegarde la dignité du mourant et assure la qualité de sa fin de vie en dispensant les soins palliatifs mentionnés à l'article L. 1110-10.

Aucun acte médical ni aucun traitement ne peut être pratiqué sans le consentement libre et éclairé de la personne et ce consentement peut être retiré à tout moment.

Lorsque la personne est hors d'état d'exprimer sa volonté, aucune intervention ou investigation ne peut être réalisée, sauf urgence ou impossibilité, sans que la personne de confiance prévue à l'article L. 1111-6, ou la famille, ou à défaut, un de ses proches ait été consulté.

Lorsque la personne est hors d'état d'exprimer sa volonté, la limitation ou l'arrêt de traitement susceptible d'entraîner son décès ne peut être réalisé sans avoir respecté la procédure collégiale mentionnée à l'article L. 1110-5-1 et les directives anticipées ou, à défaut, sans que la personne de confiance prévue à l'article L. 1111-6 ou, à défaut la famille ou les proches, aient été consultés. La décision motivée de limitation ou d'arrêt de traitement est inscrite dans le dossier médical.

Le consentement du mineur ou du majeur sous tutelle doit être systématiquement recherché s'il est apte à exprimer sa volonté et à participer à la décision. Dans le cas où le refus d'un traitement par la personne titulaire de l'autorité parentale ou par le tuteur risque d'entraîner des conséquences graves pour la santé du mineur ou du majeur sous tutelle, le médecin délivre les soins indispensables.

L'examen d'une personne malade dans le cadre d'un enseignement clinique requiert son consentement préalable. Les étudiants qui reçoivent cet enseignement doivent être au préalable informés de la nécessité de respecter les droits des malades énoncés au présent titre.

Les dispositions du présent article s'appliquent sans préjudice des dispositions particulières relatives au consentement de la personne pour certaines catégories de soins ou d'interventions.

CSP, art. L. 1111-5 (*mod. par L. n° 2016-41, 26 janv. 2016, art. 7*)

Par dérogation à l'article 371-1 du Code civil, le médecin ou la sage-femme peut se dispenser d'obtenir le consentement du ou des titulaires de l'autorité parentale sur les décisions médicales à prendre lorsque l'action de prévention, le dépistage, le diagnostic, le traitement ou l'intervention s'impose pour sauvegarder la santé d'une personne mineure, dans le cas où cette dernière s'oppose expressément à la consultation du ou des titulaires de l'autorité parentale afin de garder le secret sur son état de santé. Toutefois, le médecin ou la sage-femme doit dans un premier temps s'efforcer d'obtenir le consentement du mineur à cette consultation. Dans le cas où le mineur maintient son opposition, le médecin ou la sage-femme peut mettre en œuvre l'action de prévention, le dépistage, le diagnostic, le traitement ou l'intervention. Dans ce cas, le mineur se fait accompagner d'une personne majeure de son choix.

Lorsqu'une personne mineure, dont les liens de famille sont rompus, bénéficie à titre personnel du remboursement des prestations en nature de l'assurance maladie et maternité et de la couverture complémentaire mise en place par la loi n° 99-641 du 27 juillet 1999 portant création d'une couverture maladie universelle, son seul consentement est requis.

CSP, art. L. 1111-5-1 (*créé par L. n° 2016-41, 26 janv. 2016, art. 7*)

Par dérogation à l'article 371-1 du Code civil, l'infirmier peut se dispenser d'obtenir le consentement du ou des titulaires de l'autorité parentale sur les décisions à prendre lorsque l'action de prévention, le dépistage ou le traitement s'impose pour sauvegarder la santé sexuelle et reproductive d'une personne mineure, dans le cas où cette dernière s'oppose expressément à la consultation du ou des titulaires de l'autorité parentale afin de garder le secret sur son état de santé. Toutefois, l'infirmier doit, dans un premier temps, s'efforcer d'obtenir le consentement du mineur à cette consultation. Dans le cas où le mineur maintient son opposition, l'infirmier peut mettre en œuvre l'action de prévention, le dépistage ou le traitement. Dans ce cas, le mineur se fait accompagner d'une personne majeure de son choix.

• **personne de confiance**

CSP, art. L. 1111-6 (*mod. par L. n° 2016-87, 2 févr. 2016, art. 9*)

Toute personne majeure peut désigner une personne de confiance qui peut être un parent, un proche ou le médecin traitant et qui sera consultée au cas où elle-même serait hors d'état d'exprimer sa volonté et de recevoir l'information nécessaire à cette fin. Elle rend compte de la volonté de la personne. Son témoignage prévaut sur tout autre témoignage. Cette désignation est faite par écrit et cosignée par la personne désignée. Elle est révisable et révocable à tout moment.

Si le patient le souhaite, la personne de confiance l'accompagne dans ses démarches et assiste aux entretiens médicaux afin de l'aider dans ses décisions.

Lors de toute hospitalisation dans un établissement de santé, il est proposé au patient de désigner une personne de confiance dans les conditions prévues au présent article. Cette désignation est valable pour la durée de l'hospitalisation, à moins que le patient n'en dispose autrement.

Dans le cadre du suivi de son patient, le médecin traitant s'assure que celui-ci est informé de la possibilité de désigner une personne de confiance et, le cas échéant, l'invite à procéder à une telle désignation.

Lorsqu'une personne fait l'objet d'une mesure de tutelle, au sens du chapitre II du titre XI du livre Ier du Code civil, elle peut désigner une personne de confiance avec l'autorisation du juge ou du conseil de famille s'il a été constitué. Dans l'hypothèse où la personne de confiance a été désignée antérieurement à la mesure de tutelle, le conseil de famille, le cas échéant, ou le juge peut confirmer la désignation de cette personne ou la révoquer.

• **aidant naturel ou choisi**

CSP, art. L. 1111-6-1

Une personne durablement empêchée, du fait de limitations fonctionnelles des membres supérieurs en lien avec un handicap physique, d'accomplir elle-même des gestes liés à des soins prescrits par un médecin, peut désigner, pour favoriser son autonomie, un aidant naturel ou de son choix pour les réaliser.

La personne handicapée et les personnes désignées reçoivent préalablement, de la part d'un professionnel de santé, une éducation et un apprentissage adaptés leur permettant d'acquérir les connaissances et la capacité nécessaires à la pratique de chacun des gestes pour la personne handicapée concernée. Lorsqu'il s'agit de gestes liés à des soins infirmiers, cette éducation et cet apprentissage sont dispensés par un médecin ou un infirmier.

Les conditions d'application du présent article sont définies, le cas échéant, par décret.

• **recherche biomédicale**

[CSP, art. L. 1121-8 et L. 1122-1-3]

CSP, art. L. 1121-8

Les personnes majeures faisant l'objet d'une mesure de protection légale ou hors d'état d'exprimer leur consentement ne peuvent être sollicitées pour des recherches mentionnées aux 1° ou 2° de l'article L. 1121-1 que si des recherches d'une efficacité comparable ne peuvent être effectuées sur une autre catégorie de la population et dans les conditions suivantes :

– soit l'importance du bénéfice escompté pour ces personnes est de nature à justifier le risque prévisible encouru;

– soit ces recherches se justifient au regard du bénéfice escompté pour d'autres personnes placées dans la même situation. Dans ce cas, les risques prévisibles et les contraintes que comporte la recherche doivent présenter un caractère minimal.

CSP, art. L. 1122-1-3 (*mod. par Ord. n° 2016-800, 16 juin 2016, art. 2*)

En cas de recherches impliquant la personne humaine à mettre en œuvre dans des situations d'urgence qui ne permettent pas de recueillir le consentement préalable de la personne qui y sera soumise, lorsqu'il est requis, le protocole présenté à l'avis du comité mentionné à l'article L. 1123-1 peut prévoir que le consentement de cette personne n'est pas recherché et que seul est sollicité celui des membres de sa famille ou celui de la personne de confiance mentionnée à l'article L. 1111-6 dans les conditions prévues à l'article L. 1122-1-1, s'ils sont présents. Le protocole peut prévoir une dérogation à cette obligation dans le cas d'une urgence vitale immédiate qui est appréciée par ce comité. L'intéressé ou, le cas échéant, les membres de la famille ou la personne de confiance mentionnée à l'article L. 1111-6 sont informés dès que possible et leur consentement, lorsqu'il est requis, leur est demandé pour la poursuite éventuelle de cette recherche. Ils peuvent également s'opposer à l'utilisation des données concernant la personne dans le cadre de cette recherche.

Nota : Conformément au I de l'article 8 de l'ordonnance nº 2016-800 du 16 juin 2016, ces dispositions entrent en vigueur à la date de publication des décrets prévus par le code de la santé publique pour son application et au plus tard le 31 décembre 2016.

• **prélèvements effectués sur la personne protégée**
[CSP, art. L. 1211-2, al. 2, L. 1231-2, L. 1231-3, L. 1232-2, L. 1235-2, L. 1241-2, L. 1241-4, L. 1245-2, L. 2141-11]
+ L. nº 2011-814, 7 juill. 2011, art. 7, 17, 18, 32

CSP, art. L. 1211-2, al. 2

[...] L'utilisation d'éléments et de produits du corps humain à une fin médicale ou scientifique autre que celle pour laquelle ils ont été prélevés ou collectés est possible, sauf opposition exprimée par la personne sur laquelle a été opéré ce prélèvement ou cette collecte, dûment informée au préalable de cette autre fin. Lorsque cette personne est un mineur ou un majeur sous tutelle, l'opposition est exercée par les titulaires de l'autorité parentale ou le tuteur. Il peut être dérogé à l'obligation d'information lorsque celle-ci se heurte à l'impossibilité de retrouver la personne concernée, ou lorsqu'un des comités consultatifs de protection des personnes mentionnés à l'article L. 1123-1, consulté par le responsable de la recherche, n'estime pas cette information nécessaire. Toutefois, ces dérogations ne sont pas admises lorsque les éléments initialement prélevés consistent en des tissus ou cellules germinaux. Dans ce dernier cas, toute utilisation pour une fin autre que celle du prélèvement initial est interdite en cas de décès de l'intéressé.

CSP, art. L. 1231-2

Aucun prélèvement d'organes, en vue d'un don, ne peut avoir lieu sur une personne vivante mineure ou sur une personne vivante majeure faisant l'objet d'une mesure de protection légale.

CSP, art. L. 1231-3 (*mod. par L. nº 2011-814, 7 juill. 2011, art. 7*)

Le comité d'experts dont l'intervention est prévue aux articles L. 1231-1, L. 1241-3 et L. 1241-4 siège en deux formations de cinq membres désignés pour trois ans par arrêté du ministre chargé de la Santé. Trois de ces membres, dont deux médecins et une personne qualifiée dans le domaine des sciences humaines et sociales, sont communs aux deux formations. Lorsque le comité se prononce sur les prélèvements sur personne majeure mentionnés aux articles L. 1231-1 et L. 1241-4, il comporte un psychologue et un médecin. Lorsqu'il se prononce sur les prélèvements sur personne mineure mentionnés à l'article L. 1241-3, il comporte une personne qualifiée dans le domaine de la psychologie de l'enfant et un pédiatre. En cas d'urgence vitale, les membres du comité d'experts sont désignés par l'Agence de la biomédecine parmi les membres disponibles figurant sur l'arrêté susmentionné. Le comité ainsi constitué délivre son autorisation par tout moyen. Dans ce cas d'urgence, l'information prévue par le quatrième alinéa de l'article L. 1231-1 est délivrée par le praticien qui a posé l'indication de greffe ou par tout autre praticien du choix du donneur.

Le comité se prononce dans le respect des principes généraux énoncés au titre Ier du présent livre.

Afin d'apprécier la justification médicale d'un prélèvement et d'une greffe d'organe, les risques que le prélèvement est susceptible d'entraîner pour le donneur ainsi que ses conséquences prévisibles sur les plans physique et psychologique, le comité peut avoir accès aux informations médicales concernant le donneur et le receveur potentiels. Ses membres sont tenus de garder secrètes les informations dont ils ont connaissance en raison de leurs fonctions.

Les décisions prises par le comité ne sont pas motivées.

CSP, art. L. 1232-2

Si la personne décédée était un mineur ou un majeur sous tutelle, le prélèvement à l'une ou plusieurs des fins mentionnées à l'article L. 1232-1 ne peut avoir lieu qu'à la condition que chacun des titulaires de l'autorité parentale ou le tuteur y consente par écrit.

Toutefois, en cas d'impossibilité de consulter l'un des titulaires de l'autorité parentale, le prélèvement peut avoir lieu à condition que l'autre titulaire y consente par écrit.

CSP, art. L. 1235-2

Les organes prélevés à l'occasion d'une intervention chirurgicale, pratiquée dans l'intérêt de la personne opérée, peuvent être utilisés à des fins thérapeutiques ou scientifiques, sauf opposition exprimée par elle après qu'elle a été informée de l'objet de cette utilisation.

Lorsque cette personne est un mineur ou un majeur sous tutelle, l'utilisation ultérieure des organes ainsi prélevés est en outre subordonnée à l'absence d'opposition des titulaires de l'autorité parentale ou du tuteur, dûment informés de l'objet de cette utilisation. Le refus du mineur ou du majeur sous tutelle fait obstacle à cette utilisation.

Les organes ainsi prélevés sont soumis aux dispositions du titre Ier, à l'exception du premier alinéa de l'article L. 1211-2, et à celles des chapitres III et IV du présent titre.

CSP, art. L. 1241-2

Aucun prélèvement de tissus ou de cellules, aucune collecte de produits du corps humain en vue de don ne peut avoir lieu sur une personne vivante mineure ou sur une personne vivante majeure faisant l'objet d'une mesure de protection légale.

CSP, art. L. 1241-4 (*mod. par L. nº 2011-814, 7 juill. 2011, art. 17*)

Par dérogation aux dispositions de l'article L. 1241-2, en l'absence d'autre solution thérapeutique, un prélèvement de cellules hématopoïétiques recueillies par prélèvement dans la moelle osseuse ou dans le sang périphérique peut être fait sur une personne vivante majeure faisant l'objet d'une mesure de protection légale au bénéfice de son frère ou de sa sœur.

Si la personne protégée fait l'objet d'une mesure de tutelle, ce prélèvement est subordonné à une décision du juge des tutelles compétent qui se prononce après avoir recueilli l'avis de la personne concernée lorsque cela est possible, du tuteur et du comité d'experts mentionné à l'article L. 1231-3.

Si la personne protégée fait l'objet d'une mesure de curatelle ou de sauvegarde de justice et si le juge des tutelles compétent estime, après l'avoir entendue, que la personne protégée a la faculté de consentir au prélèvement, celui-ci est subordonné à une autorisation du comité d'experts mentionné à l'article L. 1231-3, après recueil du consentement de l'intéressé dans les conditions prévues à l'article L. 1241-3. Hors les cas où la personne protégée a la faculté de consentir au prélèvement, celui-ci ne peut être pratiqué que dans les conditions prévues au deuxième alinéa du présent article.

En l'absence d'autre solution thérapeutique appropriée, le prélèvement de cellules hématopoïétiques issues de la moelle osseuse peut, à titre exceptionnel, être effectué sur une personne protégée au bénéfice de son cousin germain ou de sa cousine germaine, de son oncle ou de sa tante, de son neveu ou de sa nièce. Toutefois, seules peuvent faire l'objet d'un prélèvement les personnes protégées qui font l'objet d'une mesure de curatelle ou de sauvegarde de justice et qui ont été reconnues comme ayant la faculté de consentir au prélèvement par le juge des tutelles compétent après avoir été entendues par celui-ci. Le consentement est recueilli et l'autorisation de prélèvement est délivrée par le comité d'experts dans les conditions prévues au troisième alinéa.

Avant de formuler l'avis mentionné au deuxième alinéa ou de délivrer les autorisations prévues aux troisième et quatrième alinéas, le comité d'experts mentionné à l'article L. 1231-3 s'assure que tous les moyens ont été mis en œuvre pour trouver un donneur majeur suffisamment compatible pour le receveur.

Le refus de la personne protégée fait obstacle au prélèvement.

CSP, art. L. 1245-2 *(mod. par L. n° 2011-814, 7 juill. 2011, art. 18)*

Les tissus, les cellules et les produits du corps humain, prélevés à l'occasion d'une intervention chirurgicale pratiquée dans l'intérêt de la personne opérée, à l'exception des cellules du sang de cordon et du sang placentaire ainsi que des cellules du cordon et du placenta, peuvent être utilisés à des fins thérapeutiques ou scientifiques, sauf opposition exprimée par elle après qu'elle a été informée des finalités de cette utilisation.

Lorsque cette personne est un mineur ou un majeur sous tutelle, l'utilisation ultérieure des éléments ou des produits ainsi prélevés est subordonnée à l'absence d'opposition qui peut être exprimée par tous moyens par les titulaires de l'autorité parentale ou du tuteur, dûment informés des finalités de cette utilisation. Le refus du mineur ou du majeur sous tutelle fait obstacle à cette utilisation.

Les tissus, les cellules, les produits du corps humain et le placenta ainsi prélevés sont soumis aux dispositions du titre Ier, à l'exception du premier alinéa de l'article L. 1211-2, et à celles du chapitre III du présent titre.

CSP, art. L. 2141-11 *(mod. par L. n° 2011-814, 7 juill. 2011, art. 32)*

Toute personne dont la prise en charge médicale est susceptible d'altérer la fertilité, ou dont la fertilité risque d'être prématurément altérée, peut bénéficier du recueil et de la conservation de ses gamètes ou de ses tissus germinaux, en vue de la réalisation ultérieure, à son bénéfice, d'une assistance médicale à la procréation, ou en vue de la préservation et de la restauration de sa fertilité. Ce recueil et cette conservation sont subordonnés au consentement de l'intéressé et, le cas échéant, de celui de l'un des titulaires de l'autorité parentale, ou du tuteur, lorsque l'intéressé, mineur ou majeur, fait l'objet d'une mesure de tutelle.

Les procédés biologiques utilisés pour la conservation des gamètes et des tissus germinaux sont inclus dans la liste prévue à l'article L. 2141-1, selon les conditions déterminées par cet article.

• **prélèvement de sang ou de ses composants**

CSP, art. L. 1221-5, al. 1

Aucun prélèvement de sang ou de ses composants en vue d'une utilisation thérapeutique pour autrui ne peut avoir lieu sur une personne mineure ou sur une personne majeure faisant l'objet d'une mesure de protection légale. [...]

• **stérilisation à visée contraceptive**

CSP, art. L. 2123-2

La ligature des trompes ou des canaux déférents à visée contraceptive ne peut être pratiquée sur une personne mineure. Elle ne peut être pratiquée sur une personne majeure dont l'altération des facultés mentales constitue un handicap et a justifié son placement sous tutelle ou sous curatelle que lorsqu'il existe une contre-indication médicale absolue aux méthodes de contraception ou une impossibilité avérée de les mettre en œuvre efficacement.

L'intervention est subordonnée à une décision du juge des tutelles saisi par la personne concernée, les père et mère ou le représentant légal de la personne concernée.

Le juge se prononce après avoir entendu la personne concernée. Si elle est apte à exprimer sa volonté, son consentement doit être systématiquement recherché et pris en compte après que lui a été donnée une information adaptée à son degré de compréhension. Il ne peut être passé outre à son refus ou à la révocation de son consentement.

Le juge entend les père et mère de la personne concernée ou son représentant légal ainsi que toute personne dont l'audition lui paraît utile.

Il recueille l'avis d'un comité d'experts composé de personnes qualifiées sur le plan médical et de représentants d'associations de personnes handicapées. Ce comité apprécie la justification médicale de l'intervention, ses risques ainsi que ses conséquences normalement prévisibles sur les plans physique et psychologique.

Un décret en Conseil d'État fixe les conditions d'application du présent article.

• **fin de vie**

[CSP, art. L. 1110-5 al. 2, L. 1110-5-1, L. 1110-5-2, L. 1110-5-3, L. 1110 8, L. 1110-9, L. 1110-10, L. 1110-13, L. 1111-6, L. 1111-11 et L. 1111-12]

+ L. n° 2016-41, 26 janv. 2016, art. 175

+ L. n° 2016-87, 2 févr. 2016, art. 1 à 10

CSP, art. L. 1110-5 *(mod. par L. n° 2016-87, 2 févr. 2016, art. 1er)*

Toute personne a, compte tenu de son état de santé et de l'urgence des interventions que celui-ci requiert, le droit de recevoir, sur l'ensemble du territoire, les traitements et les soins les plus appropriés et de bénéficier des thérapeutiques dont l'efficacité est reconnue et qui garantissent la meilleure sécurité sanitaire et le meilleur apaisement possible de la souffrance au regard des connaissances médicales avérées. Les actes de prévention, d'investigation ou de traitements et de soins ne doivent pas, en l'état des connaissances médicales, lui faire courir de risques disproportionnés par rapport au bénéfice escompté. Ces dispositions s'appliquent sans préjudice ni de l'obligation de sécurité à laquelle est tenu tout fournisseur de produits de santé ni de l'application du titre II du présent livre.

Toute personne a le droit d'avoir une fin de vie digne et accompagnée du meilleur apaisement possible de la souffrance. Les professionnels de santé mettent en œuvre tous les moyens à leur disposition pour que ce droit soit respecté.

CSP, art. L. 1110-5-1 *(créé par L. n° 2016-87, 2 févr. 2016, art. 2)*

Les actes mentionnés à l'article L. 1110-5 ne doivent pas être mis en œuvre ou poursuivis lorsqu'ils résultent d'une obstination déraisonnable. Lorsqu'ils apparaissent inutiles, disproportionnés ou lorsqu'ils n'ont d'autre effet que le seul maintien artificiel de la vie, ils peuvent être suspendus ou ne pas être entrepris, conformément à la volonté du patient et, si ce dernier est hors d'état d'exprimer sa volonté, à l'issue d'une procédure collégiale définie par voie réglementaire.

La nutrition et l'hydratation artificielles constituent des traitements qui peuvent être arrêtés conformément au premier alinéa du présent article.

Lorsque les actes mentionnés aux deux premiers alinéas du présent article sont suspendus ou ne sont pas entrepris, le médecin sauvegarde la dignité du mourant et assure la qualité de sa vie en dispensant les soins palliatifs mentionnés à l'article L. 1110-10.

CSP, art. L. 1110-5-2 *(créé par L. n° 2016-87, 2 févr. 2016, art. 3)*

À la demande du patient d'éviter toute souffrance et de ne pas subir d'obstination déraisonnable, une sédation profonde et continue provoquant une altération de la conscience maintenue jusqu'au décès, associée à une analgésie et à l'arrêt de l'ensemble des traitements de maintien en vie, est mise en œuvre dans les cas suivants :

1° Lorsque le patient atteint d'une affection grave et incurable et dont le pronostic vital est engagé à court terme présente une souffrance réfractaire aux traitements;

2° Lorsque la décision du patient atteint d'une affection grave et incurable d'arrêter un traitement engage son pronostic vital à court terme et est susceptible d'entraîner une souffrance insupportable.

Lorsque le patient ne peut pas exprimer sa volonté et, au titre du refus de l'obstination déraisonnable mentionnée à l'article L. 1110-5-1, dans le cas où le médecin arrête un traitement de maintien en vie, celui-ci applique une sédation profonde et continue provoquant une altération de la conscience maintenue jusqu'au décès, associée à une analgésie.

La sédation profonde et continue associée à une analgésie prévue au présent article est mise en œuvre selon la procédure collégiale définie par voie réglementaire qui permet à l'équipe soignante de vérifier préalablement que les conditions d'application prévues aux alinéas précédents sont remplies.

À la demande du patient, la sédation profonde et continue peut être mise en œuvre à son domicile, dans un établissement de santé ou un établissement mentionné au 6° du I de l'article L. 312-1 du code de l'action sociale et des familles.

L'ensemble de la procédure suivie est inscrite au dossier médical du patient.

CSP, art. L. 1110-5-3 *(créé par L. n° 2016-87, 2 févr. 2016, art. 4)*

Toute personne a le droit de recevoir des traitements et des soins visant à soulager sa souffrance. Celle-ci doit être, en toutes circonstances, prévenue, prise en compte, évaluée et traitée.

Le médecin met en place l'ensemble des traitements analgésiques et sédatifs pour répondre à la souffrance réfractaire du malade en phase avancée ou terminale, même s'ils peuvent avoir comme effet d'abréger la vie. Il doit en informer le malade, sans préjudice du quatrième alinéa de l'article L. 1111-2, la personne de confiance prévue à l'article L. 1111-6, la famille ou, à défaut, un des proches du malade. La procédure suivie est inscrite dans le dossier médical.

Toute personne est informée par les professionnels de santé de la possibilité d'être prise en charge à domicile, dès lors que son état le permet.

CSP, art. L. 1110-8 *(mod. par L. n° 2016-41, 26 janv. 2016, art. 175)*

Le droit du malade au libre choix de son praticien et de son établissement de santé et de son mode de prise en charge, sous forme ambulatoire ou à domicile, en particulier lorsqu'il relève de soins palliatifs au sens de l'article L. 1110-10, est un principe fondamental de la législation sanitaire.

Les limitations apportées à ce principe par les différents régimes de protection sociale ne peuvent être introduites qu'en considération des capacités techniques des établissements, de leur mode de tarification et des critères de l'autorisation à dispenser des soins remboursables aux assurés sociaux.

CSP, art. L. 1110-9

Toute personne malade dont l'état le requiert a le droit d'accéder à des soins palliatifs et à un accompagnement.

CSP, art. L. 1110-10

Les soins palliatifs sont des soins actifs et continus pratiqués par une équipe interdisciplinaire en institution ou à domicile. Ils visent à soulager la douleur, à apaiser la souffrance psychique, à sauvegarder la dignité de la personne malade et à soutenir son entourage.

CSP, art. L. 1111-6 *(mod. par L. n° 2016-87, 2 févr. 2016, art. 9)*

* V. *supra* s^s. *personne de confiance*

CSP, art. L. 1111-11 *(mod. par L. n° 2016-87, 2 févr. 2016, art. 8)*

Toute personne majeure peut rédiger des directives anticipées pour le cas où elle serait un jour hors d'état d'exprimer sa volonté. Ces directives anticipées expriment la volonté de la personne relative à sa fin de vie en ce qui concerne les conditions de la poursuite, de la limitation, de l'arrêt ou du refus de traitement ou d'acte médicaux.

À tout moment et par tout moyen, elles sont révisables et révocables. Elles peuvent être rédigées conformément à un modèle dont le contenu est fixé par décret en Conseil d'État pris après avis de la Haute Autorité de santé. Ce modèle prévoit la situation de la personne selon qu'elle se sait ou non atteinte d'une affection grave au moment où elle les rédige.

Les directives anticipées s'imposent au médecin pour toute décision d'investigation, d'intervention ou de traitement, sauf en cas d'urgence vitale pendant le temps nécessaire à une évaluation complète de la situation et lorsque les directives anticipées apparaissent manifestement inappropriées ou non conformes à la situation médicale.

La décision de refus d'application des directives anticipées, jugées par le médecin manifestement inappropriées ou non conformes à la situation médicale du patient, est prise à l'issue d'une procédure collégiale définie par voie réglementaire et est inscrite au dossier médical. Elle est portée à la connaissance de la personne de confiance désignée par le patient ou, à défaut, de la famille ou des proches.

Un décret en Conseil d'État, pris après avis de la Commission nationale de l'informatique et des libertés, définit les conditions d'information des patients et les conditions de validité, de confidentialité et de conservation des directives anticipées. Les directives anticipées sont notamment conservées sur un registre national faisant l'objet d'un traitement automatisé dans le respect de la loi n° 78-17 du 6 janvier 1978 relative à l'informatique, aux fichiers et aux libertés. Lorsqu'elles sont conservées dans ce registre, un rappel de leur existence est régulièrement adressé à leur auteur.

Le médecin traitant informe ses patients de la possibilité et des conditions de rédaction de directives anticipées.

Lorsqu'une personne fait l'objet d'une mesure de tutelle, au sens du chapitre II du titre XI du livre Ier du Code civil, elle peut rédiger des directives anticipées avec l'autorisation du juge ou du conseil de famille s'il a été constitué. Le tuteur ne peut ni l'assister ni la représenter à cette occasion.

CSP, art. L. 1111-12 *(mod. par L. n° 2016-87, 2 févr. 2016, art. 10)*

Lorsqu'une personne, en phase avancée ou terminale d'une affection grave et incurable, quelle qu'en soit la cause, est hors d'état d'exprimer sa volonté, le médecin a l'obligation de s'enquérir de l'expression de la volonté exprimée par le patient. En l'absence de directives anticipées mentionnées à l'article L. 1111-11, il recueille le témoignage de la personne de confiance ou, à défaut, tout autre témoignage de la famille ou des proches.

• **soins psychiatriques contraints**

[CSP, art. L. 3211-2-1, L. 3211-2-2, L. 3211-3, L. 3211-5, L. 3211-8, L. 3211-12, L. 3211-12-1, L. 3212-1, L. 3212-2, L. 3212-3, L. 3213-1, L. 3213-2, L. 3213-9, L. 3216-1, L. 3223-1]

+ L. n° 2011-803, 5 juill. 2011, art. 1, 2, 3, 7, 8

+ L. n° 2013-869, 27 sept. 2013, art. 1, 4, 10

+ L. n° 2016-41, 26 janv. 2016, art. 70

CSP, art. L. 3211-2-1 *(mod. par L. n° 2013-869, 27 sept. 2013, art. 1er)*

I. – Une personne faisant l'objet de soins psychiatriques en application des chapitres II et III du présent titre ou de l'article 706-135 du Code de procédure pénale est dite en soins psychiatriques sans consentement.

La personne est prise en charge :

1° Soit sous la forme d'une hospitalisation complète dans un établissement mentionné à l'article L. 3222-1 du présent code;

2° Soit sous toute autre forme, pouvant comporter des soins ambulatoires, des soins à domicile dispensés par un établissement mentionné au même article L. 3222-1 et, le cas échéant, une hospitalisation à domicile, des séjours à temps partiel ou des séjours de courte durée à temps complet effectués dans un établissement mentionné audit article L. 3222-1.

II. – Lorsque les soins prennent la forme prévue au 2° du I, un programme de soins est établi par un psychiatre de l'établissement d'accueil et ne peut être modifié, afin de tenir compte de l'évolution de l'état de santé du patient, que dans les mêmes conditions. Le programme de soins définit les types de soins, leur périodicité et les lieux de leur réalisation, dans des conditions déterminées par décret en Conseil d'État.

Pour l'établissement et la modification du programme de soins, le psychiatre de l'établissement d'accueil recueille l'avis du patient lors d'un entretien au cours duquel il donne au patient l'information prévue à l'article L. 3211-3 et l'avise des dispositions du III du présent article et de celles de l'article L. 3211-11.

III. – Aucune mesure de contrainte ne peut être mise en œuvre à l'égard d'un patient pris en charge sous la forme prévue au 2° du I.

CSP, art. L. 3211-2-2 *(mod. par L. n° 2013-869, 27 sept. 2013, art. 1er)*

Lorsqu'une personne est admise en soins psychiatriques en application des chapitres II ou III du présent titre, elle fait l'objet d'une période d'observation et de soins initiale sous la forme d'une hospitalisation complète.

Dans les vingt-quatre heures suivant l'admission, un médecin réalise un examen somatique complet de la personne et un psychiatre de l'établissement d'accueil établit un certificat médical constatant son état mental et confirmant ou non la nécessité de maintenir les soins psychiatriques au regard des conditions d'admission définies aux articles L. 3212-1 ou L. 3213-1. Ce psychiatre ne peut être l'auteur du certificat médical ou d'un des deux certificats médicaux sur la base desquels la décision d'admission a été prononcée.

Dans les soixante-douze heures suivant l'admission, un nouveau certificat médical est établi dans les mêmes conditions que celles prévues au deuxième alinéa du présent article.

Lorsque les deux certificats médicaux ont conclu à la nécessité de maintenir les soins psychiatriques, le psychiatre propose dans le certificat mentionné au troisième alinéa du présent article la forme de la prise en charge mentionnée aux 1° et 2° du I de l'article L. 3211-2-1 et, le cas échéant, le programme de soins. Cette proposition est motivée au regard de l'état de santé du patient et de l'expression de ses troubles mentaux.

CSP, art. L. 3211-3 *(mod. par L. n° 2013-869, 27 sept. 2013, art. 1er)*

Lorsqu'une personne atteinte de troubles mentaux fait l'objet de soins psychiatriques en application des dispositions des chapitres II et III du présent titre ou est transportée en vue de ces soins, les restrictions à l'exercice de ses libertés individuelles doivent être adaptées, nécessaires et proportionnées à son état mental et à la mise en œuvre du traitement requis. En toutes circonstances, la dignité de la personne doit être respectée et sa réinsertion recherchée.

Avant chaque décision prononçant le maintien des soins en application des articles L. 3212-4, L. 3212-7 et L. 3213-4 ou définissant la forme de la prise en charge en application des articles L. 3211-12-5, L. 3212-4, L. 3213-1 et L. 3213-3, la personne faisant l'objet de soins psychiatriques est, dans la mesure où son état le permet, informée de ce projet de décision et mise à même de faire valoir ses observations, par tout moyen et de manière appropriée à cet état.

En outre, toute personne faisant l'objet de soins psychiatriques en application des chapitres II et III du présent titre ou de l'article 706-135 du Code de procédure pénale est informée :

a) Le plus rapidement possible et d'une manière appropriée à son état, de la décision d'admission et de chacune des décisions mentionnées au deuxième alinéa du présent article, ainsi que des raisons qui les motivent;

b) Dès l'admission ou aussitôt que son état le permet et, par la suite, à sa demande et après chacune des décisions mentionnées au même deuxième alinéa, de sa situation juridique, de ses droits, des voies de recours qui lui sont ouvertes et des garanties qui lui sont offertes en application de l'article L. 3211-12-1.

L'avis de cette personne sur les modalités des soins doit être recherché et pris en considération dans toute la mesure du possible.

En tout état de cause, elle dispose du droit :

1° De communiquer avec les autorités mentionnées à l'article L. 3222-4;

2° De saisir la commission prévue à l'article L. 3222-5 et, lorsqu'elle est hospitalisée, la commission mentionnée à l'article L. 1112-3;

3° De porter à la connaissance du Contrôleur général des lieux de privation de liberté des faits ou situations susceptibles de relever de sa compétence;

4° De prendre conseil d'un médecin ou d'un avocat de son choix;

5° D'émettre ou de recevoir des courriers;

6° De consulter le règlement intérieur de l'établissement et de recevoir les explications qui s'y rapportent;

7° D'exercer son droit de vote;

8° De se livrer aux activités religieuses ou philosophiques de son choix.

Ces droits, à l'exception de ceux mentionnés aux 5°, 7° et 8°, peuvent être exercés à leur demande par les parents ou les personnes susceptibles d'agir dans l'intérêt du malade.

CSP, art. L. 3211-5 (*mod. par L. n° 2011-803, 5 juill. 2011, art. 1er*)

Une personne faisant, en raison de troubles mentaux, l'objet de soins psychiatriques prenant ou non la forme d'une hospitalisation complète conserve, à l'issue de ces soins, la totalité de ses droits et devoirs de citoyen, sous réserve des dispositions relatives aux mesures de protection des majeurs prévues aux sections 1 à 4 du chapitre II du titre XI du livre Ier du Code civil, sans que ses antécédents psychiatriques puissent lui être opposés.

CSP, art. L. 3211-8 (*mod. par L. n° 2011-803, 5 juill. 2011, art. 1er*)

La personne faisant l'objet de soins psychiatriques en application des chapitres II et III du présent titre ou de l'article 706-135 du Code de procédure pénale peut être placée en curatelle ou en tutelle dans les conditions et selon les modalités prévues aux articles 425 et 440 du Code civil.

CSP, art. L. 3211-12 (*mod. par L. n° 2013-869, 27 sept. 2013, art. 4*)

I. – Le juge des libertés et de la détention dans le ressort duquel se situe l'établissement d'accueil peut être saisi, à tout moment, aux fins d'ordonner, à bref délai, la mainlevée immédiate d'une mesure de soins psychiatriques prononcée en application des chapitres II à IV du présent titre ou de l'article 706-135 du Code de procédure pénale, quelle qu'en soit la forme.

La saisine peut être formée par :

1° La personne faisant l'objet des soins;

2° Les titulaires de l'autorité parentale ou le tuteur si la personne est mineure;

3° La personne chargée de sa protection si, majeure, elle a été placée en tutelle ou en curatelle;

4° Son conjoint, son concubin, la personne avec laquelle elle est liée par un pacte civil de solidarité;

5° La personne qui a formulé la demande de soins;

6° Un parent ou une personne susceptible d'agir dans l'intérêt de la personne faisant l'objet des soins;

7° Le procureur de la République.

Le juge des libertés et de la détention peut également se saisir d'office, à tout moment. À cette fin, toute personne intéressée peut porter à sa connaissance les informations qu'elle estime utiles sur la situation d'une personne faisant l'objet d'une telle mesure.

II. – Le juge des libertés et de la détention ne peut statuer qu'après avoir recueilli l'avis du collège mentionné à l'article L. 3211-9 du présent code lorsque la personne fait l'objet d'une mesure de soins ordonnée en application de l'article L. 3213-7 du même code ou de l'article 706-135 du Code de procédure pénale à la suite d'un classement sans suite, d'une décision d'irresponsabilité pénale ou d'un jugement ou arrêt de déclaration d'irresponsabilité pénale prononcés sur le fondement du premier alinéa de l'article 122-1 du Code pénal et concernant des faits punis d'au moins cinq ans d'emprisonnement en cas d'atteinte aux personnes ou d'au moins dix ans d'emprisonnement en cas d'atteinte aux biens.

Le juge ne peut, en outre, décider la mainlevée de la mesure qu'après avoir recueilli deux expertises établies par les psychiatres inscrits sur les listes mentionnées à l'article L. 3213-5-1 du présent code.

Le juge fixe les délais dans lesquels l'avis du collège et les deux expertises prévus au présent II doivent être produits, dans une limite maximale fixée par décret en Conseil d'État. Passés ces délais, il statue immédiatement.

III. – Le juge des libertés et de la détention ordonne, s'il y a lieu, la mainlevée de la mesure d'hospitalisation complète.

Lorsqu'il ordonne cette mainlevée, il peut, au vu des éléments du dossier et par décision motivée, décider que la mainlevée prend effet dans un délai maximal de vingt-quatre heures afin qu'un programme de soins puisse, le cas échéant, être établi en application de l'article L. 3211-2-1. Dès l'établissement de ce programme ou à l'issue du délai mentionné à la phrase précédente, la mesure d'hospitalisation complète prend fin.

CSP, art. L. 3211-12-1 (*mod. par L. n° 2016-41, 26 janv. 2016, art. 70*)

I. – L'hospitalisation complète d'un patient ne peut se poursuivre sans que le juge des libertés et de la détention, préalablement saisi par le directeur de l'établissement lorsque l'hospitalisation a été prononcée en application du chapitre II du présent titre ou par le représentant de l'État dans le département lorsqu'elle a été prononcée en application du chapitre III du présent titre, de l'article L. 3214-3 du présent code ou de l'article 706-135 du Code de procédure pénale, ait statué sur cette mesure :

1° Avant l'expiration d'un délai de douze jours à compter de l'admission prononcée en application des chapitres II ou III du présent titre ou de l'article L. 3214-3 du même code. Le juge des libertés et de la détention est alors saisi dans un délai de huit jours à compter de cette admission ;

2° Avant l'expiration d'un délai de douze jours à compter de la décision modifiant la forme de la prise en charge du patient et procédant à son hospitalisation complète en application, respectivement, du dernier alinéa de l'article L. 3212-4 ou du III de l'article L. 3213-3. Le juge des libertés et de la détention est alors saisi dans un délai de huit jours à compter de cette décision ;

3° Avant l'expiration d'un délai de six mois à compter soit de toute décision judiciaire prononçant l'hospitalisation en application de l'article 706-135 du Code de procédure pénale, soit de toute décision prise par le juge des libertés et de la détention en application du présent I ou des articles L. 3211-12, L. 3213-3, L. 3213-8 ou L. 3213-9-1 du présent code, lorsque le patient a été maintenu en hospitalisation complète de manière continue depuis cette décision. Toute décision du juge des libertés et de la détention prise avant l'expiration de ce délai en application du 2° du présent I ou de l'un des mêmes articles L. 3211-12, L. 3213-3, L. 3213-8 ou L. 3213-9-1, ou toute nouvelle décision judiciaire prononçant l'hospitalisation en application de l'article 706-135 du Code de procédure pénale fait courir à nouveau ce délai. Le juge des libertés et de la détention est alors saisi quinze jours au moins avant l'expiration du délai de six mois prévu au présent 3°.

Toutefois, lorsque le juge des libertés et de la détention a ordonné, avant l'expiration de l'un des délais mentionnés aux 1° à 3° du présent I, une expertise soit en application du III du présent article, soit, à titre exceptionnel, en considération de l'avis mentionné au II, ce délai est prolongé d'une durée qui ne peut excéder quatorze jours à compter de la date de cette ordonnance. L'hospitalisation complète du patient est alors maintenue jusqu'à la décision du juge, sauf s'il y est mis fin en application des chapitres II ou III du présent titre. L'ordonnance mentionnée au présent alinéa peut être prise sans audience préalable.

Le juge fixe les délais dans lesquels l'expertise mentionnée à l'avant-dernier alinéa du présent I doit être produite, dans une limite maximale fixée par décret en Conseil d'État. Passés ces délais, il statue immédiatement.

II. – La saisine mentionnée au I du présent article est accompagnée de l'avis motivé d'un psychiatre de l'établissement d'accueil se prononçant sur la nécessité de poursuivre l'hospitalisation complète.

Lorsque le patient relève de l'un des cas mentionnés au II de l'article L. 3211-12, l'avis prévu au premier alinéa du présent II est rendu par le collège mentionné à l'article L. 3211-9.

III. – Le juge des libertés et de la détention ordonne, s'il y a lieu, la mainlevée de la mesure d'hospitalisation complète.

Lorsqu'il ordonne cette mainlevée, il peut, au vu des éléments du dossier et par décision motivée, décider que la mainlevée prend effet dans un délai maximal de vingt-quatre heures, afin qu'un programme de soins puisse, le cas échéant, être établi en application du II de l'article L. 3211-2-1. Dès l'établissement de ce programme ou à l'issue du délai mentionné à la première phrase du présent alinéa, la mesure d'hospitalisation complète prend fin.

Toutefois, lorsque le patient relève de l'un des cas mentionnés au II de l'article L. 3211-12, le juge ne peut décider la mainlevée de la mesure qu'après avoir recueilli deux expertises établies par les psychiatres inscrits sur les listes mentionnées à l'article L. 3213-5-1.

IV. – Lorsque le juge des libertés et de la détention n'a pas statué avant l'expiration du délai de douze jours prévu aux 1° et 2° du I ou du délai de six mois prévu au 3° du même I, la mainlevée de la mesure d'hospitalisation complète est acquise à l'issue de chacun de ces délais.

Si le juge des libertés et de la détention est saisi après l'expiration du délai de huit jours prévu aux 1° et 2° du I ou du délai de quinze jours prévu au 3° du même I, il constate sans débat que la mainlevée de l'hospitalisation complète est acquise, à moins qu'il ne soit justifié de circonstances exceptionnelles à l'origine de la saisine tardive et que le débat puisse avoir lieu dans le respect des droits de la défense.

CSP, art. L. 3212-1 (*mod. par L. n° 2013-869, 27 sept. 2013, art. 1er*)

I. – Une personne atteinte de troubles mentaux ne peut faire l'objet de soins psychiatriques sur la décision du directeur d'un établissement mentionné à l'article L. 3222-1 que lorsque les deux conditions suivantes sont réunies :

1° Ses troubles mentaux rendent impossible son consentement;

2° Son état mental impose des soins immédiats assortis soit d'une surveillance médicale constante justifiant une hospitalisation complète, soit d'une surveillance médicale régulière justifiant une prise en charge sous la forme mentionnée au 2° du I de l'article L. 3211-2-1.

II. – Le directeur de l'établissement prononce la décision d'admission :

1° Soit lorsqu'il a été saisi d'une demande présentée par un membre de la famille du malade ou par une personne justifiant de l'existence de relations avec le malade antérieures à la demande de soins et lui donnant qualité pour agir dans l'intérêt de celui-ci, à l'exclusion des personnels soignants exerçant dans l'établissement prenant en charge la personne malade. Lorsqu'il remplit les conditions prévues au présent alinéa, le tuteur ou le curateur d'un majeur protégé peut faire une demande de soins pour celui-ci.

La forme et le contenu de cette demande sont fixés par décret en Conseil d'État.

La décision d'admission est accompagnée de deux certificats médicaux circonstanciés datant de moins de quinze jours, attestant que les conditions prévues aux 1° et 2° du I du présent article sont réunies.

Le premier certificat médical ne peut être établi que par un médecin n'exerçant pas dans l'établissement accueillant le malade; il constate l'état mental de la personne malade, indique les caractéristiques de sa maladie et la nécessité de recevoir des soins. Il doit être confirmé par un certificat d'un second médecin qui peut exercer dans l'établissement accueillant le malade. Les deux médecins ne peuvent être parents ou alliés, au quatrième degré inclusivement, ni entre eux, ni du directeur de l'établissement mentionné à l'article L. 3222-1 qui prononce la décision d'admission, ni de la personne ayant demandé les soins ou de la personne faisant l'objet de ces soins ;

2° Soit lorsqu'il s'avère impossible d'obtenir une demande dans les conditions prévues au 1° du présent II et qu'il existe, à la date d'admission, un péril imminent pour la santé de la personne, dûment constaté par un certificat médical établi dans les conditions prévues au troisième alinéa du même 1°. Ce certificat constate l'état mental de la personne malade, indique les caractéristiques de sa maladie et la nécessité de recevoir des soins. Le médecin qui établit ce certificat ne peut exercer dans l'établissement accueillant la personne malade ; il ne peut en outre être parent ou allié, jusqu'au quatrième degré inclusivement, ni avec le directeur de cet établissement ni avec la personne malade.

Dans ce cas, le directeur de l'établissement d'accueil informe, dans un délai de vingt-quatre heures sauf difficultés particulières, la famille de la personne qui fait l'objet de soins et, le cas échéant, la personne chargée de la protection juridique de l'intéressé ou, à défaut, toute personne justifiant de l'existence de relations avec la personne malade antérieures à l'admission en soins et lui donnant qualité pour agir dans l'intérêt de celle-ci.

Lorsque l'admission a été prononcée en application du présent 2°, les certificats médicaux mentionnés aux deuxième et troisième alinéas de l'article L. 3211-2-2 sont établis par deux psychiatres distincts.

CSP, art. L. 3212-2 (*mod. par L. n° 2011-803, 5 juill. 2011, art. 2*)

Avant d'admettre une personne en soins psychiatriques en application de l'article L. 3212-1, le directeur de l'établissement d'accueil s'assure de son identité. Lorsque la personne est admise en application du 1° du II du même article L. 3212-1, le directeur de l'établissement vérifie également que la demande de soins a été établie conformément au même 1° et s'assure de l'identité de la personne qui formule la demande de soins. Si la demande est formulée pour un majeur protégé par son tuteur ou curateur, celui-ci doit fournir à l'appui de sa demande un extrait du jugement de mise sous tutelle ou curatelle.

CSP, art. L. 3212-3 (*mod. par L. n° 2011-803, 5 juill. 2011, art. 2*)

En cas d'urgence, lorsqu'il existe un risque grave d'atteinte à l'intégrité du malade, le directeur d'un établissement mentionné à l'article L. 3222-1 peut, à titre exceptionnel, prononcer à la demande d'un tiers l'admission en soins psychiatriques d'une personne malade au vu d'un seul certificat médical émanant, le cas échéant, d'un médecin exerçant dans l'établissement. Dans ce cas, les certificats médicaux mentionnés aux deuxième et troisième alinéas de l'article L. 3211-2-2 sont établis par deux psychiatres distincts.

Préalablement à l'admission, le directeur de l'établissement d'accueil vérifie que la demande de soins a été établie conformément au 1° du II de l'article L. 3212-1 et s'assure de l'identité de la personne malade et de celle qui demande les soins. Si la demande est formulée pour un majeur protégé par son tuteur ou curateur, celui-ci doit fournir à l'appui de sa demande un extrait de jugement de mise sous tutelle ou curatelle.

CSP, art. L. 3213-1 (*mod. par L. n° 2013-869, 27 sept. 2013, art. 10*)

I. – Le représentant de l'État dans le département prononce par arrêté, au vu d'un certificat médical circonstancié ne pouvant émaner d'un psychiatre exerçant dans l'établissement d'accueil, l'admission en soins psychiatriques des personnes dont les troubles mentaux nécessitent des soins et compromettent la sûreté des personnes ou portent atteinte, de façon grave, à l'ordre public. Les arrêtés préfectoraux sont motivés et énoncent avec précision les circonstances qui ont rendu l'admission en soins nécessaire. Ils désignent l'établissement mentionné à l'article L. 3222-1 qui assure la prise en charge de la personne malade.

Le directeur de l'établissement d'accueil transmet sans délai au représentant de l'État dans le département et à la commission départementale des soins psychiatriques mentionnée à l'article L. 3222-5 :

1° Le certificat médical mentionné au deuxième alinéa de l'article L. 3211-2-2 ;

2° Le certificat médical et, le cas échéant, la proposition mentionnés aux deux derniers alinéas du même article L. 3211-2-2.

II. – Dans un délai de trois jours francs suivant la réception du certificat médical mentionné à l'avant-dernier alinéa de l'article L. 3211-2-2, le représentant de l'État dans le département décide de la forme de prise en charge prévue à l'article L. 3211-2-1, en tenant compte de la proposition établie, le cas échéant, par le psychiatre en application du dernier alinéa de l'article L. 3211-2-2 et des exigences liées à la sûreté des personnes et à l'ordre public. Il joint à sa décision, le cas échéant, le programme de soins établi par le psychiatre.

Dans l'attente de la décision du représentant de l'État, la personne malade est prise en charge sous la forme d'une hospitalisation complète.

III. – Lorsque la proposition établie par le psychiatre en application de l'article L. 3211-2-2 recommande une prise en charge sous une autre forme que l'hospitalisation complète, le représentant de l'État ne peut modifier la forme de prise en charge des personnes mentionnées au II de l'article L. 3211-12 qu'après avoir recueilli l'avis du collège mentionné à l'article L. 3211-9.

IV. – Les mesures provisoires, les décisions, les avis et les certificats médicaux mentionnés au présent chapitre figurent sur le registre mentionné à l'article L. 3212-11.

CSP, art. L. 3213-2 (*mod. par Cons. const., décis. n° 2011-174 QPC, 6 oct. 2011, art. 1*)

En cas de danger imminent pour la sûreté des personnes, attesté par un avis médical, le maire et, à Paris, les commissaires de police arrêtent, à l'égard des personnes dont le comportement révèle des troubles mentaux manifestes, toutes les mesures provisoires nécessaires, à charge d'en référer dans les vingt-quatre heures au représentant de l'État dans le département qui statue sans délai et prononce, s'il y a lieu, un arrêté d'admission en soins psychiatriques dans les formes prévues à l'article L. 3213-1. Faute de décision du représentant de l'État, ces mesures provisoires sont caduques au terme d'une durée de quarante-huit heures.

La période d'observation et de soins initiale mentionnée à l'article L. 3211-2-2 prend effet dès l'entrée en vigueur des mesures provisoires prévues au premier alinéa.

CSP, art. L. 3213-9 (*mod. par L. n° 2011-803, 5 juill. 2011, art. 3*)

Le représentant de l'État dans le département avise dans les vingt-quatre heures de toute admission en soins psychiatriques prise en application du présent chapitre ou du chapitre IV du présent titre ou sur décision de justice, de toute décision de maintien et de toute levée de cette mesure :

1° Le procureur de la République près le tribunal de grande instance dans le ressort duquel est situé l'établissement d'accueil de la personne malade et le procureur de la République près le tribunal de grande instance dans le ressort duquel celle-ci a sa résidence habituelle ou son lieu de séjour;

2° Le maire de la commune où est implanté l'établissement et le maire de la commune où la personne malade a sa résidence habituelle ou son lieu de séjour;

3° La commission départementale des soins psychiatriques mentionnée à l'article L. 3222-5;

4° La famille de la personne qui fait l'objet de soins;

5° Le cas échéant, la personne chargée de la protection juridique de l'intéressé.

Le représentant de l'État dans le département informe sans délai les autorités et les personnes mentionnées aux 1° à 5° de toute décision de prise en charge du patient sous une autre forme que celle d'une hospitalisation complète.

CSP, art. L. 3216-1 (*créé par L. n° 2011-803, 5 juill. 2011, art. 7*)
La régularité des décisions administratives prises en application des chapitres II à IV du présent titre ne peut être contestée que devant le juge judiciaire.

Le juge des libertés et de la détention connaît des contestations mentionnées au premier alinéa du présent article dans le cadre des instances introduites en application des articles L. 3211-12 et L. 3211-12-1. Dans ce cas, l'irrégularité affectant une décision administrative mentionnée au premier alinéa du présent article n'entraîne la mainlevée de la mesure que s'il en est résulté une atteinte aux droits de la personne qui en faisait l'objet.

Lorsque le tribunal de grande instance statue sur les demandes en réparation des conséquences dommageables résultant pour l'intéressé des décisions administratives mentionnées au premier alinéa, il peut, à cette fin, connaître des irrégularités dont ces dernières seraient entachées.

CSP, art. L. 3223-1 (*mod. par L. n° 2011-803, 5 juill. 2011, art. 8*)
La commission prévue à l'article L. 3222-5 :

1° Est informée, dans les conditions prévues aux chapitres II et III du titre Ier du présent livre, de toute décision d'admission en soins psychiatriques, de tout renouvellement de cette décision et de toute décision mettant fin à ces soins;

2° Reçoit les réclamations des personnes faisant l'objet de soins psychiatriques en application des chapitres II à IV du titre Ier du présent livre ou de l'article 706-135 du Code de procédure pénale ou celles de leur conseil et examine leur situation;

3° Examine, en tant que de besoin, la situation des personnes faisant l'objet de soins psychiatriques en application des chapitres II à IV du titre Ier du présent livre ou de l'article 706-135 du Code de procédure pénale et, obligatoirement, dans des conditions fixées par décret en Conseil d'État :

a) Celle de toutes les personnes dont l'admission a été prononcée en application du 2° du II de l'article L. 3212-1;

b) Celle de toutes les personnes dont les soins se prolongent au-delà d'une durée d'un an;

4° Saisit, en tant que de besoin, le représentant de l'État dans le département ou, à Paris, le préfet de police, ou le procureur de la République de la situation des personnes qui font l'objet de soins psychiatriques en application des chapitres II à IV du titre Ier du présent livre ou de l'article 706-135 du Code de procédure pénale;

5° Visite les établissements mentionnés à l'article L. 3222-1, vérifie les informations figurant sur le registre prévu à l'article L. 3212-11 et au IV de l'article L. 3213-1 et s'assure que toutes les mentions prescrites par la loi y sont portées;

6° Adresse, chaque année, son rapport d'activité, dont le contenu est fixé par décret en Conseil d'État, au juge des libertés et de la détention compétent dans son ressort, au représentant de l'État dans le département ou, à Paris, au préfet de police, au directeur général de l'agence régionale de santé, au procureur de la République et au Contrôleur général des lieux de privation de liberté;

7° Peut proposer au juge des libertés et de la détention du tribunal de grande instance dans le ressort duquel se situe l'établissement d'accueil d'une personne admise en soins psychiatriques en application des chapitres II à IV du titre Ier du présent livre ou de l'article 706-135 du Code de procédure pénale d'ordonner, dans les conditions définies à l'article L. 3211-12 du présent code, la levée de la mesure de soins psychiatriques dont cette personne fait l'objet;

8° Statue sur les modalités d'accès aux informations mentionnées à l'article L. 1111-7 de toute personne admise en soins psychiatriques en application des chapitres II à IV du titre Ier du présent livre ou de l'article 706-135 du Code de procédure pénale.

Les personnels des établissements de santé sont tenus de répondre à toutes les demandes d'information formulées par la commission. Les médecins membres de la commission ont accès à toutes les données médicales relatives aux personnes dont la situation est examinée.

214.02 Jurisprudence de référence.

> Droit au respect de la dignité

• **CE, ass., 2 juill. 1993, Milhaud, req. n° 124960,** *Lebon* 194

* V. s^s n° 214.11

Le respect de la personne humaine fait partie des principes déontologiques fondamentaux qui s'imposent au médecin dans ses rapports avec son patient.

> Respect de la vie privée et du secret des informations

• **CE 26 sept. 2005, CNOM,** req. n° 270234

* V. s^s n° 214.11

Le législateur n'a pas exclu la possibilité pour la personne concernée d'accéder aux informations médicales détenues par des professionnels et établissements de santé en recourant à un mandataire dans les conditions de droit commun, dès lors que ce dernier peut justifier de son identité et dispose d'un mandat exprès;

> Information loyale, claire et appropriée

• **Civ. 1re, 21 févr. 1961, n° 58-11.654,** *Bull. civ.* I, n° 112

* V. s^s n° 214.21

Le médecin ne peut être considéré comme ayant délivré une information loyale lorsqu'il a seulement déclaré à sa patiente que son affection est « tout à fait opérable ».

• **Civ. 1re, 6 févr. 2003, n° 12-17.423,** *Bull. civ.* I, n° 10

* V. s^s n° 214.21

« L'information, même écrite, doit expliciter les risques précis de l'acte envisagé, sans se borner à des généralités. »

214.03 **Bibliographie indicative.**

> Actes relatifs à la personne protégée. J.-R. Binet, *Le nouveau droit de la bioéthique*, Litec, 2005 – V. F. Dreifuss-Netter, « Les donneurs vivants ou la protection des personnes en état de vulnérabilité », *D.* 2005. Chron. 1808 à 1814 – T. Fossier, « La protection de la personne, un droit flexible », *Dr. fam.* 2007. Étude 17 – T. Fossier et T. Verheyde, « La stérilisation à des fins contraceptives des incapables majeurs. Loi n° 2001-588 du 4 juillet 2001 », *JCP* 2001. Actu 1477 – F. Fresnel, « La tutelle à la personne est aussi une mission du protecteur de l'incapable », *Gaz. Pal.* 1999. 1239 – J.-P. Gridel, « L'acte éminemment personnel et la volonté propre du majeur en tutelle », *R.* 2000. 79 – M.-E. Oppelt-Reveneau, « La protection de la personne de l'incapable majeur », *LPA* 4 nov. 1999, p. 4 – J.-M. Plazy, *La personne de l'incapable*, th. Bordeaux (1998), « Thèses », La Mouette, 2001.

> Actes relatifs à la santé. Guides de l'APHP, « Personnes vulnérables et domaine médical : quels sont leurs droits ? », www.aphp.fr – F. Alt-Maes, « Les proches du malade à l'épreuve du secret médical », *Mél. Mémeteau*, éd. LEH 2015, vol. 1, p. 245 – J.-F. Burgelin, « L'obligation d'information expliquée aux médecins », *R.* 1999, Doc. fr. 1999, p. 71 – L. Cimar, « Considérations juridiques sur l'expression de la volonté en fin de vie », *Médecine et droit* juill. 2012, n° 115, p. 99 – Y. Favier, « Vulnérabilité et fragilité : réflexions autour du consentement des personnes âgées », *RDSS* 2015. 702 – C. Glasson, « Le mandat de protection future : les dispositions conventionnelles pour la fin de vie », *RDSS* 2009. 890 – C. Leuzzi-Louchart, « Des dossiers médicaux au dossier hospitalier : la définition du dossier médical par la réglementation du contenu », *RGDM* 2014, n° 53, p. 29 – Manouil, Graser, Jarde, « L'apport de la loi n° 2002-303 du 4 mars 2002 en matière d'accès au dossier médical », in *La loi du 4 mars 2002 : continuité ou nouveauté en droit médical ?*, PUF, 2003, p. 135 – G. Nicolas, « L'accès au dossier hospitalier par le patient et sa famille : les cas particuliers (patients mineurs, majeurs protégés, patients décédés) », *RGDM* 2010, n° 37, p. 185 – F. Sauvage, « Le consentement à l'acte médical du patient sous protection juridique », *Médecine et droit* nov. 2011, n° 111, p. 235.

> Liens utiles

Site de la Haute Autorité de Santé : http://www.has-sante.fr

• **Note méthodologique et de synthèse :** http://www.has-sante.fr/portail/jcms/c_2722363/fr/rediger-ses-directives-anticipees

– pourquoi et comment rédiger ses directives anticipées

– la personne de confiance

• **Directives anticipées concernant les situations de fin de vie :** http://www.has-sante.fr/portail/jcms/fc_1249605/fr/outils-guides-methodes

214.04 **Exemples d'actes.**

> Actes spécifiques relatifs à la personne protégée

* Pour un exemple d'ordonnance refusant de donner une autorisation de pratiquer un acte médical, v. s^s n° 5272.14.

* Pour un exemple d'ordonnance autorisant le tuteur à faire pratiquer un acte grave sur la personne protégée, v. s^s n° 5272.15.

* Pour un exemple d'ordonnance autorisant une stérilisation à des fins contraceptives, v. s^s n° 5272.16.

SECTION 1

PROTECTION DE LA PERSONNE ET DE SA SANTÉ

§ 1

Une cohérence difficile à trouver entre le Code de la santé publique et le Code civil

214.11 **Code de la santé publique et Code civil.** Le **Code de la santé publique** consacre le Livre premier de sa Première partie à la « Protection des personnes en matière de santé ». Il décline les principaux principes de la Convention internationale d'Oviedo pour la protection des droits de l'homme et de la dignité de l'être humain à l'égard de la biologie et de la médecine[1]. L'article L. 1110-1 du Code de la santé publique, dans le chapitre préliminaire intitulé « Droits de la personne », tout particulièrement, dispose que « *le droit fondamental à protection de la santé doit être mis en œuvre par tous moyens disponibles au bénéfice de toute personne* », en favorisant l'égal accès de chaque personne aux soins que son état de santé rend nécessaires, en en assurant la continuité et la sécurité. D'autres articles inscrivent le droit au respect de la dignité (CSP, art. L. 1110-2), le droit de ne pas faire l'objet de discrimination dans l'accès à la prévention et aux soins (CSP, art. L. 1110-3, al. 1er) et le droit au respect de la vie privée et au secret des informations le concernant (CSP, art. L. 1110-4, L. 1110-4-1, L. 1111-14 à L. 1111-2).

Le **Conseil d'État** a posé ces principes dans sa jurisprudence depuis longtemps en rappelant notamment que « *le respect de la personne humaine fait partie des principes déontologiques fondamentaux qui s'imposent au médecin dans ses rapports avec son patient* »[2]. Il a en outre énoncé que « *le législateur n'a pas exclu la possibilité pour la personne concernée d'accéder aux informations médicales détenues par des professionnels et établissements de santé en recourant à un mandataire dans les conditions de droit commun, dès lors que ce dernier peut justifier de son identité et dispose d'un mandat exprès.* »[3].

Ces dispositions, valables pour tous les patients, doivent être appliquées avec une vigilance toute particulière à l'égard des personnes les plus vulnérables et, notamment, à l'égard des personnes présentant des altérations de leurs facultés mentales et/ou corporel-

1. Convention d'Oviedo, pour la protection des droits de l'homme et de la dignité de l'être humain à l'égard de la biologie et de la médecine, 4 avr. 1997 – Décr. n° 2012-855, 5 juill. 2012, *JO* 7 juill. 2012.
2. CE, ass., 2 juill. 1993, Milhaud, req. n° 124960, *Lebon* 194, concl. Kessler; *RFDA* 1993. 1002, concl. Kessler; *AJDA* 1993. 530, chron. Maugüé et Touvet; *D.* 1994. 74, note Peyrical.
3. CE 26 sept. 2005, CNOM, req. n° 270234.

les ayant conduit à mettre en place une mesure de protection juridique.

Le **Code civil,** quant à lui, a renoncé à réglementer trop précisément le domaine des actes relatifs à la personne protégée et réserve les dispositions particulières, notamment celles du Code de la santé publique et du Code de l'action sociale. Au-delà du statut des actes personnels organisés autour des articles 415, 457-1, 458 et 459 du Code civil, le législateur de 2007 a entendu distinguer des domaines spécifiques : la **protection du cadre de vie et des relations personnelles,** le **droit de vote,** le **mariage,** le **PACS,** la **santé,** notamment (v. s[s] n°s 213.50 s.). La jurisprudence construira progressivement des repères et se positionnera sur la cohérence à établir, dans l'intérêt de la personne protégée, entre le **mécanisme général de protection de la personne et ces dispositions spécifiques.** D'ores et déjà, des contradictions importantes ont surgi dans le domaine particulier de la santé, le Code de la santé publique faisant des références désordonnées à la terminologie du droit civil, utilisant par exemple indifféremment les termes de « *protection légale* » ou de « *tutelle* ».

Le sujet est en effet complexe et implique une analyse d'ensemble tant il convoque des principes fondamentaux liés à l'exercice concret des libertés individuelles. La loi n° 2016-41 du 26 janvier 2016, de modernisation de notre système de santé, a donné une habilitation au gouvernement pour procéder à une **mise en cohérence des Codes civil et de la santé publique,** appelée de leurs vœux notamment par un rapport remis au Comité national pour la bientraitance et les droits (CNBD) [1] et par la Commission nationale consultative des droits de l'homme dans un avis du 16 avril 2015 sur le consentement des personnes vulnérables[2]. Ainsi que l'affirmait déjà le Doyen Carbonnier, « *la garantie suprême de la liberté civile paraît bien être dans ce délicat équilibre entre le familial, le médical et le judiciaire* »[3]. La **loi du 3 janvier 1968** avait retenu l'indépendance des modalités du traitement médical et des mesures de protection judiciaire, tout en créant des ponts entre le médecin traitant et le médecin spécialiste d'une part et le juge des tutelles de l'autre. Progressivement, le Code de la santé publique a mis en place des dispositions concernant les personnes protégées. Surtout, la **loi du 4 mars 2002** (dite loi Kouchner) a introduit des principes généraux fondamentaux, applicables à tout malade, donc nécessairement aux personnes protégées. Elle a pris en compte le tuteur, ou le représentant légal mais pas le curateur et jamais le juge des tutelles. La **loi du 5 mars 2007** quant à elle, tout en créant un statut des actes personnels, en affirmant dans l'article 459 alinéa 1er du Code civil que, hors les actes strictement personnels, la personne protégée prend seule les décisions relatives à sa personne dans la mesure ou son état le permet et en organisant un mécanisme d'autonomie graduée, a réservé expressément « *les dispositions particulières du Code de la santé publique et le Code de l'action sociale et des familles prévoyant l'intervention d'un représentant légal* » (C. civ., art. 459-1).

Mais peut-on en déduire, comme certains l'ont fait hâtivement sans doute, que les dispositions spéciales du Code de la santé publique doivent déroger à celles du droit civil général à chaque fois que la personne protégée se trouve dans une relation de soins et est un patient ? Existe-t-il vraiment une cohérence à risquer de restreindre ainsi les droits reconnus à la personne protégée, et plus particulièrement sous tutelle, par une loi de 2007 qui lui confère un statut particulier amenant, par principe, à rechercher son consentement aux actes relatifs à sa personne et cherchant à encadrer les décisions du mandataire ayant pour effet de porter gravement atteinte à son intégrité corporelle (C. civ., art. 459, al. 3) ?

L'article 459-1 du Code civil faisant référence aux « *dispositions particulières prévues au code de la santé publique* » et à « *l'intervention du représentant légal* », peut-on en faire une interprétation stricte et dire que si ces deux conditions cumulatives ne sont pas remplies, le droit civil de la protection doit reprendre son plein effet ? Alors, il conviendrait de faire application des dispositions des articles 457-1 et 458 du Code civil et du mécanisme d'autonomie graduée de l'article 459 du même code.

La jurisprudence sera amenée à se prononcer au cas par cas mais il était devenu nécessaire, et urgent, de **remettre à plat les dispositions contradictoires.** Il l'est aussi d'envisager d'une part la **question des personnes sous curatelle,** grandes oubliées du Code de la santé publique et souvent traitées abusivement par le corps médical comme dépendant d'un « représentant légal » et, d'autre part, celle des **personnes** qui, sans bénéficier d'un régime légal de protection, sont **dans l'incapacité d'exprimer un consentement ou un refus véritable.**

§ 2
Droit à l'information et accès au dossier médical des personnes protégées

214.21 Droit à l'information sur sa santé. En application des articles L. 1111-2 et L. 1111-7 du Code de la santé publique, toute personne, y compris lorsqu'elle est majeure protégée, a le droit d'être informée sur son état de santé et a un **droit d'accès à**

1. Comité National pour la Bientraitance et les droits (CNBD) – Décr. n° 2013-16, 7 janv. 2013, *Rapport « Droit et éthique de la protection des personnes »*, remis le 4 mars 2015, non publié.
2. www.cncdh.fr/fr/publications/avis-sur-le-consentement-des-personnes-vulnerables, 16 avr. 2015.
3. J. Carbonnier, *Essais sur les lois*, Defrénois, 2e éd., 1995, p. 63 et 71.

l'ensemble des informations concernant sa santé détenues par des professionnels et établissements de santé[1]. Cette information porte sur les différents investigations, traitements ou actions de prévention proposés, leur utilité, leur degré d'urgence éventuelle, leurs conséquences, les risques fréquents ou graves normalement prévisibles, sur les autres solutions possibles et sur les conséquences prévisibles en cas de refus.

L'information doit être délivrée **avant intervention ou traitement et après.** Après l'intervention ou le traitement, le patient peut demander à avoir accès à son dossier médical (CSP, art. L. 1111-7 – v. s[s] n° 214.22).

Cette information doit être dispensée directement au patient au cours d'un **entretien individuel**, sans l'assistance du curateur pour la personne en curatelle (en ce sens, v. MM. Bou et Bertho[2]). Pour la personne en tutelle, la rédaction actuelle du Code de la santé publique est ambiguë puisque, tout en affirmant que la personne en tutelle a le droit de recevoir elle-même une information et de participer à la prise de décision la concernant d'une manière adaptée à ses facultés de discernement, il mentionne dans son article L. 1111-2 alinéa 5 : « *les droits des mineurs et des majèurs sous tutelle* [...] *sont exercés, selon les cas, par les titulaires de l'autorité parentale ou par le tuteur. Ceux-ci reçoivent l'information prévue au présent article sous réserve des articles L. 1111-5 et L. 1111-5-1.* » Ce rapprochement excessif entre les mineurs et les majeurs en tutelle est contraire aux dispositions du Code civil relatives aux droits de la personne protégée, étant observé que les deux articles auxquels renvoie l'alinéa 5, soit les articles L. 1111-5 et L. 1111-5-1, ne concernent que les mineurs, ce qui démontre s'il en était besoin que la question des majeurs protégés n'a pas été envisagée en tant que telle.

L'information délivrée doit l'être selon des formes appropriées à l'état de la personne protégée et, en cas de contestation, il appartient au médecin de rapporter la preuve qu'il a donné l'information correctement. Cette information incombe au professionnel de santé, dans le cadre de ses compétences et dans le respect des règles professionnelles qui lui sont applicables. Elle doit être « *loyale, claire et appropriée* » : ainsi le médecin ne peut-il être considéré comme ayant délivré une information loyale lorsqu'il a seulement déclaré à sa patiente que son affection est « *tout à fait opérable* »[3]. « *L'information, même écrite, doit expliciter les risques précis de l'acte envisagé, sans se borner à des généralités*[4]. » Seule l'urgence ou l'impossibilité d'informer, peut les en dispenser, sous les réserves liées à **l'information et à la demande d'avis de la personne de confiance**, si elle a été désignée, ou **de la famille et des proches** (CSP, art. L. 1111-4, al. 6).

Il convient cependant de relever que, lorsque le régime de protection est une tutelle, l'article R. 1111-1 du Code de la santé publique dispose que le **tuteur** est le seul à pouvoir avoir **accès au dossier médical**. Il devra évidemment en informer le majeur protégé, selon des formes adaptées à son état.

Il convient enfin de relever que si le droit à l'information est central pour pouvoir permettre l'expression d'un consentement libre et éclairé, le Code de la santé publique consacre également le « *droit de ne pas savoir* ». L'article L. 1111-2 en son alinéa 4 dispose en effet que « *la volonté d'une personne d'être tenue dans l'ignorance d'un diagnostic ou d'un pronostic doit être respectée, sauf lorsque des tiers sont exposés à un risque de transmission.* »

214.22 Accès au dossier médical. Après l'intervention ou le traitement, le patient peut demander à avoir accès à son dossier médical (CSP, art. L. 1111-7). Il peut y accéder directement ou par l'intermédiaire d'un médecin qu'il désigne et en obtenir communication au plus tard dans les huit jours suivant sa demande et au plus tôt après qu'un délai de réflexion de quarante-huit heures aura été observé.

Ce délai est porté à deux mois lorsque les informations médicales datent de plus de cinq ans ou lorsque la commission médicale des soins psychiatriques est saisie après que les conditions de la consultation du dossier aient été refusées par le patient (CSP, art. L. 1111-7, al. 4)[5].

La présence d'une **tierce personne** lors de la consultation de certaines informations peut être recommandée par le médecin les ayant établies, ou qui en a connaissance, pour des motifs tenant aux risques que leur connaissance sans accompagnement ferait courir à la personne concernée. L'article L. 1111-7 alinéa 3 qui le prévoit dispose en outre que le refus de la personne concernée ne fait pas obstacle à la communication de ces informations.

Le Code de la santé publique est particulièrement restrictif à l'égard de la personne protégée puisque l'alinéa 2 de l'article L. 1111-7 dispose en sa dernière phrase que : « *lorsque la personne majeure fait l'objet d'une mesure de protection juridique, la personne en charge de l'exercice de la mesure, lorsqu'elle est habilitée à représenter ou à assister l'intéressé dans les conditions*

1. CSP, art. L. 1111-2 et L. 1111-7 (*issus de L. n° 2016-41, 26 janv. 2016*).
2. C. Bou, « L'accès au dossier médical des patients atteints de troubles psychiatriques », *Gaz. Pal.* 13-15 avr. 2003. 3, spéc. 5-6 – P. Bertho, « Les droits à l'information et le consentement des majeurs protégés depuis la loi du 4 mars 2002 », *Rev. Unapei* 2004, n° 140, p. 5 s., spéc. p. 11.
3. Civ. 1re, 21 févr. 1961, n° 58-11.654, *Bull. civ.* I, n° 112; *D.* 1961. 531; *JCP* 1961. II. 12129, note Savatier.
4. Civ. 1re, 6 févr. 2003, n° 12-17.423, *Bull. civ.* I, n° 10; *LPA* 5 juin 2013, n° 112, p. 17, note Vialla.
5. À titre exceptionnel, la consultation du dossier de soins psychiatriques peut être subordonnée à la présence d'un médecin désigné par le demandeur en cas de risques d'une gravité particulière.

de l'article 459 du Code civil, a accès à ces informations dans les mêmes conditions. » Cette rédaction suppose donc que **le mandataire, familial ou professionnel, ait reçu une mission spécifique de représentation et d'assistance** au sens de l'alinéa 2 de l'article 459 du Code civil, ce qui n'est pas toujours le cas pour les personnes en tutelle. Pour les personnes bénéficiant d'une autre mesure de protection juridique, le mandataire n'aura la possibilité d'assister la personne protégée dans l'accès au dossier que s'il a reçu une mission spécifique d'assistance.

Il convient cependant de relever que l'article R. 1111-1 du Code de la santé publique[1] qui disposait que « *le tuteur* », ou le médecin désigné par lui comme intermédiaire, était le seul à pouvoir avoir accès au dossier médical a été modifié par le décret n° 2016-994 du 20 juillet 2016[2]. Le texte prévoit en effet que les mots « *le tuteur* » sont remplacés par les mots : « *la personne en charge de l'exercice de la mesure de protection juridique habilitée à la représenter ou à l'assister* », expression beaucoup plus large visant toutes les mesures de protection juridique. L'articulation du texte législatif et du texte règlementaire pose donc difficulté, tout comme la cohérence entre le Code de la santé publique et le Code civil. En tout état de cause, le mandataire devra informer (C. civ., art. 457-1) la personne protégée de la démarche et du contenu du dossier, selon des formes adaptées à son état, afin que celle-ci dispose de l'information indispensable à la prise de décision.

214.23 **Partage des informations.** L'article L. 1111-9 du Code de la santé publique dispose que les modalités d'accès aux informations concernant la santé d'une personne, et notamment l'accompagnement de cet accès, font l'objet de recommandations de bonnes pratiques établies par la Haute autorité de santé (HAS) et homologuées par arrêté du ministre chargé de la santé. Il renvoie également à un décret en Conseil d'État. Ce décret est intervenu le 20 juillet 2016 et est relatif aux conditions d'échange et de partage d'informations entre professionnels de santé et autres professionnels des champs social et médico-social et à l'accès aux informations de santé à caractère personnel. L'article R. 1110-1 du Code de la santé publique dispose désormais que « *les professionnels participant à la prise en charge d'une même personne peuvent, en application de l'article L. 1110-4, échanger ou partager des informations relatives à la personne prise en charge dans la double limite :*

1° Des seules informations strictement nécessaires à la coordination ou à la continuité des soins, à la prévention, ou au suivi médico-social et social de ladite personne ;

2° Du périmètre de leurs missions. »

Ces professionnels susceptibles de partager ou d'échanger des informations appartiennent à deux catégories (CSP, art. R. 1110-2) : les **professionnels de santé et** les **professionnels relevant d'autres catégories** dont les assistants sociaux, les psychologues, les aides médico-psychologiques, les accompagnants éducatifs et sociaux, les particuliers accueillant des personnes âgées ou handicapées, les non-professionnels de santé salariés des établissements et services et lieux de vie d'accueil mentionnés aux articles L. 312-1, L. 321-1 et L. 322-1 du même code ou y exerçant à titre libéral en vertu d'une convention et les mandataires judiciaires à la protection des majeurs et délégués aux prestations familiales. Lorsque ces professionnels souhaitent échanger des informations relatives à une personne prise en charge avec un professionnel relevant de l'autre catégorie, il doivent en informer préalablement la personne concernée (CSP, art. R. 1110-3, I). Lorsque ces professionnels appartiennent à la même équipe de soins, le partage d'informations doit être réalisé dans les strictes limites de l'article R. 1110-1 et la personne concernée doit en être informée préalablement, ces professionnels tenant compte, pour la mise en œuvre de ce partage, des recommandations élaborées par la Haute Autorité de Santé avec le concours des ordres professionnels, en particulier pour ce qui concerne les catégories d'informations qui leur sont accessibles.

Lorsque la personne dont s'agit est hors d'état d'exprimer sa volonté, seule l'urgence ou l'impossibilité d'informer cette personne peut dispenser le professionnel ou la personne participant à sa prise en charge de **l'obligation d'information préalable.** Elle devra en tout état de cause être informée dès que son état de santé le permettra et l'échange ou le partage des informations auquel il a été procédé devra être mentionné dans le dossier médical (CSP, art. R. 1110-3, III).

§ 3
Expression de la volonté du patient personne protégée

214.31 **Principe du consentement personnel aux actes médicaux**[3]. Le droit, pour le patient majeur, de donner son consentement libre et éclairé à un traitement ou intervention médicale, lorsqu'il est en état de l'exprimer repose sur les dispositions des articles 16-3 du Code civil et L. 1111-4 du Code de la santé publique. Il revêt le caractère d'une liberté fondamentale et le consentement peut être retiré à tout moment. La Cour de cassation rappelle depuis longtemps déjà que

1. CSP, art. R. 1111-1 (*issu de Décr. n° 2006-6, 4 janv. 2006, art. 1er-I*).
2. Décr. n° 2016-994, 20 juill. 2016, *JO* 22 juill., texte n° 21.
3. Cass. 28 janv. 1942, Parcelier c/Teyssier, *GADS*, n° 4, 1re éd., Dalloz, 2010 – Civ. 29 mai 1951, *D.* 1952. 53, note Savatier – CE 9 janv. 1970, req. n° 73067 – CEDH 2 juin 2009, Codarcea c/Roumanie, req. n° 31675/04, § 101.

l'information quant aux risques d'un traitement est une condition de validité du consentement aux soins [1]. Un médecin doit informer son patient afin de lui permettre de prendre sa décision après avoir comparé les avantages et les risques qu'il court [2]. En conséquence, sauf lorsqu'elle est hors d'état d'exprimer sa volonté, la personne prend avec le professionnel de santé les décisions relatives à sa santé, compte tenu des informations et des préconisations fournies. Même le consentement du majeur en tutelle doit être systématiquement recherché s'il est apte à exprimer sa volonté et à participer à la décision (CSP, art. L. 1111-4, al. 6) [3]. Cela implique que tout médecin a l'obligation de lui délivrer personnellement l'information nécessaire pour obtenir un **consentement libre et éclairé**. Le corollaire de ce **droit à consentir** aux soins est le **droit de les refuser**.

Aucun formalisme n'est requis pour le recueil du consentement, et la preuve peut être rapportée par tous moyens, sauf la nécessité d'obtenir un **consentement écrit** pour certains actes particuliers (par ex., les actes liés à la fécondité ou à la grossesse, les actes de recherches biomédicales, le don et l'utilisation d'éléments et produits du corps humain tels la collecte de sang ou le prélèvement d'organes).

– **Pour les personnes qui sont hors d'état d'exprimer leur volonté et** sont donc particulièrement vulnérables, la loi du 4 mars 2002 prévoit un dispositif situé entre le consentement autonome et la représentation légale, puisque tout acte médical doit alors être précédé d'une **consultation de la personne de confiance, de la famille ou d'un proche** (CSP, art. L. 1111-4, al. 5). La loi n° 2016-87 du 2 février 2016, intervenue après plusieurs décisions de justice rendues dans « l'affaire Vincent Lambert » [4], est venue préciser que, pour ces personnes, « *la limitation ou l'arrêt de traitement susceptible d'entraîner son décès ne peut être réalisé sans avoir respecté la procédure collégiale mentionnée à l'article L. 1110-5-1 et les directives anticipées ou, à défaut, sans que la personne de confiance prévue à l'article L. 1111-6, ou la famille, ou à défaut, un de ses proches ait été consulté.* »

– **Pour les personnes juridiquement protégées,** la question est plus complexe en l'absence de dispositions spécifiques. Il convient donc, à notre sens, de faire application du Code civil en ses articles 457-1 et 459 :

• **En cas de mandat de protection future ou de sauvegarde de justice :** le consentement personnel du patient et, le cas échéant, la consultation de la personne de confiance (qui peut être la même que la personne chargée de la protection), de la famille ou des proches, doivent être recherchés.

• **En cas de curatelle,** le consentement personnel du patient doit sans doute être recherché en application de l'article 459 alinéa 1er du Code civil, l'article L. 1111-4 du Code de la santé publique ne prévoyant pas de disposition particulière. Si le curatélaire ne peut pas prendre seul une décision personnelle éclairée, le mandataire qui ne dispose pas d'un mandat particulier d'assistance à la personne pour les actes médicaux concernés, ou pour l'ensemble de ces actes, devra présenter une **requête au juge des tutelles aux fins d'assister la personne, voire de la représenter,** dans les conditions de l'alinéa 2 de l'article 459. S'il s'agit d'un acte grave au sens de l'alinéa 3 du même article 459, le curateur devra en outre solliciter une autorisation spécifique pour cet « *acte portant gravement atteinte à l'intégrité corporelle* » [5], sauf en cas d'urgence.

• **En cas de tutelle,** la personne protégée doit, dans la mesure où son état de santé le permet, participer à la prise des décisions relatives à sa santé. Ainsi, son consentement à l'acte médical doit systématiquement être recherché si elle est apte à exprimer sa volonté (CSP, art. L. 1111-4, al. 6 et art. R. 4127-42, al. 3 [reprenant la rédaction du C. déont. méd., art. 42, al. 3] [6]). Cependant, le Code de la santé publique invite le professionnel de santé à recueillir le **consentement du tuteur**, en sa qualité de représentant légal, avant de réaliser un acte médical sur la personne du tutélaire (CSP, art. R. 4127-42, al. 1er, [reprenant la rédaction de C. déont. méd., art. 42, al. 1er] [7]). Ces dispositions particulières posent de réelles difficultés pratiques puisque le tuteur n'a pas toujours reçu la **mission de représentation de la personne protégée** telle qu'exigée par l'article 459 alinéa 2 du Code civil. Il doit donc, avant de pouvoir donner son consentement en sa qualité de représentant légal, saisir le juge d'une **demande d'autorisa-**

1. Cass. 28 janv. 1942, Parcelier c/Teyssier, *GADS*, n° 4, 1re éd., Dalloz, 2010.
2. Civ. 1re, 19 avr. 1988, n° 86-15.607, *Bull. civ.* I, n° 107.
3. CE, réf., 9 août 2002, req. n° 249552, Mme Valérie F… et Mme Isabelle F… c/CHU de Saint-Étienne, *D.* 2002. 2581, obs M.-C. M.; *AJDA* 2002. 723 : imposer des soins à un malade est une atteinte à une liberté fondamentale, sauf si sa vie est en danger.
4. CE, ass., 14 févr. 2014, req. n° 375081, Lambert, *RFDA* 2014. 255, concl. Keller; *AJDA* 2014. 790, Chron. Bretonneau et Lessi; *Dr. fam.* 2014. Comm. 32, note Binet – CE 24 juin 2014, req. n° 375081, Mme F. I. et a., *RFDA* 2014. 657, concl. Keller, note Devolvé; *D.* 2014. 1856, note Vigneau; *RDSS* 2014. 1101, note Thouvenin.
5. TI Nice, 4 févr. 2009, *D.* 2009. 1397, obs. Verheyde; *Defrénois* 2010. 870, obs. Massip – Dijon, 9 nov. 2011, *Dr. fam.* 2011, n° 12, obs. Maria.
6. CSP, art. R. 4127-42, al. 3 (C. déont. méd., art. 42, al. 3) : « *Si l'avis de l'intéressé* (la personne protégée) *peut être recueilli, le médecin doit en tenir compte dans toute la mesure du possible* ».
7. CSP, art. R. 4127-42, al. 1er (C. déont. méd., art. 42, al. 1er) : « *Un médecin appelé à donner des soins à un mineur ou à un majeur protégé doit s'efforcer de prévenir ses parents ou son représentant légal et d'obtenir leur consentement* ».

tion à représenter le tutélaire pour cet acte particulier ou pour une mission plus large.

Dans le cas où le refus du tuteur de faire pratiquer un traitement risquerait d'entraîner des conséquences graves sur la santé du tutélaire, le médecin doit délivrer les soins indispensables (CSP, art. L. 1111-4, al. 6 et R. 4127-42, al. 2 [reprenant la rédaction du code de déontologie médicale, art. 42, al. 2][1]).

214.32 Exception en cas d'urgence vitale ou d'urgence médicale. L'article L. 1111-4 du Code de la santé publique en son alinéa 5 dispose que, « *lorsque la personne est hors d'état d'exprimer sa volonté, aucune intervention ou investigation ne peut être réalisée, sauf urgence ou impossibilité* », ce qui permet les soins dans les hypothèses d'urgence vitale ou simplement d'urgence quand le patient ne peut pas communiquer du fait précisément de son état de santé, par exemple à la suite d'un accident.

214.33 Refus de soins. La loi du 4 mars 2002 a consacré ce droit, même si le patient met ainsi sa vie en danger. L'alinéa 2 de l'article L. 1111-4 vise cette hypothèse. Toute personne a en effet le droit de refuser ou de ne pas recevoir un traitement, le suivi du patient restant cependant assuré par le médecin. Le médecin a lui-même l'obligation de respecter la volonté de la personne, après l'avoir informée des conséquences de son refus. Si ce dernier persiste dans son refus, et sous réserve de certaines dérogations, le médecin doit le consigner dans le dossier médical. Néanmoins, si le refus de soins met en danger le patient, le médecin peut passer outre sous des conditions strictes et cumulatives (urgence médicale, absence de solutions thérapeutiques alternatives ou risque vital pour le patient).

À l'égard des **personnes en curatelle**, le refus de soins doit également être respecté, sauf dans les hypothèses d'urgence vitale ou de mise en doute de la lucidité du patient. Dans ce dernier cas, la question de la représentation du patient peut se poser. Elle n'est pas prévue dans le Code de la santé publique, de sorte que l'article 459 alinéa 2 du Code civil prévoyant l'autorisation donnée par le juge au tuteur de représenter la personne, après ouverture d'une tutelle, pourrait trouver à s'appliquer.

En cas de refus de soins de la part de la **personne en tutelle**, le médecin doit également respecter sa volonté après l'avoir informée de la situation et de ses conséquences et avoir tout mis en œuvre pour qu'elle accepte les soins indispensables (CSP, art. L. 1111-2). Le médecin doit aussi s'assurer qu'il n'y a pas lieu de mettre en cause sa **lucidité** (dans ce cas, les dispositions de l'article 459 alinéa 2 pourraient être mises en œuvre) et qu'il n'y a pas d'**urgence vitale**. En cas de persistance du refus, la décision du patient doit être inscrite dans son dossier médical.

En pratique, et avant la réforme de 2007, la plupart des tuteurs opéraient une distinction supplémentaire : ils sollicitaient par requête **l'autorisation du juge des tutelles** pour faire réaliser les **actes médicaux les plus graves** (opération chirurgicale ou anesthésie générale), alors qu'ils s'en dispensaient pour les actes médicaux courants (actes de soins)[2].

La loi du 5 mars 2007 en son article 459 alinéas 2 et 3 a modifié quelque peu les pratiques, les juges pouvant prévoir dès le jugement de mise sous protection lui-même une mission spécifique d'assistance ou de représentation pour les actes médicaux qu'ils déterminent ou pour l'ensemble de ces actes. Si cette mission ne leur a pas été précisément donnée, les mandataires devront présenter une **requête** dans ce sens. Le jugement s'il l'a prévue dès la mise en place de la mesure ou de son renouvellement, ou l'ordonnance postérieure, conférera à la personne chargée de la protection le mandat d'assister le majeur dans l'expression de son consentement (notamment en veillant à ce qu'il soit complètement informé) ou de le représenter à l'acte. Les décisions du juge (jugement ou ordonnance postérieure) n'autoriseront pas l'acte médical en lui-même.

Toutefois, l'alinéa 3 de l'article 459 du Code civil prévoyant que, sauf urgence, la personne chargée de la protection ne peut prendre une décision ayant pour effet de porter gravement **atteinte à l'intégrité corporelle** de la personne protégée, il conviendra qu'elle sollicite une **autorisation du juge** pour faire un tel acte. En l'absence de toute liste des **actes graves**, pourtant initialement prévue dans la loi avant sa modification par la loi n° 2009-526 du 12 mai 2009, il faudra définir au cas par cas ce qu'est un tel acte « *qui porte gravement atteinte à l'intégrité de la personne* ». Les juges ont déjà été amenés à se prononcer et ont ainsi pu qualifier d'actes graves une amputation ou un arrachage de dents. La coloscopie provoque des débats.

§ 4
Aménagements : personne de confiance

214.41 Désignation d'une personne de confiance par la personne protégée. L'article L. 1111-6 du Code de la santé publique dispose que toute personne majeure peut désigner par écrit une **personne de confiance** (parent, proche ou médecin traitant) qui devra être consultée avant toute décision médicale la concernant au cas où elle serait hors d'état d'exprimer sa volonté et de recevoir l'information nécessaire

1. CSP, art. R. 4127-42, al. 1er (C. déont. méd., art. 42, al. 1er) : v. note précédente.

2. P. Bertho, « Les droits à l'information et le consentement des majeurs protégés depuis la loi du 4 mars 2002 », *Rev. Unapei* 2004, spéc. p. 11-12.

à cette fin. Si la personne le souhaite, la personne de confiance l'accompagne dans ses démarches et assiste aux entretiens médicaux afin de l'aider dans ses décisions. La loi n° 2016-87 du 2 février 2016 créant de nouveaux droits pour les malades et les personnes en fin de vie a fait évoluer ce texte en prévoyant que, « *lorsqu'une personne fait l'objet d'une mesure de tutelle, elle peut désigner une personne de confiance avec l'autorisation du juge ou du conseil de famille* ». Si elle avait désigné une personne de confiance avant le prononcé de la tutelle, le juge ou le conseil de famille peut confirmer cette désignation ou la révoquer. La situation de la personne en curatelle, en sauvegarde de justice ou bénéficiant d'un mandat de protection future n'est pas prévue par le texte, de sorte que la possibilité pour la personne protégée de désigner une personne de confiance est librement ouverte. Toutefois, se poseront d'évidentes questions de périmètre d'intervention entre la personne de confiance et la personne désignée par le juge des tutelles dans le cadre de la mission spécifique d'assistance ou de représentation de l'article 459 alinéa 2 du Code civil. La personne de confiance ayant pu être désignée dans le mandat de protection future, il conviendra de se référer à ce document pour s'assurer des dispositions qu'a pu prendre la personne elle-même par anticipation (C. civ., art. 479, al. 2).

La personne désignée en qualité de personne de confiance peut être un parent, un proche ou le médecin traitant. La loi n° 2016-87 du 2 février 2016 a précisé son rôle qui est de rendre compte de la volonté de la personne et d'en être le témoin, « *son témoignage préva*[lant] *sur tout autre témoignage* ». La désignation écrite doit être cosignée par la personne de confiance. Elle est révisable et révocable à tout moment. Cette désignation peut être faite lors d'une hospitalisation dans un établissement de santé. Elle est alors valable pour la durée de l'hospitalisation, sauf si la personne en dispose autrement.

À côté de cette personne de confiance du Code de la santé publique, dont la mission est limitée à un accompagnement dans les soins, la loi n° 2015-1776 du 28 décembre 2015 [1] a introduit la **personne de confiance dans le médico-social** (v. s^{s} n° 215.31). Celle-ci pourra être la même personne ou une personne différente selon le souhait de la personne elle-même. Le rapport remis au Comité national pour la bientraitance et les droits [2] avait préconisé d'engager une réflexion d'ensemble sur la notion de personne de confiance, quel que soit le lieu de résidence ou de prise en charge de la personne, et non plus son cantonnement aux lieux de soins.

1. L. n° 2015-1776, 28 déc. 2015, relative à l'adaptation de la société au vieillissement, *JO* 29 déc., p. 24268.
2. CNBD, *Rapport « Droit et éthique de la protection des personnes »*, remis le 4 mars 2015, p. 64 et 65.

214.42 Aidant naturel ou choisi. La personne de confiance de l'article L. 1111-6 ne doit pas être confondue avec l'aide spécifique organisée par l'article L. 1111-6-1, issu de la loi n° 2005-102 du 11 février 2005 [3]. Ce texte dispose que la personne handicapée et « *durablement empêchée, du fait de ses limitations fonctionnelles des membres supérieurs en lien avec un handicap physique, d'accomplir elle-même des gestes liés à des soins prescrits par un médecin, peut désigner, pour favoriser son autonomie, un aidant naturel ou de son choix pour les réaliser* ».

SECTION 2 DISPOSITIONS SPÉCIALES DU CODE DE LA SANTÉ PUBLIQUE

§ 1 Soins contraints

214.51 Soins contraints sans consentement. La judiciarisation de l'hospitalisation et des soins sans consentement résulte d'une décision du Conseil constitutionnel du 26 novembre 2010 [4], saisi sur question prioritaire de constitutionnalité à propos d'une hospitalisation sur demande d'une tiers et, plus récemment, d'une décision du 9 juin 2011, à propos d'une hospitalisation d'office [5]. Le Conseil constitutionnel a considéré, contrairement au régime adopté dans la plupart des pays européens, que la **décision d'hospitalisation elle-même** ne doit pas nécessairement relever du juge. En revanche, elle doit ensuite être **soumise au contrôle du juge, garant des libertés** au sens de l'article 66 de la Constitution.

Cette réforme introduit la **possibilité de soins sans consentement**, et plus seulement d'hospitalisation sous contrainte (CSP, art. L. 3211-2-1). Désormais une personne peut être contrainte de suivre des soins en ambulatoire, hors de l'hôpital, soit dès la décision de soins contraints, soit après la levée d'une hospitalisation. Un cadre juridique est ainsi donné à ce qu'on appelait communément les **« sorties d'essai »**, c'est-à-dire aux sorties consenties au patient à titre probatoire par l'équipe médicale, avec l'accord tacite des autorités ayant ordonné l'hospitalisation d'office.

3. L. n° 2005-102, 11 févr. 2005, pour l'égalité des droits et des chances, la participation et la citoyenneté des personnes handicapées, art. 9, *JO* 12 févr. 2005, texte n° 1.
4. Cons. const. 26 nov. 2010, n° 2010-71 QPC, *AJDA* 2011. 174, note Bioy; *D.* 2011. 1713, obs. Bernaud et Gay; 2565, obs. Laude; *RFDA* 2011. 951, étude Pena; *RDSS* 2011. 304, note Renaudie; *Constitutions* 2011. 108, obs. Bioy; *RTD civ.* 2011. 101, obs. Hauser.
5. Cons. const., 9 juin 2011, n° 2011-135/140 QPC, *AJDA* 2011. 1177; *D.* 2011. 2565, obs. Laude; *RFDA* 2011. 951, étude Pena; *Constitutions* 2011. 400, obs. Bioy; *RTD civ.* 2011. 514, obs. Hauser.

214.52 Maintien de la dualité de mesures. Les soins contraints peuvent être ordonnés sur décision du directeur d'établissement (CSP, art. L. 3212-1) ou sur décision du préfet (CSP, art. L. 3213-1). Lorsque les troubles mentaux dont est atteinte la personne rendent impossible son consentement et que son état mental impose des **soins immédiats** assortis soit d'une **surveillance médicale constante** justifiant une **hospitalisation** complète, soit une **surveillance régulière en ambulatoire**, les soins peuvent être ordonnés, sur présentation de **deux certificats médicaux circonstanciés** datant de moins de quinze jours, par **décision du directeur d'établissement** (CSP, art. L. 3212-1 [1]), sur demande :

- d'un parent;
- d'une personne justifiant de relations avec le patient lui donnant qualité pour agir dans son intérêt (à l'exclusion des personnels soignants dans l'établissement de prise en charge);
- du curateur ou du tuteur.

Lorsqu'il s'avère impossible d'obtenir une telle demande, et s'il existe à la date d'admission un **péril imminent** pour la santé de la personne, dûment constaté au jour de l'admission par un **certificat médical circonstancié**, le **directeur de l'établissement** peut prendre une telle **décision de soins contraints.**

Le directeur de l'établissement doit informer de l'admission, et sans délai, le **procureur de la République** sur le ressort duquel se trouve l'établissement et le procureur de la République du lieu du domicile du patient. La copie des certificats médicaux et des avis médicaux est adressée, également sans délai, au préfet, à la **Commission départementale des soins psychiatriques** et, en cas d'hospitalisation complète, au **juge des libertés et de la détention** du lieu de l'établissement.

La procédure de **placement sous soins contraints décidée par le préfet** est quasi inchangée, sauf lorsque celui-ci décide d'une prise en charge autre que sous forme d'hospitalisation complète. Dans ce cas, il doit préalablement avoir recueilli **l'avis du collège** mentionné à l'article L. 3211-9 du Code de la santé publique, si la personne a déjà fait l'objet d'une hospitalisation ordonnée en application des articles L. 3213-7 du Code de la santé publique ou 706-135 du Code de procédure pénale, ou si elle a déjà fait l'objet d'une hospitalisation en Unité pour malades difficiles (UMD) depuis moins de dix ans. Le directeur d'établissement doit informer sans délai les **procureurs de la République** sur le ressort duquel se trouve l'établissement et du domicile du patient de l'admission. Il doit en outre adresser copie des **certificats médicaux** et des **avis médicaux** à la **Commission départementale des soins psychiatriques** et, en cas d'hospitalisation complète, au juge des libertés et de la détention du lieu de l'établissement.

Les conditions de prolongation des soins contraints sont fixées par les articles L. 3212-2-2 (après décision du directeur d'établissement) et L. 3213-9-1 (après décision du préfet) du Code de la santé publique.

214.53 Procédure de placement sous soins sans consentement (CSP, art. L. 3211-2-2, L. 3212-1 et L. 3213-1). La personne est nécessairement placée en hospitalisation pendant une période d'observation de vingt quatre heures, durant laquelle un **examen somatique et psychiatrique** sera réalisé. Un **certificat médical** confirmant la nécessité ou non de maintenir les soins psychiatriques doit être établi par un médecin autre que celui ou ceux ayant rédigé les certificats ayant conduit à l'hospitalisation.

Dans les soixante douze heures, un **nouveau certificat** doit être établi sur la nécessité des soins.

Si les **deux certificats** concluent à la nécessité du maintien des soins, un psychiatre de l'établissement d'accueil propose avant l'expiration de soixante douze heures un **avis motivé** et, le cas échéant, de programmer des soins ambulatoires au directeur d'établissement (CSP, art. L. 3212-1 et L. 3213-1).

La décision d'admission est notifiée à l'intéressé qui est, en outre, informé de ses droits, par exemple en termes de voies de recours, de possibilités de saisine du **contrôleur général des lieux de privation des libertés.**

214.54 Contrôle du juge des libertés et de la détention. En application de l'article L. 3211-12-1 du Code de la santé publique, toute hospitalisation sous contrainte ne peut se poursuivre sans que le juge des libertés et de la détention, saisi sur requête du directeur d'établissement, ou du préfet dans les huit jours de l'admission en soins psychiatriques, se soit prononcé. Le juge doit statuer dans un délai de douze jours à compter de l'admission ou de la décision de transformation de la prise en charge en hospitalisation complète. Le juge doit également intervenir à l'expiration d'un délai de six mois lorsque le patient est maintenu en hospitalisation complète continue (qu'elle soit intervenue dans le cadre de son contrôle intervenu ou sur le fondement de l'article 706-135 du Code de procédure pénale, prévoyant l'hospitalisation d'office par la chambre de l'instruction ou par la juridiction de jugement, à titre de mesure de sûreté, en cas d'irresponsabilité).

Le juge des libertés et de la détention peut par ailleurs être saisi d'une **demande de mainlevée immédiate** de la mesure de soins contraints quelle qu'en soit la forme par la personne concernée, un parent, le tuteur ou le curateur de celle-ci, le conjoint, concubin ou partenaire de PACS, la personne qui a initialement sollicité les soins, toute personne susceptible d'agir dans l'intérêt du patient et le pro-

1. CSP, art. L. 3212-1 (*mod. par L. n° 2013-869, 27 sept. 2013, art. 1er*).

cureur de la République. Le juge peut également s'autosaisir selon les modalités de l'article R. 3211-14 du Code de la santé publique.

Pour certaines catégories de patients (notamment ceux à l'égard desquels les soins ont été imposés par les autorités judiciaires), le juge ne peut statuer qu'après avoir recueilli l'avis d'un collège composé, au sein de l'établissement d'accueil, d'un psychiatre et d'un représentant de l'équipe pluridisciplinaire participant à la prise en charge du patient ainsi que d'un autre psychiatre n'y participant pas. Dans ces mêmes cas, le juge doit également recueillir l'avis de deux experts psychiatres.

Les articles L. 3211-9, L. 3211-12-2, L. 3213-5-1, R. 3211-3, R. 3211-13, R. 3211-15, R. 3211-16, R. 3211-31 du même code organisent la procédure devant le juge de la liberté et de la détention et les modalités de notification de sa décision.

En cas de non-respect des **délais** fixés par la loi, l'hospitalisation est levée d'office (CSP, art. L. 3211-12-1-IV). Si le juge a été saisi après l'expiration du délai prévu par l'article R. 3211-27 du Code de la santé publique, il constate sans débat que la mainlevée est acquise, à moins qu'il soit justifié de circonstances exceptionnelles à l'origine de la saisine tardive et que le débat puisse avoir lieu dans le respect des droits de la défense.

S'il est saisi dans le délai, mais ne peut organiser le débat dans le délai, la levée de l'hospitalisation est acquise, sans possibilité de justifier de circonstances exceptionnelles.

214.55 Voies de recours et appel suspensif (CSP, art. R. 3211-18, R. 3211-19 à R. 3211-21, R. 3211-33, L. 3211-12-4, R. 3211-22, R. 3211-20). L'ordonnance du juge des libertés et de la détention est susceptible **d'appel** devant le premier président ou son délégué dans le **délai de dix jours à compter de sa notification.** Le ministère public peut dans tous les cas interjeter appel de la décision rendue (CSP, art. R. 3211-18, al. 2). Pour les contrôles systématiques, si le décret ne mentionne pas de délai, la circulaire d'application ne distingue pas, de sorte qu'il y a lieu de considérer que le délai de recours est identique, soit dix jours.

Lorsque le ministère public demande que son recours soit déclaré suspensif dans les conditions définies par l'article L. 3211-12-4 du Code de la santé publique, il fait notifier la déclaration d'appel, accompagnée de sa demande motivée, sans délai et par tout moyen permettant d'en établir la réception, au préfet ou au directeur d'établissement ayant prononcé l'admission, au requérant initial et à la personne qui fait l'objet de soins psychiatriques ainsi qu'à leur avocat. La notification mentionne que des observations en réponse peuvent être transmises par tout moyen au secrétariat du premier président ou de son délégué dans un délai de deux heures.

Le premier président de la cour d'appel, ou son délégué, doit statuer **à bref délai** (CSP, art. L. 3211-12-4), c'est-à-dire suivant le décret et la circulaire d'application dans un délai de douze jours, ou de vingt cinq jours quand une expertise est ordonnée (CSP, art. R. 3211-22).

Lorsqu'il a été décidé de la **levée de l'hospitalisation** (CSP, art. R. 3211-20 ou R. 3211-33), le procureur de la République peut, dans le **délai de six heures,** demander au premier président de la cour d'appel de déclarer le recours suspensif « *en cas de risque grave d'atteinte à l'intégrité du malade ou d'autrui* » (CSP, art. L. 3211-12-4). Le délai de six heures court, dans la loi, à compter de la notification de l'ordonnance à l'auteur de la saisine, et non du procureur de la République, qui est d'ailleurs assez rarement l'auteur de la saisine. Aucune disposition de la loi ne prévoit le cas où le procureur de la République n'aurait pas été informé immédiatement. Dans le décret, le délai court à compter de la notification de l'ordonnance au procureur de la République. Sauf à considérer que la « saisine » soit en fait la déclaration d'appel, il existe une **contradiction** dans les deux textes.

Le premier président de la cour d'appel, ou son délégué, statue sans délai par **ordonnance non susceptible de recours et** la personne est maintenue en hospitalisation complète jusqu'à cette décision. Si l'ordonnance donne un effet suspensif à l'appel, il demeure hospitalisé jusqu'à ce qu'il soit statué sur le fond.

S'il a été donné un effet suspensif à l'appel, il doit être statué au fond dans un **délai de trois jours** à compter de la déclaration d'appel (CSP, art. L. 3211-12-4), sauf si avant ce délai, et sans audience préalable obligatoire, une expertise a été ordonnée. Le délai, dans ce dernier cas, est alors porté à **quatorze jours.**

§ 2
Stérilisation à des fins contraceptives

214.61 Conditions de la stérilisation à des fins contraceptives de la femme majeure sous protection. L'article L. 2123-2 du Code de la santé publique[1] autorise, sous certaines conditions, le juge des tutelles à faire procéder à la stérilisation à des fins contraceptives (par ligature des trompes ou des canaux déférents) de la femme majeure placée sous protection[2].

Cette stérilisation ne peut être pratiquée que sur une personne majeure dont l'altération des facultés mentales constitue un **handicap** justifiant la mesure de tutelle, lorsqu'il existe une « *contre-indication médi-*

1. CSP, art. L. 2123-2 (*issu de L. n° 201-588, 4 juill. 2001*).
2. T. Fossier et T. Verheyde, « La stérilisation à des fins contraceptives des incapables majeurs. Loi n° 2001-588 du 4 juillet 2001 », *JCP* 2001. Actu. 1477.

cale absolue aux méthodes de contraception ou une impossibilité avérée de les mettre en œuvre efficacement ». Cette référence au handicap est tout à fait discutable et devrait sans doute être supprimée.

Le juge des tutelles est saisi à cet effet par la **personne protégée**, ses **père et mère** ou son **tuteur**. Le juge est tenu **d'entendre la personne protégée** et de rechercher systématiquement, dans la mesure du possible, son **consentement** à l'intervention de stérilisation après lui avoir donné une information adaptée à son degré de compréhension. Le juge ne peut passer outre son **refus** ou la **révocation de son consentement**. Le juge doit également auditionner les parents de la personne protégée, son « représentant légal », donc le tuteur, ainsi que toute personne, dont l'audition lui paraît utile.

Il doit, enfin, recueillir **l'avis d'un comité d'experts**, composé de personnes qualifiées sur le plan médical et de **représentants d'associations de personnes handicapées**, chargées d'apprécier la nécessité, les risques et les conséquences normalement prévisibles de l'intervention sur la santé physique et psychologique de la personne en tutelle.

EN PRATIQUE. Il apparaît que les juges des tutelles sont très peu saisis de requêtes en ce sens. Ce qui ne peut qu'interroger.

§ 3 Recherche biomédicale sur la personne protégée

214.71 Conditions pour effectuer une recherche biomédicale sur la personne du majeur protégé. Les personnes majeures « *faisant l'objet d'une mesure de protection légale* » ne peuvent être sollicitées pour des recherches biomédicales que si des recherches d'une efficacité comparable ne peuvent pas être effectuées sur une autre catégorie de la population et dans les conditions suivantes :

- soit l'importance du bénéfice escompté pour ces personnes est de nature à justifier le risque prévisible encouru;

- soit ces recherches se justifient au regard du bénéfice escompté pour d'autres personnes placées dans la même situation. Dans ce cas, les risques prévisibles et les contraintes que comporte la recherche doivent présenter un caractère minimal (CSP, art. L. 1121-8[1]).

Les majeurs protégés reçoivent, lorsque leur participation à une recherche biomédicale est envisagée, une **information adaptée** à leur capacité de compréhension, tant de la part de l'investigateur que des personnes, organes ou autorités chargés de les représenter ou d'autoriser la recherche, eux-mêmes informés par l'investigateur.

Ils sont **consultés** dans la mesure où leur état le permet. Leur **adhésion personnelle** en vue de leur participation à la recherche biomédicale est recherchée. En toute hypothèse, il ne peut être passé outre à leur **refus** ou à la **révocation de leur acceptation** (CSP, art. L. 1122-2[2]).

Lorsqu'une recherche biomédicale est effectuée sur une personne majeure sous tutelle, **l'autorisation** est donnée par son **représentant légal**. Lorsque cette recherche est effectuée sur une personne majeure sous curatelle, **le consentement est donné par la personne protégée assistée par son curateur**. Dans tous les cas, si la personne protégée est sollicitée en vue de sa participation à une recherche dont le comité mentionné à l'article L. 1123-1 (comité de protection des personnes) considère qu'elle comporte, par l'importance des contraintes ou par la spécificité des interventions auxquelles elle conduit, un risque sérieux d'atteinte à la vie privée ou à l'intégrité du corps humain, le juge des tutelles (ou le **conseil de famille**, s'il a été institué, en cas de tutelle, CSP, art. L. 1122-2).

§ 4 Utilisation d'éléments et de produits du corps humain

214.81 Possibilité d'utilisation d'éléments et de produits provenant du corps humain du majeur en tutelle, sauf opposition de son tuteur. Le prélèvement d'éléments du corps humain et la collecte de produits ne peuvent être pratiqués sans le **consentement préalable** du donneur.

L'utilisation d'éléments et de produits du corps humain à une fin médicale ou scientifique autre que celle pour laquelle ils ont été prélevés ou collectés est également possible, sauf opposition exprimée par la personne sur laquelle a été opéré ce prélèvement ou cette collecte, dûment informée au préalable de cette autre fin. Lorsque cette personne est un majeur sous tutelle, **l'opposition est exercée par son tuteur** (CSP, art. L. 1211-2, al. 2[3]).

Avant de prendre la décision de **greffer des produits du corps humain**, le médecin doit informer le receveur potentiel des **risques encourus** et recueillir son **consentement**. Cette communication est communiquée à sa **famille** s'il n'est pas en état de la recevoir (CSP, art. R. 1211-14 et R. 1211-21). Le texte ne prévoit pas spécifiquement la situation des majeurs sous tutelle et évoque « *les majeurs faisant l'objet d'une mesure de protection légale* ». On peut toutefois consi-

1. CSP, art. L. 1121-8 (*issu de L. n° 2004-806, 9 août 2004*).
2. CSP, art. L. 1122-2 (*issu de L. n° 2004-806, 9 août 2004*).
3. CSP, art. L. 1211-2, al. 2 (*issu de L. n° 2004-800, 6 août 2004*).

dérer que ces dispositions s'appliquent aux tutélaires. L'information doit alors être donnée, comme le mentionne le texte, au « *représentant légal* ». Pour les majeurs en curatelle, ou bénéficiant d'une autres protection juridique, le patient lui-même doit être informé et son consentement personnel recherché.

§ 5 Prélèvements de sang ou de ses composants

214.91 Interdiction des prélèvements de sang ou de ses composants sur une personne majeure faisant l'objet d'une mesure de protection légale. L'article L. 1221-5 du Code de la santé publique, en l'état de sa rédaction actuelle, prohibe ce type de prélèvement pour toutes les personnes sous protection, qu'elles soient sous **tutelle**, sous **curatelle**, sous **sauvegarde de justice** ou même bénéficiaire d'un **mandat de protection future**.

§ 6 Prélèvements d'organes

214.101 Interdiction du prélèvement d'organe du vivant du tutélaire. Aucun prélèvement d'organe en vue d'un don, aucun prélèvement de tissus ou de cellules ou aucune collecte de produits du corps humain ne peut avoir lieu sur une personne vivante majeure faisant l'objet d'une mesure de protection légale, tutelle, curatelle, sauvegarde de justice ou mandat de protection future (CSP, art. L. 1231-2 et L. 1241-2).

214.102 Possibilité de prélèvement d'organes sur la personne du tutélaire décédé avec consentement écrit du tuteur. Si la personne décédée était un majeur sous tutelle, le prélèvement d'organes à des fins thérapeutiques ou scientifiques ne peut avoir lieu qu'à la condition que son tuteur y consente par écrit (CSP, art. L. 1232-2 [1]).

214.103 Possibilité de prélèvement d'organes sur la personne du tutélaire à l'occasion d'une intervention chirurgicale pratiquée dans son intérêt sauf opposition du tuteur ou refus du tutélaire. Les organes prélevés à l'occasion d'une intervention chirurgicale pratiquée dans l'intérêt de la personne opérée peuvent être utilisés à des fins thérapeutiques ou scientifiques sauf opposition exprimée par elle après qu'elle a été informée de l'objet de cette utilisation. Lorsque cette personne est un majeur placé en tutelle, l'utilisation ultérieure des organes ainsi prélevés est en outre subordonnée à l'absence d'opposition de son tuteur, dûment informé de l'objet de cette utilisation. Le refus du majeur en tutelle fait obstacle à cette utilisation (CSP, art. L. 1235-2 [2]).

§ 7 Autres prélèvements possibles sur le corps humain

214.111 À titre dérogatoire, possibilité de prélèvement de cellules hématopoïétiques issues de la moelle osseuse sur une personne majeure faisant l'objet d'une « mesure de protection légale ». En l'absence d'autre solution thérapeutique, un tel prélèvement peut être fait sur une personne vivante majeure protégée **au bénéfice de son frère ou de sa sœur** et, à titre exceptionnel, de son cousin germain ou de sa cousine germaine, de son oncle ou de sa tante, de son neveu ou de sa nièce (CSP, art. L. 1241-4).

Si la personne protégée fait l'objet d'une mesure de curatelle, et si le juge des tutelles estime, après l'avoir entendue, qu'elle a la faculté de consentir au prélèvement, celui-ci est subordonné à l'avis du comité d'experts mentionné à l'article L. 1231-3 du Code de la santé publique, après recueil du consentement de l'intéressée. Le consentement est recueilli et l'autorisation de prélèvement est délivrée par le comité d'experts. Le refus de la personne protégée fait obstacle au prélèvement (CSP, art. L. 1241-4, al. 3, 4, 5 et 6) [3].

Si la personne protégée n'a pas la faculté de consentir au prélèvement, celui-ci ne pourrait être pratiqué que dans les conditions prévues à l'article 459 alinéa 2 du Code civil, c'est-à-dire sur décision spécifique du juge des tutelles conférant à la personne chargée de la protection une **mission spécifique d'assistance ou de représentation,** sauf à considérer qu'il s'agit d'un acte portant gravement atteinte à l'intégrité corporelle. Dans ce dernier cas, le juge devrait autoriser spécialement l'acte et plus seulement l'assistance ou la représentation (dans ce cas après ouverture d'une tutelle) du majeur protégé. Pour se prononcer, le juge devrait alors recueillir l'avis de la personne protégée en procédant à son audition lorsqu'elle est possible (C. pr. civ., art. 1220-3, et C. civ., art. 432) et du comité d'experts mentionné à l'article L. 1231-3 du Code de la santé publique (CSP, art. L. 1241-4, al. 3, *in fine*).

Si la personne protégée fait l'objet d'une mesure de tutelle, elle doit être **informée** ainsi que le **tuteur** des **risques** courus par le donneur et des **conséquences** éventuelles du prélèvement, selon les modalités prévues à l'article R. 1241-3 (CSP, art. R. 1241-12). Le tuteur doit saisir le **juge des tutelles** par requête.

1. CSP, art. L. 1232-2 (*issu de L. n° 2004-800, 6 août 2004*).

2. CSP, art. L. 1235-2 (*issu de L. n° 2004-800, 6 août 2004*).
3. CSP, art. L. 1241-4, al. 3 à 6 (*mod. par L. n° 2004-800, 6 août 2004*).

Celui-ci doit entendre la personne sous tutelle, recueillir son avis, dans la mesure où son état le permet, ainsi que celui du tuteur. Il doit par ailleurs saisir pour avis le **comité d'experts** mentionné à l'article R. 1231-5 du Code de la santé publique (CSP, art. R. 1241-13 et R. 1241-14). Ce comité adresse un **avis motivé au juge** et cet avis peut en principe être consulté au greffe par la personne protégée et son tuteur. En l'absence d'avocat, et si la consultation est susceptible de faire courir un danger moral grave à la personne protégée, le juge peut, par décision motivée, exclure de la consultation par elle tout ou partie des pièces composant l'avis.

Le juge se prononcera après avoir **entendu** ou convoqué la **personne protégée** et son **tuteur**. Il leur notifiera sa **décision** et en adressera **copie** au **comité d'experts, au médecin responsable** du service ou de la structure de soins de l'établissement de santé dans lequel le prélèvement est envisagé.

Le **refus** de la personne protégée fait obstacle au prélèvement (CSP, art. L. 1241-4 [1]).

214.112 Possibilité de recueil et de conservation de gamètes ou de tissu germinal provenant d'un majeur sous tutelle. En vue de la réalisation ultérieure d'une assistance médicale à la procréation, toute personne, y compris le majeur placé sous tutelle, peut bénéficier du recueil et de la conservation de ses gamètes ou de tissu germinal, avec son **consentement** et, le cas échéant, celui de son **tuteur** lorsque l'intéressé majeur fait l'objet d'une mesure de tutelle, lorsqu'une prise en charge médicale est susceptible d'altérer sa fertilité ou lorsque sa fertilité risque d'être prématurément altérée (CSP, art. L. 2141-11 [2]).

214.113 Possibilité de prélèvement de tissus, cellules et autres produits du corps humain à l'occasion d'une intervention chirurgicale pratiquée dans l'intérêt du majeur sous tutelle opéré. Les tissus, les cellules et les produits du corps humain prélevés à l'occasion d'une intervention chirurgicale pratiquée dans l'intérêt de la personne opérée, à l'exception des cellules du sang de cordon et du sang placentaire ainsi que des cellules du cordon et du placenta, peuvent être utilisés à des fins thérapeutiques ou scientifiques, **sauf opposition** exprimée par elle après qu'elle a été informée des finalités de cette utilisation. Lorsque cette personne est un majeur placé sous tutelle, l'utilisation ultérieure des éléments ou des produits ainsi prélevés est subordonnée à l'absence d'opposition, qui peut être exprimée par tout moyen par son **tuteur** dûment informé des finalités de cette utilisation. Le refus du majeur fait obstacle à cette utilisation. (CSP, art. L. 1245-2 [3]).

1. CSP, art. L. 1241-4 (*issu de L. n° 2004-800, 6 août 2004*).
2. CSP, art. L. 2141-11 (*issu de L. n° 2004-800, 6 août 2004*).
3. CSP, art. L. 1245-2 (*issu de L. n° 2004-800, 6 août 2004*).

§ 8
Examen des caractéristiques génétiques d'une personne protégée ou identification par empreintes génétiques

214.121 Information donnée au représentant légal en cas de diagnostic d'une anomalie génétique grave posé lors de l'examen des caractéristiques génétiques d'une personne et choix de la personne ou de son tuteur d'informer sa famille. L'examen des caractéristiques génétiques d'une personne ou son identification par empreintes génétiques sont régis par les dispositions du chapitre II du titre 1er du Code civil et par le Code de la santé publique. Lorsqu'il est impossible de recueillir le consentement de cette personne ou, le cas échéant, de consulter la personne de confiance mentionnée à l'article L. 1111-6 du Code de la santé publique, la famille ou, à défaut, un de ses proches, l'examen ou l'identification peuvent être entrepris à des fins médicales, dans l'intérêt de la personne.

En cas de diagnostic d'une anomalie génétique grave posé lors de l'examen des caractéristiques génétiques d'une personne, sauf si la personne a exprimé par écrit sa volonté d'être tenue dans l'ignorance du diagnostic, l'information médicale communiquée est résumée dans un document rédigé de manière loyale, claire et appropriée, signé et remis par le médecin. La personne atteste de cette remise (CSP, art. L. 1131-1-2). La personne est tenue d'informer les membres de sa famille potentiellement concernés dont elle ou, le cas échéant, son représentant légal possède ou peut obtenir les coordonnées, dès lors que des mesures de prévention ou de soins peuvent leur être proposées. Si la personne ne souhaite pas informer elle-même les membres de sa famille potentiellement concernés, elle peut demander par un document écrit au médecin prescripteur, qui atteste de cette demande, de procéder à cette information (CSP, art. L. 1131-1-2, al. 3 et 4).

§ 9
Obstination déraisonnable et fin de vie

214.131 La décision de limiter ou d'arrêter les traitements dispensés ne peut être prise que dans certaines conditions. En toutes circonstances, le médecin doit s'efforcer de soulager les souffrances du malade par des moyens appropriés à son état et l'assister moralement. Il doit s'abstenir de toute obstination déraisonnable et peut renoncer à entreprendre ou poursuivre des traitements qui apparaissent inutiles, disproportionnés ou qui n'ont pour effet que de maintenir artificiellement le patient en vie. L'article L. 1110-5 du Code de la santé publique, modifié par la loi n° 2016-87 du 2 février 2016[1], dispose dans ce sens que « *les actes de prévention, d'investigation ou de traitement et de soins ne doivent pas, en l'état des connaissances médicales, lui faire courir des risques disproportionnés par rapport au bénéfice escompté* [...]. *Toute personne a le doit d'avoir une fin de vie digne et accompagnée du meilleur apaisement possible de la souffrance. Les professionnels de santé mettent en œuvre tous les moyens à leur disposition pour que ce droit soit respecté.* » L'article L. 1110-5-1 du même code, ajouté par la même loi du 2 février 2016, précise que « *les actes mentionnés à l'article L. 1110-5 ne doivent pas être mis en œuvre ou poursuivis lorsqu'ils résultent d'une obstination déraisonnable. Lorsqu'ils apparaissent inutiles, disproportionnés, ou n'ayant d'autre effet que le seul maintien artificiel de la vie, ils peuvent être suspendus ou ne pas être entrepris conformément à a volonté du patient et, si celui-ci est hors d'état d'exprimer sa volonté, à l'issue d'une procédure collégiale.* » Le décret n° 2016-1066 du 3 août 2016[2] a défini les conditions de mise en œuvre de la procédure collégiale et de recours à la « *sédation profonde et continue* », figurant dans les articles R. 4127-37-1 à R. 4127-37-4.

La **nutrition** et l'**hydratation artificielles** constituent des **traitements qui peuvent être arrêtés** (CSP, art. L. 1110-5-1, al. 2).

C'est déjà ce qu'avait décidé le Conseil d'État dans l'affaire de Vincent Lambert dans sa décision du 14 février 2014 en jugeant que « *l'alimentation et l'hydratation artificielles sont au nombre des traitements susceptibles d'être arrêtés*[3] », rappelant alors également que l'arrêt des traitements ne constitue pas une mesure d'euthanasie de sorte qu'il était indispensable « *de sauvegarder en tout état de cause la dignité du patient et de lui dispenser des soins palliatifs.* » Cette position du Conseil d'État est reprise dans le dernier alinéa de l'article L. 1110-5-1 qui dispose que « *le médecin sauvegarde la dignité du mourant et assure la qualité de sa vie en dispensant les soins palliatifs de l'article L. 1110-10* ». Ce dernier texte pose lui-même le principe des soins palliatifs visant « *à soulager la douleur, à apaiser la souffrance psychique, à sauvegarder la dignité de la personne malade et à soutenir son entourage.* »

La Cour de cassation a jugé, dans cette même affaire, que les dissensions entre l'épouse du patient sous tutelle et la famille de ce dernier ne mettaient pas obstacle à l'application du **principe de priorité conjugale** pour la dévolution de la mesure de protection. Elle a ainsi approuvé les juges du fond, qui après avoir rappelé que le tuteur ne saurait se substituer à la procédure définie par le Code de la santé publique, laquelle relève de la collégialité des médecins chargés du suivi du patient, avaient attribué l'exercice de la mesure de protection à l'épouse de ce dernier[4]. La solution mérite d'être approuvée. **Le tuteur** reçoit, en effet, un **rôle purement consultatif** dans le cadre de la **procédure collégiale de limitation ou d'arrêt des traitements**, dont la décision revient au médecin en charge du patient (CSP, art. L. 1110-5-1 et art. R. 4127-37-2). Le système d'autonomie graduée, posé par l'article 459 du Code civil, et la représentation de la personne protégée par le tuteur dans les conditions prévues par ce texte, ne sauraient conduire à contourner la procédure collégiale du Code de la santé publique. Cette procédure spécifique prévaut sur les dispositions de l'article 459 du Code civil lesquelles ne sauraient ici s'appliquer.

214.132 Fin de vie. Les principales dispositions applicables à la fin de vie, de la loi Léonetti[5] à la loi Léonetti-Claeys du 2 février 2016[6], se situent explicitement dans le sillage de la loi Kouchner du 4 mars 2002[7], en abordant la question sous l'angle des droits fondamentaux des malades. Réactivé à l'occasion de plusieurs affaires très médiatisées, et en particulier de la situation de Vincent Lambert[8], le débat parfois très virulent sur la fin de vie s'est achevé au moins momentanément par le vote de la proposition de loi Léonetti-Claeys, saluée comme étant parvenue à un point d'équilibre entre le respect de l'autonomie du patient dans la relation de soins et la volonté de développer l'accès et la formation aux soins palliatifs. Cette loi a acté que le malade en fin de vie demandant une sédation profonde et continue pouvait s'opposer à ce que sa mise en œuvre soit associée à l'arrêt de l'ensemble des traitements de maintien en vie, ce qui inclut la nutrition et l'hydratation artificielles. Les conditions de « *la sédation profonde et continue provoquant une altération de la conscience maintenue jusqu'au décès* » ont été encadrées en distinguant trois cas, qui ne peuvent intervenir qu'en ultime recours et après échec des autres prises en charge palliatives (CSP, art. L. 1110-5-2) :

1° en cas de fin de vie et de souffrances réfractaires aux traitements;

2° au cas où le patient demande lui-même l'arrêt des traitements, comme la loi du 4 mars 2002 le permet, et endure des souffrances insupportables;

3° en cas de fin de vie d'un patient hors d'état de manifester sa volonté et n'ayant pas laissé de directi-

1. L. n° 2016-87, 2 févr. 2016, art. 1er, I, 1°, b, c et 2.
2. Décr. n° 2016-1066, 3 août 2016, *JO* 5 août 2016, texte n° 40.
3. CE, ass., 14 févr. 2014, req. n° 375081, cons. 16, *Lebon*.
4. Civ. 1re, 8 déc. 2016, n° 16-20.298, *Bull. civ.* I [à paraître]; *JCP* 2017. 79, note Hauser; *JCP* N 2017. 1139, note Peterka; *Dr. fam.* 2017, n° 48, note Maria.
5. L. n° 2005-370, 22 avr. 2005, relative aux droits des malades et à la fin de vie, *JO* 23 avr., p. 7089.
6. L. n° 2016-87, 2 févr. 2016, créant de nouveaux droits en faveur des malades et des personnes en fin de vie, *JO* 3 févr., texte n° 1.
7. L. n° 2002-303, 4 mars 2002, relative aux droits des malades et à la qualité du système de santé, *JO* 5 mars, p. 4118.
8. CE 24 juin 2014, req. nos 375081, 375090 et 375091.

ves anticipées, au titre du refus de l'obstination déraisonnable de l'article L. 1110-5-1.

L'article L. 1110-5-2 nouveau dispose que la sédation profonde et continue associée à une analgésie est mise en œuvre selon une procédure collégiale définie par voie réglementaire qui permettra à l'équipe soignante de vérifier que les conditions d'application sont remplies (CSP, art. R. 4127-37-1 à R. 4127-37-4) [1].

Lorsque le patient, en phase terminale ou avancée d'une affection grave et incurable, est hors d'état d'exprimer sa volonté, l'article L. 1111-12 du Code de la santé publique dispose que « *le médecin a l'obligation de s'enquérir de l'expression de la volonté exprimée par le patient. En l'absence de directives anticipées mentionnées à l'article L. 1111-11, il recueille le témoignage de la personne de confiance ou, à défaut, tout autre témoignage de la famille ou des proches* ».

Le décret n° 2016-1066 du 3 août 2016, modifiant le Code de déontologie médicale et relatif aux procédures collégiales et au recours à la sédation profonde et continue jusqu'au décès, précise le cadre désormais applicable.

214.133 Directives anticipées. L'article L. 1111-11 du Code de la santé publique, issu de la loi n° 2016-87 du 2 février 2016 [2], dispose que toute personne majeure peut rédiger des directives anticipées pour le cas où elle serait un jour hors d'état d'exprimer sa volonté. Elle peut ainsi les rédiger à tout moment et par tout moyen, elles sont révisables et révocables. Elles peuvent être rédigées conformément à un modèle dont le contenu est fixé par décret en Conseil d'État, pris après avis de la Haute Autorité de Santé. Le décret n° 2016-1067 du 3 août 2016 [3], est venu définir les conditions d'information des patients et les conditions de validité, de confidentialité et de conservation des directives anticipées. Les articles R. 1111-17, R. 1111-18-1 et R. 1111-19-1 disposent que les directives anticipées sont un document écrit, daté et signé par son auteur majeur et qu'elles peuvent être modifiées ou révoquées à tout moment. En cas de pluralité de directives anticipées écrites, répondant aux conditions de validité, ce sont les plus récentes qui l'emportent. Des guides seront élaborés par la Haute Autorité de Santé pour aider le public et les professionnels à rédiger ces directives anticipées. Les conditions de conservation des directives anticipées sont précisées par le décret : elles peuvent ainsi être conservées soit dans un espace du dossier médical, soit dans le dossier médical partagé, soit par leur auteur lui-même ou être confiées par celui-ci à la personne de confiance de l'article L. 1111-6, ou à un membre de la famille ou à un proche.

L'article R. 1111-20 du même décret dispose en outre que, lorsque le médecin envisage de prendre une décision de limitation ou d'arrêt des soins en application de l'article L. 1111-4, il doit, si des directives anticipées ne se trouvent pas dans le dossier médical, interroger le dossier médical partagé et rechercher si elles existent.

Les patients-personnes protégées peuvent rédiger des directives anticipées, le patient en tutelle ne pouvant lui-même rédiger de telles directives anticipées qu'avec l'autorisation du juge ou du conseil de famille s'il a été constitué. Le tuteur ne peut alors ni l'assister ni le représenter à cette occasion (CSP, art. L. 1111-11, dern. al.).

L'article L. 1111-11 du Code de la santé publique en ses alinéas 3 et 4 dispose que : « *Les directives anticipées s'imposent au médecin pour toute décision d'investigation, d'intervention ou de traitement, sauf en cas d'urgence vitale pendant le temps nécessaire à une évaluation complète de la situation et lorsque les directives anticipées apparaissent manifestement inappropriées ou non conformes à la situation médicale.*

La décision de refus d'application des directives anticipées, jugées par le médecin manifestement inappropriées ou non conformes à la situation médicale du patient, est prise à l'issue d'une procédure collégiale définie par voie réglementaire et est inscrite au dossier médical. Elle est portée à la connaissance de la personne de confiance désignée par le patient ou, à défaut, de la famille ou des proches ».

1. Décr. n° 2016-1066, 3 août 2016, *JO* 5 août, texte n° 40.
2. L. n° 2016-87, 2 févr. 2016, art. 8.
3. Décr. n° 2016-1067, 3 août 2016, *JO* 5 août, texte n° 41.

CHAPITRE

215. Protection de la personne et actes soumis aux dispositions spéciales du Code de l'action sociale et des familles

SECTION 0 ORIENTEUR

215.00 **Plan du chapitre.**

215.01 **Textes applicables.**

TEXTES LÉGISLATIFS ET RÉGLEMENTAIRES NOUVEAUX

• **L. n° 2015-1776, 28 déc. 2015,** relative à l'adaptation de la société au vieillissement, *JO* 29 déc., p. 24268.

et principaux décrets d'application :

• **Décr. n° 2015-1868, 30 déc. 2015,** relatif à la liste des prestations minimales d'hébergement délivrées par les établissements d'hébergement pour personnes âgées dépendantes, *JO* 31 déc., p. 25332.

• **Décr. n° 2016-502, 22 avr. 2016,** relatif au cahier des charges nationales des services d'aide et d'accompagnement à domicile et modifiant le code de l'action sociale et des familles, *JO* 24 avr., texte n° 8.

• **Décr. n° 2016-1164, 26 août 2016,** relatif aux conditions techniques minimales d'organisation et de fonctionnement des établissements d'hébergement pour personnes âgées dépendantes, *JO* 28 août, texte n° 10.

• **Décr. n° 2016-1206, 7 sept. 2016,** relatif au conseil départemental de la citoyenneté et de l'autonomie, *JO* 9 sept., texte n° 15.

• **Décr. n° 2016-1395, 18 oct. 2016,** fixant les conditions dans lesquelles est donnée l'information sur le droit de désigner la personne de confiance mentionnée à l'article L. 311-5-1 du code de l'action sociale et des familles, *JO* 20 oct., texte n° 25.

• **Décr. n° 2016-1743, 15 déc. 2016,** relatif à l'annexe au contrat de séjour dans les établissements d'hébergement sociaux et médico-sociaux pour personnes âgées, *JO* 17 déc., texte n° 18.

• **Décr. n° 2016-1785, 19 déc. 2016,** relatif à l'agrément des accueillants familiaux, *JO* 21 déc., texte n° 42.

• **Décr. n° 2016-1813, 21 déc. 2016,** relatif à l'obligation de signalement des structures sociales et médico-sociales, *JO* 23 déc., texte n° 27.

TEXTES SOURCES

> Accueil et séjour en établissement (contrat de séjour et annexe)

+ L. n° 2015-1776, 28 déc. 2015

CASF, art. L. 113-1 s., L. 231-4 et L. 231-5, L. 311-3, L. 311-4, L. 311-4-1, L. 311-5

> Désignation d'une personne de confiance

+ L. n° 2015-1776, 28 déc. 2015

CASF, art. L. 311-5-1

> Obligation de signalement des établissements

+ L. n° 2015-1776, 28 déc. 2015

CASF, art. L. 331-8-1

> Contrat d'accueil au domicile d'un particulier

CASF, art. L. 441-1, L. 441-2, L. 442-1, L. 443-4, L. 443-7, R. 441-10, D. 442-2, D. 442-3

> Accès aux origines personnelles

+ L. n° 2007-293, 5 mars 2007

CASF, art. L. 147-2

TEXTES *IN EXTENSO*

> Accueil et séjour en établissement (contrat de séjour et annexe)

[CASF, art. L. 113-1, L. 113-1-1, L. 113-1-2, L. 113-1-3, L. 113-2, L. 114, L. 114-1, L. 231-4 et L. 231-5, L. 311-3, L. 311-4, L. 311-4-1, L. 311-5]

+ L. n° 2015-1776, 28 déc. 2015, art. 24, 26, 27, 51, 76

CASF, art. L. 113-1 (*mod. par L. n° 2015-1776, 28 déc. 2015, art. 24*)

Toute personne âgée de soixante-cinq ans privée de ressources suffisantes peut bénéficier, soit d'une aide à domicile, soit d'un accueil chez des particuliers ou dans un établissement.

Les personnes âgées de plus de soixante ans peuvent obtenir les mêmes avantages lorsqu'elles sont reconnues inaptes au travail.

CASF, art. L. 113-1-1 (*créé par L. n° 2015-1776, 28 déc. 2015, art. 24*)

Dans les conditions définies au chapitre II du titre III du livre II, la personne âgée en perte d'autonomie a droit à des aides adaptées à ses besoins et à ses ressources, dans le respect de son projet de vie, pour répondre aux conséquences de sa perte d'autonomie, quels que soient la nature de sa déficience et son mode de vie.

CASF, art. L. 113-1-2 (*créé par L. n° 2015-1776, 28 déc. 2015, art. 24*)

Les personnes âgées et leurs familles bénéficient d'un droit à une information sur les formes d'accompagnement et de prise en charge adaptées aux besoins et aux souhaits de la personne âgée en perte d'autonomie, qui est mis en œuvre notamment par la Caisse nationale de solidarité pour l'autonomie, par les départements et par les centres locaux d'information et de coordination, dans le cadre des compétences définies aux articles L. 14-10-1 et L. 113-2.

CASF, art. L. 113-1-3 (*créé par L. n° 2015-1776, 28 déc. 2015, art. 51*)

Est considéré comme proche aidant d'une personne âgée son conjoint, le partenaire avec qui elle a conclu un pacte civil de solidarité ou son concubin, un parent ou un allié, définis comme aidants familiaux, ou une personne résidant avec elle ou entretenant avec elle des liens étroits et stables, qui lui vient en aide, de manière régulière et fréquente, à titre non professionnel, pour accomplir tout ou partie des actes ou des activités de la vie quotidienne.

CASF, art. L. 113-2 (*mod. par L. n° 2015-1776, 28 déc. 2015, art. 76*)

I. - Le département définit et met en œuvre l'action sociale en faveur des personnes âgées et de leurs proches aidants mentionnés à l'article L. 113-1-3. Il coordonne, dans le cadre du schéma départemental d'organisation sociale et médicosociale mentionné à l'article L. 312-5, les actions menées par les différents intervenants, y compris en faveur des proches aidants. Il définit des secteurs géographiques d'intervention. Il détermine les modalités d'information, de conseil et d'orientation du public sur les aides et les services relevant de sa compétence.

Le département coordonne, dans le respect de leurs compétences, l'action des acteurs chargés de l'élaboration et de la mise en œuvre des politiques intéressant les conditions de vie des personnes âgées, en s'appuyant notamment sur la conférence des financeurs de la prévention de la perte d'autonomie des personnes âgées mentionnée à l'article L. 233-1 et sur le conseil départemental de la citoyenneté et de l'autonomie mentionné à l'article L. 149-1.

Le département veille à la couverture territoriale et à la cohérence des actions respectives des organismes et des professionnels qui assurent des missions d'information, d'orientation, d'évaluation et de coordination des interventions destinées aux personnes âgées, notamment les centres locaux d'information et de coordination mentionnés au 11° du I de l'article L. 312-1 et les institutions et les professionnels mettant en œuvre la méthode d'action pour l'intégration des services d'aide et de soins dans le champ de l'autonomie mentionnée à l'article L. 113-3.

II. - Le département peut signer des conventions avec l'agence régionale de santé, les organismes de sécurité sociale ou tout autre intervenant en faveur des personnes âgées pour assurer la coordination de l'action gérontologique.

Ces conventions sont conclues dans le respect du schéma relatif aux personnes en perte d'autonomie mentionné à l'article L. 312-5 et du projet régional de santé prévu à l'article L. 1434-2 du code de la santé publique.

Elles précisent les modalités selon lesquelles sont assurées sur l'ensemble du territoire du département les missions mentionnées au dernier alinéa du I du présent article. Elles peuvent également porter sur la prévention et l'accompagnement de la perte d'autonomie des personnes âgées, ainsi que sur le soutien et la valorisation de leurs proches aidants. Dans ce dernier cas, elles peuvent préciser la programmation des moyens qui y sont consacrés.

Le conseil départemental de la citoyenneté et de l'autonomie mentionné à l'article L. 149-1 est consulté sur ces conventions avant leur signature et est informé de leur mise en œuvre.

CASF, art. L. 114

Constitue un handicap, au sens de la présente loi, toute limitation d'activité ou restriction de participation à la vie en société subie dans son environnement par une personne en raison d'une altération substantielle, durable ou définitive d'une ou plusieurs fonctions physiques, sensorielles, mentales, cognitives ou psychiques, d'un polyhandicap ou d'un trouble de santé invalidant.

CASF, art. L. 114-1

Toute personne handicapée a droit à la solidarité de l'ensemble de la collectivité nationale, qui lui garantit, en vertu de cette obligation, l'accès aux droits fondamentaux reconnus à tous les citoyens ainsi que le plein exercice de sa citoyenneté.

L'État est garant de l'égalité de traitement des personnes handicapées sur l'ensemble du territoire et définit des objectifs pluriannuels d'actions.

CASF, art. L. 231-4 (*mod. par L. n° 2015-1776, 28 déc. 2015, art. 26*)

Toute personne âgée qui ne peut être utilement aidée à domicile peut être accueillie, si elle y consent, dans des conditions précisées par décret, soit chez des particuliers, soit dans un établissement de santé ou une maison de retraite publics, soit dans un établissement privé.

En cas d'admission dans un établissement public ou un établissement privé, habilité par convention à recevoir des bénéficiaires de l'aide sociale, le plafond des ressources précisé à l'article L. 231-2 sera celui correspondant au montant de la dépense résultant de l'admission. Le prix de la journée dans ces établissements est fixé selon la réglementation en vigueur dans les établissements de santé.

CASF, art. L. 231-5 (*mod. par L. n° 2015-1776, 28 déc. 2015, art. 26*)

Le service d'aide sociale aux personnes âgées peut participer aux frais de séjour d'une personne âgée dans un établissement d'hébergement avec lequel il n'a pas été passé de convention lorsque l'intéressé y a séjourné à titre payant pendant une durée de cinq ans et lorsque ses ressources ne lui permettent plus d'assurer son entretien.

Le service d'aide sociale ne peut pas, dans cette hypothèse, assumer une charge supérieure à celle qu'aurait occasionnée l'admission de la personne âgée dans un établissement public délivrant des prestations analogues, selon les modalités définies par le règlement départemental d'aide sociale.

CASF, art. L. 311-3 (*mod. par L. n° 2015-1776, 28 déc. 2015, art. 27*)

L'exercice des droits et libertés individuels est garanti à toute personne prise en charge par des établissements et services sociaux et médico-sociaux. Dans le respect des dispositions législatives et réglementaires en vigueur, lui sont assurés :

1° Le respect de sa dignité, de son intégrité, de sa vie privée, de son intimité, de sa sécurité et de son droit à aller et venir librement;

2° Sous réserve des pouvoirs reconnus à l'autorité judiciaire et des nécessités liées à la protection des mineurs en danger et des majeurs protégés, le libre choix entre les prestations adaptées qui lui sont offertes soit dans le cadre d'un service à son domicile, soit dans le cadre d'une admission au sein d'un établissement spécialisé;

3° Une prise en charge et un accompagnement individualisé de qualité favorisant son développement, son autonomie et son insertion, adaptés à son âge et à ses besoins, respectant son consentement éclairé qui doit systématiquement être recherché lorsque la personne est apte à exprimer sa volonté et à participer à la décision. À défaut, le consentement de son représentant légal doit être recherché;

4° La confidentialité des informations la concernant;

5° L'accès à toute information ou document relatif à sa prise en charge, sauf dispositions législatives contraires;

6° Une information sur ses droits fondamentaux et les protections particulières légales et contractuelles dont elle bénéficie, ainsi que sur les voies de recours à sa disposition;

7° La participation directe ou avec l'aide de son représentant légal à la conception et à la mise en œuvre du projet d'accueil et d'accompagnement qui la concerne.

CASF, art. L. 311-4 (*mod. par L. n° 2015-1776, 28 déc. 2015, art. 27*)

Afin de garantir l'exercice effectif des droits mentionnés à l'article L. 311-3 et notamment de prévenir tout risque de maltraitance, lors de son accueil dans un établissement ou dans un service social ou médico-social, il est remis à la personne ou à son représentant légal un livret d'accueil auquel sont annexés :

a) Une charte des droits et libertés de la personne accueillie, arrêtée par les ministres compétents après consultation de la section sociale du Comité national de l'organisation sanitaire et sociale mentionné à l'article L. 6121-7 du Code de la santé publique; la charte est affichée dans l'établissement ou le service;

b) Le règlement de fonctionnement défini à l'article L. 311-7.

Un contrat de séjour est conclu ou un document individuel de prise en charge est élaboré avec la participation de la personne accueillie. En cas de mesure de protection juridique, les droits de la personne accueillie sont exercés dans les conditions prévues au titre XI du livre Ier du Code civil. Le contrat de séjour ou le document individuel de prise en charge définit les objectifs et la nature de la prise en charge ou de l'accompagnement dans le respect des principes déontologiques et éthiques, des recommandations de bonnes pratiques professionnelles et du projet d'établissement ou de service. Il détaille la liste et la nature des prestations offertes ainsi que leur coût prévisionnel.

Lors de la conclusion du contrat de séjour, dans un entretien hors de la présence de toute autre personne, sauf si la personne accueillie choisit de se faire accompagner par la personne de confiance désignée en application de l'article L. 311-5-1 du présent code, le directeur de l'établissement ou toute autre personne formellement désignée par lui recherche, chaque fois que nécessaire avec la participation du médecin coordonnateur de l'établissement, le consentement de la personne à être accueillie, sous réserve de l'application du dernier alinéa de l'article 459-2 du Code civil. Il l'informe de ses droits et s'assure de leur compréhension par la personne accueillie. Préalablement à l'entretien, dans des conditions définies par décret, il l'informe de la possibilité de désigner une personne de confiance, définie à l'article L. 311-5-1 du présent code.

L'établissement de santé, l'établissement ou le service social ou médico-social qui a pris en charge la personne accueillie préalablement à son séjour dans l'établissement mentionné au cinquième alinéa du présent article transmet audit établissement le nom et les coordonnées de sa personne de confiance si elle en a désigné une.

Le contenu minimal du contrat de séjour ou du document individuel de prise en charge est fixé par voie réglementaire selon les catégories d'établissements, de services et de personnes accueillies.

Lorsqu'il est conclu dans les établissements et services d'aide par le travail mentionnés au a du 5° du I de l'article L. 312-1, le contrat de séjour prévu à l'alinéa précédent est dénommé " contrat de soutien et d'aide par le travail ". Ce contrat doit être conforme à un modèle de contrat établi par décret.

CASF, art. L. 311-4-1 (*créé par L. n° 2015-1776, 28 déc. 2015, art. 27*)

I. – Lorsqu'il est conclu dans un des établissements d'hébergement relevant du 6° du I de l'article L. 312-1, y compris ceux énumérés à l'article L. 342-1, le contrat de séjour peut comporter une annexe, dont le contenu et les modalités d'élaboration sont prévues par décret, qui définit les mesures particulières à prendre, autres que celles définies au règlement de fonctionnement, pour assurer l'intégrité physique et la sécurité de la personne et pour soutenir l'exercice de sa liberté d'aller et venir. Ces mesures ne sont prévues que dans l'intérêt des personnes accueillies, si elles s'avèrent strictement nécessaires, et ne doivent pas être disproportionnées par rapport aux risques encourus. Elles sont définies après examen du résident et au terme d'une procédure collégiale mise en œuvre à l'initiative du médecin coordonnateur de l'établissement ou, en cas d'empêchement du médecin coordonnateur, du médecin traitant. Cette procédure associe l'ensemble des représentants de l'équipe médico-sociale de l'établissement afin de réaliser une évaluation pluridisciplinaire des bénéfices et des risques des mesures envisagées. Le contenu de l'annexe peut être révisé à tout moment, selon la même procédure, à l'initiative du résident, du directeur de l'établissement ou du médecin coordonnateur ou, à défaut de médecin coordonnateur, du médecin traitant, ou sur proposition de la personne de confiance désignée en application de l'article L. 311-5-1.

II. – La personne accueillie ou, le cas échéant, son représentant légal peut exercer par écrit un droit de rétractation dans les quinze jours qui suivent la signature du contrat, ou l'admission si celle-ci est postérieure, sans qu'aucun délai de préavis puisse lui être opposé et sans autre contrepartie que l'acquittement du prix de la durée de séjour effectif. Dans le cas où il existe une mesure de protection juridique, les droits de la personne accueillie sont exercés dans les conditions prévues au titre XI du livre Ier du Code civil.

Passé le délai de rétractation, la personne accueillie ou, le cas échéant, son représentant légal, dans le respect du même titre XI du livre Ier du Code civil, peut résilier le contrat de séjour par écrit à tout moment. À compter de la notification de sa décision de résiliation au gestionnaire de l'établissement, elle dispose d'un délai de réflexion de quarante-huit heures pendant lequel elle peut retirer cette décision sans avoir à justifier d'un motif. Ce délai de réflexion s'impute sur le délai de préavis qui peut lui être opposé. Le délai de préavis doit être prévu au contrat. Il ne peut excéder une durée prévue par décret.

III. – La résiliation du contrat par le gestionnaire de l'établissement ne peut intervenir que dans les cas suivants :

1° En cas d'inexécution par la personne accueillie d'une obligation lui incombant au titre de son contrat ou de manquement grave ou répété au règlement de fonctionnement de l'établissement, sauf lorsqu'un avis médical constate que cette inexécution ou ce manquement résulte de l'altération des facultés mentales ou corporelles de la personne accueillie;

2° En cas de cessation totale d'activité de l'établissement;

3° Dans le cas où la personne accueillie cesse de remplir les conditions d'admission dans l'établissement, lorsque son état de santé nécessite durablement des équipements ou des soins non disponibles dans cet établissement, après que le gestionnaire s'est assuré que la personne dispose d'une solution d'accueil adaptée.

IV. – La durée du délai de préavis applicable à la résiliation du contrat par le gestionnaire de l'établissement est prévue par le décret mentionné au second alinéa du II. Elle ne peut être inférieure à la durée maximale du délai de préavis applicable à la résiliation du contrat à la demande de la personne accueillie ou de son représentant légal en application de ce même second alinéa.

CASF, art. L. 311-5 (*mod. par L. n° 2013-403, 17 mai 2013, art. 1er*)

Toute personne prise en charge par un établissement ou un service social ou médico-social ou son représentant légal peut faire appel, en vue de l'aider à faire valoir ses droits, à une personne qualifiée qu'elle choisit sur une liste établie conjointement par le représentant de l'État dans le département, le directeur général de l'agence régionale de santé et le président du conseil départemental. La personne qualifiée rend compte de ses interventions aux autorités chargées du contrôle des établissements ou services concernés, à l'intéressé ou à son représentant légal dans des conditions fixées par décret en Conseil d'État.

> Désignation d'une personne de confiance

CASF, art. L. 311-5-1 (*créé par L. n° 2015-1776, 28 déc. 2015, art. 27*)

Lors de toute prise en charge dans un établissement ou un service social ou médico-social, il est proposé à la personne majeure accueillie de désigner, si elle ne l'a pas déjà fait, une personne de confiance dans les conditions définies au premier alinéa de l'article L. 1111-6 du Code de la santé publique. Cette désignation est valable sans limitation de durée, à moins que la personne n'en dispose autrement. Lors de cette désignation, la personne accueillie peut indiquer expressément, dans le respect des conditions prévues au même article L. 1111-6, que cette personne de confiance exerce également les missions de la personne de confiance mentionnée audit article L. 1111-6, selon les modalités précisées par le même code.

La personne de confiance est consultée au cas où la personne intéressée rencontre des difficultés dans la connaissance et la compréhension de ses droits.

Si la personne le souhaite, la personne de confiance l'accompagne dans ses démarches et assiste aux entretiens médicaux afin de l'aider dans ses décisions.

Lorsqu'une mesure de protection judiciaire est ordonnée et que le juge ou le conseil de famille, s'il a été constitué, autorise la personne chargée de la protection à représenter ou à assister le majeur pour les actes relatifs à sa personne en application du deuxième alinéa de l'article 459 du Code civil, la désignation de la personne de confiance est soumise à l'autorisation du conseil de famille, s'il est constitué, ou à défaut du juge des tutelles. Lorsque la personne de confiance est désignée antérieurement au prononcé d'une telle mesure de protection judiciaire, le conseil de famille, le cas échéant, ou le juge peut soit confirmer sa mission, soit la révoquer.

> Obligation de signalement des établissements

CASF, art. L. 331-8-1 (*créé par L. n° 2015-1776, 28 déc. 2015, art. 30*)

Les établissements et services et les lieux de vie et d'accueil informent sans délai, dans des conditions fixées par décret en Conseil d'État, les autorités administratives compétentes pour leur délivrer l'autorisation prévue à l'article L. 313-1 ou pour recevoir leur déclaration en application des articles L. 321-1 et L. 322-1 de tout dysfonctionnement grave dans leur gestion ou leur organisation susceptible d'affecter la prise en charge des usagers, leur accompagnement ou le respect de leurs droits et de tout évènement ayant pour effet de menacer ou de compromettre la santé, la sécurité ou le bien-être physique ou moral des personnes prises en charge ou accompagnées.

> Contrat d'accueil au domicile d'un particulier

[CASF, art. L. 441-1, L. 441-2, L. 442-1, L. 443-4, L. 443-7, R. 441-10, D. 442-2, D. 442-3]

+ L. n° 2015-1776, 28 déc. 2015, art. 51, 56

CASF, art. L. 441-1 (*mod. par L. n° 2015-1776, 28 déc. 2015, art. 56*)

Pour accueillir habituellement à son domicile, à titre onéreux, des personnes âgées ou handicapées adultes n'appartenant pas à sa famille jusqu'au quatrième degré inclus et, s'agissant des personnes handicapées adultes, ne relevant pas des dispositions de l'article L. 344-1, une personne ou un couple doit, au préalable, faire l'objet d'un agrément, renouvelable, par le président du conseil départemental de son département de résidence qui en instruit la demande.

La personne ou le couple agréé est dénommé accueillant familial.

L'agrément ne peut être accordé que si les conditions d'accueil garantissent la continuité de celui-ci, la protection de la santé, la sécurité et le bien-être physique et moral des personnes accueillies, si les accueillants se sont engagés à suivre une formation initiale et continue et une initiation aux gestes de secourisme organisées par le président du conseil départemental et si un suivi social et médico-social des personnes accueillies peut être assuré. Un décret en Conseil d'État fixe les critères d'agrément.

La décision d'agrément fixe le nombre de personnes pouvant être accueillies, dans la limite de trois personnes de manière simultanée et de huit contrats d'accueil au total. Le président du conseil départemental peut, si les conditions d'accueil le permettent et à titre dérogatoire, autoriser l'accueil simultané de quatre personnes au maximum lorsque, parmi ces quatre personnes, un couple est accueilli. La décision précise les modalités d'accueil prévues : à temps complet ou partiel, en particulier accueil de jour ou accueil de nuit, permanent, temporaire ou séquentiel. La décision d'agrément peut préciser les caractéristiques, en termes de handicap et de perte d'autonomie, des personnes susceptibles d'être accueillies.

Toute décision de refus d'agrément est motivée et, lorsqu'elle fait suite à une demande de renouvellement d'agrément, prise après avis de la commission consultative mentionnée à l'article L. 441-2.

Le président du conseil départemental peut subordonner, le cas échéant dans le cadre de la décision d'agrément, l'accueil de personnes dont les caractéristiques en termes de perte d'autonomie ou de handicap le nécessitent à des modalités spécifiques de formation, de suivi et d'accompagnement de l'accueillant familial et, le cas échéant, de la personne accueillie.

En cas de changement de résidence, l'agrément demeure valable sous réserve d'une déclaration préalable auprès du président du conseil départemental du nouveau lieu de résidence qui s'assure que les conditions mentionnées au troisième alinéa sont remplies.

L'agrément vaut, sauf mention contraire, habilitation à recevoir des bénéficiaires de l'aide sociale au titre des articles L. 113-1 et L. 241-1.

CASF, art. L. 441-2 *(mod. par L. n° 2015-1776, 28 déc. 2015, art. 56)*

Le président du conseil départemental organise le contrôle des accueillants familiaux, de leurs remplaçants et le suivi social et médico-social des personnes accueillies.

Si les conditions mentionnées au troisième alinéa de l'article L. 441-1 cessent d'être remplies, il enjoint l'accueillant familial d'y remédier dans un délai fixé par le décret mentionné au même article. S'il n'a pas été satisfait à cette injonction, l'agrément est retiré après avis de la commission consultative. L'agrément peut également être retiré selon les mêmes modalités et au terme du même délai, en cas de non-conclusion du contrat mentionné à l'article L. 442-1, ou si celui-ci méconnaît les prescriptions mentionnées au même article, en cas de non souscription d'un contrat d'assurance par l'accueillant, ou si le montant de l'indemnité représentative mentionnée au 4° de l'article L. 442-1 est manifestement abusif. En cas d'urgence, l'agrément peut être retiré sans injonction préalable ni consultation de la commission précédemment mentionnée.

CASF, art. L. 442-1 *(mod. par L. n° 2015-1776, 28 déc. 2015, art. 56)*

Toute personne accueillie au domicile d'un accueillant familial ou, s'il y a lieu, son représentant légal passe avec ledit accueillant un contrat écrit.

Ce contrat est conforme aux stipulations d'un contrat type établi par voie réglementaire après avis des représentants des présidents de conseil départemental. Ce contrat type précise la durée de la période d'essai et, passé cette période, les conditions dans lesquelles les parties peuvent modifier ou dénoncer ledit contrat, le délai de prévenance qui ne peut être inférieur à deux mois ainsi que les indemnités éventuellement dues.

Ce contrat prévoit un projet d'accueil personnalisé au regard des besoins de la personne accueillie.

Ce contrat précise la nature ainsi que les conditions matérielles et financières de l'accueil. Il prévoit notamment :

1° Une rémunération journalière des services rendus ainsi qu'une indemnité de congé calculée conformément aux dispositions de l'article L. 223-11 du Code du travail;

2° Le cas échéant, une indemnité en cas de sujétions particulières;

3° Une indemnité représentative des frais d'entretien courant de la personne accueillie;

4° Une indemnité représentative de mise à disposition de la ou des pièces réservées à la personne accueillie.

La rémunération ainsi que les indemnités visées aux 1° et 2° obéissent au même régime fiscal et de cotisations sociales obligatoires que celui des salaires. Cette rémunération, qui ne peut être inférieure à un minimum fixé par décret et évolue comme le salaire minimum de croissance prévu à l'article L. 141-2 du Code du travail, donne lieu au versement d'un minimum de cotisations permettant la validation des périodes considérées pour la détermination du droit à pension conformément aux dispositions du premier alinéa de l'article L. 351-2 du Code de la sécurité sociale. Les indemnités mentionnées respectivement aux 2° et 3° sont comprises entre un minimum et un maximum fixés par décret. L'indemnité mentionnée au même 2° est revalorisée conformément à l'évolution du salaire minimum mentionné à l'article L. 3231-2 du Code du travail. L'indemnité mentionnée au même 3° est revalorisée conformément à l'évolution de l'indice national des prix à la consommation.

La rémunération et les indemnités prévues aux 1° à 4° peuvent être déclarées et, le cas échéant, versées par le chèque emploi-service universel défini à l'article L. 1271-1 du Code du travail, sous réserve de l'article L. 1271-2 du même code.

Ce contrat prévoit également les droits et obligations des parties ainsi que les droits en matière de congés annuels des accueillants familiaux et les modalités de remplacement de ceux-ci.

Il garantit à la personne accueillie l'exercice des droits et libertés individuels énoncés à l'article L. 311-3. À cet effet, la charte des droits et libertés de la personne accueillie mentionnée à l'article L. 311-4 lui est annexée.

Le contrat prévoit également la possibilité pour la personne accueillie de recourir aux dispositifs prévus aux articles L. 311-5 et L. 311-5-1.

CASF, art. L. 443-4 *(mod. par L. n° 2013-403, 17 mai 2013, art. 1er)*

Le bénéficiaire de l'agrément ou, le cas échéant, la personne morale employeur est tenu de souscrire un contrat d'assurance garantissant les conséquences pécuniaires de sa responsabilité civile en raison des dommages subis par les personnes accueillies et d'en justifier auprès du président du conseil départemental.

De même, la personne accueillie est tenue de justifier d'un contrat d'assurance garantissant les conséquences pécuniaires de sa responsabilité civile en raison des dommages subis par les tiers et leurs biens. Le bénéficiaire de l'agrément a la qualité de tiers au sens de cet alinéa.

Un décret fixe les modalités d'application du présent article.

CASF, art. L. 443-7 *(mod. par L. n° 2002-73, 17 janv. 2002, art. 51)*

Dans le cas où le bénéficiaire de l'agrément est tuteur de la personne qu'il accueille, le contrat prévu à l'article L. 442-1 est conclu par le subrogé tuteur ou, à défaut de subrogé tuteur, par un tuteur *ad hoc* nommé par le juge des tutelles. Le contrat doit être homologué par le conseil de famille ou, en l'absence de conseil de famille, par le juge des tutelles. L'homologation du juge des tutelles est également requise si le juge a autorisé le majeur protégé à conclure lui-même le contrat avec son tuteur en application de l'article 501 du Code civil ou lorsque le bénéficiaire de l'agrément est le curateur de la personne accueillie.

CASF, art. R. 441-10 *(mod. par Décr. n° 2013-938, 18 oct. 2013, art. 1er)*

En cas de changement de résidence à l'intérieur du département, l'accueillant familial doit notifier sa nouvelle adresse au président du conseil départemental par lettre recommandée avec demande d'avis de réception, un mois au moins avant son emménagement.

Lorsque l'accueillant familial change de département de résidence, il notifie, dans les mêmes formes et délais, son adresse au président du conseil départemental de son nouveau département de résidence, en joignant un copie de la décision mentionnée à l'article R. 441-5.

Le président du conseil départemental du département d'origine transmet, à la demande du président du conseil départemental du nouveau département de résidence de l'accueillant familial, le dossier visé à l'article R. 441-2.

CASF, art. D. 442-2 *(mod. par Décr. n° 2010-928, 3 août 2010, art. 1er)*

1° Le montant minimum de la rémunération journalière des services rendus, visée au 1° de l'article L. 442-1, est égal à 2, 5 fois la valeur horaire du salaire minimum de croissance, déterminé dans les conditions prévues aux articles L. 141-2 à L. 141-7 du Code du travail.

La rémunération journalière pour services rendus donne lieu au paiement d'une indemnité de congés payés conformément aux dispositions de l'article L. 223-11 du Code du travail.

2° Les montants minimum et maximum de l'indemnité journalière pour sujétions particulières, mentionnée au 2° de l'article L. 442-1, sont respectivement égaux à 1 fois et 4 fois le minimum garanti, déterminé dans les conditions prévues à l'article L. 141-8 du Code du travail.

3° Les montants minimum et maximum de l'indemnité journalière représentative des frais d'entretien courant de la personne accueillie, mentionnée au 3° de l'article L. 442-1, sont respectivement égaux à 2 et 5 fois le minimum garanti, déterminé dans les conditions prévues à l'article L. 141-8 du Code du travail.

CASF, art. D. 442-3 *(mod. par Décr. n° 2013-938, 18 oct. 2013, art. 2)*

Le contrat passé entre la personne accueillie à titre onéreux au domicile d'un particulier et l'accueillant familial est conforme au modèle de contrat type mentionné à l'article L. 442-1 du présent code et publié à l'annexe 3-8-1.

Le contrat d'accueil passé entre la personne accueillie à titre onéreux, l'accueillant familial et, le cas échéant, l'employeur est conforme au modèle de contrat type mentionné au troisième alinéa de l'article L. 444-3 du présent code et publié à l'annexe 3-8-2.

> Accès aux origines personnelles

CASF, art. L. 147-2 *(mod. par L. n° 2007-293, 5 mars 2007, art. 11)*

Le Conseil national pour l'accès aux origines personnelles reçoit :

1° La demande d'accès à la connaissance des origines de l'enfant formulée :

– s'il est majeur, par celui-ci;

– s'il est mineur, et qu'il a atteint l'âge de discernement, par celui-ci avec l'accord de ses représentants légaux;

– s'il et majeur placé sous tutelle, par son tuteur;

– s'il est décédé, par ses descendants en ligne directe majeurs;

2° La déclaration de la mère ou, le cas échéant, du père de naissance par laquelle chacun d'entre eux autorise la levée du secret de sa propre identité;

3° Les déclarations d'identité formulées par leurs ascendants, leurs descendants et leurs collatéraux privilégiés;

4° La demande du père ou de la mère de naissance s'enquérant de leur recherche éventuelle par l'enfant.

215.03 Bibliographie indicative.

> Actes du Code de l'action sociale et des familles. P. Berthet, « L'allocation personnalisée d'autonomie après la loi d'adaptation de la société au vieillissement… un verre à moitié vide », *AJ fam.* 2016. 100 – A. Caron-Déglise, « La personne vulnérable ou fragile en établissement : nouveautés de la loi relative à l'adaptation de la société au vieillissement », *AJ fam.* 2016. 241 – A.-L. Fabas-Serlooten, « Vieillissement de la population : le point sur la réforme. Adaptation de la société au vieillissement, un nouveau regard sur la perte d'autonomie », *AJ fam.* 2016. 90 – E. Mallet, « Accompagnement du vieillissement : les principales mesures contenues dans la loi du 28 décembre 2015 », *JCP N* 2016. 100 – I. Maria, « Impact de la loi adaptation de la société au vieillissement sur la protection des majeurs », *Dr. fam.* 2016. Comm. 14.

> Ressources utiles.

Annexes 1 à 5, Décr. n° 2016-1395, 18 oct. 2016, fixant les conditions dans lesquelles est donnée l'information sur le droit de désigner la personne de confiance mentionnée à l'article L. 311-5-1 du Code de l'action sociale et des familles, *JO* 20 oct., texte n° 25.

> Liens utiles.

http://www.service-public

http://www.social-sante.gouv.fr

http://www.cnsa.fr (portail d'information de la Caisse nationale de Solidarité pour l'autonomie : pour les personnes âgées et leurs proches)

SECTION 1
ENTRÉE EN ÉTABLISSEMENT DE SANTÉ OU DE RETRAITE

215.11 Entrée en établissement. La loi n° 2015-1776 du 28 décembre 2015 relative à l'adaptation de la société au vieillissement[1] est une loi dite « d'orientation et de programmation » qui a été précédée d'une phase importante de concertation avec les acteurs, notamment dans le cadre des travaux réalisés par le Comité national pour la bientraitance et les droits des personnes âgées et des personnes handicapées[2] (v. s^s^ n° 214.11). Ce texte, auquel est ajouté un rapport annexé très complet également voté par le Parlement, est accompagné de nombreux décrets d'application et, en particulier :

– le décret n° 2015-1868 du 30 décembre 2015 relatif à la liste des prestations minimales d'hébergement délivrées par les établissements d'hébergement pour personnes âgées dépendantes (EHPAD),

– le décret n° 2016-502 du 22 avril 2016 relatif au cahier des charges national des services d'aide et d'accompagnement à domicile,

– le décret n° 2016-1164 du 26 août 2016 relatif aux conditions techniques minimales d'organisation et de fonctionnement des établissements d'hébergement pour personnes âgées dépendantes,

– le décret n° 2016-1395 18 octobre 2016, fixant les conditions dans lesquelles est donnée l'information sur le droit de désigner la personne de confiance mentionnée à l'article L. 311-5-1 du Code de l'action sociale et des familles,

– le décret n° 2016-1743 du 15 décembre 2016, relatif à l'annexe au contrat de séjour dans les établissements d'hébergement sociaux et médico-sociaux pour personnes âgées,

– le décret n° 2016-1813 du 21 décembre 2016, relatif à l'obligation de signalement des structures sociales et médico-sociales.

215.12 Un meilleur accompagnement en amont de l'entrée en établissement. L'une des priorités du projet global ambitieux porté par la loi du 28 décembre 2015 est de favoriser la prévention de la perte d'autonomie fonctionnelle des personnes âgées en construisant une politique graduée d'accompagnement en lien étroit avec la stratégie nationale de santé. Plusieurs leviers sont mobilisés, dont les aides techniques, l'amélioration de l'allocation personnalisée d'autonomie (APA)[3] afin de favoriser autant qu'il est possible le maintien et l'aide à domicile et la diversification des offres de logement. Entre l'établissement d'hébergement pour personnes âgées dépendantes (EHPAD) et le domicile en effet, des solutions existent pour les débuts de la perte d'autonomie, garantissant le lien social, la sécurité, l'accessibilité et la prise en charge. Les **foyers-logements** et, plus récemment, les **résidences-services** peuvent remplir ce rôle mais d'autres solutions émergent tels les **habitats regroupés** dans certaines collectivités locales.

Surtout, la loi d'adaptation de la société au vieillissement a clairement voulu respecter effectivement les droits des personnes de sorte que la situation de vulnérabilité ne soit pas une occasion de remettre en cause le libre consentement ou la liberté d'aller et venir, notamment au motif d'un moindre coût ou d'une meilleure sécurité immédiate, non accompagnée d'une analyse rigoureuse de la situation dans toutes ses composantes, avec la personne elle-même quand c'est encore possible. Les articles L. 113-1-1 et L. 113-1-2 du Code de l'action sociale et des familles disposent que « *la personne âgée en perte d'autonomie a droit à des aides adaptées à ses besoins et à ses ressources, dans le respect de son projet de vie, pour répondre aux conséquences de sa perte d'autonomie, quels que soient la nature de sa déficience et son mode de vie* ». Il est en outre précisé qu'elle et sa famille « *bénéficient d'un droit à une information sur les formes d'accompagnement et de prise en charge adaptées aux besoins et aux souhaits de la personne âgée en perte d'autonomie* », droit « *qui est mis en œuvre notamment par la Caisse nationale de solidarité pour l'autonomie* » (CNSA), « *par les départements et par les centres locaux d'information et de coordination* » (CLIC), « *dans le cadre des compétences définies aux articles L. 14-10-1 et L. 113-2* ». Ce souci de construire, autant qu'il est possible, un projet avec la personne elle-même et ses proches se traduit également par un choix sémantique significatif de l'orientation voulue : le mot « *placement* » est remplacé par celui d'« *accueil* » ou d'« *admission* » dans les articles L. 113-1 alinéa 1er, L. 231-4 et L. 231-5 du Code de l'action sociale et des familles.

§ 1
Contrat de séjour

215.21 Une signature du contrat de séjour plus encadrée. Jean-Marie Delarue, ancien Contrôleur général des lieux privatifs de liberté, avait dénoncé, dans son rapport annuel d'activité de 2012[4], les con-

1. L. n° 2015-1776, 28 déc. 2015, relative à l'adaptation de la société au vieillissement, *JO* 29 déc., p. 24268 – A.-L. Fabas-Serlooten, « Vieillissement de la population : le point sur la réforme. Adaptation de la société au vieillissement, un nouveau regard sur la perte d'autonomie », *AJ fam.* 2016. 90.
2. Comité national pour la bientraitance et les droits des personnes âgées et des personnes handicapées (CNBD), Décr. n° 2013-16, 7 janv. 2013.
3. P. Berthet, « L'allocation personnalisée d'autonomie (APA) après la loi d'adaptation de la société au vieillissement… un verre à moitié vide », *AJ fam.* 2016. 100.
4. V. le site du Contrôleur général des lieux privatifs de liberté : www.cglpl.fr

ditions d'entrée et de séjour des personnes âgées en EHPAD. Le Défenseur des droits s'est également ému de l'absence de véritable réflexion sur les conditions de recueil du consentement de la personne elle-même[1]. L'orientation et l'entrée en établissement sont en effet des moments particulièrement délicats, et rares sont les personnes qui ont véritablement choisi de quitter leur domicile pour conclure un contrat de séjour dans un établissement, *a fortiori* dans un EHPAD. Le quatrième alinéa de l'article L. 311-4 du Code de l'action sociale et des familles prévoit désormais que la conclusion du contrat de séjour doit donner lieu à **un entretien entre le directeur ou son délégué, hors de la présence de toute autre personne,** sauf si la personne accueillie choisit de se faire accompagner par la **personne de confiance**[2] désignée en application de l'article L. 311-5-1 du même code. Cet entretien est destiné en tout premier lieu à informer la personne de ses droits, dont celui d'être accompagnée d'une personne de confiance, en s'assurant de leur compréhension. Le directeur de l'établissement ou son délégué doit ensuite, autant qu'il est possible et sous réserve des dispositions de l'article 459-2 du Code civil en son dernier alinéa[3], rechercher le consentement de la personne à être accueillie. Si nécessaire, il peut solliciter la participation du **médecin coordonnateur de l'établissement.**

Lorsque la personne bénéficie d'une **mesure de protection,** il importera de déterminer en premier lieu si le juge des tutelles a statué sur la fixation de la résidence en amont de l'admission en application de l'article 459-2 du Code civil. Dans ce cas, l'entretien n'a pas la même portée et est destiné à poursuivre un accompagnement de la personne qui se veut le plus respectueux et le moins traumatisant qu'il est possible. Si le juge n'a pas déjà statué, soit la personne chargée de la protection a également une mission de protection de la personne et elle pourra accompagner la personne protégée lors de l'entretien si cette dernière le demande; soit la question est ouverte puisque d'une part, le choix de la personne de confiance peut être considéré comme un acte strictement personnel au sens de l'article 458 du Code civil et puisque, d'autre part, les dispositions de l'article 459-2 du même code peuvent trouver à s'appliquer de sorte qu'en cas de difficulté le juge devra statuer. Il appartiendra aux directeurs d'établissement et aux juges, lorsqu'ils seront saisis, d'adapter le dispositif au cas par cas.

§ 2
Désignation d'une personne de confiance

215.31 Entrée de la personne de confiance dans le champ du médico-social. L'une des innovations majeures de la loi du 2 février 2016 consacrée aux droits et à la protection des personnes est l'entrée de la personne de confiance dans un champ désormais plus large que le champ sanitaire. Initialement bornée par l'article L. 1111-6 du Code de la santé publique[4] et limitée au strict domaine de la santé, la présence d'une personne de confiance dans des missions repensées aux côtés de la personne reconnue comme particulièrement vulnérable avait été souhaitée par de nombreux acteurs[5]. Cette possibilité est désormais ouverte par l'article L. 311-5-1 du Code de l'action sociale et des familles lors de toute prise en charge dans un établissement ou un service social ou médico-social, dans les conditions définies à l'article L. 1111-6 du Code de la santé publique. Cette désignation est valable sans limitation de durée, à moins que la personne n'en dispose autrement, et peut comprendre également les missions de la personne de confiance mentionnée audit article L. 1111-6.

La personne de confiance est consultée au cas où la personne intéressée rencontre des difficultés dans la connaissance et la compréhension de ses droits. Si la personne le souhaite, la personne de confiance l'accompagne dans ses démarches et assiste aux entretiens médicaux afin de l'aider dans ses décisions. Ces dispositions sont possibles en l'absence de mesure de protection judiciaire. Si une personne de confiance avait été désignée avant le prononcé d'une telle protection, le juge ou le conseil de famille, s'il a été constitué, peut soit confirmer la mission soit la révoquer. Dans le cas contraire, en l'état de la rédaction de l'article L. 311-5-1, il doit sans doute être fait application des articles 458 et 459 du Code civil suivant l'interprétation qu'en feront les juges sur la désignation et l'étendue de la mission de la personne de confiance. Lorsqu'il est fait application de l'article 459 précité, il appartient au juge ou au conseil de famille d'autoriser la personne chargée de la protection à représenter ou à assister le majeur pour les actes relatifs à sa personne en application du deuxième

1. Défenseur des droits, décis. n° MSP-MLD/2013-57, 11 avr. 2013, recommandations relatives au respect des droits des personnes âgées vulnérables avant et pendant leur séjour en établissement spécialisé.
2. CASF, art. L. 311-4, dern. al. : « *L'établissement de santé, l'établissement ou le service social ou médico-social qui a pris en charge la personne accueillie préalablement à son séjour dans l'établissement mentionné au cinquième alinéa du présent article transmet audit établissement le nom et les coordonnées de sa personne de confiance si elle en a désigné une* ».
3. C. civ., art. 459-2, al. 3 : « *En cas de difficulté, le juge ou le conseil de famille s'il a été constitué statue* ».
4. L'article L. 1111-6 du CSP a été modifié par la loi n° 2016-87 créant de nouveaux droits en faveur des malades et des personnes en fin de vie, du 2 février 2016.
5. Défenseur des droits, avis n° 15-19, 9 juill. 2015 – CNBD, *Rapport « Droit et éthique de la protection des personnes »*, remis le 4 mars 2015.

alinéa de l'article 459, la désignation de la personne de confiance étant alors soumise à l'autorisation du juge ou du conseil de famille.

Le décret n° 2016-1395 du 18 octobre 2015 est venu fixer les conditions dans lesquelles est donnée l'information sur le droit de désigner une personne de confiance. L'article D. 311-0-4 dispose que, « *huit jours au moins avant l'entretien mentionné au cinquième alinéa de l'article L. 311-4, le directeur de l'établissement ou toute autre personne formellement désignée par lui informe la personne accueillie et, le cas échéant, son représentant légal, qu'elle peut désigner une personne de confiance en application de l'article L. 311-5-1. À cet effet, il lui remet, ainsi que, le cas échéant, à son représentant légal, une notice d'information établie conformément au modèle fixé en annexe 4-10, avec des explications orales adaptées à son degré de compréhension. Il veille à la compréhension de celles-ci par la personne accueillie.* » La délivrance de l'information sur la personne de confiance est attestée par un document daté et signé par le directeur de l'établissement ou son représentant et la personne accueillie et, le cas échéant, son représentant légal. Une copie du document est remise à ces derniers.

Ces dispositions ne s'appliquent pas notamment lorsque la personne accueillie a déjà désigné une personne de confiance en application de l'article L. 311-5-1 ou lorsque l'information relative à la possibilité de désigner une personne de confiance a déjà été donnée par un établissement.

SECTION 2
SÉJOUR EN ÉTABLISSEMENT DE SANTÉ OU DE RETRAITE

215.41 **Séjour en établissement.** Les droits des personnes résidant en établissement ont été réaffirmés en particulier par les lois n° 2002-2 du 2 janvier 2002[1], n° 2002-303 du 4 mars 2002[2] et n° 2007-308 du 5 mars 2007[3] pour les personnes protégées ou à protéger. Ils sont également exposés dans la Charte des **droits et libertés de la personne accueillie** ainsi que dans celle de la personne âgée dépendante. Cependant, une fois les personnes accueillies en établissement, le **respect effectif** de leurs droits suppose tout à la fois qu'elles puissent y avoir accès par une information adaptée et que les professionnels comme les proches les aient réellement intégrés dans leurs pratiques d'accompagnement.

1. L. n° 2002-2, 2 janv. 2002, rénovant l'action sociale et médico-sociale, *JO* 3 janv., p. 124.
2. L. n° 2002-303, 4 mars 2002, relative aux droits des malades et à la qualité du système de santé, *JO* 5 mars, p. 4118.
3. L. n° 2007-308, 5 mars 2007, portant réforme de la protection juridique des majeurs, *JO* 7 mars, p. 4325.

La loi du 28 décembre 2015 modifie les articles L. 311-3, 1° et L. 311-4 du Code de l'action sociale et des familles. L'article L. 311-3 dispose en son premier alinéa que l'exercice des droits et libertés individuels est garanti à toute personne prise en charge par des établissements et services sociaux et médico-sociaux en lui assurant : « *1° le respect de sa dignité, de son intégrité, de sa vie privée, de son intimité, de sa sécurité et de son droit à aller et venir librement* ». Le a) de l'article L. 311-4 pose quant à lui l'obligation d'afficher la charte des droits des personnes « *dans l'établissement ou le service* ». Cette reconnaissance et cette publicité des droits de la personne hébergée en établissement, jointe à la possibilité de désignation d'une personne de confiance dont le rôle est, notamment, d'être consultée au cas où la personne rencontre des difficultés dans la connaissance et la compréhension de ses droits, est de nature à modifier très sensiblement l'accompagnement des personnes.

S'y ajoute l'encadrement désormais plus précis des **conditions de rétractation et de résiliation** du contrat de séjour. L'article L. 311-4-1, II, du Code de l'action sociale et des familles dispose en effet que « *la personne accueillie ou, le cas échéant, son représentant légal peut exercer par écrit un droit de rétractation dans les quinze jours qui suivent la signature du contrat, ou l'admission si celle-ci est postérieure, sans qu'aucun délai de préavis puisse lui être opposé et sans autre contrepartie que l'acquittement du prix de la durée de séjour effectif. Dans le cas où il existe une mesure de protection juridique, les droits de la personne accueillie sont exercés dans les conditions prévues au titre XI du livre Ier du Code civil* ».

Lorsque la personne accueillie bénéficie d'un régime de protection, la possibilité de rétractation ne peut être exercée que dans le respect des articles 459-2 et 426 du Code civil. Dans tous les cas, le juge peut donc être saisi. Cependant, comme pour les conditions d'admission, il conviendra de différencier les hypothèses dans lesquelles le juge des tutelles a déjà statué en amont de l'admission des autres. Dans le premier cas, si la situation de la personne a évolué au point de devoir envisager l'exercice du droit de rétractation, il s'agit d'une difficulté sur laquelle le juge pourra être amené si nécessaire à faire évoluer sa décision. Dans les autres cas, il devra en tout état de cause statuer puisqu'il s'agit des droits relatifs au logement et qu'il y a à l'évidence une difficulté au sens de l'article 459-2.

Passé ce délai, les conditions de rétractation et de réflexion sont précisées par le texte. Sont également définis les cas et les conditions de délais dans lesquelles le gestionnaire de l'établissement d'accueil peut résilier le contrat de séjour (CASF, art. L. 311-4-1, III et IV) :

« *1° En cas d'inexécution par la personne accueillie d'une obligation lui incombant au titre de son contrat ou de manquement grave ou répété au règlement de fonc-*

tionnement de l'établissement, sauf lorsqu'un avis médical constate que cette inexécution ou ce manquement résulte de l'altération des facultés mentales ou corporelles de la personne accueillie;

2° En cas de cessation totale d'activité de l'établissement;

3° Dans le cas où la personne accueillie cesse de remplir les conditions d'admission dans l'établissement, lorsque son état de santé nécessite durablement des équipements ou des soins non disponibles dans cet établissement, après que le gestionnaire s'est assuré que la personne dispose d'une solution d'accueil adaptée ».

215.42 Protection de l'intégrité physique et de la sécurité de la personne. Un article L. 311-4-1, I, a été ajouté au Code de l'action sociale et des familles après l'article L. 311-4. Il prévoit la possibilité d'ajouter une annexe au contrat de séjour définissant « *les mesures particulières à prendre, autres que celles définies au règlement de fonctionnement, pour assurer l'intégrité physique et la sécurité de la personne et pour soutenir l'exercice de sa liberté d'aller et venir* ». Il est spécialement indiqué que « *ces mesures ne sont prévues que dans l'intérêt des personnes accueillies, si elles s'avèrent strictement nécessaires, et ne doivent pas être disproportionnées par rapport aux risques encourus* ». Un examen de la personne est nécessaire et une procédure collégiale est organisée à l'initiative du médecin coordonnateur ou, à défaut, du médecin traitant. Elle associe l'ensemble des représentants de l'équipe médicosociale de l'établissement afin de réaliser une évaluation pluridisciplinaire des bénéfices et des risques des mesures envisagées. L'annexe peut être révisée à tout moment selon la même procédure, à l'initiative du résident, du directeur de l'établissement ou du médecin coordonnateur ou, à défaut de médecin coordonnateur, du médecin traitant, ou sur proposition de la personne de confiance désignée en application de l'article L. 311-5-1. Le contenu de l'annexe et les modalités de son élaboration ont été renvoyés au décret afin de permettre d'associer tous les acteurs et de prendre en compte les bonnes pratiques déjà en cours. Ce décret n° 2016-1743 du 15 décembre 2016 [1] crée un modèle type d'annexe et précise les modalités d'information, de participation et d'expression du résident tout au long de la procédure d'élaboration ou de révision de l'annexe, l'identité et le rôle des différents participants en ce compris pour les personnes protégées ainsi que les différentes étapes de la procédure. Il prévoit une entrée en vigueur, variable suivant les établissements (soit le 1er avril 2017, soit le 28 juin 2017 au plus tard [2]).

215.43 Bientraitance et prévention de la maltraitance. L'article 30 de la loi du 28 décembre 2015 qui insère un article L. 331-8-1 après l'article L. 331-8 du Code de l'action sociale et des familles, met à la charge des établissements et services et des lieux de vie et d'accueil de personnes âgées et/ou handicapées une **obligation d'information des autorités administratives,** dans des conditions fixées par décret en Conseil d'État, en cas de « *dysfonctionnement grave dans leur gestion ou leur organisation susceptible d'affecter la prise en charge des usagers, leur accompagnement ou le respect de leurs droits et de tout événement ayant pour effet de menacer ou de compromettre la santé, la sécurité ou le bien-être physique ou moral des personnes prises en charge ou accompagnées* ».

Par ailleurs, pour prévenir les abus trop souvent constatés et la **maltraitance financière,** les dons et les legs sont expressément interdits en faveur des « *personnes physiques propriétaires, gestionnaires, administrateurs ou employés d'un établissement ou service soumis à autorisation ou à déclaration en application du présent code ou d'un service soumis à agrément ou à déclaration mentionné aux 2° de l'article L. 7231-1 du Code du travail, ainsi que les bénévoles ou les volontaires qui agissent en leur sein ou y exercent une responsabilité* » (CASF, art. L. 116-4). Les exceptions prévues à l'article 909 du Code civil, en ses 1° et 2°, sont cependant maintenues et l'article 911 du même code, dans lequel la loi ajoute aux personnes physiques les personnes morales, est applicable aux libéralités dont s'agit. L'interdiction est applicable également, dans certaines conditions, notamment au **couple ou à l'accueillant familial soumis à un agrément** en application de l'article L. 441-1 du Code de l'action sociale et des familles (v. s^s n° 335.53).

SECTION 3
ACCUEIL AU DOMICILE D'UN PARTICULIER

215.51 Conditions de souscription d'un contrat d'accueil au domicile d'un particulier. Lorsqu'un tutélaire est hébergé au **domicile de son tuteur**, lequel bénéficie de **l'agrément** relatif à l'accueil par des particuliers à leur domicile, à titre onéreux, de personnes âgées ou handicapées adultes, le contrat d'accueil doit être conclu par le **subrogé tuteur**, ou à défaut par un **tuteur *ad hoc*** nommé par le juge des tutelles (CASF, art. L. 443-7 [3]).

Ce contrat doit être ensuite **homologué** par le conseil de famille, ou, en l'absence de conseil de famille, par le juge des tutelles. L'homologation du juge des tutelles est également exigée, si le juge a autorisé le majeur protégé à conclure lui-même le contrat d'accueil avec le tuteur en application de l'article 501 du Code civil.

1. CASF, art. R. 311-05 à R. 311-09, R. 311-37-1.
2. Décr. n° 2016-1743, 15 déc. 2016, art. 5.
3. CASF, art. L. 443-7 (*issu de L. n° 2002-73, 17 janv. 2002*).

SECTION 4
ACCÈS AUX ORIGINES PERSONNELLES

215.61 **Accès aux origines personnelles.** L'article L. 147-2 du Code de l'action sociale et des familles dispose que le Conseil national pour l'accès aux origines personnelles (CNAOP) reçoit la demande d'accès à la connaissance des origines de l'enfant formulée, s'il est majeur placé sous tutelle, par son tuteur. La personne sous tutelle ne peut donc exercer son droit d'accès même si elle est apte à exprimer sa volonté. Seul son tuteur est habilité à en faire la demande, sans avoir à solliciter au préalable l'autorisation du juge ou du conseil de famille.

Si la loi du 5 mars 2007 relative à la protection de l'enfance a modifié ce texte à l'égard des mineurs demandeurs, la loi du 5 mars 2007 relative à la protection juridique des majeurs ne s'est pas prononcée à l'égard des majeurs protégés. Cela ne peut manquer de surprendre, compte tenu par ailleurs des dispositions des articles 458 et 459 du Code civil réservant une capacité au majeur dans certaines conditions. La demande d'accès aux origines personnelles a pourtant, à l'évidence, un caractère éminemment, voire strictement, personnel.

CHAPITRE

216. Protection pénale de la personne protégée

SECTION 0 ORIENTEUR

216.00 **Plan du chapitre.**

216.01 **Textes applicables.**

TEXTES SOURCES

> Poursuite, instruction et jugement des infractions commises par des majeurs protégés

+ L. n° 2007-308, 5 mars 2007, art. 36

C. pr. pén., art. 706-112 à 706-118

+ Décr. n° 2007-1658, 23 nov. 2007, art. 1er

C. pr. pén., art. D. 47-14 à D. 47-26

TEXTES *IN EXTENSO*

> Poursuite, instruction et jugement des infractions commises par des majeurs protégés

[C. pr. pén., art. 706-112 à 706-118 et D. 47-14 à D. 47-26]

[C. pr. pén., art. 706-112 à 706-118]

+ L. n° 2007-308, 5 mars 2007, art. 36

C. pr. pén., art. 706-112

Le présent titre est applicable à toute personne majeure dont il est établi au cours de la procédure qu'elle fait l'objet d'une mesure de protection juridique dans les conditions prévues au titre XI du livre Ier du Code civil.

C. pr. pén., art. 706-113 *(mod. par L. n° 2008-174, 25 févr. 2008, art. 4)*

Le procureur de la République ou le juge d'instruction avise le curateur ou le tuteur, ainsi que le juge des tutelles, des poursuites dont la personne fait l'objet. Il en est de même si la personne fait l'objet d'une alternative aux poursuites consistant en la réparation du dommage ou en une médiation, d'une composition pénale ou d'une comparution sur reconnaissance préalable de culpabilité ou si elle est entendue comme témoin assisté.

Le curateur ou le tuteur peut prendre connaissance des pièces de la procédure dans les mêmes conditions que celles prévues pour la personne poursuivie.

Si la personne est placée en détention provisoire, le curateur ou le tuteur bénéficie de plein droit d'un permis de visite.

Le procureur de la République ou le juge d'instruction avise le curateur ou le tuteur des décisions de non-lieu, de relaxe, d'acquittement, d'irresponsabilité pénale pour cause de trouble mental, ou de condamnation dont la personne fait l'objet.

Le curateur ou le tuteur est avisé de la date d'audience. Lorsqu'il est présent à l'audience, il est entendu par la juridiction en qualité de témoin.

C. pr. pén., art. 706-114

S'il existe des raisons plausibles de présumer que le curateur ou le tuteur est coauteur ou complice de l'infraction, et faute de subrogé curateur ou de subrogé tuteur, le procureur de la République ou le juge d'instruction demande au juge des tutelles la désignation d'un tuteur ou curateur *ad hoc.* Il en est de même si le tuteur ou le curateur est victime de l'infraction. À défaut, le président du tribunal de grande instance désigne un représentant *ad hoc* pour assister la personne au cours de la procédure pénale.

C. pr. pén., art. 706-115

La personne poursuivie doit être soumise avant tout jugement au fond à une expertise médicale afin d'évaluer sa responsabilité pénale au moment des faits.

C. pr. pén., art. 706-116

La personne poursuivie doit être assistée par un avocat.

À défaut de choix d'un avocat par la personne poursuivie ou son curateur ou son tuteur, le procureur de la République ou le juge d'instruction fait désigner par le bâtonnier un avocat, l'intéressé étant informé que les frais seront à sa charge sauf s'il remplit les conditions d'accès à l'aide juridictionnelle.

C. pr. pén., art. 706-117

Le procureur de la République ou le juge d'instruction avise le juge des tutelles des poursuites concernant une personne dont il est établi qu'elle bénéficie d'une mesure de sauvegarde de justice. Le juge des tutelles peut alors désigner un mandataire spécial qui dispose, au cours de la procédure, des prérogatives confiées au curateur ou au tuteur par l'article 706-113.

Ces prérogatives sont également reconnues au mandataire de protection future.

C. pr. pén., art. 706-118

Un décret fixe, en tant que de besoin, les modalités d'application du présent titre.

[C. pr. pén., art. D. 47-14 à D. 47-26]
+ Décr. n° 2007-1658, 23 nov. 2007, art. 1er

C. pr. pén., art. D. 47-14 *(mod. par Décr. n° 2011-1878, 14 déc. 2011, art. 3)*

Les dispositions des articles 706-113 à 706-117 et des articles du présent titre ne sont applicables aux procédures pénales mentionnées par ces articles que lorsque les éléments recueillis au cours de ces procédures font apparaître que la personne fait l'objet d'une mesure de protection juridique dans les conditions prévues au titre XI du livre Ier du Code civil.

Si les éléments de la procédure font apparaître un doute sur l'existence d'une mesure de protection juridique, le procureur de la République, le juge d'instruction ou la juridiction de jugement procède ou fait procéder aux vérifications nécessaires.

Si l'existence de cette mesure n'est connue du juge d'instruction ou de la juridiction de jugement qu'après la mise en mouvement de l'action publique, ces dispositions ne sont applicables qu'à compter de cette date. Il en est de même si la mesure de protection juridique est ordonnée en cours de procédure pénale.

C. pr. pén., art. D. 47-15

Sauf si elle est réalisée à l'occasion de son audition comme témoin par procès-verbal au cours de l'enquête ou de l'instruction, l'information du tuteur ou du curateur prévue par le premier alinéa de l'article 706-113 est faite par lettre recommandée ou selon les modalités prévues par l'article 803-1. En cas d'urgence, elle peut être faite par tout moyen.

C. pr. pén., art. D. 47-16

Au cours de l'information, le tuteur ou le curateur ne peut obtenir une copie du dossier de la procédure que par l'intermédiaire de l'avocat de la personne mise en examen ou témoin assisté, conformément aux dispositions des articles 114 et 114-1.

Lorsque la personne est citée ou renvoyée devant la juridiction de jugement, ou qu'il est fait application de la procédure alternative de réparation ou de médiation ou de la procédure de composition pénale, le tuteur ou le curateur a droit, à sa demande, à la copie du dossier de la procédure conformément aux dispositions de l'article R. 155. Cette copie lui est délivrée gratuitement.

C. pr. pén., art. D. 47-17

Lors de la procédure de réparation, de médiation, de composition pénale, de comparution sur reconnaissance préalable de culpabilité, la personne peut être assistée de son tuteur ou de son curateur, si celui-ci est présent, lorsqu'elle comparaît devant le procureur de la République, son délégué ou son médiateur, ou devant le magistrat du siège chargé de valider ou d'homologuer la procédure.

C. pr. pén., art. D. 47-18

L'information du curateur ou du tuteur des décisions de non-lieu, de relaxe, d'acquittement ou de condamnation prévue par le quatrième alinéa de l'article 706-113 est faite par lettre recommandée ou selon les modalités prévues par l'article 803-1.

Le curateur ou le tuteur est informé par lettre simple ou selon les modalités prévues par l'article 803-1, par le procureur de la République ou par son délégué, de l'exécution d'une composition pénale.

C. pr. pén., art. D. 47-19 *(mod. par Décr. n° 2010-1635, 23 déc. 2010, art. 41)*

Le magistrat saisi du dossier de la procédure peut refuser de délivrer ou retirer le permis de visite au tuteur ou au curateur dans le cas prévu par l'article 706-114, si cette personne est la victime de l'infraction ou s'il existe des raisons plausibles de présumer qu'elle est coauteur ou complice de l'infraction.

C. pr. pén., art. D. 47-20

En matière correctionnelle et criminelle, ainsi que pour les contraventions de la cinquième classe, le ministère public avise le curateur ou le tuteur de la date et de l'objet de l'audience par lettre recommandée ou, selon les modalités prévues par l'article 803-1, dix jours au moins avant la date de l'audience.

Le tuteur ou le curateur entendu comme témoin est tenu de prêter serment conformément aux dispositions des articles 331 et 446, sauf dans les cas prévus par les articles 335 ou 448. Les dispositions des articles 325 et 436 ne lui sont pas applicables.

C. pr. pén., art. D. 47-21

L'expertise médicale prévue par l'article 706-115 a pour objet de déterminer si l'intéressé était ou non atteint au moment des faits d'un trouble psychique ou neuropsychique ayant aboli ou altéré son discernement ou ayant aboli ou entravé le contrôle de ses actes, afin de permettre à la juridiction saisie d'appliquer les dispositions de l'article 122-1 du Code pénal.

Lorsqu'une information est ouverte, et notamment en matière criminelle, il s'agit de l'expertise psychiatrique ordonnée en application du huitième alinéa de l'article 81.

Cette expertise peut être ordonnée dès le stade de l'enquête par le procureur de la République.

C. pr. pén., art. D. 47-22

Cette expertise est facultative :

1° En cas de procédure d'alternative aux poursuites consistant en la réparation du dommage ou en une médiation;

2° En cas de composition pénale;

3° Lorsque la personne est entendue comme témoin assisté;

4° Lorsqu'il est fait application de la procédure d'ordonnance pénale;

5° En cas de comparution sur reconnaissance préalable de culpabilité.

C. pr. pén., art. D. 47-23 *(mod. par Décr. n° 2010-692, 24 juin 2010, art. 3)*

En matière correctionnelle, s'il apparaît des éléments issus de la procédure civile ayant conduit à la mise en œuvre de la mesure de protection juridique, et notamment des certificats médicaux ou des expertises y figurant et qui ont été versés au dossier de la procédure pénale à la demande du ministère public, du juge d'instruction ou du tribunal correctionnel, des indications suffisantes pour apprécier si l'intéressé était ou non atteint au moment des faits d'un trouble psychique ou neuropsychique ayant aboli ou altéré son discernement ou ayant aboli ou entravé le contrôle de ses actes, le juge d'instruction ou le président du tribunal correctionnel peut, sauf opposition de la personne mise en examen ou du prévenu et de son avocat, dire qu'il n'y pas lieu de soumettre l'intéressé à une expertise, par ordonnance motivée qui peut être prise en même temps que l'ordonnance de règlement ou par jugement motivé qui peut être joint au jugement sur le fond.

Les dispositions du présent article sont également applicables en matière contraventionnelle.

C. pr. pén., art. D. 47-24 (*mod. par Décr. n° 2008-54, 16 janv. 2008, art. 5*)

L'expertise prévue par l'article 706-115 peut être confiée à un expert psychiatre ou à un médecin figurant sur la liste prévue par l'article 431 du Code civil. Dans les deux cas, les dispositions du 9° de l'article R. 117 sont alors applicables.

C. pr. pén., art. D. 47-25

Lorsqu'en cas d'appel la chambre des appels correctionnels constate que le prévenu a été jugé sans que l'expertise prévue par l'article 706-115 ait été réalisée, hors les cas où elle est facultative ou a été jugée inutile en application des dispositions des articles D. 47-22 ou D. 47-23, elle ordonne qu'il soit procédé à cette expertise.

La chambre renvoie alors l'affaire à une audience ultérieure, puis, au vu du résultat de l'expertise et conformément aux dispositions de l'article 520, annule le jugement, évoque et statue sur le fond.

C. pr. pén., art. D. 47-26

Lorsqu'en cas d'appel la chambre des appels correctionnels constate que le prévenu a été jugé sans être assisté par un avocat conformément aux dispositions de l'article 706-116, son président fait désigner par le bâtonnier un avocat, l'intéressé étant informé que les frais seront à sa charge sauf s'il remplit les conditions d'accès à l'aide juridictionnelle.

La chambre renvoie alors l'affaire à une audience ultérieure à laquelle le prévenu sera assisté par un avocat, puis, conformément aux dispositions de l'article 520, annule le jugement, évoque et statue sur le fond.

• **Circ. DACG, crim. 07-7/E8 06.04.07**

Objet : Première information concernant les dispositions de procédure pénale de la loi n° 2007-308 du 5 mars 2007 portant réforme, de la protection juridique des majeurs.

J'ai l'honneur d'appeler votre attention sur les dispositions ci-jointes en copie des articles 706-112 à 716-118 du Code de procédure pénale résultant de l'article 36 de la loi du 5 mars 2007 portant réforme de la protection juridique des majeurs, qui institue des règles de procédure spécifiques aux majeurs placés sous curatelle ou sous tutelle.

Ces dispositions prévoient notamment l'information du curateur ou du tuteur, qui pourra être entendu comme témoin à l'audience de jugement, l'assistance de la personne poursuivie par un avocat, et une expertise médicale sur la responsabilité de l'intéressé avant jugement.

Conformément à ce qui est prévu par le nouvel article 706-118, un décret – actuellement en cours d'élaboration et qui devrait être publié *vu Journal officiel* dans les prochaines semaines – viendra préciser les modalités d'application des nouvelles dispositions.

Ce décret est toutefois prévu par la loi « *en tant que de besoin* », et ces dispositions sont donc dès à présent immédiatement applicables aux procédures en cours.

J'attire en conséquence spécialement votre attention sur les dispositions du nouvel article 706-116 prévoyant l'assistance obligatoire de la personne, poursuivie par un avocat, dès lors qu'il apparaît dans la procédure, conformément aux dispositions de l'article 706-112, qu'elle est placée sous tutelle ou sous curatelle.

De par sa nature et conformément aux dispositions générales de l'article 802 du Code de procédure pénale, le non-respect de cette règle est en effet de nature à entraîner l'annulation de la procédure.

Je précise enfin que si ces nouvelles dispositions sont applicables de plein droit à Mayotte, leur extension dans les îles Wallis-et-Futuna, en Polynésie française et en Nouvelle-Calédonie devra en revanche être prévue par ordonnance, conformément aux dispositions de l'article 43 de la loi du 5 mars 2007.

Dès la publication du décret prévu par l'article 706-118, ces dispositions feront l'objet d'une circulaire générale d'application.

216.02 Jurisprudence de référence.

> **Le curatélaire placé sous le régime de l'ancien l'article 511 du Code civil (art. 471 nouveau) a la capacité de se pourvoir en cassation sans l'assistance de son curateur s'il est traduit devant une juridiction pénale.**

• **Crim. 19 mai 1998, n° 97-81.018,** *Bull. crim.* n° 170

* V. s^s n° 216.12

Un majeur, placé sous curatelle avec interdiction d'engager toute procédure judiciaire sans l'assistance de son curateur, en application de l'article 511 du Code civil, a la capacité de se pourvoir seul en cassation lorsqu'il est traduit devant une juridiction pénale.

> **Le tutélaire n'a pas la capacité de former seul un pourvoi en cassation relatif à la défense de ses intérêts civils.**

• **Crim. 1er mars 1983, n° 82-92.270,** *Bull. crim.* n° 68

* V. s^s n°s 216.13 et 216.51

Un majeur en tutelle qui n'a pas la capacité d'agir en justice, n'est pas recevable à former seul un pourvoi en cassation, dont l'objet exclusif est limité à la défense de ses intérêts civils.

> **Le curateur n'a pas le pouvoir d'exercer au nom du curatélaire les voies de recours (pourvoi en cassation relatif à la défense des intérêts civils du curatélaire).**

• **Crim. 1er juin 1994, n° 87-80.278,** *Bull. crim.* n° 216

* V. s^s n°s 216.13 et 216.23

Le curateur n'a pas le pouvoir, en cette seule qualité, de représenter en justice le majeur en curatelle, ni d'exercer en son nom les voies de recours. Le prévenu n'est cependant pas recevable à invoquer pour la première fois devant la Cour de cassation le défaut de pouvoir du curateur qui a, seul, exercé l'action civile au nom du majeur protégé.

> **Le curatélaire placé sous le régime de l'ancien article 511 du Code civil (art. 471 nouveau) n'a pas la capacité de former**

un pourvoi en cassation relatif à la défense de ses intérêts civils sans l'assistance de son curateur.

• **Crim. 28 oct. 1997, n° 97-80.051,** *Bull. crim.* n° 354

* V. s[s] n° 216.13

Le majeur sous curatelle à qui il est fait défense d'ester en justice sans l'assistance de son curateur, par application de l'article 511 du Code civil, n'est pas recevable à former seul un pourvoi en cassation relatif à la défense de ses intérêts civils.

> Le mandataire d'une personne majeure protégée doit être avisé des poursuites et des décisions de condamnation dont cette personne fait l'objet; il doit, en outre, être avisé de la date d'audience.

• **Crim. 3 avr. 2012, n° 11-82.847,** NP

* V. s[s] n° 216.32

« Vu l'article 706-113 du Code de procédure pénale;

Attendu que, selon ce texte, le curateur d'une personne majeure protégée doit être avisé des poursuites et des décisions de condamnation dont cette personne fait l'objet; qu'il doit, en outre, être avisé de la date d'audience;

Attendu qu'il résulte de l'arrêt attaqué et des pièces contradictoirement soumises au contrôle de la Cour de cassation que M. X..., qui avait été placé sous curatelle renforcée par jugement du 9 janvier 2009, a interjeté appel le 25 septembre 2009, d'un jugement du tribunal correctionnel, en date du 6 décembre 2007, l'ayant condamné à un an d'emprisonnement dont six mois avec sursis et mise à l'épreuve pour violences aggravées; que, par l'arrêt attaqué, la cour d'appel a confirmé la déclaration de culpabilité, réformé sur la peine et prononcé sur les intérêts civils;

Mais attendu qu'en prononçant ainsi, alors que l'acte d'appel rappelait la mesure de protection dont M. X... bénéficiait et l'adresse de son curateur, et que celui-ci n'avait pas été avisé de la date d'audience, la cour d'appel a méconnu le texte susvisé et le principe ci-dessus rappelé;

D'où il suit que la cassation est encourue. »

> Le curateur ne dispose pas du droit d'appel de l'ordonnance de mise en accusation de son protégé.

• **Crim. 2 sept. 2009, n° 09-83.008,** NP

* V. s[s] n° 216.33

« Attendu qu'il résulte de l'arrêt attaqué et des pièces de procédure que Joël X... et Patricia Y..., épouse X..., ont été renvoyés devant la cour d'assises, le premier, pour viols et agressions sexuelles aggravés, et la seconde, pour non-dénonciation de crime et de mauvais traitements sur mineurs de quinze ans, par ordonnance du juge d'instruction en date du 23 juillet 2008;

Attendu que, pour annuler cette décision, l'arrêt attaqué, statuant sur un incident contentieux, retient qu'elle n'a été notifiée ni au juge des tutelles ni au curateur, alors que Joël X... a été placé sous le régime de la tutelle, par jugement du 17 janvier 1989, puis sous le régime de la curatelle, par jugement du 10 avril 2001; que les juges ajoutent que cette formalité, substantielle ainsi qu'il ressort des dispositions de l'article 706-113 du Code de procédure pénale, n'ayant pas été observée en l'espèce, "*il s'ensuit que les dispositions de l'article 305-1 du Code de procédure pénale ne peuvent recevoir application dès lors que l'ordonnance de mise en accusation du 23 juillet 2008 n'est pas devenue définitive*";

Mais attendu qu'en prononçant ainsi, alors que, le curateur ne disposant pas du droit d'appel de l'ordonnance de mise en accusation précitée, celle-ci était devenue définitive, la cour, qui ne pouvait que déclarer irrecevable l'exception de nullité, a méconnu le sens et la portée des textes susvisés et a excédé ses pouvoirs. »

> Le tuteur ou le curateur peuvent assister le majeur protégé, partie civile, au cours des débats devant la cour d'assises.

• **Crim. 8 mars 2000, n° 99-82.597,** *Bull. crim.*, n° 110

* V. s[s] n°s 216.13 et 216.24

Les dispositions de l'article 14 alinéa 2 de l'ordonnance du 2 février 1945, relatives à la publicité restreinte, ne sont pas méconnues lorsque le tuteur ou le curateur de la partie civile, majeure protégée, assiste aux débats.

> Sanction de l'inobservation de l'article 706-113 du Code de procédure pénale : nullité de la procédure.

• **Crim. 14 avr. 2010, n° 09-83.503,** *Bull. crim.* n° 74

* V. s[s] n° 216.32

« Vu l'article 706-113 du Code de procédure pénale;

Attendu que, selon ce texte, le tuteur d'une personne majeure protégée doit être avisé des poursuites et des décisions de condamnation dont cette personne fait l'objet; qu'il doit, en outre, être avisé de la date d'audience;

Attendu qu'il résulte de l'arrêt attaqué et des pièces contradictoirement soumises au contrôle de la Cour de cassation que Pierre X..., qui avait été placé sous tutelle par jugement du 28 novembre 2002, a interjeté appel, le 12 mars 2007, d'un jugement du tribunal correctionnel, en date du 1er mars 2007, l'ayant condamné à un mois d'emprisonnement pour refus de se soumettre à un prélèvement biologique destiné à permettre l'analyse et l'identification de son empreinte génétique; que, par l'arrêt attaqué, la cour d'appel a confirmé cette décision;

Mais attendu qu'en prononçant ainsi, alors que le tuteur du prévenu n'avait été informé ni des poursuites ni du jugement de condamnation prononcé à son encontre et qu'il n'avait pas été avisé de la date d'audience, la cour d'appel a méconnu les textes susvisés et le principe ci-dessus rappelé;

D'où il suit que la cassation est encourue. »

• **Crim. 24 juin 2014, n° 13-84.364,** *Bull. crim.* n° 161

* V. s[s] n° 216.32

« Sur le deuxième moyen de cassation, pris de la violation des articles 6 § 1 et 6 § 3 de la Convention européenne des droits de l'homme, des droits de la défense, des articles préliminaires, 173, 174, 385, 591 et 593, 706-112 et suivants du Code de procédure pénale, défaut de motifs et manque de base légale;

En ce que l'arrêt attaqué a rejeté l'exception de nullité de l'ensemble de la procédure soulevée par M. X. [...].

Vu [les articles] 706-113, 710 du Code de procédure pénale, L. 480-4 du Code de l'urbanisme;

Attendu qu'il résulte du premier de ces textes que le procureur de la République, lorsqu'il poursuit un majeur protégé en vue de son jugement, en avise le curateur ou le tuteur, ainsi que le juge des tutelles; qu'il doit faire de même en cas de relaxe, d'acquittement, de déclaration d'irresponsabilité ou de condamnation;

Attendu que, de la combinaison du deuxième et du troisième de ces textes, il résulte que le relèvement d'astreinte participe de l'exécution du jugement qui en a prescrit le principe [...].

Attendu que, pour écarter le moyen de nullité tiré par le prévenu de l'absence de convocation de sa curatrice aux débats, l'arrêt attaqué énonce que les poursuites ont été engagées le 22 juillet 2005, avant l'entrée en vigueur de l'article 706-113 du Code de procédure pénale, issu de la loi du 5 mars 2007, que l'intéressé n'a pas fait connaître qu'il bénéficiait d'une curatelle et qu'en outre la mesure de remise en état des lieux n'a pas la nature d'une sanction pénale;

Mais attendu qu'en se déterminant ainsi, alors que les réquisitions aux fins de relèvement d'astreinte étaient postérieures à l'entrée en vigueur de la loi du 5 mars 2007 et que la mesure de curatelle, ayant été publiée, était nécessairement connue du ministère public, la cour d'appel a méconnu le texte susvisé et le principe sus-énoncé. »

> L'inobservation de la règle de l'expertise de responsabilité pénale ne justifie pas à, elle seule, la révision de la décision de condamnation.

• **Crim. 31 mars 2015, n° 15-80.599,** NP

* V. s[s] n° 216.32

« Attendu que l'appréciation des mérites de la demande de suspension de la condamnation présentée par le condamné ne saurait être dissociée de celle des chances de succès de sa demande en révision;

Attendu que, si le placement du condamné sous curatelle renforcée, fait inconnu de la juridiction au jour du procès, justifiait qu'il bénéficiât des dispositions prévues aux articles 706-112 et suivants du Code de procédure pénale, l'affirmation du requérant selon laquelle l'expertise prévue par l'article 706-115 du Code de procédure pénale aurait nécessairement conclu à l'abolition de son discernement au moment des faits, et non à l'existence d'une altération, sans effet sur la déclaration de culpabilité, demeure, à ce stade de la procédure, à l'état de simple allégation;

Qu'en outre, il n'est pas justifié par M. X... d'incidences graves sur sa vie privée ou professionnelle de l'exécution de la condamnation;

D'où il suit que la demande de suspension de la condamnation doit être rejetée. »

> Les délais d'exercice des voies de recours ne peuvent commencer à courir contre une personne protégée dont le mandataire n'a pas été informé des poursuites pénales ni été destinataire de la signification du jugement.

• **Crim. 21 oct. 2014, n° 13-85.481,** NP

* V. s[s] n° 216.33

« Vu l'article 706-113 du Code de procédure pénale;

Attendu que, selon ce texte, le curateur d'une personne majeure protégée doit être avisé des poursuites et des décisions de condamnation dont cette personne fait l'objet;

Attendu que le 6 décembre 2007, par itératif défaut, M. X... a été déclaré coupable de violences aggravées et condamné à un an d'emprisonnement, dont six mois avec sursis et mise à l'épreuve; qu'il a été placé sous curatelle renforcée par un jugement du 9 janvier 2009; qu'il n'a pas été touché par la signification lui ayant été faite du jugement de condamnation, dont il a reçu notification le 9 septembre 2009 par officier de police judiciaire;

Attendu que, pour déclarer irrecevable comme tardif l'appel de M. X..., en date du 25 septembre 2009, les juges du second degré, statuant sur renvoi après cassation, retiennent que ce recours a été formé après l'expiration du délai de dix jours suivant cette notification, à l'occasion de laquelle il avait expressément pris connaissance de ce délai;

Mais attendu qu'en se déterminant ainsi, alors que, faute pour le curateur de M. X... d'avoir été avisé de la condamnation de ce dernier, le délai d'appel n'avait pu commencer à courir contre celui-ci, la cour d'appel a méconnu le texte et le principe susvisés;

D'où il suit que la cassation est encourue de ce chef. »

216.03 Bibliographie indicative.

> Application immédiate en matière de poursuites pénales contre un majeur protégé. D. Guihal et T. Fossier, « Le régime des poursuites pénales engagées contre un majeur protégé », *JCP* 2007. I, n° 146, p. 9.

> Protection pénale du majeur protégé. G. Raoul-Cormeil (dir.), *Nouveau droit des majeurs protégés. Difficultés pratiques*, coll. Thèmes et commentaires, Dalloz, 2012 : A. Cerf-Hollender, « Le majeur protégé en garde à vue, grand oublié de la procédure pénale », p. 207; M. Couturier, « L'évaluation de la responsabilité pénale du majeur protégé », p. 191 – C. Roth, « Le majeur protégé visé par une accusation en matière pénale. Neuf années de construction jurisprudentielle », *AJ fam.* 2016. 247.

SECTION 1
SITUATION PÉNALE DES MAJEURS PROTÉGÉS SOUS L'EMPIRE DE LA LOI DU 3 JANVIER 1968

216.11 Carence de protection légale devant les juridictions répressives. L'arrêt *Vaudelle* rendu par la Cour européenne des droits de l'homme le 30 janvier 2001 a mis en évidence que le droit français des tutelles ne permettait pas, sous l'empire de la loi du 3 janvier 1968, à la personne protégée de bénéficier des garanties spéciales de procédure, en particulier du **droit de participer effectivement à son procès,** indispensables pour pouvoir qualifier un procès pénal de « *procès équitable* » au sens de l'article 6 de la Convention[1]. Cette décision a souligné combien, « *dans son volet répressif, le droit français des incapables majeurs* [était] *en effet en lui-même un vaste terrain vague abandonné du législateur, de la jurisprudence et de la doctrine* »[2].

D'abord, le **majeur sous sauvegarde de justice** était en principe considéré par le droit pénal, sur le terrain de l'action publique, comme un accusé ou un pré-

1. CEDH 30 janv. 2001, Vaudelle c/France, req. n° 35683/97, *Rec. CEDH* 2001-I; *JCP* 2001. II. 10526, p. 944, note Di Raimondo; *RTD civ.* 2001. 439, note Marguénaud – L. Boré, « Capacité pour agir et se défendre devant le juge pénal », *JCP* 2002. I. n° 179, p. 203, spéc. n°s 4-14 – J.-P. Marguénaud, J.-M. Plazy, D. Roets, V. Renaudie et I. Soumy, « Les majeurs protégés, parties au procès pénal », *Rapport collectif pour la Mission de recherche droit et justice,* Observatoire des mutations institutionnelles et juridiques (Omij), 2003.
2. J.-P. Marguénaud, J.-M. Plazy, D. Roets, V. Renaudie et I. Soumy, *Rapport de l'Omij*, 2003, p. 109.

venu ordinaire. Ensuite, le **majeur sous tutelle ou curatelle**, dès lors qu'il n'était pas reconnu pénalement irresponsable au sens de l'article 122-1 alinéa 1er du Code pénal, comparaissait devant le tribunal de police ou le tribunal correctionnel, voire la cour d'assises, sans pouvoir bénéficier, dans la procédure, de la présence de son tuteur ou curateur à ses côtés [1].

Sur ce point, le rapport de l'Observatoire des mutations institutionnelles et juridiques (Omij) proposait, notamment, de rendre obligatoire, pendant la phase de l'instruction comme durant celle du jugement, la **présence du protecteur du majeur** (tuteur dans la tutelle, curateur dans la curatelle et curateur à la procédure, dont le groupe de travail réclamait au législateur la création dans la sauvegarde de justice [2]).

En matière criminelle, le tutélaire ou le curatélaire devait, en sa qualité d'accusé, bénéficier de l'assistance d'un **avocat** à ses côtés pour assurer sa défense (C. pr. pén., art. 274). De même, en matière correctionnelle, le tutélaire ou le curatélaire devait bénéficier, en principe, d'une telle assistance dès lors qu'il était « *atteint d'une infirmité de nature à compromettre sa défense* » (C. pr. pén., art. 417, al. 4).

S'agissant des **procédures alternatives aux poursuites pénales**, telles que la transaction pénale (C. pr. pén., art. 6, al. 3), la médiation pénale (C. pr. pén., art. 41-1, 5°), la composition pénale (C. pr. pén., art. 41-2), le rappel à la loi (C. pr. pén., art. 41-1, 1°), voire la comparution sur reconnaissance préalable de culpabilité (C. pr. pén., art. 495-7 [*issu de L. n° 2004-204, 9 mars 2004*]) [3], la loi ne prévoyait aucune disposition explicite susceptible de rendre obligatoire la présence du tuteur ou curateur aux côtés de la personne protégée.

216.12 Capacité naturelle du majeur pour exercer seul les voies de recours contre la décision le condamnant pénalement. En l'état du droit antérieur à la réforme, toujours valable aujourd'hui sur ce point, les règles civiles de capacité sont distinctes de celles applicables en matière de procédure pénale, en raison du caractère éminemment personnel de la sanction pénale infligée au majeur protégé. Cela signifie que le majeur protégé déclaré pénalement responsable dispose de la capacité juridique d'exercer seul les voies de recours à la suite de sa condamnation.

Ainsi, la chambre criminelle de la Cour de cassation a jugé, dans un arrêt du 19 mai 1998, qu'un majeur placé sous curatelle avec interdiction d'engager toute procédure judiciaire sans l'assistance de son curateur, en application de l'ancien article 511 du Code civil, avait la capacité de se pourvoir seul en cassation lorsqu'il était traduit devant une juridiction pénale [4].

216.13 Intervention du mandataire pour la défense des droits patrimoniaux de la personne protégée : principe et limites. En matière d'**intérêts civils**, la procédure pénale appliquait, et applique toujours, les règles retenues par le Code civil et, notamment, les anciens articles 464 alinéa 1er et 495 (C. civ., art. 504, al. 2 réd. L. n° 2007-308, 5 mars 2007) selon lesquels **le tuteur est autorisé à agir seul**, c'est-à-dire sans se munir de l'autorisation préalable du juge des tutelles ou du conseil de famille, pour se constituer partie civile au nom du tutélaire. La chambre criminelle de la Cour de cassation avait ainsi jugé, dans un arrêt du 1er mars 1983, qu'un majeur en tutelle n'ayant pas la capacité d'agir en justice était irrecevable à former seul un pourvoi en cassation, dont l'objet exclusif était limité à la défense de ses intérêts civils [5]. L'action civile exercée par le représentant légal du tutélaire devant la juridiction répressive était purement et simplement assimilée, en ce cas, à une action civile en réparation exercée devant la juridiction civile. C'est dire qu'elle était réduite à une action en justice relative aux droits patrimoniaux du majeur protégé, au sens des articles précités [6].

Conformément aux anciens articles 464 alinéa 1er, 495 et 510 du Code civil, **le curatélaire pouvait quant à lui exercer, sans l'assistance de son curateur, les actions en justice relatives à ses droits patrimoniaux.** Il pouvait notamment se constituer, seul, partie civile au cours d'une procédure pénale dans laquelle il était victime de l'infraction poursuivie par le ministère public. La chambre criminelle de la Cour de cassation avait ainsi décidé, par un arrêt du 1er juin 1994, que le curateur n'avait pas le pouvoir de représenter en justice le majeur en curatelle, et notamment de se constituer partie civile pour son compte, ni d'exercer en son nom les voies de recours, telles qu'un pourvoi en cassation relatif à ses intérêts civils [7]. Cependant, le majeur sous curatelle à qui il était fait défense d'ester en justice sans l'assistance de son curateur, par application de l'ancien article 511 du Code civil, n'était pas recevable à former seul un pourvoi en cassation relatif à ses intérêts civils [8].

Dans un arrêt du 8 mars 2000, la chambre criminelle de la Cour de cassation avait eu l'occasion de préciser qu'une partie civile placée sous curatelle

1. C. pén., art. 122-1, al. 1er : « *N'est pas pénalement responsable la personne qui était atteinte, au moment des faits, d'un trouble psychique ou neuropsychique ayant aboli son discernement ou le contrôle de ses actes.* » – Y. Mayaud, « Les malades mentaux entre non-imputabilité et imputation », *AJ pénal* 2004. 303.
2. *Rapport de l'Omij*, 2003, spéc. p. 66-70, nos 115-122 ; et p. 70-72, nos 124-128.
3. Cons. const. 2 mars 2004, n° 2004-492 DC, *JCP* 2004. II. 10048, note Zarka.
4. Crim. 19 mai 1998, n° 97-81.018, *Bull. crim.* n° 170.
5. Crim. 1er mars 1983, n° 82-92.270, *Bull. crim.* n° 68.
6. P. Conte et P. Maistre du Chambon, *Procédure pénale*, 5e éd., coll. « U », A. Colin, 2012, n° 208.
7. Crim. 1er juin 1994, n° 87-80.278, *Bull. crim.* n° 216 ; *D.* 1995. 358, obs. Massip.
8. Crim. 28 oct. 1997, n° 97-80.051, *Bull. crim.* n° 354.

devait, durant les débats devant la cour d'assises être assistée de son curateur[1].

En application de l'ancien article 491-2 alinéa 1er du Code civil, **le majeur sous sauvegarde de justice** conservait sa pleine capacité juridique et pouvait en conséquence se constituer, seul, partie civile dans le cadre d'une procédure pénale dans laquelle il était victime.

SECTION 2
ÉMERGENCE D'UN STATUT PÉNAL DU MAJEUR PROTÉGÉ DEPUIS LA LOI DU 5 MARS 2007

216.20 Mise en place d'une protection légale devant les juridictions répressives[2]. Les articles 706-112 à 706-118 du Code de procédure pénale, issus de la loi n° 2007-308 du 5 mars 2007, ont tenté de remédier aux fortes critiques émises dans l'arrêt *Vaudelle* par la Cour européenne des droits de l'homme, afin qu'il ne soit plus possible de dire qu'il « *est difficile de parler, en procédure pénale française, de droit de l'homme incapable* »[3].

Une protection particulière est organisée désormais au profit de « *toute personne majeure dont il est établi au cours de la procédure* [pénale] *qu'elle fait l'objet d'une mesure de protection juridique dans les conditions prévues au Titre XI du Livre Ier du Code civil* », c'est-à-dire au profit des **majeurs sous sauvegarde de justice, curatelle, tutelle, mandat de protection future** mis en œuvre ou **habilitation familiale** (C. pr. pén., art. 706-112)[4]. Six ans après l'arrêt *Vaudelle*, le législateur est venu modifier les règles de procédure pénale applicables lorsque l'auteur d'une infraction est un majeur protégé afin de garantir ses droits fondamentaux et, notamment, les droits de la défense. Des mesures ont ainsi été prises, notamment pour assurer une mission d'accompagnement de la personne protégée par le mandataire.

§ 1
Le majeur protégé, auteur d'une infraction

A.
Consistance de la protection pénale

216.21 Protection pénale du majeur protégé, auteur d'une infraction : étendue. Conformément aux dispositions de l'article 706-112 du Code de procédure pénale figurant sous le titre XXVII intitulé « De la poursuite, de l'instruction et du jugement des infractions commises par les majeurs protégés », toutes les personnes qui font l'objet d'une mesure de protection juridique des majeurs sont concernées par **l'aménagement de la procédure pénale habituelle**, y compris celles bénéficiant d'un mandat de protection future, d'une sauvegarde de justice ou d'une habilitation familiale spéciale, alors même qu'elles ne sont pas frappées d'incapacité juridique ou que celle-ci comporte un champ limité aux seuls actes confiés au mandataire spécial ou à la personne habilitée (C. pr. pén., art. 706-117)[5].

La procédure particulière s'applique au majeur protégé dont il est établi « *en cours de procédure* » qu'il fait l'objet d'une mesure de protection juridique. L'article D. 47-14 alinéa 3 du Code de procédure pénale précise que, si la mesure de protection juridique est ordonnée en cours de procédure, les articles 706-113 à 706-117 sont applicables à compter de cette date. Peu importe que le majeur n'ait pas fait l'objet d'une mesure de protection au moment où il a commis les faits qui lui sont reprochés.

Cette procédure s'applique à toutes les infractions, y compris aux **contraventions**[6]. Cependant, la phase d'enquête de police ou de gendarmerie n'est pas aménagée. Le protecteur n'a pas de droit spécifique à être informé de la garde à vue du majeur protégé, lequel fait ici figure de « *grand oublié de la procédure pénale* »[7]. La Cour de cassation s'est prononcée, en revanche, sur l'application à un majeur protégé de la procédure relative au **mandat d'arrêt européen,** en décidant que ni la personne protégée ni son mandataire ne pouvaient consentir à la remise de cette dernière. C'est dire qu'il convient, en présence d'un majeur protégé, de procéder comme si ce dernier avait refusé sa remise[8].

Il reste que l'application de **la procédure particulière aux majeurs protégés n'est pas systématique.** L'article D. 47-14 alinéa 1er du Code de procédure pénale précise, en effet, qu'elle ne se déploie « *que lorsque les éléments recueillis au cours des procédures pénales font apparaître que la personne fait l'objet d'une mesure de protection juridique.* » **Les garanties ainsi ouvertes sont donc aléatoires** et supposent que la question de l'existence d'un éventuel régime de protection juridique des majeurs soit systématiquement

1. Crim. 8 mars 2000, n° 99-82.597, *Bull. crim.* n° 110; *RSC* 2000. 852, note Commaret.
2. D. Guihal et T. Fossier, « Le régime des poursuites pénales engagées contre un majeur protégé », *JCP* 2007. I. 146.
3. *Rapp. Omij*, 2003, p. 109.
4. Sur l'influence de la jurisprudence de la Cour européenne des droits de l'homme sur la procédure pénale française, v. T. Fossier, « La réforme de la protection des majeurs », *JCP* 2007. I, n° 22, p. 19.
5. D. Guihal et T. Fossier, « Le régime des poursuites pénales engagées contre un majeur protégé », *JCP* 2007. I. 146.
6. C. pr. pén., art. D. 47-20 – N. Descot, « La participation effective du majeur protégé au procès pénal après la loi du 5 mars 2007 », *AJ pénal* 2008. 21.
7. A. Cerf-Hollender, « Le majeur protégé en garde à vue, grand oublié de la procédure pénale », *in* G. Raoul-Cormeil (dir.), *Nouveau droit des majeurs protégés. Difficultés pratiques*, Dalloz, 2012, p. 207.
8. Crim. 17 févr. 2016, n° 16-80.653, *Bull. crim.* [à paraître]; *D.* 2016. 484; *AJ fam.* 2016. 216, note Montourcy.

posée en début d'interrogatoire[1]. La **consultation du répertoire civil** par le procureur de la République ou par le juge pénal est une piste pour les personnes sous curatelle, tutelle ou habilitation familiale générale, tout comme l'est le registre des sauvegardes de justice. Mais encore faut-il, pour qu'une obligation de vérification s'impose aux autorités judiciaires « *qu'un doute, nécessitant des vérifications complémentaires, soit apparu quant à l'existence d'une mesure de protection juridique* » (C. pr. prén., art. D. 47-14, al. 2)[2].

Cette précision prend un relief tout particulier lorsque la mesure de protection ouverte à l'égard de la personne poursuivie n'est soumise à **aucune formalité de publicité.** Rien ne permet, en l'absence de publicité de l'habilitation familiale, lorsqu'elle est spéciale, de connaître l'ouverture de ce régime de protection juridique. La publicité sur un registre spécial du mandat de protection future devrait contribuer, en revanche, à améliorer à l'avenir la protection pénale du majeur bénéficiant de ce dispositif conventionnel de protection (C. civ., art. 477-1). Les difficultés suscitées par l'ignorance d'une mesure de protection à l'égard de la personne poursuivie sont d'autant plus élevées que la Cour de cassation se montre exigeante pour garantir le respect des articles 706-112 et suivants du Code de procédure pénale. Non seulement, elle **sanctionne l'inobservation de ces formalités,** même lorsqu'aucun élément recueilli dans le cadre de la procédure pénale n'a fait apparaître que la personne faisait l'objet d'une mesure de protection juridique – dépassant ainsi la lettre de l'article D. 47-14 du Code de procédure pénale –, mais encore **elle n'exige plus désormais la preuve d'un grief pour annuler la procédure** (v. s[s] n° 216.32).

216.22 Protection pénale du majeur protégé, auteur d'une infraction : expertise de responsabilité pénale et assistance par un avocat. Si la personne protégée, auteur d'une infraction, bénéficie désormais d'une protection en matière pénale, il n'en demeure pas moins qu'elle reste en principe juridiquement capable de répondre pénalement de ses actes. C'est dire que le majeur protégé n'est pas présumé pénalement irresponsable. Les articles 706-115 et 706-116 du Code de procédure pénale prévoient néanmoins deux mesures destinées à renforcer les droits de la défense du majeur protégé : l'**expertise médicale**, d'une part, et l'**assistance par un avocat**, d'autre part.

1°) Une expertise médicale est obligatoire avant tout jugement au fond, afin de s'assurer que la responsabilité pénale du majeur peut être retenue et qu'il n'est pas pénalement irresponsable en vertu de l'article 122-1 du Code pénal. La nécessité de procéder à une expertise médicale connaît **cinq exceptions** énumérées par l'article D. 47-22 :

– en cas de procédure d'alternative aux poursuites consistant en la réparation du dommage ou en une médiation;

– en cas de composition pénale;

– lorsque le majeur protégé est entendu en qualité de témoin assisté;

– lorsqu'il est fait application de la procédure d'ordonnance pénale;

– en cas de comparution sur reconnaissance préalable de culpabilité.

Par ailleurs, **en matière de délits et de contraventions,** le juge d'instruction ou le président du tribunal peut, sauf opposition de la personne mise en examen ou du prévenu et de son avocat, dire qu'il n'y pas lieu de soumettre l'intéressé à l'expertise médicale, s'il apparaît des éléments issus de la procédure civile ayant conduit à la mise en œuvre de la mesure de protection juridique, et notamment des certificats médicaux ou des expertises y figurant et qui ont été versés au dossier de la procédure pénale à la demande du ministère public, du juge d'instruction ou du tribunal correctionnel, des **indications suffisantes pour apprécier si l'intéressé était ou non atteint au moment des faits d'un trouble psychique ou neuropsychique** ayant aboli ou altéré son discernement ou ayant aboli ou entravé le contrôle de ses actes. La décision doit résulter d'une ordonnance motivée qui peut être prise en même temps que l'ordonnance de règlement ou d'un jugement motivé qui peut être joint au jugement sur le fond (C. pr. pén., art. D. 47-23). Si l'éviction de l'expertise médicale paraît de prime abord ne pas poser ici de difficultés, la question est en réalité bien plus délicate à mieux y regarder. Le **certificat médical circonstancié** établi par le médecin inscrit sur la liste du procureur de la République ne répond pas, en effet, à la même finalité que **l'expertise de responsabilité médicale.** Alors que le premier vise à établir l'impossibilité de l'intéressé à pourvoir seul à ses intérêts par suite d'une altération de ses facultés mentales ou corporelles de nature à empêcher l'expression de sa volonté (C. civ., art. 425), la seconde recherche l'existence d'un « *trouble psychique ou neuropsychique* » ayant causé au moment des faits une altération ou une abolition du discernement et/ou du contrôle des actes de l'auteur des faits incriminés. **L'objet du certificat médical circonstancié ne se confond donc pas avec celui de l'expertise de responsabilité pénale,** si bien qu'« *il pourra être parfois abusif de se contenter de prendre appui sur le dossier civil pour déduire l'altération ou l'abolition du discernement d'un individu lors de la commission de faits constitutifs d'une infraction pénale* »[3]. Plus encore que les cas

1. V. D. Guihal et T. Fossier, « Le régime des poursuites pénales engagées contre un majeur protégé », *JCP* 2007. I. 146.
2. Crim. 15 oct. 2014, n° 13-86.655, NP; *AJ fam.* 2014. 702, note Verheyde.
3. M. Couturier, « L'évaluation de la responsabilité pénale du majeur protégé », *in* G. Raoul-Cormeil (dir.), *Nouveau droit des majeurs protégés. Difficultés pratiques,* Dalloz, 2012, p. 191.

d'inutilité de l'expertise de responsabilité pénale, le caractère facultatif de cette dernière dans le cadre des modes alternatifs de poursuites et, notamment, de l'ordonnance pénale ainsi que de la comparution sur reconnaissance préalable de culpabilité est largement contestable[1].

L'expertise est confiée à un **expert psychiatre** ou à un médecin inscrit sur la liste du procureur de la République (C. pr. pén., art. D. 47-24). Elle porte davantage sur la question de la **responsabilité pénale au moment des faits** que sur la détermination de l'aptitude du majeur protégé à comprendre la procédure et à se défendre. Ainsi que l'avaient déjà fait observer la doctrine[2], « *c'est alors l'irresponsabilité pénale qui, en tant que telle, constitue un obstacle aux poursuites, indépendamment du point de savoir si l'auteur des faits est ou non apte à se défendre et à comprendre le procès qui lui est fait.* » Certes, la Cour de cassation veille à ce qu'une personne dans l'incapacité de se défendre, protégée juridiquement ou non[3], ne puisse pas être jugée et condamnée. Mais la jurisprudence de la chambre criminelle est restrictive puisqu'elle vise l'abolition des facultés mentales ou la privation de l'exercice de ces facultés, et non pas la simple altération.

2°) L'assistance par un avocat est obligatoire dans toute procédure pénale diligentée contre un majeur protégé. De manière assez étonnante, le texte reconnaît au mandataire le droit de choisir l'avocat du majeur sans donner expressément la priorité au choix exprimé par ce dernier. C'est seulement en l'absence du choix d'un avocat par la personne protégée ou son protecteur que le procureur de la République ou le juge d'instruction fait désigner par le bâtonnier un avocat, l'intéressé étant informé que les frais seront à sa charge sauf s'il remplit les conditions d'accès à l'aide juridictionnelle (C. pr. pén., art. 706-116, al. 2).

216.23 Absence d'assistance ou de représentation du majeur protégé par le mandataire. Quel que soit le degré d'altération des facultés personnelles de la personne protégée, auteur d'une infraction, celle-ci n'est ni représentée ni assistée par son mandataire[4], lequel n'est investi ici que d'une **mission d'accompagnement.** La protection pénale du majeur tranche, sur ce point, avec le système d'autonomie graduée prévue à l'article 459 du Code civil en matière d'actes simplement personnels. Ce texte autorise, en effet, l'assistance ou la représentation de l'intéressé, lorsqu'il ne peut prendre seul une décision personnelle éclairée. Le droit pénal de la protection des majeurs ne lui reconnaît pas, quant à lui, le bénéfice d'un tel système, si bien qu'il est fort à redouter qu'il soit jugé insuffisant pour satisfaire aux exigences l'article 6 paragraphe 1er de la Convention européenne des droits de l'homme[5].

216.24 Mission d'accompagnement du mandataire – Avis au juge des tutelles. La mission d'accompagnement du mandataire résulte des dispositions de l'article 706-113 du Code de procédure pénale. Le texte ne vise expressément que le seul curateur ou tuteur, mais les dispositions de l'article 706-117 conduisent à en étendre l'application à **l'ensemble des mandataires,** quelle que soit la nature de la mesure de protection dont ils ont la charge. Ce texte prévoit, en effet, que « *le procureur de la République ou le juge d'instruction avise le juge des tutelles des poursuites concernant une personne dont il est établi qu'elle bénéficie d'une mesure de sauvegarde de justice. Le juge des tutelles peut alors désigner un mandataire spécial qui dispose, au cours de la procédure, des prérogatives confiées au curateur ou au tuteur par l'article 706-113* (al. 1er). *Ces prérogatives sont également reconnues au mandataire de protection future* (al. 2) ». De manière étrange, le texte ne dit rien de la personne bénéficiant d'une **habilitation familiale**, cependant que le majeur est ici par hypothèse hors d'état de manifester sa volonté (C. civ., art. 494-1).

L'article 706-113 impose au procureur de la République ou au juge d'instruction d'aviser le mandataire et le juge des tutelles des poursuites dont la personne fait l'objet. Il en est de même si la personne fait l'objet d'une alternative aux poursuites consistant en la réparation du dommage ou en une médiation, d'une composition pénale ou d'une comparution sur reconnaissance préalable de culpabilité, ou si elle est entendue comme témoin assisté (C. pr. pén., art. 706-113, al. 1er[6]). Le procureur de la République ou le juge d'instruction avise pareillement le mandataire des décisions de non-lieu, de relaxe, d'acquittement, d'irresponsabilité pénale pour cause de trouble mental, ou de condamnation dont la personne fait l'objet (C. pr. pén., art. 706-113, al. 4). Le mandataire est avisé de la **date d'audience** (C. pr. pén., art. 706-113, al. 5). Il a en outre le **droit d'accéder au dossier dans les mêmes conditions que le majeur poursuivi (C. pr. pén., art. 706-113, al. 2)**[7] **et d'en obtenir copie (C. pr. pén., art. D. 47-16).** Il bénéficie de plein droit

1. C. Roth, « Le majeur protégé visé par une accusation en matière pénale : neuf années de construction jurisprudentielle », *AJ fam.* 2016. 247 – M. Couturier, « L'évaluation de la responsabilité pénale du majeur protégé », *in* G. Raoul-Cormeil (dir.), *Nouveau droit des majeurs protégés. Difficultés pratiques,* Dalloz, 2012, p. 191.
2. J.-P. Marguénaud et J.-M. Plazy, « Les majeurs protégés, parties au procès pénal », *Rapp. Omij,* 2003, p. 32.
3. Crim. 11 avr. 1907, *Bull. crim.* n° 165.
4. Crim. 1er juin 1994, n° 87-80.278, P (préc. ss n° 216.13).
5. N. Descot, « La participation effective du majeur protégé au procès pénal après la loi du 5 mars 2007 », *AJ pénal* 2008. 21.
6. C. pr. pén., art. 706-113, al. 1er (*issu de L. n° 2007-308 du 5 mars 2007*).
7. V. D. Guihal et T. Fossier, « Le régime des poursuites pénales engagées contre un majeur protégé », *JCP* 2007. I. 146.

d'un **permis de visite** en cas de placement en détention provisoire (C. pr. pén., art. 706-113, al. 3). Il doit être avisé des **étapes de la procédure pénale,** des **décisions** rendues et peut assister aux **débats** en chambre du conseil[1]. Il n'a pas, en revanche, la qualité de partie à la procédure[2] et ne peut pas se substituer au majeur protégé pour prendre des décisions ni faire une demande de mise en liberté. Il n'est pas cité à l'audience mais seulement convoqué en qualité de témoin et, le cas échéant si la juridiction de jugement en décide ainsi, entendu en cette qualité s'il est présent (C. pr. pén., art. 706-113, al. 5)[3].

B. Sanction de la protection pénale et voies de recours

216.31 Sanction de la protection pénale du majeur protégé : simple recommandation, formalité substantielle ou nullité d'ordre public ? Aucune des règles prévues par les articles 706-113 à 706-117 du Code de procédure pénale n'est expressément prescrite à peine de nullité, ce qui soulève la question de leur **nature juridique**[4].

Il convient ici de rappeler que les **formalités substantielles** ne sont pas prescrites à peine de nullité. Elles n'en vicient pas moins la procédure, en application des articles 171 et 802 du Code de procédure pénale, toutes les fois que leur méconnaissance a porté atteinte aux intérêts de celui qui l'invoque. Les **formalités non substantielles** se réduisent, quant à elles, à de **simples recommandations** dénuées de sanction[5].

Ces deux premières catégories de formalités se distinguent des **nullités d'ordre public,** lesquelles sont de source jurisprudentielle et sanctionnent les violations de certaines formalités jugées d'ordre public ou dont la méconnaissance entraîne une **violation des droits de la défense.** L'arbitrage entre ces qualifications se pose bien sûr avec une acuité toute particulière s'agissant des droits du mandataire, prévus par l'article 706-113 du Code de procédure pénale, ainsi que de la règle de l'expertise de responsabilité pénale.

216.32 Apports de la jurisprudence. L'évolution de la jurisprudence s'est réalisée, sur ce point, de manière assez sensible.

La Cour de cassation avait décidé, un temps, que les exigences de l'article 706-113 du Code de procédure pénale ne pouvaient entraîner la **nullité** de la procédure que si leur inobservation avait eu pour effet de porter **atteinte aux intérêts du majeur protégé**[6], retenant ainsi la qualification de **formalité substantielle.**

Mais, par un important *arrêt du 14 avril 2010,* la chambre criminelle a censuré, pour méconnaissance de l'article 706-113 et du principe selon lequel le tuteur d'une personne majeure protégée doit être avisé des poursuites et des décisions de condamnation dont cette personne fait l'objet ainsi que de la date d'audience, une cour d'appel ayant condamné une personne sous tutelle sans que son tuteur n'ait été informé ni des poursuites ni du jugement de condamnation prononcé à son encontre et n'ait été avisé de cette date[7].

Les apports de cette décision sont particulièrement riches. Elle permet de souligner que les dispositions de l'article 706-113 sont applicables même lorsque les poursuites ont été engagées avant l'entrée en vigueur de la loi du 5 mars 2007, conformément au **principe d'application immédiate des règles de procédure**[8]. Surtout, elle a amorcé une évolution de la jurisprudence dans le sens d'une interprétation plus favorable à la protection pénale des majeurs vulnérables.

D'une part, **l'exception de nullité ne semble plus subordonnée à la condition d'un grief**[9], ainsi que le confirme un arrêt de la chambre criminelle du 24 juin 2014[10]. La solution devrait être étendue, à la lumière des arrêts du 14 avril 2010 et du 24 juin 2014, à l'hypothèse de la transmission tardive de l'information des poursuites au juge des tutelles, notamment lorsque cette transmission a été effectuée après l'interrogatoire de première comparution, sauf à appliquer une qualification hétérogène à la formalité tirée de l'avis au mandataire et à celle imposant l'avis au juge des tutelles, ce qui serait assez peu cohérent[11].

1. Crim. 8 mars 2000, n° 99-82.597, P (préc. s[s] n° 216.13); *RSC* 2000. 852, obs. Commaret, rendu à propos du majeur protégé, partie civile mais applicable *mutatis mutandis* à l'hypothèse du majeur, auteur d'une infraction.
2. Crim. 15 mai 2010, n° 11-86.958, NP – Crim. 1er juin 2010, n° 09-85.300, NP.
3. C. pr. pén., art. 706-113, al. 1er (*issu de L. n° 2007-308 du 5 mars 2007*).
4. EN CE SENS, D. Guihal et T. Fossier, « Le régime des poursuites pénales engagées contre un majeur protégé », *JCP* 2007. I. 146.
5. J. Dumont, « Nullités de l'information », J.-Cl. pr. pén., art. 170 à 174-1, fasc. 20, 2003, n°s 26 s.
6. Crim. 28 sept. 2010, n° 10-83.283, *Bull. crim.* n° 144; *AJ pénal* 2011. 192.
7. Crim. 14 avr. 2010, n° 09-83.503, *Bull. crim.* n° 74; *AJ fam.* 2010. 282, obs. Pécaut-Rivolier.
8. V. AUSSI, EN CE SENS : Crim. 24 juin 2014, n° 13-84.364, *Bull. crim.* n° 161; *D.* 2014. 2259, obs. Plazy; *AJ fam.* 2014. 561, obs. Verheyde; *Dr. fam.* 2014, n° 148, obs. Maria.
9. C. Roth, « Le majeur protégé visé par une accusation en matière pénale. Neuf années de construction jurisprudentielle », *AJ fam.* 2016. 247.
10. Crim. 24 juin 2014, n° 13-84.364, P (préc. s[s] prés[t] n°).
11. *CONTRA,* sous l'empire de la jurisprudence antérieure à ces arrêts : Crim. 28 sept. 2010, n° 10-83.283, P (préc. s[s] n° 216.32).

D'autre part, **l'exception de nullité doit être retenue même lorsque la peine prononcée contre le majeur est réformée en appel**[1]. La procédure est pareillement infectée de nullité dès lors que le curateur, bien qu'avisé de la date de l'audience d'appel, ne l'a pas été en première instance des poursuites et du jugement de condamnation[2].

En revanche, **l'inobservation** des articles 706-112 et suivants du Code de procédure pénale et, notamment, **de la règle de l'expertise de responsabilité pénale** prévue à l'article 706-115, ne justifie pas à elle seule la révision de la condamnation prononcée à l'encontre du majeur protégé et, par suite, la suspension de celle-ci pendant l'examen de sa requête en révision. En effet, le seul fait, inconnu de la juridiction répressive, que l'intéressé était placé sous curatelle renforcée au cours de son procès ne permet pas de conclure à son irresponsabilité pénale et, donc, à la révision de sa condamnation[3].

216.33 Exercice des voies de recours. La jurisprudence décide que le curateur ne peut exercer les voies de recours au nom du majeur protégé[4]. La solution est certes conforme tout à la fois aux règles de capacité gouvernant l'exercice des actions en justice sous la curatelle (C. civ., art. 468), à la nature de la mission reconnue au mandataire par l'article 706-113 du Code de procédure pénale, ainsi qu'à la sphère de capacité naturelle réservée à la personne protégée pour l'accomplissement des actes strictement personnels, leur défense en justice[5] et pour l'exercice de la procédure relative à sa mise sous protection.

Pour autant, l'esprit du droit de la protection des majeurs, à la recherche d'un constant équilibre entre la préservation de l'intérêt de la personne et celle de sa marge d'autonomie (C. civ., art. 415), ne devrait pas conduire à fermer, de manière systématique, toute assistance ou représentation par le protecteur.

Au vrai, la mission d'accompagnement incombant au mandataire, lequel doit être avisé de la décision de condamnation dont la personne protégée fait l'objet (C. pr. pén., art. 706-113, al. 4), implique qu'il apprécie avec l'avocat du majeur, dont l'assistance est ici obligatoire, **l'opportunité d'exercer les voies de recours et les chances de réformation de la peine**. La mission du mandataire est ici d'autant plus cruciale que l'appel ne peut pas conduire, lorsqu'il émane du seul prévenu, à une aggravation de la sanction pénale mais éventuellement à sa diminution, à la relaxe ou à l'acquittement. Il reste qu'il serait plus respectueux des droits fondamentaux de la personne vulnérable de lui reconnaître, sur le modèle du système d'autonomie graduée prévu par l'article 459 du Code civil, la possibilité d'être assistée ou représentée par son mandataire pour l'exercice de la procédure pénale et, notamment, des voies de recours.

La chambre criminelle tire toutes les conséquences de l'importance de la mission d'accompagnement confiée au mandataire par l'article 706-113 du Code de procédure pénale. Elle décide ainsi que les **délais d'exercice des voies de recours** ne peuvent pas commencer à courir contre une personne protégée dont le mandataire n'a pas été informé des poursuites pénales ni été destinataire de la signification du jugement. C'est dire qu'en pareille hypothèse l'appel ne peut être jugé irrecevable comme étant tardif[6].

C. Désignation d'un mandataire *ad hoc*

216.41 Cas de désignation d'un mandataire *ad hoc*. L'article 706-114 du Code de procédure pénale prévoit que « *s'il existe des raisons plausibles de présumer que le curateur ou le tuteur est coauteur ou complice de l'infraction, et faute de subrogé curateur ou de subrogé tuteur, le procureur de la République ou le juge d'instruction demande au juge des tutelles la désignation d'un tuteur ou curateur ad hoc. Il en est de même si le tuteur ou le curateur est victime de l'infraction. À défaut, le président du tribunal de grande instance désigne un représentant ad hoc pour assister la personne au cours de la procédure pénale* ». Ni le mandataire de protection future ni le mandataire spécial ne sont visés par ce texte. Toutefois, ces dispositions étant favorables au majeur protégé prévenu, il est possible d'opter pour une interprétation extensive du texte[7]. Reste la mission d'assistance dont ce dernier investit « *le représentant ad hoc* ». Outre qu'il mélange les notions d'assistance et de représentation, l'article 706-114 semble donner plus de pouvoirs au mandataire *ad hoc* du majeur pour la conduite de la procédure pénale qu'à son protecteur. Une telle analyse ne saurait être bien sûr retenue, tant il est vrai qu'elle aboutirait à une lecture incohérente des textes.

1. Crim. 3 avr. 2012, n° 11-82.847, NP (curateur non avisé de la date d'audience).
2. Crim. 27 nov. 2012, n° 11-88.678, *Bull. crim.* n° 258; *AJ fam.* 2013. 62, obs. Verheyde.
3. Crim. 31 mars 2015, n° 15-80.599, NP; *Dr. fam.* 2015, n° 136, obs. Maria.
4. Crim. 2 sept. 2009, n° 09-83.008, NP; *RTD civ.* 2010. 763, obs. Hauser; *Dr. fam.* 2010, n° 120, obs. Maria.
5. Civ. 1re, 6 nov. 2013, n° 12-23.766, *Bull. civ.* I, n° 217; *JCP* 2014. 14, note Peterka; *JCP* 2014. 436, obs. Libchaber; *Dr. fam.* 2014, n° 9, obs. Maria; *D.* 2014. 467, note Raoul-Cormeil; *AJ fam.* 2013. 717, obs. Verheyde; *RTD civ.* 2014. 84, obs. Hauser (rendu à propos de l'appel d'une décision d'assistance éducative).
6. Rendu à propos d'un MINEUR SOUS TUTELLE : Crim. 16 janv. 2008, n° 07-81.611, NP; *RSC* 2008. 366, obs. Finielz – Rendu à propos d'un MAJEUR EN CURATELLE : Crim. 21 oct. 2014, n° 13-85.481, NP; *AJ fam.* 2014. 701, note Verheyde; *RTD civ.* 2015. 105, obs. Hauser.
7. G. Stéfani, G. Levasseur et B. Bouloc, *Droit pénal général*, 25e éd., « Précis », Dalloz, 2015, n° 127.

§ 2
Le majeur protégé, victime d'une infraction

216.51 Protection pénale du majeur protégé, victime d'une infraction. Le traitement pénal de la personne protégée, auteur d'une infraction, contraste de manière sensible avec celui du majeur, victime d'une infraction. Ce dernier est quant à lui représenté ou assisté dans l'exercice de la constitution de partie civile, dès lors qu'il est placé sous tutelle[1] ou curatelle[2], conformément aux dispositions gouvernant la capacité d'ester en justice. Pour autant, l'irrespect de ces règles, lequel n'est pas de nature à porter atteinte aux intérêts du prévenu ou de l'accusé ou aux droits de la défense, ne peut être opposé par ce dernier au majeur protégé, partie civile[3]. Dégagée sous l'empire de la loi du 3 janvier 1968, la nécessité en toute hypothèse de l'assistance du curatélaire ou de la représentation du tutélaire est aujourd'hui incertaine. **Si elle revêt sans conteste un caractère patrimonial, la constitution de partie civile revêt aussi un caractère personnel marqué.** Se pose, dès lors, la question de l'éligibilité de cet acte à la sphère irréductible de capacité naturelle prévue en matière d'**actes strictement personnels,** notamment lorsque le majeur est victime d'une infraction contre sa personne (C. civ., art. 458). Par un arrêt du 6 novembre 2013, la Cour de cassation a étendu, en effet, la catégorie des actes strictement personnels sur le terrain procédural[4]. Elle a décidé, en revanche, par un arrêt du 5 mai 2015, de n'accorder aucun caractère personnel au pourvoi en cassation exercé par une personne sous tutelle, laquelle s'était constituée partie civile du chef d'infraction de blessure involontaire, sans être représentée par son tuteur[5]. Les règles édictées par l'article 468, en matière de curatelle, ainsi que par les articles 475 et 504 du Code civil, en matière de tutelle, demeurent donc ici applicables[6].

1. Il convient d'y ajouter, selon leur étendue, l'habilitation familiale et le mandat de protection future.
2. Crim. 29 nov. 1966, *JCP* 1967. II. 14975, note Blin.
3. Crim. 13 mai 2015, n° 14-82.175, NP.
4. Civ. 1re, 6 nov. 2013, n° 12-23.766, P (préc. ss n° 216.33).
5. Crim. 5 mai 2015, n° 14-80.207, NP.
6. DANS LE MÊME SENS, sous l'empire de la loi du 3 janv. 1968 : Crim. 1er mars 1983, n° 82-92.270, P (préc. ss n° 216.13) – Crim. 29 janv. 1998, n° 96-86.005, NP.

LIVRE

3. LA PROTECTION JURIDIQUE DES MAJEURS : DISPOSITIONS SPÉCIFIQUES À LA PROTECTION JUDICIAIRE

SECTION 0
ORIENTEUR

03.00 **Plan du livre.**

TITRE

31. Les acteurs de la protection judiciaire

SECTION 0

ORIENTEUR

31.00 **Plan du titre.**

CHAPITRE

311. Missions du juge des tutelles et du procureur de la République

SECTION 0 ORIENTEUR

311.00 **Plan du chapitre.**

311.01 **Textes applicables.**

TEXTES LÉGISLATIFS ET RÉGLEMENTAIRES NOUVEAUX

• **Décr. n° 2016-1898, 27 déc. 2016,** portant diverses dispositions relatives aux mandataires judiciaires à la protection des majeurs, *JO* 29 déc., texte n° 32.

• **L. n° 2016-1547, 18 nov. 2016,** de modernisation de la Justice du XXIe siècle, *JO* 19 nov., texte n° 1.

• **L. n° 2015-1776, 28 déc. 2015,** relative à l'adaptation de la société au vieillissement, *JO* 29 déc., p. 24268.

TEXTES SOURCES

> Mission de surveillance générale des mesures de protection des majeurs

+ L. n° 2007-308, 5 mars 2007

+ L. n° 2016-1547, 18 nov. 2016

C. civ., art. 416, 417, 463, 510, 511

> Procédure tutélaire

C. pr. civ., art. 1212, 1220, 1252 et 1252-1

> Visites périodiques des établissements psychiatriques

CSP, art. L. 3222-4

> Visites des personnes protégées (ou faisant l'objet d'une demande de protection)

+ L. n° 2007-308, 5 mars 2007

C. civ., art. 416

TEXTES *IN EXTENSO*

> Mission de surveillance générale des mesures de protection des majeurs

[C. civ., art. 416, 417, 463, 510 et 511]

+ L. n° 2007-308, 5 mars 2007

+ L. n° 2016-1547, 18 nov. 2016

C. civ., art. 416

Le juge des tutelles et le procureur de la République exercent une surveillance générale des mesures de protection dans leur ressort.

Ils peuvent visiter ou faire visiter les personnes protégées et celles qui font l'objet d'une demande de protection, quelle que soit la mesure prononcée ou sollicitée.

Les personnes chargées de la protection sont tenues de déférer à leur convocation et de leur communiquer toute information qu'ils requièrent.

C. civ., art. 417

Le juge des tutelles peut prononcer des injonctions contre les personnes chargées de la protection et condamner à l'amende civile prévue par le Code de procédure civile celles qui n'y ont pas déféré.

Il peut les dessaisir de leur mission en cas de manquement caractérisé dans l'exercice de celle-ci, après les avoir entendues ou appelées.

Il peut, dans les mêmes conditions, demander au procureur de la République de solliciter la radiation d'un mandataire judiciaire à la protection des majeurs de la liste prévue à l'article L. 471-2 du Code de l'action sociale et des familles.

C. civ., art. 463

À l'ouverture de la mesure ou, à défaut, ultérieurement, le juge ou le conseil de famille s'il a été constitué décide des conditions dans lesquelles le curateur ou le tuteur chargé d'une mission de protection de la personne rend compte des diligences qu'il accomplit à ce titre.

C. civ., art. 510

Le tuteur établit chaque année un compte de sa gestion auquel sont annexées toutes les pièces justificatives utiles.

À cette fin, il sollicite des établissements auprès desquels un ou plusieurs comptes sont ouverts au nom de la personne protégée un relevé annuel de ceux-ci, sans que puisse lui être opposé le secret professionnel ou le secret bancaire.

Le tuteur est tenu d'assurer la confidentialité du compte de gestion. Toutefois, une copie du compte et des pièces justificatives est remise chaque année par le tuteur à la personne protégée lorsqu'elle est âgée d'au moins seize ans, ainsi qu'au subrogé tuteur s'il a été nommé et, si le tuteur l'estime utile, aux autres personnes chargées de la protection de l'intéressé.

En outre, le juge peut, après avoir entendu la personne protégée et recueilli son accord, si elle a atteint l'âge précité et si son état le permet, autoriser le conjoint, le partenaire du pacte civil de solidarité qu'elle a conclu, un parent, un allié de celle-ci ou un de ses proches, s'ils justifient d'un intérêt légitime, à se faire communiquer à leur charge par le tuteur une copie du compte et des pièces justificatives ou une partie de ces documents.

C. civ., art. 511 *(mod. par L. n° 2016-1547, 18 nov. 2016, art. 16)*

Le tuteur soumet chaque année le compte de gestion, accompagné des pièces justificatives, en vue de sa vérification, au directeur des services de greffe judiciaires :

1° Du tribunal de grande instance, s'agissant des mesures de protection juridique des mineurs;

2° Du tribunal d'instance, s'agissant des mesures de protection juridique des majeurs.

Lorsqu'un subrogé tuteur a été nommé, il vérifie le compte avant de le transmettre avec ses observations au directeur des services de greffe judiciaires.

Pour la vérification du compte, le directeur des services de greffe judiciaires peut faire usage du droit de communication prévu au deuxième alinéa de l'article 510. Il peut être assisté dans sa mission de contrôle des comptes dans les conditions fixées par le Code de procédure civile.

S'il refuse d'approuver le compte, le directeur des services de greffe judiciaires dresse un rapport des difficultés rencontrées qu'il transmet au juge. Celui-ci statue sur la conformité du compte.

Le juge peut décider que la mission de vérification et d'approbation des comptes dévolue au directeur des services de greffe judiciaires sera exercée par le subrogé tuteur s'il en a été nommé un.

Lorsqu'il est fait application de l'article 457, le juge peut décider que le conseil de famille vérifiera et approuvera les comptes en lieu et place du directeur des services de greffe judiciaires.

> Procédure tutélaire

[C. pr. civ., art. 1212, 1220, 1252 et 1252-1]

C. pr. civ., art. 1212

Le juge des tutelles et le procureur de la République ont la faculté de faire examiner par un médecin les majeurs relevant de l'article 416 du Code civil.

C. pr. civ., art. 1220

Le juge des tutelles peut, dans tous les cas où il a l'obligation ou il estime utile d'entendre la personne à protéger ou protégée, se déplacer dans toute l'étendue du ressort de la cour d'appel ainsi que dans les départements limitrophes de celui où il exerce ses fonctions. Les mêmes règles sont applicables aux magistrats de la cour d'appel en cas de recours.

C. pr. civ., art. 1252 *(mod. par Décr. n° 2011-1043, 1er sept. 2011, art. 2)*

Lorsque les biens d'un majeur placé sous sauvegarde de justice risquent d'être mis en péril, le procureur de la République ou le juge des tutelles peuvent prendre toutes mesures conservatoires et, notamment, requérir ou ordonner l'apposition des scellés. En cas de difficulté, l'huissier de justice en informe le juge des tutelles ou le procureur de la République.

Les frais occasionnés par ces mesures sont assimilés aux frais de justice prévus au 3° de l'article R. 93 du Code de procédure pénale.

C. pr. civ., art. 1252-1 *(mod. par Décr. n° 2011-1043, 1er sept. 2011, art. 2)*

S'il apparaît que la consistance des biens ne justifie pas l'apposition des scellés, le procureur de la République ou le juge des tutelles peuvent requérir de tout huissier de justice, du commissaire de police, du commandant de la brigade de gendarmerie ou du maire, de dresser un état descriptif du mobilier et, si les lieux sont inoccupés, d'en assurer la clôture et d'en conserver les clés.

Les clés sont restituées, contre récépissé, au majeur protégé dès son retour dans les lieux. Elles ne peuvent être remises à d'autres personnes qu'en vertu d'une autorisation du procureur de la République ou du juge des tutelles.

> Visites périodiques des établissements psychiatriques

CSP, art. L. 3222-4 *(réd. L. n° 2011-803, 5 juill. 2011, art. 8)*

Les établissements mentionnés à l'article L. 3222-1 sont visités sans publicité préalable au moins une fois par an par le représentant de l'État dans le département ou son représentant, par le président du tribunal de grande instance ou son délégué, par le procureur de la République dans le ressort duquel est situé l'établissement et par le maire de la commune ou son représentant.

Ces autorités reçoivent les réclamations des personnes admises en soins psychiatriques sans leur consentement ou de leur conseil et procèdent, le cas échéant, à toutes vérifications utiles. Elles contrôlent notamment la bonne application des dispositions des articles L. 3211-1, L. 3211-2, L. 3211-2-1 et L. 3211-3 et signent le registre de l'établissement dans les conditions prévues à l'article L. 3212-11.

> Visites des personnes protégées (ou faisant l'objet d'une demande de protection)

+ L. n° 2007-308, 5 mars 2007

C. civ., art. 416

* V. *supra* s^s prés^t n°, > *Mission de surveillance générale des mesures de protection des majeurs*

311.03 Bibliographie indicative.

> Article. C. Sévely-Fournié, « Quel rôle du parquet dans la protection juridique des majeurs ? », *D.* 2009. Chron. 1221.

> Rapport de la Cour des comptes. *La protection juridique des majeurs : une réforme ambitieuse, une mise en œuvre défaillante,* sept. 2016.

> Mission de vérification des comptes de tutelle. M. Bauer, T. Fossier et L. Pécaut-Rivolier, *La réforme des tutelles : ombres et lumières*, Dalloz, 2006, chap. 18, « Rendre compte, rendre ses comptes, rendre des comptes », spéc. n°s 18.21 à 18.27, p. 68.

> Mandataires judiciaires. A.-M. David, « À quand une véritable harmonisation de la profession de mandataire judiciaire à la protection des majeurs ? », *AJ fam.* 2011 191; « Création d'un ordre professionnel des mandataires judiciaires à la protection des majeurs », *D.* 2011. 2920 – I. Maria, note sous Cons. const. 17 juin 2011, n° 2011-136 QPC, *Dr. fam.* 2011, n° 157 – A.-L. Toledano, « Formation des mandataires judiciaires à la protection des majeurs », *AJ fam.* 2011. 192.

311.04 Exemples d'actes.

> Régimes de protection des majeurs

* Pour un exemple d'inventaire de patrimoine, v. s^s n° 5271.11.

* Pour un exemple de comptes annuels de gestion, v. s^s n° 5271.12.

* Pour un exemple de procès-verbal de difficultés, v. s[s] n° 5271.13.
* Pour un exemple d'ordonnance statuant sur la conformité des comptes, v. s[s] n° 5271.14.
*Pour un exemple de procès-verbal de prestation de serment de mandataire judiciaire, v. s[s] n° 5292.11.

SECTION 1 MISSION PARTAGÉE DE SURVEILLANCE GÉNÉRALE

311.11 Mission exclusive de surveillance générale du juge des tutelles sous l'empire de la loi du 3 janvier 1968[1]. Sous l'empire de l'ancien texte, le juge des tutelles avait une mission exclusive de surveillance de toutes les mesures de protection applicables aux mineurs et aux majeurs. La plupart des règles de la tutelle des mineurs, à l'exception de celles concernant l'éducation de l'enfant mineur, étaient applicables aux régimes civils de protection des majeurs (C. civ., anc. art. 495 et 509 - C. pr. civ., anc. art. 1262).

311.12 Mission de surveillance générale partagée entre le juge des tutelles et le procureur de la République depuis la réforme du dispositif [applicable depuis 1er janvier 2009]. En application de l'article 416 du Code civil[2], la mission de surveillance générale des mesures de protection des majeurs a été confiée **conjointement** au **juge des tutelles** et au **procureur de la République** du ressort dont dépend la mesure. Les personnes chargées de la protection sont ainsi tenues de déférer à leurs convocations et de leur communiquer toutes informations qu'ils sollicitent. Ce **rôle nouveau du parquet** aux côtés du juge des tutelles est **essentiel**, puisque sa mission est non seulement de contrôler la **protection effective des personnes vulnérables** bénéficiant d'un régime de protection juridique, mais aussi de veiller aux **conditions d'inscription des médecins agréés** de l'article 431 du Code civil et de donner un avis au préfet sur les inscriptions des mandataires judiciaires sur les listes départementales (v. s[s] n° 312.29).

Il peut également, comme le mentionne l'article 416 du Code civil, et tout comme le juge des tutelles, **visiter ou faire visiter** les personnes protégées et celles qui font l'objet d'une demande de protection, quelle que soit la mesure prononcée ou sollicitée. Cette fonction est d'autant plus importante que la saisine d'office du juge a été supprimée par la loi nouvelle et que le parquet est l'un des possibles requérants à une mesure de protection (C. civ., art. 430) ou, le cas échéant, à l'aggravation de la mesure en cours (C. civ., art. 442, al. 4). Tous les **signalements** lui sont par ailleurs adressés de sorte que les parquets devront, malgré un manque actuel de moyens, se structurer à l'image de ce que sont les parquets des mineurs. Il est par ailleurs essentiel que **l'initiative d'éventuelles poursuites pour abus de faiblesse** puisse être prise sans délais excessifs dans un certain nombre de procédures, ce que devrait favoriser ce nouveau rôle de surveillance générale confié au procureur de la République.

311.13 Contrôle périodique des personnes protégées par les autorités judiciaires. Sous l'empire de la loi du 3 janvier 1968[3], le Code civil organisait le contrôle périodique des personnes protégées par les autorités judiciaires. Le procureur de la République et le juge des tutelles territorialement compétents pouvaient à tout moment visiter ou faire visiter les majeurs protégés, quel que fut le régime de protection qui leur était applicable (C. civ., anc. art. 490-3). L'article 416 alinéa 2 du Code civil, issu de la loi du 5 mars 2007, étend les **droits de visite** du juge des tutelles et du procureur de la République aux **personnes majeures protégées**, comme cela était déjà prévu par l'ancien article 490-3 du Code civil, mais aussi à celles qui font l'objet d'une **demande de mesure de protection**, quelle que soit la mesure prononcée ou sollicitée. L'article 1212 du Code de procédure civile autorise ces magistrats à faire examiner par un **médecin** les personnes placées sous une mesure de protection juridique des majeurs et celles dont la mise sous protection est sollicitée. Pour autant, cette faculté ne peut être utilisée par le juge des tutelles qu'à l'aune des dispositions du Code civil et du Code de procédure civile lui **interdisant de se saisir d'office** pour l'ouverture ou l'aggravation d'une mesure de protection. Elle ne peut en aucun cas lui servir à pallier la carence du requérant ou du parquet dans la production du certificat médical circonstancié (C. civ., art. 431, et C. pr. civ., art. 1218) mais, tout au plus, à désigner un **médecin figurant sur la liste du procureur de la République** avec mission de vérifier ou compléter les conclusions du certificat médical préalablement produit. Il en est ainsi, notamment, « *lorsque le médecin ne constate aucune altération des facultés de la personne à protéger* ». Le juge des tutelles a alors « *une compétence liée, sauf à confier une expertise à un autre médecin* »[4].

Par ailleurs, l'article L. 3222-4 du Code de la santé publique, dans sa rédaction issue de l'ordonnance n° 2010-177 du 23 février 2010[5] puis de la loi

1. L. n° 68-5, 3 janv. 1968, portant réforme du droit des incapables majeurs, *JO* 4 janv., p. 114.
2. C. civ., art. 416 (*mod. par L. n° 2007-308, 5 mars 2007*).
3. L. n° 68-5, 3 janv. 1968, portant réforme du droit des incapables majeurs, *JO* 4 janv., p. 114.
4. Rapport H. de Richemont, *Doc. Sénat* n° 212, session ordinaire 2006-2007, 7 janv. 2007, p. 130 – EN CE SENS : Civ. 1re, 15 juin 1994, n° 92-19.680, *Bull. civ.* I, n° 213; *D.* 1995. 37, note Massip; *RDSS* 1995. 380, obs. Monéger.
5. Ord. n° 2010-177, 23 févr. 2010, de coordination avec la loi n° 2009-879 du 21 juillet 2009 portant réforme de l'hôpital et relative aux patients, à la santé et aux territoires, *JO* 25 févr., p. 3585.

n° 2011-803 du 5 juillet 2011[1], dispose que : « *Les établissements mentionnés à l'article L. 3222-1 sont visités sans publicité préalable au moins une fois par an par le représentant de l'État dans le département ou son représentant, par le président du tribunal de grande instance ou son délégué, par le procureur de la République dans le ressort duquel est situé l'établissement et par le maire de la commune ou son représentant* » (al. 1er). « *Ces autorités reçoivent les réclamations des personnes admises en soins psychiatriques sans leur consentement ou de leur conseil et procèdent, le cas échéant, à toutes vérifications utiles. Elles contrôlent notamment la bonne application des dispositions des articles L. 3211-1, L. 3211-2, L. 3211-2-1 et L. 3211-3 et signent le registre de l'établissement dans les conditions prévues à l'article L. 3212-11* » (al. 2).

Dans tous les cas où il a l'obligation ou estime utile d'entendre une personne, le juge des tutelles peut se déplacer dans toute l'étendue du ressort de la cour d'appel, ainsi que dans les départements limitrophes de celui où il exerce ses fonctions. Les mêmes règles sont applicables aux magistrats de la cour d'appel en cas de recours (C. pr. civ., art. 1220).

311.14 Conservation des biens de la personne placée sous sauvegarde de justice. Lorsque les biens d'un majeur placé sous sauvegarde de justice peuvent être mis en péril, le procureur de la République ou le juge des tutelles peuvent prendre, toutes les **mesures conservatoires**, notamment requérir ou ordonner l'apposition de **scellés**, pour y remédier. Les frais occasionnés par ces mesures sont assimilés aux frais de justice prévus au 3° de l'article R. 93 du Code de procédure pénale (C. pr. civ., art. 1252).

Si la consistance des biens du majeur ne justifie pas l'apposition des scellés, le procureur de la République ou le juge des tutelles peuvent requérir, de tout huissier de justice, du commissaire de police, du commandant de la brigade de gendarmerie ou du maire, de dresser un **état descriptif du mobilier**, et, si les lieux sont inoccupés, d'en assurer la **clôture** et d'en conserver les **clés**. Les clés sont restituées, contre récépissé, au majeur protégé dès son retour dans les lieux. Elles ne peuvent être remises à d'autres personnes qu'en vertu d'une autorisation du procureur de la République ou du juge des tutelles (C. pr. civ., art. 1252-1).

SECTION 2
MISSION SPÉCIFIQUE DU JUGE DES TUTELLES

311.21 Pouvoir du juge des tutelles de prononcer des injonctions, voire des amendes civiles. L'article 417 alinéa 1er du Code civil (issu de la nouvelle loi) réserve au seul juge des tutelles la faculté de prononcer des injonctions envers les personnes chargées de la protection, sous peine d'être condamnées à payer l'amende civile prévue par l'article 1216 du Code de procédure civile (maximum de 3 000 euros). La décision prononçant une amende civile n'est pas susceptible de recours.

Par ailleurs, en application de l'alinéa 2 de l'article 417 du Code civil, le juge des tutelles, après avoir **entendu** ou **appelé** la personne chargée de la protection d'un majeur, peut la **dessaisir** en cas de manquement caractérisé dans l'exercice de sa mission de protection. Dans les mêmes conditions, l'alinéa 3 de l'article 417 prévoit que le juge des tutelles peut désormais demander au procureur de la République la **radiation** d'un mandataire judiciaire à la protection des majeurs, de la liste établie par le représentant de l'État dans le département dans les conditions de l'article L. 471-2 du Code de l'action sociale et des familles.

311.22 Surveillance des comptes de gestion, en particulier en cas de rapport de difficultés du directeur des services de greffe judiciaires. Le rapport Favard (avril 2000), comme le rapport Boutaric (du Conseil économique et social, 2006), préconisaient un renforcement des contrôles opérés par le directeur des services de greffe judiciaires et, le cas échéant, par le juge des tutelles, tout en reconnaissant qu'à ce jour l'insuffisance des moyens humains et matériels ne permettait pas toujours de dépasser le stade d'un « *premier contrôle formel d'apparence* »[2]. Réaffirmant que la protection des majeurs contre eux-mêmes et contre les abus dont ils pourraient être victimes est la finalité essentielle des mesures de protection, et que la désignation d'un tiers pour se substituer à eux a précisément pour but de sécuriser la gestion de leurs revenus et de leur patrimoine, les auteurs de ces rapports avaient rappelé que la **contrepartie** logique de cette **privation de liberté** est que **le tiers soit lui-même contrôlé** pour vérifier que le mandat à lui confié n'est pas détourné de son objet.

La loi n° 95-125 du 8 février 1995 a transféré le contrôle et le visa des comptes de gestion, annuel et définitif à la fin de la mission, au directeur des services de greffe judiciaires **du tribunal d'instance**, tout en laissant au juge la possibilité de l'exercer lui-même[3]. La mission générale de surveillance des mesures de protection, comme désormais la protection de la personne du majeur et de ses droits à l'intérieur de la mesure, impose donc au **juge** un **rôle de vérification** aux côtés du directeur des services de greffe judiciaires.

1. L. n° 2011-803, 5 juill. 2011, aux droits et à la protection des personnes faisant l'objet de soins psychiatriques et aux modalités de leur prise en charge, *JO* 6 juill., p. 11705.
2. J. Favard, *Rapport définitif sur les dispositifs de protection des majeurs*, avr. 2000, spéc. p. 51 et 52.
3. L. n° 95-125, 8 févr. 1995, relative à l'organisation des juridictions et à la procédure civile, pénale et administrative, *JO* 9 févr., p. 2175.

Celui-ci peut, en tout état de cause, le saisir d'un rapport des difficultés rencontrées qu'il transmet au juge et sur lequel le juge statue (C. civ., art. 511, al. 3). Avant de statuer, le juge peut demander des explications à la personne chargée de la protection, ainsi que toute pièce ou **justificatif** qui lui apparaît utile, le **convoquer** et, le cas échéant, prononcer des **injonctions** (C. civ., art. 417, al. 1er). Il peut le **dessaisir** en cas de manquement caractérisé dans l'exercice de ses fonctions, l'absence de production des comptes de gestion ou encore le refus réitéré de produire les justificatifs constituant incontestablement un tel manquement, dans les conditions de l'article 417 alinéa 2.

Les règles liées à la vérification des comptes de tutelle applicables pour les régimes de protection des mineurs s'appliquent aux régimes civils de protection des majeurs (C. civ., art. 510 s.) [1]. La vérification doit être effectuée en **cours de mesure**, comme lors des **révisions**, avant dessaisissement en faveur d'un nouveau juge des tutelles et lorsque la mission de protection confiée au mandataire cesse, pour quelque cause que ce soit (décès, mainlevée, désignation d'un nouveau mandataire). L'article 514 du Code civil impose la remise au directeur des services de greffe judiciaires d'un compte de gestion des opérations intervenues depuis l'établissement du dernier compte-rendu de gestion et, dans le délai de trois mois suivant la fin de la mission, la remise au majeur devenu capable, au nouveau mandataire ou à ses héritiers, d'une **copie des cinq derniers comptes de gestion et du compte final.** Les héritiers du mandataire sont tenus de la même obligation.

S'il refuse d'approuver les comptes, le directeur des services de greffe judiciaires doit établir un rapport de difficultés qu'il transmet au juge des tutelles (C. civ., art. 511, al. 4), lequel statuera sur la conformité du compte par une ordonnance soumise à recours dans les conditions des articles 1239 et suivants du Code de procédure civile.

Il appartient également au juge des tutelles de statuer sur les éventuelles difficultés dans le fonctionnement des comptes de gestion, et de manière générale dans le fonctionnement de la mesure, qui lui sont signalées par le subrogé (C. civ., art. 454, al. 4) ou par les tiers (C. civ., art. 499).

Le rapport de la Cour des comptes sur la protection juridique des majeurs [2] relève plusieurs défaillances importantes dans le contrôle annuel des comptes et, en particulier, sur l'établissement, la transmission et le contrôle de l'inventaire de patrimoine lui-même.

En effet, l'inventaire doit contenir une description des meubles meublants, une estimation des biens immobiliers ainsi que des biens mobiliers dont la valeur excède 1 500 euros, la désignation des espèces en numéraire et un état des comptes bancaires, des placements et des autres valeurs mobilières; il doit être daté et signé par les personnes présentes. Or, comme le souligne la Cour des comptes, « *en dépit de l'importance cardinale qu'ils revêtent, l'établissement et l'envoi des inventaires s'avèrent particulièrement défaillants* », ces documents étant souvent établis de manière partielle et si les comptes bancaires et les placements apparaissent, en général, correctement retracés, les inventaires n'incluent pas toujours les biens immobiliers du majeur. Une proportion très élevée des inventaires dressés (plus de 80 % des dossiers examinés selon la Cour) n'est pas réalisée dans les trois mois qui suivent l'ouverture de la mesure. Or l'inventaire n'a de portée que s'il est effectué à brève échéance après celle-ci. L'évaluation des biens, meubles ou immeubles est effectuée sans réelle rigueur, le recours à un commissaire-priseur est très minoritaire. Le contrôle des directeurs de service de greffe ou des juges sur les inventaires est quant à lui plus que rare.

311.23 Surveillance des actes accomplis par la personne chargée d'une mission de protection de la personne. Les rapports précités (Favard et Boutaric) avaient fortement critiqué les pratiques de certains mandataires, parfois préjudiciables aux personnes protégées, dans la gestion des mesures de protection. Au-delà de la conception parfois trop précautionneuse de la gestion des revenus et des biens, du manque d'information sur la mesure, sur son fonctionnement et sur les actes réalisés, du manque de contacts réguliers entre la personne chargée de la protection et la personne protégée, c'est la **défaillance dans le respect des droits et/ou des souhaits de la personne protégée** qui était pointé du doigt. Les dispositions du Code civil en matière de protection de la personne, et en particulier l'article 457-1, tendent à garantir les droits de la personne en théorie. Mais pour qu'ils soient effectifs, il appartient au juge des tutelles de surveiller réellement la mesure, notamment à l'occasion de la remise du rapport de fonctionnement de la mesure prévu à l'article 463 du Code civil ou encore en exigeant le document individuel de protection et ses actualisations régulières (CASF, art. L. 471-6 [3]), d'autant qu'il est désormais obligatoire quel que soit le mode d'exercice des mandataires judiciaires à la protection des majeurs [4].

1. Sur la mission de vérification des comptes de tutelle, v. M. Bauer, T. Fossier et L. Pécaut-Rivolier, *La réforme des tutelles : ombres et lumières*, Dalloz, 2006, spéc. chap. 18, « Rendre compte, rendre ses comptes, rendre des comptes », nos 18.21 à 18.27, p. 68 s.
2. Rapport de la Cour des comptes, *La protection juridique des majeurs : une réforme ambitieuse, une mise en œuvre défaillante*, sept. 2016.
3. CASF, art. L. 471-6 (*mod. par L. n° 2015-1776, 28 déc. 2015, art. 32*).
4. Décr. n° 2016-1898, 27 déc. 2016, art. 2 et CASF, art. L. 471-8 et D. 471-8.

CHAPITRE

312. Mandataires judiciaires à la protection des majeurs : dispositions communes

SECTION 0 ORIENTEUR

312.00 **Plan du chapitre.**

312.01 **Textes applicables.**

TEXTES LÉGISLATIFS ET RÉGLEMENTAIRES NOUVEAUX

• **Décr. n° 2016-1896, 27 déc. 2016,** portant diverses dispositions relatives aux mandataires judiciaires à la protection des majeurs, *JO* 29 déc., texte n° 30.

(not. sur les conditions à respecter pour exercer la fonction de MJPM selon les différents modes d'exercice).

• **Décr. n° 2016-1898, 27 déc. 2016,** portant diverses dispositions relatives aux mandataires judiciaires à la protection des majeurs, *JO* 29 déc., texte n° 32.

(not. sur le document individuel de protection et sur les modalités de la procédure d'appel à candidatures pour l'agrément de MJPM exerçant à titre individuel).

• **L. n° 2015-1785, 29 déc. 2015,** de finances pour 2016, *JO* 30 déc., p. 24614 (art. 53).

• **L. n° 2015-1776, 28 déc. 2015,** relative à l'adaptation de la société au vieillissement, *JO* 29 déc., p. 4268 (art. 32, 33, 34).

TEXTES SOURCES

> Mandataires judiciaires à la protection des majeurs – dispositions communes

CASF, art. L. 471-1 à L. 471-9, et D. 471-1, R. 471-2, D. 471-3, D. 471-4, R. 471-5, R. 471-5-1, R. 471-5-2, R. 471-5-3, D. 471-6 à D. 471-8, R. 471-9, D. 471-10 à D. 471-19

• **mission**

CASF, art. L. 471-1

• **inscription sur une liste agréée**

CASF, art. L. 471-2

• **serment**

CASF, art. R. 471-2

• **équivalents à l'inscription sur une liste agréée**

CASF, art. D. 471-1

• **agrément et conditions d'accès**

+ L. n° 2015-1776, 28 déc. 2015

+ Décr. n° 2016-1896, 27 déc. 2016

CASF, art. L. 471-2-1, L. 471-4, R. 471-2-1, R. 472-1, R. 472-2, R. 472-4, R. 472-14, R. 472-16, R. 472-19

• **nouvel agrément**

+ Décr. n° 2016-1896, 27 déc. 2016

CASF, art. R. 472-6

• **retrait d'agrément**

+ Décr. n° 2016-1896, 27 déc. 2016

CASF, art. L. 471-3 et R. 472-6-1

• **formation et certificat national de compétence**

CASF, art. D. 471-3 et D. 471-4

• **coût des mesures de protection et participation financière de la personne protégée**

+ L. n° 2015-1785, 29 déc. 2015

CASF, art. L. 471-5, R. 471-5 à R. 471-5-3

• **indemnité complémentaire**

CASF, art. D. 471-6

• **exercice effectif des droits et libertés de la personne protégée (notice d'information et document individuel de protection)**

+ L. n° 2015-1776, 28 déc. 2015

CASF, art. L. 471-6 à L. 471-9, D. 471-7 et D. 471-8

• **règlement de fonctionnement des services**
CASF, art. R. 471-9 et D. 471-10 à D. 471-19

> **Mandataires judiciaires à la protection des majeurs exerçant à titre individuel**
CASF, art. L. 472-1 à L. 472-4, R. 471-2-1, R. 472-1 à R. 472-10, R. 472-24 à R. 472-26

> **Mandataires judiciaires à la protection des majeurs exerçant en qualité de préposé d'établissement hébergeant des majeurs**
CASF, art. L. 472-5 à L. 472-9, R. 472-14, R. 472-16, R. 472-19, D. 472-13 à R. 472-23

> **Rémunération du mandataire judiciaire à la protection des majeurs et prise en charge des coûts**
C. civ., art. 419 et CASF, art. L. 312-1, I (14°), L. 361-1, L. 361-2, L. 471-5, L. 472-3, L. 472-9, D. 271-2, R. 471-5, R. 471-5-1, R. 471-5-2, R 471-5-3, R. 472-8, R. 472-9

> **Indemnité complémentaire**
CASF, art. D. 471-6

> **Projet de création d'un ordre professionnel**
Proposition de loi n° 781, *JO Sénat* 18 août 2011

> **Sanctions communes aux mandataires judiciaires à la protection des majeurs personnes physiques**

• **retrait de l'agrément ou annulation des effets de la déclaration**

+ L. n° 2007-308, 5 mars 2007

+ Décr. n° 2014-551, 27 mai 2014

CASF, art. L. 472-10 et R. 472-24

• **suspension de l'agrément ou suspension de la déclaration**

+ Décr. n° 2008-1553, 31 déc. 2008

+ Décr. n° 2014-551, 27 mai 2014

CASF, art. R. 472-25 à R. 472-26

TEXTES *IN EXTENSO*

> **Mandataires judiciaires à la protection des majeurs – dispositions communes**
[CASF, art. L. 471-1 à L. 471-9
et D. 471-1, R. 471-2, D. 471-3, D. 471-4, R. 471-5, R. 471-5-1, R. 471-5-2, R. 471-5-3, D. 471-6 à D. 471-8, R. 471-9, D. 471-10 à D. 471-19]

• **mission**

CASF, art. L. 471-1 *(L. n° 2007-308, 5 mars 2007, art. 14)*

Les mandataires judiciaires à la protection des majeurs exercent à titre habituel les mesures de protection des majeurs que le juge des tutelles leur confie au titre du mandat spécial auquel il peut être recouru dans le cadre de la sauvegarde de justice ou au titre de la curatelle, de la tutelle ou de la mesure d'accompagnement judiciaire.

• **inscription sur une liste agréée**

CASF, art. L. 471-2 *(L. n° 2007-308, 5 mars 2007, art. 14)*

Les mandataires judiciaires à la protection des majeurs sont inscrits sur une liste dressée et tenue à jour par le représentant de l'État dans le département.

Cette liste comprend :

1° Les services mentionnés au 14° du I de l'article L. 312-1;

2° Les personnes agréées au titre de l'article L. 472-1;

3° Les personnes désignées dans la déclaration prévue à l'article L. 472-6.

Les personnes inscrites sur cette liste prêtent serment dans des conditions prévues par décret en Conseil d'État.

• **serment**

CASF, art. R. 471-2

Dans les six mois de leur inscription sur la liste prévue à l'article L. 471-2, les mandataires judiciaires à la protection des majeurs prêtent, devant le tribunal d'instance du chef-lieu de département, le serment suivant : « Je jure et promets de bien et loyalement exercer le mandat qui m'est confié par le juge et d'observer, en tout, les devoirs que mes fonctions m'imposent. Je jure également de ne rien révéler ou utiliser de ce qui sera porté à ma connaissance à l'occasion de l'exercice du mandat judiciaire ». Lorsque le mandataire judiciaire est inscrit sur plusieurs listes, la prestation de serment n'est effectuée que lors de la première inscription sur une liste.

Lorsque le mandataire judiciaire à la protection des majeurs est un service mentionné au 14° du I de l'article L. 312-1, la prestation de serment est effectuée par toute personne physique appartenant à ce service qui a reçu délégation de celui-ci pour assurer la mise en œuvre d'un mandat judiciaire à la protection des majeurs dans un délai de six mois après son recrutement. Lorsque le service est autorisé dans plusieurs départements, la personne prête serment devant le tribunal d'instance du chef-lieu du département où est implanté le siège de l'organisme gestionnaire du service.

• **équivalents à l'inscription sur une liste agréée**

CASF, art. D. 471-1

L'ouverture d'un service mentionné aux 14° du I de l'article L. 312-1, l'agrément d'une personne au titre de l'article L. 472-1 et la prise d'effet de la désignation prévue à l'article L. 472-6 valent inscription sur la liste prévue à l'article L. 471-2.

Le préfet notifie sans délai aux juridictions intéressées la liste prévue à l'article L. 471-2 en mentionnant :

1° Le nom et les coordonnées du mandataire judiciaire à la protection des majeurs;

2° Le nom et les coordonnées :

a) De l'organisme gestionnaire s'ils sont différents de ceux du service mentionné au 14° du I de l'article L. 312-1;

b) De l'établissement qui a désigné le mandataire judiciaire à la protection des majeurs inscrit sur la liste prévue à l'article L. 471-2 au titre de son 3°;

c) Des établissements qui font application des dispositions des deuxième et troisième alinéas de l'article L. 472-5;

3° La catégorie de mesures de protection des majeurs pour lesquels le mandataire judiciaire à la protection des majeurs a reçu une habilitation.

Le mandataire judiciaire à la protection des majeurs est informé de cette notification.

• **agrément et conditions d'accès**
[CASF, art. L. 471-2-1, L. 471-4, R. 471-2-1, R. 472-1, R. 472-2, R. 472-4, R. 472-14, R. 472-16, R. 472-19]

+ L. n° 2015-1776, 28 déc. 2015, art. 33

+ Décr. n° 2016-1896, 27 déc. 2016, art. 1er à 4, 9, 10

CASF, art. L. 471-2-1 *(créé par L. n° 2015-1776, 28 déc. 2015, art. 33)*

Un décret en Conseil d'État définit les cas dans lesquels tout mandataire judiciaire ou toute personne physique ayant reçu délégation d'un service mandataire peut exercer l'activité de mandataire judiciaire à la protection des majeurs selon un mode d'exercice différent de celui pour lequel il a été initialement agréé ou habilité, dans des conditions permettant de garantir l'indépendance professionnelle de la personne exerçant l'activité de mandataire judiciaire à la protection des majeurs, le respect des droits et libertés de la personne protégée et la continuité de sa prise en charge.

CASF, art. L. 471-4

Les mandataires judiciaires à la protection des majeurs doivent satisfaire à des conditions de moralité, d'âge, de formation certifiée par l'État et d'expérience professionnelle.

Lorsque le mandat judiciaire à la protection des majeurs a été confié à un service mentionné au 14° du I de l'article L. 312-1, les conditions prévues au premier alinéa sont exigées des personnes physiques appartenant à ce service qui ont reçu délégation de celui-ci pour assurer la mise en œuvre de la mesure. Ce service informe le représentant de l'État dans le département des méthodes de recrutement suivies pour se conformer aux dispositions du présent article et des règles internes qu'il s'est fixées pour le contrôle de ses agents dans l'exercice de leur mission.

CASF, art. R. 471-2-1 *(créé par Décr. n° 2016-1896, 27 déc. 2016, art. 1er – **en vigueur à compter du 1er juill. 2017**)*

Le cumul de plusieurs modes d'exercice de l'activité de mandataire judiciaire à la protection des majeurs est autorisé dans les deux cas suivants :

1° Une personne physique peut exercer l'activité de mandataire en qualité de délégué d'un service mandataire et de mandataire judiciaire exerçant à titre individuel ou en qualité de préposé d'établissement et de mandataire judiciaire exerçant à titre individuel lorsque :

a) Au titre de son exercice en qualité de délégué d'un service mandataire ou de préposé d'établissement, elle satisfait aux conditions suivantes :

– elle travaille à temps partiel;

– elle informe son employeur de sa demande d'agrément en qualité de mandataire individuel mentionné à l'article R. 472-1 et lui communique la copie de la décision de cet agrément dès sa notification;

b) Au titre de son exercice à titre individuel de l'activité, elle satisfait aux conditions suivantes :

– elle a mis en place et utilise, ou s'engage à mettre en place au moment de sa candidature en vue de l'agrément mentionné à l'article R. 472-1, des moyens, notamment informatiques et de communication, distincts de ceux dont elle se sert dans le cadre de son activité salariée;

– elle a mis en place, ou s'engage à mettre en place au moment de sa candidature en vue de l'agrément mentionné à l'article R. 472-1, des moyens permettant, au regard de l'activité de son travail salarié ou d'agent public, d'assurer une continuité de la prise en charge ou de l'accompagnement des personnes dont le juge lui a confié la protection juridique;

– le nombre de mesures de protection qu'elle prend en charge est inférieur ou égal à un plafond qui varie selon son temps de travail salarié ou d'agent public.

Ce plafond est fixé à 45 mesures pour l'exercice d'une quotité de 10 % d'un temps complet de travail salarié ou d'agent public. Il diminue de 5 mesures pour chaque tranche de 10 % supplémentaire de quotité de travail en qualité de délégué d'un service mandataire ou de préposé d'établissement conformément au tableau suivant :

NOMBRE DE MESURES DE PROTECTION	ÉQUIVALENT TEMPS PLEIN (ETP) DE DÉLÉGUÉ AU SEIN D'UN SERVICE MANDATAIRE
prises en charge à titre individuel	ou ETP de préposé d'établissement
45	10 %
40	20 %
35	30 %
30	40 %
25	50 %
20	60 %
15	70 %
10	80 %
5	90 %
0	100 %

2° Une personne physique peut exercer l'activité de mandataire en qualité de délégué d'un service mandataire et de préposé d'établissement lorsque :

a) Elle travaille à temps partiel pour chacune des activités;

b) Le temps de travail cumulé des deux activités n'excède pas un temps complet de travail;

c) Elle a informé chaque employeur de ce cumul d'activités.

CASF, art. R. 472-1 *(mod. par Décr. n° 2016-1896, 27 déc. 2016, art. 2)*

Les candidatures aux fins d'agrément en qualité de mandataire judiciaire à la protection des majeurs sont classées et sélectionnées par le représentant de l'État dans le département en fonction des objectifs et des besoins fixés par le schéma régional d'organisation sociale et médico-sociale prévu à l'article L. 312-5 et de critères garantissant la qualité, la proximité et la continuité de prise en charge ou d'accompagnement.

Ces critères sont :

1° Au titre de la qualité et de la continuité de la prise en charge ou de l'accompagnement :

a) Les moyens matériels prévus pour l'activité, notamment les matériels, en particulier informatiques, et les locaux dédiés à cette activité, les moyens prévus pour la protection des données personnelles des personnes protégées;

b) Les moyens humains prévus pour l'activité, notamment le temps disponible pour cette activité, du mandataire et, le cas échéant, du secrétaire spécialisé, au regard du volume d'activité envisagé, les formations obtenues et les expériences professionnelles, autres que celles obligatoires pour l'exercice de la fonction;

c) Les moyens prévus pour l'accueil de la personne protégée et pour les échanges entre le mandataire et la personne protégée;

d) La formalisation et la pertinence de la notice d'information et du projet de document individuel de protection des majeurs;

e) La formalisation et la pertinence de son projet professionnel. Pour l'appréciation de ce dernier, sont pris en compte, notamment, la qualité du réseau pluridisciplinaire de professionnels, en projet ou déjà constitué, comprenant notamment d'autres mandataires judiciaires à la protection des majeurs, les modalités prévues pour protéger les données personnelles, garantir la qualité du service rendu et organiser la continuité de la prise en charge ou de l'accompagnement;

2° Au titre de la proximité de prise en charge ou d'accompagnement :

a) La proximité des locaux d'activité professionnelle du mandataire par rapport aux besoins que l'appel à candidature a pour objet de satisfaire;

b) Les moyens prévus pour assurer les déplacements nécessaires à l'exercice de la fonction de mandataire, notamment les moyens de locomotion;

c) Les moyens prévus pour les échanges entre le mandataire et la personne protégée.

L'appréciation de ces critères tient compte des besoins que l'appel à candidature a pour objet de satisfaire et qui sont rappelés dans l'avis d'appel à candidature.

CASF, art. R. 472-2 *(version en vigueur avec terme au 1er juill. 2017)*

La demande est adressée au préfet par lettre recommandée avec demande d'avis de réception. Copie de la demande est adressée selon les mêmes modalités au procureur de la République près le tribunal de grande instance du chef-lieu de département.

Le préfet dispose d'un délai de vingt jours pour accuser réception de la demande d'agrément ou, si la demande est incomplète, pour indiquer les pièces manquantes dont la production est indispensable à l'instruction de la demande et fixer un délai pour la production de ces pièces.

CASF, art. R. 472-2 *(mod. par Décr. no 2016-1896, 27 déc. 2016, art. 3 – **en vigueur à compter du 1er juill. 2017**)*

Pour les personnes physiques qui disposent d'une délégation d'un service mandataire pour exercer l'activité de mandataire judiciaire ou exercent en qualité de préposé d'établissement à la date de la demande d'agrément, l'agrément ne peut être délivré que si les conditions précisées à l'article R. 471-2-1 sont satisfaites.

CASF, art. R. 472-4 *(mod. par Décr. no 2016-1896, 27 déc. 2016, art. 4)*

Le silence gardé pendant plus de cinq mois à compter de la date de fin de réception des candidatures inscrite dans l'avis à candidature émis par le représentant de l'État dans le département sur la candidature d'agrément vaut décision de rejet de celles-ci.

Pour les demandes mentionnées au II de l'article R. 472-6, ce délai de cinq mois est à compter de la date de réception de l'ensemble des pièces par le représentant de l'État dans le département.

CASF, art. R. 472-14 *(mod. par Décr. no 2016-1896, 27 déc. 2016, art. 9)*

La déclaration prévue à l'article L. 472-6 porte mention des informations suivantes :

1° Le nom et le (s) prénom (s) de l'agent désigné pour exercer l'activité de mandataire judiciaire à la protection des majeurs en qualité de préposé d'établissement hébergeant des majeurs;

2° Sa formation, son expérience, son activité professionnelle;

3° Ses fonctions exercées au sein de l'établissement;

4° Les moyens que l'établissement entend mettre en œuvre pour qu'un exercice indépendant des mesures de protection des majeurs qui peuvent être confiées par le juge soit assuré de manière effective;

5° Le nombre et la nature des mesures de protection des majeurs qu'il peut exercer;

6° Le nom et l'adresse de son employeur;

7° Le cas échéant, l'identité, la formation et l'expérience des personnes qui assurent auprès de lui des fonctions de secrétaire spécialisé, ainsi que la description de ces fonctions;

8° Le cas échéant, le nom et l'adresse de tout établissement ayant passé avec son employeur une convention en application du dernier alinéa de l'article L. 472-5.

*(Décr. no 2016-1896, 27 déc. 2016, art. 9 – **en vigueur à compter du 1er juill. 2017**)* « Pour les personnes physiques qui disposent d'une délégation d'un service mandataire pour exercer l'activité de mandataire judiciaire ou exercent à titre individuel à la date de la déclaration, le dossier de déclaration comporte également les informations relatives à l'activité de mandataire exercée au moment de la demande d'agrément, en particulier le temps d'activité ou le nombre et la nature des mesures exercées et, le cas échéant, les agréments obtenus. »

CASF, art. R. 472-16 *(mod. par Décr. no 2016-1896, 27 déc. 2016, art. 10)*

La déclaration est accompagnée :

1° Concernant l'agent de l'établissement désigné pour exercer l'activité de mandataire judiciaire à la protection des majeurs en qualité de préposé d'établissement hébergeant des majeurs, d'un acte de naissance, d'un extrait de casier judiciaire et du certificat national de compétence mentionné à l'article D. 471-4;

2° Du projet de notice d'information mentionnée à l'article L. 471-6;

3° D'une copie des conventions et de leurs avenants passés en application du dernier alinéa de l'article L. 472-5.

*(Décr. no 2016-1896, 27 déc. 2016, art. 10 – **en vigueur à compter du 1er juill. 2017**)* « 4° Pour les personnes physiques qui disposent d'une délégation d'un service mandataire pour exercer l'activité de mandataire judiciaire ou exercent à titre individuel à la date de la déclaration, le dossier de déclaration comporte également les pièces suivantes :

a) En cas d'exercice de l'activité de mandataire par délégation d'un service mandataire :

– la copie du contrat de travail;

– la fiche de poste;

b) En cas d'exercice de l'activité de mandataire à titre individuel :

– le ou les agréments les autorisant à exercer à titre individuel;

– le dernier relevé semestriel d'activité. »

CASF, art. R. 472-19 *(créé par Décr. no 2008-1505, 30 déc. 2008, art. 1er)*

L'établissement effectue une nouvelle déclaration :

1° Lorsque l'agent est désigné pour exercer une catégorie de mesures de protection des majeurs qui n'est pas prévue dans la déclaration initiale;

2° Lorsqu'il désigne un agent en remplacement de celui qui est mentionné dans la déclaration initiale;

3° Lorsque le nombre de mesures de protection des majeurs confié par le juge à l'agent est supérieur à celui prévu dans la déclaration initiale;

4° Lorsque l'agent est désigné en application du dernier alinéa de l'article L. 472-5, par un établissement qui n'était pas mentionné dans la déclaration initiale.

• **nouvel agrément**

CASF, art. R. 472-6 *(mod. par Décr. n° 2016-1896, 27 déc. 2016, art. 6)*

I. - Le mandataire judiciaire à la protection des majeurs demande un nouvel agrément dans le cadre de la procédure d'appel à candidature prévue à l'article L. 472-1-1 lorsqu'il souhaite se voir confier par le juge des tutelles une catégorie de mesures de protection des majeurs non couverte par l'agrément.

II. - Le mandataire judiciaire à la protection des majeurs demande un nouvel agrément hors du cadre de la procédure d'appel à candidature :

1° Lorsqu'il souhaite modifier la nature et la consistance des garanties contre les conséquences pécuniaires de sa responsabilité civile en raison des dommages subis par les personnes protégées;

2° Lorsqu'il souhaite modifier les moyens matériels ou humains prévus pour l'activité, pour l'accueil et les échanges entre le mandataire et la personne protégée ou pour les déplacements et que ces modifications sont de nature à affecter de manière substantielle la qualité, la continuité ou la proximité de la prise en charge ou de l'accompagnement;

3° Lorsqu'il souhaite changer de lieu d'activité professionnelle ou de domicile et, que ces changements sont de nature à affecter de manière substantielle la qualité, la continuité ou la proximité de la prise en charge ou de l'accompagnement.

• **retrait d'agrément**

[CASF, art. L. 471-3 et R. 472-6-1]

CASF, art. L. 471-3

Dans le respect des dispositions de la loi n° 78-17 du 6 janvier 1978 relative à l'informatique, aux fichiers et aux libertés, les services mentionnés au 14° du I de l'article L. 312-1, dont l'autorisation fait l'objet d'un retrait en application de l'article L. 313-18, ainsi que les mandataires judiciaires à la protection des majeurs, dont l'agrément prévu à l'article L. 472-1 ou, selon les cas, la déclaration prévue à l'article L. 472-6, fait l'objet d'une suspension, d'un retrait ou d'une annulation sont répertoriés dans une liste nationale, tenue à jour. Outre le représentant de l'État dans le département, le procureur de la République peut consulter cette liste.

CASF, art. R. 472-6-1 *(créé par Décr. n° 2016-1896, 27 déc. 2016, art. 7 – **en vigueur à compter du 1er juill. 2017**)*

Lorsque l'absence ou l'insuffisance des moyens que le mandataire s'est engagé à mettre en place lors de sa candidature aux fins d'agrément est de nature à affecter la qualité, la continuité et la proximité de prise en charge prévue lors de la délivrance de cet agrément, le représentant de l'État dans le département peut mettre en œuvre la procédure de retrait de l'agrément prévue à l'article L. 472-10.

• **formation et certificat national de compétence**

[CASF, art. D. 471-3, D. 471-4]

CASF, art. D. 471-3

Les personnes mentionnées à l'article L. 471-4 doivent avoir suivi avec succès une formation complémentaire attestant des compétences nécessaires à l'exercice des fonctions de mandataire judiciaire.

Pour pouvoir accéder à cette formation, elles doivent être titulaires d'un diplôme ou titre enregistré au niveau III du répertoire national des certifications professionnelles ou, pour les ressortissants d'un autre État membre de la Communauté européenne ou d'un autre État à partie à l'accord sur l'Espace économique européen, d'un titre équivalent ou, le cas échéant, justifier d'une ancienneté d'au moins trois ans dans un emploi exigeant normalement un diplôme ou titre de ce niveau.

Les personnes mentionnées au 2° de l'article L. 471-2 doivent justifier d'une expérience professionnelle d'une durée minimale de trois ans dans un des domaines nécessaires à l'exercice des fonctions de mandataire judiciaire; elles doivent être âgées au minimum de 25 ans.

Les personnes mentionnées au 3° de l'article L. 471-2 doivent justifier d'une expérience professionnelle d'une durée minimale d'un an dans un des domaines nécessaires à l'exercice des fonctions de mandataire judiciaire; elles doivent être âgées au minimum de 21 ans. Elles doivent être inscrites à la formation complémentaire dès la déclaration mentionnée à l'article L. 472-6 et disposent, pour l'achever, d'un délai d'un an à compter de cette déclaration.

Les personnes physiques qui ont reçu délégation d'un service mentionné au 14° du I de l'article L. 312-1 pour assurer la mise en œuvre de la mesure de protection des majeurs doivent être âgées au minimum de 21 ans à leur entrée en fonction. Elles disposent d'un délai maximum de deux ans à compter de leur entrée en fonction au sein du service pour satisfaire aux conditions prévues au premier alinéa du présent article.

La durée et le contenu de la formation complémentaire sont fonction des qualifications des intéressés et de leur expérience professionnelle pertinente.

CASF, art. D. 471-4

Le certificat national de compétence de mandataire judiciaire atteste que son titulaire a satisfait aux conditions de formation prévues à l'article L. 471-4 et au premier alinéa de l'article D. 471-3.

Il comporte deux mentions permettant l'exercice :

1° D'une part, des mesures de protection des majeurs au titre du mandat spécial auquel il peut être recouru dans le cadre de la sauvegarde de justice ou au titre de la curatelle ou de la tutelle,

2° D'autre part, de la mesure d'accompagnement judiciaire.

Un arrêté du ministre chargé des Affaires sociales, publié au Journal officiel de la République française, précise :

1° L'agencement de la formation complémentaire mentionnée à l'article D. 471-3, le contenu des enseignements théoriques et des stages éventuels ainsi que les dispenses et allégements de formation en fonction des qualifications et de l'expérience professionnelle des intéressés,

2° Les conditions et les modalités d'entrée en formation, de mise en œuvre et de validation de la formation ainsi que de délivrance du certificat national de compétence de mandataire judiciaire à la protection des majeurs.

• **coût des mesures de protection et participation financière de la personne protégée**

[CASF, art. L. 471-5, R. 471-5 à R. 471-5-3]

+ L. n° 2015-1785, 29 déc. 2015

CASF, art. L. 471-5 [*mod. par L. nº 2015-1785, 29 déc. 2015, art. 53 (V)*]

Le coût des mesures exercées par les mandataires judiciaires à la protection des majeurs et ordonnées par l'autorité judiciaire au titre du mandat spécial auquel il peut être recouru dans le cadre de la sauvegarde de justice ou au titre de la curatelle, de la tutelle ou de la mesure d'accompagnement judiciaire est à la charge totale ou partielle de la personne protégée en fonction de ses ressources. Lorsqu'il n'est pas intégralement supporté par la personne protégée, il est pris en charge dans les conditions fixées par les articles L. 361-1, L. 472-3 et L. 472-9.

À titre exceptionnel, le juge peut, après avoir recueilli l'avis du procureur de la République, allouer au mandataire judiciaire à la protection des majeurs, pour l'accomplissement d'un acte ou d'une série d'actes requis par l'exercice de la mesure de protection et impliquant des diligences particulièrement longues ou complexes, une indemnité en complément des sommes perçues au titre du premier alinéa lorsqu'elles s'avèrent manifestement insuffisantes. Cette indemnité est à la charge de la personne et est fixée par le juge en application d'un barème national établi par décret.

Les agents des organismes de sécurité sociale sont habilités à transmettre au représentant de l'État dans le département les informations dont ils disposent sur les ressources de leurs allocataires et sur les prestations qu'ils leur servent afin de permettre aux services de l'État dans le département de vérifier le montant de la participation de la personne protégée au financement du coût des mesures prévues au présent article.

CASF, art. R. 471-5

Les ressources prises en compte pour la détermination du montant de la participation de la personne protégée prévue à l'article L. 471-5 comprennent :

1° Les bénéfices ou revenus bruts mentionnés aux I à VII *ter* de la première sous-section de la section II du chapitre Ier du titre Ier de la première partie du livre Ier du Code général des impôts, à l'exclusion des rentes viagères mentionnées aux articles L. 232-4, L. 232-8 et L. 245-6 du présent code et des revenus des bons ou contrats de capitalisation et placements de même nature, notamment des contrats d'assurance-vie;

2° Les produits et plus-values réalisés dans le cadre des livrets, plans et comptes d'épargne mentionnés au chapitre Ier du titre II du livre II du Code monétaire et financier, sous réserve qu'ils ne soient pas pris en compte au titre du 1°;

3° Les revenus perçus hors de France ou versés par une organisation internationale, sous réserve qu'ils ne soient pas pris en compte au titre du 1°;

4° Une portion des biens non productifs de revenus, des dispositifs d'intéressement, de participation et d'épargne salariale mentionnés au livre III de la troisième partie du Code du travail ainsi que des bons ou contrats de capitalisation et placements de même nature, notamment des contrats d'assurance-vie, calculée selon les modalités fixées à l'article R. 132-1. Toutefois, cette disposition ne s'applique pas au capital mentionné aux 1° et 2° du I de l'article 199 *septies* du Code général des impôts;

5° L'allocation aux adultes handicapés mentionnée à l'article L. 821-1 du Code de la sécurité sociale, le complément de ressources mentionné à l'article L. 821-1-1 du même code et la majoration pour la vie autonome mentionnée à l'article L. 821-1-2 du même code;

6° L'allocation de solidarité aux personnes âgées mentionnée à l'article L. 815-1 du même code;

7° Les allocations mentionnées à l'article 2 de l'ordonnance nº 2004-605 du 24 juin 2004 simplifiant le minimum vieillesse;

8° Le revenu de solidarité active mentionné à l'article L. 262-1 du présent code;

9° La prime d'activité mentionnée à l'article L. 841-1 du Code de la sécurité sociale.

CASF, art. R. 471-5-1

I. – La participation de la personne protégée est versée au mandataire judiciaire à la protection des majeurs, excepté dans les cas où le mandataire judiciaire est le préposé d'un établissement mentionné au II ou au III de l'article L. 361-1 ou relève d'un groupement de coopération sociale ou médico-sociale mentionné au 3° de l'article L. 312-7. Dans le premier cas, la participation est versée à l'établissement et, dans le second, au groupement.

II. – Le versement est effectué par douzième tous les mois échus sur la base du montant annuel des ressources mentionnées à l'article R. 471-5 dont a bénéficié la personne protégée l'avant-dernière année civile.

Un ajustement du montant de la participation dû compte tenu du montant des ressources dont a bénéficié la personne pendant l'avant-dernière année civile est effectué au plus tard le 31 décembre de l'année de perception de la participation.

III. – En cas de diminution ou d'augmentation des ressources de la personne ayant pour conséquence une différence au moins égale à cinq fois le montant brut horaire du salaire minimum interprofessionnel de croissance en vigueur au 1er janvier de l'année en cours entre le montant de la participation mensuelle déterminé en application du I et le montant de la participation calculé sur la base d'une évaluation de ses ressources pour l'année civile en cours, les versements mensuels suivants de la participation sont effectués sur la base d'une évaluation des ressources pour l'année civile en cours. Un ajustement du montant de la participation dû compte tenu du montant des ressources effectivement perçues pendant l'année du versement de cette participation est réalisé au plus tard le 31 décembre de l'exercice suivant.

Lorsque les versements déjà effectués sur la base des revenus de l'avant-dernière année civile ont été supérieurs à ce qu'ils auraient été sur la base des revenus de l'année civile en cours, la différence est reversée à la personne protégée au plus tard le 31 décembre de l'année de perception de la participation. Lorsque les versements déjà effectués ont été inférieurs à ce qu'ils auraient été sur la base des revenus de l'année civile en cours, la différence est reversée par la personne protégée de manière échelonnée jusqu'au 31 décembre de l'année suivante.

IV. – En cas d'indisponibilité temporaire de certains des revenus de la personne protégée ou l'année de l'ouverture de la mesure de protection, le versement prévu au II peut être effectué de manière différée sans excéder l'année de référence majorée de trois mois.

V. – La participation peut être versée trimestriellement lorsque son montant mensuel ne dépasse pas le montant brut horaire du salaire minimum interprofessionnel de croissance en vigueur au 1er janvier de l'année civile en cours.

Nota 1 : Décr. nº 2011-710, 21 juin 2011, art. 4 : Les ressources prises en compte au titre des articles R. 471-5 à R. 471-5-2 du Code de l'action sociale et des familles comprennent jusqu'au 1er janvier 2013 l'allocation de revenu minimum d'insertion mentionnée à l'article L. 262-1 dans sa rédaction antérieure à la loi du 1er décembre 2008 susvisée.

CASF, art. R. 471-5-2

Le coût des mesures exercées par les mandataires judiciaires à la protection des majeurs et ordonnées par l'autorité judiciaire au titre du mandat spécial auquel il peut être recouru dans le cadre de la sauvegarde de justice ou au titre de la curatelle, de la tutelle ou de la mesure d'accompagnement judiciaire n'est pas à la charge de la personne protégée lorsque le montant des ressources qu'elle perçoit est inférieur ou égal au montant annuel de l'allocation aux adultes handicapés mentionnée à l'article L. 821-1 du Code de la sécurité sociale en vigueur au 1er janvier de l'avant-dernière année civile.

Dans le cas contraire, un prélèvement est effectué à hauteur de :

7 % pour la tranche des revenus annuels soumis à prélèvement supérieure strictement au montant annuel de l'allocation aux adultes handicapés et inférieure ou égale au montant brut annuel du salaire minimum interprofessionnel de croissance en vigueur au 1er janvier de l'avant-dernière année civile ;

15 % pour la tranche des revenus annuels soumis à prélèvement supérieure strictement au montant brut annuel du salaire minimum interprofessionnel de croissance en vigueur au 1er janvier de l'avant-dernière année civile et inférieure ou égale au même montant majoré de 150 % ;

2 % pour la tranche des revenus annuels soumis à prélèvement supérieure strictement au montant brut annuel du salaire minimum interprofessionnel de croissance en vigueur au 1er janvier de l'avant-dernière année civile majoré de 150 % et inférieure ou égale à 6 fois le montant brut annuel du salaire minimum interprofessionnel de croissance en vigueur au 1er janvier de l'avant-dernière année civile.

Quel que soit le montant des ressources de la personne protégée, aucun prélèvement n'est effectué sur la tranche des revenus annuels inférieure ou égale au montant annuel de l'allocation aux adultes handicapés en vigueur au 1er janvier de l'avant-dernière année civile.

CASF, art. R. 471-5-3

Le préfet peut accorder, à titre exceptionnel, temporaire, une exonération d'une partie ou de l'ensemble de la participation de la personne protégée, en raison de difficultés particulières liées à l'existence de dettes contractées par la personne protégée avant l'ouverture d'une mesure de protection juridique des majeurs ou à la nécessité de faire face à des dépenses impératives.

Le montant de la participation faisant l'objet de l'exonération est pris en charge dans les conditions prévues à la seconde phrase du premier alinéa de l'article L. 471-5.

Nota 1 : (reprise)

• indemnité complémentaire

CASF, art. D. 471-6

L'indemnité complémentaire prévue à l'article L. 471-5 peut être accordée pour toute diligence entraînant une charge de travail exceptionnelle et pour laquelle les sommes perçues au titre du premier alinéa de l'article précité sont manifestement insuffisantes, telles que le règlement d'une succession, le suivi de procédures judiciaires ou administratives, la vente d'un bien ou la gestion de conflits familiaux.

Le mandataire présente sa demande d'indemnité accompagnée des justificatifs nécessaires. Il doit justifier du caractère exceptionnel de la charge de travail et de l'insuffisance des sommes perçues au titre du premier alinéa de l'article L. 471-5.

Le montant de l'indemnité est fixé par ordonnance du juge ou délibération du conseil de famille selon un taux horaire de douze fois le montant brut horaire du salaire minimum interprofessionnel de croissance en vigueur au 1er janvier de l'année au titre de laquelle la rémunération est attribuée. À partir de la quinzième heure consacrée à ces diligences exceptionnelles, le taux horaire est de quinze fois le montant brut horaire du salaire minimum interprofessionnel de croissance en vigueur au 1er janvier de l'année au titre de laquelle la rémunération est attribuée. Le juge apprécie le caractère nécessaire des diligences accomplies et peut inviter le mandataire judiciaire à la protection des majeurs à fournir des explications complémentaires.

À l'indemnité prévue au présent article, s'ajoute le remboursement par la personne qui fait l'objet de la mesure de protection sur justificatifs des frais de déplacement et de séjour occasionnés par l'accomplissement des actes, calculé dans les conditions fixées par le décret no 2006-781 du 3 juillet 2006.

Nota : Décr. no 2010-1404, 12 nov. 2010, art. 3 : Les dispositions de l'article 1er s'appliquent aux personnes protégées dont la mesure de protection est exercée par :

1° Une personne morale mentionnée au I de l'article 44 de la loi du 5 mars 2007 visée ci-dessus jusqu'à ce qu'elle se soit conformée aux dispositions de la section 1 du chapitre III du titre Ier du livre III du Code de l'action sociale et des familles;

2° Une personne physique mentionnée au II de l'article 44 de la même loi jusqu'à ce qu'elle se soit conformée aux dispositions de l'article L. 472-1 du même code;

3° Un préposé d'établissement mentionné au IV de l'article 44 de la même loi jusqu'à ce que son établissement se soit conformé aux dispositions de l'article L. 472-6 du même code.

• exercice effectif des droits et libertés de la personne protégée (notice d'information et document individuel de protection)

[CASF, art. L. 471-6 à L. 471-9, D. 471-7 et D. 471-8]
+ L. no 2015-1776, 28 déc. 2015, art. 32

CASF, art. L. 471-6 *(mod. par L. no 2015-1776, 28 déc. 2015, art. 32)*

Afin de garantir l'exercice effectif des droits et libertés de la personne protégée, notamment de prévenir tout risque de maltraitance, le mandataire judiciaire à la protection des majeurs remet personnellement à la personne protégée ou, dès lors que l'état de cette dernière ne lui permet pas d'en mesurer la portée, à un membre du conseil de famille s'il a été constitué ou, à défaut, à un parent, un allié ou une personne de son entourage dont il connaît l'existence, le cas échéant à la personne de confiance désignée au titre de l'article L. 311-5-1 :

1° Une notice d'information à laquelle est annexée une charte des droits de la personne protégée ;

2° Un document individuel de protection des majeurs qui vaut, le cas échéant, document individuel de prise en charge pour l'application du quatrième alinéa de l'article L. 311-4.

Ce document définit les objectifs et la nature de la mesure de protection, dans le respect des principes déontologiques et éthiques, des recommandations de bonnes pratiques professionnelles et, le cas échéant, du projet de service. Il détaille la liste et la nature des prestations offertes ainsi que le montant prévisionnel des prélèvements opérés sur les ressources de la personne protégée. Le contenu minimal de ce document est fixé par décret.

Une copie des documents mentionnés aux 1° et 2° du présent article est, dans tous les cas, adressée à la personne par tout moyen propre à en établir la date de réception.

CASF, art. L. 471-7

Afin de garantir l'exercice effectif des droits mentionnés aux articles L. 311-3 à L. 311-9, lorsque le représentant légal d'un usager d'un établissement mentionné à l'article L. 472-6 est un mandataire judiciaire à la protection des majeurs mentionné au même article :

1° Les documents mentionnés aux trois premiers alinéas de l'article L. 311-4 sont personnellement remis à la personne protégée ou, dès lors que l'état de cette dernière ne lui permet pas d'en mesurer la portée, à un membre du conseil de famille s'il a été constitué ou, à défaut, à un parent, un allié ou une personne de son entourage dont l'existence est connue;

2° La participation directe de la personne à l'élaboration du document individuel de prise en charge mentionné à l'article L. 311-4 est requise à moins que son état ne lui permette pas d'exprimer une volonté éclairée;

3° La faculté mentionnée à l'article L. 311-5 est exercée directement par l'intéressé. Lorsque son état ne lui permet pas d'exprimer une volonté éclairée, elle est exercée par un membre du conseil de famille s'il a été constitué ou, à défaut, par un parent, un allié ou une personne de son entourage dont l'existence est connue;

4° L'association des personnes protégées au fonctionnement du service ou de l'établissement leur est garantie par leur participation directe au conseil de la vie sociale prévu à l'article L. 311-6 ou, lorsque leur état ne le leur permet pas, par d'autres formes de participation prévues par le même article.

Le présent article s'applique lorsque le représentant légal d'un usager d'un établissement ou d'un service social ou médico-social mentionné au I de l'article L. 312-1 est un mandataire judiciaire à la protection des majeurs mentionné au 14° du même I, géré par cet établissement ou ce service ou par le gestionnaire de cet établissement ou de ce service s'il n'est pas doté d'une personnalité morale propre.

CASF, art. L. 471-8 *(mod. par L. n° 2015-1776, 28 déc. 2015, art. 32)*

Afin de garantir l'exercice effectif des droits mentionnés aux articles L. 311-3 à L. 311-9, lorsque le mandataire judiciaire à la protection des majeurs est un service mentionné au 14° du I de l'article L. 312-1 :

1° La notice d'information prévue au 1° de l'article L. 471-6 et le règlement de fonctionnement prévu à l'article L. 311-7 sont remis dans les conditions définies au 1° de l'article L. 471-7;

2° Le 3° de l'article L. 471-7 est applicable;

3° Le document individuel de protection des majeurs prévu au 2° de l'article L. 471-6 est également remis à la personne;

4° Les personnes protégées sont associées au fonctionnement de l'établissement ou du service par leur participation directe au conseil de la vie sociale prévu à l'article L. 311-6 ou, lorsque leur état ne le leur permet pas, par d'autres formes de participation prévues par le même article.

CASF, art. L. 471-9

Les modalités d'application de l'article L. 471-5 ainsi que les adaptations apportées à la mise en œuvre de l'article L. 311-5 par l'article L. 471-7 sont fixées par décret en Conseil d'État.

CASF, art. D. 471-7

Le contenu de la notice d'information prévue à l'article L. 471-6 est établi conformément à l'annexe 4-2.

Le mandataire judiciaire à la protection des majeurs doit remettre immédiatement la notice d'information à la personne protégée avec des explications orales, adaptées à son degré de compréhension ou, lorsque son état ne lui permet pas d'en mesurer la portée, à un membre du conseil de famille s'il a été constitué ou, à défaut, à un parent, un allié ou une personne de son entourage dont l'existence est connue ou au subrogé curateur ou tuteur.

La charte mentionnée à l'article L. 471-6 est contenue à l'annexe 4-3.

Elle est annexée à la notice d'information.

Les dispositions de l'article 458 du Code civil sont jointes en annexe à la charte et affichées dans les locaux du service mentionné au 14° du I de l'article L. 312-1.

CASF, art. D. 471-8

I. – Le document individuel de protection des majeurs mentionné à l'article L. 471-8 est établi en fonction d'une connaissance précise de la situation de la personne protégée et d'une évaluation de ses besoins ainsi que dans le respect des principes déontologiques et éthiques, des recommandations de bonnes pratiques professionnelles et du projet de service.

Lors de l'élaboration du document, le service recherche la participation et l'adhésion de la personne protégée, dans la mesure où son état lui permet d'en comprendre la portée.

Si l'état de la personne ne lui permet pas de comprendre la portée du document, un membre du conseil de famille s'il a été constitué ou, à défaut, un parent, un allié ou une personne de son entourage ayant des liens étroits et stables avec la personne protégée et dont le service connaît l'existence ou le subrogé curateur ou tuteur peut être associé à l'élaboration du document.

II. – Le document individuel de protection des majeurs comporte notamment :

1° Un rappel de la nature et des objectifs généraux de la mesure de protection;

2° Une information personnalisée sur les objectifs personnels de la mesure de protection;

3° Une description des modalités concrètes d'accueil de la personne protégée par le service et des conditions dans lesquelles ont lieu les échanges entre le service et la personne protégée;

4° Une présentation des conditions de participation de la personne au financement de sa mesure de protection et une indication sur le montant prévisionnel des prélèvements opérés, à ce titre, sur ses ressources.

Mention est faite, le cas échéant, de la participation de la personne protégée à l'élaboration du document.

III. – Le document individuel de protection des majeurs est établi et signé au nom du service par une personne habilitée à cette fin par son responsable.

IV. – Le document est remis à la personne protégée et lui est expliqué. Si l'état de la personne ne lui permet pas de comprendre la portée du document, une copie en est remise à un membre du conseil de famille s'il a été constitué ou, à défaut, à un parent, à un allié, à une personne de son entourage ayant des liens étroits et stables avec elle et dont le service connaît l'existence ou au subrogé curateur ou tuteur, s'il en a été désigné un.

V. – Le document est remis au plus tard dans les trois mois qui suivent la date de la notification du jugement qui confie la mesure de protection juridique au service.

Le document individuel de protection des majeurs est établi pour la durée du mandat judiciaire. Il prévoit les conditions et les modalités de sa résiliation ou de sa révision ou de la cessation de certaines des mesures qu'il contient.

Un avenant au document détermine, s'il y a lieu, dans le délai maximum d'un an suivant la date de la notification du jugement qui confie la mesure de protection au mandataire judiciaire à la protection des majeurs, les objectifs précis de la mesure de protection et les actions à mener dans ce cadre.

À chaque date anniversaire du jugement, la définition des objectifs et des actions à mener dans ce cadre est réactualisée et fait l'objet d'un avenant.

VI. – Toute modification du document individuel de protection des majeurs ou de l'un de ses avenants ultérieurs, portant sur les dispositions du II, intervient selon les mêmes modalités que lors de leur conclusion initiale.

VII. – Le service conserve copie des pièces prévues au présent article.

• **règlement de fonctionnement des services**
[CASF, art. R. 471-9 et D. 471-10 à D. 471-19]

CASF, art. R. 471-9
Le règlement de fonctionnement des services mentionnés au 14° du I de l'article L. 312-1 est établi selon les modalités prévues par l'article R. 311-33.

Il est remis, accompagné de la notice d'information, à la personne protégée ou aux autres personnes mentionnées au 1° de l'article L. 471-7 dans les conditions prévues au même article. Il est également affiché dans les locaux du service et remis à chaque personne qui y exerce à titre de salarié ou d'agent public ou qui y intervient à titre bénévole.

Il indique les principales modalités d'exercice des droits énoncés au présent code, notamment de ceux qui sont mentionnés aux articles L. 471-6 et L. 471-8. Il précise, le cas échéant, les modalités d'association d'un parent, un allié ou une personne de son entourage à la vie du service.

Dans le respect des dispositions de la charte des droits et libertés de la personne majeure protégée mentionnée à l'article L. 471-6, il fixe les obligations faites aux personnes protégées pour permettre une mise en œuvre de la mesure de protection adaptée à leur situation. Ces obligations concernent, notamment, le respect des décisions judiciaires et des termes du document individuel de protection des majeurs et le comportement à l'égard des autres personnes protégées, comme des membres du personnel.

Il rappelle que les faits de violence sur autrui sont susceptibles d'entraîner des procédures judiciaires et que le juge des tutelles est systématiquement informé des actes d'incivilité graves ou répétées et des situations de violence qui entravent le bon déroulement de la mesure de protection.

Il précise les obligations de l'organisme gestionnaire du service en matière de protection des personnes protégées.

CASF, art. D. 471-10
La signature par la personne présente d'un récépissé, dont le modèle est défini à l'annexe 4-4, atteste de la remise des documents mentionnés aux articles L. 471-6 et L. 471-8.

CASF, art. D. 471-11
Les documents mentionnés aux articles L. 471-6 et L. 471-8 font l'objet d'une sélection dans les conditions prévues à l'article L. 212-3 du Code du patrimoine, à l'expiration d'un délai de cinq ans à compter de la fin de la mesure de protection juridique des majeurs.

CASF, art. D. 471-12
La participation prévue au 4° de l'article L. 471-8 peut s'exercer selon les modalités suivantes :

1° Par l'institution de groupes d'expression au niveau du service ou d'une partie de ce service;

2° Par l'organisation de consultations sur toutes questions concernant l'organisation ou le fonctionnement du service de l'ensemble des personnes protégées, des membres du conseil de famille s'il a été constitué ou, à défaut, des parents, des alliés, des personnes de l'entourage ayant des liens étroits et stables avec la personne protégée dont le mandataire judiciaire à la protection des majeurs connaît l'existence ou du subrogé curateur ou tuteur, s'il en a été désigné un;

3° Par la mise en œuvre d'enquêtes de satisfaction.

CASF, art. D. 471-13
La liste nationale prévue par l'article L. 471-3 comporte les informations suivantes :

1° Concernant les services et personnes répertoriés dans la liste :

a) Concernant les services mentionnés au 14° du I de l'article L. 312-1 dont l'autorisation fait l'objet d'un retrait en application de l'article L. 313-18 :

– le nom de leur gestionnaire et son adresse;

– si leur gestionnaire est une personne physique, son nom, son nom d'usage et son (ses) prénom (s), sa date et son lieu de naissance;

– la date et le lieu de délivrance de leur autorisation;

b) Concernant les mandataires judiciaires à la protection des majeurs dont l'agrément prévu à l'article L. 472-1 fait l'objet d'une suspension ou d'un retrait en application de l'article L. 472-10 :

– leur nom, leur nom d'usage et leur(s) prénom(s);

– leur date et leur lieu de naissance;

– leur adresse;

– la date et le lieu de délivrance de leur agrément;

c) Concernant les mandataires judiciaires à la protection des majeurs dont la déclaration prévue à l'article L. 472-6 fait l'objet d'une suspension ou d'une annulation en application de l'article L. 472-10 :

– leur nom, leur nom d'usage et leur(s) prénom(s);

– leur date et leur lieu de naissance;

– leur adresse;

– le nom et l'adresse de l'établissement qui les a désignés en application de l'article L. 472-6;

– la date de la déclaration qui les a désignés en application de l'article L. 472-6;

– le nom et l'adresse des établissements qui les ont désignés en application des dispositions des deuxième et troisième alinéas de l'article L. 472-5.

2° Concernant la décision de retrait en application de l'article L. 313-18 de l'autorisation des services mentionnés au 14° du I de l'article L. 312-1, de suspension ou de retrait en application de l'article L. 472-10 de l'agrément prévu à l'article L. 472-1 et de suspension ou d'annulation de la déclaration prévue à l'article L. 472-6 en application de l'article L. 472-10 :

– le département dans lequel a été prise la décision administrative ;

– le type de motif à l'origine de la décision administrative ;

– les éléments constatés en application de l'article L. 313-18 ou de l'article L. 472-10 ;

– la date de la décision administrative.

CASF, art. D. 471-14
La liste mentionnée à l'article D. 471-13 est dressée et tenue à jour sous le contrôle du ministre chargé de la Famille, qui veille au respect des dispositions du présent chapitre.

L'inscription sur la liste est demandée par les agents individuellement désignés et spécialement habilités par le préfet, le directeur départemental des affaires sanitaires sociales et leurs adjoints et réalisée par les agents individuellement désignés et spécialement habilités par le ministre chargé de la Famille à cette fin.

CASF, art. D. 471-15
La décision de retrait en application de l'article L. 313-18 de l'autorisation des services mentionnés au 14° du I de l'article L. 312-1, de suspension ou de retrait en application de l'article L. 472-10 de l'agrément prévu à l'article L. 472-1 et de suspension ou d'annulation de la déclaration prévue à l'article L. 472-6 en application de l'article L. 472-10 mentionne l'inscription des services et personnes concernés sur la liste mentionnée à l'article L. 471-3. Les personnes et services concernés ne peuvent s'opposer à leur inscription sur cette liste.

CASF, art. D. 471-16
Toute personne dont l'identité est inscrite dans la liste peut demander au directeur départemental des affaires sanitaires et sociales de rectifier les informations la concernant ou d'en ordonner l'effacement si celles-ci ne sont pas exactes ou si leur conservation n'apparaît plus nécessaire compte tenu de la finalité de la liste, au regard de la nature des faits à l'origine de l'inscription sur la liste et du temps écoulé depuis lors.

CASF, art. D. 471-17
Dans la limite de leurs attributions respectives et pour l'instruction des demandes d'autorisation de services mentionnés au 14° du I de l'article L. 312-1, des demandes d'agrément prévu à l'article L. 472-1 ou des déclarations prévues à l'article L. 472-6, sont seuls autorisés à accéder directement à la liste par un système de télécommunication sécurisé :

1° Les préfets, les directeurs départementaux des affaires sanitaires sociales, leurs adjoints et les agents individuellement désignés et spécialement habilités par eux à cette fin ;

2° Les procureurs de la République près les tribunaux de grande instance des chefs-lieux de département et leurs substituts.

CASF, art. D. 471-18
La liste conserve pendant une durée de trois ans les informations relatives aux inscriptions et consultations dont elle fait l'objet, en précisant la qualité de la personne ou autorité ayant procédé à l'opération.

Ces informations ne peuvent être consultées que par le ministre chargé de la Famille ou, avec son autorisation, par les personnes qu'il habilite spécialement.

Elles peuvent donner lieu à des exploitations statistiques.

CASF, art. D. 471-19
Le directeur départemental des affaires sanitaires et sociales procède à l'effacement des données qui sont inscrites sur la liste :

a) À l'expiration d'un délai de cinq ans ;

b) Lorsqu'il est informé du rétablissement de l'agrément ou de la déclaration après sa suspension prononcée en application de l'article L. 472-10 ou de la réouverture du service après le retrait de l'autorisation en application de l'article L. 313-18 ;

c) Lorsqu'il est informé du décès de la personne ;

d) Lorsqu'il prend une décision d'effacement en application de l'article D. 471-16.

> Mandataires judiciaires à la protection des majeurs exerçant à titre individuel
CASF, art. L. 472-1 à L. 472-4, R. 471-2-1, R. 472-1 à R. 472-7, D. 472-5 à D. 472-5-4, D. 472-6-1, D. 472-6-2, R. 472-24 à R. 472-26

* V. s[s] n° 313.01, > *Mandataires judiciaires à la protection des majeurs*

> Mandataires judiciaires à la protection des majeurs exerçant en qualité de préposé d'établissement hébergeant des majeurs
CASF, art. L. 472-5 à L. 472-9, R. 472-14, R. 472-16, R. 472-19, D. 472-13 et R. 472-23

* V. s[s] n° 313.01

> Rémunération du mandataire judiciaire à la protection des majeurs et prise en charge des coûts
[C. civ., art. 419 et CASF, art. L. 312-1, I (14°), L. 361-1, L. 361-2, L. 471-5, L. 472-3, L. 472-9, D. 271-2, R. 471-5, R. 471-5-1, R. 471-5-2, R 471-5-3, R. 472-8, R. 472-9]

+ L. n° 2007-308, 5 mars 2007

+ Décr. n° 2015-1710, 21 déc. 2015

+ L. n° 2015-1785, 29 déc. 2015

C. civ., art. 419 *(mod. par L. n° 2007-308, 5 mars 2007, art. 7)*
Les personnes autres que le mandataire judiciaire à la protection des majeurs exercent à titre gratuit les mesures judiciaires de protection. Toutefois, le juge des tutelles ou le conseil de famille s'il a été constitué peut autoriser, selon l'importance des biens gérés ou la difficulté d'exercer la mesure, le versement d'une indemnité à la personne chargée de la protection. Il en fixe le montant. Cette indemnité est à la charge de la personne protégée.

Si la mesure judiciaire de protection est exercée par un mandataire judiciaire à la protection des majeurs, son financement est à la charge totale ou partielle de la personne protégée en fonction de ses ressources et selon les modalités prévues par le Code de l'action sociale et des familles.

Lorsque le financement de la mesure ne peut être intégralement assuré par la personne protégée, il est pris en charge par la collectivité publique, selon des modalités de calcul communes à tous les mandataires judiciaires à la protection des majeurs et tenant compte des conditions de mise en œuvre de la mesure, quelles que soient les sources de financement. Ces modalités sont fixées par décret.

À titre exceptionnel, le juge ou le conseil de famille s'il a été constitué peut, après avoir recueilli l'avis du procureur de la République, allouer au mandataire judiciaire à la protection des majeurs, pour l'accomplissement d'un acte ou d'une série d'actes requis par la mesure de protection et impliquant des diligences particulièrement longues ou complexes, une indemnité en complément des sommes perçues au titre des deux alinéas précédents lorsqu'elles s'avèrent manifestement insuffisantes. Cette indemnité est à la charge de la personne protégée.

Le mandat de protection future s'exerce à titre gratuit sauf stipulations contraires.

CASF, art. L. 312-1, I (14°)

I. – Sont des établissements et services sociaux et médico-sociaux, au sens du présent code, les établissements et les services, dotés ou non d'une personnalité morale propre, énumérés ci-après :

[...] 14° Les services mettant en œuvre les mesures de protection des majeurs ordonnées par l'autorité judiciaire au titre du mandat spécial auquel il peut être recouru dans le cadre de la sauvegarde de justice ou au titre de la curatelle, de la tutelle ou de la mesure d'accompagnement judiciaire; [...]

CASF, art. L. 361-1 *(mod. par L. n° 2015-1785, 29 déc. 2015, art. 53)*

I. – Déduction faite de la participation financière du majeur protégé en application de l'article L. 471-5, les services mentionnés au 14° du I de l'article L. 312-1 qui ne relèvent pas des II et III du présent article bénéficient d'un financement sous forme d'une dotation globale dont le montant est déterminé en fonction d'indicateurs liés, en particulier, à la charge de travail résultant de l'exécution des mesures de protection.

Cette dotation globale est à la charge du département du lieu d'implantation du siège de l'organisme gestionnaire du service pour 0,3 % de son montant et de l'État pour le solde.

II. – Pour l'exercice de la mesure de protection ordonnée par l'autorité judiciaire au titre du mandat spécial auquel il peut être recouru dans le cadre de la sauvegarde de justice ou au titre de la curatelle, de la tutelle ou de la mesure d'accompagnement judiciaire, les services mentionnés au 14° du I de l'article L. 312-1 qui sont gérés par des établissements mentionnés aux a, b et c de l'article L. 162-22-6 du Code de la sécurité sociale et dispensant les soins mentionnés à l'article L. 3221-1 du Code de la santé publique bénéficient d'un financement de la dotation annuelle mentionnée à l'article L. 174-1 du Code de la sécurité sociale, déduction faite des prélèvements opérés par ces services sur les ressources du majeur protégé.

III. – Les charges d'exploitation ainsi que les prélèvements sur les ressources du majeur protégé, réalisés en application de l'article L. 471-5, sont budgétés et retracés dans le budget ou l'état de recettes et de dépenses :

1° Des établissements mentionnés aux 6° et 7° du I de l'article L. 312-1, qui gèrent des services mentionnés au 14° du I du même article;

2° Des établissements de santé, publics ou privés, mentionnés aux a, b et c de l'article L. 162-22-6 du Code de la sécurité sociale, qui dispensent des soins de longue durée et gèrent des services mentionnés au 14° du I de l'article L. 312-1 du présent code.

CASF, art. L. 361-2 *(créé par L. n° 2007-308, 5 mars 2007, art. 17)*

Les services mentionnés au 15° du I de l'article L. 312-1 qui mettent en œuvre une mesure ordonnée par l'autorité judiciaire en application de l'article 375-9-1 du Code civil bénéficient d'un financement de l'organisme de sécurité sociale qui verse la prestation faisant l'objet de la mesure. Lorsque plusieurs prestations sociales font l'objet de ladite mesure, la charge incombe à l'organisme versant la prestation sociale dont le montant est le plus élevé.

Le financement prévu au premier alinéa est versé sous forme d'une dotation globale. Son montant est déterminé en fonction d'indicateurs liés, en particulier, à la charge de travail résultant de l'exécution des mesures de protection.

CASF, art. L. 471-5

* V. s[s] prés[t] n°, • *coût des mesures de protection et participation financière de la personne protégée*

CASF, art. L. 472-3 *(créé par L. n° 2007-308, 5 mars 2007, art. 17)*

* V. s[s] n° 313.01, > *Mandataires judiciaires à la protection des majeurs exerçant à titre individuel,* • *rémunération*

CASF, art. L. 472-9

* V. s[s] n° 313.01, > *Mandataires judiciaires à la protection des majeurs exerçant en qualité de préposé d'établissement hébergeant des majeurs,* • *rémunération*

CASF, art. D. 271-2 *(mod. par Décr. n° 2015-1710, 21 déc. 2015, art. 4)*

Les prestations sociales mentionnées aux articles L. 271-1 et L. 271-5 sont :

1° L'aide personnalisée au logement mentionnée à l'article L. 351-1 du Code de la construction et de l'habitation, dès lors qu'elle n'est pas versée en tiers payant selon les modalités prévues à l'article R. 351-27;

2° L'allocation de logement sociale mentionnée à l'article L. 831-1 du Code de la sécurité sociale, dès lors qu'elle n'est pas versée en tiers payant;

3° L'allocation personnalisée d'autonomie mentionnée à l'article L. 232-1 du présent code, dès lors qu'elle n'est pas versée directement aux établissements et services mentionnés à l'article L. 232-15 selon les conditions prévues au même article;

4° L'allocation de solidarité aux personnes âgées mentionnée à l'article L. 815-1 du Code de la sécurité sociale;

5° L'allocation aux vieux travailleurs salariés mentionnée à l'article 2 de l'ordonnance n° 2004-605 du 24 juin 2004 simplifiant le minimum vieillesse;

6° L'allocation aux vieux travailleurs non salariés mentionnée au même article;

7° L'allocation aux mères de famille mentionnée au même article;

8° L'allocation spéciale vieillesse prévue à l'article L. 814-1 du Code de la sécurité sociale et sa majoration prévue à l'article L. 814-2 du même code dans leur rédaction antérieure à l'entrée en vigueur de la même ordonnance;

9° L'allocation viagère dont peuvent bénéficier les rapatriés en vertu de la loi du 2 juillet 1963 visée ci-dessus et mentionnée à l'article 2 de la même ordonnance;

10° L'allocation de vieillesse agricole mentionnée à l'article 2 de la même ordonnance;

11° L'allocation supplémentaire mentionnée à l'article L. 815-2 du Code de la sécurité sociale, dans sa rédaction antérieure à l'entrée en vigueur de la même ordonnance;

12° L'allocation supplémentaire d'invalidité mentionnée à l'article L. 815-24 du Code de la sécurité sociale;

13° L'allocation aux adultes handicapés mentionnée à l'article L. 821-1 du même code, le complément de ressources mentionné à l'article L. 821-1-1 du même code et la majoration pour la vie autonome mentionnée à l'article L. 821-1-2 du même code ;

14° L'allocation compensatrice mentionnée à l'article 95 de la loi n° 2005-102 du 11 février 2005 pour l'égalité des droits et des chances, la participation et la citoyenneté des personnes handicapées ;

15° La prestation de compensation du handicap mentionnée aux I et II de l'article L. 245-1 du présent code, sauf si elle est versée dans les conditions prévues à l'article L. 245-11 ;

16° (*Abrogé*) ;

17° Le revenu de solidarité active ;

18° La prestation d'accueil du jeune enfant mentionnée à l'article L. 511-1 du Code de la sécurité sociale ;

19° Les allocations familiales mentionnées au même article ;

20° Le complément familial mentionné au même article ;

21° L'allocation de logement mentionnée au même article, dès lors qu'elle n'est pas versée en tiers payant au bailleur ;

22° L'allocation d'éducation de l'enfant handicapé mentionnée au même article ;

23° L'allocation de soutien familial mentionnée au même article ;

24° L'allocation de rentrée scolaire mentionnée au même article ;

25° L'allocation journalière de présence parentale mentionnée au même article ;

26° La rente versée aux orphelins en cas d'accident du travail mentionnée à l'article L. 434-10 du Code de la sécurité sociale ;

27° L'allocation représentative de services ménagers mentionnée aux articles L. 231-1 et L. 241-1 du présent code ;

28° L'allocation différentielle mentionnée à l'article L. 241-2 du présent code ;

29° La prestation de compensation du handicap mentionnée au III de l'article L. 245-1 du présent code.

CASF, art. R. 471-5, R. 471-5-1, R. 471-5-2, R 471-5-3
* V. s^s prés^t n°, • *coût des mesures de protection et participation financière de la personne protégée*

CASF, art. R. 472-8
* V. s^s n° 313.01, > *Mandataires judiciaires à la protection des majeurs exerçant à titre individuel,* • *agrément*

CASF, art. R. 472-9
* V. s^s n° 313.01, > *Mandataires judiciaires à la protection des majeurs exerçant à titre individuel,* • *rémunération*

> Indemnité complémentaire

CASF, art. D. 471-6
* V. s^s prés^t n°, > *Mandataires judiciaires à la protection des majeurs – dispositions communes,* • *indemnité complémentaire*

> Sanctions communes aux mandataires judiciaires à la protection des majeurs personnes physiques

• retrait de l'agrément ou annulation des effets de la déclaration

[CASF, art. L. 472-10 et R. 472-24]

+ L. n° 2007-308, 5 mars 2007

+ Décr. n° 2014-551, 27 mai 2014

CASF, art. L. 472-10 *(créé par L. n° 2007-308, 5 mars 2007, art. 14 et 19)*

Sans préjudice des dispositions des articles 416 et 417 du Code civil, le représentant de l'État dans le département exerce un contrôle de l'activité des mandataires judiciaires à la protection des majeurs.

En cas de violation par le mandataire judiciaire à la protection des majeurs des lois et règlements ou lorsque la santé, la sécurité ou le bien-être physique ou moral de la personne protégée est menacé ou compromis par les conditions d'exercice de la mesure de protection judiciaire, le représentant de l'État dans le département, après avoir entendu l'intéressé, lui adresse, d'office ou à la demande du procureur de la République, une injonction assortie d'un délai circonstancié qu'il fixe. Il en est de même lorsque l'indépendance du préposé d'un établissement mentionné au premier alinéa de l'article L. 472-6 dans l'exercice des mesures de protection qui lui sont confiées par le juge n'est pas effective.

S'il n'est pas satisfait à l'injonction dans le délai fixé, le représentant de l'État dans le département, sur avis conforme du procureur de la République ou à la demande de celui-ci, retire l'agrément prévu à l'article L. 472-1 ou annule les effets de la déclaration prévue à l'article L. 472-6.

En cas d'urgence, l'agrément ou la déclaration peut être suspendu, sans injonction préalable et, au besoin, d'office, dans des conditions fixées par décret en Conseil d'État.

Le procureur de la République est informé de la suspension, du retrait ou de l'annulation visés aux deux alinéas précédents.

CASF, art. R. 472-24 *(créé par Décr. n° 2014-551, 27 mai 2014, art. 1er)*

Le retrait de l'agrément ou l'annulation des effets de la déclaration dans les cas prévus au deuxième alinéa de l'article L. 472-10 vaut radiation du mandataire judiciaire à la protection des majeurs de la liste mentionnée à l'article L. 471-2 et inscription sur la liste mentionnée à l'article L. 471-3. La décision est notifiée par le préfet au procureur de la République près le tribunal de grande instance du chef-lieu de département, aux juridictions intéressées, à l'établissement employeur et au mandataire judiciaire à la protection des majeurs. Le directeur départemental ou, le cas échéant, régional des finances publiques est informé de l'annulation des effets de la déclaration.

Dès réception de la notification du retrait d'agrément ou de l'annulation des effets de la déclaration, le juge des tutelles procède au remplacement du mandataire judiciaire pour les mesures de protection des majeurs en cours.

• suspension de l'agrément ou suspension de la déclaration

[CASF, art. R. 472-25 à R. 472-26]

+ Décr. n° 2008-1553, 31 déc. 2008

+ Décr. n° 2014-551, 27 mai 2014

CASF, art. R. 472-25 *(créé par Décr. n° 2008-1553, 31 déc. 2008, art. 2)*

La suspension de l'agrément par le préfet prévue à l'article L. 472-10 en cas d'urgence intervient pour une période maximale de huit jours, durant laquelle le mandataire judiciaire à la protection des majeurs est appelé ou entendu.

La suspension de l'agrément vaut suspension de l'inscription sur la liste prévue à l'article L. 471-2 et inscription sur la liste prévue à l'article L. 471-3. Elle est notifiée sans délai par le préfet de département au procureur de la République près le tribunal de grande instance du chef-lieu de département, aux juridictions intéressées et au mandataire judiciaire à la protection des majeurs.

À l'issue de la période de suspension de l'agrément, dans le cas où il est décidé de ne pas retirer l'agrément, le préfet notifie la fin de la suspension de l'agrément et le retrait de la liste prévue à l'article L. 471-3 au procureur de la République près le tribunal de grande instance du chef-lieu de département et au mandataire judiciaire à la protection des majeurs.

CASF, art. R. 472-26 *(créé par Décr. n° 2014-551, 27 mai 2014, art. 1er)*

La suspension de la déclaration prévue à l'article L. 472-10 en cas d'urgence intervient pour une période maximale de huit jours, durant laquelle sont entendus :

1° Le mandataire judiciaire à la protection des majeurs;

2° Un représentant de l'établissement qui a fait la déclaration de la désignation du mandataire judiciaire à la protection des majeurs.

La suspension de la déclaration vaut suspension de l'inscription sur la liste prévue à l'article L. 471-2 et inscription sur la liste mentionnée à l'article L. 471-3. Elle est notifiée sans délai par le préfet au procureur de la République près le tribunal de grande instance du chef-lieu de département, aux juridictions intéressées, au mandataire judiciaire à la protection des majeurs, à l'établissement qui en a déclaré la désignation et, lorsque cet établissement est public, au directeur départemental ou, le cas échéant, régional des finances publiques.

À l'issue de la période de suspension, dans le cas où il est décidé de ne pas annuler les effets de la déclaration, le préfet notifie la fin de la suspension de la déclaration et le retrait de la liste prévue à l'article L. 471-3 au procureur de la République près le tribunal de grande instance du chef-lieu de département, aux juridictions intéressées, au mandataire judiciaire à la protection des majeurs, à l'établissement qui en a déclaré la désignation et, lorsque cet établissement est public, au directeur départemental ou, le cas échéant, régional des finances publiques.

312.02 Jurisprudence de référence.

> La rémunération du mandataire judiciaire à la protection des majeurs est subordonnée à un travail effectif

• **Civ. 1re, 11 janv. 2017, n° 15-27.784,** *Bull. civ.* I [à paraître]

* V. ss n° 312.31

Si la rémunération des mandataires judiciaires est déterminée de manière forfaitaire et calculée sur la base d'un barème fixé par arrêté, l'absence de toute diligence fait obstacle à cette rémunération.

312.03 Bibliographie indicative.

> Protection des majeurs. C. Sévely-Fournié, « Quel rôle du parquet dans la protection juridique des majeurs ? », *D.* 2009. Chron. 1221.

> Mandataires judiciaires. P. Bouttier, « Le mandataire judiciaire à la protection des majeurs : de la professionnalisation à l'accompagnement », *Vie sociale* 2010/3, n° 3, p. 93-113, Eres – A.-M. David, « À quand une véritable harmonisation de la profession de mandataire judiciaire à la protection des majeurs ? », *AJ fam.* 2011 191; « Création d'un ordre professionnel des mandataires judiciaires à la protection des majeurs », *D.* 2011. 2920 – I. Maria, note ss Cons. const. 17 juin 2011, n° 2011-136 QPC, *Dr. fam.* 2011, n° 157 – A.-L. Toledano, « Formation des mandataires judiciaires à la protection des majeurs », *AJ fam.* 2011. 192 – Dossier : G. Raoul-Cormeil (dir.), A. Batteur, L. Mauger-Vielpeau, « Mandataires judiciaires à la protection des majeurs : état des lieux d'un statut professsionnel et perspectives d'évolution », 6 études, *Dr. fam.*. 2015, Dossiers 12 à 17.

> Rapport de la Cour des comptes. *La protection juridique des majeurs : une réforme ambitieuse, une mise en œuvre défaillante,* sept. 2016.

> Guide de l'IGAS-DGCS. *Guide méthodologique pour la construction d'un contrôle d'une structure sociale ou médico-sociale*, IGAS-DGCS, nov. 2014.

312.04 Exemples d'actes.

> Régimes de protection des majeurs

* Pour un exemple d'inventaire de patrimoine, v. ss n° 5271.11.

* Pour un exemple de comptes annuels de gestion, v. ss n° 5271.12.

* Pour un exemple de procès-verbal de difficultés, v. ss n° 5271.13.

* Pour un exemple d'ordonnance statuant sur la conformité des comptes, v. ss n° 5271.14.

*Pour un exemple de procès-verbal de prestation de serment de mandataire judiciaire, v. ss n° 5292.11.

* Pour un exemple d'ordonnance autorisant un prélèvement supplémentaire du MJPM, v. ss n° 5271.15.

SECTION 1
PROFESSIONNALISATION DES MANDATAIRES JUDICIAIRES À LA PROTECTION DES MAJEURS

§ 1
Profession unique mais modes d'exercice différents

312.11 Fusion en une profession unique de tous les statuts antérieurs. Sous l'empire des lois des 18 octobre 1966 et 3 janvier 1968[1], il n'existait pas de statut commun à l'ensemble des personnes chargées d'assurer, à titre professionnel, la mission de protection d'un majeur dans le cadre d'une mesure ordonnée par le juge des tutelles. Ainsi, la mesure de protection confiée à une personne extérieure à la famille pouvait être notamment exercée par un tuteur d'État, un gérant de tutelle, un curateur d'État ou un tuteur aux prestations sociales adultes.

La loi du 5 mars 2007 continue de privilégier la désignation par le juge des tutelles ou le conseil de famille d'un protecteur choisi dans la famille ou les proches de la personne à protéger (C. civ., art. 449 à 451).

C'est seulement en cas de **carence familiale ou amicale**, qu'elle prescrit au juge des tutelles de désigner, à titre subsidiaire, un « **mandataire judiciaire à la protection des majeurs** » inscrit sur la liste établie

1. L. n° 68-5, 3 janv. 1968, portant réforme des incapables majeurs, *JO* 4 janv., p. 114.

par le représentant de l'État dans le département (CASF, art. L. 471-2).

Ce nouveau statut fusionne en une seule et même profession tous les statuts antérieurs, cherchant ainsi à éviter les différences de financement, tant controversées sous l'empire des lois des 18 octobre 1966 et 3 janvier 1968, entre les mesures de protection. Pour autant, si elle a unifié le statut des mandataires judiciaires à la protection des majeurs, la réforme n'a pas atteint, sur le terrain du financement, l'unification et la pacification recherchée[1]. Elle ne l'a pas davantage atteint sur les conditions d'exercice de la profession puisque, par exemple, les services mandataires ont été intégrés dans la catégorie des **établissements sociaux et médico-sociaux** (CASF, art. L. 312-1, 14°), ce qui crée pour eux des contraintes particulières notamment parce qu'ils sont autorisés pour un nombre limitatif de mesures et font l'objet d'une planification dans le schéma régional des mandataires judiciaires à la protection judiciaire des majeurs et des délégués aux prestations familiales. **Le titulaire de l'agrément est la personne morale,** l'association gestionnaire du service mandataire, et non le salarié qui a reçu personnellement la formation sanctionnée par la délivrance du certificat national de compétence et qui prête serment.

312.12 Définition. L'article L. 471-1 du Code de l'action sociale et des familles définit, dans sa rédaction issue de la loi n° 2007-308 du 5 mars 2007, les « *mandataires judiciaires à la protection des majeurs* » comme ceux « *qui exercent à titre habituel les mesures de protection des majeurs que le juge des tutelles leur confie au titre du mandat spécial auquel il peut être recouru dans le cadre de la sauvegarde de justice ou au titre de la curatelle, de la tutelle ou de la mesure d'accompagnement judiciaire* ».

312.13 Modes d'exercice différents : personnes et services concernés. Selon l'article L. 471-2 du Code de l'action sociale et des familles, les mandataires judiciaires à la protection des majeurs sont inscrits sur une **liste établie par le représentant de l'État dans le département**, qui comprend :

– les « *services mettant en œuvre les mesures de protection des majeurs ordonnées par l'autorité judiciaire au titre du mandat spécial auquel il peut être recouru dans le cadre de la sauvegarde de justice ou au titre de la curatelle, de la tutelle ou de la mesure d'accompagnement judiciaire* » (CASF, art. L. 312-1, I, 14°) ;

– les personnes physiques agréées à titre individuel en qualité de mandataires judiciaires à la protection des majeurs par le représentant de l'État dans le département (CASF, art. L. 472-1) ;

– les agents préposés des établissements hébergeant des majeurs handicapés ou âgés, désignés en qualité de mandataires judiciaires à la protection des majeurs dans la déclaration préalable auprès du représentant de l'État dans le département (CASF, art. L. 472-6).

L'ouverture d'une association tutélaire, l'agrément d'une personne physique mandataire judiciaire à la protection des majeur et la prise d'effet de la désignation des agents préposés d'établissement, prévue à l'article L. 472-6, **valent inscription** sur la liste du préfet de département. Celui-ci notifie, sans délai, cette liste aux juridictions intéressées en mentionnant :

1° Le nom et les coordonnées du mandataire judiciaire à la protection des majeurs ;

2° Le nom et les coordonnées :

a) De l'organisme gestionnaire s'ils sont différents de ceux de l'association tutélaire ;

b) De l'établissement qui a désigné son préposé en qualité de mandataire judiciaire à la protection des majeurs ;

c) Des établissements qui hébergent des personnes adultes handicapées ou des personnes âgées et confient l'exercice des mesures de protection à un service tutélaire leur étant extérieur (CASF, art. L. 472-5, al. 2 et 3) ;

3° La catégorie de mesures de protection des majeurs pour lesquelles le mandataire judiciaire à la protection des majeurs a reçu une habilitation.

Le mandataire judiciaire à la protection des majeurs est informé de cette notification (CASF, art. D. 471-1).

§ 2
Accès à la profession

312.21 Conditions. Dans le cadre de leur statut légal commun, les mandataires judiciaires à la protection des majeurs doivent satisfaire à des conditions de **moralité**, d'**âge**, de **formation** certifiée par l'État, et d'**expérience professionnelle**. Lorsque le mandat judiciaire à la protection des majeurs a été confié à un service mentionné au 14° du I de l'article L. 312-1 du Code de l'action sociale et des familles, c'est-à-dire à une association tutélaire, ces même conditions sont exigées des **personnes physiques salariées** de cette association, qui ont reçu délégation de celle-ci pour assurer la mise en œuvre de la mesure (CASF, art. L. 471-4).

312.22 Formation des mandataires judiciaires à la protection des majeurs en vue de l'exercice des mesures judiciaires de protection des majeurs. Si le **dispositif d'accès** à la profession de mandataire judiciaire à la protection des majeurs demeure diversifié, sur le terrain des conditions d'âge et d'expérience professionnelle exigées des candidats (v. s[s] n° 312.24), les **conditions de formation** des mandataires judiciai-

1. Sur le statut et le financement de la profession de mandataires judiciaires à la protection des majeurs, v. T. Fossier, « La réforme de la protection des majeurs », *JCP* 2007. I. 118, n°s 40 à 45.

res à la protection des majeurs se trouvent, en revanche, unifiées. Tous les candidats, quel que soit leur mode actuel ou futur d'exercice professionnel, sont tenus de suivre **la même formation.** Qu'ils exercent à titre libéral, en milieu associatif ou en qualité de préposés d'établissement, les mandataires judiciaires à la protection des majeurs « *doivent avoir suivi, avec succès, la formation complémentaire attestant des compétences nécessaires à l'exercice des fonctions de mandataire judiciaire* » (CASF, art. D. 471-3, al. 1er). Les mandataires en poste avant l'entrée en vigueur de la loi du 5 mars 2007, soit le 1er janvier 2009, se sont vus accorder un **délai de formation**, lequel a été prorogé par la loi du 12 mai 2009, de simplification et de clarification du droit et d'allègement des procédures, jusqu'à la date du 1er janvier 2012. **L'unification de la formation** répond au **souci d'harmoniser**, en la matière, **les pratiques professionnelles.** À cette fin, un arrêté du 2 janvier 2009[1] définit le contenu des enseignements théoriques de la formation obligatoire, lesquels sont assortis d'un stage pratique. Celle-ci est divisée en plusieurs modules regroupés en quatre domaines de formation respectivement consacrés aux dispositions juridiques, à la gestion administrative et budgétaire ainsi qu'à la gestion fiscale et patrimoniale, à la protection de la personne et au mandataire judiciaire à la protection des majeurs.

312.23 **Dispenses et allégements de formation.** À la différence des autres modules de la formation, ceux composant le domaine de formation 4, relatif au mandataire judiciaire à la protection des majeurs, ne sont jamais susceptibles d'allègement ou de dispense de formation. La règle comporte, toutefois, un tempérament au profit des personnes titulaires du certificat national de compétence de mandataire judiciaire à la protection des majeurs, mention « mesure d'accompagnement judiciaire » ou du certificat national de compétence de délégué aux prestations familiales, lesquels bénéficient, de droit, de la dispense de certains modules du domaine de formation 4[2]. Par ailleurs, les candidats ayant validé la **formation d'adaptation à l'exercice des fonctions de tuteur aux majeurs protégés** prévue, sous l'empire des anciens textes, par l'arrêté du 28 octobre 1988 bénéficient d'une dispense, de droit, de tous les modules de la formation, à l'exception du module 3.2 « relation, intervention et aide à la personne ». Pour autant, la mise en œuvre de cette règle se heurte à des difficultés d'interprétation. Par une circulaire en date du 23 juin 2010, la Direction générale de la cohésion sociale a précisé, en effet, que « *concernant le module 3.2* [...], *il convient de rappeler que la possibilité d'obtenir une dispense ou un allégement de ce module s'applique uniquement aux nouveaux accédants à la fonction de MJPM. En revanche, tous les professionnels en exercice avant le 1er janvier 2009 doivent obligatoirement suivre ce module, même s'ils bénéficient par ailleurs d'une dispense des autres modules, y compris le DF 4* »[3]. C'est dire que, retenant une interprétation contraire aux dispositions de l'article 4 alinéa 3 de l'arrêté du 2 janvier 2009, la circulaire rend obligatoire, pour les candidats ayant suivi la formation prévue par l'arrêté du 28 octobre 1988, le module 3.2 concernant la protection de la personne[4]. S'agissant des autres modules de la formation, des **dispenses** et des **allégements** peuvent être accordés aux candidats au vu de leurs qualifications et expériences professionnelles. Un candidat peut bénéficier de plusieurs dispenses et allégements de formation dès lors que sa qualification et son expérience professionnelle le justifient[5]. Si elle se comprend aisément par le souci d'atténuer la charge résultant de la formation pour les mandataires judiciaires, il n'en demeure pas moins que la possibilité pour ces derniers de bénéficier de dispenses ou d'allégements, peut conduire à ce que les innovations de la loi du 5 mars 2007 ne soient pas acquises. Ces innovations ne relevant pas toutes du programme du domaine de formation obligatoire[6], l'évolution et le renouvellement des pratiques professionnelles, pourtant souhaités par la réforme, s'en trouvent compromis[7].

Pour obtenir la **dispense de modules de la formation**, le candidat doit justifier d'un **diplôme de niveau III**, au moins, sur le registre national des certifications professionnelles (c'est-à-dire d'un diplôme de niveau Bac+2) dont le programme correspond à celui du module concerné[8]. La dispense d'un module de la formation entraîne la validation de celui-ci[9]. Les **allégements de formation** sont accordés aux candidats en fonction de leur **expérience professionnelle.** Pour obtenir un tel allègement, le candidat doit justifier d'une expérience professionnelle d'au moins trois ans acquise dans le cadre de l'exercice d'une activité en lien direct avec le contenu de la formation concerné[10]. À la différence des dispenses de formation, les allégements n'entraînent pas la validation

1. Arr. 2 janv. 2009, NOR MTSA0900276A, relatif à la formation complémentaire préparant aux certificats nationaux de compétence de mandataire judiciaire à la protection des majeurs et de délégué aux prestations familiales, *JO* 15 janv., p. 820.
2. Arr. 2 janv. 2009, *JO* 15 janv., annexe I (préc. ss no 312.22).
3. Circ. DGCS/SD4A/2010/217, 23 juin 2010, relative à la formation complémentaire des mandataires judiciaires à la protection des majeurs et des délégués aux prestations familiales.
4. A.-L. Toledano, « Formation des mandataires judiciaires à la protection des majeurs », *AJ fam.* 2011. 192.
5. Arr. 2 janv. 2009, MTSA0900276A, *JO* 15 janv., art. 3, al. 2.
6. C'est-à-dire du domaine de formation 4.
7. A.-L. Toledano, « Formation des mandataires judiciaires à la protection des majeurs », préc. ss prést no.
8. Arr. 2 janv. 2009, art. 4, al. 1er (préc. ss no 312.22).
9. Arr. 2 janv. 2009, art. 4, al. 4 (préc. ss no 312.22).
10. Arr. 2 janv. 2009, art. 5, al. 2 (préc. ss no 312.22).

des modules concernés[1]. L'allègement vaut seulement **dispense d'assiduité**, le candidat demeurant tenu de se présenter aux épreuves pour la validation du module[2].

312.24 Conditions diversifiées d'âge et d'expérience professionnelle. Pour pouvoir accéder à la formation complémentaire attestant des compétences nécessaires à l'exercice des fonctions de mandataire judiciaire à la protection des majeurs, les candidats doivent remplir les conditions définies à l'article D. 471-3 du Code de l'action sociale et des familles. Celles-ci ont trait tout à la fois à **l'âge**, à **l'expérience professionnelle** et au(x) **diplôme(s)** (CASF, art. L. 471-4 et D. 471-3). Les deux premières conditions varient en fonction du mode d'exercice professionnel.

C'est ainsi que les mandataires, **personnes physiques exerçant à titre individuel** les mesures judiciaires à la protection des majeurs, doivent être âgés au minimum de 25 ans et justifiés d'une expérience professionnelle d'au moins trois ans dans l'un des domaines nécessaires à l'exercice des fonctions de mandataires judiciaires à la protection des majeurs; cependant que les mandataires **préposés d'établissement** et ceux **délégués par les associations tutélaires** sont soumis à un âge minimal de 21 ans et des conditions d'expérience professionnelle d'au moins un an s'agissant des seuls préposés d'établissement (CASF, art. D. 471-3, al. 4 à 6). Aucune expérience professionnelle n'est, en revanche, requise des mandataires délégués par les associations tutélaires, ce qui compromet la cohérence du dispositif dont l'une des finalités était de lisser tout à la fois les compétences et les pratiques professionnelles.

312.25 Conditions unifiées de diplôme ou de titre. L'homogénéité réapparaît sur le terrain des conditions de diplôme. Les candidats à la formation doivent être titulaires d'un **diplôme** ou **titre, en lien avec l'un des domaines de la formation, enregistré au niveau III** du répertoire national des certifications professionnelles, c'est-à-dire d'un diplôme des instituts universitaires de technologie (IUT) ou du brevet de technicien supérieur (BTS) ou d'un diplôme de fin de premier cycle de l'enseignement supérieur (ancien DEUG, L2) ou, pour les ressortissants d'un autre État membre de la Communauté européenne ou d'un autre État partie à l'accord sur l'Espace économique européen, d'un titre équivalent ou, le cas échéant, justifier d'une ancienneté d'au moins trois ans dans un emploi exigeant normalement un diplôme ou un titre de niveau III (CASF, art. D. 471-3, al. 1er).

312.26 Dispense des conditions de diplôme, de titre ou d'expérience professionnelle. Les personnes qui exerçaient avant le 1er janvier 2009 la tutelle d'État aux majeurs protégés, la tutelle aux prestations sociales versées aux adultes ou la gérance de tutelle en qualité d'administrateur spécial bénéficient d'une dispense des conditions de diplômes requises pour l'accès à la formation, sous réserve de justifier d'une expérience professionnelle d'au moins trois ans dans la fonction (Décr. n° 2008-1508, 22 déc. 2008, art. 3, al. 1er). Les personnels des corps, grades et emplois des fonctions publiques territoriales et hospitalières, figurant sur une liste fixée par arrêté pris respectivement par le ministre chargé des Collectivités locales et par le ministre chargé de la Santé, conjointement avec le ministre des Affaires sociales, peuvent être dispensés des conditions de diplômes, de titre ou d'expérience professionnelle (CASF, art. D. 471-3, al. 2).

312.27 Sanction de la formation. La formation des mandataires judiciaires à la protection des majeurs est sanctionnée par la délivrance du **certificat national de compétence (CNC)** de mandataire judiciaire à la protection des majeurs, mention « mesure judiciaire à la protection des majeurs ». Il ne s'agit donc pas d'un diplôme d'état, tel qu'une licence professionnelle ou un master professionnel. Il s'ensuit une regrettable hétérogénéité de la formation, « *un décalage significatif* » étant apparu, en pratique, entre l'enseignement théorique prévu par le référentiel de formation découlant de l'arrêté du 2 janvier 2009[3] et « *celui réellement dispensé par la majorité des instituts de formation* »[4]. Pour autant, certaines universités ont mis en place des diplômes universitaires adossés à la délivrance du CNC, mention « mesure judiciaire de protection », propres à garantir tout à la fois la transversalité et la qualité de la formation dispensée.

312.28 Formation des mandataires judiciaires à la protection des majeurs en vue de l'exercice de la mesure d'accompagnement judiciaire. Les mandataires judiciaires à protection des majeurs, personnes physiques, préposés d'établissement ou délégués par les associations tutélaires sont tenus de suivre une **formation complémentaire spécifique pour l'exercice de la mesure d'accompagnement judiciaire**[5]. Le contenu des enseignements théoriques de cette formation, qui s'accompagne par ailleurs d'un **stage pratique**, est divisé en deux domaines de formation, lesquels sont, à leur tour, subdivisés en modules[6].

Le premier recouvre la mesure d'accompagnement judiciaire et le second la pratique ainsi que la déontologie du mandataire en charge de la mesure d'accom-

1. Arr. 2 janv. 2009, art. 5, al. 1er (préc. ss n° 312.22).
2. Sur tout ceci, v. Circ. DGCS/SD4A/2010/217, 23 juin 2010, préc. ss n° 312.23.
3. Arr. 2 janv. 2009, annexe I (préc. ss n° 312.22).
4. A.-I. Toledano, art. préc. ss n° 312.23 – A.-M. David, « À quand une véritable harmonisation de la profession de mandataire judiciaire à la protection des majeurs ? », *AJ fam.* 2011. 191.
5. Arr. 2 janv. 2009, art. 1er, al. 1er (préc. ss n° 312.22).
6. Arr. 2 janv. 2009, annexe II (préc. ss n° 312.22).

pagnement judiciaire. Le premier domaine de formation peut faire l'objet de dispenses ou d'allégements dans les mêmes conditions et avec les mêmes effets que ceux prévus pour l'obtention du CNC, mention « mesure judiciaire de protection » (v. s[s] n° 312.23).

Les modules du second domaine de formation sont, quant à eux, obligatoires, sauf pour les titulaires du certificat national de compétence de délégué aux prestations familiales qui bénéficient, de droit, de la dispense des modules 2.2, 2.3 et 2.4 et pour les titulaires du certificat national de compétence de mandataire judiciaire à la protection des majeurs, mention « mesure judiciaire à la protection des majeurs » qui bénéficient, de droit, de la dispense du module 2.4.

312.29 Inscription sur une liste établie par le préfet du département[1] et schéma régional[2]. *Avant la réforme de 2007*, il existait plusieurs types de contrôles distincts, assurés par le **procureur de la République** et par le **préfet**, le **juge des tutelles** disposant par ailleurs d'une grande liberté dans la désignation de tiers. L'État et la sécurité sociale étant les principaux financeurs de la protection des majeurs, ils avaient une compétence de principe en matière d'autorisation et de contrôle. Les directions départementales des affaires sociales (DDASS) ayant aujourd'hui disparu pour laisser place aux directions départementales de la cohésion sociale (DDCS) et aux directions régionales de la jeunesse, des sports et de la cohésion sociale (DRJSCS), les nouvelles agences régionales de santé (ARS) financent également l'activité tutélaire des hôpitaux et des maisons de retraite et mettent à disposition des personnes chargées du contrôle de l'activité.

La loi du 5 mars 2007 a inscrit la protection des majeurs dans le champ du social et du médico-social, dans lequel **le préfet est titulaire du pouvoir de contrôle**. Désormais donc, l'habilitation et l'autorisation d'exercer passent par l'inscription sur une liste établie par le préfet de département, le **procureur** étant **consulté pour avis**, lequel doit être conforme. La **procédure d'habilitation** concerne prioritairement les services tutélaires, la procédure d'agrément des personnes physiques et la déclaration des mandataires d'établissement. Les mandataires judiciaires sont ensuite inscrits sur les listes départementales dressées et tenues à jour par les directions départementales de la cohésion sociale.

Afin de mieux prévoir et piloter le nombre de mandataires judiciaires nécessaires, en fonction des besoins des territoires, la loi de 2007 prévoit la création de **schémas régionaux d'orientation et de planification** en complétant l'article L. 312-5 du Code de l'action sociale et des familles relatif aux schémas d'organisation sociale et médico-sociale. Ces schémas se construisent à partir d'une analyse des besoins des populations et d'une évaluation des ressources existantes et disponibles. Surtout, ils ont vocation à faire travailler ensemble les différents partenaires et ont pour fonction de définir le cadre de la **coopération et de la coordination entre les opérateurs**, ainsi que des critères d'évaluation. Ils sont établis pour une période de **cinq ans** renouvelable et sont arrêtés par le Préfet de région. Ils sont **opposables** et peuvent donc constituer un outil important d'aide à la décision en vue d'adapter l'offre de service à la diversité et à l'évolution des besoins.

La loi d'adaptation de la société au vieillissement du 28 décembre 2015[3] et le décret du 27 décembre 2016[4] précisent les modalités de consultation des représentants des usagers et des organismes gestionnaires (CASF, art. D. 312-193-7 et D. 471-8).

§ 3
Rémunération de la mission

312.31 Rémunération et prise en charge des coûts. Depuis la loi du 5 mars 2007 et en vertu des articles L. 361-1 et L. 471-5 du Code de l'action sociale et des familles, le financement des mesures de protection des majeurs exercées par des services ou des mandataires individuels relève en premier lieu des personnes protégées elles-mêmes en fonction de leurs ressources et, à titre subsidiaire, de l'un des trois financeurs publics que sont l'État, les organismes de sécurité sociale (CNAF, CNAMTS, CCMSA...) et les départements. Il est toutefois nécessaire que le mandataire judiciaire à la protection judiciaire désigné ait accompli des diligences pour pouvoir prétendre à une rémunération. C'est ce qu'a rappelé la Cour de cassation dans un arrêt du 11 janvier 2017[5].

« *Le coût des mesures exercées par les mandataires judiciaires à la protection des majeurs et ordonnées par l'autorité judiciaire au titre du mandat spécial auquel il peut être recouru dans le cadre de la sauvegarde de justice ou au titre de la curatelle, de la tutelle ou de la mesure d'accompagnement judiciaire est à la charge totale ou partielle de la personne protégée en fonction de ses ressources* » (CASF, art. L. 471-5, al. 1er). Le texte fait écho à l'article 419 alinéa 2 du Code civil, lequel fait figure en la matière de texte pilote, en énonçant que : « *Si la mesure judiciaire de protection est exercée par un mandataire judiciaire à la protection des majeurs, son financement est à la charge totale ou partielle de la personne protégée en fonction de ses ressources et selon les modalités prévues par le Code de l'action sociale et des familles* ». Dans l'hypothèse où le financement de la

1. CASF, art. D. 471-1 à R. 471-2, D. 474-1 à R. 474-2.
2. CASF, art. L. 312-4 à L. 312-5.
3. L. n° 2015-1776, 28 déc. 2015.
4. Décr. n° 2016-1898, 27 déc. 2016
5. Civ. 1re, 11 janv. 2017, n° 15-27.784, *Bull. civ.* I [à paraître]; *D.* 2017. 109; *AJ fam.* 2017. 145, obs. Raoul-Cormeil.

mesure ne peut être intégralement assuré par la **personne protégée**, il est pris en charge par la **collectivité publique**, selon des modalités de calcul, fixées par décret, communes à tous les mandataires judiciaires à la protection des majeurs et tenant compte des conditions de mise en œuvre de la mesure, quelles que soient les sources de financement (C. civ., art. 419, al. 3). Les financeurs publics prennent en charge le coût de la mesure, en cas d'impécuniosité de la personne protégée, dans les conditions fixées par les articles L. 361-1, L. 472-3, relatif aux mandataires judiciaires exerçant à titre individuel, et L. 472-9 du Code de l'action sociale et des familles, relatif aux préposés d'établissement (CASF, art. L. 471-5, al. 1er).

L'article L. 361-1 du Code de l'action sociale et des familles prévoit que les services des associations tutélaires ainsi que les préposés d'établissement reçoivent leur financement sous la forme d'une **dotation globale** versée par les financeurs publics, déduction faite de la participation financière du majeur protégé ou du prélèvement opéré sur ses ressources (CASF, art. L. 361-1, I, al. 3 et II – *Adde*, CSS, art. L. 174-1 pour les préposés d'établissement). Le montant de la dotation globale perçue par les associations tutélaires est déterminé en fonction d'indicateurs liés, en particulier, à la charge de travail résultant de l'exécution des mesures de protection (CASF, art. L. 361-1, I, al. 3). Ces derniers découlent d'un arrêté du 31 mai 2011 fixant les dotations régionales relatives aux frais de fonctionnement des services mandataires judiciaires à la protection des majeurs relevant du I de l'article L. 361-1 du Code de l'action sociale et des familles[1], lequel a été modifié, en partie, par un arrêté du 15 novembre 2011[2] et plus récemment par un arrêté du 13 mai 2015[3].

La multiplicité des financeurs rendait le dispositif complexe. Aussi, dans un objectif annoncé de simplification et d'amélioration de son efficacité, un décret n° 2015-1864 a été pris le 30 décembre 2015[4] en application de la loi de finances pour 2016[5]. Il prévoit en particulier de :

– transférer à l'État l'ensemble des financements des organismes de sécurité sociale destinés au financement du dispositif de protection juridique;

– maintenir le financement des départements au niveau actuel (0,3 % de la dotation globale de financement des services mandataires);

– abroger les dispositions du Code de l'action sociale et des familles[6] faisant référence au rôle des organismes de sécurité sociale dans le dispositif de financement des services mandataires afin de prendre acte de leur désengagement notamment dans la participation à la procédure budgétaire, le paiement, la détermination des quotes-parts...

Ce décret prévoit également une disposition transitoire pour l'exercice 2016 concernant le versement aux services mandataires afin de tenir compte de la nouvelle règle de répartition dans l'attente d'un nouvel arrêté de tarification.

312.32 Ressources prises en considération pour la détermination du montant de la participation de la personne protégée à la rémunération du mandataire. Les ressources prises en considération pour la détermination du montant de la participation de la personne protégée au financement de la mesure de protection comprennent, aux termes de l'article R. 471-5 du Code de l'action sociale et des familles, dans sa rédaction issue du décret n° 2011-710 du 21 juin 2011 :

1° Les **bénéfices ou revenus bruts** mentionnés aux I à VII *ter* de la première sous-section de la section II du chapitre Ier du titre Ier de la première partie du livre Ier du Code général des impôts, c'est-à-dire les revenus fonciers, les bénéfices industriels et commerciaux, les rémunérations allouées au gérants et aux associés de certaines sociétés, les bénéfices perçus au titre d'une exploitation agricole, les traitements, salaires, pensions et rentes viagères, à l'exclusion de celles mentionnées aux articles L. 232-4, L. 232-8 et L. 245-6 du Code de l'action sociale et des famille, les bénéfices des professions non commerciales, les revenus des capitaux mobiliers, à l'exclusion des revenus

1. Arr. 31 mai 2011, *JO* 7 juin, p. 9698.
2. Arr. 15 nov. 2011, *JO* 24 nov., p. 19770.
3. Arr. 13 mai 2015, art. 1er, *JO* 17 juin 2015, p. 9955.
4. Décr. n° 2015-1864, 30 déc. 2015, relatif au financement des mandataires judiciaires à la protection des majeurs, *JO* 31 déc., p. 25321.
5. L. n° 2015-1785, 29 déc. 2015, de finances pour 2016, *JO* 30 déc., p. 24614, art. 53.
6. L'article 1er du décret modifie ou abroge les articles suivants du CASF :
– art. D. 361-1 et R. 361-2 : ces deux articles précisaient quelles prestations sociales étaient concernées pour déterminer le financeur public et qui finançaient pour l'AAH et le RSA; ils ont été abrogés;
– articles relatifs à la procédure budgétaire pour les services :
– art. R. 314-3 (II) : suppression de la référence aux organismes locaux de sécurité sociale et aux départements pour la transmission des documents budgétaires et la procédure d'avis,
– art. R. 314-36 (II *bis*) : suppression de la notification aux organismes locaux de sécurité sociale de la décision d'autorisation budgétaire,
– art. R. 314-60 : suppression de la référence à l'article L. 361-1,
– art. R. 314-193-1 (II et III) : suppression de la référence aux quotes-parts et aux modalités de calcul de celles-ci,
– art. R. 314-193-2 : abrogation de cet article qui liste les organismes locaux de sécurité sociale qui doivent être consultés,
– articles sur le financement des mandataires individuels : art. R. 472-8 et R. 472-9 : suppression de la référence à l'article L. 361-1 et aux organismes de sécurité sociale.

des bons ou contrats de capitalisation et placements de même nature, notamment des contrats d'assurance-vie, les profits réalisés en France sur les marchés à terme, sur les marchés d'options négociables et sur les opérations de bons d'option ainsi que les plus-values de cessions à titre onéreux de biens ou de droits de toute nature;

2° Les **produits et plus-values réalisés** dans le cadre des **livrets, plans et comptes d'épargne** mentionnés au chapitre Ier du titre II du livre II du Code monétaire et financier, sous réserve qu'ils ne soient pas pris en compte au titre du 1° de l'article R. 471-5 du Code de l'action sociale et des familles;

3° Les **revenus perçus hors de France ou versés par une organisation internationale**, sous réserve qu'ils ne soient pas pris en compte au titre du 1° du même texte;

4° Une **portion des biens non productifs de revenus, des dispositifs d'intéressement, de participation et d'épargne salariale** mentionnés au livre III de la troisième partie du Code du travail ainsi que des bons ou contrats de capitalisation et placements de même nature, notamment des contrats d'assurance-vie, calculée selon les modalités fixées à l'article R. 132-1. Toutefois, cette disposition ne s'applique pas au capital mentionné aux 1° et 2° du I de l'article 199 *septies* du Code général des impôts;

5° L'**allocation aux adultes handicapés** mentionnée à l'article L. 821-1 du Code de la sécurité sociale, le complément de ressources mentionné à l'article L. 821-1-1 de ce code et la majoration pour la vie autonome mentionnée en son article L. 821-1-2;

6° L'**allocation de solidarité aux personnes âgées** mentionnée à l'article L. 815-1 du Code de la sécurité sociale;

7° Les **allocations** mentionnées à l'article 2 de l'ordonnance n° 2004-605 du 24 juin 2004 simplifiant le **minimum vieillesse**;

8° Le **revenu de solidarité active** mentionné à l'article L. 262-1 du Code de l'action sociale et des familles[1].

312.33 Détermination du montant de la participation de la personne protégée à la rémunération du mandataire. Le coût des mesures exercées par les mandataires judiciaires à la protection des majeurs, au titre du mandat spécial assortissant la sauvegarde de justice, de la curatelle, de la tutelle ou de la mesure d'accompagnement judiciaire n'est **pas à la charge** de la personne protégée lorsque le montant de ses ressources est **inférieur ou égal** au montant annuel de l'allocation aux adultes handicapés (AAH) en vigueur au 1er janvier de **l'avant-dernière année civile** (CASF, art. R. 471-5-2[2] - CSS, art. 821-1).

Lorsque le montant des ressources du majeur protégé est **supérieur** à ce montant, un **prélèvement** est effectué à hauteur de :

– 7 % pour la tranche des revenus annuels soumis à prélèvement, qui est supérieure strictement au montant annuel de l'allocation aux adultes handicapés (AAH) et inférieure ou égale au montant brut annuel du SMIC en vigueur au 1er janvier de l'avant-dernière année civile;

– 15 % pour la tranche des revenus annuels soumis à prélèvement, qui est supérieure strictement au montant brut annuel du SMIC en vigueur au 1er janvier de l'avant dernière année civile et inférieure ou égale à ce même montant majoré de 150 %;

– 2 % pour la tranche des revenus annuels soumis à prélèvement, qui est supérieure strictement au montant brut annuel du SMIC en vigueur au 1er janvier de l'année de perception, majoré de 150 %, et inférieure ou égale à 6 fois le montant brut annuel SMIC en vigueur au 1er janvier de l'avant-dernière année civile.

Quel que soit le montant des ressources de la personne protégée, aucun prélèvement n'est effectué sur la tranche des revenus annuels **inférieure ou égale** au montant annuel de l'allocation aux adultes handicapés (AAH) en vigueur au 1er janvier de l'avant-dernière année civile (CASF, art. R. 471-5-2[3]).

312.34 Exonération exceptionnelle de la participation de la personne protégée à la rémunération du mandataire. Lorsque la personne protégée rencontre des difficultés pour participer au financement de la mesure de protection, en raison de l'existence de **dettes contractées avant l'ouverture** de la mesure ou de la nécessité de faire face à des **dépenses impératives**, le préfet peut l'exonérer d'une partie ou de l'ensemble de sa participation à la rémunération du mandataire (CASF, art. R. 471-5-3[4]). Cette faculté reconnue au préfet est toutefois strictement encadrée. En effet, d'une part, elle ne peut être accordée qu'« *à titre exceptionnel* » et « *temporaire* ». D'autre part, lorsqu'elle est motivée par la nécessité de faire face à des dépenses, ces dernières doivent être « *impératives* ». C'est dire que la notion ici visée est plus restrictive que les dépenses ménagères de l'article 220, seules étant de nature à exonérer la personne protégée de sa participation au financement de la mesure de protection, les **dépenses de première nécessité**, telles que les dépenses de nourriture, d'habillement, de loyer, de santé, d'éducation des enfants.

1. Décr. n° 2011-710, 21 juin 2011, art. 4 : « *Les ressources prises en compte au titre des articles R. 471-5 à R. 471-5-2 du Code de l'action sociale et des familles comprennent jusqu'au 1er janvier 2013 l'allocation de revenu minimum d'insertion mentionnée à l'article L. 262-1 dans sa rédaction antérieure à la loi n° 2008-1249 du 1er décembre 2008* ».
2. CASF, art. R. 471-5-2 (*mod. par Décr. n° 2011-936, 1er août 2011*).
3. CASF, art. R. 471-5-2 (*mod. par. Décr. n° 2011-936, 1er août 2011*).
4. CASF, art. R. 471-5-3 (*mod. par Décr. n° 2011-710, 21 juin 2011*).

Lorsque le majeur protégé est dispensé de contribuer à la rémunération du mandataire, le montant de la participation faisant l'objet de l'exonération est pris en charge par les financeurs publics dans les conditions prévues à la seconde phrase de l'article L. 471-5 alinéa 1er du Code de l'action sociale et des familles (v. ss n° 312.31).

312.35 Modalités de versement de la participation de la personne protégée à la rémunération du mandataire. La participation de la personne protégée est versée au mandataire judiciaire à la protection des majeurs, excepté dans les cas où le mandataire judiciaire est le préposé d'un établissement mentionné au II ou au III de l'article L. 361-1 ou relève d'un groupement de coopération sociale ou médico-sociale mentionné au 3° de l'article L. 312-7. Dans le premier cas, la participation est versée **à l'établissement** et, dans le second, **au groupement** (CASF, art. R. 471-5-1, I[1]). Le versement est effectué **mensuellement**, par parts égales, sur la base du montant annuel des ressources dont a bénéficié la personne protégée l'avant-dernière année civile (CASF, art. R. 475-5-1, II et, sur renvoi, CASF, art. R. 471-5). Un ajustement du montant de la participation de la personne protégée au financement de la mesure est effectué, au plus tard le 31 décembre de l'année de la perception de la participation, compte tenu du montant des ressources de la personne protégée pendant l'avant-dernière année civile (CASF, art. R. 475-5-1, II, al. 2), ce qui permet de tenir compte de l'évolution de ces dernières.

Lors de l'ouverture de la mesure de protection, ou en cas d'indisponibilité temporaire de certains des revenus de la personne protégée, le versement de la rémunération mensuelle due au mandataire, en fonction des ressources du majeur (CASF, art. R. 471-5 – v. ss n° 312.32), peut être effectué **de manière différée**, à la condition que ce report n'excède pas l'année au titre de laquelle la rémunération est due, majorée de trois mois (CASF, art. R. 471-5-1, IV). Restera à déterminer si cette **faculté de report** doit faire l'objet d'une interprétation souple, pour s'appliquer dans les tous les cas d'ouverture de mesures, qu'il s'agisse de la mise en place originaire d'un régime de protection, mais aussi du passage d'une mesure à une autre (par ex., en cas de passage d'une curatelle simple à une curatelle renforcée ou à une tutelle). S'agissant d'une simple faculté, il conviendra de déterminer, dans le silence des textes, à qui il incombera de trancher le différend susceptible de s'élever, au sujet des modalités de versement de la rémunération du mandataire, entre ce dernier et le majeur protégé ou sa famille. Pour autant, la mission générale de protection du juge des tutelles incline à confier à ce magistrat le règlement de cet éventuel différend. Dans le cas particulier de la tutelle, l'article 500, qui donne compétence au juge des tutelles ou au conseil de famille pour arrêter le budget, fournit un argument en ce sens.

La participation de la personne protégée à la rémunération du mandataire peut être versée **trimestriellement** lorsque son montant mensuel ne dépasse pas le montant brut horaire du SMIC en vigueur au 1er janvier de l'année civile en cours (CASF, art. R. 471-5-1, V).

312.36 Ajustement de la participation de la personne protégée en cas d'augmentation ou de diminution de ses ressources. Lorsque la diminution ou l'augmentation des ressources de la personne a pour conséquence **une différence, au moins égale à cinq fois le montant brut horaire annuel du SMIC** en vigueur au 1er janvier de l'année en cours, entre le montant de sa participation mensuelle et le montant de la participation calculé sur la base d'une évaluation de ses ressources pour l'année civile en cours, les versements mensuels suivants de la participation sont effectués sur la base d'une évaluation des ressources pour l'année civile en cours. Un **ajustement du montant de la participation dû**, compte tenu du montant des ressources effectivement perçues pendant l'année du versement de cette participation, est réalisé au plus tard le 31 décembre de l'exercice suivant (CASF, art. R. 475-5-1, III).

Lorsque les versements déjà effectués sur la base des revenus de l'avant-dernière année civile ont été supérieurs à ce qu'ils auraient été sur la base des revenus de l'année civile en cours, la différence est reversée à la personne protégée au plus tard le 31 décembre de l'année de perception de la participation. Lorsque les versements déjà effectués ont été inférieurs à ce qu'ils auraient été sur la base des revenus de l'année civile en cours, la différence est reversée par la personne protégée de manière échelonnée jusqu'au 31 décembre de l'année suivante (CASF, art. R. 475-5-1, III, al. 2).

312.37 Indemnité complémentaire déterminée par le juge. « *À titre exceptionnel, le juge, ou le conseil de famille s'il a été constitué, peut, après avoir recueilli l'avis du procureur de la République, allouer au mandataire judiciaire à la protection des majeurs, pour l'accomplissement d'un acte ou d'une série d'actes requis par la mesure de protection et impliquant des diligences particulièrement longues ou complexes, une indemnité en complément* » des sommes perçues au titre de sa rémunération lorsque ces dernières « *s'avèrent manifestement insuffisantes* » (C. civ., art. 419, al. 4). Cette disposition du Code civil trouve son prolongement au sein du Code de l'action sociale et des familles, lequel confère au juge, « *à titre exceptionnel* » et « *après avoir recueilli l'avis du procureur de la République* », le pouvoir d'« *allouer au mandataire judiciaire*

1. CASF, art. R. 471-5-1, I *(mod. par Décr. n° 2011-936, 1er août 2011).*

à la protection des majeurs, pour l'accomplissement d'un acte ou d'une série d'actes requis par la mesure de protection et impliquant des diligences particulièrement longues ou complexes, une indemnité en complément des sommes perçues [au titre de sa rémunération] *lorsqu'elles s'avèrent manifestement insuffisantes* » (CASF, art. L. 471-5, al. 2).

L'attribution de cette indemnité au mandataire appelle une **triple précision**.

– D'abord, son versement est **à la charge la personne protégée** (CASF, art. L. 471-5, al. 2). Aucune prise en charge publique n'est ici prévue dans l'hypothèse où celle-ci ne dispose pas des ressources suffisantes. Le Conseil constitutionnel, saisi sur ce point d'une question prioritaire de constitutionnalité (QPC), a jugé cette règle conforme à la Constitution, en ce qu'elle ne heurte pas le principe d'égalité[1].

– Ensuite, la réforme de 2007 a strictement encadré l'allocation de cette indemnité, dans le souci de mettre un terme aux excès constatés sous l'empire des dispositions anciennes[2], Cette dernière ne peut être attribuée qu'« *à titre exceptionnel* », à la condition que « des *diligences particulièrement longues ou complexes* » aient été effectuées par le mandataire pour « *l'accomplissement d'un ou d'une série d'actes requis par la mesure de protection* » et que la rémunération versée au mandataire au titre de l'exercice de la mesure s'avère « *manifestement insuffisante* ». À ces trois conditions cumulatives, s'ajoute la nécessité pour le juge de recueillir **l'avis préalable du parquet**.

Il convient de souligner que, quand bien même les conditions en seraient réunies, l'attribution de l'indemnité complémentaire n'est **jamais de droit**, le **juge des tutelles**, ou le **conseil de famille**, conservant toujours un **pouvoir d'appréciation**. Ce dernier résulte, sans ambiguïté, des dispositions de l'article D. 471-6 du Code de l'action sociale et des familles, lequel fournit, après avoir rappelé que « *l'indemnité complémentaire* [...] *peut être accordée pour toute diligence entraînant une charge de travail exceptionnelle et pour laquelle les sommes perçues* » au titre de la rémunération du mandataire « *sont manifestement insuffisantes* », quelques exemples de pareilles diligences. Sont éligibles au rang des actes susceptibles de conduire au versement d'une indemnité complémentaire les opérations, « *telles que le règlement d'une succession, le suivi de procédures judiciaires ou administratives, la vente d'un bien ou la gestion de conflits de familiaux* »[3]. Pour autant, il serait erroné de déduire de cette énumération, au demeurant non exhaustive, que ces situations justifient par elles-mêmes le versement d'une indemnité complémentaire. Encore faut-il, pour que l'attribution de cette dernière soit justifiée, que la réunion de l'ensemble des conditions prévues par la loi soit démontrée par le mandataire. C'est pourquoi, le décret lui impose d'accompagner sa demande des justificatifs nécessaires et d'établir le caractère exceptionnel de sa charge de travail ainsi que l'insuffisance des sommes perçues au titre de sa rémunération (CASF, art. D. 471-6, al. 2)[4]. Le juge apprécie le caractère nécessaire des diligences accomplies et peut inviter le mandataire judiciaire à la protection des majeurs à fournir des explications complémentaires (CASF, art. D. 471-6, al. 3 *in fine*).

– Enfin, le **calcul de l'indemnité** complémentaire est effectué en application d'un **barème** prévu par le Code de l'action sociale et des familles (CASF, art. D. 471-6, al. 3). Le montant de l'indemnité est fixé par **ordonnance du juge** ou par **délibération du conseil de famille** selon un taux horaire de douze fois le montant brut horaire du SMIC en vigueur au 1er janvier de l'année au titre de laquelle la rémunération est attribuée, c'est-à-dire de l'année au cours de laquelle les diligences exceptionnelles ont été effectuées. À partir de la quinzième heure consacrée à ces diligences, le taux horaire est de quinze fois le montant brut horaire du SMIC en vigueur au 1er janvier de l'année au titre de laquelle la rémunération est attribuée. Le versement de l'indemnité complémentaire s'accompagne, par ailleurs, du remboursement par la personne protégée des **frais de déplacement et de séjour** occasionnés par l'accomplissement des actes, sous réserve que les **justificatifs** lui en soient produits. Ce remboursement est calculé dans les conditions fixées par le décret n° 2006-781 du 3 juillet 2006, fixant les conditions et les modalités de règlement des frais occasionnés par les déplacements temporaires des personnels civils de l'État[5] (CASF, art. D. 471-6, al. 4).

SECTION 2
DÉONTOLOGIE ET ÉTHIQUE DES MANDATAIRES JUDICIAIRES À LA PROTECTION DES MAJEURS

§ 1
Reconnaissance d'un métier spécifique

312.41 Exercice d'un mandat judiciaire de protection des personnes et de leurs biens par des pro-

1. Cons. const. 17 juin 2011, n° 2011-136 QPC, *Dr. fam.* 2011, n° 157, note Maria ; *AJ fam.* 2011. 344, obs. Verheyde.
2. C. civ., anc. art. 499 – Décr. n° 69-1195, 15 févr. 1969, art. 3, al. 2, aujourd'hui abrogé.
3. CASF, art. D. 471-6 (*mod. par Décr. n° 2010-1404, 12 nov. 2010*).
4. I. Maria, note préc. ss Cons. const. 17 juin 2011, n° 2011-136 QPC – T. Verheyde, « Du nouveau dans la rémunération des mandataires judiciaires à la protection des majeurs », *AJ fam.* 2011. 43.
5. Décr. n° 2006-781, 3 juill. 2006, fixant les conditions et les modalités de règlement des frais occasionnés par les déplacements temporaires des personnels civils de l'État, *JO* 4 juill.

fessionnels en manque de repères et de reconnaissance. La loi du 5 mars 2007 a créé une profession unique de mandataire. Mais, le recrutement des mandataires, comme leur mode d'exercice de la profession, est pluriel : anciens délégués à la tutelle aux prestations sociales, anciens délégués aux majeurs protégés, anciens gérants de tutelle (bénévoles ou salariés) devenus mandataires judiciaires à la protection des majeurs après avoir subi avec succès les épreuves du certificat national de compétences, ou nouveaux mandataires judiciaires issus de parcours professionnels différents (juristes, gestionnaires de patrimoine, travailleurs sociaux, *etc.*), leurs expériences sont diverses. Pourtant, qu'ils soient mandataires judiciaires exerçant dans des associations, dans des établissements ou à titre individuel, tous sont en recherche d'identité dans un contexte délicat où les préoccupations économiques et de financement ont tendance à occulter les interrogations fondamentales sur le sens de leur intervention auprès de personnes rendues particulièrement vulnérables par le handicap, la maladie, les affections psychiatriques ou les maladies neurologiques.

Exercer un **mandat judiciaire**, dont la source est le juge, exige en effet professionnalisme, humanité, sollicitude et respect auprès d'une personne pour qui la mesure de protection signifie d'abord la diminution officielle de ses aptitudes à décider seule. Cette mission est d'autant plus délicate que la volonté des personnes protégées est instable, que le mandataire peut se voir associer des membres de la famille ou des proches, qu'il doit agir en lien avec l'environnement de la personne elle-même et avec d'autres professionnels, et qu'il doit toujours rendre compte au juge.

Même s'il est incontestablement plus large et plus technique, le mandat confié aux mandataires judiciaires se situe aussi dans la lignée des **actions de travail social et médico-social** caractérisées par trois éléments qui, comme le souligne l'Agence nationale de l'évaluation et de la qualité des établissements et services sociaux et médico-sociaux (ANESM) dans ses recommandations de bonnes pratiques professionnelles sur le questionnement éthique dans les établissements et services sociaux et médico-sociaux (octobre 2010) [1], lesquelles rendent compte de sa réflexion éthique et fondent l'action des professionnels au quotidien :

- La **vulnérabilité des personnes accueillies** en établissements ou accompagnées donne à chaque décision un poids et une portée particulière et appelle, en conséquence, une **responsabilité professionnelle individuelle et collective.** Les personnes vulnérables sont, par définition, en moindre capacité d'exprimer et de faire valoir leurs attentes ou leurs droits. La question du rôle des proches, ou se disant tels, est une difficulté supplémentaire. Comment garantir le respect des droits et la dignité des personnes sans tenir compte de manière excessive des catégories médicales ou médico-sociales dans lesquelles le diagnostic ou l'évaluation a pu les classer ? Comment surmonter les difficultés de communication ? Comment favoriser le dialogue entre les parties prenantes, aidants et proches, professionnels du soin et du médico-social, d'autant que certains d'entre eux sont tenus à des obligations de discrétion, de confidentialité, voire au secret professionnel ? Comment aider à la prise de décision en favorisant les échanges sur les questions de fond pour parvenir à des décisions les plus justes et les plus respectueuses possible, c'est-à-dire des décisions légitimes et efficaces pour la personne concernée et pour son bien-être ?

- La mission des professionnels est l'une des composantes de la **mission**, plus vaste, **confiée par la collectivité à une institution.** Pour le mandataire, le mandat lui est confié par le juge dans le cadre d'une restriction des droits de la personne protégée. Il lui incombe donc, à la fois, de protéger, de respecter, de limiter et de contraindre tout en favorisant autant qu'il est possible l'autonomie et l'exercice des libertés individuelles. La légitimité du mandataire judiciaire lui est conférée par le mandat du juge, garant des libertés, et par sa qualification professionnelle, validée tout à la fois par le certificat national de compétence, son inscription sur une liste des mandataires judiciaires et par le serment qu'il prête.

Le cadre du mandat judiciaire est déterminé par la décision rendue par le juge et sa mission symbolisée par la **prestation de serment** devant le tribunal d'instance (CASF, art. R. 471-2, *in fine* et R. 471-2) : « *Je jure et promets de bien et loyalement exercer le mandat qui m'est confié par le juge et d'observer en tout les devoirs que mes fonctions m'imposent. Je jure également de ne rien révéler et utiliser de ce qui sera porté à ma connaissance à l'occasion de l'exercice du mandat judiciaire* ».

- Les transformations de la société, accélérées par les évolutions technologiques, influent sur la façon dont la réflexion politique appréhende les problèmes des populations fragiles et vulnérables et sur les modes d'intervention qui en découlent. Les professionnels sont amenés à prendre en compte le **caractère évolutif de leur travail**, comme les modifications législatives ou réglementaires croissantes, dans leurs pratiques quotidiennes. Comment, dans ce contexte, mettre en place de nouvelles organisations de travail et de fonctionnement, élaborer et appliquer des procédures, et les respecter, tout en maintenant une relation de qualité la plus individualisée possible avec les personnes protégées ? Comment développer ses compétences, maintenir un lien respectueux et ouvert qui implique une adaptation de tous les instants et une grande disponibilité dans un contexte de plus en plus normatif ?

1. Recomm. ANESM, oct. 2010, www.anesm.sante.gouv.fr

Les mandataires judiciaires ressentent très fortement le besoin de donner un sens à leur travail et à leurs pratiques pour pouvoir mieux s'y engager et, parfois, prendre les risques qu'exige le respect de l'autonomie des personnes qu'ils accompagnent. Ils doivent pouvoir mettre en perspective leur intervention spécifique avec d'autres actions en comprenant les enjeux de la **mission de service public** qu'ils exercent et le cadre légal qui la sous-tend. C'est l'un des enjeux de la formation obligatoire mise en place par la réforme de 2007. Au-delà des repères textuels, dont l'application et l'interprétation est encore instable (par ex., sur les contours de la protection de la personne), les mandataires judiciaires doivent revisiter les repères professionnels anciens du travail social au regard des exigences de leur nouvelle profession pour parvenir à une véritable reconnaissance professionnelle.

Face à des interlocuteurs démultipliés, ils doivent aussi faire face à des niveaux de **responsabilité** divers :

- institutionnelle;
- professionnelle;
- personnelle.

§ 2 Engagement d'une démarche éthique

312.51 Construction d'une démarche éthique commune à tous les mandataires judiciaires à la protection. Tous les acteurs de la protection sont actuellement renvoyés à une telle démarche qui commence par un **questionnement individuel** sur le sens d'un travail qui comporte des exigences fortes et de l'engagement mais qui suppose aussi un **questionnement collectif**, dans un espace commun à définir, pour exprimer toutes les données du questionnement, les formaliser et les consolider afin de permettre cette remise en question permanente, à chaque fois que la réflexion sur l'action est affaiblie ou mise en danger, notamment par une pratique excessivement soumise à la technique.

Cette démarche est essentielle pour interroger véritablement les pratiques. Elle ne doit pas servir à d'autres fins et notamment pas à masquer des dysfonctionnements, à cautionner des décisions déjà prises ou à être un simple affichage de communication.

Avant même la loi du 5 mars 2007 et la professionnalisation des mandataires judiciaires, une réflexion s'était engagée sur les pratiques et des références écrites avaient été constituées parmi d'autres actions destinées à améliorer la qualité des services : référentiels UNAPEI, Charte de la tutelle des UDAF de 1996, Charte du GESTO signée avec l'Association nationale des juges d'instance, Charte d'Affect, *etc.* Ces travaux avaient été réalisés en lien avec les travaux relatifs aux droits des usagers des services mandataires et en corrélation avec la construction du référentiel d'évaluation interne. Reprenant les annexes 4-2 (contenu de la notice d'information) et 4-3 (Charte des droits et des libertés de la personne majeure protégée) du Code de l'action sociale et des familles, l'UNAF-UDAF en particulier a élaboré un texte intitulé : *Références éthiques et déontologiques : valeurs et conduites dans nos services mandataires judiciaires à la protection des majeurs*, qui se veut être un cadre de référence partagé et une source permanente et vivante de réflexion et de questionnement des professionnels sur le sens de leur action quotidienne et sur la finalité de leur métier au sein de l'association.

Faut-il aller au-delà et comment ?

Diverses pistes ont été explorées ou sont en cours de réflexion. Les recommandations de l'ANESM d'octobre 2010 (v. s[s] n° 312.41) démontrent, au travers de plusieurs exemples qu'elles citent, que la réflexion constante sur les pratiques permet, en particulier, de mettre en relation chaque situation rencontrée par le professionnel avec des valeurs ou des principes d'intervention, de mieux mesurer les enjeux et d'évaluer chacune des décisions possibles en apportant une méthode d'analyse et un mode de discussion collégial, d'aider les professionnels à analyser et à clarifier les éléments de complexité au regard des systèmes de valeurs de chacun en amont et en aval de la décision, d'impulser une dynamique de responsabilisation des équipes dans cette démarche de questionnement et de structurer les interventions en renforçant les relations entre les parties prenantes et en y apportant de la **cohérence**. Pour la personne protégée comme pour ses proches, en effet, il est fondamental de ressentir et de partager cette cohérence, qui fait encore trop souvent défaut, entre les différents partenaires impliqués.

Le **questionnement éthique** ainsi recommandé doit concerner tous les mandataires, quelle que soit la forme de leur exercice (associatif, d'établissement ou à titre individuel). La formation dispensée doit l'intégrer. Faut-il envisager la mise en place de commissions d'éthique départementales ou régionales, sous quelle autorité, avec quelle composition, quelles compétences et quels champs d'intervention, notamment sur le plan disciplinaire ? Faut-il rédiger un Code de déontologie national et un ordre professionnel national ? Une proposition de loi a été déposée dans ce sens le 18 août 2011[1] avec le souhait de répondre à l'un des objectifs annoncé de la loi du 5 mars 2007 qui était de créer un statut véritablement homogène pour tous les mandataires judiciaires à la protection, au moins en ce qui concerne

1. Prop. loi n° 781, 18 août 2011, relative à la création d'un ordre professionnel des mandataires judiciaires à la protection des majeurs (déposée par J. Garriaud-Maylam, sénatrice).

l'exercice de leur activité, la qualité de leurs prestations et les droits des usagers. Cette proposition de loi insiste sur le fait que, jusqu'à la réforme de 2007, aucune définition de la profession n'avait été donnée et suggère qu'un **agrément national** permettrait de mieux assurer le contrôle et le traitement égal de toutes les mesures de protection. Elle tend à la création d'un ordre, soit, selon la définition de Gérard Cornu, d'un : « *organisme de caractère corporatif institué par la loi au niveau national et regroupant obligatoirement les membres d'une profession libérale qui exerce, outre une fonction de représentation, une mission de service public consistant dans la réglementation de la profession et dans la juridiction disciplinaire de ses membres* ».

La profession de mandataire judiciaire est aujourd'hui en pleine évolution et cherche à élaborer des règles professionnelles communes au-delà des modalités d'exercice des mandats propres à chacune de ses composantes. Les repères indispensables à la pratique doivent se construire par une approche pluraliste, cohérente et éthiquement satisfaisante en gardant toujours présent à l'esprit que le possible au regard de la loi et des règlements n'est pas strictement équivalent à ce qui est permis dans chaque situation individuelle. Chaque professionnel doit, personnellement et collectivement, construire une capacité critique permanente, « *un art de s'interroger* », comme le dit P. Legendre[1], afin de faire des arbitrages justes pour parvenir à des choix légitimes avec et dans l'intérêt de la personne qu'il a reçu mandat de protéger.

312.52 Notice d'information et charte des droits de la personne protégée. Afin de garantir l'exercice effectif des droits et libertés de la personne protégée, notamment de prévenir tout risque de maltraitance, le mandataire judiciaire à la protection des majeurs remet à la personne protégée (ou, dès lors que l'état de cette dernière ne lui permet pas d'en mesurer la portée, à un membre du conseil de famille s'il a été constitué ou, à défaut, à un parent, un allié ou une personne de son entourage dont il connaît l'existence), une notice d'information à laquelle est annexée une charte des droits de la personne protégée (CASF, art. L. 471-6[2]).

La loi du 5 mars 2007 tend en effet à renforcer la préservation de l'autonomie des personnes protégées, notamment en affirmant dans l'article 457-1 du Code civil le **principe de l'information du majeur protégé**, par son mandataire, **sur sa situation personnelle et sur la gestion de ses biens.** En plus de ce principe général, le Code de l'action sociale et des familles dispose que l'ensemble des majeurs protégés doit se voir remettre une notice d'information dont le contenu est défini à l'article 4-2 du même Code. Cette notice contient, en particulier, des informations sur le mandataire et sur les droits des majeurs protégés. Le contenu de la charte est quant à lui défini à l'annexe 4-3 du même code.

Lorsque le mandataire est un **service**, la personne protégée bénéficie automatiquement des droits garantis aux usagers des établissements sociaux et médico-sociaux soumis à autorisation. Ces droits sont adaptés pour tenir compte de la spécificité du public protégé. Deux documents d'information sont à ce titre remis à la personne protégée ou, si elle n'est pas apte à en comprendre la portée, à un membre du conseil de famille s'il a été constitué ou à une personne de confiance (parent, proche). Il s'agit d'une part du **règlement de fonctionnement du service mandataire judiciaire à la protection** et, d'autre part, du **document individuel de protection.** De plus, la personne protégée, la personne de confiance ou un membre du conseil de famille s'il a été constitué, disposera de la possibilité de faire **appel à une personne qualifiée**, choisie sur une liste établie conjointement par le préfet du département et le président du conseil général pour faire valoir ses droits vis-à-vis du service tutélaire. Enfin, le service mandataire devra **consulter les personnes protégées**, si cela est possible, pour les questions relatives à l'organisation et au fonctionnement du service, notamment sur le projet de service, et des formes de participation devront être mises en place (par ex. : questionnaires, enquêtes de satisfaction, mise en place de groupes d'expression).

La loi du 5 mars 2007 précise aussi les modalités de mise en œuvre des dispositions du Code de l'action sociale et des familles relatives aux droits des usagers des établissements sociaux et médico-sociaux soumis à autorisation, lorsqu'un mandataire judiciaire d'établissement a été désigné pour un usager de cette structure (C. civ., art. 451 et 459-1, al. 2).

L'ANESM[3] a élaboré une **recommandation de bonnes pratiques professionnelles sur la « *participation des personnes protégées dans la mise en œuvre des mesures de protection juridique* »** qui sera sans doute essentielle pour les professionnels. Elle a été rendue publique en juin 2012 et est un appui efficace dans le cadre de la construction de la démarche éthique des professionnels.

Cette recommandation, organisée en trois axes, engage les professionnels à :

1. Informer les personnes protégées de leurs droits et du cadre d'exercice de la mesure et donc à :

– prendre connaissance du mandat judiciaire et du contexte de la mise en place de la mesure au moment de l'ouverture de la mesure;

1. P. Legendre, *Vues éparses*, Fayard, 2009.
2. CASF, art. L. 471-6 (*mod. par L. n° 2015-1776, 28 déc. 2015, art. 32*).
3. Agence nationale de l'évaluation et de la qualité des établissements et services sociaux et médico-sociaux (ANESM), site www.anesm.sante.gouv.fr

- informer progressivement les personnes protégées du fonctionnement du service, du rôle des mandataires et de leurs droits, en hiérarchisant les éléments à transmettre. Les professionnels sont particulièrement vigilants à répondre aux interrogations et aux inquiétudes des personnes;

- construire une relation de confiance en respectant la vie privée;

- adapter les modalités de transmission des informations, tant écrites qu'orales, en s'appuyant sur les différentes techniques d'entretien;

- associer les proches et les professionnels lorsque les personnes protégées ne sont pas à même de comprendre l'ensemble des informations.

2. Co-construire avec les personnes protégées des conditions d'exercice personnalisées de la mesure et pour cela :

- connaître et analyser la situation des personnes protégées avec ces dernières, notamment les aspects relatifs au budget, à la santé et au lieu de vie, au moment de l'ouverture puis tout au long de l'exercice de la mesure;

- instaurer un dialogue avec les personnes pour définir l'orientation de l'exercice de la mesure;

- coordonner l'exercice de la mesure avec les différents projets lorsque les personnes sont accompagnées par d'autres services ou établissements;

- fixer les modalités de formalisation du projet individuel de protection.

3. Favoriser la participation des personnes à la gestion budgétaire et patrimoniale en :

- co-définissant le budget avec les personnes protégées;

- co-définissant avec les personnes protégées les orientations relatives à leur patrimoine;

- décidant et réévaluant régulièrement avec les personnes protégées, dans une perspective de promotion de leur autonomie, des modalités de mise à disposition d'argent et de fréquence des versements;

- transmettant les relevés des comptes en les accompagnant d'explications et d'échanges adaptés.

SECTION 3
CONTRÔLE PAR LE REPRÉSENTANT DE L'ÉTAT DANS LE DÉPARTEMENT ET SANCTIONS POSSIBLES

§ 1
Contrôle par le représentant de l'État dans le département

312.61 Contrôle lors de l'instruction des demandes d'habilitation ou d'agrément. En plus de la mission de surveillance des mesures de protection dévolue conjointement au juge des tutelles et au procureur de la République (C. civ., art. 416), et du contrôle des comptes de gestion (C. civ., art. 511 s.), le préfet de département exerce un contrôle de l'activité des mandataires judiciaires à la protection des majeurs à la fois à l'occasion des autorisations et agréments préalables à l'activité et à l'occasion des inspections-contrôles.

La direction départementale de la cohésion sociale exerce un contrôle *a priori* lorsqu'elle instruit les demandes d'autorisation présentées par les services tutélaires, les déclarations de désignation de préposés par les établissements de santé ou les demandes d'agrément des mandataires exerçant à titre individuel. Elle tient compte des besoins définis par le schéma régional de la protection juridique des majeurs [1] arrêté par le préfet de région et élaboré par la Direction générale de la cohésion sociale (DGCS) en concertation avec les acteurs du champ. La loi d'adaptation de la société au vieillissement n° 2015-1776 du 28 décembre 2015 [2] y a ajouté de nouvelles contraintes.

Les deux décrets du 27 décembre 2016 [3] précisent d'abord les conditions à respecter pour exercer la profession de mandataire judiciaire à la protection des majeurs, en particulier en cas de **cumul de plusieurs modes d'exercice** (CASF, art. R. 471-2-1). Les candidats doivent notamment préciser les conditions de l'exercice individuel en indiquant les moyens informatiques et de communication distincts de ceux qu'ils utilisent dans le cadre de leur activité salariée qu'ils s'engagent à mettre en place. Ils doivent également fournir des renseignements sur les moyens qu'ils s'engagent à mettre en place pour assurer « *une continuité de la prise en charge ou de l'accompagnement dont le juge (leur) a confié la protection juridique.* » Le nombre de mesures de protection qu'ils pourront prendre en charge doit quant à lui être inférieur ou égal à un plafond qui varie selon le temps de travail salarié ou d'agent public (CASF, art. R. 471-2-1, 1°).

Le décret n° 2016-1896 fixe par ailleurs les **critères de classement des candidatures** dans le cadre de la procédure d'agrément des mandataires exerçant à titre individuel (CASF, art. R. 472-1, R. 472-2, R. 472-4, R. 472-6) et complète la **procédure de déclaration des préposés d'établissement** en cas de cumul de modes d'exercice (CASF, art. R. 472-14, R. 472-16, R. 472-19). Il prévoit la possibilité de retrait d'agrément par le représentant de l'État dans le département lorsque l'absence ou l'insuffisance des moyens que le mandataire judiciaire à la protection des majeurs s'était engagé à mettre en place est de nature

1. L. n° 2002-2, 2 janv. 2002, rénovant l'action sociale et médico-sociale, *JO* 3 janv., p. 124, mod. CASF, art. L. 312-4 et L. 312-5, 2°.
2. L. n° 2015-1776, 28 déc. 2015, art. 33 et 34, mod. CASF, art. L. 471-2 et L. 472-1-1.
3. Décr. n° 2016-1896 et 2016-1898, 27 déc. 2016

à affecter la qualité, la continuité et la proximité de la prise en charge.

Le décret n° 2016-1898 met en cohérence les dispositions du **document individuel de protection des majeurs** (DIPM), étendues à l'ensemble des mandataires judiciaires à la protection des majeurs. Il précise les modalités de consultation des usagers et des organismes dans le cadre de l'élaboration des schémas régionaux de protection juridique des majeurs et d'aide à la gestion du budget familial (CASF, art. D. 312-193-7, D. 471-8).

Ce même décret définit les modalités de la procédure d'appel à candidatures pour l'agrément des mandataires exerçant à titre individuel ainsi que le contenu du dossier de demande de candidature (CASF, art. R. 472-4, D. 472-5, D. 472-5-1 à D. 472-5-4).

312.62 Contrôle lors de l'exercice des mesures de protection. Le contrôle de l'activité des mandataires judiciaires à la protection des majeurs figure quant à lui depuis 2013 parmi les **orientations nationales prioritaires de l'inspection-contrôle dans le champ de la cohésion sociale** et la Direction générale de la cohésion sociale (DGCS) a lancé un programme pluriannuel d'inspection pour les années 2013-2017, élaboré et piloté par les directions régionales et réalisé par les directions départementales. L'objectif est de s'assurer du respect par les mandataires judiciaires de **l'individualisation de la prise en charge**, de la **délivrance de l'information** aux personnes, du **recueil du consentement**, de la **conservation du cadre de vie**, de repérer les **risques** en matière de santé, de sécurité, de bien-être physique ou moral et de prévenir les risques de maltraitance. Des guides de contrôle ont été établis par la DGCS et par certaines directions régionales, par exemple en Île-de-France.

En cas de violation, par un mandataire judiciaire à la protection des majeurs, des lois et règlements, ou lorsque la santé, la sécurité ou le bien-être physique ou moral de la personne protégée est menacé ou compromis par les conditions d'exercice de la mesure de protection judiciaire, le Préfet du département peut en effet procéder à l'encontre du mandataire, après l'avoir entendu, à une **injonction**, une **suspension d'agrément ou de déclaration**, un **retrait d'agrément ou une annulation de déclaration**, dans les conditions prévues par l'article L. 472-10 du Code de l'action sociale et des familles.

À ce titre, un fichier numérisé, soumis à déclaration auprès de la Commission nationale de l'informatique et des libertés (CNIL[1]), est tenu pour répertorier sur une liste nationale l'ensemble des mandataires judiciaires à la protection des majeurs ayant fait l'objet d'une sanction en application de l'article 472-10 susmentionné (CASF, art. L. 471-3). Cette liste peut être consultée uniquement par le représentant de l'État dans le département et par le procureur de la République (CASF, art. L. 471-6[2]).

§ 2
Sanctions des personnes physiques mandataires à la protection des majeurs

312.71 Retrait d'agrément ou annulation des effets de la déclaration. Le retrait de l'agrément ou l'annulation des effets de la déclaration dans les cas prévus par l'article L. 472-10 du Code de l'action sociale et des familles vaut **radiation du mandataire** de la liste du préfet et inscription sur la liste nationale des mandataires judiciaires à la protection des majeurs ayant fait l'objet d'une sanction. La décision est **notifiée** par le préfet au procureur de la République près le tribunal de grande instance du chef-lieu de département, aux juridictions intéressées, à l'établissement employeur et au mandataire judiciaire à la protection des majeurs. Le trésorier-payeur général est informé, dans le cas des agents préposés d'établissements publics, de l'annulation des effets de la déclaration[3]. Dès réception de la notification du retrait d'agrément ou de l'annulation des effets de la déclaration, **le juge des tutelles procède au remplacement** du mandataire judiciaire à la protection des majeurs pour les mesures de protection en cours (CASF, art. R. 472-24).

312.72 Suspension d'agrément en cas d'urgence et audition du mandataire. Le préfet peut suspendre l'agrément, en cas d'urgence, pour une **durée maximale de huit jours**. Durant cette période, le mandataire judiciaire à la protection des majeurs doit être **appelé** ou **entendu**. La suspension de l'agrément vaut **suspension de l'inscription sur la liste** des mandataires judiciaires à la protection des majeurs et inscription sur la liste nationale des mandataires faisant l'objet d'une sanction. La suspension est **notifiée**, sans délai, par le préfet de département au procureur de la République près le tribunal de grande instance du chef-lieu du département, aux juridictions intéressées et au mandataire judiciaire à la protection des majeurs. Si, à l'issue de la période de suspension, le préfet décide de ne pas retirer l'agrément, il notifie la fin de la suspension et le retrait de la liste nationale des mandataires faisant l'objet d'une sanction, au procureur de la République près le tribunal de grande instance du chef-lieu du département ainsi qu'au mandataire judiciaire à la protection des majeurs

1. L. n° 78-17, 6 janv. 1978, *JO* 7 janv., p. 227.

2. CASF, art. L. 471-6 (*mod. par L. n° 2015-1776, 28 déc. 2015, art. 32*).
3. La sanction tirée de l'annulation des effets de la déclaration n'est pas exclusive, le cas échéant, d'une sanction disciplinaire, telle que la révocation, prononcée et prise par l'établissement d'hébergement : CE 13 juill. 2011, req. n° 307001, *Dr. fam.* 2011, n° 187, note Maria.

(CASF, art. R. 472-25). De manière à vrai dire surprenante, la **notification de la fin de la suspension** aux juridictions intéressées n'est pas, ici, imposée par les textes. Il n'en demeure pas moins souhaitable que, dans le souci de lever toute incertitude, cette notification leur soit adressée et, cela, quand bien même, la suspension devient caduque au bout d'un délai de huit jours.

312.73 Suspension des effets de la déclaration en cas d'urgence et audition du mandataire et d'un représentant de l'établissement. Le préfet peut suspendre les effets de la déclaration désignant un agent mandataire judiciaire à la protection des majeurs, en cas d'urgence, pour une **durée maximale de huit jours.** Durant cette période, le mandataire judiciaire à la protection des majeurs ainsi qu'un représentant de l'établissement qui a fait la déclaration de désignation doivent être **entendus par le préfet**. La suspension de la déclaration vaut **suspension de l'inscription sur la liste** des mandataire judiciaire à la protection des majeurs tenue par le préfet et inscription sur la liste nationale des mandataires ayant fait l'objet d'une sanction. La suspension est **notifiée**, sans délai, par le préfet au procureur de la République près le tribunal de grande instance du chef-lieu de département, aux juridictions intéressées, au mandataire judiciaire à la protection des majeurs, à l'établissement déclarant et, lorsque ce dernier est public, au trésorier-payeur général. Si, à l'issue de la période de suspension, le préfet décide de ne pas annuler les effets de la déclaration, il notifie la **fin de la suspension de la déclaration** et le retrait de la liste nationale des mandataires sanctionnés au procureur de la République près le tribunal de grande instance du chef-lieu de département, aux juridictions intéressées, au mandataire judiciaire à la protection des majeurs, à l'établissement déclarant et, le cas échéant, au trésorier-payeur général (CASF, art. R. 472-26).

§ 3
Sanctions des services mandataires

312.81 Dispositions spécifiques aux services mandataires. Les services mandataires exercent une part très importante des mesures de protection judiciaire, même si elle a diminué depuis 2009 du fait de l'augmentation des mesures confiées aux mandataires exerçant à titre individuel. Au 31 décembre 2013, ils prenaient en charge 341 245 mesures soit près de 80 % de l'ensemble des mesures confiées aux mandataires judiciaires à la protection des majeurs. Il doit être noté que le nombre des mesures de protection confiées à des mandataires judiciaires a progressé de 10 % depuis 2009, les mesures attribuées aux services mandataires ayant augmenté de 7,9 % alors que celles qui ont été attribuées aux MJPM individuels ont connu une progression de 51,4 %.

Depuis la loi n° 2002-2 du 2 janvier 2002[1], les services mettant en œuvre les mesures de protection ordonnées par l'autorité judiciaire sont, au même titre que les structures et établissements sociaux et médico-sociaux, soumis à des obligations spécifiques dont les objectifs ont été clairement fixés par ce texte législatif. Ainsi, l'article L. 116-1 du Code de l'action sociale et des familles dispose que : « *L'action sociale et médico-sociale tend à promouvoir, dans un cadre interministériel, l'autonomie et la protection des personnes, la cohésion sociale, l'exercice de la citoyenneté, à prévenir les exclusions et à en corriger les effets. Elle repose sur une évaluation continue des besoins et des attentes des membres de tous les groupes sociaux, en particulier des personnes handicapées et des personnes âgées, des personnes et des familles vulnérables, en situation de précarité ou de pauvreté, et sur la mise à leur disposition de prestations en espèces ou en nature. Elle est mise en œuvre par l'État, les collectivités territoriales et leurs établissements publics, les organismes de sécurité sociale, les associations ainsi que par les institutions sociales et médico-sociales au sens de l'article L. 311-1.* »

L'article L. 116-2 du même code y ajoute l'obligation de conduire cette action « *dans le respect de l'égale dignité de tous les êtres humains avec l'objectif de répondre de façon adaptée aux besoins de chacun d'entre eux et en leur garantissant un accès équitable sur l'ensemble du territoire.* »

Dans ce but, sont notamment organisés à la fois la mise en place concrète de la participation et des droits des usagers et des contrôles. Les contrôles au sens des dispositions du Code de l'action sociale et des familles qui, dans son livre III consacré à l'action sociale et médico-sociale mise en œuvre par des établissements et services emploie peu le mot inspection, ont été détaillés dans un rapport commun de l'Inspection générale des affaires sociales (IGAS) et de la Direction générale des affaires sociales (DGAS) en novembre 2014[2], notamment pour les services mandataires. Ce document définit ainsi le contrôle : « *Le contrôle vise à s'assurer qu'un service, un établissement ou un organisme se trouve dans une situation conforme à l'ensemble des normes qui constituent le référentiel d'organisation et de fonctionnement qui correspond à son statut.*

Le contrôle permet notamment de vérifier que la structure veille au respect de la législation et de la réglementation applicables; il permet également d'apprécier l'application des règles édictées par les autorités supérieures même lorsqu'elles sont dépourvues de force obligatoire. Il signale les écarts à la norme, en analyse les causes et conséquences. Il formule des recommandations permettant d'améliorer l'efficacité et l'efficience de l'admi-

1. L. n° 2002-2, 2 janv. 2002, rénovant l'action sociale, *JO* 3 janv. 2002, p. 124.
2. « Guide méthodologique pour la construction d'un contrôle d'une structure sociale ou médico-sociale », p. 245.

nistration contrôlée et des structures relevant de la compétence des réseaux territoriaux. Le contrôle s'appuie sur deux modes d'investigations qui sont cumulables : le contrôle sur pièces et le contrôle sur site... ».

Les dispositions relatives aux contrôles figurent dans les articles L. 313-13[1] à L. 313-20 du Code de l'action sociale et des familles. Une gamme de sanctions est prévue en particulier lorsqu'est constaté un dysfonctionnement de gestion et un déséquilibre financier ou un dysfonctionnement impactant la prise en charge (**injonction** et possible désignation d'un **administrateur provisoire**), ou encore lorsque la santé, la sécurité ou le bien-être est menacé ou compromis (**fermeture** par décision du préfet de département après avis ou sur demande du procureur de la République, sauf urgence).

1. CASF, art. L. 313-13 *(mod. par L. n° 2016-297, 14 mars 2016, art. 4).*

CHAPITRE

313. Mandataires judiciaires à la protection des majeurs : dispositions spécifiques

SECTION 0 ORIENTEUR

313.00 **Plan du chapitre.**

313.01 **Textes applicables.**

TEXTES LÉGISLATIFS ET RÉGLEMENTAIRES NOUVEAUX

• **Décr. nº 2016-1896, 27 déc. 2016,** portant diverses dispositions relatives aux mandataires judiciaires à la protection des majeurs, *JO* 29 déc., texte nº 30

(not. sur les conditions à respecter pour exercer la fonction de MJPM selon les différents modes d'exercice).

• **Décr. nº 2016-1898,** portant diverses dispositions relatives aux mandataires judiciaires à la protection des majeurs, *JO* 29 déc., texte nº 32

(not. sur le document individuel de protection et sur les modalités de la procédure d'appel à candidatures pour l'agrément de MJPM exerçant à titre individuel).

• **Décr. nº 2015-1864, 30 déc. 2015,** relatif au financement des mandataires judiciaires à la protection des majeurs, *JO* 31 déc., p. 25321.

• **L. nº 2015-1785, 29 déc. 2015,** de finances pour 2016, *JO* 30 déc., p. 24614.

• **L. nº 2015-1776, 28 déc. 2015,** relative à l'adaptation de la société au vieillissement, *JO* 29 déc., p. 4268.

TEXTES CITÉS

> Mandataires judiciaires à la protection des majeurs exerçant à titre individuel

• **agrément**

+ L. nº 2015-1776, 28 déc. 2015

+ Décr. nº 2016-1896, 27 déc. 2016

+ Décr. nº 2016-1898, 27 déc. 2016

CASF. art. L. 472-1 à L. 472-2, R. 471-2-1 et R. 472-1 à R. 472-7, D. 472-5 à D. 472-5-4, D. 472-6-1, D. 472-6-2, R. 472-24 à R. 472-26

• **rémunération**

+ L. nº 2015-1785, 29 déc. 2015

+ Décr. nº 2015-1864, 30 déc. 2015

CASF, art. L. 472-3 et R. 472-8 à R. 472-9

• **contrôle judiciaire et contrôle du représentant de l'État dans le département**

+ L. nº 2007-308 du 5 mars 2007, art. 14 et 19

+ Décr. nº 2016-1896, 27 déc. 2016, art. 8

CASF, art. L. 472-10 et R. 472-10

> Mandataires judiciaires à la protection des majeurs exerçant en qualité de préposé d'établissement hébergeant des majeurs

+ Décr. nº 2012-663, 4 mai 2012[1].

• **établissements soumis à désignation**

+ L. nº 2007-308, 5 mars 2007

+ Décr. nº 2008-1511, 30 déc. 2008

CASF, art. L. 472-5 et D. 472-13

• **garanties d'indépendance et de confidentialité**

+ L. nº 2007-308, 5 mars 2007

+ Décr. nº 2008-1505, 30 déc. 2008

CASF, art. L. 472-6, al. 1 et 2, et R. 472-20 à R. 472-22

• **déclarations**

+ L. nº 2007-308, 5 mars 2007, art. 14 et 19

+ Décr. nº 2016-1896, 27 déc. 2016, 9, 10 et 11

CASF, art. L. 472-6, al. 3 et 4, à L. 472-8, et R. 472-14 à R. 472-19

1. Décr. nº 2012-663, 4 mai 2012, relatif aux modalités de gestion des biens des personnes protégées, dont la protection est confiée à un mandataire judiciaire, personne ou service préposé d'une personne morale de droit public, *JO* 6 mai, p. 8146.

• **financement**

+ L. n° 2007-308, 5 mars 2007, art. 14 et 19

+ Décr. n° 2008-1505, 30 déc. 2008

CASF, art. L. 472-9 et R. 472-23

TEXTES *IN EXTENSO*

> Mandataires judiciaires à la protection des majeurs exerçant à titre individuel

• **agrément**

[CASF. art. L. 472-1 à L. 472-2, R. 471-2-1, R. 472-1 à R. 472-7, D. 472-5 à D. 472-5-4, D. 472-6-1, D. 472-6-2, R. 472-24 à R. 472-26]

+ L. n° 2015-1776, 28 déc. 2015, art. 34

+ Décr. n° 2016-1896, 27 déc. 2016, art. 1, 2, 3, 4, 6 et 7

+ Décr. n° 2016-1898, 27 déc. 2016, art. 3 et 4

CASF, art. L. 472-1 *(mod. par L. n° 2015-1776, 28 déc. 2015, art. 34)*

Les personnes physiques qui exercent à titre individuel et habituel les mesures de protection des majeurs ordonnées par l'autorité judiciaire au titre du mandat spécial auquel il peut être recouru dans le cadre de la sauvegarde de justice ou au titre de la curatelle, de la tutelle ou de la mesure d'accompagnement judiciaire font l'objet, préalablement à leur inscription sur la liste prévue à l'article L. 471-2, d'un agrément en qualité de mandataire judiciaire à la protection des majeurs.

CASF, art. L. 472-1-1 *(créé par L. n° 2015-1776, 28 déc. 2015, art. 34)*

L'agrément est délivré après un appel à candidatures émis par le représentant de l'État dans le département, qui fixe la date à laquelle les dossiers de candidature doivent être déposés. Les conditions d'application du présent alinéa, notamment les informations qui doivent être fournies par les candidats, sont fixées par décret.

Le représentant de l'État dans le département arrête la liste des candidats dont le dossier est recevable au regard des conditions prévues aux articles L. 471-4 et L. 472-2.

Il classe les candidatures figurant sur la liste mentionnée au deuxième alinéa du présent article et en sélectionne certaines, en fonction des objectifs et des besoins fixés par le schéma régional d'organisation sociale et médico-sociale prévu au b du 2° de l'article L. 312-5 et de critères garantissant la qualité, la proximité et la continuité de la prise en charge définis par décret en Conseil d'État.

Le représentant de l'État dans le département délivre l'agrément aux candidats sélectionnés, après avis conforme du procureur de la République.

Tout changement dans l'activité, l'installation ou l'organisation d'un mandataire ou dans les garanties en matière de responsabilité civile prévues à l'article L. 472-2 doit être porté à la connaissance de l'autorité compétente. Tout changement affectant le respect des critères mentionnés aux deuxième et troisième alinéas du présent article ainsi que la nature des mesures que le mandataire exerce nécessite la délivrance d'un nouvel agrément dans les conditions prévues au présent article.

CASF, art. L. 472-2 *(créé par L. n° 2007-308, 5 mars 2007, art. 14 et 19)*

Le bénéficiaire de l'agrément doit justifier de garanties des conséquences pécuniaires de sa responsabilité civile en raison des dommages subis par les personnes qu'il prend en charge.

CASF, art. R. 471-2-1 *(créé par Décr. n° 2016-1896, 27 déc. 2016, art. 1er – **en vigueur à compter du 1er juill. 2017**)*

* V. s[s] n° 312.01, > *Mandataires judiciaires à la protection – dispositions communes,* • *agrément et conditions d'accès*

CASF, art. R. 472-1 *(mod. par Décr. n° 2016-1896, 27 déc. 2016, art. 2)*

* V. s[s] n° 312.01, > *Mandataires judiciaires à la protection – dispositions communes,* • *agrément et conditions d'accès*

CASF, art. R. 472-2 ***(version en vigueur avec terme au 1er juill. 2017)***

La demande est adressée au préfet par lettre recommandée avec demande d'avis de réception. Copie de la demande est adressée selon les mêmes modalités au procureur de la République près le tribunal de grande instance du chef-lieu de département.

Le préfet dispose d'un délai de vingt jours pour accuser réception de la demande d'agrément ou, si la demande est incomplète, pour indiquer les pièces manquantes dont la production est indispensable à l'instruction de la demande et fixer un délai pour la production de ces pièces.

CASF, art. R. 472-2 *(mod. par Décr. n° 2016-1896, 27 déc. 2016, art. 3 – **en vigueur à compter du 1er juill. 2017**)*

* V. s[s] n° 312.01, > *Mandataires judiciaires à la protection – dispositions communes,* • *agrément et conditions d'accès*

CASF, art. R. 472-3 *(créé par Décr. n° 2008-1553, 31 déc. 2008, art. 1er)*

I. – L'agrément est accordé, après avis conforme du procureur de la République près le tribunal de grande instance du chef-lieu de département.

II. – La décision d'agrément comporte une mention permettant l'exercice des mesures de protection des majeurs :

1° Au titre du mandat spécial auquel il peut être recouru dans le cadre de la sauvegarde de justice ou au titre de la curatelle ou de la tutelle;

2° Au titre de la mesure d'accompagnement judiciaire.

CASF, art. R. 472-4 *(mod. par Décr. n° 2016-1896, 27 déc. 2016, art. 4)*

* V. s[s] n° 312.01, > *Mandataires judiciaires à la protection – dispositions communes,* • *agrément et conditions d'accès*

CASF, art. R. 472-6 *(mod. par Décr. n° 2016-1896, 27 déc. 2016, art. 6)*

* V. s[s] n° 312.01, > *Mandataires judiciaires à la protection – dispositions communes,* • *nouvel agrément*

CASF, art. R. 472-6-1 *(créé par Décr. n° 2016-1896, 27 déc. 2016, art. 7 – **en vigueur à compter du 1er juill. 2017**)*

* V. s[s] n° 312.01, > *Mandataires judiciaires à la protection – dispositions communes,* • *retrait d'agrément*

CASF, art. R. 472-7 *(créé par Décr. n° 2008-1553, 31 déc. 2008, art. 1er)*

Le mandataire judiciaire à la protection des majeurs qui désire cesser ses fonctions en informe, avec un préavis de deux mois, le préfet ainsi que les juridictions qui lui ont confié des mesures de protection des majeurs. Il lui est donné acte par le préfet de la cessation de son activité. L'agrément lui est retiré et il est radié de la liste prévue à l'article L. 471-2. Le retrait de l'agrément est notifié au procureur de la République près le tribunal de grande instance du chef-lieu de département et aux juridictions intéressées.

CASF, art. D. 472-5 *(créé par Décr. nº 2016-1898, 27 déc. 2016, art. 3)*

Un calendrier prévisionnel des appels à candidatures est arrêté par le représentant de l'État dans le département, après avis du procureur de la République près le tribunal de grande instance du chef-lieu de département et publié au recueil des actes administratifs de la préfecture.

Ce calendrier, annuel ou pluriannuel, a un caractère indicatif. Il recense, de manière prévisionnelle, les besoins pour la couverture desquels les autorités compétentes envisagent de procéder à un appel à candidature durant la période considérée.

CASF, art. D. 472-5-1 *(créé par Décr. nº 2016-1898, 27 déc. 2016, art. 3)*

L'avis d'appel à candidatures est signé par le représentant de l'État dans le département et publié au recueil des actes administratifs de la préfecture.

L'avis précise les dates de dépôt et de fin de réception des candidatures. L'écart entre ces deux dates ne peut être inférieur à deux mois.

L'avis précise les objectifs et les besoins mentionnés dans le schéma que cet appel à candidatures a pour finalité de satisfaire.

CASF, art. D. 472-5-2 *(créé par Décr. nº 2016-1898, 27 déc. 2016, art. 3)*

I.- La candidature pour l'agrément en qualité de mandataire judiciaire à la protection des majeurs est établie sur un document précisant, dans des conditions définies par arrêté du ministre chargé des affaires sociales, les informations relatives :

1° À l'identité du candidat et à sa domiciliation personnelle et professionnelle;

2° Aux moyens matériels mentionnés au a du 1° de l'article R. 472-1;

3° Aux moyens humains mentionnés au b du 1° de l'article R. 472-1 et, le cas échéant, l'identité, la formation et l'expérience professionnelle du secrétaire spécialisé ainsi que la description de ses fonctions et de sa quotité de travail;

4° À la formation, à l'expérience professionnelle et l'activité professionnelle du candidat, et, le cas échéant, aux agréments obtenus dans les autres départements;

5° Aux moyens prévus pour l'accueil de la personne protégée et pour les échanges entre le mandataire et la personne protégée;

6° Aux moyens prévus pour assurer les déplacements nécessaires à l'exercice de la fonction de mandataire, notamment les moyens de locomotion;

7° À l'assurance en responsabilité civile.

II.- Elle est accompagnée des pièces suivantes :

1° Un acte de naissance;

2° Le bulletin nº 3 du casier judiciaire;

3° Un justificatif de domicile;

4° Le certificat national de compétence mentionné à l'article D. 471-4 et toutes autres pièces justificatives relatives aux autres formations suivies;

5° Un curriculum vitae et toutes pièces justificatives relatives à son expérience professionnelle;

6° Un devis pour le contrat d'assurance en responsabilité civile;

7° Les projets de notice d'information et de document individuel de protection des majeurs;

8° Le cas échéant, un projet de contrat de travail pour l'emploi d'un secrétaire spécialisé et tout document attestant de l'intention de recruter du personnel à ce poste;

9° Le cas échéant, tout document attestant de la recherche, de la location ou de la possession de locaux professionnels;

10° Les documents relatifs aux moyens prévus pour assurer les déplacements nécessaires à l'exercice de la fonction de mandataire, notamment la carte grise, le titre de propriété ou de location de ses moyens de locomotion;

11° Le projet professionnel du candidat, qui précise notamment la qualité du réseau pluridisciplinaire de professionnels, en projet ou déjà constitué, comprenant notamment d'autres mandataires judiciaires à la protection des majeurs, les modalités prévues pour protéger les données personnelles, garantir la qualité du service rendu et organiser la continuité de la prise en charge ou de l'accompagnement.

III.- Pour les personnes physiques qui disposent d'une délégation d'un service mandataire pour exercer l'activité de mandataire judiciaire ou exercent en qualité de préposé d'établissement à la date de la demande d'agrément, le dossier de candidature comporte également :

1° Les informations relatives à l'activité exercée au moment de la demande d'agrément;

2° La copie du contrat de travail ou de la décision de nomination;

3° Le courrier par lequel le candidat a informé son employeur de son intention de demander un agrément;

4° Les moyens permettant, au regard de l'activité de son travail salarié ou d'agent public, d'assurer une continuité de la prise en charge ou de l'accompagnement des personnes dont le juge lui a confié la protection juridique.

CASF, art. D. 472-5-3 *(créé par Décr. nº 2016-1898, 27 déc. 2016, art. 3)*

Avant classement des candidatures par le représentant de l'État dans le département, les candidats dont le dossier est recevable au regard des conditions prévues aux articles L. 471-4 et L. 472-2 sont auditionnés par la commission départementale d'agrément des mandataires judiciaires à la protection des majeurs exerçant à titre individuel, qui émet un avis sur chacune des candidatures.

La commission est créée pour une durée de cinq ans à compter de la date de publication du premier arrêté de nomination de ses membres et placée auprès du représentant de l'État dans le département.

La commission est présidée par le préfet de département ou son représentant.

La commission comprend :

1° Deux représentants du directeur départemental de la cohésion sociale ou du directeur départemental de la cohésion sociale et de la protection des populations;

2° Le procureur de la République près le tribunal de grande instance du chef-lieu de département ou son représentant;

3° Le président du tribunal de grande instance du chef-lieu de département ou son représentant;

4° Deux représentants titulaires et deux représentants suppléants des mandataires exerçant à titre individuel agréés dans le département ou, à défaut, dans la région;

5° Un représentant titulaire et un représentant suppléant des mandataires exerçant en qualité de préposé d'établissement déclarés dans le département ou, à défaut, dans la région;

6° Un représentant titulaire et un représentant suppléant des délégués à la protection juridique des majeurs exerçant au sein d'un service mandataire habilité dans le département ou, à défaut, dans la région;

7° Deux représentants des usagers dont au moins un désigné par le conseil départemental de la citoyenneté et de l'autonomie mentionné à l'article L. 149-1.

Les représentants titulaires et suppléants des mandataires judiciaires à la protection des majeurs sont nommés, après un appel de candidature, par le représentant de l'État dans le département après avis du procureur de la République près le tribunal de grande instance du chef-lieu de département, et sous réserve qu'ils justifient de trois années d'expérience professionnelle dans la fonction de mandataire judiciaire à la protection des majeurs et, pour les représentants des délégués à la protection juridique des majeurs, qu'ils soient désignés par le service mandataire.

Lorsqu'il n'est pas désigné par le conseil départemental de la citoyenneté et de l'autonomie, le représentant des usagers est nommé par le représentant de l'État dans le département après appel de candidatures et avis du procureur de la République.

Le secrétariat de la commission est assuré par la direction départementale de la cohésion sociale ou la direction départementale de la cohésion sociale et de la protection des populations.

Les représentants titulaires des mandataires judiciaires à la protection des majeurs sont remplacés par leurs suppléants lorsqu'ils connaissent le candidat. Ces derniers ne peuvent prendre part aux délibérations lorsqu'ils le connaissent également.

CASF, art. D. 472-5-4 *(créé par Décr. n° 2016-1898, 27 déc. 2016, art. 3)*

La candidature est adressée au représentant de l'État dans le département par lettre recommandée avec demande d'avis de réception. Une copie de la demande est adressée selon les mêmes modalités au procureur de la République près le tribunal de grande instance du chef-lieu de département.

Le représentant de l'État dans le département dispose d'un délai de vingt jours pour accuser réception de la demande ou, si la demande est incomplète, pour indiquer les pièces manquantes dont la production est indispensable à l'instruction de la demande et fixer un délai pour la production de ces pièces.

En l'absence de production des pièces manquantes dans le délai fixé, la demande ne peut être instruite.

CASF, art. D. 472-6-1 *(créé par Décr. n° 2016-1898, 27 déc. 2016, art. 4)*

I.- Les demandes de candidature précisent les moyens que le candidat s'engage à mettre en œuvre pour l'exercice de son activité en cas d'obtention de l'agrément.

II.- Dans le délai d'un mois à compter de la notification de l'agrément, le mandataire transmet au représentant de l'État dans le département les pièces suivantes :

1° La copie du contrat d'assurance en responsabilité civile;

2° L'attestation de déclaration d'activité ou d'immatriculation;

3° Le cas échéant, le courrier par lequel il a informé son employeur de son agrément en qualité de mandataire exerçant à titre individuel.

III.- Dans le délai de trois mois à compter de la notification de l'agrément, le mandataire transmet au représentant de l'État dans le département les pièces suivantes :

1° La notice d'information et un modèle de document individuel de protection des majeurs;

2° L'attestation de déclaration auprès de la commission nationale informatique et libertés.

IV.- Dans le délai d'un mois à compter de la signature de l'acte en cause, le mandataire transmet au représentant de l'État dans le département les pièces suivantes :

1° La copie du contrat de travail du ou des secrétaires spécialisés;

2° La copie de l'acte de propriété ou du bail pour ces locaux professionnels.

CASF, art. D. 472-6-2 *(créé par Décr. n° 2016-1898, 27 déc. 2016, art. 4)*

Pour la demande de nouvel agrément prévue au 1° du II de l'article R. 472-6, le mandataire transmet les informations et les pièces relatives à l'assurance en responsabilité civile.

Pour la demande de nouvel agrément prévue au 2° et au 3° du II de l'article R. 472-6, le mandataire transmet le dossier mentionné à l'article D. 472-5-2.

Ces demandes sont effectuées dans les conditions prévues à l'article D. 472-5-4.

CASF, art. R. 472-24 *(créé par Décr. n° 2014-551, 27 mai 2014, art. 1er)*

* V. s[s] n° 312.01, > *Sanctions communes aux mandataires judiciaires à la protection des majeurs personnes physiques, • retrait de l'agrément ou annulation des effets de la déclaration*

CASF, art. R. 472-25 *(créé par Décr. n° 2008-1553, 31 déc. 2008, art. 2)* et **R. 472-26** *(créé par Décr. n° 2014-551, 27 mai 2014, art. 1er)*

* V. s[s] n° 312.01, > *Sanctions communes aux mandataires judiciaires à la protection des majeurs personnes physiques, • suspension de l'agrément ou suspension de la déclaration*

• **rémunération**

[CASF. art. L. 472-3 et R. 472-8 à R. 472-9]

+ L. n° 2015-1785, 29 déc. 2015, art. 53

+ Décr. n° 2015-1864, 30 déc. 2015, art. 1er

CASF, art. L. 472-3 *(mod. par L. n° 2015-1785, 29 déc. 2015, art. 53)*

Les mandats judiciaires à la protection des majeurs exercés en application de la présente section bénéficient d'un financement de l'État. La rémunération des personnes physiques mandataires judiciaires à la protection des majeurs est déterminée en fonction d'indicateurs liés, en particulier, à la charge de travail résultant de l'exécution des mesures de protection dont elles ont la charge.

CASF, art. R. 472-8 *(mod. par Décr. n° 2015-1864, 30 déc. 2015, art. 1er)*

I. – La rémunération du mandataire judiciaire à la protection des majeurs est déterminée par un arrêté des ministres chargés de la famille, de la justice et du budget, en fonction des indicateurs suivants :

1° La nature des missions :

a) Missions d'assistance et de conseil confiées au titre de l'article 467 du Code civil dans l'exercice de la curatelle ;

b) Missions de représentation confiées au titre de l'article 473 du même code dans l'exercice de la tutelle ;

c) Missions d'assistance et de perception des revenus de la personne protégée confiées au titre de l'article 472 du même code dans l'exercice de la curatelle renforcée, missions de gestion des prestations sociales de la personne protégée et d'action éducative confiées au titre de l'article 495-7 du même code dans l'exercice de la mesure d'accompagnement judiciaire, ou missions de gestion du patrimoine confiées au titre de l'article 437 du même code dans l'exécution d'un mandat spécial auquel il peut être recouru dans le cadre de la sauvegarde de justice ;

d) Missions de subrogé curateur dans le cadre d'une curatelle ou d'une curatelle renforcée, ou de subrogé tuteur dans le cadre d'une tutelle, confiées au titre de l'article 454 du même code ;

e) Missions mentionnées aux a à d qui porteraient uniquement sur la protection de la personne ou sur celle du patrimoine ;

2° La période d'exercice des missions :

a) Les trois mois suivant l'ouverture de la mesure de protection ;

b) Les trois mois précédant la fin de la mesure de protection ;

c) Les autres périodes ;

3° Le lieu de vie de la personne protégée :

a) Lorsque la personne protégée est accueillie de manière permanente dans un établissement social ou médico-social ou dans un établissement de santé au-delà d'une première période de trente jours de séjour continu et pendant le mois où a pris fin cet accueil permanent ;

b) Lorsque la personne protégée est accueillie de manière permanente dans un établissement social ou médico-social ou dans un établissement de santé au-delà d'une première période de trente jours de séjour continu et qu'elle conserve la disposition de son logement ;

c) Lorsque la personne vit à son domicile ou dans toute autre situation ;

4° Les ressources de la personne protégée calculées conformément aux dispositions de l'article R. 471-5, dans une mesure qui ne saurait leur conférer un caractère prépondérant.

II. – Lorsque le prélèvement sur les ressources de la personne protégée, calculé conformément aux dispositions de l'article R. 471-5-2, est inférieur à la rémunération du mandataire, le mandataire perçoit un financement public égal à la différence entre la rémunération et le prélèvement. Ce financement est versé par l'État dans le cadre d'une convention entre ce financeur et le mandataire judiciaire à la protection des majeurs.

III. – En aucun cas le prélèvement sur les ressources de la personne protégée ne peut excéder la rémunération fixée conformément au I.

CASF, art. R. 472-9 *(mod. par Décr. n° 2015-1864, 30 déc. 2015, art. 1er)*

La part de rémunération du mandataire judiciaire à la protection des majeurs qui relève du budget de l'État est mise en paiement par le préfet du département qui a délivré l'agrément. Dans le cas où le mandataire judiciaire est agréé dans plusieurs départements, elle est mise en paiement par le préfet du département qui a délivré en premier l'agrément.

• contrôle judiciaire et contrôle du représentant de l'État dans le département

[CASF, art. L. 472-10 et R. 472-10]

+ L. n° 2007-308 du 5 mars 2007, art. 14 et 19

+ Décr. n° 2016-1896, 27 déc. 2016, art. 8

CASF, art. L. 472-10 *(créé par L. n° 2007-308 du 5 mars 2007, art. 14 et 19)*

Sans préjudice des dispositions des articles 416 et 417 du code civil, le représentant de l'État dans le département exerce un contrôle de l'activité des mandataires judiciaires à la protection des majeurs.

En cas de violation par le mandataire judiciaire à la protection des majeurs des lois et règlements ou lorsque la santé, la sécurité ou le bien-être physique ou moral de la personne protégée est menacé ou compromis par les conditions d'exercice de la mesure de protection judiciaire, le représentant de l'État dans le département, après avoir entendu l'intéressé, lui adresse, d'office ou à la demande du procureur de la République, une injonction assortie d'un délai circonstancié qu'il fixe. Il en est de même lorsque l'indépendance du préposé d'un établissement mentionné au premier alinéa de l'article L. 472-6 dans l'exercice des mesures de protection qui lui sont confiées par le juge n'est pas effective.

S'il n'est pas satisfait à l'injonction dans le délai fixé, le représentant de l'État dans le département, sur avis conforme du procureur de la République ou à la demande de celui-ci, retire l'agrément prévu à l'article L. 472-1 ou annule les effets de la déclaration prévue à l'article L. 472-6.

En cas d'urgence, l'agrément ou la déclaration peut être suspendu, sans injonction préalable et, au besoin, d'office, dans des conditions fixées par décret en Conseil d'État.

Le procureur de la République est informé de la suspension, du retrait ou de l'annulation visés aux deux alinéas précédents.

CASF, art. R. 472-10

Le mandataire judiciaire à la protection des majeurs adresse chaque semestre aux juges concernés une déclaration indiquant le nombre total et la nature des mesures de protection des majeurs qu'il exerce au titre du mandat spécial auquel il peut être recouru dans le cadre de la sauvegarde de justice, de la curatelle, de la tutelle ou de la mesure d'accompagnement judiciaire, ainsi que le nombre de personnes exerçant auprès de lui la fonction de secrétaire spécialisé, *(mod. par Décr. n° 2016-1896, 27 déc. 2016, art. 8 –* ***en vigueur à compter du 1er juill. 2017****)* *« et le cas échéant l'activité de mandataire exercée au sein d'un service mandataire en qualité de délégué à la protection juridique des majeurs ou dans un établissement en qualité de préposé, avec la mention de la quotité de travail effectuée au sein de ce service ou de cet établissement ».* Copie de cette déclaration est adressée dans le même délai au préfet. Le modèle de cette déclaration est fixé par arrêté du ministre chargé de la famille.

> Mandataires judiciaires à la protection des majeurs exerçant en qualité de préposé d'établissement hébergeant des majeurs

[CASF, art. L. 472-5 à L. 472-9, D. 472-13 à R. 472-23]

+ R. 472-14, R 472-16, R 472-19,

• établissements soumis à désignation

[CASF, art. L. 472-5 et D. 472-13]

+ L. n° 2007-308, 5 mars 2007, art. 14 et 19

+ Décr. n° 2008-1511, 30 déc. 2008, art. 1er

CASF, art. L. 472-5 *(créé par L. n° 2007-308, 5 mars 2007, art. 14 et 19)*

Lorsqu'ils sont publics, les établissements mentionnés aux 6° et 7° du I de l'article L. 312-1 qui hébergent des personnes adultes handicapées ou des personnes âgées et dont la capacité d'accueil est supérieure à un seuil fixé par décret sont tenus de désigner un ou plusieurs agents comme mandataires judiciaires à la protection des majeurs pour exercer les mesures ordonnées par l'autorité judiciaire au titre du mandat spécial auquel il peut être recouru dans le cadre de la sauvegarde de justice ou au titre de la curatelle, de la tutelle ou de la mesure d'accompagnement judiciaire.

Ils peuvent toutefois confier l'exercice de ces mesures à un service mentionné au 14° du I de l'article L. 312-1, géré par eux-mêmes ou par un syndicat inter-hospitalier, un groupement d'intérêt public, un groupement de coopération sanitaire ou un groupement de coopération sociale ou médico-sociale dont ils sont membres.

Ils peuvent également recourir, par voie de convention, aux prestations d'un autre établissement disposant d'un service mentionné au 14° du I de l'article L. 312-1 ou d'un ou de plusieurs agents mentionnés au premier alinéa du présent article et déclarés auprès du représentant de l'État.

CASF, art. D. 472-13 *(créé par Décr. n° 2008-1511, 30 déc. 2008, art. 1er)*

Le seuil mentionné au premier alinéa de l'article L. 472-5 est fixé à 80 places autorisées au titre de l'hébergement permanent.

• **garanties d'indépendance et de confidentialité**

[CASF, art. L.472-6, al. 1 et 2, et R. 472-20 à R. 472-22]

+ L. n° 2007-308, 5 mars 2007, art. 14 et 19

CASF, art. L. 472-6, al. 1 et 2 *(créé par L. n° 2007-308, 5 mars 2007, art. 14 et 19)*

Un établissement mentionné au 6° ou au 7° du I de l'article L. 312-1 ne peut désigner l'un de ses agents en qualité de mandataire judiciaire à la protection des majeurs que si un exercice indépendant des mesures de protection qui lui sont confiées par le juge peut être assuré de manière effective.

L'agent désigné doit satisfaire aux conditions prévues à l'article L. 471-4. [...]

+ Décr. n° 2008-1505, 30 déc. 2008, art. 2

CASF, art. R. 472-20

Le mandataire judiciaire à la protection des majeurs rend compte directement au juge de l'exercice de la mesure de protection juridique des majeurs.

Il informe le responsable de l'établissement des jours où il s'absente de l'établissement pour accomplir les obligations nécessaires à l'exercice de la mesure de protection juridique des majeurs.

CASF, art. R. 472-21

L'établissement garantit au mandataire judiciaire à la protection des majeurs la confidentialité de la correspondance reçue à son attention ou envoyée par lui dans le cadre de l'exercice des mesures de protection des majeurs.

CASF, art. R. 472-22

La personne protégée doit pouvoir s'entretenir avec le mandataire judiciaire à la protection des majeurs sans la présence de l'une des personnes mentionnées à l'article R. 472-17.

• **déclarations**

[CASF, art. L.472-6, al. 3 et 4, L. 472-7 à L. 472-8, et R. 472-14 à R. 472-19]

+ L. n° 2007-308, 5 mars 2007, art. 14 et 19

+ Décr. n° 2016-1896, 27 déc. 2016, 9, 10 et 11

CASF, art. L. 472-6, al. 3 et 4 *(créé par L. n° 2007-308, 5 mars 2007, art. 14 et 19)*

[...] La désignation opérée en application du premier alinéa est soumise à déclaration préalable auprès du représentant de l'État dans le département. Celui-ci informe sans délai le procureur de la République des déclarations qu'il a reçues.

Les conditions d'application du présent article sont fixées par décret en Conseil d'État.

CASF, art. L. 472-7 *(créé par L. n° 2007-308, 5 mars 2007, art. 14 et 19)*

Tout changement affectant les conditions prévues par l'article L. 471-4, la nature des mesures exercées ainsi que l'identité des préposés d'établissements d'hébergement désignés comme mandataires judiciaires à la protection des majeurs justifie une nouvelle déclaration dans les conditions prévues à l'article L. 472-6.

CASF, art. L. 472-8 *(créé par L. n° 2007-308, 5 mars 2007, art. 14 et 19)*

Le représentant de l'État dans le département peut, sur avis conforme du procureur de la République ou à la demande de celui-ci, faire opposition à la déclaration opérée en application du troisième alinéa de l'article L. 472-6 ou de l'article L. 472-7, dans un délai de deux mois à compter de sa réception, s'il apparaît que l'intéressé ne satisfait pas aux conditions prévues à l'article L. 471-4 ou au premier alinéa de l'article L. 472-6. Il en est de même si les conditions d'exercice du mandat ne permettent pas de garantir que le respect de la santé, de la sécurité et du bien-être physique et moral de la personne protégée sera assuré.

CASF, art. R. 472-14 *(mod. par Décr. n° 2016-1896, 27 déc. 2016, art. 9 – **en vigueur à compter du 1er juill. 2017**)*

* V. s[s] n° 312.01, > *Mandataires judiciaires à la protection – dispositions communes,* • *agrément et conditions d'accès*

CASF, art. R. 472-15 *(créé par Décr. n° 2014-551, 27 mai 2014, art. 1er)*

La déclaration est adressée au préfet deux mois avant la désignation d'un agent pour exercer l'activité de mandataire judiciaire à la protection des majeurs en qualité de préposé d'établissement hébergeant des majeurs. Copie de la déclaration est adressée dans le même délai au procureur de la République près le tribunal de grande instance du chef-lieu de département. Lorsque l'établissement est public, une copie est adressée également au directeur départemental ou, le cas échéant, régional des finances publiques.

CASF, art. R. 472-16 *(mod. par Décr. n° 2016-1896, 27 déc. 2016, art. 10 – **en vigueur à compter du 1er juill. 2017**)*

* V. s[s] n° 312.01, > *Mandataires judiciaires à la protection – dispositions communes,* • *agrément et conditions d'accès*

CASF, art. R. 472-16-1 *(créé par Décr. n° 2011-936, 1er août 2011, art. 5)*

L'établissement déclarant transmet au préfet de département dans un délai d'un an à compter de la déclaration le certificat national de compétence mentionné à l'article D. 471-3 obtenu par la personne désignée dans la déclaration. À défaut de transmission dans le délai imparti, les effets de la déclaration cesseront et le mandataire judiciaire sera immédiatement retiré de la liste.

CASF, art. R. 472-17 *(créé par Décr. n° 2008-1511, 30 déc. 2008, art. 1er)*

Le responsable de l'établissement et les personnes intervenant auprès des personnes accueillies par l'établissement ne peuvent être désignés dans la déclaration prévue à l'article L. 472-6.

CASF, art. D. 472-18 *(mod. par Décr. n° 2014-552, 27 mai 2014, art. 1er)*

En cas d'opposition à la déclaration mentionnée à l'article L. 472-6, le préfet en informe l'auteur et le directeur départemental ou, le cas échéant, régional des finances publiques.

CASF, art. R. 472-19 *(mod. par Décr. n° 2016-1896, 27 déc. 2016, art. 11 – **en vigueur à compter du 1er juill. 2017**)*

* V. s^s n° 312.01, > *Mandataires judiciaires à la protection – dispositions communes,* • *agrément et conditions d'accès*

• **financement**

[CASF, art. L.472-9 et R. 472-23]

CASF, art. L. 472-9 *(créé par L. n° 2007-308, 5 mars 2007, art. 14 et 19)*

Les mandats judiciaires à la protection des majeurs exercés par les agents désignés par un établissement mentionné au 6° ou au 7° du I de l'article L. 312-1 bénéficient, selon des modalités déterminées par décret en Conseil d'État, d'un financement fixé dans les conditions prévues :

1° Au II de l'article L. 361-1 lorsqu'ils sont mis en œuvre par les préposés des établissements mentionnés au même II;

2° Au III du même article lorsqu'ils sont mis en œuvre par les préposés des établissements mentionnés au même III.

CASF, art. R. 472-23 *(créé par Décr. n° 2008-1505, 30 déc. 2008, art. 2)*

Pour déterminer le budget alloué au financement de l'activité du mandataire judiciaire à la protection des majeurs, il est tenu compte d'indicateurs relatifs en particulier à la charge de travail liée à la nature de la mesure de protection et à la situation de la personne protégée. Ces indicateurs sont fixés par arrêté du ministre chargé de la famille.

313.03 Bibliographie indicative

> Rapport de la Cour des comptes. *La protection juridique des majeurs : une réforme ambitieuse, une mise en œuvre défaillante,* sept. 2016.

> Guide. *Guide méthodologique pour la construction d'un contrôle d'une structure sociale ou médico-sociale,* IGAS-DGCS, nov. 2014.

> Articles. A.-M. David, « À quand une véritable harmonisation de la profession de mandataire judiciaire à la protection des majeurs ? », *AJ fam.* 2011 191 ; « Création d'un ordre professionnel des mandataires judiciaires à la protection des majeurs », *D.* 2011. 2920 – I. Maria, note s^s Cons. const. 17 juin 2011, n° 2011-136 QPC, *Dr. fam.* 2011, n° 157 – A.-L. Toledano, « Formation des mandataires judiciaires à la protection des majeurs », *AJ fam.* 2011. 192.

313.04 Exemples d'actes.

> Régimes de protection des majeurs

* Pour un exemple d'inventaire de patrimoine, v. s^s n° 5271.11.

* Pour un exemple de comptes annuels de gestion, v. s^s n° 5271.12.

* Pour un exemple de procès-verbal de difficultés, v. s^s n° 5271.13.

* Pour un exemple d'ordonnance statuant sur la conformité des comptes, v. s^s n° 5271.14.

* Pour un exemple de procès-verbal de prestation de serment de mandataire judiciaire, v. s^s n° 5292.11.

* Pour un exemple d'ordonnance autorisant un prélèvement supplémentaire du MJPM, v. s^s n° 5271.15.

SECTION 1
MANDATAIRES JUDICIAIRES À LA PROTECTION DES MAJEURS EXERÇANT À TITRE INDIVIDUEL

§ 1
Agrément

313.11 Conditions de l'agrément. Les personnes physiques qui exercent à titre individuel et habituel les mesures de protection judiciaire des majeurs ainsi que la mesure d'accompagnement judiciaire font l'objet préalablement à leur inscription sur la liste du préfet, d'un **agrément** en qualité de mandataire judiciaire à la protection des majeurs (CASF, art. L. 472-1, al. 1er). Cet agrément, qui vaut inscription sur la liste préfectorale, est **délivré par le préfet de département** après vérification que la personne satisfait aux conditions de moralité, d'âge, de formation et d'expérience professionnelle prévue à l'article L. 471-4 et d'assurance de responsabilité civile exigée par l'article L. 472-2, outre la vérification que le candidat n'a pas fait l'objet d'une décision de suspension ou de retrait de l'agrément et qu'il n'est pas frappé d'une incapacité d'exercice.

La loi n° 2015-1776 du 28 décembre 2015[1] et les deux décrets pris pour son application le 27 décembre 2016[2] ont modifié les conditions de délivrance de l'agrément (CASF, art. L. 472-1-1, R. 471-2-1, R. 472-1, R. 472-4, D. 472-5 à D. 472-5-4, R. 472-6, D. 472-6-1 et D. 472-6-2). Celui-ci est délivré après un appel à candidatures émis par le représentant de l'État dans le département, qui fixe la date à laquelle les dossiers de candidature doivent être déposés. Les conditions de l'établissement du calendrier prévisionnel et de l'appel à candidatures sont fixées par les articles D. 472-5 et D. 472-5-1 du Code de l'action sociale et des familles. Les conditions de cumul de plusieurs modes d'exercice de l'activité de mandataire judiciaire à la protection des majeurs sont précisées à l'article R. 471-2-1 (v. s^s n° 312.61).

Les demandes d'agrément doivent être envoyées au représentant de l'État dans le département par lettre recommandée avec demande d'avis de réception et

1. L. n° 2015-1776, 28 déc. 2015, art. 34 (v. s^s n° 313.01).
2. Décr. n°s 2016-1896 et 2016-1898, 27 déc. 2016 (v. s^s n° 313.01).

une copie doit être adressée au procureur de la République du chef-lieu de département dans les mêmes formes (CASF, art. D. 472-5-4). Le silence gardé pendant plus de cinq mois à compter de la date de fin de réception des candidatures, ou de réception de toutes les pièces pour les demandes de nouvel agrément ou de modification d'agrément, vaut décision de rejet (CASF, art. R. 472-4).

Le représentant de l'État dans le département arrête la liste des candidats dont le dossier est recevable au regard des conditions prévues aux articles L. 471-4 et L. 472-2. Il classe les candidatures figurant sur la liste mentionnée au deuxième alinéa de l'article L. 472-1-1 du Code de l'action sociale et des familles. Avant classement des candidatures, les candidats recevables sont auditionnés par une commission départementale d'agrément des mandataires judiciaires à la protection des majeurs exerçant à titre individuel, qui émet ensuite un avis. Cette commission, créée pour une durée de cinq ans à compter de la date de publication du premier arrêté de nomination de ses membres, est placée auprès du représentant de l'État dans le département qui la préside soit luimême, soit par son représentant. Sa composition est fixée à l'article D. 472-5-3; elle comprend le procureur de la République et le président du tribunal de grande instance, ou leurs représentants, et des représentants des mandataires judiciaires comme des usagers. Son secrétariat est assuré par la direction départementale de la cohésion sociale (DDCS).

Le classement des candidatures se fait ensuite, par le représentant de l'État dans le département, en fonction des objectifs et des besoins fixés par le schéma régional d'organisation sociale et médicosociale prévue au b du 2° de l'article L. 312-5 du Code de l'action sociale et des familles et de « *critères garantissant la qualité, la proximité et la continuité de la prise en charge* » définis par décret en Conseil d'État. C'est l'article R. 472-1 du Code de l'action sociale et des familles qui fixe les critères déterminés tant au titre de la qualité et de la continuité de la prise en charge et de l'accompagnement, qu'au titre de la proximité.

L'agrément ne peut être délivré que sur l'avis conforme du procureur de la République (CASF, art. L. 472-1-1, al. 4 et art. R. 472-3), de sorte qu'un avis défavorable ou une absence d'avis ne permet pas de faire droit à la demande d'agrément. L'autorité compétente pour délivrer l'agrément est le préfet de département, uniquement pour les demandes relatives à une activité exercée dans son ressort. En conséquence, un candidat souhaitant exercer son activité dans plusieurs départements devra présenter autant de demandes d'agrément que de départements concernés.

Tout changement dans l'activité, l'installation ou l'organisation d'un mandataire ou dans les garanties en matière de responsabilité civile prévues aux articles L. 472-2 et R. 472-6 du Code de l'action sociale et des familles doit être porté à la connaissance de l'autorité compétente. Tout changement affectant le respect des critères mentionnés aux deuxième et troisième alinéas de l'article L. 472-1 du Code de l'action sociale et des familles ainsi que la nature des mesures que le mandataire exerce nécessite la délivrance d'un nouvel agrément dans les conditions prévues aux mêmes articles de ce code.

La **demande d'agrément** doit être établie dans des conditions fixées par l'un des deux décrets du 27 décembre 2016[1] (CASF, art. L. 472-1-1, al. 1er – CASF, art. D. 472-5-2). La candidature d'agrément doit être effectuée sur un document précisant, dans des conditions fixées par arrêté du ministre des affaires sociales, les informations relatives notamment à l'identité du candidat, à sa domiciliation professionnelle, à sa formation, aux moyens matériels et humains qu'il envisage de mettre en œuvre, y compris pour assurer l'accueil de la personne protégée et échanger avec elle. Une liste précise des pièces à fournir figure au II de l'article D. 472-5-2, dont :

– un acte de naissance;

– le bulletin n° 3 du casier judiciaire;

– un justificatif de domicile;

– le certificat national de compétence;

– un devis de contrat d'assurance couvrant sa responsabilité civile;

– un projet de notice d'information et de document individuel de protection;

– le projet de contrat de travail du secrétaire spécialisé dont le recrutement est envisagé, s'il y a lieu.

Lorsque le candidat à un agrément individuel dispose d'une délégation d'un service mandataire ou exerce en qualité de préposé d'établissement à la date de la demande d'agrément, il doit fournir :

– des informations relatives à l'activité exercée au moment de sa demande d'agrément;

– la copie du contrat de travail ou de la décision de nomination à des fonctions de préposé;

– la copie du courrier par lequel il a informé son employeur de son intention de demander un agrément;

– des renseignements sur les moyens permettant, au regard de l'activité de son travail salarié ou d'agent public, d'assurer la continuité de la prise en charge ou de l'accompagnement que le juge lui a confié.

Le secrétaire spécialisé d'un mandataire judiciaire à la protection des majeurs, c'est-à-dire « *toute personne qui travaille sous la responsabilité d'une personne physique qui exerce l'activité de MJPM à titre individuel* », ne participe pas à l'exercice de la mesure de protection. Cependant, s'il est placé auprès d'un MJPM il peut, à titre exceptionnel, accomplir les actes définis à l'article 3 du décret n° 2008-1484 du 22 décembre

1. Décr. n°s 2016-1896 et 2016-1898, 27 déc. 2016 (v. s^{s} n° 313.01).

2008 relatif aux actes de gestion du patrimoine des personnes protégées[1].

313.12 Avis conforme du procureur de la République. L'exigence d'un avis conforme du parquet n'est pas sans soulever des difficultés. Seul le **parquet du chef-lieu du département** étant compétent, il s'ensuit, de manière paradoxale, qu'il doit fournir au préfet un avis sur des mandataires judiciaires à la protection des majeurs qui ne sont pas appelés à intervenir dans son ressort. Une bonne pratique imposera au parquet, appelé à fournir un avis, à **consulter les autres parquets** et à recueillir **l'avis du juge des tutelles**. L'audition des candidats par le ministère public et/ou par le juge des tutelles serait également souhaitable[2].

313.13 Contenu et notification de la décision d'agrément. La décision d'agrément comporte une mention permettant l'exercice des mesures de protection des majeurs au titre des mesures de protection de type sauvegarde de justice, curatelle ou tutelle et au titre de la mesure spécifique d'accompagnement judiciaire.

L'agrément est accordé sans limitation de durée pour l'activité de mandataire judiciaire à la protection des majeurs, alors qu'il est limité à cinq ans pour l'activité de délégué aux prestations familiales.

Tout changement affectant les conditions d'accès à la profession et la garantie d'une assurance de responsabilité civile, ainsi que la nature des mesures exercées à titre individuel, requiert un nouvel agrément délivré dans les mêmes conditions que le précédent (CASF, art. L. 472-1, al. 4, R. 472-6). Ainsi en est-il par exemple lorsque le mandataire souhaite changer les plafonds garantis par son assurance responsabilité civile ou lorsqu'il veut pouvoir exercer une catégorie de mesures de protection non couverte par l'agrément initial (MAJ) ou encore lorsque le nombre de ses secrétaires spécialisés est différent de celui qu'il a indiqué lors de l'agrément initial.

Si le mandataire souhaite cesser ses fonctions, il doit en informer le représentant de l'État dans le département ainsi que les juridictions qui lui ont confié les mesures (CASF, art. R. 472-7) ; le représentant de l'État dans le département lui donnera acte de la cessation d'activité, l'agrément sera retiré, il sera radié de la liste de l'article L. 471-2 et notification en sera faite au procureur de la République du tribunal de grande instance du chef-lieu du département et aux juridictions concernées.

En cas de refus d'agrément, le rejet de la demande fait courir un délai d'un an pendant lequel il n'est pas possible de demander un nouvel agrément (CASF, art. R. 472-6). Il est par ailleurs prévu que le silence gardé pendant plus de cinq mois (CASF, art. R. 472-4) à compter de la date de réception du dossier complet par le représentant de l'État dans le département vaut décision de rejet de la demande d'agrément. Un recours gracieux est possible ou contentieux devant le tribunal administratif dans les conditions de droit commun.

§ 2
Contrôle

313.21 Contrôle judiciaire. Le mandataire judiciaire à la protection des majeurs adresse, **chaque semestre**, aux juges des tutelles concernés une **déclaration** indiquant le **nombre total et la nature des mesures de protection** qu'il exerce au titre du mandat spécial auquel il peut être recouru dans le cadre de la sauvegarde de justice, de la curatelle, de la tutelle ou de la mesure d'accompagnement judiciaire ainsi que le nombre de personnes exerçant auprès de lui la fonction de **secrétaire spécialisé**. La **copie de cette déclaration** est adressée, chaque semestre, **au préfet** (CASF, art. L. 472-10). Cette dernière est dressée suivant un **modèle Cerfa 13932*01**, lequel résulte d'un arrêté du 29 juillet 2009, relatif au formulaire de déclaration semestrielle du nombre de mesures de protection des majeurs et de secrétaires spécialisés des personnes agréées pour exercer à titre individuel l'activité de mandataire judiciaire à la protection des majeurs[3].

Outre ce contrôle de l'activité, le juge des tutelles et le procureur de la République exercent une **surveillance générale des mesures de protection** (C. civ., art. 416). Ils peuvent à ce titre visiter ou faire visiter les personnes protégées et les personnes chargées de la protection, dont les mandataires judiciaires à la protection des majeurs, qui doivent déférer à leur convocation et leur communiquer toutes informations qu'ils demandent tant sur la protection des biens que sur celle de la personne. Le juge des tutelles peut prononcer des **injonctions** et, le cas échéant lorsqu'ils n'y déférent pas, les condamner à une **amende civile** d'un montant maximum de 3 000 euros. L'article 417 du Code civil dispose en outre que le juge des tutelles peut dessaisir le mandataire en cas

1. Décr. n° 2008-1484, 22 déc. 2008, relatif aux actes de gestion du patrimoine des personnes placées en curatelle ou en tutelle, et pris en application des articles 452, 496 et 502 du Code civil, *JO* 31 déc., p. 20631.
2. EN CE SENS, v. O. Bonhomme, « Le point de vue d'un parquetier », *AJ fam.* 2011. 185.
3. Arr. 29 juill. 2009, *JO* 15 août, p. 13566. La notice explicative de ce modèle est fournie, quant à elle, par un formulaire homologué par la Direction générale de la modernisation de l'État sous le numéro Cerfa 51375*01. Le formulaire est mis en ligne à l'adresse suivante : https://www.formulaires.modernisation.gouv.fr/gf/showFormulaireSignaletiqueConsulter.do?numCerfaAndExtension=13932*01

de manquement grave et demander au procureur de la République d'en solliciter la radiation auprès du représentant de l'État dans le département dans les conditions de l'article L. 472-10 du Code de l'action sociale et des familles. Ce dernier texte permet aussi de demander la suspension du mandataire judiciaire à la protection des majeurs. Lorsqu'une telle mesure est prise, elle est répertoriée dans une liste nationale que peuvent consulter le représentant de l'État dans le département et le procureur de la République (CASF, art. D. 471-13, D. 471-15). Il doit être relevé que, curieusement et alors même qu'il est à l'origine de sa désignation, le juge des tutelles n'a pas d'accès direct à cette liste.

Le contrôle judiciaire de l'exercice des mesures porte également sur les **comptes annuels de gestion**, assuré en premier lieu par le directeur des services de greffe judiciaire du tribunal d'instance et, en cas de rapport de difficulté, par le juge des tutelles. Il doit également s'exercer dans les mêmes conditions lors de la remise de l'inventaire et des inventaires actualisés.

313.22 Contrôle par le représentant de l'État dans le département. La personne physique agréée à titre individuel en qualité de mandataire judiciaire à la protection des majeurs par le préfet de département doit justifier de **garanties des conséquences pécuniaires de sa responsabilité civile** en raison des dommages subis par les personnes qu'elle prend en charge (CASF, art. L. 472-2). Elle doit aussi justifier qu'elle respecte bien l'engagement pris lors de sa demande d'agrément de mettre en place les moyens nécessaires pour assurer la qualité, la continuité et la proximité de la prise en charge (CASF, art. D. 472-5-2, I). Si tel n'était pas le cas, son agrément pourrait lui être retiré par le représentant de l'État dans le département en application de l'article R. 472-6-1 du Code de l'action sociale et des familles.

Par ailleurs, l'article L. 472-10 du même code dispose que le représentant de l'État dans le département exerce un contrôle de l'activité des mandataires judiciaires à la protection des majeurs, notamment par les inspections-contrôles (v. s[s] n° 312.61). En cas de violation par le mandataire judiciaire à la protection des majeurs des lois et règlements ou lorsque la santé, la sécurité ou le bien-être physique ou moral de la personne protégée est menacé ou compromis par les conditions d'exercice de la mesure de protection judiciaire, le représentant de l'État dans le département, après avoir entendu l'intéressé, lui adresse, d'office ou à la demande du procureur de la République, une **injonction assortie d'un délai circonstancié** qu'il fixe. Si l'injonction n'est pas respectée dans le délai fixé, le représentant de l'État dans le département, sur avis conforme du procureur de la République, retire l'agrément prévu à l'article L. 472-1 ou annule les effets de la déclaration prévue à l'article L. 472-6.

En cas d'urgence, l'agrément ou la déclaration peut être suspendu pour une période de huit jours maximum, sans injonction préalable et, au besoin, d'office, dans les conditions prévues à l'article R. 472-26.

Le procureur de la République est informé de la suspension, du retrait ou de l'annulation visés aux deux alinéas précédents.

§ 3
Rémunération

313.31 Rémunération et prise en charge des coûts. Les mandataires judiciaires à la protection des majeurs exerçant à titre individuel bénéficient d'un **financement public** dans les conditions prévues à l'article L. 361-1, I du Code de l'action sociale et des familles, déduction faite de la participation de la personne protégée au financement de la mesure en application de l'article L. 471-5 du Code de l'action sociale et des familles (CASF, art. L. 472-3[1] - V. s[s] 312.31).

313.32 Modulation de la rémunération du mandataire. La rémunération du mandataire est déterminée en fonction d'**indicateurs liés, en particulier, à la charge de travail** résultant de l'exécution de la mesure de protection (CASF, art. L. 472-3), ces indicateurs devant être fixées par un décret en Conseil d'État (CASF, art. L. 471-4). Or, jusqu'à récemment, l'article R. 472-8 du Code de l'action sociale et des familles, pris pour l'application de l'article L. 472-3, mettait en œuvre un **système de rémunération forfaitaire**, en énonçant que « *le mandataire judiciaire à la protection des majeurs est rémunéré sur la base d'un tarif mensuel forfaitaire attribué pour toute mesure de protection des majeurs* [...]. *Le tarif mensuel est fixé par un arrêté des ministres chargés du budget, de la famille et de la justice* [...]. *Les indicateurs applicables au mandataire judiciaire à la protection des majeurs et tenant compte en particulier de la charge de travail résultant de l'exécution des mesures de protection sont fixés par arrêté du ministre de la famille* ». Aussi, le Conseil d'État a-t-il jugé que l'article R. 472-8 était entaché d'incompétence et l'a annulé, ce dernier ne pouvant renvoyer la fixation des indicateurs prévus à l'article L. 472-3 à un arrêté du ministre chargé de la famille[2].

L'article R. 472-8, I du Code de l'action sociale et des familles précise, depuis sa version issue du décret n° 2011-936 du 1er août 2011[3] dont les dispositions sont entrées en vigueur le 5 août 2011, que : « *La*

1. Mod. par L. n° 2015-1785, 29 déc. 2015, de finances pour 2016, art. 53, *JO* 30 déc., p. 24614.
2. CE 4 févr. 2011, req. n° 325887, *Dr. fam.* 2011, n° 59, note Maria.
3. Décr. n° 2011-936, 1er août 2011, relatif à la rémunération des mandataires judiciaires et à diverses mesures de simplification en matière de protection juridique des majeurs, *JO* 4 août, p. 13359.

rémunération du mandataire judiciaire à la protection des majeurs est déterminée par un arrêté des ministres chargés de la famille, de la justice et du budget, en fonction des indicateurs suivants :

1° La nature des missions :

a) Missions d'assistance et de conseil confiées au titre de l'article 467 du Code civil dans l'exercice de la curatelle;

b) Missions de représentation confiées au titre de l'article 473 du même code dans l'exercice de la tutelle;

c) Missions d'assistance et de perception des revenus de la personne protégée confiées au titre de l'article 472 du Code civil dans l'exercice de la curatelle renforcée, missions de gestion des prestations sociales de la personne protégée et d'action éducative confiées au titre de l'article 495-7 du même code dans l'exercice de la mesure d'accompagnement judiciaire, ou missions de gestion du patrimoine confiées au titre de l'article 437 du même code dans l'exécution d'un mandat spécial auquel il peut être recouru dans le cadre de la sauvegarde de justice;

d) Missions de subrogé curateur dans le cadre d'une curatelle ou d'une curatelle renforcée, ou de subrogé tuteur dans le cadre d'une tutelle, confiées au titre de l'article 454 du même code;

e) Missions mentionnées aux a à d qui porteraient uniquement sur la protection de la personne ou sur celle du patrimoine;

2° La période d'exercice des missions :

a) Les trois mois suivant l'ouverture de la mesure de protection;

b) Les trois mois précédant la fin de la mesure de protection;

c) Les autres périodes;

3° Le lieu de vie de la personne protégée :

a) Lorsque la personne protégée est accueillie de manière permanente dans un établissement social ou médico-social ou dans un établissement de santé au-delà d'une première période de trente jours de séjour continu et pendant le mois où a pris fin cet accueil permanent;

b) Lorsque la personne protégée est accueillie de manière permanente dans un établissement social ou médico-social ou dans un établissement de santé au-delà d'une première période de trente jours de séjour continu et qu'elle conserve la disposition de son logement;

c) Lorsque la personne vit à son domicile ou dans toute autre situation;

4° Les ressources de la personne protégée calculées conformément aux dispositions de l'article R. 471-5, dans une mesure qui ne saurait leur conférer un caractère prépondérant. »

Il en résulte que la **rémunération mensuelle du mandataire** est dorénavant, non plus forfaitaire, mais tout au contraire **modulable**. Cette modulation découle des dispositions d'un arrêté du 6 janvier 2012[1], qui abroge un précédent arrêté du 3 août 2011. Le tarif mensuel de référence correspond à 15 fois le montant brut horaire du SMIC (et non plus 13,6 fois ce montant). Ce **tarif mensuel** fluctue en fonction d'un **quadruple critère**.

Le *premier critère* est tiré de la **nature de la mission**. Le tarif de droit commun correspond à celui de la curatelle renforcée. Il subit une décote de 50 % s'agissant de la curatelle simple, de 10 % s'agissant de la tutelle et des mesures portant seulement sur la protection des biens ou seulement sur la protection de la personne du majeur, de 70 % si la mission se limite à une subrogée curatelle ou à une subrogée tutelle.

Le *deuxième critère* de fluctuation de la rémunération du mandataire tient au **lieu de vie de la personne protégée**. Le tarif de droit commun s'applique lorsque la personne protégée vit à son domicile. Ce tarif est diminué de 20 % lorsqu'elle est hébergée en établissement. Cependant, cette décote ne joue pas lorsque la personne conserve son logement.

Le *troisième critère* fait dépendre le tarif mensuel de la **période d'exercice de la mesure de protection**. Le tarif de droit commun est majoré de 15 % dans les trois premiers mois ainsi que dans les trois derniers mois d'exercice de la mesure.

Enfin, le *quatrième critère* découle des **ressources du majeur**. L'arrêté du 6 janvier 2012 fixe ici plusieurs seuils de progression de la rémunération du mandataire. Celui-ci peut demander, au maximum, une majoration de 210 % de la participation de la personne protégée à sa rémunération calculée conformément aux dispositions des articles R. 475-1 et R. 471-5-2 du Code de l'action sociale et des familles[2].

Néanmoins, en aucun cas le prélèvement sur les ressources de la personne protégée ne peut excéder la rémunération telle qu'elle doit être fixée conformément à l'article R. 472-8, I (CASF, art. R. 472-8, III).

313.33 Financement public de la différence entre la rémunération du mandataire et la participation de la personne protégée calculée en fonction de ses ressources. Lorsque le prélèvement sur les ressources de la personne protégée, calculé conformément aux dispositions de l'article R. 471-5-2, est **inférieur** à la rémunération du mandataire, ce dernier perçoit un **financement public égal à la différence** entre la rémunération et le prélèvement. Ce financement est versé par chaque financeur concerné conformément aux dispositions de l'article L. 361-1, I, 1°, 2° et 3°du Code de l'action sociale et des familles, dans le cadre d'une convention entre ce financeur et le mandataire judiciaire à la protection des majeurs. La part de rémunération du mandataire

1. Arr. 6 janv. 2012, relatif à la rémunération des personnes physiques exerçant l'activité de mandataire judiciaire à la protection des majeurs à titre individuel, *JO* 21 janv., p. 1209.
2. G. Raoul-Cormeil, « Rémunération des mandataires judiciaires à la protection des majeurs : plus de forfait ! », *LEFP* oct. 2011. 4 – *Dr. fam.* 2012, n° 58, note Maria.

judiciaire à la protection des majeurs qui relève du budget de l'État est **mise en paiement par le préfet du département** qui a délivré l'agrément. Dans le cas où le mandataire judiciaire est agréé dans plusieurs départements, elle est mise en paiement par le **préfet du département qui a délivré en premier l'agrément**. Dans le cas où il y a plusieurs organismes de sécurité sociale appartenant à la même branche, l'organisme de sécurité sociale de la branche du chef-lieu du département dont le préfet a délivré l'agrément verse la part de rémunération incombant à ces organismes au mandataire judiciaire. Dans le cas où le mandataire judiciaire est agréé dans plusieurs départements, cette part de rémunération est versée par l'organisme de sécurité sociale de la branche du chef-lieu du département dont le préfet a délivré en premier l'agrément (CASF, art. R. 472-9).

SECTION 2
MANDATAIRES JUDICIAIRES À LA PROTECTION DES MAJEURS PRÉPOSÉS D'ÉTABLISSEMENT D'HÉBERGEMENT

§ 1
Obligation de désignation

313.41 Établissements soumis à la désignation. Lorsqu'ils sont publics, les établissements et les services qui accueillent des personnes âgées ou qui leur apportent à domicile une assistance dans les actes quotidiens de la vie, des prestations de soins ou une aide à l'insertion sociale (CASF, art. L. 312-1, I, 6°), ainsi que les établissements et les services, y compris les foyers d'accueil médicalisé, qui accueillent des personnes adultes handicapées, quel que soit leur degré de handicap ou leur âge, ou des personnes atteintes de pathologies chroniques, qui leur apportent à domicile une assistance dans les actes quotidiens de la vie, des prestations de soins ou une aide à l'insertion sociale ou bien qui leur assurent un accompagnement médico-social en milieu ouvert (CASF, art. L. 312-2, 7°) sont tenus, lorsqu'ils **hébergent des personnes adultes handicapées** ou des **personnes âgées** et que leur **capacité d'accueil est supérieure à 80 places autorisées** au titre de l'hébergement permanent (CASF, art. D. 472-13), de désigner **un ou plusieurs agents comme mandataires judiciaires** à la protection des majeurs pour exercer les mesures ordonnées au titre du mandat spécial dans la sauvegarde de justice, la curatelle, la tutelle ou la mesure d'accompagnement judiciaire (CASF, art. L. 472-5, al. 1er).

Ces établissements peuvent toutefois confier l'exercice de ces mesures soit à un **service mandataire** judiciaire à la protection des majeurs (CASF, art. L. 312-1, I, 14°) géré par eux-mêmes ou par un syndicat inter-hospitalier, un groupement d'intérêt public, un groupement de coopération sanitaire ou un groupement de coopération sociale ou médico-sociale dont ils sont membres; soit recourir, par voie de convention, aux **prestations d'une association tutélaire ou d'un ou plusieurs agents**, préposés d'autres établissements, dès lorsque ces derniers sont déclarés auprès du préfet (CASF, art. L. 472-5, al. 4).

§ 2
Conditions d'accès à la profession et garanties d'exercice

313.51 Garantie d'indépendance et de confidentialité. Les établissements hébergeant des personnes adultes handicapées ou des personnes âgées ne peuvent désigner l'un de leurs agents en qualité de mandataire judiciaire à la protection des majeurs qu'à la condition qu'un **exercice indépendant des mesures de protection** confiées à cet agent par le juge soit effectivement **garanti** (CASF, art. L. 472-6, al. 1er). L'établissement doit justifier, auprès des services du préfet, des moyens qu'il met en œuvre afin d'assurer l'indépendance effective de son préposé (CASF, art. R. 472-14).

Dans le cadre de l'exercice de son activité de mandataire judiciaire à la protection des majeurs, l'agent désigné par l'établissement d'hébergement **rend compte directement au juge** de l'exercice de la mesure de protection juridique (CASF, art. R. 472-20, al. 1er). Il informe le responsable de l'établissement des jours où il s'absente pour accomplir sa mission (CASF, art. R. 472-20, al. 2). L'établissement d'hébergement garantit au mandataire judiciaire la **confidentialité de la correspondance** reçue à son attention ou envoyée par lui dans le cadre de l'exercice de la mesure de protection (CASF, art. R. 472-21). La personne protégée doit pouvoir s'entretenir avec l'agent mandataire **sans la présence** du responsable de l'établissement et des personnes intervenant auprès des majeurs accueillis par l'établissement d'hébergement (CASF, art. R. 472-22).

313.52 Soumission aux conditions d'accès à la profession de mandataire judiciaire à la protection des majeurs. L'agent désigné comme mandataire judiciaire à la protection des majeurs doit satisfaire aux conditions de moralité, d'âge, de formation et d'expérience professionnelle applicables à l'ensemble des mandataires judiciaires (CASF, art. L. 471-4 et L. 472-6, al. 2). Le responsable de l'établissement et les personnes intervenant auprès des personnes accueillies par l'établissement ne peuvent être désignées en qualité d'agents mandataires judiciaires à la protection des majeurs (CASF, art. R. 472-17).

§ 3
Déclarations

313.61 **Déclaration préalable.** La désignation de l'agent est subordonnée à une **déclaration préalable** auprès du préfet de département, lequel est tenu d'informer, sans délai, le procureur de la République des déclarations qu'il reçoit (CASF, art. L. 472-6, al. 3). Cette déclaration est adressée au préfet **deux mois** avant la désignation de l'agent, en qualité de préposé d'établissement, pour exercer les mesures judiciaires à la protection des majeurs. La **copie** de cette déclaration est adressée par l'établissement, dans le même délai, au **procureur de la République** près le tribunal de grande instance du chef-lieu de département. Lorsque l'établissement est public, une copie est adressée également au **trésorier-payeur général** (CASF, art. R. 472-15).

313.62 **Mentions de la déclaration préalable et pièces justificatives.** La déclaration préalable doit comporter les mentions prévues à l'article R. 472-14 du Code de l'action sociale et des familles, c'est-à-dire :

- les nom et prénom(s) de l'agent désigné en qualité de mandataire judiciaire préposé d'établissement;

- sa formation, son expérience professionnelle et son, activité professionnelle;

- ses fonctions exercées au sein de l'établissement;

- les moyens que l'établissement entend mettre en œuvre pour qu'un exercice indépendant des mesures de protection soit assuré de manière effective;

- le nombre et la nature des mesures de protection des majeurs qu'il peut exercer;

- le nom et l'adresse de son employeur;

- le cas échéant, l'identité, la formation et l'expérience professionnelle des personnes qui assurent auprès de lui des fonctions de secrétaire spécialisé, ainsi que la description de ces fonctions;

- le cas échéant, le nom et l'adresse de tout établissement ayant passé avec son employeur une convention pour l'exercice des mesures de protection ouvertes à l'égard de personnes hébergées dans un autre établissement (CASF, art. L. 472-5 - v. s[s] n° 313.41).

La déclaration préalable est, par ailleurs, accompagnée d'un acte de naissance, d'un extrait de casier judiciaire et du certificat national de compétence de l'agent désigné en qualité de mandataire judiciaire préposé d'établissement. L'établissement déclarant dispose d'un **délai d'un an**, à compter de la déclaration, pour transmettre ce certificat (CASF, art. R. 472-16). À défaut de transmission dans le délai imparti, la déclaration cesse de produire ses effets et l'agent est immédiatement retiré de la liste (CASF, art. R. 472-16-1). Un projet de la notice d'information délivrée au majeur protégé ou à sa famille, en application de l'article L. 471-6, ainsi qu'une copie des conventions et de leurs avenants passés avec d'autres établissements pour l'exercice des mesures de protection ouvertes à l'égard des personnes que ces derniers hébergent doivent être annexés à la déclaration adressée au préfet (CASF, art. R. 472-16).

313.63 **Nouvelle déclaration.** Tout changement affectant les conditions de moralité, d'âge, de formation et d'expérience professionnelle (CASF, art. L. 471-4), ainsi que l'identité des préposés d'établissements d'hébergement désignés comme mandataires judiciaires à la protection des majeurs, justifie une **nouvelle déclaration**, dans les mêmes conditions que la déclaration initiale (CASF, art. L. 472-7 et sur renvoi, CASF, art. L. 472-6 - v. s[s] n°s 313.61 et 313.62). Une déclaration nouvelle doit être ainsi effectuée toutes les fois que l'agent est désigné pour exercer une catégorie de mesures de protection des majeurs n'étant pas prévue dans la déclaration initiale[1], que l'établissement désigne un agent en remplacement de celui mentionné dans cette dernière, que le nombre de mesures des protection des majeurs confié à l'agent par le juge des tutelles est supérieur à celui prévu dans la déclaration initiale ou que l'agent est désigné par un établissement d'hébergement, dont il n'est pas le préposé, dont la mention ne figure pas dans la déclaration initiale (CASF, art. R. 472-19).

313.64 **Opposition à la déclaration.** Sur avis conforme du procureur de la République ou à la demande de celui-ci, le préfet de département peut faire opposition à la déclaration initiale ou à la nouvelle déclaration présentée par l'établissement. Cette opposition, qui est enfermée dans un **délai de deux mois** à compter de la réception de la déclaration, peut intervenir s'il apparaît que l'agent ne satisfait pas aux conditions d'accès à la profession de mandataire judiciaire à la protection des majeurs ou qu'il ne présente pas les gages effectifs d'un exercice indépendant des mesures de protection qui lui sont confiées par le juge. Il en est de même si les conditions d'exercice de son mandat ne permettent pas de garantir que le respect de la santé, de la sécurité et du bien-être physique et moral de la personne protégée sera assuré (CASF, art. L. 472-8). À en juger par ces motifs susceptibles de conduire à l'opposition, il est pour le moins surprenant que cette dernière ne constitue qu'une **simple faculté** laissée à l'appréciation du préfet et non une obligation lui étant imposée.

En cas d'opposition à la déclaration initiale, le préfet en informe l'établissement déclarant ainsi que le trésorier-payeur général (CASF, art. D. 472-18).

1. Il en est ainsi, par exemple, si la déclaration initiale prévoit seulement l'exercice des mesures de protection judiciaire des majeurs (mandat spécial dans la sauvegarde de justice, curatelle, tutelle) et non celui de la mesure d'accompagnement judiciaire.

§ 4
Financement

313.71 Financement. L'exercice des mesures de protection judiciaire des majeurs confiées par le juge aux agents préposés d'établissements d'hébergement bénéficie d'un financement public sous la forme d'une **dotation annuelle**, déduction faite des prélèvements opérés par ces services sur les ressources de la personne protégée (CASF, art. L. 472-9 et, sur renvoi, CASF, art. L. 361-1, II). Les charges d'exploitation et les prélèvements effectués sur les ressources du majeurs protégé, en application de l'article L. 471-5, sont budgétés et retracés dans le budget ou l'état de recettes et de dépenses des établissements et des services qui accueillent des personnes âgées et des établissements et des services, y compris les foyers d'accueil médicalisé, qui accueillent des personnes adultes handicapées, quel que soit leur degré de handicap ou leur âge, ou des personnes atteintes de pathologies chroniques (CASF, art. L. 312-1, I, 6°et 7°) ainsi que des établissements publics de santé, des établissements de santé privés à but non lucratif participant à l'exécution d'un service public hospitalier et des établissements de santé privés à but non lucratif ayant opté pour la dotation globale de financement, lorsqu'ils dispensent des soins de longue durée et gèrent des services tutélaires (CASF, art. L. 472-9 et, sur renvoi, CASF, art. L. 361, III et CSS, art. L. 162-22-6, a, b, c). Le budget alloué au financement de l'activité de l'agent mandataire judiciaire à la protection des majeurs est déterminé en fonction d'**indicateurs relatifs**, en particulier, à la charge de travail liée à la nature de la mesure de protection et à la situation de la personne protégée. Ces indicateurs sont fixés par un arrêté du ministre chargé de la famille (CASF, art. R. 472-23) [1].

1. Arr. 31 mai 2011, *JO* 7 juin, p. 9698 (*mod. par Arr. 15 nov. 2011,* JO *24 nov., p. 19770*).

CHAPITRE

314. Responsabilité de l'État et des acteurs de la mesure de protection

SECTION 0 ORIENTEUR

314.00 **Plan du chapitre.**

314.01 **Textes applicables.**

TEXTES LÉGISLATIFS ET RÉGLEMENTAIRES NOUVEAUX

• **L. n° 2016-1547, 18 nov. 2016,** de modernisation de la justice du XXIe siècle, *JO* 19 nov. 2016, texte n° 1.

• **Ord. n° 2015-1288, 15 oct. 2015,** portant simplification et modernisation du droit de la famille, *JO* 16 oct., p. 19304, texte n° 10.

TEXTES SOURCES

> Responsabilité de l'État à l'égard des tiers pour dysfonctionnement du service public de la justice
COJ, art. L. 141-1 à L. 141-3

> Responsabilité spécifique du fait des tutelles
+ L. n° 2007-308, 5 mars 2007
+ Ord. n° 2015-1288, 15 oct. 2015
+ L. n° 2016-1547, 18 nov. 2016
C. civ., art. 421 à 424

TEXTES *IN EXTENSO*

> Responsabilité de l'État à l'égard des tiers pour dysfonctionnement du service public de la justice
[COJ, art. L. 141-1 à L. 141-3]

COJ, art. L. 141-1
L'État est tenu de réparer le dommage causé par le fonctionnement défectueux du service de la justice.

Sauf dispositions particulières, cette responsabilité n'est engagée que par une faute lourde ou par un déni de justice.

COJ, art. L. 141-2
La responsabilité des juges, à raison de leur faute personnelle, est régie :

– s'agissant des magistrats du corps judiciaire, par le statut de la magistrature;

– s'agissant des autres juges, par des lois spéciales ou, à défaut, par la prise à partie.

COJ, art. L. 141-3
Les juges peuvent être pris à partie dans les cas suivants :

1° S'il y a dol, fraude, concussion ou faute lourde, commis soit dans le cours de l'instruction, soit lors des jugements;

2° S'il y a déni de justice.

Il y a déni de justice lorsque les juges refusent de répondre aux requêtes ou négligent de juger les affaires en état et en tour d'être jugées.

L'État est civilement responsable des condamnations en dommages et intérêts qui sont prononcées à raison de ces faits contre les juges, sauf son recours contre ces derniers.

> Responsabilité spécifique du fait des tutelles
[C. civ., art. 421 à 424]
+ L. n° 2007-308, 5 mars 2007, art. 7
+ Ord. n° 2015-1288, 15 oct. 2015, art. 12
+ L. n° 2016-1547, 18 nov. 2016, art. 16

C. civ., art. 421
Tous les organes de la mesure de protection judiciaire sont responsables du dommage résultant d'une faute quelconque qu'ils commettent dans l'exercice de leur fonction. Toutefois, sauf cas de curatelle renforcée, le curateur et le subrogé curateur n'engagent leur responsabilité, du fait des actes accomplis avec leur assistance, qu'en cas de dol ou de faute lourde.

C. civ., art. 422 *(mod. par L. n° 2016-1547, 18 nov. 2016, art. 16)*
Lorsque la faute à l'origine du dommage a été commise dans l'organisation et le fonctionnement de la mesure de protection par le juge des tutelles, le directeur des services de greffe judiciaires du tribunal d'instance ou le greffier, l'action en responsabilité diligentée par la personne protégée ou ayant été protégée ou par ses héritiers est dirigée contre l'État qui dispose d'une action récursoire.

Lorsque la faute à l'origine du dommage a été commise par le mandataire judiciaire à la protection des majeurs, l'action en responsabilité peut être dirigée contre celui-ci ou contre l'État qui dispose d'une action récursoire.

C. civ., art. 423

L'action en responsabilité se prescrit par cinq ans à compter de la fin de la mesure de protection alors même que la gestion aurait continué au-delà. Toutefois, lorsque la curatelle a cessé par l'ouverture d'une mesure de tutelle, le délai ne court qu'à compter de l'expiration de cette dernière.

C. civ., art. 424 *(mod. par Ord. n° 2015-1288, 15 oct. 2015, art. 12)*

Le mandataire de protection future engage sa responsabilité pour l'exercice de son mandat dans les conditions prévues à l'article 1992.

La personne habilitée en application des dispositions de la section 6 du chapitre II du présent titre engage sa responsabilité à l'égard de la personne représentée pour l'exercice de l'habilitation qui lui est conférée, dans les mêmes conditions.

314.02 Jurisprudence de référence.

> Responsabilité de l'État liée à l'activité des tutelles

• **Civ. 1re, 4 juill. 2006, n° 04-20.269,** *Bull. civ.* I, n° 348

* V. s^s n°s 314.42 et 314.43

La notion de faute quelconque dans le fonctionnement de la tutelle prévue à l'article 473 alinéa 2 du Code civil (ancien), doit aussi être appréciée au regard de l'adéquation des contrôles exercés en fonction de la mesure choisie pour la protection de l'incapable.

• **Civ. 1re, 17 févr. 2004, n° 02-10.109,** *Bull. civ.* I, n° 51

* V. s^s n° 314.41

Conformément à l'article 473 du Code civil (ancien), applicable à la curatelle, l'État est seul responsable à l'égard du pupille du dommage résultant d'une faute quelconque commise dans le fonctionnement de la tutelle par l'administrateur public chargé d'une tutelle vacante. Est en conséquence irrecevable la demande présentée contre l'Udaf, en sa qualité de curateur d'État, la responsabilité de l'État devant être substituée à la sienne.

• **Paris, pôle 4, 9 avr. 2015, RG n° 13/06228**

* V. s^s n° 314.43

« Sur ce, la Cour :

Selon les articles 421 et 422 du Code civil applicables en matière de protection juridique des majeurs, tous les organes de la mesure de protection judiciaire sont responsables du dommage résultant d'une faute quelconque qu'ils commettent dans l'exercice de leur fonction et lorsque la faute à l'origine du dommage a été commise dans l'organisation et le fonctionnement de la mesure de protection par le juge des tutelles, le directeur des services de greffe judiciaires du tribunal d'instance ou le greffier, l'action en responsabilité diligentée par la personne protégée ou par ses héritiers est dirigée contre l'État qui dispose d'une action récursoire.

Il en résulte pour les majeurs protégés, par exception au principe posé par l'article L. 141-1 du Code de l'organisation judiciaire dans l'hypothèse d'un dysfonctionnement défectueux du service de la justice, que pour engager la responsabilité de l'état, la loi n'exige pas la démonstration d'une faute lourde ou d'un déni de justice mais uniquement celle d'une faute simple.

Par ailleurs, l'article 1229 du Code de procédure civile, est venu fixer un délai maximum de trois mois dans lequel le juge doit répondre aux requêtes qui lui sont adressées après l'ouverture de la mesure de protection par le majeur protégé ou la personne chargée de protection, hors les cas où il ordonne un débat contradictoire, à moins qu'elles ne nécessitent le recueil d'éléments d'information, la production de pièces complémentaires, le recours à une mesure d'instruction ou toute autre investigation.

Ces textes traduisent la volonté du législateur d'assurer une protection toute particulière des personnes vulnérables bénéficiant d'une mesure judiciaire pour lesquelles les décisions des organes de protection ont des conséquences tant sur leur vie personnelle que sur leur patrimoine.

Et le délai fixé par la loi traduit bien l'obligation de répondre avec célérité aux demandes qui notamment, comme au cas particulier, peuvent avoir des incidences financières importantes pour ceux qui disposent de revenus modestes avec des budgets calculés au plus juste de sorte que toute dépense inutile engage ses moyens de subsistance.

Particulièrement, une autorisation de résiliation de bail est une requête qui présente un caractère d'urgence particulier en ce qu'elle peut engendrer, si elle n'est pas rendue dans un délai raisonnable, pour le majeur protégé un coût financier inutile résultant de la poursuite du paiement des loyers pour un logement qu'il n'occupe plus [...]. »

> Titularité de l'action en responsabilité

• **Civ. 1re, 17 mars 2010, n° 09-11.271,** *Bull. civ.* I, n° 68

* V. s^s n°s 314.12 et 314.44

L'action en responsabilité de l'État à raison du dommage résultant d'une faute quelconque commise par le tuteur dans le fonctionnement de la tutelle est réservée au majeur protégé, à son représentant légal ou à ses ayants droit.

• **Civ. 1re, 16 déc. 2015, n° 14-27.028,** *Bull. civ.* I [à paraître]

* V. s^s n°s 314.12 et 314.44

« Attendu que, si l'action de l'article 473, alinéa 2, du Code civil, applicable aux majeurs en tutelle par renvoi de l'article 495 du même code, dans sa rédaction antérieure à celle issue de la loi du 5 mars 2007, est réservée au majeur protégé, à son représentant légal ou à ses ayants droit, les tiers sont recevables à rechercher la responsabilité du tuteur sur le fondement de l'article 1382 du Code civil. »

314.03 Bibliographie indicative.

> Responsabilité des mandataires. F. Arhab-Girardin, « La décision médicale du majeur protégé : une articulation complexe des dispositions du Code de la santé publique avec la loi du 5 mars 2007 portant réforme de la protection juridique des majeurs », *RDSS* 2009. 875 – T. Fossier, « La responsabilité du tuteur et du juge des tutelles selon les trois ordres de juridiction », *RDSS* 2001. 364 – T. Fossier, A. Batteur, A. Caron-Déglise, M.-C. Dalle, L. Pécaut-Rivolier et T. Verheyde, *Curatelle, Tutelle, Accompagnements, Protection des mineurs et des majeurs vulnérables*, « Litec professionnel », 2009, n° 488, p. 217 – J. Massip, *Tutelle des mineurs et protection juridique des majeurs*, Defrénois, 2009, p. 249 – G. Raoul-Cormeil, « Les recours des héritiers d'un majeur protégé », *Dr. fam.* 2014. Étude 27 – M. Rebourg, « La responsabilité civile des mandataires judiciaires à la protection des majeurs dans l'exercice de leurs fonctions », *Dr. fam.* 2010. Étude 17.

> Responsabilité de l'État liée à l'activité des tutelles. T. Fossier, « La responsabilité du juge des tutelles ou de son greffier dans le fonctionnement de la tutelle », *Gaz. Pal.* 1992. 1. Doctr. 143; « Le bon père de famille et le majeur protégé », *JCP* 1999. 831; « La responsabilité du tuteur, et du juge des tutelles, selon les décisions des trois ordres de juridictions »,

RDSS 2001. 364; « Juge et bon père de famille : les responsabilités du juge des tutelles dans la gestion patrimoniale pour le mineur », dossier, *AJ fam.* 2002. 363.

SECTION 1
PRINCIPE : RENVOI AUX RÈGLES DE LA TUTELLE DES MINEURS

314.11 Renvoi aux règles de la tutelle des mineurs. La loi du 5 mars 2007 n'a pas regroupé les principes de responsabilité exprimés pour les mineurs pour en faire un titre commun à toutes les personnes vulnérables. Elle a transposé néanmoins les règles de responsabilité de l'État du fait de l'activité du juge des tutelles et des organes de la tutelle des régimes de protection des mineurs à ceux des majeurs (C. civ., art. 412 et 413 pour les mineurs - et C. civ., art. 421 et 422, pour les majeurs), tout en les étendant à l'ensemble des régimes de protection juridique des personnes majeures. Les particularités tiennent ici, notamment, aux faits générateurs de responsabilité ou aux actes des mandataires et des tiers, étant rappelé que, par application des dispositions des articles 414-1 à 414-3 du Code civil, d'une part, il appartient à ceux qui agissent en **nullité d'un acte accompli par le majeur protégé** de prouver l'existence d'un **trouble mental au moment de l'acte** et, d'autre part, « *celui qui a causé un dommage alors qu'il était sous l'empire d'un trouble mental n'en est pas moins obligé à réparation* »[1].

314.12 Action en responsabilité exercée devant le tribunal de grande instance dans un délai de prescription de cinq ans. L'article 423 du Code civil, qui fait écho à l'article 413 pour les mineurs, dispose que l'action en responsabilité se prescrit par **cinq ans** à compter de la fin de la mesure de protection, même si la gestion a continué au-delà. Toutefois, lorsque la curatelle a cessé par l'ouverture d'une tutelle, le délai ne court qu'à compter de l'expiration de cette dernière. L'action est exercée devant le **tribunal de grande instance**, les juridictions administratives ayant compétence, quant à elles, en matière de responsabilité des dommages causés du fait du fonctionnement de la justice administrative.

L'action en responsabilité ouverte contre l'État, sur le fondement de l'article 423, est réservée au majeur protégé, à son représentant légal ou à ses ayants droit, ce qui n'interdit pas aux tiers d'agir directement contre le protecteur sur le fondement du droit commun de la responsabilité civile (C. civ., art. 1240 [C. civ., anc. art. 1382])[2].

SECTION 2
RESPONSABILITÉ DES ORGANES DE LA PROTECTION

314.21 Principe général de responsabilité des organes de la mesure de protection. L'article 421 du Code civil édicte, à l'instar de l'article 412 alinéa 1er relatif à la tutelle des mineurs, un principe de responsabilité des organes curatélaires ou tutélaires. Inscrit au sein d'une section du Code civil intitulée « Des dispositions communes aux majeurs protégés », le texte dispose que « *tous les organes de la mesure de protection judiciaire sont responsables du dommage résultant d'une faute quelconque qu'ils commettent dans l'exercice de leur fonction* ». Le champ d'application du principe s'avère ainsi extrêmement vaste, tant sur le terrain des **organes** dont la responsabilité peut être mise en œuvre que sur celui des **mesures de protection**. L'article 421 autorise à rechercher la responsabilité de tout protecteur, sans qu'il y ait lieu à distinguer suivant son statut ni la nature de sa mission. Il importe peu, pour l'application de ce texte, que le protecteur soit un mandataire judiciaire à la protection des majeurs, dont la mission est toujours rémunérée, ou un protecteur familial, lequel exerce sa mission à titre bénévole (C. civ., art. 419)[3]. Le principe de responsabilité néglige pareillement la gamme des missions susceptibles de résulter de la mesure. Le tuteur encourt une responsabilité qu'il agisse dans le cadre d'une mission de protection de la personne et/ou de ses intérêts patrimoniaux. Le principe de responsabilité s'applique de la même manière au mandataire spécial susceptible d'être désigné dans le cadre de la sauvegarde de justice, aux membres du conseil de famille, au tuteur *ad hoc* ainsi qu'au subrogé tuteur. S'agissant de ce dernier, l'article 421 fait écho aux dispositions de l'article 454 alinéa 4, lesquelles imposent au subrogé tuteur, à peine d'engager sa responsabilité à l'égard de la personne protégée, de surveiller les actes passés par le tuteur en cette qualité et d'informer, sans délai, le juge s'il constate des fautes dans l'exercice de sa mission.

Il convient de souligner que le **principe de responsabilité posé par l'article 421** est limité au domaine

1. J.-F. Barbieri, « Inconscience et responsabilité dans la jurisprudence civile : l'incidence de l'article 489-2 (ancien) du Code civil après une décennie », *JCP* 1982. I. 3057 – M. Daury-Fauveau, « La faute de l'aliéné et le contrat », *JCP* 1998. I. 160 – Civ. 1re, 9 nov. 1983, n° 81-16.548, *Bull. civ.* I, n° 263; *D.* 1984. 139, 2e esp., note Derrida – Civ. 1re, 28 janv. 2003, n° 00-12.498, NP; *Dr. fam.* 2003, n° 152, note Fossier; *Defrénois* 2003. 1088, note Massip – Reims, 16 févr. 2009, RG n° 08/00538, *Dr. fam.* 2009, n° 146, note Maria.

2. Civ. 1re, 17 mars 2010, n° 09-11.271, *Bull. civ.* I, n° 68; *Dr. fam.* 2010. 89, note Maria; *D.* 2010. 2123, obs. Plazy; *AJ fam.* 2010. 237, obs. Pécaut-Rivolier; *RTD civ.* 2010. 532, obs. Hauser – Civ. 1re, 16 déc. 2015, n° 14-27.028, *Bull. civ.* I [à paraître]; *D.* 2016. 8; *AJ fam.* 2016. 108, obs. Verheyde; *RTD civ.* 2016. 85, obs. Hauser; *LEFP* févr. 2016. 2, obs. Raoul-Cormeil; *Dr. fam.* 2016, n° 37, obs. Maria (rendu sous l'empire de l'ancien article 473 alinéa 2 du Code civil).

3. Civ. 2e, 9 déc. 2010, n° 09-69.819, NP; *Dr. fam.* 2011, n° 43, note Maria; rappelant que la charge de la tutelle ne peut donner lieu à rémunération, même indirecte.

des **mesures de protection judiciaire**, seules visées par le texte. La règle appelle une double remarque.

D'une part, le **mandataire de protection future** engage sa responsabilité pour l'exercice de sa mission dans les **conditions du droit commun du mandat, prévues à l'article 1992 du Code civil** (C. civ., art. 424). Aussi répond-il, à l'instar du tuteur, non seulement de son dol mais aussi d'une faute simple. Pour autant, la responsabilité est appliquée moins rigoureusement au mandataire dont la mission est gratuite qu'à celui dont elle est rémunérée. L'appréciation de la responsabilité du protecteur conventionnel s'avère ainsi plus souple que celle du protecteur désigné en justice, spécialement de celle des tuteurs familiaux.

D'autre part, **la personne habilitée dans le cadre d'une habilitation familiale** engage, quant à elle, sa responsabilité dans les mêmes conditions que le mandataire de droit commun et, par suite, le mandataire de protection future bien qu'elle tienne ses pouvoirs du juge des tutelles (v. s^s n° 123.31).

S'il vise les seules mesures de protection judiciaire, la question se pose néanmoins de savoir si l'article 421 permet le **déclenchement de la responsabilité des organes tutélaires, et par suite celle de l'État, dans le cadre du mandat de protection future**, dès lors que le dommage résulte d'une faute commise, à l'occasion du fonctionnement de cette mesure par le juge des tutelles. On rappellera, sur ce point, que ce dernier est investi d'un **pouvoir de surveillance générale** sur les mesures de protection de son ressort, lesquelles incluent les mandats de protection future mis à exécution (C. civ., art. 416). La question se pose avec d'autant plus d'acuité dans le cas de l'habilitation familiale. Étant une mesure de protection juridique des majeurs, cette dernière relève elle aussi du pouvoir de surveillance générale du juge des tutelles. Surtout, le prononcé et l'organisation de l'habilitation ainsi que le choix de la personne habilitée, la vérification de l'adhésion des proches du majeur ou leur absence d'opposition légitime et la conformité de la mesure aux intérêts personnels et patrimoniaux de la personne vulnérable participent ici expressément de la mission du juge des tutelles (C. civ., art. 494-4, al. 2, et 494-5).

314.22 Responsabilité à raison d'une faute quelconque. L'article 421 du Code civil autorise, en principe, à rechercher la **responsabilité civile des organes tutélaires** à raison du dommage résultant d'une faute quelconque commise dans l'exercice de leur fonction[1]. Sur ce terrain, la loi de 2007 reconduit la solution admise sous l'empire de la législation antérieure, laquelle admettait que la responsabilité civile du tuteur puisse être mise en œuvre à raison d'une faute, même légère, commise à l'occasion de l'exercice de la mesure de protection[2]. La faute du tuteur doit être appréciée à l'aune des dispositions de l'article 496 alinéa 2 imposant au tuteur d'apporter, dans la gestion du patrimoine de la personne protégée, des **soins prudents, diligents et avisés, dans le seul intérêt de celle-ci.** Sa gestion devrait être ainsi contrôlée, pour l'appréciation de sa responsabilité, par référence au modèle abstrait du bon père de famille, sans égard pour son caractère gratuit ou onéreux. Il reste que le critère de référence tiré des « *soins prudents et diligents* » devra être précisé à l'avenir par la jurisprudence[3].

La mission de représentation continue du tutélaire, incombant au tuteur, tant pour la protection de la personne que pour celle de ses biens (sauf si le juge en dispose autrement) l'expose tout particulièrement. L'éventail des fautes susceptibles de déclencher la responsabilité du tuteur est, en effet, très large.

Il recouvre non seulement les **fautes intentionnelles**, telles que le détournement des fonds appartenant à la personne protégée, leur emploi dans des placements hasardeux, les fausses déclarations à la caisse des allocations familiales en vue de percevoir à taux plein l'allocation aux adultes handicapés[4], mais aussi les **fautes de négligence**, telles que l'omission d'interrompre une prescription[5], d'assurer un bien[6], d'exercer une action en justice afin de préserver les droits du tutélaire, l'absence de vérification de ses droits sociaux[7] ou de neutralisation d'une conduite d'arrivée de gaz par suite de son remplacement par un dispositif de cuisson électrique[8]. Sont aussi visées les **fautes d'inobservation de la loi**, telles que l'accomplissement d'un acte interdit au tuteur ou d'un acte de disposition sans l'autorisation préalable du juge des tutelles ou du conseil de famille[9]. Ne peut, en revanche, se voir reprocher une abstention fautive le tuteur n'étant pas intervenu

1. POUR DES EXEMPLES, en matière patrimoniale et en matière personnelle : Civ. 1re, 14 mai 2014, n° 13-11.414, NP – Rennes, 11 avr. 2014, RG n° 11/04564 – Lyon, 23 janv. 2014, RG n° 12/05644 – Paris, 5 déc. 2013, RG n° 09/10986, *Dr. fam.* 2014, n° 134, note Maria; *RTD civ.* 2014. 860, obs. Hauser.

2. M. Rebourg, « La responsabilité civile des mandataires judiciaires à la protection des majeurs dans l'exercice de leurs missions », *Dr. fam.* 2010. Étude 17, spéc. n° 6.
3. T. Fossier, « Le bon père de famille et le majeur protégé », *JCP* 1999. 831, spéc. 831-833.
4. Rennes, 5e ch., 18 déc. 2013, RG n° 12/02458, *Dr. fam.* 2014, n° 51, obs. I. M.
5. Pau, 19 août 1850, *DP* 1851. 2. 5.
6. Rennes, 8 janv. 1897, *DP* 1897. 2. 365.
7. Paris, 1re ch. A, 21 sept. 2004, RG n° 01/21493, *JCP N* 2006. 1007, note Plazy; *AJ fam.* 2005. 26, obs. Attuel-Mendès.
8. Civ. 1re, 27 févr. 2013, n° 11-17.025, *Bull. civ.* I, n° 26; *D.* 2013. 1320, noteRaoul-Cormeil; *D.* 2013. 2206, obs. Lemouland; *AJ fam.* 2013. 241, obs. Verheyde; *Dr. fam.* 2013. Comm. 59, note Maria; *RTD civ.* 2013. 352, obs. Hauser; *LEFP* avr. 2013. 5, obs. Raoul-Cormeil, rendu sous l'empire de la loi du 3 janvier 1968 retenant la seule responsabilité de l'État.
9. Civ. 1re, 15 févr. 1973, *D.* 1975. 509, note Savatier; *Defrénois* 1975, art. 30854, note Flour – Sur tout ceci, v. MASSIP, n° 45 – Paris, 21 janv. 1994, *RTD civ.* 1994. 324, obs. Hauser – Civ. 1re, 7 févr. 1984, n° 83-10.255, *Bull. civ.* I, n° 51 – Paris, 1re ch. A, 21 sept. 2004, RG n° 01/21493, *JCP N* 2006. II. 1007, note Plazy; *AJ fam.* 2005. 26, obs. Attuel-Mendès; *RTD civ.* 2005, n° 1, obs. Hauser.

de manière forcée au domicile du majeur protégé pour faire cesser une fuite d'eau ayant occasionné des dommages à son voisinage, dès lors qu'aucun élément du dossier ne permettait de caractériser une situation de danger immédiat de sa personne justifiant une telle immixtion dans sa vie privée et que le tuteur avait informé la personne protégée du désordre constaté par ses voisins[1].

Les hypothèses de mise en cause de la responsabilité des organes de la protection, et particulièrement du **tuteur** ou du **curateur renforcé**, ont été accrues par la mission de protection de la personne qui leur incombe désormais expressément, sauf disposition contraire du jugement (C. civ., art. 425, al. 2), ainsi que par l'obligation légale de favoriser la marge d'autonomie de la personne protégée. Au-delà, les obligations auxquelles le protecteur est tenu sont nombreuses. Elles peuvent être précises, notamment en ce qui concerne la protection spécifique du cadre de vie (C. civ., art. 426) ou des comptes bancaires (C. civ., art. 427). Elles peuvent être beaucoup plus larges et imprécises : obligation d'information du majeur protégé (C. civ., art. 457-1), obligation de saisine du juge en matière personnelle si le majeur protégé ne peut prendre seul une décision personnelle éclairée (C. civ., art. 459, 459-2), nécessité d'intervention dans le cas de mise en danger (C. civ., art. 459, al. 3), interdiction d'assistance ou de représentation en matière d'actes strictement personnels et, cela, même pour les actes non énumérés par l'article 458.

La mission de protection de la personne désormais confiée aux **mandataires**, comme la **professionnalisation des mandataires non familiaux**, conduiront peut-être à des évolutions jurisprudentielles. La tendance forte d'indemnisation prioritaire des victimes fait peser sur les professionnels de la protection, comme en d'autres domaines, le risque d'une responsabilité accrue. La qualification des mandataires judiciaires à la protection des majeurs, leur rémunération et l'obligation d'assurance à laquelle ils sont soumis, incarnent autant d'éléments susceptibles de favoriser la mise en œuvre de leur responsabilité. Pour autant, il ne saurait être attendu du mandataire qu'il soit constamment aux côtés de la personne protégée ou même qu'il soit rendu responsable, dans sa mission de gestion du patrimoine, des aléas inhérents à une gestion respectueuse des souhaits exprimés par elle (même s'ils sont contraires à ceux de ses proches) ou encore à un positionnement dynamique dans les placements réalisés (dès lors que le risque n'est pas excessif, voire est accepté par la personne protégée). Une attitude professionnelle respectueuse des prescriptions légales, et en particulier des principes de liberté, de dignité et d'autonomie à l'intérieur même des régimes de protection (C. civ., art. 415), implique une certaine prise de risque.

La question de la **souscription d'une assurance de responsabilité civile** se trouve, dès lors, clairement posée. Elle est devenue une obligation pour les mandataires exerçant à titre individuel (CASF, art. L. 472-2), sauf s'ils fournissent d'autres garanties (sûretés réelles ou personnelles). La souscription d'une telle assurance devrait être incitée pour les autres mandataires et, notamment, pour les protecteurs familiaux.

314.23 Responsabilité des mandataires et protection de la personne. En vertu du principe du respect de la marge d'autonomie du majeur protégé, et des dispositions de l'article 415 du Code civil prévoyant que la protection est instaurée dans le respect des libertés individuelles, des droits fondamentaux et de la dignité de la personne, le mandataire n'a en principe aucun rôle à jouer dans la protection de la personne, si ce n'est de la conseiller et de l'informer[2]. En revanche, lorsque l'état de la personne ne lui permet pas de prendre seule une décision personnelle éclairée, le juge ou le conseil de famille peut prévoir qu'elle bénéficiera de **l'assistance** de la personne chargée de sa protection et, si cette assistance n'est pas suffisante, que le tuteur interviendra en tant que représentant (C. civ., art. 459, al. 2).

De ce principe du respect de l'autonomie de la personne découlent les prescriptions de l'article 458 du Code civil qui excluent toute assistance ou représentation pour les actes qui impliquent un consentement strictement personnel. Dès lors, le mandataire qui agirait à l'encontre de cette interdiction, même avec l'**autorisation du juge**, pourrait voir sa responsabilité engagée pour faute lourde, s'il en résultait un préjudice pour la personne protégée, car il aurait méconnu les droits de cette dernière et dépassé les contours de sa mission. De même, s'il n'est pas **habilité** spécialement par une mission d'assistance ou de représentation, il ne peut de sa propre initiative assister ou représenter le majeur protégé sans outrepasser son mandat, ce qui serait constitutif d'une faute. Pour autant, la responsabilité civile du mandataire peut être tempérée, s'il est démontré que l'acte avait été dicté par la préservation de l'intérêt de la personne protégée (C. civ., art. 415, al. 3). Elle est bien sûr écartée, si celle-ci n'a subi aucun préjudice.

314.24 Responsabilité des mandataires et obligation générale d'information. La question, aujourd'hui ouverte, est celle de **l'étendue de l'obligation générale d'information** (C. civ., art. 457-1) et du devoir de **vigilance** qui pèse sur le protecteur du fait du mandat qui lui est confié. Ce dernier implique son intervention toutes les fois que la personne protégée se met en danger. Comment l'obligation d'information s'exerce-

1. Lyon, 23 janv. 2014, RG n° 12/05644, *Dr. fam.* 2014, n° 91, obs. I. M.

2. J. Massip, *Tutelle des mineurs et protection juridique des majeurs*, Defrénois, 2009, p. 249.

t-elle, en particulier lorsque la personne conserve la capacité de décider seule ? Comment le mandataire peut-il prouver qu'il a satisfait à son obligation de délivrer une information adaptée et complète ? La jurisprudence décide, en général, qu'il appartient au professionnel de démontrer, par tous moyens, qu'il a exécuté son obligation d'information[1]. Les mandataires peuvent tenter d'apporter cette preuve notamment par la remise, voire l'émargement, de la **notice d'information individualisée.** Cette preuve reste néanmoins bien fragile, tout comme la réelle compréhension de la personne protégée. Cela d'autant plus que le mandataire n'est pas nécessairement présent lors de la prise de décision par le majeur, ni même toujours lui-même informé.

314.25 Responsabilité des mandataires et devoir de vigilance. Les contours exacts du devoir de vigilance sont quant à eux très difficiles à cerner. Il reste que, lorsqu'une mission de protection de la personne est confiée à un mandataire, même sans l'extension prévue à l'article 459 alinéa 2, il lui appartient d'assurer le respect des dispositions de l'article 415 et, si nécessaire, de solliciter une évolution de la mesure en cas d'aggravation de l'état de santé, soit en demandant l'application de l'alinéa 2 de l'article 459, soit en présentant une requête en vue de l'aggravation de la mesure elle-même. L'article 459 alinéa 3 dispose, quant à lui, que le mandataire peut prendre les mesures strictement nécessaires à l'égard du majeur pour mettre fin au danger que celui-ci ferait courir à lui-même en raison de son comportement. Le protecteur est alors tenu d'intervenir.

Une autre difficulté tient à l'articulation entre les dispositions des alinéas 3 et celles de l'alinéa 4 de l'article 459 du Code civil, et la nécessité de saisir le juge au préalable d'une demande d'extension de la mission de protection de la personne à une **mission spécifique d'assistance ou de représentation.** Le débat revêt une acuité toute particulière en matière médicale où le Code de la santé publique et le Code civil comportent des textes contradictoires[2]. Ainsi, l'article L. 1111-4 du Code de la santé publique n'exige pas l'autorisation du juge des tutelles en matière médicale, sauf cas particuliers. Néanmoins, si l'acte porte gravement atteinte à l'intégrité corporelle de la personne protégée, la question se pose de savoir si le mandataire doit ou non, et en tout état de cause, solliciter une autorisation du juge des tutelles en application de l'article 459 alinéa 3. L'instabilité jurisprudentielle actuelle conduit à inciter les mandataires à présenter une requête au juge en vue de l'autorisation des actes les plus graves.

De même, l'appréciation du **caractère d'urgence** de l'article 459 alinéa 3, fait difficulté. La responsabilité du mandataire pourra être engagée s'il a abusivement agi sans autorisation préalable du juge. Il devra être particulièrement vigilant sur les conséquences de son intervention au regard des possibles atteintes à la vie privée de la personne protégée ou à son intégrité physique.

314.26 Responsabilité du fait d'autrui ? Les personnes en charge de l'exercice de la mesure de protection peuvent-elles voir leur responsabilité recherchée sur le fondement de l'article 1242 alinéa 1er du Code civil (C. civ., anc. art. 1384, al. 1er) au titre de la responsabilité du fait d'autrui ? La loi du 5 mars 2007 ne s'est pas prononcée sur ce point. La Haute juridiction a été saisie d'une question voisine à propos d'une personne non protégée atteinte de la maladie d'Alzheimer. Hébergée dans une maison de retraite médicalisée, elle avait blessé mortellement un autre pensionnaire. La Cour de cassation rejette le pourvoi, qui se prévalait de la jurisprudence *Blieck*[3], au motif que l'« *auteur des coups mortels, étant hébergé à la maison de retraite* "Les Opalines" *en vertu d'un contrat, la cour d'appel a retenu à bon droit que cette dernière ne pouvait être considérée comme responsable au titre de l'article 1384, alinéa 1er du Code civil, des dommages causés par lui* »[4]. Ainsi que l'observe l'éminent annotateur de cet arrêt, il y aurait lieu de distinguer, s'agissant de la responsabilité des établissements sociaux et médico-sociaux, suivant que l'accueil résulte d'une décision judiciaire ou administrative ou d'un contrat[5]. Si, dans le premier cas, la responsabilité de l'établissement pourrait être mise en œuvre sur le fondement de l'article 1242 alinéa 1er du Code civil (C. civ., anc. art. 1384, al. 1er) et de la jurisprudence *Blieck*, c'est-à-dire d'une responsabilité sans faute, dans le second cas, elle impliquerait la recherche de sa responsabilité contractuelle, c'est à dire la démonstration d'une faute. La distinction conduit à mettre à l'abri les protecteurs, familiaux ou professionnels, du risque tiré de la mise en œuvre de leur responsabilité du fait de leur protégé. Si, en effet, ces mandataires tiennent leur mission d'un mandat judiciaire, il serait pour le moins téméraire d'affirmer, à l'aune des principes directeurs de la protection

1. Sur l'obligation d'information des notaires : Civ. 1re, 3 févr. 1998, no 96-13.201, *Bull. civ.* I, no 44; *Dr. affaires* 1998. 413; *RTD civ.* 1998. 381, obs. Jourdain.
2. F. Arhab-Girardin, « La décision médicale du majeur protégé : une articulation complexe des dispositions du Code de la santé publique avec la loi du 5 mars 2007 portant réforme de la protection juridique des majeurs », *RDSS* 2009. 875 – A. Batteur, « Recherche d'une articulation entre le Code de la santé publique et le Code civil : un défi à relever en faveur des personnes vulnérables », *Dr. fam.* 2011. Dossier 5.
3. Cass. ass. plén., 29 mars 1991, no 89-15.231, *D.* 1991. 324, note Larroumet, obs. Aubert; *RTD civ.* 1991. 541, obs. Jourdain; *JCP* 1991. II. 21763, concl. Dontenwille, note Ghestin.
4. Civ. 1re, 15 déc. 2011, no 10-25.740, *Bull. civ.* I, no 220; *D.* 2012. 539, note Develay; *RTD civ.* 2012. 290, obs. Hauser.
5. Hauser, obs. préc. ss préct no 314.26.

des majeurs et de la promotion de l'autonomie de la personne protégée proclamée à l'article 415 du Code civil, que ces protecteurs ont la direction et le contrôle de la personne protégée au sens de l'arrêt *Blieck*[1]. Au demeurant, les dispositions de l'article 414-3 restreignent l'intérêt de l'extension de cette jurisprudence aux mandataires. Mais il est vrai que, lorsqu'ils sont professionnels, ces derniers sont assurés, ce qui ne sera pas toujours le cas de la personne protégée.

314.27 Division de la mesure de protection entre les biens et la personne. L'article 447 du Code civil permet au juge de diviser la curatelle ou la tutelle entre la protection des biens et celle de la personne. Il l'autorise également à confier la gestion de certains biens à un tuteur ou un curateur adjoint. En principe, chacun exerce sa mission en toute indépendance, sauf si le juge en a disposé autrement. Les protecteurs ne sont donc pas responsables les uns envers les autres, même s'ils se doivent une **information sur les décisions qu'ils prennent** (C. civ., art. 447, al. 3).

La mise en œuvre de cette règle soulève toutefois des difficultés en matière d'**actes mixtes.** Il existe, en effet, des actes qui se trouvent au confluent de la protection de la personne et de celle de ses biens. **La vente du logement en fournit l'illustration parfaite.** Dans ce type d'**acte**, la règle de l'indépendance des protecteurs doit être écartée au profit d'un **exercice conjoint** favorisant, dans la mesure du possible, l'expression de sa volonté par la personne protégée. Les principes généraux applicables à la protection de la personne (C. civ., art. 457-1 s.) doivent recevoir application et le juge être saisi en cas de difficulté. À défaut, la **responsabilité** de chacun des tuteurs ou curateurs serait susceptible d'être engagée en cas de dommage subi par la personne protégée.

314.28 Moment d'appréciation de la responsabilité et prescription de l'action. La faute des organes tutélaires et, en particulier celle du protecteur ou de son subrogé, peut être décelée à la fin de la mesure, lors de l'établissement du compte définitif de gestion, mais aussi, en amont, pendant son fonctionnement. Plusieurs contrôles sont organisés dans le souci de faire surgir, de manière précoce, l'existence d'éventuelles fautes de gestion. Qu'il s'agisse de l'établissement de l'inventaire et de son actualisation, de l'obligation de reddition annuelle de comptes, du pouvoir de surveillance générale du juge des tutelles et de l'obligation d'alerte incombant, sous les mesures de protection judiciaire, aux tiers, notamment au banquier (C. civ., art. 499, al. 2) ou, sous le mandat de protection future, au notaire rédacteur du mandat (C. civ., art. 491, al. 2). La caractérisation de cette faute justifie, alors, la mise en œuvre de la responsabilité civile voire, dans certaines circonstances, de la responsabilité pénale du ou des protecteurs[2]. Cela d'autant plus depuis que la loi n° 2015-1776 du 28 décembre 2015, relative à l'adaptation de la société au vieillissement, a privé le protecteur familial du bénéfice des immunités en matière pénale[3].

1. Hauser, obs. préc. s^s prés^t n° 314.26.

L'article 423 encadre la prescription de l'action en responsabilité civile dans un délai de cinq ans, dont le point de départ est fixé, dans tous les cas, à compter de la fin de la mesure de protection. Il en est ainsi alors même que la gestion aurait continué au-delà de l'extinction de la mesure. Le texte bannit la théorie de la tutelle de fait, laquelle consistait à assimiler le protecteur de fait, poursuivant la gestion des biens de son pupille à sa majorité ou après le recouvrement de sa capacité, au tuteur de droit. Lorsque la curatelle a cessé par l'ouverture d'une mesure de tutelle, le délai ne court qu'à compter de l'expiration de cette dernière. L'exercice de l'action en responsabilité revient à la personne protégée ayant recouvré sa capacité ou, si elle est intentée pendant le cours de la mesure, au tuteur désigné par le juge des tutelles à la suite de la révocation de l'administrateur fautif. Sous la curatelle, il revient au curatélaire assisté de son nouveau curateur (C. civ., art. 468, al. 3).

SECTION 3

RÈGLES PARTICULIÈRES À LA RESPONSABILITÉ DU CURATEUR

314.31 Limitation de responsabilité en cas de curatelle simple : exigence d'une faute dolosive ou lourde. L'article 421 du Code civil apporte, dans sa seconde partie, une exception au principe de la responsabilité à raison d'une faute quelconque. Le texte précise, en effet, que « *toutefois, sauf cas de curatelle renforcée, le curateur et le subrogé curateur n'engagent leur responsabilité, du fait des actes accomplis avec leur assistance, qu'en cas de dol ou de faute lourde* ». La limitation légale de responsabilité découle ainsi, aux termes de la loi, de la nature de la mesure de protection confiée au protecteur pour ne bénéficier, à titre exclusif, qu'à celui étant investi d'une curatelle simple. Seule une intention frauduleuse ou une faute particulièrement grave justifie, ici, le déclenchement de la responsabilité du protecteur.

Si elle se conçoit à l'aune de la **spécificité de la mission du curateur**, lequel se trouve privé tout à la fois du pouvoir de se substituer à la personne proté-

2. Encourt, par ex., les peines de l'abus de confiance le tuteur qui détourne les valeurs appartenant à la personne protégée : Crim. 28 avr. 1866, *DP* 1866. 1. 356 – Crim. 3 févr. 1870, *DP* 1871. 1. 269 – Rennes, 25 nov. 1983, *JCP* 1983. II. 20562, note Geffroy.
3. L. n° 2015-1776, 28 déc. 2015, art. 36 – C. pén., art. 311-12 et, sur renvoi, C. pén., art. 312-12, 312-9, 313-3 et 314-4.

gée pour agir en son nom[1] et du pouvoir d'initiative quant aux actes de gestion de son patrimoine[2], la **limitation légale de responsabilité** n'en suscite pas moins une double série d'interrogations.

314.32 **1) Interrogations tenant aux contours de la limitation de responsabilité.** La première interrogation tient à l'imprécision des contours de la limitation de responsabilité. Si, en effet, les traits distinctifs de la mission du curateur s'articulent autour d'un **double devoir d'assistance ou de contrôle** (C. civ., art. 440, al. 1er), pareille mission n'est pas étrangère au tuteur. La loi du 5 mars 2007 ayant renforcé la gradation et l'individualisation des mesures de protection, autorise la modulation de pouvoirs du tuteur, ceux-ci pouvant se réduire, pour certains actes, à une simple mission d'assistance (C. civ., art. 473, al. 2). On comprendrait, à vrai dire, malaisément que le tuteur puisse être tenu responsable, à raison du dommage résultant d'une faute simple, commise à l'occasion d'un acte échappant à sa mission de représentation. Symétriquement, il serait cohérent de soumettre au régime de responsabilité applicable au tuteur, le curateur autorisé par le juge des tutelles à accomplir seul, de manière ponctuelle, un acte déterminé en représentation de la personne protégée (C. civ., art. 469, al. 2). L'éviction de la limitation de responsabilité en matière de curatelle renforcée, laquelle met en œuvre la représentation de la personne protégée pour la perception de ses revenus et le règlement de ses dépenses, fournit, au demeurant, un puissant argument en ce sens.

S'agissant, en revanche, des **actes impliquant son assistance,** la responsabilité du curateur ne devrait pouvoir être recherchée, même sous la curatelle renforcée, qu'après la démonstration d'une faute dolosive ou lourde[3]. Sur ce point aussi, l'article 421 souffre incontestablement d'une d'ambiguïté et d'une maladresse de rédaction peu propices à la clarté de la règle. Il aurait été tout à la fois plus juste et plus cohérent de déconnecter le régime de la responsabilité du protecteur de la nature de la mesure de protection pour décider que le **principe de la responsabilité à raison d'une faute quelconque** doit s'appliquer à tout protecteur ayant commis **une faute dans le cadre d'une mission de représentation et** exiger la preuve d'une **faute dolosive ou lourde** pour la mise en œuvre de la **responsabilité résultant du fait des actes accomplis dans le cadre d'une mission d'assistance.** Il n'en demeure pas moins qu'en l'état du droit positif, l'article 421 *in fine* visant les seuls actes accomplis à l'occasion de sa mission d'assistance, par le curateur, paraît lier la responsabilité du protecteur et la nature de la mesure qui lui est confiée[4]. Or, les exceptions sont, on le sait, de droit strict[5].

L'article 421 laisse dans l'ombre la question du régime de la responsabilité à raison d'une faute commise par le curateur à l'occasion de l'exercice de sa mission de protection de la personne. La limitation de responsabilité est-elle applicable dès lors que le curateur a été autorisé, sur le fondement de l'article 459, à assister le majeur pour consentir à un acte personnel ? Si elle était retenue, pareille solution mériterait d'être étendue au curateur renforcé et au tuteur, dès lors qu'ils sont investis d'une mission d'assistance en matière personnelle. Il conviendra alors d'arbitrer entre les différents régimes de la responsabilité possibles - responsabilité à raison d'une faute quelconque ou responsabilité à raison d'une faute lourde ou dolosive - toutes les fois que l'acte revêt une nature mixte, tel que l'acquisition d'un véhicule automobile, le financement d'un voyage ou de dépenses de santé, la signature d'une convention d'honoraires dans le cadre d'une procédure de divorce.

314.33 **2) Interrogations tenant à la responsabilité du curateur du fait de ses abstentions.** La seconde interrogation tient à la responsabilité du curateur du fait de ses abstentions. L'article 421 du Code civil dispose que « *le curateur et le subrogé curateur n'engagent leur responsabilité, du fait des actes*

1. Le curateur qui se substituerait à la personne protégée pour agir comme un tuteur devrait être qualifié de tuteur de fait et, par suite, être soumis au même régime de responsabilité que ce dernier, la faute étant caractérisée par le dépassement de pouvoir (sur ce point, v. M. Rebourg, « La responsabilité civile des mandataires judiciaires à la protection des majeurs dans l'exercice de leurs missions », *Dr. fam.* 2010. Étude 17, spéc. n° 8). Encore conviendra-t-il de démontrer, en cas d'annulation de l'acte, un préjudice que celle-ci laisse subsister (C. civ., art. 465, al. 1er, 4°).
2. M. Rebourg, art. préc. spéc. n° 11 (v. ss prést n° 314.31).
3. Massip, n° 294 – M. Rebourg, art. préc. spéc. n° 12 (v. ss n° 314.31) – Ainsi que le soulignait M. Fossier avant la réforme de 2007, « *le curateur n'engage pas sa responsabilité car il est celui qui autorise l'acte mais ne le conçoit pas ni ne l'exécute* » : T. Fossier, « La responsabilité du tuteur et du juge des tutelles selon les décisions des trois ordres de juridiction », *RDSS* 2001. 364.
4. V. Rennes, 5e ch., 2 déc. 2015, RG n° 14/02131, *Dr. fam.* 2016, n° 70, obs. I. M., retenant la responsabilité à raison d'une faute simple d'une association tutélaire ayant omis, en curatelle renforcée, de formuler une demande d'aide sociale au profit du curatélaire. L'arrêt ne permet pas de trancher la question de savoir si la responsabilité du protecteur est liée à la nature de la mesure de protection ou à celle de la mission à l'occasion de laquelle la faute a été commise.
5. Susceptibles d'être interprétés en faveur de l'une ou de l'autre thèse, les rapports parlementaires ne fournissent pas d'élément pour trancher cette controverse; v. Rapp. n° 3557 de l'Assemblée nationale, 10 janv. 2007, par E. Blessig, p. 124, et Rapp. n° 212 du Sénat, 7 févr. 2007, par H. de Richemont, p. 115 : « *Lorsqu'elle se réduit à une simple mesure d'assistance, la curatelle n'a pas pour effet de transférer la responsabilité du fait des actes de la personne protégée de celle-ci vers son curateur, même si l'acte a été accompli avec son assistance. Le curatélaire reste donc responsable de ses actes* ».

accomplis avec leur assistance, qu'en cas de dol ou de faute lourde ». La référence aux « *actes accomplis avec* [l]'*assistance* » du curateur conduit à s'interroger, à l'aune de sa mission d'assistance ou de contrôle, sur le point de savoir si celui-ci pourrait voir sa responsabilité recherchée à raison d'une abstention. En d'autres termes, le curateur est-il responsable s'il ne prête pas, pour l'accomplissement d'un acte n'étant pas soumis à son intervention obligatoire, assistance à la personne protégée ou s'il néglige de lui apporter cette assistance pour un acte qui y est assujetti ? Sur ce sujet, deux thèses opposées s'affrontent. Certains auteurs estiment que la mission de contrôle visée par l'article 440 est insuffisante pour engager la responsabilité du curateur sur le fondement d'un acte étranger à sa sphère d'intervention[1]. À l'inverse, d'autres auteurs font valoir qu'il est « *inadmissible que la responsabilité du curateur ne puisse - si l'on s'en tient au texte - être engagée que pour les actes accomplis avec son assistance* ». Le curateur manque, à l'évidence, à ses devoirs de protection et de contrôle s'il laisse le curatélaire conclure des actes manifestement contraires à ses intérêts, s'il ne réagit pas à son inaction, néglige de l'assister pour la conclusion d'un acte de disposition ou d'exercer une action en justice tendant à remettre en cause un acte lui étant préjudiciable ou entaché de nullité (C. civ., art. 465, al. 1er, 4°)[2].

La **double limitation de responsabilité du curateur** aux seules **fautes dolosives ou lourdes** ainsi qu'aux **actes accomplis avec son assistance** souffre d'incohérence à l'aune des pouvoirs qui lui sont conférés. L'article 469 alinéa 2 reconnaît, en effet, au curateur, s'il constate que la personne en curatelle compromet gravement ses intérêts, la faculté de saisir le juge des tutelles pour être autorisé à accomplir seul un acte déterminé ou provoquer l'ouverture d'une tutelle. S'il est vrai que le texte se borne à consacrer - non pas un devoir - mais un simple **droit d'alerte**, ce dernier ne s'insère pas moins dans le cadre de la mission plus générale d'assistance ou de contrôle du curateur. Si bien que l'on discerne malaisément comment celui-ci pourrait se dispenser de l'exercice de cette faculté sans engager sa responsabilité civile. En définitive, la **limitation légale de responsabilité du curateur** ne paraît **pas justifiée à la lumière de l'esprit de la loi de 2007**. La jurisprudence pourrait ainsi se livrer, à l'avenir, à une interprétation stricte de la seconde partie de l'article 421 et admettre la mise en œuvre de la **responsabilité du curateur**, sur le fondement d'une **faute simple**, dès lors que ce dernier s'abstient d'assister le majeur. Il serait parfaitement concevable, sur ce point, que cette responsabilité soit plus aisément admise pour les abstentions affectant le champ d'intervention obligatoire du curateur que pour celles ayant trait aux actes étant présumés relever de la sphère d'autonomie de la personne protégée[3]. L'exigence d'une faute grave pourrait être réservée, quant à elle, aux seules opérations faites avec l'assistance du curateur.

314.34 Curatelle aménagée. Dans l'hypothèse d'une curatelle aménagée, il convient de vérifier si l'aménagement porte sur une curatelle simple ou sur une curatelle renforcée. Les principes posés par l'article 421 du Code civil trouvent alors à s'appliquer (v. s^s n° 314.22). Dans le cas d'une curatelle simple aménagée, la responsabilité du curateur ne pourra être recherchée, pour les actes accomplis avec son assistance, qu'à raison d'une faute lourde ou de dolosive. Seuls une intention frauduleuse ou un comportement particulièrement grave peuvent engager la responsabilité du curateur.

314.35 Responsabilité du subrogé curateur. La limitation de responsabilité prévue à l'article 421 bénéficie au **subrogé curateur**. Sur ce point, il convient de concilier les dispositions de ce texte avec celles de l'article 454 alinéa 4. Si la limitation de responsabilité doit jouer au profit du subrogé, lorsqu'il agit dans le cadre de **sa mission de suppléance**, sa responsabilité est engagée, en revanche, à raison d'une **faute simple**, lorsqu'il manque à son **devoir de surveillance**. C'est donc la nature de sa mission, et non celle de sa fonction, qui dicte sur ce point le régime de responsabilité applicable au subrogé[4].

SECTION 4

RESPONSABILITÉ DE L'ÉTAT POUR FAUTE COMMISE PAR LE MANDATAIRE JUDICIAIRE À LA PROTECTION DES MAJEURS, LE JUGE DES TUTELLES, LE DIRECTEUR DES SERVICES DE GREFFE JUDICIAIRES OU LE GREFFIER

314.41 Responsabilité du mandataire judiciaire à la protection des majeurs (MJPM) et garantie de l'État. Le nouvel article 422 alinéa 2 du Code civil dispose que « *lorsque la faute à l'origine du dommage a été commise par le mandataire judiciaire à la protection des majeurs, l'action en responsabilité peut être dirigée contre celui-ci ou l'État qui dispose d'une action récursoire* ». L'ancien article 473 alinéa 2 prévoyait, au contraire, que l'État était « *seul responsable à l'égard du pupille du dommage résultant d'une faute quelconque commise dans le fonctionnement de la tutelle soit par le juge des tutelles ou son greffier, soit par le greffier en chef, soit par l'administrateur public* [...] ».

1. M. Rebourg, art. préc. spéc. n° 11 (v. s^s n° 314.31) - *J.-Cl. Civ. Code*, art. 415 à 432, fasc. 30, par F. Arbellot et T. Fossier, n° 92.
2. Massip, n° 447.
3. Décr. n° 2008-1484, 22 déc. 2008, annexe 2, col. 1 et 2.
4. M. Rebourg, art. préc. spéc. n° 13 (v. s^s n° 314.31).

L'article 422 alinéa 2 introduit une **double innovation.** *D'une part*, la responsabilité de l'État est désormais susceptible d'être engagée tant à raison des fautes commises par les **mandataires professionnels personnes morales** (anciens curateurs ou tuteurs d'État) ou exerçant en établissements, qu'à raison de celles commises par **les mandataires professionnels exerçant à titre individuel**[1]. Parmi les mandataires judiciaires à la protection, il convient de signaler la spécificité des **mandataires des établissements publics de soins.** En effet, l'État doit répondre des fautes commises par ces établissements au titre du bon fonctionnement des services publics de sorte que la question se pose d'une **responsabilité au titre de la santé publique** ou de la protection juridique[2]. S'agissant des **mandataires personnes morales**, la *jurisprudence antérieure à la loi du 5 mars 2007* a eu à se prononcer sur la responsabilité de l'employeur du fait de ses salariés (anciennement dénommés « délégués »)[3]. Elle a posé **trois conditions à l'exonération** de l'employeur :

- le salarié doit avoir agi en dehors des fonctions pour lesquelles il est employé,
- sans autorisation,
- et à des fins étrangères à ses attributions.

Ces conditions sont cumulatives.

D'autre part, l'article 422 n'impose de diriger l'action en responsabilité civile contre l'État qu'en cas de faute du juge des tutelles ou du greffe. Il laisse, en revanche, le choix d'agir en responsabilité contre l'État ou directement contre le mandataire judiciaire à la protection des majeurs, lorsque la faute provient de ce dernier, ce qui est une innovation[4]. La victime d'une faute d'un mandataire judiciaire, a donc le choix entre une **action directe** contre ce dernier et une **action contre l'État**, qui dispose en tout état de cause et comme auparavant d'une **action récursoire** (C. civ., art. 422, al. 2).

La mise en œuvre de la responsabilité du mandataire judiciaire à la protection des majeurs suppose la démonstration d'une faute de service ou d'une faute personnelle ayant un lien avec le service, ce qui exclut les fautes purement personnelles étrangères à la mission du mandataire. La responsabilité de l'État et l'action récursoire relèvent, conformément au principe de la séparation des pouvoirs, de la compétence des juridictions de l'ordre judiciaire[5].

314.42 Exclusion des mandataires familiaux de la garantie de l'État. L'article 422 alinéa 2 du Code civil pose un principe de responsabilité de l'État à raison des fautes commises par le mandataire judiciaire à la protection des majeurs[6]. La garantie étatique ne joue pas lorsque le dommage a été causé par la faute d'un protecteur familial. Or, ce dernier n'étant soumis à la différence des mandataires professionnels, à aucune obligation d'assurance de responsabilité civile, fait courir à la personne protégée un risque bien plus important d'insolvabilité. Il n'en demeure pas moins que, dans l'un et l'autre cas, la charge de l'indemnisation due à raison des détournements commis au détriment du majeur par le protecteur, se transmet aux héritiers de ce dernier[7].

314.43 Responsabilité de l'État résultant d'une faute quelconque commise dans l'organisation et le fonctionnement de la mesure de protection. En matière de protection des majeurs, la Cour de cassation avait étendu, dans un arrêt du 4 juillet 2006, la notion de « *faute dans le fonctionnement de la tutelle* » (prévue à l'ancien article 473 alinéa 2 du Code civil), en décidant que cette notion devait également être appréciée au regard de l'adéquation des contrôles exercés en fonction de la mesure choisie pour la protection du majeur[8]. Cette position, reprise dans l'article 422 alinéa 1er du Code civil, étend la responsabilité aux **fautes commises dans l'organisation de la**

1. Sur la soumission des services mandataires judiciaires à la protection des majeurs au secret professionnel et l'éventuelle responsabilité civile et pénale susceptible d'en résulter, v. CSP, art. L. 1110-4 (*réd. L. n° 2016-41, 26 janv. 2016*) et, sur renvoi, CASF, art. L. 312-2. – *Adde*, I. Maria, obs. *Dr. fam.* 2016. Comm. 159.
2. T. confl. 13 janv. 1992, req. n° 02684, *Lebon* 475; *Defrénois* 1992, art. 35335, obs. Massip; *RTD civ.* 1992. 363, obs. Hauser et Huet-Weiller; *JCP* 1993. II. 22037, note Fossier – CAA Nantes, plén., 27 juin 1990, *JCP N* 1991. 30, note Guihal-Fossier.
3. Cass., ass. plén., 17 juin 1983, n° 82-91.632, *Bull. ass. plén.*, n° 8 – Cass., ass. plén., 19 mai 1988, n° 87-82.654, *Bull. ass. plén.*, n° 5; *Gaz. Pal.* 1988. 2. 640, concl. Dorwling-Carter – Cass., ass. plén., 25 févr. 2000, n° 97-17.378, *Bull. ass. plén.*, n° 2; *JCP* 2000. II. 10295, concl. Kessous, note Billiau – Cass., ass. plén., 14 déc. 2001, n° 00-82.066, *Bull. ass. plén.*, n° 17; *JCP* 2002. II. 2006, note Billiau.
4. Civ. 1re, 17 févr. 2004, n° 02-10.109, *Bull. civ.* I, n° 51; *AJ fam.* 2004. 144, note F. B.; *RTD civ.* 2004. 266, obs. Hauser – Rennes, 1er avr. 2015, RG n° 13/06530, *Dr. fam.* 2015, n° 176, note Maria;– COMP. sous l'empire de la législation antérieure, Civ. 1re, 27 févr. 2013, n° 11-17.025, P (préc. ss n° 314.22).
5. Sur tout ceci, v. MASSIP, nos 167 à 169 et 295 – Civ. 1re, 9 janv. 2007, n° 06-13.138, *Bull. civ.* I, n° 12; *Dr. fam.* 2007, n° 72, obs. Fossier.
6. La faute dans le fonctionnement de la mesure de protection doit s'apprécier au regard de l'adéquation des contrôles exercés en fonction de la mesure choisie pour la protection de l'incapable : Civ. 1re, 4 juill. 2006, n° 04-20.269, *Bull. civ.* I, n° 348; *JCP N* 2007. 1003, obs. Fossier – Pour des négligences répétées d'un gérant de tutelle, v. Amiens, ch. civ., 3 nov. 2015, RG n° 13/06297, *Dr. fam.* 2016, n° 39, obs. I. M.
7. Poitiers, 4e ch. civ., 24 févr. 2010, RG n° 08/01338, *D.* 2010. 2123, obs. Plazy.
8. Civ. 1re, 4 juill. 2006, n° 04-20.269, *Bull. civ.* I, n° 348; *D.* 2008. Pan. 317, obs. Plazy; *JCP* 2006. II. 10118, avis Sarcelet, note Fossier; *AJ fam.* 2006. 328, obs. Pécaut-Rivolier; *RJPF* 2006-11/13, obs. Brusorio; *RTD civ.* 2006. 739, obs. Hauser.

protection c'est-à-dire, pour les majeurs, aux **fautes commises par le juge des tutelles** notamment dans le choix du degré de protection, de ses modalités familiales ou professionnelles, du mandataire professionnel ou encore des aménagements prononcés. Sont enfin susceptibles d'engager la responsabilité de l'État, à raison d'une faute commise dans le fonctionnement de la mesure, le manque de célérité avec laquelle le juge des tutelles répond aux requêtes qui lui sont adressées après l'ouverture de la mesure de protection ainsi que les carences liées à la **surveillance** de la mesure tels le contrôle des comptes de gestion par le directeur des services de greffe judiciaires (C. civ., art. 511) ou encore la révision des mesures (C. civ., art. 443).

Le législateur n'étant pas allé jusqu'à retenir une responsabilité de plein droit, la **preuve de la faute** est toujours exigée, mais il s'agit d'une **faute quelconque** dont les critères d'appréciation sont particulièrement larges et souples. Son appréciation devra être réalisée *in abstracto*, au regard de ce qu'aurait accompli un magistrat, un directeur des services de greffe judiciaires ou un greffier normalement compétent, avisé et diligent dans des circonstances identiques, sans qu'aucun critère de gravité ne soit exigé, et devra tenir compte du degré de protection mis en œuvre comme de la part de volonté et/ou d'autonomie de la personne protégée dans le fait générateur du dommage.

Peuvent ainsi constituer des **fautes** susceptibles d'engager la responsabilité de l'État en cas de dommage causé à la personne protégée ou, en l'absence de toute autre précision du texte, à des proches, des membres de la famille, en raison de ces fautes : la perte d'un dossier, le retard dans la transcription du jugement, l'erreur manifeste d'appréciation du régime de protection, la violation des dispositions relatives aux conditions d'ouverture d'un régime de protection (C. civ., art. 431 et 432), à la durée de la mesure (C. civ., art. 441), au délai de réponse aux requêtes présentées (C. pr. civ., art. 1229) [1].

314.44 Titulaires de l'action en responsabilité. L'article 422 alinéa 1er restreint, à l'instar des dispositions anciennes, l'exercice de l'action en responsabilité contre l'État à la personne protégée ou ayant été protégée ou à ses héritiers. Si elle s'avère sans doute de nature à éviter la multiplication des actions en responsabilité de la part de tiers intéressés [2], il n'en demeure pas moins qu'en cas de **faute commise par le tuteur dans l'exercice de sa mission**, le **droit commun de la responsabilité civile** reste applicable. Les tiers, victimes d'un préjudice du fait de la gestion du tuteur, sont ainsi autorisés à rechercher sa responsabilité civile sur le terrain du droit commun de la responsabilité délictuelle du fait personnel (C. civ., art. 1240 [C. civ., anc. art. 1382]). La restriction des personnes autorisées à agir du fait d'une faute commise dans l'organisation ou le fonctionnement de la tutelle, ne s'applique que lorsque l'action est dirigée contre l'État [3].

1. Paris, pôle 4, 9 avr. 2015, RG n° 13/06228 : *Dr. fam.* 2016. Comm. 157, note Maria; *RTD civ.* 2016. 824, note Hauser.
2. POUR UN EXEMPLE d'action intentée par des tiers, antérieurement à la réforme : Civ. 1re, 17 mars 2010, n° 09-11.271, P (préc. ss n° 314.12) – Agen, ch. civ. 1re, 16 janv. 2013, RG n° 11/00355, *Dr. fam.* 2014, n° 17, obs. I. M.
3. Les tiers sont, en revanche, recevables à rechercher la responsabilité du tuteur sur le fondement de l'ancien article 1382 du Code civil (désormais, C. civ., art. 1240), v. Civ. 1re, 16 déc. 2015 n° 14-27.028, P (préc. ss n° 314.12).

TITRE

32. La protection judiciaire provisoire ou ponctuelle : la sauvegarde de justice des majeurs

SECTION 0

ORIENTEUR

32.00 **Plan du titre.**

CHAPITRE

321. Principes d'ouverture et de cessation

SECTION 0 ORIENTEUR

321.00 **Plan du chapitre.**

321.01 **Textes applicables.**

TEXTES LÉGISLATIFS ET RÉGLEMENTAIRES NOUVEAUX

• **Ord. n° 2016-800, 16 juin 2016,** relative aux recherches impliquant la personne humaine, *JO* 17 juin, texte n° 19.

• **Ord. n° 2016-131, 10 févr. 2016**, portant réforme du droit des contrats, du régime général et de la preuve des obligations, *JO* 11 févr., texte n° 26.

• **L. n° 2015-1776, 28 déc. 2015,** relative à l'adaptation de la société au vieillissement, *JO* 29 déc., p. 24268.

TEXTES SOURCES

> Définition et cas d'ouverture
C. civ., art. 425, 433, 434
C. pr. civ., art. 1251

> Personnes concernées
+ L. n° 2015-1776, 28 déc. 2015
CSP, art. L. 3211-6
et C. civ., art. 434

> Actes passés par la personne protégée
+ Ord. n° 2016-131, 10 févr. 2016
C. civ., art. 435

> Procédure tutélaire
+ Décr. n° 2008-1276, 5 déc. 2008
+ Décr. n° 2009-1628, 23 déc. 2009, art. 13 et 14
+ Décr. n° 2011-1043, 1er sept. 2011, art. 2
+ Décr. n° 2012-634, 3 mai 2012, art. 21
C. pr. civ., art. 1248 à 1252-1

> Fin de la mesure
C. civ., art. 433, 439

> Statut médical du majeur sous sauvegarde de justice
+ L. n° 2011-814, 7 juill. 2011, art. 7, 17
+ L. n° 2012-300, 5 mars 2012, art. 1er
+ Ord. n° 2016-800, 16 juin 2016, art. 2-3° et 8-I
CSP, art. L. 1122-1-2, L. 1122-2, L. 1231-3, L. 1241-4

> Caractère provisoire de la mesure
+ L. n° 2015-177, 16 févr. 2015
C. civ., art. 432 et 433

TEXTES *IN EXTENSO*

> Définition et cas d'ouverture
[C. civ., art. 425, 433, 434 et C. pr. civ., art. 1251]

C. civ., art. 425
Toute personne dans l'impossibilité de pourvoir seule à ses intérêts en raison d'une altération, médicalement constatée, soit de ses facultés mentales, soit de ses facultés corporelles de nature à empêcher l'expression de sa volonté peut bénéficier d'une mesure de protection juridique prévue au présent chapitre.

S'il n'en est disposé autrement, la mesure est destinée à la protection tant de la personne que des intérêts patrimoniaux de celle-ci. Elle peut toutefois être limitée expressément à l'une de ces deux missions.

C. civ., art. 433
Le juge peut placer sous sauvegarde de justice la personne qui, pour l'une des causes prévues à l'article 425, a besoin d'une

protection juridique temporaire ou d'être représentée pour l'accomplissement de certains actes déterminés.

Cette mesure peut aussi être prononcée par le juge, saisi d'une procédure de curatelle ou de tutelle, pour la durée de l'instance.

Par dérogation à l'article 432, le juge peut, en cas d'urgence, statuer sans avoir procédé à l'audition de la personne. En ce cas, il entend celle-ci dans les meilleurs délais, sauf si, sur avis médical, son audition est de nature à porter préjudice à sa santé ou si elle est hors d'état d'exprimer sa volonté.

C. civ., art. 434
La sauvegarde de justice peut également résulter d'une déclaration faire au procureur de la République dans les conditions prévues par l'article L. 3211-6 du Code de la santé publique.

C. pr. civ., art. 1251 *(mod. par Décr. n° 2009-1628, 23 déc. 2009, art. 13)*
Le procureur de la République qui reçoit la déclaration aux fins de sauvegarde de justice prévue par l'article L. 3211-6 du Code de la santé publique ou la décision du juge des tutelles prévue à l'article 1249 les mentionne sur un répertoire spécialement tenu à cet effet.

La déclaration aux fins de faire cesser la sauvegarde, la décision du juge des tutelles mettant fin à celle-ci ainsi que les radiations sont portées en marge de la mention initiale.

Les déclarations en renouvellement sont portées à leur date sur le répertoire.

> Personnes concernées
[CSP, art. L. 3211-6 et C. civ., art. 434]
+ L. n° 2015-1776, 28 déc. 2015, art. 37

CSP, art. L. 3211-6
Le médecin qui constate que la personne à laquelle il donne ses soins a besoin, pour l'une des causes prévues à l'article 425 du Code civil, d'être protégée dans les actes de la vie civile peut en faire la déclaration au procureur de la République du lieu de traitement. Cette déclaration a pour effet de placer le malade sous sauvegarde de justice si elle est accompagnée de l'avis conforme d'un psychiatre.

Lorsqu'une personne est soignée dans un établissement de santé ou hébergée dans un établissement social ou médico-social, le médecin est tenu, s'il constate que cette personne se trouve dans la situation prévue à l'alinéa précédent, d'en faire la déclaration au procureur de la République du lieu de traitement. Cette déclaration a pour effet de placer le malade sous sauvegarde de justice. Le représentant de l'État dans le département doit être informé par le procureur de la mise sous sauvegarde.

C. civ., art. 434
* V. s^s^ prés^t^ n°, > *Définition et cas d'ouverture*

> Actes passés par la personne protégée

C. civ., art. 435 *(mod. par Ord. n° 2016-131, 10 févr. 2016, art. 5)*
La personne placée sous sauvegarde de justice conserve l'exercice de ses droits. Toutefois, elle ne peut, à peine de nullité, faire un acte pour lequel un mandataire spécial a été désigné en application de l'article 437.

Les actes qu'elle a passés et les engagements qu'elle a contractés pendant la durée de la mesure peuvent être rescindés pour simple lésion ou réduits en cas d'excès alors même qu'ils pourraient être annulés en vertu de l'article 414-1. Les tribunaux prennent notamment en considération l'utilité ou l'inutilité de l'opération, l'importance ou la consistance du patrimoine de la personne protégée et la bonne ou mauvaise foi de ceux avec qui elle a contracté.

L'action en nullité, en rescision ou en réduction n'appartient qu'à la personne protégée et, après sa mort, à ses héritiers. Elle s'éteint par le délai de cinq ans prévu à l'article 2224.

C. civ., art. 434
* V. s^s^ prés^t^ n°, > *Définition et cas d'ouverture*

> Procédure tutélaire
[C. pr. civ., art. 1248 à 1252-1]
+ Décr. n° 2008-1276, 5 déc. 2008, art. 1er

C. pr. civ., art. 1248
La déclaration aux fins de sauvegarde de justice prévue par l'article L. 3211-6 du Code de la santé publique est transmise au procureur de la République du lieu de traitement. Celui-ci en avise, le cas échéant, le procureur de la République du lieu de la résidence habituelle du majeur protégé.

C. pr. civ., art. 1249
La décision par laquelle le juge des tutelles place un majeur sous sauvegarde de justice en application de l'article 433 du Code civil est notifiée au requérant et au majeur protégé et est transmise au procureur de la République. Celui-ci en avise, le cas échéant, le procureur de la République du lieu de la résidence habituelle de l'intéressé ou du lieu de traitement.

Ce placement ne peut faire l'objet d'aucun recours.

C. pr. civ., art. 1250
Les personnes mentionnées aux articles 1230 et 1230-1 peuvent former un recours contre la décision par laquelle le juge des tutelles désigne un mandataire spécial par application du deuxième alinéa de l'article 437 du Code civil ou modifie ultérieurement les pouvoirs de ce mandataire.
+ Décr. n° 2008-1276, 5 déc. 2008, art. 1er
+ Décr. n° 2009-1628, 23 déc. 2009, art. 13 et 14
+ Décr. n° 2011-1043, 1er sept. 2011, art. 2
+ Décr. n° 2012-634, 3 mai 2012, art. 21

C. pr. civ., art. 1251 *(mod. par Décr. n° 2009-1628, 23 déc. 2009, art. 13)*
* V. s^s^ prés^t^ n°, > *Définition et cas d'ouverture*

C. pr. civ., art. 1251-1 *(mod. par Décr. n° 2009-1628, 23 déc. 2009, art. 14, puis Décr. n° 2012-634, 3 mai 2012, art. 21)*
Peuvent obtenir du procureur de la République copie de la déclaration aux fins de sauvegarde de justice mentionnée au premier alinéa de l'article 1251 ou de la décision du juge des tutelles prévue à l'article 1249 :

1° Les autorités judiciaires,

2° Les personnes qui ont qualité, selon l'article 430 du Code civil, pour demander l'ouverture d'une mesure de protection;

3° Les avocats, notaires et huissiers de justice qui justifient de l'utilité de la déclaration dans le cadre d'un acte relevant de l'exercice de leurs fonctions.

C. pr. civ., art. 1252 *(mod. par Décr. n° 2008-1276, 5 déc. 2008, art. 1er, puis Décr. n° 2011-1043, 1er sept. 2011, art. 2)*
Lorsque les biens d'un majeur placé sous sauvegarde de justice risquent d'être mis en péril, le procureur de la République ou le juge des tutelles peuvent prendre toutes mesures conservatoires et, notamment, requérir ou ordonner l'apposition des scellés. En cas de difficulté, l'huissier de justice en informe le juge des tutelles ou le procureur de la République.

Les frais occasionnés par ces mesures sont assimilés aux frais de justice prévus au 3° de l'article R. 93 du Code de procédure pénale.

C. pr. civ., art. 1252-1 *(créé par Décr. n° 2008-1276, 5 déc. 2008, art. 1er, puis Décr. n° 2011-1043, 1er sept. 2011, art. 2)*
S'il apparaît que la consistance des biens ne justifie pas l'apposition des scellés, le procureur de la République ou le juge des tutelles peuvent requérir de tout huissier de justice, du commissaire de police, du commandant de la brigade de gendarmerie ou du maire, de dresser un état descriptif du mobilier et, si les lieux sont inoccupés, d'en assurer la clôture et d'en conserver les clés.

Les clés sont restituées, contre récépissé, au majeur protégé dès son retour dans les lieux. Elles ne peuvent être remises à d'autres personnes qu'en vertu d'une autorisation du procureur de la République ou du juge des tutelles.

> Fin de la mesure

C. civ., art. 433
* V. ss prést n°, > *Définition et cas d'ouverture*

C. civ., art. 439
Sous peine de caducité, la mesure de sauvegarde de justice ne peut excéder un an, renouvelable une fois dans les conditions fixées au quatrième alinéa de l'article 442.

Lorsque la sauvegarde de justice a été prononcée en application de l'article 433, le juge peut, à tout moment, en ordonner la mainlevée si le besoin de protection temporaire cesse.

Lorsque la sauvegarde de justice a été ouverte en application de l'article 434, elle peut prendre fin par déclaration faite au procureur de la République si le besoin de protection temporaire cesse ou par radiation de la déclaration médicale sur décision du procureur de la République.

Dans tous les cas, à défaut de mainlevée, de déclaration de cessation ou de radiation de la déclaration médicale, la sauvegarde de justice prend fin à l'expiration du délai ou après l'accomplissement des actes pour lesquels elle a été ordonnée. Elle prend également fin par l'ouverture d'une mesure de curatelle ou de tutelle à partir du jour où la nouvelle mesure de protection juridique prend effet.

> Statut médical du majeur sous sauvegarde de justice

[CSP, art. L. 1122-1-2, L. 1122-2, L. 1231-3, L. 1241-4]

+ L. n° 2011-814, 7 juill. 2011, art. 7, 17

+ L. n° 2012-300, 5 mars 2012, art. 1er

+ Ord. n° 2016-800, 16 juin 2016, art. 2-3° et 8-I

CSP, art. L. 1122-1-2 *(mod. par Ord. n° 2016-800, 16 juin 2016, art. 2-3° et 8-I)*
Le promoteur peut demander à la personne se prêtant à une recherche au moment où celle-ci donne son consentement éclairé lorsqu'il est requis d'accepter que ses données soient utilisées lors de recherches ultérieures exclusivement à des fins scientifiques. La personne peut retirer son consentement à cette utilisation ultérieure ou exercer sa faculté d'opposition à tout moment.

CSP, art. L. 1122-2 *(mod. par L. n° 2012-300, 5 mars 2012, art. 1er)*
I. – Les mineurs non émancipés, les majeurs protégés ou les majeurs hors d'état d'exprimer leur consentement et qui ne font pas l'objet d'une mesure de protection juridique reçoivent, lorsque leur participation à une recherche impliquant la personne humaine est envisagée, l'information prévue à l'article L. 1122-1 adaptée à leur capacité de compréhension, tant de la part de l'investigateur que des personnes, organes ou autorités chargés de les assister, de les représenter ou d'autoriser la recherche, eux-mêmes informés par l'investigateur.

Ils sont consultés dans la mesure où leur état le permet. Leur adhésion personnelle en vue de leur participation à la recherche biomédicale est recherchée. En toute hypothèse, il ne peut être passé outre à leur refus ou à la révocation de leur acceptation.

II. – Lorsqu'une recherche impliquant la personne humaine est effectuée sur un mineur non émancipé, le consentement lorsqu'il est requis est donné par les titulaires de l'exercice de l'autorité parentale. Toutefois, ce consentement peut être donné par le seul titulaire de l'exercice de l'autorité parentale présent, sous réserve du respect des conditions suivantes :

– la recherche ne comporte que des risques et des contraintes minimes;

– le mineur ne se prête pas à la recherche à titre de volontaire sain;

– l'autre titulaire de l'exercice de l'autorité parentale ne peut donner son autorisation dans des délais compatibles avec les exigences méthodologiques propres à la réalisation de la recherche au regard de ses finalités.

Lorsqu'une personne mineure se prêtant à une recherche devient majeure dans le cours de sa participation, la confirmation de son consentement est requise après délivrance d'une information appropriée;

Lorsqu'une recherche impliquant la personne humaine est effectuée sur une personne mineure ou majeure sous tutelle, l'autorisation est donnée par son représentant légal et, si le comité mentionné à l'article L. 1123-1 considère que la recherche comporte, par l'importance des contraintes ou par la spécificité des interventions auxquelles elle conduit, un risque sérieux d'atteinte à la vie privée ou à l'intégrité du corps humain, par le conseil de famille s'il a été institué, ou par le juge des tutelles.

Une personne faisant l'objet d'une mesure de sauvegarde de justice ne peut être sollicitée aux fins de participer à une recherche impliquant la personne humaine.

Lorsqu'une recherche impliquant la personne humaine est effectuée sur une personne majeure sous curatelle, le consentement est donné par l'intéressé assisté par son curateur. Toutefois, si la personne majeure sous curatelle est sollicitée en vue de sa participation à une recherche dont le comité mentionné à l'article L. 1123-1 considère qu'elle comporte, par l'importance des contraintes ou par la spécificité des interventions auxquelles elle conduit, un risque sérieux d'atteinte à la vie privée ou à l'intégrité du corps humain, le juge des tutelles est saisi aux fins de s'assurer de l'aptitude à consentir du majeur. En cas d'inaptitude, le juge prend la décision d'autoriser ou non la recherche impliquant la personne humaine.

Lorsqu'une recherche impliquant la personne humaine satisfaisant aux conditions édictées par l'article L. 1121-8 est envisagée sur une personne majeure hors d'état d'exprimer son consentement et ne faisant pas l'objet d'une mesure de protection juridique, l'autorisation est donnée par la personne de confiance prévue à l'article L. 1111-6, à défaut de celle-ci, par la famille, ou, à défaut, par une personne entretenant avec l'intéressé des liens étroits et stables. Toutefois, si le comité mentionné à l'article L. 1123-1 considère que la recherche comporte, par l'importance des contraintes ou par la spécificité des interventions auxquelles elle conduit, un risque sérieux d'atteinte à la vie privée ou à l'intégrité du corps humain, l'autorisation est donnée par le juge des tutelles.

Lorsqu'à la date de la fin de la recherche la personne mineure qui s'y est prêtée a acquis la capacité juridique, elle devient personnellement destinataire de toute information communiquée par l'investigateur ou le promoteur.

III. – Le consentement prévu au huitième alinéa du II est donné dans les formes de l'article L. 1122-1-1. Les autorisations prévues aux premier, sixième et dernier alinéas dudit II sont données par écrit.

CSP, art. L. 1231-3 *(mod. par L. n° 2011-814, 7 juill. 2011, art. 7)*

Le comité d'experts dont l'intervention est prévue aux articles L. 1231-1, L. 1241-3 et L. 1241-4 siège en deux formations de cinq membres désignés pour trois ans par arrêté du ministre chargé de la santé. Trois de ces membres, dont deux médecins et une personne qualifiée dans le domaine des sciences humaines et sociales, sont communs aux deux formations. Lorsque le comité se prononce sur les prélèvements sur personne majeure mentionnés aux articles L. 1231-1 et L. 1241-4, il comporte un psychologue et un médecin. Lorsqu'il se prononce sur les prélèvements sur personne mineure mentionnés à l'article L. 1241-3, il comporte une personne qualifiée dans le domaine de la psychologie de l'enfant et un pédiatre. En cas d'urgence vitale, les membres du comité d'experts sont désignés par l'Agence de la biomédecine parmi les membres disponibles figurant sur l'arrêté susmentionné. Le comité ainsi constitué délivre son autorisation par tout moyen. Dans ce cas d'urgence, l'information prévue par le quatrième alinéa de l'article L. 1231-1 est délivrée par le praticien qui a posé l'indication de greffe ou par tout autre praticien du choix du donneur.

Le comité se prononce dans le respect des principes généraux énoncés au titre Ier du présent livre.

Afin d'apprécier la justification médicale d'un prélèvement et d'une greffe d'organe, les risques que le prélèvement est susceptible d'entraîner pour le donneur ainsi que ses conséquences prévisibles sur les plans physique et psychologique, le comité peut avoir accès aux informations médicales concernant le donneur et le receveur potentiels. Ses membres sont tenus de garder secrètes les informations dont ils ont connaissance en raison de leurs fonctions.

Les décisions prises par le comité ne sont pas motivées.

CSP, art. L. 1241-4 *(mod. par L. n° 2011-814, 7 juill. 2011, art. 17)*

Par dérogation aux dispositions de l'article L. 1241-2, en l'absence d'autre solution thérapeutique, un prélèvement de cellules hématopoïétiques recueillies par prélèvement dans la moelle osseuse ou dans le sang périphérique peut être fait sur une personne vivante majeure faisant l'objet d'une mesure de protection légale au bénéfice de son frère ou de sa sœur.

Si la personne protégée fait l'objet d'une mesure de tutelle, ce prélèvement est subordonné à une décision du juge des tutelles compétent qui se prononce après avoir recueilli l'avis de la personne concernée lorsque cela est possible, du tuteur et du comité d'experts mentionné à l'article L. 1231-3.

Si la personne protégée fait l'objet d'une mesure de curatelle ou de sauvegarde de justice et si le juge des tutelles compétent estime, après l'avoir entendue, que la personne protégée a la faculté de consentir au prélèvement, celui-ci est subordonné à une autorisation du comité d'experts mentionné à l'article L. 1231-3, après recueil du consentement de l'intéressé dans les conditions prévues à l'article L. 1241-3. Hors les cas où la personne protégée a la faculté de consentir au prélèvement, celui-ci ne peut être pratiqué que dans les conditions prévues au deuxième alinéa du présent article.

En l'absence d'autre solution thérapeutique appropriée, le prélèvement de cellules hématopoïétiques issues de la moelle osseuse peut, à titre exceptionnel, être effectué sur une personne protégée au bénéfice de son cousin germain ou de sa cousine germaine, de son oncle ou de sa tante, de son neveu ou de sa nièce. Toutefois, seules peuvent faire l'objet d'un prélèvement les personnes protégées qui font l'objet d'une mesure de curatelle ou de sauvegarde de justice et qui ont été reconnues comme ayant la faculté de consentir au prélèvement par le juge des tutelles compétent après avoir été entendues par celui-ci. Le consentement est recueilli et l'autorisation de prélèvement est délivrée par le comité d'experts dans les conditions prévues au troisième alinéa.

Avant de formuler l'avis mentionné au deuxième alinéa ou de délivrer les autorisations prévues aux troisième et quatrième alinéas, le comité d'experts mentionné à l'article L. 1231-3 s'assure que tous les moyens ont été mis en œuvre pour trouver un donneur majeur suffisamment compatible pour le receveur.

Le refus de la personne protégée fait obstacle au prélèvement.

> Caractère provisoire de la mesure

C. civ., art. 432 *(mod. par L. n° 2015-177, 16 févr. 2015, art. 1er)*

Le juge statue, la personne entendue ou appelée. L'intéressé peut être accompagné par un avocat ou, sous réserve de l'accord du juge, par toute autre personne de son choix.

Le juge peut toutefois, par décision spécialement motivée et sur avis d'un médecin inscrit sur la liste mentionnée à l'article 431, décider qu'il n'y a pas lieu de procéder à l'audition de l'intéressé si celle-ci est de nature à porter atteinte à sa santé ou s'il est hors d'état d'exprimer sa volonté.

C. civ., art. 433

* V. ss prést n°, > *Définition et cas d'ouverture*

321.02 Jurisprudence de référence.

> Caractère temporaire de la sauvegarde de justice

– Insuffisance de la sauvegarde de justice lorsque la personne a besoin d'être contrôlée ou conseillée d'une manière continue dans les actes de la vie civile

• **Civ. 1re, 9 févr. 2011, n° 10-10.193,** NP

* V. ss n° 321.104

La Cour de cassation rejette le pourvoi formé contre la décision des juges d'appel confirmant le premier juge qui avait renouvelé la curatelle simple au motif qu'en relevant, « par motifs propres, qu'il ressortait de l'expertise en date du 6 octobre 2008 que Mme X... présentait une psychose chronique, que le délire était toujours présent, que son déni des troubles psychiatriques entraînant un refus de soins était inquiétant, qu'elle ne bénéficiait plus d'un suivi psychiatrique, et que les troubles dont elle souffre encore actuellement ne permettent pas de lui laisser la libre gestion de son capital, et, par motifs adoptés, qu'il était établi par l'ensemble du dossier et plus spécialement par les éléments médicaux qu'elle avait toujours besoin d'être conseillée ou contrôlée dans les actes de la vie civile, le tribunal a caractérisé la nécessité d'une protection continue et par là même l'insuffisance d'une mesure de sauvegarde nécessairement temporaire; qu'il a ainsi satisfait aux conditions de l'article 440 du Code civil ».

> Notifications et recours

– Date de prise d'effet et notification

• **Civ. 1re, 29 juin 2011, no 10-18.960,** *Bull. civ.* I, no 134

* V. ss nos 321.31 et 321.103

La décision de placement sous sauvegarde de justice, qui ne peut faire grief, est exécutoire de droit dès son prononcé nonobstant son absence de notification.

– Absence de voie de recours contre la décision de placement sous sauvegarde de justice.

• **Civ. 1re, 29 juin 2011, no 10-18.960,** *Bull. civ.* I, no 134

* V. ss nos 321.31 et 321.103

Le recours du majeur est limitativement ouvert pour discuter de l'intervention d'un mandataire spécial dans son principe et dans ses modalités et non pas pour remettre en cause la mise en place de la sauvegarde de justice à la fonction protectrice.

• **Civ. 1re, 23 févr. 2011, no 09-72.039,** NP

* V. ss no 321.11

Ce recours est limitativement ouvert à la désignation d'un mandataire spécial quel que soit le mode saisine du juge, et notamment lorsqu'il désigne d'office un mandataire spécial pour la durée de l'instance.

• **Civ. 1re, 10 févr. 2016, no 15-13.019, NP**

* V. ss nos 321.31 et 321.103

En vertu des dispositions des articles 542 et 1249 du Code de procédure civile, la décision par laquelle le juge des tutelles place un majeur sous sauvegarde de justice ne peut faire l'objet d'aucun recours.

> Désignation d'un mandataire spécial

– Impossibilité de désigner un mandataire spécial sans placement préalable sous sauvegarde de justice

• **Douai, 16 juin 2010, RG no 10/01300**

AJ fam. 2010. 438, obs. Pécaut-Rivolier; *RTD civ.* 2011. 105, obs. Hauser

* V. ss no 321.11

Il est impossible pour le juge de désigner un mandataire spécial pour gérer les intérêts de la personne protégée en l'absence de placement sous sauvegarde de justice.

– Obligation pour le juge de caractériser *in concreto* la nécessité de désigner un mandataire spécial

• **Civ. 1re, 30 nov. 1983, no 83-14.712,** *Bull. civ.* I, no 285

* V. ss no 321.81, 321.101 et 322.42

Un mandataire spécial ne peut être désigné à un majeur protégé par une sauvegarde de justice que s'il y a nécessité d'agir pour le compte des majeurs protégés. Les juges ne peuvent se déterminer par un motif d'ordre général d'où il résulte que la désignation d'un mandataire spécial serait toujours justifiée, quelles que soient les circonstances de la cause.

• **Civ. 1re, 20 mai 2009, no 08-12.923,** NP

* V. ss no 321.11

La nécessité de désigner un mandataire spécial se trouve suffisamment caractérisée lorsque le majeur sous sauvegarde de justice souffre de troubles mnésiques et physiques ne lui permettant plus de s'occuper de ses biens, présente une confusion manifeste dans le maniement de la monnaie et une perte de notion de sa valeur, et a procédé à des mouvements de compte inutiles.

321.03 **Bibliographie indicative.**

> Généralités. A. Batteur, A. Caron-Déglise, M.-C. Dalle, T. Fossier, L. Pécaut-Rivolier et T. Verheyde, *Curatelle, tutelle, accompagnements*, « Litec professionnels », LexisNexis-Litec, 2009 – D. Berthiau, *Droit de la santé*, Éd. Gualino, 2007 – A. Delfosse et N. Baillon-Wirtz, *La réforme du droit des majeurs protégés*, « Pratique notariale », LexisNexis-Litec, 2009, nos 138 à 187 – J. Massip, *Tutelle des mineurs et protection juridique des majeurs*, Defrénois-Lextenso, 2009, nos 296 à 361 – A. Raison, *Le statut des majeurs protégés*, LJNA, 1989, no 875, p. 397.

> Articles. O. Farthouat, « Capacité, protection et sauvegarde de justice : quels risques en droit civil ? », *JCP N* 1999. II. 879 et 918 – J. Klein et F. Gemignani, « La sauvegarde de justice : aménagements ou évolution ? », *in* Dossier « Le patrimoine de l'incapable », *Dr. et patr.* avr. 2008. 64 – J. Massip, « La sauvegarde de justice, le mandataire spécial et la garantie des droits de la personne », *JCP* 2011. 1183.

> Dossier. *Dr. fam.* 2012 « Mandataire judiciaire à la protection des majeurs », Études 12 s.

321.04 **Exemples d'actes.**

> Sauvegarde de justice

* Pour un exemple d'ordonnance de mise sous sauvegarde de justice pour la durée de l'instance, v. ss no 5232.11.

* Pour un exmple d'ordonnance de désignation d'un mandataire spécial, v. ss no 5232.12.

* Pour un exemple de jugement de mise sous sauvegarde de justice autonome et de désignation d'un mandataire, v. ss no 5232.13.

> Régimes de protection des majeurs

* Pour un exemple de jugement de non-lieu à mesure de protection, v. ss no 5241.11.

SECTION 1
CAS D'OUVERTURE, CADRE GÉNÉRAL ET FIN DE LA SAUVEGARDE DE JUSTICE

§ 1
Définition et cas d'ouverture

321.11 **Définition de la sauvegarde de justice. De la loi du 3 janvier 1968 à la loi du 5 mars 2007.** La sauvegarde de justice est un régime de **protection d'un majeur** atteint d'une **altération provisoire de ses facultés**, qui doit cesser dès que l'intéressé les retrouve ou fait l'objet d'une mesure plus contraignante (curatelle ou tutelle) ou bénéficie de la mise à exécution d'un mandat de protection future. Sous l'empire de la loi no 68-5 du 3 janvier 1968[1], l'ancien article 491 du Code civil énonçait que pouvait « *être placé sous la sauvegarde de justice, le majeur*

1. L. no 68-5, 3 janv. 1968, portant reforme du droit des incapables majeurs, *JO* 4 janv., p. 114.

qui, pour l'une des causes prévues par l'article 490, a besoin d'être protégé dans les actes de la vie civile ». Cette mesure concernait ainsi le majeur qui, en raison d'une altération de ses facultés mentales ou corporelles, empêchant l'expression de la volonté, avait besoin d'être protégé dans les actes de la vie civile.

La loi n° 2007-308 du 5 mars 2007[1], applicable depuis le 1er janvier 2009, affine la définition de la sauvegarde de justice, en la précisant.

Cette mesure ne peut s'appliquer, aux termes de l'article 433 alinéa 1er du Code civil, qu'« *à la personne qui, pour l'une des causes prévues à l'article 425, a besoin d'une protection juridique temporaire ou qui doit être représentée pour l'accomplissement de certains actes déterminés* ». Le renvoi à l'article 425 souligne que la sauvegarde de justice ne peut concerner que le majeur qui, en raison d'une altération de ses facultés mentales ou corporelles de nature à empêcher l'expression de sa volonté, a besoin de bénéficier d'une protection pour pourvoir à ses intérêts. Le **juge des tutelles**, saisi d'une procédure en vue de l'ouverture d'une curatelle ou d'une tutelle, peut aussi ouvrir une mesure de sauvegarde de justice pour la durée de l'instance (C. civ., art. 433, al. 2)[2] étant rappelé ici que le durée de la procédure ne peut elle-même excéder une année (C. pr. civ., art. 1227). Sous peine de caducité, la mesure de sauvegarde de justice ne peut excéder **au maximum un an**, renouvelable une fois, dans les conditions fixées au quatrième alinéa de l'article 442 (v. ss n° 321.31).

La décision de placement sous sauvegarde de justice ne peut pas faire l'objet d'un recours, celui-ci étant limitativement ouvert à la désignation d'un mandataire judiciaire, quel que soit le mode de saisine du juge, et notamment lorsque ce dernier désigne d'office un mandataire spécial pour la durée de l'instance[3]. La désignation d'un mandataire spécial ne peut elle-même être réalisée sans placement préalable sous sauvegarde de justice[4]. La Cour de cassation rappelle que le juge doit caractériser *in concreto* la nécessité de désigner un mandataire spécial[5].

321.12 Deux cas d'ouvertures possibles. La sauvegarde de justice peut être ouverte **sur déclaration médicale**[6] (v. ss nos 321.41 s.) ou à la suite d'une **décision du juge des tutelles** (v. ss nos 321.81 s.). Le juge des tutelles peut la prononcer soit de manière provisoire, pour la durée de l'instance, soit plus durablement, en tant que mesure de protection autonome.

Quel que soit le mode d'ouverture de la mesure, le **ministère public** tient un **registre spécial des sauvegardes de justice** ouvertes dans son ressort (C. pr. civ., art. 1251, al. 1er). Ce registre mentionne la **déclaration** aux fins de sauvegarde médicale prévue par l'article L. 3211-6 du Code de la santé publique ou la **décision judiciaire** de placement sous sauvegarde de justice, les déclarations en renouvellement, lesquelles sont portées à leur date sur le répertoire, ainsi que la déclaration aux fins de faire cesser la sauvegarde, la décision du juge des tutelles mettant fin à celle-ci et les radiations qui sont portées en marge de la mention initiale (C. pr. civ., art. 1251). Les mentions figurant à ce répertoire font l'objet d'une **publicité restreinte**, laquelle s'explique par le caractère non incapacitant de la sauvegarde de justice.

Seuls peuvent obtenir du procureur de la République **copie** de la déclaration médicale aux fins de sauvegarde de justice ou de la décision du juge des tutelles d'ouvrir une telle mesure[7] : 1°) les autorités judiciaires; 2°) les personnes qui ont qualité, selon l'article 430 du Code civil, pour demander l'ouverture d'une mesure de protection judiciaire des majeurs (c'est-à-dire la famille, les personnes entretenant avec le majeur protégé des liens étroits et stables ainsi que le procureur de la République); 3°) les avocats, notaires et huissiers de justice qui justifient de l'utilité de la déclaration dans le cadre d'un acte relevant de l'exercice de leurs fonctions.

§ 2
Statut médical de la personne sous sauvegarde de justice

321.21 La sauvegarde de justice n'entraînant pas d'incapacités, le majeur ainsi protégé est un patient ordinaire, sauf exceptions limitées tels les actes biomédicaux relatifs à la personne du majeur. Il convient à cet égard de rappeler qu'aucun prélèvement d'organe en vue d'un don, aucun prélèvement de tissus ou de cellules ou aucune collecte de produits du corps humain ne peut avoir lieu sur une personne vivante majeure faisant l'objet d'une mesure de protection légale, tutelle, curatelle, sauvegarde de justice ou mandat de protection future (CSP, art. L. 1231-2 et L. 1241-2).

1. L. n° 2007-308, 5 mars 2007, portant réforme de la protection juridique des majeurs, *JO* 7 mars, p. 4325.
2. Sur la distinction entre la sauvegarde de justice provisoire et la sauvegarde de justice autonome (v. ss n° 321.91).
3. Civ. 1re, 23 févr. 2011, n° 09-72.039, NP; *D.* 2011. 2501, obs. Noguéro, et 2506; *RTD civ.* 2011. 32, obs. Hauser.
4. Douai, 16 juin 2010, RG n° 10/01300, *AJ fam.* 2010. 438, obs. Pécaut-Rivolier; *RTD civ.* 2011. 105, obs. Hauser.
5. Civ. 1re, 20 mai 2009, n° 08-12.923, NP; *Defrénois* 2010. 80; *Dr. fam.* 2009, n° 130, note Maria.
6. F. Fresnel, « La sauvegarde de justice médicale : un nouvel intérêt pour cette mesure ? », *Gaz. Pal.* 2014, n° 163, p. 8.
7. Sur la « confidentialité » de la sauvegarde de justice, v. O. Farthouat, « Capacité, protection et sauvegarde de justice : quels risques en droit civil ? », *JCP N* 1999. II. 879 – J. Klein et F. Gemignani, « La sauvegarde de justice : aménagements ou évolution ? », *in* Dossier « Le patrimoine de l'incapable », *Dr. et patr.* avr. 2008. 64.

À titre dérogatoire cependant, en l'absence d'autre solution thérapeutique, un prélèvement de cellules hématopoïétiques recueillies par prélèvement dans la moelle osseuse ou dans le sang périphérique peut être fait sur une personne vivante majeure [1] faisant l'objet d'une mesure de protection, au bénéfice de son frère ou de sa sœur, et à titre exceptionnel au bénéfice de son cousin germain ou de sa cousine germaine, de son oncle ou de sa tante, de son neveu ou de sa nièce (CSP, art. 1241-4, al. 1er et 4) [2].

Si la personne protégée fait l'objet d'une mesure de sauvegarde de justice et si le juge des tutelles compétent estime, après l'avoir entendue, que la personne protégée a la faculté de consentir au prélèvement, celui-ci est subordonné à une autorisation du comité d'experts mentionné à l'article L. 1231-3 du Code de la santé publique après recueil du consentement de l'intéressé (CSP, art. 1241-4, al. 3) [3].

Toutefois, seules peuvent faire l'objet d'un prélèvement les personnes protégées qui font l'objet d'une sauvegarde de justice et qui ont été reconnues comme ayant la **faculté de consentir au prélèvement par le juge des tutelles** compétent après avoir été entendues par lui. Le consentement est recueilli et l'autorisation de prélèvement est délivrée par le comité d'experts. Le refus de la personne protégée fait obstacle au prélèvement (CSP, art. L. 1241-4, al. 3 à 6 [4]).

Si la personne protégée n'a pas la faculté de consentir au prélèvement, celui-ci ne peut être pratiqué que dans les conditions prévues pour la personne protégée faisant l'objet d'une mesure de tutelle. C'est dire que le prélèvement est subordonné à une décision du juge des tutelles compétent, qui se prononce après avoir recueilli l'avis de la personne concernée lorsque cela est possible et du comité d'experts mentionné à l'article L. 1231-3 du Code de la santé publique (CSP, art. L. 1241-4, al. 3, *in fine* - v. ss nos 214.111 s.).

Enfin, une personne faisant l'objet d'une mesure de sauvegarde de justice ne peut être sollicitée aux fins de **participer à une recherche impliquant la personne humaine** (CSP, art. L. 1122-2, II [5]). Toutefois, l'article L. 1122-1-2 du Code de la santé publique prévoit, par dérogation aux règles relatives à l'émission du consentement prescrites pour ces recherches [6], qu'« *en cas de recherches impliquant la personne humaine à mettre en œuvre dans des* ***situations d'urgence*** *qui ne permettent pas de recueillir le consentement préalable de la personne qui y sera soumise, le protocole présenté à l'avis du comité mentionné à l'article L. 1123-1 peut prévoir que le consentement de cette personne n'est pas recherché et que seul est sollicité celui des membres de sa famille ou celui de la personne de confiance mentionnée à l'article L. 1111-6 dans les conditions prévues à l'article L. 1122-1-1,* ***s'ils sont présents****. L'intéressé est informé dès que possible et son consentement lui est demandé pour la poursuite éventuelle de cette recherche. Il peut également s'opposer à l'utilisation des données le concernant dans le cadre de cette recherche* ». L'application de ce texte à la personne sauvegardée soulève néanmoins une difficulté en ce que l'interdiction posée par l'article L. 1122-2, II semble faire obstacle à ce que le consentement du majeur protégé soit recueilli pour la poursuite de la recherche.

§ 3
Fin de la sauvegarde de justice

321.31 **Modalités de cessation de la sauvegarde de justice. De la loi du 3 janvier 1968 à la loi du 5 mars 2007.** *Sous l'empire de la loi du 3 janvier 1968*, la sauvegarde de justice prenait fin à compter du jour de l'ouverture d'une tutelle ou d'une curatelle par décision du juge des tutelles, par une décision de non-lieu à mesure, par une nouvelle déclaration médicale attestant de la cessation de l'état antérieur, par la radiation de la mesure par le ministère public, par la péremption de la déclaration non renouvelée ou par la caducité de la mesure excédant le délai annal de l'ancien article 1252 alinéa 2 du Code de procédure civile.

La loi du 5 mars 2007, applicable depuis le 1er janvier 2009, décide que, sous peine de caducité, **la mesure de sauvegarde de justice ne peut excéder un an**, renouvelable une fois par le juge des tutelles « *dans les conditions fixées au quatrième alinéa de l'article 442* ». Le renvoi de l'article 439 alinéa 1er à ce texte impose au juge, pour prolonger la mesure de sauvegarde, d'être muni d'un **certificat médical suffisamment circonstancié mais qui ne doit plus obligatoirement émaner d'un médecin** choisi sur **la liste établie par le procureur de la République** [7] et d'avoir, au préalable, **entendu** ou **appelé** la personne protégée, à moins que son audition soit de nature à porter atteinte à sa santé ou qu'elle soit hors d'état de manifester sa volonté (C. civ., art. 439, al. 1er [8]) [9]. La décision de ne pas entendre le majeur doit faire l'objet d'une **motivation spéciale** et être rendue sur avis d'un médecin inscrit sur la liste du parquet. Le juge peut renouveler la mesure, soit d'office, soit à la requête de la famille

1. J. Saison, « Le donneur vivant », *AJDA* 2015. 563.
2. F. Dreifuss-Netter, « Les donneurs vivants ou la protection des personnes en situation de vulnérabilité », *D.* 2005. 1808.
3. D. Thouvenin, « Le prélèvement d'organes sur une personne vivante : les rôles respectifs du comité d'experts et du juge », *in Mél. Michaud, Droit et bioéthique, LEH* 2012, p. 349.
4. CSP, art. L. 1241-4, al. 3 à 6 (*issu de L. no 2004-800, 6 août 2004*).
5. CSP, art. L. 1122-2 (*issu de L. no 2004-806, 9 août 2004*).
6. D. Berthiau, *Droit de la santé*, Éd. Gualino, 2007, p. 224.
7. L. no 2015-177, 16 févr. 2015, art. 1 (V).
8. C. civ., art. 439, al. 1er, et sur renvoi, C. civ., art. 442 al. 4, 431 et 432 (*issus de L. no 2007-308, 5 mars 2007*).
9. A. Batteur, « Les conditions d'ouverture des régimes de protection des majeurs », *Dr. et patr.* 2009, no 180, p. 67.

ou de l'entourage de la personne protégée ou du procureur de la République (C. civ., art. 442, al. 4, et 430). Pour autant, la décision judiciaire de placement sous sauvegarde de justice n'étant susceptible d'aucune voie de recours (C. pr. civ., art. 1249)[1], l'absence de certificat médical suffisamment circonstancié et d'audition de l'intéressé, de même que l'absence de notification de la décision à ce dernier, se trouvent par voie de conséquence privées de sanction (v. s^s n° 321.103). Ces solutions sont transposables au renouvellement de la sauvegarde de justice par le juge des tutelles et, cela, bien que l'article 1249 du Code de procédure civile ne vise expressément que « le placement » sous sauvegarde judiciaire.

Le juge peut prononcer à tout moment la **mainlevée de la mesure** si le besoin de protection temporaire a cessé. À défaut, la mesure prend fin à l'expiration du délai prévu dans la décision qui l'ouvre ou après l'accomplissement des actes ayant justifié son prononcé. Elle prend également fin par l'ouverture d'une mesure de curatelle ou de tutelle à partir du jour où cette nouvelle mesure prend effet (C. civ., art. 439, al. 4).

Lorsque la sauvegarde de justice a été prononcée en application de l'article 433 du Code civil, le juge peut à tout moment en ordonner la mainlevée si le besoin de protection temporaire cesse (C. civ., art. 439, al. 2).

Lorsque la sauvegarde de justice a été ouverte en application de l'article 434 du Code civil (sauvegarde de justice sur déclaration médicale au procureur de la République), elle peut prendre fin par déclaration faite au procureur de la République si le besoin de protection temporaire cesse, ou par radiation de la déclaration médicale sur décision du procureur de la République (C. civ., art. 439, al. 3).

Dans tous les cas, à défaut de mainlevée, de déclaration de cessation ou de radiation de la déclaration médicale, la sauvegarde de justice prend fin à l'expiration du délai ou après l'accomplissement des actes pour lesquels elle a été ordonnée. Elle prend également fin par l'ouverture d'une mesure de curatelle ou de tutelle, à partir du jour où la nouvelle mesure de protection juridique prend effet (C. civ., art. 439, al. 4). Elle ne peut, en tout état de cause, excéder le délai d'un an, renouvelable une fois, sur décision du juge des tutelles. Les dispositions de l'article 439 alinéas 1er et 4 ont vocation, en effet, par leur généralité, à s'appliquer non seulement à la sauvegarde de justice sur décision judiciaire mais encore à celle ouverte sur déclaration médicale (v. s^s n° 321.71).

1. Civ. 1re, 29 juin 2011, n° 10-18.960, *Bull. civ.* I, n° 134; *D.* 2011. 2507, obs. Noguéro; *AJ fam.* 2011. 433, obs. Verheyde; *RTD civ.* 2011. 513, obs. Hauser; *Dr. fam.* 2011. Comm. 135, obs. Maria – Civ. 1re, 10 févr. 2016, n° 15-13.019, NP; *Dr. fam.* 2016, Comm. 95, obs. Maria.

SECTION 2
SAUVEGARDE SUR DÉCLARATION MÉDICALE

§ 1
Personnes concernées

A.
Personnes non hospitalisées

321.41 Réception par le ministère public d'un double certificat médical aux fins de mise sous sauvegarde de justice. L'article 434 du Code civil maintient, dans sa version issue de la loi du 5 mars 2007, la possibilité, déjà prévue sous l'empire de la loi de 1968, de l'ouverture d'une sauvegarde de justice résultant d'une déclaration faite au procureur de la République, dans les conditions prévues par l'article L. 3211-6 alinéa 1er du Code de la santé publique. D'après celui-ci, la sauvegarde de justice est **ouverte de plein droit** lorsque le procureur de la République du lieu de traitement d'une personne majeure reçoit un **certificat de son médecin traitant, assorti de l'avis conforme d'un psychiatre** (inscrit ou non sur la liste du procureur de la République), établissant qu'elle subit une **altération de ses facultés mentales ou corporelles** de nature à empêcher l'expression de sa volonté (C. civ., art. 425, al. 1er).

La déclaration doit être faite auprès du **procureur de la République** du lieu de traitement du majeur (CSP, art. L. 3211-6), lequel en avise, le cas échéant, le procureur de la République du lieu de la résidence habituelle du majeur (C. pr. civ., art. 1248). Le médecin traitant dispose de la faculté d'effectuer ou non cette déclaration au procureur. Précisons que si le patient refuse de se soumettre aux examens nécessaires à l'établissement de la déclaration médicale, les articles 1212 du Code de procédure civile et 416 du Code civil autorisent le procureur de la République ou le juge des tutelles, sur signalement ou saisine du médecin traitant, à commettre un psychiatre afin d'examiner la personne à protéger.

B.
Personnes hospitalisées

321.51 Personnes hospitalisées pour troubles mentaux dans un établissement public ou privé agréé[2]**.** Lorsqu'une personne est soignée dans un établissement recevant des personnes hospitalisées pour troubles mentaux (établissement public ou privé agréé) et a besoin d'être protégée, le médecin de l'éta-

2. CSP, art. L. 3211-6 *(mod. par L. n° 2015-1776, 28 déc. 2015, art. 37)* – M. Desolneux, « Extension de la sauvegarde de justice par déclaration médicale », *RLDC* 2015, n° 134, p 41.

blissement est tenu de faire une **déclaration auprès du procureur de la République** du lieu du traitement (CSP, art. L. 3211-6, al. 2).

Cette déclaration suffit pour placer **de plein droit** le majeur **sous sauvegarde de justice**. Le procureur de la République est tenu d'en informer le représentant de l'État dans le département (CSP, art. L. 3211-6, al. 2) et d'en donner avis, le cas échéant, au procureur de la République du lieu de la résidence habituelle du majeur protégé (C. pr. civ., art. 1248).

§ 2
Point de départ et durée de la sauvegarde sur déclaration médicale

A.
Date de prise d'effet de la déclaration de sauvegarde

321.61 Date de prise d'effet de la déclaration de sauvegarde. La sauvegarde de justice commence à courir, selon la doctrine, à compter de son **enregistrement par le ministère public**. On fait valoir, en effet, à juste titre que l'article 434 du Code civil, dispose que « *la sauvegarde de justice peut également résulter d'une déclaration faite au procureur de la République* ». L'article L. 3211-6 du Code de la santé publique précise, au demeurant, pour chacune des deux variétés de sauvegarde sur déclaration médicale, que « *cette déclaration a pour effet de placer le malade sous sauvegarde de justice* ». Il s'ensuit que la constatation par le médecin de l'altération des facultés personnelles du majeur ne suffit pas, à elle seule, à l'ouverture de la mesure, laquelle requiert, pour être complète, l'enregistrement de la déclaration médicale par le parquet[1]. C'est donc à compter de cet enregistrement que se calcule la durée de la mesure. On relèvera, qu'à la différence de l'article 1249 du Code de procédure civile relatif à la sauvegarde judiciaire, **aucun texte n'impose ici au procureur de la République ou au médecin d'informer la personne protégée de son placement sous sauvegarde médicale**, ce qui risque de compromettre la protection *a posteriori* résultant de la mise en place de cette mesure.

B.
Durée de la déclaration de sauvegarde

321.71 Durée de la déclaration de sauvegarde. Sur le terrain de la durée de la sauvegarde de justice, la réforme du 5 mars 2007 rompt avec la législation ancienne. Celle-ci prescrivait que la mesure de sauvegarde était périmée dans le délai de deux mois à compter de son enregistrement, et qu'elle était renouvelable de six mois en six mois sans limitation de durée (C. pr. civ., anc. art. 1237).

Dans le souci de préserver les libertés individuelles, les droits fondamentaux et la dignité de la personne vulnérable (C. civ., art. 415, al. 2), la loi du 5 mars 2007 procède à **l'encadrement dans le temps de l'ensemble des mesures de protection judiciaire des majeurs.** Cet encadrement atteint la sauvegarde sur déclaration médicale comme celle résultant d'une décision judiciaire. L'article 439 alinéa 1er du Code civil cantonne désormais, à peine de caducité de la mesure, la sauvegarde de justice à une **durée d'un an renouvelable une fois par le juge des tutelles** dans les conditions fixées à l'article 442 alinéa 4 (v. s^s^ n° 321.31). L'article 439 alinéa 1er ne faisant aucune distinction entre la sauvegarde sur déclaration médicale et celle résultant d'une décision du juge des tutelles, il a vocation à s'appliquer à l'une comme à l'autre. Il s'ensuit que la **sauvegarde sur déclaration médicale** ne peut aujourd'hui dépasser, renouvellement compris, le **délai maximal de deux ans**, étant précisé qu'à notre sens, ce renouvellement ne peut être décidé que par le juge des tutelles, au vu d'un certificat médical et, en principe, après audition de l'intéressé. Décider que la sauvegarde médicale ne relève pas des dispositions de l'article 439 alinéa 1er reviendrait, au mépris de l'esprit de la réforme de 2007, à l'exempter de tout encadrement temporel. C'est dire qu'il incombe désormais au parquet de veiller à la saisine du juge des tutelles, à l'expiration du délai d'un an à compter de l'enregistrement de la déclaration, à peine de caducité de la mesure. Cette dernière peut prendre fin, avant l'expiration de ce délai, par déclaration faite au procureur de la République si le besoin de protection temporaire cesse ou par radiation de la déclaration médicale sur décision du procureur de la République (C. civ., art. 439, al. 3 - v. s^s^ n° 321.31).

SECTION 3
SAUVEGARDE DE JUSTICE SUR DÉCISION JUDICIAIRE

§ 1
Sauvegarde de justice prononcée pendant l'instance de mise sous protection

321.81 Sauvegarde de justice prononcée pendant l'instance de mise sous protection. Sous l'empire des dispositions issues de la *loi du 3 janvier 1968*[2], le juge

1. J. Massip, *Tutelle des mineurs et protection juridique des majeurs*, Defrénois/Lextenso, 2009, n° 304 – A. Raison, *Le statut des majeurs protégés*, LJNA, 1989, n° 875, p. 397.

2. L. n° 68-5, 3 janv. 1968, portant réforme du droit des incapables majeurs, *JO* 4 janv., p. 114.

des tutelles, saisi d'une procédure de tutelle ou de curatelle ne disposait que de cette seule possibilité d'ordonner une sauvegarde de justice. Il pouvait ainsi décider, par ordonnance, de placer la personne qu'il y avait lieu de protéger sous **sauvegarde de justice pour la durée de la procédure** (C. civ., anc. art. 491-1, al. 2), donc de manière transitoire jusqu'à sa décision au fond. Cette décision était **provisoire** et devait être transmise au procureur de la République. Elle ne pouvait faire l'objet d'**aucun recours** (C. pr. civ., anc. art. 1239), quel que fût le mode de saisine, y compris lorsque le juge avait décidé de se saisir d'office[1].

Cette possibilité existe toujours depuis la loi du 5 mars 2007. Elle est prévue à l'article 433 alinéa 2 du Code civil et l'ordonnance par laquelle le juge en décide ne peut faire l'objet d'aucun recours (C. pr. civ., art. 1249, al. 2). La décision judiciaire de sauvegarde, qui se traduit ici par une ordonnance, produit ses effets pendant la durée de l'instance jusqu'au jugement ouvrant une tutelle ou une curatelle, ou prononçant un non-lieu à mesure. Elle devient caduque si la décision définitive n'intervient pas dans l'année de la requête (C. pr. civ., art. 1227).

§ 2
Sauvegarde de justice autonome

321.91 Sauvegarde de justice autonome. Depuis l'entrée en vigueur de la loi du 5 mars 2007[2], un nouveau cas de sauvegarde de justice a été institué. De manière innovante, l'article 433 alinéa 1er du Code civil érige désormais la sauvegarde de justice en une mesure autonome, susceptible d'être ouverte par jugement du juge des tutelles après instruction de la procédure de mise sous protection au lieu et place d'une mesure de curatelle ou de tutelle : « *Le juge peut placer sous sauvegarde de justice la personne qui, pour l'une des causes prévues par l'article 425, a besoin d'une protection juridique temporaire ou d'être représentée pour l'accomplissement de certains actes déterminés* ».

C'est ainsi qu'il peut être aujourd'hui recouru à ce régime de protection, toutes les fois que la **famille** assurant la protection à l'aide d'un **mandat général d'administration**, la mise en place d'une mesure de sauvegarde de justice ne s'avère nécessaire que pour l'accomplissement d'un ou de plusieurs actes de disposition déterminés non couverts par le mandat. La sauvegarde de justice est alors assortie de la **désignation d'un mandataire spécial**, lequel reçoit mission du juge d'accomplir ces actes. Cette nouvelle mesure est un outil supplémentaire donné au juge pour assurer effectivement le respect des principes de nécessité, de proportionnalité et d'individualisation des mesures de protection en évitant le prononcé d'une mesure plus longue et plus lourde de conséquences au regard de la restriction des droits civils des personnes[3]. Elle pourra ainsi être prononcée quand elle sera suffisante pour pourvoir aux intérêts de la personne à protéger (C. civ., art. 428, al. 2, et 440, al. 2).

§ 3
Procédure de mise sous sauvegarde de justice

321.101 Saisine du juge des tutelles. Dans le cas de la sauvegarde de justice prononcée pour la durée de l'instance comme dans celui de la sauvegarde de justice autonome, la mesure ne peut plus être prononcée d'office par le juge des tutelles, qui doit au préalable avoir été saisi valablement d'une demande de protection[4]. En revanche, dès lors qu'il est saisi, dans les conditions prévues par le Code de procédure civile, par l'une des personnes visées à l'article 430 alinéa 1er du Code civil ou le procureur de la République muni d'un certificat médical circonstancié (C. pr. civ., art. 1217 à 1219), le juge des tutelles peut prononcer d'office une sauvegarde de justice en cours d'instance ou à l'issue de la procédure engagée; dans ce dernier cas par application du principe de proportionnalité si le degré d'altération des facultés personnelles de la personne à protéger ne justifie pas le prononcé d'une mesure plus lourde.

Le fait pour une personne d'engager une procédure de mise sous sauvegarde de justice de son conjoint, dont elle vit séparée de fait, sur les conseils d'un psychiatre expert judiciaire, ne peut être considéré comme injurieux et, par suite, justifier le prononcé d'un divorce pour faute à ses torts[5].

321.102 Audition de la personne à protéger. Possibilité de dispense en cas d'urgence uniquement lorsque la sauvegarde est prononcée pour la durée de l'instance. Par dérogation à l'article 432 du Code civil, en cas d'**urgence**, le juge peut ouvrir une sauvegarde de justice sans avoir procédé à l'audition préalable de la personne à protéger. Dans ce cas, le juge devra d'une part motiver les circonstances d'urgence et, d'autre part, entendre la personne ainsi protégée dans les meilleurs délais, sauf avis médical contraire déconseillant de procéder à cette audition en raison de la santé du majeur ou du fait qu'il est hors d'état d'exprimer sa volonté (C. civ., art. 433, al. 3). On soulignera que, contrairement à l'article 432 alinéa 2

1. Civ. 1re, 30 nov. 1983, no 83-14.712, *Bull. civ.* I, no 285; *R.*, p. 49.
2. L. no 2007-308, 5 mars 2007, portant réforme de la protection juridique des majeurs, *JO* 7 mars, p. 4325.
3. A. Cermolacce, « L'organisation générale des régimes de protection : sauvegarde de justice, curatelle, tutelle », *Dr. et patr.* 2009, no 180, p. 68.
4. C. civ., art. 433, al. 2 (*issu de L. no 2007-308, 5 mars 2007*).
5. Aix-en-Provence, 27 nov. 1990, RG no 89/8713.

du Code civil, la loi n'exige pas, dans le cas de la sauvegarde de justice, que cet avis médical soit émis par un médecin figurant sur la liste du parquet ni que la décision du juge des tutelles écartant l'audition du majeur fasse l'objet d'une motivation spéciale. Pour autant, la possibilité de dispense prévue par l'article 433 alinéa 3, comme d'ailleurs celle offerte par l'article 432 alinéa 2, « *devra* [...] *être utilisée avec d'infinies précautions* », la Cour européenne des droits de l'homme étant très vigilante, à l'aune de l'article 6 § 1er de la Convention européenne de sauvegarde des droits de l'homme et des libertés fondamentales, à l'égard des décisions judiciaires privant des personnes de leur capacité juridique sans les avoir entendues [1]. Or, s'il est vrai qu'en principe l'ouverture d'une mesure de sauvegarde de justice n'entraîne pas la perte de la capacité juridique de la personne protégée, il en va différemment lorsque ce régime de protection est assorti de la nomination d'un mandataire spécial. La personne vulnérable est, en ce cas, privée du droit d'accomplir les actes relevant de la mission du mandataire (C. civ., art. 435, al. 1er).

321.103 Notification et recours. La décision du juge des tutelles d'ouvrir une sauvegarde de justice doit être notifiée **au requérant et à l'intéressé** et transmise au **procureur de la République**. Celui-ci en avise, le cas échéant, le procureur de la République du lieu de la résidence habituelle de l'intéressé ou du lieu de traitement [2]. Cependant, lorsque la sauvegarde de justice a été prononcée pour la durée de l'instance, la Cour de cassation [3] considère qu'elle ne fait pas grief et qu'elle prend effet dès son prononcé, même si elle n'a pas été notifiée à la personne ainsi protégée.

La décision de placement sous sauvegarde judiciaire n'est **pas**, contrairement à la désignation d'un mandataire spécial, **susceptible d'appel** [4]. Bien que fondée tout à la fois sur le caractère provisoire de la mesure et l'absence d'incapacité qui en résulte pour la personne protégée [5], la privation du droit au double degré de juridiction n'en est pas moins regrettable à l'aune des dispositions de la Convention européenne de sauvegarde des droits de l'homme et des libertés fondamentales [6].

321.104 Caractère temporaire de la sauvegarde de justice. La réforme du 5 mars 2007 a renforcé le caractère temporaire de la sauvegarde de justice. Dans tous les cas, la mesure de sauvegarde **ne peut excéder un an, renouvelable une fois**, à peine de caducité, par le juge des tutelles dans les conditions de l'article 442 alinéa 4 du Code civil (v. ss no 321.31). Lorsqu'elle a été prononcée pour la durée de l'instance, elle ne peut excéder un an (C. pr. civ., art. 1227). Le caractère nécessairement temporaire de la sauvegarde de justice conduit à l'éviction de cette mesure, et spécialement de la sauvegarde autonome, au profit d'un régime de protection plus contraignant et plus pérenne, toutes les fois qu'il résulte de l'ensemble du dossier, et notamment des éléments médicaux, que la personne protégée a besoin d'être conseillée ou contrôlée, d'une manière continue, dans les actes de la vie civile [7]. Il en est ainsi, *a fortiori*, si elle a besoin d'être représentée d'une manière continue pour ces actes (C. civ., art. 440).

Lorsque la sauvegarde de justice a été prononcée par le juge, ce dernier peut à tout moment en ordonner la **mainlevée** si le besoin de protection temporaire a cessé (C. civ., art. 439, al. 2). À défaut de mainlevée, la mesure prend fin à l'expiration du délai ou après l'accomplissement des actes pour lesquels elle a été ordonnée. Elle prend fin également par l'ouverture d'une mesure de curatelle ou de tutelle à partir du jour où la nouvelle mesure de protection juridique prend effet (C. civ., art. 439, al. 4). Cette date correspond, à l'égard des tiers, à l'accomplissement d'un délai de deux mois après que mention de la mesure de curatelle ou de tutelle a été portée en marge de l'acte de naissance de la personne protégée, à moins que les tiers en aient personnellement connaissance (C. civ., art. 444).

1. J.-P. Marguénaud, « Les aspects procéduraux de la protection des majeurs vulnérables au regard de la Cour européenne des droits de l'homme », *LPA* 4 nov. 2010, no 220, [no spécial, *La protection des majeurs vulnérables : premier bilan de la réforme*, p. 10, spéc. p. 11].
2. C. pr. civ., art. 1249, al. 1er (*issu de Décr. no 2008-1276, 5 déc. 2008*).
3. Civ. 1re, 29 juin 2011, no 10-18.960, *Bull. civ.* I, no 134.
4. C. pr. civ., art. 1249, al. 2 (*issu de Décr. no 2008-1276, 5 déc. 2008*) – Civ. 1re, 16 juin 2011, no 10-21.036, NP; *Dr. fam.* 2011. Comm. 135, obs. Maria; *D.* 2011. 2506, obs. Noguéro – Civ. 1re, 29 juin 2011, no 10-18.960, *Bull. civ.* I, no 134; *D.* 2011. 2507, obs. Noguéro; *AJ fam.* 2011. 433, obs. Verheyde; *RTD civ.* 2011. 513, obs. Hauser; *Dr. fam.* 2011. Comm. 135, obs. Maria – Civ. 1re, 10 févr. 2016, no 15-13.019, NP, *Dr. fam.* 2016, Comm. 95, obs. Maria.
5. L. Pécaut-Rivolier, *Protéger un majeur vulnérable*, « Delmas express », Delmas, 2010, no 1402.
6. E. Putman, « Les aspects procéduraux de la protection des majeurs vulnérables au regard des décrets des 5 décembre 2008 et 23 décembre 2009 », *LPA* 4 nov. 2010, no 220, [no spécial, *La protection des majeurs vulnérables : premier bilan de la réforme*, p. 15, spéc. no 20].
7. Civ. 1re, 9 févr. 2011, no 10-10.193, NP; *LEFP* avr. 2011, obs. Raoul-Cormeil.

CHAPITRE

322. Effets de la sauvegarde de justice

SECTION 0 ORIENTEUR

322.00 **Plan du chapitre.**

322.01 **Textes applicables.**

TEXTES LÉGISLATIFS ET RÉGLEMENTAIRES NOUVEAUX

• **L. n° 2016-1547, 18 nov. 2016,** de modernisation de la Justice du XXIe siècle, *JO* 19 nov., texte n° 1.

• **Ord. n° 2016-131, 10 févr. 2016,** portant réforme du droit des contrats, du régime général et de la preuve des obligations, *JO* 11 févr., texte n° 26.

• **Décr. n° 2016-185, 23 févr. 2016,** pris pour l'application de l'ordonnance n° 2015-1288 du 15 octobre 2015 portant simplification et modernisation du droit de la famille, *JO* 25 févr., texte n° 26.

TEXTES CITÉS

> Régime de la sauvegarde de justice
+ L. n° 2007-308, 5 mars 2007
+ Ord. n° 2016-131, 10 févr. 2016
C. civ., art. 435 à 438

> Compte-rendu de la gestion effectuée
+ L. n° 2007-308, 5 mars 2007
+ L. n° 2016-1547, 18 nov. 2016
C. civ., art. 510 à 515

> Divorce
+ L. n° 2007-308, 5 mars 2007
C. civ., art. 249-4

> Incapacité d'être juré
+ L. n° 2011-939, 10 août 2011
C. pén., art. 256 (8°)

> Procédure tutélaire
+ Décr. n° 2009-1628, 23 déc. 2009
+ Décr. n° 2012-634, 3 mai 2012
+ Décr. n° 2016-185, 23 févr. 2016
C. pr. civ., art. 1230, 1230-1, 1239, 1240, 1241, 1248 à 1252-1

TEXTES *IN EXTENSO*

> Régime de la sauvegarde de justice
[C. civ., art. 435 à 438]
+ L. n° 2007-308, 5 mars 2007, art. 7

C. civ., art. 435 *(mod. par Ord. n° 2016-131, 10 févr. 2016, art. 5)*

* V. s[s] n° 321.01, > *Actes passés par la personne protégée*

C. civ., art. 436

Le mandat par lequel la personne protégée a chargé une autre personne de l'administration de ses biens continue à produire ses effets pendant la sauvegarde de justice à moins qu'il ne soit révoqué ou suspendu par le juge des tutelles, le mandataire étant entendu ou appelé.

En l'absence de mandat, les règles de la gestion d'affaires sont applicables.

Ceux qui ont qualité pour demander l'ouverture d'une curatelle ou d'une tutelle sont tenus d'accomplir les actes conservatoires indispensables à la préservation du patrimoine de la personne protégée dès lors qu'ils ont connaissance tant de leur urgence que de l'ouverture de la mesure de sauvegarde. Les mêmes dispositions sont applicables à la personne ou à l'établissement qui héberge la personne placée sous sauvegarde.

C. civ., art. 437

S'il y a lieu d'agir en dehors des cas définis à l'article 436, tout intéressé peut en donner avis au juge.

Le juge peut désigner un mandataire spécial, dans les conditions et selon les modalités prévues aux articles 445 et 448 à 451, à l'effet d'accomplir un ou plusieurs actes déterminés, même de disposition, rendus nécessaires par la gestion du patrimoine de la personne protégée. Le mandataire peut, notamment, recevoir mission d'exercer les actions prévues à l'article 435.

Le mandataire spécial est tenu de rendre compte de l'exécution de son mandat à la personne protégée et au juge dans les conditions prévues aux articles 510 à 515.

C. civ., art. 438
Le mandataire spécial peut également se voir confier une mission de protection de la personne dans le respect des articles 457-1 à 463.

> Compte-rendu de la gestion effectuée
[C. civ., art. 510 à 515]
+ L. n° 2007-308, 5 mars 2007, art. 8
+ L. n° 2016-1547, 18 nov. 2016, art. 16

C. civ., art. 510
Le tuteur établit chaque année un compte de sa gestion auquel sont annexées toutes les pièces justificatives utiles.

À cette fin, il sollicite des établissements auprès desquels un ou plusieurs comptes sont ouverts au nom de la personne protégée un relevé annuel de ceux-ci, sans que puisse lui être opposé le secret professionnel ou le secret bancaire.

Le tuteur est tenu d'assurer la confidentialité du compte de gestion. Toutefois, une copie du compte et des pièces justificatives est remise chaque année par le tuteur à la personne protégée lorsqu'elle est âgée d'au moins seize ans, ainsi qu'au subrogé tuteur s'il a été nommé et, si le tuteur l'estime utile, aux autres personnes chargées de la protection de l'intéressé.

En outre, le juge peut, après avoir entendu la personne protégée et recueilli son accord, si elle a atteint l'âge précité et si son état le permet, autoriser le conjoint, le partenaire du pacte civil de solidarité qu'elle a conclu, un parent, un allié de celle-ci ou un de ses proches, s'ils justifient d'un intérêt légitime, à se faire communiquer à leur charge par le tuteur une copie du compte et des pièces justificatives ou une partie de ces documents.

C. civ., art. 511 *(mod. par L. n° 2016-1547, 18 nov. 2016, art. 16)*
Le tuteur soumet chaque année le compte de gestion, accompagné des pièces justificatives, en vue de sa vérification, au directeur des services de greffe judiciaires :

1° Du tribunal de grande instance, s'agissant des mesures de protection juridique des mineurs ;

2° Du tribunal d'instance, s'agissant des mesures de protection juridique des majeurs.

Lorsqu'un subrogé tuteur a été nommé, il vérifie le compte avant de le transmettre avec ses observations au directeur des services de greffe judiciaires.

Pour la vérification du compte, le directeur des services de greffe judiciaires peut faire usage du droit de communication prévu au deuxième alinéa de l'article 510. Il peut être assisté dans sa mission de contrôle des comptes dans les conditions fixées par le Code de procédure civile.

S'il refuse d'approuver le compte, le directeur des services de greffe judiciaires dresse un rapport des difficultés rencontrées qu'il transmet au juge. Celui-ci statue sur la conformité du compte.

Le juge peut décider que la mission de vérification et d'approbation des comptes dévolue au directeur des services de greffe judiciaires sera exercée par le subrogé tuteur s'il en a été nommé un.

Lorsqu'il est fait application de l'article 457, le juge peut décider que le conseil de famille vérifiera et approuvera les comptes en lieu et place du directeur des services de greffe judiciaires.

C. civ., art. 512 *(mod. par L. n° 2016-1547, 18 nov. 2016, art. 16)*
Lorsque la tutelle n'a pas été confiée à un mandataire judiciaire à la protection des majeurs, le juge peut, par dérogation aux articles 510 et 511 et en considération de la modicité des revenus et du patrimoine de la personne protégée, dispenser le tuteur d'établir le compte de gestion et de soumettre celui-ci à l'approbation du directeur des services de greffe judiciaires.

C. civ., art. 513
Si les ressources de la personne protégée le permettent et si l'importance et la composition de son patrimoine le justifient, le juge peut décider, en considération de l'intérêt patrimonial en cause, que la mission de vérification et d'approbation du compte de gestion sera exercée, aux frais de l'intéressée et selon les modalités qu'il fixe, par un technicien.

C. civ., art. 514
Lorsque sa mission prend fin pour quelque cause que ce soit, le tuteur établit un compte de gestion des opérations intervenues depuis l'établissement du dernier compte annuel et le soumet à la vérification et à l'approbation prévues aux articles 511 et 513.

En outre, dans les trois mois qui suivent la fin de sa mission, le tuteur ou ses héritiers s'il est décédé remettent une copie des cinq derniers comptes de gestion et du compte mentionné au premier alinéa du présent article, selon le cas, à la personne devenue capable si elle n'en a pas déjà été destinataire, à la personne nouvellement chargée de la mesure de gestion ou aux héritiers de la personne protégée.

Les alinéas précédents ne sont pas applicables dans le cas prévu à l'article 512.

Dans tous les cas, le tuteur remet aux personnes mentionnées au deuxième alinéa du présent article les pièces nécessaires pour continuer la gestion ou assurer la liquidation de la succession, ainsi que l'inventaire initial et les actualisations auxquelles il a donné lieu.

C. civ., art. 515
L'action en reddition de comptes, en revendication ou en paiement diligentée par la personne protégée ou ayant été protégée ou par ses héritiers relativement aux faits de la tutelle se prescrit par cinq ans à compter de la fin de la mesure, alors même que la gestion aurait continué au-delà.

> Divorce
+ L. n° 2007-308, 5 mars 2007, art. 10

C. civ., art. 249-4
Lorsque l'un des époux se trouve placé sous l'un des régimes de protection prévus au chapitre II du titre IX du présent livre, aucune demande en divorce par consentement mutuel ou pour acceptation du principe de la rupture du mariage ne peut être présentée.

> Incapacité d'être juré
+ L. n° 2011-939, 10 août 2011, art. 2

C. pr. pén., art. 256 (8°)
Sont incapables d'être jurés : […]

8° Les majeurs sous sauvegarde de justice, les majeurs en tutelle, les majeurs en curatelle et ceux qui sont placés dans un établissement d'aliénés en vertu des articles L. 326-1 à L. 355 du Code de la santé publique.

> Procédure tutélaire
[C. pr. civ., art. 1230, 1230-1, 1239, 1240, 1241, 1248 à 1252-1]
+ Décr. n° 2009-1628, 23 déc. 2009, art. 2, 9
+ Décr. n° 2012-634, 3 mai 2012, art. 21
+ Décr. n° 2016-185, 23 févr. 2016, art. 11

C. pr. civ., art. 1230 *(mod. par Décr. n° 2008-1276, 5 déc. 2008, art. 1er, puis par Décr. n° 2016-185, 23 févr. 2016, art. 11)*
Toute décision du juge est notifiée, à la diligence du greffe, au requérant, à la personne chargée de la protection ou à l'administrateur légal et à tous ceux dont elle modifie les droits ou les obligations résultant de la mesure de protection.

Elle est également notifiée au mineur âgé de seize ans révolus à moins que son état ne le permette pas.

En outre, dans le cas dans le cas de l'article 502 du Code civil, elle est notifiée au subrogé tuteur.

C. pr. civ., 1230-1 *(mod. par Décr. n° 2009-1628, 23 déc. 2009, art. 9)*
Le jugement qui statue sur une demande d'ouverture d'une mesure de protection d'un majeur est notifié à la personne protégée elle-même; avis en est donné au procureur de la République.

Toutefois, le juge peut, par décision spécialement motivée, décider qu'il n'y a pas lieu de notifier le jugement prononçant l'ouverture de la mesure de protection au majeur protégé si cette information est de nature à porter préjudice à sa santé. Dans ce cas, la notification en est faite à son avocat, s'il en a constitué un, ainsi qu'à la personne que le juge estime la plus qualifiée pour recevoir cette notification.

Le jugement peut être notifié, si le juge l'estime utile, aux personnes qu'il désigne parmi celles que la loi habilite à exercer un recours.

C. pr. civ., art. 1239 *(mod. par Décr. n° 2012-634, 3 mai 2012, art. 21)*
Sauf disposition contraire, les décisions du juge des tutelles et les délibérations du conseil de famille sont susceptibles d'appel.

Sans préjudice des dispositions prévues par les articles 1239-1 à 1239-3, l'appel est ouvert aux personnes énumérées à l'article 430 du Code civil, même si elles ne sont pas intervenues à l'instance.

Le délai d'appel est de quinze jours.

Les parties ne sont pas tenues de constituer avocat ou avoué.

C. pr. civ., art. 1240 *(mod. par Décr. n° 2009-1628, 23 déc. 2009, art. 2)*
Le ministère public peut former appel jusqu'à l'expiration d'un délai de quinze jours suivant la remise de l'avis qui lui a été donné de la délibération prise ou de la décision rendue.

C. pr. civ., art. 1241 *(mod. par Décr. n° 2009-1628, 23 déc. 2009, art. 2)*
Le délai d'appel contre les jugements statuant sur une mesure de protection à l'égard d'un majeur court :

1° À l'égard du majeur protégé, à compter de la notification prévue à l'article 1230-1;

2° À l'égard des personnes à qui le jugement doit être notifié, à compter de cette notification;

3° À l'égard des autres personnes, à compter du jugement.

C. pr. civ., art. 1248, 1249, 1250, 1251, 1251-1, 1252, 1252-1
* V. s^s n° 321.01, > *Procédure tutélaire*

322.02 Jurisprudence de référence.

> Possibilité pour le juge de révocation du mandat précédemment donné par la personne protégée

• **Civ. 1re, 12 mai 1987, n° 85-12.242,** *Bull. civ.* I, n° 148
* V. s^s n°s 322.23

L'irrévocabilité d'un mandat d'intérêt commun, même expressément stipulée, ne lie pas le juge des tutelles.

• **Civ. 1re, 15 mai 1990, n° 89-10.479,** *Bull. civ.* I, n° 104
* V. s^s n°s 322.24

Le juge des tutelles ne peut évoquer le mandat passé par une personne avant son placement sous sauvegarde que dans l'intérêt de la protection de celle-ci.

> Mandat préconstitué

– Le juge des tutelles a la faculté de révoquer un mandat d'intérêt commun dans l'intérêt de la protection de l'incapable.

• **Civ. 1re, 12 mai 1987, n° 85-12.242,** *Bull. civ.* I, n° 148
* V. s^s n° 322.23

L'irrévocabilité d'un mandat d'intérêt commun, fût-elle expressément stipulée, ne lie pas le juge des tutelles qui, dans l'intérêt de la protection des incapables, tient de l'article 491-3 alinéa 3 du Code civil la faculté de révoquer les mandats donnés par une personne ultérieurement placée sous la sauvegarde de justice.

– Application d'un mandat de gestion antérieur à la décision prononçant la sauvegarde de justice.

• **Civ. 1re, 15 mai 1990, n° 89-10.479,** *Bull. civ.* I, n° 104
* V. s^s n° 322.24

De la combinaison des anciens articles 491-3 du Code civil et 455 du Nouveau Code de procédure civile, il résulte que, lorsqu'une personne, placée ultérieurement sous la sauvegarde de justice, a constitué un mandataire à l'effet d'administrer ses biens, ce mandat reçoit exécution; que le juge des tutelles ne peut prononcer la révocation de ce mandat que dans l'intérêt de la protection de cette personne. Viole ces textes le tribunal de grande instance qui se détermine par un motif d'ordre général d'où il résulte que la révocation du mandat volontaire serait justifiée par le seul fait de l'ouverture d'une procédure aux fins de tutelle ou de curatelle et qui ne précise pas en quoi, en l'espèce, la révocation du mandat donné par l'intéressée avant son placement sous la sauvegarde de justice était nécessaire à la protection de ses intérêts.

> Désignation d'un mandataire spécial

– Interdiction des mandats généraux

• **Civ. 1re, 12 janv. 1988,** n° 86-14.112, *Bull. civ.* I, n° 4
* V. s^s n° 322.44

Le juge des tutelles ne peut donner au mandataire spécial un mandat général à l'effet d'administrer l'ensemble du patrimoine du majeur protégé.

– Choix du mandataire spécial et étendue des attributions du mandataire spécial à la réception du courrier de la personne à protéger

• **Civ. 1re, 11 juin 1991, n° 89-20.517,** *Bull. civ.* I, n° 195
* V. s^s n°s 322.42, 322.43 et 322.44

Rien ne s'oppose à ce que le préposé de l'établissement de traitement exerçant les fonctions de gérant de tutelle soit désigné en qualité de mandataire spécial d'une personne placée sous la sauvegarde de justice. Un tribunal a pu, sans porter atteinte à la vie privée et à la liberté individuelle de l'intéressée, donner mission au mandataire spécial qu'il lui désignait de recevoir le courrier, cette mission n'impliquant pas qu'il exerce un contrôle sur le courrier personnel, et toute correspondance administrative ou d'affaires.

> Effets de la désignation d'un mandataire spécial

• **Civ. 1re, 16 avr. 2008, n° 06-16.662,** *Bull. civ.* I, n° 119
* V. s^s n° 322.47

Le mandataire spécial engage sa responsabilité lorsqu'il a fermé un compte bancaire sans s'enquérir des obligations contractuelles de la personne protégée, ce qui a entraîné la résiliation d'un contrat par une mutuelle faute de paiement des cotisations.

> Recours tutélaire dispensé d'avocat

– L'exercice d'un recours tutélaire contre la décision désignant un mandataire spécial est dispensé du ministère d'avocat.

• **Cass., avis, 10 janv. 2000, n° 09-90.013,** *Bull. avis*, n° 1.

* V. s[s] n° 322.49

Le recours contre la décision du juge des tutelles de désignation d'un mandataire spécial s'exerce selon les formes prescrites à l'ancien article 1256 du même code, c'est-à-dire soit par une requête signée par un avocat remise ou adressée par lettre recommandée au greffe, soit par une lettre sommairement motivée signée par l'une des personnes prévues par l'ancien article 493 du Code civil – personne à protéger, conjoint partageant une communauté de vie, ascendants, descendants, frères et sœurs, curateur ou ministère public – remise ou adressée par lettre recommandée avec avis de réception au greffe.

> Actes passés pendant la sauvegarde rescindables pour lésion, appréciation souveraine des juges du fond

• **Civ. 1re, 4 déc. 2013, n° 12-28.656,** NP

* V. s[s] n°s 322.11

L'existence ou l'absence de la lésion relève de l'appréciation souveraine des juges du fond et ne doit pas être cassée la décision de la cour d'appel qui a pris en considération l'utilité de l'opération, la consistance du patrimoine de la personne protégée et la bonne foi du cocontractant eu égard à la période très limitée pendant laquelle le majeur avait été placé sous sauvegarde de justice.

322.03 Bibliographie indicative.

> Généralités. A. Batteur, A. Caron-Déglise, M.-C. Dalle, T. Fossier, L. Pécaut-Rivolier et T. Verheyde, *Curatelle, tutelle, accompagnements*, « Litec professionnels », LexisNexis-Litec, 2009 – D. Berthiau, *Droit de la santé*, Éd. Gualino, 2007 – A. Delfosse et N. Baillon-Wirtz, *La réforme du droit des majeurs protégés*, « Pratique notariale », LexisNexis-Litec, 2009, n°s 138 à 187 – J. Massip, *Tutelle des mineurs et protection juridique des majeurs*, Defrénois/Lextenso, 2009, n°s 296 à 361 – A. Raison, *Le statut des majeurs protégés*, LJNA, 1989, n° 875, p. 397.

> Articles. T. Fossier, « Bail commercial et incapacité », *Ann. loyers* 2003. 2039, n°s 1-44, spéc. p. 2050, n° 43 – J. Klein et F. Gemignani, « Du mariage et du divorce de la personne protégée », *Defrénois* 2006. 887 – E. Mallet, « Actes à consentement strictement personnel et majeur protégé », *Dr. fam.* 2014, n° 3, p. 17 – J. Massip, *JCP* 1970. I. 2374 (sauvegarde de justice et mandat); « Désignation d'un mandataire spécial aux majeurs placés sous la sauvegarde de justice par le juge des tutelles », *LPA* 2009, n° 147, p. 17; « La sauvegarde de justice, le mandataire spécial et la garantie des droits de la personne », *JCP* 2011. 1183.

322.04 Exemples d'actes.

* Pour un exemple d'ordonnance de désignation d'un mandataire spécial, v. s[s] n° 5232.12.

SECTION 1

PRINCIPE DE LA PLEINE CAPACITÉ D'EXERCICE DES DROITS

322.11 Principe de la pleine capacité d'exercice des droits. La personne protégée par une mesure de sauvegarde de justice conserve la pleine capacité d'exercice de ses droits (C. civ., art. 435, al. 1er[1]) et, notamment, celle de ses droits politiques, à l'exception du droit d'être juré dans le cadre d'un procès devant la cour d'assises (C. pr. pén., art. 256, 8°), ainsi que celle de ses droits patrimoniaux et extrapatrimoniaux[2].

Ce principe connaît, néanmoins, une **double série d'exceptions.**

1°) D'abord, le majeur sous sauvegarde de justice ne peut accomplir, à peine de nullité de l'acte, une **opération pour laquelle un mandataire spécial a été désigné** (C. civ., art. 435, al. 1er).

En outre, les alinéas 2 et 3 de l'article 435 du Code civil, issu de la loi n° 2007-308 du 5 mars 2007[3], reprenant les alinéas 2, 3 et 4 de l'ancien article 491-2 du Code civil, prévoient que les **actes** passés par un majeur placé sous sauvegarde de justice et les **engagements** qu'il a contractés, **durant la mesure**, sont **rescindables pour cause de lésion ou réductibles pour cause d'excès.** Les tribunaux sont invités à prendre en compte, pour la mise en œuvre de ces sanctions, la fortune de la personne protégée, la bonne ou la mauvaise foi de ses cocontractants, l'utilité ou l'inutilité de l'opération[4]. Ces sanctions peuvent être invoquées, au demeurant, de manière concurrente avec la **nullité de droit pour insanité d'esprit** prévue par les articles 414-1 et 414-2 du Code civil. À l'instar de cette dernière, les actions fondées sur l'article 435 ne peuvent être exercées, du vivant de la personne protégée, que par **elle seule**, et après sa mort, par ses **héritiers**, dans le **délai de cinq ans** prévu par l'article 2224. À la différence de l'ancien article 491-2, l'article 435 alinéa 3 interdit, aujourd'hui, l'exercice de ces actions aux personnes ayant qualité pour demander l'ouverture d'une mesure de protection, c'est-à-dire notamment au conjoint de la personne protégée, aux ascendants, aux descendants, aux frères et sœurs, et au ministère public. Pour autant, le **mandataire spécial**, désigné par le juge des tutelles sur le fondement de l'article 437 du Code civil, peut recevoir **mission**

1. C. civ., art. 435, al. 1er (*issu de L. n° 2007-308, 5 mars 2007*) – Sur la possibilité pour le majeur sous sauvegarde de justice de souscrire un bail commercial susceptible d'être rescindé ou réduit ultérieurement pour lésion, v. T. Fossier, « Bail commercial et incapacité », *Ann. loyers* 2003. 2050-2051, n° 43.
2. Civ. 1re, 24 févr. 2016, n° 15-14.328, NP.
3. L. n° 2007-308, 5 mars 2007, portant réforme de la protection juridique des majeurs, *JO* 7 mars, p. 4325.
4. Civ. 1re, 4 déc. 2013, n° 12-28.656, NP; *D.* 2014. 2259, obs. Noguéro; *AJ fam.* 2014. 123, obs. Massip.

d'exercer les actions en nullité, en rescision et en réduction ouvertes à la personne protégée. Après l'ouverture d'une mesure de curatelle ou de tutelle, les actions de l'article 435 peuvent être exercées avec l'assistance du **curateur** ou par l'intermédiaire de la représentation du **tuteur**, suivant les règles de capacité et de pouvoir propres à chacun de ces régimes de protection (C. civ., art. 468, al. 3, et 504, al. 2).

2°) Ensuite, le majeur sous sauvegarde de justice est soumis à des règles de capacité particulières sur le terrain du **divorce**[1] **et de la séparation de corps**[2]. La demande ne peut être ici examinée qu'après l'**organisation d'une curatelle ou d'une tutelle** (C. civ., art. 249-3[3] et 296). Cette interdiction, qui s'explique par le caractère provisoire de la sauvegarde de justice, appelle une triple remarque.

En premier lieu, elle n'empêche pas le **juge aux affaires familiales** de prendre des **mesures provisoires** sur le fondement des articles 254 et 255 ainsi que des **mesures urgentes** sur celui de l'article 257 du Code civil, afin d'organiser la séparation des époux le temps qu'une mesure de curatelle ou de tutelle soit ouverte et que la personne puisse divorcer ou se séparer de corps (C. civ., art. 249-3).

En deuxième lieu, l'interdiction posée par l'article 249-3 joue sans qu'il y ait à distinguer suivant que la demande est antérieure ou postérieure à l'ouverture de la mesure de sauvegarde et même si celle-ci est prononcée entre le jugement rendu en première instance et l'appel[4].

En troisième lieu, après l'ouverture d'une **tutelle** ou d'une **curatelle**, seule peut être présentée une demande en **divorce pour altération définitive du lien conjugal ou pour faute** (C. civ., art. 249-4[5] et 296). Mais encore faut-il, en ce dernier cas, lorsque la demande est présentée par l'époux du majeur protégé, que la faute puisse être imputée à ce dernier[6]. C'est dire qu'il convient de retenir, ici, une conception subjective de la faute[7].

SECTION 2

GESTION DES BIENS DE LA PERSONNE SAUVEGARDÉE PAR APPLICATION DES RÈGLES DU MANDAT OU DE LA GESTION D'AFFAIRES

322.21 Principe du maintien du mandat confié par le majeur. L'article 436 alinéa 1er du Code civil[8] reprend la règle ancienne (C. civ., anc. art. 491-3, al. 1er) suivant laquelle le mandat confié, avant le prononcé de la sauvegarde de justice, par la personne protégée à une autre d'administrer ses biens, continue, en principe, à produire ses effets durant cette mesure. Contrairement à la législation antérieure, les dispositions issues de la réforme du 5 mars 2007 ne font plus expressément référence au mandat donné par la personne protégée après son placement sous sauvegarde de justice. À lire les rapports parlementaires, il conviendrait d'en déduire que le nouveau texte exclut la faculté pour la personne sauvegardée de désigner un mandataire après son placement sous sauvegarde de justice[9]. Pareille interprétation ne saurait, à vrai dire, prospérer puisque la personne sauvegardée conserve, en principe, sa **pleine capacité juridique**, à tel point qu'elle peut valablement consentir, sans être assistée ni représentée, un **mandat de protection future** (C. civ., art. 477)[10]. Elle peut donc valablement confier, malgré le silence de la loi, un **mandat à un tiers à l'effet de gérer son patrimoine après l'ouverture de la mesure de sauvegarde**[11]. Le prononcé d'une mesure de sauvegarde de justice assortie du maintien des procurations antérieurement confiées par la personne protégée apparaît comme une illustration des principes de nécessité, de subsidiarité et de proportionnalité des mesures de protection (C. civ., art. 428), en esquivant la mise en place d'une mesure de protection plus lourde et plus contraignante. Si l'article 436 alinéa 1er vise le mandat conféré en vue de l'administration des biens de la

1. J. Klein et F. Gemignani, « Du mariage et du divorce de la personne protégée », *Defrénois* 2006. 887.
2. Sur l'annulation posthume du mariage contracté par une personne sous sauvegarde de justice, v. Civ. 1re, 4 mai 2011, n° 09-68.983, *Bull. civ.* I, n° 82; *D.* 2011. 2387, note Raoul-Cormeil; *RTD civ.* 2011. 515, obs. Hauser.
3. C. civ., art. 249-3 (*mod. par L. n° 2004-439, 26 mai 2004*).
4. Civ. 2e, 14 déc. 2000, n° 99-13.143, NP; *RJPF* 2001, n° 2, p. 17, obs. Gerder.
5. C. civ., art. 249-4 (*mod. par L. n° 2004-439, 26 mai 2004*).
6. Nîmes, 2e ch. civ. C, 23 nov. 2005, RG n° 04/03183, ayant jugé, à propos d'un divorce pour faute, que la démence n'est pas en elle-même une cause de divorce, pas plus que toute autre maladie, et qu'elle ôte aux excès et sévices commis par un époux en état de démence leur caractère injurieux pour l'autre conjoint, dans la mesure où cet était prive celui qui en est atteint de la faculté de maîtriser ses impulsions – Civ. 1re, 22 nov. 2009, n° 08-20.710, NP; *Dr. fam.* 2010, n° 8, note Maria.
7. Sur le sujet, *adde*, F. Moureau, « Le divorce des majeurs protégés ou la désunion sous haute protection », *AJ fam.* 2012. 259.
8. C. civ., art. 436, al. 1er (*issu de L. n° 2007-308, 5 mars 2007*).
9. H. de Richemont, Rapport n° 212, fait au nom de la Commission des lois constitutionnelles, de législation, du suffrage universel, du Règlement et d'administration générale sur le projet de loi, adopté par l'Assemblée Nationale, après déclaration d'urgence, portant réforme de la protection juridique des majeurs, p. 136 : « *À la différence du droit actuel, la rédaction proposée ne vise que l'hypothèse d'un mandat déjà constitué, et semble donc exclure la possibilité pour le majeur de désigner un mandataire après avoir été placé sous sauvegarde* ».
10. DANS LE MÊME SENS : v. A. Delfosse et N. Baillon-Wirtz, *La réforme du droit des majeurs protégés*, « Pratique notariale », LexisNexis/Litec, 2009, n° 171.
11. J. Massip, *Tutelle des mineurs et protection juridique des majeurs*, Defrénois/Lextenso, 2009, n° 336.

personne protégée, il n'en demeure pas moins que le texte ne doit pas être limité au seul **mandat général d'administration.** Le **mandat spécial** confié en vue de l'accomplissement d'un acte de disposition doit pareillement recevoir exécution. Les règles du **droit commun du mandat** sont ici applicables, si bien que ce dernier est gratuit en l'absence de stipulation contraire, librement révocable[1] et n'interdit pas au mandant d'accomplir lui-même les actes relevant de la mission du mandataire[2].

322.22 Reddition des comptes du mandataire. L'article 436 du Code civil ne prévoit pas, contrairement aux **dispositions anciennes**, le pouvoir du juge des tutelles d'ordonner, même d'office, que les **comptes du mandataire** soient **soumis au directeur des services de greffe judiciaires du tribunal d'instance pour approbation**, sans préjudice de la faculté pour le juge d'exercer lui-même ce contrôle. La suppression de ces dispositions se justifierait, d'après les rapports parlementaires, par leur prétendue incohérence. Il leur était, en effet, reproché d'être paradoxales, en ce « *qu'elles permettaient au juge d'ordonner au mandataire conventionnel de remettre ses comptes au greffier en chef, sans obliger le mandataire à établir ses comptes. En tout état de cause, compte tenu de la durée de la sauvegarde de justice, soumettre le mandataire à l'obligation d'établir ses comptes chaque année n'aurait aucun sens* »[3]. Il n'en demeure pas moins que le **droit commun du mandat** et le **droit commun tutélaire** ainsi que la durée que peut atteindre la mesure de sauvegarde, en dépit de son encadrement dans le temps, légitiment le **maintien de la faculté du juge des tutelles** d'organiser le **contrôle de la gestion du mandataire**.

En effet, d'une part, l'article 1993 du Code civil impose au mandataire de **rendre compte de sa gestion** et l'article 416 confère au juge des tutelles un **pouvoir de surveillance générale des mesures de protection** de son ressort, lequel doit s'appliquer à la gestion du mandataire comme à celle des « *personnes chargées de la protection* » expressément visées par le texte. C'est ainsi que le juge dispose du pouvoir de se faire communiquer par le mandataire toute information qu'il requiert concernant, notamment, la gestion. D'autre part, la durée de deux ans qu'est susceptible d'atteindre la sauvegarde de justice justifie que le mandataire puisse être tenu d'une obligation de reddition des comptes. On perçoit d'ailleurs malaisément comment le juge des tutelles pourrait renouveler la mesure, dans le cadre de l'article 439 alinéa 1er tout en prenant une décision sur le maintien, la révocation ou la suspension du mandat sans avoir été en mesure de contrôler, au préalable, la gestion du mandataire[4]. Au demeurant, lorsqu'il est désigné par le juge des tutelles, sur le fondement de l'article 437 alinéa 3, le **mandataire spécial** est tenu de rendre compte annuellement de sa gestion au **directeur des services de greffe judiciaires du tribunal d'instance** dans les conditions prévues aux articles 510 à 515 du Code civil (C. civ., art. 437, al. 3). Le **mandataire conventionnel** doit pouvoir être soumis, lui aussi, à cette obligation.

322.23 Révocation ou suspension du mandat par le juge des tutelles. Par exception au principe du maintien du mandat confié par la personne protégée, l'article 436 alinéa 1er du Code civil reconnaît au juge des tutelles la faculté de révoquer ou de suspendre ce mandat, après avoir entendu ou appelé le mandataire. Le texte ne précise plus, à la différence de l'ancien article 491-3 alinéa 3 que « *dans tous les cas, le juge, soit d'office, soit à la requête de l'une des personnes qui aurait qualité pour demander l'ouverture d'une tutelle, peut prononcer la révocation du mandat* ». À vrai dire, cette précision ne s'impose pas sous la loi nouvelle, le juge devant conserver le pouvoir de révoquer ou de suspendre le mandat soit à la requête de l'une des personnes visées par l'article 430 du Code civil ou du procureur de la République, soit d'office à l'occasion du placement du mandant sous sauvegarde de justice ou ultérieurement dans le cadre de son pouvoir de surveillance générale (C. civ., art. 416). Il convient, par ailleurs, de souligner que la stipulation de l'irrévocabilité du mandat ne fait pas obstacle à l'exercice par le juge des tutelles de sa faculté de révocation ou de suspension[5]. Cette faculté étant conçue dans l'**intérêt de la personne sauvegardée**, le juge doit pouvoir l'utiliser quelles que soient les clauses de la procuration[6].

322.24 Fondement de la révocation ou de la suspension du mandat par le juge des tutelles. Pour décider du maintien du mandat, de sa révocation ou de sa suspension, le juge des tutelles prend en considération l'intérêt de la personne sauvegardée[7]. Il est

1. Sur ce point, l'article 436 alinéa 1er du Code civil ne reprend pas les dispositions de l'ancien article 491-3 alinéa 2, lequel prévoyait que si la procuration mentionnait expressément qu'elle avait été donnée en considération de la période de sauvegarde, elle ne pouvait, pendant cette période, être révoquée par le mandant qu'avec l'autorisation du juge des tutelles. Si la suppression de cette disposition s'explique par la création du mandat de protection future, lequel est désormais destiné à régir ces situations, le système découlant de ce mandat n'en est pas moins plus contraignant, le mandant étant privé du pouvoir de révoquer le mandat de protection future après son déclenchement (C. civ., 489 et 492) – Sur ce point, v. MASSIP, n° 342.
2. MASSIP, n° 337.
3. H. de Richemont, Rapport, p. 136 (préc. s[s] n° 322.21).
4. EN CE SENS, v. MASSIP, n° 338.
5. Civ. 1re, 12 mai 1987, n° 85-12.242, *Bull. civ.* I, n° 148; *JCP* 1988. II. 21075, note Fossier; *R.*, p. 142.
6. MASSIP, n° 340.
7. Civ. 1re, 15 mai 1990, n° 89-10.479, *Bull. civ.* I, n° 104; *JCP N* 1990. II. 310, note Fossier; *Defrénois* 1990. 964, obs. Massip; *RTD civ.* 1991. 295, obs. Hauser.

tenu, à cet égard, de **motiver spécialement** la révocation ou la suspension du mandat. Ainsi, le seul fait de l'ouverture d'une procédure aux fins de tutelle ou de curatelle ne saurait justifier, dans le cadre de la sauvegarde transitoire, la révocation du mandat conventionnel. C'est dire qu'il incombe au juge des tutelles de **préciser en quoi la révocation du mandat donné par la personne protégée, avant son placement sous la sauvegarde de justice, est nécessaire à la protection de ses intérêts**[1]. Une telle exigence conduit à condamner la pratique de certains juges des tutelles consistant à révoquer de manière systématique, par une clause de style, le mandat antérieurement consenti par la personne sauvegardée. Une telle pratique se trouve, au demeurant, aujourd'hui contrecarrée par les dispositions de l'article 436 alinéa 1er, lequel ne permet la révocation ou la suspension du mandat qu'après que le mandataire a été entendu ou appelé[2].

Justifient, à titre d'exemples, la révocation du mandat conféré par la personne protégée, l'incompétence, la négligence ou la malhonnêteté du mandataire ou, encore, les dissensions entre les deux enfants de l'intéressé rendant impossibles, en raison du conflit d'intérêts existant entre eux et de l'emprise excessive du fils mandataire sur son père sauvegardé, le maintien du mandat donné par celui-ci à celui-là[3]. La révocation du mandat par le juge des tutelles peut être pareillement justifiée par la prodigalité du mandataire ayant dilapidé les revenus de la personne protégée[4].

322.25 Application des règles de la gestion d'affaires. L'article 436 alinéa 2 du Code civil rappelle, à l'instar de l'ancien article 491-4, qu'« *en l'absence de mandat, les règles de la gestion d'affaires sont applicables* ». Les actes effectués par le gérant engagent la personne gérée, placée sous sauvegarde de justice, à indemniser le gérant de tous les engagements personnels qu'il a pris et à lui rembourser toutes les dépenses utiles ou nécessaires qu'il a faites, dans les conditions de droit commun de ce quasi-contrat (C. civ., art. 1301-2 [anct. C. civ., art. 1375]). Il faudra ainsi démontrer **l'intention du gérant de gérer** l'affaire d'autrui et **l'utilité de sa gestion** pour la personne protégée. Par ailleurs, cette gestion couvre, au premier chef, les **actes conservatoires** et les **actes d'administration**, et de manière sans doute plus marginale, les actes de disposition.

1. Civ. 1re, 15 mai 1990, no 89-10.479, NP (préc. ss prést no).
2. MASSIP, no 339.
3. Civ. 1re, 8 déc. 1993, no 92-10.698, *Bull. civ.* I, no 360; *D.* 1994. 360, note Massip; *JCP* 1995. II. 22413 (1er arrêt), note Fossier; *RTD civ.* 1994. 323, obs. Hauser; Rép. pr. civ., vo *Administrateur provisoire*, par C. Brahic Lambrey, janv. 2005 [màj mars 2009], no 27.
4. Civ. 1re, 17 juill. 1984, NP; *Gaz. Pal.* 1985. 1. 150; *Defrénois* 1984, art. 33429, no 108, obs. Massip.

SECTION 3
OBLIGATION DE CONSERVATION DES BIENS DE LA PERSONNE SAUVEGARDÉE

322.31 Personnes tenues de l'obligation de conservation. L'article 436 alinéa 3 du Code civil impose à « *ceux qui ont qualité pour demander l'ouverture d'une curatelle ou d'une tutelle* [...] *d'accomplir les actes conservatoires indispensables à la préservation du patrimoine de la personne protégée dès lors qu'ils ont connaissance tant de leur urgence que de l'ouverture de la mesure de sauvegarde* ». Il ajoute que « *les mêmes dispositions sont applicables à la personne ou à l'établissement qui héberge la personne placée sous sauvegarde* ». Le texte reprend, en les élargissant, les dispositions de l'ancien article 491-5 alinéa 2, édictant une **« gestion d'affaires forcée »**. Cet élargissement s'illustre sur le terrain des personnes tenues de **cette obligation d'action**. En effet, celle-ci incombe, aux termes de l'article 436 alinéa 3, non seulement à la personne ou à l'établissement qui héberge la personne placée sous sauvegarde de justice mais aussi à ceux qui ont qualité pour demander l'ouverture d'une curatelle ou d'une tutelle. Sont ici désignées toutes les personnes visées par l'article 430 du Code civil, qu'il s'agisse du **conjoint** de la personne sauvegardée, de son **partenaire** ou de son **concubin** avec qui la communauté de vie n'a pas cessé, d'un **parent**, d'un **allié**, d'une **personne entretenant avec le majeur des liens étroits et stables** ou de la personne qui exerce à son égard une mesure de protection, ce qui vise, dans l'hypothèse de la sauvegarde de justice, le **mandataire conventionnel** ou le **mandataire spécial** nommé par le juge des tutelles.

Le **procureur de la République** est pareillement tenu d'une obligation de conservation du patrimoine de la personne sauvegardée. Au demeurant, les articles 1252 et 1252-1 du Code de procédure civile lui attribuent la faculté de prendre toutes mesures de nature à remédier à la mise en péril des biens de la personne protégée. Restera à résoudre la contradiction entre ces textes, lesquels édictent une **simple faculté**, et l'article 436 alinéa 3 du Code civil qui impose, au contraire, au parquet une **obligation d'agir**. S'il est vrai que l'on pourrait ici soutenir que la règle spéciale doit déroger à la règle générale, il n'en conviendrait pas moins de faire prévaloir, dans l'intérêt de la personne protégée, les dispositions du Code civil. Ces dernières priment, en tout état de cause, sur les dispositions *infra*-législatives du Code de procédure civile.

322.32 Connaissance de l'urgence de l'acte et de l'ouverture de la mesure de sauvegarde. L'obligation d'action implique que les personnes visées par le texte aient connaissance non seulement de l'urgence à accomplir les actes mais encore « de *l'ouverture de la mesure de sauvegarde* ». On relèvera que les dispositions nouvelles ne se contentent pas, au rebours de l'ancien article 491-4 alinéa 2 du Code civil, de faire référence à « *la déclaration aux fins de sauvegarde* ». L'obligation d'agir joue ainsi, désormais, aussi bien dans le cas de la **sauvegarde médicale** que dans celui de la **sauvegarde judiciaire.** Il n'en demeure pas moins que, dans un cas comme dans l'autre, ce devoir demeure limité par l'effet de la **publicité restreinte** de cette mesure de protection. Il faut, en effet, pour qu'il déploie ses effets, que les personnes ayant qualité pour demander l'ouverture d'une curatelle ou d'une tutelle aient effectué, auprès du parquet, les démarches en vue d'obtenir une copie de la déclaration médicale aux fins de sauvegarde de justice ou de la décision du juge des tutelles. Pour autant, dès lors qu'elles ont connaissance de la mesure, le texte, qui pose un **devoir d'assistance familiale**, leur impose de s'intéresser aux affaires de la personne protégée[1]. Par ailleurs, l'exclusion de la personne ou de l'établissement hébergeant le majeur sous sauvegarde de justice de la liste des personnes pouvant obtenir une telle copie pourrait vider l'obligation d'action posée par le Code civil d'une partie de sa substance (C. pr. civ., art. 1251), encore qu'il ne paraisse pas déraisonnable de faire jouer ici, comme en d'autres domaines, la **connaissance personnelle de la mesure par les tiers**[2].

322.33 Domaine et sanction de l'obligation de conservation. L'article 436 alinéa 3 du Code civil limite la portée de l'obligation d'action aux seuls actes conservatoires urgents « *indispensables à la préservation du patrimoine de la personne protégée* »[3]. La loi du 5 mars 2007 reconduit, sur ce terrain, la **conception classique de l'acte conservatoire**, laquelle assimile ce dernier à l'acte tout à la fois nécessaire et urgent, de nature à empêcher la privation d'un bien ou son dépérissement et impliquant des frais relativement modestes par rapport à la valeur du bien à conserver[4]. Les actes conservatoires visés par l'article 436 alinéa 3 incarnent, à l'aune de ce triple critère, un sous-ensemble de la notion plus vaste d'acte urgent, laquelle n'est pas intégralement couverte par le devoir de surveillance générale posé par ce texte. En sont exclues, par exemple, les dépenses qui, bien qu'étant nécessaires et urgentes, représentent un montant élevé au regard du bien à sauvegarder et, par suite, ne sont pas avantageuses pour le patrimoine de la personne protégée. On relèvera que, sur le terrain de l'**acte conservatoire, les dispositions de l'article 436 alinéa 3 contrastent avec celles du décret n° 2008-1484 du 22 décembre 2008**, relatif aux actes de gestion du patrimoine des personnes placées en curatelle ou en tutelle. Celui-ci réduit, en son article 3, le caractère urgent de l'opération à un élément contingent de la définition de l'acte conservatoire pour en faire un élément d'appréciation parmi d'autres de sa nécessité[5].

La **sanction de l'obligation d'action** réside dans la mise en œuvre de la **responsabilité civile** de ceux qui étaient tenus d'accomplir l'acte conservatoire. Celle-ci peut résulter soit d'une **abstention fautive**, soit d'une **maladresse de gestion.** Pour autant, il conviendrait de tenir compte du **caractère gratuit** de la gestion, laquelle prend appui sur un devoir d'assistance et de solidarité familiales, pour limiter la responsabilité civile à la seule **faute lourde ou dolosive**[6].

SECTION 4
GESTION DES BIENS DE LA PERSONNE SAUVEGARDÉE PAR MANDAT SPÉCIAL DÉCIDÉ PAR LE JUGE DES TUTELLES

322.41 Désignation d'un mandataire spécial par le juge des tutelles. Aux termes de l'article 437 alinéa 2 du Code civil, dans sa version issue de la loi du 5 mars 2007, « *le juge peut décider de désigner un mandataire spécial dans les conditions et selon les modalités prévues aux articles 445 et 448 à 451, à l'effet d'accomplir un ou plusieurs actes déterminés, même de disposition, rendus nécessaires par la gestion du patrimoine de la personne protégée. Le mandataire peut, notamment, recevoir mission d'exercer les actions prévues à l'article 435* »[7].

322.42 Subsidiarité et nécessité d'agir. La désignation d'un mandataire spécial par le juge des tutelles est encadrée par deux séries de conditions.

La première résulte de l'article 437 alinéa 1er du Code civil d'après lequel « *s'il y a lieu d'agir en dehors des cas définis à l'article 436, tout intéressé peut en donner avis au juge* ». La nomination judiciaire d'un mandataire spécial suppose que le mandat conventionnel consenti par la personne protégée et, à défaut de celui-ci, les règles de la gestion d'affaires ainsi que l'obligation de conservation des biens du majeur ne suffisent pas à protéger le patrimoine de ce dernier. La formule souligne, sans ambiguïté, non seulement la **subsidiarité du mandat spécial de l'article 437** par rapport au mandat conventionnel, à la gestion d'affai-

1. MASSIP, n° 347.
2. N. Peterka, « La gestion du patrimoine de la personne protégée à l'épreuve de l'urgence », *Gaz. Pal.* 29-30 janv. 2010 [n° spécial droit privé du patrimoine], nos 29 à 30, p. 25.
3. Sur la notion d'acte conservatoire, v. C. Brenner, *L'acte conservatoire*, préf. P. Catala, LGDJ, 1999 – Rép. civ., v° *Acte juridique*, par Brenner, janv. 2013 [màj mars 2014], nos 238 s.
4. MASSIP, n° 348 – T. Fossier (dir.), *Curatelle. Tutelle. Accompagnement*, préf. P. Catala, « Litec professionnels », LexisNexis, 2009, nos 415 s.
5. N. Peterka, « La gestion du patrimoine de la personne protégée à l'épreuve de l'urgence » (préc. ss n° 322.32).
6. MASSIP, n° 350.
7. J. Massip, « Désignation d'un mandataire spécial aux majeurs placés sous la sauvegarde de justice par le juge des tutelles », *LPA* 2009, n° 147, p. 17.

res et au devoir de surveillance générale de l'article 436 mais encore la **nécessité d'agir pour le compte du majeur protégé**[1].

Cette nécessité peut résulter, par exemple, de l'inaction ou de la maladresse de la personne sauvegardée, de l'absence de mandataire conventionnel, de son inaptitude, de sa malhonnêteté ou de sa négligence, de l'insuffisance des règles de la gestion d'affaires et de l'obligation d'accomplir les actes conservatoires[2]. Elle doit être, en toute hypothèse, **caractérisée** par les juges du fond et faire l'objet d'une **motivation spéciale**[3].

322.43 Personnes pouvant être désignées par le juge des tutelles. Au rebours de l'ancien article 491-5 du Code civil qui laissait sur ce point une très grande liberté au juge des tutelles, les dispositions nouvelles de l'article 437 alinéa 2 lui imposent désormais, par un jeu de renvois, de se plier à la **hiérarchie** établie par la loi pour le choix du curateur et du tuteur. C'est ainsi que la désignation anticipée, dans les conditions de l'article 448 du Code civil et 1255 du Code de procédure civile, de la personne appelée à exercer les fonctions de **mandataire spécial** s'impose, en principe, au juge sous réserve qu'elle soit conforme à l'intérêt de la personne sauvegardée. À défaut de désignation anticipée, le juge est tenu par le **principe de préférence familiale** posé par l'article 449, dès lors que l'intérêt du majeur protégé ne conduit pas à l'écarter. Lorsque l'exercice du mandat ne peut être confié ni à la famille ni à l'entourage du majeur protégé, il incombe désormais au juge des tutelles de nommer un **mandataire judiciaire à la protection des majeurs** (C. civ., art. 450), lequel peut être un préposé d'établissement dès lors qu'il remplit les conditions pour assumer cette fonction[4]. Les causes d'empêchement, de retrait et d'incapacité gouvernant l'exercice des charges tutélaires sont applicables, en raison du renvoi à l'article 445, au mandataire spécial de l'article 437. C'est ainsi que l'existence d'un **conflit d'intérêts** ou d'un **litige** fait obstacle à ce que le mandat soit attribué à un membre de la famille ou de l'entourage du majeur, s'il empêche celui-là de l'exercer dans l'intérêt de celui-ci[5]. De la même façon, le **médecin traitant** ou l'**infirmier** de la personne sauvegardée ne peut être son mandataire spécial (C. civ., art. 445, 395 à 397). La précision revêt toute son importance à l'aune de l'article 438, lequel permet désormais au juge des tutelles de confier au mandataire spécial une mission de protection de la personne.

322.44 Étendue de la mission du mandataire spécial quant à la protection des biens. La loi du 5 mars 2007 élargit, de manière sensible, l'étendue de la mission que le juge peut conférer au mandataire spécial.

Ce dernier ne pouvait accomplir, sous l'empire des dispositions de l'ancien article 491-5 alinéa 2 qu'un acte déterminé ou une série d'actes de même nature, dans les limites de ce qu'un tuteur pourrait faire sans l'autorisation du juge des tutelles ou du conseil de famille. La mission du mandataire spécial ne pouvait s'étendre, en d'autres termes, qu'à la sphère des actes conservatoires et des actes d'administration[6]. Mais elle ne pouvait consister en un mandat général à l'effet d'administrer l'ensemble du patrimoine du majeur protégé[7]. Lorsque l'accomplissement d'un ou de plusieurs actes de disposition s'avérait nécessaire, le juge des tutelles pouvait soit décider d'office d'ouvrir une curatelle ou une tutelle, soit renvoyer l'intéressé à provoquer lui-même l'ouverture d'une telle mesure s'il était de ceux qui avait qualité pour la demander.

Désormais, l'article 437, alinéa 2 autorise le juge des tutelles à attribuer au mandataire spécial la mission « *d'accomplir un ou plusieurs actes déterminés, même de disposition, rendus nécessaires par la gestion du patrimoine de la personne protégée* » et précise que « *le mandataire peut, notamment, recevoir mission d'exercer les actions prévues à l'article 435* ». On soulignera, à cet égard, que l'exercice des **actions en nullité, en réduction ou en rescision** de l'article 435 relève, bien qu'elles ne soient pas spécifiquement visées par le décret n° 2008-1484 du 22 décembre 2008, relatif aux actes de gestion du patrimoine des personnes placées en curatelle ou en tutelle, de la catégorie des **actes de disposition**[8].

1. A. Delfosse et N. Baillon-Wirtz, *La réforme du droit des majeurs protégés*, « Pratique notariale », LexisNexis/Litec, 2009, n° 176.
2. Massip, n° 353.
3. Civ. 1re, 30 nov. 1983, n° 83-14.712, *Bull. civ.* I, n° 285; *Defrénois* 1984, art. 32278, n° 4, note Massip; *Gaz. Pal.* 1984. 2. 431 – Civ. 1re, 17 juill. 1984, NP (préc. ss n° 322.24) – Civ. 1re, 4 déc. 1990, n° 89-18.257, *Bull. civ.* I, n° 297; *Defrénois* 1991, art. 34980, n° 12, obs. Massip – Civ. 1re, 11 juin 1991, n° 89-20.517, *Bull. civ.* I, n° 195; *JCP* 1992. II. 21879, note Fossier; *Defrénois* 1991. 1257, obs. Massip – Civ. 1re, 8 déc. 1993, n° 92-10.698, P (préc. ss n° 322.24).
4. Sous l'empire de la législation ancienne, v. Civ. 1re, 11 juin 1991, n° 89-20.517, *Bull. civ.* I, n° 195 (préc. ss n° 322.42) – Rép. civ., v° *Malades mentaux*, par D. Truchet, août 2006 [màj janv. 2014], n° 97.
5. Civ. 1re, 8 déc. 1993, n° 92-10.698, *Bull. civ.* I, n° 360 (préc. ss nos 322.24 et 322.42) – Civ. 1re, 17 juill. 1984, NP (préc. ss nos 322.24 et 322.42).
6. Civ. 1re, 10 juin 1981, n° 79-14.858, *Bull. civ.* I, n° 204; *D.* 1982. 166, note Massip.
7. Civ. 1re, 12 janv. 1988, n° 86-14.112, *Bull. civ.* I, n° 4; *R.* 1988. 155; *D.* 1988. 439, note Massip; *JCP N* 1988. II. 236, note Fossier – J. Favard, *Rapport définitif sur les dispositifs de protection des majeurs*, avr. 2000, spéc. p. 32.
8. Décr. n° 2008-1484, 22 déc. 2008, ann. 1, col. 2, VI, à propos de la curatelle et de la tutelle.

L'extension de la mission du mandataire spécial aux actes de disposition permet, selon les cas, d'éviter ou de reporter le prononcé d'une mesure de protection plus contraignante et, cela, conformément aux principes de nécessité, de subsidiarité, de proportionnalité et d'individualisation des mesures de protection (C. civ., art. 428). Ces mêmes principes justifient, au demeurant, le maintien de la prohibition du mandat général d'administration. Le mandat de l'article 437 demeure, en dépit de certaines dérives observées sous l'empire des dispositions anciennes, un **mandat spécial**.

EN PRATIQUE. Le mandataire spécial peut accomplir, notamment, les actes d'administration courants indispensables à la gestion du patrimoine du majeur protégé, ainsi que ceux nécessaires à l'entretien de sa personne[1]. Il peut, par exemple, percevoir des revenus pour la personne protégée[2] ou recevoir son courrier[3].

Il convient de rappeler que la désignation d'un mandataire spécial a pour effet de priver le majeur placé sous sauvegarde de justice, à peine de nullité de l'acte accompli, de la capacité d'effectuer les actes relevant de mission du mandataire (C. civ., art. 435, al. 1er - v. s^s n° 322.11).

322.45 Étendue de la mission du mandataire spécial quant à la protection de la personne. La loi du 5 mars 2007 innove en autorisant le juge des tutelles, à l'article 438 du Code civil, à confier au mandataire spécial une mission de protection de la personne.

Celle-ci est soumise aux dispositions des articles 457-1 à 463 du Code civil relatifs aux effets de la curatelle et de la tutelle quant à la protection de la personne. C'est ainsi que la personne sauvegardée bénéficie, à l'instar du curatélaire et du tutélaire, d'un **droit à la transparence** en ce qui concerne les informations sur sa situation personnelle, les actes concernés, leur degré d'urgence, leur utilité et les conséquences d'un refus de sa part (C. civ., art. 457-1). L'accomplissement des **actes strictement personnels** visés à l'article 458 lui revient, à elle seule, sans qu'elle puisse être ici représentée par le mandataire, cependant qu'elle bénéficie, pour les **actes simplement personnels**, de l'autonomie graduée mise en place par l'article 459[4]. La personne sauvegardée choisit, sous réserve de la saisine du juge en cas de difficulté, le lieu de sa résidence et les relations personnelles qu'elle souhaite entretenir (C. civ., art. 438 et, sur renvoi, art. 459-2).

L'extension des pouvoirs du mandataire spécial à la protection de la personne vise, à l'instar de l'élargissement de sa mission aux actes de disposition, « *à éviter* », à l'aune du principe de nécessité, de subsidiarité, de proportionnalité et d'individualisation des mesures de protection, « *de placer systématiquement sous tutelle ou sous curatelle les majeurs incapables de prendre une décision (comme celle de subir une intervention chirurgicale) ou d'accomplir un acte (comme le partage d'une succession ou la vente d'un bien)* ». Elle repose sur le constat suivant lequel « *certains majeurs bien pris en charge par leur famille n'ont pas besoin d'une protection durable, et la sauvegarde de justice avec désignation d'un mandataire spécial leur offre l'assistance et la représentation nécessaires pour prendre une décision relative à leur personne ou accomplir un acte touchant à leur patrimoine* »[5].

322.46 Reddition de comptes. La loi impose au mandataire spécial de rendre compte de sa mission. Cette obligation lui incombe tant sur le terrain de la **gestion des biens** que sur celui de la **protection de la personne du sauvegardé.**

Sur le premier point, le mandataire est tenu de rendre compte de l'exécution de son mandat tout à la fois **à la personne protégée** et **au juge des tutelles** dans les conditions prévues aux articles 510 à 515 (C. civ., art. 437, al. 3). Ce renvoi a pour effet de placer le mandataire spécial dans la même situation que le protecteur, sous la tutelle et la curatelle renforcée, et de le soumettre aux mêmes obligations que ce dernier, pour l'établissement, la **vérification et l'approbation des comptes** (v. s^s n°s 212.21, 344.53, 352.51 s.). S'agissant de la **prescription**, l'action en reddition de comptes, l'action en revendication d'un bien conservé par le mandataire spécial ou en paiement d'une somme perçue par ce dernier, diligentée par la personne protégée ou ayant été protégée ou par ses héritiers relativement aux faits de la sauvegarde, se prescrit, comme sous la tutelle, par **cinq ans** à compter de la fin de la mesure, alors même que la gestion aurait continué au-delà. Restera à préciser si, dans le cas de **sauvegarde de justice transitoire**, le délai de prescription quinquennal court du jour de la fin de la sauvegarde de justice ou, dans l'hypothèse où elle est suivie d'une tutelle ou d'une curatelle renforcée, de la fin de cette dernière mesure. S'agissant d'une **sauvegarde prononcée pour la durée de l'instance**, le point de départ de la prescription semble devoir être reporté au jour de la cessation de la tutelle ou de la curatelle renforcée et, cela, en dépit des dispositions de l'article 515 prescrivant l'écoulement du délai dès la fin de la mesure, « *alors même que la gestion aurait*

1. Civ. 1re, 8 déc. 1993, n° 92-10.698, *Bull. civ.* I, n° 360 (préc. s^s n°s 322.24, 322.42 et 322.43).
2. Civ. 1re, 16 juill. 1992, n° 91-10.570, *Bull. civ.* I, n° 233; *R.* 1992. 241; *Defrénois* 1993. 303, obs. Massip; *RTD civ.* 1993. 101, note Hauser.
3. Civ. 1re, 11 juin 1991, n° 89-20.517, *Bull. civ.* I, n° 195 (préc. s^s n°s 322.42 et 322.43).
4. E. Mallet, « Actes à consentement strictement personnel et majeur protégé », *Dr. fam.* 2014, n° 3, p. 17.
5. H. de Richemont, Rapport n° 212 préc., p. 137 (préc. s^s n° 322.21).

continué au-delà ». Cette précision repose, en effet, sur le souci de mettre un terme à la théorie de la tutelle de fait, sur le fondement de laquelle la Cour de cassation avait admis, avant la réforme, que le point de départ de la prescription pouvait être repoussé au jour où la gestion avait effectivement cessé, dès lors qu'il était démontré que le tuteur avait continué à gérer, en cette qualité, les biens du tutélaire[1]. Or, telle n'est pas la situation dans l'hypothèse envisagée. Lorsqu'elle est suivie de l'ouverture d'une curatelle simple, laquelle ne donne pas lieu à reddition de comptes, le délai de prescription doit commencer, semble-t-il, à courir dès la fin de la sauvegarde transitoire.

Sur le second point, l'article 438 impose au mandataire spécial de respecter les dispositions de l'article 463 du Code civil. Ce dernier confie au **juge des tutelles** le soin de décider, à l'ouverture de la mesure ou ultérieurement, des conditions dans lesquelles le mandataire spécial chargé d'une mission de protection de la personne rend compte des diligences qu'il accomplit à ce titre.

322.47 Responsabilité civile et pénale du mandataire spécial. La responsabilité civile du mandataire spécial, à raison de sa gestion des biens ou de l'exercice de sa mission de protection de la personne, peut être mise en œuvre dans les conditions du droit commun tutélaire. L'article 421 du Code civil dispose, à cet égard, que « *tous les organes de la mesure de protection judiciaire sont responsables du dommage résultant d'une faute quelconque qu'ils commettent dans l'exercice de leur fonction* ». Il s'agit d'une **responsabilité in *abstracto***, laquelle est appréciée par rapport au modèle du bon père de famille. Elle est encourue même si la mission est exercée à titre gratuit, ce qui est le cas, en principe, toutes les fois qu'elle est dévolue à un membre de la famille ou de l'entourage de la personne sauvegardée (C. civ., art. 419). L'action en responsabilité civile doit être portée devant le **tribunal de grande instance**, même lorsqu'elle vise un mandataire judiciaire à la protection des majeurs préposé d'un établissement public[2]. Par exemple, la responsabilité du mandataire peut être engagée lorsqu'il a fermé un compte bancaire sans s'enquérir des obligations contractuelles, ce qui a entraîné la résiliation d'un contrat par une mutuelle faute de paiement des cotisations[3].

Sur le terrain pénal, la responsabilité du mandataire spécial peut être engagée pour **violation du secret professionnel**. Le mandataire est tenu, en effet, de respecter le secret professionnel car sa mission temporaire le constitue dépositaire au sens de l'article 226-13 du Code pénal[4]. Un mandataire spécial a été ainsi reconnu coupable de violation du secret professionnel pour avoir communiqué des informations à l'avocat d'un tiers à la procédure tutélaire sans autorisation du juge des tutelles[5].

322.48 Rémunération du mandataire spécial. La rémunération du mandataire spécial est réglée par l'article 419 du Code civil, lequel relève des dispositions communes aux majeurs protégés.

Lorsque la fonction de mandataire spécial est attribuée à la **famille** ou à l'**entourage** de la personne sauvegardée, elle est exercée **à titre gratuit**. Le juge des tutelles peut toutefois autoriser, selon l'importance des biens gérés ou la difficulté d'exercer la mesure, le versement d'une **indemnité** au mandataire dont le juge fixe le montant. Le paiement de celle indemnité est à la charge de la personne protégée (C. civ., art. 419, al. 1er).

Lorsque la mesure de protection est exercée par un **mandataire judiciaire à la protection des majeurs**, « *son financement est à la charge totale ou partielle de la personne protégée en fonction de ses ressources et selon les modalités prévues par le Code de l'action sociale et des familles* » (C. civ., art. 419, al. 2). « *Lorsque le financement de la mesure ne peut être intégralement assuré par la personne protégée, il est pris en charge par la collectivité publique, selon des modalités de calcul communes à tous les mandataires judiciaires à la protection des majeurs et tenant compte des conditions de mise en œuvre de la mesure, quelles que soient les sources de financement. Ces modalités sont fixées par décret* » (C. civ., art. 419, al. 3)[6]. « *À titre exceptionnel, le juge ou le conseil de famille s'il a été constitué peut, après avoir recueilli l'avis du procureur de la République, allouer au mandataire judiciaire à la protection des majeurs, pour l'accomplissement d'un acte ou d'une série d'actes requis par la mesure de protection et impliquant des diligences particulièrement longues ou complexes, une indemnité en complément des sommes perçues au titre des deux alinéas précédents lorsqu'elles s'avèrent mani-*

1. H. de Richemont, Rapport n° 212 préc., p. 237 (préc. s[s] n° 322.21) – Civ. 1re, 19 févr. 1991, n° 89-14.418, *Bull. civ.* I, n° 66.
2. Massip, n°s 294 et 358 – v. aussi : T. confl. 13 janv. 1992, req. n° 02684, Mme Richaud, *Lebon*; *JCP* 1993. II. 22037; *JCP N* 1993. II. 54, 2e esp., note Fossier; *RTD civ.* 1992. 363, obs. Hauser; *RDSS* 1993. 74, concl. de Saint-Pulgent – TI Marseille, 18 sept. 1991, *JCP* 1993. II. 22037; *JCP N* 1993. II. 54, 1re esp., note Fossier.
3. Civ. 1re, 16 avr. 2008, n° 06-16.662, *Bull. civ.* I, n° 119; *AJ fam.* 2008. 255, obs. Pécaut-Rivolier; *RTD civ.* 2008. 452, obs. Hauser.
4. C. pén., art. 226-13 : « *La révélation d'une information à caractère secret par une personne qui en est dépositaire soit par état ou par profession, soit en raison d'une fonction ou d'une mission temporaire, est punie d'un an d'emprisonnement et de 15 000 euros d'amende* ».
5. Paris, 11e ch. B, 16 nov. 2001, RG n° 00/07681, *AJ fam.* 2002. 106.
6. CASF, art. L. 471-5, al. 1er, et art. R. 471-5 à R. 471-5-3 (*issus de Décr. n° 2008-1554, 31 déc. 2008, art. 1er*, mod. par Décr. n° 2011-710, 21 juin 2011, art. 1er).

festement insuffisantes. Cette indemnité est à la charge de la personne protégée » (C. civ., art. 419, al. 4)[1] (v. s^{s} n° 312.37).

322.49 Recours tutélaire contre la décision de désignation d'un mandataire spécial ou d'extension de ses attributions. La décision par laquelle le juge désigne un mandataire spécial ou modifie ultérieurement ses pouvoirs peut faire l'objet d'un recours, dans les conditions de l'article 1250 du Code de procédure civile, par les personnes mentionnées aux articles 1230 et 1230-1 du même code. L'**appel** peut être ainsi interjeté par le requérant, la personne protégée, la personne chargée de la protection, c'est-à-dire le mandataire spécial, et par tous ceux dont elle modifie les droits ou les obligations résultant de la mesure de protection (C. pr. civ., art. 1230 et 1230-1). Le parquet dispose, quant à lui, en vertu de l'article 1240 du Code procédure civile, de la faculté de former appel contre toutes les décisions du juge des tutelles.

Le recours formé contre une décision du juge des tutelles qui désigne un mandataire spécial en application de l'article 437 alinéa 2 du Code civil s'exerce suivant les formes prescrites à l'article 1242 du Code de procédure civile, c'est-à-dire sous deux formes possibles :

- soit par une **déclaration remise au greffe du tribunal d'instance**;

- soit par une **déclaration adressée au greffe du tribunal d'instance** par lettre recommandée avec demande d'avis de réception.

Par un avis en date du 10 janvier 2000, rendu sous l'empire des dispositions anciennes, la Cour de cassation a précisé que l'appel formé par les personnes habilitées à demander l'ouverture d'une mesure de protection devait être accompagné d'une lettre sommairement motivée et signée remise ou adressée par lettre recommandée avec demande d'avis de réception au greffe[2]. Ces **exigences de forme et de motivation** paraissent transposables *mutatis mutandis*, dans le silence de la loi, sous l'empire des dispositions nouvelles.

Le greffier **enregistre** l'appel à sa date; il délivre ou adresse par lettre simple, **récépissé** de la déclaration. Il transmet sans délai une **copie** du dossier à la cour (C. pr. civ., art. 1252, al. 2 et 3). Les parties ne sont pas tenues de constituer avocat (C. pr. civ., art. 1239, al. 4). Le **délai de recours** est de **quinze jours** et court, à l'égard de la personne protégée et des personnes à qui la décision doit être **notifiée**, à compter de la notification (C. pr. civ., art. 1239, al. 3, et 1241). Le ministère **public** peut former appel jusqu'à l'expiration d'un délai de quinze jours suivant la remise de l'avis qui lui a été donné de la décision rendue (C. pr. civ., art. 1240). Lorsque la décision n'a pas été notifiée à la personne sauvegardée, afin de préserver sa santé, ce qui implique une décision spécialement motivée du juge, la notification en est faite à son avocat, s'il en a constitué un, ainsi qu'à la personne que le juge estime la plus qualifiée pour recevoir cette notification (C. pr. civ., art. 1230-1, al. 2). Le recours est, dans cette hypothèse, ouvert à ces personnes (C. pr. civ., art. 1250). Le délai de recours et l'exercice du recours sont **suspensifs de l'exécution de la décision**, à moins que l'**exécution provisoire** ait été ordonnée.

1. V. CASF, art. L. 471-5, al. 2, et art. D. 471-6 (*issu de Décr. n° 2010-1404, 12 nov. 2010*).

2. Cass., avis, 10 janv. 2000, n° 09-90.013, *Bull. avis*, n° 1; *D.* 2001. Somm. 1507, obs. Lemouland; *RTD civ.* 2000. 543, obs. Hauser; *Procédures* 2000, n° 122, note Croze.

TITRE

33. La protection judiciaire temporaire : dispositions communes à la curatelle et à la tutelle

SECTION 0
ORIENTEUR

33.00 **Plan du titre.**

CHAPITRE

331. Principes communs d'ouverture, de cessation et de durée

SECTION 0
ORIENTEUR

331.00 **Plan du chapitre.**

331.01 **Textes applicables.**

TEXTES LÉGISLATIFS ET RÉGLEMENTAIRES NOUVEAUX

• **L. nº 2015-177, 16 févr. 2015,** relative à la modernisation et à la simplification du droit et des procédures dans les domaines de la justice et des affaires intérieures, *JO* 17 févr., p. 2961.

TEXTES SOURCES

> Principes communs d'ouverture et de cessation de la mesure de protection

+ L. nº 2007-308, 5 mars 2007
+ Décr. nº 2008-1276, 5 déc. 2008
+ L. nº 2015-177, 16 févr. 2015

C. civ., art. 418, 425, 430, 431, 432, 440

C. pr. civ., art. 1219

> Durée de la curatelle et de la tutelle

+ L. nº 2015-177, 16 févr. 2015
+ L. nº 2007-308, 5 mars 2007

C. civ., art. 441 à 443

TEXTES *IN EXTENSO*

> Principes communs d'ouverture et de cessation de la mesure de protection

[C. civ., art. 418, 425, 430 à 432, 440 et C. pr. civ., art. 1219]

+ L. nº 2007-308, 5 mars 2007, art. 7
+ Décr. nº 2008-1276, 5 déc. 2008, art. 1er
+ L. nº 2015-177, 16 févr. 2015, art. 1er

C. civ., art. 418

Sans préjudice de l'application des règles de la gestion d'affaires, le décès de la personne protégée met fin à la mission de la personne chargée de la protection.

C. civ., art. 425

Toute personne dans l'impossibilité de pourvoir seule à ses intérêts en raison d'une altération, médicalement constatée, soit de ses facultés mentales, soit de ses facultés corporelles de nature à empêcher l'expression de sa volonté peut bénéficier d'une mesure de protection juridique prévue au présent chapitre.

S'il n'en est disposé autrement, la mesure est destinée à la protection tant de la personne que des intérêts patrimoniaux de celle-ci. Elle peut toutefois être limitée expressément à l'une de ces deux missions.

C. civ., art. 430

La demande d'ouverture de la mesure peut être présentée au juge par la personne qu'il y a lieu de protéger ou, selon le cas, par son conjoint, le partenaire avec qui elle a conclu un pacte civil de solidarité ou son concubin, à moins que la vie commune ait cessé entre eux, ou par un parent ou un allié, une personne entretenant avec le majeur des liens étroits et stables, ou la personne qui exerce à son égard une mesure de protection juridique.

Elle peut être également présentée par le procureur de la République soit d'office, soit à la demande d'un tiers.

C. civ., art. 431 *(réd. L. nº 2015-177, 16 févr. 2015, art. 1er)*

La demande est accompagnée, à peine d'irrecevabilité, d'un certificat circonstancié rédigé par un médecin choisi sur une liste établie par le procureur de la République. Ce médecin peut solliciter l'avis du médecin traitant de la personne qu'il y a lieu de protéger.

Le coût de ce certificat est fixé par décret en Conseil d'État.

C. civ., art. 432 *(réd. L. nº 2015-177, 16 févr. 2015, art. 1er)*
Le juge statue, la personne entendue ou appelée. L'intéressé peut être accompagné par un avocat ou, sous réserve de l'accord du juge, par toute autre personne de son choix.

Le juge peut toutefois, par décision spécialement motivée et sur avis d'un médecin inscrit sur la liste mentionnée à l'article 431, décider qu'il n'y a pas lieu de procéder à l'audition de l'intéressé si celle-ci est de nature à porter atteinte à sa santé ou s'il est hors d'état d'exprimer sa volonté.

C. civ., art. 440
La personne qui, sans être hors d'état d'agir elle-même, a besoin, pour l'une des causes prévues à l'article 425, d'être assistée ou contrôlée d'une manière continue dans les actes importants de la vie civile peut être placée en curatelle.

La curatelle n'est prononcée que s'il est établi que la sauvegarde de justice ne peut assurer une protection suffisante.

La personne qui, pour l'une des causes prévues à l'article 425, doit être représentée d'une manière continue dans les actes de la vie civile, peut être placée en tutelle.

La tutelle n'est prononcée que s'il est établi que ni la sauvegarde de justice, ni la curatelle ne peuvent assurer une protection suffisante.

C. pr. civ., art. 1219 *(mod. par Décr. nº 2008-1276, 5 déc. 2008, art. 1er)*
Le certificat médical circonstancié prévu par l'article 431 du Code civil :

1º Décrit avec précision l'altération des facultés du majeur à protéger ou protégé;

2º Donne au juge tout élément d'information sur l'évolution prévisible de cette altération;

3º Précise les conséquences de cette altération sur la nécessité d'une assistance ou d'une représentation du majeur dans les actes de la vie civile, tant patrimoniaux qu'à caractère personnel, ainsi que sur l'exercice de son droit de vote.

Le certificat indique si l'audition du majeur est de nature à porter atteinte à sa santé ou si celui-ci est hors d'état d'exprimer sa volonté.

Le certificat est remis par le médecin au requérant sous pli cacheté, à l'attention exclusive du procureur de la République ou du juge des tutelles.

> Durée de la curatelle et de la tutelle
[C. civ., art. 441 à 443]
+ L. nº 2007-308, 5 mars 2007, art. 7
+ L. nº 2015-177, 16 févr. 2015, art. 1er

C. civ., art. 441 *(réd. L. nº 2015-177, 16 févr. 2015, art. 1er)*
Le juge fixe la durée de la mesure sans que celle-ci puisse excéder cinq ans.

Le juge qui prononce une mesure de tutelle peut, par décision spécialement motivée et sur avis conforme d'un médecin inscrit sur la liste mentionnée à l'article 431 constatant que l'altération des facultés personnelles de l'intéressé décrites à l'article 425 n'apparaît manifestement pas susceptible de connaître une amélioration selon les données acquises de la science, fixer une durée plus longue, n'excédant pas dix ans.

C. civ., art. 442 *(réd. L. nº 2015-177, 16 févr. 2015, art. 1er)*
Le juge peut renouveler la mesure pour une même durée.

Toutefois, lorsque l'altération des facultés personnelles de l'intéressé décrite à l'article 425 n'apparaît manifestement pas susceptible de connaître une amélioration selon les données acquises de la science, le juge peut, par décision spécialement motivée et sur avis conforme du médecin mentionné à l'article 431, renouveler la mesure pour une durée plus longue qu'il détermine, n'excédant pas vingt ans.

Le juge peut, à tout moment, mettre fin à la mesure, la modifier ou lui substituer une autre mesure prévue au présent titre, après avoir recueilli l'avis de la personne chargée de la mesure de protection.

Il statue d'office ou à la requête d'une des personnes mentionnées à l'article 430, au vu d'un certificat médical et dans les conditions prévues à l'article 432. Il ne peut toutefois renforcer le régime de protection de l'intéressé que s'il est saisi d'une requête en ce sens satisfaisant aux articles 430 et 431.

C. civ., art. 443 *(mod. par L. nº 2007-308, 5 mars 2007, art. 7)*
La mesure prend fin, en l'absence de renouvellement, à l'expiration du délai fixé, en cas de jugement de mainlevée passé en force de chose jugée ou en cas de décès de l'intéressé.

Sans préjudice des articles 3 et 15, le juge peut également y mettre fin lorsque la personne protégée réside hors du territoire national, si cet éloignement empêche le suivi et le contrôle de la mesure.

331.02 Jurisprudence de référence.

> Ouverture de la curatelle

• Douai, 24 mars 2010, RG nº 10/162
* V. ss nº 331.41

« En l'espèce, il ne ressort nullement des pièces du dossier que Mme M… soit dans l'impossibilité de pourvoir seule à ses intérêts ni qu'elle ait besoin d'être assistée ou contrôlée dans les actes de la vie civile par un curateur. Il ne ressort pas davantage de ces pièces que ses difficultés financières sont dues à l'éventuelle altération de ses facultés mentales qui entraînerait son incapacité à s'occuper de manière satisfaisante de la gestion de ses affaires, et non pas, comme elle l'allègue, à des retards dans le paiement de son salaire et la remise des documents de fin de contrat de travail qui ne lui sont pas imputables. Mme M… démontre à l'inverse une indéniable capacité à savoir solliciter elle-même et utilement des personnes compétentes (médecin, avocate notamment) pour l'aider à résoudre ses difficultés matérielles et personnelles. Il n'y a donc pas lieu d'ouvrir une quelconque mesure de protection juridique à son profit et le jugement frappé d'appel sera, par suite, infirmé. »

> Renvoi aux règles de publicité de la tutelle

– Formalités de mainlevée de la curatelle identiques à celles de son ouverture

• Civ. 1re, 16 mars 1999, nº 97-15.833, *Bull. civ.* I, nº 100
* V. ss nº 331.61

« Si la curatelle cesse avec les causes qui l'ont déterminée, la mainlevée n'en est prononcée qu'en observant les formalités prescrites pour parvenir à son ouverture. »

> Mainlevée de la curatelle

• Civ. 1re, 14 avr. 2010, nº 09-11.623, NP
* V. ss nº 331.61

« Attendu que, par un jugement du 25 novembre 1997, Mme Denise X… a fait l'objet d'une mesure de placement sous curatelle renforcée; que, par lettre du 21 août 2007, elle a sollicité la mainlevée de cette décision;

Attendu que Mme X… fait grief au jugement attaqué (tribunal de grande instance de Nancy, 9 mai 2008), d'avoir maintenu la mesure de curatelle renforcée à son égard et confirmé

Mme Y… dans ses fonctions de curateur, alors, selon le moyen, que le maintien d'une mesure de curatelle est subordonné à la constatation par le juge de la persistance, chez la personne concernée, soit d'une altération médicalement établie des facultés mentales en lien avec une maladie, une infirmité ou un affaiblissement dû à l'âge soit d'une l'altération des facultés corporelles empêchant l'expression de la volonté; qu'en se bornant, pour placer Mme X… sous curatelle, à relever que Mme X… vivait dans un logement vétuste dont elle était occupante sans droit ni titre et qu'elle présentait, selon l'expert, "une altération modérée de ses facultés mentales et de ses capacités physiques", motifs impropres à établir que l'intéressée souffrait d'une altération de ses facultés mentales en lien avec une maladie, une infirmité ou un affaiblissement dû à l'âge, ou d'une altération de ses facultés corporelles empêchant l'expression de sa volonté, le tribunal de grande instance a privé sa décision de base légale au regard des articles 490 et 508 du Code civil;

Mais attendu qu'en relevant, par motifs propres et adoptés, que Mme X… présentait une altération modérée de ses facultés mentales et de ses capacités physiques justifiant le maintien de la mesure et que le rapport du psychiatre, en date du 1er octobre 2007, avait conclu à la nécessité d'une mesure de protection, le tribunal a ainsi légalement justifié sa décision; […]. »

> Cessation de la tutelle

– La mesure de tutelle cesse dès le décès du majeur sous tutelle

• **Civ. 1re, 28 mars 2006, n° 04-16.576,** NP

* V. s^{s} n°s 331.52 et 331.61

En cas de décès du majeur sous tutelle, en l'espèce il s'agissait d'une mesure de gérance de tutelle, la mesure cesse de plein droit avec le décès de la personne protégée en application des anciens articles 500, 507 et 720 du Code civil.

– Le juge des tutelles ne peut ordonner la levée d'une mesure de protection que s'il constate que les causes ayant justifié son ouverture ont disparu

• **Cass., avis, 13 avr. 2015, n° 15-70.001,** *Bull. civ. avis* [à paraître]

* V. s^{s} n° 331.52

« 2) Hormis dans l'hypothèse prévue par l'article 443, alinéa 2, du Code civil, le juge des tutelles ne peut donner mainlevée d'une mesure de protection juridique des majeurs que s'il constate que les causes ayant justifié son ouverture ont disparu. »

> Constat médical de l'altération des facultés du tutélaire

• **Civ. 1re, 24 janv. 1990, n° 87-13.902,** *Bull. civ.* I, n° 23

* V. s^{s} n° 331.31

« […] il entre dans la mission du médecin spécialiste commis par le juge des tutelles de donner son avis sur l'opportunité d'une mesure de protection […]. »

– Le certificat du médecin inscrit ne constatant aucune altération des facultés mentales ou corporelles de la personne s'impose au juge des tutelles

• **Civ. 1re, 15 juin 1994, n° 92-19.680,** *Bull. civ.* I, n° 213

* V. s^{s} n° 331.31

Le juge ne peut placer une personne sous le régime de la tutelle ou de la curatelle, pour altération de ses facultés mentales ou corporelles, que si cette altération a été constatée par un médecin spécialiste choisi sur une liste établie par le procureur de la République. Il s'ensuit que doit être cassé le jugement qui, après avoir relevé que le médecin spécialiste désigné par le juge des tutelles n'avait constaté aucune altération des facultés mentales ou corporelles d'une personne, place celle-ci sous le régime de la curatelle en énonçant qu'il résulte d'un rapport du mandataire spécial, du certificat du médecin traitant et des déclarations faites par l'intéressée lors de son audition, que celle-ci présente des troubles, notamment de mémoire, ignore la consistance de son patrimoine et n'a pas une conscience précise des actes récents passés par elle ou pour son compte.

– Le certificat de carence est à lui seul insuffisant pour la recevabilité de la requête

• **Civ. 1re, 29 juin 2011, n° 10-21.879,** *Bull. civ.* I, n° 133

* V. s^{s} n° 331.31

Selon l'article 431 du Code civil, la demande d'ouverture d'une mesure de protection judiciaire doit, à peine d'irrecevabilité, être accompagnée d'un certificat circonstancié rédigé par un médecin choisi sur une liste établie par le procureur de la République.

Viole ce texte le tribunal qui, pour déclarer recevable une requête aux fins d'ouverture d'une mesure de protection à l'égard d'un majeur, présentée par le procureur de la République, retient qu'elle est accompagnée d'une lettre rédigée par un médecin agréé attestant du refus du majeur de se soumettre à un examen médical et que ce dernier n'est pas fondé à se prévaloir de l'absence de certificat médical circonstancié dès lors que, par son propre fait, il a rendu impossible ce constat.

> Durée initiale de la tutelle : conditions d'ouverture pour une durée de dix ans

• **Civ. 1re, 8 déc. 2016, n° 16-20.298,** *Bull. civ.* I [à paraître]

* V. s^{s} n° 331.91

« Mais attendu que, selon l'article 441 du Code civil, dans sa rédaction issue de la loi n° 2015-177 du 16 février 2015, le juge fixe la durée de la mesure sans que celle-ci puisse excéder cinq ans; qu'il peut toutefois, lorsqu'il prononce une mesure de tutelle, par décision spécialement motivée et sur avis conforme d'un médecin inscrit sur la liste établie par le procureur de la République, constatant que l'altération des facultés personnelles de l'intéressé n'apparaît manifestement pas susceptible de connaître une amélioration selon les données acquises de la science, fixer une durée plus longue, n'excédant pas dix ans; qu'il s'en déduit que l'avis conforme visé par ce texte ne concerne pas la durée de la mesure, laquelle relève de l'office du juge;

Qu'après avoir, par motifs adoptés, constaté que l'état de santé de M. Vincent X…, décrit par le médecin inscrit, n'apparaissait manifestement pas susceptible de connaître une amélioration selon les données acquises de la science, la cour d'appel a fait l'exacte application du texte susvisé en fixant la durée de la mesure à plus de cinq années; que le moyen n'est pas fondé […] ».

331.03 Bibliographie indicative.

> Généralités. M. Bauer, T. Fossier et L. Pécaut-Rivolier, *La réforme des tutelles : ombres et lumières*, Dalloz, 2006, chap. 29, « Une collaboration qui fait avancer : la curatelle », spéc. n°s 29.11 à 29.42 – J. Massip, *Tutelle des mineurs et protection juridique des majeurs*, Defrénois, 2009, p. 301 à 375.

> Procédure. A. Caron-Déglise, « Protection des majeurs et procédure d'appel », *AJ fam.* 2014. 158 – V. Montourcy,

« L'accès au dossier et le droit à la copie », *AJ fam.* 2014. 167 – E. Pecqueur, « Ouverture, révision, modification et mainlevée des mesures de protection », *AJ fam.* 2014. 151 – D. Pollet, « Rôle de l'avocat dans les procédures de protection judiciaire d'un majeur », *AJ fam.* 2014. 165 – G. Raoul-Cormeil, « Nature juridique de la procédure devant le juge des tutelles », *AJ fam.* 2014. 148; « Le droit des majeurs protégés, en partie rénové par la loi du 16 février 2015 », *Gaz. Pal.* 11-12 mars 2015, n°s 70-71 – T. Verheyde, « Fiche pratique : procédure applicable aux mesures de protection judiciaire », *AJ fam.* 2014. 156; « Fiche pratique : procédure applicable à l'appel des décisions », *AJ fam.* 2014. 163.

> Ouverture et cessation. J. Massip, « Les causes d'ouverture de la curatelle », *D.* 1974. Chron. 229 – H. Péroz, « La fin des mesures de protection juridique », *JCP N* 2008. 1276 – N. Peterka, « La gestion d'affaires au décès de la personne protégée. Brèves réflexions autour de l'article 418 du Code civil », *Dr. fam.* 2014. Étude 24 – T. Verheyde, « Les majeurs protégés : les nouveautés : les mesures de protection juridique des majeurs », *AJ fam.* 2016. 182.

331.04 **Exemples d'actes.**

> Curatelle

* Pour un exemple de jugement d'ouverture d'une curatelle simple, v. s[s] n° 5251.11.

* Pour un exemple de jugement d'ouverture de curatelle renforcée, v. s[s] n° 5251.13.

* Pour un exemple de jugement d'ouverture de curatelle renforcée aménagée, v. s[s] n° 5251.14.

> Régime de protection des majeurs

* Pour un exemple de jugement de mainlevée de mesure de protection, v. s[s] n° 5241.13.

* Pour un exemple d'inventaire de patrimoine, v. s[s] n° 5271.11.

> Tutelle des majeurs

* Pour un exemple de jugement d'ouverture d'une tutelle sans conseil de famille, v. s[s] n° 5261.11.

* Pour un exemple de jugement d'ouverture d'une tutelle avec conseil de famille, v. s[s] n° 5261.12.

* Pour un exemple d'ordonnance fixant la composition du conseil de famille et décidant de sa réunion, v. s[s] n° 5261.13.

* Pour un exemple de procès-verbal de délibération du conseil de famille, d'organisation de la tutelle avec désignation du tuteur et du subrogé tuteur, v. s[s] n° 5261.14.

* Pour un exemple de procès-verbal de vérification des votes des membres du conseil de famille par correspondance, v. s[s] n° 5261.15.

* Pour un exemple de délibération du conseil de famille (votes par correspondance), v. s[s] n° 5261.16.

* Pour un exemple de délibération du conseil de famille hors la présence du juge, v. s[s] n° 5261.17.

* Pour un exemple de jugement de tutelle avec désignation plurielle, v. s[s] n° 5261.20.

* Pour un exemple de jugement d'ouverture de tutelle avec mission limitée à la protection des intérêts patrimoniaux de la personne/mission globale/mission spécifique d'assistance ou de représentation, v. s[s] n° 5261.21.

> Durée de la tutelle et de la curatelle

* Pour un exemple de jugement de renouvellement de mesure de protection, v. s[s] n° 5241.12.

* Pour un exemple de jugement d'aggravation de la mesure de protection, v. s[s] n° 5241.14.

SECTION 1
DÉFINITION

§ 1
La tutelle

331.11 **Mesure de représentation dans les actes de la vie civile.** La tutelle peut être ouverte à l'égard d'une personne ayant besoin d'être représentée d'une manière continue dans les actes de la vie civile (C. civ., art. 440). Elle incarne la mesure de protection la plus forte, la plus incapacitante. La tutelle emporte la représentation de la personne protégée pour l'accomplissement des actes de gestion de son patrimoine. Elle frappe la personne protégée d'une incapacité d'exercice quasi générale, en ce qui concerne les **actes patrimoniaux**, mais non, en principe, dans le domaine des **actes personnels** (v. s[s] n°s 351.21 s.). La personne sous tutelle peut accomplir seule les actes autorisés par l'usage, tels que les présents d'usage, les dons ou les achats modiques. Elle peut bénéficier d'un allégement de la tutelle, soit dans le jugement d'ouverture de la mesure, soit au cours de celle-ci. Le juge des tutelles peut ainsi autoriser la personne sous tutelle à accomplir, seule ou avec l'assistance du tuteur (et non plus par voie de représentation), un certain nombre d'actes énumérés par le juge (C. civ., art. 472).

§ 2
La curatelle

331.21 **Mesure d'assistance et de contrôle dans les actes importants de la vie civile.** La curatelle est un régime civil de protection des personnes majeures qui a pour objet de les **assister dans les actes de la vie civile.** Le rôle du curateur est, en principe, d'assister le majeur protégé, non de le représenter[1] (C. civ., art. 440 et 469, al. 1er).

L'article 440 alinéa 1er du Code civil consacre, dans sa version issue de la loi n° 2007-308 du 5 mars 2007[2], cette définition traditionnelle de la curatelle, en indiquant que ce régime d'assistance vise à protéger la personne qui, sans être hors d'état d'agir elle-même, a **besoin d'être assistée ou contrôlée d'une**

1. Civ. 1re, 10 juill. 1990, n° 89-11.213, *Bull. civ.* I, n° 193; *Defrénois* 1990. 1305, obs. Massip.
2. L. n° 2007-308, 5 mars 2007, portant réforme de la protection juridique des majeurs, *JO* 7 mars, p. 4325.

manière continue dans les « *actes importants* » de la vie civile[1]. Cette formule appelle une double précision.

D'une part, l'expression « *d'une manière continue* » ne doit pas faire l'objet d'une interprétation étroite. La personne qui souffre d'un trouble cyclique doit pouvoir bénéficier d'une curatelle, même si l'altération de ses facultés personnelles n'est pas continue, dès lors que le besoin de protection l'est. Il suffit, en effet, aux termes de l'article 440 alinéa 1er, que le besoin d'assistance ou de contrôle soit continu[2].

D'autre part, le besoin de protection doit être limité aux « *actes importants* » de la vie civile, c'est-à-dire, sous réserve du pouvoir de gradation reconnu au juge des tutelles, aux actes de disposition (C. civ., art. 467, 471 et 472).

L'article 469 alinéa 2 déroge, dans certaines hypothèses exceptionnelles, au principe suivant lequel « *le curateur ne peut se substituer à la personne en curatelle pour agir en son nom* » (C. civ., art. 469, al. 1er). C'est ainsi qu'il peut, s'il constate que la personne protégée compromet gravement ses intérêts, **saisir le juge** pour être autorisé à accomplir seul un acte déterminé ou provoquer l'ouverture d'une tutelle (C. civ., art. 469, al. 2 - Sur cette **faculté d'alerte**, v. ss nos 343.13 s.).

L'alinéa 2 de l'article 440 du Code civil affirme, de manière innovante, en écho aux principes directeurs de l'article 428, les **principes de subsidiarité et de nécessité de la curatelle à l'égard de la sauvegarde de justice**. Ainsi, le juge des tutelles ne doit-il prononcer une mesure de curatelle à l'égard d'un majeur protégé ou à protéger que si la sauvegarde de justice ne permet pas de lui assurer une protection suffisante. Une telle **décision** devra être **motivée** par le juge.

SECTION 2
CONDITIONS D'OUVERTURE

§ 1
Conditions d'ouverture de la tutelle

331.31 Constat médical de l'altération des facultés mentales ou corporelles de nature à empêcher l'intéressé d'exprimer sa volonté et interdiction de la saisine d'office du juge des tutelles. Le juge des tutelles peut ouvrir une mesure de tutelle lorsqu'une personne majeure subit une **altération de ses facultés mentales ou corporelles** de nature à empêcher l'expression de sa volonté et que la protection de la personne nécessite qu'elle soit **représentée de façon continue dans les actes de la vie civile** (C. civ., art. 425 et 440, al. 3 - C. civ., anc. art. 492). La loi du 5 mars 2007 a abrogé la saisine d'office du juge des tutelles pour l'ouverture et l'aggravation d'un régime de protection. Sous l'empire de la loi du 3 janvier 1968, le juge des tutelles pouvait s'autosaisir pour ouvrir une mesure de protection. L'auto-saisine intervenait le plus souvent, en pratique, lorsque l'état de vulnérabilité d'une personne était porté à la connaissance du juge par les services sociaux, les établissements bancaires ou le notaire de la personne vulnérable. Il n'était pas nécessaire que le juge soit saisi par voie de requête. Ce système a pris fin avec l'entrée en vigueur de la loi du 5 mars 2007, soit le 1er janvier 2009. La suppression de la saisine d'office du juge des tutelles est la conséquence du souci du législateur de préserver les libertés individuelles et les droits fondamentaux de la personne vulnérable. L'article 430 du Code civil énumère, de manière limitative, les personnes autorisées à saisir le juge des tutelles d'une requête en vue de l'ouverture ou du renforcement d'une mesure de protection judiciaire des majeurs. Sont visés la personne à protéger ou la personne protégée elle-même, selon le cas, son conjoint, le partenaire avec qui elle a conclu un pacte civil de solidarité ou son concubin, à la condition que la communauté de vie avec le majeur n'ait pas cessé, ses parents ou alliés (par exemple, beau-frère, belle-sœur), les personnes entretenant avec le majeur des liens étroits et stables, ce qui désigne son entourage amical, son voisinage et peut s'étendre à son ancien conjoint, son ancien partenaire ou son ancien concubin, lorsque des relations entre eux subsistent, par exemple, en raison d'enfants communs. Peut également saisir le juge des tutelles la personne qui exerce à l'égard du majeur une mesure de protection. Enfin, la requête peut être présentée par le procureur de la République soit d'office, soit à la demande d'un tiers. Il peut s'agir, par exemple, des services sociaux, des établissements bancaires, du notaire qui alertent le procureur de la République de l'état de vulnérabilité d'une personne et de l'atteinte portée à ses intérêts (v. ss nos 333.31 et 333.32).

La mise sous tutelle, prévue par les articles 425 et 440 alinéa 3 du Code civil, est subordonnée à la constatation par les juges du fond, d'une part, de l'altération des facultés mentales ou corporelles de l'intéressé de nature à empêcher l'expression de sa volonté et, d'autre part, de la nécessité pour celui-ci d'être représenté, d'une manière continue, dans les actes de la vie civile[3]. Ces constatations doivent être faites **à l'époque où le juge statue.** C'est dire qu'en appel, les juges du second degré doivent se fonder sur

1. C. civ., art. 440, al. 1er (*issu de L. no 2007-308, 5 mars 2007*).
2. EN CE SENS, MASSIP, no 434.
3. Civ. 1re, 31 janv. 1995, no 93-14.238, *Bull. civ.* I, no 61; *D.* 1996. 123, note Verheyde; *RTD civ.* 1995. 329, obs. Hauser - Civ. 1re, 6 oct. 2010, no 09-67.060, NP - Civ. 1re, 26 janv. 2011, no 10-14.131, NP; *D.* 2011. 2513, obs. Lemouland.

les éléments dont ils disposent et non sur ceux ayant motivé la décision de première instance[1] et, cela, conformément à l'effet dévolutif de l'appel (C. pr. civ., art. 1246, al. 1er). L'altération des facultés personnelles de l'intéressé doit être constatée par un **médecin inscrit sur la liste** établie par le procureur de la République, à peine d'irrecevabilité de la requête (C. civ., art. 425 et 431 - C. pr. civ., art. 1218 - Comp. C. civ., anc. art. 493-1, al. 1er[2]). Le médecin inscrit est tenu de dresser un **certificat médical circonstancié**, répondant aux critères fixés par l'article 1219 du Code de procédure civile. Ce certificat est exigé à peine d'irrecevabilité de la requête (v. ss n° 211.31). Il entre ainsi dans sa mission de donner son **avis sur l'opportunité de la** tutelle[3] et, notamment, sur les conséquences de l'altération des facultés personnelles de l'intéressé quant à la nécessité de son assistance ou de sa représentation dans les actes de la vie civile, tant patrimoniaux qu'à caractère personnel, ainsi que sur l'exercice de son droit de vote, et sur l'évolution prévisible de cette altération (C. pr. civ., art. 1219). À défaut de certificat médical circonstancié annexé à la requête, cette dernière doit être déclarée irrecevable (C. civ., art. 431 - C. pr. civ., art. 1218). Les juges ne peuvent se réfugier derrière la seule carence de la personne dont la mise sous protection est demandée pour prononcer la recevabilité de la requête[4]. Le **certificat de carence** dressé par le médecin permet, en revanche, de déclarer la requête recevable, dès lors qu'il est complété par des éléments de preuve, notamment de nature médicale, propre à établir l'altération des facultés personnelles de l'intéressé et son degré de gravité ainsi que la nécessité d'ouvrir à son égard une mesure de tutelle[5].

La tutelle concerne soit une personne majeure soit un mineur émancipé (C. civ., art. 429, al. 1er, reprenant C. civ., art. 494, al. 1er). S'agissant du mineur non émancipé, la demande de tutelle peut être introduite et jugée dans la dernière année de sa minorité, mais la mesure ne prendra effet que du jour où le mineur non émancipé sera devenu majeur (C. civ., art. 429, al. 2, reprenant C. civ., anc. art. 494, al. 2).

L'alinéa 4 de l'article 440 du Code civil affirme, de manière innovante, en écho aux principes directeurs de la protection juridique des majeurs[6], le **caractère subsidiaire de la tutelle** à l'égard de la sauvegarde de justice et de la curatelle. Ainsi, le juge des tutelles ne doit pas ouvrir une mesure de tutelle à l'égard d'un majeur à protéger si un régime moins contraignant permet de lui assurer une protection suffisante. Une telle **décision** doit être **spécialement motivée** par le juge afin de permettre à la Cour de cassation d'exercer son contrôle[7]. La référence aux conclusions du certificat médical dont il résulte que le majeur présente un déficit de ses fonctions cognitives, des signes d'amnésie, des déficits en rapport avec la maladie d'Alzheimer, constituant une entrave à l'expression correcte de ses volontés, est à cet égard suffisante[8].

331.32 **Audition de la personne à protéger.** L'ouverture d'une tutelle implique, à l'instar de celle de la curatelle, l'audition de la personne protégée ou à protéger, à moins que celle-ci soit de nature à porter atteinte à sa santé ou que l'intéressé soit hors d'état de manifester sa volonté (C. civ., art. 432, al. 1er). La décision de ne pas procéder à l'audition de la personne doit faire l'objet d'une **motivation spéciale et** ne peut être prise que sur **avis conforme d'un médecin inscrit** sur la liste du procureur de la République (C. civ., art. 432, al. 2). La Cour de cassation procède à une interprétation assez souple de ces dispositions. Elle décide que les juges du fond ne sont pas tenus d'entendre en appel la personne protégée, dès lors que cette dernière a été régulièrement convoquée et que son avocat a été entendu. Si elle prend une certaine liberté avec la lettre de l'article 1245 du Code de procédure civile, lequel prescrit à la cour d'appel d'entendre à l'audience l'appelant, le majeur à protéger ou protégé, sauf application des dispositions de l'article 432 alinéa 2, la solution n'en est pas moins conforme à l'article 432, lequel prévoit que *« le juge statue, la personne entendue ou appelée »*[9].

1. Civ. 1re, 8 juill. 2010, n° 09-15.688, NP; *D.* 2011. 2513, obs. Lemouland.
2. Civ. 1re, 15 juin 1994, n° 92-19.680, *Bull. civ.* I, n° 213; *R.* 1994. 274; *D.* 1995. 37, note Massip; *Defrénois* 1994. 1450, obs. Massip; *RDSS* 1995. 380, obs. Monéger.
3. Civ. 1re, 24 janv. 1990, n° 87-13.902, *Bull. civ.* I, n° 23; *JCP N* 1990. II. 281, note Fossier.
4. Civ. 1re, 23 mai 1979, n° 11-10.082, *Bull. civ.* I, n° 152.
5. Civ. 1re, 10 juill. 1984, n° 83-10.653, *Bull. civ.* I, n° 223; *Defrénois* 1984, art. 33429, obs. Massip; *D.* 1984. 547, note Massip – Civ. 1re, 18 janv. 1972, n° 70-10.321, *Bull. civ.* I, n° 21; *Defrénois* 1972, art. 30129, note Massip; *D.* 1972. 373, note Contamine-Raynaud – V. AUSSI : N. Peterka, note ss Civ. 1re, 29 juin 2011, n° 10-21.879, *Bull. civ.* I, n° 133; *JCP* 2011. 987; *JCP N* 2011. 1244, note Massip; *JCP* 2011. 1643, note Peterka; *Solution Notaires* 2011. 25, note Peterka; *D.* 2011. 2502, note Plazy; *AJ fam.* 2011. 431, note Verheyde; *RJPF* 2011-9/25, note Casey; *Dr. fam.* 2011, n° 133, note Maria; *RTD civ.* 2011. 511, obs. Hauser; F. Fresnel, « Billet de pauvre humeur », *RJPF* 2011-9/44.
6. C. civ., art. 428 (sur ces principes, v. ss n° 111.11).
7. Civ. 1re, 2 avr. 2014, n° 13-10.758, *Bull. civ.* I, n° 63; *AJ fam.* 2014. 314, obs. Pecqueur et Montourcy; *RTD civ.* 2014. 621, obs. Hauser; *D.* 2014. 2267, obs. Lemouland.
8. Civ. 1re, 12 févr. 2014, n° 12-35.036, NP; *D.* 2014. 2267, obs. Lemouland.
9. Civ. 1re, 23 oct. 2013, n° 11-28.113, NP; *Dr. fam.* 2013, n° 168, note crit. Maria. Il reste que cette solution peut conduire à des pratiques peu conformes à l'esprit de la loi du 5 mars 2007 lorsqu'elle aboutit à valider, comme en l'espèce, l'audition de la personne protégée menée en première instance hors la présence de son avocat – *Adde*, Civ. 1re, 30 avr. 2014, n° 13-15.527, NP; *AJ fam.* 2014. 375, obs. Verheyde; *D.* 2014. 2266, obs. Noguéro (majeur protégé convoqué non comparant).

331.33 Garanties procédurales – Respect du principe du contradictoire. La procédure de mise sous protection judiciaire est inféodée au respect du principe du contradictoire (Conv. EDH, art. 6 § 1er, et C. pr. civ., art. 16). Si ce dernier implique *« que chaque partie ait la faculté de prendre connaissance et de discuter de toute pièce présentée au juge »*[1], l'article 1222-1 alinéa 2 du Code de procédure civile autorise le juge des tutelles, lorsque la demande de consultation du dossier émane de la personne protégée ou à protéger, à *« exclure toute ou partie des pièces de la consultation si celle-ci est susceptible de lui causer un préjudice psychique grave »*. En dehors de ce cas particulier, le principe du contradictoire impose d'aviser la personne visée par la requête de sa **faculté de consulter le dossier au greffe**, afin de lui permettre de prendre connaissance, avant l'audience, des pièces présentées au juge et, par suite, de les discuter utilement[2]. Cette information lui est délivrée par le juge ou le greffe par lettre simple ou recommandée[3]. Elle devrait être adressée au conseil de la personne à protéger toutes les fois que cette dernière a fait le choix d'un avocat. Lorsque le majeur est assisté par un **avocat**[4], l'accès au dossier peut s'effectuer par l'intermédiaire de ce dernier (C. pr. civ., art. 1223). Le principe du contradictoire implique pareillement que les conclusions écrites du parquet soient mises à la disposition du majeur ou de son avocat, avant l'audience, dès lors que le ministère public n'y est pas représenté, afin de permettre à l'intéressé d'y répondre utilement[5].

Le respect du principe du contradictoire s'étend de la même manière à l'ouverture d'une curatelle[6].

1. Civ. 1re, 12 févr. 2014, no 13-13.581, *Bull. civ.* I, no 24; *AJ fam.* 2014. 189, obs. Verheyde; *RTD civ.* 2014. 481, obs. Hauser; *D.* 2014. 2265, obs. Noguéro; *Dr. fam.* 2014, no 65, note Maria; *LEFP* mars 2014. 4, obs. Raoul-Cormeil – Civ. 1re, 27 janv. 2016, no 15-14.185, NP; *Dr. fam.* 2016, no 65 (2e esp.), obs. Maria – Civ. 1re, 1er févr. 2017, no 16-12.520, NP; *LEFP* mars 2017, p. 5, obs. Raoul-Cormeil.
2. *Ibid.*
3. Civ. 1re, 14 mai 2014, no 13-14.691, NP; *D.* 2014. 2266, obs. Noguéro.
4. Encore faut-il que la personne protégée ou à protéger ait été informée de son droit de faire le choix d'un avocat ou de demander à la juridiction saisie que le bâtonnier lui en désigne un d'office (C. pr. civ., art. 1214).
À défaut, le droit à un procès équitable n'est pas respecté. Il l'est, en revanche, lorsque l'intéressé a été informé de son droit d'être assisté par un avocat et qu'il a comparu sans user de cette faculté en défendant ses propres intérêts à l'audience, v. Civ. 1re, 27 janv. 2016, no 15-11.002, *Bull. civ.* I [à paraître]; *Dr. fam.* 2016, no 65 (1re esp.), obs. Maria – COMP. Civ. 1re, 8 juill. 2015, no 15-11.002, NP; *AJ fam.* 2015. 547, obs. Verheyde; *RTD civ.* 2016. 84, obs. Hauser, refusant de transmettre une question prioritaire de constitutionnalité fondée sur l'absence de conformité à la Constitution de l'absence d'assistance ou de représentation obligatoire du majeur protégé par un avocat dans le cadre de la procédure tutélaire.

§ 2
Conditions d'ouverture de la curatelle

331.41 Ouverture d'une curatelle pour altération des facultés mentales ou corporelles d'un majeur l'empêchant d'exprimer sa volonté. Le majeur atteint d'une altération de ses facultés mentales ou corporelles l'empêchant d'exprimer sa volonté sans le mettre cependant hors d'état d'agir lui-même[7] a besoin d'être assisté, c'est-à-dire conseillé ou contrôlé dans les actes de la vie civile[8]. Le juge des tutelles peut décider, après avoir été saisi dans les conditions prévues aux articles 430 et 431 du Code civil (v. ss no 331.31), de le placer sous le régime de la curatelle (C. civ., art. 467 s.). En ce cas, l'impossibilité de pourvoir seul à ses intérêts par suite d'une altération des facultés mentales ou corporelles empêchant l'expression de la volonté doit être, comme pour l'ouverture d'une mesure tutelle, **constatée médicalement**, c'est-à-dire au moyen d'un certificat circonstancié établi par un **médecin inscrit sur la liste du procureur de la République**. Ce médecin peut solliciter l'avis du **médecin traitant** de la personne à protéger, conformément aux articles 431 et 431-1, lesquelles incarnent des dispositions communes aux mesures judiciaires de protection.

Le **juge des tutelles** conserve un **pouvoir souverain** pour apprécier la nécessité de l'ouverture d'une curatelle[9].

C'est ainsi qu'il lui est loisible de refuser la mise en place d'une telle mesure, malgré les conclusions du médecin faisant état d'une altération des facultés mentales, dès lors qu'il ne ressort pas des éléments du dossier, recueillis lors de l'instruction, que l'intéressé est dans l'impossibilité de pourvoir seul à ses intérêts ni qu'il a besoin d'être assisté ou contrôlé dans les actes de la vie civile par un cura-

5. Civ. 1re, 5 mars 2014, no 13-16.193, NP, et Civ. 1re, 25 juin 2014, no 14-13.123, NP; *D.* 2014. 2265, obs. Noguéro – Civ. 1re, 20 nov. 2013, no 12-27.218, *Bull. civ.* I, no 225; *AJ fam.* 2014. 56, obs. Verheyde; *RTD civ.* 2014. 83, obs. Hauser; *D.* 2014. 2265, obs. Noguéro – COMP. Civ. 1re, 20 nov. 2013, no 12-29.474, *Bull. civ.* I, no 226; *AJ fam.* 2014. 56; *RTD civ.* 2014. 83, obs. Hauser; *D.* 2014. 2265, obs. Noguéro (principe du contradictoire respecté, le ministère public étant représenté lors des débats et le majeur, présent en personne à l'audience, étant en mesure de présenter ses observations).
6. Civ. 1re, 18 nov. 2015, no 14-28.223, *Bull. civ.* I [à paraître]; *D.* 2015. 2441; *AJ fam.* 2015. 688, obs. Avena-Robardet; *RTD civ.* 2016. 84, obs. Hauser; *LEFP* janv. 2016. 4, obs. Raoul-Cormeil.
7. Civ. 1re, 9 mars 1994, no 92-12.232, *Bull. civ.* I, no 93; *Defrénois* 1994. 1103, obs. Massip; *RTD civ.* 1994. 323, obs. Hauser.
8. Civ. 1re, 24 oct. 1995, no 93-21.484, *Bull. civ.* I, no 371; *R.* 1995. 219; *Defrénois* 1996. 732, obs. Massip.
9. Rendu, sous l'empire de la loi de 1968, à propos d'une curatelle pour prodigalité : Civ. 1re, 2 juin 1992, no 90-18.316, *Bull. civ.* I, no 170.

teur[1]. C'est dire que si le juge des tutelles est tenu de recueillir **l'avis du médecin visé à l'article 431, les conclusions de ce dernier ne s'imposent pas à lui.** Elles ne constituent, tout au contraire, qu'un élément de la décision du juge, lequel ne peut décider d'ouvrir une mesure de protection que si le constat médical de l'altération des facultés personnelles est corroboré par d'autres éléments[2].

331.42 Ouverture d'une curatelle pour prodigalité ou oisiveté – Suppression. Sous l'empire des dispositions de la loi du 3 janvier 1968, la personne majeure qui, par sa prodigalité, son intempérance ou son oisiveté s'exposait à tomber dans le besoin ou compromettait l'exécution de ses obligations familiales pouvait être placée sous curatelle par le juge des tutelles (C. civ., anc. art. 508-1, issu de L. n° 68-5, 3 janv. 1968).

La production d'un certificat d'un médecin spécialiste agréé, voire du médecin traitant de la personne à protéger, n'était pas nécessaire lorsque la demande tendant à la mise sous curatelle était fondée sur la prodigalité[3]. Le juge des tutelles était alors souverain pour apprécier si les faits qui lui étaient soumis nécessitaient l'ouverture d'une curatelle pour prodigalité[4].

L'ouverture de la mesure devait reposer, en l'absence d'éléments médicaux, sur un **faisceau d'indices sociaux ou familiaux** suffisamment probants, sous peine de souffrir d'arbitraire. La loi du 5 mars 2007 a mis un terme à ce cas d'ouverture de la curatelle. L'article 425 alinéa 1er du Code civil ne prévoit l'ouverture d'une mesure judiciaire de protection à l'égard d'un majeur que pour des raisons médicales[5]. Aussi, n'est-il plus possible, désormais, d'ouvrir une curatelle pour prodigalité, comme le permettaient, auparavant, les anciens articles 488 alinéa 3 et 508-1 du Code civil.

Pour autant, la suppression de la curatelle pour prodigalité laisse parfois place, à la faveur d'une interprétation souple de l'impossibilité de pourvoir seul à ses intérêts par suite d'une altération des facultés, à une **curatelle renforcée.** Il en est ainsi à propos d'un majeur surendetté *« qui ne souffre d'aucun trouble psychiatrique identifiable mais présente un profil de personnalité marquée par la suggestivité, l'avidité affective, et des difficultés de contrôle pulsionnel qui peuvent le mettre en difficulté dans la gestion, au quotidien, de ses ressources »*[6]. La solution incarne une entorse aux conditions de fond de l'ouverture d'une mesure de protection ainsi qu'à celles dictant le prononcé d'une curatelle renforcée, dès lors qu'elle n'est pas dictée par l'état de santé de l'intéressé ni par son inaptitude à percevoir ses revenus et à en faire une utilisation normale.

SECTION 3
CESSATION

§ 1
Cessation de la tutelle

331.51 Règles de mainlevée. La tutelle cesse avec les causes qui l'ont déterminée. Le juge peut prononcer l'allégement ou la mainlevée de cette mesure à tout moment, soit d'office, soit à la demande de la famille ou de l'entourage de la personne protégée, de la personne chargée de sa protection ou du procureur de la République (C. civ., art. 430). Le juge statue au vu d'un **certificat médical**, lequel n'est pas soumis aux dispositions de l'article 1219 du Code de procédure civile relatives au certificat médical circonstancié, ni à celles de l'article 431 (C. civ., art. 442, al. 4). En pratique, le juge s'appuie, pour ordonner la mainlevée de la tutelle, sur un **certificat dressé par un médecin inscrit sur la liste** du procureur de la République ou, le cas échéant, par le **médecin traitant**, attestant de la disparition des troubles mentaux ou corporels ayant déterminé l'ouverture de la tutelle ou faisant état d'une amélioration de ces troubles telle que le majeur protégé n'a plus besoin d'être représenté d'une manière continue dans les actes de la vie civile[7].

Préalablement à sa décision de mainlevée, le juge est tenu de procéder à l'**audition** de la personne protégée, dans les conditions prévues par l'article 432 du Code civil, et de recueillir l'avis du tuteur (C. civ., art. 442, al. 3 et 4). En outre, le dossier devra être communiqué pour avis **au ministère public avant l'audience** statuant sur la demande de mainlevée de la tutelle. Lorsque le juge décide de faire droit à cette demande de mainlevée, il conserve néanmoins la faculté, eu égard aux éléments du dossier, d'ordonner dans le même jugement le placement de la personne protégée sous un régime moins contraignant, qu'il s'agisse d'une curatelle ou d'une sauvegarde de justice.

331.52 Causes de mainlevée. La loi du 5 mars 2007 prévoit quatre causes de cessation de la tutelle[8]. Au **décès** du tutélaire, qui met fin de plein droit à la

1. Douai, 24 mars 2010, RG n° 10/162, *AJ fam.* 2010. 236, obs. Pécaut-Rivolier.
2. Douai, 24 mars 2010, obs. Pécaut-Rivolier (préc. s^s prés^t n° 331.41).
3. Civ. 1re, 4 janv. 1978, n° 76-13.365, *Bull. civ.* I, n° 4 – Civ. 1re, 24 oct. 1995, n° 93-21.484, P (préc. s^s n° 331.41).
4. Civ. 1re, 2 juin 1992, n° 90-18.316, P (préc. s^s n° 331.41) – Civ. 1re, 11 janv. 2000, n° 97-17.752, NP; *D.* 2001. 1508, obs. Lemouland.
5. C. civ., art. 425, al. 1 (*issu de L. n° 2007-308, 5 mars 2007*).
6. Versailles, 2e ch., sect. 3, 6 mai 2015, RG n° 14/03499, *Dr. fam.* 2015, n° 158, obs. I. M. – COMP. Douai, ch. prot. jur. majeurs et mineurs, 23 avr. 2015, RG n° 14/02510, *Dr. fam.* 2015, n° 134, obs. I. M.
7. Civ. 1re, 30 juin 1992, n° 89-21.670, *Bull. civ.* I, n° 210; *Defrénois* 1993. 305, obs. Massip; *RTD civ.* 1992. 742, obs. Hauser.
8. H. Péroz, « La fin des mesures de protection juridique », *JCP N* 2008. 1276.

mesure de protection [1] et, sans préjudice des règles de la gestion d'affaires, à la mission du tuteur (C. civ., art. 418), s'ajoutent **l'absence de renouvellement de la mesure** à l'expiration du délai maximal de cinq ans ou dix ans fixé dans le jugement d'ouverture, conformément aux règles d'encadrement de la durée des mesures de protection (C. civ., art. 441 et 442, al. 1er et 2), ainsi que le **jugement de mainlevée de la tutelle** passé en force de chose jugée (C. civ., art. 443, al. 1er) [2]. Ce dernier est soumis à publicité dans les conditions de l'article 444 du Code civil. Le juge dispose également, sans préjudice des articles 3 et 15 du Code civil, de la faculté de mettre fin à la tutelle lorsque la personne protégée réside à l'étranger si cet éloignement empêche le suivi et le contrôle de la mesure de protection (C. civ., art. 443, al. 2).

En revanche, l'opposition de la personne protégée à la mesure de protection et l'impossibilité d'en confier l'exercice tant à un membre de la famille ou à un proche du majeur qu'à un mandataire judiciaire à la protection des majeurs ne sauraient justifier la mainlevée de la mesure de protection. Hormis le cas où la personne protégée réside **hors du territoire national** et où cet éloignement empêche le suivi et le contrôle de la mesure de protection, le juge des tutelles ne peut donner mainlevée d'une mesure de protection juridique des majeurs que s'il constate que les causes ayant justifié son ouverture ont disparu. Or, l'impossibilité de trouver un protecteur en raison de l'opposition de la personne à la mesure n'en fait pas partie [3].

Ces dispositions s'appliquent pareillement à la cessation de la curatelle, sous réserve de sa caducité à l'expiration de sa durée initiale, laquelle ne peut jamais excéder cinq ans.

§ 2
Cessation de la curatelle

331.61 **Mainlevée – Similitude avec les règles de la tutelle.** La curatelle prend fin lorsqu'il est démontré, à l'aide notamment d'éléments médicaux, que la personne n'a plus besoin d'être assistée ou contrôlée d'une manière continue dans les actes importants de la vie civile (C. civ., art. 440, al. 1er) [4]. Le jugement emportant sa **mainlevée** est soumis à la même **publicité** que le jugement de mainlevée de la tutelle (C. civ., art. 444). Pour autant, il convient de souligner que, depuis l'entrée en vigueur de la loi du 5 mars 2007, la curatelle ne peut être prescrite pour une durée supérieure à **cinq ans**. Elle devient ainsi automatiquement **caduque** si, à l'expiration de ce délai ou de celui – inférieur à cette durée – fixé dans le jugement d'ouverture, le juge des tutelles n'a pas renouvelé la mesure (C. civ., art. 441 et 442) [5]. Si elle illustre le principe de nécessité des mesures de protection, la disposition nouvelle n'en est pas moins dangereuse pour la sécurité juridique des tiers, lesquels n'auront pas toujours la certitude de la capacité de leur contractant. En cas de décès du majeur sous curatelle, la mesure cesse de plein droit avec le décès de la personne protégée [6], sauf application éventuelle des règles de la gestion d'affaires (C. civ., art. 418).

Le juge des tutelles prononce la mainlevée de la curatelle par voie de jugement lorsqu'il dispose d'un certificat médical, lequel peut être dressé soit par un médecin figurant sur la liste établie par le procureur de la République, soit par le médecin traitant attestant que le curatélaire est de nouveau apte à gérer seul son patrimoine, qu'il ne présente plus une altération de ses facultés mentales ou corporelles de nature à empêcher l'expression de sa volonté et n'a plus besoin d'être assisté ou contrôlé dans les actes importants de la vie civile (C. civ., art. 425 et 440). Le juge ne saurait se contenter, à cet égard, pour décider de maintenir la curatelle, de la production d'un certificat médical indiquant une hospitalisation pour troubles du comportement [7], ni se fonder sur l'existence de dettes du majeur tout en lui reprochant de ne pas établir une amélioration notable de son état en dépit d'un certificat médical en ce sens [8]. Au demeurant, la caractérisation de la nécessité de la protection incombe ici au juge des tutelles, en vertu tout à la fois du principe de la capacité juridique et des principes directeurs de la protection des majeurs (C. civ., art. 428).

1. C. civ., anc. art. 500 et 507 – Civ. 1re, 28 mars 2006, no 04-16.576, NP; *Dr. fam.* 2006, no 170, note Fossier.
2. Le mandataire autorisé à représenter ou à assister le majeur pour la vente d'un bien immobilier perd, à compter de cette date, les pouvoirs qu'il tenait de son mandat judiciaire, V. PAR EX. Civ. 1re, 10 juin 2015, no 14-17.832, NP; *LEFP* sept. 2015. 3, obs. Raoul-Cormeil.
3. Cass., avis, 13 avr. 2015, no 15-70.001, *Bull. civ. avis,* [à paraître], rapp. Le Cotty et concl. Ingall-Montagnier; *AJ fam.* 2015. 408, obs. Montourcy; *D.* 2015. 1569, obs. Lemouland, Noguéro et Plazy; *Dr. fam.* 2015, no 130, note Maria; *RTD civ.* 2015. 587, obs. Hauser; *LEFP* mai 2015. 6, obs. Raoul-Cormeil.
4. POUR DES EX. DE REFUS DE MAINLEVÉE : Civ. 1re, 9 févr. 2011, no 10-10.193, NP; *RTD civ.* 2011. 323, obs. Hauser; *D.* 2011. 2512, obs. Noguéro – *Adde :* Civ. 1re, 8 juill. 2010, no 09-12.855, NP – Civ. 1re, 23 mars 2011, no 10-10.991, NP; *D.* 2011. 2512, obs. Noguéro.
5. Cette solution marque une rupture avec la jurisprudence rendue sous l'empire des dispositions antérieures à la réforme de 2007 : Civ. 1re, 16 mars 1999, no 97-15.833, *Bull. civ.* I, no 100; *D.* 2000. 107, obs. Lemouland; *JCP* 1999. IV. 1893; *Dr. fam.* 1999. 91, 2e esp., note Fossier; *Defrénois* 1999. 1263, obs. Massip.
6. Solution en matière de gérance de tutelle applicable par analogie à la curatelle : Civ. 1re, 28 mars 2006, no 04-16.576, NP.
7. Civ. 1re, 8 avr. 2009, no 07-21.488, NP; *RJPF* 2009-7-8/15, obs. Caron-Déglise.
8. Civ. 1re, 15 avr. 2015, no 14-16.666, *Bull. civ.* I, [à paraître]; *Dr. fam.* 2015, no 131, obs. I. M.; *AJ fam.* 2015. 343, obs. Montourcy; *RTD civ.* 2015. 587, obs. Hauser; *D.* 2015. 1578, obs. Noguéro.

Le juge est tenu, préalablement à sa décision de mainlevée de la mesure, de procéder à **l'audition de la personne protégée.** Il doit se faire communiquer un **rapport par le curateur** sur l'évolution de la situation du majeur pour mieux apprécier l'amélioration de ses capacités à gérer seul son patrimoine. Il serait souhaitable, sur l'ensemble de ces points, que la Cour de cassation se livre à un **contrôle** plus strict **de la motivation des juges du fond**, sans se contenter, ainsi que l'illustrent plusieurs arrêts récents, d'une justification exclusivement médicale [1].

Enfin, le dossier doit être communiqué pour **avis** au ministère **public** avant l'audience statuant sur la demande de mainlevée de la mesure.

Les dispositions relatives à l'établissement de l'inventaire ainsi qu'à la reddition des comptes ne sont applicables que sous la curatelle renforcée (C. civ., art. 472, et sur renvoi, art. 503, 514 et 515 - sur lesquels, v. s[s] n°s 344.53 s.)

331.62 Aggravation de la curatelle ou transformation de la curatelle en tutelle. L'aggravation de la curatelle implique le respect des règles gouvernant l'ouverture des mesures de protection. Alors qu'il peut s'autosaisir pour renouveler la curatelle et statuer au vu d'un simple certificat médical, le juge des tutelles ne peut renforcer la curatelle ou la transformer en tutelle que s'il est saisi d'une **requête émanant de la famille ou de l'entourage du majeur protégé ou du parquet** et accompagnée, à peine d'irrecevabilité, d'un **certificat circonstancié émanant d'un médecin inscrit** sur la liste du procureur de la République. La jurisprudence relative au refus de la personne protégée de se laisser examiner et au certificat de carence est ici applicable (v. s[s] n° 211.23).

§ 3
Cessation par le décès de la personne protégée

331.71 Encadrement des pratiques antérieures. Aux termes des articles 418 et 443, le décès de la personne protégée met fin à la mission de la personne chargée de la mesure de protection. L'article 418 réserve, néanmoins, le jeu de la gestion d'affaires [2]. La précision paraît à première vue inutile, en ce qu'elle traduit l'application pure et simple des règles du droit commun. Le fondement de ces dispositions repose, en réalité, sur le souci de la loi du 5 mars 2007 de briser les pratiques antérieures. Il arrivait fréquemment que les organes de protection continuaient de gérer les intérêts du majeur après son décès, en concluant un **contrat de généalogie** ou **en organisant ses obsèques.** Le protecteur et, parfois, le juge des tutelles procédaient au paiement des dettes incontestables et à l'approbation du compte final de gestion, se substituant ainsi aux héritiers de la personne protégée. La **gestion continuée de l'ancien protecteur** était soumise au **droit commun de la gestion d'affaires** [3].

331.72 Contrat de généalogie et saisine ou désignation d'un notaire. La loi du 5 mars 2007 a doublement encadré ces pratiques.

D'une part, elle soumet la conclusion d'un mandat de recherche d'héritiers par l'ancien protecteur à l'autorisation du juge des tutelles ou du notaire dans les conditions de l'article 36 de la loi n° 2006-728 du 23 juin 2006 portant réforme des successions et des libéralités [4] (C. pr. civ., art. 1215, al. 2).

D'autre part, elle lui interdit expressément de se substituer aux héritiers de la personne protégée en effectuant, ès qualités, des actes pour le compte de la succession. L'ancien protecteur peut seulement, en l'absence d'héritiers connus, saisir le notaire du majeur protégé en vue du règlement de la succession ou, à défaut, demander au président de la chambre départementale des notaires d'en désigner un (C. pr. civ., art. 1215, al. 1er). Les autres actes peuvent bénéficier du mécanisme de la gestion d'affaires. Cette dernière permet de pallier la cessation brutale de la mission du protecteur, en instaurant une **période transitoire** entre la fin de la mesure et son dessaisissement.

331.73 Gestion d'affaires - Conditions. La gestion d'affaires est définie comme « *l'acte par lequel une personne, le gérant d'affaires, s'immisce dans les affaires d'une autre, le maître de l'affaire, encore nommé géré, sans avoir reçu mandat de celle-ci et pour lui rendre service* » [5]. Elle suppose la réunion de deux éléments.

Le *premier élément* est tiré de l'**intention de gérer l'affaire d'autrui,** d'où résulte le devoir de **reconnais-**

1. Approuvant les juges du fond d'avoir rejeté la demande de mainlevée de la curatelle, sans vérifier la réunion des conditions posées par les anciens articles 490 et 508 pour le maintien d'une telle mesure (C. civ., art. 425 et 440 nouveaux) mais en constatant simplement, au vu d'un rapport établi par un médecin psychiatre, que la personne protégée « *présentait une altération modérée de ses facultés mentales et de ses capacités physiques justifiant le maintien de la mesure* » : Civ. 1re, 14 avr. 2010, n° 09-11.623, NP; *D.* 2010. 2126, note Lemouland – COMP., cassant une décision ayant refusé la mainlevée d'une curatelle renforcée sans constater la persistance, médicalement établie, de l'altération des facultés mentales de l'intéressé : Civ. 1re, 5 nov. 2008, n° 07-17.907, *Bull. civ.* I, n° 249; *AJ fam.* 2008. 478, obs. Pécaut-Rivolier; *D.* 2009. 2183, obs. Lemouland, Noguéro et Plazy; *RTD civ.* 2009. 94, obs. Hauser; *Defrénois* 2009. 557, obs. Massip.
2. N. Peterka, « La gestion d'affaires au décès de la personne protégée. Brèves réflexions autour de l'article 418 du Code civil », *Dr. fam.* 2014. Étude 24.
3. Civ. 28 mai 1879, *S.* 1879. 1. 415 – Soc. 3 déc. 1959, *Bull. civ.* IV, n° 1304 – Paris, 25e ch. B, 2 févr. 2007, RG n° 04/09584, *JCP N* 2007. 1314, obs. Plazy.
4. L. n° 2006-728, 23 juin 2006, portant réforme des successions et des libéralités, *JO* 24 juin, p. 9513.
5. F. Terré, Ph. Simler et Y. Lequette, *Droit des obligations*, 11e éd., « Précis », Dalloz, 2013, n° 1031.

sance du géré. Pareille intention est exclue toutes les fois que le géré s'oppose à l'acte ou qu'il l'approuve. En ce dernier cas, la ratification vaut rétroactivement mandat. Il en est ainsi, par exemple, si les héritiers de la personne protégée donnent leur accord au contrat de dépôt ayant été conclu par l'ancien protecteur avec un garde-meubles pour la conservation du mobilier de la personne décédée. Il n'y a pas gestion d'affaires toutes les fois que le gérant agit en vertu d'un pouvoir ou d'un devoir. L'organisation des obsèques de la personne protégée par le protecteur relève ainsi de la gestion d'affaires, dans la mesure où elle ne répond à aucune obligation professionnelle, de nature légale ou réglementaire, imposée à ce dernier.

Le *second élément* résulte de **l'utilité de la gestion pour le géré** (C. civ., art. 1301-1[1] [C. civ., anc. art. 1375]). Les héritiers, dont les intérêts sont ici gérés en qualité de continuateurs de la personne du défunt, ne sont pas tenus des charges inopportunes dues à l'immixtion de l'ancien mandataire. La jurisprudence retient une conception souple de ces éléments toutes les fois que l'ingérence est le fait d'un professionnel (agents immobiliers, notaires, généalogistes, par exemple). Elle se contente alors d'une simple probabilité quant à l'intention de gérer l'affaire d'autrui, et se satisfait parfois de la quasi-certitude de son inexistence[2]. Il en est ainsi lorsque l'immixtion dans les affaires d'autrui a préexisté à la gestion ou que la seconde est indépendante de la première. Or, cette situation coïncide avec la **situation du mandataire judiciaire à la protection des majeurs poursuivant sa gestion au décès.** L'appréciation de l'utilité de la gestion correspond alors à une **appréciation objective et finale.** Il suffit que la gestion ait présenté pour le géré une utilité incontestable dont l'existence se vérifie à l'époque de l'indemnisation du gérant et non pas de sa gestion. Il reste que l'application des principes gouvernant la gestion d'affaires intéressée au mandataire professionnel demeure incertaine. Elle est exclue pour l'ancien mandataire familial.

331.74 Domaine – Indemnisation des frais utiles. La gestion d'affaires s'étend tant aux **actes patrimoniaux** qu'aux **actes extrapatrimoniaux.** L'organisation par l'ancien protecteur des funérailles de la personne protégée, en l'absence de famille connue, en fait ainsi partie[3]. S'agissant des actes patrimoniaux, sont visés les **actes matériels,** tels que le fait d'aviser la banque du décès du majeur, les **actes conservatoires,** tels que les actes indispensables à la préservation de son mobilier ou la désinfection de son logement, ainsi que les **actes d'administration,** tels que le congé délivré au bailleur ou le licenciement de l'employée de maison, lesquels recoupent la sphère des actes conservatoires dès lors qu'ils visent à préserver le patrimoine successoral. Les **actes de disposition** ne sont pas exclus, par principe, de la gestion d'affaires mais leur gravité conduit à en apprécier plus sévèrement les conditions. Ces derniers relèvent sans conteste de la gestion d'affaires lorsqu'ils empruntent les traits de l'acte conservatoire, parce qu'ils sont dictés par la nécessité d'agir immédiatement ou par l'urgence[4]. L'application de ce mécanisme aux actes de disposition simplement opportuns[5] est, elle, controversée[6].

331.75 Conséquences. Le principe est que le gérant n'a pas droit à une rémunération mais l'immixtion dans les affaires d'autrui ne doit pas non plus lui occasionner une perte. Le gérant bénéficie contre les héritiers gérés d'une action visant à l'indemniser de ses pertes toutes les fois qu'il s'est personnellement engagé et qu'il a avancé les dépenses. Il en est ainsi de l'ancien protecteur qui avance les **frais de libération** du logement de la personne protégée ou ses **frais d'obsèques.** Il peut alors réclamer aux héritiers le remboursement des dépenses utiles qu'il a exposées[7]. Lorsque le mandataire s'est présenté à l'égard des tiers comme un gérant d'affaires, le mécanisme de la **représentation** joue pleinement. Les héritiers sont directement engagés par l'acte conclu par l'ancien protecteur.

331.76 Absence d'héritiers. En l'absence d'héritiers connus ou lorsque ces derniers ont renoncé à la succession, les **frais funéraires** bénéficient d'un traitement privilégié. Ces derniers participent, en effet, du **passif successoral et** de l'**obligation alimentaire.** L'ancien protecteur peut ainsi en obtenir le remboursement par le curateur à la succession vacante et, en cas d'insuffisance d'actif, par les obligés alimentaires. Peu importe que ces derniers aient renoncé à la succession[8], dès lors que leurs revenus leur permettent

1. Réd. Ord. n° 2016-131, 10 févr. 2016, portant réforme du droit des contrats, du régime général et de la preuve des obligations, art. 2, *JO* 11 févr. (*en vigueur le 1er oct. 2016*).
2. R. Bout, *La gestion d'affaires en droit français contemporain*, (préf. P. Kayser), LGDJ, 1972, spéc. nos 133 s. et 86 s.
3. Paris, 25e ch. B., 2 févr. 2007, RG n° 04/09584, *JCP N* 2007. 1314, note Plazy – TI Valence, 14 déc. 1960, *D.* 1961. 619, note Goré – Civ. 2e, 18 juill. 1967, *JCP* 1967. IV. 139.
4. Soc. 3 déc. 1959, *Bull. civ.* IV, n° 1304.
5. Civ. 1re, 13 févr. 1952, *Bull. civ.* I, n° 64.
6. J. Carbonnier, *Droit civil. Les biens. Les obligations*, « Quadrige manuels », PUF, 2004, n° 1214 – R. Bout, *J.-Cl. Civ.*, art. 1372 à 1375, « Quasi-contrats. Gestion d'affaires. Conditions d'existence », n° 124.
7. EN CE SENS, TI Valence, 14 déc. 1960 (préc. ss n° 331.74), à propos de frais d'obsèques.
8. C. civ., art. 806 (*réd. L. n° 2006-728, 23 juin 2006*) – Civ. 1re, 29 mars 1950, *D.* 1950. 593, note Carbonnier – Civ. 1re, 14 mai 1992, n° 90-18.967, *Bull. civ.* I, n° 140; *JCP* 1993. II. 22097, note Testu; *Defrénois* 1992. 1435, obs. Massip; *RTD civ* 1993. 171, obs. Patarin – Civ. 1re, 8 juin 2004, n° 02-12.750, NP; *Dr. fam.* 2004, n° 152, obs. Beignier – Civ. 1re, 21 sept. 2005, n° 03-10.679, *Bull. civ.* I, n° 341; *Dr. fam.* 2005, n° 251, note Beignier – Civ. 1re, 28 janv. 2009, n° 07-14.272, *Bull. civ.* I, n° 12; *D.* 2009. 431, note Raoul-Cormeil; *Defrénois* 2009. 748, note Massip.

de financer ces frais. L'indemnisation des autres dépenses consécutives au décès de la personne protégée, telles que celles liées à son logement, à la conservation de son mobilier et de ses objets personnels, soulève davantage de difficultés. L'ancien protecteur supporte alors le risque tiré de la renonciation à la succession par les héritiers.

331.77 Responsabilité de l'ancien protecteur agissant en qualité de gérant d'affaires. Le gérant est tenu à une double obligation.

Il doit, d'abord, **continuer la gestion** jusqu'à ce que le maître de l'affaire soit en état d'y pourvoir. L'ancien protecteur qui commence à accomplir des actes de gestion du patrimoine du défunt ne peut pas s'en désintéresser tant que celle-ci n'a pas été reprise par les héritiers.

Le gérant doit, ensuite, se charger de toutes les **dépendances de l'affaire** (C. civ., art. 1301[1] [C. civ., anc. art. 1372, al. 1er]). Le gérant est par ailleurs assujetti aux mêmes obligations qu'un mandataire, ce qui lui impose notamment de **rendre compte de sa gestion et** d'apporter à celle-ci des **soins prudents et diligents** (C. civ., art. 1301[2] [C. civ., anc. art. 1372, al. 2], C. civ., art. 1301-1[3] [C. civ., anc. art. 1374, al. 1er], et C. civ., art. 1992). Même si elle peut être atténuée à raison des circonstances qui l'ont conduit à se charger de l'affaire et de la gratuité de sa gestion, la responsabilité de l'ancien protecteur est engagée, sur le terrain de la gestion d'affaires, à raison de toute faute, même d'imprudence ou de négligence[4].

331.78 Responsabilité de l'ancien protecteur en l'absence de gestion d'affaires. Lorsque les conditions de la gestion d'affaires ne sont pas réunies, la responsabilité délictuelle de l'ancien protecteur peut être engagée dans les conditions du droit commun. Ce dernier ne peut réclamer aucune indemnisation à raison des frais qu'il a engagés.

Il serait souhaitable qu'un texte précise les contours exacts de l'intervention de l'ancien mandataire au décès de la personne protégée. Les dispositions de l'article 1215 du Code de procédure civile autorisant, sous certaines conditions, le mandataire à conclure un contrat de recherche d'héritiers ou à désigner un notaire pourraient ici servir de modèles[5].

1. Réd. Ord. n° 2016-131, 10 févr. 2016, portant réforme du droit des contrats, du régime général et de la preuve des obligations, art. 2, *JO* 11 févr. (*en vigueur le 1er oct. 2016*).
2. Réd. Ord. n° 2016-131, 10 févr. 2016, portant réforme du droit des contrats, du régime général et de la preuve des obligations, art. 2, *JO* 11 févr. (*en vigueur le 1er oct. 2016*).
3. Réd. Ord. n° 2016-131, 10 févr. 2016, portant réforme du droit des contrats, du régime général et de la preuve des obligations, art. 2, *JO* 11 févr. (*en vigueur le 1er oct. 2016*).
4. Encore faut-il qu'une telle faute puisse être caractérisée. POUR UN EXEMPLE de rejet de la responsabilité civile de l'ancien protecteur agissant comme gérant d'affaires, Rennes, 1er avr. 2015, RG n° 13/06530, *Dr. fam.* 2015, n° 176, note Maria.

SECTION 4
DURÉE

§ 1
Absence d'encadrement temporel de la tutelle et de la curatelle dans le dispositif ancien

331.81 Des mesures de curatelle ou de tutelle non limitées dans le temps dans le dispositif initial. Le dispositif de protection des majeurs résultant de la loi du 3 janvier 1968 ne prévoyait pas de durée maximale de la mesure de curatelle ou de tutelle, ni de possibilité de procéder au renouvellement de ces mesures.

Toutefois, les anciens articles 507 et 509 du Code civil disposaient que les tutelles et les curatelles cessaient avec les causes qui les avaient déterminées, ce qui autorisait l'évolution des mesures de protection, les aménagements, voire la mainlevée.

Il avait cependant été observé que les juges ne procédaient qu'à très peu de réelles révisions et, en tout cas, ne donnaient que très rarement mainlevée d'une mesure pour d'autres causes que le décès.

331.82 Des mesures qui ont toutes été révisées avant le 31 décembre 2013. L'article 45, II de la loi n° 2007-308 du 5 mars 2007 publiée le 7 mars 2007 disposait que les articles 441 et 442 du Code civil sont applicables aux mesures ouvertes avant l'entrée en vigueur de la loi à l'expiration d'un délai de cinq ans à compter de la date de publication de celle-ci. À défaut de renouvellement dans ce délai, les mesures devaient prendre fin de plein droit.

Les juges des tutelles ont donc dû réviser l'intégralité de leur stock. La Direction des services judiciaires, dans un rapport du 17 janvier 2014, a évalué à 629 078 mesures demeurant encore à réviser au 31 décembre 2009 et à 3 293 celles qui ne l'avaient pas encore été au 31 décembre 2013 (soit 0,5 % du stock).

§ 2
Encadrement temporel de la tutelle et de la curatelle dans le dispositif actuel

331.91 Durée de droit commun de cinq ans. Le juge fixe désormais la durée de la curatelle ou de la tutelle dans le jugement d'ouverture de la mesure, sans que celle-ci puisse excéder cinq ans (C. civ., art. 441). Elle peut donc être moindre et le juge dispose ainsi d'une large marge de manœuvre pour adapter le temps qu'il fixe en fonction du degré réel

5. Sur tout ceci, v. N. Peterka, préc. s[s] n° 331.71.

d'altération des facultés et de leur évolution prévisible.

Cette disposition innovante vise à inciter le juge des tutelles à réviser périodiquement toutes les mesures prononcées dans le cadre de son cabinet, afin d'éviter de maintenir des mesures qui ne seraient plus justifiées. Elle apparaît ainsi comme le prolongement des principes de nécessité et d'individualisation des mesures de protection (C. civ., art. 428, al. 1er).

Toutefois, et uniquement lorsqu'il prononce une tutelle, le juge peut décider de fixer une durée plus longue qu'il doit déterminer précisément sans pouvoir excéder dix ans. Cette possibilité, introduite par la loi n° 2015-177 du 16 février 2015 [1], répond aux situations dans lesquelles il apparaît d'évidence que l'état de santé de la personne n'est pas susceptible d'amélioration à court terme et selon les données acquises de la science. Il en est ainsi, par exemple, en cas de maladie d'Alzheimer à un stade avancé, de handicap mental lourd ou de dépendance complète. Le juge ne peut dépasser le délai de principe de cinq ans qu'à la double condition de disposer d'un **avis conforme d'un médecin inscrit** constatant que l'altération des facultés personnelles de l'intéressé n'apparaît manifestement pas susceptible de connaître une amélioration selon les données acquises de la science et de **motiver spécialement sa décision.** Les cours d'appel et la Cour de cassation sont particulièrement attentives à cette motivation et au contenu du certificat médical qui lui a servi de base. La Haute juridiction avait décidé, dans le cadre du renouvellement de la mesure de protection, que ce dernier ne pouvait être prononcé au-delà de cinq ans que si le certificat médical avait préconisé une telle durée. Celle-ci était donc subordonnée à la condition que le certificat constate l'absence d'amélioration possible de l'état de santé de l'intéressé et suggère le renouvellement de la mesure au-delà du plafond quinquennal [2]. Or, si elle pouvait certes trouver appui dans la formulation alambiquée de l'article 442 et le souci du législateur d'encadrer la durée des mesures de protection, la solution n'en conduisait pas moins à solliciter à l'excès le médecin. Elle amenait à dissocier le constat médical et sa conséquence sur le terrain de la durée de la mesure de protection, alors que la seconde est évidemment le corollaire du premier. En déduisant de l'article 441 que « *l'avis conforme visé par ce texte ne concerne pas la durée de la mesure, laquelle relève de l'office du juge* », la Haute juridiction retient une interprétation fidèle à l'esprit du texte [3]. Il suffit donc, pour que la tutelle puisse être ouverte au-delà de cinq ans, que le certificat médical joint à la requête constate l'absence d'amélioration possible de l'état de santé de l'intéressé. Gageons que la solution sera étendue au renouvellement.

331.92 Principe. Révision obligatoire tous les cinq ans. Le juge des tutelles est tenu de réviser les mesures de protection avant leur terme. À défaut, ces dernières deviennent caduques (C. civ., art. 443, al. 1er). Cette révision peut être engagée d'office dans les mois précédant l'expiration du délai fixé ou à la requête de l'une des personnes pouvant demander l'ouverture de la mesure de protection (C. civ., art. 430). Il appartient au juge d'instruire la procédure et de vérifier que les conditions des articles 425, 428 et 440 du Code civil sont toujours remplies. À cette fin, il lui incombe d'entendre la personne protégée sauf si son audition est de nature à porter atteinte à sa santé ou si elle ne peut pas exprimer sa volonté (C. civ., art. 442). Il peut procéder à toutes autres auditions utiles et en particulier à celle de la personne chargée de la protection avec laquelle un bilan sera fait à la fois sur la gestion financière de la mesure mais aussi sur les dispositions prises pour favoriser l'autonomie de la personne protégée.

Le juge doit en outre disposer d'un **avis médical suffisamment précis.** S'il n'est pas obligatoire de solliciter, le cas échéant d'office, un certificat médical circonstancié d'un médecin inscrit sur la liste du procureur de la République, cette démarche est souvent particulièrement utile pour apprécier l'évolution et l'actualité des altérations.

À l'issue de l'instruction de la procédure de révision, le juge doit **transmettre le dossier au ministère public et convoquer à une audience** afin de respecter le principe de la contradiction. Il peut ensuite décider de renouveler la mesure de curatelle ou de tutelle pour une nouvelle durée de cinq ans (C. civ., art. 442, al. 1er et 3). Le nombre de renouvellements susceptibles d'intervenir n'est pas limité.

331.93 Exception. Révision pour une durée maximale de vingt ans. À titre d'exception, lorsque l'altération des facultés mentales ou corporelles de la personne à protéger ne paraît manifestement pas susceptible de connaître une amélioration selon les données acquises de la science, le juge des tutelles peut, par décision spécialement motivée et sur avis conforme du médecin choisi sur la liste établie par le procureur de la République, renouveler la mesure de curatelle ou de tutelle pour une durée plus longue, qu'il détermine et qui ne peut désormais excéder vingt ans (C. civ., art. 442, al. 2, réd. L. n° 2015-177, 16 févr. 2015). La disposition répond aux critiques adressées à la loi du 5 mars 2007. Cette dernière autorisait,

1. L. n° 2015-177, 16 févr. 2015, relative à la modernisation et à la simplification du droit et des procédures dans les domaines de la justice et des affaires intérieures, *JO* 17 févr., p. 2961.
2. Civ. 1re, 10 oct. 2012, n° 11-14.441, *Bull. civ.* I, n° 197; *D.* 2012. 2723, note Raoul-Cormeil; *AJ fam.* 2012. 619, obs. Verheyde; *RTD civ.* 2013. 90, obs. Hauser; *Dr. fam.* 2012, n° 184, obs. Maria – Civ. 1re, 13 mai 2015, n° 14-14.904, *Bull. civ.* II [à paraître].
3. Civ. 1re, 8 déc. 2016, n° 16-20.298 *(affaire Vincent Lambert).*

sous les conditions précitées, le renouvellement des mesures de tutelle et de curatelle au-delà cinq ans, sans imposer aucune limite temporelle. Il suffisait que le juge détermine la durée de la mesure, ce qui conduisait souvent en pratique à des renouvellements prononcés pour une durée équivalente à l'espérance de vie de la personne protégée. La loi du 16 février 2015 non seulement condamne cette pratique mais, encore, impose le renouvellement dans un délai de dix ans à compter du 18 février 2015 des curatelles et des tutelles reconduites pour une durée supérieure à dix ans avant cette date. À défaut d'être renouvelée dans ce délai, la mesure prend fin de plein droit.

S'il est dicté par les contraintes dénoncées par la pratique et la nécessité de conserver à la personne protégée le bénéfice des opportunités liées au rendez-vous obligatoire devant le juge des tutelles, le nouveau dispositif encadrant la durée initiale de la tutelle et le renouvellement des mesures de protection n'est pas exempt de critiques. Nombre des personnes sous tutelle ne profiteront en réalité jamais de ce rendez-vous - au bout de dix ans puis tous les vingt ans - en raison de leur âge ou de leur état de santé[1].

331.94 Aggravation encadrée de la mesure de protection. Le juge ne peut renforcer la mesure de protection que dans les conditions prévues à l'article 442 alinéa 4 *in fine*. C'est dire que la saisine d'office se trouve ici proscrite, de la même façon qu'elle l'est pour l'ouverture de la protection. Le juge ne peut statuer qu'après avoir été saisi dans les conditions mentionnées aux articles 430 et 431, c'est-à-dire par voie de requête à laquelle doit être annexée, à peine d'irrecevabilité de celle-ci, un certificat médical circonstancié émanant d'un médecin inscrit sur la liste du procureur de la République. L'audition de la personne protégée, le cas échéant accompagnée de son avocat ou, sous réserve de l'accord du juge, de toute autre personne de son choix, s'impose, en toute hypothèse, à moins qu'un avis émanant d'un médecin inscrit sur la liste du parquet établisse que l'audition de la personne protégée est de nature à porter atteinte à sa santé ou qu'elle est hors d'état de manifester sa volonté. La décision d'écarter l'audition du majeur doit faire l'objet d'une motivation spéciale (C. civ., art. 432, al. 2). Ce dispositif est applicable à toute aggravation de la protection, qu'il s'agisse de la transformation d'une curatelle simple en curatelle renforcée ou en tutelle ou de l'ouverture d'une mesure incapacitante (tutelle ou une curatelle) à la suite de la révocation d'un mandat de protection future. Sur ce dernier point, les dispositions de nature *infra*-législative de l'article 1217 du Code de procédure civile, qui écartent la saisine du juge par voie de requête lorsqu'il est fait application de l'article 485 du Code civil, ne peuvent déroger aux dispositions de nature législative du Code civil imposant la saisine du juge par voie de requête accompagnée d'un certificat médical circonstancié émanant d'un médecin inscrit sur la liste du parquet (C. civ., art. 485 et 442, al. 4 - C. pr. civ., art. 1217).

Pour autant, le juge peut communiquer au parquet la procédure afin de lui permettre, le cas échéant, de lui présenter une requête aux fins d'ouverture d'un régime de protection. Les personnes énumérées par l'article 430 peuvent, au demeurant, elles aussi saisir le juge des tutelles d'une requête en ce sens (v. ss nos 331.31 et 333.32).

1. N. Peterka, « Clarifications et reculs du droit des personnes et de la famille. À propos de la loi n° 2015-177 du 16 février 2015 », *JCP* 2015. 243.

CHAPITRE

332. Règles relatives aux organes de protection

SECTION 0 ORIENTEUR

332.00 **Plan du chapitre.**

332.01 **Textes applicables.**

TEXTES SOURCES

> Dispositif autonome de protection juridique des majeurs
C. civ., art. 395 à 397 et 445 à 457

• curateur et tuteur
+ L. n° 2007-308, 5 mars 2007
+ L. n° 2009-526, 12 mai 2009
C. civ., art. 446 à 453

• subrogé curateur et subrogé tuteur
+ L. n° 2007-308, 5 mars 2007
C. civ., art. 454

• curateur *ad hoc* et tuteur *ad hoc*
+ L. n° 2007-308, 5 mars 2007
C. civ., art. 455

• conseil de famille des majeurs en tutelle
+ L. n° 2007-308, 5 mars 2007
C. civ., art. 456 et 457

• causes d'empêchement à l'exercice des charges tutélaires ou curatélaires
+ L. n° 2008-776, 4 août 2008
C. civ., art. 445
et C. civ., art. 395 à 397

> Circ. DACS, 9 févr. 2009

TEXTES *IN EXTENSO*

> Dispositif autonome de protection juridique des majeurs
[C. civ., art. 395 à 397 et 445 à 457]
+ L. n° 2007-308, 5 mars 2007

• curateur et tuteur
[C. civ., art. 446 à 453]
+ L. n° 2007-308, 5 mars 2007, art. 7
+ L. n° 2009-526, 12 mai 2009, art. 116

C. civ., art. 446
Un curateur ou un tuteur est désigné pour la personne protégée dans les conditions prévues au présent paragraphe et sous réserve des pouvoirs conférés au conseil de famille s'il a été constitué.

C. civ., art. 447
Le curateur ou le tuteur est désigné par le juge.

Celui-ci peut, en considération de la situation de la personne protégée, des aptitudes des intéressés et de la consistance du patrimoine à administrer, désigner plusieurs curateurs ou plusieurs tuteurs pour exercer en commun la mesure de protection. Chaque curateur ou tuteur est réputé, à l'égard des tiers, avoir reçu des autres le pouvoir de faire seul les actes pour lesquels un tuteur n'aurait besoin d'aucune autorisation.

Le juge peut diviser la mesure de protection entre un curateur ou un tuteur chargé de la protection de la personne et un curateur ou un tuteur chargé de la gestion patrimoniale. Il peut confier la gestion de certains biens à un curateur ou à un tuteur adjoint.

À moins que le juge en ait décidé autrement, les personnes désignées en application de l'alinéa précédent sont indépendantes et ne sont pas responsables l'une envers l'autre. Elles s'informent toutefois des décisions qu'elles prennent.

C. civ., art. 448
La désignation par une personne d'une ou plusieurs personnes chargées d'exercer les fonctions de curateur ou de tuteur pour le cas où elle serait placée en curatelle ou en tutelle s'impose au juge, sauf si la personne désignée refuse la mission ou est dans l'impossibilité de l'exercer ou si l'intérêt de la personne protégée commande de l'écarter. En cas de difficulté, le juge statue.

Il en est de même lorsque les parents ou le dernier vivant des père et mère, ne faisant pas l'objet d'une mesure de curatelle ou de tutelle, qui exercent l'autorité parentale sur leur enfant mineur ou assument la charge matérielle et affective de leur enfant majeur désignent une ou plusieurs personnes chargées d'exercer les fonctions de curateur ou de tuteur à compter du jour où eux-mêmes décéderont ou ne pourront plus continuer à prendre soin de l'intéressé.

C. civ., art. 449 *(mod. par L. nº 2009-526, 12 mai 2009, art. 116)*
À défaut de désignation faite en application de l'article 448, le juge nomme, comme curateur ou tuteur, le conjoint de la personne protégée, le partenaire avec qui elle a conclu un pacte civil de solidarité ou son concubin, à moins que la vie commune ait cessé entre eux ou qu'une autre cause empêche de lui confier la mesure.

À défaut de nomination faite en application de l'alinéa précédent et sous la dernière réserve qui y est mentionnée, le juge désigne un parent, un allié ou une personne résidant avec le majeur protégé ou entretenant avec lui des liens étroits et stables.

Le juge prend en considération les sentiments exprimés par celui-ci, ses relations habituelles, l'intérêt porté à son égard et les recommandations éventuelles de ses parents et alliés ainsi que de son entourage.

C. civ., art. 450
Lorsqu'aucun membre de la famille ou aucun proche ne peut assumer la curatelle ou la tutelle, le juge désigne un mandataire judiciaire à la protection des majeurs inscrit sur la liste prévue à l'article L. 471-2 du Code de l'action sociale et des familles. Ce mandataire ne peut refuser d'accomplir les actes urgents que commande l'intérêt de la personne protégée, notamment les actes conservatoires indispensables à la préservation de son patrimoine.

C. civ., art. 451
Si l'intérêt de la personne hébergée ou soignée dans un établissement de santé ou dans un établissement social ou médico-social le justifie, le juge peut désigner, en qualité de curateur ou de tuteur, une personne ou un service préposé de l'établissement inscrit sur la liste des mandataires judiciaires à la protection des majeurs au titre du 1º ou du 3º de l'article L. 471-2 du Code de l'action sociale et des familles, qui exerce ses fonctions dans les conditions fixées par décret en Conseil d'État.

La mission confiée au mandataire s'étend à la protection de la personne, sauf décision contraire du juge.

C. civ., art. 452
La curatelle et la tutelle sont des charges personnelles.

Le curateur et le tuteur peuvent toutefois s'adjoindre, sous leur propre responsabilité, le concours de tiers majeurs ne faisant pas l'objet d'une mesure de protection juridique pour l'accomplissement de certains actes dont la liste est fixée par décret en Conseil d'État.

C. civ., art. 453
Nul n'est tenu de conserver la curatelle ou la tutelle d'une personne au-delà de cinq ans, à l'exception du conjoint, du partenaire du pacte civil de solidarité et des enfants de l'intéressé ainsi que des mandataires judiciaires à la protection des majeurs.

• **subrogé curateur et subrogé tuteur**
+ L. nº 2007-308, 5 mars 2007, art. 7

C. civ., art. 454
Le juge peut, s'il l'estime nécessaire et sous réserve des pouvoirs du conseil de famille s'il a été constitué, désigner un subrogé curateur ou un subrogé tuteur.

Si le curateur ou le tuteur est parent ou allié de la personne protégée dans une branche, le subrogé curateur ou le subrogé tuteur est choisi, dans la mesure du possible, dans l'autre branche.

Lorsqu'aucun membre de la famille ou aucun proche ne peut assumer les fonctions de subrogé curateur ou de subrogé tuteur, un mandataire judiciaire à la protection des majeurs inscrit sur la liste prévue à l'article L. 471-2 du Code de l'action sociale et des familles peut être désigné.

À peine d'engager sa responsabilité à l'égard de la personne protégée, le subrogé curateur ou le subrogé tuteur surveille les actes passés par le curateur ou par le tuteur en cette qualité et informe sans délai le juge s'il constate des fautes dans l'exercice de sa mission.

Le subrogé curateur ou le subrogé tuteur assiste ou représente, selon le cas, la personne protégée lorsque les intérêts de celle-ci sont en opposition avec ceux du curateur ou du tuteur ou lorsque l'un ou l'autre ne peut lui apporter son assistance ou agir pour son compte en raison des limitations de sa mission.

Il est informé et consulté par le curateur ou le tuteur avant tout acte grave accompli par celui-ci.

La charge du subrogé curateur ou du subrogé tuteur cesse en même temps que celle du curateur ou du tuteur. Le subrogé curateur ou le subrogé tuteur est toutefois tenu de provoquer le remplacement du curateur ou du tuteur en cas de cessation des fonctions de celui-ci sous peine d'engager sa responsabilité à l'égard de la personne protégée.

• **curateur *ad hoc* et tuteur *ad hoc***
+ L. nº 2007-308, 5 mars 2007, art. 7

C. civ., art. 455
En l'absence de subrogé curateur ou de subrogé tuteur, le curateur ou le tuteur dont les intérêts sont, à l'occasion d'un acte ou d'une série d'actes, en opposition avec ceux de la personne protégée ou qui ne peut lui apporter son assistance ou agir pour son compte en raison des limitations de sa mission fait nommer par le juge ou par le conseil de famille s'il a été constitué un curateur ou un tuteur *ad hoc*.

Cette nomination peut également être faite à la demande du procureur de la République, de tout intéressé ou d'office.

• **conseil de famille des majeurs en tutelle**
[C. civ., art. 456 à 457]
+ L. nº 2007-308, 5 mars 2007, art. 7

C. civ., art. 456
Le juge peut organiser la tutelle avec un conseil de famille si les nécessités de la protection de la personne ou la consistance de son patrimoine le justifient et si la composition de sa famille et de son entourage le permet.

Le juge désigne les membres du conseil de famille en considération des sentiments exprimés par la personne protégée, de ses relations habituelles, de l'intérêt porté à son égard et des recommandations éventuelles de ses parents et alliés ainsi que de son entourage.

Le conseil de famille désigne le tuteur, le subrogé tuteur et, le cas échéant, le tuteur *ad hoc* conformément aux articles 446 à 455.

Il est fait application des règles prescrites pour le conseil de famille des mineurs, à l'exclusion de celles prévues à l'article 398, au quatrième alinéa de l'article 399 et au premier alinéa de l'article 401. Pour l'application du troisième alinéa de l'article 402, le délai court, lorsque l'action est exercée par le majeur protégé, à compter du jour où la mesure de protection prend fin.

C. civ., art. 457

Le juge peut autoriser le conseil de famille à se réunir et délibérer hors de sa présence lorsque ce dernier a désigné un mandataire judiciaire à la protection des majeurs comme tuteur ou subrogé tuteur. Le conseil de famille désigne alors un président et un secrétaire parmi ses membres, à l'exclusion du tuteur et du subrogé tuteur.

Le président du conseil de famille transmet préalablement au juge l'ordre du jour de chaque réunion.

Les décisions prises par le conseil de famille ne prennent effet qu'à défaut d'opposition formée par le juge, dans les conditions fixées par le Code de procédure civile.

Le président exerce les missions dévolues au juge pour la convocation, la réunion et la délibération du conseil de famille. Le juge peut toutefois, à tout moment, convoquer une réunion du conseil de famille sous sa présidence.

• **causes d'empêchement à l'exercice des charges tutélaires ou curatélaires**

[C. civ., art. 445 et 395 à 397]

C. civ., art. 445 *(mod. par L. n° 2008-776, 4 août 2008, art. 18)*

Les charges curatélaires et tutélaires sont soumises aux conditions prévues pour les charges tutélaires des mineurs par les articles 395 à 397. Toutefois, les pouvoirs dévolus par l'article 397 au conseil de famille sont exercés par le juge en l'absence de constitution de cet organe.

Les membres des professions médicales et de la pharmacie, ainsi que les auxiliaires médicaux ne peuvent exercer une charge curatélaire ou tutélaire à l'égard de leurs patients.

Le fiduciaire désigné par le contrat de fiducie ne peut exercer une charge curatélaire ou tutélaire à l'égard du constituant.

C. civ., art. 395

Ne peuvent exercer les différentes charges de la tutelle :

1° Les mineurs non émancipés, sauf s'ils sont le père ou la mère du mineur en tutelle;

2° Les majeurs qui bénéficient d'une mesure de protection juridique prévue par le présent code;

3° Les personnes à qui l'autorité parentale a été retirée;

4° Les personnes à qui l'exercice des charges tutélaires a été interdit en application de l'article 131-26 du Code pénal.

C. civ., art. 396

Toute charge tutélaire peut être retirée en raison de l'inaptitude, de la négligence, de l'inconduite ou de la fraude de celui à qui elle a été confiée. Il en est de même lorsqu'un litige ou une contradiction d'intérêts empêche le titulaire de la charge de l'exercer dans l'intérêt du mineur.

Il peut être procédé au remplacement de toute personne à qui une charge tutélaire a été confiée en cas de changement important dans sa situation.

C. civ., art. 397

Le conseil de famille statue sur les empêchements, les retraits et les remplacements qui intéressent le tuteur et le subrogé tuteur.

Le juge des tutelles statue sur ceux qui intéressent les autres membres du conseil de famille.

Une charge tutélaire ne peut être retirée, par celui qui l'a confiée, qu'après que son titulaire a été entendu ou appelé.

Le juge peut, s'il estime qu'il y a urgence, prescrire des mesures provisoires dans l'intérêt du mineur.

> **Circ. DACS n° CIV/09/C1, 9 févr. 2009,** relative à l'application des dispositions législatives et réglementaires issues de la réforme du droit de la protection juridique des mineurs et des majeurs, *BOMJ* 28 févr. 2009, p. 1-46.

332.02 Jurisprudence de référence.

> **L'intérêt de la personne protégée de nature à justifier l'éviction de la désignation anticipée du protecteur est souverainement apprécié par les juges du fond.**

• **Civ. 1re, 12 janv. 2011, n° 09-16.519,** *Bull. civ.* I, n° 11

* V. s^s n° 332.41

« Mais attendu qu'après avoir relevé que M. Y... n'avait fait parvenir, après diverses relances, que quelques renseignements épars, insuffisants pour permettre de déterminer si son intervention dans la gestion était conforme aux intérêts de la personne protégée, qu'il avait favorisé la vente du logement de sa mère puis la conclusion d'un contrat de bail alors qu'un mandataire était désigné dans l'intérêt de cette dernière, qu'elle était sous l'influence grandissante de M. Y... qui l'isolait du reste de la famille et qu'elle était éprouvée par ce conflit entre ses enfants, le tribunal en a déduit souverainement que son intérêt commandait d'écarter M. Y... des fonctions de curateur et de confier l'exercice de celles-ci à l'Udaf 31; que le moyen ne peut être accueilli [...]. »

> **L'existence de dissensions familiales ne justifie l'éviction de la famille de l'exercice de la mesure de protection que si elles l'empêchent de l'exercer dans l'intérêt de la personne protégée.**

• **Civ. 1re, 23 févr. 2011, n° 10-12.923,** NP

* V. s^s n° 332.71

« Attendu qu'un jugement du 6 avril 2009 a placé Mme C... X..., épouse Y..., née le 31 décembre 1932, sous tutelle et désigné sa fille, Mme D... Y..., épouse Z..., en qualité de tutrice; que M. B... Y..., époux de la majeure protégée, a formé un recours contre cette décision;

Attendu que Mme D... Y..., épouse Z... fait grief au jugement attaqué (tribunal de grande instance de Bobigny, 17 décembre 2009) d'avoir désigné Mme Carole A... pour exercer les fonctions de tutrice de Mme X... en ses lieu et place, alors, selon le moyen :

1°/ qu'à défaut de désignation d'un tuteur faite en application de l'article 448 ou de l'alinéa 1er de l'article 449 du Code civil, le juge désigne, en application du principe de proximité familiale, un parent, un allié ou une personne résidant avec le majeur protégé ou entretenant avec lui des liens étroits et stables; que, sauf circonstances très particulières, l'existence d'un conflit entre les membres de la famille ne suffit pas à justifier que la mesure de protection soit confiée à un mandataire;

qu'en se fondant sur l'existence d'un simple conflit entre le père et la fille, pour justifier que cette dernière ne puisse être désignée comme tutrice de sa mère, quand un tel conflit ne pouvait pas légalement faire obstacle à la désignation de Mme D… Y…, épouse Z… en qualité de tutrice, en application du principe de proximité familiale, le tribunal a violé les articles 449 et 450 du Code civil;

2°/ qu'à défaut de désignation d'un tuteur faite en application de l'article 448 ou de l'alinéa 1er de l'article 449 du Code civil, le juge désigne un parent, un allié ou une personne résidant avec le majeur protégé ou entretenant avec lui des liens étroits et stables; que l'existence d'un conflit entre les membres de la famille ne justifie, à titre exceptionnel, que la mesure de protection soit confiée à un mandataire qu'à la condition que le conflit soit d'une telle intensité qu'il empêche le fonctionnement normal de la tutelle familiale; qu'en l'espèce, le tribunal d'instance avait nommé comme tuteur de Mme C… X…, épouse Y…, sa propre fille, Mme D… Z…, compte tenu de l'incapacité de M. B… Y…, époux de la personne protégée, d'assumer une telle fonction; qu'en désignant comme tuteur une personne étrangère à la famille, sans dire en quoi Mme D… Z… ne pouvait assumer la tutelle qui lui avait été confiée par le premier juge ou s'expliquer sur les raisons particulières pour lesquelles le conflit existant entre Mme D… Z… et son père était de nature à justifier que lui soit retiré la tutelle, la cour d'appel a privé sa décision de base légale au regard des articles 449 et 450 du Code civil;

Mais attendu qu'ayant relevé l'existence d'un important conflit entre Mme D… Y… et son père, M. B… Y…, époux de la majeure protégée, qui avait notamment conduit l'établissement de soins où est placée Mme C… X…, à fixer des jours de visites pour éviter les rencontres entre le père et la fille, le tribunal a souverainement estimé qu'il était nécessaire, dans l'intérêt de Mme X…, de désigner un tuteur extérieur à la famille afin d'apaiser la situation et a ainsi légalement justifié sa décision;

Par ces motifs :

Rejette […]. »

> Application du principe de priorité conjugale, en présence d'un conflit familial, et de la conception psychologique de la communauté de vie.

• **Civ. 1re, 8 déc. 2016, n° 16-20.298,** *Bull. civ.* I [à paraître] *(affaire dite Vincent Lambert)*

* V. ss n° 332.52

« Mais attendu que, selon l'article 449 du Code civil, à défaut de désignation par la personne protégée elle-même, le juge nomme comme curateur ou tuteur son conjoint, à moins que la vie commune ait cessé entre eux ou qu'une autre cause empêche de lui confier la mesure;

Attendu, en premier lieu, que l'arrêt relève, d'abord, par motifs propres et adoptés, que, jusqu'à ce que se pose la question de la décision médicale de l'arrêt des traitements pour obstination déraisonnable, personne n'avait contesté la capacité de Mme Rachel X… à représenter son époux et que, contrairement aux allégations des consorts X…, celle-ci a rempli ses devoirs d'épouse, s'est battue aux côtés de son mari et n'a pas failli dans sa mission de représentation; que l'arrêt énonce, ensuite, qu'il ne peut être fait grief à Mme Rachel X… de son éloignement courant 2013 et de sa volonté de se rapprocher de son père avec sa fille, dès lors qu'il existait une pression médiatique importante dont elle a souhaité protéger son enfant; qu'après avoir rappelé que le tuteur ne saurait se substituer à la procédure définie par le code de la santé publique, qui relève de la collégialité des médecins chargés du suivi du patient, ni remettre en cause les décisions de justice passées en force de chose jugée, l'arrêt constate, enfin, que Mme Rachel X… n'a jamais fait de demande d'arrêt des soins mais ne s'y est pas opposée lorsque le processus a été engagé, M. Vincent X… ayant exprimé le souhait de ne pas continuer à vivre dans un état de grande dépendance; que de ces constatations, dont il ressort que la cessation de la vie commune n'était pas liée à des circonstances imputables à l'épouse, la cour d'appel a souverainement déduit qu'en dépit du conflit familial, il n'y avait pas lieu d'écarter Mme Rachel X… de l'exercice de la mesure de protection […];

D'où il suit que le moyen ne peut être accueilli […] ».

> Le juge des tutelles doit préciser ce qui justifie l'éviction des sentiments exprimés par la personne à protéger pour le choix de son protecteur

• **Civ. 1re, 5 déc. 2012, n° 11-26.611,** *Bull. civ.* I, n° 254

* V. ss n° 332.72

« Attendu que Mme X… ayant été placée sous curatelle renforcée avec la nomination d'un mandataire judiciaire, celle-ci a formé un recours contre cette décision en demandant que sa nièce soit désignée comme curateur si cette mesure était maintenue;

Attendu que, pour rejeter cette demande, l'arrêt retient que la désignation de la nièce de Mme X… n'était pas opportune en raison de la trop grande vulnérabilité de l'intéressée, qu'elle s'est dessaisie en quelques années de l'ensemble de ses économies, qu'il ne lui reste plus que sa maison, que lorsque celle-ci sera vendue il conviendra que les fonds soient placés dans son intérêt pour pourvoir dans l'avenir à son entretien, ses ressources mensuelles ne lui permettant pas d'équilibrer son budget et encore moins de faire face à un hébergement en maison de retraite si son maintien au domicile de sa nièce était remis en question;

Qu'en se déterminant ainsi, sans préciser ce qui interdisait, malgré les sentiments exprimés par la majeure protégée, de confier la curatelle à sa nièce, la cour d'appel n'a pas donné de base légale à sa décision […]. »

332.03 Bibliographie indicative.

> Ouvrages. A. Batteur, A. Caron-Déglise, M.-C. Dalle, T. Fossier, L. Pécaut-Rivolier et T. Verheyde, *Curatelle, tutelle, accompagnements*, « Litec professionnels », LexisNexis, 2009 – A. Delfosse et N. Baillon-Wirtz, *La réforme du droit des majeurs protégés*, « Pratique notariale », LexisNexis, 2009, nos 220 à 270 – J. Massip, *Tutelle des mineurs et protection juridique des majeurs*, Defrénois, 2009, nos 294 et 295; nos 406 à 422.

> Articles. F. Fresnel, « Le rôle de la famille dans le cadre de la nouvelle loi sur la protection juridique des majeurs », *AJ. fam.* 2009. 16 – J. Hauser, « La famille et l'incapable majeur », *AJ fam.* 2007. 198 – G. Kessler et V. Zalewski, « Le principe de primauté de la famille après la réforme des incapacités par la loi du 5 mars 2007 », *RLDC* 2007,n° 9, p. 34 – G. Lebreton, « L'exclusion de la famille dans la protection des majeurs sous l'angle du droit public », *in* G. Raoul-Cormeil (dir.), *Nouveau droit des majeurs protégés. Difficultés pratiques*, « Thèmes et commentaires », Dalloz, 2012, p. 259 – J.-J. Lemouland, « La famille du majeur protégé et la gestion de ses biens », *in* G. Raoul-Cormeil et J.-M. Plazy (dir.), *Le patrimoine de la per-*

sonne protégée, LexisNexis, 2015, p. 101 – L. Mauger-Vielpeau, « Couple et majeur protégé », *in* G. Raoul-Cormeil (dir.), *Nouveau droit des majeurs protégés. Difficultés pratiques*, « Thèmes et commentaires », Dalloz, 2012, p. 243 – N. Peterka, « La famille dans la réforme de la protection juridique des majeurs », *JCP* 2010. Doctr. 33 – D. Pollet, « Quels droits pour la famille d'un adulte dont la protection judiciaire a été confiée à un tiers ? », *Dr. fam.* 2011. Étude 23 – G. Raoul-Cormeil, « L'exclusion de la famille dans la protection d'une personne majeure », *LPA* 10 mars 2010. 6; « Les recours des héritiers d'un majeur protégé », dossier « La fin de vie du majeur protégé », *Dr. fam.* 2014. Étude 27; « L'opposition d'intérêts : une notion à définir », *in* G. Raoul-Cormeil et J.-M. Plazy (dir.), *Le patrimoine de la personne protégée*, LexisNexis, 2015, p. 57 – M. Rebourg, « La responsabilité civile des mandataires judiciaires à la protection des majeurs dans l'exercice de leurs missions », *Dr. fam.* 2010. Étude 17 – M.-P. Régnault-Lugbull, « La protection d'une personne majeure et le juge des tutelles », *in* G. Raoul-Cormeil (dir.), *Nouveau droit des majeurs protégés. Difficultés pratiques*, « Thèmes et commentaires », Dalloz, 2012, p. 269.

332.04 Exemples d'actes.

> Tutelle et curatelle

* Pour un exemple de dispositif de jugement de mise sous curatelle avec mission d'assistance à la personne, v. s[s] n° 5251.15.

* Pour un exemple de jugement d'ouverture de tutelle avec désignation d'un tuteur familial ou proche, v. s[s] n° 5261.18.

* Pour un exemple de jugement d'ouverture de tutelle avec désignation d'un mandataire judiciaire à la protection des majeurs, v. s[s] n° 5261.19.

* Pour un exemple de jugement d'ouverture de tutelle avec désignation plurielle, v. s[s] n° 5261.20.

* Pour un exemple de jugement d'ouverture de tutelle avec mission limitée à la protection des intérêts patrimoniaux de la personne/mission globale/mission spécifique d'assistance ou de représentation, v. s[s] n° 5261.21.

* Pour un exemple de jugement de tutelle avec conseil de famille, v. s[s] n° 5261.12.

* Pour un exemple d'ordonnance fixant la composition du conseil de famille et décidant de sa réunion, v. s[s] n° 5261.13.

* Pour un exemple de procès-verbal de délibération du conseil de famille, d'organisation de la tutelle avec désignation du tuteur et du subrogé tuteur, v. s[s] n° 5261.14.

* Pour un exemple de délibération du conseil de famille (votes par correspondance), v. s[s] n° 5261.16.

* Pour un exemple de délibération du conseil de famille hors la présence du juge, v. s[s] n° 5261.17.

* Pour un exemple de requête et d'ordonnance de désignation d'un administrateur *ad hoc*, v. s[s] n° 5271.17.

SECTION 1
AVÈNEMENT D'UN DISPOSITIF AUTONOME DE PROTECTION JURIDIQUE DES MAJEURS

332.11 Les régimes juridiques de protection des majeurs empruntaient très largement à celui de la tutelle des mineurs. Sous l'empire de la loi n° 68-5 **du 3 janvier 1968,** d'une part, la **curatelle** obéissait pour partie aux règles prévues pour la tutelle des majeurs (C. civ., anc. art. 509 - C. pr. civ., anc. art. 1262); d'autre part, sous la réserve de quelques dispositions propres, la **tutelle des majeurs** était soumise aux règles prévues pour la **tutelle des mineurs** (C. civ., anc. art. 495 - C. pr. civ., anc. art. 1243).

À quelques exceptions près, touchant notamment à l'éducation du mineur, les règles de compétence territoriale, de procédure, d'audience et de voies de recours étaient applicables aux régimes des majeurs.

332.12 Refonte des dispositions relatives aux organes de protection des majeurs [applicable depuis le 1er janvier 2009]. La loi n° 2007-308 du 5 mars 2007[1] unifie, sous une section intitulée « De la curatelle et de la tutelle », les dispositions relatives aux organes de protection des majeurs (C. civ., art. 445 à 457). L'article 445 du Code civil (issu de la loi du 5 mars 2007) prévoit que les charges curatélaires et tutélaires sont soumises aux mêmes conditions que les charges tutélaires des mineurs prévues par les articles 395 à 397 du Code civil (cas d'empêchements, de retraits et de remplacements), avec les adaptations nécessaires.

SECTION 2
MODALITÉS D'EXERCICE DE LA CURATELLE OU DE LA TUTELLE

332.21 Exercice en commun de la curatelle ou de la tutelle. Possibilité de mise en place d'une cocuratelle ou d'une cotutelle. L'article 447 du Code civil prévoit que le juge des tutelles désigne le curateur ou le tuteur. L'alinéa 2 du texte lui permet aujourd'hui de prescrire l'exercice en commun de la mesure de protection, c'est-à-dire la mise en place d'une cocuratelle ou d'une cotutelle. Le juge peut, en considération de la situation du majeur protégé, des aptitudes des intéressés et de la consistance du patrimoine à administrer, désigner **plusieurs curateurs ou tuteurs** pour exercer en commun la mesure de protection. Cela signifie que chaque tuteur ou curateur est investi d'une **mission identique.** Ainsi que l'explique la circulaire de la Direction des affaires civiles et du Sceau (DACS) du 9 février 2009, « *cette double désignation vient, notamment, répondre aux attentes des parents d'enfants majeurs gravement handicapés qui déploraient de devoir choisir lequel, du père ou de la mère, devait être désigné comme tuteur lorsqu'une mesure de protection était nécessaire; désormais, les deux parents peuvent être désignés* »[2]. S'inspirant des solutions du droit matrimonial, le texte pose un **principe de gestion concur-**

1. L. n° 2007-308, 5 mars 2007, portant réforme de la protection juridique des majeurs, *JO* 7 mars, p. 4325.
2. Circ. DACS n° CIV/01/09/C1, 9 févr. 2009, *BOMJ* 28 févr. 2009, p. 18.

rente des biens compris dans le patrimoine tutélaire ou curatélaire, laquelle repose sur une **présomption de pouvoirs irréfragable.** Aux termes de l'article 447 alinéa 2, « *chaque tuteur ou curateur est réputé, à l'égard des tiers, avoir reçu des autres le pouvoir de faire seul les actes pour lesquels un tuteur n'aurait besoin d'aucune autorisation* ». C'est-à-dire que chaque protecteur administre seul les biens du majeur dont il a la protection. L'accomplissement des **actes de disposition** implique, en revanche, **l'accord des co-tuteurs ou des co-curateurs,** ainsi que **l'autorisation du juge des tutelles**, à peine d'encourir la **nullité** des dépassements de pouvoir et, cela bien que l'article 447 alinéa 2 ne renvoie pas, sur ce point, aux dispositions de l'article 465.

332.22 Division de l'exercice de la curatelle ou de la tutelle. Le juge des tutelles peut choisir de diviser la mesure entre un **curateur** ou un **tuteur** chargé de la **protection de la personne du majeur et** un **curateur** ou un **tuteur chargé de la gestion de son patrimoine.** Il peut encore décider de confier la gestion de **certains biens** à un **tuteur** ou un **curateur adjoint.** En ces cas, ces deux personnes sont **indépendantes** et ne sont pas responsables l'une envers l'autre dans leurs fonctions respectives, sauf décision contraire du juge des tutelles. Toutefois, elles sont tenues d'un **devoir d'information mutuelle**. Cette faculté, qui figurait avant la réforme à l'ancien article 417 du Code civil, permet au juge de diviser l'exercice de la mesure, en attribuant à chaque protecteur une **mission autonome** et en tenant compte des « *qualifications ou compétences, de la disponibilité au quotidien ou encore de liens privilégiés entre les personnes désignées et la personne protégée. Dans cette optique, le juge peut également confier la gestion de certains biens à un curateur ou tuteur adjoint, répartissant d'une autre façon, en fonction de la configuration patrimoniale et familiale, les tâches et charges afférentes à la gestion patrimoniale* »[1]. Ainsi que le souligne la circulaire du 9 février 2009, de la Direction des affaires civiles et du Sceau, ces différentes possibilités ont pour finalité de « *faciliter la prise en charge familiale, soit en associant plusieurs personnes afin de rendre la charge moins lourde, soit en répartissant les tâches entre les membres d'une même famille en fonction des affinités ou de la disponibilité de chacun, soit en divisant la mesure entre un proche du majeur plus à même d'assurer la protection de la personne et un mandataire judiciaire à la protection des majeurs plus qualifié pour gérer le patrimoine* »[2].

Pour autant, en présence d'une **mesure divisée** entre le **conjoint du majeur protégé** et un **tiers** – qu'il s'agisse d'un proche ou d'un mandataire judiciaire à la protection des majeurs – les pouvoirs de chacun résultant de la mission définie par le juge des tutelles devront être articulés avec les **dispositions du régime primaire** et les **règles des divers régimes matrimoniaux**, lesquels continuent de déployer leurs effets propres.

332.23 Personnalité des charges tutélaires ou curatélaires. Principe et exceptions. L'article 452 alinéa 1er du Code civil édicte le principe de la personnalité des charges tutélaires et curatélaires (C. civ., art. 452, al. 1er). Néanmoins, ce principe tolère des **tempéraments.** L'article 452 alinéa 2 dispose, en effet, que « *le curateur ou le tuteur peuvent toutefois s'adjoindre, sous leur propre responsabilité, le concours de tiers majeurs ne faisant pas l'objet d'une mesure de protection juridique pour l'accomplissement de certains actes dont la liste est fixée par décret en Conseil d'État* ». Cette dernière est établie par l'article 3 du décret n° 2008-1484 du 22 décembre 2008[3], relatif aux actes de gestion du patrimoine des personnes placées en curatelle ou en tutelle, et comporte :

1° les **actes conservatoires** qui permettent de sauvegarder le patrimoine ou de soustraire un bien à un péril imminent ou à une dépréciation inévitable sans compromettre aucune prérogative du propriétaire;

2° les **actes d'administration** énumérés dans la colonne 1 des tableaux constituant les annexes 1 et 2 du décret, sous réserve qu'ils n'emportent ni paiement ni encaissement de sommes d'argent par ou pour la personne protégée.

Si l'on perçoit aisément le fondement de la règle, destinée à empêcher que le protecteur se décharge de sa mission sur un tiers, sa portée est en revanche plus délicate à cerner. La question se pose, notamment, de savoir si le tuteur ou le curateur pourrait déléguer un tiers, tel qu'un secrétaire spécialisé, afin d'effectuer les actes non visés par l'article 3 du décret et, en particulier, les actes de disposition, tels que la signature de l'acte de vente d'un immeuble. Sur ce point, deux interprétations sont susceptibles de s'affronter.

La première consiste à dire que la règle prévue à l'alinéa 2 de l'article 452 incarne une exception au principe de la personnalité des charges tutélaires ou curatélaires. Les exceptions étant de droit strict, le champ d'application du texte ne peut être étendu au-delà de son cadre légal. Or, l'article 3 du décret n'**autorise le protecteur à s'adjoindre un tiers** – tel qu'un expert[4] – que pour l'accomplissement des actes conservatoires et de certains actes d'administration mais non pour l'accomplissement des actes de disposition.

1. Circ. DACS n° CIV/01/09/C1, 9 févr. 2009.
2. Circ. DACS n° CIV/01/09/C1, 9 févr. 2009.

3. Décr. n° 2008-1484, 22 déc. 2008, relatif aux actes de gestion du patrimoine des personnes placées en curatelle ou en tutelle, et pris en application des articles 452, 496 et 502 du Code civil, *JO* 31 déc., p. 20631.
4. EN CE SENS, v. Rapp. n° 3557 de l'Assemblée nationale, 10 janv. 2007, sur le projet de loi (n° 3462) portant réforme de la protection juridique des majeurs, par E. Blessig, p. 162 – Rapp. n° 212 du Sénat, 7 févr. 2007, sur le projet de loi, adopté par l'Assemblée nationale, après déclaration d'urgence, portant réforme de la protection juridique des majeurs, par H. de Richemont, p. 153.

La seconde interprétation s'inspire, quant à elle, de la *ratio legis* du texte. Si l'article 452 fait interdiction au protecteur de confier un mandat général à un tiers à l'effet de lui déléguer l'accomplissement de sa mission, il ne lui interdit pas en revanche, sous la **curatelle**, de confier à un tiers un **mandat spécial à l'effet d'assister la personne protégée** lors de la signature de l'acte.

Il convient, en effet, nous semble-t-il, de distinguer, d'une part, la **mission d'assistance ou de contrôle du curateur**, laquelle lui incombe personnellement, et, d'autre part, la **conclusion d'un acte déterminé** pour la signature duquel le curateur doit pouvoir recourir au droit commun du mandat. Si le curateur doit assumer personnellement, en vue de la réalisation de l'acte, sa mission de conseil de la personne protégée, et cela à peine d'engager sa responsabilité à l'égard de celle-ci, la signature de l'acte, c'est-à-dire sa conclusion, doit pouvoir intervenir par l'entremise d'un mandataire.

Ce raisonnement est pareillement applicable sous la **tutelle** où le tuteur devrait pouvoir, de manière ponctuelle, **déléguer un tiers** afin de représenter la personne protégée pour la seule signature de l'acte à l'exclusion de toute négociation de celui-ci. Le mandat devra se plier au droit commun. Il conviendra ainsi d'établir un **mandat spécial** (C. civ., art. 1988), lequel devra revêtir la forme authentique dès lors que l'opération envisagée est elle-même soumise à cette forme. Ajoutons que si, sous la curatelle, le curateur semble avoir la faculté de confier la signature d'un acte à un mandataire, il doit en être de même de la personne protégée elle-même. Il conviendra, alors, pour la signature du mandat spécial, de respecter les règles de capacité découlant de la mesure de protection, c'est-à-dire de faire établir la procuration par la personne protégée assistée du curateur.

332.24 Durée des charges tutélaires ou curatélaires. L'article 453 du Code civil dispose que nul n'est tenu de conserver la curatelle ou la tutelle au-delà **de cinq ans**, à l'exception du conjoint, du partenaire d'un pacte civil de solidarité, des enfants du majeur protégé et des mandataires judiciaires à la protection des majeurs. Ces dispositions nouvelles s'inspirent de l'ancien article 496-1 du Code civil, selon lequel nul, à l'exception de l'époux, des descendants et des personnes morales, n'était tenu de conserver la tutelle d'un majeur au-delà de cinq ans. La portée de cette disposition doit être bien comprise. Elle permet seulement aux protecteurs, autres que ceux énumérés par le texte, de demander à être déchargés de la mesure de protection sans autre motif que celui tiré de l'article 453. Elle leur interdit, en revanche, de demander, lors de leur désignation que l'exercice de leur mission soit limité dans le temps. La durée de la mesure de protection, laquelle ne peut en principe excéder cinq ans, et celle des fonctions de protecteur sont ainsi indépendantes l'une de l'autre[1].

332.25 Caractère exceptionnel de la mise en place d'un conseil de famille. La loi du 5 mars 2007 a modernisé les dispositions relatives, sous la tutelle, à la constitution d'un conseil de famille. Si celle-ci était conçue dans la législation ancienne comme étant la règle, la réforme la relègue aujourd'hui très nettement, s'agissant de la tutelle des majeurs, au rang **d'exception** (pour la tutelle des mineurs [C. civ., art. 398], maintenant la règle de la constitution d'un conseil de famille). Elle entérine ce faisant la pratique antérieure, laquelle avait montré les réticences des juges des tutelles à la mise en place d'un conseil de famille. C'est, désormais, seulement « *si les nécessités de la protection de la personne ou la consistance de son patrimoine le justifient et si la composition de sa famille et de son entourage le permet* » que « *le juge peut organiser la tutelle avec un conseil de famille* » (C. civ., art. 456, al. 1er). La **subsidiarité** de l'organisation d'une **tutelle avec conseil de famille** transparaît, au demeurant, de l'architecture de la réforme. C'est ainsi que non seulement l'article 456 alinéa 1er énumère limitativement les conditions de la mise en place d'un tel conseil – ce qui est une innovation – mais encore que l'on retrouve, de manière récurrente, dans diverses dispositions de la réforme, l'utilisation de formules restrictives soulignant le caractère exceptionnel du conseil de famille, désignant « *le juge des tutelles ou le conseil de famille, s'il a été constitué* »[2]. On soulignera que le juge des tutelles, qui rejetterait la requête sollicitant la constitution d'un conseil de famille, est tenu de motiver sa décision au regard des conditions posées par le Code civil. Il serait, par ailleurs, souhaitable que la Cour de cassation procède, sur ce point, à un **contrôle de la motivation des juges du fond**[3].

332.26 Attributions du conseil de famille. Dès lors qu'il a été constitué, le conseil de famille joue un rôle central dans la tutelle. C'est à cet organe qu'il revient de désigner, conformément aux dispositions des articles 446 à 455 du Code civil, le **tuteur** ainsi que, le cas échéant, le **subrogé tuteur** et le **tuteur *ad hoc*** (C. civ., art. 456, al. 3). C'est dire que ces désignations obéissent à la hiérarchie résultant des articles 448 à 450. Le conseil de famille sera tenu de prendre en compte, sous la réserve notamment qu'elle soit conforme à l'intérêt de la personne protégée, la désignation anticipée du tuteur, à laquelle elle aurait procédé et, à défaut, d'appliquer le principe de préférence conjugale et familiale; la nomination d'un mandataire judiciaire à la protection des majeurs ne

1. Civ. 1re, 7 oct. 2015, n° 14-23.955, *Bull. civ.* I [à paraître]; *D.* 2015. 2072; *RTD civ.* 2015. 854, obs. Hauser.
2. COMP. la formule utilisée par le Titre XII du Livre Ier : « *le conseil de famille ou, à défaut, le juge* », laquelle apparaît comme un résidu de l'ancien principe – Sur tout ceci, v. J. Hauser, « La famille de l'incapable majeur », *AJ fam.* 2007. 198, spéc. 200.
3. MASSIP, n° 509.

pouvant intervenir qu'en dernière occurrence (sur tout ceci, v. s[s] n°s 332.41).

Le conseil de famille intervient, au cours du fonctionnement de la tutelle, sur le double terrain de la **gestion du patrimoine** et de la **protection de la personne du tutélaire**. Il lui incombe, sur le premier point, d'arrêter sur proposition du tuteur le **budget** de la tutelle, de fixer la somme à partir de laquelle commence, pour le tuteur, l'obligation d'employer les capitaux liquides et l'excédent des revenus (C. civ., art. 500 et 501), de délivrer aux tuteurs les **autorisations** requises pour l'accomplissement des actes de disposition du patrimoine de la personne protégée (C. civ., art. 401, al. 3, et 505 s. - Décr. n° 2008-1484, 22 déc. 2008 - v. s[s] n°s 354.10 s.). Le conseil de famille intervient, sur le second point, dans les mêmes conditions que le juge des tutelles (v. s[s] n°s 213.42 et 213.43).

332.27 Délibérations du conseil de famille. Les délibérations du conseil de famille sont régies par les dispositions de l'article 457 du Code civil. Ce dernier prévoit, de manière innovante, que « *le juge peut autoriser le conseil de famille à se réunir et à délibérer hors de sa présence lorsque ce dernier a désigné un mandataire judiciaire à la protection des majeurs comme tuteur ou subrogé tuteur* ». Le conseil de famille désigne alors un président et un secrétaire choisis parmi ses membres, à l'exclusion du tuteur et du subrogé tuteur (C. civ., art. 457, al. 1er). La règle nouvelle est destinée à insuffler davantage de souplesse au fonctionnement de cet organe tutélaire, en permettant au juge des tutelles de confier au conseil de famille une autorisation générale de se réunir et de délibérer hors sa présence, dès lors que les réunions et les délibérations se déroulent sous le contrôle d'un professionnel extérieur au cercle familial[1]. Cette autorisation s'analyse, aux termes de l'article 1237 du Code procédure civile, comme une **mesure d'administration judiciaire** insusceptible de recours. Lorsque l'autorisation a été délivrée, le président du conseil de famille transmet au juge des tutelles, préalablement à chaque réunion, l'ordre du jour de celle-ci. S'il est vrai que cette disposition est dépourvue de sanction spécifique, le dysfonctionnement du conseil de famille n'en pourrait pas moins donner lieu à une révocation de ses membres sur le fondement combiné des articles 445 et 397 du Code civil (C. civ., art. 457, al. 2). Le juge des tutelles peut, au demeurant, ordonner à tout moment une réunion du conseil de famille sous sa présidence. Il reste qu'en principe, c'est le président qui exerce les missions dévolues au juge pour la convocation, la réunion et la délibération du conseil (C. civ., art. 457, al. 3). À défaut d'autorisation donnée sur le fondement de l'article 457 alinéa 1er, le conseil de famille est présidé par le juge des tutelles (C. civ., art. 456, al. 4 et 400, al. 1er). Dans tous les cas, ses délibérations sont adoptées par vote de ses membres, le tuteur ou le subrogé tuteur, lorsqu'il remplace le tuteur, ne prenant pas part au vote. En cas de partage des voix, celle du juge est prépondérante (C. civ., art. 456, al. 4, et 400, al. 1er à 3).

Sur le **plan procédural**, chaque membre du conseil de famille appose, à l'issue de chaque réunion, sa signature sur la délibération prise. Celle-ci est ensuite remise, dans les huit jours, par le président au greffe ou lui est adressée par lettre recommandée avec demande d'avis de réception (C. pr. civ., art. 1237-1). Les décisions du conseil de famille ne prennent effet qu'à défaut d'opposition formée par le juge, par ordonnance dans les quinze jours de la remise de la délibération ou de sa réception par le greffe. Cette ordonnance n'est pas susceptible de recours (C. pr. civ., art. 1238, al. 1er). Tout membre du conseil de famille peut également s'opposer à la délibération dans les quinze jours de celle-ci par requête au juge (C. pr. civ., art. 1238, al. 2). Quel que soit l'auteur de l'opposition, le juge convoque et réunit, par la même ordonnance, dans le délai d'un mois, le conseil de famille. Il en assure, alors la présidence afin qu'il soit à nouveau délibéré sur le même objet (C. pr. civ., art. 1238). Les règles générales relatives aux délibérations du conseil de famille (C. pr. civ., art. 1234-1 à 1235) et à l'appel contre ces dernières (C. pr. civ., art. 1239-3) sont alors applicables (C. pr. civ., art. 1238, al. 4).

Les **délibérations du conseil de famille** peuvent faire l'objet d'une **action en nullité relative**, lorsqu'elles ont été surprises par dol ou fraude ou lorsque des formalités substantielles[2] ont été omises. La nullité est couverte pas une nouvelle délibération valant confirmation selon l'article 1338 du Code civil. L'action en nullité peut être exercée par le tuteur, le subrogé tuteur, les autres membres du conseil de famille, le procureur de la République dans les deux années de la délibération ainsi que par la personne ayant recouvré sa capacité dans les deux années de la fin de la tutelle. La prescription ne court pas, en cas de dol ou de fraude, tant que le fait qui en est à l'origine n'est pas découvert (C. civ., art. 402, al. 1er à 3, et 456, al. 4).

SECTION 3
DÉSIGNATION D'UN PROTECTEUR SUBROGÉ OU D'UN PROTECTEUR *AD HOC*

332.31 Possibilité de désignation d'un subrogé curateur ou d'un subrogé tuteur en l'absence de conseil de famille. L'article 454 du Code civil confère

1. MASSIP, n° 511.

2. La nullité pour omission des formalités substantielles s'entend de celle édictée en considération de la protection de la personne protégée. Seule la délibération ayant entraîné des conséquences préjudiciables pour le majeur encourt la nullité, v. Civ. 1re, 13 févr. 2013, n° 11-22.024, NP; *D.* 2013. 2205, obs. Lemouland.

au juge des tutelles la possibilité de désigner un subrogé tuteur à côté du tuteur, alors même que la **tutelle** serait organisée sans la constitution d'un conseil de famille, ce qui est une innovation remarquable par rapport à la loi du 3 janvier 1968. La réforme innove encore en autorisant la désignation d'un **subrogé protecteur**, non seulement dans le cadre de la **tutelle**, mais aussi dans celui de la **curatelle**. La mission de cet organe tutélaire est triplement délimitée par les alinéas 4 à 6 de l'article 454. Ce dernier l'investit, d'abord, à peine d'engager sa responsabilité civile à l'égard de la personne protégée, d'une mission de **surveillance des actes passés** par le tuteur ou le curateur et lui impose d'**informer sans délai le juge des tutelles** s'il constate des fautes dans l'exercice de la mission. À cette fin, le subrogé reçoit chaque année, pour vérification, communication du **compte de gestion annuel et** de ses **pièces justificatives** (C. civ., art. 510, al. 3; 511, al. 2, et 472, al. 3). Il peut, par ailleurs, se voir confier par le juge des tutelles l'entière **mission de vérification et d'approbation du compte de gestion** (C. civ., art. 511, al. 5). Le subrogé remplit, ensuite, un **rôle de suppléance**. L'article 454 alinéa 5 lui prescrit d'assister ou de représenter, « *selon le cas, la personne protégée lorsque les intérêts de celle-ci sont en opposition ave ceux du curateur ou du tuteur ou lorsque l'un ou l'autre ne peut lui apporter son assistance ou agir pour son compte en raison des limitations de sa mission* ». Enfin, le subrogé « *est informé et consulté par le curateur ou le tuteur avant tout acte grave accompli par celui-ci* » (C. civ., art. 454, al. 6). La **notion d'acte grave** recouvre non seulement les **actes de disposition**[1] mais aussi, lorsque la subrogée tutelle ou la subrogée curatelle s'étend à la **protection de la personne**, les actes relevant de celle-ci, notamment **en matière médicale**[2].

La désignation d'un subrogé offre, dans certains cas, la garantie d'une meilleure préservation des intérêts de la personne protégée. Elle permet, en effet, non seulement d'évincer la survenance d'un éventuel conflit d'intérêts[3] mais aussi d'instaurer une **surveillance des actes du tuteur** ou du curateur et une **consultation du subrogé pour les actes graves** affectant le patrimoine et/ou la personne du majeur protégé. La circulaire de la Direction des affaires civiles et du Sceau souligne, fort justement, à cet égard, que « *la désignation d'un subrogé curateur ou d'un subrogé tuteur dans une mesure de protection confiée à un membre de la famille peut permettre au juge, en particulier lorsque des tensions existent, d'instituer un système de contrôle interne à la famille, participant à diminuer les éventuelles suspicions, et ce sans la lourdeur de l'organisation d'un conseil de famille* »[4]. La mise en place d'une subrogée tutelle ou curatelle doit être bien sûr écartée dès lors qu'elle s'avère inopportune au regard, par exemple, des tensions familiales suscitées par la gestion des biens du majeur et le rôle revendiqué par la personne candidate à la fonction de subrogé[5].

332.32 Désignation d'un curateur *ad hoc* ou d'un tuteur *ad hoc*. L'article 455 du Code civil prévoit que, en l'absence de subrogé curateur ou de subrogé tuteur, le curateur ou le tuteur dont les intérêts sont, à l'occasion d'un acte ou d'une série d'actes, en opposition avec ceux du majeur protégé, ou qui ne peut l'assister ou le représenter en raison de la limitation de sa mission, fait nommer, par le juge des tutelles ou le conseil de famille s'il a été constitué, un curateur ou un tuteur *ad hoc* (C. civ., art. 455, al. 1er). L'article 455 alinéa 2 du Code civil prévoit que le **juge des tutelles** peut procéder à cette **nomination d'office** ou à la demande du **procureur de la République** ou de **tout intéressé**. En pratique, sous l'empire de la loi du 3 janvier 1968, le juge des tutelles procédait déjà parfois, en pareils cas, à cette désignation d'un tuteur ou curateur *ad hoc* en faveur du majeur protégé. La réforme fournit aujourd'hui une **assise légale** à cette pratique judiciaire. Restera à dégager, à l'avenir, la notion de **conflit d'intérêts**, laquelle fait ici l'objet d'une conception maximaliste

1. Ce qui exclut les aliénations effectuées dans un but conservatoire, afin de sauvegarder le patrimoine de la personne protégée – COMP. MASSIP, n° 506.
2. EN CE SENS : Circ. DACS n° CIV/01/09/C1, 9 févr. 2009, p. 18 : « *Alors que la loi de 1968 ne prévoyait la désignation d'un subrogé tuteur que lorsque la tutelle était organisée avec un conseil de famille, la réforme élargit cette possible désignation à toutes les configurations d'organisation de la protection : curatelle comme tutelle, avec ou sans conseil de famille. Le même double rôle de surveillance générale et de suppléance ponctuelle est dévolu au subrogé curateur ou au subrogé tuteur : aux termes de l'article 454, alinéa 4, il surveille les actes passés par le curateur ou le tuteur et doit informer le juge sans délai s'il constate des fautes, et ce sous peine d'engager sa responsabilité à l'égard de la personne protégée. En outre, il assiste ou représente cette dernière lorsque le curateur ou tuteur est en opposition d'intérêts avec elle, ou lorsque les limitations de sa mission ne lui permettent pas de l'assister ou de la représenter. À ces missions classiques déjà prévues dans l'ancien article 420 du Code civil, la réforme de 2007 y ajoute l'obligation pour le curateur ou le tuteur d'informer et de consulter son subrogé avant d'accomplir "tout acte grave", ces termes renvoyant à des notions déjà connues, décrites par la jurisprudence ou la doctrine; en outre, le décret relatif à la liste des actes d'administration et de disposition devrait aider les acteurs de la protection à mieux cerner le contenu d'un "acte grave"* ».
3. POUR une illustration en cas de curateur bénéficiaire d'une assurance-vie contractée par le majeur protégé (C. civ, anc. art. 502, antérieur à la loi du 5 mars 2007) : Civ. 1re, 8 juill. 2009, n° 08-16.153, *Bull. civ.* I, n° 162; *RTD civ.* 2009. 698, obs. Hauser.
4. Circ. DACS n° CIV/01/09/C1, 9 févr. 2009 – POUR UN EXEMPLE DE SUBROGÉE TUTELLE, associant à la fille tutrice, née d'un second mariage de la personne protégée, l'un des enfants issus du premier mariage de cette dernière, désigné en qualité de subrogé tuteur, v. Versailles, ch. 1, sect. 1, 12 avr. 2012, RG n° 11/07503, *Dr. fam.* 2012. Comm. 156, note I. M.
5. Civ. 1re, 5 mars 2014, n° 13-11.651, NP; *D.* 2014. 2268, obs. Lemouland.

prohibant tant la divergence que la convergence d'intérêts de la personne protégée et de son protecteur, ainsi que sa sanction[1].

SECTION 4
HIÉRARCHIE DU CHOIX DU OU DES PROTECTEURS

§ 1
Primauté de la désignation anticipée du protecteur

332.41 Primauté de la désignation anticipée pour soi-même. Les articles 448 à 450 du Code civil établissent, dans leur rédaction issue de la loi du 5 mars 2007, un nouvel **ordre de priorité** des personnes susceptibles d'être désignées pour exercer les fonctions de curateur ou de tuteur d'un majeur.

D'abord, la **désignation anticipée** d'un ou plusieurs curateurs ou tuteurs, effectuée par la personne capable pour le cas où elle serait placée sous curatelle ou tutelle, s'impose au juge des tutelles, sauf si la personne désignée refuse la mission ou est dans l'impossibilité de l'exercer, ou si l'intérêt de la personne à protéger commande de l'écarter (C. civ., art. 448)[2]. La désignation anticipée d'un ou de plusieurs curateurs ou tuteurs doit être faite dans les **formes** prévues par l'article 1255 du Code de procédure civile, c'est-à-dire par une **déclaration devant notaire** ou par un **acte écrit** en entier, de la main de son auteur qu'est le majeur concerné, daté et signé par celui-ci.

Il convient de souligner que cette **désignation** n'est **pas soumise à la hiérarchie légale** résultant des articles 449 à 451 du Code civil. En d'autres termes, le principe de préférence familiale, de même que la nécessité de recourir à un mandataire judiciaire à la protection des majeurs lorsque l'exercice de la mesure ne peut être confié à la famille ou à l'entourage de la personne à protéger, s'effacent au profit du protecteur désigné de manière anticipée.

L'article 448 précise que la **désignation anticipée** du ou des curateurs ou tuteurs **s'impose, en principe, au juge des tutelles** sauf si la personne désignée refuse la mission ou est dans l'impossibilité de l'exercer, ou si l'intérêt de la personne à protéger commande de l'écarter. Le juge dispose, pour l'appréciation de cet intérêt, d'un pouvoir souverain. Pour autant, il est tenu de **motiver** sa décision quant aux raisons qui le conduisent à écarter la désignation anticipée. À défaut la désignation judiciaire du curateur ou du tuteur pourrait être annulée[3]. Aussi, est-il regrettable que la Cour de cassation ne paraisse pas s'engager, sur ce point, sur la voie d'un **contrôle** suffisamment strict de la **motivation des juges du fond**[4].

La désignation anticipée du ou des tuteurs ou curateurs doit veiller à ne faire naître **aucune opposition d'intérêts** entre le **tutélaire** ou le **curatélaire** et son **protecteur**. Un tel conflit pourrait surgir, par exemple, en présence d'un litige empêchant le protecteur désigné d'exercer la mesure dans l'intérêt de la personne protégée (C. civ., art. 445). Sur ce sujet, la circulaire de la Direction des affaires civiles et du Sceau expose, sans ambiguïté, que « *cette désignation s'imposera au juge saisi, sauf si celui-ci constate que la personne désignée refuse la mission, ou se trouve dans l'impossibilité de l'exercer, ou qu'il est dans l'intérêt du majeur d'écarter la personne désignée, notamment si les relations entre cette personne et le majeur ou ses proches sont conflictuelles, emprunts de méfiance ou intéressées* »[5]. On relèvera ici que la circulaire invite le juge des tutelles à apprécier l'intérêt du majeur à l'aune non seulement de ses relations avec le protecteur désigné mais aussi de celles de ce dernier et de l'**entourage** de la personne à protéger, ce qui mériterait sans doute d'être nuancé.

332.42 Primauté de la désignation anticipée pour autrui. L'article 448 alinéa 2 du Code civil accorde aux « *parents ou au dernier vivant des père et mère, ne faisant pas l'objet d'une mesure de curatelle ou de tutelle, qui exercent l'autorité parentale sur leur enfant mineur ou assument la charge matérielle et affective de leur enfant majeur* », la faculté de désigner « *une ou plusieurs personnes chargées d'exercer les fonctions de curateur ou de tuteur à compter du jour ou eux-mêmes décéderont ou ne pourront plus continuer à prendre soin de l'intéressé* ». Cette disposition fait écho à celle de l'article 477 alinéa 3 relative au mandat de protection future pour autrui. Le **formalisme de la désignation anticipée** effectuée par les père et mère de la personne à protéger soulève des **difficultés d'interprétation**. En effet, bien qu'il fasse un renvoi global à l'article 448 du Code civil, l'article 1255 du Code de procédure civile se borne à exiger « *une déclaration devant notaire ou par un acte écrit en entier, daté et signé de la main du majeur concerné* ». Pour autant, il convient de recourir, par précaution, pour l'établissement de cette désignation, au formalisme du Code de procédure civile, c'est-à-dire à la **forme notariée** ou à celle du **testament olographe**[6] rédigé par les parents de l'enfant vulnérable ou le survivant d'entre eux.

1. SUR CECI, V. NOT. G. Raoul-Cormeil, « L'opposition d'intérêts : une notion à définir », *in* G. Raoul-Cormeil et J.-M. Plazy (dir.), *Le patrimoine de la personne protégée*, LexisNexis, 2015, p. 57.
2. A. Saporito, « La désignation anticipée du tuteur ou du curateur au profit du majeur », *RJPF* 2009-11/8.
3. EN CE SENS : MASSIP, n° 409.
4. Civ. 1re, 12 janv. 2011, n° 09-16.519, *Bull. civ.* I, n° 11 ; *JCP* 2011. 416, note Peterka ; *RJPF* 2011-4/11, note Caron-Déglise ; *Dr. fam.* 2011. n° 42, note Maria ; *JCP N* 2011. 1115, note Boulanger ; *AJ fam.* 2011. 110, obs. Verheyde ; *Defrénois* 2011. 690, note Massip.
5. Circ. DACS n° CIV/01/09/C1, 9 févr. 2009, p. 15.
6. EN CE SENS : MASSIP, n° 410.

§ 2
Principe de préférence conjugale

332.51 Égalité du couple marié et du couple non marié. La loi du 5 mars 2007 innove en établissant, pour le choix du protecteur, une **hiérarchie légale**, d'où il résulte un principe de préférence familiale. Cette dernière fait écho à la proclamation de l'article 415 du Code civil, suivant lequel la protection des majeurs « *est un devoir des familles et de la collectivité publique* » (C. civ., art. 415, al. 4). Elle rénove les dispositions antérieures à la réforme, lesquelles faisait du conjoint le tuteur ou le curateur de droit de son époux (C. civ., anc. art. 496 et 509-1, al. 2). Le renforcement de la priorité familiale s'est rapidement traduit, dans les faits, lors de l'entrée en vigueur de la réforme. 48,2 % des mesures de protection ouvertes en 2009 ont été confiées à la famille ou aux proches contre 45,7 % en 2008[1]. L'on peut néanmoins regretter que ce chiffre ne progresse pas. 52 % des mesures de protection juridique étaient ainsi encore confiées à un mandataire professionnel en 2014[2]. L'article 449 du Code civil prévoit que, à défaut de désignation anticipée faite dans les conditions de l'article 448, le juge est tenu de nommer en qualité de curateur ou tuteur le **conjoint** de la personne protégée, le **partenaire** avec qui elle a conclu un pacte civil de solidarité ou son **concubin**, à moins que la **vie commune** ait cessé entre eux ou qu'une autre cause empêche de leur confier la mesure (C. civ., art. 449, al. 1er). La réforme du 5 mars 2007 participe, sur ce terrain, à l'émergence d'un droit commun du couple et de **l'égalité des modes de conjugalité**[3]. La priorité donnée à l'époux, au partenaire ou au concubin se justifie tout à la fois d'un point de vue affectif et d'un point de vue technique. Elle fait coïncider, à tout le moins dans le cas du mariage et du PACS, l'exercice de la mesure et le **devoir d'assistance réciproque entre époux ou partenaires** (C. civ., art. 212, et 515-4, al. 1er). Sur un **plan patrimonial**, la préférence conjugale permet de limiter, pour les époux communs en biens, l'impact de la mesure sur la gestion de la communauté. L'époux investi de la curatelle ou de la tutelle pourra, par la vertu de son régime matrimonial, effectuer seul l'ensemble des actes relevant de la gestion concurrente et, avec l'autorisation du juge, les actes de disposition composant le périmètre de la cogestion (C. civ., art. 217 et 219, al. 1er - v. s n°s 111.21 s. - *Adde* C. civ., art. 505). La désignation d'un protecteur *ad hoc* permettra, le cas échéant, de lever une opposition d'intérêts entre les époux[4].

332.52 Nécessité d'une communauté de vie. La priorité donnée au conjoint, au partenaire ou au concubin perdure, comme sous la législation ancienne, tant que dure la **communauté de vie**. L'époux séparé de fait et, plus encore, celui engagé dans une instance en divorce, ou en séparation de corps, ne peut réclamer l'exercice de la curatelle ou de la tutelle de son conjoint. Il en est de même du partenaire ou de l'ancien concubin séparé de son compagnon. En dehors de ces hypothèses, la communauté de vie subsiste, tant qu'il existe des liens affectifs. Loin de se réduire à la communauté de toit ou de résidence, elle persiste quand bien même l'époux protégé serait hébergé dans un établissement de soins. Aussi le placement d'un conjoint, atteint d'une sclérose en plaques entraînant une déficience intellectuelle et un déficit psychomoteur le mettant dans l'impossibilité totale d'exercer seul les actes de la vie civile, dans un établissement médical, ne fait-il pas obstacle à l'attribution de la curatelle à son épouse[5]. Il en est pareillement dès lors que l'épouse a quitté la région où se trouve hospitalisé son mari pour s'installer à l'étranger, afin de fuir une pression médiatique importante dont elle a souhaité protéger son enfant. La cessation de la communauté de vie ne lui étant alors pas imputable, le principe de priorité conjugale s'applique en l'absence d'une autre cause de nature à en justifier l'éviction[6]. Inversement, la conception psychologique de la communauté de vie justifie l'éviction du conjoint de l'exercice de la tutelle ouverte à l'égard de son époux, dès lors que l'action en annulation du mariage intentée par le tuteur, autorisée par le juge des tutelles, affecte les relations entre le majeur protégé et son épouse candidate à l'exercice de la mesure[7].

1. A. Brousse et S. Breton, « La protection juridique est avant tout une affaire de famille », *AJ fam.* 2011. 189.
2. 12 % étaient attribuées à un mandataire individuel, 80 % à des associations tutélaires et 8 % à des préposés d'établissement, v. IGAS, *Financement par les organismes de sécurité sociale des mandataires judiciaires à la protection des majeurs*, Rapp. n° 2014-071R, juill. 2014; *Dr. fam.* 2014. Comm. 192, note Maria.
3. L'on regrettera ainsi que le *Rapport annuel 2014 de l'Observatoire national des populations majeures protégées* (ONPMP) dans les UDAF ne fasse pas état de la proportion de personnes vivant en concubinage ou liées par un PACS, seule la proportion de célibataires (près de 50 % sans compter les divorcés, séparés ou veufs) étant mentionnée : ONPMP, *Rapport annuel 2014*; *Dr. fam.* 2015, n° 82, obs. I. M.
4. N. Peterka, « La famille dans la réforme de la protection juridique des majeurs », *JCP* 2010. Doctr. 33, spéc. n° 12.
5. Civ. 1re, 28 mai 1991, n° 89-15.501, NP; *Defrénois* 1991. 1259, obs. Massip.
6. Civ. 1re, 8 déc. 2016, n° 16-20.298, *Bull. civ.* I [à paraître].
7. Civ. 1re, 12 sept. 2012, n° 11-17.246, NP; *Dr. fam.* 2012, n° 172, note Maria; *D.* 2013. 2204, obs. Lemouland; *RTD civ.* 2012. 712, obs. Hauser; *LEFP* nov. 2012. 5, obs. Raoul-Cormeil. L'on pourrait sans doute s'interroger sur la validité d'une telle autorisation au regard de la sphère intangible de capacité naturelle, consacrée par l'article 458 du Code civil en matière d'actes strictement personnels, mais c'est là une autre affaire…

§ 3
Principe de préférence familiale

332.61 Choix du protecteur en dehors du couple. La rupture de la communauté de vie n'est pas le seul motif d'exclusion du conjoint de l'exercice de la mesure de protection. La mise à l'écart de celle-ci peut résulter de toute autre cause empêchant de confier la curatelle ou la tutelle au conjoint. Qu'il s'agisse des causes d'empêchement à l'exercice des charges tutélaires ou curatélaires (C. civ., art. 395 à 397 et 445) ou d'une autre cause, le juge n'étant pas tenu de se limiter aux causes d'exclusion, de destitution ou de récusation de ces charges [1].

Ainsi, la situation conflictuelle existant entre le mari et la famille de sa femme, placée en curatelle, s'oppose-t-elle à ce que l'exercice de la mesure lui soit confié [2]. Il en est de même lorsque les juges du fond ont constaté que l'épouse était sous l'emprise de son mari et que ce dernier n'avait pas les qualités requises pour gérer les biens de son épouse [3] ou en cas d'opposition du majeur en curatelle et de son épouse à la mesure de protection [4].

En revanche, le conflit existant entre l'épouse du majeur et la famille de ce dernier relatif à l'arrêt d'alimentation et d'hydratation artificielles de la personne protégée ne constitue pas une cause d'éviction de l'épouse de l'exercice de la tutelle ouverte à l'égard de son mari, dès lors qu'elle ne saurait se substituer, en sa qualité de tutrice, à la procédure collégiale définie par le Code de la santé publique concernant l'arrêt des traitements, ni remettre en cause les décisions de justice passée en force de chose jugée [5].

332.62 Choix dans l'entourage familial ou amical de la personne protégée. En l'absence de conjoint, de partenaire ou de concubin, ou lorsque celui-ci ne peut être désigné, le juge doit nommer un **parent**, un **allié** ou une **personne résidant** avec le majeur protégé ou entretenant avec lui des liens étroits et stables (C. civ., art. 449, al. 2), ce qui vise notamment l'entourage amical du majeur et celui de sa famille [6]. Sur ce dernier point, la loi n° 2009-526 du 12 mai 2009 [7], de simplification et de clarification du droit et d'allègement des procédures, est venue gommer la maladresse de rédaction tirée de la loi de 2007, laquelle soumettait l'exercice de la mesure de protection par un proche du majeur à une double condition résultant tout à la fois de la communauté de résidence et de l'existence de liens étroits et stables entre eux. L'article 449 alinéa 2 n'exige plus désormais que la présence d'un seul de ces critères.

Les personnes appelées à exercer ou exerçant une mesure de protection juridique en application de l'article 449 du Code civil bénéficient à leur demande d'une **formation sur les fonctions tutélaires** (CASF, art. L. 215-4 [issu de L. n° 2007-308, 5 mars 2007] et R. 215-14 à R. 215-17).

§ 4
Principe de subsidiarité de la désignation d'un mandataire judiciaire à la protection des majeurs

332.71 Désignation d'un mandataire judiciaire à la protection des majeurs. L'article 450 du Code civil dispose que, lorsqu'aucun membre de la famille ou proche de la personne à protéger ne peut assumer la charge de la curatelle ou de la tutelle [8], le juge doit désigner un mandataire judiciaire à la protection des majeurs (MJPM) inscrit sur la liste établie par le représentant de l'État dans le département (C. civ., art. 450 – Sur la faculté du mandataire judiciaire à la protection des majeurs de refuser sa désignation, v. ss n° 332.73). Ce régime de désignation réaffirme la priorité familiale au sens large assignée à la mesure de protection judiciaire du majeur sur les autres formes d'exercice de la mesure, que ce soit sur les associations tutélaires ou les mandataires exerçant à titre individuel. La loi affirme ici très clairement la règle de la **subsidiarité de la désignation d'un mandataire judiciaire à la protection des majeurs** [9], que ce soit en qualité de **tuteur** ou de **curateur** [10].

Sous l'empire de la loi du 3 janvier 1968, la Cour de cassation exerçait un **contrôle sur la notion de vacance de la tutelle**, afin de garantir le respect de la priorité donnée à la famille ou à l'entourage du

1. Civ. 1re, 29 févr. 1984, n° 83-10.092, *Bull. civ.* I, n° 83; *D.* 1984. 423, note Massip; *Defrénois* 1984. 510, obs. Massip.
2. Civ. 1re, 29 févr. 1984, n° 83-10.092, P (préc. ss prést n° 332.61) – Civ. 1re, 11 mai 1999, n° 97-16.058, NP; *JCP* 1999. II. 10143, note Fossier; *D.* 2000. Somm. 107, 2e esp., obs. Delmas Saint-Hilaire; *RTD civ.* 1999. 814, obs. Hauser – Civ. 1re, 30 mai 2000, n° 98-13.609, NP; *D.* 2001. Somm. 1512, obs. Delmas Saint-Hilaire.
3. Civ. 1re, 6 mars 2007, n° 06-13.982, NP – V. AUSSI : Civ. 1re, 20 déc. 2000, n° 99-10.474, NP; *LPA* 11 juin 2001, note Massip.
4. Civ. 1re, 14 avr. 2010, nos 08-21.560 et 09-10.092, NP; *Dr. fam.* 2010, n° 132, obs. Maria.
5. Civ. 1re, 8 déc. 2016, n° 16-20.298, préc. n° 332.52.
6. POUR UN EXEMPLE de recevabilité de la requête émanant d'une amie de la mère de la majeure à protéger, elle-même âgée de 97 ans, v. Nancy, 3e ch. civ., 16 déc. 2013, RG n° 13/01515, *Dr. fam.* 2014, n° 49, obs. I. M.
7. L. n° 2009-526, 12 mai 2009, de simplification et de clarification du droit et d'allègement des procédures, *JO* 13 mai, p. 7920.
8. Il en est ainsi, par ex., en présence de dissensions familiales entre le mari de la tutélaire et la fille de celle-ci, un tel conflit justifiant que la mesure soit exercée par un tuteur extérieur à la famille : Civ. 1re, 23 févr. 2011, n° 10-12.923, NP; *D.* 2011. 2515, obs. Lemouland.
9. Rapp. n° 212 du Sénat, 7 févr. 2007, par H. de Richemont (préc. ss n° 332.23), p. 150.
10. MASSIP, n° 417.

majeur[1]. Ces décisions sont applicables *mutatis mutandis* sous l'empire de la loi de 2007, cela d'autant plus que celle-ci a renforcé le principe de préférence familiale, lequel s'étend désormais aux proches du majeur protégé[2]. La subsidiarité de la désignation d'un mandataire judiciaire à la protection des majeurs impose aux **juges du fond**, qui disposent ici d'un **pouvoir souverain d'appréciation** quant à l'importance du conflit et l'intérêt de la personne à protéger, de **motiver spécialement leur décision**, en exposant en quoi les circonstances de l'espèce font obstacle à ce que le conjoint de la personne à protéger ou un membre de sa famille ou de son entourage soit à même d'exercer la mesure dans l'intérêt du majeur en tutelle ou en curatelle[3]. Il en est ainsi tout particulièrement en présence de **dissensions familiales**, l'existence de ces dernières étant, à elles seules, insuffisantes pour écarter le principe de préférence familiale[4]. C'est ainsi que les juges doivent faire état de **circonstances d'espèce**, venant s'ajouter à la mésentente familiale, de nature à justifier l'éviction de la famille ou de l'entourage du majeur protégé, telles que la volonté d'un enfant de la personne protégée d'empêcher cette dernière d'avoir des relations avec ses autres enfants, ou l'opposition initiale, clairement manifestée par la majeure à protéger, à la désignation de sa fille en qualité de tutrice[5] et son placement, par cette dernière, en maison de retraite, au mépris de ses intérêts[6], le délaissement de la personne protégée par le tuteur familial ainsi que l'opacité de ses comptes de gestion[7] ou, encore, l'existence d'un divorce conflictuel opposant les parents dont le fils, majeur protégé, est devenu le principal enjeu[8]. La présence d'un amant de la personne protégée ne justifie pas l'éviction de la famille de l'exercice de la mesure, dès lors que l'entourage du majeur est soucieux de respecter le maintien de ses relations personnelles[9]. En l'absence de conflit, l'intérêt du majeur, tel que la nécessité de favoriser son autonomie et son épanouissement personnel[10], peut justifier l'éviction de sa famille de l'exercice de la mesure de protection[11].

Les règles gouvernant la **dévolution de l'exercice de la mesure de protection** s'appliquent tant à la **protection des biens du majeur protégé** qu'à celle de sa **personne.**

Aussi, appartient-il aux juges du fond de s'expliquer sur les raisons pour lesquelles ils ne désignent pas le père de la personne à protéger en qualité de tuteur à la personne dès lors qu'ils constatent d'une part, qu'il avait toujours vécu avec le majeur protégé, avec lequel il était uni par une affection sincère et réciproque et, d'autre part, qu'il était disposé à collaborer avec le mandataire professionnel désigné en qualité de tuteur aux biens[12].

L'article 451 du Code civil prévoit que, si la personne à protéger est **hébergée** ou **soignée** dans un **établissement** de santé, un établissement social ou

1. Civ. 1re, 28 mars 2006, n° 04-13.905, NP – Civ. 1re, 25 nov. 2009, n° 08-20.271, NP : existence de tensions familiales – Civ. 1re, 6 oct. 2010, n° 09-12.358, NP; *D.* 2011. 2514, obs. Lemouland – Civ. 1re, 25 nov. 2009, n° 08-20.492, NP : épouse du majeur protégé souffrant elle-même d'un important handicap physique, justifiant que la mesure soit confiée à un tiers extérieur – Civ. 1re, 23 mars 2011, n° 10-11.935, NP; *AJ fam.* 2011. 268, obs. Verheyde; *D.* 2011. 2514, obs. Lemouland : désintérêt des enfants à l'égard de la personne à protéger – *Adde*, Civ. 1re, 9 déc. 2009, n° 07-13.981, NP; *Dr. fam.* 2010. 51, obs. Maria – Civ. 1re, 9 déc. 2009, n° 08-14.023, NP – *Rapport annuel de la Cour de cassation pour 2009, Les personnes vulnérables dans la jurisprudence de la Cour de cassation*, Doc. fr., 2009, p. 104.
2. EN CE SENS : G. Raoul-Cormeil, « L'exclusion de la famille dans la protection d'une personne majeure », *LPA* 10 mars 2010, p. 6.
3. Civ. 1re, 1er déc. 2010, n° 09-16.764, NP; *Dr. fam.* 2011, n° 23, note Maria : rendu sous l'empire de la loi de 1968, cassant au visa de l'ancien article 497 du Code civil, une décision attribuant les fonctions d'administrateur légal des biens d'un majeur sous tutelle à une association tutélaire, en remplacement du frère du majeur protégé, précédemment désigné, sans motiver sa décision sur ce point – DANS LE MÊME SENS, sous l'empire des nouveaux textes, Civ. 1re, 26 juin 2012, n° 12-13.730, NP; *D.* 2013. 2200, obs. Noguéro – Civ. 1re, 9 juill. 2014, n° 13-20.077, *Bull. civ.* I, n° 132; *Dr. fam.* 2014, n° 149, note Maria; *AJ fam.* 2014. 503, obs. Verheyde; *D.* 2014. 2268, obs. Lemouland; *LEFP* oct. 2014. 4, obs. Raoul-Cormeil – Civ. 1re, 9 juill. 2014, n° 13-20.060, NP; *D.* 2014. 2268, obs. Lemouland.
4. MASSIP, n° 417.
5. V. *CONTRA* : TI Courbevoie, 17 oct. 2011, RG n° 11-A-00158.
6. Toulouse, ch. fam., 7 juill. 2010, RG n° 10/00062 – Toulouse, 30 juin 2010, RG n° 10/00067 – Toulouse, 23 juin 2010, RG n° 10/00052, *Dr. fam.* 2011, n° 23, note Maria.
7. Civ. 1re, 9 déc. 2009, n° 08-14.023, NP; *Dr. fam.* 2010, n° 50, note Maria; *AJ fam.* 2010. 44, obs. Pécaut-Rivolier; *RTD civ.* 2010. 80, obs. Hauser – v. AUSSI : Grenoble, 30 oct. 2015, RG n° 15/01782, *Dr. fam.* 2016. Comm. 13, Maria.
8. Versailles, 2e ch., sect. 3, 7 janv. 2015, RG n° 14/01479, *Dr. fam.* 2015, n° 60, note Maria.
9. POUR UN EXEMPLE DE DIVISION DE LA MESURE, en pareille hypothèse, entre le frère de la personne protégée, désigné en qualité de curateur à la personne, et l'épouse du majeur, désigné curatrice aux biens, v. Nîmes, 2e ch. civ., sect. A, 13 mars 2012, RG n° 11/03982, *Dr. fam.* 2013. Comm. 17, note I. M.
10. Saint-Denis de La Réunion, ch. civ., 8 mars 2013, RG n° 12/01806, *Dr. fam.* 2013. Comm. 145, note I. M.
11. Éviction du fils candidat à l'exercice de la mesure en raison de sa gestion négligente : Civ. 1re, 28 mai 2014, n° 12-28.971, NP; *D.* 2014. 2268, obs. Lemouland – Éviction du père fondée sur un projet de mariage contraire à l'intérêt de son fils Civ. 1re, 2 avr. 2014, n° 13-10.758, *Bull. civ.* I, n° 63; *AJ fam.* 2014. 314, obs. Pecqueur et Montourcy; *RTD civ.* 2014. 621, obs. Hauser; *D.* 2014. 2268, obs. Lemouland – Éviction fondée sur la situation de précarité ainsi que sur les difficultés de santé rencontrées par le père du majeur demandant à exercer la tutelle ouverte à l'égard de son fils : Civ. 1re, 28 mai 2014, n° 13-24.324, NP; *Dr. fam.* 2014, n° 124, obs. I. M.; *AJ fam.* 2014. 503, obs. Verheyde; *RTD civ.* 2014. 858, obs. Hauser; *D.* 2014. 2268, obs. Lemouland; *LEFP* juill. 2014. 3, obs. Raoul-Cormeil.
12. Civ. 1re, 28 mai 2014, n° 13-24.324, NP (préc. ss prést n°).

médico-social, le juge peut désigner en qualité de curateur ou de tuteur une **personne** ou un **service préposé de cet établissement inscrit sur** la **liste** des mandataires judiciaires à la protection des majeurs. Cette disposition s'inspire par certains aspects de l'ancienne **tutelle en gérance** exercée par un préposé de l'établissement de traitement pour le compte d'un majeur sous tutelle (C. civ., anc. art. 499 et 450 du Code civil). Cependant, à la différence de la tutelle en gérance, la mission confiée au mandataire s'étend à la **protection de la personne**, sauf décision contraire du juge des tutelles (C. civ., art. 451, al. 2).

332.72 Prise en compte des sentiments exprimés par la personne à protéger. L'article 449 alinéa 3 du Code civil impose au juge de prendre en considération, pour la mise en œuvre de la hiérarchie posée aux articles 448 à 451, les sentiments exprimés par la personne protégée ou à protéger, ses relations habituelles, l'intérêt porté à son égard ainsi que les recommandations éventuelles de ses parents, alliés et de son entourage. Pareille disposition, qui illustre l'importance accordée par le législateur aux choix et à la parole du majeur, impose aux juges du fond non seulement de mettre la personne à protéger en mesure d'exprimer ses sentiments en la convoquant régulièrement à l'audience[1] mais, encore, de préciser ce qui interdit à l'aune de son intérêt de nommer, en qualité de protecteur, la personne désignée par les sentiments qu'elle a exprimés[2]. Il en est ainsi tout particulièrement lorsque le majeur demande que l'exercice de la mesure soit confié à un membre de la famille[3]. Il reste que l'attention portée aux sentiments exprimés par la personne protégée s'impose aussi en cas de désignation d'un mandataire professionnel. L'article 449 alinéa 3 peut ainsi conduire, à la demande de la personne protégée, à l'éviction de la famille de l'exercice de la mesure de protection[4]. Elle justifie pareillement la décharge du mandataire initialement désigné en faveur de la nomination d'un autre mandataire judiciaire à la protection des majeurs, ayant déjà été en charge de la protection de l'intéressé, dont les relations avec ce dernier sont empreintes de confiance[5].

Si elle traduit parfaitement l'esprit du droit de la protection juridique des majeurs, la nécessité de prendre en compte les sentiments du majeur conduit parfois à des pratiques peu conformes aux principes édictés aux articles 448 et suivants du Code civil[6]. Aussi, convient-il de rappeler ici que les sentiments exprimés par la personne protégée ne permettent pas de déroger, en l'état actuel des textes et, notamment, tant qu'un statut de l'avocat protecteur n'aura pas été créé[7], à la hiérarchie posée par la loi de 2007 ainsi qu'au monopole des mandataires judiciaires à la protection des majeurs pour l'exercice professionnel des mesures de protection judiciaire. Au demeurant, la notion d'entourage fournit au juge une marge de manœuvre assez importante pour concilier les sentiments de la personne protégée et les principes gouvernant le choix du protecteur.

332.73 Faculté exceptionnelle du mandataire judiciaire à la protection des majeurs de refuser la mesure de protection. La question se pose de savoir si le mandataire judiciaire à la protection des majeurs, investi par le juge de l'exercice d'une tutelle ou d'une curatelle, dispose de la faculté de refuser la mission qui lui est confiée. Sous l'empire des dispositions antérieures à la loi du 5 mars 2007, il arrivait, en pratique, que certaines associations tutélaires, inscrites sur la liste établie par le procureur de la République dans le ressort du juge des tutelles, refusaient leur désignation en arguant du nombre trop important de mesures qui leur étaient déjà confiées. La Cour de cassation avait décidé que, lorsque la conven-

1. Civ. 1re, 19 nov. 2014, no 13-23.365, NP; *AJ fam.* 2015. 106, obs. Verheyde; *D.* 2015. 1580, obs. Lemouland.
2. V. PAR EX., se fondant sur le risque de conflit d'intérêts résultant du cumul des qualités de curateur et de salarié de la personne protégé : Civ. 1re, 11 sept. 2013, no 12-23.742, NP; *AJ fam.* 2014. 377, obs. Verheyde.
3. Civ. 1re, 5 déc. 2012, no 11-26.611, *Bull. civ.* I, no 254; *JCP* 2013. 104, note Peterka; *Dr. fam.* 2013. Comm. 11, note Maria; *RTD civ.* 2013. 89, obs. Hauser; *D.* 2013. 2200, obs. Noguéro; *AJ fam.* 2013. 62, obs. Verheyde; *LEFP* janv. 2013. 5, obs. Raoul-Cormeil; *LPA* 29 mars 2013, p. 12, 1re esp., note Massip – COMP. maintenant la sœur de la majeure dans sa fonction de tuteur, malgré son état d'épuisement et ses accès de violence verbale à l'égard de sa protégée, laquelle avait manifesté à l'audience son souhait que sa sœur demeure en charge de sa protection : Saint-Denis de La Réunion, 18 oct. 2013, RG no 13/00296, *Dr. fam.* 2013. Comm. 67, obs. I. M. – Civ. 1re, 25 juin 2014, no 13-18.932, NP; *D.* 2014. 2266, obs. Noguéro – Éviction de la fille du majeur protégé fondée sur l'incompatibilité de son éloignement géographique avec la protection des biens et de la personne de la personne protégée : Civ. 1re, 25 sept. 2013, no 12-22.300, NP; *AJ fam.* 2013. 643, obs. Raoul-Cormeil; *D.* 2014. 2268, obs. Lemouland.
4. Douai, ch. prot. jur. majeurs et mineurs, 15 janv. 2015, RG no 14/03738, *Dr. fam.* 2015, no 60, note Maria.
5. Nancy, 18 nov. 2013, RG nos 13/01336 et 13/02243, *Dr. fam.* 2014, no 29, obs. I. M.
6. Reconduisant en 2013 un huissier de justice devenu agent immobilier dans ses fonctions de curateur, sous couvert des sentiments exprimés par la majeure lors de son audition : TI Toulouse, 30 sept. 2013, no 95/B/00046-1, *Dr. fam.* 2013. Comm. 170, note Raoul-Cormeil.
7. I. Maria, « Vers la création d'un statut d'avocat protecteur ? » *Dr. fam.* 2013. Comm. 14; *Bull. barreau de Paris*, 16 juill. 2013, no 24 – J. Casey, « Faut-il craindre l'avocat mandataire judiciaire ? L'analyse de l'avocat », *in* G. Raoul-Cormeil et J.-M. Plazy (dir.), *Le patrimoine de la personne protégée*, LexisNexis, 2015, p. 117 – G. Soutra, « Faut-il craindre l'avocat mandataire judiciaire ? L'analyse du mandataire judiciaire à la protection des majeurs », *in* G. Raoul-Cormeil et J.-M. Plazy (dir.), *Le patrimoine de la personne protégée*, LexisNexis, 2015, p. 117.

tion conclue entre la DDASS et ces associations, par lesquelles ces dernières acceptaient d'être déléguées à la curatelle et à la tutelle d'État, stipulait que l'association n'acceptait cette délégation que dans la limite des moyens financiers qui lui étaient accordés par l'autorité publique, elle était en droit de refuser une nouvelle mission, si les mesures dont elle était déjà investie épuisaient ses crédits de fonctionnement[1].

La réforme de la protection juridique des majeurs laisse subsister ces difficultés, le **financement des services tutélaires** étant assuré sous la forme d'une **dotation globale** (CASF, art. L. 361-1 - v. s[s] n° 312.31). Sur ce point, la jurisprudence de la Cour de cassation paraît être consacrée par l'article 450 *in fine* du Code civil, aux termes duquel le mandataire judiciaire à la protection des majeurs « *ne peut refuser d'accomplir les actes urgents que commande l'intérêt de la personne protégée, notamment les actes conservatoires indispensables à la préservation de son patrimoine* »[2]. La formule laisse entendre que, s'il peut certes refuser sa mission, le professionnel désigné par le juge des tutelles est néanmoins **tenu d'effectuer les actes urgents**, seuls les actes non urgents pouvant être différés dans l'attente de la nomination d'un nouveau protecteur. L'article 450 conduit ainsi à amplifier la solution retenue, sous l'empire de la législation antérieure, par la jurisprudence, laquelle ne reconnaissait la faculté de refuser la mesure qu'aux seules associations tutélaires dont le budget risquait de se trouver en déséquilibre par l'effet d'une nouvelle désignation. Pour autant, cette faculté de refus devrait rester cantonnée, en dépit des termes très généraux de la loi, dans de strictes limites. En effet, ainsi que le soulignent les rapports parlementaires, « *en principe, un mandataire ne pourra refuser d'être désigné, son inscription sur la liste préjugeant non seulement de son aptitude mais aussi de son engagement de répondre aux sollicitations judiciaires. Néanmoins, il ne peut être exclu qu'un mandataire estime dès le début de la mesure qu'il ne peut l'exercer de façon satisfaisante (ne serait-ce que le cas où il connaît la personne protégée par ailleurs, et craint de ne pas être objectif ou indépendant) et il peut s'avérer contraire à l'intérêt de la personne protégée de maintenir cette désignation* »[3]. Il en résulte que, si elle ne doit pas être motivée nécessairement par des considérations budgétaires, la **faculté de refus** reconnue au **mandataire judiciaire à la protection des majeurs** doit demeurer **exceptionnelle**. Mais, « *en tout état de cause, avant que le juge revienne sur sa désignation après en avoir discuté avec le mandataire, il peut s'écouler un laps de temps au cours duquel le mandataire sera tenu d'agir pour préserver l'intérêt de la personne protégée, tant sur le plan patrimonial que personnel* »[4].

§ 5
Choix du subrogé protecteur ou du protecteur *ad hoc*

332.81 Désignation par le juge des tutelles – Principe de préférence familiale. Le choix du subrogé tuteur ou du subrogé curateur fait l'objet des articles 454 et 456 du Code civil. Le premier de ces textes autorise le juge des tutelles à désigner un **subrogé protecteur** en l'absence de conseil de famille. Il établit, à l'instar de l'article 449, une hiérarchie légale dominée par un principe de préférence familiale. C'est ainsi que le subrogé doit être choisi, en principe, parmi les membres de la famille du majeur. Le législateur a été soucieux de ce que, dans la mesure du possible, chaque branche soit investie de l'exercice de la mesure de protection. S'inspirant des dispositions relatives à la tutelle des mineurs[5], l'article 454, alinéa 1er précise que « *si le tuteur est parent ou allié de la personne protégée dans une branche, le subrogé curateur ou le subrogé tuteur est choisi, dans la mesure du possible, dans l'autre branche* ». C'est seulement lorsqu'aucun membre de la famille ni aucun proche ne peut assumer les fonctions de **subrogé curateur** ou de **subrogé tuteur** qu'un **mandataire judiciaire à la protection des majeurs** inscrit sur la **liste** du préfet peut être désigné.

332.82 Désignation par le conseil de famille – Application de la hiérarchie légale. Lorsque la **tutelle** est organisée **avec un conseil de famille**, le choix du subrogé tuteur relève des attributions de cet organe tutélaire. La désignation du subrogé s'opère conformément aux articles 446 à 455 du Code civil relatif à la désignation du protecteur, du subrogé ainsi que du curateur ou du tuteur *ad hoc*. C'est dire que la hiérarchie établie par les articles 448 à 450 pour le choix du curateur ou du tuteur est ici applicable. Le conseil de famille doit ainsi nommer, en qualité de subrogé, la **personne désignée, de manière anticipée** par le curatélaire ou le tutélaire ou ses parents ou le survivant d'entre eux, pour l'exercice de cette mission. C'est seulement si la personne désignée refuse de l'assumer ou est dans l'impossibilité de l'exercer ou si l'intérêt de la personne protégée commande d'écarter le subrogé protecteur désigné que le **principe de préférence conjugale et familiale** prend le relais (C. civ., art. 449). À défaut de protec-

1. Civ. 1re, 5 mars 1991, n° 89-12.320, *Bull. civ.* I, n° 82; *R.* 1991. 250; *D.* 1991. 393, note Massip; *JCP N* 1991. II. 221, note Guihal et T. Fossier; *RTD civ.* 1991. 501, obs. Hauser; *RDSS* 1991. 654, obs. Alfandari.
2. Massip, n° 419.
3. Rapp. n° 3557 de l'Assemblée nationale, 10 janv. 2007, p. 159, par E. Blessig (préc. s[s] n° 332.23).
4. Rapp. n° 3557, p. 159 (préc. s[s] n° 332.23 et prés[t] n°).
5. C. civ., anc. art. 423, al. 1er (*issu de L. n° 64-1230, 14 déc. 1964*), et art. 409, al. 2 (*mod. par L. n° 2007-308, 5 mars 2007, art. 2 et 6*).

teur désigné, de parent ou de proche susceptible d'exercer la subrogée curatelle ou la subrogée tutelle, le conseil de famille est tenu de nommer un mandataire judiciaire à la protection des majeurs.

Le renvoi de l'article 456 alinéa 3 aux articles 446 à 455 soulève, dans le silence de l'article 454, la question de savoir si **le juge des tutelles est lié, à l'instar du conseil de famille, par la désignation anticipée d'un subrogé curateur ou d'un subrogé tuteur**. Une réponse affirmative paraît, à notre sens, s'imposer[1], tant il est vrai que l'on perçoit malaisément ce qui pourrait justifier que la désignation anticipée du subrogé s'impose au seul conseil de famille, et non pas au juge des tutelles, cependant qu'elle lie en principe ce dernier pour la désignation du curateur ou du tuteur.

Les mêmes principes gouvernent la désignation, par le juge des tutelles ou le conseil de famille, du curateur *ad hoc* ou du tuteur *ad hoc* (C. civ., art. 455 et 456, al. 3).

§ 6 Choix des membres du conseil de famille

332.91 Critères du choix – Recul de la place de la famille. La désignation des membres du conseil de famille incombe au **juge des tutelles**. À cette fin, ce dernier doit prendre en considération les « *sentiments exprimés part la personne protégée,* [...] *ses relations habituelles,* [...] *l'intérêt porté à son égard, et* [les] *recommandations éventuelles de ses parents, alliés ainsi que de son entourage* » (C. civ., art. 456, al. 2). L'article 399 alinéa 3, applicable sur renvoi à la tutelle des majeurs, ajoute, à cet égard, que « *peuvent être membres du conseil de famille les parents et alliés* [de la personne protégée] *ainsi que toute personne* [...] *qui manifeste un intérêt pour* [elle] ». C'est dire que loin de jouer un rôle privilégié dans la composition de cet organe tutélaire, la famille est soluble, depuis la réforme, à l'épreuve du concept - plus flou - d'**entourage du majeur**. Sur ce terrain, les nouvelles dispositions de l'article 456, alinéa 2 se démarquent très nettement des règles anciennes, lesquelles conféraient au cercle familial une place prépondérante, quoique non exclusive, au sein du conseil de famille (C. civ., art. 408, al. 1er et 409, issu de L. n° 64-1230, 14 déc. 1964)[2]. Ce sont désormais les **liens d'affection**, et non plus les liens du sang ou d'alliance, qui ont une vocation prioritaire à dicter la composition du conseil de famille. La règle, qui prescrit de prendre en compte les **sentiments exprimés par la personne protégée**, est au demeurant en parfaite cohérence avec le primat de la volonté qui irrigue la réforme de la protection juridique des majeurs.

§ 7 Causes d'empêchement à l'exercice des charges tutélaires ou curatélaires

332.101 Causes d'empêchement de plein droit. L'article 445 édicte plusieurs causes d'empêchement à l'exercice des charges tutélaires ou curatélaires. Le texte opère, en la matière, un renvoi aux dispositions relatives à la tutelle des mineurs (C. civ., art. 395 à 397). Ne peuvent ainsi exercer les différentes charges de la tutelle ou de la curatelle, les **mineurs non émancipés**, les **majeurs** faisant l'objet d'une mesure de **protection juridique**. Ce qui inclut, à lire les rapports parlementaires, la tutelle et la curatelle ainsi que la sauvegarde de justice et le mandat de protection future[3], mais non pas, semble-t-il, la mesure d'accompagnement judiciaire (C. civ., art. 495 s.) et la mesure d'accompagnement social personnalisé (CASF, art. L. 271-1 s.)[4]. Sont également écartées de ces charges les **personnes à qui l'autorité parentale** a été **retirée** ainsi que les **personnes à qui l'exercice des charges tutélaires** a été **interdit** en application de l'article 131-26 du Code pénal relatif à l'interdiction des droits civiques, civils et de famille. Cette interdiction, qui est limitée à dix ans en matière criminelle et à cinq ans en matière correctionnelle, n'exclut pas, néanmoins, après avis conforme du juge des tutelles, le conseil de famille entendu, le droit d'être tuteur ou curateur de ses propres enfants (C. pén., art. 131-26, al. 1er, 5°). L'ensemble de ces causes d'empêchement joue **de plein droit** et elles sont applicables à **toutes les charges de la tutelle ou de la curatelle**. Elles valent donc aussi bien pour la désignation du tuteur ou du curateur, que pour celle du subrogé, du protecteur *ad hoc* et des membres du conseil de famille.

L'article 445 ajoute deux causes d'empêchement de plein droit, **spécifiques à la curatelle et à la tutelle des majeurs**[5]. Sont écartés des charges tutélaires et curatélaires les **membres des professions médicales et de la pharmacie**, ainsi que les **auxiliaires médicaux**. Ceux-ci ne peuvent exercer une telle charge à l'égard de leurs patients (C. civ., art. 445, al. 2). La réforme

1. EN CE SENS : MASSIP, n° 505.
2. Les amis, les voisins et les personnes semblant pouvoir s'intéresser à la personne protégée ne venaient toutefois qu'après l'entourage familial du majeur : F. Terré et D. Fenouillet, *Droit civil. Les personnes. La famille. Les incapacités*, 7e éd., « Précis », Dalloz, 2005, n° 1138, note 1.

3. Ce qui est pour le moins contestable, dans le cas de la sauvegarde de justice et du mandat de protection future, puisqu'il s'agit de mesures non incapacitantes.
4. Rapp. n° 212 du Sénat, 7 févr. 2007, par H. de Richemont (préc. ss nos 332.23 et 332.71), p. 84.
5. Elles sont également applicables à la désignation du mandataire spécial dans la sauvegarde de justice et au mandataire de protection future (C. civ, art. 445, sur renvoi des articles 437, al. 2, et 480, al. 2).

étend, sur ce point, le domaine des incompatibilités médicales en interdisant l'exercice d'une charge curatélaire ou tutélaire non seulement au médecin traitant, comme le prévoyait l'ancien article 496-2, mais aussi aux pharmaciens ainsi qu'à l'ensemble des professionnels et auxiliaires médicaux soignant la personne protégée (par ex., les infirmiers, les kinésithérapeutes). Elle fait écho, sur ce terrain, à l'extension par la même loi des **incapacités de recevoir à titre gratuit** à l'ensemble des professions de santé (C. civ., art. 909, al. 1er). On relèvera que « *le fiduciaire désigné par le contrat de fiducie ne peut* [davantage] *exercer une charge curatélaire ou tutélaire à l'égard du constituant* » (C. civ., art. 445, al. 3). Pour autant, la question se pose de savoir si ces exclusions continuent de déployer leur effet, lorsque la **personne exerçant la profession** ou la fonction incompatible avec une charge curatélaire ou tutélaire **fait partie de l'entourage familial** du majeur. En pareille hypothèse, le principe de préférence familiale devrait conduire – semble-t-il – à neutraliser les causes d'éviction de l'article 445 alinéas 2 et 3 ou, à tout le moins, leur caractère automatique. La suspicion sur laquelle elles reposent n'est, en effet, alors plus justifiée. Elle mériterait, en tout cas, d'être atténuée.

332.102 Causes de retrait facultatives. Le retrait des charges tutélaires peut intervenir « *en raison de l'inaptitude, de la négligence, de l'inconduite ou de la fraude de celui à qui elle*[s] [ont] *été confiée*[s]. *Il en est de même lorsqu'un litige ou une contradiction d'intérêts empêche le titulaire de la charge de l'exercer dans l'intérêt du* [majeur] » (C. civ., art. 396, al. 1er). Il peut être par ailleurs « *procédé au remplacement de toute personne à qui une charge tutélaire a été confiée en cas de changement important dans sa situation* » (C. civ., art. 396, al. 2)[1]. Il s'agit ici de causes facultatives de destitution. On soulignera que lorsque le retrait de la charge résulte d'un litige ou d'un conflit d'intérêts, le **juge des tutelles** est tenu, ainsi que l'y invite le législateur, de **motiver sa décision** en précisant en quoi ces dissensions empêchent le protecteur d'exercer sa charge dans l'intérêt de la personne protégée.

Le juge des tutelles ou le conseil de famille, s'il a été constitué, statuent sur les **empêchements**, les **retraits** et le **remplacement** des organes tutélaires ou curatélaires (C. civ., art. 397, al. 1er, et 445, al. 1er). En présence d'un conseil de famille, le juge des tutelles statue sur ceux qui concernent ses autres membres. La destitution d'une charge tutélaire ou curatélaire ne peut intervenir qu'après que son **titulaire** a été **entendu** ou **appelé**. Ce dernier peut former un **recours contre la décision de retrait**. Pour autant, l'article 397 alinéa 3 autorise le juge, s'il estime qu'il y a urgence, à prescrire des **mesures provisoires** dans l'intérêt de la personne protégée. C'est ainsi, par exemple, que le tuteur ou le curateur nouvellement désigné par le juge pourra prendre ses fonctions immédiatement sans attendre l'expiration des délais de recours.

L'article 397 vise tout à la fois les empêchements, les retraits ainsi que les remplacements des organes de la tutelle ou de la curatelle. Pour autant, il semblerait cohérent que la procédure qu'il décrit – spécialement l'audition du protecteur – ne soit pas requise pour les causes d'**éviction de plein droit** (C. civ., art. 395 et 445). Il suffit, en pareil cas, que le juge ou le conseil de famille en constate l'existence et désigne un remplaçant à la personne écartée[2].

1. POUR UN EXEMPLE DE RETRAIT PRONONCÉ À LA DEMANDE DU FRÈRE DE LA PERSONNE PROTÉGÉE, lié à la négligence d'une association tutélaire, v. Aix-en-Provence, 30 oct. 2013, RG n° 13/01452, *Dr. fam.* 2014, n° 29, obs. I. M. (retard pris dans les soins dentaires, absence de déclaration de succession et d'inventaire du mobilier garnissant le logement de la majeure protégée avant son entrée en maison de retraite, retard dans le paiement des factures d'électricité) – Civ. 1re, 28 mai 2015, n° 14-18.283, NP; *Dr. fam.* 2015, n° 159, obs. I. M.; *D.* 2015. 1581, obs. Lemouland (décharge fondée sur l'absence de compte annuel de gestion déposé par le tuteur depuis sa désignation en 2009) – Dijon, 3e ch. civ., 1er avr. 2015, RG n° 14/01629, *Dr. fam.* 2015, n° 133, obs. I. M. (décharge fondée sur l'acceptation par le curateur d'un don manuel important lui ayant été consenti par la personne en curatelle).
2. MASSIP, n° 68.

CHAPITRE

333. Règles de compétence et de procédure devant le juge des tutelles

SECTION 0 ORIENTEUR

333.00 **Plan du chapitre.**

333.01 **Textes applicables.**

TEXTES LÉGISLATIFS ET RÉGLEMENTAIRES NOUVEAUX

• **Décr. n° 2016-185, 23 févr. 2016,** pris pour l'application de l'ordonnance n° 2015-1288 du 15 octobre 2015 portant simplification et modernisation du droit de la famille, *JO* 25 févr., texte n° 26.

• **L. n° 2015-177, 16 févr. 2015,** relative à la modernisation et à la simplification du droit et des procédures dans les domaines de la justice et des affaires intérieures, *JO* 17 févr., p. 2961.

TEXTES SOURCES

> Domicile légal du tutélaire
C. civ., art. 108-3

> Compétence territoriale (règles générales)
• + L. n° 2007-308, 5 mars 2007

C. civ., art. 459-2, et C. pr. civ., art. 1211

> Compétence territoriale et droit international
* V. s[5] n° 02.01

> Compétence territoriale liée à l'hospitalisation pour trouble mental de la personne protégée
CSP, art. L. 3211-7

> Commissions rogatoires internes
C. pr. civ., art. 730 à 732

> Financement des frais de l'examen médical de la personne à protéger
C. pr. pén., art. R. 91 et R. 93

> Modalités d'ouverture de la mesure
+ L. n° 2007-308, 5 mars 2007

C. civ., art. 415, 430, 431, 432, 433, 436, 437, 438

> Procédure civile tutélaire
C. pr. civ., art. 16, 125, 394 à 399, 1212 à 1216, 1219 à 1233, 1239-2

• **principe de la contradiction**
C. pr. civ., art. 16

• **fins de non-recevoir**
C. pr. civ., art. 125

• **désistement**
C. pr. civ., art. 394 à 399

• **dispositions générales**
+ Décr. n° 2016-185, 23 févr. 2016

C. pr. civ., art. 1212 à 1216

• **requête aux fins d'ouverture d'une mesure de protection**
C. pr. civ., art. 1217 à 1219

• **instruction de la demande**
C. pr. civ., art. 1220 à 1221

• **consultation du dossier et délivrance de copies**
+ Décr. n° 2016-185, 23 févr. 2016

C. pr. civ., art. 1222 à 1224

• **communication du dossier au ministère public**
C. pr. civ., art. 1225

• **décision du juge des tutelles**
+ Décr. n° 2008-1276, 5 déc. 2008

+ Décr. n° 2009-1628, 23 déc. 2009

C. pr. civ., art. 1226 à 1229

• **notifications**
+ Décr. n° 2016-185, 23 févr. 2016

+ Décr. n° 2009-1628, 23 déc. 2009

+ Décr. n° 2008-1276, 5 déc. 2008

C. pr. civ., art. 1230 à 1231

• **exécution de la décision**
+ Décr. n° 2009-1628, 23 déc. 2009

C. pr. civ., art. 1233

• **appel contre un jugement refusant l'ouverture d'une mesure de protection**
+ Décr. n° 2009-1628, 23 déc. 2009

C. pr. civ., art. 1239-2

> Conv. EDH, art. 6 § 1

> Capacité électorale du tutélaire
– L. n° 69-419, 10 mai 1969

C. élect., anc. art. L. 5

+ L. n° 2007-308, 5 mars 2007

C. élect., art. L. 5

> Inscription de la mesure au répertoire civil
+ Décr. n° 2012-1443, 24 déc. 2012

C. pr. civ., art. 1057 à 1061

> Jugement d'ouverture de la mesure
+ L. n° 2007-308, 5 mars 2007

C. civ., art. 444

> Circ. DACS CIV/01/09/C1, 9 févr. 2009

TEXTES *IN EXTENSO*

> Domicile légal du tutélaire
C. civ., art. 108-3
Le majeur en tutelle est domicilié chez son tuteur.

> Compétence territoriale (règles générales)
[C. civ., art. 459-2, et C. pr. civ., art. 1211]

+ L. n° 2007-308, 5 mars 2007

C. civ., art. 459-2
La personne protégée choisit le lieu de sa résidence.

Elle entretient librement des relations personnelles avec tout tiers, parent ou non. Elle a le droit d'être visitée et, le cas échéant, hébergée par ceux-ci.

En cas de difficulté, le juge ou le conseil de famille s'il a été constitué statue.

C. pr. civ., art. 1211
Le juge des tutelles territorialement compétent est celui de la résidence habituelle de la personne à protéger ou protégée ou celui du domicile du tuteur.

> Compétence territoriale et droit international
* V. l'ensemble des textes cités s^s n° 02.01

> Compétence territoriale liée à l'hospitalisation pour trouble mental de la personne protégée
CSP, art. L. 3211-7 (*mod. par L. n° 2011-803, 5 juill. 2011, art. 1er*)

La personne hospitalisée en application des chapitres II et III du présent code ou de l'article 706-135 du Code de procédure pénale dans un établissement de soins conserve le domicile qui était le sien avant l'hospitalisation aussi longtemps que ce domicile reste à sa disposition. Néanmoins, les significations qui y auront été faites pourront, suivant les circonstances, être annulées par les tribunaux.

> Commissions rogatoires internes
[C. pr civ., art. 730 à 732]

C. pr. civ., art. 730
Lorsque l'éloignement des parties ou des personnes qui doivent apporter leur concours à la justice, ou l'éloignement des lieux, rend le déplacement trop difficile ou trop onéreux, le juge peut, à la demande des parties ou d'office, commettre la juridiction de degré égal ou inférieur qui lui paraît la mieux placée sur le territoire de la République, afin de procéder à tous les actes judiciaires qu'il estime nécessaires.

C. pr. civ., art. 731
La décision est transmise avec tous documents utiles par le secrétariat de la juridiction commettante à la juridiction commise. Dès réception, il est procédé aux opérations prescrites à l'initiative de la juridiction commise ou du juge que le président de cette juridiction désigne à cet effet.

Les parties ou les personnes qui doivent apporter leur concours à la justice sont directement convoquées ou avisées par la juridiction commise. Les parties ne sont pas tenues de constituer avocat ou avoué devant cette juridiction.

C. pr. civ., art. 732
Sitôt les opérations accomplies, le secrétariat de la juridiction qui y a procédé transmet à la juridiction commettante les procès-verbaux accompagnés des pièces et objets annexés ou déposés.

> Financement des frais de l'examen médical de la personne à protéger
[C. pr. pén., art. R. 91 et R. 93 (2°)]

+ Décr. n° 2014-461, 7 mai 2014, art. 1er

+ Décr. n° 2013-770, 26 août 2013, art. 4

C. pr. pén., art. R. 91 (*mod. par Décr. n° 2014-461, 7 mai 2014, art. 1er*)

Constituent des frais de justice les dépenses de procédure, à la charge définitive ou provisoire de l'État, qui résultent d'une décision de l'autorité judiciaire ou de celle d'une personne agissant sous sa direction ou son contrôle. Ils comprennent les frais de justice criminelle, correctionnelle et de police ainsi que les frais qui leur sont assimilés.

Les frais de justice criminelle, correctionnelle et de police correspondent à des dépenses engagées au cours d'une procédure pénale. Ils sont énumérés à l'article R. 92.

Leur sont assimilés les frais de la nature définie au premier alinéa, engagés au cours d'une procédure autre que celle mentionnée au deuxième alinéa. Ils sont énumérés à l'article R. 93.

L'État paye les frais de justice et poursuit le recouvrement de ceux qui ne sont pas à sa charge définitive, le tout dans la forme et selon les règles établies par le présent titre.

C. pr. pén., art. R. 93 (2°) (*mod. par Décr. n° 2013-770, 26 août 2013, art. 4*) [...] Sont, en outre, assimilées aux frais de justice criminelle, correctionnelle et de police, les dépenses qui résultent : [...]

2° Des mesures de protection juridique des majeurs et des mineurs ordonnées en application des dispositions des titres X et XI du livre Ier du Code civil; [...]

> Modalités d'ouverture de la mesure
[C. civ., art. 415, 430 à 433, 436 à 438]

+ L. n° 2007-308, 5 mars 2007

+ L. n° 2015-177, 16 févr. 2015, art. 1er

C. civ., art. 415
Les personnes majeures reçoivent la protection de leur personne et de leurs biens que leur état ou leur situation rend nécessaire selon les modalités prévues au présent titre.

Cette protection est instaurée et assurée dans le respect des libertés individuelles, des droits fondamentaux et de la dignité de la personne.

Elle a pour finalité l'intérêt de la personne protégée. Elle favorise, dans la mesure du possible, l'autonomie de celle-ci.

Elle est un devoir des familles et de la collectivité publique.

C. civ., art. 430
La demande d'ouverture de la mesure peut être présentée au juge par la personne qu'il y a lieu de protéger ou, selon le cas, par son conjoint, le partenaire avec qui elle a conclu un pacte civil de solidarité ou son concubin, à moins que la vie commune ait cessé entre eux, ou par un parent ou un allié, une personne entretenant avec le majeur des liens étroits et stables, ou la personne qui exerce à son égard une mesure de protection juridique.

Elle peut être également présentée par le procureur de la République soit d'office, soit à la demande d'un tiers.

C. civ., art. 431 *(mod. par L. n° 2015-177, 16 févr. 2015, art. 1er, V)*
La demande est accompagnée, à peine d'irrecevabilité, d'un certificat circonstancié rédigé par un médecin choisi sur une liste établie par le procureur de la République. Ce médecin peut solliciter l'avis du médecin traitant de la personne qu'il y a lieu de protéger.

Le coût de ce certificat est fixé par décret en Conseil d'État.

C. civ., art. 432 *(mod. par L. n° 2015-177, 16 févr. 2015, art. 1er, V)*
Le juge statue, la personne entendue ou appelée. L'intéressé peut être accompagné par un avocat ou, sous réserve de l'accord du juge, par toute autre personne de son choix.

Le juge peut toutefois, par décision spécialement motivée et sur avis d'un médecin inscrit sur la liste mentionnée à l'article 431, décider qu'il n'y a pas lieu de procéder à l'audition de l'intéressé si celle-ci est de nature à porter atteinte à sa santé ou s'il est hors d'état d'exprimer sa volonté.

C. civ., art. 433
Le juge peut placer sous sauvegarde de justice la personne qui, pour l'une des causes prévues à l'article 425, a besoin d'une protection juridique temporaire ou d'être représentée pour l'accomplissement de certains actes déterminés.

Cette mesure peut aussi être prononcée par le juge, saisi d'une procédure de curatelle ou de tutelle, pour la durée de l'instance.

Par dérogation à l'article 432, le juge peut, en cas d'urgence, statuer sans avoir procédé à l'audition de la personne. En ce cas, il entend celle-ci dans les meilleurs délais, sauf si, sur avis médical, son audition est de nature à porter préjudice à sa santé ou si elle est hors d'état d'exprimer sa volonté.

C. civ., art. 436
Le mandat par lequel la personne protégée a chargé une autre personne de l'administration de ses biens continue à produire ses effets pendant la sauvegarde de justice à moins qu'il ne soit révoqué ou suspendu par le juge des tutelles, le mandataire étant entendu ou appelé.

En l'absence de mandat, les règles de la gestion d'affaires sont applicables.

Ceux qui ont qualité pour demander l'ouverture d'une curatelle ou d'une tutelle sont tenus d'accomplir les actes conservatoires indispensables à la préservation du patrimoine de la personne protégée dès lors qu'ils ont connaissance tant de leur urgence que de l'ouverture de la mesure de sauvegarde. Les mêmes dispositions sont applicables à la personne ou à l'établissement qui héberge la personne placée sous sauvegarde.

C. civ., art. 437
S'il y a lieu d'agir en dehors des cas définis à l'article 436, tout intéressé peut en donner avis au juge.

Le juge peut désigner un mandataire spécial, dans les conditions et selon les modalités prévues aux articles 445 et 448 à 451, à l'effet d'accomplir un ou plusieurs actes déterminés, même de disposition, rendus nécessaires par la gestion du patrimoine de la personne protégée. Le mandataire peut, notamment, recevoir mission d'exercer les actions prévues à l'article 435.

Le mandataire spécial est tenu de rendre compte de l'exécution de son mandat à la personne protégée et au juge dans les conditions prévues aux articles 510 à 515.

C. civ., art. 438
Le mandataire spécial peut également se voir confier une mission de protection de la personne dans le respect des articles 457-1 à 463.

> Procédure civile tutélaire
[C. pr. civ., art. 16, 125, 394 à 399, 1212 à 1216, 1219 à 1233, 1239-2]

• principe de la contradiction
C. pr. civ., art. 16
Le juge doit, en toutes circonstances, faire observer et observer lui-même le principe de la contradiction.

Il ne peut retenir, dans sa décision, les moyens, les explications et les documents invoqués ou produits par les parties que si celles-ci ont été à même d'en débattre contradictoirement.

Il ne peut fonder sa décision sur les moyens de droit qu'il a relevés d'office sans avoir au préalable invité les parties à présenter leurs observations.

• fins de non-recevoir
C. pr. civ., art. 125
Les fins de non-recevoir doivent être relevées d'office lorsqu'elles ont un caractère d'ordre public, notamment lorsqu'elles résultent de l'inobservation des délais dans lesquels doivent être exercées les voies de recours ou de l'absence d'ouverture d'une voie de recours.

Le juge peut relever d'office la fin de non-recevoir tirée du défaut d'intérêt, du défaut de qualité ou de la chose jugée.

• désistement
[C. pr. civ., art. 394 à 399]

C. pr. civ., art. 394
Le demandeur peut, en toute matière, se désister de sa demande en vue de mettre fin à l'instance.

C. pr. civ., art. 395
Le désistement n'est parfait que par l'acceptation du défendeur.

Toutefois, l'acceptation n'est pas nécessaire si le défendeur n'a présenté aucune défense au fond ou fin de non-recevoir au moment où le demandeur se désiste.

C. pr. civ., art. 396
Le juge déclare le désistement parfait si la non-acceptation du défendeur ne se fonde sur aucun motif légitime.

C. pr. civ., art. 397
Le désistement est exprès ou implicite; il en est de même de l'acceptation.

C. pr. civ., art. 398
Le désistement d'instance n'emporte pas renonciation à l'action, mais seulement extinction de l'instance.

C. pr. civ., art. 399
Le désistement emporte, sauf convention contraire, soumission de payer les frais de l'instance éteinte.

• **dispositions générales**
[C. pr. civ., art. 1212 à 1216]
+ Décr. n° 2016-185, 23 févr. 2016, art. 6

C. pr. civ., art. 1212
Le juge des tutelles et le procureur de la République ont la faculté de faire examiner par un médecin les majeurs relevant de l'article 416 du Code civil.

C. pr. civ., art. 1213
À la demande de tout intéressé ou d'office, notamment lorsqu'il est fait application des articles 217 et 219, du deuxième alinéa de l'article 397, de l'article 417, du quatrième alinéa de l'article 459, de l'article 459-2, des deuxième et troisième alinéas de l'article 469, du 4° de l'article 483 ou de l'article 484 du Code civil, le juge des tutelles peut ordonner que l'examen de la requête donne lieu à un débat contradictoire.

C. pr. civ., art. 1214
Dans toute instance relative à l'ouverture, la modification ou la mainlevée d'une mesure de protection, le majeur à protéger ou protégé peut faire le choix d'un avocat ou demander à la juridiction saisie que le bâtonnier lui en désigne un d'office. La désignation doit intervenir dans les huit jours de la demande.

Les intéressés sont informés de ce droit dans l'acte de convocation.

C. pr. civ., art. 1215
En cas de décès d'un majeur faisant l'objet d'une mesure de protection exercée par un mandataire judiciaire à la protection des majeurs, celui-ci peut, en l'absence d'héritiers connus, saisir le notaire du défunt en vue du règlement de la succession ou, à défaut, demander au président de la chambre départementale des notaires d'en designer un.

Si le notaire chargé du règlement de la succession ne parvient pas à identifier les héritiers du majeur protégé, le mandataire judiciaire à la protection des majeurs, autorisé à cet effet par le juge des tutelles, ou le notaire, dans les conditions de l'article 36 de la loi du 23 juin 2006 portant réforme des successions et des libéralités, peut délivrer un mandat de recherche des héritiers.

C. pr. civ., art. 1216 (*mod. Décr. n° 2016-185, 23 févr. 2016, art. 6*)

L'amende civile prévue aux articles 411-1 et 417 du Code civil ne peut excéder 3 000 euros. La décision qui la prononce n'est pas susceptible de recours.

• **requête aux fins d'ouverture d'une mesure de protection**
[C. pr. civ., art. 1217 à 1219]

C. pr. civ., art. 1217
Hors les cas prévus aux articles 390, 391, 442 et 485 du Code civil, le juge est saisi par requête remise ou adressée au greffe de la juridiction de première instance.

C. pr. civ., art. 1218
La requête aux fins d'ouverture d'une mesure de protection d'un majeur comporte, à peine d'irrecevabilité :

1° Le certificat médical circonstancié prévu à l'article 431 du Code civil;

2° L'identité de la personne à protéger et l'énoncé des faits qui appellent cette protection au regard de l'article 428 du même code.

C. pr. civ., art. 1218-1
La requête prévue à l'article 1218 mentionne également les personnes appartenant à l'entourage du majeur à protéger énumérées au premier alinéa de l'article 430 du Code civil ainsi que le nom de son médecin traitant, si son existence est connue du requérant. Celui-ci précise, dans la mesure du possible, les éléments concernant la situation familiale, financière et patrimoniale du majeur.

Le greffier avise le procureur de la République de la procédure engagée, sauf lorsque ce dernier est le requérant.

C. pr. civ., art. 1219
Le certificat médical circonstancié prévu par l'article 431 du Code civil :

1° Décrit avec précision l'altération des facultés du majeur à protéger ou protégé;

2° Donne au juge tout élément d'information sur l'évolution prévisible de cette altération;

3° Précise les conséquences de cette altération sur la nécessité d'une assistance ou d'une représentation du majeur dans les actes de la vie civile, tant patrimoniaux qu'à caractère personnel, ainsi que sur l'exercice de son droit de vote.

Le certificat indique si l'audition du majeur est de nature à porter atteinte à sa santé ou si celui-ci est hors d'état d'exprimer sa volonté.

Le certificat est remis par le médecin au requérant sous pli cacheté, à l'attention exclusive du procureur de la République ou du juge des tutelles.

• **instruction de la demande**
[C. pr. civ., art. 1220 à 1221]

C. pr. civ., art. 1220
Le juge des tutelles peut, dans tous les cas où il a l'obligation ou il estime utile d'entendre la personne à protéger ou protégée, se déplacer dans toute l'étendue du ressort de la cour d'appel ainsi que dans les départements limitrophes de celui où il exerce ses fonctions. Les mêmes règles sont applicables aux magistrats de la cour d'appel en cas de recours.

C. pr. civ., art. 1220-1
L'audition de la personne peut avoir lieu au siège du tribunal, au lieu où elle réside habituellement, dans l'établissement de traitement ou d'hébergement ou en tout autre lieu approprié.

L'audition n'est pas publique.

Le juge peut, s'il l'estime opportun, procéder à cette audition en présence du médecin traitant ou de toute autre personne.

Le procureur de la République et, le cas échéant, l'avocat de la personne à protéger ou protégée sont informés de la date et du lieu de l'audition.

Il est dressé procès-verbal de celle-ci.

C. pr. civ., art. 1220-2
La décision du juge disant n'y avoir lieu à procéder à l'audition du majeur à protéger ou protégé en application du second alinéa de l'article 432 du Code civil est notifiée au requérant et, le cas échéant, à l'avocat du majeur.

Par la même décision, le juge ordonne qu'il soit donné connaissance de la procédure engagée au majeur selon des modalités appropriées à son état.

Il est fait mention au dossier de l'exécution de cette décision.

C. pr. civ., art. 1220-3
Le juge des tutelles ne peut statuer sur une requête concernant un majeur protégé et relative à la protection de sa per-

sonne qu'après avoir entendu ou appelé celui-ci sauf si l'audition et de nature à porter atteinte à la santé de l'intéressé ou si celui-ci est hors d'état d'exprimer sa volonté.

C. pr. civ., art. 1220-4
Le juge procède à l'audition, s'il l'estime opportune, des personnes énumérées à l'article 430 du Code civil. Cette audition est de droit lorsqu'elle est sollicitée par une personne demandant à exercer la mesure de protection.

C. pr. civ., art. 1221
Le juge peut, soit d'office, soit à la requête des parties ou du ministère public, ordonner toute mesure d'instruction. Il peut notamment faire procéder à une enquête sociale ou à des constatations par toute personne de son choix.

• **consultation du dossier et délivrance de copies**
[C. pr. civ., art. 1222 à 1224]
+ Décr. n° 2016-185, 23 févr. 2016, art. 8 à 10

C. pr. civ., art. 1222
Le dossier peut être consulté au greffe par le requérant jusqu'au prononcé de la décision d'ouverture ou, lorsqu'une modification de la mesure de protection est sollicitée, jusqu'à ce qu'il soit statué sur celle-ci. Il peut également être consulté dans les mêmes conditions et sur autorisation de la juridiction saisie, par une des personnes énumérées à l'article 430 du Code civil si elle justifie d'un intérêt légitime.

Leurs avocats, si elles en ont constitué un, disposent de la même faculté.

C. pr. civ., art. 1222-1
À tout moment de la procédure, le dossier peut être consulté au greffe de la juridiction qui le détient, sur demande écrite et sans autre restriction que les nécessités du service, par le majeur à protéger ou protégé, le cas échéant, par son avocat ainsi que par la ou les personnes chargées de la protection.

Lorsque la demande de consultation du dossier émane du majeur, le juge peut, par ordonnance motivée notifiée à l'intéressé, exclure tout ou partie des pièces de la consultation si celle-ci est susceptible de lui causer un préjudice psychique grave.

C. pr. civ., art. 1223 (*mod. Décr. n° 2016-185, 23 févr. 2016, art. 8*)

L'avocat du majeur à protéger ou protégé, du mineur ou de ses parents peut se faire délivrer copie de tout ou partie des pièces du dossier. Il ne peut communiquer les copies ainsi obtenues ou leur reproduction au majeur à protéger ou protégé, au mineur ou à un tiers.

C. pr. civ., art. 1223-1 (*mod. par Décr. n° 2016-185, 23 févr. 2016, art. 9*)

Sous réserve des dispositions de l'article 510 du Code civil relatives à la communication des comptes de gestion, le juge des tutelles peut, après le prononcé du jugement de mise sous protection, autoriser, sur justification d'un intérêt légitime, la délivrance d'une copie d'une ou plusieurs pièces du dossier au majeur protégé, au mineur âgé de seize ans révolus ou à la personne chargée de la mesure de protection.

C. pr. civ., art. 1223-2 (*mod. par Décr. n° 2016-185, 23 févr. 2016, art. 10*)

Il ne peut être délivré copie des délibérations du conseil de famille et des décisions de justice afférentes à la mesure de protection qu'aux parties et aux personnes investies des charges tutélaires concernées par ces délibérations et décisions.

Les personnes justifiant d'un intérêt légitime peuvent également en obtenir des extraits sur autorisation du juge des tutelles.

Le mineur devenu majeur peut obtenir copie des délibérations et décisions le concernant.

Nota 1 : Décr. n° 2016-185, 23 févr. 2016, art. 18 : Ces dispositions sont applicables aux administrations légales en cours au jour de son entrée en vigueur.

C. pr. civ., art. 1224
Les décisions du juge prévues aux articles 1222, 1223-1 et 1223-2 sont des mesures d'administration judiciaire.

• **communication du dossier au ministère public**

C. pr. civ., art. 1225
Un mois au moins avant la date fixée pour l'audience de jugement de la requête aux fins d'ouverture d'une mesure de protection d'un majeur, le dossier est transmis au procureur de la République.

Au plus tard quinze jours avant cette date, le procureur de la République le renvoie au greffe avec, selon le cas, son avis ou ses conclusions sur l'opportunité et les modalités de la protection.

Ces délais peuvent être réduits en cas d'urgence.

• **décision du juge des tutelles**
[C. pr. civ., art. 1226 à 1229]
+ Décr. n° 2008-1276, 5 déc. 2008, art. 1er
+ Décr. n° 2009-1628, 23 déc. 2009, art. 8

C. pr. civ., art. 1226
À l'audience, le juge entend le requérant à l'ouverture de la mesure de protection, le majeur à protéger, sauf application par le juge des dispositions du second alinéa de l'article 432 du Code civil et, le cas échéant, le ministère public.

Les avocats des parties, lorsqu'elles en ont constitué un, sont entendus en leurs observations.

L'affaire est instruite et jugée en chambre du conseil.

C. pr. civ., art. 1227
La requête aux fins d'ouverture d'une mesure de protection d'un majeur est caduque si le juge des tutelles ne s'est pas prononcé sur celle-ci dans l'année où il en a été saisi.

C. pr. civ., art. 1228 (*mod. par Décr. n° 2009-1628, 23 déc. 2009, art. 8*)

Lorsqu'il est fait application de l'article 442 du Code civil, le juge statue après avoir entendu ou appelé la personne protégée dans les conditions prévues aux articles 1220 à 1220-2 du présent code et recueilli l'avis de la personne chargée de la mesure de protection. Sa décision est notifiée dans les conditions prévues aux articles 1230 à 1231 du même code.

Toutefois, lorsqu'il y a lieu de renforcer le régime de protection en application du quatrième alinéa de l'article 442 du Code civil, il est en outre procédé conformément aux dispositions des articles 1218, 1220-3 à 1221, 1225 et 1226 du présent code.

C. pr. civ., art. 1229
Hors le cas où il ordonne un débat contradictoire en application de l'article 1213, le juge statue sur les requêtes qui lui sont adressées après l'ouverture de la mesure de protection par le majeur protégé ou la personne chargée de sa protection dans les trois mois de leur réception à moins qu'elles ne nécessitent le recueil d'éléments d'information, la production de pièces complémentaires, le recours à une mesure d'instruction ou toute autre investigation. Dans ce cas, le juge en avertit le

requérant et l'informe de la date prévisible à laquelle la décision sera rendue.

• **notifications**

[C. pr. civ., art. 1230 à 1231]

+ Décr. n° 2016-185, 23 févr. 2016, art. 11

+ Décr. n° 2009-1628, 23 déc. 2009, art. 9

+ Décr. n° 2008-1276, 5 déc. 2008, art. 1er

C. pr. civ., art. 1230 (*mod. par Décr. n° 2016-185, 23 févr. 2016, art. 11*)

Toute décision du juge est notifiée, à la diligence du greffe, au requérant, à la personne chargée de la protection ou à l'administrateur légal et à tous ceux dont elle modifie les droits ou les obligations résultant de la mesure de protection.

Elle est également notifiée au mineur âgé de seize ans révolus à moins que son état ne le permette pas.

En outre, dans le cas de l'article 502 du Code civil, elle est notifiée au subrogé tuteur.

Nota : Décr. n° 2016-185, 23 févr. 2016, art. 18 : Ces dispositions sont applicables aux administrations légales en cours au jour de son entrée en vigueur.

C. pr. civ., art. 1230-1 (*mod. par Décr. n° 2009-1628, 23 déc. 2009, art. 9*)

Le jugement qui statue sur une demande d'ouverture d'une mesure de protection d'un majeur est notifié à la personne protégée elle-même; avis en est donné au procureur de la République.

Toutefois, le juge peut, par décision spécialement motivée, décider qu'il n'y a pas lieu de notifier le jugement prononçant l'ouverture de la mesure de protection au majeur protégé si cette information est de nature à porter préjudice à sa santé. Dans ce cas, la notification en est faite à son avocat, s'il en a constitué un, ainsi qu'à la personne que le juge estime la plus qualifiée pour recevoir cette notification.

Le jugement peut être notifié, si le juge l'estime utile, aux personnes qu'il désigne parmi celles que la loi habilite à exercer un recours.

C. pr. civ., art. 1231 (*mod. par Décr. n° 2008-1276, 5 déc. 2008, art. 1er*)

Les notifications qui doivent être faites à la diligence du greffe le sont par lettre recommandée avec demande d'avis de réception; le juge peut, toutefois, décider qu'elles seront faites par acte d'huissier de justice.

La délivrance d'une copie certifiée conforme d'une décision du juge ou d'une délibération du conseil de famille, par le greffe contre récépissé daté et signé, vaut notification dès lors que les voies de recours et les sanctions encourues pour recours abusif sont portées à la connaissance de l'intéressé.

• **exécution de la décision**

C. pr. civ., art. 1233 (*mod. par Décr. n° 2009-1628, 23 déc. 2009, art. 11*)

Un extrait de toute décision portant ouverture, modification de régime ou de durée ou mainlevée d'une mesure de curatelle ou de tutelle concernant un majeur est transmis par tout moyen au greffe du tribunal de grande instance dans le ressort duquel est née la personne protégée, à fin de conservation au répertoire civil et de publicité par mention en marge de l'acte de naissance selon les modalités prévues au chapitre III du présent titre.

Lorsque la décision est rendue par le juge des tutelles, la transmission est faite par le greffe du tribunal d'instance dans les quinze jours qui suivent l'expiration des délais de recours.

Lorsque la décision est rendue par la cour d'appel, la transmission est faite par le greffe de cette cour dans les quinze jours de l'arrêt.

Lorsqu'une mesure de protection a pris fin par l'expiration du délai fixé, avis en est donné par tout moyen et aux mêmes fins par le greffe du tribunal d'instance, saisi par tout intéressé, au greffe du tribunal de grande instance dans le ressort duquel est née la personne protégée.

• **appel contre un jugement refusant l'ouverture d'une mesure de protection**

C. pr. civ., art. 1239-2 (*mod. par Décr. n° 2009-1628, 23 déc. 2009, art. 2*)

L'appel contre le jugement qui refuse d'ouvrir une mesure de protection à l'égard d'un majeur n'est ouvert qu'au requérant.

> Convention européenne des droits de l'homme

• **Conv. EDH, art. 6 § 1**

Toute personne a droit à ce que sa cause soit entendue équitablement, publiquement et dans un délai raisonnable, par un tribunal indépendant et impartial, établi par la loi, qui décidera, soit des contestations sur ses droits et obligations de caractère civil, soit du bien-fondé de toute accusation en matière pénale dirigée contre elle. Le jugement doit être rendu publiquement, mais l'accès de la salle d'audience peut être interdit à la presse et au public pendant la totalité ou une partie du procès dans l'intérêt de la moralité, de l'ordre public ou de la sécurité nationale dans une société démocratique, lorsque les intérêts des mineurs ou la protection de la vie privée des parties au procès l'exigent, ou dans la mesure jugée strictement nécessaire par le tribunal, lorsque dans des circonstances spéciales la publicité serait de nature à porter atteinte aux intérêts de la justice.

> Capacité électorale du tutélaire

+ L. n° 2007-308, 5 mars 2007

C. élect., art. L. 5

Lorsqu'il ouvre ou renouvelle une mesure de tutelle, le juge statue sur le maintien ou la suppression du droit de vote de la personne protégée.

> Inscription de la mesure au répertoire civil

[C. pr. civ., art. 1057 à 1061]

+ Décr. n° 2012-1443, 24 déc. 2012, art. 2

C. pr. civ., art. 1057

Le répertoire civil est constitué par l'ensemble des extraits des demandes, actes et jugements qui, en vertu des textes particuliers se référant à ce répertoire, doivent être classés et conservés aux greffes des tribunaux de grande instance.

Les extraits sont inscrits sur un registre, jour par jour et par ordre numérique.

C. pr. civ., art. 1058

Le classement et la conservation des extraits sont assurés par le greffe du tribunal de grande instance dans le ressort duquel est née la personne concernée et par le service central d'état civil pour les personnes nées à l'étranger.

C. pr. civ., art. 1059

La publicité des demandes, actes et jugements est réalisée par une mention en marge de l'acte de naissance de l'intéressé. Cette mention est faite à la diligence du greffier du tribunal de grande instance ou, le cas échéant, à celle du service central d'état civil. Elle est constituée par l'indication « RC » suivie de la référence sous laquelle la demande, l'acte ou le jugement a été conservé.

La date à laquelle la mention est apposée est portée sur l'extrait conservé au greffe ou au service central d'état civil.

C. pr. civ., art. 1060 (*mod. par Décr. n° 2012-1443, 24 déc. 2012, art. 2*)
La mention portée en marge de l'acte de naissance, des jugements qui rejettent une demande ou mettent fin à une mesure figurant au répertoire civil, est complétée d'office par l'indication qu'elle emporte radiation des mentions antérieures.

L'indication de radiation peut être aussi portée à la suite des mentions prévues par les articles 1292 et 1300-4 lorsque la partie intéressée a rapporté la preuve de l'extinction de l'instance.

C. pr. civ., art. 1061
Des copies des extraits conservés au répertoire civil peuvent être délivrées à tout intéressé.

Elles ne peuvent l'être que sur autorisation du procureur de la République lorsqu'une indication de radiation a été portée en marge des actes de naissance par application de l'article précédent.

> Jugement d'ouverture de la mesure
+ L. n° 2007-308, 5 mars 2007, art. 7

C. civ., art. 444
Les jugements portant ouverture, modification ou mainlevée de la curatelle ou de la tutelle ne sont opposables aux tiers que deux mois après que la mention en a été portée en marge de l'acte de naissance de la personne protégée selon les modalités prévues par le Code de procédure civile.

Toutefois, même en l'absence de cette mention, ils sont opposables aux tiers qui en ont personnellement connaissance.

> Circulaire de la DACS n° CIV/01/09/C1 du 9 février 2009 relative à l'application des dispositions législatives et réglementaires issues de la réforme du droit de la protection juridique des mineurs et des majeurs
(http://www.textes.justice.gouv.fr)

333.02 Jurisprudence de référence.

JURISPRUDENCE ANTÉRIEURE À LA LOI DU 5 MARS 2007

> Compétence territoriale

• **Civ. 1re, 28 avr. 1982, n° 81-11.438,** *Bull. civ.* I, n° 150
* V. s^s^ n° 333.11
La personne qui a présenté une requête en vue de l'ouverture d'une tutelle est irrecevable à contester ultérieurement la compétence du magistrat qu'elle a elle-même saisi et ne peut reprocher au juge de ne pas avoir soulevé son incompétence d'office.

• **Civ. 1re, 6 oct. 1982, n° 81-13.774,** *Bull. civ.* I, n° 278
* V. s^s^ n° 333.11
L'incompétence territoriale du juge des tutelles ne peut être considérée comme une formalité substantielle au sens de l'article 416 (ancien) du Code civil.

• **Civ. 1re, 9 déc. 2003, n° 01-14.569,** *Bull. civ.* I, n° 247
* V. s^s^ n° 333.12
Sur la prise en considération de la nationalité française de la personne à protéger, lors même que sa résidence serait située à l'étranger.

> Communication du dossier du tutélaire aux parties

• **Civ. 1re, 28 nov. 2006, n° 05-13.004,** *Bull. civ.* I, n° 527
* V. s^s^ n° 333.72
Toute personne a droit à ce que sa cause soit entendue contradictoirement; cette exigence implique que chaque partie ait la faculté de prendre connaissance et de discuter de toute pièce présentée au juge. Viole l'article 6 § 1 de la Convention européenne des droits de l'homme ainsi que les articles 16 et 1250 alinéa 2 du Nouveau Code de procédure civile, le tribunal qui instaure une mesure de curatelle alors qu'en dépit de ses demandes répétées pour obtenir communication de son dossier, le majeur n'a obtenu une réponse que la veille de l'audience, ce qui ne lui a pas laissé le temps de rassembler les éléments qu'il aurait souhaités et qu'il ne résulte d'aucune pièce du dossier de la procédure qu'il a été avisé de la possibilité de consulter le dossier.

> Confidentialité de l'examen médical donnant lieu au certificat médical circonstancié
– Exclusion des tiers de l'entretien personnel entre le médecin spécialiste agréé et la personne à protéger

• **Civ. 1re, 25 avr. 1989, n° 87-19.253,** *Bull. civ.* I, n° 169
* V. s^s^ n° 333.34
L'entretien personnel que le médecin inscrit a avec une personne soumise à un examen mental revêt par sa nature même un caractère intime : il n'est donc pas tenu d'admettre les conseillers médicaux de l'une des parties à assister à l'examen clinique du malade.

> Constat médical
– Le juge des tutelles est dispensé de recueillir le constat médical de l'altération des facultés mentales ou corporelles de la personne à protéger, dès lors qu'elle se soustrait volontairement à tout examen dans le cadre de la procédure tutélaire

• **Civ. 1re, 10 juill. 1984, n° 83-10.653,** *Bull. civ.* I, n° 123
* V. s^s^ n° 333.34
S'il résulte des articles 490 et 493-1 du Code civil que l'altération des facultés mentales ou corporelles d'un malade doit être médicalement établie et constatée par un médecin spécialiste, préalablement à l'ouverture d'une tutelle ou d'une curatelle, la personne qui fait l'objet de cette mesure n'est pas fondée à se prévaloir de l'absence de constatation médicale de l'altération de ses facultés, lorsque, par son propre fait, elle a rendu cette constatation impossible en se refusant à tout examen médical. Il appartient alors au juge des tutelles de relever les éléments rendant nécessaire le placement de la personne en question sous un régime de protection des incapables.

– Le certificat du médecin inscrit ne constatant aucune altération des facultés mentales ou corporelles de la personne doit s'imposer au juge des tutelles

• **Civ. 1re, 15 juin 1994, n° 92-19.680,** *Bull. civ.* I, n° 213
* V. s^s^ n° 333.34
Le juge ne peut placer une personne sous le régime de la tutelle ou de la curatelle, pour altération de ses facultés mentales ou corporelles, que si cette altération a été constatée par un médecin spécialiste choisi sur une liste établie par le procureur de la République. Il s'ensuit que doit être cassé le jugement qui, après avoir relevé que le médecin spécialiste désigné par le juge des tutelles n'avait constaté aucune altération des facultés mentales ou corporelles d'une personne, place celle-ci sous le régime de la curatelle en énonçant qu'il résulte d'un rapport du mandataire spécial, du certificat du médecin traitant et des déclarations faites par l'intéressée lors de son audition, que celle-ci présente des troubles, notamment de mémoire,

ignore la consistance de son patrimoine et n'a pas une conscience précise des actes récents passés par elle ou pour son compte.

– **Altération des facultés mentales ou corporelles constatée par un médecin choisi sur une liste établie par le procureur de la République**

• **Civ. 1re, 15 juin 1994, n° 92-19.680,** *Bull. civ.* I, n° 213, préc.

* V. ss n° 333.34

Le juge ne peut placer une personne sous le régime de la tutelle ou de la curatelle, pour altération de ses facultés mentales ou corporelles, que si cette altération a été constatée par un médecin spécialiste choisi sur une liste établie par le procureur de la République.

> Dispense d'audition du majeur

– Dispense d'audition par le juge des tutelles de la personne à protéger en cas de non-comparution de celle-ci à la suite de deux convocations infructueuses

• **Civ. 1re, 24 nov. 1998, n° 96-17.475,** *Bull. civ.* I, n° 331

* V. ss n° 333.47

Les prescriptions de l'article 1246 du Nouveau Code de procédure civile relatives à l'obligation pour le juge des tutelles d'entendre la personne à protéger sont respectées lorsqu'il ouvre une tutelle après avoir en vain convoqué à deux reprises la personne à protéger et avoir dressé un procès-verbal de carence qui n'a pas été contesté.

– **Le juge des tutelles est dispensé d'auditionner la personne à protéger, dès lors qu'elle se soustrait à ses convocations successives**

• **Civ. 1re, 24 nov. 1998, n° 96-17.475,** *Bull. civ.* I, n° 331 (préc. *Supra*)

* V. ss n° 333.47

Satisfait aux prescriptions de l'article 1246 du [Nouveau] Code de procédure civile le juge qui ouvre une tutelle après avoir en vain convoqué à deux reprises la personne à protéger et avoir dressé un procès-verbal de carence qui n'a pas été contesté. De ce qu'il a relevé que selon l'expert médical une personne présentant des difficultés importantes de concentration, un fonctionnement mental extrêmement ralenti et des capacités de réflexion très réduites, un tribunal déduit souverainement que l'intéressé n'était plus en mesure d'exercer des choix éclairés, fût-ce avec l'assistance d'un curateur, et avait besoin d'être représenté d'une manière continue dans les actes de la vie civile.

> Modalités d'opposabilité aux tiers du jugement d'ouverture de la mesure

• **Civ. 1re, 31 janv. 2006, n° 03-16.903,** NP

* V. ss n° 333.102

« Qu'il résulte de l'article 493-2 (ancien, devenu art. 444) du Code civil que les jugements portant ouverture, modification ou mainlevée de la tutelle ne sont opposables aux tiers que deux mois après que mention en aura été portée en marge de l'acte de naissance de la personne protégée; qu'en l'espèce, le jugement portant mainlevée de la tutelle de Mlle Y... est intervenu le 6 mai 2003 et celui prononçant l'homologation du projet de partage auquel elle était représentée par son tuteur, l'Udaf de S..., a été pris le 28 mai 2003; que, faute par Mlle Y... de rapporter la preuve, qui lui incombait, qu'elle avait notifié aux autres parties à l'instance d'homologation l'existence de la première décision, le jugement portant mainlevée de la tutelle n'était pas opposable faute d'avoir été publié depuis plus de deux mois au jour où il a statué. »

> Limitation des demandeurs à la mesure de protection

– Caractère d'ordre public de la liste des personnes qui ont qualité pour requérir l'ouverture d'une tutelle

• **Civ. 1re, 23 juin 1987, n° 85-17.126,** *Bull. civ.* I, n° 207

* V. ss n° 333.32

Les dispositions de l'article 493 alinéa 1er du Code civil, qui énumèrent limitativement les personnes qui ont qualité pour requérir l'ouverture de la tutelle, édictées dans un souci de protection de la liberté, ont un caractère d'ordre public. Il s'ensuit que le juge doit relever d'office les fins de non-recevoir fondées sur ce texte.

– **Caractère d'ordre public de la fin de non-recevoir tirée de l'article 1255 du « Nouveau » Code de procédure civile**

• **Civ. 1re, 19 mars 2002, n° 00-17.218,** NP

* V. ss n° 333.92

Lorsque le juge des tutelles a été saisi par le ministère public aux fins d'ouverture d'une mesure de protection, le tribunal de grande instance doit relever d'office la fin de non-recevoir tirée de l'article 1255 du Nouveau Code de procédure civile afin de déclarer irrecevable le recours exercé par les parents d'une personne majeure à l'encontre du jugement déclarant n'y avoir lieu à l'ouverture d'une mesure de protection.

• **Civ. 1re, 8 févr. 2005, n° 02-10.739,** *Bull. civ.* I, n° 72

* V. ss n° 333.92

La fin de non-recevoir prévue à l'article 1255 du Nouveau Code de procédure civile, tirée de ce que le recours contre la décision qui refuse d'ouvrir une mesure de protection n'est ouverte qu'au requérant, est d'ordre public. Dès lors, lorsque le juge des tutelles s'est saisi d'office, il appartient au tribunal de grande instance, en vertu de l'article 125, alinéa 1er, du Code précité de soulever d'office l'irrecevabilité des recours formés par des personnes qui, bien que s'étant vu notifier la décision du premier juge, n'ont pas la qualité de requérants.

JURISPRUDENCE POSTÉRIEURE À LA LOI DU 5 MARS 2007

> **Irrecevabilité de la requête du procureur de la République en ouverture de procédure de protection accompagnée d'un simple certificat de carence du médecin inscrit mentionnant le refus de la personne à protéger de subir l'examen médical**

• **TGI Mont-de-Marsan, 8 oct. 2009, n° 09/00686,** *D.* 2010. 2052, note Verheyde – J. Massip, « L'affaire *Bettencourt* et la procédure de tutelle », *JCP* 2010. Actu. 1196.

* V. ss n° 333.34

Le tribunal de grande instance, alors juridiction d'appel du juge des tutelles, après avoir relevé que la requête du procureur de la République était accompagnée d'une lettre rédigée par un médecin agréé attestant du refus de la personne à protéger de se soumettre à un examen médical, a déclaré la requête recevable, estimant que la personne à protéger n'était pas fondée à se prévaloir de l'absence de certificat médical circonstancié dès lors que, par son propre fait, elle avait rendu impossible ce constat.

• **Civ. 1re, 29 juin 2011, n° 10-21.879,** *Bull. civ.* I, n° 133

* V. ss nos 333.34

La Cour de cassation, statuant sur le pourvoi formé par la majeure à protéger, a cassé ce jugement sans renvoi et a confirmé l'ordonnance initiale du juge des tutelles, au motif de la violation, par refus d'application, de l'article 431 du Code civil qui précise que la demande de protection doit « *à peine d'irrecevabilité* » être accompagnée d'un certificat médical circonstancié rédigé par un médecin inscrit sur la liste établie par le procureur de la République.

> Désistement d'instance

• **Cass., avis, 20 juin 2011, n° 11-00.004,** *Bull. avis*, n° 7

• **Civ. 1re, 2 avr. 2014, n° 13-10.758,** *Bull. civ.* I, n° 63

* V. ss n° 333.83

Dans une procédure aux fins d'ouverture d'une mesure de protection en cours d'instruction devant le juge des tutelles, le désistement d'instance émanant du requérant ne met fin à l'instance que si aucune décision prononçant une mesure de protection n'a encore été prise. Le placement sous sauvegarde de justice en cours d'instruction de la demande empêche le désistement d'instance d'être effectif.

> Respect du principe de la contradiction (possibilité de consulter le dossier)

• **Civ. 1re, 30 avr. 2014, n° 13-16.525, NP**

* V. ss n° 333.72

Le principe du contradictoire a été respecté dès lors que, selon les pièces de la procédure, la majeure avait été avisée, par lettre recommandée avec avis de réception qu'elle avait reçue, de ce qu'elle pouvait consulter le dossier au greffe conformément aux dispositions de l'article 1222-1 du Code de procédure civile.

• **Civ. 1re, 13 janv. 2016, n° 14-28.326, NP**

* V. ss n° 333.72

Le dossier peut également être consulté, dans les mêmes conditions et sur autorisation de la juridiction saisie, par une des personnes mentionnées à l'article 430 du Code civil si elle justifie d'un intérêt légitime. En l'espèce, les parties ont disposé du droit de consultation du dossier dans les conditions des articles 1222-1 et suivant du Code de procédure civile et le fils de la personne protégée en curatelle ne s'est pas prévalu d'un prétendu défaut d'information quant à la possibilité de consulter le dossier.

333.03 Bibliographie indicative.

> Généralités. C. Atias, *Les personnes, Les incapacités,* « Droit fondamental », PUF, 1985, n° 33 – M. Douchy-Oudot, *Procédures* 2010, n° 39; *D.* 2010. 989 – T. Fossier, « Le rapport du groupe Jean Favard sur le dispositif de protection des majeurs », *JCP* 2000. 1055; *JCP* 2007. I. 118 – J.-J. Lemouland, *D.* 2010. 215 – J. Massip, « De quelques problèmes posés par la protection juridique des majeurs », *JCP N* 2011. 1244 – L. Pécaut-Rivolier, *AJ fam.* 2010. 72 – O. Salati, « Présentation du décret n° 2008-1276 du 5 décembre 2008 relatif à la protection juridique des mineurs et des majeurs et modifiant le Code de procédure civile », *Procédures* 2009. Étude 1; *AJ fam.* 2009. 10.

> Principes de la procédure tutélaire. M. Bauer, Th Fossier et L. Pécaut-Rivolier, *La réforme des tutelles : ombres et lumières*, Dalloz, 2006, chap. 24, « Les précautions du juge : l'instruction du dossier et la décision », spéc. nos 24.10 à 24.41 – M. Douchy-Oudot, *Procédures* 2010, n° 39; *D.* 2010. 989 – H. Gratadour, « Du respect des droits individuels de la personne protégée », n° 59, 04/2009, p. 41-45 – J.-J. Lemouland, *D.* 2010. 215 – J. Massip, « Le principe de la contradiction dans les procédures de tutelle et de curatelle », *Dr. fam.* 2010. Comm. 154; « De quelques problèmes posés par la protection juridique des majeurs », *JCP N* 2011. 1244 – V. Montourcy et F. Fresnel, « Pour la présence obligatoire de l'avocat auprès des majeurs protégés », *Gaz. Pal.* 12 janv. 2016, p. 14 – F. Moureau, « La place de l'avocat dans la nouvelle législation sur la protection des majeurs », *AJ fam.* 2009. 12 – L. Pécaut-Rivolier, *AJ fam.* 2010. 72 – N. Peterka, « L'avocat tuteur », *Dr. et patr.* janv. 2009, p. 28 – O. Salati, « Présentation du décret n° 2008-1276 du 5 décembre 2008 relatif à la protection juridique des mineurs et des majeurs et modifiant le Code de procédure civile », *Procédures* 2009. Étude 1; *AJ fam.* 2009. 10. – C. Sévely-Fournié, « Quel rôle pour le parquet dans la protection juridique des majeurs ? » (De quelques interrogations pratiques sur l'application de la loi réformant la protection juridique des majeurs), *D.* 2009. 1221.

> Droit international privé. I. Barrière-Brousse, « Le nouveau droit international privé des incapacités et la loi du 5 mars 2007 », *Dr. fam.* 2009. Étude 14 – A. Gouttenoire, « Le droit de la famille dans la jurisprudence de la Cour européenne des droits de l'homme 2006-2008 », *Dr. fam.* 2008. Étude 14, p. 13 – P. Lagarde, « La convention de La Haye du 13 janvier 2000 sur la protection internationale des adultes », *Rev. crit. DIP* 2000. 159 – J. Remillet, « Rapport au nom de la commission des Affaires étrangères », doc. AN n° 1053, 15 juill. 2008.

333.04 Exemples d'actes.

> Régimes de protection des majeurs

* Pour un exemple de questionnaire « famille » (adressé aux membres de la famille du majeur à protéger préalablement à l'ouverture éventuelle d'une mesure de protection), v. ss n° 5231.12.

* Pour un exemple d'ordonnance de dispense d'audition de la personne à protéger, v. ss n° 5231.15.

* Pour un exemple de commission rogatoire, v. ss n° 5231.16.

* Pour un exemple d'ordonnance prescrivant une enquête sociale, v. ss n° 5231.17.

* Pour un exemple d'ordonnance de caducité de la requête aux fins d'ouverture d'une mesure de protection, v. ss n° 5231.20.

* Pour un exemple d'ordonnance de dessaisissement, v. ss n° 5231.21.

* Pour un exemple d'ordonnance de désignation d'un médecin inscrit, v. ss n° 5231.13.

* Pour un exemple d'ordonnance de soit-communiqué au ministère public, v. ss n° 5231.18.

* Pour un exemple d'ordonnance de soit-communiqué au ministère public (urgent), v. ss n° 5231.19.

* Pour un exemple de jugement de non-lieu à mesure de protection, v. ss n° 5241.11.

* Pour un exemple de jugement de non-lieu à mesure de protection, v. ss n° 5241.11.

* Pour un exemple de jugement d'ouverture d'une sauvegarde de justice autonome, v. ss n° 5232.13.

* Pour un exemple de jugement d'ouverture d'une curatelle simple, v. ss n° 5251.11.

* Pour un exemple de jugement d'ouverture d'une curatelle simple aménagée, v. ss n° 5251.12.

* Pour un exemple de jugement d'ouverture d'une curatelle renforcée, v. ss n° 5251.13.

* Pour un exemple de jugement d'ouverture d'une curatelle renforcée aménagée, v. ss n° 5251.14.

* Pour un exemple de jugement d'ouverture d'une tutelle sans conseil de famille, v. ss n° 5261.11.

* Pour un exemple de jugement d'ouverture d'une tutelle avec conseil de famille, v. s[s] n° 5261.12.
* Pour un exemple de dispositif de jugement de mise sous curatelle avec mission d'assistance à la personne, v. s[s] n° 5251.15.
* Pour un exemple de jugement d'ouverture de tutelle avec mission limitée à la protection des intérêts patrimoniaux de la personne/mission globale/mission spécifique d'assistance ou de représentation, v. s[s] n° 5261.21.

SECTION 1
RÈGLES GÉNÉRALES DE COMPÉTENCE

§ 1
Compétence de principe du juge des tutelles de la résidence habituelle du majeur ou du domicile du tuteur

333.11 Juge des tutelles appartenant au tribunal d'instance situé dans le ressort de la résidence habituelle du majeur. Par application de l'article L. 221-3 du Code de l'organisation judiciaire, au sein du tribunal d'instance, un ou plusieurs juges exercent les fonctions de juge des tutelles des majeurs, l'article L. 222-2 du même code disposant quant à lui que, « *les magistrats du siège qui assurent le service d'un tribunal d'instance peuvent être suppléés en cas de vacance d'emploi, d'absence ou d'empêchement, ou remplacés provisoirement, par des magistrats du siège désignés par le président du tribunal de grande instance. Ils peuvent également être chargés du service de tribunaux d'instance limitrophes ayant leur siège dans le ressort du même tribunal de grande instance* ».

Le juge territorialement compétent est celui de la **résidence habituelle du majeur** (C. pr. civ., art. 1211) et, lorsque celui-ci est déjà placé sous le régime de la tutelle, une option s'ouvre puisque le **juge du domicile du tuteur** est également compétent. Dans chacun de ces cas de figure, l'appréciation du juge est souveraine, étant rappelé qu'en matière de tutelle, le majeur est domicilié chez son tuteur (C. civ., art. 108-3).

En cas de changement de résidence au cours de la procédure d'ouverture de la mesure de protection, le juge initialement saisi pouvait, sous l'empire des anciens textes, transmettre le dossier au **juge de la nouvelle résidence**. Cette solution peut perdurer si elle est **de l'intérêt du majeur et d'une bonne administration de la justice**. En pratique, le juge initialement saisi demeure compétent jusqu'à l'ouverture de la mesure de protection et ne se dessaisit, le cas échéant, qu'après le jugement décidant de celle-ci. En tout état de cause, le juge des tutelles n'est pas tenu de relever d'office son incompétence territoriale [1].

Il convient ici de rappeler qu'en application du nouvel article 459-2 du Code civil [2] la personne protégée, notamment à notre sens dès qu'elle fait l'objet d'une mesure provisoire telle une sauvegarde de justice, choisit le lieu de sa résidence, ce qui peut générer des difficultés d'application pratiques du critère de la résidence habituelle.

333.12 Au plan international. La nationalité française de la personne à protéger pouvait être prise en considération, sous l'empire des anciennes dispositions, lors même que sa **résidence était située à l'étranger** [3]. Il convient désormais aussi, sous certaines conditions, de se référer à la convention de La Haye du 13 janvier 2000, sur la protection internationale des adultes, ratifiée par la France le 28 juillet 2008 (L. n° 2008-737, 28 juill. 2008 [4]) et entrée en vigueur le 1er janvier 2009 (v. s[s] n°s 02.61 s.). En vertu de ce texte, ce sont en principe les autorités judiciaires et administratives de la résidence habituelle de la personne adulte concernée qui sont compétentes pour prendre les mesures de protection. Quand la résidence habituelle ne peut pas être établie, et pour les personnes adultes réfugiées ou internationalement déplacées à la suite de troubles survenus dans l'État de leur nationalité, les autorités de l'État sur le territoire duquel elles se trouvent sont compétentes.

Par exception, les autorités de l'État contractant dont la personne adulte a la nationalité sont fondées à retenir leur compétence lorsqu'elles se considèrent mieux placées pour prendre une mesure de protection à l'égard de la personne ou de ses biens. Ces autorités doivent alors aviser les autorités principalement compétentes (État de résidence ou de présence) et ne peuvent exercer cette compétence si celles-ci les ont informées qu'elles ont déjà pris les mesures nécessaires ou ont déjà décidé d'un non-lieu à mesure, ou encore lorsque la procédure est pendante devant elles.

Lorsque les autorités sont compétentes en vertu de la convention, elles appliquent le droit interne en vigueur dans leur État sauf si elles jugent préférable, pour les besoins de la protection de l'adulte ou de ses biens, d'appliquer la loi d'un autre État avec lequel la situation présente des liens étroits.

Dans le cas où une mesure prise dans un État contractant doit être mise en œuvre par un autre,

1. Civ. 1re, 28 avr. 1982, n° 81-11.438, *Bull. civ.* I, n° 150 : la personne qui a présenté une requête en vue de l'ouverture d'une tutelle est irrecevable à contester ultérieurement la compétence du magistrat qu'elle a elle-même saisi et ne peut reprocher au juge de ne pas avoir soulevé d'office son incompétence – Civ. 1re, 6 oct. 1982, n° 81-13.774, *Bull. civ.* I, n° 278 : l'incompétence territoriale du juge des tutelles ne peut être considérée comme une formalité substantielle au sens de l'article 416 (ancien) du Code civil.
2. C. civ., art. 459-2 (*issu de L. n° 2007-308, 5 mars 2007*).
3. Civ. 1re, 9 déc. 2003, n° 01-14.569, *Bull. civ.* I, n° 247; *D.* 2004. Somm. 1851, obs. Lemouland; *Gaz. Pal.* 28-29 mai 2004. 18, obs. Massip; *RTD civ.* 2004. 65, obs. Hauser; *AJ fam.* 2004. 188, obs. F. B.
4. L. n° 2008-737, 28 juill. 2008, autorisant la ratification de la convention de La Haye du 13 janvier 2000 sur la protection internationale des adultes, *JO* 30 juill., p. 12202.

c'est la loi de ce dernier qui régit les conditions d'application de la mesure. Ainsi, lorsqu'une mesure de protection prise dans un État tiers contractant doit être mise en œuvre en France, les conditions d'application de cette mesure sont régies par la loi française[1].

§ 2 Compétence du juge des tutelles du lieu d'hospitalisation du majeur

333.21 Suppression des alinéas 2 et 3 de l'article L. 3211-7 du Code de la santé publique. En principe, la personne placée dans un établissement de soins conserve le domicile qui était le sien avant le placement aussi longtemps que ce domicile reste à sa disposition (CSP, art. L. 3211-7, al. 1er). Cependant, à titre exceptionnel, il était prévu dans l'ancienne version du texte que, si la personne sous sauvegarde de justice, sous tutelle ou sous curatelle était **hospitalisée en raison de troubles mentaux**, les fonctions de juge des tutelles pouvaient être exercées par un **juge appartenant au tribunal d'instance dans le ressort duquel cette personne était hospitalisée**, même si celle-ci avait conservé son domicile dans un ressort différent de celui du lieu de son traitement (CSP, art. L. 3211-7, al. 3). Il en était de même, à titre exceptionnel, pour le juge des tutelles appartenant au tribunal d'instance dans le ressort duquel se trouvait le **lieu de traitement**, même si le majeur protégé avait conservé son domicile dans un autre ressort (CSP, art. L. 3211-7, al. 4).

EN PRATIQUE. Même si les dispositions particulières du texte ont disparu, il convient de considérer que si le majeur est durablement hospitalisé au point qu'il puisse être considéré, à titre exceptionnel, que les conditions générales de l'article 1211 du Code de procédure civile trouvent à s'appliquer, le juge des tutelles du lieu de l'hospitalisation pourra retenir sa compétence. Cela pourra notamment être le cas lorsque la personne n'a pas ailleurs pas d'autre résidence.

SECTION 2 PROCÉDURE DEVANT LE JUGE DES TUTELLES PENDANT LA PHASE D'INSTRUCTION

§ 1 Saisine du juge des tutelles obligatoirement sur requête

333.31 Suppression de la saisine d'office. Les anciens articles 493 alinéa 1er et 1244 alinéa 2 du Code de procédure civile autorisaient le juge des tutelles à se saisir d'office aux fins d'ouverture d'une procédure de mise sous **curatelle** ou sous **tutelle**. Le **rapport Favard** avait souligné que ce mode de saisine, qui aurait dû rester l'exception, était devenu la règle puisque le taux moyen de saisines d'office par les juges des tutelles était de 64,4 % en 1997, soit pour sauver des requêtes incomplètes qui auraient dû être déclarées irrecevables (en particulier en l'absence de véritable examen médical), soit pour donner une suite aux simples avis qui lui étaient adressés en masse.

Le rapport proposait la suppression de cette saisine d'office par le juge, au nom de la mise en œuvre réelle du **principe de subsidiarité des régimes civils de protection.** Il était également préconisé que le service social procède à une **évaluation médico-sociale préalable** de la personne à protéger, le groupe de travail concluant à l'opportunité d'une mesure de protection, avant de saisir le ministère public, qui devait le cas échéant apprécier s'il convenait ou non de saisir le juge des tutelles. Cette modification devait aboutir à redonner une efficacité réelle au principe de subsidiarité des mesures civiles de protection des majeurs.

Tenant compte des propositions du rapport Favard et des exigences du procès équitable, l'article 430 du Code civil met fin à la saisine d'office, ce qui devait contribuer, dans l'esprit des promoteurs de la réforme, à stabiliser, voire à réduire, le nombre global d'ouverture de mesures judiciaires de protection des majeurs[2]. Il se confirme aujourd'hui, plus de trois années après l'entrée en vigueur de la loi, que **le filtrage des signalements par les parquets ralentit** considérablement **les procédures** et ne permet pas de faire face dans des conditions correctes aux **situations d'urgence**. Surchargés par les tâches liées à leur activité pénale, les magistrats du parquet n'ont toujours pas suffisamment investi le domaine de la protection des majeurs, sauf à de rares exceptions. Un rapport de 2015[3] a identifié l'ensemble des tâches qui incombe au parquet civil et souligné la nécessité d'en faire un suivi statistique cohérent. Il apparaît par ailleurs qu'après une légère diminution du nombre annuel de nouvelles saisines du juge des tutelles, celles-ci ont repris un rythme élevé. Leur taux de croissance annuelle est de 5 % en moyenne depuis 2009, contre 4,4 % avant cette date. Depuis 2013, plus de 70 000 personnes nouvelles font l'objet d'une mesure de tutelle ou de curatelle chaque année et, au 31 décembre 2014, le stock des mesures de protection en cours s'élevait à 680 300[4].

1. Conv. La Haye, art. 5 à 9, 13 et 14 – Circ. DACS 6 janv. 2009, CIV/14/08 NOR JUS C0830965R.

2. C. civ., art. 430 (*issu de L. n° 2007-308, 5 mars 2007*).
3. Rapport du groupe de travail sur l'intégration des activités civiles, commerciales et sociales du parquet dans le dispositif statistique du ministère de la Justice, DACS, sept. 2015.
4. *Source* : ministère de la Justice, DACS.

333.32 Personnes susceptibles de présenter une requête aux fins d'ouverture d'une mesure judiciaire de protection. À la suite du rapport dit des trois inspections générales de juillet 1998, le rapport Favard d'avril 2000 proposait de façon pragmatique d'élargir dans une réforme future la liste des personnes pouvant saisir le juge des tutelles pour demander l'ouverture d'une tutelle ou d'une curatelle, à **toute personne « proche » de la personne à protéger** (c'est-à-dire à toute personne « *qui assure en fait de manière habituelle la charge effective du majeur* ») [1].

Reprenant cette idée, la loi du 5 mars 2007 prévoit que la demande d'ouverture de la mesure judiciaire ne peut être présentée au juge des tutelles que par : la personne à protéger elle-même, son conjoint, le partenaire avec qui elle a conclu un pacte civil de solidarité, son concubin, à moins que la vie commune ait cessé entre eux; un parent ou un allié, une « *personne entretenant avec le majeur des liens étroits et stables* »; ou la personne exerçant à son égard une mesure de protection juridique (par ex. le mandataire de protection future) (C. civ., art. 430, al. 1er).

Le **ministère public** peut également présenter une demande d'ouverture d'une mesure de protection judiciaire, soit d'office soit à la demande d'un tiers (C. civ., art. 430, al. 2).

Cette **liste** étant **limitative** à ce jour, le juge des tutelles est tenu de relever d'office les fins de non-recevoir tirées du défaut de qualité, et donc de déclarer irrecevables les requêtes présentées par des personnes ne figurant pas sur cette liste [2].

333.33 Contenu et pièces à joindre à la requête aux fins d'ouverture d'une mesure judiciaire de protection. La saisine du juge résulte du dépôt de la **requête** par l'une des personnes prévues par la loi. Les articles 431 du Code civil et 1218 et 1218-1 du Code de procédure civile énumèrent l'objet et le contenu de cette requête. Elle doit, à peine d'irrecevabilité, être accompagnée d'un **certificat médical circonstancié** d'un **médecin** choisi sur une **liste** établie par le procureur de la République, **désigner la personne** à protéger et **mentionner les faits** qui appellent l'ouverture d'un régime de protection. La requête doit préciser en quoi la mesure de protection demandée est **nécessaire** et pourquoi, en particulier, il ne peut pas être pourvu aux intérêts de la personne par l'application des règles du droit commun de la représentation, de celles relatives aux droits et devoirs respectifs des époux et des règles des régimes matrimoniaux, notamment celles des articles 217 et 219 du Code civil. Il doit également être indiqué si la personne a ou non conclu un **mandat de protection future**. Elle doit impérativement être accompagnée d'un **extrait d'acte de naissance** de la personne à protéger et **énumérer** les personnes appartenant à **l'entourage** de la personne à protéger, telles que visées à l'article 430 du Code civil, si leur existence est connue du requérant. Elle doit indiquer en outre le **nom et l'adresse du médecin traitant**.

Il est souhaitable, mais non obligatoire à ce jour, que le requérant ajoute à ces éléments d'autres éléments permettant au juge d'avoir un aperçu même sommaire de l'étendue et de la **consistance des revenus et biens** de la personne à protéger. Suivant les préconisations du rapport Favard, l'article 1218-1 du Code de procédure civile stipule *in fine* que le requérant doit préciser, pour autant qu'il en ait connaissance, les éléments concernant la **situation familiale, financière et patrimoniale du majeur**, c'est-à-dire notamment un état des comptes et livrets ouverts au nom de celle-ci, un état des immeubles dont le majeur à protéger est propriétaire, la nature et le montant de ses ressources, l'indication d'éventuelles procurations données à certaines personnes, le nom du notaire, *etc.*

La **sanction** du non-respect de l'une des prescriptions de l'article 1218 du Code de procédure civile est l'**irrecevabilité de la requête** présentée, y compris lorsque le requérant est le procureur de la République qui doit également accompagner sa demande de protection d'un certificat circonstancié rédigé par un médecin spécialiste choisi sur la liste établie par le procureur de la République (C. civ., art. 431). *De lege lata*, cette disposition met un terme à la jurisprudence constante qui voulait, sous l'empire de la loi du 3 janvier 1968, que le ministère public agissant en qualité de demandeur à la mesure de protection des majeurs soit dispensé de produire un tel certificat médical [3]. Désormais, au stade du dépôt de la requête, le ministère public devient une partie comme les autres.

S'agissant des prescriptions de l'article 1218-1, elles ne sont pas mentionnées dans le texte à peine d'irrecevabilité.

EN PRATIQUE. Dès réception ou dépôt de la requête par le requérant, le directeur des services de greffe judiciaire ou le greffier chargé du service des tutelles donne un avis de la procédure de tutelle ou de curatelle introduite au procureur de la République du ressort (C. pr. civ., art. 1218-1, al. 2). Cet avis se présente sous la forme d'une lettre simple, même si en pratique le greffier se limite souvent à porter au bas de la requête la mention d'une transmission de celle-ci au procureur de la République. La requête aux fins d'ouverture de la curatelle ou de la tutelle est caduque si la décision relative à cette ouverture n'intervient pas dans l'année de la requête (C. pr. civ., art. 1227).

333.34 Certificat médical circonstancié. (V. ss nos 211.21 s.) Ce document médical est dressé obli-

1. J. Favard, « Rapport définitif sur les dispositifs de protection des majeurs », avr. 2000, spéc. p. 28, no 3.1.2.1.
2. Civ. 1re, 23 juin 1987, no 85-17.126, *Bull. civ.* I, no 207.
3. Civ. 1re, 22 nov. 1989, no 87-15.300, *Bull. civ.* I, no 359.

gatoirement par un **médecin inscrit sur une liste** établie par le procureur de la République du ressort où réside habituellement le majeur à protéger (C. civ., art. 431). Il doit répondre aux **prescriptions** fixées par l'article 1219 du Code de procédure civile (v. s[s] n° 211.22) et faire un examen clinique personnel de la personne. Cet examen a, par nature, un caractère intime et le médecin n'est donc pas tenu d'admettre les conseillers médicaux de l'une des parties (d'autant moins qu'il ne s'agit pas d'une expertise civile[1]). Ce certificat médical circonstancié doit être **joint à la requête** aux fins d'ouverture d'une procédure de mise sous protection adressée au juge des tutelles par l'une des personnes de l'article 430 du Code civil, à peine d'irrecevabilité de la requête (C. civ., art. 431). Le **procureur de la République**, destinataire désormais de tous les signalements, est également soumis à l'obligation de joindre un tel certificat à sa requête en ouverture d'une procédure de mise sous protection. Il pourra donc faire examiner la personne à protéger et requérir un médecin inscrit à cet effet (C. pr. civ., art. 1212 et C. pr. pén., art. R. 93-3, R. 217, R. 217-1 et R. 224).

Le **coût des certificats médicaux** établis par les médecins inscrits est encadré par le décret n° 2008-1485 du 22 décembre 2008[2]. Il est de 160 euros pour le certificat médical circonstancié et de 30 euros pour le certificat de carence, coût majoré le cas échéant des frais de déplacement sur justificatifs.

Le tarif s'impose aux médecins inscrits et la prise en **charge du coût** des certificats revient en principe à la **personne à protéger ou protégée**, qui doit assumer l'ensemble des frais afférents à la procédure (C. pr. pén., art. R. 217, al. 1er, et circ. DACS[3]).

Avant l'entrée en vigueur de la loi du 5 mars 2007, la Cour de cassation avait dû se prononcer sur les conséquences à tirer de l'attitude du **majeur à protéger qui refusait de subir un examen médical**, espérant ainsi échapper à une mesure judiciaire de protection. Dans un arrêt du 10 juillet 1984 la première chambre de la Cour de cassation avait indiqué que, « *s'il résulte des articles 490 et 493-1 du Code civil que l'altération des facultés mentales et corporelles du malade doit être médicalement établie et constatée par un médecin spécialiste préalablement à l'ouverture d'une tutelle ou d'une curatelle, la personne qui fait l'objet de cette mesure n'est pas fondée à se prévaloir de l'absence de constatation médicale de l'altération de ses facultés, lorsque par son propre fait, elle a rendu cette constatation impossible en se refusant à tout examen médical* [...]. ***Il appartient alors au juge des tutelles de relever les éléments rendant nécessaires le placement de la personne en question sous un régime de protection*** »[4].

En revanche, dans un arrêt du 15 juin 1994, la première chambre de la Cour de cassation avait considéré que, lorsque le médecin agréé ne constatait aucune altération des facultés mentales ou corporelles de la personne à protéger, le juge des tutelles avait une **compétence liée**, sauf à confier un nouvel examen médical à un autre médecin agréé, le juge ne pouvant, en tout état de cause, s'appuyer sur les autres éléments circonstanciés du dossier (rapport du mandataire spécial, certificat du médecin traitant, déclaration de l'intéressé) pour placer ce majeur sous curatelle ou tutelle[5].

Un arrêt de la Cour de cassation du 29 juin 2011[6] est venu semer le trouble. Dans sa décision, la Haute cour casse le jugement du tribunal de grande instance de Mont-de-Marsan[7], statuant sur un appel du juge des tutelles antérieur au transfert des recours aux cours d'appel, qui avait déclaré recevable la **requête du parquet accompagnée d'un simple certificat de carence** pour violation de l'article 431. Pourtant, il peut sans doute être soutenu que la Cour de cassation a en réalité sanctionné l'**absence de motivation** sur d'autres éléments du dossier permettant d'établir la **réalité de l'altération des facultés personnelles** de la personne à protéger (v. s[s] n° 211.23). Il est en effet fréquent que les familles, lorsqu'elles sont confrontées au refus d'un de leurs proches de se laisser examiner par un médecin inscrit, saisissent le procureur de la République. S'il y a des présomptions suffisantes de l'altération des facultés, ce magistrat commet alors un médecin inscrit qui, le plus souvent, parvient à pratiquer cet examen. Si la difficulté persiste, le médecin inscrit dresse un **certificat de carence** qu'il transmet au parquet, lequel saisi à son tour le juge des tutelles pour poursuivre la procédure[8]. S'ils disposent d'éléments d'appréciation sur la réalité de l'altération des facultés de la personne

1. Civ. 1re, 25 avr. 1989, n° 87-19.253, *Bull. civ.* I, n° 169 : l'entretien personnel que le médecin inscrit a avec une personne soumise à un examen mental revêt par sa nature même un caractère intime : il n'est donc pas tenu d'admettre les conseillers médicaux de l'une des parties à assister à l'examen clinique du malade (v. aussi s[s] n° 211.22).
2. Décr. n° 2008-1485, 22 déc. 2008, relatif à la tarification des certificats et avis médicaux établis dans le cadre des mesures judiciaires de protection juridique des majeurs, *JO* 31 déc., p. 20634.
3. Circ. DACS Civ/01/09/11, 9 sept. 2009, p. 9 et 10.
4. Civ. 1re, 10 juill. 1984, n° 83-10.653, *Bull. civ.* I, n° 223; *D.* 1984. 547, note Massip.
5. Civ. 1re, 15 juin 1994, n° 92-19.680, *Bull. civ.* I, n° 213; *R.* 1994. 274; *D.* 1994. Jur. 37, note Massip; *RTD civ.* 1995. 411, obs. Patarin; *RDSS* 1995. 380, obs. Monéger.
6. Civ. 1re, 29 juin 2011, n° 10-21.879, *Bull. civ.* I, n° 133; *D.* 2011. 1819; 2501, obs. Lemouland, Noguéro et Plazy; *JCP* 2011, n° 987, note Peterka; *RTD civ.* 2011. 511, obs. Hauser; *AJ fam.* 2011. 431, obs. Verheyde; 339, obs. Avena-Robardet.
7. TGI Mont-de-Marsan, 8 oct. 2009, n° 09/00686, *D.* 2010. 2052, note Verheyde – J. Massip, « L'affaire *Bettencourt* et la procédure de tutelle », *JCP* 2010. Actu. 1196.
8. T. Fossier, A. Batteur, A. Caron-Déglise, M.-C. Dalle, L. Pécaut-Rivolier et T. Verheyde, *Curatelle, Tutelle, Accompagnements, Protection des mineurs et des majeurs vulnérables*, « Professionnels », LexisNexis, 2009, n°s 43 et 196 – J. Massip, *Tutelle des mineurs et protection juridique des majeurs,* Defrénois, 2009, n° 283.

pour laquelle la protection est sollicitée, le juge des tutelles déclare le plus souvent, en pratique, la requête recevable. Il ne saurait en effet être admis que les proches, ou la personne à protéger elle-même, puissent bloquer la procédure de mise sous une protection qui, au stade de l'ouverture de la procédure, n'est pas certaine[1].

333.35 Avant de procéder à l'ouverture de la procédure, la requête peut faire l'objet d'un débat contradictoire dans le cabinet du juge des tutelles. Ainsi que le prévoit l'article 1213 du Code de procédure civile, le juge peut, d'office ou à la demande de tout intéressé, provoquer ce débat en convoquant le requérant et les parties, c'est-à-dire les personnes visées à l'article 430 du Code civil et la **personne à protéger**. Sa présence à ce débat, et à ce stade, nous apparaît indispensable, dans certains cas, pour apprécier si les conditions de l'ouverture de la procédure sont ou non réunies. Elle doit, à tout le moins, avoir été régulièrement appelée afin d'être en mesure de faire valoir ses droits et, le cas échéant, de constituer un avocat.

Cette **possibilité procédurale**, ouverte en cours de procédure comme en cours de fonctionnement de la mesure (not. lorsque le juge est saisi d'une requête sur le fondement des articles 459 et 459-2 du Code civil relatifs à la protection de la personne), peut être pertinente, en particulier lorsque le certificat médical n'apparaît pas suffisamment renseigné ou motivé et, surtout, en cas de production d'un certificat de carence. L'ouverture d'une procédure de mise sous protection reste une décision difficile à vivre pour les personnes dont la protection est sollicitée, comme pour leur entourage. Cette étape procédurale doit être examinée avec précaution et toute l'attention qu'elle suppose, d'autant que le juge des tutelles peut prendre des **mesures urgentes**, telles une mise sous **sauvegarde de justice** pendant la durée de l'instance ou encore la **désignation d'un mandataire spécial** en application des articles 433 et 436 du Code civil, sans avoir à procéder à l'audition préalable de la personne à protéger.

§ 2 Audition de la personne à protéger

333.41 Audition obligatoire de la personne à protéger. Le juge des tutelles est tenu d'entendre la personne à protéger et de lui donner connaissance de la procédure de protection engagée à son encontre (C. pr. civ., anc. art. 1246, al. 1er[2]). Le nouvel article 432 du Code civil rappelle que le juge doit statuer une fois la personne à protéger entendue ou appelée[3]. Cette disposition a le mérite d'inscrire cette obligation dans la loi, alors qu'elle était auparavant uniquement mentionnée dans le Code de procédure civile d'origine réglementaire.

Cette **audition** est **préalable** à l'ouverture de la **curatelle** ou de la **tutelle**. Elle est également obligatoire, en principe, au cas où le juge estime nécessaire de placer la personne sous **sauvegarde de justice**, qu'elle soit autonome ou simplement organisée pour la durée de l'instance de mise sous protection. L'article 433 alinéa 3 du Code civil dispose cependant qu'en cas d'**urgence**, le juge peut statuer sans avoir procédé à l'audition de la personne, y compris en associant à la mesure de sauvegarde de justice la désignation d'un mandataire spécial ce qui est souvent l'intérêt de telles mesures. Dans ce cas, il doit entendre la personne ainsi protégée **dans les meilleurs délais**, sauf si, sur avis médical, l'audition est de nature à porter préjudice à sa santé ou si la personne est hors d'état d'exprimer sa volonté.

L'audition peut avoir **lieu** au siège du tribunal, au lieu d'habitation de la personne à protéger, dans l'établissement de traitement où elle se trouve ou dans tout autre lieu approprié.

333.42 Audition des personnes résidant en dehors du ressort territorial du juge des tutelles (commissions rogatoires). Si la personne réside hors du ressort territorial du juge des tutelles saisi, celui-ci peut soit **se déplacer sur l'étendue du ressort de la cour d'appel** et des départements limitrophes si la personne est domiciliée dans ce périmètre géographique, soit, plus couramment, donner une **commission rogatoire** à son collègue territorialement compétent (v. ss nº 5231.16).

Réciproquement, le juge des tutelles d'un ressort peut recevoir des commissions rogatoires d'autres juges des tutelles afin de procéder à l'audition des personnes résidant dans son ressort (C. pr. civ., art. 730 et 731).

EN PRATIQUE. L'original du procès-verbal d'audition reste au tribunal en qualité de minute, et une copie certifiée conforme de ce procès-verbal est transmise en retour au juge des tutelles mandant (C. pr. civ., art. 732).

333.43 Nécessité d'entendre la personne à protéger en présence du greffier. L'ancien article 1235 alinéa 1er *in fine* du Code de procédure civile disposait que le juge des tutelles « *peut se déplacer sans l'assistance du greffier* » pour entendre la personne protégée. Les textes nouveaux ne reprennent pas cette formulation et l'article 1220-1 alinéa 5 stipule uniquement qu'un procès-verbal de l'audition est dressé.

1. « Entretien avec Laurence Pécaut-Rivolier », *D.* 2010 – J. Massip, « L'affaire *Bettencourt* et la procédure de tutelle », *JCP* 2010. Actu. 1196.
2. Civ. 1re, 20 nov. 1979, nº 78-10.369, *Bull. civ.* I, nº 288.
3. C. civ., art. 432 (*issu de L. nº 2007-308, 5 mars 2007*).

EN PRATIQUE. De nombreux juges des tutelles établissent eux-mêmes le procès-verbal d'audition préalable à l'ouverture de la tutelle ou de la curatelle, sans la présence d'un greffier, simplement par manque de moyens humains. Cette pratique, qui ne permet pas d'authentifier le procès-verbal et de sécuriser l'audition, nous apparaît contestable.

333.44 Possibilité pour la personne à protéger d'être accompagnée par un avocat ou, sous réserve de l'accord du juge, par toute autre personne de son choix. La personne dont la protection est sollicitée peut être assistée d'un avocat, et le cas échéant bénéficier de l'aide juridictionnelle. Elle peut aussi souhaiter être accompagnée mais, dans ce cas, le juge sera vigilant et s'assurera qu'il s'agit réellement d'une personne choisie librement par elle.

EN PRATIQUE. Le juge procédera d'abord à l'audition de la personne à protéger puis, si cela est nécessaire et dans un second temps, il pourra recevoir l'accompagnant.

Le juge des tutelles peut en outre, s'il l'estime opportun, procéder à l'audition de la personne à protéger en **présence** de son **médecin traitant**, et éventuellement d'autres personnes (C. pr. civ., art. 1220-1, al. 3), notamment **travailleurs sociaux** ou **personnel médical**. Il doit informer le procureur de la République et le conseil de la personne, de la date et du lieu de l'audition, ceux-ci pouvant y assister (C. pr. civ., art. 1220-1, al. 3 et 4).

333.45 Rédaction du procès-verbal d'audition de la personne à protéger. Un procès-verbal de la personne entendue est dressé par le greffier, puis signé, par ses soins, par le juge des tutelles et par la personne entendue. Il y est mentionné, le cas échéant, que la personne n'a pas pu signer, ne sachant ou ne pouvant écrire, ou qu'on lui a donné lecture du procès-verbal, ne sachant ou ne pouvant lire. Il est fait mention que le juge a donné connaissance à la personne de la procédure engagée à son encontre.

L'audition est prise sous la dictée du juge, et les éventuelles observations des personnes présentes sont transcrites. L'original du procès-verbal d'audition est conservé en minute au greffe, et une copie est classée au dossier. Enfin, le juge peut, s'il l'estime nécessaire en cours de procédure, soit d'office soit sur requête, procéder à une nouvelle audition de la personne à protéger.

333.46 Exception : la dispense d'audition de la personne à protéger sur justificatifs médicaux. Si l'audition de la personne à protéger est de nature à porter atteinte à sa santé, ou si la personne est hors d'état d'exprimer sa volonté, le juge des tutelles peut par **décision spécialement motivée**, sur avis du médecin mentionné à l'article 431 du Code civil, c'est-à-dire d'un médecin inscrit sur la liste établie par le procureur de la République, décider qu'il n'y a pas lieu d'y procéder (v. s[s] n° 5231.15). Il convient de noter que la nouvelle rédaction du texte est plus exigeante pour le juge des tutelles, qui doit désormais rendre une décision spécialement motivée, et non plus seulement motivée comme par le passé. Cette nuance rédactionnelle n'est pas neutre, elle traduit la volonté des promoteurs de la réforme de **limiter au maximum le recours aux ordonnances de non-audition** afin d'éviter que ce système ne soit, comme cela est parfois malheureusement le cas, un « *mode de gestion* » du cabinet du juge des tutelles. Cette situation ne saurait perdurer sous peine de porter atteinte au « *respect des libertés individuelles, des droits fondamentaux et de la dignité de la personne* » du majeur protégé (C. civ., art. 415, al. 2).

L'**ordonnance de non-audition ou de dispense d'audition** est notifiée au requérant et, le cas échéant, à l'avocat du majeur (C. pr. civ., art. 1220-2). Par la même décision, le juge ordonne qu'il soit donné **connaissance de la procédure engagée à la personne à protéger dans une forme appropriée à son état**, mention devant être portée au dossier de l'exécution de cette décision (C. pr. civ., art. 1220-2). Si le texte de l'ancien article 1247 ne précisait quel médecin devait attester de la **contre-indication médicale**, l'article 432 alinéa 2 du Code civil stipule désormais clairement que ce certificat doit émaner du **médecin inscrit de l'article 431**.

EN PRATIQUE. Les difficultés surgissent lorsque le médecin n'a pas clairement pris position sur ce point et se borne à indiquer, par exemple, que « *l'audition de l'intéressé est inutile, celui-ci étant totalement inapte à en saisir le sens* » ou que « *l'audition serait de nature à perturber l'intéressé sans pour autant aller jusqu'à nuire à sa santé* ». Souvent dans ces cas limites, les juges des tutelles ont tendance à rendre une ordonnance de non-audition.

333.47 Dispense d'audition par le juge des tutelles de la personne à protéger à la suite de deux convocations à comparaître de celle-ci restées infructueuses. Sous l'empire de l'ancien article 1246 du Code de procédure civile, relatif à l'obligation pour le juge des tutelles d'entendre la personne à protéger, la jurisprudence considérait que les prescriptions de ce texte étaient respectées lorsque le juge ouvrait une tutelle après avoir en vain **convoqué à deux reprises** la personne à protéger et avoir dressé un **procès-verbal de carence** qui n'a pas été contesté[1]. Cette jurisprudence devrait se poursuivre.

333.48 Avis et notifications de l'ordonnance de non-audition. La décision doit être notifiée au **requérant** et, le cas échéant, à **l'avocat du majeur** (C. pr. civ., art. 1220-2, al. 1er). Elle n'a pas, en principe, à être notifiée à la personne protégée mais, la procédure devant être portée à la connaissance de

1. Civ. 1re, 24 nov. 1998, n° 96-17.475, *Bull. civ.* I, n° 331 ; *RTD civ.* 1999. 362, obs. Hauser.

celle-ci selon des formes appropriées à son état (C. pr. civ., art. 1220-2, al. 2), il est prudent de procéder à cette notification, par exemple par **l'intermédiaire du médecin** de l'établissement dans lequel elle réside ou encore du **mandataire** lorsqu'il en a été désigné un.

§ 3
Mesures d'instruction facultatives

333.51 Faculté du juge des tutelles d'ordonner une mesure d'enquête sociale. Le juge peut, soit d'office soit à la requête des parties ou du ministère public, ordonner toute mesure d'information. Il peut notamment faire procéder à une **enquête sociale** ou à des **constatations** par telle personne de son choix (C. pr. civ., art. 1221). Ces mesures peuvent être confiées à la **police** ou à la **gendarmerie** pour une enquête, à un **établissement financier**, à une **mairie** ou à des services sociaux de **l'hôpital** ou de secteur. Il peut aussi être confié à des **enquêteurs sociaux** pour un coût qui est inclus dans les dépens depuis le décret n° 2009-285 du 12 mars 2009 (C. pr. civ., art. 695, 10°). La mesure d'information a pour objet notamment de permettre au juge de mieux appréhender le mode de vie, les conditions d'existence, la situation personnelle et/ou patrimoniale de l'intéressé.

Le juge des tutelles prend une **ordonnance donnant mission au mandataire**, laquelle lui est notifiée selon les formes habituelles. La personne désignée rend compte au juge de ses opérations, soit verbalement soit, ce qui est préférable, par écrit afin qu'en soit conservée une trace au dossier.

333.52 Audition souhaitable des parents et des proches de la personne à protéger. Le juge des tutelles entend lui-même, autant qu'il est possible, les parents, amis et proches de la personne à protéger (C. pr. civ., art. 1220-4). Cette audition est obligatoire à l'égard de toute personne qui demande à exercer la mesure de protection (C. pr. civ., art. 1220-4).

En dehors de ce dernier cas, il s'agit pour le juge d'une **simple faculté**, qui lui permet de mieux connaître le contexte familial de la personne à protéger. Néanmoins, elle permet très souvent d'identifier les conflits familiaux latents ou dissimulés qui existent au sein de la famille de la personne à protéger, et donc de choisir dans son intérêt un représentant légal en dehors de son environnement familial. Il n'est pas utile de rendre une décision ordonnant ces auditions.

Le greffier convoque par **lettre simple et/ou par lettre recommandée avec demande d'avis de réception** les personnes que le juge souhaite entendre, l'accusé de réception ayant un rôle probatoire certain en cas d'absence de la personne convoquée. Un **procès-verbal d'audition** de chaque personne entendue est dressé par le greffe, l'original étant classé en minute et une copie restant au dossier.

EN PRATIQUE. La plupart des juges des tutelles se dispensent de procéder à ces auditions et préfèrent, en raison de l'encombrement de leur cabinet, faire expédier par le greffe, à chacun des parents, alliés et amis concernés par la procédure, un questionnaire dit « famille » afin de recueillir des renseignements sur la situation personnelle et patrimoniale de la personne à protéger.

L'augmentation des mesures de tutelles est telle dans certains tribunaux que l'envoi du questionnaire est devenu l'unique moyen d'arriver à traiter dans un « *délai raisonnable* », au sens de l'article 6 de la Convention européenne des droits de l'homme, les mesures judiciaires en cours d'instruction. Enfin, le juge des tutelles initialement saisi peut également délivrer des commissions rogatoires à un collègue territorialement compétent à fin de procéder à l'audition d'un parent, allié ou ami de la personne à protéger, dont le domicile ou la résidence est situé sur son ressort (C. pr. civ., art. 730 à 732).

333.53 Convocation d'un conseil de famille *ad hoc* par le juge des tutelles. Cette convocation était une possibilité prévue par l'ancien article 1249 alinéa 1er du Code de procédure civile. Elle permettait au juge des tutelles qui avait ouvert la procédure de mise sous protection de réunir un conseil de famille après avoir rendu une ordonnance dans ce sens, avant de statuer sur l'ouverture d'une curatelle ou d'une tutelle. **Ce conseil donnait un avis**, consigné sur un procès-verbal et conservé en minute des décisions rendues par le tribunal, sur l'opportunité d'ouvrir ou non une mesure de protection.

Peu utilisé en pratique, ce cadre juridique précis a disparu dans les nouvelles dispositions procédurales. Pour autant, la **réunion des membres de la famille et des proches, en présence de la personne à protéger** si son audition est possible, reste une étape essentielle à laquelle les juges des tutelles doivent veiller. L'audience de jugement, régie par l'article 1226 du Code de procédure civile, devrait le permettre dans de nombreux cas et la pratique démontre que, si elle est souvent chronophage, elle permet cependant un **vrai débat** dont se dégagent des solutions ou des pistes de réflexion dans l'intérêt même de la personne. Sans doute aussi, et en amont de l'audience, des **tentatives de médiation familiale** peuvent elles être faites. Elles demeurent à construire mais devraient pouvoir se développer dans l'avenir.

§ 4
Mesures urgentes

333.61 Placement sous sauvegarde de justice de la personne à protéger avant ouverture d'une tutelle ou d'une curatelle. Le juge des tutelles saisi d'une procédure de tutelle ou de curatelle peut placer la personne qu'il y a lieu de protéger sous la **sauvegarde de justice pour la durée de l'instance**, par une décision provisoire transmise au **procureur de la République** (C. civ., art. 433, al. 2). Celui-ci en assure la publicité en mentionnant la décision de sauvegarde dans un **répertoire** spécialement tenu à cet effet, sur lequel seront mentionnées toutes les modifications (C. pr. civ., art. 1251).

Le juge ordonne une mise sous sauvegarde de justice lorsqu'il estime, au vu du certificat médical circonstancié et des éléments du dossier, que les altérations présentées par la personne à protéger et leurs conséquences sur les actes qu'il accomplit justifient une **protection sans attendre** l'issue de la procédure en cours.

Cette mesure n'entraîne **aucune incapacité d'exercice** et ne présente réellement d'intérêt en termes de protection que si lui est associé un **mandat spécial** (v. s^s^ n° 333.63). Dans ce cas, la personne protégée ne pourra accomplir, à peine de nullité, les actes pour lesquels un mandataire spécial a été désigné (C. civ., art. 435, al. 1er).

333.62 Le placement sous sauvegarde de justice pour la durée de l'instance n'est pas susceptible de recours. L'article 1249 alinéa 2 du Code de procédure civile stipule que ce placement ne peut pas donner lieu à un appel, reprenant en cela les dispositions de l'ancien article 1239 du même code.

333.63 Faculté du juge des tutelles de désigner un mandataire spécial dans le cadre de la sauvegarde prononcée pour la durée de l'instance. Le juge des tutelles a la faculté, comme il a été exposé précédemment, de désigner un mandataire spécial aux fins d'administrer les biens de la personne déjà placée sous sauvegarde de justice (C. civ., art. 437, al. 2 et 3 [1] – v. s^s^ n°s 322.41 s.). Le juge ne peut désigner un mandataire spécial qu'à la condition d'avoir, au préalable, placé le majeur sous sauvegarde de justice [2].

À la différence de la loi du 3 janvier 1968, l'article 437 alinéa 2 prévoit que le mandat spécial peut porter non seulement sur l'accomplissement des **actes conservatoires et d'administration**, mais aussi sur celui des **actes de disposition**, voire même le cas échéant sur celui des **actes relatifs à la personne du majeur protégé** (C. civ., art. 437, al. 2, et 438). Le juge peut, selon les cas, désigner le mandataire pour passer un **acte particulier** ou une **série d'actes** qu'il détermine.

Le mandataire spécial est désigné par une **ordonnance** du juge, en principe précédée d'une audition du majeur, sauf dans les cas d'urgence, celle-ci devant être motivée (C. civ., art. 433, al. 3). Il est nommé en respectant les **règles** applicables à la **désignation du curateur ou du tuteur** (C. civ., art. 448 à 451) et est tenu de rendre compte de sa gestion à la personne protégée [3] et au juge dans les conditions prévues aux articles 510 à 515 (C. civ., art. 437, al. 3).

L'ordonnance désignant un mandataire spécial est susceptible d'un **recours devant la cour d'appel** dans les conditions des articles 1239, 1240, 1241-1, 1242, 1242-1 et 1243 du Code de procédure civile.

333.64 Faculté pour la personne à protéger de faire choix d'un avocat ou de demander au juge des tutelles de lui en faire désigner un d'office. L'article 1214 du Code de procédure civile prévoit expressément que, dans le cas où la personne protégée ou à protéger n'a pas choisi elle-même de conseil, le juge des tutelles peut lui en faire désigner un d'office, cette désignation devant intervenir dans les huit jours de la demande.

La Cour de cassation a rappelé, dans un arrêt du 8 juillet 2015 [4], que le droit pour une personne majeure d'être assistée d'un avocat lorsqu'une mesure de protection est envisagée permet de trouver le juste équilibre entre le droit d'accès au juge et l'autonomie de cette personne, dans le respect du droit à un recours effectif.

La personne à protéger ou protégée peut cependant ne pas user de cette faculté et faire valoir ses observations seule, dès lors qu'elle a été informée dans la convocation qui lui a été adressée de son droit à faire le choix d'un avocat ou de demander à la juridiction saisie que le bâtonnier lui en désigne un d'office. Elle ne peut dans ce cas être considérée comme ayant été privée des droits tirés de l'article 6 § 1 de la Convention EDH, ainsi que l'a jugé la Haute Cour dans un arrêt du 27 janvier 2016 [5].

EN PRATIQUE. Le juge saisit le bâtonnier de l'Ordre des avocats par lettre simple, lequel procède ensuite à cette désignation. Cette désignation peut intervenir

1. Civ. 1re, 20 mai 2009, n° 08-12.923, NP; *Defrénois* 2010. 80, obs. Hauser; *Dr. fam.* 2009,n° 130, note Maria : la nécessité de désigner un mandataire spécial se trouve suffisamment caractérisée lorsque le majeur sous sauvegarde de justice souffre de troubles mnésiques et physiques ne lui permettant pas de s'occuper de ses biens, présente une confusion manifeste dans le maniement de la monnaie et une perte de la notion de valeur, et a procédé à des mouvements de compte inutiles.
2. Douai, 16 juin 2010, *AJ fam.* 2010. 348, obs. Pécaut-Rivolier; *RTD civ.* 2011. 105, obs. Hauser.
3. Civ. 1re, 16 avr. 2008, n° 06-16.662, *Bull. civ.* I, n° 119; *AJ fam.* 2008. 255, obs. Pécaut-Rivolier; *RTD civ.* 2008. 452, obs. Hauser : engage sa responsabilité, le mandataire spécial qui a fermé un compte bancaire sans s'enquérir des obligations contractuelles de la personne protégée, ce qui a entraîné la résiliation d'un contrat par une mutuelle, faute de paiement des cotisations.
4. Civ. 1re, 8 juill. 2015, n° 15-11.002, NP; *AJ fam.* 2015. 547, note Verheyde; *Dr. fam.* 2015, n° 194, obs. Maria.
5. Civ. 1re, 27 janv. 2016, n° 15-11.002, *Bull. civ.* I [à paraître]; *D.* 2016. Actu. 312; *Dr. fam.* 2016, n° 65, note Maria; *AJ fam.* 2016. 29, obs. Montourcy.

avant ou après l'audition, étant rappelé que l'article 432 du Code civil stipule que la personne à protéger peut être accompagnée par un avocat ou, sous réserve de l'accord du juge, par toute personne de son choix. Le conseil désigné a pour mission d'assister ou de représenter la personne à protéger durant toutes les phases de la procédure, et notamment lors de l'audience non publique, où le juge décidera de la nécessité d'ouvrir ou non un régime de protection.

§ 5
Communication et consultation du dossier, délivrance de copies

333.71 Communication du dossier au ministère public pour avis. Lorsque le dossier est complet et en état (certificats médicaux du médecin agréé, le cas échéant du médecin traitant, audition de la personne à protéger, audition de ses proches ou réponses aux questionnaires « famille », renseignements sociaux, médicaux ou patrimoniaux, *etc.*), il est **transmis au procureur de République par ordonnance de soit-communiqué**, un mois au moins avant la date fixée pour l'audience (C. pr. civ., art. 1225).

Si le juge l'estime nécessaire, ce délai peut être réduit en raison de **l'urgence** qui doit être constatée dans l'ordonnance de soit-transmis adressée au ministère public (v. s[s] n° 5231.19). La protection des personnes majeures présentant des altérations de leurs facultés relevant de l'ordre public de protection des personnes, le défaut de communication du dossier au ministère public est sanctionné par la **nullité** de l'ensemble de la procédure engagée. Le dossier comprend les originaux de toutes les pièces et les copies des décisions rendues.

La communication du dossier s'effectue au plus tard quinze jours avant l'audience fixée par l'ordonnance, le procureur de la République renvoie au greffe le dossier accompagné de son avis écrit ou de ses **conclusions écrites** sur l'opportunité et les modalités de la protection (C. pr. civ., art. 1225, al. 2). Ce délai de quinze jours peut être réduit lorsque le juge a relevé l'urgence dans son ordonnance de soit-communiqué (C. pr. civ., art. 1225, al. 3).

EN PRATIQUE. La transmission s'effectue sans formalisme excessif, un émargement de la fiche de transmission étant souhaitable.

333.72 Consultation du dossier au greffe. Jusqu'au prononcé du jugement de mise sous protection, le dossier peut être consulté au greffe par le **requérant** à la procédure et, **sur autorisation du juge des tutelles**, par l'une des personnes énumérées à l'article 430 du Code civil, sous condition expresse qu'elles justifient d'un **intérêt légitime**. Leurs **avocats** disposent de la même possibilité de consultation (C. pr. civ., art. 1222). La décision du juge est une **mesure d'administration judiciaire** (C. pr. civ., art. 1224).

À tout moment de la procédure, le dossier peut être consulté par la personne à protéger ou protégée, par son conseil et par les personnes chargées de la mesure de protection, sur demande écrite et sans autre restriction que les nécessités du service de greffe (C. pr. civ., art. 1222-1).

Toutefois, si cette consultation est susceptible de lui causer un préjudice psychique grave, le juge peut, par **ordonnance motivée notifiée à l'intéressé**, exclure tout ou partie des pièces de la consultation (C. pr. civ., art. 1222-1, al. 2). En l'absence de tout visa de l'article 1224 du Code de procédure civile, cette décision est susceptible de **recours**.

L'information sur les possibilités de consultation du dossier est donnée lors de la **convocation** des parties. Cette convocation est effectuée par **lettre recommandée avec demande d'avis de réception**, accompagnée d'une copie de l'ordonnance de renvoi mentionnant la date et l'heure de l'audience. La lettre recommandée est en général doublée d'une **lettre simple**, certaines parties n'allant pas retirer les lettres recommandées. La consultation du dossier se fait ensuite au **greffe du tribunal d'instance**, le plus souvent selon un horaire fixé par ce dernier.

La question de la **consultation du dossier** dans les procédures de mise sous protection est particulièrement délicate. Ainsi que l'a réaffirmé avec force la Cour de cassation dans un arrêt rendu sur la base du droit antérieur à la réforme[1], le principe de la contradiction doit être respecté dans les procédures de mise sous protection. Toute personne a droit à ce que sa cause soit **entendue contradictoirement et cette** exigence implique qu'elle ait la faculté de prendre connaissance et de discuter de toute pièce présentée au juge. Viole donc les articles 6 § 1 de la Convention européenne, 16, 1222 et 1222-1 du Code de procédure civile (C. pr. civ., anc. art. 1250, al. 2), le juge qui prononce une mesure de curatelle alors qu'en dépit de ses demandes répétées pour obtenir communication de son dossier, le majeur n'a obtenu une réponse que la veille de l'audience sans avoir eu le temps de rassembler les éléments qu'il aurait souhaités, et qu'il ne résulte d'aucune pièce du dossier de la procédure qu'il a été avisé de la possibilité de consulter le dossier au greffe[2].

M. le Conseiller doyen honoraire J. Massip s'était interrogé sur la position future de la Cour de cassa-

1. Civ. 1re, 12 mai 2010, n° 09-10.619, NP; *Dr. fam.* 2012. Comm. 122 – J. Massip, « Le principe de la contradiction dans les procédures de tutelle et de curatelle », *Dr. fam.* 2010. Comm. 154.
2. Civ. 1re, 28 nov. 2006, n° 05-13.004, *Bull. civ.* I, n° 527; *D.* 2008. Pan. 316, obs. Plazy; *AJ fam.* 2007. 40, obs. Pécaut-Rivolier; *RJPF* 2007-1/12, obs. Casey; *RTD civ.* 2007. 91, note Hauser.

tion en la matière, compte tenu de la rédaction du nouvel article 1222-1 du Code de procédure civile, remplaçant l'ancien article 1250. Il avait fait observer que la demande de consultation du dossier par le majeur à protéger ou protégé devait être faite par écrit, de sorte que la procédure pourrait être considérée comme régulière alors que, par ignorance, il n'avait rien demandé. Il avait au surplus souligné que l'alinéa 2 de l'article 1222-1 a été calqué sur les dispositions de l'article 1187 du Code de procédure civile applicables en matière d'assistance éducative, très critiquées en doctrine[1], de sorte que l'intégralité de la procédure peut ne pas lui être communiquée, alors que le requérant, les autres personnes ayant qualité pour demander l'ouverture d'une mesure de protection et le ministère public ont droit à la communication intégrale.

Par plusieurs arrêts[2] récents, la Cour de cassation a considéré que le principe du contradictoire était respecté dès lors que, selon les pièces de la procédure, la personne à protéger ou protégée avait été avisée par lettre recommandée avec avis de réception qu'elle avait reçue de ce qu'elle pouvait consulter le dossier au greffe conformément aux dispositions de l'article 1222-1 du Code de procédure civile.

Le dossier peut également être consulté, dans les mêmes conditions et sur autorisation de la juridiction saisie, par une des personnes mentionnées à l'article 430 du Code civil si elle justifie d'un intérêt légitime[3].

333.73 Délivrance de copies uniquement à l'avocat du majeur. Seul le conseil de la personne protégée peut se faire délivrer copie de tout ou partie des pièces du dossier, l'article 1223 du Code de procédure civile qui l'autorise stipulant en outre que l'avocat ne peut communiquer les copies ainsi obtenues ou leur reproduction à son client ou à un tiers.

Il est en effet absolument nécessaire d'être très prudent sur la délivrance de copies, tant de documents médicaux que familiaux ou patrimoniaux, leur utilisation pouvant porter gravement préjudice à la personne protégée et pouvant être totalement étrangère à la mesure de protection (instance en divorce, par ex.).

333.74 Copies des délibérations des conseils de famille et des décisions du juge des tutelles. Il ne peut pas être délivré de copies des délibérations des conseils de famille ou des décisions des juges des tutelles, à l'exception toutefois des parties et des personnes investies de charges tutélaires, concernées par ces délibérations ou décisions (C. pr. civ., art. 1223-2, al. 1er).

Les personnes qui justifient d'un **intérêt légitime** peuvent également en obtenir des **extraits, sur autorisation du juge des tutelles** (C. pr. civ., art. 1223-2, al. 2).

La décision du juge est une **mesure d'administration judiciaire** (C. pr. civ., art. 1224).

333.75 Copies des pièces du dossier après le prononcé du jugement. Après le prononcé du jugement, et sous réserve des dispositions de l'article 510 du Code civil relatives à la communication des comptes de gestion, le juge peut autoriser la délivrance d'une copie d'une ou plusieurs pièces du dossier à la personne protégée ou à la personne chargée de la mesure de protection, sous la réserve expresse qu'elles justifient d'un **intérêt légitime** (C. pr. civ., art. 1223-1). La décision du juge est une **mesure d'administration judiciaire** (C. pr. civ., art. 1224).

SECTION 3
PROCÉDURE DEVANT LE JUGE DES TUTELLES PENDANT LA PHASE DE JUGEMENT

§ 1
Audience de jugement

333.81 Déroulement de l'audience de jugement. L'audience au cours de laquelle le juge des tutelles est amené à statuer sur l'ouverture d'une mesure judiciaire de protection n'est pas publique. L'affaire est instruite, débattue et jugée en **chambre du conseil** après **avis du ministère public** (C. pr. civ., art. 1226[4]) ce qui implique que le requérant, la personne à protéger ou protégée sous réserve des dispositions de l'article 432 du Code civil, le mandataire s'il en a été nommé un, les personnes de l'article 430 du Code civil dont les coordonnées sont connues, ainsi que les conseils, soient convoqués.

En principe, il est préférable que le ministère public soit présent à l'audience afin que le débat soit véritablement contradictoire et qu'il puisse donner son avis sur l'opportunité d'une éventuelle mesure. Cependant, l'article 1226 précité ne l'exige pas et l'autorise à transmettre au juge des tutelles avant l'audience un simple avis écrit, ou des conclusions.

EN PRATIQUE. Très souvent, le ministère public se limite à donner un avis écrit par mention au dossier. Le requérant, la personne à protéger, et éventuelle-

1. M. Huyette, *D.* 2001. Chron. 1433; *D.* 2004. 1627, note s^{s} Cass., avis, 1er mars 2004, n° 03-40.001, *Bull. avis*, n° 1 – Civ. 1re, 28 nov. 2006, n° 04-05.095, *Bull. civ.* I, n° 528; *Dr. fam.* 2007. Comm. 34, note Murat; *D.* 2007. 552, note Huyette.
2. Civ. 1re, 30 avr. 2014, n° 13-16.525, NP; *D.* 2014. 2259 et 2266, obs. Noguéro – Civ. 1re, 27 janv. 2016, n° 15-11.002, P (préc. s^{s} n° 333.64); *D.* 2016. Actu. 312,; *Dr. fam.* 2016, n° 65, note Maria; *AJ fam.* 2016. 29, obs Montourcy.
3. Civ. 1re, 13 janv. 2015, n° 14-28.326, NP.
4. Civ. 1re, 4 janv. 1974, n° 72-11.172, *Bull. civ.* I, n° 2.

ment leurs conseils s'ils en ont, sont convoqués à l'audience de jugement.

Le juge doit entendre le requérant et la personne à protéger, sauf application des dispositions de l'article 432 second alinéa. Ensuite, les conseils des parties sont entendus en leurs observations. Enfin, le procureur de la République, ou l'un de ses substituts s'il est présent, prend la parole, en dernier à moins qu'il ne soit demandeur à la mesure. Durant toute l'audience, le greffier prend des notes et assiste le juge.

333.82 Prononcé du jugement. Le jugement doit intervenir dans le **délai d'un an** prévu à l'article 1227 du Code de procédure civile (car ce délai s'applique devant le juge des tutelles et non devant la cour d'appel)[1].

Il peut être rendu soit **sur le siège** à l'issue des débats, soit **après une mise en délibéré** lors d'une nouvelle audience non publique. En ce cas, il est nécessaire d'informer les parties et le ministère public, présents ou non, de la date du délibéré.

Le jugement peut, notamment :

- dire n'y avoir lieu à une mesure de protection (v. s^s n° 5241.11);

- prononcer une mesure de protection (sauvegarde de justice autonome, curatelle ou tutelle avec toutes les variantes possibles) (v. s^s n°s 5231.11 s.);

- surseoir à statuer, en particulier s'il estime nécessaire d'ordonner un nouvel examen médical;

- autoriser la personne sous tutelle ou curatelle à passer seule certains actes après avis du médecin traitant (C. civ., art. 501 et 511).

Le jugement doit être **motivé**, en particulier sur la notion d'altération des facultés personnelles et sur ses conséquences sur l'aptitude de la personne à pourvoir seule à ses intérêts et à accomplir les actes de la vie civile.

Le juge n'est pas tenu par les **conclusions du certificat circonstancié** du médecin inscrit, sous la réserve que celui-ci ait véritablement constaté l'existence d'altérations. Si le médecin inscrit n'en constate aucune, le juge des tutelles a compétence liée[2], sauf à ordonner avant dire droit un nouvel examen médical, s'il est encore dans le délai d'un an de l'article 1227 du Code de procédure civile.

Si l'ouverture de la procédure de mise sous protection avait été faite sur le vu d'un **certificat de carence** (v. s^s n° 211.23), l'instruction du dossier a pu permettre de disposer d'éléments d'appréciation supplémentaires tels un nouvel examen médical ou les auditions. En cas de carence totale de la personne à protéger durant la procédure, et dans l'hypothèse où aucune altération des facultés personnelles n'aurait été médicalement établie, le juge devrait alors se prononcer en tenant compte des débats suscités autour de l'arrêt récent de la première chambre civile de la Cour de cassation du 29 juin 2011[3].

Le juge doit par ailleurs se prononcer au vu des **critères de nécessité, de subsidiarité et de proportionnalité** clairement posés par la loi du 5 mars 2007. À cet égard l'articulation entre les règles des régimes matrimoniaux, des procurations et, surtout du nouveau mandat de protection future s'avère complexe, alors que la proportionnalité conduit à adapter la mesure au degré d'altération des facultés en particulier en prévoyant des aménagements, désormais très larges, et en limitant la durée de la protection elle-même. Protéger une personne protégée souffrant d'altérations avérées l'empêchant d'exprimer sa volonté en présence d'un conjoint demeure particulièrement délicat et les juges doivent apprécier au cas par cas, dans des contextes parfois très tendus du fait des conflits entre enfants, ou avec les générations précédentes. L'existence d'un **mandat de protection future**, mis à exécution ou non, pose elle-même de plus en plus de questions (v. s^s n°s 413.31 à 413.42). Lorsqu'il n'a pas encore été mis à exécution, il est parfois invoqué dans les procédures judiciaires de mise sous protection pour faire valoir les souhaits de la personne à protéger quant à l'organisation de la mesure et à la désignation des mandataires.

Quand une mesure de protection est prononcée, le juge doit **désigner** dans son jugement, ou s'il l'estime nécessaire dans un jugement postérieur, **la ou les personnes physiques ou morales** qui seront **chargées de la protection du majeur** (conjoint, famille, proche, mandataire judiciaire), le cas échéant en séparant la protection de la personne et des biens ou en effectuant des désignations plurielles sous des combinaisons multiples.

Le jugement n'organise pas nécessairement le mode de représentation du majeur placé sous tutelle, celui-ci pouvant résulter d'une réunion postérieure du conseil de famille, sauf si le juge décide de simplifier l'organisation et le fonctionnement de la tutelle en désignant le ou les représentants du majeur. Il doit préciser la personne ayant la charge de payer les dépens (coût de l'avis du médecin spécialiste et éventuellement de l'enquête sociale).

Les **dépens** peuvent être supportés par le requérant, notamment en cas de rejet de sa demande d'ouverture, voire par le Trésor public s'il dispose de faibles ressources. Les parties, notamment la per-

1. Civ. 1re, 3 juin 1998, n° 95-21.966, NP; *Defrénois* 1998. 1396, note Massip.
2. Civ. 1re, 15 juin 1994, n° 92-19.680, *Bull. civ.* I, n° 213; *D.* 1994. Jur. 37, note Massip; *RDSS* 1995. 380, obs. Monéger.
3. Civ. 1re, 29 juin 2011, n° 10-21.879, *Bull. civ.* I, n° 133; *D.* 2011. 1819; 2501, obs. Lemouland, Noguéro et Plazy; *JCP* 2011, n° 987, note Peterka; *RTD civ.* 2011. 511, obs. Hauser; *AJ fam.* 2011. 431, obs. Verheyde; *AJ fam.* 2011. 339, obs. Avena-Robardet.

sonne à protéger, peuvent être admises au bénéfice de **l'aide juridictionnelle** (C. pr. pén., art. R. 93, 2°).

La décision est rédigée par le juge, mise en forme par le greffier et signée par les deux. Elle peut être ou non assortie de l'exécution provisoire. L'original est conservé comme minute et une copie est classée au dossier.

333.83 Protection et possibilité de désistement du requérant ? Lorsque la procédure de mise sous protection a été déclarée recevable par le juge des tutelles, la partie requérante peut-elle se désister, et jusqu'à quel stade de la procédure ? S'agissant d'une procédure de protection des personnes atteintes d'altération de leurs facultés, à l'égard desquelles l'office du juge judiciaire, garant des libertés individuelles, doit pleinement s'exprimer, la question n'avait pas été posée.

La Cour de cassation a eu à se prononcer à la suite d'une demande d'avis du juge des tutelles de Courbevoie en date du 25 mars 2011, dans le dossier de Mme L. B... Après plusieurs péripéties, le juge des tutelles avait été saisi par la fille de la personne à protéger et avait déclaré sa requête recevable au vu d'un certificat de carence, de pièces médicales diverses et d'attestations. Il avait ensuite désigné trois experts aux fins d'examiner l'intéressée et avait procédé à son audition. En cours de procédure, la fille et requérante devait se désister de sa demande de mise sous protection, désistement qui était accepté quelques jours plus tard par la personne à protéger. La plupart des spécialistes du droit des tutelles[1] avaient estimé que le désistement intervenu ne devait pas avoir pour conséquence le dessaisissement du juge des tutelles.

Pourtant, la Cour de cassation a décidé, dans un avis du 20 juin 2011[2], que « *dans une procédure aux fins d'ouverture d'une mesure de protection en cours d'instruction devant le juge des tutelles et dès lors qu'aucune décision prononçant une telle mesure n'a encore été prise, le désistement d'instance émanant du requérant met fin à l'instance en application de l'article 314 du Code de procédure civile* ».

M. le conseiller doyen honoraire à la Cour de cassation J. Massip, quant à lui, approuve cette position. Il rappelle que, depuis l'entrée en vigueur de la loi du 5 mars 2007, le juge des tutelles ne pouvait plus se saisir d'office, de sorte qu'il serait illogique et contraire selon lui à l'esprit de la loi de lui permettre de continuer la procédure et, éventuellement, d'ouvrir un régime de protection lorsque personne ne lui demande plus rien. Ajoutant que l'article 442 du Code civil interdit au juge de prendre d'office des mesures qui aggraveraient l'incapacité de la personne à protéger[3], il conclut que le désistement du requérant met nécessairement fin à la procédure, ce qui n'empêche pas le procureur de la République, ou l'une des personnes énumérées à l'article 430, de saisir à nouveau le juge, dans les formes prévues par la loi, aux fins d'ouvrir une nouvelle procédure.

Dans un arrêt du 2 avril 2014[4], la Cour de cassation confirme son avis de 2011 en rejetant le pourvoi formé par le père d'un majeur protégé, requérant à la procédure de protection, qui s'était ensuite désisté de sa demande. Son attendu de principe est clair : « *Dans une procédure aux fins d'ouverture d'une mesure de protection en cours d'instruction devant le juge des tutelles, le désistement d'instance émanant du requérant ne met fin à l'instance que si aucune décision prononçant une mesure de protection n'a encore été prise. Le placement sous sauvegarde de justice en cours d'instruction de la demande empêche le désistement d'instance d'être effectif* ».

Cette question devrait connaître d'autres développements jurisprudentiels à l'avenir et la solution retenue dans l'avis de la Cour de cassation pourrait ne pas être suivie par les juges du fond, selon leur appréciation de l'office du juge et de la notion d'ordre public de protection.

§ 2
Avis du jugement et notifications

333.91 Avis du jugement transmis obligatoirement au ministère public. Le ministère public doit être avisé du jugement rendu ouvrant la sauvegarde de justice autonome, la tutelle ou la curatelle (C. pr. civ., art. 1230-1, al. 1er).

EN PRATIQUE. Il peut l'être par l'expédition d'une copie du jugement par lettre simple ou lettre recommandée avec demande d'avis de réception ou, plus simplement, par remise contre émargement.

333.92 Personnes destinataires de la notification du jugement. En principe, le juge est tenu de faire notifier à la **personne protégée** le jugement prononçant l'ouverture de la tutelle, de la curatelle ou de la sauvegarde de justice autonome (C. pr. civ., art. 1230-1).

1. L. Pécaut-Rivolier, « Affaire *Bettencourt* : le juge est-il dessaisi ? », *D.* 2010. 2960 ; Forum familles Dalloz.fr : L. Gatti, « Affaire Bettencourt : le juge des tutelles est-il vraiment dessaisi ? », billet du 10 déc. 2010.
2. Cass., avis, 20 juin 2011, n° 11-00.004, *Bull. avis*, n° 7 ; *D.* 2011. 1771 ; *AJ fam.* 2011. 377, obs. Verheyde ; *RTD civ.* 2011. 512, obs. Hauser ; *Dr. fam.* 2011, n° 134, obs. Maria ; *Procédures* 2011, n° 271, obs. Douchy-Oudot ; *LPA* 2011, n° 145, p. 10, note Noguéro.
3. J. Massip, « De quelques problèmes posés par la protection juridique des majeurs », *JCP N* n° 38, 23 sept. 2011, 1244 ; « Tutelle des mineurs et protection juridique des majeurs », *Defrénois* 2009, n°s 338, 368 et 369.
4. Civ. 1re, 2 avr. 2014, n° 13-10.758, *Bull. civ.* I, n° 63 ; *D.* 2014. Actu. 928 ; Pan. 2262, obs. Plazy ; *Dr. fam.* 2014, n° 83, note Maria ; *Procédures* 2014, n° 178, note Douchy-Oudot ; *JCP N* 2014. 1257, note Massip.

Néanmoins, le juge peut par décision motivée décider qu'il n'y a pas lieu, en raison de son état de santé, de lui notifier le jugement ouvrant la mesure. Dans ce cas, le jugement doit être notifié à son **conseil** si elle en a un, ainsi qu'à celle des personnes (conjoint, ascendants, descendants, frère ou sœur, médecin traitant) que le juge estime la plus qualifiée pour recevoir cette notification (C. pr. civ., art. 1230-1, al. 2).

En outre, le juge peut, s'il l'estime utile, décider de faire notifier le jugement aux personnes qu'il désigne parmi celles que la loi habilite à exercer un **recours tutélaire** (C. pr. civ., art. 1230-1, al. 3). Ces personnes peuvent notamment être le curateur, voire les enfants de la personne protégée.

Enfin, le **jugement de non-lieu** à l'ouverture d'une mesure (c'est-à-dire refusant d'ouvrir la tutelle, la curatelle ou la sauvegarde autonome) doit être notifié au **requérant**, qui peut seul exercer un **recours tutélaire** à son encontre (C. pr. civ., art. 1239-2). Il est également souhaitable de le notifier à la personne dont la protection avait été demandée, ainsi qu'aux parties à l'instance.

Ainsi, lorsque le juge des tutelles a été saisi par le ministère public aux fins d'ouverture d'une mesure judiciaire de protection, la cour d'appel doit relever d'office la fin de non-recevoir, tirée de l'article 1239-2 du Code de procédure civile, afin de déclarer irrecevable le recours exercé par les parents d'une personne majeure à l'encontre du jugement, déclarant n'y avoir lieu à l'ouverture d'une mesure de protection[1].

La **fin de non-recevoir** prévue à l'article 1239-2 du Code de procédure civile étant **d'ordre public**, il nous apparaît que, lorsque le juge des tutelles a été saisi par le procureur de la République, il appartient à la cour d'appel d'appliquer la jurisprudence ancienne et, en vertu de l'article 125 alinéa 1er du code précité, de **soulever d'office l'irrecevabilité des recours formés par des personnes**, en l'espèce les enfants de la personne majeure, qui, bien que s'étant vu notifier la décision du premier juge, n'ont pas la qualité de requérants[2].

333.93 Modalités de notification du jugement aux parties. Les règles applicables sont celles de la **tutelle des mineurs**. Les notifications du jugement sont effectuées, à la diligence du juge des tutelles, par **lettre recommandée avec demande d'avis de réception.**

Le juge peut décider qu'elles auront lieu par **acte d'huissier** ou par **voie administrative**. La délivrance contre récépissé par le greffe d'une copie certifiée conforme d'une décision du juge, datée et signée, équivaut à la notification (C. pr. civ., art. 1231).

Toutes les notifications doivent être accompagnées d'un imprimé mentionnant de manière très apparente le **délai** et les modalités des **voies de recours** ouvertes aux personnes à qui la décision est notifiée.

333.94 Notification aux parties à la diligence du greffe et non plus dans les trois jours du prononcé de la décision. Les règles applicables sont celles de la **tutelle des mineurs**.

La décision du juge est notifiée à la diligence du greffe, c'est-à-dire en pratique dès que possible, au requérant, au tuteur, à l'administrateur légal et à tous ceux dont elle modifie les droits ou les charges s'ils ne sont pas présents (C. pr. civ., art. 1214). Il convient ici de rappeler qu'avant la modification du texte, l'inobservation du délai de trois jours n'entraînait pas la nullité de la notification[3].

La **notification** doit mentionner les **voies** et les modalités de **recours**, étant précisé que les délais de recours sont fixés par les articles 1239, 1240, 1241, 1241-1 et 1241-2 du Code de procédure civile.

§ 3
Publicité et exécution du jugement

333.101 Formalités de publicité du jugement. Un **extrait** de toute décision portant ouverture, modification ou mainlevée d'une tutelle ou d'une curatelle est transmis au **greffe du tribunal de grande instance** du lieu de naissance de la personne protégée (C. pr. civ., art. 1233). Le greffier du service des tutelles est tenu d'effectuer cette transmission dans le **délai de quinze jours** suivant l'expiration des délais de recours (c'est-à-dire lorsque la décision est devenue définitive).

Il convient ici de rappeler que, en vertu de l'article 444 du Code civil, les jugements portant ouverture, modification ou mainlevée de la tutelle ne sont opposables aux tiers que deux mois après que mention en aura été portée en marge de l'acte de naissance de la personne protégée.

Quand la décision est rendue par la cour d'appel, la transmission est faite par le greffe de cette cour dans les quinze jours de l'arrêt. Il revient au procureur de la République d'accomplir cette formalité dans les quinze jours à compter du prononcé du jugement.

Lorsqu'un **appel** est relevé contre le jugement du juge des tutelles, le greffe n'a pas à transmettre cet extrait. Toutefois, si le jugement a été assorti de **l'exécution provisoire**, la question de la transmission de cet extrait doit se poser à la fois pour des raisons de

1. Civ. 1re, 19 mars 2002, no 00-17.218, NP; *RJPF* 2002-6/23, obs. Pansier; *RTD civ.* 2002. 485, obs. Hauser.
2. Civ. 1re, 8 févr. 2005, no 02-10.739, *Bull. civ.* I, no 72; *D.* 2006. Pan. 1571, obs. Plazy; *Defrénois* 2005. 1062, obs. Massip; *AJ fam.* 2005. 196, note Grimaldi; *RTD civ.* 2005. 365, obs. Hauser.
3. Soc. 20 juill. 1977, no 76-40.446, *Bull. civ.* V, no 500.

protection effective des droits de la personne protégée et de responsabilité.

EN PRATIQUE. Il est conseillé au greffier chargé du service des tutelles d'adresser l'extrait de la décision, signé par le directeur des services de greffe judiciaires du tribunal de grande instance territorialement compétent, par lettre recommandée avec demande d'avis de réception, dans le but de conserver une trace écrite de l'exécution de cette formalité. En outre, il lui est conseillé d'exiger en retour la délivrance d'un certificat attestant de l'accomplissement des opérations d'inscription au répertoire civil.

Enfin, il convient d'informer l'Insee des décisions rendues visant à l'ouverture d'une tutelle avec retrait du droit de vote, dans la mesure où les majeurs ne peuvent alors être inscrits sur les listes électorales (C. élect., art. L. 5 - L. n° 2007-308, 5 mars 2007).

333.102 Modalités d'opposabilité du jugement aux tiers. Les jugements portant ouverture, modification ou mainlevée de la tutelle ou de la curatelle ne sont opposables aux tiers que **deux mois** après que la mention en aura été portée en marge de l'acte de naissance de la personne protégée[1] (C. civ., art. 444[2]).

Même en l'absence de cette mention, ils leur sont opposables s'ils en ont eu **personnellement connaissance** (C. civ., art. 444, al. 2). En application de l'ancien article 493-2 alinéa 2 du Code civil, il a été jugé que la mesure de tutelle est immédiatement opposable à l'huissier chargé de délivrer une assignation en partage et licitation au domicile du majeur, dès lors qu'il a été personnellement informé sur-le-champ par le père et le tuteur du destinataire de l'acte que celui-ci était placé sous le régime de la tutelle[3].

Les extraits des jugements susvisés sont **mentionnés en marge de l'acte de naissance** de chaque incapable majeur, à la diligence du greffe du tribunal de grande instance de leur lieu de naissance, selon les modalités prévues par les articles 1057 à 1061 du Code de procédure civile. En cas de jugement de mainlevée de la mesure de protection, la mention portée en marge de l'acte de naissance est complétée par l'indication qu'elle emporte la radiation de la mention antérieure.

333.103 Exécution du jugement dès sa notification, même en cas d'appel si l'exécution provisoire a été ordonnée. (Sur la notification, v. s[s] n° 333.93) Toutefois, en cas d'appel, l'exécution provisoire peut être arrêtée dans les conditions de l'article 524 du Code de procédure civile, notamment si elle risque d'entraîner des conséquences manifestement excessives. Lorsque l'exécution provisoire a été refusée ou si elle a été omise, les dispositions des articles 525 et 526 du même code sont applicables.

1. Civ. 1re, 31 janv. 2006, n° 03-16.903, NP.
2. C. civ., art. 444 (*issu de L. n° 2007-308, 5 mars 2007*).
3. Bordeaux, 1re ch. A., 25 mars 2003, *JCP N* 2003. 1889, note Fossier.

CHAPITRE

334. Règles de compétence et de procédure devant la cour d'appel

SECTION 0

ORIENTEUR

334.00 **Plan du chapitre.**

334.01 **Textes applicables.**

TEXTES LÉGISLATIFS ET RÉGLEMENTAIRES NOUVEAUX

• **Décr. n° 2016-185, 23 févr. 2016,** pris pour l'application de l'ordonnance n° 2015-1288 du 15 octobre 2015 portant simplification et modernisation du droit de la famille, *JO* 25 févr., texte n° 26.

TEXTES SOURCES

> Voies de recours en matière tutélaire

• **Computation des délais**

C. pr. civ., art. 640 à 642

• **Appel**

+ Décr. n° 2009-1628, 23 déc. 2009

+ Décr. n° 2012-634, 3 mai 2012

+ Décr. n° 2016-185, 23 févr. 2016

C. pr. civ., art. 1239 à 1247

> Compétence de la cour d'appel et magistrat délégué à la protection des majeurs

+ L. n° 2009-526, 12 mai 2009

COJ, anc. art. L. 211-5, 1° et art. L. 312-6-1

> Procédure orale sans représentation obligatoire

+ Décr. n° 2012-634, 3 mai 2012

C. pr. civ., art. 931

> Tierce opposition

C. pr. civ., art. 585

TEXTES *IN EXTENSO*

> Voies de recours en matière tutélaire

• **Computation des délais**

[C. pr. civ., art. 640 à 642]

C. pr. civ., art. 640

Lorsqu'un acte ou une formalité doit être accompli avant l'expiration d'un délai, celui-ci a pour origine la date de l'acte, de l'événement, de la décision ou de la notification qui le fait courir.

C. pr. civ., art. 641

Lorsqu'un délai est exprimé en jours, celui de l'acte, de l'événement, de la décision ou de la notification qui le fait courir ne compte pas.

Lorsqu'un délai est exprimé en mois ou en années, ce délai expire le jour du dernier mois ou de la dernière année qui porte le même quantième que le jour de l'acte, de l'événement, de la décision ou de la notification qui fait courir le délai. À défaut d'un quantième identique, le délai expire le dernier jour du mois.

Lorsqu'un délai est exprimé en mois et en jours, les mois sont d'abord décomptés, puis les jours.

C. pr. civ., art. 642

Tout délai expire le dernier jour à vingt-quatre heures.

Le délai qui expirerait normalement un samedi, un dimanche ou un jour férié ou chômé est prorogé jusqu'au premier jour ouvrable suivant.

• **Appel**

[C. pr. civ., art. 1239 à 1247]

+ Décr. n° 2009-1628, 23 déc. 2009, art. 2

+ Décr. n° 2012-634, 3 mai 2012, art. 21

+ Décr. n° 2016-185, 23 févr. 2016, art. 12

C. pr. civ., art. 1239 (*mod. par Décr. n° 2012-634, 3 mai 2012, art. 21*)

Sauf disposition contraire, les décisions du juge des tutelles et les délibérations du conseil de famille sont susceptibles d'appel.

Sans préjudice des dispositions prévues par les articles 1239-1 à 1239-3, l'appel est ouvert aux personnes énumérées à l'article 430 du Code civil, même si elles ne sont pas intervenues à l'instance.

Le délai d'appel est de quinze jours.

Les parties ne sont pas tenues de constituer avocat.

C. pr. civ., art. 1239-1 *(mod. par Décr. n° 2016-185, 23 févr. 2016, art. 12)*

Dans le cadre du partage amiable prévu à l'article 507 du Code civil, l'appel contre une délibération du conseil de famille ou une décision du juge des tutelles est ouvert au tuteur, aux membres du conseil de famille et aux autres parties intéressées au partage.

Nota 1 : Décr. n° 2016-185, 23 févr. 2016, art. 18 : Ces dispositions sont applicables aux administrations légales en cours au jour de son entrée en vigueur.

C. pr. civ., art. 1239-2

L'appel contre le jugement qui refuse d'ouvrir une mesure de protection à l'égard d'un majeur n'est ouvert qu'au requérant.

Nota 2 : Décr. n° 2009-1628, 23 déc. 2009, art. 22 : I. – L'article 2 du présent décret entre en vigueur le 1er janvier 2010. Il ne s'applique pas aux recours formés avant cette date.

II. — Au 1er janvier 2010, les dossiers en cours relatifs à la protection juridique des mineurs sont transférés de plein droit au juge aux affaires familiales.

Il n'y a pas lieu de renouveler les actes, formalités et jugements régulièrement intervenus antérieurement au transfert des procédures, à l'exception des actes valant convocation devant le juge des tutelles à une date postérieure au 1er janvier 2010.

C. pr. civ., art. 1239-3

Sans préjudice des dispositions prévues par l'article 1239-1, l'appel contre une délibération du conseil de famille est ouvert à tous ses membres et au juge des tutelles, quel qu'ait été leur avis lors de la délibération.

Nota 2 : (reprise)

C. pr. civ., art. 1240

Le ministère public peut former appel jusqu'à l'expiration d'un délai de quinze jours suivant la remise de l'avis qui lui a été donné de la délibération prise ou de la décision rendue.

Nota 2 : (reprise)

C. pr. civ., art. 1241

Le délai d'appel contre les jugements statuant sur une mesure de protection à l'égard d'un majeur court :

1° À l'égard du majeur protégé, à compter de la notification prévue à l'article 1230-1 ;

2° À l'égard des personnes à qui le jugement doit être notifié, à compter de cette notification ;

3° À l'égard des autres personnes, à compter du jugement.

Nota 2 : (reprise)

C. pr. civ., art. 1241-1

Le délai d'appel contre les ordonnances rendues par le juge des tutelles court :

1° À l'égard des personnes à qui l'ordonnance doit être notifiée, à compter de cette notification ;

2° À l'égard des autres personnes, à compter de l'ordonnance.

Nota 2 : (reprise)

C. pr. civ., art. 1241-2

Le délai d'appel contre une délibération du conseil de famille court à compter de cette délibération, hors le cas de l'article 1234-4 où il ne court contre les membres du conseil de famille que du jour où la délibération leur a été notifiée.

Nota 2 : (reprise)

C. pr. civ., art. 1242

L'appel est formé par déclaration faite ou adressée par lettre recommandée avec demande d'avis de réception au greffe de la juridiction de première instance.

Le greffier enregistre l'appel à sa date ; il délivre ou adresse par lettre simple, récépissé de la déclaration.

Il transmet sans délai une copie du dossier à la cour.

Nota 2 : (reprise)

C. pr. civ., art. 1242-1

Lorsque l'appel est formé par le juge des tutelles, celui-ci joint au dossier une note exposant les motifs de son recours.

Nota 2 : (reprise)

C. pr. civ., art. 1243

Lorsque l'appelant restreint son appel à l'un des chefs de la décision autre que l'ouverture de la mesure de protection, il le précise.

Nota 2 : (reprise)

C. pr. civ., art. 1244

Le greffier de la cour convoque à l'audience prévue pour les débats :

1° S'il en a constitué un, l'avocat du requérant, par tout moyen ;

2° L'appelant et les personnes auxquelles la décision ou la délibération a été notifiée, par lettre recommandée avec demande d'avis de réception, ainsi que, le cas échéant, leurs avocats.

Ces dernières ont le droit d'intervenir devant la cour.

Nota 2 : (reprise)

C. pr. civ., art. 1244-1

La convocation est adressée, dès la fixation de l'audience prévue pour les débats et au moins quinze jours à l'avance, par lettre recommandée avec demande d'avis de réception. Une copie de la convocation est adressée aux personnes concernées par lettre simple.

La convocation vaut citation.

Nota 2 : (reprise)

C. pr. civ., art. 1245

L'appel est instruit et jugé en chambre du conseil.

La procédure est orale.

Les prétentions des parties ou la référence qu'elles font aux prétentions qu'elles auraient formulées par écrit sont notées au dossier ou consignées dans un procès-verbal.

À l'audience, la cour entend l'appelant, le majeur à protéger ou protégé, sauf application par la cour des dispositions du second alinéa de l'article 432 du Code civil et, le cas échéant, le ministère public.

Les avocats des parties, lorsqu'elles en ont constitué un, sont entendus en leurs observations.

Nota 2 : (reprise)

C. pr. civ., art. 1245-1

À moins que l'affaire ne soit jugée dès la première audience, le greffier avise de la date des audiences ultérieures les personnes convoquées qui ne l'auraient pas été verbalement.

Nota 2 : (reprise)

C. pr. civ., art. 1246

La cour peut, même d'office, substituer une décision nouvelle à celle du juge des tutelles ou à la délibération du conseil de famille.

Jusqu'à la clôture des débats devant la cour, le juge des tutelles et le conseil de famille demeurent compétents pour prendre toute décision ou délibération nécessaire à la préservation des droits et intérêts de la personne protégée. Le greffe de la juridiction de première instance transmet immédiatement copie de cette décision ou délibération au greffe de la cour.

Nota 2 : (reprise)

C. pr. civ., art. 1246-1

La décision de la cour est notifiée à la diligence de son greffe.

Le dossier, auquel est jointe une copie certifiée conforme de l'arrêt, est alors renvoyé sans délai au greffe de la juridiction de première instance.

Nota 2 : (reprise)

C. pr. civ., art. 1247

Si l'appel formé contre une décision du juge des tutelles ou une délibération du conseil de famille est rejeté, celui qui l'a introduit, à l'exception du juge, peut être condamné aux dépens et à des dommages-intérêts.

Nota 2 : (reprise)

> Compétence de la cour d'appel et magistrat délégué à la protection des majeurs

[COJ, art. L. 211-5, 1° et L. 312-6-1]

+ L. n° 2009-526, 12 mai 2009, art. 13

COJ, anc. art. L. 211-5, 1°

Le tribunal de grande instance est compétent pour connaître des recours :

1° Contre les décisions du juge des tutelles et celles du conseil de famille; (*abrogé*) [...].

COJ, art. L. 312-6-1

Un magistrat, qui prend le nom de délégué à la protection des majeurs, est désigné au sein de chaque cour d'appel par le premier président.

Ce magistrat préside la formation de jugement qui statue en matière de protection juridique des majeurs sur les appels des décisions rendues par le juge des tutelles et le conseil de famille, ou y exerce les fonctions de rapporteur.

> Procédure orale sans représentation obligatoire

• + Décr. n° 2012-634, 3 mai 2012, art. 21

C. pr. civ., art. 931

Les parties se défendent elles-mêmes.

Elles ont la faculté de se faire assister ou représenter selon les règles applicables devant la juridiction dont émane le jugement.

Le représentant doit, s'il n'est avocat, justifier d'un pouvoir spécial.

> Tierce opposition

C. pr. civ., art. 585

Tout jugement est susceptible de tierce opposition si la loi n'en dispose autrement.

334.02 Jurisprudence de référence.

JURISPRUDENCE ANTÉRIEURE AUX RÉFORMES DE 2007 ET 2009

> Recours tutélaire en matière d'ouverture de la mesure ou de refus de mainlevée

– Transmission d'une action à caractère personnel aux héritiers et légataires universels de son titulaire

• **Civ. 1re, 14 févr. 1995, n° 93-11.211,** *Bull. civ.* I, n° 82

* V. s^s n° 334.23

Les héritiers et les légataires universels du titulaire d'une action à caractère personnel peuvent, sauf exception, poursuivre l'instance engagée par leur auteur. Il en est ainsi en ce qui concerne l'action par laquelle une personne qui a été placée sous le régime de la tutelle, ou de la curatelle, conteste la décision qui a ordonné cette mesure.

> Recours tutélaire en matière d'organisation et de fonctionnement de la mesure

– Recevabilité de la tierce opposition contre les décisions du juge des tutelles

• **Civ. 1re, 3 déc. 2002, n° 00-21.524,** *Bull. civ.* I, n° 293

* V. ss n° 334.11

Tout jugement est susceptible de tierce opposition si la loi n'en dispose autrement. Cette voie de recours n'est pas exclue par l'article 1215 du [Nouveau] Code de procédure civile qui n'ouvre un recours spécial devant le tribunal de grande instance qu'aux personnes dont les droits ou charges sont modifiés, lesquels s'entendent exclusivement de ceux qui résultent de l'organisation de la tutelle.

– Possibilité de tierce opposition même après le décès du majeur protégé

• **Civ. 1re, 3 oct. 2006, n° 04-14.591,** *Bull. civ.* I, n° 430

* V. ss n° 334.11

Le décès du majeur protégé n'exclut pas que la tierce opposition puisse être exercée contre une ordonnance d'un juge des tutelles.

– Notion de requête au sens de l'article 1216 du Code de procédure civile dans le cadre du recours tutélaire

• **Civ. 2e, 10 mars 2005, n° 03-15.101,** *Bull. civ.* II, n° 61

* V. ss n° 334.31

Une déclaration verbale enregistrée par procès-verbal et signée par l'avocat du majeur protégé placé sous tutelle constitue une requête au sens de l'article 1216 du [Nouveau] Code de procédure civile.

– Caractère d'ordre public de la fin de non-recevoir tirée de l'ancien article 1255 du Code de procédure civile devenu 1239-2

• **Civ. 1re, 19 mars 2002, n° 00-17.218,** NP

* V. ss n° 334.22

Lorsque le juge des tutelles a été saisi par le ministère public aux fins d'ouverture d'une mesure de protection, le tribunal de grande instance doit relever d'office la fin de non-recevoir tirée de l'article 1255 du [Nouveau] Code de procédure civile afin de déclarer irrecevable le recours exercé par les parents d'une personne majeure à l'encontre du jugement déclarant n'y avoir lieu à l'ouverture d'une mesure de protection.

• **Civ. 1re, 8 févr. 2005, n° 02-10.739,** *Bull. civ.* I, n° 72

* V. ss n° 334.22

La fin de non-recevoir prévue à l'article 1255 du [Nouveau] Code de procédure civile, tirée de ce que le recours contre la décision qui refuse d'ouvrir une mesure de protection n'est ouverte qu'au requérant, est d'ordre public. Dès lors, lorsque le juge des tutelles s'est saisi d'office, il appartient au tribunal de grande instance, en vertu de l'article 125, alinéa 1er, du Code précité de soulever d'office l'irrecevabilité des recours formés par des personnes qui, bien que s'étant vu notifier la décision du premier juge, n'ont pas la qualité de requérants.

JURISPRUDENCE POSTÉRIEURE AUX RÉFORMES DE 2007 ET 2009

> Recevabilité de l'appel

• **Civ. 1re, 11 juill. 2013, n° 12-23.091,** *Bull. civ.* II, n° 160

* V. ss n° 334.31

L'appel d'une décision du juge des tutelles statuant sur une mesure de protection est formé par déclaration faite ou adressée par lettre recommandée avec demande d'avis de réception au greffe de la juridiction de première instance. La lettre recommandée n'est destinée qu'à régler une contestation sur la date du recours. Doit donc être cassé l'arrêt qui, pour déclarer l'appel formé par lettre simple, se borne à énoncer que cet appel aurait dû être formalisé par lettre recommandée avec demande d'avis de réception.

> Recevabilité de l'appel en matière de sauvegarde de justice

• **Civ. 1re, 29 juin 2011, no 10-18.960,** *Bull. civ.* I, no 134

* V. ss no 334.21

Le recours du majeur est limitativement ouvert pour discuter de l'intervention d'un mandataire spécial dans son principe et dans ses modalités et non pas pour remettre en cause la mise en place de la sauvegarde de justice à la fonction protectrice.

• **Civ. 1re, 23 févr. 2011, no 09-72.039,** NP

* V. ss no 334.21

Ce recours est limitativement ouvert à la désignation d'un mandataire spécial quel que soit le mode de saisine du juge, et notamment lorsqu'il désigne d'office un mandataire spécial pour la durée de l'instance.

• **Civ. 1re, 10 févr. 2016, no 15-13.019,** NP

* V. ss no 334.21

En vertu des dispositions des articles 542 et 1249 du Code de procédure civile, la décision par laquelle le juge des tutelles place un majeur sous sauvegarde de justice ne peut faire l'objet d'aucun recours.

> Respect du contradictoire. Information sur l'accès au dossier.

• **Civ. 1re, 7 oct. 2015, no 14-22.919,** NP

* V. ss no 334.55

La cour d'appel n'a méconnu aucune des exigences résultant des articles 6 § 1 de la Convention de sauvegarde des droits de l'homme et des libertés fondamentales, 16 (principe du contradictoire) et 431 (ministère public et audience) du Code de procédure civile, dès lors qu'à l'audience le ministère public partie principale était représenté et la personne en curatelle, présente en personne lors des débats lors des débats, avait été en mesure de présenter ses observations.

• **Civ. 1re, 30 avr. 2014, no 13-16.525,** NP

* V. ss no 334.55

Le principe du contradictoire a été respecté et la décision de la cour d'appel ne peut être critiquée sur ce point dès lors que, selon les pièces de la procédure, la majeure avait été avisée par lettre recommandée avec avis de réception qu'elle avait reçue de ce qu'elle pouvait consulter le dossier au greffe conformément aux dispositions de l'article 1222-1 du Code de procédure civile.

• **Civ. 1re, 18 nov. 2015, no 14-28.223,** *Bull. civ.* I [à paraître]

* V. ss no 334.55

Au visa des articles 16 et 1222-1 du Code de procédure civile, toute personne a le droit que sa cause soit entendue contradictoirement; cette exigence implique que chaque partie ait la faculté de prendre connaissance et de discuter toute pièce présentée au juge. Or, tel n'est pas le cas spécialement pour discuter des conclusions expertales dans la mesure où il ne résulte ni des énonciations de l'arrêt, ni des pièces de la procédure, que le majeur en curatelle, qui n'était pas assisté lors de l'audience, ait été avisé de la faculté qui lui était ouverte de consulter le dossier au greffe, de sorte qu'il n'est pas établi qu'il ait été mis en mesure de prendre connaissance, avant l'audience, des pièces présentées à la juridiction et, par suite, de les discuter utilement.

• **Civ. 1re, 13 janv. 2016, no 14-28.326,** NP

* V. ss no 334.55

Le dossier peut également être consulté, dans les mêmes conditions et sur autorisation de la juridiction saisie, par une des personnes mentionnées à l'article 430 du Code civil si elle justifie d'un intérêt légitime. En l'espèce, les parties ont disposé du droit de consultation du dossier dans les conditions des articles 1222-1 et suivant du Code de procédure civile et le fils de la personne protégée en curatelle ne s'est pas prévalu d'un prétendu défaut d'information quant à la possibilité de consulter le dossier.

• **Civ. 1re, 25 juin 2014, no 14-13.123,** NP

• et **Civ. 1re, 27 janv. 2016, no 15-14.185**, NP

* V. ss no 334.55

Doit être cassé, au visa des articles 16 et 431 du Code de procédure civile, l'arrêt d'appel qui mentionne que le ministère public a adressé des conclusions écrites, sans indiquer la date à laquelle elles l'ont été, et n'a pas assisté à l'audience des débats car, en procédant ainsi, il ne ressort pas de cette mention que l'avis écrit du ministère public ait été mis à la disposition des parties. Ainsi, celles-ci n'ont pas été en mesure d'y répondre fût-ce par une note après la clôture des débats en application de l'article 445 du Code de procédure civile.

> Oralité de la procédure devant la cour

• **Civ. 1re, 18 mars 2015, no 14-11.330,** *Bull. civ.* II [à paraître]

* V. ss no 334.58

Aux termes de l'article 1245 du Code de procédure civile, la procédure devant la cour d'appel statuant en matière de protection juridique des majeurs est orale et les prétentions des parties, ou la référence qu'elles font aux prétentions qu'elles auraient formulées par écrit, notées au dossier ou consignées dans un procès-verbal. Doit, en conséquence, être rejeté le pourvoi formé par le fils d'une personne protégée reprochant à la cour d'appel d'avoir désigné son frère en qualité de tuteur alors qu'il ne résulte ni des énonciations de l'arrêt ni du dossier de la procédure que l'auteur du pourvoi ait déclaré se référer à ses prétentions et moyens écrits antérieurs.

> Présence de l'avocat et demande d'aide juridictionnelle

• **Civ. 1re, 12 mai 2016, no 15-16.029,** NP

* V. ss no 334.58

Si le majeur protégé a déposé une demande d'aide juridictionnelle, il convient d'en tenir compte et de vérifier son état avant de statuer. Doit être cassé l'arrêt d'une cour d'appel qui avait déclaré irrecevable comme tardif l'appel d'un majeur contre le jugement qui l'avait placé sous tutelle, l'affaire ayant été appelée à l'audience sans que le majeur protégé soit assisté d'un avocat alors qu'il avait déposé une demande d'aide juridictionnelle.

> Tierce-opposition

• **Civ. 1re, 14 mai 2014, no 12-35.035,** *Bull. civ.* I, no 92

* V. ss no 334.11

Après avoir retenu, à bon droit, que celui qui peut former recours ou un appel contre un jugement n'est pas recevable à le critiquer par la voie de la tierce opposition et relevé que l'article 493 alinéa du Code civil, dans sa rédaction antérieure à celle issue de la loi du 5 mars 2007 applicable au jour du jugement, ouvrait un recours aux frères et sœurs du majeur protégé à l'encontre du jugement d'ouverture de la tutelle, même s'ils n'étaient pas intervenus à l'instance, l'arrêt en a déduit exactement que Mme X... était irrecevable à former tierce opposition au jugement.

> **Effet dévolutif et portée de l'appel**

• **Cass. avis, 13 avr. 2015, n° 15-70.001**, *Bull. civ. avis*, n° 4

• **Douai, 15 déc. 2014** (décision attaquée)

* V. s^s n° 334.59

« En raison de l'effet dévolutif de l'appel, limité à la décision déférée, la cour d'appel ne peut, en application de l'article 1246, alinéa premier, du Code de procédure civile, statuer sur une demande de mainlevée d'une mesure de protection juridique formée pour la première fois devant elle par un majeur protégé lorsqu'elle n'est saisie que de l'appel d'une ordonnance portant changement de tuteur ou de curateur. »

334.03 **Bibliographie indicative.**

> **Recours tutélaire.** T. Fossier, « Quelques précisions sur les recours en matière tutélaire », dans « Droit des incapacités – De la jurisprudence à la pratique notariale », avec J.-M. Plazy, *JCP N* 2006. 1006.

> **Décret n° 2009-1628 du 23 décembre 2009**. D. Autem, « La communication entre le juge aux affaires familiales, le juge des enfants et le juge des tutelles », *LPA* 18 juin 2010, p. 4 – A. Caron-Déglise, *RJPF* 2010/3, p. 8 – M. Douchy-Oudot, *Procédures* 2010, n° 39 – T. Verheyde, *JCP* 2010. 39; *AJ fam.* 2010. 75 (tableau récapitulatif).

SECTION 1
DISPARITION DU RECOURS TUTÉLAIRE ET APPEL DEVANT LA COUR D'APPEL

334.11 **Remplacement du recours tutélaire par un appel devant la cour d'appel**[1]. Suivant les propositions du rapport Favard[2], le recours tutélaire devant le tribunal de grande instance a disparu au profit de **l'appel devant la cour d'appel** (L. n° 2009-526, 12 mai 2009[3], et Décr. n° 2009-1628, 23 déc. 2009[4]), comme cela était déjà le cas pour les recours contre les décisions du juge des tutelles en matière de tutelle aux prestations sociales adultes (CSS, art. R. 167-7). Désormais, toutes les décisions du juge des tutelles et les délibérations du conseil de famille sont susceptibles d'appel devant la cour d'appel, sauf dispositions contraires (C. pr. civ., art. 1239). Ainsi, et en l'absence de disposition contraire, doit-on considérer que la décision du juge des tutelles choisissant les membres du conseil de famille est susceptible de recours, contrairement à la position de la jurisprudence antérieure à la réforme[5]. En revanche, une lettre simple du juge des tutelles ne constitue pas une décision et ne peut faire l'objet d'un recours[6], étant rappelé qu'il appartient au juge des tutelles de répondre à la présentation d'une requête par une ordonnance prise dans les conditions des articles 1220-3, 1213 et 1229 du Code de procédure civile, et 432 du Code civil.

Par ailleurs, les décisions du juge des tutelles et les délibérations du conseil de famille sont susceptibles de faire l'objet d'une **tierce opposition**, voie de recours extraordinaire, de la part de toute personne non partie à l'instance tutélaire dont l'intérêt est lésé par celles-ci. La Cour de cassation avait, dans le dispositif antérieur à la réforme, fondé sa solution sur la généralité de l'article 585 du Code de procédure civile et sur la particularité des articles 1214 et 1215 anciens de ce code[7]. Dans un arrêt du 14 mai 2014[8], la Cour de cassation a jugé que celui qui peut former un recours ou un appel contre un jugement n'est pas recevable à le critiquer par la voie de la tierce opposition.

Le décès du majeur protégé n'excluait pas que la tierce opposition puisse être exercée contre une ordonnance d'un juge des tutelles[9].

334.12 **L'appel, voie de recours ordinaire, et principe du double degré de juridiction.** L'appel est une voie de recours ordinaire qui tend à remettre la chose jugée en question devant la juridiction de second degré pour qu'il soit de nouveau statué en fait et en droit. Il est destiné à faire **réformer** ou **annuler** la décision du premier juge (C. pr. civ., art. 542 et 561), de sorte qu'un recours qui n'aurait pas cet objet, par exemple une demande tendant à contester seulement la motivation du premier juge ou à constater l'inexécution du jugement, devrait être déclaré irrecevable[10].

1. T. Fossier *et* J.-M. Plazy, « Quelques précisions sur les recours en matière tutélaire », dans « Droit des incapacités. De la jurisprudence à la pratique notariale », *JCP N* 2006. 1006.
2. J. Favard, *Rapport définitif sur les dispositifs de protection des majeurs*, avr. 2000, spéc. p. 35.
3. L. n° 2009-526, 12 mai 2009, de simplification et de clarification du droit et d'allègement des procédures, *JO* 13 mai, p. 7920.
4. Décr. n° 2009-1628, 23 déc. 2009, relatif à l'appel contre les décisions du juge des tutelles et les délibérations du conseil de famille et modifiant diverses dispositions concernant la protection juridique des mineurs et des majeurs, *JO* 26 déc., p. 22311.
5. Civ. 1re, 2 nov. 1994, n° 92-14.642, *Bull. civ.* I, n° 313; *RTD civ.* 1995. 327, obs. Hauser.
6. Rép. min. n° 15576, *JO Sénat Q*, 13 janv. 2011, *D.* 2011. 249.
7. Civ. 1re, 3 déc. 2002, n° 00-21.524, *Bull. civ.* I, n° 293; *R.* 2002. 342; *D.* 2004. Somm. 1853, obs. Lemouland; *JCP N* 2003. 1200, obs. Fossier; *Defrénois* 2003. 624, obs. Massip; *AJ fam* 2003. 68, obs. S. D.-B; *RJPF* 2003-3/13, note Plazy; *RTD civ.* 2003. 267, obs. Hauser; Rép. pr. civ., v° *Action d'état*, par L. Weiller, janv. 2010 [màj juin 2016], n° 208.
8. Civ. 1re, 14 mai 2014, n° 12-35.035, *Bull. civ.* I, n° 92.
9. Civ. 1re, 3 oct. 2006, n° 04-14.591, *Bull. civ.* I, n° 430; *D.* 2007. 1380, note Julien; *D.* 2008. 313, obs. Lemouland et Plazy; *AJ fam.* 2006. 420, obs. Pécaut-Rivolier; *RTD civ.* 2007. 90, note Hauser.
10. Civ. 1re, 13 mai 1997, n° 95-04.214, *Bull. civ.* I, n° 157; *JCP* 1997. IV. 1376 – Civ. 2e, 24 juin 2010, n° 09-16.069, *Bull. civ.* II, n° 121.

En tant que **voie possible d'annulation**, l'appel peut également porter sur les irrégularités commises lors de la procédure de première instance, étant rappelé que, contrairement à la Cour de cassation, la juridiction d'appel est saisie de **l'ensemble du litige, en fait et droit** (C. pr. civ., art. 562, al. 2). L'article 460 du Code de procédure civile dispose que la nullité ne peut être demandée que par les voies de recours prévues par la loi, l'appel par voie ordinaire de recours pouvant en effet tendre à faire annuler une décision irrégulière (C. pr. civ., art. 542).

L'appel peut être **limité** à certains chefs de la décision ou porter sur le tout.

La **décision avant dire droit**, ordonnant par exemple une enquête sociale, ne peut en revanche faire l'objet d'un appel indépendamment de la décision sur le fond, le juge devant alors relever d'office l'irrecevabilité de l'appel[1]. En cas de décision ordonnant une expertise, et sur autorisation du Premier président en cas de motifs graves (C. pr. civ., art. 272), il est possible de faire appel dans le mois de la décision. Ce dernier texte est d'interprétation stricte et ne s'applique notamment pas quand la décision n'ordonne pas une véritable expertise ou refuse une expertise[2].

En cas de **décision de sursis à statuer**, l'appel est possible sur autorisation du Premier président selon les règles de la procédure à jour fixe, s'il existe un motif grave et légitime (C. pr. civ., art. 380), lui-même laissé à l'appréciation souveraine des juges du fond[3].

L'ordonnance de dessaisissement du juge au profit du juge de la nouvelle résidence de la personne protégée quant à elle est, en l'absence de toute disposition particulière, susceptible d'appel[4].

334.13 Particularité de l'appel en matière de protection puisque le juge des tutelles n'est pas dessaisi. Si l'article 1246 du Code de procédure civile dispose que la cour peut, même d'office, substituer une décision nouvelle à celle du juge des tutelles ou à la délibération du conseil de famille[5], ce texte stipule en outre que, jusqu'à la clôture des débats devant la cour, le juge des tutelles et le conseil de famille demeurent compétents pour prendre toute décision ou délibération nécessaire à la préservation des droits et intérêts de la personne protégée. Il appartiendra au greffe du cabinet du juge des tutelles de transmettre immédiatement copie de la décision ainsi rendue au greffe de la cour.

1. Civ. 1re, 19 mars 2009, n° 07-21.683, NP.
2. À propos d'une décision d'un juge des enfants se limitant à ordonner une mesure d'instruction : Civ. 1re, 11 févr. 2009, n° 07-20.288, NP.
3. Civ. 2e, 3 avr. 1978, *D.* 1978. IR 364.
4. À propos d'une décision d'un juge des enfants : Civ. 1re, 1er juill. 2009, n° 08-11.043, NP.
5. Jurisprudence antérieure à la réforme : Civ. 1re, 19 nov. 1991, n° 90-16.415, *Bull. civ.* I, n° 319; *JCP* 1992. IV. 292; *Gaz. Pal.* 1992, Somm. 151, obs. Massip.

SECTION 2

QUALITÉ POUR EXERCER LE RECOURS

334.21 Recours contre la décision ouvrant la procédure de mise sous protection et contre les ordonnances prises durant l'instruction de la procédure. En l'absence de disposition particulière contraire, et sous les réserves mentionnées précédemment sur les décisions avant dire droit notamment (v. ss n° 334.12), ces décisions sont **susceptibles d'appel**. Les ordonnances statuant sur la recevabilité de la requête en ouverture, sur l'ouverture de la procédure, sur la désignation d'un mandataire spécial ou sur son remplacement peuvent donc être contestées devant la cour d'appel. S'agissant des **ordonnances prononçant la mise sous sauvegarde de justice pendant la durée de l'instance**, l'ancien article 1239 du Code de procédure civile prévoyait expressément qu'elles ne pouvaient faire l'objet d'aucun recours de ce chef, la jurisprudence considérant alors que ce texte n'était pas contraire à l'article 6 § 1 de la Convention européenne des droits de l'homme[6].

L'article 1249 alinéa 2 du Code de procédure civile reprend le même principe et la Cour de cassation a eu l'occasion de le réaffirmer à plusieurs reprises[7]. Le fait que le juge des tutelles prononce d'office une sauvegarde n'ouvre pas davantage un droit d'appel contre la sauvegarde[8]. En revanche, la désignation d'un mandataire spécial et l'étendue de la mission du mandat spécial peuvent être contestées par la voie de l'appel[9].

L'appel est ouvert aux **personnes énumérées à l'article 430 du Code civil**, même si elles ne sont pas intervenues à l'instance (C. pr. civ., art. 1239, al. 2). La difficulté qui se pose ici est celle de la recevabilité de l'appel au regard des délais puisque d'une part les articles 1241 et 1241-1 du Code de procédure civile prévoient des délais différents suivant qu'il s'agit de la **notification d'un jugement ou d'une ordonnance** et d'autre part, disposent que les délais ne commencent à courir qu'à compter de la notification de la décision à l'égard des « *personnes à qui le jugement doit être notifié* » ou de l'ordonnance.

Or, l'article 1230 du Code de procédure civile dispose que « *toute décision est notifiée à la diligence du greffe, à la personne chargée de la protection* [...] et *à tous*

6. Civ. 1re, 13 juill. 2004, n° 01-03.695, NP; *Gaz. Pal.* 1er-2 avr. 2005, p. 24, obs. Massip.
7. Civ. 1re, 29 juin 2011, n° 10-18.960, *Bull. civ.* I, n° 134; *D.* 2011. 1897 et 2501, obs. Noguéro; *AJ fam.* 2011. 433, obs. Verheyde; *RTD civ.* 2011. 513, obs. Hauser; *Dr. fam.* 2011, Comm. 135, obs. Maria – Civ. 1re, 16 juin 2011, n° 10-21.036, NP; *D.* 2011. 2501, obs. Noguéro.
8. Civ. 1re, 23 févr. 2011, n° 09-72.039, NP; *D.* 2011. 2501, obs. Noguéro; *RTD civ.* 2011. 324, obs. Hauser – Civ. 1re, 10 févr. 2016, n° 15-13.019, NP; *Dr. fam.* 2016, Comm. 95, obs. Maria.
9. Civ. 1re, 10 févr. 2016, n° 15-13.019, NP (préc. ss prést n°).

ceux dont elle modifie les droits ou les obligations résultant de la mesure de protection », et au subrogé tuteur dans le cas de l'article 502. L'article 1230-1 prévoit quant à lui que le jugement qui statue sur une demande d'ouverture d'une mesure de protection est notifié en principe à la personne protégée elle-même, sauf exception prévue au deuxième alinéa, et si le juge l'estime utile aux personnes habilitées à exercer un recours.

La question est débattue en pratique entre :

– ceux qui considèrent qu'à l'égard des personnes énumérées à l'article 430 du Code civil, le délai d'appel n'a pas couru à leur encontre si la décision contestée ne leur a pas été notifiée de sorte que leur recours doit être déclaré recevable,

– et ceux qui retiennent le principe selon lequel le délai d'appel a commencé à courir à compter de la décision elle-même (C. pr. civ., art. 1241, 2° et 1241-1, 2°).

334.22 Recours contre la décision refusant d'ouvrir la mesure de protection ouvert au seul requérant. Le recours contre le jugement du juge des tutelles refusant d'ouvrir la mesure de protection, sauvegarde autonome, curatelle ou tutelle, n'est ouvert qu'au requérant (C. pr. civ., art. 1239-2 – v. s^s n° 333.92) [1].

334.23 Recours contre la décision ouvrant la sauvegarde de justice autonome, la curatelle ou la tutelle, maintenant la mesure de protection ou refusant sa mainlevée, ouvert aux personnes énumérées à l'article 430 du Code civil, même si elles ne sont pas intervenues à l'instance tutélaire (C. pr. civ., art. 1239, al. 2). Il s'agit de la personne protégée, de son conjoint, de son partenaire de PACS, de son concubin, à moins que la communauté de vie n'ait cessé entre eux, des parents ou alliés, des personnes entretenant avec le majeur des liens étroits et stables ou encore de la personne qui exerce à son égard une mesure de protection juridique (not. le mandataire dans le cadre d'un mandat de protection future).

Les anciennes dispositions des articles 493 alinéa 3 du Code civil qui permettaient aux amis, médecin traitant, directeur de l'établissement accueillant la personne à protéger, de bénéficier d'un droit de recours contre le jugement ouvrant une curatelle ou une tutelle [2] et qui permettaient, quel qu'en soit l'auteur, aux recours contre les jugements instaurant une incapacité fondés sur les articles 493 alinéa 3 et 509 du Code civil de faire supprimer ou atténuer l'incapacité ainsi prononcée (et pas de l'aggraver [3]) sont supprimées. Le **droit de recours** est cependant **très large** puisqu'il s'étend aux **parents** et aux **alliés**, comme à **tous ceux qui justifieront d'un lien étroit et stable**, sous réserve de l'appréciation qui sera faite par les juges d'appel de la qualité à agir au regard des notifications faites par le greffe de première instance (v. s^s n° 334.21).

Le droit de recours, enfin, appartient à la **personne visée** par la mesure de protection, mais aussi, s'agissant d'une **action personnelle**, à ses **héritiers** et **légataires universels**, lesquels peuvent poursuivre l'instance tutélaire en lieu et place du défunt pour contester le jugement ayant instauré la mesure [4].

334.24 Recours contre les décisions relatives à l'organisation et au fonctionnement de la sauvegarde de justice autonome, la curatelle ou la tutelle, ouvert aux personnes énumérées à l'article 430 du Code civil, même si elles ne sont pas intervenues à l'instance tutélaire (C. pr. civ., art. 1239 al. 2). Ces recours visent toutes les décisions (ordonnances ou jugements) rendues par le juge des tutelles postérieurement au jugement ayant prononcé l'ouverture de la curatelle, de la tutelle ou de la sauvegarde de justice autonome, ceux-ci devant se limiter à l'organisation et au fonctionnement de la mesure de protection [5].

La voie de l'appel est donc ouverte non seulement au conjoint, au partenaire de PACS, au concubin, aux membres de la famille, aux personnes entretenant des liens étroits et stables, sous réserve de l'appréciation qui sera faite par les juges d'appel de la qualité à agir au regard des notifications faites par le greffe de première instance (v. s^s n° 334.21), au procureur de la République et au mandataire, mais aussi à la personne protégée elle-même. Si, sous l'empire de la loi du 3 janvier 1968, l'appel ne lui était pas permis puisque, du fait de l'instauration de la mesure de tutelle et en application des dispositions de l'article 502 du Code civil, elle était privée du droit d'ester en justice [6], la rédaction des articles 1241 et 1241-1 du Code de procédure civile, qui fixe le point de départ des délais d'appel à l'égard de la personne protégée (pour les jugements statuant sur une mesure de protection) et

1. Jurisprudence antérieure au décret du 23 décembre 2009 : Civ. 1re, 19 mars 2002, n° 00-17.218, NP; *RTD civ.* 2002. 485, obs. Hauser – Civ. 1re, 8 févr. 2005, n° 02-10.739, *Bull. civ.* I, n° 72; *Defrénois* 2005. 1062, obs. Massip; *RTD civ.* 2005. 365, obs. Hauser; *D.* 2006. Pan. 1571, obs. Plazy.
2. Civ. 1re, 19 oct. 1999, n° 97-16.966, NP; *Defrénois* 2000. 667, obs. Massip; *Dr. fam.* 2000, n° 17, obs. Fossier; Rép. pr. civ., v° *Action en justice*, par N. Cayrol, mars 2013 [màj janv. 2016], n° 473.
3. Civ. 1re, 18 janv. 1989, n° 86-15.495, *Bull. civ.* I, n° 25; *JCP* 1990. II. 21501, 2e esp., note Fossier; *Gaz. Pal.* 1989. 2. 762, note Massip.
4. Civ. 1re, 14 févr. 1995, n° 93-11.211, *Bull. civ.* I, n° 82; *D.* 1996. 152, note Massip; *RTD civ.* 1995. 603, note Hauser; *RTD civ.* 1995. 684, obs. Perrot; Rép. civ., v° *Ayant cause*, par O. Deshayes, janv. 2008 [màj oct. 2016], n° 118.
5. Civ. 1re, 24 févr. 1987, n° 85-14.338, *Bull. civ.* I, n° 68; *R.* 1987. 142; *JCP* 1987. II. 20896, note Fossier.
6. Civ. 1re, 12 déc. 2006, n° 05-19.219, *Bull. civ.* I, n° 549; *D.* 2008. Pan. 317, obs. Plazy; *AJ fam.* 2007. 88, obs. Pécaut-Rivolier; *Dr. fam.* 2007, n° 71, note Fossier; *RJPF* 2007-4/17, obs. Casey; *RTD civ.* 2007. 90, obs. Hauser; Rép. pr. civ., v° *Ministère public*, par Ph. Flores, mars 2014 [màj juin 2016], n° 235.

à l'égard des personnes à qui l'ordonnance doit être notifiée (pour les ordonnances), dont le majeur lui-même, et l'article 1239, confirment cette **possibilité d'appel ouverte au majeur protégé.**

Les interrogations viennent aujourd'hui de la contradiction entre ces textes et le décret n° 2008-1484 du 22 décembre 2008, relatif aux actes de gestion des personnes protégées, puisque son annexe 1 - colonne 2, actes de disposition - VI, prévoit que **toute action en justice relative à un droit extrapatrimonial de la personne en tutelle ou en curatelle** est un **acte de disposition**, que la personne protégée ne peut donc en principe accomplir seule. La nature même des différents textes en présence implique nécessairement que la personne protégée bénéficie du droit d'interjeter seule appel des décisions relatives à l'organisation et au fonctionnement de la mesure la concernant.

Les recours concernent également les délibérations du conseil de famille. Dans ce cas, l'appel est ouvert à tous les **membres du conseil de famille** et au **juge des tutelles**, quel qu'ait été leur avis lors de la délibération (C. pr. civ., art. 1239-3). L'appel de la personne protégée n'est pas expressément prévu. Toutefois, n'étant pas non plus expressément exclu, il doit à notre sens lui être ouvert.

Il n'est pas inutile de rappeler que les personnes non parties à l'instance tutélaire et non énumérées à l'article 430 du Code civil (l'État ou son délégataire, les collectivités territoriales, le médecin traitant ou le directeur de l'établissement accueillant la personne protégée) ne peuvent exercer aucun recours contre les décisions du juge des tutelles relatives à l'organisation et au fonctionnement de la tutelle, de la curatelle ou de la sauvegarde de justice autonome (c'est-à-dire postérieures au jugement d'ouverture de la mesure). Ces personnes ne peuvent ainsi pas exercer de recours contre le jugement de mainlevée de la mesure de protection [1].

334.25 Recours de l'administrateur légal, du tuteur, des membres du conseil de famille et de toute personne intéressée au partage, dans le cadre du **partage amiable** prévu à l'article 507 du Code civil. Dans cette hypothèse particulière, l'appel est ouvert selon les cas contre les décisions du juge des tutelles ou contre les délibérations du conseil de famille (C. pr. civ., art. 1239-1).

SECTION 3
FORME DES RECOURS

334.31 Dualité des formes du recours tutélaire. Les décrets n° 2008-1276 et n° 2009-1628 des 5 décembre 2008 et 23 décembre 2009 ont considérablement simplifié les formes de l'appel [2]. Quelle que soit la décision frappée d'un recours (jugement, ordonnance du juge des tutelles ou délibération du conseil de famille), l'appel est formé soit par **déclaration au greffe du tribunal d'instance** qui a rendu la décision, soit par **lettre recommandée avec demande d'avis de réception** adressée à ce même greffe [3] (C. pr. civ., art. 1242).

Lorsqu'il est formé **par voie postale**, est en principe exigée une lettre recommandée. Pourtant, s'agissant d'une **procédure sans représentation obligatoire**, il peut sans doute être fait application de la jurisprudence de l'article 932 du Code de procédure civile selon laquelle la lettre recommandée n'est pas une formalité substantielle prescrite à peine de nullité mais seulement une formalité destinée à régler toute contestation sur la date de la déclaration d'appel, la lettre simple pouvant être utilisée à condition d'établir qu'elle est bien parvenue à son destinataire en temps utile [4]. Il appartient donc au greffe de la juridiction de première instance de conserver l'enveloppe contenant la lettre afin de pouvoir attester de la date d'envoi [5].

Dans un arrêt du 11 juillet 2013 [6], la Cour de cassation a cassé la décision d'une cour d'appel qui, pour déclarer l'appel formé par lettre simple, se borne à énoncer que cet appel aurait dû être formalisé par lettre recommandée avec demande d'avis de réception. La Haute Cour a rappelé que l'appel d'une décision du juge des tutelles statuant sur une mesure de protection est formé par déclaration faite ou adressée par lettre recommandée avec demande d'avis de réception au greffe de la juridiction de première instance. La lettre recommandée n'est destinée qu'à régler une contestation sur la date du recours.

L'appel formé **par télécopie** est lui-même irrecevable en principe [7]. Il a toutefois pu être admis à la condition que l'acte de remise de la télécopie soit constaté le même jour par le greffe qui l'a reçu [8].

1. EN CE SENS : Civ. 1re, 17 janv. 1984, n° 82-15.665, *Bull. civ.* I, n° 22 ; *JCP* 1984. IV. 94.
2. Décr. n° 2008-1276, 5 déc. 2008, relatif à la protection juridique des mineurs et des majeurs et modifiant le Code de procédure civile, *JO* 7 déc., p. 18646 – et Décr. n° 2009-1628, 23 déc. 2009, relatif à l'appel contre les décisions du juge des tutelles et les délibérations du conseil de famille et modifiant diverses dispositions concernant la protection juridique des mineurs et des majeurs, *JO* 26 déc., p. 22311.
3. Civ. 2e, 10 mars 2005, n° 03-15.101, *Bull. civ.* II, n° 61 : une déclaration verbale enregistrée par procès-verbal et signée par l'avocat du majeur protégé placé sous tutelle constitue une requête au sens de l'article 1216 (ancien) C. pr. civ.
4. Civ. 1re, 29 juin 1994, n° 93-05.056, *Bull. civ.* I, n° 228 – Civ. 1re, 2 nov. 1994, n° 93-05.085, *Bull. civ.* I, n° 315; *RTD civ.* 1995. 184, obs. Perrot.
5. Nancy, 30 mars 2007, *JCP* 2007. IV. 2577.
6. Civ. 1re, 11 juill. 2013, n° 12-23.091, *Bull. civ.* II, n° 160.
7. Paris, 24 juin 1992, *JCP* 1992. IV. 2590; *RTD civ.* 1993. 198, obs. Perrot, en matière prud'homale – Soc. 22 janv. 1992, n° 89-40.010, NP.
8. Douai, 26 janv. 2000, *D.* 2000. IR 87; *RTD civ.* 2000. 405, obs. Perrot.

Le greffier doit alors enregistrer l'appel à sa date et délivrer, ou adresser par lettre simple, un récépissé de la déclaration d'appel avant de transmettre sans délai, c'est-à-dire le plus rapidement possible, le dossier en copie à la cour d'appel.

334.32 **Qualité de l'appelant.** Ainsi qu'il a été précédemment rappelé (v. s[s] n°s 334.21 s.), les **personnes énumérées à l'article 430 du Code civil** peuvent relever appel, ainsi que les membres du conseil de famille et le juge des tutelles lorsqu'un conseil de famille a été constitué. Les articles 1241 et 1241-1 du Code de procédure civile mentionnent les personnes à qui la décision doit être notifiée, ce qui devrait correspondre dans la plupart des cas aux mêmes personnes.

Il peut se produire que la partie ne forme pas elle-même le recours mais soit représentée, notamment par son **avocat** étant rappelé que celui-ci n'est pas obligatoire devant la cour en la matière (C. pr. civ., art. 1239, al. 4). Conformément aux règles applicables en matière de procédure sans représentation obligatoire, celui-ci est dispensé de justifier d'un pouvoir (C. pr. civ., art. 931, al. 3).

334.33 **Limitation de l'appel.** Il est possible à l'appelant de limiter son recours à l'un des chefs seulement de la décision du juge des tutelles, ou de la délibération du conseil de famille, autre que l'ouverture de la mesure de protection. C'est le cas, par exemple, quand l'organisation de la mesure ou la désignation du mandataire est contestée. Dans ces hypothèses, l'appelant doit le préciser dans sa déclaration (C. pr. civ., art. 1243).

334.34 **Appel du juge des tutelles.** Le juge peut lui-même former un recours, en joignant au dossier une note en exposant les motifs (C. pr. civ., art. 1242-1). Il le fera notamment quand il est en désaccord avec une **décision du conseil de famille** qu'il a présidé et qu'il estime **contraire aux intérêts de la personne protégée.**

Il convient ici de rappeler que l'article 457 du Code civil a prévu la possibilité pour le juge des tutelles d'autoriser la tenue de **réunions du conseil de famille hors sa présence**, sous certaines conditions. Dans les huit jours de la réunion ainsi tenue, le président du conseil doit remettre au greffe la délibération prise signée par chacun des membres et le juge des tutelles, comme d'ailleurs tout membre du conseil, peut faire **opposition à la délibération** dans les conditions de l'article 1238 du Code de procédure civile. Le juge des tutelles réunira alors de nouveau le conseil de famille, sans qu'il y ait ici lieu à un appel devant la cour d'appel.

SECTION 4
DÉLAI DES RECOURS

334.41 **Délai de principe de quinze jours à compter du prononcé de la décision, de sa notification ou de la remise de l'avis.** Quelle que soit la décision du juge des tutelles (jugement ou ordonnance), le délai de l'appel est de quinze jours. Il en est de même à l'égard des délibérations du conseil de famille (C. pr. civ., art. 1239).

Le point de départ du délai varie suivant la **nature de décision** et la **qualité de l'appelant**, la computation s'effectuant selon les dispositions du droit commun (C. pr. civ., art. 640 à 642).

Seul le ministère public connaît un régime particulier puisque, à son égard, le délai de quinze jours commence à courir à compter de la remise de l'avis qui lui a été donné de la décision prise ou de la délibération rendue (C. pr. civ., art. 1240).

EN PRATIQUE. Les notifications sont faites par lettres recommandées avec demande d'avis de réception à la diligence du greffe. Des difficultés s'élèvent souvent du fait que les destinataires ne vont pas toujours retirer les courriers en provenance du tribunal, ce qui a pour effet de maintenir ouvertes des possibilités de recours. Les nouvelles dispositions du Code de procédure civile sur les points de départ des délais suivant la qualité des parties y répondent en partie. Il est par ailleurs possible au juge de décider que les notifications se feront par acte d'huissier de justice (C. pr. civ., art. 1231).

334.42 **Point de départ du délai de quinze jours contre les jugements statuant sur une mesure de protection.** En application de l'article 1241 du Code de procédure civile, le délai d'appel court :

– **à l'égard de la personne protégée :** à compter de la **notification du jugement**, c'est-à-dire, soit à compter de la date effective de la notification si la décision lui a été notifiée, soit, si le juge estime qu'il n'y a pas lieu de lui notifier le jugement parce que cette information est de nature à porter préjudice à sa santé, à compter de la notification faite à son avocat (s'il en a constitué un) ainsi qu'à la personne que le juge estime la plus qualifiée pour recevoir cette notification. Cette personne peut être le **médecin habituel** de la personne protégée ou son **mandataire**, par exemple. Dans cette hypothèse, le juge doit rendre une **décision spécialement motivée** expliquant les raisons de l'absence de notification directe à la personne protégée (C. pr. civ., art. 1230-1, al. 2);

– **à l'égard des personnes à qui le jugement doit être notifié**, parmi lesquelles à notre sens (v. s[s] n° 334.21), non seulement le **requérant** mais aussi les **personnes énumérées à l'article 430 du Code civil** (qui ont qualité pour interjeter appel en vertu de l'article 1239 du Code de procédure civile) : à compter de la **notification**;

– **à l'égard des autres personnes :** à compter du **jugement.**

334.43 **Point de départ du délai de quinze jours contre les ordonnances du juge des tutelles.** En application de l'article 1241-1 du Code de procédure civile, le délai d'appel court :

– **à l'égard des personnes à qui l'ordonnance doit être notifiée** : à compter de la **notification** de l'ordonnance;

– **à l'égard des autres personnes** : à compter de l'ordonnance.

334.44 Point de départ du délai de quinze jours contre les délibérations du conseil de famille. En application de l'article 1241-2 du Code de procédure civile, le délai d'appel court en principe **à compter de la délibération**. Toutefois, lorsque le conseil de famille ne s'est pas réuni et s'est prononcé sur une délibération par correspondance, comme l'article 1234-4 du Code de procédure civile l'autorise, le délai ne court à l'égard des membres du conseil de famille qu'à compter du jour où la délibération leur a été notifiée.

Il convient ici de rappeler que l'appel contre les délibérations du conseil de famille, quelle qu'ait été la forme de la délibération et l'avis de chacun, est **ouvert à tous les membres du conseil et** au **juge des tutelles**. Dans le cadre du **partage amiable** des articles 389-5 et 507 du Code civil, l'appel est également ouvert au **tuteur** et aux autres **parties intéressées au partage** (C. pr. civ., art. 1239-1).

En outre, le délai du recours et le recours lui-même suspendent l'exécution de la décision, à moins que l'exécution provisoire n'ait été ordonnée par le juge.

SECTION 5
L'INSTANCE DE DEUXIÈME DEGRÉ DEVANT LA COUR D'APPEL

334.50 Un recours formé au greffe du tribunal d'instance. L'appel est formé au greffe du tribunal d'instance qui l'enregistre à sa date et délivre ou adresse par lettre simple un récépissé de la déclaration d'appel (C. pr. civ., art. 1242). Il transmet ensuite sans délai une copie à la cour d'appel. Si le délai de transmission de huit jours a été supprimé, il est certain que le dossier doit être transmis, en copie (C. pr. civ., art. 1242, al. 3), dès que possible dans ces procédures particulièrement sensibles.

334.51 Remplacement de la compétence d'attribution du tribunal de grande instance par un appel de droit commun devant la cour d'appel (rapport Favard d'avril 2000). À la suite de la loi du 5 mars 2007, la loi n° 2009-526 du 12 mai 2009, dite de simplification et de clarification du droit et d'allègement des procédures, a introduit l'appel de droit commun devant la cour d'appel à l'encontre des décisions du juge des tutelles et des délibérations du conseil de famille. Cette loi a également créé le magistrat délégué à la protection des majeurs protégés auprès de la cour d'appel. Le décret n° 2009-1628 du 23 décembre 2009 a adapté la procédure applicable devant la cour d'appel (C. pr. civ., art. 1244 à 1247).

334.52 Effet suspensif de l'appel et absence d'exécution provisoire de droit. Le délai de recours d'une décision du juge des tutelles, ou d'une délibération du conseil de famille, et le recours lui-même exercé dans le délai suspendent en principe l'exécution de la décision (C. pr. civ., art. 539 et 527). En matière tutélaire, en effet, **l'exécution provisoire n'est pas de droit** et il doit sans doute être considéré dans ce domaine que, sauf exceptions dûment motivées, **l'exercice d'une voie de recours ordinaire** est un élément des **droits de la défense** garanti par l'article 6 § 1 de la Convention européenne des droits de l'homme[1].

334.53 Octroi, arrêt ou suspension possible de l'exécution provisoire par le Premier président de la cour d'appel, statuant en référé. Le Premier président de la cour d'appel ne peut être saisi qu'en cas d'appel, y compris si la **validité** ou la **recevabilité** de l'appel sont contestées. Tant que la nullité ou l'irrecevabilité de l'appel n'ont pas été constatées, le Premier président reste compétent.

Le Premier président de la cour d'appel peut faire droit à la **demande d'exécution provisoire** soit dans le cas où il n'a pas été statué sur celle-ci en première instance, soit si elle a été refusée (C. pr. civ., art. 525 et 525-1).

– **Si l'exécution provisoire a été prononcée**, la décision s'exécute en principe, malgré le recours introduit. Toutefois, elle peut être arrêtée ou suspendue par le Premier président de la cour d'appel dans les conditions de l'article 524 du Code de procédure civile et, en particulier, lorsque l'exécution provisoire risque d'entraîner des conséquences manifestement excessives.

– **Si l'exécution provisoire a été refusée**, si elle n'a **pas** été **demandée** ou si, l'ayant été, **le juge a omis de statuer**, elle peut être demandée en appel au Premier président et, dès lors qu'il est saisi, au juge de la mise en état à condition qu'il y ait urgence (C. pr. civ., art. 525 et 526). La question ici posée est de savoir si, les **recours tutélaires** étant soumis à la **procédure orale**, le magistrat chargé d'instruire la procédure peut voir invoquées devant lui ces dispositions particulières ?

Lorsque le premier juge n'a pas assorti sa décision de l'exécution provisoire, ou a omis de statuer sur ce point, la question peut également se poser de savoir s'il peut **statuer postérieurement** et octroyer l'exécution provisoire à cette décision ? Si, en principe, il lui appartient de statuer simultanément et ordonner l'exécution provisoire en même temps qu'il rend sa

1. J. Moury, *De la règle de l'effet suspensif de l'appel en matière civile, Mél. Jacques Normand*, Litec, 2003, Justice et droits fondamentaux, p. 353.

décision (C. pr. civ., art. 516), il peut toutefois **rectifier une erreur ou une omission matérielle** (C. pr. civ., art. 462, al. 1er), sauf si un appel a été interjeté (C. pr. civ., art. 525-1).

En cas d'opposition à la décision rendue par défaut, le premier juge est seul compétent pour arrêter ou suspendre l'exécution provisoire (C. pr. civ., art. 524, al. 2).

334.54 Instruction du dossier d'appel et convocation des parties. Le dossier est transmis en copie par le greffe du cabinet du juge des tutelles (C. pr. civ., art. 1242, al. 3). Le greffier de la cour d'appel constitue le dossier d'appel où, la procédure étant orale, seront notées les prétentions des parties. Il reçoit copie des décisions que le juge des tutelles aurait été amené à prendre depuis la transmission du dossier à la cour, puisque ce dernier n'est pas dessaisi de la situation de la personne protégée dont il continue d'assurer la protection (C. civ., art. 416 et C. pr. civ., art. 1246, al. 2). Il reçoit également toutes informations utiles sur l'évolution de situation, en particulier du cabinet du juge des tutelles et de la personne chargée de la protection.

Le greffier convoque l'appelant et les parties à **l'audience** prévue pour les débats. L'avocat n'est pas obligatoire, mais si l'appelant en a constitué un celuici est convoqué par tout moyen, et donc pas nécessairement par lettre recommandée avec demande d'avis de réception. Le greffier convoque également toutes les personnes auxquelles la décision ou la délibération a été notifiée, par lettre recommandée avec demande d'avis de réception, ainsi que, le cas échéant, leurs avocats (C. pr. civ., art. 1244). Ces convocations, qui valent citation, doivent être adressées aux parties dès la fixation de l'audience prévue et, au moins quinze jours à l'avance, avec une copie en lettre simple (C. pr. civ., art. 1244-1).

EN PRATIQUE. Il est nécessaire de convoquer les personnes visées à l'article 430 du Code civil, dont les coordonnées sont connues dans la requête ou dans le dossier, même si la décision déférée devant la cour ne leur a pas été notifiée. Tel est le cas notamment lorsque l'appel porte sur la décision de mise sous protection, sa révision, la désignation ou le remplacement du curateur ou du tuteur, et de manière générale sur l'organisation de la mesure. S'agissant des ordonnances de gestion ou celles relatives aux actes concernant la personne elle-même, la convocation des personnes énumérées à l'article 430 du Code civil peut être très utile, voire dans certains cas indispensable, parce qu'elle permet d'obtenir des informations précieuses sur les habitudes de la personne protégée ou encore le contexte.

Des proches ou membres de la famille non convoqués par le greffe peuvent également intervenir volontairement et se présenter spontanément devant la cour qui apprécie, au cas par cas, de la nécessité de les entendre.

Par ailleurs, à l'image de ce qui se pratique devant la chambre des mineurs, un avis d'audience peut être adressé à toute personne que la cour juge utile d'entendre, et en particulier les travailleurs sociaux.

334.55 Consultation du dossier et copie des pièces. Les dispositions des articles 1222 à 1224 du Code de procédure civile sont ici applicables.

Jusqu'au prononcé de la décision, le dossier peut être consulté au greffe par le requérant et, sur autorisation de la juridiction saisie, par l'une des personnes énumérées à l'article 430 du Code civil, si elle justifie d'un intérêt légitime.

À tout moment de la procédure et sur demande écrite, le dossier peut être consulté par la personne protégée (sous les réserves de l'article 1222-1 alinéa 2 du Code de procédure civile), par son avocat et par la ou les personnes chargées de la protection.

Seul l'avocat de la personne protégée peut obtenir copie de tout ou partie des pièces du dossier (C. pr. civ., art. 1223). Il ne peut les communiquer à son client ou à des tiers.

La Cour de cassation veille à ce que l'information sur l'accès au dossier ait été effectivement donnée et à ce que les pièces de la procédure aient pu être consultées dans le cadre du contrôle du principe du contradictoire. Elle le rappelle de manière constante tant à l'égard de la personne protégée elle-même [1] que des personnes mentionnées à l'article 430 du Code civil si elles justifient d'un intérêt légitime. [2]

Elle l'affirme également constamment pour l'accès aux avis et conclusions du ministère public. Ainsi, par un arrêt du 27 janvier 2016 [3], la Haute Cour a-t-elle, au visa des articles 16 et 431 du Code de procédure civile cassé un arrêt de cour d'appel qui avait mentionné que le ministère public a adressé des conclusions écrites, sans indiquer la date à laquelle elles l'ont été, et n'a pas assisté à l'audience des débats. Elle a jugé qu'en procédant ainsi, il ne ressortait pas de cette mention que l'avis écrit du ministère public ait été mis à la disposition des parties de sorte que celles-ci n'avaient pas été en mesure d'y répondre fût-ce par une note après la clôture des débats en application de l'article 445 du Code de procédure civile.

1. Civ. 1re, 7 oct. 2015, no 14-22.919, NP – Civ. 1re, 30 avr. 2014, no 13-16.525, NP; *D.* 2014. 2259 et 2266, obs. Noguéro – Civ. 1re, 18 nov. 2015, no 14-28.223, *Bull. civ.* I [à paraître]; *D.* 2015. 2441; *AJ fam.* 2015.688, obs. Avena; *RTD civ.* 2016. 84, obs. Hauser; *Dr. fam.* 2016, Comm. 11, note Maria.
2. Civ. 1re, 13 janv. 2016, no 14-28.326, NP.
3. Civ. 1re, 27 janv. 2016, no 15-14.185, *Dr. fam.* 2016, Comm. 65, 2e esp., note Maria, confirmant la solution adoptée par : Civ. 1re, 25 juin 2014, no 14-13.123, NP; *D.* 2014. 2259, obs. Noguéro.

334.56 Appels incidents ou provoqués. Les articles 548 à 551 du Code de procédure civile ouvrent la possibilité pour les **parties à l'appel principal** de faire **appel incident** sur tout ou partie de la décision déférée. Les **parties non intimées**, mais parties en première instance, peuvent faire un **appel provoqué**. Ces deux formes d'appel incident ne peuvent être interjetées que s'il existe un **appel principal** contre la même décision.

Lorsque l'appel incident n'a pas été lui-même formé dans un délai utile pour faire un appel principal, il est nécessaire que l'appel principal soit recevable (C. pr. civ., art. 550). À l'inverse, si l'appel incident a été formé dans le délai pour agir à titre principal, il vaut appel principal même en cas d'irrecevabilité de l'appel principal.

En cas de **désistement de l'appelant principal**, l'instance principale est éteinte et emporte **acquiescement** à la décision (C. pr. civ., art. 385 et 403). Toutefois, si l'appel incident a été formé antérieurement au désistement ce dernier est sans incidence sur cet appel incident, à moins que l'intimé accepte le désistement et se désiste lui-même de son recours incident (C. pr. civ., art. 401).

334.57 Abus du droit d'appel. L'article 559 du Code de procédure civile dispose qu'en cas d'appel principal **dilatoire** ou **abusif** l'appelant peut être condamné à une amende civile d'un maximum de 3 000 euros, sans préjudice des dommages-intérêts qui pourraient être réclamés.

334.58 L'audience devant la cour, procédure orale sans représentation obligatoire devant une formation collégiale (C. pr. civ., art. 1239 et 1245, al. 2, et COJ, art. L. 312-1). Devant la cour, qui statue en formation collégiale, la procédure est orale et il appartient aux juges de veiller à la loyauté des débats en s'assurant, en particulier, que le **principe du contradictoire** est respecté et que chacun a été à même de faire valoir ses arguments (C. pr. civ., art. 946). Les parties sont tenues de se présenter **en personne**, sauf application des règles de la représentation devant le tribunal d'instance (C. pr. civ., art. 828), et doivent **soutenir oralement leurs prétentions** et arguments, le dépôt de conclusions ne pouvant pas suppléer le défaut de comparution personnelle[1]. À l'inverse, les conclusions déposées à l'audience sont valables dès lors que la partie comparante peut les développer à l'audience[2]. Les dispositions du décret n° 2010-1165 du 1er octobre 2010, et notamment celles des articles 946 et 446-1 du Code de procédure civile, pourraient assouplir ces principes. Les prétentions des parties, ou la référence qu'elles font aux prétentions qu'elles ont formulées par écrit, sont notées au dossier ou consignées dans un procès-verbal (C. pr. civ., art. 1245, al. 3).

L'appel est instruit et jugé en **chambre du conseil**. Le magistrat délégué à la protection des majeurs, désigné par le Premier président de la cour d'appel, doit présider la formation de jugement qui statue en matière de protection juridique des majeurs sur les appels des décisions rendues par les juges des tutelles et les conseils de famille, ou y exerce les fonctions de rapporteur (COJ, art. L. 312-6-1).

La cour entend l'appelant et les parties, ainsi que leurs avocats si elles en ont constitué et le **ministère public** (C. pr. civ., art. 1245, al. 4). La présence de celui-ci à l'audience n'est pas obligatoire (C. pr. civ., art. 1245, al. 4) mais est fortement souhaitable afin qu'il participe activement à la procédure durant l'audience et puisse en suivre les évolutions, en particulier en formulant un appel incident s'il l'estime nécessaire. S'il n'est pas présent à l'audience, il doit formuler un avis écrit avant l'audience.

La **personne à protéger ou protégée** doit elle-même être **entendue** (C. pr. civ., art. 1245, al. 4), sauf si la cour fait application des dispositions de l'article 432 alinéa 2 du Code civil. Si le majeur protégé a déposé une demande d'aide juridictionnelle, il convient d'en tenir compte et de vérifier son état avant de statuer. La Cour de cassation le rappelle régulièrement[3].

Les demandes et déclarations des parties, ou la référence qu'elles font aux prétentions qu'elles auraient formulées par écrit, doivent être notées au dossier ou consignées dans un procès-verbal. C'est ce qu'est venue rappeler la Cour de cassation dans un arrêt du 18 mars 2015[4] par lequel elle a rejeté le pourvoi formé par le fils d'une personne protégée reprochant à la cour d'appel d'avoir désigné son frère en qualité de tuteur alors qu'il ne résulte ni des énonciations de l'arrêt ni du dossier de la procédure que l'auteur du pourvoi ait déclaré se référer à ses prétentions et moyens écrits antérieurs.

Si la cour ne peut retenir l'affaire lors de la première audience, le greffier doit aviser les parties convoquées qui ne l'auraient pas été verbalement de la date du **renvoi** (C. pr. civ., art. 1245-1). Il est le plus souvent prudent de convoquer à nouveau par lettre recommandée avec demande d'avis de réception. Lorsque l'affaire n'est pas en état d'être jugée à la première audience, son instruction peut être confiée à un magistrat de la chambre, et en particulier au magistrat délégué à la protection des majeurs, notamment pour procéder à des auditions, telle celle de la personne protégée lorsque, par exemple, elle ne peut se dépla-

1. Soc. 19 oct. 1988, nos 86-13.509 et 86-10.160, 2 esp., *Bull. civ.* V, n° 522; *JCP* 1988. IV. 40 – Paris, 3 avr. 1996, *D.* 1996. Somm. 359, obs. Julien.
2. Civ. 3e, 30 janv. 2002, nos 00-13.486 et 00-14.725, *Bull. civ.* III, n° 16; *Gaz. Pal.* 26-27 juill. 2002. 18, note Lachaud.
3. Civ. 1re, 12 mai 2015, n° 15-16.029, NP.
4. Civ. 1re, 18 mars 2015, n° 14-11.330, *Bull. civ.* II [à paraître].

cer mais peut valablement être auditionnée (C. pr. civ., art. 939).

334.59 L'arrêt de la cour d'appel. La cour dispose d'un très large pouvoir d'appréciation puisque, en vertu de l'article 1246 du Code de procédure civile, elle peut, même d'office, **substituer une décision nouvelle** à celle du juge des tutelles ou à la délibération du conseil de famille. Elle peut en particulier **confirmer ou infirmer, totalement ou partiellement,** la décision du premier juge, **l'annuler** ou encore ordonner, avant dire droit, un **nouvel examen médical** confié à un médecin inscrit. Elle peut également constater la **conciliation** des parties ou le **désistement** de l'appelant.

Cependant, dans un avis du 13 avril 2015[1], la Cour de cassation a indiqué qu'« *en raison de l'effet dévolutif de l'appel, limité à la décision déférée, la cour d'appel ne peut, en application de l'article 1246, alinéa premier, du code de procédure civile, statuer sur une demande de mainlevée d'une mesure de protection juridique formée pour la première fois devant elle par un majeur protégé lorsqu'elle n'est saisie que de l'appel d'une ordonnance portant changement de tuteur ou de curateur.* »

Sa décision est ensuite **notifiée** par le greffe de la cour d'appel aux parties et le dossier est ensuite renvoyé, sans délai, au greffe du tribunal d'instance avec une copie certifiée conforme de l'arrêt. Un extrait de la décision est transmis par tout moyen au greffe du tribunal de grande instance dans le ressort duquel est née la personne protégée, aux fins de conservation au **répertoire civil** et de **publicité** par mention en marge de l'acte d'état civil, dans les quinze jours de l'arrêt si la décision a été rendue par la cour d'appel (C. pr. civ., art. 1233, al. 3).

L'arrêt rendu est susceptible d'un **pourvoi en cassation** dans le délai légal de deux mois à compter de sa signification. Devient sans objet, et comme tel doit faire l'objet d'un non-lieu à statuer, le pourvoi en cassation formé contre un arrêt déboutant un majeur protégé de son recours et confirmant son placement sous le régime de la curatelle aggravée alors que, par un autre jugement, la mainlevée de la mesure de protection a déjà été prononcée[2].

Exercé en matière civile, il n'est pas dispensé du ministère d'avocat au Conseil d'État et à la Cour de cassation[3].

SECTION 6
MAGISTRAT DÉLÉGUÉ À LA PROTECTION DES MAJEURS

334.61 Une création de la loi n° 2009-526 du 12 mai 2009. À la suite de la loi du 5 mars 2007, la loi n° 2009-526 du 12 mai 2009, dite de simplification et de clarification du droit et d'allègement des procédures, a introduit l'appel de droit commun devant la cour d'appel à l'encontre des décisions du juge des tutelles et des délibérations du conseil de famille. Cette loi a également créé le **magistrat délégué à la protection des majeurs protégés** auprès de la cour d'appel. Ce magistrat spécialisé est désigné au sein de chaque cour d'appel par le Premier président. Comme le **magistrat délégué à la protection de l'enfance**, il préside la formation de jugement ou y exerce les fonctions de rapporteur.

334.62 Une fonction qui demeure à construire. La reconnaissance de l'importance d'un magistrat coordinateur dans les domaines si particuliers et si essentiels que sont l'enfance, la famille et la protection juridique des majeurs s'est traduite dans des textes, déjà anciens pour le magistrat délégué à la protection de l'enfance (COJ, art. L. 312-6 et R. 312-13) et plus récents pour les magistrats délégués à la famille (COJ, art. R. 312-13-2[4]) et à la protection juridique des majeurs (COJ, art. L. 312-6-1). Si ses collègues sont chargés d'établir un rapport annuel sur l'activité des tribunaux pour enfants ou des magistrats du siège chargés du droit de la famille et des personnes, le magistrat délégué à la protection des majeurs ne se voit pas assigner de mission particulière, autre que juridictionnelle. Il lui appartient donc de la construire et, sans doute, de **coordonner l'activité des cabinets des tutelles** du ressort dans lequel il exerce en proposant des réunions entre les juges des tutelles et avec les différents acteurs de la protection que sont les magistrats du parquet civil, les médecins, les mandataires judiciaires à la protection, les services sociaux, les directions de la cohésion sociale, les collectivités territoriales et les différents représentants de l'État, ainsi qu'avec le barreau et les notaires. Son positionnement régional lui permet d'avoir une vision globale de l'ensemble des difficultés rencontrées et de contribuer à une meilleure cohérence des différents dispositifs existants, dans le respect des principes forts posés par la loi du 5 mars 2007.

1. Cass. avis, 13 avr. 2015, n° 15-70.001, *Bull. civ. avis*, n° 4 – Douai, 15 déc. 2014, *Procédures* 2015, Comm. 200, note Douchy-Oudot; *Dr. fam.* 2015, Comm. 130, note Maria; *RLDC* 2015, n° 5876, note Delsolneux.
2. Civ. 1re, 30 sept. 2003, n° 01-03.339, NP; *Defrénois* 2004. 161, obs. crit. Massip.
3. Civ. 1re, 10 mai 1977, n° 76-80.008, *Bull. civ.* I, n° 214 – Civ. 1re, 25 févr. 1981, n° 80-15.352, *Bull. civ.* I, n° 70 – Civ. 1re, 10 févr. 1982, n° 81-14.661, *Bull. civ.* I, n° 66.
4. Décr. n° 2010-1395, 12 nov. 2010, relatif à la médiation et à l'activité judiciaire en matière familiale, *JO* 16 nov., p. 20405.

CHAPITRE

335. Sanctions des actes accomplis par le majeur protégé ou la personne chargée de sa protection

SECTION 0 ORIENTEUR

335.00 **Plan du chapitre.**

335.01 **Textes applicables.**

TEXTES LÉGISLATIFS ET RÉGLEMENTAIRES NOUVEAUX

• **Ord. n° 2016-131, 10 févr. 2016,** portant réforme du droit des contrats, du régime général et de la preuve des obligations, *JO* 11 févr., texte n° 26,
et **Ord. n° 2015-1288, 15 oct. 2015,** portant simplification et modernisation du droit de la famille, art. 11, *JO* 16 oct., p. 19304.

• **Loi n° 2015-1776, 28 déc. 2015,** relative à l'adaptation de la société au vieillissement, art. 28 et 29, *JO* 29 déc., p. 24268.

TEXTES SOURCES

> Insanité d'esprit ou trouble mental
– L. n° 68-5, 3 janv. 1968 (*applicable avant le 1er janv. 2009*)
C. civ., anc. art. 489 et 489-1
+ L. n° 2007-308, 5 mars 2007 (*applicable depuis le 1er janv. 2009*)
+ Ord. n° 2015-1288, 15 oct. 2015
+ Ord. n° 2016-131, 10 févr. 2016
C. civ., art. 414-1 et 414-2

> Responsabilité civile de l'aliéné
– L. n° 68-5, 3 janv. 1968 (*applicable avant le 1er janv. 2009*)
C. civ., anc. art. 489-2
+ L. n° 2007-308, 5 mars 2007 (*applicable depuis le 1er janv. 2009*)
C. civ., art. 414-3

> Irrégularité des actes accomplis par le majeur protégé
• **sanction des actes accomplis sous l'empire d'un trouble mental**
+ L. n° 2007-308, 5 mars 2007 (*applicable depuis le 1er janv. 2009*)
+ Ord. n° 2015-1288, 15 oct. 2015
+ Ord. n° 2016-131, 10 févr. 2016
C. civ., art. 414-1 et 414-2
• **sanction des actes accomplis pendant la période suspecte**
C. civ., art. 464
• **sanction des actes irréguliers accomplis après la publicité du jugement d'ouverture de la mesure de protection**
+ Ord. n° 2016-131, 10 févr. 2016
C. civ., art. 465 et 466
• **sanction des libéralités**
– **incapacité de recevoir à titre gratuit des professionnels de santé et autres**
+ L. n° 2007-308, 5 mars 2007, art. 7 (*applicable depuis le 1er janv. 2009*)
C. civ., art. 909
– **incapacité de recevoir à titre gratuit des employés de maison, établissements sociaux et médico-sociaux**
+ L. n° 2015-1776, 28 déc. 2015 (*version en vigueur jusqu'au 1er oct. 2016*)
CASF, art. L. 116-4
+ Ord. n° 2016-131, 10 févr. 2016 (*version en vigueur au 1er oct. 2016*)
CASF, art. L. 116-4, I et II

– nullité et présomption d'interposition de personnes

C. civ., art. 911

TEXTES *IN EXTENSO*

> Insanité d'esprit ou trouble mental

[C. civ., anc. art. 489 et 489-1 (*applicable avant le 1er janv. 2009*)

– L. n° 68-5, 3 janv. 1968

C. civ., anc. art. 489

Pour faire un acte valable, il faut être sain d'esprit. Mais c'est à ceux qui agissent en nullité pour cette cause de prouver l'existence d'un trouble mental au moment de l'acte.

Du vivant de l'individu, l'action en nullité ne peut être exercée que par lui, ou par son tuteur ou curateur, s'il lui en a été ensuite nommé un. Elle s'éteint par le délai prévu à l'article 1304.

C. civ., anc. art. 489-1

Après sa mort, les actes faits par un individu, autres que la donation entre vifs ou le testament, ne pourront être attaqués pour la cause prévue à l'article précédent que dans les cas ci-dessous énumérés :

1° Si l'acte porte en lui-même la preuve d'un trouble mental;

2° S'il a été fait dans un temps où l'individu était placé sous la sauvegarde de justice;

3° Si une action avait été introduite avant le décès aux fins de faire ouvrir la tutelle ou la curatelle.

[C. civ., art. 414-1 et 414-2 (*applicable depuis le 1er janv. 2009*)]

+ L. n° 2007-308, 5 mars 2007, art. 7

+ Ord. n° 2015-1288, 15 oct. 2015, art. 11

+ Ord. n° 2016-131, 10 févr. 2016, art. 5

C. civ., art. 414-1

Pour faire un acte valable, il faut être sain d'esprit. C'est à ceux qui agissent en nullité pour cette cause de prouver l'existence d'un trouble mental au moment de l'acte.

C. civ., art. 414-2 (*mod. par Ord. n° 2015-1288, 15 oct. 2015, art. 11 et Ord. n° 2016-131, 10 févr. 2016, art. 5*)

De son vivant, l'action en nullité n'appartient qu'à l'intéressé.

Après sa mort, les actes faits par lui, autres que la donation entre vifs et le testament, ne peuvent être attaqués par ses héritiers, pour insanité d'esprit, que dans les cas suivants :

1° Si l'acte porte en lui-même la preuve d'un trouble mental;

2° S'il a été fait alors que l'intéressé était placé sous sauvegarde de justice;

3° Si une action a été introduite avant son décès aux fins d'ouverture d'une curatelle ou d'une tutelle ou aux fins d'habilitation familiale ou si effet a été donné au mandat de protection future.

L'action en nullité s'éteint par le délai de cinq ans prévu à l'article 2224.

> Responsabilité civile de l'aliéné

– L. n° 68-5, 3 janv. 1968 (*applicable avant le 1er janv. 2009*)

C. civ., anc. art. 489-2

Celui qui a causé un dommage à autrui alors qu'il était sous l'empire d'un trouble mental n'en est pas moins obligé à réparation.

+ L. n° 2007-308, 5 mars 2007 (*applicable depuis le 1er janv. 2009*)

C. civ., art. 414-3

Celui qui a causé un dommage à autrui alors qu'il était sous l'empire d'un trouble mental n'en est pas moins obligé à réparation.

> Irrégularité des actes accomplis par le majeur protégé

• sanction des actes accomplis sous l'empire d'un trouble mental

+ L. n° 2007-308, 5 mars 2007, art. 7 (*applicable depuis le 1er janv. 2009*)

+ Ord. n° 2015-1288, 15 oct. 2015, art. 11

+ Ord. n° 2016-131, 10 févr. 2016, art. 5

C. civ., art. 414-1 et 414-2

* V. *supra* ss > *Insanité d'esprit et trouble mental*

• sanction des actes accomplis pendant la période suspecte

C. civ., art. 464

Les obligations résultant des actes accomplis par la personne protégée moins de deux ans avant la publicité du jugement d'ouverture de la mesure de protection peuvent être réduites sur la seule preuve que son inaptitude à défendre ses intérêts, par suite de l'altération de ses facultés personnelles, était notoire ou connue du cocontractant à l'époque où les actes ont été passés.

Ces actes peuvent, dans les mêmes conditions, être annulés s'il est justifié d'un préjudice subi par la personne protégée.

Par dérogation à l'article 2252, l'action doit être introduite dans les cinq ans de la date du jugement d'ouverture de la mesure.

• sanction des actes irréguliers accomplis après la publicité du jugement d'ouverture de la mesure de protection

[C. civ., art. 465 et 466]

+ Ord. n° 2016-131, 10 févr. 2016, art. 5

C. civ., art. 465

À compter de la publicité du jugement d'ouverture, l'irrégularité des actes accomplis par la personne protégée ou par la personne chargée de la protection est sanctionnée dans les conditions suivantes :

1° Si la personne protégée a accompli seule un acte qu'elle pouvait faire sans l'assistance ou la représentation de la personne chargée de sa protection, l'acte reste sujet aux actions en rescision ou en réduction prévues à l'article 435 comme s'il avait été accompli par une personne placée sous sauvegarde de justice, à moins qu'il ait été expressément autorisé par le juge ou par le conseil de famille s'il a été constitué;

2° Si la personne protégée a accompli seule un acte pour lequel elle aurait dû être assistée, l'acte ne peut être annulé que s'il est établi que la personne protégée a subi un préjudice;

3° Si la personne protégée a accompli seule un acte pour lequel elle aurait dû être représentée, l'acte est nul de plein droit sans qu'il soit nécessaire de justifier d'un préjudice;

4° Si le tuteur ou le curateur a accompli seul un acte qui aurait dû être fait par la personne protégée soit seule, soit avec son assistance ou qui ne pouvait être accompli qu'avec l'autorisation du juge ou du conseil de famille s'il a été constitué, l'acte est nul de plein droit sans qu'il soit nécessaire de justifier d'un préjudice.

Le curateur ou le tuteur peut, avec l'autorisation du juge ou du conseil de famille s'il a été constitué, engager seul l'action en nullité, en rescision ou en réduction des actes prévus aux 1°, 2° et 3°.

Dans tous les cas, l'action s'éteint par le délai de cinq ans prévu à « l'article 2224 » (*Ord. n° 2016-131, 10 févr. 2016, art. 5-2°, en vigueur le 1er oct. 2016*) [*ancienne rédaction : l'article 1304*]

Pendant ce délai et tant que la mesure de protection est ouverte, l'acte prévu au 4° peut être confirmé avec l'autorisation du juge ou du conseil de famille s'il a été constitué.

C. civ., art. 466
Les articles 464 et 465 ne font pas obstacle à l'application des articles 414-1 et 414-2.

• **sanction des libéralités**

– **incapacité de recevoir à titre gratuit des professionnels de santé et autres**

+ L. n° 2007-308, 5 mars 2007, art. 7 (*applicable depuis le 1er janv. 2009*)

C. civ., art. 909
Les membres des professions médicales et de la pharmacie, ainsi que les auxiliaires médicaux qui ont prodigué des soins à une personne pendant la maladie dont elle meurt ne peuvent profiter des dispositions entre vifs ou testamentaires qu'elle aurait faites en leur faveur pendant le cours de celle-ci.

Les mandataires judiciaires à la protection des majeurs et les personnes morales au nom desquelles ils exercent leurs fonctions ne peuvent pareillement profiter des dispositions entre vifs ou testamentaires que les personnes dont ils assurent la protection auraient faites en leur faveur quelle que soit la date de la libéralité.

Sont exceptées :

1° Les dispositions rémunératoires faites à titre particulier, eu égard aux facultés du disposant et aux services rendus;

2° Les dispositions universelles, dans le cas de parenté jusqu'au quatrième degré inclusivement, pourvu toutefois que le décédé n'ait pas d'héritiers en ligne directe; à moins que celui au profit de qui la disposition a été faite ne soit lui-même du nombre de ces héritiers.

Les mêmes règles seront observées à l'égard du ministre du culte.

– **incapacité de recevoir à titre gratuit des employés de maison, établissements sociaux et médicaux-sociaux**

+ L. n° 2015-1776, 28 déc. 2015, art. 28 (*version en vigueur jusqu'au 1er oct. 2016*)

CASF, art. L. 116-4
Les personnes physiques propriétaires, gestionnaires, administrateurs ou employés d'un établissement ou service soumis à autorisation ou à déclaration en application du présent code ou d'un service soumis à agrément ou à déclaration mentionné au 2° de l'article L. 7231-1 du Code du travail, ainsi que les bénévoles ou les volontaires qui agissent en leur sein ou y exercent une responsabilité, ne peuvent profiter de dispositions à titre gratuit entre vifs ou testamentaires faites en leur faveur par les personnes prises en charge par l'établissement ou le service pendant la durée de cette prise en charge, sous réserve des exceptions prévues aux 1° et 2° de l'article 909 du Code civil. L'article 911 du même code est applicable aux libéralités en cause.

L'interdiction prévue au premier alinéa du présent article est applicable au couple ou à l'accueillant familial soumis à un agrément en application de l'article L. 441-1 du présent code et à son conjoint, à la personne avec laquelle il a conclu un pacte civil de solidarité ou à son concubin, à ses ascendants ou descendants en ligne directe, ainsi qu'aux salariés mentionnés à l'article L. 7221-1 du Code du travail accomplissant des services à la personne définis au 2° de l'article L. 7231-1 du même code, s'agissant des dispositions à titre gratuit entre vifs ou testamentaires faites en leur faveur par les personnes qu'ils accueillent ou accompagnent pendant la durée de cet accueil ou de cet accompagnement.

+ Ord. n° 2016-131, 10 févr. 2016, art. 6 (*version en vigueur au 1er oct. 2016*)

CASF, art. L. 116-4, I et II
I. – (*inchangé*), v. *supra* CASF, art. L. 116-4

II. – Sauf autorisation de justice, il est interdit, à peine de nullité, à quiconque est frappé de l'interdiction prévue au I de se rendre acquéreur d'un bien ou cessionnaire d'un droit appartenant à une personne prise en charge, accueillie ou accompagnée dans les conditions prévues par le I ou de prendre à bail le logement occupé par cette personne avant sa prise en charge ou son accueil.

Pour l'application du présent II, sont réputées personnes interposées, le conjoint, le partenaire d'un pacte civil de solidarité, le concubin, les ascendants et les descendants des personnes auxquelles s'appliquent les interdictions ci-dessus édictées.

– **nullité et présomption d'interposition de personnes**

C. civ., art. 911
Toute libéralité au profit d'une personne physique ou d'une personne morale, frappée d'une incapacité de recevoir à titre gratuit, est nulle, qu'elle soit déguisée sous la forme d'un contrat onéreux ou faite sous le nom de personnes interposées, physiques ou morales.

Sont présumés personnes interposées, jusqu'à preuve contraire, les père et mère, les enfants et descendants, ainsi que l'époux de la personne incapable.

335.02 Jurisprudence de référence.

> **Nullité des actes juridiques pour insanité d'esprit**

– **Le point de départ du délai de prescription de l'action en nullité pour insanité d'esprit court à compter du décès du donateur.**

• **Civ. 1re, 29 janv. 2014, n° 12-35.341,** *Bull. civ.* I, n° 15

* V. ss n° 335.18

« Vu les articles 901 et 1304 du Code civil;

Attendu que la prescription de l'action en nullité d'un acte à titre gratuit pour insanité d'esprit engagée par les héritiers ne peut commencer à courir avant le décès du disposant;

Attendu que, pour déclarer prescrite l'action en nullité pour insanité d'esprit exercée par les héritiers, l'arrêt retient, par motifs propres et adoptés, que le point de départ du délai de prescription de cinq années est fixé à la date de l'acte de donation, sauf à reporter ce délai en raison d'une impossibilité d'agir, et qu'en l'espèce, la preuve n'est pas rapportée par les consorts Z...-B... que leur cousine ait été dans l'impossibilité d'agir en nullité avant son placement sous tutelle le 15 mai 2000;

Qu'en statuant ainsi, alors que la prescription de l'action engagée par ces derniers n'avait pu commencer à courir avant le décès de Marie X..., la cour d'appel a violé les textes susvisés. »

– **L'article 901 du Code civil autorise la levée du secret médical.**

• **Civ. 1re, 22 mai 2002, n° 00-16.305,** *Bull. civ.* I, n° 144

* V. ss nos 335.11 et 335.16

Aux termes de l'article 901 du Code civil, pour faire une donation, il faut être sain d'esprit. Par l'effet de cette disposition, qui vaut autorisation au sens de l'article 226-14 du Code pénal, le professionnel est déchargé de son obligation au secret relativement aux faits dont il a eu connaissance dans l'exercice de sa profession. La finalité du secret professionnel étant la protection du non-professionnel qui les a confiés, leur révélation peut être faite non seulement à ce dernier mais également aux personnes ayant un intérêt légitime à faire valoir cette protection et, notamment, aux héritiers.

– **L'autorisation du juge des tutelles ne fait pas obstacle à l'annulation de l'acte pour insanité d'esprit.**

• **Civ. 1re, 20 oct. 2010, no 09-13.635,** *Bull. civ.* I, no 209

* V. ss no 335.17

L'autorisation donnée par le juge des tutelles de vendre la résidence d'un majeur protégé ne fait pas obstacle à l'annulation, pour insanité d'esprit, de l'acte passé par celui-ci. Ayant relevé dans le compte rendu d'hospitalisation que Mme Z... présentait, lors de son admission le 8 avril 2005, une décompensation dépressive et un délire hallucinatoire et qu'elle se trouvait encore hospitalisée le 6 mai 2005, lors de la signature de l'acte, avec un traitement comprenant treize médicaments pour la calmer, la cour d'appel a souverainement estimé, hors toute dénaturation, que Mme Z... était insane d'esprit au moment où elle avait signé la promesse de vente.

– **L'action en nullité pour insanité d'esprit étant exclusivement attachée à la personne, elle est recevable en dépit de la procédure de liquidation judiciaire ouverte à l'égard du débiteur.**

• **Com. 16 déc. 2014, no 13-21.479,** *Bull. civ.* IV, no 188

* V. ss no 335.13

« Mais attendu, en premier lieu, qu'après avoir énoncé qu'aux termes de l'article 414-2 du Code civil, l'action en nullité fondée sur l'insanité d'esprit n'appartient de son vivant qu'à l'intéressé, la cour d'appel en a exactement déduit que l'action exercée par M. X..., étant exclusivement attachée à sa personne, était recevable en dépit de la procédure de liquidation judiciaire ouverte à son égard [...]. »

> Même accomplis dans l'intérêt du curateur, les actes de disposition faits par la personne protégée, sans l'assistance d'un curateur *ad hoc*, sont entachés de nullité facultative.

• **Civ. 1re, 17 mars 2010, no 08-15.658,** *Bull. civ.* I, no 66

* V. ss no 335.71

Même accomplis dans l'intérêt du curateur, les actes de disposition faits par le majeur en curatelle, seul, sans l'assistance d'un curateur *ad hoc*, sont susceptibles d'annulation sur le fondement de l'article 510-1 du Code civil, dans sa rédaction de la loi no 68-5 du 3 janvier 1968 applicable en l'espèce [C. civ., art. 465, al. 1er, 2o – réd. L. no 2007-308, 5 mars 2007], que ce texte n'édicte pas une nullité de droit et laisse au juge la faculté d'apprécier s'il doit ou non prononcer la nullité, eu égard aux circonstances de la cause; qu'ayant relevé qu'il ressortait de l'ensemble des éléments versés aux débats qu'en désignant M. Z... en qualité de bénéficiaire des deux contrats d'assurance-vie qu'il avait souscrits, Lucien X... avait entendu manifester sa reconnaissance à son curateur pour son amitié de longue date et les soins dévoués dont celui-ci l'avait entouré, notamment dans ses dernières années, la cour d'appel a souverainement estimé qu'il n'y avait pas lieu d'annuler les actes litigieux qui correspondaient à la volonté lucide du majeur protégé.

> Titularité de l'action en nullité de droit des actes passés, postérieurement au jugement d'ouverture de la curatelle, par la personne protégée ou son curateur.

• **Civ. 1re, 5 mars 2014, no 12-29.974,** *Bull. civ.* I, no 30

* V. ss nos 335.72 et 335.73

« [...] Attendu, selon l'arrêt attaqué (Pau, 19 septembre 2012), que par jugement du 10 janvier 2011, confirmé par arrêt du 19 septembre 2012, Alain-Claude X... a été placé sous le régime de la curatelle renforcée pour une durée de soixante mois, Mme Astrid Y..., épouse Z..., nièce de l'intéressé, ayant été désignée en qualité de curatrice, que le 27 mai 2011, il a été conclu entre les consorts A..., enfants de sa première épouse décédée, et Alain-Claude X..., "soit pour lui sa curatrice Astrid Z...", sous diverses conditions suspensives, notamment que l'accord soit "ratifié par l'autorité des tutelles de Bayonne", une transaction réglant l'ensemble des points en débat entre les parties et mettant un terme définitif au litige les opposant depuis juillet 2007, à la suite de la procédure en partage successoral engagée par Alain-Claude X..., que le 5 juin 2011, Mme Z... a demandé au juge des tutelles son accord aux fins de signature de celle-ci, que par lettre du 8 juin 2011, ce dernier l'informait que son autorisation n'était requise qu'en cas de désaccord entre le curateur et la personne protégée, que l'épouse d'Alain-Claude X..., Mme B..., a saisi le juge des tutelles d'une action en nullité de la transaction, signée par la curatrice seule;

Attendu que Mme B... fait grief à l'arrêt de rejeter sa demande, alors, selon le moyen :

1o/ que selon l'article 469 du Code civil que le curateur ne peut se substituer à la personne en curatelle pour conclure en son nom un acte de disposition, telle une transaction, sauf à y avoir été préalablement autorisé par le juge des tutelles exclusivement dans le cas d'une compromission grave de ses intérêts par la personne protégée; que comme l'a elle-même constaté la cour d'appel, aux termes de l'article 465, 4o du même code, si le curateur a accompli seul un acte qui aurait dû être fait par la personne protégée avec son assistance ou qui ne pouvait être accompli qu'avec l'autorisation du juge, l'acte est nul de plein droit, sans qu'il soit nécessaire de justifier d'un préjudice; qu'en l'espèce, il résulte des propres constatations de l'arrêt que le 27 mai 2011, Mme Astrid Z..., curatrice de M. Alain-Claude X..., avait conclu avec les consorts de A..., au nom du majeur protégé, représenté, un accord transactionnel portant sur plusieurs millions d'euros et que cette situation correspondait exactement à l'hypothèse envisagée à l'article 465, 4o du Code civil; qu'en refusant néanmoins de déclarer nulle la transaction litigieuse, au motif erroné qu'aucun texte ne donnait au juge des tutelles le pouvoir, par voie d'action, de prononcer la nullité d'un contrat, ce qu'était le protocole objet de la contestation, la cour d'appel, qui n'a pas tiré les conséquences légales de ses propres constatations, a violé, par refus d'application, l'article 465, 4o du Code civil;

2o/ que si le curateur a accompli seul un acte qui aurait dû être fait par la personne protégée avec son assistance ou qui ne pouvait être accompli qu'avec l'autorisation du juge, l'acte est nul de plein droit, sans qu'il soit nécessaire de justifier d'un préjudice; que dès lors, en se fondant en outre, pour refuser de prononcer la nullité de la transaction litigieuse, sur l'absence, selon elle, de tout préjudice souffert par M. Alain-Claude X..., personne protégée, la cour d'appel a, de nouveau, violé l'article 465, 4o du Code civil;

3°/ qu'il résulte de l'article 465, 4° du Code civil que, tant que la mesure de protection est ouverte, le juge des tutelles peut seulement autoriser la personne protégée à confirmer l'acte nul de plein droit, sans être habilité à le faire lui-même; que dès lors, en confirmant elle-même la transaction conclue le 27 mai 2011 par la curatrice en représentation du majeur protégé, la cour d'appel a excédé ses pouvoirs, en violation de l'article 465, 4° du Code civil;

4°/ que la confirmation d'un acte nul exige à la fois la connaissance du vice l'affectant et l'intention de le réparer; qu'en l'espèce, il ne résulte d'aucune constatation de l'arrêt que M. Alain-Claude X..., majeur protégé par la mesure de curatelle, avait renoncé, sans équivoque, à se prévaloir de la nullité de la transaction conclue en son nom par sa curatrice seule; qu'en statuant ainsi, sans vérifier que les conditions de la confirmation de l'acte nul étaient réalisées, la cour d'appel a violé l'article 1338 du Code civil;

Mais attendu que l'action en nullité de droit des actes passés, postérieurement au jugement d'ouverture de la curatelle, par la personne protégée ou son curateur, ne peut être exercée, hors le cas prévu à l'article 465, alinéa 2, du Code civil, que par le majeur protégé, assisté du curateur, pendant la durée de la curatelle, par le majeur protégé après la mainlevée de la mesure de protection et par ses héritiers après son décès; que, dès lors, Mme B... n'ayant pas qualité pour exercer l'action en nullité relative prévue par l'article 465, alinéa 1er, 4°, du même code, sa demande était irrecevable; que, par ce motif de pur droit, substitué, dans les conditions de l'article 1015 du Code de procédure civile, à ceux critiqués, la décision déférée se trouve légalement justifiée ».

335.03 Bibliographie indicative.

> **Ouvrages.** J. Massip, *Tutelle des mineurs et protection juridique des majeurs*, Defrénois, 2009 – F. Terré et D. Fenouillet, *Droit civil. Les personnes*, 8e éd., « Précis », Dalloz, 2012, nos 736 à 745.

> **Articles.** T. Fossier et L. Pécaut-Rivolier, « La protection des intérêts patrimoniaux », *AJ fam.* 2007. 169, spéc. la sanction des irrégularités – J.-P. Gridel, « La sénescence mentale et le droit », *Gaz. Pal.* 2001. Doctr. 408 – J. Massip, « La valeur juridique des actes en cas d'ouverture d'une curatelle », *Defrénois* 2009. 1461 – R. Mesa, « Insanité d'esprit et vices du gratifiant en matière de libéralités testamentaires », *RLDC* avr. 2011, p. 52 – M. Nicod, « Liberté de disposer de la personne âgée et lutte contre les captations d'héritage », *Dr. fam.* 2016. Étude 36 – D. Noguéro, « La publicité des mesures de protection des majeurs (ouverture, vie et fin des mesures) », *Mél. J. Hauser*, LexisNexis/Dalloz, 2012, p. 467 s.; « Les sanctions des actes juridiques irréguliers des majeurs protégés » (1re partie : *Les sanctions hors mesures de protection organisées*), *LPA* 23 déc. 2009, p. 6; (2e partie : *Les sanctions sous mesures de protection organisées*), *LPA* 5 janv. 2010, p. 5 – N. Peterka, « Les libéralités du majeur protégé dans la loi du 5 mars 2007 », *Dr. fam.* 2007. Étude 20; « Les implications de la réforme du droit des obligations en droit des personnes protégées », *AJ fam.* 2016. 533 – J.-M. Plazy, « Les actes juridiques des majeurs protégés », *Mél. J. Hauser*, LexisNexis/Dalloz, 2012, p. 549 – K. Sahli, « La régularité des actes passés avant et après les mesures de protection », *JCP N* 2008. 1273.

SECTION 1
RÈGLES GÉNÉRALES SANCTIONNANT L'IRRÉGULARITÉ DES ACTES ACCOMPLIS PAR LE MAJEUR PROTÉGÉ

335.10 Clarification de règles générales relatives à la sanction de l'irrégularité des actes accomplis par le majeur protégé. La loi du 3 janvier 1968 n'avait pas édicté de règles générales relatives aux sanctions applicables à un acte accompli irrégulièrement par le majeur protégé ou la personne chargée de sa protection[1]. L'ancien article 503 du Code civil permettait seulement de solliciter l'annulation des actes accomplis par la personne antérieurement à son placement en tutelle, lorsque la cause qui avait déterminé l'ouverture de la mesure existait notoirement à l'époque où les actes avaient été faits.

Sur l'ensemble de ces points, la loi no 2007-308 du 5 mars 2007[2] fait œuvre de clarification et d'amélioration du droit, d'une part, en mettant en place une véritable **« période suspecte »** (C. civ., art. 464) (§ 2) et, d'autre part, en regroupant au sein d'une disposition unique la gamme des sanctions frappant les **actes irréguliers** faits par la personne protégée **après la publicité du jugement** d'ouverture de la mesure de protection (C. civ., art. 465) (§ 3). Elle étend, par ailleurs, expressément la **nullité pour insanité** aux actes effectués par la personne protégée (C. civ., art. 466) (§ 1) et élargit le champ des **incapacités de suspicion** fondées sur la profession ou la qualité du bénéficiaire d'une libéralité consentie par le majeur (C. civ., art. 909 - CASF, art. L. 116-4, I) (§ 4).

§ 1
Sanction des actes accomplis sous l'empire d'un trouble mental

335.11 Nullité relative d'un acte juridique pour insanité d'esprit – Application à la personne insane. La majorité est fixée à dix-huit ans, ce qui signifie qu'à compter de cet âge toute personne physique dispose de la pleine capacité civile d'exercer ses droits (C. civ., art. 414)[3]. La loi établit cependant une protection pour le majeur atteint d'une altération de ses facultés personnelles le mettant dans l'impossibilité de pourvoir seul à ses intérêts (C. civ., art. 425).

Elle permet également de faire bénéficier le majeur qui perçoit des prestations sociales et dont la santé ou la sécurité est menacée par les difficultés qu'il éprouve à gérer ses ressources, d'une **mesure**

1. L. no 68-5, 3 janv. 1968, portant réforme du droit des incapables majeurs, *JO* 4 janv., p. 114.
2. L. no 2007-308, 5 mars 2007, portant réforme de la protection juridique des majeurs, *JO* 7 mars, p. 4325.
3. J.-P. Gridel, « L'âge et la capacité civile », *D.* 1998. Chron. 90.

d'accompagnement social personnalisé (MASP) (v. s^{s} n°s 421.01 s.), qui comporte une aide à la gestion de ses prestations sociales et un accompagnement social individualisé (CASF, art. L. 271-1 à L. 271-8). Cette mesure peut, suivant les cas, prendre la suite ou être relayée par une **mesure d'accompagnement judiciaire (MAJ)** (v. s^{s} n°s 422.01 s.) destinée à rétablir l'autonomie de l'intéressé dans la gestion de ses ressources (C. civ., art. 495, al. 1er, et CASF, art. L. 271-1, al. 3).

Le Code civil frappe, par ailleurs, de **nullité relative** l'acte juridique effectué par une personne atteinte d'un trouble mental au moment de sa conclusion (C. civ., art. 414-1) ou dont l'état habituel de démence à l'époque de la signature de l'acte litigieux est établi[1]. Relevant d'une section du Code civil consacrée aux « dispositions indépendantes des mesures de protection », les articles 414-1 et 414-2 reconduisent quasiment à l'identique les dispositions des anciens articles 489 et 489-1 du Code civil. Ils permettent de protéger *a posteriori*, c'est-à-dire après la passation de l'acte juridique, la personne vulnérable n'étant pas placée sous une mesure de protection juridique, dès lors qu'elle était atteinte d'un **trouble mental au moment de l'acte** ou d'un **état habituel de démence à l'époque de sa passation**.

335.12 **Application à la personne protégée.** Pour autant, la **nullité pour insanité d'esprit** bénéficie également au **majeur faisant l'objet d'un régime de protection**. Les articles 414-1 et 414-2 jouent alors concurremment aux dispositions propres à chaque mesure. Ils demeurent applicables après l'ouverture d'une **curatelle** ou d'une **tutelle** (C. civ., art. 466), d'une **sauvegarde de justice** (C. civ., art. 435, al. 2) ou d'un **mandat de protection future** (C. civ., art. 488, al. 1er) et atteignent les actes effectués pendant la **période suspecte** précédant la mise en place d'une curatelle ou d'une tutelle (C. civ., art. 464 et 466).

La règle de l'article 414-1 trouve écho à l'**article 901, lequel est un texte spécifique aux libéralités.** Inscrit dans le Code civil depuis 1804, l'article 901 a été modifié par la loi n° 2006-728 du 23 juin 2006, portant réforme des successions et des libéralités[2]. Il énonce, désormais, que : « *Pour faire une libéralité, il faut être sain d'esprit. La libéralité est nulle lorsque le consentement a été vicié par l'erreur, le dol ou la violence* ». La nouvelle version du texte règle la question du fondement théorique de la nullité pour insanité d'esprit en la distinguant de celle fondée sur un vice de consentement. Ce faisant, elle consacre la jurisprudence qui faisait courir le **délai de prescription de l'action en nullité pour trouble mental** à compter du **jour de l'acte et** écartait ainsi le fondement tiré des vices du consentement ou de l'incapacité[3].

335.13 **Titularité de l'action du vivant de l'auteur de l'acte.** L'article 414-2 précise la **titularité de l'action en nullité** pour trouble mental en énonçant, en son alinéa 1er, que : « *De son vivant, l'action en nullité n'appartient qu'à l'intéressé* ». La règle constitue un rappel du caractère relatif de la nullité. Non seulement cette dernière ne peut être invoquée par le contractant de la personne vulnérable mais, encore, l'action en nullité est exclusivement attachée à la personne du majeur. Celui-ci n'en est pas dessaisi par l'ouverture d'une procédure de liquidation judiciaire à son égard[4].

Contrairement aux dispositions de l'ancien article 489 alinéa 2, l'article 414-2 ne vise plus le tuteur ni le curateur nommé après la conclusion de l'acte.

Cette modification est sans incidence dans le cas de la tutelle. Sous ce régime de protection, l'action en nullité sera exercée par le **tuteur** en représentation de la personne protégée (C. civ., art. 475 et 504, al. 2).

Elle marque, en revanche, un tournant sous la curatelle. Le **curateur** est aujourd'hui privé du droit d'agir seul en nullité sur le fondement des articles 414-1 ou 901 du Code civil, sauf à saisir le juge pour y être autorisé ou provoquer l'ouverture d'une tutelle lorsque la personne protégée compromet gravement ses intérêts (C. civ., art. 469, al. 2)[5]. Il est ainsi à redouter que la restriction des pouvoirs du curateur conduise, si ce n'est à un recul de la protection du majeur en curatelle[6], du moins à une incitation à l'aggravation de la mesure, ce qui serait contraire à l'esprit de la réforme de 2007. La solution nouvelle manque, au demeurant, de cohérence au regard des dispositions

1. O. Simon, « La nullité des actes juridiques pour insanité d'esprit », *RTD civ.* 1974. 707 – J. Klein, « Le traitement jurisprudentiel de la nullité pour trouble mental », *Defrénois* 2006. 695 – Sur la nullité d'un testament pour insanité d'esprit et le secret médical, v. Civ. 1re, 22 mai 2002, n° 00-16.305, *Bull. civ.* I, n° 144; *D.* 2002. 2029; *Defrénois* 2002. 1477, obs. Massip; *AJ fam.* 2002. 263, obs. S. D.-B; Rép. pén., v° *Secret professionnel*, par B. Py, févr. 2003 [actu. juin 2013], n° 116; *RDSS* 2002. 484, obs. Dubouis – Civ. 1re, 2 mars 2004, n° 01-00.333, *Bull. civ.* I, n° 69; Rép. civ., v° *Testament*, par M. Nicod, janv. 2016 [actu. avr. 2016], n° 17; *Defrénois* 2004. 1244, obs. Massip.
2. L. n° 2006-728, 23 juin 2006, portant réforme des successions et des libéralités, *JO* 24 juin, p. 9513.
3. F. Terré et D. Fenouillet, *Droit civil. Les personnes, la famille, les incapacités*, 7e éd., « Précis », Dalloz, 2005, n° 1205, note 5 – Civ. 1re, 19 nov. 1991, n° 90-10.997, *Bull. civ.* I, n° 318, et Civ. 1re, 18 févr. 1992, n° 90-17.952, *Bull. civ.* I, n° 54; *D.* 1993. 277, note Massip.
4. Pour l'exercice de l'action en nullité pour trouble mental d'un contrat de location-gérance de fonds de commerce par le débiteur, locataire gérant, mis en liquidation judiciaire, v. Com. 16 déc. 2014, n° 13-21.479, *Bull. civ.* IV, n° 188; *D.* 2015. 71; *D.* 2015. 996, obs. Arbellot; *D.* 2015. 1570, obs. Plazy; *RTD com.* 2015. 160, obs. Vallens; *LEFP* févr. 2015. 4, obs. Douville.
5. D. Viguier, « L'autorisation judiciaire du curateur ou la représentation de l'incapable par son curateur », *D.* 2009. 1490.
6. Le curateur se voit reconnaître désormais le pouvoir d'assister la personne protégée pour l'exercice de l'ensemble des **actions en justice**, qu'elles revêtent un caractère patrimonial ou extrapatrimonial (C. civ., art. 468, al. 3).

de l'article 465 alinéa 2, lesquelles autorisent le curateur à exercer, seul, avec l'autorisation du juge des tutelles les **actions en rescision, en réduction ou en nullité** sanctionnant les actes irréguliers de la personne protégée (v. s[s] n°s 335.32 à 335.38). Elle est, en revanche, en parfaite adéquation avec la règle de l'article 468 alinéa 2, selon lequel l'« *assistance* » de la personne sous curatelle « *est* [...] *requise pour introduire une action en justice ou y défendre* ».

335.14 Conditions et titularité de l'action après le décès de l'auteur de l'acte. Après la mort de l'auteur de l'acte, les **actes autres que les donations et les testaments**[1] ne sont attaquables que si l'acte porte en lui-même la preuve d'un trouble mental[2], s'il a été fait dans un temps où l'individu était placé sous une sauvegarde de justice ou si une action en justice avait été introduite avant son décès aux fins de faire ouvrir une tutelle ou une curatelle[3] ou, depuis le 1er janvier 2016, une habilitation familiale[4]. Tenant compte de l'introduction du mandat de protection future en droit français, l'article 414-2, 3° ajoute que, après la mort de la personne insane, les actes qu'elle aura passés autres qu'une donation ou un testament pourront être attaqués par ses héritiers si « *effet a été donné au mandat de protection future* » (C. civ., art. 414-2 - Comp. C. civ., anc. art. 489-1). Les héritiers désignent tous les successeurs universels, sans distinction entre les héritiers *ab intestat* et les légataires universels ou à titre universel[5]. Il est à regretter que les dispositions de l'article 414-2 ne traitent pas de la question de la **confirmation de l'acte entaché de nullité relative**[6]. Sur ce sujet, le décret n° 2008-1484 du 22 décembre 2008[7] apporte des précisions. Il classe dans la catégorie des actes étant toujours qualifiés d'actes de disposition, la confirmation de l'acte nul pour insanité d'esprit[8], de sorte qu'elle implique, sous la tutelle, l'autorisation du juge ou du conseil de famille et, sous la curatelle, l'assistance du curateur.

335.15 Conditions de la nullité – Moment du trouble mental. Sur le terrain des conditions de la nullité, la loi n° 2007-308 du 5 mars 2007 reconduit les solutions anciennes. Il appartient à celui qui agit en nullité d'un acte pour insanité d'esprit de prouver l'existence d'un trouble mental de l'auteur « *au moment de l'acte* »[9]. Peu importe, en revanche, la cause et la durée du trouble.

La jurisprudence rendue sous l'empire de la loi du 3 janvier 1968 avait fait preuve de souplesse dans la mise en œuvre de cette condition. Elle se contentait, pour faire prospérer l'action en nullité, de la démonstration du trouble à l'époque de l'acte, c'est-à-dire de l'état habituel de démence de l'auteur de l'acte à l'époque de sa passation. Cette preuve pouvait être combattue par le bénéficiaire de l'acte litigieux par l'établissement d'un intervalle de lucidité de la personne vulnérable lors de la signature de l'acte. Ces solutions ne sont pas remises en cause par les dispositions nouvelles, lesquelles sont, sur ce point, la reprise des anciens articles 489 et 489-1[10].

1. Ce qui inclut **l'assurance-vie** souscrite par la personne vulnérable, lorsqu'elle est requalifiée en donation indirecte : Paris, 2e ch. B, 17 mai 2001, *D.* 2002. 2159, obs. Delmas Saint-Hilaire – Le testament peut être critiqué, sur le fondement de l'article 901 du Code civil, par les successeurs légaux universels, qu'il s'agisse des héritiers *ab intestat* ou des légataires universels ou à titre universel : Civ. 1re, 3 mars 1969, *D.* 1969. 585, et Civ. 1re, 17 févr. 2010, n° 08-21.927, NP; *D.* 2010. 2122, obs. Plazy – *Adde*, Civ. 1re, 23 oct. 2013, n° 13-15.578, *D.* 2014. 2259, obs. Noguéro, refusant de transférer une question prioritaire de constitutionnalité portant sur la question selon laquelle « *l'article 901 du Code civil, en tant qu'il réserve aux successeurs universels l'action en nullité pour insanité d'esprit des libéralités consenties par le défunt, à l'exclusion des légataires à titre particulier et des tiers intéressés, est-il contraire aux droits et libertés que la Constitution garantit et, en particulier, au principe d'égalité, au droit à un recours effectif ainsi qu'au droit de propriété, respectivement garantis par les articles 6 et 16 puis 1 et 17 de la Déclaration des droits de l'homme et du citoyen de 1789 ?* »
2. PAR EX., à propos de l'annulation de la modification de la clause bénéficiaire d'une assurance-vie, v. Civ. 1re, 25 sept. 2013, n° 12-23.197, *Bull. civ.* I, n° 177; *AJ fam.* 2013. 716, obs. Vernières; *D.* 2014. 2260, obs. Noguéro; *LEFP* nov. 2013. 2, obs. Raoul-Cormeil.
3. PAR EX., v. Civ. 1re, 20 juin 2012, n° 10-21.808, NP; *RTD civ.* 2012. 507, obs. Hauser; *D.* 2012. 2699, obs. Plazy – Civ. 1re, 26 sept. 2012, n° 11-18.610, NP; *RTD civ.* 2012. 713, obs. Hauser.
4. Sur la conformité des limitations apportées par l'article 414-2 au droit des héritiers d'agir en nullité des actes de leur auteur, v. Civ. 1re, 7 nov. 2012, n° 12-40.068, *Bull. civ.* I, n° 235; *Dr. fam.* 2013. Comm. 12, note Maria; *RTD civ.* 2012. 87, obs. Hauser – Cons. const. 17 janv. 2013, n° 2012-288 QPC, *Dr. fam.* 2013, n° 46, note Maria; *RTD civ.* 2013. 348, obs. Hauser; *D.* 2013. 2197, obs. Plazy – J. Massip, « Les limites de l'action en nullité des actes pour insanité d'esprit après le décès de leur auteur », *Defrénois* 2013. 1141.
5. Civ. 1re, 8 juill. 2015, n° 14-17.768, *Bull. civ.* I [à paraître]; *Dr. fam.* 2015, n° 191, note Maria; *AJ fam.* 2015. 501, note Levillain; *JCP N* 2015. 1203, obs. Moisdon-Chataignier.
6. T. Fossier, « La réforme de la protection des majeurs », *JCP* 2007. I. 7, p. 15.
7. Décr. n° 2008-1484, 22 déc. 2008, relatif aux actes de gestion du patrimoine des personnes placées en curatelle ou en tutelle, et pris en application des articles 452, 496 et 502 du Code civil, *JO* 31 déc., p. 20631.
8. Décr. n° 2008-1484, 22 déc. 2008, annexe 1, col. 2, IX.
9. Civ. 1re, 2 déc. 1992, n° 91-11.428, *Bull. civ.* I, n° 299; *D.* 1993. 409, obs. Boulanger; *RTD civ.* 1993. 328, obs. Hauser.
10. V. Civ. 1re, 5 mars 2014, n° 13-14.093, *Bull. civ.* I, n° 31; *D.* 2014. 1133, note Raoul-Cormeil; *D.* 2013. 1905, obs. Nicod; *D.* 2014. 2260, obs. Noguéro; *AJ fam.* 2014. 248, obs. Levillain; *RTD civ.* 2014. 428, obs. Grimaldi, rejet, à propos d'un testament olographe non daté, de l'action en nullité pour trouble mental sur le fondement de l'article 901 du Code civil, au motif qu'« *aucun élément n'établissait l'insanité d'esprit ou une perte de discernement* [de la testatrice] *durant l'intégralité de la période au cours de laquelle le testament avait été nécessairement écrit* ».

335.16 Preuve du trouble mental. S'agissant d'un **fait matériel**, la preuve de l'altération des facultés mentales peut être rapportée **par tous moyens**[1], tels que la multiplicité des actes effectués de nature à révéler un esprit de démesure ainsi que des certificats médicaux antérieurs et/ou postérieurs à la conclusion de l'acte considéré[2]. À cet égard, les règles relatives au secret médical, qui ont pour finalité de protéger le patient qui a confié les faits, ne font pas obstacle à ce que les héritiers du testateur se prévalent d'un certificat médical du médecin traitant[3]. Les juges apprécient souverainement l'existence du trouble mental au moment ou à l'époque de l'acte[4]. L'insanité d'esprit s'entend de l'abolition du discernement, c'est-à-dire de la privation de la faculté de discerner le sens et la portée de l'acte, de l'absence de consentement à ce dernier[5], et non pas seulement de l'altération des facultés mentales de son auteur[6]. Aussi, l'ouverture d'une sauvegarde de justice puis d'une curatelle ou d'une tutelle ne permet-elle pas, à elle seule, de présumer le trouble mental[7]. En revanche, la condamnation pénale du bénéficiaire de l'acte pour abus de faiblesse sur la personne de son auteur, caractérise l'insanité d'esprit au sens des articles 414-1 et 901 du Code civil[8]. Reposant sur la règle de l'autorité de la chose jugée au pénal sur le civil, la solution vaut lorsque le trouble mental de la victime, au moment de l'acte, a été constaté par le juge pénal pour la caractérisation de l'infraction[9].

335.17 Absence d'incidence de l'autorisation du juge des tutelles. L'autorisation donnée par le juge des tutelles à la personne protégée d'accomplir un acte ne fait pas obstacle à l'annulation de ce dernier pour insanité d'esprit. La nullité doit être prononcée dès lors que le majeur protégé n'avait pas toutes ses facultés mentales au moment de la signature de l'acte incriminé[10]. Il s'ensuit que, sous la tutelle, l'autorisation de tester délivrée par le juge ou le conseil de famille au majeur protégé n'immunise pas le testament contre une action en nullité pour insanité d'esprit[11], ce qui ouvre à cette action d'assez larges perspectives. Sur ce point, l'ouverture d'une tutelle à l'égard du testateur facilite d'autant la preuve du trouble mental, pourvu qu'elle soit assortie d'autres éléments. Le recours au **testament authentique**[12] fournit le moyen le plus sûr d'écarter le risque d'une annulation de l'acte, en soumettant la relation, dans l'acte notarié, de la déclaration du testateur aux termes de laquelle ce dernier déclare être sain d'esprit et comprendre la portée de ses dispositions à la procédure d'inscription de faux[13]. Cette déclaration ne fait pas obstacle, en revanche, à la preuve du trouble mental du disposant, laquelle peut être rapportée en dépit des énonciations de l'acte authentique[14]. **La déclaration du notaire** suivant laquelle le testateur est comparu sain d'esprit est revêtue, quant à elle, de la force probante d'un témoignage[15].

335.18 Prescription de l'action en nullité pour trouble mental. Sur le terrain de la **prescription**, l'action doit être introduite dans le délai de cinq ans à compter de l'acte contesté, en application de l'article 2224 du Code civil[16]. L'article 414-2 alinéa 3 reprend ici l'ancien article 489. Il avait été jugé, avant la réforme de la protection des majeurs et celle du droit des obligations, que l'action en nullité pour insanité d'esprit des donations entre vifs ou des testaments était soumise à la prescription abrégée de l'article 1304 du Code civil, laquelle constituait, dans tous les cas où l'action n'était pas limitée à un moindre temps par une disposition particulière, la règle de

1. Conformément au droit commun de la preuve, c'est à ceux qui agissent en nullité pour insanité d'esprit de prouver l'existence d'un trouble mental au moment de l'acte : v. Civ. 1re, 24 févr. 2016, n° 15-14.328, NP; *LEFP* avr. 2016. 4, obs. Raoul-Cormeil.
2. Civ. 1re, 28 mai 2015, n° 14-17.324, NP; *LEFP* juill. 2015. 5, obs. Raoul-Cormeil.
3. Civ. 1re, 22 mai 2002, n° 00-16.305, P (préc. ss n° 335.11) – Civ. 1re, 2 mars 2004, n° 01-00.333, P (préc. ss n° 335.11).
4. Civ. 1re, 2 déc. 1992, n° 91-11.428, P (préc. ss n° 335.15).
5. Civ. 1re, 25 sept. 2013, n° 12-13.197, P (préc. ss n° 335.14).
6. Riom, 2e ch. civ., 3 sept. 2013, RG n° 12/02271, *Dr. fam.* 2014, n° 15, obs. I. M. – Nancy, 2e ch., 16 mai 2013, RG n° 12/01862, *D.* 2013. 2196, obs. Plazy.
7. Civ. 1re, 25 mai 2004, n° 01-03.629, NP; *Dr. fam.* 2005, n° 20, note Fossier – Civ. 1re, 24 févr. 2016, n° 15-14.328, NP (préc. ss prést n°).
8. Civ. 1re, 24 oct. 2012, n° 11-20.442, *Bull. civ.* I, n° 209; *D.* 2012. 2602; *RTD civ.* 2012. 87, obs. Hauser; *LEFP* déc. 2012. 2, obs. Raoul-Cormeil.
9. J. Hauser, obs. préc. ss prést n°.
10. À propos de la vente du logement d'un majeur en curatelle : Civ. 1re, 20 oct. 2010, n° 09-13.635, *Bull. civ.* I, n° 209; *JCP N* 2011. 1008, note Coutant-Lapalus; *D.* 2010. Actu. 2759, obs. Talarico; *D.* 2011. 50, note Raoul-Cormeil; *Dr. fam.* 2010, n° 191, note Maria; *AJ fam.* 2010. 496, obs. Verheyde; *Defrénois* 2011. 832, obs. Massip; *RTD civ.* 2011. 103, obs. Hauser.
11. J.-J. Lemouland, « Le testament de l'incapable », *Dr. fam.* 2006. Étude 48, spéc. n° 12, note 36 – N. Peterka, « Les libéralités du majeur protégé dans la loi du 5 mars 2007 », *Dr. fam.* 2007. Étude 20, spéc. n° 14.
12. V. PAR EX. : Civ. 1re, 29 mai 2001, n° 99-17.478, NP; *D* 2002. 2167, obs. Lemouland; *Defrénois* 2001. 1358, obs. Massip.
13. M. Grimaldi, *Droit civil. Libéralités, partages d'ascendants*, LexisNexis-Litec, 2000, n° 1046 – « Les personnes vulnérables », 102e Congrès des notaires de France, Strasbourg, 21-24 mai 2006, Travaux des commissions, compte rendu, nos 2201 s. – *Adde* : Civ. 1re, 29 mai 1962, *Bull. civ.* I, n° 275; *D.* 1962. 627 – Pau, 2e ch., 2e sect., 5 nov. 2007, RG n° 06/01616.
14. Civ. 1re, 25 mai 1987, n° 85-18.684, *Bull. civ.* I, n° 171; *D.* 1988. 79, note Breton.
15. M. Grimaldi, préc. ss prést n° – J.-M. Plazy, « Témoignage et validité du testament », *JCP N* 2003. 1390.
16. C. civ., art. 414-2, al. 3 (*réd. Ord. n° 2016-131, 10 févr. 2016*) – Conformément au droit commun, l'exception de nullité est perpétuelle, Civ. 1re, 14 janv. 2015, n° 13-26.279, *Bull. civ.* I, [à paraître]; *D.* 2015. 1570, obs. Noguéro.

droit commun en matière d'action en nullité relative[1]. Ce délai est désormais applicable par référence au droit commun de la prescription, du fait du renvoi de l'article 414-2 alinéa 3 à l'article 2224 du Code civil. ***S'agissant des instances introduites après le 1er octobre 2016,*** le droit commun de la prescription gouverne pareillement le point de départ de celle-ci ainsi que ses causes de suspension ou d'interruption. Le délai de prescription court, en principe, **à compter de l'acte**[2]. Néanmoins, lorsque la **nullité pour insanité d'esprit** est **invoquée par les héritiers de la personne vulnérable,** le point de départ du délai de prescription de cinq ans court **à compter du décès de l'auteur de l'acte,** dans la mesure où ils ne peuvent introduire l'action avant cette date[3]. La solution est étendue à toutes **les libéralités**, qu'elles soient consenties à cause de mort[4] ou entre vifs[5].

Lorsque l'action en nullité était invoquée par l'auteur de l'acte, la jurisprudence admettait que ce dernier pouvait prouver que la prescription avait été suspendue en raison de son impossibilité d'agir. Cette démonstration avait pour effet de reculer le point de départ du délai de prescription au jour où l'auteur disposait de la possibilité d'agir par lui-même en nullité pour insanité d'esprit[6]. Ces solutions s'appliquent *mutatis mutandis* sous l'empire des dispositions postérieures à la loi du 5 mars 2007. L'article 1304 alinéa 3 du Code civil prévoyait au demeurant, avant la réforme du droit des obligations, que « *le temps ne court à l'égard des actes faits par un mineur, que du jour de la majorité ou de l'émancipation; et à l'égard des actes faits par un majeur protégé, que du jour où il en a eu connaissance alors qu'il était en situation de les refaire valablement. Il ne court contre les héritiers de la personne en tutelle ou en curatelle que du jour du décès, s'il n'a commencé à courir auparavant* ». ***S'agissant des instances introduites après le 1er octobre 2016,*** la solution résulte, depuis l'ordonnance du 10 février 2016, portant réforme du droit des contrats, du régime général et de la preuve des obligations[7], ayant abrogé l'article 1304, du droit commun de la prescription auquel renvoie l'article 414-2 alinéa 3. Les articles 2234 et 2235 du Code civil prévoient, dans leur rédaction issue de la loi n° 2008-561 du 17 juin 2008, portant réforme de la prescription[8], que celle-ci ne court pas ou est suspendue contre celui qui est dans l'**impossibilité d'agir** par suite d'un empêchement résultant de la **loi**, de la **convention** ou de la **force majeure** ni contre les **mineurs non émancipés** et les **majeurs en tutelle**. Lorsque la personne insane a accompli l'acte en méconnaissance des règles de capacité, l'article 1152 (réd. Ord. n° 2016-131, 10 févr. 2016) reporte le point de départ du délai de prescription de l'action en nullité pour défaut de capacité au jour où le majeur protégé a eu connaissance de l'acte alors qu'il était en situation de le refaire valablement (comp. C. civ., anc. art. 1304 - v. s[s] n° 335.38).

335.19 Responsabilité civile de la personne atteinte d'un trouble mental. Il est important de rappeler que, sur le plan civil, la personne majeure qui a causé un dommage à un tiers alors qu'elle était sous l'empire d'un trouble mental n'en est pas moins obligée à réparer ce préjudice. Sur ce terrain, l'article 414-3, issu de la loi du 5 mars 2007, reprend à l'identique la rédaction de l'ancien article 489-2 du Code civil[9]. Le texte justifie que soit écartée, dans le cadre de la protection des majeurs, la responsabilité du protecteur du fait du dommage causé par la personne protégée[10].

§ 2
Sanction des actes accomplis pendant la période suspecte

335.21 Actes accomplis pendant la période suspecte – Conditions et prescription de l'action. Dans sa version issue de la loi du 3 janvier 1968, l'ancien article 503 du Code civil autorisait **l'annulation des actes antérieurs** si la **cause** qui avait déterminé l'ouverture de la tutelle avait existé **notoirement** à l'époque où ils avaient été faits. Le texte reposait sur l'idée suivant laquelle le jugement d'ouverture de la tutelle, s'il est un jugement constitutif d'état, cons-

1. Civ. 1re, 11 janv. 2005, n° 01-13.133, *Bull. civ.* I, n° 23; *D.* 2005. 1207, obs. Thomat-Raynaud; *Defrénois* 2005. 1065, obs. Massip; *AJ fam.* 2005. 146, note Bicheron; *RJPF* 2005-1/25, note Casey.
2. *Adde*, C. civ., art. 1144 (réd. Ord. n° 2016-131, 10 févr. 2016), solution *a contrario*.
3. Pour une application en matière d'assurance-vie : Civ. 1re, 13 juill. 2016, n° 14-27.148, *Dr. fam.* 2016., n° 215, note Maria.
4. Civ. 1re, 20 mars 2013, n° 11-28.318, *Bull. civ.* I, n° 56; *D.* 2013. 1884, note Safi; *D.* 2013. 2196, obs. Plazy; *Dr. fam.* 2013, n° 77, note Maria; *JCP N* 2013. 1284, note Massip; *AJ fam.* 2013. 240, obs. Vernières.
5. Civ. 1re, 29 janv. 2014, n° 12-35.341, *Bull. civ.* I, n° 15; *AJ fam.* 2014. 250, obs. Ferré-André; *Dr. fam.* 2014, n° 58, note Maria; *RJPF* 2014-4/33, obs. Cheynet de Beaupré.
6. Civ. 1re, 19 nov. 1991, n° 90-10.997, *Bull. civ.* I, n° 318; *D.* 1993. 277, 1re esp., note Massip – Civ. 1re, 1er juill. 2009, n° 08-13.518, *Bull. civ.* I, n° 150; *AJ fam.* 2009. 402, obs. Pécaut-Rivolier.
7. Ord. n° 2016-131, 10 févr. 2016, portant réforme du droit des contrats, du régime général et de la preuve des obligations, *JO* 11 févr., texte n° 26.
8. L. n° 2008-561, 17 juin 2008, portant réforme de la prescription en matière civile, *JO* 18 juin, p. 9856.
9. J.-F. Barbièri, « Inconscience et responsabilité dans la jurisprudence civile : l'incidence de l'article 489-2 du Code civil après une décennie », *JCP* 1982. I. 3057 – M. Daury-Fauveau, « La faute de l'aliéné et le contrat », *JCP* 1998. I. 160.
10. Civ. 2e, 25 févr. 1998, n° 95-20.419, *Bull. civ.* II, n° 62 – Bordeaux, 5e ch. civ., 4 mars 2015, RG n° 13/01062, *Dr. fam.* 2015, n° 109, obs. I. M.

tate, en fait, un **état préexistant**[1]. Aussi, l'annulation des actes faits par l'intéressé avant le prononcé de cette mesure était-elle facilitée. Dans un souci de pragmatisme, la jurisprudence avait assimilé à la **condition de notoriété**[2] prévue par la loi **la connaissance personnelle de la situation** de la personne par le bénéficiaire de l'acte litigieux[3].

La réforme du 5 mars 2007 procède à la modernisation de ces solutions, en énonçant, à l'article 464 alinéa 1er du Code civil, que « *les obligations résultant des actes accomplis par la personne protégée moins de deux ans avant la publicité du jugement d'ouverture de la mesure de protection peuvent être réduites sur la seule preuve que son inaptitude à défendre ses intérêts par suite de l'altération de ses facultés personnelles, était notoire ou connue du cocontractant à l'époque où les actes ont été passés* »[4]. Inscrit dans une section intitulée « De la curatelle et de la tutelle », le nouveau texte étend la sanction des actes effectués pendant la période précédant l'ouverture de la mesure de protection à l'ensemble des mesures incapacitantes, quel que soit, par ailleurs, leur degré de gravité. Une partie de la doctrine analyse cette **extension** comme un contresens au regard de la *ratio legis* de la période suspecte. Cette dernière repose, en effet, sur « *la gravité de l'altération des facultés mentales qu'implique l'ouverture subséquente d'une tutelle* ». Or, cette gravité ne se retrouve pas en cas de curatelle[5]. On relèvera que l'ouverture d'une sauvegarde provisoire pour le temps de la procédure déclenche, s'agissant des actes accomplis au cours de celle-ci, le jeu des dispositions de l'article 435 alinéa 2, autorisant la rescision pour simple lésion et la réduction pour cause d'excès, sans préjudice de l'application de l'article 414-1 relatif à la nullité pour insanité d'esprit, si bien, qu'en pratique, la période suspecte de l'article 464 se trouve ramenée, en pareille hypothèse, à une année[6]. Le fondement de l'article 464 conduit, par ailleurs, à en exclure les actes accomplis par la personne protégée pendant le fonctionnement du mandat de protection future mis à exécution. L'article 488 confère au bénéficiaire du mandat, pour ces actes, le bénéfice d'une protection *a posteriori* via l'exercice d'une action en réduction ou en rescision susceptible d'être exercée par la personne protégée, son protecteur ou, après son décès, ses héritiers.

L'article 464 apparaît en retrait par rapport aux solutions anciennes.

D'une part, il exige, à défaut de preuve de la notoriété de l'altération des facultés personnelles de l'intéressé, que cette dernière soit « *connue du cocontractant* ». L'interprétation littérale du texte, qui semble exclure le légataire, doit être rejetée, la volonté du législateur ayant été, semble-t-il, de consacrer, par cette formule, la **jurisprudence antérieure**[7]. Or, cette dernière faisait application de l'ancien article 503 en matière de testament.

D'autre part, le texte encadre, dans un souci de sécurité juridique, la **durée de la période suspecte** dans un **délai de deux ans** à compter de la publicité du jugement d'ouverture de la mesure[8], ce qui est une innovation. L'article 503 ne prévoyait, en effet, aucun délai. Il n'en demeure pas moins que les **actes effectués depuis plus de deux ans** pourront être **annulés**, le cas échéant, pour **insanité d'esprit** sur le fondement des articles 414-1 et 414-2 ou 901, dans un **délai de cinq ans** à compter de l'acte ou, s'agissant du testament, du décès de la personne protégée.

Le délai de prescription de l'action résultant de l'article 464 fait l'objet, par ailleurs, de dispositions particulières. Si, à l'instar de la jurisprudence rendue sous l'empire de l'ancien article 503[9], les nouvelles dispositions légales reportent le **point de départ de la prescription de cinq ans** à la **date du jugement** d'ouverture de la mesure, elles s'écartent en revanche des solutions anciennes sur le terrain de la **suspen-**

1. J. Massip, « L'article 503 du Code civil », *Defrénois* 1985. 737, spéc. n° 2.
2. Celle-ci relève de l'appréciation souveraine des juges du fond : Civ. 1re, 26 juin 2013, n° 12-14.877, NP; *D.* 2013. 2205, obs. Lemouland.
3. Civ. 1re, 9 mars 1982, n° 81-10.354, *Bull. civ.* I, n° 102; *JCP* 1983. II. 19996, note Rémy – Civ. 1re, 5 mai 1987, n° 85-13.837, NP; *JCP* 1988. II. 21109, note Fossier – Civ. 1re, 30 juin 2004, n° 02-13.827, NP; *Defrénois* 2005. 442, obs. Massip.
4. Conformément aux principes de droit transitoire, les dispositions de l'article 464 ne s'appliquent pas aux mesures ouvertes et aux actes effectués avant le 1er janvier 2009, v. Civ. 1re, 12 juin 2013, n° 12-15.688, *Bull. civ.* I, n° 125; *Dr. fam.* 2013. Comm. 127, note I. M.; *RTD civ.* 2013. 577, obs. Hauser; *D.* 2013. 2197, obs. Plazy; *AJ fam.* 2013. 507, obs. Raoul-Cormeil – PAR EX., à propos de l'annulation de la modification de la clause bénéficiaire d'une assurance-vie, v. Civ. 1re, 25 sept. 2013, n° 12-13.197, NP; *AJ fam.* 2013. 716, obs. Vernières; *D.* 2014. 2260, obs. Noguéro; *LEFP* sept. 2013. 5, obs. Raoul-Cormeil.
5. A. Karm, « La gestion du patrimoine de la personne en curatelle », *Dr. et patr.* avr. 2009, n° 180, p. 86, spéc. 93.
6. EN CE SENS, v. la question posée au garde des Sceaux, Rép. min. n° 115128, *JOAN Q*, 15 nov. 2011, p. 12062; *Dr. fam.* 2012, n° 15.
7. Rapp. n° 212 du Sénat, 7 févr. 2007, sur le projet de loi, adopté par l'Assemblée nationale, après déclaration d'urgence, portant réforme de la protection juridique des majeurs, par H. de Richemont, p. 172.
8. Pour autant, la référence à la publicité du jugement d'ouverture n'en présente pas moins l'inconvénient de soumettre le point de départ du délai de deux ans à l'aléa de la durée de la procédure judiciaire. Il aurait été préférable de faire courir ce délai à compter de la demande de placement sous un régime de protection (v. Rép. min. n° 08645, min. Justice, *JO Sénat Q* 8 oct. 2009, 2369; *Dr. fam.* 2009. 7 – Pour le rejet de cette proposition, v. Rép. min. n° 115128, préc. ss prést).
9. Fixant le point de départ du délai de prescription de l'action en nullité dirigée, sur le fondement de l'ancien article 503, à l'encontre d'une donation-partage du jugement d'ouverture de la tutelle : Civ. 1re, 9 mai 1978, n° 76-13.126, *Bull. civ.* I, n° 181; *D.* 1978. 469; *Gaz. Pal.* 1979. 1. 270, note Massip.

sion de la prescription. Par dérogation à l'article 2235 du Code civil[1], la règle traditionnelle suivant laquelle la prescription est suspendue à l'égard du majeur en tutelle est désormais écartée (C. civ., art. 464, al. 3)[2]. La solution nouvelle permet de garantir la **stabilité des actes**, et par suite, la sécurité juridique, sans nuire pour autant à la protection de la personne vulnérable. Avant la réforme, les difficultés de preuve rendaient, en effet, le plus souvent illusoire le succès des actions tardives.

335.22 Sanctions des actes accomplis pendant la période suspecte. La sanction des actes faits pendant la période suspecte présente une double caractéristique, celle d'être **facultative**, d'une part, et celle d'être **gradée**, d'autre part. Sur ce point, l'article 464 reprend les solutions acquises sous l'empire de l'ancien article 503.

La sanction d'un acte accompli par la personne avant sa mise sous curatelle ou sous tutelle n'est pas de droit. La loi laisse ici au juge le **pouvoir d'apprécier l'opportunité de la sanction**, en tenant compte, par exemple, de la bonne foi du contractant ou, en matière de libéralités, de la forme notariée de la donation ou du testament[3].

Sur le second point, la réforme de 2007 procède à une innovation remarquable, en élargissant **l'éventail des sanctions** et en établissant leur **gradation.** L'article 464 désigne, en premier lieu, la **réduction pour excès**, étant souligné que rien ne ressemble plus à la nullité que la réduction de l'acte, dès lors que son objet est indivisible. **L'annulation** de l'acte est subordonnée, quant à elle, à la justification « *d'un préjudice subi par la personne protégée* » (C. civ., art. 464, al. 2). Cette dernière condition n'est pas exempte de difficultés d'interprétation. Elle peut, en effet, soit se réduire à la pratique développée sous l'empire de la jurisprudence antérieure à la réforme, tenant compte, pour prononcer la nullité, de divers éléments susceptibles de caractériser un **préjudice subi par l'intéressé,** soit vouloir signifier que l'annulation de l'acte demeure facultative, même en présence d'un tel préjudice, le juge pouvant tenir compte de diverses considérations d'équité, telles que la bonne ou la mauvaise foi du tiers, l'existence possible d'un intervalle de lucidité au moment de la conclusion de l'acte, pour le maintenir. Les rapports parlementaires ne fournissent pas d'éléments sur ce point[4]. La jurisprudence est, pour l'heure, peu fournie. Un arrêt de la cour d'appel de Paris décide, sans trancher cette difficulté d'interprétation, qu'« *il faut considérer à la fois* », pour l'annulation de trois crédits à la consommation souscrits en moins d'un mois par une personne par la suite placée sous curatelle, « *la fortune de la personne protégée, la bonne ou la mauvaise foi de ceux qui auront traité avec elle, l'utilité ou l'inutilité de l'opération* »[5].

Quelle que soit l'analyse retenue, la condition tirée de la justification d'un préjudice appelle l'exercice par la Cour de cassation d'un **contrôle de la motivation des arrêts prononçant la nullité de l'acte.** Elle devrait pareillement contrôler les raisons pour lesquelles les juges du fond décident de maintenir l'acte annulable, malgré le préjudice[6]. Il reste que la preuve de ce dernier pourra être contournée par le recours à la **nullité pour trouble mental**, laquelle étant de droit, s'impose au juge sans qu'il soit nécessaire d'établir un préjudice. Les dispositions de l'article 464 ne sont pas exclusives des articles 414-1 et 414-2 ou, en matière de libéralités, de l'article 901 (C. civ., art. 466 – v. s[s] n°s 335.11 à 335.19). Si bien que tous ces textes pourront être invoqués, le cas échéant, de manière concurrente ou cumulative[7].

335.23 Titularité de l'action fondée sur la période suspecte. L'article 464 n'attitre pas l'action en nullité. Sur ce terrain, il convient de se reporter aux **règles de capacité** gouvernant l'exercice des **actions en justice**. Sous la curatelle, celui-ci requiert **l'assistance du curateur** (C. civ., art. 468, al. 3), cependant que, sous la tutelle, **le tuteur** peut exercer l'action en réduction ou en nullité **sans l'autorisation préalable** du juge des tutelles ou du conseil de famille (C. civ., art. 504, al. 2). L'action est ouverte aux **successeurs universels** de la personne protégée à son décès, qu'il s'agisse de ses **héritiers *ab intestat*** ou de ses **légataires universels ou à titre universel**, dont le titre résulterait d'un testament antérieur à celui incriminé[8]. Le point

1. C. civ., art. 2235 (*mod. par L. n° 2008-561, 17 juin 2008, art. 2*). La référence faite par l'article 464 alinéa 3 à l'article 2252 résulte d'un défaut d'harmonisation des textes à la suite de la réforme de la prescription.
2. POUR une application de la suspension de la prescription à l'égard du majeur en tutelle sous l'empire de l'ancien article 503 du Code civil : Civ. 1re, 17 févr. 1987, n° 85-16.011, *Bull. civ.* I, n° 59; *D.* 1987. 417, note Massip.
3. N. Peterka, « Les libéralités du majeur protégé dans la loi du 5 mars 2007 », *Dr. fam.* 2007. Étude 20.
4. Rapp. n° 3557 de l'Assemblée nationale, 10 janv. 2007, sur le projet de loi (n° 3462) portant réforme de la protection juridique des majeurs, par E. Blessig, p. 180 – Rapp. n° 212 du Sénat, 7 févr. 2007, par H. de Richemont, p. 171 (préc. s[s] n° 335.21).
5. Paris, pôle 4, ch. 9, 11 juin 2015, RG n° 13/08036, *Dr. fam.* 2015, n° 177, obs. I. M.
6. La jurisprudence rendue sous l'empire de l'ancien article 503 du Code civil semble favorable à un contrôle de motivation exercé par la Cour de cassation, en cas de refus d'annulation : Civ. 1re, 14 mai 1985, n° 84-11.357, *Bull. civ.* I, n° 153 – EN CE SENS : MASSIP, n° 484.
7. PAR EX., rendu sous l'empire de la loi du 3 janvier 1968 mais applicable *mutatis mutandis* sous l'empire de la loi du 5 mars 2007, v. Civ. 1re, 16 sept. 2014, n° 13-22.075, NP; *RTD civ.* 2014. 859, obs. Hauser; *LEFP* nov. 2014. 6, obs. Raoul-Cormeil; *D.* 2015. 1582, obs. Lemouland.
8. Civ. 1re, 14 juin 2005, n° 02-19.038, *Bull. civ.* I, n° 258; *D.* 2006. 1575, obs. Lemouland et Plazy; *Defrénois* 2005. 1858, obs. Massip; *AJ fam.* 2005. 362, obs. Grimaldi; *RTD civ.* 2006. 89, obs. Hauser.

de départ du délai de prescription est reporté, en pareil cas, au jour du décès du testateur puisque c'est seulement à cette date que le testament critiqué produit ses effets.

335.24 Dispositions particulières à la période suspecte en matière d'assurance-vie. L'article L. 132-4-1 alinéa 3 du Code des assurances énonce que « *l'acceptation du bénéfice d'un contrat d'assurance sur la vie conclu moins de deux ans avant la publicité du jugement d'ouverture de la curatelle ou de la tutelle du stipulant peut être annulée sur la seule preuve que l'incapacité était notoire ou connue du cocontractant à l'époque où les actes ont été passés* ». Cette disposition suscite, au moins, deux séries de difficultés d'interprétation.

La première tient à la question de savoir si la **période suspecte de deux ans** s'applique seulement à la conclusion du contrat d'assurance-vie, c'est-à-dire à l'accord entre le **stipulant** et **l'assureur**, ou si elle implique également que **l'acceptation du bénéficiaire** soit intervenue pendant cette période. Peu importe, à retenir une analyse littérale du texte, que l'acceptation du bénéficiaire soit émise alors que la tutelle ou la curatelle est déjà prononcée, mais son utilité se trouve alors, à en juger la *ratio legis* du texte, fortement émoussée.

La seconde résulte de la preuve de la **notoriété** de « *l'incapacité* » ou de sa **connaissance par le cocontractant** « *à l'époque où les actes ont été passés* ». Étant peu explicite, la formule impose d'établir la notoriété de l'altération des facultés personnelles du stipulant ou la connaissance de cette dernière par l'assureur et/ou le bénéficiaire, à la date de l'accord de la personne vulnérable à l'acceptation de l'assurance-vie par le bénéficiaire[1].

§ 3
Sanction des actes irréguliers accomplis après la publicité du jugement d'ouverture

335.31 Publicité du jugement d'ouverture de la tutelle et de la curatelle. L'opposabilité de la tutelle et de la curatelle aux tiers est subordonnée à leur publicité en marge de l'acte de naissance du majeur[2]. La solution se comprend aisément, à l'aune de l'impératif – de valeur constitutionnelle – de sécurité juridique, dès lors que l'une et l'autre de ces deux mesures emportent, quoique à des degrés divers, l'incapacité juridique de la personne protégée. L'article 444 décide ainsi que « *les jugements pourtant ouverture, modification ou mainlevée de la curatelle ou de la tutelle passés force de chose jugée ne sont opposables aux tiers que deux mois après que la mention en a été portée en marge de l'acte de naissance de la personne protégée selon les modalités prévues par le Code de procédure civile* » (C. civ., art. 444, al. 1er – V. C. pr. civ., art. 1233). C'est à compter de cette date que devient opposable aux tiers l'incapacité de contracter rappelée par les dispositions de l'article 1146, issues de l'ordonnance n° 2016-131 du 10 février 2016, portant réforme du droit des contrats. « *Toutefois, même en l'absence de cette mention, ils sont opposables aux tiers qui en ont personnellement connaissance* » (C. civ., art. 444, al. 2). Aussi, la mise sous curatelle de l'emprunteur est-elle opposable à l'organisme de crédit, alors même que ce dernier n'a pas été personnellement avisé de l'ouverture de cette mesure de protection à l'égard de son contractant[3].

335.32 Gradation des sanctions en fonction de la capacité de la personne protégée. L'article 465 du Code civil organise un système de sanctions des actes accomplis irrégulièrement à compter de la publicité du jugement d'ouverture de la mesure, en regroupant l'ensemble des dispositions relatives aux sanctions des actes faits sous la **curatelle** et la **tutelle**. Ces dernières sont applicables aux opérations effectuées « *à compter de la publicité du jugement d'ouverture de la mesure* », c'est-à-dire après son **opposabilité aux tiers dans les conditions de l'article 444 du Code civil**[4]. Les sanctions prévues à l'article 465 ne font pas obstacle à l'action en nullité relative pour insanité d'esprit, prévue par les articles 414-1, 414-2 et 901 du Code civil (C. civ., art. 466), si bien que ces dispositions peuvent être invoquées de manière cumulative[5]. L'article 465 distingue trois hypothèses, tout en posant une gradation des sanctions.

335.33 1°) Sanctions des actes que la personne protégée pouvait faire sans assistance ou représentation : rescision ou réduction. La première hypothèse correspond à celle dans laquelle la personne protégée pouvait agir sans assistance ou représentation. Cela vise, sous la **curatelle**, les **actes d'administration** (C. civ., art. 467) et, sous la **tutelle**, les **actes relevant de la capacité naturelle** de la personne protégée, tels que ceux pour lesquels la personne en tutelle est autorisée à agir elle-même par la loi ou l'usage (C. civ., art. 473, al. 1er). En pareilles hypo-

1. Sur ce sujet, V. NOT. Ph. Delmas Saint-Hilaire, « Le contrat d'assurance-vie nouveau est arrivé ! », *RJPF* 2008-3/8 – N. Peterka, « L'assurance-vie à l'épreuve de la protection juridique des majeurs », *Mél. Champenois*, Défrénois-Lextenso, 2012, p. 641.
2. Sur laquelle, D. Noguéro, « La publicité des mesures de protection des majeurs (ouverture, vie et fin des mesures) », *Mél. J. Hauser*, LexisNexis-Dalloz, 2012, p. 467.
3. Civ. 1re, 9 nov. 2011, n° 10-14.375, *Bull. civ.* I, n° 198; *Dr. fam.* 2012. Comm. 11, note Maria – Douai, ch. 8, sect. 1, 3 oct. 2013, RG n° 13/00868, *Dr. fam.* 2014, n° 16, obs. I. M. – Civ. 1re, 29 janv. 2014, n° 12-29.853, NP; *RTD civ.* 2014. 339, obs. Hauser; *D.* 2014. 2266, obs. Noguéro.
4. V. PAR EX., Civ. 1re, 29 janv. 2014, nos 12-29.853, 13-11.269 et 12-28.171, NP.
5. POUR UN EXEMPLE, Rennes, 6e ch. B, 15 oct. 2013, RG n° 13/02113, *Dr. fam.* 2014, n° 10, note Maria.

thèses, l'opération reste sujette aux **actions en rescision** pour cause de lésion **ou en réduction** pour cause d'excès prévues à l'article 435, comme si elle avait été accomplie par une personne placée sous sauvegarde de justice (C. civ., art. 465, al. 1er, 1°). L'article 465 réserve le **cas où les actes** ont été expressément **autorisés** par le juge des tutelles ou le conseil de famille. En ce cas, la réduction ou la rescision ne peuvent plus être invoquées. Il pourrait en être ainsi des actes pour lesquels le juge des tutelles aura laissé, dans le jugement d'ouverture ou postérieurement à celui-ci, à la personne en tutelle la capacité d'agir elle-même (C. civ., art. 473, al. 2) et, sous la curatelle allégée, des actes de disposition que le juge des tutelles a laissé au curatélaire la capacité de faire seul (C. civ., art. 471).

Néanmoins, l'extension de la capacité profitant, en ces hypothèses, à des actes dont les modalités ne sont pas soumises à l'appréciation du juge, la sanction prévue à l'article 465 alinéa 1er, 1° mériterait d'être maintenue (v. ss n° 344.42).

Il en va différemment de l'acte accompli par le majeur en curatelle, muni d'une autorisation supplétive, dès lors que l'opération a été passée dans les conditions fixées par l'autorisation judiciaire (v. ss nos 343.11 et 344.42).

335.34 **2°) Sanctions des actes pour lesquels la personne protégée aurait dû être assistée : nullité facultative.** La deuxième hypothèse correspond à celle dans laquelle la personne protégée a accompli seule un acte pour lequel elle aurait dû être assistée. Cela vise, sous la **curatelle**, les **actes de disposition** et, sous la **curatelle élargie**, les **actes d'administration** énumérés par le juge dans le jugement d'ouverture de la mesure ou postérieurement à celui-ci (C. civ., art. 471). Il peut également s'agir, sous la **tutelle**, de certaines opérations énumérées par le juge que la personne peut faire avec l'assistance du tuteur (C. civ., art. 473, al. 2). La sanction du défaut d'assistance réside alors dans la **nullité de l'acte**. Il s'agit d'une nullité relative, dont le prononcé est **facultatif** et se trouve désormais expressément subordonné à la **preuve du préjudice subi** par la personne protégée, sans qu'il soit certain que cette démonstration emporte, pour le juge, l'obligation d'annuler l'acte (C. civ., art. 465, al. 1er, 2°). Sur ce point, la réforme reconduit, pour l'essentiel, les solutions anciennes. Le juge tiendra compte, pour prescrire l'annulation de l'acte, de diverses circonstances, telles que son **utilité** pour la personne protégée ou la **bonne foi** du contractant.

335.35 **3°) Sanctions des actes pour lesquels la personne protégée aurait dû être représentée : nullité de droit.** La troisième hypothèse correspond à celle dans laquelle la personne protégée a accompli seule un acte pour lequel elle aurait dû être représentée. Cela désigne la plupart des **actes faits sous la tutelle**, à l'exception des actes de la vie courante et de ceux que le juge autorise le tutélaire à accomplir lui-même et sans assistance (C. civ., art. 473). Sous la **curatelle renforcée**, sont visés la **perception des revenus** de la personne protégée et le **règlement de ses dépenses** (C. civ., art. 472, al. 1er). La sanction est alors la **nullité de droit**, et non pas la nullité « *de plein droit* » comme le dit l'article 465 alinéa 1er, 3°. Il semble bien, en effet, qu'une **décision de justice** soit nécessaire pour constater et faire prononcer l'anéantissement. Cela résulte, au demeurant, implicitement des dispositions du décret n° 2008-1484 du 22 décembre 2008, sur les actes de gestion du patrimoine des personnes en curatelle ou en tutelle[1]. Ce texte classe, en effet, dans la catégorie des **actes de disposition par nature** l'action en rescision ou en réduction (C. civ., art. 465, al. 1er, 1°) ainsi que l'action en nullité pour défaut d'assistance ou de représentation (C. civ., art. 465, al. 1er, 2° et 3°)[2]. La nullité de droit impose au juge de prononcer l'anéantissement de l'acte, dès lors que la personne a agi sans être représentée. L'article 465 précise, par ailleurs, que la sanction n'est pas, ici, subordonnée à la justification d'un préjudice subi par la personne protégée (C. civ., art. 465, al. 1er, 3°).

Pour autant, l'ordonnance du 10 février 2016, portant réforme du droit des contrats, tempère les solutions découlant de l'article 465 du Code civil[3]. En effet, l'article 1150 rappelle, dans sa rédaction issue de cette ordonnance, que « *les actes accomplis par les majeurs protégés sont régis par les articles 435, 465 et 494-9, sans préjudice des articles 1148, 1151 et 1352-4* ». L'article 1148 reprend la règle traditionnelle suivant laquelle « *toute personne incapable de contracter peut néanmoins accomplir seule les actes courants autorisés par la loi ou l'usage, pourvu qu'ils soient conclus à des conditions normales* ». L'article 1151 précise que « *le contractant capable peut faire obstacle à l'action en nullité engagée contre lui en établissant que l'acte était utile à la personne protégée et exempt de lésion ou qu'il a profité à celle-ci* (al. 1er). *Il peut aussi opposer à l'action en nullité la confirmation de l'acte par son cocontractant devenu ou redevenu capable* (al. 2) ». C'est dire que **l'utilité de l'acte pour la personne protégée** ou le **profit qu'elle en a retiré** sont autant d'entraves au prononcé de la nullité, fût-elle de droit aux termes de l'article 465. La règle de la nullité de droit des actes irréguliers du majeur en tutelle, indépendamment d'un préjudice subi par ce dernier, s'en trouve considérablement émoussée. Enfin, l'article 1352-4

1. Décr. n° 2008-1484, 22 déc. 2008, sur les actes de gestion du patrimoine des personnes en curatelle ou en tutelle, et pris en application des articles 452, 496 et 502 du Code civil, *JO* 31 déc., p. 20631.
2. Décr. n° 2008-1484, 22 déc. 2008, annexe 1, col. 2, VI.
3. N. Peterka, « Les implications de la réforme du droit des obligations en droit des personnes protégées », *AJ fam.* 2016. 533.

énonce, dans sa version issue de la réforme du droit des contrats, que « *les restitutions dues à un mineur non émancipé ou à un majeur protégé sont réduites à proportion du profit qu'il a retiré de l'acte annulé* ». Autrement dit, lorsqu'elle est prononcée, la nullité ne conduit pas nécessairement à une restitution intégrale à la personne protégée des sommes qu'elle a versées à son cocontractant.

335.36 **Titularité de l'action.** L'article 465 alinéa 2 du Code civil attitre les actions visant à remettre en cause les actes irréguliers effectués par la personne protégée après la publicité du jugement d'ouverture. « *Le curateur ou le tuteur peut, avec l'autorisation du juge ou du conseil de famille s'il a été constitué, engager seul l'action en nullité, en rescision ou en réduction des actes* ». Cette disposition appelle une double remarque.

Sous la **curatelle**, elle impose au **curateur** de saisir le **juge des tutelles pour qu'il l'autorise** à engager l'action en justice, ce que n'exigeaient pas les anciens textes (C. civ., anc. art. 510-1, issu de L. n° 68-5, 3 janv. 1968). La formulation de l'article 465 alinéa 2 est maladroite car elle pourrait laisser accroire que seul le curateur peut intenter l'action. Une telle interprétation doit être toutefois rejetée à la faveur d'une lecture croisée des articles 465 et 468. Ce dernier texte autorise, en effet, le **majeur en curatelle à agir en justice avec l'assistance du curateur**. L'autorisation du juge n'est alors pas requise. Elle l'est seulement lorsque le curateur se substitue au majeur protégé, par suite de l'inaction de celui-ci[1]. De ce point de vue, l'article 465 alinéa 2 se fait l'écho, dans le domaine de la sanction des actes irréguliers, des dispositions générales de l'article 469 alinéa 2 du Code civil, permettant au curateur de vaincre l'inertie de la personne protégée en agissant en son nom avec l'autorisation du juge des tutelles.

Sous la **tutelle**, la distinction entre l'action intentée par la personne protégée et celle exercée par son protecteur perd sa pertinence car on pénètre, alors, dans un régime de représentation. **L'article 465** – qui soumet l'exercice de l'action en rescision, en réduction, en nullité à **l'autorisation préalable du juge des tutelles** – contredit les dispositions de **l'article 504**, lequel permet au tuteur d'engager les actions en justice à caractère patrimonial sans cette autorisation. Ce **conflit de textes** doit être résolu à la lumière de la maxime d'interprétation suivant laquelle **la règle spéciale (C. civ., art. 465, al. 2) déroge à la règle générale (C. civ., art. 504, al. 2)**. À vrai dire, on imagine malaisément que le juge refuse l'autorisation d'agir, si bien que l'article 465 alinéa 2 apparaît, sous la tutelle, comme un alourdissement inutile[2]. Après la mainlevée de la tutelle, la personne protégée ayant recouvré sa capacité peut intenter elle-même l'action en nullité. Ses héritiers peuvent l'exercer après son décès.

335.37 **Nature de la nullité : nullité relative.** L'article 465 alinéa 3 du Code civil renvoyait, avant l'ordonnance n° 2016-131 du 10 février 2016 portant réforme du droit des obligations, à l'article 1304 du même code gouvernant le délai de prescription de l'action en nullité relative. Le droit d'invoquer la nullité, par voie d'action ou d'exception, est ainsi réservé à la **personne protégée** et à son **protecteur**. En revanche, le contractant ne peut pas opposer l'incapacité de celui avec qui il a contracté. Ces solutions résultent, depuis l'ordonnance du 10 février 2016, de l'article 1147 du Code civil[3]. L'acte nul est, conformément à la théorie de la nullité relative, susceptible de **confirmation**. Si la loi du 5 mars 2007 et le décret du 22 décembre 2008, relatif aux actes de gestion, étaient resté muets sur ce point, la possibilité de couvrir la nullité par la confirmation découle désormais expressément, depuis la réforme du droit des obligations, de l'article 1181 alinéa 2 du Code civil. La faculté de confirmer l'acte nul semble ouverte à la **personne protégée** et au **protecteur**, dès lors qu'elle apparaît comme le corollaire du droit d'agir en nullité.

Il reste que, sous la **curatelle**, la mission d'assistance du curateur sème le doute sur l'étendue de ses pouvoirs pour confirmer l'acte. La question se pose, en effet, de savoir si, étant muni de l'autorisation du juge, il peut agir seul ou si son rôle se borne seulement à assister le majeur[4] (sous la réserve de la faculté prévue à l'article 469, al. 2, du Code civil; sur laquelle, v. s^s n° 343.14). Sur ce point, la loi nouvelle rompt avec les dispositions antérieures qui permettaient au curateur d'approuver l'acte de sa seule initiative et sans autorisation judiciaire (C. civ., art. 510-1, al. 2, issu de L. n° 68-5, 3 janv. 1968). À vrai dire, la justification de la suppression de cette règle, tirée – à lire les rapports parlementaires – de ce qu'il n'y aurait pas lieu de prévoir une confirmation dans la mesure où la nullité de l'acte est subordonnée à la preuve d'un préjudice, n'est pas convaincante[5]. Elle méconnaît, en effet, le souci de sécurité juridique et de stabilité des transactions qui, pourtant, irrigue les dispositions de la réforme relatives aux sanctions[6].

Sous la **tutelle**, la **confirmation** de l'acte nul semble requérir **l'autorisation du juge**. La solution repose, dans le silence de la loi, sur la nature de l'acte de

1. EN CE SENS : MASSIP, n° 475.
2. MASSIP, n° 532.
3. C. civ., anc. art. 1125-1.
4. EN CE SENS : MASSIP, n° 475 – *J.-Cl. Civ. Code*, art. 464 à 466, par Lemouland, spéc. n° 92.
5. Rapp. n° 3557 de l'Assemblée nationale, 10 janv. 2007, par E. Blessig, p. 183 (préc. s^s n° 335.22) – Rapp. n° 212 du Sénat, 7 févr. 2007, par H. de Richemont, p. 173 (préc. s^s n°s 335.21 et 335.22).
6. J. Massip, « La valeur juridique des actes en cas d'ouverture d'une curatelle », *Defrénois* 2009. 1461, spéc. n° 4, 1466.

confirmation. Celui-ci doit être analysé comme un acte grave, assimilable à un **acte de disposition**[1]. Il convient, par ailleurs, de souligner, ici, les risques liés à l'article 509 qui prohibe la renonciation gratuite à un droit acquis. Ce texte pourrait conduire à l'interdiction de la confirmation, si elle était qualifiée d'acte à titre gratuit[2]. Il reste que ce risque paraît assez limité car la notion d'acte à titre gratuit implique l'existence d'une intention libérale, laquelle doit être démontrée.

335.38 Prescription de l'action. L'action en nullité, en rescision ou en réduction est enfermée dans le **délai de prescription de droit commun de cinq ans** prévu à l'article 2224[3] (C. civ., art. 465, al. 3). La loi du 5 mars 2007 n'avait pas réglé la question du **point de départ** de la prescription. Pour autant, l'article 1304 alinéa 3 précisait, dans sa rédaction issue de cette loi, que le délai ne courait, à l'égard des actes faits par un majeur protégé, que du jour où il en avait eu connaissance alors qu'il était en situation de les refaire valablement, et, à l'égard des héritiers de la personne en tutelle ou en curatelle, du jour de son décès, si le délai n'avait commencé à courir avant. Cela signifiait que la prescription ne s'écoulait, à l'égard de la personne protégée, qu'à compter de la **cessation du régime de protection.**

L'article 465 alinéa 3 a opéré, dans sa rédaction résultant de la loi du 5 mars 2007, une **clarification des solutions dans le domaine de la curatelle.** Avant cette réforme, un doute pouvait exister sur le point de départ du délai de prescription, sous ce régime, dans la mesure où l'article 2235 du Code civil[4] ne prévoit la suspension de la prescription que dans le cas de la seule tutelle. À vrai dire, **l'extension à la curatelle du report du point de départ de la prescription** semble logique, dès lors que le droit d'agir en justice suppose toujours l'intervention du curateur[5]. Encore que le majeur puisse passer outre un éventuel refus du curateur, en sollicitant l'autorisation du juge pour agir seul (C. civ., art. 469, al. 3). La solution résulte depuis l'abrogation de l'article 1304 et la suppression corrélative du renvoi de l'article 465 alinéa 3 à ce texte, des dispositions de l'article 1152, 2° et 3° du Code civil. Introduit dans le Code civil par l'ordonnance du 10 février 2016 au sein d'un paragraphe consacré à la capacité, ce texte précise que « *la prescription de l'action court : [...] 2° À l'égard des actes faits par un majeur protégé, du jour où il en a eu connaissance alors qu'il était en situation de les refaire valablement; 3° À l'égard des héritiers de la personne en tutelle ou en curatelle ou de la personne faisant l'objet d'une habilitation familiale, du jour du décès si elle n'a commencé à courir auparavant* ».

Restera à préciser, à l'avenir, si le **délai butoir de vingt ans**, prévu à l'article 2232, a vocation à s'appliquer à l'action exercée par le majeur ayant recouvré sa capacité. Sur ce point, s'il pouvait être soutenu avant l'ordonnance du 10 février 2016 que les dispositions combinées des articles 465 alinéa 3 et 1304 dérogeaient, en tant que règles spéciales, aux dispositions plus générales sur la prescription, le renvoi effectué par l'article 465 alinéa 3 à l'article 2224, et donc au droit commun de la prescription, rend aujourd'hui la solution plus incertaine. Plus délicate encore est la question de savoir si le bénéfice du report du point de départ de la prescription joue lorsque **l'action en nullité est exercée par le tuteur ou le curateur.** À vrai dire, l'extension de ce report à l'action exercée par le protecteur ne paraît pas justifiée à l'aune de l'esprit de la loi de 2007, dont l'un des soucis a été de garantir la stabilité des actes. S'il est vrai qu'avant la réforme du droit des obligations, les dispositions de l'article 465 alinéa 3, énonçant que « *dans tous les cas, l'action s'éteint par le délai de cinq ans prévu à l'article 1304* » pouvaient fournir un argument textuel en faveur de l'extension de la suspension de la prescription à l'action exercée par le curateur ou le tuteur, le renvoi qu'opère désormais ce texte aux seules dispositions de l'article 2224 omettant celles de l'article 1152, 2° ne fournit aucun élément permettant une telle interprétation.

§ 4
Sanction spécifique aux libéralités

A.
Incapacités de recevoir à titre gratuit du Code civil

335.41 Incapacité de recevoir à titre gratuit des professionnels de santé. L'article 909 du Code civil contribue à renforcer la protection du majeur vulnérable par le jeu des incapacités de recevoir à titre gratuit. Fondé sur une **présomption de suggestion et de captation liée à la profession ou à la qualité du gratifié**, le domaine de ces incapacités de suspicion a été considérablement élargi par la loi du 5 mars 2007. L'article 909 interdit désormais aux « *membres des professions médicales et de la pharmacie, ainsi* [qu'aux] *auxiliaires médicaux qui ont prodigué des soins à une personne pendant la maladie dont elle meurt* » de « *profiter des dispositions entre vifs ou testamentaires qu'elle aurait faites en leur faveur pendant le cours de*

1. C'est d'ailleurs la solution retenue s'agissant de la confirmation de l'acte nul pour insanité d'esprit (Décr. n° 2008-1484, 22 déc. 2008, annexe 1, col. 2, IX).
2. MASSIP, n° 532.
3. Le délai de cinq ans résultant de l'ancien article 1304 demeure applicable aux instances introduites avant le 1er octobre 2016 (Ord. n° 2016-131, 10 févr. 2016, art. 9).
4. C. civ., art. 2235, mod. par L. n° 2008-561, 17 juin 2008, art. 2 (C. civ., anc. art. 2252).
5. Que ce soit sur le fondement de l'article 465 alinéa 2 ou sur celui de l'article 468 alinéa 3 – COMP. : *J.-Cl. Civ. Code*, art. 464 à 466, par Lemouland, n° 91.

celle-ci ». Pour relever de l'incapacité, le professionnel doit avoir prodigué des soins au cours de la maladie dont le disposant est décédé et avoir été gratifié par ce dernier pendant celle-ci[1]. Si le fondement de l'article 909 justifie que le texte fasse l'objet d'une **interprétation stricte** interdisant son extension à des professions non visées par ses dispositions (avocats, notaires, par exemple), les professionnels désignés sont largement entendus. L'incapacité qu'il prévoit atteint ainsi, non seulement le médecin ayant délivré des soins afférents à la **pathologie principale** du disposant mais, aussi, celui lui ayant prodigué des soins à raison de la **pathologie secondaire** dont le disposant était affecté en raison de la première maladie dont il est décédé[2].

335.42 Incapacité de recevoir à titre gratuit du mandataire judiciaire à la protection des majeurs. L'alinéa 2 de l'article 909 étend cette incapacité aux « *mandataires judiciaires à la protection des majeurs et* [aux] *personnes morales au nom desquelles ils exercent leurs fonctions* ». Ces derniers ne peuvent profiter des dispositions entre vifs ou testamentaires qu'auraient faites en leur faveur les personnes dont ils assurent la protection. L'interdiction revêt ici une originalité au regard de celle frappant les professionnels de santé. **Elle s'applique à toutes les libéralités, quelle que soit leur date.** Sont ainsi visés les donations consenties et les testaments rédigés au profit du professionnel avant l'ouverture de la mesure de protection ou sa prise en charge par ce dernier. En revanche, les libéralités effectuées avant l'entrée en vigueur de la loi du 5 mars 2007 échappent à cette incapacité. Les donations consenties avant le 1er janvier 2009 au profit d'un protecteur devenu mandataire professionnel sont donc valables au regard des dispositions de l'article 909 alinéa 2. La solution est plus délicate en matière de testaments. L'incapacité de recevoir à titre gratuit s'étend-elle au légataire investi, en tant que gérant de tutelle, de la protection du testateur lors de la rédaction du testament, effectuée avant le 1er janvier 2009 ? La logique de l'incapacité de suspicion devrait conduire à l'étendre au mandataire professionnel en charge de la protection du disposant tout à la fois à l'époque de la confection du testament avant le 1er janvier 2009 et à celle du décès du testateur, dès lors que celui-ci est intervenu après cette date. La consécration d'une telle proposition impliquerait, néanmoins, d'apporter un tempérament à la solution traditionnelle, suivant laquelle les incapacités de défiance, parce qu'elles tendent à protéger le testateur, s'apprécient à la date du testament[3].

335.43 Exceptions à l'incapacité de recevoir à titre gratuit. Sont écartées de la sphère de cette incapacité les **dispositions rémunératoires** faites à titre particulier, eu égard aux facultés du disposant et des services rendus, ce qui est conforme au droit commun des libéralités rémunératoires[4]. Sont pareillement exclues de la prohibition les **dispositions universelles en ligne collatérale jusqu'au quatrième degré inclusivement**, à la condition que le disposant n'ait pas d'héritiers en ligne directe (C. civ., art. 909, 1° et 2°). Cette dernière condition est toutefois écartée si le gratifié est lui-même successible en ligne directe.

EXEMPLE

Ainsi, la donation ou le testament consentis par une personne, décédée sans postérité, au profit de son petit-neveu, médecin ou mandataire judiciaire à la protection des majeurs, dont il est le patient ou le protégé, échappent-ils à l'interdiction. Il en est de même de la libéralité effectuée par le défunt au profit du médecin l'ayant soigné pendant le cours de sa dernière maladie, si ce dernier est son fils, son petit-fils ou son arrière-petit-fils.

335.44 Incapacité de recevoir à titre gratuit du ministre du culte. L'article 909 *in fine* ajoute que les mêmes règles sont observées à l'égard du ministre du culte. Or, si l'incapacité implique que le traitement spirituel revête une certaine continuité[5], elle laisse aujourd'hui dans l'ombre la question de savoir s'il doit avoir été prodigué pendant le cours de la dernière maladie et si la libéralité doit avoir été consentie pendant celle-ci. À vrai dire, la nouvelle rédaction du texte semble favorable à une extension de l'interdiction quelle que soit la date de la libéralité.

B. Incapacités de recevoir à titre gratuit du Code de l'action sociale et des familles

335.51 Incapacité de recevoir des libéralités émanant de personnes âgées ou handicapées. Le Code de l'action sociale et des familles faisait inter-

1. Civ. 1re, 1er juill. 2003, n° 00-15.786, NP; *D.* 2003. 2404, concl. J. Sainte-Rose; *Defrénois* 2004. 31, note Peterka; *RGDA* 2004. 157, note Mayaux – RAPPR. Civ. 1re, 15 janv. 2014, n° 12-22.950, *Bull. civ.* I, n° 2; *LEFP* mars 2014. 5, obs. Pétroni-Maudière (l'assistance apportée par le médecin gratifié au disposant, en raison des liens affectifs anciens et profonds qui l'unissaient à lui, ne constitue pas un traitement médical invalidant les libéralités consenties par application de l'article 909).
2. Civ. 1re, 4 nov. 2010, n° 07-21.303, *Bull. civ.* I, n° 222; *Dalloz actualité,* 16 nov. 2010, obs. Lavric; *JCP* 2011, n° 251, § 7, obs. Le Guidec; *JCP N* 2011, n° 1054, note Massip; *Defrénois* 2011. 837, note Massip; *Dr. fam.* 2011, n° 9, obs. Beignier; *RTD civ.* 2011. 163, obs. Grimaldi; *RGDA* 2011. 164, note Kullmann – Pour l'application de l'article 909 à un magnétiseur, v. Civ. 1re, 10 oct. 1978, *D.* 1979. IR 75, obs. Martin; *JCP* 1980. II. 19341, note Dagot.
3. M. Grimaldi, *Droit civil. Libéralités, partages d'ascendants,* LexisNexis/Litec, 2000, n° 1046.
4. F. Terré, Y. Lequette et S. Gaudemet, *Droit civil. Les successions. Les libéralités*, 4e éd., « Précis », Dalloz, 2014, n° 261.
5. F. Terré, Y. Lequette et S. Gaudemet, *Droit civil. Les successions. Les libéralités*, 4e éd., « Précis », Dalloz, 2014, n° 323.

diction aux **personnes physiques ou morales**, propriétaires administrateurs ou employés des établissements hébergeant à titre gratuit ou onéreux des mineurs, des personnes âgées, des personnes handicapées ou inadaptées ou en détresse, aux **bénévoles** intervenant en leur sein et aux **associations** auxquelles ces derniers adhèrent, de profiter des dispositions entre vifs ou testamentaires faites en leur faveur par des personnes hébergées dans le ou les établissements qu'elles exploitent ou dans lesquels elles sont employées. Les exceptions prévues à l'article 909, 1° et 2°, tirées du caractère rémunératoire de la libéralité ainsi que du lien de parenté unissant le gratifié et le disposant, étaient toutefois applicables (CASF, anc. art. L. 331-4; anc. art. L. 209 *bis*; anc. art. L. 443-6). Ces dispositions, ainsi que celles de l'article 909 du Code civil, avaient montré leurs faiblesses. Les auxiliaires de vie et les aides ménagers passaient en effet entre leurs interstices, en raison tout à la fois de la règle de l'interprétation stricte gouvernant ces incapacités et de l'effet relatif du contrat de travail liant ces salariés aux services d'aide à la personne les employant [1].

335.52 Extension aux employés de maison. Afin de lutter contre ce résultat, l'article L. 116-4, I du Code de l'action sociale et des familles, dans sa rédaction issue de la loi n° 2015-1776 du 28 décembre 2015 relative à l'adaptation de la société au vieillissement [2], étend l'incapacité de recevoir à titre gratuit aux employés de maison employés en tant que salariés par des particuliers à des travaux domestiques (C. trav., art. L. 7221-1). Ceux-ci ne peuvent recevoir de libéralités entre vifs ou testamentaires par les personnes qu'ils accompagnent pendant la durée de cet accompagnement, lorsqu'ils accomplissent des services d'**assistance aux personnes âgées**, aux personnes **handicapées** ou aux autres personnes qui ont besoin d'une aide personnelle à leur domicile ou d'une aide à la mobilité dans l'environnement de proximité favorisant leur maintien à domicile (C. trav., art. L. 7231-1, 2°). Sont pareillement visées par cette interdiction les personnes employées en tant qu'aides ménagers par un service proposant de l'**aide personnelle à domicile ou à la mobilité** permettant le maintien à domicile, soumis à agrément ou à déclaration par l'article L. 7231-1, 2° du Code du travail. L'incapacité de recevoir à titre gratuit frappe ainsi désormais **tous les auxiliaires de vie employés au service de personnes âgées, handicapées ou à mobilité réduite,** sans distinction suivant que leur contrat de travail les lie directement à cette personne ou à un service les mettant à la disposition de celle-ci (CASF, art. L. 116-4, I, al. 1er et 2).

335.53 Autres personnes visées par l'incapacité de recevoir à titre gratuit. Sont pareillement soumises à l'incapacité de recevoir à titre gratuit les personnes physiques propriétaires, gestionnaires, administrateurs des établissements ou services sociaux ou médico-sociaux ou encore d'un service proposant de l'aide personnelle à domicile ou à la mobilité permettant le maintien à domicile (C. trav., art. L. 7231-1, 2°), les bénévoles ou les volontaires qui agissent au sein de ces structures ou y exercent une responsabilité, le couple ou l'accueillant familial, soumis à l'agrément prévu par l'article L. 441-1 du Code de l'action sociale et des familles, son conjoint, son partenaire lié par un PACS ou son concubin ainsi que leurs ascendants et descendants en ligne directe (CASF, art. L. 116-4, I, al. 2).

335.54 Suppression de l'incapacité de recevoir à titre gratuit des établissements sociaux ou médico-sociaux. La loi du 28 décembre 2015 [3] a parallèlement réduit le champ de ces interdictions. Les personnes morales exploitant des services ou établissements sociaux ou médico-sociaux, telles que les associations, échappent désormais à l'incapacité de recevoir à titre gratuit. Elles peuvent accepter, dans les conditions prévues aux articles 910 et 937 du Code civil, les dons et les legs consentis par les personnes qu'elles aident ou hébergent.

335.55 Domaine et durée de l'incapacité de recevoir à titre gratuit. Les incapacités de recevoir à titre gratuit édictées par l'article L. 116-4, I du Code de l'action sociale et des familles s'appliquent aux dispositions à titre gratuit entre vifs ou testamentaires consenties en faveur des personnes qui y sont soumises par les personnes prises en charge par l'établissement ou le service pendant la durée de cette prise en charge ou par les personnes qu'elles accueillent ou accompagnent pendant la durée de cet accueil ou de cet accompagnement (CASF, art. L. 116-4, I, al. 1er et 2).

Les dispositions nouvelles de l'article L. 116-4, I sont applicables aux donations acceptées à compter de l'entrée en vigueur de la loi du 28 décembre 2015, soit le 30 décembre 2015 ainsi qu'aux legs consentis après cette date (sur les questions de droit transitoire, v. s^s n° 335.42).

335.56 Exceptions à l'incapacité. L'article L. 116-4, I du Code de l'action sociale et des familles renvoie expressément aux dispositions des 1° et 2° de l'article 909. Sont ainsi valablement acceptées les libéralités rému-

1. Civ. 1re, 25 sept. 2013, n° 12-25.160, *Bull. civ.* I, n° 193; *D.* 2013. 2273; *JCP* 2013. 1167, avis Jean, note Leroyer; *JCP N* 2014. 1058, note Massip; *Dr. fam.* 2013, n° 154, note Maria; *ibid.* n° 166, note Beignier; *RTD civ.* 2014. 86, obs. Hauser; *RDC* 2014. 20, note Laithier; *ibid.* 32, obs. Borghetti.
2. L. n° 2015-1776, 28 déc. 2015, relative à l'adaptation de la société au vieillissement, *JO* 29 déc., p. 24268.
3. L. n° 2015-1776, 28 déc. 2015, relative à l'adaptation de la société au vieillissement, *JO* 29 déc., p. 24268.

nératoires à titre particulier, qu'il s'agisse de donations ou de legs, ainsi que les dispositions universelles, dans le cas de parenté jusqu'au quatrième degré inclus, dans les conditions prévues par l'article 909 (v. s[s] n° 335.43).

L'ordonnance n° 2016-131 du 10 février 2016, portant réforme du droit des contrats, a ajouté un second paragraphe à l'article L. 116-4 du Code de l'action sociale et des familles. Applicable à compter du 1er octobre 2016, le texte prévoit que « *II. - Sauf autorisation de justice, il est interdit, à peine de nullité, à quiconque est frappé de l'interdiction prévue au I de se rendre acquéreur d'un bien ou cessionnaire d'un droit appartenant à une personne prise en charge, accueillie ou accompagnée dans les conditions prévues par le I ou de prendre à bail le logement occupé par cette personne avant sa prise en charge ou son accueil* (al. 1er). *Pour l'application du présent II, sont réputées personnes interposées, le conjoint, le partenaire d'un pacte civil de solidarité, le concubin, les ascendants et les descendants des personnes auxquelles s'appliquent les interdictions ci-dessus édictées* (al. 2) ». Le texte fait basculer dans le Code de l'action sociale et des familles l'incapacité jusqu'alors prévue par l'article 1125-1 du Code civil, tout en étendant son domaine d'application. Si elle est plus large quant aux actes que celle prévue à l'article L. 116-4, I[1], l'incapacité résultant de l'article L. 116-4, II est, elle, susceptible d'être levée par une autorisation judiciaire[2]. Cette disposition trouve son prolongement à l'article L. 3211-5-1 du Code de la santé publique, pareillement issu de l'ordonnance du 10 février 2016, lequel reprend une partie des dispositions de l'ancien article 1125-1, en prévoyant que, « *sauf autorisation de justice, il est interdit, à peine de nullité, à quiconque exerce une fonction ou occupe un emploi dans un établissement dispensant des soins psychiatriques de se rendre acquéreur d'un bien ou cessionnaire d'un droit appartenant à une personne admise dans l'établissement ou de prendre à bail le logement occupé par cette personne avant son admission dans l'établissement* (al. 1er). *Pour l'application du présent article, sont réputées personnes interposées, le conjoint, le partenaire d'un pacte civil de solidarité, le concubin, les ascendants et les descendants des personnes auxquelles s'appliquent les interdictions ci-dessus édictées* (al. 2) ».

1. Une lecture cohérente du texte commande, à vrai dire, de limiter l'article L. 116-4 II aux actes à titre onéreux et l'article L. 116-4 I aux dispositions à titre gratuit entre vifs et testamentaires, afin d'éviter les difficultés de recoupement entre ses deux parties – V., EN CE SENS, M. Nicod, « Liberté de disposer de la personne âgée et lutte contre les captations d'héritage », *Dr. fam.* 2016. Étude 36.
2. Les exceptions prévues à l'article 909 du Code sont pareillement applicables à l'incapacité d'exercice posée à l'article L. 116-4, II en raison du renvoi qu'il opère à « l'interdiction prévue au I ».

C. Sanction des incapacités de recevoir à titre gratuit

335.61 Nullité de la libéralité. Les incapacités de recevoir à titre gratuit édictées aux articles 909 du Code civil et L. 116-4, I du Code de l'action sociale et des familles sont sanctionnées par la nullité relative de la libéralité. Celle-ci ne peut être invoquée que par la personne dont le législateur entend organiser la protection, c'est-à-dire par l'auteur de la libéralité ou son représentant. Elle est enfermée dans le délai de prescription de droit commun de cinq ans prévu à l'article 2224 et est susceptible de confirmation (C. civ., art. 1181, réd. Ord. n° 2016-131, 10 févr. 2016). La prescription court, sous réserve de sa suspension, à compter du jour de l'acceptation de la libéralité. Afin de faciliter la sanction de ces interdictions et déjouer la fraude consistant à déguiser la libéralité sous l'apparence d'un acte à titre onéreux ou à la consentir à un tiers servant d'intermédiaire fictif entre le disposant et l'incapable, l'article 911 édicte des **présomptions simples d'interposition de personnes** destinées à percer à jour de tels comportements frauduleux. Sont ainsi « *présumées personnes interposées, jusqu'à preuve contraire, les père et mère, les enfants et descendants, ainsi que l'époux de la personne incapable* » (C. civ., art. 911, al. 2). En dehors de ces hypothèses, la preuve de l'interposition de personnes peut être rapportée par tous moyens. Elle entache la libéralité de **nullité absolue**, laquelle peut être invoquée par tout intéressé. Son prononcé s'impose au juge dès lors qu'il en constate les conditions (C. civ., art. 911, al. 1er).

SECTION 2 RÈGLES GÉNÉRALES SANCTIONNANT L'IRRÉGULARITÉ DES ACTES ACCOMPLIS PAR LA PERSONNE CHARGÉE DE LA PROTECTION

335.70 Présentation. La loi du 5 mars 2007 a regroupé au sein de l'article 465 du Code civil les règles relatives à la sanction de dépassement de pouvoirs commis, sous la curatelle et la tutelle, par la personne chargée de la protection (§ 1). Pour autant, la réforme demeure muette sur la sanction des actes interdits au protecteur (§ 2).

§ 1 Sanction des dépassements de pouvoirs

335.71 Notion de dépassement de pouvoirs – Conflit d'intérêts. La sanction des dépassements de pouvoirs est régie, sous la curatelle et la tutelle, par les dispositions de l'article 465 alinéa 1er, 4°. Aux termes de ce texte, « *si le tuteur a accompli seul un acte qui aurait dû être fait par la personne protégée soit seule, soit avec son assistance ou qui ne pouvait être accompli qu'avec l'autorisation du juge ou du conseil de famille s'il a été constitué, l'acte est nul de plein droit sans qu'il soit nécessaire de justifier d'un préjudice* ».

La notion de dépassement de pouvoirs désigne ainsi les opérations effectuées par l'administrateur en **violation de la limitation légale de ses pouvoirs**. Il en est ainsi, au premier chef, lorsque l'administrateur a accompli un acte pour lequel la personne protégée avait la capacité d'agir seule ou avec l'assistance de son protecteur ou lorsque ce dernier a agi sans se munir, au préalable, de l'autorisation du juge des tutelles ou du conseil de famille.

La notion doit être confrontée à l'hypothèse de **conflit d'intérêts** entre le majeur protégé et la personne chargée de sa protection, ainsi qu'y invite un arrêt de la première chambre civile de la Cour de cassation du 17 mars 2010, rendu sous l'empire des dispositions antérieures à la réforme[1]. En l'espèce, une personne en curatelle avait substitué son curateur à sa nièce en qualité de bénéficiaire d'un contrat d'assurance-vie et souscrit au bénéfice de son curateur un nouveau contrat. Une opposition d'intérêts se dressait, à l'évidence, entre le souscripteur en curatelle et le bénéficiaire investi de l'exercice de la mesure de protection, laquelle imposait, en l'absence de subrogé curateur, la désignation d'un curateur *ad hoc*. Le bénéficiaire initial du premier contrat demandait ainsi la nullité tout à la fois de la substitution de bénéficiaire du premier contrat et de la souscription du second. La Cour de cassation rejette son pourvoi au motif que « *même accomplis dans l'intérêt du curateur, les actes de disposition fait par le majeur en curatelle, seul, sans l'assistance d'un curateur ad hoc, sont susceptibles d'annulation sur le fondement de l'article 510-1 du Code civil, dans sa rédaction antérieure à la loi n° 68-5 du 3 janvier 1968 applicable à l'espèce, que ce texte n'édicte pas une nullité de droit et laisse au juge la faculté d'apprécier s'il doit ou non prononcer la nullité, eu égard aux circonstances de la cause* ». Si l'arrêt ne se prononce pas expressément sur la sanction du conflit d'intérêts, sa portée s'éclaire à la lumière d'un autre arrêt rendu par la Haute juridiction le 8 juillet 2009[2]. Ce dernier décide, après avoir relevé d'office dans des circonstances semblables l'existence d'un conflit d'intérêts entre le curateur et la personne protégée, que la carence du premier, n'ayant pas saisi le juge des tutelles et laissé la seconde modifier seule à son profit les clauses bénéficiaires de contrats d'assurance-vie, avait commis une faute génératrice de responsabilité civile. Ainsi rapproché de l'arrêt de 2009, l'arrêt du 17 mars 2010 suggère en creux que, si le détournement de pouvoirs tiré d'une abstention fautive du curateur peut trouver sa sanction dans la nullité frappant les actes irréguliers de la personne protégée (C. civ., art. 465, al. 1er, 2° et 3°; v. ss nos 335.34 à 335.38), celle du conflit d'intérêts réside dans la nullité des dépassements de pouvoirs. Le protecteur en situation de conflit d'intérêts avec la personne protégée ne saurait détourner, passivement ou activement, les limites de son mandat judiciaire pour la conduire à accomplir un acte en sa faveur.

335.72 Unité de la sanction – Nullité de droit. L'article 465 alinéa 1er, 4° du Code civil vise la nullité « *de plein droit* ». Cet énoncé procède, à l'évidence, d'une maladresse de formulation. La nullité des dépassements de pouvoirs correspond, en réalité, à une **nullité de droit**, c'est-à-dire que, d'une part, elle implique l'exercice d'une **action en justice** et, d'autre part, **son prononcé s'impose au juge** dès lors qu'il constate l'excès de pouvoirs. Cette interprétation trouve, au demeurant, un puissant renfort dans les dispositions du décret n° 2008-1484 du 22 décembre 2008, relatif aux actes de gestion du patrimoine des personnes en curatelle ou en tutelle. Ce texte qualifie, en effet, d'acte de disposition l'exercice, par la personne chargée de la protection, de l'action en nullité des actes accomplis par la personne protégée, prévue à l'article 465 alinéa 1er, 3° et, cela, bien que ce dernier évoque pareillement la nullité « de *plein droit* »[3]. La formule doit recevoir, à l'article 465 alinéa 1er, 4°, la même interprétation qu'au paragraphe qui le précède.

La nullité des dépassements de pouvoirs est une **nullité relative**, laquelle ne peut être invoquée par les tiers[4] (C. civ., art. 1181, réd. Ord. n° 2016-131, 10 févr. 2016). La prescription est enfermée, depuis l'ordonnance du 10 février 2016, dans le **délai de droit commun de cinq ans** prévu à l'article 2224 (C. civ, art. 465, al. 3)[5]. Son **point de départ** obéit, en

1. Civ. 1re, 17 mars 2010, n° 08-15.658, *Bull. civ.* I, n° 66; *D.* 2010. 893; *ibid.* 2115, obs. Lemouland, Noguéro et Plazy; *D.* 2011. 1926, obs. Groutel; *AJ fam.* 2010. 239 – F. Sauvage, « La nullité d'un contrat d'assurance-vie souscrit par le curatélaire au bénéfice de son curateur sans assistance d'un curateur *ad hoc* est facultative », *RJPF* 2010-6/30 – D. Noguéro, « Assurance-vie : défaut d'assistance du curateur et refus de qualification en donation (à propos de l'arrêt de la première chambre civile du 17 mars 2010) », *Defrénois* 2010, art. 39135, 1440 s. – G. Raoul-Cormeil, « L'opposition d'intérêts, obstacle à la magistrature tutélaire », *RGDA* 2011. 397 s.
2. Civ. 1re, 8 juill. 2009, n° 08-16.153, *Bull. civ.* I, n° 162; *Dr. fam.* 2009, n° 114, note Maria.
3. Décr. n° 2008-1484, 22 déc. 2008, annexe 1, col. 2, VI.
4. Civ. 1re, 5 mars 2014, n° 12-29.974, *Bull. civ.* I, n° 30; *Dr. fam.* 2014, n° 118, note Maria; *JCP N* 2014. Actu. 409; *AJ fam.* 2014. 315, obs. Montourcy; *RTD civ.* 2014. 337, obs. Hauser; *D.* 2014. 1715, obs. Guyon-Renard; *D.* 2014. 2267, obs. Noguéro; *LEFP* avr. 2014. 3, obs. Raoul-Cormeil.
5. La prescription de l'action en nullité reste soumise à l'article 1304, si l'instance est introduite avant le 1er octobre 2016 (Ord. n° 2016-131, 10 févr. 2016, art. 9).

l'absence de disposition spéciale, aux principes gouvernant le droit commun de la prescription.

La **confirmation de l'acte nul** peut intervenir tant que la prescription n'est pas acquise. Elle implique, tant que la mesure de protection est ouverte, l'**autorisation** du juge des tutelles ou du conseil de famille (C. civ., art. 465, al. 4).

335.73 **Titularité de l'action.** L'article 465 alinéa 1er, 4° du Code civil comporte une lacune en ce qu'il n'attitre par l'action en nullité. Le décret du 22 décembre 2008 semble apporter, sur ce point, quelques précisions. Il classe dans la catégorie des actes étant toujours qualifiés comme des **actes de disposition** la « *confirmation d'un acte nul pour avoir été accompli par le tuteur ou le curateur seul* »[1]. Or, si le droit de confirmer l'acte nul appartient au tuteur, l'exercice de l'action en nullité doit lui revenir pareillement. Il implique, sous la curatelle, l'assistance du majeur protégé par la personne chargée de sa protection. S'il est vrai que la situation du protecteur invoquant la nullité de ses propres actes se conçoit malaisément, celle du tuteur invoquant la nullité des actes de son prédécesseur, ou d'un tuteur *ad hoc*, paraît, quant à elle parfaitement plausible. Pareille analyse est confirmée par la Cour de cassation. Cette dernière gomme la distinction entre, d'une part, la sanction des actes passés par la personne protégée postérieurement au jugement d'ouverture de la mesure de protection et, d'autre part, celle des actes du protecteur, en soumettant ici l'action en nullité de droit à un régime unique. Celle-ci peut être exercée, hors le cas prévu à l'article 465 alinéa 2[2], par le majeur protégé, assisté du curateur, pendant la durée de la curatelle, par le majeur protégé après la mainlevée de la mesure, et par les héritiers du majeur après son décès[3]. On soulignera, par ailleurs, que le **subrogé tuteur** ou le **subrogé curateur** sont tenus, à peine d'engager leur responsabilité civile à l'égard de la personne protégée, de surveiller les actes passés par le protecteur et d'informer sans délai le juge des tutelles s'ils constatent des fautes dans l'exercice de sa mission.

335.74 **Règles de pouvoirs gouvernant l'exercice de l'action en nullité.** Reste à déterminer si, sous la tutelle, l'exercice de l'action en nullité est assujetti à l'autorisation du juge des tutelles ou du conseil de famille. Sur ce point, le décret du 22 décembre 2008 se contente d'exiger cette autorisation pour la confirmation de l'acte (Décr. n° 2008-1484, 22 déc. 2008, annexe 1, col. 2, IX – v. ss n° 341.01). Il convient de se référer, dans le **silence de la loi et du décret**, aux dispositions générales gouvernant la répartition des pouvoirs du tuteur et du curateur pour l'exercice des actions en justice. Le **tuteur** est doté du **pouvoir d'exercer l'action en nullité**, par **représentation** de la personne protégée, sans y être autorisé; cependant que le **curateur** ne peut en principe y procéder sans le **majeur en curatelle** (C. civ., art. 504, al. 2; art. 468, al. 3; art. 469, al. 2).

§ 2
Sanction des actes interdits

335.81 **Silence de la loi.** L'article 509 du Code civil énumère, sous la tutelle, une liste d'actes que le tuteur ne peut jamais accomplir même avec une autorisation du juge des tutelles ou du conseil de famille (sur cette liste, v. ss nos 355.10 s. – sur son application sous la curatelle et le mandat de protection future, v. ss nos 343.101 s. et 412.82 s.). Pourtant, aucun texte ne précise expressément la nature de la sanction de ces prohibitions. Se pose, dès lors, une double question, celle, d'une part, de la sanction des actes accomplis sans autorisation et, celle, d'autre part, de la sanction des actes faits en vertu d'une autorisation illicite.

335.82 **1°) Actes faits sans autorisation – Nullité de droit.** La situation correspond ici à l'hypothèse dans laquelle **le tuteur accomplit un acte interdit**, tel que la constitution gratuite d'une sûreté en garantie du paiement de la dette d'un tiers ou la mainlevée d'une hypothèque sans paiement, sans saisir au préalable le juge des tutelles ou le conseil de famille. Bien que cette situation ne soit pas envisagée par le législateur, la **sanction des dépassements de pouvoirs** paraît ici applicable. La sanction de ces excès étant **la nullité de droit** (C. civ., art. 465, al. 1er, 4°), celle des actes effectués en violation des interdictions de l'article 509 semble devoir résider *a fortiori* dans une telle nullité[4].

335.83 **2°) Actes faits en exécution d'une autorisation illicite.** La situation recouvre ici l'hypothèse dans laquelle le **tuteur** a été **autorisé** par le conseil de famille ou le juge des tutelles **à accomplir un acte interdit par l'article 509**. Deux possibilités sont alors envisageables :

– La première correspond à l'**annulation de l'acte interdit**. En, effet, les autorisations données par le juge des tutelles ou le conseil de famille ne purgent pas les actes du tuteur de leurs causes de nullité. La solution tient à ce que « *l'intervention judiciaire ne vise qu'à lever la limitation de pouvoirs qui interdit au tuteur de faire seul certains actes* »[5]. Or, s'agissant des

1. Décr. n° 2008-1484, 22 déc. 2008, annexe 1, col. 2, VI.
2. Lequel vise la sanction des actes irréguliers faits par la personne protégée.
3. Civ. 1re, 5 mars 2014, n° 12-29.974, P (préc. ss n° 335.72).
4. *J.-Cl. Civ. Code*, art. 503 à 509, par N. Peterka, spéc. n° 177.
5. A. Batteur, A. Caron-Déglise, M.-C. Dalle, T. Fossier, L. Pécaut-Rivolier et T. Verheyde, *Curatelle, tutelle, accompagnements*, LexisNexis, 2009, nos 406 et 544.

actes visés par l'article 509, cette limitation ne peut pas être levée.

– La seconde réside dans **l'annulation de l'autorisation** par suite de **l'exercice des voies de recours.** Leur effet suspensif fait, en principe, obstacle à la conclusion de l'acte tant que le recours est pendant. Lorsque l'exécution provisoire a été ordonnée, l'annulation de l'autorisation peut entraîner celle de l'acte [1]. Il s'agit alors d'une **nullité facultative** dont le fondement pourrait être tiré, par la vertu d'un raisonnement par analogie, de l'article 404 alinéa 4 du Code civil relatif à la tutelle des mineurs. L'action en nullité exercée sur ce fondement peut être engagée par le tuteur, le subrogé tuteur, les autres membres du conseil de famille et le procureur de la République dans les deux années de l'acte (C. civ., art. 402, al. 3 et 4).

335.84 Titularité de l'action en nullité. La loi de 2007 n'a pas réglé la question de la titularité de l'action en nullité des actes interdits. Si la **personne protégée** doit certainement pouvoir l'exercer après qu'elle a recouvré sa pleine capacité, il est plus délicat de déterminer si le tuteur ou le curateur pourrait lui-même agir en nullité. Il convient, sans doute, de transposer ici la solution retenue à propos de **l'action en nullité des dépassements de pouvoirs du tuteur ou du curateur** (v. s^{s} n° 335.73).

Lorsque l'autorisation a été annulée par suite d'une voie de recours, l'action en nullité de l'acte devrait pouvoir être exercée par les personnes admises à exercer ces recours, parmi lesquelles figurent, notamment, le tuteur et le procureur de la République (C. civ., art. 402, al. 4, et 430 – C. pr. civ., art. 1239) [2].

1. Sur tout ceci, *ibid.* – *J.-Cl. Civ. Code*, art. 503 à 509, par N. Peterka, spéc. n° 178.

2. *J.-Cl. Civ. Code*, par N. Peterka, spéc. n° 179.

TITRE

34. La protection judiciaire temporaire : dispositions propres à la curatelle

SECTION 0

ORIENTEUR

34.00 Plan du titre.

CHAPITRE

341. Gestion du patrimoine du curatélaire : principes de fonctionnement

SECTION 0 ORIENTEUR

341.00 **Plan du chapitre.**

341.01 **Textes applicables.**

TEXTES LÉGISLATIFS ET RÉGLEMENTAIRES NOUVEAUX

• **Ord. n° 2016-131, 10 févr. 2016,** portant réforme du droit des contrats, du régime général et de la preuve des obligations, *JO* 11 févr., texte n° 26.

• **L. n° 2015-177, 16 févr. 2015,** relative à la modernisation et à la simplification du droit et des procédures dans les domaines de la justice et des affaires intérieures, *JO* 17 févr., p. 2961.

TEXTES SOURCES

> Actes soumis à l'assistance du curateur

+ L. n° 2007-308, 5 mars 2007

+ L. n° 2008-776, 4 août 2008

+ L. n° 2015-177, 16 févr. 2015

+ Ord. n° 2016-131, 10 févr. 2016

C. civ., art. 426, 431, 467 à 470, 1397

> Actes autorisés au curatélaire sans l'assistance du curateur

+ L. n° 2007-308, 5 mars 2007

C. civ., art. 470, al. 1er

> Actes de gestion du patrimoine des personnes placées en curatelle et en tutelle

• Décr. n° 2008-1484, 22 déc. 2008, art. 1 à 7, et Annexes 1 et 2

TEXTES *IN EXTENSO*

> Actes soumis à l'assistance du curateur

[C. civ., art. 426, 431, 467 à 470, 1397]

+ L. n° 2007-308, 5 mars 2007, art. 7

+ L. n° 2008-776, 4 août 2008, art. 18

+ L. n° 2015-177, 16 févr. 2015, art. 1er (V)

+ Ord. n° 2016-131, 10 févr. 2016, art. 5

C. civ., art. 426 (*mod. par L. n° 2015-177, 16 févr. 2015, art. 1er (V)*)

Le logement de la personne protégée et les meubles dont il est garni, qu'il s'agisse d'une résidence principale ou secondaire, sont conservés à la disposition de celle-ci aussi longtemps qu'il est possible.

Le pouvoir d'administrer les biens mentionnés au premier alinéa ne permet que des conventions de jouissance précaire qui cessent, malgré toutes dispositions ou stipulations contraires, dès le retour de la personne protégée dans son logement.

S'il devient nécessaire ou s'il est de l'intérêt de la personne protégée qu'il soit disposé des droits relatifs à son logement ou à son mobilier par l'aliénation, la résiliation ou la conclusion d'un bail, l'acte est autorisé par le juge ou par le conseil de famille s'il a été constitué, sans préjudice des formalités que peut requérir la nature des biens. Si l'acte a pour finalité l'accueil de l'intéressé dans un établissement, l'avis préalable d'un médecin, n'exerçant pas une fonction ou n'occupant pas un emploi dans cet établissement, est requis. Dans tous les cas, les souvenirs, les objets à caractère personnel, ceux indispensables aux personnes handicapées ou destinés aux soins des personnes malades sont gardés à la disposition de l'intéressé, le cas échéant par les soins de l'établissement dans lequel celui-ci est hébergé.

C. civ., art. 431 (*mod. par L. n° 2015-177, 16 févr. 2015, art. 1er (V)*)

La demande [d'ouverture de la mesure de protection] est accompagnée, à peine d'irrecevabilité, d'un certificat circonstancié rédigé par un médecin choisi sur une liste établie par le procureur de la République. Ce médecin peut solliciter l'avis du médecin traitant de la personne qu'il y a lieu de protéger.

Le coût de ce certificat est fixé par décret en Conseil d'État.

C. civ., art. 467 (*mod. par L. n° 2007-308, 5 mars 2007, art. 7*)

La personne en curatelle ne peut, sans l'assistance du curateur, faire aucun acte qui, en cas de tutelle, requerrait une autorisation du juge ou du conseil de famille.

Lors de la conclusion d'un acte écrit, l'assistance du curateur se manifeste par l'apposition de sa signature à côté de celle de la personne protégée.

À peine de nullité, toute signification faite à cette dernière l'est également au curateur.

C. civ., art. 468 (*mod. par L. n° 2008-776, 4 août 2008, art. 18*)
Les capitaux revenant à la personne en curatelle sont versés directement sur un compte ouvert à son seul nom et mentionnant son régime de protection, auprès d'un établissement habilité à recevoir des fonds du public.

La personne en curatelle ne peut, sans l'assistance du curateur, conclure un contrat de fiducie ni faire emploi de ses capitaux.

Cette assistance est également requise pour introduire une action en justice ou y défendre.

C. civ., art. 469 (*mod. par L. n° 2007-308, 5 mars 2007, art. 7*)
Le curateur ne peut se substituer à la personne en curatelle pour agir en son nom.

Toutefois, le curateur peut, s'il constate que la personne en curatelle compromet gravement ses intérêts, saisir le juge pour être autorisé à accomplir seul un acte déterminé ou provoquer l'ouverture de la tutelle.

Si le curateur refuse son assistance à un acte pour lequel son concours est requis, la personne en curatelle peut demander au juge l'autorisation de l'accomplir seule.

C. civ., art. 470 (*mod. par L. n° 2007-308, 5 mars 2007, art. 7*)
La personne en curatelle peut librement tester sous réserve des dispositions de l'article 901.

Elle ne peut faire de donation qu'avec l'assistance du curateur.

Le curateur est réputé en opposition d'intérêts avec la personne protégée lorsqu'il est bénéficiaire de la donation.

C. civ., art. 1397 (*mod. par Ord. n° 2016-131, 10 févr. 2016, art. 5*)
Après deux années d'application du régime matrimonial, les époux peuvent convenir, dans l'intérêt de la famille, de le modifier, ou même d'en changer entièrement, par un acte notarié. À peine de nullité, l'acte notarié contient la liquidation du régime matrimonial modifié si elle est nécessaire.

Les personnes qui avaient été parties dans le contrat modifié et les enfants majeurs de chaque époux sont informés personnellement de la modification envisagée. Chacun d'eux peut s'opposer à la modification dans le délai de trois mois.

Les créanciers sont informés de la modification envisagée par la publication d'un avis dans un journal habilité à recevoir les annonces légales dans l'arrondissement ou le département du domicile des époux. Chacun d'eux peut s'opposer à la modification dans les trois mois suivant la publication.

En cas d'opposition, l'acte notarié est soumis à l'homologation du tribunal du domicile des époux. La demande et la décision d'homologation sont publiées dans les conditions et sous les sanctions prévues au Code de procédure civile.

Lorsque l'un ou l'autre des époux a des enfants mineurs, l'acte notarié est obligatoirement soumis à l'homologation du tribunal du domicile des époux.

Le changement a effet entre les parties à la date de l'acte ou du jugement qui le prévoit et, à l'égard des tiers, trois mois après que mention en a été portée en marge de l'acte de mariage. Toutefois, en l'absence même de cette mention, le changement n'en est pas moins opposable aux tiers si, dans les actes passés avec eux, les époux ont déclaré avoir modifié leur régime matrimonial.

Lorsque l'un ou l'autre des époux fait l'objet d'une mesure de protection juridique dans les conditions prévues au titre XI du livre Ier, le changement ou la modification du régime matrimonial est soumis à l'autorisation préalable du juge des tutelles ou du conseil de famille s'il a été constitué.

Il est fait mention de la modification sur la minute du contrat de mariage modifié.

Les créanciers non opposants, s'il a été fait fraude à leurs droits, peuvent attaquer le changement de régime matrimonial dans les conditions de l'article 1341-2.

Les modalités d'application du présent article sont déterminées par décret en Conseil d'État.

> Actes autorisés au curatélaire sans l'assistance du curateur
+ L. n° 2007-308, 5 mars 2007, art. 7

C. civ., art. 470, al. 1er
* V. *supra* s^s^ prés^t^ n°, > *Actes soumis à l'assistance du curateur*

> Actes de gestion du patrimoine des personnes placées en curatelle et en tutelle

• **Décr. n° 2008-1484, 22 déc. 2008,** relatif aux actes de gestion du patrimoine des personnes placées en curatelle ou en tutelle, et pris en application des articles 452, 496 et 502 du Code civil (*applicable depuis le 1er janv. 2009*)

Art. 1er
Constituent des actes d'administration les actes d'exploitation ou de mise en valeur du patrimoine de la personne protégée dénués de risque anormal.

Figure dans la colonne 1 du tableau constituant l'annexe 1 du présent décret une liste des actes qui sont regardés comme des actes d'administration.

Figure dans la colonne 1 du tableau constituant l'annexe 2 du présent décret une liste non exhaustive d'actes qui sont regardés comme des actes d'administration, à moins que les circonstances d'espèce ne permettent pas au tuteur de considérer qu'ils répondent aux critères de l'alinéa 1er en raison de leurs conséquences importantes sur le contenu ou la valeur du patrimoine de la personne protégée, sur les prérogatives de celle-ci ou sur son mode de vie.

Art. 2
Constituent des actes de disposition les actes qui engagent le patrimoine de la personne protégée, pour le présent ou l'avenir, par une modification importante de son contenu, une dépréciation significative de sa valeur en capital ou une altération durable des prérogatives de son titulaire.

Figure dans la colonne 2 du tableau constituant l'annexe 1 du présent décret une liste des actes qui sont regardés comme des actes de disposition.

Figure dans la colonne 2 du tableau constituant l'annexe 2 du présent décret une liste non exhaustive d'actes qui sont regardés comme des actes de disposition, à moins que les circonstances d'espèce ne permettent pas au tuteur de considérer qu'ils répondent aux critères de l'alinéa 1er en raison de leurs faibles conséquences sur le contenu ou la valeur du patrimoine de la personne protégée, sur les prérogatives de celle-ci ou sur son mode de vie.

Art. 3
Les actes pour l'accomplissement desquels le curateur et le tuteur peuvent s'adjoindre le concours de tiers sont :

1° Les actes conservatoires qui permettent de sauvegarder le patrimoine ou de soustraire un bien à un péril imminent ou à une dépréciation inévitable sans compromettre aucune prérogative du propriétaire;

2° Les actes d'administration énumérés dans la colonne 1 des tableaux constituant les annexes 1 et 2 du présent décret, sous réserve qu'ils n'emportent ni paiement ni encaissement de sommes d'argent par ou pour la personne protégée.

Art. 4
La valeur maximale en capital des biens sur lesquels portent les actes qui peuvent être autorisés par le juge en suppléance du conseil de famille est fixée à la somme de 50 000 €.

Les dispositions du présent article peuvent être modifiées par décret.

Art. 5 [...]

Art. 6
Le présent décret entre en vigueur le premier jour du mois qui suit celui de sa publication.

Art. 7 [...]

Annexes

Annexe 1 ***(mod. par Décr. n° 2009-1628, 23 déc. 2009, art. 19, puis par Décr. n° 2015-1669, 14 déc. 2015, art. 2)***

Liste des actes regardés comme actes d'administration ou comme actes de disposition

COLONNE 1 : ACTES D'ADMINISTRATION	COLONNE 2 : ACTES DE DISPOSITION
I. – Actes portant sur les immeubles : – convention de jouissance précaire (C. civ., art. 426, al. 2); – conclusion et renouvellement d'un bail de neuf ans au plus en tant que bailleur (C. civ., art. 595 et 1718) ou preneur; – bornage amiable de la propriété de la personne protégée; – travaux d'améliorations utiles, aménagements, réparations d'entretien des immeubles de la personne protégée; – résiliation du bail d'habitation en tant que bailleur; – prêt à usage et autre convention de jouissance ou d'occupation précaire; – déclaration d'insaisissabilité des immeubles non professionnels de l'entrepreneur individuel (C. com., art. L. 526-1); – mainlevée d'une inscription d'hypothèque en contrepartie d'un paiement.	I. – Actes portant sur les immeubles : – disposition des droits relatifs au logement de la personne protégée, par aliénation, résiliation ou conclusion d'un bail (C. civ., art. 426, al. 3); – vente ou apport en société d'un immeuble (C. civ., art. 505, al. 3); – achat par le tuteur des biens de la personne protégée, ou prise à bail ou à ferme de ces biens par le tuteur (C. civ., art. 508, al. 1er); – échange (C. civ., art. 1707); – acquisition d'immeuble en emploi ou remploi de sommes d'argent judiciairement prescrit (C. civ., art. 501); – acceptation par le vendeur d'une promesse d'acquisition (C. civ., art. 1589); – acceptation par l'acquéreur d'une promesse de vente (C. civ., art. 1589); – dation; – tout acte grave, notamment la conclusion et le renouvellement du bail, relatif aux baux ruraux, commerciaux, industriels, artisanaux, professionnels et mixtes, grosses réparations sur l'immeuble; – constitution de droits réels principaux (usufruit, usage, servitude...) et de droits réels accessoires (hypothèques...) et autres sûretés réelles; – consentement à une hypothèque (C. civ., art. 2413); – mainlevée d'une inscription d'hypothèque sans contrepartie d'un paiement.
II. – Actes portant sur les meubles corporels et incorporels : 1° Sommes d'argent : – ouverture d'un premier compte ou livret au nom ou pour le compte de la personne protégée (C. civ., art. 427, al. 4); – emploi et remploi de sommes d'argent qui ne sont ni des capitaux ni des excédents de revenus (C. civ., art. 468 et 501); – emploi et remploi des sommes d'argent non judiciairement prescrits par le juge des tutelles ou le conseil de famille (C. civ., art. 501); – perception des revenus; – réception des capitaux; – quittance d'un paiement; – demande de délivrance d'une carte bancaire de retrait.	II. – Actes portant sur les meubles corporels et incorporels : 1° Sommes d'argent : – modification de tout compte ou livrets ouverts au nom de la personne protégée (C. civ., art. 427, al. 1er et 2); – ouverture de tout nouveau compte ou livret au nom ou pour le compte de la personne protégée (C. civ., art. 427, al. 1er et 2); – ouverture de tout compte, y compris d'un compte de gestion du patrimoine, auprès de la Caisse des dépôts et consignations (C. civ., art. 427, al. 3, et art. 501, al. 4); – lorsque la personne protégée a fait l'objet d'une interdiction d'émettre des chèques, fonctionnement de ses comptes sous la signature de la personne chargée de la mesure de protection et disposition par celle-ci de tous les moyens de paiement habituels (C. civ., art. 427, al. 7); – emploi et remploi des capitaux et des excédents de revenus (C. civ., art. 468 et 501); – à compter du 1er février 2009 : contrat de fiducie par une personne sous curatelle (C. civ., art. 468, al. 2); – clôture d'un compte bancaire; – ouverture d'un compte de gestion de patrimoine; – demande de délivrance d'une carte bancaire de crédit.
2° Instruments financiers : – résiliation d'un contrat de gestion de valeurs mobilières et instruments financiers (C. civ., art. 500, al. 3).	2° Instruments financiers (au sens de l'article L. 211-1 du code monétaire et financier) : – conclusion d'un contrat de gestion de valeurs mobilières et instruments financiers (C. civ., art. 500, al. 3); – vente ou apport en société d'instruments financiers non admis à la négociation sur un marché réglementé (C. civ., art. 505, al. 3); – vente d'instruments financiers (C. civ., art. 505, al. 4).
3° Autres meubles, corporels et incorporels : – louage-prêt-emprunt-vente-échange-dation et acquisition de meubles d'usage courant ou de faible valeur; – perception des fruits; – location d'un coffre-fort.	3° Autres meubles, corporels et incorporels : – aliénation des meubles meublant du logement ou résiliation ou conclusion d'un bail sur ces meubles (C. civ., art. 426, al. 3); – vente ou apport d'un fonds de commerce en société (C. civ., art. 505, al. 3); – louage-prêt-vente-échange-dation de meubles de valeur ou qui constituent, au regard de l'inventaire, une part importante du patrimoine du mineur ou du majeur protégé; – vente-échange-dation d'un fonds de commerce; – conclusion d'un contrat de location gérance sur un fonds de commerce.

COLONNE 1 : ACTES D'ADMINISTRATION	COLONNE 2 : ACTES DE DISPOSITION
III. – Actes relatifs aux groupements dotés de la personnalité morale :	III. – Actes relatifs aux groupements dotés de la personnalité morale : – candidature aux fonctions de gérant et d'administrateur; – copropriété des immeubles bâtis : actes visés aux art. 25 à 28-1, 30, 35 et 38 de la loi n° 65-557 du 10 juillet 1965.
IV. – Actes relatifs aux groupements dénués de personnalité morale : – en cas d'indivision légale : vente d'un bien indivis pour payer les dettes de l'indivision (C. civ., art. 815-3 [3°]).	IV. – Actes relatifs aux groupements dénués de personnalité morale : – communauté conjugale : actes qu'un époux ne peut pas faire seul; – indivision conventionnelle : actes que le gérant ou l'un des coindivisaires ne peut pas faire seul; – en cas de démembrement du droit de propriété : vente-échange-dation du droit démembré, actes auxquels les titulaires des droits démembrés doivent consentir conjointement, grosses réparations non urgentes.
V. – Actes à titre gratuit : – inventaire (C. civ., art. 503); – acceptation d'une succession à concurrence de l'actif net (C. civ., art. 507-1); – acceptation d'un legs universel ou à titre universel à concurrence de l'actif net (C. civ., art. 507-1 et 724-1); – acte de notoriété (C. civ., art. 730-1); – action interrogatoire à l'encontre des héritiers taisants (C. civ., art. 771, al. 2); – mandat aux fins de partage (C. civ., art. 837); – acceptation de legs à titre particulier et de donation non grevés de charge; – délivrance de legs; – déclaration de succession; – attestation de propriété.	V. – Actes à titre gratuit : – donation consentie par une personne protégée majeure (C. civ., art. 470, al. 2 et 476, al. 1er); – partage amiable (C. civ., art. 507); – acceptation pure et simple d'une succession (C. civ., art. 507-1, al. 1er); – révocation d'une renonciation à une succession ou à un legs universel ou à titre universel (C. civ., art. 507-2); – acceptation pure et simple d'un legs universel ou à titre universel (C. civ., art. 724-1); – révocation d'une renonciation à un legs (C. civ., art. 724-1); – choix par le donataire de rapporter en nature le bien donné (C. civ., art. 859); – renonciation à une succession (C. civ., art. 507-1, al. 2); – renonciation à un legs (C. civ., art. 724-1); – renonciation à une action en réduction des libéralités excessives après le décès du prémourant (C. civ., art. 920); – acceptation de legs à titre particulier et de donations grevés de charges; – renonciation à un legs universel grevé de charges; – révocation d'une donation entre époux (C. civ., art. 953); – consentement à exécution d'une donation entre époux.
VI. – Actions en justice : – toute action en justice relative à un droit patrimonial de la personne sous tutelle (C. civ., art. 504, al. 2); – tout acte de procédure qui n'emporte pas perte du droit d'action.	VI. – Actions en justice : – toute action en justice relative à un droit extrapatrimonial de la personne sous tutelle (C. civ., art. 475, al. 2); – toute action en justice relative à un droit patrimonial ou extrapatrimonial de la personne en curatelle (C. civ., art. 468, al. 3); – action par la personne chargée de la protection en nullité, rescision ou réduction, selon le cas, des actes accomplis par la personne protégée (C. civ., art. 465, al. 6); – tout acte de procédure qui emporte perte du droit d'action.
VII. – Assurances : – conclusion ou renouvellement d'un contrat d'assurance de biens ou de responsabilité civile.	VII. – Assurances : – demande d'avance sur contrat d'assurance (C. assur., art. L. 132-21); – l'exercice par le bénéficiaire d'un contrat de l'option irrévocable de remise en titres, parts ou actions (C. assur., art. L. 131-1).
VIII. – Actes de poursuite et d'exécution : – mesures conservatoires (loi n° 91-650 du 9 juill. 1991, art. 26); – procédures d'exécution mobilière (loi n° 91-650 du 9 juill. 1991, art. 26).	VIII. – Actes de poursuite et d'exécution : – saisie immobilière (C. civ., art. 2206, al. 1er, et décret n° 2006-236 du 27 juillet 2006, art. 13).
IX. – Actes divers : – indivision légale : actes visés par l'article 815-3 (1° et 2°) du Code civil (acte d'administration des biens indivis et mandat général d'administration); – tout acte relatif à l'animal domestique de la personne protégée.	IX. – Actes divers : – transaction et compromis et clause compromissoire au nom de la personne protégée (C. civ., art. 506); – changement ou modification du régime matrimonial (C. civ., art. 1397); – souscription ou rachat d'un contrat d'assurance-vie et désignation ou substitution du bénéficiaire (C. assur., art. L. 132-4-1 et C. mutualité, art. L. 223-7-1); – révocation du bénéfice non accepté d'un contrat d'assurance-vie (C. assur., art. L. 132-9 et C. mutualité, art. L. 223-11); – confirmation de l'acte nul pour insanité d'esprit (C. civ., art. 414-2); – confirmation d'un acte nul pour avoir été accompli par le tuteur ou le curateur seul (C. civ., art. 465, al. 8); – convention d'honoraires proportionnels en toute ou partie à un résultat, indéterminés ou aléatoires.

ANNEXE 2

Liste des actes regardés comme des actes d'administration ou de disposition sauf circonstances d'espèce

COLONNE 1 : ACTES D'ADMINISTRATION	COLONNE 2 : ACTES DE DISPOSITION
I. – Actes portant sur les meubles corporels et incorporels : 1° Sommes d'argent : – paiements des dettes y compris par prélèvement sur le capital; – octroi de délai raisonnable en vue du recouvrement de créances.	I. – Actes portant sur les meubles corporels et incorporels : 1° Sommes d'argent : – prélèvement sur le capital à l'exclusion du paiement des dettes; – emprunt de sommes d'argent; – prêt consenti par la personne protégée.
2° Instruments financiers (au sens de l'art. L. 211-1 du code monétaire et financier) : – actes de gestion d'un portefeuille, y compris les cessions de titres à condition qu'elles soient suivies de leur remplacement; – exercice du droit de vote dans les assemblées, sauf ce qui est dit à propos des ordres du jour particuliers; – demandes d'attribution, de regroupement ou d'échanges de titres; – vente des droits ou des titres formant rompus; – souscription à une augmentation de capital, sauf ce qui est dit sur le placement de fonds; – conversion d'obligations convertibles en actions admises à la négociation sur un marché réglementé.	2° Instruments financiers (au sens de l'art. L. 211-1 du code monétaire et financier) : – cession du portefeuille en pleine propriété ou en nue-propriété; – acquisition et cession d'instruments financiers non inclus dans un portefeuille; – nantissement et mainlevée du nantissement d'instruments financiers.
3° Autres meubles, corporels et incorporels :	3° Autres meubles, corporels et incorporels : – cession de fruits; – vente-échange-dation de droits incorporels; – conclusion d'un contrat d'exploitation d'un droit ou d'un meuble incorporel.
II. – Actes relatifs aux groupements dotés de la personnalité morale : – engagement de conservation de parts ou d'actions.	II. – Actes relatifs aux groupements dotés de la personnalité morale : – tout apport en société non visé à l'annexe 1; – détermination du vote sur les ordres du jour suivants : Reprise des apports – Modification des statuts – prorogation et dissolution du groupement – fusion – scission – apport partiel d'actifs – agrément d'un associé – augmentation et réduction du capital – changement d'objet social – emprunt et constitution de sûreté – vente d'un élément d'actif immobilisé – aggravation des engagements des associés; – maintien dans le groupement; – cession et nantissement de titres.
III. – Actes relatifs à la vie professionnelle : – conclusion et rupture d'un contrat de travail en qualité d'employeur; – conclusion et rupture d'un contrat de travail en qualité de salarié; – adhésion à un contrat d'assurance de groupe en cas de vie dont les prestations sont liées à la cessation d'activité professionnelle ou adhésion à un contrat de prévoyance complémentaire (sauf en matière d'assurance-vie : C. assur., art. L. 132-4-1 et L. 132-9, et C. mutualité, art. L. 223-7-1 et L. 223-11); – adhésion à un contrat d'assurance afférent au risque décès dans le cadre d'un contrat collectif (C. assur., art. L. 141-5, et C. mutualité, art. L. 233-6).	III. – Actes relatifs à la vie professionnelle :
IV. – Assurances : – acceptation de la clause bénéficiaire d'un contrat d'assurance-vie sans charge.	IV. – Assurances : – acceptation de la clause bénéficiaire d'un contrat d'assurance-vie avec charges; – versement de nouvelles primes sur un contrat d'assurance-vie.
V. – Actes divers :	V. – Actes divers : – contrat de crédit

341.02 **Jurisprudence de référence.**

> Actions en justice : règle de la double signification au majeur en curatelle et au curateur.

• **Civ. 1re, 8 juin 2016, n° 15-19.715,** *Bull. civ.* I [à paraître]

* V. s[s] n° 341.11

[...] Vu les articles 467, alinéa 3, et 468, alinéa 3, du Code civil;

Attendu que, selon le premier de ces textes, toute signification faite à la personne en curatelle l'est également à son curateur, à peine de nullité; que, selon le second, l'assistance du curateur est requise pour introduire une action en justice ou y défendre;

Attendu, selon les arrêts attaqués, que Mme X... a été placée sous curatelle le 11 septembre 2007; que, le 27 août 2012, assistée de sa curatrice, elle a assigné la société Franfinance aux fins d'obtenir la radiation de quatre inscriptions d'hypothèque judiciaire prises sur un immeuble lui appartenant, en exécution de quatre ordonnances d'injonction de payer du 10 avril 2009 la condamnant au paiement de certaines sommes;

Attendu que, pour rejeter la demande, après avoir constaté que les ordonnances d'injonction de payer et les dénonciations d'inscriptions d'hypothèque n'avaient pas été signifiées à la curatrice, l'arrêt retient que la signification au curateur n'est pas nécessaire pour les actes que la personne en curatelle peut faire sans l'assistance de son curateur et que Mme X..., placée sous curatelle simple, conservait sa capacité à agir pour les actes d'administration, dont celui de former un recours contre les ordonnances du 10 avril 2009 et les inscriptions d'hypothèque;

Qu'en statuant ainsi, la cour d'appel a violé les textes susvisés;

PAR CES MOTIFS et sans qu'il y ait lieu de statuer sur les autres branches du moyen :

CASSE ET ANNULE, dans toutes ses dispositions [...].

> Nullité relative d'un acte conclu sans l'assistance du curateur

• **Civ. 1re, 16 oct. 1985, no 84-11.123,** *Bull. civ.* I, no 262

* V. ss no 341.11

L'article 510-1 du Code civil n'édicte pas à l'encontre des actes de disposition faits par un majeur en curatelle sans l'assistance de son curateur une nullité de droit – à la différence de l'article 502 du même Code pour ce qui concerne les actes faits par le majeur en tutelle – et laisse au juge la faculté d'apprécier, en fonction des circonstances de la cause, s'il doit ou non prononcer la nullité.

341.03 Bibliographie indicative.

> Gestion du patrimoine du curatélaire. C. Donnadieu, « Quelques aspects de la gestion du patrimoine du majeur incapable », *JCP N* 2013. 1193 – T. Fossier, « Actes de gestion du patrimoine des personnes protégées. À propos du décret no 2008-1484 du 22 décembre 2008 », *JCP* 2009. 20; *JCP N* 2009. 101 – F. Fresnel, « L'intérêt de la qualification de l'acte dans le cadre d'une mesure de protection juridique », *RJPF* 2001-4/6 – A. Karm, « La gestion du patrimoine du majeur en curatelle », *Dr. et patr.* 2009, no 180; *J.-Cl. Civ. Code*, art. 467 à 476, fasc. 10 et 20, par Karm – A.-M. Leroyer, « Personnes protégées. Qualification des actes de gestion du patrimoine », *RTD civ.* 2009. 180 – I. Maria, « Directives du majeur et gestion du patrimoine », *in* G. Raoul-Cormeil et J.-M. Plazy (dir.), *Le patrimoine de la personne protégée*, LexisNexis, 2015, p. 85; « De la pertinence de la classification des actes de gestion du patrimoine des personnes protégées. Approche critique du décret du no 2008-1484 du 22 décembre 2008 », *Dr. fam.* 2009. Étude 31 – J. Massip, *Tutelle des mineurs et protection juridique des majeurs*, Defrénois, 2009, p. 376 à 390 – D. Noguéro, « La typologie des actes patrimoniaux : retour sur le décret du 22 décembre 2008 », *in* G. Raoul-Cormeil et J.-M. Plazy (dir.), *Le patrimoine de la personne protégée*, LexisNexis, 2015, p. 45 – N. Peterka, « Le sort des actes de gestion du patrimoine de la personne vulnérable », *LPA* 4 nov. 2010, p. 18; « Présentation du décret du 22 décembre 2008 : plus de lacunes que d'apports véritables », *Dr. et patr.* 2016, no 263, p. 38 – F. Terré et D. Fenouillet, *Droit civil. Les personnes*, 8e éd., « Précis », Dalloz, 2012, nos 721 à 728.

341.04 Exemples d'actes.

> Régimes de protection des majeurs

* Pour un exemple d'ordonnance d'autorisation de résiliation de bail et de vente des meubles (logement), v. ss no 5271.37.

* Pour un exemple d'autorisation de vente d'un immeuble (logement), v. ss no 5271.24.

* Pour un exemple d'ordonnance en ouverture/clôture de comptes (C. civ., art. 427), v. ss no 5271.19.

SECTION 1

PRINCIPES DE FONCTIONNEMENT DU RÉGIME DE LA CURATELLE

341.11 Finalité d'assistance de la curatelle. En application de l'article 467 alinéa 1er du Code civil, le majeur sous curatelle ne peut faire, sans l'assistance du curateur, aucun acte qui, en cas de tutelle, requerrait une autorisation du juge ou du conseil de famille (v. ss nos 354.10 s.). Cela signifie, en d'autres termes, que les **actes de disposition** impliquent, en principe, **l'assistance du curateur**. En revanche, la personne sous curatelle (ou curatélaire) peut accomplir seule les actes conservatoires et les actes d'administration relatifs à son patrimoine (C. civ., art. 467, et, sur renvoi, C. civ., art. 504 et 505). Ces règles de capacité sont susceptibles, néanmoins, de faire l'objet de modulations par le juge des tutelles, dès le jugement d'ouverture ou postérieurement à celui-ci (v. ss no 344.21).

En application de l'article 467 alinéa 3 du Code civil, toute **signification** faite au majeur en curatelle doit l'être aussi à son curateur, à peine de nullité[1] (v. ss no 343.12).

Si le majeur en curatelle a conclu seul un acte pour lequel l'assistance du curateur était requise, lui-même ou son curateur peut en demander **l'annulation** (C. civ., art. 465, al. 1er). Toutefois, depuis la loi no 2007-308 du 5 mars 2007[2], la sphère d'autonomie du curateur se trouve ici restreinte. Ce dernier ne peut désormais agir en nullité, de son propre chef, qu'après s'être muni de l'autorisation du juge des

1. C. civ., anc. art. 510-2 – Civ. 1re, 5 oct. 1994, no 92-20.149, *Bull. civ.* I, no 274; *D.* 1995. 358, note Massip; *JCP N* 1996. II. 676, 1re esp., note Fossier – Civ. 1re, 6 févr. 1996, no 93-21.053, *Bull. civ.* I, no 65; *RTD civ.* 1996. 361; *Defrénois* 1996. 1005, obs. Massip – Civ. 1re, 20 déc. 2001, no 00-17.173, NP; *RTD civ.* 2002. 272, obs. Hauser; *Defrénois* 2002. 759, obs. Massip – Civ. 1re, 23 févr. 2011, no 09-13.867, *Bull. civ.* I, no 37; *D.* 2011. 747, obs. Gallmeister; *Dr. fam.* 2011, no 58, note Maria; *AJ fam.* 2011. 215, obs. Verheyde; *D.* 2011. 2510, obs. Noguéro – Civ. 1re, 8 juin 2016, no 15-19.715, *Bull. civ.* I [à paraître]; *Dr. fam. 2016.* no 188, note Maria; *RTD civ.* 2016. 588, obs. Hauser.
2. L. no 2007-308, 5 mars 2007, portant réforme de la protection juridique des majeurs, *JO* 7 mars, p. 4325.

tutelles (C. civ., art. 465, al. 2). Cette autorisation n'est pas requise, en revanche, toutes les fois que l'action est diligentée par la personne protégée elle-même. En pareil cas, l'assistance du curateur s'avère suffisante (C civ., art. 468, al. 3 - v. s[s] n° 335.36). Il s'agit d'une **action en nullité** relative, qui doit être exercée dans le délai de **cinq ans** à compter du jour où le curatélaire a eu connaissance de l'acte litigieux alors qu'il était en situation de le refaire valablement (C. civ., art. 465, al. 3, et 1304, al. 3). Pour autant, la réforme ne règle pas la question de l'application de la **suspension de la prescription à l'action diligentée par le curateur**, sur le fondement de l'alinéa 2 de l'article 465. S'il est vrai qu'en pareil cas, le curateur se substitue à la personne protégée, par dérogation à la règle de l'article 469 alinéa 1er, l'extension de la suspension de la prescription à cette hypothèse ne paraît pas conforme à l'esprit de la réforme, laquelle entend garantir la sécurité juridique par un raccourcissement des délais impartis pour critiquer les actes de la personne protégée (au sujet de la période suspecte, C. civ., art. 464, al. 3, v. s[s] n° 335.22).

La nullité de l'acte n'étant pas de droit, le juge saisi de la demande apprécie s'il doit ou non la prononcer eu égard aux circonstances de la cause[1]. Sur ce point, la loi du 5 mars 2007 innove en soumettant expressément le prononcé de la nullité à la démonstration d'un **préjudice subi** par la personne protégée (C. civ., art. 465, al. 1er, 2°). Pour autant, une telle preuve n'emporte pas, semble-t-il, pour le juge, l'obligation d'annuler l'acte critiqué (v. s[s] n° 335.34).

L'action en nullité s'éteint si le curateur donne son approbation à l'acte ayant été passé sans son assistance. Cette faculté, qui résultait sous l'empire de la législation antérieure des dispositions de l'ancien article 510-1 alinéa 2, lesquelles autorisaient le curateur à confirmer l'acte nul de sa seule initiative et sans autorisation judiciaire, n'est reprise ni par la loi du 5 mars 2007, ni par le décret n° 2008-1484 du 22 décembre 2008[2], relatif aux actes de gestion du patrimoine des personnes placées en curatelle ou en tutelle. Il n'en demeure pas moins que le **droit de confirmer l'acte nul** semble ouvert, en dépit du silence de la loi, tout à la fois à la personne protégée et à son curateur, comme étant le **corollaire du droit d'agir en nullité**. Dans ces conditions, se pose la question de l'étendue exacte des pouvoirs du curateur en cette matière. Ce dernier peut-il solliciter du juge des tutelles l'autorisation pour confirmer l'acte au nom de la personne protégée ou son rôle se limite-t-il nécessairement à assister le majeur[3] ? Le débat est loin d'être dénué d'enjeu car, si l'article 469 alinéa 2 permet au curateur de saisir le juge des tutelles afin qu'il l'autorise à accomplir seul un acte déterminé, c'est seulement si la personne en curatelle compromet gravement ses intérêts. Or, une saine gestion de ceux-ci peut commander la confirmation d'un acte nul sans, pour autant, qu'une telle situation soit caractérisée. Aussi serait-il judicieux d'admettre que le curateur puisse, de sa seule initiative, non seulement agir en nullité de l'acte (C. civ., art. 465, al. 2) mais aussi confirmer celui-ci avec l'autorisation préalable du juge des tutelles (v. aussi s[s] n° 335.37).

Dans le cas des **actes conservatoires** et des **actes d'administration** effectués par le curatélaire, celui-ci ou son curateur peut, conformément à l'article 465, alinéa 1er, 1°, exercer une **action en rescision** pour cause de lésion ou **en réduction** pour cause d'excès de l'acte, voire (en application de l'article 414-1 du Code civil) une **action en nullité relative pour trouble mental**, dans le délai de cinq ans prévu par l'article 1304 alinéa 3 du même code. L'exercice de l'action en rescision ou en réduction obéit aux dispositions des alinéas 2 et 3 de l'article 465. Elle peut être diligentée par le curateur seul, muni de l'autorisation du juge des tutelles (C. civ., art. 465, al. 2) ou par la personne protégée assistée du curateur (C. civ., art. 468, al. 3 - v. s[s] n°s 335.33 et 335.36 à 335.38).

SECTION 2
PRINCIPES TENANT À LA QUALIFICATION DES ACTES DE GESTION DU PATRIMOINE

341.21 Cadre général de la réforme – Définition des actes de gestion. Sur le terrain des grands principes irriguant la gestion du patrimoine de la personne en curatelle, la réforme de la protection juridique des majeurs innove peu. La règle demeure que le curatélaire accomplit, sans l'assistance du curateur, les actes conservatoires et les actes d'administration et, avec l'assistance de ce dernier, les actes de disposition relatifs à la gestion de ses biens (C. civ., art. 467, sur renvoi C. civ., art. 504 et 505). Si ce cadre juridique reste inchangé, les règles de gestion du patrimoine du majeur en curatelle n'en font pas moins l'objet d'une rénovation considérable, tout à la fois sur le terrain de la forme et du fond du droit.

Sur la forme, d'abord, la loi du 5 mars 2007 procède à une clarification des textes en consacrant une sous-section à l'ensemble des règles spécifiques aux actes faits dans la curatelle (C. civ., art. 467 à 472) et en regroupant au sein du nouveau titre XII du livre Ier du Code civil l'ensemble des règles gouvernant la **gestion du patrimoine des mineurs et des majeurs en**

1. Civ. 1re, 16 oct. 1985, n° 84-11.123, *Bull. civ.* I, n° 262; *GAJC*, 12e éd., Dalloz, 2008, n° 63; *D.* 1986. 154, note Massip.
2. Décr. n° 2008-1484, 22 déc. 2008, relatif aux actes de gestion du patrimoine des personnes placées en curatelle ou en tutelle, et pris en application des articles 452, 496 et 502 du Code civil, *JO* 31 déc., p. 20631.
3. EN CE SENS, MASSIP, n° 475 – *J.-Cl. Civ. Code*, art. 464 à 466, par Lemouland, spéc. n° 92.

tutelle (C. civ., art. 496 à 515), lesquelles sont **applicables à la curatelle** par la vertu du renvoi de l'article 467 alinéa 1er aux règles de la tutelle.

Sur le fond, ensuite, la réforme procède, dans le souci de mettre un terme aux difficultés de qualification rencontrées sous l'empire de la législation antérieure, à une **double innovation**.

Elle insère, dans un premier temps, dans le Code civil, la définition des **actes d'administration** et des **actes de disposition**. L'article 496, alinéa 3 précise, aujourd'hui, que les premiers correspondent aux « *actes de gestion courante du patrimoine* » et les seconds à ceux « *qui engagent celui-ci de manière durable et substantielle* ». Mais, si elles présentent tous les gages d'une parfaite orthodoxie juridique, ces définitions sont, à elles seules, impuissantes pour éradiquer les difficultés de qualification, tant il est vrai qu'elles se bornent, en réalité, à reprendre les définitions traditionnellement admises.

C'est pourquoi, le législateur renvoie, dans un second temps, pour la **qualification de chaque opération**, à une liste d'actes fixée par décret en Conseil d'État (C. civ., art. 496, al. 3). Cette liste est désormais fournie par le décret n° 2008-1484 du 22 décembre 2008, relatif à la gestion du patrimoine des personnes placées en curatelle ou en tutelle.

341.22 Redéfinition des actes par le décret n° 2008-1484 du 22 décembre 2008. Dans le souci de garantir tout à la fois sécurité et souplesse à la personne protégée dans la gestion de ses biens, le décret du 22 décembre 2008 édicte deux séries de dispositions. La première redéfinit les notions d'actes d'administration et d'actes de disposition. S'analysent, aux termes du décret, comme des **actes d'administration** « *les actes d'exploitation ou de mise en valeur du patrimoine de la personne protégée dénués de risque anormal* », et comme des **actes de disposition** « *ceux qui engagent le patrimoine de la personne protégée pour le présent ou l'avenir, par une modification importante de son contenu, une dépréciation significative de sa valeur en capital ou une altération durable des prérogatives de son titulaire* » (Décr. n° 2008-1484, 22 déc. 2008, art. 1er, al. 1er et 2, al. 1er). Si la présence, au sein du décret, de la définition de notions déjà cernées par la loi peut légitimement surprendre, la méthode s'explique, au vrai, par l'insuffisance des définitions légales. Ces dernières doivent reposer, afin de parer efficacement aux incertitudes de qualification, sur des critères suffisamment précis. Aussi le décret affine-t-il les définitions légales en proposant plusieurs **critères**, d'ordre essentiellement **économique**, tenant compte de l'ensemble des répercussions, directes on indirectes, de l'acte sur le patrimoine de la personne protégée[1]. Pour autant, ces critères ne sont pas exempts d'imperfections. Il en est ainsi, tout particulièrement, de la définition de l'acte d'administration, laquelle pourrait laisser entendre, à la faveur d'une interprétation *a contrario*, que l'acte entraînant pour le patrimoine de la personne protégée un risque anormal correspond à un acte de disposition. Une telle analyse doit être toutefois rejetée, en ce qu'elle repose sur une confusion entre, d'une part, **l'acte anormal de gestion**, contraire à l'intérêt de la personne protégée et source de responsabilité civile pour le curateur (v. ss n° 313.22), et, d'autre part, **l'acte grave, exceptionnel ou anormal**, éligible à la catégorie des actes de disposition[2]. Aussi convient-il, à notre sens, de lire, à l'article 1er alinéa 1er du décret, que constituent des actes d'administration, les actes d'exploitation ou de mise en valeur normale du patrimoine de la personne protégée.

341.23 Risque de contradiction des définitions réglementaires avec les solutions de la loi et du décret. La définition réglementaire des actes d'administration n'est pas sans contredire, dans plusieurs cas, les solutions de la loi et du décret lui-même. Si l'on conçoit, à la lumière tout à la fois des définitions légales et des définitions réglementaires, que certaines opérations d'aliénation, telles que la vente de meubles d'usage courant ou de faible valeur, s'analysent comme des actes d'administration[3], la qualification d'acte de disposition appliquée à d'autres opérations paraît, en revanche, critiquable. Il en est ainsi, par exemple, de **l'achat d'un immeuble en remploi des fonds** de la personne protégée, lequel est qualifié d'acte de disposition[4], bien qu'il puisse apparaître, dans certaines situations, comme une opération de mise en valeur du patrimoine ne présentant aucun risque anormal mais, tout au plus, un caractère exceptionnel. De la même façon, l'analyse de la conclusion d'un **contrat de gestion de valeurs mobilières**[5] **ou de l'ouverture d'un nouveau compte** au nom de la personne protégée[6] comme autant d'actes de disposition cadre mal avec la définition réglementaire de cette notion. Ces opérations peuvent, en effet, n'emporter aucune modification importante du contenu du patrimoine, ni dépréciation de sa valeur ou altération des prérogatives de son titulaire[7]. Ces contradictions résultent, en réalité, de ce que le **décret** ne se contente pas de qualifier les actes d'administration et les actes

1. Rép. civ., v° *Acte juridique*, par Brenner, janv. 2013 [actu. mars 2014], n° 340 – R. Verdot, « De l'influence du facteur économique sur la qualification des actes "d'administration" et des actes de "disposition" », *RTD civ.* 1968. 449 – A.-M. Leroyer, « Personnes protégées. Qualification des actes de gestion du patrimoine », *RTD civ.* 2009. 180, spéc. 181.
2. *J.-Cl. Civ.* Code, art. 503 à 509, par Peterka, n° 7.
3. Décr. n° 2008-1484, 22 déc. 2008, annexe 1, col. 1, II, 3° (v. ss n° 341.01).
4. C. civ., art. 501, al. 2 – Décr. n° 2008-1484, 22 déc. 2008, annexe 1, col. 2, I et II, 1° (v. ss n° 341.01).
5. C. civ., art. 500, al. 3 – Décr. n° 2008-1484, 22 déc. 2008, annexe 1, col. 2, II, 2° (v. ss n° 341.01).
6. C. civ., art. 427, al. 1er à 3 – Décr. n° 2008-1484, 22 déc. 2008, annexe 1, col. 2, II, 1° (v. ss n° 341.01).
7. Sur tout ceci, A.-M. Leroyer, *RTD civ.* 2009. 181 s.

de disposition au regard des seuls critères économiques qu'il édicte mais aussi, au risque de forcer les qualifications, en fonction du critère tiré de la soumission de l'acte, notamment sous la tutelle, à **l'autorisation préalable du juge ou du conseil de famille.**

341.24 Double classification des actes par le décret. La seconde série de dispositions dresse, au sein de l'annexe du décret, sous la forme de deux tableaux composés chacun de deux colonnes, une double liste d'actes constituant des actes d'administration et des actes de disposition. Figurent, aux termes des articles 1er, alinéa 2 et 2, alinéa 2, dans la colonne 1 du tableau constituant l'annexe 1 du décret, « *une liste des actes qui sont regardés comme des actes d'administration* » et, dans la colonne 2 de ce même tableau, « *une liste des actes qui sont regardés comme des actes de disposition* »[1]. Compose la colonne 1 du tableau constituant l'annexe 2, « *une liste non exhaustive d'actes qui sont regardés comme des actes d'administration, à moins que les circonstances d'espèce ne permettent pas au tuteur de considérer qu'ils répondent aux critères de l'alinéa 1er en raison de leurs conséquences importantes sur le contenu ou la valeur du patrimoine de la personne protégée, sur les prérogatives de celle-ci ou sur son mode de vie* ». La colonne 2 de ce même tableau comporte, quant à elle, « *une liste non exhaustive d'actes qui sont regardés comme des actes de disposition, à moins que les circonstances d'espèce ne permettent pas au tuteur de considérer qu'ils répondent aux critères de l'alinéa 1er, en raison de leurs faibles conséquences sur le contenu ou la valeur du patrimoine de la personne protégée, sur les prérogatives de celle-ci ou sur son mode de vie* »[2].

Le décret du 22 décembre 2008 établit ainsi une **double liste** :

- l'une **objective** et **impérative** comportant des actes étant, en toute hypothèse, qualifiés d'actes d'administration ou d'actes de disposition (annexe 1 - v. ss no 341.01);

- l'autre **subjective** et **supplétive** énumérant les actes ne revêtant l'une ou l'autre de ces qualifications que sous réserve des circonstances d'espèce (annexe 2 - v. ss no 341.01)[3].

La démarche mise en œuvre par le décret procède ici du souci de fluidifier et de personnaliser la gestion des patrimoines les plus aisés, en organisant la **modulation des règles de capacité et de pouvoir** en fonction de **l'importance relative de l'acte par rapport au patrimoine** de la personne protégée. L'impact d'un même acte n'étant pas le même d'un patrimoine à l'autre, sa qualification doit varier en fonction de chaque situation. C'est ainsi, par exemple, que l'octroi d'un délai raisonnable en vue du recouvrement d'une créance de la personne protégée est susceptible de varier de qualification suivant les conséquences qui en résultent sur son train de vie[4].

341.25 Caractère exhaustif de l'annexe 1 ? Les articles 1er, alinéa 2, et 2, alinéa 2 du décret laissent entendre, à la faveur d'une interprétation exégétique, que les listes posées par l'annexe 1 sont limitatives. D'une part, ces textes précisent que figurent, dans cette annexe, « *une liste des actes* » qui sont regardés comme des actes d'administration et « *une liste des actes* » qui sont regardés comme des actes de disposition. D'autre part, ils ne confèrent expressément un caractère non exhaustif qu'aux seules listes prévues à l'annexe 2. Pour autant, une interprétation téléologique du texte pourrait laisser accroire que les listes de l'annexe 1 sont, elles aussi, ouvertes. En effet, l'ambition de la Chancellerie n'a pas été, semble-t-il, de prévoir toutes les situations auxquelles la personne protégée et son protecteur pourraient être confrontés[5]. Surtout, le caractère fermé de l'annexe 1 conduit non seulement à geler la double liste qu'elle énumère à la date de la signature du décret, mais encore à faire basculer dans l'annexe 2 l'ensemble des opérations n'étant pas répertoriées par les deux premières listes. Il est regrettable, à l'aune des incertitudes de qualification susceptibles d'en résulter, que la circulaire de la Direction des affaires civiles et du sceau n'ait pas pris position sur ce sujet[6]. S'il est vrai que les actes non répertoriés par l'annexe 1 pourront toujours être qualifiés sur le fondement de l'annexe 2[7], laquelle est expressément désignée comme étant non exhaustive, cette qualification reposera sur des critères plus souples que celle des actes visés par la première annexe du décret[8].

341.26 Critères de requalification des actes de l'annexe 2 et critères de qualification des actes non listés. Le décret du 22 décembre 2008 précise les cri-

1. Décr. no 2008-1484, 22 déc. 2008, art. 1er, al. 2 et 2, al. 2 (v. ss no 341.01).
2. Décr. no 2008-1484, 22 déc. 2008, art. 1er, al. 3 et 2, al. 3 (v. ss no 341.01).
3. COMP. A.-M. Leroyer, *RTD civ.* 2009. 182, pour qui la question de savoir si les actes de l'annexe 1 pourraient changer de qualification demeure en suspens, le texte ne précisant pas expressément le caractère impératif de cette liste. Certains auteurs ont pu y voir l'énoncé de présomptions irréfragables et de présomption simples : A. Karm, « La gestion du patrimoine de majeur en curatelle », *Dr. et patr.* avr. 2009. 86, spéc. 89.
4. Sur tout ceci : *J.-Cl. Civ. Code*, art. 503 à 509, par Peterka, nos 9, 12 et 15.
5. T. Fossier, « Actes de gestion du patrimoine des personnes protégées. À propos du décret no 2008-1484 du 22 décembre 2008 », *JCP* 2009. 20; et *JCP N* 2009. 101.
6. Circ. DACS no CIV/01/09/C1, *BOMJ* 28 févr. 2009, spéc. p. 29; *D.* 2009. 1078.
7. MASSIP, no 636.
8. N. Peterka, « Le sort des actes de gestion du patrimoine de la personne vulnérable », *LPA* 4 nov. 2010, no 220, p. 18, spéc. no 17 – *J.-Cl. Civ. Code*, art. 503 à 509, par Peterka, nos 10 et 11.

tères sur le fondement desquels la requalification des actes de l'annexe 2 prend appui. Le texte impose au protecteur de prendre en considération « *les conséquences importantes des actes* » ou, au contraire, « *leurs faibles conséquences sur le contenu ou la valeur du patrimoine de la personne protégée, sur les prérogatives de celle-ci ou sur son mode de vie* »[1]. Les critères de requalification reposent ainsi sur la **gravité de l'acte** ou sur son **innocuité pour la personne protégée ou son patrimoine.** On relèvera que ces critères font écho, de manière cohérente, à ceux posés par le décret pour la définition de l'acte de disposition, si ce n'est qu'ils impliquent aussi de prendre en considération **l'impact de l'opération sur le mode de vie** de la personne protégée. C'est dire que les critères de qualification des actes de l'annexe 2 sont plus larges que les critères – exclusivement économiques – fournis pour la définition de l'acte d'administration et de l'acte de disposition[2]. Or, dès lors que l'on retient le caractère fermé de l'annexe 1, c'est sur le fondement de ces critères-là, et non pas seulement de ceux-ci, qu'il convient d'effectuer la qualification des actes ne figurant dans aucune des deux listes.

341.27 À qui incombe la qualification des actes de l'annexe 2 et des actes non listés sous la curatelle ? Le décret du 22 décembre 2008, dont les dispositions ont vocation à s'appliquer sous la curatelle, ne précise pas à **qui, du curateur ou de la personne protégée**, incombe le travail de qualification des actes de l'annexe 2 ainsi que des actes ne figurant dans aucune des deux annexes. Le texte se contente de viser le seul « *tuteur* », si bien qu'il semble faire reposer, par mimétisme, le travail de qualification sur le **curatélaire**. Ce dernier pourrait ainsi décider, en fonction des circonstances d'espèce, de conclure seul un acte pour lequel l'assistance du curateur est, en principe, requise.

Une telle solution paraît, de toute évidence, contraire tout à la fois au souci de sécurité qui imprègne la réforme sur le terrain de la gestion du patrimoine, et à la mission d'assistance et de contrôle du curateur (C. civ., art. 440, al. 1er). En effet, s'il est vrai qu'aux termes de l'article 421 du Code civil, le curateur et le subrogé curateur n'engagent, sauf sous la curatelle renforcée, leur responsabilité, du fait des actes accomplis avec leur assistance, qu'en cas de dol ou de faute lourde, cette double limitation de responsabilité, aux actes faits avec l'assistance du curateur et aux fautes lourdes ou dolosives, paraît inadmissible à l'aune de la mission du curateur. Celui-ci manque à ses devoirs de protection et de contrôle s'il laisse le curatélaire conclure des actes manifestement contraires à ses intérêts et néglige de l'assister pour la conclusion d'un acte de disposition[3]. On discerne, dès lors, malaisément comment le curateur pourrait se dispenser de contrôler, en amont de la passation de l'acte, la qualification de ce dernier par le majeur en curatelle. Celle-ci implique, à tout le moins pour les **actes énumérés par la colonne 2 de l'annexe 2** – c'est-à-dire pour les **actes de disposition sous réserve des circonstances d'espèce** – et pour les **opérations non listées par le décret, l'assistance du curateur** à peine, pour ce dernier, d'engager sa responsabilité civile à l'égard de la personne protégée. Il serait, au demeurant, parfaitement justifié que la responsabilité du curateur, à raison de son défaut d'assistance, soit plus aisément admise pour les abstentions affectant son champ d'intervention obligatoire, c'est-à-dire pour les opérations étant réputées s'analyser comme des actes de disposition, que pour celles ayant trait aux actes étant présumés correspondre à des actes d'administration relevant de la sphère d'autonomie de la personne protégée[4] (sur la responsabilité du curateur, v. ss no 314.33).

341.28 Risques pour le curateur et les tiers – Maintien des incertitudes de qualification. Si elle est certainement favorable à une gestion souple et dynamique du patrimoine de la personne protégée, la fluidification des règles de gestion est aussi source de responsabilité pour le curateur et d'insécurité juridique pour les tiers.

Le premier engagera sa **responsabilité civile**, à l'égard de la personne protégée, toutes les fois qu'il aura négligé de l'assister pour la qualification d'un acte puis, le cas échéant, pour la conclusion d'un acte de disposition. Les seconds encourront la menace de la **nullité** prévue à l'article 465 alinéa 1er, 2°, laquelle n'est, il est vrai, que facultative (v. ss no 335.34). En définitive, le souci d'alléger la gestion du patrimoine des majeurs protégés conduit, par un effet de vases communicants, à accroître le risque subi par les protecteurs et les tiers[5].

Ce dernier est d'autant plus important qu'il est fort à redouter que le décret du 22 décembre 2008 ne mette pas un terme aux difficultés de qualification dénoncées sous l'empire de la législation antérieure. En effet, si les opérations listées par l'annexe 1 du décret sont *a priori* suffisamment larges pour recouvrir les situations les plus diverses, elles n'en sont, en réalité, que d'autant plus sujettes à des **difficultés**

1. Décr. no 2008-1484, 22 déc. 2008, art. 1er, al. 3, et 2, al. 3 (v. ss no 341.01).
2. Décr. no 2008-1484, 22 déc. 2008, art. 1er, al. 1er, et 2, al. 1er (v. ss no 341.01).
3. Massip, no 447.
4. Décr. no 2008-1484, 22 déc. 2008, annexe 2, col. 1 et 2 (v. ss no 341.01) – N. Peterka, « Présentation du décret du 22 décembre 2008 : plus de lacunes que d'apports véritables », *Dr. et patr.* 2016, no 263, p. 38.
5. T. Fossier, « Actes de gestion du patrimoine des personnes protégées. À propos du décret no 2008-1484 du 22 décembre 2008 », *JCP* 2009. 20; et *JCP N* 2009. 101 – *J.-Cl. Civ. Code*, art. 503 à 509, par Peterka, no 13.

d'interprétation (il en est ainsi, par exemple, de l'emploi et du remploi des sommes d'argent[1]). Les hésitations entourant la qualification de certains actes susceptibles de relever, au gré des espèces, de l'une ou de l'autre liste, subsistent malgré la réforme[2].

1. Décr. n° 2008-1484, 22 déc. 2008, annexe 1, col. 1 et 2, II, 1° (v. s^s n° 341.01).

2. *J.-Cl. Civ. Code*, art. 503 à 509, par Peterka, n° 11 – V., PAR EX., avant la réforme : Paris, 8e ch. A, 28 oct. 2004, RG n° 03/07241, pour la souscription d'un contrat d'annonce publicitaire destiné à valoriser l'activité professionnelle d'une personne en curatelle – Toulouse, 3e ch., 1re sect., 2 oct. 2001, RG n°s 2000-04177 et 2000-4612.

CHAPITRE

342. Sphère de capacité du curatélaire en matière patrimoniale

SECTION 0 ORIENTEUR

342.00 **Plan du chapitre.**

342.01 **Textes applicables.**

TEXTES LÉGISLATIFS ET RÈGLEMENTAIRES NOUVEAUX

• **Ord. n° 2016-131, 10 févr. 2016,** portant réforme du droit des contrats, du régime général et de la preuve des obligations, *JO* 11 févr., texte n° 26.

• L. **n° 2015-177, 16 févr. 2015,** relative à la modernisation et à la simplification du droit et des procédures dans les domaines de la justice et des affaires intérieures, *JO* 17 févr., p. 2961.

TEXTES SOURCES

> Actes soumis à l'assistance du curateur

+ L. n° 2007-308, 5 mars 2007

+ L. n° 2008-776, 4 août 2008

+ L. n° 2015-177, 16 févr. 2015

+ Ord. n° 2016-131, 10 févr. 2016

C. civ., art. 426, 431, 467 à 470, 1397

> Actes autorisés au curatélaire sans l'assistance du curateur

+ L. n° 2007-308, 5 mars 2007

C. civ., art. 470, al. 1er et 467, al. 1er

> Actes de gestion du patrimoine des personnes placées en curatelle et en tutelle

• Décr. n° 2008-1484, 22 déc. 2008, art. 1 à 7, et Annexes 1 et 2

TEXTES *IN EXTENSO*

> Actes soumis à l'assistance du curateur

[C. civ., art. 426, 431, 467, al. 1er, à 470, 1397]

+ L. n° 2007-308, 5 mars 2007, art. 7

+ L. n° 2008-776, 4 août 2008, art. 18

+ L. n° 2015-177, 16 févr. 2015, art. 1er (V)

+ Ord. n° 2016-131, 10 févr. 2016, art. 5

C. civ., art. 426 (*mod. par L. n° 2015-177, 16 févr. 2015, art. 1er (V)*)

Le logement de la personne protégée et les meubles dont il est garni, qu'il s'agisse d'une résidence principale ou secondaire, sont conservés à la disposition de celle-ci aussi longtemps qu'il est possible.

Le pouvoir d'administrer les biens mentionnés au premier alinéa ne permet que des conventions de jouissance précaire qui cessent, malgré toutes dispositions ou stipulations contraires, dès le retour de la personne protégée dans son logement.

S'il devient nécessaire ou s'il est de l'intérêt de la personne protégée qu'il soit disposé des droits relatifs à son logement ou à son mobilier par l'aliénation, la résiliation ou la conclusion d'un bail, l'acte est autorisé par le juge ou par le conseil de famille s'il a été constitué, sans préjudice des formalités que peut requérir la nature des biens. Si l'acte a pour finalité l'accueil de l'intéressé dans un établissement, l'avis préalable d'un médecin, n'exerçant pas une fonction ou n'occupant pas un emploi dans cet établissement, est requis. Dans tous les cas, les souvenirs, les objets à caractère personnel, ceux indispensables aux personnes handicapées ou destinés aux soins des personnes malades sont gardés à la disposition de l'intéressé, le cas échéant par les soins de l'établissement dans lequel celui-ci est hébergé.

C. civ., art. 431 (*mod. par L. n° 2015-177, 16 févr. 2015, art. 1er (V)*)

La demande [d'ouverture de la mesure de protection] est accompagnée, à peine d'irrecevabilité, d'un certificat circonstancié rédigé par un médecin choisi sur une liste établie par le procureur de la République. Ce médecin peut solliciter l'avis du médecin traitant de la personne qu'il y a lieu de protéger.

Le coût de ce certificat est fixé par décret en Conseil d'État.

C. civ., art. 467 (*mod. par L. n° 2007-308, 5 mars 2007, art. 7*)

La personne en curatelle ne peut, sans l'assistance du curateur, faire aucun acte qui, en cas de tutelle, requerrait une autorisation du juge ou du conseil de famille.

Lors de la conclusion d'un acte écrit, l'assistance du curateur se manifeste par l'apposition de sa signature à côté de celle de la personne protégée.

À peine de nullité, toute signification faite à cette dernière l'est également au curateur.

C. civ., art. 468 (*mod. par L. n° 2008-776, 4 août 2008, art. 18*)

Les capitaux revenant à la personne en curatelle sont versés directement sur un compte ouvert à son seul nom et mentionnant son régime de protection, auprès d'un établissement habilité à recevoir des fonds du public.

La personne en curatelle ne peut, sans l'assistance du curateur, conclure un contrat de fiducie ni faire emploi de ses capitaux.

Cette assistance est également requise pour introduire une action en justice ou y défendre.

C. civ., art. 469 (*mod. par L. n° 2007-308, 5 mars 2007, art. 7*)

Le curateur ne peut se substituer à la personne en curatelle pour agir en son nom.

Toutefois, le curateur peut, s'il constate que la personne en curatelle compromet gravement ses intérêts, saisir le juge pour être autorisé à accomplir seul un acte déterminé ou provoquer l'ouverture de la tutelle.

Si le curateur refuse son assistance à un acte pour lequel son concours est requis, la personne en curatelle peut demander au juge l'autorisation de l'accomplir seule.

C. civ., art. 470 (*mod. par L. n° 2007-308, 5 mars 2007, art. 7*)

La personne en curatelle peut librement tester sous réserve des dispositions de l'article 901.

Elle ne peut faire de donation qu'avec l'assistance du curateur.

Le curateur est réputé en opposition d'intérêts avec la personne protégée lorsqu'il est bénéficiaire de la donation.

C. civ., art. 1397 (*mod. par Ord. n° 2016-131, 10 févr. 2016, art. 5*)

Après deux années d'application du régime matrimonial, les époux peuvent convenir, dans l'intérêt de la famille, de le modifier, ou même d'en changer entièrement, par un acte notarié. À peine de nullité, l'acte notarié contient la liquidation du régime matrimonial modifié si elle est nécessaire.

Les personnes qui avaient été parties dans le contrat modifié et les enfants majeurs de chaque époux sont informés personnellement de la modification envisagée. Chacun d'eux peut s'opposer à la modification dans le délai de trois mois.

Les créanciers sont informés de la modification envisagée par la publication d'un avis dans un journal habilité à recevoir les annonces légales dans l'arrondissement ou le département du domicile des époux. Chacun d'eux peut s'opposer à la modification dans les trois mois suivant la publication.

En cas d'opposition, l'acte notarié est soumis à l'homologation du tribunal du domicile des époux. La demande et la décision d'homologation sont publiées dans les conditions et sous les sanctions prévues au Code de procédure civile.

Lorsque l'un ou l'autre des époux a des enfants mineurs, l'acte notarié est obligatoirement soumis à l'homologation du tribunal du domicile des époux.

Le changement a effet entre les parties à la date de l'acte ou du jugement qui le prévoit et, à l'égard des tiers, trois mois après que mention en a été portée en marge de l'acte de mariage. Toutefois, en l'absence même de cette mention, le changement n'en est pas moins opposable aux tiers si, dans les actes passés avec eux, les époux ont déclaré avoir modifié leur régime matrimonial.

Lorsque l'un ou l'autre des époux fait l'objet d'une mesure de protection juridique dans les conditions prévues au titre XI du livre Ier, le changement ou la modification du régime matrimonial est soumis à l'autorisation préalable du juge des tutelles ou du conseil de famille s'il a été constitué.

Il est fait mention de la modification sur la minute du contrat de mariage modifié.

Les créanciers non opposants, s'il a été fait fraude à leurs droits, peuvent attaquer le changement de régime matrimonial dans les conditions de l'article 1341-2.

Les modalités d'application du présent article sont déterminées par décret en Conseil d'État.

> Actes autorisés au curatélaire sans l'assistance du curateur

+ L. n° 2007-308, 5 mars 2007, art. 7

C. civ., art. 467, al. 1er, et 470, al. 1er

* V. *supra* s^s^ prés^t^ n°, > *Actes soumis à l'assistance du curateur*

> Actes de gestion du patrimoine des personnes placées en curatelle et en tutelle

• **Décr. n° 2008-1484, 22 déc. 2008,** relatif aux actes de gestion du patrimoine des personnes placées en curatelle ou en tutelle, et pris en application des articles 452, 496 et 502 du Code civil (*applicable depuis le 1er janv. 2009*)

* V. texte complet s^s^ n° 341.01

342.02 Jurisprudence de référence.

> Nécessité de l'assistance du curateur pour l'obtention d'une carte bleue

• **Civ. 1re, 21 nov. 1984,** n° **83-13.199,** *Bull. civ.* I, n° 317

* V. s^s^ n° 342.53

La délivrance d'une carte accréditive (carte bleue) donnant à un majeur en curatelle la possibilité de s'endetter au-delà de ses revenus exige l'assistance de son curateur.

342.03 Bibliographie indicative.

> Bail commercial. T. Fossier, « Bail commercial et incapacité », *Ann. loyers* 2003. 2039, n°s 1-44, spéc. n° 44.

> Capacité du curatélaire en droit des affaires. M. Menjucq, « L'incapable majeur en droit des affaires », *JCP N* 1999. 836.

> Contrat de travail et capacité du curatélaire. D. Noguéro, « L'employeur incapable majeur », *Dr. soc.* 2005, n° 10, p. 165 – M. Thiberge, « La relation de travail du majeur protégé », *in* G. Raoul-Cormeil et J.-M. Plazy (dir.), *Le patrimoine de la personne protégée*, LexisNexis, 2015, p. 353.

> Honoraires de l'avocat. T. Fossier et F. Fresnel, « Les honoraires d'avocat pour la défense d'un incapable », *Gaz. Pal.* 14-16 avr. 2002, n°s 104-106, p. 3 s.

> Successions et libéralités. P. Delmas Saint-Hilaire, « Variations autour des libéralités et successions au profit des personnes vulnérables », *in* G. Raoul-Cormeil et J.-M. Plazy (dir.), *Le patrimoine de la personne protégée*, LexisNexis, 2015, p. 171 – N. Peterka, « Les actes de bienfaisance du majeur protégé », *in* G. Raoul-Cormeil et J.-M. Plazy (dir.), *Le patrimoine de la personne protégée*, LexisNexis, 2015, p. 317.

> **Gestion du patrimoine du curatélaire.** C. Donnadieu, « Quelques aspects de la gestion du patrimoine du majeur incapable », *JCP N* 2013. 1193 – T. Fossier, « Actes de gestion du patrimoine des personnes protégées. À propos du décret n° 2008-1484 du 22 décembre 2008 », *JCP* 2009. 20; *JCP N* 2009. 101 – F. Fresnel, « L'intérêt de la qualification de l'acte dans le cadre d'une mesure de protection juridique », *RJPF* 2001-4/6 – A. Karm, « La gestion du patrimoine du majeur en curatelle », *Dr. et patr.* 2009, n° 180; *J.-Cl. Civ. Code*, art. 467 à 476, fasc. 10 et 20, par Karm – A.-M. Leroyer, « Personnes protégées. Qualification des actes de gestion du patrimoine », *RTD civ.* 2009. 180 – I. Maria, « Directives du majeur et gestion du patrimoine », *in* G. Raoul-Cormeil et J.-M. Plazy (dir.), *Le patrimoine de la personne protégée*, LexisNexis, 2015, p. 85; « De la pertinence de la classification des actes de gestion du patrimoine des personnes protégées. Approche critique du décret du n° 2008-1484 du 22 décembre 2008 », *Dr. fam.* 2009. Étude 31 – J. Massip, *Tutelle des mineurs et protection juridique des majeurs*, Defrénois, 2009, p. 376 à 390 – D. Noguéro, « La typologie des actes patrimoniaux : retour sur le décret du 22 décembre 2008 », *in* G. Raoul-Cormeil et J.-M. Plazy (dir.), *Le patrimoine de la personne protégée*, LexisNexis, 2015, p. 45 – C. Pagnucco, « Le contrat de société et le majeur protégé », *in* G. Raoul-Cormeil et J.-M. Plazy (dir.), *Le patrimoine de la personne protégée*, LexisNexis, 2015, p. 151 – N. Peterka, « Le sort des actes de gestion du patrimoine de la personne vulnérable », *LPA* 4 nov. 2010, p. 18; « La gestion du patrimoine de la personne protégée à l'épreuve de l'urgence », *Gaz. Pal.* 29-30 janv. 2010, p. 25; *J.-Cl. Civ. Code*, art. 503 à 509; « Enjeux et principales difficultés de la gestion du patrimoine d'autrui », *JCP N* 2013. 1190; « Le pouvoir, prérogative privilégiée d'administration du bien d'autrui (mandat, représentation, pouvoir) », *Dr. et patr.* nov. 2015, p. 36 – F. Terré et D. Fenouillet, *Droit civil. Les personnes*, 8e éd., « Précis », Dalloz, 2012, nos 721 à 728.

342.04 **Exemples d'actes.**

> **Régimes de protection des majeurs**

* Pour un exemple d'ordonnance d'autorisation de résiliation de bail et de vente des meubles (logement), v. ss n° 5271.37.

* Pour un exemple d'autorisation de vente d'un immeuble (logement), v. ss n° 5271.24.

342.09 Accomplissement par le curatélaire seul des actes conservatoires, des actes d'administration et de certains actes expressément visés par le Code civil. L'article 467 alinéa 1er du Code civil reconduit, dans sa version issue de la loi du 5 mars 2007, la règle traditionnelle suivant laquelle le majeur en curatelle peut faire, sans l'assistance du curateur, les actes qui, sous la tutelle, peuvent être effectués par le tuteur sans l'autorisation préalable du juge des tutelles ou du conseil de famille (C. civ., anc. art. 510, al. 1er). Sont ici visés, par l'effet du renvoi aux règles de la tutelle (C. civ., art. 504) tout à la fois certains actes dont le sort est expressément régi par le Code civil (sect. 1), les actes d'administration (sect. 2) et les actes conservatoires (sect. 3).

SECTION 1

Actes régis par le Code civil

342.10 Éviction de la définition de l'acte d'administration. Sur certains points, les actes relevant de la **sphère d'autonomie de la personne protégée** sont prévus par le Code civil, lequel s'émancipe ici de la définition légale et de la définition réglementaire de l'acte d'administration. La loi du 5 mars 2007 a tenté, en effet, de simplifier la mission du curateur en insérant au sein du chapitre II du titre XI du livre Ier du Code civil une sous-section exclusivement consacrée aux actes faits dans la curatelle, comportant les articles 467 à 472. Énumérant plusieurs actes relevant de la capacité du curatélaire sans pour autant correspondre toujours à la définition de l'acte d'administration, ces textes doivent être combinés avec les articles 504 à 507-2, lesquels sont applicables sous la curatelle par l'effet du renvoi effectué, par ce régime, aux règles de la tutelle. L'ensemble de ce dispositif conduit à permettre à la personne en curatelle d'accomplir, sans l'assistance de la personne chargée de sa protection, quatre grandes catégories d'actes : la perception des capitaux et des revenus (§ 1), l'accomplissement de libéralités testamentaires (§ 2), l'acceptation d'une succession à concurrence de l'actif net (§ 3), la conclusion de certains baux (§ 4).

§ 1

Perception des capitaux et des revenus

342.11 Versement sur un compte ouvert au seul nom de la personne en curatelle. L'article 468 alinéa 1er du Code civil prescrit une règle destinée à protéger le curatélaire. « *Les capitaux revenant* [à ce dernier] *sont versés directement sur un compte ouvert à son seul nom et mentionnant son régime de protection, auprès d'un établissement habilité à recevoir des fonds du public* ». La règle rompt avec l'ancienne législation, laquelle érigeait, sous la tutelle, la réception des capitaux en un acte d'administration surveillé soumis au contreseing du subrogé tuteur et, sous la curatelle, en un acte nécessitant l'assistance du curateur[1].

Les nouvelles dispositions de l'article 468 alinéa 1er font aujourd'hui écho au **principe d'individualisation des comptes bancaires** énoncé, pour tous les régimes de protection des majeurs, à l'article 427 du Code civil, en vue de mettre un terme à l'ancienne pratique des comptes pivots utilisés par les associations tuté-

1. Massip, n° 456.

laires (v. s[s] n°s 212.21 s.). Elles conduisent à interdire au débiteur, à peine d'engager sa responsabilité civile à l'égard de la personne protégée, de verser les fonds sur un autre compte que celui ouvert au nom de celle-ci, et, cela afin d'éviter qu'ils soient utilisés par le curateur[1].

342.12 Distinction de la perception et de l'emploi des capitaux et des revenus. Si la **perception des revenus** et la **réception des capitaux** s'analysent, aux termes de la loi et du décret du 22 décembre 2008, comme des **actes d'administration, l'emploi des capitaux** de la personne en curatelle correspond, en revanche, à un **acte de disposition** subordonné à l'assistance du curateur. Il est regrettable, sur ce point, que le législateur n'ait pas pris la peine de définir la **notion de capitaux**, dont les contours ne sont pas toujours aisés à cerner. L'analyse du décret, lequel classe dans la catégorie des actes d'administration l'emploi des sommes qui ne sont ni des capitaux ni des excédents de revenus et dans celle des actes de disposition l'emploi des sommes qui s'identifient comme tels, laisse toutefois entendre que les capitaux sont conçus comme étant les **sommes exceptionnellement échues à la personne protégée**. Cette interprétation est, au demeurant, conforme à celle traditionnellement retenue par la doctrine et la pratique, lesquelles définissent les capitaux comme « *toute somme acquise au majeur protégé sans périodicité, ainsi que tout excédent de revenus dont le tuteur souhaite le placement* »[2]. Rappelons qu'il convient d'inclure, sous le concept de revenus, non seulement les **fruits** résultant d'un bien, « *périodiquement ou non, spontanément ou par suite de sa mise en valeur, sans que sa substance en soit altérée* »[3] mais encore les **ressources périodiques** issues du travail de la personne protégée, c'est-à-dire ses gains, salaires, traitements et rémunérations[4] ainsi que les prestations sociales qui lui sont versées.

Ces règles de capacité conduisent à reconduire, sous l'empire de la réforme, la pratique mise en place, dans de nombreux établissements bancaires, sous la législation antérieure, consistant à tenir **deux comptes pour le majeur en curatelle** : l'un alimenté à l'aide de ses revenus, sur lequel la personne protégée pouvait effectuer des retraits, l'autre alimenté par ses capitaux nécessitant la double signature du curateur et du curatélaire[5]. Pour autant, la **scission des comptes** devra être désormais **autorisée** par le juge des tutelles et **motivée** au regard de l'intérêt de la personne protégée (C. civ., art. 427, al. 1er et 2).

§ 2 Capacité testamentaire du majeur en curatelle

342.21 Libéralités testamentaires. L'article 470 alinéa 1er du Code civil reconduit la règle admise sous l'empire du droit antérieur, suivant laquelle « *la personne en curatelle peut librement tester sous réserve des dispositions de l'article 901* » (C. civ., anc. art. 513, al. 1er). La **capacité testamentaire du majeur en curatelle** s'émancipe de la définition des actes d'administration et des actes de disposition. Elle repose en effet, non pas sur la qualification de l'acte, mais sur son **caractère éminemment personnel**. Ce dernier fait obstacle à ce que le curatélaire soit frappé, en cette matière, d'une incapacité d'exercice, lui imposant l'assistance de la personne chargée de sa protection[6] (sur la tutelle, v. s[s] n°s 351.41 à 351.45). Aussi le juge des tutelles se voit-il ici privé de la faculté, lui étant reconnue par l'article 471 en d'autres domaines, de moduler la capacité du majeur en curatelle, en exigeant l'assistance du curateur pour l'accomplissement d'actes n'y étant pas soumis par la loi. Le juge ne saurait davantage imposer au testateur, lequel n'est pas ici sous le joug d'une incapacité d'exercice, le recours au testament notarié[7].

Les principes gouvernant la capacité testamentaire du majeur en curatelle ont vocation à s'appliquer aux libéralités qui s'en approchent. Ainsi la **donation de biens à venir entre époux ou par contrat de mariage** doit-elle bénéficier, en raison de sa proximité avec le testament, de ces dispositions.

342.22 Testament du majeur en curatelle et insanité d'esprit. La capacité du testateur risque de se trouver neutralisée par le jeu des dispositions de l'article 901 du Code civil, suivant lequel « *pour faire une libéralité, il faut être sain d'esprit* »[8]. Il est vrai qu'en principe, la **nullité pour insanité d'esprit** est dotée d'une autonomie à l'égard des dispositions spécifiques aux majeurs protégés et, notamment, de

1. A. Karm, « La gestion du patrimoine du majeur en curatelle », *Dr. et patr.* avr. 2009. 86, spéc. 90.
2. T. Fossier, M. Bauer, E. Vallas-Lenerz, *Les tutelles. Accompagnement et protection juridique des majeurs*, 6e éd., ESF, 2015. 50 – COMP. : G. Cornu (dir.), *Vocabulaire juridique*, Association Henri Capitant, « Quadrige », PUF, 2003, *v° Capitaux*, 1.
3. EN CE SENS, NOT. : « Proposition de réforme du livre II du Code civil relatif aux biens, art. 524 », www.henricapitant.org
4. G. Cornu (dir.), *Vocabulaire juridique, op. cit.* s[s] prés[t] n°, *v° Revenu*.
5. Massip, n° 456, note 18.
6. N. Peterka, « Les libéralités du majeur protégé dans la loi du 5 mars 2007 », *Dr. fam.* 2007. Étude 20, spéc. n°s 10 s. – V. AUSSI : G. Raoul-Cormeil, « Les libéralités consenties à une personne vulnérable ou par elle », *JCP N* 2008. 1272 – D. Boulanger, « Majeurs protégés et actes à titre gratuit », *JCP N* 2009. 1240.
7. Massip, n° 463.
8. Ce texte se fait l'écho, en matière de libéralités, des dispositions plus générales, des articles 414-1 et 414-2 du Code civil (sur lesquelles, v. s[s] n°s 335.11 s.).

l'impossibilité de pourvoir seule à ses intérêts par suite de l'altération des facultés mentales ou corporelles de nature à empêcher l'expression de la volonté (C. civ., art. 425). La mise en place d'un régime de protection des majeurs au bénéfice du testateur, lors de la confection du testament, ou son prononcé ultérieur, ne suffisent pas, à eux seuls, à démontrer l'existence d'un trouble mental au moment de l'acte[1]. C'est dire que l'existence de troubles justifiant la mise sous curatelle du testateur n'implique pas l'insanité d'esprit justifiant l'annulation de la libéralité[2]. De la même manière, le certificat médical établi peu de temps après la confection du testament, estimant le testateur incapable de pourvoir seul à ses intérêts, ne permet pas de conclure que le disposant fût incapable d'exprimer ses dernières volontés[3]. L'état mental d'un individu peut justifier, en effet, qu'il soit placé sous curatelle, voire sous tutelle, pour la gestion quotidienne de son patrimoine, sans pour autant que son intelligence ou ses facultés de discernement soient abolies au point qu'il soit privé de la faculté de comprendre le sens et la portée de ses actes[4]. Pour autant, la jurisprudence tolère un **déplacement de l'objet de la preuve** en autorisant le demandeur à démontrer, à défaut de l'insanité d'esprit du testateur au moment de l'acte, son **état habituel de démence à l'époque de sa confection**[5]. Il convient de préciser, sur ce dernier point, que le renversement de la présomption simple tirée de l'état habituel de démence de l'auteur de l'acte s'avère largement illusoire, « *le rappel de la possibilité de prouver un intervalle lucide n'étant que de façade* »[6]. Or, **l'ouverture d'un régime de protection** des majeurs, **dans la période concomitante ou immédiatement postérieure à la libéralité**, est souvent un indice non négligé pour la démonstration de cet état[7]. C'est ainsi que le prononcé d'une mesure de protection peut justifier, à l'appui d'autres éléments suffisamment probants, telles que notamment des constatations médicales, l'anéantissement de la libéralité[8].

La protection du testateur en curatelle est pareillement assurée *via* le jeu des incapacités de recevoir à titre gratuit (sur lesquelles, v. s[s] n°s 335.41 s.).

§ 3
Acceptation à concurrence de l'actif net

342.31 Restriction de la capacité du majeur en curatelle en matière d'option successorale. L'article 507-1 alinéa 1er du Code civil dispose, sous la tutelle, que « *par dérogation à l'article 768, le tuteur ne peut accepter une succession échue à la personne protégée qu'à concurrence de l'actif net. Toutefois, le conseil de famille, ou à défaut le juge, peut, par une délibération ou une décision spéciale l'autoriser à accepter purement et simplement la succession si l'actif dépasse manifestement le passif* ». Le texte poursuit, en son second alinéa, en énonçant que « *le tuteur ne peut renoncer à une succession échue à la personne protégée sans une autorisation du conseil de famille ou, à défaut, du juge* ». La transposition de ces dispositions sous la curatelle conduit à n'autoriser la personne protégée à **accepter la succes-**

1. V. NOT. : Civ. 1re, 25 mai 2004, n° 01-03.629, NP; *Dr. fam.* 2004, n° 20, note Fossier; *RJPF* 2004-9/14, obs. Pansier (mise en place d'une sauvegarde de justice puis d'une curatelle à l'époque des actes) – Pau, 2e ch., 2e sect., 5 nov. 2007, RG n° 06/01616 (testatrice placée sous sauvegarde de justice au moment du testament) – Aix-en-Provence, 1re ch., 25 janv. 1995, *Juris-Data* n° 040274 – Paris, 1re ch., pôle 3, 13 oct. 2010, RG n° 08/23064 – Poitiers, 3e ch., 6 oct. 2010, RG n° 08/02520, inéd. – Paris, 1re ch., pôle 4, 23 sept. 2010, RG n° 09/10892, le trouble mental « *ne résulte pas des mesures de protection prises plus d'un an et demi après la signature de l'acte authentique* » – *Adde*, J.-M. Plazy, « Preuve de l'insanité d'esprit et placement sous un régime de protection », *JCP N* 2003.1388.
2. Paris, 16 oct. 1995, *RTD civ.* 1996. 685, obs. Patarin.
3. Lyon, 26 mars 1975, *DS* 1978. 263, note Dufour.
4. M. Grimaldi, *Droit civil. Les libéralités. Partages d'ascendants*, Litec, 2000, n° 1045.
5. J.-P. Gridel, « La sénescence mentale et le droit », *Gaz. Pal.* mars-avr. 2001. Doctr. 408, spéc. p. 412.
6. D. Noguéro, « Les sanctions des actes juridiques irréguliers des majeurs protégés (1re partie) », *LPA* 23 déc. 2009, p. 6.
7. Approuvant les juges du fond d'avoir retenu l'insanité d'esprit d'un testateur placé en curatelle : Civ. 1re, 28 janv. 2003, n° 00-17.712, NP; *AJ fam.* 2003. 148, obs. Bicheron; *Defrénois* 2003. 1093, note Massip; *JCP N* 2004. Étude 1473, obs. Cermolacce; *AJ fam.* 2003. 148, obs. Bicheron; Rép. civ., v° *Testament*, par M. Nicod, janv. 2016 [actu. avr. 2016], n° 29.
8. Rouen, 1re ch., cab. 1, 26 mai 2010, RG n° 09/02513 – Bordeaux, 15 févr. 2007, RG n° 06/00885 – RAPPR. Paris, 2e ch. A, 20 oct. 2004, RG n° 03/12121 – Agen, 1re ch., 28 juin 2004, RG n° 03/00622 – Civ. 3e, 15 nov. 2000, n° 99-10.717, NP – *Adde*, pour la preuve du trouble mental tout à la fois par l'âge et les conclusions d'un certificat médical : Pau, 1re ch., n° 3344/10, RG n° 09/02602 – Besançon, 1re ch. A, 8 sept. 2010, RG n° 08/03031 – Paris, 1re ch., pôle 3, 3 juin 2009, RG n° 08/15560 – Pour l'annulation d'un codicille rédigé par un majeur en curatelle renforcé qui « *subissait une dégradation progressive de ses facultés mentales, était fragile, et présentait une suggestibilité médicalement constatée* » : Civ. 1re, 17 févr. 2010, n° 08-20.950, NP; *Dr. fam.* 2010, n° 107, note Maria – Pour des refus d'annulation de testaments, malgré le placement du testateur sous un régime de protection et l'existence de certificats médicaux : Bordeaux, 1re ch. A, 4 mars 2002, *Juris-Data* n° 176942 (certificat médical dressé après l'acte litigieux établissant l'absence de détérioration mentale du disposant mais seulement une grande fragilité due à son grand âge) – Dijon, ch. civ., 19 mars 2002, *Juris-Data* n° 184637 (rapports médicaux concordants contredits par la décision du juge des tutelles de rejeter la demande de conversion de la curatelle en tutelle) – Sur ces arrêts, T. Fossier et J.-M. Plazy, « De la jurisprudence à la pratique notariale », *JCP N* 2003. 1388 – *Adde*, pour un placement ultérieur sous régime de protection, Saint-Denis, ch. civ., 18 sept. 2009, RG n° 07/00119, *Dr. fam.* 2010, n° 31, note Maria.

sion qui lui est échue, **sans l'autorisation du curateur, qu'à concurrence de l'actif net.** La restriction de la sphère d'autonomie du majeur en curatelle à cette seule branche de l'option successorale s'explique aisément à l'aune des effets qui y sont attachés sur le plan du passif successoral, l'héritier n'étant tenu ici que dans les limites des forces de la succession. Plus périlleuses, les autres branches de l'option requièrent - nous y reviendrons - l'assistance de la personne protégée par le curateur. À vrai dire, l'article 507-1 reconduit, sur ce point, les solutions admises sous l'empire de la législation antérieure (C. civ., anc. art. 461).

La présence d'un majeur protégé au sein de l'hérédité conduira à généraliser les règles de l'acceptation à concurrence de l'actif net à l'ensemble des héritiers, y compris à ceux qui avaient opté pour l'acceptation pure et simple (C. civ., art. 792-2, al. 1er).

342.32 Déclaration d'acceptation à concurrence de l'actif net, inventaire et vente des biens. Il convient de distinguer, pour le jeu des règles de capacité, d'une part, la déclaration d'acceptation à concurrence de l'actif net et, d'autre part, la procédure ainsi que les obligations qui en découlent. L'ouverture de la procédure est subordonnée, en principe, à une déclaration au greffe du tribunal de grande instance de l'ouverture de la succession, accompagnée ou suivie d'un inventaire (C. civ., art. 758 à 790). Le **majeur en curatelle** peut, **sans être assisté**, procéder à cette **déclaration** et faire établir **l'inventaire**. En revanche, la déchéance pour défaut d'inventaire, prévue à l'article 790 alinéa 4 du Code civil, paraît devoir être écartée, s'agissant de l'héritier en curatelle. En effet, la mise en œuvre de cette sanction, laquelle consiste à réputer l'héritier acceptant pur et simple, conduirait, de manière peu cohérente, à ruiner la protection du successible vulnérable recherchée par l'article 507-1.

La vente des biens de gré à gré, au cours de la procédure, s'analyse comme un acte de disposition soumis à l'assistance du curateur (C. civ., art. 793) [1].

342.33 Acceptation à concurrence de l'actif net tacite ? Reste à déterminer si le formalisme de la déclaration au greffe du tribunal pourrait être évincé. Il était admis, avant la réforme, que l'accomplissement par le tuteur d'actes qui emporteraient, pour une personne capable, acceptation pure et simple tacite de la succession valait, pour la personne protégée, acceptation tacite à concurrence de l'actif net. La solution paraît transposable, *mutatis mutandis*, depuis l'entrée en vigueur de la réforme, à la curatelle, dans le souci de préserver les intérêts de l'héritier protégé. Pour autant, l'accomplissement d'actes susceptibles d'emporter acceptation tacite par le curatélaire devrait demeurer marginal, car ces derniers supposent, en principe, l'assistance du curateur (C. civ., art. 784). Celui-ci engagerait, au demeurant, sa responsabilité civile s'il laissait la personne protégée effectuer des opérations périlleuses pour elle. Cela d'autant plus que l'article 469 alinéa 2 confère désormais au curateur la **faculté de saisir le juge des tutelles, si la personne protégée compromet gravement ses intérêts**, pour qu'il l'autorise à accomplir seul un acte déterminé ou provoquer l'ouverture d'une tutelle.

342.34 Révocation de l'acceptation à concurrence de l'actif net. La révocation de l'acceptation à concurrence de l'actif net, au profit de l'acceptation pure et simple [2], peut intervenir dans les conditions prévues à l'article 801 du Code civil [3]. Elle implique, sous la curatelle, **l'assistance de la personne protégée par le curateur** (arg. C. civ., art. 507-1, al. 1er - Décr. n° 2008-1484, 22 déc. 2008, annexe 1, col. 2, V - v. s^s n° 341.01). Mais encore faut-il, pour que le curateur accepte de prêter son assistance à la personne protégée, que **l'actif dépasse manifestement le passif**, ce qui contribue à marginaliser cette révocation.

§ 4
Conclusion de certains baux

342.41 Acte d'administration. Le sort des baux est régi par l'article 504 alinéa 3 du Code civil, dans sa rédaction issue de la loi du 5 mars 2007. Le texte reconduit les dispositions de l'ancien article 456 alinéa 3 en énonçant, sous un paragraphe consacré aux actes que le tuteur accomplit sans autorisation, que « *les baux consentis par le tuteur ne confèrent au preneur, à l'encontre de la personne protégée devenue capable, aucun droit de renouvellement et aucun droit à se maintenir dans les lieux à l'expiration du bail, quand bien même il existerait des dispositions légales contraires. Ces dispositions ne sont toutefois pas applicables aux baux consentis avant l'ouverture de la tutelle et renouvelés par le tuteur* ».

Le texte autorise **le majeur en curatelle** à **consentir un bail sans** l'**assistance** de la personne chargée de sa protection. Si elle paraît simple, la règle appelle une double précision :

- D'une part, sont exclus de son champ d'application les baux portant sur la **résidence principale** et la **résidence secondaire de la personne protégée**, lesquelles bénéficient - on le sait - sous tous les régimes de protection d'une **législation spéciale** (C. civ., art. 426 - v. s^s n°s 212.11 s. et 343.71).

1. T. Fossier, « De la législation à la pratique notariale », *JCP N* 2007. I. 1169.

2. Civ. 1re, 16 avr. 1991, n° 89-10.248, *Bull. civ.* I, n° 143; *Defrénois* 1991. 952, obs. Massip.
3. La prescription du droit d'accepter ne doit pas être acquise contre l'héritier. L'acceptation pure et simple rétroagit au jour de l'ouverture de la succession (C. civ., art. 801).

– D'autre part, elle subit des inflexions en présence de **baux de plus de neuf ans** et de baux assortis d'un **droit au renouvellement ou au maintien dans les lieux** au profit du preneur. Sur ce point, la réforme reconduit les solutions admises sous l'empire de la législation ancienne analysant ces baux, notamment les baux ruraux et les baux commerciaux, comme des **actes de disposition** [1].

342.42 Baux d'une durée égale ou inférieure à neuf ans et ne comportant pas de droit au renouvellement ou au maintien dans les lieux. Le *dispositif antérieur à la loi de 2007* reposait sur l'interprétation des articles 456, alinéa 3, 457, 595 et 1718 du Code civil. L'article 456 alinéa 3 régissait la conclusion des baux par le tuteur, ainsi que leur renouvellement et le maintien dans les lieux lors de l'accession du bailleur à la majorité. Il gouvernait également le sort des baux conclus avant l'ouverture de la tutelle. L'article 1718, qui n'a pas été modifié par la réforme, détermine quant à lui, avec l'article 595 auquel il renvoie, la durée des baux en cours à la fin de la minorité ou de la protection ainsi que leur renouvellement, par anticipation, avant la survenance de ces événements. Il décide que « *les dispositions des deuxième et troisième alinéas de l'article 595 relatif aux baux passés par les usufruitiers sont applicables aux baux passés par le tuteur sans l'autorisation du conseil de famille* ».

Il en résulte que les baux conclus par le tuteur non autorisé pour une durée supérieure à neuf ans ne sont, lorsque la personne protégée devient capable, « *obligatoires à l'égard de celle-ci que pour le temps qui reste à courir, soit de la première période de neuf ans, si les parties s'y trouvent encore, soit de la seconde, et ainsi de suite de manière que le preneur n'ait que le droit d'achever la jouissance de la période de neuf ans où il se trouve* ». Les baux d'une durée égale ou inférieure à neuf ans passés ou renouvelés par le tuteur, sans autorisation, plus de trois ans avant l'expiration du bail courant, s'il s'agit de baux ruraux, ou plus de deux ans avant la même époque, s'il s'agit de baux d'habitation, sont sans effet, à moins que leur exécution n'ait commencé avant la cessation de la protection (C. civ., art. 595, al. 3).

Il résultait de ces textes, que le **bail** était un **acte d'administration susceptible d'être conclu par le majeur en curatelle sans l'assistance du curateur**, dès lors qu'il était d'une **durée égale ou inférieure à neuf ans** et qu'il ne comportait **ni droit au renouvellement ni droit au maintien dans les lieux** [2]. Si la personne protégée souhaitait renouveler, par anticipation, un bail d'habitation d'une telle durée, elle devait le faire dans les deux dernières années du bail ou se faire assister par le curateur.

342.43 Baux d'une durée supérieure à neuf ans ou comportant un droit au renouvellement ou au maintien dans les lieux. Lorsque le majeur en curatelle avait passé, sans l'assistance du curateur, un bail de plus de neuf ans ou comportant, au profit du preneur, un droit au renouvellement ou au maintien dans les lieux, le retour à la capacité entraînait la **réduction du bail**. Dans le premier cas, le preneur avait seulement le droit d'achever la jouissance de la période de neuf ans dans laquelle il se trouvait, cette dernière étant calculée depuis la conclusion du bail initial. Dans le second cas, il lui était interdit de se prévaloir, après le recouvrement de la capacité du bailleur, du renouvellement du bail ou du maintien dans les lieux (C. civ., anc. art. 456, al. 3) [3]. Le bailleur devenu capable n'était pas tenu, pour réintégrer l'immeuble, de faire délivrer un acte pour s'opposer à la reconduction du bail ou un congé à terme de celui-ci [4]. L'assistance du curateur permettait de rendre le bail de plus de neuf ans ou comportant un droit au renouvellement ou au maintien dans les lieux, opposable à la personne protégée, lors de son retour à la capacité.

342.44 Consécration imparfaite de cette distinction par la réforme. La loi du 5 mars 2007 ne rompt pas avec les règles traditionnelles relatives aux baux (C. civ., art. 504, al. 3 et 1718) [5]. Quant au décret du 22 décembre 2008, il reprend au moins implicite-

1. J. Massip, *Les incapacités. Étude théorique et pratique*, préf. J. Carbonnier, Defrénois, 2002, spéc. n°s 44, 68 et 282 – T. Fossier, « Actes de gestion du patrimoine des personnes protégées. À propos du décret n° 2008-1484 du 22 décembre 2008 », *JCP* 2009. 20; et *JCP N* 2009. 101 [p. 7] – *Adde*, en matière de bail rural : Civ. 1re, 20 mars 1989, n° 87-16.870, *Bull. civ.* I, n° 132; *D.* 1990. 169, note Massip – Nîmes, 2e ch. A, 30 janv. 2007, RG n° 06/04570 – COMP. : Metz, 10 janv. 2008, RG n° 05/01442; *Dr. fam.* 2008, n° 91, obs. Fossier; décidant que « *la conclusion d'un bail, même d'un bail à ferme bénéficiant du statut légal, ne constitue pas un acte de disposition* » – Dans le même sens, Metz, 1re ch., 10 janv. 2008, *Juris-Data* n° 358307 – En matière de bail commercial, Civ. 1re, 10 mai 1988, *D.* 1988. 516, note Massip; *JCP N* 1989. II. 9, note Fossier – Civ. 1re, 18 oct. 1994, n° 92-21.735, *Bull. civ.* I, n° 294; *D.* 1995. 529, note Massip; *RTD civ.* 1995. 600, note Hauser.
2. Toulouse, 3e ch., 1re sect., 21 oct. 2008, *Juris-Data* n° 372532 : « *Dès lors que le majeur sous curatelle ne peut accomplir seul les actes qui, sous le régime de la tutelle, requièrent l'autorisation du juge ou du conseil de famille, il est autorisé à conclure un contrat de bail d'habitation de moins de neuf ans qui, en tant qu'acte d'administration, n'est pas soumis à l'assistance du curateur* ».
3. Limoges, ch. soc., 2 févr. 1999, RG n° 97/01822 – Sur le bail commercial « *amputé du droit au renouvellement* », v. T. Fossier, « Bail commercial et incapacité », *Ann. loyers* 2003, spéc. p. 2051, n° 44 – M. Menjucq, « L'incapable majeur en droit des affaires », *JCP N* 1999. 836, spéc. 840.
4. T. Fossier, M. Bauer, E. Vallas-Lenerz, *Les tutelles. Accompagnement et protection juridique des majeurs*, 6e éd., ESF, 2015, p. 59.
5. T. Fossier, « Actes de gestion du patrimoine des personnes protégées. À propos du décret n° 2008-1484 du 22 décembre 2008 », *JCP* 2009. 20; et *JCP N* 2009. 101.

ment les distinctions effectuées sous l'empire du droit antérieur. Figurent, en effet, dans la colonne des **actes** étant **toujours regardés comme des actes d'administration**, la conclusion ou le renouvellement d'un **bail de neuf ans au plus** en tant que bailleur (C. civ., art. 595 et 1718) ou preneur. La conclusion et le renouvellement des **baux ruraux, commerciaux, industriels, artisanaux, professionnels ou mixtes** sont répertoriés, quant à eux, dans la colonne des **actes étant toujours des actes de disposition**. Il reste que cette classification pourrait « laisse(r) entendre » – ce qui serait une innovation – « *que la conclusion d'un bail rural sans renouvellement serait désormais soumise à autorisation* »[1]. La conclusion et le renouvellement des **baux de plus de neuf ans** endossent **implicitement** la qualification d'**acte de disposition**, ce qui pourrait conduire à première vue, comme dans le cas des baux ruraux, industriels, commerciaux, artisanaux, professionnels ou mixtes, non pas seulement à la réduction du bail conclu par le curatélaire sans l'assistance du curateur mais, plus radicalement, à son **annulation** sous réserve de la justification d'un **préjudice** subi par la personne protégée (C. civ., art. 465, al. 1er, 2°). Il n'en demeure pas moins qu'une telle solution méconnaîtrait les dispositions de l'article 504 alinéa 3 du Code civil. Aussi doit-elle être écartée[2].

342.45 Congé ou résiliation du bail commercial ou rural et des baux de plus de neuf ans. On peut s'interroger sur la qualification applicable au congé ou à la résiliation du bail commercial ou rural, et plus généralement du bail de plus de neuf ans[3]. La jurisprudence a jugé, en matière de droit des régimes matrimoniaux, que la résiliation d'un bail commercial ou rural s'analysait comme un acte de disposition soumis au double consentement des époux (C. civ., art. 1425). Il reste que les solutions du droit matrimonial ne s'imposent pas forcément en droit tutélaire. C'est ainsi, par exemple, que la Cour de cassation a jugé, en 2009, que la conclusion d'un bail rural de neuf ans par un époux constitue un acte de disposition (C. civ., art. 1432)[4]. La qualification est différente en droit tutélaire où seuls les baux de plus de neuf ans comportant un droit au renouvellement ou maintien dans les lieux opposables à la personne protégée lors de son retour à la capacité reçoivent la qualification d'actes de disposition (C. civ., art. 504, al. 3, 1718 et 595, al. 2 et 3).

1. A.-M. Leroyer, « Personnes protégées. Qualification des actes de gestion du patrimoine », *RTD civ.* 2009. 180, spéc. p. 183.
2. Sur tout ceci, *J.-Cl. Civ. Code*, art. 503 à 509, par Peterka, nos 71 à 77.
3. La résiliation d'un bail d'habitation en tant que bailleur s'analyse toujours, aux termes du décret du 22 décembre 2008, comme un acte d'administration (Décr. n° 2008-1484, 22 déc. 2008, annexe 1, col. 1, I – v. ss n° 341.01).
4. Civ. 3e, 16 sept. 2009, n° 08-16.769, *Bull. civ.* III, n° 191.

SECTION 2
ACTES D'ADMINISTRATION

342.50 Actes listés par le décret – Entre rupture et continuité. Le décret du 22 décembre 2008 classe, dans les deux listes qu'il édicte, d'une part, les **actes** étant **toujours regardés comme des actes d'administration** et, d'autre part, certains actes n'étant qualifiés comme tels que sous réserve des **circonstances d'espèce**. Il convient d'évoquer ici les opérations sujettes à des difficultés d'interprétation ou qui appellent une modification des pratiques antérieures, c'est-à-dire l'ouverture d'un compte bancaire (§ 1), la gestion de portefeuille d'instruments financiers (§ 2) et la conclusion d'un contrat de travail en qualité d'employeur ou de salarié (§ 3).

§ 1
Ouverture d'un compte bancaire

342.51 Finalité et portée de l'article 427 du Code civil. La loi du 5 mars 2007 est restée muette sur les règles de capacité gouvernant l'ouverture, par la personne en curatelle, d'un compte bancaire. En effet, les dispositions du régime primaire de la protection des majeurs envisagent seulement l'ouverture ou la modification des comptes ou livrets de la personne protégée par la personne chargée de sa protection ainsi que l'ouverture, par celle-ci d'un premier compte ou livret (C. civ., art. 427, al. 1er à 4). Reposant sur le souci de préserver les repères bancaires de la personne protégée[5], l'article 427 se contente d'interdire au protecteur de procéder à la modification des comptes ou livrets du majeur et de lui imposer l'ouverture d'un premier compte ou livret lorsqu'il n'en était titulaire d'aucun. Le texte laisse intacte, en revanche, la question de **l'ouverture d'un compte bancaire, par le majeur en curatelle**, lorsque celui-ci est placé en curatelle simple.

342.52 Ouverture d'un compte bancaire sans autorisation de découvert ni carte accréditive. Clôture d'un compte bancaire. Il était admis, sous l'empire de la loi du 3 janvier 1968, que le curatélaire pouvait ouvrir un compte bancaire accompagné d'un chéquier dès lors qu'aucun découvert n'était autorisé. La solution paraît transposable *mutatis mutandis* depuis l'entrée en vigueur de la réforme de 2007. En effet, l'annexe 1 du décret se contente d'intégrer à la colonne des actes de disposition, les prescriptions de l'article 427 du Code civil[6], si bien qu'il semble exces-

5. M. Couturier, « Le compte en banque de la personne vulnérable », *JCP N* 2008. 1270.
6. À l'exception de l'ouverture d'un premier compte ou livret au nom et pour le compte de la personne protégée, ce qui ne peut viser, dans l'hypothèse de la curatelle, que le majeur en curatelle renforcée (C. civ., art. 427, al. 4; Décr. n° 2008-1484, 22 déc. 2008, annexe 1, col. 1, II – v. ss n° 341.01).

sif d'appliquer cette qualification à l'ouverture d'un compte par le majeur en curatelle. Mais, on regrette alors, dans ces conditions, que la **clôture d'un compte bancaire** soit réputée constituer toujours un **acte de disposition**, quand bien même ce compte serait vide. En réalité, le classement de cette opération dans la catégorie des actes de disposition par nature apparaît davantage comme le corollaire de l'interdiction faite au protecteur, investi d'une mission de représentation, de fermer le compte du majeur sans l'**autorisation du juge des tutelles** que comme une véritable qualification s'imposant aux initiatives de la personne en curatelle (C. civ., art. 427, al. 1er et 2). Si bien que la question de la qualification de la clôture d'un compte bancaire par la personne protégée semble devoir être résolue à l'aune tout à la fois de la définition réglementaire des actes d'administration et des actes de disposition, de l'impact de l'opération sur le contenu ou la valeur en capital du patrimoine de la personne protégée, sur ses prérogatives ou sur son mode de vie (Décr. n° 2008-1484, 22 déc. 2008, art. 1er, al. 3 et art. 2, al. 3 - v. ss n° 341.01), de la nature du compte et de l'affectation des fonds qui s'y trouvaient (C. civ., art. 468, al. 2).

342.53 Délivrance d'une carte accréditive. La demande de délivrance d'une carte de crédit permettant des découverts bancaires ou des dépassements de plafonds, s'analyse toujours, aux termes du décret, comme un **acte de disposition** assujetti, sous la curatelle, à **l'assistance du curateur** (Décr. n° 2008-1484, 22 déc. 2008, annexe 1, col. 2 - v. ss n° 341.01) [1]. Sur ce point, la réforme reprend les solutions du droit antérieur [2]. La jurisprudence avait décidé par ailleurs, sous l'empire de l'ancienne législation, que la banque n'engageait pas sa responsabilité en cas de dépassement du découvert autorisé par la personne protégée [3]. Il reste que l'article 499 pourrait toutefois, dans sa rédaction issue de la loi du 5 mars 2007, conduire à remettre en cause cette solution, sous réserve néanmoins que ces dispositions soient jugées applicables à la curatelle.

La qualification d'acte de disposition par nature de la délivrance d'une carte accréditive paraît de prime abord curieuse au regard de la qualification d'acte de disposition, sous réserve des circonstances d'espèce, appliquée à l'**emprunt de somme d'argent** et aux **contrats de crédit** (Décr. n° 2008-1484, 22 déc. 2008, annexe 2, col. 2 - v. ss n° 341.01). Mais il est vrai que la détention d'une telle carte accréditive autorise son titulaire, ne serait-ce que par le non-respect de la convention, à creuser librement le solde débiteur de son compte, danger auquel l'emprunt ne l'expose pas sous réserve de l'accumulation des intérêts [4].

§ 2 Gestion de portefeuille d'instruments financiers

342.61 Cession de titres suivie d'emploi. Concernant la gestion de portefeuille d'instruments financiers, c'est-à-dire la gestion d'un ou de plusieurs comptes-titres, le décret du 22 décembre 2008 consacre une jurisprudence très importante de la Cour de cassation [5]. Le portefeuille étant une **universalité de fait**, c'est-à-dire un bien autonome des titres qui le composent, la **cession isolée des titres** s'analyse comme un **acte d'administration** sous réserve des circonstances d'espèce (Décr. n° 2008-1484, 22 déc. 2008, annexe 2, col. 1 et 2, II, 2° - v. ss n° 341.01). La personne en curatelle peut donc y procéder, en principe, sans l'assistance de la personne chargée de sa protection. Une condition est toutefois exigée. Il faut que la **cession des titres** soit **suivie de leur remplacement**. Cela signifie qu'il faudra remployer le prix de cession dans l'acquisition de nouveaux titres se substituant, par le jeu de la subrogation réelle, aux titres cédés [6].

342.62 Cession du portefeuille de titres. La cession des titres doit être distinguée de la cession du portefeuille proprement dit, c'est-à-dire de la cession du compte ou des comptes détenus par la personne protégée. Le décret qualifie cette cession **d'acte de disposition sous réserve des circonstances d'espèce.** Elle peut donc être effectuée, le cas échéant, sans l'assistance du curateur à la condition que ce dernier ait contrôlé, en amont, l'impact de l'opération projetée sur le patrimoine de la personne protégée ou sur son mode de vie (Décr. n° 2008-1484, 22 déc. 2008, art. 2, al. 3 - v. ss n° 341.01).

Le décret laisse ici en suspens une double interrogation. Celle, d'abord, de savoir si la notion de portefeuille d'instruments financiers est susceptible de recouvrir **plusieurs comptes** ou si elle se réduit néces-

1. Civ. 1re, 21 nov. 1984, n° 83-13.199, *Bull. civ.* I, n° 317; *D.* 1985. 297, note Lucas de Leyssac; *Gaz. Pal.* 1985. 2. 473, note Massip, au sujet d'une carte à débit différé.
2. Civ. 1re, 21 nov. 1984, n° 83-13.199, P (préc. ss prést n°) – Nancy, 5 juill. 2007, *Juris-Data* n° 346413; *JCP N* 2008. 1159, note Fossier; à propos d'une autorisation permanente de découvert de 305 euros – Versailles, 29 avr. 1988, *D.* 1989. 251, note Massip.
3. Nancy, 5 juill. 2007, préc. ss prést n°, retenant la seule responsabilité du tuteur.
4. *J.-Cl. Civ. Code*, art. 503 à 509, par Peterka, n° 100.
5. Civ. 1re, 12 nov. 1998, n° 96-18.041, *Baylet, Bull. civ.* I, n° 315; *GAJC* 2007, t. 1, 12e éd., Dalloz, 2007, n° 77; *D.* 1999. 167, note Aynès; *JCP E* 1999. II. 10027, note Piedelièvre; *RTD civ.* 1999. 422, obs. Zénati; et 674, obs. Patarin.
6. *J.-Cl. Civ.* Code, art. 503 à 509, par Peterka, n° 62 – H. Hovasse, « Incapacités et valeurs mobilières », *Defrénois* 1995. 369 – E. Naudin, « Décret du 22 décembre 2008 : retour sur la distinction entre les actes d'administration et les actes de disposition », *Bull. Joly* 2009. 534.

sairement à un **compte unique**. Celle, ensuite, de déterminer si la cession s'analyse en principe comme un **acte de disposition**, quel que soit le **droit réel cédé**. Le décret se contente, en effet, de viser, sous la catégorie des actes de disposition, la cession de la pleine propriété ou de la nue-propriété du portefeuille. Faut-il en déduire que la cession de l'usufruit du portefeuille est un acte d'administration ? L'usufruit permet, on le sait, de percevoir les revenus des titres, ce qui peut recouvrir des sommes importantes. Or, l'annexe 2 du décret vise, parmi les actes soumis à l'assistance du curateur, la cession de fruits (Décr. n° 2008-1484, 22 déc. 2008, annexe 2, col. 2, I, 3°). Si bien que la qualification d'acte de disposition paraît devoir s'appliquer, *a fortiori*, à la cession de l'usufruit. La personne protégée doit ainsi solliciter l'assistance du curateur, sous réserve de la disqualification de l'opération projetée, non seulement si elle envisage de céder le droit à percevoir les fruits mais aussi les fruits déjà échus du portefeuille[1].

342.63 Conclusion d'un contrat de gestion de valeurs mobilières. Si la gestion d'un portefeuille de valeurs mobilières correspond à un acte d'administration sous réserve de ses conséquences sur le patrimoine de la personne protégée ou sur son mode de vie, la **conclusion** d'un contrat de gestion de valeurs mobilières ou d'instruments financiers s'analyse, en revanche, comme un **acte de disposition par nature subordonné à l'assistance du curateur**. La résiliation de ce contrat revêt, quant à elle, toujours la qualification d'acte d'administration (C. civ., art. 500, al. 3 - Décr. n° 2008-1484, 22 déc. 2008, annexe 1, col. 1, II, 2°, annexe 2, col. 1, I, 2°).

La conclusion d'un contrat de gestion de portefeuille conduit à sortir la gestion des titres des règles gouvernant la protection du patrimoine du majeur en curatelle. Pour autant, cette éviction doit être correctement mesurée. D'une part, le compte rendu de la gestion du portefeuille doit être intégré, sous la curatelle renforcée, au compte annuel et au compte final de gestion. D'autre part, la conclusion d'un tel contrat n'autorise pas le gestionnaire à céder le portefeuille de titres.

§ 3
Conclusion et rupture d'un contrat de travail

342.71 Qualification controversée avant la réforme de 2007. Le curatélaire peut-il embaucher, en qualité d'employeur, sans l'assistance de son curateur, un salarié dans le cadre d'un contrat de travail ?

Par un arrêt du 6 mai 1993 rendu en matière de tutelle, applicable par analogie à la curatelle, la Cour de cassation a décidé que le tuteur chargé de la protection d'un majeur ne pouvait se trouver placé sous la subordination de celui-ci en qualité de salarié. C'est dès lors à bon droit que la cour d'appel avait rejeté la demande d'affiliation au régime général de la Sécurité sociale du tuteur qui prétendait avoir été employé de maison au service de son pupille[2]. Ainsi, en application de cette jurisprudence, le curatélaire est dans l'impossibilité d'embaucher son curateur dans le cadre d'un contrat travail. La solution se justifie à l'aune du **conflit d'intérêts** qui résulterait d'une telle situation.

Cependant, une cour d'appel a pu décider qu'une majeure placée sous le régime de la curatelle renforcée et disposant de ressources suffisantes pouvait valablement accomplir seule un acte d'administration, tel que l'embauche de son petit-fils en qualité de garde-malade, et ce d'autant plus que le curateur n'avait pas rapporté la preuve d'une altération de ses facultés de discernement lors de la conclusion du contrat de travail ou d'un vice du consentement. Contrairement à certaines jurisprudences des juges du fond[3], une partie de la doctrine considérait, sous l'empire de la législation antérieure, que le curatélaire pouvait engager, avec l'assistance du curateur, une personne autre que ce dernier dans le cadre d'un contrat de travail à durée indéterminée et conclure, sans l'assistance du curateur, un contrat de travail à durée déterminée[4]. Pour une autre partie de la doctrine, la conclusion d'un contrat de travail devait toujours s'analyser comme un acte de disposition, soumis à l'assistance du curateur, sans qu'il y ait à distinguer entre les contrats à durée indéterminée et les contrats à durée déterminée[5].

La Cour de cassation avait retenu la qualification d'acte de disposition pour la rupture d'un contrat de travail en qualité d'employeur[6].

342.72 Qualification modulable depuis la réforme de 2007. Le décret du 22 décembre 2008 opte pour

1. *J.-Cl. Civ.* Code, art. 503 à 509, par Peterka, n° 145.

2. Soc. 6 mai 1993, n° 90-13.764, *Bull. civ.* V, n° 132 ; *R.* 1993. 261 ; *D.* 1993. 267, obs. Prétot ; *JCP* 1994. II. 22319, 3e esp., note Fossier ; *RTD civ.* 1993. 560, obs. Hauser ; *RDSS* 1994. 111, obs. Vachet.
3. Not. Dijon, ch. soc., 7 mai 1996, RG n° 96/811, *BICC* 15 mars 1997, n° 229 ; *RTD civ.* 1997. 397, obs. Hauser.
4. J. Hauser, *RTD civ.* 1997. 397.
5. D. Noguéro, « L'employeur incapable majeur », *Dr. soc.* 2005, n° 10.
6. Civ. 1re, 3 oct. 2006, n° 04-13.198, *Bull. civ.* I, n° 427 ; *AJ fam.* 2006. 421, obs. Pécaut-Rivolier ; *RJPF* 2007-1/12 ; *JCP* 2007. II. 10095, note Geoffroy et Nissabouri – COMP. Aix-en-Provence, 15 janv. 2008, *Juris-Data* n° 368758, qualifiant le licenciement par une personne en curatelle d'une aide ménagère d'acte d'administration – Sur ces sujets, G. Champenois, « Capacité, incapacité et contrat de travail », *in* B. Teyssié (dir.), *La personne en droit du travail*, éd. Panthéon-Assas, 1999, p. 9, spéc. n° 16 – Ph. Tauran, « Le contrat de travail de l'incapable », *LPA* 8 juill. 1999, p. 21 – E. Jeansen, « Droit des incapacités et droit du travail », *JCP* 2008. I. 124.

une solution de compromis en appliquant à la conclusion et à la rupture d'un contrat de travail en qualité d'employeur ou de salarié la qualification **d'acte d'administration, sous réserve des circonstances d'espèce**. Aujourd'hui, la personne en curatelle peut en principe procéder, **sans l'assistance du curateur**, à la conclusion d'un contrat de travail avec son aide ménagère ou son auxiliaire de vie et au licenciement de celle-ci. Elle dispose pareillement de la capacité de démissionner seule de son emploi. Pour autant, la personne protégée ne perd pas le bénéfice de toute protection. En effet, celle-ci se déploiera *a posteriori*, d'une part, par le jeu des actions en rescision ou en réduction prévues à l'article 465 alinéa 1er, 2° du Code civil et, d'autre part, par la **possible requalification** de l'opération en acte de disposition [1].

SECTION 3
ACTES CONSERVATOIRES

342.81 Capacité du curatélaire et pouvoirs concurrents du curateur. Les dispositions de l'article 504 alinéa 1er du Code civil applicables sous la curatelle par le jeu du renvoi de l'article 467 alinéa 1er, conduisent à reconnaître à la personne en curatelle la capacité d'accomplir seule les actes conservatoires. Pour autant, ces derniers ne relèvent pas, de manière exclusive, de sa sphère d'autonomie. En effet, il était admis, sous l'empire des textes antérieurs à la réforme du 5 mars 2007, que **le curateur était doté**, en ce domaine, **du pouvoir d'agir sans le curatélaire** [2]. L'intention du législateur a été, semble-t-il, de **maintenir ces solutions** [3].

342.82 Définition incertaine. Il reste que la définition de l'acte conservatoire est source d'incertitude. En effet, l'article 496 alinéa 3 du Code civil reste muet sur cette notion. Le décret du 22 décembre 2008 tente de combler cette lacune de la loi, à l'occasion de la délimitation des **opérations** pour lesquelles le **tuteur** ou le **curateur** reçoit la **faculté de s'adjoindre le concours d'un tiers**. Sont visés dans ce cadre, au titre des actes conservatoires, ceux « *qui permettent de sauvegarder le patrimoine ou de soustraire un bien à un péril imminent ou à une dépréciation inévitable sans compromettre aucune prérogative du propriétaire* » (Décr. n° 2008-1484, 22 déc. 2008, art. 3, 1°). Cette définition met en exergue, à la différence de celle suggérée par certaines dispositions de la loi de 2007 [4], que **l'acte conservatoire n'est pas nécessairement un acte urgent**. Il s'agit, en réalité, d'un acte préventif, nécessaire et, par suite, avantageux [5]. Aussi le critère du péril imminent s'estompe-t-il, dans la définition réglementaire, au profit du critère, plus général, de **sauvegarde du patrimoine** [6].

342.83 Articulation avec la double liste des actes d'administration et des actes de disposition. Plusieurs actes susceptibles de relever de la définition des actes conservatoires ont été classés par le pouvoir réglementaire dans la catégorie des actes d'administration. Il en est ainsi, notamment, de l'inventaire, de l'assurance de biens, du paiement des dettes, du bail, des actions en justice relatives à un droit patrimonial du tutélaire (ce qui inclut, notamment, l'action en référé) ainsi que des actes de procédure n'emportant pas perte du droit d'action (actes interruptifs ou suspensifs d'une prescription, introduction d'une instance en justice ou d'un recours) [7]. Il serait faux d'en déduire que ces opérations ne sont plus, par la vertu du décret, susceptibles d'être qualifiées d'actes conservatoires. Cette qualification leur demeure tout au contraire applicable, pourvu que les **critères de l'acte conservatoire** se trouvent **réunis**.

C'est ainsi que sont éligibles à la catégorie des actes conservatoires, notamment : le paiement d'une dette afin d'éviter la saisie d'un bien; la conclusion d'un contrat de bail pour la conservation d'un bien; l'intervention volontaire accessoire au procès, l'exercice de l'action oblique, l'opposition à partage, l'accomplissement des formalités de la publicité foncière exigée à peine d'inopposabilité, en particulier l'inscription des privilèges et des hypothèques, la déclaration de sinistre auprès de l'assureur, l'exécution de menus travaux relatifs aux immeubles, la nomination d'un séquestre, l'inventaire, l'état descriptif et l'assistance à l'inventaire, la mise en demeure, le commandement de payer et les saisies conservatoires.

1. Poitiers, 11 janv. 2011, RG n° 10/00127, *Dr. fam.* 2011. Comm. 183, obs. Maria.
2. A. Batteur, A. Caron-Déglise, M.-C. Dalle, T. Fossier, L. Pécaut-Rivolier et T. Verheyde, *Curatelle, Tutelle, Accompagnements, Protection des mineurs et des majeurs vulnérables*, LexisNexis-Litec, 2009, n° 414 – F. Fresnel, « L'intérêt de la qualification de l'acte dans le cadre d'une mesure de protection juridique », *RJPF* 2001-4/6.
3. Rapp. AN n° 3557, 10 janv. 2007, sur le projet de loi (n° 3462) portant réforme de la protection juridique des majeurs, par E. Blessig, p. 214 et 215 – Rapp. Sénat n° 212, 7 févr. 2007, sur le projet de loi, adopté par l'Assemblée nationale, après déclaration d'urgence, portant réforme de la protection juridique des majeurs, par H. de Richemont, p. 224.
4. C. civ., art. 436, al. 3, et 450 – Sur ceci, N. Peterka, « La gestion du patrimoine de la personne protégée à l'épreuve de l'urgence », *Gaz. Pal. Droit privé du patrimoine*, 29-30 janv. 2010, p. 25.
5. Rép. civ., v° *Acte juridique*, par C. Brenner, janv. 2013 [actu. juin 2016], nos 255 à 259 – C. Brenner, *L'acte conservatoire*, préf. P. Catala, LGDJ, 1999, n° 233.
6. *J.-Cl. Civ. Code*, art. 503 à 509, par Peterka, nos 20 à 25.
7. Décr. n° 2008-1484, 22 déc. 2008, annexe 1, col. 1, I, V, VI, VII, VIII et annexe 2, col. 1, I, 1° – V. ss n° 341.01.

CHAPITRE

343. Sphère d'incapacité du curatélaire en matière patrimoniale

SECTION 0
ORIENTEUR

343.00 **Plan du chapitre.**

343.01 **Textes applicables.**

TEXTES LÉGISLATIFS ET RÉGLEMENTAIRES NOUVEAUX

• **Ord. n° 2016-131, 10 févr. 2016,** portant réforme du droit des contrats, du régime général et de la preuve des obligations, *JO* 11 févr., texte n° 26.

• **L. n° 2015-177, 16 févr. 2015,** relative à la modernisation et à la simplification du droit et des procédures dans les domaines de la justice et des affaires intérieures, *JO* 17 févr., p. 2961.

TEXTES SOURCES

> Actes soumis à l'assistance du curateur

+ L. n° 2007-308, 5 mars 2007

+ L. n° 2008-776, 4 août 2008

+ L. n° 2015-177, 16 févr. 2015

+ Ord. n° 2016-131, 10 févr. 2016

C. civ., art. 426, 431, 467 à 470, 1397

> Actes autorisés au curatélaire sans l'assistance du curateur

+ L. n° 2007-308, 5 mars 2007

C. civ., art. 470, al. 1er et 467, al. 1er

> Actes de gestion du patrimoine des personnes placées en curatelle et en tutelle

• Décr. n° 2008-1484, 22 déc. 2008, art. 1 à 7, et Annexes 1 et 2

TEXTES *IN EXTENSO*

> Actes soumis à l'assistance du curateur

[C. civ., art. 426, 431, 467, al. 1er, à 470, 1397]

+ L. n° 2007-308, 5 mars 2007, art. 7

+ L. n° 2008-776, 4 août 2008, art. 18

+ L. n° 2015-177, 16 févr. 2015, art. 1er (V)

+ Ord. n° 2016-131, 10 févr. 2016, art. 5

C. civ., art. 426 (*mod. par L. n° 2015-177, 16 févr. 2015, art. 1er (V)*)

Le logement de la personne protégée et les meubles dont il est garni, qu'il s'agisse d'une résidence principale ou secondaire, sont conservés à la disposition de celle-ci aussi longtemps qu'il est possible.

Le pouvoir d'administrer les biens mentionnés au premier alinéa ne permet que des conventions de jouissance précaire qui cessent, malgré toutes dispositions ou stipulations contraires, dès le retour de la personne protégée dans son logement.

S'il devient nécessaire ou s'il est de l'intérêt de la personne protégée qu'il soit disposé des droits relatifs à son logement ou à son mobilier par l'aliénation, la résiliation ou la conclusion d'un bail, l'acte est autorisé par le juge ou par le conseil de famille s'il a été constitué, sans préjudice des formalités que peut requérir la nature des biens. Si l'acte a pour finalité l'accueil de l'intéressé dans un établissement, l'avis préalable d'un médecin, n'exerçant pas une fonction ou n'occupant pas un emploi dans cet établissement, est requis. Dans tous les cas, les souvenirs, les objets à caractère personnel, ceux indispensables aux personnes handicapées ou destinés aux soins des personnes malades sont gardés à la disposition de l'intéressé, le cas échéant par les soins de l'établissement dans lequel celui-ci est hébergé.

C. civ., art. 431 (*mod. par L. n° 2015-177, 16 févr. 2015, art. 1er (V)*)

La demande [d'ouverture de la mesure de protection] est accompagnée, à peine d'irrecevabilité, d'un certificat circonstancié rédigé par un médecin choisi sur une liste établie par le procureur de la République. Ce médecin peut solliciter l'avis du médecin traitant de la personne qu'il y a lieu de protéger.

Le coût de ce certificat est fixé par décret en Conseil d'État.

C. civ., art. 467 (*mod. par L. n° 2007-308, 5 mars 2007, art. 7*)

La personne en curatelle ne peut, sans l'assistance du curateur, faire aucun acte qui, en cas de tutelle, requerrait une autorisation du juge ou du conseil de famille.

Lors de la conclusion d'un acte écrit, l'assistance du curateur se manifeste par l'apposition de sa signature à côté de celle de la personne protégée.

À peine de nullité, toute signification faite à cette dernière l'est également au curateur.

C. civ., art. 468 (*mod. par L. n° 2008-776, 4 août 2008, art. 18*)

Les capitaux revenant à la personne en curatelle sont versés directement sur un compte ouvert à son seul nom et mentionnant son régime de protection, auprès d'un établissement habilité à recevoir des fonds du public.

La personne en curatelle ne peut, sans l'assistance du curateur, conclure un contrat de fiducie ni faire emploi de ses capitaux.

Cette assistance est également requise pour introduire une action en justice ou y défendre.

C. civ., art. 469 (*mod. par L. n° 2007-308, 5 mars 2007, art. 7*)

Le curateur ne peut se substituer à la personne en curatelle pour agir en son nom.

Toutefois, le curateur peut, s'il constate que la personne en curatelle compromet gravement ses intérêts, saisir le juge pour être autorisé à accomplir seul un acte déterminé ou provoquer l'ouverture de la tutelle.

Si le curateur refuse son assistance à un acte pour lequel son concours est requis, la personne en curatelle peut demander au juge l'autorisation de l'accomplir seule.

C. civ., art. 470 (*mod. par L. n° 2007-308, 5 mars 2007, art. 7*)

La personne en curatelle peut librement tester sous réserve des dispositions de l'article 901.

Elle ne peut faire de donation qu'avec l'assistance du curateur.

Le curateur est réputé en opposition d'intérêts avec la personne protégée lorsqu'il est bénéficiaire de la donation.

C. civ., art. 1397 (*mod. par Ord. n° 2016-131, 10 févr. 2016, art. 5*)

Après deux années d'application du régime matrimonial, les époux peuvent convenir, dans l'intérêt de la famille, de le modifier, ou même d'en changer entièrement, par un acte notarié. À peine de nullité, l'acte notarié contient la liquidation du régime matrimonial modifié si elle est nécessaire.

Les personnes qui avaient été parties dans le contrat modifié et les enfants majeurs de chaque époux sont informés personnellement de la modification envisagée. Chacun d'eux peut s'opposer à la modification dans le délai de trois mois.

Les créanciers sont informés de la modification envisagée par la publication d'un avis dans un journal habilité à recevoir les annonces légales dans l'arrondissement ou le département du domicile des époux. Chacun d'eux peut s'opposer à la modification dans les trois mois suivant la publication.

En cas d'opposition, l'acte notarié est soumis à l'homologation du tribunal du domicile des époux. La demande et la décision d'homologation sont publiées dans les conditions et sous les sanctions prévues au Code de procédure civile.

Lorsque l'un ou l'autre des époux a des enfants mineurs, l'acte notarié est obligatoirement soumis à l'homologation du tribunal du domicile des époux.

Le changement a effet entre les parties à la date de l'acte ou du jugement qui le prévoit et, à l'égard des tiers, trois mois après que mention en a été portée en marge de l'acte de mariage. Toutefois, en l'absence même de cette mention, le changement n'en est pas moins opposable aux tiers si, dans les actes passés avec eux, les époux ont déclaré avoir modifié leur régime matrimonial.

Lorsque l'un ou l'autre des époux fait l'objet d'une mesure de protection juridique dans les conditions prévues au titre XI du livre Ier, le changement ou la modification du régime matrimonial est soumis à l'autorisation préalable du juge des tutelles ou du conseil de famille s'il a été constitué.

Il est fait mention de la modification sur la minute du contrat de mariage modifié.

Les créanciers non opposants, s'il a été fait fraude à leurs droits, peuvent attaquer le changement de régime matrimonial dans les conditions de l'article 1341-2.

Les modalités d'application du présent article sont déterminées par décret en Conseil d'État.

> Actes autorisés au curatélaire sans l'assistance du curateur

+ L. n° 2007-308, 5 mars 2007, art. 7

C. civ., art. 467, al. 1er, et 470, al. 1er

* V. *supra* ss prést n°, > *Actes soumis à l'assistance du curateur*

> Actes de gestion du patrimoine des personnes placées en curatelle et en tutelle

• **Décr. n° 2008-1484, 22 déc. 2008,** relatif aux actes de gestion du patrimoine des personnes placées en curatelle ou en tutelle, et pris en application des articles 452, 496 et 502 du Code civil (*applicable depuis le 1er janv. 2009*)

* V. texte complet ss n° 341.01

343.02 Jurisprudence de référence.

> Actions en justice

– Règle de la double signification au majeur en curatelle et au curateur.

• **Civ. 1re, 23 févr. 2011, n° 09-13.867,** *Bull. civ.* I, n° 37

* V. ss n° 343.12

Attendu que toute signification faite au majeur en curatelle doit l'être aussi à son curateur, à peine de nullité.

Attendu que, pour rejeter le moyen tendant à la nullité de l'assignation, l'arrêt retient que le curateur étant intervenu volontairement à l'instance en interjetant appel de la décision, la nullité encourue avait été couverte en application de l'article 121 du Code de procédure civile;

Qu'en statuant ainsi, alors que l'omission de la signification de l'assignation au curateur constitue une irrégularité de fond que ne peut couvrir l'intervention volontaire de celui-ci en cause d'appel à l'effet de faire sanctionner cette irrégularité, la cour d'appel a violé le texte susvisé (C. civ., anc. art. 510-2).

• **Civ. 1re, 8 juin 2016, n° 15-19.715,** *Bull. civ.* I [à paraître]

* V. ss n° 343.12

[...] Vu les articles 467, alinéa 3, et 468, alinéa 3, du Code civil;

Attendu que, selon le premier de ces textes, toute signification faite à la personne en curatelle l'est également à son curateur, à peine de nullité; que, selon le second, l'assistance du curateur est requise pour introduire une action en justice ou y défendre;

Attendu, selon les arrêts attaqués, que Mme X...a été placée sous curatelle le 11 septembre 2007; que, le 27 août 2012, assistée de sa curatrice, elle a assigné la société Franfinance aux fins d'obtenir la radiation de quatre inscriptions d'hypothèque judiciaire prises sur un immeuble lui appartenant, en exécution de quatre ordonnances d'injonction de payer du 10 avril 2009 la condamnant au paiement de certaines sommes;

Attendu que, pour rejeter la demande, après avoir constaté que les ordonnances d'injonction de payer et les dénonciations d'inscriptions d'hypothèque n'avaient pas été signifiées à la curatrice, l'arrêt retient que la signification au curateur n'est pas nécessaire pour les actes que la personne en curatelle peut faire sans l'assistance de son curateur et que Mme X..., placée sous curatelle simple, conservait sa capacité à agir pour les actes d'administration, dont celui de former un recours contre les ordonnances du 10 avril 2009 et les inscriptions d'hypothèque;

Qu'en statuant ainsi, la cour d'appel a violé les textes susvisés;

PAR CES MOTIFS et sans qu'il y ait lieu de statuer sur les autres branches du moyen :

CASSE ET ANNULE, dans toutes ses dispositions [...].

– Nécessité de l'assistance du curateur pour l'obligation annuelle d'information de l'emprunteur

• **Civ. 1re, 9 nov. 2011, no 10-14.375,** *Bull. civ.* I, no 198

* V. ss no 343.11

« [...] Attendu que, selon offre préalable acceptée et signée le 21 janvier 1992, Mme X... a souscrit auprès de la société Finaref, aux droits de laquelle se trouve la société CA Consumer finance, un crédit permanent assorti d'un découvert maximum autorisé de 7 622,45 euros; que cette ouverture de crédit s'est poursuivie tacitement; que Mme X... a été placée sous curatelle par jugement du 25 octobre 1994, M. Y... étant désigné en qualité de curateur; que, par ordonnance du 14 mai 2002, M. Y... a été remplacé par M. Z..., fils de Mme X...; que, par ordonnance du 2 mai 2007, le tribunal d'instance de Coulommiers a enjoint à Mme X... de payer la somme de 8 097,07 euros avec intérêts au taux de 17,12 % l'an à compter de la signification de l'ordonnance; que, sur opposition de Mme X..., le tribunal d'instance de Coulommiers, par jugement du 13 septembre 2007, l'a condamnée à verser à la société Finaref la somme de 8 097,07 euros avec intérêts au taux de 17,12 % l'an à compter du 16 mai 2007; que Mme X... a relevé appel de cette décision, M. Z..., ès qualités de curateur, intervenant volontairement à l'instance;

Attendu que, pour dire réguliers les avis de renouvellement d'ouverture de crédit adressés à Mme X... et rejeter la demande de déchéance de la société Finaref du droit aux intérêts, l'arrêt énonce qu'il n'est pas contesté que Mme X... ne faisait pas l'objet d'une mesure de protection lors de la souscription du crédit, qu'il ne saurait être reproché à la société Finaref de ne pas avoir transmis les documents concernant le crédit au curateur alors qu'elle n'a été officiellement avisée de la mise sous curatelle de Mme X... que le 16 novembre 2006 et qu'il ne saurait être exigé de la société Finaref, dont les clients sont nombreux, de vérifier pour chacun d'eux, s'il ne fait pas l'objet d'une mesure d'interdiction légale;

Qu'en se déterminant ainsi sans rechercher si le jugement portant ouverture de la curatelle à l'égard de Mme X... avait fait l'objet des mesures de publicité légale le rendant opposable à la société Finaref, de sorte que celle-ci eût été tenue de satisfaire, à l'égard du curateur de l'intéressée, à l'obligation annuelle d'information édictée par l'article L. 311-9 du Code de la consommation dans sa rédaction antérieure à celle issue de la loi no 2010-737 du 1er juillet 2010, la cour d'appel n'a pas donné de base légale à sa décision; [...]. »

> Conventions matrimoniales

– Nécessité de l'assistance du curateur pour conclure des conventions matrimoniales.

• **Civ. 1re, 6 janv. 2004, no 01-11.214,** *Bull. civ.* I, no 3

* V. ss no 343.35

Une convention portant modification du régime matrimonial ne peut être homologuée que si le consentement des époux persiste au jour où le juge statue et un majeur en curatelle ne peut passer des conventions matrimoniales sans l'assistance de son curateur; dès lors le changement de régime matrimonial d'un époux placé sous curatelle ne peut être homologué si le curateur refuse son assistance, sauf à la personne en curatelle à demander au juge des tutelles une autorisation supplétive.

343.03 Bibliographie indicative.

> Bail commercial. T. Fossier, « Bail commercial et incapacité », *Ann. loyers* 2003. 2039, nos 1-44, spéc. no 44.

> Capacité du curatélaire en droit des affaires. M. Menjucq, « L'incapable majeur en droit des affaires », *JCP N* 1999. 836.

> Droit d'auteur. T. Douville, « Le droit d'auteur du majeur protégé », *in* G. Raoul-Cormeil (dir.), *Nouveau droit des majeurs protégés. Difficultés pratiques*, « Thèmes et commentaires », Dalloz, 2012, p. 125.

> Fiducie. F. Julienne, « La fiducie, une technique d'avenir pour gérer le patrimoine des personnes protégées ? », *in* G. Raoul-Cormeil et J.-M. Plazy (dir.), *Le patrimoine de la personne protégée*, LexisNexis, 2015, p. 204 – H. Letellier, « Fiducie et majeur vulnérable », *AJ fam.* 2015. 205; « Avocat fiduciaire et majeur vulnérable : proposition de formule d'acte », *AJ fam.* 2015. 206 – N. Peterka, « Le droit des incapacités à l'épreuve du contrat de fiducie », *in La fiducie dans tous ses états*, Association Henri Capitant, Journée nationale, t. XV, Paris-Est Créteil, « Thèmes et commentaires », Dalloz, 2011, p. 15 – F. Sauvage, « Réflexions sur les opportunités offertes par la fiducie aux fins de gestion du patrimoine de la personne vulnérable », *RJPF* 2009-5/8.

> Honoraires de l'avocat. T. Fossier et F. Fresnel, « Les honoraires d'avocat pour la défense d'un incapable », *Gaz. Pal.* 14-16 avr. 2002, nos 104-106, p. 3 s.

> Partage. T. Fossier et L. Pécaut-Rivolier, « La protection des intérêts patrimoniaux », *AJ fam.* 2007. 170, spéc. le partage.

> Protection du logement du majeur protégé. M. Bourassin, « Les sûretés sur le logement du majeur protégé », *RTD civ.* 2011. 433 – T. Fossier, « Patrimoine et intérêts juridiques, tradition et nouveauté », *AJ. fam.* 2009. 52 – T. Fossier et L. Pécaut-Rivolier, « La protection des intérêts patrimoniaux », *AJ fam.* 2007. 169, spéc. le logement du majeur protégé – J.-M. Plazy et F. Gémignani, « Le logement de la personne vulnérable », *JCP N* 2012. 1193 – N. Peterka, « Le logement du majeur protégé. Brèves réflexions autour de l'articulation de l'autonomie et de la protection », *Mél. R. Le Guidec*, LexisNexis, 2014, p. 805 – T. Verheyde, « Le logement du majeur protégé, saisi dans ses aspects personnels et patrimoniaux », *in* G. Raoul-Cormeil (dir.), *Nouveau droit des majeurs protégés. Difficultés pratiques*, « Thèmes et commentaires », Dalloz, 2012, p. 139.

> **Souscription d'un contrat d'assurance sur la vie.** M. Leroy, « L'assurance sur la vie contractée par le majeur protégé », *in* G. Raoul-Cormeil et J.-M. Plazy (dir.), *Le patrimoine de la personne protégée*, LexisNexis, 2015, p. 182 – T. Fossier et L. Pécaut-Rivolier, « La protection des intérêts patrimoniaux », *AJ fam.* 2007. 170, spéc. l'assurance-vie – V. Nicolas, « Pour une requalification des actes de gestion dans un contrat d'assurance-vie », *Mél. R. Le Guidec*, LexisNexis, 2014, p. 795 – L. Pécaut-Rivolier, « Assurance-vie et majeur protégé », *AJ fam.* 2009. 26 – N. Peterka, « L'assurance-vie à l'épreuve de la protection juridique des majeurs », *Mél. G. Champenois*, Defrénois-Lextenso, 2012, p. 641 – J.-M. Plazy, « Les contrats d'assurance sur la vie et le contrat d'obsèques », *in* G. Raoul-Cormeil (dir.), *Nouveau droit des majeurs protégés. Difficultés pratiques*, « Thèmes et commentaires », Dalloz, 2012, p. 81.

> **Successions et libéralités.** P. Delmas Saint-Hilaire, « Variations autour des libéralités et successions au profit des personnes vulnérables », *in* G. Raoul-Cormeil et J.-M. Plazy (dir.), *Le patrimoine de la personne protégée*, LexisNexis, 2015, p. 171 – N. Peterka, « Les actes de bienfaisance du majeur protégé », *in* G. Raoul-Cormeil et J.-M. Plazy (dir.), *Le patrimoine de la personne protégée*, LexisNexis, 2015, p. 317.

> **Surendettement.** D. Bazin-Beust, « Le traitement du surendettement du majeur protégé », *in* G. Raoul-Cormeil et J.-M. Plazy (dir.), *Le patrimoine de la personne protégée*, LexisNexis, 2015, p. 233 – I. Maria, « Les majeurs protégés surendettés », *in* G. Raoul-Cormeil (dir.), *Nouveau droit des majeurs protégés. Difficultés pratiques*, « Thèmes et commentaires », Dalloz, 2012, p. 115.

> **Gestion du patrimoine du curatélaire.** C. Donnadieu, « Quelques aspects de la gestion du patrimoine du majeur incapable », *JCP N* 2013. 1193 – T. Fossier, « Actes de gestion du patrimoine des personnes protégées. À propos du décret n° 2008-1484 du 22 décembre 2008 », *JCP* 2009. 20; *JCP N* 2009. 101 – F. Fresnel, « L'intérêt de la qualification de l'acte dans le cadre d'une mesure de protection juridique », *RJPF* 2001-4/6 – A. Karm, « La gestion du patrimoine du majeur en curatelle », *Dr. et patr.* 2009, n° 180; *J.-Cl. Civ. Code*, art. 467 à 476, fasc. 10 et 20, par Karm – A.-M. Leroyer, « Personnes protégées. Qualification des actes de gestion du patrimoine », *RTD civ.* 2009. 180 – I. Maria, « Directives du majeur et gestion du patrimoine », *in* G. Raoul-Cormeil et J.-M. Plazy (dir.), *Le patrimoine de la personne protégée*, LexisNexis, 2015, p. 85; « De la pertinence de la classification des actes de gestion du patrimoine des personnes protégées. Approche critique du décret du n° 2008-1484 du 22 décembre 2008 », *Dr. fam.* 2009. Étude 31 – J. Massip, *Tutelle des mineurs et protection juridique des majeurs*, Defrénois, 2009, p. 376 à 390 – D. Noguéro, « La typologie des actes patrimoniaux : retour sur le décret du 22 décembre 2008 », *in* G. Raoul-Cormeil et J.-M. Plazy (dir.), *Le patrimoine de la personne protégée*, LexisNexis, 2015, p. 45 – C. Pagnucco, « Le contrat de société et le majeur protégé », *in* G. Raoul-Cormeil et J.-M. Plazy (dir.), *Le patrimoine de la personne protégée*, LexisNexis, 2015, p. 151 – N. Peterka, « Le sort des actes de gestion du patrimoine de la personne vulnérable », *LPA* 4 nov. 2010, p. 18; « La gestion du patrimoine de la personne protégée à l'épreuve de l'urgence », *Gaz. Pal.* 29-30 janv. 2010, p. 25; *J.-Cl. Civ. Code*, art. 503 à 509; « Enjeux et principales difficultés de la gestion du patrimoine d'autrui », *JCP N* 2013. 1190; « Le pouvoir, prérogative privilégiée d'administration du bien d'autrui (mandat, représentation, pouvoir) », *Dr. et patr.* nov. 2015, p. 36 – N. Peterka, « Gestion de patrimoine et personnes vulnérables. Apports et lacunes du décret de 2008 », Dossier in *Dr. et patr.* nov. 2016, p. 38 s. – F. Terré et D. Fenouillet, *Droit civil. Les personnes*, 8e éd., « Précis », Dalloz, 2012, nos 721 à 728.

343.04 **Exemples d'actes.**

> **Régimes de protection des majeurs**

* Pour un exemple d'ordonnance d'autorisation de résiliation de bail et de vente des meubles (logement), v. ss n° 5271.37.

* Pour un exemple d'autorisation de vente d'un immeuble (logement), v. ss n° 5271.24.

SECTION 1
ACTES NÉCESSITANT L'ASSISTANCE DU CURATEUR

§ 1
Manifestation de l'assistance du curateur

343.11 **Double signature – Demande d'autorisation supplétive.** L'article 467 alinéa 1er du Code civil soumet, par renvoi aux règles de la tutelle, à l'assistance du curateur, les actes qui, en cas de tutelle, requerraient une **autorisation du juge ou du conseil de famille.** Sont ici désignés tout à la fois certains actes expressément visés par le Code civil et les **actes de disposition.** L'alinéa 2 du texte ajoute que, « *lors de la conclusion d'un acte écrit, l'assistance du curateur se manifeste par l'apposition de sa signature à côté de celle de la personne protégée* ». Cette exigence du **contreseing du curateur**, qui se situe dans le prolongement des dispositions anciennes, conduit à lui reconnaître un **droit de *veto***[1]. Ce dernier peut être néanmoins levé par le juge des tutelles, saisi par le curatélaire, d'une **demande d'autorisation supplétive** (C. civ., art. 469, al. 3). Cette dernière permet alors à la personne protégée, lorsqu'elle lui est accordée, d'accomplir seule un acte déterminé pour lequel le concours du curateur est, en principe, requis. Destinée à passer outre le refus infondé du curateur de prêter son assistance à la conclusion d'un acte, l'autorisation supplétive est **nécessairement spéciale.** Ce caractère s'explique au regard, d'une part, de l'**extension** qu'elle apporte à la capacité du curatélaire, une extension plus générale étant susceptible d'être invoquée sur le fondement de l'article 471, au titre de la curatelle allégée, et d'autre part, de ses conséquences sur le terrain de la **sanction de l'acte.** L'autorisation supplétive prive la personne en curatelle, à lire l'article 465 alinéa 1er, 1°, de la

1. A. Karm, « La gestion du patrimoine du majeur en curatelle », *Dr. et patr.* avr. 2009. 86, spéc. p. 87 s.

faculté d'agir en rescision pour cause de lésion ou en réduction pour cause d'excès de l'acte accompli sur son fondement. Bien qu'étant sujette à controverse, la solution paraît justifiée dès lors que l'acte a été effectué dans les conditions fixées par l'autorisation judiciaire[1] et, le cas échéant, après l'organisation d'un débat contradictoire devant le juge des tutelles (C. pr. civ., art. 1213). En effet, en pareil cas, la protection que l'autorisation supplétive est censée réaliser en amont de l'acte conduit, semble-t-il, à émousser la pertinence d'une protection en aval de ce dernier[2].

Lorsque le majeur en curatelle doit bénéficier d'une **information**, l'assistance impose à celui qui est tenu de la délivrer de transmettre l'information tout à la fois au curatélaire et au curateur. Il en est ainsi, par exemple, pour la mise en œuvre de l'obligation annuelle d'information de l'emprunteur[3].

343.12 **Double signification.** L'exigence du contreseing du curateur trouve sa traduction procédurale à l'article 467 alinéa 3 du Code civil. Ce dernier rappelle la règle de la **double signification** au curatélaire et au curateur, à peine de **nullité de la procédure résultant d'une irrégularité de fond**[4].

La portée de cette exigence doit être correctement cernée.

D'une part, la signification ne doit être faite au curateur que lorsqu'elle vise la personne protégée. Elle n'a pas, en revanche, à lui être adressée toutes les fois qu'elle est destinée au curatélaire, pris en sa qualité de gérant de société. L'écran de la personnalité morale joue alors pleinement et fait sortir la procédure du champ de la mission du curateur. Ce dernier n'est en effet pas investi du pouvoir d'assister la société dont son protégé est le gérant[5/6].

D'autre part, la signification faite à la personne protégée ne doit être faite au curateur que lorsque le majeur n'est pas à l'origine de l'action. Il en est ainsi toutes les fois qu'une assignation en justice est délivrée au majeur en curatelle[7]. Il en est de même s'agissant des voies de recours exercées par la partie adverse[8]. En pareil cas, la signification faite au seul curateur ne vaut pas déclaration d'appel, cependant

1. Si l'acte était passé suivant d'autres modalités que celles autorisées par le juge des tutelles, la nullité de l'opération pourrait être invoquée sur le fondement du défaut d'assistance, sous réserve de la justification d'un préjudice subi par la personne protégée : C. civ., art. 465, al. 1er, 2°.
2. V. plus dubitative, *J.-Cl. Civ. Code*, art. 467 à 476, fasc. 10, par Karm, spéc. n° 24.
3. Civ. 1re, 9 nov. 2011, n° 10-14.375, *Bull. civ.* I, n° 198; *Dr. fam.* 2012. Comm. 11, note Maria; *LEFP* févr. 2012. 4, obs. Raoul-Cormeil.
4. Par un arrêt du 8 juillet 2009, la Cour de cassation a décidé que, sanctionnant un vice de forme, la nullité de la signification ne pouvait être prononcée qu'à la charge pour celui qui l'invoque de le faire avant toute défense au fond et de prouver un grief (C. Pr. civ., art. 114) : Civ. 1re, 8 juill. 2009, n° 07-19.465, *Bull. civ.* I, n° 160; *D.* 2009. 1970, obs. Egéa; *RTD civ.* 2009. 700, obs. Hauser; *AJ fam.* 2009. 351, obs. Pécaut-Rivolier; *D.* 2010. 2125, obs. Lemouland – Rompant avec la jurisprudence antérieure retenant la qualification de vice de fond : Civ. 2e, 7 mars 1984, *Bull. civ.* II, n° 45 – Civ. 1re, 17 déc. 1991, n° 90-15.687, *Bull. civ.* I, n° 356; *D.* 1992. 373, note Massip – Civ. 1re, 6 févr. 1996, n° 93-21.053, *Bull. civ.* I, n° 65; *RTD civ.* 1996. 361; *Defrénois* 1996. 1005, obs. Massip – Civ. 1re, 20 déc. 2001, n° 00-17.173, NP; *RTD civ.* 2002. 272, obs. Hauser; *Defrénois* 2002. 759, obs. Massip – Cette analyse conduisait à affaiblir la protection du majeur en curatelle dans le cadre des actions en justice, cependant que le souci de la loi de 2007 a été, au contraire, de renforcer cette protection : EN CE SENS, L. Pécaut-Rivolier, obs. préc. *AJ fam.* 2009. 351, ss Civ. 1re, 8 juill. 2009, n° 07-19.465, P (préc. ss prést n° 343.12) – La Cour de cassation a renoué avec sa jurisprudence antérieure, par un arrêt de la première chambre civile du 23 février 2011, par lequel elle a décidé que « *l'omission de la signification de l'assignation au curateur constitue une irrégularité du fond que ne peut couvrir l'intervention de celui-ci en cause d'appel à l'effet de faire sanctionner cette irrégularité* » : Civ. 1re, 23 févr. 2011, n° 09-13.867, *Bull. civ.* I, n° 37; *D.* 2011. 747, obs. Gallmeister; *Dr. fam.* 2011, n° 58, ► note Maria; *AJ fam.* 2011. 215, obs. Verheyde; *D.* 2011. 2510, obs. Noguéro – Civ. 2e, 28 févr. 2013, n° 11-19.685, *Dr. fam.* 2013, n° 76, obs. Maria; Civ. 1re, 19 mars 2014, n° 12-28.171, NP; *Dr. fam.* 2014, n° 87, obs. I. M. – Civ. 1re, 18 nov. 2014, n° 13-12.448, NP; *Dr. fam.* 2015, n° 21, obs. I. M.; *LEFP* févr. 2015. 3, obs. Raoul-Cormeil – Civ. 1re, 16 mars 2016, n° 15-13.745, *Dr. fam.* 2016. n° 155, obs. Maria – Civ. 1re, 8 juin 2016, n° 15-19.715, P; *Dr. fam.* 2016, n° 188, obs. Maria; *RTD civ.* 2016. 588, obs. Hauser – Visant à protéger le majeur en curatelle, la nullité revêt un caractère d'ordre public. Elle doit être ainsi relevée d'office par le juge (C. pr. civ., art. 120) : EN CE SENS, *J.-Cl. Civ.*, art. 467 à 476, fasc. 10, par Karm, spéc. n° 11). Et peut être soulevée par la partie adverse contre laquelle est dirigée la demande en justice du majeur en curatelle : EN CE SENS, Civ. 1re, 23 sept. 2015, n° 14-19.098, *Bull. civ.* I [à paraître]; *AJ fam.* 2015. 618, note Verheyde.
5. Civ. 2e, 7 avr. 2016, n° 15-12.739, *D.* 2016. 1523, obs. Lemouland, Noguéro et Plazy; *AJ fam.* 2016. 272, obs. Verheyde; *Dr. fam.* 2016. n° 156, note Maria; *RTD civ.* 2016. 823, note Hauser.
6. Reste à savoir si les articles 1160 et suivants du Code civil (*issus de Ord. n° 2016-131, 10 févr. 2016*), ne conduisent pas à écarter la personne sous curatelle de ses fonctions de représentants de la société (V. EN CE SENS, Hauser obs. préc. ss n° 343.12, ss Civ. 2e, 7 avr. 2016). Le souhait du Notariat de voir consacrée la démission d'office du dirigeant sous mesure de protection juridique serait alors exaucé (*Dr. fam.* 2014. n° 137, obs. Maria).
7. Civ. 1re, 23 févr. 2011, n° 09-13.867, P (préc. ss prést n°) – Soc. 18 déc. 2013, n° 12-17.874, *Bull. civ.* V, n° 308; *AJ fam.* 2014. 190, obs. Montourcy; *RTD. civ.* 2014. 337, obs. Hauser – Civ. 1re, 29 janv. 2014, n° 13-11.269, NP; *RTD civ.* 2014. 339, obs. Hauser.
8. En matière d'appel, v. Civ. 1re, 5 oct. 1994, n° 92-20.149, *Bull. civ.* I, n° 274; *D.* 1995. 358, note Massip; *JCP N* 1996. II. 676, 1re esp., note Fossier – Civ. 1re, 17 déc. 1991, n° 90-15.687, P (préc. ss prést n° 343.12) – Civ. 1re, 6 févr. 1996, n° 93-21.053, P (préc. ss prést n° 343.12) – Civ. 1re, 20 déc. 2001, n° 00-17.173, P (préc. ss prést n° 343.12) – En matière de pourvoi en cassation, v. Civ. 1re, 6 janv. 1998, nos 95-19.902 et 96-16.721, *Bull. civ.* I, n° 3.

que la signification faite au curatélaire après l'expiration du délai d'appel, rend ce dernier irrecevable[1]. Lorsque le recours est exercé par le curatélaire, l'irrégularité de la signification ne fait pas courir le délai d'appel au détriment de la personne protégée, et cela, malgré la signification qui lui a été faite de la décision de première instance, le délai d'appel ne courant qu'à compter du jour où celle-ci a été également signifiée au curateur[2]. Lorsque l'appelant a été placé sous curatelle après avoir interjeté appel, la juridiction du second degré doit s'assurer que le majeur a été assisté par son curateur dans le cadre de la procédure d'appel[3]. Mais encore faut-il, pour que la nullité de la procédure puisse être invoquée par la personne protégée, que la curatelle ait été publiée en marge de son acte de naissance, sauf à démontrer la connaissance personnelle de la mesure de protection par l'intimé[4].

On ajoutera que l'information du curateur est désormais requise par les règles de capacité gouvernant, sous la curatelle, l'exercice de l'action en justice quelle que soit la nature de cette dernière. L'assistance du curateur est exigée, en toute hypothèse, pour la recevabilité de l'action, sans égard pour la nature des droits en cause (C. civ., art. 468, al. 3)[5].

343.13 Absence de représentation tempérée par une faculté de saisine du juge des tutelles. L'article 467 du Code civil limite les pouvoirs du curateur conformément à sa **mission d'assistance ou de contrôle.** Cette limitation est désormais renforcée par les dispositions de l'article 469 alinéa 1er, lequel interdit expressément au curateur de « *se substituer à la personne en curatelle pour agir en son nom* ». Il s'ensuit que le curateur est privé non seulement du droit d'initiative quant aux actes et mais aussi du droit d'agir par voie de représentation de la personne protégée[6]. Néanmoins, dans le souci de renforcer la protection de la personne en curatelle, la réforme de 2007 innove en autorisant, dans certaines hypothèses, le **curateur à agir seul par voie de représentation du majeur.** « *Le curateur peut, s'il constate que la personne en curatelle compromet gravement ses intérêts, saisir le juge pour être autorisé à accomplir seul un acte déterminé ou provoquer l'ouverture de la tutelle* » (C. civ., art. 469, al. 2)[7]. Les termes de la loi sont ici suffisamment larges pour englober non pas seulement l'inaction de la personne protégée mais également l'accomplissement d'actes contraires à ses intérêts. La **compromission des intérêts du curatélaire** peut résulter aussi bien d'un acte déterminé que d'une série d'actes, elle peut être durable ou seulement ponctuelle. Si ces éléments participent sans doute de l'appréciation de la gravité de l'atteinte, celle-ci est, aux termes de la loi, le seul critère de nature à justifier l'extension des pouvoirs du curateur[8]. Il n'en demeure pas moins que l'autorisation judiciaire du curateur de représenter la personne protégée ne peut lui être délivrée qu'en vue d'accomplir « *un acte déterminé* ». La restriction se comprend aisément au regard de la nature des pouvoirs du curateur. Ce dernier n'étant investi que d'une mission d'assistance ou de contrôle, le recours à l'article 469 alinéa 2 ne doit pas aboutir à transformer la curatelle en une tutelle et conduire, en définitive, à une « *dénaturation de l'institution de la curatelle* »[9]. Au demeurant, lorsqu'elle est invoquée en vue de permettre la substitution du curateur à la personne protégée pour l'accomplissement d'un acte, la compromission de ses intérêts par

1. Civ. 1re, 5 oct. 1994, n° 92-20.149, P (préc. ss prést n°).
2. Civ. 1re, 20 déc. 2001, n° 00-17.173, NP (préc. ss nos 343.12).
3. Civ. 1re, 4 juill. 2012, n° 11-18.475, *Bull. civ.* I, n° 154; *Dr. fam.* 2012, n° 151, obs. I. M.; *AJ fam.* 2012. 506, obs. Verheyde; *D.* 2012. 2703, obs. Plazy; *RTD civ.* 2012. 712, obs. Hauser – *Adde*, en matière pénale, Crim. 21 oct. 2014, n° 13-85.481, NP; *AJ fam.* 2014. 701, obs. Verheyde – Crim. 24 juin 2014, n° 13-84.364, *Bull. crim.*, n° 161; *AJ fam.* 2014. 561, obs. Verheyde.
4. C. civ., art. 444 – Paris, pôle 4, ch. 4, 3 févr. 2015, RG n° 13/08920, *Dr. fam.* 2015, n° 112, obs. I. M. – DANS LE MÊME SENS, en matière pénale, Crim. 24 juin 2014, n° 13-84.364, P (préc. ss prést n°).
5. Pour une action en justice exercée par le curatélaire : Civ. 1re, 22 nov. 2005, n° 03-14.292, *Bull. civ.* I, n° 439; *D.* 2006. Pan. 1572, obs. Lemouland et Plazy; *Defrénois* 2006. 355, obs. Massip; *AJ fam.* 2006. 74, obs. Grimaldi; *RTD civ.* 2006. 89, obs. Hauser; cassation d'un arrêt ayant déclaré irrecevable l'action intentée seul par un majeur en curatelle sur le fondement de l'ancien article 510-2, au motif que l'introduction de l'instance par la personne protégée « *ne permettait pas le respect des dispositions de l'article 510-2, notamment pour connaître des demandes reconventionnelles formées par les défendeurs* » – La solution est aujourd'hui contredite par les dispositions des articles 467, alinéa 3 et 468, alinéa 3, lesquelles subordonnent la recevabilité de l'action introduite par la personne protégée à l'assistance du curateur et imposent la double signification des demandes reconventionnelles au curatélaire et au curateur : Civ. 1re, 23 sept. 2015, n° 14-19.098, *Bull. civ.* I [à paraître]; *Dr. fam.* 2015, n° 211, obs. I. M; *AJ fam.* 2015. 618, note Verheyde – DANS LE MÊME SENS, pour des oppositions formées à des contraintes par la personne sous curatelle, sans l'assistance du curateur, Civ. 1re, 24 juin 2015, n° 14-17.574, NP; *Dr. fam.* 2015, n° 193, obs. I. M.
6. Pour l'irrecevabilité du pourvoi formé par le curateur seul : Com. 12 juill. 2011, n° 10-16.873, *Bull. civ.* IV, n° 114; *D.* 2011. 2510, obs. Noguéro.
7. La législation antérieure n'autorisait pas le curateur à solliciter du juge des tutelles l'autorisation de représenter le curatélaire pour l'accomplissement d'un acte : Civ. 1re, 24 mai 1989, n° 87-20.157, *Bull. civ.* I, n° 214; *JCP N* 1989. I. 554; *Defrénois* 1989. 1015, note Massip – Civ. 1re, 10 juill. 1990, n° 89-11.213, *Bull. civ.* I, n° 193; *Defrénois* 1990. 1305, note Massip – Sur l'article 469, al. 2, v. D. Viguier, « L'autorisation judiciaire du curateur ou la représentation de l'incapable par son curateur », *D.* 2009. 1490.
8. A. Karm, « La gestion du patrimoine du majeur en curatelle », *Dr. et patr.* avr. 2009. 86, spéc. p. 92 – V. ÉGAL. : *J.-Cl. Civ. Code*, art. 467 à 476, fasc. 10, par Karm, spéc. nos 12 s.
9. D. Viguier, « L'autorisation judiciaire du curateur ou la représentation de l'incapable par son curateur », *D.* 2009. 1490.

le curatélaire ne peut être appréciée qu'au cas par cas, ce qui justifie que l'autorisation judiciaire ne puisse être donnée au curateur que pour un acte déterminé, la loi ne posant aucune restriction quant à la nature de cet acte.

343.14 Impact de la faculté d'alerte sur la mission et la responsabilité du curateur. Si elles contribuent à émousser la distinction de la curatelle et de la tutelle, les dispositions de l'article 469 alinéa 2 du Code civil n'en doivent pas moins être approuvées en ce qu'elles permettent d'éviter l'ouverture d'une tutelle, laquelle était le seul moyen, avant la réforme, de vaincre l'inertie ou le refus de la personne protégée, sauf au curateur à commettre un excès de pouvoir. Sur ce point, le nouveau texte contribue, conformément aux principes directeurs de la protection des majeurs et, notamment, au principe de nécessité (C. civ., art. 415 et 428), à favoriser l'autonomie de la personne protégée, sans céder pour autant sur le terrain de sa protection.

Il convient de souligner que l'article 469 alinéa 2 se contente de consacrer une **faculté d'alerte au profit du curateur** et **non une obligation de vigilance.** Pour autant, le protecteur qui s'abstiendrait de contrer la compromission de ses intérêts par la personne protégée manquerait, à l'évidence, à sa mission d'assistance ou de contrôle (C. civ., art. 440, al. 1er), si bien que sa responsabilité civile devrait pouvoir être recherchée - semble-t-il - à la faveur d'une interprétation stricte de la limitation de sa responsabilité (C. civ., art. 421 - à ce sujet, v. ss nos 313.31 s.) [1].

343.15 Risque de contrariété des actes du curateur et du curatélaire ? Lorsqu'il est autorisé par le juge des tutelles à effectuer un acte déterminé au lieu et place de la personne en curatelle, le curateur devra, par précaution, **signifier la décision du juge** l'autorisant à agir seul au **contractant.** Une telle signification permet, en effet, de constituer ce dernier de mauvaise foi et ainsi de faire échec à un acte qui serait accompli par le majeur en curatelle dans la sphère de sa capacité. Pour autant, la question se pose de savoir si, s'agissant de ces opérations, l'autorisation judiciaire confiée au curateur d'accomplir un acte par représentation du majeur ne prive pas celui-ci de la capacité de l'effectuer lui-même. Les dispositions de l'article 465 alinéa 1er, 3°, lesquelles frappent, sans distinction, de la nullité de droit les actes faits par la personne protégée alors qu'elle aurait dû être représentée, militent puissamment en ce sens. Si bien que le risque lié à l'accomplissement d'actes contradictoires par la personne protégée et son protecteur doit être tempéré, ce dernier pouvant agir en **nullité de l'acte effectué par son protégé** en violation de la décision du juge des tutelles (C. civ., art. 465, al. 2) [2].

§ 2
Actes régis par le Code civil

343.20 Éviction de la définition de l'acte de disposition. Sans égard pour la définition des actes d'administration et des actes de disposition, la loi du 5 mars 2007 soumet expressément, sur le modèle de la législation antérieure, certains actes à l'assistance du curateur. Certaines règles sont, en la matière, spécifiques à la curatelle (A), cependant que d'autres sont applicables, sous ce régime de protection, par renvoi aux dispositions relatives à la tutelle (B).

A.
Dispositif spécifique à la curatelle

343.21 Donations entre vifs. L'article 470 alinéa 2 du Code civil exige que le majeur en curatelle soit assisté de la personne chargée de sa protection pour effectuer une donation, ce qui reconduit la solution admise sous l'empire de la législation antérieure (C. civ., anc. art. 513, al. 2) [3]. Le texte précise désormais expressément que le curateur est réputé en **opposition d'intérêts** avec la personne protégée lorsqu'il est bénéficiaire de la donation (C. civ., art. 470, al. 3), si bien qu'en pareille hypothèse, un curateur *ad hoc* doit être désigné. Une telle désignation ne peut pas être refusée par le juge des tutelles, au motif que le projet de libéralité apparaîtrait « *tant excessif dans son montant au vu des ressources du majeur que contestable dans son intention, le curateur ayant été averti du caractère gratuit de sa mission* ». Une telle motivation procède d'une confusion de la tutelle et de la curatelle, laquelle ne subordonne pas la donation du curatélaire à l'autorisation du juge des tutelles [4]. La protection du majeur en curatelle contre les donations est par ailleurs assurée par le jeu des incapacités de recevoir à titre gratuit frappant certains professionnels (sur lesquelles, v. ss nos 335.41 s.).

343.22 Actions en justice. L'article 468 du Code civil dispose, en son troisième alinéa, que l'assistance du curateur est « *requise pour introduire une action en justice ou y défendre* ». Cette disposition, qui trouve écho à l'annexe 1 du décret du 22 décembre 2008, incarne une **particularité**, sous la curatelle, des **règles de capacité gouvernant l'exercice des actions en jus-**

1. COMP. *J.-Cl. Civ. Code*, art. 467 à 476, fasc. 10, par Karm, spéc. n° 14; excluant la mise en œuvre de la responsabilité civile du curateur dans cette hypothèse.
2. Sur tout ceci, v. *ibid.*
3. Dispositif rappelé par une réponse ministérielle du 8 décembre 2009 : Rép. min. n° 60437, *JOAN QR* 8 déc. 2009, p. 11763; *Dr. fam.* 2010, n° 31, note Maria.
4. Douai, 30 oct. 2014, RG n° 14/05521, *Dr. fam.* 2012. Comm. 191, obs. Maria.

tice (Décr. n° 2008-1484, 22 déc. 2008, annexe 1, col. 2, VI) [1]. Il s'agit ici d'une innovation de la réforme du 5 mars 2007, laquelle permet, sous la curatelle, non seulement d'éradiquer la délicate distinction des **actions en justice à caractère patrimonial** et des actions en justice **à caractère extrapatrimonial** [2] mais aussi de parer, en renouant avec l'ancien droit et les dispositions du Code Napoléon, au risque tiré de la manie processive de la personne protégée. Sous l'empire des dispositions de la loi du 3 janvier 1968, la personne en curatelle pouvait introduire seule, du fait du renvoi aux règles de la tutelle, une action en justice à caractère patrimonial [3]. Elle pouvait également défendre seule à une telle action. La règle nouvelle implique que l'assignation en justice soit délivrée **au nom du curatélaire et du curateur et** qu'ils soient **assignés, l'un et l'autre**, lorsque le majeur est défendeur à l'action.

Les actes emportant **perte du droit d'action** sont assujettis, sous la curatelle, à **l'assistance du curateur.** Il en est ainsi de **l'acquiescement** au jugement, c'est-à-dire de la renonciation à exercer les voies de recours, et du **désistement** d'action [4]. L'exercice des **voies de recours** implique pareillement le concours du curateur.

Si le majeur en curatelle ne peut ester en justice sans l'assistance du curateur, il bénéficie en revanche de sa pleine capacité juridique pour témoigner en justice. Il n'en va différemment que s'il est établi qu'il souffrait d'insanité d'esprit au moment de la rédaction de l'attestation [5]. Il en résulte que l'ouverture d'une mesure de protection à l'égard d'un témoin ne le prive pas de sa capacité juridique de témoigner dès lors qu'il est doué d'un discernement suffisant. Le tempérament au principe suivant lequel « *chacun peut être entendu comme témoin* », tiré de l'incapacité de témoigner, n'est donc pas réductible à l'incapacité civile. Il se confond avec l'absence de lucidité du témoin, laquelle est laissée à l'appréciation du juge quant à la portée du témoignage reçu [6].

343.23 Fiducie. L'article 468 alinéa 2 du Code civil soumet, dans sa rédaction issue de la loi n° 2008-776 du 4 août 2008 [7], la conclusion du contrat de fiducie à l'assistance du curateur [8]. La règle se trouve ici pleinement justifiée à l'aune tout à la fois de la définition du contrat de fiducie, lequel se caractérise par l'existence d'un transfert de droits (C. civ., art. 2011), et des critères économiques de l'acte de disposition (Décr. n° 2008-1484, 22 déc. 2008, art. 2). La règle trouve, au demeurant, son prolongement, de manière cohérente, en droit des régimes matrimoniaux. Le Code civil soumet la conclusion du contrat de fiducie, à l'instar de l'aliénation et de la constitution de droits réels, au double consentement des conjoints à peine de nullité relative (C. civ., art. 1424, al. 2 [mod. par L. n° 2008-776, 4 août 2008] et 1427). Pour autant, la gravité de l'acte conduit, en la matière, à déborder le périmètre traditionnel de la cogestion, pour l'étendre à tout transfert d'un bien commun dans un patrimoine fiduciaire, quelle que soit la nature du bien qui en est l'objet.

On ajoutera que ces règles de capacité et de pouvoirs se trouvent renforcées par des règles de forme. L'article 2012 exige, en effet, dans sa rédaction issue de l'ordonnance n° 2009-112 du 30 janvier 2009 [9], à peine de nullité absolue, que le contrat de fiducie soit établi par **acte notarié** « *si les biens, droits ou sûretés transférés dans un patrimoine fiduciaire dépendent de la communauté existant entre les époux ou d'une indivision* ». Fondée sur le souci d'informer les constituants quant aux conséquences de la fiducie lorsque la communauté ou l'indivision prend fin avant son terme, l'authenticité de la fiducie paraît inaboutie. L'analyse de la fiducie comme un acte particulièrement grave aurait justifié, de manière cohérente, sa soumission au formalisme notarié en toute hypothèse et non pas seulement lorsque les biens font l'objet d'une appropriation plurale.

343.24 Fiducie et personnalité des charges curatélaires. La fiducie peine à s'harmoniser avec le principe de la personnalité des charges curatélaires (C. civ., art. 452, al. 1er). La conclusion de ce contrat

1. V. Norguin, « Focus sur la capacité d'ester en justice du majeur en curatelle », *D.* 2010. 636.
2. Civ. 1re, 9 déc. 2009, nos 08-16.835 et 08-16.836, *Bull. civ.* I, nos 243 et 244; *Dr. fam.* 2010, n° 50, obs. Maria; *D.* 2010. 2124, obs. Lemouland; *D.* 2010. 636, note Norguin; *RTD civ.* 2010. 82, obs. Hauser; *AJ fam.* 2010. 87, obs. Pécaut-Rivolier – Les difficultés pourraient ressurgir en revanche, dans l'hypothèse d'actions mixtes, pour distinguer entre, d'une part, les actions en justice patrimoniales et les actions en justice extrapatrimoniales et, d'autre part, les actions en justice strictement personnelles réservées au majeur protégé : v. Civ. 1re, 6 nov. 2013, n° 12-23.766, *Bull. civ.* I, n° 217; *AJ fam.* 2013. 717, obs. Verheyde; *JCP* 2014. 14, note Peterka; *Dr. fam.* 2014, n° 9, note Maria; *D.* 2014. 467, note Raoul-Cormeil; *RTD civ.* 2014. 84, obs. Hauser – L. Mauger-Vielpeau, « Les actions en justice en matière familiale », *in* G. Raoul-Cormeil (dir.), *Le patrimoine de la personne protégée*, LexisNexis, 2015, p. 345.
3. Civ. 1re, 5 oct. 1994, n° 92-20.149, P (préc. ss n° 343.12) – Paris, 4 sept. 2002, *Dr. fam.* 2003. 30, 3e esp., note Fossier – Civ. 1re, 22 nov. 2005, n° 03-14.292, P (préc. ss n° 343.12).
4. Décr. n° 2008-1484, 22 déc. 2008, annexe 1, col. 2, VI, réd. Décr. n° 2009-1628, 23 déc. 2009 (v. ss n° 341.01).
5. Civ. 1re, 18 mars 2015, n° 13-20.220, NP; *Dr. fam.* 2015, n° 108, note Maria; *D.* 2015. 1577, obs. Noguéro.
6. I. Maria, note ss Civ. 1re, 18 mars 2015, n° 13-20.220, NP (préc. ss prést n° 343.22).
7. L. n° 2008-776, 4 août 2008, de modernisation de l'économie, *JO* 5 août, p. 12471.
8. V. AUSSI : Décr. n° 2008-1484, 22 déc. 2008, annexe 1, col. 2, II, 1° (v. ss n° 341.01) – F. Sauvage, « Réflexions sur les opportunités offertes par la fiducie aux fins de gestion du patrimoine de la personne vulnérable », *RJPF* 2009-5/8.
9. Ord. n° 2009-112, 30 janv. 2009, portant diverses mesures relatives à la fiducie, *JO* 31 janv., p. 1854.

entame une brèche dans ce principe par l'attribution possible au **fiduciaire** des pouvoirs les plus étendus sur le patrimoine de la personne en curatelle et, notamment, celui d'accomplir, de son propre chef, non seulement les **actes d'administration** mais aussi les **actes de disposition**[1]. C'est dire que la mise en place d'une fiducie conduit à **transformer la curatelle en une véritable tutelle**, en privant la personne protégée de toute initiative sur les biens composant le **patrimoine fiduciaire**.

Le contrat de fiducie favorise la multiplication, en dehors de toute intervention judiciaire, des tiers investis de la gestion des biens de la personne protégée, sous la réserve - il est vrai - du pouvoir de surveillance générale du juge des tutelles (C. civ., art. 416). En effet, la désignation du fiduciaire et l'exercice de la mission de ce dernier échappent au contrôle du juge des tutelles[2] et, cela, d'autant plus que la loi interdit le cumul de qualité de fiduciaire et de curatélaire (C. civ., art. 445, al. 3). La question se pose de savoir s'il est possible de cumuler une charge curatélaire avec la qualité de tiers protecteur chargé de la préservation des intérêts du constituant (C. civ., art. 2017). L'opposition d'intérêts pourrait être levée, en ce domaine, par la désignation d'un curateur *ad hoc*, sauf à mettre en place une subrogée curatelle.

343.25 **Contrôle des comptes fiduciaires.** Sur le terrain du contrôle des comptes, le Code civil impose au fiduciaire de rendre compte de sa mission au protecteur au moins une fois par an, sans préjudice de la périodicité fixée dans le contrat de fiducie (C. civ., art. 2022, al. 2). C'est alors au protecteur d'intégrer le **compte de la fiducie** au **compte annuel de gestion**. Or, l'établissement de ce dernier n'est exigé que sous la **curatelle renforcée**, si bien que le contrôle du curateur ne se double, sous la curatelle simple, d'aucun contrôle judiciaire. On ajoutera que, sous la curatelle renforcée, la vérification du compte annuel de gestion échappe, en principe, au juge des tutelles, lequel n'en est saisi qu'en cas de difficultés (C. civ., art. 510 à 515 et 472, al. 3).

B.
Dispositif applicable par renvoi aux règles de la tutelle

343.30 **Présentation.** La loi du 5 mars 2007 étend à la curatelle, par le jeu du renvoi opéré aux règles de la tutelle, quatre séries de dispositions concernant la transmission de patrimoine (1°), la vente et l'apport en société (2°), la transaction et le compromis (3°) ainsi que l'achat et la prise à bail par le curateur des biens de la personne protégée (4°).

1°
Transmission de patrimoine

343.31 **Exercice de l'option successorale.** L'article 507-1 du Code civil conduit, on le sait, à restreindre la sphère de capacité du successible en curatelle, en matière d'option successorale, à l'acceptation à concurrence de l'actif net. L'acceptation pure et simple de la succession, laquelle suppose que l'actif dépasse manifestement le passif, requiert en revanche l'assistance du curateur (C. civ., art. 507-1, al. 1er). Ce dernier engagerait sa responsabilité civile à l'égard de la personne protégée, s'il lui prêtait son concours sans s'assurer, au préalable, du **caractère excédentaire de la succession**. Il reste que, s'agissant d'un acte soumis à son assistance, la responsabilité du curateur ne pourrait être recherchée, d'après l'article 421 *in fine*, qu'en cas de dol ou de faute lourde. La **renonciation à la succession** implique pareillement le concours de la personne chargée de la protection. Ce dernier s'impose également, tant que la curatelle est ouverte, pour la **révocation de la renonciation**; elle peut être exercée par la personne protégée elle-même après son retour à la capacité. Qu'elle soit l'œuvre du curateur ou du curatélaire, la révocation doit intervenir avant que la succession n'ait été acceptée par un autre héritier et que l'État n'ait été envoyé en possession (C. civ., art. 507-2). La révocation rétroagit alors au jour de l'ouverture de la succession, sans toutefois remettre en cause les droits qui ont pu être acquis par des tiers par prescription ou par des actes valablement faits avec le curateur à la succession vacante (C. civ., art. 807, al. 2). Ces règles sont applicables tant à la succession légale qu'à la succession volontaire (C. civ., art. 724-1 - Décr. n° 2008-1484, 22 déc. 2008, annexe 1, col. 2, V).

343.32 **Exercice de l'option ouverte au conjoint survivant.** L'option ouverte au gratifié par certaines libéralités, notamment entre des droits en usufruit et des droits en pleine propriété, est assimilée à l'option successorale. Aussi le majeur en curatelle ne peut-il exercer cette option qu'avec l'assistance du curateur. Par suite, le choix entre l'une des trois branches de la **quotité disponible spéciale entre époux** prévue par l'article 1094-1 du Code civil, lequel implique la renonciation aux deux autres, ne peut être exercé par la personne protégée sans l'assistance du curateur[3]. Il reste que cette analyse, qui repose sur la notion de renonciation, pourrait être fragilisée, depuis l'entrée

1. C. civ., art. 2018, 6° et 2023 - J. Massip, « Le contrat de fiducie, les mineurs et les majeurs protégés », *Defrénois* 2009. 1549, spéc. 1551.
2. Ce que certains auteurs analysent parfois comme un atout de la fiducie au regard, notamment, du mandat de protection future, v. H. Letellier, « Fiducie et majeur vulnérable », *AJ fam.* 2015. 205.
3. Civ. 1re, 1er juin 1994, n° 92-16.823, *Bull. civ.* I, n° 194 - Bordeaux, 1re ch. B, 20 janv. 2009, *Juris-Data* n° 000100.

en vigueur de la réforme, par la prohibition de la renonciation gratuite à un droit acquis (C. civ., art. 509, 1°). Pour autant, ce risque est, semble-t-il, évincé. En effet, d'une part, il n'est pas certain que les interdictions de l'article 509 aient vocation à jouer sous la curatelle (v. s[s] n°s 343.101 et 343.102). D'autre part, s'il y a ici renonciation, celle-ci n'est pas, en pareille hypothèse, consentie à titre gratuit. Le même raisonnement peut être tenu s'agissant de l'option ouverte au conjoint survivant, dès lors que le *de cujus* ne laisse que des enfants communs avec ce dernier, entre l'usufruit de la totalité des biens existants et le quart en propriété de ces biens (C. civ., art. 757), dont l'exercice implique, sous la curatelle, le concours du curateur de l'époux protégé[1].

343.33 **Partage.** La loi du n° 2006-728 du 23 juin 2006[2], portant réforme des successions et des libéralités, puis la loi n° 2007-308 du 5 mars 2007, relative à la protection des majeurs, ont facilité le recours au **partage amiable en présence d'une personne protégée** (C. civ., art. 507 et 836, al. 2 - Décr. n° 2008-1484, 22 déc. 2008, col. 2, V). L'article 507 permet d'y recourir sous la curatelle, par le jeu du renvoi de l'article 467. Pour autant, les pouvoirs exacts du curateur soulèvent ici plusieurs difficultés d'interprétation.

La première est celle de savoir si la **désignation du notaire**, chargé de procéder au partage, revient sous la curatelle, par mimétisme avec les règles de la tutelle, à la personne chargée de la protection ou si le juge des tutelles conserve, même sous la curatelle, ce pouvoir de désignation.

La seconde consiste à déterminer, quant à elle, si **l'approbation de l'état liquidatif, c'est-à-dire du projet de partage**, par le juge des tutelles s'impose sous la curatelle, comme sous la tutelle. Il semble qu'en l'absence de dispositions spécifiques à la curatelle, il faille répondre négativement à ces interrogations, les compétences du juge des tutelles ou du conseil de famille étant alors, sous ce régime de protection, dévolues au curateur. L'esprit des réformes successives, lesquelles ont souhaité simplifier le partage amiable en présence d'un majeur protégé, fournit au demeurant un puissant argument en faveur de cette interprétation.

L'action en partage suit, quant à elle, le sort des actions en justice. Elle requiert **l'assistance du curateur** ainsi que la **double signification** à ce dernier et à la personne protégée lorsque celle-ci ne se trouve pas à l'origine de l'action[3] (v. s[s] n° 343.12).

343.34 **Changement de régime matrimonial – Autorisation préalable du juge des tutelles.** L'article 1397 alinéa 7 du Code civil soumet, dans sa version issue de la loi du 5 mars 2007, le changement ou la modification du régime matrimonial à « *l'autorisation préalable du juge des tutelles ou du conseil de famille s'il a été constitué* ». Celle-ci s'impose, aux termes de la loi, « *lorsque l'un ou l'autre des époux fait l'objet d'une mesure de protection juridique dans les conditions* prévues *au titre XI du livre I* ». Cette formule soulève une difficulté d'interprétation quant à l'étendue exacte de l'autorisation préalable. En effet, l'analyse littérale du texte conduit à imposer cette exigence sous l'ensemble des mesures de protection organisées par le titre XI du livre I, sans distinguer selon qu'il s'agit de **mesures incapacitantes** (tutelle, curatelle) ou de **mesures non incapacitantes** (sauvegarde de justice, mandat de protection future)[4], de **mesures de protection juridique** ou de **mesures d'accompagnement judiciaire.** On perçoit, à vrai dire, l'intention du législateur à la lumière des rapports parlementaires. Le souci de la loi de 2007 a été, semble-t-il sur ce point, de « "lever [l'] incertitude" *résultant de ce que le changement de régime matrimonial n'entre pas dans les catégories générales des actes d'administration ou de disposition* ». Or, ce sont ces catégories qui permettent de délimiter les contours des pouvoirs du curateur et du tuteur, si bien que l'esprit de l'article 1397 alinéa 7 en contredit la lettre.

343.35 **Changement de régime matrimonial – Assistance du curateur.** Il reste que, sous la curatelle, la question se pose de savoir si le changement de régime matrimonial impose tout à la fois l'autorisation préalable du juge des tutelles et l'assistance du curateur. L'article 1397 alinéa 7 apparaissant comme une disposition générale, ainsi qu'en témoigne le renvoi global au titre XI du livre I, il n'est pas douteux que l'autorisation du juge s'impose, en l'état du texte, sous la curatelle. Mais la personne protégée peut-elle, pour autant, saisir le juge des tutelles sans l'assistance du curateur ? Et cette autorisation acquise, peut-elle signer la convention modificative sans le concours de ce dernier ? Sur le premier point, il conviendrait de reconnaître la capacité du curatélaire de saisir le juge des tutelles d'une demande d'autorisation, sans l'assistance de la personne chargée de sa protection. En effet, le refus du curateur conduirait ici à bloquer le changement de régime matrimonial, sauf la personne protégée à saisir le juge d'une autorisation supplétive sur le fondement de l'article 469 alinéa 3. Or, on discerne malaisé-

1. T. Fossier et F. Fresnel, « De quelques interférences de la loi modernisant le droit des successions avec le droit des incapacités », *RJPF* 2002-9/6, spéc. 8.
2. L. n° 2006-728, 23 juin 2006, *JO* 24 juin, p. 9513.
3. Sur les règles de capacité et de pouvoirs applicables aux opérations de reconstitution de la masse partageable (rapport et réduction des libéralités), v. *J.-Cl. Civ. Code*, art. 503 à 509, par Peterka, n°s 117 et 118.
4. En ce sens, J. Hauser et J.-M. Plazy, « Changement de régime matrimonial et enfant majeur hors d'état de manifester sa volonté », *Defrénois* 2007. 733.

ment quel serait l'intérêt de solliciter ce mécanisme, source ici d'une lourdeur inutile, alors qu'il est possible de reconnaître *ab initio* à la personne protégée la capacité de saisir seule le juge d'une demande d'autorisation.

Sur le second point, la gravité de l'opération paraît justifier, à l'aune de l'esprit de l'article 1397 alinéa 7, **l'assistance du curateur lors de la conclusion de la convention**, et, cela, quand bien même le projet en aurait été approuvé par le juge des tutelles. Il entre, en effet, dans la mission du curateur de contrôler que la personne protégée comprend correctement la **portée de la convention modificative**, dont la signature ne s'analyse pas comme un acte strictement personnel[1], ainsi que les **informations** qu'elle reçoit **du notaire**.

On ajoutera, pour clore ce point, que dans la plupart des hypothèses, le changement de régime matrimonial coïncide avec la définition de **l'acte de disposition**[2]. Il en est ainsi, par exemple, en cas de passage d'un régime séparatiste à un régime communautaire. Pour autant, certaines modifications, telles que la stipulation d'un préciput ou d'une clause de prélèvement moyennant indemnité, pourraient susciter des interrogations au plan de la qualification. L'exigence, en toute hypothèse, de l'autorisation préalable du juge des tutelles et de l'assistance du curateur, permet de les écarter et d'évincer ici une casuistique qui pourrait s'avérer néfaste à la protection des intérêts patrimoniaux du curatélaire. Au demeurant, l'article 1399, lequel soumet la conclusion des conventions matrimoniales à l'assistance du majeur par le curateur, fournit un puissant argument en ce sens. L'époux investi de la mesure sera tenu de saisir le juge des tutelles afin de faire désigner un curateur *ad hoc* avec mission d'assister le conjoint en curatelle dans le cadre du changement de régime matrimonial.

Reste à déterminer si la **requête en homologation** intervenant à la suite de l'opposition d'un enfant majeur[3] ou d'un créancier, ou en présence d'un enfant mineur, nécessite **l'assistance du curateur**. Deux arguments y sont favorables. D'une part, la volonté des époux doit subsister au jour de l'homologation du changement de régime matrimonial. Or, le **consentement du majeur en curatelle** requiert ici, pour être valablement exprimé, l'assistance de la personne chargée de sa protection, de sorte que cette dernière doit lui apporter son concours dans la procédure d'homologation[4]. D'autre part, l'article 468 alinéa 3, qui soumet à l'assistance du curateur l'exercice, en demande ou en défense, des actions en justice, sans distinguer suivant qu'elles revêtent un caractère patrimonial ou extrapatrimonial, ne connaît ici aucun tempérament.

2°
Vente et apport en société

343.41 Formalisme unifié de la vente et l'apport en société d'immeubles, de fonds de commerce ou d'instruments financiers non cotés – Application sous la curatelle. La loi du 5 mars 2007 a simplifié le formalisme qui entourait, avant la réforme, la vente et l'apport en société, en soumettant ces actes à un **régime unifié**, dès lors qu'ils portent sur un immeuble, un fonds de commerce ou des instruments financiers non cotés. Sous la tutelle, ces opérations sont subordonnées, sauf en cas de vente forcée sur décision judiciaire ou de vente amiable sur autorisation judiciaire, à l'autorisation préalable du juge des tutelles ou du conseil de famille (v. s^{s} n° 354.11). Or, cette dernière obéit ici à un régime particulier, en ce qu'elle ne peut être donnée qu'après la réalisation d'une mesure d'instruction exécutée par un technicien ou le recueil de l'avis d'au moins deux professionnels qualifiés (C. civ., art. 505, al. 3). C'est dire que le tuteur doit accompagner sa demande d'autorisation « *d'attestations émanant d'experts de son choix* »[5]. Cette exigence soulève, sous la curatelle, une double interrogation. Celle, d'abord de savoir si elle s'impose aussi au curateur, lequel ne peut alors fournir son concours à la personne protégée qu'après avoir recueilli ces avis. Celle, ensuite, de savoir si elle s'impose à des opérations proches de la vente et de l'apport en société, telles que l'échange ou la dation en paiement.

S'il est vrai, sur le premier point, que la tutelle met en place un dispositif de protection plus lourd que la

1. Civ. 1re, 6 janv. 2004, n° 01-11.214, *Bull. civ.* I, n° 3; *D.* 2004. Somm. 1856, obs. Delmas Saint-Hilaire; *JCP N* 2004. 1273, obs. Plazy; et 1418, obs. Casey; *Defrénois* 2004. 601, obs. Massip; 823, obs. Champenois; *AJ fam.* 2004. 104, obs. Bicheron; *Dr. fam.* 2004, n° 57, note Fossier; *RJPF* 2004-3/24, note Vauvillé; *RTD civ.* 2004. 265, obs. Hauser; soumettant antérieurement à la réforme, la requête en vue de l'homologation d'un changement de régime matrimonial à l'assistance du curateur.
2. C. civ., art. 496, al. 3 – Décr. n° 2008-1484, 22 déc. 2008, art. 2 (v. s^{s} n° 341.01).
3. Lorsque l'enfant majeur fait l'objet d'une mesure de curatelle, l'opposition à changement de régime matrimonial ne s'analyse pas, aux termes d'une réponse ministérielle du 12 mai 2009, comme un acte de disposition engageant le patrimoine de la personne protégée. La personne en curatelle peut donc agir sans l'assistance du curateur : Rép. min. n° 28469, *JOAN Q* 12 mai 2009, p. 4665; *JCP N* 2009. 396. La réponse ministérielle rejette ainsi, s'agissant du droit d'opposition, la qualification de droit strictement personnel. Sur laquelle, v. J. Hauser et J.-M. Plazy, « Changement de régime matrimonial et enfant majeur hors d'état de manifester sa volonté », *Defrénois* 2007. 733.
4. EN CE SENS, Civ. 1re, 6 janv. 2004, n° 01-11.214, P (préc. s^{s} prés^{t} n° 343.35).
5. Rapp. Sénat n° 212, 7 févr. 2007, sur le projet de loi, adopté par l'Assemblée nationale, après déclaration d'urgence, portant réforme de la protection juridique des majeurs, par H. de Richemont, p. 227.

curatelle, rien ne paraît justifier, en l'absence de disposition spécifique, que le curatélaire soit privé de la **protection résultant du double avis** requis par l'article 505, alinéa 3. Sur le second point, l'exigence requise par ce texte paraît s'imposer aux **opérations proches de la vente et de l'apport en société**, dès lors qu'elles portent sur des biens qu'il vise. Il était admis, en effet, avant la réforme que le formalisme de la vente d'immeuble était applicable à l'échange, à la cession de droits successifs ainsi qu'à la dation en paiement[1]. La solution est applicable *mutatis mutandis* sous l'empire des dispositions nouvelles aux actes translatifs de propriété relatifs à l'un des biens visés par l'article 505, alinéa 3, tels l'échange, la dation en paiement, l'acceptation en tant que vendeur d'une promesse de vente d'immeuble, de fonds de commerce ou d'instruments financiers non cotés. La **règle de l'avis d'au moins deux professionnels qualifiés** a pareillement vocation à jouer lorsque l'opération a pour objet un **droit démembré de la propriété** portant sur l'un des biens énumérés à l'article 505. Elle est ainsi requise, par exemple, pour la dation en paiement de l'usufruit d'un immeuble. Il convient de souligner que l'article 505 n'est applicable qu'aux **actes faits par le majeur assisté de son curateur**. Il doit être écarté, en revanche, lorsque l'immeuble est détenu par une société civile dont la personne en curatelle est associée car la société est dotée d'une personnalité distincte de celle des associés[2]. Il n'en demeure pas moins que, dans cette dernière hypothèse, le vote relatif à la vente de l'immeuble s'analyse - il est vrai au bénéfice d'une qualification fluctuante - comme un acte de disposition soumis à l'assistance du curateur (Décr. n° 2008-1484, 22 déc. 2008, annexe 2, col. 2, II - v. s[s] n° 341.01).

343.42 Apport en société portant sur d'autres biens. Le Code civil ne règle pas le sort de l'apport en société portant sur d'autres biens que ceux énumérés à l'article 505 alinéa 3. Il convient ici de se référer au décret n° 2008-1484 du 22 décembre 2008, lequel classe cet acte dans la catégorie des **actes de disposition sous réserve des circonstances d'espèce**[3]. C'est, en d'autres termes, au majeur en curatelle assisté de la personne chargée de sa protection de déterminer la nature juridique de l'apport et, par suite, son traitement du point de vue des règles de capacité. La qualification de l'acte revêt une importance toute particulière toutes les fois que l'apport conduit à faire entrer le curatélaire au sein d'une société transparente et, notamment, d'une société civile[4]. Il aurait été sans doute préférable que la réforme tienne compte, pour l'élaboration des règles de capacité gouvernant l'apport en société, non pas seulement de la **nature des biens** y étant soumis mais plus largement de la **nature de la société constituée** et, notamment, de sa **transparence**. On doit, par suite, se féliciter que la décision relative au maintien de la personne protégée dans le groupement soit subordonnée, en principe, à l'assistance du curateur, ce qui permet de soumettre la conservation des parts sociales aux mains de la personne protégée au contrôle de la personne chargée de la protection[5] (sur la cession et l'acquisition de parts sociales et l'emprunt souscrit par une société transparente dont un associé est sous mesure de protection, v. s[s] n°s 354.81 s.).

3°
Transaction et compromis

343.51 Transaction. Aux termes de l'article 506 du Code civil, « *le tuteur ne peut transiger ou compromettre au nom de la personne protégée qu'après avoir fait approuver par le conseil de famille ou, à défaut, par le juge les clauses de la transaction ou du compromis et, le cas échéant, la clause compromissoire* ». La transaction présente des liens étroits avec l'action en justice et, plus encore, avec le désistement et l'acquiescement au jugement en ce qu'elle implique non seulement une renonciation, au moins partielle, à un droit réel ou à un droit de créance mais encore une renonciation au droit d'action ou à celui d'y défendre[6]. Pour autant, la loi du 5 mars 2007 distingue la transaction du désistement et de l'acquiescement au jugement en la subordonnant toujours, sous la tutelle, à l'approbation du juge ou du conseil de famille. Sous la curatelle, elle implique, par le jeu du renvoi de l'article 467 alinéa 1er, **l'assistance du curateur**[7].

343.52 Compromis et clause compromissoire. Le compromis désigne « *la convention par laquelle les parties à un litige né soumettent celui-ci à l'arbitrage* ». La

1. Caen, 24 juin 1936, *DH* 1936. 529 (échange) - Civ. 1re, 21 déc. 1936, *Journ. not.* 1837, art. 9498 (cession de droits successifs).
2. Lyon, 1re ch., 2 août 2007, RG n° 06/06720 - Sur tout ceci, *J.-Cl. Civ. Code*, art. 503 à 509, par Peterka, n°s 89 à 93.
3. Décr. n° 2008-1484, 22 déc. 2008, annexe 2, col. 2, II (v. s[s] n° 341.01) - R. Mortier, « Actes de disposition et acte d'administration en droit des sociétés », *Dr. sociétés* 2009. Repère 3.
4. Sur les risques du recours à cette technique sociétaire, v. J.-C. Pagnucco, « Le contrat de société et le majeur protégé », *in* G. Raoul-Cormeil et J.-M. Plazy (dir.), *Le patrimoine de la personne protégée*, LexisNexis, 2015, p. 151.
5. Décr. n° 2008-1484, 22 déc. 2008, annexe 2, col. 2, II (v. s[s] n° 341.01).
6. Sur la notion, v. not., Ph. Malaurie, L. Aynès et P.-Y. Gautier, « La transaction », *Defrénois* 2010. 543 - Constitue une transaction au sens du Code des assurances, dont la qualification s'impose en droit tutélaire, l'accord entre le tuteur de la personne protégée, victime d'un accident de la circulation, et un assureur sur la somme devant être versée à titre d'indemnisation : Civ. 1re, 20 janv. 2010, n° 08-19.627, *Bull. civ.* I, n° 13; *Dr. fam.* 2010, n° 65, note Maria; *RTD civ.* 2010. 302, obs. Hauser.
7. Bordeaux, ch. soc. A, 12 févr. 2008, *Juris-Data* n° 359814.

clause compromissoire correspond, quant à elle, à « *la convention par laquelle les parties à un ou plusieurs contrats s'engagent à soumettre à l'arbitrage les litiges qui pourraient naître relativement à ce ou ces contrats* » (C. pr. civ., art. 1442[1]). L'article 506 du Code civil soumet désormais expressément l'un et l'autre à **l'approbation du juge des tutelles.** La solution se justifie à l'aune des conséquences importantes de ces actes - équivalentes à celles d'un acte d'aliénation - sur le patrimoine de la personne protégée[2]. Elle conduit, sous la curatelle, à imposer **l'assistance du curateur**, en toute hypothèse, et non plus seulement lorsque le litige concerne un acte de disposition ou lorsque le compromis se traduit par une aliénation[3].

4°
Achat et prise à bail par le curateur des biens de la personne protégée

343.61 Conclusion d'un bail et achat des biens. L'article 508 du Code civil autorise le tuteur familial, à titre exceptionnel et dans l'intérêt de la personne protégée, à conclure à son profit un bail d'habitation ou un bail rural portant sur un immeuble appartenant au tutélaire ou d'acheter les biens de celui-ci, dès lors qu'il est muni de l'autorisation du juge des tutelles ou du conseil de famille. Transposée à la curatelle, la règle permet au curateur d'effectuer ces actes, après avoir sollicité du juge des tutelles, en l'absence de subrogé, la **désignation d'un curateur *ad hoc*.** L'article 508 alinéa 2 précise, en effet, expressément que « *pour la conclusion de l'acte, le tuteur est réputé en opposition d'intérêts avec la personne protégée* ». La règle est, à l'évidence, applicable au curateur. Elle permet, s'agissant du bail d'habitation, au protecteur familial d'assumer pleinement sa mission en habitant avec le majeur protégé dans l'immeuble qui lui appartient[4].

C.
Droit commun de la protection des majeurs

343.71 Intervention du juge des tutelles relative aux actes de disposition liés au logement et aux meubles meublants du curatélaire. L'article 426 du Code civil, qui participe du droit commun des mesures de protection, reprend la **protection spéciale** qui était prévue, sous l'empire de la législation ancienne (C. civ., anc. art. 490-2), au sujet du logement et du mobilier de la personne protégée. Il innove, cependant, en étendant le principe de la conservation et la protection de la **résidence principale** à la **résidence secondaire** du majeur (v. s[s] n° 212.13).

Les nouvelles dispositions prévoient que le protecteur ne peut ni disposer des droits relatifs au logement de la personne protégée ou à son mobilier par l'aliénation, ni effectuer la résiliation ou la conclusion d'un bail sans en avoir été autorisé par le juge des tutelles. Cette autorisation ne fait pas obstacle, au demeurant, à ce que la vente signée par la personne en curatelle soit annulée sur le fondement de l'insanité d'esprit (C. civ., art. 414-1 et 414-2)[5], l'autorisation judiciaire étant impuissante à purger l'acte du vice résultant d'un trouble mental au moment de sa conclusion. Sur ce terrain, l'article 466 précise désormais expressément que les dispositions des articles 414-1 et 414-2, relatives à la nullité pour trouble mental, ne sont pas mises en échec par celles des articles 464 et 465. Or, parmi les actes envisagés par ce dernier texte figurent notamment ceux que la personne protégée pouvait accomplir sans l'assistance ou la représentation de la personne chargée de sa protection (C. civ., art. 465, al. 1er, 1°).

Lorsque l'acte envisagé a pour finalité d'accueillir le curatélaire dans un **établissement** (de retraite, médico-social ou autre), l'article 426 alinéa 3 du Code civil exige de requérir au préalable **l'avis d'un médecin ne travaillant pas ou n'exerçant pas de fonction dans l'établissement d'accueil de l'intéressé**[6]. C'est dire que, depuis la loi n° 2015-177 du 16 février 2015[7], ayant modifié l'article 426, le certificat de non-retour à domicile peut être établi par le **médecin traitant,** alors que ce dernier avait été évincé en 2007 en raison des craintes liées à son manque d'impartialité et au risque de pressions dont il peut être l'objet (C. civ., anc. art. 431-1).

1. C. pr. civ., art. 1442 (mod. par Décr. n° 2011-48, 13 janv. 2011, portant réforme de l'arbitrage, art. 2, *JO* 14 janv., p. 777).
2. Rapp. Sénat n° 212, 7 févr. 2007, par H. de Richemont, p. 228, préc. s[s] n° 343.41.
3. EN CE SENS, pour le droit antérieur : T. FOSSIER et M. BAUER, *Les tutelles. Accompagnement et protection juridique des majeurs*, 4e éd., ESF, 2007, p. 323.
4. *J.-Cl. Civ. Code*, art. 503 à 509, par Peterka, n° 77.
5. Civ. 1re, 20 oct. 2010, n° 09-13.635, *Bull. civ.* I, n° 209; *JCP N* 2011. 1008, note Coutant-Lapalus; *D.* 2010. Actu. 2759, obs. Talarico; *D.* 2011. 50, note Raoul-Cormeil; *Dr. fam.* 2010, n° 191, note Maria; *LPA* 19 janv. 2001, p. 13, note Lisa; *AJ fam.* 2011. 14, note Martel; *Defrénois* 2011. 832, obs. Massip; *RTD civ.* 2011. 103, obs. Hauser.
6. Cet avis n'est pas requis, en revanche, pour la vente partielle du mobilier de la personne protégée, dès lors que celle-ci est maintenue à son domicile : Civ. 1re, 17 mars 2010, n° 08-20.771, *Bull. civ.* I, n° 67; *AJ fam.* 2010. 283, obs. Pécaut-Rivolier; *Dr. fam.* 2010, n° 90, note Maria; *RJPF* 2010-6/36, note Sauvage; *Defrénois* 2010. 1242, note crit. Massip; *RTD civ.* 2010. 531, obs. crit. Hauser; dont la solution semble applicable sous l'empire des nouvelles dispositions de l'article 426, alinéa 3. L'autorisation du juge des tutelles doit être, quant à elle, obtenue (C. civ., art. 426, al. 3).
7. L. n° 2015-177, 16 févr. 2015, relative à la modernisation et à la simplification du droit et des procédures dans les domaines de la justice et des affaires intérieures, *JO* 17 févr., p. 2961.

Bien qu'étant inscrit au sein d'une section consacrée aux dispositions générales relatives aux mesures de protection juridique des majeurs, l'article 426 soulève la question de savoir si ses dispositions sont appelées à jouer dans l'hypothèse où la vente envisagée doit être réalisée, non pas par le protecteur pour le compte du majeur [1], mais par la personne en curatelle assistée du curateur. Sur ce point, une partie de la doctrine fait valoir que « *la loi ne s'impose pas au majeur protégé lui-même* », l'objet du texte étant de favoriser le maintien de son cadre de vie par la personne chargée de sa protection à des fins thérapeutiques [2]. L'éviction de l'article 426 ne conduirait pas nécessairement à émousser la protection due à la personne en curatelle. Cette protection pourrait résulter, dans certaines hypothèses, du seul **concours du curateur** ou, lorsque ce dernier refuse son assistance pour la vente envisagée, de **l'autorisation supplétive du juge des tutelles** accordée sur le fondement de l'article 469 alinéa 3, la nullité pour insanité d'esprit demeurant alors applicable (C. civ., art. 414-1 et 414-2) [3]. Il reste que, bien qu'étant favorable à la promotion de la marge d'autonomie de la personne protégée [4], pareille interprétation de l'article 426 n'est pas consacrée par le droit positif.

§ 3 Actes de disposition

343.80 Présentation. Le décret n° 2008-1484 du 22 décembre 2008 reprend s'agissant des actes de disposition la méthode utilisée pour les actes d'administration. Il classe, dans les deux listes qu'il édicte, d'une part, les **actes étant toujours regardés comme des actes de disposition** et, d'autre part, certains actes n'étant qualifiés comme tels que sous réserve des **circonstances d'espèce**. Seront ici évoquées les opérations sujettes à des difficultés d'interprétation ou appelant une modification des pratiques antérieures, c'est-à-dire le prélèvement sur le capital (A) et l'assurance-vie (B), les autres opérations seront étudiées dans le cadre de la tutelle (v. s[s] n°s 354.10 s.).

A. Prélèvement sur le capital

343.81 Distinction avec l'utilisation des capitaux et de l'excédent des revenus. L'annexe 2 du décret du 22 décembre 2008 intègre dans la catégorie des **actes d'administration**, sous réserve des circonstances d'espèce, le **paiement des dettes de la personne protégée, y compris par prélèvement sur le capital**, et dans celle des **actes de disposition**, le **prélèvement sur le capital à l'exclusion du paiement des dettes** (Décr. n° 2008-1484, 22 déc. 2008, annexe 2, col. 1, I, 1° et col. 2, I, 1°). Or, ces qualifications peuvent s'avérer d'une mise en œuvre délicate à l'aune d'une lecture croisée avec l'annexe 1 du décret, laquelle analyse **l'emploi et le remploi des capitaux et de l'excédent des revenus** de la personne protégée comme des **actes de disposition**. En effet, la frontière entre, d'une part, le prélèvement sur le capital à une fin étrangère au paiement des dettes et, d'autre part, l'emploi des capitaux de la personne protégée apparaît malaisée à tracer. Elle est pourtant lourde de conséquences puisque la qualification est modulable dans le premier cas et non dans le second.

343.82 Cession de capitaux en vue de l'apurement d'un passif. Il convient, en réalité, de distinguer deux situations.

La première situation correspond à celle dans laquelle, la personne en curatelle envisage de procéder à la liquidation d'un placement (par ex., cession de portefeuille de valeurs mobilières ou retrait d'un compte rémunéré) ou d'utiliser une somme lui étant échue à titre exceptionnel, afin **d'apurer un passif préexistant** (par ex., pour couvrir un découvert bancaire). L'opération s'analyse alors comme un **prélèvement sur le capital effectué pour le paiement d'une dette.** Or, celui-ci correspond à un **acte d'administration** sous réserve des circonstances d'espèce (Décr. n° 2008-1484, 22 déc. 2008, annexe 2, col. 1, I, 1°). Pour autant, il conviendra d'articuler la qualification de « *prélèvement sur le capital* » avec les autres opérations répertoriées par le décret, dont certaines s'analysent, suivant les cas, de manière impérative ou supplétive, comme des actes de disposition (par ex., vente d'immeuble, cession de portefeuille d'instruments financiers). La qualification spéciale – c'est-à-dire celle attachée au paiement de dette, y compris par prélèvement sur le capital – doit-elle ici déroger à la qualification plus générale, ou convient-il de qualifier successivement une opération puis l'autre ?

343.83 Cession de capitaux en vue d'une acquisition. La seconde situation correspond à celle dans laquelle la personne en curatelle entend procéder à la liquidation d'un placement ou à l'utilisation d'une somme lui étant échue exceptionnellement **en vue**

1. Il en serait ainsi sous la tutelle ou la sauvegarde de justice assortie de la désignation d'un mandataire spécial ou, encore, sous le mandat de protection future s'agissant des actes accomplis par le mandataire. Sous la curatelle, l'article 426 pourrait s'appliquer cumulativement avec l'article 469 alinéa 2, lorsque le curateur a été autorisé par le juge des tutelles à effectuer seul un acte déterminé en raison la compromission de ses intérêts par la personne protégée.
2. EN CE SENS : A. Batteur, *Droit des personnes, des familles et des majeurs protégés*, 4e éd., LDGJ, 2009, n° 973 – *CONTRA* : L. Pécaut-Rivolier, « Logement et majeur protégé », *AJ fam.* 2008. 385 ; estimant que si le majeur protégé est sous curatelle, l'autorisation du juge des tutelles doit venir s'ajouter à la double signature du majeur et de son curateur.
3. EN CE SENS, C. Coutant-Lapalus, *JCP N* 2011. 1008.
4. N. Peterka, « Le logement du majeur protégé. Brèves réflexions autour de l'articulation de l'autonomie et de la protection », *in Mél. R. Le Guidec*, LexisNexis, 2014, p. 805.

d'effectuer une acquisition. En pareil cas, l'opération s'analyse comme un **emploi ou un remploi des capitaux** de la personne protégée, lequel correspond toujours à un **acte de disposition** (C. civ., art. 468, al. 2).

343.84 Prélèvement sur le capital à une autre fin que le paiement d'une dette. Pourraient s'analyser comme un prélèvement sur le capital à une fin étrangère au paiement d'une dette celui effectué pour **subvenir à certaines dépenses** de la personne protégée, telles que le financement de travaux d'aménagement dans son logement, l'achat de biens ordinaires, le règlement de dépenses de santé et, encore que l'on puisse y voir un emploi, les dépenses en vue de la constitution d'une épargne (par ex., le versement de primes sur un contrat d'assurance-vie).

À vrai dire, la qualification d'acte de disposition appliquée à ces prélèvements est peu convaincante. La qualification d'acte d'administration sous réserve des circonstances d'espèce aurait été plus cohérente au regard de la définition des actes posée par la loi et le décret (C. civ., art. 496, al. 3 - Décr. n° 2008-1484, 22 déc. 2008, art. 1er, al. 1er, et art. 2, al. 1er - v. ss n° 341.01)[1].

B. Assurance-vie

343.91 Souscription, rachat, désignation et substitution de bénéficiaire. La loi du 5 mars 2007, puis celle du 17 décembre 2007[2], relatives à la recherche des bénéficiaires des contrats d'assurance sur la vie non réclamés et garantissant le droit des assurés, ont profondément modifié les règles relatives à l'assurance-vie souscrite par un majeur protégé[3]. Jusqu'alors, l'interdiction de souscrire une assurance-vie sur la tête d'une personne en tutelle ainsi que l'analyse du droit de désignation et de révocation comme un droit strictement personnel restreignaient considérablement l'accès de la personne protégée à ce mécanisme. Aujourd'hui, l'article L. 132-4-1, alinéa 1er du Code des assurances énonce, dans sa rédaction issue de la loi du 17 décembre 2007, immédiatement applicable aux contrats en cours, que « *lorsqu'une tutelle a été ouverte à l'égard du stipulant, la souscription ou le rachat d'un contrat d'assurance sur la vie ainsi que la désignation ou la substitution du bénéficiaire ne peuvent être accomplis qu'avec l'autorisation du juge des tutelles ou du conseil de famille, s'il a été constitué. Après l'ouverture d'une curatelle, ces mêmes actes ne peuvent être accomplis qu'avec l'assistance du curateur* » (v. aussi, C. mut., art. L. 223-7-1)[4] (sur la souscription de l'assurance-vie pendant la période suspecte, v. ss n° 335.24). La règle nouvelle trouve écho de manière cohérente dans le décret du 22 décembre 2008, lequel classe dans la catégorie des actes étant toujours regardés comme des **actes de disposition**, la **souscription ou le rachat d'un contrat d'assurance-vie**, ainsi que la **désignation** ou la **substitution du bénéficiaire** (Décr. n° 2008-1484, 22 déc. 2008, annexe 1, col. 2, IX). Répondant aux propositions du 102e Congrès des notaires[5], elle forme un corps de textes cohérent avec les règles gouvernant la donation entre vifs dont elle n'est pas sans s'approcher (C. civ., art. 470, al. 2 et 3). Autorisant **l'assistance du majeur en curatelle pour la désignation du bénéficiaire**, l'article L. 132-4-1 alinéa 1er conduit à émousser très nettement le caractère personnel de ce droit. L'exigence du concours du curateur crée, de manière inéluctable, une opposition d'intérêts avec la personne protégée toutes les fois que ce dernier est le **bénéficiaire du contrat d'assurance sur la vie** (C. assur., art. L. 132-4-1, al. 2). Aussi le protecteur est-il tenu, en pareille hypothèse, de faire désigner, en l'absence de subrogé, un **curateur** ***ad hoc***, sous la double menace d'engager sa **responsabilité civile** à l'égard du bénéficiaire auquel il a été substitué[6] et d'encourir la **nullité de la désignation** ou du changement de bénéficiaire. Il convient de souligner, sur ce dernier point, que le défaut d'assistance du majeur en curatelle par un protecteur *ad hoc* n'entache l'opération que d'une **nullité facultative**[7] dont le prononcé se trouve subordonné, depuis la réforme, à la **preuve d'un préjudice** subi par la personne protégée (C. civ., art. 465, al. 1er, 2°)[8].

1. Sur tout ceci, *J.-Cl. Civ. Code*, art. 503 à 509, par Peterka, nos 140 et 141.
2. L. n° 2007-1775, 17 déc. 2007, *JO* 18 déc., p. 20358.
3. K. Buhler, « Les majeurs protégés et l'assurance-vie », *JCP N* 2008. 1271.
4. N. Coudoing, « Les apports des lois du 5 mars et du 17 décembre 2007 en matière d'assurance-vie », *RGDA* 2008, n° 1, p. 13 – L. Pécaut-Rivolier, « Assurance-vie et majeur protégé », *AJ fam.* 2009. 26 – D. Boulanger, « Majeurs protégés et actes à titre gratuit », *JCP N* 2009. 1240 – S. Hovasse, *JCP N* 2009. 1182 – K. Buhler, « Les majeurs protégés et l'assurance-vie », *JCP N* 2008. 1271.
5. 102e Congrès des notaires, *Les personnes vulnérables*, Strasbourg, 21-24 mai 2006, p. 144 s., p. 149 s.
6. Civ. 1re, 8 juill. 2009, n° 08-16.153, *Bull. civ.* I, n° 162; *D.* 2009. 1971, obs. Egéa; *D.* 2009. Chron. 2058, obs. Chauvin; *D.* 2010. 2125, obs. Lemouland; *RTD civ.* 2009. 698, obs. Hauser; *AJ fam.* 2009. 352, obs. Pécaut-Rivolier; *Dr. fam.* 2009, n° 114, obs. Maria; *Defrénois* 2009. 2200, obs. Massip; *LPA* 29 juill. 2009, note Noguéro; *Dr. et patr.* 2011, n° 201, p. 80, obs. Delmas Saint-Hilaire.
7. Civ. 1re, 17 mars 2010, n° 08-15.658, *Bull. civ.* I, n° 66; *D.* 2010. 2126, obs. Lemouland; *AJ fam.* 2010. 239, obs. Pécaut-Rivolier; *Dr. fam.* 2010, n° 88, note Maria; *Defrénois* 2010. 1440, note Noguéro; *Dr. et patr.* 2011, n° 201, obs. Delmas Saint-Hilaire – F. Sauvage, « La nullité d'un contrat d'assurance-vie souscrit par le curatélaire au bénéfice de son curateur sans assistance d'un curateur *ad hoc* est facultative », *RJPF* 2010-10/30.
8. Paris, 22 avr. 2003, RG n° 2001/14279, *AJ fam.* 2004. 68-69, note Bicheron; prononçant la nullité d'un contrat d'assurance-vie souscrit par un majeur en curatelle au double motif qu'il avait été conclu sans l'assistance du curateur et qu'il était contraire à ses intérêts.

343.92 Rachat et révocation de l'assurance-vie. La loi du 17 décembre 2007 a considérablement affaibli le caractère personnel du droit de révocation du bénéficiaire. En effet, non seulement, le **rachat de l'assurance-vie** et la **substitution de bénéficiaire** par le majeur en curatelle sont désormais soumis à **l'assistance du curateur** (C. assur., art. L. 132-4-1, al. 1er), mais tel est encore le cas de l'exercice du **droit de révocation du bénéfice non accepté** d'un tel contrat (C. assur., art. L. 132-9 I, al. 2 [mod. par Ord. n° 2009-106, 30 janv. 2009] - Décr. n° 2008-1484, 22 déc. 2008, annexe 1, col. 2, IX). Pour autant, la loi ne précise pas les règles de capacité gouvernant, sous la curatelle, **l'accord du stipulant à l'acceptation du bénéficiaire** (sur l'acceptation de la clause bénéficiaire, v. ss nos 335.24, 351.42, 353.62, 354.101 s.). Or, cet accord est indispensable, dès lors que l'acceptation du bénéficiaire intervient du vivant du stipulant, pour rendre sa désignation irrévocable (C. assur., art. L. 132-9, I et II). Incarnant un contrat d'irrévocabilité, le consentement du stipulant revient à renoncer gratuitement tout à la fois à son droit de révocation ou de substitution ainsi qu'à sa faculté de rachat et à celle de demander des avances. Si bien qu'il pourrait tomber sous le coup de la prohibition, inscrite à l'article 509, 1° du Code civil, de la renonciation gratuite à un droit acquis[1]. Mais encore faudrait-il, si cette qualification devait triompher, que la liste des interdictions posées par ce texte soit applicable sous la curatelle. Or, cette application est, dans l'état actuel des textes, sujette à controverse (v. ss n° 343.101).

343.93 Désignation, substitution et révocation de bénéficiaire par voie testamentaire. L'articulation des dispositions du Code des assurances avec celles de l'article 470 alinéa 1er du Code civil suscite une difficulté d'interprétation. En effet, les premières soumettent la désignation, la substitution et la révocation du bénéficiaire à **l'assistance du curateur**, cependant que les secondes lui confèrent la **capacité de tester sans le concours du protecteur**. Se pose dès lors la question de savoir si celui-ci est requis dès lors que la désignation ou la substitution du bénéficiaire ont lieu par voie testamentaire (C. assur., art. L. 132-8, al. 6). S'il est vrai que la maxime « *Specialibus derogeant* » pourrait conduire à soutenir que le Code des assurances a vocation à déroger, en tant que règle spéciale aux dispositions du plus générales du Code civil, le **caractère éminemment personnel du testament** impose d'en écarter l'application. La solution puise au demeurant un puissant renfort dans l'esprit de la loi du 5 mars 2007, laquelle entend tout à la fois favoriser les libéralités du majeur protégé et préserver son autonomie[2].

1. Sur la qualification de l'accord du stipulant, v. C. Grimaldi, « L'acceptation de l'acceptation d'un contrat d'assurance-vie », *Defrénois* 2008. 1648 – Ph. Delmas Saint-Hilaire, « Le contrat d'assurance-vie nouveau est arrivé ! », *RJPF* 2008-3/8 – S. Hovasse, « Commentaire de la loi du 17 décembre 2007 relative à la recherche des bénéficiaires des contrats d'assurance-vie non réclamés », *JCP N* 2008. 1130.

343.94 Avance sur contrat d'assurance-vie. Le législateur ne règle par le sort, du point de vue de la capacité, des avances sur contrat d'assurance lesquelles peuvent être consenties par l'assureur au contractant dans la limite de la valeur de rachat (C. assur., art. L. 132-21). S'agissant d'un **acte grave**, dès lors qu'elle permet de vider le contrat de sa valeur, la demande d'avance sur contrat d'assurance intègre, de manière cohérente, la catégorie des **actes étant toujours regardés comme des actes de disposition** (Décr. n° 2008-1484, 22 déc. 2008, annexe 1, col. 2, VII). Aussi est-elle soumise, en toute hypothèse, à l'assistance du curateur[3] (sur le versement de primes d'assurance-vie, v. ss n° 354.106).

SECTION 2
EXISTENCE D'ACTES INTERDITS AU CURATEUR

343.101 Arguments favorables à l'interdiction. La réforme du 5 mars 2007 énumère, sous la tutelle, un certain nombre d'actes interdits au tuteur même avec une autorisation du juge des tutelles ou du conseil de famille. Le texte puise sa *ratio legis* dans un double fondement, lequel repose tantôt sur la **dangerosité de ces actes**, tantôt sur **l'opposition d'intérêts** qu'ils véhiculent. Aux termes de l'article 509, « *le tuteur ne peut, même avec une autorisation : 1° Accomplir des actes qui emportent une aliénation gratuite des biens ou des droits de la protégée, sauf ce qui est dit à propos des donations, tels que la remise de dette, la renonciation gratuite à un droit acquis, la renonciation anticipée à l'action en réduction visée aux articles 929 à 930-5, la mainlevée d'hypothèque ou de sûreté sans paiement ou la constitution gratuite d'une servitude ou d'une sûreté pour garantir la dette d'un tiers; 2° Acquérir d'un tiers un droit ou une créance que ce dernier détient contre la personne protégée; 3° Exercer le commerce ou une profession libérale au nom de la personne protégée; 4° Acheter les biens de la personne protégée ainsi que les prendre à bail ou à ferme, sous réserve des dispositions de l'article 508; 5° Transférer dans un patrimoine fiduciaire les biens ou droits d'un majeur protégé* ». Répondant au souci du législateur de cerner plus nettement que ne le faisaient les dispositions antérieures le **périmètre des actes interdits au protecteur**, le nouveau texte n'en laisse pas moins subsister plusieurs zones d'ombre (sur lesquelles, v. ss nos 355.10 à 355.41). Inscrit au sein d'un paragraphe du Code civil consacré aux « Actes que le tuteur ne peut

2. *J.-Cl. Civ. Code*, art. 503 à 509, par Peterka, n° 124.
3. *J.-Cl. Civ. Code*, art. 503 à 509, par Peterka, n° 125.

accomplir », relevant de la section intitulée « Des actes du tuteur », du titre XII du livre Ier voué à « La gestion du patrimoine des mineurs et majeurs en tutelle », l'article 509 soulève la question cruciale de son application sous la curatelle. Plusieurs arguments semblent militer, à première vue, en faveur de la **transposition, sous la curatelle, des actes interdits sous la tutelle.** En effet, d'une part, l'article 467 alinéa 1er opère, pour la détermination des pouvoirs du curateur, un renvoi global au modèle de la tutelle. D'autre part, plusieurs actes énumérés par l'article 509 sont expressément autorisés sous la curatelle, ce qui pourrait laisser accroire que les opérations n'étant pas l'objet de dispositions spéciales demeurent interdites sous ce régime. Seules dérogeraient, alors, à la nomenclature des actes interdits, la conclusion d'un contrat de fiducie, pour laquelle le curateur est expressément autorisé à prêter assistance à la personne protégée (C. civ., art. 468, al. 2), ainsi que la mainlevée d'hypothèque sans paiement, laquelle est qualifiée - bien qu'étant interdite sous la tutelle - d'acte de disposition par le décret du 22 décembre 2008 (Décr. n° 2008-1484, 22 déc. 2008, annexe 1, col. 2, I).

343.102 Arguments défavorables à l'interdiction. Il n'en reste pas moins qu'en dépit des arguments susceptibles d'être invoqués en faveur de l'extension des interdictions de l'article 509 à la curatelle, une telle solution ne convainc pas et, cela, pour au moins deux raisons.

D'abord, elle marquerait une rupture avec la solution retenue sous l'empire des dispositions anciennes, lesquelles étaient favorables à l'exercice du commerce par le majeur en curatelle à la condition qu'il fût assisté, pour chaque acte de commerce, par le curateur [1].

Ensuite, elle semblerait contraire à l'esprit de la réforme du 5 mars 2007, laquelle a entendu renforcer la gradation et l'individualisation des mesures de protection. Or, ces principes directeurs paraissent favorables, au moins sur un plan théorique, à l'éligibilité des actes énumérés par l'article 509 à l'assistance du curateur [2]. On ajoutera que la prohibition faite au curateur d'apporter son concours à la personne protégée pour l'accomplissement des actes visés par ce texte devrait conduire, de manière cohérente, à interdire ici un allègement de la curatelle sur le fondement de l'article 471. Si, en effet, les actes visés par l'article 509 sont si dangereux qu'il convient d'interdire au curateur d'assister la personne protégée, il ne paraît pas opportun de maintenir ou de restituer à cette dernière la capacité de les accomplir seule [3]. L'éviction de l'article 509 sous la curatelle permet, au contraire, de conserver une souplesse suffisante dans le fonctionnement de la mesure de protection.

1. J. Massip, *Les incapacités. Étude théorique et pratique*, préf. J. Carbonnier, *Defrénois*, 2002, n° 734 ; à propos de l'exercice du commerce lequel était théoriquement possible par la personne en curatelle avec l'assistance du curateur – V. AUSSI : MASSIP, n° 458, se prononçant néanmoins en faveur de l'application de l'article 509, 3° sous la curatelle – COMP. : A. Gosselin-Gorand, « L'incapacité commerciale après la réforme de la protection des majeurs protégés », *JCP N* 2008. 1289, spéc. n° 8.
2. *J.-Cl. Civ. Code*, art. 503 à 509, par Peterka, n° 164.
3. *CONTRA* : MASSIP, n° 458.

CHAPITRE

344. Modulations de la curatelle en matière patrimoniale

SECTION 0 ORIENTEUR

344.00 **Plan du chapitre.**

344.01 **Textes applicables.**

TEXTES LÉGISLATIFS ET RÈGLEMENTAIRES NOUVEAUX

• **L. nº 2015-177,** 16 févr. 2015, relative à la modernisation et à la simplification du droit et des procédures dans les domaines de la justice et des affaires intérieures, *JO* 17 févr., p. 2961.

TEXTES SOURCES

> Demande d'ouverture de la curatelle

+ L. nº 2007-308, 5 mars 2007

+ L. nº 2015-177, 16 févr. 2015

C. civ., art. 430 et 431

> Renouvellement de la curatelle

+ L. nº 2015-177, 16 févr. 2015

C. civ., art. 442

> Capacité du curatélaire

+ L. nº 2007-308, 5 mars 2007

C. civ., art. 467

> Curatelle élargie ou allégée : pouvoir de modulation du juge

+ L. nº 2007-308, 5 mars 2007

C. civ., art. 471

> Curatelle renforcée : pouvoir du juge

+ L. nº 2007-308, 5 mars 2007

C. civ., art. 472

TEXTES *IN EXTENSO*

> Demande d'ouverture de curatelle

[C. civ., art. 430 et 431]

+ L. nº 2007-308, 5 mars 2007, art. 7

+ L. nº 2015-177, 16 févr. 2015, art. 1er (V)

C. civ., art. 430 (*mod. par L. nº 2007-308, 5 mars 2007, art. 7*)

La demande d'ouverture de la mesure peut être présentée au juge par la personne qu'il y a lieu de protéger ou, selon le cas, par son conjoint, le partenaire avec qui elle a conclu un pacte civil de solidarité ou son concubin, à moins que la vie commune ait cessé entre eux, ou par un parent ou un allié, une personne entretenant avec le majeur des liens étroits et stables, ou la personne qui exerce à son égard une mesure de protection juridique.

Elle peut être également présentée par le procureur de la République soit d'office, soit à la demande d'un tiers.

C. civ., art. 431 (*mod. par L. nº 2015-177, 16 févr. 2015, art. 1er (V)*)

La demande est accompagnée, à peine d'irrecevabilité, d'un certificat circonstancié rédigé par un médecin choisi sur une liste établie par le procureur de la République. Ce médecin peut solliciter l'avis du médecin traitant de la personne qu'il y a lieu de protéger.

Le coût de ce certificat est fixé par décret en Conseil d'État.

> Renouvellement de la curatelle

+ L. nº 2015-177, 16 févr. 2015, art. 1er (V)

C. civ., art. 442

Le juge peut renouveler la mesure pour une même durée.

Toutefois, lorsque l'altération des facultés personnelles de l'intéressé décrite à l'article 425 n'apparaît manifestement pas susceptible de connaître une amélioration selon les données acquises de la science, le juge peut, par décision spécialement motivée et sur avis conforme d'un médecin inscrit sur la liste mentionnée à l'article 431, renouveler la mesure pour une durée plus longue qu'il détermine, n'excédant pas vingt ans.

Le juge peut, à tout moment, mettre fin à la mesure, la modifier ou lui substituer une autre mesure prévue au présent titre, après avoir recueilli l'avis de la personne chargée de la mesure de protection.

Il statue d'office ou à la requête d'une des personnes mentionnées à l'article 430, au vu d'un certificat médical et dans les conditions prévues à l'article 432. Il ne peut toutefois renforcer le régime de protection de l'intéressé que s'il est saisi d'une requête en ce sens satisfaisant aux articles 430 et 431.

> Capacité du curatélaire
+ L. n° 2007-308, 5 mars 2007, art. 7

C. civ., art. 467
La personne en curatelle ne peut, sans l'assistance du curateur, faire aucun acte qui, en cas de tutelle, requerrait une autorisation du juge ou du conseil de famille.

Lors de la conclusion d'un acte écrit, l'assistance du curateur se manifeste par l'apposition de sa signature à côté de celle de la personne protégée.

À peine de nullité, toute signification faite à cette dernière l'est également au curateur.

> Curatelle élargie ou allégée : pouvoir de modulation du juge
+ L. n° 2007-308, 5 mars 2007, art. 7

C. civ., art. 471
À tout moment, le juge peut, par dérogation à l'article 467, énumérer certains actes que la personne en curatelle a la capacité de faire seule ou, à l'inverse, ajouter d'autres actes à ceux pour lesquels l'assistance du curateur est exigée.

> Curatelle renforcée : pouvoir du juge
+ L. n° 2007-308, 5 mars 2007, art. 7

C. civ., art. 472
Le juge peut également, à tout moment, ordonner une curatelle renforcée. Dans ce cas, le curateur perçoit seul les revenus de la personne en curatelle sur un compte ouvert au nom de cette dernière. Il assure lui-même le règlement des dépenses auprès des tiers et dépose l'excédent sur un compte laissé à la disposition de l'intéressé ou le verse entre ses mains.

Sans préjudice des dispositions de l'article 459-2, le juge peut autoriser le curateur à conclure seul un bail d'habitation ou une convention d'hébergement assurant le logement de la personne protégée.

La curatelle renforcée est soumise aux dispositions des articles 503 et 510 à 515.

344.02 Jurisprudence de référence.

> La vente d'un véhicule dans le cadre d'une curatelle renforcée s'analyse comme un acte de disposition relevant des attributions du curatélaire avec l'assistance du curateur

• **Civ. 1re, 24 mai 1989, n° 87-20.157,** *Bull. civ.* I, n° 214

* V. s[s] n° 344.61

Selon l'article 510 du Code civil, le curateur a pour mission d'assister le majeur en curatelle; il ne peut, en application de l'article 512 du même code, être appelé à le représenter que pour la perception de ses revenus et le règlement de ses dépenses. Il s'ensuit que doit être cassée la décision qui a autorisé un curateur à vendre le véhicule automobile appartenant au majeur placé sous curatelle.

> La désignation des bénéficiaires d'un contrat d'assurance-vie s'analyse comme un acte de disposition relevant des attributions du curatélaire avec l'assistance du curateur

• **Civ. 1re, 8 juill. 2009, n° 07-18.522,** *Bull. civ.* I, n° 161

* V. s[s] n° 344.61

« Attendu que les consorts Y… font enfin grief au jugement attaqué de rétracter et, en tant que de besoin, d'annuler l'ordonnance du 14 mars 2001 du juge des tutelles de Pantin, alors, selon le moyen, qu'en application de l'article 512 du Code civil, le curateur dispose des pouvoirs renforcés dans le but de protéger l'incapable majeur; qu'il doit pouvoir, comme le gérant de tutelle, demander au juge des tutelles de l'autoriser à faire des actes nécessaires à la sauvegarde des droits du majeur protégé; que le tribunal a décidé que le curateur avait pu, dans le cadre de ses pouvoirs, conclure une assurance-vie pour éviter la disparition des liquidités, mais qu'il n'avait pas le pouvoir, même avec l'autorisation du juge des tutelles, de préciser les bénéficiaires de cette assurance; qu'en s'abstenant de rechercher, comme cela lui était demandé, si le juge des tutelles ne pouvait pas autoriser un acte devenu nécessaire compte tenu de la vulnérabilité de Mme B… et des manœuvres dont elle était victime, le tribunal a privé sa décision de base légale au regard de l'article 512 du Code civil;

Mais attendu qu'il résulte des articles 510 et 512 du Code civil, dans leur rédaction antérieure à la loi n° 2007 308 du 5 mars 2007, que le curateur a pour mission d'assister le majeur protégé et que ses pouvoirs de représentation dans la curatelle renforcée sont limités à la perception des revenus et au paiement des dépenses et ne lui permettent pas de solliciter du juge des tutelles l'autorisation d'accomplir seuls d'autres actes de disposition, fussent-ils nécessaires à la sauvegarde du majeur protégé; qu'ayant justement retenu que, par ordonnance du 14 mars 2001, le juge des tutelles saisi par le curateur avait autorisé celui-ci à souscrire une clause désignant les bénéficiaires du contrat assurance-vie et que cette décision prise dans le cadre de la curatelle, sans audition de la majeure protégée et donc sans son accord, constituait un acte de disposition qu'il n'était pas dans les pouvoirs du curateur, même autorisé par le juge des tutelles, d'accomplir, le tribunal, qui n'avait pas à effectuer une recherche que ces constatations rendaient inutile, a légalement justifié sa décision… ».

> Conditions d'ouverture d'une curatelle aggravée

• **Civ. 1re, 6 avr. 1994, n° 92-17.622,** *Bull. civ.* I, n° 142

* V. s[s] n° 344.51

Les juges du fond qui ont constaté, d'une part, l'altération des facultés mentales d'une personne et, d'autre part, la nécessité pour celle-ci d'être conseillée ou contrôlée dans les actes de la vie courante ont souverainement retenu l'existence des deux conditions respectivement exigées par les articles 490 alinéa 1er et 508 du Code civil. N'a pas donné de base légale à sa décision le tribunal de grande instance qui, après avoir constaté la réunion des conditions justifiant le placement d'une personne sous le régime de la curatelle, a décidé que celle-ci s'exercerait « dans le cadre de l'article 512 du Code civil », sans rechercher si cette personne était ou non apte à percevoir ses revenus et à en faire une utilisation normale.

344.03 Bibliographie indicative.

> Actualisable. *J.-Cl. Civ. Code,* art. 467 à 476, fasc. 10, par Karm.

> Généralités. M. Bauer, T. Fossier et L. Pécaut-Rivolier, *La réforme des tutelles : ombres et lumières,* Dalloz, 2006, spéc. chap. 29, « Une collaboration qui fait avancer : la curatelle », n°s 29.11 à 29.42, p. 150 s. – A. Delfosse et N. Baillon-Wirtz, *La réforme du droit des majeurs protégés,* LexisNexis-Litec, 2009, « Pratique notariale », n°s 282 et 283 – A. Karm, « La gestion du patrimoine du majeur en curatelle », *Dr. et patr.* avr. 2009. 86; *J.-Cl. Civ. Code,* art. 467 à 476, fasc. 10 – J. Massip, *Tutelle des mineurs et protection juridique des majeurs,* Defrénois, 2009, n°s 468 à 471 – F. Terré et D. Fenouillet, *Droit civil. Les personnes,* 8e éd., « Précis », Dalloz, 2012, n° 727.

344.04 **Exemples d'actes.**

> Curatelle élargie ou allégée

* Pour un exemple de jugement d'ouverture d'une curatelle simple, v. s^s n° 5251.12.

> Curatelle renforcée

* Pour un exemple de jugement d'ouverture d'une curatelle renforcée, v. s^s n° 5251.13.

* Pour un exemple de jugement d'ouverture d'une curatelle renforcée aménagée, v. s^s n° 5251.14.

* Pour un exemple de comptes de gestion, v. s^s n° 5271.12.

SECTION 1
MODULATION DE LA CAPACITÉ DU CURATÉLAIRE

344.11 **Restriction ou extension des actes susceptibles d'être accomplis par le curatélaire.** Sous l'empire des dispositions de la loi du 3 janvier 1968, l'ancien article 511 du Code civil autorisait le **juge des tutelles, sur l'avis du médecin traitant**, lors de l'ouverture de la curatelle, ou dans un jugement postérieur, à énumérer certains **actes** pour lesquels la personne en curatelle conservait la capacité d'agir seule, **par dérogation aux principes de fonctionnement de la curatelle** énoncés par l'ancien article 510 du Code civil (C. civ., art. 467). Il permettait également au juge des tutelles d'ajouter d'autres actes à ceux pour lesquels le Code civil exige, en principe, l'assistance du curateur.

EN PRATIQUE. Ce texte conférait au juge la faculté de donner une relative autonomie au curatélaire, en lui permettant, par exemple, de bénéficier sur son compte bancaire de « petits découverts » plafonnés dans leur montant. Le certificat médical devait préciser expressément que le majeur était apte à accomplir l'acte considéré.

L'ancien article 511 du Code civil autorisait également le juge des tutelles, sur **l'avis du médecin traitant**, à **restreindre la capacité juridique du curatélaire** en lui interdisant, par exemple, d'ester en justice pour exercer les actions patrimoniales sans l'assistance du curateur. Là encore, le certificat du médecin traitant devait mentionner explicitement que le curatélaire avait besoin de l'assistance de son curateur pour ester en justice de façon générale. À ce titre, le curatélaire soumis à une interdiction d'ester seul en justice, en application de l'ancien article 511, ne pouvait sans l'assistance du curateur demander la récusation d'un juge, sous peine de nullité de sa requête[1].

Sous l'empire de la *loi du 3 janvier 1968*, le juge des tutelles saisies d'une demande de mainlevée de la curatelle n'avait pas d'office à rechercher s'il convenait de faire application de l'ancien article 511 du Code civil[2]. La solution résulte, depuis la *loi n° 2007-308 du 5 mars 2007*, des dispositions de l'article 471 du Code civil. Ce dernier dispose, en effet, qu'« *à tout moment, le juge peut, par dérogation à l'article 467, énumérer certains actes que la personne en curatelle a la capacité de faire seule ou, à l'inverse, ajouter d'autres actes à ceux pour lesquels l'assistance du curateur est exigée* ».

SECTION 2
CONDITIONS DE LA CURATELLE ÉLARGIE OU ALLÉGÉE

344.21 **Persistance de la condition liée à un avis médical.** L'article 471 du Code civil reconduit, dans sa rédaction issue de la loi du 5 mars 2007, le dispositif de l'ancien article 511. Le **juge des tutelles** peut ainsi, **à tout moment**, par dérogation à l'article 467, énumérer certains actes que la personne en curatelle a la capacité de faire seule ou, à l'inverse, ajouter d'autres actes à ceux pour lesquels l'assistance du curateur est exigée. Il dispose, pour ce faire, d'un **pouvoir souverain**, à la condition néanmoins de rechercher si le curatélaire est effectivement apte à accomplir seul les actes mentionnés ou, à l'inverse, si son état de santé justifie l'extension de son incapacité à des opérations que ce régime lui permet, en principe, d'effectuer seul. Sur ce terrain, les nouvelles dispositions n'imposent plus expressément au juge des tutelles, à la différence de l'ancien texte, l'obligation de solliciter l'avis préalable du médecin traitant. Pour autant, lorsque la **modulation de la capacité du majeur** a lieu **dès le jugement d'ouverture** de la curatelle, le juge ne peut être saisi d'une demande en vue de l'ouverture d'un régime de protection des majeurs, qu'au moyen d'une requête « *accompagnée d'un certificat* ***médical circonstancié*** *rédigé par un* ***médecin choisi sur une liste établie*** *par le procureur de la République* », lequel « *peut solliciter l'avis du médecin traitant de la personne qu'il y a lieu de protéger* ». Si bien que l'élargissement ou l'allégement de la curatelle ne peut, lorsqu'il est concomitant à l'ouverture de la mesure de protection, faire l'économie d'un avis médical.

Lorsqu'il intervient **après l'ouverture de la curatelle**, l'allègement de cette dernière ne peut être décidé, aux termes de l'article 442 alinéa 4, qu'au vu d'un **certificat médical**, lequel peut émaner du **médecin traitant**. La loi n'exige pas en effet, ici, que le certificat soit établi par un médecin inscrit sur la liste du parquet. Le juge peut par ailleurs, lorsqu'il modifie la mesure par voie d'allègement de l'incapacité du majeur, statuer **d'office** ou à la **requête d'une des personnes mentionnées à l'article 430**, c'est-à-dire de la famille, de l'entourage de la personne protégée ou du procureur de la République.

1. Civ. 2e, 17 juin 1981, n° 81-00.002, *Bull. civ.* II, n° 137.

2. Civ. 1re, 27 janv. 1993, n° 91-14.557, *Bull. civ.* I, n° 37.

S'agissant, à l'inverse, de l'élargissement de la curatelle, l'article 442 alinéa 4 n'autorise le juge des tutelles à **renforcer** le régime de protection du curatélaire, que s'il est **saisi d'une requête** en ce sens, par l'une des personnes énumérées par l'article 430, accompagnée d'un **certificat médical circonstancié** émanant d'un médecin inscrit sur la liste établie par le procureur de la République (C. civ., art. 431) [1].

344.22 Audition de la personne protégée ou à protéger. Dans tous les cas, le juge prononce l'extension ou l'allègement de la curatelle, après avoir entendu ou appelé l'intéressé, sous réserve que son audition ne porte pas atteinte à sa santé ou qu'il ne soit pas hors d'état de manifester sa volonté, ce qui devra être constaté par un médecin inscrit sur la liste du parquet et faire l'objet d'une **motivation spéciale** du juge des tutelles (C. civ., art. 432 et 442, al. 4).

344.23 Publicité de la décision modulant la capacité du curatélaire. La décision portant élargissement ou allègement de la curatelle est conservée au Répertoire civil et publiée en marge de l'acte de naissance du majeur protégé (C. civ, art. 444, al. 1er, et C. pr. civ., art. 1233) [2]. S'agissant, néanmoins, de l'allègement de la curatelle, la simple notification de la décision au contractant pressenti suffit pour justifier de l'extension de la capacité de la personne protégée et, cela, surtout dans l'hypothèse où elle porte sur un ou plusieurs actes déterminés (C. civ., art. 444, al. 2). La notification à la banque est ainsi suffisante en cas de curatelle renforcée aménagée laissant au majeur la capacité d'émettre des chèques à partir de son compte ou d'utiliser une carte de crédit.

SECTION 3
DOMAINE DE LA CURATELLE ÉLARGIE OU ALLÉGÉE

344.31 Nature des actes. L'article 471 du Code civil autorise le juge des tutelles à moduler l'incapacité de la personne en curatelle, conformément au souci d'**individualisation et de proportionnalité des mesures de protection**, en tenant compte de l'évolution de l'état de santé de l'intéressé. Pour autant, s'il est parfaitement cohérent à l'aune de l'esprit et des principes directeurs du droit de la protection juridique des majeurs, il n'est pas certain que le pouvoir ainsi reconnu au juge connaisse, à l'avenir, un plus grand succès que sous l'empire de la législation ancienne, lequel était, à lire les statistiques fournies par le ministère de la Justice, très peu utilisé en pratique [3]. Cet insuccès tenait peut-être au domaine d'application du pouvoir de modulation du juge des tutelles, lequel s'avérait assez restreint quant aux actes susceptibles d'en bénéficier. Or, la loi du 5 mars 2007 n'a pas modifié, sur ce point, l'état du droit. En effet, l'élargissement ou l'allègement de la curatelle est ordonné, aux termes de l'article 471, « *par dérogation à l'article 467* ». Il ne saurait ainsi concerner, du fait du renvoi au modèle de la tutelle, que les **actes conservatoires**, les **actes d'administration** et les **actes de disposition** ainsi que les **opérations** expressément **soumises**, sous la tutelle, à **l'autorisation préalable du juge ou du conseil de famille** (C. civ., art. 505 à 508 - Décr. n° 2008-1484, 22 déc. 2008). La décision relative à l'aménagement de la capacité du curatélaire permet ainsi de soumettre au juge des tutelles l'appréciation de la gravité d'un acte au regard des circonstances d'espèce et, spécialement de son impact sur le patrimoine de la personne protégée. Sur ce terrain, l'article 471 rejoint, *via* la modulation de la capacité du curatélaire, la méthode mise en œuvre, pour la qualification des actes de gestion du patrimoine, par le décret n° 2008-1484 du 22 décembre 2008 [4] (sur lequel, v. ss nos 341.21 s. et 352.21) [5].

La question de savoir si les actes expressément visés par le Code civil aux articles 468 et 470 pourraient pareillement bénéficier de cette modulation est, quant à elle, plus incertaine, en raison de la « *dérogation à l'article 467* » prévue par le texte. Si l'extension de la curatelle est à coup sûr exclue en matière testamentaire (C. civ., art. 470, al. 1er) et d'actes mixtes à caractère strictement personnel [6] - pour lesquels l'assistance et la représentation du majeur sont toujours prohibées (C. civ., art. 458) -, **l'allègement** de la curatelle paraît en revanche concevable pour l'exercice des **actions en justice**, **l'emploi des capitaux**, la conclusion d'un contrat de **fiducie** (C. civ., art. 468, al. 2 et 3) et la **donation entre vifs** (C. civ., art. 470, al. 2) [7].

344.32 Étendue de la modulation. L'article 471 du Code civil prévoit que la modulation de la capacité du curatélaire peut porter sur « *certains actes* ». Contrairement au pouvoir reconnu au juge des tutelles, sur le fondement de l'article 469, lorsque la personne protégée compromet gravement ses intérêts ou sollicite une autorisation supplétive, l'extension ou l'allègement de l'incapacité prescrite conformément à

1. EN CE SENS : *J.-Cl. Civ. Code*, art. 467 à 476, fasc. 10, par Karm, spéc. n° 16.
2. Civ. 1re, 18 déc. 1979, *Gaz. Pal.* 1980. 2.433, note Massip.
3. En 2013 et 2014, les curatelles aménagées représentaient seulement 1,6 % des mesures de protection judiciaire : v. *Bilan de l'application de la loi du 5 mars 2007 portant réforme de la protection juridique des majeurs devant le juge des tutelles 2009-2014*, DACS-Pôle d'évaluation de la justice civile, août 2015.
4. Décr. n° 2008-1484, 22 déc. 2008, relatif aux actes de gestion du patrimoine des personnes placées en curatelle ou en tutelle, *JO* 31 déc., p. 20631.
5. V. PAR EX., Civ. 1re, 16 sept. 2014, n° 13-22.929, NP, et Civ. 1re, 10 juin 2015, n° 13-28.344, NP; *D.* 2015. 1579, obs. Noguéro; *AJ fam.* 2014. 632, obs. Verheyde, illustrant la multiplication des curatelles renforcées aménagées.
6. Tels que, par exemple, la révocation d'une donation entre époux.
7. *J.-Cl. Civ. Code*, par Karm, spéc. nos 17 et 25.

l'article 471 n'est **pas nécessairement circonscrite à un acte déterminé**. Elle peut porter, tout au contraire, non seulement sur une **pluralité d'actes** mais encore sur des opérations dont le projet n'est pas encore nécessairement arrêté. Le **contrôle du juge des tutelles** est donc ici conçu de manière beaucoup **plus souple** qu'à l'article 469 puisqu'il n'implique pas, pour l'allègement de la curatelle, que le juge ait pu se prononcer sur les modalités des actes envisagés [1].

SECTION 4
SANCTIONS DE LA CURATELLE ÉLARGIE OU ALLÉGÉE

344.41 Sanction de la curatelle élargie. La sanction de l'inobservation de l'extension de son incapacité par le curatélaire résulte des dispositions de l'article 465 alinéa 1er, 2° du Code civil. On se souvient que ce texte sanctionne par la **nullité facultative** l'acte accompli, seule, par la personne protégée, alors qu'elle aurait dû être assistée, tout en subordonnant le prononcé de la sanction à la démonstration d'un **préjudice subi** par elle (v. ss n° 335.34). C'est dire que la curatelle élargie risque, dans certaines hypothèses, de se trouver en pratique vidée de sa substance, à défaut de sanction de l'incapacité du curatélaire, cependant que, dans d'autres cas, le risque de dérive vers la tutelle, à la faveur d'une multiplication des actes soumis à assistance, ne doit pas être écarté, et cela, bien que le curateur ne soit pas autorisé ici, davantage que dans la curatelle simple, à se substituer à la personne protégée pour la représenter (C. civ., art. 469, al. 1er) [2].

344.42 Sanctions de la curatelle allégée. La sanction des dépassements de pouvoir du curateur prend appui sur les dispositions de l'article 465 alinéa 1er, 4° du Code civil. Ce dernier texte sanctionne par la **nullité de droit** les actes accomplis par le curateur seul, alors qu'ils auraient dû être faits par la personne protégée soit seule, soit avec son assistance, sans que le prononcé de la nullité ne soit ici subordonné à la justification d'un préjudice subi par la personne protégée (v. ss n° 335.35). Le texte n'envisage pas, en revanche, l'hypothèse du curateur prêtant, malgré l'allègement de la mesure, son concours au curatélaire pour l'accomplissement d'une opération qu'il pouvait effectuer sans son assistance. Il reste que l'on discerne malaisément quels seraient, ici, le fondement et la pertinence d'une telle sanction, tant il est vrai que l'intervention du curateur ne conduit qu'à renouer avec le droit commun de la curatelle.

Tout autre est la question de la subsistance, au profit du curatélaire, de la protection *a posteriori* organisée par l'article 465 alinéa 1er, 1°. Rappelons que celui-ci prévoit que « *si la personne protégée a accompli seule un acte qu'elle pouvait faire sans l'assistance ou la représentation de la personne chargée de sa protection, l'acte reste sujet aux actions en rescision ou en réduction prévues à l'article 435 comme s'il avait été accompli par une personne placée sous sauvegarde de justice, à moins qu'il ait été expressément autorisé par le juge ou le conseil de famille s'il a été constitué* » (v. ss n° 335.33). La réserve tenant à l'autorisation du juge conduit-elle à neutraliser, sous la curatelle allégée, les actions visant à remettre en cause les opérations effectuées par la personne en curatelle, seule, sur le fondement de l'article 471 du Code civil ? Il semble qu'il faille, sur ce point, apporter une réponse différente de celle proposée à propos des actes accomplis en vertu d'une autorisation supplétive du juge des tutelles (C. civ., art. 469, al. 3). Si, en effet, dans cette dernière hypothèse, la privation des actions en rescision pour cause de lésion et en réduction pour cause d'excès se justifie dès lors que l'acte a été passé dans les conditions fixées par l'autorisation judiciaire (v. ss n° 343.11), il en va tout autrement, dans la première hypothèse, dès lors que **l'extension de la capacité du majeur profite à des actes dont les modalités ne sont pas soumises à l'appréciation du juge des tutelles**. On conçoit malaisément comment, en pareil cas, l'autorisation judiciaire pourrait purger ces opérations de leurs vices éventuels [3]. Les dispositions de l'article 465 alinéa 1er, 1°, lesquelles exigent que l'acte « *ait été expressément autorisé par le juge des tutelles* », fournissent, au demeurant, un argument textuel au soutien de cette analyse. À l'inverse de l'autorisation supplétive qui ne peut être donnée que pour un acte déterminé et est toujours expresse, celle résultant d'un allègement de la curatelle peut porter sur « certains actes » et, par suite, être formulée en des termes plus généraux.

SECTION 5
DOMAINE D'APPLICATION DE LA CURATELLE RENFORCÉE

344.51 Représentation du curatélaire limitée à la perception de ses revenus et au règlement de ses dépenses. L'ancien article 512 du Code civil prévoyait, dans sa rédaction issue de la loi du 3 janvier 1968, que le juge des tutelles pouvait, en nommant le curateur, ordonner qu'il percevrait seul les revenus de la personne en curatelle, assurerait lui-même à l'égard des tiers le règlement des dépenses et verserait, s'il y avait lieu, l'excédent sur un compte ouvert chez un dépositaire agréé.

1. EN CE SENS, *J.-Cl. Civ. Code*, par Karm, n° 25.
2. MASSIP, n° 471.
3. *J.-Cl. Civ. Code*, par Karm, spéc. n° 25.

Cette disposition est aujourd'hui consacrée par l'article 472 du Code civil, dans sa version découlant de la loi du 5 mars 2007, lequel autorise le juge à ordonner, **à tout moment** – et non plus nécessairement lors de l'ouverture de la mesure de protection – une curatelle renforcée. Il n'en demeure pas moins que, lorsque le juge des tutelles décide une **aggravation de la curatelle**, c'est-à-dire de transformer la curatelle simple en curatelle renforcée, il ne peut procéder à cette aggravation de la mesure que s'il est saisi d'une **requête** à cet effet par l'une des personnes prévues par l'article 430 du Code civil, accompagnée d'un **certificat circonstancié** émanant d'un médecin inscrit sur la liste établie par le procureur de la République et après avoir entendu la personne protégée (C. civ., art. 431 et 442, al. 4).

Qu'elle soit prononcée lors de l'ouverture de la curatelle ou postérieurement à celle-ci, les juges du fond sont tenus de rechercher, pour la mise place d'une curatelle aggravée (dite aussi renforcée ou financière ou curatelle aux revenus), si l'intéressé est ou non **apte à percevoir ses revenus** et à **en faire une utilisation normale**[1]. Ces deux conditions doivent être suffisamment caractérisées à peine d'encourir la cassation pour manque de base légale[2]. Aussi, est-il regrettable que certaines juridictions du fond persistent à s'écarter, sur ce point, des exigences de la Haute juridiction[3].

En cas de curatelle renforcée, le curateur perçoit seul les revenus de la personne en curatelle sur un compte ouvert au nom de cette dernière et, cela, conformément au principe d'individualisation des comptes bancaires posés par les articles 427 et 468 alinéa 1er du Code civil. Aussi, la circulaire de la Direction des affaires civiles et du Sceau précise-t-elle qu'il convient, « *en raison du nouvel article 427 du même code qui ne permet l'ouverture d'un autre compte de la personne protégée qu'avec l'autorisation du juge, dans l'intérêt de celle-ci, de prévoir systématiquement, dans le jugement prononçant la curatelle renforcée, l'autorisation donnée au curateur d'ouvrir un nouveau compte, au nom de la personne protégée mais exclusivement géré par le curateur. Les trames de décision mises à disposition ont intégré cet impératif afin d'éviter au curateur non muni de cette autorisation de revenir vers le juge ultérieurement, retardant ainsi la mise en place de la mesure* »[4]. Le curateur assure lui-même le règlement des dépenses auprès des tiers[5], et laisse l'excédent sur le compte à la disposition de l'intéressé ou – ce qui est une innovation de la loi de 2007 – le verse entre ses mains[6]. C'est dire que la curatelle aggravée

1. Civ. 1re, 1er juill. 1986, no 84-17.792, *Bull. civ.* I, no 190 – Civ. 1re, 6 avr. 1994, no 92-17.622, *Bull. civ.* I, no 142; *Defrénois* 1994. 1105, obs. Massip; *JCP* 1995. II. 22413 (2e arrêt), note Fossier – Civ. 1re, 24 oct. 1995, no 93-21.484, *Bull. civ.* I, no 371; *Defrénois* 1996. 732, obs. Massip – Civ. 1re, 12 juin 2001, no 99-10.523, NP; *Defrénois* 2001. 1362, obs. Massip; *D.* 2002. 2162, obs. Delmas Saint-Hilaire; *RTD civ.* 2002. 74, obs. Hauser – Civ. 1re, 15 mai 2008, no 06-20.915, NP, et Civ. 1re, 28 mai 2008, no 07-11.354, NP; *AJ fam.* 2008. 347, obs. Pécaut-Rivolier; *RTD civ.* 2008. 654, obs. Hauser – La seule référence à l'avis du médecin spécialiste devait être, à elle seule, insuffisante, V. CEP., Reims, ch. civ., 22 oct. 2010, *JCP* 2011. 230, obs. Despaquis.

2. Civ. 1re, 6 avr. 1994, no 92-17.622, P (préc. ss no 344.51) – Civ. 1re, 25 nov. 2009, no 08-19.738, NP; *Dr. fam.* 2010, no 30, note Maria – Civ. 1re, 1er juill. 2009, no 08-12.747, NP; *Dr. fam.* 2009, no 145, note Maria (motivation insuffisante) – COMP. Civ. 1re, 12 juill. 1994, no 92-15.735, *Bull. civ.* I, no 94; *Defrénois* 1996. 342, obs. Massip (motivation suffisante). – Civ. 1re, 8 juill. 2010, no 09-15.397, NP – Civ. 1re, 6 oct. 2010, no 08-21.088, NP – Civ. 1re, 1er juin 2011, no 10-18.638, NP – Civ. 1re, 6 juill. 2011, no 10-20.899, NP; *D.* 2011. 2508 s., obs. Noguéro – Civ. 1re, 29 févr. 2012, no 10-28.822, NP; *RTD civ.* 2012. 290, obs. Hauser; *D.* 2012. 2707, obs. Noguéro – Civ. 1re, 12 juin 2013, no 12-10.182, NP; *D.* 2013. 2200, obs. Noguéro; *AJ fam.* 2013. 512, obs. Verheyde – Civ. 1re, 4 mars 2015, no 14-15.218, NP; *Dr. fam.* 2015, no 111, obs. I. M.; *D.* 2015. 1576, obs. Noguéro – Civ. 1re, 15 avr. 2015, n 14-16.666, *Bull. civ.* I [à paraître]; *Dr. fam.* 2015, no 131, obs. I. M.; *AJ fam.* 2015. 343, obs. Montourcy; *RTD civ.* 2015. 587, obs. Hauser (motivation insuffisante) – Comp. Civ. 1re, 19 déc. 2012, no 11-26.737, NP – Civ. 1re, 26 juin 2013, nos 12-13.730 et 12-18.454, NP – Civ. 1re, 12 sept. 2012, no 11-20.175, NP; *D.* 2013. 2199, obs. Noguéro (motivation suffisante) – Comp., pour un renouvellement, Civ. 1re, 28 janv. 2015, no 13-26.363, NP; *AJ fam.* 2015. 231, obs. Montourcy; *RTD civ.* 2015. 357, obs. Hauser; *D.* 2015. 1576, obs. Noguéro; *Dr. fam.* 2015, no 50, note Maria – Civ. 1re, 16 sept. 2014, no 13-22.929, NP; *AJ fam.* 2014. 632, obs. Verheyde.

3. V. PAR EX. : Aix-en-Provence, 23 juin 2011, RG no 2011/359, *Dr. fam.* 2011. Comm. 182, obs. Maria – COMP. Grenoble, 16 sept. 2014, RG no 14/02498, *Dr. fam.* 2014. Comm. 191, retenant « *l'incapacité* » de la personne à protégée « *à effectuer des calculs élémentaires* » – Douai, ch. prot. jur. majeurs et mineurs, 11 déc. 2014, RG no 14/05287, *Dr. fam.* 2015, no 40, note Maria, se fondant sur « *une augmentation importante des consommations de tabac et d'alcool ainsi que* [sur les] *comportements alimentaires inadaptés ayant généré une prise de poids importante, ces comportements entraînant pour Mme B. une sévère réduction de ses capacités d'autonomie et des risques accrus en cas de chute* ».

4. Circ. DACS no CIV/01/09/C1, 9 févr. 2009, *BO Justice*, p. 23.

5. Encore faut-il que la dépense ne soit pas aspirée dans la catégorie des actes personnels relevant de la sphère de capacité naturelle de la personne protégée, v. Civ. 1re, 27 févr. 2013, no 11-28.307, *Bull. civ.* I, no 25; *D.* 2013. 2201, obs. Noguéro; *AJ fam.* 2013. 304, obs. Verheyde; *JCP* 2013. Actu. 293, *LEFP* avr. 2013. 5, obs. Raoul-Cormeil, se plaçant sur le terrain de l'article 415, d'après lequel la mesure de protection a pour finalité l'intérêt de la personne protégée, pour approuver le refus d'un curateur d'assister la personne protégée malvoyante pour l'achat d'un véhicule automobile.

6. La publicité de l'aggravation de la curatelle, dans les conditions prévues aux articles 444 du Code civil et 1233 du Code de procédure civile, ne paraît pas nécessaire, dès lors qu'il n'est pas d'usage de relever un extrait d'acte de naissance avant de verser des revenus. Le curateur devra en revanche, notifier aux débiteurs du curatélaire la décision qui le missionne : *J.-Cl. Civ. Code*, art. 467 à 476, fasc. 10, par Karm, spéc. no 20.

érige la personne chargée de la protection au rang **d'interlocuteur unique des créanciers et des débiteurs du curatélaire** et, notamment, de la **banque** de ce dernier et autorise le curateur à représenter le majeur protégé pour l'exercice d'une **action en recouvrement** des sommes qui lui sont dues[1]. Si bien que la frontière entre la curatelle aggravée et la tutelle tend, de l'aveu même du législateur, à s'émousser, en pratique, dès lors que le patrimoine de la personne protégée ne se compose, pour l'essentiel, que de ses revenus courants[2]. Pour autant, l'étendue des pouvoirs du curateur ne saurait être confondue, même en curatelle aggravée, avec ceux du tuteur. C'est ainsi qu'« *en tutelle, la personne est totalement représentée : le tuteur prend seul les décisions courantes et en réfère au juge des tutelles pour les décisions importantes* », cependant qu'« *en curatelle, le curatélaire reste l'ultime décisionnaire. Il doit être informé et participer à toutes les décisions importantes le concernant, avec l'exigence de la cosignature* »[3]. Il s'ensuit que si le curateur peut, sous la curatelle renforcée, placer les économies de la personne protégée après avoir payé ses factures, **il ne saurait se substituer à elle pour l'emploi de ses capitaux et de l'excédent de ses revenus et, par suite, pour lui constituer un capital**. De telles opérations demeurent, même sous la curatelle aggravée, soumises au régime d'assistance de droit commun de la curatelle. Le curateur peut ainsi verser l'excédent des revenus de la personne protégée sur un compte rémunéré à la disposition de cette dernière, tel un livret A, mais il ne saurait placer, en son nom, ces fonds sur un compte bloqué ou une assurance-vie. De telles opérations s'analysent, en effet, comme un **emploi**, lequel implique l'intervention du curatélaire assisté du curateur (C. civ., art. 468, al. 2). On perçoit, dès lors, toute la faiblesse du régime de la curatelle renforcée, laquelle ne permet pas au curateur, dans le souci de différencier ce régime de protection et la tutelle et d'éviter les litiges entre les curatélaires[4] et leur protecteur, de constituer une épargne à la personne protégée en vue de provisionner à moyen ou long terme ses dépenses futures. La solution n'en demeure pas moins regrettable car, étant organisée en faveur de personnes incapables de se projeter dans l'avenir, il serait cohérent que cette modalité de la curatelle permette au protecteur de déterminer l'épargne nécessaire pour faire face aux imprévus[5]. En l'état actuel des textes, la curatelle renforcée ne permet au curateur que « *le provisionnement de dépenses courantes fixes (logement, énergie, impôts, assurances, etc.) ou prévisibles (déménagement, voyages, procès, santé, équipement médical de la personne ou du lieu de résidence, etc.)* »[6]. D'après la circulaire de la Direction des affaires civiles et du sceau, « *l'excédent, qui doit être mis à la disposition de la personne protégée, peut dès lors, être considéré comme la somme restant après que toutes ces dépenses nécessaires à ses besoins ont été provisionnées. Ce provisionnement des dépenses ne peut nuire au train de vie de la personne protégée, ni permettre que le curateur constitue une épargne au nom de la personne protégée, dans un but autre que celui de participer à son bien-être présent et à venir* »[7]. Cette dernière précision suffit à souligner à quel point la distinction entre le provisionnement de dépenses et la constitution d'une épargne manque ici de clarté.

344.52 Représentation du curatélaire susceptible d'être étendue à la conclusion d'un bail d'habitation ou d'une convention d'hébergement. En tenant compte des dispositions de l'article 459-2 du Code civil, le juge des tutelles peut autoriser le curateur à conclure seul un bail d'habitation ou une convention d'hébergement assurant le **logement de la personne protégée**.

344.53 Reddition des comptes et inventaire. En cas de curatelle aggravée, le curateur ainsi nommé doit faire établir un inventaire des biens du majeur, dans les trois mois de l'ouverture de la mesure. Il doit en principe rendre compte chaque année de sa gestion au greffier en chef du tribunal d'instance et établir, lors de la cessation de la mesure, un **compte final de sa gestion**. Sur tous ces points, l'article 472 alinéa 3 du Code civil, lequel renvoie aux dispositions des articles 503 et 510 à 515, assujettit, sous la curatelle renforcée, le protecteur aux obligations incombant au tuteur (sur lesquelles, v. s[s] n°s 352.51 s.).

SECTION 6
LIMITES DE LA CURATELLE RENFORCÉE

344.61 Retour aux règles de la curatelle simple pour les autres actes. Le pouvoir de représentation confié au curateur en application de l'article 472 du Code civil est exclusivement **limité à la perception des revenus et au règlement des dépenses** de la personne protégée.

Pour les autres actes, le régime d'assistance prévu par l'article 467 continue de s'appliquer, le curateur n'ayant pas le pouvoir d'accomplir seul des actes de

1. *J.-Cl. Civ. Code*, par Karm, spéc. n° 20.
2. Rapp. Sénat n° 212, 7 févr. 2007, par H. de Richemont, p. 180.
3. Rapp. Sénat n° 212, 7 févr. 2007, par H. de Richemont, préc.
4. Rapp. AN n° 3749, 20 févr. 2007, et rapp. Sénat n° 253, 21 févr. 2007, fait au nom de la Commission mixte paritaire, par E. Blessig et H. de Richemont, p. 5.
5. EN CE SENS : Avis Sénat n° 213, 7 févr. 2007, au nom de la commission des affaires sociales sur le projet de loi, adopté par l'Assemblée nationale et après déclaration d'urgence, portant réforme de la protection juridique des majeurs, par B. Dupont, p. 61.
6. Circ. DACS n° CIV/01/09/C1, 9 févr. 2009, *BO Justice*.
7. Circ. DACS n° CIV/01/09/C1, 9 févr. 2009, *BO Justice*.

disposition pour le compte du curatélaire [1], tels que la désignation du bénéficiaire d'une assurance-vie [2], sauf à saisir le juge des tutelles d'une demande tendant à l'autoriser à accomplir seul un acte déterminé au nom du majeur en curatelle lorsque ce dernier compromet gravement ses intérêts (C. civ., art. 469, al. 3). La personne protégée conserve le pouvoir d'accomplir seule les actes d'administration autres que la perception de ses revenus et le règlement de ses dépenses, alors qu'elle doit être assistée du curateur pour effectuer les actes de disposition [3] et, notamment, faire l'emploi de ses capitaux (C. civ., art. 468, al. 2 et 472). Le curateur n'ayant pas le pouvoir de se substituer ici à la personne protégée, serait-ce pour lui constituer une épargne (v. s^s n° 344.51), il ne saurait pas davantage conclure, au nom du curatélaire, un contrat de travail en qualité d'employeur ou de salarié, ni procéder au licenciement de l'assistant de vie de la personne protégée [4]. De tels actes s'analysent, en effet, depuis le décret n° 2008-1484 du 22 décembre 2008, relatif aux actes de gestion du patrimoine des personnes placées en curatelle ou en tutelle, comme des actes d'administration relevant – sous réserve des circonstances d'espèce – de la sphère de capacité du curatélaire (sur ce point, v. s^s n°s 341.21 à 341.28) [5].

Ainsi que l'a toujours énoncé la Cour de cassation, la curatelle incarne, quelles qu'en soient les modalités, un **régime d'assistance du majeur**, et non un régime de représentation [6]. S'il est vrai que, sous l'empire de la législation ancienne, certains juges des tutelles avaient pris l'habitude, peut-être par confort, d'autoriser sur simple requête du curateur les actes de disposition relatifs au patrimoine de la personne placée en curatelle renforcée, assimilant ainsi, de manière abusive, le curateur à un tuteur, une telle pratique était condamnée par la Haute juridiction.

Dans un arrêt en date du 24 mai 1989, la première civile chambre de la Cour de cassation avait décidé, sur le fondement des anciens articles 510 et 512 du Code civil, « *qu'il résulte du premier de ces textes que le curateur a pour mission d'assister le majeur en curatelle; qu'il ne peut, ainsi qu'il se déduit du second, être appelé à le représenter que pour la perception de ses revenus et le règlement de ses dépenses; Attendu dès lors qu'en autorisant l'Udaf, curateur de Mme Paulette M..., à vendre le véhicule automobile lui appartenant le tribunal de grande instance a violé les textes susvisés* » [7]. La solution se trouve consacrée, depuis la réforme, à la faveur de la lecture croisée des articles 467, 472 et 469 alinéa 1er, lequel interdit expressément au curateur de se substituer à la personne protégée pour agir en son nom.

Le renforcement de la curatelle n'est pas exclusif, en revanche, d'un aménagement de celle-ci lors de l'ouverture de la mesure ou postérieurement à celle-ci, au cours de son fonctionnement ou son renouvellement. La pratique consistant à placer la personne protégée sous curatelle renforcée tout en lui conférant la capacité de gérer elle-même une partie de ses revenus à partir de son compte et de bénéficier d'une carte bancaire de retrait avec plafonnement tend, au contraire, à se multiplier. Elle est conforme à l'esprit de la matière qui entend favoriser la marge d'autonomie de la personne protégée [8].

344.62 Maintien de la faculté d'alerte du curateur. Dès lors que le juge des tutelles se trouve confronté à l'aggravation de l'altération des facultés mentales de la personne placée sous curatelle renforcée, plutôt que de malmener les textes du Code civil, il semble préférable qu'il désigne un médecin figurant sur la liste du parquet pour l'examiner aux fins d'ouverture d'une tutelle. Ce sera certes plus long, mais conforme aux articles 467, 469 alinéa 1er, et 472 du Code civil ainsi qu'à l'esprit de la loi du 5 mars 2007. On rappellera, à cet égard, que dans le souci de respecter le principe de nécessité, la réforme confère au curateur, lorsque le majeur sous curatelle compromet gravement ses intérêts, la faculté de saisir le juge des tutelles pour qu'il l'autorise à accomplir seul un acte

1. Civ. 1re, 24 mai 1989, n° 87-20.157, *Bull. civ.* I, n° 214; *Gaz. Pal.* 16-17 févr. 1990, p. 90, note Massip – Dijon, 17 déc. 1999, *D.* 2001. Somm. 1509, obs. Lemouland.
2. Civ. 1re, 8 juill. 2009, n° 07-18.522, *Bull. civ.* I, n° 161; *Dr. et patr.* 2011, n° 201, p. 82, obs. Delmas Saint-Hilaire; *AJ fam.* 2009. 352, obs. Pécaut-Rivolier; *D.* 2009. 2058, obs. Auroy; *RTD civ.* 2009. 698, obs. Hauser; *RLDC* déc. 2009. 33, obs. Leroy; *Dr. fam.* 2009, n° 114, note Maria.
3. Paris, 6e ch. C, 12 nov. 2002, *Juris-Data* n° 196233; *Dr. fam.* 2003, n° 29, note Fossier.
4. Lyon, 12 sept. 2014, RG n° 14/08261, *Dr. fam.* 2014. Comm. 191, note Maria.
5. V. *CONTRA* : avant la réforme, Civ. 1re, 3 oct. 2006, n° 04-13.198, *Bull. civ.* I, n° 427; *D.* 2008. 313, obs. Lemouland et Plazy; *JCP* 2007. II. 10095, note Geoffroy et Nissabouri; *AJ fam.* 2006. 421, obs. Pécaut-Rivolier; *RJPF* 2007-1/11, note Pansier; *Dr. et patr.* janv. 2008. 120, obs. Fulchiron; *RTD civ.* 2007. 93, obs. Hauser.
6. Civ. 1re, 10 juill. 1990, n° 89-11.213, *Bull. civ.* I, n° 193; *Defrénois* 1990. 1305, obs. Massip – RAPPR. : Soc. 10 févr. 2010, n° 08-41.210, NP; *Dr. fam.* 2010, n° 64, note Maria; *D.* 2010. 2124, obs. Lemouland : ayant, sous l'empire de la législation ancienne, reconnu à la personne en curatelle renforcée la capacité d'interjeter seule appel du jugement du conseil des prud'hommes lui ayant imputé la rupture du contrat de travail de son employée de maison et l'ayant condamné à réparer les conséquences pécuniaires de la rupture. La solution est aujourd'hui abandonnée par la loi du 5 mars 2007, laquelle soumet à l'assistance du curateur l'exercice et la défense à toutes les actions en justice, quel que soit leur caractère, patrimonial ou extrapatrimonial (C. civ., art. 468, al. 3).
7. Civ. 1re, 24 mai 1989, n° 87-20.157, P (préc. s^s n° 344.61) – Civ. 1re, 8 juill. 2009, n° 07-18.522, P (préc. s^s n° 344.61).
8. Civ. 1re, 16 sept. 2014, n° 13-22.929, NP, et Civ. 1re, 10 juin 2015, n° 13-28.344, NP; *D.* 2015. 1579, obs. Noguéro; *AJ fam.* 2014. 632, obs. Verheyde, illustrant la multiplication des curatelles renforcées aménagées.

déterminé (C. civ., art. 469, al. 2). Cette disposition nouvelle permet aujourd'hui d'écarter, ou à tout le moins de reculer, l'ouverture d'une tutelle qui ne serait pas justifiée par l'état de santé de l'intéressé tout en garantissant la préservation des intérêts de ce dernier (sur l'article 469, al. 2, v. s[s] n°s 343.13 à 343.15).

TITRE

35. La protection judiciaire temporaire : dispositions propres à la tutelle

SECTION 0

ORIENTEUR

35.00 **Plan du titre.**

CHAPITRE

351. Domaine de l'incapacité du tutélaire en matière patrimoniale

SECTION 0
ORIENTEUR

351.00 **Plan du chapitre.**

351.01 **Textes applicables.**

TEXTES LÉGISLATIFS ET RÉGLEMENTAIRES NOUVEAUX

• **Ord. n° 2016-131, 10 févr. 2016,** portant réforme du droit des contrats, du régime général et de la preuve des obligations, *JO* 11 févr., texte n° 26.

TEXTES SOURCES

> Représentation générale du tutélaire

\+ L. n° 2007-308, 5 mars 2007

C. civ., art. 473 à 475

> Testament et donations établis par le tutélaire

\+ L. n° 2007-308, 5 mars 2007, art. 7 et 9

\+ L. n° 2015-1776, 28 déc. 2015, art. 28

\+ Ord. n° 2016-131, 10 févr. 2016, art. 6

C. civ., art. 476 et 909 et CASF, art. L. 116-4

> Contrat de mariage conclu par le tutélaire

\+ L. n° 2007-308, 5 mars 2007

C. civ., art. 1399

> Changement ou modification du régime matrimonial du tutélaire

\+ Ord. n° 2016-131, 10 févr. 2016

C. civ., art. 1397

TEXTES *IN EXTENSO*

> Représentation générale du tutélaire

[C. civ., art. 473 à 475]

\+ L. n° 2007-308, 5 mars 2007, art. 7

C. civ., art. 473

Sous réserve des cas où la loi ou l'usage autorise la personne en tutelle à agir elle-même, le tuteur la représente dans tous les actes de la vie civile.

Toutefois, le juge peut, dans le jugement d'ouverture ou ultérieurement, énumérer certains actes que la personne en tutelle aura la capacité de faire seule ou avec l'assistance du tuteur.

C. civ., art. 474

La personne en tutelle est représentée dans les actes nécessaires à la gestion de son patrimoine dans les conditions et selon les modalités prévues au titre XII.

C. civ., art. 475

La personne en tutelle est représentée en justice par le tuteur.

Celui-ci ne peut agir, en demande ou en défense, pour faire valoir les droits extra-patrimoniaux de la personne protégée qu'après autorisation ou sur injonction du juge ou du conseil de famille s'il a été constitué. Le juge ou le conseil de famille peut enjoindre également au tuteur de se désister de l'instance ou de l'action ou de transiger.

> Testament et donations établis par le tutélaire

[C. civ., art. 476 et 909 et CASF, art. L. 116-4]

\+ L. n° 2007-308, 5 mars 2007, art. 7 et 9

\+ L. n° 2015-1776, 28 déc. 2015, art. 28

\+ Ord. n° 2016-131, 10 févr. 2016, art. 6

C. civ., art. 476 *(mod. par L. n° 2007-308, 5 mars 2007, art. 7)*

La personne en tutelle peut, avec l'autorisation du juge ou du conseil de famille s'il a été constitué, être assistée ou au besoin représentée par le tuteur pour faire des donations.

Elle ne peut faire seule son testament après l'ouverture de la tutelle qu'avec l'autorisation du juge ou du conseil de famille s'il a été constitué, à peine de nullité de l'acte. Le tuteur ne peut ni l'assister ni la représenter à cette occasion.

Toutefois, elle peut seule révoquer le testament fait avant ou après l'ouverture de la tutelle.

Le testament fait antérieurement à l'ouverture de la tutelle reste valable à moins qu'il ne soit établi que, depuis cette ouverture, la cause qui avait déterminé le testateur à disposer a disparu.

C. civ., art. 909 *(mod. par L. n° 2007-308, 5 mars 2007, art. 9)*
Les membres des professions médicales et de la pharmacie, ainsi que les auxiliaires médicaux qui ont prodigué des soins à une personne pendant la maladie dont elle meurt ne peuvent profiter des dispositions entre vifs ou testamentaires qu'elle aurait faites en leur faveur pendant le cours de celle-ci.

Les mandataires judiciaires à la protection des majeurs et les personnes morales au nom desquelles ils exercent leurs fonctions ne peuvent pareillement profiter des dispositions entre vifs ou testamentaires que les personnes dont ils assurent la protection auraient faites en leur faveur quelle que soit la date de la libéralité.

Sont exceptées :

1° Les dispositions rémunératoires faites à titre particulier, eu égard aux facultés du disposant et aux services rendus;

2° Les dispositions universelles, dans le cas de parenté jusqu'au quatrième degré inclusivement, pourvu toutefois que le décédé n'ait pas d'héritiers en ligne directe; à moins que celui au profit de qui la disposition a été faite ne soit lui-même du nombre de ces héritiers.

Les mêmes règles seront observées à l'égard du ministre du culte.

CASF, art. L. 116-4 *(mod. par L. n° 2015-1776, 28 déc. 2015, art. 28)*
I. – Les personnes physiques propriétaires, gestionnaires, administrateurs ou employés d'un établissement ou service soumis à autorisation ou à déclaration en application du présent code ou d'un service soumis à agrément ou à déclaration mentionné au 2° de l'article L. 7231-1 du Code du travail, ainsi que les bénévoles ou les volontaires qui agissent en leur sein ou y exercent une responsabilité, ne peuvent profiter de dispositions à titre gratuit entre vifs ou testamentaires faites en leur faveur par les personnes prises en charge par l'établissement ou le service pendant la durée de cette prise en charge, sous réserve des exceptions prévues aux 1° et 2° de l'article 909 du Code civil. L'article 911 du même code est applicable aux libéralités en cause.

L'interdiction prévue au premier alinéa du présent article est applicable au couple ou à l'accueillant familial soumis à un agrément en application de l'article L. 441-1 du présent code et à son conjoint, à la personne avec laquelle il a conclu un pacte civil de solidarité ou à son concubin, à ses ascendants ou descendants en ligne directe, ainsi qu'aux salariés mentionnés à l'article L. 7221-1 du Code du travail accomplissant des services à la personne définis au 2° de l'article L. 7231-1 du même code, s'agissant des dispositions à titre gratuit entre vifs ou testamentaires faites en leur faveur par les personnes qu'ils accueillent ou accompagnent pendant la durée de cet accueil ou de cet accompagnement.

II. *(aj. par Ord. n° 2016-131, 10 févr. 2016, art. 6 – en vigueur à compter du 1er oct. 2016)* – Sauf autorisation de justice, il est interdit, à peine de nullité, à quiconque est frappé de l'interdiction prévue au I de se rendre acquéreur d'un bien ou cessionnaire d'un droit appartenant à une personne prise en charge, accueillie ou accompagnée dans les conditions prévues par le I ou de prendre à bail le logement occupé par cette personne avant sa prise en charge ou son accueil.

Pour l'application du présent II, sont réputées personnes interposées, le conjoint, le partenaire d'un pacte civil de solidarité, le concubin, les ascendants et les descendants des personnes auxquelles s'appliquent les interdictions ci-dessus édictées.

> Contrat de mariage conclu par le tutélaire
+ L. n° 2007-308, 5 mars 2007, art. 10

C. civ., art. 1399
Le majeur en tutelle ou en curatelle ne peut passer de conventions matrimoniales sans être assisté, dans le contrat, par son tuteur ou son curateur.

À défaut de cette assistance, l'annulation des conventions peut être poursuivie dans l'année du mariage, soit par la personne protégée elle-même, soit par ceux dont le consentement était requis, soit par le tuteur ou le curateur.

> Changement ou modification du régime matrimonial du tutélaire
+ Ord. n° 2016-131, 10 févr. 2016, art. 5

C. civ., art. 1397
Après deux années d'application du régime matrimonial, les époux peuvent convenir, dans l'intérêt de la famille, de le modifier, ou même d'en changer entièrement, par un acte notarié. À peine de nullité, l'acte notarié contient la liquidation du régime matrimonial modifié si elle est nécessaire.

Les personnes qui avaient été parties dans le contrat modifié et les enfants majeurs de chaque époux sont informés personnellement de la modification envisagée. Chacun d'eux peut s'opposer à la modification dans le délai de trois mois.

Les créanciers sont informés de la modification envisagée par la publication d'un avis dans un journal habilité à recevoir les annonces légales dans l'arrondissement ou le département du domicile des époux. Chacun d'eux peut s'opposer à la modification dans les trois mois suivant la publication.

En cas d'opposition, l'acte notarié est soumis à l'homologation du tribunal du domicile des époux. La demande et la décision d'homologation sont publiées dans les conditions et sous les sanctions prévues au Code de procédure civile.

Lorsque l'un ou l'autre des époux a des enfants mineurs, l'acte notarié est obligatoirement soumis à l'homologation du tribunal du domicile des époux.

Le changement a effet entre les parties à la date de l'acte ou du jugement qui le prévoit et, à l'égard des tiers, trois mois après que mention en a été portée en marge de l'acte de mariage. Toutefois, en l'absence même de cette mention, le changement n'en est pas moins opposable aux tiers si, dans les actes passés avec eux, les époux ont déclaré avoir modifié leur régime matrimonial.

Lorsque l'un ou l'autre des époux fait l'objet d'une mesure de protection juridique dans les conditions prévues au titre XI du livre Ier, le changement ou la modification du régime matrimonial est soumis à l'autorisation préalable du juge des tutelles ou du conseil de famille s'il a été constitué.

Il est fait mention de la modification sur la minute du contrat de mariage modifié.

Les créanciers non opposants, s'il a été fait fraude à leurs droits, peuvent attaquer le changement de régime matrimonial dans les conditions de l'article 1341-2.

Les modalités d'application du présent article sont déterminées par décret en Conseil d'État.

351.02 **Jurisprudence de référence.**

> Principe de l'incapacité totale du majeur en tutelle

• **Com. 6 déc. 2011, n° 10-19.959,** *Bull. civ.* IV, n° 200

* V. s^s n° 351.11

« Attendu, selon l'arrêt attaqué (Nîmes, 1er avril 2010), que, par acte du 30 octobre 1992, la société Javen a acquis de Mme X... un immeuble, l'acte contenant une clause d'élection de domicile en l'étude du notaire instrumentaire, M. Y...; que, le 3 juillet 2002, la société Javen a été mise en liquidation judiciaire, M. Z... étant désigné liquidateur; que, le 9 septembre 2005, Mme X... a été mise sous tutelle, l'Association tutélaire de gestion (Atg) étant désignée tuteur; que, le 26 avril 2007, M. Z..., ès qualités, a adressé au domicile élu de Mme X... un avertissement d'avoir à déclarer sa créance au passif de la procédure; que, le 24 septembre 2007, l'Atg, ès qualités, a adressé à M. Z..., ès qualités, une déclaration de créance à titre privilégié pour un montant de 33 387 euros; que, le 27 mai 2008, le juge-commissaire a admis cette créance au passif;

Attendu que M. Z..., ès qualités, fait grief à l'arrêt d'avoir admis à titre définitif la créance privilégiée de Mme X... pour un montant de 33 387 euros, alors, selon, le moyen :

1°) qu'au cas présent, les deux parties admettaient à la fois que la notification à domicile élu était suffisante pour informer le créancier titulaire d'une sûreté publiée et, d'autre part, que la clause d'élection de domicile de l'acte de vente constitutif de ladite sûreté valait élection de domicile en l'étude du notaire instrumentaire pour recevoir notification de l'ouverture d'une procédure collective; qu'en jugeant néanmoins que la notification faite en l'étude du notaire instrumentaire n'était pas valable dans la mesure où, d'une part, l'acte de vente ne vaudrait pas élection de domicile et où, d'autre part, la notification à domicile serait insuffisante à défaut de notification personnelle, la cour d'appel a méconnu les termes du litige, en violation des articles 4 et 5 du Code de procédure civile;

2°) que, subsidiairement, que le juge ne peut relever un moyen d'office sans inviter au préalable les parties à présenter leurs observations; qu'au cas présent, à supposer que les juges du fond aient pu valablement ne pas tenir compte de l'accord des parties sur la validité de la notification en l'étude du notaire instrumentaire, et soulever d'office le moyen tiré, d'une part, de ce que la notification à domicile élu serait insuffisante en l'absence de notification personnelle, et d'autre part, de ce que la clause d'élection de domicile prévue à l'acte de vente était elle-même insuffisante, en n'invitant pas les parties à s'expliquer sur ce point, la cour d'appel a méconnu le principe de la contradiction, ensemble l'article 16 du Code de procédure civile;

3°) qu'en tout état de cause, le créancier titulaire d'une sûreté publiée est valablement informé de la procédure collective visant son débiteur par l'avertissement adressé à domicile élu; qu'en ce cas, il n'est nullement nécessaire que l'avertissement soit également adressé personnellement au créancier; qu'au cas présent, la cour d'appel a relevé que Mme X... avait été avertie par M. Z..., ès qualités, par avertissement adressé au notaire rédacteur de l'acte constitutif de la sûreté publiée, chez lequel domicile avait été élu; qu'en considérant néanmoins que la forclusion ne serait pas opposable à Mme X... au motif que "la notification de l'avertissement a été adressée à M. Y..., notaire (et non à Andrée X...) en son domicile professionnel", la cour d'appel a violé l'article L. 621-43 du Code de commerce, dans sa rédaction applicable en la cause;

4°) que, de la même manière, le créancier, même sous tutelle, titulaire d'une sûreté publiée est valablement informé de la procédure collective visant son débiteur par l'avertissement adressé à domicile élu; qu'en ce cas, il n'est nullement nécessaire que l'avertissement soit également adressé à son tuteur; qu'au cas présent, la cour d'appel a relevé que Mme X... avait été avertie par M. Z..., ès qualités, par avertissement adressé au notaire rédacteur de l'acte constitutif de la sûreté publiée, chez lequel domicile avait été élu; qu'en considérant néanmoins que la forclusion ne serait pas opposable à Mme X... au motif que la notification d'avoir à déclarer n'avait pas été adressée à l'Association tutélaire de gestion, ès qualités, la cour d'appel a violé l'article L. 621-43 du Code de commerce, dans sa rédaction applicable en la cause;

5°) que, de la même manière, que la clause figurant dans un acte de vente accordant un privilège au vendeur ainsi libellée "Pour l'exécution des présentes, domicile est élu : en l'étude du notaire soussigné" est claire et précise, et qu'elle vaut élection de domicile en l'étude du notaire instrumentaire pour recevoir toute notification en rapport avec l'acte de vente concerné, notamment l'avertissement d'ouverture d'une procédure collective à l'encontre de l'acheteur, prévue par l'article L. 621-43 du Code de commerce dans sa rédaction applicable en la cause; qu'en estimant que domicile n'aurait pas été élu en l'étude de M. Y... au motif que ladite clause n'emporterait pas pouvoir de recevoir toute notification, la cour d'appel a dénaturé la clause d'élection de domicile contenue dans l'acte de vente du 30 octobre 1992, en violation de l'article 1134 du Code civil;

Mais attendu que l'avertissement prévu par l'article L. 621-43 du Code de commerce, lorsque le créancier est mis sous tutelle, doit être adressé à son tuteur; que la cour d'appel en a exactement déduit que, abstraction faite des motifs surabondants critiqués par les première et deuxième branches et hors de toute dénaturation, l'avertissement notifié exclusivement au domicile élu par Mme X... n'a pu faire courir le délai de déclaration de la créance; que le moyen, qui ne peut être accueilli en ses première et deuxième branches, n'est pas fondé pour le surplus; [...]. »

> Exceptions à l'incapacité totale du majeur en tutelle – Capacité naturelle du majeur en tutelle d'agir lui-même pour l'accomplissement des actes de la vie courante.

• **Civ. 1re, 3 juin 1980, n° 79-12.079,** *Bull. civ.* I, n° 172

* V. s^s n° 351.22

Le principe, posé à l'article 502 du Code civil, de l'incapacité complète du majeur en tutelle, ne fait pas obstacle à ce que, par application des dispositions combinées des articles 450 et 495 du même code, celui-ci puisse valablement accomplir certains actes de la vie courante pouvant être regardés comme autorisés par l'usage; qu'en l'espèce, le tribunal d'instance, après avoir relevé que Capdepuy ne conteste pas que la somme globale de 1 200 francs dont il demande le remboursement a fait l'objet de sept versements qui ne lui avaient jamais été réclamés, retient que ces versements doivent être considérés « comme minimes », compte tenu de la situation financière de Capdepuy et ont été opérés « en remerciement des multiples services » à lui rendus par Defos du Rau; en l'état de ces constatations et appréciations souveraines, le juge du fond a estimé que les versements litigieux, à supposer même qu'ils aient été faits dans une intention libérale, n'entraient pas dans le cadre des prévisions de l'article 502 du Code civil.

> Capacité testamenttaire du majeur en tutelle.

• **Civ. 1re, 8 mars 2017, n° 16-10.340,** *Bull. civ.* I, [à paraître]

* V. s^s^ n° 351.43

Attendu, selon l'arrêt attaqué (Lyon, 9 septembre 2015), que Georges X..., né le 31 janvier 1930, a été placé sous tutelle par jugement du 28 juin 2011, ses filles, Mmes Catherine et Tiina X..., étant respectivement désignées en qualité de tutrice et de subrogée tutrice;

Que, par ordonnance du 10 octobre 2012, le juge des tutelles l'a autorisé à tester, décision assortie de l'exécution provisoire; qu'après le décès de son père, survenu le 18 novembre 2013, Mme Tiina X... a interjeté appel de l'ordonnance du juge des tutelles;

Sur le moyen unique, pris en sa première branche :

Attendu que Mme Tiina X... fait grief à l'arrêt de rejeter la demande de production forcée du testament établi par Georges X... en 1997 et de confirmer l'ordonnance du juge des tutelles alors, selon le moyen, qu'il appartient au juge des tutelles, saisi d'une demande d'autorisation d'un majeur protégé à tester, de rechercher et vérifier l'intention de tester de ce majeur; qu'en affirmant « *qu'il ne s'agit ni d'examiner le contenu de l'un ou l'autre testament ni de rechercher les intentions de M. Georges X...* », la cour d'appel a violé l'article 476, alinéa 2, du code civil;

Mais attendu que la cour d'appel, qui a exactement rappelé qu'il ne lui incombait pas, à l'occasion de la demande d'autorisation dont elle était saisie, d'examiner le contenu de l'un ou l'autre des testaments établis par le majeur protégé, a relevé, par motifs adoptés, que celui-ci avait démontré, lors de son audition, être en capacité d'exprimer clairement sa volonté quant à ses dispositions testamentaires et que le projet de testament correspondait à ses souhaits; qu'elle a, par ces seuls motifs, légalement justifié sa décision;

Sur le même moyen, pris en ses cinq dernières branches, ci-après annexé :

Attendu que ces griefs ne sont manifestement pas de nature à entraîner la cassation;

PAR CES MOTIFS :

REJETTE le pourvoi.

351.03 Bibliographie indicative.

> Actes de la vie courante. J. MASSIP, *Tutelle des mineurs et protection juridique des majeurs*, Defrénois, 2009, n° 515 – J.-C. Montanier, « Les actes de la vie courante en matière d'incapacités », *JCP* 1982. I. 3076 – *J.-Cl. Civ.*, art. 467 à 476, fasc. 10, par Karm.

> Libéralités et successions. N. Couzigou-Suhas, « Le majeur vulnérable et la transmission de patrimoine », *Dr. fam.* 2014. Comm. 25 – P. Delmas Saint-Hilaire, « Successions et libéralités au profit de l'incapable majeur », *JCP N* 1999. 857; « Variations autour des libéralités et successions au profit des personnes vulnérables », *in* G. Raoul-Cormeil et J.-M. Plazy (dir.), *Le patrimoine de la personne protégée*, LexisNexis, 2015, p. 171 – T. Fossier et F. Fresnel, « De quelques interférences de la loi modernisant le droit des successions avec le droit des incapacités », *RJPF* 200-9/6, spéc. p. 8 – T. Fossier et L. Pécaut-Rivolier, « La protection des intérêts patrimoniaux », *AJ fam.* 2007. 170, spéc. testament et donation – J.-J. Lemouland, « Le testament de l'incapable (dans la loi du 23 juin 2006) », *Dr. fam.* nov. 2006, n° 48 – N. Peterka, « Les libéralités du majeur protégé dans la loi du 5 mars 2007 », *Dr. fam.* mai 2007. 30; « Les actes de bienfaisance du majeur protégé », *in* G. Raoul-Cormeil et J.-M. Plazy (dir.), *Le patrimoine de la personne protégée*, LexisNexis, 2015, p. 317 – G. Raoul-Cormeil, « L'incapable du nouveau droit des libéralités et des successions », *JCP N* 2007. 1202 – C. Rieubernet, « L'incidence du lien familial sur les incapacités de disposer et de recevoir par libéralité », *Dr. fam.* 2014. Étude 7 – D. Vigneau, « Libéralités et successions de l'incapable majeur », *JCP N* 1999. 850, spéc. 851-852.

351.04 Exemples d'actes.

> Tutelle des majeurs

* Pour un exemple d'ordonnance d'autorisation de résiliation du contrat de bail et de vente des meubles, v. s^s^ n° 5271.37.

* Pour un exemple d'autorisation de vente d'un immeuble (logement), v. s^s^ n° 5271.24.

* Pour un exemple d'autorisation de la vente d'un immeuble, v. s^s^ n° 5271.25.

* Pour un exemple de requête de souscription d'un emprunt, v. s^s^ n° 5271.27.

* Pour un exemple d'ordonnance d'autorisation de prélèvement et d'achat, v. s^s^ n° 5271.28.

* Pour un exemple d'ordonnance en acceptation pure et simple d'une succession, v. s^s^ n° 5271.32.

* Pour un exemple d'ordonnance d'acceptation d'une succession, de vente et de remploi des fonds, v. s^s^ n° 5271.33.

* Pour un exemple d'ordonnance autorisant la renonciation à succession, v. s^s^ n° 5271.35.

* Pour un exemple d'ordonnance en ouverture/clôture de comptes (C. civ., art. 427), v. s^s^ n° 5271.19.

* Pour un exemple de requête et d'ordonnance de placement de fonds, v. s^s^ n° 5271.29.

* Pour un exemple d'ordonnance arrêtant le budget de la tutelle (en cas de difficultés), v. s^s^ n° 5271.18.

* Pour un exemple d'inventaire de patrimoine, v. s^s^ n° 5271.11.

* Pour un exemple de comptes annuels de gestion, v. s^s^ n° 5271.12.

* Pour un exemple d'ordonnance autorisant la souscription d'un contrat-obsèques, v. s^s^ n° 5271.22.

* Pour un exemple d'ordonnance refusant la souscription d'un contrat-obsèques, v. s^s^ n° 5271.23.

SECTION 1
PRINCIPE DE L'INCAPACITÉ TOTALE DU TUTÉLAIRE (C. CIV., ART. 473, AL. 1er)

351.11 Incapacité d'exercice – Représentation du tutélaire dans tous les actes de la vie civile. À l'instar des anciens articles 450 et 495 du Code civil, l'article 473 alinéa 1er frappe le majeur en tutelle d'une incapacité d'exercice totale, en prévoyant, dans sa rédaction issue de la loi du 5 mars 2007[1], que « *sous réserve des cas où la loi ou l'usage autorise la personne en tutelle à agir elle-même, le tuteur la représente dans tous les actes de la vie civile* »[2]. Le texte fait écho à l'article 440, lequel énonce que « *la personne qui, pour l'une des causes prévues à l'article 425, doit être représentée d'une manière continue dans les actes de la vie civile, peut être placée en tutelle* », ainsi qu'à celles de l'article 496 alinéa 1er, suivant lequel « *le tuteur représente la personne protégée dans les actes nécessaires à la gestion de son patrimoine* ». Cette représentation s'effectue dans les conditions et selon les modalités prévues au titre XII du livre Ier du Code civil, relatif à la gestion du patrimoine des mineurs et des majeurs en tutelle (C. civ., art. 474). La loi procède ainsi à un **regroupement des règles de gestion**, en mettant un terme à la technique du renvoi global à la tutelle des mineurs, laquelle était utilisée par la loi du 3 janvier 1968[3] pour régir celle des majeurs. Pour autant, si la loi de 2007 a opéré, sur ce point, un effort certain de clarification des textes, ce dernier n'en est pas moins demeuré inachevé. En effet, l'article 408, lequel trouve place au sein d'une section du Code civil relative à la tutelle des mineurs, dispose, après avoir précisé que « *le tuteur représente* [le mineur] *dans tous les actes de la vie civile, sauf dans les cas où la loi ou l'usage autorise le mineur à agir lui-même* », que « *le tuteur gère les biens du mineur et rend compte de sa gestion conformément aux dispositions du titre XII* », renouant ainsi avec la technique du renvoi[4].

Sur le fond, trois critiques d'importance inégale peuvent être adressées à la réforme de 2007 :

- Celle, d'abord, d'avoir reconduit, dans la sphère patrimoniale, la règle de la représentation du majeur en tutelle, alors que d'autres modèles de protection sont offerts par les législations étrangères[5].

- Celle, ensuite, de ne pas conceptualiser la mission de représentation confiée au tuteur, laquelle continue d'être conçue comme une représentation fondée sur la volonté présumée de la personne protégée, cependant que les progrès de l'autonomie du majeur en tutelle, dont le respect figure au rang des principes directeurs du droit tutélaire, conduisent à en fragiliser les fondements[6].

- Celle, enfin, de ne pas envisager **l'articulation des pouvoirs du tuteur** avec ceux reconnus au **conjoint du tutélaire** par le régime primaire et son régime matrimonial (not., C. civ., art. 217, 219, 1426 et 1429)[7].

1. L. n° 2007-308, 5 mars 2007, portant réforme de la protection juridique des majeurs, *JO* 7 mars, p. 4325.
2. Pour une application de la règle, au sujet de l'avertissement adressé par le liquidateur d'une société au domicile élu de la créancière mise sous tutelle, et non pas à son tuteur, ce qui n'a pas pu faire courir le délai de déclaration de la créance : Com. 6 déc. 2011, n° 10-19.959, *Bull. civ.* IV, n° 200; *Dr. fam.* 2012, n° 34, obs. Maria; *RTD civ.* 2012. 292, obs. Hauser – Pour une application à l'avis délivré, en vertu de l'article R. 421-5 du Code des assurances, par l'assureur invoquant la nullité du contrat d'assurance à la victime sous tutelle et non pas à son tuteur : Crim. 10 mars 2015, n° 13-87.189, *Bull. crim.*, n° 48; *Dr. fam.* 2015, n° 110, obs. I. M.; *D.* 2015. 1580, obs. Lemouland; *RGDA* 2015. 251, note Landel.
3. L. n° 68-5, 3 janv. 1968, portant réforme du droit des incapables majeurs, *JO* 4 janv., p. 114.
4. *J.-Cl. Civ.*, art. 467 à 476, fasc. 10, par Karm, spéc. n° 28.
5. La protection juridique des majeurs, *Doc. Sénat*, Série Législation comparée, n° LC, 148, juin 2005 – A. Rieg, « L'"assistance" à des personnes handicapées : le modèle allemand », *Mél. D. Huet-Weiller*, PUS-LGDJ, 1994, p. 379.

SECTION 2

TEMPÉRAMENTS À L'INCAPACITÉ TOTALE DU TUTÉLAIRE

§ 1 Actes autorisés par la loi ou l'usage (C. civ., art. 473, al. 1er)

351.21 **Actes autorisés par la loi.** Si la réforme du 5 mars 2007 reconduit la règle de la représentation du majeur en tutelle, pour les actes relatifs à la gestion de son patrimoine, elle reprend pareillement les tempéraments qui l'accompagnent traditionnellement. C'est ainsi qu'elle réserve expressément le cas dans lequel la loi ou l'usage autorise le tutélaire à agir lui-même (C. civ., art. 473, al. 1er). La formule recouvre des actes aussi divers que le **testament** (C. civ., art. 476, al. 2) et, plus encore, les **actes strictement personnels**, lesquels relevant de la capacité naturelle de la personne protégée ne sont pas soumis à l'autorisation préalable du juge des tutelles et sont rétifs à toute assistance ou représentation. Il est, à vrai dire, regrettable que le législateur n'ait pas pris la précaution de définir cette notion (C. civ., art. 458). N'étant pas exhaustive, la liste de l'article 458 alinéa 2 laisse dans l'ombre une série d'opérations susceptibles de relever de cette catégorie, fussent-elles pourvues d'une dimension patrimoniale[8], et, par suite, d'échapper à la mission de représentation du tuteur à peine d'une

6. Plus l'autonomie du tutélaire gagne du terrain, plus s'émousse la justification des actes du tuteur par la volonté présumée du tutélaire : *J.-Cl. Civ.*, art. 503 à 509, par Peterka, spéc. n° 2 – Sur l'absence d'une théorie de la représentation légale des incapables en droit français, v. T. Fossier, « La représentation légale des incapables, une théorie à construire », *Dr. fam.* 2004. Étude 10 – *Adde*, T. Fossier et L. Pécaut-Rivolier, « La protection des intérêts patrimoniaux », *AJ fam.* 2007. 167.
7. Sur ce point, v. not., *J.-Cl. Civ.*, art. 467 à 476, fasc. 10, par Karm, spéc. n° 29.
8. Il pourrait en être ainsi, par exemple, de l'action en révocation d'une donation de biens présents entre époux (C. civ., anc. art. 1096, issu de L. 1803, et art. 1096, al. 2, mod. par L. n° 2006-728, 23 juin 2006).

nullité de droit (C. civ., art. 465, al. 1er, 4o). Il convient de souligner que la capacité ainsi reconnue au tutélaire conduit à frapper ce dernier, non sans paradoxe, d'une **véritable incapacité de jouissance** toutes les fois que n'étant pas doué d'un discernement suffisant, il ne peut agir lui-même. L'article 458 **interdit**, en effet, **pour ces actes la représentation et l'assistance du majeur par le tuteur** (C. civ., art. 458, al. 1er), cependant que la **nullité pour insanité d'esprit** fragilise l'acte accompli par le tutélaire privé d'un discernement suffisant (C. civ., art. 414-1 et 414-2). Il reste que l'article 458 étant inscrit au sein d'une sous-section consacrée aux « Effets de la curatelle et de la tutelle quant à la protection de la personne », son application à la sphère des **actes mixtes**, lesquels revêtent tout à la fois un caractère strictement personnel et un caractère patrimonial, demeure sujette à interrogations.

Il conviendrait, à notre sens, de permettre au tuteur d'accomplir ces actes, avec l'autorisation du juge des tutelles, dès lors qu'ils sont dictés par **l'intérêt du tutélaire.** L'article 415 alinéa 3 du Code civil, lequel élève la préservation de l'intérêt de la personne protégée au rang des principes directeurs de la réforme, fait en effet obstacle à ce que la mesure de protection tourne au détriment du majeur qui doit, tout au contraire, en bénéficier.

Le majeur sous tutelle bénéficie, par ailleurs, de sa **capacité juridique pour témoigner en justice.** Il n'en va différemment que s'il est établi qu'il souffrait d'insanité d'esprit au moment de la rédaction de l'attestation[1]. L'ouverture d'une mesure de tutelle à l'égard d'un témoin ne le prive donc pas de sa capacité juridique de témoigner, dès lors qu'il est doué d'un discernement suffisant. Le tempérament au principe suivant lequel « *chacun peut être entendu comme témoin* », tiré de l'incapacité de témoigner, n'est donc pas réductible au prononcé d'une tutelle. Ce tempérament se confond avec l'absence de lucidité du témoin, laquelle est laissée à l'appréciation du juge quant à la portée du témoignage reçu[2].

351.22 Actes autorisés par l'usage – Actes usuels et actes conservatoires. Consacrant la jurisprudence de la Cour de cassation[3], l'article 473 alinéa 1er tempère le principe de l'incapacité totale du majeur en tutelle dans les cas où l'usage l'autorise à agir lui-même. La formule recouvre non seulement les **actes de la vie courante** mais encore les **actes conservatoires** destinés à sauvegarder le patrimoine de la personne protégée (Décr. no 2008-1484, 22 déc. 2008, art. 3[4]). Construite à l'origine sur le fondement de l'idée d'un mandat tacite confié par le tuteur à la personne placée sous une mesure d'interdiction judiciaire[5], la **théorie des actes usuels** apparaît aujourd'hui comme une illustration de la maxime « *De minimis non curat praetor* ». Cela signifie que, pour les **actes modiques** au regard du patrimoine du tutélaire, l'usage reconnaît à la personne protégée une capacité naturelle dont la sphère s'étend tout à la fois aux **actes à titre onéreux**, pour peu qu'ils portent sur des sommes modestes nécessaires aux besoins de la vie courante[6], et aux **actes à titre gratuit**, ce qui vise, notamment, la catégorie des présents d'usage dont la modicité s'apprécie à la date où le cadeau est consenti et compte tenu de la fortune du disposant (C. civ., art. 852, al. 2)[7]. C'est dire que la théorie des actes de la vie courante repose, de manière cohérente, sur l'idée de modicité relative[8], laquelle – imprégnant d'une manière générale l'ensemble du droit des personnes et de la famille – justifie du fait de **l'innocuité de l'acte pour son auteur** l'éviction des règles de protection habituellement applicables[9]. Les conséquences de la qualification d'« acte de la vie courante autorisé par l'usage » légitiment que celle-ci soit soumise au **contrôle de la Cour de cassation**, les juges du fond étant tenus de rechercher, à peine d'encourir la cassation pour manque de base légale, si l'acte accompli par la personne en tutelle réunit les critères de cette notion[10].

351.23 Sanction des actes autorisés par la loi ou l'usage. S'agissant de la sanction des actes autorisés par la loi ou l'usage, une distinction s'impose. En effet, de deux choses l'une :

– *Soit l'acte ne relève pas de cette notion*, et il convient alors de faire application de règles gouvernant

1. Civ. 1re, 18 mars 2015, no 13-20.220, NP; *Dr. fam.* 2015, no 108, note Maria, rendu à propos d'un témoin sous curatelle mais transposable au témoin sous tutelle.
2. Maria, note préc. ss prést no 351.21.
3. Civ. 1re, 3 juin 1980, no 79-12.079, *Bull. civ.* I, no 172; *Defrénois* 1981, art. 380, note Massip.
4. Décr. no 2008-1484, 22 déc. 2008, relatif aux actes de gestion du patrimoine des personnes placées en curatelle ou en tutelle, et pris en application des articles 452, 496 et 502 du Code civil, art. 3, *JO* 31 déc., p. 20631.
5. Massip, no 515.
6. Tels que le versement entre les mains du majeur protégé de loyers résultant d'un bail d'habilitation conclu par ce dernier avant sa mise sous protection, v. Civ. 1re, 4 juill. 2012, no 11-18.637, NP; *Dr. fam.* 2012. Comm. 152, note I. M.; *JCP N* 2013. 1029, note Massip.
7. Civ. 1re, 10 mai 1995, no 93-15.187, *Bull. civ.* I, no 197; *RTD civ.* 1995. 662, obs. Patarin; *JCP* 1996. I. 3968, no 7, obs. Le Guidec.
8. Civ. 1re, 3 juin 1980, no 79-12.079, P (préc. ss prést no 351.22).
9. C. civ., art. 852, al. 2, excluant les présents d'usage du mécanisme du rapport successoral; Civ. 1re, 15 oct. 1963, *Bull. civ.* I, no 433 excluant les présents d'usage de l'ancienne règle de la révocation *ad nutum* des donations de biens présents entre époux – Sur tout ceci, v. not. *J.-Cl. Civ.*, art. 467 à 476, fasc. 10, par Karm, spéc. no 35.
10. Civ. 1re, 19 oct. 2004, no 02-15.035, *Bull. civ.* I, no 227; *Defrénois* 2005. 444, obs. Massip; *D.* 2006. Pan. 1575, obs. Lemouland; *RTD civ.* 2005. 103, note Hauser – J.-C. Montanier, « Les actes de la vie courante en matière d'incapacités », *JCP* 1982. I. 3076.

la sanction des actes faits par la personne protégée. Aussi, toutes les fois que le tutélaire aura agi lui-même, alors qu'il devait être représenté, l'acte encourra, à moins qu'il ait été confirmé par le tuteur, la **nullité de droit** sans qu'il soit nécessaire de justifier d'un préjudice subi par la personne protégée (C. civ., art. 465, al. 1er, 3°).

– Soit l'acte émarge à la catégorie des actes autorisés par la loi ou l'usage, et il reste alors « *sujet aux actions en rescision ou en réduction prévues à l'article 435 comme s'il avait été accompli par une personne placée sous sauvegarde de justice* » (C. civ., art. 465, al. 1er, 1°). Pour autant, ces **actions** ne paraissent envisageables que pour les seuls **actes autorisés par la loi**. Les actes de la vie courante autorisés par l'usage, lesquels sont par hypothèse modestes au regard du patrimoine du tutélaire, paraissent exclus, à tout le moins, de la réduction pour cause d'excès.

§ 2 Allègement de la tutelle (C. civ., art. 473, al. 2)

351.31 Individualisation de la tutelle en fonction du degré d'altération des facultés personnelles du majeur protégé ou à protéger. S'inspirant de l'ancien article 501 du Code civil, l'article 473 alinéa 2 permet au juge, dans sa version issue de la loi du 5 mars 2007, de procéder à un allègement de la tutelle en énumérant, dans le jugement d'ouverture ou ultérieurement, certains actes que la personne en tutelle aura la capacité de faire seule ou avec l'assistance du tuteur (C. civ., art. 473, al. 2). Peu utilisée sous l'empire de la loi de 1968 [1], la faculté du juge de procéder à un allègement de la tutelle trouve aujourd'hui un puissant renfort dans le **principe d'individualisation et de proportionnalité des mesures de protection**, lequel doit conduire le juge des tutelles à **ajuster la mesure** au degré d'altération des facultés personnelles de la personne protégée ou à protéger. Si bien que la tutelle allégée devrait en principe se multiplier, afin de tenir compte de la nature de la pathologie du majeur vulnérable ainsi que, le cas échéant, de son caractère cyclique ou évolutif [2].

351.32 Conditions de l'allègement de la tutelle – Exigence d'un certificat médical. Contrairement aux dispositions anciennes (C. civ., anc. art. 501, issu de L. n° 68-5, 3 janv. 1968), l'article 473 alinéa 2 n'exige plus l'avis du médecin traitant avant que le juge prononce une **tutelle allégée**. Pour autant, celui-ci ne saurait faire l'économie d'un **avis médical** et, cela, quel que soit le moment de l'allègement de la tutelle. En effet, lorsque ce dernier est décidé dans le jugement d'ouverture de la mesure, le juge ne peut le prononcer qu'au vu d'un certificat médical circonstancié joint à la requête à peine d'irrecevabilité de celle-ci (C. civ., art. 431 et 431-1). Lorsqu'il est mis en place après le prononcé de la tutelle, le juge n'est autorisé à modifier la mesure, sur requête émanant de l'entourage du tuteur ou du procureur de la République (C. civ., art. 430) ou au besoin d'office, qu'au vu d'un certificat médical et après avoir, en principe, entendu ou appelé la personne protégée et recueilli l'avis de son protecteur (C. civ., art. 442, al. 3 et 4). Quant au **renforcement de l'incapacité du tutélaire,** c'est-à-dire au passage d'une tutelle allégée à une tutelle ordinaire, celui-ci ne peut être décidé par le juge des tutelles, en application de l'article 442 alinéa 4 *in fine* du Code civil, que s'il est saisi d'une **requête** en ce sens respectant les conditions prévues aux articles 430 à 431-1 du Code civil. C'est dire que le juge n'est plus ici autorisé à se saisir d'office et que la requête déposée par l'entourage du majeur, la personne chargée de sa protection ou le parquet doit être accompagnée, à peine d'irrecevabilité, d'un **certificat médical circonstancié** rédigé par un **médecin choisi sur la liste** établie par le procureur de la République.

351.33 Publicité de la tutelle allégée. La décision portant allègement de la tutelle est soumise aux dispositions des articles 444 du Code civil et 1233 du Code de procédure civile, lesquels prescrivent la publicité des décisions portant **ouverture**, **modification** ou **mainlevée** de la tutelle par mention en marge de l'acte de naissance de la personne protégée. L'allègement de la tutelle n'est opposable aux tiers que **deux mois** après l'accomplissement de cette formalité, à moins qu'ils en aient personnellement connaissance (C. civ., art. 444) [3].

351.34 Domaine de la tutelle allégée quant aux actes et à la capacité du tutélaire. Le juge a toute liberté pour apprécier le domaine de l'allègement de la tutelle quant aux actes.

Sont visés, au premier chef, les **actes de gestion**, qu'il s'agisse d'actes d'administration ou d'actes de disposition, dès lors qu'ils ne revêtent pas un caractère strictement personnel (C. civ., art. 458 – v. ss n° 351.21). La portée de l'allègement peut être plus ou moins étendue, le juge pouvant permettre au majeur d'agir, pour les actes qu'il énumère, avec **l'assistance du tuteur** ou lui restituer une **pleine capacité d'exercice** en l'autorisant à agir non seulement lui-même mais aussi seul. C'est ainsi que, sous la législation

1. Les tutelles allégées ne représentaient, en 2004, que 0,2 % du nombre total des placements sous tutelle : Rapp. AN n° 3557, 10 janv. 2007, sur le projet de loi (n° 3462) portant réforme de la protection juridique des majeurs, par E. Blessig, p. 19.
2. Massip, n° 516.

3. Sur ceci, v. D. Noguéro, « La publicité des mesures de protection des majeurs (ouverture, vie et fin des mesures) », *Mél. J. Hauser*, LexisNexis-Dalloz, 2012, p. 467, spéc. p. 481.

ancienne, une personne en tutelle a été autorisée à ouvrir un compte bancaire et à y prélever mensuellement, pour ses besoins personnels, une somme de 30 000 francs[1]. On soulignera que, sous l'empire de l'ancien article 501, l'allègement de la tutelle pouvait être utilisé pour permettre au tutélaire de tester et, ainsi, contourner la règle de la nullité de droit du testament fait par le majeur en tutelle, dès lors que ce dernier était doué d'un **discernement suffisant** (C. civ., anc. art. 504)[2]. Le recours à ce procédé est désormais inutile, la personne en tutelle pouvant aujourd'hui faire seule son testament à la condition d'être munie de **l'autorisation préalable** du juge des tutelles ou du conseil de famille. La question se pose, par ailleurs, de savoir si le juge des tutelles peut **autoriser la personne protégée**, sur le fondement de l'article 473 alinéa 2, à accomplir **elle-même ou avec l'assistance du tuteur, un acte interdit à ce dernier** par l'article 509. Si aucun argument de texte ne s'y oppose, il n'en demeure pas moins que le recours à un allègement de la tutelle doit être utilisé ici avec une très grande précaution et, cela, en raison de la gravité des actes qui fonde leur interdiction (sur les actes interdits au tuteur, v. s^s n°s 355.10 s.).

S'agissant des **actes personnels**, le domaine potentiel de l'allègement de la tutelle se trouve considérablement réduit. Il l'est, d'une part, en raison de l'article 458 reconnaissant au tutélaire, dans la sphère des actes éminemment personnels, une capacité naturelle intangible et, d'autre part, de l'article 459 posant, pour les actes simplement personnels, notamment les actes médicaux, un principe d'autonomie graduée, sous réserve des dispositions du Code de la santé publique et du Code de l'action sociale et des familles prévoyant l'intervention d'un représentant légal (C. civ., art. 459-1). Le recours à la tutelle allégée présente, par ailleurs, un intérêt réduit en matière de **mariage**. Ce dernier requiert, en effet, l'autorisation du juge ou du conseil de famille (C. civ., art. 460, al. 2), cependant que la signature de la convention de **PACS** est soumise, quant à elle, à l'assistance du tuteur (C. civ., art. 462). Mais le tutélaire pourrait se voir restituer, totalement ou partiellement, sa capacité, sur le fondement de l'article 473 alinéa 2, afin de présenter lui-même, ou avec l'assistance du tuteur, une **demande en divorce** (C. civ., art. 249, al. 1er)[3].

351.35 Sanction des actes. La sanction des actes faits par la personne en tutelle allégée doit être envisagée à la lumière des dispositions des articles 414-1 et 414-2, d'une part, et de l'article 465, d'autre part.

Sur le premier point, on se souvient que l'ouverture d'une tutelle ne fait pas obstacle au jeu de la **nullité de droit pour insanité d'esprit** (C. civ., art. 466). L'autorisation du juge, donnée sur le fondement de l'article 473 alinéa 2, n'offre pas la garantie irréfutable de la lucidité du tutélaire au moment de l'acte, si bien qu'elle n'écarte pas tout risque de contestation ultérieure et ne fait pas échec à l'annulation éventuelle de l'opération pour insanité d'esprit[4].

Sur le second point, les **actes accomplis** par la personne protégée bénéficiant d'une **tutelle allégée** sont éligibles, à première vue, aux dispositions de l'article 465 alinéa 1er, 1° du Code civil. Ce dernier prévoit, en effet, que « *si la personne protégée a accompli seule un acte qu'elle pouvait faire sans l'assistance ou la représentation de la personne chargée de sa protection, l'acte reste sujet aux actions en rescision ou en réduction prévues à l'article 435 comme s'ils avaient été accomplis par une personne sous sauvegarde de justice* ». Pour autant, le texte exclut ces actions toutes les fois que l'acte a « *été expressément autorisé par le juge ou le conseil de famille s'il a été constitué* ». Doit-on en déduire que les actes effectués par la personne protégée en tutelle allégée, sur le fondement de l'article 473 alinéa 2, ne pourront jamais être réduits pour excès ou rescindés pour cause de lésion ? Il est certain que si une telle analyse devait prospérer, la protection du tutélaire en serait considérablement fragilisée, tant il est vrai que sa capacité ne lui est ici restituée sans qu'aucun projet d'accomplissement de l'opération n'ait été nécessairement soumis au juge[5]. À vrai dire, la condition tirée d'un acte « *expressément autorisé par le juge ou le conseil de famille* » devrait conduire, semble-t-il, à n'écarter ces actions que pour les seuls actes dont un **projet suffisamment précis** aura été **produit au juge** des tutelles ou, le cas échéant, au conseil de famille.

S'agissant des **actes faits par la personne protégée, seule**, alors que le juge des tutelles avait prescrit l'assistance du tuteur, la sanction réside dans la **nullité facultative**, laquelle se trouve subordonnée à la démonstration d'un **préjudice** subi par le majeur (C. civ., art. 465, alinéa 1er, 2°).

L'augmentation de la capacité du tutélaire trouve son prolongement dans la **restriction** corrélative des **pouvoirs du tuteur**. Les actes que ce dernier accomplit en violation de l'allègement de l'incapacité de la personne protégée encourent la **nullité de droit**, sans qu'il soit nécessaire ici de démontrer un préjudice subi par le tutélaire (C. civ., art. 465, al. 1er, 4°).

1. Civ. 1re, 10 oct. 1995, n° 93-19.422, NP; *Defrénois* 1996. 737, obs. Massip.
2. Civ. 1re, 29 mai 2001, n° 99-17.478, NP; *D.* 2002. Somm. 2167, obs. Lemouland; *JCP* 2002. II. 10172, note Courtois-Champenois; *Defrénois* 2001. 1358, obs. Massip.
3. Sur tout ceci, v. *J.-Cl. Civ.*, art. 467 à 476, fasc. 10, par Karm, spéc. n° 38.
4. Civ. 1re, 20 oct. 2010, n° 09-13.635, *Bull. civ.* I, n° 209; *JCP N* 2011. 1008, note Coutant-Lapalus; *D.* 2010. Actu. 2759, obs. Talarico; *D.* 2011. 50 note Raoul-Cormeil; *Dr. fam.* 2010, n° 191, note Maria; *LPA* 19 janv. 2001, p. 13, note Lisa; *AJ fam.* 2011. 14, note Martel; *Defrénois* 2011. 832, obs. Massip; *RTD civ.* 2011. 103, obs. Hauser.
5. EN CE SENS : *J.-Cl. Civ.*, art. 467 à 476, fasc. 10, par Karm, spéc. n° 38.

§ 3
Aménagement de la capacité de disposer à titre gratuit (C. civ., art. 476)

A.
Capacité testamentaire du majeur en tutelle

351.41 **Validité de principe du testament rédigé par le tutélaire avant l'ouverture de la tutelle.** La réforme du 5 mars 2007 reconduit la règle traditionnelle suivant laquelle le testament fait par le majeur protégé antérieurement à l'ouverture de la tutelle reste valable à moins qu'il ne soit établi que, depuis l'ouverture de la mesure, la cause qui avait déterminé le testateur à disposer a disparu (C. civ., art. 476, al. 4. - C. civ., art. 504, al. 3, mod. par L. n° 2006-728, 23 juin 2006. - C. civ., anc. art. 504, al. 2, issu de L. n° 68-5, 3 janv. 1968). Toutefois, le majeur sous tutelle peut désormais seul révoquer le testament fait avant l'ouverture de la tutelle, ce qui est une innovation (C. civ., art. 476, al. 3, mod. par L. n° 2007-308, 5 mars 2007 - C. civ., art. 504, al. 1er, mod. par L. n° 2006-728, 23 juin 2006 - v. ss n° 351.44).

351.42 **Renforcement progressif de la capacité testamentaire du majeur en tutelle.** Sous l'empire de la loi du 3 janvier 1968, les règles gouvernant la capacité testamentaire du tutélaire reposaient sur un double fondement. Celui, d'abord, de l'esprit de défiance qui imprégnait, à cette époque, le droit des libéralités, lequel justifiait, dans le cas de la tutelle, un renforcement des règles ordinaires de capacité. Celui, ensuite, du caractère essentiellement personnel du testament, lequel interdit d'imposer au testateur l'assistance et, *a fortiori*, la représentation du tuteur. Si bien que l'alternative se réduisait, en cette matière, entre la pleine capacité et l'incapacité de jouissance. Le législateur avait retenu la seconde branche de cette option en frappant le **testament fait par la personne protégée, après l'ouverture de la tutelle**, de la **nullité de droit** (C. civ., art. 504, issu de L. n° 68-5, 3 janv. 1968).

Les dispositions nouvelles assouplissent considérablement la capacité testamentaire du majeur en tutelle[1] en prenant, sur ce point, le contre-pied de la législation ancienne. L'évolution s'est effectuée en plusieurs étapes.

• Dans un premier temps, la loi n° 2006-728 du 23 juin 2006, portant réforme des successions et des libéralités, est venue apporter un **tempérament** à la règle de la nullité de droit du testament du majeur en tutelle, en permettant à ce dernier de **tester avec l'autorisation préalable du juge des tutelles ou du conseil de famille et l'assistance du tuteur** (C. civ., anc. art. 504, mod. par L. n° 2006-728, 23 juin 2006)[2]. À vrai dire, l'extension de la capacité testamentaire ainsi reconnue au majeur en tutelle se situait dans le prolongement de l'ancien article 501, lequel reconnaissait au juge des tutelles la faculté d'autoriser la personne protégée, dans le cadre d'un allègement de la tutelle, à faire un acte, et notamment un testament[3], elle-même soit seule, soit avec l'assistance du tuteur.

• La loi du 5 mars 2007 a dans un second temps parachevé l'évolution amorcée en 2006, tout en la corrigeant. Elle supprime, d'abord, plus nettement que ne le faisait la réforme des successions, l'ancienne incapacité de jouissance du majeur en tutelle pour étendre sans ambiguïté, au domaine du testament, le principe de l'incapacité d'exercice. Elle procède, ensuite, à l'aménagement de cette dernière en tenant compte du caractère éminemment personnel du testament, lequel ne pouvait se satisfaire de la règle de l'assistance de la personne protégée par le tuteur. Désormais, le tutélaire **peut faire seul son testament** pourvu qu'il soit muni, à peine de nullité de l'acte, de **l'autorisation du juge des tutelles ou du conseil de famille.** La représentation et l'assistance par le tuteur sont expressément interdites (C. civ., art. 476, al. 2). C'est dire que le juge des tutelles ne dispose plus, aujourd'hui, de la faculté d'autoriser la personne en tutelle à tester, dans le cadre d'un allègement de la tutelle, avec l'assistance de son protecteur. Les dispositions de l'article 476 alinéa 2 dérogent sur ce point, en tant que règles spéciales au testament, aux dispositions plus générales de l'article 473 alinéa 2. S'agissant de la sanction de l'interdiction faite au tuteur de représenter ou d'assister la personne protégée à l'occasion de la confection de son testament, il convient de se référer, en l'absence de dispositions particulières, à l'article 465 alinéa 1er, 4° lequel sanctionne, on le sait, les dépassements de pouvoirs du protecteur par la **nullité de droit**.

Les réformes successives imposent d'être particulièrement vigilant sur le terrain du **droit transitoire**. Il convient d'appliquer, en la matière, les **règles de capacité en vigueur au jour de la rédaction du testament.**

Aussi, le testament fait par un majeur en tutelle avant le 1er janvier 2007 demeure nul de droit, cependant que celui rédigé entre cette date et le 1er janvier 2009 n'est valable que si le majeur en tutelle était tout à la fois muni de l'autorisation du juge des tutelles et assisté du tuteur. Les dispositions de l'article 476, alinéa 2 régissent, quant à elles, les actes faits depuis le 1er janvier 2009.

Les dispositions gouvernant la capacité testamentaire du majeur en tutelle ne sont pas applicables à la souscription d'un contrat d'assurance-vie, ni à la

1. SUR CE SUJET, v. N. Peterka, « Les libéralités du majeur protégé dans la loi du 5 mars 2007 », *Dr. fam.* 2007. Étude 20.

2. J.-J. Lemouland, « Le testament de l'incapable (dans la loi du 23 juin 2006) », *Dr. fam.* nov. 2006. 28.

3. Civ. 1re, 29 mai 2001, n° 99-17.478, NP (préc. ss n° 351.34).

modification de la clause bénéficiaire[1], lesquelles obéissent à leurs règles propres (sur ce point, v. s[s] n°s 354.101 à 354.107)[2].

351.43 Conditions et portée de l'autorisation du juge des tutelles. L'article 476 alinéa 2 du Code civil ne subordonne l'autorisation de tester délivrée par le juge des tutelles à aucune condition particulière. Pour autant, il serait inexact d'en déduire que ce magistrat dispose, en cette matière, d'un pouvoir discrétionnaire. Les progrès de la capacité testamentaire du majeur en tutelle traduisent, en effet, le rôle éminent accordé à la **volonté de la personne vulnérable** par le nouveau droit des majeurs protégés. Si bien que celle-ci doit être respectée dès lors que le juge a pu constater, après avoir **entendu la personne** protégée et, le cas échéant, prescrit un **examen médical**, qu'elle s'est manifestée dans des conditions suffisantes de lucidité et de discernement[3]. Le juge pourra tenir compte, notamment, des actes faits antérieurement par la personne protégée, ainsi que des sentiments exprimés par elle avant et depuis l'ouverture de la mesure de protection. La Cour de cassation précise, conformément au paradigme du respect de la volonté et des préférences de la personne protégée, que le juge n'a pas, à l'occasion de la demande d'autorisation dont il est saisi, à examiner le contenu de l'un ou l'autre des testaments établis par le majeur protégé[4].

Il reste que l'autorisation du juge des tutelles ou du conseil de famille n'immunise pas le testament du tutélaire contre le **risque d'une action en nullité** exercée, par les héritiers *ab intestat* ou les légataires universels, sur le fondement de l'insanité d'esprit (C. civ., art. 901)[5]. Le risque d'une telle action est d'autant plus grand que la tutelle ouverte à l'égard du testateur est de nature à faciliter la preuve d'un trouble mental en faisant présumer son état habituel de démence à l'époque de la rédaction de l'acte (v. s[s] n° 351.42). Aussi paraît-il difficilement concevable, à peine de fragiliser les dernières volontés de la personne protégée, de faire ici l'économie d'un **certificat médical contemporain à la rédaction du testament.** Ces considérations devraient par ailleurs encourager le juge à **prescrire le recours au testament notarié**[6]. L'article 476 alinéa 2 ne fait, en effet, nullement obstacle à ce que l'autorisation judiciaire soit subordonnée à une telle condition, laquelle présente le moyen le plus sûr, à défaut d'en offrir la garantie irréfutable[7], de s'assurer du discernement suffisant de la personne protégée au moment de la confection du testament[8].

351.44 Révocation du testament par le majeur en tutelle. La loi du 5 mars 2007 a renforcé, corrélativement à la capacité testamentaire du majeur en tutelle, sa capacité de révoquer cet acte. Sous l'empire de la législation ancienne, le testament du tutélaire bénéficiait d'une quasi-irrévocabilité, en raison tout à la fois de l'incapacité de la personne protégée d'en révoquer les dispositions et du caractère éminemment personnel du droit de révocation qui en interdit l'exercice par le tuteur. Seule la nullité du testament pour disparition de la cause ayant déterminé le disposant à tester permettait de préserver la révocabilité de cet acte qui relève, pourtant, de son essence (C. civ., art. 895).

Sur ce point, le souci de respecter les dernières volontés de la personne protégée a conduit le législateur à opérer un bouleversement radical des règles de capacité. Désormais, la personne en tutelle « *peut seule révoquer son testament fait avant ou après l'ouverture de la tutelle* » (C. civ., art. 476, al. 3 - v. déjà en ce sens, C. civ., art. 504, al. 1er, mod. par L. n° 2006-728, 23 juin 2006). Aucune autorisation du juge des tutelles n'est ici requise, dès lors que la révocation ne s'insère pas dans un nouveau testament. C'est dire que l'utilité de la règle de la nullité du testament pour disparition de la cause s'émousse, toutes les fois que la personne en tutelle est douée d'un **discernement suffisant** pour y procéder. Il sera judicieux, à cet égard, de faire établir, comme à l'occasion de la rédaction du testament, un **certificat médical** afin de parer à une éventuelle **action en nullité de la révocation pour trouble mental** (C. civ., art. 414-1).

351.45 Incapacité de recevoir à titre gratuit frappant certains professionnels. La loi du 5 mars 2007 a étendu, à l'article 909 du Code civil, l'incapacité de recevoir à titre gratuit frappant, depuis 1804, le médecin et le pharmacien ayant prodigué des soins à une personne pendant sa dernière maladie en relation avec celle-ci[9], à l'ensemble des membres des **professions médicales** et de la **pharmacie**, ainsi qu'aux **auxi-**

1. Civ. 1re, 11 juin 1996, n° 94-16.723, *Bull. civ.* I, n° 249; *D.* 1998. 20, note Delmas Saint-Hilaire; *Defrénois* 1996. 1355, obs. Massip; *RTD civ.* 1996. 877, obs. Hauser.
2. Sur la capacité exigée pour la conclusion, en qualité de mandant, d'un mandat à effet posthume, v. *J.-Cl. Civ.*, art. 503 à 509, par Peterka, spéc. n°s 189 à 191.
3. Civ. 1re, 8 mars 2017, n° 16-10.340, *Bull. civ.* I [à paraître].
4. Civ. 1re, 8 mars 2017, n° 16-10.340, P (préc. s[s] prés[t] n°).
5. Reims, 19 juin 2009, RG n° 08/01212, *Dr. fam.* 2010, n° 31; pour un testament rédigé antérieurement au placement du testateur sous curatelle.
6. Dans le cadre de l'ancien art. 501, v. Civ. 1re, 29 mai 2001, n° 99-17.478, NP (préc. s[s] n°s 351.34 et 351.42).
7. La procédure d'inscription de faux n'est pas applicable à la démonstration de l'insanité d'esprit, laquelle peut être prouvée en dépit des énonciations de l'acte authentique relatant que le testateur déclare être sain d'esprit et comprendre ce qu'il fait : Civ. 1re, 25 mai 1987, n° 85-18.684, *Bull. civ.* I, n° 171; *D.* 1988. Jur. 79, note Breton.
8. M. Grimaldi, *Droit civil. Les libéralités. Partages d'ascendants*, Litec, 2000, n° 1046.
9. Sur la notion de médecin prodiguant des soins pendant le cours de la dernière maladie, v. not. Civ. 1re, 4 nov. 2010, n° 07-21.303, *Bull. civ.* I, n° 222.

liaires médicaux. Ces professionnels ne peuvent profiter des dispositions entre vifs ou testamentaires que leur patient aurait faites en leur faveur pendant le cours de la dernière maladie dont il est décédé[1] (C. civ., art. 909, al. 1er).

De la même façon, les **mandataires judiciaires à la protection des majeurs (MJPM** – C. civ., art. 909, al. 2), ainsi que les employés de maison accomplissant des services d'assistance à la personne, les personnes physiques propriétaires, gestionnaires, administratrices ou employées d'un établissement ou d'un service soumis à autorisation ou à déclaration, ainsi que les bénévoles ou volontaires qui exercent une tâche ou une responsabilité dans l'établissement ou le service, ne peuvent profiter de libéralités de la part des personnes dont ils assurent la protection, l'accompagnement ou l'accueil (CASF, art. L. 116-4 – v. ss nos 335.52 s.).

Ces incapacités de recevoir à titre gratuit s'appliquent tant en matière de testament que de donations.

B.
Capacité du majeur en tutelle de faire des donations

351.51 Renforcement progressif de la capacité du majeur en tutelle en matière de donations. La capacité de faire des donations du majeur en tutelle bénéficie, à l'aune de la réforme du 5 mars 2007, d'un progrès comparable à celui de sa capacité testamentaire[2].

Sous l'empire de la loi du 3 janvier 1968, la défiance du Code civil à l'égard des libéralités et le souci de protéger le donateur sous tutelle, conduisait à n'autoriser le **tuteur** à effectuer des donations au nom du tutélaire qu'après y avoir été **autorisé** par le juge des tutelles ou le conseil de famille et au seul profit des **descendants** de la personne protégée, pourvu qu'elles fussent alors consenties en avancement de part successorale[3], et de son **conjoint** (C. civ., art. 505, issu de L. no 68-5, 3 janv. 1968)[4].

Sur ce point, *la loi du 23 juin 2006*, portant réforme des successions et des libéralités, a opéré un premier progrès en étendant le cercle des personnes susceptibles de bénéficier d'une donation du majeur en tutelle à l'ensemble de ses **collatéraux privilégiés**, c'est-à-dire à ses frères et sœurs ainsi qu'à leurs descendants (C. civ., art. 505, mod. par L. no 2006-728, 23 juin 2006).

La *loi du 5 mars 2007* est dans un second temps revenue sur cette règle en mettant un terme à la règle du caractère exclusivement familial des donations du tutélaire. Ce dernier peut désormais effectuer des donations **au profit de toute personne**, dès lors qu'il est muni de **l'autorisation du juge des tutelles ou du conseil de famille** et qu'il est **assisté**, ou au besoin **représenté**, par le tuteur (C. civ., art. 476, al. 1er).

Cette disposition n'est pas sans illustrer les profondes transformations qui traversent le **droit des libéralités et le droit tutélaire**. Qu'il s'agisse du recul de la défiance traditionnelle à l'égard des premières, laquelle s'émousse, dans la réforme de 2006, à la faveur des progrès de la liberté de disposer à titre gratuit et des techniques d'anticipation successorale, ou de la promotion de la volonté du majeur protégé, dont la préservation incarne l'un des piliers de la réforme de 2007. S'il est vrai que les dispositions anciennes permettaient au juge des tutelles, dans le cadre d'un allègement de la tutelle, d'autoriser le majeur protégé à consentir une donation au-delà du cercle étroit de sa proche famille (C. civ., art. 501, issu de L. no 68-5, 3 janv. 1968), l'article 476 alinéa 1er n'en traduit pas moins, sur le plan des principes, un progrès considérable de la volonté de la personne protégée, en ce qu'il lui **permet d'exprimer son intention libérale sans passer par le canal d'un allègement de la tutelle**. Il est particulièrement remarquable, à cet égard, que le **tuteur** ne se trouve ici investi que d'une simple **mission d'assistance**, la représentation du majeur en tutelle étant subordonnée à la constatation par le juge de l'insuffisance de l'assistance du majeur.

351.52 Conditions et portée de l'autorisation du juge des tutelles. À l'instar de l'autorisation de tester, celle de consentir une donation n'est soumise à aucune condition particulière par l'article 476 alinéa 1er. Pour autant, le juge des tutelles, qui dispose ici d'un pouvoir souverain mais non discrétionnaire, est tenu, comme en matière testamentaire, de s'assurer de la réalité et de l'intégrité de l'intention libérale exprimée par la personne en tutelle. Si bien qu'il ne peut l'autoriser à passer l'acte qu'après l'avoir **entendue** et s'être fait communiquer un **certificat médical** propre à attester de son **discernement**. L'établissement d'un tel certificat est au demeurant fort utile pour faire échec à une éventuelle action en nullité de la donation pour trouble mental (C. civ., art. 901). Les éléments ainsi recueillis doivent permettre au juge de décider non seulement si la personne protégée est en mesure de consentir à la donation projetée mais encore si elle doit être, à cet effet, assistée ou représentée par son tuteur. La prudence commande, à notre sens, de prescrire ici le **recours à la donation**

1. Civ. 1re, 1er juill. 2003, no 00-15.786, NP; *D.* 2003. 2404, concl. Sainte-Rose; *Defrénois* 2004. 31, note Peterka; *RGDA* 2004. 157, note Mayaux.
2. Sur le sujet, v. N. Peterka, « Les actes de bienfaisance du majeur protégé », *in* G. Raoul-Cormeil et J.-M. Plazy (dir.), *Le patrimoine de la personne protégée*, LexisNexis, 2015, p. 317.
3. Dans ces conditions, les petits-enfants pouvaient avoir la qualité de donataire dès lors qu'ils venaient en représentation de leur parent prédécédé : Civ. 1re, 14 janv. 2003, no 00-15.573, NP; *JCP N* 2003. 1888, note Plazy; *RTD civ.* 2003. 268, obs. Hauser.
4. D. Vigneau, « Libéralités et succession de l'incapable majeur », *JCP N* 1999. 850, spéc. 851-852.

notariée. La clandestinité des donations atypiques – en particulier celle des dons manuels – paraît, en effet, peu propice à la préservation des intérêts du tutélaire. Sur ce terrain, la jurisprudence imposait au juge des tutelles, sous l'empire de la loi ancienne, de **motiver** sa décision en démontrant que la **donation envisagée** était **compatible avec les intérêts du majeur protégé** [1]. Cette exigence doit être bien sûr maintenue, à l'aune de la loi de 2007, laquelle impose de trouver un constant équilibre entre le respect de la volonté et de l'autonomie du majeur, d'une part, et la préservation de son intérêt, d'autre part (C. civ., art. 415) [2].

351.53 Sanction des règles de capacité en matière de donations. Il convient de distinguer, s'agissant de la sanction de la donation faite en méconnaissance de l'article 476 alinéa 1er, d'une part, le **défaut d'assistance ou de représentation** du tutélaire, et, d'autre part, le **défaut d'autorisation judiciaire**.

Sur le premier point, la donation faite par le majeur en tutelle seul alors qu'il aurait dû être, aux termes de l'ordonnance du juge des tutelles, **assisté** par le tuteur est entachée d'une **nullité facultative** dont le prononcé est soumis à la démonstration d'un **préjudice** subi par la personne protégée (C. civ., art. 465, al. 1er, 2°). À vrai dire, le caractère essentiellement gratuit de la donation devrait suffire à caractériser ici le préjudice. La sanction se transforme en une **nullité de droit**, sans que soit alors requise la démonstration d'un préjudice, toutes les fois que le juge avait prescrit la **représentation** du majeur par le tuteur (C. civ., art. 464, al. 1er, 3°).

Sur le second point, la donation consentie par le tuteur, sans l'autorisation du juge des tutelles, caractérise un **dépassement de pouvoirs** éligible à la **nullité de droit** (C. civ., art. 465, al. 1er, 4°).

Reste le cas, sans doute le plus fréquent en pratique, de la donation faite par le majeur en tutelle, telle qu'un don manuel, sans que le juge des tutelles ni le tuteur n'en ait été préalablement informé. La sanction consiste-t-elle, en pareille hypothèse, dans la nullité facultative (C. civ., art. 465, al. 1er, 2°) ou dans la nullité de droit (C. civ., art. 465, al. 1er, 3°) ? La loi posant le principe de l'assistance du majeur en tutelle pour accomplir une donation, il semble que la **nullité facultative** doive être privilégiée. Pour autant, elle ne fait nullement obstacle à ce que soit aussi invoquée la **nullité pour insanité d'esprit**, laquelle s'impose au juge dès lors que les conditions en sont réunies (C. civ., art. 466 et 901).

S'il est certain que ces sanctions trouveront leur domaine d'élection en matière de **donations non notariées** (dons manuels, donations indirectes, donations déguisées), encore faut-il, pour qu'elles soient prononcées, que la **preuve** de la libéralité soit rapportée et que cette dernière ne s'analyse pas comme un **présent d'usage** ou une **donation rémunératoire ou avec charges**. Le premier relève en effet, du fait de son innocuité patrimoniale, de la sphère de la capacité naturelle du tutélaire (C. civ., art. 473, al. 1er), cependant que la seconde échappe aux règles des donations toutes les fois qu'elle s'analyse, en raison de l'équivalence entre le montant de l'émolument et celui de la charge ou du service rendu, non pas comme une libéralité mais comme un acte à titre onéreux.

§ 4
Aménagement de la capacité du majeur en tutelle en matière de conventions matrimoniales

351.61 Conventions matrimoniales conclues avant la célébration du mariage – Assistance du majeur en tutelle. La loi du 5 mars 2007 a modifié les règles de capacité gouvernant la conclusion des conventions matrimoniales. Sous l'empire de la loi du 3 janvier 1968, le majeur en tutelle ou en curatelle ne pouvait passer de conventions matrimoniales sans être **assisté, dans le contrat, de ceux qui devaient consentir à son mariage**. Tenant compte des nouvelles dispositions relatives au mariage de la personne en tutelle ou en curatelle (C. civ., art. 460 – Comp. C. civ., anc. art. 506 et 514), la nouvelle rédaction de l'article 1399 du Code civil soumet la conclusion des conventions matrimoniales par le majeur en tutelle ou en curatelle à **l'assistance, dans le contrat, du tuteur ou du curateur**. Il convient ici de faire application de la disposition générale de l'article 467 alinéa 2 relative à l'assistance par le curateur. C'est dire que celle-ci se traduira par l'apposition de la signature du protecteur, sur le contrat de mariage, à côté de celle de la personne protégée.

L'assistance du majeur est sanctionnée par la **nullité de la convention**, laquelle peut être poursuivie dans l'année du mariage, soit par la personne protégée, soit par le tuteur ou le curateur, « *soit par ceux dont le consentement était requis* ». Cette dernière précision est, à l'évidence, une scorie de la loi. La nouvelle rédaction de l'article 1399 ne subordonne plus la conclusion des conventions matrimoniales par le majeur en tutelle ou en curatelle à « *l'assistance de ceux qui doivent consentir à son mariage* ».

L'article 1399 a vocation à s'appliquer à toutes les conventions matrimoniales et, notamment, à **l'institution contractuelle par contrat de mariage**. Pour autant, s'il en régit la conclusion, le texte n'a pas vocation à jouer, lors de son ouverture, au décès de l'instituant. C'est alors aux règles, plus strictes, relatives à l'accepta-

1. Civ. 1re, 14 janv. 2003, n° 00-15.573, NP (préc. ss n° 351.51).
2. Douai, 5 oct. 2012, RG n° 12/03322, *Dr. fam.* 2012, n° 173, note Maria. En l'espèce, la personne protégée bénéficiait d'avoirs suffisants pour couvrir ses frais d'hébergement en maison de retraite jusqu'à son décès.

tion des legs qu'il convient de se référer (C. civ., art. 507-1 - Décr. n° 2008-1484, 22 déc. 2008).

351.62 Changement de régime matrimonial – Autorisation du juge des tutelles ou du conseil de famille. La loi du 5 mars 2007 a ajouté aux dispositions de l'article 1397, consacré aux conditions du changement de régime matrimonial, un septième alinéa afin d'en préciser les règles de capacité. Ces dernières font ici l'objet d'un durcissement remarquable. En effet, le **changement ou la modification du régime matrimonial** est désormais soumis à **l'autorisation** préalable du juge des tutelles ou du conseil de famille, s'il a été constitué, dès lors que « *l'un ou l'autre des époux fait l'objet d'une mesure de protection juridique dans les conditions prévues au titre XI du livre Ier* ». La formule soulève, on le sait, des difficultés d'interprétation en ce qu'elle semble viser toutes mesures de protection, même celles qui n'entraînent aucune perte de capacité pour la personne protégée, cependant que telle ne semble pas avoir été l'intention véritable du législateur (sur ce point, v. not. ss n° 343.34).

La **requête en homologation** intervenant à la suite de l'opposition d'un créancier ou d'un enfant majeur ou en présence d'un enfant mineur renvoie, quant à elle, à la délicate question de la distinction **des actions en justice à caractère patrimonial et** des actions en justice **à caractère extrapatrimonial**, lesquelles impliquent seules l'autorisation préalable du juge des tutelles ou du conseil de famille (C. civ., art. 504, al. 2). Pour autant, la soumission de cette requête à une nouvelle autorisation du juge des tutelles, alors que ce dernier a déjà, par hypothèse, autorisé le changement de régime matrimonial constituerait un alourdissement inutile de la procédure. La signature de la convention modificative implique, quant à elle, l'assistance du majeur par le tuteur sous la sanction de la nullité (C. civ., art. 1399) [1].

1. *J.-Cl. Civ.*, art. 503 à 509, par Peterka, nos 119 s.

CHAPITRE

352. Principes communs, modalités et contrôle de la gestion en matière patrimoniale

SECTION 0 ORIENTEUR

352.00 Plan du chapitre.

352.01 Textes applicables.

TEXTES LÉGISLATIFS ET RÉGLEMENTAIRES NOUVEAUX

• L. n° 2016-1547, 18 nov. 2016, de modernisation de la Justice du XXIe siècle, *JO* 19 nov., texte n° 1.

TEXTES SOURCES

> Principes communs de gestion patrimoniale

+ L. n° 2007-308, 5 mars 2007

C. civ., art. 455, 473, 496, 501

> Comptes de gestion de la tutelle

+ L. n° 2007-308, 5 mars 2007

+ L. n° 2016-1547, 18 nov. 2016

C. civ., art. 510 à 514

> Actes de gestion du patrimoine des personnes placées en curatelle et en tutelle

+ Décr. n° 2008-1484, 22 déc. 2008, art. 1 à 7, Annexes 1 et 2

TEXTES *IN EXTENSO*

> Principes communs de gestion patrimoniale

[C. civ., art. 455, 473, 496 et 501]

+ L. n° 2007-308, 5 mars 2007, art. 7 et 8

C. civ., art. 455 (*mod. par L. n° 2007-308, 5 mars 2007, art. 7*)

En l'absence de subrogé curateur ou de subrogé tuteur, le curateur ou le tuteur dont les intérêts sont, à l'occasion d'un acte ou d'une série d'actes, en opposition avec ceux de la personne protégée ou qui ne peut lui apporter son assistance ou agir pour son compte en raison des limitations de sa mission fait nommer par le juge ou par le conseil de famille s'il a été constitué un curateur ou un tuteur *ad hoc*.

Cette nomination peut également être faite à la demande du procureur de la République, de tout intéressé ou d'office.

C. civ., art. 473 (*mod. par L. n° 2007-308, 5 mars 2007, art. 7*)

Sous réserve des cas où la loi ou l'usage autorise la personne en tutelle à agir elle-même, le tuteur la représente dans tous les actes de la vie civile.

Toutefois, le juge peut, dans le jugement d'ouverture ou ultérieurement, énumérer certains actes que la personne en tutelle aura la capacité de faire seule ou avec l'assistance du tuteur.

C. civ., art. 496 (*mod. par L. n° 2007-308, 5 mars 2007, art. 8*)

Le tuteur représente la personne protégée dans les actes nécessaires à la gestion de son patrimoine.

Il est tenu d'apporter, dans celle-ci, des soins prudents, diligents et avisés, dans le seul intérêt de la personne protégée.

La liste des actes qui sont regardés, pour l'application du présent titre, comme des actes d'administration relatifs à la gestion courante du patrimoine et comme des actes de disposition qui engagent celui-ci de manière durable et substantielle est fixée par décret en Conseil d'État.

C. civ., art. 501 (*mod. par L. n° 2007-308, 5 mars 2007, art. 8*)

Le conseil de famille ou, à défaut, le juge détermine la somme à partir de laquelle commence, pour le tuteur, l'obligation d'employer les capitaux liquides et l'excédent des revenus.

Le conseil de famille ou, à défaut, le juge prescrit toutes les mesures qu'il juge utiles quant à l'emploi ou au remploi des fonds soit par avance, soit à l'occasion de chaque opération. L'emploi ou le remploi est réalisé par le tuteur dans le délai fixé par la décision qui l'ordonne et de la manière qu'elle prescrit. Passé ce délai, le tuteur peut être déclaré débiteur des intérêts.

Le conseil de famille ou, à défaut, le juge peut ordonner que certains fonds soient déposés sur un compte indisponible.

Les comptes de gestion du patrimoine de la personne protégée sont exclusivement ouverts, si le conseil de famille ou, à défaut, le juge l'estime nécessaire compte tenu de la situation de celle-ci, auprès de la Caisse des dépôts et consignations.

> Comptes de gestion de la tutelle
[C. civ., art. 510 à 514]
+ L. n° 2007-308, 5 mars 2007, art. 8
+ L. n° 2016-1547, 18 nov. 2016, art. 16

C. civ., art. 510 (*mod. par L. n° 2007-308, 5 mars 2007, art. 8*)
Le tuteur établit chaque année un compte de sa gestion auquel sont annexées toutes les pièces justificatives utiles.

À cette fin, il sollicite des établissements auprès desquels un ou plusieurs comptes sont ouverts au nom de la personne protégée un relevé annuel de ceux-ci, sans que puisse lui être opposé le secret professionnel ou le secret bancaire.

Le tuteur est tenu d'assurer la confidentialité du compte de gestion. Toutefois, une copie du compte et des pièces justificatives est remise chaque année par le tuteur à la personne protégée lorsqu'elle est âgée d'au moins seize ans, ainsi qu'au subrogé tuteur s'il a été nommé et, si le tuteur l'estime utile, aux autres personnes chargées de la protection de l'intéressé.

En outre, le juge peut, après avoir entendu la personne protégée et recueilli son accord, si elle a atteint l'âge précité et si son état le permet, autoriser le conjoint, le partenaire du pacte civil de solidarité qu'elle a conclu, un parent, un allié de celle-ci ou un de ses proches, s'ils justifient d'un intérêt légitime, à se faire communiquer à leur charge par le tuteur une copie du compte et des pièces justificatives ou une partie de ces documents.

C. civ., art. 511 (*mod. par L. n° 2007-308, 5 mars 2007, art. 8 et par L. n° 2016-1547, 18 nov. 2016, art. 16*)
Le tuteur soumet chaque année le compte de gestion, accompagné des pièces justificatives, en vue de sa vérification, au directeur des services de greffe judiciaires :

1° Du tribunal de grande instance, s'agissant des mesures de protection juridique des mineurs;

2° Du tribunal d'instance, s'agissant des mesures de protection juridique des majeurs.

Lorsqu'un subrogé tuteur a été nommé, il vérifie le compte avant de le transmettre avec ses observations au directeur des services de greffe judiciaires.

Pour la vérification du compte, le directeur des services de greffe judiciaires peut faire usage du droit de communication prévu au deuxième alinéa de l'article 510. Il peut être assisté dans sa mission de contrôle des comptes dans les conditions fixées par le Code de procédure civile.

S'il refuse d'approuver le compte, le directeur des services de greffe judiciaires dresse un rapport des difficultés rencontrées qu'il transmet au juge. Celui-ci statue sur la conformité du compte.

Le juge peut décider que la mission de vérification et d'approbation des comptes dévolue au directeur des services de greffe judiciaires sera exercée par le subrogé tuteur s'il en a été nommé un.

Lorsqu'il est fait application de l'article 457, le juge peut décider que le conseil de famille vérifiera et approuvera les comptes en lieu et place du directeur des services de greffe judiciaires.

C. civ., art. 512 (*mod. par L. n° 2007-308, 5 mars 2007, art. 8 et par L. no 2016-1547, 18 nov. 2016, art. 16*)
Lorsque la tutelle n'a pas été confiée à un mandataire judiciaire à la protection des majeurs, le juge peut, par dérogation aux articles 510 et 511 et en considération de la modicité des revenus et du patrimoine de la personne protégée, dispenser le tuteur d'établir le compte de gestion et de soumettre celui-ci à l'approbation du directeur des services de greffe judiciaires.

C. civ., art. 513 (*mod. par L. n° 2007-308, 5 mars 2007, art. 8*)
Si les ressources de la personne protégée le permettent et si l'importance et la composition de son patrimoine le justifient, le juge peut décider, en considération de l'intérêt patrimonial en cause, que la mission de vérification et d'approbation du compte de gestion sera exercée, aux frais de l'intéressée et selon les modalités qu'il fixe, par un technicien.

C. civ., art. 514 (*mod. par L. n° 2007-308, 5 mars 2007, art. 8*)
Lorsque sa mission prend fin pour quelque cause que ce soit, le tuteur établit un compte de gestion des opérations intervenues depuis l'établissement du dernier compte annuel et le soumet à la vérification et à l'approbation prévues aux articles 511 et 513.

En outre, dans les trois mois qui suivent la fin de sa mission, le tuteur ou ses héritiers s'il est décédé remettent une copie des cinq derniers comptes de gestion et du compte mentionné au premier alinéa du présent article, selon le cas, à la personne devenue capable si elle n'en a pas déjà été destinataire, à la personne nouvellement chargée de la mesure de gestion ou aux héritiers de la personne protégée.

Les alinéas précédents ne sont pas applicables dans le cas prévu à l'article 512.

Dans tous les cas, le tuteur remet aux personnes mentionnées au deuxième alinéa du présent article les pièces nécessaires pour continuer la gestion ou assurer la liquidation de la succession, ainsi que l'inventaire initial et les actualisations auxquelles il a donné lieu.

> Actes de gestion du patrimoine des personnes placées en curatelle et en tutelle

+ Décr. n° 2008-1484, 22 déc. 2008, relatif aux actes de gestion du patrimoine des personnes placées en curatelle ou en tutelle, et pris en application des articles 452, 496 et 502 du Code civil, *JO* 31 déc., p. 20631 *(applicable depuis le 1er janv. 2009).*

* V. texte complet s^s n° 341.01

352.02 Jurisprudence de référence.

> Compte annuel de gestion

– L'administrateur légal est déchargé de ses fonctions en cas de manquement à son obligation essentielle de remettre le compte annuel de gestion.

• **Civ. 1re, 13 déc. 1994, n° 93-13.826,** *Bull. civ.* I, n° 370

* V. s^s n° 352.54

Dans l'organisation de l'administration légale, l'administrateur légal doit remettre directement au juge des tutelles son compte annuel de gestion. Il s'ensuit que c'est à bon droit qu'un tribunal, pour décharger de la tutelle un administrateur légal, considère qu'en refusant de se soumettre à cette obligation, celui-ci a manqué à une obligation essentielle de sa charge.

– La dispense d'établissement et d'approbation du compte de gestion relève de l'appréciation souveraine des juges du fond

• **Civ. 1re, 7 oct. 2015, n° 14-23.955,** *Bull. civ.* I [à paraître]

* V. s^s n° 352.52

« Attendu que M. X… fait grief à l'arrêt de rejeter sa demande tendant à être dispensé d'établir les comptes de gestion de la tutelle alors, selon le moyen, que lorsque la tutelle n'a pas été confiée à un mandataire judiciaire à la protection des majeurs, le juge peut, par dérogation aux articles 510 et 511 du Code civil et en considération de la modicité des revenus et du patrimoine de la personne protégée, dispenser le tuteur d'établir le compte de gestion et de soumettre celui-ci à l'approbation du greffier en chef; qu'en déboutant M. X... de sa demande tendant à être déchargé de l'établissement du compte de gestion, aux motifs inopérants, d'une part, que la personne mise sous tutelle percevait l'allocation adulte handicapée et, d'autre part, que l'établissement de ce compte ne présentait pas de difficulté, sans considération de la modicité des revenus et patrimoine de la personne protégée, la cour d'appel a privé sa décision de base légale au regard de l'article 512 du Code civil;

Mais attendu que, la dispense de compte de gestion n'étant qu'une faculté pour le juge, c'est dans l'exercice de son pouvoir souverain d'appréciation que la cour d'appel a estimé que l'établissement du compte de gestion devait permettre un contrôle des dépenses faites dans l'intérêt de Mme X...; que le moyen n'est pas fondé ».

352.03 Bibliographie indicative.

> Modalités de gestion du patrimoine des majeurs sous tutelle. C. Donnadieu, « Quelques aspects de la gestion du patrimoine du majeur incapable », *JCP N* 2013. 1193 – T. Fossier, « Patrimoine et intérêts juridiques, tradition et nouveauté », *AJ fam.* 2009. 52; « Actes de gestion des personnes protégées » (Décr. n° 2008-1484, 22 déc. 2008), *JCP* 2009. Actu. 20; *JCP N* 2009. Actu. 101 – A. Karm, « La sécurité patrimoniale du mineur et du majeur en tutelle », *Dr. fam.* 2007. 20 – A.-M. Leroyer, « Personnes protégées. Qualification des actes de gestion du patrimoine », *RTD civ.* 2009. 180 – I. Maria, « Directives du majeur et gestion du patrimoine », *in* G. Raoul-Cormeil et J.-M. Plazy (dir.), *Le patrimoine de la personne protégée*, LexisNexis, 2015, p. 85; « De la pertinence de la classification des actes de gestion du patrimoine des personnes protégées. Approche critique du décret n° 2008-1484 du 22 décembre 2008 », *Dr. fam.* 2009. Étude 31 – J. Massip, *Tutelle des mineurs et protection juridique des majeurs*, Defrénois, 2009, p. 511 à 589 – N. Peterka, « Le sort des actes de gestion du patrimoine de la personne vulnérable », *LPA* 4 nov. 2010, p. 18; « La gestion du patrimoine du majeur en tutelle », *Dr. et patr.* avr. 2009. 79; *J-Cl. Civ.*, art. 503 à 509 – F. Terré et D. Fenouillet, *Droit civil. Les personnes*, 8e éd., « Précis », Dalloz, 2012, n°s 729 à 735 – Dossier « Gestion de patrimoine et personnes vulnérables. Apports et lacunes du décret de 2008 », *Dr. et patr.* 2016, n° 263, p. 38 s.

> Contrôle de la gestion du patrimoine des majeurs sous tutelle. P. Carli, « Contrôle de gestion du patrimoine des majeurs sous tutelle (ordre public de protection ou prévoyance ?) », *JCP N* 2004. 1857 – A. Caron-Déglise, « Une réponse ministérielle expose l'état du droit en matière d'inventaire judiciaire des biens d'une personne placée sous un régime de protection », *RJPF* 2009. 14 – D. Pollet, « L'obligation de remise annuelle du compte de gestion au majeur protégé. Un indicateur simple de la qualité d'une tutelle », *AJ fam.* 2014. 362.

> Vérification des comptes des tutelles. T. Fossier et L. Pécaut-Rivolier, « La protection des intérêts patrimoniaux », *AJ fam.* 2007. 169, spéc. la vérification des comptes [C. civ., art. 510 à 514] – A. Karm, « La sécurité patrimoniale du mineur et du majeur en tutelle », *Dr. fam.* mai 2007. 20.

352.04 Exemples d'actes.

> Tutelle des majeurs

* Pour un exemple d'inventaire de patrimoine, v. s^s^ n° 5271.11.

* Pour un exemple de comptes annuels de gestion, v. s^s^ n° 5271.12.

* Pour un exemple de procès-verbal de difficultés, v. s^s^ n° 5271.13.

* Pour un exemple d'ordonnance statuant sur la conformité du compte, v. s^s^ n° 5271.14.

SECTION 1 AVÈNEMENT D'UN RÉGIME COMMUN DE GESTION DU PATRIMOINE DES MINEURS ET DES MAJEURS SOUS TUTELLE

352.11 Avènement d'un régime commun de gestion du patrimoine des mineurs et des majeurs en tutelle. Dans la lettre et l'esprit de la *loi du 3 janvier 1968*, les règles spécifiques relatives à la gestion du patrimoine du mineur sous tutelle avaient vocation à s'appliquer à la gestion du patrimoine du majeur sous tutelle (C. civ., anc. art. 495, renvoyant aux sections 2, 3 et 4 du chapitre II du titre X du livre premier, relatives à l'organisation, au fonctionnement, aux comptes et aux responsabilités de la tutelle [1]).

La *loi du 5 mars 2007* a adopté un système différent de celui retenu par la loi du 3 janvier 1968 en choisissant d'instaurer des dispositions communes spécifiques à la gestion patrimoniale des mineurs et des majeurs sous tutelle dans un titre XII intitulé « De la gestion du patrimoine des mineurs et des majeurs en tutelle » (C. civ., art. 496 à 515).

SECTION 2 MODALITÉS DE LA GESTION PATRIMONIALE

352.21 Principes directeurs de la gestion patrimoniale exercée par le tuteur. Le tuteur représente la personne protégée dans les actes nécessaires à la gestion de son patrimoine (C. civ., art. 496, al. 1er).

À la différence de la loi du 3 janvier 1968, l'article 496 alinéa 3 du Code civil a choisi de déterminer par décret en Conseil d'État une « *liste des actes qui sont regardés, pour l'application du présent titre, comme des actes d'administration relatifs à la gestion courante du patrimoine et comme des actes de disposition qui engagent celui-ci de manière durable et substantielle* » [2]. L'avenir dira si ce choix – contraire à l'esprit pragmatique de la loi du 3 janvier 1968, qui s'était gardée de définir les actes patrimoniaux afin de ne pas figer les actes accomplis par le tuteur avec ou sans autorisa-

1. L. n° 68-5, 3 janv. 1968, *JO* 4 janv., p. 114.
2. J.-J. Lemouland, « Les actes du tuteur : typologie et classification », *Dr. fam.* mai 2007. 27.

tion du juge des tutelles ou du conseil de famille - est opportun, notamment, au regard des techniques contractuelles nouvelles afférentes à la gestion de patrimoine. Pour autant, le décret n° 2008-1484 du 22 décembre 2008, relatif aux actes de gestion du patrimoine des personnes en curatelle ou en tutelle, conserve une certaine **souplesse** dans la gestion des biens de la personne en tutelle. En effet, la **qualification** des actes d'administration et celle des actes de disposition demeure fluctuante au gré des **circonstances d'espèce**. Le pouvoir réglementaire invite le tuteur à tenir compte, dans son travail de qualification, de l'importance ou, au contraire, de la faiblesse des **conséquences** de l'opération envisagée sur « *le contenu ou la valeur du patrimoine de la personne protégée, sur les prérogatives de celle-ci ou sur son mode de vie* » (Décr. n° 2008-1484, 22 déc. 2008, art. 1er, al. 3 et 2, al. 3 - v. ss n° 341.01). Cette fluidification des qualifications irradie l'ensemble des opérations listées dans l'annexe 2 du décret ainsi que celles n'étant répertoriées par aucune de ces annexes (sur ce décret et ses annexes, v. ss nos 341.22 s.). La liste de l'annexe 2 étant - à la différence de celle de l'annexe 1 - non exhaustive, la qualification des opérations ne figurant dans aucune des deux nomenclatures du décret repose, non pas seulement sur les **critères économiques** dégagés par la définition réglementaire des actes d'administration et des actes de dispositions (Décr. n° 2008-1484, 22 déc. 2008, art. 1er, al. 1er, et 2, al. 1er - v. ss n° 341.01) mais aussi sur ceux, plus larges, intégrant **l'impact de l'acte** sur le mode de vie de la personne protégée (Décr. n° 2008-1484, 22 déc. 2008, art. 1er, al. 2 et 2, al. 3 [v. ss n° 341.01] - Sur ces définitions, v. ss nos 341.22 s.).

La notion de gestion « *en bon père de famille* » du patrimoine du mineur ou du majeur en tutelle par son tuteur (C. civ., art. 450, al. 2, et 495 ; issus de L. n° 68-5, 3 janv. 1968) disparaît au profit de l'obligation pour le tuteur d'apporter à la gestion patrimoniale des « *soins prudents, diligents et avisés dans le seul intérêt* » du tutélaire (C. civ., art. 496, al. 2). Au-delà des mots, l'obligation du tuteur en la matière devrait cependant, à notre sens, être de même nature. Elle lui imposera de trouver un **équilibre** entre une gestion dynamique et une gestion plus sécuritaire. Il n'en demeure pas moins que l'interprétation de cette obligation est loin d'être dépourvue d'incertitudes. Il conviendra, en particulier, de déterminer si elle contraint le tuteur à gérer le patrimoine du tutélaire comme il l'aurait fait pour son propre compte ou comme l'aurait fait ou aurait dû le faire la personne protégée si elle avait été capable[1]. C'est, s'agissant du majeur en tutelle, à l'aune des **principes directeurs du droit tutélaire**, dans un délicat compromis entre la préservation de sa **volonté** et celle de ses **intérêts** que la solution devra être recherchée[2].

La loi du 5 mars 2007 a décidé de mettre un terme à la pratique tant controversée des « *comptes pivots* » (C. civ., art. 498, al. 1er). Ainsi, les **capitaux** revenant à la personne protégée sont versés directement par le tuteur, sur un **compte ouvert à son seul nom** et **mentionnant la mesure de tutelle**, auprès d'un établissement habilité à recevoir des fonds du public. Lorsque la mesure de tutelle est confiée aux personnes ou services préposés des établissements de santé et des établissements sociaux ou médico-sociaux soumis aux règles de la comptabilité publique (v. ss nos 212.21 s.), cette obligation de versement est réalisée dans des conditions fixées par décret en Conseil d'État[3].

352.22 Renforcement du rôle du subrogé tuteur et des tiers dans la gestion patrimoniale exercée par le tuteur. La réforme confie un rôle plus important que par le passé au subrogé tuteur et aux tiers pour **surveiller** la gestion patrimoniale exercée par le tuteur. Ainsi, lorsqu'un subrogé tuteur a été nommé, il atteste auprès du juge des tutelles du bon déroulement des opérations que le tuteur a l'obligation d'accomplir, notamment en matière d'**emploi ou de remploi de capitaux** – opérés conformément aux prescriptions du conseil de famille ou, à défaut, du juge des tutelles (C. civ., art. 454, al. 4 ; 497 et 501).

Quant aux tiers à la gestion patrimoniale, ce qui vise notamment, les **établissements bancaires**, s'ils ne sont pas garants de l'emploi des capitaux de la personne protégée, ils peuvent néanmoins **informer le juge des tutelles** des actes ou des omissions du tuteur qui leur paraissent de nature à porter préjudice aux intérêts du tutélaire. Cette faculté se transforme en un **devoir d'alerte** si, à l'occasion de cet emploi, ils ont connaissance d'actes ou d'omissions qui compromettent manifestement l'intérêt de la personne protégée. La loi leur impose alors d'en aviser le juge des tutelles, à peine d'engager leur **responsabilité civile** (C. civ., art. 499, al. 1er et 2).

Enfin, la **tierce opposition** contre les autorisations du conseil de famille ou du juge des tutelles ne peut être exercée que par les **créanciers** de la personne protégée et en cas de fraude à leurs droits (C. civ., art. 499, al. 3).

1. N. Peterka, « Le sort des actes de gestion du patrimoine de la personne vulnérable », *LPA* 4 nov. 2010, p. 18.

2. Sur ceci, v. I. Maria, « Directives du majeur et gestion du patrimoine », *in* G. Raoul-Cormeil et J.-M. Plazy (dir.), *Le patrimoine de la personne protégée*, LexisNexis, 2015, p. 85.
3. Décr. n° 2012-663, 4 mai 2012, relatif aux modalités de gestion des biens des personnes protégées, dont la protection est confiée à un mandataire judiciaire, personne ou service préposé d'une personne morale de droit public, *JO* 6 mai, p. 8146 – Instr. 7 févr. 2014, sur les modalités de gestion par les comptables publics des fonds et dépôts des personnes soignées ou hébergées en établissement public sanitaires, *BOFIP*-GCP-14-0005, 3 mars 2014, NOR : BUDE14048.

352.23 Renforcement du rôle du tuteur pour la fixation du budget de la tutelle. La loi du 5 mars 2007 avait confié au juge des tutelles ou, s'il avait été constitué, au conseil de famille, compétence pour établir annuellement, sur proposition du tuteur, le **budget de la tutelle**, lequel doit couvrir l'entretien du tutélaire et le remboursement des frais d'administration de ses biens. La loi n° 2015-177 du 16 février 2015, relative à la modernisation et à la simplification du droit et des procédures dans les domaines de la justice et des affaires intérieures[1], a transféré ce pouvoir au tuteur, aussi bien dans le cas de la tutelle des majeurs que dans celui de la tutelle des mineurs. C'est à ce dernier qu'il incombe désormais d'arrêter le budget de la tutelle et d'en informer le juge ou, s'il a été constitué, le conseil de famille (C. civ., art. 500, al. 1er). Le juge ou le conseil de famille n'interviennent qu'en cas de difficulté rencontrée dans cette fixation, telle qu'un conflit entre le majeur ou sa famille et le tuteur. La solution relève d'un bon pragmatisme, propre à alléger la charge du juge des tutelles[2].

§ 1
Attributions du juge des tutelles ou du conseil de famille en matière de gestion patrimoniale

352.31 Attributions spécifiques du juge des tutelles ou du conseil de famille pour assurer la gestion des valeurs mobilières du tutélaire. Le juge des tutelles ou le conseil de famille peut autoriser le **tuteur** à conclure un **contrat** pour assurer la **gestion des valeurs mobilières et des instruments financiers** de la personne protégée. Le choix de ce **gestionnaire** doit prendre en considération son **expérience** professionnelle et sa **solvabilité** (par ex., un notaire, un conseil en gestion de patrimoine ou un établissement financier). Le contrat peut être, à tout moment et nonobstant toute stipulation contraire, résilié au nom de la personne protégée par le tuteur sans que ce dernier ait à se munir, pour cette résiliation, de l'autorisation préalable du juge ou du conseil de famille (C. civ., art. 500, al. 3 - Décr. n° 2008-1484, 22 déc. 2008, annexe 1, col. 1, II, 2° - v. ss n° 341.01).

1. L. n° 2015-177, 16 févr. 2015, relative à la modernisation et à la simplification du droit et des procédures dans les domaines de la justice et des affaires intérieures, *JO* 17 févr., p. 2961.
2. N. Peterka, « Clarifications et reculs du droit des personnes et de la famille. À propos de la loi n° 2015-177 du 16 février 2015 », *JCP* 2015. AR 243 – I. Maria, « Loi de modernisation et de simplification du droit : mesures pour les personnes protégées », *Dr. fam.* 2015, n° 81 – J. Combret et N. Baillon-Wirtz, « Qu'apporte la loi du 16 février 2015 au droit des personnes et de la famille ? », *JCP N* 2015. 288.

352.32 Attributions spécifiques du juge des tutelles ou du conseil de famille pour le placement des fonds du tutélaire. Le juge des tutelles ou, s'il a été constitué, le conseil de famille détermine la **somme** à partir de laquelle commence, pour le tuteur, **l'obligation d'employer les capitaux liquides et l'excédent des revenus du majeur sous tutelle** (C. civ., art. 501, al. 1er – Sur les difficultés liées à la définition de ces notions, v. ss nos 342.12 et 343.81).

Cet organe tutélaire peut prescrire toutes les mesures qu'il juge utiles quant à l'emploi ou au remploi des fonds, soit par avance, soit à l'occasion de chaque opération. C'est dire que le **juge des tutelles** se voit attribuer la délicate mission de décider du type de placement incombant au tuteur et se trouve ainsi érigé au rang de **gestionnaire du patrimoine de la personne protégée.** L'emploi ou le remploi est réalisé, dans le délai et les conditions fixés par la décision, par le tuteur qui, en cas de dépassement du délai, peut être déclaré débiteur des intérêts.

Le juge des tutelles ou, s'il a été constitué, le conseil de famille peut ordonner par ailleurs, à titre conservatoire, que certains fonds soient déposés sur un **compte indisponible** (C. civ., art. 501, al. 3). Il peut également imposer, s'il l'estime nécessaire en considération de la situation de la personne sous tutelle, que les comptes de gestion du patrimoine de la personne protégée soient exclusivement ouverts auprès de la **Caisse des dépôts et consignations** (CDC) (C. civ., art. 501, al. 4).

352.33 Attributions spécifiques du juge des tutelles ou du conseil de famille pour autoriser les actes de disposition sollicités par le tuteur. Le juge des tutelles ou le conseil de famille statue sur les autorisations que le tuteur sollicite pour les actes qu'il ne peut accomplir seul, c'est-à-dire en principe les **actes de disposition.** Les autorisations du conseil de famille peuvent être suppléées par celles du juge des tutelles si les actes portent sur des biens dont la valeur en capital n'excède pas la somme de 50 000 euros (C. civ., art. 502, al. 2 - Décr. n° 2008-1484, 22 déc 2008, art. 4 - v. ss n° 341.01). Cette somme traduit une **réévaluation** remarquable du seuil fixé sous l'empire de la législation ancienne (C. civ., anc. art. 468, issu de L. n° 68-5, 3 janv. 1968 - Décr. n° 65-961, 5 nov. 1965), laquelle n'admettait l'autorisation du juge des tutelles, en suppléance du conseil de famille, que pour les actes de disposition relatifs à des biens dont la valeur en capital n'excédait pas 15 300 euros. Par ailleurs, en cas d'**urgence**, le juge des tutelles peut, par **décision spécialement motivée** prise à la requête du tuteur, autoriser, au lieu et place du conseil de famille, la **vente d'instruments financiers**, dans les conditions prévues aux alinéas 2 et 3 de l'article 505, à charge qu'il en soit rendu compte sans délai au conseil qui décide du remploi (C. civ., art. 505, al. 4).

§ 2
Obligations spécifiques du tuteur en matière de gestion patrimoniale

352.41 Obligation du tuteur de faire procéder à l'inventaire du patrimoine du tutélaire dans les trois mois de l'ouverture de la tutelle. Dans les trois mois de l'ouverture de la tutelle, le tuteur est tenu de faire procéder, en présence du subrogé tuteur s'il a été désigné, à un **inventaire des biens** de la personne protégée, qu'il doit transmettre au juge des tutelles, et d'en assurer **l'actualisation** au cours de la mesure (C. civ., art. 503, al. 1er). L'inventaire est dressé dans les conditions définies à l'article 1253 du Code de procédure civile. Il doit être réalisé **en présence de la personne** protégée, si son état de santé ou son âge le permet, de son avocat le cas échéant, ainsi que, si l'inventaire n'est pas réalisé par un **officier public ou ministériel**, c'est-à-dire par un commissaire-priseur ou un huissier de justice, de **deux témoins majeurs** qui ne sont pas au service de la personne protégée ni de la personne exerçant la mesure de protection (C. pr. civ., art. 1253, al. 1er). Cet inventaire contient une description des meubles meublants, une estimation des biens immobiliers ainsi que des biens mobiliers ayant une valeur de réalisation supérieure à 1 500 euros, la désignation des espèces en numéraire et un état des comptes bancaires, des placements et des autres valeurs mobilières (C. pr. civ, art. 1253, al. 2). L'inventaire est daté et signé par les personnes présentes (C. pr. civ., art. 1253, al. 3 - Circ. DACS n° CIV/01/09/C1[1]). La loi du 5 mars 2007 a considérablement allongé, dans un souci de réalisme, le **délai de confection de l'inventaire**, en le faisant passer de dix jours à trois mois à compter de l'ouverture de la mesure. Lorsqu'en raison de l'importance ou de la consistance du patrimoine du majeur (ce dernier détient, par exemple, des biens à l'étranger), il n'est pas possible d'en dresser l'inventaire dans les trois mois de l'ouverture de la mesure, il est de bonne pratique pour le tuteur de remettre au juge, dans le délai de trois mois, un inventaire provisoire, lequel pourra être ultérieurement complété. Elle renforce, par ailleurs, les prérogatives du tuteur en ce domaine. Ce dernier peut désormais obtenir **communication** de tous renseignements et documents nécessaires à l'établissement de l'inventaire auprès de toute personne publique ou privée, et notamment des établissements bancaires, sans que puisse lui être opposé le secret professionnel ou bancaire (C. civ., art. 503, al. 2)[2].

S'il est le corollaire de son obligation de reddition de comptes, l'établissement de l'inventaire n'est assorti d'aucune sanction spécifique. Il n'en demeure pas moins que la **responsabilité civile** du tuteur pourrait ici être engagée et que ce dernier encourrait une amende civile[3], qui pourrait assortir le cas échéant sa révocation, s'il ne déférait pas à l'injonction du juge des tutelles de lui communiquer l'inventaire du patrimoine de la personne protégée (C. civ., art. 417, al. 1er - C. pr. civ., art. 1216). Le défaut d'inventaire ou son caractère inexact ou incomplet autorise la personne protégée et, après son décès, ses héritiers, à faire la preuve par tous moyens de la valeur et de la consistance de ses biens (C. civ., art. 503, al. 3).

Enfin, l'omission volontaire, par le tuteur, d'un bien de l'inventaire qu'il remet au juge des tutelles constitue **l'infraction de faux et usage**[4].

352.42 Confidentialité de l'inventaire – Principe et tempéraments. L'article 503 du Code civil dispose que le tuteur transmet l'inventaire au juge des tutelles, ce qui exclut qu'il soit communiqué à la famille et aux proches du majeur protégé, ainsi qu'à son conjoint, toutes les fois que l'exercice de la mesure est confié à un mandataire judiciaire à la protection des majeurs. Il n'en demeure pas moins que **l'accès au compte annuel de gestion**, et par suite à l'inventaire, est ouvert à une partie de l'entourage du majeur protégé, sur autorisation du juge des tutelles, afin de lui permettre de **vérifier le contenu de l'inventaire** à partir duquel le compte annuel est établi. L'autorisation du juge peut être délivrée, après qu'il a entendu la personne protégée et recueilli son accord si son état le permet, à son conjoint, à son partenaire lié par un pacte civil de solidarité, à un parent, à un allié ou l'un de ses proches[5], dès lors qu'ils justifient d'un **intérêt légitime** (C. civ., art. 510, al. 4). Elle permet aux proches de se faire communiquer, à leur frais, par le tuteur une copie du compte et des pièces justificatives, dont l'inventaire fait partie, ou une partie seulement de ces documents (sur l'accès aux comptes de gestion, v. ss nos 352.51 s.)[6]. L'autorisation du

1. Circ. DACS n° CIV/01/09/C1, *BOMJ* 28 févr. 2009, spéc. p. 29.

2. Rép. min. n° 21047, *JOAN Q*, 10 déc. 2013, p. 12963 ; *JCP N* 2013. Actu. 2055 : « *Si le législateur n'a pas précisé de durée pour l'application de cette disposition, celle-ci doit nécessairement correspondre à celle de la mesure de protection sous peine de priver le tuteur des moyens de satisfaire à son obligation d'actualisation de l'inventaire des biens de la personne protégée. Les dispositions de l'article 503 du Code civil permettent donc au tuteur d'interroger directement Ficoba à tout moment au cours de la mesure de protection* ».
3. Celle-ci ne peut excéder 3 000 euros. La décision qui la prononce n'est pas susceptible de recours (C. pr. civ., art. 1216).
4. Crim. 5 févr. 2008, n° 07-84.724, *Bull. crim.* n° 29 ; *AJ fam.* 2008. 167, obs. Pécaut-Rivolier ; *D.* 2008. AJ 693 ; *Dr. pén.* 2008, n° 42, obs. Véron – Aix-en-Provence, 5e ch. corr., 30 mai 2007, RG n° 2007/346, *Dr. fam.* 2007, n° 179, note Fossier.
5. Ce qui englobe, notamment, le concubin, lequel n'est pas expressément désigné par le texte.
6. Sur l'accès au compte annuel de gestion et à l'inventaire, v. Rép. min. n° 08647, *JO Sénat* 6 août 2009, p. 1948 ; A. Caron-Déglise, « Une réponse ministérielle expose l'état du droit en matière d'inventaire judiciaire des biens d'une personne placée sous un régime de protection », *RJPF* 2009. 14.

juge des tutelles rendue sur le fondement de l'article 510 alinéa 4 correspond à une **mesure d'administration judiciaire**, laquelle n'est pas susceptible de recours (C. pr. civ., art. 1223-1 et 1224).

De manière à vrai dire surprenante, la loi soumet, pour l'accès au compte annuel de gestion et à l'inventaire, à un traitement identique des personnes qui se trouvent, pourtant, dans des situations juridiques différentes. Qu'il s'agisse, notamment, de l'époux, du partenaire ou du concubin, qui fait partie des « *proches* » de la personne sous tutelle (C. civ., art. 510, al. 4). Or, si l'on peut concevoir que ce dernier ne bénéficie que d'un accès limité à l'inventaire et au compte, une telle restriction est beaucoup plus critiquable s'agissant de **l'époux et du partenaire de la personne protégée**, surtout lorsque le conjoint est **commun en biens** avec elle ou que les partenaires ont soumis leurs biens au régime de l'indivision conventionnelle des acquêts. Il conviendrait de garantir, sur ce point, une meilleure articulation du **droit de la protection juridique des majeurs et** du **droit des régimes matrimoniaux et « pacsimoniaux »**. Une telle articulation s'avère d'autant plus nécessaire, s'agissant du couple marié, que le droit des régimes matrimoniaux fait bénéficier le conjoint, lors de la dissolution de la communauté, d'une obligation d'information[1]. Cette dernière joue, à son profit, pour toutes les sommes importantes que son époux, ou le tuteur de ce dernier, a prélevées sur la communauté et soutient avoir employées dans l'intérêt commun et, notamment dans des dépenses ménagères, telles que des frais médicaux ou des frais liés à un hébergement de longue durée dans un établissement de soins[2]. À défaut d'obtenir cette justification, le conjoint de la personne protégée pourra faire valoir un **droit à récompense le lors de la liquidation de la communauté**. Aussi serait-il souhaitable de faire bénéficier l'époux de la personne sous tutelle de « *cette démocratie conjugale* »[3], en lui reconnaissant une **présomption d'intérêt légitime** à se voir communiquer le compte annuel de gestion et l'inventaire. La preuve de cet intérêt devrait être réservée aux seules situations conflictuelles ou porteuses d'une opposition d'intérêts entre les époux, telles que l'existence d'une instance en divorce.

SECTION 3
CONTRÔLE DES COMPTES DE LA GESTION TUTÉLAIRE

352.51 Remise annuelle du compte de gestion par le tuteur. À la fin de chaque année civile, le tuteur doit adresser au directeur des services de greffe judiciaires[4], voire au juge des tutelles si celui-ci le demande, le compte annuel de gestion faisant apparaître les **recettes** et les **dépenses** engagées au nom et pour le compte du tutélaire, accompagné de toutes les **pièces justificatives utiles**, en vue de sa vérification et son approbation (C. civ., art. 510 à 514). À cette fin, le tuteur a le droit d'obtenir communication d'un **relevé annuel des comptes bancaires** ouverts au nom de la personne protégée, sans que l'établissement bancaire puisse lui opposer le secret professionnel ou le secret bancaire (C. civ., art. 510, al. 2).

352.52 Remise des comptes de gestion en cas de cessation de la mission du tuteur. Lorsque sa mission prend fin, pour quelque cause que ce soit, le tuteur est tenu d'établir un **compte final de gestion** récapitulant les opérations intervenues depuis l'établissement du dernier compte annuel. Ce dernier est soumis au directeur des services de greffe judiciaires du tribunal d'instance pour vérification et approbation (C. civ., art. 514, al. 1er). La loi impose, en outre, au tuteur - ou à ses héritiers s'il est décédé - de remettre, dans les trois mois qui suivent la fin de sa mission, une **copie des cinq derniers comptes annuels de gestion** ainsi qu'une copie du compte final de gestion, à la personne protégée ayant recouvré sa capacité, si elle n'en a pas déjà été destinataire, à la personne nouvellement chargée de la mesure de protection[5] ou

1. R. Cabrillac, « L'information entre époux dans les régimes matrimoniaux », *Mél. en l'honneur du Professeur Gérard Champenois*, Defrénois-Lextenso, 2012, p. 129.
2. Civ. 1re, 14 févr. 2006, n° 03 20.082, *Bull. civ.* I, n° 66; *BICC* 2006/40, n° 952 : « *Attendu que si un époux a le pouvoir d'administrer seul les biens communs et de disposer seul des deniers communs dont l'emploi est présumé avoir été fait dans l'intérêt de la communauté, il doit cependant, lors de la liquidation, s'il en est requis, informer son conjoint de l'affectation des sommes importantes prélevées sur la communauté qu'il soutient avoir employées dans l'intérêt commun; qu'ayant souverainement relevé que l'épouse avait retiré la somme de 256 000 francs d'un compte commun pour le déposer sur un compte personnel, la cour d'appel, retenant implicitement le caractère important de cette somme, a exactement décidé, sans inverser la charge de la preuve, que, faute par Mme Y... de justifier de leur affectation notamment aux soins de l'enfant commun, gravement malade, les deniers prélevés devaient être réintégrés dans l'actif communautaire; que le moyen n'est pas fondé...* ».
3. R. Cabrillac, « L'information entre époux dans les régimes matrimoniaux », *Mél. G. Champenois*, Defrénois-Lextenso, 2012.
4. Ou, s'agissant de la protection juridique des mineurs, au directeur des services de greffe judiciaires du tribunal de grande instance (C. civ., art. 511, al. 1er, 1°, *mod. par L. n° 2009-526, 12 mai 2009*).
5. Lorsque la mesure de protection est divisée entre un tuteur chargé de la protection de la personne et un tuteur chargé de la protection des biens, la remise des comptes est effectuée entre les mains de ce dernier. Lorsqu'un tuteur adjoint est désigné pour la gestion de certains biens, en application de l'article 447, al. 3, les comptes de gestion doivent lui être pareillement remis afin de lui reprendre la gestion des biens qui lui a été confiée.

aux héritiers de la personne protégée (C. civ., art. 514, al. 2). La remise de ces comptes doit être accompagnée, dans tous les cas, des pièces nécessaires pour continuer la gestion ou assurer la liquidation de la succession, ainsi que de l'inventaire initial et des actualisations auxquelles il a donné lieu (C. civ., art. 514, al. 4).

Ces dispositions ne sont pas applicables, dans le cas de la tutelle familiale, lorsque le tuteur a été dispensé, en considération de la modicité des revenus et du patrimoine de la personne protégée, d'établir le compte de gestion et de le soumettre à la vérification et à l'approbation du directeur des services de greffe judiciaires (C. civ., art. 512 - v. s[s] n° 352.55). Pareille dispense relève du pouvoir souverain d'appréciation du juge du fond[1].

352.53 Modalités de vérification et d'approbation des comptes annuels et du compte final de gestion. Lorsqu'un **subrogé tuteur** a été nommé, il doit vérifier le compte annuel ou le compte final de gestion avant de le transmettre, avec ses observations, au directeur des services de greffe judiciaires (C. civ., art. 511, al. 2 et 514, al. 1er). Pour vérifier le compte de gestion, le directeur des services de greffe judiciaires dispose du droit de communication des comptes bancaires prévu par l'article 510 alinéa 2 du Code civil et peut être assisté, dans sa mission de contrôle des comptes, dans les conditions fixées par l'article 1254-1 du Code de procédure civile, issu du décret n° 2011-1470 du 8 novembre 2011 (C. civ., art. 511, al. 2, et 514, al. 1er). Ce texte autorise le directeur des services de greffe judiciaires, lorsque les ressources de la personne protégée le permettent et qu'il l'estime utile, à solliciter, aux frais de cette dernière, l'assistance d'un **huissier de justice** dans sa mission de vérification des comptes. La personne protégée et la personne désignée pour exercer la mesure de protection sont informées de cette décision par tout moyen. Ceux-ci peuvent déférer cette décision au juge des tutelles, qui statue sur la requête par une **ordonnance non susceptible de recours.** L'huissier de justice peut consulter l'ensemble des pièces relatives aux comptes figurant dans le dossier de la personne protégée, au greffe de la juridiction qui le détient, sans autre restriction que les nécessités du service, et en conserver les copies nécessaires à l'exécution de sa mission, mais ne peut les communiquer à un tiers (C. pr. civ., art. 1254-1).

Le juge des tutelles peut décider que la mission de vérification et d'approbation des comptes dévolue au directeur des services de greffe judiciaires sera exercée soit par le subrogé tuteur s'il en a été nommé un, soit par le conseil de famille lorsque ce dernier est autorisé, en application de l'article 457, à se réunir hors la présence du juge des tutelles en cas de désignation d'un mandataire judiciaire à la protection des majeurs en qualité de tuteur ou de subrogé tuteur.

352.54 Refus d'approbation des comptes – Sanctions encourues par le tuteur. Si le directeur des services de greffe judiciaires refuse d'approuver le compte, il dresse **un rapport des difficultés rencontrées**, qu'il transmet au juge des tutelles statuant sur la conformité du compte (C. civ., art. 511, al. 4, et 514, al. 1er). Ce dernier ne se prononce pas sur l'approbation du compte mais seulement sur sa conformité au regard des difficultés soulevées.

EN PRATIQUE. Il n'est pas inutile que le directeur des services de greffe judiciaires du tribunal d'instance, qui est le premier destinataire des comptes depuis la loi du 8 février 1995, attire spécialement l'attention du juge des tutelles sur la remise d'un compte de gestion particulier ou sur l'absence de remise d'un compte de gestion par le tuteur, à la date normalement prévue pour ce dépôt. En application des articles 416 et 417 du Code civil ainsi que de l'article 388-3, le juge des tutelles, ainsi que le procureur de la République, peuvent convoquer, en vertu de leur pouvoir de surveillance générale des administrations légales et des tutelles de leur ressort, le tuteur ou l'administrateur légal afin de lui demander des éclaircissements sur les comptes présentés, et plus généralement, sur sa gestion.

Pour sanctionner le tuteur d'un défaut de remise des comptes, le juge des tutelles peut décider de le **décharger de ses fonctions tutélaires.** En effet, l'absence de remise du compte annuel de gestion par le tuteur ou l'administrateur légal caractérise un manquement à une obligation essentielle de sa charge, lequel justifie une telle sanction[2].

352.55 Cas de dispense d'établissement et d'approbation du compte de gestion. Par dérogation aux articles 510 et 511 du Code civil, lorsque la tutelle n'a pas été confiée à un mandataire judiciaire à la protection des majeurs, le juge des tutelles peut dispenser, en considération de la modicité des revenus et du patrimoine de la personne protégée, le tuteur d'établir le compte annuel et final de gestion et de les soumettre à l'approbation du directeur des services de greffe judiciaires (C. civ., art. 512 et 514, al. 3). Cette dispense n'est qu'une faculté pour le juge et relève de l'appréciation souveraine des juges du fond[3].

352.56 Cas de vérification et d'approbation des comptes de gestion par un technicien. Lorsque les

1. Civ. 1re, 7 oct. 2015, n° 14-23.955, *Bull. civ.* I, [à paraître]; *D.* 2015. 2072; *AJ fam.* 2015. 59, obs. Verheyde; *RTD civ.* 2015. 854, obs. Hauser; *LEFP* nov. 2015. 3, obs. Raoul-Cormeil; *Dr. fam.* 2015, n° 208, note Maria.

2. Civ. 1re, 13 déc. 1994, n° 93-13.826, *Bull. civ.* I, n° 370; *Defrénois* 1995. 734, obs. Massip; *RTD civ.* 1995. 327, obs. Hauser; *RDSS* 1995. 854, obs. Kessler.

3. Civ. 1re, 7 oct. 2015, n° 14-23.955, P (préc. s[s] n° 352.52).

ressources de la personne protégée le permettent et si l'importance et la composition de son patrimoine le justifient, le juge des tutelles peut décider, en considération de l'intérêt patrimonial en cause, que la mission de vérification et d'approbation des comptes annuels et du compte final de gestion sera exercée, aux frais de l'intéressée et selon les modalités qu'il fixe, par un technicien, tel que, par exemple, un expert-comptable (C. civ., art. 513).

352.57 Confidentialité et communication du compte annuel de gestion. Le tuteur est tenu d'assurer la confidentialité du compte annuel de gestion. Cependant, dans le souci de dissiper l'opacité de l'accès au dossier en cours de gestion[1], le législateur impose au tuteur de remettre, chaque année, une copie du compte et des pièces justificatives à la personne protégée, lorsqu'elle est âgée d'au moins seize ans, au subrogé tuteur s'il a été nommé, et, si le tuteur l'estime utile, aux autres personnes chargées de la protection de l'intéressé (C. civ., art. 510, al. 3). La personne protégée bénéficie ainsi, en écho au devoir de transparence dont elle est créancière à l'égard du protecteur et des tiers, d'un droit d'accès à l'inventaire ainsi qu'au compte annuel de gestion. Pareille communication doit lui être délivrée suivant des modalités adaptées à son état de santé ainsi que, dans le souci de lutter contre d'éventuelles indiscrétions des tiers, à son environnement familial et social. L'absence de remise du compte de gestion doit rester en tout état de cause exceptionnelle. Sa mention ainsi que son motif doivent être reportés au dossier de la tutelle[2].

La famille de la personne protégée, et notamment son époux, dispose d'un droit d'accès limité au compte annuel de gestion. Le juge des tutelles peut autoriser, après avoir entendu la personne protégée et recueilli son accord si elle a atteint l'âge de seize ans et si son état le permet, son conjoint, son partenaire lié par un pacte civil de solidarité, un parent, un allié ou un de ses proches, s'ils justifient d'un intérêt légitime, à se faire communiquer à leur charge par le tuteur une copie du compte et des pièces justificatives ou une partie de ces documents (C. civ., art. 510, al. 4).

352.58 Prescription quinquennale des actions liées aux faits de la tutelle. L'action en **reddition de comptes**, en **revendication** ou en **paiement**, diligentée par la personne protégée ou ayant été protégée, ou par ses héritiers, relativement aux faits de la tutelle se prescrit par cinq ans à compter de la fin de la mesure alors même que la gestion aurait continué au-delà (C. civ., art. 515).

1. Sous l'empire de la législation ancienne, seule la communication du compte de gestion au mineur était prévue par l'ancien article 470 – Sur l'accès au dossier et au compte annuel de gestion, v. Rép. min. n° 08647, préc. s^{s} n° 352.42.

2. Sur ceci, D. Pollet, « L'obligation de remise annuelle du compte de gestion au majeur protégé. Un indicateur simple de la qualité d'une tutelle », *AJ fam.* 2014. 362.

CHAPITRE

353. Sphère d'autonomie du tuteur en matière patrimoniale

SECTION 0 ORIENTEUR

353.00 Plan du chapitre.

353.01 Textes applicables.

TEXTES SOURCES

> Représentation du tutélaire pour l'exercice des actions en justice

+ L. n° 2007-308, 5 mars 2007

C. civ., art. 475 et 504

> Actes de gestion du patrimoine des personnes placées en curatelle et en tutelle

+ Décr. n° 2008-1484, 22 déc. 2008

TEXTES *IN EXTENSO*

> Représentation du tutélaire pour l'exercice des actions en justice

[C. civ., art. 475 et 504]

+ L. n° 2007-308, 5 mars 2007, art. 7 et 8

C. civ., art. 475 *(mod. par L. n° 2007-308, 5 mars 2007, art. 7)*

La personne en tutelle est représentée en justice par le tuteur.

Celui-ci ne peut agir, en demande ou en défense, pour faire valoir les droits extra-patrimoniaux de la personne protégée qu'après autorisation ou sur injonction du juge ou du conseil de famille s'il a été constitué. Le juge ou le conseil de famille peut enjoindre également au tuteur de se désister de l'instance ou de l'action ou de transiger.

C. civ., art. 504 *(mod. par L. n° 2007-308, 5 mars 2007, art. 8)*

Le tuteur accomplit seul les actes conservatoires et, sous réserve des dispositions du second alinéa de l'article 473, les actes d'administration nécessaires à la gestion du patrimoine de la personne protégée.

Il agit seul en justice pour faire valoir les droits patrimoniaux de la personne protégée.

Les baux consentis par le tuteur ne confèrent au preneur, à l'encontre de la personne protégée devenue capable, aucun droit de renouvellement et aucun droit à se maintenir dans les lieux à l'expiration du bail, quand bien même il existerait des dispositions légales contraires. Ces dispositions ne sont toutefois pas applicables aux baux consentis avant l'ouverture de la tutelle et renouvelés par le tuteur.

> Actes de gestion du patrimoine des personnes placées en curatelle et en tutelle

+ Décret n° 2008-1484, 22 déc. 2008, relatif aux actes de gestion du patrimoine des personnes placées en curatelle ou en tutelle, et pris en application des articles 452, 496 et 502 du Code civil, *JO* 31 déc., p. 20631 *(applicable depuis le 1er janv. 2009).*

* V. texte du décret s[s] n° 341.01

353.02 Jurisprudence de référence.

> Contrat de travail et capacité du tutélaire

– Interdiction d'une subordination au tutélaire du tuteur en qualité de salarié.

• **Soc. 6 mai 1993, n° 90-13.764,** *Bull. civ.* V, n° 132

* V. s[s] n° 353.81

Le tuteur chargé de la protection d'un incapable majeur ne peut se trouver placé sous la subordination de celui-ci en qualité de salarié; c'est dès lors à bon droit que la cour d'appel rejette la demande d'affiliation au régime général de la sécurité sociale du tuteur qui prétend avoir été employé de maison au service de son pupille.

> Représentation en justice en matière patrimoniale – Irrégularité de fond d'une procédure engagée par le majeur en tutelle sans le tuteur. Absence de régularisation de la procédure par l'intervention volontaire du tuteur.

• **Civ. 3e, 18 nov. 2014, no 13-12.448,** NP

* V. ss no 353.31

« Vu les articles 32 et 117 du Code de procédure civile, ensemble l'article 815-3 du Code civil;

Attendu, selon l'arrêt attaqué (Reims, 12 déc. 2012), que le tribunal paritaire des baux ruraux a été saisi par les consorts X..., propriétaires indivis d'une parcelle de terre donnée à bail rural à M. Y... par leur auteur, M. Z..., d'une demande de résiliation du bail; que M. Y... a opposé l'irrégularité de la saisine du tribunal liée au fait que deux des indivisaires étaient décédés et que deux autres étaient des majeurs protégés ayant agi sans le tuteur pour l'un et le curateur pour l'autre;

Attendu que pour accueillir la demande de résiliation du bail, l'arrêt retient que la procédure a été régularisée en cours d'instance, avant l'audience de conciliation, et qu'au surplus l'action en résiliation de bail pour défaut de paiement des fermages ressort de l'exploitation normale des biens indivis et peut donc être exercée par les indivisaires titulaires de deux tiers au moins des droits indivis;

Qu'en statuant ainsi, alors que l'irrégularité d'une procédure engagée au nom d'une personne décédée ou dépourvue de la capacité d'agir en justice est une irrégularité de fond qui ne peut être couverte et que les indivisaires non atteints d'incapacité ne détenaient pas deux tiers des droits indivis, la cour d'appel a violé les textes susvisés... ».

– Irrégularité de fond résultant du défaut de représentation soulevée par l'adversaire de la personne protégée

• **Civ. 1re, 15 janv. 2016, no 15-10.156,** *Bull. civ.* I [à paraître]

* V. ss no 353.31

« Vu l'article 475 du Code civil;

Attendu qu'il résulte de ce texte que la personne en tutelle est représentée en justice par le tuteur;

Attendu, selon l'arrêt attaqué et les pièces de la procédure, que, par acte authentique du 7 janvier 2008, Mme X... a vendu aux époux A... un bien immobilier, avec réserve à son profit pendant sa vie du droit d'usage et d'habitation, moyennant le paiement d'une certaine somme en numéraire et d'une rente annuelle et viagère révisable; qu'après avoir fait délivrer aux époux A... un commandement de payer l'arriéré de la rente, elle les a assignés en résolution de la vente; qu'elle a été placée sous tutelle par jugement du 26 juin 2014, M. Z... étant désigné en qualité de tuteur;

Attendu que la cour d'appel, statuant postérieurement à l'ouverture de la mesure de protection, a infirmé partiellement le jugement qui lui était déféré sans qu'il résulte des énonciations de l'arrêt, ni d'aucune pièce de la procédure que Mme X... ait été représentée par son tuteur;

En quoi, elle a violé le texte susvisé... ».

353.03 Bibliographie indicative.

> Règles de gestion du patrimoine du majeur en tutelle. C. Donnadieu, « Quelques aspects de la gestion du patrimoine du majeur incapable », *JCP N* 2013. 1193 – T. Fossier, « Actes de gestion du patrimoine des personnes protégées. À propos du décret no 2008-1484 du 22 décembre 2008 », *JCP N* 2009. 101 – F. Fresnel, « L'intérêt de la qualification de l'acte dans le cadre d'une mesure de protection juridique », *RJPF* 2001-4/6 – J.-J. Lemouland, « Les actes du tuteur : typologie et classification », *Dr. fam.* mai 2007. 27 – A.-M. Leroyer, « Personnes protégées. Qualification des actes de gestion du patrimoine », *RTD civ.* 2009. 180 – I. Maria, « De la pertinence de la classification des actes de gestion du patrimoine des personnes protégées. Approche critique du décret du no 2008-1484 du 22 décembre 2008 », *Dr. fam.* 2009. Étude 31 – J. Massip, *Tutelle des mineurs et protection juridique des majeurs*, Defrénois, 2009, p. 511 à 589 – D. Noguéro, « La typologie des actes patrimoniaux : retour sur le décret du 22 décembre 2008 », *in* G. Raoul-Cormeil et J.-M. Plazy (dir.), *Le patrimoine de la personne protégée*, LexisNexis, 2015, p. 45 – N. Peterka, « Le pouvoir, prérogative privilégiée d'administration du bien d'autrui (mandat, représentation, pouvoir) », *Dr. et patr.* nov. 2015. 36; « Enjeux et principales difficultés de la gestion du patrimoine d'autrui », *JCP N* 2013. 1190; « Le sort des actes de gestion du patrimoine de la personne vulnérable », *LPA* 4 nov. 2010, p. 18; « La gestion du patrimoine de la personne protégée à l'épreuve de l'urgence », *Gaz. Pal.* 29-30 janv. 2010, p. 25; « La gestion du patrimoine du majeur en tutelle », *Dr. et patr.* avr. 2009. 79; *J.-Cl. Civ.*, art. 503 à 509.

> Bail commercial. T. Fossier, « Bail commercial et incapacité », *Ann. loyers* 2003. 2039 s., spéc. 2045 et 2047, nos 25 et 30.

> Contrat de travail et capacité du tutélaire. D. Noguéro, « L'employeur incapable majeur », *Dr. soc.* 2005. 163 – M. Thiberge, « La relation de travail du majeur protégé », *in* G. Raoul-Cormeil et J.-M. Plazy (dir.), *Le patrimoine de la personne protégée*, LexisNexis, 2015, p. 353.

> Droit d'auteur. T. Douville, « Le droit d'auteur du majeur protégé », *in* G. Raoul-Cormeil (dir.), *Nouveau droit des majeurs protégés. Difficultés pratiques*, « Thèmes et commentaires », Dalloz, 2012, p. 125.

> Honoraires de l'avocat. T. Fossier et F. Fresnel, « Les honoraires d'avocat pour la défense d'un incapable », *Gaz. Pal.* 14-16 avr. 2002, p. 3 s. – F. Fresnel et C. Lacour, « Les incapables et les honoraires de l'avocat : un défi ou un combat ? », *AJ fam.* 2012. 271.

> Représentation en justice en matière patrimoniale. J. Hauser, « La distinction des actions personnelles et des actions patrimoniales à l'épreuve du droit des personnes protégées », *Mél. en l'honneur du Professeur Gérard Champenois*, Defrénois/Lextenso, 2012, p. 441.

> Surendettement. I. Maria, « Les majeurs protégés surendettés », *in* G. Raoul-Cormeil (dir.), *Nouveau droit des majeurs protégés. Difficultés pratiques*, « Thèmes et commentaires », Dalloz, 2012, p. 115.

353.07 Énumération. Le tuteur peut accomplir seul, c'est-à-dire sans avoir à solliciter au préalable l'autorisation du juge des tutelles ou, s'il a été constitué, du conseil de famille, deux séries d'actes. La première figure expressément dans le Code civil, en parallèle de la nomenclature des actes de disposition et des actes d'administration, la seconde correspond à la catégorie des actes d'administration et des actes conservatoires. Le législateur reconnaît, par ailleurs, au tuteur, la faculté de s'adjoindre le concours d'un tiers pour l'accomplissement de certains actes.

SECTION 1
ACTES RÉGIS PAR LE CODE CIVIL

353.10 Quels actes ? Sur certains points, les actes relevant de la sphère d'autonomie du tuteur sont définis par le Code civil en marge de la catégorie des **actes d'administration** et de celle des **actes de disposition.** Adoptant la même méthode que celle utilisée pour la curatelle, la loi du 5 mars 2007 a inséré dans le chapitre II du titre XI du livre Ier du Code civil, une sous-section consacrée aux actes faits dans la tutelle. Celle-ci comporte, pour l'essentiel, les actes relevant de la capacité naturelle de la personne protégée, la faculté reconnue au juge de procéder à un allègement de la tutelle, dans le jugement d'ouverture ou postérieurement à ce dernier, ainsi que les règles relatives à la capacité de disposer à titre gratuit du majeur en tutelle (C. civ., art. 473 et 476 – Sur tout ceci, v. s^s^ n°s 351.21 s.). Pour les autres actes, il convient, par le jeu du renvoi effectué par l'article 474, de se reporter aux règles de gestion du patrimoine des mineurs et des majeurs en tutelle énoncées au titre XII. Or, ces dispositions permettent au tuteur d'accomplir, sans l'autorisation du juge des tutelles ou, lorsqu'il a été constitué, du conseil de famille, trois grandes catégories d'actes : la perception des capitaux et des revenus de la personne protégée dans les conditions prévues par l'article 498 du Code civil (v. s^s^ n° 352.21), l'acceptation d'une succession à concurrence de l'actif net (§ 1), la conclusion de certains baux (§ 2) et l'exercice des actions en justice à caractère patrimonial (§ 3).

§ 1
Acceptation d'une succession à concurrence de l'actif net

353.11 Fondement de l'autonomie du tuteur. Aux termes de l'article 507-1 du Code civil, « *par dérogation à l'article 768, le tuteur ne peut accepter une succession échue à la personne protégée qu'à concurrence de l'actif net. Toutefois, le conseil de famille ou, à défaut le juge peut, par une délibération ou une décision spéciale, l'autoriser à accepter purement et simplement si l'actif dépasse manifestement le passif* » (al. 1er). « *Le tuteur ne peut renoncer à une succession échue à la personne protégée sans une autorisation du conseil de famille ou, à défaut, du juge* » (al. 2). Dans le cas où la succession à laquelle il a été renoncé au nom du tutélaire n'a pas été acceptée par un autre héritier et tant que l'État n'a pas été envoyé en possession, la renonciation peut être révoquée, soit par le tuteur autorisé à cet effet par une nouvelle délibération du conseil de famille ou, à défaut, une nouvelle décision du juge des tutelles, soit par la personne protégée devenue capable (C. civ., art. 507-2 – Sur ce point, v. s^s^ n° 354.42). La limitation de l'autonomie du tuteur à l'acceptation à concurrence de l'actif net se comprend aisément à l'aune des effets qui y sont attachés. Cette dernière est, en effet, **l'unique branche de l'option successorale à limiter l'obligation au passif du majeur** aux seules forces de la succession. Incarnant la solution la plus protectrice des intérêts de l'héritier en tutelle, cette disposition reconduit celle qui était admise sous l'empire de la législation antérieure par l'ancien article 461. Elle conduit à étendre les règles de l'acceptation à concurrence de l'actif net à l'ensemble des héritiers, y compris à ceux qui avaient opté pour l'acceptation pure et simple (C. civ., art. 792-2, al. 1er).

353.12 Déclaration d'acceptation à concurrence de l'actif net, inventaire et vente des biens. À l'instar des solutions applicables sous la curatelle, il convient, sous la tutelle, de distinguer, pour l'application des **règles de capacité**, d'une part, la déclaration d'acceptation à concurrence de l'actif net et, d'autre part, la procédure ainsi que les obligations qui en découlent.

Le **tuteur** peut faire procéder, sans autorisation du juge des tutelles, à la **déclaration d'acceptation à concurrence de l'actif net** auprès du tribunal de grande instance de l'ouverture de la succession ou, à compter du 1er novembre 2017, devant notaire, ainsi qu'à **l'inventaire** (C. civ., art. 758 à 790). En revanche, la déchéance pour défaut d'inventaire, prévue à l'article 790 alinéa 4 du Code civil, paraît ici devoir être écartée, comme sous la curatelle, car la mise en œuvre de cette sanction, laquelle consisterait à réputer l'héritier acceptant pur et simple, conduirait, de manière peu cohérente, à faire échec à la protection voulue par la loi (sur la possibilité de l'acceptation à concurrence de l'actif net tacite, v. s^s^ n° 342.33)[1]. La vente des biens de gré à gré, pendant de la procédure, s'analyse comme un acte de disposition soumis à l'autorisation du juge des tutelles (C. civ., art. 793)[2].

353.13 Actes accomplis dans le cadre d'une succession. Le décret n° 2008-1484 du 22 décembre 2008 complète les dispositions de l'article 507-1 du Code civil, en classant dans la catégorie des **actes** étant **toujours regardés comme des actes d'administration** un certain nombre d'opérations intervenant dans le cadre d'une succession légale ou testamentaire. Outre l'établissement d'un acte de notoriété, l'action interrogatoire des héritiers taisants (C. civ., art. 771, al. 2), la déclaration de succession, la sollicitation par le tuteur d'une attestation de propriété et le mandat aux fins de partage prévu par l'article 837 du Code civil afin de vaincre la défaillance ou l'inertie d'un indivisaire, le décret vise la délivrance des legs ainsi que l'acceptation des libéralités à titre particulier non

1. *J.-Cl. Civ.*, art. 503 à 509, par Peterka, spéc. n°s 78 et 79.
2. T. Fossier, « De la législation à la pratique notariale », *JCP N* 2007. I. 1169.

grevées de charges (Décr. n° 2008-1484, 22 déc. 2008, annexe 1, col. 1, V - v. s[s] n° 341.01).

S'agissant de la **délivrance des legs**, la qualification d'acte d'administration reflète la définition qui en est posée par le Code civil et le décret (C. civ., art. 496, al. 3 - Décr. n° 2008-1484, 22 déc. 2008, art. 1er, al. 1er - v. s[s] n° 341.01). En effet, si elle vaut reconnaissance des droits du légataire en lui permettant d'en exiger le paiement, la délivrance du legs ne purge pas la libéralité de ses vices éventuels[1]. Elle incarne, à vrai dire, une « *mesure essentiellement conservatoire* », en ce qu'elle « *n'enlève aux héritiers et autres intéressés aucun des moyens de forme et de fond qu'ils peuvent avoir à proposer pour faire établir leurs droits dans la succession* »[2]. Pour autant, le tuteur qui exécuterait la délivrance d'un legs en ayant connaissance d'une **cause de nullité** affectant la libéralité engagerait sa responsabilité civile à l'égard de la personne protégée car, en pareil cas, la délivrance du legs vaut ratification de ce dernier. Il en serait ainsi, par exemple, si le tuteur exécutait un legs verbal aux dépens du majeur en tutelle ou s'il procédait à la délivrance du legs alors qu'un litige serait en cours[3].

S'agissant de **l'acceptation des legs à titre particulier**, à laquelle est assimilée celle des donations entre vifs, la qualification d'acte d'administration s'applique à l'acceptation de ces libéralités dès lors qu'elles sont dépourvues de charges, c'est-à-dire d'une obligation imposée au gratifié à son profit, celui d'un tiers ou du donateur lui-même. La qualification joue pareillement pour **l'acceptation des libéralités dont la charge est déterminée** et ne fait qu'entraîner une diminution de l'émolument du gratifié. Il en est ainsi, par exemple, de l'obligation imposée au gratifié de payer une somme d'argent à un tiers ou de rapporter une libéralité antérieurement reçue[4]. L'acceptation de la libéralité impose, en revanche, au tuteur de solliciter l'autorisation du juge des tutelles, toutes fois que la charge est indéterminée. Elle risque en effet, en pareille hypothèse, de dépasser l'émolument du gratifié et, par suite, d'engager le patrimoine de la personne protégée. Il en est ainsi de la charge consistant dans le versement d'une rente viagère au profit du donateur ou d'un tiers. **L'acceptation des libéralités consenties sous condition résolutoire**, telle que celle liée au prédécès du gratifié, devrait émarger à la catégorie des actes d'administration dès lors qu'elle ne comporte pas de risque pour le patrimoine du gratifié. Il en est de même des libéralités avec réserve d'usufruit ou réserve de nue-propriété, lesquelles ne s'analysent pas comme des charges[5].

§ 2
Conclusion et renouvellement de certains baux

353.21 Portée de l'autonomie du tuteur quant à l'opposabilité des baux au majeur et au preneur. L'article 504 alinéa 3 du Code civil dispose que « *les baux consentis par le tuteur ne confèrent au preneur, à l'encontre de la personne protégée devenue capable, aucun droit de renouvellement et aucun droit à se maintenir dans les lieux à l'expiration du bail, quand bien même il existerait des dispositions légales contraires. Ces dispositions ne sont toutefois pas applicables aux baux consentis avant l'ouverture de la tutelle et renouvelés par le tuteur* ». Le texte autorise, à l'instar de la législation ancienne (C. civ., anc. art. 456, al. 3), le tuteur à conclure, sans l'autorisation du juge des tutelles, un bail portant sur un immeuble appartenant à la personne protégée dès lors que ce dernier ne constitue ni sa résidence principale ni sa résidence secondaire (C. civ., art. 426). Pour autant, les baux de plus de neuf ans ainsi que ceux assortis d'un droit au renouvellement ou au maintien dans les lieux au profit du preneur, ce qui vise notamment les **baux ruraux** et les **baux commerciaux**, sont assujettis, sur certains points, à l'autorisation préalable du juge des tutelles[6]. Les dispositions combinées des articles 504 alinéa 3, 595 et 1718 du Code civil imposent, en effet, au protecteur, pour les **baux d'une durée supérieure à neuf ans**, de solliciter l'autorisation du juge afin que ces derniers soient opposables à la personne protégée après qu'elle a recouvré à sa capacité. À défaut, ces baux ne sont « *obligatoires à l'égard de celle-ci* ***que pour le temps qui reste à courir***, *soit de la première période de neuf ans, si les parties s'y trouvent encore, soit de la*

1. M. Grimaldi, *Droit civil. Libéralités. Partages d'ascendants*, Litec, 2000, n°s 434 à 436.
2. Cass., req., 15 mars 1927, *DH* 1927. 221 – Cass., req., 5 déc. 1932, *DH* 1933. 99 – Civ. 7 janv. 1936, *DP* 1936. 1. 129, note Fréjaville; *RTD civ.* 1936. 530, obs. Savatier – Civ. 10 juill. 1968, *D.* 1968. 669, note Breton; *RTD civ.* 1969. 157, obs. Savatier – Civ. 1re, 11 juill. 1979, *JCP* 1981. II. 19556, note Dagot.
3. Sur tout ceci, v. *J.-Cl. Civ.*, art. 503 à 509, par Peterka, spéc. n° 53.
4. Civ. 1re, 7 mars 1955, *Journ. not.* 1955, art. 45081.
5. *J.-Cl. Civ.*, art. 503 à 509, par Peterka, spéc. n°s 54 et 55.
6. I. Massip, *Les incapacités. Étude théorique et pratique*, préf. J. Carbonnier, Defrénois, 2002, spéc. n°s 44, 68 et 282 – T. Fossier, « Actes de gestion du patrimoine des personnes protégées. À propos du décret n° 2008-1484 du 22 décembre 2008 », *JCP N* 2009. 101 – *Adde :* • en matière de bail rural : Civ. 3e, 20 mars 1989, n° 87-16.870, *Bull. civ.* I, n° 132; *D.* 1990. 169, note Massip – Nîmes, 2e ch. A, 30 janv. 2007, RG n° 06/04570 – COMP. : Metz, 10 janv. 2008, RG n° 05/01442, *Dr. fam.* 2008, n° 91, obs. Fossier; décidant que « *la conclusion d'un bail, même d'un bail à ferme bénéficiant du statut légal, ne constitue pas un acte de disposition* » • en matière de bail commercial : Civ. 1re, 10 mai 1988, n° 86-16.497, *Bull. civ.* I, n° 128; *D.* 1988. 516, note Massip; *JCP N* 1989. II. 9, note Fossier – Civ. 1re, 18 oct. 1994, n° 92-21.735, *Bull. civ.* I, n° 294; *D.* 1995. 529, note Massip; *Defrénois* 1995.731; *RTD civ.* 1995. 600, note Hauser.

seconde, et ainsi de suite de manière que le preneur n'ait que le droit d'achever la jouissance de la période de neuf ans où il se trouve » (C. civ., art. 595, al. 2, sur renvoi de l'article 1718). C'est dire qu'en l'absence d'autorisation du juge, le **bail de plus de neuf ans** ou comportant, au profit du preneur, un droit au **renouvellement** ou **au maintien** dans les lieux, est sanctionné, lors du retour à la capacité du bailleur en tutelle, par la réduction du bail ou par l'interdiction de se prévaloir du renouvellement ou du maintien dans les lieux[1]. L'autorisation du juge des tutelles permet, en revanche, de rendre le bail opposable à la personne protégée, lors de son retour à la capacité.

Par ailleurs, les **baux d'une durée égale ou inférieure à neuf ans** passés ou renouvelés par le tuteur, sans autorisation, plus de trois ans avant l'expiration du bail courant, s'il s'agit de baux ruraux, ou plus de deux ans avant la même époque, s'il s'agit de baux d'habitation, sont sans effet, à moins que leur exécution n'ait commencé avant la cessation de la protection (C. civ., art. 595, al. 3 sur renvoi de l'article 1718). La conclusion des baux relève ainsi de la sphère d'autonomie du tuteur dès lors qu'ils sont d'une **durée égale ou inférieure à neuf ans** et qu'ils n'entraînent, au profit du preneur, aucun droit au **renouvellement** ou au **maintien** dans les lieux[2]. Si le tuteur souhaite renouveler, par anticipation, un bail d'habitation d'une telle durée, il doit le faire dans les deux dernières années du bail ou se faire autoriser par le juge des tutelles.

Le décret du 22 décembre 2008 reprend ces distinctions en intégrant dans la colonne des actes étant toujours des actes d'administration, la conclusion ou le renouvellement d'un bail de neuf ans au plus en tant que bailleur (C. civ., art. 595 et 1718) ou preneur. La conclusion et le renouvellement des baux ruraux, commerciaux, industriels, artisanaux, professionnels ou mixtes sont répertoriés, quant à eux, dans la colonne des actes étant toujours des actes de disposition, sans qu'il faille pour autant en conclure que la sanction du défaut d'autorisation du juge réside dans la nullité des dépassements de pouvoirs. Une telle interprétation serait en effet contraire aux dispositions du Code civil (C. civ., art. 504, al. 3, 595 et 1718). Sur tout ceci ainsi que sur le congé et la résiliation du bail commercial ou rural et des baux de plus de neuf ans, v. s[s] n° 342.45.

§ 3
Représentation en justice en matière patrimoniale

353.31 Exercice des actions en justice à caractère patrimonial. L'article 504 alinéa 2 du Code civil confère au tuteur le pouvoir d'« *agir seul en justice pour faire valoir les droits patrimoniaux de la personne protégée* »[3]. L'article 475 précise, quant à lui, que « *la personne en tutelle est représentée en justice par le tuteur* (al. 1er). *Celui-ci ne peut agir, en demande ou en défense, pour faire valoir les droits extrapatrimoniaux de la personne protégée qu'après autorisation ou sur injonction du juge ou du conseil de famille s'il a été constitué* (al. 2) ». La notion d'action en justice à caractère patrimonial représente ainsi le critère de l'autonomie d'action du tuteur. Or, les contours en sont malaisément indentifiables toutes les fois que l'action met en jeu des intérêts qui, pour être personnels, n'en ont pas moins d'importantes répercussions patrimoniales. Trois visions s'affrontent ici.

La première, favorable à **l'autonomie du tuteur**, inclut dans la catégorie des actions en justice à caractère patrimonial toutes celles qui revêtent principalement ce caractère. Il en est ainsi, par exemple, de l'action en paiement d'une prestation compensatoire, laquelle revêt principalement un caractère patrimonial bien qu'elle ne soit pas dénuée d'une dimension personnelle[4], de l'action en nullité d'un testament[5] et de l'action en justice afin de voir reconnaître un accident du travail[6], de l'action en contestation d'un commandement de quitter les lieux consécutif à une décision d'expulsion d'un immeuble ayant fait l'objet d'une vente[7].

La deuxième, favorable à un **accroissement du contrôle judiciaire du tuteur**, étend la notion d'action en justice à caractère extrapatrimonial à toutes les actions relatives aux dispositions du livre Ier du Code civil, des successions, des donations, des régimes matrimoniaux, de la propriété littéraire et artistique

1. Limoges, ch. soc., 2 févr. 1999, RG n° 97/01822 – Sur le bail commercial « amputé du droit au renouvellement », v. T. Fossier, « Bail commercial et incapacité », *Ann. loyers* 2003, spéc. p. 2051, n° 44 – M. Menjucq, « L'incapable majeur en droit des affaires », *JCP N* 1999. 836, spéc. 840.
2. Toulouse, 3e ch., 1re sect., 21 oct. 2008, *Juris-Data* n° 372532 : « *Dès lors que le majeur sous curatelle ne peut accomplir seul les actes qui, sous le régime de la tutelle, requièrent l'autorisation du juge ou du conseil de famille, il est autorisé à conclure un contrat de bail d'habitation de moins de neuf ans qui, en tant qu'acte d'administration, n'est pas soumis à l'assistance du curateur* ».
3. La solution reconduit, sous la tutelle, la règle admise sous l'empire de la loi du 3 janvier 1968 (v. C. civ., anc. art. 464). Pour une application : Civ. 1re, 5 oct. 1994, n° 92-20.149, *Bull. civ.* I, n° 274; *D.* 1995. 358 (2e esp.), note Massip; *RTD civ.* 1995. 327, obs. Hauser (rendu à propos d'une action en résolution d'un bail et en paiement de loyers arriérés).
4. TI Rochefort-sur-Mer, 9 janv. 2003, *Gaz. Pal.* 15 oct. 2003, note Massip.
5. Civ. 1re, 20 sept. 2006, n° 04-18.501, *Bull. civ.* I, n° 412; *D.* 2008. 313, obs. Lemouland et Plazy; *AJ fam.* 2006. 426, obs. Pécaut-Rivolier; *RTD civ.* 2007. 92, obs. Hauser.
6. Nancy, ch. soc., 6 nov. 2007, RG n° 06/02986.
7. Civ. 1re, 9 déc. 2009, n° 08-16.835, *Bull. civ.* I, n° 243; *Dr. fam.* 2010, n° 50, note Maria.

et du Code pénal ainsi qu'aux actes dans lesquels le tuteur assiste le majeur protégé au lieu de le représenter. Cette conception extensive de la notion d'action en justice à caractère extrapatrimonial repose sur l'idée selon laquelle toutes ces hypothèses mettent en jeu l'honneur des familles, l'équilibre psychologique du majeur ou encore sa personnalité profonde[1]. C'est ainsi qu'une requête en vue de l'homologation d'un changement de régime matrimonial a pu être analysée, sous l'empire de la législation antérieure, comme une action à caractère extrapatrimonial nécessitant, à peine d'irrecevabilité, l'assistance du curateur[2] et qu'une action en paiement de dommages-intérêts pour atteinte à la vie privée a été qualifiée d'action extrapatrimoniale[3]. Il en est ainsi *a fortiori* de l'action en diffamation, laquelle tend à la protection de l'honneur et de la considération de la personne diffamée et présente, quand bien même elle conduirait à l'allocation de dommages-intérêts, le caractère d'une action extrapatrimoniale[4].

La troisième proposition consiste à fixer la **ligne de partage entre les actions en justice** à caractère patrimonial et les actions en justice à caractère extrapatrimonial dans la liberté d'appréciation laissée pour leur mise en œuvre[5]. C'est ainsi, par exemple, que si « *la révocation des donations pour cause d'ingratitude n'est pas livrée,* ad nutum, *à l'appréciation de celui qui agit puisque les cas en sont énumérés et ce même si leur définition reste souple, l'action en diffamation est entièrement soumise à la décision de celui qui agit et à son arbitraire* »[6].

La nullité pour irrégularité de fond qui affecte une procédure de première instance ayant donné lieu à la condamnation d'un majeur sous tutelle non représenté par son tuteur est couverte lorsque l'intéressé a recouvré l'exercice de ses droits avant la clôture de la procédure et conclu au fond en son nom personnel (C. pr. civ., art. 121). Il en est de même lorsque le curateur exerçant l'action par voie de représentation de la personne protégée – et non par voie d'assistance – est ensuite désigné en qualité de tuteur. Il résulte, en effet, de l'article 121 du Code de procédure civile que l'exception de nullité fondée sur l'inobservation de règles de fond est susceptible d'être couverte et la nullité écartée « *si sa cause a disparu au moment où le juge statue* »[7]. À défaut, la demande en justice est irrecevable et la procédure entachée de nullité[8]. La qualification d'irrégularité de fond fait obstacle à la régularisation de la procédure par l'intervention volontaire du tuteur en cours d'instance[9]. L'irrégularité procédurale doit être relevée d'office par la juridiction saisie. Elle peut être soulevée, par ailleurs, non seulement par la personne protégée mais encore par son adversaire, fût-ce pour la première fois devant la Cour de cassation[10]. La Haute juridiction procède ici à une application particulièrement stricte des règles gouvernant l'exercice des actions en justice par les majeurs protégés et la défense de ceux-ci à ces actions.

353.32 Exercice des voies de recours – Acquiescement au jugement. Le tuteur peut procéder, sans se munir au préalable de l'autorisation du juge des tutelles, à un certain nombre d'**actes de procédure**. Ce pouvoir, qui lui est expressément reconnu par le décret du 22 décembre 2008, relatif aux actes de gestion du patrimoine des personnes en curatelle ou en tutelle, apparaît comme le corollaire de l'article 504 alinéa 2 du Code civil[11]. La loi du 3 janvier 1968 interdisait au tuteur de renoncer à exercer les voies de recours, c'est-à-dire d'acquiescer au jugement, sans y avoir été autorisé par le conseil de famille ou le juge des tutelles (C. civ., anc. art. 464, al. 2)[12]. Cette

1. T. Fossier et M. Bauer, *Les tutelles. Accompagnement et protection juridique des majeurs*, 5e éd., ESF, 2011, p. 298.
2. Civ. 1re, 6 janv. 2004, n° 01-11.214, *Bull. civ.* I, n° 3; *Dr. fam.* 2004, n° 57, obs. Fossier; *JCP N* 2004. II. 1273, obs. Plazy.
3. Paris, 1re ch. A, 25 avr. 2000, RG n° 1998/06339.
4. Civ. 1re, 23 févr. 2011, n° 10-11.968, *Bull. civ.* I, n° 38; *D.* 2011. 747; *Defrénois* 2011. 423; *AJ. fam.* 2011. 215, obs. Verheyde (rendu, en application de la législation antérieure à la réforme, en matière de curatelle).
5. Pour la consécration de la notion d'action en justice strictement personnelle du majeur protégé, exclusive de toute assistance ou représentation de ce dernier, v. Civ. 1re, 6 nov. 2013, n° 12-23.766, *Bull. civ.* I, n° 217; *AJ fam.* 2013. 717, obs. Verheyde; *JCP* 2014. 14, note Peterka; *Dr. fam.* 2014, n° 9, note Maria; *D.* 2014. 467, note Raoul-Cormeil; *RTD civ.* 2014. 84, obs. Hauser – L. Mauger-Vielpeau, « Les actions en justice en matière familiale », *in* G. Raoul-Cormeil (dir.), *Le patrimoine de la personne protégée*, LexisNexis, 2015, p. 345.
6. J. Hauser, « La distinction des actions personnelles et des actions patrimoniales à l'épreuve du droit des personnes protégées », *Mél. en l'honneur du Professeur Gérard Champenois*, Defrénois-Lextenso, 2012, p. 441, spéc. p. 450 et 451.
7. Civ. 1re, 23 oct. 2013, n° 12-21.751, NP; *D.* 2014. 2270, obs. Lemouland.
8. En matière de curatelle, v. Civ. 1re, 23 sept. 2015, n° 14-19.098, *Bull. civ.* I, [à paraître]; *Dr. fam.* 2015, n° 211, obs. I. M; *AJ fam.* 2015. 618, note Verheyde – Crim. 5 mai 2015, n° 14-80.207, NP; *LEFP* juin 2015. 4, obs. Raoul-Cormeil – L'intervention du protecteur en cause d'appel ne permet pas de couvrir l'irrégularité de la procédure, lorsqu'elle a lieu à l'effet de faire sanctionner cette irrégularité; v. Civ. 1re, 23 févr. 2011, n° 09-13.867, *Bull. civ.* I, n° 37.
9. Civ. 3e, 18 nov. 2014, n° 13-12.448, NP; *LEFP* févr. 2015. 3, obs. Raoul-Cormeil.
10. Civ. 1re, 15 janv. 2016, n° 15-10.156, *Bull. civ.* I, [à paraître]; *AJ fam.* 2016. 165, note Verheyde; *LEFP* mars 2016. 3, obs. Raoul-Cormeil; *Dr. fam.* 2016, n° 68, obs. I. M.
11. Décr. n° 2008-1484, 22 déc. 2008, annexe 1, col. 1, VI.
12. L'acquiescement donné par l'avocat de la personne protégée ne pouvait dès lors engager le tuteur, en l'absence d'autorisation du juge des tutelles, l'avocat n'ayant pas plus de pouvoir que la partie qu'il représente : Civ. 1re, 7 mars 2000, n° 97-20.650, *Bull. civ.* I, n° 78; *D.* 2001. 1513, obs. Lemouland; *Dr. fam.* 2000, n° 103, obs. Fossier; *Defrénois* 2000. 1058, obs. Massip; *RTD civ.* 2000. 294, obs. Hauser; *RTD civ.* 2000. 397, obs. Perrot; Rép. pr. civ., v[o] *Action d'état*, par Weiller, janv. 2010, n° 26.

solution est aujourd'hui abandonnée. La sphère d'autonomie du tuteur s'étend, sans doute aussi, non seulement à l'exercice de l'action en justice, dès lors qu'elle présente un caractère patrimonial, mais aussi à celui des voies de recours revêtant ce même caractère et à la renonciation à leur exercice [1].

La loi du 5 mars 2007 reconduit la règle ancienne qui reconnaissait au tuteur le pouvoir de procéder seul au désistement d'une action ou d'une instance intentée au nom du tutélaire (C. civ., art. 475, al. 2 - C. civ., anc. art. 464, al. 1er) [2]. Le tuteur agit aujourd'hui librement tant pour l'introduction de la **demande en justice**, le **désistement**, la **défense** à une action, l'exercice des **voies de recours** et **l'acquiescement** au jugement, sous la réserve, le cas échéant, de la mise en œuvre de sa responsabilité civile [3]. Le juge peut par ailleurs enjoindre au tuteur de se désister de l'instance ou de l'action ou de transiger (C. civ., art. 475, al. 2). En revanche, s'il souhaite prendre l'initiative de la transaction, le tuteur est tenu d'en faire approuver, au préalable, les clauses par le juge (C. civ., art. 506).

Lorsqu'ils ont trait à des droits extrapatrimoniaux, l'introduction de la demande en justice, le désistement, la défense à l'action, l'exercice des voies de recours ainsi que l'acquiescement au jugement sont soumis à l'autorisation judiciaire ou à celle du conseil de famille s'il a été constitué (C. civ., art. 475, al. 2, 504, al. 2 - Décr. n° 2008-1484, 22 déc. 2008, annexe 1, col. 2, VI, mod. par Décr. n° 2009-1628, 23 déc. 2009 - v. ss n° 341.01).

353.33 Paiement des honoraires d'avocat. Le paiement des honoraires d'avocat s'analyse traditionnellement comme un **acte d'administration** [4]. Cette solution est aujourd'hui reconduite par la réforme. Encore que cette dernière introduise, en ce domaine, une fluidification de la qualification. L'annexe 2 du décret n° 2008-1484 du 22 décembre 2008 intègre, en effet, dans la catégorie des actes d'administration, sous réserve des circonstances d'espèce, le paiement des dettes, y compris par prélèvement sur le capital. La qualification est, à vrai dire, tributaire tout à la fois des **circonstances d'espèce** et de **l'origine des fonds** affectés au paiement [5]. Tout dépend de savoir s'il s'agit de revenus, d'excédents de revenus, de capitaux liquides ou de prélèvements sur le capital.

La jurisprudence rendue sous l'empire des anciens textes s'opposait à ce que le paiement des honoraires soit effectué par voie de prélèvement direct. Il était ainsi interdit à l'avocat de prélever ses honoraires, sur le compte Carpa ouvert au nom d'un mineur, sans l'autorisation de l'administrateur légal. Cette solution est reconduite à l'aune des nouveaux textes. Si le paiement des honoraires correspond, en principe, à un acte d'administration que le tuteur peut accomplir sans l'autorisation du juge des tutelles, l'intervention du protecteur ne saurait être évincée via un prélèvement direct effectué, sans son autorisation, du compte Carpa ouvert au nom de la personne protégée. Il n'y a pas à distinguer, ici, suivant que le prélèvement direct est, ou non, effectué en vertu d'une convention d'honoraires.

353.34 Convention d'honoraires. Sous l'empire de la loi de 1968, la jurisprudence soumettait le paiement des honoraires d'avocat à la conclusion d'une convention d'honoraires avec le tuteur [6]. Celle-ci est désormais imposée par le législateur (L. n° 71-1130, 31 déc. 1971, mod. par L. n° 2015-990, 6 août 2015). Il était admis que l'arbitrage de la convention échappait au contrôle du juge des tutelles pour relever du **bâtonnier de l'ordre des avocats** lequel est investi, sous le contrôle du premier président de la cour d'appel, de la **compétence exclusive** pour trancher les contestations relatives au montant ainsi qu'au recouvrement des honoraires d'avocat [7]. L'éviction du juge des tutelles était admise, à tout le moins, en présence d'une convention d'honoraires déterminés ou déterminables [8]. Cette solution est désormais consacrée par le décret n° 2008-1484 du 22 décembre 2008, lequel classe dans la catégorie des **actes étant toujours regardés comme des actes de disposition** la

1. Rapp. Sénat n° 212, 7 févr. 2007, sur le projet de loi, adopté par l'Assemblée nationale, après déclaration d'urgence, portant réforme de la protection juridique des majeurs, par H. de Richemont, p. 181.
2. Civ. 1re, 20 sept. 2006, n° 04-18.501, *Bull. civ.* I, n° 412; *JCP N* 1993. II. 45, note Fossier.
3. T. Fossier, « Patrimoine et intérêts juridiques, tradition et nouveauté », *AJ fam.* 2009. 52.
4. Civ. 1re, 3 juill. 2001, n° 98-16.854, *Bull. civ.* I, n° 195; *Gaz. Pal.* 16 avr. 2002. 3, obs. Fresnel et Fossier; *RTD civ.* 2002. 73, obs. Hauser; *RJPF* 2001-12/10-11, obs. Garé – COMP. Aix-en-Provence, 12 nov. 2013, RG n° 13/06157, *Dr. fam.* 2014, n° 27, obs. I. M.; *AJ fam.* 2014. 192, obs. Montourcy, qualifiant le paiement d'honoraires s'élevant à un montant de 332 006 € d'acte de disposition, en raison de l'incidence d'un tel paiement sur le patrimoine de la personne protégée – DANS LE MÊME SENS, retenant la qualification d'acte de disposition en raison de l'importance des honoraires réclamés, Civ. 2e, 8 déc. 2016, n° 15-28.554, NP; *Dr. fam.* 2017. n° 52, obs. I. M.
5. RAPPR. : Civ. 1re, 6 déc. 2005, n° 03-19.188, NP; *Dr. fam.* 2006, n° 115, obs. Fossier; *RTD civ.* 2006. 536, obs. Hauser; la mère désignée mandataire spéciale de son fils placé sous sauvegarde de justice ne peut confirmer, par leur paiement, la nullité de la convention d'honoraires qu'elle-même et son fils atteint d'un trouble mental ont signé, dès lors que le juge des tutelles ne lui a pas reconnu le pouvoir de disposer des fonds affectés à ce paiement.
6. Civ. 1re, 27 mai 2003, n° 00-18.136, *Bull. civ.* I, n° 127; *D.* 2004. 1859, obs. Lemouland.
7. Décr. n° 91-1197, 27 nov. 1991, art. 174.
8. L. Pécaut-Rivolier, *AJ fam.* 2009. 169 – J. Hauser, *RTD civ.* 2002. 73 – Sur tout ceci, *J.-Cl. Civ.*, art. 503 à 509, par Peterka, spéc. n° 47.

conclusion d'une « *convention d'honoraires proportionnels, en tout ou partie, à un résultat, indéterminés ou aléatoires* » (Décr. n° 2008-1484, 22 déc. 2008, annexe 1, col. 2, IX - v. s[s] n° 341.01) [1]. La qualification coïncide, au demeurant, pleinement avec la définition de l'acte de disposition tant il est vrai que cette variété de convention, laquelle incarne un contrat aléatoire, comporte un risque pour le patrimoine de la personne protégée (C. civ., art. 496, al. 3) [2]. Elle ne modifie pas, par ailleurs, la compétence de l'ordre des avocats pour trancher les contestations relatives au montant et au paiement des honoraires puisqu'il s'agit, ici, seulement de confier au juge des tutelles compétence pour autoriser le tuteur à conclure une telle convention. Aussi n'est-il pas surprenant que le Conseil d'État ait jugé, sur la foi de ces puissants arguments, que le décret n° 2008-1484 du 22 décembre 2008 est légal [3]. La conclusion d'une convention d'honoraires forfaitaires ou au temps passé s'analyse, quant à elle, comme un acte d'administration relevant de la sphère d'autonomie du tuteur. Une telle convention ne s'analyse pas, en effet, comme un contrat aléatoire. L'honoraire qu'elle fixe est déterminé ou, à tout le moins, déterminable.

353.35 Recouvrement des créances du majeur protégé – Procédures d'exécution. Les mesures conservatoires et les procédures d'exécution mobilières s'analysent, dans la lignée des solutions admises avant la réforme, comme des **actes d'administration** relevant, sous la tutelle, de la sphère d'autonomie du tuteur [4]. La solution est le corollaire du pouvoir reconnu à ce dernier de percevoir, sans l'autorisation du juge, les revenus revenant à la personne protégée. Ce pouvoir « *implique la faculté pour le tuteur de faire tous les actes nécessaires pour parvenir à la perception de ces revenus notamment en poursuivant les voies d'exécution qui s'avéreraient nécessaires* » [5]. Le tuteur peut ainsi faire pratiquer, sans autorisation préalable, une **saisie conservatoire** ou une **sûreté judiciaire**. Il peut procéder, de la même manière, à la validation de la saisie ou de la sûreté. Ces opérations correspondent, au demeurant, davantage à la définition des **actes conservatoires accomplis dans un souci de sauvegarde du patrimoine** du tutélaire, qu'à celle des actes d'administration. Il n'en demeure pas moins que, lorsque l'exécution de la saisie ou de la sûreté est poursuivie jusqu'à son terme sur le fondement d'un titre exécutoire provisoire, le créancier est tenu, si le titre est ultérieurement modifié, de restituer le débiteur dans ses droits en nature ou par équivalent. Si bien qu'en ce cas, le tuteur pourrait par précaution interroger le juge. Pour autant, l'autorisation de ce dernier est impuissante à immuniser le protecteur contre le risque de mise en jeu de sa responsabilité civile [6]. Il serait en revanche couvert s'il agissait sur injonction du juge des tutelles (C. civ., art. 416, al. 1er et 417).

Ces solutions contrastent avec celles qui gouvernent la **saisie immobilière**. En ce domaine, la délivrance du commandement de payer et l'adjudication de l'immeuble au montant de la mise à prix fixé par le créancier poursuivant s'analysent, comme des **actes de disposition**. La qualification est justifiée à l'aune de la portée de ces actes pour la personne protégée et son patrimoine car, à défaut d'enchère, le tutélaire est déclaré adjudicataire d'office à ce montant (C. pr. exéc., art. L. 322-6). La vente amiable sur autorisation judiciaire [7] ainsi que l'inscription d'une hypothèque judiciaire, laquelle constitue un acte conservatoire, relèvent, en revanche, du pouvoir autonome du tuteur.

L'octroi d'un délai raisonnable en vue du recouvrement des créances du majeur protégé peut être accordé par le tuteur, sans l'autorisation préalable du juge des tutelles (Décr. n° 2008-1484, 22 déc. 2008, annexe 2, col. 1, 1° - v. s[s] n° 341.01). L'autonomie ici reconnue au tuteur appelle une double précision. D'une part, elle fait l'objet d'une appréciation fluctuante en fonction des circonstances d'espèce et de l'importance des conséquences du délai accordé sur le contenu ou la valeur du patrimoine de la personne protégée, sur les prérogatives de celle-ci ou sur son mode de vie (Décr. n° 2008-1484, 22 déc. 2008, art. 1er, al. 3 - v. s[s] n° 341.01). Ainsi, l'octroi d'un délai de paiement, fût-il raisonnable, peut-il être qualifié d'acte de disposition si, compte tenu de la privation momentanée de liquidités qui en découle pour la personne protégée, son train de vie quotidien s'en trouve affecté de manière significative. D'autre part, l'appréciation du caractère raisonnable du délai accordé au débiteur ainsi que son impact pour le tutélaire et son patrimoine incombe au tuteur.

1. *Adde*, F. Fresnel et C. Lacour, « Les incapables et les honoraires de l'avocat : un défi ou un combat ? », *AJ fam.* 2012. 271.
2. Civ. 2e, 10 sept. 2015, n° 14-23.959, *Bull. civ.* II, [à paraître]; *D.* 2015. 1846; *Dr. fam.* 2015, n° 207, note Maria; *RTD civ.* 2016. 82, obs. Hauser – Civ. 2e, 8 déc.. 2016, n° 15-28.554, préc. s[s] n° 353.33 – *Adde*, Aix-en-Provence, 12 nov. 2013, RG n° 13/06157, retenant déjà cette qualification sous l'empire de la législation ancienne.
3. CE, 6e et 1re s[s]-sect. réun., 16 juin 2010, req. n° 325513, *Dr. fam.* 2010, n° 153, obs. Maria.
4. C. pr. exéc., art. L. 111-9 – Décr. n° 2008-1484, 22 déc. 2008, annexe 1, col. 2, VIII.
5. Civ. 1re, 4 mai 1994, n° 92-14.767, *Bull. civ.* I, n° 158 – Civ. 2e, 10 févr. 2005, n° 03-11.802, *Bull. civ.* II, n° 29; *AJ fam.* 2005. 236, obs. Grimaldi.
6. T. Fossier, « De la législation à la pratique notariale. Huit lois nouvelles de 2002 à 2007 », *JCP N* 2007. 1169, spéc. n° 3; *J.-Cl. Civ.*, art. 503 à 509, par Peterka, spéc. n°s 42 et 43.
7. EN CE SENS : pour la vente forcée d'un immeuble objet d'une hypothèque judiciaire, v. Civ. 1re, 4 mai 1994, n° 92-14.767, P (préc. s[s] prés[t] n° 353.35).

SECTION 2
ACTES CONSERVATOIRES ET ACTES D'ADMINISTRATION

§ 1
Domaine de l'autonomie du tuteur en matière d'actes conservatoires

353.41 Définition des actes conservatoires. Le tuteur a le pouvoir d'accomplir « *seul les actes conservatoires* » (C. civ., art. 504, al. 1er). Le sens de cette formule doit être bien compris. Si elle permet au tuteur d'effectuer les actes conservatoires **sans l'autorisation du juge des tutelles ou du conseil de famille**, elle n'interdit pas à la personne en tutelle d'accomplir elle-même ces actes, pourvu qu'elle soit douée d'un **discernement suffisant**[1]. Les rapports parlementaires dissipent, sur ce point, toute difficulté d'interprétation[2]. Au rebours des actes d'administration et des actes de disposition, la notion d'acte conservatoire n'est pas définie par le Code civil. Cette lacune de la loi a été comblée par le décret n° 2008-1484 du 22 décembre 2008 relatif aux actes de gestion. L'article 3 du décret définit ces actes, pour l'application de l'article 452 du Code civil, comme ceux « *qui permettent de sauvegarder le patrimoine ou de soustraire un bien à un péril imminent ou à une dépréciation inévitable sans compromettre aucune prérogative du propriétaire* » (Décr. n° 2008-1484, 22 déc. 2008, art. 3, 1° - v. s^s n° 341.01)[3].

L'acte conservatoire étant, par essence, « *préventif, nécessaire et, partant, avantageux* », cela explique qu'en parallèle des **actes naturellement conservatoires**, dont la finalité première consiste dans la sauvegarde d'intérêts patrimoniaux (par ex., l'inventaire et l'état descriptif, la nomination d'un séquestre, la déclaration de sinistre auprès de l'assureur, l'accomplissement des formalités de publicité foncière exigée à peine d'inopposabilité, l'opposition à partage, l'intervention volontaire accessoire au procès), coexistent des **actes occasionnellement conservatoires**, parce qu'ils permettent, dans leur contexte, de parer à un risque de disparition ou de dépréciation d'un bien. Il en est ainsi, par exemple, de la vente d'un bien périssable ou du paiement d'une dette afin d'éviter une saisie, des actes interruptifs ou suspensifs d'une prescription, de l'introduction d'une action en justice ou d'un recours, de l'action en référé, du paiement d'une dette afin d'éviter une saisie[4].

§ 2
Domaine de l'autonomie du tuteur en matière d'actes d'administration

353.50 Définition des actes d'administration. Le tuteur est investi du pouvoir d'accomplir seul les actes conservatoires et les actes d'administration sous réserve, pour ces derniers, d'un allègement de la tutelle permettant à la personne protégée d'agir seule ou avec l'assistance du tuteur (C. civ., art. 473, al. 2, et 504, al. 1er). Les actes d'administration sont, on le sait, aujourd'hui définis par l'article 496 alinéa 3 du Code civil comme les actes « *relatifs à la gestion courante du patrimoine* », cependant que le décret n° 2008-1484 du 22 décembre 2008 les qualifie, non sans maladresse, comme « *les actes d'exploitation ou de mise en valeur du patrimoine de la personne protégée dénués de risque anormal* » (Décr. n° 2008-1484, 22 déc. 2008, art. 1er, al. 1er - v. s^s n° 341.01)[5]. Au demeurant, la rédaction de l'article 504 alinéa 1er n'est pas davantage exempte de critiques. Y sont visés, en effet, les seuls actes « *nécessaires à la gestion du patrimoine de la personne protégée* », ce qui paraît exclure, à s'en tenir à une interprétation littérale du texte, les **actes utiles**[6]. À vrai dire, une telle analyse, laquelle ne correspond pas à l'esprit de la loi[7], serait sans conteste excessive. Elle doit donc être écartée.

Figurent dans la catégorie des actes d'administration quatre grandes variétés d'actes : certains actes relatifs aux meubles et aux immeubles (A), les assurances (B), le paiement des dettes du majeur protégé (C) ainsi que la conclusion d'un contrat de travail par ce dernier (D).

A.
Actes relatifs aux meubles et aux immeubles

353.51 Opérations immobilières. Le tuteur peut accomplir, sans l'autorisation du juge des tutelles un certain nombre d'opérations relatives aux immeubles

1. A. Batteur, A. Caron-Déglise, M.-C. Dalle, T. Fossier, L. Pécaut-Rivolier et T. Verheyde, *Curatelle, tutelle, accompagnements*, « Litec professionnels », LexisNexis, 2009, n° 414 – C. Brenner, *L'acte conservatoire*, préf. P. Catala, LGDJ, 1999, n°s 541 s. – F. Fresnel, « L'intérêt de la qualification de l'acte dans le cadre d'une mesure de protection juridique », *RJPF* 2001-4/6.
2. Rapp. AN n° 3557, 10 janv. 2007, sur le projet de loi (n° 3462) portant réforme de la protection juridique des majeurs, par E. Blessig, p. 214 et 215 – Rapp. Sénat n° 212, 7 févr. 2007, par H. de Richemont, p. 224.
3. Sur la critique de cette définition, v. N. Peterka, *J.-Cl. Civ.*, art. 503 à 509, spéc. n° 23 ; « La gestion du patrimoine de la personne protégée à l'épreuve de l'urgence », *Gaz. Pal.* 29-30 janv. 2010, p. 25.
4. Rép. civ., v° *Acte juridique*, par Brenner, janv. 2013 [actu. mars 2014], 248 à 259.
5. Sur la critique de cette définition, v. *J.-Cl. Civ.*, art. 503 à 509, par Peterka, spéc. n°s 6 et 7.
6. EN CE SENS : A.-M. Leroyer, « Protection juridique des majeurs », *RTD civ.* 2007. 394.
7. Rapp. Sénat n° 212, 7 févr. 2007, p. 224, par H. de Richemont.

du majeur, telles que les **travaux et** les **réparations d'entretien** ainsi que les grosses **réparations urgentes**, lesquelles revêtent le plus souvent un caractère conservatoire (Décr. n° 2008-1484, 22 déc. 2008, annexe 1, col. 1, I et col. 2, I - v. s^{s} n° 341.01).

353.52 Opérations relatives aux meubles de faible valeur. S'agissant des meubles, relèvent de la sphère d'autonomie du tuteur la résiliation du contrat conclu pour la gestion des valeurs mobilières ou des instruments financiers de la personne protégée (C. civ., art. 500, al. 3) ainsi que les actes relatifs aux meubles d'usage courant ou de faible valeur (Décr. n° 2008-1484, 22 déc. 2008, annexe 1, col. 1, II, 3° - v. s^{s} n° 341.01), à l'exception des meubles meublants garnissant la résidence principale ou secondaire du tutélaire (C. civ., art. 426). La **valeur des meubles** doit s'apprécier au regard du **patrimoine** de la personne protégée. La qualification d'acte d'administration est donc ici, comme en d'autres domaines du droit des personnes et de la famille, tributaire d'une **modicité relative**. Les opérations relatives aux meubles d'usage courant ou de faible valeur ne sont, par ailleurs, qualifiées d'actes d'administration que lorsqu'elles correspondent à **certains contrats**, c'est-à-dire le louage, l'emprunt, le prêt, la vente, l'achat, l'échange et la dation en paiement. Cette énumération met en exergue le **critère économique de la qualification**. C'est ici **l'innocuité patrimoniale de l'acte** qui justifie qu'il soit assimilé à un acte d'administration. Le décret qualifie d'actes d'administration la location de coffre-fort, ainsi que la perception des fruits, également visée au titre de celle des revenus. Il classe, par ailleurs, dans la liste des actes d'administration « *tout acte relatif à l'animal domestique de la personne protégée* », ce qui vise, par exemple, la vente ou le don de l'animal ou les soins qui lui sont prodigués (Décr. n° 2008-1484, 22 déc. 2008, annexe 1, col. 1, II, 3° et IX - v. s^{s} n° 341.01).

353.53 Certaines opérations relatives aux instruments financiers. Dans le souci de fluidifier la gestion des instruments financiers[1] du majeur en tutelle, le décret classe dans la catégorie des **actes d'administration susceptibles d'une qualification fluctuante, en fonction des circonstances d'espèce**, certaines opérations relatives à ces biens. Il en est ainsi, notamment, de la souscription à une augmentation de capital, sous réserve des dispositions relatives au placement de fonds, de l'exercice du droit de vote dans les assemblées, sauf ce qui est dit à propos des ordres du jour particulier, et des actes de gestion d'un portefeuille. Sont, en ce dernier cas, visées les cessions de titres dès lors qu'elles sont suivies d'un remploi. Sur ce point, le décret du 22 décembre 2008 consacre l'analyse du portefeuille d'instruments financiers comme une universalité de fait[2]. Seule la cession de ce dernier est présumée correspondre, sous réserve de la preuve contraire, à un acte de disposition[3].

1. Ce qui vise les titres et les contrats financiers (C. mon. fin., art. L. 211-1).

B. Conclusion et renouvellement de certaines assurances

353.61 Assurances de biens et de responsabilité civile. Le décret du 22 décembre 2008 qualifie d'**actes d'administration** relevant de la sphère d'autonomie du tuteur, la **conclusion** ou le **renouvellement** d'un contrat d'assurance de biens ou de responsabilité civile (Décr. n° 2008-1484, 22 déc. 2008, annexe 1, col. 1 - v. s^{s} n° 341.01). La souscription et le renouvellement de ces contrats, qui recouvrent notamment **l'assurance multirisque habitation**, l'assurance obligatoire des **automobiles** et l'assurance **« responsabilité du père de famille »**, correspondent au demeurant moins à un pouvoir du tuteur qu'à un **devoir** lui incombant[4]. Il en est ainsi tout particulièrement de l'assurance de biens, laquelle vise à sauvegarder le patrimoine de la personne protégée en cas de survenance d'un sinistre et peut ainsi tomber dans la catégorie des actes conservatoires (Décr. n° 2008-1484, 22 déc. 2008, art. 3 - v. s^{s} n° 341.01).

353.62 Assurance de groupe ou de prévoyance complémentaire. L'annexe 2 du décret inscrit dans la catégorie des actes d'administration, sous réserve de l'importance de leurs conséquences, sur le contenu ou la valeur du patrimoine de la personne protégée, ses prérogatives ou son mode de vie, l'acceptation de la clause bénéficiaire d'un contrat d'assurance-vie sans charge[5], **l'adhésion à un contrat d'assurance de groupe en cas de vie**, dont les prestations sont liées à la cessation d'activité professionnelle, l'adhésion à un **contrat de prévoyance complémentaire**, à l'exclusion de l'assurance-vie (C. assur., art. L. 132-4-1 et L. 132-9 - C. mut., art. L. 223-7-1 et L. 223-11 -

2. Civ. 1re, 12 nov. 1998, n° 96-18.041, *Baylet*, *Bull. civ.* I, n° 315; *GAJC*, 12e éd., Dalloz, 2007, n° 77; *D.* 1999. 167, note L. Aynès; *JCP E* 1999. II. 10027, note Piedelièvre; *RTD civ.* 1999. 422, obs. Zénati; *RTD civ.* 1999. 674, obs. Patarin – Sur les obligations incombant à l'usufruitier, lesquelles sont transposables au tuteur, v. D. Fiorina, « L'obligation de l'usufruitier d'un portefeuille de titres d'en conserver la substance (à propos de Toulouse, 15 mai 2000) », *Dr. fam.* 2001. Chron. 25.
3. H. Hovasse, « Incapacités et valeurs mobilières », *Defrénois* 1995. 369 – E. Naudin, « Décret du 22 décembre 2008 : retour sur la distinction entre les actes d'administration et les actes de disposition », *Bull. Joly* 2009. 534.
4. Besançon, 1er avr. 1863, *DP* 1863. 2. 95 – Rennes, 8 janv. 1897, *DP* 1897. 2. 365.
5. K. Buhler, « Les majeurs protégés et l'assurance-vie », *JCP N* 2008. 1271.

v. s[s] n°s 354.101 s.), l'adhésion à un contrat d'assurance afférent au **risque décès** de la personne protégée dans le cadre d'un contrat collectif souscrit par l'employeur. Sur ce point, le Code des assurances permet, par dérogation aux articles L. 132-2 et L. 132-3, au représentant légal d'un majeur en tutelle d'adhérer, au nom de celui-ci, à un contrat d'assurance de groupe en cas de décès, conclu pour l'exécution d'une convention de travail ou d'un accord d'entreprise (C. assur., art. L. 141-5 - C. mut., art. L. 233-6) [1].

C. Paiement des dettes

353.71 **Acte d'administration requalifiable.** Le paiement des dettes, y compris par prélèvement sur le capital, s'analyse en principe comme un **acte d'administration**, que le tuteur peut accomplir sans l'autorisation préalable du juge des tutelles ou du conseil de famille. Sur ce terrain, le décret du 22 décembre 2008 clarifie les solutions qui étaient admises sous l'empire de la législation ancienne. Il était admis, sous la loi de 1968, que l'obligation du tuteur de payer les dettes du majeur, sans avoir à solliciter au préalable l'autorisation du juge, devait être écartée si le paiement devait entraîner une aggravation de la situation du pupille [2]. Il en était ainsi, notamment, lorsque le paiement impliquait de renoncer à un droit de la personne protégée ou de prélever sur ces capitaux [3]. Le tuteur ne pouvait alors agir sans l'autorisation préalable du juge des tutelles ou du conseil de famille. Désormais, le paiement des dettes de la personne protégée, y compris par prélèvement sur le capital, correspond à un acte d'administration. Il ne devient un **acte de disposition** que s'il implique une amputation importante du patrimoine du tutélaire [4]. Le paiement des dettes relève, par ailleurs, de la catégorie des actes conservatoires, dès lors qu'il permet de sauvegarder le patrimoine du majeur, notamment en le préservant de l'exercice, par ses créanciers, de voies d'exécution forcée [5].

1. Sur la notion d'assurance de groupe (C. assur., art. L. 141-1), v. Y. Lambert-Faivre et L. Leveneur, *Droit des assurances*, 13e éd., « Précis », Dalloz, 2011, n°s 917 s.
2. Refus du tuteur au paiement du prix d'une vente nulle : Civ. 22 juin 1880, *S.* 1881. 1. 23; *DP* 1880. 1. 318 - Civ. 1re, 11 juin 1963, *Bull. civ.* I, n° 310.
3. Bordeaux, 31 déc. 1895, *DP* 1897. 2. 97 - Cass., req., 26 oct. 1910, *DP* 1913. 5. 32; *S.* 1912. 1. 337, note Loubers.
4. EN CE SENS : Circ. DACS n° CIV/01/09/C1, p. 29.
5. Sur l'octroi de délais de paiement à la personne victime d'un accident de santé puis placé en tutelle : Paris, 23e ch. B, 5 juill. 2007, *Dr. fam.* 2007, n° 196, obs. Fossier - V. AUSSI : *J.-Cl. Civ.*, art. 503 à 509, par Peterka, spéc. n° 59 - Sur la saisie des immeubles de la personne protégée, C. pr. exéc., art. L. 311-8.

D. Conclusion et rupture du contrat de travail

353.81 **Conclusion et rupture du contrat de travail en qualité d'employeur ou de salarié.** Les actes relatifs à la vie professionnelle du majeur en tutelle émargent, à la faveur d'une qualification fluctuante au gré des **circonstances d'espèce**, à la catégorie des **actes d'administration** (v. s[s] n°s 342.71, 342.72 et 344.61, à propos du majeur en curatelle). Il en est ainsi de la conclusion et de la rupture d'un contrat de travail, par la personne protégée, en qualité d'employeur [6] ou de salarié [7]. Aussi, le tuteur peut-il procéder à l'embauche et au licenciement de l'employé de maison ou de l'auxiliaire de vie du majeur en tutelle sans avoir à solliciter, au préalable, l'autorisation du juge. Pour autant, il devra prendre en considération, à l'occasion de ces actes, le **droit de la personne protégée d'entretenir librement des relations personnelles** avec tout tiers, sous la réserve de la saisine du juge en cas de difficulté (C. civ., art. 459-2, al. 2 et 3). Mais, parce qu'il est soumis à un régime de représentation par le tuteur dans les actes de la vie civile, le tutélaire ne dispose pas de la capacité d'embaucher seul une personne [8].

353.82 **Conclusion du contrat de travail en qualité de salarié.** S'agissant de la conclusion du contrat de travail par un majeur en tutelle en qualité de salarié, l'article L. 1221-1 du Code du travail, qui soumet ce contrat aux règles de droit commun, ne contient aucune disposition particulière. L'article 504 alinéa 1er du Code civil, qui réserve au tuteur le pouvoir de passer seul les actes d'administration, est donc en la matière applicable. Pour autant, l'on conçoit malaisément que la conclusion, comme d'ailleurs la rup-

6. La solution rompt avec la jurisprudence antérieure de la Cour de cassation : Civ. 1re, 3 oct. 2006, n° 04-13.198, *Bull. civ.* I, n° 427; *AJ fam.* 2006. 421, obs. Pécaut-Rivolier; *RJPF* 2007-1/12; *JCP* 2007. II 10095, note Geffroy et Nissabouri - COMP. : Dijon, 7 mai 1996, *RTD civ.* 1997. 397, obs. Hauser, retenant la qualification d'acte d'administration pour la conclusion d'un contrat de travail entre un garde-malade et une personne en curatelle - Le tuteur chargé de la protection d'un majeur protégé ne peut se trouver placé sous la subordination de celui-ci en qualité de salarié. C'est dès lors à bon droit que la cour d'appel rejette la demande du tuteur qui prétend avoir été employé de maison au service de son pupille, d'affiliation au régime général de la Sécurité sociale : Soc. 6 mai 1993, n° 90-13.764, *Bull. civ.* V, n° 132; *R.* 1993. 261; *D.* 1993. 267, obs. Prétot; *JCP* 1994. II. 22319, 3e esp., note Fossier; *RTD civ.* 1993. 560, obs. Hauser; *RDSS* 1994. 111, obs. Vachet.
7. Civ. 10 févr. 1926, *DP* 1927. 1. 20, à propos d'un mineur - Bordeaux, ch. soc. A, 12 févr. 2008, *Juris-Data* n° 359814 - Paris, 10 juin 1964, *JCP* 1965. II. 13980 - Civ. 13 févr. 1906, *DP* 1907. 1. 33 - Cass. 26 mars 1919, *DP* 1920. 1. 16; pour la rescision du contrat de travail.
8. D. Noguéro, « L'employeur incapable majeur », *Dr. soc.* 2005. 163.

ture du contrat de travail pour le compte du salarié en tutelle, puisse se faire sans l'accord de ce dernier. C'est dire que ces actes requièrent un « minimum de capacité » naturelle de la personne protégée, « *à raison de l'engagement personnel qu'implique la prestation de travail* »[1]. Cette solution devrait être maintenue, sous l'empire des dispositions de la loi du 5 mars 2007 laquelle entend favoriser - à l'aune de la préservation de son intérêt - le respect des libertés individuelles, des droits fondamentaux et de la dignité de la personne protégée ainsi que son autonomie (C. civ., art. 415). Le décret du 22 décembre 2008 ne reprend pas la suggestion proposée par une partie de la doctrine, consistant à distinguer suivant que le contrat de travail est conclu à **durée déterminée** ou à **durée indéterminée.** Il avait été en effet proposé, sous l'empire la législation ancienne, de reconnaître au tuteur le pouvoir de conclure seul au nom et pour le compte du tutélaire un contrat à durée déterminée, et de l'astreindre à se munir de l'autorisation du juge des tutelles ou du conseil de famille pour la conclusion d'un contrat à durée indéterminée[2]. Pour autant, si elle n'est pas expressément consacrée par la réforme, cette distinction intègre les critères permettant au tuteur de procéder, le cas échéant, à la **requalification de l'opération en un acte de disposition** (Décr. n° 2008-1484, 22 déc. 2008, art. 1er, al. 3 et 2, al. 3 - v. ss n° 341.01).

353.83 Rupture du contrat de travail en qualité de salarié. S'agissant de la rupture du contrat de travail, cette dernière ne peut intervenir sur la seule initiative du majeur protégé[3]. La **représentation par le tuteur** s'impose, ici, de la même manière que pour la conclusion du contrat. Quant à l'employeur qui entend licencier son salarié en raison de sa mise sous protection juridique, il lui incombe de démontrer que ce dernier n'est plus en mesure d'exercer son emploi. Le prononcé de la mesure ne saurait en aucun cas constituer, à lui seul, un motif de licenciement[4].

SECTION 3

FACULTÉ DU TUTEUR DE S'ADJOINDRE LE CONCOURS D'UN TIERS

353.91 Étendue de la faculté. L'article 452 alinéa 2 du Code civil autorise le tuteur, par dérogation au principe de personnalité des charges tutélaires, à s'adjoindre, sous sa propre responsabilité, le concours de tiers majeurs ne faisant pas l'objet d'une mesure de protection juridique pour l'accomplissement de **certains actes** dont la liste est fixée par décret en Conseil d'État. Établie par l'article 3 du décret n° 2008-1484 du 22 décembre 2008. Cette dernière comporte :

1° les **actes conservatoires** qui permettent de sauvegarder le patrimoine ou de soustraire un bien à un péril imminent ou à une dépréciation inévitable sans compromettre aucune prérogative du propriétaire;

2° les **actes d'administration** énumérés dans la colonne 1 des tableaux constituant les annexes 1 et 2 du décret, sous réserve qu'ils n'emportent ni paiement ni encaissement de sommes d'argent par ou pour la personne protégée.

Lourd de **difficultés d'interprétation**, le texte devrait permettre au tuteur de déléguer un tiers, de manière ponctuelle, afin de représenter le majeur pour la conclusion d'un acte autre que ceux visés par l'article 3 du décret, et notamment, un **acte de disposition**, dès lors qu'il s'est muni, au préalable, pour la passation de ce dernier, de l'**autorisation** du juge des tutelles ou du conseil de famille. Le tuteur pourrait au demeurant, à l'occasion de sa requête, solliciter l'autorisation du juge des tutelles pour la conclusion non seulement de l'acte envisagé mais aussi du mandat, ce qui serait de nature à sécuriser l'opération du point de vue de ses pouvoirs. Une délégation de signature devrait être à tout le moins admise (sur ce point, v. aussi ss n° 332.23).

1. G. Champenois, « Capacité, incapacité et contrat de travail », *in* B. Teyssié (dir.), *La personne en droit du travail*, Panthéon-Assas, 1999, p. 9, spéc. n° 16 – EN CE SENS : J. Hauser, « Incapacité juridique et emploi », *Dr. soc.* 1991. 553, spéc. 556.
2. Noguéro, art. préc. ss n° 353.81 – Hauser, *RTD civ.* 1997. 397.
3. Requalification de la rupture en licenciement dépourvu de cause réelle et sérieuse : Agen, ch. soc., 4 sept. 2007, *Dr. fam.* 2008, n° 79, note Fossier.
4. Pour un fonctionnaire, v. CE 22 févr. 2002, req. n° 219259, *AJDA* 2002. 529, note de Montecler – T. Tauran, « Le contrat de travail de l'incapable », *LPA* 8 juill. 1999, p. 21; *LPA* 9 juill. 1999, p. 11 – D. Noguéro, « L'employeur incapable majeur », préc. ss n° 353.81. – E. Jeansen, « Droit des incapacités et du droit du travail », *JCP* 2008. I. 124.

CHAPITRE

354. Sphère des actes du tuteur soumis à autorisation en matière patrimoniale

SECTION 0 ORIENTEUR

354.00 Plan du chapitre.

354.01 Textes applicables.

TEXTES SOURCES

> Actes accomplis par le tuteur avec autorisation
+ L. nº 2007-308, 5 mars 2007

C. civ., art. 505 à 508

> Transaction relative à un accident de la circulation
C. assur., art. L. 211-15

> Souscription d'un contrat d'assurance sur la vie
C. assur., art. L. 132-3, L. 132-4-1, L. 132-9
et C. mut., art. L. 223-7-1

> Actes de gestion du patrimoine des personnes placées en curatelle et en tutelle
+ Décr. nº 2008-1484, 22 déc. 2008

TEXTES *IN EXTENSO*

> Actes accomplis par le tuteur avec autorisation
[C. civ., art. 505 à 508]

+ L. nº 2007-308, 5 mars 2007, art. 8

C. civ., art. 505
Le tuteur ne peut, sans y être autorisé par le conseil de famille ou, à défaut, le juge, faire des actes de disposition au nom de la personne protégée.

L'autorisation détermine les stipulations et, le cas échéant, le prix ou la mise à prix pour lequel l'acte est passé. L'autorisation n'est pas exigée en cas de vente forcée sur décision judiciaire ou en cas de vente amiable sur autorisation du juge.

L'autorisation de vendre ou d'apporter en société un immeuble, un fonds de commerce ou des instruments financiers non admis à la négociation sur un marché réglementé ne peut être donnée qu'après la réalisation d'une mesure d'instruction exécutée par un technicien ou le recueil de l'avis d'au moins deux professionnels qualifiés.

En cas d'urgence, le juge peut, par décision spécialement motivée prise à la requête du tuteur, autoriser, en lieu et place du conseil de famille, la vente d'instruments financiers à charge qu'il en soit rendu compte sans délai au conseil qui décide du remploi.

C. civ., art. 506
Le tuteur ne peut transiger ou compromettre au nom de la personne protégée qu'après avoir fait approuver par le conseil de famille ou, à défaut, par le juge les clauses de la transaction ou du compromis et, le cas échéant, la clause compromissoire.

C. civ., art. 507
Le partage à l'égard d'une personne protégée peut être fait à l'amiable sur autorisation du conseil de famille ou, à défaut, du juge, qui désigne, s'il y a lieu, un notaire pour y procéder. Il peut n'être que partiel.

L'état liquidatif est soumis à l'approbation du conseil de famille ou, à défaut, du juge.

Le partage peut également être fait en justice conformément aux articles 840 et 842.

Tout autre partage est considéré comme provisionnel.

C. civ., art. 507-1
Par dérogation à l'article 768, le tuteur ne peut accepter une succession échue à la personne protégée qu'à concurrence de l'actif net. Toutefois, le conseil de famille ou, à défaut, le juge peut, par une délibération ou une décision spéciale, l'autoriser à accepter purement et simplement si l'actif dépasse manifestement le passif.

Le tuteur ne peut renoncer à une succession échue à la personne protégée sans une autorisation du conseil de famille ou, à défaut, du juge.

C. civ., art. 507-2

Dans le cas où la succession à laquelle il a été renoncé au nom de la personne protégée n'a pas été acceptée par un autre héritier et tant que l'Etat n'a pas été envoyé en possession, la renonciation peut être révoquée soit par le tuteur autorisé à cet effet par une nouvelle délibération du conseil de famille ou, à défaut, une nouvelle décision du juge, soit par la personne protégée devenue capable. Le second alinéa de l'article 807 est applicable.

C. civ., art. 508

À titre exceptionnel et dans l'intérêt de la personne protégée, le tuteur qui n'est pas mandataire judiciaire à la protection des majeurs peut, sur autorisation du conseil de famille ou, à défaut, du juge, acheter les biens de celle-ci ou les prendre à bail ou à ferme.

Pour la conclusion de l'acte, le tuteur est réputé être en opposition d'intérêts avec la personne protégée.

> Transaction relative à un accident de la circulation

C. assur., art. L. 211-15

L'assureur doit soumettre au juge des tutelles ou au conseil de famille, compétents suivant les cas pour l'autoriser, tout projet de transaction concernant un mineur ou un majeur en tutelle. Il doit également donner avis sans formalité au juge des tutelles, quinze jours au moins à l'avance, du paiement du premier arrérage d'une rente ou de toute somme devant être versée à titre d'indemnité au représentant légal de la personne protégée.

Le paiement qui n'a pas été précédé de l'avis requis ou la transaction qui n'a pas été autorisée peut être annulé à la demande de tout intéressé ou du ministère public à l'exception de l'assureur.

Toute clause par laquelle le représentant légal se porte fort de la ratification par le mineur ou le majeur en tutelle de l'un des actes mentionnés à l'alinéa premier du présent article est nulle.

> Souscription d'un contrat d'assurance sur la vie

[C. assur., art. L. 132-3, L. 132-4-1, L. 132-9 et C. mut., art. L. 223-7-1]

C. assur., art. L. 132-3

Il est défendu à toute personne de contracter une assurance en cas de décès sur la tête d'un mineur âgé de moins de douze ans, d'un majeur en tutelle, d'une personne placée dans un établissement psychiatrique d'hospitalisation.

Toute assurance contractée en violation de cette prohibition est nulle.

La nullité est prononcée sur la demande de l'assureur, du souscripteur de la police ou du représentant de l'incapable.

Les primes payées doivent être intégralement restituées.

L'assureur et le souscripteur sont en outre passibles, pour chaque assurance conclue sciemment en violation de cette interdiction, d'une amende de 4 500 euros.

Ces dispositions ne mettent point obstacle dans l'assurance en cas de décès, au remboursement des primes payées en exécution d'un contrat d'assurance en cas de vie, souscrit sur la tête d'une des personnes mentionnées au premier alinéa ci-dessus ou au remboursement du seul montant des primes payées, en exécution d'un contrat d'assurance de survie, souscrit au bénéfice d'une des personnes mentionnées au premier alinéa ci-dessus.

C. assur., art. L. 132-4-1

Lorsqu'une tutelle a été ouverte à l'égard du stipulant, la souscription ou le rachat d'un contrat d'assurance sur la vie ainsi que la désignation ou la substitution du bénéficiaire ne peuvent être accomplis qu'avec l'autorisation du juge des tutelles ou du conseil de famille s'il a été constitué. Après l'ouverture d'une curatelle, ces mêmes actes ne peuvent être accomplis qu'avec l'assistance du curateur.

Pour l'application du premier alinéa, lorsque le bénéficiaire du contrat d'assurance sur la vie est le curateur ou le tuteur, il est réputé être en opposition d'intérêts avec la personne protégée.

L'acceptation du bénéfice d'un contrat d'assurance sur la vie conclu moins de deux ans avant la publicité du jugement d'ouverture de la curatelle ou de la tutelle du stipulant peut être annulée sur la seule preuve que l'incapacité était notoire ou connue du cocontractant à l'époque où les actes ont été passés.

C. assur., art. L. 132-9

I. – Sous réserve des dispositions du dernier alinéa de l'article L. 132-4-1, la stipulation en vertu de laquelle le bénéfice de l'assurance est attribué à un bénéficiaire déterminé devient irrévocable par l'acceptation de celui-ci, effectuée dans les conditions prévues au II du présent article. Pendant la durée du contrat, après acceptation du bénéficiaire, le stipulant ne peut exercer sa faculté de rachat et l'entreprise d'assurance ne peut lui consentir d'avance sans l'accord du bénéficiaire.

Tant que l'acceptation n'a pas eu lieu, le droit de révoquer cette stipulation n'appartient qu'au stipulant et ne peut être exercé de son vivant ni par ses créanciers ni par ses représentants légaux. Lorsqu'une tutelle a été ouverte à l'égard du stipulant, la révocation ne peut intervenir qu'avec l'autorisation du juge des tutelles ou du conseil de famille s'il a été constitué.

Ce droit de révocation ne peut être exercé, après la mort du stipulant, par ses héritiers, qu'après l'exigibilité de la somme assurée et au plus tôt trois mois après que le bénéficiaire de l'assurance a été mis en demeure par acte extrajudiciaire, d'avoir à déclarer s'il accepte.

L'attribution à titre gratuit du bénéfice d'une assurance sur la vie à une personne déterminée est présumée faite sous la condition de l'existence du bénéficiaire à l'époque de l'exigibilité du capital ou de la rente garantis, à moins que le contraire ne résulte des termes de la stipulation.

II. – Tant que l'assuré et le stipulant sont en vie, l'acceptation est faite par un avenant signé de l'entreprise d'assurance, du stipulant et du bénéficiaire. Elle peut également être faite par un acte authentique ou sous seing privé, signé du stipulant et du bénéficiaire, et n'a alors d'effet à l'égard de l'entreprise d'assurance que lorsqu'elle lui est notifiée par écrit.

Lorsque la désignation du bénéficiaire est faite à titre gratuit, l'acceptation ne peut intervenir que trente jours au moins à compter du moment où le stipulant est informé que le contrat d'assurance est conclu.

Après le décès de l'assuré ou du stipulant, l'acceptation est libre.

C. mut., art. L. 223-7-1

Lorsqu'une curatelle ou une tutelle a été ouverte à l'égard du stipulant, la souscription ou le rachat d'un contrat d'assurance sur la vie ainsi que la désignation ou la substitution du bénéficiaire ne peuvent être accomplis qu'avec l'autorisation du juge des tutelles ou du conseil de famille s'il a été constitué.

Pour l'application du premier alinéa, lorsque le bénéficiaire du contrat d'assurance sur la vie est le curateur ou le tuteur, il est réputé être en opposition d'intérêts avec la personne protégée.

L'acceptation du bénéfice d'un contrat d'assurance sur la vie conclu moins de deux ans avant la publicité du jugement d'ouverture de la curatelle ou de la tutelle du stipulant peut être annulée sur la seule preuve que l'incapacité était notoire ou connue du cocontractant à l'époque où les actes ont été passés.

> Actes de gestion du patrimoine des personnes placées en curatelle et en tutelle

+ Décr. nº 2008-1484, 22 déc. 2008, relatif aux actes de gestion du patrimoine des personnes placées en curatelle ou en tutelle, et pris en application des articles 452, 496 et 502 du Code civil, *JO* 31 déc., p. 20631 (*applicable depuis le 1er janv. 2009)*.

* V. texte et tableaux du décret, *in extenso* ss nº 341.01

354.02 Jurisprudence de référence.

> La saisine du juge des tutelles n'établit pas sans équivoque l'acceptation par le tuteur de l'offre de transaction

• **Civ. 2e, 2 juill. 2015, nº 14-21.562,** *Bull. civ.* II [à paraître]

* V. ss nº 354.21

« Attendu, selon l'arrêt attaqué (Metz, 22 mai 2014), que le 24 septembre 2003, Raphaël X… a été victime d'un accident de la circulation impliquant un véhicule assuré auprès de la société GMF assurances (l'assureur); que le 4 juin 2007, l'assureur a formulé une proposition de règlement transactionnel; que par ordonnance d'un juge des tutelles du 19 juin 2007, M. Antoine X…, ès qualités d'administrateur légal de Raphaël X…, a été autorisé à accepter l'indemnité de 2 074 522,93 euros offerte à titre de transaction par l'assureur; qu'une erreur matérielle ayant été relevée dans cette offre, par jugement du 20 novembre 2008, un tribunal de grande instance a constaté que l'autorisation du juge des tutelles avait été donnée pour un montant de 1 871 126, 59 euros selon offre du 4 juin 2007 et a dit que M. Antoine X… restait libre de signer un procès-verbal de transaction pour un montant supérieur; que le 17 juin 2008, l'assureur a transmis une offre rectifiée et actualisée à hauteur de 1 927 126,59 euros; que la victime est décédée le 24 janvier 2009; que le 21 avril 2009, l'assureur a formulé une nouvelle offre d'indemnisation à hauteur de 609 372,17 euros correspondant au préjudice *prorata temporis* de la victime; que contestant cette dernière offre, Mme Felicia A…-X…, M. Antoine X…, M. Pascal X…, Mme Sandrine Z… née X… et M. Frédéric X… (les consorts X…), ayants droit de Raphaël X…, ont attrait l'assureur devant un tribunal de grande instance en paiement de l'indemnité transactionnelle proposée avant le décès;

Sur le premier moyen :

Attendu que les consorts X… font grief à l'arrêt de les débouter de leur demande tendant à la condamnation de l'assureur à leur verser une somme de 275 930,42 euros en sus des provisions déjà allouées, alors, selon le moyen :

1°/ que l'assureur qui a présenté une offre d'indemnisation à la victime est engagé dans les termes de cette offre et ne peut ni la modifier, ni la retirer tant qu'elle n'a pas été refusée par la victime; qu'en jugeant que la société GMF avait pu, après avoir présenté une offre d'indemnisation à M. Raphaël X…, retirer cette offre et en présenter une nouvelle, la cour d'appel a violé l'article L. 211-9 du Code des assurances;

2°/ que la preuve du consentement de la victime à l'offre de l'assureur peut être établie par tous moyens; qu'en s'abstenant de rechercher si la saisine du juge des tutelles par le tuteur de la victime afin d'obtenir l'autorisation d'accepter la transaction de l'assureur, n'était pas de nature à faire présumer le consentement de la victime et de son tuteur à une indemnisation au moins égale à celle contenue dans l'offre, la cour d'appel a privé sa décision de base légale au regard de l'article L. 211-9 du Code des assurances;

Mais attendu que l'offre d'indemnisation ne peut engager l'assureur que si elle est acceptée par la victime ou ses ayants droit et qu'aucun texte ou principe n'interdit à l'assureur de la modifier afin de tenir compte de l'évolution de la situation de la victime;

Et attendu que le tuteur ne peut transiger au nom de la personne protégée qu'après avoir fait approuver par le conseil de famille ou le juge des tutelles les clauses de la transaction, ce dont il se déduit que la saisine du juge des tutelles ne saurait établir l'acceptation sans équivoque par la victime de l'offre de l'assureur;

D'où il suit que le moyen n'est pas fondé […] ».

> Une lettre par laquelle le juge des tutelles fait connaître un simple accord de principe ne saurait tenir lieu d'autorisation

• **Civ. 1re, 22 oct. 2008, nº 07-19.964,** *Bull. civ.* I, nº 239

* V. ss nº 354.61

« Attendu que, Mme X…, majeure placée sous tutelle, a, par acte notarié, cédé à M. Florestan Y… et à M. Julien Y… (les consorts Y…), la part d'usufruit dont elle était bénéficiaire sur un immeuble; que Mme X… a été représentée à cet acte par son tuteur; qu'une lettre du juge des tutelles, adressée à la directrice de l'association tutélaire de la majeure protégée, indiquant qu'il ne voyait aucun inconvénient à cette cession, a été annexée à cet acte; que Mme X…, représentée par son nouveau tuteur, M. Norbert X…, a assigné les consorts Y… aux fins de voir constater que le tuteur en exercice à l'époque de la cession d'usufruit n'avait pas obtenu l'autorisation du juge des tutelles et condamner les consorts Y… à réparer son préjudice;

Attendu que les consorts Y… font grief à l'arrêt confirmatif attaqué (Nîmes, 5 juin 2007) d'avoir constaté que le tuteur de Mme X… n'avait pas obtenu l'autorisation par ordonnance du juge des tutelles pour intervenir à l'acte de cession d'usufruit du 23 avril 1998 avant de déclarer que la valeur du bien dans ledit acte était inférieure à sa valeur vénale et de condamner les consorts Y… à indemniser Mme X… du préjudice résultant de cette différence, alors, selon le moyen, que les décisions d'autorisation du juge des tutelles ne sont pas soumises à une forme spéciale; que le courrier par lequel le juge des tutelles, interrogé par écrit et nominativement par le tuteur de la cédante, qui l'avait informé tant de l'évaluation de l'immeuble grevé que du prix de cession de l'usufruit et de ses modalités de calcul, indiquait explicitement à son interlocuteur qu'il ne s'opposait pas à l'acte de cession, ce qui constituait une décision d'autorisation dudit acte, soumise à ce titre aux délais légaux de contestation; qu'en déclarant le contraire, la cour d'appel a violé les articles 457 et suivants du Code civil.

Mais attendu qu'en application des articles 457 et 495 du Code civil, dans leur rédaction antérieure à la loi nº 2007-308 du 5 mars 2007, et des articles 1214 et 1215 du Code de procédure civile, le juge des tutelles ne peut autoriser un acte de disposition que par une décision motivée soumise à recours; qu'ayant retenu à bon droit, par motifs adoptés, que l'autorisation du juge des tutelles devait revêtir la forme d'une ordonnance sur requête à laquelle il est d'usage d'annexer le projet d'acte afin de fournir au juge tous éléments d'information, la cour d'appel en a exactement déduit qu'une lettre par laquelle le juge des tutelles faisait connaître un simple accord de principe ne saurait tenir lieu de l'autorisation exigée par les textes précités; d'où il suit que le moyen est mal fondé;

PAR CES MOTIFS :

REJETTE le pourvoi [...]. »

> Le tuteur a, seul, qualité pour solliciter les autorisations du juge des tutelles pour les actes qu'il ne peut accomplir seul

• **Civ. 1re, 19 mars 2014, n° 13-12.016,** *Bull. civ.* I, n° 47

* V. s^{s} n° 354.62

« Sur le moyen unique, pris en ses deux branches :

Attendu, selon l'arrêt attaqué (Aix-en-Provence, 10 décembre 2012), que Mme X..., née le 9 août 1929, a été placée sous sauvegarde de justice le 23 septembre 2008, sous curatelle le 21 janvier 2009, et sous tutelle le 10 mars 2010; qu'en septembre 2008, elle a désigné en qualité de bénéficiaires de deux contrats d'assurance-vie les enfants Mathieu et Marie Y..., également institués légataires universels par testament du 2 septembre 2008; que le 27 octobre 2008, par un nouveau testament, elle a institué M. D..., son compagnon, légataire universel, révoquant les dispositions antérieures; que par requête du 14 juin 2011, ce dernier a demandé au juge des tutelles d'autoriser le tuteur à intervenir auprès des établissements financiers concernés afin de faire modifier la clause bénéficiaire des deux contrats d'assurance-vie à son profit;

Attendu que M. D... fait grief à l'arrêt de rejeter sa requête alors, selon le moyen :

1°/ que la cour d'appel, qui constatait que M. D... était le bénéficiaire des contrats d'assurance-vie depuis 1998, d'une part, et qu'il était établi qu'à l'époque de la rédaction des deux testaments de Mme X... en septembre et octobre 2008, cette dernière ne jouissait plus de toutes ses facultés mentales et présentait une fragilité et une vulnérabilité la mettant dans l'impossibilité d'exprimer de quelque manière que ce soit sa volonté, d'autre part, aurait dû en tirer la conclusion qui s'en évinçait légalement au sujet de la modification de la clause bénéficiaire des contrats d'assurance-vie intervenue en septembre 2008; qu'en déboutant M. D... de sa demande tendant à voir autoriser le tuteur de la majeure protégée à faire rétablir le nom du bénéficiaire initial des contrats d'assurance-vie souscrits par cette dernière au motif qu'il est conforme à l'intérêt de celle-ci de maintenir la situation en l'état bien qu'elle venait de constater que la modification des clauses bénéficiaires desdits contrats était intervenue à une période à laquelle Mme X... ne jouissait plus de toutes ses facultés mentales et présentait une fragilité et une vulnérabilité la mettant dans l'impossibilité d'exprimer de quelque manière que ce soit sa volonté, la cour d'appel n'a pas légalement justifié sa décision au regard de l'article L. 132-9 du Code des assurances et a violé l'article 455 du Code de procédure civile;

2°/ que le juge, tenu de faire observer et d'observer lui-même le principe de la contradiction, ne peut fonder sa décision sur les moyens de droit qu'il a relevés d'office sans avoir préalablement invité les parties à en débattre contradictoirement; qu'en la présente espèce, il ne ressort d'aucun des termes de l'arrêt attaqué que le tuteur de Mme X... ou le ministère public auraient conclu à la confirmation de l'ordonnance entreprise, qui n'était pas fondée sur les mêmes moyens, en faisant valoir qu'il est établi qu'à l'époque de la rédaction des deux testaments de septembre et octobre 2008 (et donc de la modification de la clause bénéficiaire des contrats d'assurance-vie), la majeure protégée ne jouissait pas de toutes ses facultés mentales et présentait une fragilité et une vulnérabilité la mettant dans l'impossibilité d'exprimer de quelque manière que ce soit sa volonté, si bien que ces deux testaments sont susceptibles d'être soumis à une contestation future et ne permettent pas de faire droit à la requête présentée par M. D..., qui n'apparaît pas plus légitime que les enfants Y... à prétendre au bénéfice des dispositions testamentaires de Mme X...; qu'en fondant principalement sa décision sur ce moyen qu'elle a relevé d'office sans inviter les parties à en débattre contradictoirement, la cour d'appel a violé l'article 16 du Code de procédure civile;

Mais attendu qu'il résulte des articles 496, 502 et 505 du Code civil que le tuteur a seul qualité pour représenter la personne protégée dans la gestion de son patrimoine et, à cette fin, pour solliciter les autorisations du juge des tutelles pour les actes qu'il ne peut accomplir seul; qu'il en résulte que M. D... n'avait pas qualité pour saisir le juge des tutelles d'une demande tendant à la modification, à son profit, de la clause bénéficiaire des contrats d'assurance-vie litigieux; que par ce motif de pur droit, substitué, dans les conditions de l'article 1015 du Code de procédure civile, à ceux critiqués, l'arrêt se trouve légalement justifié;

PAR CES MOTIFS :

REJETTE le pourvoi [...] ».

354.03 Bibliographie indicative.

> Les règles de gestion du patrimoine du majeur en tutelle.

C. Donnadieu, « Quelques aspects de la gestion du patrimoine du majeur incapable », *JCP N* 2013. 1193 – T. Fossier, « Actes de gestion du patrimoine des personnes protégées. À propos du décret n° 2008-1484 du 22 décembre 2008 », *JCP N* 2009. Actu 101 – F. Fresnel, « L'intérêt de la qualification de l'acte dans le cadre d'une mesure de protection juridique », *RJPF* 2001-4/6 – J.-J. Lemouland, « Les actes du tuteur : typologie et classification », *Dr. fam.* mai 2007. 27 – A.-M. Leroyer, « Personnes protégées. Qualification des actes de gestion du patrimoine », *RTD civ.* 2009. 180 – I. Maria, « De la pertinence de la classification des actes de gestion du patrimoine des personnes protégées. Approche critique du décret du n° 2008-1484 du 22 décembre 2008 », *Dr. fam.* 2009. Étude 31 – J. Massip, Tutelle des mineurs et protection juridique des majeurs, *Defrénois*, 2009, p. 511 à 589 – D. Noguéro, « La typologie des actes patrimoniaux : retour sur le décret du 22 décembre 2008 », *in* G. Raoul-Cormeil et J.-M. Plazy (dir.), *Le patrimoine de la personne protégée*, LexisNexis, 2015, p. 45 – N. Peterka, « Le pouvoir, prérogative privilégiée d'administration du bien d'autrui (mandat, représentation, pouvoir) », *Dr. et patr.* nov. 2015. 36; « Le logement du majeur protégé. Brèves réflexions autour de l'articulation de l'autonomie et de la protection », *Mél. R. Le Guidec*, LexisNexis, 2014, p. 805; « Enjeux et principales difficultés de la gestion du patrimoine d'autrui », *JCP N* 2013. 1190; « Le sort des actes de gestion du patrimoine de la personne vulnérable », *LPA* 4 nov. 2010, p. 18; « La gestion du patrimoine du majeur en tutelle », *Dr. et patr.*

avr. 2009. 79; *J.-Cl.* Civ., art. 503 à 509 – F. Terré et D. Fenouillet, *Droit civil. Les personnes*, 8e éd., « Précis », Dalloz, 2012, nos 729 à 735 – T. Verheyde, « Le logement du majeur protégé, saisi dans ses aspects personnels et patrimoniaux », *in* G. Raoul-Cormeil (dir.), *Nouveau droit des majeurs protégés. Difficultés pratiques*, « Thèmes et commentaires », Dalloz, 2012, p. 139 – Dossier : « Gestion du patrimoine et personnes vulnérables. Apports et lacunes du décret de 2008 », *Dr. et pat.* 2016, no 263, p. 38 s.

> **Contrat d'assurance-vie.** M. Leroy, « L'assurance sur la vie contractée par le majeur protégé », *in* G. Raoul-Cormeil et J.-M. Plazy (dir.), *Le patrimoine de la personne protégée*, LexisNexis, 2015, p. 182 – T. Fossier et L. Pécaut-Rivolier, « La protection des intérêts patrimoniaux », *AJ fam.* 2007. 170, spéc. l'assurance-vie – V. Nicolas, « Pour une requalification des actes de gestion dans un contrat d'assurance-vie », *Mél. R. Le Guidec*, LexisNexis, 2014, p. 795 – D. Noguéro, « Sélection des risques. Discrimination, assurance et protection des personnes vulnérables », *RGDA* 2010. 633 – N. Peterka, « L'assurance-vie à l'épreuve de la protection juridique des majeurs », *Mél. G. Champenois*, Defrénois-Lextenso, 2012, p. 641 – J.-M. Plazy, « Les contrats d'assurance sur la vie et le contrat d'obsèques », *in* G. Raoul-Cormeil (dir.), *Nouveau droit des majeurs protégés. Difficultés pratiques*, « Thèmes et commentaire », Dalloz, 2012, p. 81 – J.-M. Plazy et F. Gémignani, « Le logement de la personne vulnérable », *JCP N* 2012. 1193 – G. Raoul-Cormeil, « L'opposition d'intérêts, obstacle à la magistrature tutélaire (étude à partir du contrat d'assurance sur la vie) », *RGDA* 2011. 397.

> **Droit d'auteur.** T. Douville, « Le droit d'auteur du majeur protégé », *in* G. Raoul-Cormeil (dir.), *Nouveau droit des majeurs protégés. Difficultés pratiques*, « Thèmes et commentaires », Dalloz, 2012, p. 125.

> **Société.** C. Pagnucco, « Le contrat de société et le majeur protégé », *in* G. Raoul-Cormeil et J.-M. Plazy (dir.), *Le patrimoine de la personne protégée*, LexisNexis, 2015, p. 151

> **Successions et libéralités.** P. Delmas Saint-Hilaire, « Variations autour des libéralités et successions au profit des personnes vulnérables », *in* G. Raoul-Cormeil et J.-M. Plazy (dir.), *Le patrimoine de la personne protégée*, LexisNexis, 2015, p. 171 – N. Peterka, « Les actes de bienfaisance du majeur protégé », *in* G. Raoul-Cormeil et J.-M. Plazy (dir.), *Le patrimoine de la personne protégée*, LexisNexis, 2015, p. 317.

> **Surendettement.** D. Bazin-Beust, « Le traitement du surendettement du majeur protégé », *in* G. Raoul-Cormeil et J.-M. Plazy (dir.), *Le patrimoine de la personne protégée*, LexisNexis, 2015, p. 233.

354.04 **Exemples d'actes.**

> **Tutelle des majeurs**

* Pour un exemple d'ordonnance d'autorisation de résiliation du contrat de bail et de vente des meubles (logement), v. ss nos 5271.36 et 5271.37.

* Pour un exemple d'autorisation de vente d'un immeuble (logement), v. ss no 5271.24.

* Pour un exemple d'autorisation de vente d'un immeuble, v. ss no 5271.25.

* Pour un exemple de requête de souscription d'un emprunt, v. ss no 5271.27.

* Pour un exemple d'ordonnance d'autorisation de prélèvement et d'achat, v. ss no 5271.28.

* Pour un exemple de requête et d'ordonnance d'acceptation d'une assurance-vie ou de rachat, v. ss no 5271.30.

354.07 **Énumération.** À l'instar de la méthode utilisée pour les actes relevant de la sphère d'autonomie du tuteur, le Code civil délimite le périmètre des opérations soumises à l'autorisation du juge des tutelles ou, s'il a été constitué, du conseil de famille de deux manières différentes. Il règle expressément le sort de certains actes et renvoie, pour d'autres, à la notion générale d'acte de disposition.

SECTION 1
ACTES RÉGIS PAR LE CODE CIVIL

354.10 **Cinq variétés d'actes.** Le Code civil soumet expressément à l'autorisation du juge des tutelles ou du conseil de famille cinq grandes variétés d'opérations : la vente et l'apport en société d'immeubles, de fonds de commerce ou d'instruments financiers non admis sur un marché réglementé (C. civ., art. 505), la transaction, le compromis et la clause compromissoire (C. civ., art. 506), le partage amiable (C. civ., art. 507), l'acceptation pure et simple et la renonciation à succession (C. civ., art. 507-1 et 507-2) ainsi que l'achat et la prise à bail par le tuteur de biens appartenant à la personne protégée (C. civ., art. 508).

§ 1
Vente et apport en société d'immeubles, de fonds de commerce ou d'instruments financiers non cotés

354.11 **Formalités applicables à l'autorisation.** L'article 505 alinéas 3 et 4 reprend, en le simplifiant, le système des anciens articles 457 alinéa 2, 458 et 459. Désormais, la vente et l'apport en société d'un immeuble, d'un fonds de commerce ou d'instruments financiers non admis à la négociation sur un marché réglementé sont soumis à un régime unifié. En ce domaine, **l'autorisation** du juge des tutelles ou du conseil de famille ne peut être donnée qu'après la réalisation d'une **mesure d'instruction exécutée par un technicien** ou le recueil de **l'avis d'au moins deux professionnels qualifiés.** Le tuteur est ainsi tenu d'accompagner sa demande d'autorisation « *d'attestations émanant d'experts de son choix* »[1]. Ces formalités spécifiques viennent s'ajouter à celles prévues par l'article 505 alinéa 2 pour l'autorisation applicable à

1. Rapp. Sénat no 212, 7 févr. 2007, sur le projet de loi, adopté par l'Assemblée nationale, après déclaration d'urgence, portant réforme de la protection juridique des majeurs, par H. de Richemont, p. 227.

l'ensemble des **actes de disposition**. C'est dire que l'autorisation du juge des tutelles ou du conseil de famille doit déterminer les stipulations et, le cas échéant, le **prix** ou la mise à prix concernant l'acte passé (C. civ., art. 505, al. 2). Pour autant, cette autorisation n'est pas requise en cas de vente forcée sur décision judiciaire ou de vente amiable sur autorisation judiciaire[1]. Par ailleurs, en matière d'**instruments financiers**, le juge des tutelles peut, en cas **d'urgence**, par décision spécialement motivée prise à la requête du tuteur, autoriser, en lieu et place du conseil de famille, la vente des biens, à charge qu'il en soit rendu compte sans délai au conseil qui décide du remploi (C. civ., art. 505, al. 4). En pareille hypothèse, « *l'obligation de faire réaliser une mesure d'instruction ou de recueillir l'avis d'au moins deux professionnels qualifiés s'impose au tuteur si les instruments financiers ne sont pas cotés* »[2].

§ 2 Transaction, compromis et clause compromissoire

354.21 Approbation par le juge des tutelles ou le conseil de famille. La transaction présente une parenté étroite avec l'action en justice et, plus encore, avec le désistement et l'acquiescement au jugement, en ce qu'elle implique non seulement une **renonciation**, au moins partielle, à un droit réel ou un droit de créance mais encore une renonciation au droit d'action ou à celui de se défendre. La gravité de ce contrat par lequel les parties terminent une contestation née ou préviennent une contestation à naître justifie que le Code civil soumette les clauses de la transaction à **l'approbation** préalable par le juge des tutelles ou le conseil de famille (C. civ., art. 506, reprenant C. civ., anc. art. 457)[3]. S'analyse à cet égard comme une transaction, au sens du Code des assurances[4], dont la définition s'impose en droit tutélaire, **l'accord entre le tuteur de la victime d'un accident de la circulation et un assureur** sur la somme devant lui être versée à titre d'indemnisation[5]. Relève pareillement de cette qualification l'offre d'indemnisation prévue par l'article 706-5-1 du Code de procédure pénale au profit des victimes d'infractions, dès lors qu'elle emporte pour la personne protégée renonciation à un droit[6]. L'approbation des clauses de la transaction par le juge des tutelles est une condition de validité de celle-ci. Elle n'emporte pas, en revanche, l'acceptation de l'offre d'indemnisation d'un montant déterminé faite par l'assureur à une personne protégée, victime d'un accident de la circulation. L'approbation du juge de tutelles vaut, en effet, seulement autorisation délivrée au tuteur de conclure la transaction. Elle n'empêche pas ce dernier d'obtenir, dans l'intérêt du tutélaire, une indemnisation d'un montant supérieur à celui approuvé par le juge des tutelles[7].

L'approbation par le juge des tutelles ou le conseil de famille est aujourd'hui expressément étendue par la réforme au **compromis** ainsi qu'à la **clause compromissoire** (C. pr. civ., art. 1442, réd. Décr. n° 2011-48, 13 janv. 2011), lesquels peuvent, comme la transaction, « *avoir des conséquences importantes sur le patrimoine du tutélaire, équivalentes à celles d'un acte d'aliénation* »[8]. Sur ce terrain, la réforme réalise un **renforcement du contrôle du tuteur**. En effet, sous l'empire de la législation antérieure, l'autorisation du juge des tutelles ou du conseil de famille n'était requise que si le litige concernait un acte de disposition ou si le compromis ou la clause compromissoire se traduisait par une aliénation[9].

1. Pour la dispense d'autorisation, lorsque la vente a été permise ou ordonnée par une autre instance, antérieure à la réforme : Civ. 1re, 8 nov. 1983, n° 82-14.144, *Bull. civ.* I, n° 259; *Defrénois* 1984. 506, obs. Massip; *D.* 1984. 325, note Massip – Civ. 1re, 18 déc. 1984, n° 83-15.646, *Bull. civ.* I, n° 337; *Defrénois* 1985. 82, obs. Massip – CE 21 déc. 1960, Cts Blettery, *Lebon* 721, pour un remembrement – Civ. 3e, 28 mars 2007, n° 98-70.179, *Bull. civ.* III, n° 47 : l'acquisition de biens immobiliers par voie d'expropriation n'est pas soumise à l'autorisation préalable du juge des tutelles.
2. Rapp. Sénat n° 212, 7 févr. 2007, p. 228, par H. de Richemont, préc. s[s] prés[t] n° 354.11.
3. Sur la notion, V. NOT. : Ph. Malaurie, L. Aynès et P.-Y. Gautier, « La transaction », *Defrénois* 2010. 543 – V. antérieurement à la réforme (C. civ., anc. art. 467) : Civ. 1re, 9 janv. 2008, n° 06-16.783, *Bull. civ.* I, n° 6 – Civ. 1re, 20 janv. 2010, n° 08-19.627, *Bull. civ.* I, n° 13; *D.* 2010. 2115, obs. Plazy; *RTD civ.* 2010. 302, obs. Hauser; *Dr. fam.* 2010, n° 65, note Maria.
4. C. assur., art. L. 211-15 : « *L'assureur doit soumettre au juge des tutelles ou au conseil de famille, compétents suivant les cas pour l'autoriser, tout projet de transaction concernant un mineur ou un majeur en tutelle. Il doit également donner avis sans formalité au juge des tutelles, quinze jours au moins à l'avance, du paiement du premier arrérage d'une rente ou de toute somme devant être versée à titre d'indemnité au représentant légal de la personne protégée (al. 1er). Le paiement qui n'a pas été précédé de l'avis requis ou la transaction qui n'a pas été autorisée peut être annulé à la demande de tout intéressé ou du ministère public à l'exception de l'assureur (al. 2). Toute clause par laquelle le représentant légal se porte fort de la ratification par le mineur ou le majeur en tutelle de l'un des actes mentionnés à l'alinéa premier du présent article est nulle (al. 3)* ».
5. Civ. 1re, 20 janv. 2010, n° 08-19.627, P (préc. s[s] prés[t] n° 354.21).
6. Civ. 1re, 25 mars 2013, n° 12-70.019, avis n° 15007, *Bull. avis*, n° 6; *RTD civ.* 2013. 347, obs. Hauser.
7. Civ. 2e, 2 juill. 2015, n° 14-21.562, *Bull. civ.* II [à paraître]; *Dr. fam.* 2015, n° 192, obs. I. M.; *AJ fam.* 2015. 502, obs. Montourcy; *RTD civ.* 2015. 853, note Hauser.
8. Rapp. Sénat n° 212, 7 févr. 2007, p. 228, par H. de Richemont, préc. s[s] n° 354.11 – ANTÉRIEUREMENT À LA RÉFORME : Civ. 1re, 9 janv. 2008, n° 06-16.783, *Bull. civ.* I, n° 6 – Civ. 1re, 5 mars 2002, n° 99-19.443, *Bull. civ.* I, n° 76.
9. *J.-Cl. Civ.*, art. 503 à 509, par Peterka, spéc. n° 131.

§ 3
Partage et opérations de partage

354.31 Partage amiable. La loi du 5 mars 2007 assouplit, à la suite de la réforme des successions et des libéralités, les règles du partage amiable en présence d'un majeur sous tutelle. Ce partage ne fait désormais plus figure d'exception lorsque l'un des copartageants est mineur ou bénéficie d'une mesure de protection judiciaire des majeurs. L'article 507 alinéa 1er du Code civil dispose, de manière très nette, que « *le partage à l'égard d'une personne protégée peut être fait à l'amiable sur autorisation du conseil de famille ou, à défaut du juge, qui désigne, s'il y a lieu, un notaire pour y procéder*[1]. *Il peut n'être que partiel* ». La référence faite à l'indivisaire faisant « *l'objet d'un régime de protection* » par l'article 836 alinéa 2, lequel soumet le partage amiable aux conditions prévues aux titres X et XI du livre Ier, conduit à s'interroger sur l'exacte portée de la règle de l'article 507. À vrai dire, celle-ci semble devoir s'appliquer sous les divers régimes de protection des majeurs avec les aménagements inhérents à chacun d'eux. C'est ainsi que sous la curatelle, le partage amiable impliquera l'assistance du curateur, par le jeu du renvoi de l'article 467 aux règles de la tutelle, sans qu'il soit nécessaire de recourir au juge (v. ss no 343.33). Le projet de partage doit être soumis, en présence d'un copartageant sous tutelle, à **l'approbation du juge des tutelles** ou, s'il a été constitué, **conseil de famille** et non plus, ainsi que le prescrivait la loi de 1964, à l'homologation du tribunal de grande instance. Le partage amiable qui n'obéit pas aux dispositions de l'article 507 alinéas 1er et 2 est considéré comme un **simple partage provisionnel** (C. civ., art. 507, al. 4). Le refus du juge des tutelles ou du conseil de famille d'autoriser le partage amiable ou d'approuver l'état liquidatif impose de recourir au **partage judiciaire** (C. civ., art. 840).

354.32 Partage judiciaire. Le partage judiciaire se trouve, quant à lui, simplifié. Les dispositions anciennes imposaient au tuteur de se munir de l'autorisation du juge des tutelles ou du conseil, pour introduire une demande en partage, cependant qu'il lui reconnaissait le pouvoir de répondre à une telle demande ou de s'adjoindre à la requête collective à fin de partage présentée par tous les intéressés, sans cette autorisation (C. civ., anc. art. 465, issu de L. no 64-1230, 14 déc. 1964). L'action en partage obéit désormais au **droit commun tutélaire**. S'agissant d'une action en justice à caractère patrimonial, le tuteur peut l'exercer sans l'autorisation du juge des tutelles (C. civ., art. 504, al. 2). Il peut à tout moment, avec l'accord des autres copartageants, abandonner la voie judiciaire pour poursuivre le partage amiable, à la condition de se soumettre aux dispositions de l'article 507 alinéa 1er et 2 (C. civ., art. 842).

354.33 Rapport et réduction des libéralités. La masse partageable inclut les valeurs soumises à rapport ou à réduction (C. civ., art. 825, al. 2). En ce domaine, la loi soumet à **l'autorisation** du juge des tutelles ou du conseil de famille certaines opérations de reconstitution de la masse partageable qui conduisent à priver le majeur protégé d'un bien. Il en est ainsi lorsque le tuteur entend exercer la faculté reconnue à l'héritier gratifié en avancement de part successorale, de faire le **rapport en nature**, lequel entraîne la résolution rétroactive de la donation (C. civ., art. 859)[2]. L'autorisation du juge est pareillement requise, malgré le silence de la loi et du décret sur ce point, lorsque le tuteur d'une personne gratifiée entend exécuter la **réduction en nature**, pour atteinte à la réserve héréditaire, dans les conditions prévues par l'article 924-1 du Code civil[3].

§ 4
Acceptation pure et simple et renonciation à la succession

354.41 Acceptation pure et simple d'une succession. L'article 507-1 du Code civil soumet l'acceptation pure et simple de la succession échue à la personne sous tutelle à une autorisation, rendue sur **décision spéciale du juge des tutelles** ou **délibération spéciale du conseil de famille**[4]. L'autorisation d'accepter purement et simplement la succession ne peut être par ailleurs délivrée au tuteur que « *si l'actif dépasse manifestement le passif* », ce qui implique qu'il n'y ait aucun doute sur le caractère excédentaire de la succession[5]. L'État engagerait sa responsabilité si le juge ne procédait pas à cette vérification[6]. Ces règles s'appliquent à toutes les successions échues à la personne protégée, sans qu'il y ait à distinguer entre les successions légales et les successions testamentaires. Le souci du législateur est, en effet, de préserver le majeur protégé, qu'il vienne à la succession en qualité d'héritier légal ou de légataire, du risque de supporter le passif successoral *ultra vires successionis* en

1. V. AUSSI : Décr. no 2008-1484, 22 déc. 2008, annexe 1, col. 2, V.
2. Décr. no 2008-1484, 22 déc. 2008, annexe 1, col. 2, V.
3. *J.-Cl. Civ.*, art. 503 à 509, par Peterka, spéc. no 117.
4. L'action en justice intentée par un héritier sous tutelle aux fins d'annulation d'un testament instituant un légataire universel, ne supposant pas nécessairement son intention d'accepter la succession, n'exige pas l'autorisation préalable du juge des tutelles : Civ. 1re, 20 sept. 2006, no 04-18.501, *Bull. civ.* I, no 412.
5. Décr. no 2008-1484, 22 déc. 2008, annexe 1, col. 2 – COMP. : C. civ., anc. art. 461 – T. Fossier, « Le majeur qui donne ou qui teste », *JCP N* 2007. I. 1169.
6. Civ. 1re, 26 juin 1979, no 77-12.023, *Bull. civ.* I, no 191; *Defrénois* 1979, art. 32148, obs. Souleau; *RTD civ.* 1980. 121, obs. Durry.

sa qualité de successeur universel. La *ratio legis* du texte explique que le décret vise, en écho aux dispositions du Code civil, non seulement l'acceptation pure et simple d'une **succession** mais aussi celle d'un **legs universel ou à titre universel**[1]. Il convient d'y assimiler, par analogie, l'acceptation, après l'ouverture de la succession, d'une **institution contractuelle universelle** ou à titre universel consentie entre époux ou par contrat de mariage.

L'obligation faite au tuteur de solliciter une autorisation spéciale pour accepter purement et simplement une succession échue à la personne protégée trouve son corollaire dans l'**exclusion de l'acceptation pure et simple tacite.** Les dispositions spéciales aux mineurs et aux majeurs protégés dérogent, en ce domaine, aux dispositions générales relatives aux successions. La règle expressément édictée, avant la loi du 23 juin 2006, à l'article 776 ancien du Code civil n'a pas son équivalent sous l'empire des nouveaux textes mais elle n'en demeure pas moins valable en vertu des principes généraux d'interprétation. Elle résulte désormais de la primauté du droit de la protection des majeurs, en tant que législation spéciale, sur le droit des successions et des libéralités.

354.42 Renonciation à une succession. La renonciation à la succession est soumise, quant à elle, à **l'autorisation** du juge des tutelles ou du conseil de famille (C. civ., art. 507-1, al. 2)[2]. Il convient ici d'assimiler, comme en matière d'acceptation pure et simple, à la renonciation à la succession légale, la **répudiation** d'une **institution contractuelle universelle ou à titre universel** ou d'un **legs universel ou à titre universel**, ainsi que le **consentement** à l'exécution d'une **donation entre époux**[3]. S'appliquant à un acte à titre gratuit contestable en la forme ou en raison du dépassement de la quotité disponible, le consentement à exécution devrait pouvoir bénéficier, sous réserve de recevoir l'autorisation du juge des tutelles ou du conseil de famille, à un gratifié quelconque et non pas seulement au conjoint survivant[4].

L'article 507-2 tolère, dans le cas où la succession à laquelle il a été renoncé au nom de la personne protégée n'a pas été acceptée par un autre héritier et tant que l'État n'a pas été envoyé en possession, que la renonciation puisse être **révoquée** soit par la personne protégée devenue capable, soit par le tuteur. Ce dernier doit être muni d'une nouvelle délibération du conseil de famille ou, à défaut, d'une nouvelle décision du juge des tutelles[5]. Ces dispositions, qui sont applicables à la succession testamentaire comme à la succession légale, laissent place, contrairement au droit commun, soit à une acceptation à concurrence de l'actif net, soit à une acceptation pure et simple de la succession (C. civ., art. 807, al. 1er). L'acceptation rétroagit au jour de l'ouverture de la succession sans porter atteinte aux droits valablement acquis par les tiers (C. civ., art. 807, al. 2). La question se pose de savoir si les dispositions du Code civil réputant renonçant à la succession l'héritier qui, n'ayant pas été sommé de prendre parti, n'a pas opté dans le délai de dix ans à compter du décès, peuvent être invoquées à l'encontre d'un successible sous tutelle. L'article 507-1 paraît y faire obstacle. L'article 2235 du Code civil, suivant lequel la prescription « *ne court pas ou est suspendue contre les mineurs non émancipés et les majeurs en tutelle* », trouve ici, en tout état de cause, à s'appliquer, il est vrai dans la limite du délai butoir de vingt ans (C. civ., art. 2232).

L'option laissée au gratifié par certaines libéralités, notamment entre des droits en usufruit et des droits en pleine propriété, est assimilée à l'option successorale, de telle sorte que le tuteur ne peut l'exercer qu'avec l'autorisation du juge des tutelles ou du conseil de famille. Ainsi, le choix de l'une des trois quotités disponibles entre époux prévues par l'article 1094-1 du Code civil, qui implique la renonciation aux deux autres, ne peut être exercé par le tuteur sans y avoir été préalablement autorisé[6].

§ 5
Achat et prise à bail ou à ferme par le tuteur des biens de la personne protégée

354.51 Cas où l'autorisation est permise. Il est en principe interdit au tuteur de se porter acquéreur des biens de son tutélaire ou de les prendre à bail ou à ferme, en raison du **conflit d'intérêts** que véhiculent ces opérations (C. civ., art. 509 - v. ss no 355.51). Néanmoins, le tuteur retrouve le pouvoir de passer ces actes avec son protégé, dès lors que **trois conditions** sont cumulativement réunies.

Il doit, d'abord, s'agir d'un **tuteur familial** ou choisi dans l'entourage de la personne protégée, et **non** pas d'un **mandataire judiciaire à la protection des majeurs.**

Le tuteur doit s'être, ensuite, muni de **l'autorisation** du juge des tutelles ou du conseil de famille. Celle-ci ne peut être délivrée qu'« *à titre exceptionnel* » et, en l'absence de **subrogé tuteur**, qu'après la désignation, à la demande du protecteur, du procureur de la République, de tout intéressé ou d'office par le juge, d'un **tuteur** *ad hoc*, en raison de la présomption

1. Décr. no 2008-1484, 22 déc. 2008, annexe 1, col. 2, V.
2. Pour un exemple d'autorisation de renoncer à une succession bénéficiaire, en matière d'administration légale, v. Nancy, 15 sept. 2014, RG no 14/03136, *Dr. fam.* 2014. Comm. 197, obs. I. M.
3. Décr. no 2008-1484, 22 déc. 2008, annexe 1, col. 2, V.
4. *J.-Cl. Civ.*, art. 503 à 509, par Peterka, spéc. no 110.
5. C. civ., art. 507-2, reprenant les dispositions de C. civ., anc. art. 462 – Décr. no 2008-1484, 22 déc. 2008, annexe 1, col. 2, V.
6. Civ. 1re, 1er juin 1994, no 92-16.823, *Bull. civ.* I, no 194 – Bordeaux, 1re ch. B, 20 janv. 2009, *Juris-Data* no 000100.

de conflit d'intérêts entre le tuteur et le majeur sous tutelle (C. civ., art. 508, al. 2 - C. civ., art. 454 et 455).

Enfin, l'acte doit avoir pour finalité de servir « *l'intérêt de la personne protégée* » (C. civ., art. 508, al. 1er). Il en sera ainsi du bail d'habitation conclu, au profit du tuteur, sur un immeuble appartenant à la personne protégée.

Le souci du législateur a été ici de fournir au tuteur familial les moyens d'assumer pleinement sa mission, soit en habitant à proximité du majeur protégé dans un immeuble appartenant à ce dernier, soit en se portant acquéreur de la maison familiale. Mais encore faut-il, en cette dernière hypothèse, que la **vente** soit sincère et ne dissimule pas une **donation déguisée** dont l'autorisation judiciaire dépendrait de critères différents de ceux de la vente.

SECTION 2
ACTES DE DISPOSITION

354.61 Contenu et moment de l'autorisation. Le tuteur ne peut, sans y être autorisé par le conseil de famille ou, à défaut, le juge des tutelles, faire des actes de disposition au nom de la personne protégée (C. civ., art. 505, al. 1er). **L'autorisation** doit déterminer les **stipulations** et, le cas échéant, le **prix** ou la mise à prix concernant l'acte passé (C. civ., art. 505, al. 2). Elle doit résulter d'une **décision motivée** soumise à **recours** et non d'une simple lettre par laquelle le juge des tutelles fait connaître son accord de principe[1]. L'autorisation n'est pas requise, on le sait, en cas de vente forcée sur décision judiciaire ou de vente amiable sur autorisation judiciaire[2]. En matière d'**instruments financiers**, le juge des tutelles peut, en cas **d'urgence**, par décision spécialement motivée prise à la requête du tuteur, et sans préjudice des formalités prévues par l'article 505, alinéa 3[3], autoriser, en lieu et place du conseil de famille, la vente des biens, à charge qu'il en soit rendu compte sans délai au conseil qui décide du remploi (C. civ., art. 505, al. 4). Par ailleurs, les autorisations du conseil de famille peuvent être suppléées par celles du juge, si les actes portent sur des biens dont la valeur en capital n'excède pas 50 000 euros (C. civ., art. 502, al. 2).

Lorsqu'il est saisi par le tuteur d'une requête en vue de l'autorisation d'un acte de disposition, le juge des tutelles dispose d'un **délai de trois mois** pour statuer à compter de sa réception. Ce délai est **prorogé** lorsque la requête nécessite le recueil d'éléments d'information, la production de pièces complémentaires, le recours à une mesure d'instruction ou toute autre investigation. Dans ce cas, le juge en avertit le tuteur et l'informe de la date prévisible à laquelle la décision sera rendue (C. pr. civ., art. 1229). Contrairement à une pratique répandue, dont la raison tient pour l'essentiel à l'incompatibilité de la durée de la procédure devant le juge des tutelles et de la rapidité des transactions, **l'autorisation du juge ne saurait être érigée en une condition suspensive de l'opération envisagée**[4]. Maintes fois réitérée par la Cour de cassation[5], la solution se justifie pleinement à l'aune du rôle dévolu à l'autorisation judiciaire, laquelle non seulement complète les pouvoirs du tuteur en matière d'actes de disposition mais aussi incarne un « *élément légal de validité du transfert de propriété* »[6]. Aussi la pratique notariale consistant à signer une promesse de vente sous la condition suspensive de l'autorisation du juge des tutelles ou du conseil de famille est-elle condamnée. Si elle s'appuie sur de solides fondements juridiques, la jurisprudence de la Haute juridiction n'en rencontre pas moins, en ce domaine, une certaine résistance des juridictions du fond[7], laquelle repose largement sur des considéra-

1. Civ. 1re, 22 oct. 2008, n° 07-19.964, *Bull. civ.* I, n° 239; *Gaz. Pal.* 12-16 avr. 2009. 22, note Massip; *Dr. fam.* 2008, n° 176, note Fossier; *AJ fam.* 2008. 479, obs. Pécaut-Rivolier – SUR CE SUJET : F. Fresnel, « Un juge des tutelles ne peut autoriser un acte de disposition par lettre simple », *RJPF* 2009-2/13.
2. Pour la dispense d'autorisation, lorsque la vente a été permise ou ordonnée par une autre instance, antérieurement à la réforme : Civ. 1re, 8 nov. 1983, n° 82-14.144, *Bull. civ.* I, n° 259 – Civ. 1re, 18 déc. 1984, n° 83-15.646, *Bull. civ.* I, n° 337 – CE 21 déc. 1960, Cts Blettery, *Lebon* 721 (pour un remembrement) – Civ. 3e, 28 mars 2007, n° 98-70.179, P (préc. ss n° 354.11 – l'acquisition de biens immobiliers par voie d'expropriation n'est pas soumise à l'autorisation préalable du juge des tutelles).
3. C'est-à-dire la réalisation préalable d'une mesure d'instruction ou le recueil préalable de l'avis d'au moins deux professionnels qualifiés.
4. L'absence d'autorisation du juge des tutelles rend impossible la réitération par acte authentique, érigée en condition suspensive de la promesse synallagmatique de vente : Civ. 3e, 18 nov. 2009, n° 08-20.194, *Bull. civ.* III, n° 259; *JCP N* 2010. 1214, note Le Gallou. Elle engage la responsabilité civile professionnelle du notaire qui rédige le contrat de vente immobilière sous la condition suspensive d'obtention de l'autorisation du juge des tutelles : Civ. 1re, 25 janv. 2017, n° 15-25.642, NP; *LEFP*, mars 2017, p. 6, obs. Raoul-Cormeil.
5. Civ. 3e, 5 avr. 1995, n° 93-15.572, *Bull. civ.* III, n° 101; *Defrénois* 1995. 1041, note Delebecque – Civ. 1re, 7 nov. 2006, n° 04-15.799, *Bull. civ.* I, n° 460; *AJ fam.* 2006. 466, obs. Pécaut-Rivolier; *RTD civ.* 2007. 88, obs. Hauser, pour l'emploi de fonds à la souscription de parts de SCI – Civ. 3e, 23 juin 2004, n° 03-11.311, *Bull. civ.* III, n° 130; *Defrénois* 2005. 445, obs. Massip; *RJPF* 2004. 10, obs. Valory – Civ. 1re, 10 févr. 1998, n° 96-16.614, NP; *Defrénois* 1998. 1039, obs. Massip – Civ. 1re, 21 juill. 1987, n° 86-10.490, NP; *Defrénois* 1988. 737, obs. Massip.
6. Civ. 1re, 10 févr. 1998, n° 96-16.614, NP (préc. ss prést n° 354.61).
7. Paris, 12 juin 2008, *Dr. fam.* 2008, n° 148, note Fossier – Paris, 6 mars 2008, *Juris-Data* n° 359148 – Douai, 14 janv. 2008, *Juris-Data* n° 370904.

tions d'ordre pragmatique, destinées à éviter au tuteur de solliciter une nouvelle autorisation du juge afin d'ajuster le prix autorisé aux fluctuations de la valeur vénale du bien et du marché de l'immobilier. Il reste que cette pratique soumet l'opération à une insécurité juridique préjudiciable tout à la fois à l'intérêt de la personne protégée et à celui de son contractant. Aussi, la proposition formulée par le 102e Congrès des notaires, de consacrer en présence d'un mineur ou d'un majeur sous tutelle, un **contrat à formation progressive recueillant** successivement différents consentements engageant immédiatement leur auteur, dont le dernier exprimé formerait définitivement la convention, mérite-t-elle d'être approfondie [1]. Pour autant, à supposer que cette proposition soit consacrée par le législateur, il n'en demeurerait pas moins que la vente ne serait parfaite que le jour de la signature de l'acte de cession par le tuteur, muni de l'autorisation. Cette dernière est à elle seule insuffisante pour la conclusion de l'acte [2]. Pour contourner ces difficultés, la pratique se tourne parfois vers la technique de la **promesse d'achat**. Il n'en demeure pas moins que si elle permet d'engager l'acquéreur, la solution est peu satisfaisante pour ce dernier qui ne bénéficie, en retour, d'aucun engagement du vendeur sous tutelle.

354.62 Auteur de la demande d'autorisation : le tuteur. L'autorisation d'accomplir un acte de disposition ne peut être délivrée par le juge des tutelles ou, s'il a été constitué par le conseil de famille, qu'au tuteur lui-même. Ce dernier a seul qualité pour représenter la personne sous tutelle. Le compagnon de celle-ci, évincé de l'exercice de la mesure de protection, n'a quant à lui pas « *qualité pour saisir le juge des tutelles d'une demande tendant à la modification, à son profit, de la clause bénéficiaire des contrats d'assurance-vie litigieux* ». La sanction réside dans l'irrecevabilité d'une telle requête et non pas dans son rejet tiré d'un motif de fond [3].

354.63 Définition de l'acte de disposition. Les actes de disposition sont désormais définis par l'article 496 alinéa 3 du Code civil, comme étant ceux « *qui engagent* » le patrimoine de la personne protégée, « *de manière durable et substantielle* ». Cette définition, d'origine législative, est précisée par l'article 2 du décret n° 2008-1484 du 22 décembre 2008. Ce dernier pose les contours de la notion d'acte de disposition, en retenant des **critères** essentiellement **économiques** tenant compte de l'ensemble des conséquences - directes ou indirectes - de l'opération sur le patrimoine de la personne protégée. Constituent ainsi des actes de dispositions « *les actes qui engagent le patrimoine de la personne protégée, pour le présent ou l'avenir, par une modification importante de son contenu, une dépréciation significative de sa valeur en capital ou une altération durable des prérogatives de son titulaire* » (Décr. n° 2008-1484, 22 déc. 2008, art. 2, al. 1er). Pour autant, lorsqu'il s'agit de qualifier les opérations de l'annexe 2 ou celles ne relevant d'aucune des nomenclatures du décret, la définition de l'acte de disposition s'élargit pour dépendre aussi de **l'impact de l'opération sur le mode de vie de la personne protégée** (Décr. n° 2008-1484, 22 déc. 2008, art. 2, al. 3 - v. ss n° 341.01). C'est dire que toutes les fois que le tuteur, ou le juge, sera confronté à un travail de qualification, c'est à la **définition étendue de l'acte de disposition** qu'il devra se référer. Si bien que la définition étroite se trouve privée de réelle utilité, sauf à considérer l'annexe 1 comme étant, elle aussi, une liste ouverte (v. ss n° 341.25).

Figurent dans la catégorie des actes de disposition quatre grandes variétés d'actes : certains actes relatifs aux meubles et aux immeubles, certains actes relatifs aux instruments financiers et aux parts sociales ainsi que la constitution de sociétés transparentes, les emprunts et l'assurance-vie.

§ 1
Actes relatifs aux immeubles et aux meubles

354.71 Actes assimilés à la vente et à l'apport en société d'immeubles. Le décret du 22 décembre 2008, relatif aux actes de gestion, assimile à la vente ainsi qu'à l'apport en société d'immeubles plusieurs opérations qui s'en approchent, telles que **l'acceptation** en tant qu'acheteur ou vendeur **d'une promesse synallagmatique ou unilatérale de vente** [4]; **la dation en paiement** ou **l'échange** d'un immeuble, **l'acquisition** d'un immeuble **en emploi** ou en **remploi des fonds** de la personne protégée (C. civ., art. 501 et 468, al. 2). Sont, de la même façon, qualifiés d'actes de disposition, par voie d'analogie avec l'article 505 alinéa 3, **l'échange** et la **dation en paiement de fonds de commerce**; la **location-gérance** en raison des dangers que ce contrat est susceptible d'emporter, sur le plan du passif, pour la personne protégée tenue aux dettes d'exploitation du gérant (C. com., art. L. 144-7 - Décr. n° 2008-1484, 22 déc. 2008, annexe 1, col. 2, II, 3° - v. ss n° 341.01). Bien que l'article 505 alinéa 3

1. 102e Congrès des Notaires, *Les personnes vulnérables. Travaux des commissions*, Strasbourg 21-24 mai 2006, p. 104 s.
2. EN CE SENS : Com. 28 sept. 2010, n° 09-69.305, NP; *D.* 2011. 2516, obs. Lemouland.
3. Civ. 1re, 19 mars 2014, n° 13-12.016, *Bull. civ.* I, n° 47; *Dr. fam.* 2014, n° 86, obs. I. M.; *AJ fam.* 2014. 318, obs. Verheyde; *RTD civ.* 2014. 336, obs. Hauser; *D.* 2014. 2270, obs. Lemouland; *RJPF* 2014-6/15, obs. Mauclair; *LEFP* avr. 2014. 3, obs. Raoul-Cormeil; *JCP N* 2014. 1358, note Massip.
4. Dijon, 29 oct. 2002, *Juris-Data* n° 194200, *et* Paris, 27 nov. 1997, *Juris-Data* n° 024039, responsabilité de l'agent immobilier établissant une promesse de vente engageant les parties en l'absence physique du curateur.

ne visent expressément que la vente et l'apport en société d'immeubles ou de fonds de commerce, il semble que les formalités auxquelles ce texte soumet l'autorisation du juge des tutelles doivent être étendues aux opérations qui, à l'évidence, présentent la même gravité que celles prévues par le Code civil. C'est ainsi, qu'avant la réforme, le formalisme de la vente immobilière était applicable à **l'échange**, à la **cession de droits successifs** ainsi qu'à la **dation en paiement** portant sur un immeuble [1]. La solution est reconductible, *mutatis mutandis*, sous l'empire des dispositions nouvelles [2].

354.72 Constitution de droits réels principaux et de sûretés. La constitution de droits réels principaux (usufruit, servitude, antichrèse, emphytéose et bail à construction) et de droits réels accessoires immobiliers (hypothèque conventionnelle) relèvent pareillement de la catégorie des actes étant toujours qualifiés d'actes de disposition (Décr. n° 2008-1484, 22 déc. 2008, annexe 1, col. 2, I - v. s^{s} n° 341.01). Cette qualification doit être, en revanche, **nuancée** dans le cas des **sûretés mobilières**, lesquelles ne sont pas visées par le décret. Seuls le **nantissement** et la **mainlevée du nantissement d'instruments financiers** bénéficient ici de la classification pour se voir attribuer la qualification d'acte de disposition sous réserve des circonstances d'espèce (Décr. n° 2008-1484, 22 déc. 2008, annexe 2, col. 2, I, 2° - v. s^{s} n° 341.01). Il n'en reste pas moins que le silence du décret doit conduire à analyser les autres sûretés mobilières comme des actes de disposition, à l'aune de la définition législative et réglementaire de ces actes. Les pouvoirs du tuteur seront ainsi fonction des conséquences de l'acte sur le contenu ou la valeur du patrimoine de la personne protégée, sur les prérogatives de celle-ci ou sur son mode de vie (Décr. n° 2008-1484, 22 déc. 2008, art. 2, al. 3 - v. s^{s} n° 341.01).

354.73 Conclusion de certains baux. S'agissant des baux, ces derniers obéissent à des règles propres dépendant tout à la fois de la **nature du bail** (bail d'habitation, bail rural ou bail commercial, sur lesquels, v. s^{s} n° 353.21) et de la **nature de l'immeuble** sur lequel ils portent. C'est ainsi que les baux consentis sur la **résidence principale** et la **résidence secondaire** du majeur en tutelle bénéficient d'une **protection renforcée** destinée à préserver la personne protégée contre les initiatives du tuteur de nature à la priver de son cadre de vie (C. civ., art. 426 - v. s^{s} n°s 212.11 s.) [3]. En cette matière, les dispositions de l'article 426 du Code civil, soumettent la conclusion d'un bail sur la résidence du tutélaire à l'autorisation du juge des tutelles et, le cas échéant, au recueil préalable de l'avis de son médecin traitant ou d'un médecin ne travaillant pas pour l'établissement d'accueil de l'intéressé [4]. Lorsque l'opération envisagée correspond à la vente du logement, les formalités de l'article 505 alinéa 3, applicables à la vente immobilière, viennent s'ajouter au dispositif de l'article 426.

354.74 Opérations relatives aux meubles précieux et aux droits démembrés de la propriété. Correspondent, de manière impérative, à des actes de disposition les **actes translatifs de propriété**, le **prêt** et le **louage** des **meubles de valeur** [5] ou qui constituent, au regard de l'inventaire, une **part importante du patrimoine** de la personne protégée, ainsi que la **vente**, l'**échange** et la **dation en paiement** d'un **droit démembré de la propriété**, quel qu'en soit l'objet, les actes auxquels les titulaires de droits démembrés doivent consentir conjointement et les **grosses réparations non urgentes** (v. not., C. civ., art. 595, al. 3 : pour les baux ruraux, commerciaux et artisanaux - Décr. n° 2008-1484, 22 déc. 2008, annexe 1, col. 2, I et IV - v. s^{s} n° 341.01).

§ 2
Actes relatifs aux instruments financiers et aux parts sociales

354.81 Acquisition et cession. La loi du 5 mars 2007, ainsi que le décret relatif aux actes de gestion, règlent le sort de la **cession suivie de remploi des titres inclus dans un portefeuille** d'instruments financiers, ainsi que la **cession du portefeuille** envisagé en tant qu'universalité. La première émarge, au bénéfice d'une **qualification fluctuante**, à la catégorie des **actes d'administration** cependant que la seconde est éligible, dans les mêmes conditions, à la catégorie des **actes de disposition** (v. s^{s} n°s 342.61 s.). Encore que, s'agissant du portefeuille lui-même, seules la cession de la **pleine propriété** et de celle de la **nue-propriété** soient soumises à cette qualification (Décr. n° 2008-1484, 22 déc. 2008, annexe 2, col. 1, I, 2° et col. 2, I, 2° - v. s^{s} n° 341.01). C'est dire que la cession ou la constitution, à titre onéreux, d'un usufruit sur un portefeuille d'instruments financiers est assujettie, dans le silence du décret, à une qualification fluctuante à l'aune des critères énoncés par les articles 1er et 2 de ce texte. Au demeurant, l'application de la **qualification d'acte de disposition**, sous réserve des

1. Caen, 24 juin 1936, *DH* 1936. 529 (échange) – Civ. 21 déc. 1836, *Journ. not.* 1837, art. 9498 (cession de droits successifs).
2. *J.-Cl. Civ.*, art. 503 à 509, par Peterka, spéc. n° 93.
3. N. Peterka, « Le logement du majeur protégé. Brèves réflexions autour de l'articulation de l'autonomie et de la protection », *in Mél. R. Le Guidec*, LexisNexis, 2014, p. 805.
4. Sur cette évolution, v. N. Peterka, « Clarifications et reculs du droit des personnes et de la famille », *JCP* 2015. 243.
5. Retenant, à l'instar de l'ancien art. 457, al. 2, du Code civil, une double conception tout à la fois abstraite et relative des meubles de valeur, le décret n'éradique pas les difficultés d'interprétation tenant à la distinction des meubles précieux et des meubles d'usage courant.

circonstances d'espèce, à la **cession des fruits**[1] milite en faveur de l'extension de cette même qualification à la **cession ou la constitution d'usufruit** sur un portefeuille. La solution est d'autant plus justifiée, qu'à la différence des fruits, **l'usufruit représente un élément du capital** de la personne protégée. Aussi, l'opération doit-elle être soumise, sous la réserve de son impact sur le patrimoine du majeur en tutelle ou sur son mode de vie, aux règles de capacité et de pouvoirs gouvernant les actes de disposition (sur le contrat de gestion de valeurs mobilières, v. s[s] n° 342.63).

Si elle envisage pareillement l'acquisition et la cession d'instruments financiers non inclus dans un portefeuille, ainsi que le nantissement d'instruments financiers et sa mainlevée, pour leur appliquer la qualification fluctuante d'actes de disposition, la réforme ne mentionne pas l'acquisition et la cession de parts sociales. Pour autant, dans la mesure où elle fait encourir un risque au cessionnaire, tenu indéfiniment du passif de la société, **l'acquisition de parts sociales** paraît relever, à l'aune de la définition des actes de gestion, de la catégorie des **actes de disposition**[2]. Si bien qu'il conviendra ici de solliciter, par précaution, l'autorisation du juge des tutelles, à moins que l'opération puisse être requalifiée en acte d'administration. Une telle requalification pourrait être effectuée, notamment, dans l'hypothèse où les statuts de la société comportent, au profit de l'associé sous mesure de protection juridique, une **clause limitant son obligation au passif.**

S'agissant de la **cession de parts sociales**, l'autorisation du juge des tutelles est requise au titre de la vente, de l'échange et de la dation de droits incorporels, lesquels tombe sous le coup de la qualification fluctuante d'acte de disposition (Décr. n° 2008-1484, 22 déc. 2008, annexe 2, col. 1, I, 3° - v. s[s] n° 341.01)[3].

354.82 Constitution de sociétés transparentes – Apports en société. L'apport en société s'analyse, au bénéfice d'une **qualification fluctuante**, comme un **acte de disposition**, dès lors qu'il ne porte pas sur l'un des biens visés par l'article 505 alinéa 3 du Code civil ou qu'étant effectué en numéraire, il ne s'analyse pas comme un emploi des capitaux liquides ou de l'excédent des revenus de la personne protégée (Décr. n° 2008-1484, 22 déc. 2008, annexe 1, col 2, II; annexe 2, col. 2, II - v. s[s] n° 341.01 - C. civ., art. 501 et 468, al. 2). La solution conduit à faire reposer sur l'administrateur, ou le juge, la détermination de la nature juridique de l'apport, et par suite, des règles de capacité et de pouvoirs lui étant applicables. On touche ici du doigt l'importance de la mission du tuteur lorsqu'il s'agit de faire entrer, par la voie d'un apport, un majeur en tutelle au sein d'une **société transparente** et, notamment, d'une **société civile.** Il est, sur ce point, regrettable que la loi du 5 mars 2007 n'ait délimité les cas dans lesquels l'autorisation du juge des tutelles s'impose de manière impérative, qu'en ne prenant en considération la seule **nature des biens objets de l'apport.** La **nature de la société** aurait mérité, elle aussi, d'être érigée en un critère impératif de qualification. Il reste que l'apport pourra être considéré comme un **acte d'administration**, toutes les fois que les statuts de la société exempteront l'associé en tutelle de l'obligation indéfinie et solidaire aux dettes sociales ou qu'ils soumettront la souscription d'une dette par la société, notamment les emprunts, au vote des associés. Le tuteur du majeur protégé prenant alors part au vote, avec l'autorisation du juge des tutelles, les intérêts du majeur pourront être préservés, il est vrai, sous la réserve d'une possible requalification du vote à l'assemblée en acte d'administration (Décr. n° 2008-1484, 22 déc. 2008, annexe 2, col. 2, II - v. s[s] n° 341.01).

D'une manière plus générale, il est déplorable que la question de l'entrée de la personne protégée au sein d'une société transparente n'ait pas été réglée par la réforme, notamment pour le **cas où le majeur en tutelle recueille les parts sociales par voie de succession.** La restriction des branches de l'option successorale à l'acceptation à concurrence de l'actif net, laquelle compose seule la sphère d'autonomie du tuteur, est en effet impuissante à protéger l'héritier en tutelle contre le passif futur de la société. Il aurait été sans doute judicieux d'étendre le contrôle judiciaire à l'hypothèse où le patrimoine successoral comporte des parts sociales emportant l'obligation indéfinie et solidaire de l'héritier aux dettes de la société (v. s[s] n° 343.42)[4].

§ 3
Emprunts et contrats de crédit

354.91 Qualification fluctuante. Le décret du 22 décembre 2008 imprime la **qualification d'acte de disposition** non seulement aux **prêts** accordés par le tuteur au nom de la personne protégée mais aussi à **l'emprunt** contracté pour le compte de cette dernière. La qualification se comprend aisément tant il est vrai que ces deux opérations sont porteuses de dangers pour le patrimoine du tutélaire. Pour autant, l'emprunt

1. Sur lesquels, v. Décr. n° 2008-1484, 22 déc. 2008, annexe 2, col. 2, 1, 3°.
2. EN CE SENS, C. Pagnucco, « Le contrat de société et le majeur protégé », *in* G. Raoul-Cormeil et J.-M. Plazy (dir.), *Le patrimoine de la personne protégée*, LexisNexis, 2015, p. 151.
3. R. Mortier, « Actes de disposition et actes d'administration en droit des sociétés », *Dr. sociétés* 2009. Repère 3 – *Adde*, A. Cathelineau-Roulaud, « Effets de la réglementation des incapacités sur les sociétés », *JCP N* 2010. 1275.
4. Sur tout ceci, v. *J.-Cl. Civ.*, art. 503 à 509, par Peterka, spéc. n°s 150 s. – C. Pagnucco, « Le contrat de société et le majeur protégé », *in* G. Raoul-Cormeil et J.-M. Plazy (dir.), *Le patrimoine de la personne protégée*, LexisNexis, 2015, p. 151.

ainsi que les divers contrats de crédit[1] ne figurent plus désormais, de manière impérative, dans la catégorie des actes de disposition (Comp. C. civ., anc. art. 457, al. 2, issu de L. 14 déc. 1964). Cette dernière qualification vaut seulement si les circonstances de l'espèce ne permettent pas au tuteur de disqualifier l'opération en un acte d'administration en raison de la faiblesse de ses conséquences sur le patrimoine de la personne protégée ou sur son mode de vie. Le **droit tutélaire** fait ici varier, à l'image d'autres branches du droit de la famille, les règles applicables à l'emprunt en fonction de son **importance au regard du patrimoine de l'emprunteur**, ce qui n'est pas sans évoquer la méthode mise en œuvre par le **droit matrimonial** à propos des emprunts ménagers (C. civ., art. 220 et 515-4, al. 2)[2]. Pour autant, la **qualification** de l'acte reste ici **indifférente à sa nécessité pour les besoins de la vie courante**, laquelle n'a pas à être caractérisée pour opérer la requalification en acte d'administration. La soumission de l'emprunt à l'autorisation du juge des tutelles ou du conseil de famille implique, comme par le passé, que celle-ci fixe le **montant** de la somme à rembourser, le **taux de l'intérêt**, ainsi que la **date de remboursement**. Cette exigence découle aujourd'hui de l'article 505 alinéa 2, selon lequel « *l'autorisation détermine les stipulations et, le cas échéant, le prix ou la mise à prix pour lequel l'acte est passé* ». Le juge ou le conseil de famille peut prescrire, par ailleurs, toutes les mesures utiles quant à l'emploi de la somme empruntée (C. civ., art. 501, al. 2 et 3 - Comp., C. civ., art. 458, issu de L. 14 déc. 1964)[3].

354.92 Emprunt souscrit par une société dont un associé est sous tutelle. Lorsque l'emprunt est souscrit par une société transparente, dont l'un des associés est sous tutelle, la jurisprudence écartait, avant la réforme de 2007, les règles du droit tutélaire. La justification de cette solution, applicable *mutatis mutandis* sous l'empire des nouveaux textes, est tirée de l'écran de la personnalité morale, lequel fait obstacle à l'autorisation du juge des tutelles, quand bien même il serait translucide et susceptible d'entraîner la responsabilité indéfinie et solidaire de la personne protégée aux dettes sociales[4]. La **responsabilité du banquier dispensateur du crédit** demeure cependant susceptible d'être engagée, sur le fondement de son devoir de conseil[5]. Il est, à vrai dire, regrettable que ni le législateur, ni le pouvoir réglementaire n'aient saisi l'occasion de la réforme pour évincer cette faiblesse de la protection juridique des majeurs et des mineurs. Il était en effet concevable, à défaut d'étendre l'autorisation préalable du juge des tutelles ou du conseil de famille à l'emprunt souscrit par une SCI dont un associé est sous tutelle, de **limiter la responsabilité** de ce dernier **à concurrence de son apport**. La **combinaison** des **pouvoirs du gérant de la société** et de ceux du **tuteur** méritait au demeurant, elle aussi, d'être clarifiée[6]. Il n'en reste pas moins qu'en l'état actuel des textes, il incombe au tuteur de veiller, conformément aux prescriptions de l'article 496 alinéa 2, à ce que les intérêts du tutélaire soient préservés. C'est dire qu'il convient, en présence d'un associé sous mesure de protection, de solliciter l'inscription, dans les statuts de la société, d'une **clause limitant sa responsabilité** aux dettes sociales **à hauteur de ses apports** ou soumettant la souscription d'un emprunt par la société au vote des associés. La stipulation d'une telle clause a pour effet de subordonner le vote relatif à la conclusion de l'emprunt à l'autorisation préalable du juge des tutelles, il est vrai sous la réserve d'une possible requalification de l'acte (Décr. n° 2008-1484, 22 déc. 2008, annexe 2, col. 2, II - v. ss n° 341.01). À défaut, l'opportunité du maintien du majeur au sein de la société méritera d'être envisagée (Décr. n° 2008-1484, 22 déc. 2008, annexe 2, col. 2, II - Sur la demande de délivrance d'une carte de crédit, v. ss n° 342.53).

§ 4
Assurance-vie

354.101 Souscription, rachat, désignation, modification et révocation du bénéficiaire. Avant la loi du 5 mars 2007, l'interdiction de souscrire une assurance-décès sur la tête d'un majeur en tutelle, combinée avec l'analyse de la désignation et de la révocation du bénéficiaire comme des droits strictement personnels, restreignait considérablement le recours du tutélaire à l'assurance-vie[7]. La loi du 5 mars 2007, modifiée sur ce point par la loi n° 2007-1775 du 17 décembre 2007 permettant la recherche des béné-

1. Ce qui recouvre les emprunts bancaires pour l'acquisition d'un meuble ou d'un immeuble, les découverts bancaires, les locations-ventes, les crédits-baux mobiliers, les achats à tempérament et les achats effectués moyennant un crédit consenti par un organisme financier.
2. Encore que l'on ne retrouve pas, en droit des majeurs protégés, la distinction de l'emprunt et de l'achat à tempérament (sur laquelle, v. M. Grimaldi [dir.], Dalloz action *Droit patrimonial de la famille,* 2015/2016, n° 111.133, par B. Vareille).
3. Sur tout ceci, v. *J.-Cl. Civ.*, art. 503 à 509, par Peterka, spéc. n°s 142 s. et réf. citées.
4. Civ. 1re, 14 juin 2000, n° 98-13.660, *Bull. civ.* I, n° 187; *Defrénois* 2001. 528, note crit. Honorat; *Defrénois* 2001. 1315, obs. Massip, rendu à propos de l'article 389-5 du Code civil.
5. Civ. 3e, 28 sept. 2005, n° 04-14.756, NP; *JCP N* 2005. 1492, note Garçon; *RTD civ.* 2005. 757, obs. Hauser.
6. 102e Congrès des Notaires, *Les personnes vulnérables*, Strasbourg, 2006, n° 4342, p. 851 et nos 4331 s., p. 843 s. – 91e Congrès des Notaires, *Le droit et l'enfant*, Tours, 1995, nos 502 et 503.
7. T. Fossier et L. Pécaut-Rivolier, « La protection des intérêts patrimoniaux », *AJ fam.* 2007. 167 – Pour le rachat d'une assurance-vie : TGI Nanterre, 6e ch., 5 oct. 2007, *AJ fam.* 2008. 37, obs. Pécaut-Rivolier.

ficiaires des contrats d'assurance sur la vie non réclamés et garantissant le droit des assurés [1], ont réalisé en ce domaine une avancée considérable [2]. Désormais, l'article L. 132-4-1 alinéa 1er du Code des assurances, dont les dispositions sont applicables depuis le 18 décembre 2007 aux contrats en cours qui n'ont pas été acceptés avant cette date, dispose que « *lorsqu'une tutelle a été ouverte à l'égard du stipulant, la souscription ou le rachat d'un contrat d'assurance sur la vie ainsi que la désignation ou la substitution du bénéficiaire ne peuvent être accomplis qu'avec l'autorisation du juge des tutelles ou du conseil de famille s'il a été constitué. Après l'ouverture d'une curatelle, ces mêmes actes ne peuvent être accomplis qu'avec l'assistance du curateur* » [3]. L'alinéa 2 du texte prévoit, quant à lui, que « *pour l'application du premier alinéa, lorsque le bénéficiaire du contrat d'assurance sur la vie est le curateur ou le tuteur, il est réputé être en opposition d'intérêts avec la personne protégée* » [4]. De façon cohérente, le décret du 22 décembre 2008 classe, dans la catégorie des **actes étant toujours regardés comme des actes de disposition**, la **souscription** ou le **rachat d'un contrat d'assurance-vie**, ainsi que la **désignation** ou la **substitution du bénéficiaire** (Décr. n° 2008-1484, 22 déc. 2008, annexe 1, col. 2, IX - v. s[s] n° 341.01).

S'agissant de la **révocation du bénéficiaire**, l'article L. 132-9 I, alinéa 2 du Code des assurances dispose, dans sa version issue de l'ordonnance n° 2009-106 du 30 janvier 2009, que « *lorsqu'une tutelle a été ouverte à l'égard du stipulant, la révocation ne peut intervenir qu'avec l'autorisation du juge des tutelles ou du conseil de famille s'il a été constitué* » (*Adde*, C. mut., art. L. 223-11, I, al. 2). Aussi, la révocation du bénéfice d'un contrat d'assurance non accepté revêt-elle, de manière impérative, la **qualification d'acte de disposition** (Décr. n° 2008-1484, 22 déc. 2008, annexe 1, col. 2, IX - v. s[s] n° 341.01).

354.102 Représentation par le tuteur. La loi du 17 décembre 2007 est venue dissiper les incertitudes qui entouraient, au lendemain de la promulgation de la loi du 5 mars 2007, les pouvoirs du tuteur. La question se posait, en effet, de savoir si la **désignation**, la **modification** et la **révocation du bénéficiaire** impliquaient que la personne en tutelle fut représentée par le tuteur ou si celle-ci pouvait y procéder elle-même sous réserve d'y avoir été autorisée par le juge des tutelles ou le conseil de famille. L'analyse traditionnelle de la désignation et de la révocation comme des droits strictement personnels semblait favorable à la reconnaissance, en ce domaine, d'une sphère de capacité naturelle à la personne protégée. À l'inverse, les dispositions du Code des assurances exigeant l'autorisation du juge et réputant le tuteur ou le curateur en opposition d'intérêts avec la personne protégée, toutes les fois qu'il est le bénéficiaire du contrat, paraissaient favorables à la désignation d'un tuteur *ad hoc*. La loi du 17 décembre 2007 met un terme à cette controverse en soumettant expressément, sous la curatelle, la désignation et la substitution de bénéficiaire à l'assistance de la personne protégée. Dès lors, on discerne malaisément les raisons qui pourraient justifier l'éviction de la représentation sous la tutelle. La loi du 17 décembre 2007 a tout au contraire déclassé la désignation, la substitution et la révocation du bénéficiaire au rang des **droits simplement personnels** [5]. Or, ces derniers n'excluent pas

1. S. Hovasse, « Commentaire de la loi du 17 décembre 2007 relative à la recherche des bénéficiaires des contrats d'assurance-vie non réclamés », *JCP N* 2008. 1130.
2. COMP. : Civ. 2e, 15 mars 2007, n° 05-21.830, *Bull. civ.* II, n° 68; *D.* 2007. 1932, note Noguéro; *Dr. fam.* 2007, n° 134, note Nicolas; *RGDA* 2007. 686, note Mayaux; *JCP N* 2007. 1191, note Hovasse, *JCP N* 2007. 1312, obs. Plazy; *Dr. et patr.* janv. 2008. 118, obs. Fulchiron; *AJ fam.* 2007. 185, note Pécaut-Rivolier; *RTD civ.* 2007. 309, obs. Hauser, permettant, par anticipation de la réforme, sur le fondement de l'ancien article 500 alinéa 2 du Code civil, au gérant de tutelle muni de l'autorisation du juge des tutelles de procéder à la modification de la désignation du bénéficiaire de l'assurance-vie, dès lors que le souscripteur est dans l'impossibilité absolue d'agir.
3. Sur ce texte, V. NOT., Ph. Delmas-Saint-Hilaire, « Le contrat d'assurance-vie nouveau est arrivé ! », *RJPF* 2008-3/8 - V. Nicolas, « Assureur, cherche désespérément tiers bénéficiaires de contrats d'assurance-vie (2e partie) », *Dr. fam.* 2008. Étude 8.
4. V. AUSSI, C. mut., art. L. 223-7-1 – POUR UN EXEMPLE DE CONFLIT D'INTÉRÊTS, sanctionné par la responsabilité civile du curateur : Civ. 1re, 8 juill. 2009, n° 08-16.153, *Bull. civ.* I, n° 162; *AJ fam.* 2009. 352, obs. Pécaut-Rivolier; *D.* 2009. 1971, obs. Egéa; *D.* 2009. 2062, obs. Auroy; *Dr. fam.* 2009, n° 114, 1re esp., note Maria; *Defrénois* 2009. 2200, note Massip; *LPA* 29 juill. 2009, p. 9, 1re esp., note Noguéro; *RGDA* 2009, 2e esp. 1216, obs. Mayaux; *RJPF* 2009. 18, obs. Casey; *RTD civ.* 2009. 698, obs. Hauser; *RDC* 2010. 177, note Goldie-Genicon; *LPA* 12 mai 2010, p. 18, obs. Haradi, rendu sur le fondement des dispositions antérieures à la loi du 5 mars 2007 à propos de la modification du bénéficiaire d'un contrat d'assurance-vie au profit du curateur du souscripteur – SANCTIONNANT LE CONFLIT D'INTÉRÊTS sur le fondement de la violation de l'incapacité d'exercice frappant la personne protégée : Civ. 1re, 17 mars 2010, n° 08-15.658, *Bull. civ.* I, n° 66; *D.* 2010. 2126, obs. Lemouland; *Dr. fam.* 2010, n° 88, obs. Maria; *AJ fam.* 2010. 239, obs. Pécaut-Rivolier; *Defrénois* 2010. 1369, obs. Massip; *RJPF* 2010-6/36, note Sauvage; *RGDA* 2010. 398, obs. Mayaux; *Dr. et patr.* mars 2011. 81 s., obs. Delmas Saint-Hilaire – D. Noguéro, « Assurance-vie : défaut d'assistance du curateur et refus de qualification en donation », *Defrénois* 2010. 1440 – G. Raoul-Cormeil, « L'opposition d'intérêts, obstacle à la magistrature tutélaire. (Étude à partir du contrat d'assurance sur la vie) », *RGDA* 2011. 397.
5. COMP. Nancy, 3e ch. civ., 22 juin 2015, RG n°s 15/01409 et 14/03290, *Dr. fam.* 2015, n° 190, note Maria, décidant que « *nonobstant le caractère strictement personnel de la désignation du bénéficiaire par le souscripteur d'un contrat d'assurance sur la vie, cette désignation ainsi que la substitution du bénéficiaire sont des actes pouvant donner lieu à représentation de la personne protégée et donc exclus du champ d'application des dispositions de l'article 458 du Code civil* ».

toute possibilité d'assistance ou de représentation[1]. Pareille interprétation, qui laisse place à la représentation du majeur en tutelle, fournit au demeurant le meilleur moyen de préserver son intérêt, toutes les fois qu'étant privé de discernement, le tutélaire ne peut être autorisé par le juge ou le conseil de famille à passer lui-même l'opération envisagée. Il n'en demeure pas moins que, lorsqu'il est doué d'une lucidité suffisante, l'initiative de la révocation appartient au stipulant[2], ce qui implique que l'autorisation du juge des tutelles soit précédée, en la matière, de l'audition du tutélaire[3].

354.103 Désignation, révocation et substitution de bénéficiaire par voie testamentaire. L'articulation des dispositions du Code des assurances (C. assur., art. L. 132-4-1 et L. 132-9, I) avec celles du Code civil (C. civ., art. 476, al. 2) soulève une difficulté d'interprétation. L'article 476 alinéa 2 du Code civil permet en effet, depuis le 1er janvier 2009, à la personne sous tutelle de tester seule, sans pouvoir bénéficier de l'assistance ou de la représentation du tuteur, pourvu qu'elle soit munie de l'autorisation préalable du juge des tutelles ou du conseil de famille. Au contraire, le Code des assurances interdit au tutélaire d'agir sans la représentation du tuteur (C. assur., art. L. 132-4-1, al. 1er, et L. 132-9 I, al. 2). Se pose, dès lors, la question de savoir si le Code des assurances s'applique à la désignation ainsi qu'à la substitution de bénéficiaire lorsque celles-ci ont lieu par voie testamentaire (C. assur., art. L. 132-8, al. 6). S'il est vrai que les dispositions de ce code paraissent déroger en tant que règles spéciales aux dispositions plus générales du Code civil, le respect du caractère strictement personnel du testament doit conduire à en écarter l'application. Aussi est-ce seulement lorsque la **désignation**, la **révocation** ou la **substitution de bénéficiaire** ont lieu **entre vifs** que la personne protégée doit être représentée par le tuteur, sauf à bénéficier pour cet acte d'un allègement de la tutelle (C. civ., art. 472, al. 3). Lorsqu'elles ont lieu **par voie testamentaire, la représentation est en revanche exclue** (v. s[s] n°s 343.91 s., à propos de la curatelle).

354.104 Consentement du souscripteur en tutelle à l'acceptation du bénéficiaire. Dans le souci de lutter contre les acceptations hâtives ayant pour seule fin de paralyser la faculté de rachat du stipulant, la loi n° 2007-1775 du 17 décembre 2007 a subordonné l'effet de blocage de l'acceptation du bénéficiaire au consentement du souscripteur à cette acceptation[4]. Lorsqu'elle intervient de son vivant, cette dernière ne met fin désormais à la faculté de rachat, de révocation ou de modification de la clause bénéficiaire que lorsqu'elle a été elle-même acceptée par le stipulant au moyen d'un avenant signé par ce dernier, le bénéficiaire et l'assureur ou d'un acte authentique ou sous seing privé signé du souscripteur et du bénéficiaire. En ce dernier cas, cet accord n'a d'effet à l'égard de l'assureur que lorsqu'il lui est notifié par écrit (C. assur., art. L. 132-9, II, al. 2). Il reste que le législateur, et le décret du 22 décembre 2008, sont demeurés muets au sujet des règles de capacité et de pouvoirs applicables au consentement du souscripteur à l'acceptation du bénéficiaire. Se pose, dès lors, la question de savoir si ce silence doit s'interpréter comme un oubli ou comme une omission volontaire.

Dans la première hypothèse, la solution doit être résolue à l'aune de la définition des actes d'administration et des actes de disposition. Or, l'accord du souscripteur engage le patrimoine de ce dernier, pour le présent ou l'avenir, par une altération durable de ses prérogatives, si bien que la qualification d'**acte de disposition** doit l'emporter (Décr. n° 2008-1484, 22 déc. 2008, art. 2, al. 1er - v. s[s] n° 341.01). Pour autant, cette dernière qualification demeure, dans le silence du décret, ajustable au gré des **circonstances d'espèce**. C'est dire que les conditions de validité de l'opération dépendent, du point de vue du droit des incapacités, des **conséquences** importantes de l'accord du souscripteur ou, au contraire, de ses faibles conséquences **sur le contenu ou la valeur de son patrimoine**, sur ses **prérogatives ou sur son mode de vie** (Décr. n° 20058-1484, 22 déc. 2008, art. 2, al. 3). Aussi convient-il, pour déterminer la qualification pertinente de l'opération, de tenir compte non seulement de la valeur du contrat au regard du patrimoine du souscripteur mais aussi des **conséquences de l'effet de blocage de l'acceptation** sur son train de vie, le souscripteur se privant, par son accord, de la faculté de se procurer, à l'avenir, des liquidités par le rachat ou une avance.

1. EN CE SENS : C. civ., art. 459, à propos des actes extrapatrimoniaux simplement personnels.
2. Rép. min. n° 20750, par F. Calvet, *JOAN* 5 août 2008, p. 6794.
3. N. Peterka, « L'assurance-vie à l'épreuve de la protection juridique des majeurs », *Mél. G. Champenois*, Defrénois, 2012, p. 641.
4. C. assur., art. L. 132-9, I, applicable aux contrats en cours au 18 décembre 2007 n'ayant pas été acceptés avant cette date – Sur la période suspecte applicable à l'acceptation du bénéfice d'une assurance-vie, v. C. assur., art. L. 132-4,-1, al. 3 (v. s[s] n° 335.24) – L'acceptation par la personne protégée du bénéfice d'un contrat d'assurance-vie correspond, suivant que la clause bénéficiaire est ou non assortie d'une charge, à un acte de disposition ou à un acte d'administration (Décr. n° 2008-1484, 22 déc. 2008, annexe 2, col. 1, IV et col. 2, IV). Toutefois, au rebours de la qualification applicable à l'acceptation des legs à titre particulier et des donations entre vifs, celle de la clause bénéficiaire fait l'objet d'une qualification fluctuante au gré des circonstances d'espèce, ce qui apparaît, compte tenu de la proximité de ces opérations, assez peu cohérent (Décr. n° 2008-1484, 22 déc. 2008, annexe 1, col. 1, V et col. 2, V) – Sur la notion de charge en droit tutélaire, v. *J.-Cl. Civ.*, art. 503 à 509, par Peterka, spéc. n°s 54 s. et 115.

Dans la seconde hypothèse, l'accord du stipulant à l'acceptation du bénéficiaire s'analyse comme la **renonciation gratuite à un droit acquis**[1]. Cet accord conduit, en effet, le souscripteur à renoncer, sans contrepartie, à son droit de révocation du bénéficiaire, ainsi qu'à sa faculté de rachat et à celle de demander des avances. Il émarge, alors, à la catégorie **des actes étant toujours interdits au tuteur**, même avec l'autorisation du juge des tutelles ou du conseil de famille (C. civ., art. 509, 1°), ce qui explique que la loi et le décret n'en fassent pas mention. Si cette seconde interprétation paraît devoir l'emporter, sous la tutelle[2], la première pourrait être retenue sous la curatelle, à la faveur tout à la fois de la règle de l'interprétation stricte des interdictions et de la gradation des mesures de protection (v. s^{s} n° 343.91)[3].

354.105 Demande d'avance. Les lois du 5 mars 2007 et du 17 décembre 2007 sont demeurées silencieuses en ce qui concerne la **capacité** et les **pouvoirs** gouvernant les **avances sur contrat d'assurance** (C. assur., art. L. 132-21, al. 2). Pour autant, la demande d'avance s'analyse, à l'aune de la définition des actes de gestion, comme un **acte de disposition** puisqu'elle permet, à défaut de remboursement par le souscripteur avant l'échéance, de vider le contrat de sa valeur[4]. Aussi cet acte se trouve-t-il inscrit, de manière cohérente, dans la nomenclature réglementaire des actes étant toujours regardés comme des actes de disposition (Décr. n° 2008-1484, 22 déc. 2008, annexe 1, col. 2, VII - v. s^{s} n° 341.01)[5].

354.106 Versement de primes. Les règles de **capacité** et de **pouvoirs** gouvernant l'alimentation du contrat d'assurance-vie par le **versement de primes**, varient suivant qu'il s'agit de **contrats à prime unique** ou de **contrats à versements périodiques ou libres**.

Dans la première hypothèse, le versement obéit aux dispositions gouvernant l'emploi ou le remploi des fonds de la personne protégée (C. civ., art. 501, al. 1er et 2). Or, de deux choses l'une. Soit la prime est payée avec des deniers qui ne correspondent ni à des capitaux ni à des excédents de revenus et son paiement revêt toujours la **qualification d'acte d'administration** (Décr. n° 2004-1484, 22 déc. 2008, annexe 1, col. 1, II, 1° - v. s^{s} n° 341.01). Soit la prime unique s'analyse comme l'emploi des économies du tutélaire et, alors, son versement s'identifie, de manière impérative, à un **acte de disposition** (C. civ., art. 468, al. 2, et 501, al. 1er et 2 - Décr. n° 2004-1484, 22 déc. 2008, annexe 1, col. 2, II, 1° - v. s^{s} n° 341.01). Pour autant, lorsqu'ils sont prélevés sur le **capital** de la personne protégée, l'origine des deniers affectés au versement de la prime d'assurance imprime à l'opération la qualification **d'acte de disposition**, sous réserve de leur **faible importance au regard du contenu ou de la valeur du patrimoine** de la personne protégée ou du faible impact de leur versement sur son mode de vie (Décr. n° 2004-1484, 22 déc. 2008, art. 2, al. 3, annexe 2, col. 2, I, 1° - v. s^{s} n° 341.01).

Dans la seconde hypothèse, le décret du 22 décembre 2008 qualifie le « *versement de nouvelles primes sur un contrat d'assurance-vie* » d'**acte de disposition**, sous réserve des **circonstances d'espèce** (Décr. n° 2004-1484, 22 déc. 2008, annexe 2, col. 2, IV). Le tuteur dispose ainsi, en la matière, d'un pouvoir de disqualification. La solution souffre, de prime abord, d'un déficit de cohérence. On discerne, en effet, malaisément ce qui pourrait conduire à distinguer, du point du droit des incapacités, le « *versement de nouvelles primes* » - surtout s'il est prélevé sur les capitaux liquides ou les excédents de revenus de la personne protégée - du paiement de la prime unique sous forme de capital. C'est, en définitive, tout à la fois le seuil de l'obligation d'emploi et, lorsque le montant de la prime lui est inférieur, l'impact de l'opération sur le patrimoine ou le mode de vie de la personne protégée qui doit déterminer, ici, les règles gouvernant l'opération[6]. C'est dire que toutes les fois que la **qualification impérative est exclue**, parce que la prime est prélevée sur les revenus du tutélaire et non pas sur ses économies, **la qualification fluctuante trouve à s'appliquer**. Ainsi, la prime qui absorberait une part substantielle des revenus du majeur pourrait tomber, à supposer par ailleurs qu'elle soit conforme à l'obligation de saine gestion du tuteur, sous le coup de la qualification d'acte de disposition et, cela, conformément à la définition des actes de gestion (Décr. n° 2008-1484, 22 déc. 2008, art. 1er et 2, annexe 2, col. 2, IV - v. s^{s} n° 341.01).

354.107 Interdiction de souscrire une assurance-décès sur la tête d'un majeur en tutelle – Assurance-obsèques. L'article L. 132-3 du Code des assurances interdit, à peine de nullité, la souscription par une personne de tout contrat d'assurance-décès conclu, notamment, sur la tête d'un majeur sous tutelle. La **nullité** est prononcée par le tribunal de grande ins-

1. Sur la qualification de l'accord du stipulant, v. C. Grimaldi, « L'"acceptation de l'acceptation" d'un contrat d'assurance-vie », *Defrénois* 2008. 1648 – *Adde*, Ph. Delmas-Saint-Hilaire, « Le contrat d'assurance-vie nouveau est arrivé ! », art. préc. s^{s} n° 354.101.
2. CONTRA : S. Hovasse, « Commentaire de la loi du 17 décembre 2007 relative à la recherche des bénéficiaires des contrats d'assurance-vie non réclamés », *JCP N* 2008. 1130.
3. N. Peterka, « L'assurance-vie à l'épreuve de la protection juridique des majeurs », *Mél. G. Champenois*, Defrénois, 2012.
4. K. Buhler, « Les majeurs protégés et l'assurance-vie », *JCP N* 2008. 1271.
5. Sur la renonciation à un contrat d'assurance-vie (C. assur., art. L. 132-5-1), qualifiée d'acte d'administration au motif qu'elle entraîne la restitution de l'intégralité des sommes versées et n'emporte pas de perte pour le patrimoine de l'assuré : Civ. 1re, 18 mai 2011, n° 10-23.114, *Bull. civ.* I, n° 94; *AJ fam.* 2011. 344; *Dr. fam.* 2011, n° 117, note Maria.
6. *J.-Cl. Civ.*, art. 503 à 509, par Peterka, spéc. n°s 157 et 158.

tance à la demande de l'assureur, du souscripteur de la police ou du tuteur (C. assur., art. L. 132-3, al. 3). En pratique, il convient d'être vigilant sur le placement proposé au juge des tutelles pour autorisation, car il existe aujourd'hui une très grande variété de contrats dits d'assurance-vie[1]. Pour autant, la prohibition de l'article L. 132-3 du Code des assurances se trouve doublement encadrée. D'une part, elle ne concerne que les **contrats d'assurance-décès** où l'assureur s'engage à verser, au décès de l'assuré, un capital au bénéficiaire désigné. En revanche, ce texte n'interdit nullement que le tuteur soumette à l'autorisation du juge des tutelles un **placement d'assurance-vie**, telle que **l'assurance en cas de vie** ou **l'assurance-vie mixte**. Ces derniers contrats garantissent, en effet, seulement le paiement d'un capital ou d'une rente à un bénéficiaire ou à l'assuré, si ce dernier est en vie à l'échéance du contrat. À l'évidence, de telles opérations, non liées au décès du tutélaire, ne sont pas contraires à l'article L. 132-3 du Code des assurances, et elles sont donc susceptibles d'être autorisées par le juge des tutelles sous réserve d'être conformes à l'intérêt du majeur protégé. D'autre part, l'interdiction édictée par l'article L. 132-3 du Code des assurances ne s'impose qu'aux **contrats souscrits sur la tête d'un majeur en tutelle par un tiers.** Elle doit être écartée, en revanche, lorsque le souscripteur et l'assuré sont une seule et même personne car, en ce cas, la crainte du « super *votum mortis* »[2] qui fonde la prohibition, s'évanouit[3]. Aussi, l'interdiction ne devrait-elle pas constituer un obstacle pour le tuteur, lorsque ce dernier envisage de souscrire au nom du majeur en tutelle, une assurance-décès. En pareille hypothèse, le mécanisme de la représentation parfaite devrait conduire à sauver le contrat, celui-ci étant alors souscrit par l'assuré lui-même. Il devrait en être ainsi, à tout le moins, dès lors que la garantie décès n'est pas supérieure à la provision mathématique du contrat, c'est-à-dire toutes les fois que le décès du majeur n'est pas érigé en un élément de spéculation[4]. Aussi, est-il pour le moins regrettable que l'article L. 132-3 fasse l'objet, de manière récurrente, d'une interprétation *contra legem* conduisant à interdire, par principe, au tuteur de souscrire, pour le compte du majeur, certains contrats, tels que le **contrat d'assurance-obsèques**, alors même qu'ils seraient conformes à l'intérêt de la personne sous tutelle[5].

1. J. Charlin, « Assurance et incapacité », *JCP N* 1995. 51 – J. Charlin et J.-Y. Lachuer, « La protection des mineurs et des majeurs incapables par l'assurance-vie », *JCP N* 1996. 939.
2. J. Bigot, Ph. Baillot, J. Kullmann et L. Mayaux, *Les assurances de personnes*, t. 4, préf. G. Durry, LGDJ, 2007, n°s 240 s.
3. D. Noguéro, « Sélection des risques. Discrimination, assurance et protection des personnes vulnérables », *RGDA* 2010. 633 – Y. Lambert-Faivre, L. Leveneur, *Droit des assurances*, 13e éd., « Précis », Dalloz, 2011, n°s 911-1 s.
4. J. Bigot, Ph. Baillot, J. Kullmann et L. Mayaux, *Les assurances de personnes*, t. 4, préf. G. Durry, LGDJ, 2007, n° 244 – EN CE SENS : Hauser, obs. s^s^ Douai, 16 juin 2011, RG n° 11/01985, *RTD civ.* 2011. 515.
5. Interdisant la souscription de ces contrats par le tuteur, v. Rép. min. n° 88691, « Justice et libertés », *JOAN* 23 nov. 2010 p. 12946, et Rép. min. n° 105434, « Justice et libertés », *JOAN* 26 juill. 2011. p. 8179 – *Adde*, Douai, 16 juin 2001, RG n° 11/01985, *RTD civ.* 2011. 515, obs. Hauser, infirmant l'ordonnance d'un juge des tutelles ayant refusé, sur le fondement de l'article L. 132-3 du Code des assurances, à un père exerçant la tutelle de son fils l'autorisation de souscrire une assurance-obsèques au nom de ce dernier – V. CEP., Dijon, 19 mai 2011, RG n° 10/01387, *Dr. fam.* 2011, n° 185, obs. Maria, décidant, très justement, que si la souscription pour le compte du majeur protégé d'un contrat pour ses obsèques, adossé à un contrat d'assurance sur la vie, ne se heurte pas à une interdiction de principe, le juge doit tout de même, avant d'autoriser une telle opération, s'assurer qu'elle est conforme aux intérêts de la personne sous tutelle, ce qui n'était pas le cas en l'espèce.

CHAPITRE

355. Sphère des actes interdits au tuteur

SECTION 0 ORIENTEUR

355.00 **Plan du chapitre.**

355.01 **Texte applicable.**

TEXTES SOURCES

> Actes interdits au tuteur, même avec autorisation

+ L. n° 2007-308, 5 mars 2007

C. civ., art. 509

> Interdiction faite au tutélaire d'exercer la profession de débitant de boissons

CSP, art. L. 3336-1

> Actes de gestion du patrimoine des personnes placées en curatelle et en tutelle

+ Décr. n° 2008-1484, 22 déc. 2008

TEXTES *IN EXTENSO*

> Actes interdits au tuteur, même avec autorisation

+ L. n° 2007-308, 5 mars 2007

C. civ., art. 509

Le tuteur ne peut, même avec une autorisation :

1° Accomplir des actes qui emportent une aliénation gratuite des biens ou des droits de la personne protégée sauf ce qui est dit à propos des donations, tels que la remise de dette, la renonciation gratuite à un droit acquis, la renonciation anticipée à l'action en réduction visée aux articles 929 à 930-5, la mainlevée d'hypothèque ou de sûreté sans paiement ou la constitution gratuite d'une servitude ou d'une sûreté pour garantir la dette d'un tiers;

2° Acquérir d'un tiers un droit ou une créance que ce dernier détient contre la personne protégée;

3° Exercer le commerce ou une profession libérale au nom de la personne protégée;

4° Acheter les biens de la personne protégée ainsi que les prendre à bail ou à ferme, sous réserve des dispositions de l'article 508;

5° Transférer dans un patrimoine fiduciaire les biens ou droits d'un majeur protégé.

> Interdiction faite au tutélaire d'exercer la profession de débitant de boissons

CSP, art. L. 3336-1

Les mineurs non émancipés et les majeurs sous tutelle ne peuvent exercer par eux-mêmes la profession de débitant de boissons.

> Actes de gestion du patrimoine des personnes placées en curatelle et en tutelle

+ Décr. n° 2008-1484, 22 déc. 2008, relatif aux actes de gestion du patrimoine des personnes placées en curatelle ou en tutelle, et pris en application des articles 452, 496 et 502 du Code civil, *JO* 31 déc., p. 20631 *(applicable depuis le 1er janv. 2009).*

* V. texte et tableaux *in extenso* du décret s[s] n° 341.01

355.02 **Jurisprudence de référence.**

> Le tuteur d'une personne protégée à laquelle a été dévolue la fonction de gérant d'une société, n'est pas investi du pouvoir de représenter celle-ci

• **Civ. 1re, 12 juill. 2012, n° 11-13.161,** *Bull. civ.* I, n° 163

* V. s[s] n° 355.31

« Vu l'article 473 du Code civil;

Attendu, selon l'arrêt attaqué, que par acte notarié du 21 décembre 2005, la société Record Bank (la banque) a consenti à la société Immobilière La Tuilerie un prêt d'un montant de 330 000 euros garanti par une hypothèque; que l'emprunteur ayant été défaillant, la banque lui a fait délivrer un commandement aux fins de saisie immobilière;

Attendu que pour déclarer recevable l'appel formé contre la décision du juge de l'exécution par M. Z..., agissant en qualité de mandataire spécial de Mme X... placée sous sauvegarde de justice par décision du 1er octobre 2009, elle-même prise en qualité de gérante de la société immobilière La Tuilerie, la cour d'appel a retenu que si en raison du placement sous tutelle de Mme X... M. Z... ne pouvait plus intervenir en qualité de mandataire spécial dès lors qu'à la date de la déclaration d'appel il avait été régulièrement désigné en qualité de tuteur par une décision du 15 février 2010, l'erreur sur sa qualité ne constitue ni un défaut de capacité ni un défaut de pouvoir;

Attendu qu'en statuant ainsi alors que le tuteur d'une personne protégée à laquelle a été dévolue la fonction de gérant d'une société n'est pas investi du pouvoir de représenter celle-ci, la cour d'appel a violé, par fausse application, le texte susvisé;

PAR CES MOTIFS et sans qu'il y ait lieu de statuer sur le second moyen du pourvoi principal et sur le pourvoi incident :

CASSE ET ANNULE [...] ».

355.03 **Bibliographie indicative.**

> Les règles de gestion du patrimoine du majeur en tutelle. T. Fossier, « Actes de gestion du patrimoine des personnes protégées. À propos du décret n° 2008-1484 du 22 décembre 2008 », *JCP N* 2009. 101 – F. Fresnel, « L'intérêt de la qualification de l'acte dans le cadre d'une mesure de protection juridique », *RJPF* 2001-4/6 – J.-J. Lemouland, « Les actes du tuteur : typologie et classification », *Dr. fam.* mai 2007. 27 – J. Massip, *Tutelle des mineurs et protection juridique des majeurs*, Defrénois, 2009, p. 511 à 589 – N. Peterka, « Le pouvoir, prérogative privilégiée d'administration du bien d'autrui (mandat, représentation, pouvoir) », *Dr. et patr.* nov. 2015. 36; « Enjeux et principales difficultés de la gestion du patrimoine d'autrui », *JCP N* 2013. 1190; « L'assurance-vie à l'épreuve de la protection juridique des majeurs », *Mél. G. Champenois*, Defrénois-Lextenso, 2012, p. 641; « La gestion du patrimoine du majeur en tutelle », *Dr. et patr.* avr. 2009. 79; *J.-Cl. Civ.*, art. 503 à 509 – F. Terré et D. Fenouillet, *Droit civil. Les personnes*, 8e éd., « Précis », Dalloz, 2012, nos 729 à 735.

> Capacité du tutélaire en droit des affaires. M. Menjucq, « L'incapable majeur en droit des affaires », *JCP N* 1999. 836-842 – A. Gosselin-Gorand et J.-C. Pagnucco, « Le majeur protégé dans la société », *in* G. Raoul-Cormeil (dir.), *Nouveau droit des majeurs protégés. Difficultés pratiques*, « Thèmes et commentaires », Dalloz, 2012, p. 97 – A. Gosselin-Gorand, « L'activité commerciale du majeur protégé », *in* G. Raoul-Cormeil et J.-M. Plazy (dir.), *Le patrimoine de la personne protégée*, LexisNexis, 2015, p. 249.

> Fiducie. F. Julienne, « La fiducie, une technique d'avenir pour gérer le patrimoine des personnes protégées ? », *in* G. Raoul-Cormeil et J.-M. Plazy (dir.), *Le patrimoine de la personne protégée*, LexisNexis, 2015, p. 204 – H. Letellier, « Fiducie et majeur vulnérable », *AJ fam.* 2015. 205; « Avocat fiduciaire et majeur vulnérable : proposition de formule d'acte », *AJ fam.* 2015. 206 – N. Peterka, « Le droit des incapacités à l'épreuve du contrat de fiducie », dans *La fiducie dans tous ses états*, Association Henri Capitant, Journée nationale, t. XV, Paris-Est Créteil, « Thèmes et commentaires », Dalloz, 2011, p. 15 – F. Sauvage, « Réflexions sur les opportunités offertes par la fiducie aux fins de gestion du patrimoine de la personne vulnérable », *RJPF* 2009-5/8.

SECTION 1
PÉRIMÈTRE DES INTERDICTIONS

355.10 **Identification et fondements des interdictions.** L'article 509 du Code civil dispose, dans sa rédaction issue de la loi n° 2007-308 du 5 mars 2007, que « *le tuteur ne peut, même avec une autorisation :*

1° accomplir des actes qui emportent une aliénation gratuite des biens ou des droits de la personne protégée, sauf ce qui est dit à propos des donations, tels que la remise de dette, la renonciation gratuite à un droit acquis, la renonciation anticipée à l'action en réduction visée aux articles 929 à 930-5 du Code civil, la mainlevée d'hypothèque ou de sûreté sans paiement ou la constitution gratuite d'une servitude ou d'une sûreté pour garantir la dette d'un tiers;

2° acquérir d'un tiers un droit ou une créance que ce dernier détient contre la personne protégée;

3° exercer le commerce ou une profession libérale au nom de la personne protégée;

4° acheter les biens de la personne protégée, ainsi que les prendre à bail ou à ferme, sous réserve des dispositions de l'article 508 du Code civil;

5° Transférer dans un patrimoine fiduciaire les biens ou droits d'un majeur protégé ».

Les interdictions édictées par le texte reposent sur un double fondement. Il s'agit, d'une part, de protéger la personne sous tutelle contre les **actes dangereux** et, d'autre part, contre ceux faisant naître un **conflit d'intérêts avec le tuteur.** À lire les rapports parlementaires, la finalité du texte est de maintenir les prohibitions formulées, sous l'empire de l'ancienne législation, par des dispositions éparses en les regroupant au sein d'un texte unique du Code civil[1]. Il n'en demeure pas moins que l'article 509 soulève de nombreuses difficultés d'interprétation, notamment, sur le terrain de l'interdiction des aliénations à titre gratuit et sur celui des prohibitions liées aux sûretés[2].

§ 1
Aliénations gratuites

355.11 **Portée de l'interdiction – Exclusion des donations.** L'article 509, 1° interdit au tuteur d'accomplir les « *actes qui emportent une aliénation gratuite des biens ou des droits de la personne protégée* ». Le fondement de la prohibition tient ici à la gratuité de l'opération. Pour autant, l'interdiction ne recouvre pas, loin s'en faut, tous les actes de disposition à titre gra-

1. C. civ., art. 450, al. 3, mod. par L. n° 64-1230, 14 déc. 1964 – C. civ., art. 389-5, pour l'administration légale pure et simple – Rapp. AN n° 3557, 10 janv. 2007, sur le projet de loi (n° 3462) portant réforme de la protection juridique des majeurs, par E. Blessig, p. 221 – Rapp. Sénat n° 212, 7 févr. 2007, sur le projet de loi, adopté par l'Assemblée nationale, après déclaration d'urgence, portant réforme de la protection juridique des majeurs, par H. de Richemont, p. 231.
2. Sur les difficultés d'interprétation liées à l'application de l'article 509 sous le régime de la curatelle, v. ss n° 343.101.

tuit. Les **donations** en sont en effet affranchies (v. s[s] n°s 351.51 s.), ce qui permet, en cas de contestation, d'échapper à l'interdiction par la **preuve de l'intention libérale** du majeur. L'irrespect des règles de capacité prévues par l'article 476 alinéa 1er peut être, alors, couverte par la **confirmation de l'acte nul**, pour peu qu'elle soit autorisée par le juge des tutelles (Comp. Décr. n° 2008-1484, 22 déc. 2008, annexe 1, col. 2, IX - v. s[s] n° 341.01). C'est dire que l'interdiction des aliénations et des renonciations gratuites pourrait être, dans ces conditions, largement vidée de sa substance[1].

L'article 509, 1° vise, au titre de l'interdiction des actes emportant l'aliénation gratuite des biens ou des droits de la personne protégée, « *la remise de dette, la renonciation gratuite à un droit acquis, la renonciation anticipée à l'action en réduction visée aux articles 929 à 930-5, la mainlevée d'hypothèque ou de sûreté sans paiement ou la constitution gratuite d'une servitude ou d'une sûreté pour garantir la dette d'un tiers* ». À retenir une interprétation exégétique du texte, ce dernier pose, ici, une liste non exhaustive ainsi que le suggère, sans ambiguïté, l'emploi de la formule **« tels que »** par le législateur[2]. L'énumération de l'article 509, 1° a donc seulement **valeur d'illustration**, ce qui conduit à s'interroger sur la licéité d'un certain nombre d'actes qui, sans être expressément prohibés par le texte, s'en approchent sensiblement. Il en est ainsi, tout particulièrement, de l'acceptation de l'héritier renonçant dans le cadre de la donation-partage incluant des descendants de degrés différents (C. civ., art. 1078-4) et des divers mécanismes susceptibles d'intervenir au sein de la libéralité graduelle (C. civ., art. 1054 et 1060) ainsi que de la renonciation à l'exercice de l'action en retranchement du vivant du conjoint de l'auteur de la personne en tutelle (C. civ., art. 1527, al. 3 - Sur la soumission à l'article 509, 1° du consentement du souscripteur en tutelle à l'acceptation du bénéfice de l'assurance-vie, prévu par l'article L. 132-9 du Code des assurances, v. s[s] n° 354.104)[3] et de la renonciation à se prévaloir d'une revendication en nature du bien donné à un cohéritier du majeur contre le tiers acquéreur (C. civ., art. 924-4)[4]. À vrai dire, ce dernier acte échappe à la prohibition de l'article 509, 1° dès lors qu'il est consenti dans le cadre d'une donation-partage égalitaire car, alors, la renonciation comporte des contreparties[5].

1. N. Peterka, « La gestion du patrimoine du majeur en tutelle », *Dr. et patr.* avr. 2009. 79.
2. EN CE SENS : sous l'empire du droit antérieur, v. J.-J. Lemouland, « Les actes du tuteur : typologie et classification », *Dr. fam.* 2007. Étude 19.
3. N. Peterka, « L'assurance-vie à l'épreuve de la protection juridique des majeurs », *Mél. G. Champenois*, Defrénois-Lextenso, 2012, p. 641.
4. Sur tout ceci, v. *J.-Cl. Civ.*, art. 503 à 509, par Peterka, spéc. n°s 169 à 171.

§ 2
Interdictions liées aux sûretés

355.21 Constitution d'une sûreté en garantie de la dette d'un tiers. L'article 509, 1° interdits au tuteur, même avec une autorisation du juge des tutelles ou du conseil de famille, de constituer gratuitement une sûreté pour garantir le paiement de la dette d'un tiers. Loin de se cantonner à la constitution d'une **sûreté réelle** sur un bien du majeur, la prohibition s'étend aussi à la conclusion, au nom de la personne protégée, d'un **cautionnement personnel** (v. C. civ., art. 2295 et 2415)[6]. Sous l'empire de la législation antérieure, l'interdiction tolérait néanmoins un tempérament toutes les fois que la sûreté constituée pour la garantie du paiement de la dette d'un tiers, était conforme à l'intérêt de la personne protégée[7]. Cette restriction de l'interdiction paraît transposable, *mutatis mutandis*, sous l'empire de la loi du 5 mars 2007, laquelle érige, s'agissant des majeurs, la préservation de l'intérêt de la personne protégée au rang des principes directeurs du droit tutélaire (C. civ., art. 415, al. 3). Aussi l'article 509, 1° ne paraît-il pas faire obstacle à la constitution par le tuteur, muni de l'autorisation du juge des tutelles ou du conseil de famille, d'un **nantissement constitué sur le logement lui appartenant en indivision avec le majeur protégé**, en vue du remboursement de l'emprunt contracté par le tuteur pour l'acquisition de ce bien. Les nouvelles dispositions de l'article 387-1, 7° du Code civil permettant à l'administrateur légal des biens du mineur de consentir une telle sûreté avec l'autorisation du juge des tutelles, y sont nettement favorables.

Il serait souhaitable que les dispositions de ce texte soient étendues à la tutelle des mineurs et des majeurs par une modification de l'article 509, 1° du Code civil. En effet, les raisons invoquées à l'appui de la permission de la constitution gratuite d'une sûreté au nom du mineur en garantie de la dette d'un tiers, à savoir l'acquisition du logement familial, revêtent sous la tutelle la même pertinence que sous l'administration légale. Pour autant, s'agissant d'une sûreté constituée sur un bien indivis avec la personne proté-

5. EN CE SENS, Ph. Delmas Saint-Hilaire, « Variations autour des libéralités et successions au profit des personnes vulnérables », *in* G. Raoul-Cormeil et J.-M. Plazy (dir.), *Le patrimoine de la personne protégée*, LexisNexis, 2015, p. 171.
6. Rapp. Sénat n° 212, 7 févr. 2007, par H. de Richemont, (préc. s[s] n° 355.10) p. 231.
7. Civ. 1re, 2 déc. 1997, n° 95-20.198, *Bull. civ.* I, n° 343; *D.* 1998. 378, obs. Piedelièvre; *D.* 1998. 469, note Hauser et Delmas Saint-Hilaire; *D.* 1998. 303, obs. Vauvillé; *Dr. fam.* 1998, n° 31, note Fossier, en l'espèce, le nantissement avait été constitué avec l'autorisation du juge des tutelles, par la mère, administratrice légale, des biens de sa fille mineure sur un immeuble indivis entre elles en vue de la garantie du remboursement d'un emprunt contracté par la mère pour l'acquisition par elle d'un fonds de commerce.

gée, l'opération implique au préalable, en l'absence de subrogé tuteur, la désignation par le juge des tutelles d'un **tuteur** *ad hoc* (C. civ., art. 455).

Par ailleurs, le tuteur peut constituer sans l'autorisation du juge des tutelles, en vue du remboursement d'emprunts souscrits en son nom personnel, un **nantissement sur des contrats de prévoyance retraite** dont il détient la **nue-propriété** et le majeur protégé l'usufruit. En effet, en pareille hypothèse, le nantissement par le nu-propriétaire de la chose sujette à usufruit ne fait aucun changement dans le droit de l'usufruitier qui continue à jouir de son usufruit s'il n'y a pas formellement renoncé (C. civ., art. 621)[1].

355.22 Mainlevée d'hypothèque ou de sûreté sans paiement. L'article 509, 1° vise pareillement, au titre de l'aliénation gratuite des biens de la personne protégée, la mainlevée d'hypothèque ou de sûreté sans paiement. La prohibition appelle, ici, une double précision. D'une part, elle prime, sous la tutelle, les dispositions du décret n° 2008-1484 du 22 décembre 2008, lequel classe dans la catégorie des actes de disposition par nature, « *la mainlevée d'une inscription d'hypothèque sans contrepartie d'un paiement* » (Décr. n° 2008-1484, 22 déc. 2008, annexe 1, col. 2, I - v. s^s n° 341.01)[2]. D'autre part, elle ne fait pas obstacle, à ce que le tuteur procède, à cette mainlevée dans le cadre d'une transaction dont les clauses sont approuvées par le juge des tutelles ou le conseil de famille. La maxime « *Specialia generalibus derogeant* » conduit, en pareil cas, à faire prévaloir les dispositions de l'article 506 du Code civil sur l'interdiction édictée par l'article 509, 1°[3].

§ 3
Interdictions liées à l'exercice du commerce ou d'une profession libérale

355.31 Fondement et portée de l'interdiction. Par principe, le majeur sous tutelle ne dispose pas du droit d'exercer le commerce[4]. À titre particulier, l'article L. 3336-1 du Code de la santé publique précise que « *les mineurs non émancipés et les majeurs sous tutelle ne peuvent exercer par eux-mêmes la profession de débitant de boissons* ». Ce principe de prohibition, qui fait écho à la règle de l'incapacité d'exercice générale frappant le majeur sous tutelle, est renforcé par les dispositions de l'article 509, 3°, lequel interdit au tuteur, même avec une autorisation, d'exercer le commerce ou une profession libérale au nom de la personne protégée. La prohibition se justifie, à vrai dire, pleinement à l'aune du caractère personnel que revêtent ces professions, lequel s'oppose à toute représentation[5]. Plus encore, la nécessité de protéger la personne en tutelle contre un passif professionnel menaçant son patrimoine personnel justifie pleinement l'interdiction. Encore que, sur ce dernier point le recours, avant la mise sous protection, au statut **d'entrepreneur à responsabilité limitée** soit de nature à limiter le risque encouru par le tutélaire.

L'article 509, 3° conduit non seulement à prohiber au tuteur l'exploitation d'un fonds de commerce ou d'un fonds d'exercice libéral au nom du tutélaire[6] mais, aussi, à lui interdire l'entrée ou le maintien du majeur protégé dans une société de personnes, qu'il s'agisse d'une société en nom collectif ou d'une société en commandite simple ou par actions dans laquelle il serait commandité[7]. Le texte ne fait pas obstacle, en revanche, au maintien de la personne sous tutelle dans une société de capitaux[8]. Lorsque la fonction de dirigeant social a été dévolue au majeur, le tuteur n'est pas investi du pouvoir de représenter la société[9]. Si

1. Com. 18 févr. 2004, n° 01-02.504, NP.
2. Cette opération pourrait constituer, en revanche, sous la curatelle, un acte soumis à l'assistance du curateur, si les dispositions de l'article 509 ne s'appliquaient pas sous ce régime de protection (sur ce débat, v. s^s n° 343.101).
3. *J.-Cl. Civ.*, art. 503 à 509, par Peterka, spéc. n° 172.
4. Cette interdiction résultait, avant la réforme du 5 mars 2007, de l'ancien article 487 du Code civil.
5. A. Gosselin-Gorand, « L'incapacité commerciale après la loi réforme de la protection des majeurs protégés », *JCP N* 2008. 1289.
6. L'interdiction ne dispense pas, en revanche, la personne protégée de régler les cotisations d'assurance vieillesse résultant de l'affiliation à un régime spécial d'assurance vieillesse des commerçants. Celle-ci ne dépend pas de la capacité d'exercer le commerce de l'assuré mais de l'exercice effectif par ce dernier d'une activité professionnelle comportant l'inscription au registre du commerce et des sociétés. – EN CE SENS, v. Civ. 2e, 20 janv. 2012, n° 10-27.127, *Bull. civ.* II, n° 17; *AJ fam.* 2012. 149, obs. Verheyde; *Dr. fam.* 2012, n° 51, note Maria; *D.* 2012. 2704, note Plazy; *LEFP* mars 2012. 3, obs. Raoul-Cormeil.
Il incombe donc au tuteur de veiller, à peine d'engager sa responsabilité à l'égard du tutélaire, à radier ce dernier de ce registre. C'est la condition de l'opposabilité de son incapacité commerciale au tiers. EN CE SENS, v. Plazy, obs. préc. – Sur l'insuffisance du traitement de l'incapacité commerciale du majeur protégé, v. A. Gosselin-Gorand, « L'activité commerciale du majeur protégé », *in* G. Raoul-Cormeil et J.-M. Plazy (dir.), *Le patrimoine de la personne protégée*, LexisNexis, 2015, p. 249; A. Gosselin-Gorand et J.-C. Pagnucco, « Le majeur protégé dans la société », *in* G. Raoul-Cormeil (dir.), *Nouveau droit des majeurs protégés. Difficultés pratiques*, « Thèmes et commentaires », Dalloz, 2012, p. 97.
7. A. Delfosse et N. Baillon-Wirtz, *La réforme de la protection juridique des majeurs*, « Pratique notariale », LexisNexis, 2009, n° 454.
8. À PROPOS D'une majeur en curatelle, Com. 29 sept. 2009, n° 08-15.125, NP; *JCP E* 2009. 2066, note Hovasse.
9. Civ. 1re, 12 juill. 2012, n° 11-13.161, *Bull. civ.* I, n° 163; *Dr. fam.* 2012. Comm. 150, note Maria; *AJ fam.* 2012. 505, obs. Verheyde; *RTD civ.* 2012. 711, obs. Hauser; *LEFP* 2012. 4, obs. Raoul-Cormeil; *JCP N* 2012. 1365, note Azincourt; *D.* 2013. 2206, obs. Lemouland; *Rev. sociétés* 213. 86, note Gaudemet; *RTD com.* 2013. 104, obs. Monsérié-Bon– DANS LE MÊME SENS, en matière de curatelle : Civ. 2e, 7 avr. 2016, n° 15-12.739, *Bull. civ.* II [à paraître].

elle se conçoit aisément à l'aune du caractère *intuitu personae* du mandat social, la solution n'en demeure pas moins sans risque pour la société. Aussi, convient-il de prévoir non seulement une **assurance de responsabilité civile** permettant de couvrir les fautes commises par le dirigeant dans l'exercice de ses fonctions à l'égard de la société ou des tiers, mais encore de stipuler dans les statuts une **clause de démission d'office** entraînant la perte de la qualité de dirigeant social consécutivement à sa mise sous protection [1].

§ 4
Interdiction de la fiducie

355.41 **Portée.** L'article 509, 5° du Code civil interdit au tuteur, dans sa rédaction issue de la loi n° 2008-776 du 4 août 2008, de « *transférer dans un patrimoine fiduciaire les biens ou droits d'un majeur protégé* » ainsi qu'au fiduciaire d'endosser la fonction de tuteur ou de curateur du constituant (C. civ., art. 445, al. 3). C'est dire qu'à la différence du mandat, la fiducie ne prend pas fin par l'ouverture d'une tutelle à l'égard du constituant [2].

§ 5
Actes vecteurs d'un conflit d'intérêts

355.51 **Principe de l'interdiction et tempéraments.** Dans le souci de prémunir la personne en tutelle contre les opérations spéculatives à ses dépens, l'article 509 interdit au tuteur de procéder à l'acquisition des mains « *d'un tiers* [d']*un droit ou* [d']*une créance que ce dernier détient contre la personne protégée* » ainsi qu'à l'achat des « *biens de* [celle-ci] *et leur prise à bail ou à ferme* » (C. civ., art. 509, 2° et 4 – v. en ce sens, C. civ., anc. art. 450). Cette dernière disposition connaît, on le sait, sous certaines conditions, un tempérament au profit du **tuteur familial** (C. civ., art. 508, al. 1er – v. ss n° 354.51).

§ 6
Actes strictement personnels à dimension patrimoniale

355.61 **Interdiction des actes mixtes ?** La loi du 5 mars 2007 pose, à l'article 458 du Code civil, une liste d'actes interdits au protecteur venant compléter celle énumérée en matière patrimoniale par l'article 509 (sur l'éviction de l'article 509 sous la curatelle, v. ss nos 343.101 et 343.102). L'article 458 alinéa 1er pose un **principe de non-assistance et de non-représentation** de la personne protégée pour l'accomplissement des actes dont la nature implique un **consentement strictement personnel.** Ces derniers ne peuvent « *jamais donner lieu à assistance ou à représentation de la personne protégée* » (C. civ., art. 458, al. 1er). Or, si l'alinéa 2 du texte énumère des actes dépourvus d'impact patrimonial, il n'en reste pas moins que cette liste ne présente pas un caractère fermé [3]. Il en résulte que l'article 458 pourrait englober, aussi, un certain nombre d'opérations qui, bien que revêtant un caractère personnel marqué, sont également dotées d'une dimension patrimoniale. Il en est ainsi, tout particulièrement, de la révocation *ad nutum* des **donations conjugales de biens présents à effet différé et** de celle des **donations entre époux de biens à venir** (C. civ., art. 1096, al. 1er et 2) [4]. Faisant obstacle à l'assistance ou à la représentation de la personne protégée, sous la sanction de la nullité de droit des dépassements de pouvoirs (C. civ., art. 465, al. 1er, 4°), l'application de l'article 458 aux **actes mixtes**, pourvus tout à la fois d'un **caractère strictement personnel** et d'un **impact patrimonial**, conduirait à frapper la personne protégée d'une incapacité de jouissance, contraire à son intérêt, toutes les fois qu'elle n'est pas douée d'un discernement suffisant pour agir elle-même et seule [5]. Au demeurant, l'exclusion des actes mixtes du domaine de l'article 458, au motif que ce dernier figure dans une sous-section du Code civil consacrée aux « *effets de la curatelle et de la tutelle quant à la pro-*

1. RAPPR. Congrès des notaires, 17 juin 2014, 2e proposition, laquelle suggère que le dirigeant placé sous tutelle ou curatelle soit dessaisi de plein droit de ses fonctions de représentant légal de la société et que le tuteur ou le curateur soit tenu d'effectuer les mentions légales et de provoquer une assemblée statuant sur le remplacement du dirigeant vulnérable dans le mois suivant le prononcé de la mesure de protection, v. *Dr. fam.* 2014, n° 137, obs. I. M. – *Adde*, SUR CE SUJET, A. Bouquemont, « Comment pallier la vulnérabilité du dirigeant par les clauses des statuts », *JCP N* 2014. 1213 – S. Schiller, « La protection de la société contre l'état de vulnérabilité de son dirigeant », *RJDA* 2012. 412 ; *JCP N* 2012. 1393 – A. Gosselin-Gorand et J.-C. Pagnucco, « Le majeur protégé dans la société » (préc. v. ss n° 355.31).
2. SUR CE SUJET, v. N. Peterka, « Le droit des incapacités à l'épreuve du contrat de fiducie », in *La fiducie dans tous ses états*, Association Henri Capitant, Journée nationale, t. XV, Paris-Est Créteil, « Thèmes et commentaires », Dalloz, 2011, p. 15 – F. Sauvage, « Réflexions sur les opportunités offertes par la fiducie aux fins de gestion du patrimoine de la personne vulnérable », *RJPF* 2009-5/8 – Sur la fiducie sous le régime de la curatelle, v. ss nos 341.133 s.
3. Rapp. Sénat n° 212, 7 févr. 2007, par H. de Richemont, (préc. ss n° 355.10) p. 163.
4. Sur ce point, v. *J.-Cl. Civ.*, art. 503 à 509, par Peterka, spéc. nos 185 à 188 – Sur la révocation des donations entre époux pour cause d'ingratitude ou d'inexécution des conditions ou charges, COMP. Décr. n° 2008-1484, 22 déc. 2008, annexe 1, col. 2, V; retenant la qualification d'actes de disposition par nature.
5. P. Salvage-Gerest, « Les actes dont la nature implique un consentement strictement personnel du majeur en tutelle (C. civ., art. 458, mod. par. L. n° 2007-308, 5 mars 2007) : une catégorie à revoir d'urgence », *Dr. fam.* 2009. Étude 17.

tection de la personne », ne modifierait pas sensiblement les données de la controverse, dès lors que la représentation et l'assistance sont écartées, par principe, pour les actes impliquant un consentement strictement personnel. Aussi serait-il opportun d'admettre, à tout le moins pour les actes mixtes, le recours à la représentation ou à l'assistance du majeur, toutes les fois que l'opération envisagée est dictée par **l'intérêt de la personne protégée**, lequel incarne l'un des points cardinaux du droit tutélaire (C. civ., art. 415, al. 3).

SECTION 2
SANCTION DES INTERDICTIONS

§ 1
Actes accomplis sans autorisation

355.71 Nullité de droit. Le législateur n'a pas envisagé expressément la situation dans laquelle le tuteur effectue un acte interdit par l'article 509, sans s'être muni au préalable de l'autorisation du juge des tutelles ou du conseil de famille. La situation est, à vrai dire, réductible à celle des **dépassements de pouvoirs** puisque, en pareil cas, le tuteur accomplit un acte pour lequel la loi lui interdit d'agir au nom et pour le compte de la personne protégée. Si bien que la sanction correspond à la **nullité de droit** frappant les excès de pouvoirs (C. civ., art. 465, al. 1er, 4° - Sur la sanction des actes effectués par la personne chargée de la protection, v. ss nos 335.70 s.).

§ 2
Actes accomplis avec une autorisation

355.81 Exercice des voies de recours et annulation consécutive de l'acte. La sanction des actes interdits effectués par le tuteur muni d'une autorisation du juge des tutelles ou du conseil de famille, malgré les dispositions de l'article 509, peut être poursuivie selon deux voies différentes. La première consiste dans l'exercice des voies de recours afin de faire prononcer l'annulation de l'autorisation illicite. En pareil cas, lorsque l'exécution provisoire a été ordonnée, l'annulation de l'autorisation peut entraîner, dans son sillage, celle de l'acte interdit. Expressément prévue par l'article 402, alinéa 4 du Code civil relatif à la tutelle des mineurs, la solution mérite d'être étendue, par voie d'analogie, à la tutelle des majeurs[1]. **L'action en nullité** peut être alors exercée par le tuteur[2], le subrogé tuteur, les autres membres du conseil de famille, le procureur de la République ou le majeur sous tutelle ayant recouvré sa capacité. Elle se prescrit par un **délai de deux ans** à compter de l'acte ou du jour où la personne protégée a retrouvé sa capacité juridique (C. civ., art. 402, al. 3 et 4).

355.82 Annulation de l'acte autorisé par une décision passée en force de chose jugée. La sanction des actes interdits est plus délicate à cerner, dès lors qu'ils ont été accomplis en vertu d'une autorisation passée en force de chose jugée. Sur ce point, les juridictions du fond étaient divisées, sous l'empire des dispositions de la loi du 14 décembre 1964, s'agissant des actes effectués par l'administrateur légal des biens du mineur. Un jugement du tribunal de grande instance de Montpellier avait décidé que, dès lors qu'elle était revêtue de l'autorité de la chose jugée, l'autorisation judiciaire faisait obstacle à l'annulation de l'acte prohibé[3]. Une autre décision, rendue par le tribunal de grande instance de Vannes, avait ordonné au contraire l'annulation d'un cautionnement souscrit au nom d'un mineur, au motif qu'il s'agissait d'un acte interdit et que l'autorisation, de nature gracieuse, n'avait pas l'autorité de la chose jugée[4]. Ces solutions, qui font dépendre le **sort de l'acte indûment autorisé** du critère de l'autorité de la chose jugée, ne paraissent pas transposables sous l'empire des dispositions de la loi du 5 mars 2007. En effet, les interdictions posées par l'article 509 s'adressent, au premier chef, au tuteur, et non au juge des tutelles ou au conseil de famille. Il en résulte que l'autorisation lui étant délivrée par ces organes de protection est impuissante, même lorsqu'elle est définitive, à purger ses actes de leurs éventuelles causes de nullité. La solution tient à ce que « *l'intervention judiciaire ne vise qu'à lever la limitation de pouvoirs qui interdit au tuteur de faire seul certains actes* »[5]. Or, s'agissant des actes énumérés par l'article 509, la finalité du texte vise précisément à faire obstacle, sous réserve de la conformité de l'acte aux intérêts de la personne protégée (sur ce point, v. ss n° 355.21), à

1. EN CE SENS : A. Batteur, A. Caron-Déglise, M.-C. Dalle, T. Fossier, L. Pécaut-Rivolier et T. Verheyde, *Curatelle, tutelle et accompagnements*, « Litec professionnels », LexisNexis, 2009, n° 545.
2. Civ. 1re, 17 mai 1988, n° 87-11.118, *Bull. civ.* I, n° 143; *JCP N* 1989. II. 93, note Fossier – Civ. 1re, 11 juin 2002, n° 00-14.550, *Bull. civ.* I, n° 164; *D.* 2002. 3174, note Farge; *Defrénois* 2002. 1475, obs. Massip; *RFJP* 2002. 14, obs. Pansier; *RTD civ.* 2002. 487, obs. Hauser, décidant, en matière d'administration légale sous contrôle judiciaire, que « *l'administrateur légal peut, dans l'intérêt de l'enfant mineur, comme le tuteur à l'égard des délibérations du conseil de famille, former un recours contre les ordonnances du juge des tutelles quel qu'ait été son avis lors de la décision* ».
3. TGI Montpellier, 18 déc. 1995, *D.* 1996. 553, rapp. Tournier; *Defrénois* 1997. 122, obs. Massip.
4. TGI Vannes, 26 févr. 1991, *JCP N* 1992. 169, note Fossier; *Defrénois* 1992. 1443, obs. Massip.
5. A. Batteur, A. Caron-Déglise, M.-C. Dalle, T. Fossier, L. Pécaut-Rivolier et T. Verheyde, *Curatelle, tutelle et accompagnements*, « Litec professionnels », LexisNexis, 2009, nos 406 et 544.

ce que l'autorisation judiciaire vienne combler le défaut de pouvoirs du tuteur. **L'action en nullité** doit alors pouvoir être exercée par le majeur en tutelle ayant recouvré sa capacité ou, sur le fondement de la sanction des dépassements de pouvoirs, par son protecteur. S'il est vrai qu'en ce domaine, l'article 465 n'attire pas expressément l'action, l'on discerne malaisément ce qui pourrait ici faire échec aux pouvoirs du tuteur. Ce dernier doit pouvoir agir en nullité des actes interdits faits par son prédécesseur, soit en sa qualité de protecteur avec l'autorisation du juge ou du conseil de famille[1], soit par voie de représentation du tutélaire sans cette autorisation (C. civ., art. 504, al. 2).

1. Par voie d'analogie avec les dispositions de l'art. 465, al. 2, du Code civil.

LIVRE

4. LES DISPOSITIFS PARTICULIERS DE PROTECTION DES MAJEURS

SECTION 0
ORIENTEUR

4.00 **Plan du livre.**

TITRE

41. L'anticipation de la protection juridique : le mandat de protection future

SECTION 0
ORIENTEUR

41.00 **Plan du titre.**

CHAPITRE

411. Formation du mandat de protection future

SECTION 0 ORIENTEUR

411.00 **Plan du chapitre.**

411.01 **Textes applicables.**

TEXTES LÉGISLATIFS ET RÉGLEMENTAIRES NOUVEAUX

• **L. n° 2015-1776, 28 déc. 2015,** relative à l'adaptation de la société au vieillissement, *JO* 29 déc., p. 24268.

• **Ord. n° 2015-1288, 15 oct. 2015,** portant simplification et modernisation du droit de la famille, *JO* 16 oct., p. 19304.

TEXTES SOURCES

> Formalisme du mandat de protection future

+ L. n° 2007-308, 5 mars 2007

+ Ord. n° 2015-1288, 15 oct. 2015

C. civ., art. 477

> Publicité du mandat de protection future

+ L. n° 2015-1776, 28 déc. 2015

C. civ., art. 477-1

> Modèle de mandat de protection future sous seing privé

+ Décr. n° 2007-1702, 30 nov. 2007

> Capacité du mandant

C. civ., art. 477 et 494-8, al. 2

> Capacité du mandataire

C. civ., art. 480 al. 2 et 395

> Empêchements à l'exercice de la fonction de mandataire

C. civ., art. 395, 445 al. 2 et al. 3, 480 al. 2

• **Circ. DACS CIV/01/09/C1, 9 févr. 2009**

TEXTES *IN EXTENSO*

> Formalisme du mandat de protection future

+ L. n° 2007-308, 5 mars 2007, art. 7

+ Ord. n° 2015-1288, 15 oct. 2015, art. 13

C. civ., art. 477

Toute personne majeure ou mineure émancipée ne faisant pas l'objet d'une mesure de tutelle ou d'une habilitation familiale peut charger une ou plusieurs personnes, par un même mandat, de la représenter pour le cas où, pour l'une des causes prévues à l'article 425, elle ne pourrait plus pourvoir seule à ses intérêts.

La personne en curatelle ne peut conclure un mandat de protection future qu'avec l'assistance de son curateur.

Les parents ou le dernier vivant des père et mère, ne faisant pas l'objet d'une mesure de curatelle ou de tutelle ou d'une habilitation familiale, qui exercent l'autorité parentale sur leur enfant mineur ou assument la charge matérielle et affective de leur enfant majeur peuvent, pour le cas où cet enfant ne pourrait plus pourvoir seul à ses intérêts pour l'une des causes prévues à l'article 425, désigner un ou plusieurs mandataires chargés de le représenter. Cette désignation prend effet à compter du jour où le mandant décède ou ne peut plus prendre soin de l'intéressé.

Le mandat est conclu par acte notarié ou par acte sous seing privé. Toutefois, le mandat prévu au troisième alinéa ne peut être conclu que par acte notarié.

> Publicité du mandat de protection future

C. civ., art. 477-1 *(créé par L. n° 2015-1776, 28 déc. 2015, art. 35)*

Le mandat de protection future est publié par une inscription sur un registre spécial dont les modalités et l'accès sont réglés par décret en Conseil d'État.

> Modèle de mandat de protection future sous seing privé

Décr. n° 2007-1702, 30 nov. 2007, relatif au modèle de mandat de protection future sous seing privé, *JO* 2 déc., p. 19537 *(mod. par Décr. n° 2009-1628, 23 déc. 2009, art. 18)*

* V. s[s] n° 5281.11

> Capacité du mandant

[C. civ., art. 477 et 494-8, al. 2]

C. civ., art. 477
* V. *supra* > *Formalisme du mandat de protection future*

C. civ., art. 494-8, al. 2 *(créé par Ord. nº 2015-1288, 15 oct. 2015, art. 10)*

[...] Toutefois, elle ne peut, en cas d'habilitation générale, conclure un mandat de protection future pendant la durée de l'habilitation.

> Capacité du mandataire

[C. civ., art. 480, al. 2 et 395]

C. civ., art. 480, al. 2 *(mod. par L. nº 2011-525, 17 mai 2011, art. 195)*

[...] Le mandataire doit, pendant toute l'exécution du mandat, jouir de la capacité civile et remplir les conditions prévues pour les charges tutélaires par l'article 395 et les deux derniers alinéas de l'article 445 du présent code.

C. civ., art. 395 *(mod. par L. nº 2007-308, 5 mars 2007, art. 2 et 6)*

Ne peuvent exercer les différentes charges de la tutelle :

1º Les mineurs non émancipés, sauf s'ils sont le père ou la mère du mineur en tutelle;

2º Les majeurs qui bénéficient d'une mesure de protection juridique prévue par le présent code;

3º Les personnes à qui l'autorité parentale a été retirée;

4º Les personnes à qui l'exercice des charges tutélaires a été interdit en application de l'article 131-26 du Code pénal.

> Empêchements à l'exercice de la fonction de mandataire

[C. civ., art. 395, 445 al. 2 et al. 3, 480 al. 2]

C. civ., art. 395 et 480 al. 2
* V. *supra*, > *Capacité du mandataire*

C. civ., art. 445, al. 2 et 3 *(mod. par L. nº 2008-776, 4 août 2008, art. 18)*

[...] Les membres des professions médicales et de la pharmacie, ainsi que les auxiliaires médicaux ne peuvent exercer une charge curatélaire ou tutélaire à l'égard de leurs patients.

Le fiduciaire désigné par le contrat de fiducie ne peut exercer une charge curatélaire ou tutélaire à l'égard du constituant.

• **Circ. DACS nº CIV/01/09/C1, 9 févr. 2009,** relative à l'application des dispositions législatives et réglementaires issues de la réforme du droit de la protection juridique des mineurs et des majeurs, *BOMJ* 28 févr. 2009.

411.03 Bibliographie indicative.

Ouvrage. J. Massip, Tutelle des mineurs et protection juridique des majeurs, Defrénois, 2009.

Actualisable. Rép. civ., vº *Mandat de protection future*, par F. Sauvage.

Articles. P. Carli, « Exactitude et probité. Le mandat notarié de protection future, instrument de la pérennité de la gestion de patrimoine », *JCP N* 2009. 1233 – J. Casey, « Le mandat de protection future », *Gaz. Pal.* 13 août 2011, p. 7 – J. Combrey et J. Casey, « Le mandat de protection future », *RJPF* 2007-7-8/11 (1re partie); *RJPF* 2007-9/8 (2e partie) – E. Delouis, « Le mandat de protection future : le point sur un contrat très attendu », *LPA* 4 nov. 2010. 25 – D. Fenouillet, « Le mandat de protection future ou la double illusion », *Defrénois* 2009. 142 – M.-C. Forgeard et N. Levillain, « Mandat de protection future et pratique notariale », *Defrénois* 2008. 529 – J. Hauser, « Les mesures judiciaires, solutions subsidiaires au mandat de protection future ? », *in* G. Raoul-Cormeil (dir.), *Nouveau droit des majeurs protégés. Difficultés pratiques*, « Thèmes et commentaires », Dalloz, 2012, p. 13; « L'enfance du mandat de protection, future », *Mél. R. Le Guidec*, LexisNexis, 2014, p. 709 – F. Jourdain-Thomas, « Le mandat de protection future, nouvelle donne législative », *JCP N* 2015. 1176 – J. Klein, « Le mandat de protection future ou la protection juridique conventionnelle », *Dr. fam.* 2007. Étude 21 – J. Leprovaux, « Le mandat de protection future, technique de gestion patrimoniale », *in* G. Raoul-Cormeil et J.-M. Plazy (dir.), *Le patrimoine de la personne protégée*, LexisNexis, 2015, p. 135; « Le mandat de protection future », *JCP N* 2008. 1274 – L. Leveneur, « Intérêts et limites du mandat de protection future, *in Mél. G. Champenois*, Defrénois-Lextenso, 2012, p. 571 – I. Maria, « Directives du majeur et gestion du patrimoine », *in* G. Raoul-Cormeil et J.-M. Plazy (dir.), *Le patrimoine de la personne protégée*, LexisNexis, 2015, p. 85 – J. Massip, « Le mandat de protection future », *LPA* 27 juin 2008, p. 11 – D. Noguéro, « Interrogations à propos du mandat de protection future », *D.* 2006. Chron. 1133 – N. Peterka, « Le pouvoir, prérogative privilégiée d'administration du bien d'autrui (mandat, représentation, pouvoir) », *Dr. et patr.* nov. 2015, p. 36; « Enjeux et principales difficultés de la gestion du patrimoine d'autrui », *JCP N* 2013. 1190; note s^s note s^s Civ. 1re, 12 janv. 2011, nº 09-16.519, *Bull. civ.* I, nº 11; *JCP* 2011. 416; « L'avocat tuteur », *Dr. et patr.* janv. 2009. 28; « Le mandat de protection future : bilan et perspectives », *Defrénois* 2017 [à paraître] – J.-F. Sagaut, « Et si le mandat de protection future intégrait le régime primaire en devenant un effet du mariage », *Mél. G. Champenois*, Defrénois-Lextenso, 2012, p. 745.

411.04 Exemples d'actes.

* Modèle Cerfa 13592-02 de mandat de protection future sous seing privé, v. s^s nº 5281.11.

SECTION 1
PRÉSENTATION DU MANDAT DE PROTECTION FUTURE

411.11 Innovation de la loi du 5 mars 2007. Le mandat de protection future constitue l'innovation la plus remarquable de la loi du 5 mars 2007. L'article 477 alinéa 1er du Code civil permet, dans sa rédaction issue de la réforme de la protection juridique des majeurs, « *à toute personne majeure ou mineure émancipée ne faisant pas l'objet d'une mesure de tutelle* » de « *charger une ou plusieurs personnes, par un même mandat, de la représenter pour le cas où* [elle] *ne pourrait plus pourvoir seule à ses intérêts* ». Le mandat de protection future consacre l'introduction, dans le droit français de la protection juridique des majeurs, **de l'autonomie de la volonté pour l'organisation de sa propre protection juridique.** Mieux encore, elle la consacre pour **l'organisation de la protection d'autrui.** L'article 477 alinéa 3 du Code civil reconnaît, en effet, aux « *parents ou* [au] *dernier vivant des père et mère, ne faisant pas l'objet d'une mesure de curatelle ou de tutelle, qui exercent l'autorité parentale sur leur enfant mineur* *ou assument la charge matérielle et affective de leur enfant majeur* » la faculté de désigner, « *pour le cas où cet enfant ne pourrait plus pourvoir seul à ses intérêts pour l'une des causes prévues à l'article 425* [...] *un ou plusieurs mandataires chargés de le représenter. Cette désignation prend effet à compter du jour où le mandant décède ou ne peut plus prendre soin de l'intéressé* ». C'est dire que cette figure juridique conduit à propager au droit tutélaire le phénomène de **contractualisation** déjà largement présent dans d'autres domaines du droit de la famille. Le mandat de protection future incarne une **véritable mesure de protection juridique des majeurs**, ainsi qu'en témoigne son emplacement dans le titre XI du Code civil « De la majorité et des majeurs protégés par la loi », au sein du chapitre II consacré aux mesures de protection juridique des majeurs. Il s'agit d'une mesure de **protection conventionnelle organisée**, de manière anticipée, par la personne à protéger elle-même ou ses père et mère. **Déjudiciarisée**, la mise en place de la mesure fait l'économie du recours au juge des tutelles, lequel est évincé de la mise à exécution du mandat de protection future.

411.12 Communauté d'esprit avec d'autres mécanismes. Il existe, sans conteste, une communauté d'esprit entre le mandat de protection future et d'autres mécanismes qui s'en approchent.

Il en est ainsi, au premier chef, du **mandat à effet posthume** (C. civ., art. 812-1 s.[1]). Dans l'un et l'autre cas, le recours à la technique du mandat permet de désigner, à l'avance, un tiers chargé de la gestion des biens pour le compte d'autrui. À l'instar du mandat à effet posthume, le mandat de protection future comporte de nombreuses **entorses au droit commun du mandat**, notamment en ce qu'il se déclenche au moment de la constatation médicale de l'altération des facultés personnelles du mandant[2] ou de son décès. S'il présente des similitudes, le mandat de protection future se distingue néanmoins du mandat à effet posthume en ce que, contrairement à ce dernier, **il va au-delà de la seule gestion patrimoniale.** Incarnant une véritable mesure de protection juridique des majeurs, le mandat de protection future peut s'étendre aussi à la **protection de la personne du mandant** et, notamment, à la **prise de décision en matière médicale** (C. civ., art. 479). Sur ce terrain, le mandat de protection future se rapproche de la **personne de confiance** créée par la loi Kouchner du 4 mars 2002.

Le mandat de protection future doit être distingué d'une autre notion, également consacrée par la loi du 5 mars 2007, et qui illustre pareillement la place accordée par cette réforme à la volonté de la personne à protéger. **L'article 448** permet, désormais, à toute personne ne faisant pas l'objet d'une mesure de curatelle ou de tutelle, de **désigner de manière anticipée une ou plusieurs personnes chargées d'exercer les fonctions de curateur ou de tuteur** pour le cas où elle-même ou son enfant mineur, sur lequel elle exerce l'autorité parentale, ou son enfant majeur, dont elle assume la charge matérielle et affective, serait placée en curatelle ou en tutelle.

411.13 Sources d'inspiration étrangères. S'agissant du mandat de protection future, la loi n° 2007-308 du 5 mars 2007 s'est inspirée de plusieurs modèles étrangers et, notamment, du droit allemand, du droit espagnol et du droit québécois. Ce dernier consacre le **mandat pour inaptitude** depuis 1990. Néanmoins, contrairement au mandat de protection future du droit français, la mise à exécution du mandat pour inaptitude prévu par la législation québécoise implique toujours l'intervention du juge, lequel doit homologuer le mandat[3] (v. s^s^ n°s 01.81 à 01.84).

SECTION 2
CONCLUSION DU MANDAT DE PROTECTION FUTURE

411.20 Deux conditions. Le législateur soumet la formation du mandat de protection future à deux séries de conditions, des conditions de forme (§ 1), d'une part, et des conditions de fond (§ 2), d'autre part.

§ 1
Conditions de forme

A.
Mandat de protection future pour soi

411.21 Choix entre le mandat notarié et le mandat sous seing privé. La loi entoure la formation du mandat de protection future d'un formalisme minutieux. Cependant, si elle n'est pas libre, la conclusion du mandat peut se couler dans deux formes différentes, dont le choix est laissé aux parties (C. civ., art. 477, al. 4).

Ces dernières peuvent d'abord recourir à la **forme authentique.** Le mandat est alors reçu par le **notaire** choisi par le mandant et accepté par le mandataire dans les mêmes formes (C. civ., art. 489, al. 1er).

1. C. civ., art. 812-1 s. (*créés par L. n° 2006-728, 23 juin 2006*).
2. Ou du bénéficiaire du mandat dans le cas du mandat de protection future pour autrui.
3. EN CE SENS, v. A. Koskas, V. Desjardins et J.-P. Médioni, *Rapport de la mission sur la maltraitance financière à l'égard des personnes âgées dans les établissements sanitaires, sociaux et médico-sociaux, pour le Médiateur de la République*, 3 févr. 2011, p. 41 : proposant de soumettre la mise en œuvre du mandat au contrôle systématique du juge.

Tant que le mandat n'a pas pris effet, le mandant peut le **modifier** par acte notarié ou le **révoquer** en notifiant sa révocation au mandataire et au notaire. Le mandataire de protection future peut, quant à lui, renoncer au mandat en notifiant sa **renonciation** au mandant et au notaire (C. civ., art. 489, al. 2).

Le mandat de protection future peut ensuite prendre une forme plus originale, laquelle constitue le **précurseur de l'acte d'avocat.** L'article 492 dispose que « *le mandat sous seing privé est date et signé de la main du mandant. Il est soit contresigné par un avocat, soit établi selon un modèle défini par décret en Conseil d'État* » (modèle Cerfa 13592-02) [1]. C'est dire que le mandat non notarié est entouré, lui aussi, d'un formalisme, il est vrai, allégé. Le mandataire accepte le mandat en y apposant sa signature (C. civ., art. 492, al. 2). Tant que le mandat n'est pas mis à exécution, le mandant peut le modifier ou le révoquer dans les mêmes formes et le mandataire peut y renoncer en notifiant sa renonciation au mandant (C. civ., art. 492, al. 3).

EN PRATIQUE. Lorsqu'il est notarié, le coût du mandat de protection future s'élève à 130,96 euros TTC et à 392,88 euros TTC pour l'examen par le notaire rédacteur du mandat des comptes qui lui sont adressés chaque année par le mandataire, selon l'importance des sommes concernées (v. s^s n° 412.102) [2].

411.22 Conséquences du choix entre le mandat de protection future notarié et le mandat de protection future sous seing privé. Le choix entre le mandat de protection future notarié et le mandat de protection future sous seing privé emporte des conséquences considérables sur le terrain du fonctionnement du mandat.

En effet, d'une part, le mandat sous seing privé n'acquiert **date certaine** que dans les conditions prévues par l'article 1328 du Code civil (C. civ., art. 492-1). Peu importe qu'il ait été ou non contresigné par un avocat. Il est ainsi souhaitable de le faire **enregistrer**, par précaution, **à la recette des impôts** afin de lui conférer date certaine. Le coût de l'enregistrement, à la charge du mandant, s'élève à 125 euros.

D'autre part, le mandat sous seing privé confère au mandataire des pouvoirs bien inférieurs à ceux résultant du mandat notarié (v. s^s n°s 412.71 et 412.72).

B.
Mandat de protection future pour autrui

411.31 Recours obligatoire au mandat notarié. La loi impose de recourir à l'acte notarié toutes les fois que le mandat de protection future est fait pour autrui, c'est-à-dire par les parents ou dernier vivant des père et mère au profit de leur enfant mineur sur lequel ils exercent l'autorité parentale ou dont ils assument la charge matérielle et affective (C. civ., art. 477, al. 3 et 4). La **modification**, la **révocation** et la **renonciation** au mandat peuvent intervenir, avant sa mise à exécution, selon les formes prescrites par l'article 492 (v. s^s n° 411.21).

§ 2
Conditions de fond

A.
Conditions relatives au mandant

411.41 Mandat de protection future pour soi – Capacité du mandant. La loi autorise la personne majeure à conclure un mandant de protection future pour elle-même. Lorsque le mandant est **majeur**, il est en principe capable de souscrire un mandat de protection future, conformément aux dispositions des articles 414 et 1123 du Code civil. L'ouverture d'une mesure de protection judiciaire à l'égard du mandant ne fait pas obstacle, d'une manière générale, au recours au mandat de protection future. La solution est ici inféodée à la gravité de la mesure de protection. Si la personne en tutelle ou sous une habilitation familiale générale ne peut recourir au mandat de protection future (C. civ., art. 477, al. 1er, 494-8, al. 2 – v. s^s n° 113.25), l'article 477, alinéa 2 autorise expressément le majeur en curatelle à conclure un tel mandat avec l'assistance du curateur. Le souci du législateur a été de conserver à la personne protégée la « *possibilité d'anticiper sur l'éventuelle dégradation de son état et d'organiser les conditions et les modalités d'une protection qui pourrait devoir s'intensifier, en devenant plus contraignante et restrictive de droits* » [3].

La tournure négative employée par l'article 477 alinéa 2 [4] n'interdit pas au **curatélaire**, en l'absence de disposition spéciale, de solliciter du juge des tutelles, en cas de refus du curateur de lui prêter son concours, une **autorisation supplétive** pour procéder seul au mandat, après l'organisation le cas échéant d'un débat contradictoire (C. civ., art. 496, al. 3, et C. pr. civ., art. 1213 – v. s^s n° 343.11). De la même manière, le recours à la **curatelle allégée** paraît ici envisageable, à défaut de disposition contraire, dès lors que les conditions en sont réunies (C. civ., art. 471 – v. s^s n°s 344.11 s.). La mise en œuvre du mandat de pro-

1. Décr. n° 2007-1702, 30 nov. 2007, mod. par Décr. n° 2009-1628, 23 déc. 2009, art. 18.
2. Décr. n° 78-262, 8 mars 1978, art. 29-1, créé par Décr. n° 2008-296, 31 mars 2008.
3. Circ. DACS n° CIV/01/09/C1, 9 févr. 2009, relative à l'application des dispositions législatives et réglementaires issues de la réforme du droit de la protection juridique des mineurs et des majeurs, *BOMJ* 28 févr. 2009, p. 35.
4. Laquelle fait écho à la formule utilisée par les dispositions plus générales des articles 467 et suivants du Code civil relatifs aux actes faits dans la curatelle.

tection future à l'égard du curatélaire n'étant pas une cause de cessation de plein droit de la curatelle, elle implique la saisine du juge des tutelles d'une requête en mainlevée de celle-ci, afin d'éviter la coexistence des deux mesures de protection juridique. Le juge tranchera à l'aune des intérêts du majeur, par application du principe de subsidiarité des mesures de protection judiciaire par rapport au mandat de protection future (C. civ., art. 428) [1].

Sous la **sauvegarde de justice**, la personne protégée conserve l'exercice de ses droits, si bien que le recours au mandat de protection future demeure théoriquement possible et, cela, quand bien même un mandataire spécial aurait été désigné. Il reste que, dans ce dernier cas, le mandat de protection future ne peut conférer au mandataire l'exercice des droits donné au mandataire spécial, pour lequel la personne protégée est frappée d'incapacité (C. civ., art. 435, al. 1er et 437, al. 2 et 3). Le mandataire ne peut pas se voir confier davantage par le juge la mission de conclure le mandat de protection future par voie de représentation de la personne protégée. L'article 477 alinéa 1er qui interdit au majeur sous tutelle ou sous habilitation familiale de souscrire un tel mandat *via* son tuteur ou la personne habilitée paraît s'opposer, d'une manière plus générale, à ce qu'il soit recouru à la technique de la représentation pour la conclusion d'un mandat de protection future. Pour autant, l'incapacité de jouissance frappant, ici, le majeur en tutelle, ne saurait être étendue à la personne placée sous sauvegarde de justice, fût-ce avec désignation d'un mandataire spécial. Une telle analyse conduirait, en effet, à créer, au mépris du principe de la capacité juridique et de la gradation des mesures de protection, une incapacité non prévue par la loi (C. civ., art. 1123). Il n'en demeure pas moins que le mandat de protection future conclu par la personne sauvegardée souffre d'une grande fragilité. Au risque d'**annulation sur le fondement de l'insanité d'esprit ou de la période suspecte** (C. civ., art. 414-1 et 464), vient s'ajouter celui de l'**éviction** ou de la **révocation du mandat** (v. s^s n° 413.33).

411.42 Cas particulier du mandat de protection future tardif. La possibilité laissée par la loi à la personne sauvegardée et à la personne en curatelle de recourir au mandat de protection future reflète la volonté du législateur de ne pas condamner, par principe, la pratique consistant à signer et à mettre en place un tel mandat, alors qu'une mesure de protection judiciaire est déjà prononcée à l'égard du mandant ou qu'une procédure en vue de l'ouverture d'une telle mesure est pendante devant le juge des tutelles. Pour autant, lorsque la conclusion et la mise à exécution du mandat interviennent alors que le juge est saisi d'une requête en vue de l'ouverture d'une mesure de protection judiciaire, le recours au mandat de protection future peut apparaître, à première vue, **suspect**. La tardiveté du mandat semble alors de nature à jeter la suspicion sur les circonstances ayant présidé à sa conclusion et, par suite, sur son aptitude à pourvoir suffisamment aux intérêts du mandant. Aussi, une partie éminente de la doctrine fait-elle valoir qu'« *il n'y a subsidiarité que dans un déroulement chronologique, mandat d'abord alors que le risque de protection n'existe pas encore, ensuite, c'est trop tard* » [2]. Pourtant, si elle devait être retenue de manière systématique et générale, pareille analyse conduirait à trahir tout à la fois la lettre et l'esprit de la loi du 5 mars 2007. D'une part, le mandat peut intervenir tant que la personne a « *la capacité mentale de faire un acte juridique* » [3]. D'autre part, en présence d'un **mandat tardif**, le contrôle du juge des tutelles doit porter, à l'aune du principe de subsidiarité des mesures de protection judiciaire par rapport au mandat de protection future (C. civ., art. 428, al. 1er), sur l'adéquation du mandat aux impératifs dictés par la préservation de la personne du mandant et de son patrimoine. C'est dire que la mission du juge consiste ici à vérifier la **conformité du mandat aux intérêts du mandant**. C'est seulement à défaut, pour la mesure conventionnelle, de satisfaire à l'épreuve de cet examen que le juge des tutelles peut, sur le fondement d'une **motivation spéciale** – et non pas seulement de simples motifs hypothétiques –, en évincer l'application au profit d'une mesure judiciaire de protection [4].

La Cour de cassation a ainsi approuvé des juges du fond d'avoir écarté, au profit d'une curatelle, un mandat de protection future signé, pendant la procédure devant le juge des tutelles, par une personne sous sauvegarde de justice, au motif que celle-ci se trouvait sous l'emprise de son fils, désigné en qualité de mandataire de protection future, qui l'isolait du reste de sa famille, contre sa volonté, et dont la gestion était entachée d'opacité [5]. Elle a pareillement approuvé la révocation d'un mandat conclu par un jeune autiste sous sauvegarde de justice désignant son père

1. COMP. J. Hauser, « L'enfance du mandat de protection, future », *Mél. R. Le Guidec*, LexisNexis, 2014, p. 709, spéc. p. 719.

2. J. Hauser, obs. s^s Cass., avis, 20 juin 2011, n° 11-00.004, *Bull. avis*, n° 7; *RTD civ.* 2011. 512.

3. J. Hauser, « L'enfance du mandat de protection, future », préc. s^s n° 411.41.

4. EN CE SENS : N. Peterka, note s^s Civ. 1re, 12 janv. 2011, n° 09-16.519, *Bull. civ.* I, n° 11; *JCP* 2011. 416 – J. Casey, « Le mandat de protection future », *Gaz. Pal.* 13 août 2011, p. 7.

5. Civ. 1re, 12 janv. 2011, n° 09-16.519, P (préc. s^s prés^t n° 411.42); *JCP* 2011. 416, note Peterka; *JCP N* 2011; 1115, note Boulanger; *RJPF* 2011-4/11, note Caron-Déglise; *Dr. fam.* 2011, n° 42, note Maria; *D.* 2011. 1204, note Noguéro; *AJ fam.* 2011. 110, obs. Verheyde; *Defrénois* 2011. 690, note Massip – RAPPR. : Nancy, 27 juin 2011, RG n°s 10/03490 et 11/01900, *Dr. fam.* 2012. Comm. 86, note Maria, pour la mise à l'écart d'un mandat de protection future non mis en œuvre par le mandataire, lequel gérait de fait les biens de la personne à protéger.

en qualité de mandataire, au profit d'une curatelle renforcée confiée à ce dernier [1].

La solution laisse à vrai dire perplexe au regard du principe de subsidiarité des mesures de protection judiciaire par rapport au mandat de protection future. L'article 483, 2° érige, certes, l'ouverture d'une curatelle à l'égard du mandant ou du bénéficiaire du mandat en une cause de cessation du mandat de protection future, sous réserve de la décision contraire du juge des tutelles. Mais encore faut-il que ce dernier constate la contrariété du mandat aux intérêts de la personne protégée ou, à tout le moins, son insuffisance à pourvoir à ces derniers. L'on pouvait regretter, à l'aune de ces arrêts, que la Cour de cassation n'exerçât pas, sur ce point, un contrôle plus strict de la motivation des juges du fond, au risque de vider le principe de subsidiarité d'une grande partie de sa substance. Il est vrai que dans ses arrêts des 12 janvier 2011 et 29 mai 2013, le mandat de protection future n'avait pas été mis en œuvre à l'égard de la personne protégée. Il reste que, dans la seconde espèce, les juges du fond avaient relevé, aussi, que le mandat de protection future a été créé en vue de permettre à une personne, « *alors qu'elle est en possession de ses moyens* », de désigner « *une ou plusieurs personnes chargées de la représenter pour le cas où, un jour futur, elle ne pourrait plus pourvoir seule à ses intérêts en raison de la survenance d'une altération médicalement constatée de ses facultés* » et que la personne sauvegardée ne peut pas donner à un tiers mandat de passer les actes pour lesquels un mandataire spécial a été désigné. Aucun de ces motifs n'est, à vrai dire, véritablement satisfaisant et l'absence de mise en œuvre du mandat ne devrait pas fournir une cause péremptoire de sa révocation [2], au risque de briser dans l'œuf ce dispositif alternatif de protection [3]. Aussi, se réjouit-on que la Cour de cassation ait adopté, à la suite de ces premiers arrêts, une interprétation plus orthodoxe de l'article 483, 2°. Par un important arrêt du 4 janvier 2017, elle a décidé, dans une espèce où une personne avait conclu un mandat de protection future cinq ans avant son placement en curatelle et où le mandat avait été mis en œuvre après le prononcé de celle-ci, que « *que seul le mandat de protection future mis à exécution prend fin par le placement en curatelle de la personne protégée, sauf décision contraire du juge qui ouvre la mesure; [...] la cour d'appel, qui a constaté que le mandat de protection future n'avait pas été mis à exécution lors de l'ouverture de la curatelle, en a déduit à bon droit que cette mesure n'avait pas eu pour effet d'y mettre fin* ». L'arrêt ouvre des perspectives favorables à une meilleure articulation des causes de révocation du mandat de protection future (C. civ., art. 483, 2°) et du principe de subsidiarité des mesures de protection judiciaire par rapport à ce mandat (C. civ., art. 428, al. 1er) [4].

411.43 Mise en œuvre du principe de subsidiarité des mesures de protection judiciaire par rapport au mandat de protection future. Deux précisions méritent ici d'être apportées.

D'une part, la mise en place d'une mesure de protection judiciaire ne chasse pas nécessairement le mandat de protection future [5]. Le juge des tutelles peut décider, en effet, de **compléter la protection conventionnelle par une protection judiciaire** (C. civ., art. 483, al. 1er, 2°, et 485, al. 2). Cette solution doit être au demeurant privilégiée, en raison de l'importance accordée par la loi du 5 mars 2007 au respect de l'autonomie et de la volonté de la personne protégée, toutes les fois qu'elle suffit à pourvoir à ses intérêts (C. civ., art. 415 et 428).

D'autre part, le juge des tutelles n'étant pas le juge de la validité du mandat de protection future [6] et le dépôt de la requête devant le juge des tutelles ne remettant pas en cause la capacité de l'intéressé, la considération selon laquelle le mandat a été conclu pendant la phase d'instruction d'une requête en vue de la mise en place d'une protection judiciaire et que le mandant souffrait d'une altération de ses facultés personnelles lors de la conclusion du mandat [7], ne

1. Civ. 1re, 29 mai 2013, n° 12-19.851, NP; *D.* 2013. 1815, note Noguéro; *JCP* 2013. 908, note Peterka; *Dr. fam.* 2013, n° 155, note Maria; *RTD civ.* 2013. 576, obs. Hauser; *AJ fam.* 2013. 510, obs. Verheyde; *LEFP* juill. 2013. 4, obs. Raoul-Cormeil – *Adde*, Douai, 7 juin 2013, RG n° 13/00491, et Douai, 1er juill. 2013, RG n° 13/00670, *Dr. fam.* 2013, n° 125, note Maria; *D.* 2013. 2208, obs. Plazy; *AJ fam.* 2013. 641 et 583, obs. Massip.
2. EN CE SENS, Paris, 14 janv. 2013, RG n° 12/03648, *Dr. fam.* 2013. Comm. 61, note Maria; *AJ fam.* 2013. 509, obs. Massip; *D.* 2013. 2207, obs. Plazy.
3. 1 077 mandats de protection future avaient été mis en œuvre en 2012, soit trois ans après l'entrée en vigueur de la loi du 5 mars 2007, et environ 5 000 mandats avaient été conclus, v. J. Hauser, *RTD civ.* 2012. 87.
4. Civ. 1re, 4 janv. 2017, n° 15-28.669, *Bull. civ.* I [à paraître]; *D.* 2017. 191, note Noguéro; *JCP* 2017. 200, note Peterka; *Defrénois* 2017. 245, note Batteur; *Dr. fam.* 2017, n° 49; *AJ fam.* 2017. 144, note Raoul-Cormeil.
5. EN CE SENS : J.-M. Plazy, obs. s^s^ Civ. 1re, 12 janv. 2011, n° 09-16.519, P, *D.* 2011. 2516 s.; *AJ fam.* 2011. 110, obs. Verheyde; *RTD civ.* 2011. 323, obs. Hauser (arrêt préc. s^s^ n° 411.42, comm. Peterka).
6. Douai, 1er juill. 2013, RG n° 13/00670, *D.* 2013. 2207, obs. Plazy.
7. A. Caron-Déglise, *RJPF* 2011-7-8/3 – V. AUSSI : sur ce point, la question posée à la Cour de cassation le 25 mars 2011, Cass., avis, 20 juin 2011, n° 11-00.004, *Bull. avis*, n° 7; *D.* 2011. 1771; *D.* 2011. 2503, obs. Plazy; *AJ fam.* 2011. 377, obs. Verheyde; *Dr. fam.* 2011, n° 134, note Maria – D. Noguéro, « Privatisation procédurale de la protection des majeurs sans bémol », *LPA* 22 juill. 2011 : saisie de l'application du principe de subsidiarité des mesures de protection judiciaire par rapport au mandat de protection future, la Cour de cassation n'a pas répondu à cette question, l'admission de l'extinction de la procédure devant le juge des tutelles, par suite du désistement d'instance du requérant, l'ayant privé d'objet.

suffit pas, à elle seule, à justifier l'éviction de la protection conventionnelle. **L'intérêt et la volonté de la personne protégée** incarnent, en cette matière, les seuls guides de lecture du **principe de subsidiarité des mesures de protection judiciaire par rapport au mandat de protection future**. Aussi, ce dernier ne saurait-il être écarté sur le seul fondement de la proximité de sa signature et de sa mise à exécution. Ajoutons que si, dans le cas du mandat notarié, l'authenticité de l'acte ne fournit pas la garantie irréfutable, valant jusqu'à inscription de faux[1], de la lucidité du mandant, elle permet, à tout le moins, de présumer que ce dernier était doué, à l'époque de la passation et de la signature de l'acte notarié, d'un discernement suffisant[2].

411.44 Capacité du mandant mineur. Les mineurs étant frappé en principe d'une incapacité d'exercice, ne peuvent conclure un mandat de protection future que s'ils bénéficient d'une mesure d'**émancipation** (C. civ., art. 477, al. 1er). Les représentants légaux ne peuvent souscrire un mandat de protection future pour le compte de leur enfant mineur. Les dispositions de l'article 477, qui interdisent au tuteur un tel mandat par voie de la représentation du tutélaire, et prévoient le mandat de protection future pour autrui s'y opposent.

411.45 Mandat de protection future pour autrui. L'article 477 alinéa 3 du Code civil accorde aux parents ou au dernier vivant des père et mère ne faisant pas l'objet d'une mesure de curatelle, de tutelle ou d'habilitation familiale, qui exercent l'autorité parentale sur leur enfant mineur ou assument la charge matérielle et affective de leur enfant majeur, la faculté de **désigner un ou plusieurs mandataires** chargés de le représenter, pour le cas où cet enfant ne pourrait plus pourvoir seul à ses intérêts, conformément à l'article 425 du Code civil. Cette désignation prend effet le jour où le mandant décède ou ne peut plus prendre soin de l'intéressé. Le mandat de protection future pour autrui est une figure originale en ce que le **mandant n'est pas ici le bénéficiaire du mandat**, ce qui le rapproche, sur ce point, du mandat à effet posthume (v. ss n° 411.12). Lorsque les deux parents sont en vie, la loi soumet la conclusion du mandat à la **cogestion**. Les deux parents du bénéficiaire de l'acte doivent y consentir et y être parties en qualité de mandants. Lorsque l'un des parents est prédécédé, le survivant dispose du pouvoir de conclure l'acte, seul, en qualité de mandant.

411.46 Combinaison avec la tutelle testamentaire des mineurs. Le mandat de protection future pour autrui fournit aux parents soucieux de garantir l'avenir de leur enfant, atteint d'une altération de ses facultés personnelles le mettant dans l'impossibilité de pourvoir seul à ses intérêts, la faculté d'organiser, à l'avance, la protection de cet enfant en établissant à son profit un mandat de protection future. Ce dernier n'en demeure pas moins une **mesure de protection juridique des majeurs**. C'est dire que le mandat ne pourra s'ouvrir au décès des parents ou du survivant d'entre eux, ou lorsqu'ils ne pourront plus prendre soin de leur enfant, que si ce dernier souffre d'une altération de ses facultés personnelles le mettant dans l'impossibilité de pourvoir seul à ses intérêts et s'il a atteint l'âge de la majorité. Aussi, convient-il, pour garantir la **protection de l'enfant mineur vulnérable**, d'assortir le **mandat de protection future** pour autrui d'une **tutelle testamentaire**. S'il est vrai qu'elle ne permet pas d'organiser intégralement la protection de l'enfant, cette dernière mesure fournit, au moins, le moyen de désigner à l'avance la personne qui sera appelée à exercer la tutelle du mineur (C. civ., art. 403).

B.
Conditions relatives au mandataire

411.51 Mandataire personne physique ou personne morale. Le mandant procède librement à la désignation de la personne de son choix, sous certaines **restrictions**. Dans le souci de lutter contre l'intrusion des **mouvements sectaires** dans le mandat de protection future, la loi impose au mandant, lorsqu'il choisit une **personne morale**, de désigner une **association tutélaire inscrite** sur la liste des mandataires judiciaires à la protection des majeurs prévue à l'article L. 471-2 du Code de l'action sociale et des familles (C. civ., art. 480, al. 1er). Lorsque le mandant choisit une **personne physique**, le mandataire de protection future doit jouir, durant l'exécution du mandat, de sa **capacité civile** (C. civ., art. 480, al. 2). Il doit remplir, pendant cette même durée, les conditions requises pour l'exercice des **charges tutélaires** (C. civ., art. 395 et 445, al. 2 et 3).

1. Civ. 1re, 29 mai 1962, *Bull. civ.* I, n° 275 ; *D.* 1962. 627 – Civ. 1re, 25 mai 1987, n° 85-18.684, *Bull. civ.* I, n° 171 ; *D.* 1988. 79, note Breton.
2. EN CE SENS : en matière de testament authentique : Civ. 1re, 20 mars 1973, n° 71-12.135, *Bull. civ.* I, n° 70 : « *Mais attendu que, sans admettre que la foi accordée jusqu'à inscription de faux aux énonciations des actes authentiques s'appliquait à celles de l'acte litigieux mentionnant que la testatrice est apparue saine d'esprit aux notaires, la cour d'appel, après avoir énoncé qu'il est mentionné audit testament qu'il a été dactylographié par le notaire* "tel qu'il a été dicté par la testatrice, puis *(le notaire)* l'a lu à la testatrice qui a déclaré le bien comprendre et reconnaître qu'il exprime exactement sa volonté", *n'a, à bon droit, retenu la force probante de cet acte que pour écarter les conclusions de Jacques Y..., qui soutenait que l'état mental de sa mère ne lui permettait pas de dicter le testament et qu'elle ne pouvait en comprendre la lecture* » – *Adde*, sur ce point, J.-M. Plazy, « Témoignage et validité du testament », *JCP N* 2003. 1390.

C'est dire que ne peuvent être investis de cette mission :

- les **mineurs non émancipés**;

- les **majeurs** étant l'objet d'une **mesure de protection juridique**, qu'il s'agisse d'une mesure incapacitante ou d'une mesure non incapacitante [1];

- les personnes à qui **l'autorité parentale** a été **retirée** ainsi que les personnes à qui l'exercice des charges tutélaires a été interdit en application de l'article 131-26 du Code pénal;

- le mandat de protection future ne peut désigner, en qualité de mandataire, le **médecin** et le **pharmacien du mandant** ainsi que les **auxiliaires médicaux**, tels que les infirmiers et les kinésithérapeutes, dont ce dernier est le patient (C. civ., art. 445, al. 2). Pour autant, cet empêchement à l'exercice des charges tutélaires doit être écarté lorsque le professionnel de santé, candidat à la fonction de mandataire de protection future, fait partie de **cercle familial du mandant**. La primauté donnée par la loi du 5 mars 2007 à la famille et à l'entourage de la personne protégée fournit un puissant argument en faveur de cette éviction, dès lors que l'intérêt de la personne à protéger, et notamment l'absence d'emprise sur cette dernière, sont assurés;

- la loi interdit, par ailleurs, le cumul des fonctions de **fiduciaire** et de **mandataire de protection future** à l'égard de la même personne (C. civ., art. 445, al. 3 [2]). Sur ce point, la loi n° 2011-525 du 17 mai 2011 [3] est venue corriger le renvoi de l'article 480 alinéa 2 à l'article 445 pour y englober les deux derniers alinéas de ce texte.

411.52 Mandataire avocat. L'avocat peut-il être désigné par son client en qualité de mandataire de protection future ? La réponse à cette question appelle une double précision.

D'abord, l'avocat ne saurait être tout à la fois **rédacteur** et **partie** à l'acte. Aussi, convient-il, afin d'éradiquer tout conflit d'intérêts, de recourir au **mandat** établi selon le modèle **Cerfa 13592-02**, au **mandat contresigné par un confrère** ou au **mandat notarié**.

Ensuite, l'avocat mandataire de protection future est tenu d'articuler les pouvoirs et les obligations qu'il tient du mandat de protection future avec les **règles déontologiques** gouvernant sa profession, et spécialement les **dispositions du règlement intérieur national** relatives aux mandats confiés à l'avocat par ses clients [4]. Il doit veiller également à ce que l'exercice du mandat de protection future ne crée pas au préjudice du mandant, ou d'un de ses clients, un **conflit d'intérêts** au sens de l'article 4 de ce règlement. Cela implique que sa double mission doit être exercée de manière loyale à l'égard du mandant et de ses clients, sans faire privilégier certains intérêts au détriment d'autres et sans retirer un **avantage direct** de l'exercice de la mesure de protection [5]. Un tel avantage, et par suite un conflit d'intérêts, serait caractérisé dans l'hypothèse où le mandataire de protection future conclurait, à son profit, un contrat entre lui-même et son mandant en son nom propre et en sa qualité de représentant de la personne protégée. Les **présomptions de conflit d'intérêts** posées sous la tutelle et la curatelle fournissent, sur ce point, de lumineuses illustrations [6]. Mais, n'étant pas une mesure incapacitante, le mandat de protection future ne fait pas obstacle, par principe, à l'établissement d'une convention entre le mandant et son mandataire, agissant l'un et l'autre en leur propre nom, sous la double réserve du respect de **l'obligation de loyauté** du protecteur à l'égard de son protégé et d'un **discernement suffisant** de ce dernier. En dehors de cette hypothèse, l'article 1161 du Code civil, dans sa rédaction issue de l'ordonnance n° 2016-131 du 10 février 2016, invite à régler par une clause du mandat la validité de l'acte fait par l'avocat en sa qualité de mandataire de protection future [7].

Ajoutons que le **risque de conflit d'intérêts** peut être écarté par la **stipulation**, dans le mandat de protection future, d'un ou de plusieurs **subrogés mandataires**, lesquels étant investis d'un pouvoir de surveillance du mandataire de protection future, sont assujettis, à l'instar de ce dernier, à un devoir de loyauté et d'impartialité à l'égard de la personne protégée.

Par son arrêt du 4 janvier 2017, la Cour de cassation a approuvé une cour d'appel d'avoir jugé conforme aux intérêts du mandant un mandat de protection future désignant, en qualité de contrôleur des actes du mandataire, l'avocat de la personne protégée, lequel était marié avec le notaire rédacteur du mandat [8]. La Haute juridiction refuse ainsi d'ériger la désignation de l'avocat de la personne protégée par le mandat en une cause péremptoire de conflit d'inté-

1. Le placement du mandataire sous une mesure de protection juridique constitue ainsi une cause de révocation de plein droit du mandat de protection future (C. civ., art. 483, al. 1er, 3°).
2. C. civ., art. 445, al. 3 (*mod. par L. n° 2011-525, 17 mai 2011*).
3. L. n° 2011-525, 17 mai 2011, de simplification et d'amélioration de la qualité du droit, *JO* 18 mai, p. 8537.
4. Sur ce sujet, v. N. Peterka, « L'avocat tuteur », *Dr. et patr.* janv. 2009. 28.
5. G. Raoul-Cormeil, « L'opposition d'intérêts, obstacle à la magistrature tutélaire. Étude à partir du contrat d'assurance sur la vie », *RGAT* 2011. 397 s.
6. C. civ., art. 461, 462, 470, al. 3, 508, al. 2 – C. assur., art. L. 132-4-1, al. 2 – C. mut., art. L. 223-7-1, al. 2.
7. C. civ., art. 1161 : « *Un représentant ne peut agir pour le compte des deux parties au contrat ni contracter pour son propre compte avec le représenté* (al. 1er). *En ces cas, l'acte accompli est nul à moins que la loi ne l'autorise ou que le représenté ne l'ait autorisé ou ratifié* (al. 2) ».
8. Civ. 1re, 4 janv. 2017, n° 15-28.669, P (préc. ss n° 411.12).

rêts de nature à justifier la révocation du mandat de protection future.

411.53 Cas particulier du mandat de protection future pour autrui. Le mandat de protection future pour autrui présentant la particularité de dissocier la personne du ou des mandants et celle du **bénéficiaire**, il est souhaitable que ce dernier soit associé, dans la mesure où son âge et son état le permettent, au **contenu du mandat** ou, à tout le moins, au **choix du mandataire.** Si la recherche de l'adhésion du bénéficiaire ne figure pas, il est vrai, dans la loi, elle se justifie, ainsi que le souligne la circulaire du 9 février 2009, relative à l'application des dispositions législatives et réglementaires issues de la réforme du droit de la protection juridique des mineurs et des majeurs, « *conformément aux dispositions communes aux majeurs protégés figurant à l'article 415 du Code civil, relatives au respect des libertés individuelles, des droits fondamentaux et de la dignité de la personne* »[1].

§ 3
Publicité du mandat de protection future

411.61 Étendue de la publicité. Enjeu. La loi n° 2015-1776 du 28 décembre 2015 relative à l'adaptation de la société au vieillissement[2] a inséré dans le Code civil, à la suite de la définition du mandat de protection future, un article 477-1. Aux termes de ce texte, « *le mandat de protection future est publié par une inscription sur un registre spécial dont les modalités et l'accès sont réglés par décret en Conseil d'État* ». Restera à déterminer si la publicité porte sur les mandats quelle que soit leur forme et si elle s'étend aux mandats signés ou aux seuls mandats mis en œuvre.

Si **la publicité des seuls mandats mis en œuvre** apparaît comme étant la solution la plus protectrice des droits des tiers, son articulation avec la philosophie imprégnant le mandat de protection future s'avère à première vue malaisée[3]. Ce dispositif de protection ne prive pas le mandant ou le bénéficiaire du mandat de sa capacité juridique. Or, l'organisation d'une publicité systématique des mandats activés reviendrait à aligner le mandat de protection future sur les mesures privatives ou restrictives de capacité. Outre qu'elle ne serait pas conforme à l'esprit de cette mesure de protection juridique, la publicité des mandats de protection future pourrait constituer un frein au développement de cette mesure, dont la discrétion est perçue comme un atout par les intéressés[4]. Une publicité trop large risquerait de nuire à l'essor de ce dispositif de protection, cependant qu'un accès trop limité viderait la publicité du mandat de toute portée réelle.

La publicité des mandats signés incarne, quant à elle, une solution de compromis. Elle permet, tout en respectant l'intimité de l'intéressé, d'alerter son contractant sur la nécessité de s'assurer de l'absence de mise en œuvre du mandat, du discernement du mandant pour conclure l'opération envisagée et, en cas de prise d'effet du mandat, de l'absence de contrariété des initiatives du mandant avec celles du mandataire.

En définitive, **la publicité du mandat de protection future pourrait s'inspirer de celle de la sauvegarde de justice.** Devraient ainsi avoir accès au registre : les autorités judiciaires; les personnes visées à l'article 430 du Code civil ainsi que les avocats, les huissiers et les notaires dans le cadre d'un acte relevant de leurs fonctions. Par une réponse ministérielle du 6 septembre 2016, le garde des Sceaux a précisé que la publicité du mandat de protection future « *doit permettre de favoriser la diffusion de* (ce) *mode de protection, en le rapprochant de ce point de vue des autres mesures de protection judiciaires qui font toutes l'objet d'une mesure de publicité. Ceci permettra notamment au juge des tutelles saisi d'une demande d'ouverture d'une mesure de tutelle ou de curatelle, de s'assurer de l'existence d'un tel mandat et ainsi du respect de la volonté éventuellement exprimée par le mandant* »[5]. C'est dire que la personne visée par une requête en vue de sa mise sous protection judiciaire ne pourra plus, à l'avenir, dissimuler au juge la conclusion d'un mandat de protection future et, cela, bien qu'elle puisse avoir des motifs légitimes d'en taire l'existence.

1. Circ. DACS n° CIV/01/09/C1, 9 févr. 2009, p. 36 (préc. s[s] n° 411.41).
2. L. n° 2015-1776, 28 déc. 2015, relative à l'adaptation de la société au vieillissement, *JO* 29 déc., p. 24268.
3. SUR CE SUJET, v. D. Noguéro, « La publicité des mesures de protection des majeurs (ouverture, vie et fin des mesures) », *Mél. J. Hauser*, LexisNexis-Dalloz, 2012, p. 467 s., spéc. p. 486 s.
4. Rép. min. n° 41420, *JOAN Q*, 18 févr. 2014, p. 1625; *JCP N* 2014. 342.
5. Rép. min. 6 sept. 2016, n° 85698, *JO* 6 sept. 2016, p. 7998; *Dr. fam.* 2016. n° 239, obs. I. M.

CHAPITRE

412. Fonctionnement du mandat de protection future

SECTION 0 ORIENTEUR

412.00 **Plan du chapitre.**

412.01 **Textes applicables.**

TEXTES LÉGISLATIFS ET RÉGLEMENTAIRES NOUVEAUX

• **L. n° 2016-1547, 18 nov. 2016,** de modernisation de la Justice du XXIe siècle, *JO* 19 nov., texte n° 1.

• **Ord. n° 2016-131, 10 févr. 2016,** portant réforme du droit des contrats, du régime général et de la preuve des obligations, *JO* 11 févr., texte n° 26.

• **L. n° 2015-1776, 28 déc. 2015,** relative à l'adaptation de la société au vieillissement, *JO* 29 déc., p. 24268.

• **Ord. n° 2015-1288, 15 oct. 2015,** portant simplification et modernisation du droit de la famille, *JO* 16 oct., p. 19304.

TEXTES SOURCES

> Mise en œuvre et exécution du mandat de protection future

+ L. n° 2007-308, 5 mars 2007

+ Ord. n° 2015-1288, 15 oct. 2015

C. civ., art. 477, 481, 482 et 486

> Dispositions propres au mandat de protection future notarié

+ L. n° 2007-308, 5 mars 2007

C. civ., art. 490 et 491

> Dispositions propres au mandat de protection future sous seing privé

+ L. n° 2007-308, 5 mars 2007

C. civ., art. 493 et 494

> Mise en œuvre et procédure

+ Décr. n° 2008-1276, 5 déc. 2008

C. pr. civ., art. 1253, 1258 à 1258-4, 1260

• **Circ. DACS, n° CIV/01/09/C1, 9 févr. 2009**

TEXTES *IN EXTENSO*

> Mise en œuvre et exécution du mandat de protection future

[C. civ., art. 477, 481, 482 et 486]

+ L. n° 2007-308, 5 mars 2007, art. 7

C. civ., art. 477 *(mod. par Ord. n° 2015-1288, 15 oct. 2015, art. 13)*

Toute personne majeure ou mineure émancipée ne faisant pas l'objet d'une mesure de tutelle ou d'une habilitation familiale peut charger une ou plusieurs personnes, par un même mandat, de la représenter pour le cas où, pour l'une des causes prévues à l'article 425, elle ne pourrait plus pourvoir seule à ses intérêts.

La personne en curatelle ne peut conclure un mandat de protection future qu'avec l'assistance de son curateur.

Les parents ou le dernier vivant des père et mère, ne faisant pas l'objet d'une mesure de curatelle ou de tutelle ou d'une habilitation familiale, qui exercent l'autorité parentale sur leur enfant mineur ou assument la charge matérielle et affective de leur enfant majeur peuvent, pour le cas où cet enfant ne pourrait plus pourvoir seul à ses intérêts pour l'une des causes prévues à l'article 425, désigner un ou plusieurs mandataires chargés de le représenter. Cette désignation prend effet à compter du jour où le mandant décède ou ne peut plus prendre soin de l'intéressé.

Le mandat est conclu par acte notarié ou par acte sous seing privé. Toutefois, le mandat prévu au troisième alinéa ne peut être conclu que par acte notarié.

C. civ., art. 481

Le mandat prend effet lorsqu'il est établi que le mandant ne peut plus pourvoir seul à ses intérêts. Celui-ci en reçoit notification dans les conditions prévues par le Code de procédure civile.

À cette fin, le mandataire produit au greffe du tribunal d'instance le mandat et un certificat médical émanant d'un médecin choisi sur la liste mentionnée à l'article 431 établissant que le mandant se trouve dans l'une des situations prévues à l'article 425. Le greffier vise le mandat et date sa prise d'effet, puis le restitue au mandataire.

C. civ., art. 482

Le mandataire exécute personnellement le mandat. Toutefois, il peut se substituer un tiers pour les actes de gestion du patrimoine mais seulement à titre spécial.

Le mandataire répond de la personne qu'il s'est substituée dans les conditions de l'article 1994.

C. civ., art. 486

Le mandataire chargé de l'administration des biens de la personne protégée fait procéder à leur inventaire lors de l'ouverture de la mesure. Il assure son actualisation au cours du mandat afin de maintenir à jour l'état du patrimoine.

Il établit annuellement le compte de sa gestion qui est vérifié selon les modalités définies par le mandat et que le juge peut en tout état de cause faire vérifier selon les modalités prévues à l'article 511.

C. civ., art. 487

À l'expiration du mandat et dans les cinq ans qui suivent, le mandataire tient à la disposition de la personne qui est amenée à poursuivre la gestion, de la personne protégée si elle a recouvré ses facultés ou de ses héritiers l'inventaire des biens et les actualisations auxquelles il a donné lieu ainsi que les cinq derniers comptes de gestion et les pièces nécessaires pour continuer celle-ci ou assurer la liquidation de la succession de la personne protégée.

> Dispositions propres au mandat de protection future notarié

[C. civ., art. 490 et 491]

+ L. n° 2007-308, 5 mars 2007, art. 7

C. civ., art. 490

Par dérogation à l'article 1988, le mandat, même conçu en termes généraux, inclut tous les actes patrimoniaux que le tuteur a le pouvoir d'accomplir seul ou avec une autorisation.

Toutefois, le mandataire ne peut accomplir un acte de disposition à titre gratuit qu'avec l'autorisation du juge des tutelles.

C. civ., art. 491

Pour l'application du second alinéa de l'article 486, le mandataire rend compte au notaire qui a établi le mandat en lui adressant ses comptes, auxquels sont annexées toutes pièces justificatives utiles. Celui-ci en assure la conservation ainsi que celle de l'inventaire des biens et de ses actualisations.

Le notaire saisit le juge des tutelles de tout mouvement de fonds et de tout acte non justifiés ou n'apparaissant pas conformes aux stipulations du mandat.

> Dispositions propres au mandat de protection future sous seing privé

[C. civ., art. 493 et 494]

+ L. n° 2007-308, 5 mars 2007, art. 7

C. civ., art. 493

Le mandat est limité, quant à la gestion du patrimoine, aux actes qu'un tuteur peut faire sans autorisation.

Si l'accomplissement d'un acte qui est soumis à autorisation ou qui n'est pas prévu par le mandat s'avère nécessaire dans l'intérêt du mandant, le mandataire saisit le juge des tutelles pour le voir ordonner.

C. civ., art. 494

Pour l'application du dernier alinéa de l'article 486, le mandataire conserve l'inventaire des biens et ses actualisations, les cinq derniers comptes de gestion, les pièces justificatives ainsi que celles nécessaires à la continuation de celle-ci.

Il est tenu de les présenter au juge des tutelles ou au procureur de la République dans les conditions prévues à l'article 416.

> Mise en œuvre et procédure

[C. pr. civ., art. 1253, 1258 à 1258-4 et 1260]

+ Décr. n° 2008-1276, 5 déc. 2008, art. 1er

C. pr. civ., art. 1253

Les opérations d'inventaire de biens prévues à l'article 503 du Code civil sont réalisées en présence de la personne protégée, si son état de santé ou son âge le permet, de son avocat le cas échéant, ainsi que, si l'inventaire n'est pas réalisé par un officier public ou ministériel, de deux témoins majeurs qui ne sont pas au service de la personne protégée ni de la personne exerçant la mesure de protection.

Cet inventaire contient une description des meubles meublants, une estimation des biens immobiliers ainsi que des biens mobiliers ayant une valeur de réalisation supérieure à 1 500 euros, la désignation des espèces en numéraire et un état des comptes bancaires, des placements et des autres valeurs mobilières.

L'inventaire est daté et signé par les personnes présentes.

C. pr. civ., art. 1258

Pour la mise en œuvre du mandat de protection future établi en application du premier alinéa de l'article 477 du Code civil, le mandataire se présente en personne au greffe du tribunal d'instance dans le ressort duquel réside le mandant, accompagné de ce dernier, sauf s'il est établi, par certificat médical, que sa présence au tribunal est incompatible avec son état de santé.

Le mandataire présente au greffier :

1° L'original du mandat ou sa copie authentique, signé du mandant et du mandataire;

2° Un certificat médical datant de deux mois au plus, émanant d'un médecin inscrit sur la liste mentionnée à l'article 431 du Code civil et établissant que le mandant se trouve dans l'une des situations prévues à l'article 425 du même code;

3° Une pièce d'identité relative respectivement au mandataire et au mandant;

4° Un justificatif de la résidence habituelle du mandant.

C. pr. civ., art. 1258-1

Pour la mise en œuvre du mandat de protection future établi en application du troisième alinéa de l'article 477 du Code civil, le mandataire se présente en personne au greffe du tribunal d'instance dans le ressort duquel réside le bénéficiaire du mandat, accompagné de ce dernier, sauf s'il est établi, par certificat médical, que sa présence au tribunal est incompatible avec son état de santé.

Le mandataire présente au greffier :

1° La copie authentique du mandat, signé du mandant et du mandataire;

2° Un certificat de décès du mandant ou un certificat médical datant de deux mois au plus, émanant d'un médecin inscrit sur la liste mentionnée à l'article 431 du Code civil et établissant que le mandant se trouve dans l'une des situations prévues à l'article 425 du même code;

3° Un certificat médical datant de deux mois au plus, émanant d'un médecin inscrit sur la liste mentionnée à l'article 431 du Code civil et établissant que l'enfant majeur du mandant désigné comme le bénéficiaire du mandat se trouve dans l'une des situations prévues à l'article 425 du même code;

4° Une pièce d'identité relative respectivement au mandataire et au bénéficiaire du mandat;

5° Un justificatif de la résidence habituelle du bénéficiaire du mandat.

C. pr. civ., art. 1258-2

Le greffier vérifie en outre, au vu des pièces produites, que :

1° Le mandant et le mandataire étaient majeurs ou mineurs émancipés à la date d'établissement du mandat;

2° Les modalités du contrôle de l'activité du mandataire sont formellement prévues;

3° L'avocat a contresigné le mandat lorsqu'il a établi celui-ci en application de l'article 492 du Code civil;

4° Le curateur a contresigné le mandat, si le mandant a indiqué dans celui-ci être placé sous curatelle;

5° Le mandataire, s'il est une personne morale, justifie être inscrit sur la liste prévue à l'article L. 471-2 du Code de l'action sociale et des familles.

C. pr. civ., art. 1258-3

Si l'ensemble des conditions requises est rempli, le greffier, après avoir paraphé chaque page du mandat, mentionne, en fin d'acte, que celui-ci prend effet à compter de la date de sa présentation au greffe, y appose son visa et le restitue au mandataire, accompagné des pièces produites.

Si le greffier estime les conditions non remplies, il restitue, sans le viser, le mandat au mandataire ainsi que les pièces qui l'accompagnent.

Dans ce cas, le mandataire peut saisir le juge par requête. Celui-ci peut se prononcer sans débat et sa décision n'est pas susceptible d'appel. Si le juge estime les conditions requises remplies, le greffier procède, à la demande du mandataire, conformément au premier alinéa.

C. pr. civ., art. 1258-4

Le mandant ou le bénéficiaire du mandat qui n'a pas comparu devant le greffier du tribunal est informé par le mandataire de la prise d'effet du mandat de protection future par lettre recommandée avec demande d'avis de réception.

C. pr. civ., art. 1260

Les dispositions de l'article 1253 sont applicables au mandat de protection future.

• **Circ. DACS, nº CIV/01/09/C1, 9 févr. 2009,** relative à l'application des dispositions législatives et réglementaires issues de la réforme du droit de la protection juridique des mineurs et des majeurs, *BO Justice* 28 févr. 2009.

412.03 Bibliographie indicative.

Ouvrage. J. Massip, *Tutelle des mineurs et protection juridique des majeurs*, Defrénois, 2009.

Actualisable. Rép. civ., vº *Mandat de protection future*, par F. Sauvage.

Articles. P. Carli, « Exactitude et probité. Le mandat notarié de protection future, instrument de la pérennité de la gestion de patrimoine », *JCP N* 2009. 1233 – J. Combrey et J. Casey, « Le mandat de protection future », RJPF 2007-7-8/11 (1re partie); *RJPF* 2007-9/8 (2e partie) – A. Couret et S. Lerond, « Comment concilier le mandat de protection future avec les exigences du droit des sociétés en matière de représentation des associés aux assemblées générales ? », *RJDA* 3/2008. 219 – E. Delouis, « Le mandat de protection future : le point sur un contrat très attendu », *LPA* 4 nov. 2010. 25 – D. Fenouillet, « Le mandat de protection future ou la double illusion », *Defrénois* 2009. 142 – M.-C. Forgeard et N. Levillain, « Mandat de protection future et pratique notariale », *Defrénois* 2008. 529 – H. Fulchiron, « Le notaire et l'exécution du mandat de protection future », *Defrénois* 2009. 178 – J. Hauser, « Les mesures judiciaires, solutions subsidiaires au mandat de protection future ? », *in* G. Raoul-Cormeil (dir.), N*ouveau droit des majeurs protégés. Difficultés pratiques*, coll. « Thèmes et commentaires », Dalloz, 2012, p. 13; « L'enfance du mandat de protection future », *Mél. R. Le Guidec*, LexisNexis, 2014, p. 709 – F. Jourdain-Thomas, « Le mandat de protection future, nouvelle donne législative », *JCP N* 2015. 1176 – J. Klein, « Le mandat de protection future ou la protection juridique conventionnelle », *Dr. fam.* 2007. Étude 21 – J. Leprovaux, « Le mandat de protection future », JCP N 2008. 1274; « Le mandat de protection future, technique de gestion patrimoniale », *in* G. Raoul-Cormeil et J.-M. Plazy (dir.), *Le patrimoine de la personne protégée*, LexisNexis, 2015, p. 135 – L. Leveneur, « Intérêts et limites du mandat de protection future », *in Mél. G. Champenois*, Defrénois-Lextenso, 2012, p. 571 – J. Massip, « Le mandat de protection future », *LPA* 27 juin 2008, p. 11 – D. Noguéro, « Interrogations à propos du mandat de protection future », *D.* 2006. Chron. 1133 – N. Peterka, « Le pouvoir, prérogative privilégiée d'administration du bien d'autrui (mandat, représentation, pouvoir) », *Dr. et patr.* nov. 2015. 36; « Le logement du majeur protégé. Brèves réflexions autour de l'articulation de l'autonomie et de la protection, *Mél. R. Le Guidec*, LexisNexis, 2014, p. 805; « Enjeux et principales difficultés de la gestion du patrimoine d'autrui », *JCP N* 2013. 1190; « L'assurance-vie à l'épreuve de la protection juridique des majeurs », *Mél. G. Champenois*, Defrénois-Lextenso, 2012, p. 641; « Le mandat de protection future : bilan et perspectives », *Defrénois* 2017 [à paraître] – S. Schiller, « La protection de la société contre l'état de vulnérabilité de son dirigeant », *RJDA* 2012. 412 – S. Schiller et H. Fabre, « La protection de la société contre l'état de vulnérabilité de son dirigeant », *JCP N* 2012. 1393.

SECTION 1
MISE EN ŒUVRE DU MANDAT DE PROTECTION FUTURE

§ 1
Mandat de protection future pour soi

A.
Conditions de mise à exécution du mandat

412.11 Altération des facultés personnelles du mandant. La prise d'effet du mandat de protection future est subordonnée aux dispositions générales gouvernant les mesures de protection juridique des majeurs. L'article 481 du Code civil est, à cet égard, particulièrement explicite, en ce que, d'une part, il dispose que « *le mandat prend effet quand il est établi que le mandant ne peut plus pourvoir seul à ses intérêts* » et en ce que, d'autre part, il assujettit la prise d'effet du mandat à la **production au greffe du tribunal d'instance** du **mandat** et d'un **certificat médical** « *établissant que le mandant se trouve dans l'une des situations prévues à l'article 425* ». C'est dire que la mise à exécution du mandat de protection future implique, à l'instar des mesures de protection judiciaire des majeurs, que la personne à protéger soit « *dans l'impossibilité de pourvoir seule à ses intérêts en raison d'une altération, médicalement constatée, soit de ses facultés mentales, soit de ses facultés corporelles de nature à empêcher l'expression de sa volonté* » (C. civ., art. 425, al. 1er, sur renvoi de C. civ., art. 481, al. 2).

412.12 Certificat médical non circonstancié. L'altération des facultés personnelles du mandant doit faire l'objet, en vue de la prise d'effet du mandat de protection future, d'un constat médical. Ce dernier est effectué par un **médecin agréé par le procureur de la République** (C. civ., art. 425 et 431, sur renvoi de C. civ., art. 481, al. 2). Pour autant, le certificat médical requis pour le déclenchement de la mesure conventionnelle ne se confond pas avec le certificat médical circonstancié exigé par l'article 431, pour le prononcé d'une mesure judiciaire de protection. Les dispositions relatives au mandat de protection future, lesquelles se contentent « *d'un certificat médical émanant d'un médecin choisi sur la liste mentionnée à l'article 431* » (C. civ., art. 481, al. 2) dérogent, sur ce point, à celles de l'article 431 du Code civil soumettant la recevabilité de la requête en vue de l'ouverture d'une mesure de protection judiciaire à la production d'un certificat médical circonstancié. Aussi, la présentation au greffe « *d'un certificat médical datant de deux mois au plus, émanant d'un médecin inscrit sur la liste mentionnée à l'article 431 du Code civil et établissant que le mandant se trouve dans l'une des situations prévues à l'article 425* » est-elle suffisante (C. pr. civ., art. 1258, al. 2, 2°). C'est dire que le **certificat médical** imposé pour la mise en œuvre du mandat de protection future n'est **pas soumis à la même exigence de précision** que celle qui s'applique au **certificat médical circonstancié** (C. civ., art. 431 - C. pr. civ., art. 1219).

La justification en est assez cohérente. Parce qu'elle est organisée de manière anticipée par la personne à protéger elle-même et qu'elle évince le juge des tutelles de sa mise à exécution, la mesure conventionnelle conduit nécessairement à émousser les principes de nécessité et de proportionnalité des mesures de protection[1]. Aussi, l'exigence d'un certificat médical circonstancié, lequel a pour finalité de permettre l'adaptation judiciaire de la mesure au degré d'altération des facultés personnelles de l'intéressé, se trouve ici écartée.

B.
Procédure de mise à exécution du mandat

412.21 Formalités au greffe. Le mandat de protection future prend effet à **l'initiative du mandataire**, lequel se présente au **greffe du tribunal d'instance** du ressort de la résidence du mandant, accompagné de ce dernier, sauf s'il est établi par certificat médical que sa présence au tribunal est incompatible avec son état de santé. Le mandataire présente au greffier l'original du **mandat** ou sa copie, signé du mandant et du mandataire, un **certificat médical** daté de deux mois au plus émanant d'un médecin inscrit sur la liste du procureur de la République (C. civ., art. 431) et établissant que le mandant se trouve dans l'impossibilité de pourvoir seul à ses intérêts par suite d'une altération de ses facultés mentales ou de ses facultés corporelles de nature à empêcher l'expression de sa volonté (C. civ., art. 425), une pièce d'identité du mandataire et du mandant, un justificatif de la résidence habituelle de ce dernier (C. pr. civ., art. 1258). Le mandant qui n'a pas comparu devant le greffier est informé par le mandataire de la prise d'effet du mandat de protection future par lettre recommandée avec demande d'avis de réception (C. civ., art. 481, al. 1er - C. pr. civ., art. 1258-4). Reste à savoir s'il est possible d'imposer au mandataire de protection future de surveiller l'état de santé du mandant pendant la phase de latence du mandat. À vrai dire, rien n'interdit d'imposer au mandataire de surveiller, avant la mise en œuvre du mandat, l'état de santé du mandant dans le respect du secret médical qui lui est dû. Pareille clause permet de parer à une mise en œuvre tardive du mandat et au risque qu'il soit écarté au profit d'une mise sous protection judiciaire. Il appartient, en tout état de cause, au rédacteur du mandat d'attirer l'attention du mandataire sur le risque

1. D. Fenouillet, « Le mandat de protection future ou la double illusion », *Defrénois* 2009. 142.

d'éviction du principe de subsidiarité en l'absence de prise d'effet du mandat à l'heure de la saisine du juge des tutelles. Pareille vigilance s'impose tant dans le mandat pour soi que dans le mandat pour autrui où le mandataire devra s'assurer que le mandant peut toujours prendre soin de son enfant (v. s[s] n° 412.31).

412.22 Contrôle formel du greffe. Au vu des pièces qui lui sont produites par le mandataire, le greffier vérifie que le mandant et le mandataire étaient majeurs ou mineurs émancipés à la date de la formation du mandat, la stipulation expresse des modalités de contrôle de l'activité du mandataire, le contreseing de l'avocat lorsque ce dernier a établi le mandat (C. civ., art. 492), le contreseing du curateur lorsque le mandant a indiqué dans le mandat être placé sous curatelle, la justification de l'inscription du mandataire, personne morale, sur la liste des mandataires judiciaires à la protection des majeurs prévue à l'article L. 471-1 du Code de l'action sociale et des familles (C. pr. civ., art. 1258-2). Lorsque ces conditions sont réunies, le greffier, après avoir paraphé chaque page du mandat, mentionne, en fin d'acte, que celui-ci prend effet à compter de la date de sa présentation au greffe, y appose son **visa** et le restitue au mandataire, accompagné des pièces produites (C. civ., art. 481, al. 2 - C. pr. civ., art. 1258-3, al. 1er). C'est dire que non seulement le greffe ne conserve aucune copie du mandat de protection future mais encore qu'aucun enregistrement de l'acte n'est ici effectué. Cette **absence de conservation et d'enregistrement par le greffe** est de nature à fragiliser considérablement le fonctionnement du mandat et, au premier chef, le pouvoir de surveillance générale du juge des tutelles et du procureur de la République sur les mesures de protection de leur ressort (C. civ., art. 416). La publicité des mandats de protection future, prévue par la loi du 28 décembre 2015, d'adaptation de la société au vieillissement, est destinée à remédier à cette difficulté (C. civ., art. 477-1). Il reste que les modalités de cette publicité ainsi que l'accès au registre des mandats de protection future demeurent, pour l'heure, inconnus.

La prise d'effet du mandat ne fait l'objet **d'aucun contrôle supplémentaire**. En effet, d'une part, la mission de vérifier la validité du mandat, notamment quant à la capacité du mandant et du mandataire lors de la formation du mandat ainsi qu'à l'aptitude du mandataire à l'exercice des charges tutélaires, n'est pas confiée au greffe. D'autre part, le juge des tutelles ne participe pas, en principe, à la procédure de mise à exécution du mandat.

412.23 Saisine du juge des tutelles en cas de refus du greffe de mettre le mandat à exécution. L'éviction du juge connaît un infléchissement dans l'hypothèse où le greffier estime que les conditions du mandat de protection future ne sont pas réunies. En ce cas, le mandataire peut saisir le juge des tutelles, après s'être vu restitué par le greffe le mandat non visé ainsi que les pièces qui l'accompagnent (C. pr. civ., art. 1258-3, al. 2 et 3). Le juge peut se prononcer **sans débat** et sa **décision** n'est **pas susceptible d'appel**. Si le juge estime que les conditions requises sont remplies, le greffier met en œuvre le mandat, à la demande du mandataire, après avoir paraphé chaque page du mandat, en mentionnant, en fin d'acte, que celui-ci prend effet à compter de la date de sa présentation au greffe, en y apposant son visa puis en le restituant au mandataire accompagné des pièces produites (C. pr. civ., art. 1258-3, al. 3).

§ 2
Mandat de protection future pour autrui

A.
Conditions de mise à exécution du mandat

412.31 Altération des facultés personnelles ou décès du mandant. La prise d'effet du mandat de protection future est subordonnée à deux séries de conditions cumulatives, les unes étant relatives au mandant et les autres au bénéficiaire du mandat. S'agissant des premières, le mandat prend effet à compter du jour où le **mandant**, c'est-à-dire les père et mère ou le survivant d'entre eux, **décède** ou ne peut plus prendre soin de l'intéressé. Cette dernière formule, de nature à soulever des difficultés d'interprétation [1], est aujourd'hui éclaircie par les dispositions du Code de procédure civile issues du décret n° 2008-1276 du 5 décembre 2008 [2] (C. pr. civ., art. 1258-1, al. 1er, 2° - v. s[s] n° 412.41). Elle implique que le mandant soit dans **l'impossibilité de pourvoir seul aux intérêts de son enfant majeur** par suite d'une altération de ses facultés mentales ou de ses facultés corporelles de nature à empêcher l'expression de sa volonté (C. civ., art. 477, al. 3 *in fine*, et C. civ., art. 425, sur renvoi de C. pr. civ., art. 1258-1, al. 1er, 2°). Cette impossibilité doit être médicalement constatée par un **certificat** établi par un **médecin agréé** par le parquet (C. civ., art. 431, et C. pr. civ., art. 1258-1, al. 1er, 2° - v. s[s] n° 412.41).

412.32 Altération des facultés personnelles du bénéficiaire ayant atteint l'âge de la majorité. S'agissant des secondes, la mise à exécution du mandat suppose que le **bénéficiaire du mandat**, ayant atteint l'âge de la **majorité**, se trouve dans **l'impossibilité de pourvoir seul à ses intérêts** par suite d'une altération de ses facultés mentales ou de ses facultés

1. D. Fenouillet, art. préc. s[s] n° 412.12, spéc. n° 21.
2. Décr. n° 2008-1276, 5 déc. 2008, relatif à la protection juridique des mineurs et des majeurs et modifiant le Code de procédure civile, *JO* 7 déc., p. 18646.

corporelles de nature à empêcher l'expression de sa volonté (C. civ., art. 425 sur renvoi de C. pr. civ., art. 1258-1, al. 1er, 3°). Cette **altération** est établie au vu d'un **certificat médical** dressé par un médecin mentionné sur la liste du procureur de la République. L'exigence d'un certificat médical circonstancié soumis aux dispositions de l'article 1219 du Code de procédure civile est ici écartée. La justification de cette éviction repose, en la matière, sur les mêmes fondements que ceux qui président à sa mise à l'écart dans le mandat de protection future pour soi-même (C. pr. civ., 1258-1, al. 1er, 3° - v. ss n° 412.12).

B. Procédure de mise à exécution du mandat

412.41 Formalités au greffe. La mise en œuvre du mandat de protection future pour autrui a lieu, à l'instar de celle du mandat pour soi-même, à **l'initiative du mandataire** (sur la surveillance de l'état de santé du mandant par le mandataire pendant la phase de latence du mandat, v. ss n° 412.21). Ce dernier se présente en personne au greffe du tribunal d'instance du ressort de la résidence du bénéficiaire du mandat, accompagné de ce dernier, sauf s'il est établi, par certificat médical, que sa présence au tribunal est incompatible avec son état de santé. Le mandataire présente au greffier la **copie authentique du mandat**, signé du mandant et du mandataire, un **certificat de décès du mandant** ou un **certificat médical** datant de deux mois au plus, émanant d'un médecin inscrit sur la liste mentionnée à l'article 431 du Code civil et établissant que le mandant se trouve dans l'impossibilité de prendre soin de son enfant majeur par suite d'une altération de ses facultés mentales ou de ses facultés corporelles de nature à empêcher l'expression de sa volonté (C. civ., art. 477, al. 3 *in fine*, et C. civ., art. 425, sur renvoi de C. pr. civ., art. 1258-1, al. 1er, 2°), un **certificat médical** datant de deux mois au plus, émanant d'un médecin inscrit sur la liste mentionnée à l'article 431 du Code civil et établissant que l'enfant majeur du mandant désigné comme le bénéficiaire du mandat se trouve dans l'impossibilité de pourvoir seul à ses intérêts par suite d'une altération de ses facultés mentales ou de ses facultés corporelles de nature à empêcher l'expression de sa volonté (C. civ., art. 425, sur renvoi de C. pr. civ., art. 1258-1, al. 1er, 3°), une pièce d'identité relative respectivement au mandataire et au bénéficiaire du mandat, un justificatif de la résidence habituelle du bénéficiaire du mandat (C. pr. civ., art. 1258-1). Lorsque ce dernier n'a pas comparu devant le greffier du tribunal, il est informé par le mandataire de la prise d'effet du mandat de protection future par lettre recommandée avec demande d'avis de réception (C. pr. civ., art. 1258-4).

412.42 Contrôle du greffe et saisine du juge des tutelles en cas de refus de mise à exécution du mandat. Le mandat de protection future pour autrui obéit aux mêmes dispositions que le mandat de protection future pour soi s'agissant du **contrôle opéré par le greffier du tribunal d'instance** et la faculté reconnue au mandataire de **saisir le juge des tutelles** par requête, en cas de refus du greffe de mettre le mandat à exécution. La décision du juge des tutelles, qui peut être rendue sans débat, n'est pas susceptible d'appel. Elle s'impose au greffe lorsque le juge décide que les conditions du mandat de protection future pour autrui sont remplies (C. pr. civ., art. 1258-2 et 1258-3 - v. ss nos 412.22 et 412.23).

SECTION 2 EXÉCUTION DU MANDAT DE PROTECTION FUTURE

§ 1 Capacité juridique du mandant

412.51 Arguments défavorables au maintien de la capacité juridique du mandant. La loi du 5 mars 2007 ne règle pas expressément la question du **maintien** ou de la **perte de la capacité du mandant**, ou de l'enfant bénéficiaire du mandat de protection future, après la mise en œuvre de ce dernier. Sur ce point, la doctrine est partagée. Certains auteurs se prévalent d'un raisonnement par analogie avec la sauvegarde de justice assortie de la désignation d'un mandataire spécial (C. civ., art. 435, al. 1er), pour se prononcer en faveur de la **perte partielle de la capacité** du mandant limitée aux seuls **actes relevant des pouvoirs du mandataire de protection future**[1].

Un deuxième courant doctrinal soutient, au contraire, que l'ouverture du mandat entraîne la **perte totale** de la capacité du mandant, sans distinction entre les actes inclus dans la mission du mandataire et ceux qui en sont exclus. Ces auteurs s'appuient sur un double argument tiré des dispositions relatives au mandat de protection future, en invoquant, d'une part, que ces dernières ne précisent pas expressément que le mandant « *conserve l'exercice de ses droits* », contrairement à l'article 435 alinéa 1er relatif à la personne sous sauvegarde de justice, et, d'autre part, qu'elles interdisent au mandant de révoquer ou de modifier le mandat de protection future après sa mise à exécution (C. civ., art. 483, 489 et 492)[2].

412.52 Arguments favorables au maintien de la capacité juridique du mandant. Un troisième courant doctrinal se prononce en faveur du maintien,

1. EN CE SENS : D. Fenouillet, spéc. n° 31 (préc. ss n° 412.12) – D. Noguéro, « Interrogations au sujet du mandat de protection future », *D.* 2006. Chron. 1133.
2. A.-M. Leroyer, *RTD civ.* 2007. 394, spéc. 401.

pour tous les actes, de la capacité du mandant[1]. Cette solution repose sur de puissants arguments résultant, d'une part, de **l'absence de publicité** entourant jusqu'à présent la mise en œuvre du mandat de protection future[2] et, d'autre part, de **l'action en réduction pour cause d'excès** et de **l'action en rescision pour simple lésion** des actes effectués par le mandant pendant la durée de la mesure conventionnelle (C. civ., art. 488)[3].

Le maintien de la capacité du mandant découle par ailleurs de l'analyse téléologique des textes. La volonté du législateur a été, en la matière, que « *l'intéressé conserve sa pleine capacité et* [puisse] *toujours passer des actes entrant dans le champ du mandat* »[4]. Si bien que l'application aux actes du mandant « *des règles prévues pour la sauvegarde de justice, plutôt que celles prévues pour la tutelle* [...], *le mandat de protection future n'étant pas un régime d'incapacité* » se trouve justifiée[5]. Ainsi que l'a souligné le rapport du Défenseur des droits[6], cette solution est dictée par la Convention internationale relative aux droits des personnes handicapées (CIDPH)[7] ainsi que par les principes directeurs de la loi du 5 mars 2007 (C. civ., art. 415 et 428). Ces derniers seraient en effet vidés d'une grande partie de leur substance si la prise d'effet du mandat de protection future devait priver le mandant de sa capacité juridique. Rappelons que n'étant pas subordonnée à la présentation d'un certificat médical circonstancié, la mise en œuvre du mandat de protection future pourrait conduire, si elle devait entraîner la perte de la capacité du mandant, à la mise en place d'un régime de protection largement disproportionné au regard du degré d'altération des facultés personnelles de l'intéressé. Le **maintien de la capacité de la personne protégée** apparaît ici, à l'aune de l'esprit de la loi de 2007, comme la **contrepartie de l'éviction du juge des tutelles** de la mise en œuvre du mandat de protection future.

412.53 Maintien de la capacité juridique du mandant. Incidence de la réforme du droit des contrats. Cette analyse est aujourd'hui confirmée par la circulaire de la Chancellerie du 9 février 2009, laquelle étant sur ce point remarquablement didactique, précise qu'« *il n'existe aucun enregistrement nominatif du mandat, ni au greffe du tribunal ni ailleurs. En effet, le mandat de protection future ne constitue pas un régime d'incapacité : même après la mise en œuvre du mandat, le mandant ne perd pas sa capacité (sauf pour révoquer le mandat, ce qu'il ne peut plus faire lui-même). Il peut continuer à agir dans tous les actes de la vie civile, et notamment continuer à passer des actes graves sur son patrimoine. Le mandat de protection future, comme toute procuration, met en présence deux personnes en mesure et en capacité d'agir sur le même périmètre patrimonial* »[8]. Pareille analyse trouve aujourd'hui un puissant renfort dans les dispositions issues de la réforme du droit des contrats. L'article 1146 du Code civil rappelle, dans sa version issue de l'ordonnance n° 2016-131 du 10 février 2016, que : « *Sont incapables de contracter,* ***dans la mesure définie par la loi,*** [...] 2° Les majeurs protégés au sens de l'article 425 ». L'article 1159, alinéa 2 relatif au régime commun de la représentation précise, quant à lui, que « *la représentation conventionnelle laisse au représenté l'exercice de ses droits* »[9].

§ 2
Pouvoirs du mandataire

412.61 Liberté contractuelle encadrée. La mission du mandataire de protection future est délimitée par la volonté des parties. C'est à ces dernières qu'il appartient également de fixer le **contenu** et les **modalités de contrôle** de l'exercice de sa mission par le mandataire, ainsi que la **rémunération** de ce dernier. Sur ce dernier point, l'article 478 du Code civil soumet le mandat de protection future aux dispositions des articles 1984 à 2010 du même code qui ne sont

1. A. Delfosse et N. Baillon-Wirtz, « Le mandat de protection future », *JCP N* 2007. I. 147 – J. Massip, *Tutelle des mineurs et protection juridique des majeurs,* Defrénois-Lextenso, 2009, n°s 563 s. – L. Taudin, « Mandat de protection future. Itinéraire sinueux d'une représentation » : *JCP N* 2009. 1357 – J. Combret et J. Casey, « Le mandat de protection future (1re et 2e parties) », *RJPF* 2007-7-8/8 et *RJPF* 2007-9/8 – Ph. Potentier, « Forces et faiblesses du mandat de protection future », *Dr. et patr.* avr. 2008. 74.
2. Ce dont il ne peut que découler qu'il s'agit d'une mesure non incapacitante. En effet, la sauvegarde de justice, laquelle ne prive la personne protégée de sa capacité que pour les seuls actes relevant de la mission du mandataire spécial, fait l'objet d'une publicité *a minima* (v. s^{s} n° 321.12) – *Adde*, EN CE SENS, Rép. min. n° 41420, *JOAN Q*, 18 févr. 2014, p. 1625; *JCP N* 2014. 342.
3. EN CE SENS : Massip, n°s 563 s.
4. Rapp. Sénat n° 212, 7 févr. 2007, sur le projet de loi, adopté par l'Assemblée nationale, après déclaration d'urgence, portant réforme de la protection juridique des majeurs, par H. de Richemont, p. 192.
5. Rapp. Sénat n° 212, 7 févr. 2007, par H. de Richemont, préc. s^{s} prés^{t} n°.
6. Rapport du Défenseur des droits, *Protection juridique des majeurs vulnérables,* sept. 2016.
7. CIDPH, 13 déc. 2006, entrée en vigueur le 20 mars 2010.
8. Circ. DACS n° CIV/01/09/C1, 9 févr. 2009, relative à l'application des dispositions législatives et réglementaires issues de la réforme du droit de la protection juridique des mineurs et des majeurs, *BOMJ* 28 févr. 2009, p. 40. – DANS LE MÊME SENS, v. Rép. min. 6 sept. 2016, n° 85698, *JO* 6 sept. 2016, p. 7998; *Dr. fam.* 2016. n° 239, obs. I. M.
9. Sur le sujet, v. J. Hauser, « La réforme du droit des obligations et le droit des personnes et de la famille, *AJ fam.* 2016. 460; N. Peterka, « Les implications de la réforme du droit des obligations en droit des personnes protégées », *AJ fam.* 2016. 533; I. Maria, « Incidences de la réforme du droit des obligations sur le droit des personnes protégées », *Dr. fam.* 2017. n° 20.

pas incompatibles avec celles relatives à ce mandat. C'est dire que, conformément au droit commun du mandat, le mandat de protection future est en principe gratuit sauf convention contraire (C. civ., art. 1986). S'il est imprégné de **liberté contractuelle**, le mandat de protection future n'en demeure pas moins une **mesure de protection des majeurs**. Cette nature juridique justifie que la liberté des parties se heurte, en cette matière, à une triple limite tenant d'abord à la protection de la personne et de son cadre de vie (A), ensuite à la gestion de son patrimoine (B) et, enfin, aux modalités d'exécution de la mission du mandataire (C).

A. Limites tenant à la protection de la personne et de son cadre de vie

412.71 Limites tenant à la protection de la personne du mandant ou du bénéficiaire du mandat. Lorsque le mandat de protection future s'étend à la protection de la personne du mandant ou, dans le cas du mandat pour autrui, du bénéficiaire, la mission du mandataire est définie, de manière impérative, par les articles 457-1 à 459-2 du Code civil, toute stipulation contraire étant réputée non écrite (C. civ., art. 479, al. 1er). Aussi, le **mandant** ou **l'enfant majeur** bénéficie-t-il du **système d'autonomie graduée posé par la loi de 2007**, afin de décider des actes relatifs à sa personne, l'assistance et, après l'ouverture d'une tutelle, la représentation ne pouvant intervenir que lorsqu'il n'est plus en mesure de prendre seul une décision personnelle éclairée (C. civ., art. 459). Par ailleurs, le mandataire peut prendre à l'égard du mandant ou du bénéficiaire du mandat les **mesures de protection strictement nécessaires** pour mettre fin au danger que son propre comportement ferait courir à la personne protégée (C. civ., art. 459, al. 4). Le mandant ou le bénéficiaire du mandat ne peut recevoir, en revanche, **aucune assistance ou représentation pour l'accomplissement des actes strictement personnels** (C. civ., art. 458). Ces dispositions ne font pas obstacle à ce que le mandataire se voit attribuer les missions que le Code de la santé publique et le Code de l'action sociale et des familles confient au représentant de la personne en tutelle ou à la personne de confiance en matière médicale et médico-sociale (C. civ., art. 479, al. 2)[1]. Le mandataire est tenu à l'égard du mandant ou du bénéficiaire du mandat d'un **devoir d'information** portant sur la situation personnelle du majeur protégé, les actes concernés, leur utilité, leur degré d'urgence, leurs effets et les conséquences d'un refus de sa part. Cette information doit être **délivrée selon des modalités adaptées à l'état de la personne protégée** et sans préjudice des informations que les tiers sont tenus de lui dispenser en vertu de la loi (C. civ., art. 457-1). Bien qu'inscrite au sein d'une sous-section du Code civil consacrée à la protection de la personne, cette obligation de transparence paraît s'imposer également, au vu des principes directeurs de la protection juridique des majeurs (C. civ., art. 415), à la gestion du patrimoine du mandant ou du bénéficiaire.

412.72 Limites tenant à la protection du cadre de vie du mandant ou du bénéficiaire du mandat. Le mandant ou le bénéficiaire du mandat choisit le lieu de sa résidence, conformément aux dispositions de l'article 459-2 alinéa 1er. Il entretient librement des relations personnelles avec tout tiers, parent ou non. Il a le droit d'être visité et, le cas échéant, hébergé par ceux-ci. En cas de difficulté, le juge statue après l'organisation, s'il l'estime utile, d'un débat contradictoire (C. civ., art. 459-2 et C. pr. civ., art. 1213 – Sur ces dispositions, v. s^{s} n°s 213.51 et 213.52). Les dispositions visant à préserver les repères bancaires de la personne protégée (C. civ., art. 427) ainsi que sa résidence principale, sa résidence secondaire et le mobilier qui les garnissent (C. civ., art. 426), s'imposent pareillement au mandataire de protection future (v. s^{s} n°s 212.11 s.)[2]. Le mandataire peut être investi, par ailleurs, de la mission de veiller sur les animaux domestiques du mandant (v. modèle Cerfa 13592-02, s^{s} n° 5281.11).

B. Limites tenant à la gestion du patrimoine

412.81 Étendue des pouvoirs du mandataire dans le mandat notarié. Lorsque le mandat s'étend à la gestion du patrimoine de la personne protégée, le mandataire dispose de pouvoirs plus ou moins importants suivant qu'il tient sa mission d'un **mandat notarié** ou d'un **mandat sous seing privé**. Lorsqu'il résulte d'un acte authentique, « *le mandat, même conçu en termes généraux, inclut, tous les actes patrimoniaux que le tuteur a le pouvoir d'accomplir seul ou avec une autorisation* » (C. civ., art. 490, al. 1er). Sur ce point, les pouvoirs du mandataire de protection future dérogent au droit commun du mandat, lequel soumet les actes de disposition à un mandat exprès (C. civ., art. 1988). À vrai dire, l'article 490 soulève, au premier chef, des difficultés d'interprétation quant aux contours exacts des pouvoirs du mandataire de protection future. Si l'alinéa 1er de ce texte

1. V. Depadt, « Pouvoirs et domaines d'intervention du mandataire judiciaire à la protection des majeurs », *Dr. fam.* 2014. Étude 22.

2. EN CE SENS, v. not. J. Hauser, « L'enfance du mandat de protection future », *Mél. R. Le Guidec*, LexisNexis, 2014, p. 709 – N. Peterka, « Le logement du majeur protégé. Brèves réflexions autour de l'articulation de l'autonomie et de la protection », *Mél. R. Le Guidec*, LexisNexis, 2014, p. 805.

est assez clair lorsqu'il énonce que le mandat inclut **tous les actes patrimoniaux que le tuteur peut effectuer seul ou avec une autorisation**, l'alinéa 2 vient non sans maladresse brouiller la règle, en prévoyant que « *toutefois, le mandataire ne peut accomplir un acte de disposition à titre gratuit qu'avec l'autorisation du juge des tutelles* ».

412.82 Actes à titre gratuit et actes interdits. La référence aux actes de disposition à titre gratuit soulève, au moins, deux séries d'interrogations.

La première consiste à déterminer si elle englobe les aliénations gratuites, autres que les donations, visées à l'article 509, 1° du Code civil. L'enjeu porte donc sur le point de savoir si les **actes interdits au tuteur** sont **permis au mandataire**, pourvu qu'il soit muni de **l'autorisation du juge des tutelles**. Si l'interprétation exégétique du texte paraît favorable à cette analyse, cette dernière est démentie par son interprétation téléologique. En effet, à en croire les rapports parlementaires, l'article 490 alinéa 2 « *vise à éviter des donations abusives ou sous influence, notamment au profit du mandataire* ». On y lit, par ailleurs, que si « *le projet de loi écarte explicitement l'exigence d'un mandat exprès prévue par l'article 1988 du Code civil pour les actes de disposition, c'est afin de permettre au mandat d'autoriser le mandataire à faire tout acte de disposition qu'un tuteur peut accomplir* »[1]. C'est dire que le mandataire ne peut effectuer les aliénations gratuites interdites, sous la tutelle, par l'article 509, 1° (sur ces interdictions, v. s[s] n° 355.11)[2]. Pareille analyse de l'article 490 conduit, *a priori*, à **transposer au mandataire de protection future toutes les interdictions de l'article 509**. Pour autant, ces dernières étant en principe de droit strict et le mandataire de protection future étant chargé, à la différence du tuteur, de la protection des intérêts d'une personne dotée de sa capacité juridique, la question pourrait être rouverte.

412.83 Étendue des actes à titre gratuit soumis à autorisation – Cas particulier de l'assurance-vie. *La seconde interrogation* consiste à déterminer si la notion d'acte de disposition à titre gratuit recouvre, non pas seulement les **donations entre vifs**, mais aussi d'autres techniques qui s'en approchent, telles que **l'assurance-vie**. En effet, si elle ne correspond pas en principe à une libéralité, l'assurance-vie n'y est pas non plus totalement étrangère. Elle fournit à la faveur d'une possible requalification, le support d'une **donation indirecte**. Cette dernière conduit alors à placer la sphère d'autonomie du mandataire sous la dépendance d'une éventuelle requalification du contrat. À vrai dire, c'est au premier chef la notion d'acte de disposition à titre gratuit qui soulève ici des difficultés d'interprétation. Car, même lorsqu'elle n'est pas le vecteur d'une donation, **l'assurance-vie** peine à se couler dans la qualification **d'acte à titre onéreux**. Si telle n'est pas – il est vrai – la position de la Cour de cassation, laquelle qualifie en principe l'assurance-vie de contrat aléatoire, il n'en demeure pas moins que cette dernière peut servir, dans les relations entre le souscripteur-assuré et le bénéficiaire, à une transmission sans contrepartie[3].

Il convient ainsi, pour cerner les **pouvoirs du mandataire de protection future**, de distinguer **l'assurance-vie à finalité transmissive**, laquelle pourrait incarner, pour l'application de l'article 490 alinéa 2, un acte à titre gratuit sans tomber – nécessairement – sous le coup de la qualification de donation, et **l'assurance-vie souscrite à des fins de garantie** ou de **financement d'un contrat d'obsèques**, laquelle peut seule s'analyser comme un acte de disposition à titre onéreux. Mais encore faut-il alors opposer, d'une part, la **souscription du contrat** et, d'autre part, la **désignation du bénéficiaire**. Seule cette dernière permet de conférer à ces assurances la qualification d'acte de disposition à titre gratuit. En effet, à défaut de bénéficiaire désigné au jour de l'échéance du contrat, le capital ou la rente réintègrent purement et simplement la succession (C. assur., art. L. 132-11). C'est donc ici, au premier chef, la **désignation** ou la **modification du bénéficiaire** qui impose **l'autorisation du juge des tutelles**[4].

412.84 Étendue des pouvoirs du mandataire dans le mandat sous seing privé. Lorsqu'il a été conclu par acte sous seing privé, le mandat est limité quant à la gestion du patrimoine aux seuls **actes que le tuteur peut faire sans autorisation** (C. civ., art. 493, al. 1er). La mission du mandataire est ainsi cantonnée à l'accomplissement des **actes conservatoires** et des **actes**

1. Rapp. AN n° 3557, 10 janv. 2007, sur le projet de loi (n° 3462) portant réforme de la protection juridique des majeurs, par E. Blessig, p. 199 – Rapp. Sénat n° 212, 7 févr. 2007, par H. de Richemont, p. 194 s., not. p. 195 (préc. s[s] n° 412.52).
2. Sur ce sujet, V. AUSSI : J. Leprovaux, « Le mandat de protection future », *JCP N* 2008. I. 1274, spéc. n° 22 – COMP. : Ph. Potentier, « Le domaine du mandat de protection future », *JCP N* 2007. I. 1262, spéc. n° 25.
3. COMP. : H. Fabre et Ph. Van Steenlandt, « Mandat de protection future et assurance-vie », *Dr. et patr.* oct. 2009. 36, spéc. 37-39 : suivant lesquels seules les assurances-vie acceptées pourraient servir de support à une donation indirecte exclue des pouvoirs du mandataire. Mais une telle analyse ne coïncide ni avec la jurisprudence de la Cour de cassation (Cass., ch. mixte, 21 déc. 2007, n° 06-12.769, *Bull. ch. mixte*, n° 13 ; *JCP N* 2008. 1222, note Pierre et Gentilhomme ; *Dr. et patr.* 2009. 118, obs. Delmas Saint-Hilaire), ni avec le mécanisme de la stipulation pour autrui.
4. N. Peterka, « L'assurance-vie à l'épreuve de la protection juridique des majeurs », *Mél. G. Champenois*, Defrénois-Lextenso, 2012, p. 641 – POUR UNE ANALYSE DIFFÉRENTE, v. J. Leprovaux, « Le mandat de protection future, technique de gestion patrimoniale », *in* G. Raoul-Cormeil et J.-M. Plazy (dir.), *Le patrimoine de la personne protégée*, LexisNexis, 2015, p. 135.

d'administration. En sont écartés, en revanche, les actes de disposition (sur lesquels, v. s^{s} n°s 354.61 s.). C'est dire que le décret n° 2008-1484 du 22 décembre 2008 relatif à la gestion du patrimoine des personnes en curatelle ou en tutelle, et notamment les critères ainsi que le pouvoir de requalification qu'il reconnaît au protecteur, sont applicables, par le jeu du double renvoi des articles 490 alinéa 1er (mandat notarié) et 493 alinéa 1er (mandat sous seing privé), au mandat de protection future. Si sa mission est en principe exclusive des actes de disposition, le **mandataire sous seing privé** peut toutefois saisir le **juge des tutelles** afin de voir ordonner un **acte qui serait soumis à autorisation sous la tutelle** ou un acte qui n'est **pas prévu par le mandat**, si son accomplissement s'avère nécessaire dans l'intérêt du mandant (C. civ., art. 493, al. 2). La saisine du juge s'effectue par requête au tribunal d'instance de la résidence habituelle du mandant ou du bénéficiaire du mandat. Le juge des tutelles se prononce, après avoir convoqué le mandant ou le bénéficiaire du mandat et le mandataire dans les quinze jours de la requête, par une décision susceptible d'appel (C. pr. civ., art. 1259-3). Ce dernier peut être interjeté par le mandant, le bénéficiaire du mandat, le mandataire, la personne chargée du contrôle de l'exécution du mandat et ceux dont elle modifie les droits ou les charges. (C. pr. civ., art. 1259-5).

412.85 Caractère d'ordre public du périmètre légal des pouvoirs du mandataire et possibilité d'y ajouter des limites conventionnelles. En tant que mesure de protection juridique des majeurs, le mandat de protection future demeure imprégné, malgré sa nature conventionnelle, d'un fort degré d'ordre public. Il en résulte que le périmètre légal des pouvoirs du mandataire ne saurait être étendu au-delà des frontières fixées par la loi. Ainsi, dans le mandat notarié, le mandant ne saurait autoriser le mandataire à accomplir sans l'autorisation du juge des tutelles un acte de disposition à titre gratuit. De la même manière, la clause permettant, dans le mandat sous seing privé, au mandataire d'accomplir un acte qui, sous la tutelle, requerrait cette autorisation ne saurait recevoir effet. Reste à déterminer si la **nullité**, laquelle ne découle ici d'aucune disposition légale, infecterait seulement la **clause illicite** ou, plus largement, **l'intégralité du mandat**. En l'absence de disposition spéciale, il convient sans doute de se référer au droit commun. Si bien que seule la clause illicite doit être réputée non écrite dès lors qu'elle n'a pas constitué l'élément déterminant du mandat. La solution pouvait se prévaloir de la théorie de la cause. Elle résulte aujourd'hui expressément de l'article 1184 du Code civil, dans sa rédaction issue de l'ordonnance du 10 février 2016[1].

S'il ne peut recevoir **aucun élargissement** par l'effet de la volonté des parties, le périmètre des pouvoirs du mandataire de protection future peut être, en revanche, **conventionnellement réduit.** Il est ainsi loisible au mandant de réduire, dans le mandat notarié, les pouvoirs du mandataire à l'accomplissement des actes d'administration et de limiter, dans le mandat sous seing privé, la sphère d'autonomie du mandataire à certains actes d'administration seulement. Plus délicate est la question de savoir si le mandat notarié peut soumettre, les actes de disposition à titre onéreux, ou certains d'entre eux, à l'autorisation préalable du juge des tutelles, dans la mesure où cette clause tend à modifier, par contrat, la compétence *rationae materiae* du juge des tutelles. L'esprit de la loi du 5 mars 2007 ainsi que l'impératif de protection du majeur y semblent favorables. Il reste qu'en l'absence de disposition spéciale, la solution demeure incertaine.

412.86 Limites et interrogations tenant au droit des sociétés. La délimitation des pouvoirs du mandataire de protection future à l'épreuve du droit des sociétés suscite de nombreuses difficultés.

Outre celui tirée du **défaut de publicité du mandat**, qui sera peut-être levé à l'avenir, des dysfonctionnements sont susceptibles de résulter des **pouvoirs concurrents du mandant et du mandataire.** Ces derniers exposent les associés et les tiers, non seulement au risque d'accomplissement d'actes contradictoires entre le mandant investi d'un mandat social et son mandataire de protection future mais, encore, à celui de la rescision pour cause de lésion et à la réduction pour excès des actes accomplis par le mandataire (C. civ., art. 488)[2], voire à leur annulation pour insanité d'esprit sur le fondement de l'article 414-1 du Code civil.

Tout aussi délicate est la question de savoir si, dans les sociétés de personnes, la société peut se poursuivre malgré la prise d'effet du mandat à l'égard d'un associé et ce dernier être représenté par le mandataire désigné malgré la nécessité de l'agrément[3]. L'inter-

1. Ord. n° 2016-131, 10 févr. 2016, portant réforme du droit des contrats, du régime général et de la preuve des obligations, *JO* 11 févr., texte n° 26.
2. S. Schiller, « La protection de la société contre l'état de vulnérabilité de son dirigeant », *RJDA* 2012. 411.
3. C. com., art. L. 221-16 : « *Lorsqu'un jugement de liquidation judiciaire ou arrêtant un plan de cession totale, une mesure d'interdiction d'exercer une profession commerciale ou une mesure d'incapacité est devenu définitif à l'égard de l'un des associés, la société est dissoute, à moins que sa continuation ne soit prévue par les statuts ou que les autres associés ne la décident à l'unanimité* (al. 1er). *Dans le cas de continuation, la valeur des droits sociaux à rembourser à l'associé qui perd cette qualité est déterminée conformément aux dispositions de l'article 1843-4 du Code civil. Toute clause contraire à l'article 1843-4 dudit code est réputée non écrite* (al. 2) ». On rétorquera à l'application de ce texte au mandat de protection future que, non seulement la prise d'effet de ce dernier ne résulte d'aucun jugement mais encore, et surtout, qu'il ne prive pas le mandant ou le bénéficiaire du mandat de sa capacité juridique.

diction d'exercer le commerce au nom de la personne protégée, posée à l'article 509, 3° énumérant les actes interdits au tuteur, même autorisé, est-elle applicable au mandataire de protection future lorsque le mandant est associé d'une SNC (C. com., art. L. 221-1) ou commandité dans une SCS (C. com., art. L. 222-2) et revêt, par suite, la qualité de commerçant ?

Lorsque la personne protégée est investie d'un mandat social, le mandat de protection future paraît à première vue inapproprié pour emporter le remplacement du dirigeant vulnérable par son mandataire. L'*intuitu personae* semble, en effet, y mettre obstacle. Il est vrai que le gérant d'une société peut consentir un mandat à un tiers pour accomplir des actes engageant la société. Il n'y a donc pas d'impossibilité de principe à ce que le gérant soit représenté dans l'exercice de ses fonctions[1]. Pour autant, il est préférable d'anticiper la vulnérabilité du dirigeant en prévoyant la gouvernance de la société après la prise d'effet du mandat[2].

C. Modalités d'exécution de la mission du mandataire

412.91 Caractère personnel de la mission du mandataire et faculté de substitution. La loi du 5 mars 2007 encadre non seulement l'étendue de la mission du mandataire mais encore les modalités de son exécution. Sur ce dernier point, l'article 482 du Code civil précise que « *le mandataire exécute personnellement le mandat. Toutefois, il peut se substituer un tiers pour les actes de gestion du patrimoine mais seulement à titre spécial* (al. 1er). *Le mandataire répond de la personne qu'il s'est substituée dans les conditions de l'article 1994* (al. 2) ». Le mandataire de protection future est ainsi autorisé à **déléguer à un sous-mandataire l'accomplissement d'un acte déterminé**, tel que, dans le mandat notarié, la vente d'un immeuble déterminé.

412.92 Étendue et conséquences de la faculté de substitution. La faculté de substitution ainsi reconnue au mandataire n'est pas sans faire écho à celle reconnue au curateur et au tuteur de s'adjoindre, sous leur propre responsabilité, le concours d'un tiers pour l'accomplissement des actes conservatoires et, sous réserve qu'ils n'emportent ni paiement ni encaissement de sommes d'argent par ou pour la personne protégée, des actes d'administration (C. civ., art. 452, et Décr. n° 2008-1484, 22 déc. 2008, art. 3 – sur la faculté du tuteur de s'adjoindre le concours d'un tiers, v. s^s^ n° 353.91)[3]. Mais, à la différence de l'article 452 relatif à la curatelle et à la tutelle, la faculté de substitution reconnue au mandataire de protection future bénéficie d'une meilleure lisibilité. D'une part, elle peut porter sur **tout type d'acte**, quelle qu'en soit la qualification, dès lors qu'elle n'est prévue que pour un **acte déterminé**[4]. D'autre part, le **mandataire est responsable de la personne qu'il s'est substitué** dans les conditions du droit commun du mandat (C. civ., art. 482, al. 2, et 1994). C'est dire que, lorsque la substitution n'a pas été autorisée par le mandat de protection future – ou qu'elle l'a été sans qu'une personne ait été désignée et que le mandataire a fait le choix d'une personne notoirement incapable ou insolvable –, elle a pour effet de rendre le mandataire responsable du fait de celui qu'il s'est substitué, à l'égard duquel il est tenu d'une obligation de surveillance[5]. Le mandant peut agir, au demeurant, dans tous les cas, directement contre la personne que le mandataire s'est substitué (C. civ., art. 1994, al. 2).

§ 3 Contrôle de la gestion du mandataire

412.101 Inventaire et reddition des comptes – Dispositions générales. Les pouvoirs du mandataire de protection future trouvent leur contrepartie dans les obligations que le Code civil met à sa charge. Celles-ci ont pour finalité le **contrôle de sa mission** et, le cas échéant, la mise en œuvre de sa **responsabilité**

1. H. Hovasse, note s^s^ Civ. 1re, 12 juill. 2012, n° 11-13.161, *Bull. civ.* I, n° 163 ; *JCP E* 4 oct. 2012.
2. Sur tout ceci, v. H. Fabre, « Application pratique des nouveaux mandats en droit des sociétés. Le cas du mandat de protection future », *JCP N* 2009. 1359 – F. Jourdain-Thomas, « Le mandat de protection future : aspects pratiques et sociétés », *JCP N* 2011. 1317 – S. Schiller, « La protection de la société contre l'état de vulnérabilité de son dirigeant », préc. s^s^ n° 412.86.
3. Les rapports parlementaires font expressément le rapprochement entre ces deux modalités d'exercice de la mission du protecteur – V. Rapp. AN n° 3557, 10 janv. 2007, par E. Blessig, p. 194 (préc. s^s^ n° 412.82) : « *De la même façon qu'un curateur ou un tuteur peut, en application de l'article 452, s'adjoindre le concours de tiers, le mandataire pourra se substituer un mandataire spécial* » – *Adde*, Rapp. Sénat n° 212, 7 févr. 2007, par H. de Richemont, p. 187 (préc. s^s^ n° 412.52).
4. L'article 452 alinéa 2 ne précise pas si, sous la curatelle et la tutelle, l'adjonction d'un tiers ne peut avoir lieu qu'à titre spécial. Si bien que cette limitation, prévue dans le cadre du mandat de protection future, ne semble pas s'appliquer à ces mesures judiciaires. L'opposition se comprend au demeurant assez aisément. Le respect de la volonté du mandant, qui a souhaité confier la mesure à une personne désignée par ses soins, justifie que, dans le mandat de protection future, la substitution de mandataire ne soit tolérée qu'à titre spécial. Quant à l'indifférence de la qualification de l'acte de gestion du patrimoine, elle s'explique ici à l'aune des pouvoirs du mandataire, lesquels varient suivant la nature du mandat.
5. Civ. 1re, 29 mai 1980, n° 79-11.784, *Bull. civ.* I, n° 163 – Civ. 1re, 26 nov. 1981, n° 80-15.740, *Bull. civ.* I, n° 355 – Com. 2 déc. 1997, n° 95-19.579, *Bull. civ.* IV, n° 313.

civile. Le mandataire est d'abord tenu de dresser, dans les conditions prévues à l'article 1253 du Code de procédure civile, un **inventaire des biens** de la personne protégée lors de la prise d'effet du mandat et d'en assurer **l'actualisation** au cours de ce dernier afin de maintenir à jour l'état du patrimoine du mandant (C. civ., art. 486, al. 1er - C. pr. civ., art. 1260). La loi impose, ensuite, au mandataire, d'établir annuellement le **compte de sa gestion**, selon les modalités prévues au mandat. Le juge peut, en tout état de cause, faire vérifier le compte de gestion suivant les modalités prévues à l'article 511 par le directeur des services de greffe judiciaires du tribunal d'instance (C. civ., art. 486, al. 2).

412.102 Reddition des comptes sous le mandat notarié. Lorsqu'il a été désigné par acte authentique, le mandataire est tenu de rendre compte annuellement de sa gestion au **notaire qui a établi le mandat** en lui adressant ses comptes ainsi que les pièces justificatives utiles. Celui-ci en assure la **conservation** ainsi que celle de **l'inventaire** des biens et de ses **actualisations** (C. civ., art. 491, al. 1er). La loi fait peser sur le notaire rédacteur du mandat un **devoir d'alerte**, qui n'est pas sans évoquer celui prévu à l'article 499, alinéa 2 relatif à la tutelle (v. ss n° 352.22), en lui imposant de saisir le juge de tout mouvement de fonds et tout acte non justifiés ou n'apparaissant pas conforme aux stipulations du mandat (C. civ., art. 491, al. 2). Encore faut-il s'entendre sur la notion de mouvement de fonds ou d'actes non justifiés, laquelle peut se réduire à une simple question probatoire ou impliquer, aussi, l'appréciation de l'opportunité de l'acte. Si cette dernière interprétation devait être retenue, il conviendrait alors de déterminer si cette appréciation devrait rester sur un terrain purement patrimonial ou intégrer également une dimension personnelle tenant compte de la volonté exprimée du mandant. Les termes de l'article 491, lesquels font référence aux « *stipulations du mandat* » paraissent favorables à cette seconde interprétation.

Rien ne s'oppose à ce que le notaire rédacteur du mandat se fasse **assister**, dans le cadre de sa mission de vérification des actes du mandataire, par un ou plusieurs tiers (avocats, experts comptables, conseil en gestion de patrimoine, par exemple). Ces derniers peuvent être désignés dans le mandat. La fidélité aux habitudes du mandant dans le choix des professionnels chargés de contrôler les comptes du mandataire participe des éléments d'appréciation de la conformité du mandat aux intérêts du mandant. Le notaire ne saurait en revanche déléguer sa mission de vérification à un tiers.

412.103 Reddition des comptes sous le mandat sous seing privé. Lorsque le mandat est établi par acte sous seing privé, le contrôle de la gestion du mandataire fait l'objet de dispositions moins contraignantes, ce qui s'explique aisément par l'étendue de sa mission, laquelle se trouve ici restreinte aux **actes conservatoires** et aux **actes d'administration**. L'article 494 du Code civil impose seulement au mandataire de conserver l'inventaire et les comptes de gestion pendant cinq ans, ainsi que les pièces justificatives. Le compte de gestion est vérifié selon les modalités prévues au mandat. Sur ce point, le modèle Cerfa 13592-02 (v. ss n° 5281.11) invite le mandant à désigner une personne physique ou morale chargée de contrôler le mandataire dans sa mission de protection de la personne et/ou du patrimoine du mandant. C'est dire que le **contrôle** de la mission du mandataire n'est **pas systématique** et qu'elle est **largement déjudiciarisée.**

Ce déficit de protection trouve, il est vrai, une double compensation. D'une part, l'article 486 alinéa 2 autorise le juge des tutelles à faire vérifier le compte de gestion du mandataire par le directeur des services de greffe judiciaires du tribunal d'instance suivant les modalités prévues par l'article 511[1] en matière de tutelle. D'autre part, l'article 494 alinéa 2 fait ici jouer le **pouvoir de surveillance générale du juge des tutelles et du procureur de la République** en imposant au mandataire de leur communiquer l'inventaire et les cinq derniers comptes de gestion, s'ils en font la réquisition (C. civ., art. 416, al. 3). Mais encore faut-il, pour que ce contrôle soit effectif, que ces magistrats aient le moyen de prendre connaissance des mandats mis à exécution dans leur ressort[2] (sur le compte final de gestion et la responsabilité civile du mandataire de protection future, v. ss nos 413.43 et 413.44).

1. Mod. par L. n° 2016-1547, 18 nov. 2016, art. 16.
2. D. Fenouillet, spéc. n° 21 (préc. ss n° 412.12).

CHAPITRE

413. Cessation du mandat de protection future

SECTION 0 ORIENTEUR

413.00 **Plan du chapitre.**

413.01 **Textes applicables.**

TEXTES LÉGISLATIFS ET RÉGLEMENTAIRES NOUVEAUX

• **Ord. n° 2016-131, 10 févr. 2016,** portant réforme du droit des contrats, du régime général et de la preuve des obligations, *JO* 11 févr., texte n° 26.

TEXTES SOURCES

> Causes de cessation du mandat de protection future

+ L. n° 2007-308, 5 mars 2007

C. civ., art. 483, 484, 485, 487

> Rôle du juge des tutelles

+ Décr. n° 2009-1628, 23 déc. 2009

C. pr. civ., art. 1217, 1220, 1220-1, 1228, 1259 à 1259-5

• **Circ. DACS n° CIV/01/09/C1, 9 févr. 2009**

> Détournement et dépassement de pouvoirs

+ Ord. n° 2016-131, 10 févr. 2016

C. civ., art. 1156, 1157 et 1158

TEXTES *IN EXTENSO*

> Causes de cessation du mandat de protection future
[C. civ., art. 483, 484, 485 et 487]

+ L. n° 2007-308, 5 mars 2007, art. 7

C. civ., art. 483

Le mandat mis à exécution prend fin par :

1° Le rétablissement des facultés personnelles de l'intéressé constaté à la demande du mandant ou du mandataire, dans les formes prévues à l'article 481 ;

2° Le décès de la personne protégée ou son placement en curatelle ou en tutelle, sauf décision contraire du juge qui ouvre la mesure ;

3° Le décès du mandataire, son placement sous une mesure de protection ou sa déconfiture ;

4° Sa révocation prononcée par le juge des tutelles à la demande de tout intéressé, lorsqu'il s'avère que les conditions prévues par l'article 425 ne sont pas réunies, lorsque les règles du droit commun de la représentation ou celles relatives aux droits et devoirs respectifs des époux et aux régimes matrimoniaux apparaissent suffisantes pour qu'il soit pourvu aux intérêts de la personne par son conjoint avec qui la communauté de vie n'a pas cessé ou lorsque l'exécution du mandat est de nature à porter atteinte aux intérêts du mandant.

Le juge peut également suspendre les effets du mandat pour le temps d'une mesure de sauvegarde de justice.

C. civ., art. 484

Tout intéressé peut saisir le juge des tutelles aux fins de contester la mise en œuvre du mandat ou de voir statuer sur les conditions et modalités de son exécution.

C. civ., art. 485

Le juge qui met fin au mandat peut ouvrir une mesure de protection juridique dans les conditions et selon les modalités prévues aux sections 1 à 4 du présent chapitre.

Lorsque la mise en œuvre du mandat ne permet pas, en raison de son champ d'application, de protéger suffisamment les intérêts personnels ou patrimoniaux de la personne, le juge peut ouvrir une mesure de protection juridique complémentaire confiée, le cas échéant, au mandataire de protection future. Il peut aussi autoriser ce dernier ou un mandataire *ad hoc* à accomplir un ou plusieurs actes déterminés non couverts par le mandat.

Le mandataire de protection future et les personnes désignées par le juge sont indépendants et ne sont pas responsables l'un envers l'autre ; ils s'informent toutefois des décisions qu'ils prennent.

C. civ., art. 487

À l'expiration du mandat et dans les cinq ans qui suivent, le mandataire tient à la disposition de la personne qui est amenée à poursuivre la gestion, de la personne protégée si elle a recouvré ses facultés ou de ses héritiers l'inventaire des biens et les actualisations auxquelles il a donné lieu ainsi que les cinq derniers comptes de gestion et les pièces nécessaires pour continuer celle-ci ou assurer la liquidation de la succession de la personne protégée.

> Rôle du juge des tutelles

[C. pr. civ., art. 1217, 1220, 1220-1, 1228, 1259 à 1259-5]

+ Décr. n° 2008-1276, 5 déc. 2008

+ Décr. n° 2009-1628, 23 déc. 2009

C. pr. civ., art. 1217 *(mod. par Décr. n° 2009-1628, 23 déc. 2009, art. 4)*

Hors les cas prévus aux articles 390, 391, 442 et 485 du Code civil, le juge est saisi par requête remise ou adressée au greffe de la juridiction de première instance.

C. pr. civ., art. 1220 *(mod. par Décr. n° 2009-1628, 23 déc. 2009, art. 5)*

Le juge des tutelles peut, dans tous les cas où il a l'obligation ou il estime utile d'entendre la personne à protéger ou protégée, se déplacer dans toute l'étendue du ressort de la cour d'appel ainsi que dans les départements limitrophes de celui où il exerce ses fonctions. Les mêmes règles sont applicables aux magistrats de la cour d'appel en cas de recours.

C. pr. civ., art. 1220-1 *(créé par Décr. n° 2008-1276, 5 déc. 2008, art. 1er)*

L'audition de la personne peut avoir lieu au siège du tribunal, au lieu où elle réside habituellement, dans l'établissement de traitement ou d'hébergement ou en tout autre lieu approprié.

L'audition n'est pas publique.

Le juge peut, s'il l'estime opportun, procéder à cette audition en présence du médecin traitant ou de toute autre personne.

Le procureur de la République et, le cas échéant, l'avocat de la personne à protéger ou protégée sont informés de la date et du lieu de l'audition.

Il est dressé procès-verbal de celle-ci.

C. pr. civ., art. 1228 *(mod. par Décr. n° 2009-1628, 23 déc. 2009, art. 8)*

Lorsqu'il fait application de l'article 442 du Code civil, le juge statue après avoir entendu ou appelé la personne protégée dans les conditions prévues aux articles 1220 à 1220-2 du présent code et recueilli l'avis de la personne chargée de la mesure de protection. Sa décision est notifiée dans les conditions prévues aux articles 1230 à 1231 du même code.

Toutefois, lorsqu'il y a lieu de renforcer le régime de protection en application du quatrième alinéa de l'article 442 du Code civil, il est en outre procédé conformément aux dispositions des articles 1218, 1220-3 à 1221, 1225 et 1226 du présent code.

C. pr. civ., art. 1259 *(mod. par Décr. n° 2009-1628, 23 déc. 2009, art. 15)*

Le rétablissement des facultés personnelles de la personne protégée est constaté par un certificat médical datant de deux mois au plus, émanant d'un médecin choisi sur la liste mentionnée à l'article 431 du Code civil, saisi par le bénéficiaire du mandat, le mandant ou son mandataire et établissant que la personne protégée ne se trouve plus dans l'une des situations prévues à l'article 425 du même code.

Le bénéficiaire du mandat, le mandant ou le mandataire peuvent se présenter à tout moment au greffe du tribunal d'instance pour faire constater la fin du mandat au vu de ce certificat.

Si les conditions prévues au premier alinéa sont remplies, le greffier mentionne sur le mandat que celui-ci prend fin à compter de la date de sa présentation au greffe, y appose son visa et le restitue au comparant avec le certificat produit.

Si le greffier estime les conditions non remplies, il restitue le mandat sans le viser au comparant ainsi que le certificat produit.

Dans ce cas, le bénéficiaire du mandat, le mandant ou le mandataire peut saisir le juge par requête. Celui-ci peut se prononcer sans débat et sa décision n'est pas susceptible d'appel. Si le juge estime les conditions requises remplies, le greffier procède, à la demande du bénéficiaire du mandat, du mandant ou du mandataire, conformément au troisième alinéa.

C. pr. civ., art. 1259-1 *(créé par Décr. n° 2008-1276, 5 déc. 2008, art. 1er)*

Le bénéficiaire du mandat, le mandant ou le mandataire qui n'a pas comparu devant le greffier est informé par le comparant de la fin de l'exécution du mandat par lettre recommandée avec demande d'avis de réception.

C. pr. civ., art. 1259-2 *(créé par Décr. n° 2008-1276, 5 déc. 2008, art. 1er)*

Le juge peut suspendre les effets du mandat de protection future dans la décision d'ouverture d'une mesure de sauvegarde de justice ou, si l'existence du mandat est portée à sa connaissance postérieurement à cette ouverture, par une décision prise en cours de déroulement de la mesure.

Le greffier avise le mandataire et la personne placée sous sauvegarde de justice de cette suspension par lettre simple.

Lorsque la mesure de sauvegarde de justice prend fin, le mandat de protection future reprend effet de plein droit à moins que le juge révoque celui-ci ou ouvre une mesure de protection juridique. Le greffier en avise par tout moyen le mandataire et la personne dont le placement sous sauvegarde de justice a pris fin.

C. pr. civ., art. 1259-3 *(mod. par Décr. n° 2010-1647, 28 déc. 2010, art. 15, puis par Décr. n° 2015-282, 11 mars 2015, art. 13)*

La saisine du juge sur le fondement des articles 479, 480, 484 ou 493 du Code civil s'effectue par requête remise ou adressée au greffe. La requête indique les nom, prénom et adresse du mandant ou du bénéficiaire du mandat lorsque celui-ci n'est pas le mandant et du mandataire.

Le juge territorialement compétent est celui de la résidence habituelle du mandant ou du bénéficiaire du mandat lorsque celui-ci n'est pas le mandant.

Dans les quinze jours de la requête, le greffe adresse une convocation à l'audience au mandant ou au bénéficiaire du mandat lorsque celui-ci n'est pas le mandant et au mandataire par lettre recommandée avec demande d'avis de réception, à laquelle est jointe une copie de la requête.

Toutefois, lorsqu'il résulte de celle-ci que seule la dernière adresse du mandant ou du bénéficiaire du mandat lorsque celui-ci n'est pas le mandant ou du mandataire est connue, le greffe invite le requérant à procéder par voie de signification.

Le greffe avise par tous moyens le requérant des lieu, jour et heure de l'audience.

Les parties se défendent elles-mêmes; elles ont la faculté de se faire assister ou représenter par un avocat.

La procédure est orale.

Les dispositions des articles 1231 et 1239 sont applicables.

C. pr. civ., art. 1259-4 *(créé par Décr. n° 2008-1276, 5 déc. 2008, art. 1er)*

Lorsque le juge met fin au mandat de protection future, sa décision est notifiée au mandataire et au mandant ou au bénéficiaire du mandat par lettre recommandée avec demande d'avis de réception.

C. pr. civ., art. 1259-5 *(mod. par Décr. n° 2009-1628, 23 déc. 2009, art. 17)*

La décision du juge autorisant, en application des articles 485 et 493 du Code civil, le mandataire de protection future ou un mandataire ad hoc à accomplir des actes non couverts par le mandat n'est susceptible de recours que par le mandant ou le bénéficiaire du mandat lorsque celui-ci n'est pas le mandant, le mandataire, la personne chargée du contrôle de l'exécution du mandat et ceux dont elle modifie les droits ou les charges.

• **Circ. DACS, n° CIV/01/09/C1, 9 févr. 2009,** relative à l'application des dispositions législatives et réglementaires issues de la réforme du droit de la protection juridique des mineurs et des majeurs, *BOMJ* 28 févr. 2009.

> Détournement et dépassement de pouvoirs

[C. civ., art. 1156, 1157 et 1158]

+ Ord. n° 2016-131, 10 févr. 2016, art. 2

C. civ., art. 1156

L'acte accompli par un représentant sans pouvoir ou au-delà de ses pouvoirs est inopposable au représenté, sauf si le tiers contractant a légitimement cru en la réalité des pouvoirs du représentant, notamment en raison du comportement ou des déclarations du représenté.

Lorsqu'il ignorait que l'acte était accompli par un représentant sans pouvoir ou au-delà de ses pouvoirs, le tiers contractant peut en invoquer la nullité.

L'inopposabilité comme la nullité de l'acte ne peuvent plus être invoquées dès lors que le représenté l'a ratifié.

C. civ., art. 1157

Lorsque le représentant détourne ses pouvoirs au détriment du représenté, ce dernier peut invoquer la nullité de l'acte accompli si le tiers avait connaissance du détournement ou ne pouvait l'ignorer.

C. civ., art. 1158

Le tiers qui doute de l'étendue du pouvoir du représentant conventionnel à l'occasion d'un acte qu'il s'apprête à conclure, peut demander par écrit au représenté de lui confirmer, dans un délai qu'il fixe et qui doit être raisonnable, que le représentant est habilité à conclure cet acte.

L'écrit mentionne qu'à défaut de réponse dans ce délai, le représentant est réputé habilité à conclure cet acte.

413.02 Jurisprudence de référence.

> Le mandat de protection future mis à exécution prend fin par le placement en curatelle de la personne protégée

• **Civ. 1re, 12 janv. 2011, n° 09-16.519,** *Bull. civ.* I, n° 11

* V. ss n° 413.22

« Attendu que, par ordonnance du 12 septembre 2008, le juge des tutelles du tribunal d'instance de Toulouse a placé Mme X... sous sauvegarde de justice pour la durée de l'instance et confié la réalisation d'une enquête sociale à l'union départementale des associations familiales de la Haute-Garonne (l'UDAF 31); que, par une ordonnance du 22 décembre 2008, le juge des tutelles a désigné l'UDAF 31 en qualité de mandataire spécial de Mme X...; que cette dernière a introduit un recours à l'encontre de cette décision en sollicitant la désignation de son fils, M. Y..., en qualité de mandataire; que, par acte notarié du 19 février 2009, Mme X... a conclu un mandat de protection future désignant M. Y... comme mandataire;

Sur le premier moyen :

Attendu que Mme X... et M. Y... font grief au jugement attaqué (Toulouse, 29 juin 2009) d'avoir confirmé l'ordonnance en ce qu'elle a désigné l'UDAF 31 en qualité de mandataire spécial de Mme X... et d'avoir écarté le mandat de protection future établi par Mme X... au profit de son fils M. Y... et prononcé la mise sous curatelle renforcée de Mme X... en désignant l'UDAF 31 en qualité de curateur, alors, selon le moyen, que la révocation du mandat de protection future exige de démontrer que son exécution est de nature à porter atteinte aux intérêts du mandant; qu'en se contentant de relever que le manque de transparence de M. Richard Y... joint à la mise à l'écart de sa sœur et de ses enfants faisaient obstacle à sa désignation en qualité de curateur sans expliquer en quoi le mandat de protection future par lequel Mme Denise Y... a institué son fils Richard Y... en qualité de mandataire était de nature à porter atteinte aux intérêts du mandant, le tribunal a statué par des motifs impropres à fournir une base légale à sa décision au regard de l'article 483-4° du Code civil;

Mais attendu qu'en application de l'article 483, 2° du Code civil le mandat de protection future mis à exécution prend fin par le placement en curatelle de la personne protégée sauf décision contraire du juge qui ouvre la mesure; que, par la décision attaquée, le tribunal a placé Mme X... sous le régime de la curatelle renforcée sans qu'une décision contraire maintienne le mandat de protection future; que le moyen est inopérant [...]. »

> Seul le mandat de protection future mis à exécution prend fin par le placement en curatelle de la personne protégée

• **Civ. 1re, 4 janv. 2017, n° 15-258.669,** *Bull. civ.* I [à paraître]

* V. ss n° 413.22

« Mais attendu, en premier lieu, qu'il résulte de la combinaison des articles 483, 2°, et 477, alinéa 2, du Code civil que seul le mandat de protection future mis à exécution prend fin par le placement en curatelle de la personne protégée, sauf décision contraire du juge qui ouvre la mesure; que la cour d'appel, qui a constaté que le mandat de protection future n'avait pas été mis à exécution lors de l'ouverture de la curatelle, en a déduit à bon droit que cette mesure n'avait pas eu pour effet d'y mettre fin;

Attendu, en deuxième lieu, que la révocation du mandat de protection future peut être prononcée par le juge des tutelles, en application de l'article 483, 4°, du même code, lorsque son exécution est de nature à porter atteinte aux intérêts du mandant; qu'en ses troisième, quatrième, cinquième et sixième branches, le moyen ne tend qu'à remettre en cause l'appréciation souveraine de la cour d'appel qui, procédant aux recherches prétendument omises, a estimé que le mandat n'était pas contraire aux intérêts de M. André X..., de sorte que la demande de révocation devait être rejetée ».

413.03 Bibliographie indicative.

Ouvrage. J. Massip, *Tutelle des mineurs et protection juridique des majeurs*, Defrénois, 2009.

Actualisable. Rép. civ., v° *Mandat de protection future*, par F. Sauvage.

Articles. P. Carli, « Exactitude et probité. Le mandat notarié de protection future, instrument de la pérennité de la gestion de patrimoine », *JCP N* 2009. 1233 – J. Combrey et J. Casey, « Le mandat de protection future », *RJPF* 2007-7-8/11 (1re partie); *RJPF* 2007-9/8 (2e partie) – A. Couret et S. Lerond, « Comment concilier le mandat de protection future avec les exigences du droit des sociétés en matière de représentation des associés aux assemblées générales ? », *RJDA* 3/2008. 219 – E. Delouis, « Le mandat de protection future : le point sur un contrat très attendu », *LPA* 4 nov. 2010, p. 25 – D. Fenouillet, « Le mandat de protection future ou la double illusion », *Defrénois* 2009. 142 – M.-C. Forgeard et N. Levillain, « Mandat de protection future et pratique notariale », *Defrénois* 2008. 529 – H. Fulchiron, « Le notaire et l'exécution du mandat de protection future », *Defrénois* 2009. 178 V – J. Hauser, « Les mesures judiciaires, solutions subsidiaires au mandat de protection future ? », *in* G. Raoul-Cormeil (dir.), *Nouveau droit des majeurs protégés. Difficultés pratiques*, « Thèmes et commentaires », Dalloz, 2012, p. 13; « L'enfance du mandat de protection, future », *Mél. R. Le Guidec*, LexisNexis, 2014, p. 709 – F. Jourdain-Thomas, « Le mandat de protection future, nouvelle donne législative », *JCP N* 2015. 1176 – J. Klein, « Le mandat de protection future ou la protection juridique conventionnelle », *Dr. fam.* 2007. Étude 21 – J. Leprovaux, « Le mandat de protection future », *JCP N* 2008. 1274 – J. Massip, « Le mandat de protection future », *LPA* 27 juin 2008, p. 11 – L. Leveneur, « Intérêts et limites du mandat de protection future », *in Mél. G. Champenois*, Defrénois-Lextenso, 2012, p. 571 – I. Maria, « Directives du majeur et gestion du patrimoine », *in* G. Raoul-Cormeil et J.-M. Plazy (dir.), *Le patrimoine de la personne protégée*, LexisNexis, 2015, p. 85 – D. Noguéro, « Interrogations à propos du mandat de protection future », *D.* 2006. Chron. 1133 – N. Peterka, « Le pouvoir, prérogative privilégiée d'administration du bien d'autrui (mandat, représentation, pouvoir) », *Dr. et patr.* nov. 2015. 36; « Enjeux et principales difficultés de la gestion du patrimoine d'autrui », *JCP N* 2013. 1190; « Le mandat de protection future : bilan et perspectives », *Defrénois* 2017 [à paraître] – J.-F. Sagaut, « Et si le mandat de protection future intégrait le régime primaire en devenant un effet du mariage », *in Mél. G. Champenois*, Defrénois-Lextenso, 2012, p. 745.

SECTION 1
CONTRÔLE JUDICIAIRE *A POSTERIORI* DU MANDAT DE PROTECTION FUTURE

413.11 Rejudiciarisation du mandat de protection future après sa mise en œuvre. La mise en œuvre du mandat de protection future fait, on le sait, l'objet d'un contrôle très réduit (v. ss nos 412.21 s. et 412.41 s.). Le juge des tutelles en est, en principe, évincé. Quant au greffier du tribunal d'instance, son contrôle est très restreint (v. ss no 412.22). En particulier, les conclusions du certificat médical produit par le mandataire s'imposent à lui. Aussi, dans le souci de préserver la liberté individuelle et l'impératif de protection du mandant ou du bénéficiaire du mandat, la loi du 5 mars 2007 ouvre la voie, après la mise en application du mandat, à une rejudiciarisation de la mesure de protection, c'est-à-dire à un **contrôle judiciaire *a posteriori***. Ce dernier est appelé à jouer dans tous les cas, sans distinction suivant que le mandat a été conclu ou non alors que le juge était saisi d'une requête en vue de l'ouverture d'une mesure de protection judiciaire. L'article 484 du Code civil permet, dans un souci de protection du mandant, à **tout intéressé** de **saisir le juge des tutelles**, par voie de **requête**, afin de contester la mise en œuvre du mandat ou de voir statuer sur les conditions ou les modalités de son exécution (C. civ., art. 484 - C. pr. civ., art. 1259-3). Si la détermination des personnes intéressées à saisir le juge peut être ici source de difficultés d'interprétation [1], il n'en demeure pas moins que figurent incontestablement au rang de ces personnes, celles habilitées par la loi à demander l'ouverture d'une mesure de protection judiciaire, c'est-à-dire le **conjoint**, le **partenaire**, le **concubin** du majeur, à moins que la **communauté de vie** entre eux ait cessé, sa **famille** et, plus généralement, son **entourage** ainsi que le **procureur de la République**, le mandataire, le mandant ou le bénéficiaire du mandat (C. civ., art. 430). La loi distingue deux séries de causes de cessation du mandat de protection future, les causes de cessation de plein droit, d'une part, et les causes de cessation facultatives, d'autre part.

SECTION 2
CAUSES DE CESSATION DE PLEIN DROIT DU MANDAT DE PROTECTION FUTURE

413.21 Rétablissement des facultés personnelles du mandant ou du bénéficiaire du mandat. Le mandat de protection future prend fin de plein droit dans trois cas (C. civ., art. 483, al. 1er) [2]. L'automaticité de ces causes de cessation résulte, sans ambiguïté, des termes de l'article 483 alinéa 1er, lequel dispose que « *le mandat mis à exécution prend fin par...* ».

Le *premier cas de cessation de plein droit* du mandat de protection future correspond au rétablissement des facultés personnelles de l'intéressé, c'est à dire du mandant, ou du bénéficiaire du mandat, constaté à la demande de ce dernier ou du mandataire, au moyen d'un **certificat médical dressé par un médecin**

1. EN CE SENS : v. D. Fenouillet, « Le mandat de protection future ou la double illusion », *Defrénois* 2009. 142, spéc. no 52.
2. Il est heureux que le législateur ait renoncé à limiter la validité du mandat de protection future à une durée maximale de cinq ans, renouvelable sur décision du mandant. Pareille disposition, qui avait été suggérée par le *Livre blanc sur la protection des majeurs*, conduisait en effet à la révocation automatique du mandat de protection future toutes les fois que le mandant n'était pas en état d'exprimer sa volonté de le renouveler à l'expiration du délai de cinq ans.

inscrit sur la liste du parquet (C. civ., art. 483, al. 1er, 1° et sur renvoi C. civ., art. 481, al. 2). Ce certificat doit être daté de deux mois au plus et établir que la personne protégée ne se trouve plus dans l'une des situations prévues à l'article 425 du Code civil (C. pr. civ., art. 1259, al. 1er). Il est présenté par le mandant, le bénéficiaire du mandat ou le mandataire au **greffe du tribunal d'instance**, lequel constate la fin du mandat au vu de ce certificat (C. pr. civ., art. 1259, al. 2). Le greffier mentionne alors sur le mandat que celui-ci prend fin à compter de la date de sa présentation au greffe, y appose son **visa** et le restitue au comparant avec le certificat produit (C. pr. civ., art. 1259, al. 3). Si greffier estime que les conditions de cessation du mandat ne sont pas remplies, il restitue le mandat sans le viser au comparant ainsi que le certificat produit (C. pr. civ., art. 1259, al. 4). En ce dernier cas, le mandant, le bénéficiaire du mandat ou le mandataire peut **saisir** par requête le **juge des tutelles**, lequel peut se prononcer sans débat. Sa **décision est insusceptible d'appel.** Si le juge estime les conditions de cessation du mandat remplies, le greffier mentionne, à la demande de la personne protégée ou du mandataire, sur le mandat que celui-ci prend fin à compter de la date de sa présentation au greffe, y appose son visa et le restitue au comparant avec le certificat produit (C. pr. civ., art. 1259, al. 5). Le mandant, le bénéficiaire du mandat ou le mandataire qui n'a pas comparu devant le greffier est informé par le comparant de la fin du mandat par lettre recommandée avec demande d'avis de réception (C. pr. civ., art. 1259-1).

413.22 Décès du mandant ou du bénéficiaire du mandat ou son placement en curatelle ou en tutelle. Le *deuxième cas de cessation de plein droit* du mandat de protection future correspond au décès de la personne protégée ou à son placement en curatelle ou en tutelle (C. civ., art. 483, al. 1er, 2°). Le texte précise que le mandat prend fin par le prononcé d'une telle mesure à l'égard du mandant ou du bénéficiaire du mandat, « *sauf décision contraire du juge qui ouvre la mesure* ». C'est dire que le mandat cesse, en principe, de plein droit par l'ouverture d'une curatelle ou d'une tutelle, sans que le juge ait à statuer, en pareil cas, sur la fin de la mesure conventionnelle[1]. Cette disposition est, à vrai dire, peu conforme avec la lettre et l'esprit de la loi du 5 mars 2007 qui entend préserver tout à la fois l'autonomie et la volonté de la personne protégée (C. civ., art. 415) et proclame, au rang de ses principes directeurs, la subsidiarité des mesures de protection judiciaire par rapport au mandat de protection future (C. civ., art. 428, al. 1er). Elle l'est d'autant moins que la loi permet à la personne en curatelle de conclure un mandat de protection future avec l'assistance du curateur (C. civ., art. 477, al. 2). Or, si une curatelle peut coexister avec un mandat de protection future souscrit par la personne en curatelle, il devrait en être de même lorsque la mesure judiciaire est prononcée après la mise en œuvre du mandat[2]. Il aurait été incontestablement plus cohérent de subordonner la **mise à l'écart du mandat de protection de protection future** à la **décision expresse du juge** prononçant la mesure judiciaire. Une telle solution ne serait nullement contraire à l'impératif de protection du mandant ou du bénéficiaire du mandat, dès lors qu'elle permet au juge de mettre fin au mandat de protection future s'il ne pourvoit pas suffisamment aux intérêts du majeur (C. civ., art. 428, al. 1er) et, par suite, de faire obstacle à la pratique des mandats purement défensifs ayant pour seule finalité d'entraver la mise en place et le fonctionnement d'une mesure judiciaire de protection. Elle serait, au demeurant, parfaitement conciliable avec les dispositions de l'article 485, lequel permet au juge d'ouvrir une mesure de curatelle ou de tutelle en complément du mandat de protection future (C. civ., art. 485, al. 2 – v. ss n° 413.42).

La cessation du mandat de protection future par l'ouverture d'une curatelle implique que le mandat de protection future ait été mis à exécution lors du prononcé de celle-ci. Non seulement, le prononcé de cette mesure est impuissant à mettre un terme au mandat non encore mis à exécution lors du jugement d'ouverture de la mesure mais, encore, il ne met pas obstacle à la mise en œuvre du mandat postérieurement à ce jugement[3]. Parfaitement cohérente au regard du principe de subsidiarité des mesures de protection judiciaire par rapport au mandat de protection future, la solution permet l'articulation des articles 428, alinéa 1er et 483, 2°. Ce dernier texte apparaît nettement comme le corollaire du premier.

413.23 Décès du mandataire ou son placement sous une mesure de protection ou sa déconfiture. *La troisième cause de cessation de plein droit* du mandat de protection future réside dans le décès du mandataire, son placement sous une mesure de protection ou sa déconfiture, c'est-à-dire son état apparent et notoire d'insolvabilité[4] (C. civ., art. 483, al. 1er, 3°). Il convient ici de préciser qu'il n'y pas lieu de distinguer suivant la nature de la mesure ouverte à l'égard du

1. Civ. 1re, 12 janv. 2011, n° 09-16.519, *Bull. civ.* I, n° 11; *D.* 2011. 1204, note Noguéro; *JCP* 2011. 691, note Peterka; *AJ fam.* 2011. 110, obs. Verheyde; *Defrénois* 2011. 690, note Massip; *Dr. fam.* 2011, n° 42, note Maria; *RLDC* 2011/80, n° 4176, obs. Gallois.

2. Massip, n° 568 – N. Peterka, note préc. ss prést n° – J. Combret et J. Casey, « Le mandat de protection future », *RJPF* 2007-7-8/8.
3. Civ. 1re, 4 janv. 2017, n° 15-28.669, *Bull. civ.* I [à paraître]; *D.* 2017. 191, note Noguéro; *JCP* 2017. 200, note Peterka; *Defrénois* 2017. 245, note Batteur; *Dr. fam.* 2017, n° 49; *AJ fam.* 2017.144, note Raoul-Cormeil.
4. G. Cornu (dir.), *Vocabulaire juridique. Association Henri Capitant*, 4e éd., « Quadrige », PUF, 2003, v° *Déconfiture*.

mandataire. Peu importe que ce dernier fasse l'objet d'une mesure incapacitante (curatelle ou tutelle) ou d'une mesure non incapacitante (sauvegarde de justice, mandat de protection future, mesure d'accompagnement social personnalisé ou mesure d'accompagnement judiciaire) ou d'une habilitation familiale.

SECTION 3
CAUSES DE CESSATION FACULTATIVES DU MANDAT DE PROTECTION FUTURE

413.31 Révocation judiciaire du mandat de protection future en raison de l'absence d'altération médicalement constatée des facultés personnelles du mandant. L'article 483 alinéa 1er, 4° du Code civil prévoit trois hypothèses dans lesquelles « *tout intéressé* » peut saisir le juge d'une demande en vue de la **révocation** du mandat de protection future. Cette demande, qui peut donner lieu à l'organisation d'un débat contradictoire devant le juge des tutelles (C. pr. civ., art. 1213), peut être présentée, en l'absence de précisions légales, par toute personne faisant partie de la **famille** ou de **l'entourage** de la personne protégée, par cette dernière, son protecteur ou par le **procureur de la République** (C. civ., art. 430). Elle peut prendre appui sur un triple fondement (C. civ., art. 483, al. 1er, 4°).

Le premier est tiré de **l'absence de réunion des conditions prévues à l'article 425**. Il s'agit, en d'autres termes, de la situation dans laquelle le mandant ou le bénéficiaire du mandat ne souffre pas d'une altération médicalement constatée de ses facultés mentales ou corporelles de nature à empêcher l'expression de sa volonté. L'hypothèse devrait rester, à vrai dire, marginale puisque la mise en œuvre du mandat de protection future est subordonnée à la production au greffe d'un certificat dressé par un médecin agréé, datant de deux mois au plus, attestant de l'altération des facultés personnelles du majeur (C. pr. civ., art. 1258-1, al. 2, 3°). Si bien que la cause de cessation du mandat ici envisagée semble recouper, hormis l'hypothèse de certificats contradictoires produits par le mandant et le mandataire, la cessation de plein droit du mandat par l'effet du rétablissement des facultés personnelles de l'intéressé. Elle fait, au demeurant, également double emploi avec l'article 484, lequel permet à tout intéressé de « *saisir le juge des tutelles aux fins de contester la mise en œuvre du mandat ou de voir statuer sur les conditions et modalités de son exécution* » (C. civ., art. 484).

413.32 Révocation judiciaire du mandat de protection future sur le fondement du principe de subsidiarité. L'article 483, alinéa 1er, 4° autorise le juge des tutelles à révoquer le mandat de protection future « *lorsque les règles relatives au droit commun de la représentation ou celles relatives aux droits et devoirs respectifs des époux et aux régimes matrimoniaux apparaissent suffisantes pour qu'il soit pourvu aux intérêts de la personne par son conjoint avec qui la communauté de vie n'a pas cessé* ». Ainsi, le **principe de subsidiarité des mesures de protection juridique des majeurs** par rapport au **droit commun du mandat**, du **régime primaire** et des **régimes matrimoniaux** s'applique, aussi, au mandat de protection future. S'il est vrai que le principe de subsidiarité coiffe, à l'article 428 du Code civil, un paragraphe consacré aux seules mesures judiciaires de protection, il n'en demeure pas moins que l'article 483, alinéa 1er, 4° permet, après la mise en œuvre du mandat, à tout intéressé de se prévaloir de ce principe afin d'obtenir la révocation judiciaire du mandat. C'est dire que le conjoint évincé du mandat, se voit reconnaître la faculté d'intervenir *a posteriori* afin de contester l'utilité de la mesure sur le fondement du principe de subsidiarité. Il convient ici de souligner que la **faculté de remettre en cause la volonté initiale du mandant** – ou, dans le cas du mandat pour autrui, des parents de la personne protégée – n'est **pas reconnue** au **partenaire** et au **concubin**. Ces derniers ne peuvent pas se prévaloir, après la mise en œuvre du mandat, du droit commun de la représentation pour obtenir, à leur profit, la cessation du mandat de protection future[1]. La supériorité du mariage sur les autres modes d'union apparaît très nettement à l'épreuve des causes de révocation de cette mesure conventionnelle. Seul le mariage incarne un lien suffisamment solide pour accorder au conjoint du majeur protégé, avec qui la communauté de vie n'a pas cessé[2], un « *droit prioritaire à s'occuper de son époux, tant en ce qui concerne sa personne que la gestion de ses biens* »[3]. Dans le cas du mandat de protection future pour autrui, le principe de subsidiarité du mandat par rapport au droit commun de la représentation, du régime primaire et des régimes matrimoniaux (C. civ., art. 483, al. 1er, 4°) peut être invoqué, après la mise en œuvre du mandat, par le conjoint de son bénéficiaire[4].

413.33 Révocation judiciaire du mandat de nature à porter atteinte aux intérêts du mandant et contrôle judiciaire de l'exécution du mandat. Le juge des tutelles peut, en application de l'article 483, alinéa 1er, 4°,

1. COMP. : G. Kessler, V. Zalexski, « Le principe de primauté de la famille après la réforme des incapacités par la loi du 5 mars 2007 », *RLDC* sept. 2007. 34.
2. Sur la notion de communauté de vie, laquelle ne se confond pas avec la communauté de toit, v. Civ. 1re, 28 mai 1991, n° 89-15.501, NP; *Defrénois* 1991. 1259, obs. Massip.
3. MASSIP, n° 570 – Sur le sujet, V. AUSSI : N. Peterka, « La famille dans la réforme de la protection juridique des majeurs », *JCP* 2010. Doctr. 33.
4. *Adde* la proposition de J.-F. Sagaut, suggérant d'ériger le mandat de protection future en un effet associé au mariage, J.-F. Sagaut, « Et si le mandat de protection future intégrait le régime primaire en devenant un effet du mariage », *Mél. G. Champenois*, Defrénois-Lextenso, 2012, p. 745.

révoquer le mandat de protection future « *lorsque* [son] *exécution* [...] *est de nature à porter atteinte aux intérêts du mandant* » (C. civ., art. 483, al. 1er, 4°). Le législateur a voulu, par ce texte, conférer au juge des tutelles « *le pouvoir d'apprécier si l'exécution de la mesure conventionnelle assure effectivement la protection de la personne et des biens du mandant* »[1]. Cette disposition doit être reliée, d'une part avec le principe de subsidiarité des mesures de protection judiciaire par rapport au mandat de protection future (C. civ., art. 428, al. 1er) et, d'autre part, avec l'article 484 permettant à « *tout intéressé* » de « *saisir le juge des tutelles aux fins de contester la mise en œuvre du mandat ou de voir statuer sur les conditions et modalités de son exécution* ». Le principe du primat du mandat de protection future laisse au juge, saisi d'une requête en vue de l'ouverture d'une mesure de protection judiciaire, la faculté d'écarter le mandat s'il ne suffit pas à pourvoir aux intérêts du mandant ou de son bénéficiaire[2], lesquels relèvent de l'appréciation souveraine des juges du fond[3]. On soulignera que l'article 483, alinéa 1er, 4° se montre, sur ce point, plus exigeant en ce qu'il requiert que l'exécution du mandat soit « *de nature à porter atteinte aux intérêts du mandant* ». À bien y regarder, il ne convient pas, semble-t-il, de s'attacher à la différence de rédaction des deux textes. Le seul critère auquel doit ici s'attacher le juge est de déterminer si le mandat de protection future permet, ou non, de protéger suffisamment les intérêts du mandant. Ce même critère doit également guider le juge, dans le cas du mandat de protection future pour autrui, et cela, bien que la loi ne fasse référence, à l'article 483 alinéa 1er, 4° *in fine*, qu'au seul « *mandant* » et à l'article 428 au seul « *mandat de protection future conclu par l'intéressé* ». La mise en œuvre du mandat au greffe du tribunal d'instance participe bien sûr du faisceau des éléments d'appréciation de son adéquation à l'intérêt du mandant ou du bénéficiaire du mandat[4]. Pour autant, il serait excessif d'ériger l'absence d'activation du mandat de protection future en une cause péremptoire de son éviction (v. ss n° 411.41)[5].

Par un important arrêt du 4 janvier 2017, la Cour de cassation a ainsi précisé que « *seul le mandat de protection future mis à exécution prend fin par le placement en curatelle de la personne protégée, sauf décision contraire du juge qui ouvre la mesure;* [...] *la cour d'appel, qui a constaté que le mandat de protection future n'avait pas été mis à exécution lors de l'ouverture de la curatelle, en a déduit à bon droit que cette mesure n'avait pas eu pour effet d'y mettre fin* »[6]. L'absence de prise d'effet du mandat lors du prononcé de la mesure de protection judiciaire ne constitue donc pas *per se* une cause d'éviction du mandat de protection future. La solution se justifie pleinement. En effet, l'absence de mise en œuvre du mandat peut tenir à d'autres motifs qu'à la négligence du mandataire, tels que le recours au droit commun de la représentation et des régimes matrimoniaux dès lors qu'ils suffisent à pourvoir aux intérêts du mandant. Il reste que l'argument tiré de la tardivité de l'activation du mandat pour en obtenir la mise à l'écart soulève, en creux, la question des **obligations du mandataire pendant la phase de latence du mandat de protection future**. Si sa mise à exécution incombe au mandataire, aucun texte ne l'oblige formellement à surveiller l'état de santé du mandant. Pour autant, rien n'interdit d'imposer au mandataire, dans le mandat, une telle obligation dans le respect du secret médical dû au mandant. La stipulation d'une telle clause permet, alors, de parer au risque tiré de la mise en œuvre tardive du mandat et de son éviction. L'attention du mandataire doit être à tout le moins attirée sur ce risque par le notaire ou l'avocat rédacteur de l'acte.

L'article 484 est, quant à lui, beaucoup plus large que l'article 483, 4° en ce qu'il permet au juge, saisi par voie de requête (C. pr. civ., art. 1259-3, al. 1er), de statuer non seulement sur l'adéquation du mandat de protection future au besoin de protection de l'intéressé ou sur la condition tirée de l'altération des facultés personnelles du mandant (v. égal., C. civ., art. 483, al. 1er, 4°) mais aussi sur des questions relatives à **l'interprétation du mandat** ou à des **contestations entre co-mandataires** ou entre le mandataire et la personne chargée de veiller à l'exécution du mandat[7].

1. Rapp. Sénat n° 212, 7 févr. 2007, sur le projet de loi, adopté par l'Assemblée nationale, après déclaration d'urgence, portant réforme de la protection juridique des majeurs, par H. de Richemont, p. 189.
2. POUR DES EXEMPLES, Civ. 1re, 12 janv. 2011, n° 09-16.519, P (préc. ss n° 413.22) – Rennes, 6e ch. B, 29 oct. 2013, RG n° 13/00748, *Dr. fam.* 2013, n° 172, obs. I. M. (opacité de la gestion et emprise du fils désigné en qualité de mandataire sur sa mère) – Aix-en-Provence, 6e ch. C, 5 mars 2014, RG n° 13/02393, *Dr. fam.* 2014, n° 123, obs. I. M. (complexité du contexte familial fondant la révocation du mandat de protection future confié au frère du mandant au profit d'une curatelle attribuée à un mandataire professionnel) – Sur le moment du mandat de protection future, v. J. Hauser, « L'enfance du mandat de protection future », *Mél. R. Le Guidec*, LexisNexis, 2014, p. 709, spéc. p. 718-719.
3. Civ. 1re, 4 janv. 2017, n° 15-28.669, P (préc. ss n° 413.22).
4. Civ. 1re, 29 mai 2013, n° 12-19.851, NP; *D.* 2013. 1815, note Noguéro; *JCP* 2013. 908, note Peterka; *Dr. fam.* 2013, n° 155, note Maria; *AJ fam.* 2013. 510, obs. Verheyde; *RTD civ.* 2013. 576, obs. Hauser; *LEFP* juill. 2013. 4, obs. Raoul-Cormeil – Douai, 7 juin 2013, RG n° 13/00491, et Douai, 1er juill. 2013, RG n° 13/00670, *Dr. fam.* 2013, n° 125, note Maria; *D.* 2013. 2208, obs. Plazy; *AJ fam.* 2013. 641 et 583, obs. Massip.
5. EN CE SENS, Paris, 14 janv. 2013, RG n° 12/03648, *Dr. fam.* 2013, n° 61, note Maria; *AJ fam.* 2013. 509, obs. Massip; *D.* 2013. 2207, obs. Plazy.
6. Civ. 1re, 4 janv. 2017, n° 15-28.669, P (préc. ss n° 413.22).
7. EN CE SENS : MASSIP, n° 573.

413.34 Notification de la décision du juge. Lorsque le juge met fin au mandat de protection future, sa décision est notifiée au mandataire et au mandant ou au bénéficiaire du mandat par lettre recommandée avec demande d'avis de réception (C. pr. civ., art. 1259-4).

413.35 Ouverture d'une sauvegarde de justice. L'article 483 alinéa 2 du Code civil autorise le juge des tutelles à **suspendre les effets du mandat** de protection future le temps d'une **sauvegarde de justice**, par une décision qui n'est pas susceptible d'appel. Cette disposition permet au juge de prendre une **mesure conservatoire** le temps nécessaire à l'instruction de la demande en révocation du mandat formée sur le fondement des articles 483, alinéa 1er, 4° ou 484 du Code civil. Elle l'autorise également à **suspendre le mandat**, lorsque sa mise en œuvre est portée à sa connaissance postérieurement au prononcé de la sauvegarde, alors qu'il est saisi d'une requête en vue de l'ouverture d'une mesure judiciaire de protection (C. pr. civ., art. 1259-2, al. 1er). Le greffier en avise le mandataire et la personne placée sous sauvegarde de justice par lettre simple (C. pr. civ., art. 1259-2, al. 2).

Le juge peut ensuite mettre **fin à la mesure de sauvegarde et à la suspension du mandat**, laquelle cesse de plein droit par l'effet de la mainlevée de la sauvegarde, si le mandat s'avère suffisant pour protéger les intérêts du mandant ou du bénéficiaire du mandat. Le greffier en avise par tout moyen le mandataire et la personne dont le placement sous sauvegarde a pris fin (C. pr. civ., art. 1259-2, al. 3). Dans le cas contraire, il peut procéder à la **révocation** du mandat au profit d'une **curatelle** ou d'une **tutelle** ou ouvrir une telle mesure en **complément** du mandat de protection future (C. civ., art. 485 - C. pr. civ., art. 1259-2, al. 3) [1].

SECTION 4
CONSÉQUENCES DE LA CESSATION DU MANDAT DE PROTECTION FUTURE

413.41 Ouverture d'une curatelle ou d'une tutelle en substitution du mandat de protection future. L'article 485 alinéa 1er du Code civil autorise « *le juge qui met fin au mandat* » à « *ouvrir une mesure de protection juridique dans les conditions prévues aux sections I à IV du présent chapitre* » (C. civ., art. 425 à 476). Le renvoi à ces dispositions impose au juge de respecter, pour l'organisation de la mesure de protection judiciaire, les principes directeurs de la protection des majeurs et, notamment, les **principes de nécessité et de proportionnalité** (C. civ., art. 428). Il implique aussi le respect par le magistrat des formalités entourant l'aggravation des mesures de protection juridique des majeurs. Le mandat de protection future étant une mesure non incapacitante, sa révocation suivie du prononcé d'une curatelle ou d'une tutelle correspond à un **renforcement du régime de protection** de l'intéressé. Il s'ensuit, aux termes de l'article 442 alinéa 4 du Code civil, que le juge des tutelles ne peut ouvrir une telle mesure que s'il est saisi d'une **requête** en ce sens satisfaisant aux articles 430 et 431 du Code civil. C'est dire, d'une part, que la saisine d'office du juge des tutelles demeure ici écartée et que ce dernier ne peut statuer qu'après avoir été saisi d'une requête présentée par la famille ou l'entourage de la personne à protéger ou le parquet (C. civ., art. 430) et, d'autre part, que la requête doit être accompagnée, à peine d'irrecevabilité, d'un **certificat médical circonstancié** émanant d'un **médecin inscrit** sur la liste du procureur de la République (v. ss nos 211.21 s. et 331.31). Les dispositions *infra*-législatives de l'article 1217 du Code de procédure civile [2], ainsi que de la circulaire de la Direction des affaires civiles et du Sceau [3], ne peuvent valablement contredire sur ce point, en l'état du droit positif, les dispositions du Code civil issues de la loi du 5 mars 2007 (C. civ., art. 485, al. 1er, et, sur renvoi, C. civ., art. 442, al. 4). L'éviction de la saisine d'office du juge des tutelles peut pourtant constituer, dans certaines hypothèses, une faille majeure du dispositif. En effet, on conçoit malaisément, en pratique, que le juge des tutelles révoque un mandat de protection future, sur le fondement des articles 483 alinéa 1er, 4 *in fine* et 484 du Code civil, sans se préoccuper d'ouvrir immédiatement une procédure de mise sous protection judiciaire et sans prendre les mesures urgentes qui s'imposent dans l'intérêt de la personne.

Pour autant, si elle est incontestable, cette faiblesse du dispositif ne doit pas être surestimée. En effet, d'une part, il est loisible au **juge des tutelles** de **communiquer la procédure** concernant le mandat de protection future au **ministère public**, lequel pourra le saisir – il est vrai sous réserve de son pouvoir d'opportunité et de délais susceptibles de prolonger la procédure – d'une requête dans les conditions prévues aux articles 430 et 431 du Code civil. Il incombe ainsi au parquet de jouer, en la matière, pleinement son rôle afin que la protection des majeurs vulnérables soit effective. D'autre part, l'exigence d'une requête assortie d'un certificat médical circonstancié peut être écartée, en cas de carence du majeur dont la mise sous protection est demandée, par la production par le requérant, qu'il s'agisse d'un membre de la famille

1. EN CE SENS : MASSIP, n° 571.

2. C. pr. civ., art. 1217 : « *Hors les cas prévus aux articles 390, 391, 442 et 485 du Code civil, le juge est saisi par requête remise ou adressée au greffe de la juridiction de première instance* ».
3. Circ. DACS n° CIV/01/09/C1, 9 févr. 2009, *BOMJ* 28 févr. 2009, spéc. p. 7.

ou de l'entourage de l'intéressé ou du procureur de la République, d'un **certificat de carence** établi par le **médecin agréé**, auquel seront annexés des éléments de nature médicale, propres à établir l'altération des facultés personnelles du majeur visé par la requête ainsi que sa nature et son degré de gravité[1] (v. s[s] n°s 211.23 et 331.31).

413.42 Ouverture d'une curatelle ou d'une tutelle en complément du mandat de protection future. « *Lorsque la mise en œuvre du mandat ne permet pas, en raison de son champ d'application, de protéger suffisamment les intérêts personnels ou patrimoniaux de la personne, le juge peut ouvrir une mesure de protection juridique complémentaire confiée, le cas échéant, au mandataire de protection future. Il peut aussi autoriser ce dernier ou un mandataire ad hoc à accomplir un ou plusieurs actes non couverts par le mandat* » (C. civ., art. 485, al. 2e). En ce cas, « *le mandataire de protection future et les personnes désignées par le juge sont indépendants et ne sont pas responsables l'un envers l'autre; ils s'informent toutefois des décisions qu'ils prennent* » (C. civ., art. 485, al. 3). Le juge est donc investi du pouvoir d'ajuster le mandat de protection future, de manière ponctuelle, aux nécessités de la protection[2].

À vrai dire, la faculté offerte au juge d'ouvrir une mesure de protection judiciaire en complément du mandat de protection future, lorsque ce dernier s'avère à lui seul insuffisant pour protéger l'intéressé, s'inscrit dans le prolongement des principes directeurs de la loi du 5 mars 2007, laquelle entend favoriser, dans la mesure du possible, l'autonomie de la personne à protéger tout en préservant son intérêt (C. civ., art. 415, al. 3). Aussi, le juge ne doit-il écarter le mandat que dans la seule mesure imposée par la protection de l'intéressé. **L'ouverture d'une mesure judiciaire en complément** du mandat de protection future, **l'ajustement ponctuel des pouvoirs du mandataire** ou la désignation d'un **mandataire *ad hoc*** investi de la mission d'accomplir un ou plusieurs actes non couverts par le mandat doivent être préférés à la révocation du mandat de protection future et à l'ouverture d'une curatelle ou d'une tutelle toutes les fois qu'ils permettent de satisfaire aux impératifs tirés de la protection de l'intéressé.

La **décision du juge** autorisant le mandataire de protection future ou un mandataire *ad hoc* à accomplir des actes non couverts par le mandat n'est susceptible de **recours** que par le mandant, le bénéficiaire du mandat, le mandataire, la personne chargée du contrôle de l'exécution du mandat et ceux dont elle modifie les droits ou les charges (C. pr. civ., art. 1259-5).

413.43 Compte final de gestion. À l'expiration du mandat et dans les cinq ans qui suivent, le mandataire doit, quelle que soit la forme du mandat, tenir à la disposition de la personne amenée à poursuivre la gestion, de la personne protégée elle-même si elle a recouvré ses facultés ou de ses héritiers, **l'inventaire** des biens et des **actualisations** auxquelles il a donné lieu, les **cinq derniers comptes de sa gestion** et les **pièces** nécessaires pour continuer celle-ci ou assurer la liquidation de la succession de la personne protégée (C. civ., art. 487).

413.44 Responsabilité du mandataire de protection future. S'agissant de la responsabilité civile du mandataire de protection future à raison de l'exercice de la mesure de protection, l'article 424 du Code civil renvoie au droit commun du mandat sur le terrain de la nature de la faute génératrice de responsabilité civile. C'est dire que le mandataire répond, conformément à l'article 1992 du même code, **de toutes ses fautes** qu'elles soient ou non dolosives (C. civ., art. 1992, al. 1er). Néanmoins, lorsque le mandat est exercé à titre gratuit, la responsabilité du mandataire est appréciée moins rigoureusement que celle du mandataire rémunéré (C. civ., art. 1992, al. 1er). Sur le terrain de la prescription, les dispositions de l'article 423 sont applicables, en ce qu'elles relèvent d'une section consacrée aux dispositions communes aux majeurs protégés, à l'action en responsabilité civile diligentée à l'encontre du mandataire de protection future. Celle-ci se prescrit par un **délai de cinq ans** à compter de la fin du mandat, alors même que la gestion aurait continué au-delà (C. civ., art. 423). L'article 423 apporte un tempérament à cette règle en reportant le point de départ du délai de prescription, en cas de cessation d'une curatelle par l'ouverture d'une tutelle, à l'expiration de cette dernière. Cette disposition ne paraît pas applicable dans l'hypothèse où le mandat de protection future prend fin au profit d'une tutelle confiée à l'ancien mandataire. La règle de l'interprétation stricte des exceptions s'y oppose.

413.45 Nullité ou inopposabilité des actes du mandataire de protection future – Application du droit commun de la représentation. En l'absence de dispositions sanctionnant les actes du mandataire de protection future, il convient de se reporter au droit commun du mandat et de la représentation (C. civ., art. 478). Sur ce dernier point, l'ordonnance n° 2016-131 du 10 février 2016[3], entrée en vigueur le 1er octobre 2016, clarifie les règles sanctionnant les dépassements de pouvoirs et les détournements de

1. EN CE SENS : N. Peterka, note s[s] Civ. 1re, 29 juin 2011 n° 10-21.879, *Bull. civ.* I, n° 133; *JCP* 2011. 987.
2. J. Leprovaux, « Le mandat de protection future », *JCP N* 2008. 1274.
3. Ord. n° 2016-131, 10 févr. 2016, portant réforme du droit des contrats, du régime général et de la preuve des obligations, *JO* 11 févr., texte n° 26.

pouvoirs du représentant. S'agissant des premiers, l'article 1156 du Code civil dispose que « *l'acte accompli par un représentant sans pouvoir ou au-delà de ses pouvoirs est inopposable au représenté, sauf si le tiers contractant a légitimement cru en la réalité des pouvoirs du représentant, notamment en raison du comportement ou des déclarations du représenté* [al. 1er]. *Lorsqu'il ignorait que l'acte était accompli par un représentant sans pouvoir ou au-delà de ses pouvoirs, le tiers contractant peut en invoquer la nullité* [al. 2]. *L'inopposabilité comme la nullité de l'acte ne peuvent plus être invoquées dès lors que le représenté l'a ratifié* [al. 3] ».

S'agissant des seconds, l'article 1157 prévoit que « *lorsque le représentant détourne ses pouvoirs au détriment du représenté, ce dernier peut invoquer la nullité de l'acte accompli si le tiers avait connaissance du détournement ou ne pouvait l'ignorer* ». « *Le tiers qui doute de l'étendue du pouvoir du représentant conventionnel à l'occasion d'un acte qu'il s'apprête à conclure, peut demander par écrit au représenté de lui confirmer, dans un délai qu'il fixe et qui doit être raisonnable, que le représentant est habilité à conclure cet acte. L'écrit mentionne qu'à défaut de réponse dans ce délai, le représentant est réputé habilité à conclure cet acte* ». Prévue à l'article 1158, cette dernière disposition paraît de prime abord malaisément transposable au mandat de protection future. Si, en effet, le mandant ou le bénéficiaire du mandat conserve sa pleine capacité juridique, il n'en demeure pas moins qu'il souffre, par hypothèse, d'une altération de ses facultés personnelles le mettant dans l'impossibilité de pourvoir seul à ses intérêts (C. civ., art. 477). Si bien que la confirmation des pouvoirs du représentant par le représenté semble *a priori* difficilement concevable. Le propos doit être, au vrai, nuancé. Le mandant étant juridiquement capable et le principe étant celui de la capacité juridique (C. civ., art. 414 et 1145 [réd. Ord. n° 2016-131, 10 févr. 2016]) seule la preuve de son insanité d'esprit au sens de l'article 414-1 fait obstacle à ce qu'il confirme valablement au tiers contractant les pouvoirs du mandataire. Refuser *par principe* une telle possibilité conduirait à frapper le mandant ou l'enfant bénéficiaire du mandat de protection future d'une incapacité non prévue par la loi.

TITRE

42. La protection sociale et budgétaire

SECTION 0

ORIENTEUR

42.00 Plan du titre.

CHAPITRE

421. Mesures d'accompagnement social personnalisé

SECTION 0 ORIENTEUR

421.00 **Plan du chapitre.**

421.01 **Textes applicables.**

TEXTES SOURCES

> Délégué aux prestations familiales

C. civ., art. 375-9-1

> Mesures d'accompagnement social personnalisé

+ L. n° 2007-308, 5 mars 2007

+ L. n° 2009-526, 12 mai 2009

+ L. n° 2013-403, 17 mai 2013

CASF, art. L. 271-1 à L. 271-8

> Allocations et prestations sociales entrant dans le champ de la mesure d'accompagnement social personnalisé

CASF, art. L. 232-26, L. 244-1, L. 245-1 à L. 245-7

• **allocation personnalisée d'autonomie**

+ L. n° 2007-308, 5 mars 2007

CASF, art. L. 232-26

• **allocation adultes handicapés**

+ L. n° 2015-1268, 14 oct. 2015

CASF, art. L. 244-1

• **prestation de compensation**

CASF, art. L. 245-1 à L. 245-7

TEXTES *IN EXTENSO*

> Délégué aux prestations familiales

C. civ., art. 375-9-1 *(mod. par L. n° 2008-1249, 1er déc. 2008, art. 14)*

Lorsque les prestations familiales ou le revenu de solidarité active servi aux personnes isolées mentionnées à l'article L. 262-9 du Code de l'action sociale et des familles ne sont pas employés pour les besoins liés au logement, à l'entretien, à la santé et à l'éducation des enfants et que l'accompagnement en économie sociale et familiale prévu à l'article L. 222-3 du Code de l'action sociale et des familles n'apparaît pas suffisant, le juge des enfants peut ordonner qu'elles soient, en tout ou partie, versées à une personne physique ou morale qualifiée, dite « délégué aux prestations familiales ».

Ce délégué prend toutes décisions, en s'efforçant de recueillir l'adhésion des bénéficiaires des prestations familiales ou de l'allocation mentionnée au premier alinéa et de répondre aux besoins liés à l'entretien, à la santé et à l'éducation des enfants; il exerce auprès de la famille une action éducative visant à rétablir les conditions d'une gestion autonome des prestations.

La liste des personnes habilitées à saisir le juge aux fins d'ordonner cette mesure d'aide est fixée par décret.

La décision fixe la durée de la mesure. Celle-ci ne peut excéder deux ans. Elle peut être renouvelée par décision motivée.

> Mesure d'accompagnement social personnalisé

[CASF, art. L. 271-1 à L. 271-8]

+ L. n° 2007-308, 5 mars 2007, art. 13

+ L. n° 2009-526, 12 mai 2009, art. 116

+ L. n° 2013-403, 17 mai 2013, art. 1er

CASF, art. L. 271-1 *(mod. par L. n° 2013-403, 17 mai 2013, art. 1er, V)*

Toute personne majeure qui perçoit des prestations sociales et dont la santé ou la sécurité est menacée par les difficultés qu'elle éprouve à gérer ses ressources peut bénéficier d'une mesure d'accompagnement social personnalisé qui comporte une aide à la gestion de ses prestations sociales et un accompagnement social individualisé.

Cette mesure prend la forme d'un contrat conclu entre l'intéressé et le département, représenté par le président du conseil départemental, et repose sur des engagements réciproques.

La mesure d'accompagnement social personnalisé peut également être ouverte à l'issue d'une mesure d'accompagnement judiciaire arrivée à échéance, au bénéfice d'une personne répondant aux conditions prévues par le premier alinéa.

CASF, art. L. 271-2 *(créé par L. n° 2007-308, 5 mars 2007, art. 13)*

Le contrat prévoit des actions en faveur de l'insertion sociale et tendant à rétablir les conditions d'une gestion autonome des prestations sociales. Les services sociaux qui sont chargés de ces actions s'assurent de leur coordination avec les mesures d'action sociale qui pourraient être déjà mises en œuvre.

Le bénéficiaire du contrat peut autoriser le département à percevoir et à gérer pour son compte tout ou partie des prestations sociales qu'il perçoit, en les affectant en priorité au paiement du loyer et des charges locatives en cours.

Le contrat est conclu pour une durée de six mois à deux ans et peut être modifié par avenant. Il peut être renouvelé, après avoir fait l'objet d'une évaluation préalable, sans que la durée totale de la mesure d'accompagnement social personnalisé puisse excéder quatre ans.

CASF, art. L. 271-3 *(mod. par L. n° 2009-526, 12 mai 2009, art. 116)*

Le département peut déléguer, par convention, la mise en œuvre de la mesure d'accompagnement social personnalisé à une autre collectivité territoriale, à un établissement public de coopération intercommunale ou à un centre communal ou intercommunal d'action sociale, une association ou un organisme à but non lucratif ou un organisme débiteur de prestations sociales.

CASF, art. L. 271-4 *(mod. par L. n° 2013-403, 17 mai 2013, art. 1er, V)*

Une contribution peut être demandée à la personne ayant conclu un contrat d'accompagnement social personnalisé. Son montant est arrêté par le président du conseil départemental en fonction des ressources de l'intéressé et dans la limite d'un plafond fixé par décret, dans les conditions prévues par le règlement départemental d'aide sociale.

CASF, art. L. 271-5 *(mod. par L. n° 2013-403, 17 mai 2013, art. 1er, V)*

En cas de refus par l'intéressé du contrat d'accompagnement social personnalisé ou de non-respect de ses clauses, le président du conseil départemental peut demander au juge d'instance que soit procédé au versement direct, chaque mois, au bailleur, des prestations sociales dont l'intéressé est bénéficiaire à hauteur du montant du loyer et des charges locatives dont il est redevable.

Cette procédure ne peut être mise en œuvre que si l'intéressé ne s'est pas acquitté de ses obligations locatives depuis au moins deux mois.

Elle ne peut avoir pour effet de le priver des ressources nécessaires à sa subsistance et à celle des personnes dont il assume la charge effective et permanente.

Le juge fixe la durée du prélèvement dans la limite de deux ans renouvelables sans que la durée totale de celui-ci puisse excéder quatre ans.

Le président du conseil départemental peut à tout moment saisir le juge pour mettre fin à la mesure.

CASF, art. L. 271-6 *(mod. par L. n° 2013-403, 17 mai 2013, art. 1er, V)*

Lorsque les actions prévues au présent chapitre n'ont pas permis à leur bénéficiaire de surmonter ses difficultés à gérer les prestations sociales qui en ont fait l'objet et que sa santé ou sa sécurité en est compromise, le président du conseil départemental transmet au procureur de la République un rapport comportant une évaluation de la situation sociale et pécuniaire de la personne ainsi qu'un bilan des actions personnalisées menées auprès d'elle en application des articles L. 271-1 à L. 271-5. Il joint à ce rapport, sous pli cacheté, les informations dont il dispose sur la situation médicale du bénéficiaire.

Si, au vu de ces éléments, le procureur de la République saisit le juge des tutelles aux fins du prononcé d'une sauvegarde de justice ou de l'ouverture d'une curatelle, d'une tutelle ou d'une mesure d'accompagnement judiciaire, il en informe le président du conseil départemental.

CASF, art. L. 271-7 *(créé par L. n° 2007-308, 5 mars 2007, art. 13)*

Chaque département transmet à l'État les données agrégées portant sur la mise en œuvre des dispositions du présent chapitre.

Un arrêté conjoint des ministres chargés de l'action sociale et des collectivités territoriales fixe la liste de ces données ainsi que les modalités de leur transmission.

Les résultats de l'exploitation des données recueillies sont transmis aux départements et font l'objet de publications régulières.

CASF, art. L. 271-8 *(créé par L. n° 2007-308, 5 mars 2007, art. 13)*

Les modalités d'application du présent chapitre sont fixées par décret en Conseil d'État.

Toutefois, le plafond de la contribution mentionnée à l'article L. 271-4 et la liste des prestations sociales susceptibles de faire l'objet des mesures prévues aux articles L. 271-1 et L. 271-5 sont fixés par décret.

> Allocations et prestations sociales entrant dans le champ de la mesure d'accompagnement social personnalisé
[CASF, art. L. 232-26, L. 244-1, L. 245-1 à L. 245-7]

• allocation personnaliséee

CASF, art. L. 232-26 *(mod. par L. n° 2007-308, 5 mars 2007, art. 32)*

Les dispositions des articles L. 133-3 et L. 133-5 sont applicables pour l'allocation personnalisée d'autonomie.

Les agents mentionnés à l'article L. 133-2 ont compétence pour contrôler le respect des dispositions relatives à l'allocation personnalisée d'autonomie par les bénéficiaires de celle-ci et les institutions ou organismes intéressés.

• allocation adultes handicapés

CASF, art. L. 244-1 *(mod. par L. n° 2015-1268, 14 oct. 2015, art. 7, V)*

Les règles relatives à l'allocation aux adultes handicapés sont fixées par les dispositions des articles L. 821-1, L. 821-1-1, L. 821-2, L. 821-3, L. 821-4, L. 821-5, L. 821-6, L. 821-7 et L. 821-8 du Code de la sécurité sociale ci-après reproduites :

« **Art. L. 821-1.** – Toute personne résidant sur le territoire métropolitain ou dans les collectivités mentionnées à l'article L. 751-1 ou à Saint-Pierre-et-Miquelon ayant dépassé l'âge d'ouverture du droit à l'allocation prévue à l'article L. 541-1 et dont l'incapacité permanente est au moins égale à un pourcentage fixé par décret perçoit, dans les conditions prévues au présent titre, une allocation aux adultes handicapés.

Les personnes de nationalité étrangère, hors les ressortissants des États membres de l'Union européenne ou parties à l'accord sur l'Espace économique européen, ne peuvent bénéficier de l'allocation aux adultes handicapés que si elles sont en situation régulière au regard de la législation sur le séjour ou si elles sont titulaires d'un récépissé de demande de renouvellement de titre de séjour. Un décret fixe la liste des titres ou documents attestant la régularité de leur situation.

L'allocation mentionnée au premier alinéa bénéficie aux ressortissants des États membres de la Communauté européenne et des autres États parties à l'accord sur l'Espace économique européen qui en font la demande et qui résident en France depuis plus de trois mois, dans les conditions prévues aux articles L. 121-1 et L. 121-2 du Code de l'entrée et du séjour des étrangers et du droit d'asile. Cette condition de séjour de trois mois n'est toutefois pas opposable :

– aux personnes qui exercent une activité professionnelle déclarée conformément à la législation en vigueur;

– aux personnes qui ont exercé une telle activité en France et soit sont en incapacité permanente de travailler pour raisons médicales, soit suivent une formation professionnelle au sens des articles L. 900-2 et L. 900-3 du Code du travail, soit sont inscrites sur la liste visée à l'article L. 311-5 du même code;

– aux ascendants, descendants et conjoints des personnes mentionnées aux deux alinéas précédents.

Les ressortissants des États membres de la Communauté européenne et des autres États parties à l'accord sur l'Espace économique européen entrés en France pour y chercher un emploi et qui s'y maintiennent à ce titre ne peuvent bénéficier de l'allocation aux adultes handicapés.

Le droit à l'allocation aux adultes handicapés est ouvert lorsque la personne ne peut prétendre, au titre d'un régime de sécurité sociale, d'un régime de pension de retraite ou d'une législation particulière, à un avantage de vieillesse ou d'invalidité, à l'exclusion de la prestation complémentaire pour recours à constante d'une tierce personne visée à l'article L. 355-1, ou à une rente d'accident du travail, à l'exclusion de la prestation complémentaire pour recours à tierce personne mentionnée à l'article L. 434-2, d'un montant au moins égal à cette allocation.

Lorsque cet avantage est d'un montant inférieur à celui de l'allocation aux adultes handicapés, celle-ci s'ajoute à la prestation sans que le total des deux avantages puisse excéder le montant de l'allocation aux adultes handicapés.

Pour la liquidation des avantages de vieillesse, les bénéficiaires de l'allocation aux adultes handicapés sont réputés inaptes au travail à l'âge minimum auquel s'ouvre le droit à pension de vieillesse.

Lorsqu'une personne bénéficiaire de l'allocation aux adultes handicapés fait valoir son droit à un avantage de vieillesse, d'invalidité ou à une rente d'accident du travail, l'allocation aux adultes handicapés continue de lui être servie jusqu'à ce qu'elle perçoive effectivement l'avantage auquel elle a droit. Pour la récupération des sommes trop perçues à ce titre, les organismes visés à l'article L. 821-7 sont subrogés dans les droits des bénéficiaires vis-à-vis des organismes payeurs des avantages de vieillesse, d'invalidité ou de rentes d'accident du travail.

Lorsque l'allocation aux adultes handicapés est versée en complément de la rémunération garantie visée à l'article L. 243-4 du Code de l'action sociale et des familles, le cumul de cet avantage avec la rémunération garantie mentionnée ci-dessus est limité à des montants fixés par décret qui varient notamment selon que le bénéficiaire est marié ou vit maritalement ou est lié par un pacte civil de solidarité et a une ou plusieurs personnes à charge. Ces montants varient en fonction du salaire minimum de croissance prévu à l'article L. 141-4 du Code du travail. »

« **Art. L. 821-1-1.** – Il est institué une garantie de ressources pour les personnes handicapées composée de l'allocation aux adultes handicapés et d'un complément de ressources. Le montant de cette garantie est fixé par décret.

Le complément de ressources est versé aux bénéficiaires de l'allocation aux adultes handicapés au titre de l'article L. 821-1 :

– dont la capacité de travail, appréciée par la commission mentionnée à l'article L. 146-9 du Code de l'action sociale et des familles, est, compte tenu de leur handicap, inférieure à un pourcentage fixé par décret;

– qui n'ont pas perçu de revenu d'activité à caractère professionnel propre depuis une durée fixée par décret;

– qui disposent d'un logement indépendant;

– qui perçoivent l'allocation aux adultes handicapés à taux plein ou en complément d'un avantage de vieillesse ou d'invalidité ou d'une rente d'accident du travail.

Le complément de ressources est également versé aux bénéficiaires de l'allocation supplémentaire du fonds spécial d'invalidité mentionnée à l'article L. 815-24 dont l'incapacité permanente est au moins égale au pourcentage fixé par le décret mentionné au premier alinéa de l'article L. 821-1 et qui satisfont aux conditions prévues aux troisième, quatrième et cinquième alinéas du présent article.

Le versement du complément de ressources pour les personnes handicapées prend fin à l'âge auquel le bénéficiaire est réputé inapte au travail dans les conditions prévues au dixième alinéa de l'article L. 821-1. Il prend fin pour les bénéficiaires de l'allocation supplémentaire du fonds spécial d'invalidité mentionnée à l'article L. 815-24 à l'âge minimum auquel s'ouvre le droit à pension de vieillesse.

Toute reprise d'activité professionnelle entraîne la fin du versement du complément de ressources.

Un décret en Conseil d'État précise les conditions dans lesquelles le complément de ressources est versé aux intéressés hébergés dans un établissement social ou médico-social, hospitalisés dans un établissement de santé ou incarcérés dans un établissement relevant de l'administration pénitentiaire.

Les dispositions de l'article L. 821-5 sont applicables au complément de ressources. »

« **Art. L. 821-2.** – L'allocation aux adultes handicapés est également versée à toute personne qui remplit l'ensemble des conditions suivantes :

1° Son incapacité permanente, sans atteindre le pourcentage fixé par le décret prévu au premier alinéa de l'article L. 821-1, est supérieure ou égale à un pourcentage fixé par décret;

2° La commission mentionnée à l'article L. 146-9 du Code de l'action sociale et des familles lui reconnaît, compte tenu de son handicap, une restriction substantielle et durable pour l'accès à l'emploi, précisée par décret.

Le versement de l'allocation aux adultes handicapés au titre du présent article prend fin à l'âge auquel le bénéficiaire est réputé inapte au travail dans les conditions prévues au cinquième alinéa de l'article L. 821-1. »

« **Art. L. 821-3.** – L'allocation aux adultes handicapés peut se cumuler avec les ressources personnelles de l'intéressé et, s'il y a lieu, de son conjoint, concubin ou partenaire d'un pacte civil de solidarité dans la limite d'un plafond fixé par décret, qui varie selon qu'il est marié, concubin ou partenaire d'un pacte civil de solidarité et a une ou plusieurs personnes à sa charge.

Les rémunérations de l'intéressé tirées d'une activité professionnelle en milieu ordinaire de travail sont en partie exclues du montant des ressources servant au calcul de l'allocation selon des modalités fixées par décret. »

« **Art. L. 821-4.** – L'allocation aux adultes handicapés est accordée, pour une durée déterminée par décret en Conseil d'État, sur décision de la commission mentionnée à l'article L. 146-9 du Code de l'action sociale et des familles appréciant le niveau d'incapacité de la personne handicapée ainsi que, pour les personnes mentionnées à l'article L. 821-2 du présent code, leur impossibilité, compte tenu de leur handicap, de se procurer un emploi.

Le complément de ressources mentionné à l'article L. 821-1-1 est accordé, pour une durée déterminée par décret en Conseil d'État, sur décision de la commission mentionnée au premier alinéa qui apprécie le taux d'incapacité et la capacité de travail de l'intéressé. »

« **Art. L. 821-5.** – L'allocation aux adultes handicapés est servie comme une prestation familiale. Elle est incessible et insaisissable, sauf pour le paiement des frais d'entretien de la personne handicapée. En cas de non-paiement de ces frais, la personne physique ou morale ou l'organisme qui en assume la charge peut obtenir de la caisse débitrice de l'allocation que celle-ci lui soit versée directement.

L'action de l'allocataire pour le paiement de l'allocation se prescrit par deux ans.

Cette prescription est également applicable à l'action intentée par un organisme payeur en recouvrement d'allocations indûment payées, sauf en cas de fraude ou de fausse déclaration.

Les dispositions des articles L. 114-13, L. 377-2 et L. 377-4 sont applicables à l'allocation aux adultes handicapés.

Les différends auxquels peut donner lieu l'application du présent titre et qui ne relèvent pas d'un autre contentieux sont réglés suivant les dispositions régissant le contentieux général de la sécurité sociale.

L'État verse au fonds national des prestations familiales, géré par la caisse nationale des allocations familiales, une subvention correspondant au montant des dépenses versées au titre de l'allocation aux adultes handicapés, du complément de ressources et de la majoration pour la vie autonome ainsi qu'au titre de l'allocation pour adulte handicapé prévue à l'article 35 de l'ordonnance n° 2002-411 du 27 mars 2002 relative à la protection sanitaire et sociale à Mayotte. »

« **Art. L. 821-6.** – Un décret en Conseil d'État précise les conditions dans lesquelles le droit à l'allocation aux adultes handicapés mentionnée à l'article L. 821-1 ci-dessus est ouvert aux personnes handicapées hébergées dans un établissement social ou médico-social ou hospitalisées dans un établissement de santé, ou détenues dans un établissement relevant de l'administration pénitentiaire. Ce décret détermine également dans quelles conditions le paiement de ladite allocation peut être réduit, en cas d'hospitalisation d'hébergement ou d'incarcération.

L'allocation aux adultes handicapés versée aux personnes qui supportent le forfait journalier institué par l'article L. 174-4 ne peut pas être réduite à un montant inférieur à un minimum fixé par décret. »

« **Art. L. 821-7.** – La gestion de la prestation prévue à l'article L. 821-1, du complément de ressources et de la majoration pour la vie autonome est confiée aux organismes du régime général chargés du versement des prestations familiales.

Toutefois, lorsqu'une caisse de mutualité sociale agricole est compétente pour verser à une personne handicapée les prestations familiales dont elle bénéficie ou serait susceptible de bénéficier ou lorsque le bénéficiaire de l'allocation aux adultes handicapés relève d'un régime de protection sociale agricole en application de l'article L. 381-28, cet organisme assure la gestion de l'allocation, du complément de ressources et de la majoration pour la vie autonome ».

« **Art. L. 821-8** – Des dispositions réglementaires déterminent, en tant que de besoin, les modalités d'application du présent titre. Sauf disposition contraire, elles sont prises par décret en Conseil d'État. »

• **prestation de compensation**

[CASF, art. L. 245-1 à L. 245-7]

+ L. n° 2013-403 du 17 mai 2013, art. 1er

+ L. n° 2015-1268, 14 oct. 2015, art. 7

+ L. n° 2015-1702, 21 déc. 2015, art. 59

+ L. n° 2015-1776, 28 déc. 2015, art. 83

CASF, art. L. 245-1 *(mod. par L. n° 2015-1268, 14 oct. 2015, art. 7, V)*

I. – Toute personne handicapée résidant de façon stable et régulière en France métropolitaine, dans les collectivités mentionnées à l'article L. 751-1 du Code de la sécurité sociale ou à Saint-Pierre-et-Miquelon, dont l'âge est inférieur à une limite fixée par décret et dont le handicap répond à des critères définis par décret prenant notamment en compte la nature et l'importance des besoins de compensation au regard de son projet de vie, a droit à une prestation de compensation qui a le caractère d'une prestation en nature qui peut être versée, selon le choix du bénéficiaire, en nature ou en espèces.

Lorsque la personne remplit les conditions d'âge permettant l'ouverture du droit à l'allocation prévue à l'article L. 541-1 du Code de la sécurité sociale, l'accès à la prestation de compensation se fait dans les conditions prévues au III du présent article.

Lorsque le bénéficiaire de la prestation de compensation dispose d'un droit ouvert de même nature au titre d'un régime de sécurité sociale, les sommes versées à ce titre viennent en déduction du montant de la prestation de compensation dans des conditions fixées par décret.

Un décret en Conseil d'État précise la condition de résidence mentionnée au premier alinéa.

II. – Peuvent également prétendre au bénéfice de cette prestation :

1° Les personnes d'un âge supérieur à la limite mentionnée au I mais dont le handicap répondait, avant cet âge limite, aux critères mentionnés audit I, sous réserve de solliciter cette prestation avant un âge fixé par décret;

2° Les personnes d'un âge supérieur à la limite mentionnée au I mais qui exercent une activité professionnelle au-delà de cet âge et dont le handicap répond aux critères mentionnés audit I.

III. – Les bénéficiaires de l'allocation prévue à l'article L. 541-1 du Code de la sécurité sociale peuvent la cumuler :

1° Soit avec la prestation de compensation prévue dans le présent article, dans des conditions fixées par décret, lorsque les conditions d'ouverture du droit au complément de l'allocation d'éducation de l'enfant handicapé sont réunies et lorsqu'ils sont exposés, du fait du handicap de leur enfant, à des charges relevant de l'article L. 245-3 du présent code. Dans ce cas, le cumul s'effectue à l'exclusion du complément de l'allocation d'éducation de l'enfant handicapé;

2° Soit avec le seul élément de la prestation mentionné au 3° de l'article L. 245-3, dans des conditions fixées par décret, lorsqu'ils sont exposés, du fait du handicap de leur enfant, à des charges relevant dudit 3°. Ces charges ne peuvent alors être prises en compte pour l'attribution du complément de l'allocation d'éducation de l'enfant handicapé.

CASF, art. L. 245-2 *(mod. par L. n° 2013-403 du 17 mai 2013, art. 1er, V)*

La prestation de compensation est accordée par la commission mentionnée à l'article L. 146-9 et servie par le département où le demandeur a son domicile de secours ou, à défaut, où il réside, dans des conditions identiques sur l'ensemble du territoire national.

L'instruction de la demande de prestation de compensation comporte l'évaluation des besoins de compensation du demandeur et l'établissement d'un plan personnalisé de compensation réalisés par l'équipe pluridisciplinaire dans les conditions prévues à l'article L. 146-8.

Toutefois, en cas d'urgence attestée, le président du conseil départemental peut attribuer la prestation de compensation à titre provisoire et pour un montant fixé par décret. Il dispose d'un délai de deux mois pour régulariser cette décision, conformément aux dispositions des deux alinéas précédents.

Les décisions relatives à l'attribution de la prestation par la commission mentionnée à l'article L. 146-9 peuvent faire l'objet d'un recours devant la juridiction du contentieux technique de la sécurité sociale. Les décisions du président du conseil départemental relatives au versement de la prestation peuvent faire l'objet d'un recours devant les commissions départementales mentionnées à l'article L. 134-6, dans les conditions et selon les modalités prévues aux articles L. 134-1 à L. 134-10.

CASF, art. L. 245-2-1 *(mod. par L. n° 2013-403, 17 mai 2013, art. 1er, V)*

Lorsque le bénéficiaire acquiert un nouveau domicile de secours, le service de la prestation de compensation s'effectue selon les éléments de prise en charge qui la composent à cette date. Le président du conseil départemental peut saisir la commission prévue à l'article L. 146-9 aux fins du réexamen du droit à la prestation de compensation dans des conditions fixées par décret.

CASF, art. L. 245-3 *(mod. par L. n° 2015-1702, 21 déc. 2015, art. 59)*

La prestation de compensation peut être affectée, dans des conditions définies par décret, à des charges :

1° Liées à un besoin d'aides humaines, y compris, le cas échéant, celles apportées par les aidants familiaux;

2° Liées à un besoin d'aides techniques, notamment aux frais laissés à la charge de l'assuré lorsque ces aides techniques relèvent des prestations prévues au 1° de l'article L. 160-8 du Code de la sécurité sociale;

3° Liées à l'aménagement du logement et du véhicule de la personne handicapée, ainsi qu'à d'éventuels surcoûts résultant de son transport;

4° Spécifiques ou exceptionnelles, comme celles relatives à l'acquisition ou l'entretien de produits liés au handicap;

5° Liées à l'attribution et à l'entretien des aides animalières. À compter du 1er janvier 2006, les charges correspondant à un chien guide d'aveugle ou à un chien d'assistance ne sont prises en compte dans le calcul de la prestation que si le chien a été éduqué dans une structure labellisée et par des éducateurs qualifiés selon des conditions définies par décret. Les chiens remis aux personnes handicapées avant cette date sont présumés remplir ces conditions.

CASF, art. L. 245-4

L'élément de la prestation relevant du 1° de l'article L. 245-3 est accordé à toute personne handicapée soit lorsque son état nécessite l'aide effective d'une tierce personne pour les actes essentiels de l'existence ou requiert une surveillance régulière, soit lorsque l'exercice d'une activité professionnelle ou d'une fonction élective lui impose des frais supplémentaires.

Le montant attribué à la personne handicapée est évalué en fonction du nombre d'heures de présence requis par sa situation et fixé en équivalent-temps plein, en tenant compte du coût réel de rémunération des aides humaines en application de la législation du travail et de la convention collective en vigueur.

CASF, art. L. 245-5

Le service de la prestation de compensation peut être suspendu ou interrompu lorsqu'il est établi, au regard du plan personnalisé de compensation et dans des conditions fixées par décret, que son bénéficiaire n'a pas consacré cette prestation à la compensation des charges pour lesquelles elle lui a été attribuée. Il appartient, le cas échéant, au débiteur de la prestation d'intenter une action en recouvrement des sommes indûment utilisées.

CASF, art. L. 245-6

La prestation de compensation est accordée sur la base de tarifs et de montants fixés par nature de dépense, dans la limite de taux de prise en charge qui peuvent varier selon les ressources du bénéficiaire. Les montants maximums, les tarifs et les taux de prise en charge sont fixés par arrêtés du ministre chargé des personnes handicapées. Les modalités et la durée d'attribution de cette prestation sont définies par décret.

Sont exclus des ressources retenues pour la détermination du taux de prise en charge mentionné à l'alinéa précédent :

– les revenus d'activité professionnelle de l'intéressé;

– les indemnités temporaires, prestations et rentes viagères servies aux victimes d'accidents du travail ou à leurs ayants droit mentionnées au 8° de l'article 81 du Code général des impôts;

– les revenus de remplacement dont la liste est fixée par voie réglementaire;

– les revenus d'activité du conjoint, du concubin, de la personne avec qui l'intéressé a conclu un pacte civil de solidarité, de l'aidant familial qui, vivant au foyer de l'intéressé, en assure l'aide effective, de ses parents même lorsque l'intéressé est domicilié chez eux;

– les rentes viagères mentionnées au 2° du I de l'article 199 *septies* du Code général des impôts, lorsqu'elles ont été constituées par la personne handicapée pour elle-même ou, en sa faveur, par ses parents ou son représentant légal, ses grands-parents, ses frères et sœurs ou ses enfants;

– certaines prestations sociales à objet spécialisé dont la liste est fixée par voie réglementaire.

CASF, art. L. 245-7 *(mod. par L. n° 2015-1776, 28 déc. 2015, art. 83)*

L'attribution de la prestation de compensation n'est pas subordonnée à la mise en œuvre de l'obligation alimentaire définie par les articles 205 à 211 du Code civil.

Il n'est exercé aucun recours en récupération de cette prestation ni à l'encontre de la succession du bénéficiaire décédé, ni sur le légataire, le donataire ou le bénéficiaire d'un contrat d'assurance-vie.

Les sommes versées au titre de cette prestation ne font pas l'objet d'un recouvrement à l'encontre du bénéficiaire lorsque celui-ci est revenu à meilleure fortune.

La prestation de compensation n'est pas prise en compte pour le calcul d'une pension alimentaire ou du montant d'une dette calculée en fonction des ressources.

421.03 Bibliographie indicative.

> **Généralités.** M. Bauer et T. Fossier, « L'utilisation des prestations sociales : contrôle ou assistance ? », *RDSS* 1994. 657 – T. Fossier, « La tutelle aux prestations sociales », *Rev. dr. enf. fam.* 1998. 162 – L. Mauger-Vielpeau, « Le retour du prodigue », *JCP N* 2008. 1269 – Rapport de la Cour des comptes, *La protection juridique des majeurs : une réforme ambitieuse, une mise en œuvre défaillante*, sept. 2016 – https://www.ccomptes.fr

> **Mesure de gestion budgétaire et sociale.** Rapport Favard, *Rapport définitif sur les dispositifs de protection des majeurs*, avr. 2000, p. 19 à 25, n°s 2 à 2.2.4.

SECTION 1
DE LA TUTELLE AUX PRESTATIONS SOCIALES ADULTES À LA MESURE DE GESTION BUDGÉTAIRE ET SOCIALE

421.11 Disparition de la tutelle aux prestations sociales adultes. La tutelle aux prestations sociales adultes (TPSA) avait pour finalité de garantir qu'une personne majeure bénéficiaire de certaines prestations sociales les utilise bien dans son intérêt ou, lorsqu'il s'agit d'une personne présentant des déficiences sur le plan mental ou physique, qu'elle les emploie de façon à vivre dans des conditions normales d'alimentation, de logement et d'hygiène. L'un des principaux reproches faits à la TPSA, supprimée par la loi du 5 mars 2007, résidait dans le fait que cette **mesure, restrictive de libertés** souvent pendant de nombreuses années, surtout lorsqu'elle était doublée d'une mesure de curatelle ou de tutelle d'État, avait parfois été utilisée pour traiter des **situations de précarité**, les services sociaux des communes ou des départements pouvant avoir le réflexe de constituer un dossier d'accès aux ressources (en l'occurrence, les prestations sociales), pour ensuite transférer le suivi des personnes à d'autres acteurs (les associations tutélaires). Plusieurs études du Centre d'évaluation et de recherche en politique sociale (CERPS) et le *rapport Boutaric* du Conseil économique et social[1] l'avaient mis en lumière, ainsi que le *rapport sur l'évaluation médico-sociale*, de la direction générale de l'action sociale de 2003 allait également dans ce sens, soulignant au surplus que les mesures judiciaires étaient mal vécues par les personnes, qui se sentaient d'autant plus stigmatisées que la dénomination « tutelle » prêtait à confusion avec les mesures civiles.

Par ailleurs, la question de la prise en charge ou de **l'accompagnement des personnes vulnérables** ou en situation de **précarité**, avec en creux la question de la définition exacte et bien entendu celle du **financement** des interventions, devenait de plus en plus prégnante.

421.12 De la notion d'assistance à la notion de contractualisation. Avec un peu de recul, nous pouvons constater que le mouvement général du droit social, entre le XIXe et le XXIe siècle, a fait évoluer la terminologie des interventions sociales, et donc leur contenu, **de l'assistance à la contractualisation**. Sans doute sous la pression d'un individualisme grandissant, mais aussi des contraintes économiques, nous sommes en effet passés en quelques décennies d'une **logique de charité et d'assistance** aux nécessiteux à une **logique de politiques publiques** ciblées sur des populations spécifiques reconnues comme particulièrement fragiles. Ce mouvement s'est dessiné d'abord en raison de l'accroissement des situations de chômage, avec pour corollaire l'augmentation des situations de précarité, ensuite parce que les besoins fondamentaux (se nourrir, se loger, se soigner, disposer de ressources minimales) étaient considérés comme satisfaits, enfin parce que les difficultés constatées étaient accentuées dans certains secteurs géographiques (villes et banlieues). Alors que la **logique de l'aide sociale** privilégiait une **approche catégorielle** à partir des **publics** concernés (enfants, jeunes, personnes handicapées, personnes âgées, personnes malades...), la **logique de l'action sociale** qui lui a succédé a privilégié une **approche sectorielle** centrée sur les **besoins** (logement, emploi, accès aux soins, surendettement, formation...), chacune d'elles ayant ses propres limites. À la fin du XXe siècle, ces deux logiques ont pu se combiner à la fois dans une **approche transversale** et dans une **approche territoriale**, accentuée par les lois de décentralisation.

Depuis 2002, une série de lois dans l'action sociale ou médico-sociale incite à la **contractualisation** de l'aide aux usagers et les lois du 5 mars 2007[2], sur la protection de l'enfance et la protection des majeurs, consacrent la contractualisation comme centrale

1. Rapp. Boutaric, CESE, 2008.
2. L. n° 2007-297, 5 mars 2007, portant réforme de la protection de l'enfance et L. n° 2007-308, 5 mars 2007, portant réforme de la protection juridique des majeurs, *JO* 7 mars, p. 4297 et 4325.

dans toute intervention, l'autorité judiciaire et ses mandataires ayant seuls la légitimité d'imposer une dimension contraignante, seulement subsidiairement aux autres actions et avec des limites strictes (en particulier dans son mode de saisine, filtré par le parquet, et dans la limitation dans le temps de son action).

Cette volonté de **responsabilisation des bénéficiaires** et, de plus en plus, de limitation de la dépense publique est devenue une priorité incontournable, sans que la réflexion engagée sur le sens du travail social et sur le **périmètre d'intervention du juge** ne parvienne encore à croiser les enjeux. Sur ce dernier point toutefois, les travaux de la commission Guinchard[1] ont tout particulièrement mis en exergue le positionnement spécifique des **juridictions d'instance** et, en leur sein, des **services des tutelles.** Ainsi que l'a relevé Jacques Commailles[2], le juge n'est pas et ne peut pas être un décideur isolé. Il rend la justice selon deux modèles pouvant s'affronter et guider les niveaux de justice :

- *dans le premier,* il œuvre dans une justice gardienne de la méta-raison, méta-garante du social, située dans la distance et dans la **fonction symbolique de rappel à la loi,** aux principes du vivre-ensemble, aux représentations légitimes de l'ordre social;

- *dans le second,* il gère les rapports sociaux, préserve et renforce les **liens sociaux** et est dans la **proximité.**

Selon les époques, le curseur se déplace de l'un à l'autre de ces modèles, en particulier lorsque le niveau national est remis en question au profit des échelons locaux estimés plus en capacité de gérer les problèmes réellement vécus par les populations. Le **juge d'instance** et, en particulier, lorsqu'il exerce les fonctions spécifiques de juge des tutelles, est bien dans le second modèle car il n'exerce pas seul ses fonctions : il se situe au cœur d'une équipe qu'il anime, coordonne et dirige, avec les spécificités et l'autonomie de chacun.

421.13 Une mesure de gestion budgétaire et sociale intégrée dans le Code civil. Le rapport Favard d'avril 2000, reprenant les propositions du rapport dit « des trois inspections générales » de juillet 1998, proposait de supprimer la tutelle aux prestations sociales adultes, au profit d'une mesure de gestion budgétaire et sociale qui serait désormais intégrée dans le Code civil[3]. Cette proposition a été reprise par la loi n° 2007-308 du 5 mars 2007 sous la dénomination de « Mesure d'accompagnement judiciaire » (MAJ) intégrée dans le Code civil aux articles 495 à 495-9, en remplacement de la tutelle aux prestations sociales adultes dont le régime relevait du Code de la sécurité sociale (CSS, art. L. 167-1 à L. 167-5 et R. 167-1 à R. 167-31).

La loi du 5 mars 2007 limite et encadre donc le champ de l'intervention judiciaire dans l'accompagnement des personnes en situation de précarité : la priorité est accordée dans ce domaine, comme dans celui de la lutte contre l'exclusion et dans celui de la protection de l'enfance, aux **collectivités territoriales,** au premier rang desquelles se trouvent les **départements.** Avec la « Mesure d'accompagnement social personnalisé » (MASP), il leur appartient de s'engager davantage encore dans la gestion effective des situations personnelles, ce qui suppose une remise en question de la conception traditionnelle du travail social.

Le dispositif social ainsi créé autour de la MASP et de la MAJ remet en effet en cause certains fondamentaux du travail social, reposant sur l'adhésion de la personne aux mesures proposées. Alors que, jusque-là, la gestion des prestations sociales (versées aux adultes ou présentant un caractère familial) ne pouvait être contrainte que dans un cadre judiciaire, **les deux réformes du 5 mars 2007** ont modifié les modes de **gestion des prestations sociales** en organisant un système à deux volets : *un premier* de nature **préventive et socio-éducative** reposant sur les **conseils départementaux** et *un second,* davantage ciblé sur les situations manifestes d'**incapacité prolongée** à accomplir des actes de gestion courante des prestations, reposant sur le **juge.**

421.14 Une mesure de gestion budgétaire et sociale qui reste peu utilisée. Alors que la loi du 5 mars 2007 prévoyait un transfert des mesures judiciaires vers les MASP et un nombre de MAJ inférieur à celui des anciennes TPSA, seulement 3 173 MASP étaient enregistrées en 2009 dans les 68 départements ayant alors transmis les données. En 2012, 9 514 MASP étaient enregistrées[4] et seulement 8 640 MAJ étaient en cours en 2015[5].

Deux principales raisons ont été avancées pour expliquer cette forte diminution :

- d'une part, le fait que les juges des tutelles n'ont pas, en majorité, converti les tutelles aux prestations sociales ouvertes avant le 1er janvier 2009 en MAJ et,

- d'autre part, la faible montée en charge des départements. Ainsi, seulement 478 nouvelles MAJ ont été ouvertes en 2011 et 584 en 2012 et uniquement 8 % des MASP terminées au cours de l'année 2011 ont été orientées vers une MAJ[6].

1. « L'ambition raisonnée d'une justice apaisée », Doc.fr. (www.ladocumentationfrancaise.fr).
2. Rapp. Guinchard, p. 41 et 42.
3. J. Favard, *Rapport définitif sur les dispositifs de protection des majeurs*, avr. 2000, p. 19 à 25, nos 2 à 2.2.4.
4. *Source* : ministère des Affaires sociales, Direction générale de la cohésion sociale (DGCS).
5. *Source* : ministère de la Justice, Direction des affaires civiles et du Sceau (DACS).
6. *Source* : ministère des Affaires sociales, DGCS, rapport sur les MASP et les MAJ.

SECTION 2
LA MESURE D'ACCOMPAGNEMENT SOCIAL PERSONNALISÉ

§ 1
Conditions d'ouverture

421.21 Être bénéficiaire de prestations sociales. En application de l'article L. 271-1 du Code de l'action sociale et des familles, ne peut bénéficier d'un accompagnement budgétaire que la **personne majeure bénéficiaire de prestations sociales.** La liste en a été fixée par le décret n° 2008-1498 du 22 décembre 2008 (CASF, art. D. 271-2), étant précisé que la gestion des prestations familiales peut soit relever du nouveau dispositif de la mesure d'accompagnement en économie sociale (volet administratif) ou de la mesure d'aide à la gestion du budget familial (volet judiciaire du juge des enfants), soit être incluse dans la mesure de MASP. Cette possibilité d'intégrer l'ensemble des prestations sociales adultes et familiales ne peut être mise en place qu'à la condition que le **juge des enfants** n'ait pas lui-même déjà décidé d'une mesure d'aide à la gestion du budget familial (C. civ., art. 375-9-1). Dans ce dernier cas, la personne chargée de l'exécution d'une mesure de MASP et le délégué aux prestations familiales, pour un même foyer, doivent s'informer mutuellement des actions qu'elles mènent.

Les prestations sociales concernées sont principalement des **aides liées au logement** (APL, ALS), des **aides aux personnes âgées** (APA, allocation de solidarité, allocation aux vieux travailleurs), des **aides liées au handicap** (AAH, PCH) ou encore le **revenu de solidarité active** (RSA). Des voix s'étaient élevées chez les professionnels, lors des débats à l'Assemblée Nationale, pour que les nouvelles mesures d'accompagnement ne soient pas limitées aux seules personnes percevant des prestations sociales mais concernent aussi celles, de plus en plus nombreuses, qui n'ont que de **faibles ressources** (petites retraites, pensions d'invalidité, salaires de faibles montants, notamment). Un amendement avait été voté, avant d'être finalement écarté par le Sénat puis par la commission mixte, suivant en cela les préconisations précédemment émises par le rapport Favard [1].

Cette **restriction légale du champ de la MASP** limite incontestablement cette forme d'action sociale à une partie seulement des personnes en grande difficulté socio-économique et laisse sur le côté les plus désaffiliés en situation de non-recours, par exemple les jeunes en rupture avec leur famille et la société ou certains SDF. Elle laisse aussi en dehors du périmètre de la prise en charge les autres ressources éventuelles dont pourraient bénéficier les personnes prises en charge, comme celles provenant d'un petit emploi, nuisant ainsi à la globalité de l'accompagnement mais excluant aussi des personnes ou des ménages économiquement très fragilisés, comme ceux relevant des commissions de surendettement.

La **délimitation des prestations sociales comprises ou non dans l'accompagnement** conduit par ailleurs à des **ruptures** de nature administrative dans la continuité de l'accompagnement, du fait du passage de certaines situations de droits à d'autres, dans le périmètre ou pas des prestations admises dans la MASP. C'est le cas, par exemple du RSA, le RSA-socle fait partie des prestations sociales pouvant être incluses dans la MASP mais pas le RSA-activité. Donc, la personne accédant à un petit emploi sortira du dispositif pour être appelée à y revenir lorsque son activité rémunérée aura pris fin.

421.22 Se trouver dans une situation dans laquelle sa santé ou sa sécurité est menacée par les difficultés rencontrées dans la gestion. L'appréciation du degré de la menace sur la santé ou sur la sécurité est complexe. Au-delà du contexte difficile dans lequel se trouvent les **départements**, dont les missions se sont multipliées depuis les lois de décentralisation, les questions délicates qu'ils doivent résoudre sont celles de la **détection**, du **diagnostic** et du **choix des actions** à mettre en place à l'égard des personnes les plus fragiles. La pratique des mesures sociales fait en effet actuellement surgir des difficultés liées d'une part à la porosité entre les **fragilités sociales** (relevant du domaine d'intervention des **départements**) et les **fragilités médicalement constatées** (pouvant relever de la **protection juridique**), et, d'autre part, à la variabilité des politiques départementales d'accompagnement social. La distinction retenue par le législateur de 2007 entre les vulnérabilités sociales et les vulnérabilités médicales fait apparaître des **zones d'exclusion** de plus en plus larges et préoccupantes, notamment à l'égard des personnes atteintes de troubles psychiques ou psychologiques non suivies médicalement, des personnes en grande précarité ou inadaptées socialement.

EN PRATIQUE, les motifs d'entrée dans le dispositif de la MASP sont principalement liés à une situation de surendettement, d'impayés de loyers ou d'autres impayés associés au logement (eau, électricité, gaz, assurance-habitation, en particulier) et plus rarement pour des problèmes de santé. Les MASP sont souvent des mesures complémentaires à d'autres actions sociales, dont elles ne représentent que 3 % [2]. Les bénéficiaires sont en majorité des femmes (62 % en 2011) et 80 % d'entre eux ont entre 30 et 59 ans.

1. J. Favard, rapp. préc., p. 22.

2. *Source* : ministère des Affaires sociales, DGCS, rapport sur les MASP et les MAJ.

§ 2
Cadre de l'accompagnement

421.31 **Volet d'aide à la gestion et volet d'accompagnement social individualisé qui prend la forme d'un contrat conclu entre la personne concernée et le conseil départemental au nom du département.** Ce contrat suppose, en principe, une véritable discussion. Il est précédé d'une **évaluation** de la situation de la personne par un travailleur social qui doit s'assurer de son **adhésion** après lui avoir donné une information sur le déroulement de la mesure envisagée et sur sa dimension contractuelle. Dans la plupart des départements qui ont mis en place la MASP, le travailleur social doit renseigner trois rubriques avant de proposer une MASP à une instance de validation : 1) difficultés repérées; 2) effets prévisibles en caractérisant clairement les notions de menaces sur la santé et sur la sécurité; 3) objectifs de travail social et actions à mener en faveur de l'insertion.

Le contrat doit comprendre des **engagements**, le majeur pouvant autoriser le département à percevoir tout ou partie seulement des prestations qu'il perçoit, en les affectant en priorité au paiement du loyer et des charges en cours par exemple.

421.32 **Contrat limité dans le temps, qui énumère les prestations sociales concernées.** Le contrat proposé est conclu pour une **durée de six mois à deux ans** et est susceptible d'être **prolongé**, par avenant, pour une durée de deux ans maximum sans que la durée totale de la MASP n'excède **quatre ans**. Il doit préciser lesquelles des **prestations** sont **concernées** parmi la liste de l'article D. 271-2 du Code de l'action sociale et des familles. Si la situation le justifie, cette **autorisation** donnée par la personne au département **de gérer** pour son propre compte **une ou plusieurs des prestations sociales** dont elle bénéficie peut être étendue à une ou plusieurs **prestations familiales**, sauf application des dispositions de l'article 375-9-1 du Code civil.

§ 3
Modalités d'exercice

421.41 **Diversité des modalités mises en place par les conseils départementaux.** Une enquête de la Direction de la recherche, des études, de l'évaluation et des statistiques (DREES) du Ministère des solidarités et de la cohésion sociale de 2009 a constaté que 75 départements avaient mis en œuvre des MASP, pour un total de 3 173 mesures seulement (contre 13 000 attendues). Le rapport d'enquête de la Cour des comptes de 2012 confirme le faible recours aux MASP (v. s[s] n° 03.58). En général, cette nouvelle mission a été configurée en cohérence avec le reste du **dispositif d'action sociale** et notamment les accompagnements spécifiques liés au logement, au RSA, au contrat d'accompagnement social en polyvalence, aux nouveaux contrats dans le cadre de la réforme de l'enfance. Selon que le département dispose ou non de **conseillers en économie sociale et familiale**, qu'il a ou non un **personnel disponible** en raison de la disparition des mesures de tutelle aux prestations sociales, qu'il aura ou non développé **l'accompagnement éducatif et budgétaire** et le **soutien aux personnes en difficulté de logement**, il s'engagera plus ou moins dans la mise en place de la MASP, lui reconnaissant ainsi un rôle supplétif plutôt qu'une part entière dans le dispositif d'action sociale.

421.42 **Choix des mandataires.** Le département peut faire exercer la MASP par ses propres services ou en **déléguer l'exercice** par voie de convention à plusieurs types d'opérateurs : collectivités territoriales, centres communaux d'action sociale (CCAS), centres intercommunaux d'action sociale (CIAS), associations ou organismes débiteurs de prestations sociales. **EN PRATIQUE**, lorsque le département délègue (ce qui est le cas le plus fréquent), il le fait aux associations qui avaient déjà acquis une expérience de l'ancienne tutelle aux prestations sociales.

Le choix des mandataires dépend du niveau de MASP :

- **MASP 1 : accompagnement simple**, pratiqué en service social le plus souvent par les conseillers en économie sociale et familiale en gestion directe par les conseils généraux;

- **MASP 2 : accompagnement renforcé** et perception d'une ou plusieurs prestations sociales. Cette mission nouvelle oblige à l'ouverture d'un **compte au nom de la personne**, donc au respect des règles de la **comptabilité publique**. Les mesures sont le plus souvent externalisées vers des associations, avec un **cahier des charges** très précis prévoyant notamment un délai d'un mois pour assurer la prise en charge du dossier, le **lien avec le travailleur social** à l'origine de la mesure et un **compte-rendu régulier**, avec des bilans intermédiaires à trois mois ou à six mois;

- **MASP 3 : mesure dite contraignante**, qui correspond soit à la mesure avec gestion directe soit au versement direct du loyer et des charges ordonné par le tribunal d'instance (CASF, art. L. 271-5, R. 271-6 à R. 271-16).

EN PRATIQUE, le dispositif contractuel est privilégié : 51 % des mesures étaient en 2011 des MASP 1 et 48 % des MASP 2, contre seulement 1 % de MASP 3[1].

421.43 **Un financement qui demeure aléatoire.** La loi du 5 mars 2007 pose le principe de **subsidiarité du financement public** dans tous les dispositifs de protection, y compris pour les mesures de gestion des

1. *Source* : ministère des Affaires sociales, DGCS, rapport sur les MASP et les MAJ.

prestations sociales, ce qui n'était pas le cas pour les anciennes tutelles aux prestations sociales adultes. L'article L. 271-4 du Code de l'action sociale et des familles prévoit qu'une **participation** peut être demandée au majeur, selon un montant qui est arrêté par le président du conseil départemental en fonction des ressources de l'intéressé et dans la limite d'un plafond fixé par le décret n° 2008-1554 du 31 décembre 2008, dans les conditions du règlement départemental d'aide sociale. Cette disposition ne peut qu'interroger, s'agissant de bénéficiaires de minima sociaux et il est constaté de grandes disparités entre les départements suivant la politique sociale menée par chacun d'eux.

L'une des craintes des conseils généraux est la montée en charge du système qui, pour l'instant, est moins rapide que prévu. L'Assemblée des départements de France (ADF) a élaboré une grille de remontée des informations au gouvernement pour présenter au Parlement chaque année, de 2010 à 2015, un rapport dressant le bilan statistique de la mise en œuvre de la réforme dans les départements, dans le cadre de la « *clause de revoyure* » de l'article 46 de la loi du 5 mars 2007.

CHAPITRE

422. Mesures d'accompagnement judiciaire

SECTION 0 ORIENTEUR

422.00 **Plan du chapitre.**

422.01 **Textes applicables.**

TEXTES SOURCES

> **Mesure d'accompagnement judiciaire**

+ L. n° 2007-308, 5 mars 2007
+ L. n° 2008-1249, 1er déc. 2008
C. civ., art. 495 à 495-9

> **Procédure tutélaire**

+ Décr. n° 2008-1276, 5 déc. 2008
C. pr. civ., art. 1262 à 1263

TEXTES *IN EXTENSO*

> **Mesure d'accompagnement judiciaire**
[C. civ., art. 495 à 495-9]

+ L. n° 2007-308, 5 mars 2007, art. 7
+ L. n° 2008-1249, 1er déc. 2008, art. 14

C. civ., art. 495

Lorsque les mesures mises en œuvre en application des articles L. 271-1 à L. 271-5 du Code de l'action sociale et des familles au profit d'une personne majeure n'ont pas permis une gestion satisfaisante par celle-ci de ses prestations sociales et que sa santé ou sa sécurité en est compromise, le juge des tutelles peut ordonner une mesure d'accompagnement judiciaire destinée à rétablir l'autonomie de l'intéressé dans la gestion de ses ressources.

Il n'y a pas lieu de prononcer cette mesure à l'égard d'une personne mariée lorsque l'application des règles relatives aux droits et devoirs respectifs des époux et aux régimes matrimoniaux permet une gestion satisfaisante des prestations sociales de l'intéressé par son conjoint.

C. civ., art. 495-1

La mesure d'accompagnement judiciaire ne peut être prononcée si la personne bénéficie d'une mesure de protection juridique prévue au chapitre II du présent titre.

Le prononcé d'une mesure de protection juridique met fin de plein droit à la mesure d'accompagnement judiciaire.

C. civ., art. 495-2

La mesure d'accompagnement judiciaire ne peut être prononcée qu'à la demande du procureur de la République qui en apprécie l'opportunité au vu du rapport des services sociaux prévu à l'article L. 271-6 du Code de l'action sociale et des familles.

Le juge statue, la personne entendue ou appelée.

C. civ., art. 495-3

Sous réserve des dispositions de l'article 495-7, la mesure d'accompagnement judiciaire n'entraîne aucune incapacité.

C. civ., art. 495-4

La mesure d'accompagnement judiciaire porte sur la gestion des prestations sociales choisies par le juge, lors du prononcé de celle-ci, dans une liste fixée par décret.

Le juge statue sur les difficultés qui pourraient survenir dans la mise en œuvre de la mesure. À tout moment, il peut, d'office ou à la demande de la personne protégée, du mandataire judiciaire à la protection des majeurs ou du procureur de la République, en modifier l'étendue ou y mettre fin, après avoir entendu ou appelé la personne.

C. civ., art. 495-5 *(mod. par L. n° 2008-1249, 1er déc. 2008, art. 14)*

Les prestations familiales pour lesquelles le juge des enfants a ordonné la mesure prévue à l'article 375-9-1 sont exclues de plein droit de la mesure d'accompagnement judiciaire.

Les personnes chargées respectivement de l'exécution d'une mesure prévue à l'article 375-9-1 et d'une mesure d'accompagnement judiciaire pour un même foyer s'informent mutuellement des décisions qu'elles prennent.

C. civ., art. 495-6

Seul un mandataire judiciaire à la protection des majeurs inscrit sur la liste prévue à l'article L. 471-2 du Code de l'action sociale et des familles peut être désigné par le juge pour exercer la mesure d'accompagnement judiciaire.

C. civ., art. 495-7

Le mandataire judiciaire à la protection des majeurs perçoit les prestations incluses dans la mesure d'accompagnement judiciaire sur un compte ouvert au nom de la personne auprès d'un établissement habilité à recevoir des fonds du public, dans les conditions prévues au premier alinéa de l'article 472, sous réserve des dispositions applicables aux mesures de protection confiées aux personnes ou services préposés des établissements de santé et des établissements sociaux ou médico-sociaux soumis aux règles de la comptabilité publique.

Il gère ces prestations dans l'intérêt de la personne en tenant compte de son avis et de sa situation familiale.

Il exerce auprès de celle-ci une action éducative tendant à rétablir les conditions d'une gestion autonome des prestations sociales.

C. civ., art. 495-8

Le juge fixe la durée de la mesure qui ne peut excéder deux ans. Il peut, à la demande de la personne protégée, du mandataire ou du procureur de la République, la renouveler par décision spécialement motivée sans que la durée totale puisse excéder quatre ans.

C. civ., art. 495-9

Les dispositions du titre XII relatives à l'établissement, la vérification et l'approbation des comptes et à la prescription qui ne sont pas incompatibles avec celles du présent chapitre sont applicables à la gestion des prestations sociales prévues à l'article 495-7.

> Procédure tutélaire

[C. pr. civ., art. 1262 à 1263]

+ Décr. n° 2008-1276, 5 déc. 2008, art. 2

C. pr. civ., art. 1262

Lorsqu'après avoir reçu le rapport prévu à l'article L. 271-6 du Code de l'action sociale et des familles le procureur de la République saisit le juge des tutelles, il en informe aussitôt le président du conseil départemental par tout moyen. Il en est de même lorsqu'il estime n'y avoir lieu à cette saisine.

C. pr. civ., art. 1262-1

Le juge des tutelles territorialement compétent est celui de la résidence habituelle de la personne qui perçoit les prestations sociales.

C. pr. civ., art. 1262-2

Le juge des tutelles est saisi par requête du procureur de la République à laquelle est joint le rapport mentionné à l'article 1262.

Le juge recueille toutes informations utiles. Le greffier convoque à l'audience, par lettre recommandée avec demande d'avis de réception, la personne qui perçoit les prestations, ainsi que celles dont le juge estime l'audition utile.

Le dossier peut être consulté au greffe jusqu'à ce que le juge ait statué par la personne qui perçoit les prestations, sur demande écrite de sa part et sans autre restriction que les nécessités du service.

C. pr. civ., art. 1262-3

L'audience n'est pas publique.

Les tiers ne peuvent obtenir copie des décisions rendues que sur autorisation du juge des tutelles et s'ils justifient d'un intérêt légitime.

C. pr. civ., art. 1262-4

Le juge statue dans le mois qui suit le dépôt de la requête.

Sa décision n'est pas susceptible d'opposition.

C. pr. civ., art. 1262-5

La décision est notifiée à la personne qui perçoit les prestations et, le cas échéant, au mandataire judiciaire à la protection des majeurs désigné.

Avis en est donné au procureur de la République, au président du conseil départemental et, le cas échéant, à l'organisme payeur.

C. pr. civ., art. 1262-6

Lorsque le juge statue en application du deuxième alinéa de l'article 495-4 du Code civil, les articles 1262-3 à 1262-5 du présent code sont applicables.

C. pr. civ., art. 1262-7

L'appel est ouvert à la personne qui perçoit les prestations et au procureur de la République.

L'appel est formé, instruit et jugé selon la procédure sans représentation obligatoire.

Le délai d'appel est de quinze jours.

L'arrêt est notifié à la personne qui perçoit les prestations et, le cas échéant, au mandataire judiciaire à la protection des majeurs désigné. Avis en est donné au procureur de la République, au président du conseil départemental et, le cas échéant, à l'organisme payeur.

C. pr. civ., art. 1262-8

Lorsque le juge des tutelles prononce une mesure de protection juridique, il en informe par tout moyen le mandataire judiciaire à la protection des majeurs exerçant la mesure d'accompagnement judiciaire.

C. pr. civ., art. 1263

Les dispositions de l'article 1215 sont applicables à la mesure d'accompagnement judiciaire.

422.03 **Bibliographie indicative.**

> Sur la mesure d'accompagnement judiciaire et les mesures administratives d'accompagnement social personnalisé. T. Fossier, L. Pécaut-Rivolier et T. Verheyde, « La mesure d'accompagnement judiciaire (MAJ) et les mesures administratives d'accompagnement social personnalisé (MASP) », *AJ fam.* 2007. 175 s.

422.04 **Exemples d'actes.**

* Pour un exemple de jugement d'ouverture d'une mesure d'accompagnement judiciaire, v. s[s] n° 5291.11.

* Pour un exemple de jugement disant n'y avoir lieu à mesure d'accompagnement judiciaire, v. s[s] n° 5291.12.

* Pour un exemple de jugement de renouvellement de mesure d'accompagnement judiciaire, v. s[s] n° 5291.13.

SECTION 1
CONDITIONS D'OUVERTURE

422.11 **Une intervention judiciaire réduite et limitée dans le temps à l'égard des bénéficiaires de prestations sociales.** En principe, le juge n'intervient pas dans l'accompagnement du majeur en situation de précarité, sauf dans deux cas précis, strictement encadrés et limités dans le temps : en cas d'échec de la proposition de MASP et de nécessité de préserver le logement; en cas de refus ou d'échec de la MASP. Son intervention sera limitée à **deux ans**, renouvelables dans la limite de **quatre ans** au total, et ne peut concerner que les **bénéficiaires de prestations sociales**. Les prestations sociales concernées sont les mêmes que pour la MASP (CASF, art. R. 272-2). L'article 495-4 alinéa 1er du Code civil[1] limite l'objet de la mesure d'accompagnement judiciaire à la **gestion des prestations sociales choisies par le juge des tutelles** lors de son prononcé, sans pour autant l'étendre à l'ensemble des revenus permanents perçus par la personne majeure.

422.12 **1°) Échec de la proposition de mesure d'accompagnement social personnalisé et nécessité de préserver le logement.** En cas de refus du contrat d'accompagnement social personnalisé ou de non-respect de ses clauses par la personne majeure qui ne s'est pas acquittée de ses obligations locatives depuis au moins deux mois, le **juge d'instance** peut autoriser, à la demande du président du conseil départemental, le **versement mensuel du montant du loyer et des charges locatives** en cours, **directement au bailleur** par prélèvement sur les prestations sociales dues à l'intéressé[2].

Le **président du conseil** départemental peut saisir le tribunal d'instance par **requête**, dans les conditions fixées par les articles R. 271-6 à R. 271-16 du Code de l'action sociale et des familles. Cette requête doit contenir, à peine de nullité, des **informations** sur le bénéficiaire des prestations sociales, sur l'organisme débiteur des prestations sociales et sur le bailleur. Elle doit, en outre, comporter un exposé sommaire des motifs de la demande (CASF, art. R. 271-8).

L'instruction de la demande et le jugement sont réalisés comme en **matière gracieuse**. L'intéressé doit être **entendu ou appelé** et le président du conseil départemental, s'il ne peut être présent à l'audience, doit justifier que la bénéficiaire des prestations sociales a eu connaissance des motifs et des pièces communiquées.

Le juge d'instance doit statuer dans le mois de l'audience et, avant d'autoriser le prélèvement, doit s'assurer qu'il ne prive pas le majeur des **ressources nécessaires à sa subsistance et à celle des personnes dont il a la charge** (CASF, art. L. 271-5).

Le jugement qui prononce une telle mesure doit en fixer la **durée**, qui ne peut être supérieure à **deux ans** dans un premier temps. Il peut, à la demande de la personne protégée, du mandataire et du procureur de la République, la **renouveler** par décision spécialement motivée, sans que la durée totale puisse excéder quatre ans (C. civ., art. 495-8). Le juge ne peut donc se saisir d'office du renouvellement de la mesure.

Le président du conseil départemental peut saisir le juge d'instance à tout moment pour y mettre fin.

422.13 **2°) Échec de la proposition de mesure d'accompagnement social personnalisé, ou échec des actions menées dans le cadre de cette mesure, et santé ou sécurité du bénéficiaire des prestations sociales compromise par une mauvaise gestion.** La mesure d'accompagnement judiciaire (MAJ) peut être demandée dans ces hypothèses et, notamment, lorsque la personne n'a pas répondu aux convocations des services sociaux en vue de mettre en place une MASP, a refusé de signer le contrat de MASP, n'a pas respecté le contrat de MASP ou encore n'a pas retrouvé des conditions de gestion autonome de ses prestations sociales.

Seul le **président du conseil** départemental peut saisir l'autorité judiciaire d'une demande de MAJ. Il doit communiquer un **rapport** comportant une **évaluation** précise et circonstanciée de la situation et un **bilan des actions sociales** menées. Il doit établir que les actions menées en application des articles L. 271-1 à L. 271-5 du Code de l'action sociale et des familles n'ont pas permis une gestion satisfaisante des prestations sociales par leur bénéficiaire et que sa **santé ou sa sécurité en sont compromises** (C. civ., art. 495), et non plus simplement menacées, comme la mise en œuvre de la MASP l'exigeait. Le cas échéant, il peut également transmettre des **renseignements médicaux** sous pli fermé, y compris en adressant un certificat médical circonstancié d'un médecin inscrit en vue de provoquer l'ouverture d'une procédure de protection judiciaire.

La demande de MAJ doit être adressée au **procureur de la République** qui a seul compétence pour saisir **le juge des tutelles**, s'il l'estime nécessaire.

SECTION 2
PROCÉDURE ET MODALITÉS D'EXERCICE

422.21 **Saisine du juge des tutelles exclusivement par le procureur de la République (C. civ., art. 495-2).** Lorsqu'il est destinataire du rapport du président du conseil départemental prévu à l'article L. 271-6 du Code de l'action sociale et des familles, et sous réserve de son appréciation, le procureur de la République saisit le juge des tutelles. Il doit en informer le président du conseil départemental, y compris lorsqu'il estime ne pas devoir saisir le juge des tutelles (C. pr. civ., art. 1262 et 1262-1).

Le juge des tutelles territorialement compétent est celui de la résidence habituelle de la personne qui perçoit les prestations sociales (C. pr. civ., art. 1262-1).

422.22 **Instance devant le juge des tutelles.** La procédure applicable est celle des articles 1262-1 à 1263 du Code de procédure civile. Le juge des tutel-

1. C. civ., art. 495-4, al. 1 (*issu de L. n° 2007-308, 5 mars 2007*).
2. CASF, art. L. 271-5, al. 1er et 2e (*issu de L. n° 2007-308, 5 mars 2007*) – Sur les mesures administratives d'accompagnement social personnalisé, v. T. Fossier, « La réforme de la protection des majeurs », *JCP* 2007. I. 118.

les, après avoir recueilli toutes les informations utiles, est tenu **d'auditionner** le bénéficiaire des prestations sociales ou, à tout le moins, de le **convoquer** régulièrement pour une audition. En cas d'absence non justifiée à cette convocation, le juge peut ordonner la MAJ pour une durée qu'il détermine dans les limites de l'article 495-8 du Code civil. Il peut également procéder à l'audition de toutes les personnes dont l'audition lui paraît utile et, notamment, les **services sociaux**.

Toutes les convocations sont effectuées par lettre recommandée avec demande d'avis de réception. **Le dossier n'a pas à être communiqué au ministère public** pour avis, comme en matière de tutelle de droit commun. Les audiences ne sont pas publiques et se déroulent en **chambre du conseil** (C. pr. civ., art. 1262-3) et le **dossier** peut être consulté au greffe, sur demande écrite, par la personne qui perçoit les prestations jusqu'à ce que le juge ait statué (C. pr. civ., art. 1262-2, dern. al.).

Le juge des tutelles doit statuer dans le mois qui suit le dépôt de la requête. Sa **décision** n'est pas **susceptible d'opposition** (C. pr. civ., art. 1262-4).

422.23 Décision du juge des tutelles. Le Code civil encadre désormais précisément la décision du juge, qui doit toujours être **motivée**. Il prévoit, en particulier, qu'il n'y a pas lieu de prononcer cette mesure à l'égard d'une **personne mariée** lorsque l'application des règles relatives aux droits et devoirs respectifs des époux et aux régimes matrimoniaux permet une gestion satisfaisante des prestations sociales de l'intéressé par son conjoint (C. civ., art. 495, al. 1er). En vertu du **principe de subsidiarité** applicable à la mesure d'accompagnement judiciaire, il n'y a pas lieu non plus à ouverture d'une telle mesure si les règles des régimes matrimoniaux permettent une gestion satisfaisante des prestations sociales de l'intéressé par l'autre conjoint (C. civ., art. 495, al. 2).

La mesure d'accompagnement judiciaire ne peut par ailleurs pas être prononcée si le majeur bénéficie déjà d'une mesure de protection juridique (de type **sauvegarde de justice**, **curatelle**, **tutelle**, voire **mandat de protection future**). Cette disposition nouvelle cherche à mettre un terme à la pratique controversée (sous l'empire des lois du 3 janvier 1968 et du 18 octobre 1966) des **mesures dites « doublons »** qui permettaient au juge des tutelles de prononcer une tutelle aux prestations sociales adultes, à côté d'un régime civil de protection des majeurs, pour assurer une meilleure rémunération de l'organisme gestionnaire des deux mesures.

En outre, le prononcé d'une mesure de protection juridique met fin de plein droit à la mesure d'accompagnement judiciaire (C. civ., art. 495-1, al. 2).

Sous réserve de la gestion directe, par le mandataire judiciaire à la protection des majeurs, des prestations sociales incluses dans la mesure, cette mesure n'entraîne **aucune incapacité juridique** pour son bénéficiaire (C. civ., art. 495-3).

Lorsqu'il prononce la MAJ, le juge doit déterminer **quelles prestations sont incluses** dans la mesure (CASF, art. R. 272-2), étant rappelé qu'il peut étendre la MAJ aux **prestations familiales** si la situation le rend nécessaire, sous les réserves de l'article 375-9 du Code civil. Le juge peut **modifier l'étendue de la MAJ à tout moment** et statuer sur les difficultés rencontrées pendant son exercice, à la demande de toute personne intéressée, et notamment du majeur ou du mandataire, après remise d'un document écrit d'évaluation et convocation des parties.

À l'expiration du délai de quatre ans, ou avant cette date pour éviter la rupture de prise en charge, le juge des tutelles peut transmettre le dossier au conseil départemental, directement, par le procureur de la République ou encore par le mandataire, pour **mise en place d'une MASP**.

La décision du juge doit être **notifiée** à la personne qui perçoit les prestations et, le cas échéant, au mandataire désigné. Avis en est donné au procureur de la République, au président du conseil départemental et, le cas échéant, à l'organisme payeur (C. pr. civ., art. 1262-5, al. 2).

Les tiers ne peuvent obtenir copie des décisions rendues que sur autorisation du juge, s'ils justifient d'un intérêt légitime (C. pr. civ., art. 1262-3, al. 2).

422.24 Modalités d'exercice de la mesure d'accompagnement judiciaire. Contrairement aux mesures civiles de protection dont l'exercice peut être confié notamment au conjoint, aux parents ou aux proches, la MAJ ne peut être exercée que par un **mandataire professionnel inscrit** sur la liste établie par le préfet, après avis du procureur de la République (C. civ., art. 495-6). Ce mandataire perçoit les prestations incluses dans la mesure sur un **compte ouvert au nom de la personne** auprès d'un établissement habilité à recevoir des fonds du public, et les gère dans l'intérêt de la personne en tenant compte de son avis et de sa situation familiale. Il doit exercer auprès d'elle une **action éducative** tendant à rétablir les conditions d'une gestion autonome de ses prestations sociales (C. civ., art. 495-7).

Les dispositions communes aux majeurs et mineurs sous tutelle relatives à la **vérification et à l'approbation des comptes**, ainsi qu'aux prescriptions sont applicables en principe à la mesure d'accompagnement judiciaire (C. civ., art. 495-9).

En cas de **décès** du majeur, le mandataire judiciaire peut, en l'absence d'héritiers connus, saisir le **notaire** du défunt en vue du règlement de la succession ou, à défaut, demander au président de la chambre départementale des notaires d'en désigner un. Par ailleurs, si le notaire ne parvient pas à identifier les héritiers, le mandataire judiciaire, autorisé à cette fin par le juge des tutelles ou le notaire dans les conditions de l'article 36 de la loi du 23 juin 2006 portant réforme des successions et des libéralités, peut délivrer un **mandat de recherche des héritiers** (C. pr. civ., art. 1263 et 1215).

Le **financement** de la MAJ est assuré suivant les règles des articles L. 361-1, L. 471-5, R. 361-2, R. 471-5 et suivants du Code de l'action sociale et des familles.

422.25 Appel contre les décisions du juge des tutelles devant la cour d'appel dans le délai de quinze jours à compter de leur notification. Avant la réforme du 5 mars 2007, les décisions du juge des tutelles relatives à la gestion des prestations sociales des adultes pouvaient faire l'objet d'un recours devant la cour d'appel, contrairement au recours tutélaire de droit commun prévu par l'ancien article 1215 du Code de procédure civile. Désormais, en application de l'article 1262-7 du même code, l'appel est ouvert à la personne qui perçoit les prestations et au procureur de la République, dans le délai de **quinze jours** à compter de la **notification** ou de l'avis. L'appel est formé, instruit et jugé selon la **procédure sans représentation obligatoire.**

TITRE

43. La protection de la personne disparue

SECTION 0

ORIENTEUR

43.00 Plan du titre.

CHAPITRE

431. Présomption et déclaration d'absence

SECTION 0 ORIENTEUR

431.00 **Plan du chapitre.**

431.01 **Textes applicables.**

TEXTES LÉGISLATIFS ET RÉGLEMENTAIRES NOUVEAUX

• **L. n° 2016-1547, 18 nov. 2016,** de modernisation de la justice du XXIe siècle, *JO* 19 nov., texte n° 1.

• **Décr. n° 2016-185, 23 févr. 2016,** pris pour l'application de l'ordonnance n° 2015-1288 du 15 octobre 2015 portant simplification et modernisation du droit de la famille, *JO* 25 févr., texte n° 26.

• **Ord. n° 2015-1288, 15 oct. 2015,** portant simplification et modernisation du droit de la famille, *JO* 16 oct. 2015, p. 19304.

TEXTES SOURCES

> Présomption d'absence devant le juge des tutelles

+ Ord. n° 2015-1288, 15 oct. 2015

C. civ., art. 112 à 121

> Présomption d'absence : procédure tutélaire

+ Décr. n° 2016-185, 23 févr. 2016

C. pr. civ., art. 1062 à 1065

> Régimes matrimoniaux

C. civ., art. 217, 219, 1426 et 1429

> Déclaration d'absence devant le tribunal de grande instance

+ L. n° 2016-1547, 18 nov. 2016

C. civ., art. 122 à 132

> Déclaration d'absence : procédure tutélaire

C. pr. civ., art. 1066 à 1069

> Ministère public partie jointe

C. pr. civ., art. 425 (1°) et 1225

TEXTES *IN EXTENSO*

> Présomption d'absence devant le juge des tutelles

[C. civ., art. 112 à 121]

+ Ord. n° 2015-1288, 15 oct. 2015, art. 9

C. civ., art. 112

Lorsqu'une personne a cessé de paraître au lieu de son domicile ou de sa résidence sans que l'on en ait eu de nouvelles, le juge des tutelles peut, à la demande des parties intéressées ou du ministère public, constater qu'il y a présomption d'absence.

C. civ., art. 113 *(mod. par Ord. n° 2015-1288, 15 oct. 2015, art. 9)*

Le juge peut désigner un ou plusieurs parents ou alliés, ou, le cas échéant, toutes autres personnes pour représenter la personne présumée absente dans l'exercice de ses droits ou dans tout acte auquel elle serait intéressée, ainsi que pour administrer tout ou partie de ses biens; la représentation du présumé absent et l'administration de ses biens sont alors soumises aux règles applicables à la tutelle des majeurs, et en outre sous les modifications qui suivent.

Nota : Conformément à l'article 17 de l'ordonnance n° 2015-1288 du 15 octobre 2015, le présent article entre en vigueur le 1er janvier 2016.

Il est applicable aux administrations légales en cours au jour de son entrée en vigueur.

C. civ., art. 114

Sans préjudice de la compétence particulière attribuée à d'autres juridictions, aux mêmes fins, le juge fixe, le cas échéant, suivant l'importance des biens, les sommes qu'il convient d'affecter annuellement à l'entretien de la famille ou aux charges du mariage.

Il détermine comment il est pourvu à l'établissement des enfants.

Il spécifie aussi comment sont réglées les dépenses d'administration ainsi qu'éventuellement la rémunération qui peut être allouée à la personne chargée de la représentation du présumé absent et de l'administration de ses biens.

C. civ., art. 115

Le juge peut, à tout moment et même d'office, mettre fin à la mission de la personne ainsi désignée; il peut également procéder à son remplacement.

C. civ., art. 116

Si le présumé absent est appelé à un partage, celui-ci peut être fait à l'amiable.

En ce cas, le juge des tutelles autorise le partage, même partiel, et désigne, s'il y a lieu, un notaire pour y procéder, en présence du représentant du présumé absent ou de son remplaçant désigné conformément à l'article 115, si le représentant initial est lui-même intéressé au partage. L'état liquidatif est soumis à l'approbation du juge des tutelles.

Le partage peut également être fait en justice conformément aux dispositions des articles 840 à 842.

Tout autre partage est considéré comme provisionnel.

C. civ., art. 117

Le ministère public est spécialement chargé de veiller aux intérêts des présumés absents; il est entendu sur toutes les demandes les concernant; il peut requérir d'office l'application ou la modification des mesures prévues au présent titre.

C. civ., art. 118

Si un présumé absent reparaît ou donne de ses nouvelles, il est, sur sa demande, mis fin par le juge aux mesures prises pour sa représentation et l'administration de ses biens; il recouvre alors les biens gérés ou acquis pour son compte durant la période de l'absence.

C. civ., art. 119

Les droits acquis sans fraude, sur le fondement de la présomption d'absence, ne sont pas remis en cause lorsque le décès de l'absent vient à être établi ou judiciairement déclaré, quelle que soit la date retenue pour le décès.

C. civ., art. 120

Les dispositions qui précèdent, relatives à la représentation des présumés absents et à l'administration de leurs biens, sont aussi applicables aux personnes qui, par suite d'éloignement, se trouvent malgré elles hors d'état de manifester leur volonté.

C. civ., art. 121

Ces mêmes dispositions ne sont pas applicables aux présumés absents ou aux personnes mentionnées à l'article 120 lorsqu'ils ont laissé une procuration suffisante à l'effet de les représenter et d'administrer leurs biens.

Il en est de même si le conjoint peut pourvoir suffisamment aux intérêts en cause par l'application du régime matrimonial et notamment par l'effet d'une décision obtenue en vertu des articles 217 et 219, 1426 et 1429.

> Présomption d'absence : procédure tutélaire

[C. pr. civ., art. 1062 à 1065]

+ Décr. n° 2016-185, 23 févr. 2016, art. 13

C. pr. civ., art. 1062

Les demandes relatives à la présomption d'absence sont présentées au juge des tutelles qui exerce ses fonctions au tribunal d'instance dans le ressort duquel la personne dont il s'agit de constater la présomption d'absence demeure ou a eu sa dernière résidence.

À défaut, le juge compétent est celui du tribunal d'instance du lieu où demeure le demandeur.

C. pr. civ., art. 1063 *(mod. par Décr. n° 2016-185, 23 févr. 2016, art. 13)*

La demande est formée, instruite et jugée selon les règles applicables à la tutelle des majeurs.

C. pr. civ., art. 1064

Un extrait de toute décision constatant une présomption d'absence ou désignant une personne pour représenter un présumé absent et administrer ses biens ainsi que de toute décision portant modification ou suppression des mesures prises est transmis au greffe du tribunal de grande instance dans le ressort duquel est née la personne présumée absente, à fin de conservation au répertoire civil et de publicité par mention en marge de l'acte de naissance, selon les modalités prévues aux articles 1057 à 1061. La transmission est faite au service central d'état civil pour les personnes nées à l'étranger.

C. pr. civ., art. 1065

Lorsque la décision a été rendue par le juge des tutelles, la transmission est faite par le greffier du tribunal d'instance dans les quinze jours qui suivent l'expiration des délais de recours.

Lorsque la décision a été rendue par le tribunal de grande instance, la transmission est faite par le greffier du tribunal de grande instance dans les quinze jours du jugement.

> Régimes matrimoniaux

[C. civ., art. 217, 219, 1426, 1429]

C. civ., art. 217

Un époux peut être autorisé par justice à passer seul un acte pour lequel le concours ou le consentement de son conjoint serait nécessaire, si celui-ci est hors d'état de manifester sa volonté ou si son refus n'est pas justifié par l'intérêt de la famille.

L'acte passé dans les conditions fixées par l'autorisation de justice est opposable à l'époux dont le concours ou le consentement a fait défaut, sans qu'il en résulte à sa charge aucune obligation personnelle.

C. civ., art. 219

Si l'un des époux se trouve hors d'état de manifester sa volonté, l'autre peut se faire habiliter par justice à le représenter, d'une manière générale, ou pour certains actes particuliers, dans l'exercice des pouvoirs résultant du régime matrimonial, les conditions et l'étendue de cette représentation étant fixées par le juge.

À défaut de pouvoir légal, de mandat ou d'habilitation par justice, les actes faits par un époux en représentation de l'autre ont effet, à l'égard de celui-ci, suivant les règles de la gestion d'affaires.

C. civ., art. 1426

Si l'un des époux se trouve, d'une manière durable, hors d'état de manifester sa volonté, ou si sa gestion de la communauté atteste l'inaptitude ou la fraude, l'autre conjoint peut demander en justice à lui être substitué dans l'exercice de ses pouvoirs. Les dispositions des articles 1445 à 1447 sont applicables à cette demande.

Le conjoint, ainsi habilité par justice, a les mêmes pouvoirs qu'aurait eus l'époux qu'il remplace; il passe avec l'autorisation de justice les actes pour lesquels son consentement aurait été requis s'il n'y avait pas eu substitution.

L'époux privé de ses pouvoirs pourra, par la suite, en demander au tribunal la restitution, en établissant que leur transfert à l'autre conjoint n'est plus justifié.

C. civ., art. 1429

Si l'un des époux se trouve, d'une manière durable, hors d'état de manifester sa volonté, ou s'il met en péril les intérêts de la famille, soit en laissant dépérir ses propres, soit en dissipant ou détournant les revenus qu'il en retire, il peut, à la demande de son conjoint, être dessaisi des droits d'administration et de jouissance qui lui sont reconnus par l'article précédent. Les dispositions des articles 1445 à 1447 sont applicables à cette demande.

À moins que la nomination d'un administrateur judiciaire n'apparaisse nécessaire, le jugement confère au conjoint demandeur le pouvoir d'administrer les propres de l'époux dessaisi, ainsi que d'en percevoir les fruits, qui devront être appliqués par lui aux charges du mariage et l'excédent employé au profit de la communauté.

À compter de la demande, l'époux dessaisi ne peut disposer seul que de la nue-propriété de ses biens.

Il pourra, par la suite, demander en justice à rentrer dans ses droits, s'il établit que les causes qui avaient justifié le dessaisissement n'existent plus.

> Déclaration d'absence devant le tribunal de grande instance

[C. civ., art. 122 à 132]

+ L. n° 2016-1547, 18 nov. 2016, art. 55

C. civ., art. 122

Lorsqu'il se sera écoulé dix ans depuis le jugement qui a constaté la présomption d'absence, soit selon les modalités fixées par l'article 112, soit à l'occasion de l'une des procédures judiciaires prévues par les articles 217 et 219, 1426 et 1429, l'absence pourra être déclarée par le tribunal de grande instance à la requête de toute partie intéressée ou du ministère public.

Il en sera de même quand, à défaut d'une telle constatation, la personne aura cessé de paraître au lieu de son domicile ou de sa résidence, sans que l'on en ait eu de nouvelles depuis plus de vingt ans.

C. civ., art. 123

Des extraits de la requête aux fins de déclaration d'absence, après avoir été visés par le ministère public, sont publiés dans deux journaux diffusés dans le département ou, le cas échéant, dans le pays du domicile ou de la dernière résidence de la personne demeurée sans donner de nouvelles.

Le tribunal, saisi de la requête, peut en outre ordonner toute autre mesure de publicité dans tout lieu où il le juge utile.

Ces mesures de publicité sont assurées par la partie qui présente la requête.

C. civ., art. 124

Dès que les extraits en ont été publiés, la requête est transmise, par l'intermédiaire du procureur de la République, au tribunal qui statue d'après les pièces et documents produits et eu égard aux conditions de la disparition, ainsi qu'aux circonstances qui peuvent expliquer le défaut de nouvelles.

Le tribunal peut ordonner toute mesure d'information complémentaire et prescrire, s'il y a lieu, qu'une enquête soit faite contradictoirement avec le procureur de la République, quand celui-ci n'est pas lui-même requérant, dans tout lieu où il le jugera utile, et notamment dans l'arrondissement du domicile ou dans ceux des dernières résidences, s'ils sont distincts.

C. civ., art. 125

La requête introductive d'instance peut être présentée dès l'année précédant l'expiration des délais prévus aux alinéas 1 et 2 de l'article 122. Le jugement déclaratif d'absence est rendu un an au moins après la publication des extraits de cette requête. Il constate que la personne présumée absente n'a pas reparu au cours des délais visés à l'article 122.

C. civ., art. 126

La requête aux fins de déclaration d'absence est considérée comme non avenue lorsque l'absent reparaît ou que la date de son décès vient à être établie, antérieurement au prononcé du jugement.

C. civ., art. 127 *(mod. par L. n° 2016-1547, 18 nov. 2016, art. 55)*

Lorsque le jugement déclaratif d'absence est rendu, des extraits en sont publiés selon les modalités prévues à l'article 123, dans le délai fixé par le tribunal. La décision est réputée non avenue si elle n'a pas été publiée dans ce délai.

Quand le jugement est passé en force de chose jugée, son dispositif est transcrit à la requête du procureur de la République sur les registres des décès du lieu du domicile de l'absent ou de sa dernière résidence. Mention de cette transcription est faite en marge des registres à la date du jugement déclarant l'absence; elle est également faite en marge de l'acte de naissance de la personne déclarée absente.

La transcription rend le jugement opposable aux tiers qui peuvent seulement en obtenir la rectification ou l'annulation, conformément aux articles 99 et 99-1.

C. civ., art. 128

Le jugement déclaratif d'absence emporte, à partir de la transcription, tous les effets que le décès établi de l'absent aurait eus.

Les mesures prises pour l'administration des biens de l'absent, conformément au chapitre Ier du présent titre prennent fin, sauf décision contraire du tribunal ou, à défaut, du juge qui les a ordonnées.

Le conjoint de l'absent peut contracter un nouveau mariage.

C. civ., art. 129

Si l'absent reparaît ou si son existence est prouvée postérieurement au jugement déclaratif d'absence, l'annulation de ce jugement peut être poursuivie, à la requête du procureur de la République ou de toute partie intéressée.

Toutefois, si la partie intéressée entend se faire représenter, elle ne pourra le faire que par un avocat régulièrement inscrit au barreau.

Le dispositif du jugement d'annulation est publié sans délai, selon les modalités fixées par l'article 123. Mention de cette décision est portée, dès sa publication, en marge du jugement déclaratif d'absence et sur tout registre qui y fait référence.

C. civ., art. 130

L'absent dont l'existence est judiciairement constatée recouvre ses biens et ceux qu'il aurait dû recueillir pendant son absence dans l'état où ils se trouvent, le prix de ceux qui auraient été aliénés ou les biens acquis en emploi des capitaux ou des revenus échus à son profit.

C. civ., art. 131

Toute partie intéressée qui a provoqué par fraude une déclaration d'absence sera tenue de restituer à l'absent dont l'existence est judiciairement constatée les revenus des biens dont elle aura eu la jouissance et de lui en verser les intérêts légaux à compter du jour de la perception, sans préjudice, le cas échéant, de dommages-intérêts complémentaires.

Si la fraude est imputable au conjoint de la personne déclarée absente, celle-ci sera recevable à attaquer la liquidation du régime matrimonial auquel le jugement déclaratif d'absence aura mis fin.

C. civ., art. 132

Le mariage de l'absent reste dissous, même si le jugement déclaratif d'absence a été annulé.

> Déclaration d'absence : procédure tutélaire

[C. pr. civ., art. 1066 à 1069]

C. pr. civ., art. 1066

Les demandes relatives à la déclaration d'absence d'une personne sont portées devant le tribunal de grande instance dans le ressort duquel celle-ci demeure ou a eu sa dernière résidence.

À défaut, le tribunal compétent est celui du lieu où demeure le demandeur.

C. pr. civ., art. 1067

La demande est formée, instruite et jugée comme en matière gracieuse.

C. pr. civ., art. 1068

Le délai dans lequel doivent être publiés les extraits du jugement déclaratif d'absence ne peut excéder six mois à compter du prononcé de ce jugement; il est mentionné dans les extraits soumis à publication.

C. pr. civ., art. 1069

L'appel est formé, instruit et jugé comme en matière gracieuse.

Le délai d'appel court à l'égard des parties et des tiers auxquels le jugement a été notifié, un mois après l'expiration du délai fixé par le tribunal pour l'accomplissement des mesures de publicité de l'article 127 du Code civil.

Le délai de pourvoi en cassation suspend l'exécution de la décision déclarative d'absence. Le pourvoi en cassation exercé dans ce délai est également suspensif.

> Ministère public partie jointe

[C. pr. civ., art. 425, 1° et 1225]

C. pr. civ., art. 425, 1°

Le ministère public doit avoir communication :

1° Des affaires relatives à la filiation, à l'organisation de la tutelle des mineurs, à l'ouverture ou à la modification des mesures judiciaires de protection juridique des majeurs ainsi que des actions engagées sur le fondement des dispositions des instruments internationaux et européens relatives au déplacement illicite international d'enfants; […].

C. pr. civ., art. 1225

Un mois au moins avant la date fixée pour l'audience de jugement de la requête aux fins d'ouverture d'une mesure de protection d'un majeur, le dossier est transmis au procureur de la République.

Au plus tard quinze jours avant cette date, le procureur de la République le renvoie au greffe avec, selon le cas, son avis ou ses conclusions sur l'opportunité et les modalités de la protection.

Ces délais peuvent être réduits par le juge en cas d'urgence.

431.02 Jurisprudence de référence.

> Pension de retraite

– Dispense de versement d'une pension de retraite de réversion à compter de la disparition du présumé absent de son domicile

• **Soc. 9 juill. 1992, n° 88-10.951,** *Bull. civ.* V, n° 464

* V. s[s] n° 431.43

Le service d'une pension de réversion du régime général de la sécurité sociale obéit à des règles propres et n'est dû qu'au bénéficiaire qui est en mesure de réclamer les arrérages de cet avantage, accordé à titre personnel et viager, auquel s'attache un caractère alimentaire. L'obligation de verser ces arrérages cesse à partir du jour où le titulaire de la pension a disparu de son domicile, qu'il ait été ou non déclaré en état de présomption d'absence.

– Maintien du versement d'une pension de retraite de réversion durant la période de disparition du présumé absent

• **Soc. 18 juill. 1997, n° 95-22.120,** *Bull. civ.* V, n° 287

* V. s[s] n° 431.43

Une personne présumée absente devant être tenue pour vivante, doit continuer, jusqu'à la liquidation de la pension de réversion servie à son conjoint, à percevoir les arrérages de sa pension de vieillesse, laquelle est la contrepartie des cotisations versées au cours de son activité professionnelle. Il s'ensuit que, l'assuré conservant son droit au paiement de ladite pension, la Caisse ne peut invoquer une créance de restitution d'arrérages indus.

• **CE 16 déc. 1998, req. n° 161115,** *Defrénois* 2000. 238, note de Saint Affrique.

* V. s[s] n° 431.43

> Pension de réversion

• **Civ. 2e, 20 sept. 2005, n° 04-15.998,** *Bull. civ.* II, n° 228

* V. s[s] n° 431.43

Le conjoint présumé absent étant présumé en vie, son représentant doit, jusqu'au jugement déclaratif d'absence, continuer à percevoir les arrérages de sa pension de réversion.

– Le conjoint de la personne présumée absente a la possibilité d'obtenir la liquidation à titre provisoire de ses droits à percevoir une pension de retraite de réversion

• **Civ. 2e, 31 mai 2005, n° 03-30.770,** *Bull. civ.* II, n° 140

* V. s[s] n° 431.43

Justifie légalement sa décision la cour d'appel qui retient, en application de l'article L. 353-2, alinéa 1er, du Code de la sécurité sociale, que le conjoint d'une personne présumée absente, titulaire d'une pension de retraite du régime général de sécurité sociale, peut obtenir à titre provisoire la liquidation des droits qui lui auraient été reconnus en cas de décès de l'assuré.

> Remplacement de l'administrateur

– Le juge des tutelles a un pouvoir souverain dans le choix de l'administrateur du présumé absent

• **Civ. 1re, 17 mars 1987, n° 85-17.406,** *Bull. civ.* I, n° 93

* V. s[s] n° 431.41

Il résulte des dispositions combinées des articles 113 et 115 du Code civil que le juge des tutelles a la faculté de désigner, pour administrer les biens du présumé absent, soit un parent ou allié de ce dernier, soit toute autre personne, en fonction des intérêts de l'absent, et qu'il dispose d'un pouvoir souverain pour apprécier s'il doit procéder ou non au remplacement de l'administrateur précédemment désigné.

> **Décès du présumé absent**

• **Civ. 2e, 21 juin 2012, nº 11-16.050,** *Bull. civ.* II, nº 114

Doit être cassé pour manque de base légale l'arrêt condamnant les enfants d'un présumé absent à restituer les arrérages des pensions de retraite de leur père perçus antérieurement au jugement déclaratif de décès, sans rechercher si les enfants du disparu ne les avaient pas perçus de bonne foi.

431.03 **Bibliographie indicative.**

> **Généralités.** G. Cornu, *Droit civil, Introduction; Les personnes. Les biens*, 12e éd., Montchrestien, 2005, nos 707 s.

> **Sur l'absence.** A. Breton, « L'absence selon la loi du 28 décembre 1977. Variations sur le thème de l'incertitude », *D.* 1978. Chron. 241 s. – G. Goubeaux, « À propos de la preuve de l'existence de la personne », *Mél. G. Wiederkehr,* Dalloz, 2009, p. 343 – B. Teyssié, *L'absence*, Litec, 1980 – M. Vivant, « Le régime juridique de la non-présence », *RTD civ.* 1982. 1.

431.04 **Exemples d'actes.**
* Pour un exemple de jugement d'ouverture de présomption d'absence, v. ss nº 5293.11.

SECTION 1
PARTAGE DES COMPÉTENCES JUDICIAIRES EN MATIÈRE D'ABSENCE

431.11 **Division des compétences juridictionnelles en matière d'absence.** La loi nº 77-1447 du 28 décembre 1977[1], qui a réformé le régime de l'absence, a simplifié les dispositions applicables. À côté des règles qui gouvernent les régimes matrimoniaux qui demeurent applicables pour le conjoint de l'absent (C. civ., art. 217 et 219 - C. civ., art. 1426 et 1429), le droit subsidiaire de l'absence distingue deux phases successives dans le Code civil : la **présomption d'absence**, qui relève de la compétence du juge des tutelles (C. civ., art. 112 à 121 - C. pr. civ., art. 1062 à 1065) et la **déclaration d'absence**, qui relève de la compétence du tribunal de grande instance (C. civ., art. 122 à 132 - C. pr. civ., art. 1066 à 1069).

Le **jugement en déclaration d'absence** intervient en principe lorsqu'il se sera écoulé **dix ans** depuis le **jugement** du juge des tutelles ayant constaté la **présomption d'absence** (C. civ., art. 122). Il emporte à partir de sa transcription tous les effets que le décès établi de l'absent aurait eus (C. civ., art. 128).

Le juge des tutelles est le seul compétent pour apprécier si une personne est juridiquement absente. Le statut de l'absent était assimilé à celui d'une personne mineure ou majeure placée sous un régime d'administration légale sous contrôle judiciaire en vertu des dispositions de l'article 113 du Code civil dans sa rédaction antérieure à l'ordonnance nº 2015-1288 du 15 octobre 2015. À compter du 1er janvier 2016, la représentation du présumé absent et l'administration de ses biens sont soumises aux règles applicables à la **tutelle des majeurs sans conseil de famille**, et en outre sous les modifications qui suivent. Ces règles sont applicables aux administrations légales qui étaient en cours à la date de l'entrée en vigueur de l'ordonnance précitée[2].

SECTION 2
PROCÉDURE DE CONSTATATION DE LA PRÉSOMPTION D'ABSENCE

§ 1
Saisine du juge des tutelles

431.21 **Saisine du juge des tutelles du dernier domicile ou de la dernière résidence de la personne absente.** En application de l'article 112 du Code civil, lorsqu'une personne a cessé de paraître au lieu de son domicile ou de sa résidence sans que l'on en ait eu de nouvelles, le juge des tutelles peut, à la demande des parties intéressées[3] ou du ministère public, constater qu'il y a présomption d'absence.

Les règles relatives à la **représentation des présumés absents** et à **l'administration de leurs biens** sont applicables aux personnes qui, par suite d'éloignement, se trouvent malgré elles hors d'état de manifester leur volonté, sauf si elles ont laissé une procuration suffisante à l'effet de les représenter et d'administrer leurs biens ou si le conjoint peut pourvoir suffisamment aux intérêts en cause par l'application du régime matrimonial, et notamment par l'effet d'une décision obtenue en vertu des articles 217, 219, 1426 et 1429 du Code civil.

Le juge des tutelles territorialement compétent est celui où demeure l'intéressé qui a disparu, ou celui où il a eu sa dernière résidence. À défaut, le juge compétent est celui du tribunal d'instance du lieu où demeure le demandeur (COJ, art. L. 221-9, et C. pr. civ., art. 1062).

EN PRATIQUE. La demande est formée par une simple requête de toute personne intéressée ou du ministère public alerté par les proches de la personne disparue.

§ 2
Déroulement de l'instance

431.31 **Instance devant le juge des tutelles.** La demande est formée, instruite et jugée selon les **règles**

1. L. nº 77-1447, 28 déc. 1977, *JO* 29 déc., p. 6215; *JCP* 1978. III. 46640.
2. Ord. nº 2015-1288, 15 oct. 2015, art. 9 *in fine*.
3. Rapp. nº 3208 de l'Assemblée nationale, 14 nov. 1977, par J. Foyer, p. 17.

applicables à la tutelle des mineurs (C. pr. civ., art. 1063, mod. par Décr. n° 2016-185, 23 févr. 2016[1], pris en application d'Ord. n° 2015-1288, 15 oct. 2015, portant simplification et modernisation du droit de la famille[2]). Il appartient au juge de vérifier que la personne dont il est demandé de constater judiciairement la présomption d'absence est bien dans cette situation, qu'elle qu'en soit l'origine (départ volontaire ou accidentel, notamment) et l'article 112 du Code civil pose **deux conditions** :

– la personne doit avoir cessé de paraître au lieu de son domicile ou de sa résidence;

– aucune nouvelle n'a été reçue d'elle ou sur elle.

Aucun délai n'est exigé depuis le jour où les dernières nouvelles ont été données ou reçues.

La **preuve** de ces deux conditions peut être apportée **par tous moyens**, par exemple par la production d'un **certificat de vaines recherches** délivré six mois après la déclaration de disparition faite par les parents ou les proches auprès du commissariat de police ou de la gendarmerie. Le juge des tutelles peut lui-même provoquer une **enquête** par l'intermédiaire du parquet.

EN PRATIQUE. Le juge, une fois saisi, va convoquer le demandeur ou certains membres de la famille du disparu pour les auditionner.

En matière de présomption d'absence, le **ministère public** est spécialement chargé de veiller aux intérêts des présumés absents. Il est entendu sur toutes les demandes les concernant, et peut requérir d'office l'application ou la modification des mesures prévues à leur encontre (C. civ., art. 117).

Le dossier doit être transmis avant l'audience au ministère public afin qu'il donne son avis (C. pr. civ., art. 425 et (1°) et 1225). À l'audience de jugement, le demandeur est convoqué et le ministère public est présent.

431.32 Jugement constatant la présomption d'absence. Le juge dispose d'un très large **pouvoir d'appréciation**, y compris sur le point de départ de la présomption d'absence. Dans son jugement, le juge constate la présomption d'absence de la personne disparue et désigne un **administrateur légal pour gérer les biens du présumé absent**. Ce jugement est **notifié** à la diligence du greffe au demandeur, à l'administrateur légal et à tous ceux dont elle modifie les droits ou les charges s'ils ne sont pas présents (C. pr. civ., art. 1230). Un avis de la décision est transmis au **ministère public qui, en application des dispositions de l'article 117 du Code civil, est chargé spécialement de veiller aux intérêts des présumés absents.** Le ministère public doit ainsi être entendu sur toutes les demandes les concernant et peut requérir d'office l'application ou la modification des mesures prises dans le cadre du dispositif de protection. Un extrait sommaire est par ailleurs transmis au greffe du **tribunal de grande instance** dans le ressort duquel est née la personne présumée absente aux fins de **conservation au répertoire** civil et de **publicité** par mention en marge de l'acte de naissance.

431.33 Possibilité d'exercer un recours tutélaire devant la cour d'appel. Le requérant, l'administrateur légal, le ministère public et plus généralement toute personne à qui le jugement a été notifié peuvent exercer un recours tutélaire, dans le délai de **quinze jours** à compter de sa notification, devant la cour d'appel (C. pr. civ., art. 1239, 1240 et 1241).

SECTION 3
REPRÉSENTATION DU PRÉSUMÉ ABSENT ET ADMINISTRATION DE SES BIENS

§ 1
Régime général

431.41 Désignation d'un administrateur et gestion des biens du présumé absent. En application de l'article 113 du Code civil, le juge des tutelles peut désigner un ou plusieurs parents ou alliés, ou le cas échéant toute autre personne, pour **représenter la personne présumée absente dans l'exercice de ses droits** ou dans tout acte auquel elle serait intéressée, ainsi que pour **administrer tout ou partie de ses biens.** Il résulte des dispositions combinées des articles 113 et 115 du Code civil que le juge des tutelles a la faculté de désigner, pour administrer les biens du présumé absent, soit un parent ou allié de ce dernier, soit toute autre personne, en fonction des intérêts de l'absent, et qu'il dispose d'un pouvoir souverain pour apprécier s'il doit procéder ou non au remplacement de l'administrateur précédemment désigné[3]. La représentation du présumé absent et l'administration de ses biens sont soumises aux règles applicables à la tutelle des majeurs, sans désignation d'un conseil de famille (v. s[s] n°s 352.21 s.).

En charge de la gestion des biens de l'absent, en tout ou partie, et de le représenter dans l'exercice de ses droits, le ou les administrateurs disposent d'une large marge de manœuvre sous la réserve d'obtenir **l'autorisation** préalable du **juge des tutelles** pour les **actes de disposition** (C. civ., art. 389-5, 389-6 et 505) tels que définis dans le décret n° 2008-1484 du

1. Décr. n° 2016-185, 23 févr. 2016, pris pour l'application de l'ordonnance n° 2015-1288 du 15 octobre 2015 portant simplification et modernisation du droit de la famille, *JO* 25 févr., texte n° 26.
2. Ord. n° 2015-1288, 15 oct. 2015, portant simplification et modernisation du droit de la famille, *JO* 16 oct., p. 19304.
3. Civ. 1re, 17 mars 1987, n° 85-17.406, *Bull. civ.* I, n° 93.

22 décembre 2008 [1]. Ils peuvent ainsi accomplir tous les actes qu'un tuteur peut effectuer sans autorisation, à savoir les actes conservatoires et, sauf exception, les actes d'administration nécessaires à la gestion du patrimoine de la personne protégée, ainsi qu'il résulte de l'article 504 du Code civil.

Le juge peut, à tout moment et même d'office, mettre fin à la mission de la personne désignée et procéder à son remplacement (C. civ., art. 115). Dans ces cas, il appartient à l'administrateur de **rendre compte de sa gestion** en application des dispositions de l'article 514 du Code civil.

431.42 Dépenses d'administration et rémunération du ou des administrateurs. Il appartient au juge de décider comment seront réglées les **dépenses** relatives à l'administration des biens du présumé absent (C. civ., art. 114, al. 3) et l'administrateur peut être tenu de fournir des **garanties**, dès son entrée en fonction, pour répondre des dommages engendrés par sa gestion. Le ministère public, spécialement chargé de veiller aux intérêts des présumés absents doit ainsi être informé de toutes les décisions prises et peut solliciter des modifications dans la mission confiée à l'administrateur (C. civ., art. 117).

En principe, et par référence aux règles du mandat et du droit de la protection, les fonctions exercées par l'administrateur sont **gratuites**, au moins lorsqu'il n'est pas un professionnel. L'article 114 alinéa 3 du Code civil dispose qu'une **rémunération** peut être allouée, pour un montant et selon des modalités de paiement fixées par le juge.

431.43 Protection familiale. La personne présumée absente n'étant pas pour autant présumée décédée, elle doit continuer à assumer ses obligations, notamment familiales. Son mariage demeure en principe, les enfants nés pendant la période d'absence présumée de l'époux bénéficient de la présomption de paternité même si elle est évidemment d'une très grande fragilité et les obligations financières demeurent.

L'article 114 du Code civil prévoit que le juge fixe le cas échéant, suivant l'importance des biens, les **sommes** qu'il convient d'affecter annuellement à **l'entretien de la famille ou aux charges du mariage.** En outre, il détermine comment il est pourvu à l'établissement des enfants, notamment au regard de la poursuite de leurs études.

Il existe un débat en jurisprudence pour savoir si le présumé absent doit continuer [2] ou non [3] à percevoir sa **pension de vieillesse** à compter du jugement le présumant absent : certaines décisions analysent la pension comme la contrepartie des cotisations versées au cours de l'activité professionnelle; d'autres l'assimilent à un avantage à caractère alimentaire demandant à ce qu'elle soit réclamée par son bénéficiaire pour être perçue.

La même question s'est posée quant au **versement d'une pension de réversion** au bénéfice du conjoint du présumé absent : le conjoint présumé absent étant présumé en vie, son représentant devant continuer à percevoir les arrérages de sa pension de réversion jusqu'au jugement déclaratif d'absence [4]. De même, a justifié légalement sa décision la cour d'appel qui a retenu, en application de l'article L. 353-2 alinéa 1er du Code de la sécurité sociale, que le conjoint d'une personne présumée absente, titulaire d'une pension de retraite du régime général de sécurité sociale, pouvait obtenir à titre provisoire la liquidation des droits qui lui auraient été reconnus en cas de décès de l'assuré [5].

§ 2
Règles spécifiques au partage

431.51 Participation du présumé absent à un partage. En application de l'article 116 du Code civil [6], si le présumé absent est appelé à un partage, celui-ci peut être fait à l'amiable. En ce cas, le **juge des tutelles autorise le partage**, même partiel, et désigne s'il y a lieu, un notaire pour y procéder, en présence du **représentant du présumé absent** ou de son remplaçant, désigné conformément à l'article 115, si le représentant initial est lui-même intéressé au partage. L'état liquidatif est soumis à l'approbation du juge des tutelles. Le partage peut également être fait en justice, conformément aux dispositions des articles 840 à 842. Tout autre partage est considéré comme provisionnel.

1. Décr. n° 2008-1484, 22 déc. 2008.

2. Soc. 18 juill. 1997, n° 95-22.120, *Bull. civ.* V, n° 287; *RTD civ.* 1998. 339, obs. Hauser; Rép. civ., v° *Succession (1° dévolution)*, janv. 2009 [actu. oct. 2015], par R. Le Guidec et G. Chabot, n° 44; Rép. civ., v° *Absence*, janv. 2016, par F. Laroche-Gisserot, n° 115; Rép. pr. civ., v° *Absence*, mai 2009, par F. Guerchoun, n° 65.
3. Soc. 9 juill. 1992, n° 88-10.951, *Bull. civ.* V, n° 464; *R.* 1992. 278; *D.* 1993. 377, note Massip; *RDSS* 1993. 378, obs. Chenillet et Kessler; Rép. pr. civ., v° *Absence*, mai 2009, par F. Guerchoun, n° 64 – CE 16 déc. 1998, req. n° 161115, *Defrénois* 2000. 238, note de Saint Affrique.
4. Civ. 2e, 20 sept. 2005, n° 04-15.998, *Bull. civ.* II, n° 228; *JCP S* 2005. 1381, note Morvan; *Dr. fam.* 2006, n° 104, obs. Devers; *RTD civ.* 2006. 87, obs. Hauser; Rép. civ., v° *Absence*, janv. 2016, par F. Laroche-Gisserot, n° 115; Rép. civ., v° *Succession (1° dévolution)*, janv. 2009 [actu. oct. 2015], par R. Le Guidec et G. Chabot, n° 44; Rép. pr. civ., v° *Absence*, mai 2009, par F. Guerchoun, n° 65.
5. Civ. 2e, 31 mai 2005, n° 03-30.770, *Bull. civ.* II, n° 140; *JCP S* 2005. 1213, note Morvan; *Dr. soc.* 2005. 942, obs. Gauriau; *RJS* 2005, n° 908; *RTD civ.* 2005. 570, obs. Hauser; Rép. pr. civ., v° *Absence*, mai 2009, par F. Guerchoun, n° 66; Rép. civ., v° *Absence*, janv. 2016, par F. Laroche-Gisserot, n° 115.
6. C. civ., art. 116 (*mod. par L. n° 2006-728, 23 juin 2006*).

SECTION 4
FIN DU DISPOSITIF DE PROTECTION DE LA PERSONNE DISPARUE

431.61 Mainlevée du dispositif de protection pour cause de réapparition du présumé absent. Si un présumé absent réapparaît ou donne de ses nouvelles, il est sur sa demande mis fin par le juge aux mesures prises pour sa représentation et l'administration de ses biens. Il recouvre alors les biens gérés ou acquis pour son compte durant la période de l'absence (C. civ., art. 118).

EN PRATIQUE. Il peut arriver (par ex. parce qu'elle est sans domicile fixe) qu'une personne ayant disparu soit retrouvée par des policiers ou des gendarmes à l'occasion d'un banal contrôle d'identité alors que sa disparition a fait l'objet d'un signalement au fichier des personnes disparues, et qu'elle ne formule aucune demande quant à la mainlevée de la procédure de présomption d'absence ouverte à son encontre. Dans ce cas, il n'est pas possible de continuer à faire gérer les biens du présumé absent comme s'il n'avait pas donné de ses nouvelles, et il convient d'assimiler sa réapparition à une demande implicite de mainlevée de la mesure.

Dans tous les cas de retour de l'absent, le juge doit essayer de **l'auditionner** avant de transmettre le dossier au ministère public pour qu'il donne son avis sur la mainlevée éventuelle de la mesure. Le jugement de mainlevée est notifié à l'administrateur légal (au présumé absent, au procureur de la République et à toute personne intéressée, lesquels, en application des articles 1239, 1240 et 1241 du Code de procédure civile, pourront former un recours tutélaire contre ce juge).

431.62 Ouverture de la succession suite au décès du présumé absent. Si le décès est établi ou judiciairement déclaré, la période de présomption d'absence prend fin rétroactivement à compter de la date retenue comme étant celle du décès. Cette date marque l'ouverture de la succession, par application des règles du droit commun, et les actes passés seraient susceptibles d'être annulés. Toutefois, en application de l'article 119 du Code civil, les droits acquis sans fraude sur le fondement de la présomption d'absence ne sont pas remis en cause.

431.63 Jugement de déclaration d'absence du tribunal de grande instance. L'article 122 du Code civil dispose que le tribunal de grande instance peut, à la requête de tout intéressé ou du ministère public, déclarer l'absence dans deux situations : soit lorsqu'il s'est écoulé dix ans depuis le jugement constatant la présomption d'absence; soit lorsque, à défaut d'une telle constatation, la personne aura cessé de paraître au lieu de son domicile ou de sa résidence, sans que l'on en ait eu des nouvelles depuis plus de vingt ans.

Le jugement de déclaration d'absence sollicité à la suite d'un jugement du juge des tutelles constatant la présomption d'absence peut intervenir quelles que soient les causes à l'origine de cette décision : disparition du domicile ou de la résidence de l'article 112 ou mise en œuvre de l'une des procédures des articles 217 et 219 ou 1426 et 1429.

LIVRE

5. EXEMPLES D'ACTES

SECTION 0

ORIENTEUR

5.00 **Plan du livre.**

51. Exemples d'actes : régimes de protection des mineurs

SECTION 0
ORIENTEUR

51.00 **Plan.**

511. Administration légale

SECTION 0
ORIENTEUR

511.00 **Plan.**

5111
PROCÉDURE

5111.11 **Exemple d'ordonnance d'injonction**

L'an...,

Nous, ..., juge des tutelles au tribunal de grande instance de..., assisté de..., greffier,

Vu la requête en date du..., présentée par..., agissant en qualité d'administrateur légal de l'enfant mineur..., né le... à..., aux fins de..., et les pièces jointes,

Vu la demande de communication de pièces et d'informations complémentaires à lui adressée le…,

Vu son courrier de réponse du …,

(Vu l'audition du…,)

Vu l'article 387-6 du Code civil et les articles 1180-6 à 1180-8 du Code de procédure civile,

Attendu que l'administrateur légal est tenu de déférer aux convocations du juge des tutelles et de lui communiquer toute information qu'il requière; qu'en l'espèce, le requérant n'a pas produit les pièces et informations qui lui ont été demandées le…;

Attendu, dans ces conditions qu'il convient de lui faire injonction de les produire dans le délai de…, et en tout état de cause avant le…, faute de quoi une amende civile pourra être prononcée contre lui.

PAR CES MOTIFS

Statuant non publiquement et en premier ressort,

Enjoignons à… de produire les pièces suivantes… au greffe du tribunal de grande instance de…, dans le délai de…, et en tout état de cause avant le…, délai de rigueur, faute de quoi une amende civile pourra être prononcée contre lui,

(Ordonnons l'exécution provisoire de la présente décision),

Ordonnons la notification de la présente décision à…

Fait à notre cabinet, le…

Le greffier Le juge des tutelles

5111.12 Exemple d'ordonnance condamnant au paiement d'une amende civile

L'an…,

Nous, …, juge des tutelles au tribunal de grande instance de…, assisté de…, greffier,

Vu la requête en date du…, présentée par…, agissant en qualité d'administrateur légal de l'enfant mineur…, né le… à…, aux fins de…, et les pièces jointes,

Vu la demande de communication de pièces et d'informations complémentaires à lui adressée le…,

Vu son courrier de réponse du …,

(Vu l'audition du…),

Vu notre ordonnance du…, notifiée le…,

Vu les articles 387-6 du Code civil et 1180-19 du Code de procédure civile,

Attendu que l'administrateur légal est tenu de déférer aux convocations du juge des tutelles et de lui communiquer toute information qu'il requière; qu'en l'espèce, le requérant n'a pas produit les pièces et informations qui lui ont été demandées le… et n'a pas davantage déféré à l'injonction prononcée à son encontre le…;

Attendu, dans ces conditions qu'il convient de le condamner à une amende civile qui, au vu des éléments de l'espèce et de…, doit être fixée à un montant de…

PAR CES MOTIFS

Statuant non publiquement et en premier ressort,

Condamnons… au paiement de la somme de… à titre d'amende civile au greffe du tribunal de grande instance de…, dans le délai de…, et en tout état de cause avant le…, délai de rigueur, faute de quoi une amende civile pourra être prononcée contre lui,

(Ordonnons l'exécution provisoire de la présente décision),

Ordonnons la notification de la présente décision à…

Fait à notre cabinet, le…

Le greffier Le juge des tutelles

5111.13 Exemple d'ordonnance d'irrecevabilité (C. pr. civ., art. 1180-7)

L'an…,

Nous, …, juge des tutelles au tribunal de grande instance de…, assisté de…, greffier,

Vu la requête en date du…, présentée par…, agissant en qualité d'administrateur légal de l'enfant mineur…, né le… à…, aux fins de…, et les pièces jointes,

Vu la demande de communication de pièces et d'informations complémentaires à lui adressée le…,

Vu son courrier de réponse du …,

(Vu l'audition du…),

Vu l'article 1180-7 du Code de procédure civile et 383-7 du Code civil,

Attendu que le juge est saisi par une requête qui doit indiquer, à peine de nullité, les nom, prénoms et adresse du requérant, son lien avec le mineur, l'identité et l'adresse du mineur et de ses parents; qu'en la cause, aucun des éléments permettant de connaître l'identité du mineur (et/ou de ses parents) n'a été produit à l'appui de la requête présentée par…;

Attendu, dans ces conditions, que la requête présentée ne permet pas d'être valablement saisi, faute de pouvoir statuer; qu'en conséquence, … doit être déclaré irrecevable en sa requête;

Attendu que, lorsque la requête est fondée sur les dispositions de l'article 383-7 du Code civil, elle comporte à peine d'irrecevabilité d'une part les mentions prévues à l'article 1180-7 du Code de procédure civile let, d'autre part, l'énoncé précis des faits de nature à porter gravement préjudice aux intérêts patrimoniaux du mineur ou qui compromettent manifestement et substantiellement ceux-ci ainsi que, le cas échéant, les pièces propres à justifier ces faits;

Attendu qu'en la cause, la requête présentée ne comporte pas ces éléments, malgré la demande de régularisation qui a été adressée au requérant le…, ce qui ne permet pas d'être valablement saisi, faute de pouvoir statuer; qu'en conséquence, … doit être déclaré irrecevable en sa requête;

PAR CES MOTIFS

Statuant non publiquement et en premier ressort,

Déclare… irrecevable en sa requête,

Ordonnons la notification de la présente décision à…

Fait à notre cabinet, le…

Le greffier Le juge des tutelles

5111.14 Exemple d'ordonnance d'irrecevabilité (C. pr. civ., art. 1180-7 et C. civ., art. 387-3)

L'an…,

Nous, …, juge des tutelles, assisté de…, greffier,

Vu la requête en date du... au tribunal de grande instance de..., présentée par..., agissant en qualité d'administrateur légal de l'enfant mineur..., né le... à..., aux fins de..., et les pièces jointes,

Vu la demande de communication de pièces et d'informations complémentaires à lui adressée le...,

Vu son courrier de réponse du ...,

(Vu l'audition du...),

Vu l'article 1180-7 du Code de procédure civile,

Attendu que, lorsque la requête est fondée sur les dispositions de l'article 383-7 du Code civil, elle comporte à peine d'irrecevabilité d'une part les mentions prévues à l'article 1180-7 du Code de procédure civile let, d'autre part, l'énoncé précis des faits de nature à porter gravement préjudice aux intérêts patrimoniaux du mineur ou qui compromettent manifestement et substantiellement ceux-ci ainsi que, le cas échéant, les pièces propres à justifier ces faits;

Attendu qu'en la cause, la requête présentée ne comporte pas ces éléments, malgré la demande de régularisation qui a été adressée au requérant le..., ce qui ne permet pas d'être valablement saisi, faute de pouvoir statuer; qu'en conséquence, ... doit être déclaré irrecevable en sa requête;

PAR CES MOTIFS

Statuant non publiquement et en premier ressort,

Déclare... irrecevable en sa requête,

Ordonnons la notification de la présente décision à...

Fait à notre cabinet, le...

Le greffier Le juge des tutelles

5112
ACTES SOUMIS À AUTORISATION DU JUGE DES TUTELLES (C. CIV., ART. 387-1)

5112.11 Exemple d'ordonnance autorisant la vente de gré à gré d'un immeuble ou d'un fonds de commerce appartenant au mineur

L'an...,

Nous, ..., juge des tutelles au tribunal de grande instance de..., assisté de..., greffier,

Vu la requête en date du..., présentée par..., agissant en qualité d'administrateur légal de l'enfant mineur..., né le... à..., aux fins de se voir autoriser à réaliser de gré à gré la vente de l'immeuble (ou du fonds de commerce) sis à..., cadastré..., dont le mineur est propriétaire, pour le prix total net vendeur de..., et les pièces jointes,

Vu l'article 387-1, 1° du Code civil et les articles 1180-6 à 1180-17 du Code de procédure civile,

Attendu qu'il résulte des pièces produites à l'appui de la requête, et en particulier de..., que le mineur... est propriétaire de... situé à... évalué à la somme de... par... et...; que le requérant expose que la vente dudit bien est envisagée de gré à gré avec... pour un prix total net vendeur de... en raison de...; que l'acheteur propose de financer l'acquisition au moyen de...;

Attendu que cette opération immobilière est conforme à l'intérêt du mineur en ce que...; qu'il convient en conséquence d'autoriser le requérant, agissant en qualité de représentant légal de l'enfant mineur..., à réaliser de gré à gré la vente dudit bien immobilier (par devant Maître..., notaire à...) au prix total net vendeur de...;

PAR CES MOTIFS

Statuant non publiquement et en premier ressort,

Autorisons..., agissant en qualité d'administrateur légal de l'enfant mineur..., né le... à..., à réaliser de gré à gré la vente de l'immeuble (ou du fonds de commerce) sis à..., cadastré..., dont le mineur est propriétaire (par devant Maître..., notaire à...), pour le prix total net vendeur de...,

Disons que les fonds revenant au mineur, soit la somme de..., devront être placés sur un compte rémunéré ouvert au nom du mineur en vue d'un meilleur placement, l'organisme recevant les fonds devant être informé des conditions de versement des fonds,

Disons que..., agissant en qualité d'administrateur légal de l'enfant mineur... devra nous rendre compte de cette opération dans le mois suivant sa réalisation en nous adressant la copie de l'acte de vente de gré à gré,

(Ordonnons l'exécution provisoire de la présente décision),

Ordonnons la notification de la présente décision à...

Fait à notre cabinet, le...

Le greffier Le juge des tutelles

5112.12 Exemple d'ordonnance autorisant l'apport en société d'un immeuble ou d'un fonds de commerce appartenant au mineur

L'an...,

Nous, ..., juge des tutelles au tribunal de grande instance de..., assisté de..., greffier,

Vu la requête en date du..., présentée par..., agissant en qualité d'administrateur légal de l'enfant mineur..., né le... à..., aux fins de se voir autoriser à apporter en société l'immeuble sis à... cadastré... (le fonds de commerce) dont le mineur est propriétaire, d'une valeur de... dans la société..., immatriculée..., dont le siège social est situé à..., dont le capital social est de..., et les pièces jointes,

Vu l'article 387-1 2° du Code civil et les articles 1180-6 à 1180-17 du Code de procédure civile,

Attendu qu'il résulte des pièces produites à l'appui de la requête, et en particulier de..., que le mineur... est propriétaire de... situé à... évalué à la somme de... par... et...; que le requérant expose que, pour le motif suivant..., il est de son intérêt d'apporter ledit bien à la société...; qu'il justifie par les documents qu'il fournit, et en particulier..., que l'immeuble est évalué à la somme de... et que la société, qui ne fait pas l'objet d'une procédure collective, présente un bilan...;

Attendu que cette opération est conforme à l'intérêt du mineur en ce que...; qu'il convient en conséquence d'autoriser le requérant, agissant en qualité de représentant légal de l'enfant mineur..., à la réaliser moyennant les garanties suivantes...;

PAR CES MOTIFS

Statuant non publiquement et en premier ressort,

Autorisons..., agissant en qualité d'administrateur légal de l'enfant mineur..., né le... à..., à apporter en société l'immeuble (ou du fonds de commerce) sis à..., cadastré..., dont le mineur est propriétaire, d'une valeur de... pour le prix total net vendeur de..., dans la société..., immatriculée..., dont le siège social est situé à... et dont le capital social est de..., cette dernière devant être informée des conditions de versement des fonds;

Disons que cette autorisation est subordonnée à la prise des garanties suivantes...,

Disons que..., agissant en qualité d'administrateur légal de l'enfant mineur... devra nous rendre compte de la prise de garanties et de l'opération autorisée dans le mois suivant sa réalisation en nous adressant la copie intégrales des actes,

(Ordonnons l'exécution provisoire de la présente décision),

Ordonnons la notification de la présente décision à...

Fait à notre cabinet, le...

Le greffier Le juge des tutelles

5112.13 Exemple d'ordonnance autorisant la conclusion d'un emprunt au nom du mineur

L'an...,

Nous, ..., juge des tutelles au tribunal de grande instance de..., assisté de..., greffier,

Vu la requête en date du..., présentée par..., agissant en qualité d'administrateur légal de l'enfant mineur..., né le... à..., aux fins de se voir autoriser à conclure avec... un emprunt d'un montant en capital de..., au taux... de... pour une durée de..., moyennant un remboursement de..., au nom du mineur, et les pièces jointes,

Vu l'article 387-1 3° du Code civil et les articles 1180-6 à 1180-17 du Code de procédure civile,

Attendu qu'il résulte des pièces produites à l'appui de la requête, et en particulier de..., qu'il est envisagé de conclure un emprunt au nom du mineur pour un montant total en capital de..., au taux de... sur une durée totale de... au motif que...; que, pour assurer le paiement de cet emprunt, le requérant expose que...;

Attendu que cette opération est conforme à l'intérêt du mineur en ce que...; qu'il convient en conséquence d'autoriser le requérant, agissant en qualité de représentant légal de l'enfant mineur..., à conclure avec... l'emprunt sollicité;

PAR CES MOTIFS

Statuant non publiquement et en premier ressort,

Autorisons..., agissant en qualité d'administrateur légal de l'enfant mineur..., né le... à..., à conclure avec... un emprunt d'un montant total en capital de... au taux... de... pour une durée de..., moyennant un remboursement mensuel de...,

Disons que..., agissant en qualité d'administrateur légal de l'enfant mineur... devra nous rendre compte de cette opération dans le mois suivant sa réalisation en nous adressant la copie de l'acte,

Disons qu'il devra nous justifier chaque année avant... des remboursements réguliers des échéances et nous saisir sans délai en cas de difficulté,

(Ordonnons l'exécution provisoire de la présente décision),

Ordonnons la notification de la présente décision à...

Fait à notre cabinet, le...

Le greffier Le juge des tutelles

5112.14 Exemple d'ordonnance de renonciation à une succession

L'an...,

Nous, ..., juge des tutelles au tribunal de grande instance de..., assisté de..., greffier,

Vu la requête en date du..., présentée par..., agissant en qualité d'administrateur légal de l'enfant mineur..., né le... à..., aux fins de se voir autoriser à renoncer à la succession de..., décédé le... à..., dont le mineur est héritier, et les pièces jointes,

Vu l'article 387-1 4° du Code civil et les articles 1180-6 à 1180-17 du Code de procédure civile,

Attendu qu'il résulte de l'inventaire de patrimoine figurant au dossier que le passif de la succession dépasse manifestement l'actif;

Que les héritiers majeurs ont tous renoncé à cette succession;

PAR CES MOTIFS

Statuant non publiquement et en premier ressort,

Autorisons..., agissant en qualité d'administrateurs légaux de l'enfant mineur..., né le... à..., à renoncer à la succession de..., décédé le... à..., dont le mineur est héritier que la déclaration de renonciation à succession devra être faite par..., agissant en qualité d'administrateur légal de l'enfant mineur..., auprès du greffe du tribunal de grande instance de...,

Disons que..., agissant en qualité d'administrateur légal de l'enfant mineur... devra nous rendre compte de cette opération dans le mois suivant sa réalisation en nous adressant la copie du récépissé de l'acte de renonciation,

(Ordonnons l'exécution provisoire de la présente décision),

Ordonnons la notification de la présente décision à...

Fait à notre cabinet, le...

Le greffier Le juge des tutelles

5112.15 Exemple d'ordonnance autorisant l'acceptation pure et simple d'une succession au nom du mineur

L'an...,

Nous, ..., juge des tutelles au tribunal de grande instance de..., assisté de..., greffier,

Vu la requête en date du..., présentée par..., agissant en qualité d'administrateur légal de l'enfant mineur..., né le... à..., aux fins de se voir autoriser à accepter purement et simplement la succession de..., décédé le... à..., dont le mineur est héritier, et les pièces jointes,

Vu l'article 387-1 5° du Code civil et les articles 1180-6 à 1180-17 du Code de procédure civile,

Attendu qu'il résulte de l'inventaire de patrimoine figurant au dossier que l'importance et la composition de la succession revenant au mineur et du projet transmis par Maître..., notaire à..., en date du..., que l'actif net de succession dépasse manifestement le passif;

Qu'en conséquence, il convient d'autoriser l'acceptation pure et simple de cette succession;

PAR CES MOTIFS

Statuant non publiquement et en premier ressort,

Autorisons..., agissant en qualité d'administrateurs légaux de l'enfant mineur..., né le... à..., à accepter purement et simplement la succession de..., décédé le... à..., dont le mineur est héritier,

Disons que..., agissant en qualité d'administrateur légal de l'enfant mineur... devra nous rendre compte de cette opération dans le mois suivant sa réalisation en nous adressant la copie de l'acte notarié,

(Ordonnons l'exécution provisoire de la présente décision),

Ordonnons la notification de la présente décision à...

Fait à notre cabinet, le...

Le greffier Le juge des tutelles

5112.16 Exemple d'ordonnance autorisant l'acceptation d'une succession et la vente à l'amiable et de gré à gré d'un bien immobilier

L'an...,

Nous, ..., juge des tutelles au tribunal de grande instance de..., assisté de..., greffier,

Vu la requête en date du..., présentée par..., agissant en qualité d'administrateur légal de l'enfant mineur..., né le... à..., aux fins de se voir autoriser à accepter la succession de..., décédé le... à..., dont le mineur est héritier, et les pièces jointes,

Vu l'article 387-1 5° et 1° du Code civil et les articles 1180-6 à 1180-17 du Code de procédure civile,

Attendu qu'il résulte, d'une part, de l'inventaire de patrimoine figurant au dossier que l'actif de succession dépasse manifestement le passif;

Attendu, d'autre part, que la vente amiable envisagée pour le prix net vendeur de..., évitera les frais et aléas d'une vente par adjudication; que le prix de vente proposé correspond à la valeur vénale du bien, ainsi qu'il résulte des deux évaluations réalisées les... et... par... et...; qu'il convient, en conséquence, de faire droit à la requête présentée;

PAR CES MOTIFS

Statuant non publiquement et en premier ressort,

Autorisons..., agissant en qualité d'administrateur légal sous contrôle judiciaire de l'enfant mineur..., né le... à..., à :

1) Accepter la succession de..., décédé le... à..., dont le mineur est héritier;

2) Vendre à l'amiable et de gré à gré le bien immobilier sis à... pour le prix net vendeur de... payable comptant le jour de la signature de l'acte authentique;

Disons que les fonds revenant au mineur, soit la somme de..., devront être placés sur un compte rémunéré ouvert au nom du mineur en vue d'un meilleur placement, l'organisme recevant les fonds devant être informé des conditions de versement des fonds;

Disons que..., agissant en qualité d'administrateur légal de l'enfant mineur... devra nous rendre compte de ces opérations dans le mois de qui suivra leur réalisation,

(Ordonnons l'exécution provisoire de la présente décision),

Ordonnons la notification de la présente décision à...

Fait à notre cabinet, le...

Le greffier Le juge des tutelles

5112.17 Exemple d'ordonnance autorisant l'achat des biens du mineur ou la prise à bail

L'an...,

Nous, ..., juge des tutelles au tribunal de grande instance de..., assisté de..., greffier,

Vu la requête en date du..., présentée par..., agissant en qualité d'administrateur légal de l'enfant mineur..., né le... à..., aux fins d'être autorisé à acheter (prendre à bail) le bien situé..., cadastré..., appartenant au mineur et les pièces jointes,

Vu l'article 387-1 7° du Code civil et les articles 1180-6 à 1180-17 du Code de procédure civile,

Attendu qu'il résulte des pièces produites à l'appui de la requête, et en particulier de..., qu'il est envisagé de procéder à l'achat (la prise à bail) du bien..., appartenant au mineur au motif que...; que le requérant expose que...;

Attendu que cette opération est conforme à l'intérêt du mineur en ce que...; qu'il convient en conséquence de l'autoriser avec les garanties suivantes... et, en raison du conflit d'intérêts entre l'administrateur légal et le mineur, de désignée un administrateur *ad hoc* pour représenter le mineur dans l'ensemble des opérations à effectuer pour parvenir à l'achat (la prise à bail) du bien et au placement des fonds en provenant sur un compte au nom du mineur (au remploi des fonds/à l'encaissement des loyers et des charges);

PAR CES MOTIFS

Statuant non publiquement et en premier ressort,

Autorisons..., agissant en qualité d'administrateur légal de l'enfant mineur..., né le... à...,

à acheter (prendre à bail) le(s) bien(s) situé(s)..., appartenant au mineur, dans les conditions suivantes..., (et avec les garanties suivantes...),

Désignons... en qualité d'administrateur *ad hoc* pour représenter le mineur dans toutes les opérations nécessaires pour parvenir à l'achat (à la prise à bail),

Disons que..., administrateur *ad hoc* représentant l'enfant mineur... devra nous rendre compte de cette opération dans le mois suivant sa réalisation en nous adressant la copie de l'acte,

Disons qu'il devra nous justifier dans le délai de deux mois à compter du paiement du prix de son placement sur un compte rémunéré au nom du mineur,

(ou) Disons qu'il devra nous justifier chaque année avant... du paiement régulier des loyers et des charges et nous saisir sans délai en cas de difficulté,

(Ordonnons l'exécution provisoire de la présente décision),

Ordonnons la notification de la présente décision à...

Fait à notre cabinet, le...

Le greffier Le juge des tutelles

5112.18 Exemple d'ordonnance autorisant la constitution à titre gratuit d'une sûreté au nom du mineur pour garantir la dette d'un tiers

L'an...,

Nous, ..., juge des tutelles au tribunal de grande instance de..., assisté de..., greffier,

Vu la requête en date du..., présentée par..., agissant en qualité d'administrateur légal de l'enfant mineur..., né le..., à..., aux fins de constituer à titre gratuit une sûreté au nom du mineur sur le bien..., appartenant en indivision au mineur et à l'un de ses parents, pour garantir la dette de... à hauteur de la somme de...,

Vu l'article 387-1 7° du Code civil et les articles 1180-6 à 1180-17 du Code de procédure civile,

Attendu qu'il résulte des pièces produites à l'appui de la requête, et en particulier de..., qu'il est envisagé de constituer à titre gratuit, au nom du mineur, une sûreté sur le bien... pour garantir la dette de... à hauteur de la somme de..., au motif que...; que le requérant expose que...;

Attendu que cette opération est conforme à l'intérêt du mineur en ce que...; qu'il convient en conséquence d'autoriser le requérant, agissant en qualité de représentant légal de l'enfant mineur..., à constituer à titre gratuit la sûreté sollicitée;

PAR CES MOTIFS

Statuant non publiquement et en premier ressort,

Autorisons..., agissant en qualité d'administrateur légal de l'enfant mineur..., né le... à..., à constituer à titre gratuit une sûreté au nom du mineur sur le bien..., appartenant en indivision au mineur et à l'un de ses parents, pour garantir la dette de... à hauteur de la somme de...,

Disons que..., agissant en qualité d'administrateur légal de l'enfant mineur... devra nous rendre compte de cette opération dans le mois suivant sa réalisation en nous adressant la copie de l'acte et de tous actes s'y référant,

(Ordonnons l'exécution provisoire de la présente décision),

Ordonnons la notification de la présente décision à...

Fait à notre cabinet, le...

Le greffier Le juge des tutelles

5112.19 Exemple d'ordonnance autorisant la réalisation d'un acte portant sur des valeurs mobilières ou instruments financiers au nom du mineur

L'an...,

Nous, ..., juge des tutelles au tribunal de grande instance de..., assisté de..., greffier,

Vu la requête en date du..., présentée par..., agissant en qualité d'administrateur légal de l'enfant mineur..., né le... à..., aux fins de se voir autoriser à réaliser au nom du mineur la conclusion d'un contrat de gestion (la vente, l'apport en société, la cession en en pleine propriété ou en nue-propriété, le nantissement, la mainlevée du nantissement) portant sur les valeurs mobilières (instruments financiers)... détenus à... compte n°... pour un montant total de..., dont... au titre des frais, et les pièces jointes,

Vu les articles 387-1 8° du Code civil et L. 211-1 du Code monétaire et financier, et les articles 1180-6 à 1180-17 du Code de procédure civile,

Attendu qu'il résulte des pièces produites à l'appui de la requête, et en particulier de..., qu'il est envisagé d'effectuer... portant sur... valeurs mobilières détenues à... pour un montant total de... au motif que...; que le requérant expose que... et transmet, outre un état précis du portefeuille et l'inventaire de l'ensemble du patrimoine du mineur, les justificatifs de l'opération envisagée et du projet d'utilisation des fonds ainsi dégagés; que ces actes sont de nature à avoir de graves conséquences sur le patrimoine ou sur les droits du mineur en modifiant de manière importante son contenu, en dépréciant significativement sa valeur en capital ou (et) en altérant durablement les prérogatives du mineur;

Attendu que cette opération est conforme à l'intérêt du mineur en ce que...; qu'il convient en conséquence d'autoriser le requérant, agissant en qualité de représentant légal de l'enfant mineur..., à réaliser l'acte sollicité;

PAR CES MOTIFS

Statuant non publiquement et en premier ressort,

Autorisons..., agissant en qualité d'administrateur légal de l'enfant mineur..., né le... à..., à réaliser au nom du mineur... portant sur les valeurs mobilières (instruments financiers)..., détenus à... compte n°... pour un montant total de..., dont... au titre des frais, l'organisme recevant les fonds devant être informé des conditions de versement des fonds;

Disons que..., agissant en qualité d'administrateur légal de l'enfant mineur... devra nous rendre compte de cette opération dans le mois suivant sa réalisation en nous adressant la copie des actes matérialisant le(s) transfert(s),

(Ordonnons l'exécution provisoire de la présente décision),

Ordonnons la notification de la présente décision à...

Fait à notre cabinet, le...

Le greffier Le juge des tutelles

5113

ACTES SOUMIS À AUTORISATION DU JUGE DES TUTELLES LORSQUE LA SITUATION PRÉSENTE UN RISQUE POUR LE PATRIMOINE DU MINEUR (C. CIV., ART. 387-3 À 387-5 ET 499)

5113.11 Exemple d'ordonnance soumettant l'administrateur légal à l'obligation de faire inventaire

L'an...,

Nous, ..., juge des tutelles au tribunal de grande instance de..., assisté de..., greffier,

Vu le contrôle par nous effectué dans le cadre des dispositions de l'article 387-1 du Code civil,

Vu les articles 387-1 et 387-4 du Code civil et les articles 1180-6 à 1180-17 du Code de procédure civile,

Attendu qu'à l'occasion du contrôle des actes mentionnés à l'article 387-1 du Code civil, il est apparu indispensable à la sauvegarde des intérêts du mineur, en considération de la composition ou de la valeur du patrimoine, de l'âge du mineur ou de sa situation familiale, de demander à l'administrateur légal qu'un inventaire du patrimoine du mineur lui soit transmis ainsi que, chaque année, un inventaire actualisé;

Attendu en effet que le patrimoine du mineur, d'un montant évalué à... à la date du..., est composé de nombreux biens immobiliers/parts sociales/capital élevé/que la séparation des parents a été très conflictuelle...;

PAR CES MOTIFS

Statuant non publiquement et en premier ressort,

Ordonnons à l'administrateur légal d'établir un inventaire du patrimoine du mineur dans un délai de 3 mois maximum à compter de la notification de la présente décision, puis, chaque année avant le... d'en transmettre l'actualisation,

Disons que l'inventaire et les actualisations seront transmis au greffe du cabinet du juge des tutelles des mineurs près le tribunal de grande instance de...,

Rappelons qu'une copie de l'inventaire doit être remise au mineur âgé de seize ans révolus,

(Ordonnons l'exécution provisoire de la présente décision),

Ordonnons la notification de la présente décision à...

Fait à notre cabinet, le...

Le greffier Le juge des tutelles

5113.12 Exemple d'ordonnance soumettant l'administrateur légal à une obligation de remise annuelle du compte de sa gestion

L'an...,

Nous, ..., juge des tutelles au tribunal de grande instance de..., assisté de..., greffier,

Vu le contrôle par nous effectué dans le cadre des dispositions de l'article 387-1 du Code civil,

Vu les articles 387-1, 387-4 et 387-5 du Code civil et les articles 1180-6 à 1180-17 du Code de procédure civile,

Attendu qu'à l'occasion du contrôle des actes mentionnés à l'article 387-1 du Code civil, il est apparu nécessaire en raison de la valeur du patrimoine, de l'âge du mineur ou de sa situation familiale, d'ordonner à l'administrateur légal de soumettre chaque année au directeur des services de greffe judiciaires du tribunal de grande instance un compte de gestion annuel, accompagné des pièces justificatives, en vue de sa vérification, ainsi que l'actualisation de l'inventaire;

Attendu en effet que le patrimoine du mineur, d'un montant évalué à... à la date du..., est composé de nombreux biens immobiliers/parts sociales/capital élevé/que la séparation des parents a été très conflictuelle...;

PAR CES MOTIFS

Statuant non publiquement et en premier ressort,

Ordonnons à l'administrateur légal de soumettre chaque année avant le... au directeur des services de greffe judiciaires du tribunal de grande instance un compte de gestion annuel, accompagné des pièces justificatives, en vue de sa vérification, ainsi que l'actualisation de l'inventaire;

Rappelons qu'une copie de l'inventaire doit être remise au mineur âgé de seize ans révolus,

(Ordonnons l'exécution provisoire de la présente décision),

Ordonnons la notification de la présente décision à...

Fait à notre cabinet, le...

Le greffier Le juge des tutelles

5113.13 Exemple d'ordonnance portant constatation de la non-conformité du compte annuel de gestion

L'an...,

Nous, ..., juge des tutelles au tribunal de grande instance de..., assisté de..., greffier,

Vu le contrôle par nous effectué dans le cadre des dispositions de l'article 387-1 du Code civil,

Vu notre décision du..., notifiée le ordonnant à l'administrateur légal de soumettre chaque année au directeur des services de greffe judiciaires du tribunal de grande instance un compte de gestion annuel, accompagné des pièces justificatives, en vue de sa vérification, ainsi que l'actualisation de l'inventaire;

Vu les comptes de gestion, l'inventaire initial et l'actualisation de l'inventaire déposés au greffe le...,

Vu le rapport de difficultés établi le... par le directeur des services de greffe judiciaires,

Vu le courrier d'explications de l'administrateur légal et les pièces jointes reçus au greffe le...

(Vu l'audition de l'administrateur légal en date du...),

Vu les articles 387-1, 387-5 et 387-4 du Code civil

Attendu que les explications fournies, et les pièces produites dont..., ne permettent pas de lever les difficultés constatées par le directeur des services de greffe judiciaires dans son procès-verbal du...;

Qu'en conséquence, il convient de constater la non-conformité du compte de gestion soumis par l'administrateur légal pour l'exercice (la période du... au...);

PAR CES MOTIFS

Statuant non publiquement et en premier ressort,

Constatons la non-conformité du compte de gestion déposé par l'administrateur légal le... pour l'exercice... (la période du... au...),

Ordonnons la notification de la présente décision à...,

Fait à..., le...,

Le greffier Le juge des tutelles

5113.14 Exemple d'ordonnance soumettant au contrôle du juge un ensemble d'actes de disposition (ou certains actes, par ex. : la vente de parts sociales, de biens meubles de grande valeur, le transfert de fonds déposés sur un compte bancaire, l'acceptation d'un legs avec charge, le recours au partage amiable)

L'an...,

Nous, ..., juge des tutelles au tribunal de grande instance de..., assisté de..., greffier,

Vu le contrôle par nous effectué dans le cadre des dispositions de l'article 387-1 du Code civil,

(ou) Vu la requête en date du… présentée par… (parents, … parent n'exerçant pas l'autorité parentale sur l'enfant mineur, proches, ministère public, « tout tiers ayant connaissance d'actes ou omissions compromettant les intérêts patrimoniaux du mineur ou d'une situation de nature à leur porter un préjudice grave »), et les pièces jointes,

Vu l'audition (les auditions) de…,

Vu les articles 387-1 et 387-3 du Code civil, et les articles 1180-6 à 1180-17 du Code de procédure civile,

Attendu qu'à l'occasion du contrôle des actes mentionnés à l'article 387-1 du Code civil, le juge peut, s'il l'estime indispensable à la sauvegarde des intérêts du mineur, en considération de la composition ou de la valeur du patrimoine, de l'âge du mineur ou de sa situation familiale, décider qu'un acte ou une série d'actes de disposition seront soumis à son autorisation préalable.

(ou) Attendu qu'il résulte de la requête présentée par… (les parents ou l'un d'eux, le ministère public ou tout tiers) que des actes ou omissions compromettent manifestement et substantiellement les intérêts patrimoniaux du mineur (ou que la situation est de nature à porter un préjudice grave aux intérêts patrimoniaux du mineur);

Attendu qu'en la cause, …; qu'en conséquence, il convient de soumettre à notre contrôle et à notre autorisation préalable l'ensemble d'actes de disposition (ou certains actes à préciser) envisagés au nom du mineur pour être valablement effectués, étant rappelé que les actes de disposition sont définis au décret n° 2008-1484 du 22 décembre 2008;

PAR CES MOTIFS

Statuant non publiquement et en premier ressort,

Ordonnons à l'administrateur légal de soumettre à notre contrôle et à notre autorisation préalable l'ensemble d'actes de disposition (ou certains actes à préciser) envisagés au nom du mineur pour être valablement effectués, étant rappelé que les actes de disposition sont définis au décret n° 2008-1484 du 22 décembre 2008,

Disons que lorsqu'un tel acte de disposition sera envisagé, l'administrateur légal devra au préalable déposer une requête aux fins d'autorisation préalable au greffe du TGI de…, accompagnée de toutes pièces utiles,

(Ordonnons l'exécution provisoire de la présente décision)

Ordonnons la notification de la présente décision à…,

Fait à…, le…,

Le greffier Le juge des tutelles

5114
DÉSACCORDS PARENTAUX

5114.11 Exemple de désaccord parental

L'an…,

Nous, …, juge des tutelles au tribunal de grande instance de…, assisté de…, greffier,

Vu la requête en date du…, présentée par…, agissant en qualité d'administrateur légal de l'enfant mineur…, né le… à…, aux fins d'être autorisé à réaliser seul pour le compte du mineur l'acte…, et les pièces jointes,

Vu l'audition des administrateurs légaux,

Vu les articles 382 et 387 du Code civil, et les articles 1180-6 à 1180-17 du Code de procédure civile,

Attendu qu'il résulte de l'article 387 du Code civil qu'en cas de désaccord entre les administrateurs légaux, le juge des tutelles est saisi aux fins d'autorisation de l'acte;

Attendu qu'en la cause, le requérant expose que…; que l'autre parent administrateur légal refuse de donner son consentement à l'acte en faisant valoir que… (ou son consentement n'a pu être sollicité en ce que…); qu'il est de l'intérêt du mineur, qui doit seul être poursuivi, d'autoriser cet acte puisque… (ou qu'il est contraire à l'intérêt du mineur d'autoriser cet acte qui aurait pour conséquence de…); qu'en conséquence, il convient d'autoriser (de refuser d'autoriser)… à réaliser seul pour le compte du mineur l'acte…;

PAR CES MOTIFS

Statuant non publiquement et en premier ressort,

Autorisons (Déboutons… de sa requête)… administrateur légal de l'enfant mineur…, né le…, à…, à réaliser seul pour le compte du mineur l'acte…;

Disons qu'il devra nous rendre compte de l'exécution de l'acte dans le mois de son accomplissement,

(Ordonnons l'exécution provisoire de la présente décision),

Ordonnons la notification de la présente décision à…,

Fait à…, le…,

Le greffier Le juge des tutelles

5115
DÉSIGNATION D'UN ADMINISTRATEUR *AD HOC*

5115.11 Exemple d'ordonnance désignant un administrateur *ad hoc*

L'an…,

Nous, …, juge des tutelles au tribunal de grande instance de…, assisté de…, greffier,

Vu la requête en date du…, présentée par…, agissant en qualité d'administrateur légal de l'enfant mineur…, né le… à…, aux fins de désignation d'un administrateur *ad hoc*, et les pièces jointes,

(ou) Vu le défaut de diligence du ou des administrateur(s) légal(aux),

(ou) Vu la requête du ministère public en date du…,

(ou) Vu la requête du mineur en date du…,

Vu l'audition des administrateurs légaux,

Vu les articles 383 du Code civil, et les articles 1180-6 à 1180-17 du Code de procédure civile,

Attendu qu'il résulte de l'article 383 du Code civil que, lorsque les intérêts de l'administrateur légal unique ou, selon le cas, des deux administrateurs légaux sont en opposition avec ceux du mineur, ces derniers demandent la nomination d'un administrateur *ad hoc* par le juge des tutelles (*point de vigilance* : vérifier que l'un des administrateur légaux ne peut pas être autorisé par le juge à accomplir seul l'acte pour lequel l'autre est en conflit d'intérêts avec le mineur).

(ou) Attendu qu'il résulte de l'article 383 du Code civil qu'à défaut de diligence des administrateurs légaux, le juge peut procéder à la nomination d'un administrateur *ad hoc* à la demande du ministère public, du mineur lui-même ou d'office (*point de vigilance* : vérifier que l'un des administrateur légaux ne peut pas être autorisé par le juge à accomplir seul l'acte pour lequel l'autre n'a pas été diligent).

Qu'en l'espèce, il résulte des documents produits et de l'audition des administrateurs légaux que les intérêts d'un des deux administrateurs légaux (des deux administrateurs légaux) sont en opposition avec ceux du mineur et qu'il est impossible d'autoriser l'autre administrateur légal à représenter l'enfant pour un ou plusieurs actes déterminés puisque...; qu'en conséquence, il convient de désigner un administrateur *ad hoc* pour représenter le mineur aux fins de représenter le mineur pour...;

PAR CES MOTIFS

Statuant non publiquement et en premier ressort,

Désignons... en qualité d'administrateur *ad hoc* pour représenter l'enfant mineur..., né le..., à..., pour...;

Disons que l'administrateur *ad hoc* devra nous rendre compte par un écrit, accompagné de toutes pièces justificatives utiles, de l'exécution de sa mission dans un délai de... à compter de la notification de la présente décision, et nous en référer en cas de difficulté,

(Ordonnons l'exécution provisoire de la présente décision),

Ordonnons la notification de la présente décision à...,

Fait à..., le...,

Le greffier Le juge des tutelles

5115.12 Exemple d'ordonnance désignant un administrateur *ad hoc* en présence d'un tiers administrateur

L'an...,

Nous, ..., juge des tutelles au tribunal de grande instance de..., assisté de..., greffier,

Vu la requête en date du..., présentée par..., agissant en qualité d'administrateur légal de l'enfant mineur..., né le... à..., aux fins de désignation d'un administrateur *ad hoc*, et les pièces jointes,

(ou) Vu le refus (le défaut de diligence ou l'un des cas visés aux articles 395 et 396) du tiers administrateur,

(ou) Vu la requête du ministère public en date du...,

(ou) Vu la requête du mineur en date du...,

Vu l'audition du ou des administrateurs légaux,

Vu les articles 384 du Code civil, et les articles 1180-6 à 1180-17 du Code de procédure civile,

Attendu que si, en application des dispositions de l'article 384 du Code civil, ne sont pas soumis à l'administration légale les biens donnés ou légués au mineur sous la condition qu'ils soient administrés par un tiers, lorsque le tiers administrateur refuse cette fonction ou se trouve dans une des situations prévues aux articles 395 et 396, le juge des tutelles désigne un administrateur *ad hoc* pour le remplacer.

Attendu qu'en l'espèce, le tiers administrateur désigné par... suivant acte du... a refusé cette fonction (ou se trouve lui-même dans l'un des cas de l'article 395 – mineurs non émancipés, sauf s'ils sont le père ou la mère du mineur en tutelle; majeurs protégé; personne à qui l'autorité parentale a été retirée ou à qui l'exercice des charges tutélaires a été interdit en application de l'article 131-26 du Code pénal – ou de l'article 396 – inaptitude, négligence, inconduite, fraude, litige ou contradiction d'intérêts empêchant d'exercer les fonctions dans l'intérêt du mineur); qu'en effet...; qu'il convient, en conséquence de désigner un administrateur *ad hoc* pour représenter le mineur aux fins de représenter le mineur pour...;

PAR CES MOTIFS

Statuant non publiquement et en premier ressort,

Désignons... en qualité d'administrateur *ad hoc* pour représenter l'enfant mineur..., né le..., à..., pour...;

Disons que l'administrateur *ad hoc* devra nous rendre compte par un écrit, accompagné de toutes pièces justificatives utiles, de l'exécution de sa mission dans un délai de... à compter de la notification de la présente décision, et nous en référer en cas de difficulté,

(Ordonnons l'exécution provisoire de la présente décision),

Ordonnons la notification de la présente décision à...,

Fait à..., le...,

Le greffier Le juge des tutelles

5116
Transformation d'une administration légale en tutelle

5116.11 Exemple de jugement ouvrant la tutelle

L'an...,

Nous, ..., juge des tutelles au tribunal de grande instance de..., assisté de..., greffier,

Vu la requête en date du..., présentée par... en vue de l'ouverture d'une tutelle à l'égard de l'enfant mineur..., né le... à..., et les pièces jointes,

Vu les auditions de...,

Vu les articles 388-1, 391 et suivants du Code civil,

Vu les articles 1180-6 à 1180-17, 1222-2, 1226 et suivants du Code de procédure civile,

Option 1 :

Attendu que la tutelle d'un mineur s'ouvre lorsque le père et la mère sont tous deux décédés ou se trouvent privés de l'exercice de l'autorité parentale, ou encore à l'égard d'un enfant qui n'a ni père ni mère;

Option 2 :

Attendu que, dans le cas de l'administration légale, le juge des tutelles peut, à tout moment et pour cause grave, soit d'office, soit à la requête de parents ou alliés ou du ministère public, décider d'ouvrir la tutelle après avoir entendu ou appelé, sauf urgence, l'administrateur légal; que celui-ci ne peut faire aucun acte de disposition à partir de la demande et jusqu'au jugement définitif sauf en cas d'urgence.

Attendu qu'en l'espèce, ...; qu'en conséquence, qu'il convient d'ouvrir la tutelle de l'enfant mineur...;

PAR CES MOTIFS

Statuant en chambre du conseil, par jugement contradictoire (réputé contradictoire, par défaut) et en premier ressort,

Ordonnons l'ouverture de la tutelle de l'enfant mineur..., né le... à...;

(Ordonnons l'exécution provisoire de la présente décision),

Ordonnons la notification de la présente décision à... et avis au ministère public

Fait à notre cabinet le...,

Le greffier Le juge des tutelles

512. Tutelle

SECTION 0
ORIENTEUR

512.00 **Plan.**

5121.11 Exemple d'ordonnance fixant la composition du conseil de famille (et décidant de sa réunion)

L'an...,

Nous, ..., juge des tutelles au tribunal de grande instance de..., assisté de..., greffier,

Vu la requête en date du..., présentée par... en vue de l'ouverture d'une tutelle à l'égard de l'enfant mineur..., né le... à...,

Vu notre ordonnance du... ouvrant la tutelle et les pièces jointes,

Vu les articles 391 et suivants du Code civil,

Attendu que, dans l'intérêt de l'enfant mineur..., et en application des dispositions de l'article 399 du Code civil, il convient de fixer la composition du conseil de famille en tenant compte, en particulier, de l'aptitude de chacun des membres désignés, des relations habituelles qu'ils entretenaient avec le père et la mère de l'enfant, des liens affectifs qu'ils ont avec lui et de leur disponibilité, tout en recherchant l'équilibre des branches paternelle et maternelle

Qu'ainsi, en l'espèce, il convient de fixer cette composition ainsi qu'il suit : ...;

PAR CES MOTIFS

Statuant non publiquement et en premier ressort,

Disons que le conseil de famille de l'enfant mineur... est composé comme suit : ...,

Fixons dès à présent la réunion du conseil de famille en notre cabinet le...,

Disons que les membres du conseil de famille seront convoqués par lettres recommandées avec demande d'avis de réception,

(Ordonnons l'exécution provisoire de la présente décision),

Ordonnons la notification de la présente décision à...

Fait à notre cabinet le...,

Le greffier Le juge

5121.12 Exemple de procès-verbal de délibération d'un conseil de famille organisant la tutelle d'un mineur

L'an...,

Devant nous, ..., juge des tutelles au tribunal de grande instance de..., assisté de..., greffier,

Vu nos ordonnances en date des... et... ouvrant la tutelle des mineurs... et fixant la composition du conseil de famille,

Vu les convocations adressées le... aux membres du conseil de famille,

Vu les articles 388-1, 398 et suivants du Code civil,

Ont comparu les personnes ci-après nommées, membres du conseil de famille, et domiciliées :

1) Madame...

demeurant...

2) Monsieur...

demeurant...

3) Madame

demeurant...

4) Monsieur

demeurant...

5) Madame

demeurant...

6) ...

demeurant...

Ont aussi comparu pour assister à la séance sans voix délibérative...

Sur quoi, après l'exposé que nous avons fait des motifs de la convocation du conseil de famille et de l'objet des délibérations, le conseil de famille a pris les décisions suivantes :

I SUR LA DÉVOLUTION DE LA TUTELLE

Vu les dispositions des articles 403 à 406 du Code civil,

Considérant que les père et mère des mineurs sont tous deux décédés et que le dernier mourant n'a pas désigné de tuteur testamentaire ;

Considérant que les membres du conseil de famille ci-après nommés ont été d'avis de désigner en qualité de tuteur du mineur...

que les membres du conseil de famille ci-après nommés ont, au contraire, été d'avis...

PAR CES MOTIFS

Le conseil de famille a été d'avis, à... des voix, la nôtre comprise, de nommer... en qualité de tuteur des mineurs...; ..., ici présent, a déclaré ne pas être frappé, à sa connaissance, de l'une des causes d'exclusion de la tutelle et a accepté la fonction de tuteur, promettant de la remplir avec prudence et diligence et conformément aux dispositions de l'article 496 du Code civil. Il a été invité à se retirer du vote qui va suivre.

II SUR LA NOMINATION DU SUBROGÉ TUTEUR

Considérant qu'aux termes de l'article 409 du Code civil, la tutelle d'un mineur comporte un subrogé-tuteur nommé par le conseil de famille parmi ses membres, étant rappelé que, si le tuteur est parent ou allié du mineur dans une branche, le subrogé-tuteur est choisi, dans la mesure du possible, dans l'autre branche ;

Considérant que les membres du conseil de famille ci-après nommés ont été d'avis de désigner en qualité de subrogé-tuteur du mineur... ;

que les membres du conseil de famille ci-après nommés ont, au contraire, été d'avis...

PAR CES MOTIFS

Le conseil de famille a été d'avis, à... des voix, la nôtre comprise, de nommer... en qualité de subrogé-tuteur du mineur...,

..., ici présent, a déclaré ne pas être frappé, à sa connaissance, de l'une des causes d'exclusion de la tutelle et a accepté la fonction de subrogé-tuteur, promettant de la remplir avec prudence et diligence et conformément aux dispositions légales applicables.

III SUR LA POSITION A PRENDRE AU NOM DU MINEUR À L'ÉGARD DE LA SUCCESSION DE SES PÈRE ET MÈRE

Considérant, d'une part, qu'aux termes de l'article 507-1 du Code civil, modifié par la loi n° 2007-308 du 5 mars 2007, le tuteur ne peut accepter une succession échue à un mineur qu'à concurrence de l'actif net, mais que toutefois le conseil de famille peut, par une délibération spéciale, l'autoriser à accepter purement et simplement si l'actif dépasse manifestement le passif ; que, d'autre part, ce même texte ne permet pas au tuteur de renoncer à une succession échue sans autorisation du conseil de famille ;

Considérant qu'en l'espèce, ...

PAR CES MOTIFS

Le conseil de famille a été d'avis, à... des voix des membres présents, la nôtre comprise, d'accepter la succession de... à concurrence de l'actif net au nom et pour le compte des mineurs... ;

IV SUR L'INSCRIPTION DE L'HYPOTHÈQUE LÉGALE

Considérant qu'aux termes de l'article 2409 du Code civil, modifié par la loi n° 2007-308 du 5 mars 2007, qu'à l'ouverture de toute tutelle, le conseil de famille ou, à défaut le juge, après avoir entendu le tuteur, décide si une inscription doit être requise sur les immeubles du tuteur ; que, dans l'affirmative, il fixe la somme pour laquelle sera prise l'inscription et désigne les immeubles qui en seront grevés ; que, dans la négative, il peut toutefois, décider que l'inscription de l'hypothèque sera remplacée par la constitution d'un gage, dont il détermine lui-même les conditions ; qu'au cous de la tutelle, des inscriptions ou des gages complémentaires peuvent être pris ;

Considérant qu'il ressort des explications du tuteur et des pièces justificatives produites, et examinées par le conseil de famille, qu'il n'y a pas lieu de requérir l'inscription de l'hypothèque légale des mineurs par les oins du greffier sur les biens du tuteur et qu'il n'y a pas davantage lieu à constitution d'un gage ;

PAR CES MOTIFS

Le conseil de famille, le tuteur entendu, a été d'avis, à... des voix des membres présents, la nôtre comprise, de dire n'y avoir lieu à requérir l'inscription de l'hypothèque légale des mineurs sur les biens du tuteur ;

Le greffier Le juge des tutelles

513. Émancipation judiciaire

SECTION 0
ORIENTEUR

5131.11 **Exemple de décision prononçant une émancipation judiciaire**

L'an...,

Nous, ..., juge des tutelles au tribunal de grande instance de..., assisté de..., greffier,

Vu la requête en date du..., présentée par..., en vue de l'émancipation de l'enfant mineur..., né le... à..., et les pièces jointes,

Vu l'audition de... en date du...,

Vu l'avis du juge des enfants, exprimé conformément à l'article 375-7 du Code civil,

Vus les articles 413-2 à 413-8 du Code civil,

Attendu que le requérant expose que le mineur, âgé de plus de seize ans, est en état de gérer seul ses biens et de prendre seul les décisions relatives à sa personne, soulignant notamment que...; que le mineur, quant à lui, ...; que l'autre parent...;

Attendu qu'il résulte des auditions, des pièces versées aux débats et, en particulier..., que les motifs invoqués par le(s) parent(s) du mineur à l'appui de la requête en émancipation de leur enfant sont justes et pertinents et qu'ils ne sont pas contraires à l'intérêt de celui-ci; qu'en conséquence, il convient de faire droit à la requête;

PAR CES MOTIFS

Statuant en chambre du conseil, par jugement contradictoire (réputé contradictoire, par défaut) et en en premier ressort,

Prononçons l'émancipation du mineur..., né le... à..., avec effet à compter de ce jour,

Rappelons qu'en application des articles 413-6 à 413-8 du Code civil, le mineur émancipé est capable, comme un majeur, de tous les actes de la vie civile mais en peut être commerçant et doit observer, pour se marier ou se donner en adoption, les mêmes règles que s'il n'était pas émancipé.

Rappelons que le mineur émancipé cesse d'être sous l'autorité parentale de ses père et mère, lesquels ne sont pas responsables de plein droit, en cette qualité, du dommage que le mineur émancipé pourra causer à autrui postérieurement à son émancipation,

Ordonnons la notification de la présente décision à...

Fait à notre cabinet le...,

Le greffier Le juge des tutelles

52. Exemples d'actes : régimes de protection des majeurs

SECTION 0
Orienteur

52.00 **Plan.**

521. Autorisations et habilitations judiciaires

SECTION 0
ORIENTEUR

521.00 **Plan.**

5211
HABILITATIONS ENTRE ÉPOUX

5211.11 **Exemple de jugement d'autorisation en justice (C. civ., art. 217)**

L'an...,

Nous, ..., juge des tutelles au tribunal d'instance de..., assisté de..., greffier,

Vu la requête enregistrée au greffe le..., présentée par..., en vue d'être autorisé à passer seul... (*saisir l'acte pour lequel l'autorisation est demandée*), pour lequel le consentement/le concours de son conjoint est nécessaire, au motif qu'il/elle est hors d'état de manifester sa volonté, et les pièces jointes,

Vu le certificat médical établi le... par...,

Vu les dispositions des articles 217 du Code civil, 25 et suivants et 1286 et suivants du Code de procédure civile,

Vu les auditions de... conjoint requérant et de... en date du...,

MOTIFS

Attendu qu'il résulte des auditions, du certificat médical et des pièces jointes que... est hors d'état de manifester sa volonté en ce que...;

Qu'il est toutefois de son intérêt que l'acte de... soit passé;

Qu'en conséquence, il convient de faire droit à la requête;

PAR CES MOTIFS

Statuant en chambre du conseil et en premier ressort,

Autorise... à représenter..., son époux/épouse lors de la conclusion de... (*saisir l'acte pour lequel l'autorisation est demandée*),

Dit que la présente décision sera notifiée par les soins du greffier par lettre recommandée avec demande d'avis de réception à...,

Laisse les dépens à la charge de...

Le greffier Le juge des tutelles

5211.12 **Exemple de jugement de rejet de demande d'autorisation en justice (C. civ., art. 217)**

L'an...,

Nous, ..., juge des tutelles au tribunal d'instance de..., assisté de..., greffier,

la requête enregistrée au greffe le..., présentée par..., en vue d'être autorisé à passer seul... (*saisir l'acte pour lequel l'autorisation est demandée*), pour lequel le consentement/le concours de son conjoint est nécessaire, au motif qu'il/elle est hors d'état de manifester sa volonté, et les pièces jointes,

Vu le certificat médical établi le... par...,

Vu les dispositions des articles 217 du Code civil, 25 et suivants et 1286 et suivants du Code de procédure civile,

Vu les auditions de... conjoint requérant et de... en date du...,

MOTIFS

Attendu qu'il n'est pas établi que... est hors d'état de manifester sa volonté/que l'acte pour lequel l'autorisation est demandée soit de son intérêt; qu'en effet, ...;

Qu'il convient, en conséquence, de rejeter la requête;

PAR CES MOTIFS

Statuant en chambre du conseil et en premier ressort,

Rejette la requête présentée par...,

Dit que la présente décision sera notifiée par les soins du greffier par lettre recommandée avec demande d'avis de réception à...,

Laisse les dépens à la charge de...

Le greffier Le juge des tutelles

5211.13 Exemple de jugement d'habilitation générale ou restreinte (C. civ., art. 219)

L'an...,

Nous, ..., juge des tutelles au tribunal d'instance de..., assisté de..., greffier,

Vu la requête enregistrée au greffe le..., présentée par..., à l'effet d'être habilité à représenter d'une manière générale son conjoint, ..., dans l'exercice des pouvoirs résultant du régime matrimonial au motif qu'il/elle est hors d'état de manifester sa volonté,

Vu le certificat médical établi le... par..., et les pièces jointes,

Vu les dispositions des articles 219 du Code civil, 25 et suivants et 1286 et suivants du Code de procédure civile,

Vu les auditions de... conjoint requérant et de... en date du...,

MOTIFS

Attendu qu'il résulte des auditions, du certificat médical établi le... par..., et des pièces jointes que... est hors d'état de manifester sa volonté; qu'en effet...; qu'il est toutefois de son intérêt d'être représenté d'une manière générale dans l'exercice des pouvoirs résultant du régime matrimonial

Si restrictions à l'habilitation

Attendu toutefois que...;

Qu'il convient, en conséquence, de faire droit à la requête/de faire droit à la requête avec les restrictions suivantes...;

PAR CES MOTIFS

Statuant en chambre du conseil et en premier ressort,

Habilite de manière générale... à représenter son époux/épouse... dans l'exercice des pouvoirs résultant du régime matrimonial,

Si restrictions à l'habilitation

Dit toutefois que...,

Dit que la présente décision sera notifiée par les soins du greffier par lettre recommandée avec demande d'avis de réception à...,

Laisse les dépens à la charge de...

Le greffier Le juge des tutelles

5211.14 Exemple de jugement de mainlevée d'habilitation générale (C. civ., art. 219)

L'an...,

Nous, ..., juge des tutelles au tribunal d'instance de..., assisté de..., greffier,

Vu la requête enregistrée au greffe le..., présentée par..., aux fins de mainlevée de l'habilitation générale autorisée par jugement du... en faveur de son conjoint...,

Vu le certificat médical établi le... par..., et les pièces jointes,

Vu les dispositions des articles 219 du Code civil, 25 et suivants et 1286 et suivants du Code de procédure civile,

Vu les auditions de... conjoint requérant et de... en date du...,

MOTIFS

Attendu qu'il résulte des auditions, du certificat médical établi le... par..., et des pièces jointes que... n'est plus hors d'état de manifester sa volonté; qu'en effet...;

Qu'il y a lieu, en conséquence, de prononcer la mainlevée de l'habilitation générale prononcée le... en faveur de son conjoint...;

PAR CES MOTIFS

Statuant en chambre du conseil et en premier ressort,

Prononce la mainlevée de l'habilitation générale décidée le... à l'égard de...,

Dit que la présente décision sera notifiée par les soins du greffier par lettre recommandée avec demande d'avis de réception à...,

Laisse les dépens à la charge de...

Le greffier Le juge des tutelles

5211.15 Exemple de jugement de rejet d'habilitation (C. civ., art. 219)

L'an...,

Nous, ..., juge des tutelles au tribunal d'instance de..., assisté de..., greffier,

Vu la requête enregistrée au greffe le..., présentée par..., à l'effet d'être habilité à représenter d'une manière générale son conjoint, ..., dans l'exercice des pouvoirs résultant du régime matrimonial au motif qu'il/elle est hors d'état de manifester sa volonté,

Vu le certificat médical établi le... par..., et les pièces jointes,

Vu les dispositions des articles 219 du Code civil, 25 et suivants et 1286 et suivants du Code de procédure civile,

Vu les auditions de... conjoint requérant et de... en date du...,

MOTIFS

Attendu qu'il n'est pas établi que... est hors d'état de manifester sa volonté/qu'il est de l'intérêt de... d'être représenté d'une manière générale dans l'exercice des pouvoirs résultant du régime matrimonial;

Qu'il convient, en conséquence, de rejeter la requête présentée par...;

PAR CES MOTIFS

Statuant en chambre du conseil et en premier ressort,

Rejette la requête présentée par...,

Dit que la présente décision sera notifiée par les soins du greffier par lettre recommandée avec demande d'avis de réception à...,

Laisse les dépens à la charge de...

Le greffier Le juge des tutelles

5211.16 Exemple de jugement d'habilitation pour certains actes particuliers (C. civ., art. 219)

L'an...,

Nous, ..., juge des tutelles au tribunal d'instance de..., assisté de..., greffier,

Vu la requête enregistrée au greffe le..., présentée par..., à l'effet d'être habilité à représenter son conjoint, ..., dans l'exercice des pouvoirs résultant du régime matrimonial pour certains actes particuliers consistant en..., au motif qu'il/elle est hors d'état de manifester sa volonté,

Vu le certificat médical établi le... par..., et les pièces jointes,

Vu les dispositions des articles 219 du Code civil, 25 et suivants et 1286 et suivants du Code de procédure civile,

Vu les auditions de... conjoint requérant et de... en date du...,

MOTIFS

Attendu qu'il résulte des auditions, du certificat médical établi le... par..., et des pièces jointes que... est hors d'état de manifester sa volonté; qu'en effet...; qu'il est toutefois de son intérêt d'être représenté dans l'exercice des pouvoirs résultant du régime matrimonial pour les actes particuliers suivants...;

Qu'il convient, en conséquence, de faire droit à la requête;

PAR CES MOTIFS

Statuant en chambre du conseil et en premier ressort,

Habilite... à représenter son époux/épouse... dans l'exercice des pouvoirs résultant du régime matrimonial pour les actes particuliers suivants...,

Dit que la présente décision sera notifiée par les soins du greffier par lettre recommandée avec demande d'avis de réception à...,

Laisse les dépens à la charge de...

Le greffier Le juge des tutelles

5212 Habilitation familiale

5212.11 Exemple de jugement d'habilitation familiale générale (C. civ., art. 494-1 et s.)

L'an...,

Nous, juge des tutelles au tribunal d'instance de..., assisté de..., greffier,

Vu la requête enregistrée au greffe le..., présentée par..., aux fins d'ouverture d'une mesure d'habilitation familiale à l'égard de..., né(e) le... à..., domicilié.../résidant..., son (fils, fille, mère, père, époux, épouse, concubin, concubine, partenaire de pacte civil de solidarité),

en faveur de son conjoint...,

Vu le certificat médical établi le... par..., médecin inscrit, et les pièces jointes,

Vu les dispositions des articles 494-1 et suivants du Code civil et 1260-1 à 1260-12 du Code de procédure civile,

Vu les auditions de... requérant/personne à protéger, personne à habiliter et de (autres)... en date des...,

(Vu l'ordonnance de dispense d'audition de... en date du...),

Vu les réponses aux questionnaires adressés à... le...

Vu l'avis écrit du procureur de la République en date du...,

MOTIFS

Attendu qu'il résulte du certificat médical établi le... par le docteur..., médecin inscrit, des auditions et des pièces du dossier que... est hors d'état de manifester sa volonté pour l'une des causes prévues à l'article 425 du Code civil, en raison d'une altération médicalement constatée de ses facultés mentales ou corporelles de nature à empêcher l'expression de sa volonté; qu'en effet... : il ne peut être suffisamment pourvu aux intérêts de... par application des règles du droit commun de la représentation, du régime primaire et des régimes matrimoniaux; que, par ailleurs, ... n'a pas, au vu des éléments versés aux débats, conclu de mandat de protection future;

Attendu que... est un proche de... au sens de l'article 494-1 du Code civil, en sa qualité de...; que l'instruction du dossier et en particulier les auditions n'ont pas fait apparaître d'opposition légitime des autres proches connus et mentionnés à l'article 494-1 du Code civil ni à la mesure d'habilitation ni sur le choix de... pour exercer la mesure;

que l'habilitation de... à représenter... est conforme à ses intérêts patrimoniaux et personnels en ce que...; qu'elle doit donc être prononcée et..., qui apparaît être la personne la plus à même de représenter... dans le cadre d'une habilitation compte tenu des liens étroits et stables entretenus entre elle et..., doit être désigné(e);

Attendu qu'au vu de l'ensemble des pièces produites et des débats, il est de l'intérêt de... que l'habilitation familiale porte sur :

- l'ensemble des actes relatifs aux biens de...
- avec autorisation préalable du juge des tutelles uniquement pour les actes suivants :

– actes de disposition à titre gratuit *(ex : donation)*;

– actes pour lesquels il existe une opposition d'intérêts avec la personne protégée;

– actes par lesquels il serait disposé des droits relatifs au logement prévus par l'article 426 du Code civil;

- l'ensemble des actes relatifs à la personne de..., dans le respect des dispositions des articles 457-1 à 459-2 du Code civil;

que, compte tenu de l'altération des facultés de... telle que décrite par le médecin inscrit, et des actes à accomplir dans son intérêt, il convient de fixer la durée de la mesure à... (10 ans maximum);

Attendu que l'urgence justifie d'ordonner l'exécution provisoire de la présente décision;

PAR CES MOTIFS

Statuant non publiquement et en premier ressort,

Habilite... à représenter..., né le..., à..., demeurant..., résidant..., pour :

• l'ensemble des actes relatifs à ses biens dans les limites des articles 426, 494-7 et 509 du Code civil, c'est-à-dire que l'autorisation préalable du juge des tutelles est indispensable pour les actes suivants :

– les actes de disposition à titre gratuit;

– actes par lesquels il serait disposé des droits relatifs au logement prévus par l'article 426 du Code civil;

– les actes pour lesquels il existe une opposition d'intérêts avec la personne protégée;

• l'ensemble des actes relatifs à la personne de..., dans le respect des dispositions des articles 457-1 à 459-2 du Code civil;

Fixe la durée de l'habilitation à... (maximum 10 ans);

Rappelle, pour les actes relatifs à la personne de..., que :

– ... (personne protégée) doit recevoir de..., selon les modalités adaptées à son état, toutes informations sur sa situation personnelle, les actes concernés, leur utilité, leur degré d'urgence, leurs effets et les conséquences d'un refus de sa part;

– sous réserve des dispositions prévues par la loi, l'accomplissement des actes dont la nature implique un consentement strictement personnel ne peut pas donner lieu à représentation; que sont réputés strictement personnels la déclaration de naissance d'un enfant, sa reconnaissance, les actes de l'autorité parentale relatifs à la personne de l'enfant, la déclaration du choix ou du changement de nom d'un enfant et le consentement donné à sa propre adoption ou à celle de son enfant;

– sauf urgence, la personne habilitée ne peut, sans autorisation du juge des tutelles, prendre une décision ayant pour effet de porter gravement atteinte à l'intégrité corporelle de la personne protégée ou à l'intimité de sa vie privée;

– la personne habilitée peut prendre à l'égard de la personne protégée les mesures de protection strictement nécessaires pour mettre fin au danger que son propre comportement ferait courir à l'intéressé; elle en informe sans délai le juge des tutelles;

– la personne protégée choisit le lieu de sa résidence; elle entretient librement des relations personnelles avec tout tiers, parent ou non; elle a le droit d'être visitée et, le cas échéant, hébergée par ceux-ci; en cas de difficultés, le juge des tutelles statue;

Rappelle que la personne habilitée peut, sauf décision contraire du juge des tutelles, procéder sans autorisation aux actes mentionnés au premier alinéa de l'article 427 du Code civil (modification des comptes ou livrets ouverts au nom de la personne protégée ou ouverture d'un compte ou livret auprès d'un établissement habilité à recevoir des fonds du public);

Rappelle que la personne à l'égard de laquelle l'habilitation a été délivrée conserve l'exercice de ses droits autres que ceux dont l'exercice a été confié à la personne habilitée, mais qu'elle ne peut, en cas d'habilitation générale, conclure un mandat de protection future pendant la durée de l'habilitation;

Rappelle que le juge des tutelles, saisi sur une requête d'une des personnes mentionnées à l'article 494-1 du Code civil ou du procureur de la République, peut renouveler l'habilitation lorsque les conditions prévues aux articles 431 et 494-5 du Code civil sont remplies;

Rappelle que le juge statue, à la demande de l'une des personnes mentionnées à l'article 494-1 du Code civil ou du procureur de la République, sur les difficultés pouvant survenir dans la mise en œuvre de l'habilitation;

Rappelle qu'en cas de décès de la personne à l'égard de qui l'habilitation familiale a été délivrée, celle-ci prend fin, de même que dans les autres cas suivants :

– placement de l'intéressé sous sauvegarde de justice, sous curatelle ou tutelle;

– jugement de mainlevée passé en force de chose jugée;

– de plein droit, en cas d'absence de renouvellement à l'expiration du délai fixé, pour l'habilitation générale;

– après l'accomplissement des actes pour lesquels l'habilitation avait été délivrée, pour l'habilitation spéciale;

Dit qu'il sera donné avis de la présente décision au procureur de la République;

Dit que la présente décision sera notifiée à :

(Ordonne l'exécution provisoire de la présente décision);

Laisse les dépens à la charge du Trésor Public.

Le greffier Le juge des tutelles

5212.12 Exemple d'habilitation familiale spéciale.

L'an...,

Nous, juge des tutelles au tribunal d'instance de..., assisté de..., greffier,

Vu la requête enregistrée au greffe le..., présentée par..., aux fins d'ouverture d'une mesure d'habilitation familiale à l'égard de..., né(e) le... à..., domicilié.../résidant..., son (fils, fille, mère, père, époux, épouse, concubin, concubine, partenaire de pacte civil de solidarité),

en faveur de son conjoint...,

Vu le certificat médical établi le... par..., médecin inscrit, et les pièces jointes,

Vu les dispositions des articles 494-1 et suivants du Code civil et 1260-1 à 1260-12 du Code de procédure civile,

Vu les auditions de... requérant/personne à protéger, personne à habiliter et de (autres)... en date des...,

(Vu l'ordonnance de dispense d'audition de... en date du...),

Vu les réponses aux questionnaires adressés à... le...,

Vu l'avis écrit du procureur de la République en date du...,

MOTIFS

Attendu qu'il résulte du certificat médical établi le... par le docteur..., médecin inscrit, des auditions et des pièces du dossier que... est hors d'état de manifester sa volonté pour l'une des causes prévues à l'article 425 du Code civil, en raison d'une altération médicalement constatée de ses facultés mentales ou corporelles de nature à empêcher l'expression de sa volonté; qu'en effet... : il ne peut être suffisamment pourvu aux intérêts de... par application des règles du droit commun de la représentation, du régime primaire et des régimes matrimoniaux; que, par ailleurs, ... n'a pas, au vu des éléments versés aux débats, conclu de mandat de protection future;

Attendu que... est un proche de... au sens de l'article 494-1 du Code civil, en sa qualité de...; que l'instruction du dossier et en particulier les auditions n'ont pas fait apparaître d'opposition légitime des autres proches connus et mentionnés à l'article 494-1 du Code civil ni à la mesure d'habilitation ni sur le choix de... pour exercer la mesure;

que l'habilitation de... à représenter... est conforme à ses intérêts patrimoniaux et personnels en ce que...; qu'elle doit donc être prononcée et..., qui apparaît être la personne la plus à même de représenter... dans le cadre d'une habilitation compte tenu des liens étroits et stables entretenus entre elle et..., doit être désigné(e);

Attendu qu'au vu de l'ensemble des pièces produites et des débats, il est de l'intérêt de... que l'habilitation familiale porte sur les actes déterminés suivants :

• actes relatifs aux biens de...

– Avec autorisation préalable du juge des tutelles : ...

- actes de disposition à titre gratuit *(ex : donation);*

- actes pour lesquels il existe une opposition d'intérêts avec la personne protégée;

- actes par lesquels il serait disposé des droits relatifs au logement prévus par l'article 426 du Code civil;

– Sans autorisation préalable du juge des tutelles : ...

- actes relatifs à la personne de..., qui devront être accomplis dans le respect des dispositions des articles 457-1 à 459-2 du Code civil;

que, s'agissant d'une habilitation spéciale, il n'y a pas lieu de fixer une durée à la mesure qui prendra fin dans les conditions prévues à l'article 494-11 du Code civil;

Attendu que l'urgence justifie d'ordonner l'exécution provisoire de la présente décision;

PAR CES MOTIFS

Statuant non publiquement et en premier ressort,

Habilite... à représenter..., né le..., à..., demeurant..., résidant..., pour :

• les actes déterminés suivants relatifs aux biens de la..., personne protégée (*à détailler*)

– avec autorisation préalable du juge des tutelles uniquement pour : ...

• les actes déterminés suivants relatifs à la personne de..., dans le respect des dispositions des articles 457-1 à 459-2 du Code civil (*à détailler*)

(Uniquement en cas d'habilitation portant sur un ou plusieurs actes relatifs à la personne) :

Rappelle, pour les actes relatifs à la personne de..., que :

– ... (personne protégée) doit recevoir de..., selon les modalités adaptées à son état, toutes informations sur sa situation personnelle, les actes concernés, leur utilité, leur degré d'urgence, leurs effets et les conséquences d'un refus de sa part;

– sous réserve des dispositions prévues par la loi, l'accomplissement des actes dont la nature implique un consentement strictement personnel ne peut pas donner lieu à représentation; que sont réputés strictement personnels la déclaration de naissance d'un enfant, sa reconnaissance, les actes de l'autorité parentale relatifs à la personne de l'enfant, la déclaration du choix ou du changement de nom d'un enfant et le consentement donné à sa propre adoption ou à celle de son enfant;

– sauf urgence, la personne habilitée ne peut, sans autorisation du juge des tutelles, prendre une décision ayant pour effet de porter gravement atteinte à l'intégrité corporelle de la personne protégée ou à l'intimité de sa vie privée;

– la personne habilitée peut prendre à l'égard de la personne protégée les mesures de protection strictement nécessaires pour mettre fin au danger que son propre comportement ferait courir à l'intéressé; elle en informe sans délai le juge des tutelles;

– la personne protégée choisit le lieu de sa résidence; elle entretient librement des relations personnelles avec tout tiers, parent ou non; elle a le droit d'être visitée et, le cas échéant, hébergée par ceux-ci; en cas de difficultés, le juge des tutelles statue;

Rappelle que la personne à l'égard de laquelle l'habilitation a été délivrée conserve l'exercice de ses droits autres que ceux dont l'exercice a été confié à la personne habilitée, mais qu'elle ne peut, en cas d'habilitation générale, conclure un mandat de protection future pendant la durée de l'habilitation;

Rappelle que le juge des tutelles, saisi sur une requête d'une des personnes mentionnées à l'article 494-1 du Code civil ou du procureur de la République, peut renouveler l'habilitation lorsque les conditions prévues aux articles 431 et 494-5 du Code civil sont remplies;

Rappelle que le juge statue, à la demande de l'une des personnes mentionnées à l'article 494-1 du Code civil ou du procureur de la République, sur les difficultés pouvant survenir dans la mise en œuvre de l'habilitation;

Rappelle que l'habilitation familiale prend fin en cas de décès de la personne à l'égard de qui l'habilitation familiale a été délivrée, après l'accomplissement des actes pour lesquels l'habilitation avait été délivrée, pour l'habilitation spéciale ou après jugement de mainlevée de l'habilitation passé en force de chose jugée;

Dit que la présente décision sera notifiée à :

(Ordonne l'exécution provisoire de la présente décision);

Laisse les dépens à la charge du Trésor Public.

Le greffier Le juge des tutelles

522. Réquisition du parquet et certificat médical circonstancié

SECTION 0
ORIENTEUR

522.00 **Plan.**

5221.11 **Réquisition du parquet aux fins d'établissement du certificat médical circonstancié en vue de l'ouverture d'une mesure de protection**

Le...,

Nous..., procureur de la République près le tribunal de grande instance de...,

Vu les articles 431 du Code civil, 1218 et 1219 du Code de procédure civile,

Sollicitons du docteur..., médecin inscrit sur la liste établie par le procureur de la République près ledit tribunal,

– **L'examen**, le cas échéant sur le lieu de sa résidence, de son hébergement ou de ses soins, de :

M. (Mme)...............

Né le..., à...,

Demeurant...

Résidant actuellement...,

– L'établissement, conformément à l'article 1219 du Code de procédure civile, du certificat médical circonstancié prévu à l'article 431 du Code civil visant à :

– Dire si... souffre d'une altération de ses facultés mentales et/ou physiques et, dans l'affirmative, la décrire avec précision,

– Donner tous éléments d'information sur l'évolution prévisible de cette altération,

– Préciser les conséquences de cette altération sur la nécessité d'une assistance ou d'une représentation de la personne dans les actes de la vie civile, tant patrimoniaux qu'à caractère personnel,

– En cas de conclusion d'une mesure de représentation, dire les conséquences de l'altération sur l'exercice du droit de vote,

– Dire si l'audition de la personne concernée est possible et, dans le cas contraire, préciser si elle est de nature à porter atteinte à sa santé ou si la personne est hors d'état de manifester sa volonté,

– Si la question se pose d'ores et déjà, dire si la personne est en état d'exprimer sa volonté sur le choix de son lieu de vie et si l'aliénation de ses droits relatifs à son logement est de nature à porter atteinte à sa santé,

– Faire toutes observations utiles et, en cas de difficulté pour établir ce certificat médical circonstancié, informer sans délai le greffe du service civil du parquet ou le magistrat du parquet au...

Disons que **le certificat médical circonstancié ainsi établi devra être déposé au greffe du service civil du parquet en double exemplaire avant le..., délai de rigueur**.

Disons que les frais du certificat médical circonstancié seront pris en charge dans les conditions prévues aux articles R 93-3, R 217, R 217-1 et R 224 du Code de procédure pénale.

Pièces jointes :

Formulaire de mémoire de frais.

Copie du signalement : en faire retour impérativement au parquet.

Le procureur de la République

5221.12 **Exemple de certificat médical circonstancié en vue de l'ouverture d'une mesure de protection**

Je soussigné, docteur..., médecin inscrit sur la liste du procureur de la République de..., atteste avoir examiné le..., M. (Mme)..., né le... à..., demeurant..., à son domicile (à l'hôpital, dans l'établissement où il réside, ..., au cabinet du médecin, autre...; le cas échéant en présence de...), à sa demande (à la demande de...)

<u>Examen clinique</u>

– Conditions dans lesquelles s'est déroulé l'examen clinique et les éventuelles difficultés rencontrées

– D'autres investigations ont été réalisées (échanges avec les personnes présentes, les proches, le médecin traitant, autre...; consultation du dossier médical)

– Questions relatives à la personne examinée :

• Comprend-elle ses interlocuteurs ?

- Comprend-elle l'objet de l'examen ?
- A-t-elle fait part de souhaits (ou d'objections) particuliers (par exemple sur la personne qui pourrait exercer la mesure de protection au cas où elle serait prononcée) ?
- Peut-elle répondre aux questions posées ?
- Peut-elle exprimer sa volonté ?
- Peut-elle lire, écrire, compter ?
- Peut-elle se repérer dans le temps et/ou dans l'espace ?
- Peut-elle se déplacer seule ?
- Peut-elle gérer seule des démarches administratives ?
- Peut-elle gérer seule son argent, un budget ?
- Peut-elle gérer seule son patrimoine ?
- Peut-elle rester, ou retourner, à son domicile (à quelles conditions) ?
- Peut-elle prendre seule une décision personnelle éclairée (choix du lieu de vie, soins, accompagnement social...) ?

<u>Altération des facultés personnelles de la personne examinée</u>

– Dire si la personne souffre ou non d'une altération de ses facultés mentales et/ou corporelles

– Description précise de la nature de l'altération des facultés mentales en mentionnant la teneur et les résultats des tests réalisés

– Description précise de la nature de l'altération des facultés corporelles et de ses conséquences sur la possibilité pour la personne d'exprimer ou non sa volonté

– Indication de la ou des cause(s) de l'altération

– Dire si cette altération est susceptible d'amélioration (et, dans l'affirmative, à quelles conditions)

– Dire si cette altération n'est manifestement pas susceptible d'amélioration en fonction des données acquises de la science

<u>Conséquences de la (ou des) altération(s) constatée(s)</u>

– Description des conséquences de l'altération sur la possibilité d'accomplir les actes de la vie civile sur le plan patrimonial et sur le plan personnel

– Questions relatives à la personne examinée :

- Peut-elle gérer seule des démarches administratives ?
- Peut-elle gérer seule son argent, un budget ?
- Peut-elle gérer seule son patrimoine ?
- Peut-elle rester, ou retourner, à son domicile (à quelles conditions) ?
- Peut-elle prendre seule une décision personnelle éclairée (choix du lieu de vie, soins, accompagnement social...) ?

<u>Avis sur l'organisation d'une mesure de protection</u>

– Dire si la personne examinée doit/ne doit pas faire l'objet d'une mesure de protection

– Si elle doit faire l'objet d'une mesure de protection, doit-elle :

- Être assistée de manière continue dans les actes importants de la vie civile (par exemple : pour l'achat d'un bien immobilier ou sa vente chez un notaire) ? = Curatelle
- Être assistée de manière continue dans la perception et la gestion de ses revenus et de ses dépenses ? = Curatelle renforcée
- Est-elle apte à percevoir elle-même ses revenus et à en faire une utilisation normale (notamment en payant ses charges) ? = Curatelle simple
- Être représentée de manière continue dans tous les actes de la vie civile parce qu'elle est hors d'état d'agir elle-même ? = Tutelle

– Si elle doit faire l'objet d'une mesure de protection, cette mesure doit-elle :

- Porter sur les actes patrimoniaux ?
- Porter sur les actes à caractère personnel (par exemple : le choix du lieu de vie, les décisions en matière de soin) ?
- Dans l'affirmative, la personne peut-elle être assistée ou doit-elle être représentée ?

<u>En cas de conclusion de tutelle uniquement</u>

- Donner un avis sur l'aptitude à exercer le droit de vote et, en cas d'avis négatif, le motiver précisément
- Dire si la mesure doit être prononcée pour une durée supérieure à la durée légale de 5 ans (dans ce cas, au maximum 10 ans) en motivant l'avis

<u>Avis sur la possibilité d'audition de la personne dont la protection est demandée</u>

– L'audition de la personne dont la protection est demandée est-elle possible ?

– Dans l'affirmative, peut-elle avoir lieu au bureau du juge des tutelles ou est-il nécessaire d'y procéder au domicile/dans l'établissement (*expliquer pourquoi*) ?

– Dans la négative, *expliquer pourquoi*

– La personne est-elle hors d'état de manifester sa volonté (*préciser pourquoi*) ?

– L'audition est-elle de nature à nuire à la santé de la personne (*préciser en quoi*) ?

<u>Autres observations</u>

Fait à..., le... (Nom du médecin, cachet et signature)

523. Régimes de protection judiciaire des majeurs – procédure initiale

SECTION 0
ORIENTEUR

523.00 **Plan.**

5231
PROCÉDURE

5231.11 **Exemple d'ordonnance d'ouverture de la procédure de mise sous protection**

L'an...,

Nous, ..., juge des tutelles au tribunal d'instance de..., assisté de..., greffier,

Vu la requête enregistrée au greffe le..., présentée par..., le certificat médical circonstancié établi le... par..., médecin inscrit sur la liste du procureur de la République de..., et les pièces jointes,

Vu les dispositions des articles 425, 428, 433 et suivants du Code civil, 1217 et suivants et 1248 et suivants du Code de procédure civile,

(Vu les auditions de... en date du...),

MOTIFS

Attendu que... sollicite la mise sous protection de... aux motifs que...; qu'au vu des pièces produites, et plus particulièrement du certificat médical établi le... par..., la procédure a été régulièrement introduite;

PAR CES MOTIFS

Statuant non publiquement et en premier ressort,

Déclarons la procédure en vue de la protection de... régulièrement introduite,

Dit que la présente décision sera notifiée par les soins du greffier par lettre recommandée avec demande d'avis de réception à... et qu'avis en sera donné au procureur de la République,

Laissons les dépens à la charge de...

Le greffier Le juge des tutelles

5231.12 **Exemple de questionnaire adressé à la famille ou aux proches (avant l'ouverture d'une éventuelle mesure de protection)**

Tribunal d'instance de...

Cabinet de..., juge des tutelles,

Adresse...

Numéro de téléphone et horaires...

En raison de la procédure de protection concernant..., ouverte en notre cabinet, le juge des tutelles vous remercie de bien vouloir remplir de façon complète le questionnaire figurant ci-dessous et de le retourner au service des tutelles, si possible sous huitaine.

Fait à..., le...,

Le greffier

1. Quel est votre lien de parenté avec l'intéressé(e) ?

2. Vos contacts avec lui (elle) sont-ils fréquents ?

3. Quelle est son adresse actuelle ?

4. Composition de la famille de l'intéressé(e) : conjoint ou compagnon, enfants, ascendants, frères et sœurs, enfants des frères et sœurs décédés, proches parents, (*noms, prénoms, adresses*)

5. Personnes non parentes entretenant des liens proches avec l'intéressé (*noms, prénoms, adresses*)

6. Quels sont les motifs de la demande de mise sous protection ?

7. Pensez-vous que l'intéressé ait besoin :

– D'être seulement assisté(e) et conseillé(e) dans les actes de la vie civile et dans la gestion de ses affaires ?

– D'être représenté(e) dans toutes ses démarches ?

– Précisez :

8. Nom et adresse du médecin traitant de l'intéressé et des éventuels médecins qui le suivent (*neurologue, psychiatre, neuropsychiatre, gériatre, autre*...)

9. Quels sont, à votre connaissance, les biens revenus de l'intéressé(e) et ses charges courantes ?

10. Quels sont, à votre connaissance, les biens mobiliers et immobiliers de l'intéressé(e) ?

11. L'intéressé a-t-il un notaire ? Dans l'affirmative, quelles sont ses coordonnées ?

12. À votre connaissance, l'intéressé(e) a-t-il consenti des procurations ou des mandats ?

13. À votre connaissance, l'intéressé(e) a-t-il fait choix d'une personne de confiance ?

14. Par qui les affaires de l'intéressé(e) pourraient-elles, à votre avis, être bien et honnêtement gérées et administrées ?

15. Accepteriez-vous de vous en occuper ?

16. Préférez-vous la désignation d'un mandataire judiciaire à la protection professionnel ?

17. Souhaitez-vous être entendu par le juge des tutelles ?

18. Bien vouloir indiquer vos coordonnées exactes (adresse et numéro de téléphone)

19. Autres précisions que vous estimez utiles d'apporter : ...

5231.13 Exemple d'ordonnance de désignation d'un médecin inscrit

Le...,

Nous, ..., juge des tutelles au tribunal d'instance de..., assisté de..., greffier,

Vu la procédure ouverte le... à l'égard de..., né le..., à..., demeurant à... et résidant habituellement à..., et les pièces jointes à la requête,

Vu le certificat médical circonstancié établi le... par le docteur..., médecin inscrit,

Vu les dispositions des articles 1221 et 1219 du Code de procédure civile,

MOTIFS

Attendu qu'il est de l'intérêt de la personne à protéger/protégée, qui conteste le contenu du certificat médical circonstancié établi le... par..., médecin inscrit, de désigner un nouveau médecin inscrit sur la liste établie par le procureur de la République;

PAR CES MOTIFS

Statuant par ordonnance avant-dire droit,

Désignons le docteur..., médecin inscrit sur la liste établie par le procureur de la République de..., demeurant... aux fins de :

1° Procéder à l'examen de..., né le..., demeurant à... et résidant habituellement à...,

2° Dire si... souffre d'une altération de ses facultés personnelles (mentales ou corporelles et, dans ce dernier cas, si cette altération des facultés corporelles est de nature à empêcher l'expression de sa volonté),

3° Dans, l'affirmative, décrire la ou les altération(s) avec précision,

4° Donner tout élément d'information sur l'évolution prévisible de la ou des altération(s),

5° Préciser les conséquences de cette ou ces altération(s) sur la nécessité d'une assistance ou d'une représentation de l'intéressée dans les actes de la vie civile, tant patrimoniaux qu'à caractère personnel, ainsi que, en cas d'avis de mise sous tutelle, sur l'exercice de son droit de vote,

6° Donner toutes précisions utiles, en particulier sur les possibilités pour l'intéressée d'exprimer valablement sa volonté et de donner son consentement lucide et éclairé dans les actes de la vie civile

Disons que le médecin désigné devra dresser rapport de ses opérations dans le délai de..., et en tout état de cause avant le..., et nous en référer en cas de difficulté,

Disons que les frais du présent examen seront avancés dans le cadre des frais de justice selon les dispositions des articles R 93-3, R 217-1 et R 224 du Code de procédure pénale

Ordonnons la notification de la présente décision à...,

Réserve les dépens.

Le greffier Le juge des tutelles

5231.14 Exemple de certificat médical circonstancié en vue de l'ouverture d'une mesure de protection (v. s[s] n° 5221.12)

5231.15 Exemple d'ordonnance de dispense d'audition d'une personne à protéger (C. civ., art. 432)

L'an...,

Nous, ..., juge des tutelles au tribunal d'instance de..., assisté de..., greffier,

Vu la requête enregistrée au greffe le..., présentée par..., le certificat médical circonstancié établi le... par..., médecin inscrit sur la liste du procureur de la République de..., et les pièces jointes,

Vu l'ordonnance du... déclarant la procédure de mise sous protection régulièrement introduite,

Vu les dispositions de l'article 432 alinéa 2 du Code civil, et 1219 et 1220-2 du Code de procédure civile,

MOTIFS

Attendu qu'il résulte du certificat médical établi le... par..., que l'audition de... est de nature à porter atteinte à sa santé/que... est hors d'état d'exprimer sa volonté; que le docteur... précise en effet que...;

Qu'il convient, en conséquence, de dire n'y avoir lieu de procéder à l'audition de...;

PAR CES MOTIFS

Statuant non publiquement et en premier ressort,

Disons qu'il n'y a pas lieu de procéder à l'audition de...,

Ordonnons qu'en application des dispositions de l'article 1220-2 alinéa 2 du Code de procédure civile, connaissance de la procédure engagée sera donnée à..., selon des formes appropriées à son état, par... qui nous rendra compte de l'accomplissement de cette mission,

Ordonnons la notification de la présente décision au requérant et à l'avocat de la personne à protéger, et disons qu'avis en sera donné au procureur de la République,

Le greffier Le juge des tutelles

5231.16 Exemple de commission rogatoire

L'an...,

Nous, ..., juge des tutelles au tribunal d'instance de..., assisté de..., greffier,

Vu la procédure ouverte en notre cabinet à l'égard de..., né le..., demeurant à... et résidant actuellement à..., à la requête de...,

Vu le certificat médical circonstancié établi le... par..., médecin inscrit sur la liste du procureur de la République de...,

Vu l'ordonnance du... déclarant la procédure de mise sous protection régulièrement introduite,

Vu les dispositions de l'article 730 du Code civil, et 1221 du Code de procédure civile,

MOTIFS

Attendu qu'il apparaît utile et nécessaire de procéder à l'audition de..., demeurant hors de notre ressort de compétence, afin de recueillir son avis notamment sur :

– L'état de santé de..., personne dont la protection est demandée,

– L'opportunité de mettre en place une mesure de protection à l'égard de...,

– La composition de la famille de l'intéressé (*noms, prénoms, adresse*...) et les liens entretenus par elle et l'intéressé,

– Les proches et amis de l'intéressé entretenant avec elle des liens réguliers (*noms, prénoms, adresse*...),

– Les ressources, les charges, l'endettement éventuel et le patrimoine de l'intéressé,

– L'éventuelle activité actuelle de l'intéressé,

– L'aptitude de l'intéressé à comprendre et à signer valablement un acte, à se rendre compte de la valeur de l'argent, à prendre une décision le concernant personnellement ou concernant la gestion de ses revenus, de ses biens et, plus généralement, de ses affaires,

– Les noms, prénoms et adresses de la (ou des) personne(s) les plus aptes à gérer ses biens pour le cas où elle serait placée sous un régime de protection (sauvegarde de justice autonome, curatelle ou tutelle),

– Les difficultés susceptibles de se poser sur le régime de protection de l'intéressé et les actes urgents à envisager, dans l'intérêt de la personne à protéger.

Qu'il convient, en conséquence et compte tenu de l'éloignement, de dire y avoir lieu de procéder à l'audition de... sur commission rogatoire;

PAR CES MOTIFS

Statuant non publiquement et par décision insusceptible de recours,

Donnons commission rogatoire à Mme (M.) le juge des tutelles de... aux fins de procéder à l'audition de..., comme il est précisé ci-dessus,

Disons qu'il sera dressé de ces opérations un procès-verbal qui nous sera transmis.

Le greffier Le juge des tutelles

Pièces jointes : copie de la requête, du certificat médical circonstancié, ...

5231.17 Exemple d'ordonnance prescrivant une enquête sociale

L'an...,

Nous..., juge des tutelles près le tribunal d'instance de..., assisté de..., greffier;

Vu la requête en date du... sollicitant l'ouverture d'une mesure de protection au bénéfice de..., et le certificat médical circonstancié du docteur..., médecin inscrit,

Vu le procès-verbal d'audition de..., personne dont la protection est demandée, en date du...,

Vu l'article 1221 du Code de procédure civile,

Attendu qu'il est de l'intérêt de..., personne dont la protection judiciaire a été sollicitée, d'obtenir des renseignements complémentaires sur sa situation personnelle et patrimoniale avant toute décision au fond; qu'il convient, en conséquence, d'ordonner une enquête sociale;

PAR CES MOTIFS

Statuant par ordonnance avant dire droit,

Ordonnons une mesure d'enquête sociale sur la situation personnelle et patrimoniale de..., demeurant actuellement..., et désignons à cet effet..., avec mission de :

– Rencontrer l'intéressée et de vérifier, en particulier, sa situation personnelle

– Rencontrer sa famille et ses proches afin de recueillir des informations, en particulier sur les difficultés qu'elle est susceptible de rencontrer dans la gestion de ses intérêts et dans les décisions qu'elle est amenée à prendre, comme dans les soins qu'elle suit; recueillir les avis de la famille et des proches sur l'éventuelle nécessité de mettre en place une mesure de protection et sur les personnes ou services susceptibles de l'exercer;

– Se rendre au CAT où travaille... pour recueillir toute information utile le concernant;

– Faire toutes observations utiles à l'appréciation de la situation de... et à la nécessité d'une protection judiciaire;

Disons que... devra dresser rapport de sa mission dans le délai de trois mois à compter de saisine et, en tout état de cause, devra le déposer au greffe du tribunal de... avant le..., délai de rigueur; dit qu'elle devra nous en référer en cas de difficulté;

Rappelons que la présente enquête est soumise aux dispositions du décret n° 2009-285 du 12 mars 2009 et que le coût de l'enquête sociale sera inclus dans les dépens en application de l'article 695 du Code de procédure civile,

Ordonnons l'exécution provisoire de la présente décision

Ordonnons sa notification à...

Le greffier Le juge des tutelles

5231.18 Exemple de soit-communiqué au ministère public (procédure normale)

L'an...,

Nous, ..., juge des tutelles au tribunal d'instance de..., assisté de..., greffier,

Vu la procédure aux fins d'ouverture d'un régime de protection à l'égard de..., né le..., demeurant à... et résidant actuellement à...,

introduite sur la requête enregistrée au greffe le..., présentée par...,

Vu le certificat médical circonstancié établi le... par..., médecin inscrit sur la liste du procureur de la République de..., et les pièces jointes,

Vu l'ordonnance du... déclarant la procédure de mise sous protection régulièrement introduite,

Vu les dispositions de l'article 1225 du Code de procédure civile,

Attendu qu'il y a lieu, en l'état de la procédure, de transmettre le dossier au procureur de la République aux fins de recueillir son avis/ses conclusions sur l'opportunité et les modalités de la protection de..., dont l'audience est fixée au...;

PAR CES MOTIFS

Transmettons le dossier ouvert à l'égard de..., né le..., à..., demeurant à... et résidant actuellement à..., à Monsieur le procureur de la République, en application des dispositions de l'article 1225 du Code de procédure civile, afin de l'audiencer le...,

Disons que la présente ordonnance sera portée à la connaissance de Monsieur le procureur de la République par le greffier.

Le greffier Le juge des tutelles

5231.19 Exemple de soit-communiqué au ministère public (urgence)

L'an...,

Nous, ..., juge des tutelles au tribunal d'instance de..., assisté de..., greffier,

Vu la procédure aux fins d'ouverture d'un régime de protection à l'égard de..., né le..., demeurant à... et résidant actuellement à..., introduite sur la requête enregistrée au greffe le..., présentée par...,

Vu le certificat médical circonstancié établi le... par..., médecin inscrit sur la liste du procureur de la République de..., et les pièces jointes,

Vu l'ordonnance du... déclarant la procédure de mise sous protection régulièrement introduite,

Vu les dispositions de l'article 1225 du Code de procédure civile,

Attendu qu'il y a lieu, en l'état de la procédure, de transmettre le dossier au procureur de la République aux fins de recueillir son avis/ses conclusions sur l'opportunité et les modalités de la protection de...;

Qu'en raison de l'urgence, il convient de réduire les délais fixés à l'article 1225 du Code de procédure civile afin d'audiencer le dossier au...;

PAR CES MOTIFS

Vu l'urgence et les dispositions de l'article 1250 alinéa 3 du Code de procédure civile,

Réduisons les délais de communication du dossier de... ouvert sous le n° RG...,

Transmettons le dossier ouvert à l'égard de..., né le..., à..., demeurant à... et résidant actuellement à..., à Monsieur le procureur de la République, afin de l'audiencer le...,

Disons que la présente ordonnance sera portée à la connaissance de Monsieur le procureur de la République par le greffier.

Le greffier Le juge des tutelles

5231.20 Exemple d'ordonnance de caducité d'une requête aux fins de d'ouverture d'une mesure de protection

L'an...,

Nous, ..., juge des tutelles au tribunal d'instance de..., assisté de..., greffier,

Vu la requête enregistrée au greffe le... aux fins d'ouverture d'un régime de protection à l'égard de..., né le..., demeurant à... et résidant actuellement à...,

Vu les dispositions de l'article 1227 du Code de procédure civile,

MOTIFS

Attendu qu'aucune décision se prononçant sur la requête introduite aux fins d'ouverture d'une mesure de protection à l'égard de..., n'est intervenue dans le délai d'un an fixé par l'article 1227 du Code de procédure civile;

Qu'en conséquence, celle-ci est caduque;

PAR CES MOTIFS

Statuant non publiquement, et en premier ressort,

Constatons la caducité de la requête aux fins d'ouverture d'une mesure de protection à l'égard de..., né le..., à..., demeurant à... et résidant actuellement à...,

Ordonnons la notification de la présente ordonnance à...,

Disons que les dépens seront à la charge de...

Le greffier Le juge des tutelles

5231.21 Exemple d'ordonnance de dessaisissement

Le...,

Nous, ..., juge des tutelles au tribunal d'instance de..., assisté de..., greffier,

Vu la décision en date du..., prononçant l'ouverture d'une mesure de... à l'égard de..., né le..., à...,

Vu les dispositions de l'article 1221 du Code de procédure civile,

MOTIFS

Attendu que la compétence territoriale du juge des tutelles est déterminée par la résidence habituelle de la personne protégée, ou à protéger, ou par le domicile du tuteur;

Qu'en l'espèce, la résidence habituelle de... ne relève plus de notre compétence territoriale/... a été placé sous le régime de la tutelle et le tuteur demeure à..., situé hors de notre ressort territorial; qu'en conséquence, il convient de nous dessaisir de la procédure et d'ordonner la transmission du dossier au juge des tutelles de..., territorialement compétent;

PAR CES MOTIFS

Statuant non publiquement et en premier ressort,

Disons que nous nous dessaisissons du dossier de..., né le..., demeurant à... et résidant habituellement à..., placé sous... de..., demeurant à...,

Ordonnons la transmission de ce dossier au juge des tutelles de..., territorialement compétent,

Ordonnons la notification de la présente ordonnance à...,

Disons que les dépens seront à la charge de...

Le greffier Le juge des tutelles

5231.22 Exemple d'ordonnance d'injonction

L'an...,

Nous, ..., juge des tutelles, assisté de..., greffier,

Vu la requête en date du..., présentée par..., agissant en qualité de... de M. (Mme)..., personne protégée, aux fins de..., et les pièces jointes,

Vu la demande de communication de pièces et informations complémentaires à lui adressée le...,

Vu son courrier de réponse du.,

(Vu l'audition du...)

Vu l'article 417 al. 1er du Code civil,

Attendu que la personne chargée de la protection est tenue de déférer aux convocations du juge des tutelles et de lui communiquer toute information qu'il requiert; qu'en l'espèce, le requérant n'a pas produit les pièces et informations qui lui ont été demandées le...;

Attendu, dans ces conditions qu'il convient de lui faire injonction de les produire dans le délai de..., et en tout état de cause avant le..., faute de quoi une amende civile pourra être prononcée contre lui.

PAR CES MOTIFS

Statuant non publiquement et en premier ressort,

Enjoignons à... de produire les pièces suivantes... au greffe du tribunal d'instance de..., dans le délai de..., et en tout état de cause avant le..., délai de rigueur, faute de quoi une amende civile pourra être prononcée contre lui.

5231.23 Exemple d'ordonnance prononçant une amende civile

L'an...,

Nous, ..., juge des tutelles, assisté de..., greffier,

Vu la requête en date du..., présentée par..., agissant en qualité de... M. (Mme)..., personne protégée, aux fins de..., et les pièces jointes,

Vu la demande de communication de pièces et informations complémentaires à lui adressée le...,

Vu son courrier de réponse du.,

(Vu l'audition du...),

Vu notre ordonnance du..., notifiée le...,

Vu les articles 417 al. 1er du Code civil et 1216 du Code de procédure civile,

Attendu que la personne chargée de la protection est tenue de déférer aux convocations du juge des tutelles et de lui communiquer toute information qu'il requiert; qu'en l'espèce, le requérant n'a pas produit les pièces et informations qui lui ont été demandées le... et n'a pas davantage déféré à l'injonction prononcée à son encontre le...;

Attendu, dans ces conditions qu'il convient de le condamner à une amende civile qui, au vu des éléments de l'espèce et de..., doit être fixée à un montant de...

PAR CES MOTIFS

Statuant non publiquement et en premier ressort,

Condamnons... au paiement de la somme de... à titre d'amende civile au greffe du tribunal de grande instance de..., dans le délai de..., et en tout état de cause avant le..., délai de rigueur, faute de quoi une amende civile pourra être prononcée contre lui.

5232 SAUVEGARDE DE JUSTICE

5232.11 Exemple d'ordonnance de mise sous sauvegarde de justice pour la durée de l'instance

L'an...,

Nous, ..., juge des tutelles au tribunal d'instance de..., assisté de..., greffier,

Vu la requête enregistrée au greffe le..., présentée par..., le certificat médical circonstancié établi le... par..., médecin inscrit sur la liste du procureur de la République de..., et les pièces jointes,

Vu l'ordonnance du... déclarant la procédure de mise sous protection régulièrement introduite,

Vu les dispositions des articles 425, 428, 433 et suivants du Code civil, et 1248 et suivants du Code de procédure civile,

(Vu les auditions de... en date du...),

MOTIFS

Attendu qu'il résulte des renseignements recueillis et des pièces produites, et plus particulièrement du certificat médical établi le... par... que..., à l'égard de qui une procédure de mise sous protection a été régulièrement introduite, a besoin dès à présent d'être protégée dans les actes de la vie civile par une mesure de sauvegarde de justice;

Qu'il convient, en conséquence, de placer... sous sauvegarde de justice pour la durée de l'instance;

PAR CES MOTIFS

Statuant non publiquement et par décision insusceptible de recours,

Plaçons... sous sauvegarde de justice pour la durée de l'instance,

Ordonnons la transmission d'une expédition des présentes au procureur de la République et disons qu'avis en sera donné au requérant, à la personne protégée et à...,

Laissons les dépens à la charge de...

Le greffier Le juge des tutelles

5232.12 Exemple d'ordonnance de désignation d'un mandataire spécial

L'an...,

Nous, ..., juge des tutelles au tribunal d'instance de..., assisté de..., greffier,

Vu la requête enregistrée au greffe le..., présentée par..., le certificat médical circonstancié établi le... par..., médecin inscrit sur la liste du procureur de la République de..., et les pièces jointes,

Vu l'ordonnance du... déclarant la procédure de mise sous protection régulièrement introduite,

Vu l'ordonnance du... plaçant... sous sauvegarde de justice pour la durée de l'instance,

Vu les dispositions des articles 425, 428, 433 et suivants du Code civil, et 1248 et suivants du Code de procédure civile,

(Vu les auditions de... en date du...),

MOTIFS

Attendu qu'il résulte des renseignements recueillis et des pièces produites, et plus particulièrement du certificat médical établi le... par..., que..., qui n'a pas à notre connaissance constitué de mandataire, et n'est actuellement pas en état d'administrer ses biens du fait de son état de santé, doit dès à présent être protégé par la désignation d'un mandataire spécial pendant la durée du placement sous sauvegarde de justice; (que, compte tenu de l'urgence liée à..., il ne peut être immédiatement procédé à l'audition de...;)

Attendu, en conséquence, qu'il convient de désigner... en qualité de mandataire spécial avec mission figurant au dispositif de la présente décision et d'ordonner l'exécution provisoire de la présente ordonnance;

PAR CES MOTIFS

Statuant non publiquement et en premier ressort,

Désignons..., demeurant..., en qualité de mandataire spécial de..., personne actuellement sous sauvegarde de justice pour la durée de l'instance, avec pouvoir de (*à individualiser selon* les *situations*) :

1° Percevoir seul les revenus et pensions de toute nature dont... peut être bénéficiaire,

2° Les appliquer à son entretien et à son traitement, ainsi qu'à l'acquittement des dépenses et dettes courantes et des obligations alimentaires dont l'intéressé pourrait être tenu,

3° Recevoir le courrier administratif et les factures de l'intéressé, même sous la forme recommandée, et notamment les relevés de chèques postaux et des banques ainsi que les mandats, tout en veillant à ce que le courrier strictement personnel continue à être reçu par l'intéressé,

4° Faire seul fonctionner les comptes de dépôts bancaires ou postaux de l'intéressé pendant la durée du mandat...,

5° Missions complémentaires : ...,

Disons que les établissements détenteurs de comptes au nom de... devront accuser réception au mandataire spécial de la présente ordonnance,

Révoquons en tant que de besoin toutes les procurations antérieures qui auraient été données par...,

Disons que..., mandataire spécial, devra nous rendre compte en cas de difficultés et, en tout état de cause, devra nous rendre compte de l'exécution de son mandat judiciaire,

Ordonnons l'exécution provisoire de la présente décision,

Disons que la présente ordonnance sera notifiée aux bons soins du greffe par lettre recommandée avec demande d'avis de réception à... et qu'avis en sera donné au procureur de la République,

Laissons les dépens à la charge de...

Le greffier Le juge des tutelles

5232.13 Exemple de jugement de mise sous sauvegarde autonome et de désignation d'un mandataire

L'an...,

Nous, ..., juge des tutelles au tribunal d'instance de..., assisté de..., greffier,

Vu la requête enregistrée au greffe le..., présentée par..., le certificat médical circonstancié établi le... par..., médecin inscrit sur la liste du procureur de la République de..., et les pièces jointes,

Vu l'ordonnance du... déclarant la procédure de mise sous protection régulièrement introduite,

Vu les dispositions des articles 425, 428, 433 et suivants du Code civil, et 1248 et suivants du Code de procédure civile,

Vu les auditions de... en date du...,

(Vu l'ordonnance de dispense d'audition de... en date du...),

Vu l'avis du procureur de la République

MOTIFS

Attendu qu'il est établi par l'ensemble des éléments du dossier et, plus spécialement, par les documents médicaux en date du..., que..., sans être hors d'état d'agir lui-même, a besoin d'être assisté ou contrôlé d'une manière temporaire/d'être représenté pour l'accomplissement de certains actes déterminés; qu'en particulier...; qu'aucune mesure moins contraignante n'est de nature à assurer la protection de ces intérêts;

Qu'en conséquence, ... doit bénéficier d'une mesure de sauvegarde de justice autonome pour une durée d'un an (maximum);

Attendu que... n'a pas fait de choix anticipé et n'a pas exprimé de souhait particulier de désignation d'un mandataire parmi ses proches de sorte qu'il convient de désigner..., mandataire judiciaire à la protection des majeurs en qualité de mandataire spécial avec mission d'accomplir..., actes/actes de disposition rendus nécessaires par la gestion du patrimoine de l'intéressé; (*option* : qu'il convient, par ailleurs, de confier au mandataire spécial une mission de protection de la personne, étant rappelé qu'elle doit être exercée dans le respect des dispositions des articles 457-1 à 463 du Code civil);

Attendu qu'en raison de l'urgence, il y a lieu d'ordonner l'exécution provisoire de la présente décision; que, par ailleurs, la modicité des ressources de la personne à protéger et la nature de la procédure conduisent à la dispenser de la charge des dépens, en application des dispositions de l'article R 217 alinéas 3 et 4 du Code de procédure pénale;

PAR CES MOTIFS

Statuant en chambre du conseil, par jugement contradictoire (réputé contradictoire, par défaut), et en premier ressort,

Prononce la mise sous sauvegarde de justice autonome de... pour une durée d'un an (maximum),

Désigne..., mandataire judiciaire à la protection des majeurs (ou...), en qualité de mandataire spécial avec mission de...,

Dit que le mandataire devra rendre compte de l'exécution de son mandat dans les conditions des articles 510 à 515 du Code civil (et 463 s'il a une mission de protection de la personne),

Rappelle qu'en application des dispositions de l'article 439 du Code civil, la mesure de sauvegarde de justice autonome ne peut excéder une année, renouvelable une fois dans les conditions de l'article 442 alinéa 4 du même Code,

Ordonne l'exécution provisoire,

Ordonne la notification de la présente décision à...

Dit qu'avis en sera donné à Monsieur le procureur de la République

Laisse les dépens à la charge de...

Le greffier Le juge des tutelles

524. Régimes de protection des majeurs – jugement et révision

SECTION 0
ORIENTEUR

524.00 **Plan.**

5241.11 **Exemple de jugement de non-lieu à mesure de protection**

Audience non publique du tribunal d'instance de...

En date du...,

Présidée par..., juge des tutelles, assisté de..., greffier,

Procédure ouverte le... dans l'intérêt de..., né le... à..., domicilié à... et résidant habituellement à...,

Vu le certificat médical circonstancié délivré le... par le docteur..., médecin inscrit sur la, liste établie par le procureur de la République,

Vu le procès-verbal d'audition de... en date du...,

Vu les procès-verbaux d'audition de... en date des...,

Vu l'avis du procureur de la République en date du...,

Vu les articles 425, 428 à 432, 440 et 441, 446 à 451 du Code civil et 1211, 1225 et suivants du Code de procédure civile,

La présente décision rendue en matière de protection juridique des majeurs est susceptible de recours devant la cour d'appel par le seul requérant à la mesure de protection (C. pr. civ., art. 1239-2)

MOTIFS

Attendu qu'il est établi par l'ensemble des éléments du dossier et, plus spécialement, par les documents médicaux en date du..., que...;

Qu'il n'en résulte pas que... a besoin d'être représenté ni assisté ou contrôlé d'une manière continue dans les actes importants de la vie civile;

Attendu, en conséquence, qu'il n'y a pas lieu de prononcer une mesure de protection à l'égard de...;

PAR CES MOTIFS

Statuant en chambre du conseil, par jugement contradictoire (réputé contradictoire, par défaut),

Dit n'y avoir lieu à mesure de protection à l'égard de...,

Ordonne la notification de la présente décision à...,

Dit qu'avis en sera donné à Monsieur le procureur de la République

Laisse les dépens à la charge de...

Le greffier Le juge des tutelles

5241.12 **Exemple de jugement de renouvellement de la mesure de protection**

Audience non publique du tribunal d'instance de...

Présidée par..., juge des tutelles, assisté de..., greffier,

Vu le jugement du... portant ouverture d'une... à l'égard de..., né le..., à..., demeurant à... et résidant habituellement à..., désignant... demeurant à... en qualité de...,

Vu la requête de... aux fins de renouvellement/révision de la mesure de protection, enregistrée au greffe le..., et les pièces jointes,

Vu le certificat médical (circonstancié) délivré le... par le docteur..., (médecin inscrit sur la liste établie par le procureur de la République),

Vu le procès-verbal d'audition de... en date du...,

Vu les procès-verbaux d'audition de... en date des...,

Vu l'avis du procureur de la République en date du...,

Vu les pièces de la procédure,

Vu les articles 425, 428 à 432, 440, 441 à 444 du Code civil et 1211, 1225 et suivants du Code de procédure civile,

MOTIFS

Attendu qu'il est établi par l'ensemble des éléments du dossier et, plus spécialement, par les documents médicaux en date du..., que..., présente toujours actuellement des altérations de ses facultés mentales/de ses facultés corporelles empêchant l'expression de sa volonté; qu'en effet, ...;

Que, dès lors la mesure de… doit être renouvelée dans des conditions identiques pour une période de…; (option : que, toutefois, compte tenu de l'évolution de la personne protégée et de sa plus grande autonomie, il convient d'aménager la mesure précédemment prise de la façon suivante : …);

Attendu que, compte tenu de la nature de la cause et des nécessités du maintien de la protection, il convient d'assortir la présente décision de l'exécution provisoire.

PAR CES MOTIFS

Statuant en chambre du conseil, par jugement contradictoire (réputé contradictoire, par défaut), et en premier ressort,

Maintient la mesure de tutelle/curatelle précédemment ouverte le… à l'égard de…, né le…, à…, demeurant… et résidant habituellement à…, (option : sous une forme aménagée de la façon suivante : …),

Fixe la durée de la mesure à…,

Maintient…, mandataire judiciaire à la protection des majeurs (ou…), dans ses fonctions de tuteur/curateur,

Ordonne l'exécution provisoire,

Ordonne la notification de la présente décision à…

Dit qu'avis en sera donné à Monsieur le procureur de la République,

Dit que dans les quinze jours qui suivront l'expiration des délais de recours, en application de l'article 1233 du Code de procédure civile, le greffier transmettra un extrait sommaire du présent jugement au greffe du tribunal de grande instance dans le ressort duquel est née la personne protégée, aux fins de conservation au Répertoire civil et de publicité par mention en marge de l'acte de naissance,

Laisse les dépens à la charge du Trésor public.

Le greffier Le juge des tutelles

5241.13 Exemple de jugement de mainlevée de la mesure de protection

Audience non publique du tribunal d'instance de…

En date du…

Présidée par…, juge des tutelles, assisté de…, greffier,

Vu le jugement du… portant ouverture d'une… à l'égard de…, né le…, à…, demeurant à… et résidant habituellement à…, désignant… demeurant à… en qualité de…,

Vu la requête de… aux fins de mainlevée de la mesure de protection, enregistrée au greffe le…, et les pièces jointes,

Vu le certificat médical (circonstancié) délivré le… par le docteur…, (médecin inscrit sur la liste établie par le procureur de la République),

Vu le procès-verbal d'audition de… en date du…,

Vu les procès-verbaux d'audition de… en date des…,

Vu l'avis du procureur de la République en date du…,

Vu les pièces de la procédure,

Vu les articles 425, 428 à 432, 440, 441 à 444 du Code civil et 1211, 1225 et suivants du Code de procédure civile,

MOTIFS

Attendu qu'il est établi par l'ensemble des éléments du dossier et, plus spécialement, par les documents médicaux en date du…, que…, ne présente pas actuellement d'altération de ses facultés mentales, ni de ses facultés corporelles empêchant l'expression de sa volonté; qu'en effet, …;

Que, dès lors, … n'a plus besoin d'être représentée ni assistée pour les actes de la vie civile; qu'en conséquence, la mesure de protection doit être levée et… doit être déchargée de ses fonctions de tuteur/curateur;

Attendu que la nature de la présente décision justifie que… soit dispensé de la charge des dépens;

PAR CES MOTIFS

Statuant en chambre du conseil, par jugement contradictoire (réputé contradictoire, par défaut), et en premier ressort,

Ordonne la mainlevée de la mise tutelle/curatelle précédemment ouverte à l'égard de…, né le…, à…, demeurant… et résidant habituellement à…,

Décharge…, mandataire judiciaire à la protection des majeurs (ou…), de ses fonctions de tuteur/curateur, et dit qu'en application des dispositions des articles 511, 513 et 514 du Code civil, il devra rendre compte de sa gestion notamment au directeur des services de greffe judiciaires de ce tribunal d'instance,

Ordonne la notification de la présente décision à…

Dit qu'avis en sera donné à Monsieur le procureur de la République

Dit que dans les quinze jours qui suivront l'expiration des délais de recours, en application de l'article 1233 du Code de procédure civile, le greffier transmettra un extrait sommaire du présent jugement au greffe du tribunal de grande instance dans le ressort duquel est née la personne protégée, aux fins de conservation au Répertoire civil et de publicité par mention en marge de l'acte de naissance,

Laisse les dépens à la charge du Trésor public.

Le greffier Le juge des tutelles

5241.14 Exemple de jugement d'aggravation de la mesure de protection

Audience non publique du tribunal d'instance de…,

En date du…

Présidée par…, juge des tutelles, assisté de…, greffier,

Vu le jugement du… portant ouverture d'une… à l'égard de…, né le…, à…, demeurant à… et résidant habituellement à…, désignant… demeurant à… en qualité de…,

Vu la requête de… aux fins d'aggravation de la mesure de protection, enregistrée au greffe le…, et les pièces jointes,

Vu le certificat médical circonstancié délivré le… par le docteur…, médecin inscrit sur la liste établie par le procureur de la République,

Vu le procès-verbal d'audition de… en date du…, (vu l'ordonnance de dispense d'audition du…),

Vu les procès-verbaux d'audition de… en date des…,

Vu l'avis du procureur de la République en date du…,

Vu les pièces de la procédure,

Vu les articles 425, 428 à 432, 440, 441 à 444 du Code civil et 1211, 1225 et suivants du Code de procédure civile,

MOTIFS

Attendu qu'il est établi par l'ensemble des éléments du dossier et, plus spécialement, par les documents médicaux en date du..., que..., présente toujours des altérations de ses facultés mentales/de ses facultés corporelles empêchant l'expression de sa volonté; qu'en effet, ...; que le docteur..., médecin inscrit constate au surplus que...;

Que, dès lors, il est nécessaire de renforcer la mesure de... dont bénéficie... et de prononcer une... pour une durée de..., aucune autre mesure de protection moins contraignante n'étant de nature à protéger suffisamment ses intérêts;

Attendu que..., dont les fonctions ne sont pas contestées, doit être maintenu en qualité de...;

Que les circonstances de la cause et l'urgence justifient que la présente décision soit assortie de l'exécution provisoire;

PAR CES MOTIFS

Statuant en chambre du conseil, par jugement contradictoire (réputé contradictoire, par défaut), et en premier ressort,

Prononce une mesure de... à l'égard de..., né le..., à..., demeurant... et résidant habituellement à...,

Fixe la durée de la mesure à...,

Maintient..., mandataire judiciaire à la protection des majeurs (ou...), dans ses fonctions de tuteur/curateur,

Ordonne l'exécution provisoire,

Ordonne la notification de la présente décision à...

Dit qu'avis en sera donné à Monsieur le procureur de la République

Dit que dans les quinze jours qui suivront l'expiration des délais de recours, en application de l'article 1233 du Code de procédure civile, le greffier transmettra un extrait sommaire du présent jugement au greffe du tribunal de grande instance dans le ressort duquel est née la personne protégée, aux fins de conservation au Répertoire civil et de publicité par mention en marge de l'acte de naissance,

Laisse les dépens à la charge du Trésor public.

Le greffier Le juge des tutelles

525. Curatelle

SECTION 0
ORIENTEUR

525.00 **Plan.**

5251.11 **Exemple de jugement d'ouverture d'une curatelle simple**

Audience non publique du tribunal d'instance de...,

En date du...

Présidée par..., juge des tutelles, assisté de..., greffier,

Procédure ouverte le... dans l'intérêt de..., né le... à..., domicilié à... et résidant habituellement à...,

Vu le certificat médical circonstancié délivré le... par le docteur..., médecin inscrit sur la, liste établie par le procureur de la République,

Vu le procès-verbal d'audition de... en date du... (ou l'ordonnance de dispense d'audition du...),

Vu les procès-verbaux d'audition de... en date des...,

Vu l'avis du procureur de la République en date du...,

Vu les articles 425, 428 à 432, 440 et 441, 446 à 451 du Code civil, 1211, 1225 et suivants du Code de procédure civile, et R 217 alinéas 3 et 4 du Code de procédure pénale,

MOTIFS

Attendu qu'il est établi par l'ensemble des éléments du dossier et, plus spécialement, par les documents médicaux en date du..., que..., sans être hors d'état d'agir lui-même, a besoin d'être assisté ou contrôlé d'une manière continue dans les actes importants de la vie civile; qu'aucune mesure moins contraignante n'est de nature à assurer la protection de ces intérêts en ce que...;

Qu'en conséquence, une mesure de curatelle simple doit être prononcée à l'égard de... pour une durée de...;

Attendu que... n'a pas fait de choix anticipé et n'a pas exprimé de souhait particulier de désignation d'un curateur parmi ses proches de sorte que, par application des dispositions des articles 449 et 450 du Code civil, il convient de désigner..., mandataire judiciaire à la protection des majeurs en qualité de curateur;

Attendu qu'en raison de la modicité des ressources de la personne à protéger et de la nature de la procédure, il y a lieu de la dispenser de la charge des dépens, en application des dispositions de l'article R 217 alinéas 3 et 4 du Code de procédure pénale;

PAR CES MOTIFS

Statuant en chambre du conseil, par jugement contradictoire (réputé contradictoire, par défaut), et en premier ressort,

Prononce la mise sous curatelle simple de... pour une durée de...

Désigne..., mandataire judiciaire à la protection des majeurs (ou...), en qualité de curateur,

Ordonne l'exécution provisoire,

Ordonne la notification de la présente décision à...,

Dit qu'avis en sera donné à Monsieur le procureur de la République,

Dit que dans les quinze jours qui suivront l'expiration des délais de recours, en application de l'article 1233 du Code de procédure civile, le greffier transmettra un extrait sommaire du présent jugement au greffe du tribunal de grande instance dans le ressort duquel est née la personne protégée, aux fins de conservation au Répertoire civil et de publicité par mention en marge de l'acte de naissance,

Laisse les dépens à la charge de...

Le greffier Le juge des tutelles

5251.12 **Exemple de jugement d'ouverture d'une curatelle simple aménagée**

Audience non publique du tribunal d'instance de…,

En date du…

Présidée par…, juge des tutelles, assisté de…, greffier,

Procédure ouverte le… dans l'intérêt de…, né le… à…, domicilié à… et résidant habituellement à…,

Vu le certificat médical circonstancié délivré le… par le docteur…, médecin inscrit sur la, liste établie par le procureur de la République,

Vu le procès-verbal d'audition de… en date du… (ou l'ordonnance de dispense d'audition du…),

Vu les procès-verbaux d'audition de… en date des…,

Vu l'avis du procureur de la République en date du…,

Vu les articles 425, 428 à 432, 440 et 441, 446 à 451 du Code civil, 1211, 1225 et suivants du Code de procédure civile, et R 217 alinéas 3 et 4 du Code de procédure pénale,

MOTIFS

Attendu qu'il est établi par l'ensemble des éléments du dossier et, plus spécialement, par les documents médicaux en date du…, que…, sans être hors d'état d'agir lui-même, a besoin d'être assisté ou contrôlé d'une manière continue dans les actes importants de la vie civile; qu'aucune mesure moins contraignante n'est de nature à assurer la protection de ces intérêts;

Qu'en application de l'article 471 du Code civil, le juge des tutelles peut, par dérogation à l'article 467, énumérer certains actes que la personne en curatelle a la capacité de faire seule ou, à l'inverse, ajouter d'autres actes à ceux pour lesquels l'assistance d'un curateur est exigée; qu'en l'espèce…; qu'en conséquence, une mesure de curatelle simple doit être prononcée à l'égard de… pour une durée de… avec les aménagements suivants…;

Attendu que… n'a pas fait de choix anticipé et n'a pas exprimé de souhait particulier de désignation d'un curateur parmi ses proches de sorte que, par application des dispositions des articles 449 et 450 du Code civil, il convient de désigner…, mandataire judiciaire à la protection des majeurs en qualité de curateur;

Attendu qu'en raison de la modicité des ressources de la personne à protéger et de la nature de la procédure, il y a lieu de la dispenser de la charge des dépens, en application des dispositions de l'article R 217 alinéas 3 et 4 du Code de procédure pénale

PAR CES MOTIFS

Statuant en chambre du conseil, par jugement contradictoire (réputé contradictoire, par défaut), et en premier ressort,

Prononce la mise sous curatelle simple de… pour une durée de…,

Dit qu'en application des dispositions de l'article 471 du Code civil, la curatelle sera aménagée comme suit : …,

Désigne…, mandataire judiciaire à la protection des majeurs (ou…), en qualité de curateur,

Ordonne l'exécution provisoire,

Ordonne la notification de la présente décision à…

Dit qu'avis en sera donné à Monsieur le procureur de la République,

Dit que dans les quinze jours qui suivront l'expiration des délais de recours, en application de l'article 1233 du Code de procédure civile, le greffier transmettra un extrait sommaire du présent jugement au greffe du tribunal de grande instance dans le ressort duquel est née la personne protégée, aux fins de conservation au Répertoire civil et de publicité par mention en marge de l'acte de naissance,

Laisse les dépens à la charge de…

Le greffier Le juge des tutelles

5251.13 **Exemple de jugement d'ouverture d'une curatelle renforcée**

Audience non publique du tribunal d'instance de…

En date du…

Présidée par…, juge des tutelles, assisté de…, greffier,

Procédure ouverte le… dans l'intérêt de…, né le… à…, domicilié à… et résidant habituellement à…,

Vu le certificat médical circonstancié délivré le… par le docteur…, médecin inscrit sur la, liste établie par le procureur de la République,

Vu le procès-verbal d'audition de… en date du… (ou l'ordonnance de dispense d'audition du…),

Vu les procès-verbaux d'audition de… en date des…,

Vu l'avis du procureur de la République en date du…,

Vu les articles 425, 428 à 432, 440 et 441, 446 à 451 du Code civil, 1211, 1225 et suivants du Code de procédure civile, et R 217 alinéas 3 et 4 du Code de procédure pénale,

MOTIFS

Attendu qu'en application des articles 425, 428 et 440 du Code civil, toute personne dans l'impossibilité de pourvoir seule à ses intérêts en raison d'une altération, médicalement constatée, soit des facultés mentales, soit de ses facultés corporelles de nature à empêcher l'expression de sa volonté peut bénéficier d'une mesure de protection juridique; qu'elle ne peut être ordonnée par le juge qu'en cas de nécessité et lorsqu'il ne peut être pourvu suffisamment aux intérêts de la personne par l'application des règles du droit commun de la représentation, de celles relatives aux droits et devoirs respectifs des époux et des règles des régimes matrimoniaux, par une autre mesure judiciaire moins contraignante ou par le mandant de protection future conclu par l'intéressé; que la mesure doit être proportionnée et individualisée en fonction du degré d'altération des facultés personnelles de l'intéressé; que, par ailleurs, l'article 472 du même Code dispose que le juge peut ordonner une curatelle renforcée dans le cadre de laquelle, en particulier, le curateur percevra seul les revenus de la personne protégée et assurera le règlement des dépenses auprès des tiers;

Qu'en l'espèce, il résulte de l'ensemble des éléments débattus à l'audience et, en particulier du certificat médical circonstancié dressé le… par…, médecin inscrit, que… n'est pas apte à percevoir ses revenus et à en faire une utilisation normale; qu'en effet …; qu'en conséquence,

… une mesure de curatelle renforcée doit être prononcée à l'égard de… pour une durée de…;

Attendu que… n'a pas fait de choix anticipé et n'a pas exprimé de souhait particulier de désignation d'un curateur parmi ses proches de sorte que, par application des dispositions des articles 449 et 450 du Code civil, il convient de désigner…, mandataire judiciaire à la protection des majeurs en qualité de curateur;

Attendu qu'en raison de la modicité des ressources de la personne à protéger et de la nature de la procédure, il y a lieu de la dispenser de la charge des dépens, en application des dispositions de l'article R 217 alinéas 3 et 4 du Code de procédure pénale;

PAR CES MOTIFS

Statuant en chambre du conseil, par jugement contradictoire (réputé contradictoire, par défaut), et en premier ressort,

Prononce la mise sous curatelle renforcée de… pour une durée de…,

Désigne…, mandataire judiciaire à la protection des majeurs (ou…), en qualité de curateur,

Ordonne l'exécution provisoire,

Ordonne la notification de la présente décision à…

Dit qu'avis en sera donné à Monsieur le procureur de la République

Dit que dans les quinze jours qui suivront l'expiration des délais de recours, en application de l'article 1233 du Code de procédure civile, le greffier transmettra un extrait sommaire du présent jugement au greffe du tribunal de grande instance dans le ressort duquel est née la personne protégée, aux fins de conservation au Répertoire civil et de publicité par mention en marge de l'acte de naissance,

Laisse les dépens à la charge de…

Le greffier Le juge des tutelles

5251.14 Exemple de jugement de curatelle renforcée aménagée

Audience non publique du tribunal d'instance de…,

En date du…

Présidée par…, juge des tutelles, assisté de…, greffier,

Procédure ouverte le… dans l'intérêt de…, né le… à…, domicilié à… et résidant habituellement à…,

Vu le certificat médical circonstancié délivré le… par le docteur…, médecin inscrit sur la, liste établie par le procureur de la République,

Vu le procès-verbal d'audition de… en date du… (ou l'ordonnance de dispense d'audition du…),

Vu les procès-verbaux d'audition de… en date des…,

Vu l'avis du procureur de la République en date du…,

Vu les articles 425, 428 à 432, 440 et 441, 446 à 451 du Code civil, 1211, 1225 et suivants du Code de procédure civile, et R 217 alinéas 3 et 4 du Code de procédure pénale,

MOTIFS

Attendu qu'en application des articles 425, 428 et 440 du Code civil, toute personne dans l'impossibilité de pourvoir seule à ses intérêts en raison d'une altération, médicalement constatée, soit des facultés mentales, soit de ses facultés corporelles de nature à empêcher l'expression de sa volonté peut bénéficier d'une mesure de protection juridique; qu'elle ne peut être ordonnée par le juge qu'en cas de nécessité et lorsqu'il ne peut être pourvu suffisamment aux intérêts de la personne par l'application des règles du droit commun de la représentation, de celles relatives aux droits et devoirs respectifs des époux et des règles des régimes matrimoniaux, par une autre mesure judiciaire moins contraignante ou par le mandant de protection future conclu par l'intéressé; que la mesure doit être proportionnée et individualisée en fonction du degré d'altération des facultés personnelles de l'intéressé; que, par ailleurs, les articles 471 et 472 du même Code disposent que le juge des tutelles peut, par dérogation à l'article 467, énumérer certains actes que la personne en curatelle a la capacité de faire seule ou, à l'inverse, ajouter d'autres actes à ceux pour lesquels l'assistance d'un curateur est exigée; que le juge peut décider de ces aménagements dans le cadre d'une curatelle renforcée dans laquelle le curateur perçoit les revenus de la personne protégée sur un compte au nom de celle-ci et assure le règlement des dépenses auprès des tiers;

Qu'en l'espèce… il résulte de l'ensemble des éléments débattus à l'audience et, en particulier, du certificat médical circonstancié établi le… par…, médecin inscrit, que… n'est pas apte à percevoir ses revenus et à en faire une utilisation normale; qu'en effet…; qu'en conséquence, une mesure de curatelle renforcée doit être prononcée à l'égard de… pour une durée de…; que, toutefois, eu égard à…, les aménagements suivants peuvent être mis en place pour favoriser son autonomie…;

Attendu que… n'a pas fait de choix anticipé et n'a pas exprimé de souhait particulier de désignation d'un curateur parmi ses proches de sorte que, par application des dispositions des articles 449 et 450 du Code civil, il convient de désigner…, mandataire judiciaire à la protection des majeurs en qualité de curateur;

Attendu qu'en raison de la modicité des ressources de la personne à protéger et de la nature de la procédure, il y a lieu de la dispenser de la charge des dépens, en application des dispositions de l'article R 217 alinéas 3 et 4 du Code de procédure pénale

PAR CES MOTIFS

Statuant en chambre du conseil, par jugement contradictoire (réputé contradictoire, par défaut), et en premier ressort,

Prononce la mise sous curatelle renforcée de… pour une durée de…,

Dit qu'en application des dispositions des articles 471 et 472 du Code civil, la curatelle renforcée sera aménagée comme suit :

Dit que la personne protégée sera autorisée à disposer d'un compte ouvert à son nom, alimenté par le curateur selon un budget mensuel établi en accord entre eux, avec remise d'une carte bancaire de retrait avec plafonnement du solde et sans remise de moyens de paiement

Désigne…, mandataire judiciaire à la protection des majeurs (ou…), en qualité de curateur,

Ordonne l'exécution provisoire,

Ordonne la notification de la présente décision à…

Dit qu'avis en sera donné à Monsieur le procureur de la République

Dit que dans les quinze jours qui suivront l'expiration des délais de recours, en application de l'article 1233 du Code de procédure civile, le greffier transmettra un extrait sommaire du présent jugement au greffe du tribunal de grande instance dans le ressort duquel est née la personne protégée, aux fins de conservation au Répertoire civil et de publicité par mention en marge de l'acte de naissance,

Laisse les dépens à la charge de…

Le greffier Le juge des tutelles

5251.15 Exemple de dispositif de jugement de mise sous curatelle avec mission d'assistance à la personne

Désigne… en qualité de curateur de X;

1°) mission expressément limitée à la protection des intérêts patrimoniaux (**Curatelle simple**) :

– dit que la mission de… sera, en application de l'article 425 al. 2 du Code civil, expressément limitée à la protection des intérêts patrimoniaux de X;

– rappelle qu'en application de l'article 440 du Code civil, … assistera et contrôlera X dans les actes importants de la vie civile et, en application de l'article 467 du même Code, devra assister X en apposant sa signature à côté de celle de X pour les actes de disposition de son patrimoine;

2°) mission expressément limitée à la protection des intérêts patrimoniaux (**Curatelle renforcée**) :

– dit que la mission de… sera, en application de l'article 425 al. 2 du Code civil, expressément limitée à la protection des intérêts patrimoniaux de X;

– rappelle qu'en application des articles 440, 471 et 472 du Code civil, … percevra seul les revenus de la personne protégée et assurera le règlement des dépenses auprès des tiers et qu'il assistera et contrôlera X dans les actes importants de la vie civile et, en application de l'article 467 du même Code, devra assister X en apposant sa signature à côté de celle de X pour les actes de disposition de son patrimoine;

3°) mission non limitée à la protection des intérêts patrimoniaux (porte également sur la protection de la personne en application de 425 alinéa 2)

– rappelle qu'en application de l'article 440, 471 et 472 du Code civil, … percevra seul les revenus de la personne protégée et assurera le règlement des dépenses auprès des tiers, et qu'en application de l'article 467 du même Code il assistera X en apposant sa signature à côté de celle de X pour les actes de disposition de son patrimoine;

– rappelle que la protection de la personne de X s'exercera selon les modalités suivantes :

Art. 457-1 du Code civil – La personne protégée reçoit de la personne chargée de sa protection, selon des modalités adaptées à son état et sans préjudice des informations que les tiers sont tenus de lui dispenser en vertu de la loi, toutes informations sur sa situation personnelle, les actes concernés, leur utilité, leur degré d'urgence, leurs effets et les conséquences d'un refus de sa part.

Art. 458 du Code civil – Sous réserve des dispositions particulières prévues par la loi, l'accomplissement des actes dont la nature implique un consentement strictement personnel ne peut jamais donner lieu à assistance ou représentation de la personne protégée.

Sont réputés strictement personnels la déclaration de naissance d'un enfant, sa reconnaissance, les actes de l'autorité parentale relatifs à la personne d'un enfant, la déclaration du choix ou du changement du nom d'un enfant et le consentement donné à sa propre adoption ou à celle de son enfant.

Art. 459 al. 1er du Code civil - Hors les cas prévus à l'article 458, la personne protégée prend seule les décisions relatives à sa personne dans la mesure où son état le permet.

4°) mission spécifique d'assistance (C. civ., art. 459, al. 2) :

– donne, en application de l'article 459 al. 2 du Code civil, mission à… d'assister X pour l'ensemble des actes relatifs à sa personne, hors le cas des actes impliquant un consentement strictement personnel.

– les actes relatifs à sa personne ci-après énumérés : …

5251.16 Exemple d'ordonnance de dessaisissement d'une curatelle

L'an…,

Nous…, juge des tutelles, assisté de…, greffier,

Vu la mesure de curatelle ouverte par jugement du… à l'égard de…, né le…, domicilié à… et résidant habituellement à…,

Vu l'article 1211 du Code de procédure civile,

Attendu que la personne protégée réside dorénavant habituellement à…, commune située hors de notre ressort;

Qu'il convient, en conséquence, de nous dessaisir et de transmettre le dossier de… au juge des tutelles de…, territorialement compétent

PAR CES MOTIFS

Statuant non publiquement et en premier ressort,

Disons que nous nous dessaisissons du dossier de…, né le…, demeurant à… et résidant habituellement à…, placé sous… de…, demeurant à…,

Ordonnons la transmission de ce dossier au juge des tutelles de…, territorialement compétent,

Disons que les dépens seront à la charge de…

Le greffier Le juge des tutelles

5251.17 Exemple d'ordonnance autorisant le curateur à conclure seul un bail d'habitation/une convention d'hébergement au nom de la personne protégée

L'an…,

Nous, …, juge des tutelles près le tribunal d'instance de…, assisté de…, greffier,

demeurant à… en qualité de…,

Vu le jugement du… prononçant la mise sous curatelle renforcée de…, né le…, demeurant à…, et désignant… en qualité de curateur,

Vu la requête de... aux fins de conclure seul un bail d'habitation au nom de..., personne protégée, enregistrée au greffe le..., et les pièces jointes,

Vu le procès-verbal d'audition de... en date du...,

(Vu les procès-verbaux d'audition de... en date des...),

Vu les articles 459-2 et 472 alinéa 2 du Code civil et 1213, 1220-3 du Code de procédure civile,

MOTIFS

Attendu que si l'article 459-2 du Code civil dispose que la personne protégée choisit le lieu de sa résidence, il prévoit en son dernier alinéa qu'en cas de difficulté le juge statue;

Que l'article 472 alinéa 2 du même Code énonce quant à lui que, sans préjudice de ces dispositions, le juge peut autoriser le curateur à conclure seul un bail d'habitation ou une convention d'hébergement assurant le logement de la personne protégée;

Qu'en l'espèce, ...; qu'il est donc de l'intérêt de... de pourvoir à son hébergement et d'autoriser le curateur à conclure seul le bail d'habitation proposé dans la requête, soit...;

PAR CES MOTIFS

Statuant non publiquement et en premier ressort,

Autorise..., curateur de..., à conclure seul le bail d'habitation..., au nom de la personne protégée,

Dit qu'il devra nous rendre compte de l'exécution de l'ordonnance dans un délai de...,

Ordonne l'exécution provisoire,

Ordonne la notification de la présente décision à...

Laisse les dépens à la charge...

Le greffier Le juge des tutelles

526. Tutelle

SECTION 0
ORIENTEUR

526.00 **Plan.**

5261.11 **Exemple de jugement de tutelle (sans conseil de famille)**

Audience non publique du tribunal d'instance de...

En date du...

Présidée par..., juge des tutelles, assisté de..., greffier,

Procédure ouverte le... dans l'intérêt de..., né le... à..., domicilié à... et résidant habituellement à...,

Vu le certificat médical circonstancié délivré le... par le docteur..., médecin inscrit sur la, liste établie par le procureur de la République,

Vu le procès-verbal d'audition de... en date du... (ou l'ordonnance de dispense d'audition du...),

Vu les procès-verbaux d'audition de... en date des...,

Vu l'avis du procureur de la République en date du...,

Vu les articles 425, 428 à 432, 440 et 441, 446 à 451 du Code civil, 1211, 1225 et suivants du Code de procédure civile, et R 217 alinéas 3 et 4 du Code de procédure pénale,

MOTIFS

Attendu qu'en application des articles 425, 428 et 440 du Code civil, toute personne dans l'impossibilité de pourvoir seule à ses intérêts en raison d'une altération, médicalement constatée, soit des facultés mentales, soit de ses facultés corporelles de nature à empêcher l'expression de sa volonté peut bénéficier d'une mesure de protection juridique; qu'elle ne peut être ordonnée par le juge qu'en cas de nécessité et lorsqu'il ne peut être pourvu suffisamment aux intérêts de la personne par l'application des règles du droit commun de la représentation, de celles relatives aux droits et devoirs respectifs des époux et des règles des régimes matrimoniaux, par une autre mesure judiciaire moins contraignante ou par le mandant de protection future conclu par l'intéressé; que la mesure doit être proportionnée et individualisée en fonction du degré d'altération des facultés personnelles de l'intéressé, la tutelle ne pouvant elle-même être prononcée que s'il est établi que ni la sauvegarde de justice, ni la curatelle ne peuvent assurer une protection suffisante;

Qu'en l'espèce, il résulte de l'ensemble des éléments débattus à l'audience et, en particulier, du certificat médical circonstancié dressé le... par le docteur..., médecin inscrit, que...; qu'en conséquence, il convient de placer... sous le régime de la tutelle pour une durée de...; que le droit de vote de la personne protégée doit être supprimé au vu de... (option avec motivation spécifique);

Attendu que... n'a pas fait de choix anticipé et n'a pas exprimé de souhait particulier de désignation d'un tuteur parmi ses proches de sorte que, par application des dispositions des articles 449 et 450 du Code civil, il convient de désigner..., mandataire judiciaire à la protection des majeurs en qualité de tuteur;

Attendu qu'en raison de la modicité des ressources de la personne à protéger et de la nature de la procédure, il y a lieu de la dispenser de la charge des dépens, en application des dispositions de l'article R 217 alinéas 3 et 4 du Code de procédure pénale;

PAR CES MOTIFS

Statuant en chambre du conseil, par jugement contradictoire (réputé contradictoire, par défaut), et en premier ressort,

Prononce la mise sous tutelle de... pour une durée de...,

Désigne..., mandataire judiciaire à la protection des majeurs (ou...), en qualité de tuteur,

Ordonne la suppression du droit de vote de... (*option à motiver*)

Ordonne l'exécution provisoire,

Ordonne la notification de la présente décision à...

Dit qu'avis en sera donné à Monsieur le procureur de la République

Dit que dans les quinze jours qui suivront l'expiration des délais de recours, en application de l'article 1233 du Code de procédure civile, le greffier transmettra un extrait sommaire du présent jugement au greffe du tribunal de grande instance dans le ressort duquel est née la personne protégée, aux fins de conservation au Répertoire civil et de publicité par mention en marge de l'acte de naissance,

Laisse les dépens à la charge de...

Le greffier Le juge des tutelles

5261.12 Exemple de jugement de tutelle (avec conseil de famille)

Audience non publique du tribunal d'instance de...

En date du...

Présidée par..., juge des tutelles, assisté de..., greffier,

Procédure ouverte le... dans l'intérêt de..., né le... à..., domicilié à... et résidant habituellement à...,

Vu le certificat médical circonstancié délivré le... par le docteur..., médecin inscrit sur la, liste établie par le procureur de la République,

Vu le procès-verbal d'audition de... en date du... (ou l'ordonnance de dispense d'audition du...),

Vu les procès-verbaux d'audition de... en date des...,

Vu l'avis du procureur de la République en date du...,

Vu les articles 425, 428 à 432, 440 et 441, 446 à 451 et 456 du Code civil, 1211, 1225 et suivants du Code de procédure civile, et R 217 alinéas 3 et 4 du Code de procédure pénale,

MOTIFS

Attendu qu'en application des articles 425, 428 et 440 du Code civil, toute personne dans l'impossibilité de pourvoir seule à ses intérêts en raison d'une altération, médicalement constatée, soit des facultés mentales, soit de ses facultés corporelles de nature à empêcher l'expression de sa volonté peut bénéficier d'une mesure de protection juridique; qu'elle ne peut être ordonnée par le juge qu'en cas de nécessité et lorsqu'il ne peut être pourvu suffisamment aux intérêts de la personne par l'application des règles du droit commun de la représentation, de celles relatives aux droits et devoirs respectifs des époux et des règles des régimes matrimoniaux, par une autre mesure judiciaire moins contraignante ou par le mandant de protection future conclu par l'intéressé; que la mesure doit être proportionnée et individualisée en fonction du degré d'altération des facultés personnelles de l'intéressé, la tutelle ne pouvant elle-même être prononcée que s'il est établi que ni la sauvegarde de justice, ni la curatelle ne peuvent assurer une protection suffisante;

Qu'en l'espèce, il résulte de l'ensemble des éléments débattus à l'audience et, en particulier du certificat médical circonstancié dressé le... par le docteur..., médecin inscrit, que...; qu'en conséquence, il convient de placer... sous le régime de la tutelle pour une durée de...; que le droit de vote de la personne protégée doit être supprimé au vu de... (*option avec motivation spécifique*);

Attendu que, sur l'organisation de la tutelle, que le juge peut, si les nécessités de la protection de la personne ou la consistance de son patrimoine le justifient, et si la composition de sa famille et de son entourage le permet, organiser la tutelle avec un conseil de famille; qu'en l'espèce, ...; (*option désignation des membres du conseil de famille* : qu'en application de l'article 456 alinéa 2 du Code civil, le juge désigne les membres du conseil de famille en considération des sentiments exprimés par la personne protégée, de ses relations personnelles, de l'intérêt porté à son égard et des recommandations éventuelles de ses parents et alliés, ainsi que de son entourage; qu'en la cause...) (*option exécution provisoire*)

Attendu qu'en raison de la modicité des ressources de la personne à protéger et de la nature de la procédure, il y a lieu de la dispenser de la charge des dépens, en application des dispositions de l'article R 217 alinéas 3 et 4 du Code de procédure pénale

PAR CES MOTIFS

Statuant en chambre du conseil, par jugement contradictoire (réputé contradictoire, par défaut), et en premier ressort,

Prononce la mise sous tutelle de... pour une durée de...,

Ordonne la suppression du droit de vote de... (option à motiver)

Dit que la tutelle sera organisée avec un conseil de famille,

(*option :* Désigne... en qualité de membres du conseil de famille et ordonne la réunion du conseil de famille le... aux fins de délibérer sur l'ordre du jour suivant :

- Nomination du tuteur
- Nomination du subrogé-tuteur

Dit que le présent jugement sera notifié aux membres du conseil de famille, pour lesquels il vaudra convocation).

Ordonne l'exécution provisoire de la présente décision,

Ordonne la notification de la présente décision à...

Dit qu'avis en sera donné à Monsieur le procureur de la République

Dit que dans les quinze jours qui suivront l'expiration des délais de recours, en application de l'article 1233 du Code de procédure civile, le greffier transmettra un extrait sommaire du présent jugement au greffe du tribunal de grande instance dans le ressort duquel est née la personne protégée, aux fins de conservation au Répertoire civil et de publicité par mention en marge de l'acte de naissance,

Laisse les dépens à la charge de...

Le greffier Le juge des tutelles

5261.13 Exemple d'ordonnance fixant la composition du conseil de famille (si celle-ci n'a pas été fixée dans le jugement) et décidant de sa réunion

Le...,

Nous, ..., juge des tutelles, assisté de..., greffier,

Vu le jugement en date du... ouvrant la tutelle de... et l'organisant avec un conseil de famille,

Vu l'article 456 du Code civil,

Attendu qu'en application de l'article 456 alinéa 2 du Code civil, le juge désigne les membres du conseil de famille en considération des sentiments exprimés par la personne protégée, de ses relations personnelles, de l'intérêt porté à son égard et des recommandations éventuelles de ses parents et alliés, ainsi que de son entourage;

Qu'en conséquence, et en l'espèce, il convient de fixer cette composition ainsi qu'il suit : ...;

PAR CES MOTIFS

Statuant non publiquement en premier ressort,

Disons que le conseil de famille de..., personne sous tutelle, est composé comme suit : ...;

Fixons dès à présent la réunion du conseil de famille en notre cabinet le...;

Disons que les membres du conseil de famille seront convoqués par lettres recommandées avec demande d'avis de réception;

Ordonnons la notification de la présente décision à...

Fait à notre cabinet le...,

Le greffier Le juge des tutelles

5261.14 Exemple de procès-verbal de délibération d'un conseil de famille organisant la tutelle avec désignation du tuteur et du subrogé-tuteur

L'an...,

Devant nous, ..., juge des tutelles au tribunal d'instance de..., assisté de..., greffier,

Vus le jugement du... plaçant... sous le régime de la tutelle avec conseil de famille et notre ordonnance du... fixant la composition du

conseil de famille,

Vu les convocations adressées le... aux membres du conseil de famille,

Vu les articles 400 et suivants, et 456 du Code civil,

Vu les articles 1234 et suivants du Code de procédure civile,

Ont comparu les personnes ci-après nommées, membres du conseil de famille, et domiciliées :

1) Madame...
demeurant...

2) Monsieur...
demeurant...

3) Madame
demeurant...

4) Monsieur
demeurant...

5) Madame
demeurant...

6) ...
demeurant...

Ont aussi comparu pour assister à la séance sans voix délibérative...,

Sur quoi, après l'exposé que nous avons fait des motifs de la convocation du conseil de famille et de l'objet des délibérations, qui n'a fait l'objet d'aucune observation, le greffier a donné lecture du jugement ayant prononcé la tutelle de...,

Puis, après avoir délibéré sur la désignation du tuteur et du subrogé-tuteur, le conseil de famille a pris les décisions suivantes, conformément à la loi :

I DÉLIBÉRATION SUR LA NOMINATION DU TUTEUR

Vu les dispositions des articles 403 à 406 et 456 du Code civil,

Considérant que les membres du conseil de famille ci-après nommés ont été d'avis de désigner en qualité de tuteur..., personne apparaissant la mieux indiquée pour remplir cette charge, dans l'intérêt de la personne protégée;

Que les membres du conseil de famille ci-après nommés ont, au contraire, été d'avis...

PAR CES MOTIFS

Le conseil de famille, à... des voix, la nôtre comprise, nomme... en qualité de tuteur de...;..., ici présent, a déclaré ne pas être frappé, à sa connaissance, de l'une des causes d'exclusion de la tutelle et a accepté la fonction de tuteur, promettant de la remplir avec prudence et diligence et conformément aux dispositions légales applicables.

Avant de poursuivre la délibération, nous avons informé le tuteur désigné des règles inhérentes à ses nouvelles fonctions et, notamment, quant aux droits de la personne protégée, à son information, aux prescriptions des articles 457-1 à 463 du Code civil relatives à la protection de la personne, aux actes de gestion patrimoniale des articles 496 et suivants du même Code, à la durée de la mesure, aux modalités de remplacement du tuteur, aux pouvoirs et obligations du tuteur en général.

II DÉLIBÉRATION SUR LA NOMINATION DU SUBROGÉ-TUTEUR

Vu les dispositions de l'article 456 du Code civil,

Considérant qu'aux termes de l'article 456 alinéa 2 du Code civil, la tutelle d'une personne majeure protégée, lorsqu'elle est organisée avec un conseil de famille, comporte un subrogé-tuteur nommé par le conseil de famille parmi ses membres; que ses fonctions consisteront, en particulier, à surveiller la gestion tutélaire et à représenter la personne protégée lorsque ses intérêts seront en opposition avec ceux de son tuteur, sous les réserves liées à l'éventuelle désignation d'un tuteur *ad hoc*;

Considérant que les membres du conseil de famille ci-après nommés ont été d'avis de désigner en qualité de subrogé-tuteur..., personne la plus indiquée pour remplir cette fonction, dans l'intérêt de la personne protégée;

Que les membres du conseil de famille ci-après nommés ont, au contraire, été d'avis...;

PAR CES MOTIFS

Le conseil de famille à... des voix, la nôtre comprise, et à l'exception de celle du tuteur qui n'a pas participé au vote, nomme... en qualité de subrogé-tuteur...;..., ici présent, a déclaré ne pas être frappé, à sa connaissance, de l'une des causes d'exclusion de la tutelle et a accepté la fonction de subrogé-tuteur, promettant de la remplir avec prudence et diligence et conformément aux dispositions légales applicables.

À l'issue des délibérations, les membres du conseil de famille ont été informés de ce qu'ils disposent d'un droit de recours devant la cour d'appel de ce siège dans le délai de quinze jours à compter du jour des présentes délibérations (C. pr. civ., art. 1239, 1239-3 et 1241-2), l'appel devant être formé par déclaration faite ou adressée par lettre recommandée avec demande d'avis de réception au greffe du tribunal d'instance dans lequel se trouve le cabinet du juge des tutelles (C. pr. civ., art. 1242)

De tout quoi, il a été dressé le présent procès-verbal que les comparants ont signé avec nous et le greffier, après lecture faite.

Le greffier Le juge des tutelles

Les membres du conseil de famille

5261.15 Exemple de procès-verbal de vérification des votes des membres du conseil de famille par correspondance

Le...,

Nous, ..., juge des tutelles près le tribunal d'instance de..., assisté de..., greffier,

Vu le texte de la décision communiquée par lettre du...,

Les membres du conseil de famille ont ainsi voté sur le texte de la décision à prendre dans le délai imparti : ...

En conséquence, le conseil de famille à l'unanimité/la majorité des voix, la nôtre comprise, autorise le tuteur à...

Disons que la délibération sera notifiée à tous les membres du conseil de famille, ainsi qu'au tuteur et au subrogé-tuteur.

Nous avons dressé le présent procès-verbal, auquel demeureront annexés les votes émis par les membres du conseil de famille, que nous avons signé avec le greffier.

Le greffier Le juge des tutelles

5261.16 Exemple de délibération du conseil de famille (votes par correspondance)

L'an...,

Nous, ..., juge des tutelles près le tribunal d'instance de..., assisté de..., greffier,

Vu la procédure de tutelle ouverte à l'égard de..., né le... à..., et le jugement de mise sous tutelle du...,

Vu la requête présentée par..., agissant en qualité de tuteur,

Vu notre décision du... ayant organisé une délibération du conseil de famille par correspondance en application des articles 456 du Code civil et 1234-4 et 1234-5 du Code de procédure civile,

Vu les votes émis, par courriers, par tous les membres du conseil de famille, le tuteur excepté, connaissance préalablement prise par eux de la requête et des éclaircissements utiles, ainsi que des pièces et du projet de texte modifié de la décision à prendre,

Considérant que les actes envisagés sont conformes aux intérêts du majeur protégé en ce que, notamment, ...; (*option :* exécution provisoire par le juge des tutelles)

PAR CES MOTIFS

Le conseil de famille, composé conformément à la décision du juge des tutelles,

Approuve à l'unanimité des voix, la nôtre comprise (ou...), le texte de la délibération proposé, soit..., (*option* : le juge des tutelles ordonne l'exécution provisoire de la présente délibération)

Le juge des tutelles ordonne la notification de la présente délibération au tuteur, aux membres du conseil de famille et à la personne protégée.

Fait à..., le...

5261.17 Exemple de délibération du conseil de famille hors la présence du juge des tutelles (C. civ., art. 457)

L'an...,

Vu la procédure de tutelle ouverte à l'égard de..., né le... à..., et le jugement de mise sous tutelle du...,

Vu la requête présentée par..., agissant en qualité de tuteur,

Vu la décision du juge des tutelles en date du... ayant organisé une délibération du conseil de famille hors sa présence en application des articles 457 du Code civil et 1237 et suivants du Code de procédure civile,

Vu l'ordre du jour de la réunion adressé par le président du conseil de famille, désigné dans les conditions de l'article 457 alinéa 1er du Code civil, au juge des tutelles

Vu les convocations adressées le... aux membres du conseil de famille,

Vu les articles 456 et suivants du Code civil,

Vu les articles 1237 et suivants du Code de procédure civile,

Se sont présentées les personnes ci-après nommées, membres du conseil de famille, et domiciliées :

1) Madame...

demeurant...

2) Monsieur...
demeurant...
3) Madame
demeurant...
4) Monsieur
demeurant...
5) Madame
demeurant...
6) ...
demeurant...

Ont aussi comparu pour assister à la séance sans voix délibérative...,

Sur quoi, après l'exposé que le président a fait des motifs de la convocation du conseil de famille et de l'objet des délibérations, qui n'a fait l'objet d'aucune observation, il a été donné lecture du jugement ayant prononcé la tutelle de..., et la parole a été donné à chaque membre du conseil de famille;

Puis, après avoir délibéré, le conseil de famille a pris les décisions suivantes, conformément à la loi :

Les dispositions des articles 1237-1 et 1238 du Code civil, sur la transmission de la délibération au juge des tutelles et sur les possibilités d'opposition, ont été portées à la connaissance des membres présents.

Fait à..., le... (signature de chaque membre du conseil de famille)

5261.18 **Exemple de jugement d'ouverture d'une tutelle avec désignation d'un seul tuteur familial (ou proche)**

Audience non publique du tribunal d'instance de...

En date du...

Présidée par..., juge des tutelles, assisté de..., greffier,

Procédure ouverte le... dans l'intérêt de..., né le... à..., domicilié à... et résidant habituellement à...,

Vu le certificat médical circonstancié délivré le... par le docteur..., médecin inscrit sur la, liste établie par le procureur de la République,

Vu le procès-verbal d'audition de... en date du... (ou l'ordonnance de dispense d'audition du...),

Vu les procès-verbaux d'audition de... en date des...,

Vu l'avis du procureur de la République en date du...,

Vu les articles 425, 428 à 432, 440 et 441, 446 à 451 du Code civil, 1211, 1225 et suivants du Code de procédure civile, et R 217 alinéas 3 et 4 du Code de procédure pénale,

MOTIFS

Attendu qu'en application des articles 425, 428 et 440 du Code civil, toute personne dans l'impossibilité de pourvoir seule à ses intérêts en raison d'une altération, médicalement constatée, soit des facultés mentales, soit de ses facultés corporelles de nature à empêcher l'expression de sa volonté peut bénéficier d'une mesure de protection juridique; qu'elle ne peut être ordonnée par le juge qu'en cas de nécessité et lorsqu'il ne peut être pourvu suffisamment aux intérêts de la personne par l'application des règles du droit commun de la représentation, de celles relatives aux droits et devoirs respectifs des époux et des règles des régimes matrimoniaux, par une autre mesure judiciaire moins contraignante ou par le mandant de protection future conclu par l'intéressé; que la mesure doit être proportionnée et individualisée en fonction du degré d'altération des facultés personnelles de l'intéressé, la tutelle ne pouvant elle-même être prononcée que s'il est établi que ni la sauvegarde de justice, ni la curatelle ne peuvent assurer une protection suffisante;

Qu'en l'espèce, il résulte de l'ensemble des éléments débattus à l'audience et, en particulier, du certificat médical circonstancié dressé le... par le docteur..., médecin inscrit, que...; qu'en conséquence, il convient de placer... sous le régime de la tutelle pour une durée de...; que le droit de vote de la personne protégée doit être supprimé au vu de... (option avec motivation spécifique);

<u>Options de désignation du tuteur :</u>

1° Conjoint, partenaire de PACS ou concubin :

Attendu, sur la désignation du tuteur, qu'il résulte des dispositions de l'article 449 du Code civil qu'à défaut de désignation anticipée faite par la personne à protéger en application de l'article 448 du même Code, le juge des tutelles doit nommer le conjoint de la personne protégée, le partenaire de PACS ou le concubin, à moins que la communauté de vie ait cessé entre eux ou qu'une autre cause empêche de lui confier la mesure; que le juge doit, en tout état de cause, prendre en considération les sentiments exprimés par la personne protégée, ses relations habituelles, l'intérêt porté à son égard et les recommandations éventuelles de ses parents et alliés ainsi que de son entourage; que la faculté de nommer un mandataire judiciaire à la protection doit être réservée au cas dans lequel il n'existe aucun membre de la famille ou aucun proche justifiant entretenir avec le majeur des liens étroits stables avec lui, dès lors que l'intérêt de la personne protégée ne commande pas de désigner un tiers;

2° Famille ou proches :

Attendu, sur la désignation du tuteur, qu'il résulte des dispositions de l'article 449 du Code civil qu'à défaut de désignation anticipée faite par la personne à protéger en application de l'article 448 du même Code, le juge des tutelles doit nommer un parent, un allié ou une personne résidant avec le majeur protégé ou entretenant avec lui des liens étroits et stables à moins qu'une cause empêche de lui confier la mesure; que le juge doit, en tout état de cause, prendre en considération les sentiments exprimés par la personne protégée, ses relations habituelles, l'intérêt porté à son égard et les recommandations éventuelles de ses parents et alliés ainsi que de son entourage; que la faculté de nommer un mandataire judiciaire à la protection doit être réservée au cas dans lequel il n'existe aucun membre de la famille ou aucun proche justifiant entretenir avec le majeur des liens étroits stables avec lui, dès lors que l'intérêt de la personne protégée ne commande pas de désigner un tiers;

Qu'en l'espèce...;

Attendu qu'en raison de la modicité des ressources de la personne à protéger et de la nature de la procédure, il y a lieu de la dispenser de la charge des dépens, en application des dispositions de l'article R 217 alinéas 3 et 4 du Code de procédure pénale;

PAR CES MOTIFS

Statuant en chambre du conseil, par jugement contradictoire (réputé contradictoire, par défaut), et en premier ressort,

Prononce la mise sous tutelle de... pour une durée de...,

Désigne..., en qualité de tuteur,

Ordonne la suppression du droit de vote de... (option à motiver)

Ordonne l'exécution provisoire,

Ordonne la notification de la présente décision à...

Dit qu'avis en sera donné à Monsieur le procureur de la République

Dit que dans les quinze jours qui suivront l'expiration des délais de recours, en application de l'article 1233 du Code de procédure civile, le greffier transmettra un extrait sommaire du présent jugement au greffe du tribunal de grande instance dans le ressort duquel est née la personne protégée, aux fins de conservation au Répertoire civil et de publicité par mention en marge de l'acte de naissance,

Laisse les dépens à la charge de...

Le greffier Le juge des tutelles

5261.19 Exemple de jugement d'ouverture d'une tutelle avec désignation d'un mandataire judiciaire à la protection des majeurs

Audience non publique du tribunal d'instance de...

En date du...

Présidée par..., juge des tutelles, assisté de..., greffier,

Procédure ouverte le... dans l'intérêt de..., né le... à..., domicilié à... et résidant habituellement à...,

Vu le certificat médical circonstancié délivré le... par le docteur..., médecin inscrit sur la, liste établie par le procureur de la République,

Vu le procès-verbal d'audition de... en date du... (ou l'ordonnance de dispense d'audition du...),

Vu les procès-verbaux d'audition de... en date des...,

Vu l'avis du procureur de la République en date du...,

Vu les articles 425, 428 à 432, 440 et 441, 446 à 451 du Code civil, 1211, 1225 et suivants du Code de procédure civile, et R 217 alinéas 3 et 4 du Code de procédure pénale,

MOTIFS

Attendu qu'en application des articles 425, 428 et 440 du Code civil, toute personne dans l'impossibilité de pourvoir seule à ses intérêts en raison d'une altération, médicalement constatée, soit des facultés mentales, soit de ses facultés corporelles de nature à empêcher l'expression de sa volonté peut bénéficier d'une mesure de protection juridique; qu'elle ne peut être ordonnée par le juge qu'en cas de nécessité et lorsqu'il ne peut être pourvu suffisamment aux intérêts de la personne par l'application des règles du droit commun de la représentation, de celles relatives aux droits et devoirs respectifs des époux et des règles des régimes matrimoniaux, par une autre mesure judiciaire moins contraignante ou par le mandant de protection future conclu par l'intéressé; que la mesure doit être proportionnée et individualisée en fonction du degré d'altération des facultés personnelles de l'intéressé, la tutelle ne pouvant elle-même être prononcée que s'il est établi que ni la sauvegarde de justice, ni la curatelle ne peuvent assurer une protection suffisante;

Qu'en l'espèce, il résulte de l'ensemble des éléments débattus à l'audience et, en particulier, du certificat médical circonstancié dressé le... par le docteur..., médecin inscrit, que...; qu'en conséquence, il convient de placer... sous le régime de la tutelle pour une durée de...; que le droit de vote de la personne protégée doit être supprimé au vu de... (*option avec motivation spécifique*);

Attendu, sur la désignation du tuteur, qu'il résulte des dispositions de l'article 449 du Code civil qu'à défaut de désignation anticipée faite par la personne à protéger en application de l'article 448 du même Code, le juge des tutelles doit nommer un parent, un allié ou une personne résidant avec le majeur protégé ou entretenant avec lui des liens étroits et stables à moins qu'une cause empêche de lui confier la mesure; que le juge doit, en tout état de cause, prendre en considération les sentiments exprimés par la personne protégée, ses relations habituelles, l'intérêt porté à son égard et les recommandations éventuelles de ses parents et alliés ainsi que de son entourage; que la faculté de nommer un mandataire judiciaire à la protection doit être réservée au cas dans lequel il n'existe aucun membre de la famille ou aucun proche justifiant entretenir avec le majeur des liens étroits stables avec lui, dès lors que l'intérêt de la personne protégée ne commande pas de désigner un tiers;

Qu'en l'espèce... n'a pas fait de choix anticipé et n'a pas exprimé de souhait particulier de désignation d'un tuteur parmi ses proches; qu'au surplus...; qu'en conséquence, et dans son intérêt, il convient de désigner..., mandataire judiciaire à la protection des majeurs en qualité de tuteur;

Attendu qu'en raison de la modicité des ressources de la personne à protéger et de la nature de la procédure, il y a lieu de la dispenser de la charge des dépens, en application des dispositions de l'article R 217 alinéas 3 et 4 du Code de procédure pénale;

PAR CES MOTIFS

Statuant en chambre du conseil, par jugement contradictoire (réputé contradictoire, par défaut), et en premier ressort,

Prononce la mise sous tutelle de... pour une durée de...,

Désigne..., mandataire judiciaire à la protection des majeurs (ou...), en qualité de tuteur,

Ordonne la suppression du droit de vote de... (*option à motiver*)

Ordonne l'exécution provisoire,

Ordonne la notification de la présente décision à...

Dit qu'avis en sera donné à Monsieur le procureur de la République

Dit que dans les quinze jours qui suivront l'expiration des délais de recours, en application de l'article 1233 du Code de procédure civile, le greffier transmettra un extrait sommaire du présent jugement au greffe du tribunal de grande instance dans le ressort duquel est née la personne protégée, aux fins de conservation au Répertoire civil et de publicité par mention en marge de l'acte de naissance,

Laisse les dépens à la charge de...

Le greffier Le juge des tutelles

5261.20 Exemple de jugement d'ouverture d'une tutelle avec désignation plurielle

Audience non publique du tribunal d'instance de...,

En date du...

Présidée par..., juge des tutelles, assisté de..., greffier,

Procédure ouverte le... dans l'intérêt de..., né le... à..., domicilié à... et résidant habituellement à...,

Vu le certificat médical circonstancié délivré le... par le docteur..., médecin inscrit sur la, liste établie par le procureur de la République,

Vu le procès-verbal d'audition de... en date du... (ou l'ordonnance de dispense d'audition du...),

Vu les procès-verbaux d'audition de... en date des...,

Vu l'avis du procureur de la République en date du...,

Vu les articles 425, 428 à 432, 440 et 441, 446 à 454 du Code civil, 1211, 1225 et suivants du Code de procédure civile, et R 217 alinéas 3 et 4 du Code de procédure pénale,

MOTIFS

Attendu qu'en application des articles 425, 428 et 440 du Code civil, toute personne dans l'impossibilité de pourvoir seule à ses intérêts en raison d'une altération, médicalement constatée, soit des facultés mentales, soit de ses facultés corporelles de nature à empêcher l'expression de sa volonté peut bénéficier d'une mesure de protection juridique; qu'elle ne peut être ordonnée par le juge qu'en cas de nécessité et lorsqu'il ne peut être pourvu suffisamment aux intérêts de la personne par l'application des règles du droit commun de la représentation, de celles relatives aux droits et devoirs respectifs des époux et des règles des régimes matrimoniaux, par une autre mesure judiciaire moins contraignante ou par le mandant de protection future conclu par l'intéressé; que la mesure doit être proportionnée et individualisée en fonction du degré d'altération des facultés personnelles de l'intéressé, la tutelle ne pouvant elle-même être prononcée que s'il est établi que ni la sauvegarde de justice, ni la curatelle ne peuvent assurer une protection suffisante;

Qu'en l'espèce, il résulte de l'ensemble des éléments débattus à l'audience et, en particulier, du certificat médical circonstancié dressé le... par le docteur..., médecin inscrit, que...; qu'en conséquence, il convient de prononcer une mesure de tutelle à l'égard de... pour une durée de...; que le droit de vote de la personne protégée doit être supprimé au vu de... (*option avec motivation spécifique)*;

Attendu, sur l'organisation de la tutelle, que le juge peut, en considération de la situation de la personne protégée, des aptitudes des intéressés et de la consistance du patrimoine à administrer, désigner plusieurs tuteurs pour exercer en commun la mesure de protection, ou diviser celle-ci dans les conditions de l'article 447 du Code civil; qu'il peut aussi, s'il l'estime nécessaire, désigner un subrogé tuteur; que, dans tous les cas, le choix du juge doit être guidé par l'intérêt de la personne protégée et les prescriptions des articles 448 et suivants du même Code;

Qu'en l'espèce...;

Attendu qu'en raison de la modicité des ressources de la personne à protéger et de la nature de la procédure, il y a lieu de la dispenser de la charge des dépens, en application des dispositions de l'article R 217 alinéas 3 et 4 du Code de procédure pénale

PAR CES MOTIFS

Statuant en chambre du conseil, par jugement contradictoire (réputé contradictoire, par défaut), et en premier ressort,

Prononce la mise sous tutelle de... pour une durée de...,

Exemples d'options :

– Désigne..., en qualité de tuteur à a personne de... et..., mandataire judiciaire à la protection des majeurs, en qualité de tuteur aux biens,

– Désigne... en qualité de tuteur de... et... en qualité de subrogé tuteur

– Désigne... et... en qualité de co-tuteurs

– Désigne... en qualité de tuteur de... et... en qualité de tuteur chargé exclusivement de la gestion de..., bien situé à...

Ordonne la suppression du droit de vote de... (option à motiver)

Ordonne l'exécution provisoire,

Ordonne la notification de la présente décision à...

Dit qu'avis en sera donné à Monsieur le procureur de la République

Dit que dans les quinze jours qui suivront l'expiration des délais de recours, en application de l'article 1233 du Code de procédure civile, le greffier transmettra un extrait sommaire du présent jugement au greffe du tribunal de grande instance dans le ressort duquel est née la personne protégée, aux fins de conservation au Répertoire civil et de publicité par mention en marge de l'acte de naissance,

Laisse les dépens à la charge de...

Le greffier Le juge des tutelles

5261.21 Exemple de dispositif d'un jugement de tutelle avec mission limitée à la protection des intérêts patrimoniaux/mission globale/mission spécifique d'assistance ou de représentation de la personne

Désigne... en qualité de tuteur de...;

1°) mission expressément limitée à la protection des intérêts patrimoniaux

– dit que la mission de... sera, en application de l'article 425 al. 2 du Code civil, expressément limitée à la protection des intérêts patrimoniaux de...;

– rappelle qu'en application de l'article 473 du Code civil, ... représentera X dans les actes de la vie civile et, en application de l'article 474 du même Code, la représentera dans les actes nécessaires à la gestion de son patrimoine;

2°) mission globale, non limitée à la protection des intérêts patrimoniaux (=> porte également sur la protection de la personne en application de C. civ., art. 425, al. 2)

– rappelle qu'en application de l'article 473 du Code civil, ... représentera... dans les actes de la vie civile et, en application de l'article 474 du même Code, la représentera dans les actes nécessaires à la gestion de son patrimoine;

– rappelle que les obligations du tuteur en matière de gestion patrimoniale sont déterminées en particulier par les dispositions des articles 496 et suivants du Code civil

– rappelle que la protection de la personne de... s'exercera selon les modalités suivantes :

Art. 457-1 du Code civil – La personne protégée reçoit de la personne chargée de sa protection, selon des modalités adaptées à son état et sans préjudice des informations que les tiers sont tenus de lui dispenser en vertu de la loi, toutes informations sur sa situation personnelle, les actes concernés, leur utilité, leur degré d'urgence, leurs effets et les conséquences d'un refus de sa part.

Art. 458 du Code civil – Sous réserve des dispositions particulières prévues par la loi, l'accomplissement des actes dont la nature implique un consentement strictement personnel ne peut jamais donner lieu à assistance ou représentation de la personne protégée.

Sont réputés strictement personnels la déclaration de naissance d'un enfant, sa reconnaissance, les actes de l'autorité parentale relatifs à la personne d'un enfant, la déclaration du choix ou du changement du nom d'un enfant et le consentement donné à sa propre adoption ou à celle de son enfant.

Art. 459, al. 1er du Code civil – Hors les cas prévus à l'article 458, la personne protégée prend seule les décisions relatives à sa personne dans la mesure où son état le permet.

3°) Mission spécifique d'assistance ou de représentation de la personne (à ajouter, si nécessaire seulement, et avec une motivation spéciale) :

– donne, en application de l'article 459 al. 2 du Code civil, mission à... d'assister... pour :

• l'ensemble des actes relatifs à sa personne;

• les actes relatifs à sa personne ci-après énumérés : ...;

ou

– donne, en application de l'article 459 al. 2 du Code civil, mission à... de représenter... pour :

• l'ensemble des actes relatifs à sa personne;

• les actes relatifs à sa personne ci-après énumérés : ...;

– rappelle, en application de l'article 459 al. 3 du Code civil, que sauf urgence, la personne chargée de la protection du majeur ne peut, sans l'autorisation du juge (ou du conseil de famille s'il a été constitué), prendre une décision ayant pour effet de porter gravement atteinte à l'intégrité corporelle de la personne protégée ou à l'intimité de sa vie privée.

5261.22 Exemple d'ordonnance de dessaisissement d'une tutelle

L'an...,

Nous..., juge des tutelles, assisté de..., greffier,

Vu la mesure de tutelle ouverte par jugement du... à l'égard de..., né le..., domicilié à... et résidant habituellement à...,

Vu les articles 108-3 du Code civil et 1211 du Code de procédure civile,

Attendu qu'il résulte des articles précités que la personne protégée par une mesure de tutelle est domiciliée chez son tuteur et que le juge des tutelles compétent est celui du domicile du tuteur; que..., désigné en qualité de tuteur de... demeure à..., commune située hors de notre ressort;

Qu'il convient, en conséquence, de nous dessaisir et de transmettre le dossier de... au juge des tutelles de..., territorialement compétent

PAR CES MOTIFS

Statuant non publiquement et en premier ressort,

Disons que nous nous dessaisissons du dossier de..., né le..., demeurant à... et résidant habituellement à..., placé sous... de..., demeurant à...,

Ordonnons la transmission de ce dossier au juge des tutelles de..., territorialement compétent,

Disons que les dépens seront à la charge de...

Le greffier Le juge des tutelles

527. Régimes de protection judiciaire des majeurs – fonctionnement de la mesure

SECTION 0
ORIENTEUR

527.00 **Plan.**

5271
ACTES DE GESTION PATRIMONIALE

5271.11 Exemple d'inventaire de patrimoine du majeur protégé

À dresser et à transmettre au juge des tutelles dans le délai de trois mois à compter du jugement d'ouverture de la tutelle (C. civ., art. 503)

IDENTITÉ DE LA PERSONNE PROTEGÉE

Nom :

Prénoms :

Date et lieu de naissance :

Domicile :

Résidence habituelle :

Téléphone :

Adresse mail :

Profession actuelle ou ancienne :

SITUATION FAMILIALE DE LA PERSONNE PROTEGÉE

Mariée (nom du conjoint/date et lieu du mariage)

Divorcée (date du jugement de divorce et par quelle juridiction)

Séparée de corps (date du jugement et par quelle juridiction)

Séparée de fait

Veuve

Pacsée

Concubine

Célibataire

Noms et adresses des enfants :

SITUATION MATRIMONIALE DE LA PERSONNE PROTÉGÉE

Existe-t-il un contrat de mariage ?

Dans l'affirmative lequel ?

- Communauté légale
- Séparation de biens
- Communauté universelle
- Autre

Nom et adresse du notaire

RENSEIGNEMENTS SUR LE RÉGIME DE PROTECTION

Date du jugement instaurant la mesure de protection :

Type de mesure :

- Curatelle
- Tutelle avec conseil de famille
- Tutelle avec désignation d'un seul tuteur
- Tutelle avec désignations multiples
- Tutelle aux biens uniquement

Nom et prénom du (ou des) tuteur(s) :

Domicile :

Téléphone :

Adresse mail :

SITUATION FINANCIÈRE DE LA PERSONNE PROTÉGÉE :

La personne protégée est-elle : salariée/retraitée/bénéficiaire de prestations sociales/autre

Revenus moyens mensuels :

Dépenses moyennes mensuelles :

Pensions alimentaires à verser :

MANDATS PERSONNELS OU PROFESSIONNELS :

La personne protégée exerce-t-elle des mandats ?

Dans l'affirmative, lesquels et où ?

IMMEUBLES

Localisation	Nature du bien	Droit sur le bien	Valeur approximative

Localisation : adresse précise de l'immeuble (indications cadastrales dans la mesure du possible)

Nature du bien : maison d'habitation, terrain, appartement…

Droit : pleine propriété, nue-propriété, usufruit, indivision…

Précisez si le bien fait l'objet : d'un bail (date et type), d'une hypothèque, d'un emprunt, d'un sinistre (incendie, dégât des eaux…), est assuré.

COMPTES BANCAIRES

Banque	Nature	Numéro	Solde au

VALEURS MOBILIÈRES

Banque	Nom des titres	Nature	Solde au

AUTRES VALEURS MOBILIÈRES

Argent liquide :

Créances :

Coffre(s) :

Mobilier de valeur ou œuvres d'art :

DETTES

Créancier	Nature	Remboursement	Durée	Solde au

PLAN DE SURENDETTEMENT EN COURS

SUCCESSION EN COURS

Nom du défunt et lien de parenté :

Date et lieu du décès :

Coordonnées du notaire chargé de la succession :

PROCÉDURE EN COURS

Nature :

Juridiction saisie :

Décisions déjà rendues :

Avocat saisi :

RAPPEL : En application des dispositions de l'article 503 dernier alinéa du Code civil, si l'inventaire n'a pas été établi ou s'il se révèle incomplet ou inexact, la personne protégée et, après son décès, ses héritiers peuvent faire la preuve de la valeur et de la consistance de ses biens par tous moyens.

En application du 1er alinéa de ce même texte (*in fine*), le tuteur doit assurer l'actualisation de l'inventaire en cours de mesure. Il doit, en particulier, le faire lors du compte annuel de gestion.

Le tuteur soussigné certifie que le présent inventaire est complet et exact.

Fait à..., le...,

(signature)

5271.12 Exemple de comptes annuels de gestion (tuteur ou curateur renforcé)

Période du... au...

Document à transmettre au directeur des services de greffe judiciaires du tribunal d'instance chaque année, soit à la date fixée par le juge des tutelles dans sa décision désignant le tuteur ou le curateur renforcé, soit en début d'année civile pour l'exercice comptable de l'année civile précédente.

NOTICE D'INFORMATION

Les dispositions des 510 et 511 du Code civil, issus de la loi n° 2007-308 du 5 mars 2007, imposent la tenue et la transmission d'un compte annuel de gestion des comptes et du patrimoine de la personne protégée.

En raison des fonctions que vous exercez (tuteur ou curateur renforcé), il vous appartient d'établir chaque année les comptes de votre gestion et de les remettre au directeur des services de greffe judiciaires du tribunal d'instance qui détient le dossier de protection, lequel en référera au juge des tutelles en cas de difficulté. Cette remise doit être faite à votre initiative, sans attendre que le cabinet du juge des tutelles vous sollicite.

Vous devez d'une part, faire un récapitulatif des recettes et des dépenses de la personne protégée pendant l'exercice annuel de référence et, d'autre part, établir un budget mensuel moyen.

Pour faciliter la vérification, il vous est demandé de bien vouloir renseigner le tableau joint (dont vous conserverez des photocopies vierges pour les années suivantes).

Doivent y être annexés, les justificatifs des opérations financières autorisées par le juge des tutelles (prélèvements, placements, ventes...), les justificatifs des revenus perçus pendant l'année ainsi que les photocopies des derniers relevés de chaque compte ouvert au nom de la personne protégée (comptes courants, comptes d'épargne...) et le dernier avis d'imposition, ainsi que les justificatifs de taxes d'habitation et taxes foncières.

S'il n'y a pas lieu de détailler ni de justifier les dépenses courantes d'entretien, d'habillement et de nourriture, dès lors qu'elles ne sont pas inhabituelles au regard du train de vie de la personne protégée, en revanche, il importe de mentionner et d'adresser les copies des factures afférentes aux autres dépenses excédant les dépenses usuelles (bijoux, meubles, lunettes, prothèses, voyages...).

Si un subrogé-tuteur a été désigné en application de l'article 454 du Code civil, vous devez lui en adresser une copie afin qu'il vérifie le compte avant son envoi au directeur des services de greffe judiciaires (C. civ., art. 510 et 511).

Il vous appartient également de remettre chaque année à la personne protégée une copie du compte de gestion et des pièces justificatives (C. civ., art. 510, al. 3).

IDENTITÉ DE LA PERSONNE PROTÉGÉE

Nom et prénom :

Adresse actuelle :

Numéro de téléphone :

RENSEIGNEMENT SUR LE RÉGIME DE PROTECTION

Date d'ouverture du régime de protection :

Type de mesure :

Nom et prénom du représentant légal (tuteur) ou du curateur :

Adresse du représentant légal (tuteur) ou du curateur :

Un subrogé-tuteur (ou curateur) a-t-il été désigné ?

Coordonnées du subrogé-tuteur ou curateur :

Y a-t-il plusieurs tuteurs ou curateurs ?

Quelles sont leurs coordonnées ?

BUDGET MENSUEL MOYEN PENDANT L'EXERCICE

Recettes moyennes mensuelles :

Charges moyennes mensuelles :

Dont :

– Logement

– Assurances

– Santé

– Remboursements de dettes

Épargne :

Ce budget a-t-il été arrêté par le juge (C. civ., art. 500) ?

RECETTES ENCAISSÉES PENDANT L'EXERCICE ANNUEL

Nature de la recette (*à préciser*)
Salaires
Pensions, retraites
Allocations
Loyers, fermages
Produits financiers
Produits des ventes immobilières
Produits des ventes mobilières
Remboursements
Total des recettes de l'exercice (A)

DÉPENSES EFFECTUÉES PENDANT L'EXERCICE ANNUEL

Nature de la dépense (*à préciser*)
Loyers, hébergement
Nourriture
Habillement
Impôts, taxes
Assurances
Santé
Acquisitions, réparations immobilières
Acquisitions, placements mobiliers
Loisirs, dépenses courantes autres (jour naux, livres, coiffeur…)
Transports
Personnel de maison ou auxiliaires de vie
Total des dépenses de l'exercice (B)

BALANCE DES RECETTES ET DES DÉPENSES DE L'EXERCICE ANNUEL

Total des recettes = A	Total des dépenses = B	Solde = A+B	Solde année antérieure

Observations éventuelles concernant l'équilibre budgétaire :

ÉVOLUTION DU PATRIMOINE MOBILIER PENDANT L'EXERCICE ANNUEL

Nature des avoirs	Etablisse ment bancaire	Solde début	Solde fin	Comment aires
Compte bancaire				
Compte bancaire				
Compte				
Livret A				
LDD				
PEP				
PEL				
CEL				
Assurance-Vie				
Actions				
Obligations				

Observations éventuelles sur l'évolution des autres valeurs mobilières

Argent liquide

Coffre

Mobilier de valeur

Créances

ÉVOLUTION DU PATRIMOINE IMMOBILIER PENDANT L'EXERCICE ANNUEL

DETTES

SUCCESSION EN COURS

VÉRIFICATIONS OU CONTROLES ÉVENTUELS RÉALISÉS PAR UN TECHNICIEN (Comptable, commissaire aux comptes…)

PRÉLÉVEMENTS EFFECTUÉS PAR LE MANDATAIRE AU TITRE DES ÉMOLUMENTS

Le tuteur (ou le curateur renforcé) certifie le présent compte sincère et véritable.

À…, le… Signature

Observations du subrogé-tuteur :

À…, le… Signature

5271.13 Exemple de procès-verbal de difficultés

Nous, ..., directeur des services de greffe judiciaires près le tribunal d'instance de...,

Vu le jugement du... prononçant la mise sous tutelle de... pour une durée de... et désignant..., demeurant..., en qualité de tuteur,

Vu les articles 510 et suivants du Code civil,

Vu la lettre recommandée avec demande d'avis de réception du... adressée au tuteur et sa réponse du...,

Avons reçu... de la part du tuteur et lui avons demandé de fournir des explications sur les points suivants... Malgré notre courrier recommandé avec demande d'avis de réception reçu par lui le..., relevons la persistance des difficultés suivantes... et refusons, en conséquence, d'approuver le compte de gestion de l'année civile.../...

De tout quoi avons dressé le présent procès-verbal de difficulté en application de l'article 511 alinéa 4 du Code civil, que nous transmettons au juge des tutelles.

Fait à..., le...

Le directeur des services de greffe judiciaires.

5271.14 Exemple d'ordonnance statuant sur la conformité du compte

Le...,

Nous, ..., juge des tutelles près le tribunal d'instance de..., assisté de..., greffier,

Vu le jugement du... prononçant la mise sous tutelle de... pour une durée de... et désignant..., demeurant..., en qualité de tuteur,

Vu les articles 417, 510 et suivants du Code civil

Vu le procès-verbal de difficultés dressé par le directeur des services de greffe judiciaires en date du...,

Vu l'audition (nécessaire s'il est dessaisi par suite de la non-conformité du compte de gestion) du tuteur et les pièces transmises,

Attendu que les explications fournies par le tuteur, comme les justificatifs produits, permettent (ne permettent pas) de lever les difficultés constatées par le directeur des services de greffe judiciaires dans son procès-verbal du...;

Qu'en conséquence, il convient de constater la conformité (la non-conformité) du compte de gestion pour l'exercice.../...; (*option en cas de non-conformité* : qu'en raison de ce manquement caractérisé dans l'exercice de ses fonctions, il y a lieu de dessaisir... de ses fonctions de tuteur et de désigner... en cette qualité pour le remplacer;

Attendu que les circonstances de la cause et la préservation des intérêts de la personne protégée justifient le prononcé de l'exécution provisoire;)

PAR CES MOTIFS

Statuant par ordonnance contradictoire (réputé contradictoire/par défaut), rendue en premier ressort,

Constatons la conformité du compte de gestion déposé par le tuteur, ..., pour l'exercice.../...

(*Option* : Constatons la non-conformité du compte de gestion déposé par le tuteur, ..., pour l'exercice...)

Dessaisissons... de sa mission de tuteur et désignons... pour le remplacer,

Ordonnons l'exécution provisoire de la présente décision,

Disons que la présente ordonnance sera notifiée à...

Laissons les dépens à la charge de...

Le greffier Le juge des tutelles

5271.15 Exemple d'ordonnance autorisant un prélèvement supplémentaire du mandataire judiciaire à la protection des majeurs

Le...,

Nous, ..., juge des tutelles près le tribunal d'instance de..., assisté de..., greffier

Vu le jugement du... prononçant la mise sous tutelle (curatelle) de... pour une durée de... et désignant..., demeurant..., en qualité de tuteur,

Vu les articles 419 alinéa 4 du Code civil, L 471-5, R 471-5-2 du Code de l'action sociale et des familles,

Vu la requête de... en date du..., et les pièces jointes

(Vu l'audition de...),

Vu l'avis du procureur de la République en date du...

MOTIFS

Attendu qu'il résulte de l'article 419 alinéa 4 du Code civil et de l'article L 471-5 du Code de l'action sociale et des familles qu'à titre exceptionnel, le juge peut, après avis du procureur de la République, allouer au mandataire judiciaire à la protection des majeurs pour l'accomplissement d'un acte ou d'une série d'actes requis par la mesure de protection et impliquant des diligences particulièrement longues ou complexes, une indemnité en complément des sommes perçues au titre des alinéas 1 et 2 du Code civil lorsqu'elles s'avèrent manifestement insuffisantes. Cette indemnité est à la charge de la personne protégée.

Attendu qu'en l'espèce, ..., mandataire judiciaire à la protection justifie par les pièces qu'il produit, et en particulier..., qu'il a accompli des diligences particulièrement longues et complexes dans le cadre de la mesure de protection en ce que...; que la rémunération telle que prévue par les articles précités du Code civil et du Code de l'action sociale et des familles est manifestement insuffisante de sorte qu'il convient de faire droit à la requête à hauteur de la somme de...;

PAR CES MOTIFS

Statuant par ordonnance contradictoire (réputé contradictoire/par défaut), rendue en premier ressort,

Fixe à la somme totale de... le montant de l'indemnité complémentaire allouée à..., mandataire judiciaire à la protection, pour la période du... au...,

Dit que cette somme est à la charge de la personne protégée et autorise..., mandataire judiciaire à la protection, à en prélever le montant sur le compte... ouvert au nom de cette dernière,

Dit que le mandataire judiciaire à la protection des majeurs devra rendre compte de l'opération effectuée dans un délai de... (au moment de l'établissement du compte annuel de gestion de l'année...),

Disons que la présente ordonnance sera notifiée à...

Laissons les dépens à la charge de...

Le greffier Le juge des tutelles

5271.16 Exemple d'ordonnance de refus de communication de compte de gestion (C. civ., art. 510)

Le…,

Nous, …, juge des tutelles près le tribunal d'instance de…, assisté de…, greffier

Vu le jugement du… prononçant la mise sous tutelle (curatelle) de… pour une durée de… et désignant…, demeurant…, en qualité de tuteur,

Vu l'article 510 du Code civil,

Vu la requête de… demandant la communication des comptes de gestion pour la période du… au…, en date du…,

Vu le courrier de…, tuteur (curateur), dont l'avis a été demandé, en date du…,

Vu l'audition de…, personne protégée,

MOTIFS

Attendu qu'il résulte des alinéas 3 et 4 de l'article 510 du Code civil que le tuteur est tenu d'assurer la confidentialité du compte de gestion tel que prévu aux deux alinéas précédents. Toutefois, une copie du compte et des pièces justificatives est remise chaque année par le tuteur à la personne protégée ainsi qu'au subrogé tuteur s'il a été nommé et, si le tuteur l'estime utile, aux autres personnes chargées de la protection de l'intéressé. En outre, le juge peut, après avoir entendu la personne protégée et recueilli son accord, si son état le permet, autorisé le conjoint, le partenaire du pacte civil de solidarité qu'elle a conclu, un parent, un allié de celle-ci ou un de ses proches, s'ils justifient d'un intérêt légitime, à se faire communiquer à leur charge parle tuteur une copie du compte et des pièces justificatives ou une partie de ces documents; que les membres de la famille de la personne protégée peuvent également se faire délivrer des copies des comptes de gestion, s'ils justifient d'un intérêt légitimé

En l'espèce, il résulte des documents transmis à l'appui de la requête, et de l'audition de la personne protégée, que…; que… ne justifie donc pas d'un intérêt légitime propre à obtenir la copie des comptes de gestion et des pièces justificatives pour la période du… au…; qu'il convient, en conséquence, de le débouter de sa demande;

PAR CES MOTIFS

Statuant par ordonnance contradictoire (réputé contradictoire/par défaut), rendue en premier ressort,

Déboutons… de sa requête,

Disons que la présente ordonnance sera notifiée à…

Laissons les dépens à la charge de…

Le greffier Le juge des tutelles

5271.17 Exemple de requête en désignation d'un curateur ou d'un tuteur *ad hoc* (en cas d'opposition d'intérêts) et d'ordonnance

REQUÊTE

Nom et prénom protégé :

Date et lieu de naissance :

Type de mesure :

Date du jugement :

N° RG :

Nom du requérant et adresse :

Motifs de la demande : Je sollicite la désignation d'un tuteur *ad hoc* en application de l'article 455 du Code civil afin de représenter la personne protégée lors des opérations relatives à…, pour lesquelles nos intérêts sont en opposition.

Pièces jointes :

- Acte envisagé
- Dernier compte de gestion

Fait à…, le… (signature)

ORDONNANCE

Nous…, juge des tutelles près le tribunal d'instance de…, assisté de…, greffier,

Vu la requête et les pièces jointes susvisées,

Vus l'article 455 du Code civil,

Attendu que l'opération envisagée est conforme aux intérêts de la personne protégée et est justifiée par les pièces produites mais que ceux-ci sont en opposition avec ceux du tuteur; qu'en l'absence de subrogé-tuteur (ou subrogé curateur), il est donc nécessaire de désigner un tuteur (ou un curateur) *ad hoc* pour agir pour le compte de la personne protégée; qu'il convient donc de faire droit à la requête et de désigner… en cette qualité;

PAR CES MOTIFS

Statuant par ordonnance rendue en premier ressort,

Désignons… en qualité de tuteur (ou curateur) *ad hoc* de…, personne sous tutelle, pour agir pour le compte de celle-ci dans l'acte…,

Disons le compte-rendu d'exécution, accompagné des pièces justificatives, devra nous être adressé sous un délai maximum de deux mois à compter de la présente autorisation, et qu'il devra nous être référé en cas de difficulté;

Ordonnons l'exécution provisoire,

Disons que la présente ordonnance sera notifiée à…

Fait à…, le…

Le greffier Le juge des tutelles

5271.18 Exemple d'ordonnance arrêtant le budget de la tutelle en cas de difficulté (C. civ., art. 500)

Nous…, juge des tutelles près le tribunal d'instance de…, assisté de…, greffier,

Vu la requête et les pièces jointes susvisées,

Vus l'article 500 du Code civil,

Attendu que, le tuteur arrête le budget de la tutelle en déterminant, en fonction de l'importance des biens de la personne protégée et des opérations qu'implique la gestion, les sommes annuellement nécessaires à l'entretien de celle-ci et aux frais d'administration de ses biens; que le tuteur en informe le conseil de famille ou, à défaut, le juge; qu'en cas de difficultés, le budget est arrêté par le conseil de famille ou, à défaut, par le juge;

Attendu qu'en l'espèce, il résulte de… et des pièces produites par le tuteur que…; qu'en considération des revenus de…, personne protégée, de son patrimoine, de son train de vie et des projets faits avec elle pour assurer son bien-être, il convient de fixer ainsi qu'il suit le budget annuel pour l'année… : …;

PAR CES MOTIFS

Statuant par ordonnance rendue en premier ressort,

Fixons ainsi qu'il suit le budget de la tutelle de…, personne protégée, pour l'année…,

Disons le compte-rendu d'exécution, accompagné des pièces justificatives, devra nous être adressé lors du compte-rendu de gestion annuel et qu'il devra nous être référé en cas de difficulté;

Ordonnons l'exécution provisoire

Disons que la présente ordonnance sera notifiée à…

Fait à…, le…

Le greffier Le juge des tutelles

5271.19 Exemple d'ordonnance en ouverture/clôture de compte (C. civ., art. 427), valable pour tout type de compte sauf comptes titres et assurances vie

REQUÊTE

Nom et prénom de la personne protégée :

Date et lieu de naissance :

Type de mesure :

Date du jugement :

N° RG :

Ouverture ☐

Clôture ☐

☐ Compte de fonctionnement

Banque : ....

Motif et observations : ....

☐ Compte de mise à disposition

Banque : ....

Motif et observations : ....

☐ Compte de placement

Banque :

Type de placement :

N° compte :

Montant du placement ou solde du compte à clôturer :

Origine des fonds à placer :

En cas de clôture, destination du solde :

Motif et observations :

☐ Pièces jointes : (notice du compte de placement le cas échéant)

Nom du mandataire (judiciaire ou familial), date et lieu de signature

ORDONNANCE

Nous…, juge des tutelles près le tribunal d'instance de…, assisté de…, greffier,

Vu la requête et les pièces jointes susvisées,

Vus l'article 427 du Code civil,

Attendu que l'opération envisagée est conforme (n'est pas) aux intérêts de la personne protégée et est justifiée par les pièces produites; que, notamment, …;

PAR CES MOTIFS

Statuant par ordonnance rendue en premier ressort,

☐ Autorisons la réalisation de l'acte sollicité conformément à la requête ci-dessus,

☐ N'autorisons pas l'opération ci-dessus

☐ observations

Disons le compte-rendu d'exécution, accompagné des pièces justificatives, devra nous être adressé sous un délai maximum de deux mois à compter de la présente autorisation.

Ordonnons l'exécution provisoire

Disons que la présente ordonnance sera notifiée à…

Fait à…, le…

Le greffier Le juge des tutelles

5271.20 Exemple de requête et d'ordonnance de déblocage régulier de fonds

REQUÊTE

Nom et prénom protégé :

Date et lieu de naissance :

Type de mesure :

Date du jugement :

N° RG :

Nom du requérant :

Adresse :

Exposé des motifs de la requête : Les ressources courantes de la personne protégée, qui s'élèvent mensuellement à la somme de… euros, sont insuffisantes pour faire face à ses frais courants d'entretien qui s'élèvent mensuellement à la somme de… euros.

En conséquence, je sollicite l'autorisation de débloquer mensuellement* – trimestriellement* – semestriellement* – annuellement* – et pour la période allant du… au… la somme de… euros à prélever sur le(s) compte(s) de placement (intitulés précis ou numéros de compte)… détenu(s) auprès de l'organisme bancaire… aux fins de versement sur le(s) compte(s) suivant(s) : … et règlement des dépenses courantes.

Le...................... à....................

Signature du requérant

* rayer la mention inutile

Pièces jointes :

– compte rendu de gestion

– budget mensuel courant

– état actualisé du (ou des) compte(s) de placement concerné(s) par la requête

ORDONNANCE

Nous…, juge des tutelles près le tribunal d'instance de…, assisté de…, greffier,

Vu la requête et les pièces jointes sus-visées,

Vus les articles 496, 505 du Code civil et le décret n° 2008-1484 du 22 décembre 2008,

Attendu que l'opération envisagée est conforme (n'est pas) aux intérêts de la personne protégée et est justifiée par les pièces produites; que, notamment, …;

PAR CES MOTIFS

Statuant par ordonnance rendue en premier ressort,

☐ Autorisons la réalisation de l'acte sollicité conformément à la requête ci-dessus,

☐ N'autorisons pas l'opération ci-dessus

☐ observations

Disons le compte-rendu d'exécution, accompagné des pièces justificatives, devra nous être adressé sous un délai maximum de deux mois à compter de la présente autorisation.

Ordonnons l'exécution provisoire

Disons que la présente ordonnance sera notifiée à...

Fait à..., le...

Le greffier Le juge des tutelles

5271.21 Exemple de requête et d'ordonnance de déblocage ponctuel de fonds

REQUÊTE

Nom et prénom protégé :

Date et lieu de naissance :

Type de mesure :

Date du jugement :

N° RG :

Nom du requérant :

Adresse :

Exposé des motifs de la requête : Les ressources courantes de la personne protégée, qui s'élèvent mensuellement à la somme de... euros, sont insuffisantes pour faire face à la dépense suivante..., justifiée par...

En conséquence, je sollicite l'autorisation de l'autorisation de débloquer la somme de... euros à prélever sur le compte de placement... détenu auprès de l'organisme bancaire... aux fins de régler la dépense suivante...

Le........................ à.....................

Signature du requérant

Pièces jointes :

- devis ou tout justificatif de la dépense envisagée
- compte rendu de gestion
- budget mensuel courant
- état actualisé du (ou des) compte(s) de placement concerné(s) par la requête

ORDONNANCE

Nous..., juge des tutelles près le tribunal d'instance de..., assisté de..., greffier,

Vu la requête et les pièces jointes susvisées,

Vus les articles 496, 505 du Code civil et le décret n° 2008-1484 du 22 décembre 2008,

Attendu que l'opération envisagée est conforme (n'est pas) aux intérêts de la personne protégée et est justifiée par les pièces produites; que, notamment, ...;

PAR CES MOTIFS

Statuant par ordonnance rendue en premier ressort,

Autorisons la réalisation de l'acte sollicité conformément à la requête ci-dessus,

Disons qu'il nous sera justifié de l'exécution de la présente décision dans le délai de deux mois au maximum après la présente autorisation,

Ordonnons l'exécution provisoire

Disons que la présente ordonnance sera notifiée à...

Fait à..., le...

Le greffier Le juge des tutelles

5271.22 Exemple d'ordonnance autorisant la souscription d'un contrat-obsèques

Nous, juge des tutelles près le tribunal d'instance de..., assisté de..., greffier,

Vu le jugement du... prononçant la mise sous tutelle de..., né le..., à..., et désignant... en qualité de tuteur,

Vu la requête de..., en qualité de tuteur, aux fins d'être autorisé à souscrire un contrat d'assurance obsèques au nom de celui-ci, enregistrée au greffe le..., et les pièces jointes,

Vu les articles L 132-3 et L 310-1 du Code des assurances, R 2223-33 et R 2223-34-1 du Code général des collectivités territoriales,

Vu la réponse ministérielle du Ministre de la Justice publiée au *Journal Officiel* du 23 novembre 2010,

Attendu qu'il résulte de l'article L 132-3 alinéa 1er du Code des assurances, qu'il est défendu à toute personne de contracter une assurance en cas de décès sur la tête d'un mineur âgé de moins de douze ans, d'un majeur en tutelle, d'une personne placée dans un établissement psychiatrique d'hospitalisation; que l'article R 2223-34-1 du Code général des collectivités territoriales dispose, quant à lui, que toute clause d'un contrat prévoyant des prestations d'obsèques à l'avance sans que le contenu détaillé de ces prestations soit détaillé est réputée non écrite, ajoutant que le capital versé par le souscripteur d'un contrat prévoyant des prestations d'obsèques à l'avance produit intérêt à un taux au moins égal au taux légal;

Qu'en l'espèce, il résulte de l'analyse de la convention obsèques proposé par la société... que ce contrat n'est pas un simple contrat d'assurance en cas de décès mais un contrat conclu avec une compagnie d'assurance-vie et adossé à un contrat de prestation de service passé avec une entreprise de pompes funèbres, qui décrit de manière précise les conditions des funérailles; que le souscripteur peut modifier à tout moment librement les conditions des funérailles et exercer sa faculté de rachat;...

Attendu, dans ces conditions, qu'il convient de faire droit à la requête :

PAR CES MOTIFS

Statuant par ordonnance rendue en premier ressort,

Autorisons... à souscrire, en sa qualité de tuteur de..., un contrat obsèques au nom de celui-ci avec la société..., moyennant le versement d'une prime unique de... par prélèvement sur..., compte ouvert au nom de la personne protégée,

Disons que..., tuteur, devra nous rendre compte de l'exécution de l'ordonnance dans un délai de deux mois après sa réalisation,

Ordonnons la notification de la présente décision à...

Le greffier Le juge des tutelles

5271.23 Exemple d'ordonnance refusant la souscription d'un contrat-obsèques

Nous, juge des tutelles près le tribunal d'instance de..., assisté de..., greffier,

Vu le jugement du... prononçant la mise sous tutelle de..., né le..., à..., et désignant... en qualité de tuteur,

Vu la requête de..., en qualité de tuteur, aux fins d'être autorisé à souscrire un contrat d'assurance obsèques au nom de celui-ci, enregistrée au greffe le..., et les pièces jointes,

Vu les articles L 132-3 et L 310-1 du Code des assurances, R 2223-33 et R 2223-34-1 du Code général des collectivités territoriales,

Vu la réponse ministérielle du Ministre de la Justice publiée au *Journal Officiel* du 23 novembre 2010,

Attendu qu'il résulte de l'article L 132-3 alinéa 1er du Code des assurances, qu'il est défendu à toute personne de contracter une assurance en cas de décès sur la tête d'un mineur âgé de moins de douze ans, d'un majeur en tutelle, d'une personne placée dans un établissement psychiatrique d'hospitalisation; que l'article R 2223-34-1 du Code général des collectivités territoriales dispose, quant à lui, que toute clause d'un contrat prévoyant des prestations d'obsèques à l'avance sans que le contenu détaillé de ces prestations soit détaillé est réputée non écrite, ajoutant que le capital versé par le souscripteur d'un contrat prévoyant des prestations d'obsèques à l'avance produit intérêt à un taux au moins égal au taux légal;

Qu'en l'espèce, il résulte de l'analyse de la convention obsèques proposé par la société... est interdit par les dispositions rappelées ci-dessus en ce que...; que, dans ces conditions, qu'il convient de rejeter la requête :

PAR CES MOTIFS

Statuant par ordonnance rendue en premier ressort,

Rejetons la requête présentée par..., en sa qualité de tuteur de..., aux fins de souscription d'un contrat obsèques au nom de celui-ci avec la société...,

Ordonnons la notification de la présente décision à...

Le greffier Le juge des tutelles

5271.24 Exemple d'ordonnance autorisant la vente d'un immeuble (logement)

Nous, ..., juge des tutelles près le tribunal d'instance de..., assisté de..., greffier,

Vu le jugement du... prononçant la mise sous tutelle de..., né le..., demeurant à..., et désignant... en qualité de tuteur,

Vu la requête de... aux fins de disposer du logement de... en procédant à sa vente, enregistrée au greffe le..., et les pièces jointes,

Vu le certificat médical circonstancié délivré le... par le docteur..., médecin inscrit sur la liste établie par le procureur de la République,

Vu le procès-verbal d'audition de... en date du..., (*option : l'ordonnance de dispense d'audition*)

(Vu les procès-verbaux d'audition de... en date des...),

Vu les articles 426, 459-2, 432 et 505du Code civil et 1213, 1220-3 du Code de procédure civile,

MOTIFS

Attendu que l'article 426 du Code civil dispose que le logement de la personne protégée et les meubles dont il est garni, qu'il s'agisse d'une résidence principale ou secondaire, sont conservés à la disposition de celle-ci aussi longtemps qu'il est possible, la disposition des droits relatifs à celui-ci devant être autorisée par le juge des tutelles ou le conseil de famille seulement lorsque la situation le rend nécessaire ou si l'intérêt de la personne protégée le commande; que l'article 459-2 du même Code stipule quant à lui que la personne protégée choisit son lieu de résidence, le juge des tutelles étant appelé à statuer en cas de difficulté;

Attendu qu'en l'espèce, il est établi par l'ensemble des éléments du dossier, et spécialement par les documents médicaux en date du..., que...; que le prix proposé, sur la base de deux évaluations effectuées par... dont une notariée, correspond à la valeur du bien au regard des critères du marché immobilier; qu'en conséquence, il convient de faire droit à la requête en autorisant le tuteur à vendre l'immeuble constituant le logement qu'occupait... et à faire vendre les meubles meublants figurant sur l'inventaire conformément aux évaluations y figurant, sauf conservation des objets personnels, des souvenirs de famille et ceux indispensables aux soins de la personne protégée qui, en application du dernier alinéa de l'article 426 du Code civil devront être gardés à sa disposition, au besoin par les soins de l'établissement dans lequel elle est hébergée;

Attendu qu'il convient, compte tenu de l'urgence, d'ordonner l'exécution provisoire;

PAR CES MOTIFS

Statuant par ordonnance contradictoire (réputé contradictoire/par défaut) et en premier ressort,

Autorisons..., agissant en qualité de tuteur de..., né le..., à..., personne sous tutelle, à vendre pour son compte le bien immobilier constituant le logement de..., situé à..., au prix net vendeur de...

Autorise le tuteur, en cette qualité, à faire vendre les meubles le garnissant figurant sur l'inventaire conformément aux évaluations y figurant, sauf conservation des objets personnels, des souvenirs de famille et ceux indispensables aux soins de la personne protégée qui, en application du dernier alinéa de l'article 426 du Code civil devront être gardés à sa disposition, au besoin par les soins de l'établissement dans lequel elle est hébergée,

Disons que le produit de la vente sera déposé sur un compte bloqué ouvert au nom de la personne protégée chez un dépositaire agréé, si elle n'en détient pas déjà un, après règlement éventuel des frais du commissaire-priseur saisi,

Disons qu'il nous sera rendu compte de l'exécution de la présente décision dans un délai de deux mois maximum,

Ordonnons l'exécution provisoire

Ordonnons la notification de la présente décision à...

Le greffier Le juge des tutelles

5271.25 Exemple d'ordonnance d'autorisation de vente d'un immeuble

Le...,

Nous, ..., juge des tutelles près le tribunal d'instance de..., assisté de..., greffier,

Vu le jugement du... prononçant la mise sous tutelle de..., né le..., demeurant à..., et désignant... en qualité de tuteur,

Vu la requête de... aux fins de procéder à la vente du bien immobilier situé à... pour le prix net vendeur de..., enregistrée au greffe le..., et les pièces jointes,

Vu les articles 496 et 505du Code civil et le décret n° 2008-1484 du 22 décembre 2008,

Vu l'article 1229 du Code de procédure civile,

MOTIFS

Attendu qu'il est établi par l'ensemble des éléments du dossier, et spécialement par les évaluations réalisées par..., dont une par Maître..., notaire à..., que le prix proposé correspond à la valeur du bien au regard des critères du marché immobilier; que cette opération est conforme à l'intérêt de la personne protégée en ce que...;

Qu'en conséquence, il convient de faire droit à la requête et, compte tenu de l'urgence, d'ordonner l'exécution provisoire;

PAR CES MOTIFS

Statuant par ordonnance contradictoire (réputé contradictoire/par défaut) et en premier ressort,

Autorisons..., agissant en qualité de tuteur de..., né le..., à..., personne sous tutelle, à vendre pour son compte le bien immobilier situé à..., au prix net vendeur de...,

Disons que le produit de la vente sera déposé sur un compte bloqué ouvert au nom de la personne protégée chez un dépositaire agréé, si elle n'en détient pas déjà un,

Disons qu'il nous sera rendu compte de l'exécution de la présente décision dans un délai de deux mois maximum,

Ordonnons l'exécution provisoire

Ordonnons la notification de la présente décision à...

Le greffier Le juge des tutelles

5271.26 Exemple d'ordonnance de consultation sur la valeur d'un bien immobilier

Le...,

Nous, ..., juge des tutelles près le tribunal d'instance de..., assisté de..., greffier,

Vu le jugement du..., plaçant... sous le régime de la tutelle et désignant... en qualité de tuteur,

Vu la requête de..., demeurant..., aux fins de procéder à la vente du bien immobilier appartenant à la personne protégée et situé..., et les pièces jointes,

Attendu qu'avant d'autoriser l'opération de vente envisagée, il convient de vérifier si le prix correspond à la valeur vénale et locative du bien dont il s'agit, en précisant le cas échéant les travaux à envisager; (*option*; que... étant insolvable, il convient de laisser les frais de consultation à la charge du Trésor public);

PAR CES MOTIFS

Statuant avant dire droit,

Ordonnons une mission de consultation et désignons..., demeurant..., en qualité de consultant avec mission de :

– visiter l'immeuble situé... et consulter tous documents utiles à l'accomplissement de sa mission,

– donner son avis sur la valeur vénale et locative de ce bien (compte tenu, notamment, des éventuels travaux à réaliser),

– faire toutes observations utiles et nous en référer en cas de difficultés,

Disons que le consultant devra établir rapport de sa consultation et le déposer au greffe de ce tribunal dans un délai de..., et en tout état de cause avant le...,

Disons que les frais seront avancés et recouvrés conformément aux dispositions des articles R. 93 alinéa 3 et 217 du Code de procédure pénale.

Le greffier Le juge des tutelles

5271.27 Exemple de requête de souscription d'un emprunt

Objet...

À Madame (Monsieur) le juge des tutelles,

Par jugement du..., ... a été placé sous le régime de... et vous m'avez désigné en qualité de tuteur.

Je sollicite l'autorisation de souscrire, pour la personne protégée, un emprunt auprès de... pour un montant principal de..., remboursable en... mensualités au TEG de... % (soit un coût total de...), pour les motifs suivants : ...

Je précise que la situation financière de... est la suivante : ... et qu'il dispose d'une capacité d'endettement de...

Fait à..., le...,

(signature)

Pièces jointes :

Inventaire

Dernier compte de gestion

Budget moyen mensuel

Offre de prêt et conditions générales

Tableau d'amortissement

Devis, si l'emprunt est justifié par des travaux, par exemple

5271.28 Exemple d'ordonnance d'autorisation de prélèvement et d'achat

Le...,

Nous, ..., juge des tutelles près le tribunal d'instance de..., assisté de..., greffier,

Vu le jugement du... prononçant la mise sous tutelle de..., né le..., demeurant à..., et désignant... en qualité de tuteur,

Vu la requête de... aux fins de procéder à un prélèvement sur le compte de la personne protégée... pour effectuer l'achat suivant..., enregistrée au greffe le..., et les pièces jointes,

Vu les articles 496 et 505 du Code civil et le décret n° 2008-1484 du 22 décembre 2008,

Vu l'article 1229 du Code de procédure civile,

MOTIFS

Attendu qu'il est établi par l'ensemble des éléments du dossier, et spécialement par..., que l'opération pour laquelle l'autorisation est sollicitée est conforme à l'intérêt de la personne protégée;

Qu'en conséquence, il convient de faire droit à la requête et, compte tenu de l'urgence, d'ordonner l'exécution provisoire;

PAR CES MOTIFS

Statuant par ordonnance contradictoire (réputé contradictoire/par défaut) et en premier ressort,

Autorisons..., agissant en qualité de tuteur de..., né le..., à..., personne sous tutelle, à prélever la somme de... sur le compte de..., afin de procéder à l'achat de...,

Disons qu'il nous sera rendu compte de l'exécution de la présente décision dans un délai de deux mois maximum,

Ordonnons l'exécution provisoire

Ordonnons la notification de la présente décision à...

Le greffier Le juge des tutelles

5271.29 Exemple de requête et d'ordonnance de placement de fonds (valable pour tout type de comptes sauf comptes titres et assurances vie)

requête

Nom et prénom de la personne protégée :

Date et lieu de naissance :

Type de mesure :

Date du jugement :

N° RG :

Placement

Type de placement :

N° compte :

Origine des fonds à placer :

Montant du placement :

Motif et observations :

Pièces jointes : (Notice du produit le cas échéant)

Nom du mandataire (judiciaire ou familial)

Date et lieu de signature

ORDONNANCE

Nous..., juge des tutelles près le tribunal d'instance de..., assisté de..., greffier,

Vu la requête et les pièces jointes sus-visées,

Vus les articles 496, 505 du Code civil et le décret n° 2008-1484 du 22 décembre 2008,

Attendu que..., personne protégée, dispose de la somme de..., qui ne doit pas rester improductive; que l'opération envisagée est conforme (n'est pas) aux intérêts de la personne protégée et est justifiée par les pièces produites; que, notamment, ...;

Qu'en conséquence, il convient de :

☐ autoriser l'opération ci-dessus

☐ ne pas autoriser l'opération ci-dessus

☐ observations :

PAR CES MOTIFS

Statuant par ordonnance rendue en premier ressort,

☐ Autorisons la réalisation de l'acte sollicité conformément à la requête ci-dessus,

☐ N'autorisons pas l'opération ci-dessus

☐ observations

Disons le compte-rendu d'exécution, accompagné des pièces justificatives, devra nous être adressé sans un délai maximum de deux mois à compter de la présente autorisation.

Ordonnons l'exécution provisoire

Disons que la présente ordonnance sera notifiée à...

Fait à Le

Le greffier Le juge des tutelles

5271.30 Exemple de requête et d'ordonnance d'acceptation de souscription d'une assurance-vie ou de rachat

exemple 1 Requête en souscription d'un contrat d'assurance-vie et désignation d'un bénéficiaire

Nom et prénom de la personne protégée :

Date et lieu de naissance :

Type de mesure :

Date du jugement :

N° RG :

Souscription et désignation d'un bénéficiaire

• Banque ou société d'assurances :

• Bénéficiaire :

☐ Clause classique : les héritiers selon les règles du Code Civil sous réserve des dispositions testamentaires avant la tutelle

☐ Clause type banque : le conjoint à défaut mes enfants nés ou à naître, à défaut mes héritiers.

☐ Clause classique et aide sociale : les héritiers selon les règles du Code Civil sous réserve des dispositions testamentaires avant la tutelle et d'une éventuelle créance d'aide sociale qui conduirait en cas d'insuffisance de l'actif successoral à devoir intégrer les capitaux du présent contrat dans la succession à concurrence du montant de cette créance non réglée par la succession.

☐ Autre bénéficiaire :

• Support financier 100 % EUROS si autres supports à préciser :

• Montant brut :

• Frais souscription :

• Frais de gestion :

• Motif et observations :

• Pièces jointes (joindre impérativement la notice du produit) :

Nom du mandataire (judiciaire ou familial), date et lieu de signature

ORDONNANCE :

Nous..., juge des tutelles près le tribunal d'instance de..., assisté de..., greffier,

Vu la requête et les pièces jointes susvisées,

Vus les articles 496, 505 du Code civil et le décret n° 2008-1484 du 22 décembre 2008,

Attendu que l'opération envisagée est conforme (n'est pas) aux intérêts de la personne protégée et est justifiée par les pièces produites; que, notamment, ...;

Qu'en conséquence, il convient de :

☐ autoriser l'opération ci-dessus

☐ ne pas autoriser l'opération ci-dessus

☐ observations :

PAR CES MOTIFS,

Statuant par ordonnance rendue en premier ressort,

☐ Autorisons la réalisation de l'acte sollicité conformément à la requête ci-dessus,

☐ N'autorisons pas l'opération ci-dessus

☐ Observations

Disons le compte-rendu d'exécution, accompagné des pièces justificatives, devra nous être adressé sans un délai maximum de deux mois à compter de la présente autorisation.

Ordonnons l'exécution provisoire

Disons que la présente ordonnance sera notifiée à...

Fait à Le

Le greffier Le juge des tutelles

exemple 2 Requête en rachat d'un contrat d'assurance-vie

Nom et prénom protégé :

Date et lieu de naissance :

Type de mesure :

Date du jugement :

N° RG :

Rachat

Banque ou société d'assurances :

- N° contrat :
- Date contrat :
- Clause bénéficiaire :
- Montant des capitaux avant rachat :
- Montant du rachat :
- Compte ou produit à créditer :
- Motif et observations :
- Pièces jointes :(notice d'information du contrat ou produit à créditer)

Nom du mandataire (judiciaire ou familial), date et lieu de signature

ORDONNANCE :

Nous..., juge des tutelles près le tribunal d'instance de..., assisté de..., greffier,

Vu la requête et les pièces jointes susvisées,

Vus les articles 496, 505 du Code civil et le décret n° 2008-1484 du 22 décembre 2008,

Attendu que l'opération envisagée est conforme (n'est pas) aux intérêts de la personne protégée et est justifiée par les pièces produites; que, notamment, ...;

PAR CES MOTIFS,

Statuant par ordonnance rendue en premier ressort,

☐ Autorisons la réalisation de l'acte sollicité conformément à la requête ci-dessus,

☐ N'autorisons pas l'opération ci-dessus

☐ Observations

Disons le compte-rendu d'exécution, accompagné des pièces justificatives, devra nous être adressé sans un délai maximum de deux mois à compter de la présente autorisation.

Ordonnons l'exécution provisoire

Disons que la présente ordonnance sera notifiée à...

Fait à..., le...

Le greffier Le juge des tutelles

5271.31 Exemple de requête en acceptation pure et simple de succession

Objet : ...

Une mesure de tutelle concernant..., né le..., à..., demeurant... et résidant habituellement à..., a été ouverte en votre cabinet par votre décision du... J'ai été désigné en qualité de tuteur.

La personne protégée est susceptible de recevoir la succession de... (*préciser le lien de parenté*), décédé le... à...

Il résulte de l'inventaire établi par Maître..., notaire à..., joint à la présente requête, que l'actif successoral dépasse manifestement le passif (*préciser les montants*).

C'est pourquoi, en ma qualité de tuteur, je sollicite l'autorisation d'accepter, pour le compte de..., personne protégée, la succession de...

Fait à..., le...

(signature)

Pièce jointe : État liquidatif notarié signé.

5271.32 Exemple d'ordonnance d'acceptation pure et simple de succession

Le...,

Nous, ..., juge des tutelles près le tribunal d'instance de..., assisté de...,

Vu le jugement du... prononçant la mise sous tutelle de..., né le..., demeurant à..., et désignant... en qualité de tuteur,

Vu la requête de..., agissant en qualité de tuteur, enregistrée au greffe le..., et les pièces jointes,

Vu l'article 507-1 du Code civil,

MOTIFS

Attendu que, par dérogation à l'article 768 du Code civil, le tuteur ne peut accepter une succession échue qu'à concurrence de l'actif net; que, toutefois, le conseil de famille ou, à défaut, le juge des tutelles peut, par une délibération ou une décision spéciale, l'autoriser à accepter purement et simplement si l'actif dépasse manifestement le passif;

Qu'en l'espèce...; qu'il convient, en conséquence, de faire droit à la requête;

PAR CES MOTIFS

Statuant par ordonnance rendue en premier ressort,

Autorisons..., agissant en qualité de tuteur de..., né le..., à..., personne sous tutelle, à accepter purement et simplement la succession de..., décédé le..., à...,

Disons qu'il nous sera rendu compte de l'exécution de la présente décision dans un délai de deux mois maximum,

Ordonnons la notification de la présente décision à...

Le greffier Le juge des tutelles

5271.33 Exemple d'ordonnance d'acceptation d'une succession, de vente et de réemploi des fonds

Le...,

Nous, ..., juge des tutelles près le tribunal d'instance de..., assisté de..., greffier,

Vu le jugement du... prononçant la mise sous tutelle de..., né le..., demeurant à..., et désignant... en qualité de tuteur,

Vu la requête de..., agissant en qualité de tuteur, enregistrée au greffe le..., et les pièces jointes aux fins d'être autorisé à :

– accepter purement et simplement la succession de... (lien de parenté), décédé le... à...,

– vendre l'immeuble sis à..., dépendant de la succession, pour le prix net vendeur de...,

– procéder au réemploi des fonds devant provenir de ladite vente selon les modalités suivantes : ...,

Vu les articles 496, 505 et 507-1 du Code civil,

MOTIFS

Attendu qu'il résulte de l'inventaire de patrimoine tel qu'établi par Maître..., notaire à..., que l'actif de la succession de..., décédé le... à..., dont la personne protégée est héritière à concurrence de..., que l'actif dépasse manifestement le passif;

Que, par ailleurs, la vente amiable et de gré à gré envisagée pour le prix net vendeur de... est proposée sur la base de deux attestations de valeur, dont une notariée, établissant que le prix proposé est conforme à la valeur vénale du bien;

Qu'enfin, le(s) placement(s) financier(s) envisagé(s) en réemploi des fonds provenant du prix de vente, sous la forme de..., apparaissent conformes aux intérêts de la personne protégée;

Attendu, en conséquence, qu'il convient de faire droit à la requête présentée, dans son intégralité et, compte tenu de l'urgence, d'assortir la présente décision de l'exécution provisoire;

PAR CES MOTIFS

Statuant par ordonnance rendue en premier ressort,

Autorisons..., agissant en qualité de tuteur de..., né le..., à..., personne sous tutelle, à :

– accepter purement et simplement la succession de..., décédé le..., à...,

– vendre l'immeuble sis à..., dépendant de la succession, pour le prix net vendeur de...,

– procéder au réemploi des fonds devant provenir de ladite vente selon les modalités suivantes : ...,

Disons qu'il nous sera rendu compte de l'exécution de la présente décision dans un délai de deux mois maximum,

Ordonnons l'exécution provisoire,

Ordonnons la notification de la présente décision à...

Le greffier Le juge des tutelles

5271.34 Exemple de requête en renonciation de succession

Objet : ...

Une mesure de tutelle concernant..., né le..., à..., demeurant... et résidant habituellement à..., a été ouverte en votre cabinet par votre décision du... J'ai été désigné en qualité de tuteur.

La personne protégée est susceptible de recevoir la succession de... (préciser le lien de parenté), décédé le... à...

Il résulte de l'inventaire établi par Maître..., notaire à..., joint à la présente requête, que le passif successoral excède l'actif (préciser les montants).

C'est pourquoi, en ma qualité de tuteur, je sollicite l'autorisation de renoncer, pour le compte de..., personne protégée, la succession de...

Fait à..., le...

(signature)

Pièce jointe : État liquidatif notarié signé.

5271.35 Exemple d'ordonnance autorisant la renonciation à une succession

Le...,

Nous, ..., juge des tutelles près le tribunal d'instance de..., assisté de...,

Vu le jugement du... prononçant la mise sous tutelle de..., né le..., demeurant à..., et désignant... en qualité de tuteur,

Vu la requête de..., agissant en qualité de tuteur, enregistrée au greffe le..., et les pièces jointes,

Vu l'article 507-1 alinéa 2 du Code civil,

MOTIFS

Attendu qu'en application de l'alinéa 2 de l'article 507-1 du Code civil, le tuteur ne peut renoncer à une succession échue sans une autorisation du conseil de famille ou, à défaut, le juge des tutelles;

Qu'en l'espèce, il convient de faire droit à la requête du tuteur, l'inventaire notarié dressé le... par maître..., notaire à..., établissant que le passif de la succession de..., décédé le... à..., est supérieur à l'actif (*nota bene* : l'autorisation à renonciation pourrait être donnée également, le cas échéant, en fonction des circonstances d'espèce, pour la mise en œuvre de la représentation successorale du renonçant);

PAR CES MOTIFS

Statuant par ordonnance rendue en premier ressort,

Autorisons..., agissant en qualité de tuteur de..., né le..., à..., personne sous tutelle, à renoncer à la succession de..., décédé le..., à...,

Disons qu'il nous sera rendu compte de l'exécution de la présente décision dans un délai de deux mois maximum,

Ordonnons l'exécution provisoire

Ordonnons la notification de la présente décision à...

Le greffier Le juge des tutelles

5271.36 Exemple de requête en résiliation de contrat de bail (logement)

Objet : ...

Une mesure de tutelle concernant..., né le..., à..., demeurant... et résidant habituellement à..., a été ouverte en votre cabinet par votre décision du... J'ai été désigné en qualité de tuteur.

Avant l'ouverture de cette mesure, ..., personne protégée, occupait un logement situé... (adresse exacte et descriptif), en vertu d'un contrat de bail signé le... avec...,

Actuellement, ... est... (rapport précis de la situation personnelle et financière de la personne protégée). Il se trouve dans l'impossibilité de retourner à son domicile, ainsi qu'il résulte du certificat médical établi le... par le docteur..., médecin inscrit sur la liste du procureur de la République. Il apparaît désormais nécessaire de résilier son contrat de bail.

C'est pourquoi, en ma qualité de tuteur, je sollicite l'autorisation, pour le compte de..., de :

– résilier le bail d'habitation signé le... avec...,

– vendre/entreposer chez un garde-meubles moyennant le coût suivant (devis) le mobilier sur les bases de prix suivantes au vu de l'inventaire mobilier établi lors de l'ouverture de la mesure (par commissaire-priseur/par huissier de justice/autre)

– …

Fait à…, le…

Pièces jointes :

- Certificat médical circonstancié d'un médecin inscrit
- État actualisé des comptes
- Inventaire du mobilier
- Bail

5271.37 Exemple d'ordonnance d'autorisation de résiliation de contrat de bail et de vente des meubles

Le…,

Nous, …, juge des tutelles près le tribunal d'instance de…, assisté de…, greffier,

Vu le jugement du… prononçant la mise sous tutelle de…, né le…, demeurant à…, et désignant… en qualité de tuteur,

Vu la requête de… aux fins de disposer du logement de…, enregistrée au greffe le…, et les pièces jointes,

Vu le certificat médical circonstancié [1] délivré le… par le docteur…, médecin inscrit sur la liste établie par le procureur de la République,

Vu le procès-verbal d'audition de… en date du…, (*option* : l'ordonnance de dispense d'audition)

(Vu les procès-verbaux d'audition de… en date des…),

Vu les articles 426, 459-2 et 432 du Code civil et 1213, 1220-3 du Code de procédure civile,

MOTIFS

Attendu que l'article 426 du Code civil dispose que le logement de la personne protégée et les meubles dont il est garni, qu'il s'agisse d'une résidence principale ou secondaire, sont conservés à la disposition de celle-ci aussi longtemps qu'il est possible, la disposition des droits relatifs à celui-ci devant être autorisée par le juge des tutelles ou le conseil de famille seulement lorsque la situation le rend nécessaire ou si l'intérêt de la personne protégée le commande; que l'article 459-2 du même Code énonce quant à lui que la personne protégée choisit son lieu de résidence, le juge des tutelles étant appelé à statuer en cas de difficulté;

Qu'en l'espèce, il est établi par l'ensemble des éléments du dossier, et spécialement par les documents médicaux en date du…, que…; qu'en conséquence, il convient de faire droit à la requête en autorisant le tuteur à résilier le bail du logement qu'occupait… et à faire vendre les meubles meublants figurant sur l'inventaire conformément aux évaluations y figurant, sauf conservation des objets personnels, des souvenirs de famille et ceux indispensables aux soins de la personne protégée qui, en application du dernier alinéa de l'article 426 du Code civil devront être gardés à sa disposition, au besoin par les soins de l'établissement dans lequel elle est hébergée;

Attendu qu'il convient, compte tenu de l'urgence, d'ordonner l'exécution provisoire;

PAR CES MOTIFS

Statuant par ordonnance contradictoire (réputé contradictoire/par défaut) et en premier ressort,

Autorisons…, agissant en qualité de tuteur de…, né le…, à…, personne sous tutelle, à résilier pour son compte le bail du logement situé à…, passé le… avec…, et à faire vendre les meubles le garnissant figurant sur l'inventaire conformément aux évaluations y figurant, sauf conservation des objets personnels, des souvenirs de famille et ceux indispensables aux soins de la personne protégée qui, en application du dernier alinéa de l'article 426 du Code civil devront être gardés à sa disposition, au besoin par les soins de l'établissement dans lequel elle est hébergée,

Disons que le produit de la vente sera déposé sur un compte bloqué ouvert au nom de la personne protégée chez un dépositaire agréé, si elle n'en détient pas déjà un, après règlement éventuel des frais du commissaire-priseur saisi,

Disons qu'il nous sera rendu compte de l'exécution de la présente décision dans un délai de deux mois maximum,

Ordonnons l'exécution provisoire

Ordonnons la notification de la présente décision à…

Le greffier Le juge des tutelles

5272 Actes relatifs à la personne

5272.11 Exemple d'ordonnance fixant la résidence de la personne protégée

Le…,

Nous, …, juge des tutelles près le tribunal d'instance de…, assisté de…, greffier,

Vu le jugement du… prononçant la mise sous tutelle de…, né le…, demeurant à…, et désignant… en qualité de tuteur,

Vu la requête de… aux fins de voir fixer la résidence de…, enregistrée au greffe le…, et les pièces jointes,

Vu le certificat médical circonstancié [2] délivré le… par le docteur…, (médecin inscrit sur la liste établie par le procureur de la République),

Vu le procès-verbal d'audition de… en date du…, (*option* : l'ordonnance de dispense d'audition)

(Vu les procès-verbaux d'audition de… en date des…),

Vu les articles 459-2 et 432 du Code civil et 1213, 1220-3 du Code de procédure civile,

MOTIFS

Attendu qu'il résulte de l'article 459-2 du Code civil que la personne protégée choisit son lieu de résidence, le juge des tutelles ou le conseil de famille s'il a été constitué étant appelé à statuer en cas de difficulté;

1. Le recours au certificat médical circonstancié, bien que n'étant pas obligatoire, peut s'avérer utile lorsqu'il s'agit d'apprécier l'aptitude de la personne protégée à choisir son lieu de vie.

2. Le recours au certificat médical circonstancié, bien que n'étant pas obligatoire, peut s'avérer utile lorsqu'il s'agit d'apprécier l'aptitude de la personne protégée à choisir son lieu de vie.

Qu'en l'espèce, il est établi par l'ensemble des éléments du dossier, et spécialement par les documents médicaux en date du…, que…; que, lors de son audition, la personne protégée a émis le souhait de…;

Attendu, en conséquence, qu'il convient dans l'intérêt de la personne protégée de fixer sa résidence à…;

Que, compte tenu de l'urgence et des circonstances, il y a lieu d'ordonner l'exécution provisoire;

PAR CES MOTIFS

Statuant par ordonnance contradictoire (réputé contradictoire/par défaut) et en premier ressort,

Fixons la résidence de…, né le…, à…, personne sous tutelle, à…,

Disons qu'il nous sera rendu compte de l'exécution de la présente décision dans un délai de deux mois maximum,

Ordonnons l'exécution provisoire

Ordonnons la notification de la présente décision à…

Le greffier Le juge des tutelles

5272.12 Exemple d'ordonnance fixant les modalités d'exercice des relations personnelles de la personne protégée

Nous, …, juge des tutelles près le tribunal d'instance de…, assisté de…, greffier,

Vu le jugement du… prononçant la mise sous tutelle de…, né le…, demeurant à…, et désignant… en qualité de tuteur,

Vu la requête de… aux fins de voir fixer les modalités d'exercice des relations personnelles de…, enregistrée au greffe le…, et les pièces jointes,

Vu le certificat médical (circonstancié) délivré le… par le docteur…, (médecin inscrit sur la liste établie par le procureur de la République),

Vu le procès-verbal d'audition de… en date du…, (option : l'ordonnance de dispense d'audition)

(Vu les procès-verbaux d'audition de… en date des…),

Vu les articles 459-2 et 432 du Code civil et 1213, 1220-3 du Code de procédure civile,

MOTIFS

Attendu qu'il résulte de l'article 459-2 du Code civil que la personne protégée entretient librement des relations personnelles avec tout tiers, parent ou non; qu'elle a le droit d'être visitée et, le cas échéant, hébergée par ceux-ci, le juge des tutelles ou le conseil de famille s'il a été constitué étant appelé à statuer en cas de difficulté;

Qu'en l'espèce, il est établi par l'ensemble des éléments du dossier, et spécialement par les documents médicaux en date du…, que…; que, lors de son audition, la personne protégée a émis le souhait de…;

Attendu, en conséquence, qu'il convient dans l'intérêt de la personne protégée de fixer ainsi qu'il suit les modalités d'exercice de ses relations personnelles avec… :

(*par exemple* : un dimanche par mois de 15 heures à 17 heures à la maison de retraite de…, avec interdiction de sortir la personne protégée de sa chambre)

Que, compte tenu de l'urgence et des circonstances, il y a lieu d'ordonner l'exécution provisoire;

PAR CES MOTIFS

Statuant par ordonnance contradictoire (réputé contradictoire/par défaut) et en premier ressort,

Fixons ainsi qu'il suit les modalités d'exercice des relations personnelles de…, né le…, à…, personne sous tutelle, avec…,

Disons qu'il nous sera rendu compte de l'exécution de la présente décision dans un délai de deux mois maximum,

Ordonnons l'exécution provisoire

Ordonnons la notification de la présente décision à…

Le greffier Le juge des tutelles

5272.13 Exemple d'ordonnance autorisant l'assistance ou la représentation de la personne protégée pour les actes personnels (C. civ., art. 459, al. 2)

Nous, …, juge des tutelles près le tribunal d'instance de…, assisté de…, greffier,

Vu le jugement du… prononçant la mise sous tutelle de…, né le…, demeurant à…, et désignant… en qualité de tuteur,

Vu la requête de… aux fins d'autoriser l'assistance/la représentation de… pour l'ensemble des actes personnels ou pour certains d'entre eux (*à énumérer*), enregistrée au greffe le…, et les pièces jointes,

Vu le certificat médical (circonstancié) délivré le… par le docteur…, (médecin inscrit sur la liste établie par le procureur de la République),

Vu le procès-verbal d'audition de… en date du…, (*option* : l'ordonnance de dispense d'audition)

(Vu les procès-verbaux d'audition de… en date des…),

Vu les articles 459, 459-1 et 432 du Code civil et 1213, 1220-3 du Code de procédure civile,

MOTIFS

Attendu qu'il résulte de l'article 459 du Code civil que, hors les cas prévus à l'article 458, la personne protégée prend seule les décisions relatives à sa personne dans la mesure où son état le permet; que, lorsque son état ne lui permet pas de prendre seule une décision personnelle éclairée, le juge des tutelles ou le conseil de famille s'il a été constitué peut prévoir qu'elle bénéficiera, pour l'ensemble des actes relatifs à sa personne, ou pour ceux d'entre eux qu'il énumère, de l'assistance de la personne chargée de sa protection; qu'au cas où cette assistance ne suffirait pas, il peut en cas de tutelle autoriser le tuteur à représenter l'intéressé;

Qu'en l'espèce, il est établi par l'ensemble des éléments du dossier, et spécialement par les documents médicaux en date du…, que…;

Attendu, en conséquence, qu'il convient dans l'intérêt de la personne protégée de prévoir qu'elle bénéficiera de l'assistance/la représentation de son tuteur, …, pour l'ensemble des actes relatifs à sa personne/pour tels actes particuliers (*à énumérer précisément*), étant rappelé qu'il appartiendra au tuteur de respecter les limites posées tant par l'alinéa 3 de l'article 459 du Code civil que par l'article 459-1 du même Code;

Attendu que, compte tenu de l'urgence et des circonstances, il y a lieu d'ordonner l'exécution provisoire;

PAR CES MOTIFS

Statuant par ordonnance contradictoire (réputé contradictoire/par défaut) et en premier ressort,

Disons que..., né le..., à..., personne sous tutelle, bénéficiera de l'assistance/la représentation de..., tuteur chargé de sa protection, pour l'ensemble des actes relatifs à sa personne/pour les actes relatifs à sa personne suivants : ...,

Rappelle que la protection de la personne de... doit s'exercer selon les modalités suivantes :

Art. 457-1 du Code civil – La personne protégée reçoit de la personne chargée de sa protection, selon des modalités adaptées à son état et sans préjudice des informations que les tiers sont tenus de lui dispenser en vertu de la loi, toutes informations sur sa situation personnelle, les actes concernés, leur utilité, leur degré d'urgence, leurs effets et les conséquences d'un refus de sa part.

Art. 458 du Code civil – Sous réserve des dispositions particulières prévues par la loi, l'accomplissement des actes dont la nature implique un consentement strictement personnel ne peut jamais donner lieu à assistance ou représentation de la personne protégée.

Sont réputés strictement personnels la déclaration de naissance d'un enfant, sa reconnaissance, les actes de l'autorité parentale relatifs à la personne d'un enfant, la déclaration du choix ou du changement du nom d'un enfant et le consentement donné à sa propre adoption ou à celle de son enfant.

Art. 459 al. 3 du Code civil – Sauf urgence, la personne chargée de la protection du majeur ne peut, sans l'autorisation du juge (ou du conseil de famille s'il a été constitué), prendre une décision ayant pour effet de porter gravement atteinte à l'intégrité corporelle de la personne protégée ou à l'intimité de sa vie privée.

Art. 459-1 al. 1er du Code civil – L'application de la présente section ne peut avoir pour effet de déroger aux dispositions particulières prévues par le Code de la santé publique et le Code de l'action sociale et des familles prévoyant l'intervention d'un représentant légal.

Disons qu'il nous sera rendu compte de l'exécution de la présente décision dans un délai de deux mois maximum,

Ordonnons l'exécution provisoire

Ordonnons la notification de la présente décision à...

Le greffier Le juge des tutelles

5272.14 Exemple d'ordonnance refusant de donner une autorisation de pratiquer un acte médical (C. civ., art. 459 et 459-1)

Nous..., juge des tutelles près le tribunal d'instance de..., assisté de..., greffier,

Vu le jugement en date du..., plaçant... sous tutelle pour une durée de... et désignant... en qualité de tuteur,

Vu la requête de... agissant en qualité de tuteur en date du... et les pièces jointes, aux fins d'autorisation d'opérer,

Vu les certificats médicaux établis les... par les docteurs..., relatifs à l'intervention chirurgicale orthopédique que doit subir... le... (prothèse totale du genou gauche sous anesthésie générale),

Vu les articles 459 et 459-1 du Code civil,

Vu les articles L. 1111-2 et L. 1111-4 du Code de la santé publique,

Vu l'article 1220-3 du Code de procédure civile et l'article 32 du Code civil,

MOTIFS

Attendu qu'il résulte des dispositions de l'article 459 du Code civil que, hors les cas prévus à l'article 458, la personne protégée prend seule les décisions relatives à sa personne dans la mesure où son état le permet; que, lorsque son état ne lui permet pas de prendre seule une décision personnelle éclairée, le juge ou le conseil de famille s'il a été constitué peut prévoir qu'elle bénéficiera, pour l'ensemble des actes relatifs à sa personne ou ceux d'entre eux qu'il énumère, de l'assistance de la personne chargée de sa protection.; qu'au cas où cette assistance ne suffirait pas, il peut, le cas échéant après l'ouverture d'une mesure de tutelle, autoriser le tuteur à représenter l'intéressé;

Que l'article 459-1 du même Code prévoit quant à lui que les dispositions relatives à la protection de la personne intégrées dans le Code civil par la loi du 5 mars 2007 portant réforme de la protection juridique des majeurs ne peuvent « *déroger aux dispositions particulières prévues par le Code de la santé publique prévoyant l'intervention d'un représentant légal* »; qu'il résulte en particulier des articles L 1111-2 et L 1111-4 du Code de la santé publique que toute personne a le droit d'être informée sur son état de santé par le professionnel de santé dans le cadre de ses compétences, dans le respect des règles professionnelles qui lui sont applicables et des situations d'urgence; qu'en cas d'impossibilité d'informer le patient, ce qu'il convient d'établir au cas par cas, le tuteur est habilité à recevoir l'information prévue sous réserve des dispositions de l'article L 1111-5; qu'en tout état de cause, les patients doivent recevoir eux-mêmes une information et participer à la prise de décision les concernant, d'une manière adaptée à leurs facultés de discernement;

Attendu qu'en l'espèce il n'est pas établi que la personne protégée a directement, et selon des formes adaptées à son état de santé, reçu les informations médicales requises; qu'il n'est pas davantage démontré que son état de santé ne lui permet pas de prendre une décision personnelle éclairée; que, dans ces conditions, il convient de rejeter la requête en autorisation de pratiquer l'acte médical envisagé, étant de surcroît rappelé qu'en la cause, le tuteur ne s'était pas vu confié de mission d'assistance ou de représentation de la personne protégée pour tout ou partie des actes relatifs à sa personne;

PAR CES MOTIFS

Statuant par ordonnance contradictoire (réputé contradictoire par défaut) et en premier ressort,

Rejette la requête en autorisation d'opérer sollicitée par... en qualité de tuteur de...,

Dit que la présente ordonnance sera notifiée à...

Le greffier Le juge des tutelles

5272.15 Exemple d'ordonnance autorisant le tuteur à faire pratiquer un acte grave sur la personne protégée (C. civ., art. 459, al. 3)

Nous, ..., juge des tutelles près le tribunal d'instance de..., assisté de..., greffier,

Vu le jugement du... prononçant la mise sous tutelle de..., né le..., demeurant à..., et désignant... en qualité de tuteur avec mission spécifique de représentation de la personne pour l'ensemble des actes relatifs à sa personne,

Vu la requête de... aux fins d'autoriser l'amputation de..., personne protégée, enregistrée au greffe le..., et les pièces jointes,

Vu le certificat médical (circonstancié) délivré le... par le docteur..., (médecin inscrit sur la liste établie par le procureur de la République),

Vu le rapport médical établi par le docteur..., de l'hôpital..., en date du...,

Vu le procès-verbal d'audition de... en date du..., (*option* : l'ordonnance de dispense d'audition)

(Vu les procès-verbaux d'audition de... en date des...),

Vu les articles 459, 459-1 et 432 du Code civil, L 1111-2 du Code de la santé publique et 1213, 1220-3 du Code de procédure civile,

MOTIFS

Attendu qu'il résulte de l'article 459 du Code civil que, hors les cas prévus à l'article 458, la personne protégée prend seule les décisions relatives à sa personne dans la mesure où son état le permet; que, lorsque son état ne lui permet pas de prendre seule une décision personnelle éclairée, le juge des tutelles ou le conseil de famille s'il a été constitué peut prévoir qu'elle bénéficiera, pour l'ensemble des actes relatifs à sa personne, ou pour ceux d'entre eux qu'il énumère, de l'assistance de la personne chargée de sa protection; qu'au cas où cette assistance ne suffirait pas, il peut, en cas de tutelle, autoriser le tuteur à représenter l'intéressé;

Que, par ailleurs, l'article 459 alinéa 3 du même Code dispose que, sauf urgence, la personne chargée de la protection du majeur ne peut pas, sans l'autorisation du juge ou du conseil de famille s'il a été constitué, prendre une décision ayant pour effet de porter gravement atteinte à l'intégrité corporelle de la personne protégée;

Attendu qu'en l'espèce, ..., tuteur de..., s'est vu confier une mission générale de représentation de la personne protégée pour l'ensemble des actes relatifs à sa personne; que l'acte médical envisagé par le docteur..., décrit par lui dans son rapport du..., est incontestablement un acte qui porte gravement atteinte à l'intégrité corporelle de la personne protégée; qu'il est établi que cet acte grave doit être réalisé dans son intérêt compte tenu de...;

Qu'en conséquence, il convient de faire droit à la requête et d'autoriser le tuteur à faire pratiquer l'intervention préconisée par le docteur... sur la personne protégée; que, compte tenu de l'urgence et des circonstances, il y a lieu d'ordonner l'exécution provisoire;

PAR CES MOTIFS

Statuant par ordonnance contradictoire (réputé contradictoire/par défaut) et en premier ressort,

Autorisons le tuteur, ..., à faire pratiquer l'amputation préconisée par le docteur... sur..., personne protégée, étant rappelé que le tuteur devra veiller au respect des dispositions de l'article 457-1 du Code civil ainsi rédigé :

La personne protégée reçoit de la personne chargée de sa protection, selon des modalités adaptées à son état et sans préjudice des informations que les tiers sont tenus de lui dispenser en vertu de la loi, toutes informations sur sa situation personnelle, les actes concernés, leur utilité, leur degré d'urgence, leurs effets et les conséquences d'un refus de sa part.

Disons qu'il nous sera rendu compte de l'exécution de la présente décision dans un délai de deux mois maximum,

Ordonnons l'exécution provisoire

Ordonnons la notification de la présente décision à...

Le greffier Le juge des tutelles

5272.16 Exemple d'ordonnance autorisant une stérilisation à fins contraceptives

Le...,

Nous, ..., juge des tutelles près le tribunal d'instance de..., assisté de..., greffier,

Vu le jugement du... plaçant..., née le... à..., demeurant..., sous le régime de la tutelle et désignant..., demeurant..., en qualité de tuteur avec mission spécifique d'assistance pour les actes relatifs à la personne,

Vu la requête conjointe de..., personne protégée et de sa tutrice, ..., enregistrée au greffe le..., et les pièces jointes,

Vu les procès-verbaux d'audition de la personne protégée, de... en date du...,

Vu l'avis favorable du comité d'experts prévu à l'article L 2123-2 du Code de la santé publique en date du...,

Vu les articles 457-1 et suivants du Code civil, L 2123-2 du Code de la santé publique et 1213, 1220-3 du Code de procédure civile

MOTIFS

Attendu qu'il résulte de l'article 459 du Code civil que, hors les cas prévus à l'article 458, la personne protégée prend seule les décisions relatives à sa personne dans la mesure où son état le permet; que l'article 459-1 du même Code dispose quant à lui que les dispositions relatives à la protection de la personne intégrées dans le Code civil par la loi n° 2007-308 du 5 mars 2007 portant réforme de la protection juridique des majeurs ne peuvent pas déroger aux dispositions particulières prévues par le Code de la santé publique prévoyant l'intervention d'un représentant légal;

Que, s'agissant plus particulièrement d'une demande relative à une stérilisation à fins contraceptives, le Code de la santé publique, en son article L 2123-2 énonce que la ligature des canaux déférents à visée contraceptive ne peut être pratiquée sur une personne majeure dont l'altération des facultés mentales a justifié le placement sous tutelle ou curatelle, que lorsqu'il existe une contre-indication médicale absolue aux méthodes de contraception ou une impossibilité avérée de les mettre en œuvre efficacement; que le texte subordonne l'intervention en cause à une décision du juge des tutelles saisi par la personne concernée, ou ses père et mère ou représentant légal et prévoit que le juge se prononce après avoir entendu notamment la personne concernée; que, si elle est apte à exprimer sa volonté, son consentement doit être systématiquement recherché et pris en compte après que lui a été donnée une information adaptée à son degré de compréhension, étant rappelé qu'il ne peut être passé outre à son refus ou la révocation de son consentement;

Attendu qu'en l'espèce...; que le comité d'experts a émis un avis favorable à l'intervention sollicitée, estimant que ses risques ainsi que ses conséquences normalement prévisibles sur les plans physique et psychologique pour la personne protégée étaient...;

Qu'en considération de l'ensemble de ces éléments, l'impossibilité pour... d'utiliser des méthodes traditionnelles de contraception en raison de sa pathologie, ... étant par ailleurs établie, il doit être fait droit à sa demande tendant à autoriser l'intervention; qu'il convient toutefois de rappeler qu'en application des dispositions susvisées du Code de la santé publique, la réalisation de cette opération demeurera en tout état de cause soumise au maintien du consentement à l'acte de la personne protégée;

Qu'en raison de l'urgence, il y a lieu d'ordonner l'exécution provisoire;

PAR CES MOTIFS

Statuant par décision contradictoire (réputé contradictoire, par défaut) et en premier ressort,

Autorisons la réalisation d'une ligature des canaux déférents à visée contraceptive sur la personne de..., personne sous tutelle,

Disons que..., tutrice chargée d'une mission spécifique d'assistance aux actes relatifs à la personne, devra assister... lors de l'expression de son consentement à l'intervention,

Rappelons qu'en tout état de cause, en application des dispositions de l'alinéa 3 de l'article L 2123-2 du Code de la santé publique, la réalisation de l'opération en cause demeurera soumise au maintien du consentement de la personne protégée, qu'elle peut librement révoquer à tout moment,

Disons que..., tutrice, devra nous rendre compte de sa mission en application des dispositions de l'article 463 du Code civil,

Ordonnons l'exécution provisoire,

Disons que la présente décision sera notifiée à... et qu'avis en sera donné au procureur de la République

Le greffier Le juge des tutelles

528. Protection conventionnelle des majeurs : le mandat de protection future

5281.11 Mandat de protection future sous seing privé (formulaire CERFA 13592-02)

Liberté • Égalité • Fraternité
RÉPUBLIQUE FRANÇAISE

MINISTÈRE DE LA JUSTICE
ET DES LIBERTÉS

cerfa

N° 13592*02

LE MANDAT DE PROTECTION FUTURE NE PEUT PRENDRE EFFET QUE LORSQU'IL EST ETABLI QUE LE MANDANT NE PEUT PLUS POURVOIR SEUL A SES INTERETS

Mandat de protection future

(Articles 477 à 488 et 492 à 494 du code civil)

IDENTITE DU MANDANT :

Madame ☐ Monsieur ☐

Mon nom de famille (de naissance): ____________________

Mon nom d'usage (ex : nom marital) : ____________________

Mes prénoms (dans l'ordre de l'état civil): ____________________

Ma date de naissance: |_|_|_|_|_|_|_|_|

Mon lieu de naissance :

Code postal : |_|_|_|_|_| Commune : ____________________

Pays : ____________________

La date du jugement de mon émancipation (le cas échéant) : ____________________

Mon adresse : ____________________

Code postal : |_|_|_|_|_| Commune : ____________________

Pays : ____________________

JE DECLARE NE PAS BENEFICIER, A CE JOUR, D'UNE MESURE DE TUTELLE (recopiez cette phrase de votre main)

____

VOUS DEVEZ SIGNER TOUTES LES PAGES

Je sais que je peux choisir de protéger ma personne, mon patrimoine ou les deux à la fois.

1 - JE FAIS LE CHOIX D'UNE PROTECTION DE MA PERSONNE

Je désigne comme mandataire chargé de la protection de ma personne :

(Si vous choisissez une personne morale allez directement au § A. Bis)

A- Identité du mandataire s'il s'agit d'une personne physique

Un parent ☐ un proche ☐ un mandataire judiciaire à la protection des majeurs (M.J.P.M) ☐

Madame ☐ Monsieur ☐

Son nom de famille : ____________________

Son nom d'usage (ex : nom marital) : ____________________

Ses prénoms (dans l'ordre de l'état civil) :____________________

Lien de parenté (le cas échéant) : ____________________

Sa date de naissance : |__|__|__|__|__|__|__|__| Son lieu de naissance :

Code postal : |__|__|__|__|__| Commune : ____________________

Pays: ____________________

Son adresse : ____________________

Code postal : |__|__|__|__|__| Commune : ____________________

Pays : ____________________

A.bis - Identité du mandataire s'il s'agit d'une personne morale

Dénomination : ____________________

Forme juridique : ____________________

Représentée par :____________________

Adresse du siège social :____________________

Code postal |__|__|__|__|__| Commune ____________________

Pays: ____________________

B- *Définition des pouvoirs du ou des mandataire(s) chargé(s) de la protection de ma personne*

Mon mandataire veillera sur ma personne selon les modalités fixées aux articles 457-1 à 459-2 du code civil, dont j'ai pris connaissance, et qui recevront obligatoirement application, sans dérogation possible :

Article 457-1 : La personne protégée reçoit de la personne chargée de sa protection, selon des modalités adaptées à son état et sans préjudice des informations que les tiers sont tenus de lui dispenser en vertu de la loi, toutes informations sur sa situation personnelle, les actes concernés, leur utilité, leur degré d'urgence, leurs effets et les conséquences d'un refus de sa part.

Article 458 : Sous réserve des dispositions particulières prévues par la loi, l'accomplissement des actes dont la nature implique un consentement strictement personnel ne peut jamais donner lieu à assistance ou représentation de la personne protégée. Sont réputés strictement personnels la déclaration de naissance d'un enfant, sa reconnaissance, les actes de l'autorité parentale relatifs à la personne d'un enfant, la déclaration du choix ou du changement du nom d'un enfant et le consentement donné à sa propre adoption ou à celle de son enfant.

Article 459 : Hors les cas prévus à l'article 458, la personne protégée prend seule les décisions relatives à sa personne dans la mesure où son état le permet.

Lorsque l'état de la personne protégée ne lui permet pas de prendre seule une décision personnelle éclairée, le juge ou le conseil de famille s'il a été constitué peut prévoir qu'elle bénéficiera, pour l'ensemble des actes relatifs à sa personne ou ceux d'entre eux qu'il énumère, de l'assistance de la personne chargée de sa protection. Au cas où cette assistance ne suffirait pas, il peut, le cas échéant après l'ouverture d'une mesure de tutelle, autoriser le tuteur à représenter l'intéressé.

Toutefois, sauf urgence, la personne chargée de la protection du majeur ne peut, sans l'autorisation du juge ou du conseil de famille s'il a été constitué, prendre une décision ayant pour effet de porter gravement atteinte à l'intégrité corporelle de la personne protégée ou à l'intimité de sa vie privée.
La personne chargée de la protection du majeur peut prendre à l'égard de celui-ci les mesures de protection strictement nécessaires pour mettre fin au danger que son propre comportement ferait courir à l'intéressé. Elle en informe sans délai le juge ou le conseil de famille s'il a été constitué.

Article 459-1 : L'application de la présente sous-section ne peut avoir pour effet de déroger aux dispositions particulières prévues par le code de la santé publique et le code de l'action sociale et des familles prévoyant l'intervention d'un représentant légal.

Toutefois, lorsque la mesure a été confiée à une personne ou un service préposé d'un établissement de santé ou d'un établissement social ou médico-social dans les conditions prévues à l'article 451, et que cette personne ou ce service doit soit prendre une décision nécessitant l'autorisation du juge ou du conseil de famille en application du troisième alinéa de l'article 459, soit accomplir au bénéfice de la personne protégée une diligence ou un acte pour lequel le code de la santé publique prévoit l'intervention du juge, ce dernier peut décider, s'il estime qu'il existe un conflit d'intérêts, d'en confier la charge au subrogé curateur ou au subrogé tuteur, s'il a été nommé, et à défaut à un curateur ou à un tuteur ad hoc.

Article 459-2 : La personne protégée choisit le lieu de sa résidence.

Elle entretient librement des relations personnelles avec tout tiers, parent ou non. Elle a le droit d'être visitée et, le cas échéant, hébergée par ceux-ci.

En cas de difficulté, le juge ou le conseil de famille s'il a été constitué statue.

VOUS DEVEZ SIGNER TOUTES LES PAGES

C- Définition des pouvoirs de mon mandataire pour ce qui concerne ma santé et ma prise en charge sociale ou médico-sociale

(*Cochez la ou les options choisies* ***et recopiez-la de votre main***)

☐ **Option 1 :** Mon mandataire exercera les missions que le code de la santé publique et le code de l'action sociale et des familles confient au **« représentant de la personne en tutelle ».** *(Voir notice jointe)*

☐ **Option 2 :** Mon mandataire exercera les missions que le code de la santé publique et le code de l'action sociale et des familles confient à la **« personne de confiance ».** *(Voir notice jointe)*

☐ **Option 3 :** Mon mandataire n'exercera aucune des missions prévues par le code de la santé publique et le code de l'action sociale et des familles.

D- J'ajoute les précisions complémentaires suivantes que je juge utiles, sur les conditions de de protection de ma personne :

(Voir exemples en notice jointe)

2 - JE FAIS LE CHOIX D'UNE PROTECTION DE MON PATRIMOINE

SI VOUS AVEZ DÉSIGNÉ UN MANDATAIRE POUR LA PROTECTION DE VOTRE PERSONNE, VOUS POUVEZ CHOISIR LE MÊME MANDATAIRE POUR LA PROTECTION DE VOTRE PATRIMOINE.

Je désigne comme mandataire chargé de la protection de mon patrimoine :

A- Identité du mandataire s'il s'agit d'une personne physique :

Un parent ☐ un proche ☐ un mandataire judiciaire à la protection des majeurs (M.J.P.M) ☐

Madame ☐ Monsieur ☐

Son nom de famille :________________________________

Son nom d'usage (ex : nom marital) : ________________________________

Ses prénoms (dans l'ordre de l'état civil) : ________________________________

Lien de parenté (le cas échéant) : ________________________________

Sa date de naissance I__I__I__I__I__I__I__I__I Son lieu de naissance :

Code postal : I__I__I__I__I__I Commune : ________________________________

Pays : ________________________________

Son adresse : ________________________________

Code postal : I__I__I__I__I__I Commune : ________________________________

Pays : ________________________________

A.bis - Identité du mandataire s'il s'agit d'une personne morale

Dénomination : ________________________________

Forme juridique : ________________________________

Représentée par : ________________________________

Adresse du siège social : ________________________________

Code postal I__I__I__I__I__I Commune ________________________________

Pays: ________________________________

B- Définition des pouvoirs de mon mandataire chargé de la protection de mon patrimoine

(Cochez l'option choisie et recopiez-la de votre main):

☐ **Option 1 :** Mon mandataire veillera à mes intérêts patrimoniaux et me représentera pour l'administration de **l'ensemble de mon patrimoine** :

____
____
____
____

☐ **Option 2** : Mon mandataire veillera à mes intérêts patrimoniaux et me représentera exclusivement pour l'administration **des biens suivants *(à compléter)*** :

____
____
____
____

Je souhaite ajouter les précisions suivantes

Mon mandataire veillera sur mes animaux domestiques (précisez) :

____
____
____
____
____
____
____
____

Précisions complémentaires que vous souhaitez apporter :

(Voir exemples en notice jointe) **:**

____
____
____
____
____
____
____
____
____
____

3 - MODALITES D'EXECUTION DU MANDAT :

A- INVENTAIRE DE MES BIENS

A son entrée en fonction, **le mandataire chargé de la protection de mon patrimoine en dressera un inventaire**. Il en assurera l'actualisation au cours du mandat.

N.B. : Le mandataire conservera l'inventaire et ses actualisations ainsi que les pièces justificatives, il sera tenu de les présenter au juge des tutelles ou au procureur de la République qui lui en ferait la demande.

S'il quitte ses fonctions, il devra remettre ces documents à la personne qui lui succédera dans la mission de protection de mon patrimoine.

B-REMUNERATION DE MON OU DE MES MANDATAIRES

1- ***Rémunération du mandataire chargé de la protection de ma personne***

(Cochez l'option choisie)

☐**Option 1 :** Le mandataire chargé de la protection de ma personne accepte de remplir sa mission **gratuitement**.

☐**Option 2 :** Le mandataire chargé de la protection de ma personne ne sera pas rémunéré mais, s'il supporte des frais et des charges nécessaires à l'accomplissement de sa mission, le **remboursement de ses frais se fera sur mon patrimoine sur justificatifs.**

☐**Option 3 :** Le mandataire chargé de la protection de ma personne sera rémunéré ainsi qu'il suit : *(cochez l'option définissant le mode de rémunération et fixez la rémunération de votre main) :*

☐ Une somme **annuelle** forfaitaire de..................__________________€ TTC
☐ Une somme **mensuelle** de..............................__________________€ TTC

☐ Une rémunération fixée de la façon suivante :

____
____
____
____
____
____

2- Rémunération du mandataire chargé de la protection de mon patrimoine *(cochez l'option choisie)* **:**

☐**Option 1 :** Le mandataire chargé de la protection de mon patrimoine accepte de remplir sa mission **gratuitement**.

☐**Option 2 :** Le mandataire chargé de la protection de mon patrimoine ne sera pas rémunéré mais, s'il supporte des frais et des charges nécessaires à l'accomplissement de sa mission, **le remboursement de ses frais se fera sur mon patrimoine sur justificatifs.**

☐**Option 3 :** Le mandataire chargé de la protection de mon patrimoine sera rémunéré ainsi qu'il suit : (*cochez l'option définissant le mode de rémunération et fixez la rémunération de votre main)*

☐ Une somme **annuelle** forfaitaire de..................______________€ TTC
☐ Une somme **mensuelle** de..............................______________€ TTC

☐ Une rémunération fixée de la façon suivante :

____
____
____
____
____

4 - MODALITES DE CONTROLE DU MANDAT :

A- CONTROLE DE L'ACTIVITE DU MANDATAIRE CHARGE DE LA PROTECTION DE MA PERSONNE

Le mandataire chargé de la protection de ma personne rendra compte par écrit, au moins chaque année, de l'accomplissement de sa mission, à la personne chargée du contrôle de l'exécution du mandat, que je désigne ci-dessous :

☐ Je choisis et **désigne une personne physique (1)**

☐ Je désigne une personne morale, en ce cas allez directement au **(2)**

1) ☐ JE CHOISIS UNE PERSONNE PHYSIQUE

Je peux désigner toute personne de mon choix.

Madame ☐ Monsieur ☐

Son nom de famille :______________________________

Son nom d'usage (ex : nom marital) : ______________________________

Ses prénoms (dans l'ordre de l'état civil) :______________________________

Sa date de naissance : I__I__I__I__I__I__I__I__I Son lieu de naissance :

Code postal: I__I__I__I__I__I Commune: ______________________________

Pays : ______________________________

Son adresse : ______________________________

Code postal: I__I__I__I__I__I Commune : ______________________________

Pays______________________________

2) ☐JE CHOISIS UNE PERSONNE MORALE

Je peux désigner toute personne de mon choix.

Dénomination : ______________________________

Forme juridique : ______________________________

Nom et prénom usuel de son représentant légal ______________________________

Adresse du siège social ______________________________

Code postal I__I__I__I__I__I Commune ______________________________

Pays: ______________________________

VOUS DEVEZ SIGNER TOUTES LES PAGES

B- CONTROLE DE L'ACTIVITE DU MANDATAIRE CHARGE DE LA PROTECTION DE MON PATRIMOINE

Le mandataire que j'ai chargé de la protection de mon patrimoine établira, chaque année, un compte de gestion qu'il remettra pour vérification à la personne que je choisis et désigne ci-dessous.

1. ☐Je désigne la même personne physique ou la même personne morale pour contrôler l'exécution des missions de protection de ma personne et de protection de mon patrimoine confiées à mon mandataire.

2. ☐Je désigne une personne physique pour contrôler l'exécution de la mission de protection de mon patrimoine.
Je peux désigner toute personne de mon choix.

Madame ☐ Monsieur ☐

Son nom de famille :______________________________

Son nom d'usage (ex : nom marital) : ______________________________

Ses prénoms (dans l'ordre de l'état civil) : ______________________________

Sa date de naissance I__I__I__I__I__I__I__I__I Son lieu de naissance :

Code postal I__I__I__I__I__I Commune ______________________________

Pays : ______________________________

Son adresse : ______________________________

Code postal I__I__I__I__I__I Commune : ______________________________

Pays : ______________________________

3. ☐Je désigne une personne morale pour contrôler l'exécution de la mission de protection de mon patrimoine.
Je peux désigner toute personne de mon choix.

Dénomination ______________________________

Forme juridique ______________________________

Nom et prénom usuel de son représentant légal ______________________________

Adresse du siège social ______________________________

Code postal I__I__I__I__I__I Commune ______________________________

Pays ______________________________

C- REMUNERATION DE LA OU DES PERSONNE(S) DESIGNEE(S) POUR CONTRÔLER L'ACTIVITE DU MANDATAIRE

Si vous avez désigné un contrôleur pour la protection de votre personne et un contrôleur pour la protection de votre patrimoine, vous pouvez opter de manière différente pour la rémunération de chacun d'eux

1. Contrôle du mandat de protection de ma personne *(cochez l'option choisie) :*

☐**Option 1 : le contrôleur** de mon ou mes mandataire(s) accepte de remplir sa mission **gratuitement**.

☐**Option 2 : le contrôleur de** mon ou mes mandataire(s) ne sera pas rémunéré mais, s'il supporte des frais et des charges nécessaires à l'accomplissement de sa mission, **le remboursement de ses frais se fera sur mon patrimoine sur justificatifs.**

☐**Option 3 : le contrôleur de** mon ou mes mandataires sera rémunéré ainsi qu'il suit :(*cochez l'option définissant le mode de rémunération* *et fixez la rémunération de votre main)*

☐ Une somme **annuelle** forfaitaire de.................._______________€ TTC

☐ Une somme **mensuelle** de................................_______________€ TTC

☐ Une rémunération fixée de la façon suivante :

____

____

____

2. Contrôle du mandat de protection de mon patrimoine *(cochez l'option choisie) :*

☐**Option 1 : le contrôleur** de mon ou mes mandataire(s) accepte de remplir sa mission **gratuitement**.

☐**Option 2 : le contrôleur de** mon ou mes mandataire(s) ne sera pas rémunéré mais, s'il supporte des frais et des charges nécessaires à l'accomplissement de sa mission, **le remboursement de ses frais se fera sur mon patrimoine sur justificatifs.**

☐**Option 3 : le contrôleur de** mon ou mes mandataire(s) sera rémunéré ainsi qu'il suit :(*cochez l'option définissant le mode de rémunération* *et fixez la rémunération de votre main)*

☐ Une somme **annuelle** forfaitaire de.................._______________€ TTC
☐ Une somme **mensuelle** de................................_______________€ TTC

☐ Une rémunération fixée de la façon suivante _______________

____

____

____

____

5- SIGNATURES ET ACCEPTATIONS DU MANDAT

A- SIGNATURE DU MANDANT

J'appose ma signature sur le mandat, après avoir pris connaissance des informations contenues dans la notice jointe, ainsi que des paragraphes suivants :

1°Je suis informé(e) que ce mandat prendra effet s'il est présenté au greffe du tribunal d'instance de mon domicile par mon ou mes mandataires, accompagné d'un certificat médical émanant d'un médecin inscrit sur la liste dressée par le procureur de la République, et attestant de l'altération soit de mes facultés mentales, soit de mes facultés corporelles, de nature à empêcher l'expression de ma volonté.

2°Je suis informé(e) que tant que le mandat n'a pas été mis en œuvre, je peux le modifier, en remplissant un nouvel exemplaire du formulaire, ou le révoquer en notifiant cette révocation à mon mandataire. Dans les deux cas, l'ancien formulaire doit être barré à chaque page.

3°Je reconnais avoir pris connaissance du fait que lorsque les formalités prévues au paragraphe 1° ci-dessus auront été accomplies, je ne pourrai plus modifier ou révoquer moi-même le mandat, mais je pourrai alors m'adresser au juge des tutelles de mon domicile pour qu'il se prononce si je conteste sa mise en œuvre ou son exécution.

4° Je suis informé(e) que je dois **conserver l'un des exemplaires originaux** du présent mandat et en remettre un exemplaire original à chacune des personnes désignées comme mandataires chargés de la protection de ma personne et/ou de mon patrimoine et une copie à chacune des personnes désignées pour le contrôle de l'exécution des mandats de protection de ma personne et/ou de mon patrimoine.

5°Je suis informé(e) que pour donner date certaine à ce mandat, je dois le faire enregistrer à la Recette des impôts de mon domicile.

Mandat établi le ______________________________

à Code postal I__I__I__I__I__I Commune ______________________________

Pays : ______________________________

par Prénoms *(dans l'ordre de l'état civil)* ______________________________

Nom de famille______________________________

Nom d'usage *(ex. nom marital)*:______________________________

VOTRE SIGNATURE : ______________________________

Si je bénéficie d'une curatelle, mon curateur doit cosigner le mandat :

Remplissez le paragraphe 1 si votre curateur est une personne physique ou le paragraphe 2 si votre curateur est une personne morale.

Assisté (e) de mon curateur :

1) Prénoms *(dans l'ordre de l'état civil)* ______________________

Nom de famille ______________________

Nom d'usage ______________________

Domicilié ______________________

Code postal : I__I__I__I__I__I Commune ______________________

Pays ______________________

ou

2) Si mon curateur est **une personne morale** :

Sa dénomination ______________________

L'adresse de son siège social ______________________

Code postal : I__I__I__I__I__I Commune ______________________

Pays ______________________

Son représentant légal qui signera le présent acte :

Madame ☐ Monsieur ☐

Prénom usuel ______________________

Nom de famille ______________________

Nom d'usage ______________________

SIGNATURE DU CURATEUR :

Fait le ....**à** ....

B- ACCEPTATION DU MANDAT DE PROTECTION FUTURE PAR LE MANDATAIRE CHARGE DE LA PROTECTION DE LA PERSONNE DU MANDANT

Je soussigné (e)

Prénoms (dans l'ordre de l'état civil) ______________________
Nom de famille ______________________
Nom d'usage ______________________
Adresse : ______________________
Code postal : I__I__I__I__I__I Commune : ______________________
Pays : ______________________

Désigné (e) en qualité de mandataire de protection future de la personne du mandant

Déclare ce qui suit :

1° Je reconnais avoir pris connaissance du présent mandat de protection future et de toutes les informations concernant l'étendue de mes obligations et de mes devoirs, tels que fixés par les textes et rappelés dans la notice annexée au présent formulaire.

2° Je suis informé(e) de ce que je dois, pendant toute l'exécution du mandat, disposer de tous mes droits civils et remplir les conditions prévues pour les charges tutélaires fixées par le code civil et que je ne peux être déchargé(e) de mes fonctions de mandataire qu'avec l'autorisation du juge des tutelles.

3° Je suis informé(e) des conditions fixées par l'article 483 du code civil, dans lesquelles le présent mandat prend fin.

Même après sa mise à exécution, il cessera, notamment, du fait du rétablissement des facultés personnelles du mandant, constaté à la demande de ce dernier ou du mandataire dans les formes prévues à l'article 481 du même code.

4° Je suis informé(e) que je dois conserver un exemplaire original du présent mandat, qui m'aura été remis.

J'accepte le mandat qui m'est confié *(recopiez de votre main)* :______________________
____

Fait le .... **à** ....

SIGNATURE DU MANDATAIRE CHARGE DE LA PROTECTION DE LA PERSONNE DU MANDANT

C- ACCEPTATION DU MANDAT DE PROTECTION FUTURE PAR LE MANDATAIRE CHARGE DE LA PROTECTION DU PATRIMOINE DU MANDANT :

Je soussigné (e)

Prénoms (dans l'ordre de l'état civil) ______________________
Nom de famille______________________
Nom d'usage ______________________
Adresse : ______________________
Code postal : I__I__I__I__I__I Commune : ______________________
Pays : ______________________

Désigné (e) en qualité de mandataire de protection future du patrimoine du mandant

Déclare ce qui suit :

1° Je reconnais avoir pris connaissance du présent mandat de protection future, et de toutes les informations concernant l'étendue de mes obligations et de mes devoirs, tels que fixés par les textes et rappelés dans la notice jointe au présent formulaire.

2° Je suis informé(e) de ce que je dois, pendant toute l'exécution du mandat, disposer de tous mes droits civils et remplir les conditions prévues pour les charges tutélaires fixées par le code civil et que je ne peux être déchargé(e) de mes fonctions de mandataire qu'avec l'autorisation du juge des tutelles.

3° Je suis informé(e) des conditions fixées par l'article 483 du code civil, dans lesquelles le présent mandat prend fin.

Même après sa mise à exécution, il cessera, notamment, du fait du rétablissement des facultés personnelles du mandant, constaté à la demande de ce dernier ou du mandataire dans les formes prévues à l'article 481 du même code.

4° Je suis informé(e) que je dois conserver un exemplaire original du présent mandat, qui m'aura été remis.

J'accepte le mandat qui m'est confié *(recopiez de votre main)* ______________________
____
____

Fait le ....**à** ....

SIGNATURE DU MANDATAIRE CHARGE DE LA PROTECTION DU PATRIMOINE DU MANDANT :

D- ACCEPTATION DE SA MISSION PAR LA PERSONNE DESIGNEE POUR LE CONTROLE DE L'ACTIVITE DU MANDATAIRECHARGE DE LA PROTECTION DE LA PERSONNE DU MANDANT

Je soussigné (e)

Prénoms (dans l'ordre de l'état civil) : ______________________________
Nom de famille______________________________
Nom d'usage ______________________________
Adresse ______________________________
Code postal: I__I__I__I__I__I Commune : ______________________________
Pays : ______________________________

Cochez l'option correspondant à votre situation :

☐Désigné (e) pour le contrôle de l'activité du mandataire de protection future de la personne du mandant

☐Représentant la personne morale désignée pour le contrôle de l'activité du mandataire de protection future de la personne du mandant

Déclare ce qui suit :

1° Je reconnais avoir pris connaissance du présent mandat de protection future, et de toutes les informations concernant l'étendue de mon contrôle rappelé dans la notice jointe.

2° Je suis informé(e) des conditions fixées par l'article 483 du code civil, dans lesquelles le présent mandat prend fin.

Même après sa mise à exécution, il cessera notamment du fait du rétablissement des facultés personnelles du mandant, constaté à la demande de ce dernier ou du mandataire dans les formes prévues à l'article 481 du même code.

3° Je suis informé(e) que je dois recevoir une copie du présent mandat.

J'accepte la mission de contrôle qui m'est confiée. (Recopiez de votre main)

____

Fait le ....à ....

SIGNATURE DE LA PERSONNE CHARGEE DU CONTROLE DU MANDATAIRE CHARGE DE PROTECTION FUTURE DE LA PERSONNE DU MANDANT

E- ACCEPTATION DE SA MISSION PAR LA PERSONNE DESIGNEE POUR LE CONTROLE DE L'ACTIVITE DU MANDATAIRE CHARGE DE LA PROTECTION DU PATRIMOINE DU MANDANT

Je soussigné (e) :

Prénoms *(dans l'ordre de l'état civil)* ____________________
Nom de famille ____________________
Nom d'usage ____________________
Adresse ____________________
Code postal: I__I__I__I__I__I Commune ____________________
Pays : ____________________

Cochez l'option correspondant à votre situation :

☐ Désigné(e) pour le contrôle de l'activité du mandataire de protection future du patrimoine du mandant

☐ Représentant la personne morale désignée pour le contrôle de l'activité du mandataire de protection future du patrimoine du mandant

Déclare ce qui suit :

1° Je reconnais avoir pris connaissance du présent mandat de protection future, et de toutes les informations concernant l'étendue de mon contrôle rappelé dans la notice jointe.

2° Je suis informé(e) des conditions fixées par l'article 483 du code civil, dans lesquelles le présent mandat prend fin.

Même après sa mise à exécution, il cessera, notamment, du fait du rétablissement des facultés personnelles du mandant, constaté à la demande de ce dernier ou du mandataire dans les formes prévues à l'article 481 du même code.

3° Je suis informé(e) que je dois recevoir une copie du présent mandat.

J'accepte la mission de contrôle qui m'est confiée. *(Recopiez de votre main)*____________________
____

Fait le .... **à** ....

SIGNATURE DE LA PERSONNE CHARGEE DU CONTROLE DU MANDATAIRE CHARGE DE PROTECTION FUTURE DU PATRIMOINE DU MANDANT

VOUS DEVEZ SIGNER TOUTES LES PAGES

NOMBRE D'EXEMPLAIRES ORIGINAUX DU PRESENT MANDAT (*l'inscrire en toutes lettres*) :

……………………………………………………………………………………………………

Le présent mandat annule tout mandat de protection future fait antérieurement. Une fois mis en œuvre, il mettra fin à toute procuration consentie à autrui, portant sur les éléments du patrimoine du mandant visés dans le présent mandat.

DATE CERTAINE DU PRESENT MANDAT

<u>ATTENTION</u> : CETTE PARTIE EST A REMPLIR PAR LA RECETTE DES IMPOTS

Mention d'enregistrement :

529. Procédures spécifiques aux majeurs

SECTION 0
ORIENTEUR

529.00 Plan.

5291
MESURE D'ACCOMPAGNEMENT JUDICIAIRE

5291.11 Exemple de jugement d'ouverture d'une mesure d'accompagnement judiciaire

L'an...,

A l'audience non publique du tribunal d'instance de...,

Présidée par..., juge des tutelles, assisté de..., greffier,

Procédure ouverte le..., dans l'intérêt de..., né le..., à..., demeurant à...,

Vu la requête de Monsieur le procureur de la République enregistrée au greffe le..., et les pièces jointes, notamment le rapport prévu à l'article L 271-6 du Code de l'action sociale et des familles,

Vus les articles 495 à 495-9 du Code civil et 1262 et suivants du Code de procédure civile,

Vu les auditions des...,

Vu l'avis du procureur de la République,

MOTIFS

Attendu qu'il résulte des pièces fournies à l'appui de la requête, et en particulier..., que les mesures mises en œuvre en application des dispositions des articles L 271-1 à L 271-5 du Code de l'action sociale et des familles au profit de... n'ont pas permis une gestion satisfaisante par celle-ci de ses prestations sociales et que santé et/ou sa sécurité en est compromise; qu'en effet...;

Qu'en conséquence, il y a lieu d'ordonner une mesure d'accompagnement judiciaire portant sur les prestations suivantes... destinée à rétablir l'autonomie de... dans la gestion de ses ressources et de désigner..., mandataire judiciaire, pour l'exercer; que la durée de cette mesure doit, compte tenu de la situation, être fixée à deux ans;

PAR CES MOTIFS

Statuant en audience non publique et en premier ressort,

Ordonne l'ouverture d'une mesure d'accompagnement judiciaire à l'égard de..., né le..., à..., demeurant à...,

Dit que la mesure portera sur l'ensemble des prestations sociales adultes auxquelles... a droit/sur les prestations sociales suivantes...,

(*Option* : dit que la mesure portera en outre sur les prestations familiales suivantes...)

Fixe la durée de la mesure à deux ans,

Désigne..., mandataire judiciaire, demeurant..., pour exercer la mesure d'accompagnement,

Rappelle que les dispositions du Titre XII relatives à l'établissement, la vérification et l'approbation des comptes sont applicables à la gestion des prestations sociales prévues à l'article 495-7 du Code civil,

Dit que le présent jugement sera notifié à... et qu'avis en sera donné au procureur de la République

Laisse les dépens à la charge du Trésor public.

Le greffier Le juge des tutelles

5291.12 Exemple de jugement disant n'y avoir lieu à ouverture de mesure d'accompagnement judiciaire

À l'audience non publique du tribunal d'instance de...,

Présidée par..., juge des tutelles, assisté de..., greffier,

Procédure ouverte le..., dans l'intérêt de..., né le..., à..., demeurant à...,

Vu la requête de Monsieur le procureur de la République enregistrée au greffe le..., et les pièces jointes, notamment le rapport prévue à l'article L 271-6 du Code de l'action sociale et des familles,

Vus les articles 495 à 495-9 du Code civil et 1262 et suivants du Code de procédure civile,

Vu les auditions des...,

Vu l'avis du procureur de la République,

MOTIFS

Attendu qu'il ne résulte pas des pièces fournies à l'appui de la requête, et en particulier..., que les mesures mises en œuvre en application des dispositions des articles L 271-1 à L 271-5 du Code de l'action sociale et des familles au profit de... n'ont pas permis une gestion satisfaisante par celle-ci de ses prestations sociales et que santé et/ou sa sécurité en est compromise; qu'en effet...;

Ou

Attendu qu'il résulte des auditions et des renseignements recueillis, et notamment de..., que... bénéficie d'une mesure de protection juridique sous la forme d'une sauvegarde de justice/curatelle/tutelle/mandat de protection future mis à exécution le...;

Qu'en conséquence, ...;

PAR CES MOTIFS

Statuant en audience non publique et en premier ressort,

Dit que le présent jugement sera notifié à... et qu'avis en sera donné au procureur de la République

Laisse les dépens à la charge du Trésor public.

Le greffier Le juge des tutelles

5291.13 Exemple de jugement de renouvellement de mesure d'accompagnement judiciaire

À l'audience non publique du tribunal d'instance de...,

Présidée par..., juge des tutelles, assisté de..., greffier,

Procédure ouverte le..., dans l'intérêt de..., né le..., à..., demeurant à...,

Vu le jugement du... prononçant l'ouverture d'une mesure d'accompagnement judiciaire pour une durée de... et désignant... pour en assurer l'exercice,

Vu la requête de Monsieur le procureur de la République/du mandataire judiciaire/de la personne protégée, enregistrée au greffe le..., aux fins de renouvellement de la mesure,

Vu les rapports du mandataire judiciaire en date des...,

Vus les articles 495 à 495-9 du Code civil et 1262 et suivants du Code de procédure civile,

Vu les auditions des...,

Vu l'avis du procureur de la République,

MOTIFS

Attendu qu'il résulte des pièces fournies à l'appui de la requête, et en particulier..., que les mesures mises en œuvre dans le cadre de la mesure d'accompagnement judiciaire n'ont pas permis de retrouver une autonomie suffisante pour permettre une gestion satisfaisante par... de ses prestations sociales sans que sa santé et/ou sa sécurité en demeure compromise; qu'en effet...;

Qu'en conséquence, il y a lieu d'ordonner le renouvellement de la mesure d'accompagnement judiciaire portant sur les prestations suivantes... et de maintenir..., mandataire judiciaire, pour l'exercer; que la durée du renouvellement doit, compte tenu de la situation, être fixée à deux ans;

PAR CES MOTIFS

Statuant en audience non publique et en premier ressort,

Renouvelle la mesure d'accompagnement judiciaire à l'égard de..., né le..., à..., demeurant à...,

Dit que la mesure portera sur l'ensemble des prestations sociales adultes auxquelles... a droit/sur les prestations sociales suivantes...,

(*Option* : dit que la mesure portera en outre sur les prestations familiales suivantes...)

Fixe la durée du renouvellement de la mesure à deux ans,

Maintient..., mandataire judiciaire, demeurant..., pour exercer la mesure d'accompagnement,

Rappelle que les dispositions du Titre XII relatives à l'établissement, la vérification et l'approbation des comptes sont applicables à la gestion des prestations sociales prévues à l'article 495-7 du Code civil,

Dit que le présent jugement sera notifié à... et qu'avis en sera donné au procureur de la République

Laisse les dépens à la charge du Trésor public.

Le greffier Le juge des tutelles

5292 DIVERS

5292.11 Exemple de procès-verbal de prestation de serment de mandataire judiciaire à la protection des majeurs

L'an... et le...,

Devant nous, ..., Président du tribunal d'instance de..., assisté de..., greffier,

En présence de..., procureur de la République du tribunal de grande instance de...

A COMPARU : ..., demeurant... qui nous expose que suite à la délivrance du certificat national de compétence de mandataire judiciaire à la protection des majeurs, mention "mesure judiciaire à la protection des majeurs" en date du..., elle a été inscrite à compter du..., sur la liste des personnes habilitées pour être désignées en qualité de mandataire judiciaire à la protection des majeurs par le juge des tutelles pour exercer des mesures de protection des majeurs au titre de la tutelle, de la curatelle ou du mandat spécial auquel il peut être recouru dans le cadre de la sauvegarde de justice et au titre de l'article L. 471-2 du Code de l'action sociale et des familles et qu'en conséquence, elle sollicite d'être admise à prêter le serment prescrit par la loi, nécessaire à l'exercice de ses fonctions,

Sur quoi, Nous, Président du Tribunal d'Instance, en application des dispositions de l'article R. 471-2 du Code de l'action sociale et des familles, étant en audience publique,

Avons reçu de... le serment qu'elle a prêté en ces termes, debout et découvert, la main droite levée :

« *Je jure et promets de bien et loyalement exercer le mandat qui m'est confié par le juge et d'observer, en tout, les devoirs que mes fonctions m'imposent. Je jure également de ne rien révéler ou utiliser de ce qui sera porté à ma connaissance à l'occasion de l'exercice du mandat judiciaire.* »

De tout quoi, il a été dressé le présent procès-verbal que la comparante, après lecture, a signé avec nous, Président du tribunal d'instance et le greffier.

Le Mandataire Judiciaire à la Protection des Majeurs

Le Greffier Le Président

5293
PRÉSOMPTION D'ABSENCE

5293.11 Exemple de jugement d'ouverture de présomption d'absence

L'an...,

À l'audience non publique du tribunal d'instance de...,

Présidée par..., juge des tutelles, assisté de..., greffier,

Procédure ouverte le..., dans l'intérêt de..., né le..., à..., demeurant à... et actuellement sans domicile connu,

Vu la requête de... aux fins de constatation d'absence, et les pièces jointes,

Vus les articles 112 et suivants du Code civil et 1062 et suivants du Code de procédure civile,

Vu les auditions des...,

Vu l'avis du procureur de la République,

MOTIFS

Attendu qu'il résulte des pièces fournies à l'appui de la requête, et en particulier..., que... a cessé de paraître au lieu de son domicile ou de sa résidence depuis... sans que l'on ait eu de ses nouvelles;

Qu'il y a lieu, en conséquence, de constater la présomption d'absence de..., né le..., à..., et de désigner..., demeurant à..., pour le représenter dans l'exercice de ses droits ainsi que pour administrer ses biens situés...;

PAR CES MOTIFS

Statuant en audience non publique et en premier ressort,

Constate la présomption d'absence de..., né le..., à..., actuellement sans domicile connu,

Désigne..., demeurant..., en qualité d'administrateur légal sous contrôle judiciaire avec mission de représenter le présumé absent et de gérer ses biens,

Dit que l'administrateur légal devra établir un inventaire très complet et détaillé de tout le patrimoine mobilier et immobilier du présumé absent et de tous ses biens et droits qu'il détient dans les successions qui lui seraient échues,

Dit que cet inventaire devra préciser la nature et le montant de tous les titres, comptes, livrets, salaires, pensions, rentes, sommes d'argent, quelle qu'en soit la source, dont bénéficierait le présumé absent,

Dit que ledit inventaire doit être adressé au juge des tutelles, avec toutes pièces annexes utiles, dans le mois suivant la notification de la présente décision,

Dit que, chaque année, l'administrateur légal sous contrôle judiciaire devra adresser au juge des tutelles un compte-rendu de sa gestion,

Dit que le présent jugement sera notifié à... et qu'avis en sera donné au procureur de la République

Laisse les dépens à la charge du Trésor public.

Le greffier Le juge des tutelles

LIVRE

6. TABLEAUX SYNOPTIQUES DES DIFFÉRENTS ACTES RELATIFS AUX MAJEURS ET AUX MINEURS PROTÉGÉS

SECTION 0 ORIENTEUR

6.00 **Plan.**

61. Tableaux synoptiques des différents actes relatifs aux majeurs et aux mineurs protégés

610.11 **Modalités d'accomplissement des principaux actes relatifs aux majeurs protégés selon le régime de protection.**
NB : L'accomplissement des actes suivis d'un astérisque (*) est soumis à des modalités fluctuantes en fonction des circonstances d'espèce.

Actes	Tutelle	Curatelle renforcée	Curatelle simple	Mandat de protection future notarié	Mandat de protection future sous seing privé	Habilitation familiale
ACTES ACCOMPLIS PAR LE MAJEUR SEUL	– Actes strictement personnels, tels que la déclaration de naissance d'un enfant, sa reconnaissance, les actes de l'autorité parentale relatifs à la personne d'un enfant, la déclaration du choix ou du changement de nom d'un enfant, le consentement donné à sa propre adoption ou celle de son enfant.	*idem*	*idem*	*idem*	*idem*	*Idem*, si l'habilitation s'étend à la protection de la personne.
	– Actes simplement personnels, notamment la prise de décision en matière médicale, sous réserve des dispositions spécifiques du Code de la santé publique et du Code de l'action sociale et des familles.	*idem*	*idem*	*idem*. Le mandat peut prévoir que le mandataire exercera les missions que le Code de la santé publique et le Code de l'action sociale et des familles confient au représentant de la personne en tutelle ou à la personne de confiance.		*Idem*, si l'habilitation s'étend à la protection de la personne.
	– Déclaration conjointe au greffe du tribunal d'instance ou, à compter du 1er nov. 2017, devant l'officier d'état civil en mairie, ou devant le notaire instrumentaire en matière de PACS.	*idem*	*idem*	*idem*	*idem*	*idem*
	– Rupture du PACS par déclaration conjointe ou par décision unilatérale.	*idem*	*idem*	*idem*	*idem*	*idem*
	– Choix du lieu de résidence sous réserve de la saisine du juge (ou du conseil de famille) en cas de difficulté.	*idem*	*idem*	*idem*	*idem*	*idem*

Actes	Tutelle	Curatelle renforcée	Curatelle simple	Mandat de protection future notarié	Mandat de protection future sous seing privé	Habilitation familiale
	– Entretenir librement des relations personnelles sous réserve de la saisine du juge (ou du conseil de famille) en cas de difficulté.	*idem*	*idem*	*idem*	*idem*	*idem*
	– Voter si ce droit ne lui a pas été retiré.	*idem*	*idem*	*idem*	*idem*	*idem*
	– Actes autorisés par la loi ou l'usage.					
	– Actes conservatoires.	*idem*	*idem*	*idem*	*idem*	*idem*
		– Tester.	*idem*	*idem*	*idem*	*idem*
		– Souscrire une police d'assurance.	*idem*	*idem*	*idem*	*Idem*, sous réserve de l'étendue de l'habilitation.
		– Accepter une succession à concurrence de l'actif net.	*idem*	*idem*	*idem*	*Idem*, sous réserve de l'étendue de l'habilitation.
		– Ouvrir un compte bancaire ou un livret de caisse d'épargne.	*idem*	*idem*	*idem*	*Idem*, sous réserve de l'étendue de l'habilitation.
		– Conclusion ou rupture d'un contrat de travail en qualité d'employeur ou de salarié*.	*idem**	*idem*	*idem*	*Idem*, sous réserve de l'étendue de l'habilitation.
			– Percevoir ou utiliser ses revenus.	Mesures non incapacitantes	Mesures non incapacitantes	*Idem*, sous réserve de l'étendue de l'habilitation.
ACTES ACCOMPLIS PAR LE MAJEUR SEUL			– Paiement des dettes*.	Mesures non incapacitantes.		*Idem*, sous réserve de l'étendue de l'habilitation.
			– Octroi de délais* raisonnables en vue du recouvrement des créances du majeur*.	Mesures non incapacitantes.		*Idem*, sous réserve de l'étendue de l'habilitation.
		– Actes de gestion d'un portefeuille, y compris les cessions de titres, à condition qu'elles soient suivies de leur remplacement*.	*idem**	Mesures non incapacitantes.		*Idem*, sous réserve de l'étendue de l'habilitation.
		– Exercice du droit de vote dans les assemblées sauf ce qui est dit à propos des ordres du jour particuliers*.	*idem**	Mesures non incapacitantes.		*Idem*, sous réserve de l'étendue de l'habilitation.
		– Demande de délivrance d'une carte bancaire de retrait.	*idem*	Mesures non incapacitantes.		*Idem*, sous réserve de l'étendue de l'habilitation.

Actes	Tutelle	Curatelle renforcée	Curatelle simple	Mandat de protection future notarié	Mandat de protection future sous seing privé	Habilitation familiale
		– Conclure un bail d'une durée égale ou inférieure à 9 ans.	*idem*	Mesures non incapacitantes.		*Idem*, sous réserve de l'étendue de l'habilitation.
ACTES ACCOMPLIS PAR LE MAJEUR AVEC L'AUTORISATION DU JUGE OU DU CONSEIL DE FAMILLE	– Se marier.	– Se marier avec l'autorisation du curateur ou à défaut du juge.	*idem*	Mesures non incapacitantes.		Mesure non incapacitante.
	– Conclure un PACS.			Mesures non incapacitantes.		Mesure non incapacitante.
	– Tester.			Mesures non incapacitantes.		Mesure non incapacitante.
		– Autorisation supplétive de passer un acte pour lequel le curateur a refusé son assistance au majeur.	*idem*			
ACTES ACCOMPLIS PAR LE MAJEUR AVEC L'ASSISTANCE DU PROTECTEUR	– Faire une donation avec l'autorisation du juge ou du conseil de famille.	– Faire une donation.	*idem*	Mesures non incapacitantes.		Mesure non incapacitante, sauf si l'habilitation familiale est générale.
		– Souscription, rachat, désignation, substitution du bénéficiaire d'une assurance-vie.	*idem*	Mesures non incapacitantes.		Mesure non incapacitante, sauf si l'habilitation familiale est générale.
		– Révocation du bénéfice non accepté d'un contrat d'assurance-vie.	*idem*	Mesures non incapacitantes.		Mesure non incapacitante, sauf si l'habilitation familiale est générale.
	– Conclure un contrat de mariage.	*idem*	*idem*	Mesures non incapacitantes.		Mesure non incapacitante, sous réserve de l'étendue de l'habilitation.
		– Signification au partenaire de la décision de rupture unilatérale du PACS.	*idem*	Mesures non incapacitantes.		Mesure non incapacitante.
	– Signer ou modifier une convention de PACS.	*idem*	*idem*	Mesures non incapacitantes.		Mesure non incapacitante.
		– Agir en justice.	*idem*	Mesures non incapacitantes.		Mesure non incapacitante, sous réserve de l'étendue de l'habilitation.
		– Exercice d'une action en divorce en demande ou en défense.	*idem*	Mesures non incapacitantes.		Mesure non incapacitante.
		– Percevoir et employer des capitaux.				Mesure non incapacitante, sous réserve de l'étendue de l'habilitation.

Actes	Tutelle	Curatelle renforcée	Curatelle simple	Mandat de protection future notarié	Mandat de protection future sous seing privé	Habilitation familiale
		– Souscrire un emprunt ou un contrat de crédit*.	*idem**	Mesures non incapacitantes.		Mesure non incapacitante, sous réserve de l'étendue de l'habilitation.
		– Disposer d'une carte de crédit.	*idem*	Mesures non incapacitantes.		Mesure non incapacitante, sous réserve de l'étendue de l'habilitation.
		– Prêt consenti par le majeur*.	*idem**	Mesures non incapacitantes.		Mesure non incapacitante, sous réserve de l'étendue de l'habilitation.
		– Souscrire, modifier ou mettre fin à des placements financiers*.	*idem**	Mesures non incapacitantes.		Mesure non incapacitante, sous réserve de l'étendue de l'habilitation.
		– Apports en société*.	*idem**	Mesures non incapacitantes.		Mesure non incapacitante, sous réserve de l'étendue de l'habilitation.
		– Vote aux assemblées relatif à la reprise des apports, la modification des statuts, prorogation et dissolution du groupement, fusion, scission, apport partiel d'actifs, agrément d'un associé, augmentation et réduction du capital, changement d'objet social, emprunt et constitution de sûreté, vente d'un élément d'actif immobilisé, aggravation des engagements des associés*.	*idem**	Mesures non incapacitantes.		Mesure non incapacitante, sous réserve de l'étendue de l'habilitation.
		– Maintien dans la société*.	*idem**	Mesures non incapacitantes.		Mesure non incapacitante, sous réserve de l'étendue de l'habilitation.
		– Actes qu'un indivisaire ne peut pas faire seul.		Mesures non incapacitantes.		Mesure non incapacitante, sous réserve de l'étendue de l'habilitation.
		– Conclure un bail de plus de 9 ans opposable au preneur lors du retour à la capacité du majeur.	*idem*	Mesures non incapacitantes.		Mesure non incapacitante, sous réserve de l'étendue de l'habilitation.

Actes	Tutelle	Curatelle renforcée	Curatelle simple	Mandat de protection future notarié	Mandat de protection future sous seing privé	Habilitation familiale
		– Vente, achat, apport en société d'un immeuble ou d'un fonds de commerce.	*idem*	Mesures non incapacitantes.		Mesure non incapacitante, sous réserve de l'étendue de l'habilitation.
		– Nécessité de l'autorisation du juge pour l'aliénation des droits relatifs au logement et des meubles meublants les garnissant.	*idem*	Mesures non incapacitantes.		Mesure non incapacitante, sous réserve de l'étendue de l'habilitation.
		– Vente et apport en société d'instruments financiers non côtés.	*idem*	Mesures non incapacitantes.		Mesure non incapacitante, sous réserve de l'étendue de l'habilitation.
		– Acquisition et cession d'instruments financiers non inclus dans un portefeuille*.	*idem**	Mesures non incapacitantes.		Mesure non incapacitante, sous réserve de l'étendue de l'habilitation.
		– Cession de la pleine propriété ou de la nue-propriété d'un portefeuille*.	*idem**	Mesures non incapacitantes.		Mesure non incapacitante, sous réserve de l'étendue de l'habilitation.
ACTES ACCOMPLIS PAR LE MAJEUR AVEC L'ASSISTANCE DU PROTECTEUR		– Partage amiable ou judiciaire.	*idem*	Mesures non incapacitantes.		Mesure non incapacitante, sous réserve de l'étendue de l'habilitation.
		– Transaction, compromis, clause compromissoire.	*idem*	Mesures non incapacitantes.		Mesure non incapacitante, sous réserve de l'étendue de l'habilitation.
		– Accepter purement et simplement une succession.	*idem*	Mesures non incapacitantes.		Mesure non incapacitante, sous réserve de l'étendue de l'habilitation.
		– Renoncer à une succession.	*idem*	Mesures non incapacitantes.		Mesure non incapacitante, sous réserve de l'étendue de l'habilitation.
	– Actes simplement personnels (C. civ., art. 459, al. 2 et 3), lorsque l'état de la personne ne lui permet pas de prendre seule une décision personnelle éclairée, sous réserve d'une décision du juge ou d'une délibération du conseil de famille.	*idem*	*idem*	*idem*	*idem*	*Idem*, si l'habilitation s'étend à la protection de la personne.

Actes	Tutelle	Curatelle renforcée	Curatelle simple	Mandat de protection future notarié	Mandat de protection future sous seing privé	Habilitation familiale
	– Prise de décision en matière médicale lorsque l'état de la personne ne lui permet pas de prendre seule une décision personnelle éclairée, sous réserve d'une décision du juge ou d'une délibération du conseil de famille et du CSP (C. civ., art. 459, al. 2 et 3; 459-1).	*idem*	*idem*	*idem*	*idem*	*Idem*, si l'habilitation s'étend à la protection de la personne.
ACTES ACCOMPLIS PAR LE PROTECTEUR SEUL	– Signification au partenaire de la décision de rupture unilatérale du PACS.					
	– Actes conservatoires.	*idem*	*idem*	*idem*	*idem*	*idem*
	– Conclure un bail d'une durée égale ou inférieure à 9 ans.			*idem*	*idem*	*idem*
	– Résilier un bail autre que celui se rapportant au logement du majeur.			*idem*	*idem*	*idem*
	– Agir en justice pour la défense des droits patrimoniaux du majeur.			*idem*	*idem*	*idem*
	– Défense à une action en divorce exercée contre le majeur.					
	– Souscrire une assurance.			*idem*	*idem*	*idem*
ACTES ACCOMPLIS PAR LE PROTECTEUR SEUL	– Vendre des meubles d'usage courant ou de faible valeur, à l'exception des objets personnels et des souvenirs de famille et des meubles meublants garnissant le logement du majeur.			*idem*	*idem*	*idem*
	– Accepter une succession à concurrence de l'actif net.			*idem*	*idem*	*idem*
	– Ouvrir un premier compte ou livret au nom du majeur.			*idem*	*idem*	*idem*
	– Percevoir les revenus et les capitaux.			*idem*	*idem*	*idem*
	– Conclusion ou rupture d'un contrat de travail en qualité d'employeur ou de salarié*.			*idem*	*idem**	*idem*
	– Paiement des dettes*.			*idem*	*idem**	*idem*
	– Octroi de délais raisonnables en vue du recouvrement des créances du majeur*.			*idem*	*idem**	*idem*
	– Actes de gestion d'un portefeuille, y compris les cessions de titres, à condition qu'elles soient suivies de leur remplacement*.			*idem*	*idem**	*idem*
	– Exercice du droit de vote dans les assemblées, sauf ce qui est dit à propos des ordres du jour particuliers*.			*idem*	*idem**	*idem*

Actes	Tutelle	Curatelle renforcée	Curatelle simple	Mandat de protection future notarié	Mandat de protection future sous seing privé	Habilitation familiale
		– Percevoir les revenus.				
		– Régler les dépenses.				
		– Verser l'excédent sur un compte bancaire au nom du majeur protégé.				
				– Actes de disposition à titre onéreux.		*idem*
				– Actes d'administration.	*idem*	*idem*
	– Actes simplement personnels (C. civ., art. 459, al. 2 et 3), lorsque l'état de la personne ne lui permet pas de prendre seule une décision personnelle éclairée, sous réserve d'une décision du juge ou d'une délibération du conseil de famille.					
	– Prise de décision en matière médicale, lorsque l'état de la personne ne lui permet pas de prendre seule une décision personnelle éclairée, sous réserve d'une décision du juge ou d'une délibération du conseil de famille et du CSP (C. civ., art. 459, al. 2 et 3. 459-1). – Prise des mesures strictement nécessaires destinées à mettre fin au danger que son propre comportement fait courir au majeur, sous réserve de l'information sans délai du juge des tutelles ou du conseil de famille (C. civ., art. 459, al. 4)	*idem*	*idem*	*idem*	*idem*	*idem*
ACTES ACCOMPLIS PAR LE PROTECTEUR AVEC L'AUTORISATION DU JUGE OU DU CONSEIL DE FAMILLE	– Rupture unilatérale du PACS à l'initiative du tuteur.					
	– Demande en divorce.					
	– Consentir une donation.					
	– Agir en justice pour la défense des droits extrapatrimoniaux du majeur.					
	– Souscription, rachat, désignation, substitution du bénéficiaire d'une assurance-vie.					
	– Révocation du bénéfice non accepté d'un contrat d'assurance-vie.					

Actes	Tutelle	Curatelle renforcée	Curatelle simple	Mandat de protection future notarié	Mandat de protection future sous seing privé	Habilitation familiale
	– Emploi et remploi de capitaux et de l'excédent des revenus.					
	– Souscrire un emprunt ou un contrat de crédit*.					
	– Prêt consenti par le majeur*.					
	– Souscrire, modifier ou mettre fin à des placements financiers*.					
	– Apports en société*.					
	– Vote aux assemblées relatif à la reprise des apports, la modification des statuts, prorogation et dissolution du groupement, fusion, scission, apport partiel d'actifs, agrément d'un associé, augmentation et réduction du capital, changement d'objet social, emprunt et constitution de sûreté, vente d'un élément d'actif immobilisé, aggravation des engagements des associés*.					
	– Maintien dans la société*.					
	– Actes qu'un indivisaire ne peut pas faire seul.					
	– Conclure un bail de plus de 9 ans opposable au preneur lors du retour à la capacité du majeur.					
	– Vente, achat, apport en société d'un immeuble ou d'un fonds de commerce.					
	– Vente et apport en société d'instruments financiers non côtés.					
	– Acquisition et cession d'instruments financiers non inclus dans un portefeuille*.					
	– Cession de la pleine propriété ou de la nue-propriété d'un portefeuille*.					
ACTES ACCOMPLIS PAR LE PROTECTEUR AVEC L'AUTORISATION DU JUGE OU DU CONSEIL DE FAMILLE	– Partage amiable.					
	– Transaction, compromis, clause compromissoire.					
	– Accepter purement et simplement une succession.					
	– Renoncer à une succession.					
	– Vente des meubles meublants garnissant le logement du majeur.	*idem*	*idem*	*idem*	*idem*	*idem*
	– Vente, résiliation du bail assurant le logement du majeur.	*idem*	*idem*	*idem*	*idem*	*idem*

Actes	Tutelle	Curatelle renforcée	Curatelle simple	Mandat de protection future notarié	Mandat de protection future sous seing privé	Habilitation familiale
	– Donner à bail le logement du majeur.	*idem*	*idem*	*idem*	*idem*	*idem*
		– Signature par le curateur d'un bail d'habitation ou d'une convention d'hébergement assurant le logement du majeur.				
	– Transférer les comptes bancaires du majeur dans une autre agence ou un autre établissement bancaire.	*idem*	*idem*	*idem*	*idem*	
	– Décisions ayant pour effet de porter une atteinte grave à l'intégrité corporelle du majeur ou à l'intimité de sa vie privée, sauf urgence.	*idem*	*idem*	*idem*	*idem*	*idem*
		– Autorisation donnée au curateur d'accomplir seul un acte déterminé lorsque le majeur compromet gravement ses intérêts.	*idem*			
				– Actes de disposition à titre gratuit (par ex., donations, souscription et désignation du bénéficiaire à titre gratuit d'une assurance-vie).		*idem*
				– Actes non couverts par le mandat de protection future (C. civ., art. 485, al. 2).	*idem*	– Actes non couverts par l'habilitation familiale (C. civ., art. 494-10, al. 2).
					– Actes de disposition et actes non couverts par le mandat de protection future (C. civ., art. 493, al. 2).	
ACTES NÉCESSITANT LA DÉSIGNATION D'UN PROTECTEUR *AD HOC*	– Tout acte mettant en opposition les intérêts du majeur et de son protecteur.	*idem*	*idem*	*idem*	*idem*	

Actes	Tutelle	Curatelle renforcée	Curatelle simple	Mandat de protection future notarié	Mandat de protection future sous seing privé	Habilitation familiale
ACTES INTERDITS AU MAJEUR	– Divorce ou séparation de corps par consentement mutuel ou pour acceptation du principe de la rupture du mariage.	*idem*	*idem*			
	– Exploiter un débit de boissons.					
ACTES INTERDITS AU PROTECTEUR	– Actes emportant une aliénation gratuite des biens ou des droits du majeur. Sauf ce qui est dit à propos des donations, tels que la remise de dettes, la renonciation gratuite à un droit acquis, la renonciation anticipée à l'action en réduction (RAAR), la mainlevée d'hypothèque ou de sûreté sans paiement, la constitution gratuite d'une servitude ou d'une sûreté pour garantir la dette d'un tiers.	Controverse	Controverse	Controverse		Controverse
	– Acquisition d'un droit ou d'une créance qu'un tiers détient contre le majeur.	Controverse	Controverse	Controverse		Controverse
	– Exercer le commerce ou une profession libérale au nom du majeur.	Controverse	Controverse	Controverse		Controverse
	– Représenter le majeur ayant la qualité de dirigeant social.	*idem*	*idem*	*idem*		*idem*
	– Acheter les biens du majeur et les prendre à bail ou à ferme, sauf lorsque l'acte est accompli dans l'intérêt du majeur par le tuteur familial muni de l'autorisation du juge ou du conseil de famille.	Controverse	Controverse	Controverse		Acte interdit sauf lorsque l'acte est accompli dans l'intérêt du majeur par la personne habilitée munie de l'autorisation du juge (C. civ., art. 494-6, al. 6).
	– Transférer dans un patrimoine fiduciaire les biens ou droits d'un majeur.	Controverse	Controverse	Controverse		Controverse
	– Actes strictement personnels au majeur.					
	– Représentation du majeur, y compris la décision en matière médicale (C. civ., art. 459, al. 1 et 2 ; 459-1, sous réserve des dispositions du Code de la santé publique).					
		– Se substituer au majeur pour agir en son nom sauf autorisation spéciale du juge et pour la perception des revenus et le règlement des dépenses du curatélaire.	– Se substituer au majeur pour agir en son nom sauf autorisation spéciale du juge.			– Tout acte mettant en opposition les intérêts du majeur et de son protecteur.

610.12 Modalités d'accomplissement des actes patrimoniaux relatifs aux mineurs selon le régime de protection.

NB : L'accomplissement des actes suivis d'un astérisque (*) est soumis à des modalités fluctuantes en fonction des circonstances d'espèce.

Actes	Tuteur seul	Tuteur + Juge des tutelles/ Conseil de famille	Un parent	Deux parents	Parent(s) + Juge des tutelles	Mineur seul	Actes interdits au tuteur	Actes interdits à l'administrateur légal	Mineur assisté
Achats et opérations assimilées									
Vente de gré à gré, apport en société d'immeuble, de fonds de commerce ou de titres non côtés		•			•				
Achat avec emprunt		•*			•				
Partage amiable		•	• (Exercice unilatéral de l'autorité parentale)	• (Exercice conjoint de l'autorité parentale)	• (En cas de désaccord entre les parents ou de contrôle renforcé)				
Actes divers									
Acte courant	•		•			•			
Acte d'administration	•		•						
Acte conservatoire	•		•			•			
Travaux d'amélioration utiles, aménagements, réparations d'entretien des immeubles	•		•						
Argent de poche						•			
Association (adhésion)	•*					•*			
Assurance des biens du mineur	•			•					
Constitution de droits réels		•	• (Exercice unilatéral de l'autorité parentale)	• (Exercice conjoint de l'autorité parentale)	• (En cas de désaccord entre les parents ou de contrôle renforcé)				
Déclarations fiscales	•		•						
Inventaire	•		•						
Actions en justice									
Acquiescement en matière patrimoniale	•*		•*	•*	•*				
Acquiescement en matière extrapatrimoniale		•	• (Exercice unilatéral de l'autorité parentale)	• (Exercice conjoint de l'autorité parentale)	• (En cas de désaccord entre les parents ou de contrôle renforcé)				
Action en justice relative à un droit patrimonial	•		•						

Actes	Tuteur seul	Tuteur + Juge des tutelles/ Conseil de famille	Un parent	Deux parents	Parent(s) + Juge des tutelles	Mineur seul	Actes interdits au tuteur	Actes interdits à l'administrateur légal	Mineur assisté
Action en justice relative à un droit extrapatrimonial		•	• (Exercice unilatéral de l'autorité parentale)	• (Exercice conjoint de l'autorité parentale)	• (En cas de désaccord entre les parents ou de contrôle renforcé)	• Certaines actions			
Défense à une action en justice	•		•			• Certaines actions			
Baux									
– commerciaux[1]	•		•						
– d'habilitation[1]	•		•						
– ruraux[1]	•		•						
– droit au renouvellement ou au maintien dans les lieux		•	• (Exercice unilatéral de l'autorité parentale)	• (Exercice conjoint de l'autorité parentale)	• (En cas de désaccord entre les parents ou de contrôle renforcé)				
– emphytéotiques		•	• (Exercice unilatéral de l'autorité parentale)	• (Exercice conjoint de l'autorité parentale)	• (En cas de désaccord entre les parents ou de contrôle renforcé)				
– à construction		•	• (Exercice unilatéral de l'autorité parentale)	• (Exercice conjoint de l'autorité parentale)	• (En cas de désaccord entre les parents ou de contrôle renforcé)				
– à réhabilitation		•	• (Exercice unilatéral de l'autorité parentale)	• (Exercice conjoint de l'autorité parentale)	• (En cas de désaccord entre les parents ou de contrôle renforcé)				
Bornage									
– amiable	•		•						
– avec transaction		•			•				
Conventions et contrats									
Contrat d'apprentissage						• (Acte interdit < 16 ans)			
Contrat de travail (conclusion)	•*		•*						
– démission	•*		•*						
– salaire (perception)	•		•						
Convention matrimoniale									•
Échange :									
– mobilier	•*		•*						

1. Sans droit au renouvellement et au maintien.

Actes	Tuteur seul	Tuteur + Juge des tutelles/ Conseil de famille	Un parent	Deux parents	Parent(s) + Juge des tutelles	Mineur seul	Actes interdits au tuteur	Actes interdits à l'administrateur légal	Mineur assisté
– immobilier		•	• (Exercice unilatéral de l'autorité parentale)	• (Exercice conjoint de l'autorité parentale)	• (En cas de désaccord entre les parents ou de contrôle renforcé)				
Indivision (convention)	•		•						
Quasi-usufruit (convention)		•	• (Exercice unilatéral de l'autorité parentale)	• (Exercice conjoint de l'autorité parentale)	• (En cas de désaccord entre les parents ou de contrôle renforcé)				
Mandat de gestion (principe)	•		•						
Capitaux									
Emploi :									
– fixation du seuil d'emploi		•							
– fixation des mesures		•							
Recouvrement	•		•						
Copropriété									
Vote (en copropriété)									
– approbation des comptes	•		•						
– actes soumis à autorisation		•	• (Exercice unilatéral de l'autorité parentale)	• (Exercice conjoint de l'autorité parentale)	• (En cas de désaccord entre les parents ou de contrôle renforcé)				
Créances									
– recouvrement	•		•						
– octroi d'un délai raisonnable	•*		•						
Dation en paiement									
– bien mobilier	•*		•						
– bien immobilier		•	• (Exercice unilatéral de l'autorité parentale)	• (Exercice conjoint de l'autorité parentale)	• (En cas de désaccord entre les parents ou de contrôle renforcé)				
– droits incorporels		•*	• (Exercice unilatéral de l'autorité parentale)	• (Exercice conjoint de l'autorité parentale)	• (En cas de désaccord entre les parents ou de contrôle renforcé)				

Actes	Tuteur seul	Tuteur + Juge des tutelles/ Conseil de famille	Un parent	Deux parents	Parent(s) + Juge des tutelles	Mineur seul	Actes interdits au tuteur	Actes interdits à l'administrateur légal	Mineur assisté
Dettes									
– paiement	•*		•						
– remise partielle de dette		•*	• (Exercice unilatéral de l'autorité parentale)	• (Exercice conjoint de l'autorité parentale)	• (En cas de désaccord entre les parents ou de contrôle renforcé)				
– remise totale de dette					• Controverse		•	• Controverse	
Fonds de commerce, agricole ou artisanal									
Apport en société		•			•				
Vente		•			•				
Location-gérance		•	• (Exercice unilatéral de l'autorité parentale)	• (Exercice conjoint de l'autorité parentale)	• (En cas de désaccord entre les parents ou de contrôle renforcé)				
Exercice d'un commerce au nom du mineur							•	•	
Exploitation d'un fonds agricole	•		•						
Actes d'administration nécessaires à la création et la gestion d'une EIRL	•					• (16 ans révolus avec autorisation)			
Actes de disposition nécessaires à la création et la gestion d'une EIRL		•	• (Exercice unilatéral de l'autorité parentale)	• (Exercice conjoint de l'autorité parentale)	• (En cas de désaccord entre les parents ou de contrôle renforcé)				
Libéralités et partage									
Acceptation des legs à titre particulier et des donations									
– non grevés de charges	•		•						
– grevés d'une charge indéterminée		•	• (Exercice unilatéral de l'autorité parentale)	• (Exercice conjoint de l'autorité parentale)	• (En cas de désaccord entre les parents ou de contrôle renforcé)				
– grevés d'une charge diminuant l'émolument du mineur	•		•						
Acceptation d'une donation-partage non grevée de charges	•		•						

Actes	Tuteur seul	Tuteur + Juge des tutelles/ Conseil de famille	Un parent	Deux parents	Parent(s) + Juge des tutelles	Mineur seul	Actes interdits au tuteur	Actes interdits à l'administrateur légal	Mineur assisté
Acceptation d'une donation-partage grevée d'une charge indéterminée		•	• (Exercice unilatéral de l'autorité parentale)	• (Exercice conjoint de l'autorité parentale)	• (En cas de désaccord entre les parents ou de contrôle renforcé)				
Acceptation d'une donation-partage grevée d'une charge diminuant l'émolument du mineur	•		•						
Donation							•	•	
Partage amiable		•	• (Exercice unilatéral de l'autorité parentale)	• (Exercice conjoint de l'autorité parentale)	• (En cas de désaccord entre les parents ou de contrôle renforcé)				
Renonciation à un legs universel ou à titre universel		•			•				
Testament						– Autorisé si > 16 ans, à concurrence de la moitié des biens dont pourrait disposer un majeur – Interdit si < 16 ans			
Opérations bancaires									
Banque									
– ouverture d'un compte (selon principes emploi)	•		•			• (Sous certaines conditions)			
– retraits (actes de gestion ou emplois prévus)	•		•			• (Sous certaines conditions)			
– carte bancaire (retrait)	•		•			• (Sous certaines conditions)			
– carte de crédit		•			•				
Emprunt sans garantie		•*			•				
Emprunt avec garantie		•			•				
Plan épargne-logement (ouverture)	•		•						
Ouverture de crédit		•			•				
Prêt consenti par le mineur		•*	• (Exercice unilatéral de l'autorité parentale)	• (Exercice conjoint de l'autorité parentale)	• (En cas de désaccord entre les parents ou de contrôle renforcé)				

Actes	Tuteur seul	Tuteur + Juge des tutelles/ Conseil de famille	Un parent	Deux parents	Parent(s) + Juge des tutelles	Mineur seul	Actes interdits au tuteur	Actes interdits à l'administrateur légal	Mineur assisté
Placements financiers									
Assurance-décès (ou vie)									
– sur la tête d'un mineur < 12 ans							•	•	
– sur la tête d'un mineur > 12 ans		•	• (Exercice unilatéral de l'autorité parentale)	• (Exercice conjoint de l'autorité parentale)	• (En cas de désaccord entre les parents ou de contrôle renforcé)				
– au nom du mineur		•	• (Exercice unilatéral de l'autorité parentale)	• (Exercice conjoint de l'autorité parentale)	• (En cas de désaccord entre les parents ou de contrôle renforcé)				
Capital décès (perception)	•		•						
Valeurs mobilières									
– gestion	•		•						
– contrat de gestion		•	• (Exercice unilatéral de l'autorité parentale)	• (Exercice conjoint de l'autorité parentale)	• (En cas de désaccord entre les parents ou de contrôle renforcé)				
– cession d'instruments financiers non inclus dans un portefeuille		•*			•*				
– cession d'instruments financiers inclus dans un portefeuille	•		•						
– cession de portefeuille d'instruments financiers		•*			•*				
– cession de titres non côtés	•				•				
Réparations (immeubles)									
– usufructuaires/ utiles/nécessaires	•		•						
– somptuaires		•	• (Exercice unilatéral de l'autorité parentale)	• (Exercice conjoint de l'autorité parentale)	• (En cas de désaccord entre les parents ou de contrôle renforcé)				
Successions									
– acceptation à concurrence de l'actif net	•		•						

Actes	Tuteur seul	Tuteur + Juge des tutelles/ Conseil de famille	Un parent	Deux parents	Parent(s) + Juge des tutelles	Mineur seul	Actes interdits au tuteur	Actes interdits à l'administrateur légal	Mineur assisté
– acceptation pure et simple		•			•				
– renonciation à une succession		•			•				
– renonciation anticipée à l'action en réduction							•	•	
Sûretés									
Affectation hypothécaire		•	• (Exercice unilatéral de l'autorité parentale)	• (Exercice conjoint de l'autorité parentale)	• (En cas de désaccord entre les parents ou de contrôle renforcé)				
Cautionnement					•		•		
Constitution de sûretés réelles en garantie d'une dette du mineur		•	• (Exercice unilatéral de l'autorité parentale)	• (Exercice conjoint de l'autorité parentale)	• (En cas de désaccord entre les parents ou de contrôle renforcé)				
Constitution de sûretés réelles en garantie de la dette d'un tiers					•		•		
Inscription d'un hypothèque	•		•						
Nantissement avec emprunt		•			•				
Nantissement sans emprunt		•*	• (Exercice unilatéral de l'autorité parentale)	• (Exercice conjoint de l'autorité parentale)	• (En cas de désaccord entre les parents ou de contrôle renforcé)				
Nantissement d'instruments financiers		•*			•				
Mainlevée du nantissement d'instruments financiers		•*	• (Exercice unilatéral de l'autorité parentale)	• (Exercice conjoint de l'autorité parentale)	• (En cas de désaccord entre les parents ou de contrôle renforcé)				
Nantissement de titres		•*			•				
Sociétés									
– apport d'un fonds de commerce		•			•				
– apport d'un immeuble		•			•				
– apport d'instruments financiers non côtés		•			•*				
– apport en nature (autres biens)		•*	• (Exercice unilatéral de l'autorité parentale)	• (Exercice conjoint de l'autorité parentale)	• (En cas de désaccord entre les parents ou de contrôle renforcé)				

Actes	Tuteur seul	Tuteur + Juge des tutelles/ Conseil de famille	Un parent	Deux parents	Parent(s) + Juge des tutelles	Mineur seul	Actes interdits au tuteur	Actes interdits à l'administrateur légal	Mineur assisté
– apport en numéraire		•*	• (Exercice unilatéral de l'autorité parentale)	• (Exercice conjoint de l'autorité parentale)	• (En cas de désaccord entre les parents ou de contrôle renforcé)				
– cession de titres côtés		•*			•				
– vote aux AG suivant les ordres du jour	•*	•*	•	• (Exercice conjoint de l'autorité parentale)	• (En cas de désaccord entre les parents ou de contrôle renforcé)				
– entrée en société civile		•*	•*	• *(Exercice conjoint de l'autorité parentale)	• *(En cas de désaccord entre les parents ou de contrôle renforcé)				
– apport d'un immeuble à une SCI		•			•				
Ventes et actes assimilables									
Cession de droits immobiliers indivis ou de droits successifs (amiable)									
– à un tiers		•			•				
– à un indivisaire		•			•				
Cession de droits mobiliers indivis ou de droits successifs (amiable)									
– à un tiers		•*	•*	• *(Exercice conjoint de l'autorité parentale)	• *(En cas de désaccord entre les parents ou de contrôle renforcé)				
– à un indivisaire		•*	•*	• *(Exercice conjoint de l'autorité parentale)	• *(En cas de désaccord entre les parents ou de contrôle renforcé)				
Cession de fonds de commence (amiable)		•			•				
Licitation d'immeubles indivis		•			•				
Licitation de meubles indivis		•*	•*	• *(Exercice conjoint de l'autorité parentale)	• *(En cas de désaccord entre les parents ou de contrôle renforcé)				

Actes	Tuteur seul	Tuteur + Juge des tutelles/ Conseil de famille	Un parent	Deux parents	Parent(s) + Juge des tutelles	Mineur seul	Actes interdits au tuteur	Actes interdits à l'administrateur légal	Mineur assisté
Mandat de vente immobilière		•			•				
Promesse de vente immobilière		•			•				
Vente									
– bien courant	•		•						
– bien précieux ou de valeur		•	• (Exercice unilatéral de l'autorité parentale)	• (Exercice conjoint de l'autorité parentale)	• (En cas de désaccord entre les parents ou de contrôle renforcé)				
– droits incorporels[1]		•*	• (Exercice unilatéral de l'autorité parentale)	• (Exercice conjoint de l'autorité parentale)	• (En cas de désaccord entre les parents ou de contrôle renforcé)				
– de fonds de commerce		•			•				
– d'immeubles		•			•				
– adjudication amiable/judiciaire		•	• (Exercice unilatéral de l'autorité parentale)	• (Exercice conjoint de l'autorité parentale)	• (En cas de désaccord entre les parents ou de contrôle renforcé)				

1. Créances, propriété littéraire ou artistique, office ministériel, clientèle.

Principales abréviations utilisées

	signifie
a.	et autres
Act.	partie « Actualité », dans le *Juris-Classeur Périodique*
AJ fam.	*Actualité juridique de la famille*
AJ pén.	*Actualité juridique pénal*
AJDA	*Actualité juridiques de droit administratif*
al.	alinéa
anc.	ancien
anc[t]	anciennement
Ann. loyers	*Annales des loyers*
art.	article
Ass. plén.	Cour de cassation, assemblée plénière assemblée plénière
BICC	*Bulletin d'information de la Cour de cassation*
Bull. ass. plén.	*Bulletin des arrêts de la Cour de cassation, assemblée plénière*
Bull. civ. avis	*Bulletin des avis de la Cour de cassation*
Bull. civ. I	*Bulletin des arrêts de la Cour de cassation, première chambre civile*
Bull. civ. II	*Bulletin des arrêts de la Cour de cassation, deuxième chambre civile*
Bull. civ. III	*Bulletin des arrêts de la Cour de cassation, troisième chambre civile*
Bull. civ. IV	*Bulletin des arrêts de la Cour de cassation, chambre commerciale*
Bull. civ. V	*Bulletin des arrêts de la Cour de cassation, chambre sociale*
Bull. crim.	*Bulletin des arrêts de la Cour de cassation, chambre criminelle*
CASF	Code de l'action sociale et des familles (anct C. act. soc., anc. C. fam.)
C. assur.	Code des assurances
C. civ.	Code civil
C. déb. boiss.	Code des débits de boissons
C. déon. méd.	Code de déontologie médicale
C. élect.	Code électoral
C. fam.	ancien Code la famille et de l'aide sociale
COJ	Code de l'organisation judiciaire
C. pén.	Code pénal
C. pens. mil.	Code des pensions militaires d'invalidité et des victimes de guerre
C. pr. civ.	Code de procédure civile
C. pr. pén.	Code de procédure pénale
C. rur.	Code rural
CSP	Code de la santé publique
CE	Conseil d'État
CEDH	Cour européenne des droits de l'Homme
ch.	chambre
chron.	partie « Chronique » du recueil Dalloz
CIDE	Convention internationale des droits de l'enfant
CIDPH	Convention internationale des droits des personnes handicapées
circ.	circulaire
Civ. 1re	Cour de cassation, première chambre civile
Civ. 2e	Cour de cassation, deuxième chambre civile
Civ. 3e	Cour de cassation, troisième chambre civile
Com.	Cour de cassation, chambre commerciale
comp.	comparer (avec —)
concl.	conclusions
Crim.	Cour de cassation, chambre criminelle
CSS	Code de la sécurité sociale

D.	*Recueil Dalloz*
DACS	Direction des Affaires civiles et du Sceau, ministère de la Justice
DDASS	Direction départementale des Affaires sanitaires et sociales, ministère des Affaires sociales
Décr.	décret
doctr.	partie « Doctrine » (dans divers recueils et revues)
Dr. fam.	*Droit de la famille*
€	euro(s)
éd.	édition
ENM	École nationale de la magistrature
esp.	espèce
ex.	exemple
fasc.	fascicule
Gaz. Pal.	*Gazette du Palais*
HAS	Haute Autorité de Santé
INSEE	Institut national de la statistique et des études économiques
IR	partie « Informations rapides » (dans *Recueil Dalloz*)
J.-Cl. Civil	*Juris-Classeur Civil*
JCP	*Juris-Classeur périodique, Semaine juridique*, édition générale
JCP N	*Juris-Classeur périodique, Semaine juridique*, édition notariale
JO	*Journal officiel*
JOAN	*Journal officiel de l'Assemblée nationale*
jur.	partie « Jurisprudence », dans divers recueils et revues
Juris-Data	*Juris-Data*, banque de données juridiques
LEDPF	*L'essentiel du droit de la famille et des personnes*
LPA	*Les Petites affiches*
L.	Loi
Mél.	*Mélanges*
min.	ministre, ministère
mod.	modifié
n$^{\text{o(s)}}$	numéro(s)
NP	arrêt non publié
NPT	arrêt non publié mais titré
obs.	observations
op. cit.	*opere citato*
Ord.	ordonnance
p.	page(s)
P	arrêt publié (au *Bulletin* pour les arrêts de la Cour de cassation ; au *Lebon* pour les arrêts du Conseil d'État)
PACS	pacte civil de solidarité
préc.	Précité
R.	*Rapport annuel de la Cour de cassation*
RAJS-JDJ	*Revue d'action juridique et sociale – Journal du droit des jeunes*
Rapp. AN	Rapport de l'Assemblée nationale
Rec. CEDH	Recueil de la Cour européenne des droits de l'Homme
Rev. Juris handicaps	*Revue de l'Unapei Juris handicaps, Les cahiers de l'Unapei*
Rev. méd. et droit	*Revue médecine et droit*
RGDM	*Revue générale de droit médical*
RJPF	*Revue juridique personnes et famille (anct Rev. pers. & et fam.)*
RDSS	*Revue de droit sanitaire et social*
RTD civ.	*Revue trimestrielle de droit civil*
s.	suivant(e)s
Soc.	Cour de cassation, chambre sociale
somm.	partie « Sommaire », dans divers recueils et revues
spéc.	spécialement
t.	tome
TGI	tribunal de grande instance
TI	tribunal d'instance
TPSA	Tutelle aux prestations sociales adultes
UDAF	Union départementale des associations familiales (association tutélaire)
UNAPEI	Union nationale des associations de parents et amis de personnes handicapées mentales
V.	Voir
Vol.	Volume

Index des principaux textes et rapports officiels cités

Droit français

Codes

• Code civil

• Code de commerce

• Code de déontologie médicale

• Code de l'action sociale et des familles

• Code de l'environnement

• Code de l'organisation judiciaire

• Code de la mutualité

• Code de la santé publique

• Code de la sécurité sociale

• Code de procédure civile

• Code de procédure pénale

• Code des assurances

• Code des mutuelles

• Code des pensions militaires d'invalidité et des victimes de la guerre

Droit européen

Convention

Recommandations

Règlements

Droit international

Conventions

Recommandations de l'Agence nationale de l'évaluation et de la qualité des établissements et services sociaux et médico-sociaux

Index thématique alphabétique

- Les chiffres renvoient aux numéros de paragraphes des développements de l'ouvrage
- Le signe « ▶ » qui précède une entrée secondaire indique un renvoi
- Le signe « + » qui précède une entrée secondaire indique un renvoi à une entrée principale identique plus détaillée

V

PHOTOCOMPOSITION
SCM • Toulouse

713237 - (I) - OSB-P 60g - SCM - HCH
Achevé d'imprimer en avril 2017 sur les presses de l'Imprimerie CHIRAT
42540 Saint-Just-la-Pendue
Dépôt légal : mai 2017 - N° 201703.0443

Imprimé en France